LARENZ/WOLF

ALLGEMEINER TEIL DES BÜRGERLICHEN RECHTS

ALLGEMEINER TEIL DES BÜRGERLICHEN RECHTS

begründet von

Dr. Karl Larenz

weiland o. Professor an der Universität München

fortgeführt von

Dr. Manfred Wolf

o. Professor an der Universität Frankfurt/Main

9., neubearbeitete und erweiterte Auflage

Verlag C. H. Beck München 2004

Verlag C. H. Beck im Internet:
beck.de

ISBN 3 406 49843 4

Wilhelmstraße 9, 80801 München

Satz und Druck: Druckerei C. H. Beck Nördlingen
(Adresse wie Verlag)

Gedruckt auf säurefreiem, alterungsbeständigem Papier
(hergestellt aus chlorfrei gebleichtem Zellstoff)

Vorwort zur 9. Auflage

Seit der letzten Auflage hat sich das BGB in wesentlichen Bereichen grundlegend verändert. Die Schuldrechtsmodernisierung hat im Allgemeinen Teil nicht nur das Recht der Verjährung umgestaltet. Vielmehr hat das BGB durch die Integration zahlreicher Sondergesetze zum Verbraucherschutz das Verbraucherrecht in sich aufgenommen und dadurch seine Bedeutung als allgemeine Grundlage des Privatrechts wieder gewonnen. Dies strahlt auch auf den Allgemeinen Teil aus, in den schon vor der Schuldrechtsreform der Verbraucherbegriff aufgenommen worden war. Die Vorauflage hatte in Vorwegnahme dieser Entwicklung den Verbraucherbegriff bereits als Bestandteil des Allgemeinen Teils verarbeitet. Hieran konnte nunmehr angeknüpft werden.

Der Gesetzgeber hat des weiteren einige traditionell eng mit der Rechtsgeschäftslehre verbundene und zum Teil aus ihr entwickelte Regelungen in das BGB aufgenommen. Hierzu gehören die Störung der Geschäftsgrundlage (§ 313), das Recht der Allgemeinen Geschäftsbedingungen (§§ 305 ff.) oder die Behandlung unbestellt zugesandter Waren (§ 241 a). Der Rechtsgeschäftslehre zuzuordnen sind auch die Vorschrift über die Geschäfte des täglichen Lebens von Minderjährigen (§ 105 a) und wegen der Beeinträchtigung der Entscheidungsfreiheit das bei Haustürgeschäften (§ 312), bei Fernabsatzverträgen (§ 312 b) und anderen Verbraucherverträgen (z. B. §§ 485, 495) bestehende verbraucherschützende Widerrufsrecht (§ 355). Ebenso dienen zahlreiche Informationspflichten (z. B. §§ 312 c und e) der Ermöglichung einer informierten Entscheidung über den Vertragsschluß. Ferner steht das aus der Aufnahme von Vertragsverhandlungen und aus geschäftlichem Kontakt entstehende Rechtsverhältnis (§ 311 Abs. 2 und 3) in enger Verbindung mit der Rechtsgeschäftslehre. Neue Regelungen ergingen schließlich zur elektronischen Form und Textform (§§ 126 a und b) und allgemein zum elektronischen Geschäftsverkehr (§ 312 e). Auch wenn der Gesetzgeber diese Vorschriften überwiegend in das Schuldrecht eingeordnet hat, so sind sie aufgrund sachlicher Zusammenhänge doch Bestandteil der Rechtsgeschäftslehre und waren in deren Rahmen zu behandeln.

Die Komplexität der Lebensverhältnisse führt auch dazu, daß immer mehr spezielle Rechtsbereiche mit Sondervorschriften und scheinbaren Sonderregeln entstehen. Aufgabe eines Allgemeinen Teils des bürgerlichen Rechts muß es sein, auch diese Sonderentwicklungen einzufangen und zu verarbeiten.

Etliche der neuen Vorschriften sind durch das europäische Recht veranlaßt oder ihm angepaßt worden. Deshalb ist der Einfluß des europäischen Rechts auf das Privatrecht nicht nur bei den einzelnen Vorschriften aufgezeigt. Seine Bedeutung wird vielmehr auch bei den das Privatrecht bestimmenden Rechtsquellen und bei der Gesetzesauslegung aufgezeigt. Auf europäischen Einfluß sind ferner die Diskriminierungsverbote verschiedenster Art zurückzuführen. Auf die diesbezüglichen Richtlinie und ihre Bedeutung für das Vertragsrecht wird eingegangen, auch wenn der deutsche Gesetzgeber die allgemeinen Diskriminierungsverbote noch nicht vollständig umgesetzt hat.

Neben den zahlreichen gesetzlichen Neuerungen ist auch die inzwischen ergangene Rechtsprechung sowohl in ihrem dogmatischen Gehalt als auch zur Verdeutlichung

Vorwort

der tatsächlichen Relevanz mit Beispielen eingearbeitet worden. Die Bedeutung der Rechtsgeschäftslehre zeigt sich ebenso darin, daß in kaum einem Bereich des Privatrechts so zahlreiche Monographien erschienen sind. Sie zumindest mit ihren wesentlichen Aussagen zu berücksichtigen, um auf die vielfältigen Aspekte aufmerksam zu machen, war ebenfalls ein Anliegen der Neubearbeitung.

An den vielfältigen Aufgaben der Neubearbeitung haben mehrere Mitarbeiter mitgewirkt. Für ihren wertvollen Einsatz möchte ich *Antje Süßenberger, Anne Neidert, Yeon-Jue Yoo, Torsten Hengel, Thorsten Patric Lind, Dominik Fiedler, Michael Kern* und *Roland Schmidtbleicher* meinen besten Dank sagen. Ein großer Dank gilt auch meiner Sekretärin *Brigitte Blauhut,* welche die umfangreichen Schreibarbeiten mit Sorgfalt und großer Aufopferungsbereitschaft betreut hat.

Frankfurt am Main, im Januar 2004 *Manfred Wolf*

Inhaltsübersicht

Inhalt

4. Kapitel. Rechtsgeschäfte

1. Abschnitt. Allgemeine Vorschriften für Rechtsgeschäfte

2. Abschnitt. Besondere Vorschriften für Verträge

3. Abschnitt: Fehlerhafte und unwirksame Rechtsgeschäfte

1. Unterabschnitt. Irrtum und andere Willensmängel

2. Unterabschnitt. Inhaltliche Schranken

3. Unterabschnitt. Rechtsfolgen der Unwirksamkeit

Abkürzungsverzeichnis

a. A.	anderer Ansicht
aaO	am angeführten Ort
ABGB	Allgemeines Bürgerliches Gesetzbuch (für Österreich)
ABl	Amtsblatt
Abtlg.	Abteilung
AcP	Archiv für die civilistische Praxis
ADHGB	Allgemeines Deutsches Handelsgesetzbuch von 1861
a. E.	am Ende
AG	Aktiengesellschaft, Amtsgericht
AGB	Allgemeine Geschäftsbedingungen
AGBG	Gesetz zur Regelung des Rechts der Allgemeinen Geschäftsbedingungen, ersetzt durch §§ 305 ff BGB
AK	Alternativer Kommentar zum Bürgerlichen Gesetzbuch, 1979 ff (zitiert: AK/Bearbeiter)
AktG	Aktiengesetz
ALR	Allgemeines Landrecht für die Preußischen Staaten 1794
AnfG	Gesetz über die Anfechtung von Rechtshandlungen eines Schuldners außerhalb des Insolvenzverfahrens (Anfechtungsgesetz)
Anm.	Anmerkung
AO	Abgabenordnung
AöR	Archiv für öffentliches Recht
AP	Arbeitsrechtliche Praxis, Nachschlagewerk des Bundesarbeitsgerichts
ArbGG	Arbeitsgerichtsgesetz
ArchBürgR	Archiv für Bürgerliches Recht
ArchRWPhil	Archiv für Rechts- und Wirtschaftsphilosophie
ARSP	Archiv für Rechts- und Sozialphilosophie
Art.	Artikel
AtomG	Gesetz über die friedliche Verwendung der Kernenergie und den Schutz gegen ihre Gefahren (Atomgesetz)
Aufl.	Auflage
BAG	Bundesarbeitsgericht
BAGE	Entscheidungen des Bundesarbeitsgerichts
BAT	Bundesangestelltentarif
Baumbach/Hopt	Kommentar zum Handelsgesetzbuch, 31. Aufl. 2003
Baur/Stürner	Lehrbuch des Sachenrechts, 17. Auflage 1999
Baur/Stürner	Zwangsvollstreckungs-, Konkurs- und Vergleichsrecht, Band I, 12. Aufl. 1995, Band II, 12. Aufl. 1990
BayObLG	Bayerisches Oberstes Landesgericht
BB	Betriebs-Berater
Bd.	Band
BDSG	Bundesdatenschutzgesetz
Bem.	Bemerkung
BetrVG	Betriebsverfassungsgesetz
BeurkG	Beurkundungsgesetz
BGB	Bürgerliches Gesetzbuch
BGB-InfoV	Verordnung über Informations- und Nachweispflichten nach bürgerlichem Recht (BGB-Informationspflichten-Verordnung)
BGBl.	Bundesgesetzblatt
BGH	Bundesgerichtshof
BGHZ	Entscheidungen des Bundesgerichtshofes in Zivilsachen

Abkürzungen

BNotO	Bundesnotarordnung
BörsG	Börsengesetz
BRAO	Bundesrechtsanwaltsordnung
Brox	Allgemeiner Teil des Bürgerlichen Rechts, 27. Aufl. 2003 (zitiert: Brox, AT)
Brox	Erbrecht, 20. Aufl. 2003
BSHG	Bundessozialhilfegesetz
BT Drucks.	Drucksachen des Deutschen Bundestages
BVerfG	Bundesverfassungsgericht
BVerfGG	Gesetz über das Bundesverfassungsgericht
BVerfGE	Entscheidungen des Bundesverfassungsgerichts
Canaris	Handelsrecht, 23. Auflage 2000
CC	Code civil
CISG	Convention on Contracts for the International Sale of Goods (UN-Kaufrecht)
CR	Computer und Recht
DB	Der Betrieb
ders.	Derselbe
Dig.	Digesten
Diss.	Dissertation
DJT	Deutscher Juristentag
DJZ	Deutsche Juristen-Zeitung
DNotZ	Deutsche Notar-Zeitschrift
DÖV	Die Öffentliche Verwaltung
DRiZ	Deutsche Richterzeitung
Dt.	Deutsch
DVBL	Deutsches Verwaltungsblatt
e. G.	eingetragene Genossenschaft
e. V.	eingetragener Verein
EG	Einführungsgesetz
EGBGB	Einführungsgesetz zum Bürgerlichen Gesetzbuch
EGV	Vertrag über die Europäische Gemeinschaft idF des Vertrags von Amsterdam vom 2. Oktober 1997; zuletzt geändert durch Art. 2 Nizza-Vertrag vom 26. Februar 2001 (ABl. Nr. C 80 S. 1)
EGZPO	Gesetz, betreffend die Einführung der Zivilprozeßordnung
Einf.	Einführung
Einl.	Einleitung
EMRK	Europäische Konvention zum Schutz der Menschenrechte und Grundfreiheiten idF der Bekanntmachung vom 17. Mai 2002 (BGBl. II S. 1055)
EnergiewirtschG	Gesetz über die Elektrizitäts- und Gasversorgung (Energiewirtschaftsgesetz) vom 24. April 1998 (BGBl. I S. 730)
Enneccerus/Lehmann	Recht der Schuldverhältnisse, 15. Aufl. 1958
Enneccerus/Nipperdey	Allgemeiner Teil des Bürgerlichen Rechts, 15. Aufl., Band I 1959, Band II 1960 (zitiert: Enneccerus/Nipperdey, AT)
ErbbauVO	Verordnung über das Erbbaurecht
ErbStG	Erbschaft- und Schenkungsteuergesetz
Erl.	Erläuterung
Erman	Handkommentar zum Bürgerlichen Gesetzbuch, 10. Aufl. 2000 (zitiert: Erman/Bearbeiter)
Esser/Schmidt	Schuldrecht, Allgemeiner Teil, 1. Teilband, 8. Aufl. 1995, 2. Teilband, 8. Aufl. 2000
Esser/Weyers	Schuldrecht, Besonderer Teil, 7. Aufl. 1991; Besonderer Teil, Teilband 2: 8. Aufl. 2000.

EuGH	Europäischer Gerichtshof
EuGH Slg	Amtliche Sammlung der Entscheidungen des Gerichtshofs der Europäischen Gemeinschaften
EuGRZ	Europäische Grundrechte-Zeitschrift
EuGVVO	Verordnung (EG) Nr. 44/2001 des Rates vom 22. Dezember 2000 über die gerichtliche Zuständigkeit und die Anerkennung und Vollstreckung von Entscheidungen in Zivil- und Handelssachen vom 22. Dezember 2000
EuR	Europarecht
EuZW	Europäische Zeitschrift für Wirtschaftsrecht
EVO	Eisenbahn-Verkehrsordnung vom 20. April 1999 (BGBl. I S. 782)
EWG	Europäische Wirtschaftsgemeinschaft (inzwischen „Europäische Gemeinschaft")
FamRZ	Zeitschrift für das gesamte Familienrecht
FernUSG	Gesetz zum Schutz der Teilnehmer am Fernunterricht (Fernunterrichtsschutzgesetz) vom 4. Dezember 2000 (BGBl. I S. 1670)
FS	Festschrift, Festgabe für
FS DJT	Hundert Jahre Deutsches Rechtsleben, Festschrift zum hundertjährigen Bestehen des Deutschen Juristentages, 1960
FGG	Gesetz über die Angelegenheiten der freiwilligen Gerichtsbarkeit
FGO	Finanzgerichtsordnung
Fikentscher	Schuldrecht, 9. Aufl. 1997
Flume	Allgemeiner Teil des Bürgerlichen Rechts, 1. Band, 1. Teil, Die Personengesellschaft, 1977 (zitiert: Flume, AT I/1), 1. Band, 2. Teil, Die juristische Person, 1983 (zitiert: Flume, AT I/2), 2. Band, Das Rechtsgeschäft, 4. Auflage 1992 (zitiert: Flume, AT II)
Fn.	Fußnote
G	Gesetz
GBO	Grundbuchordnung
GebrMG	Gebrauchsmustergesetz
GemS OGB	Gemeinsamer Senat der Obersten Gerichtshöfe des Bundes
GenG	Genossenschaftsgesetz
Gernhuber/Coester-Waltjen	Lehrbuch des Familienrechts, 4. Aufl. 1994
GeschmMG	Gesetz betreffend das Urheberrecht an Mustern und Modellen (Geschmacksmustergesetz)
GG	Grundgesetz für die Bundesrepublik Deutschland vom 23. Mai 1949
GmbH	Gesellschaft mit beschränkter Haftung
GmbHG	Gesetz betreffend die Gesellschaften mit beschränkter Haftung
GmbHR	Rundschau für GmbH
GrEStG	Grunderwerbsteuergesetz
GruchBeitr	Beiträge zur Erläuterung des Deutschen Rechts, begründet von Dr. J. A. Gruchot
GrdstVG	Gesetz über Maßnahmen zur Verbesserung der Agrarstruktur und zur Sicherung land- und forstwirtschaftlicher Betriebe (Grundstücksverkehrsgesetz)
GrundZ	Grundzüge
Grunewald	Bürgerliches Recht, 6. Aufl. 2003 (zitiert: Grunewald, BürgR)
Grunsky	Zivilprozessrecht, 11. Aufl. 2003
GRUR	Gewerblicher Rechtsschutz und Urheberrecht
GüKG	Güterkraftverkehrsgesetz vom 22. Juni 1998 (BGBl. I S. 1485)
GVG	Gerichtsverfassungsgesetz
GWB	Gesetz gegen Wettbewerbsbeschränkungen

Abkürzungen

H.	Heft
Hg.	Herausgeber
h. L.	herrschende Lehre
h. M.	herrschende Meinung
HaftpflG	Haftpflichtgesetz
HeimG	Heimgesetz idF der Bekanntmachung vom 5. November 2001 (BGBl. I S. 2970)
Hess.	Hessische (s)
HGB	Handelsgesetzbuch
HintO	Hinterlegungsordnung
HOAI	Verordnung über die Honorare für Leistungen der Architekten und der Ingenieure idF der Bekanntmachung vom 4. März 1991 (BGBl. I S. 533)
HRR	Höchstrichterliche Rechtsprechung
Hubmann/Götting	Gewerblicher Rechtsschutz, 7. Aufl. 2002
Hübner	Allgemeiner Teil des Bürgerlichen Gesetzbuches, 2. Aufl. 1996 (zitiert: Hübner, AT)
HypbankG	Hypothekenbankgesetz vom 9. September 1998 (BGBl. I S. 2674)
idF	in der Fassung
InsO	Insolvenzordnung
InvG oder InvestmG	Investmentgesetz vom 15. Dezember 2003 (BGBl. I S. 2676)
JA	Juristische Arbeitsblätter
Jb.	Jahrbuch
JherJb	Jherings Jahrbücher für die Dogmatik des bürgerlichen Rechts
JR	Juristische Rundschau
JurA	Juristische Analysen
Jura	Juristische Ausbildung
JurJb	Juristen-Jahrbuch
JuS	Juristische Schulung
JW	Juristische Wochenschrift
JZ	Juristenzeitung
KG	Kammergericht
KG	Kommanditgesellschaft
Kipp/Coing	Erbrecht, 14. Aufl. 1990
Köhler	BGB, Allgemeiner Teil, 27. Auflage 2003 (zitiert: Köhler, AT)
krit.	Kritisch
KSchG	Kündigungsschutzgesetz
KTS	Konkurs-, Treuhand- und Schiedsgerichtswesen
Kübler	Gesellschaftsrecht, 5. Aufl. 1999
KunstUrhG	Gesetz betreffend das Urheberrecht an Werken der bildenden Künste und der Photographie
KWG	Gesetz über das Kreditwesen
LAG	Landesarbeitsgericht
Lange/Kuchinke	Lehrbuch des Erbrechts, 5. Auflage 2001
Larenz	Lehrbuch des Schuldrechts, Bd. I, Allgemeiner Teil, 14. Auflage 1987
Larenz	Methodenlehre der Rechtswissenschaft, 6. Aufl. 1991
Larenz/Canaris	Lehrbuch des Schuldrechts, Bd. II, Besonderer Teil, 2. Halbband, 13. Auflage 1994 (zitiert: Larenz/Canaris, Schuldrecht II/2)
Larenz/Canaris	Methodenlehre der Rechtswissenschaft, 3. Aufl. 1995 (zitiert: Larenz/Canaris, Methodenlehre)
LG	Landgericht
LM	Lindenmaier-Möhring, Nachschlagewerk des Bundesgerichtshofs
LMK	Kommentierte BGH-Rechtsprechung Lindenmaier-Möhring
LpartG	Gesetz über die Eingetragene Lebenspartnerschaft

LuftVG	Luftverkehrsgesetz idF der Bekanntmachung vom 27. März 1999 (BGBl. I S. 550)
LZ	Leipziger Zeitschrift für Deutsches Recht
m. Anm.	mit Anmerkung
m. E.	meines Erachtens
MarkenG	Gesetz über den Schutz von Marken und sonstigen Kennzeichen (Markengesetz)
Maurer	Allgemeines Verwaltungsrecht, 14. Aufl. 2002
MDR	Monatsschrift für deutsches Recht
Medicus	Allgemeiner Teil des BGB, 8. Aufl. 2002 (zitiert: Medicus, AT)
Medicus	Bürgerliches Recht, 19. Aufl. 2002 (zitiert: Medicus, BürgR)
MitbestG	Gesetz über die Mitbestimmung der Arbeitnehmer (Mitbestimmungsgesetz)
MontanMitbestG	Gesetz über die Mitbestimmung der Arbeitnehmer in den Aufsichtsräten und Vorständen der Unternehmen des Bergbaus und der Eisen und Stahl erzeugenden Industrie (Montan Mitbestimmungsgesetz)
Mot.	Motive zu dem Entwurf des BGB, Bd. I–V, 1888
Mugdan	Mugdan, Die Gesamten Materialien zum Bürgerlichen Gesetzbuch für das Deutsche Reich, Bd. I, 1899, Neudruck 1979
MünchKomm	Münchnener Kommentar zum Bürgerlichen Gesetzbuch, Bd. 1, Allgemeiner Teil (§§ 1–240), AGB-Gesetz, 4. Auflage 2001, Bd. 2, Schuldrecht Allg. Teil (§§ 241–432), 4. Aufl. 2003, Bd. 3, Schuldrecht Bes. Teil I (§§ 433–606), 3. Aufl. 1995, Bd. 6, Sachenrecht (§§ 854–1296), 3. Aufl. 1997 (zitiert: MünchKomm/Bearbeiter)
MünchKomm ZPO	Münchener Kommentar zur Zivilprozeßordnung, Bd. 1 (§§ 1–354), 2. Aufl. 2000 (zitiert: MünchKomm ZPO/Bearbeiter)
MuSchG	Gesetz zum Schutz der erwerbstätigen Mutter (Mutterschutzgesetz)
m. w. N.	mit weiteren Nachweisen
m. weit. Nachw.	mit weiteren Nachweisen
NJW	Neue Juristische Wochenschrift
NJW-RR	NJW Rechtsprechungsreport Zivilrecht
Nr.	Nummer
NStZ	Neue Zeitschrift für Strafrecht
NZA	Neue Zeitschrift für Arbeitsrecht
Oertmann	Bürgerliches Gesetzbuch, Allgemeiner Teil, 3. Aufl. 1927
OGHZ	Entscheidungen des Obersten Gerichtshofs für die britische Zone in Zivilsachen
OHG	Offene Handelsgesellschaft
OLG	Oberlandesgericht
OLGZ	Entscheidungen der Oberlandesgerichte in Zivilsachen einschließlich der freiwilligen Gerichtsbarkeit
OWiG	Gesetz über Ordnungswidrigkeiten
Palandt	Bürgerliches Gesetzbuch, 63. Aufl. 2004 (zitiert: Palandt/Bearbeiter)
PartG	Parteiengesetz
PartGG	Gesetz über Partnerschaftsgesellschaften Angehöriger Freier Berufe
PatG	Patentgesetz idF der Bekanntmachung vom 16. Dezember 1980 (BGBl. 1981 I S. 1)
Pawlowski	Allgemeiner Teil des BGB, 7. Auflage 2003 (zitiert: Pawlowski, AT)
PersBefG	Personenbeförderungsgesetz
PflVersG	Gesetz über die Pflichtversicherung für Kraftfahrzeughalter
PostG	Gesetz über das Postwesen vom 22. Dezember 1997 (BGBl. I S. 3294)

Abkürzungen

ProdHaftG	Gesetz über die Haftung für fehlerhafte Produkte (Produkthaftungsgesetz)
Prot.	Protokolle der Kommission für die zweite Lesung des Entwurfs des BGB, Bd. I–V 1897
PStG	Personenstandsgesetz
RabelsZ	Zeitschrift für ausländisches und internationales Privatrecht
Ramm	Einführung in das Privatrecht, Allgemeiner Teil des BGB, Band 1–3, 2. Aufl. 1974 –1975
RBeratG	Rechtsberatungsgesetz
Recht	Das Recht
Reg.	Regierung
RG	Reichsgericht
RG-Festschr.	Die Reichspraxis im deutschen Rechtsleben, Festgabe der juristischen Fakultät zum 50jährigen Bestehen des Reichsgerichts, 1929
RGRK	Das Bürgerliche Gesetzbuch, Kommentar, hrsg. Von Mitgliedern des Bundesgerichtshofes, Bd. 1 (§§ 1–240), 12. Aufl. 1982
RGZ	Entscheidungen des Reichsgerichts in Zivilsachen
Rhein. Zschr.	Rheinische Zeitschrift für Zivil- und Prozeßrecht
RiLi	Richtlinie
RiLi Haustürgeschäfte	Richtlinie 85/577/EWG betreffend den Verbraucherschutz im Falle von außerhalb von Geschäftsräumen geschlossenen Verträgen vom 20. 12. 1985
RiLi mißbräuchl. Klauseln	Richtlinie 93/13/EWG über mißbräuchliche Klauseln in Verbraucherverträgen vom 5. April 1993
RiLi Verbraucherkredit	Richtlinie 87/102/EWG zur Angleichung der Rechts- und Verwaltungsvorschriften der Mitgliedstaaten über den Verbraucherkredit vom 22. 12. 1986
RIW	Recht der internationalen Wirtschaft
Rn	Randnote, Randziffer
Rosenberg/Schwab/Gottwald	Zivilprozessrecht, 15. Aufl. 1993
Rpfleger	Der Deutsche Rechtspfleger
RPflG	Rechtspflegergesetz
Rspr.	Rechtsprechung
Rüthers/Stadler	Allgemeiner Teil des BGB, 13. Aufl. 2003 (zitiert: Rüthers/Stadler, AT)
S.	Seite
s.	siehe
SAE	Sammlung arbeitsrechtlicher Entscheidungen
ScheckG	Scheckgesetz
Schellhammer	Schuldrecht nach Anspruchsgrundlagen, 5. Aufl. 2003
Schlosser/Coester-Waltjen/Graba	Kommentar zum Gesetz zur Regelung des Rechts der Allgemeinen Geschäftsbedingungen, 1977
Schlüter	Erbrecht, 14. Aufl. 2000
Schmidt, K.	Gesellschaftsrecht, 4. Aufl. 2002
Schmidt, K.	Handelsrecht, 5. Auflage 1999
Schwab/Prütting	Sachenrecht, 31. Aufl. 2003
SeuffA	Seufferts Archiv für Entscheidungen der obersten Gerichte in den deutschen Staaten
SGB IX	Sozialgesetzbuch (SGB) Neuntes Buch (IX) – Rehabilitation und Teilhabe behinderter Menschen
SGB XII	Sozialgesetzbuch (SGB) Zwölftes Buch (XII) – Sozialhilfe vom 27. Dezember 2003 (BGBl. I S. 3022)

SGG	Sozialgerichtsgesetz
Siber	Schuldrecht, 1931
SigG	Gesetz über Rahmenbedingungen für elektronische Signaturen
Soergel	Bürgerliches Gesetzbuch, Bd. 1, Allgemeiner Teil Bd. 1 (§§ 1–103), 13. Aufl. 2000, Bd. 1, Allgemeiner Teil Bd. 2 (§§ 104–240), 13. Aufl. 1999 Bd. 2, Schuldrecht I (§§ 241–432), 12. Aufl. 1990 (zitiert: Soergel/Bearbeiter)
sog.	sogenannt
StaatsangehörigkG	Staatsangehörigkeitsgesetz
Staub	Großkommentar zum Handelsgesetzbuch, Band 1, §§ 1–104, 4. Aufl. 1995 (zitiert: Staub/Bearbeiter)
Staudinger	Kommentar zum Bürgerlichen Gesetzbuch, 13. Aufl.; teilweise 12. Aufl. (zitiert: Staudinger/Bearbeiter)
Stein/Jonas	Kommentar zur Zivilprozessordnung, 21. Aufl. 1993 ff., teilweise 22. Aufl. 2002 f.
StBerG	Steuerberatungsgesetz idF der Bekanntmachung vom 4. November 1975 (BGBl. I S. 2735)
StGB	Strafgesetzbuch
stopp	Strafprozeßordnung
str.	streitig
StudK	Beuthien/Hadding/Lüderitz/Medicus/Wolf, Studienkommentar zum BGB, 2. Aufl. 1979 (zitiert: StudK/Bearbeiter)
StVG	Straßenverkehrsgesetz
TDG	Gesetz über die Nutzung von Telediensten vom 22. Juli 1997 (BGBl. I 1997 S. 1870)
Thomas/Putzo	Zivilprozessordnung, 25. Aufl. 2003
TierschutzG	Tierschutzgesetz
TKG	Telekommunikationsgesetz vom 25. Juli 1996 (BGBl. I S. 1120)
TKV	Telekommunikations-Kundenschutzverordnung vom 11. Dezember 1997 (BGBl. I S. 2910)
TPG	Gesetz über die Spende, Entnahme und Übertragung von Organen vom 5. November 1997 (BGBl. I S. 2631)
von Tuhr	Der Allgemeine Teil des Deutschen Bürgerlichen Rechts, Bd. I 1910 (zitiert: v. Tuhr, AT I) Bd. II, 1. Halbband 1914, (zitiert: v. Tuhr, AT II/1) Bd. II, 2. Halbband 1918 (zitiert: v. Tuhr, AT II/2)
TVG	Tarifvertragsgesetz
TzBfG	Gesetz über Teilzeitarbeit und befristete Arbeitsverträge
UKlaG	Gesetz über Unterlassungsklagen bei Verbraucherrechts- und anderen Verstößen
Ulmer/Brandner/Hensen	AGB-Gesetz, Kommentar zum Gesetz zur Regelung des Rechts der Allgemeinen Geschäftsbedingungen, 9. Aufl. 2001
UmwG	Umwandlungsgesetz
UN-Kaufrecht	Gesetz zu dem Übereinkommen der Vereinten Nation vom 11. April 1980 über Verträge über den internationalen Warenkauf vom 5. Juli 1989 (BGBl. II S. 586)
UrhG	Gesetz über Urheberrecht und verwandte Schutzrechte (Urheberrechtsgesetz)
UrhWG	Gesetz über die Wahrnehmung von Urheberrechten und verwandten Schutzrechten (Urheberrechtswahrnehmungsgesetz) vom 9. September 1965 (BGBl. I S. 1294)
UWG	Gesetz gegen den unlauteren Wettbewerb

Abkürzungen

VAG	Gesetz über die Beaufsichtigung der Versicherungsunternehmen
VereinsG	Gesetz zur Regelung des öffentlichen Vereinsrechts (Vereinsgesetz)
VerkprospG	Wertpapier-Verkaufsprospektgesetz idF der Bekanntmachung vom 9. September 1998 (BGBl. I S. 2701)
VerschG	Verschollenheitsgesetz
VersR	Versicherungsrecht
VerwArch	Verwaltungsarchiv
VG	Verwaltungsgericht
vgl.	vergleiche
VO	Verordnung
VOB/B	Vergabe- und Vertragsordnung für Bauleistungen (VOB) Teil B: Allgemeine Vertragsbedingungen für die Ausführung von Bauleistungen idF der Bekanntmachung vom 12. September 2002 (BAnz. Beil. Nr. 202 a v. 29. 10. 2002)
Voraufl.	Vorauflage
Vorbem.	Vorbemerkung
VVG	Gesetz über den Versicherungsvertrag
VVDStRL	Veröffentlichungen der Vereinigung der deutschen Staatsrechtslehrer
VwGO	Verwaltungsgerichtsordnung
VwVfG	Verwaltungsverfahrensgesetz
WahrnG	Gesetz über die Wahrnehmung von Urheberrechten und verwandten Schutzrechten (Urheberrechtswahrnehmungsgesetz) vom 9. September 1965 BGBl I 1965, 1294
WarnR	Die Rechtsprechung des Reichsgerichts auf dem Gebiet des Zivilrechts
WEG	Wohnungseigentumsgesetz
Westermann	Sachenrecht, 7. Aufl. 1998
WG	Wechselgesetz
Wieling	Sachenrecht, 4. Aufl. 2001
Wilhelm	Sachenrecht, 2. Aufl. 2002
WiStG	Gesetz zur Vereinfachung des Wirtschaftsstrafrechts (Wirtschaftsstrafgesetz)
WM	Wertpapiermitteilungen
Wolf, Ernst	Allgemeiner Teil des Bürgerlichen Rechts, 3. Aufl. 1982 (zitiert: E. Wolf, AT)
Wolf, Manfred	Sachenrecht, 19. Aufl. 2004
Wolf/Horn/Lindacher	AGB-Gesetz, Kommentar zum Gesetz zur Regelung des Rechts der Allgemeinen Geschäftsbedingungen, 4. Aufl. 1999
Wolff/Raiser	Sachenrecht, 10. Aufl. 1957
WpHG	Gesetz über den Wertpapierhandel
WRV	Verfassung des Deutschen Reichs vom 11. 8. 1919 (Weimarer Reichsverfassung)
ZAkDR	Zeitschrift der Akademie für Deutsches Recht
ZBernJV	Zeitschrift des Bernischen Juristenvereins
Zeiss/Schreiber	Zivilprozessrecht, 10. Aufl. 2003
ZfA	Zeitschrift für Arbeitsrecht
ZGB	Schweizerisches Zivilgesetzbuch
ZGR	Zeitschrift für Unternehmens-und Gesellschaftsrecht
ZHR	Zeitschrift für das gesamte Handels- und Wirtschaftsrecht
ZIP	Zeitschrift für Wirtschaftsrecht und Insolvenzpraxis
Zöller	Zivilprozessordnung, 24. Aufl. 2004
ZPO	Zivilprozeßordnung
ZVG	Gesetz über Zwangsversteigerung und Zwangsvollstreckung
ZZP	Zeitschrift für Zivilprozeß

Alle nicht näher gekennzeichneten §§ sind solche des BGB.

Einleitung

§ 1. Das BGB als gesetzliche Grundlage des deutschen Privatrechts

Inhaltsübersicht

I. Das Privatrecht im Unterschied zum öffentlichen Recht

Das Bürgerliche Recht ist Teil des Privatrechts. Das Privatrecht ist derjenige Teil 1
der Rechtsordnung, der die Beziehungen der einzelnen Personen als Bürger zueinander auf der Grundlage ihrer Gleichberechtigung und Selbstbestimmung („Privatautonomie") regelt. Demgegenüber versteht man unter dem öffentlichen Recht denjenigen Teil der Rechtsordnung, der die Beziehungen des Staates (Bund, Länder) und anderer mit hoheitlichen Aufgaben ausgestatteter Institutionen (z. B. Gemeinden, Universitäten, Bundesbank) regelt[1]. Das öffentliche Recht ordnet dabei sowohl die Organisation dieser Institutionen wie das Verhältnis zu ihren Mitgliedern oder Benutzern und ihre Beziehungen untereinander. Beide Rechtsgebiete unterscheiden sich in mehrfacher Hinsicht voneinander.

---

[1] Zur Abgrenzung vgl. etwa *Maurer,* Allgemeines Verwaltungsrecht, § 3 Rn. 12 ff.; *H. J. Wolff,* Der Unterschied zwischen öffentlichem und privatem Recht, AöR 76 (1950), S. 205 ff.; *Bullinger,* Öffentliches Recht und Privatrecht 1968; *ders.,* Öffentliches Recht und Privatrecht in Geschichte und Gegenwart, FS Rittner, 1991, S. 69 ff.; *Zuleeg,* Die Anwendungsbereiche des öffentlichen Rechts und des Privatrechts, Verw.Arch. 73 (1982), S. 384 ff.

1. Unterschiedliche Grundprinzipien und Aufgaben des Privatrechts und des öffentlichen Rechts

a) Privatautonomie und Selbstverantwortung im Privatrecht

2 Das wesentliche Kennzeichen und das grundlegende Ordnungsprinzip des Privatrechts ist die Privatautonomie. Die Privatautonomie knüpft an die personale Selbstverantwortung der Bürger an und überläßt ihnen die Ausübung und die Gestaltung ihrer Rechte grundsätzlich in eigener Entscheidung. Die Menschenwürde in Art. 1 GG und die durch Art. 2 GG geschützte persönliche Entfaltungsfreiheit gebieten, daß der einzelne Bürger seine Lebensgestaltung und seine Beziehungen zu anderen grundsätzlich in eigener Verantwortung regeln kann und darin nicht von anderen, insbesondere auch nicht von staatlichen Stellen bevormundet wird. Demgegenüber handeln Hoheitsträger nicht in Ausübung von Freiheitsrechten, sondern in Wahrnehmung ihnen zugewiesener Kompetenzen[2].

3 Natürlich findet die von der persönlichen Freiheit geprägte und durch Art. 2 Abs. 1 GG geschützte Privatautonomie auch ihre Grenzen, vor allem durch die Interessen der Allgemeinheit an einem geordneten Zusammenleben in der Gemeinschaft. Die Beschränkung der privatautonomen Freiheit ist aber nicht beliebig möglich, sondern bedarf jeweils einer besonderen Rechtfertigung[3]. Fehlt es an einer solchen Rechtfertigung oder ist sie nicht ausreichend nachweisbar, so gebührt der privatautonomen Freiheit der Vorrang. Es gilt der Grundsatz „in dubio pro libertate", dem die Bindung der öffentlichen Gewalt an die ihr zugewiesenen Kompetenzen und an den Grundsatz der Verhältnismäßigkeit gegenübersteht.

4 Der Grundsatz der Verhältnismäßigkeit besagt, daß in die Freiheiten der Person und damit auch in ihre Privatautonomie nur insoweit eingegriffen werden darf, als dies zur Wahrnehmung höherwertiger Interessen erforderlich ist, daß der Eingriff zur Erreichung des erstrebten Ziels geeignet sein muß und daß dabei das zur Erreichung des Zwecks mildeste Mittel eingesetzt wird. Demgemäß läßt sich der Grundsatz der Verhältnismäßigkeit untergliedern in das Gebot der Erforderlichkeit, das Gebot der Geeignetheit und das Gebot des mildesten Mittels[4].

b) Vorrang der kleineren Einheit

5 Neben dem Freiheitsprinzip wird das Privatrecht auch noch durch das Subsidiaritätsprinzip getragen[5]. Das aus der katholischen Soziallehre stammende Subsidiaritätsprinzip weist die Regelungsbefugnis und die Verantwortung grundsätzlich der kleineren sozialen Einheit (Einzelperson, Familie) zu und gewährt den größeren sozialen Gemeinschaften (Gemeinde, Staat) eine Kompetenz nur insoweit, als die kleinere Einheit die betreffende Angelegenheit nicht sachgerecht lösen kann. Das Subsidiaritätsprinzip begründet mit dem Vorrang der kleineren Einheit auch den Vorrang des vom Individuum geprägten Privatrechts vor dem durch das Allgemeininteresse beherrschten öffentlichen Recht.

6 Das Subsidiaritätsprinzip reicht aber über das Privatrecht hinaus und beeinflußt auch die Kompetenzverteilung innerhalb des öffentlichen Rechts, indem die kleinere Einheit der Ge-

---

[2] *BVerfGE* 68, 193, 206.

[3] S. dazu *Canaris,* FS Lerche, 1993, S. 885.

[4] S. etwa *Maurer,* Allgemeines Verwaltungsrecht, § 10 Rn. 17; *Jarass/Pieroth,* GG, 6. Aufl. 2002, Art. 20 Rn. 81 ff.

[5] S. auch *Bydlinski,* Das Privatrecht im Rechtssystem einer „Privatrechtsgesellschaft", 1994, S. 67 ff.

meinden in ihrer Selbstverwaltung gegenüber der größeren Einheit Staat geschützt wird (Art. 28 GG), im föderalen Aufbau die Länder die grundsätzliche Zuständigkeit gegenüber dem Bund (Art. 30, 70, 83 GG) und im europäischen Bereich die nationalen Mitgliedstaaten vor der Europäischen Union haben (Art. 5 EGV)[6].

c) Wahrnehmung von Individualinteressen

Ein weiteres Unterscheidungsmerkmal zwischen Privatrecht und öffentlichem Recht liegt in den zur Wahrnehmung übertragenen Interessen. Im Privatrecht ist den am jeweiligen Rechtsverhältnis Beteiligten die Wahrnehmung ihrer eigenen Individualinteressen oder der in Vereinigungen gebündelten Individualinteressen übertragen und es geht im wesentlichen um die Durchsetzung und den Ausgleich dieser miteinander konkurrierenden und sich zum Teil widerstreitenden Individualinteressen. Demgegenüber ist in öffentlich-rechtlichen Rechtsverhältnissen immer mindestens ein Hoheitsträger beteiligt, dem ein Allgemeininteresse zur Wahrnehmung zugewiesen ist, das gegenüber Individualinteressen oder gegenüber den von anderen Hoheitsträgern wahrgenommenen Allgemeininteressen durchzusetzen und zum Ausgleich zu bringen ist[7]. 7

Auch im Privatrecht können Allgemeininteressen mit beteiligt sein, wie z. B. das Interesse an der Sicherheit des Rechtsverkehrs oder das Interesse an Regelungen, die die Rechtspflege entlasten, indem sie Rechtsverhältnisse aufgrund von Formvorschriften, wie Schriftform oder notarielle Beurkundung, leichter erkennbar und beweisbar machen[8]. Auch dient der soziale Schutz, insbesondere im Mietrecht und im Arbeitsrecht, zugleich dem Interesse der Allgemeinheit an der Verhinderung oder doch Eindämmung von Obdachlosigkeit und Arbeitslosigkeit. Diese Allgemeininteressen sind im Privatrecht aber nicht einzelnen Personen zur verantwortlichen Wahrnehmung übertragen. Vielmehr kommen sie als (Neben-)Folgen zusammen mit den als Primärzweck wahrgenommenen Individualinteressen zur Geltung oder sie begrenzen z.B. in Gestalt von Nichtigkeits- oder Unwirksamkeitsvorschriften (z.B. §§ 125, 134, 138, 536 Abs. 4, 547 Abs. 2, 551 Abs. 4, 553 Abs. 3, 554 Abs. 5, 555 u. a.) die Privatautonomie, ohne einer Privatperson die Wahrnehmung dieses Allgemeininteresses als Recht und Aufgabe zu übertragen, wie das im öffentlichen Recht durch Aufgabenzuweisung an Hoheitsträger geschieht. 8

Andrerseits geht es auch im öffentlichen Recht um den Schutz von Individualinteressen. Aber diese Individualinteressen werden gegenüber Eingriffen von Hoheitsträgern bei Wahrnehmung der ihnen zugewiesenen Allgemeininteressen geschützt und, soweit Hoheitsträger wie z. B. bei der Sozialhilfe auch Individualinteressen schützen, verfolgen sie damit im Sozialstaat eine Aufgabe der Allgemeinheit, die in Übereinstimmung mit dem Subsidiaritätsprinzip entfällt, wenn das Individuum zur Selbsthilfe in der Lage ist. 9

d) Privatrecht als Recht der rechtlich gleichgestellten Individuen

Das Privatrecht kann danach als das Recht der rechtlich gleichgestellten Individuen zur grundsätzlich eigenverantwortlichen Wahrnehmung ihrer Individualinteressen gekennzeichnet werden, während im öffentlichen Recht die Zuweisung von Kompetenzen an bestimmte Hoheitsträger zur Wahrung der Allgemeininteressen grundsätzlich jeweils besonderer Rechtfertigung bedarf. Das Privatrecht ist das Recht der grundsätzlich gleichberechtigten Freiheiten, das öffentliche Recht das Recht der begrenzten Kompetenzzuweisung im Interesse der Machtbegrenzung zum Zwecke der Freiheitssicherung. In den durch Machtbegrenzung der Staatsgewalt gesicherten Freiheitsräumen findet privatrechtliches Handeln statt. 10

---

[6] Vgl. hierzu *Geiger,* EG-Vertrag, Art. 3b Rn. 6ff.
[7] Vgl. *Maurer,* Allgemeines Verwaltungsrecht, § 3 Rn. 15.
[8] MünchKomm/*Einsele,* § 125 Rn. 6ff.; s. im einzelnen unten § 27 Rn. 4ff.

2. Rechtliche Unterschiede

11 Privatrecht und öffentliches Recht sind nicht nur theoretisch voneinander zu unterscheiden, sondern führen in mehrfacher Hinsicht auch zu **unterschiedlicher rechtlicher Behandlung.** Dies zeigt sich etwa in folgenden Bereichen.

a) Unterschiedliche Gerichtswege

12 Privatrechtliche und öffentlichrechtliche Streitigkeiten sind grundsätzlich vor **verschiedenen Gerichten** auszutragen. Nach § 13 GVG gehören vor die sogenannten ordentlichen Gerichte, die neben den Strafgerichten gerade auch die Zivilgerichte umfassen, im Grundsatz alle „bürgerlichen Rechtsstreitigkeiten". Das sind solche Streitigkeiten, die ein Rechtsverhältnis des Privatrechts und die daraus abgeleiteten Rechte betreffen.

13 Für öffentlichrechtliche Streitigkeiten, also für Streitigkeiten, die ein Rechtsverhältnis des öffentlichen Rechts oder eine daraus abgeleitete Rechtsfolge betreffen, sind heute, soweit nicht die Zuständigkeit eines Verfassungsgerichts oder aber eines besonderen Verwaltungsgerichts (nämlich eines Sozialgerichts oder Finanzgerichts) gegeben ist, die allgemeinen Verwaltungsgerichte zuständig (§ 40 Abs. 1 VwGO). Bestimmte Streitigkeiten sind, obwohl sie ihrer Natur nach öffentlichrechtlich sind, aus historischen Gründen durch Gesetz den ordentlichen Gerichten zugewiesen (vgl. Art. 14 Abs. 3 Satz 4, 34 Satz 3 GG, § 40 Abs. 2 VwGO). Von diesen Fällen abgesehen kommt es darauf an, ob das Rechtsverhältnis oder subjektive Recht, über das gestritten wird, dem öffentlichen Recht oder dem Privatrecht angehört[9].

b) Geltung der Grundrechte

14 Im Bereich des **öffentlichen Rechts** gilt die **unmittelbare Wirkung** der Grundrechte in der Weise, daß die Hoheitsträger an die Grundrechte unmittelbar gebunden sind, aber grundsätzlich nicht selbst die Grundrechte für sich in Anspruch nehmen können[10]. Grundrechtsträger sind vielmehr allein Privatpersonen und gemäß Art. 19 Abs. 3 GG auch juristische Personen, die durch die Grundrechte vor unbefugten Eingriffen der Hoheitsträger in ihrer Freiheitssphäre geschützt werden.

15 Im Bereich des **Privatrechts** stehen sich dagegen Privatpersonen gegenüber, die jeder für sich Grundrechtsträger sind. Gegenüber einer Privatperson, die ihrerseits Grundrechtsträger, z.B. Träger der Vertragsfreiheit (Art. 2 GG), der Eigentumsfreiheit (Art. 14 GG) oder des Persönlichkeitsrechts (Art. 2 Abs. 1 mit Art. 1 Abs. 1 GG) ist, kann sich eine andere Privatperson nicht in derselben Weise auf ihre Grundrechte berufen wie im Verhältnis zum Staat oder zu anderen Hoheitsträgern, die keine Grundrechtsinhaber sind. Im Privatrecht gilt deshalb grundsätzlich nicht die unmittelbare Wirkung der Grundrechte wie im Verhältnis Bürger – Staat, sondern nur eine **mittelbare Drittwirkung über die Generalklauseln,** wobei die Grundrechte der verschiedenen Grundrechtsträger gegeneinander abzuwägen und miteinander auszugleichen sind[11].

---

[9] Ist das zweifelhaft, so entscheidet in einem anhängigen Rechtsstreit das zuerst angerufene Gericht, ob der Rechtsweg zu diesem Zweig der Gerichtsbarkeit zulässig ist, s. § 17a Abs. 1, 2 GVG.

[10] S. etwa *BVerfGE* 21, 362, 369; 61, 82, 100f.; 68, 193, 206; *Maunz/Dürig,* GG, Art. 19 Abs. 3 Rn. 33ff.; *Jarass/Pieroth,* GG, 6. Aufl. 2002, Art. 19 Rn. 18; Ausnahmen gelten für einzelne juristische Personen des öffentlichen Rechts, wie z.B. die Rundfunkanstalten und Universitäten, die zur Wahrnehmung und Verteidigung der Grundrechte aus Art. 5 GG geschaffen sind (*BVerfGE* 15, 256, 262; 31, 314, 321; 59, 231, 254; 61, 82, 102; weitergehend *Kröger,* JuS 1981, 26, 28; *Broß,* Verw Arch 1986, 72ff.).

[11] S. dazu im einzelnen unten § 4 Rn. 64ff.; § 8 Rn. 36ff.

Im Privatrecht können sich grundsätzlich auch der Staat und andere Hoheitsträger frei betätigen, z. B. wie ein Privatmann Kaufverträge, Mietverträge, Darlehensverträge oder Arbeitsverträge abschließen. Insofern nehmen Hoheitsträger an den grundrechtlich gesicherten privatrechtlichen Freiheiten teil, ohne daß sie ihnen in gleicher Weise wie Privatpersonen grundrechtlich gewährleistet sind[12]. Eine Einschränkung der freien privatrechtlichen Betätigung gilt aber im Bereich des Verwaltungsprivatrechts, d. h. wenn Hoheitsträger nicht rein privatrechtlich handeln, sondern die ihnen übertragenen öffentlichen Aufgaben wahrnehmen, sich dabei aber nicht ihrer öffentlichrechtlichen Befugnisse bedienen, sondern privatrechtliche Formen benutzen. Dies gilt z. B., wenn die Gemeinde eine Stadthalle privatrechtlich vermietet oder ihren Verkehrsbetrieb durch eine GmbH führen läßt oder die Müllabfuhr privaten Firmen überträgt. Die Hoheitsträger dürfen sich dann durch das Ausweichen in privatrechtliche Betätigungsformen nicht ihren öffentlichrechtlichen Bindungen entziehen[13]. 16

c) Kompetenzzuweisung

Da die öffentlichrechtliche Betätigung der Hoheitsträger nur im Rahmen der ihnen zugewiesenen Kompetenzen zulässig ist, gehört zum öffentlichen Recht stets eine **Zuständigkeitsprüfung,** d. h. eine Prüfung, ob der jeweilige Hoheitsträger die von ihm wahrgenommenen Aufgaben und Befugnisse auch aufgrund einer rechtswirksamen Norm zugewiesen erhalten hat. Im Bereich des Privatrechts gilt dagegen der Grundsatz der freiheitlichen Betätigung für jedermann, deshalb entfällt grundsätzlich auch eine Kompetenz- und Zuständigkeitsprüfung. 17

3. Abgrenzung von Privatrecht und öffentlichem Recht

Für die aufgrund der unterschiedlichen Rechtsfolgen erforderliche Abgrenzung zwischen privatem und öffentlichem Recht sind in einer längeren Entwicklung **verschiedene Theorien** ausgearbeitet worden. 18

a) Subordinationstheorie

Anknüpfend an die Ausübung hoheitlicher Gewalt ist zunächst das Bestehen eines **Über- und Unterordnungsverhältnisses** mit einseitiger hoheitlicher Bestimmungsmacht als charakteristisch für das öffentliche Recht bezeichnet worden (sog. Subordinationstheorie), während sich im Privatrecht die Parteien auf der Ebene der Gleichordnung gegenübertreten[14] und ihre Rechtsverhältnisse in gegenseitiger Übereinstimmung durch Vertrag miteinander regeln. 19

Der Staat legt seinen Bürgern zum **Beispiel** Steuerpflichten auf, ohne daß es darauf ankäme, ob der einzelne dem zugestimmt hat, oder er beschränkt ihn, soweit das die Verfassung zuläßt, in seinen Rechten, z. B. im Gebrauch des Grundeigentums. Er handelt insoweit hoheitlich. 20

Auch wenn grundsätzlich davon ausgegangen werden kann, daß bei Vorliegen eines rechtlich anerkannten Über- und Unterordnungsverhältnisses das Rechtsverhältnis dem öffentlichen Recht zuzuordnen ist[15], so sind doch im öffentlichen Recht Rechtsverhältnisse auf der Ebene der Gleichordnung möglich und im Privatrecht existieren Unterwerfungsverhältnisse. 21

---

[12] In Betracht kommt aber etwa der Schutz des Eigentums einer Gemeinde oder einer Sparkasse gegen Enteignung (Art. 14 Abs. 3 GG); auch hier zurückhaltend aber *BVerfGE* 61, 82, 106 ff.; 75, 192, 200.

[13] S. *v. Zezschwitz,* NJW 1983, 1873; *Ehlers,* DVBl. 1983, 422; *Maurer,* Allgemeines Verwaltungsrecht, § 3 Rn. 9; § 17 Rn. 1.

[14] S. etwa *BGHZ* 14, 222, 225 f.; 35, 175, 177; 67, 81, 86.

[15] S. *GemS OBG* BGHZ 97, 312.

22 Wer Mitglied in einem privaten Verein ist, ist an dessen satzungsgemäße Beschlüsse, z. B. über eine Erhöhung des Mitgliedsbeitrags, gebunden, solange er sich nicht dieser Bindung durch seinen Austritt entzieht[16]. Zuweilen sind privatrechtliche Verbände, insbesondere Sportverbände, straff organisiert und nehmen für sich private Sanktionsgewalt mit eigener Vereinsgerichtsbarkeit in Anspruch[17]. Ferner können die Eltern im Rahmen ihres Sorge-, insbesondere ihres Erziehungsrechts dem Kind Pflichten und Beschränkungen auferlegen (§§ 1631, 1632). Gleichordnung im öffentlichen Recht zeigt sich insbesondere, wenn ein öffentlichrechtlicher Vertrag als sog. koordinationsrechtlicher Vertrag[18] etwa zwischen juristischen Personen des öffentlichen Rechts, wie zwischen zwei Gemeinden, zwischen einer Stadt und einer Universität, zwischen zwei Bundesländern oder zwischen dem Bund und den Ländern zur Wahrnehmung hoheitlicher Aufgaben geschlossen wird. Auch das klassische Völkerrecht ist im Prinzip ein Recht gleichberechtigter Staaten. Da sich die Beteiligten danach auch im öffentlichen Recht auf der Ebene der Gleichordnung gegenübertreten können, ist die Subordinationstheorie für die Abgrenzung von Privatrecht und öffentlichem Recht nicht in allen Fällen geeignet.

b) Interessentheorie

23 Bereits im römischen Recht wurde die Interessentheorie zugrunde gelegt[19].

24 Versteht man diese Theorie dahin, daß im Privatrecht Individualinteressen verfolgt und geschützt werden, während im öffentlichen Recht Allgemeininteressen wahrgenommen werden, so ist diese Abgrenzung nicht zuverlässig, da auch im Privatrecht Allgemeininteressen zu berücksichtigen sind, wie etwa die Sicherheit des Rechtsverkehrs[20]. Auch sind im öffentlichen Recht auf der Seite des Bürgers Individualinteressen beteiligt, die gerade auch durch die Grundrechte geschützt werden. Man kann aber auch darauf abstellen, daß im Bereich des öffentlichen Rechts der auf einer Seite beteiligte Hoheitsträger nicht eigene Individualinteressen, sondern vorrangig Interessen der Allgemeinheit wahrnimmt, während im Privatrecht jeder Beteiligte grundsätzlich sein eigenes Individualinteresse verfolgt. Mögen daneben auch Allgemeininteressen eine Rolle spielen, so werden sie im Privatrecht doch nicht isoliert, sondern über gleichzeitige Wahrnehmung von Individualinteressen durch die Privatpersonen zur Geltung gebracht oder sie zeigen die Grenzen privatrechtlichen Handelns auf (s. oben Rn. 8). In dieser modifizierten Form enthält auch die Interessentheorie einen berechtigten Kern, wenngleich die Bestimmung der Allgemeininteressen und ihre Abgrenzung von den Individualinteressen nicht immer zuverlässig möglich ist.

c) Subjektstheorie

25 Die Subjektstheorie will die Abgrenzung danach vornehmen, ob an einem Rechtsverhältnis ein Hoheitsträger beteiligt ist, dann soll es sich um öffentliches Recht handeln, oder ob nur Privatpersonen beteiligt sind wie im Privatrecht.

26 Da Hoheitsträger wie Bund, Länder, Gemeinden und sonstige Körperschaften (z. B. Universitäten) und Anstalten (z. B. Sparkassen) des öffentlichen Rechts aber ebenso wie Privatpersonen privatrechtliche Verträge, etwa Kaufverträge, Werkverträge, Darlehensverträge oder Dienstverträge abschließen und privatrechtliches Eigentum erwerben können, sagt die Eigenschaft, Hoheitsträger zu sein, für sich allein nichts über die Art des Rechtsverhältnisses aus, an dem der Hoheitsträger beteiligt ist[21]. Die Subjektstheorie kann jedoch in modifizierter Form, wenn sie mit den ausschließlich einem Hoheitsträger übertragenen Aufgaben verknüpft wird, als sog. Sonderrechtstheorie eine weitgehend zuverlässige Abgrenzung von Privatrecht und öffentlichem Recht leisten.

---

16 Zur Reichweite des Satzungsrechts vgl. MünchKomm/*Reuter,* § 25 Rn. 27 f.
17 S. etwa *BGH* LM H. 6/1995 § 25 BGB Nr. 34 m. Anm. *M. Wolf.*
18 Vgl. zu diesem Begriff *Maurer,* Allgemeines Verwaltungsrecht, § 14 Rn. 12.
19 Sie geht zurück auf den Satz des römischen Juristen *Ulpian* (170–228 a. D.): „publicum ius est quod ad statum rei Romanae spectat, privatum quod ad singulorum utilitatem" (Ulp. Dig. 1, 1, 1, 2).
20 S. oben § 1 Rn. 8; vgl. auch *Maurer,* Allgemeines Verwaltungsrecht, § 3 Rn. 15.
21 Vgl. *Maurer,* Allgemeines Verwaltungsrecht, § 3 Rn. 6 ff.

d) Sonderrechtstheorie

Nach der Sonderrechtstheorie, die überwiegend Anerkennung gefunden hat[22], ist ein Rechtsverhältnis öffentlichrechtlich, wenn an ihm mindestens ein Hoheitsträger mit Rechten und Pflichten beteiligt ist, die nur ihn in seiner Eigenschaft als Träger öffentlicher Gewalt treffen können[23]. Die Sonderrechtsstellung, aufgrund der der Hoheitsträger handelt, ist danach das Kennzeichen des öffentlichen Rechts. Das Privatrecht hat demgegenüber Rechte und Pflichten zum Gegenstand, die jedermann zustehen können. Das Privatrecht ist deshalb das Recht für jedermann, während im öffentlichen Recht immer ein Hoheitsträger mit Sonderrechten beteiligt ist, die einer Privatperson nicht zustehen. 27

Beispiele: Eine Baugenehmigung oder das Verbot, ein denkmalgeschütztes Bauwerk zu veräußern, kann nur von der Behörde, nicht von einem Privatmann ausgesprochen werden, weshalb es sich um ein öffentlichrechtliches Rechtsverhältnis handelt. Steuern können nur vom Staat erhoben werden. Als Hoheitsträger, nicht als Privatrechtssubjekt handelt der Staat auch, wenn er aufgrund entsprechender Gesetze Leistungen fürsorglicher Art erbringt, weil die Erbringung dieser Leistung, die in Erfüllung der Aufgaben des Sozialstaates geschieht, und nicht die Sache von Privatleuten ist. 28

Schließen zwei Gemeinden oder zwei Länder miteinander einen Vertrag, der die Ausübung ihrer hoheitlichen Befugnisse betrifft, so handeln sie als Träger hoheitlicher Gewalt, der Vertrag ist ein öffentlich-rechtlicher. Es kommt insoweit auf den Inhalt des Vertrages, insbesondere darauf an, ob ein Vertrag gleichen Inhalts auch unter Privatleuten möglich wäre[24]. 29

Eigentum an Grund und Boden oder an beweglichen Sachen, wie z.B. an Möbeln oder Büchern, kann von jedermann erworben werden, weshalb es sich beim Eigentum um ein privatrechtliches Rechtsinstitut handelt. Eine Gesellschaft, etwa als Aktiengesellschaft oder GmbH, kann neben Privatpersonen auch ein Hoheitsträger, z.B. eine Gemeinde, gründen. Auch ein Kaufvertrag, ein Mietvertrag, ein Darlehensvertrag oder ein Arbeitsvertrag kann von jedermann geschlossen werden, neben Privatpersonen auch von einem Hoheitsträger, wenn er z.B. eine Büroausstattung kauft, ein Gebäude mietet oder Arbeitskräfte anstellt. Es handelt sich deshalb um Privatrecht. Erbe kann jeder sein, auch der Staat (§ 1936 BGB), weshalb das Erbrecht dem Privatrecht zugehört. 30

Privatrechtliche Gesetze enthalten Rechte, von denen jedermann Gebrauch machen kann, wie z.B. das BGB, das HGB, das AktG, das GmbHG, das UrhG, das PatG, das MarkenG oder das UWG. Umgekehrt sehen **öffentlichrechtliche Gesetze,** wie die Polizeigesetze oder die Gemeindeordnung, nur Sonderrechte oder -pflichten für die Verwaltung vor und gehören deshalb ins öffentliche Recht. Es gibt aber auch Gesetze, die **sowohl privatrechtliche wie auch öffentlichrechtliche Regelungen** 31

---

[22] S. insbesondere *GemS OBG* BGHZ 97, 312 = NJW 1985, 2359; *BGHZ* 102, 283; *Brox,* AT, Rn. 9; *Hübner,* AT, Rn. 5; Palandt/*Heinrichs,* Einleitung Rn. 3; MünchKomm/*Säcker,* Bd. 1, Einleitung Rn. 3; ein anderes Abgrenzungskriterium schlägt *Medicus,* AT, Rn. 10 a.E. vor: Das öffentliche Recht sei das Recht der gebundenen, das Privatrecht das der freien Entscheidung. Gebunden ist der ausführende Beamte aber auch dort, wo er für den Staat oder die von ihm vertretene Körperschaft einen privatrechtlichen Vertrag schließt. Auch dieses Kriterium vermag daher nicht zu befriedigen. Richtig ist, daß hoheitliches Handeln strikt weisungsgebunden ist, das Privatrecht es aber vornehmlich mit selbstbestimmtem, autonomen Handeln zu tun hat.

[23] S. *Bachof,* Festgabe aus Anlaß des 25jährigen Bestehens des *BVerwG,* 1978, S. 1, 9ff.; *Bettermann,* NJW 1977, 715 in Fortführung der von *H.J. Wolff,* AöR 76, 205 begründeten Zuordnungstheorie. Dazu auch *Maurer,* Allgemeines Verwaltungsrecht, § 3 Rn. 18; *D. Schmidt,* Die Unterscheidung von privatem und öffentlichem Recht, 1985. Die Einordnung mancher Rechtsverhältnisse als privatrechtlich oder öffentlichrechtlich läßt sich nur historisch erklären.

[24] Vgl. *Maurer,* Allgemeines Verwaltungsrecht, § 14 Rn. 10.

enthalten, wie z.B. das Kartellgesetz (GWB), das sowohl privatrechtliche Vorschriften enthält, etwa §§ 1, 33 GWB, aber auch öffentlichrechtliche Eingriffs- und Erlaubnisbefugnisse für die Kartellbehörde (s. z.B. §§ 8–10, 12, 16, 32, 36, 41, 42 GWB). Ähnliche Verzahnungen finden sich in Teilen des Arbeitsrechts (z.B. §§ 18ff. KSchG; §§ 19ff. MuSchG; §§ 71, 77, 85ff. SGB IX). Auch im SigG (v. 21. 5. 2001, BGBl. I S. 876) finden sich neben öffentlichrechtlichen Regelungen (etwa §§ 19ff. SigG) solche, die dem Privatrecht zuzuordnen sind (etwa § 11 SigG). Es ist deshalb jeweils im Einzelfall gemäß der Sonderrechtstheorie zu prüfen, ob eine Vorschrift dem Privatrecht oder dem öffentlichen Recht zuzuordnen ist.

32 Dabei kann trotz des öffentlichrechtlichen Charakters einer Vorschrift die Zuständigkeit der Zivilgerichte vorgesehen werden (s. § 63 Abs. 1 und 4 GWB: Zuständigkeit des *OLG;* §§ 74, 75 GWB: Zuständigkeit des *BGH*). Dies muß aber ausdrücklich im Gesetz vorgesehen werden, weil ohne diese Spezialzuweisung die Verwaltungsgerichte zuständig wären (vgl. § 40 Abs. 1 VwGO). Unabhängig von der gerichtlichen Zuständigkeit gelten aber für die öffentlichrechtlichen Vorschriften auf jeden Fall die unmittelbare Grundrechtsbindung und die Notwendigkeit der Zuständigkeitsprüfung (s. oben Rn. 14, 17).

4. Mischformen

33 Die Unterteilung in Privatrecht und öffentliches Recht wird der Vielgestaltigkeit der Lebensverhältnisse nicht immer gerecht. Der Gesetzgeber ist an diese Unterscheidung auch nicht zwingend gebunden. Dennoch kommen darin die grundsätzlichen Unterschiede zweier Rechtsgebiete mit unterschiedlichen Aufgaben und Regelungszielen zum Ausdruck. Es gibt aber auch Rechtsverhältnisse in Gestalt von Mischformen, die sich nicht notwendig dem Privatrecht oder öffentlichen Recht zuordnen lassen.

a) Prozeßrecht

34 Die Unterscheidung zwischen dem öffentlichen Recht und dem Privatrecht sollte sinnvollerweise nur auf das materielle Recht, d.h. die Regelung der Lebensverhältnisse zwischen den Rechtssubjekten mit ihren Rechten und Pflichten, bezogen werden und nicht auf das Prozeßrecht als die Verfahrensordnung, die die Art und Weise der Durchsetzung der materiellen Rechte regelt[25]. Zwar rechnet man allgemein das Prozeßrecht zum öffentlichen Recht[26], weil die Rechtspflege eine Betätigung der staatlichen Hoheitsgewalt und das Verhältnis der Parteien, sowie der Zeugen und Sachverständigen zum Gericht nicht das der Gleichordnung, sondern das einer Unter- und Überordnung ist. Im Verhältnis zum Gericht überwiegt wegen der unmittelbaren Wirkung der Grundrechte und wegen der Bindung an die Zuständigkeiten deshalb der öffentlichrechtliche Charakter.

35 Aber bei den eigentlichen Verfahrensregeln geht es nicht nur um dieses Verhältnis, sondern ebenso um das Verhältnis der Prozeßparteien zueinander, die sich im Verfahren als gleichberechtigt gegenüberstehen. Die heutige Prozeßlehre sieht das Prozeßrechtsverhältnis als ein dreiseitiges Rechtsverhältnis an, nämlich als ein Rechtsverhält-

[25] Nach *Pawlowski,* AT, Rn. 24 Anm. 32 geht die Unterscheidung von Verfahrensrecht und materiellem Recht derjenigen des letzteren in öffentliches Recht, Sozialrecht und Privatrecht voraus.

[26] So *Rosenberg/Schwab/Gottwald,* Zivilprozeßrecht, 15. Aufl. 1993, § 1 VI; *Blomeyer,* Zivilprozeßrecht, 2. Aufl. 1985, § 1 II; *Jauernig,* Zivilprozeßrecht, 27. Aufl. 2002, § 2 V.

nis der Parteien sowohl untereinander wie zum Gericht[27]. Soweit es das Verhältnis der Parteien zueinander betrifft, trägt das Prozeßrechtsverhältnis vor allem wegen der aus der Privatautonomie abgeleiteten Dispositionsfreiheit eher dem Privatrecht vergleichbare Züge. Die Parteien können z.B. darüber entscheiden wie und mit welchen Aufwand sie ihre Rechte geltend machen wollen, z.B. ob und welche Beweismittel sie in den Prozeß einführen wollen. Da aber das Verfahren eine Einheit darstellt, die man nicht in eine öffentlich-rechtliche und in eine privatrechtliche Komponente zerlegen kann, ist das Prozeßrecht als ein eigenes Rechtsgebiet anzusehen, das zwischen dem öffentlichen Recht und dem Privatrecht steht.

b) Kollektivrecht

Neben den Individualinteressen, deren Anerkennung und Abgrenzung zwischen 36
den Bürgern die hauptsächliche Aufgabe des Privatrechts ist, bestehen auch **kollektive Gruppeninteressen,** die z.B. in Kollektiveinrichtungen des Arbeits- und Sozialrechts, aber auch durch die Zulassung von Verbandsklagen (z.B. § 13 Abs. 2 Nr. 2–4 UWG, § 3 UklaG) rechtliche Anerkennung finden (s. auch unten § 2 Rn. 53ff.).

An die Stelle der herkömmlichen Zweiteilung will *Pawlowski* deshalb eine Dreiteilung des 37
(materiellen) Rechts in Privatrecht, Sozialrecht und öffentliches Recht setzen[28], wobei an Stelle von Sozialrecht zur Vermeidung von Mißverständnissen besser von **Kollektivrecht** gesprochen wird. Im Bereich des Privatrechts entscheide über die Gestaltung der Rechtsverhältnisse das Individuum gemäß seiner eigenen Interessenbewertung, ein Bereich des öffentlichen Rechts der Staat oder ein anderer hoheitlich organisierter Verband durch seine Amtsträger, die streng an die Weisungen ihrer Vorgesetzten, so wie diese an die Gesetze und die Verfassung gebunden sind. Im Bereich des Sozialrechts (= Kollektivrechts) dagegen würden die Entscheidungen von auf freiwilligem Zusammenschluß beruhenden Verbänden (z.B. Gewerkschaften, Arbeitgeberverbände) oder von gewählten Interessenvertretern (z.B. Betriebsräte) getroffen.

Die Mitwirkung von Verbänden oder Interessenvertretern an der Gestaltung der Bedingun- 38
gen des Wirtschafts- und Arbeitslebens und die klageweise Geltendmachung von Rechten, die Gruppeninteressen schützen[29], ist ein sich verstärkender Grundzug unserer heutigen Wirtschafts- und Gesellschaftsordnung[30]. Die für diese Institutionen geltenden Rechtsvorschriften lassen sich weder eindeutig dem klassischen Privatrecht noch dem öffentlichen Recht zuordnen.

Die kollektiven Institutionen betätigen sich zwar im wesentlichen in den Formen 39
des Privatrechts; deshalb ist die innere Organisation dieser Verbände, ungeachtet ihrer sozialen Funktion, dem Privatrecht zuzurechnen. Sie bedient sich auch der Rechtsform des Vertrages. Zugleich haben sie jedoch die Befugnis, in Tarifverträgen (§ 4 Abs. 1 TVG) und Betriebsvereinbarungen (§ 77 Abs. 4 S. 1 BetrVG) Vorschriften mit unmittelbarer, d.h. gesetzesgleicher Wirkung zu erlassen. Damit ist ihnen eine besondere Verantwortung zugewiesen. Dies hat zur Folge, daß sie wie im öffentlichen Recht unmittelbar an die Grundrechte gebunden sind[31], ohne jedoch selbst öffentliche Gewalt auszuüben und Hoheitsträger zu sein. Auch unterliegt die Ausübung ihrer

---

[27] So besonders *Rosenberg/Schwab/Gottwald,* Zivilprozeßrecht, § 2 II.

[28] *Pawlowski,* AT, Rn. 24; zum Sozialrecht Rn. 17ff.

[29] S. dazu auch *M. Wolf,* Die Klagebefugnis der Verbände – Ausnahme oder allgemeines Prinzip, 1972.

[30] Vgl. *Wieacker,* Privatrechtsgeschichte der Neuzeit, 2. Aufl., S. 546f.; *Schwab,* Einführung in das Zivilrecht, 14. Aufl. 2000, Rn. 78.

[31] S. *Wiedemann/Stumpf,* TVG, 5. Aufl. 1977, Einl. Rn. 57ff. m.w.N.; für mittelbare Drittwirkung ohne erkennbare Unterschiede im Ergebnis s. *Zöllner/Loritz,* Arbeitsrecht, 5. Aufl. 1998, § 7 III m.w.N.

Kollektivrechte einer genauen Zuständigkeitsprüfung (s. oben Rn. 17). Das Kollektivrecht steht so gesehen zwischen Privatrecht und dem öffentlichen Recht[32].

5. Verhältnis von Privatrecht und öffentlichem Recht

40 Jede Gesellschafts- und Wirtschaftsordnung muß sich darüber Klarheit verschaffen, in welchem Umfang sie die Lebensverhältnisse ihrer Bürger durch das Privatrecht oder das öffentliche Recht gestalten und regeln will. Dabei geht es hauptsächlich um die Frage, ob und inwieweit Privatpersonen in ihrer Freiheitssphäre geschützt werden und ihre Angelegenheiten in eigener Verantwortung regeln dürfen oder ob und inwieweit ein Hoheitsträger aufgrund eines Allgemeininteresses an ihrer Stelle tätig wird und eine Befugnis zur Regelung und zum Eingriff in ihre Lebensverhältnisse zugesprochen erhält.

a) Grundsätzlicher Vorrang privatrechtlicher Freiheiten

41 Aufgrund des Schutzes der persönlichen Freiheiten durch die Grundrechte und als Folge des Subsidiaritätsprinzips (oben Rn. 5) ist entsprechend dem Grundsatz „in dubio pro libertate" grundsätzlich vom **Vorrang privatrechtlicher Regelung** auszugehen, wenn ein höherwertiges Allgemeininteresse nicht erkennbar ist[33]. Dies rechtfertigt sich auch daraus, daß der einzelne seine Angelegenheiten selbst grundsätzlich besser beurteilen und besorgen kann. Soweit er der Leistungen anderer bedarf, kann er diese Bedürfnisse an einem freien Markt mit einer Vielzahl von Angeboten besser dekken und seine Auswahl treffen, als wenn ihm Güter und Dienstleistungen nach einem staatlichen Plan zugeteilt werden. Der selbstregulierte Ausgleich von Angebot und Nachfrage am Markt kann auf Veränderungen der Nachfrage regelmäßig besser reagieren und durch die Konkurrenz mehrerer Wettbewerber lassen sich Machtkonzentrationen eher verhindern als bei Zuteilung durch eine staatliche Planwirtschaft.

42 Das Funktionieren des Marktes setzt die privatrechtlichen Institute der Vertragsfreiheit und des Eigentums voraus, die jedem Marktteilnehmer die selbstbestimmte Entscheidung über die Teilnahme am Marktgeschehen und die eigenverantwortliche Gestaltung seiner Austauschbeziehungen ermöglichen wollen. Die effektive Sicherung der persönlichen grundrechtlichen Freiheiten und des freien Austausches am Markt erfordern des weiteren, daß die Übertragung von Eingriffs- und Regelungsbefugnissen auf Hoheitsträger grundsätzlich nur bei einer besonderen Rechtfertigung durch höherwertige Allgemeininteressen[34] erfolgen darf[35]. Dabei räumt das *BVerfG* dem Gesetzgeber einen gewissen Entscheidungsspielraum ein[36], was aber nicht den Verzicht auf Rechtfertigung bedeuten kann.

---

[32] Vgl. auch *Ramm,* Einführung I, § 19 I. Zum Arbeitsrecht unten § 1 Rn. 56.

[33] Vgl. zum Dogma des Vorrangs öffentlicher Interessen als Restbestand monarchischer und absolutistischer Wertungen, das im demokratischen Rechtsstaat nicht mehr gelten kann *Häberle,* Öffentliches Interesse als juristisches Problem, 1970, S. 553 ff.

[34] Vgl. zur Vielgestaltigkeit der Begriffe Allgemeininteresse und öffentliches Interesse die Schrift, Wohl der Allgemeinheit und öffentliche Interessen, 1968, etwa in den Beiträgen von *Rupp,* S. 116 ff. und *Ule,* S. 125 ff.

[35] Zur Notwendigkeit der Rechtfertigung im Einzelfall s. auch *Häberle,* Öffentliches Interesse als juristisches Problem, 1970, S. 527.

[36] Sein Umfang hängt von „der Eigenart des in Rede stehenden Sachbereichs, den Möglichkeiten, sich ein hinreichend sicheres Urteil zu bilden, und der Bedeutung der auf dem Spiel stehenden Rechtsgüter ab", *BVerfGE* 50, 290, 332; 57, 139, 159; 62, 1, 50. Vgl. hierzu auch

b) Institutionelle Sicherung privatrechtlicher Freiheiten

43 Die privatrechtlichen Freiheiten wie etwa die Vertragsfreiheit und das Eigentum funktionieren nicht immer störungsfrei und ohne Beeinträchtigungen. Bevor aber diese privatrechtlichen Institute abgeschafft und durch hoheitliche Eingriffsbefugnisse des öffentlichen Rechts ersetzt werden, muß es zunächst darum gehen, die **Funktionsbedingungen der privatrechtlichen Institute** zu **sichern** und Mißbrauch auszuschalten.

44 Dies geschieht etwa durch die Sicherung des Wettbewerbs im Gesetz gegen Wettbewerbsbeschränkungen (GWB – KartellG) oder im Gesetz gegen unlauteren Wettbewerb (UWG). Ebenso kann durch zwingende gesetzliche Regelung in begründeten Fällen die Vertragsfreiheit begrenzt oder die vereinbarte Regelung durch richterliche Inhaltskontrolle auf ihre Angemessenheit überprüft werden, wie z. B. bei der Kontrolle von AGB nach §§ 307 ff. Auch sollte sozialstaatliche Hilfe in erster Linie Hilfe zur Selbsthilfe[37] sein und nicht zur Schaffung von dauernder staatlicher Abhängigkeit führen. Erst wenn solche am Grundsatz des mildesten Mittels orientierten Maßnahmen nicht ausreichen, sollten Eingriffs- und Regelungsbefugnisse einem Hoheitsträger zur Wahrung höherwertiger Allgemeininteressen mit den Mitteln des öffentlichen Rechts übertragen werden.

c) Privatrecht neben öffentlichem Recht

45 Auch wenn öffentlichrechtliche Befugnisse auf einen Hoheitsträger übertragen werden, bedeutet dies nicht notwendig, daß dadurch privatrechtliche Ansprüche und Rechte ausgeschlossen werden. Soweit es die Wahrnehmung des als höherwertig anerkannten Allgemeininteresses nicht stört, dieses vielleicht sogar noch stärkt und unterstützt, können und müssen **privatrechtliche Ansprüche neben öffentlichrechtlichen Zuständigkeiten** bestehen bleiben.

46 Ein gutes **Beispiel** hierfür bietet etwa der Umweltschutz, wo privatrechtliche Ansprüche neben öffentlichrechtlichen Eingriffs- und Regelungsbefugnissen zur Verfügung stehen, dann aber einer Koordination bedürfen, um sich nicht gegenseitig zu hemmen und einander zu widersprechen[38]. Nur wo eine solche Koordination nicht gelingt und die Gewährung privatrechtlicher Befugnisse die Wahrnehmung eines höherwertigen Allgemeininteresses beeinträchtigen würde, darf das öffentliche Recht das Privatrecht verdrängen.

II. Das Bürgerliche Recht als Teil des Privatrechts

1. Das BGB als allgemeines Privatrechtsgesetz

47 Innerhalb des Privatrechts gibt es Lebensverhältnisse in vielgestaltiger Form, deren Regelung entweder jeweils durch Spezialgesetze für verschiedene Lebensbereiche oder durch ein allgemeines Privatrechtsgesetzbuch erfolgen kann, das grundsätzlich für alle Lebensbereiche gilt. Das Bürgerliche Gesetzbuch (BGB) ist als privatrechtliche Kodifi-

Jarass/Pieroth, GG, 6. Aufl. 2002, Art. 20 Rn. 87; *von Mangoldt/Klein/Starck,* GG, 4. Aufl. 1999, Art. 1 Rn. 245.

[37] S. im Sozialrecht § 1 Abs. 2 Satz 2 BSHG (ab 1. 1. 2005 § 1 Satz 2 SGB XII); aus der Sicht der Staatslehre *Zippelius,* Allgemeine Staatslehre, 14. Aufl. 2003, § 35 IV.

[38] S. im einzelnen etwa *M. Wolf,* Sachenrecht, Rn. 374 ff.

kation mit grundsätzlich allgemeinem Geltungsanspruch zu verstehen[39]. Es ist das **privatrechtliche Basisgesetz** und so gesehen das Grundgesetz des Privatrechts. Dies zeigt sich in mehrfacher Hinsicht.

a) Das BGB als Rechtsordnung für jedermann

48 Innerhalb des Privatrechts war das BGB als die zusammenfassende Kodifikation der privatrechtlichen Verhältnisse gedacht, die grundsätzlich **jede Person** betreffen können. Der Begriff des bürgerlichen Rechts stellt die Übersetzung des im römischen Recht bestehenden „jus civile" dar, das unabhängig von einem bestimmten Stand für die Privatpersonen untereinander galt[40]. Das bürgerliche Recht oder Zivilrecht hat demgemäß auch in seiner heutigen Bedeutung keinen Bezug mehr zum Bürger als Angehörigen eines bestimmten sozialen Standes, sondern regelt die privatrechtlichen Verhältnisse der Personen untereinander ohne Rücksicht auf ihre soziale Stellung, ihre Staatsangehörigkeit oder ihre Zugehörigkeit zu einem bestimmten Volk[41]. Demgemäß spricht auch § 1 BGB von der „Rechtsfähigkeit des Menschen" als eine jedem Menschen zukommende Eigenschaft[42], wodurch das BGB schon bei seinem Inkrafttreten im Jahre 1900 das heute in Art. 3 GG festgehaltene Gleichheitsgebot im Bereich des Privatrechts anerkannt hat.

49 Das BGB gilt als Teil des Privatrechts nicht nur für natürliche Personen, sondern auch für juristische Personen, soweit mit ihrem Wesen vereinbar. Auch juristische Personen des öffentlichen Rechts können sich der Rechtsform des BGB bedienen, z. B. Kaufverträge abschließen und Eigentum erwerben.

b) Rechtsverhältnisse für jedermann

50 Das BGB ist aber nicht nur in persönlicher Hinsicht für alle gedacht, sondern betrifft auch nach seinem Gegenstand solche privatrechtlichen **Verhältnisse, die alle angehen.** Dies zeigt das BGB in seinen 5 Büchern deutlich. Das 1. Buch, der Allgemeine Teil (§§ 1–240), regelt die grundlegenden Institute des Privatrechts, wie insbesondere die Rechtsgeschäftslehre und die Lehre von den Rechtssubjekten, die im gesamten Bereich des Privatrechts gelten und damit ihre allgemeine Bedeutung offenkundig machen. Das 2. Buch, das Recht der Schuldverhältnisse (Schuldrecht, §§ 241–853), enthält die Schuldverträge, die Grundlage des Austausches von Gütern und Dienstleistungen im täglichen Leben sind, wie etwa der Kaufvertrag (§§ 433 ff.), der Mietvertrag (§§ 535 ff.), der Dienstvertrag (§§ 611 ff.), der Werkvertrag (§§ 631 ff.) oder der Darlehensvertrag (§§ 488 ff.). Zum Schuldrecht gehören aber auch die gesetzlichen Schuldverhältnisse, wobei sowohl Schadensersatzansprüche aus unerlaubter Handlung (§§ 823 ff.) wie auch Ansprüche aus ungerechtfertigter Bereicherung (§§ 812 ff.) und Geschäftsführung ohne Auftrag (§§ 677 ff.) für oder gegen jeden im täglichen Leben entstehen können. Das 3. Buch, das Sachenrecht (§§ 854–1296), hat die den Personen zustehenden Herrschaftsrechte an Sachen zum Gegenstand, wozu insbesondere das Eigentum, aber auch der Besitz als tatsächliche Sachherrschaft zu zählen sind. Mit Eigentum und Besitz an Sachen ist aber wiederum jedermann kon-

[39] Vgl. Palandt/*Heinrichs,* Einleitung Rn. 10; Soergel/*M. Wolf,* Einleitung zum BGB Rn. 8.
[40] S. dazu *Böhmer,* Einführung in das bürgerliche Recht, 2. Aufl. 1965, § 1; *Medicus,* AT, Rn. 12.
[41] S. auch *Wieacker,* Privatrechtsgeschichte der Neuzeit, 2. Aufl. 1967, S. 461.
[42] Vgl. hierzu auch Palandt/*Heinrichs,* § 1 Rn. 1; *Medicus,* AT, Rn. 1043.

frontiert. Auch das 4. Buch, das Familienrecht (§§ 1297–1921), betrifft mit dem Rechtsverhältnis der Ehe, vor allem aber mit dem Eltern-Kind-Verhältnis und der Verwandtschaft Rechte und Pflichten für jede natürliche Person. Ebenso können die im 5. Buch, dem Erbrecht (§§ 1922–2385), geregelten Rechte eines Erben oder eines Pflichtteilsberechtigten für jeden Geltung erlangen.

c) Allgemeine Grundsätze des Privatrechts

Das BGB zeigt seine Bedeutung als allgemeines Privatrechtsgesetz auch darin, daß es 51
zur Regelung privatrechtlicher Verhältnisse aufgrund seines **allgemeinen Geltungsanspruchs** grundsätzlich immer zur Anwendung kommt, wenn und soweit keine spezialgesetzliche Regelung besteht[43]. Viele Spezialgesetze bauen auf den **allgemeinen Grundsätzen des Privatrechts** auf und sind nur auf dieser Grundlage verständlich. So sind etwa die Begriffe des Anspruchs (§ 194) und der sonstigen subjektiven Rechte von allgemeiner Bedeutung für das gesamte Privatrecht. Gleiches gilt für das Institut des Vertrags oder für die Rechtsfigur der juristischen Person. Auch das Recht des Schadensersatzes hat als Sanktion bei Pflichtverletzungen allgemeine Bedeutung. Die Spezialgesetze knüpfen vielfach an diese und andere allgemeine Grundlagen des bürgerlichen Rechts an und ergänzen die allgemeinen Grundlagen des BGB für besondere Interessenlagen (s. Rn. 52ff.).

2. Sonderprivatrechte neben dem BGB

Neben dem BGB als Privatrecht mit allgemeinem Geltungsanspruch bestehen spezi- 52
elle Gesetze für begrenzte Anwendungsbereiche, die auch als Sonderprivatrecht bezeichnet werden[44]. Dabei gibt es für die jeweiligen Sonderprivatrechte verschiedene Anknüpfungspunkte, die im Regelfall auch ihren Anwendungsbereich eingrenzen.

a) Besondere gewerbliche und berufliche Betätigung

Die gewerbliche und berufliche Betätigung bedient sich grundsätzlich der allgemei- 53
nen privatrechtlichen Rechtsformen, insbesondere des Vertragsrechts. So findet die ärztliche Behandlung oder die Rechtsberatung durch den Anwalt z.B. im Rahmen eines Dienstvertrags statt und der Architekt wird wie der Handwerker aufgrund eines Werkvertrags tätig. Bei einzelnen gewerblichen und beruflichen Betätigungen bestehen aber besondere Verhältnisse, für die der Gesetzgeber im Handelsrecht[45] und im Arbeitsrecht[46] besondere Regelungen vorgesehen hat. Die privatrechtlichen Verbrauchervorschriften sind dagegen weitgehend ins BGB eingegliedert, da Verbraucher jeder sein kann und Verbrauchergeschäfte von jedermann abgeschlossen werden.

aa) Das **Handelsrecht,** das sich im wesentlichen im Handelsgesetzbuch (HGB) fin- 54
det, ist in seinem Anwendungsbereich auf Kaufleute zugeschnitten, wie sie in §§ 1–7

[43] Vgl. auch *Bydlinski,* System und Prinzipien des Privatrechts, 1996, S. 431ff.; Palandt/*Heinrichs,* Einleitung Rn. 1.

[44] Vgl. Palandt/*Heinrichs,* Einleitung Rn. 1; *Medicus,* AT, Rn. 13; *Köhler,* AT, § 2 Rn. 9; *Bydlinski,* System und Prinzipien des Privatrechts, 1996, S. 415ff.

[45] Zum Handelsrecht als Sonderprivatrecht vgl. *Zöllner,* ZGR 1983, 82; *Singer,* ZIP 1992, 1058; *Kort,* AcP 193 (1993), 453; *Bydlinski,* Handels- und Unternehmerrecht als Sonderprivatrecht, 1990, S. 9ff.

[46] Zum Arbeitsrecht als Sonderprivatrecht vgl. *Martens,* JuS 1987, 337; *Richardi,* ZfA 1988, 221

HGB umschrieben sind. Die Vorschriften des HGB tragen den besonderen Interessen und Bedürfnissen der kaufmännischen Betätigung Rechnung.

55 So werden zum **Beispiel** spezielle Einrichtungen, wie die Eintragung ins Handelsregister (§§ 8ff. HGB), die Führung der Firma (§§ 17ff. HGB), die Pflichten zur Buchführung (§§ 238ff. HGB) und zur Erstellung von Bilanzen und Jahresabschlüssen (§§ 242ff., 264ff. HBG) geschaffen, oder es werden allgemeine Institute des bürgerlichen Rechts durch Sonderregelungen ergänzt und modifiziert, wie etwa das Recht der Stellvertretung (§§ 164ff. BGB) durch die Vorschriften über die Prokura und Handlungsvollmacht (§§ 48ff. HGB) oder es bestehen spezielle Vorschriften zum Handelskauf (§§ 373ff. HGB) ergänzend zu §§ 433ff. BGB oder spezielle Vorschriften zur Bürgschaft (§§ 349f. HGB) ergänzend zu §§ 765ff. BGB. Auch werden ergänzend zu den Schuldvertragstypen des BGB besondere kaufmännische Schuldverträge wie das Kommissionsgeschäft (§§ 383ff. HGB), das Speditionsgeschäft (§§ 453ff. HGB), das Lagergeschäft (§§ 467ff. HGB) und das Frachtgeschäft (§§ 407ff. HGB) geregelt, die ohne diese Regelung dem Geschäftsbesorgungsvertrag (§ 675 BGB), dem Werkvertrag (§§ 631ff. BGB) und dem Verwahrungsvertrag (§§ 688ff. BGB) zuzurechnen wären.

56 bb) Für die handelsgewerbliche Betätigung werden mit dem Recht der **Personenhandelsgesellschaften** (§§ 105ff., §§ 161ff. HGB) und dem Recht der **Kapitalgesellschaften,** insbesondere dem Aktiengesetz und dem GmbH-Gesetz auch besondere Gesellschaftsformen bereit gestellt. Für die Personenhandelsgesellschaften, die auf der BGB-Gesellschaft (§§ 705ff.) als Grundform aufbauen (s. § 105 Abs. 2 HGB), ist der Betrieb eines Handelsgewerbes im Sinne von § 1 Abs. 2 HGB Voraussetzung (vgl. § 105 Abs. 1 HGB, § 161 HGB), während die Aktiengesellschaft und die GmbH, die an den Verein (§§ 21ff.) als Grundform anknüpfen, allein aufgrund ihrer Rechtsform Handelsgesellschaften sind ohne Rücksicht darauf, welche Geschäfte sie tatsächlich betreiben (§ 3 AktG, §§ 1, 13 Abs. 3 GmbHG).

57 cc) An Merkmale der beruflichen Tätigkeit knüpft auch das **Arbeitsrecht** an, da es das Bestehen eines Arbeitsverhältnisses zwischen Arbeitgeber und Arbeitnehmer voraussetzt[47]. Im Zentrum des Arbeitsrechts steht der Arbeitsvertrag, der sich auf der Grundlage des Dienstvertrags der §§ 611ff. durch zahlreiche Schutzvorschriften zugunsten des Arbeitnehmers zu einem selbständigen Vertragstyp entwickelt hat[48]. Die Schutzbedürftigkeit des Arbeitnehmers ergibt sich dadurch, daß er eine fremdbestimmte, weisungsgebundene Tätigkeit für den Arbeitgeber erbringt, von dem er abhängig ist, weil er typischerweise des Arbeitslohns zur Bestreitung seines Lebensunterhalts bedarf[49].

58 Die **Schutzvorschriften** zugunsten des Arbeitnehmers finden sich nur zum geringen Teil im BGB (§ 611a, § 611b, § 612 Abs. 3, § 612a, § 613a, §§ 616–619, § 622), zum weit überwiegenden Teil dagegen in speziellen Schutzgesetzen wie dem Kündigungsschutzgesetz, dem Arbeitszeitgesetz, dem Bundesurlaubsgesetz, dem Entgeltfortzahlungsgesetz, dem Mutterschutzgesetz oder dem Jugendarbeitsschutzgesetz, um nur einige wichtige zu nennen. Neben den speziellen Schutzvorschriften zugunsten des Arbeitnehmers hat sich das Arbeitsrecht auch durch die kollektivrechtlichen Regelungen zu einem selbständigen Rechtsgebiet entwickelt. Zum **Kollektivrecht**[50] gehören einerseits das Tarifvertragsgesetz und das Arbeitskampfrecht, deren Akteure auf Arbeitnehmerseite die Gewerkschaften sind, sowie andererseits das Betriebsverfassungsgesetz, das vor allem die Mitwirkungsrechte des Betriebsrats als Kollektivorgan der

[47] Vgl. auch *Medicus,* AT, Rn. 13.
[48] Vgl. Palandt/*Putzo,* Einf. v. § 611 Rn. 3; MünchKomm/*Müller-Glöge,* § 611 Rn. 5.
[49] S. zum Begriff des Arbeitnehmers etwa Palandt/*Putzo,* Einf. v. § 611 Rn. 7f.; MünchKomm/*Müller-Glöge,* § 611 Rn. 165.
[50] S. etwa *Zöllner/Loritz,* Arbeitsrecht, 5. Aufl. 1998, S. 365ff.

Arbeitnehmer im Betrieb regelt. Schließlich ist als Teil des Kollektivrechts auch das Recht der Mitbestimmung zu nennen, das die Entsendung von Vertretern der Arbeitnehmer in den Aufsichtsrat von Gesellschaften zum Gegenstand hat.

dd) Zahlreiche **Verbrauchervorschriften,** die früher in Sondergesetzen außerhalb des BGB enthalten waren, sind durch das Schuldrechtsmodernisierungsgesetz seit 1. 1. 2002 in das BGB integriert worden (z.B. §§ 305ff., 312ff., 355ff., 474ff., 481ff., 491ff., 499ff., 505ff.). Auch enthält das BGB eine Definition des Verbrauchers (§ 13). 59

Die weitgehende Einbeziehung der privatrechtlichen Verbraucherschutzvorschriften in das BGB sind sachgerecht, weil der Begriff des Verbrauchers gemäß § 13 eine bestimmte Rolle im Marktgeschehen umschreibt (s. unten § 42 Rn. 25ff., 36ff.), die jedermann einnehmen kann. Dies entspricht der Funktion des BGB als dem privatrechtlichen Basisgesetz mit Geltung für jedermann (s. oben Rn. 47ff.)[51]. 60

b) Sicherung des Wettbewerbs als Institution

Zum Sonderprivatrecht gehören auch die Wirtschaftsgesetze, die der Sicherung des Wettbewerbs in einem freien Markt dienen. Ein funktionierender Markt mit mehreren Anbietern und Nachfragern, die miteinander im Wettbewerb stehen, ist eine wichtige Voraussetzung für den effektiven Gebrauch der Vertragsfreiheit, damit jeder Marktteilnehmer in einem Prozeß des Auswählens und Aushandelns seine Interessen angemessen wahrnehmen kann. Die Sicherung eines funktionierenden Wettbewerbs in einem freien Markt ist deshalb ein wesentliches Anliegen der Rechtsordnung. 61

Gefahren drohen dem Wettbewerb vor allem daraus, daß mehrere Wettbewerber aufgrund von Absprachen und aufeinander abgestimmten Verhaltensweisen in Kartellen ein einheitliches Verhalten pflegen, z.B. einheitliche Preise festlegen und dadurch Wahlmöglichkeiten ausschließen. Wettbewerb kann auch durch den Zusammenschluß mehrerer Unternehmen unter einer einheitlichen Leitung (Fusion) ausgeschlossen werden, oder ein aufgrund eigenen Wachstums oder durch Ausscheiden von Mitbewerbern marktstark gewordenes Unternehmen kann seine Marktposition mißbrauchen. Den damit verbundenen Gefahren für den Wettbewerb will das **Gesetz gegen Wettbewerbsbeschränkungen (GWB)** entgegen treten, indem es Kartellverbote (§§ 1ff. GWB), die Kontrolle mißbräuchlichen Verhaltens (§§ 19ff. GWB) und eine Fusionskontrolle (§§ 35ff. GWB) vorsieht. 62

Der Wettbewerb kann auch durch unlauteres Verhalten einzelner Anbieter, z.B. durch Irreführung der Verbraucher oder durch unsachliches Herabsetzen der Mitbewerber, gefährdet werden. Diesen Gefahren will das **Gesetz gegen unlauteren Wettbewerb (UWG)** begegnen, indem es neben einzelnen speziellen Tatbeständen generell ein gegen die guten wettbewerblichen Sitten verstoßendes Verhalten verbietet (§ 1 UWG). 63

c) Gewerblicher Rechtsschutz und Urheberrecht

Der Fortschritt in der Wirtschaft und Gesellschaft benötigt das geistige Schaffen und den Erfindungsreichtum. Um hierfür Anreize zu bieten und das kostenlose Nachahmen und Schmarotzen anderer zu unterbinden, sehen verschiedene Spezialgesetze Schutzrechte für Neuschöpfungen vor. Dazu gehört etwa das Patentgesetz, das dem Erfinder technischer Neuerungen ein ausschließliches Nutzungsrecht einräumt. Das 64

---

[51] Für die Integration auch *Grundmann,* AcP 202, 40, 68.

Gebrauchsmusterschutzgesetz und das Geschmacksmustergesetz schützen Neugestaltungen unter den technischen Erfindungen. Durch das Markengesetz werden geschäftliche Bezeichnungen und Kennzeichen vor der gewerblichen Benutzung durch andere geschützt. Da diese Gegenstände gedankliche Inhalte betreffen, die im Gegensatz zu körperlichen Sachen nicht angefaßt werden können, spricht man allgemein von Immaterialgüterrechten. Zu den Immaterialgüterrechten gehört auch das im Urhebergesetz geregelte Urheberrecht, das aber auch ohne unmittelbare Beziehung zu einer gewerblichen Verwertung als Ausfluß des Persönlichkeitsrechts geschützt wird[52].

d) Sonstige spezielle Sachgebiete

65 Außerhalb des BGB existieren eine Fülle privatrechtlicher Sondergesetze, die jeweils spezielle Sachgebiete regeln. So befassen sich etwa das Scheckgesetz und das Wechselgesetz mit speziellen Formen der Zahlung ohne Benutzung des Geldes als gesetzliches Zahlungsmittel. In Spezialgesetzen findet sich auch vielfach die Regelung von Tatbeständen der Gefährdungshaftung, d. h. einer Schadenshaftung ohne Verschulden, so etwa die Gefährdungshaftung beim Betrieb von Kraftfahrzeugen in § 7 StVG, die Haftung beim Betrieb von Eisenbahnen u. a. nach dem HaftpflichtG, aber auch die Haftung nach dem UmwelthaftungsG. Das besondere Sachgebiet des Versicherungsvertrags hat das Versicherungsvertragsgesetz (VVG) zum Gegenstand. Für das Wohnungseigentum gibt es ein besonderes Wohnungseigentumsgesetz (WEG). Die vorstehende Aufzählung ist dabei keineswegs erschöpfend.

3. Sinn und Bedeutung der Unterscheidung

66 Die Unterscheidung zwischen dem bürgerlichen Recht als allgemeinem Privatrecht und dem Sonderprivatrecht ist nicht immer eindeutig zu ziehen. Ob bestimmte Rechtsfragen im BGB oder in Sondergesetzen außerhalb des BGB geregelt sind, erlaubt keine zuverlässige Abgrenzung, da dafür oft mehr oder weniger zufällige Gründe maßgebend sind. Das bürgerliche Recht als allgemeines Privatrecht findet grundsätzlich auf jedermann und jede Betätigung Anwendung.

67 Dies gilt insbesondere für die ersten drei Bücher des BGB (Allgemeiner Teil, Schuld- und Sachenrecht). Demgegenüber sind die Vorschriften des Sonderprivatrechts wie des Handelsrechts und des Arbeitsrechts auf bestimmte Arten der beruflichen Tätigkeit, d. h. des Betriebs eines Handelsgewerbes (§ 1 HGB) oder der unselbständigen Arbeit beschränkt und können außerhalb dieses Bereichs nicht zur Anwendung kommen. Dabei ist gleichgültig, daß jeder Kaufmann oder Arbeitnehmer werden kann[53]. Entscheidend ist, daß von diesen Rechtsgebieten nur bestimmte Betätigungsformen erfaßt werden, während das allgemeine bürgerliche Recht solche Anwendungsvoraussetzungen nicht aufstellt.

68 Darin kommt der allgemeine Geltungsanspruch des bürgerlichen Rechts zum Ausdruck, der sich darin äußert, daß seine Vorschriften gelten, solange sie nicht durch das Sonderprivatrecht verdrängt werden, und daß das Sonderprivatrecht in vielfältiger Weise auf dem allgemeinen bürgerlichen Recht aufbaut und nur für besondere Interessenlagen ergänzende und modifizierte Regelungen vorsieht. Für das bürgerliche Recht im Sinne eines allgemeinen Privatrechts kommt es nicht darauf an, ob es im BGB geregelt ist oder nicht.

---

[52] Zum personalen Bezug des Urheberrechts vgl. *Rehbinder,* Urheberrecht, 11. Aufl. 2001, S. 12ff., 38ff.

[53] Darauf stellt *Medicus,* AT, Rn. 15 ab.

III. Die Bedeutung und Funktion des Allgemeinen Teils

Jedes Rechtsgebiet kennt allgemeine Prinzipien, die als Leitlinien für seine Wertentscheidungen, seinen Inhalt, seine Ausgestaltung und seine Anwendung bestimmend sind. Dies gilt für das Privatrecht insgesamt ebenso wie für das BGB als privatrechtliches Basisgesetz im Besonderen. Der Gesetzgeber hat sich im BGB dafür entschieden, die Grundsätze und Rechtsinstitute, die für die anderen Teile des BGB und das Privatrecht insgesamt von gemeinsamer Bedeutung sind, im ersten Buch mit der Überschrift „Allgemeiner Teil" zusammenzufassen. Damit werden Regelungen, die auch in den anderen Büchern zur Anwendung kommen können, als **allgemein gültige Vorschriften** quasi vor die Klammer gezogen. Dies dient der Vereinfachung insofern, als dieselben Regelungen nicht immer wieder in den anderen Büchern wiederholt werden müssen. Zugleich werden damit für gleichartige Probleme einheitliche Lösungen erarbeitet, und gemeinsame Wertungen und Prinzipien werden erkennbar[54]. 69

Die Verwendung eines Allgemeinen Teils ist ein bewährtes gesetzgeberisches Gestaltungsmittel[55], das auch in anderen Gesetzeswerken zur Anwendung kommt, so etwa im StGB, in der ZPO, im AktG, in der InsO. Auch andere Rechtsordnungen und internationale Übereinkommen bedienen sich dieses Gestaltungsmittels, mag auch der Abstraktionsgrad des Allgemeinen nicht immer so hoch und umfassend sein wie im BGB, sondern sich auf engere Teilbereiche beschränken. So finden sich allgemeine Vorschriften etwa im UN-Kaufrecht (Art. 7ff., 25ff.) ebenso im Bürgerlichen Gesetzbuch der Niederlande, z.B. über das Vermögen im allgemeinen (Buch 3 Art. 1ff.), über Verbindlichkeiten im allgemeinen (Buch 6 Art. 1ff.) oder über den Vertrag im allgemeinen (Buch 6 Art. 213ff.). Auch der italienische Codice civile kennt einen Abschnitt über Verbindlichkeiten im allgemeinen (Art. 1173ff.) und Verträge im allgemeinen (z.B. Art. 1321ff.). Gleiches gilt für den französischen Code civil mit einem Titel über den Vertrag und vertragliche Verbindlichkeiten im allgemeinen (Art. 1101ff.). Die allgemeinen Vorschriften sind hier einzelnen Büchern und Abschnitten vorangestellt und nicht als eigenständiges Buch dem gesamten Gesetzeswerk wie im Allgemeinen Teil des BGB. 70

Der Gesetzgeber des BGB hat sich, um überflüssige Vorschriften weitgehend zu vermeiden, oft damit begnügt, nur die für notwendig befundenen Einzelfragen zu regeln. Allgemeine Rechtsprinzipien und Grundsätze hat er dagegen immer wieder ausgeklammert (Ausklammerungsmethode) und sie stillschweigend vorausgesetzt oder in den Zusammenhang einer Regelung eingebettet. Diese gesetzgeberische Methode kennzeichnet auch den Allgemeinen Teil. Deshalb kann sich die Darstellung des Allgemeinen Teils nicht darauf beschränken, sich allein mit den ausdrücklichen gesetzlichen Vorschriften der §§ 1–240 zu beschäftigen. Vielmehr müssen im Allgemeinen Teil gerade auch die das BGB und das **Privatrecht insgesamt beherrschenden Grundsätze und Rechtsprinzipien** als allgemeine Grundlagen aufgezeigt und bewußt gemacht werden. Zu diesen allgemeinen Grundlagen gehören sowohl Rechtsbegriffe und Rechtsinstitute von allgemeiner Bedeutung als auch Wertprinzipien, die das BGB und das Privatrecht durchdringen. 71

1. Allgemeine Rechtsbegriffe und Rechtsinstitute

Zu den Rechtsbegriffen und Rechtsinstituten von allgemeiner Bedeutung im Privatrecht insgesamt gehören insbesondere der Begriff des Rechtssubjekts. Dabei steht 72

[54] S. zu den Vor- und Nachteilen auch unten § 3 Rn. 76ff.
[55] S. dazu auch *Noll*, Gesetzgebungslehre, 1973, S. 213, 221.

die Person im Mittelpunkt. Sie ist als natürliche Person Träger von Rechten und Pflichten (dazu unten § 5). Auch juristische Personen werden als Rechtssubjekte anerkannt (dazu unten § 9ff.). Zu den allgemeinen Rechtsbegriffen zählt auch der Begriff des Rechtsverhältnisses und des subjektiven Rechts mit seinen Grenzen, darunter insbesondere der Anspruch und seine Verjährung (dazu unten §§ 13ff.). Zu klären ist auch, was die möglichen Objekte von Rechten sein können (dazu unten §§ 20, 21). Als Rechtsinstitute von allgemeiner Bedeutung im BGB und darüber hinaus gehören in den Allgemeinen Teil vor allem das Rechtsgeschäft mit der Willenserklärung und dem Vertrag als den wesentlichen Gestaltungsinstrumenten zur Erzeugung privatautonomer Rechtsfolgen (dazu unten §§ 22ff.)[56]. Dazu gehört auch das rechtsgeschäftliche Handeln für andere mit dem Institut der Stellvertretung (dazu unten §§ 46ff.).

2. Allgemeine Rechtsgrundsätze und Wertprinzipien

73 Die allgemeinen Vorschriften eines Gesetzeswerks können sich nicht auf die Beschreibung allgemein anwendbarer Begriffe und Rechtsinstitute beschränken, sondern müssen auch die das gesamte Gesetzeswerk beeinflussenden und beherrschenden Rechtsgrundsätze und Prinzipien zum Ausdruck bringen. Diese Rechtsgrundsätze und Prinzipien enthalten die Werte und Wertungen, die über die einzelnen Bücher hinweg für das Verständnis und die Auslegung des BGB insgesamt maßgebend sind.

74 Von diesen Werten und Wertungen haben sich bereits die Verfasser des BGB leiten lassen. Aufgrund der zentralen Bedeutung der Grundrechte für das gesamte staatliche Leben wirken aber auch die in den Grundrechten enthaltenen Werte und Wertungen auf das Privatrecht ein (s. unten § 4 Rn. 51ff.) und beeinflussen dessen Rechtsgrundsätze und Prinzipien. Wie die Grundrechte selbst, so enthalten auch die privatrechtlichen Werte und Leitprinzipien Anforderungen, die zum Teil miteinander kollidieren und sich gegenseitig hemmen. Es ist dann Aufgabe der Rechtsprechung und Rechtswissenschaft, diese unterschiedlichen Werte gegeneinander abzugrenzen und miteinander in Einklang zu bringen.

75 Als Rechtsgrundsätze und Prinzipien von allgemeiner Bedeutung für das BGB und das Privatrecht insgesamt ist zunächst zu nennen der Schutz der Person und ihrer Persönlichkeit (dazu unten § 8). Ein beherrschendes Prinzip für das gesamte Privatrecht ist die Sicherung und Gewährleistung der privatrechtlichen Freiheiten, die sowohl in der Vertragsfreiheit (unten § 34) und der Vereinigungsfreiheit (s. unten § 9) wie auch in der Rechtsausübungsfreiheit (unten § 14) ihren Ausdruck finden. Mit den Freiheiten verbunden ist zugleich die Verantwortung für ihre Ausübung und die damit verbundenen Folgen (dazu § 2 Rn. 23ff., § 35 Rn. 1ff.). Schließlich können Freiheiten in einer Gemeinschaft nie grenzenlos sein. Sie müssen deshalb auch im Privatrecht ihre Schranken finden. Diese Schranken beruhen einerseits auf Interessen des Gemeinwohls (dazu unten §§ 40, 41) andererseits auf Schutzinteressen der anderen Teilnehmer am Rechtsverkehr. Deshalb bilden sowohl der Vertrauensschutz (unten § 2 Rn. 32ff., § 28, § 35, § 48) wie der sozialstaatliche Schutz in bestimmten Markt- und Vertragssituationen (unten § 2 Rn. 20ff., § 42) einen wesentlichen Bestandteil der privatrechtlichen Wertungen. Hinzukommt der auch im Privatrecht angelegte Konflikt zwischen Freiheit und Gleichheit. Dabei sind bei grundsätzlichem Vorrang der privatautonomen Freiheiten der Umfang und das Ausmaß von Diskriminierungsverboten zu bestimmen.

---

[56] Dafür auch *Zitelmann*, Grünhuts Zeitschr. 33 (1906), 1, 26ff.

3. Die Bedeutung der richtigen Einordnung

Hat sich der Gesetzgeber einmal für die Schaffung eines Allgemeinen Teils entschieden, so ist es zweckmäßig, sich an diese Systematik zu halten und Neuregelungen in diese Systematik einzufügen. Auch müssen Sachzusammenhänge berücksichtigt werden, weil sonst die Übersicht verloren zu gehen droht und Fehler bei der systematischen Auslegung (dazu § 4 Rn. 40) vorprogrammiert sind. Gegen diese Regeln der Gesetzeskunst hat der Gesetzgeber mit dem Schuldrechtsreformgesetz in mehrfacher Weise verstoßen. 76

Ein Sachzusammenhang besteht z.B. zwischen der Irrtumslehre und der Lehre von der Geschäftsgrundlage, die an die gemeinsamen Vorstellungen der Vertragsparteien über das Eintreten oder den Fortbestand bestimmter vertragsrelevanter Umstände anknüpft. Unter Mißachtung dieses Zusammenhangs mit der Rechtsgeschäfts- und Irrtumslehre hat der Gesetzgeber die Störung der Geschäftsgrundlage nicht im Allgemeinen Teils des BGB, sondern im Schuldrecht geregelt (§ 313). Durch diese falsche systematische Einordnung entsteht zugleich der Eindruck, eine Störung der Geschäftsgrundlage könne es nur bei Schuldverträgen geben. Dies ist jedoch nicht der Fall (dazu unten § 38 Rn. 26ff.). 77

Ein Sachzusammenhang besteht auch zwischen der Rechtsgeschäftslehre und den Allgemeinen Geschäftsbedingungen (AGB). Im Zusammenhang mit den AGB ist zu regeln, wie sie in den Vertrag einbezogen und Vertragsbestandteil werden. Dies gehört sachlich zusammenhängend zu den Vorschriften über den Vertragsschluß. Die Vorschriften über die AGB regeln aber auch den zulässigen Inhalt von Verträgen. Diese Vorschriften bestimmen die Schranken der Vertragsfreiheit und gehören damit ebenfalls in den Allgemeinen Teil. Sachwidrig hat der Gesetzgeber die Vorschriften über die AGB in das Schuldrecht (§§ 305ff.) eingefügt und damit den Eindruck erweckt, als ob sich die Problematik der AGB nur bei Schuldverträgen stelle. Dies ist aber nicht der Fall. AGB sind sowohl für Schriftformklauseln (§ 127), bei Verjährungsklauseln (§§ 194ff.), bei Vollmachtsklauseln (§ 167) sowie allgemein bei Vertragsabschlußklauseln bedeutsam, womit jeweils im Allgemeinen Teil geregelte Sachfragen angesprochen sind. Ebenso sind AGB für sachenrechtliche Fragen von Bedeutung wie etwa für Verarbeitungsklauseln (§ 950), für die zulässigen Bedingungen bei der Einigung nach § 929, insbesondere im Zusammenhang mit dem Eigentumsvorbehalt, oder für die Bestellung von Pfandrechten (§§ 1204ff.) in AGB. Demgemäß spricht auch die umfassende Bedeutung der AGB über mehrere Bücher des BGB hinweg für ihre Einfügung in den Allgemeinen Teil[57]. Durch die verfehlte Einfügung in das Schuldrecht droht die Gefahr, daß die Anwendung der gesetzlichen Bestimmungen über die AGB über die Schuldverträge hinaus nicht mehr gesichert ist. 78

Ein enger sachlicher Zusammenhang besteht auch zwischen den Vorschriften über den Vertragsabschluß und dem Rechtsverhältnis der Vertragsverhandlungen (culpa in contrahendo). Dies zeigt sich nicht nur in dem engen zeitlichen Zusammenhang mit den Vertragsverhandlungen, sondern auch darin, daß im Rahmen dieses Rechtsverhältnisses Fragen der fahrlässigen Täuschung in Erweiterung von § 123 zu klären sind sowie Fragen der Aufhebung und Vernichtung von Verträgen sowie eines etwaigen Anspruchs auf den Abschluß eines Vertrags (s. im einzelnen unten § 31). Trotz dieses 79

---

[57] S. dazu auch *Wolf/Pfeiffer,* ZRP 2001, 303; *Weick,* JZ 2002, 442.

Sachzusammenhangs mit der Rechtsgeschäfts- und Vertragslehre hat der Gesetzgeber das Rechtsverhältnis der Vertragsverhandlungen im Schuldrecht (§ 311 Abs. 2) geregelt. Da Vertragsverhandlungen nicht nur bei Schuldverträgen, sondern auch bei anderen Verträgen im Sachenrecht, im Familienrecht und im Erbrecht geführt werden, hätte es auch wegen der übergreifenden Bedeutung dieses Rechtsverhältnisses[58] nahe gelegen, es in den Allgemeinen Teil aufzunehmen. Dies gilt umso mehr, als das Rechtsverhältnis der Vertragsverhandlungen auch aus den bereits im Allgemeinen Teil enthaltenen Vorschriften der §§ 122, 149, 179 entwickelt worden ist.

80 Je geringer die systematische Ordnung, desto mehr ist die Gleichbehandlung gefährdet und desto mehr muß mit Analogien gearbeitet werden. Auch wird die Orientierung innerhalb des Regelwerks des BGB erschwert, wenn einzelne Regelungskomplexe an anderer Stelle als dem wegen ihres Sachzusammenhangs naheliegensten eingefügt werden. Beide Aspekte führen zu erheblicher Rechtsunsicherheit.

§ 2. Geistige und soziale Grundlagen des BGB im Wandel der Zeit

Inhaltsübersicht

[58] S. etwa Palandt/*Heinrichs*, § 311 Rn. 15.

Literatur: *Basedow,* Das BGB im künftigen europäischen Privatrecht, AcP 200 (2000), 445; *Canaris,* Wandlungen des Schuldvertragsrechts – Tendenzen zu seiner „Materialisierung“, AcP 200 (2000), 273; *Hofer,* Freiheit ohne Grenzen? Privatrechtstheoretische Diskussionen im 19. Jahrhundert, 2001; *Raiser,* Die Aufgabe des Privatrechts, 1977; *Rebe,* Privatrecht und Wirtschaftsordnung, 1978; *Repgen,* Die soziale Aufgabe des Privatrechts, Eine Grundfrage in Wissenschaft und Kodifikation am Ende des 19. Jahrhunderts, 2001; *Rother,* Elemente und Grenzen des zivilrechtlichen Denkens, 1975; *Wieacker,* Das Sozialmodell des klassischen Privatrechtsgesetzbücher und die Entwicklung der modernen Gesellschaft, 1953.

Gesetze und Rechtsvorschriften wollen das tägliche Leben und die gesellschaftlichen 1
Verhältnisse ordnen und gestalten. Der Gesetzgeber, der Gesetze erläßt, sowie die Personen, die die Gesetze anwenden, müssen deshalb die sozialen Verhältnisse und die geistigen Grundhaltungen in der Gesellschaft berücksichtigen, um die richtigen, sozialadäquaten Regelungen treffen zu können und nicht an den Bedürfnissen und Einstellungen der Menschen vorbeizugehen. Demgemäß sind die geistigen und sozialen Grundlagen aufzuzeigen, die das BGB bei seiner Entstehung beeinflußt haben und die die gegenwärtige Form und den gegenwärtigen Inhalt des Privatrechts prägen. Dabei handelt es sich um verschiedene Aspekte und Entwicklungen, die sich teils ergänzen und überschneiden.

I. Ethischer Personalismus als Grundlage des BGB

Hinter dem BGB, seinen Grundbegriffen und seinen grundlegenden Wertungen, 2
steht der ethische Personalismus als Menschenbild, den seine Verfasser, ohne es ausdrücklich auszusprechen, als selbstverständlich vorausgesetzt haben. Dieses Menschenbild geht vom Menschen als ethisch und vernunftmäßig bestimmter Person aus, die ihrer Natur und Bestimmung nach darauf angelegt ist, ihr Dasein und ihre Umwelt im Rahmen der ihr jeweils gegebenen Möglichkeiten frei und verantwortlich zu gestalten, sich Ziele zu setzen und selbst Schranken des Handelns aufzuerlegen.

Seine Wurzeln hat dieses Verständnis sowohl in der christlichen Religion wie in der Philo- 3
sophie, insbesondere in dem ethischen Personalismus *Kants,* der auf die Vorstellungswelt der Schöpfer des BGB in ähnlicher Weise eingewirkt hat wie die Naturrechtslehre des 18. Jahrhunderts auf die Verfasser des Preußischen Allgemeinen Landrechts und des Österreichischen Allgemeinen Bürgerlichen Gesetzbuchs[1]. „Vernunftlose Wesen“, sagt *Kant*[2], „haben nur einen relativen Wert, als Mittel, und heißen daher Sachen, dagegen vernünftige Wesen Personen genannt werden, weil ihre Natur sie schon als Zwecke an sich selbst, das ist etwas, das nicht bloß als Mittel gebraucht werden darf, auszeichnet“. Daraus ergibt sich für *Kant* als das moralische Grundgebot: „Handele so, daß du die Menschheit sowohl in dieser Person, als in der Person jedes anderen zugleich als Zweck, niemals bloß als Mittel brauchst“. Für *Kant* ist dabei „Vernunft“ nicht nur das Vermögen, Gegenstände der wahrnehmbaren Welt und deren Ge-

---

[1] Die Ethik und Rechtsphilosophie *Kants,* aber auch der an ihn anknüpfenden Philosophen des deutschen Idealismus und der Frühromantik, wurde der deutschen gemeinrechtlichen Wissenschaft des 19. Jahrhunderts vornehmlich durch *Savigny* vermittelt. Vgl. dazu *Wieacker,* Privatrechtsgeschichte der Neuzeit, 2. Aufl., S. 375f.; grundlegend jetzt *Rückert,* Idealismus, Jurisprudenz und Politik bei *F. C. v. Savigny,* 1983. Über die Bedeutung dieser Ethik im Denken *Windscheids,* der den ersten Entwurf zum BGB maßgeblich beeinflußt hat, vgl. *E. Wolf,* Große Rechtsdenker, 4. Aufl., S. 603f. Zur Rechtskritik *Kants* und zu ihrer Bedeutung für die gegenwärtige rechtsphilosophische Diskussion jetzt *Dreier,* Rechtsbegriff und Rechtsidee, 1986.

[2] Grundlegung der Metaphysik der Sitten, 2. Abschnitt, S. 33ff.

setzlichkeit zu erkennen, sondern auch das Vermögen des Menschen, das moralische Gebot, dessen Grund nach ihm die Vernunft selbst ist, zu erkennen und danach zu handeln. Auf dieser ihm eigenen Fähigkeit beruht nach *Kant* der unbedingte Wert des Menschen, seine „Würde"[3].

4 Der ethische Personalismus mit der Anerkennung der Person und ihrer Würde beherrscht heute durch Art. 1 GG als oberstes Prinzip die gesamte Rechtsordnung. Aus der Menschenwürde folgt, daß jeder Mensch gegenüber jedem anderen ein Recht darauf hat, von ihm als Person geachtet zu werden. Dieses **Prinzip des gegenseitigen Achtens** ist ein Grundprinzip nicht nur unseres positiven Rechts, sondern ebenso ein Prinzip anderer entwickelter Rechtsordnungen, es ist ein Grundprinzip richtigen Rechts[4].

5 Dieses Grundprinzip wird von *Kant*[5] in folgender Weise gekennzeichnet: „Ein jeder Mensch hat rechtmäßigen Anspruch auf Achtung von seinen Mitmenschen, und wechselseitig ist er dazu auch gegen jeden anderen verbunden". Kürzer und einprägsamer sagt *Hegel*[6]: „Das Rechtsgebot ist daher: sei eine Person und respektiere die anderen als Personen".

6 Aus dem ethischen Personalismus mit dem Prinzip des gegenseitigen Achtens ergeben sich verschiedene, teils schon im BGB enthaltene, teils später ausgebaute und entwickelte **Folgerungen** und Rechtsgrundsätze.

1. Schutz der Person

7 Die gegenseitige Anerkennung als Person bedeutet insbesondere, daß jeder den anderen in seiner Individualität als Persönlichkeit achten muß und nicht unerlaubt in dessen Persönlichkeitssphäre eindringen und sie verletzen darf. Das BGB hatte den **Persönlichkeitsschutz** noch auf den Schutz einzelner Güter wie Leben, Körper, Gesundheit und Freiheit (s. § 823 Abs. 1) oder den Schutz der Ehre (§ 823 Abs. 2 mit §§ 185 ff. StGB), der Kreditwürdigkeit (§ 824) und des Namensrechts (§ 12) beschränkt und im übrigen auf die gegenseitige, moralisch freiwillige Achtung der Persönlichkeitssphäre des anderen vertraut. Die ethische Fundierung des Persönlichkeitsschutzes kam im BGB auch noch dadurch zum Ausdruck, daß es nicht als schicklich galt, für immaterielle Schäden, insbesondere aus Persönlichkeitsverletzungen, Geldersatz zu verlangen[7].

8 Demgegenüber hat die technische Entwicklung und der Drang der Medien zu öffentlicher Diskussion und zur Vermarktung von Personen und Sensationen dazu geführt, daß die früher nur wenig gefährdete Persönlichkeitssphäre nunmehr weitreichenden Eingriffen ausgesetzt ist und demgemäß auch eines verstärken rechtlichen Schutzes bedarf. Diesem Bedürfnis ist die Rechtsprechung dadurch entgegengekommen, daß sie den in Art. 1 und 2 GG anerkannten grundrechtlichen Persönlichkeitsschutz in das Privatrecht übernommen und zu einem **allgemeinen Persönlichkeitsrecht** ausgebaut hat, das umfassend in allen seinen Bestandteilen und Inhalten gegenüber Eingriffen

[3] Dazu Metaphysik der Sitten, 2. Teil § 37. „Was einen Preis hat, an dessen Stelle kann auch ein anderes als dessen Äquivalent gesetzt werden; was dagegen über allen Preis erhaben ist, mithin kein Äquivalent verstattet, das hat eine Würde".

[4] Dazu *Larenz,* Richtiges Recht, Grundzüge einer Rechtsethik, 1979, S. 45 ff.

[5] Metaphysik der Sitten, 2. Teil § 38.

[6] Grundlinien der Philosophie des Rechts, § 36.

[7] *Mugdan,* Motive, § 221, S. 22 f.; vgl. auch *Kaufmann,* AcP 162 (1963), 421 ff.

Dritter geschützt wird (s. unten § 8). Das gesteigerte Schutzbedürfnis hat den *BGH* auch veranlaßt, entgegen § 253 bei Verletzung des Persönlichkeitsrechts Geldersatz zu gewähren, um eine wirksame Sanktion zu haben[8].

2. Anerkennung der Person als Rechtssubjekt

Die **Umsetzung des Prinzips des gegenseitigen Achtens** in die Privatrechts- 9
ordnung macht es erforderlich, daß über bloß moralische Verhaltensanweisungen hinaus die Sphären der einzelnen Personen im persönlichen wie im wirtschaftlichen Bereich rechtlich voneinander abgegrenzt und ihre Beziehungen zueinander mit rechtlichem Verbindlichkeitsanspruch geregelt werden. Zu diesem Zweck muß jede Person verpflichtet werden, den persönlichen und wirtschaftlichen Lebensbereich der anderen Personen zu achten. Während aber die Pflicht im Sinne der Ethik *Kants* eine innere Aufforderung bezeichnet, die der Mensch in seinem moralischen Bewußtsein erfährt und an sich selbst stellt, wird ihm die Rechtspflicht in seiner Eigenschaft als Teilnehmer der Rechtsgemeinschaft von dieser auferlegt. Zugleich wird die Person, zu deren Gunsten die Pflichten bestehen, durch die Gewährung eines Anspruchs berechtigt, die Erfüllung dieser Pflichten mit gerichtlicher Hilfe durchzusetzen, wenn sie nicht freiwillig beachtet werden.

Nicht jede moralische Pflicht ist schon eine Rechtspflicht. Sie ist eine Rechtspflicht aber 10
dann, wenn sie in die Rechtsordnung aufgenommen ist, und sie wird in die Rechtsordnung nur aufgenommen, wenn sie das äußere Verhalten der Menschen in ihrem Zusammenleben betrifft und daher im Regelfall mit einer gerichtlich durchsetzbaren Sanktion verbunden werden kann. Nicht alle, aber ein großer Teil der Rechtspflichten sind zugleich ethische Pflichten, wie z. B. die Pflicht, Verträge zu halten, in Anspruch genommenes Vertrauen nicht zu enttäuschen, die Person und den Rechtskreis des anderen nicht zu verletzen.

Die rechtliche Anerkennung der Person bringt es mit sich, daß **jede Person als** 11
Zuordnungssubjekt von Rechten und Pflichten und in diesem Sinne als Rechtssubjekt anerkannt werden muß. Die Bedeutung jeder Person als rechtsfähiges Subjekt hat das BGB dadurch unterstrichen, daß es die Rechtsfähigkeit eines jeden Menschen mit der Vollendung der Geburt anerkennt und dies in § 1 als Grundsatz dem gesamten BGB voranstellt. Mit der Rechtsfähigkeit als der Fähigkeit jeder Person, Träger von Rechten und Pflichten zu sein, anerkennt das Privatrecht die formale Gleichheit aller Menschen und schafft die Voraussetzungen für ihre Anerkennung als eigenständige Person im Recht (s. unten § 5).

Für die Rechtsfähigkeit kommt es nicht darauf an, ob der Mensch nach seinem Lebensalter 12
und seiner geistigen Entwicklung dazu in der Lage ist, seine Rechte auszuüben, seine Pflichten als solche zu erkennen und zu erfüllen und privatautonom zu handeln. Ist er dazu nicht in der Lage, so erhält er von Gesetzes wegen einen Vertreter, der seine Angelegenheiten für ihn wahrnimmt.

Eine Formalisierung des Personenbegriffs ermöglicht es der Rechtsordnung, ihn auch auf 13
Gebilde anzuwenden, die keine Personen im natürlichen Sinne sind, denen aber die Rechtsordnung Rechtsfähigkeit beilegt. Es handelt sich bei ihnen um sogenannte **juristische Personen,** die als solche, gleich wie die natürlichen Personen, Rechte und Pflichten haben und in Rechtsverhältnissen zu anderen stehen können. Juristische Personen sind entweder auf Dauer angelegte Personenvereinigungen oder sonstige Organisationen, die um eines bestimmten Zweckes willen geschaffen sind, wie z. B. rechtlich selbständige Stiftungen. Juristische Personen

[8] Vgl. *BGHZ* 26, 349, 354 ff.; *BGHZ* 35, 363, 366 ff.; s. auch unten § 8 Rn. 56.

können solche des öffentlichen Rechts – z.B. Staaten, Gemeinden, Gemeindeverbände, Kirchen – oder des Privatrechts – z.B. rechtsfähige Vereine oder Aktiengesellschaften – sein. Ihre Anerkennung als juristische Personen trägt ihrer Kontinuität im Wechsel der Mitglieder sowie der Besonderheit der von ihnen verfolgten Zwecke Rechnung. Sie ermöglicht es, den Rechtskreis der Vereinigung als solcher von den Rechtskreisen ihrer Mitglieder zu trennen und Rechtsbeziehungen zwischen der Gesamtheit und dem einzelnen Mitglied anzunehmen. Die juristische Person bedarf, um ihre Rechte wahrzunehmen, ihre Pflichten zu erfüllen und privatautonom handeln zu können, natürlicher Personen als ihrer „Organe", deren Handlungen dem Rechtskreis der juristischen Person selbst zugerechnet werden. (Näheres unten § 9.)

3. Persönliche Handlungsfreiheit

14 Zum Personsein gehört auch, daß der Mensch sich die Zwecke und Ziele seines Handelns in erster Linie selbst setzt und nicht durch andere fremdbestimmt wird. Eine Rechtsordnung, die sich vom ethischen Personalismus leiten läßt, muß deshalb von der Handlungsfreiheit des Individuums ausgehen und setzt ihr nur die im Interesse der Gemeinschaft gebotenen Grenzen. Diese Handlungsfreiheit wird allgemein durch Art. 2 Abs. 1 GG vor ungerechtfertigten staatlichen Eingriffen geschützt, ergänzt um spezielle Grundrechte in Art. 9, 12, 14 GG.

a) Tatsächliche Handlungsfreiheit

15 Die Handlungsfreiheit enthält zunächst die tatsächliche Handlungsfreiheit zur Gestaltung des eigenen Lebensbereichs. Diese Freiheit findet ihre Grenzen, wo die Rechte anderer Personen oder die Interessen der Allgemeinheit verletzt werden. Während die Interessen der Allgemeinheit vor allem im öffentlichen Recht näher bestimmt und konkretisiert werden, werden die Rechte und Freiheitssphären der Bürger untereinander vor allem im Privatrecht gegeneinander abgegrenzt.

b) Rechtliche Handlungsfreiheit

16 Die Handlungsfreiheit ist im Privatrecht aber vor allem auch rechtliche Handlungsfreiheit in dem Sinne, daß der Einzelne seine Rechtsbeziehungen zu anderen selbst gestalten kann.

17 aa) Die selbstbestimmte Gestaltung der Rechtsbeziehungen zu anderen führt zum Prinzip der **Privatautonomie,** die an Stelle staatlicher Bevormundung es den Betroffenen selbst überläßt, ihre Beziehungen nach ihrem eigenen Willen zu gestalten[9]. Unter dem Prinzip der Privatautonomie bestehen Rechtsbeziehungen zu anderen, weil sie gewollt sind, und sie bestehen mit dem Inhalt, wie sie gewollt sind. Die jedem mündigen Bürger zustehende Privatautonomie ist eines der Haupt- und Grundprinzipien des Privatrechts.

18 Die Privatautonomie zeigt sich vor allem in Gestalt der Vertragsfreiheit, wonach die Beteiligten ihre Rechtsbeziehungen in Verträgen so gestalten, wie sie sich einigen (s. unten § 34 Rn. 24ff., 45ff.). Zur Privatautonomie gehört aber auch die Vereinigungsfreiheit, d.h., daß sich mehrere grundsätzlich nach ihren eigenen Vorstellungen zu Vereinen und Gesellschaften zusammenschließen können (s. unten § 9 Rn. 27ff.). Ebenso ist die Testierfreiheit als Erscheinungsform der Privatautonomie anzusehen. Aufgrund der Testierfreiheit bleibt es grundsätzlich dem Willen jeder Person überlassen, wer nach ihrem Tode ihr Erbe sein und was er erhalten soll. Der ethische Personalismus in Gestalt der Privatautonomie begründet auch einen grundsätzlichen Vorrang des Privatrechts vor dem öffentlichen Recht bei Gestaltung der Privatbeziehungen (s. oben § 1 Rn. 41).

---

[9] So auch *Flume,* AT II, § 1, 1; *Medicus,* AT, Rn. 174.

bb) Bestandteil der rechtlichen Handlungsfreiheit ist auch die **Rechtsausübungsfreiheit,** die es grundsätzlich der eigenen Entscheidung des jeweiligen Rechtsinhabers überläßt, ob, wann und wie er das ihm zustehende Recht ausübt. Die Freiheit, über die Ausübung eines Rechts selbst zu entscheiden, ist Kennzeichen des subjektiven Rechts. Die wichtigsten subjektiven Privatrechte sind das Forderungsrecht im Schuldrecht und das Eigentum im Sachenrecht (§ 903). Zur Rechtsausübungsfreiheit gehört auch die prozessuale Dispositionsfreiheit, d.h. selbst darüber zu entscheiden, ob und wie ein Recht gerichtlich eingeklagt wird. Die Rechtsausübungsfreiheit ist nicht auf das Privatrecht beschränkt, sondern findet sich auch in anderen Rechtsgebieten, in denen subjektive Rechte gewährt werden, insbesondere im öffentlichen Recht. Gleichwohl ist die Rechtsausübungsfreiheit in Gestalt des subjektiven Rechts als Ausfluß des ethischen Personalismus ein wichtiges Prinzip des Privatrechts. Nur ausnahmsweise, wie z.B. bei der elterlichen Sorge (§ 1626), gibt es im Privatrecht sog. Pflichtrechte, die verantwortungsvoll ausgeübt werden müssen (s. unten § 15 Rn. 27). 19

4. Solidarische Rücksichtnahme

Die Freiheit der ethisch handelnden Person ist eingebettet und wird ergänzt durch die solidarische Rücksichtnahme auf höherwertige Interessen anderer[10], weil die Freiheit des einzelnen nicht isoliert, sondern nur in der sozialen Gemeinschaft geschützt werden kann. Die Rechtsordnung muß deshalb die für ein geordnetes Zusammenleben gebotenen **Beschränkungen der individuellen Freiheiten** vorsehen. Solche Beschränkungen sind dem ethisch verantwortungsvollen Freiheitsgebrauch ohnehin immanent. Mit der solidarischen Rücksichtnahme lassen sich auch soziale Schutzgedanken im Privatrecht verankern. Dies gilt vor allem für die Beschränkung der individuellen Freiheiten zum Schutz der schwächeren Teilnehmer im Rechtsverkehr[11]. 20

Auch für die vom ethischen Personalismus geprägte Privatautonomie und Rechtsausübungsfreiheit sind danach Beschränkungen selbstverständlich. Der Umfang dieser Schranken hat allerdings im Laufe der Zeit geschwankt. Das BGB hatte sich bei der Vertragsfreiheit noch mit den Schranken des § 134 (Verstoß gegen gesetzliche Verbote) und des § 138 (Verstoß gegen die guten Sitten) begnügt und bei der Rechtsausübungsfreiheit nur das Schikaneverbot (§ 226) vorgesehen. Demgegenüber hat die Rechtsprechung in der weiteren Entwicklung unterstützt vom Sozialstaatsgebot des Art. 28 GG immer mehr das Gebot von Treu und Glauben aus §§ 157, 162, 242 als Ausdruck solidarischer Rücksichtnahme in den Mittelpunkt gerückt und damit sozialen Schutzzwecken im BGB Eingang verschafft. 21

Die im Gebot von Treu und Glauben zum Ausdruck kommende solidarische Rücksichtnahme zeigt sich zunächst in den Grenzen, die die Rechtsprechung der Ausübung von Rechten mit Hilfe von § 242 dem Institut der unzulässigen Rechtsausübung, gezogen hat (s. unten § 16 Rn. 16ff., 26ff.). Die solidarische Rücksichtnahme liegt auch dem Verbraucherschutz, dem Mieter- und Arbeitnehmerschutz zugrunde und sie gibt auch Anlaß zur Herstellung von Vertragsgerechtigkeit zwischen ungleichen Verhandlungspartnern (unten §§ 42, 43). Zur solidarischen Rücksichtnahme gehört auch das Unterlassen ungerechtfertigter Diskriminierungen, vor 22

---

[10] Von der materiellen Ethik sozialer Verantwortung spricht *BVerfGE* 89, 214, 231 = NJW 1994, 76 im Anschluß an *Wieacker,* Industriegesellschaft und Privatrechtsordnung 1974, S. 24; s. auch *Behrends,* in: Bydlinski/Mayer-Maly (Hrsg.), Die ethischen Grundlagen des Privatrechts, 1994, S. 1, 16ff., 26f.; *Lurger,* Vertragliche Solidarität, 1997.

[11] Vgl. zu den verschiedenen Inhalten des Begriffs „sozial" unten § 2 Rn. 40.

allem wenn sie mit der Menschenwürde nicht vereinbar sind, sowie die Gewährung von Teilhabemöglichkeiten an den Grundlagen der sozialen Gemeinschaft. Diskriminierungsverbote wie Teilhaberechte finden ihre Grundlage im Gleichbehandlungsgrundsatz (unten Rn. 60) und stehen damit im Gegensatz zum Freiheitsgedanken der Privatautonomie. Sie beschränken die Freiheiten anderer Bürger, indem sie dem Rechtsinhaber Zurückhaltung bei der Ausübung seiner Rechte auferlegen und den Anbieter von Waren und Leistungen in der Auswahlfreiheit seiner Geschäftspartner und Geschäftsbedingungen einschränken (unten § 34 Rn. 29ff.). Diskriminierungsverbote und Teilhaberechte können deshalb im Privatrecht nicht in gleicher Weise wie im öffentlichen Recht zur Anwendung kommen, sondern müssen sich der Abwägung mit der Privatautonomie stellen. Von der solidarischen Rücksichtnahme getragen ist auch der Vertrauensschutz (unten Rn. 32ff., § 28 Rn. 13ff., 16ff.), der die Sichtweise und das Verständnis der anderen Teilnehmer am Rechtsverkehr berücksichtigt.

5. Verantwortung der Person

23 Zur Anerkennung der Person und ihrer Würde gehört auch, daß sie für ihre selbstbestimmten Entscheidungen einsteht und dafür Verantwortung übernimmt[12]. Zugleich erfordert die gerechte Regelung von Rechtsverhältnissen, daß Vorteile und Lasten aus Handlungen nicht beliebigen Personen zugewiesen werden, sondern grundsätzlich denjenigen, die sie herbeigeführt haben und die sie hätten vermeiden können. Niemand würde von einem Tier oder von einer leblosen Sache „Wiedergutmachung" verlangen. **Verantwortung für das individuelle Verhalten** zu tragen ist Vorrecht und Bürde der Person. Der Umfang rechtlicher Verantwortung deckt sich freilich sowenig mit der moralischen Verantwortlichkeit, wie der Umfang der rechtlichen Pflichten mit dem der moralischen Pflichten. Auch ist die Verantwortung für die Folgen des eigenen Verhaltens zu trennen von der sozialen Verantwortung einer Person, die sich in der solidarischen Rücksichtnahme äußert (s. oben § 2 Rn. 20ff.). Individuelle rechtliche Verantwortlichkeit setzt rechtliche Zurechnung voraus. Das Verantwortungsprinzip führt diese Zurechnung herbei. Zugleich übt die Verantwortlichkeit eine sinnvolle Steuerungs- und Präventionsfunktion in dem Sinne aus, daß der Verantwortliche, der die nachteiligen Folgen beeinflussen kann, um deren Vermeidung bemüht ist, um Ansprüche gegen sich zu entgehen. Die Verantwortung zeigt sich in verschiedenen Bereichen und läßt sich auf unterschiedliche Gründe stützen.

a) Verschuldensprinzip

24 Das Verantwortungsprinzip dient dem BGB in erster Linie dazu, entstandene Schäden denjenigen tragen zu lassen, der sie durch sein rechtswidrig schuldhaftes Verhalten verursacht hat. Die im Verschuldensprinzip konkretisierte Verantwortung ist für das BGB die wesentliche Voraussetzung für Schadensersatzansprüche.

25 Schuldhaft ist die vorsätzliche oder fahrlässige Verletzung eines fremden Rechts (§ 823 Abs. 1), eines Schutzgesetzes (§ 823 Abs. 2) oder einer Pflicht aus einem vertraglichen oder gesetzlichem Schuldverhältnis (§ 820 mit § 276). Vorsätzlich handelt, wer den rechtswidrigen Erfolg in seinen Willen aufgenommen hat, fahrlässig, wer den Erfolg bei Anwendung der im Verkehr gebotenen Sorgfalt, Aufmerksamkeit und Behutsamkeit hätte voraussehen und vermeiden können. Auf das Vorhandensein der hierfür erforderlichen individuellen Fähigkeiten und Geschicklichkeit nimmt das Zivilrecht, dem es in erster Linie um einen gerechten Schadensausgleich zu tun ist, anders als das Strafrecht, grundsätzlich keine Rücksicht. Im Sinne des Zivilrechts schuldhaftes Handeln setzt Verschuldensfähigkeit voraus. Die Verschuldensfähigkeit

---

[12] S. auch *Mayer-Maly*, Privatautonomie und Selbstverantwortung, in Jahrb. für Rechtssoziologie und Rechtstheorie 1989, „Verantwortlichkeit und Recht", S. 268ff.

knüpft das Gesetz an das Vorliegen bestimmter Voraussetzungen, die ein Mindestalter, eine bestimmte geistige Reife und das Nichtvorliegen von Bewußtseinsstörungen betreffen (§§ 827, 828).

Neben der Verantwortung für das eigene Verhalten kennt das BGB im Rahmen eines schon bestehenden Schuldverhältnisses auch eine Verantwortung für schuldhaftes Verhalten anderer Personen, die im Rahmen eines solchen Schuldverhältnisses für den Schuldner tätig werden (§ 278). Darin liegt eine starke Erweiterung des zivilrechtlichen Verantwortungsbereichs über die Verantwortung für eigenes Verschulden hinaus. 26

b) Gefahr- und Risikobeherrschung

Nur in wenigen Fällen sieht das BGB eine Schadenshaftung ganz ohne Verschulden vor, wobei die verantwortliche Zurechnung an Stelle des Verschuldensprinzips sich auf die **Übernahme und Beherrschung eines Risikos** stützte (so in §§ 701, 833 S. 1, sog. **Gefährdungshaftung**). Daneben besteht eine Risikohaftung, wenn sie durch Vertrag, insbesondere als Garantie oder Beschaffungsrisiko übernommen worden ist. Darüber hinaus hat sich gezeigt, daß das Verschuldensprinzip, das sich auf den Vorwurf eines vermeidbaren Verhaltens stützt, in einer technisierten Welt, die den kalkulierten Umgang mit Gefahren wie Autos, Elektrizität oder Atomkraft erlaubt und benötigt, nicht mehr ausreichend ist, denn die vorschriftsmäßige Benutzung dieser Technik kann nicht als Verschulden vorgeworfen werden. Dennoch sollen die aus dem erlaubten Risiko möglicherweise entstandenen Schäden nicht den Geschädigten belasten, sondern vom Verursacher getragen werden, der diese Risiken sich zunutze macht und sie beherrschen kann. Neben das Verschuldensprinzip tritt deshalb die Verantwortlichkeit aufgrund der Gefahr- und Risikobeherrschung. 27

Beispiele dafür sind neben der Gefährdungshaftung für Kraftfahrzeuge (§ 7 StVG), Schienenfahrzeuge[13] und Luftfahrzeuge (§§ 33 ff. LuftVG) insbesondere auch die Produkthaftung nach dem ProdHaftG[14] und die Haftung für Umweltschäden aus bestimmten Anlagen nach dem UmweltHG[15]. 28

Zugleich zeigt sich in diesen Bereichen ein Bedürfnis, die für den einzelnen oft existenzbedrohenden Schäden über die Kostenbelastung von Unternehmen und deren Preiskalkulation auf die Gemeinschaft der Käufer und Kunden zu verteilen oder sie über Versicherungen die Versicherungsgemeinschaft tragen zu lassen, was zu einer Abschwächung des Verantwortungsprinzips führt (dazu auch unten § 2 Rn. 58 f.). 29

c) Bindung an rechtsgeschäftliche Erklärungen

Das Verantwortungsprinzip dient auch als Rechtfertigung für die Bindung an die in selbstbestimmter Entscheidung abgegebenen rechtsgeschäftlichen Erklärungen[16]. Wer gegenüber einem anderen ein vertragliches Versprechen abgibt, muß sich daran festhalten lassen, damit der andere darauf vertrauen und sich darauf einrichten kann. Glei- 30

---

[13] S. Gesetz über die Haftung der Eisenbahnen und Straßenbahnen für Sachschäden v. 29. 4. 1940 i. d. F. v. 16. 7. 1957.

[14] Gesetz über die Haftung für fehlerhafte Produkte – Produkthaftungsgesetz v. 15. 12. 1989 (BGBl. I S. 2198), das in Umsetzung der EG-Produkthaftungsrichtlinie v. 25. 7. 1985 (ABl. EG Nr. L 210/29) erging.

[15] Umwelthaftungsgesetz v. 10. 12. 1990 (BGBl. I S. 2634).

[16] S. auch *M. Wolf,* Rechtsgeschäftliche Entscheidungsfreiheit und vertraglicher Interessenausgleich, 1970, S. 75 ff.

ches gilt für sonstige Erklärungen, mit denen Rechtsfolgen herbeigeführt werden, die in den Rechtskreis eines anderen eingreifen, wie z.B. eine Kündigung. Die mit der Privatautonomie verbundene Möglichkeit, durch seine Erklärung Rechtsfolgen mit Wirkung für andere zu setzen, macht grundsätzlich eine Bindung an diese Erklärung erforderlich, damit sich die Betroffenen und der Geschäftsverkehr darauf einrichten können. Eine Erscheinungsform dieser Bindung ist vor allem die **Vertragsbindung,** die es grundsätzlich verbietet, sich von einem geschlossenen Vertrag ohne Zustimmung des Vertragspartners beliebig zu lösen. Die vertragliche Vereinbarung wird zur verbindlichen Regelung (lex contractus). Daß Verträge gehalten werden sollen (pacta sunt servanda), folgt nicht erst aus einem Gebot der jeweiligen Rechtsordnung, sondern aus der bindenden Kraft des Versprechens als eines moralischen Akts der Person[17] und ist eine Voraussetzung für jede Ordnung unter einzelnen Menschen wie unter den Staaten, wenn sie nicht allein auf Gewalt beruht. Die Bindung ist gerechtfertigt, weil und sofern die Willenserklärung auf der eigenen selbstbestimmten Entscheidung beruht. Die rechtliche Geltung einer vertraglichen Regelung hat aber stets einen doppelten Grund: den diese Regelung schaffenden gemeinsamen in der sozialen Gemeinschaft akzeptierten Willensakt der Vertragsschließung, durch den sie sich selbst binden, und die Anerkennung dieses Aktes durch die Rechtsordnung[18].

31 Nur ausnahmsweise, wenn ein schutzwürdiges Interesse einer anderen Person nicht besteht, läßt der Gesetzgeber eine Bindung entfallen, so z.B. beim Testament, das jederzeit widerrufen werden kann (§ 2253), weil der Erbe nicht in seinem Vertrauen zu erben geschützt zu werden verdient. Den Ausschluß der Bindung an ein Vertragsangebot erlaubt auch § 145, weil kein Abschlußzwang besteht. Erst wenn der Vertrag geschlossen ist, greift die Vertragsbindung ein. Die sachenrechtliche Einigung ist nur unter bestimmten Voraussetzungen bindend (unter § 29 Rn. 6). Eine eingeschränkte Bindung besteht, soweit dem Verbraucher ein Widerrufs- oder Rückgaberecht nach §§ 355, 356 zusteht. Das Widerrufs- oder Rückgaberecht soll eine Überrumplung ausschließen und eine besonders sorgfältig überlegte Erklärung ermöglichen (s. unten § 39 Rn. 20ff.). Erst wenn der Widerruf nicht innerhalb der Widerrufsfrist ausgeübt wird, tritt die Bindung ein.

6. Vertrauensschutz

32 Wenn eine Person verantwortliche Entscheidungen treffen und ihre Rechts- und Lebensverhältnisse selbstverantwortlich gestalten können soll, dann muß sie sich **auf das Verhalten anderer** und die von anderen geschaffenen Verhältnisse nach Möglichkeit **verlassen** und darauf bauen können[19]. Andernfalls könnte ihren Entscheidun-

[17] Die Frage, warum ein Versprechen – im moralischen und auch im rechtlichen Sinn – „bindet", ist im rechtsphilosophischen Schrifttum mehrfach erörtert worden; so von *F. Bassenge,* Das Versprechen, 1930, und von *A. Reinach,* Die apriorischen Grundlagen des bürgerlichen Rechts, 1922, Neuauflage unter dem Titel „Zur Phänomenologie des Rechts", 1953. Macht man sich klar, daß es in dem dem Empfänger verständlichen Aktsinn des Versprechens liegt, daß der Versprechende sich hiermit binde, daß derartige Akte allgemein als Selbstbindung verstanden werden, und daß demzufolge der Versprechensempfänger den Versprechenden regelmäßig als „gebunden" betrachtet, so kann man mit Recht in dem Versprechensakt selbst den Grund der Bindung sehen. S. dazu *Larenz,* Richtiges Recht, 1979, S. 60ff.

[18] So auch *Flume,* AT II, § 1, 2 a.E.

[19] S. dazu auch *Canaris,* Die Vertrauenshaftung im deutschen Privatrecht, 1971; *Eichler,* Die Rechtslehre vom Vertrauen, 1950; *Frotz,* Verkehrsschutz im Vertretungsrecht, 1972; *Lieb,* Aufgedrängter Vertrauensschutz? FS Hübner, 1984, S. 575ff.; *Litterer,* Vertragsfolgen ohne Vertrag, 1979; *Wellspacher,* Das Vertrauen auf äußere Tatbestände im Bürgerlichen Recht, 1906 (dazu *Demelius* AcP 153 (1953) 1).

gen die Grundlage entzogen werden und diese könnten dadurch ihren Sinn verlieren. Der Vertrauensschutz ist deshalb ebenso Ausfluß des ethischen Personalismus wie das Verantwortungsprinzip.

Das BGB gewährt Vertrauensschutz in vielfältiger Weise. So orientiert sich zum **Beispiel** die Auslegung von Verträgen gemäß § 157 am Empfängerhorizont (§ 28 Rn. 15ff., § 33 Rn. 6), d.h. danach wie der Empfänger die Vertragserklärung verstehen durfte. Vertrauen kann man aber nicht nur auf den Inhalt von Willenserklärungen, sondern auch auf den bloßen Anschein des Vorliegens einer solchen Erklärung (unten § 28 Rn. 7). Darüber hinaus enthält § 242 für das Schuldrecht – und nach allgemeiner Meinung für das gesamte Recht[20] – den Grundsatz von Treu und Glauben, der das Glaubendürfen und damit das Vertrauen schützt. §§ 932ff. schützen den gutgläubigen Erwerb vom Besitzer, § 892 schützt das Vertrauen auf das Grundbuch und §§ 2365ff. schützen das Vertrauen auf den Erbschein. Auch das Handelsgesetzbuch schützt in § 15 HGB das Vertrauen auf die Richtigkeit des Handelsregisters. Rechtsprechung und Literatur haben über die im Gesetz geregelten Einzelfälle hinaus weitere Fälle des Vertrauens auf den Rechtsschein anerkannt, um die Verläßlichkeit des geschäftlichen Verkehrs zu sichern[21]. 33

Der Schutz des Vertrauens auf den Anschein des Vorliegens einer Willenserklärung, auf die Richtigkeit bestimmter Urkunden und Register ist zwar nicht wie das Gebot von Treu und Glauben rechtsethisch begründet. Es ist häufig nur ein rechtstechnisches Mittel zur Erhöhung der Sicherheit des rechtsgeschäftlichen Verkehrs. Insoweit tritt hier ein weiterer charakteristischer Grundzug des BGB zutage: das Bestreben, den Umsatz von Waren und Leistungen aller Art durch Gewährleistung von Verkehrssicherheit zu erleichtern. Auf dieser Linie liegt auch die weitgehende Formfreiheit der Schuldverträge und die Schaffung umlauffähiger Wertpapiere. Dadurch sollen Hemmnisse des Handelsverkehrs nach Möglichkeit abgebaut werden. 34

II. Vom klassisch liberalen zum liberal-sozialen Privatrecht

Das vom ethischen Personalismus geprägte Privatrecht, das mit der Privatautonomie und der Rechtsausübungsfreiheit grundsätzlich der einzelnen Person die selbstbestimmte Gestaltung ihrer Rechtsverhältnisse überläßt, ist schon von diesem Ausgangspunkt her durch eine freiheitlich-liberale Grundhaltung gekennzeichnet. Auch der im Privatrecht enthaltene Begriff des Privaten bringt die Eigenständigkeit der Person und ihre Loslösung von staatlichem Einfluß und staatlicher Bevormundung zum Ausdruck. Es ist zunächst eine Frage der Wirtschaftsverfassung der betreffenden Gesellschaft[22], wie weit sie überhaupt wirtschaftliche Abläufe, wie den Warenumsatz, die Verwendung von Kapital (für den Konsum, für Investitionen oder Erneuerung, oder für sonstige Zwecke) der Entscheidungsmacht der einzelnen Wirtschaftssubjekte überläßt, die dann auch das mit solchen Entscheidungen vielfach verbundene Risiko grundsätzlich 35

---

[20] *BGHZ* 23, 240, 254; *RGZ* 85, 108, 117; Erman/*Werner,* § 242 Rn. 1; Palandt/*Heinrichs,* § 242 Rn. 1; Soergel/*Teichmann,* § 242 Rn. 65ff.

[21] S. etwa *Canaris,* aaO (Fn. 24); s. auch unten § 48.

[22] Dieser Ausdruck wird hier in einem eher soziologischen Sinne gebraucht, als die in einer Gesellschaft tatsächlich bestehende und funktionierende Ordnung der Wirtschaft, nicht im verfassungsrechtlichen Sinne. Ob das GG eine bestimmte Ordnung der Wirtschaft vorschreibt, zuläßt oder ausschließt, ist str. und soll hier nicht untersucht werden. Darüber vgl. *Badura,* Wirtschaftsverfassung und Wirtschaftsverwaltung, 1971, S. 29ff.; *Rittner,* Wirtschaftsrecht, 1979, S. 23ff.; *Steindorff,* Einführung in das Wirtschaftsrecht der Bundesrepublik Deutschland, 2. Aufl. 1985, S. 23.

zu tragen haben, oder wie weit solche Entscheidungen zentralen Behörden, meist einer staatlichen Bürokratie, vorbehalten werden. Das Privatrecht nimmt eine um so bedeutsamere Stellung innerhalb der rechtlichen Ordnung der Wirtschaft ein, je größer der Raum ist, den die Wirtschaftsverfassung für wirtschaftlich relevante Entscheidungen den einzelnen Wirtschaftssubjekten läßt.

36 Die Verfasser des BGB gingen davon aus und konnten zu ihrer Zeit davon ausgehen, daß dieser Raum nahezu unbegrenzt sei. Auch die gegenwärtige Wirtschaftsverfassung der Bundesrepublik gewährt der Entscheidungsmacht der einzelnen Wirtschaftssubjekte und damit ihrer Selbstbestimmung einen breiten Raum, ohne auf staatliche Einwirkungen auf den Wirtschaftsablauf, etwa durch Subventionen, Maßnahmen der Geld- und Währungspolitik, ganz zu verzichten. Die gesellschaftliche Bedeutung des Privatrechts ist vor dem Hintergrund dieser Wirtschaftsverfassung zu sehen. Im Rahmen der freiheitlichen Grundhaltung des Privatrechts gibt es jedoch verschiedene Inhalte des liberalen Verständnisses, die sich im Laufe der Zeit gewandelt haben.

1. Das Liberalismusmodell des BGB

37 Die ersten drei Bücher des BGB, die mit der Rechtsgeschäftslehre im Allgemeinen Teil, den Austauschverträgen im Schuldrecht, wie z.B. Kauf-, Dienst- und Werkverträgen, und im Sachenrecht mit dem Eigentum und den sonstigen dinglichen Rechten grundlegende Institute des Wirtschaftslebens und des Vermögensrechts enthalten, sind geprägt von den Ideen des klassischen Liberalismus, der die gesellschaftlichen und wirtschaftlichen Entwicklungen des 19. Jahrhunderts entscheidend beeinflußte[23]. Die Verfasser des BGB konnten sich als Repräsentanten ihrer Zeit diesem Einfluß bei der Ausarbeitung des Gesetzbuchs zum Ende des Jahrhunderts nicht entziehen. Ihren liberalistischen Vorstellungen entsprechend richteten sich die Vorschriften des BGB an das in wirtschaftlichen Angelegenheiten nicht unerfahrene und geschäftlich urteilsfähige Individuum, das im Verkehr mit anderen Gleichgestellten seine Rechts- und Vermögensverhältnisse selbständig ordnen konnte. Demgemäß wurde darauf vertraut, daß zwischen den formal gleichberechtigten Individuen jeder seine berechtigten Interessen zur Geltung und durch freies Aushandeln mit anderen zum gerechten Ausgleich bringen konnte.

38 Das Deutsche Reich im letzten Drittel des 19. Jahrhunderts war zwar schon ein Industriestaat, jedoch lebte ein weitaus größerer Teil der Bevölkerung als heute noch auf dem Lande oder in kleinen Städten. Der gewerbliche Kleinbetrieb, das Handwerk, und, abgesehen von dem Großgrundbesitz in den östlichen Provinzen, der bäuerliche Kleinbetrieb stellten die überwiegende Wirtschaftsform dar. Hier sorgte der einzelne oder die Familie für sich selbst; man erwartete keine Hilfe vom Staat oder von halbstaatlichen Organisationen. Das nötigte den sorgsamen Familienvater dazu, Rücklagen zu machen für das Alter, für Krankheitsfälle, für die Ausbildung der Kinder. Der Grundbesitz des Bauern, des Handwerkers oder Kleingewerbetreibenden bildete die Grundlage seiner wirtschaftlichen Existenz; er wurde oft zugleich mit dem Beruf auf Kind und Kindeskinder vererbt.

39 Für derartige Verhältnisse stellte das BGB die geeigneten rechtlichen Institute und Übertragungsformen zur Verfügung. Es waren dies vor allem das Privateigentum, seine freie Verfügbarkeit und Vererbbarkeit, die Belastbarkeit des Grundbesitzes als ein Mittel der Kreditbeschaffung, die nahezu unbegrenzte Vertragsfreiheit auf dem Gebiet

---

[23] S. auch *Wieacker,* Privatrechtsgeschichte der Neuzeit, 2. Aufl., S. 478ff.; zu einem umfassenden Überblick über die sehr vielgestaltige privatrechtstheoretische Diskussion im 19. Jahrhundert s. *Hofer,* Freiheit ohne Grenzen?, 2001.

des Schuldrechts und ein hohes Maß an Rechtssicherheit u. a. durch einen weitgehenden Vertrauensschutz beim Erwerb beweglicher Sachen sowie durch das Grundbuchsystem. Diese Einrichtungen haben sich bis heute im ganzen bewährt; es ist kein Zufall, daß zu den Teilen des Gesetzbuchs, die die wenigsten Änderungen erfahren haben, das Sachenrecht, das Erbrecht und auch der Allgemeine Teil gehören. Bedeutender sind die Änderungen, die auf den Gebieten des Schuldrechts und im Familienrecht eingetreten sind.

Was die Verfasser des BGB nicht gesehen oder nicht hinreichend in ihre Überle- **40**
gungen einbezogen hatten, war das Aufkommen einer neuen Sozialschicht, der Fabrikarbeiterschaft, deren Lage sich von der der anderen Bevölkerungsteile wesentlich unterschied. Kennzeichnend für diese Schicht war, daß sie, ohne den Rückhalt eigenen Grundbesitzes oder sonstigen Vermögens, darauf angewiesen war, Lohnarbeit zu verrichten, um ihren Lebensunterhalt zu bestreiten. Die Entstehung dieser Schicht hängt einerseits mit der wachsenden Industrialisierung und der Entstehung von Großbetrieben, andererseits mit der gewaltigen Vermehrung der Bevölkerung im 19. Jahrhundert zusammen, die ihrerseits eine Folge teils des steigenden Wohlstandes, teils und vor allem wohl der Fortschritte der medizinischen Wissenschaft war[24]. Da ein wachsender Teil der Bevölkerung kein Auskommen mehr auf dem Lande und in den überlieferten selbständigen handwerklichen und kaufmännischen Berufen fand, suchte und fand er Arbeit und Erwerbsmöglichkeiten in der sich ausbreitenden Industrie. Die Erkenntnis, daß ungleiche Machtverhältnisse die einseitige Interessenwahrnehmung begünstigten und das Aushandeln gerechter Vertragsbedingungen behinderten, war wenig ausgeprägt und wurde durch die Vorstellung verdrängt, daß vorübergehende einseitige Vorteile unter den Bedingungen eines freien Wettbewerbs abgebaut würden und sich im Wettbewerb zumindest langfristig ein Ausgleich einstellen würde. Auch wurden die sozialen Verhältnisse zu wenig bedacht und nicht zur Kenntnis genommen, daß der freie Wettbewerb die Lage der wirtschaftlich schwachen Bevölkerungskreise nicht ohne weiteres verbessern konnte. Es ist richtig, daß, wie der Sozialist *Anton Menger* 1890 betonte[25], das BGB dieser Schicht wenig zu bieten hatte. Soziale Schutzvorschriften, die die schwächere Vertragspartei gegen die stärkere schützen, waren im 1. Entwurf des BGB nicht vorgesehen, so daß *Otto von Gierke* 1889 gefordert hat, daß das Privatrecht „ein Tropfen des sozialistischen Öles durchsickern" müsse[26]. Der Begriff „sozial" wurde allerdings und wird bis heute mehrdeutig benutzt. *Otto von Gierke* verband mit dem Begriff sozial die Gemeinschaftsbezogenheit des Einzelnen im Sinne der Einbettung und Verbundenheit mit einer Gemeinschaft und sprach deshalb auch vom sozialistischen statt vom sozialen Öl. Überwiegend wurde und wird der Begriff sozial aber im Zusammenhang mit dem Schutz des Schwächeren gebraucht, wobei dem Schwächeren mit Hilfe von sozialen Schutzvorschriften die

---

[24] Diese wirkte sich allerdings erst in der zweiten Hälfte des 19. Jahrhunderts aus, während der Anstieg der Bevölkerung bereits um die Mitte des 18. Jahrhunderts begann; vgl. *Wehler,* Deutsche Gesellschaftsgeschichte, 1988, Bd. I. S. 67ff., Bd. II S. 7ff., 21.

[25] In seiner Schrift „Das Bürgerliche Recht und die besitzlosen Volksklassen", Neudruck der Wissenschaftlichen Buchgesellschaft 1968. Freilich ging die Kritik *Mengers* völlig an der Tatsache vorbei, daß die „besitzlosen Volksklassen" doch nur einen Teil, und nicht einmal den größten Teil, der Bevölkerung ausmachten, und wird dem Gesetzeswerk im ganzen keinesfalls gerecht.

[26] *v. Gierke,* Die soziale Aufgabe des Privatrechts, 1889; mehr soziale Elemente schon in den Entwürfen des BGB sieht *Repgen,* Die soziale Aufgabe des Privatrechts, 2001.

Freiheiten erhalten und verschafft werden sollen, die ihm aufgrund seiner wirtschaftlichen Stellung fehlten. Einen umfassenden sozialpolitischen Ausgleich herzustellen gehört dagegen nicht zu den Aufgaben des Privatrechts. Im Anschluß an diese Diskussion wurden einzelne Vorschriften zum Schutz des sozial Schwächeren wie § 566 oder die zwingenden Schutz- und Fürsorgevorschriften des Dienstvertrags in §§ 616–619 in das BGB aufgenommen. Zum Schutz des Vertragspartners dienten auch Bestimmungen wie § 138 Abs. 1 und 2, § 248 Abs. 1, § 276 Abs. 3 sowie §§ 1136, 1149, 1229.

2. Die sozialstaatlichen Einflüsse auf das Privatrecht

41 Das anfangs Versäumte hat die seitherige Entwicklung weitgehend nachgeholt. Sie ist im großen und ganzen nicht in die Richtung einer Abkehr von den Grundsätzen des Privatrechts und der Vertragsfreiheit, sondern in die einer stärkeren Betonung der damit verbundenen sozialen Pflichten und Verantwortlichkeiten, des Vertrauensprinzips und des Schutzes der sozial Schwächeren gegangen[27]. Vorangegangen ist dabei lange Zeit die Rechtsprechung.

42 *Franz Wieacker* hat die Entwicklung treffend mit folgenden Sätzen gekennzeichnet[28]: „Unter Führung des Reichsgerichts hat die Rechtsprechung, von der Öffentlichkeit kaum beachtet, im letzten halben Jahrhundert die formale Freiheitsethik, die der deutschen Privatrechtsordnung zugrunde lag, in eine materiale Ethik sozialer Verantwortung zurückverwandelt; zurückverwandelt, weil sie damit, meist unbewußt, zu den ethischen Grundlagen des älteren europäischen Gemein- und Naturrechts zurückkehrte." Institute wie der Wegfall der Geschäftsgrundlage, die culpa in contrahendo oder der Vertrag mit Schutzwirkung für Dritte wurden damals entwickelt und ausgebaut. Auch der Schutz vor unangemessenen AGB gelangt in dieser Zeit, allerdings noch gestützt auf § 138, stärker ins Bewußtsein und ein selbständiges Arbeitsrecht beginnt getrennt vom Dienstvertrag des BGB zu entstehen.

43 Erst in neuerer Zeit ist der Gesetzgeber mit speziellen Vorschriften zum Schutz von Wohnungsmietern (s. §§ 549ff.) und dem privatrechtlichen Verbraucherschutz und seiner Einfügung in das BGB (s. etwa §§ 312ff., 474ff., 481ff., 491ff., 499ff., 505ff.) verstärkt aktiv geworden, wobei aber vor allem die Vorgaben zahlreicher europäischer Richtlinien zum Verbraucherschutz umgesetzt wurden.

a) Soziale Schutzzwecke

44 Die Verstärkung sozialer Schutzgedanken im Privatrecht hat einmal zum Ziel, **Vertragsgerechtigkeit herzustellen** und ungerechte Verträge zwischen Vertragspartnern mit ungleicher Verhandlungsmacht zu vermeiden (unten § 42).

45 Ein weiterer Schutzzweck besteht darin, die Bürger vor schwerwiegenden und **existenzbedrohenden Schäden** beim Umgang und beim Kontakt mit der industriellen Technik und ihren Produkten zu bewahren, indem Schäden, die den einzelnen zufällig treffen, auf größere Gemeinschaften abgewälzt werden (unten Rn. 58f.).

46 Schließlich soll der einzelne Berechtigte die ihm zustehenden **Rechte** nicht rücksichtslos in übertriebenem Eigennutz, sondern bei grundsätzlicher Anerkennung der eigenen Interessen in **sozialverträglicher Weise ausüben** (oben Rn. 20ff.). Dabei

[27] S. dazu auch *Eichenhofer,* Die soziale Inpflichtnahme von Privatrecht, JuS 1996, 857.

[28] In seiner Schrift: „Das Sozialmodell der klassischen Privatrechtsgesetzbücher und die Entwicklung der modernen Gesellschaft", 1953, S. 18.

trifft vor allem den Grundstückseigentümer eine besondere Sozialpflichtigkeit, die in Art. 14 Abs. 2 GG ausdrücklich betont wird[29].

b) Bewahrung einer liberalen Grundhaltung

Trotz grundsätzlicher Anerkennung eines verstärkten sozialen Schutzes im Privatrecht muß dem Individuum ein Freiraum zur selbstverantwortlichen Gestaltung seiner Rechtsverhältnisse mit anderen ohne behördliche Einmischung verbleiben, was den Kern und die Eigenart des Privatrechts ausmacht. Die sozialen Schutzvorschriften müssen deshalb soweit wie möglich mit den freiheitlichen Grundlagen des Privatrechts in Einklang gebracht werden, damit ein liberales **sozialverträgliches Privatrecht** gewahrt bleibt, das für das Funktionieren einer Marktwirtschaft erforderlich ist. Die soziale Ausgestaltung des Privatrechts bedient sich dabei mehrerer Instrumente, die der Selbstbestimmung Raum lassen oder diese gar erst ermöglichen. 47

aa) Eine wichtige Rolle zur Verhinderung ungerechter Verträge spielen zwingende Vorschriften. Diese erlauben im Gegensatz zum dispositiven Recht, das insbesondere im Schuldrecht vorherrscht, keine abweichenden Vereinbarungen, sondern erklären diese für unwirksam oder nichtig. Um aber den privatrechtlichen Gestaltungsspielraum nur in dem für den sozialen Schutz erforderlichen Umfang einzugrenzen, werden Vereinbarungen nur insoweit für unwirksam erklärt, als sie zum Nachteil der schutzbedürftigen Personen vom Gesetz abweichen. Günstigere Vereinbarungen können dagegen wirksam getroffen werden (sog. **halbzwingende Normen,** s. unten § 3 Rn. 104). In das BGB sind im Zusammenhang mit der Schuldrechtsreform 2002 mehrere Bestimmungen aufgenommen worden, die es dem Unternehmer im Sinne von § 14 als der stärkeren Partei verwehren, sich auf bestimmte Vereinbarungen zu berufen (etwa §§ 475, 478 Abs. 4; s. auch § 444). Die Vereinbarung ist danach nicht generell unwirksam. Vielmehr kann sich z.B. der Verbraucher auf sie berufen. Auch tritt nicht die Gesamtnichtigkeit nach § 139 ein. 48

bb) Da der Gesetzgeber nicht alle benachteiligenden Vereinbarungen vorausschauend erfassen kann, werden durch die Generalklausel des § 307 unangemessene Klauseln in Allgemeinen Geschäftsbedingungen (AGB) für unwirksam erklärt. Was im einzelnen unangemessen ist, wird aufgrund einer Klage von den Gerichten im Wege der sog. **richterlichen Inhaltskontrolle** geklärt. Die richterliche Inhaltskontrolle dient aber nur dem Schutz des unterlegenen Vertragspartners. Zur Unangemessenheit muß deshalb die einseitige Verhandlungsmacht hinzukommen. Andernfalls unterbleibt eine richterliche Inhaltskontrolle, weil die Bindung an die selbstverantwortliche Entscheidung überwiegt. 49

cc) Die Nichtigkeit einzelner Klauseln und Vertragsteile darf grundsätzlich nicht die Nichtigkeit des Gesamtvertrags zur Folge haben, weil sonst die zu schützende Person nicht die Vertragsleistungen beanspruchen könnte. Einzelne Vorschriften wie § 306 Abs. 1 und die Rechtsprechung belassen es deshalb bei der **Teilnichtigkeit** in Abweichung von der Vermutung in § 139 für die Gesamtnichtigkeit (unten § 45 Rn. 28). Bei Verstoß gegen Schutzgesetze ist danach nur der unmittelbar gesetzwidrige Vertragsteil unwirksam, im übrigen bleibt der Vertrag wirksam[30]. Gleiches gilt für die halbzwingenden Normen (s. oben § 2 Rn. 48). Zum Teil werden auch Preisbestandteile modifiziert (s. § 494 Abs. 2 und 3). 50

dd) Zum Schutz der Verbraucher vor übereilten Vertragsabschlüssen sehen einzelne Bestimmungen (z.B. §§ 312, 312d, 485, 495, 499–501, 505) ein **Widerrufsrecht** vor, das es dem Verbraucher erlaubt, sich innerhalb von zwei Wochen nach Vertragsabschluß und ordunungsgemäßer Belehrung (§ 355) vom Vertrag durch Widerruf zu lösen. Dadurch soll die Selbstbestimmung des Verbrauchers gestärkt werden, indem ihm ermöglicht wird, sich innerhalb der Widerrufsfrist Vergleichsangebote einzuholen und sich in Ruhe über Tragbarkeit und Nutzen des Vertrags Gedanken zu machen. 51

---

[29] S. *M. Wolf,* Sachenrecht, 20. Aufl. 2004, Rn. 68.

[30] S. auch *BGHZ* 40, 239; Palandt/*Heinrichs,* § 139 Rn. 18; Soergel/*Hefermehl,* § 139 Rn. 49.

52 ee) Eine selbstverantwortliche Entscheidung und die Wahrnehmung von Rechten wird umso besser möglich, je besser die **Informationen** dafür sind. Deshalb schreibt § 477 genaue Angaben über eine Garantie beim Verbrauchsgüterkauf vor und § 484 verlangt für den Teilzeit-Wohnrechtsvertrag und § 492 für den Verbraucherkreditvertrag die Schriftform mit detaillierten Angaben zu den vertragswesentlichen Punkten. Detaillierte Angaben sind auch durch die Verordnung über Informationspflichten nach bürgerlichem Recht vorgeschrieben, die gemäß Art. 238–242 EGBGB erlassen worden ist und nähere Informationen für Fernabsatzverträge (§ 312c), für Verträge im elektronischen Geschäftsverkehr (§ 312e), für Teilzeit-Wohnrechtsverträge (§ 482) für Reiseverträge (§ 651a Abs. 3) und für den Überweisungsverkehr (§ 675a Abs. 1 Satz 2 BGB mit § 10 InfVO) vorsieht. Informationen über Preise und Auslagen sieht § 675a Abs. 1 Satz 1 für diejenigen vor, die zur Besorgung fremder Geschäfte öffentlich bestellt sind oder sich dazu öffentlich anbieten. Die Angaben von Preisen bei Angeboten von Waren oder Leistungen an Letztverbraucher schreibt allgemein die Preisangabenverordnung vor.

3. Die Verstärkung kollektiver Einflüsse

53 Die Freiheit des Individuums und die Anerkennung seiner selbstbestimmten Entscheidungen macht den Wesensgehalt des Privatrechts aus und gehört zu dessen unverzichtbarem Kernbereich. Doch hat die verstärkte Technisierung und die Komplizierung vieler Lebensbereiche dazu geführt, daß der Einzelne seine Verhältnisse zuweilen nicht mehr vollkommen überblicken und seine Interessen nicht mehr alleine sachgerecht wahrnehmen kann, sondern der Unterstützung durch andere gleichermaßen Betroffene und deren Gruppenrepräsentanten bedarf. Die individuelle Freiheit läßt sich auf diese Weise durch kollektive Unterstützung aus der Gruppe oft effektiver schützen. Dabei zeigen sich mehrere Erscheinungsformen.

a) Kollektiver Zusammenschluß

54 Der kollektive Zusammenschluß der **Arbeitnehmer** in Gewerkschaften und die Verleihung kollektiver Gestaltungsmittel im Tarifvertrag und in den mit dem Betriebsrat abgeschlossenen Betriebsvereinbarungen sind Ausdruck dieser Erscheinung und haben mit zur Verselbständigung des Arbeitsrechts geführt.

55 Die Wahrnehmung von Rechten aus dem Urhebergesetz zur gemeinsamen Auswertung für die **Urheber** oder Inhaber verwandter Schutzrechte durch Verwertungsgesellschaften ermöglicht das Urheberrechtswahrnehmungsgesetz (WahrnG)[31]. Die Verwertungsgesellschaft handelt hierbei für mehrere Urheber und Inhaber verwandter Schutzrechte (§ 1 WahrnG). Sie ist als kollektive Interessenorganisation verpflichtet, deren Rechte wahrzunehmen (§ 6 WahrnG) und die daraus gewonnenen Einnahmen an die Berechtigten nach festen Regeln zu verteilen (§ 7 WahrnG). Zugleich ist die Verwertungsgesellschaft aufgrund ihrer monopolartigen Stellung verpflichtet, jedem Interessenten zu angemessenen Bedingungen Nutzungsrechte einzuräumen (§ 11 WahrnG) und mit Vereinigungen von Nutzern Gesamtverträge über Tarife für die Urhebervergütung abzuschließen (§§ 12ff. WahrnG). Nach § 36 UrhG stellen Vereinigungen von Urhebern und Vereinigungen von Werknutzern gemeinsame Vergütungsregeln auf, die zur Bestimmung der angemessenen Urhebervergütung herangezogen werden (§ 32 Abs. 2 UrhG). Tarifvertragliche Vereinbarungen haben für die Vergütung von Urhebern jedoch jeweils Vorrang (§ 36 Abs. 1 Satz 3 UrhG). Zur Zeit bestehen 11 solcher Verwertungsgesellschaften, unter denen die GEMA für Musikwerke und die VG Wort für Autoren und Verlage die bekanntesten sein dürften[32].

---

[31] Gesetz vom 9. 9. 1965 (BGBl. I S. 1294).

[32] S. zu einem Überblick *Schricker/Reinbothe,* UrhG, 2. Aufl. 1999, vor §§ 1ff. WahrnG Rn. 14.

b) Verbandsklage

Mit Hilfe der Verbandsklage hat der Gesetzgeber den Verbänden als Repräsentanten bestimmter Gruppeninteressen die Möglichkeit eröffnet, die kollektiven Interessen zugunsten aller Betroffenen klageweise vor Gericht wahrzunehmen. 56

Die wichtigsten privatrechtlichen **Beispiele** bilden die Verbandsklage nach § 1 Unterlassungsklagengesetz (UKlaG) gerichtet auf die Unterlassung der Verwendung und Empfehlung unangemessener AGB, die Verbandsklage nach § 2 UKlaG gerichtet auf Unterlassung verbrauchergesetzwidriger Praktiken sowie die Verbandsklage nach § 13 UWG, mit der die Unterlassung unlauterer Werbung verlangt werden kann. Klagebefugt sind hauptsächlich Verbraucherverbände, die als qualifizierte Einrichtungen in eine besondere Liste eingetragen sind (§§ 3, 4 UKlaG, § 13 Abs. 2 Nr. 3 UWG), und Verbände zur Förderung gewerblicher Interessen sowie Industrie-, Handels- und Handwerkskammern (§ 3 Abs. 1 Nr. 2 und 3 UKlaG, § 13 Abs. 2 Nr. 2 und 4 UWG). Die von ihnen erstrittenen Urteile kommen allen Trägern gleicher Interessen zugute (s. insbesondere § 9 Nr. 39, § 11 UKlaG). Die Klagebefugnis gibt den Verbänden bereits im prozessualen Vorfeld die Möglichkeit, durch Verhandlungen auf die einverständliche Abgabe strafbewehrter Unterlassungsverpflichtungen hinzuwirken. 57

c) Schadensverteilung auf kollektive Gemeinschaften

Die Schadensverteilung auf kollektive Gemeinschaften ist ein wichtiges Anliegen eines sozial ausgestalteten Schadensersatzrechts, das den einzelnen vor schwerwiegenden Vermögensverlusten bewahren will und das damit zugleich das Vermögen als materielle Basis für individuelle Freiheitssicherung erhalten will (oben Rn. 29). Damit verbunden ist eine Neubewertung von Risikozuweisungen. Die immer weiter fortschreitende Automatisierung führt dazu, daß menschliche Arbeitskraft durch Maschinen sowie durch Elektronik und ihre Steuerprogramme ersetzt wird. Dies erfordert eine Risikozuweisung, die die Haftung für Erfüllungsgehilfen nach § 278 BGB um die Haftung für maschinelle Risiken ergänzt[33]. 58

Als kollektive Schadensgemeinschaft kommen vor allem die Versicherungsgemeinschaften in Betracht, die nur in wenigen Fällen als Pflichtversicherungen ausgestaltet sind, wie z.B. die Kfz-Haftpflichtversicherung, im übrigen aber durch freiwillig abgeschlossene Versicherungsverträge zustande kommen. Daneben wird die Schadensüberwälzung auf größere Gemeinschaften auch dadurch bewerkstelligt, daß bei der Produkthaftung die Hersteller, bei Dienstleistungen deren Anbieter[34] und bei Umwelthaftung die Anlagenbetreiber im Wege der Verursacherhaftung als Ersatzleistende und Kostenträger für zufällig bei einzelnen Kunden eintretende Schäden herangezogen werden, wobei sie diese Schäden als Unkosten in die Produktpreise einkalkulieren und damit auf die Gesamtheit der Kunden verlagern oder das Risiko über Haftpflichtversicherungen abdecken können. Dabei ermöglichen gerade auch Berufshaftpflichtversicherungen für Ärzte, Architekten, Rechtsanwälte, Steuerberater und Wirtschaftsprüfer u.a. sowohl die Absicherung dieser Berufe vor existenzbedrohenden Schäden als auch – wegen der dahinter stehenden Versicherung – die Gewährung von Schadensersatz an die Kunden und Mandanten dieser Berufe im Falle von Pflichtverletzungen. 59

d) Gleichbehandlungsgrundsatz

Gewisse kollektive Bezüge weist auch der Gleichbehandlungsgrundsatz auf, weil er Diskriminierungen verbietet und damit dem Einzelnen die Möglichkeit bietet, falls er seine Interessen nicht mit eigener Verhandlungsmacht durchsetzen kann, aufgrund eines gesetzlichen Anspruchs wenigstens die Gleichstellung mit anderen Trägern glei- 60

---

33 S. dazu auch *M. Wolf,* JuS 1989, 899ff.

34 S. zum Kreditkartenverfahren *BGH* NJW 2002, 2234.

cher Interessen zu erreichen. Der Anspruch auf Gleichbehandlung ermöglicht damit zugleich die Teilhabe an den von ihm erfaßten Gütern und Leistungen[35]. Die Gleichbehandlungspflicht widerspricht zwar grundsätzlich der Privatautonomie und der Rechtsausübungsfreiheit im individualistisch angelegten Privatrecht, das gerade die freie Entscheidung und damit auch Abweichungen in jedem Einzelfall erlauben will[36]. Der Gleichbehandlungsgrundsatz findet deshalb im Privatrecht nur einen begrenzten Anwendungsbereich[37]. Dennoch ist er auch hier zum Schutz Unterlegener und zum Schutz grundlegender Rechte unentbehrlich.

61 aa) Einen wichtigen Anwendungsbereich findet der Gleichbehandlungsgrundsatz im **Arbeitsrecht.** §§ 611 a und b sowie § 612 Abs. 3 BGB schreiben dem Arbeitgeber die Gleichbehandlung von Mann und Frau im Arbeitsverhältnis, durch Art. 141 EGV insbesondere auch bei der Entlohnung vor und § 612 a BGB enthält ein Maßregelungsverbot, wenn der Arbeitnehmer seine Rechte in zulässiger Weise ausübt. Neben einzelnen spezialgesetzlichen Bestimmungen wie § 4 TzBfG für Teilzeitbeschäftigte und § 75 BetrVG findet sich im Arbeitsrecht ein allgemeiner Gleichbehandlungsgrundsatz, der zwar das Aushandeln günstigerer Vertragsbedingungen nicht ausschließt, aber dem Arbeitgeber die Schlechterstellung einzelner unter das allgemeine Niveau etwa bei Gratifikations- oder Ruhegeldzahlungen verbietet[38].

62 bb) Durch die Richtlinie 2000/43/EG wird die Gleichbehandlung im Sinne eines Diskriminierungsverbots aus rassischen oder ethnischen Gründen eingeführt und die Richtlinie 2000/78/EG erstreckt das Verbot auf Diskriminierungen wegen der Religion oder Weltanschauung, wegen einer Behinderung, des Alters oder der sexuellen Ausrichtung. Beide Richtlinien beziehen sich allgemein auf die Gleichbehandlung in Beschäftigung, Beruf und **Erwerbstätigkeit.** Sie betreffen insoweit vor allem auch staatliche Maßnahmen aller Art. Im privatrechtlichen Bereich sind in erster Linie die Arbeitgeber als Anbieter von Arbeitsplätzen angesprochen. Das Diskriminierungsverbot kann sich aber auch auf die Mitgliedschaft in privatrechtlichen Vereinigungen und Gesellschaften auswirken. Die Richtlinie 2000/43/EG sieht ihr Verbot der Diskriminierungen wegen rassischer oder ethnischer Herkunft darüber hinaus auch für Privatpersonen vor, die **Güter oder Dienstleistungen einschließlich Wohnraum** öffentlich anbieten.

63 cc) Ein Diskriminierungsverbot für Unternehmer enthalten §§ 19, 20 GWB, indem sie marktbeherrschenden Unternehmen, preisbindenden Unternehmen und bestimmten Unternehmensvereinigungen die **unbillige Behinderung** oder Ungleichbehandlung **anderer Unternehmen** in deren üblichen Geschäftsverkehr verbieten. Die diskriminierten Unternehmen können dagegen auf Unterlassung und Gleichbehandlung klagen.

64 dd) Eine Gleichbehandlungspflicht besteht auch in den Fällen des Kontrahierungszwangs[39], weil die daraus erwachsende Verpflichtung zum Vertragsabschluß sich nur bei gleichmäßiger Behandlung aller Berechtigten sachgerecht durchführen läßt und ein Unterlaufen der Abschlußpflicht durch nachteilige Bedingungen zu Lasten einzelner verhindert wird.

65 ee) Soweit ein Kontrahierungszwang nicht besteht, kann jede Vertragspartei ihre Vertragsbedingungen grundsätzlich frei aushandeln und dabei auch frei entscheiden, ob und bei wem sie ihre **Allgemeinen Geschäftsbedingungen** zugrunde legt. Soweit jedoch AGB benutzt werden, dürfen diese keine unangemessenen Diskriminierungen enthalten[40].

---

[35] S. *M. Wolf,* Gleichbehandlungsgrundsatz und privatrechtliches Teilhaberecht, FS L. Raiser, 1974, S. 597.

[36] Im Zusammenhang mit der erbrechtlichen Testierfreiheit *BGH* NJW 1999, 566 = LM H. 6/1999 § 138 (Cd) BGB Nr. 30 m. Anm. *Leipold.*

[37] S. *G. Hueck,* Der Grundsatz der gleichmäßigen Behandlung im Privatrecht, 1958, S. 169 ff.; *L. Raiser* ZHR 111, 75.

[38] Vgl. nur Erman/*Hanau,* § 611 Rn. 219 ff.

[39] S. zum Verhältnis von Gleichbehandlung und Kontrahierungszwang auch *L. Raiser,* ZHR 111, 75, 86 ff.; zum Kontrahierungszwang unten § 34 Rn. 29 ff.

[40] *M. Wolf,* in: *Wolf/Horn/Lindacher,* AGBG, § 9 Rn. 113.

ff) Einen Anwendungsbereich findet der Gleichbehandlungsgrundsatz auch **in Gemeinschaften** wie etwa im Vereins- und Gesellschaftsrecht[41], wo er die grundsätzliche Gleichbehandlung der Mitglieder und Gesellschafter vorsieht. Das Gleichbehandlungsgebot kann dabei entweder an die Person (z.B. § 709 Abs. 2 BGB, §§ 114 Abs. 1, § 125 Abs. 1 HGB, § 53a AktG) oder an Kapital- und Gesellschaftsanteile (z.B. § 29 Abs. 3 GmbHG; § 60 AktG) anknüpfen. Ein Gleichbehandlungsgebot besteht grundsätzlich auch für den Versicherer gegenüber der Versicherungsgemeinschaft[42], wobei wie immer sachgerechte Differenzierungen nicht ausgeschlossen sind. Eine anteilsmäßig gleichmäßige Befriedigung der Gläubiger findet grundsätzlich auch im Insolvenzverfahren (§ 1 InsO) statt[43]. 66

III. Veränderungen durch technischen Wandel

Gesellschaftliche und wirtschaftliche Verhältnisse sowie die Technik verharren nicht im Stillstand, sondern unterliegen einem ständigen Wandel. So haben sich auch die industriellen Verhältnisse gewandelt. Hinzuweisen ist etwa auf die Automatisierung, die zum Abbau von Arbeitsplätzen im Produktionsbereich führt und mit der eine Erweiterung des Dienstleistungsbereichs einhergeht. Hinzu kommen Neuerungen im elektronischen Bereich und in der Datenübertragung. Schließlich vermehrt eine zunehmende Arbeitsteilung die Vertragsbeziehungen und ein gewachsener Wohlstand macht die Regelung der privatrechtlichen Verhältnisse für größere Teile der Bevölkerung immer wichtiger. Daraus ergeben sich auch Veränderungen und Schwerpunktverlagerungen im zivilrechtlichen Bereich. 67

1. Veränderungen im Vertragsrecht

a) Rechtsgeschäfte mit elektronischen Daten

Die neuen Möglichkeiten der Datenübertragung erfordern eine Anpassung der Rechtsgeschäftslehre und des Vertragsschlusses an diese neuen Kommunikationsformen und die mit ihnen verbundenen Risiken[44]. Dies kann zum großen Teil mit den bekannten Rechtsfiguren verarbeitet werden. Für die elektronische Form mit elektronischer Signatur und für die Textform sind aber §§ 126a und b eingefügt worden. 68

b) Neue Vertragstypen

In der Dienstleistungsgesellschaft erlangen andere und neue Vertragstypen Bedeutung. Einerseits rücken neben dem Kauf Dienst- und Werkverträge vor allem auch in der Form der Geschäftsbesorgungsverträge in den Vordergrund. Andererseits entwickeln sich neue Vertragstypen etwa in Gestalt des Leasings, des Factoring oder des Franchising. Im Finanzbereich werden Berater- und Treuhandverträge im Zusammenhang mit Vermögensverwaltungen immer häufiger und bei der Vermögensanlage erfordern neben normalen Wertpapierkäufen Options- und Termingeschäfte eine 69

---

[41] S. etwa § 53a AktG; §§ 706, 722, 742 BGB; Überblick bei *Wiedemann,* Gesellschaftsrecht, Bd. 1, Grundlagen, 1980, § 8 II 2.

[42] *Gärtner,* Privatversicherungsrecht, 2. Aufl. 1980, S. 317ff.; *Weyers/Wandt,* Versicherungsvertragsrecht, 3. Aufl., 2003, Rn. 102.

[43] S. etwa *Baur/Stürner,* Zwangsvollstreckungs-, Konkurs- und Vergleichsrecht, Bd. II, 12. Aufl. 1990, Rn. 5.36ff.

[44] Vgl. hierzu *Burgard,* AcP 195 (1995), 74; *Clemens,* NJW 1985, 1998; *Ebner,* NJW 1992, 2985; *Kohl,* Telematikdienste im Zivilrecht, in Telekommunikation und Wirtschaftsrecht (Hrsg. *Scherer*), 1988, S. 91; *Köhler,* AcP 182 (1982), 126; s. im einzelnen unten § 30 Rn. 42ff.

rechtliche Einordnung[45]. Auch verlangen veränderte Kommunikationsformen eine neue vertragsrechtliche Aufarbeitung, was sich in veränderten Vertragstypen niederschlägt.

c) Vernetzung von Verträgen

70 Die zunehmende Arbeitsteilung vermehrt nicht nur die Austauschbeziehungen und damit auch die Vertragsbeziehungen, sondern es kommt auch zu einer zunehmenden Vernetzung von Verträgen[46], die auf einen gemeinsamen Zweck ausgerichtet sind.

71 Die sog. finanzierten Abzahlungsverträge, insbesondere der finanzierte Abzahlungskauf, und das Finanzierungsleasing aber auch das Dokumenten-Akkreditiv, sind Beispiele für eine bestimmte Form von vernetzten Verträgen, bei denen zur Finanzierung der Warenbeschaffung unter Beteiligung von drei oder mehr Parteien zwei oder mehrere Verträge geschlossen werden, die durch die gemeinsame Zwecksetzung zu einer wirtschaftlichen Einheit verbunden sind (vgl. zu verbundenen Verträgen auch §§ 358, 359). Eine andere Form vernetzter Verträge liegt vor, wenn mehrere Zulieferer ihre Teile an einen Produkthersteller (Assembler) liefern, der diese Teile zu einem Endprodukt zusammensetzt und zu diesem Zweck die Lieferungen mit den verschiedenen Zulieferern und Vorlieferanten sowohl in zeitlicher wie in sachlicher und qualitativer Hinsicht mit einander koordinieren muß. Auch bei bargeldlosen Überweisungen unter Einschaltung anderer Banken als Zwischenglieder müssen Verträge zwischen verschiedenen Beteiligten zur Erreichung eines bestimmten wirtschaftlichen Zwecks zusammengefaßt werden (s. dazu §§ 676 a–h).

2. Verstärkter Schutz des Privat- und Intimbereichs

72 Die erhebliche Ausweitung der Informations- und Kommunikationsmöglichkeiten, deren sich vor allem auch die Medien bedienen, gefährdet zugleich den Privat- und Intimbereich einzelner Personen und verlangt deshalb einen verstärkten Schutz des Privat- und Intimbereichs, was sich sowohl in der Entwicklung und Ausweitung des Persönlichkeitsrechts als auch im Datenschutzrecht niederschlägt. Zugleich müssen aber Informations- und Meinungsfreiheit auch im Verhältnis zwischen Privaten gewährt werden. Dies erfordert eine ständige Abwägung zum Ausgleich der sich widersprechenden Interessen.

3. Stärkung des Privatrechts

73 Ein gewachsener Wohlstand bringt mit einer Verbesserung der Vermögensverhältnisse für eine vermehrte Personenzahl auch eine zunehmende Bedeutung des Privatrechts mit sich[47]. Dies zeigt sich nicht nur in der gestiegenen Zahl von Verträgen im Zusammenhang mit der Verwaltung dieser Vermögenswerte. Ebenso wichtig ist vielmehr die dem einzelnen in Gestalt von Eigentum, Forderungen und anderen subjektiven Vermögenswerten überlassene Entscheidungsmacht zur selbstverantwortlichen Lebensgestaltung und Selbstversorgung. Die mit der selbstbestimmten Entscheidung über die eigenen Vermögensrechte vermittelte Freiheit und Selbständigkeit ist ein bedeut-

---

[45] Eine umfangreiche Übersicht über die „modernen Vertragstypen" gibt *Martinek,* Moderne Vertragstypen Bd. 1–3, 1991.

[46] S. die Ansätze bei *Möschel,* AcP 186 (1986), 187, 211; *Teubner,* ZHR 1990, 295, 305 f.; *Merz,* Qualitätssicherungsvereinbarungen, 1992, S. 80 ff.; ausführlich *Rohe,* Netzverträge, Rechtsprobleme komplexer Vertragsverbindungen, 1998; s. auch unten § 23 Rn. 122.

[47] S. auch *Biedenkopf,* FS Coing, Bd. II, 1982, S. 21 ff.; *Zöllner,* JuS 1988, 329, 336.

samer Faktor zum Abbau von Abhängigkeiten und Ungleichgewichtslagen im Privatrecht. Zugleich vermindert sie die Abhängigkeit von öffentlichen Sozialversicherungs- und Versorgungssystemen, die an die Grenzen ihrer Leistungsfähigkeit stoßen. Der Sicherung der Versorgung der Familie dient auch das Erbrecht, indem es die Nachfolge in das Vermögen im Todesfall ermöglicht. Angesichts der steigenden Bedeutung privater Vermögensvorsorge ist die staatliche Besteuerung selbst kleinster Vermögen und ihre spürbare Belastung mit Erbschaftsteuer im Falle einer Vererbung umso problematischer.

IV. Vom patriarchalischen zum individualistischen Familienrecht

Eine grundlegende Neugestaltung hat das BGB vor allem auch auf dem Gebiet des Familienrechts erfahren, weil sich auf diesem Gebiet die stärksten Wandlungen sowohl in der sozialen Wirklichkeit wie im allgemeinen Bewußtsein vollzogen haben. Der Wandel der Auffassungen geht von einer ursprünglich patriarchalischen Einstellung über die Forderung nach Gleichbehandlung von Mann und Frau bis zum Eindringen individualistischer und individualrechtlicher Elemente in das Familienrecht[48]. 74

1. Gleichberechtigung von Mann und Frau

Das den Schöpfern des BGB vor Augen stehende Leitbild der Familie war das der überwiegend **patriarchalisch strukturierten Kleinfamilie,** in der der Ehemann als Familienoberhaupt sowohl gegenüber der Ehefrau, wie gegenüber den minderjährigen Kindern das Recht der letzten Entscheidung in allen das gemeinsame Leben betreffenden Angelegenheiten besaß. Dieses Leitbild stimmte immer weniger mit der Wirklichkeit überein, je mehr Frauen sich im Berufs- und Erwerbsleben in gleicher Weise wie die Männer betätigten, die gleiche Ausbildung wie sie erhielten und sich vor gleiche Aufgaben gestellt sahen. Die Forderung nach **Gleichberechtigung der Frauen** mit den Männern war längst erhoben und hatte sich auf Teilgebieten wie dem des politischen Wahlrechts auch bereits durchgesetzt, als sie durch Art. 3 Abs. 2 GG zu einem Rechtsprinzip von Verfassungsrang erhoben und mit dem Gleichberechtigungsgesetz 1958 in das Familienrecht des BGB übernommen wurde. 75

2. Gleichberechtigung in der Ehe

Im Mittelpunkt des Familienrechts steht auch heute noch die Ehe als eine ihrem Grundgedanken nach auf Lebensdauer angelegte, wenn auch scheidbare Lebensgemeinschaft eines Mannes und einer Frau. In dieser Lebensgemeinschaft, deren Eingehung allein auf dem freien Willen der beiden Partner beruht, sind beide gleichberechtigt. Mit der Gleichberechtigung hat auch eine Stärkung der individuellen Rechte Eingang in das Rechtsverhältnis der Ehe gefunden. 76

Das frühere Entscheidungsrecht des Ehemannes in den gemeinsamen Angelegenheiten ist weggefallen. Jeder Ehegatte ist berechtigt, erwerbstätig zu sein; dabei hat er „auf die Belange des anderen Ehegatten und der Familie die gebotene Rücksicht zu nehmen" (§ 1356 Abs. 2). 77

---

[48] S. dazu *Schwab,* Familienrecht im Umbruch, FamRZ 1995, 513ff.; *Pawlowski,* Abschied von der „bürgerlichen Ehe"?, JZ 1998, 1032; *Frank,* 100 Jahre BGB – Familienrecht zwischen Rechtspolitik, Verfassung und Dogmatik, AcP 200 (2000), 401.

Auch die Führung des gemeinsamen Haushalts ist nicht mehr allein Sache der Frau. Die Ehegatten „regeln die Haushaltsführung im gegenseitigen Einvernehmen" (§ 1356 Abs. 1). Individualistischer ausgestaltet ist auch das Namensrecht, indem den Ehegatten durch § 1355 verschiedene Wahlmöglichkeiten gewährt werden. Beseitigt ist der frühere gesetzliche Güterstand der Verwaltung des Frauenvermögens durch den Ehemann. Gesetzlicher Güterstand ist heute die Zugewinngemeinschaft. In ihr verwaltet jeder Ehegatte sein eigenes Vermögen grundsätzlich selbständig. Nach Beendigung der Ehe wird der von beiden Ehegatten während der Ehe erzielte Zugewinn unter ihnen ausgeglichen. Die Ehegatten können durch einen Vertrag (Ehevertrag, § 1408) den gesetzlichen Güterstand ausschließen oder modifizieren. Es kann völlige Gütertrennung (§ 1414) oder es kann Gütergemeinschaft (§ 1415) vereinbart werden.

78 Mehrfach geändert worden ist das Recht der **Ehescheidung.** Es beruhte ursprünglich auf dem Verschuldensgrundsatz; d.h. nur derjenige Ehegatte konnte die Scheidung begehren, dem der andere dazu durch eine schuldhafte Eheverfehlung Anlaß gegeben hatte. Das Recht der Ehescheidung wurde mit Wirkung vom 1. 7. 1977 im Sinne des Zerrüttungsprinzips umgestaltet. Das Verschulden spielt nunmehr keine Rolle mehr. Einziger Scheidungsgrund ist das Scheitern der Ehe gemäß §§ 1565 ff. Damit wird der individuellen Entscheidung, ob die Ehe fortgesetzt oder beendet werden soll, mehr Raum gelassen. Dies rechtfertigt sich daraus, daß die nur noch formale Aufrechterhaltung gescheiterter Ehen nicht Aufgabe der Rechtsordnung sein kann. Freie Gestaltungen über den Scheidungsunterhalt (§ 1585 c) und den Versorgungsausgleich (§ 1587 o) sind möglich.

79 Außerhalb des Familienrechts und außerhalb des BGB geregelt, aber doch im Wesentlichen der Ehe nachgebildet und ihr weitgehend gleichgestellt ist die **gleichgeschlechtliche Lebenspartnerschaft**[49]. Wie die Ehe kann sie nur persönlich bei gleichzeitiger Anwesenheit beider Teile vor der zuständigen Behörde geschlossen werden. Die gleichgeschlechtlichen Lebenspartner sind einander zu Fürsorge und Unterstützung verpflichtet, was Unterhaltspflichten einschließt (§§ 2, 5 LPartG). Wie Ehegatten können sie einen gemeinsamen Namen führen (§ 3 LPartG). Vergleichbar der ehelichen Zugewinngemeinschaft wird die Ausgleichsgemeinschaft als Güterstand zur Verfügung gestellt, der aber nicht kraft Gesetzes gilt, sondern den die gleichgeschlechtlichen Lebenspartner vereinbaren müssen. Sie können ihre Vermögensverhältnisse durch einen Lebenspartnerschaftsvertrag aber auch anders regeln (§§ 6, 7 LPartG). Bei Unwirksamkeit einer solchen Vereinbarung besteht Vermögenstrennung (§ 6 Abs. 3 LPartG). Der gleichgeschlechtliche Lebenspartner wird erbrechtlich dem Ehegatten gleichgestellt (§ 10 LPartG) und hat allgemein die Stellung eines Familienangehörigen und Verschwägerten (§ 11 LPartG). Das Getrenntleben (§§ 12 ff. LPartG) und die Aufhebung der gleichgeschlechtlichen Lebenspartnerschaft (§§ 15 LPartG) weisen wiederum starke Ähnlichkeiten zur Ehe und deren Scheidung auf. Wegen der weitgehenden Gleichstellung mit der Ehe sind gegen die derzeitige Ausgestaltung der gleichgeschlechtlichen Lebenspartnerschaft verfassungsrechtliche Bedenken erhoben worden, weil dadurch die durch Art. 6 GG begründete Vorrangstellung der Ehe nicht mehr gewahrt wird[50].

3. Gleichberechtigung bei der elterlichen Sorge

80 Der Grundsatz der Gleichberechtigung von Mann und Frau bestimmt heute auch das **Rechtsverhältnis der Eltern zu den Kindern.** Für eheliche Kinder haben, so lange sie minderjährig sind, die Eltern gemeinsam das Recht und die Pflicht der elter-

[49] Eingeführt durch Gesetz vom 16. 2. 2001 (BGBl. I S. 226).
[50] Dagegen aber *BVerfG* NJW 2001, 2457.

lichen Sorge[51], die sie in eigener Verantwortung und im gegenseitigen Einvernehmen zum Wohle des Kindes auszuüben haben. Größere Gestaltungsmöglichkeiten bestehen für nicht verheiratete Eltern nunmehr insofern, als sie über eine gemeinsame Ausübung der elterlichen Sorge selbst bestimmen können (§§ 1626a ff.) und diese nicht mehr wie bisher kraft Gesetzes allein der Mutter zusteht.

Im Falle von Meinungsverschiedenheiten müssen die Eltern versuchen, sich zu einigen (vgl. 81
§ 1627 Satz 2). Während die gesetzliche Vertretung des Kindes früher dem Vater allein zustand, sind heute beide Elternteile gesetzliche Vertreter. Sie vertreten in der Regel das Kind gemeinschaftlich (§ 1629 Abs. 1 Satz 2).

4. Stärkung der Rechtsstellung des Kindes

Im Verhältnis der Eltern zum Kinde betont das Gesetz die Pflicht der Eltern, bei der 82
Pflege und Erziehung die wachsende Fähigkeit und das wachsende Bedürfnis des Kindes zu selbständigem verantwortungsbewußtem Handeln zu beachten und in Angelegenheiten der Ausbildung und des Berufes die Eignung und Neigung des Kindes zu berücksichtigen (§§ 1626 Abs. 2, 1631a). Die Rechtsstellung des Kindes und sein Schutz werden auch dadurch gestärkt, daß eine Unterbringung mit Freiheitsentzug nicht mehr allein durch die Eltern, sondern nur noch mit Genehmigung des Familiengerichts angeordnet werden kann (§ 1631b). Darüber hinaus verweist § 1643 auf weitere Geschäfte, die die Eltern nur mit Genehmigung des Familiengerichts vornehmen können. Auch wird die Haftung, die das Kind auf Grund des Handelns seiner Eltern treffen kann, so begrenzt, daß es schuldenfrei in die Volljährigkeit eintreten kann (§ 1629a). Ferner entzieht § 1641 den Eltern das Recht, als Vertreter im Namen des Kindes Schenkungen zu tätigen. Das Recht zur Einwilligung in eine Sterilisation des Kindes steht den Eltern nicht zu (§ 1631c). Dies dient dem Schutz des Kindes, bis es darüber nach Eintritt der Volljährigkeit selbst entscheiden kann.

Schließlich hat das Grundgesetz in Art. 6 Abs. 5 dem Gesetzgeber die Aufgabe gestellt, den 83
unehelichen Kindern die gleichen Bedingungen für ihre leibliche und seelische Entwicklung und ihre Stellung in der Gesellschaft zu schaffen wie den ehelichen Kindern. Dies ist nunmehr grundsätzlich verwirklicht. Beseitigt ist vor allem die Diskriminierung des unehelichen Kindes im Verhältnis zu seinem Vater, die darin lag, daß es nach dem BGB mit ihm nicht als verwandt galt. Das nichteheliche Kind hat heute auch gegenüber seinem Vater Unterhaltsansprüche wie ein eheliches Kind (§ 1615a). Ebenso ist es ebenso wie eheliche Kinder nach § 1924 als gesetzlicher Erbe vorgesehen

V. Von der nationalen Kodifikation zur europäischen Rechtsharmonisierung

1. Kodifikationsidee des BGB

Das 19. Jahrhundert war zusammen mit der Bildung von Nationalstaaten auch das 84
Zeitalter der Kodifikationen, als dessen Ausdruck auch das BGB verstanden werden

[51] Bis zu dem Gesetz zur Neuregelung des Rechts der elterlichen Sorge sprach das Gesetz von der „elterlichen Gewalt". Diese definierte es als „das Recht und die Pflicht, für die Person und das Vermögen des Kindes zu sorgen". Sie war also nichts anderes als das Recht (und die Pflicht) der Eltern, für das Kind zu sorgen.

kann[52]. Die Kodifikation diente dabei zum einen als Mittel, um die nationale Einheit auf dem Rechtsgebiet des Privatrechts herzustellen. Zum anderen kam in ihr das Anliegen zum Ausdruck, das Privatrecht als ein rechtswissenschaftlich und geistig einheitliches System zu ordnen, das aufgrund der angestrebten Lückenlosigkeit dem Richter für alle Fragen eine aus dem Gesetz ableitbare Antwort ermöglichen sollte.

85 Das Kodifikationsziel eines einheitlichen und lückenlosen Systems des bürgerlichen Rechts hat das BGB nicht vollständig erreichen können. Obwohl es trotz allen gesellschaftlichen und wirtschaftlichen Wandels immer noch die umfassende Grundlage zur Lösung privatrechtlicher Fragen bietet, stellen sich immer wieder neue Fragen und Probleme, die der Gesetzgeber nicht vorhersehen konnte. Dies gilt auch für die seit 1. 1. 2002 in Kraft getretene Schuldrechtsmodernisierung, durch die wesentliche Teile des Schuldrechts, insbesondere das Recht der Leistungsstörungen, das Kaufrecht und das Verjährungsrecht neu gestaltet worden sind. Auch ist das privatrechtliche Verbraucherschutzrecht weitgehend in das BGB eingegliedert worden (s. dazu oben § 1 Rn. 59). Einige Rechtsinstitute, die zuvor von der Rechtsprechung außerhalb des BGB entwickelt worden waren, sind in das BGB aufgenommen worden. Dies trifft zu auf den Wegfall der Geschäftsgrundlage (§ 313), die culpa in contrahendo (§ 311 Abs. 2) und die positive Vertragsverletzung, die in den allgemeinen Tatbestand des § 280 eingeflossen ist und zusätzlich noch durch § 282 erfaßt wird. Auch für das Finanzierungsleasing finden sich teilweise Regelungen, soweit es den Verbraucher betrifft (§ 500). Zuvor sind schon der Reisevertrag (§§ 651 a ff.) und das Mietrecht, einschließlich der Wohnungsmiete (§§ 535 ff., 549 ff.) neu geregelt worden. Trotz dieser Aktualisierung des BGB bleiben Fragen ungelöst und stellen sich neue Probleme. So muß etwa das Recht der Internet-Domains von der Rechtsprechung entwickelt werden[53]. Das Recht des Unternehmenskaufs ist weitgehend offen geblieben. Neue Vertragstypen wie der Kreditkartenvertrag, das Factoring und das Franchising wurden nicht geregelt ebenso wie das von der Rechtsprechung entwickelte allgemeine Persönlichkeitsrecht und das Recht am eingerichteten und ausgeübten Gewerbebetrieb. Gleichwohl ist die Kodifikation des BGB eine wichtige Grundlage für das gesamte Privatrecht, die auch Leitlinien und Anhaltspunkte für ungeregelte Fragen bietet.

2. Auflösung der Kodifikationsidee durch privatrechtliche Sondergesetze

a) Privatrechtliche Sondergesetze

86 Das HGB als Sonderrecht der Kaufleute bildete von Anfang an eine eigenständige Kodifikation und Sondermaterien wie das Urheber- und Patentrecht lassen sich ebensowenig wie das Markengesetz und der sonstige gewerbliche Rechtsschutz oder das Gesetz gegen unlauteren Wettbewerb (UWG) und das Gesetz gegen Wettbewerbsbeschränkungen (GWB) in das allgemeine Privatrecht des BGB eingliedern. Auch das Arbeitsrecht entwickelte sich aufgrund der besonderen Schutzsituation der Arbeitnehmer und aufgrund ihrer kollektiven Eingliederung in den Betrieb sowie ihres kollektiven Zusammenschlusses in Gewerkschaften zu einem eigenen Sonderrechtsgebiete weitgehend außerhalb des BGB. Speziell für Arbeitnehmer sind lediglich das arbeitsrechtlich Gleichbehandlungs- und Maßregelungsverbot (§§ 611 a, b, § 612 Abs. 3,

[52] S. *Wieacker,* Privatrechtsgeschichte der Neuzeit, S. 458 ff., 475.

[53] S. etwa *BGH* NJW 2001, 3262 und 3265; dazu unten § 8 Rn. 20 f.

§ 612a), der Betriebsübergang (§ 613a), eine Beweislastregel hinsichtlich der Haftung des Arbeitnehmers (§ 619a) sowie Teile des Kündigungsrechts (§§ 622, 623) in das Dienstvertragsrecht des BGB aufgenommen worden, das im übrigen, auch soweit es allgemeine Vorschriften für jeden Dienstvertrag enthält, grundsätzlich auf Arbeitsverhältnisse anwendbar bleibt.

Einige weitere Sachgebiete sind aus den verschiedensten Gründen in Sondergeset- 87
zen außerhalb des BGB geregelt. Die ErbbauVO von 1919 betrifft Regelungsgegenstände, die ursprünglich im BGB enthalten waren, aber als zu umfangreiche Spezialregelung daraus entfernt wurden. Das Wohnungseigentumsgesetz von 1951 enthält spezielle Sonderregelungen der Rechtsverhältnisse der Wohnungseigentümer, die wegen ihrer Spezialität und weil ihr dauerhafter Bestand und ihre praktische Bewährung nicht sicher erschienen sowie wegen ihrer Verbindung von materiellrechtlichen und verfahrensrechtlichen Vorschriften, nicht ins BGB aufgenommen wurden. Auch das Produkthaftungsgesetz und das Umwelthaftungsgesetz bleiben außerhalb des BGB angesiedelt. Sie enthalten Tatbestände der Gefährdungshaftung, die als Ausnahme vom Verschuldensgrundsatz des BGB schon früh vorzugsweise in Sondergesetzen geregelt wurden, wie etwa das Haftpflichtgesetz deutlich macht.

b) Gemeinsame privatrechtliche Grundlagen

Aufgabe der Privatrechtswissenschaft muß es sein, die allgemeinen Lehren und 88
Wertungen der Sondergesetze untereinander und ihr Verhältnis zu den Grundlagen und Wertungen des BGB aufzuzeigen, um auf diese Weise Gemeinsamkeiten zur Geltung zu bringen und dadurch die Gleichbehandlung vergleichbarer Fallgestaltung zu erreichen. Ebenso sind im Interesse einer (sach)gerechten Auflösung von Wertungswidersprüchen Zusammenhänge zwischen den allgemeinen Vorschriften des BGB und den Sondergesetzen zu beachten.

3. Europäische Harmonisierung des Privatrechts

Ebenso wie im 19. Jahrhundert in den neu entstandenen Nationalstaaten zur Er- 89
leichterung des Rechts- und Wirtschaftsverkehrs einheitliche Gesetze auf dem Gebiet des Handelsrechts[54] und des allgemeinen Privatrechts erlassen wurden, so besteht heute aufgrund des vom EG-Vertrag in Art. 3 lit. c, Art. 14 Abs. 2 angestrebten Binnenmarkts ein Bedürfnis, Handelshemmnisse und Wettbewerbsverzerrungen, die durch allzu heterogene Privatrechtsvorschriften entstehen können, abzubauen. Die Rechtsharmonisierung, die Art. 3 lit. h EGV zu diesem Zweck vorsieht, macht sich auch im Bereich des Privatrechts zunehmend bemerkbar.

a) Unmittelbare Geltung des Gemeinschaftsrechts

Die weitgehende Vereinheitlichung wird am effektivsten durch die unmittelbare 90
Geltung des Gemeinschaftsrechts in allen EG-Mitgliedstaaten erreicht, weil das Gemeinschaftsrecht als höherrangiges Recht dem nationalen Recht vorgeht und dieses verdrängt[55]. Unmittelbare Geltung entfalten insbesondere die **Grundfreiheiten des EG-Vertrags** in Gestalt des freien Verkehrs von Waren (Art. 23, 25, 28 EGV), von

[54] Zum ADHGB als Vorläufer des HGB v. 1897 s. *Wieacker,* Privatrechtsgeschichte der Neuzeit, S. 462f.

[55] S. etwa *EuGH* Slg. 1964, 1251ff. (Costa/ENEL); ständige Rspr. zuletzt etwa *EuGH* EuZW 1994, 281.

Personen (Art. 39, 43 EGV), von Dienstleistungen (Art. 49 EGV) und von Kapital (Art. 56 EGV). Eine unmittelbare privatrechtliche Wirkung hat der *EuGH* auch für die Gleichbehandlung zwischen Mann und Frau beim Arbeitsentgelt nach Art. 141 EGV angenommen[56]. Neben der unmittelbaren Geltung des primären Gemeinschaftsrechts aus dem EG-Vertrag ergibt sich eine unmittelbare Geltung von Gemeinschaftsrecht im Rang unter dem EG-Vertrag (sog. sekundäres Gemeinschaftsrecht) vor allem bei den **Verordnungen** (s. Art. 249 Satz 2 EGV).

91 Rechtsverordnungen sind im Bereich des Privatrechts bisher eher selten. Zu nennen ist etwa die Verordnung über die Europäische Wirtschaftliche Interessenvereinigung (EWIV), eine der Gesellschaft bürgerlichen Rechts nahe kommende Gesellschaftsform. Privatrechtliche Einflüsse erzeugen auch die sog. Gruppenfreistellungsverordnungen, die auf der Grundlage von Art. 81 Abs. 3, Art. 83 EGV ergangen sind. Diese Verordnungen sehen bestimmte Voraussetzungen für Franchise-Verträge, Alleinvertriebsverträge vor, bei deren Vorliegen diese Verträge vom Verbot der Art. 81, 82 EGV freigestellt sind. Da diese Freistellung allgemein angestrebt wird, beeinflussen die Freistellungsvoraussetzungen zugleich die inhaltliche Ausgestaltung dieser Verträge, ohne diese Inhalte vertragsrechtlich zwingend vorzuschreiben. Auf dem Gebiet des Zivilverfahrensrechts bedeutsam ist die Verordnung über den europäischen Gerichtsstand und die Vollstreckung (EuGVVO). Ebenso existiert eine europäische Verordnung über das Insolvenzverfahren.

92 Eine unmittelbare rechtsvereinheitlichende Wirkung erzeugen auch **Übereinkommen** zwischen den Mitgliedstaaten, sofern die Übereinkommen innerstaatlich ratifiziert sind. Hier ist das Europäisches Patentübereinkommen und das Übereinkommen zur Vereinheitlichung des Internationalen Privatrechts im Bereich des Schuldvertragsrechts, umgesetzt in Art. 27 ff. EGBGB, zu nennen.

b) EG-Richtlinien

93 Für die Rechtsharmonisierung im Bereich des Privatrechts werden hauptsächlich Richtlinien benutzt[57]. Die durch Richtlinien bewirkte Harmonisierung führt nicht notwendig zu einer völligen Einheitlichkeit der betreffenden Rechtsvorschriften in den Mitgliedstaaten, da die Richtlinien nach Art. 249 Satz 4 EGV zwar das zu erreichende Ziel verbindlich vorgeben, hinsichtlich der Form und Mittel der Umsetzung den Mitgliedstaaten aber die Wahl lassen. Zudem beschränken sich die Richtlinien in ihren Zielen teilweise auf die Festlegung von Mindeststandards und überlassen den Mitgliedstaaten die Freiheit zur Einführung weitergehender Schutzvorschriften, die jedoch nicht zu einer Beeinträchtigung des freien Verkehrs im Binnenmarkt führen dürfen.

94 Die Richtlinien im Bereich des Privatrechts sind inzwischen vielzählig. So bildet etwa die Produkthaftungsrichtlinie die Grundlage für das Produkthaftungsgesetz, die Verbraucherkreditrichtlinie die Grundlage für §§ 491 ff., 499 ff. und 505 ff., die Richtlinie über mißbräuchliche Klauseln in Verbraucherverträgen für §§ 305 ff., die Reiserechtsrichtlinie für §§ 651 a ff., die Richtlinie über Haustürgeschäfte für §§ 312, 312 a, die Richtlinie über den Fernabsatz für §§ 312 b–d, die Richtlinie über den E-Commerce für § 312 e, die Richtlinie über Teilzeitwohnrechte für §§ 481 ff., die Richtlinie über den Überweisungsverkehr für §§ 676 a ff., die Richtlinie über die Beschleunigung von Zahlungen für § 286 Abs. 3 und die Richtlinie über

---

[56] *EuGH* Slg. 1976, 1365 (Defrenne/SABENA); neuerdings *EuGH* EuZW 1994, 723; 1994, 729 und 1994, 731 m. w. N.

[57] S. zur Notwendigkeit ihrer Umsetzung in nationales Recht unten § 3 Rn. 24.

den Verbrauchsgüterkauf für §§ 474ff. mit dem zwingenden Verweis auf das kaufrechtliche Gewährleistungsrecht in § 475. Die Begriffe des Verbrauchers (§ 13) und des Unternehmers (§ 14) setzen ebenfalls Vorgaben aus europäischen Richtlinien um. Im Bereich des Handelsrechts kann etwa auf die Bilanzrichtlinien, die Handelsvertreterrichtlinie und zahlreiche gesellschaftsrechtliche Richtlinien verwiesen werden[58]. Das Markengesetz beruht auf der Markenrechtsrichtlinie. Richtlinien gegen unlautere und irreführende Werbung sind ergangen und zur vergleichenden Werbung in § 2 UWG eingeflossen. Eine Urheberrechtsrichtlinie ist Grundlage für §§ 69a ff. UrhG. Es haben zahlreiche Richtlinien zum Versicherungsrecht das nationale Recht beeinflußt. Dies macht deutlich, in welch umfassendem Maße europäisches Recht bereits das BGB und das Privatrecht beeinflußt[59].

c) Gemeinschaftskonforme Auslegung

Die Harmonisierung des europäischen Rechts einschließlich des europäischen Privatrechts ist darüber hinaus auch beim Fehlen von Richtlinien Aufgabe der Mitgliedstaaten, die gemäß Art. 10 EGV die Pflichten aus dem Vertrag durch geeignete Maßnahmen erfüllen und alle die Ziele des EG-Vertrags gefährdenden Maßnahmen unterlassen müssen. Zu den Zielen des EG-Vertrags gehört nach Art. 3 lit. h auch die Angleichung der innerstaatlichen Rechtsvorschriften, um Handelshemmnisse im Gemeinsamen Markt abzubauen und Wettbewerbsverzerrungen zu vermeiden. Art. 10 EGV wendet sich an die Mitgliedstaaten mit all ihren Organen und gilt deshalb auch für die Gerichte, die ihre Pflicht zur Angleichung der nationalen Rechtsvorschriften im EG-Binnenmarkt durch die gemeinschaftskonforme Auslegung (unten § 4 Rn. 72ff.) des nationalen Rechts zu erfüllen haben. 95

d) Unanwendbarkeit gemeinschaftswidrigen nationalen Rechts

Soweit einer gemeinschaftskonformen Auslegung durch den Wortlaut einer nationalen Rechtsvorschrift Grenzen gesetzt sind[60], kann eine gemeinschaftskonforme Rechtsharmonisierung noch dadurch erreicht werden, daß nationale Rechtsvorschriften, die aufgrund ihrer Unterschiede zu den Rechtsvorschriften anderer Mitgliedstaaten Diskriminierungen zur Folge haben oder Handelshemmnisse und Wettbewerbsverzerrungen erzeugen, **wegen Verstoßes gegen** das höherrangige **EG-Recht für unwirksam erklärt** werden. Dabei ist es allein Aufgabe der nationalen Gerichte jeweils ihr eigenes nationales Recht für unwirksam zu erklären. Dies geschieht nicht durch den *EuGH*, der gemäß Art. 234 EGV allein das EG-Recht als Vorfrage für die Vereinbarkeit des nationalen Rechts mit dem EG-Recht auszulegen hat[61]. 96

4. Internationalisierung des Privatrechts

Über die Vereinheitlichung des europäischen Privatrechts hinaus macht sich parallel zu der Zunahme internationaler Handels- und Wirtschaftsbeziehungen eine verstärkte Internationalisierung des Privatrechts bemerkbar[62]. Diese Internationalisierung zeigt 97

---

58 S. zu weiteren Richtlinien im Bereich des Privatrechts MünchKomm/*Säcker,* Bd. 1, 3. Aufl., Einl. Rn. 166f., insb. Fn. 415.

59 S. zu einem Überblick MünchKomm/*Säcker,* Bd. 1 Einl. Rn. 201ff.

60 Zu den Grenzen der Auslegung s. unten § 4 Rn. 37.

61 Grundlegend *EuGH* Slg. 1963, 63ff. (da Costa); 1982, 3415ff. (C.I.L.F.I.T.) m. Anm. *Millarg,* EuR 1983, 161ff.

62 *Mertens,* Nichtlegislatorische Rechtsvereinheitlichung durch transnationales Wirtschaftsrecht, RabelsZ 56 (1992), S. 219ff.; *Remin,* Rechtsvereinheitlichung ohne Einheitsgesetze, RabelsZ 56 (1992), S. 306ff.

sich sowohl in einer Zunahme der Gerichtsentscheidungen mit internationalem Bezug als auch in einer Verstärkung der internationalen Rechtsberatung in den Anwaltskanzleien und ihren länderübergreifenden Zusammenschlüssen. Hinsichtlich der anwendbaren Rechtsvorschriften führt dies zu einer größeren Bedeutung des **Internationalen Privatrechts,** das darüber bestimmt, welches nationale Recht anwendbar ist. In gleicher Weise wächst die Bedeutung des Internationalen Zivilprozeßrechts, aufgrund dessen festgestellt wird, die Gerichte welchen Staates einen Rechtsstreit zu entscheiden haben[63].

98 In wichtigen Bereichen des internationalen Handels und der internationalen Privatrechtsbeziehungen werden **internationale Übereinkommen** zwischen den Staaten getroffen zur einheitlichen Regelung privatrechtlicher Rechtverhältnisse zwischen Bürgern verschiedener Staaten. Als eines der hauptsächlichen Beispiele ist das UN-Kaufrecht zu nennen, das als Modell eines internationalen Kaufrechts von einer Kommission der UNO erarbeitet wurde und inzwischen von zahlreichen Staaten ratifiziert worden ist.

99 Neben den internationalen Übereinkommen, die die internationalen Privatrechtsbeziehungen auf eine einheitliche Grundlage stellen, ergibt sich eine internationale Vereinheitlichung zum Teil auch daraus, daß insbesondere neue Vertragstypen, die sich im Wirtschaftsverkehr eines Staates entwickelt haben, von anderen Staaten in ihrem Kernbereich übernommen werden. Dies gilt etwa für Vertragstypen wie das Leasing, das Factoring, das Franchising oder für den Kreditkartenvertrag. Darüber hinaus werden durch private Institutionen international einheitliche Bedingungen aufgestellt, die sich inzwischen auch international durchgesetzt haben, wie z.B. die Handelsklausel der Incoterms, die Einheitlichen Bedingungen für Dokumenten-Akkreditiv (ERA) oder die Einheitlichen Inkassobedingungen (IRA).

§ 3. Privatrechtliche Rechtsnormen

Inhaltsübersicht

[63] Vgl. dazu *Schack,* Internationales Zivilverfahrensrecht, 1991; *Geimer,* Internationales Zivilprozeßrecht, 4. Aufl. 2001; *Pfeiffer,* Internationale Zuständigkeit und prozessuale Gerechtigkeit, 1995.

Literatur: *Bühler,* Rechtsquellenlehre, Bd. I–III, 1977–1985; *Merten,* Das System der Rechtsquellen, Jura 1981, 169ff., 236ff.; *Meyer-Cording,* Die Rechtsnormen, 1971; *Ross,* Theorie der Rechtsquellen, 1929.

I. Rechtsnormen und Rechtsquellen

1. Rechtsnormen als abstrakte und hoheitliche Regelungen

1 Als Rechtsnormen werden diejenigen Rechtssätze bezeichnet, die nicht nur in einem einzelnen Fall gelten, sondern eine **abstrakt generelle Regelung** enthalten, die auf eine Vielzahl von Fällen und eine unbestimmte Vielzahl von Personen anwendbar ist, sofern diese die Voraussetzungen der Rechtsnorm erfüllen.

2 **Beispiel:** Das Urteil eines Gerichts ist die Entscheidung eines Einzelfalles, also eine konkret individuelle Regelung und damit keine Rechtsnorm. Die Regelung, daß mit Vollendung des 18. Lebensjahres die Volljährigkeit beginnt (§ 2), ist dagegen eine abstrakt generelle Regelung, die für jede Person mit Vollendung des 18. Lebensjahres gilt. Sie ist deshalb Rechtsnorm. Gleiches gilt z.B. für die Vorschriften über das Zustandekommen eines Vertrags (§§ 145ff.), für das Recht zur Anfechtung einer Willenserklärung (§§ 119, 123), für die Verjährung eines Anspruchs (§§ 194ff.) und für jede andere Vorschrift im BGB und anderen Gesetzen. Für die Rechtsnormen als abstrakt generelle Regelungen ist kennzeichnend eine Wenn-Dann-Beziehung, d.h., immer **wenn** bestimmte Voraussetzungen vorliegen, **dann** tritt die im Gesetz vorgesehene Rechtsfolge ein.

3 Darüber hinaus setzen Rechtsnormen eine **verbindliche Geltung** unabhängig von der Zustimmung des jeweils Betroffenen voraus, die ihnen entweder wie bei Gesetzen **aufgrund der hoheitlichen Rechtssetzungsgewalt** des Staates oder wie z.B. beim Gewohnheitsrecht **aufgrund allgemeiner Rechtsüberzeugung** zukommen kann[1]. Die abstrakt generelle Regelung für sich allein reicht nicht aus, um eine Rechtsnorm entstehen zu lassen.

4 **Beispiele für Rechtsnormen:** Als Rechtsnormen sind neben dem Gesetz und dem Gewohnheitsrecht auch die allgemeinen Rechtsgrundsätze und das Richterrecht zu berücksichti-

[1] S. *Krüger,* Allgemeine Staatslehre, 2. Auflage 1966, S. 491ff.; *Meyer-Cording,* Die Rechtsnormen 1971, S. 36; a.A. *Merten,* Jura 1981, 169, 170, der allein auf die generell abstrakte Regelung abstellt.

gen (s. unten Rn. 35ff.). Art 2 (EGBGB) bestimmt, daß als „Gesetz" im Sinne des BGB „jede Rechtsnorm" zu gelten habe. Eine entsprechende Vorschrift findet sich in § 12 EGZPO. Mit Rechtsnorm ist nicht nur das formelle Gesetz, d.h. das im parlamentarischen Verfahren zustande gekommene Gesetz gemeint (s. unten Rn. 12), sondern jede allgemein gültige Vorschrift, also z.B. auch eine Rechtsverordnung oder das Gewohnheitsrecht. Solche allgemein gültigen Rechtsvorschriften sind zugleich Gesetze im materiellen Sinn.

5 **Keine Rechtsnormen** sind Allgemeine Geschäftsbedingungen **(AGB).** AGB enthalten zwar generell abstrakte Regelungen. Sie gelten aber nur mit Einverständnis beider Vertragsparteien (§ 305 Abs. 2) und sind deshalb keine Rechtsnormen (§ 43 Rn. 11). Auch der privatrechtliche **Vertrag** ist keine Rechtsnorm. Er setzt zwar Recht unter den Parteien[2]. Dritte können durch den Vertrag aber nicht verpflichtet werden. Der Vertrag hat deshalb nicht die Qualität einer Rechtsnorm, weil er weder für eine unbestimmte Vielzahl von Adressaten gilt, noch ohne Rücksicht auf die Zustimmung der Betroffenen zur Anwendung kommen kann. **Vereinssatzungen** gelten zwar für die Vereinsmitglieder als einer unbestimmten Vielzahl von Personen und losgelöst vom einzelnen Mitglied[3]. Sie gelten aber nur für die Mitglieder, weil diese sich den Vereinssatzungen durch den freiwilligen Akt des Beitritts unterworfen haben[4], und sie gelten auch nur so lange, als die Mitglieder die freiwillige Unterwerfung nicht durch Austritt aus dem Verein beendet haben. Die Vereinssatzungen sind daher keine Rechtsnormen[5] im Sinne des für alle, ohne Rücksicht auf freiwillige Unterwerfung geltenden staatlichen Rechts, sondern generell abstrakte Regelungen, die auf der Satzungsautonomie des betreffenden Vereins beruhen[6].

2. Rechtsquellen des objektiven und des subjektiven Rechts

6 Unter Rechtsquellen versteht man zunächst die **Entstehungsgründe** der abstrakten Rechtsnormen oder Rechtssätze des objektiven Rechts[7]. Das **objektive Recht** besteht aus den Rechtsnormen als abstrakten Rechtssätzen, die unabhängig von konkreten Anwendungsfällen gelten und ihre normative Kraft allgemein als Orientierung für jedermann entfalten. Rechtsquelle in diesem Sinn, d.h. Entstehungsgrund z.B. des Gesetzes ist der Akt der Gesetzgebung, Quelle des Gewohnheitsrechts ist die sich in ihm manifestierende Rechtsüberzeugung[8]. Erst wenn aus den Rechtssätzen des objektiven Rechts in einem konkreten Fall für eine bestimmte Person ein einzelnes Recht entsteht, erwächst aus dem objektiven Recht ein **subjektives Recht** (s. unten § 14 Rn. 1f.). Als Rechtsquelle des einzelnen subjektiven Rechts kommen alle Rechtsnormen in Betracht, die für die Erkenntnis, ob ein subjektives Recht im konkreten

---

[2] Man spricht deshalb von lex contractus; s. unten § 29 Rn. 1.

[3] Dazu *BGHZ* 21, 370, 373; 47, 172.

[4] *Meyer-Cording,* Die Rechtsnormen, 1971, S. 47 bezeichnet derartige Normen daher als „Wahlnormen" oder als „akzeptierte Rechtsnormen".

[5] A.A. *v. Gierke,* Deutsches Privatrecht, Bd. I, 1895, § 15, der auch nichtstaatlichen Verbänden Rechtssetzungsgewalt zuerkennt.

[6] Zum Streit um die Rechtsnatur der Satzung vgl. MünchKomm/*Reuter,* § 25 Rn. 9f.

[7] *Merten,* Jura 1981, 169 spricht von Rechtserzeugungsquellen. Die Begriffe Rechtsnormen und Rechtssatz werden gleichbedeutend gebraucht, s. auch *Merten,* Jura 1981, 169, 170.

[8] Zum Teil werden auch die Erscheinungsformen des Rechts, z.B. das Gesetz oder die Verordnung, selbst als Rechtsquellen bezeichnet, so z.B. Palandt/*Heinrichs,* Einl. vor § 1 Rn. 19ff. Die Bezeichnung der Erscheinungsformen als Rechtsquellen ist sprachwidrig. *Meyer-Cording,* Die Rechtsnormen, 1971, S. 50.

Einzelfall besteht oder nicht besteht, von Bedeutung sind. Man spricht deshalb insoweit auch von Rechtserkenntnisquellen[9].

7 Der Vertrag ist zwar keine Rechtsnorm (s. oben Rn. 5). Er kann aber Quelle für ein subjektives Recht des einzelnen Vertragspartners sein. Auch Vereinssatzungen können Rechtsquelle für subjektive Rechte des einzelnen Vereinsmitglieds sein. Gleiches gilt für die Satzung einer AG (§ 2 AktG) oder für den Gesellschaftsvertrag einer GmbH.

II. Die Rechtsnormen des geschriebenen objektiven Rechts

8 Während landwirtschaftlich strukturierte und in der Entwicklung weitgehend statische Gesellschaften ihre Ordnung noch durch ungeschriebene und gewohnheitsrechtlich überlieferte Rechtssätze aufrechterhalten können, hat sich in den modernen Gesellschafts- und Wirtschaftsordnungen mit ihren hochkomplexen und detaillierten Regelungen ein Bedürfnis für die schriftliche Fixierung der Rechtsnormen herausgebildet. Das geschriebene Recht schafft mehr Rechtssicherheit und ermöglicht zugleich eine rasche Anpassung an sich wandelnde Verhältnisse, weil die jeweilige Rechtslage mit den einzelnen Rechten und Pflichten aus geschriebenen Texten mit ihrem Inhalt und ihrer zeitlichen Geltung entnommen werden kann. Als geschriebenes Recht kommen die Rechtsquellen des nationalen Rechts, des europäischen Rechts und des Völkerrechts in Betracht.

1. Geschriebene Rechtsnormen des nationalen Rechts

9 Als geschriebene Rechtsquellen des nationalen Rechts sind die Verfassung, das formelle Gesetz, die Rechtsverordnung und die Satzung zu nennen.

a) Die Verfassung

10 Die Verfassung enthält die rechtliche Grundordnung eines Staates, wozu sowohl die Grundrechte der Bürger gegenüber dem Staat als auch das Organisationsrecht im Sinne der Einrichtung und Kompetenzabgrenzung der einzelnen Staatsorgane gehören. Das Grundgesetz (GG) als die Verfassung der Bundesrepublik Deutschland hat für das bürgerliche Recht vor allem insofern Bedeutung, als die in den Grundrechten enthaltenen Wertentscheidungen im Wege der mittelbaren Drittwirkung auch das Privatrecht beeinflussen (s. unten § 4 Rn. 64 ff.).

11 Darüber hinaus ergibt sich aus Art 74 Nr. 1 GG, daß das Bürgerliche Recht[10] zur konkurrierenden Gesetzgebung des Bundes gehört. Das bedeutet im Hinblick auf den Vorrang des Bundesrechts (Art. 30 GG), daß die Länder auf diesem Gebiet nur noch insoweit die Befugnis zur Gesetzgebung haben, als der Bund von seinen Gesetzgebungsrechten keinen Gebrauch gemacht hat (Art. 72 Abs. 1 GG). Zur Bedeutung des Landesrechts auf dem Gebiet des Bürgerlichen Rechts (s. unten § 3 Rn. 67 ff.).

---

[9] *Merten,* Jura 1981, 169; der Begriff Rechtswertungsquelle, an der das geltende Recht gemessen werden soll (*Merten,* aaO), wird kaum benutzt.

[10] Zu der Frage, was zum „Bürgerlichen Recht" im Sinne dieser Kompetenznorm gehört, *BVerfGE* 42, 20, 28 ff. Im Sinne der vom *BVerfG* herangezogenen Rechtstradition steht der Ausdruck „Bürgerliches Recht" für „Privatrecht"; er meint im wesentlichen die Normen, die die rechtlichen Beziehungen der einzelnen zueinander, nicht auch die zum Staat oder anderen Hoheitsträgern, regeln.

b) Das formelle Gesetz

12 Gesetze im formellen Sinn sind diejenigen Rechtsnormen, die in dem verfassungsrechtlich vorgeschriebenen Gesetzgebungsverfahren von den dafür vorgesehenen Gesetzgebungsorganen erlassen worden sind. Es handelt sich um die gemäß Art 76–78 GG vom Bundestag unter Mitwirkung des Bundesrats beschlossenen Parlamentsgesetze des Bundes bzw. um die unter Beachtung der entsprechenden Vorschriften der Länderverfassungen erlassenen Landesgesetze.

13 Durch formelle Gesetze werden in der Regel Rechtsnormen als Gesetze im materiellen Sinn geschaffen. Es gibt vereinzelt aber auch im parlamentarischen Verfahren erlassene formelle Gesetze, die aber dennoch keine materiellen Gesetze mit unmittelbarer Wirkung für und gegen den Bürger sind, wie etwa der Haushaltsplan (Art. 110 GG). Für das bürgerliche Recht und das Privatrecht insgesamt hat dies jedoch keine Bedeutung. Hier beruhen die Rechtsnormen zum weit überwiegenden Teil auf formellen Gesetzen, die gleichzeitig materielle Gesetze sind, weil sie die Bürger unmittelbar berechtigten und verpflichten.

c) Rechtsverordnungen

14 Rechtsverordnungen sind Rechtsnormen, die von Organen der Exekutive wie der Regierung, einem Ministerium oder sonstigen Verwaltungsbehörden auf der Grundlage von Art. 80 Abs. 1 GG erlassen werden[11]. Rechtsverordnungen erzeugen Gesetze im materiellen Sinn, sind aber keine formellen Gesetze.

15 Rechtsverordnungen spielen im Bereich des bürgerlichen Rechts nur eine untergeordnete Rolle[12]. Sie können aber z.B. als Schutzgesetze im Sinne von § 823 Abs. 2 auch im Privatrecht Bedeutung erlangen, wie etwa die Vorschriften der Straßenverkehrsordnung (StVO) oder der Straßenverkehrszulassungsordnung (StVZO)[13]. Keine Rechtsverordnung, sondern Gesetz im formellen Sinn sind aber die Zivilprozeßordnung (ZPO), die Bundesrechtsanwaltsordnung (BRAO) oder die Insolvenzordnung (InsO)[14].

d) Satzungen

16 Satzungen öffentlich-rechtlicher Natur sind allgemein gültige Rechtsnormen. Sie werden von einer **juristischen Person des öffentlichen Rechts** (z.B. Gemeinden, Universitäten) erlassen und stehen im Rang unterhalb der von Bund und Ländern erlassenen Rechtsnormen[15]. Sie befinden damit im Gegensatz zu den privatrechtlichen Satzungen, z.B. eines Vereins (s. oben Rn. 2).

17 Öffentlich-rechtliche Satzungen enthalten im Regelfall öffentlichrechtliche Vorschriften, die aber bei entsprechendem Schutzzweck im Einzelfall auch Schutzgesetze im Sinne von § 823 Abs. 2 bilden und insofern als öffentlich-rechtliche Vorschriften privatrechtliche Wirkungen auslösen können[16]. Es gibt aber auch öffentlich-rechtliche Satzungen mit unmittelbar privatrechtlichen Inhalten, wie z.B. Satzungen, die an Stelle von AGB die Beförderungsbedingungen der privatrechtlichen Beförderungsverträge der in Form einer GmbH geführten Verkehrsbetriebe regeln oder die von der Börse erlassenen Satzungen zum Börsenhandel.

---

[11] Vgl. *Maurer,* Allgemeines Verwaltungsrecht, § 4 Rn. 10.

[12] Zur BGB-InfoV iZm dem Widerrufsrecht s. unten § 39.

[13] S. zu einzelnen Fällen Palandt/*Thomas,* BGB, § 823 Rn. 150; Soergel/*Zeuner,* Schuldrecht IV/2, § 823 Rn. 305.

[14] S. zu diesen Gesetzen auch Art. 74 Nr. 1 GG; *BVerwGE* 108, 269, 272; *Jarass/Pieroth,* GG, Art. 74 Rn. 3.

[15] Vgl. *Maurer,* Allgemeines Verwaltungsrecht, § 4 Rn. 14.

[16] Z.B. die Gemeindesatzung über die Streupflicht, vgl. Erman/*Schiemann,* § 823 Rn. 154.

e) Tarifvertrag und Betriebsvereinbarung

18 Im Arbeitsrecht entstehen durch den **Tarifvertrag** nach § 1 Abs. 1, § 3 Abs. 2, § 4 Abs. 1 Tarifvertragsgesetz (TVG) Rechtsnormen, die unmittelbar und zwingend gelten. Diese normative Geltung tritt jedoch nur gegenüber den tarifgebundenen Arbeitgebern, den Arbeitgeberverbänden und Gewerkschaften und ihren jeweiligen Mitgliedern ein. Für Nichtmitglieder, insbesondere für nicht der Gewerkschaft angehörende Arbeitnehmer, gelten die Inhalts- und Abschlußnormen des Tarifvertrags nur, wenn dies durch den Individualarbeitsvertrag vereinbart ist. Insofern, als man sich durch Austritt aus der Gewerkschaft oder dem Arbeitgeberverband der normativen Wirkung entziehen kann, kommt dem Tarifvertrag in ähnlicher Weise normative Wirkung zu wie den Vereinssatzungen (s. oben Rn. 5). Eine echte Rechtsnorm, die ohne Rücksicht auf die Mitgliedschaft gilt, entsteht aber nur, wenn der Tarifvertrag durch einen Rechtssetzungsakt eigener Art[17] gemäß § 5 TVG für allgemeinverbindlich erklärt worden ist.

19 Aufgrund der in § 77 Abs. 4 S. 1 Betriebsverfassungsgesetz angeordneten unmittelbaren und zwingenden Wirkung kommt auch der **Betriebsvereinbarung** Normencharakter für die im Betrieb tätigen Arbeitnehmer zu[18]. Für die Arbeitsverhältnisse im Betrieb hat die Betriebsvereinbarung deshalb die Wirkung einer abstrakt generellen Regelung[19]. Da die normative Wirkung aber mit dem Austritt aus dem Betrieb endet, ist die Betriebsvereinbarung keine hoheitliche Rechtsnorm.

2. Geschriebene Rechtsnormen des Europarechts

20 Die Mitgliedstaaten der Europäischen Union (EU) haben im Rahmen des Vertrags über die Europäische Gemeinschaft (EGV) den Organen der EG Souveränitätsrechte und damit auch Rechtssetzungskompetenzen übertragen (Art. 23 GG)[20]. Dies hat zur Folge, daß das Recht der EG auch verbindliche Kraft für und in den Mitgliedstaaten erzeugt. Als Rechtsnormen des Europäischen Rechts mit nationaler Geltungswirkung sind der EG-Vertrag und gemäß Art. 249 EGV die Verordnungen und die Richtlinien zu nennen. Darüber hinaus gibt es auch auf der Ebene des europäischen Rechts Gewohnheitsrecht und allgemeine Rechtsgrundsätze[21].

a) Der EG-Vertrag

21 Der EG-Vertrag ist die zwischen den Mitgliedstaaten getroffene völkerrechtliche Vereinbarung, durch die die Mitgliedstaaten einen Teil ihrer Souveränitätsrechte auf die Organe der EG (Rat, Kommission, EU-Parlament) übertragen und zugleich als eine Art Verfassung eine rechtliche Grundordnung mit Grundfreiheiten für die Bürger sowie Organisations- und Kompetenznormen für die Organe der EG geschaffen haben.

22 Die Normen des EG-Vertrags entfalten mit ihren Rechten für den freien Verkehr von Waren (Art. 23, 25, 28, 29 EGV)[22], von Personen (Art. 39, 43 EGV)[23], von

---

[17] S. *BVerfGE* 44, 322, 343ff.

[18] *BVerfGE* 73, 261, 268.

[19] Vgl. auch *BAG* NZA 1990, 351, 353; *Richardi,* NZA 1990, 331, 333.

[20] S. dazu auch *BVerfGE* 73, 339, 374; 85, 191, 204; ferner *BVerfGE* 37, 271, 280; 58, 1, 28; 59, 63, 90; zum EG-Vertrag nach Maastricht insb. *BVerfGE* 89, 155, 182f.

[21] Vgl. nur *Streinz,* Europarecht, 6. Aufl. 2003, Rn. 354ff.

[22] *EuGH* Slg. 1977, 576 *(Janelli).*

[23] *EuGH* Slg. 1974, 631 *(Reyners);* 4415 (Griechenland) (wobei im Bereich der Niederlassungsfreiheit z.B. noch das Prinzip der Inländergleichbehandlung im Vordergrund steht).

Dienstleistungen (Art. 49 EVG)[24] und von Kapital (Art. 56 EGV) unmittelbare Wirkung im vertikalen Verhältnis zwischen den Mitgliedstaaten und den Bürgern der Gemeinschaft. Sie beeinflussen damit sowohl die Geltung des nationalen Rechts als auch dessen gemeinschaftskonforme Auslegung damit auch die des Privatrechts. Eine unmittelbare Drittwirkung im horizontalen Verhältnis der Bürger untereinander besteht jedoch grundsätzlich nicht[25]. Eine Ausnahme ergibt sich aber aus Art. 141 EGV, der ein unmittelbar geltendes Recht auf gleiches Entgelt bei gleicher Arbeit vorsieht[26]. Auch Art. 81, 82 EGV entfalten im Bereich des Wettbewerbsrechts als Teil des Wirtschaftsrechts unmittelbar privatrechtliche Wirkung.

b) Verordnungen

23 Verordnungen haben nach Art. 249 Abs. 2 EGV **allgemein verbindliche Geltung** und **wirken unmittelbar** für und gegen die Bürger in jedem Mitgliedstaat. Die EG macht von der Möglichkeit zum Erlaß von Verordnungen nur zurückhaltend Gebrauch, weil damit die eigene Rechtssetzung durch die Mitgliedstaaten und deren eigene Gestaltungsmöglichkeiten weitgehend ausgeschlossen werden [27].

c) Richtlinien

24 Richtlinien besitzen im Bereich des Privatrechts eine große Bedeutung und leisten insbesondere im Rahmen von Art. 94, 95 EGV einen Beitrag zur Harmonisierung des europäischen Privatrechts (s. oben § 2 Rn. 93f.). An Stelle von Verordnungen werden Richtlinien vielfach erlassen, um den Mitgliedstaaten einen größeren Gestaltungsspielraum[28] zu gewähren. Dieser Gestaltungsspielraum ergibt sich daraus, daß Richtlinien keine unmittelbare Geltung gegenüber den Bürgern der Gemeinschaft entfalten, sondern erst durch entsprechende Umsetzungsmaßnahmen der einzelnen Mitgliedstaaten (zumeist **Transformationsgesetze**) unmittelbare Rechtsgeltung für und gegen den einzelnen Bürger erlangen. Bei dieser Umsetzung sind die Mitgliedstaaten gemäß Art. 249 Abs. 3 EGV zwar hinsichtlich des Ziels durch die Richtlinie gebunden, in der Wahl von Form und Mittel der Umsetzung sind sie aber frei. Zur Umsetzung der Richtlinien wird den Mitgliedstaaten in aller Regel eine Frist eingeräumt. Wird die Richtlinie innerhalb dieser Frist nicht umgesetzt, so verletzt der betreffende Mitgliedstaat zwar seine gemeinschaftsrechtliche Verpflichtung aus Art. 249 Abs. 3 und Art. 10 EGV. Es kann deshalb ein Vertragsverletzungsverfahren gemäß Art. 226, 227 EGV eingeleitet werden. Die Richtlinie erlangt aber auch nach Ablauf der Umsetzungsfrist grundsätzlich **keine unmittelbare Geltung** für und gegen den Bürger[29].

25 Der Mitgliedstaat ist jedoch dem Bürger, der durch die pflichtwidrig unterlassene Umsetzung Schaden erleidet, nach den Grundsätzen der vom *EuGH* entwickelten Amtshaftung zum Schadensersatz verpflichtet[30]. Zuvor müssen die Gerichte, die als Staatsorgane der Mitgliedstaaten

---

[24] *EuGH* Slg. 1974, 1299 *(von Binsbergen)*; zuletzt auch *EuGH* EuZW 1994, 311 (Lotterie).

[25] S. *Jaensch,* Die unmittelbare Drittwirkung der Grundfreiheiten, 1997, S. 134, 138.

[26] S. *EuGH* Slg. 1988, 673 (*Mary Murphy*/irische Telekom).

[27] S. zu einzelnen Verordnungen oben § 2 Rn. 91.

[28] Vgl. aber z.B. *Taupitz,* Europäische Privatrechtsvereinheitlichung heute und morgen, 1993, der die Richtlinie wegen der üblichen Detailliertheit als „verkapptes EG-Gesetz" bezeichnet.

[29] *EuGH* Slg. 1986, 723ff. (Marshall); 1990, 4135 (Marleasing); *EuGH* EuZW 1994, 498; *EuGH* NJW 1996, 1401 (El Corte Ingles).

[30] *EuGH* Slg. 1991, 5357 = NJW 1992, 165 = EuZW 1991, 758 (Francovic); *EuGH* EuZW 1994, 12 m. Anm. *Brohmer; EuGH* EuZW 1994, 182f. (Wagner Miret); *EuGH* ZIP 1994, 1187, 1189.

gemäß Art. 10 EGV zu gemeinschaftstreuem Verhalten verpflichtet sind, das bereits vorhandene nationale Recht richtlinienkonform auslegen[31].

Nur **ausnahmsweise, soweit es den** Staat und die von ihm betriebenen Einrichtungen betrifft, tritt nach der Rechtsprechung des *EuGH*[32] **im vertikalen Verhältnis** zum Bürger eine unmittelbare Wirkung zugunsten des Bürgers ein, wenn der Staat sich den Pflichten, die ihn bei ordnungsgemäßer Umsetzung der Richtlinie treffen würden, durch nicht rechtzeitige Umsetzung entzieht, so z. B. wenn er weibliche Beschäftigte hinsichtlich bestimmter Altersgrenzen beim Ausscheiden aus dem Berufsleben diskriminiert oder aber entgegen Art. 141 EGV Männern und Frauen trotz gleicher Arbeit unterschiedliches Entgelt gewährt[33]. Der Mitgliedstaat darf sich dann nicht auf sein eigenes pflichtwidriges Verhalten berufen und muß deshalb die in der Richtlinie vorgesehenen Pflichten unmittelbar gegen sich gelten lassen. Voraussetzung ist aber, daß die in der Richtlinie vorgesehene Pflicht inhaltlich hinreichend klar und unbedingt ist, so daß sie ohne einen Ausführungsakt des Mitgliedstaates direkt anwendbar ist[34]. **26**

3. Geschriebene Rechtsnormen des Völkerrechts

Als geschriebene Rechtsnormen im Bereich des Völkerrechts sind die internationalen Übereinkommen anzusehen[35], die sowohl im Hinblick auf die Ermächtigung für ihren Abschluß durch die Exekutive wie für ihre innerstaatliche Geltung der Zustimmung der Legislative durch ein Bundesgesetz gemäß Art. 59 Abs. 2 GG bedürfen. **27**

Als bedeutsames Übereinkommen im Bereich des Privatrechts ist das UN-Kaufrecht zu nennen, das eine weltweit einheitliche Regelung für den internationalen Handelskauf vorsieht. Zwischenstaatliche Übereinkommen zwischen den Mitgliedstaaten der EU sieht für einzelne Bereiche auch Art. 293 EGV vor. Erhebliche praktische Bedeutung hat im Privatrecht außerhalb von Art. 293 EGV auch das Römische EWG-Übereinkommen über das auf vertragliche Schuldverhältnisse anzuwendende Recht, das durch den deutschen Gesetzgeber in den Art. 27 ff. EGBGB in innerstaatliches Recht umgesetzt worden ist, sowie das Übereinkommen über das europäische Patent[36]. **28**

4. Technische Normen

Technische Normen, die von privatrechtlich organisierten Institutionen wie dem „Deutschen Institut für Normung" („DIN"-Normen) oder dem Verein Deutscher Ingenieure erarbeitet und publiziert werden, sind grundsätzlich **keine Rechtsnormen,** auch wenn sie zum Teil von erheblicher Bedeutung für die Rechtfertigung eines Verhaltens sind. Diese technischen Normen dienen der Vereinheitlichung der Produktion, der Qualitätskontrolle und der Sicherung vor Gefahren, die mit der Herstellung **29**

---

[31] *EuGH* Slg. 1984, 1891 = NJW 1984, 2021 (Colson); Slg. 1984, 1921 ff. (Harz); Slg. 1990 I-4135 (Marleasing); dazu auch *Everling,* ZGR 1992, 376 ff. Umfassend zum Gebot der richtlinienkonformen Auslegung neuerdings *Brechmann,* Die richtlinienkonforme Auslegung, 1994.

[32] *EuGH* Slg. 1970, 825 ff.; 1979, 1629 (Retti); Slg. 1982, 53 ff. (Becker); 1984, 1075 (Kloppenburg); *EuGH* EuZW 1994, 282; zur unmittelbaren Wirkung insbes. auch *BVerfGE* 75, 223, 237 (Becker).

[33] *EuGH* Slg. 1976, 455 ff. (Defrenne II); *EuGH* Slg. 1986, 723 ff. (Marshall).

[34] *EuGH* Slg. 1982, 53, 70; 1986, 723 ff. (Marshall); dazu *Lenz,* DVBl. 1990, 903 und mit systematischer Darstellung der Rspr.; *Oldenburg,* Die unmittelbare Wirkung von EG-Richtlinien, 1982; vgl. auch *EuGH* NJW 1994, 2473 (Faccini Dori), und *Brechmann,* Die richtlinienkonforme Auslegung, 1994, S. 14 ff.

[35] S. *Geiger,* Grundgesetz und Völkerrecht, 3. Aufl. 2002, § 12 II 2.

[36] Übereinkommen über das Europäische Patent für den gemeinsamen Markt vom 15. 12. 1989, ABl. EG Nr. L 401/10.

und Verwendung technischer Einrichtungen und Geräte verbunden sind. Doch für die verbindliche Setzung von Rechtsnormen fehlt den erlassenden Verbänden oder Gremien die Rechtssetzungskompetenz.

30 Einzelne von ihnen können freilich dadurch zu Rechtsnormen werden, daß ein Gesetz ausdrücklich auf sie verweist, ihre Befolgung damit zu einer Rechtspflicht erhebt. Der Grund ihrer Geltung als Rechtsnorm ist dann aber immer erst das betreffende Gesetz, nicht schon ihre Setzung als technische Norm. Die in den technischen Normen enthaltenen Verhaltensanforderungen erlangen insbesondere im Zusammenhang mit der Konkretisierung der „im Verkehr erforderlichen Sorgfalt" nach § 276 Abs. 2 einen verbindlichen Geltungsanspruch[37]. Ihre Kenntnis wird von den durch sie angesprochenen Personen erwartet; ihre Nichtbeachtung begründet ihnen gegenüber in der Regel den Vorwurf der Fahrlässigkeit.

III. Rechtsnormen des ungeschriebenen Rechts

1. Das Gewohnheitsrecht

31 Zu den **Voraussetzungen des Gewohnheitsrechts** gehört im Gegensatz zum geschriebenen Recht nicht die schriftliche Fixierung, da es davon lebt, daß es ständig praktiziert und anerkannt wird. Demgemäß besteht das Gewohnheitsrecht aus zwei Elementen:
- der längeren und gleichmäßigen **Übung** (consuetudo), d.h. der ständigen Anwendung und
- der **Überzeugung** der Beteiligten, daß diese Übung nicht beliebig und unverbindlich, sondern als **rechtlich verbindlich geboten** ist (opinio necessitatis oder opinio iuris)[38].

32 Eine weitere Voraussetzung des Gewohnheitsrechts wie auch anderer Rechtsvorschriften besteht darin, daß auch der gewohnheitsrechtliche Rechtssatz genügend **bestimmt** sein muß, so daß aus ihm konkrete Rechtsfolgen abgeleitet werden können.

33 Das Gewohnheitsrecht hat in den modernen Staaten an Bedeutung verloren. Aber noch *Savigny* gab ihm in seiner Schrift „Vom Beruf unserer Zeit für Gesetzgebung und Rechtswissenschaft" (1814) grundsätzlich den Vorrang vor dem Gesetzesrecht[39]. Gewohnheitsrecht kann grundsätzlich auf jeder Ebene der Rechtsnormenhierarchie entstehen. Es kann deshalb Gewohnheitsrecht sowohl als EG-Recht wie als nationales Recht geben und es kann Gewohnheitsrecht als Verfassungsrecht ebenso entstehen wie auf der Ebene des einfachen Gesetzes. Als Gewohnheitsrecht auf der Ebene des einfachen Gesetzes ist im Bereich des Privatrechts etwa zu nennen die Anscheinsvollmacht (s. unten § 48 Rn. 25 ff.), das kaufmännische Bestätigungsschreiben (s. unten § 30 Rn. 28 ff.), der Vertrag mit Schutzwirkung zugunsten Dritter, die Drittschadensliquidation, die Sicherungsübereignung und die Sicherungsabtretung.

34 Gewohnheitsrecht in einem regional begrenzten Gebiet oder innerhalb einer juristischen Person des öffentlichen Rechts unterhalb der staatlichen Ebene bezeichnet man als **Observanz**[40]. Die Observanz ist hinsichtlich ihres Anwendungsbereichs mit der Satzung (oben Rn. 10) vergleichbar.

---

[37] Vgl. *Marburger,* VersR 1983, 597, 601 ff.
[38] *BVerfGE* 28, 28; *BGHZ* 37, 222; *BAGE* 79, 1949.
[39] S. zur historischen Bedeutung des Gewohnheitsrechts noch die Vorauflage, § 3 Rn. 27 ff.
[40] Vgl. Palandt/*Heinrichs,* Einl. Rn. 24.

2. Allgemeine Rechtsgrundsätze

Unabhängig vom geschriebenen Recht und auch unabhängig vom Gewohnheitsrecht kann es ungeschriebene allgemeine Rechtsgrundsätze geben, die von der Rechtsprechung und der Rechtslehre herausgearbeitet worden sind. Allgemeine Rechtsgrundsätze finden sich etwa im Naturrecht[41], die aber heute weitgehend in den Grundrechten enthalten sind. Allgemeine Rechtsgrundsätze sind zuweilen auch gerade wegen ihrer Allgemeinheit nicht unmittelbar anwendbar, bilden aber eine gemeinsame Grundlage einzelner Rechtsnormen (s. auch unten § 4 Rn. 46ff.). 35

Beispiele für allgemeine Rechtsgrundsätze sind etwa der Grundsatz der Privatautonomie und der Vertragsfreiheit, ebenso der Gutglaubensschutz und der Vertrauensschutz in bestimmten Rechtsbereichen, wie z.B. bei der Anscheinsvollmacht (s. unten § 48 Rn. 20). Allgemeine Rechtsgrundsätze können aber auch zur Konkretisierung von Generalklauseln wie Treu und Glauben (§ 242) führen[42]. Ein solch konkretisierender allgemeiner Rechtsgrundsatz ist etwa das Verbot widersprüchlichen Verhaltens (venire contra factum proprium), sowie die Verwirkung, oder auch das Verbot der mißbräuchlichen Rechtsausübung (s. im einzelnen unten § 16 Rn. 16ff.). 36

3. Richterrecht als Rechtsquelle?

a) Aufgabe des Richters

Die Gerichte haben bei der Ausgestaltung und Fortbildung des Rechts einen maßgebenden Anteil. Es ist aber nicht ihre Aufgabe, an Stelle des Gesetzgebers Rechtsnormen zu schaffen und in Geltung zu setzen. Die Aufgabe des Richters ist es, das Recht in der **Entscheidung des Einzelfalls** zu finden[43]. 37

Dazu kann der Richter das Gesetz aber nicht ohne weitere Auslegung und Bearbeitung auf die ihm vorgetragenen Tatsachen anwenden. Vielmehr bedarf das Gesetz der Verdeutlichung, Präzisierung und Konkretisierung der in ihm enthaltenen Aussagen in Bezug auf den zu entscheidenden Fall und die besonderen Fragen, die dieser aufgibt. Der Richter muß dabei das Gesetz auslegen, konkretisieren und, soweit es lückenhaft ist, ergänzen. Bei der Auslegung hat er einer gewandelten Verkehrsauffassung Rechnung zu tragen. Dadurch bildet er das Gesetz bei der Anwendung im Einzelfall fort, ohne gegen die Gesetzesbindung zu verstoßen[44]. Dabei werden auch Rechtsanwendungssätze auf mittlerer Ebene zwischen dem abstrakten Gesetz und dem konkreten Sachverhalt geschaffen. Die von den Gerichten gefundene Auslegung und Ergänzung schafft zwar Recht unmittelbar nur für den entschiedenen Einzelfall. Kein Gericht ist daran gebunden, in einem anderen Fall das Gesetz wiederum in der gleichen Weise auszulegen. Doch werden die Gerichte dies tun, wenn sie von der Richtigkeit der einmal gefundenen Auslegung oder Gesetzesergänzung überzeugt sind. Sie dienen damit auch dem Gebot der Gleichbehandlung (Art. 3 GG) und der Rechtssicherheit, die zur Kontinuität, Vorhersehbarkeit und Stabilität beiträgt. Eine so zustande gekommene ständige Rechtsprechung, mitunter auch schon eine einzige Entscheidung eines höchsten Gerichts wird im Rechtsverkehr, z.B. bei der Abfassung von Verträgen oder allgemeinen Geschäftsbedingungen, gleich wie eine Rechtsnorm beachtet, wenn angenommenen werden kann, daß die Gerichte dieser Entscheidung künftig folgen werden. Dennoch sind die Gerichte für die Zukunft daran nicht wie an ein Gesetz gebunden[45]. 38

---

[41] Dazu etwa *Welzel,* Naturrecht und materiale Gerechtigkeit, 4. Aufl. 1962.

[42] S. dazu *Wieacker,* Die rechtstheoretische Präzisierung des § 242 BGB, 1956.

[43] Vgl. *Flume,* Richter und Recht, Verhandlungen des 46. DJT, Bd. II, Teil K, 1967, S. 25.

[44] S. auch *BGHZ* 145, 279 = NJW 2001, 1868.

[45] Dazu auch *BGHZ* 145, 256 = NJW 2001, 146; zur Frage einer Bindung an Präjudizien vgl. *Larenz,* FS Schima, 1969, S. 247 und *Larenz,* Methodenlehre der Rechtswissenschaft, S. 412ff.; *Larenz/Canaris,* Methodenlehre, S. 302ff.; vgl. auch MünchKomm/*Säcker,* Bd. 1, Einl. Rn. 83.

39 Das Richterrecht ist deshalb keine Rechtsquelle im Sinne eines Entstehungsgrundes für verbindliche Rechtsnormen[46]. Die Rechtsprechung ist aber, da ihre Ergebnisse das derzeit faktisch geltende Recht zum Ausdruck bringen und überdies eine gewisse Vermutung der Richtigkeit für sich haben, eine für die Praxis unentbehrliche **Rechtserkenntnisquelle.**

b) Richterrecht und Gewohnheitsrecht

40 Die Frage, ob Richterrecht durch eine ständige Rechtsprechung der Gerichte zu Gewohnheitsrecht wird, läßt sich nicht einheitlich beantworten. Gewohnheitsrecht setzt neben einer ständigen Übung auch die allgemeine Überzeugung der Richtigkeit und rechtlichen Bindung voraus (s. oben Rn. 31). Dies kann beim Richterrecht nicht ohne weiteres angenommen werden. Auch wenn eine ständige Rechtsprechung die tatsächliche Rechtsanwendung beherrscht, so können die Gerichte aufgrund neuerer und besserer Erkenntnisse doch jederzeit von davon abweichen[47], und sei es auch nur im Hinblick auf eine bestimmte Situation, die von der des Ausgangsfalls wesentlich verschieden ist. Die Gerichte sind dann nicht nur berechtigt, sondern sogar verpflichtet, ihre bisherige Rechtsprechung aufzugeben oder zu modifizieren[48].

41 Der Bindung der Gerichte an das Gesetz entspricht ihre Freiheit zur methodisch geleiteten Interpretation und Rechtsfortbildung und daher auch ihre Freiheit gegenüber ihren eigenen früheren Entscheidungen (den sog. Präjudizien). Nur so ist es ihnen möglich, neuen Erkenntnissen Raum zu geben, einem Wandel der Lebensverhältnisse oder des allgemeinen Rechtsbewußtseins sowie der Entwicklung der gesamten Rechtsordnung in der Interpretation der Einzelnorm oder der Ausfüllung eines unbestimmten Rechtsbegriffs Rechnung zu tragen. Die Freiheit der Gerichte gegenüber ihren eigenen früheren Entscheidungen würde unerträglich eingeengt, wollte man in jeder ständigen Rechtsprechung, auf die der Verkehr sich eingerichtet hat, bereits ein Gewohnheitsrecht sehen[49].

42 **Beispiele** für eine Rechtsprechungsänderung ist etwa die Rechtsprechung, durch die die Rechtsprechung zum allein durch tatsächliches sozialtypisches Verhalten begründeten faktischen Vertrag (unten § 30 Rn. 21) aufgegeben und die Lehre von der Willenserklärung wieder für maßgeblich erklärt worden ist[50]. Eine Änderung der Rechtsprechung enthält auch die Entscheidung des Großen Senats des *BGH*[51] zur sog. Übersicherung, wo der *BGH* im Gegensatz

---

[46] So auch die h.M. *BGH* MDR 1996, 811; *Enneccerus/Nipperdey,* AT, § 42 I 1; *Köhler,* AT, § 1 Rn. 11; *Hübner,* AT, Rn. 26; *Flume,* Verhandlungen des 46. DJT, Bd. II, Teil K S. 25; *Pawlowski,* AT, Rn. 61; vgl. dazu auch *Meyer-Cording,* Die Rechtsnormen, S. 66ff.; *Raisch,* ZHR 150 (1986) 117.

[47] S. auch *BGH* NJW 1996, 1467.

[48] Hierin liegt ein wesentlicher Unterschied der Rspr. der deutschen zu der der englischen Obergerichte, die sich praktisch an ihre eigenen Entscheidungen gebunden fühlen; vgl. dazu *Fikentscher,* Methoden des Rechts, Bd. II, S. 105. Als Konsequenz der von ihm entwickelten Fallnormtheorie überträgt *Fikentscher* (Bd. IV, S. 336ff.) diese Bindung auch auf das deutsche Recht; hierzu *Larenz,* Methodenlehre der Rechtswissenschaft, S. 139. Beispiele für die Aufgabe einer ständigen Rspr. durch den *BGH* aufgrund neuer Überlegungen bieten *BGHZ* 52, 259 („Bergwerksbesitzer") und 59, 343 („Testamentsaushöhlung" und Auslegung des § 2287 BGB) – beide lesenswert! Zwar hat der *BGH* – *BGHZ* 85, 64, 66 – das Abgehen von einer gefestigten Rechtsprechung nur dann für gerechtfertigt erklärt, wenn „deutlich überwiegende oder gar zwingende Gründe" hierfür sprächen, doch ergibt sich daraus noch keine (beschränkte) Bindungswirkung höchstrichterlicher Präjudizien; vgl. hierzu *Köhler,* JR 1984, 45.

[49] Vgl. dazu *Esser,* FS F. v. Hippel, S. 95ff., besonders S. 113f.; vgl. auch Palandt/*Heinrichs,* Einl. Rn. 24.

[50] S. dazu *BGHZ* 95, 393, 399; *BGH* NVwZ 2002, 1535 gegen *BGHZ* 21, 319, 334ff.; 23, 175, 177; 23, 249, 261.

[51] *BGH GS* NJW 1998, 671.

zur bisherigen Rechtsprechung die Grenze des zulässigen, über den Wert der gesicherten Forderung hinausgehenden Werts der Sicherheit von 120% auf 150% festgelegt hat.

Dennoch kann eine ständige Rechtsprechung und sogar eine einzelne höchstrichterliche Entscheidung den Anstoß zur Bildung eines Gewohnheitsrechts geben oder ein solches sichtbar machen, wenn sie eine Regel zum Ausdruck bringt, die vom Verkehr übernommen wird und die in solchem Maße dem allgemeinen Rechtsbewußtsein entspricht, daß sie befolgt wird, nicht nur weil man erwartet, andernfalls bei den Gerichten zu unterliegen, sondern weil man in ihr den Ausdruck einer unbezweifelbaren Rechtsanforderung sieht[52]. 43

4. Verkehrssitte und Handelsbrauch

Die Verkehrssitte und der Handelsbrauch stellen **keine Rechtsnormen,** auch kein Gewohnheitsrecht dar[53], obgleich das Gesetz auf sie als Hilfsmittel der Auslegung (§ 157) und in anderem Zusammenhang (§§ 242, § 310 Abs. 1 S. 2 BGB, § 346 HGB) verweist. Die Verkehrssitte und der Handelsbrauch können nur insoweit beachtet werden, als sie mit den Wertungsmaßstäben der Rechtsordnung in Einklang stehen. Sie setzen aber nicht autonome rechtliche Maßstäbe. Wer die Verkehrssitte außer acht läßt, kann dadurch einen rechtlichen Nachteil erleiden, weil die Rechtsordnung in der Regel denjenigen schützt, der von seinem Geschäftspartner die Beachtung der Verkehrssitte erwartet und erwarten kann (vgl. unten § 28 Rn. 47ff.). Jedoch macht der Verstoß gegen eine Verkehrssitte allein ein Verhalten noch nicht rechtswidrig. 44

Die Verkehrssitte ist eben, auch wenn die Rechtsordnung sie vielfach beachtet, selbst kein Recht, weil ihre Anerkennung und Befolgung weder auf einer darin zum Ausdruck kommenden Rechtsüberzeugung noch auf der Autorität des Gesetzgebers beruht. Von praktischer Bedeutung ist der Unterschied zwischen dem Gewohnheitsrecht auf der einen Seite, der Verkehrssitte und dem bloßen Brauch auf der anderen Seite deshalb, weil nur das Gewohnheitsrecht, das sich von der Verkehrssitte durch die opinio necessitatis (s. oben Rn. 31) unterscheidet[54], dem Gesetz im Range gleichsteht und jüngeres Gewohnheitsrecht daher auch älteres Gesetzesrecht außer Kraft zu setzen vermag, die Verkehrssitte dagegen stets dem Gesetz zu weichen hat. Daher vermag eine Verkehrssitte eine entgegenstehende gesetzliche Regelung erst dann zu überwinden, wenn sie die Kraft eines Gewohnheitsrechts erlangt hat. 45

IV. Rangordnung der Rechtsnormen

Es kommt immer wieder vor, daß aus unterschiedlichen Rechtsquellen stammende Rechtsnormen auf ein und denselben Sachverhalt anwendbar sind, aber zu miteinander unvereinbaren Ergebnissen führen. 46

[52] Zu Beispielen s. oben Rn. 38. In derartigen Fällen kann ausnahmsweise schon eine einzelne Grundsatzentscheidung des höchsten Gerichts eine normative Kraft erlangen, ohne daß eine sich bildende Überzeugung abgewartet werden müßte. Vgl. dazu *Larenz,* FS Schima, S. 262ff.; *Liver* in ZBernV 91, bis S. 40ff. Gegen die Möglichkeit eines Gewohnheitsrechts *E. Wolf,* S. 69f.

[53] Vgl. *Enneccerus/Nipperdey,* AT, § 41 IV; *Köhler,* AT, § 1 Rn. 13ff. Zur rechtlichen Bedeutung der Verkehrssitte *Oertmann,* Rechtsordnung und Verkehrssitte, 1914; *Sonnenberger,* Verkehrssitten im Schuldvertrag, 1969; Soergel/*M. Wolf,* § 157 Rn. 71.

[54] Vgl *BGH* BB 1956, 868; *RGZ* 49, 162; 55, 375.

47 **Beispiele:** Art. 29 Hess. Verfassung enthält ein Aussperrungsverbot. Art. 9 Abs. 3 GG gewährleistet dagegen Arbeitskämpfe generell, also auch für Arbeitgeber[55]. Was gilt?

48 Bei der damit angesprochenen Frage der Konkurrenz mehrerer Normen ist die Rangordnung von Normen zu klären. Dabei ist die Frage des Geltungsvorrangs von der Frage des Anwendungsvorrangs zu unterscheiden.

1. Geltungsvorrang

49 Die Frage des Geltungsvorrangs bezieht sich auf die Hierarchie von Normen gemäß ihrer verfassungsrechtlichen und demokratischen Legitimationskraft. Für die Lösung solcher Normkonflikte haben sich mehrere Regeln herausgebildet.

a) Größere vor kleinerer Gebietseinheit

50 Die Rechtsnormen der rechtsetzungsbefugten größeren Gebietseinheit haben grundsätzlich Vorrang vor den Rechtsnormen der kleineren Gebietseinheit. Die Normen des EG-Rechts gehen deshalb im Falle eines Widerspruchs den Normen der Mitgliedstaaten vor[56] und im Bundesstaat gilt, daß Bundesrecht Landesrecht bricht (Art. 31 GG). Ebenso treten Satzungen der Gemeinden oder Landkreise und anderer juristischer Personen unterhalb der staatlichen Ebene hinter den staatlichen Rechtsvorschriften zurück.

51 Der Vorrang der Rechtsnormen aus der größeren Gebietseinheit gilt grundsätzlich für alle Rechtsnormen, so daß z.B. nicht nur Vorschriften der Bundesverfassung (GG) widersprechende Vorschriften der Länderverfassungen verdrängen, sondern auch einfache Bundesgesetze und Rechtsverordnungen der Bundesregierung oder eines Bundesministers, sofern sie aufgrund einer bundesrechtlichen Ermächtigung wirksam ergangen sind. Ebenso gehen nicht nur Vorschriften des EG-Vertrags, sondern auch EG-Verordnungen und Richtlinien allen Vorschriften der Mitgliedstaaten, so z.B. den Bundesgesetzen in Deutschland vor[57].

b) Hierarchie nach dem Entstehungsgrund

52 Innerhalb der verschiedenen Rechtsnormen einer Gebietseinheit besteht eine Normenhierarchie in der Weise, daß die Verfassung den einfachen Gesetzen und Rechtsverordnungen sowie Satzungen vorgeht und einfache Gesetze widersprechende Rechtsverordnungen sowie Satzungen aufheben. Innerhalb des EG-Rechts besteht eine Rangstufung in der Reihenfolge EG-Vertrag, Verordnung, Richtlinie. Das Richterrecht des Verfassungsgerichts hat Vorrang vor dem Gesetz (s. § 31 *BVerfGG*), sonstiges Richterrecht ist dem Gesetz nachgeordnet. Gewohnheitsrecht kann sich auf jeder Stufe bilden.

c) Spezieller und zeitlicher Geltungsvorrang

53 Unter Normen derselben Rangstufe werden Widersprüche in der Weise gelöst, daß speziellere Normen der allgemeinen Norm vorgehen **(lex specialis derogat lex ge-**

---

[55] S. *BVerfGE* 84, 212, 225; *Scholz,* Handbuch des Staatsrechts, 2. Aufl. 2001, Bd. VI, § 151 Rn. 117.

[56] Es handelt sich nur um einen Anwendungsvorrang des Gemeinschaftsrechts vor dem nationalen Recht, der nicht zur Nichtigkeit der nationalen Norm führt, *BVerfGE* 73, 339, 375; 85, 191, 204; *EuGH* Slg. 1964, 1251; 1978, 629; 1991, 461; *Streinz,* Europarecht, 5. Aufl. 2002, Rn. 179ff., 200; *Schweitzer/Hummer,* Europarecht, 5. Aufl. mit Nachtrag 1999, Rn. 845ff.; *von Bogdandy/Nettesheim,* in: Grabitz/Hilf, EGV Art. 1 Rn. 33ff., 41.

[57] Vgl. nur *Jarass/Pieroth,* GG, 6. Aufl. 2002, Art. 23 Rn. 32ff.; *Maurer,* Allgemeines Verwaltungsrecht, § 4 Rn. 54ff.

neralis) und die zeitlich jüngere Norm die zeitlich älteren Normen verdrängt **(lex posterior derogat leges priori).**

Beispiele: Die spezielle Vorschrift über die Verjährung von Gewährleistungsansprüchen beim Kauf beweglicher Sachen in 2, 5 oder 30 Jahren (§ 438) geht der allgemeinen Vorschrift des § 195, die eine 3jährige Verjährung enthält, vor. Ebenso verdrängt die speziellere Vorschrift über Haustürgeschäfte (§ 312) mit ihrem Widerrufsrecht die allgemeinen Vorschriften der §§ 145 ff., die ein solches Widerrufsrecht nicht vorsehen. Gleiches gilt für das Widerrufsrecht nach §§ 485, 495. 54

d) Rechtsfolgen des Vorrangs

Die Folgen eines Widerspruchs einer niederrangigen Norm mit einer höherrangigen Norm bestehen grundsätzlich in der Nichtanwendbarkeit der niederrangigen Norm. Die **Nichtanwendbarkeit** ergibt sich im Regelfall aus der Unwirksamkeit der widersprechenden niederrangigen Norm. Diese Unwirksamkeit kann grundsätzlich von den Gerichten festgestellt werden. Lediglich bei nachkonstitutionellen formellen Gesetzen steht die sog. Verwerfungskompetenz von verfassungswidrigen Vorschriften gemäß Art. 100 GG allein dem *BVerfG* zu. Bei Verstößen des nationalen Rechts gegen höherrangiges EG-Recht steht dem *EuGH* zwar die Auslegungshoheit über das EG-Recht zu (Art. 234 EGV), die Verwerfungskompetenz überläßt der *EuGH* jedoch den nationalen Gerichten[58]. 55

Die Unwirksamkeit oder Nichtanwendung der niederrangigen Norm kann dadurch vermieden werden, daß sie in Übereinstimmung mit der höherrangigen Norm ausgelegt wird. Dies geschieht auf nationaler Ebene insbesondere durch die **verfassungskonforme Auslegung** von Gesetzen[59] und zur Vermeidung von Widersprüchen zwischen EG-Recht und nationalem Recht durch die **gemeinschaftskonforme Auslegung** des nationalen Rechts bzw. bei Vorhandensein von Richtlinien durch eine **richtlinienkonforme** Auslegung des nationalen Rechts. Die Verpflichtung zur gemeinschaftskonformen Auslegung ergibt sich aus Art. 10 EGV und die Verpflichtung zur richtlinienkonformen Auslegung folgt aus Art. 10 mit Art. 249 Abs. 3 EGV (s. dazu auch unten § 4 Rn. 72 ff.). 56

2. Anwendungsvorrang

Von der Frage des Geltungsvorrangs ist die Frage des Anwendungsvorrangs zu unterscheiden. Beim Anwendungsvorrang ist zu klären, welche Norm bei der Rechtsanwendung im konkreten Fall zunächst heranzuziehen ist[60]. Dabei ist grundsätzlich die spezielle und zeitlich jüngere Norm anzuwenden, was auch die rangniedere Norm sein kann, die aber auf ihre Vereinbarkeit mit den höherrangigen Normen zu prüfen ist. 57

V. Geltungsbereich des BGB

Die wichtigste Rechtsquelle auf dem Gebiet des bürgerlichen Rechts und zugleich des gesamten Privatrechts ist das Bürgerliche Gesetzbuch vom 18. 8. 1896[61]. Es ist ge- 58

---

[58] S. etwa *EuGH* Slg. 1982, 1331 (Pabst & Richarz).

[59] S. etwa *BVerfGE* 2, 266, 282; 69, 1, 55; 86, 288, 230; 88, 145, 166; vgl. auch *Jarass/Pieroth,* GG, Art. 20 Rn. 34.

[60] S. dazu auch *Maurer,* Allgemeines Verwaltungsrecht, § 4 Rn. 42.

[61] Das bei einem Gesetz angegebene Datum ist regelmäßig das Datum der Ausfertigung des Gesetzes, nicht das der Verkündung im Gesetzblatt oder des Inkrafttretens des Gesetzes.

mäß Art. 1 EGBGB am 1. 1. 1900 in Kraft getreten[62] und gilt heute mit den inzwischen erfolgten Änderungen in der Bundesrepublik Deutschland gemäß den Artikeln 123 Abs. 1, 125 (in Verbindung mit Art. 74 Nr. 1) GG als Bundesrecht.

59 Die Vereinheitlichung des Privatrechts durch die Schaffung eines für ganz Deutschland geltenden Bürgerlichen Gesetzbuchs war eines der Anliegen der nationalen Einigungsbewegung des vorigen Jahrhunderts. Die Zersplitterung des Privatrechts in den verschiedenen Partikularrechten hemmte den innerdeutschen Handel und Verkehr und beeinträchtigte den freien Wettbewerb. Die Schaffung eines einheitlichen nationalen Rechts beseitigte dagegen die Hindernisse, die sich aus unterschiedlichen landesrechtlichen Rechtssystemen in einem Wirtschaftsraum ergaben und förderte die Entstehung eines **einheitlichen Wirtschaftsraums.** Die Rechtsharmonisierung durch das BGB stellt damit einen historischen Vorläufer für die heutige Aufgabe einer Rechtsharmonisierung auf europäischer Ebene innerhalb der EU dar. Auch wenn die europäische Rechtsharmonisierung sich nicht in absehbarer Zeit in einer einheitlichen Kodifikation niederschlagen wird, so veranschaulicht doch das BGB die wirtschaftlichen Vorteile, die eine Rechtsvereinheitlichung mit sich bringt

1. Das Verhältnis zum Landesrecht

60 Obwohl das BGB eine Gesamtkodifikation des bürgerlichen Rechts sein sollte, blieb doch eine Reihe von Einzelmaterien von der Kodifikation ausgeschlossen, deren Regelung man, aus historischen Gründen oder um den besonderen Verhältnissen in den einzelnen Ländern Rechnung zu tragen, weiterhin den Ländern überließ. Hinsichtlich einzelner Fragen sollten ferner trotz ihrer Regelung im BGB ergänzende Vorschriften des Landesrechts bestehen bleiben und weiterhin ergehen können. Daher bestimmte das Einführungsgesetz (EGBGB) in Art. 55, daß die privatrechtlichen Vorschriften der Landesgesetze außer Kraft treten, soweit nicht im BGB oder im EGBGB, insbesondere Art. 1 Abs. 2 und Art. 56–152, ein anderes bestimmt ist[63].

61 Die wichtigsten heute noch durch Landesgesetze geregelten Materien sind: das landwirtschaftliche Anerbenrecht (Art. 64; beachte jedoch Abs. 2!), das Wasserrecht (Art. 65), soweit nicht das Wasserhaushaltsgesetz des Bundes als Rahmengesetz eingreift, und das Fischereirecht (Art. 69). Von den Gebieten, die zwar im BGB geregelt sind, bei denen aber das Landesrecht ergänzende Vorschriften geben kann, sei nur das Nachbarrecht (Art. 124) erwähnt. Zu beachten ist, daß auch auf den der Landesgesetzgebung durch das EGBGB vorbehaltenen Gebieten der Bund die konkurrierende Gesetzgebungszuständigkeit besitzt, soweit sie unter eine der Nummern des Art. 74 GG fallen (also z.B. das Wirtschaftsrecht mit Einschluß des Bergrechts, Nr. 11, und das Arbeitsrecht, Nr. 12), und daß er von dieser Zuständigkeit Gebrauch machen kann und teilweise auch Gebrauch gemacht hat, so auf dem Gebiet des Bergrechts durch das Bundesberggesetz vom 13. 8. 1980 (BGBl. I S. 1310).

2. Der zeitliche Geltungsbereich des Gesetzes

62 Alles positive Recht gilt für eine bestimmte Zeit und für einen bestimmten Raum. Positive Rechtssätze treten in einem bestimmten Zeitpunkt in Kraft und wiederum außer Kraft. Mit dem Inkrafttreten des BGB am 1. 1. 1900 waren seine Normen auf alle danach begründeten Privatrechtsverhältnisse anzuwenden. Gleiches gilt z.B. auch für das Gesetz zur Modernisierung des Schuldrechts, das am 1. 1. 2002 in Kraft trat.

---

[62] Vgl. zur Vorgeschichte und Gesetzgebungsgeschichte des BGB, die Voraufl., § 3 Rn. 60ff., 65.

[63] Dagegen sollten Reichsgesetze auf dem Gebiet des Privatrechts in Kraft bleiben, soweit sich nicht aus dem BGB oder EGBGB ihre Aufhebung ergab (Art. 32 EGBGB).

Wie aber steht es mit solchen Rechtsverhältnissen, die schon vor diesem Tag begründet waren und bis dahin nach diesem Recht beurteilt wurden?

Der Gesetzgeber hat sich für eine differenzierte Lösung dieser Frage entschieden, die für das BGB selbst in den Art. 157–218 EGBGB und für die neueren das BGB ändernden und ergänzenden Gesetze in den Art. 219–229 EGBGB enthalten ist. Für das Inkrafttreten des BGB in den neuen Bundesländern sehen die Art. 230–237 EGBGB Sondervorschriften vor. Der Regelung der vielen Detailprobleme im Zusammenhang mit der Überleitung der in der ehemaligen DDR bestehenden Zivilrechtsverhältnisse in das Recht der Bundesrepublik dienen u. a. auch das Schuldrechtsanpassungsgesetz[64] und das Sachenrechtsbereinigungsgesetz[65]. Ungeachtet einzelner besonderer Regelungen, die in bestimmten Konstellationen angebracht sind, lassen sich aus den Übergangsvorschriften doch bestimmte Grundsätze ableiten[66]. 63

Grundsätzlich gilt ein Gesetz erst ab dem Zeitpunkt seines Inkrafttretens. Eine Rückwirkung, die verfassungsrechtlich nur in engen Grenzen zulässig ist[67], findet in der Regel nicht statt. Neue Gesetze gelten deshalb im allgemeinen nur für Rechtsverhältnisse, die nach ihrem Inkrafttreten begründet werden. Die Gültigkeit und der Inhalt von Verträgen und sonstigen Rechtsgeschäften bestimmt sich demgemäß grundsätzlich nach den bei der Vornahme dieses Rechtsgeschäfts geltenden Vorschriften (tempus regit actum)[68]. Dies würde für langlaufende Dauerschuldverhältnisse, wie z. B. Miete, Pacht, Darlehen oder Dienstverhältnisse, bedeuten, daß auf sie noch jahre- oder jahrzehntelang das alte Recht anzuwenden wäre. Um dies zu vermeiden, wird häufig vorgesehen, daß ab einer bestimmten Zeit, z. B. nach Ablauf der ersten möglichen Kündigungsfrist (so Art. 171 EGBGB) oder ab einem bestimmten anderen Zeitpunkt (Art. 229 § 5 Satz 2 EGBGB), das neue Recht auch auf vor dem neuen Gesetz begründete Dauerschuldverhältnisse anzuwenden ist. 64

3. Der räumliche Geltungsbereich des Gesetzes mit Kollisionsrecht

a) Grundsatz

Die Rechtsnormen gelten grundsätzlich nur **innerhalb des Herrschaftsbereichs des Gemeinwesens,** das sie erlassen hat. Das BGB galt ursprünglich für das Gebiet des damaligen Deutschen Reiches. Es gilt heute für das Gebiet der Bundesrepublik einschließlich der neuen Bundesländer[69]. Daß ein Gesetz für das Hoheitsgebiet eines bestimmten Gemeinwesens gilt, bedeutet grundsätzlich, daß die Gerichte und die Behörden dieses Gemeinwesens es auf alle ihrer Beurteilung unterbreiteten Vorgänge und rechtlich bedeutsamen Lebensverhältnisse anzuwenden haben. Aber das kann nicht ausnahmslos gelten. Insbesondere stellt sich die Frage, welches Recht bei grenzüberschreitenden Sachverhalten anzuwenden ist. 65

Beispiele: Kann die Ehe einer deutschen Frau mit einem Ausländer, die im Ausland geschlossen wurde, hier nach deutschem Recht geschieden werden, auch wenn das Recht des betreffenden ausländischen Staates die Scheidung einer Ehe nicht kennt? Können Ausländer im Inland nach dem deutschen Recht die Ehe miteinander eingehen, wenn sie es nach dem Gesetz ihres Heimatstaates nicht können? Nach welchem Recht soll der deutsche Richter einen Vertrag beurteilen, den ein Deutscher in Frankreich mit einem Italiener geschlossen hat und der von beiden Teilen in der Schweiz zu erfüllen war, wenn der deutsche Teil hier an seinem Wohnort auf Schadensersatz wegen Nichterfüllung verklagt wird? Normen nach denen sich diese Fragen beantworten lassen, bezeichnet man als **Kollisionsnormen,** d. h. Normen die die Kollision zwischen den verschiedenen Rechtsordnungen regeln. 66

---

[64] Vom 23. 6. 1994 (BGBl. I S. 63), in Kraft getreten am 1. 1. 1995.
[65] Vom 21. 9. 1994 (BGBl. I S. 2457), in Kraft getreten am 1. 10. 1994.
[66] S. auch *Enneccerus/Nipperdey,* AT, § 62; *Hess,* Intertemporales Privatrecht, 1998.
[67] S. nur *Jarass/Pieroth,* GG, 6. Aufl. 2002, Art. 20 Rn. 72.
[68] S. *BGH* NJW-RR 1999, 689; *Hess,* Intertemporales Privatrecht, 1998, S. 46.
[69] S. auch oben Rn. 62 ff.

b) Internationales Privatrecht als Kollisionsrecht

67 Die Gesamtheit der für die Anwendung des eigenen oder ausländischen Privatrechts maßgebenden Kollisionsnormen wird als **Internationales Privatrecht** (s. Art. 3 Abs. 1 Satz 1 EGBGB) oder auch Kollisionsrecht bezeichnet. Diese Normen sind immer dann heranzuziehen, wenn ein Rechtsverhältnis oder ein rechtlich bedeutsamer Vorgang Anknüpfungspunkte und Beziehungen zu der Rechtsordnung eines ausländischen Staates oder mehrerer Staaten aufweist. Eine eingehende Beschäftigung mit dem Internationalen Privatrecht ist für jeden Juristen unentbehrlich, da die internationale Verflechtung der Wirtschaft und der Verkehrsbeziehungen seine Bedeutung immer mehr anwachsen läßt. Die Beschäftigung mit ihm kann aber sinnvollerweise erst im Anschluß an das Studium des sachlichen Privatrechts geschehen. Hier kann nur ein erster Einblick gegeben werden.

68 Das Internationale Privatrecht ist nicht überstaatliches Recht einer internationalen Gemeinschaft oder Völkerrecht, sondern **staatliches Recht** der jeweiligen nationalen Rechtsgemeinschaft. Als Kollisionsrecht kommt grundsätzlich immer das Recht des Staates zu Anwendung, in welchem geklagt wird (sog. **Grundsatz der lex fori**). Der Richter jedes Staates hat grundsätzlich das Internationale Privatrecht seines eigenen Landes anzuwenden, der deutsche Richter also das deutsche Internationale Privatrecht, der englische das englische Internationale Privatrecht usw.[70]. Nur wenn das deutsche Internationale Privatrecht den deutschen Richter für die Entscheidung einer bestimmten Frage an das englische Recht verweist, hat er dieses anzuwenden. Daß das internationale Privatrecht jeweils nur das Kollisionsrecht eines bestimmten Staates ist, ist mißlich, weil auf diese Weise Widersprüche zwischen den verschiedenen Kollisionsrechten unvermeidlich sind. Das Internationale Privatrecht des einen Staates verwendet etwa die Staatsangehörigkeit, das des anderen den Wohnsitz als Anknüpfungspunkt für die persönlichen Verhältnisse eines Menschen, so daß die Frage, welche Rechtsordnung zur Anwendung kommt, davon abhängt, welche Kollisionsnormen angewandt werden. Dabei ist zu unterscheiden, ob die deutsche Kollisionsnorm unter Umgehung des englischen Internationalen Privatrechts direkt auf die englischen **Sachnormen** verweist, d.h. diejenigen Normen, die auf das Rechtsverhältnis unmittelbar anwendbar sind, oder ob sich die Verweisung auch auf das englische Internationale Privatrecht erstreckt, so daß aus diesem sich etwa eine Rückverweisung auf das deutsche Recht ergeben könnte.

69 aa) Das deutsche internationale Privatrecht ist in den Art. 3–46 EGBGB enthalten. Sie regeln das internationale Privatrecht zunächst durch einige **allgemeine Vorschriften** (Art. 3–6). So enthalten etwa Art. 3 und 4 Regelungen darüber, ob eine Verweisung als Kollisionsnormverweisung (so Art. 4 Abs. 1 Satz 1) oder als Sachnormverweisung (so Art. 3 Abs. 1 Satz 2, Art. 4 Abs. 2) anzusehen ist. Eine Sachnormverweisung ist auch bei der Rückverweisung vorgesehen (Art. 4 Abs. 1 Satz 2). Art. 6 bestimmt den Vorrang des deutschen Rechts, soweit es den ordre public betrifft.

70 bb) Für das **Recht der natürlichen Personen und** für **Rechtsgeschäfte** finden sich die Kollisionsnormen in den Art. 7–12. Dort ist insbesondere geregelt, welches Recht für die persönlichen Verhältnisse eines Menschen anzuwenden ist. Für seine Rechtsfähigkeit, seine Handlungsfähigkeit oder seine Geschäftsfähigkeit kann nicht ohne weiteres das Recht desjenigen Staates maßgebend sein, in dem er sich jeweils gerade aufhält, denn dann würden diese

[70] Palandt/*Heldrich,* Einl. EGBGB Art. 3 Rn. 1f. und Art. 4 Rn. 1; MünchKomm/*Sonnenberger,* Art. 3 Rn. 3.

Verhältnisse mit jedem Grenzwechsel ihren Inhalt ändern. Das könnte zu erheblichen Unbilligkeiten führen. Hier muß daher ein dauerhafterer Anknüpfungspunkt gefunden werden, etwa die **Staatsbürgerschaft oder** der **Wohnsitz.** Deshalb stellen Art. 7 EGBGB für die Rechts- und Geschäftsfähigkeit grundsätzlich auf die Staatsangehörigkeit ab. Andererseits muß aber das Vertrauen der Personen am Aufenthaltsort geschützt werden, die die Staatsangehörigkeit oder den Wohnsitz ihres Vertragspartners nicht erkennen können. Art. 12 EGBGB verwirklicht diesen Vertrauensschutz, indem er bei Unkenntnis der Staatsangehörigkeit des anderen Teils für die Rechts-, Geschäfts- und Handlungsfähigkeit das Recht des Abschlußorts gelten läßt.

cc) Für das Familienrechtfinden sich die Kollisionsnormen in Art. 13–24, für das Erbrecht in Art. 25, 26, für vertragliche Schuldverhältnisse in Art. 27–37, für gesetzliche Schuldverhältnisse in Art. 38–42 und für das Sachenrecht in Art. 43–46. 71

dd) Um Widersprüche der Kollisionsnormen nach Möglichkeit auszuschließen, sind internationale Abkommen[71] geschlossen worden. Diese haben gemäß Art. 4 Abs. 2 EGBGB Vorrang, soweit sie unmittelbar anwendbares innerstaatliches Recht geworden sind. Internationalen Abkommen treten oft aber nur einige Staaten bei und sie betreffen auch nur bestimmte Fragen. Die Mitgliedstaaten der Europäischen Gemeinschaft haben z.B. mit dem Übereinkommen von Rom über das auf vertragliche Schuldverhältnisse anwendbare Recht (EVÜ) eine einheitliche kollisionsrechtliche Regelung für den Bereich des Schuldvertragsrechts getroffen (s. oben § 2 Rn. 92), die in die Art. 27–37 EGBGB übernommen wurde. Es hat sich zum Teil auch so etwas wie ein internationales Gewohnheitsrecht gebildet, für dessen Erkenntnis nicht nur die eigene Rechtsprechung, sondern auch die anderer Länder von Bedeutung ist. 72

c) Interlokales Privatrecht

Vom internationalen Privatrecht unterscheidet man das **interlokale Privatrecht**[72]. Es regelt die Frage, welche von mehreren in verschiedenen Teilgebieten eines Gesamtstaates (eines Bundesstaates oder eines dezentralisierten Einheitsstaates) geltenden Privatrechtsnormen von den Gerichten und Behörden des betreffenden Teilgebietes anzuwenden sind, wenn ein Fall Anknüpfungspunkte zu einem anderen Teilgebiet oder mehreren anderen Teilgebieten aufweist. Es handelt sich dabei um die gleichen Probleme wie im internationalen Privatrecht, mit dem einzigen, allerdings nicht bedeutungslosen Unterschied, daß es sich bei den Normen des anderen Teilgebietes nicht um die Normen eines fremden Staates, sondern um die eines Teiles des eigenen oder doch eines mit dem eigenen durch ein staatsrechtliches Band verbundenen Staat handelt[73]. 73

Auch das interlokale Privatrecht ist Kollisionsrecht. Soweit besondere Regeln fehlen, können die des internationalen Privatrechts in der Regel entsprechend angewandt werden; jedoch stellt z.B. die Staatsangehörigkeit keinen brauchbaren Anknüpfungspunkt dar, wenn nur eine einheitliche Staatsangehörigkeit besteht. Sie muß dann durch einen anderen Anknüpfungspunkt, etwa den Wohnsitz oder den gewöhnlichen Aufenthaltsort der betreffenden Person, ersetzt werden. 74

In Deutschland spielt das interlokale Privatrecht nach der weitgehenden Vereinheitlichung des Privatrecht durch das BGB, das HGB und die Nebengesetze keine erhebliche Rolle mehr. Auf den dem Landesprivatrecht vorbehaltenen Gebieten wie dem Bergrecht oder dem Wasserrecht sind Kollisionsfälle äußerst selten. 75

---

[71] Vgl. die Übersicht bei *Hübner,* AT, Rn. 35.

[72] Vgl. hierzu Palandt/*Heldrich,* Einl. EGBGB Rn. 4; MünchKomm/*Sonnenberger,* Art. 4 Rn. 79ff.

[73] Vgl. dazu *Ficker,* Grundfragen des deutschen interlokalen Rechts, 1952; *Beitzke,* FS Nipperdey, 1955, S. 41ff.

VI. Regelungsstil und Sprache des Gesetzes

1. Mögliche Regelungsstile

76 Der Regelungsstil eines Gesetzes hängt weitgehend davon ab, welche Ziele der Gesetzgeber verfolgt, ferner von dem Stande der Rechtswissenschaft und der vorherrschenden Denkweise der Zeit. Man unterscheidet den kasuistischen, den Richtlinienstil und den abstrahierend-generalisierenden Gesetzesstil. Möglich ist auch, daß der Gesetzgeber die verschiedenen Stile in einem Gesetzeswerk kombiniert.

a) Der kasuistische Stil

77 Der kasuistische Stil ist dadurch gekennzeichnet, daß das Gesetz möglichst alle Einzelfälle regeln will und möglichst fallnahe Regelungen trifft. Ihn wird ein Gesetzgeber wählen, der eine möglichst vollständige, bis in die letzten Einzelheiten gehende Regelung treffen will, die in allen Fällen eine zweifelsfreie Entscheidung erlaubt.

78 Voraussetzung dafür ist die Überzeugung, daß es möglich sei, alle künftigen Fälle vorauszusehen und angemessen zu regeln, ein Optimismus, wie er dem 18. Jahrhundert, dem Zeitalter der Aufklärung, eigen war. Nicht zufällig ist daher das Musterbeispiel eines im kasuistischen Stil verfaßten Gesetzbuchs das **preußische Allgemeine Landrecht** (ALR). Der Gesetzgeber wünschte, es solle nicht nur von den Juristen, sondern von jedem gebildeten Bürger verstanden werden können. Einen Eindruck vom kasuistischen Regelungsstil erhält man, wenn man einzelne Bestimmungen des BGB mit den entsprechenden des ALR vergleicht. Das BGB sagt in den §§ 97, 98, was als „Zubehör" einer Sache anzusehen ist. Während § 97 eine allgemeine Definition enthält, gibt § 98 eine Klärung für einige besonders wichtige und typische Fallgruppen. Das ALR regelt dieselbe Frage im 2. Titel des 1. Teils in nicht weniger als 61 Paragraphen (42–102). So ist z.B. in den §§ 52ff. davon die Rede, welches auf einem Landgut befindliche Vieh zu den „Pertinenzstücken[74] dieses Landgutes" zu zählen sei. In diesem Zusammenhang heißt es in § 58: „Gemeine Hühner, Gänse, Enten, Tauben und Truthühner werden zu den Pertinenzstücken eines Landgutes gerechnet". Einschränkend sagt dann § 59: „Seltene Arten von Federvieh gehören nur insoweit zu den Pertinenzstücken, als nicht gemeine Arten derselben Gattung einer verhältnismäßigen Anzahl vorhanden sind". Es ist leicht zu sehen, daß auf diese Weise niemals alle denkbaren Einzelfälle erfaßt werden können. Eine kasuistische Regelung ist notwendigerweise immer lückenhaft; je mehr sie in das Detail geht, desto weniger kann sie vollständig sein[75].

b) Der Richtlinienstil

79 Beim Richtlinienstil begnügt sich der Gesetzgeber damit, allgemeine Beurteilungsmaßstäbe aufzustellen, die nicht durch scharf abgegrenzte Merkmale bestimmt sind und daher bei der Anwendung auf den Einzelfall dem Richter einen erheblichen Beurteilungsspielraum lassen. Der Gesetzgeber wählt diesen Stil, wenn er sich der Unmöglichkeit bewußt ist, alle denkbaren Fallgestaltungen vorauszusehen, und bereit ist, bei der Anwendung der allgemeinen Regeln auf Einzelfälle dem Urteil des Richters zu vertrauen. Er wird dabei bestrebt sein, allgemeine Gesichtspunkte herauszustellen, die auf eine Vielzahl möglicher Fallgestaltungen zutreffen, auch solcher, die er im einzelnen nicht vorherzusehen vermag.

Beispiel für den Richtlinienstil ist etwa § 157, wenn er für die Auslegung von Verträgen die Anweisung gibt, daß sie so auszulegen sind, wie Treu und Glauben mit Rücksicht auf die Verkehrssitte es erfordern (s. auch unten Rn. 84f.).

---

[74] Pertinenz = Zubehör.

[75] Vgl. MünchKomm/*Säcker*, Bd. 1 Einl. Rn. 26.

c) Der abstrahierend-generalisierende Stil

80 Beim abstrahierend-generalisierenden Stil ist der Gesetzgeber bemüht, mittels genau definierter, scharf umrissener abstrakter Begriffe Tatbestände zu bilden, unter die der Richter die Lebensvorgänge wenigstens in den Regelfällen nur in einem logisch genau nachzuprüfenden Verfahren zu subsumieren braucht. Der Gesetzgeber wird diese Methode wählen, wenn es ihm vornehmlich um Rechtssicherheit, um die Berechenbarkeit der Entscheidungen zu tun ist, und er kann sie wählen, wenn er auf eine Rechtswissenschaft zurückzugreifen vermag, die ihm auf Grund eines hochentwickelten Abstraktionsvermögens die erforderlichen allgemeinen Begriffe und Formulierungen zur Verfügung stellt, wie dies beim Gesetzgeber des BGB der Fall war[76].

Beispiele für den abstrahierend-generalisierenden Stil sind etwa, um nur einige wenige zu nennen, §§ 90, 91–93, 95–97, 99–103, §§ 116ff., §§ 145ff., §§ 158ff., 164ff., §§ 182ff., §§ 186ff., §§ 194ff.

2. Regelungsstil des BGB

81 Der Gesetzgeber des BGB hat sich vornehmlich des **abstrahierend-generalisierenden** Stils bedient, aber vereinzelt auch andere Stilelemente übernommen[77]. Die Abkehr von der kasuistischen Methode muß als ein Vorteil des BGB bezeichnet werden. Der abstrahierend-generalisierende Regelungsstil hat Vor- wie Nachteile.

82 Die **Vorteile** bestehen in der Möglichkeit zur **knappen Fassung** des Gesetzestextes. Damit wird zugleich die **Übersichtlichkeit** erhöht und eine **einheitliche Wertung** kann in einer einheitlichen Regelung zum Ausdruck gebracht werden. Die abstrakt-generelle Regelung dient auch der **Flexibilität und Anpassung** an veränderte Verhältnisse, an die der Gesetzgeber noch gar nicht denken konnte. So kann etwa mit dem Begriff der Willenserklärung und des Zugangs (§ 130) auch die Kommunikation mit E-Mail sachgerecht gelöst werden. Zugleich ermöglicht der abstrakt-generalisierende Regelungsstil die **Gleichbehandlung** gleich gelagerter Fälle.

83 Die **Nachteile** bestehen darin, daß aufgrund der abstrakten Begriffsmerkmale die Tatbestände für den Bürger **unanschaulich** werden, wie z.B. der Begriff „wesentlicher Bestandteil" (§ 93) oder „Verfügung" (z.B. in §§ 135, 137 u.a.). Ist ein Begriff zu abstrakt und generell gewählt, so können unter ihn auch Vorgänge fallen, an die der Gesetzgeber nicht gedacht hat und für die die gegebene **Regelung nicht paßt.** Dies muß dann durch die Rechtsprechung im Wege einer einschränkenden Gesetzesinterpretation korrigiert werden. Das Bestreben, eine möglichst große Vielzahl unterschiedlicher Lebensvorgänge durch möglichst wenige Normen oder gar durch eine einzige Norm einheitlich zu regeln, hat den Gesetzgeber mitunter dazu verführt, von der Sache her **notwendige Differenzierungen** zu **unterlassen.** Durch die abstrahierte Regelungstechnik wurden Rechtswissenschaft und Praxis gezwungen, eine Aufgabe zu übernehmen, die ihnen nach dem Sinn der Kodifikation gerade nicht zukommen sollte, nämlich die Einheitslösung des Gesetzes aufzubrechen zugunsten verfeinerter Interessenbewertungen[78].

84 Insgesamt hat die Erfahrung von über 100 Jahren seit Inkrafttreten des BGB jedoch gezeigt, daß die **Vorteile überwiegen** Die Verfasser des Gesetzes haben die Nachteile des abstrahierend-generalisierenden Gesetzesstils auch dadurch abzumildern versucht, daß sie in das Gesetz einige ausfüllungsbedürftige Maßstäbe in Form von **General-**

[76] Vgl. Palandt/*Heinrichs,* Einl. Rn. 7.

[77] S. auch Soergel/*M. Wolf,* BGB, Bd. 1, Einl. z. BGB Rn. 13ff.; Palandt/*Heinrichs,* Einl. Rn. 7.

[78] MünchKomm/*Säcker,* Bd. 1, Einl. Rn. 23.

klauseln und **Wertbegriffen** aufgenommen haben, die den Charakter von Richtlinien haben.

85 So verweist das Gesetz in **Generalklauseln** auf rechtsethische Grundsätze wie „Treu und Glauben" (§§ 157, 242) und die „guten Sitten" (§§ 138, 826). Auf gleicher Linie liegt auch die nicht seltene Verwendung weitgehend **unbestimmter Begriffe mit Wertungsspielräumen** wie die „Verkehrssitte" oder die „Billigkeit" (§§ 315 ff., 829, 1576–1578, 1579, 1581 u. a.), aber auch der „im Verkehr erforderlichen Sorgfalt" als Maßstab für die Fahrlässigkeit (§ 276 Abs. 2) oder des „wichtigen Grundes" (z. B. §§ 314, 626, 723) oder das Abstellen auf die Zumutbarkeit (z. B. §§ 543, 626). Bei näherer Betrachtung ergibt sich, daß auch viele der scheinbar fest umrissenen Begriffe, deren sich das Gesetz bedient, zwar einen genau angebbaren, gleichsam festen „Begriffskern", daneben aber eine „Randzone" aufweisen, deren Reichweite sich nur von Fall zu Fall bestimmen läßt, oder daß es sich überhaupt nicht um einen durch feste Merkmale definierten Begriff, sondern um einen durch „fließende Übergänge" gekennzeichneten „Typus" handelt[79].

86 In einzelnen Vorschriften haben die Gesetzesverfasser auch den **kasuistischen Stil** gewählt, so etwa in §§ 94, 98, 204, 823 I, 1579. Die kasuistischen Aufzählungen sind dabei teilweise vom Streben nach Eindeutigkeit und Rechtssicherheit veranlaßt (so in § 204), im übrigen haben sie aber nur den Charakter von Beispielen, die nicht abschließend gedacht sind, sondern der Veranschaulichung dienen und dem Richter die Einbeziehung vergleichbarer Fälle ermöglichen.

87 Wegen der Schärfe der Begriffsbildung und der Genauigkeit der Ausdrucksweise hat das BGB die Gesetzgebung anderer Länder, z. B. in Japan (Japanisches Bürgerliches Gesetzbuch, 1898), später auch in China (Bürgerliches Gesetzbuch von 1930)[80] sowie in Griechenland (Griechisches Zivilgesetzbuch von 1940) beeinflußt. Dagegen hat das Schweizerische Zivilgesetzbuch vom Jahre 1907, das eine Schöpfung des großen schweizerischen Rechtsgelehrten *Eugen Huber* ist, nicht den Regelungsstil und die Sprache des deutschen BGB zum Vorbild genommen, sondern bevorzugt stärker den Richtlinienstil und eine einfache und verständliche Sprache. Von ihm ist wiederum eine erhebliche Rückwirkung auf die deutsche Rechtswissenschaft und auch auf die Rechtsprechung ausgegangen.

3. Die Sprache des Gesetzes

a) Juristische Fachsprache

88 Mit dem Regelungsstil hängt die Sprache des Gesetzes eng zusammen. Ist die Sprache eines kasuistischen Gesetzes, wie des preußischen Allgemeinen Landrechts, die allgemeine Umgangssprache, so tendiert die Sprache eines abstrahierend-generalisierenden Gesetzes wie des BGB in weitem Maß zu einer **juristischen Fachsprache,** zu abstrakten Wortbildungen und technisch gemeinten Ausdrücken[81]. Für die Rechtswissenschaft ist der Gebrauch einer Fachsprache so unentbehrlich wie für jede andere Wissenschaft. Jeder Fachausdruck ist eine abkürzende Bezeichnung für einen verwickelten Gedankengang, den nachzuvollziehen nur ein Fachkundiger in der Lage ist.

---

[79] Zum Typus vgl. unten § 4 Rn. 15; *Larenz,* Methodenlehre der Rechtswissenschaft, S. 460 ff.

[80] Über die mit der Rezeption des deutschen Rechts in Japan und in China zusammenhängenden Probleme vgl. die Aufsätze von *Kitagawa,* AcP 166 (1966), S. 330 und *Wang Tze-Chien,* AcP 186 (1986), 343; *Kitagawa,* Rezeption und Fortbildung des europäischen Zivilrechts in Japan, 1970.

[81] *Dölle,* Vom Stil der Rechtssprache, 1949, S. 21. Zur Sprache des Gesetzes vgl. weiter die Schrifttumsangaben bei *Enneccerus/Nipperdey,* AT, § 15 Anm. 3.

Um die einheitliche Auslegung der fachspezifischen Begriffe sicher zu stellen und um die Fachsprache etwas verständlicher zu machen, hat der Gesetzgeber es übernommen, einzelne Begriffe selbst zu definieren. Dies geschieht zumeist in der Weise, daß er einen in Klammer gesetzten Begriff durch die der Klammer vorangestellte Aussage definiert. Solche **Klammerdefinitionen** finden sich etwa in § 121 (unverzüglich), § 194 (Anspruch), § 274 (Erfüllung Zug um Zug), § 383 Abs. 3 (öffentliche Versteigerung), § 421 (Gesamtschuldner), § 428 (Gesamtgläubiger), § 771 (Einrede der Vorausklage), § 780 (Schuldversprechen), § 781 (Schuldanerkenntnis), § 793 (Schuldverschreibung auf den Inhaber), § 925 (Auflassung), § 937 (Ersitzung), die Definitionen der einzelnen Sachenrechte in §§ 1018, 1030, 1090, 1105, 1113, 1191, 1199, 1204, für den Ehevertrag in § 1408 und viele andere. Andere als Klammerdefinitionen finden sich etwa in § 276 Abs. 2 für die Fahrlässigkeit, in § 903 für das Eigentum, in § 932 Abs. 2 für den guten Glauben und in §§ 1373–1375 für den Zugewinn, das Anfangs- und das Endvermögen. 89

Da jedes Land mit eigener Rechtskultur seine eigene juristische Fachsprache entwickelt hat, sind Übersetzungen in andere Sprachen wegen der unterschiedlichen Rechtsterminologie nur mit zusätzlichen Erläuterungen möglich[82]. Dies ist sowohl bei der Rechtsvergleichung wie auch bei der Rechtsangleichung und Rechtsvereinheitlichung in der EU zu beachten. 90

b) Regelung der Beweislast

Um das Gesetz richtig zu verstehen, muß man wissen, daß der Gesetzgeber häufig schon durch die sprachliche Ausdrucksweise wie z. B. die Satzstellung oder durch die Formulierung einer Ausnahme, eine sachliche Anordnung über die Beweislasttreffen will. Die Beweislast gibt Antwort auf die Frage, wer eine streitige Tatsache zu beweisen hat und zu wessen Ungunsten es sich im Prozeß auswirkt, wenn eine bestimmte Tatsache nicht bewiesen werden kann und deshalb ungeklärt bleibt (sog. non liquet). Das Gericht hat die Sachlage dann in diesem Punkt zuungunsten der Partei anzusehen, die die Beweislast hinsichtlich dieser Tatsache trägt. 91

Beispiel: Wer sich auf das Bestehen eines Vertrags berufen will, muß nachweisen, daß ein Antrag durch eine inhaltlich übereinstimmende Annahmeerklärung angenommen worden ist (vgl. § 151: „Der Vertrag kommt durch die Annahme des Antrags zustande"). Wer dagegen die Nichtigkeit des Vertrags geltend machen will, muß das Vorliegen eines Nichtigkeitsgrundes nachweisen[83]. Kann z.B. die Geschäftsunfähigkeit gemäß § 105 Abs. 1 mit § 104 Nr. 2 nicht nachgewiesen werden, so ist der Vertrag wirksam. 92

Nach einer vom Gesetz befolgten ungeschriebenen Regel braucht derjenige, der sich auf den Eintritt einer Rechtsfolge beruft, nur die hierfür positiv vom Gesetz genannten Voraussetzungen zu beweisen, während das Vorliegen einer Ausnahme von dem Gegner zu beweisen ist. Die Ausnahme wird in manchen Fällen durch einen neuen Satz bezeichnet, der mit den Worten beginnt, die vorher bezeichnete Rechtsfolge trete nicht ein oder gelte nicht, wenn ein bestimmter Umstand vorliege (s. §§ 122 Abs. 2, 280 Abs. 1 Satz 2, 831 Abs. 1 Satz 2, 832 Abs. 1 Satz 2, 833 Satz 2, 834 Satz 2, 836 Abs. 1 Satz 2). In anderen Fällen wird sie durch einen Nachsatz bezeichnet, der meist mit den Worten „es sei denn" eingeleitet wird (s. §§ 145, 153, 178 Satz 1, 287 Satz 2, 892 Abs. 1 Satz 1, 973 Abs. 1 Satz 1). In den meisten dieser Fälle wäre vom Inhalt dieser Vorschrift her gesehen auch eine andere sprachliche Fassung denkbar gewesen; durch die gewählte Fassung hat der Gesetzgeber die Beweislast regeln wollen. 93

VII. Zwingendes und abdingbares Recht

Unter den Normen des BGB unterscheidet man zwingende, unabdingbare (= ius cogens) und nachgiebige, abdingbare Vorschriften (= ius dispositivum). Daneben hat der Gesetzgeber in Gestalt sog. halbzwingender Normen auch Mischformen geschaffen. 94

---

[82] S. auch *Hattenhauer,* JZ 2000, 545.

[83] S. *BGH* NJW 1972, 681; *BGH* WM 1980, 521; *BGHZ* 113, 221, 226.

1. Abdingbares (dispositives) Recht

95 Gemäß dem vom BGB weitgehend anerkannten Grundsatz der Privatautonomie (oben § 1 Rn. 2) können die einzelnen Personen ihre Privatrechtsverhältnisse zu anderen grundsätzlich in eigener Verantwortung selbst regeln. Dies hat zur Voraussetzung, daß sie, sofern gesetzliche Vorschriften vorhanden sind, ihr Rechtsverhältnis abweichend vom Gesetz regeln können. Soweit es zugelassen ist, daß die Parteien vom Gesetz abweichende Vereinbarungen treffen, haben die gesetzlichen Vorschriften den Charakter von abdingbarem, nachgiebigem oder dispositivem Recht (ius dispositivum).

a) Feststellung dispositiven Rechts

96 Ob und inwieweit Gesetzesbestimmungen dispositiv sind, wird vom Gesetzgeber **zum Teil ausdrücklich angeordnet,** so etwa wenn gesagt wird, daß etwas anderes „bestimmt“ werden kann (z.B. §§ 269, 271 Abs. 1, 276 Abs. 1, 426 Abs. 1, 430, 1021, 1022) oder wenn den Parteien ausdrücklich eine Regelungsbefugnis eingeräumt wird (z.B. §§ 244, 1408, 1585c, 1587o). Dispositiv sind auch Gesetzesbestimmungen, die lediglich „im Zweifel“ gelten, wie z.B. §§ 270, 271 Abs. 2, 315 Abs. 1, 317 Abs. 1, 329–332, 449 Abs. 1, weil der Zweifel durch eine ausdrückliche Vereinbarung behoben werden kann. Zum Teil kann aus einer Vorschrift auch im Wege des Umkehrschlusses entnommen werden, daß eine abweichende Vereinbarung zulässig sein muß, sofern die eingeschränkten Voraussetzungen für ein Verbot abweichender Vereinbarungen nicht gegeben sind (z.B. §§ 276 Abs. 3, 444, 639, 1149, 1229 sowie die halbzwingenden Vorschriften, s. Rn. 104ff.). Soweit das Gesetz solche Anhaltspunkte nicht enthält, ist die Entscheidung nach dem **Sinn und Zweck des Gesetzes,** insbesondere nach den vom Gesetz geschützten Interessen zu treffen. Von dispositivem Recht kann grundsätzlich ausgegangen werden, soweit die gesetzliche Regelung, von der abgewichen werden soll, nur die Interessen der Vertragsparteien betrifft. Dabei lassen sich für einzelne Rechtsgebiete und Bücher des BGB bestimmte Grundsätze aufstellen.

97 **Grundsätzlich dispositiv** sind die **Normen des Schuldrechts,** weil und soweit hier nur die Interessen der Beteiligten betroffen sind, über die sie grundsätzlich selbst bestimmen können sollen. Ausnahmsweise nicht dispositiv sind im Schuldrecht Vorschriften, die das Interesse Dritter schützen wollen, sowie Ordnungsvorschriften im Interesse des Rechtsverkehrs und Vorschriften, die schwere Unbilligkeiten verhüten sollen, weil die damit verbundenen Interessen nicht zur Disposition der Parteien stehen. Soziale Schutzvorschriften finden sich hauptsächlich im Recht der Wohnungsmiete (§§ 549ff.), im Recht des Dienstvertrages (§ 619) sowie im Verbraucherschutzrecht (§§ 312f., 475, 487, 506). Weitgehend dispositiv sind auch die **Normen des Erbrechts,** weil hier der Erblasser aufgrund seiner Testierfreiheit (unten § 4 Rn. 54) die Rechtsnachfolge im Falle seines Todes selbst bestimmen können soll. Der Regelung des Erblassers entzogen sind aber vor allem das Pflichtteilsrecht und die Vorschriften über die Haftung für Nachlaßschulden zum Schutze der Gläubiger.

98 Im **Allgemeinen Teil** muß nach dem **Sinn und Zweck der einzelnen Norm** entschieden werden. Dispositiv sind z.B. die in § 119 geregelten Anfechtungsgründe, die sowohl eingeschränkt als auch erweitert werden können[84]. Dispositiv sind auch die Anforderungen an den Zugang (vgl. § 151; dazu unten § 30 Rn. 4ff.), teilweise auch die Vorschriften über die Stellvertretung, wie etwa über die Erteilung und den Umfang der Vollmacht. Formbestimmungen

[84] S. hinsichtlich der Bestimmung der verkehrswesentlichen Eigenschaft in § 119 Abs. 2 etwa *RGZ* 149, 235, 238; *BGH* DB 1972, 479, 481; MünchKomm/*Kramer,* § 119 Rn. 124ff..

sind insofern dispositiv, als für kraft Gesetzes formfreie Geschäfte eine Form vereinbart werden kann (s. § 127). Eine gesetzlich vorgesehene Form kann dagegen nicht abbedungen werden (vgl. § 125). Nicht dispositiv sind grundsätzlich auch die Vorschriften über die Geschäftsfähigkeit, ebensowenig die Vorschriften der §§ 134, 137 Satz 1, 138.

Nicht dispositiv sind grundsätzlich die **Normen des Sachenrechts,** weil sie wegen der absoluten Wirkung die Interessen Dritter berühren (vgl. unten § 15 Rn. 2, 5, 11). Dies schließt vereinzelte Ausnahmen nicht aus wie z. B. in §§ 1020, 1021. Nicht dispositiv sind grundsätzlich auch die **Normen des Familienrechts,** weil sie den persönlichen Status betreffen, der nicht beliebig verändert werden darf. Auch hier sind Ausnahmen vorgesehen (§§ 1408, 1585 c, 1587 o). 99

b) Die Funktion des dispositiven Rechts

Die Bedeutung des dispositiven Rechts besteht zunächst in seiner Funktion der **Lückenfüllung,** die sich darin zeigt, daß es **ergänzend** bei Vorliegen einer Vertragslücke zur Anwendung kommt, wenn und solange die Beteiligten nicht eine abweichende Vereinbarung getroffen haben (s. unten § 28 Rn. 105 ff.). Daneben hat das dispositive Recht eine **Leitbildfunktion,** die insbesondere bei der Kontrolle Allgemeiner Geschäftsbedingungen Bedeutung erlangt (s. § 307 Abs. 2 Nr. 1), aber auch den Parteien Anhaltspunkte für eine sachgerechte vertragliche Vereinbarung liefern kann. 100

Obwohl die dispositiven Vorschriften nur dann zur Anwendung kommen, wenn die Parteien nichts anderes vereinbart haben, ist ihre Bedeutung doch nicht etwa gering. Denn die Parteien unterlassen sehr oft eine nähere Regelung, weil es vor allem bei den üblichen und häufigen Geschäften des täglichen Lebens viel zu umständlich und zeitraubend wäre, eine solche jeweils zu vereinbaren, und weil sie darauf vertrauen, daß das Gesetz eine gerechte Regelung bereit hält. Bei einem Kaufvertrag etwa vereinbaren sie nur, welche Sache gekauft und wann sie geliefert werden soll, welchen Preis der Käufer zahlen soll und wann er zu zahlen ist. Wird dann nicht fristgerecht geliefert oder gezahlt, erweist sich die Ware als mangelhaft oder kommt die vom Verkäufer an den Käufer gesandte Ware bei diesem in beschädigtem Zustand an, so stellt sich die Frage, was der in seiner Erwartung enttäuschte Teil nunmehr von dem anderen verlangen kann. Soweit die Parteien darüber nichts vereinbart haben, ergibt sich die Antwort aus dem zumeist dispositiven Gesetzesrecht. Es gilt, wenn auch nur subsidiär, d. h. nach der ihm vorgehenden vertraglichen Regelung, nicht aufgrund des Parteiwillens, sondern von Rechts wegen. Es ist also, wenn auch im einzelnen Fall durch die Parteien abdingbar, objektives, für alle geltendes Recht. 101

2. Zwingendes Recht

Im Gegensatz zum dispositiven Recht bezeichnet man die Vorschriften, die **der Parteidisposition entzogen** sind und deshalb nicht abbedungen werden können, als zwingende[85] oder unabdingbare Normen. Zwingend sind insbesondere die Normen, die die Voraussetzungen der Privatautonomie, die Anforderungen an eine gültige Willenserklärung und, soweit Typenzwang besteht wie etwa im Sachenrecht, die zulässigen Geschäftstypen regeln. Zwingend sind ferner solche Vorschriften, die die Sicherheit des Rechtsverkehrs gewährleisten, das Vertrauen Dritter schützen wollen und 102

[85] Der Ausdruck „zwingend" besagt nicht, daß es sich um Verhaltensregeln handeln müßte, deren Nichtbefolgung eine Zwangsmaßnahme oder auch nur einen rechtlichen Nachteil zur Folge hätte. Vielmehr gehören zu den zwingenden Normen, worauf *Bucher,* FS H. Deschenaux, Fribourg/Schweiz, 1977, S. 249 ff., zutreffend hingewiesen hat, auch solche, die lediglich die Gültigkeitsvoraussetzungen bestimmter Rechtsakte – deren Vornahme oder Nichtvornahme freigestellt bleibt – festsetzen. Zwingend sind sie insofern, als ihre Anwendung ungeachtet des Parteiwillens stets geboten ist.

endlich Vorschriften, die die Privatautonomie einschränken, um grobe Ungerechtigkeiten zu verhüten oder um sozialen Anforderungen zu genügen.

103 Für die Frage, ob eine Vorschrift zwingend oder abdingbar sei, kann die Formulierung des Gesetzes von Bedeutung sein. Wenn das Gesetz sagt, daß etwas durch Rechtsgeschäft nicht vereinbart werden „kann", (wie z.B. in den §§ 137 Satz 1, 202, 276 Abs. 3, 399, 400, 619) oder „darf" (z.B. § 611a Abs. 1, § 612a), dann deutet das auf eine Einschränkung der Privatautonomie, also auf eine zwingende Vorschrift hin. Am eindeutigsten ist der zwingende Charakter einer Vorschrift, wenn das Gesetz hinzufügt, daß eine abweichende Vereinbarung nichtig (so z.B. §§ 134, 138) oder unwirksam sei (so z.B. §§ 307–310). Im Allgemeinen Teil sind zwingend die Vorschriften über Vereine, ferner Vorschriften, die anordnen, daß Rechtsgeschäfte unter bestimmten Voraussetzungen nichtig sind (s. auch oben Rn. 95).

3. Halbzwingende Normen

104 Der Gegensatz zwischen dispositiven und zwingenden Normen wird etwas relativiert durch die sog. halbzwingenden Normen, die nicht in ihrem ganzen Inhalt, sondern nur teilweise zwingend sind. Die halbzwingenden Normen knüpfen im Regelfall an die Schutzbedürftigkeit einer Vertragspartei in einer bestimmten unterlegenen Verhandlungssituation an. § 305 Abs. 1 Satz 3 und § 310 Abs. 3 Nr. 2 stellen unmittelbar auf die fehlende Einflußmöglichkeit bei den Vertragsverhandlungen ab. Andere Normen knüpfen an bestimmte Rollen im Markt (Verbraucher, Mieter von Wohnraum, Arbeitnehmer, s. sogleich Rn. 105) oder an einen bestimmten Zeitraum (s. Rn. 107) an, in dem typischerweise eine Verhandlungsschwäche zu vermuten ist. Dabei kann man zwischen subjektiv halbzwingenden und objektiv sowie zeitlich halbzwingenden Normen unterscheiden.

a) Subjektiv halbzwingende Normen

105 Subjektiv halbzwingend sind Normen, wenn sie generell **zum Schutz des schwächeren Vertragspartners unabdingbar** sind, zu Lasten des nicht schutzbedürftigen Vertragspartners aber abgeändert werden können. Dazu gehören etwa die Vorschriften des Mieterschutzes (s. z.B. § 536 Abs. 4, § 547 Abs. 2, § 551 Abs. 2, § 553 Abs. 3, § 554 Abs. 5 u.a.) oder die Vorschriften zum Schutz des Verbrauchers (§ 312f, § 475, § 487, § 506) und Kunden (s. auch § 676c Abs. 3, § 676g Abs. 5), ferner die Vorschriften des Produkthaftungsgesetzes (§ 14 ProdHaftG), aber auch die Vorschriften der §§ 305ff., die nur den Vertragspartner des Verwenders schützen, und die Vorschriften zum Schutz der Arbeitnehmer (z.B. § 619, § 622 Abs. 6). In manchen Vorschriften sieht der Gesetzgeber auch vor, daß sich eine Vertragspartei auf eine bestimmte Vereinbarung nicht berufen kann (z.B. § 444, § 475, § 478 Abs. 4). Darin liegt neben der subjektiven Beschränkung des Schutzes auf eine der Vertragsparteien zugleich eine Abschwächung der Unwirksamkeit, denn wenn sich nur eine der beiden Vertragsparteien auf die Vereinbarung nicht berufen kann, dann ist es der anderen Partei erlaubt, sich auf die Vereinbarung zu berufen. Dies setzt aber deren Wirksamkeit voraus.

b) Objektiv halbzwingende Normen

106 Objektiv halbzwingend sind Normen, die nicht vollinhaltlich, sondern nur bezüglich eines **gewissen Kernbestandes unabdingbar** sind. Beispiel hierfür ist insbesondere § 307 Abs. 2 Nr. 1, wonach nur die „wesentlichen Grundgedanken der gesetzlichen Regelung" unabdingbar sind, aber auch § 444 BGB, wonach nur die Gewähr-

leistung für arglistiges Verschweigen und, soweit eine Garantie übernommen worden ist, nur diese Garantie nicht ausgeschlossen werden kann, im übrigen der Ausschluß aber zulässig ist. Auch § 202 Abs. 2 ist hier einzuordnen, wenn er Vereinbarungen ausschließt, die die Verjährung über 30 Jahre hinaus ausdehnen wollen. Hier werden bestimmte Rechtsinhalte zugunsten einer Vertragspartei für unabdingbar erklärt.

c) Zeitlich halbzwingende Normen

Zeitlich halbzwingend sind Normen, die nur **während eines gewissen Zeitraumes nicht abbedungen** werden können, weil der Gesetzgeber davon ausgeht, daß vor Eintritt eines bestimmten Ereignisses bei der schutzbedürftigen Vertragspartei die Einsicht in die Bedeutung und Tragweite der Vereinbarung noch nicht vorhanden ist. Dazu zählen insbesondere Vorschriften, die lediglich „im Voraus" nicht abbedungen werden können, wohl aber nach einem bestimmten Ereignis, insbesondere nach Eintritt des Haftungsfalles (s. etwa § 202 Abs. 1, § 276 Abs. 3 BGB, § 14 ProdHaftG), nach Eintritt der Fälligkeit (so in § 248 Abs. 1, § 1149, s. auch § 1229), nach Mitteilung eines Mangels (§ 475, § 478 Abs. 4), oder nach Entstehen der Streitigkeit (§ 38 Abs. 3 Nr. 1 ZPO). 107

§ 4. Auslegung und richterliche Fortbildung des Gesetzes

Inhaltsübersicht

Literatur: *Alexy,* Theorie der juristischen Argumentation, 1978; *Bartholomeyczik,* Die Kunst der Gesetzesauslegung, 4. Aufl. 1967; *Brandenburg,* Die teleologische Reduktion, 1983; *Bydlinski,* Juristische Methodenlehre und Rechtsbegriff, 1982; *ders.,* Fundamentale Rechtsgrundsätze, 1988; *Bydlinski u. a.,* Das bewegliche System im geltenden und künftigen Recht, 1986; *Canaris,* Die Feststellung von Lücken im Gesetz, 2. Aufl. 1983; *ders.,* Systemdenken und Systembegriff in der Jurisprudenz, 2. Aufl. 1983; *Coing,* Juristische Methodenlehre, 1972; *ders.,* Grundzüge der Rechtsphilosophie, 4. Aufl. 1985; *Diederichsen,* Das Bundesverfassungsgericht als oberstes Zivilgericht – ein Lehrstück der juristischen Methodenlehre, AcP 198 (1998), 171; *Eidenmüller,* Effizienz als Rechtsprinzip, 2. Aufl. 1998; *Engisch,* Logische Studien zur Gesetzesanwendung, 2. Aufl. 1960; *ders.,* Die Idee der Konkretisierung in Recht und Rechtswissenschaft unserer Zeit, 2. Aufl. 1968; *ders.,* Einführung in das juristische Denken, 7. Aufl. 1977; *ders.,* Beiträge zur Rechtstheorie, 1984; *Esser,* Grundsatz und Norm in der richterlichen Fortbildung des Privatrechts, 3. Aufl. 1974; *ders.,* Wertung, Konstruktion und Argument im Zivilurteil, 1965; *ders.,* Vorverständnis und Methodenwahl in der Rechtsfindung, 1970; *Fikentscher,* Methoden des Rechts, Bd. III (Mitteleuropäischer Rechtskreis), 1976; *ders.,* Bd. IV (Dogmatischer Teil), 1977; *Germann,* Probleme und Methoden der Rechtsfindung, 1965; *Göldner,* Verfassungsprinzip und Privatrechtsnorm in der verfassungskonformen Auslegung und Rechtsfortbildung, 1969; *Hassold,* Strukturen der Gesetzesauslegung, in FS Karl Larenz zum 80. Geburtstag, 1983, S. 211 ff.; *Arthur Kaufmann,* Analogie und Natur der Sache, 2. Aufl. 1982; *Kaufmann/Hassemer,* Grundprobleme der zeitgenössischen Rechtsphilosophie und Rechtstheorie, 1971; *dies.,* Einführung in die Rechtsphilosophie und Rechtstheorie der Gegenwart, 4. Aufl. 1985; *Klug,* Juristische Logik, 4. Aufl. 1982; *Koch/Rüssmann,* Juristische Begründungslehre, 1982; *Kriele,* Theorie der Rechtsgewinnung, 2. Aufl. 1976; *Larenz,* Methodenlehre der Rechtswissenschaft, 6. Aufl. 1991; *Larenz/Canaris,* Methodenlehre der Rechtswissenschaft, 3. Aufl. 1995; *Leenen,* Typus und Rechtsfindung, 1971; *Mayer-Maly,* Rechtswissenschaft, 2. Aufl. 1981; *Friedrich Müller,* Juristische Methodik, 2. Aufl. 1976; *ders.,* Juristische Methodik und politisches System, 1976; *ders.,* Fallanalysen zur juristischen Methodik, 1974; *Neuner,* Das BGB unter dem Grundgesetz, in Das BGB im Wandel der Epochen (Hg. Diederichsen/Sellert), 2002, 131 ff.; *Pawlowski,* Methodenlehre für Juristen, 1981; *ders.,* Einführung in die Methodenlehre, 1986; *Petersen,* Von der Interessenjurisprudenz zur Wertungsjurisprudenz, 2001; *Picker,* Richterrecht und Richterrechtsetzung, JZ 1984, 153; *Schapp,* Hauptprobleme der juristischen Methodenlehre, 1983; *ders.,* Grundrechte als Wertordnung, JZ 1998, 913; *Viehweg,* Topik und Jurisprudenz, 5. Aufl. 1974; *Wank,* Grenzen richterlicher Rechtsfortbildung, 1978; *Westermann,* Wesen und Grenzen der richterlichen Streitentscheidung im Zivilrecht, 1955; *Wieacker,* Zur rechtstheoretischen Präzisierung des § 242 BGB, 1956; *ders.,* Gesetz und Richterkunst, 1958; *Zippelius,* Juristische Methodenlehre, 4. Aufl. 1985; *ders.,* Auslegung als Legitimationsproblem, in FS Karl Larenz zum 80. Geburtstag, 1983, S. 739 ff.

I. Wandlungen der juristischen Methode seit Inkrafttreten des BGB

1 Seit Inkrafttreten des BGB hat sich die juristische Methode, d. h. die Methode der Auslegung der Rechtsnormen und ihrer Anwendung auf den zu entscheidenden Fall sowie der richterlichen Rechtsfortbildung, auf dem Gebiet des Privatrechts gewandelt. Vereinfachend läßt sich dieser Wandel in den Stichworten Begriffsjurisprudenz, Interessenjurisprudenz und Wertungsjurisprudenz zum Ausdruck bringen. In den letzten Jahrzehnten hat sich darüber hinaus eine lebhafte Diskussion entwickelt, in deren Verlauf es vor allem um die Frage nach der Erreichung gerechter Fallentscheidungen und um die Möglichkeit der Heranziehung auch außergesetzlicher Wertungsmaßstäbe geht[1].

[1] Eine Übersicht über diese Diskussion findet sich bei *Larenz,* Methodenlehre der Rechtswissenschaft, S. 119 ff. Zur Einführung geeignet sind die Schriften von *Coing* und *Zippelius* sowie die Einführung in das juristische Denken von *Engisch.*

1. Die Begriffsjurisprudenz[2]

2 Die Entstehung des BGB fiel in die Zeit des wissenschaftlichen Positivismus, nach dessen Verständnis die Rechtssätze aus logisch aufeinander abgestimmten Begriffen in einem geschlossenen und lückenlosen System abzuleiten waren. Die Rechtsfolgen wurden aus dem Gesetz durch begrifflich-logische Deduktionen gewonnen, ohne die durch das Recht geregelten sozialen und wirtschaftlichen Verhältnisse ins Auge zu fassen und ohne die das menschliche Verhalten beeinflussenden Wertvorstellungen und politischen Auffassungen zu berücksichtigen[3]. Wegen der vorwiegenden Orientierung an Begriffen und deren logischen Verknüpfung wird diese Methode der Auslegung und Anwendung von Gesetzen auch Begriffsjurisprudenz genannt.

3 Sie geht zurück auf die gemeinrechtliche Dogmatik des 19. Jahrhunderts, insbesondere auf *Puchta* und auf den frühen *Jhering*. Nach ihrer Meinung erschöpft sich der Prozeß der Normanwendung im wesentlichen in der Unterordnung **(Subsumtion)** eines Lebensvorgangs unter einen juristischen Begriff, und zwar mittels der in diesem Vorgang enthaltenen konkreten Tatsachen unter die Merkmale des jeweiligen abstrakten Begriffs. Zugleich sollten die einzelnen juristischen Begriffe in ein System eingefügt werden, in dem die speziellen Begriffe auf der unteren Ebene allgemeineren Begriffen einer höheren Ebene zugeordnet wurden.

4 **Beispiele:** Einzelne Rechte wie Kündigungsrecht, Anfechtungsrecht, Widerrufsrecht und Rücktrittsrecht werden dem Oberbegriff Gestaltungsrecht zugeordnet. Das Eigentum, die Hypothek, die Grundschuld, das Pfandrecht, der Nießbrauch und die Dienstbarkeiten werden unter dem höheren Begriff der dinglichen Rechte zusammengefaßt. Diese dinglichen Rechte werden zusammen mit dem Persönlichkeitsrecht, dem Urheberrecht, dem Patentrecht, dem Markenrecht und anderen gewerblichen Schutzrechten aufgrund gemeinsamer Strukturmerkmale auf einer noch höheren Stufe den absoluten Rechten zugerechnet. Diese absoluten Rechte gehen zusammen mit den relativen Forderungsrechten und den Gestaltungsrechten in den obersten Begriff des subjektiven Rechts ein. – Die einzelnen Erklärungen wie Kündigungserklärung, Anfechtungserklärung, Widerrufserklärung und Rücktrittserklärung werden zusammen mit anderen einseitigen Willenserklärungen wie Einwilligung, Genehmigung oder Testament als einseitige Rechtsgeschäfte zusammengefaßt. Diese werden wiederum zusammen mit den Verträgen und den Beschlüssen dem obersten Begriff des Rechtsgeschäfts zugeordnet.

5 Aufgrund der jeweiligen begrifflichen Einordnung wird es möglich, die gemeinsamen Merkmale der einzelnen rechtlichen Erscheinungsformen auf jeder begrifflichen Ebene, z.B. Gestaltungsrechte, subjektive Rechte, herauszuarbeiten und sie einheitlichen Rechtsregeln zu unterstellen. Diese begriffliche Einordnung, mit der sich zugleich bestimmte Wertungen verbinden, ist auch heute noch sinnvoll und unentbehrlich. Die Vorstellung der Begriffsjurisprudenz, auf diesem Weg ein geschlossenes und lückenloses System juristischer Begriffe zu schaffen, in dem jeder Begriff, abgesehen von den höchsten Begriffen, durch Hinzufügung eines spezifischen Merkmals aus dem nächsthöheren Begriff sollte abgeleitet werden können und damit alle rechtlich bedeutsamen Lebensvorgänge genau erfassen und rechtlich qualifizieren zu können, hat sich als Illusion erwiesen. Damit war die Vorstellung verbunden, auf diese Weise der Rechtssicherheit zu dienen, weil alle Entscheidungen im lückenlosen System vorgespeichert schienen und daraus nur mit begriffslogischen Erwägungen abgerufen werden mußten. Zugleich sollte der Richter als Rechtsanwender und Entscheider durch

---

[2] Vgl. hierzu *Binder,* Bemerkungen zum Methodenstreit in der Privatrechtswissenschaft, ZHR 100 (1934), 4; *Bucher,* Was ist Begriffsjurisprudenz?, Zeitschrift des Bernerschen Juristenvereins 102 (1966), 274.

[3] *Wieacker,* Privatrechtsgeschichte der Neuzeit, S. 253 ff.

die Bindung an die logische Begrifflichkeit von gesellschaftlichen und politischen Einflüssen frei gehalten und in seiner Neutralität gesichert werden.

6 Wir wissen heute, daß einer solchen totalen Verbegrifflichung der rechtlich bedeutsamen Lebensvorgänge sowohl die Natur der Sprache wie auch die Komplexität der Lebensvorgänge und ihr ständiger Wandel entgegenstehen. Ferner zeigte sich, daß gerade die allgemeinsten Begriffe des Systems, wenn sie sich auf die Angabe weniger, sehr weit gefaßter Merkmale beschränken, immer inhaltloser und damit nichtssagender werden und daher das nicht zu leisten vermögen, was sie leisten sollen. Die Vorstellung, mit dem BGB als Kodifikation ein lückenloses System privatrechtlicher Rechtssätze für alle Streitfragen geschaffen zu haben, hat sich deshalb schon früh als trügerisch erwiesen. So mußten wichtige Institutionen wie die Störung der Geschäftsgrundlage, die culpa in contrahendo und die positive Vertragsverletzung zunächst von der Rechtsprechung und Rechtslehre entwickelt und später durch die Schuldrechtsreform 2002 in das BGB eingefügt werden (s. §§ 280, 282, 311 Abs. 2, 313). Andere Rechtsfiguren wie die Anscheinsvollmacht oder die unzulässige Rechtsausübung sind bis heute nicht ausdrücklich geregelt. Auch der Glaube, durch eine begriffsjuristische Rechtsfindung den Richter als apolitischen Rechtsanwender zu richtigen und gerechten Ergebnissen gelangen zu lassen, hat sich nicht bestätigt. Richterliche Entscheidungen beeinflussen die gesellschaftlichen und wirtschaftlichen Verhältnisse in jedem Fall, auch wenn der Richter dies nicht beachtet. Wenn aber ein solcher Wirkungszusammenhang objektiv besteht, dann ist es auf jeden Fall besser, daß der Richter sich um die Erkenntnis dieser Wirkungszusammenhänge bemüht und sie bei seinen Entscheidungen berücksichtigt[4]. Auch die Auffassung, daß der begriffslogisch arbeitende Richter wertfrei entscheide, hat sich nicht als haltbar erwiesen. Schon das BGB verlangt mit seinen Generalklauseln der guten Sitten (§§ 138, 826) und Treu und Glauben (§§ 157, 242) die Berücksichtigung von Wertvorstellungen und auch zahlreiche andere Begriffe lassen Auslegungsspielräume offen, die durch richterliche Wertungen ausgefüllt werden müssen. Vor allem aber gibt es grundlegende Rechtswerte, die auch bei der Anwendung des BGB beachtet werden müssen, die aber bei einer logischen Rechtsanwendung unbeachtet bleiben könnten.

7 Aufgrund dieser Erkenntnisse ist die begriffsjuristische Methode, die sowohl die Vorarbeiten zum BGB als auch die Anwendung seiner Vorschriften zu Beginn beeinflußt hat, modifiziert und durch andere Rechtsanwendungsmethoden abgelöst worden. Dennoch darf die gedankliche Leistung der Begriffsjurisprudenz nicht unterschätzt werden. Die Systematik des BGB, die einen hohen Grad von Übersichtlichkeit gewährleistet und damit das Auffinden der jeweils in Betracht kommenden Normen erleichtert, wäre ohne sie nicht möglich gewesen.

2. Die Interessenjurisprudenz

8 Der Begriffsjurisprudenz trat schon im ersten Jahrzehnt nach dem Inkrafttreten des BGB die Interessenjurisprudenz gegenüber. Statt das richtige Recht aufgrund logischer Begriffsableitungen gewinnen zu wollen, versteht die Interessenjurisprudenz die gesetzliche Regelung als eine bewußte und zweckbestimmte Lösung tatsächlicher Interessenkonflikte durch den Gesetzgeber. Zweifelsfragen bei der Gesetzesauslegung werden nicht mehr durch begriffslogische Herleitungen, sondern durch Analyse der vom Gesetzgeber berücksichtigten und bewerteten Interessen gelöst und die Interessenbewertung wird vom Richter in „denkendem Gehorsam“ nachvollzogen und zwecks Ausfüllung von Lücken zu Ende gedacht.

9 Die Interessenjurisprudenz geht auf den späten *Jhering,* vor allem auf sein monumentales, aber nie vollendetes Werk „Der Zweck im Recht“ (1877) zurück. Ihr Hauptvertreter um die Jahrhundertwende war der Tübinger Rechtsgelehrte *Philipp Heck*[5]. Er betonte, daß jeder rechtli-

---

[4] S. zum Verhältnis von Richter und Politik auch *M. Wolf,* Gerichtsverfassungsrecht aller Verfahrenszweige, 6. Aufl. 1987, § 15 III.

[5] Hauptschriften: Gesetzesauslegung und Interessenjurisprudenz, AcP 112, (1914); Das Problem der Rechtsgewinnung, 1912; Begriffsbildung und Interessenjurisprudenz, 1932; s. ferner

chen Regelung bestimmte Interessen zugrunde liegen, die der Gesetzgeber fördern oder miteinander ausgleichen wollte, und daß das richtige Verständnis der Norm daher nur aus der Erkenntnis dieser Interessen und der Bedeutung, die ihnen der Gesetzgeber einräumen wollte, gewonnen werden könne. In jedem Rechtsstreit gehe es um einen Interessenkonflikt. Diesen Interessenkonflikt habe der Richter stets gemäß der im Gesetz zum Ausdruck gelangten Interessenbewertung zu entscheiden.

Damit wurde, das ist das Verdienst der Interessenjurisprudenz, der Blick über den Wortlaut und die begriffliche Fassung des Gesetzes hinaus auf die ihm zugrunde liegenden Zwecke und geschützten Interessen sowie auf die dahinter stehenden allgemeinen Wertmaßstäbe gelenkt. Der Vorzug der Interessenjurisprudenz lag auch darin, daß sie mit der Berücksichtigung von Interessen den Blick für die soziale Realität öffnete. Sie stützte sich jedoch allein auf die im Gesetz enthaltenen Zwecksetzungen, um diese konsequent zu verwirklichen. Dies wiederum führte notwendig bei der Rechtsfortbildung zu Problemen, weil es hier unter Umständen an einer Norm fehlte, deren Interessen hätten erkundet werden können. Auch blieb teilweise unklar, welches von mehreren Interessen im Einzelfall höher zu bewerten war. 10

Verwirrend war auch, daß *Heck* die Wertmaßstäbe selbst, an denen die vielfältigen und häufig einander widerstreitenden Interessen gemessen werden, wiederum als Interessen bezeichnete. Zudem zeigte sich eine vorwiegend negative Einstellung gegenüber Begriff und System. Diese negative Einstellung führte zu einer Art Zweispurigkeit des juristischen Denkens, das sich einmal weiterhin auf der Ebene rein begrifflicher Erörterungen, anderseits auf der der Interessenforschung und Interessenabwägung vollzog, ohne daß die Resultate zur Deckung gelangten. Darunter mußte die Glaubwürdigkeit der juristischen Methode überhaupt leiden. 11

3. Die Wertungsjurisprudenz

Die etwa in der Mitte des 20. Jahrhunderts zum Durchbruch gelangte Wertungsjurisprudenz[6] knüpft an die Interessenjurisprudenz an, hat sie aber durch einige wesentliche Einsichten ergänzt. Dazu gehört insbesondere, daß das Verhältnis von Interessen und Wertungen umgekehrt wurde, indem statt der Interessen die Wertungen in den Vordergrund gerückt wurden[7]. 12

a) Aufdeckung der in den Begriffen enthaltenen Wertungen

Eine dieser Einsichten ist die, daß die von der Begriffsjurisprudenz so hoch geschätzten juristischen Begriffe ihrerseits auf Grund in ihnen enthaltener Wertungen gebildet sind. Viele Grundbegriffe unseres Privatrechts werden erst verständlich, wenn man sie auf die im ethischen Personalismus hervorgehobenen Werte bezieht[8]. Freilich treten die zugrundeliegenden Werte in der Definition des Begriffs nicht oder nur unvollkommen zutage. Die Definition beruht aber auf einer Auswahl der in sie aufgenommenen Merkmale, die ihrerseits durch Wertungen bedingt ist. Mit den Begriffen 13

Müller/Erzbach, Wohin führt die Interessenjurisprudenz, 1932; *Ellscheid-Hassemer* (Hrsg.), Interessenjurisprudenz, 1974.

[6] Dazu *Larenz,* Methodenlehre der Rechtswissenschaft, S. 119ff.; *Larenz/Canaris,* Methodenlehre, S. 36ff.; *Pawlowski,* aaO S. 60ff.; *Bydlinski,* aaO S. 123ff.; vgl. auch *Kronstein,* Rechtsauslegung im wertgebunden Recht (1957); sowie *Westermann,* Wesen und Grenzen der richterlichen Streitentscheidung im Zivilrecht, 1955.

[7] S. *H. Westermann,* Wesen und Grenzen der richterlichen Streitentscheidung, 1955, S. 16; *Petersen,* Von der Interessenjurisprudenz zur Wertungsjurisprudenz, 2001, S. 26.

[8] S. oben § 2 Rn. 2ff.; vgl. auch *Larenz/Canaris,* Methodenlehre, S. 44f.

muß die Bezugnahme auf die zugrunde liegenden Wertungen und Rechtsprinzipien stets mitgedacht werden. Der Begriff des Rechtsgeschäfts ist also z. B. an dem Prinzip der Privatautonomie, der des Vertrages an diesem Prinzip und dem der Selbstbindung zu orientieren. Die Wertungsjurisprudenz betont, daß **alle Tätigkeit** sowohl **des Gesetzgebers, wie des Rechtsanwenders,** insbesondere des Richters, letztlich **wertender Natur** ist.

14 Wo der Gesetzgeber selbst seine Wertung in die Form streng begrifflich gefaßter Regeln gegossen hat, da konzentriert sich die Tätigkeit des Richters zwar auf die logisch gebotene Subsumtion des von ihm festgestellten Sachverhalts unter die begrifflichen Merkmale des Tatbestandes der Norm. Er muß das so gewonnene Ergebnis jedoch stets mit einer parallel einhergehenden Beurteilung an Hand oberster Wertprinzipien überprüfen. Der moderne Gesetzgeber, wie auch das BGB, bedient sich darüber hinaus neben feststehenden Begriffen häufig sogenannter unbestimmter, ausfüllungsbedürftiger Maßstäbe (wie z. B. „Treu und Glauben“, „wichtiger Grund“, „unverhältnismäßig“, „unzumutbar“), deren Anwendung eine Wertung von Fall zu Fall verlangt. Der Richter darf aber hier nicht einfach seinem Rechtsgefühl oder einer vorgefaßten Meinung folgen, sondern muß, um die Akzeptanz des Urteils zu fördern und die Gleichbehandlung der Rechtsunterworfenen zu gewährleisten, seine Entscheidung so weit als möglich an überprüfbaren Kriterien ausrichten[9]. Er richtet sich dann nach schon entschiedenen Fällen, denen der zu beurteilende ähnlich ist, sowie nach leitenden Gesichtspunkten, die Rechtsprechung und Rechtswissenschaft als für die Beurteilung relevant erkannt haben. In dem ständigen Prozeß ihrer Konkretisierung durch Rechtsprechung und Rechtswissenschaft gewinnen diese Maßstäbe mehr und mehr an inhaltlicher Bestimmtheit[10], ohne daß sich ihr Inhalt doch jemals in eine einfache Definition zusammenziehen ließe, unter die der Sachverhalt nur subsumiert zu werden brauchte.

15 Auf eine solche Definition verzichtet das Gesetz auch dort, wo es auf einen im Leben in ähnlicher Weise wiederkehrenden Typus verweist. Der **Typusbegriff** ist dadurch gekennzeichnet, daß sein Inhalt durch alle wesentlichen Merkmale der gemeinten Erscheinung beschrieben wird, daß aber alle diese Merkmale nicht begriffsnotwendig in jedem Fall erfüllt sein müssen, sondern bereits das Vorliegen einiger dieser Merkmale genügen kann. Ein solcher Typus kann sich daher in unterschiedlicher Weise darstellen. Seine Merkmale können jeweils in schwächerem oder stärkerem Grad ausgeprägt sein. Die Konkretisierung vollzieht sich hier in der Form der Zuordnung der zu beurteilenden Einzelerscheinungen zum Typus, oder aber der Versagung dieser Zuordnung[11]. Durch die bewußte Handhabung der für die Konkretisierung ausfüllungsbedürftiger Maßstäbe und für die typologische Zuordnung ausgebildeten Methoden sollte es gelingen, die richterliche Wertung wenigstens für die große Mehrzahl der Fälle, die eben „typische“ Fälle sind, zu objektivieren.

b) Wertmaßstäbe

16 Zur wertorientierten Rechtsanwendung bedarf es eines wertorientierten Denkens, wobei die Wertmaßstäbe dem Juristen durch die Verfassung, insbesondere durch die Grundrechte vorgegeben sind.

17 Dies führte vor allem zur Anerkennung und zum Schutz eines allgemeinen Persönlichkeitsrechts[12] und insgesamt zur Anerkennung der sog. Drittwirkung der Grundrechte (s. unten Rn. 64 ff.). So beeinflußt etwa die Informationsfreiheit aus Art. 5 GG über § 157 die Rechte

---

[9] Vgl. *Larenz,* Methodenlehre der Rechtswissenschaft, S. 354, der eine größtmögliche „Objektivierung des Auslegungsvorgangs“ fordert.

[10] S. dazu etwa *BGH* NJW 2002, 2461.

[11] Über den nahen Zusammenhang typologischen und wertenden Denkens im Bereich der Rechtswissenschaft vgl. *Leenen,* aaO S. 42 ff.; über den Unterschied typologischer Zuordnung zur logischen Subsumtion ebenda S. 183 und *Larenz,* Methodenlehre der Rechtswissenschaft, S. 212 ff.

[12] Vgl. hierzu *Larenz/Canaris,* Schuldrecht II/2, § 80; Erman/*Schiemann,* § 823 Rn. 48; s. auch unten § 8.

des Mieters auf Anbringung einer Empfangsantenne[13], die durch Art. 4 GG geschützte Gewissensfreiheit kann in Verbindung mit § 242 Leistungsverweigerungs- und Kündigungsrechte begründen[14] und das Sozialstaatsprinzip rechtfertigt die Kontrolle von mißbräuchlicher Ausnutzung einseitiger Verhandlungsmacht beim Abschluß und bei der inhaltlichen Ausgestaltung von Verträgen[15].

Wertmaßstäbe ergeben sich auch aus den Menschenrechten der Europäischen Menschenrechtskonvention (EMRK) und aus den Grundfreiheiten des EG-Vertrags. Im übrigen kann auf allgemeine Leitgedanken, wie z. B. Treu und Glauben, konkretisierungsbedürftige Prinzipien, wie z. B. den Grundsatz der Vertragsfreiheit, und die aus dem Gesamtzusammenhang der Normen zu erschließenden Wertungsgrundlagen zurückgegriffen werden[16]. Je nach dem, woraus die Werturteile gewonnen werden, unterscheidet man zwischen gesetzesimmanenter, rechtsimmanenter oder gesellschaftsimmanenter Wertungsjurisprudenz[17]. 18

c) Offenes System leitender Prinzipien und Wertmaßstäbe

An die Stelle des geschlossenen Systems einander über- und untergeordneter Begriffe tritt bei der Wertungsjurisprudenz das offene System leitender Prinzipien und konkretisierungsbedürftiger Wertmaßstäbe in ihrem Zusammenspiel, ihrer Verschränkung und häufig wechselseitigen Begrenzung, die wiederum zusätzlicher Wertungsgesichtspunkte bedarf[18]. Aufgabe der Rechtswissenschaft ist es, solche Gesichtspunkte, sowie das Zusammenspiel der Prinzipien aufzudecken und damit den Prozeß der Rechtsfindung durchsichtiger zu machen. Die Wertungsjurisprudenz ermöglicht damit auch die Überprüfung und Koordinierung der gesetzlichen Zwecksetzungen und der obersten Rechtswerte, was die Interessenjurisprudenz nicht leisten konnte. 19

4. Funktionale Steuerung durch Recht

Da rechtliche Regeln auf soziale Beziehungen einwirken und diese gestalten, ist die Kenntnis der sozialen Fakten und der funktionalen Wirkungszusammenhänge zwischen dem Recht und den sozialen Verhältnissen eine wichtige Voraussetzung, sowohl für den Gesetzgeber wie auch für den Richter, um die richtigen Regeln zu finden und die rechtlichen Werte effektiv umzusetzen. Frühe Arbeiten zur Rechtssoziologie[19] fanden aber zunächst nur wenig Beachtung. Erst später, vor allem seit den 70er Jahren des vorigen Jahrhunderts erlangten diese Themen mehr Aufmerksamkeit[20]. Dabei geht es einmal um die empirische Erforschung der sozialen Sachverhalte, die durch das Recht geregelt werden sollen. Zu berücksichtigen sind aber je nach dem Regelungsgegenstand auch soziologische, volkswirtschaftliche und betriebswirt- 20

[13] S. *BVerfG* NJW 1992, 494; 1993, 1252.

[14] Vgl. *Rüfner,* RdA 1992, 1; *BAGE* 47, 363, 376.

[15] S. *BVerfG* NJW 1994, 36, 38 und unten § 42 Rn. 1 ff.

[16] S. zu solchen das Privatrecht beherrschenden Prinzipien auch Soergel/*M. Wolf,* Bd. 1, Einl. z. BGB Rn. 20 ff.

[17] S. dazu *Fikentscher,* Methoden des Rechts in vergleichender Darstellung, Bd. III, S. 406 ff.

[18] Vgl. dazu *Canaris,* Systemdenken und Systembegriff in der Jurisprudenz, 1969; *Larenz,* Methodenlehre der Rechtswissenschaft, S. 458 ff.; *Larenz/Canaris,* Methodenlehre, S. 236 ff.

[19] *Ehrlich,* Rechtssoziologie, 1919.

[20] S. etwa *Naucke,* Über die juristische Relevanz der Sozialwissenschaften, 1972; *Rottleuthner,* Sozialwissenschaft als Rechtswissenschaft, 1973; *Hopt,* Was ist von den Sozialwissenschaften für die Rechtsanwendung zu erwarten?, JZ 1975, 341.

schaftliche Kenntnisse und Theorien über gesellschaftliche Systeme und ihr Zusammenwirken. Auf diese Weise kann eine funktionsgerechte Steuerung der sozialen Verhältnisse durch das Recht und die effektive Realisierung rechtlicher Werte am ehesten gelingen.

a) Folgenberücksichtigung

21 Den Einfluß gesetzlicher Regelungen und richterlicher Entscheidungen auf die gesellschaftlichen und wirtschaftlichen Verhältnisse hat vor allem die auf Folgenberücksichtigung ausgerichtete Argumentationstheorie im Auge[21]. Ihr geht es darum, die gesetzgeberischen und richterlichen Entscheidungen daraufhin zu beurteilen, welche Folgen daraus erwachsen (Folgenprognose), diese Folgen im Hinblick auf ihre Akzeptanz zu bewerten (Folgenbewertung) und die Entscheidung an den gewünschten Folgen auszurichten (folgenorientierte Steuerung).

22 Die Folgenberücksichtigung erscheint für den **Gesetzgeber** selbstverständlich[22], weil er nur auf diese Weise den mit den Gesetzen erstrebten Erfolg einigermaßen zuverlässig erreichen kann. Problematisch bleibt aber, inwieweit eine Folgenprognose zuverlässig getroffen werden kann und mit welchem Aufwand sowie mit welchen wissenschaftlichen Methoden dies möglich ist. Gleichwohl kann und darf auf die Folgenberücksichtigung nicht verzichtet werden. Die Folgenprognose muß so gut als möglich durchgeführt werden und die Folgenbewertung mit entsprechender Steuerung muß durch den Gesetzgeber stattfinden. Darüber hinaus muß die Folgenberücksichtigung Anlaß geben, die Wirkungsweise des erlassenen Gesetzes auf seine Effektivität hin zu kontrollieren und notfalls Änderungen vorzunehmen. Bei der Folgenberücksichtigung durch den **Richter** ist zu differenzieren.

23 aa) Soweit der Richter in seiner Entscheidung die normativen Obersätze bildet, sei es durch Gesetzesauslegung oder durch richterliche Rechtsfortbildung, sollte er grundsätzlich die generellen **Folgen des normativen Obersatzes** ähnlich wie der Gesetzgeber berücksichtigen. Auch wenn ihm in seinem Entscheidungsprozeß auch nicht dieselben Erkenntnismöglichkeiten zur Verfügung stehen wie dem Gesetzgeber, so kann er doch die von ihm überschaubaren und mit großer Wahrscheinlichkeit zu erwartenden Folgen des von ihm gebildeten Obersatzes beachten. Dies wird von der Rechtsprechung auch immer wieder praktiziert.

24 **Beispiele:** Bei der Beurteilung der Wirksamkeit von Sicherungsübereignungen und Sicherungsabtretungen nach § 307 (vormals § 9 AGBG) hat der *BGH* im Zusammenhang mit den sog. Übersicherungs- und Freigabeklauseln berücksichtigt, daß bei übertriebenen Anforderungen an die Klauselgestaltung Sicherungsübereignungen und Sicherungsabtretungen nicht mehr wirksam vereinbart werden könnten[23]. Ebenso hat der *BGH* den voraussichtlich erzielbaren Verwertungserlös berücksichtigt, um die Grenze einer noch zulässigen Übersicherung zu bestimmen[24]. Auch erwägt er, wem die Unwirksamkeit der Sicherungsübereignung oder Si-

---

[21] S. etwa *Wälde,* Juristische Folgenorientierung, 1979; *Sambuc,* Folgenerwägungen im Richterrecht, 1977; *Lübbe-Wolff,* Rechtsfolgen und Realfolgen, 1981; *Podlech,* Wertungen und Werte im Recht, AöR 95 (1970), 185; *Deckert,* Zur Einführung: Folgenorientierte Auslegung, JuS 1995, 480; *Eidenmüller,* Effizienz als Rechtsprinzip, S. 397.

[22] S. dazu auch *Noll,* Gesetzgebungslehre, 1973, S. 120 ff., 146 ff.; *Grimm/Maihofer,* Gesetzgebungstheorie und Rechtspolitik, 1988.

[23] *BGH* NJW 1995, 2221 = LM H. 11/1995 § 9 (Cg) AGBG m. Anm. *Schmidt-Lademann* zu II 3 c bb der Gründe.

[24] *BGH GS* NJW 1998, 671, 676.

cherungsabtretung zugute kommen würde und sieht, da er diese Folgen nicht als vom Gesetzeszweck umfaßt erachtet, von der Unwirksamkeit ab[25].

Ein negatives Beispiel für unzureichende Folgenberücksichtigung ist die Entscheidung *BGH* NJW 1977, 146, in der der *BGH* die Sicherheit der Vormerkung im Konkurs entschieden geschwächt hat, ohne die damit verbundenen Folgen zu beachten. Der Gesetzgeber mußte deshalb mit Gesetz vom 22. 6. 1977 eingreifen und hat durch § 24 S. 2 KO (jetzt § 106 Abs. 1 Satz 2 InsO) die nachteiligen Folgen für den Rechtsverkehr beseitigt. In ähnlicher Weise hat der *BGH* in seiner Rechtsprechung zur Einbeziehung von Baubeschreibungen und Teilungserklärungen in den Formzwang des § 311b Abs. 1 BGB nicht die nachteiligen Folgen für den Rechtsverkehr beachtet, was wiederum den Gesetzgeber zum Eingreifen veranlaßte[26]. 25

Der Richter ist in der Folgenberücksichtigung allerdings nicht so frei wie der Gesetzgeber. Er darf mit seiner Entscheidung grundsätzlich nur die vom Gesetz bezweckten und gebilligten Folgen anstreben und muß gesetzlich mißbilligte Folgen meiden. Insoweit darf er deshalb keine eigene Folgenbewertung und keine eigene folgenorientierte Steuerung vornehmen, sondern muß die gesetzlich vorgegebenen Folgen realisieren. Nur ausnahmsweise, wenn gesetzliche Vorgaben fehlen, sei es, daß eine gesetzliche Regelung gänzlich fehlt oder daß Generalklauseln zu konkretisieren sind, kann der Richter die Folgenbewertung in eigener Verantwortung vornehmen, muß seine Entscheidung aber auch hier in das Rechtssystem und die dort vorgegebenen Wertungen einfügen. 26

bb) Von der Berücksichtigung der generellen Folgen des normativen Obersatzes ist die Berücksichtigung der **konkreten Folgen der richterlichen Entscheidung im Einzelfall** zu unterscheiden. Auch insoweit darf der Richter nicht die Augen davor verschließen, wie der Kläger oder der Beklagte in ihrer Situation von der Entscheidung betroffen werden. Auch hier kann der Richter aber nicht alle Einzelheiten und künftigen Entwicklungen beachten, sondern muß sich auf die überschaubaren und bewiesenen oder klar erkennbaren Folgen beschränken. 27

Beispiele: Der Richter kann den voraussehbaren Folgen etwa dadurch Rechnung tragen, daß er die Ausübung eines Rechts nach § 242 im Einzelfall für unzulässig erklärt, daß er einen Vertrag nach § 157 so auslegt, damit die unerwünschten Folgen vermieden werden oder daß er bei den Anforderungen an die zu beweisenden Tatsachen die nachteiligen Folgen seiner Entscheidung beachtet. Manche gesetzlichen Bestimmungen, die auf die Billigkeit abstellen, wie z.B. § 315, § 829, § 1577 Abs. 2 und 3, § 1579, oder die die Zumutbarkeit für maßgeblich erklären, wie z.B. §§ 314, 569 Abs. 2, 626 Abs. 1, oder die eine Härte vermeiden wollen, wie z.B. §§ 574, 574a Abs. 2, 1568, verlangen schon aufgrund dieser Vorgaben die Berücksichtigung der Folgen für die Beteiligten im Einzelfall. Besonders intensiv muß sich der Richter auch um die Folgen seiner Entscheidung im Einzelfall kümmern, wenn ihm vom Gesetz die Beachtung des Kindeswohls aufgegeben ist wie in § 1666. 28

b) Ökonomische Analyse des Rechts

Als eine weitere Theorie, die die Handlungen der einzelnen Rechtssubjekte möglichst effektiv zur Förderung des gesellschaftlichen Wohlstands koordinieren und steuern will, ist auch die aus der amerikanischen Wissenschaft stammende ökonomische Analyse des Rechts zu betrachten[27]. Ihr Ziel ist darauf gerichtet, die Güter und Hand- 29

---

[25] *BGH GS* NJW 1998, 671, 673 (zu II 2a, aa der Gründe); *BGH* NJW 1994, 1798 (zu II 1 der Gründe) = LM H. 10/1994, § 9 (Cg) AGBG Nr. 22 m. Anm. *Pfeiffer.*

[26] S. *BGHZ* 69, 266 und dazu Soergel/*M. Wolf,* § 313 a.F. Rn. 79.

[27] S. insbesondere *Posner,* Economic Analysis of Law, 2. Aufl. 1977; *Coase,* The Problem of Social Cost, Journal of Law and Economics 3 (1960), 1; s. zu Auszügen und Übersetzungen aus diesen und anderen Arbeiten *Assmann/Kirchner/Schanze,* Ökonomische Analyse des Rechts, 1978, S. 93ff.

lungsmöglichkeiten denjenigen zukommen zu lassen, die daraus den höchsten wirtschaftlichen Ertrag erzielen können. Dazu bedarf es von Seiten der Rechtsordnung der Anerkennung von Eigentum und anderer subjektiver Rechte, die gehandelt werden können, sowie der Konstituierung eines Marktes, der den freien Austausch dieser Rechte ermöglicht. Damit ist ein für die wirtschaftliche Wohlfahrt diskussionswürdiges Modell entworfen, das insbesondere auch deutlich macht, daß rechtliche Regelungen und Rechtsinstitute nicht nur auf historischer Tradition, begrifflicher Systematik und verfestigten dogmatischen Lehrsätzen beruhen, sondern daß sie ökonomische Funktionen erfüllen und sie auf ihre Tauglichkeit für diese Funktionen überprüft werden können. Die Schwächen der ökonomischen Analyse des Rechts liegen allerdings darin, daß sie sich allein an Wirtschaftlichkeitsaspekten orientiert und anderen Rechtswerten wie Sozialverträglichkeit, soziale Akzeptanz, Rechtssicherheit und rechtliche Grundwerte sittlicher Art[28] keine selbständige Bedeutung beimißt und sie auch nicht zuverlässig bewerten kann. Damit wird das Funktionieren des Gesellschaftssystems auf das Wirtschaftssystem verkürzt und von anderen Prinzipien gesteuerte Systeme mit ihren Interdependenzen werden vernachlässigt[29]. Hinzukommt, daß die ökonomische Analyse viele Bewertungsspielräume eröffnet, etwa wenn es darum geht, hypothetische Als-ob-Lösungen zu entwickeln, sofern reale Marktergebnisse nicht vorliegen[30]. Dadurch wird die Zuverlässigkeit und Objektivität der gefundenen Ergebnisse beeinträchtigt.

30 Im Bereich des Privatrechts ist ferner zu berücksichtigen, daß aufgrund der Privatautonomie den Parteien die Gestaltung ihrer Rechtsbeziehungen in erster Linie selbst überlassen ist. Aufgabe des Gesetzgebers ist es daher nur, die im Allgemeininteresse erforderlichen Grenzen zu setzen und im übrigen die Voraussetzungen aufzuzeigen, unter denen die Parteien von ihrer Vertragsfreiheit möglichst reibungslos einen angemessenen Gebrauch machen können und z.B. nicht von einem stärkeren Verhandlungspartner einseitig ausgenutzt werden[31]. Die Rechtsvorschriften haben insoweit nur eine mittelbare Steuerungsfunktion.

II. Funktion und Aufgaben der Gesetzesauslegung

1. Aufgaben der Auslegung

31 Gesetze, wie auch andere Rechtstexte (z.B. Gerichtsurteile und Verträge), bedürfen, wenn sie verstanden und angewandt werden sollen, der Auslegung. Die meisten Ausdrücke der Umgangssprache und im geringeren Maße auch der Juristensprache weisen eine gewisse Schwankungsbreite und Variationsmöglichkeit auf. Die Aufgabe der Auslegung ist es, den für maßgeblich zu erachtenden Sinn der gesetzlichen Regelung zu ermitteln und klarzustellen[32].

---

[28] S. dazu insbesondere auch *Eidenmüller,* Effizienz als Rechtsprinzip, S. 179ff., 207ff.

[29] Kritisch auch *Assmann,* aaO S. 49; s. zur Diskussion auch *Gotthold,* ZHR 144 (1980), 545; *Fezer,* JZ 1986, 817; 1988, 223; *F. Bydlinski,* Fundamentale Rechtsgrundsätze, 1988, S. 286f.; *Ott/Schäfer,* JZ 1988, 213; *Kirchgässner,* JZ 1991, 104; *Schwintowski,* Ökonomische Theorie des Rechts, JZ 1998, 581.

[30] S. *Eidenmüller,* Effizienz als Rechtsprinzip, S. 112ff.

[31] S. dazu auch *BVerfG* NJW 1994, 36, 38 sowie unten § 42 Rn. 1ff.

[32] Es ist str., ob es die einzige Aufgabe der Auslegung ist, den Willen des historischen Gesetzgebers zu erkennen, oder den als maßgeblich anzusehenden Sinn der Norm, für dessen Ermitt-

Zu den Aufgaben der Auslegung gehört es zunächst, die jeweils gemeinte **Bedeutung eines Ausdrucks** zu ermitteln. Die Auslegung hat aber nicht nur den Sinn, einen einzelnen Ausdruck aufzuhellen, sondern vielfach auch den Sinn **eines Regelungskomplexes und den Gesamtzusammenhang** zu klären, in dem verschiedene Regeln zueinander stehen. Dabei kann es um die Beseitigung eines Widerspruchs, um den Vorrang einer Norm vor einer anderen oder um das Ineinandergreifen verschiedener Regelungen gehen. 32

Beispiel: Angewendet werden nicht nur einzelne Rechtssätze, sondern oft eine Gesamtheit gesetzlicher Regeln, so etwa bei einem Kaufvertrag die Vorschriften über Rechtsgeschäfte (§§ 104ff.), über Verträge (§§ 145ff.) samt deren Inhaltskontrolle (§§ 305ff.), über gegenseitige Verträge (§§ 320ff.), den Kaufvertrag (§§ 433ff.) und u. U. auch über Teilzahlungsgeschäfte (§§ 500ff.). Bei der Auslegung muß der Zusammenhang und das Zusammenspiel dieser Vorschriften beachtet werden. 33

2. Kriterien der Auslegung

Auslegungskriterien[33] sind der Wortsinn, der Bedeutungszusammenhang des Textes, die Normvorstellungen des Gesetzgebers und der an der Gesetzgebung beteiligten Personen, die Regelungszwecke und schließlich die der Regelung zugrundeliegenden allgemeinen Rechtsprinzipien sowie Grundsätze von Verfassungsrang und die Grundsätze des EG-Rechts, insbesondere die Grundfreiheiten des EG-Vertrags. 34

a) Sinn des Wortlauts

Auszugehen ist zunächst vom Sinn des Wortlauts, da das Gesetz der in Worte gefaßte vernünftige Wille des Gesetzgebers ist[34]. Der Wortsinn ergibt sich aus dem allgemeinen Sprachgebrauch, dem Sprachgebrauch der Juristen oder aus einem besonderen Sprachgebrauch gerade dieses Gesetzes. Auch wenn zunächst davon ausgegangen werden kann, daß die gleichen Worte und Begriffe grundsätzlich die gleiche Bedeutung haben, so läßt der Wortsinn doch auch verschiedene Bedeutungsvarianten zu je nach dem Satz- und Bedeutungszusammenhang, in dem der Ausdruck gebraucht wird, dem Zweck der gesetzlichen Regelung, der Stellung im Gesetz und dem betroffenen Personenkreis. 35

Beispiele: Spricht man etwa von „Kindern", so können damit Personen einer bestimmten Altersgruppe – im Gegensatz zu „Erwachsenen" –, es können aber auch die unmittelbaren Abkömmlinge bestimmter Eltern unabhängig vom Alter gemeint sein. Die Rechtsordnung braucht um der Sicherheit des Rechtsverkehrs willen feste Begriffe und feste Altersgruppen. Sie spricht daher nicht von „Kindern" und „Erwachsenen", sondern von „Minderjährigen" und „Volljährigen", wobei sie diese Begriffe durch eine feste Altersgrenze (§ 2) definiert. Der Ausdruck „Kinder" ist nicht völlig eindeutig. Es können unter diesem Ausdruck nicht nur die unmittelbaren Abkömmlinge, sondern nach der Umgangssprache unter Umständen auch Schwiegerkinder, Adoptivkinder und Pflegekinder verstanden werden. Was gemeint ist, wenn der Ausdruck in diesem zweiten Sinne in einem Gesetz (z.B. über Kinderzuschläge) gebraucht wird, ist, wenn das Gesetz ihn nicht definiert hat, im Wege der Auslegung zu ermitteln. Dabei wird es vor allem darauf ankommen, welchen Personenkreis der Gesetzgeber erkennbar hat be- 36

---

lung der Wille des Gesetzgebers, soweit er überhaupt zu erkennen ist, nur eines unter mehreren Kriterien ist. Dazu auch unten Rn. 40f.; *Larenz,* Methodenlehre der Rechtswissenschaft, S. 301; *Köhler,* AT, § 4 Rn. 13; *Hübner,* AT, Rn. 63; *Bork,* AT, Rn. 122.

[33] Vgl. zum folgenden im näheren *Larenz,* Methodenlehre der Rechtswissenschaft, S. 305ff.; *Larenz/Canaris,* Methodenlehre, S. 141f.; *Bydlinski,* aaO S. 437ff.; *Zippelius,* aaO S. 41ff.

[34] Vgl. *BGHZ* 46, 76; *OLG Hamm* OLGZ 1982, 483; *Larenz,* Methodenlehre, S. 320.

günstigen wollen und welche Auslegung dem Gesetzeszweck am besten entspricht. Ein und derselbe Ausdruck kann dabei in verschiedenen Gesetzen, ja sogar an verschiedenen Stellen desselben Gesetzes verschieden auszulegen sein. Es kommt auf den jeweiligen Bedeutungszusammenhang, in dem er gebraucht wird, sowie auf den Sinn und Zweck der Regelung an, zu der er gehört.

37 Selbst spezifisch juristische Begriffe, wie „Fahrlässigkeit", „Anspruch", „Einrede" oder „höhere Gewalt", können in verschiedenen Gesetzen oder auf verschiedenen Rechtsgebieten unterschiedliche Bedeutung haben. Diese kann sich aus der Verschiedenheit der Funktionen ergeben, die der betreffende Begriff im Zusammenhang der jeweiligen Regelung erfüllt, oder aus den verschiedenen Zwecken dieser Regelung. So ist z.B. der Begriff der Fahrlässigkeit im Zivilrecht objektiv, nach dem Verkehrserfordernissen (§ 276 Abs. 2) und damit anders zu verstehen als im Strafrecht, wo er subjektiv bezogen auf das jeweilige Individuum zur Anwendung kommt[35]. Auch der Begriff des Anspruchs wird im materiellen Recht anders, d.h. rechtsnormbezogen, verstanden als im Prozeßrecht, wo auf das tatsächliche Begehr abgestellt wird. Einem einzigen prozessual einheitlichen Begehr, z.B. Klage auf Schadensersatz, können deshalb mehrere materiellrechtliche Ansprüche zugrunde liegen.

38 Die meisten im Gesetz gebrauchten Begriffe haben zwar einen sicheren Bedeutungskern, aber daneben eine „Randzone", innerhalb derer wieder nur die Auslegung ermitteln kann, wo die Grenzen ihres Anwendungsbereichs zu ziehen sind. In vielen Fällen, in denen das Gesetz einen Begriff definiert, handelt es sich um die durch die Auslegung weiter zu verdeutlichende Umschreibung eines Typus[36]; so etwa beim „Tierhalter" (§ 833) oder beim „Besitzdiener" (§ 855).

39 Der Wortlaut gibt daher zumeist nicht mehr her als einen ersten Hinweis und einen Rahmen für die weiteren Bemühungen. Der Wortlaut bildet jedoch nach ganz überwiegender Auffassung die Grenze der Auslegung[37]. Normative Regeln, die vom möglichen Wortsinn eines Gesetzes nicht mehr gedeckt sind, können nur durch Analogie und richterliche Rechtsfortbildung Geltung erlangen (s. unten Rn. 77ff.). Aus der Menge der nach dem Wortsinn möglichen, d.h. durch ihn noch gedeckten Bedeutungen gilt es, diejenige herauszufinden, die als die maßgebliche anzusehen ist. Dazu bedarf es weiterer Kriterien. Man spricht von einer systematischen, historischen und teleologischen Auslegung.

b) Systematische Auslegung

40 Die systematische Auslegung geht aus von der Stellung und Einordnung, in der die betreffende Vorschrift in einem Gesetzeswerk steht. Dies vermag einen weiteren Aufschluß darüber zu geben, wie eine Vorschrift des näheren zu verstehen ist[38].

41 **Beispiele:** Anhaltspunkte für den Anwendungsbereich und den Inhalt einer Vorschrift gibt, in welchem Buch des BGB und unter welchem Abschnitt oder Titel sie steht. So können z.B. die im Schuldrecht stehenden Vorschriften nicht ohne weiteres in das Sachenrecht übertragen werden. Der BGH hat deshalb die Anwendung des im Schuldrecht geregelten Vertrags zugun-

---

[35] Vgl. Palandt/*Heinrichs,* § 276 Rn. 15; Staudinger/*Löwisch,* § 276 Rn. 16; MünchKomm/*Grundmann,* § 276 Rn. 50; Soergel/*M. Wolf,* § 276 Rn. 75.

[36] S. oben Rn. 15; *Leenen,* aaO S. 34ff., 88ff.

[37] *Larenz,* Methodenlehre, S. 322; vgl. auch die Einwände von *Depenheuer,* Der Wortlaut als Grenze, 1988. Nach *Depenheuer* kann der Wortlaut an sich keine Grenze bilden, da das Wort nur von seinem Kontext her verständlich wird, und die Auslegung daher nur das Ziel haben kann, den genauen Kontext der Norm zu bestimmen. Der Wortlaut sei aber für jeden denkbaren Kontext offen, der ihm beigegeben wird, und kann daher per definitionem keine Grenzfunktion ausüben (S. 38ff., S. 47).

[38] Zur Bedeutung der systematischen Auslegung in der Rechtsprechung des *BVerfG* s. *Bleckmann,* JuS 2002, 942, 944.

sten Dritter (§§ 328ff.) auf die sachenrechtlichen Verfügungsverträge abgelehnt[39]. Etwas anderes gilt nur, wenn das Gesetz die Anwendung schuldrechtlicher Vorschriften ausdrücklich vorsieht wie in § 990 Abs. 2 oder wenn es sich um allgemeine Rechtsgrundsätze handelt wie z.B. § 242. Die Regelung des Schmerzensgeld ist in der Neufassung des § 253 Abs. 2 (vormals § 847) in den allgemeinen Teil des Schuldrechts eingefügt worden. Aus dieser systematischen Stellung wird deutlich, daß ein Schmerzensgeldanspruch nicht nur bei unerlaubten Handlungen gegeben sein kann, sondern bei jeder schuldrechtlichen Pflichtverletzung, also auch bei vertraglichen Pflichtverletzungen, sofern die weiteren Voraussetzungen des § 253 Abs. 2 vorliegen. Die Regelung des § 831 über Verrichtungsgehilfen, die im Abschnitt über unerlaubte Handlungen steht, findet dagegen nur bei unerlaubten Handlungen Anwendung, während § 278 über die Haftung für Erfüllungsgehilfen in allen schon bestehenden, insbesondere vertraglichen Schuldverhältnissen zur Anwendung kommt. Die Vorschriften im Allgemeinen Teil des BGB können dagegen aufgrund ihrer systematischen Stellung grundsätzlich auf alle anderen Bücher des BGB zur Anwendung kommen (s. oben § 1 Rn. 69ff., 76ff.). Je mehr der Gesetzgeber gegen die richtige systematische Einordnung verstößt, desto mehr bereitet die richtige Rechtsanwendung Schwierigkeiten und man muß die fehlerhafte Einordnung mit Analogieschlüssen und der Herausarbeitung allgemeiner Rechtsgrundsätze korrigieren.

c) Historische Auslegung

Die historische Auslegung stützt sich auf die **Vorstellungen der an der Gesetzgebung beteiligten Personen**[40]. Diese lassen sich häufig aus den Vorentwürfen und den ihnen beigegebenen Begründungen, aus Sitzungsprotokollen der Ausschüsse und aus den Parlamentsverhandlungen ermitteln[41]. Diese Gesetzesmaterialien können für die Erkenntnis der Gesetzeszwecke und der vom Gesetzgeber getroffenen grundsätzlichen Entscheidungen bedeutsam sein. Die Äußerungen in den Begründungen und Protokollen enthalten aber nicht ohne weiteres die Aussagen und Wertungen des Gesetzgebers als der parlamentarischen Mehrheit. Die Vorstellung der an der Gesetzgebung beteiligten Personen haben deshalb nicht unmittelbar Gesetzeskraft. Sie stellen nur eines unter anderen Hilfsmitteln der Auslegung dar, die grundsätzlich nur bei anderweit nicht behebbaren Auslegungszweifeln herangezogen werden sollten, nicht aber wenn sie anderweit gewonnenen eindeutigen Auslegungsergebnissen widersprechen[42]. Für die Beantwortung von Einzelfragen geben sie meist nicht viel her, da diese in ihrer Fülle vom Gesetzgeber nicht alle bedacht sein können und er ihre Beantwortung nicht selten auch bewußt der Lehre und Rechtsprechung überlassen hat. 42

Im Rahmen der historischen Auslegung kann es auch hilfreich sein, auf die **Rechtsdogmatik und Streitfragen** zurück zu greifen, die **zur Zeit der Gesetzgebung** bestanden. Dies gilt auch für das BGB. Dessen Verfasser im 19. Jahrhundert übernahmen häufig Begriffe und Rechtsinstitute der gemeinrechtlichen Wissenschaft und befaßten sich mit einzelnen Streitfragen aus dieser Zeit, wobei sie nicht immer Stellung beziehen, um der künftigen Entwicklung der Wissenschaft nicht vorzugreifen. Ein Blick in die gemeinrechtliche Wissenschaft des 19. Jahrhunderts kann deshalb auch Erkenntnisse für die aktuelle Rechtsanwendung bieten. 43

---

[39] *BGHZ* 41, 94.

[40] Vgl. hierzu *Larenz,* Methodenlehre, S. 328ff.

[41] Für das BGB sind am wichtigsten die „Motive" der 1. und die „Protokolle" der 2. Kommission, ferner die Denkschrift des Reichsjustizamtes und die Protokolle der Reichstagskommission. Man bezeichnet die Hilfsmittel in ihrer Gesamtheit als die „Gesetzesmaterialien". Bei neueren Gesetzen ergeben sich die Erwägungen vielfach aus den Drucksachen des Bundestags (BT-Drs.) oder des Bundesrats (BR-Drs.); s. als Beispiel WM 2002, 1797; ZIP 2002, 1630. Zum EG-Recht kann insbesondere auf die vor Verordnungen und Richtlinien mitgeteilten Erwägungsgründe sowie auf Kommissionsberichte, oder Stellungnahmen der Wirtschafts- und Sozialausschüsse zurückgegriffen werden, die im Regelfall im ABl. EG Teil C veröffentlicht sind.

[42] S. auch *BGHZ* 138, 188 = NJW 1998, 1868; *BGHZ* 139, 36 = NJW 1989, 2673.

d) Objektiv teleologische Auslegung

44 Die Überlegungen des Gesetzgebers weisen zum Teil Lücken auf, insbesondere kann der Gesetzgeber nicht alle künftigen Entwicklungen vorhersehen. Dies gilt gerade auch für das über 100 Jahre alte BGB. Die Vielzahl der sozialen, wirtschaftlichen und technischen Veränderungen, die seitdem eingetreten sind, konnte der Gesetzgeber des BGB unmöglich berücksichtigen. Die subjektiv historische Auslegung muß deshalb durch die objektiv teleologische Auslegung ergänzt werden[43]. Diese will **unabhängig von der Zeit der Entstehung** den **allgemein gültigen und aktuell** noch **maßgebenden Sinn** einer Vorschrift ermitteln. Ausschlaggebend sind als teleologische Kriterien insbesondere die **objektiven Zwecke** der gesetzlichen Regelung und das im Gesetz zum Ausdruck gekommene Rangverhältnis der Zwecke. Unter mehreren, dem Wortsinn und dem Bedeutungszusammenhang nach möglichen Deutungen ist derjenigen der Vorzug zu geben, bei der der bleibende Zweck der Norm am ehesten erreicht wird und, falls mehrere Gesetzeszwecke in Betracht kommen, dem Rangverhältnis der Zwecke und der ihnen zugrundeliegenden Wertung am besten entsprochen wird.

45 **Beispiel** für eine Auslegung, die zwar vom Wortsinn ausgeht, aber auf den Regelungszweck zurückgreift, bietet etwa der Ausdruck „Zugehen" in § 130 Abs. 1. Dabei ist insbesondere zu berücksichtigen, daß sich die Möglichkeiten der Kommunikation mit dem Telefax oder mit Bildschirmtext und E-Mail enorm verändert haben und die Briefbeförderung per Post, die der Gesetzgeber des BGB vor Augen hatte, nicht mehr alleiniger Vergleichsmaßstab sein kann. Stellt man aber auf den allgemeingültigen Zweck des Zugangs ab, wonach es darauf ankommt, daß eine Nachricht in den Herrschafts- und Risikobereich des Empfängers gelangt ist, so daß er die Möglichkeit der Kenntnisnahme hat, so lassen sich auch die mit den modernen Kommunikationsmöglichkeiten entstehenden Probleme sachgerecht lösen (s. unten § 26 Rn. 18, 22, 27).

e) Allgemeine Rechtsprinzipien

46 Bei der Auslegung von Gesetzesvorschriften kann auch auf allgemeine Rechtsprinzipien zurückgegriffen werden. Vielfach beruht eine Vorschrift auf einem allgemeinen Rechtsprinzip (oben § 3 Rn. 35 f.). Die Vorschrift ist dann in Übereinstimmung mit dem zugrunde liegenden Rechtsprinzip auszulegen.

47 Zu den allgemeinen Rechtsprinzipien gehören insbesondere auch die rechtsethischen Prinzipien, wie etwa die Bindung an das gegebene Wort oder die Unterlassung der Schädigung anderer. Der Rückgriff auf die einer Regelung zugrundeliegenden Rechtsprinzipien dient vor allem dazu, Wertungswidersprüche soweit als möglich zu vermeiden[44]. Sie ergeben sich dann, wenn Sachverhalte, die im Hinblick auf den Grundgedanken oder das Prinzip einer Norm gleich zu bewerten sind, rechtlich verschieden behandelt oder Unterschiede, die vom Prinzip aus gesehen bedeutsam sind, außer Acht gelassen werden. Derartige Wertungswidersprüche widerstreiten der Grundforderung der Gerechtigkeit, „Gleiches gleich" und „Ungleiches ungleich" zu behandeln[45].

48 Im Zusammenhang mit den Rechtsprinzipien steht auch die Auslegungsregel, daß **Ausnahmevorschriften** grundsätzlich **eng auszulegen** sind[46]. Dies rechtfertigt sich einerseits durch

---

[43] Vgl. *Larenz,* Methodenlehre der Rechtswissenschaft, S. 333 ff.; MünchKomm/*Säcker,* Bd. 1, Einleitung Rn. 128 f.

[44] Vgl. *Larenz,* Methodenlehre der Rechtswissenschaft, S. 336.

[45] Über die Unentbehrlichkeit dieser Prinzipien, ihre Begründung und die Notwendigkeit ihrer Mitbeachtung in der „juristischen Alltagsarbeit" jetzt sehr eindeutig *Bydlinski,* Fundamentale Rechtsgrundsätze, 1985.

[46] S. etwa *EuGH* EuZW 1999, 345 – Calfa; *EuGH* EuZW 2000, 344 Tz 28; *BGH* NJW 2000, 3783 = LM H.3/01 § 16 UrhG Nr. 13 m. Anm. *Götting.*

die grundlegende Bedeutung des Rechtsprinzips, das möglichst wenig eingeschränkt werden soll. Andererseits kann aber auch die Ausnahmevorschrift berechtigten Interessen enthalten, die zur Geltung gebracht werden müssen, wenn sie das stärkere Gewicht haben. Die Regel, daß Ausnahmevorschriften eng auszulegen sind, ist deshalb nur mit Bedacht anzuwenden. Sie ist etwa anwendbar, wenn sich kein eindeutiger Vorrang der Ausnahmeregelung und ihrer Interessen ergibt.

f) Verfassungs- und gemeinschaftskonforme Auslegung

Das Ergebnis der Auslegung muß schließlich mit den in der Verfassung enthaltenen Rechtsgrundsätzen vereinbar sein. Der Vorrang des Verfassungsrechts vor den einfachen Gesetzen verlangt, sie **verfassungskonform** auszulegen (unten Rn. 61). In gleicher Weise gebietet der Vorrang des Europäischen Gemeinschaftsrechts, das nationale Recht der Mitgliedstaaten in Einklang mit dem EG-Vertrag und den Vorschriften des EG-Rechts (Verordnungen, Richtlinien) **gemeinschaftskonform** auszulegen (unten Rn. 72). **49**

3. Verhältnis der Auslegungskriterien zueinander

Unter den angegebenen Auslegungskriterien besteht zwar ein Vorrang zunächst der gemeinschaftskonformen und der verfassungskonformen Auslegung. Bezüglich der sonstigen Auslegungskriterien gibt es aber kein starres Rangverhältnis[47]. Ihre Anwendung im Einzelfall ist aber nicht beliebig, wie das mitunter behauptet wird, sondern hängt von ihrem jeweiligen sachlichen Gewicht ab und ist vom Auslegenden jeweils zu begründen[48]. Grenze jeder Auslegung ist der mögliche Wortsinn. Ein Gesetzeszweck, der über den Wortlaut hinausgeht, kann nur durch Analogie zum Tragen gebracht werden. Insofern hat jede Auslegung beim Wortlaut zu beginnen. Soweit der mögliche Wortsinn und die systematische Auslegung noch verschiedene Deutungsmöglichkeiten offen lassen, kommt es entscheidend auf die erkennbaren Zwecke der Regelung an. Dabei steht zunächst die Absicht des Gesetzgebers, insbesondere wenn es sich um neuere Gesetze handelt, im Vordergrund. Bleibt die Absicht des Gesetzgebers zweifelhaft oder kann sie wegen eines inzwischen eingetretenen grundlegenden Wandels der Verhältnisse oder auch im Gesamtgefüge der Rechtsordnung nicht mehr als maßgeblich angesehen werden, so ist auf die objektiv-teleologischen Kriterien zurückzugreifen[49]. Zu ihnen gehören die dem Gesetzgeber vorgegebenen Strukturen des geregelten Sachbereichs und die unserer Rechtsordnung zugrundeliegenden allgemeinen, insbesondere rechtsethischen Prinzipien sowie deren Konkretisierung in neueren Gesetzen und in der Rechtsprechung. Die Gerichte werden regelmäßig diejenige Auslegung vorziehen, die eine im Rahmen der gesetzlichen Wertungen gerechte, d.h. eine der Sachlage angemessene und ausgewogene Entscheidung ermöglicht. Sie dürfen dabei nicht ihre eigenen Wertungen an die Stelle derjenigen des Gesetzgebers setzen[50]. **50**

---

[47] Vgl. *Larenz,* Methodenlehre der Rechtswissenschaft, § 345; a.A. aber Palandt/*Heinrichs,* Einleitung Rn. 38, der ein Primat der teleologischen Auslegung annimmt, ebenso wohl auch MünchKomm/*Säcker,* Bd. 1, Einleitung Rn. 128.

[48] Vgl. *Larenz,* Methodenlehre der Rechtswissenschaft S. 328ff.; *Alexy,* aaO S. 299ff.; *Bydlinski,* aaO S. 553ff.; *Hassold,* aaO S. 221ff.; *Koch/Rüssmann,* aaO S. 181ff.; *Köhler,* AT § 4 Rn. 19; *Bork,* AT, Rn. 123; *Zippelius,* FS Larenz, 1983, S. 747f.

[49] S. als Beispiel für die Reihenfolge *BGH* NJW 2001, 828 = LM H. 5/01 § 1586b BGB Nr. 1 m. Anm. *Wax.*

[50] Vgl. *Larenz,* Methodenlehre der Rechtswissenschaft, S. 121.

Das ergibt sich aus der verfassungsmäßigen Verteilung der Kompetenz zwischen der Gesetzgebung und der Justiz, wonach der Richter an das Gesetz gebunden ist (vgl. Art. 20 Abs. 3, 97 Abs. 1 GG).

III. Die Bedeutung des Grundgesetzes für die Auslegung und Fortbildung des Privatrechts

1. Verfassungsrechtliche Grundlagen des Privatrechts

a) Verfassungsrechtliche Werte in einzelnen Privatrechtsinstituten

51 Zahlreiche Rechtsinstitute und Rechtsprinzipien des BGB und des Privatrechts insgesamt sind in den Grundrechten verankert und beziehen hieraus ihre Wertungsgrundlagen. Art. 2 Abs. 1 GG, der die persönliche Entfaltungsfreiheit garantiert, ist die Grundlage für die Vertragsfreiheit und die Privatautonomie insgesamt (s. unten § 34 Rn. 5 und 22). Diese allgemeine und umfassende Grundlage für Vertragsfreiheit und Privatautonomie wird ergänzt durch besondere Grundrechte für spezielle Bereiche.

52 Die in **Art. 12 GG** garantierte **Berufsfreiheit** ist Grundlage für die persönliche Entscheidungsfreiheit in Fragen der Berufs- und Unternehmertätigkeit. Daraus läßt sich einerseits der Grundsatz der Vertragsfreiheit für diesen Bereich untermauern. Zum anderen besteht die Aufgabe des Gesetzgebers und der Gerichte darin, die Berufsfreiheit vor einer Aushöhlung durch privatrechtliche Vereinbarungen und Rechtssätze zu schützen[51].

53 **Art. 14 Abs. 1 GG** schützt das **Eigentum** im Sinne einer institutionellen Garantie und sichert damit die persönliche Entfaltungsfreiheit im vermögensrechtlichen Bereich[52]. Damit wird die Verfügungsfreiheit nicht nur des sachenrechtlichen Eigentums (§ 903), sondern grundsätzlich aller sonstigen privaten Forderungs- und Vermögensrechte als Grundlage des Privatrechts anerkannt[53]. Gleichzeitig läßt sich hieraus der Auftrag an den Gesetzgeber ableiten, das sachenrechtliche Eigentum und die sonstigen Vermögensrechte gegen Eingriffe und Verletzungen durch andere zu schützen. Dies geschieht sowohl durch § 823 Abs. 1 als auch durch die Ersatzansprüche bei Pflichtverletzungen (s. insbesondere § 280).

54 **Art. 14 Abs. 1 GG** gewährleistet das **Erbrecht** und bildet zusammen mit Art. 2 Abs. 1 GG die Grundlage für die Testierfreiheit[54]. Danach kann jedermann für den Fall seines Todes durch Testament oder Erbvertrag frei über sein Vermögen verfügen und insbesondere seine Erben bestimmen, vorbehaltlich des grundsätzlich unentziehbaren Pflichtteilsrechts für nahe Angehörige (§§ 2303 ff.).

55 **Art. 6 GG** ist die Grundlage für das **Ehe- und Familienrecht.** Er gewährleistet nicht nur das Recht auf Eheschließung und die gegenseitigen Unterhalts- und Unterstützungspflichten der Ehegatten. Vielmehr sichert er auch das Erziehungsrecht der Eltern und bindet seine Ausübung an das Wohl des Kindes. Im Familienrecht zeigt sich der Einfluß von Art. 3 GG, der die grundsätzliche Gleichstellung von Mann und Frau vorschreibt, besonders deutlich. Aus Art. 6 GG ergibt sich auch die verbindliche Wertentscheidung, daß Ehe und Familie gegenüber anderen Formen des sozialen Zusammenlebens nicht benachteiligt werden dürfen[55].

56 **Art. 9 Abs. 1 und 3 GG** sehen die **Vereinigungsfreiheit** vor mit dem Recht, Vereine und Gesellschaften zu errichten (s. unten § 9 Rn. 23 ff.). Damit wird sowohl die Wahlfreiheit

---

[51] S. etwa *BGH* NJW 1999, 3552 = LM H. 3/2000 § 138 (Aa) BGB Nr. 58 m. Anm. *Reuter.*

[52] *BVerfGE* 50, 290, 339; 68, 193, 222; *BVerfG* NJW 1992, 36.

[53] S. dazu den Überblick bei *M. Wolf,* Sachenrecht, Rn. 36 ff.

[54] Vgl. hierzu *BVerfGE* 91, 346, 358; *BVerfG* NJW 1995, 2977; 1998, 2964; *BGHZ* 70, 313, 324 f.; *BGH* NJW 1990, 2055; *BGH* NJW 1994, 248; *BGH* NJW 1999, 566; *Brox,* Erbrecht, 19. Aufl. 2001, Rn. 27; MünchKomm/*Leipold* Bd. 9, Einl. Rn. 12 f.; Soergel/*A. Stein,* Einl. vor § 1922 Rn. 5 f.

[55] *BVerfG* NJW 2002, 2543; *Papier,* NJW 2002, 2129.

zwischen den vom Gesetz vorgesehenen Gesellschafts- und Vereinigungsformen (AG, GmbH, OHG, KG, GbR, Verein u.a.) gewährleistet, als auch die negative Vereinigungsfreiheit geschützt, keinen Vereinigung beitreten zu müssen.

Art. 1 und 2 GG bilden auch ohne ausdrückliche gesetzliche Regelung im BGB die Grundlage für ein **allgemeines Persönlichkeitsrecht** (s. unten § 8). Mangels ausdrücklicher gesetzlicher Regelung wird hier die Notwendigkeit zur Abwägung mit anderen Grundrechten besonders dringlich (s. etwa unten § 8 Rn. 39). Dies verdeutlicht und unterstreicht den starken Einfluß der Grundrechte, die auch die Gerichte im Privatrecht in jedem Fall zu beachten haben. 57

b) Sonstige verfassungsrechtliche Wertmaßstäbe

Das Grundgesetz enthält nicht nur die Grundlagen für die genannten privatrechtlichen Rechtsinstitute und Rechtsprinzipien, sondern gibt darüber hinaus auch Wertmaßstäbe, die im gesamten Privatrecht zu beachten sind. So geben einzelne Grundrechte wie die Glaubens- und Gewissensfreiheit (Art. 4 GG) oder die Meinungs- und Pressefreiheit (Art. 5 GG) Wertungsgrundlagen vor, die der Rechtsausübung Schranken setzen und bei der Interessenabwägung zu berücksichtigen sind, auch wenn sich diese Grundrechte nicht in zivilrechtlichen Rechtsinstituten und Rechtsprinzipien niederschlagen. Wertmaßstäbe mit Einfluß auf das Privatrecht sind auch der Gleichheitssatz des Art. 3 GG und die Sozialstaatsklausel des Art. 28 GG sowie andere Artikel, wie z.B. Art. 21 GG über die Parteien oder die Art. 101, 103, 104 GG über die Rechtsprechung. 58

2. Vorrang der Verfassung auch im Privatrecht

Wegen des Vorrangs der Verfassung vor dem einfachen Gesetz[56] kommt den verfassungsrechtlichen Grundlagen des Privatrechts ein erheblicher Einfluß bei der Anwendung, Auslegung und Fortbildung des Privatrechts zu. Dies zeigt sich in verschiedener Weise. 59

a) Ungültigkeit verfassungswidrigen Rechts

Einfaches Recht (Gesetze, Verordnungen, Satzungen), das zur Verfassung in Widerspruch steht, ist **ungültig.** Dies gilt auch für zivilrechtliche Gesetze, da auch diese verfassungsrechtliche Gewährleistungen nicht beeinträchtigen dürfen. Die Ungültigkeit kann bei vorkonstitutionellen Gesetzen sowie Rechtsverordnungen und Satzungen von allen Gerichten festgestellt werden. Bei den nachkonstitutionellen formellen Gesetzen ist aber allein das *BVerfG* berufen, die Verfassungswidrigkeit festzustellen, wozu andere Gerichte das *BVerfG* gemäß Art. 100 GG anrufen müssen. 60

b) Verfassungskonforme Auslegung und Rechtsanwendung

Bevor eine Rechtsnorm für verfassungswidrig erklärt wird, muß jedoch geprüft werden, ob diese Rechtsnorm nicht verfassungskonform[57] ausgelegt werden kann. Zwar muß sich auch die **verfassungskonforme Auslegung** im Rahmen des möglichen Wortsinns halten und darf das gesetzgeberische Ziel nicht in sein Gegenteil verkehren[58]. Ist eine verfassungskonforme Auslegung hiernach aber möglich, so hat 61

---

[56] S. oben § 3 Rn. 51ff.; dazu auch *Neuner,* in: Das BGB im Wandel der Epochen (Hrsg. Diederichsen/Sellert) 2002, S. 131, 133ff. m.w.N.

[57] Vgl. *BVerfGE* 8, 28, 34, 54, 277, 297ff.; *Larenz,* Methodenlehre der Rechtswissenschaft, S. 339.

[58] *BVerfGE* 59, 360, 387.

diese neben der gemeinschaftskonformen Auslegung **Vorrang** vor jeder anderen, nicht mit der Verfassung und dem EG-Recht zu vereinbarenden Auslegung, auch wenn diese z.B. nach der historischen Auslegung möglich wäre. Die verfassungskonforme Auslegung hat insoweit neben der gemeinschaftskonformen Auslegung den Vorrang vor allen anderen Auslegungskriterien. Die Gerichte haben demgemäß eine frühere Auslegung, die mit den Verfassungsgrundsätzen nicht im Einklang steht, zu berichtigen.

62 Ebenso dürfen Gesetzeslücken nur in Übereinstimmung mit den verfassungsmäßigen Rechtsgrundsätzen ausgefüllt werden. Diese bestimmen daher in erheblichem Maße auch die **richterliche Rechtsfortbildung** des Privatrechts. Auch ist soweit vorgesehen im Einzelfall eine **verfassungskonforme Interessenabwägung** vorzunehmen. Dies gilt etwa für die Konkretisierung eines ausfüllungsbedürftigen Rechtsbegriffs oder eines Rechtsinstituts wie etwa des allgemeinen Persönlichkeitsrechts. Die dabei vorzunehmende Abwägung hat sich an den Wertmaßstäben des Grundgesetzes zu orientieren.

63 Soweit die Gerichte bei der Anwendung privatrechtlicher Normen Grundrechte zu beachten und gegeneinander abzuwägen haben, fragt es sich, ob gegen den letztinstanzlichen Entscheid der ordentlichen Gerichte noch das Bundesverfassungsgericht angerufen werden kann. Dieses würde damit zur obersten Instanz in vielen zivilrechtlichen Streitigkeiten. Das Bundesverfassungsgericht bejaht seine Zuständigkeit zur Entscheidung in derartigen Fällen jedoch nur dann, wenn die angegriffene Entscheidung des Zivilgerichts „auf einer grundsätzlich unrichtigen Anschauung von der Bedeutung des einen oder anderen der Grundrechte, insbesondere vom Umfang ihrer Schutzbereiche, beruht". Im übrigen ist die Auslegung und die Anwendung der Normen des einfachen Rechts allein Sache der dafür zuständigen Gerichte und der Nachprüfung durch das Bundesverfassungsgericht entzogen[59].

3. Unmittelbare und mittelbare Drittwirkung der Grundrechte

64 Bei der Anwendung des Verfassungsrechts im Privatrecht stellt sich die Frage, ob die Grundrechte einschließlich des Gleichheitsgrundsatzes, der Sozialstaatsklausel und der sonstigen Verfassungswerte ebenso wie gegenüber dem Staat unmittelbar auch für die privatrechtlichen Beziehungen der Bürger untereinander gelten – so die Lehre von der unmittelbaren Drittwirkung oder der absoluten Wirkung der Grundrechte[60] – oder ob sie, um den Besonderheiten des Privatrechts Rechnung zu tragen, nur **mittelbar über die Auslegung und Konkretisierung der privatrechtlichen Normen,** vor allem über die Generalklauseln der §§ 138, 242, 307, 826 zur Geltung kommen (sog. mittelbare Drittwirkung)[61]. Dieselbe Frage stellt sich im Hinblick auf die unmittelbare oder mittelbare Drittwirkung der Grundfreiheiten und des Diskriminierungsverbots im EG-Vertrag (s. unten Rn. 71).

65 Die Grundrechte sind ursprünglich konzipiert worden, um dem einzelnen einen Freiheitsraum gegenüber dem übermächtigen Staat zu sichern. Wo dieser Freiheits-

---

[59] Vgl. hierzu die divergierenden Äußerungen der Richter in der „Mephisto"-Entscheidung, *BVerfGE* 30, 173, auf S. 196f. (Mehrheitsvotum) und S. 200ff. (Minderheitsvotum) sowie den Beschluß des Vorprüfungsausschusses, *BVerfG* NJW 1984, 969.

[60] So früher insbesondere das *BAG,* s. etwa *BAGE* 1, 185; 4, 274; s. auch *Enneccerus/Nipperdey,* AT, § 15 II 4; *Pauly,* JuS 1978, 163; *Hager,* JZ 1994, 383.

[61] Dazu grundlegend *Dürig,* FS Nawiasky, 1956, S. 157ff.; aus der Rechtsprechung *BVerfG* 89, 214, 231ff.; *BVerfG* NJW 2000, 2495; *BGH* NJW 1999, 2372; *BGH* NJW 1999, 3552; *BGH* LM H. 6/1999 § 138 (Cd) BGB Nr. 30 m. Anm. *Leipold.*

raum durch andere Bürger, Gruppen oder Mächte gefährdet wird, muß ihn die Rechtsordnung sichern und sich um eine grundrechtskonforme Ausbalancierung der Freiheitssphären zwischen den Bürgern bemühen. Das Bedürfnis für eine besondere, den privatrechtlichen Interessen gerecht werdende Anpassung ergibt sich daraus, daß im Privatrecht die beteiligten Bürger anders als der Staat jeweils selbst Grundrechtsträger sind. Der Ausgleich unter den verschiedenen Grundrechtsträgern kann nur mit den Mitteln und in den Denkformen des Privatrechts geschehen. Der Lehre von der lediglich mittelbaren Drittwirkung der Grundrechte ist deshalb mit der h. M. zuzustimmen. Lediglich für den Kernbestand der Menschenwürde kann von einer unmittelbaren Drittwirkung im Privatrecht mit dem gleichen Inhalt wie gegenüber dem Staat ausgegangen werden[62]. Aber schon bei der Frage des eigenen Verzichts auf die menschenwürdige Behandlung in den Randbereichen, z. B. bei der Zurschaustellung von Mißbildungen gegen Entgelt, müssen im Privatrecht andere Wertungen zur Geltung kommen als gegenüber Eingriffen durch den Staat.

Die Konkretisierung der verfassungsrechtlichen Wertmaßstäbe obliegt in erster Li- 66
nie dem einfachen Gesetzgeber; den Gerichten nur insoweit, als der Gesetzgeber dafür Raum gelassen hat. Die verfassungsmäßige Bindung der Richter an das Gesetz (Art. 97 Abs. 1 GG) bedingt den Konkretisierungsprimat des Gesetzgebers[63]. Soweit dieser eine nähere Regelung getroffen hat und diese sich in dem durch die Verfassungsgrundsätze vorgezeichneten Rahmen hält, hat der Richter sie zu beachten und darf sie nicht durch eine von ihm vorgezogene andersartige Interpretation überspielen[64]. Für eine eigenständige Konkretisierung der Verfassungsgrundsätze durch die Rechtsprechung ist nur insoweit Raum, als der Gesetzgeber von seinem Konkretisierungsvorrecht keinen Gebrauch gemacht hat, also insbesondere dann, wenn es um die Konkretisierung von Generalklauseln geht oder wenn das einfache Gesetzesrecht Lücken aufweist.

Beispiele: Verträge, in denen der eine Teil dem anderen unter Ausnutzung seiner wirt- 67
schaftlichen Übermacht Bedingungen auferlegt, die zu einer weitgehenden wirtschaftlichen und persönlichen Abhängigkeit führen, waren schon früher als Knebelungsverträge nach § 138 Abs. 1 nichtig[65]. Die mittelbare Drittwirkung der Grundrechte führt aber zu strengeren Maßstäben. Wettbewerbsverbote und Kundenschutzklauseln, die die wirtschaftliche Bewegungsfreiheit des einen Vertragspartners, etwa seine Freiheit der Niederlassung an einem bestimmten Ort (Art. 11 GG) oder seine Freiheit der Berufsausübung (Art. 12 Abs. 1 Satz 2 GG) einschränken, sind aufgrund der dadurch betroffenen Grundrechte nur noch zulässig, wenn sie zeitlich, räumlich und gegenständlich das zum Schutz vor illoyalem Verhalten notwendige Maß nicht überschreiten[66]. Die Nichtigkeitsfolge ergibt sich in derartigen Fällen jedoch stets aus § 138 BGB. Das Grundgesetz selbst sagt darüber nichts aus. In den Maßstab der guten Sitten sind jedoch die Wertsetzungen des Grundgesetzes eingegangen[67]. Sie entfalten insoweit eine mittelbare Wirkung im Privatrecht. Auch bei der Konkretisierung von Treu und Glauben in § 242 BGB oder

---

[62] S. auch *Neuner,* in: Das BGB im Wandel der Epochen (Hrsg. Diederichsen/Sellert), 2002, S. 131, 137ff.

[63] Vgl. dazu *Göldner,* aaO S. 202, 234.

[64] Vgl. *Larenz,* Methodenlehre der Rechtswissenschaft, S. 354.

[65] Vgl. etwa *RGZ* 128, 251, 254, 257f.; 143, 43, 51; 147, 344, 347; dazu näher unten § 41 Rn. 32ff.

[66] S. dazu *BGH* NJW 1991, 699; *BGH* NJW 1997, 3089.

[67] Vgl. *BVerfGE* 7, 198, 206; *BGH* NJW 1972, 1414f.; *BGH* NJW 1987, 827; *BGH* NJW 1990, 1469, 1470; *BGH* NJW 1997, 3089; *BGH* NJW 1999, 3552; Soergel/*Hefermehl,* § 138 Rn. 10; MünchKomm/*Mayer-Maly/Armbrüster,* § 138 Rn. 20.

§ 307 sind die Wertentscheidungen der Verfassung zu berücksichtigen[68]. So führt etwa das Recht auf Informationsfreiheit aus Art. 5 GG dazu, daß einem Mieter das Anbringen einer Antenne für den Empfang ausländischer Sender nach § 307 nicht wirksam untersagt werden kann[69]. Ebensowenig dürfen vermögenslose Personen durch ihnen abgenötigte Bürgschaften in ihrer persönlichen Entfaltungsfreiheit auf unabsehbare Dauer beeinträchtigt werden[70]. Auch Eltern dürfen ihre gesetzliche Vertretungsmacht (§ 1629) nicht dahingehend ausüben, daß der Minderjährige beim Eintritt in die Volljährigkeit unabsehbar überschuldet ist[71]

68 In einem besonderen Konfliktverhältnis stehen die Vertragsfreiheit und die privatautonome Selbstbestimmung mit dem **Gleichbehandlungsgrundsatz.** Der Zwang zur Gleichbehandlung schließt die privatautonome Entscheidungsfreiheit aus. Um die Privatautonomie nicht völlig auszuhöhlen, darf das Gebot der Gleichbehandlung nur ausnahmsweise zur Anwendung kommen (dazu im einzelnen oben § 2 Rn. 67ff.).

69 **Beispiele:** Wünscht etwa eine Vermieterin ihr Zimmer nur an eine Frau zu vermieten, so kann der deshalb von ihr abgewiesene männliche Mietbewerber nicht verlangen, daß sie mit ihm abschließt, weil ihre Weigerung gegen Art. 3 Abs. 3 GG verstoße. Eine konkrete Abschlußpflicht kann sich nur aus § 826 als Privatrechtsnorm ergeben, wenn die Verweigerung des Vertragsabschlusses nach den gesamten Umständen des Einzelfalls eine sittenwidrige Schädigung des anderen darstellen würde[72]. Sittenwidrig kann insbesondere die Diskriminierung bestimmter Personengruppen sein. Als eine sittenwidrige Diskriminierung ist es z.B. anzusehen, wenn bestimmte gleichartige Leistungen öffentlich angeboten, dann aber Angehörige bestimmter Personengruppen durch Verweigerung des Vertragsabschlusses von ihnen ausgeschlossen werden, insbesondere dann, wenn dies öffentlich – z.B. durch einen Aushang im Lokal – geschieht, oder wenn es sich um Leistungen handelt, die sich der Betroffene nicht ohne weiteres anderweit beschaffen kann[73]. Grundsätzlich muß es jedoch im Bereich des privaten Geschäftsverkehrs dem einzelnen überlassen bleiben, ob und mit wem er vertragliche Beziehungen aufnehmen will. Es darf nicht darauf ankommen, ob die Verweigerung eines Vertragsabschlusses vernünftig oder gerechtfertigt ist, denn sonst besäße der einzelne in Wahrheit keine Entscheidungsfreiheit, seine Privatautonomie wäre ein leerer Schein. Die als Wahlfreiheit verstandene Abschlußfreiheit umfaßt auch die Freiheit, etwas nach Meinung der anderen Unvernünftiges und Ungerechtfertigtes zu tun. – Ebenso darf der Erblasser seine Erben frei auswählen und unter mehreren ihm nahe stehenden Personen die eine bevorzugen, die andere zurücksetzen. Damit ist ein Gebot, sie alle gleich zu behandeln, nicht vereinbar. Eine schrankenlose Anwendung des Gleichbehandlungsgrundsatzes würde die durch Art. 14 GG garantierte Testierfreiheit aushöhlen[74]. Daher können allenfalls Verstöße, die aus besonderen Gründen als anstößig empfunden werden, wegen Verstoßes gegen Art. 3 GG zur Sittenwidrigkeit einer Verfügung von Todes wegen und damit zu ihrer Nichtigkeit nach § 138 führen. Auch Art. 6 GG und die Eheschließungsfreiheit stehen der Testierfreiheit nicht ohne weiteres entgegen[75].

---

68 *BVerfG* NJW 1994, 36, 38; Palandt/*Heinrichs,* § 242 Rn. 43ff.; Soergel/*Teichmann,* § 242 Rn. 43ff.; *M. Wolf,* in: *Wolf/Horn/Lindacher,* AGBG, § 9 Rn. 113, 141.

69 *BVerfG* NJW 1994, 1147 und 2143; s. auch *M. Wolf,* in: *Wolf/Horn/Lindacher,* AGBG, § 9 Rn. 113.

70 *BVerfG* NJW 1994, 36.

71 *BVerfG* NJW 1986, 1859; s. dazu jetzt § 1629a und unten § 25 Rn. 73ff.

72 Vgl. *Larenz,* Schuldrecht I § 4 I b; *G. Hueck,* Der Grundsatz der gleichmäßigen Behandlung im Privatrecht, 1958, S. 100ff.; s. im einzelnen unten § 34 Rn. 35f.

73 Vgl. *Larenz,* Schuldrecht, I, § 4; *Otto,* aaO S. 145ff.; vgl. auch Palandt/*Heinrichs,* Einl. vor § 145 Rn. 10 einerseits, *Kühner,* NJW 1986, 1401 andererseits.

74 *BGHZ* 70, 313, 325.

75 *BGH* NJW 1999, 566 (Enterbung wegen standeswidriger Heirat).

IV. Die Bedeutung des Europäischen Gemeinschaftsrechts für die Auslegung

1. Rechtsvereinheitlichung im Binnenmarkt

70 Ähnlich wie die Verfassung nimmt auch das Europäische Gemeinschaftsrecht aufgrund seines Vorrangs vor dem nationalen Recht[76] Einfluß auf das Privatrecht mit dem Ziel der Harmonisierung der privatrechtlichen Vorschriften in den Mitgliedstaaten. Dadurch sollen Handelsschranken und Wettbewerbsverzerrungen, die sich aufgrund rechtlich unterschiedlicher Regelungen ergeben können, abgebaut und ein Binnenmarkt durch Rechtsvereinheitlichung geschaffen werden.

71 Zum Zwecke der Rechtsvereinheitlichung im Binnenmarkt stehen mehrere Möglichkeiten zur Verfügung. Rechtseinheit kann durch unmittelbar anwendbares und in allen EG-Staaten gleichermaßen geltendes EG-Recht hergestellt werden. Dafür kommen zunächst die Vorschriften des EG-Vertrags in Betracht. Im Privatrecht stellt sich aber wie schon hinsichtlich der nationalen Verfassung[77] die Frage, ob im Verhältnis zwischen Privatpersonen das Diskriminierungsverbot (Art. 12 EGV) und die Grundfreiheiten des EG-Vertrags in derselben Weise wie für den Staat unmittelbar gelten sollen[78] oder ob nur eine mittelbare Drittwirkung eintreten soll[79]. Eine unmittelbare Drittwirkung ergibt sich etwa aus Art. 81 ff. sowie aus Art. 141 EGV. Abgesehen davon sprechen aber auch hier die Besonderheiten des Privatrechts mit der Privatautonomie für die lediglich mittelbare Drittwirkung des EG-Vertrags im Privatrecht. Für die EG-Verordnungen ergibt sich ihre unmittelbare Wirkung ausdrücklich aus Art. 249 Abs. 2 EGV (oben § 3 Rn. 23). Richtlinien und Übereinkommen erzeugen eine Rechtsharmonisierung nur mittelbar, indem sie der Transformation in nationales Recht bedürfen und grundsätzlich erst hierdurch unmittelbar Geltung erlangen (oben § 3 Rn. 24, 27). Rechtsvereinheitlichung kann im äußersten Fall auch dadurch betrieben werden, daß nationale Vorschriften, die gegen Gemeinschaftsrecht verstoßen, für nicht anwendbar erklärt werden (oben § 3 Rn. 55). Bevor dies getan wird, muß jedoch versucht werden, den Geltungsanspruch des EG-Rechts durch gemeinschaftskonforme Auslegung des nationalen Rechts zu verwirklichen.

2. Gemeinschaftskonforme Auslegung[80]

72 Die gemeinschaftskonforme Auslegung ermöglicht die inhaltliche Anpassung des nationalen Rechts an die Vorschriften und Wertungen des Gemeinschaftsrechts in ähnlicher Weise wie die verfassungskonforme Auslegung dies im Hinblick auf die verfassungsrechtlichen Wertungen leistet. Die gemeinschaftskonforme Auslegung hat auch in gleicher Weise wie das Gemeinschaftsrecht selbst Vorrang vor der verfassungskonformen Auslegung. Gemeinschaftskonforme Auslegung bedeutet in erster

---

[76] S. oben § 3 Rn. 50 f.
[77] S. oben Rn. 64 ff.
[78] In diese Richtung etwa *EuGH* EuZW 2000, 468 – Angonese.
[79] So *Streinz/Leible,* EuZW 2000, 459, 465.
[80] Zur gemeinschaftskonformen Auslegung vgl. *Breckmann,* Die richtlinienkonforme Auslegung, 1994; *Dänzer-Vanotti,* RIW 1991, 754 f.; *Di Fabio,* NJW 1990, 947 ff.; *Jarass,* Richtlinienkonforme bzw. EG-rechtskonforme Auslegung nationalen Rechts, EuR 1991, 211 ff.

Linie eine EG-rechtskonforme Auslegung unter Einschluß der Verordnungen und Richtlinien. Sie kann aber in einem erweiterten Sinn auch dahin verstanden werden, daß nach Möglichkeit die Harmonie und Angleichung mit den Vorschriften und Rechtsprinzipien anderer Mitgliedstaaten angestrebt wird (mitgliedstaatsfreundliche Auslegung).

a) EG-rechtskonforme Auslegung

73 Nach der gemeinschaftskonformen Auslegung in Gestalt der EG-rechtskonformen Auslegung muß nationales Recht in erster Linie in Übereinstimmung mit dem **EG-Vertrag** und vor allem unter Beachtung der Grundfreiheiten (Warenverkehrsfreiheit, Freizügigkeit der Arbeitnehmer, Niederlassungsfreiheit, Dienstleistungsfreiheit und Kapitalverkehrsfreiheit) ausgelegt werden. Es ist aber auch auf die **Vereinbarkeit mit sonstigem EG-Recht** zu achten. Das nationale Recht ist in Übereinstimmung mit **EG-Verordnungen** anzuwenden. Insbesondere gilt aber für die Transformationsgesetze, die die Richtlinien umsetzen, ebenso wie für das sonstige nationale Recht einschließlich der Generalklauseln[81] das Gebot der **richtlinienkonformen Auslegung**[82]. Dabei ist gleichgültig, ob die Richtlinie bereits in nationales Recht umgesetzt worden ist oder nicht[83].

74 Eine Pflicht zur richtlinienkonformen Auslegung greift aber, solange noch kein Transformationsgesetz erlassen ist, erst nach Ablauf einer in der Richtlinie gesetzten Umsetzungsfrist ein[84]. Eine vorzeitige richtlinienkonforme Auslegung vor Ablauf der Umsetzungsfrist ist aber möglich, auch wenn noch keine Pflicht dazu besteht. Die richtlinienkonforme Auslegung ist im Interesse der Gleichbehandlung auch bei einer sog. überschießenden Umsetzung für den überschießenden Teil durchzuführen, d. h. soweit der nationale Gesetzgeber den Regelungsinhalt einer Richtlinie über deren Anwendungsbereich hinaus zur Geltung bringt[85].

75 Soweit sich bei der EG-rechtskonformen Auslegung Fragen hinsichtlich des Inhalts von EG-Recht ergeben, dürfen die nationalen Gerichte das EG-Recht nicht selbständig auslegen, sondern müssen zum Zweck der EG-weit einheitlichen Auslegung gemäß Art. 234 EGV im Wege des sog. Vorabentscheidungsverfahrens den *EuGH* anrufen, der mit bindender Wirkung für alle Mitgliedstaaten über die Auslegung des EG-Rechts entscheidet[86].

b) Mitgliedstaatsfreundliche Auslegung

76 Bei der mitgliedstaatsfreundlichen Auslegung geht es darum, Auslegungsspielräume des nationalen Rechts möglichst so auszufüllen, daß Widersprüche und Konflikte mit

---

[81] Vgl. als Beispiel insbesondere *BGH* NJW 1998, 2208, 2210.

[82] S. etwa *EuGH* EuZW 2000, 506; ferner oben § 3 Rn. 24ff. Der Vorrang der richtlinienkonformen Auslegung ist allerdings nicht unumstritten. Dafür z.B. *Breckmann,* aaO; *Lutter,* JZ 1992, 593, 604. Dagegen aber beispielsweise *Di Fabio,* NJW 1990, 947ff.

[83] Dazu *EuGH* EuZW 2000, 506; *BGH* NJW 1998, 2208, 2210.

[84] S. *Ehricke,* EuZW 1999, 553, 555.

[85] *BGH* NJW 2002, 1881 = WM 2002, 1181.

[86] Vgl. zum Vorabentscheidungsverfahren *Grabitz/Hilf/Wohlfahrt,* Art. 177, Rn. 48ff. Zur Bedeutung des Vorabentscheidungsverfahrens im Rahmen der richtlinienkonformen Auslegung vgl. *Müller-Graf,* Binnenmarktziel und Rechtsordnung, 1989, S. 61. Vgl. zur Vorlegungspflicht auch *M. Wolf,* FS Lüke, 1997, S. 979, 984ff.; aber auch *Canaris,* EuZW 1994, 417; *Schulze-Osterloh,* ZGR 1995, 170 (178ff.), die für eine restriktive Beurteilung der Rolle des *EuGH* bei der Auslegung des angeglichenen Rechts eintreten.

dem nationalen Recht anderer Mitgliedstaaten vermieden werden[87]. Auf diese Weise können die Gerichte mit Hilfe der Rechtswissenschaft gemeinsame Prinzipien eines europäischen Privatrechts erarbeiten, die die Vorstufe einer vielleicht künftigen europäischen Privatrechtskodifikation bilden können.

V. Richterliche Rechtsfortbildung

Die Gerichte sind, um ihrer Aufgabe zu genügen, das richtige Recht zu finden, 77
nicht selten genötigt, von dem Wortlaut des Gesetzes oder seiner Systematik (s. oben Rn. 35, 40) abzuweichen. Die Notwendigkeit dazu kann sich ergeben, weil sich der Gesetzeszweck nicht mit dem Wortlaut deckt oder weil aufgrund der seit Erlaß des Gesetzes eingetretenen Entwicklung der Lebensverhältnisse und Rechtsanschauungen eine neue Regelung geboten ist. Um den gewollten Zweck des Gesetzes gegenüber einem zu engen oder zu weiten Wortlaut zur Geltung zu bringen, stehen als Formen der sog. gesetzesimmanenten Rechtsfortbildung die Analogie und die teleologische Reduktion zur Verfügung. Sofern ein Gesetzeszweck nicht erkennbar oder überholt und nicht mehr zeitgemäß ist, ist auch eine gesetzesübersteigende Rechtsfortbildung praeter legem oder gar contra legem möglich.

1. Gesetzesimmanente Rechtsfortbildung[88]

Voraussetzung jeder gesetzesimmanenten Rechtsfortbildung ist, daß das Gesetz eine 78
Lücke aufweist. Sie liegt vor, wenn entweder das Gesetz eine Bestimmung vermissen läßt, die es nach dem Zweck der gesetzlichen Regelung und nach dem ihr zugrunde liegenden Plan des Gesetzgebers enthalten sollte (dann Rechtsfortbildung durch Analogie), oder wenn ein zu weit gefaßter Wortlaut eingeschränkt werden muß, weil eine solche Einschränkung durch den Zweck der betreffenden Norm oder den einer anderen, ebenso gewichtigen, gefordert wird (dann Rechtsfortbildung durch teleologische Reduktion). Sind die Voraussetzungen einer Analogie nicht gegeben (s. sogleich Rn. 80), so ist statt dessen der Umkehrschluß zu ziehen, d.h. die Norm ist nicht anzuwenden. Die Frage, ob eine ausfüllungsbedürftige Gesetzeslücke vorliegt, ist in allen Fällen auf Grund der dem Gesetz selbst zu Grunde liegenden Leitgedanken und Regelungszwecke, nicht nach den subjektiven Einschätzungen und Beurteilungen des Richters zu entscheiden[89]. Eine Lücke ist insbesondere bei neueren Gesetzen nicht anzunehmen, wenn der Gesetzgeber das Problem gesehen, aber gleichwohl die gesetzliche Regelung hierauf nicht erstreckt hat.

Beispiele: Im Gesetzgebungsverfahren zu den §§ 491, 499 (vormals Verbraucherkreditge- 79
setz) ist die Einbeziehung von Bürgschaften in den Schutzbereich erörtert, jedoch bei der parlamentarischen Abstimmung abgelehnt worden. Der *BGH* sieht sich deshalb gehindert, einen bürgenden Verbraucher im Wege richterlicher Rechtsfortbildung wie einen kreditaufnehmenden Verbraucher zu schützen. Der Gesetzgeber wollte nur gegen die typischen Gefahren bei der Aufnahme und Abwicklung eines Kredits schützen, nicht aber gegen die Gefahren bei der

---

[87] Andeutungsweise erwähnt in *BGH* WM 2002, 1506; NJW 2002, 2816.

[88] Vgl. hierzu insbesondere *Larenz,* Methodenlehre der Rechtswissenschaft, S. 370ff.

[89] Zum Lückenbegriff vgl. *Engisch,* Einführung S. 141ff.; *Canaris,* Die Feststellung von Lükken im Gesetz, S. 161ff.; *Bydlinski,* aaO S. 473; *Larenz,* Methodenlehre der Rechtswissenschaft, S. 370; *Larenz/Canaris,* Methodenlehre, S. 245ff. Gegen den Lückenbegriff *Koch/Rüssmann,* aaO S. 254; s. auch *BGH* NJW 1998, 3771.

Bestellung von Sicherheiten wie z.B. der Bürgschaft[90]. Das Gesetz weist deshalb nach seinem Schutzzweck keine Lücke auf. Ebenso sind die Regelungen über die Kündigung aus wichtigem Grund (§ 723) und über den Ausschluß eines Gesellschafters (§ 737) aus einer Gesellschaft bürgerlichen Rechts abschließend gewollt. Sie können deshalb nicht durch den Rückgriff auf die allgemeinen Grundsätze der Kündigung aus wichtigem Grund (§§ 314, 242) aufgeweicht werden[91]. In beiden Fällen ist deshalb der Umkehrschluß zu ziehen, d.h. die jeweilige Vorschrift ist nicht anwendbar.

a) Die Analogie

80 Läßt das Gesetz einen Sachverhalt ungeregelt, der nach seinem Regelungsplan einer Regelung bedürftig ist, dann kann die Lücke häufig im Wege der Analogie geschlossen werden[92]. Die Analogie besteht darin, daß ein für einen ähnlichen Sachverhalt in einer einzelnen Gesetzesvorschrift (dann Einzelanalogie) oder ein in mehreren Vorschriften (dann Gesetzesanalogie) enthaltener konkreter Gesetzeszweck auf den nicht geregelten Sachverhalt entsprechend angewandt wird. Darüber hinaus kann aus mehreren im Gesetz für ähnliche Sachverhalte übereinstimmend gegebenen Regeln ein über den Einzelzweck hinausgehender allgemeiner Grundsatz abgeleitet werden, der auf den nicht geregelten Sachverhalt angewandt werden kann (Gesamtanalogie oder Rechtsanalogie). Eine Analogie ist in erster Linie bei allgemein gültigen Vorschriften möglich. Bei Ausnahmevorschriften ist sie nicht generell ausgeschlossen, jedoch nur eingeschränkt möglich. Die Vergleichbarkeit muß dann aber gerade mit dem engeren Zweck der Ausnahmevorschrift gegeben sein[93]. Das verbraucherschützende Widerrufsrecht des § 505 (s. unten § 39 Rn. 18) kann etwa als Ausnahme vom Grundsatz der Vertragsbindung nicht auf Dienstleistungen ausgedehnt werden[94]. Ob zwei Sachverhalte einander ähnlich sind, entscheidet sich danach, ob sie in den für die rechtliche Wertung maßgeblichen Hinsichten vergleichbar sind oder nicht. Die Analogie kann demgemäß mit einem Dreieck bestehend aus vier Schritten veranschaulicht werden. Ausgangspunkt ist der konkrete Lebenssachverhalt.

1. Feststellung des Gesetzestatbestands →
2. Ermittlung des Gesetzeszwecks →
3. Feststellung der Lücke →
4. Feststellung der Vergleichbarkeit und analoge Anwendung

Die Rechtsfortbildung durch Analogie ist im Grunde nichts anderes als eine Auslegung nicht nur der einzelnen Norm, sondern der gesetzlichen Regelung im ganzen, über die Grenzen des möglichen Wortsinns und der Systematik hinaus.

b) Die teleologische Reduktion

81 Bedarf der Wortlaut einer Vorschrift einer Einschränkung, die der Gesetzgeber zu machen unterlassen hat, so kann diese Unterlassung durch eine teleologische Redukti-

[90] Noch zum Verbraucherkreditgesetz als Vorgänger der §§ 491, 499 *BGHZ* 138, 321 = NJW 1998, 1939.

[91] *BGH* NJW 1998, 3771.

[92] Dazu *Larenz*, Methodenlehre der Rechtswissenschaft, S. 381 ff.; *Bydlinski*, aaO S. 475 ff.

[93] S. auch *BGHZ* 144, 232 = NJW 2000, 3783.

[94] S. etwa *BGH* NJW 2003, 1932 dazu *S. Lorenz*, LMK 2003, 137.

on korrigiert werden, d. h. der Anwendungsbereich der Vorschrift wird auf den durch ihren Zweck geforderten Umfang zurückgeführt[95].

Beispiel: Ist beim Verkauf einer Sache eine Garantie abgegeben worden, der gebrauchte Pkw wird etwa garantiert aus erster Hand verkauft, so sieht § 444 nach seinem Wortlaut („wenn er ... eine Garantie ... übernommen hat") vor, daß sich der Verkäufer auf eine Vereinbarung, durch welche die Rechte des Käufers wegen eines Mangels ausgeschlossen oder beschränkt werden, nicht berufen kann. Dies würde wörtlich angewandt bedeuten, daß der Verkäufer auch einen Schadensersatzanspruch z.B. wegen vorzeitigen Rostens nicht mehr ausschließen könnte, obwohl § 475 Abs. 3 dies sogar bei einem Gebrauchtwagenkauf mit einem Verbraucher ausdrücklich zuläßt. Daraus ist zu entnehmen, daß § 444 zu weit gefaßt ist und nach seinem Zweck, ein Unterlaufen der Garantie zu vermeiden, dahin eingeschränkt werden muß, daß ein Ausschluß der Mängelgewährleistungsrechte nur insoweit ohne Wirkung ist, als es den Inhalt der Garantie betrifft. Statt „wenn" muß § 444 im Sinne von „soweit" ausgelegt werden[96]. 82

2. Gesetzesübersteigende Rechtsfortbildung

Von der Lückenausfüllung, die sich immer noch an den Grundwertungen und Regelungszwecken des Gesetzes selbst orientiert, daher als gesetzesimmanente Rechtsfortbildung bezeichnet wird, ist eine gesetzesübersteigende Rechtsfortbildung zu unterscheiden[97], zu der sich die Gerichte mitunter mit Rücksicht auf ein unabweisbares Bedürfnis des Rechtsverkehrs (z. B. beim Anwartschaftsrecht), wegen der „Natur der Sache" (z. B. beim nicht eingetragenen Verein, s. unten § 11 Rn. 3 ff.) oder wegen eines vorrangigen rechtsethischen Prinzips, wie desjenigen von Treu und Glauben (z. B. bei der unzulässigen Rechtsausübung), oder wegen eines Verfassungsprinzips (z. B. beim allgemeinen Persönlichkeitsrecht) veranlaßt gesehen haben. Kennzeichnend für die gesetzesübersteigende Rechtsfortbildung ist, daß das Gesetz nach seinem ursprünglichen Plan hier nicht lückenhaft war und eine solche Fortbildung nicht erforderte, ja ihr vielleicht sogar entgegenstand. Zulässig ist eine solche gesetzesübersteigende Rechtsfortbildung erst dann, wenn alle anderen Methoden versagen, alsbaldige Abhilfe durch den Gesetzgeber nicht zu erwarten ist, und nur insoweit, als sie sich im Rahmen der Grundwertungen der Rechtsordnung hält und mit spezifisch rechtlichen Erwägungen in überzeugender Weise begründet werden kann. Die gesetzesübersteigende Rechtsfortbildung ist im allgemeinen eine Rechtsfortbildung **praeter legem,** d. h. sie tritt ergänzend neben das Gesetz. Eine Rechtsfortbildung **contra legem** ist gegeben, wenn die durch Richterrecht gebildeten Regeln bestehende Gesetze verdrängen. 83

Beispiele für eine Rechtsfortbildung praeter legem sind die Herausarbeitung des Anwartschaftsrechts (s. unten § 15 Rn. 96 ff.), die Entwicklung eines allgemeinen Persönlichkeitsrechts (s. unten § 8 Rn. 1 ff.) oder die unzulässige Rechtsausübung (s. unten § 16 Rn. 16 ff.). Beispiel für eine Rechtsfortbildung contra legem ist die Anwendung von Vorschriften für den rechtsfähigen Verein entgegen § 54 Satz 1 auch auf den nicht rechtsfähigen Verein (s. unten § 11 Rn. 4). 84

Ist einmal eine bestimmte Rechtsfortbildung von der Rechtsprechung anerkannt, so ist sie, wiewohl ohne formelle Gesetzeskraft, zum Bestandteil des **faktisch geltenden,** von den Ge- 85

[95] Im näheren hierzu *Larenz,* Methodenlehre der Rechtswissenschaft, S. 391 ff.; *Bydlinski,* aaO S. 480; *Brandenburg,* Die teleologische Reduktion, 1983.

[96] So die überwiegende Meinung, dazu und mit weiteren Argumenten s. etwa *M. Wolf/Kaiser,* DB 2002, 411, 419.

[97] Dazu *Larenz,* Methodenlehre der Rechtswissenschaft, S. 413 ff.; *Larenz/Canaris,* Methodenlehre, S. 232 ff.; *Köhler,* AT, § 4 Rn. 22 ff.; *Bork,* AT, Rn. 148.

richten angewandten **Rechts** geworden[98]. Freilich können die Gerichte, auf Grund besserer Einsichten oder um einem Wandel der Lebensverhältnisse oder der Rechtsordnung im ganzen Rechnung zu tragen, von ihrer früher angenommenen Auslegung oder Rechtsfortbildung wieder abweichen[99]. Da aber die Kontinuität der Rechtsprechung von großer Bedeutung für die Sicherheit des Rechtsverkehrs ist, tun sie das nur in seltenen Fällen. Gebunden wie an Gesetze sind sie aber an ihre frühere Auslegung oder Rechtsfortbildung nicht.

VI. Auslegung und juristische Argumentationstheorie

86 Neben dem – unberechtigten – Vorwurf[100], daß unter den einzelnen Auslegungskriterien kein Rangverhältnis bestehe und sie beliebig verwendbar seien, zeigt die herkömmliche Auslegungsmethode insofern Schwächen, als sie insbesondere im Zusammenhang mit der objektiv-teleologischen Auslegung (oben Rn. 44), aber auch bei der Konkretisierung von Generalklauseln und allgemeinen Rechtsprinzipien (oben Rn. 46) nicht deutlich macht, nach welchen Kriterien und Regeln hierbei die Ergebnisse erzielt werden und zu rechtfertigen sind. Auch finden die Auslegungsmethoden ihre Grenzen jeweils am möglichen Wortsinn des Gesetzes[101] und sind deshalb nicht mehr anwendbar, wenn es um die richterliche Rechtsfortbildung praeter oder contra legem geht. Um diesen Unzulänglichkeiten zu begegnen, sind neben und über die Auslegungsmethoden hinausgreifende juristische Argumentationstheorien entwickelt worden.

1. Topische Methode

87 Eine sachgerechte Lösung von Rechtsfragen ohne Anwendung und Bindung durch die Auslegungsmethoden will die topische Methode[102] erreichen, indem sie eine „Rundum-Erörterung" aller für ein Rechtsproblem maßgeblichen Gesichtpunkte durchführt, seien es im Gesetz berücksichtigte oder nicht berücksichtigte Gesichtspunkte, seien es tatsächliche oder wertende Aspekte. Unter Topoi, deren Zahl praktisch unbegrenzt ist, sind alle Argumente und Gesichtspunkte zu verstehen, die als Für und Wider zur Lösung eines Problems beitragen. Das topische Denken ist dabei auf das jeweilige Sachproblem konzentriert, ohne dieses in den Gesamtzusammenhang des Rechtssystems einordnen zu wollen.

88 Die Schwäche der topischen Methode liegt darin, daß sie im Grunde alle sachbezogenen Argumente zuläßt und damit der Gesetzesbindung des Richters (Art. 97 Abs. 1 GG) und den Auslegungsmethoden nicht ausreichend Rechnung trägt. Außerdem gehen übergreifende Zusammenhänge verloren, die insbesondere auch im Interesse der Gleichbehandlung vergleichbarer Fälle nicht vernachlässigt werden dürfen. Die topische Methode muß deshalb durch eine juristische Argumentationstheorie ersetzt werden, die topisches Denken mit der Gesetzesbindung und den Auslegungsmethoden in Einklang bringt.

---

[98] Zur Frage, ob die Rechtsprechung eine „Rechtsquelle" ist, vgl. oben § 3 Rn. 37 ff.

[99] Vgl. nur Palandt/*Heinrichs,* Einleitung vor § 1 Rn. 24.

[100] S. oben Rn. 50.

[101] S. oben Rn. 39; kritisch hierzu aber *Depenheuer,* Der Wortlaut als Grenze, 1988.

[102] S. *Viehweg,* Topik und Jurisprudenz, 1. Aufl. 1953, 5. Aufl. 1974; *Struck,* Topische Jurisprudenz, 1971; s. dazu auch *Larenz,* Methodenlehre, S. 145 ff.; *Horn,* Zur Bedeutung der Topiklehre Theodor Viehwegs für eine einheitliche Theorie des juristischen Denkens, NJW 1967, 601; *Diederichsen,* Topisches und systematisches Denken in der Jurisprudenz, NJW 1966, 697 ff.; *Bokeloh,* Der Beitrag der Topik zur Rechtsgewinnung, Diss. Göttingen 1972.

2. Rechtlich gebundene Argumentationstheorie

a) Arten juristischer Argumentation

89 Bei der juristischen Argumentation ist zu unterscheiden zwischen der Suche und Bildung der **normativen Obersätze** und der **Begründung der Rechtsfolgen im Einzelfall.** Die Begründung der Rechtsfolgen im Einzelfall ist nicht Gegenstand der Auslegungsmethoden, sondern ist Gegenstand der **Subsumtion,** bei der die konkreten Tatsachen im Einzelfall mit den normativen Voraussetzungen des abstrakten Obersatzes verglichen werden und, wenn die konkreten Tatsachen sich mit den normativen Voraussetzungen decken, die abstrakt vorgesehene Rechtsfolge im konkreten Fall eintritt oder nicht eintritt, wenn die Voraussetzungen nicht erfüllt sind. Die Subsumtion ist im wesentlichen ein logischer Denkvorgang, der nur beim Vergleich, ob sich die konkreten Tatsachen des Einzelfalls mit den abstrakten Voraussetzungen des Obersatzes decken, wertende Elemente enthält, die aber durch Bildung von Obersätzen auf einer mittleren oder unteren Abstraktionsebene erleichtert wird.

90 Juristische Argumentation bei Herleitung der Rechtsfolge im Einzelfall ist daneben noch bei der **Beweiswürdigung** erforderlich, wo es darum geht, welche unter den Parteien bestrittenen Tatsachen der Richter seinem Urteil zugrunde legen soll. Dabei hat der Richter seine Überzeugungsbildung mit rational nachzuprüfenden Argumenten offen zu legen.

b) Normativ richtige Argumentation

91 Bei der Bildung von normativen Obersätzen wird das Verhältnis von topischer Argumentation und Auslegungsmethoden zum Teil darin gesehen, daß die Auslegungsmethoden nur dazu dienten, das auf andere Weise, insbesondere mit der topischen Methode gefundene Ergebnis zu legitimieren. Die juristischen Auslegungsmethoden hätten dadurch nur eine formale Berechtigung als Schein, um die wahren Argumente zu verschleiern. Eine solche Verschleierungstaktik kann aber nicht Aufgabe einer juristischen Argumentationstheorie sein. Vielmehr müssen **alle Argumente genannt** und auf ihre **Vereinbarkeit mit den gesetzlichen Auslegungsmethoden und den allgemeinen Rechtsprinzipien überprüft** werden. Dazu gehören insbesondere auch Gesichtspunkte der Folgenberücksichtigung und der ökonomischen Analyse des Rechts (oben Rn. 21ff., 29). Argumente, die mit den Auslegungsmethoden nicht vereinbar und vom Gesetzeszweck nicht gedeckt sind, dürfen nicht bei der Bewertung berücksichtigt werden, denn es geht bei der juristischen Argumentation nicht um praktische Akzeptanz und allgemeine Konsensfähigkeit, sondern allein um die **Richtigkeit normativer Aussagen.** Raum für problemorientierte Sachargumente einschließlich der Folgenberücksichtigung ist danach insbesondere in dem von der objektiv-teleologischen Auslegung gezogenen Rahmen. Nur wenn das Gesetz eine Lösung nicht bereithält oder diese Lösung wegen wesentlicher Veränderung der vom Gesetzgeber zugrunde gelegten Verhältnisse nicht mehr angemessen ist, können Argumente über den gesetzlichen Rahmen hinaus zum Tragen kommen, müssen sich aber in den Rahmen der die richterliche Rechtsfortbildung leitenden Rechtsprinzipien und verfassungsrechtlichen Wertungen einfügen.

92 Welche der in diesem Rahmen möglichen Sachargumente den Ausschlag geben, ist in einem Diskussionsprozeß, der zu herrschenden Meinungen führt, unter Abwägung der jeweiligen Argumente mit ihrem Gewicht zu klären. Dabei ist dieser Diskussionsprozeß nicht bei jeder richterlichen Entscheidung neu zu führen. Vielmehr kann und muß der Richter grundsätzlich auf

die vorhandene Dogmatik und Präjudizien zurückgreifen[103], die das Ergebnis eines vorangegangenen Diskussionsprozesses widerspiegeln. Die **Dogmatik** faßt die Ergebnisse der vorangegangenen sachorientierten Diskussionen in Begriffe und Definitionen und bringt sie mit anderen Begriffen in ein zusammenhängendes und möglichst widerspruchsfreies System. Werden Begriff und System in diesem Sinne verstanden, so haben sie nicht mehr die absolute Bedeutung wie unter der Begriffsjurisprudenz, sondern sind offen für eine Änderung und Erweiterung in einem neuen Diskussionsprozeß. Da die dogmatischen Sätze aber die Ergebnisse einer zuvor problemorientierten Sachdiskussion wiedergeben, trägt derjenige die Begründungslast, der von der vorgegebenen Dogmatik abweichen will. Gleiches gilt für **Präjudizien,** insbesondere des *BGH,* die das Ergebnis eines Diskussionsprozesses über drei Instanzen sind und an denen sich der Rechtsverkehr hinsichtlich seines künftigen Verhaltens orientiert. Zur Wahrung der Rechtssicherheit hält deshalb der *BGH* grundsätzlich an seinen Rechtsprechungsgrundsätzen fest und weicht davon nur ab, wenn überwiegende Gründe gegen diese Rechtsprechung vorliegen.

---

[103] Zur Bedeutung von Präjudizien vgl. *Larenz/Canaris,* Methodenlehre, S. 252 ff.

1. Kapitel
Die Personen

1. Abschnitt
Natürliche Personen

§ 5. Die Rechtsfähigkeit des Menschen

Inhaltsübersicht

Literatur: *Damm,* Personenrecht, Klassik und Moderne der Rechtsperson, AcP 202 (2002), 841; *Deynet,* Die Rechtsstellung des Nasciturus und der noch nicht erzeugten Person im deutschen, französischen, englischen und schottischen Recht, 1960; *Fabricius,* Relativität der Rechtsfähigkeit, 1963; *Geilen,* Das Leben des Menschen in den Grenzen des Rechts, FamRZ 1968, 121; *Heun,* Der Hirntod als Kriterium des Todes des Menschen – Verfassungsrechtliche Grundlagen und Konsequenzen, JZ 1996, 213; *Hölder,* Natürliche und juristische Personen, 1905; *Hofmann,* Das Lebensrecht des Nasciturus – zivilrechtliche Aspekte der Abtreibung, 1992; *Husserl,* Rechtssubjekt und Rechtsperson, AcP 127 (1927), 129 = Recht und Welt, 1964, 1; *Jaerbeck,* Beginn und Ende des Lebens als Rechtsbegriff, 1974; *Kahl,* Die Rechte der Toten, 1991; *Lipp,* Freiheit und Fürsorge: Der Mensch als Rechtsperson, 2000; *Merkel,* Hirntod und kein Ende, Jura 1999, 113; *Ruscher,* Die Bestimmung des Todeszeitpunktes aus erbrechtlicher Sicht, 1989; *Spittler,* Der menschliche Körper im Hirntod, ein dritter Zustand zwischen lebendem Menschen und Leichnam?, JZ 1997, 747; *Westermann,* Person und Persönlichkeit als Wert im Zivilrecht, 1957; *E. Wolf/Naujoks,* Anfang und Ende der Rechtsfähigkeit des Menschen, 1955.

I. Bedeutung und Inhalt der Rechtsfähigkeit

Die Rechtsfähigkeit bringt die Anerkennung der Person als Rechtssubjekt zum **1** Ausdruck und ermöglicht ihr die Teilnahme am Rechtsverkehr mit Rechten und Pflichten. Da im Rechtsverkehr die Lebensverhältnisse mit Hilfe von Rechten und Pflichten gestaltet und geordnet werden, kann eine Person an dieser rechtlichen Ordnung der Lebensverhältnisse nur teilhaben, wenn sie rechtsfähig ist.

1. Begriff und Grundlagen der Rechtsfähigkeit

2 Unter der Rechtsfähigkeit, die das BGB in § 1 zwar voraussetzt, aber nicht definiert, versteht man die Fähigkeit einer Person, Subjekt von Rechtsverhältnissen und daher Inhaber von Rechten und Adressat von Rechtspflichten zu sein. Rechtsfähigkeit ist deshalb die Fähigkeit, **Träger von Rechten und Pflichten** zu sein[1]. Obwohl die Regelung der Rechtsfähigkeit im Privatrecht erfolgt ist, erstreckt sich die Rechtsfähigkeit auf alle Rechte und Pflichten, seien sie privatrechtlicher oder öffentlichrechtlicher Natur.

a) Verfassungsrechtliche Grundlagen

3 Als allgemein gültiges Institut über das Privatrecht hinaus findet die Rechtsfähigkeit ihre Grundlage sowohl in der Menschenwürde des Art. 1 GG als auch in den einzelnen Grundrechten (Art. 2–19 GG) sowie im Rechtsstaatsgedanken (Art. 20, 28 GG). Die **Menschenwürde** verlangt die Anerkennung der Person als Subjekt, die durch Rechte geschützt wird, über ihre Rechte selbst bestimmen kann und durch die Zurechnung von Pflichten ihre Anerkennung als verantwortliche Person findet. Die Menschenwürde gebietet auch, allen Menschen unabhängig von Geschlecht, Rasse, Religion, Herkunft, Neigungen oder sonstigen Unterschieden spätestens mit der Geburt die Rechtsfähigkeit zuzuerkennen. Der Mensch als Persönlichkeit darf nicht fremdbestimmtes Objekt von Rechten anderer sein, wie etwa der Sklave. Damit wird die Gleichheit aller Menschen anerkannt. Rechtsnormen anderer Staaten, die dem widersprechen würden, verstießen gegen den deutschen ordre public (Art. 6 EGBGB) und könnten nicht anerkannt werden. Auch im **Rechtsstaatsgedanken** ist die Rechtsfähigkeit verankert, weil im Rechtsstaat die Lebensverhältnisse durch Zuweisung von Rechten und Pflichten geordnet werden und dafür Zuordnungssubjekte in Gestalt von Personen vorhanden sein müssen. Die einzelnen Grundrechte setzen logisch betrachtet die Rechtsfähigkeit bereits voraus. Da Grundrechte ohne rechtsfähige Personen als ihren Rechtsträgern aber keinen Sinn machen, ist bei den einzelnen Grundrechten auch die Rechtsfähigkeit der Personen immanent mit umfaßt. Darüber hinaus wird auf der Ebene des einfachen Gesetzes die Rechtsfähigkeit auch von den einzelnen Grundrechten im Umfang von deren jeweiliger Reichweite garantiert.

4 Auch einem noch handlungsunfähigen Kind steht sofort nach der Geburt als Mensch die Rechtsfähigkeit zu. Dazu gehört etwa das Recht auf Achtung und Unverletzbarkeit seiner Person. Ebenso kann ihm das Forderungsrecht auf die Leistung eines anderen gebühren. Schließlich kann es Eigentümer oder Inhaber von Gestaltungsrechten sein. Diese Rechte kann das Neugeborene freilich noch nicht selbst ausüben. Die Zuweisung derartiger Rechte ist deshalb nur sinnvoll, wenn die Rechtsordnung einen Vertreter bereit stellt, der die Rechte für das Kind oder eine sonst handlungsunfähige Person ausübt[2], etwa Verträge für sie abschließt, dadurch für sie Rechte erwirbt sowie sie verpflichten und die Verpflichtung für sie erfüllen kann. Es muß deshalb sorgfältig zwischen der Rechtsfähigkeit als der Zuordnung von Rechten und Pflichten zu einer Person einerseits und der Rechtsausübung als Teil der Handlungsfähigkeit andrerseits unterschieden werden[3]. Diese Unterscheidung ist mit der capacité de jouissance und der capacité d'exercice auch dem französischen Recht bekannt. Das, was dem Rechtsträger zu-

---

[1] *Enneccerus/Nipperdey*, AT, § 83 I; *Köhler*, AT, § 20 Rn. 2; *Brox*, AT, Rn. 226, 655; *Medicus*, AT, Rn. 1039; *Hübner*, AT, Rn. 123; auch *Pawlowski*, AT, Rn. 98, der aber von Rechtsfähigkeit im engeren Sinne spricht.

[2] Vgl. dazu auch *G. Husserl*, AcP 127 (1927), 129, 186.

[3] Insoweit auch *Pawlowski*, AT, Rn. 98.

gewiesen ist, sind die Vorteile, die die Ausübung des Rechts gewährt. Bei einem Vermögensrecht sind dies sein wirtschaftlicher Wert und die sonstige Fülle der Möglichkeiten, die der Gegenstand bietet, mag deren Ausnutzung auch nicht durch den Rechtsträger, sondern nur für ihn durch einen anderen möglich sein. Auch das BGB macht deutlich, daß die Rechtsfähigkeit, die es in § 1 bereits mit der Geburt beginnen läßt, nicht von der Handlungsfähigkeit und der Geschäftsfähigkeit als Teilinhalt der Handlungsfähigkeit, die erst in § 2 geregelt wird, abhängig ist.

b) Naturrechtliche Grundlagen

Die Personhaftigkeit des Menschen und seine Rechtsfähigkeit sind als Ausfluß der Menschenwürde **dem positiven Recht vorgegeben**[4], d.h. die Rechtsfähigkeit des Menschen besteht unabhängig davon, ob sie im Gesetz vorgesehen ist oder nicht. Grundsätzlich ist auch die Handlungsfähigkeit ein der Person ihrem Wesen nach zukommendes Attribut. Sowenig wie die Rechtsfähigkeit ist die rechtliche Handlungsfähigkeit in ihren Erscheinungsformen als Geschäftsfähigkeit und als Deliktsfähigkeit im Grundsatz in das Belieben einer positiven Rechtsordnung gestellt, z.B. kann nicht Einwanderern generell die Geschäftsfähigkeit vorenthalten werden. Für Detailregelungen zum Beginn der Geschäfts- und Deliktsfähigkeit, sofern sie alle betreffen und sachbezogen sind, bleibt dem Gesetzgeber jedoch ein Beurteilungsermessen. 5

c) Unverzichtbarkeit der Rechtsfähigkeit

Die Rechtsfähigkeit ist aufgrund ihrer Verankerung in der Menschenwürde und im Naturrecht ebensowenig wie die Geschäfts- und Deliktsfähigkeit in das Belieben jeweils der betreffenden Person gestellt; es gibt daher **keinen rechtswirksamen Verzicht** auf die Rechts- und Handlungsfähigkeit[5]. Auch unterliegt der Beginn der Rechtsfähigkeit nur in beschränktem Maße der näheren Bestimmung durch das positive Recht und muß spätestens mit der Vollendung der Geburt eintreten. Ebenso können die Geschäftsfähigkeit und die rechtliche Verantwortlichkeit vom positiven Recht näher geregelt werden. Diese Fähigkeiten sind an ein bestimmtes Maß von Einsichts- und Steuerungsfähigkeit des Verhaltens geknüpft. Sie sollen im Interesse der Rechtssicherheit nicht in jedem Einzelfall festgestellt werden müssen und werden deshalb vom Gesetzgeber für alle allgemeingültig bestimmt. 6

2. Rechtsfähige Personen

a) Natürliche Personen

Die Rechtsfähigkeit kommt gemäß dem Grundgedanken der Menschenwürde **jedem Menschen** zu (s. oben § 2 Rn. 4). Deshalb bestimmt § 1 zu Recht, daß die Rechtsfähigkeit bereits mit der Geburt beginnt. Dies gilt für alle Menschen ungeachtet ihrer Eigenschaften und Fähigkeiten, insbesondere auch ohne Rücksicht auf eine etwa fehlende Handlungsfähigkeit. Daraus ergibt sich zunächst eine **formale Gleichheit** in 7

[4] Das betont mit Recht entgegen der h.L., die die Rechtsfähigkeit des Menschen, ja sogar seine rechtliche Qualifikation als Person, von einer positivrechtlichen Setzung abhängig sein läßt, *E. Wolf,* in: *Wolf/Naujoks,* Anfang und Ende der Rechtsfähigkeit des Menschen, S. 50ff. Man darf dagegen nicht einwenden, daß lange Zeit das positive Recht bestimmten Menschen – den Sklaven – die Personenqualität absprach; denn dies beruhte auf einer Verkennung allgemeingültiger ethischer Grundsachverhalte, an denen auch das positive Recht letztlich nichts ändern kann.

[5] Das betont mit Recht *Weitnauer,* FS Fr. Weber, 1975, S. 429, 434. Es bedarf dazu aber nicht, wie *Weitnauer* meint, noch eines „Aufhängers" im Gesetz.

dem Sinne, daß alle Menschen grundsätzliche alle Rechte und Pflichten, die nach der Rechtsordnung möglich sind, haben können. Die Rechtsfähigkeit in diesem formalen Sinne garantiert nicht, daß den Menschen diese Rechte wirklich zustehen, sondern nur die Möglichkeit hierzu. Ob sie diese Rechte tatsächlich erwerben, hängt davon ab, ob sie diese Rechte selbst durch ihre eigene Leistung oder schenkweise erlangen oder durch Gesetz zugewiesen bekommen, z.B. als Unterhaltsansprüche der Kinder gegen ihre Eltern oder als Erwerb kraft Erbrechts. Ebenso können sie Pflichten übernehmen oder kraft Gesetzes auferlegt bekommen. Aus der Ableitung der Rechtsfähigkeit natürlicher Personen aus der Menschenwürde folgt darüber hinaus aber auch eine **materiale Gleichheit,** jedoch beschränkt auf solche Rechte, die als Ausfluß der Menschenwürde jeder Person wesensgemäß zukommen und damit jedem Menschen mit der Geburt von selbst in gleicher Weise wie allen anderen tatsächlich zustehen. Dazu gehört etwa das Recht auf Achtung als Person, auf Unverletzbarkeit des Lebens, der Gesundheit und der freien Entfaltung des Persönlichkeit.

b) Juristische Personen

8 Rechtsfähig sind außer den einzelnen Menschen auch Verbände und sonstige Organisationen, denen die Rechtsordnung diese Fähigkeit beilegt. Man bezeichnet sie als **juristische Personen** im Unterschied zu den Menschen als den natürlichen Personen. Die Rechtsfähigkeit juristischer Personen kann nicht aus der Menschenwürde abgeleitet werden. Jedoch findet sie ihre verfassungsrechtliche Grundlage zusammen mit dem Rechtsstaatsgedanken in der Vereinigungsfreiheit des Art. 9 GG, da Vereine, Gesellschaften und andere Vereinigungen nur dann am Rechtsverkehr teilnehmen können, wenn sie als solche selbst Träger von Rechten und Pflichten sein können. Die Rechtsfähigkeit ist eine notwendige Voraussetzung ihrer rechtlichen Lebensfähigkeit. Auch die einzelnen Grundrechte können, soweit sie den juristischen Personen nach Art. 19 Abs. 3 GG zustehen, als Garantie für die Rechtsfähigkeit in Betracht kommen (s. auch oben Rn. 3).

3. Inhalt und Umfang der Rechtsfähigkeit

9 Der Umfang der Rechtsfähigkeit ist auf dem Gebiete des Privatrechts gemäß der Reichweite der formalen und materialen Gleichheit (s. oben Rn. 7) für alle Menschen mit der Geburt gleich. Eine Teilrechtsfähigkeit, auch relative Rechtsfähigkeit genannt, besteht in einigen Fällen bei bereits Erzeugten, aber noch nicht Geborenen (s. unten Rn. 15). Bei juristischen Personen ist der Umfang der Rechtsfähigkeit im Vergleich zu derjenigen des Menschen beschränkt: sie können z.B. keine Familienrechte haben und die Grundrechte der Verfassung gelten zunächst nur für inländische juristische Personen, „soweit sie ihrem Wesen nach auf diese anwendbar sind“ (Art. 19 Abs. 3 GG). Für juristische Personen aus anderen Mitgliedstaaten der EG ist im Rahmen der Art. 48, 55 EG-Vertrag die Gleichstellung geboten. Eine Teilrechtsfähigkeit kommt auch den Organen juristischer Personen zu. Sie sind zwar nicht nach außen selbständig rechtsfähig, können aber im Innenverhältnis organschaftliche Rechte, Zuständigkeiten und Pflichten haben, so z.B. der Vorstand oder der Aufsichtsrat einer AG (§§ 83, 90 AktG). Der Betriebsrat ist teilrechtsfähig auch im Außenverhältnis. Im öffentlichen Recht sind manche Rechte, wie z.B. das Wahlrecht, den Staatsbürgern vorbehalten und können unter bestimmten Umständen durch ein Gerichtsurteil aberkannt werden (Art. 18 GG).

4. Rechtsfähigkeit und Parteifähigkeit

An die Rechtsfähigkeit knüpft sich im Zivilprozeßrecht die Parteifähigkeit. Sie bedeutet die Fähigkeit, **in einem Rechtsstreit die rechtliche Stellung einer Partei,** sei es die des Klägers oder des Beklagten, einnehmen zu können. Die mit der Rechtsfähigkeit vergleichbare Parteifähigkeit ist zu unterscheiden von der mit der Geschäftsfähigkeit vergleichbaren Prozeßfähigkeit als der Fähigkeit, selbst prozeßwirksame Handlungen vornehmen zu können. Parteifähigkeit ist, wer rechtsfähig ist (§ 50 Abs. 1 ZPO), also jeder Mensch und jede juristische Person. Darüber hinaus sind einige Vereinigungen, die das materielle Recht nicht als juristische Personen anerkennt, nämlich die OHG (§ 124 Abs. 1 HGB) und die KG (§ 161 Abs. 2 HGB), prozessual voll parteifähig. Den nichtrechtsfähigen Verein sieht das Gesetz (§ 50 Abs. 2 ZPO) aus Gründen der prozessualen Vereinfachung als passiv parteifähig an, insbesondere um nicht die jeweiligen und u. U. häufig wechselnden Mitglieder in der Klageschrift nennen zu müssen. Darüber hinaus hat die Rspr. in richterlicher Rechtsfortbildung den Gewerkschaften als wichtigen nichtrechtsfähigen Vereinen auch die aktive Parteifähigkeit als Kläger zuerkannt[6]. Dies gilt jedoch angesichts der klaren gesetzlichen Regelung nicht für sonstige nichtrechtsfähige Vereine[7]. 10

II. Beginn und Ende der Rechtsfähigkeit

1. Beginn der Rechtsfähigkeit

a) Bei natürlichen Personen

Den Beginn der Rechtsfähigkeit des Menschen knüpft § 1 an die **Vollendung der Geburt.** Dahinter steht die Erwägung, daß erst mit der Geburt der Mensch als selbständiger Organismus unabhängig von der Mutter leben kann. Das Strafrecht geht dagegen zeitlich vorverlagert schon „in der Geburt“ von der Tötung des Kindes als eines Menschen aus[8]. Unter der „Vollendung der Geburt“ gemäß dem BGB ist mit der h. M. der vollendete Austritt des Kindes aus dem Mutterleib zu verstehen[9]. Hat das Kind hiernach auch nur einen Augenblick gelebt, so hat es Rechtsfähigkeit nach dem BGB erlangt, auch wenn es alsbald gestorben ist. Dies kann von Bedeutung für die Erbfolge sein. 11

Beispiel: Erbe eines Verstorbenen kann nach § 1923 Abs. 1 nur sein, wer „zur Zeit des Erbfalls lebt“, d. h. wer lebend geboren ist. Stirbt die Mutter während der Geburt, wird das Kind aber lebend geboren, und hat es die Mutter nur noch kurze Zeit überlebt, so hat es seine Mutter neben dem Vater zur Hälfte (s. § 1931 Abs. 1 mit § 1371 Abs. 1) beerbt und wird seinerseits, wenn es keine Geschwister hat, von dem noch lebenden Vater beerbt. Dieser erhält auf diese Weise, auf dem Umweg über das Kind auch die von diesem geerbte Hälfte und die gesamte Erbschaft seiner Frau (vgl. § 1925 Abs. 3 Satz 2). Wäre das Kind dagegen tot geboren, so hätte es die Mutter nicht beerben können; lebten die Eltern der Mutter, so würde deren Erbschaft zu Dreiviertel an ihren Ehemann, und zu einem Viertel an die Eltern fallen (§ 1931 Abs. 1 Satz 1 mit § 1925 und § 1371 Abs. 1). Ebenso wäre es, wenn das Kind vor der Mutter verstorben wäre. 12

---

[6] S. *BGHZ* 42, 210, 215; 50, 325, 327.

[7] *BGHZ* 109, 15, 18.

[8] Schönke/Schröder/*Eser,* StGB, 26. Aufl. 2001, Vorbem. §§ 218 ff. Rn. 40.

[9] Vgl. *v. Tuhr,* AT I, § 22 I; *Enneccerus/Nipperdey,* AT, § 84 III; *Hübner,* AT, Rn. 126; *Köhler,* AT, § 20 Rn. 3; MünchKomm/*Schmitt,* § 1 Rn. 15 spricht von der „Trennung vom Mutterleib“.

13 Das Abstellen auf die Vollendung der Geburt bedeutet nicht, daß das menschliche Leben nicht bereits vor der Geburt geschützt ist (s. sogleich Rn. 15). Aber soweit vermögensrechtliche Ansprüche und Rechte betroffen sind, besteht kein Bedürfnis, diese Ansprüche und Rechte generell schon vor der Geburt entstehen zu lassen. Auch für den Schutz der Persönlichkeit des nasciturus besteht neben dem Persönlichkeitsschutz der Mutter und des Vaters kein Bedarf, solange das gezeugte Kind nicht als selbständiger Mensch lebt. Im Hinblick auf den Schutz der Gesundheit und des Lebens ist zu berücksichtigen, daß ein solcher Schutz eng mit Leben und Gesundheit der Mutter zusammenhängt und nicht ohne weiteres in derselben Weise verselbständigt werden kann wie bei dem als selbständiges Wesen existierenden Menschen nach der Geburt. Aus zivilrechtlicher Sicht genügt es deshalb grundsätzlich, wenn dem Menschen eigene Rechte erst mit der Lebendgeburt zustehen. Hinzu kommt die Schwierigkeit, den genauen Beginn der Rechtsfähigkeit festzustellen, wenn ein Zeitpunkt vor der Geburt maßgeblich sein sollte. Der Zeitpunkt der Zeugung ist nicht ohne weiteres eindeutig festzustellen. Dies gilt insbesondere dann, wenn die Zeitbestimmung wie zumeist rückwirkend geschehen soll. Das Abstellen auf den Zeitpunkt der Geburt ist hier sehr viel genauer und zuverlässiger möglich. § 1 stellt deshalb eine sachgerechte Regelung dar, die weder naturrechtswidrig[10] noch verfassungswidrig ist, soweit es die generelle Rechtsfähigkeit im privatrechtlichen Bereich betrifft. Dies schließt es nicht aus, dem werdenden Menschen auch schon vor der Geburt in einzelnen Beziehungen, soweit erforderlich und sachgerecht, Rechtsfähigkeit in Teilbereichen zuzuerkennen.

b) Bei juristischen Personen

14 Bei juristischen Personen beginnt die Rechtsfähigkeit mit dem **Abschluß des Gründungsvorgangs,** was im Privatrecht grundsätzlich die Eintragung ins Vereinsregister (§ 21 BGB) oder ins Handelsregister (§ 41 AktG, § 11 GmbHG) oder beim wirtschaftlichen Verein die Verleihung gemäß § 22 BGB voraussetzt (s. unten § 10 Rn. 26ff.).

2. Schutz des bereits gezeugten Lebens und dessen Teilrechtsfähigkeit

15 Das noch nicht geborene, aber bereits gezeugte Kind kann zwar noch nicht als Träger aller Rechte und Pflichten am gesamten Rechtsverkehr teilnehmen und bedarf deshalb nicht in vollem Umfang der Rechtsfähigkeit. Jedoch darf auch das bereits **gezeugte Kind rechtlich nicht schutzlos** bleiben. Dabei ist die Frage, ob das ungeborene Kind selbst rechtsfähig ist, weniger entscheidend als die Frage, ob es rechtlichen Schutz genießt, denn diesen Schutz können die Eltern anstatt als Vertreter des ungeborenen Kindes auch als ihr eigenes Recht geltend machen. Das BGB verlagert in manchen Fällen entgegen dem Grundsatz des § 1 die Rechtsfähigkeit des bereits gezeugten, aber noch nicht geborenen Kindes auf den Zeitpunkt der Zeugung vor[11], setzt dabei aber die spätere Lebendgeburt voraus. Im einzelnen ist zu unterscheiden

a) Schutz des Embryo unabhängig von späterer Geburt

16 In einzelnen Beziehungen ist es aufgrund der Menschenwürde geboten, den Embryo unabhängig von einer späteren Lebendgeburt und unabhängig davon, ob er sich

[10] So aber *E. Wolf,* in: *Wolf/Naujoks,* aaO, S. 83ff.; *ders.,* Lehrbuch, S. 183ff.
[11] So ausdrücklich das Schweizerische Zivilgesetzbuch in Art. 31 Abs. 2.

im oder außerhalb des Mutterleibs befindet, rechtlichen Schutz als werdender Mensch zuzuerkennen. Dies gilt insbesondere für den verfassungsrechtlichen **Schutz von Leben und Gesundheit**[12] der Leibesfrucht aus Art. 2 Abs. 2 GG und muß grundsätzlich auch für den daraus abgeleiteten zivilrechtlichen Schutz zur Anwendung kommen, jedenfalls soweit es den Anspruch auf Unterlassung von Eingriffen und Schädigungen betrifft. Da der Schutz des Embryo nicht von ihm selbst geltend gemacht werden kann, sind grundsätzlich die Eltern dazu berufen. Dabei ist es sinnvoll, die Eltern nicht als Vertreter des vielleicht nie lebend geborenen Kindes handeln zu lassen, sondern ihnen ein eigenes Recht auf Schutz des Embryo zu gewähren. Die Lage ist insoweit vergleichbar mit dem Schutz des postmortalen Persönlichkeitsrechts, bei dem auch nicht mehr der Verstorbene selbst Rechtsinhaber sein kann, wohl aber die Angehörigen den über den Tod hinaus zu achtenden Persönlichkeitsschutz durchsetzen können (dazu unten § 8 Rn. 46f.).

Der *BGH* hat einem Vater, dessen in einer Samenbank aufbewahrter Samen vom 17
dortigen Personal fahrlässig vernichtet worden ist, einen Anspruch auf Schmerzensgeld wegen Körperverletzung zuerkannt[13]. Die Annahme einer Körperverletzung ist wegen der fehlenden Verbindung zum Körper aber bedenklich. Der Schutz als bloßes Sacheigentum wird der engen Verbindung zur Person nicht gerecht[14]. In Betracht kommt statt dessen eine Verletzung des Persönlichkeitsrechts im Sinne einer Verletzung des Rechts auf Selbstbestimmung der Nachkommenschaft[15]. Gleiches muß im Hinblick auf die Eizelle der Mutter gelten. Mit der Erzeugung des Embryo **außerhalb des Mutterleibs** geht dieses Selbstbestimmungsrecht auf Vater und Mutter gemeinsam über. Mutter und Vater haben zugleich die engste Beziehung zu dem Embryo und sind deshalb dazu berufen, auch den Anspruch auf Schutz der ungestörten Entwicklung des Embryo als ihren eigenen Anspruch geltend zu machen[16]. Eine Pflicht zur Einpflanzung in vitro (im Reagenzglas) erzeugter Embryonen[17] kann aber nicht allgemein angenommen werden. Davon unabhängig ist die Frage, ob Eingriffe in das Leben des Embryo strafrechtlich und öffentlichrechtlich zugelassen sind. Ein Entgelt darf für die Überlassung von Embryonen zur Stammzellenforschung z.B. nicht versprochen oder gewährt werden[18].

Im Mutterleib steht dagegen grundsätzlich das Persönlichkeitsrecht der Mutter im 18
Vordergrund[19]. Damit kommt ihr auch das Recht zu, den Schutz von Leben und Gesundheit des Embryo allein wahrzunehmen. Sie hat auch allein die Risiken des Austragens und der Geburt zu tragen. Insbesondere kann der Vater von der Mutter

---

[12] S. *BVerfG* NJW 1975, 573, 575; 1993, 1751 zu § 218 StGB.

[13] *BGH* NJW 1994, 127; krit. dazu Staudinger/*Hager*, BGB,§ 823 Rn. B 19 m.w.N.

[14] S. auch Staudinger/*Hager*, BGB, § 823 Rn. B 19; *M. Wolf*, Sachenrecht, Rn. 12.

[15] *Rohe*, JZ 1994, 468; *Taupitz*, NJW 1995, 748; *Pfeiffer* in Anm. zu *BGH* LM § 823 Nr. 151 (Aa).

[16] S. auch *Taupitz*, ZRP 2002, 111, 114.

[17] Dazu *Coester-Waltjen* in Anm. zu *BGH* LM H. 8/2001 § 1353 BGB Nr. 36; *Coester-Waltjen*, Verhandlungen des 56. DJT 1986, Bd. I, S. B 1ff.; *Keller/Günther/Kaiser*, Embryonenschutzgesetz, 1992, Einf. B V Rn. 18, dort A II auch zu den naturwissenschaftlich-medizinischen Grundlagen.

[18] Vgl. § 4 Abs. 2 Nr. 1c StZG (Stammzellengesetz v. 28. 6. 2002, BGBl. I S. 2277); ein vollkommenes strafrechtliches Veräußerungs- und Erwerbsverbot enthält § 2 ESchG (Embryonenschutzgesetz vom 13. 12. 1990, BGBl. I S. 2746).

[19] So auch *Taupitz*, ZRP 2002, 111, 114.

nicht die Abtreibung verlangen[20]. Umgekehrt kann er ihr aber auch nicht eine Abtreibung untersagen, weil es sich im Rahmen des nach § 218 StGB Zulässigen um eine höchstpersönliche Entscheidung der Mutter handelt.

b) Schutz des nasciturus abhängig von späterer Lebendgeburt

19 In einigen im BGB geregelten Fällen wird das noch nicht geborene Kind bereits als rechtfähig behandelt. Der Rechtserwerb ist aber von der späteren Lebendgeburt abhängig. Da die später Lebendgeburt vorausgesetzt wird, spricht man auch vom nasciturus. Natürlich genießt der nasciturus in vollem Umfang auch den Schutz des Embryo. Darüber hinaus greift für den nasciturus in einigen Fällen aber auch ein Schutz vor allem im **vermögensrechtlichen Bereich** ein. Es handelt sich insoweit um eine nur bedingte Rechtsfähigkeit, bedingt durch die spätere Lebendgeburt. Das Gesetz erkennt insoweit dem bereits gezeugten, aber noch nicht geborenen Kind der Sache nach eine beschränkte Teilrechtsfähigkeit zu[21].

20 **Beispiele:** Wäre das bereits gezeugte Kind im Mutterleib noch nicht rechtsfähig, dann könnte es mit Rücksicht auf § 1923 Abs. 1, der nur lebende Personen als erbfähig ansieht, seinen Vater nicht beerben, wenn dieser noch vor der Geburt des Kindes stirbt, das Kind aber lebend geboren wird. Stattdessen würden nach § 1925 mit § 1930 die Eltern des Vaters neben der Mutter (§ 1931) das später geborene Kind von der Erbschaft ausschließen. Um dieses sicher unangemessene Ergebnis zu vermeiden, bedient sich das Gesetz einer Fiktion. Nach § 1923 Abs. 2 ist es für die Erbfolge, sofern nur das Kind schon zur Zeit des Erbfalls erzeugt war und später lebend geboren wurde, so anzusehen, als sei es vor dem Erbfall geboren. Das bedeutet, daß dann die Erbschaft gemäß § 1923 Abs. 2 bereits mit dem Erbfall auf den in diesem Augenblick noch nicht geborenen, wenn auch schon gezeugten nasciturus übergeht. Auch noch einige andere Vorschriften, denen zufolge bestimmte Ansprüche schon vor der Geburt erworben werden können, lassen eine beschränkte Rechtsfähigkeit des nasciturus erkennen, so die §§ 844 Abs. 2 Satz 2, 1615 Abs. 1 (für Unterhaltsansprüche), § 2178 (Anfall eines Vermächtnisses), sowie § 331 Abs. 2 (Vertrag zugunsten Dritter). Auch in einen Vertrag mit Schutzwirkung für Dritte kann der nasciturus einbezogen werden[22]. Ebenso stehen dem Kind für Schädigungen im vorgeburtlichen Stadium, etwa bei fehlerhafter ärztlicher Behandlung oder bei Schädigung durch Arzneimittel, Schadensersatzansprüche aus § 823 Abs. 1 zu[23]. Voraussetzung ist jedoch stets, daß der nasciturus später lebend geboren wird. Dies ist auch sachgerecht, denn ein tot geborenes Kind braucht z.B. keinen Unterhaltsanspruch und keine Erbschaft. Der Leibesfrucht kann zur Wahrung ihrer künftigen Rechte ein Pfleger bestellt werden (§ 1912 Abs. 1). Der Pfleger hat eine dem Vormund ähnliche Stellung (§ 1915)[24]; seiner bedarf es jedoch bei ehelichen Kindern in der Regel nicht, soweit deren Eltern die Fürsorge auch für das bereits geborene Kind zustünde (§ 1912 Abs. 2). Die Eltern bedürfen zu gewissen Geschäften aber der vormundschaftsgerichtlichen Genehmigung nach § 1643.

3. Rechtsstellung der noch nicht Gezeugten

21 Ein noch nicht gezeugtes Leben kann grundsätzlich noch nicht geschützt werden und kann grundsätzlich noch nicht Rechtsträger sein. Dennoch kann auch eine noch nicht erzeugte Person in Rechtsverhältnisse einbezogen werden, aus denen sie, falls sie künftig lebend geboren wird, Rechte erwerben kann. So spricht § 331 Abs. 2 nur von

---

[20] S. *Coester-Waltjen* in Anm. zu *BGH* LM H. 8/2001 § 1353 BGB Nr. 36 = *BGH* NJW 2001, 1789.

[21] Von einer beschränkten Rechtsfähigkeit sprechen *Enneccerus/Nipperdey*, AT, § 84 II 3, von Teilrechtsfähigkeit *Fabricius*, aaO, S. 111 ff.

[22] *BGH* NJW 1971, 241, 242.

[23] Dazu *BGHZ* 58, 48, 50.

[24] Vgl. dazu *Gernhuber/Coester-Waltjen*, Lehrb. des Familienrechts, § 70 II und III.

der Zeit „vor der Geburt des Dritten", setzt aber im Gegensatz etwa zu § 1923 Abs. 2 nicht die Zeugung voraus. § 2101 Abs. 1 und § 2178 lassen sogar ausdrücklich zu, daß eine noch nicht erzeugte Person als Nacherbe (dazu § 2106 Abs. 2) bzw. als Vermächtnisnehmer eingesetzt wird. Es handelt sich dabei jeweils um vermögensrechtliche Rechte. Diese Vorschriften machen aber deutlich, daß einzelne Voraussetzungen für die Entstehung von Rechten auch in die Zeit vor der Zeugung vorverlegt sein können, auch wenn das Recht selbst erst mit der Lebendgeburt dem Neugeborenen zufällt. Diese Vorschriften geben auch Hinweise zur Lösung der Frage, ob ein Mensch, wenn er lebend geboren wird, Schadensersatz wegen solcher Schäden verlangen kann, die ihm bereits bei oder vor der Zeugung durch die unerlaubte Handlung eines Dritten oder auch durch das Verhalten eines Elternteils zugefügt worden sind[25].

Beispiele: Der *BGH* hat einem Kind einen Schadensersatzanspruch zuerkannt[26], das dadurch 22
geschädigt war, daß seine spätere Mutter vor der Zeugung des Kindes eine Blutübertragung von einem lueskranken Mann erhalten hatte, durch die sie selbst mit Lues infiziert worden war, was wiederum die Übertragung der Krankheit schon im vorgeburtlichen Stadium auf das Kind zur Folge hatte. Ebenso hat der *BGH* den Schadensersatzanspruch eines Kindes bejaht, das infolge einer Verletzung der Mutter im vorgeburtlichen Stadium mit einem Gesundheitsschaden geboren worden war[27]. Gleiche Probleme können sich bei einer Infektion mit dem Aids-Virus stellen.

Ein Ersatzanspruch des Kindes setzt nicht voraus, daß es bereits im Augenblick der 23
Schädigung rechtsfähig gewesen ist. Die Frage der Verletzbarkeit des noch Ungeborenen hat auf den natürlichen Entwicklungsprozeß abzustellen und ist deshalb nicht abhängig von der Rechtsfähigkeit[28]. Auch wenn man daran festhält, daß das Kind erst mit der Geburt die Rechtsfähigkeit erlangt und damit als Person im Rechtssinn existent wird, ändert das nichts daran, daß seine biologische Existenz eine weiter zurückliegende Vorgeschichte hat. Die Frage, wann menschliches Leben beginnt und ab wann es vom Recht geschützt wird, ist eine ganz andere Frage als die, von welchem Augenblick an der Mensch rechtsfähig ist. Es kann auch nicht damit argumentiert werden, es fehle an einer Verletzung der Gesundheit, weil das Kind von Anfang an nie voll gesund gewesen sei, denn es ist auf jeden Fall in den natürlichen Prozeß der Entwicklung zu einem gesunden Menschen eingegriffen worden[29]. Beeinträchtigungen, die der biologische Organismus im vorgeburtlichen Stadium erleidet, können sich in einer Fehlgestaltung oder Funktionsuntüchtigkeit des sich entwickelnden Organismus bis nach der Geburt fortsetzen. Man kann in solchen Fällen sehr wohl sagen, daß der Mensch durch die vorgeburtliche Einwirkung an seiner Gesundheit geschädigt sei. § 1 stünde dem nur entgegen, wenn er besagte, nicht nur die Rechtsfähigkeit des Menschen, sondern auch sein Dasein als natürliches Lebewesen begänne erst mit der Geburt. Dies wäre naturwissenschaftlich unrichtig und kann daher auch nicht vom Ge-

---

[25] Vgl. hierzu *E. Wolf,* in: *Wolf/Naujoks,* aaO, S. 164ff.; *Fabricius,* aaO, S. 7ff.; *Stoll,* FS Nipperdey, 1965, Bd. 1, S. 739; *Selb,* Schädigung des Menschen vor der Geburt – ein Problem der Rechtsfähigkeit?, AcP 166 (1966), 76; *Rheinstein,* Rechtswidrige Erzeugung menschlichen Lebens – ein neuer Grund deliktischer Haftung? FS v. Hippel, 1967, S. 373. Weitere Literatur bei *Selb.*

[26] *BGHZ* 8, 243, 247.

[27] *BGHZ* 58, 48, 50.

[28] *Selb,* aaO (Fn. 24). Ebenso MünchKomm/*Schmitt,* § 1 Rn. 36ff.

[29] Vgl. auch *BGHZ* 8, 243, 247; 58, 48, 49; vgl. zu Eigentumsverletzungen auch *BGH* NJW-RR 1993, 793.

setzgeber bestimmt werden. Die natürliche Verletzung menschlichen Lebens im vorgeburtlichen Stadium kann freilich einen Schadensersatzanspruch erst dann begründen, wenn ein Rechtsträger für ihn vorhanden ist, also mit der Geburt als dem Beginn der Rechtsfähigkeit[30]. Während normalerweise der Schadensersatzanspruch mit der Verletzung entsteht, ist hier seine Entstehung zeitlich hinausgeschoben (sog. zeitliches Distanzdelikt) und davon abhängig, daß das Kind lebend zur Welt kommt. Das ist aber nichts Ungewöhnliches. Einer Vorverlegung der Rechtsfähigkeit auf einen früheren Zeitpunkt als den der Geburt bedürfte es nur dann, wenn die Ansprüche als bereits im Zeitpunkt der Schadenszufügung entstanden gedacht werden müßten, wofür aber keine Notwendigkeit besteht.

4. Ende der Rechtsfähigkeit

a) Beim Menschen

24 Die Rechtsfähigkeit des **Menschen** endet grundsätzlich mit seinem Tode, was im Gesetz zwar nicht ausdrücklich gesagt ist, aber aus § 1922 Abs. 1 geschlossen werden muß, da das Vermögen deshalb auf den Erben übergeht, weil der tote Erblasser nicht mehr Rechtsträger sein kann und es subjektlose Rechte grundsätzlich nicht gibt[31]. Die Frage, von welchem Augenblick an der Mensch im medizinischen und im rechtlichen Sinne als (endgültig) tot zu betrachten sei, ist infolge der Möglichkeiten der Medizin zweifelhaft geworden. Der Tod wird nach heutigen medizinischen Erkenntnissen als Prozeß betrachtet, bei dem zwischen dem Absterben einzelner Organsysteme zu unterscheiden ist. Kommt es z.B. auf den Herztod oder auf den Hirntod an? Das Problem stellt sich vor allem bei der Entnahme von Organen, weil diese möglichst rasch für eine Transplantation benötigt werden[32]. Das Transplantationsgesetz (TPG) stellt deshalb in § 3 TPG für die Organentnahme auf den Hirntod ab und läßt sie in § 5 TPG auch beim Herztod zu. Die damit verbundene Frage des Eingriffs in den lebenden oder toten Körper stellt sich unabhängig von der Rechtsfähigkeit. Beim Ende der Rechtsfähigkeit, bei dem es darum geht, wie lange jemand Rechtsträger sein kann, kann auf einen späten und deshalb sicheren Todeszeitpunkt abgestellt werden. Dieser ist anzunehmen, wenn **sowohl Herz- als auch Hirntod** eingetreten ist[33]. Damit wird verhindert, daß ein zu früh für tot Erklärter sein Vermögen an die Erben verliert und nach einer Wiederbelebung vermögenslos wäre.

25 Mit dem Tode endet die Rechtsfähigkeit. Als Rechtsfolge daraus ergibt sich, daß das Vermögen des Verstorbenen in diesem Augenblick auf seinen Erben übergeht (§ 1922 Abs. 1). Der Erbe tritt zugleich in die vermögensrechtlichen Verbindlichkeiten des Erblassers ein (§ 1967 Abs. 1). Eine bestehende Ehe wird durch den Tod aufgelöst. Stand dem Verstorbenen zusammen mit seinem Ehegatten gemäß § 1626 die elterliche Sorge über minderjährige Kinder zu, so steht sie nunmehr dem überlebenden Ehegatten allein zu (§ 1680 Abs. 1). Falls auch der andere Elternteil nicht mehr lebt, endet die elterliche Sorge und erhalten die Kinder einen Vormund

---

[30] So auch *BGHZ* 58, 48, 51: „Auch steht außer Frage, daß der Ersatzanspruch, gleich wie man ihn begrifflich ableitet, erst mit der Vollendung der Geburt entsteht".

[31] S. unten § 14 Rn. 21ff.; a.A. *Firsching,* FamRZ 1957, 102, 103.

[32] Dazu *Weber/Lejeune,* NJW 1994, 2392; *Höfling,* JZ 1995, 26; *Spittler,* JZ 1997, 747; *Ach/Quante,* Hirntod und Organverpflanzung, 2. Aufl. 1999.

[33] Allein auf den Hirntod stellen ab *OLG Köln* NJW-RR 1992, 1480; *OLG Frankfurt* NJW 1997, 3099; krit. dazu *Madea/Henssge/Dettmeyer,* MedR 1999, 162; zum Zwischenstadium zwischen Gehirn- und Herztod *Spittler,* JZ 1997, 747.

(§ 1773 Abs. 1). Der Schutz des Persönlichkeitsrechts besteht auch über den Tod hinaus, muß aber von anderen Personen, insbesondere den Angehörigen wahrgenommen werden (s. unten § 8 Rn. 46f.).

b) Bei juristischen Personen

Die Rechtsfähigkeit von juristischen Personen endet durch deren Erlöschen sowie durch sonstige gesetzlich festgelegte Tatbestände wie etwa §§ 42, 43, 73 (s. unten § 10 Rn. 122ff.). 26

III. Nachweis von Geburt und Tod

Wie alle rechtlich erheblichen Tatsachen bedarf auch die Geburt und der Tod eines Menschen, der genaue Zeitpunkt der Geburt oder des Todes des Beweises, wenn jemand Rechte daraus für sich herleiten will. 27

1. Personenstandsbücher

In Anbetracht der vielen rechtlichen Folgen, die sich an die Geburt eines Menschen, an seine Abstammung von bestimmten Eltern, an die Heirat und an den Tod anknüpfen, erleichtert die Rechtsordnung den Beweis dieser Tatsachen und Vorgänge durch deren Eintragung in öffentliche Bücher, die Personenstandsbücher, deren Führung dem Standesbeamten obliegt. Dieser führt ein Heiratsbuch, ein Familienbuch, ein Geburtenbuch und ein Sterbebuch (§ 1 PStG). Die Eintragungen in diesen Büchern „beweisen bei ordnungsgemäßer Führung Eheschließung, Geburt und Tod und die darüber gemachten näheren Angaben“ (§ 60 PStG). Zwar ist der Nachweis der Unrichtigkeit einer Beurkundung zulässig; den Beweis hat aber dann derjenige zu führen, der die Unrichtigkeit behauptet. Auf Grund der Eintragungen werden von dem Standesbeamten Geburtsscheine sowie Geburts-, Heirats- und Sterbeurkunden ausgestellt, die dieselbe Beweiskraft haben wie die Eintragungen in den Personenstandsbüchern (§ 66 PStG). 28

2. Verschollenheit

Der Tod eines Menschen kann ungewiß sein, wenn längere Zeit von ihm keine Nachricht eingegangen ist und Grund zu der Annahme besteht, er sei nicht mehr am Leben. Ferner kann, auch wenn der Tod gewiß ist, doch der genaue Zeitpunkt des Todes ungewiß sein. Der Zeitpunkt des Todes kann aber von sehr erheblicher Bedeutung vor allem in erbrechtlicher Hinsicht sein. Um in solchen Fällen der Ungewißheit eine klare Rechtslage zu schaffen, gibt das Gesetz die Möglichkeit, einen Verschollenen durch Gerichtsbeschluß für tot erklären zu lassen. Die **Todeserklärung** enthält nicht nur die gerichtliche Feststellung des Todes, sondern auch die des angenommenen Todeszeitpunkts. Ferner kennt das Gesetz ein Verfahren zur Feststellung nur der Todeszeit, wenn der Tod eines Menschen als solcher zweifellos und nur der Zeitpunkt ungewiß ist. Beide Verfahren sind im **Verschollenheitsgesetz vom 15. 1. 1951** geregelt, dessen Bestimmungen an die Stelle der früheren §§ 13 bis 20 BGB getreten sind[34]. 29

---

[34] Zu Einzelheiten s. 7. Auflage, § 5 III.

§ 6. Die Handlungsfähigkeit als Zurechnungsgrund

Inhaltsübersicht

I. Die Handlungsfähigkeit

1. Die allgemeine und besondere Handlungsfähigkeit

a) Begriff der Handlungsfähigkeit

1 Die Rechtsfähigkeit (s. oben § 5) als die Fähigkeit, Rechte und Pflichten haben zu können, besteht unabhängig von der Handlungsfähigkeit. Handlungsfähigkeit ist die allgemeine **Fähigkeit eines Menschen, Rechtshandlungen wirksam vornehmen zu können,** d. h. Rechte ausüben und Pflichten übernehmen oder sonst Rechtsfolgen durch das eigene Verhalten herbeiführen zu können. Rechtsfolgen können aber auch kraft Gesetzes ohne Rücksicht auf menschliches Verhalten und ohne Rücksicht auf die Handlungsfähigkeit eintreten.

2 **Beispiele:** Rechtsfolgen, die ohne menschliches Handeln allein kraft Gesetzes eintreten, sind etwa der Beginn und Ablauf von Fristen (§§ 187ff.), die Tierhalterhaftung nach § 833 bei Schadensverursachung durch ein Tier, der Eigentumserwerb an Erzeugnissen einer Sache, wie etwa an den vom Muttertier geborenen Jungtieren (§ 953; s. auch § 911) oder die gesetzliche Erbfolge beim Tod eines Menschen.

3 Auch für sonstige Rechtsfolgen, die an menschliches Verhalten anknüpfen, ist die **allgemeine Handlungsfähigkeit** als Grundlage erforderlich, wozu je nach den einzelnen Rechtsfolgen weitere Voraussetzungen in Gestalt der **besonderen Handlungsfähigkeiten,** wie Geschäftsfähigkeit und Deliktsfähigkeit, hinzukommen können (s. sogleich Rn. 12ff., 33ff.).

4 **Beispiele:** Die allgemeine Handlungsfähigkeit genügt etwa für die Besitzergreifung (§ 854 Abs. 1), für die Ersitzung (§ 937), für die Verbindung oder Vermischung von Sachen mit den Rechtsfolgen der §§ 947, 948, für die Verarbeitung nach § 950 oder für die Rechtsfolgen des Findens nach § 965. Die Vermischung kann auch allein durch natürliche Ereignisse eintreten, z.B. wenn durch Auslaufen sich Flüssigkeiten vermischen. Die Vermischung kann aber auch durch menschliche Handlung verursacht werden, wofür die allgemeine Handlungsfähigkeit genügt.

5 Rechtsgeschäftliche Willenserklärungen, wie der Abschluß von Verträgen, die Abgabe einer Kündigungserklärung oder die Errichtung eines Testaments, sind ebenfalls Handlungen, die ne-

ben der Geschäftsfähigkeit (s. unten Rn. 12ff.) auch die allgemeine Handlungsfähigkeit verlangen. Auch unerlaubte Handlungen, wie die Verletzung einer Person oder die Beschädigung einer Sache, setzen neben der Deliktsfähigkeit (s. unten Rn. 33ff.) die allgemeine Handlungsfähigkeit voraus.

b) Subjektive Voraussetzungen der allgemeinen Handlungsfähigkeit

Die allgemeine Handlungsfähigkeit erfordert in subjektiver Hinsicht die **Fähigkeit zu irgendwie willentlich gesteuertem Verhalten,** wobei es nicht darauf ankommt, daß gerade die eingetretene Rechtsfolge gewollt ist, wie dies bei Willenserklärungen erforderlich ist (s. unten § 22 Rn. 3). Handlungsfähig ist, wer sich seines Verhaltens bewußt ist und dies irgendwie steuern kann[1]. Nicht handlungsfähig ist etwa der Säugling oder der Bewußtlose. 6

Beispiele: Wer im Traum eine Erklärung abgibt, ist nicht geschäftsunfähig nach § 104 Nr. 2, handelt aber nicht bewußt und gibt deshalb wegen fehlender Handlungsfähigkeit keine Willenserklärung ab. Ebensowenig liegt mangels Handlungsfähigkeit eine unerlaubte Handlung vor, wenn jemand in Ohnmacht fällt und beim Sturz eine Vase zerstört. 7

2. Verhaltenszurechnung bei nicht Handlungsfähigen

Personen, die nicht handlungsfähig sind, bleiben dennoch rechtsfähig. Bei der Ausübung und beim Erwerb von Rechten müssen sie aber ebenso wie bei der Erfüllung von Pflichten oder für die Herbeiführung sonstiger verhaltensbedingter Rechtsfolgen andere für sich handeln lassen. Für die Zurechnung von Fremdhandeln anderer zugunsten oder zu Lasten des Rechtsträgers sind verschiedene Vorschriften vorgesehen. 8

a) Zurechnung rechtsgeschäftlichen Handelns

Soweit es die Vornahme von Rechtsgeschäften für und gegen den Rechtsträger betrifft, steht die Figur der Stellvertretung zur Verfügung (§§ 164ff., s. unten § 46). Die Stellvertretung ermöglicht die Zurechnung von Willenserklärungen für und gegen einen anderen nicht nur bei natürlichen Personen, sondern auch bei juristischen Personen (s. § 26 Abs. 2 BGB; § 78 AktG; § 35 GmbHG). 9

b) Zurechnung schadensersatzpflichtiger Handlungen

Die Fremdzurechnung schadensersatzpflichtiger Handlungen findet im Rahmen bestehender Schuldverhältnisse über die Verhaltens- und Verschuldenszurechnung nach § 278 statt, bei unerlaubten Handlungen allein über die Verhaltenszurechnung nach § 831. Für juristische Personen erfolgt die Verhaltens- und Verschuldenszurechnung der für sie handelnden Organe nach § 31. 10

c) Zurechnung sonstiger Rechtshandlungen

Bei der Zurechnung anderer rechtlich relevanter Verhaltensformen greifen verschiedene Vorschriften ein. Für den Besitz stellt § 855 mit der Besitzdienerschaft eine besondere Zurechnungsform zur Verfügung. Bei juristischen Personen wird der Organbesitz der juristischen Person zugerechnet[2]. Für die Wissenszurechnung wird auch 11

---

[1] Die verschiedenen Handlungslehren werden vor allem im Strafrecht erörtert, s. Schönke/Schröder/*Lenckner,* StGB, 26. Aufl. 2001, Vor §§ 13ff. Rn. 23ff.

[2] S. *BGHZ* 57, 166 (168); *Baur/Stürner,* Sachenrecht, § 7 C I 3; Erman/*Werner,* § 854 Rn. 6; Staudinger/*Bund,* § 854 Rn. 58; *Westermann/Gursky,* Sachenrecht, § 20 II 2; *M. Wolf,* Sachenrecht, Rn. 193.

außerhalb der Vornahme von Rechtsgeschäften auf § 166 und dessen analoge Anwendung zurückgegriffen, so etwa im Zusammenhang mit der Bösgläubigkeit in § 819 oder § 990 (s. unten § 46 Rn. 95ff.). Eine allgemeine Zurechnung fremden Verhaltens ohne besonderen Zurechnungsgrund findet nicht statt.

II. Bedeutung und Inhalt der Geschäftsfähigkeit

1. Bedeutung und Begriff der Geschäftsfähigkeit

12 Wie sich aus der Überschrift des 3. Abschnitts vor §§ 104ff. im Wege systematischer Auslegung ergibt, bezieht sich die Geschäftsfähigkeit auf die Vornahme von Rechtsgeschäften. **Geschäftsfähigkeit** ist die Fähigkeit, **Rechtsgeschäfte** selbstverantwortlich wirksam vornehmen zu können. Das Rechtsgeschäft ist das vom BGB vorgesehene Instrument, mit dem das einzelne Rechtssubjekt in Ausübung seiner Privatautonomie die von ihm gewollten Rechtsfolgen, sei es allein oder z.B. bei Verträgen zusammen mit anderen, in Geltung setzen kann. Rechtsgeschäfte mit der Willenserklärung als ihrem Hauptbestandteil sind deshalb dadurch gekennzeichnet, daß bei ihnen die Rechtsfolgen gerade deshalb und nur deshalb eintreten, weil sie so gewollt sind. Dieser in der Willenserklärung enthaltene Rechtsfolgewille ist der wichtigste und unverzichtbare Bestandteil eines jeden Rechtsgeschäfts (s. unten § 24 Rn. 9). Wegen der oft einschneidenden Konsequenzen, die Rechtsgeschäfte mit sich bringen, sollen die damit verbundenen Rechtsfolgen, insbesondere auch die damit verbundenen Pflichten, nur von solchen Personen herbeigeführt werden können, die die Fähigkeit zu vernünftiger Willensbildung mit einem Grundbestand an geschäftlichem Urteilsvermögen besitzen (s. unten § 25 Rn. 1). Bei der Testierfähigkeit als Unterfall der Geschäftsfähigkeit spricht das Gesetz von der Fähigkeit, die Bedeutung einer Willenserklärung einzusehen und nach dieser Einsicht zu handeln (§ 2229 Abs. 4).

13 Zur Feststellung der erforderlichen Einsichts- und Urteilsfähigkeit kann im Interesse der Sicherheit des geschäftlichen Verkehrs nicht in jedem Einzelfall die individuelle Fähigkeit zur selbstbestimmt richtigen Entscheidung überprüft werden. Das BGB will aber bestimmte Personengruppen, bei denen das notwendige Urteilsvermögen typischerweise nicht erwartet werden kann, vor den Folgen unüberlegter Rechtsgeschäfte schützen und versagt ihnen deshalb die Geschäftsfähigkeit. Im übrigen werden den geschäftsfähigen Personen die von ihnen vorgenommenen Rechtsgeschäfte grundsätzlich voll verantwortlich zugerechnet, auch wenn im Einzelfall ein Rechtsgeschäft nicht durchdacht und für sie nachteilig sein sollte. Davon ausgenommen ist der Schutz einzelner schutzbedürftiger Personengruppen in bestimmten vertraglichen Verhandlungssituationen (s. unten Rn. 27ff.). Dies berührt aber nicht deren Geschäftsfähigkeit.

2. Voraussetzungen und Arten der Geschäftsfähigkeit

14 Das Gesetz geht grundsätzlich von der Geschäftsfähigkeit jedes Menschen aus und versagt nur einzelnen Personengruppen die volle Geschäftsfähigkeit. Gemäß diesem Regel-Ausnahme-Verhältnis muß derjenige, der die Unwirksamkeit der von ihm abgegebenen Willenserklärung wegen fehlender Geschäftsfähigkeit geltend macht, seine fehlende Geschäftsfähigkeit als Ausnahme von der Regel beweisen. Bei Kindern und Jugendlichen knüpft das Gesetz an das Erreichen eines bestimmten Lebensalters an, da

hierin ein leicht feststellbares und sicheres Kriterium liegt (s. auch unten § 25 Rn. 3). Die Geschäftsfähigkeit fehlt daneben auch Geisteskranken (§ 104 Nr. 2).

Die Voraussetzungen der Geschäftsfähigkeit sind vom Gesetz zwingend festgelegt und können von den Beteiligten durch Vereinbarung weder erleichtert noch erschwert werden. Geschäftsfähige Personen können aber vereinbaren, daß die Rechtsfolgen eines bestimmten Geschäfts erst mit Eintritt eines bestimmten Alters eintreten sollen, z. B. Beginn eines Anstellungsvertrags erst mit dem 25. Lebensjahr. **15**

a) Altersabhängige Geschäftsfähigkeit

Im einzelnen unterscheidet das Gesetz hinsichtlich der Geschäftsfähigkeit verschiedene Altersstufen: **Kinder,** die noch nicht das 7. Lebensjahr vollendet haben, sind geschäftsunfähig (§ 104 Nr. 1). **Minderjährige,** die das 7. Lebensjahr vollendet haben, sind in der Geschäftsfähigkeit beschränkt (§ 106; dazu im Einzelnen unten § 25 Rn. 16 ff.). **Volljährige,** die das 18. Lebensjahr vollendet haben, sind, sofern sie nicht geisteskrank sind, voll geschäftsfähig und mündig, d. h. sie können ihre rechtlichen Angelegenheiten selbst wahrnehmen und damit Rechtsgeschäfte aller Art selbständig vornehmen. Sie sind damit auch nach den Vorschriften der Prozeßordnung (§ 52 ZPO) prozeßfähig. **16**

Für einige Rechtsgeschäfte hat das Gesetz den Zeitpunkt der **Mündigkeit vorverlegt.** Die Fähigkeit, ein Testament zu errichten, die sog. Testierfähigkeit, beginnt mit der Vollendung des 16. Lebensjahres (§ 2229 Abs. 1). Ein Minderjähriger, der testierfähig ist, bedarf zur Errichtung eines Testaments nicht der Zustimmung seiner gesetzlichen Vertreter (§ 2229 Abs. 2). Er kann das Testament allerdings nur in öffentlicher Form errichten (vgl. § 2247 Abs. 4). Ferner soll ein Minderjähriger eine Ehe nicht eingehen; hiervon kann das Vormundschaftsgericht Befreiung erteilen, wenn der Antragsteller das 16. Lebensjahr vollendet hat und sein künftiger Ehegatte volljährig ist (§ 1303). **17**

b) Geschäftsunfähigkeit unabhängig vom Alter

Ohne Rücksicht auf das Alter ist geschäftsunfähig, wer sich „in einem die freie Willensbestimmung ausschließenden Zustand krankhafter Störung der Geistestätigkeit befindet, sofern nicht der Zustand seiner Natur nach ein vorübergehender ist" (§ 104 Nr. 2). Es muß sich also um einen Zustand von einiger Dauer handeln. Ein solcher **Zustand krankhafter Störung der Geistestätigkeit** liegt vor, wenn infolge einer psychischen Erkrankung, abnormen seelischen Veranlagung oder Schädigung der Gehirnzellen das Urteilsvermögen oder die Willensbildung so erheblich gestört sind, daß mit einer normalen Urteilsbildung oder Motivation nicht gerechnet werden kann[3]. Unter „freier Willensbildung" ist nach dem Zweck der Bestimmung die Fähigkeit zu verstehen, die Bedeutung einer abgegebenen Willenserklärung zu erkennen und nach dieser Erkenntnis zu handeln[4]. Die Betreuung im Sinne von §§ 1896 ff. kann unabhängig von der Frage der Geschäftsfähigkeit auch bei bloß körperlichen Behinderungen angeordnet werden. Sie hebt für sich allein die Geschäftsfähigkeit nicht auf. **18**

Befindet sich die Person, die ein Rechtsgeschäft vornimmt, zur Zeit der Vornahme in einem Zustand der in § 104 Nr. 2 beschriebenen Art, so kommt es nicht darauf an, ob ihr Zustand **19**

---

[3] S. als Beispiel *BGH* NJW 2000, 3562; s. auch MünchKomm/*Schmitt,* § 104 Rn. 4 ff.; Soergel/*Hefermehl,* § 104 Rn. 3 ff.

[4] S. auch § 2229 Abs. 4 und *Gebauer,* AcP 153 (1953), 332, 357.

von Einfluß gerade auf die Vornahme dieses Rechtsgeschäfts gewesen ist[5]. Vielmehr besteht eine vollständige Geschäftsunfähigkeit, d. h. es sind alle Geschäfte ohne weiteres **nichtig,** die die betreffende Person vornimmt. Im Interesse der Sicherheit des Rechts- und Geschäftsverkehrs sieht § 105a bei volljährigen Personen, die geschäftsunfähig sind, eine **Heilung** dadurch vor, daß Geschäfte des täglichen Lebens trotz ursprünglicher Nichtigkeit wirksam werden, sobald die vereinbarten Leistung „bewirkt", d. h. tatsächlich erbracht worden sind (s. im Einzelnen unten § 25 Rn. 7). Die Nichtigkeit tritt auch nur ein, solange die Geisteskrankheit andauert. Wenn dieser Zustand zeitliche Unterbrechungen erfährt, während derer das Urteilsvermögen und die Motivationsvermögen wieder normal sind (sog. **lucida intervalla**), dann ist während dieser Zwischenzeiten trotz grundsätzlich bestehender Geschäftsunfähigkeit die Geschäftsfähigkeit vorhanden[6]. Dies ergibt sich schon aus dem Wortlaut des § 104 Nr. 2 („sich in einem Zustand befindet"). Es ist also zu unterscheiden zwischen der grundsätzlich bestehenden Geschäftsunfähigkeit nach § 104 Nr. 2, die durch kurze lucida intervalla unterbrochen wird, und der grundsätzlich vorhandenen Geschäftsfähigkeit die durch kurzzeitige Bewußtseinstrübungen im Sinne von § 105 Abs. 2 unterbrochen wird (s. Rn. 20). Der Unterschied ist bedeutsam für die Beweislast. Die kurzzeitigen Abweichungen muß jeweils der beweisen, der sich darauf beruft (s. unten Rn. 21).

c) Zeitweise Unfähigkeit zur Abgabe wirksamer Willenserklärungen

20 Eine nur **vorübergehende Störung der Geistestätigkeit,** wie sie in § 105 Abs. 2 zugrunde gelegt wird, ist eine Störung, die erfahrungsgemäß bald wieder abklingt, wie etwa zeitweise Depressionen, hysterische und neurasthenische Erkrankungen oder ein fiebriges Delirium. **Bewußtlosigkeit** im Sinne von § 105 Abs. 2 ist nicht totale Unfähigkeit zur Willensbildung wie bei Ohnmacht oder Schlaf, weil es dann schon an der Handlungsfähigkeit fehlt (s. oben Rn. 3). Gemeint ist eine hochgradige Bewußtseinstrübung, wie z. B. völlige Trunkenheit, Drogeneinfluß oder andere Rauschzustände, so daß Inhalt und Bedeutung des Verhaltens von der betreffenden Person nicht mehr erfaßt werden. Sie hat ebenso wie die vorübergehende Störung der Geistestätigkeit nicht die Geschäftsunfähigkeit zur Folge. Doch sind Willenserklärungen, die in einem solchen Zustand abgegeben werden, nach § 105 Abs. 2 nichtig.

21 Psychische Erkrankungen, die heilbar sind, deren Heilung aber eine Behandlung von einiger Dauer erfordert, sind nicht lediglich vorübergehender Natur im Sinne dieser Bestimmung[7]. Für sie gilt deshalb § 104 Nr. 2 und nicht § 105 Abs. 2. Der Unterschied ist bedeutsam für den Zugang von Willenserklärungen. Geschäftsunfähigen kann eine ihnen gegenüber abzugebende Willenserklärung allein nicht wirksam zugehen (§ 131 Abs. 1). Dagegen schadet es der Wirksamkeit einer verkörperten Willenserklärung unter Abwesenden, die gegenüber einem Geschäftsfähigen abzugeben ist, nicht, wenn sie ihm in einem Zeitpunkt zugeht, in dem er sich in einem vorübergehenden Zustand im Sinne von § 105 Abs. 2 befindet. Er ist in der Lage, nach dem Aufhören dieses Zustandes von der ihm zugegangenen Erklärung Kenntnis zu nehmen. Aus dem selben Grunde gilt § 105a auch nur für Geschäftsunfähige gemäß § 104 Nr. 2 und nicht bei nur vorübergehenden Störungen gemäß § 105 Abs. 2. Ein weiterer Unterschied zeigt sich bei der Beweislast. Während beim Nachweis der Voraussetzungen von § 104 Nr. 2 von der Geschäftsunfähigkeit auszugehen ist und die Beweislast auf denjenigen übergeht, der sich auf die Wirksamkeit der Willenserklärung als Folge der lucida intervalla beruft, ist im Falle von § 105 Abs. 2 von der Geschäftsfähigkeit auszugehen und die Beweislast trägt, wer die Unwirksamkeit der Willenserklärung infolge Bewußtlosigkeit oder vorübergehender Störung der Geistestätigkeit geltend macht.

---

[5] *RG* WarnR 28 Nr. 167; *Gebauer,* aaO, S. 355.

[6] H. L.; vgl. *v. Tuhr,* AT I, § 25 zu Anm. 11; *Enneccerus/Nipperdey,* AT, § 92 Anm. 7; Erman/*Palm,* § 104 Rn. 4; Palandt/*Heinrichs,* § 104 Rn. 4; MünchKomm/*Schmitt,* § 104 Rn. 6; Soergel/*Hefermehl,* § 104 Rn. 6.

[7] Vgl. MünchKomm/*Schmitt,* § 104 Rn. 6.

d) Teilgeschäftsfähigkeit

22 Die Teilgeschäftsfähigkeit oder auch partielle Geschäftsfähigkeit betrifft die Frage, ob das Gesetz eine **Geschäftsfähigkeit nur für einen bestimmten Kreis von Angelegenheiten** kennt und für andere Angelegenheiten von einer Geschäftsunfähigkeit auszugehen ist. Es handelt sich hierbei um solche Fälle, in denen der Betreffende hinsichtlich bestimmter Vorgänge oder in einem bestimmten Lebensbereich unter dem Einfluß einer Zwangsvorstellung zu normalem Handeln unfähig ist, auf allen anderen Lebensgebieten aber normal reagiert und handelt.

23 **Beispiele:** In einer Ehescheidungssache ist eine Partei aus Eifersucht psychisch so stark belastet, daß sie ihre eigenen Interessen in der Scheidungsangelegenheit nicht mehr wahrnehmen kann[8]. – Der fast achtzig Jahre alte Kläger hat im Rechtsstreit mit einer Prostituierten über die Rückzahlung einer Geldsumme jeglichen Bezug zur realen Einschätzung des gerichtlichen Verfahrens verloren[9]. Der *BGH* hat jeweils die Prozeßfähigkeit als die prozessuale Form der Geschäftsfähigkeit auf dem betreffenden Gebiet aberkannt. Es kann dann ein Betreuer mit gesetzlicher Vertretungsmacht bestellt werden (§§ 1896, 1902). Umgekehrt kann eine im allgemeinen geschäftsunfähige Person bezüglich ihrer Eheschließung geschäftsfähig sein, so daß § 1304 nicht anzuwenden ist[10].

24 Eine teilweise Geschäftsunfähigkeit ist anzuerkennen. Der Wortlaut von § 104 Nr. 2 steht der Teilgeschäftsfähigkeit nicht entgegen, da er nicht verbietet, den Umfang der Geschäftsunfähigkeit auf den Bereich der gestörten Geistestätigkeit zu beschränken. Die Annahme einer partiellen statt einer vollen Geschäftsunfähigkeit entspricht dem Grundsatz der Verhältnismäßigkeit. Durch die Teilgeschäftsunfähigkeit wird einerseits dem Schutzbedürfnis der auf bestimmten Lebensgebieten nicht normal reagierenden Person Rechnung getragen, andererseits wird aber ihre Geschäftsfähigkeit und ihre Selbstbestimmung nur insoweit eingeschränkt, als es in ihrem eigenen Interesse erforderlich ist. Ist die Teilgeschäftsfähigkeit ein vorübergehender Zustand, so tritt die Geschäftsunfähigkeit auf dem jeweiligen Gebiet analog § 105 Abs. 2 nur vorübergehend ein[11], ist sie dagegen von längerer Dauer, so besteht auf dem Teilgebiet analog § 104 Nr. 2 eine Geschäftsunfähigkeit von unbestimmter Dauer[12].

25 Von der Teilgeschäftsunfähigkeit für bestimmte Sachgebiete ist zu unterscheiden die **relative Geschäftsunfähigkeit** nach dem Grad der intellektuellen **Schwierigkeit und Kompliziertheit eines Geschäfts.** Der *BGH* hat es mit Recht abgelehnt, die Geschäftsfähigkeit einer an leichtem bis mittlerem Schwachsinn leidenden Person je nach dem Schwierigkeitsgrad des betreffenden Rechtsgeschäfts zu differenzieren[13]. Eine solche relative Geschäftsunfähigkeit würde ein sehr großes Maß an Rechtsunsicherheit zur Folge haben. Der Schutzgedanke des § 104 Nr. 2 darf nicht auf Kosten der Rechtssicherheit so weit ausgedehnt werden, daß jeder sich auf

---

8 So in *BGHZ* 18, 184.

9 So in *BGHZ* 143, 122 = NJW 2000, 289.

10 *BVerfG* NJW 2003, 1382.

11 Generell für diese Lösung *v. Tuhr,* AT I, § 25 zu Anm. 16; *Enneccerus/Nipperdey,* AT, § 92 Anm. 11; *Pawlowski,* AT, Rn. 197 ff.

12 Allgemein für diese Lösung *Gebauer,* AcP 153, 332 ff.; ferner *Oertmann,* 3 f. zu § 104; *Flume,* AT II, § 13, 4; MünchKomm/*Schmitt,* § 104 Rn. 15 f.; Palandt/*Heinrichs,* § 104 Rn. 6; *Hübner,* AT, Rn. 700; so auch die Rechtsprechung *BGHZ* 18, 184, 186; 30, 112, 117; *BGH* JZ 1985, 289; *BGH* ZIP 1999, 2073; *RG* JW 1938, 1591; *RGZ* 162, 223, 229; *BayObLG* NJW 1992, 2100, 2101.

13 *BGH* NJW 1970, 1680, 1681; dafür aber *Flume,* AT II, § 13, 5; *OLG Köln* NJW 1960, 1389.

ihn berufen kann, dessen geistige Fähigkeiten gerade für dieses bestimmte Geschäft nicht ausreichen[14].

e) Betreuung Hilfsbedürftiger

26 Statt der früher vorgesehenen Entmündigung kann gemäß §§ 1896ff. für die dort genannten hilfsbedürftigen Personen ein **Betreuer** bestellt werden[15]. Der Betreute behält grundsätzlich seine Geschäftsfähigkeit. Die Betreuung kann aber auch für ganz oder partiell Geschäftsunfähige angeordnet werden. Der Betreuer kann grundsätzlich neben ihm als sein gesetzlicher Vertreter handeln (§ 1902)[16]. Nur bei erheblicher Gefährdung des Betreuten oder seines Vermögens kann das Vormundschaftsgericht anordnen, daß der Betreute nicht allein handeln kann, sondern der Einwilligung des Betreuers bedarf (§ 1903). Insoweit finden teilweise die Vorschriften des Minderjährigenrechts Anwendung (§ 1903 Abs. 1 S. 2).

III. Schutzbedürftigkeit trotz Geschäftsfähigkeit

1. Geschützter Personenkreis

27 Keine Frage der Geschäftsfähigkeit ist der Schutz, der Verbrauchern gewährt wird. Der Begriff des Verbrauchers ist aus den EG-Richtlinien[17] zunächst in Sondergesetze und anschließend in das BGB übernommen worden. Als **Verbraucher** ist nach § 13 eine natürliche Person anzusehen, die ein Rechtsgeschäft zu privaten Zwecken und nicht für ihre gewerbliche oder selbständige berufliche Tätigkeit abschließt (s. unten 42 Rn. 36ff.). Bei den Rechtsgeschäften handelt es sich regelmäßig um Verträge. Das Gegenstück zum Verbraucher ist der Unternehmer, der gemäß § 14 dadurch gekennzeichnet ist, daß er ein Rechtsgeschäft vornimmt, das seiner gewerblichen oder selbständigen beruflichen Tätigkeit dient. Verbraucher und Unternehmer zu sein, ist also nicht eine Eigenschaft, die einer Person als solcher anhaftet. Vielmehr werden Verbraucher und Unternehmer im Hinblick auf die Zwecke beschrieben, die sie beim Abschluß von Rechtsgeschäften verfolgen und die jeder anstreben kann. Auch ein Unternehmer schließt Verträge zu privaten Zwecken und ist dabei Verbraucher. Der Verbraucher wird bei seinen Verträgen regelmäßig dadurch geschützt, daß ihn **unangemessen benachteiligende Vertragsbedingungen unwirksam** sind und deshalb vor Gericht nicht durchgesetzt werden können.

28 Die Unwirksamkeit wird angeordnet, weil der Gesetzgeber davon ausgeht, daß der Verbraucher wegen unterlegener Verhandlungsmacht seine Interessen in Vertragsverhandlungen mit einem Unternehmer nicht angemessen wahrnehmen kann (unten § 42 Rn. 6ff.). Dieselbe Schutzbedürftigkeit nimmt der Gesetzgeber bei Personen an, die als Arbeitnehmer eine unselbständige und weisungsunterworfene Tätigkeit verrichten (s. unten § 42 Rn. 20) oder als Mieter im Sinne von §§ 535, 549 Wohnraum mieten. Der Schutz des Verbrauchers, des Wohnungsmieters und des Arbeitnehmers zeigt sich auch im Prozeßrecht, wenn dort für diese Personen

---

[14] MünchKomm/*Schmitt,* § 104 Rn. 10; Palandt/*Heinrichs,* § 104 Rn. 6; Erman/*Palm,* § 104 Rn. 5.

[15] S. dazu insgesamt *V. Lipp,* Freiheit und Fürsorge: Der Mensch als Rechtsperson, 2000; *Prinz Sachsen von Gessaphe,* Der Betreuer als gesetzlicher Vertreter für eingeschränkt Selbstbestimmungsfähige: Modell einer mehrstufigen Eingangsschwelle der Betreuung und des Einwilligungsvorbehalts, 1999.

[16] S. zur Lösung der Konflikte bei Doppelhandeln unten § 47 Rn. 31f.

[17] S. z.B. 93/13/EWG.

besondere Gerichtsstände eingerichtet werden, z.B. §§ 29a und b ZPO, Art. 15ff., 18ff. und 22 Nr. 1 EuGVVO.

2. Abgestufte Arten des Schutzes

In der stärksten Stufe ist eine **nachteilige Vereinbarung generell unwirksam** ohne Rücksicht auf die konkrete Schutzbedürftigkeit des Verbrauchers, Wohnungsmieters oder Arbeitnehmers. Der Verbraucher verliert zum eigenen Schutz ein Stück seiner Vertragsfreiheit. Er kann die nachteiligen Vereinbarungen, auch wenn er wollte, nicht mehr wirksam abschließen (s. etwa § 506 Abs. 1). Da nur nachteilige Bedingungen versagt werden, nicht aber vorteilhafte, spricht man von halbzwingenden Normen (s. im Einzelnen oben § 3 Rn. 104ff.). Für Verträge, die dieselbe Person als Unternehmer abschließt, besteht dagegen die volle Vertragsfreiheit und dieselben Vertragsbedingungen können wirksam vereinbart werden. 29

Eine geringere Einschränkung liegt in einer zweiten Stufe vor, wenn die Vereinbarungen der **richterlichen Inhaltskontrolle** unterstellt werden, wie dies insbesondere für Allgemeine Geschäftsbedingungen gilt (s. unten § 43). Die Gerichte haben dabei die Unangemessenheit zu beurteilen und können den Bedürfnissen und Interessen in bestimmten Situationen beweglich Rechnung tragen. Auch hierbei wird aber die Vertragsfreiheit der geschützten Vertragspartei, wenn auch in ihrem eigenen Interesse beschnitten. Der Schutz erstreckt sich hier sogar auf den Unternehmer der sich den Allgemeinen Geschäftsbedingungen seines Vertragspartners ausgeliefert sieht (§ 310 Abs. 1). 30

Wegen des Eingriffs in die Vertragsfreiheit der geschützten Personen erklärt das Gesetz in einigen Fällen **Vereinbarungen nur zeitbedingt für unwirksam,** insbesondere wenn die Vereinbarung **im Voraus** getroffen wird, bevor ihre Tragweite und Konsequenzen voll überblickt werden können. Hierzu gehören etwa §§ 248, 276 Abs. 3, aber auch §§ 475, 1149, 1229. 31

Auf einer Stufe, die den geschützten Personen am meisten ihrer Freiheit und damit aber auch Selbstverantwortung überläßt, ist eine nachteilige Vereinbarung nur unwirksam, wenn sie **nicht im einzelnen ausgehandelt** sind (s. etwa § 305 Abs. 1 Satz 3 und § 310 Abs. 3 Nr. 2, dazu auch unten § 43 Rn. 15ff.). Sofern dagegen die Voraussetzungen des Aushandelns von der Partei, die sich auf die Wirksamkeit der Vereinbarung beruft, nachgewiesen wird, sind die nachteiligen Vereinbarungen aufgrund eigener Entscheidung der geschützten Person wirksam. 32

IV. Die Deliktsfähigkeit

Die **Deliktsfähigkeit** oder Verschuldensfähigkeit ist die Fähigkeit, sich durch eigenes schuldhaftes Verhalten verantwortlich zu machen und dafür Schadensersatzpflichten zu begründen. Sie ist in den §§ 827 und 828, also nicht im Allgemeinen Teil des BGB, sondern in dem Abschnitt über „Unerlaubte Handlungen" geregelt. Auf Vertragsverletzungen finden diese Vorschriften ebenfalls Anwendung (§ 276 Abs. 1 Satz 2). 33

1. Altersabhängige Deliktsfähigkeit

Das Gesetz unterscheidet verschiedene Altersstufen. Die volle Deliktsfähigkeit tritt wie bei der Geschäftsfähigkeit mit der Vollendung des 18. Lebensjahres ein. Kinder 34 unter 7 Jahren sind deliktsunfähig (§ 828 Abs. 1). Nicht verantwortlich sind ferner Kinder vor Vollendung des 10. Lebensjahres, wenn sie durch einen Unfall mit einem Kraftfahrzeug, z.B. weil sie dem Fahrer ins Steuer greifen, mit einer Schienenbahn oder einer Schwebebahn einen Unfall verursachen, sofern der dabei eintretende Schaden nur fahrlässig und nicht vorsätzlich verursacht wird (§ 828 BGB). Im übrigen sind Kinder und Jugendliche, die das 7., aber noch nicht das 18. Lebensjahr vollendet haben, beschränkt deliktsfähig. Bei ihnen kommt es darauf an, ob sie individuell im Einzelfall die zur Erkenntnis der Verantwortlichkeit für ihre Tat erforderliche Einsicht hatten (§ 828 Abs. 3). Damit ist die allgemeine geistige Fähigkeit gemeint, das Unerlaubte des Tuns und die daraus sich ergebende eigene Verantwortlichkeit zu erkennen[18]. Von dieser generellen Einsichtsfähigkeit zu trennen ist die Frage, ob im konkreten Fall ein Schuldvorwurf begründet ist. Hierfür kommt es bei der Fahrlässigkeit darauf an, ob der Jugendliche die im Verkehr erforderliche und von einem Angehörigen seiner Altersgruppe regelmäßig aufzubringende Sorgfalt beobachtet hat (§ 276 Abs. 1 Satz 2)[19]. Fehlt es bereits an der Deliktsfähigkeit, so braucht die Fahrlässigkeit im konkreten Fall gar nicht erst geprüft zu werden. Ist aber die Deliktsfähigkeit zu bejahen, so kann es doch im konkreten Fall an der Fahrlässigkeit fehlen, weil das erforderliche Maß an Sorgfalt unter den gegebenen Umständen vom Jugendlichen nicht verlangt werden kann[20].

35 Ist eine Haftung dem Grunde nach zu bejahen, so kann sie gemäß § 242 aus Billigkeitsgründen der Höhe nach beschränkt sein, um den Minderjährigen nicht zeitlebens mit unerfüllbar hohen Schadensbeträgen zu belasten[21]. Umgekehrt kann die deliktsunfähige Person nach § 829 aus Billigkeitsgründen haften, obwohl sie nach §§ 827, 828 für den Schaden nicht verantwortlich ist.

2. Zustandsbedingte Deliktsfähigkeit

36 Nicht deliktsfähig ist ferner, wer sich im Augenblick der Handlung „im Zustande der Bewußtlosigkeit oder in einem die freie Willensbestimmung ausschließenden Zustande krankhafter Störung der Geistestätigkeit“ befindet (§ 827 Satz 1). Dies gilt für alle Personen, die ohne den gestörten Zustand nach § 828 Abs. 2 und 3 voll verantwortlich wären. Bei totaler Bewußtlosigkeit liegt nicht einmal eine menschliche Handlung vor (s. oben Rn. 6). Ob der Zustand krankhafter Störung der Geistestätigkeit seiner Natur nach vorübergehend ist oder nicht, spielt hier, anders als bei der Geschäftsfähigkeit, keine Rolle. Die Verantwortlichkeit für Fahrlässigkeit bleibt dagegen bestehen, wenn sich der Schädiger durch Alkohol, Rauschgift oder ähnliche Mittel selbst in einen vorübergehenden Zustand der genannten Art versetzt hat und dabei einem anderen widerrechtlich einen Schaden zufügt (§ 827 Satz 2). Die Fahrlässigkeit

---

[18] S. etwa Erman/*Schiemann*, § 828 Rn. 4.

[19] Das ergibt sich aus dem sogenannten objektiven Fahrlässigkeitsmaßstab der heute herrschenden Lehre; vgl. zur Abgrenzung *BGH* LM H. 9/1997 § 276 (Bb) BGB Nr. 15; s. auch *Larenz,* Schuldrecht I, § 20 III; Soergel/*M. Wolf,* § 276 Rn. 75, 82. Zur Problematik des Verhältnisses der an die Einsichtsfähigkeit jeweils anzulegenden Maßstäbe vgl. *Larenz,* Schuldrecht I, § 20 VI aE.

[20] S. auch Erman/*Schiemann* § 828 Rn. 2.

[21] S. *BVerfG* NJW 1998, 3557; bei einer Haftung des Minderjährigen aufgrund von Handlungen seiner gesetzlichen Vertreters hilft § 1629a (dazu *Behnke,* NJW 1998, 3078; *Goecke,* NJW 1999, 2309.

der Schadensverursachung wird demnach vom Gesetz zugrunde gelegt, solange der Schädiger nicht beweist, daß er ohne sein Verschulden in den Rauschzustand geraten ist. Sieht der Schädiger sogar bewußt voraus, welche Handlung er im Zustand der Bewußtlosigkeit begehen werde, so haftet er wegen vorsätzlichen Handelns wie im Strafrecht (actio libera in causa).

§ 7. Name, Wohnsitz und Staatsangehörigkeit

Inhaltsübersicht

Literatur: *Hepting,* Regelungszwecke und Regelungswidersprüche im Namensrecht, StAZ 1996, 1; *Klippel,* Der zivilrechtliche Schutz des Namens, 1985; *Raschauer,* Namensrecht, Eine systematische Darstellung des geltenden österreichischen und des geltenden deutschen Rechts, 1978.

I. Der Name

Jede Person muß im allgemeinen Verkehr und im Rechtsverkehr als Rechtsträger so individualisiert und bestimmt werden können, daß er sich von anderen Personen und Rechtsträgern unterscheiden läßt. Andernfalls drohen Verwechslungen und Unsicherheiten bei der Zuordnung von Rechten und Pflichten. Die Rechtsfähigkeit sowie die Handlungs-, Geschäfts- und Deliktsfähigkeit können immer nur bezüglich einer konkreten individuellen Person beurteilt werden. Dies gilt für natürliche wie für juristische Personen. Der Individualisierung dient in erster Linie der Name. Weitere Individualisierungsmerkmale sind beim Menschen das Geburtsdatum, der Wohnsitz, die Abstammung und die Staatsangehörigkeit. Jedermann hat ein Recht auf den Gebrauch des ihm zustehenden Namens und auf Unterlassung eines Mißbrauchs seines Namens. Das Namensrecht (§ 12) wird daneben als Bestandteil des Persönlichkeitsrechts geschützt (s. unten § 8 Rn. 9ff.). 1

1. Der Familienname

Der Name eines Menschen setzt sich aus dem Familiennamen und dem oder den Vornamen zusammen. Adelsprädikate sind seit der Weimarer Reichsverfassung Teile des Familiennamens (vgl. Art. 109 Abs. 3 Satz 2 WRV). Der Familienname ist entweder der Geburtsname oder der Ehename. Der Geburtsname wird von jedermann mit 2 der Geburt erworben; er richtet sich nach der Abstammung. Ein eheliches Kind erhält als seinen Geburtsnamen den gemeinsamen Ehenamen seiner Eltern (§ 1616). § 1355 Abs. 1 sieht einen gemeinsamen Ehenamen nur als Sollvorschrift, aber nicht gesetzlich zwingend vor. Gemeinsamer Ehename kann der Geburtsname des Mannes oder der Frau sein (§ 1355 Abs. 2). Derjenige Ehegatte, dessen Geburtsname nicht Ehename wird, kann durch Erklärung gegenüber dem Standesbeamten, die auch nach der Eheschließung noch möglich ist, dem Ehenamen seinen Geburtsnamen oder den bisher geführten Namen voranstellen oder anfügen (§ 1355 Abs. 4). Nach dem Wortlaut des Gesetzes hat der zum zweiten Mal heiratende Ehegatte hierbei die Wahl zwischen seinem Geburtsnamen und seinem zuletzt geführten Namen aus erster Ehe. Der so entstandene Doppelname gilt nur für ihn persönlich; er hat also keine Bedeutung für den Geburtsnamen der Kinder.

3 Bestimmen die Ehegatten keinen gemeinsamen Ehenamen, so führen sie ihre jeweiligen vorehelichen Namen auch nach der Ehe jeder für sich fort (§ 1355 Abs. 1 S. 3). Dies erfordert eine besondere Regelung für den Geburtsnamen des Kindes. Haben die Eltern keinen gemeinsamen Ehenamen, so können sie durch Erklärung gegenüber dem Standesbeamten bestimmen, ob der Name des Mannes oder der Name der Frau den Geburtsnamen des ehelichen Kindes bildet (§ 1617 Abs. 1). Die einmal getroffene Bestimmung gilt automatisch auch für die weiteren Kinder (§ 1617 Abs. 1 Satz 3). Können sich die Eltern nicht einigen, so überträgt das Familiengericht gemäß § 1617 Abs. 2 einem Elternteil das Bestimmungsrecht.

4 Ein nichteheliches Kind erhält den Familiennamen, den der allein sorgeberechtigte Elternteil führt (§ 1617a Abs. 1), das ist in der Regel die Mutter (§ 1626a Abs. 2). Das Kind führt dann den Familiennamen der Mutter. Es kann aber gemäß § 1617a Abs. 2 auch der Familienname des nicht sorgeberechtigten Elternteils bestimmt werden. Der Ehemann der Mutter oder der Vater des Kindes können ihm mit Einwilligung des Kindes und der Mutter ihren Namen erteilen (§ 1618). Der verwitwete oder geschiedene Ehegatte behält grundsätzlich seinen bisherigen Ehenamen, kann aber statt dessen seinen Geburtsnamen oder den Namen wieder annehmen, den er zur Zeit der Eheschließung geführt hat (§ 1355 Abs. 5). Eine Namensänderung ist bei Vorliegen eines wichtigen Grundes mit Zustimmung der Verwaltungsbehörde möglich. Das Nähere ist geregelt in dem mehrfach geänderten Gesetz über die Änderung von Familiennamen und Vornamen vom 5. 1. 1938[1].

2. Der Vorname

5 Den oder die Vornamen erhält das Kind durch Verleihung seitens derjenigen, denen die Sorge für die Person zusteht, d.h. bei einem ehelichen Kind in der Regel durch die Eltern (§ 1626 Abs. 1 Satz 2), bei einem nichtehelichen Kind, wenn keine Einigung über die gemeinsame Ausübung des Sorgerechts erzielt wird, durch die Mutter (§ 1626a). Die Vornamen sind dem Standesbeamten binnen einer Frist von einem Monat nach der Geburt des Kindes anzuzeigen und werden von ihm im Geburtenbuch vermerkt (§ 22 Abs. 1 PStG).

3. Die Firma als Name des Kaufmanns

6 Im kaufmännischen Verkehr ist von besonderer Bedeutung die Firma, das ist der Name, unter dem ein Kaufmann im Handelsverkehr seine Geschäfte betreibt und die Unterschrift abgibt (§ 17 Abs. 1 HGB). Die Bedeutung der Firma ergibt sich in tatsächlicher Hinsicht daraus, daß der „Goodwill", den ein Kaufmann sich erworben

[1] NamÄndG (RGBl. 1938 S. 9) zuletzt geändert durch Art. 17 d. G. v. 21. 8. 2002 (BGBl. I S. 3322).

hat, in der Regel der Firma entgegen gebracht wird. Die Firma als Name des Kaufmanns wird durch § 37 HGB, §§ 5, 15 MarkenG und § 12 geschützt (s. unten § 8 Rn. 12)[2].

Häufig ist die Firma eines Einzelkaufmanns sein Familienname mit einem ausgeschriebenen 7
Vornamen; jedoch sind andere Namen sowie Zusätze, die zur Unterscheidung der Person oder des Geschäfts dienen, zulässig, sofern sie nicht geeignet sind, eine Täuschung über die Art und den Umfang des Geschäfts oder die Verhältnisse des Geschäftsinhabers herbeizuführen (§ 18 HGB). Dieser sog. Grundsatz der Firmenwahrheit findet jedoch einige Durchbrechungen, die einen einmal erworbenen Goodwill erhalten sollen. Im Falle einer Namensänderung des Geschäftsinhabers, z. B. wenn bei Verheiratung der bisherige Familienname nicht der Ehename wird, kann die bisherige Firma ohne Änderung fortgeführt werden (§ 21 HGB). Im Falle der Übernahme eines bestehenden Handelsgeschäfts durch einen Nachfolger darf die bisherige Firma mit oder ohne Hinzufügung eines das Nachfolgeverhältnis andeutenden Zusatzes fortgeführt werden, wenn der bisherige Geschäftsinhaber oder dessen Erben in die Fortführung der Firma ausdrücklich eingewilligt haben (§ 22 HGB). Entsprechendes gilt bei der Übernahme des Handelsgeschäfts aufgrund eines Nießbrauchs, eines Pachtvertrags oder eines ähnlichen Verhältnisses (§ 22 Abs. 2 HGB). Die Einzelheiten des Firmenrechts gehören in die Darstellung des Handelsrechts[3].

4. Sonstige Namen

Von dem „bürgerlichen Namen“, d. h. dem einer Person nach dem Gesetz zuste- 8
henden Namen, wie auch von der Firma ist ein Wahlname (Deckname, Pseudonym oder Künstlername) zu unterscheiden, unter dem jemand z. B. als Schauspieler, Schriftsteller, bildender Künstler usw. in der Öffentlichkeit auftritt und sich nicht selten „einen Namen macht“. Der Wahlname, der den Familiennamen oder den Vornamen betreffen kann, kann im Gegensatz zum gesetzlichen Vor- oder Familiennamen jederzeit geändert werden.

Das Auftreten in der Öffentlichkeit unter einem selbstgewählten Decknamen ist erlaubt; je- 9
doch ist bei Namensunterschriften in Erklärungen gegenüber einer Behörde der nach dem Gesetz zustehende Name zu verwenden, und nur unter diesem Namen kann jemand eine Ehe eingehen oder im Grundbuch eingetragen werden. Für die Erhebung einer Klage genügt eine Bezeichnung, die Zweifel hinsichtlich der Identität ausschließt[4]. Ein Kaufmann kann, soweit es sich um Geschäftsangelegenheiten handelt, auch unter seiner Firma klagen und verklagt werden (§ 17 Abs. 2 HGB). Dagegen hängt die Gültigkeit eines Rechtsgeschäfts für denjenigen, der es vornimmt, nicht davon ab, ob er dabei unter seinem bürgerlichen Namen oder einem von ihm angenommenen, sei es selbst ad hoc von ihm erfundenen Namen, auftritt. Zum Handeln unter fremdem Namen vgl. unten § 46 Rn. 19ff.

II. Der Wohnsitz

1. Bedeutung des Wohnsitzes

Neben dem Namen dient der Rechtsordnung in vieler Hinsicht auch der Wohnsitz 10
einer Person als Individualisierungsmerkmal und als Anknüpfungspunkt für rechtliche Beziehungen.

---

[2] Vgl. hierzu *BGH* NJW 2002, 3442ff. („Shell.de“-Entscheidung), m. Anm. *Körner,* NJW 2002, 3442ff.

[3] Vgl. hierzu *Canaris,* Handelsrecht, § 10.

[4] MünchKomm/*Lüke,* ZPO, § 253 Rn. 49; *Stein/Jonas/Leipold,* ZPO, § 253 Rn. 31.

11 So wird nach § 13 ZPO ebenso wie innerhalb der Europäischen Gemeinschaft durch Art. 2 EuGVVO der allgemeine Gerichtsstand einer Person, d. h. das Gericht, das für alle gegen diese Person zu erhebenden Klagen zuständig ist (§ 12 ZPO), durch ihren Wohnsitz bestimmt. Schuldverhältnisse sind, sofern nichts anderes bestimmt oder aus den Umständen zu entnehmen ist, an dem Ort zu erfüllen, an dem der Schuldner zur Zeit der Entstehung des Schuldverhältnisses seinen Wohnsitz hatte (§ 269 Abs. 1). Handelt es sich um eine Geldschuld, so hat der Schuldner das Geld auf seine Gefahr und seine Kosten dem Gläubiger an dessen Wohnsitz zu übermitteln (§ 270 Abs. 1), jedoch ohne daß dadurch der Erfüllungsort verändert wird (§ 270 Abs. 4). Ebenso ist der Wohnsitz und bei Fehlen eines Wohnsitzes der Aufenthaltsort von Bedeutung für die örtliche Zuständigkeit des Gerichts in Vormundschafts- und Familiensachen (§ 36 FGG) und des Nachlaßgerichts (§ 73 FGG).

2. Begriff des Wohnsitzes

12 Wie schon einige der angeführten Bestimmungen erkennen lassen, ist der Wohnsitz einer Person weder mit deren jeweiligem Aufenthaltsort noch immer mit ihrem gewöhnlichen Aufenthaltsort identisch. Ihren Wohnsitz hat eine Person dort, wo sie nach der Auffassung der Rechtsordnung den dauernden **Mittelpunkt ihrer Lebensbeziehungen** hat. Das ist der Ort, an den sie nach kürzerer oder längerer Abwesenheit zurückzukehren pflegt, weil sie hier eine Wohnung oder eine dauernde Bleibe hat, wo sie in der Regel irgendwie erreichbar ist[5].

13 Möglich ist, daß eine Person gleichzeitig an mehreren Orten einen Wohnsitz hat (§ 7 Abs. 2); das ist der Fall, wenn sie an mehreren Orten eine Wohnung hat und sich abwechselnd an dem einen oder anderen Orte aufhält, ohne daß nur einer von ihnen deutlich den Schwerpunkt ihrer Lebensbeziehungen darstellt. Wochenend- oder Ferienwohnungen, in denen sich der Inhaber jeweils nur für kürzere Zeit aufhält, begründen noch keinen zweiten Wohnsitz. Ein mehrfacher Wohnsitz liegt nur vor, wenn mehrere Orte gleichmäßig der Mittel- oder der Schwerpunkt der gesamten Lebensverhältnisse einer Person sind[6].

3. Begründung und Aufhebung des Wohnsitzes

a) Willensgetragener Wohnsitz

14 Der Wohnsitz wird regelmäßig dadurch begründet, daß sich jemand an einem Ort „ständig niederläßt" (§ 7 Abs. 1). Darin enthalten ist ein **Willensakt,** an diesem Ort nicht nur für eine von vornherein begrenzte Zeit, sondern für **dauernd oder doch für unabsehbare Zeit zu verbleiben,** dort eine ständige Tätigkeit zu entfalten oder von dort aus seine Angelegenheiten wahrzunehmen. Hinzukommen muß die Begründung einer ständigen Niederlassung als **äußeres Verhalten,** wie etwa das Beziehen einer Wohnung oder die Eröffnung eines Geschäfts, das den Wohnsitzwillen äußerlich erkennbar macht.

15 **Beispiele:** Der Wille, sich ständig niederzulassen, fehlt in der Regel dem Studenten beim Beziehen einer Wohnung am Hochschulort, denn er gedenkt meist nur für einen übersehbaren Zeitraum, etwa bis zum Examen, an diesem Orte zu bleiben[7]. Er fehlt ebenso der Kellnerin, die in einem Kurort für eine Saison tätig ist, erst recht dem Kurgast, selbst wenn es sich um eine

---

[5] Vgl. *RGZ* 67, 191, 193; MünchKomm/*Schmitt,* § 7 Rn. 48f.; Soergel/*Fahse,* Vor § 7 Rn. 1f.; Staudinger/*Habermann/Weick,* Vorbem. zu §§ 7–11 Rn. 7.

[6] So *BGH* LM § 7 BGB Nr. 3; vgl. auch Prot. I, S. 38; Soergel/*Fahse,* § 7 Rn. 23f.; MünchKomm/*Schmidt,* § 7 Rn. 36.

[7] MünchKomm/*Schmitt,* § 7 Rn. 27.

Kur von längerer Dauer handelt, und dem Strafgefangenen[8], der, selbst wenn das Urteil auf lebenslänglich lautet, doch die Hoffnung hat, eines Tages entlassen zu werden. Dagegen wird die Begründung eines Wohnsitzes nicht dadurch ausgeschlossen, daß der Beamte damit rechnet, nach einiger Zeit versetzt zu werden, oder der Angestellte die Absicht hat, bei passender Gelegenheit seine Stellung zu wechseln, auch wenn dies einen Ortswechsel erforderlich macht[9]. Denn in diesen Fällen hat er doch den Willen, bis zum Eintritt eines noch ungewissen Ereignisses an dem jetzigen Ort zu verbleiben.

Der Wohnsitz wird **aufgehoben,** „wenn die Niederlassung mit dem Willen aufge- 16
hoben wird, sie aufzugeben" (§ 7 Abs. 3). Das kann gleichzeitig mit der Begründung eines neuen Wohnsitzes, aber auch ohne dies geschehen.

b) Die Begründung und die Aufhebung des Wohnsitzes gemäß § 7 sind **geschäfts- 17
ähnliche Handlungen**[10], keine Rechtsgeschäfte, da der Wille nur auf die Herstellung oder Aufhebung einer tatsächlichen Beziehung, nicht auf die Begründung irgendwelcher Rechtsfolgen gerichtet zu sein braucht (s. unten § 22 Rn. 23ff., 35).

Beispiele: Selbst wenn derjenige, der einen Wohnsitz begründet, die vom Gesetz daran ge- 18
knüpften Rechtsfolgen oder einige dieser Folgen nicht herbeiführen will und deshalb etwa die polizeiliche Anmeldung unterläßt, in der irrigen Meinung, dadurch den Eintritt dieser Rechtsfolgen verhindern zu können, treten sie, als gesetzliche Folgen seines tatsächlichen Verhaltens, ein. Wie für andere geschäftsähnliche Handlungen verlangt das Gesetz aber Geschäftsfähigkeit (§ 8 Abs. 1). Wer geschäftsunfähig oder in der Geschäftsfähigkeit beschränkt ist, bedarf zur Begründung oder Aufhebung eines Wohnsitzes der Zustimmung seines gesetzlichen Vertreters. Jedoch kann ein Minderjähriger, der verheiratet ist oder war, selbständig einen Wohnsitz begründen oder aufheben (§ 8 Abs. 2).

c) Gesetzlicher Wohnsitz

Einen gesetzlichen Wohnsitz, dessen Begründung unabhängig vom Willen ist, ha- 19
ben **Kinder.** Ein minderjähriges eheliches Kind teilt nach § 11 Satz 1 kraft Gesetzes den Wohnsitz seiner Eltern, sofern beiden, was nach § 1626 Abs. 2 die Regel ist, die Sorge für die Person des Kindes zusteht. Steht die Personensorge nur einem Elternteil zu, so teilt es dessen Wohnsitz; steht sie keinem Elternteil zu, so teilt das Kind den Wohnsitz des Sorgeberechtigten (§ 11 Satz 2). Das Kind behält in allen Fällen den Wohnsitz der sorgeberechtigten Personen auch nach Erreichen der Volljährigkeit so lange, bis es ihn – regelmäßig durch die Begründung eines eigenen Wohnsitzes – rechtsgültig aufhebt (§ 11 Satz 3).

Das Gesetz geht davon aus, daß beide Elternteile den gleichen Wohnsitz haben. Ist das nicht 20
der Fall, haben sich die Eltern insbesondere nach der Geburt des Kindes getrennt und sind beide sorgeberechtigt, so teilt das Kind nach der Auffassung des *BGH*[11] den Wohnsitz beider Elternteile, erhält also einen doppelten Wohnsitz. Dagegen wird eingewandt, es stehe keinem Elternteil allein zu, durch einseitige Änderung seines Wohnsitzes dem Kinde einen neuen Wohnsitz zu geben, auch wenn das Kind bei dem anderen Elternteil und damit an seinem bisherigen Wohnort verbleibt[12]. Gegen einen doppelten Wohnsitz sprechen keine schwerwiegenden Be-

---

8 Vgl. *Oertmann,* 3b zu § 7; *BayOLGZ* 1951, 261ff.; abweichend aber *OLG Karlsruhe* Rpfleger 1970, 202.

9 Zu den Anforderungen an die Begründung eines neuen Wohnsitzes beim Einzug in ein Frauenhaus *OLG Karlsruhe* NJW-RR 1995, 1220.

10 S. Soergel/*Fahse,* § 7 Rn. 7; a.A. *Brox,* AT, Rn. 678.

11 *BGHZ* 48, 228; *BGH* NJW 1984, 971; 1995, 1224.

12 Vgl. etwa *Medicus,* AT, Rn. 1061; *Köhler,* AT, § 20 Rn. 11; *Bork,* AT, Rn. 164f.; *Lüderitz,* Familienrecht, Rn. 783; *Gernhuber/Coester-Waltjen,* Familienrecht, § 54 III.

denken (s. § 7 Abs. 2). Er ist auch dann angebracht, wenn beide Eltern die elterliche Sorge behalten und das Kind zu beiden Eltern Kontakt hält.

21 Einen gesetzlichen Wohnsitz haben auch **Berufssoldaten,** und zwar regelmäßig am Standort der Truppe (§ 9 Abs. 1). Der gesetzliche Wohnsitz gilt nicht für Soldaten, die nur auf Grund ihrer Wehrpflicht Wehrdienst leisten, weil sie sich nur vorübergehend bei der Truppe aufhalten, und nicht für Soldaten, die, weil sie geschäftsunfähig oder in der Geschäftsfähigkeit beschränkt sind, nicht selbständig einen Wohnsitz begründen können (§ 9 Abs. 2).

III. Die Staatsangehörigkeit

22 Die Staatsangehörigkeit spielt im Privatrecht nur eine geringe Rolle, da grundsätzlich Ausländer wie Inländer gleichermaßen rechtsfähig sind (s. oben § 5 Rn. 6) und deshalb Privatrechte jeder Art erwerben und unter den gleichen Bedingungen Rechtsgeschäfte vornehmen können.

23 Um so größer ist die Bedeutung der Staatsangehörigkeit **im internationalen Privatrecht** (s. oben § 3 Rn. 76)[13]. Nach deutschem internationalen Privatrecht ist die Staatsangehörigkeit einer Person in erster Linie maßgebend für ihre Rechts- und Geschäftsfähigkeit, ihre Todeserklärung, ihren Namen, für die Voraussetzungen einer Eheschließung, für die allgemeinen Wirkungen der Ehe wenigstens dann, wenn beide Ehegatten demselben Staate angehören, für das eheliche Güterrecht, für die Ehescheidung, für die eheliche Abstammung eines Kindes sowie andere familienrechtliche Beziehungen und für die Erbfolge (vgl. die Art. 7, 9, 10, 13 Abs. 1, 14 Abs. 1 Nr. 1, 15, 17, 19 Abs. 1, 25 EGBGB). Gehört eine Person mehreren Staaten an, so ist in diesen Fällen das Recht desjenigen Staates anzuwenden, „mit dem die Person am engsten verbunden ist". Ist sie staatenlos, kommt es auf ihren „gewöhnlichen Aufenthalt" an (Art. 5 Abs. 1 und 2 EGBGB).

24 Die Hauptbedeutung der Staatsangehörigkeit liegt jedoch **im öffentlichen Recht,** das auch die Voraussetzungen ihres Erwerbs und ihres Verlustes regelt. Hervorzuheben ist, daß nach Art. 16 Abs. 1 Satz 1 GG die deutsche Staatsangehörigkeit nicht entzogen werden darf. Man kann nur auf seinen Antrag aus der deutschen Staatsangehörigkeit entlassen werden. Maßgebend ist heute wieder das Reichs- und Staatsangehörigkeitsgesetz vom 22. 7. 1913, das häufig geändert worden ist, zuletzt maßgeblich durch Gesetz vom 15. 7. 1999 (BGBl. I, 1618)[14]. Danach wird die deutsche Staatsangehörigkeit grundsätzlich erworben durch die Geburt, wenn ein Elternteil deutscher Staatsangehöriger ist. Insoweit gilt das „ius sanguinis", das Recht der Abstammung. Die deutsche Staatsangehörigkeit erwerben auch im Inland geborene Kinder ausländischer Eltern, die u.a. mindest 8 Jahre ihren gewöhnlichen Aufenthalt in Deutschland haben, insoweit gilt das „ius soli", d.h. die Staatsangehörigkeit am Ort der Geburt (Einzelheiten s. § 4 StaatsangehörigkG).

---

[13] Vgl. *Hübner,* AT, Rn. 139; *Ferid,* Internationales Privatrecht, 3. Aufl. 1986, § 1 Rn. 1–18.

[14] Vgl. dazu Palandt/*Heldrich,* Anhang zu Art. 5 EGBGB Rn. 6; *Stern,* Das Staatsrecht der Bundesrepublik Deutschland Bd. I, 2. Aufl. 1984, § 8 II.

§ 8. Der Persönlichkeitsschutz

Inhaltsübersicht

Literatur: *Beuthien/Schmölz,* Persönlichkeitsschutz durch Persönlichkeitsgüterrechte, 1999; *Brandner,* Das allgemeine Persönlichkeitsrecht in der Entwicklung durch die Rechtsprechung, JZ 1983, 689; *Brossette,* Der Wert der Wahrheit im Schatten des Rechts auf informationelle Selbstbestimmung, 1991; *Damm,* Persönlichkeitsschutz und medizinische Entwicklung, JZ 1998, 926; *Degenhart,* Das allgemeine Persönlichkeitsrecht, JuS 1992, 361; *Ehmann,* Zur Struktur des Allgemeinen Persönlichkeitsrechts, JuS 1997, 193; *Fahrenhorst,* Paparazzi: Pressefotos und Privatsphäre – eine kritische Betrachtung der neueren Rechtsprechung des *BGH* im Lichte der EMRK, ZeuP 1998, 84; *Gerlach,* Der Schutz der Privatsphäre von Personen des öffentlichen Lebens in rechtsvergleichender Sicht, JZ 1998, 741; *J. Hager,* Der Schutz der Ehre im Zivilrecht, AcP 196 (1996), 168; *Heldrich,* Der Persönlichkeitsschutz Verstorbener, FS Heinrich Lange, 1970, S. 163; *Helle,* Der Schutz der persönlichen Ehre und des wirtschaftlichen Rufes im Privatrecht, 2. Aufl. 1969; *ders.,* Besondere Persönlichkeitsrechte im Privatrecht, 1991; *Hubmann,* Das Persönlichkeitsrecht, 2. Aufl. 1967; *Kübler,* Ehrenschutz, Selbstbestimmung und Demokratie, NJW 1999, 1281; *Ladeur,* Persönlichkeitsschutz und „Comedy“, NJW 2000, 1977; *Leßmann,* Persönlichkeitsschutz juristischer Personen, AcP 170 (1970), 266; *Müllereisert,* Die Ehre im deutschen Privatrecht, 1931; *Osiander,* Das Recht am eigenen Bild im allgemeinen Persönlichkeitsrecht, 1993;

Scheyhing, Zur Geschichte des Persönlichkeitsrechts im 19. Jahrhundert, AcP 158 (1958), 503; *Schwerdtner,* Das Persönlichkeitsrecht in der deutschen Zivilrechtsordnung, 1977; *Seyfarth,* Der Einfluß des Verfassungsrechts auf zivilrechtliche Ehrschutzklagen, NJW 1999, 1287; *Simon,* Das allgemeine Persönlichkeitsrecht und seine gewerblichen Erscheinungsformen, 1981; *Smith,* Neuere Entwicklungen in der Haftung für Persönlichkeitsrechtsverletzungen nach deutschem und englischen Recht – „Published and be damned", ZEuP 1999, 303.

I. Allgemeine und besondere Persönlichkeitsrechte

1. Bedürfnis für einen umfassenden Persönlichkeitsschutz

a) Lücken beim Schutz einzelner Rechte

1 Zur Stellung der Person in einer rechtlich geordneten Gemeinschaft gehört nicht nur, daß sie als Rechtsträger anerkannt und ihr die Fähigkeit zu rechtlichem Handeln zuerkannt wird, vielmehr muß die Person in ihrem Lebens- und Freiheitsbereich vor unbefugten Eingriffen anderer geschützt werden. Der Gesetzgeber des BGB hat von einem allgemeinen Schutz der Person durch ein allgemeines Persönlichkeitsrecht abgesehen und statt dessen nur **einzelne Bestandteile der Persönlichkeit** geschützt, weil ein allgemeiner Persönlichkeitsschutz zu umfassend und unbestimmt erschien und dafür auch kaum ein Bedürfnis gesehen wurde.

2 **Beispiele:** So schützt etwa § 12 nur dagegen, daß das Recht zum Gebrauch des Namens von anderen bestritten wird oder daß andere unbefugt den gleichen Namen für sich als Personenbezeichnung benutzen. Von § 12 wird dagegen nicht der Fall erfaßt, daß der Namen in einem vom berechtigten Namensträger nicht gewollten Zusammenhang genannt wird, etwa bei der Werbung für bestimmte Produkte (*BGHZ* 30, 7 „Kukident") oder in einem Berufs- oder Branchenverzeichnis (*OLG Nürnberg* NJW 1993, 796) oder in Presseberichten. Ebenso schützen die §§ 185ff. StGB mit § 823 Abs. 2 nur gegen die Herabsetzung der Ehre, nicht aber dagegen, daß in der Öffentlichkeit ein falsches Bild erzeugt wird, wenn dieses nicht ehrmindernd, aber dennoch nicht gewollt ist (*BGHZ* 13, 334 „Leserbrief"; *BVerfG* NJW 1980, 2070 und 2072; *BGH* NJW 1982, 635). Gleiches gilt für § 823 Abs. 2 mit den §§ 201ff. StGB, die die Verletzung der Vertraulichkeit des Wortes, des Briefgeheimnisses und von Privatgeheimnissen nicht generell schützen. Kein spezieller Schutz besteht auch gegen die Veröffentlichung nicht urheberrechtsfähiger privater Aufzeichnungen wie z.B. Briefe oder Tagebücher. § 22 KunstUrhG verbietet nur das unbefugte Verbreiten oder Zurschaustellen von Bildnissen einer Person, nicht dagegen das Aufnehmen solcher Bilder. Auch Verletzungen der Persönlichkeit durch neue Techniken wie das geheime Abhören von Gesprächen oder das Festhalten des gesprochenen Wortes durch heimliche Tonbandaufnahmen werden durch §§ 201ff. StGB nur in einzelnen Beziehungen, nicht aber umfassend geschützt.

b) Grundlagen des allgemeinen Schutzes der Person

3 Der Schutz einzelner besonderer Persönlichkeitsbestandteile gegen einzelne Verletzungsformen wird dem umfassenden Schutzbedürfnis der Person gegen die mit der modernen Technik zunehmenden Möglichkeiten zur Beeinträchtigung ihres privaten Lebens- und Freiheitsbereichs nicht gerecht[1]. Um den Betroffenen einen umfassenden Schutz zu gewähren, hat die Rechtsprechung in einer Rechtsfortbildung gesetzesübersteigender Art (s. oben § 4 Rn. 71) seit den 50er Jahren des vorigen Jahrhunderts[2]

---

[1] Vgl. *Larenz/Canaris,* Schuldrecht II/2, § 80 I 2, die zutreffend darauf hinweisen, daß nicht nur ein Wandel der rechtlichen Verhältnisse, sondern auch eine grundlegende Änderung der tatsächlichen Normsituation eingetreten ist.

[2] Ausgangsentscheidung ist *BGHZ* 13, 334.

aus Art. 1 und 2 GG ein **allgemeines Persönlichkeitsrecht** mit umfassendem Persönlichkeitsschutz abgeleitet. Angesicht des hohen Werts, den die Verfassung der Würde des Menschen (Art. 1 GG) und der freien Entfaltung der Persönlichkeit (Art. 2 Abs. 1 GG) beimißt, gehört es zu den Aufgaben der Rechtsordnung, diese obersten Werte nicht nur gegen staatliche Eingriffe, sondern auch auf der Ebene des Zivilrechts gegen Beeinträchtigungen seitens privater Personen und seitens von Institutionen lükkenlos zu schützen. Dies geschieht dadurch, daß das allgemeine Persönlichkeitsrecht als absolutes Recht anerkannt wird und mit Schadensersatzansprüchen aus § 823 Abs. 1 sowie Beseitigungs- und Unterlassungsansprüchen in analoger Anwendung von § 1004 (s. im einzelnen unten Rn. 52ff.) umfassenden zivilrechtlichen Schutz gegen Verletzungen grundsätzlich jeder Art genießt. Durch ständige Übung und allgemeine Rechtsüberzeugung ist das allgemeine Persönlichkeitsrecht inzwischen Gewohnheitsrecht geworden (s. oben § 3 Rn. 31ff.). Der rechtliche Schutz der Persönlichkeit und der Privatsphäre ist in England weniger ausgebaut. Es gibt dort kein allgemeines Persönlichkeitsrecht[3].

Der auf Art. 1 und 2 GG gestützte Persönlichkeitsschutz kommt in erster Linie natürlichen Personen zu. Neben den lebenden Personen wird auch das Persönlichkeitsrecht ungeborener und verstorbener Personen geschützt (**postmortaler Persönlichkeitsschutz,** unten Rn. 46f.). Gemäß Art. 19 Abs. 3 GG ist mit dem Grundrechtsschutz aber auch der privatrechtliche Schutz der Person grundsätzlich auf **juristische Personen** zu erstrecken, soweit nicht die Unterschiede zu natürlichen Personen Abweichungen erfordern (s. dazu unten Rn. 48ff.). 4

c) Notwendigkeit für Interessenabwägungen

Da die einzelne Person nicht isoliert und abgeschnitten von der Umwelt lebt, sondern in eine soziale Gemeinschaft eingegliedert ist, kann das Persönlichkeitsrecht nicht grenzenlos geschützt werden. Vielmehr ergeben sich **Beschränkungen durch** die **Persönlichkeitsrechte anderer,** die gegen das eigene Persönlichkeitsrecht abgegrenzt werden müssen. Ferner bestehen **Bedürfnisse der Allgemeinheit,** wie z.B. das durch Art. 5 GG geschützte Interesse der Öffentlichkeit an Meinungsfreiheit und Information durch die Presse und andere Medien. Die Grenzen des Persönlichkeitsschutzes müssen deshalb in jedem Fall durch die Abwägung mit anderen Interessen neu bestimmt werden[4]. Durch diese Unbestimmtheit und Offenheit seines Schutzbereichs unterscheidet sich das allgemeine Persönlichkeitsrecht von anderen in § 823 Abs. 1 geschützten einzelnen Bestandteilen der Person, wie z.B. Leben, Körper und Gesundheit, die einen genau bestimmten Inhalt haben und deren Verletzung deshalb im Regelfall die Rechtswidrigkeit indiziert. 5

Wegen dieser Unbestimmtheit hat die Anerkennung des allgemeinen Persönlichkeitsrechts als absolutes Recht Kritik erfahren. Zum Teil werden nur einzelne besondere Persönlichkeitsrechte mit begrenztem Gegenstand wie das Recht auf Schutz des Namens, der Ehre, des Bildes oder des gesprochenen Wortes als absolute Rechte anerkannt[5], zum Teil wird das allgemeine 6

---

[3] S. *Smith,* ZEuP 1999, 303, 308ff.

[4] Vgl. nur Erman/*Schiemann,* § 823 Rn. 48; AK/*Derleder,* § 823 Rn. 56; Soergel/*Zeuner,* § 823 Rn. 73; s. auch unten Rn. 36ff.

[5] S. auch *Larenz,* NJW 1955, 521ff.; sowie Soergel/*Zeuner,* § 823 Rn. 72; *Beuthien/Schmölz,* Persönlichkeitsschutz durch Persönlichkeitsgüterrechte, 1999; *Larenz/Canaris,* Schuldrecht II/2, § 80 III 2, 3, wo allerdings der Ansatz des *BGH* als „letztlich dogmatisch fruchtbarer" anerkannt wird.

Persönlichkeitsrecht wie ein Schutzgesetz im Sinne von § 823 Abs. 2 angesehen[6]. Diese Kritik ist nicht berechtigt. Zum einem findet das allgemeine Persönlichkeitsrecht seine Grundlage in Art. 1, 2 GG und ist damit durch die Verfassung selbst als umfassendes Schutzgut anerkannt[7]. Zum anderen kann das allgemeine Persönlichkeitsrecht vor allem das Entstehen von Schutzlükken verhindern, wie sie bei Anerkennung lediglich einzelner besonderer Persönlichkeitsrechte eintreten[8]. Auch das schweizerische Zivilgesetzbuch bestimmt in seinem Art. 28 Abs. 1: „Wer in seiner Persönlichkeit widerrechtlich verletzt wird, kann zu seinem Schutz gegen jeden, der an der Verletzung mitwirkt, das Gericht anrufen." Was hier unter „Persönlichkeit" und deren widerrechtlichen Verletzung zu verstehen ist, bleibt dabei ebenso offen, wie beim allgemeinen Persönlichkeitsrecht. Auch bei vermeintlich konkret bestimmten persönlichen Schutzgütern wie der Körperverletzung kann sich die Notwendigkeit zu schwierigen Abwägungen ergeben[9]. Daß die Grenzen des allgemeinen Persönlichkeitsrechts nur schwer zu ziehen und sein Schutzinhalt offenbar davon abhängig ist, welches der miteinander kollidierenden Güter oder Interessen im Einzelfall höher zu bewerten ist, steht danach seiner Anerkennung als absolutes, gegenüber jedermann geschütztes Recht nicht entgegen. In dem einen wie in dem anderen Fall handelt es sich um eine Generalklausel, deren nähere Ausfüllung durch die Rechtsprechung erfolgen kann und auch vielfach erfolgt ist[10].

2. Verhältnis von allgemeinem und besonderem Persönlichkeitsschutz

7 Das allgemeine Persönlichkeitsrecht bildet die Grundlage für die besonderen Persönlichkeitsrechte, die als Abspaltungen von ihm angesehen werden können. Es hat den Vorteil, daß es umfassend die gesamte Persönlichkeit in allen gegenwärtigen und künftigen, zum Teil noch gar nicht überschaubaren Konfliktlagen zu schützen vermag. Man hat es deshalb zu Recht als **Quellrecht**[11] bezeichnet, aus dem mehrere einzelne, konkreter bestimmte Rechte fließen. Dem steht aber der Nachteil gegenüber, daß es als sog. **Rahmenrecht**[12] nur den ungefähren Rahmen seines Schutzbereichs absteckt, der aufgrund seiner generalklauselartigen Weite und Unbestimmtheit im Einzelfall eine umfassende Abwägung der beteiligten Güter und Interessen verlangt[13].

8 Wird ein in der Rechtsprechung und im Gesetz bereits ausgeformtes besonderes Persönlichkeitsrecht verletzt, so bedarf es des Rückgriffs auf das allgemeine Persönlichkeitsrecht mit seinen schwer bestimmbaren Grenzen nicht mehr. Ist dagegen im Einzelfall kein besonderes Persönlichkeitsrecht verletzt, so bleibt zu prüfen, ob eine Verletzung des allgemeinen Persönlichkeitsrechts vorliegt. Dieses hat damit die **Funktion eines Auffangtatbestandes,** wenn sich aufgrund neuer Entwicklungen Schutzlücken ergeben[14].

---

6 S. Erman/*Ehmann,* § 12 Anhang Rn. 13.

7 Vgl. *BVerfGE* 34, 269, 281; *BGHZ* 13, 334, 338; Palandt/*Sprau,* § 823 Rn. 84.

8 Vgl. *BVerfGE* 54, 148, 153: „Seine Aufgabe (sc. des Persönlichkeitsrechts) ist es, die engere persönliche Lebenssphäre und die Erhaltung ihrer Grundbedingungen zu gewährleisten, die sich durch die traditionellen konkreten Freiheitsgarantien nicht abschließend erfassen lassen; diese Notwendigkeit besteht namentlich auch im Blick auf moderne Entwicklungen und die mit ihnen verbundenen neuen Gefährdungen".

9 S. als Beispiel *BGH* NJW 1994, 127: Verlust von Sperma in der Samenbank als Körperverletzung.

10 S. unten Rn. 24ff.; dazu auch *Gmür,* Das Schweizerische Zivilgesetzbuch verglichen mit dem Deutschen BGB, S. 58.

11 So *BVerfG* NJW 2002, 3767, 3768; zuvor schon *BGHZ* 24, 72, 78; s. auch *BGH* v. 30. 9. 03 VI ZR 89/02.

12 *Fikentscher,* Schuldrecht, Rn. 1216; *BGH* NJW 1994, 124, 125; s. auch unten § 15 Rn. 15.

13 *BGH* NJW 1991, 1532; *BGH* NJW 1994, 124.

14 Vgl. z.B. *BGHZ* 45, 296, 307; 50, 133, 143.

II. Der Schutz des Namens als speziell geschütztes Persönlichkeitsrecht

§ 12 schützt das Recht einer Person auf Gebrauch ihres Namens, bestimmt aber nicht selbst, welchen Namen eine Person führen darf[15]. Das Recht aus § 12 besteht gegenüber jedermann, ist also ein absolutes Recht (s. unten § 15 Rn. 2ff.), und richtet sich, wie sich aus dem Gesetzestext unmittelbar ergibt, auf Anerkennung des befugten („nicht bestreiten") und auf Unterlassung des unbefugten Namensgebrauchs. Da der Name kein außerhalb der Person stehendes Gut ist, sondern ein Zeichen und Symbol, das die Person gerade in ihrer Individualität kennzeichnet, ist er ein der Person selbst zugehöriges ideelles Persönlichkeitsgut. Das Namensrecht ist daher seiner Art nach ein Persönlichkeitsrecht und zugleich das einzige, das das BGB ausdrücklich anerkennt. 9

1. Geschützte Namen

a) Bürgerlicher Name

Das Namensrecht bezieht sich in erster Linie auf den **bürgerlichen Namen,** also den einer Person gesetzlich zustehenden Namen (s. oben § 7 Rn. 1ff.). Der Schutz erstreckt sich auf den Familiennamen ebenso wie auf den Vornamen und umfaßt bei Namensänderung z.B. durch Heirat auch den Geburtsnamen. Adelsprädikate sind Bestandteil des Familiennamens, nicht aber Berufsbezeichnungen und akademische Grade. Für sie gilt aber § 12 zumindest entsprechend[16]. 10

b) Sonstige Namen

Rechtsprechung und Lehre erkennen ein Namensrecht auch an einem **Decknamen** (Pseudonym), insbesondere einem Künstlernamen oder Schriftstellernamen an, wenn die betreffende Person unter diesem Namen in der Öffentlichkeit, sei es auch nur in einem Teil der Öffentlichkeit, bekannt geworden ist und das Pseudonym insbesondere Verkehrsgeltung erworben hat[17]. Auch hinsichtlich anderer Kennzeichnungen einer bestimmten Persönlichkeit, wie z.B. eines Familienwappens oder einer in der Öffentlichkeit bekannt gewordenen Namensabkürzung, wird in Analogie zum Namen ein entsprechender Schutz gewährt[18]. Der Namensschutz hat im Zusammenhang mit dem Gebrauch von Domain-Namen im Internet neue Bedeutung erlangt. Dabei kommt im nichtgeschäftlichen Bereich § 12 als Schutzvorschrift zur Anwen- 11

[15] S. dazu oben § 7 Rn. 1ff.

[16] MünchKomm/*Schwerdtner,* § 12 Rn. 41 (Fn. 132) geht von einer direkten Anwendung aus, ebenso *BGH* NJW-RR 1992, 367 zum Titel in einer Firma. Soergel/*Heinrich,* § 12 Rn. 157 will § 12 auf Titel analog anwenden, nicht aber auf Berufsbezeichnungen; ebenso Palandt/*Heinrichs,* § 12 Rn. 4, 38.

[17] *BGH* NJW 2003, 2978 dazu *Marly,* LMK 2003, 234; MünchKomm/*Schwerdtner,* § 12 Rn. 47; *BGHZ* 30, 7, 9 („Catarina Valente"); Staudinger/*Weick/Habermann,* § 12 Rn. 19; Soergel/*Heinrich,* § 12 Rn. 120; *Hübner,* AT, Rn. 165; *Medicus,* AT, Rn. 1066 spricht von einer analogen Anwendung; a.A. *Fabricius,* JR 1972, 15, 16.

[18] Vgl. MünchKomm/*Schwerdtner,* § 12 Rn. 73, 86; Soergel/*Heinrich,* § 12 Rn. 155; *BGHZ* 43, 245. Ein Verein „Gesellschaft zur Weserklause" genießt Namensschutz gegenüber einer Gastwirtschaft in der gleichen Stadt, die sich die Bezeichnung „Weserklause" zulegte, da der Namensbestandteil „Weserklause" den Vereinsnamen in seiner Eigenart charakterisiert; so *BGH* NJW 1970, 1270.

dung (s. unten Rn. 20). Im geschäftlichen Verkehr geht aber der kennzeichenrechtliche Schutz aus §§ 5, 15 MarkenG dem Namensschutz aus § 12 vor[19].

c) Namensschutz der Firma

12 Die h.M. erstreckt den Schutz des Namensrechts aus § 12 auch auf die Firma, d.h. auf den Namen, unter dem ein Kaufmann – einerlei ob ein Einzelkaufmann oder eine Personen- oder Kapitalgesellschaft – „im Handel seine Geschäfte betreibt" (§ 17 Abs. 1 HGB)[20]. Eine neu gegründete Firma kann ihren Namen zwar frei wählen, hat aber, wenn sie den Namen einer schon bestehenden Firma verwenden will, durch Hinzufügung eines unterscheidenden Zusatzes dafür zu sorgen, daß eine Verwechslungsgefahr ausgeschlossen wird[21]. Im übrigen schafft § 37 Abs. 2 HGB einen besonderen Schutz des Firmenrechts, der neben § 12 zur Anwendung kommt. Dies ist insbesondere von Bedeutung, weil § 37 Abs. 2 HGB nur den unbefugten Gebrauch der Firma erfaßt, nicht aber das Bestreiten des Rechts zum Gebrauch. Der namensrechtliche Schutz aus § 12 ist jedoch auf den Funktionsbereich des Unternehmens und dessen Geschäfte beschränkt[22]. Der Firmenname wird nach §§ 5, 15 MarkenG auch als geschäftliche Bezeichnung gegen einen unbefugten Gebrauch geschützt, der die Gefahr von Verwechslungen mit sich bringt. Dieser kennzeichenrechtliche Schutz geht im geschäftlichen Verkehr dem Namensschutz aus § 12 vor (s. oben Rn. 11). § 12 kann aber zur Anwendung kommen, wenn der Markenname von einer Privatperson zu nicht geschäftlichen Zwecken gebraucht wird[23].

d) Namensschutz juristischer Personen

13 Obgleich § 12 sich in erster Linie auf natürliche Personen bezieht, gewährt die Rechtsprechung den Schutz des Namensrechts zu Recht auch den juristischen Personen und sogar nicht rechtsfähigen Vereinen[24], da auch hier ein berechtigtes Interesse am Schutz des Namens gegeben ist, unter dem die rechtlich als Einheit verfaßte Personengesamtheit im Verkehr auftritt und bekannt ist. Das gilt in besonderem Maße von solchen Vereinigungen, die unter ihrem Namen die Öffentlichkeit ansprechen und um Unterstützung für ihre Ziele werben, wie den politischen Parteien[25]. Neben natürlichen Personen wird der Namensschutz für Wappen und Siegel auch juristischen

---

[19] *BGH* NJW 2002, 2031 (shell.de); *BGH* NJW 2002, 2096 = LM § 5 MarkenG Nr. 24 m. Anm. *Teplitzky*.

[20] Soergel/*Heinrich*, § 12 Rn. 114ff., MünchKomm/*Schwerdtner*, § 12 Rn. 51; *BGHZ* 14, 155, 159, anders aber *Fabricius*, JR 1972, 15. *Fabricius* gründet seine abweichende Ansicht einmal auf den Wortlaut der Bestimmung – ein „Recht" zum Gebrauch eines „Namens" ergebe sich nur aus den Bestimmungen über den Familiennamen, wie §§ 1616, 1617, 1355 – zum anderen auf die Entstehungsgeschichte. Doch dürfte es sich bei der weiten Auslegung des § 12 um eine Rechtsfortbildung handeln, die im großen und ganzen einem unabweisbaren Bedürfnis entspricht und gewohnheitsrechtliche Geltung erlangt hat.

[21] *OLG Köln* NJW 1984, 1358.

[22] *BGH* NJW 1998, 2045; *BGH* NJW 2002, 2031 (shell.de) = LM § 14 MarkenG Nr. 33 m. Anm. *Marly*.

[23] *BGHZ* 119, 237, 245; *BGH* NJW 1998, 2045 (Rolex) = LM § 14 MarkenG Nr. 5 m. Anm. *Munz*.

[24] Vgl. *BGH* NJW 1970, 1270 (für den rechtsfähigen Verein); *BVerfG* NJW 1994, 2346; *BGHZ* 124, 173, 178 (für juristische Personen des öffentlichen Rechts); *RGZ* 100, 182 („Gervais" – für Kapitalgesellschaften); *RGZ* 78, 101 (für den nicht rechtsfähigen Verein).

[25] Zum Namensschutz politischer Parteien *BGHZ* 79, 265; *OLG Karlsruhe* NJW 1972, 1810; *Schlüter*, JuS 1975, 558.

Personen gewährt[26]. Voraussetzung für den Namensschutz ist aber jeweils, daß die juristische Person durch den unzulässigen Namensgebrauch in den zu ihrem Funktionsbereich gehörenden Interessen beeinträchtigt wird. Dies trifft bei einem auf den privaten Bereich beschränkten Verhalten, wie beim Tragen einer Rolex-Uhr nicht zu[27].

2. Verschiedene Verletzungsformen

§ 12 schützt nicht gegen jede Art der Verletzung des Namens, sondern nennt mit der Namensleugnung und der Namensanmaßung nur zwei Verletzungsformen. Soweit eine Verletzungsform in § 12 nicht genannt ist, kann ein Schutz des Namens über das allgemeine Persönlichkeitsrecht gewährt werden. 14

a) Namensleugnung

Eine erste Verletzungsform, die § 12 untersagt, ist die Namensleugnung. Sie liegt gemäß § 12 vor, wenn dem Namensträger das **Recht zum Gebrauch seines Namens** von einem anderen **bestritten** wird. Das Bestreiten wird meist wörtlich, gegenüber dem Berechtigten selbst oder gegenüber einem Dritten, erfolgen; geschieht es in einem Schriftstück, so ist jede Verbreitung dieses Schriftstücks eine Beeinträchtigung. 15

b) Namensanmaßung

Eine zweite Verletzungsform, gegen die § 12 Schutz gewährt, ist die Namensanmaßung durch einen anderen. Sie ist gemäß § 12 gegeben, wenn das Interesse des Namensträgers dadurch verletzt wird, daß ein anderer **unbefugt den gleichen Namen gebraucht.** Dadurch soll eine Täuschung über die Identität einer Person und der ihr zuzurechnenden Handlungen und Leistungserfolge vermieden werden. Ein **Gebrauch** des Namens liegt nicht nur darin, daß jemand diesen Namen als den ihm angeblich zustehenden führt, sondern auch darin, daß er eine andere Person Dritten gegenüber mit diesem Namen bezeichnet[28]. Das verletzte Interesse des Namensträgers kann sowohl rein ideeller Art wie auch lediglich wirtschaftlicher Art sein. 16

Beispiele: Ein vorwiegend ideelles Interesse ist verletzt, wenn ein anderer, etwa ein Double, unter dem gleichen Namen wie der wahre Namensträger in der Öffentlichkeit auftritt. Eine unbefugte Namensanmaßung kann auch bei der Verwendung eines Domain-Namens im Internet vorliegen. Dafür genügt schon die Registrierung[29]. Wirtschaftliche Interessen sind insbesondere verletzt, wenn berühmte Namen und Marken eines Unternehmens von Dritten zur Förderung des Absatzes ihrer Produkte benutzt werden. Es genügt, daß durch den Gebrauch des Namens, etwa im Rahmen der Kennzeichnung eines Unternehmens oder von Waren oder sonst zu Reklamezwecken, der Eindruck entstehen kann, es bestehe zwischen dem unbefugten Nutzer des Namens und dem berechtigten Namensträger ein wie auch immer beschaffener Zusammenhang[30]. Dies ist bei der Verwendung eines Universitätsemblems auf Bekleidungsstücken oder Gebrauchsgegenständen aber nicht anzunehmen[31]. 17

---

[26] *BGHZ* 119, 237, 245 (Universitätsemblem); *BGH* NJW-RR 2002, 1401 = LM § 12 BGB Nr. 68.

[27] *BGH* NJW 1999, 2045 = LM § 14 MarkenG Nr. 5 m. Anm. *Munz.*

[28] So auch *Enneccerus/Nipperdey,* AT, § 100 Anm. 13; MünchKomm/*Schwerdtner,* § 12 Rn. 194; *Medicus,* AT, Rn. 1070; RGRK/*Krüger-Nieland,* § 12 Rn. 93; Staudinger/*Weick/Habermann,* § 12 Rn. 264; anders *RGZ* 108, 230, 232; Palandt/*Heinrichs,* § 12 Rn. 23.

[29] *BGH* NJW 2003, 2978 dazu *Marly,* LMK 2003, 234.

[30] Vgl. *BGHZ* 8, 318, 322; 43, 245, 255; 81, 75; 119, 237, 245; *BGH* NJW-RR 2002, 1401 = LM § 12 BGB Nr. 68.

[31] *BGHZ* 119, 237, 241; s. auch *BGH* NJW 1999, 2045 (Rolex).

c) Beeinträchtigungen anderer Art

18 Namensbeeinträchtigungen sonstiger Art, die nicht unter § 12 fallen, können vom Schutz des allgemeinen Persönlichkeitsrechts erfaßt werden (s. unten Rn. 35). Dazu gehört etwa der Fall, daß der Name des Berechtigten in einem von ihm nicht hinzunehmenden Zusammenhang genannt wird.

19 **Beispiele:** Der Kläger, Vorstand eines Chemieunternehmens, wird in einer Plakataktion von Greenpeace als Mitverursacher des Ozonlochs in einem von ihm nicht gewünschten Zusammenhang genannt[32]. Der *BGH* sieht darin zwar einen Eingriff in das allgemeine Persönlichkeitsrecht in Gestalt des Namensrechts des Klägers, der aber durch die Meinungsfreiheit (Art. 5 Abs. 1 GG) gerechtfertigt ist. Ein nicht gerechtfertigter Eingriff liegt jedoch vor, wenn jemand unter dem Namen eines anderen Meinungsäußerungen oder Absichtserklärungen an andere Personen oder an die Öffentlichkeit richtet, so daß die Adressaten sie als solche des Namensträgers auffassen und dadurch dessen Interesse, sich selbst darzustellen, verletzt wird[33]. Eine Verletzung des Persönlichkeitsrechts liegt auch vor, wenn bei einer Verdachtsberichterstattung voreilig der Name der verdächtigen Person genannt wird[34]. Die Verwendung des Namens einer lebenden Person als Roman- oder Theaterfigur kann ferner eine Verletzung der Privatsphäre sein, wenn dadurch für den Leser oder den Zuschauer eine Beziehung zu der betreffenden Person hergestellt wird und zugleich Vorgänge aus dem privaten Lebensbereich dieser Person sowie deren Charakterbild preisgegeben werden[35]. Eine Verletzung der Privatsphäre und keine Verletzung des Namensrechts liegt auch vor, wenn die Romanfigur mit einem anderen Namen, etwa einem Phantasienamen, bezeichnet wird, aber alle Umstände auf eine bestimmte Person hinweisen und deren Privatsphäre unbefugt offengelegt wird[36].

3. Unbefugter Gebrauch

20 Unbefugt ist der Eingriff in das Namensrecht, wenn er **widerrechtlich** ist[37]. Die Widerrechtlichkeit ergibt sich grundsätzlich aus der tatbestandsmäßigen Verletzung des Namensrechts, falls nicht besondere Rechtfertigungsgründe, wie z.B. eine Einwilligung[38], eingreifen. Der Gebrauch des eigenen Namens ist grundsätzlich nicht widerrechtlich[39], auch wenn ein anderer den gleichen bürgerlichen Namen führt oder wenn er unter einem Decknamen schon früher als der Kläger bekannt geworden ist. Dies gilt grundsätzlich auch dann, wenn durch Namensgleichheit eine Verwechslungsgefahr entsteht[40]. Eine Ausnahme gilt aber dann, wenn die Gefahr von Verwechslungen besteht und ein berechtigtes Interesse gegeben ist, solche Verwechslungen zu vermeiden. Ein Interesse an der Vermeidung von Verwechslungen bei Trägern gleichen Namens hat sich insbesondere bei der Verwendung von **Domain-Namen** im Internet ergeben.

21 **Beispiele:** Der Beklagte trägt den Namen Shell. Er hat sich auf diesen Namen die Internetadresse „shell.de" reservieren lassen. Die Mineralölgesellschaft Shell erhebt durch ihre deutsche Tochtergesellschaft Klage gegen den Beklagten auf Unterlassung der Verwendung dieses Do-

---

32 *BGH* NJW 1994, 124 = LM Art. 1 GrundG Nr. 44 m. Anm. *Kohl.*

33 Vgl. *Schlüter,* JuS 1975, 558, 561 f. Allerdings geht es hier weniger um die Kennzeichnungs-, als um die „Darstellungsfunktion" des Namens (*Pawlowski,* AT, Rn. 242). Beide lassen sich aber nicht trennen.

34 *BGH* NJW 2000, 1036.

35 So zutreffend *Bussmann,* Gutachten für den 42. DJT, S. 24; MünchKomm/*Schwerdtner,* § 12 Rn. 195.

36 *BGHZ* 50, 133 (Mephisto).

37 MünchKomm/*Schwerdtner,* § 12 Rn. 207.

38 *BGH* NJW 2002, 2093 = LM § 12 BGB Nr. 67 m. Anm. *Henssler.*

39 S. etwa *BGHZ* 29, 256, 253; *RGZ* 165, 271, 283.

40 *BGH* NJW-RR 1993, 935.

main-Namens. Der *BGH* geht davon aus, daß bei Trägern des gleichen Namens grundsätzlich der Prioritätsgrundsatz gilt und der Namensträger, der seinen Namen als erster hat registrieren lassen, den Vorzug genießt und seinerseits dem anderen Namensträger die Nutzung des gleichen Namens untersagen kann, wenn Verwechslungen zu befürchten sind. Im konkreten Fall weicht der *BGH* aber vom Prioritätsgrundsatz ab, weil die Mineralölgesellschaft eine überragende Bekanntheit genießt und ihr Internetauftritt unter diesem Namen erwartet wird. Da der Beklagte kein vergleichbar schutzwürdiges Interesse hat, muß er seinem bürgerlichen Namen in der Internetadresse, wie auch in anderen Fällen der Verwechslungsgefahr bei Namensgleichheit, einen unterscheidungskräftigen Zusatz beifügen[41]. Kein schutzwürdiges Interesse hat auch der Pseudonym-Name gegenüber dem wahren Namensträger[42]. – Unbefugt ist auch eine Namensverwendung, wenn durch eine Strohmanngründung gezielt eine verwechslungsfähige Firma geschaffen wird[43], oder bei absichtlicher Ausbeutung des guten Rufs eines anderen im Wettbewerb[44].

4. Abwehransprüche und Ersatzansprüche

a) Abwehransprüche

Bei unbefugter Verletzung des Namensrechts kann der Berechtigte nach § 12 oder 22
bei einer Verletzung des allgemeinen Persönlichkeitsrechts in analoger Anwendung von § 1004 Abs. 1 (s. unten Rn. 52) **Beseitigung** einer bestehenden Beeinträchtigung und bei Wiederholungsgefahr **Unterlassung** für alle Zukunft verlangen.

b) Ersatzansprüche

Das Namensrecht ist auch ein „sonstiges Recht“ im Sinne des § 823 Abs. 1[45]. Wenn 23
daher dem Berechtigten durch die Verletzung seines Namensrechts ein Vermögensschaden zugefügt wird, dann kann er von dem Schädiger **Schadensersatz** verlangen, falls dieser vorsätzlich oder fahrlässig gehandelt hat. Ein Schaden kann einmal daraus entstehen, daß durch den unbefugten Gebrauch des gleichen Namens oder der gleichen Firma im geschäftlichen Verkehr Verwechslungen hervorgerufen werden, die einen Rückgang des Umsatzes oder der Verdienstmöglichkeiten des Berechtigten zur Folge haben; ferner dadurch, daß dem Berechtigten Einnahmen entgangen sind, die er durch die Gestattung einer Benutzung seines Namens etwa zu einem Werbezweck hätte erzielen können. In der Ersparnis der üblicherweise für eine solche Gestattung zu zahlenden Vergütung kann ferner eine **ungerechtfertigte Bereicherung** des Benutzers liegen, deren Herausgabe der Berechtigte nach § 812 mit der sog. Eingriffskondiktion verlangen kann[46]. Im Falle eines immateriellen Schadens kann ein Anspruch auf **Schmerzensgeld** in Betracht kommen (s. unten Rn. 56).

III. Weitere Inhalte des allgemeinen Persönlichkeitsrechts

Das allgemeine Persönlichkeitsrecht schützt grundsätzlich gegen Eingriffe jeglicher 24
Art und hat damit eine Auffangfunktion für alle Verletzungen der Persönlichkeits-

[41] S. neben *BGH* NJW 2002, 2031 (shell.de) = LM § 14 MarkenG Nr. 14 m. Anm. *Marly;* ferner *BGHZ* 14, 159; *BGH* NJW-RR 1990, 620; *BGH* DB 1985, 1935f.; *Canaris,* GRUR 1989, 715f.; zur Anwendung des Markenrechts im geschäftlichen Verkehr *BGH* NJW 2002, 2096 (vossius.de) = LM § 5 MarkenG m. Anm. *Teplitzky.*

[42] *BGH* NJW 2003, 2978 dazu *Marly,* LMK 2003, 234.

[43] *BGH* NJW 1966, 345.

[44] *BGHZ* 4, 97, 99 („Farina/Urkölsch“).

[45] Vgl. Palandt/*Sprau* § 823 Rn. 14; *OLG Karlsruhe* NJW 1972, 1810.

[46] *BGHZ* 81, 75, 78f.; *Larenz/Canaris,* Schuldrecht II/2, § 69 I 2 c.

sphäre. Es sollte jedoch darauf geachtet werden, nicht jede Belästigung und unliebsame Beeinträchtigung als Eingriff in das Persönlichkeitsrecht einzuordnen, damit dieses Recht nicht durch „kleine Münze" abgenutzt wird und seinen personenbezogenen Achtungsanspruch einbüßt[47]. Die Rechtsprechung hat seit der Anerkennung des allgemeinen Persönlichkeitsrechts in einer Vielzahl von Entscheidungen einzelne Schutzbereiche des allgemeinen Persönlichkeitsrechts herausgearbeitet[48], woraus sich verschiedene Einzelrechte mit speziellen Schutzinhalten ableiten lassen, die sich aber teilweise überschneiden können. Dazu gehört auch das Recht am Namen (s. oben Rn. 9ff.).

1. Schutz der Ehre

25 Ein wichtiger Teilinhalt des allgemeinen Persönlichkeitsrechts ist das Recht auf Schutz der Ehre[49]. Der Schutz der Ehre hat zum Inhalt, daß das **Erscheinungsbild** einer Person in der sozialen Gemeinschaft **nicht unberechtigt in negativer Weise dargestellt** werden darf, sei es durch eigene Äußerungen oder durch die Wiedergabe fremder Äußerungen[50]. Der Ehrenschutz unterliegt zwar den strafrechtlichen Sanktionen in §§ 185ff. StGB. Diese Vorschriften sind jedoch zugleich Schutzgesetze im Sinne von § 823 Abs. 2 und lösen damit zivilrechtliche Ansprüche aus. In die von §§ 185ff. StGB gelassenen Lücken tritt im Sinne der Lückenausfüllungsfunktion (s. oben Rn. 8) zum Schutz der Ehre ergänzend das allgemeine Persönlichkeitsrecht ein[51]. Zwar gestattet die durch Art. 5 GG geschützte Meinungsfreiheit, grundsätzlich über andere seine Meinung zu äußern (s. unten Rn. 40ff.). Das Recht zur freien Meinungsäußerung muß jedoch dort seine Grenzen finden, wo **unwahre Tatsachen** verbreitet werden. Dies sind solche, die inhaltlich oder wegen ihrer Unvollständigkeit[52] unrichtig oder doch entsprechend der Beweisregel des § 186 StGB nicht erweislich wahr sind[53]. Tatsachen sind reale Vorgänge oder Umstände aus der Vergangenheit oder Gegenwart. Die Tatsachen müssen entweder ausdrücklich geäußert werden oder als sog. verdeckte Tatsachen in Form von Schlußfolgerungen aus den sonstigen Äußerungen unabweislich nahe liegen. Künftige Ereignisse sind keine Tatsachen in diesem Sinn. Sie gehören vielmehr zu den Meinungen und Wertungen, die zulässig sind, bis sie die Grenze zur Formalbeleidigung und Schmähkritik überschreiten, bei der die Diffamierung im Vordergrund steht[54].

26 **Beispiele:** Eine Formalbeleidigung stellt es dar, wenn in Bezug auf eine Fernsehansagerin gesagt wird, sie habe ein „Gesicht wie eine gemolkene Ziege" (*BGHZ* 39, 124). Der *BGH* (NJW 2000, 3421) hatte auch zu entscheiden, ob das Verteilen von Flugblättern gegen Abtreibung vor einer Klinik mit den Worten „damals: Holocaust – heute: Babycaust" eine Schmähkritik darstellt. Er hat dies wegen des Vorrangs der Meinungsfreiheit verneint. Die Äußerung „Soldaten sind Mörder" sieht das *BVerfG* (NJW 1995, 3303) nicht ohne weiteres

---

47 Vgl. auch *Larenz/Canaris,* Schuldrecht II/2, § 80 II 7 a.

48 S. zu einem Überblick *Ehmann,* JuS 1997, 193, 197; *J. Hager,* AcP 196 (1996), 168.

49 Vgl. hierzu insbesondere *BVerfG* JZ 1998, 1114; *BVerfG* NJW 1999, 1322; *BGH* NJW 1998, 3047 (Stolpe); *Kübler,* AcP 172 (1972), 82ff.; *Larenz/Canaris,* Schuldrecht II/2, § 80 II 2a.

50 *BGHZ* NJW 1996, 1131 = LM H. 6/1996 § 823 (Ah) BGB Nr. 123 m. Anm. *Marly.*

51 Vgl. Soergel/*Zeuner,* § 823 Rn. 90; *Larenz/Canaris,* Schuldrecht II/2, § 80 II 2a.

52 S. als Beispiel *BGH* NJW 2000, 656.

53 S. etwa *BGH* NJW 1996, 1131; s. auch unten Rn. 41.

54 S. etwa *BGH* NJW 2000, 1036 = LM § 823 (Ah) BGB Nr. 130 m. Anm. *B. Peters.*

als Beleidigung an. Eine Verdachtsberichterstattung über angebliche Bestechung und Korruption bei der Vergabe öffentlicher Aufträge ist zulässig, sofern wegen gravierender Vorkommnisse ein Informationsbedürfnis der Allgemeinheit besteht. Es muß aber ein Mindestbestand an Beweismitteln vorliegen und es darf keine Vorverurteilung erfolgen. Es dürfen außer bei kriminellen Handlungen ferner keine Namen genannt werden und die Berichterstattung muß vollständig sein, insbesondere auch die entlastenden Umstände mitteilen (*BGH* NJW 2000, 1036).

2. Recht auf Selbstdarstellung

Zum Recht auf Selbstbestimmung gehört nicht nur, daß der soziale Geltungsanspruch nicht von anderen durch Ehrverletzungen angetastet wird, sondern auch das Recht, über sein **Erscheinungsbild selbst zu bestimmen** und dieses selbst aufzubauen. Dazu gehört, daß jeder über den Ehrenschutz hinaus anderen die Verfälschung seines Erscheinungsbildes, insbesondere die Herstellung eines falschen Eindrucks in der Öffentlichkeit untersagen kann, auch wenn er nicht ehrenrührig ist[55]. So können z.B. auch falsche Angaben über die Abstammung als Verletzung des Persönlichkeitsrechts untersagt werden. 27

3. Recht am eigenen Wort und auf richtige Darstellung

Aus dem allgemeinen Persönlichkeitsrecht ergibt sich ferner ein Recht **am gesprochenen wie am geschriebenen Wort.** Das Recht am Wort umfaßt das Recht den Empfänger zu bestimmen, ob es z.B. nur einer Person, mehreren oder der Allgemeinheit bekannt werden soll. Das Recht besteht auch grundsätzlich unabhängig davon, ob es einen personalen oder persönlichkeitssensiblen Bezug hat oder ob eine besondere Vertraulichkeit vereinbart ist[56]. Aufgrund des Rechts am Wort sind über den urheberrechtlichen Schutz und über § 201 StGB hinaus z.B. Tonbandaufnahmen ohne Zustimmung des Sprechenden wegen der damit verbundenen Manipulationsmöglichkeiten verboten[57]. Ebenso rechtfertigt das Interesse, ein zivilprozessuales Beweismittel zu erlangen, im allgemeinen nicht das heimliche Mithören eines Zeugen. Dessen Aussagen dürfen im Prozeß nicht verwertet werden[58]. Erlaubt ist aber der schriftliche Bericht über das in der Öffentlichkeit gesprochene Wort. Grundsätzlich verboten ist dagegen die Verbreitung des in der Privat- und Intimsphäre gesprochenen Wortes ohne Zustimmung der sich äußernden Person[59], ebenso wie schon das heimliche Abhören, z.B. am Telefon[60]. Unerlaubt ist es auch, jemandem Worte in den Mund zu legen, die er gar nicht geäußert hat, und dadurch einen falschen Eindruck in der Öffentlichkeit zu erwecken[61]. Dazu gehört auch, daß eine mehrdeutige, insbesondere eine mehrdeutig fremdsprachliche Äußerung nicht ohne Hinweis auf die Mehrdeutigkeit übersetzt und wiedergegeben werden darf[62]. 28

---

[55] *BGHZ* 13, 334 (Leserbrief).
[56] *BGH* NJW 2003, 1727 dazu *Lipp/Tietze,* LMK 2003, 173.
[57] *BGHZ* 27, 284; 33, 20; *BGH* NJW 1982, 277.
[58] *BGH* NJW 2003, 1727 dazu *Lipp/Tietze,* LMK 2003, 173.
[59] *BGH* LM Art. 5 GG Nr. 47.
[60] *BGHZ* 27, 284.
[61] *BVerfG* NJW 1980, 2070; *BGH* NJW 1982, 635 (Heinrich Böll); *BGH* NJW 1995, 861 = LM H. 5/1995 § 823 (Ah) Nr. 119 m. Anm. *Ehmann.*
[62] *BGH* NJW 1998, 1391 (Übersetzung aus dem Lateinischen).

4. Das Recht am eigenen Bild

29 Das Recht am eigenen Bild ist durch § 22 KUG bereits insoweit geschützt, als der Abgebildete die **Verbreitung** oder **öffentliche Zurschaustellung** seines Bildes ohne seine Einwilligung verbieten kann. Das Recht am eigenen Bild ist aber zugleich auch ein Bestandteil des allgemeinen Persönlichkeitsrechts[63], auf das im Sinne der Lückenausfüllungsfunktion (s. oben Rn. 8) zurückgegriffen werden kann, wenn § 22 KUG einen Schutz nicht vorsieht[64]. Dies gilt etwa für das **Herstellen** eines Bildnisses gleichgültig auf welche Weise, ob durch Zeichnung, Foto-, Film- oder Videoaufnahme[65]. Das Recht am eigenen Bild gilt unabhängig davon, ob es beim Auftreten in der Öffentlichkeit oder unter Verletzung des Privat- und Intimbereichs gemacht wird[66]. Ausnahmen gelten jedoch gemäß § 23 KUG für Personen und Bildnisse der Zeitgeschichte[67]. Personen der Zeitgeschichte können etwa Politiker, Künstler oder Vorstandsmitglieder einer börsennotierten AG sein[68]. Auch diese Personen haben jedoch ein Recht auf eine schützenswerte Privatsphäre[69].

5. Schutz der Intimsphäre

30 Zum allgemeinen Persönlichkeitsrecht gehört auch der Schutz der Intimsphäre[70], die die **innere Gedanken- und Gefühlswelt** und solche Angelegenheit umfaßt, die ihrer Natur nach nicht für beliebige Dritte bestimmt sind, sondern an denen ein **Geheimhaltungsinteresse** besteht, wie z.B. bezüglich des Gesundheitszustandes[71] oder des Sexuallebens[72]. Unzulässig ist ferner die Veröffentlichung vertraulicher Briefe oder von Tagebuchaufzeichnungen gegen den Willen des Autors[73]. Zum Recht auf Wahrung der Intimsphäre kann auch das **Recht auf sexuelle Selbstbestimmung** (s. § 253 Abs. 2) gezählt werden, das über § 825 hinaus vom Schutz des allgemeinen Persönlichkeitsrechts umfaßt wird.

6. Schutz der Privatsphäre

31 Geschützt ist über die Intimsphäre hinaus auch die Privatsphäre, die insbesondere das ungestörte Leben im häuslichen Bereich und in der Familie oder an sonstigen Orten privater Zurückgezogenheit[74] umfaßt. Ganz allgemein gehört zum Schutz der Privatsphäre, sich frei von öffentlicher Beobachtung durch die Medien entfalten zu können, soweit kein berechtigtes öffentliches Interesse besteht. Kinder genießen diesen Schutz noch umfassender als Erwachsene[75]. Als eine Verletzung des allgemeinen Per-

---

[63] S. etwa *BVerfG* NJW 1999, 2358 zugleich zu *BGH* NJW 1994, 124 (FCKW-Greenpeace); *BGH* NJW 1996, 1128 (Caroline von Monaco), dazu *Schulz/Jürgens,* JuS 1999, 664.
[64] Vgl. Erman/*Ehmann,* § 12 Anhang Rn. 454 f.; Soergel/*Zeuner,* § 823 Rn. 79.
[65] *BGH* NJW 1995, 1956; *OLG Frankfurt* NJW 1987, 1087; *OLG Köln* 1989, 720.
[66] Vgl. *BGHZ* 24, 200, 208; *Larenz/Canaris,* Schuldrecht II/2, § 80 II 4 a.
[67] S. etwa *BGH* NJW 1996, 593 (Willy Brandt), dazu *BVerfG* NJW 2001, 594.
[68] BGH v. 30. 9. 03 VI ZR 89/02.
[69] *BGH* NJW 1996, 1128 (Caroline von Monaco) = LM Art. 2 GG Nr. 6 m. Anm. *Vinck.*
[70] Vgl. hierzu Erman/*Ehmann* § 12, Anhang Rn. 499 ff.
[71] *BGHZ* 24, 72, 73.
[72] *BGH* NJW 1988, 1984; s. auch *BGH* NJW 1999, 2893, 2894.
[73] Vgl. *BVerfG* NJW 1993, 2339; *BGHZ* 13, 338, 339.
[74] *BGH* NJW 1996, 1128 = LM Art. 2 GG Nr. 66 m. Anm. *Vinck.*
[75] *BVerfG* NJW 2000, 1021 und 2191; *BVerfG* NJW 2003, 3262.

sönlichkeitsrechts wird auch angesehen das Einwerfen unerwünschter Werbebroschüren in den Briefkasten[76] oder das unerwünschte und störende Anrufen per Telefon. Gleiches muß für die Zusendung von Werbematerial per Telefax gelten.[77]

7. Recht auf informationelle Selbstbestimmung

Das *BVerfG* hat aus Art. 2 Abs. 1 GG auch ein Recht auf informationelle Selbst- 32
bestimmung abgeleitet, das damit Bestandteil des allgemeinen Persönlichkeitsrechts sein kann. Die informationelle Selbstbestimmung umfaßt das Recht der Person, **selbst über** das Ob, die Zeit, den Inhalt sowie die Art und Weise der **Verwendung und Preisgabe ihrer persönlichen Daten zu entscheiden.** Damit verbunden ist das Recht auf Wahrung der Anonymität[78]. Andererseits kann daraus auch ein Recht auf richtige Mitteilung der Abstammung und in Verbindung mit § 1618a gegenüber den Eltern ein Anspruch auf Auskunft über die eigene Abstammung abgeleitet werden[79].

Der Datenschutz wird in erster Linie durch das Bundesdatenschutzgesetz gewährleistet. 33
Nach dem Bundesdatenschutzgesetz (§ 3) ist die Verarbeitung personenbezogener Daten nur zulässig, soweit dieses oder ein anderes Gesetz sie erlaubt, oder der Betroffene in sie eingewilligt hat. Jedermann hat, nach näherer Maßgabe des Gesetzes, ein Recht auf Auskunft über die zu seiner Person gespeicherten Daten, unter Umständen auf deren Berichtigung, Sperrung oder Löschung (§ 49). Diese Rechte können als gesetzliche Konkretisierungen des allgemeinen Persönlichkeitsrechts angesehen werden. Daneben bestehen Vorschriften über den Geheimnisschutz (s. etwa § 203 StGB). Es kann jedoch nicht ausgeschlossen werden, daß darüber hinaus auch ein Bedürfnis für einen Schutz aufgrund des allgemeinen Persönlichkeitsrechts entstehen kann.

8. Unterlassung von Diskriminierungen

In Widerspruch zum allgemeinen Persönlichkeitsrecht stehen auch Diskriminierun- 34
gen einer Person etwa aufgrund ihrer Abstammung, ihrer Rasse oder ihres Geschlechts[80]. Die Ablehnung eines Stellenbewerbers wegen seines Geschlechts kann deshalb eine Verletzung des allgemeinen Persönlichkeitsrechts darstellen[81].

9. Auffangrecht

Als Auffangrecht ist das allgemeine Persönlichkeitsrecht offen für die Entwicklung 35
weiterer Einzelrechte, soweit diese nicht einem der bereits vorhandenen Inhalte des Persönlichkeitsrechts zugeordnet werden können, aber auch wenn sich solche Einzelrechte aus den bisher vorhandenen besonderen Persönlichkeitsrechten selbständig weiterentwickeln. Dazu könnte z.B. das Recht auf sexuelle Selbstbestimmung zählen, wenn man es nicht dem Recht auf Wahrung der Intimsphäre zurechnet (s. oben

---

[76] *BVerfG* NJW 1991, 2339; *BVerfG* NJW 1991, 910, 911; *BGHZ* 106, 229, 235; *BGH* NJW 1992, 1958.

[77] S. zu § 1 UWG *BGH* NJW 1996, 660.

[78] *BVerfGE* 65, 1 (Volkszählung); 78, 77, 84; MünchKomm/*Rixecker,* Anh. § 12 Rn. 95.

[79] Vgl. dazu auch *BVerfG* NJW 1989, 891; 1994, 2475; 1997, 1769; *Weber,* FamRZ 1996, 1254; *Gaul,* FamRZ 1997, 1443; *Eidenmüller,* JuS 1998, 789

[80] Vgl. hierzu *Canaris,* AcP 184 (1984), 243ff.; *Neuner,* JZ 2003, 57, 64.

[81] So zu Recht *BAG* NJW 1990, 67; dagegen aber *Larenz/Canaris,* Schuldrecht II/2, § 80 II 2d; *Scholz,* Anm. zu *BAG* AP § 611a BGB Nr. 5.

Rn. 30). Als besondere Ausprägung der freien Entfaltung der Persönlichkeit hat das BVerfG das Recht auf kindgemäße Entwicklung anerkannt[82].

IV. Interessenabwägung und Widerrechtlichkeit

36 Wie jede sonstige Rechtsverletzung setzt auch die Verletzung des Persönlichkeitsrechts die Widerrechtlichkeit voraus. Während aber bei den absoluten Rechten in § 823 Abs. 1 der Eingriff in diese Rechte im Regelfall die Rechtswidrigkeit indiziert, ist dies beim Eingriff in das Persönlichkeitsrecht wegen seiner Weite und Unbestimmtheit nicht ohne weiteres der Fall (s. oben Rn. 5). Vielmehr muß hier zur Feststellung der Rechtswidrigkeit eine **umfassende Interessen- und Güterabwägung** erfolgen, bei der die Interessen des Beeinträchtigten am Schutz seines Persönlichkeitsrechts gegen die Persönlichkeits- und Freiheitsrechte des Eingreifenden und die Interessen der Allgemeinheit unter Beachtung des Grundsatzes der Verhältnismäßigkeit abzuwägen sind[83].

37 Ein rechtswidriger Eingriff in das Persönlichkeitsrecht entfällt in jedem Fall, wenn ein **Rechtfertigungsgrund** vorliegt. Als solcher Rechtfertigungsgrund kommt vor allem die **Einwilligung,** z.B. in eine Veröffentlichung, in Betracht. Liegt eine Einwilligung vor, so kann sich der Richter die Interessen- und Güterabwägung ersparen, weil der Eingriff auf jeden Fall gerechtfertigt ist. Liegt kein besonderer Rechtfertigungsgrund vor, so sind bei der Interessen- und Güterabwägung vor allem folgende Gesichtspunkte zu berücksichtigen.

1. Interessen auf Seiten des Beeinträchtigten

38 Auf Seiten des Beeinträchtigten kommt es zunächst auf den **Inhalt des verletzten Rechts** an. Der Schutz der Intimsphäre (s. oben Rn. 30), etwa des Sexuallebens, genießt dabei grundsätzlich absoluten Vorrang[84], so daß wie bei den sonstigen absoluten Rechten des § 823 Abs. 1 der nicht anonymisierte Bericht aus dieser Sphäre die Rechtswidrigkeit indiziert. Dies gilt auch dann, wenn die Vorgänge bereits Gegenstand einer öffentlichen Gerichtsverhandlung waren[85]. Einen weitgehenden Vorrang genießt auch die Privatsphäre (s. oben Rn. 31). Hier kann aber bei Personen des öffentlichen, insbesondere des politischen Lebens eine Abwägung mit den Informationsinteressen der Allgemeinheit erforderlich sein. Über Betätigungen in der Öffentlichkeit kann dagegen unter Beachtung der sonstigen Gesichtspunkte der Interessenabwägung grundsätzlich berichtet werden. Des weiteren ist die **Schwere des Eingriffs** zu beachten. Ein vorsätzlich unrichtiger Bericht über die einen anderen betreffenden Vorgänge und Ereignisse ist grundsätzlich immer als rechtswidrige Verletzung anzusehen[86]. Die Schwere des Eingriffs hat auch Auswirkungen auf die Art der Beseitigung der Beein-

---

[82] *BVerfG* NJW 2003, 3262.

[83] S. etwa *BVerfG* NJW 1999, 2358; 2001, 594; *BGHZ* 13, 334, 338; *BGH* NJW 2000, 1036 und 3421; Palandt/*Sprau,* § 823 Rn. 95; *Fikentscher,* Schuldrecht, Rn. 1225.

[84] *BGH* NJW 1988, 1984, 1985; so auch *Larenz/Canaris,* Schuldrecht II/2, § 80 II 5 g.

[85] *BGH* NJW 1988, 1984, 1985 für Arbeitsgerichtsprozeß.

[86] Vgl. auch *Larenz/Canaris,* Schuldrecht II/2, § 80 II 1 b: „In derartigen Fällen gibt es nichts abzuwägen".

trächtigungen und die Höhe des Schmerzensgeldes[87]. Bei der Interessenabwägung ist ferner das **Verhalten des Verletzten** zu berücksichtigen. Wer im politischen Meinungskampf auftritt, muß stärkere Eingriffe hinnehmen[88] und wer seinerseits schwerwiegende Vorwürfe erhebt oder sich herausfordernd verhält, muß stärkere Reaktionen hinnehmen[89].

2. Interessen auf Seiten des Eingreifenden

a) Mögliche Rechte und Interessen

Auf seiten des Eingreifenden sind vor allem dessen Recht auf freie Meinungsäuße- **39**
rung und Berichterstattung (Art. 5 Abs. 1 GG, s. unten Rn. 40ff.), die Freiheit der Kunst (Art. 5 Abs. 3 Satz 1 GG), die Freiheit von Wissenschaft und Forschung (Art. 5 Abs. 3 GG), das Recht zur Geltendmachung und Verteidigung von Rechten vor Gericht (s. unten Rn. 43) und allgemein die Wahrnehmung berechtigter Interessen (§ 193 StGB) in die Abwägung einzubeziehen[90]. § 23 KunstUrhG gestattet im Interesse der Allgemeinheit die Bildveröffentlichung von Personen der Zeitgeschichte auch ohne deren Einverständnis.

b) Das Recht auf freie Meinungsäußerung

Das Recht auf freie Meinungsäußerung (Art. 5 Abs. 1 GG) steht jedermann zu, **40**
wird aber insbesondere von den Medien wie Presse, Rundfunk und Fernsehen wahrgenommen. Deshalb ist auch die Pressefreiheit ein Bestandteil der Meinungsfreiheit. Die Pressefreiheit umfaßt neben dem Recht auf Beschaffung und Verbreitung von Nachrichten auch das Recht auf Werbung für den Absatz[91]. Der Schutz der freien Meinungsäußerung dient der freien Entfaltung der Persönlichkeit des einzelnen ebenso wie der Sicherung eines demokratischen Prozesses der Meinungsbildung[92]. Es muß sich aber um eine Angelegenheit handeln, die für die öffentliche Meinungsbildung in der Demokratie wesenlich ist und nicht allein der Befriedigung der Neugier dient[93]. Dies gilt für Tatsachenbehauptungen, Meinungen und Wertungen grundsätzlich gleichermaßen.

Für **Werturteile und Meinungsäußerungen** besteht jedoch ein größerer Spiel- **41**
raum[94]. Sie stehen ohne Rücksicht auf ihre Qualität und Richtigkeit grundsätzlich unter dem Schutz von Art. 5 Abs. 1 GG. Der einzelne darf dabei seine Meinung bilden und äußern, ohne wie bei Tatsachenbehauptungen den strengen Beweisregeln der ZPO unterworfen zu sein, da Meinungen und Wertungen nicht ohne weiteres dem Beweis der Wahrheit oder Unwahrheit zugänglich sind. **Tatsachenbehauptun-**

---

87 S. zum Ganzen *BGH* NJW 1995, 861 (Caroline von Monaco) = LM H. 5/1995 § 823 (Ah) BGB Nr. 119 m. Anm. *Ehmann; BGH* NJW 1996, 984 = LM H. 5/1996 § 823 (Ah) BGB Nr. 122 m. Anm. *Deutsch; BGH* NJW 1996, 985 = LM H. 5/1996 § 823 (Ah) BGB Nr. 121 m. Anm. *Vinck; Prinz* NJW 1996, 953.

88 *BVerfG* NJW 1961, 819; *BVerfGE* 85, 1, 16; *BGH* NJW 1998, 3047.

89 S. etwa *BGHZ* 45, 296, 309.

90 Vgl. *BGH* NJW 1971, 1655; Soergel/*Zeuner,* § 823 Rn. 94; *J. Hager,* AcP 196 (1996), 168, 173f., 182ff.

91 *BGH* NJW 2002, 2317 (Marlene Dietrich).

92 *BVerfGE* 61, 1, 7; *BVerfG* NJW 1992, 2013; s. auch *J. Hager,* AcP 196 (1996), 168, 206ff.

93 *BVerfG* NJW 2000, 1021; *BVerfG* NJW 2003, 3262.

94 *BVerfG* NJW 1992, 2013.

gen fallen insoweit unter den Schutz von Art. 5 Abs. 1 GG, als sie Voraussetzung für die Bildung von Meinungen sind[95]. Die Äußerung von Tatsachen, die weder als wahr noch als unwahr nachgewiesen werden können, darf solange nicht untersagt werden, als sie zur Wahrnehmung berechtigter Interessen für erforderlich gehalten werden dürfen[96]. Vorsätzlich oder grob fahrlässig unwahre und erwiesen unwahre Tatsachenbehauptungen genießen jedoch grundsätzlich nicht den Schutz des Art. 5 Abs. 1 GG[97].

42 Allgemein nehmen **Formalbeleidigungen und Schmähkritik,** bei der die Herabsetzung einer Person im Vordergrund steht (s. oben Rn. 25f.), nicht am Schutz der Meinungsfreiheit teil[98]. **Satire,** die durch Übertreibungen, Verfremdungen und Verzerrungen zum Lachen anregen will, fällt jedoch unter den Schutz der Meinungsfreiheit und u.U. auch der Kunstfreiheit[99]. Es muß aber jeweils ein vertretbares Verhältnis zwischen dem Zweck des Eingriffs und seiner Form sowie seiner Art und seines Ausmaßes bestehen. Äußerungen zur **Wahrnehmung lediglich privater Interessen** genießen geringeren Schutz als Äußerungen in einer Auseinandersetzung von öffentlichem Interesse (s. unten Rn. 44).

c) Rechtsverfolgung und -verteidigung im Verfahren

43 Einen weitergehenden Schutz genießen selbst unwahre ehrverletzende Behauptungen, die zur Rechtsverfolgung und Rechtsverteidigung in einem gerichtlichen oder behördlichen Verfahren gemacht werden, weil diese Äußerungsfreiheit zur Wahrnehmung des rechtlichen Gehörs (Art. 103 Abs. 1 GG) erforderlich ist und die Wahrheit dieser Behauptungen gerade im gerichtlichen Verfahren geprüft werden soll[100]. Der Rechtsanwalt darf Angaben seines Mandanten auch grundsätzlich ungeprüft in das Gerichtsverfahren einbringen und kann dafür zur Wahrung seiner Berufsfreiheit (Art. 12 GG) nicht persönlich belangt werden[101]. Formalbeleidigungen und Schmähkritik sind jedoch auch in diesem Fall verboten.

3. Interessen der Allgemeinheit

44 Eine Meinungsäußerung und Berichterstattung über eine Person muß auch eher geduldet werden, wenn daran ein Interesse der Allgemeinheit besteht. Dies trifft insbesondere zu, wenn aus politischen oder sonstigen Gründen ein öffentliches Informationsbedürfnis besteht und ein Beitrag zur öffentlichen Diskussion gegeben wird[102]. Es spricht eine Vermutung für die Zulässigkeit der freien Rede, sofern darin ein Beitrag

---

[95] *BVerfGE* 61, 1, 8; 90, 241, 247.

[96] *BGHZ* 132, 13, 23; *BGH* NJW 1998, 3047.

[97] *BVerfG* NJW 1992, 1439, 1440; *BVerfG EuGRZ* 1994, 448, 450.

[98] *BVerfG* NJW 1991, 95; 1993, 1462.

[99] *BVerfG* NJW 1992, 2073: Die Nennung eines Querschnittsgelähmten, der im Rollstuhl an einer Wehrübung teilnehmen will mit seinem Namen und dem Klammerzusatz „(geb. Mörder)" in einer Satirezeitschrift wertet das *BVerfG* noch als Satire, in der Bezeichnung als „Krüppel" sieht es dagegen eine Formalbeleidigung; s. ferner *BGH* v. 30. 9. 03 VI ZR 89/02.

[100] *BGH* NJW 1992, 1314, 1315; *BGH* NJW 1998, 1399: Hinweis an Aufsichtsbehörde auf Überschuldung eines Wettbewerbers.

[101] *BVerfG* NJW 2003, 3263.

[102] *BVerfGE* 54, 129, 137; *BVerfG* NJW 1992, 2013 (Bezeichnung als Nazi); *BGH* NJW 1998, 3047 (Stasivergangenheit des brandenburgischen Ministerpräsidenten).

zum geistigen Meinungskampf in einer die Öffentlichkeit wesentlich berührenden Frage liegt[103]. Es dürfen dann auch Tatsachen verbreitet werden, die nicht erweislich wahr sind. Voraussetzung ist jedoch, daß zuvor hinreichend sorgfältige Recherchen über den Wahrheitsgehalt angestellt worden sind[104]. Auch die Berichterstattung über aktuelle Strafverfahren und Straftaten, einschließlich einer Verdachtsberichterstattung (s. oben Rn. 26), hat im Interesse der Information der Öffentlichkeit grundsätzlich Vorrang vor dem Persönlichkeitsschutz. Die spätere Resozialisierung darf jedoch darüber hinaus nicht gefährdet werden[105].

V. Geschützter Personenkreis

1. Natürliche Personen

a) Schutz zu Lebzeiten und als Leibesfrucht

Der Schutz des allgemeinen Persönlichkeitsrechts kommt **zu Lebzeiten** allen natürlichen Personen ohne Rücksicht auf ihr Alter, Geschlecht, Staatsangehörigkeit, Rasse oder Herkunft zugute. Auch der **Leibesfrucht** steht bereits ein allgemeines Persönlichkeitsrecht zu, z. B. wenn über ihre Abstammung unwahre Äußerungen oder Bilder (Ultraschallaufnahmen) verbreitet werden. Die Ansprüche hieraus können vor der Geburt von den Eltern treuhänderisch im Interesse des Kindes erhoben werden. Nach der Geburt sind es eigene Ansprüche des Kindes, die auf rückwirkende Beseitigung der Beeinträchtigung gerichtet sind und von den Eltern als gesetzlichen Vertretern geltend gemacht werden können[106]. Aufgrund ihrer treuhänderischen Bindung und der Pflichtbindung des Sorgerechts können die Eltern nicht zu Lasten des Kindes auf die Rechte verzichten. 45

b) Postmortaler Persönlichkeitsschutz

Die Rechtsprechung hat einen postmortalen Persönlichkeitsschutz anerkannt[107], d. h. auch über den Tod hinaus. Die schutzwürdigen Werte der Persönlichkeit, die das *BVerfG* bei Verstorbenen allein **aus Art. 1 GG** und nicht aus Art. 2 Abs. 1 GG ableitet[108], überdauern die mit dem Tod endende Rechtsfähigkeit einer Person. Die Achtung vor der Person des Verstorbenen gebietet auch dann noch, Verletzungen des Persönlichkeitsrechts, wie z. B. herabsetzende und entstellende Äußerungen oder Eingriffe in das Recht am eigenen Bild zu unterlassen. Der Persönlichkeitsschutz Verstorbener ist nicht auf einen bestimmten Zeitraum begrenzt, sondern je nach dem verletzten Interesse verschieden. Das Recht am eigenen Bild besteht noch bis zehn Jahre 46

---

[103] *BVerfG* NJW 1992, 1439, 1440 f.

[104] S. etwa *BGH* NJW 1996, 1131 = LM H. 6/1996 § 823 (Ah) BGB Nr. 123 m. Anm. *Marly*.

[105] *BVerfG* NJW 1973, 1226.

[106] Generell für Geltendmachung erst nach Geburt *BGHZ* 58, 48; *Taupitz*, JZ 1992, 1089, 1094; Palandt/*Sprau*, § 823 Rn. 88 a.

[107] Vgl. *BGHZ* 15, 249, 259; 50, 133, 139 („Mephisto"); *BGHZ* 107, 385 (Emil Nolde) m. Anm. *Schack*, JZ 1990, 40; *BGH* NJW 2002, 2317 (Marlene Dietrich); ferner *Heldrich*, aaO; Palandt/*Edenhofer*, § 1922 Rn. 40; MünchKomm/*Rixecker*, Anh. § 12 Rn. 23; *Ehmann*, JuS 1997, 193, 201. Ablehnend gegenüber einem allgemeinen postmortalen Persönlichkeitsrecht *Schwerdtner*, Das Persönlichkeitsrecht, S. 104 ff.

[108] *BVerfGE* 30, 173, 194 = NJW 1971, 1645.

nach dem Tod des Abgebildeten. Es ist jedoch auch bei verstorbenen Personen der Zeitgeschichte durch § 23 Abs. 1 KunstUrhG beschränkt[109].

47 Soweit es die **persönlich ideellen Interessen** betrifft, ist den nächsten **Angehörigen** des Verstorbenen das Recht zur Wahrnehmung des postmortalen Persönlichkeitsschutzes zuzubilligen mit der Befugnis, im Interesse des Verstorbenen Unterlassung oder Widerruf zu verlangen[110]. Dem steht nicht entgegen, daß die Rechtsfähigkeit eines Menschen mit seinem Tode endet und daß das allgemeine Persönlichkeitsrecht weder übertragbar noch vererblich ist (vgl. unten § 15 Rn. 21f.). Die Angehörigen üben ein ihnen selbst zustehendes Recht aus, das ihnen im Interesse des Verstorbenen, wie auch in ihrem eigenen Interesse verliehen ist unabhängig davon, ob sie Erben sind oder nicht[111]. Den Angehörigen steht, sofern es an einer Bestimmung des Verstorbenen fehlt, auch das Recht zu, über die Sektion der Leiche oder einen anderen Eingriff, z.B. eine Organentnahme, zu entscheiden[112]. Diese persönlichen Rechte sind nicht Bestandteil der Erbschaft. Nach der Rechtsprechung des *BGH* sollen, soweit es sich um die **vermögensrechtlichen Bestandteile des Persönlichkeitsrechts** handelt, die Ansprüche wie z.B. Schadensersatzansprüche und die dazu gehörenden Auskunftsrechte, auf die **Erben** übergehen[113]. Eine solche Aufspaltung des postmortalen Persönlichkeitsrechts in persönlich ideelle und vermögensrechtliche Bestandteile, die unterschiedlichen Rechtsträgern zustehen, ist jedoch nicht sachgerecht. Geht es z.B. um die Veröffentlichung von Bildern oder Berichten aus dem Privatleben des Verstorbenen, so steht den Angehörigen und nicht den Erben die Entscheidung zu, ob sie einer Veröffentlichung zustimmen. Ein von ihnen für ihre Zustimmung ausgehandeltes Entgelt steht allein ihnen als den Vertragspartnern zu und nicht den Erben. Für Schadensersatzansprüche, die bei einer Veröffentlichung ohne Zustimmung der Angehörigen entstehen, kann dann aber nichts anderes gelten. Hinzukommt, daß die Schadensersatzansprüche ebensowenig wie die Vergütungsansprüche im Vermögen des Verstorbenen vorhanden waren und deshalb auch nicht gemäß § 1922 auf den Erben übergehen können. Schadensersatzansprüche können den Erben allenfalls dann zustehen, wenn mit der Verletzung des postmortalen Persönlichkeitsrechts zugleich in seine eigenen oder die vom Verstorbenen erworbenen und durch § 823 geschützten Rechte eingegriffen wird.

2. Juristische Personen und Personenverbände

48 Die Rechtsprechung erkennt auch zugunsten der juristischen Personen und einzelner Personenverbände wie den Personengesellschaften (GbR, OHG, KG), oder

---

109 *BGH* NJW 1996, 593 (Sammlermünze Willy Brandt) dazu *BVerfG* NJW 2001, 594; *BVerfG* NJW 2001, 2957 (Bildnis von Wilhelm Kaisen für Parteienwerbung); *BGH* NJW 2002, 2317 (Werbung mit Bildausschnitt von Marlene Dietrich).

110 *BGHZ* 15, 249 (Cosima Wagner); *BGHZ* 50, 133 (Mephisto); *BGH* NJW 2002, 2317 (Marlene Dietrich).

111 S. dazu auch *Rüthers/Berghaus,* JZ 1987, 1093; *Larenz/Canaris,* Schuldrecht II/2, § 80 VI 2; dazu und zur Dauer des postmortalen Persönlichkeitsschutzes s. auch *Nikoletopoulos,* Die zeitliche Begrenzung des Persönlichkeitsschutzes nach dem Tode, (Berliner Hochschulschriften Bd. 4), 1984.

112 S. § 4 Transplantationsgesetz vom 5. 11. 1997, (BGBl. S. 2631); *Walter,* FamRZ 1998, 201; *Stein,* FamRZ 1986, 7; *Taupitz,* JZ 1992, 1089.

113 *BGH* NJW 2002, 2317 (Marlene Dietrich) = LM H. 10/2000 § 823 (Ah) BGB Nr. 131 m. Anm. Vinck.

den politischen Parteien ein allgemeines Persönlichkeitsrecht an, soweit dies **mit den Funktionen** der juristischen Person und der jeweiligen Personenverbände **sowie** ihren **satzungsmäßig verfolgten Zwecken vereinbar** ist[114]. Der juristischen Person und den Personenverbänden kann z.B. kein Schutz der Intimsphäre und der Privatsphäre zuerkannt werden. Von einem allgemeinen Persönlichkeitsrecht, das die Gesamtheit der Würde einer Person und ihrer persönlichen Ausstrahlung schützt, sollte deshalb abgesehen werden. Statt dessen geht es im wesentlichen um den Schutz der wirtschaftlichen oder sonst satzungsmäßig festgelegten Betätigungsfreiheit als Teil der allgemeinen Handlungsfreiheit (Art. 2 Abs. 1 GG)[115]. Demgemäß sollten nur diese Betätigungsfreiheit und die damit verbundenen Schutzinhalte, die mit Teilinhalten des allgemeinen Persönlichkeitsrechts übereinstimmen können, gesichert werden.

a) Recht an Namen und Markenzeichen

Als schutzfähig ist insbesondere das Recht am Namen anzusehen. Der *BGH* hat 49
aber keine Verletzung dieses Rechts angenommen, wenn ein bekannter Firmenname (BMW) durch einen Scherzartikel seitens eines anderen Unternehmens verulkt wird[116]. Schutzfähig sind bei Unternehmen auch Firmen- und Markenzeichen. Hier im gewerblichen Bereich geht es weniger um einen Schutz des allgemeinen Persönlichkeitsrechts als um die wirtschaftliche Betätigungsfreiheit. Das Markenrecht hat deshalb im gewerblichen Bereich Vorrang vor dem Namensrecht (s. oben Rn. 11f.). Die Benutzung eines Firmenzeichens für Scherzartikel stellt weder eine Verletzung des Firmenzeichens noch des Namensrechts dar[117].

b) Schutz der Unternehmensehre

Einen Eingriff in die wirtschaftliche Betätigungsfreiheit sieht das *BVerfG*[118] im Ge- 50
gensatz zum *BGH*, der sich auf das allgemeine Persönlichkeitsrecht gestützt hatte[119], in der kritischen Erörterung einer Bilanz in einer Fortbildungsveranstaltung, ohne den Namen des Unternehmens unkenntlich zu machen, weil dadurch der **soziale Geltungsanspruch** des Unternehmens beeinträchtigt werde. Wenn die Bilanz aber ohnehin im Bundesanzeiger oder sonst zu veröffentlichen ist (§§ 325ff. HGB) und die Kritik wissenschaftlich berechtigt ist, erscheint diese Rspr. bedenklich[120]. Ein Verhalten im privaten, nicht geschäftlichen Bereich, wie z.B. das Tragen einer veränderten Markenuhr durch einen Privatmann, verletzt im allgemeinen nicht den sozialen Geltungsanspruch im geschäftlichen Funktionsbereich, wohl aber herabsetzende und schmähende Äußerungen[121].

---

[114] S. etwa *BGH* NJW 1994, 1281, 1282; *BGH* NJW 1998, 2045 (Rolex); *Ehmann,* JuS 1997, 193, 201; kritisch *Siekmann,* ZIP 1994, 651, 652.

[115] *BVerfG* NJW 1994, 1784.

[116] *BGHZ* 98, 94 („Bums Mal Wieder") = JZ 1986, 1108ff. m. krit. Anm. *Hubmann,* 1110f.

[117] *OLG Frankfurt* NJW 1982, 648 (Lufthansa zu Lusthansa mit kopulierenden Schwänen); anders dagegen *BGH* LM H. 4/1995 § 1 UWG Nr. 670 (Nivea) m. Anm. *Marly.*

[118] *BVerfG* NJW 1994, 1784.

[119] *BGH* NJW 1994, 1281 = LM H. 7/1994 § 823 (Ah) BGB Nr. 110 mit krit. Anm. *Marly.*

[120] S. auch *Siekmann,* ZIP 1994, 651, 652.

[121] *BGH* NJW 1998, 2045 (Rolex); *BGH* NJW 2000, 3421 (Holocaust – Babycaust).

VI. Abwehr- und Ersatzansprüche

51 Zum Schutz des allgemeinen Persönlichkeitsrechts sieht die Rechtsprechung verschiedene Ansprüche vor.

1. Beseitigungs- und Unterlassungsanspruch

52 Gegen rechtswidrige Beeinträchtigungen des Persönlichkeitsrechts ist zunächst in analoger Anwendung von § 1004 Abs. 1 S. 1 ein Anspruch auf **Beseitigung der Beeinträchtigung** gegeben, der ein Verschulden nicht voraussetzt und, ohne vollen Schadensausgleich zu gewähren, allein den fortdauernden widerrechtlichen Verletzungszustand beim Persönlichkeitsrecht aufheben soll. Bei Tatsachenbehauptungen, die das Persönlichkeitsrecht verletzen, ist der Beseitigungsanspruch auf **Widerruf** gerichtet[122]. Der Widerruf ist vom Verletzer zu erklären und muß grundsätzlich in ähnlicher Weise wie die unrichtige Tatsachenbehauptung erfolgen, damit er denselben Adressatenkreis erreichen kann[123]. Sind die Tatsachen nicht unwahr, sondern nur verzerrt und mißverständlich dargestellt, so besteht ein Anspruch auf Richtigstellung und Ergänzung als minus zum Widerruf[124]. Soweit es sich um Werturteile handelt, besteht kein Anspruch auf Widerruf, weil niemand gezwungen werden soll, seine Meinung zu ändern[125].

53 Während der Widerruf eine Erklärung des Verletzers zum Inhalt hat, gibt der **Anspruch auf Gegendarstellung,** den die Presse-, Rundfunk- und Mediengesetze der Länder vorsehen, dem Verletzten das Recht, seine eigene Sicht der Dinge in vergleichbarer Weise im Veröffentlichungsmedium des Verletzers darzulegen[126]. Für den Gegendarstellungsanspruch ist der Nachweis der Unrichtigkeit der Tatsachenbehauptung nicht erforderlich[127]. Er dient der Selbstdarstellung des Verletzten, um eine etwaige Verletzung seines Persönlichkeitsrechts nach Möglichkeit abzumildern und der Öffentlichkeit die umfassende Information zu ermöglichen.

54 Im Gegensatz zum Beseitigungsanspruch, der eine bereits geschehene Verletzung in ihrer fortdauernden Wirkung aufheben will, ist der **Unterlassungsanspruch** auf die Verhinderung jeder zukünftigen Beeinträchtigung gerichtet. Er verlangt, auch wenn zuweilen die Wiederholungsgefahr als Voraussetzung genannt wird, nicht eine vorangegangene Verletzung. Es muß aber die Gefahr einer drohenden Verletzung bestehen[128].

2. Schadensersatzansprüche

55 Bei schuldhafter Verletzung bestehen Schadensersatzansprüche, weil das allgemeine Persönlichkeitsrecht als absolutes Recht unter die sonstigen Rechte in § 823 Abs. 1

---

[122] *BGHZ* 34, 99; 68, 331; zur Kritik *Ritter,* ZZP 84, 163.

[123] *BGH* NJW 1995, 861 = LM H. 5/1995 § 823 (Ah) BGB Nr. 119 m. Anm. *Ehmann.*

[124] Vgl. auch *BGHZ* 99, 133 ff., wonach bei rechtswidriger Verletzung des allgemeinen Persönlichkeitsrechts durch eine Presseäußerung – Beleidigung als „Oberfaschist" – ein Anspruch auf Urteilsveröffentlichung in Betracht kommt.

[125] S. zur Abgrenzung von Tatsachenbehauptungen und Meinungsäußerungen etwa *BGH* NJW 1994, 2814; *BGH* LM H. 2/1995 § 823 (Ah) BGB Nr. 116 m. Anm. *Kohl.*

[126] Vgl. etwa § 10 Hess. PresseG; Art. 10 I BayPresseG; § 11 ThürPresseG.

[127] Vgl. § 10 I Hess. PresseG; Art. 10 I BayPresseG; § 11 ThürPresseG.

[128] Vgl. *BGHZ* 2, 394; 3, 276; *Baur/Stürner,* Sachenrecht, § 12 V 1; Erman/*Hefermehl,* § 1004 Rn. 27; *Münzberg,* JZ 1967, 689; *M. Wolf,* Sachenrecht, Rn. 317.

einzuordnen ist (s. oben Rn. 3, 5f.). Der Schadensersatz umfaßt den **materiellen Schaden,** d.h. den **Vermögensschaden,** wenn der Verletzte z.B. durch die Verbreitung unwahrer Tatsachen in seinem beruflichen Fortkommen behindert wird oder wenn durch die unerlaubte Verwendung des Namens oder des Bildes einer Person dieser die Möglichkeit der Erzielung von eigenen Einkünften hieraus entzogen wird.

Vielfach kann aber gerade bei der Verletzung von Persönlichkeitsrechten ein mate- **56**
rieller Schaden im Vermögen nicht dargetan werden. So wenn jemand mit der Verwertung seines Namens oder Bildes auch gegen Entgelt nicht einverstanden gewesen wäre oder wenn über den Vermögensschaden hinaus seelische Beeinträchtigungen entstehen. Mit der bisherigen Rechtsprechung[129] ist deshalb auch in Zukunft dem Verletzten für seinen **immateriellen Schaden** in analoger Anwendung von § 253 Abs. 2 ein **Schmerzensgeld** zu gewähren, um eine wirksame Sanktion gegen Persönlichkeitsverletzungen gerade auch in solchen Fällen zu haben, in denen der Verletzte seine Persönlichkeitssphäre nicht für kommerzielle Zwecke einsetzen will[130]. Das Schmerzensgeld hat neben einer Präventionsfunktion im Sinne der Abschreckung auch eine Ausgleichs- und Genugtuungsfunktion für die erlittene seelische Beeinträchtigung und ist umso höher, je schwerwiegender der Eingriff in das Persönlichkeitsrecht ist. Insbesondere ist bei vorsätzlicher Verletzung ein höheres Schmerzensgeld gerechtfertigt[131].

3. Gewinnherausgabe

Die Verletzung des allgemeinen Persönlichkeitsrechts erfüllt als Verletzung eines **57**
absoluten Rechts zugleich die Voraussetzungen der Eingriffskondiktion nach § 812 Abs. 1 S. 1 (Bereicherung in sonstiger Weise)[132]. Wer aus einem solchen Eingriff im Widerspruch zum Zuweisungsgehalt des absoluten Rechts Vorteile zieht, muß diese **Vorteile** an den Inhaber des absoluten Rechts **herausgeben.** Ein Verschulden ist dafür nicht erforderlich. Der Verletzte kann dabei wählen, ob er den vom Eingreifenden erzielten Gewinn herausverlangt oder eine Lizenzgebühr, die der Eingreifende bei ordnungsgemäßem Vorgehen, z.B. für die Verwertung des Namens oder eines Bildes[133] hätte zahlen müssen.

Auch ein Anspruch aus § 687 Abs. 2 kann gegeben sein, weil die Benutzung von **58**
Persönlichkeitsrechten anderer zugleich eine unbefugte Fremdgeschäftsführung darstellt.

---

[129] Ausgangsfall ist *BGHZ* 26, 349 (Herrenreiterfall); zust. *BVerfG* NJW 1973, 1221 (Soraya).

[130] S. dazu *Wagner,* NJW 2002, 2049, 2056.

[131] *BGH* NJW 1995, 861 (Caroline von Monaco) = LM H. 5/1995 § 823 (Ah) BGB Nr. 119 m. Anm. *Ehmann; BGH* NJW 1996, 984 = LM H. 5/1996 § 823 (Ah) BGB Nr. 122 m. Anm. *Deutsch; BGH* NJW 1996, 985 = LM H. 5/1996 § 823 (Ah) BGB Nr. 121 m. Anm. *Vinck; Prinz,* NJW 1996, 953.

[132] Vgl. *Larenz/Canaris,* Schuldrecht II/2, § 69 I 2c.

[133] Dazu *BGH* NJW 1992, 2084.

2. Abschnitt
Juristische Personen

§ 9. Vereinigungen und juristische Personen des Privatrechts im allgemeinen

Inhaltsübersicht

Literatur: *Bärmann,* Die Wohnungseigentümergemeinschaft. Ein Beitrag zu der Lehre von den Personenverbänden, 1986; *Brecher,* Subjekt und Verband, FS Hueck, 1959, S. 233; *Coing,* Das Privatrecht und die Probleme der Ordnung des Verbandswesens, FS Flume, 1978, Bd. I, S. 429; *Fabricius,* Relativität der Rechtsfähigkeit, 1963; *Flume,* Savigny und die Lehre von der juristischen Person, FS Franz Wieacker, 1978, S. 340; *O. v. Gierke,* Das deutsche Genossenschaftsrecht, 4 Bde., 1868–1913; *ders.,* Das Wesen der menschlichen Verbände, 1902; *John,* Die organisierte Rechtsperson, 1977; *Kollhosser,* Fehlerhafte Zweckverbände und allgemeine Grundsätze des Verbandsrechts, NJW 1997, 3265; *Mülbert,* Die rechtsfähige Personengesellschaft, AcP 199 (1999), 38; *Ostheim,* Zur Rechtsfähigkeit von Verbänden im österreichischen bürgerlichen Recht, 1967; *Ott,* Recht und Realität der Unternehmenskorporation, 1977; *T. Raiser,* Der Begriff der juristischen Person, AcP 199 (1999), 104; *ders.,* Gesamthandsgesellschaft und juristische Person. Eine Geschichte ohne Ende? FS Zöllner, 1999, S. 469; *Steinbeck,* Vereinsautonomie und Dritteinfluss – dargestellt an den Verbänden des Sports, 1999; *Rittner,* Die werdende juristische Person, 1973; *Karsten Schmidt,* Verbandszweck und Rechtsfähigkeit im Vereinsrecht, 1984; *ders.*; Einhundert Jahre Verbandstheorie im Privatrecht, 1987; *Serick,* Rechtsform und Realität juristischer Personen, 2. Aufl. 1980; *Vieweg/Röthel,* Verbandsautonomie und Grundfreiheiten, ZHR 166 (2002), 6; *R. Weber,* Die Gesellschaft bürgerlichen Rechts – Begriff, Voraussetzungen, JuS 2000, 313; *Wieacker,* Zur Theorie der juristischen Person des Privatrechts, FS E. R. Huber, 1973, S. 339; *H.J. Wolff,* Organschaft und juristische Person Bd. 1: Juristische Person und Staatsperson, 1933; *Zöllner,* Rechtssubjektivität von Personengesellschaften? FS Gernhuber, 1993, S. 563.

Angaben zur Bruchteilsgemeinschaft und zur Gesamthand unten Fn. 53 und 55.

I. Begriff und Arten der juristischen Person

1. Begriff der juristischen Person

1 Neben den Menschen als natürliche Personen, denen die Rechtsfähigkeit zur freien Entfaltung ihrer Persönlichkeit gemäß Art. 2 GG notwendig zukommt (s. oben § 5 Rn. 1), erkennt die Rechtsordnung auch sogenannte juristische Personen als rechtsfähig und damit als mögliche Inhaber von Rechten und Adressaten von Pflichten an. Juristische Personen sind **für bestimmte Zwecke geschaffene Organisationen,** die die Rechtsordnung als Rechtssubjekte anerkennt, indem sie ihnen **durch Gesetz die Rechtsfähigkeit verleiht.** Sie haben eine sowohl von ihren Mitgliedern als auch von den für sie handelnden Menschen und von Dritten getrennte Rechtssphäre mit eigenen Rechten und Pflichten. Auch nehmen sie als selbständige Rechtssubjekte am Rechtsverkehr teil. Da sie jedoch als primär gedankliche Zweckschöpfungen nicht selbst handeln können, müssen natürliche Personen für sie als ihre Organe tätig werden. Wir können danach die juristische Person des Privatrechts definieren als eine durch einen privatrechtlichen Akt geschaffene, auf Dauer angelegte Personenvereinigung oder Organisation, die als von der Summe ihrer jeweiligen Mitglieder und Sachwalter („Organe“) unterschiedene Einheit[1] selbst Rechte und Pflichten haben kann, durch ihr zurechenbare Handlungen ihrer Organe Rechte erwerben und Verbindlichkeiten eingehen und dadurch als selbständiges Rechtssubjekt am Rechtsverkehr teilnehmen kann.

2. Arten der juristischen Person

a) Juristische Personen des privaten und des öffentlichen Rechts

2 Eine weitere Unterscheidung betrifft die juristischen Personen des Privatrechts und des öffentlichen Rechts. Juristische Personen des öffentlichen Rechts sind vor allem der Staat[2] (Bund, Länder) und die dem Staat eingegliederten, aber mit dem Recht der Selbstverwaltung ausgestatteten Gebietskörperschaften (Gemeinden, Gemeindeverbände, Kreise), ferner sonstige Körperschaften (z.B. Universität), Anstalten (z.B. Rundfunkanstalt) und Stiftungen des öffentlichen Rechts. Die heute herrschende Lehre unterscheidet die juristischen Personen des Privatrechts von denen des öffentlichen Rechts danach, daß die ersten auf einem privatrechtlichen **Gründungsakt** (Gründungsvertrag, Stiftungsgeschäft), die juristischen Personen des öffentlichen Rechts mit Ausnahme des Staates dagegen auf einem staatlichen **Hoheitsakt,** insbesondere einem

---

[1] Das, was sich im Wechsel der Mitglieder und Organe als Einheit erhält, ist sowohl ein gemeinsames oder objektiviertes Interesse – der Vereinszweck, der Stiftungszweck –, wie die durch die Organisation geschaffene Möglichkeit kontinuierlicher Interessenverfolgung, der eigene Wirkungskreis. Vgl. auch die Definition von *Ostheim,* aaO, S. 23 („Organisationen zur Verfolgung einer durch sie geschaffenen Einheit von objektivierten menschlichen Interessen als der Rechtsordnung vorgegebene Bezugspunkte der Personifikation“).

[2] Eine Besonderheit besteht bei der Entstehung von Staaten insofern, als sie ihre Rechtsfähigkeit aus ihrer eigenen Rechtsordnung erlangen, diese Rechtsordnung aber den Staat voraussetzt, also seine Entstehung nicht regelt. Davon zu unterscheiden ist die Frage, wie der Staat als Rechtssubjekt des Völkerrechts entsteht. Nach ganz überwiegender Auffassung setzt dies bestimmte Elemente, namentlich ein Staatsvolk, ein Staatssubjekt und eine Staatsgewalt voraus. Vgl. *Ipsen,* Völkerrecht, 4. Aufl. 1999, § 5 I.

Gesetz oder einem Verwaltungsakt beruhen, durch den der Status einer Rechtsperson mit öffentlichen Aufgaben verliehen wird[3]. Juristische Personen des öffentlichen Rechts können, müssen aber nicht über hoheitliche Zwangsmittel verfügen. Begriffswesentlich ist die Verfügungsmöglichkeit über Zwangsmittel in Form der Staatsgewalt nur für den Staat.

b) Körperschaften, Stiftungen, Anstalten

3 Bei den juristischen Personen unterscheidet man Körperschaften, Anstalten und Stiftungen. **Körperschaften** sind Vereinigungen von Personen als ihren Mitgliedern, wobei die Körperschaft einen vom Wechsel der Mitglieder unabhängigen Bestand hat. Zu den Körperschaften zählt insbesondere der in §§ 21 ff. geregelte Verein. Während Körperschaften Mitglieder haben müssen, die zumindest die Grundentscheidungen treffen, sind **Stiftungen** als rechtlich verselbständigte Sondervermögen anzusehen, die einem vom Stifter festgelegten Zweck dienen und von Organen zur Erfüllung dieses Zwecks verwaltet werden. **Anstalten,** die es nur im öffentlichen Recht gibt, stellen eine organisatorische Zusammenfassung von Sachmitteln und Verwaltungspersonal, aber ohne Mitglieder dar, um zugunsten der Anstaltsbenutzer besondere öffentliche Zwecke zu erfüllen, insbesondere Zwecke der sog. Leistungsverwaltung, wie der Betrieb eines Krankenhauses, eines Schwimmbads oder eines Finanzinstituts.

c) Typenzwang für juristische Personen des Privatrechts

4 Bei den juristischen Personen sind außer den Interessen der Mitglieder oder Gesellschafter auch die Interessen außenstehender Dritter, vornehmlich der Gläubiger, zu berücksichtigen, über die die Gründer nicht verfügen können. Auch müssen innerhalb der juristischen Person die Mitgliederinteressen von Minderheiten geschützt werden. Aus diesem Grunde besteht **Typenzwang,** d.h. die Gründer können nicht juristische Personen beliebiger Art neu schaffen, sondern müssen sich der vom Gesetz abschließend zur Verfügung gestellten Arten bedienen (s. auch unten Rn. 36). Der Gesetzgeber kann aber neue Typen von juristischen Personen einführen oder vorhandene Typen ändern.

5 Von den juristischen Personen des Privatrechts sind im BGB der eingetragene **Verein** und die **Stiftung** geregelt. Im AktG ist die **Aktiengesellschaft** (AG) und im GmbH-Gesetz ist die **Gesellschaft mit beschränkter Haftung** (GmbH) als Handelsgesellschaft geregelt[4]. In §§ 278 ff. AktG ist daneben die **Kommanditgesellschaft auf Aktien** (KGaA) als juristische Person vorgesehen. Im Genossenschaftsgesetz (GenG) zugelassen ist die **eingetragene Genossenschaft** (eG). Als juristische Person des Privatrechts ist im Versicherungsaufsichtsgesetz (VAG) noch der **Versicherungsverein auf Gegenseitigkeit** (VVaG) vorgesehen. OHG und KG, die im HGB geregelt sind, sind keine juristischen Personen, diesen aber in ihrer gesamten Struktur weitgehend angenähert (s. unten Rn. 44 ff.).

3. Theorien zur Erklärung der juristischen Person

6 Das Wesen der juristischen Person versuchen verschiedene Theorien zu erklären. Die Diskussion darüber wurde vor allem zur Zeit der Entstehung des BGB geführt. Es gibt die Fiktionstheorie, die Theorie der realen Verbandspersönlichkeit und die

[3] *v. Tuhr,* AT I, § 31 zu Anm. 7; *Enneccerus/Nipperdey,* AT, § 104 I; *Medicus,* AT, Rn. 1091; Soergel/*Hadding,* § 89 Rn. 12; a. A. MünchKomm/*Reuter,* § 89 Rn. 2.

[4] AG und GmbH sind Handelsgesellschaften kraft ihrer Form auch ohne Gewinnerzielungsabsicht (§ 3 AktG; § 13 Abs. 3 GmbHG).

Theorie des Zweckvermögens. Keine der einander entgegengesetzten Positionen läßt sich voll halten.

a) Fiktionstheorie[5]

Die Fiktionstheorie geht davon aus, Rechtsperson in der ursprünglichen Bedeutung 7
des Ausdrucks sei nur der Mensch, die juristische Person sei dagegen nur eine **gedachte, fiktive Rechtsperson** im Sinne eines juristischen Kunstgriffs. Diese Theorie gibt keine Antwort auf die Frage, ob und inwieweit die Anerkennung und Zulassung der juristischen neben der natürlichen Person von der Sache her gerechtfertigt ist.

b) Theorie des Zweckvermögens

Die Theorie des Zweckvermögens stellt darauf ab, daß die juristische Person **Trä-** 8
gerin eines von den natürlichen Personen **abgesonderten Vermögens** ist, das **für bestimmte Zwecke gebunden** ist[6]. Sie berücksichtigt jedoch zu wenig, daß die juristische Person nicht nur ein Vermögen darstellt, sondern daß sie durch die für sie handelnden Personen als ihre Organe am Geschäftsverkehr teilnimmt, indem sie Verträge schließt und andere Rechtsgeschäfte vornimmt oder Rechte ausüben und für unerlaubte Handlungen haften kann und insoweit von der Rechtsordnung in mancher Beziehung wie eine natürliche Person behandelt wird. Auch kann es juristische Personen geben, die kaum nennenswertes Vermögen besitzen.

c) Theorie der realen Verbandspersönlichkeit

Die Theorie der realen Verbandspersönlichkeit von Otto von Gierke[7] sieht die ju- 9
ristische Person als einen Verband von sozialer Realität mit einer Organisation, wodurch sie „eine wirkliche und volle Person gleich der Einzelperson" werde. Diese Theorie setzt sich allzu leicht über den Unterschied hinweg, der nun einmal zwischen dem Menschen als natürlichem Lebewesen und als Person im ethischen Sinn einerseits und den Gebilden der rechtlich geordneten sozialen Welt andererseits besteht. Sie sieht in der juristischen Person gleichsam den in eine neue Dimension gesteigerten Menschen, hält ihre Gleichsetzung mit der menschlichen Person, statt nur für einen Kunstgriff, für einen realen Sachverhalt.

d) Rechtsperson eigener Art als Zuordnungssubjekt

Die Anerkennung und Zulassung juristischer Personen ist mehr als ein bloßer 10
Kunstgriff. Sie ist als Rechtssubjekt mit eigenen Rechten und Pflichten eine soziale Realität[8]. Wesentliches Kennzeichen der juristischen Person ist die Trennung ihrer **ei-**

[5] Als Hauptvertreter der Fiktionstheorie sieht man gemeinhin *Savigny* und *Windscheid* an. Dagegen *Flume,* FS Wieacker; AT I/2, S. 3ff.

[6] Dafür jetzt wieder *Wiedemann,* WM, Sonderbeilage Nr. 4/1975, 8; für die Stiftungen auch *Köhler,* AT, § 9 Rn. 1. Danach wird durch Verleihung der Rechtsfähigkeit ein organisiertes Sondervermögen als selbständiger Träger von Rechten und Pflichten geschaffen. Da das Vermögen i.S. des BGB die Gesamtheit der einer Person zustehenden Vermögensrechte ist (unten § 21 Rn. 2ff.), hieße das, daß die das Sondervermögen bildenden Rechte sich selbst (in ihrer Gesamtheit) zustünden, was doch wohl einen Widerspruch in sich selbst bedeutet. Auf diese Weise ist die Frage nach dem Vermögensträger und nach dem Zurechnungssubjekt der Handlungen der Organe nicht befriedigend zu beantworten.

[7] Zu ihr aus heutiger Sicht, *K. Schmidt,* Einhundert Jahre Verbandstheorie, 1987.

[8] Zu weit geht *E. Wolf,* S. 650ff., wenn er die Möglichkeit einer juristischen Person überhaupt leugnet.

genen Rechtssphäre von derjenigen ihrer Mitglieder wie auch der Personen, die als ihre Organe fungieren[9]. Für die Zuordnung eigener Rechte und Pflichten ist der **formalisierte Personenbegriff** im Sinne der Anerkennung eines von den natürlichen Personen verschiedenen Rechtssubjekts rechtstechnisch nicht zu entbehren. Indem die juristische Person als solche Rechte und Pflichten haben kann und damit Rechtssubjekt ist, steht sie insoweit zwar der natürlichen Person gleich. Sie ist jedoch nicht Person im ursprünglichen ethischen Sinne des Wortes, sondern nur in dem formalisierten Sinne des juristischen Personenbegriffs, der nichts anderes als die Rechtsfähigkeit meint. Man darf den formalisierten Personenbegriff deshalb nicht auch dort anwenden, wo es wie bei natürlichen Personen auf den vollen Sinngehalt des ethischen Personenbegriffs ankommt[10].

11 Der Vergleich mit dem Menschen im übrigen geht fehl. Die juristische Person ist kein natürlicher Organismus, hat kein eigenes Bewußtsein und daher keinen Willen im psychologischen Sinn. Durch Rechtsnormen ist ihr jedoch die Möglichkeit eröffnet, einen vom Willen der einzelnen Mitglieder verschiedenen Gesamtwillen zu bilden und diesen Willen durch für sie als ihre Organe handelnde natürliche Personen zu betätigen. Die juristische Person hat deshalb einen eigenen Wirkungskreis innerhalb der sozialen Realität[11] und es müssen ihr auch Pflichten und Schutzgüter unabhängig vom Vermögen zugeordnet werden, wie etwa Art. 19 Abs. 3 GG deutlich macht. Deshalb läßt sich die juristische Person als eine **zum rechtlichen Zuordnungssubjekt verselbständigte soziale Einheit** erklären, welcher das Handeln und Wissen ihrer Organe ebenso zugerechnet wird wie die für sie begründeten Rechte und die ihr zugedachten Pflichten. Diese Zurechnung, die ähnlich wie bei natürlichen Personen erfolgt, rechtfertigt im Grundsatz die Analogie zur natürlichen Person in ihrer Eigenschaft als Rechtssubjekt.

4. Unterschiede zwischen natürlichen und juristischen Personen

a) Entstehung durch Gründungsakt

12 An Stelle der natürlichen Geburt bedarf die juristische Person eines Gründungsakts, der bei juristischen Personen des Privatrechts der Manifestation eines **rechtsgeschäftlichen Gründungswillens** in einer **Satzung** bedarf. Die Satzung bestimmt den Zweck der juristischen Person und regelt neben dem zwingenden Gesetz die Kompetenzverteilung zwischen den Organen und das Verfahren der Willensbildung.

b) Handeln durch Organe

13 Juristische Personen, die als solche nicht selbst handeln können, erwerben Rechte und gehen Verbindlichkeiten ein durch das Handeln ihrer Organe. Organe sind einzelne oder mehrere natürliche Personen, wie z.B. der Vorstand eines Vereins oder einer AG, der Aufsichtsrat einer AG oder der Geschäftsführer einer GmbH. Das Handeln dieser Organe wird **der juristischen Person zugerechnet,** soweit es innerhalb der durch Gesetz und Satzung bestimmten Kompetenz des betreffenden Organs liegt.

---

[9] Dies betont *Wieacker,* aaO, S. 345, 353, 358.

[10] Vgl. hierzu auch *K. Schmidt,* Verbandszweck und Rechtsfähigkeit, 1984, S. 4ff.

[11] Ähnlich *John,* Rechtstheorie, 1974, 234; *Ulmer,* ZHR 140 (1976), 61; *Flume,* AT I/2, S. 26, 29f. und öfter; *ders.,* FS Kegel, 1987, S. 147ff.; Überblick über die Theorien bei *Enneccerus/Nipperdey,* AT, § 103 Anm. 2; Soergel/*Hadding,* vor § 21 Rn. 7ff.

Die zum Handeln erforderliche Willensbildung der Organe ist das Ergebnis eines durch Gesetz und Satzung festgelegten Verfahrens, in dem durch Mehrheitsentscheidungen oder durch Kompetenzzuweisung an einzelne Organpersonen Entscheidungen getroffen und der juristischen Person zugerechnet werden.

Die von einem Organ im Rahmen der ihm zustehenden Vertretungsmacht für die juristische Person vorgenommenen **Rechtsgeschäfte** berechtigen und verpflichten die juristische Person selbst (§ 26 Abs. 2 mit § 164). Dabei wird das **Wissen** der Organe über § 166 Abs. 1 hinaus der juristischen Person zugerechnet, indem auch das Wissen der am konkreten Geschäft nicht beteiligten Organe und selbst ausgeschiedener oder verstorbener Organe als Wissen der juristischen Person gilt, soweit eine Pflicht zum Informationsaustausch innerhalb der Organisation besteht (s. im einzelnen unten § 46 Rn. 99 ff.). 14

Die Zurechnung erstreckt sich auch auf **schadensersatzpflichtige Handlungen** der Organe. Schädigt ein Organ bei Wahrnehmung seiner Aufgaben als Organ einen Dritten, so hat die juristische Person (allein oder, bei Delikten, neben der handelnden Organperson) für diesen Schaden einzustehen (dazu unten § 10 Rn. 84 ff.). Dieser Grundsatz, der in § 31 für den rechtsfähigen Verein ausgesprochen ist, gilt nach § 86 auch für die privatrechtlichen Stiftungen, nach § 89 Abs. 1 auch für den Fiskus sowie alle sonstigen Körperschaften, Anstalten und Stiftungen des öffentlichen Rechts. Fiskus meint den Staat, soweit er am privatrechtlichen Verkehr teilnimmt. Der Grundsatz wird von der h. L. und der Rechtsprechung als ein allgemeiner Grundsatz des Körperschaftsrechts angesehen und demgemäß auf alle anderen juristischen Personen, darüber hinaus auch auf die OHG, KG sowie auf die GbR[12] und auf den nichtrechtsfähigen Verein (s. unten § 11 Rn. 23) entsprechend angewandt. 15

c) Eingeschränkter Persönlichkeitsschutz

Die juristische Person hat zwar **einige Persönlichkeitsrechte,** wie das Namensrecht und sie genießt im Rahmen des Schutzes der wirtschaftlichen Betätigungsfreiheit auch einen Schutz ihres sozialen Geltungsanspruchs (s. oben § 8 Rn. 13, 48 ff.). Aber sie hat keine eigene Personenwürde, eben weil sie kein ethisches Subjekt ist, auch keine schutzwürdige Privatsphäre und kein allgemeines Persönlichkeitsrecht[13]. Die **Grundrechte** gelten für sie nur, „soweit sie ihrem Wesen nach auf sie anwendbar sind" (Art. 19 Abs. 3 GG). Dies trifft auf Grundrechte überwiegend vermögensrechtlichen Charakters zu, wie etwa auf die Eigentumsgarantie. Bei dem Recht auf freie Entfaltung (Art. 2 Abs. 1 GG) aber nur so weit, wie das anerkannte Betätigungsfeld einer derartigen juristischen Person reicht. Ein Recht auf Freiheit der Berufswahl (Art. 12) kann ihr nicht als persönliche Betätigungsfreiheit, sondern nur insoweit zustehen, als die Freiheit der Berufswahl auch die Freiheit dazu einschließt, ein Gewerbe zu betreiben[14]. Familienrechtliche Rechtsstellungen sind für sie ausgeschlossen. Die **Rechtsfähigkeit der juristischen Personen** ist also stets **nur eine Teilrechtsfähigkeit,** insbesondere im Sinne einer Vermögensfähigkeit und in Verbindung damit die Fähigkeit der Teilnahme am rechtsgeschäftlichen Verkehr. 16

d) Vermögensrechtliche Gleichstellung

In vermögensrechtlicher Hinsicht sind die juristischen Personen den natürlichen Personen, was den Umfang ihrer Rechtsfähigkeit betrifft, grundsätzlich gleichgestellt. Sie sind nicht nur mögliche Träger und Subjekte von Rechten, sondern ebenso 17

---

[12] So im Anschluß an die überwiegende Meinung in der Literatur jetzt auch *BGH* NJW 2003, 1445.

[13] So auch *Enneccerus/Nipperdey,* AT, § 101 IV m. w. N.; *Leßmann,* Persönlichkeitsschutz juristischer Personen, AcP 170 (1970), 266, 268 ff.

[14] S. *BVerfGE* 21, 266 und oben § 8 Rn. 47.

Adressaten und Zuordnungssubjekte von Rechtspflichten, für deren Erfüllung nur das ihnen zugeordnete Vermögen haftet. Das Vermögen der juristischen Person einerseits und das Vermögen ihrer Mitglieder und Organe andrerseits sind getrennt (sog. **Trennungsprinzip**), ebenso wie bei verschiedenen natürlichen Personen.

18 **Beispiele:** Die Aktionäre einer AG haften grundsätzlich nicht mit ihrem eigenen Vermögen für die Verbindlichkeiten der AG, da die AG und der Aktionär verschiedene Rechtssubjekte sind, die jeweils ihr eigenes Vermögen haben und grundsätzlich nur für ihr eigenes Verhalten einzustehen haben. Gleiches gilt für die Gesellschafter einer GmbH, grundsätzlich auch für den Alleingesellschafter einer Einmann-GmbH[15]. Die Gläubiger können sich nur an das Vermögen der Gesellschafter von juristischen Personen halten, wenn diese sich ihnen gegenüber vertraglich verpflichtet haben oder selbst eine unerlaubte Handlung begangen haben.

19 Abweichend vom Trennungsprinzip wird unter bestimmten Voraussetzungen, insbesondere in den Fällen des Mißbrauchs eine **Durchgriffshaftung** in der Weise zugelassen, daß Gläubiger der juristischen Person, insbesondere einer GmbH, ihre Forderungen auch gegen den Gesellschafter geltend machen und in dessen Vermögen vollstrecken dürfen[16].

20 **Beispiel:** Der Gesellschafter G der Einmann-GmbH schließt in deren Namen Geschäfte ab. Als die Gläubiger in das GmbH-Vermögen vollstrecken wollen, reicht dieses nicht aus, weil G die GmbH unterkapitalisiert und unzulässigerweise Gewinne abgezogen hat. Die Durchgriffshaftung greift in solchen Fällen unter Durchbrechung der Trennungstheorie dann ein, wenn die Mitglieder bzw. Gesellschafter die Trennung ihrer Vermögen vom Vermögen der juristischen Person mißbräuchlich dazu ausnutzen, um die Gläubiger der juristischen Person zu benachteiligen und selbst daraus Vorteile zu ziehen. Die bloße Unterkapitalisierung reicht für sich allein grundsätzlich nicht aus, eine Durchgriffshaftung zu begründen[17]. Vielmehr müssen weitere Umstände hinzutreten wie etwa faktische Vermischung der Vermögen, die bewußte Ausnutzung der getrennten Vermögen zum Nachteil der Gläubiger oder sonst ein rechtsmißbräuchliches Verhalten. Als Rechtsgrundlage für die Durchgriffshaftung kommen in Betracht: (1) § 826 bei vorsätzlich sittenwidrigem Mißbrauch in Schädigungsabsicht[18], (2) § 242 in Verbindung mit der Lehre vom institutionellen Rechtsmißbrauch, d.h. der Benutzung von Rechtsfiguren in objektivem Widerspruch zum Gesetzeszweck (dazu unten § 16 Rn. 25), (3) eng damit verwandt ist die Normanwendungstheorie, die durch Auslegung der jeweiligen Haftungsnorm entscheidet, ob die Durchgriffshaftung nach dem Zweck der Haftungsnorm geboten ist[19]. (4) Der *BGH* hat in früheren Entscheidungen §§ 302f, 309 Abs. 2 AktG analog angewandt und daraus auch bei der GmbH eine Haftung des beherrschenden Gesellschafters im sog. faktischen Konzern abgeleitet[20]. Daraus ergab sich aber kein direkter Anspruch des Gläubigers der Gesellschaft unmittelbar gegen die Gesellschafter, sondern nur ein Anspruch der Gesellschaft gegen ihre Gesellschafter oder Leitungsorgane[21]. Dies hat den Nachteil, daß u. U. zwei Prozesse ge-

---

[15] *BGHZ* 22, 226, 229f.

[16] *BGHZ* 22, 226; 26, 33; 61, 384; zur Haftung im sog. qualifizierten faktischen Konzern vgl. auch *Buchner,* Die Haftung im qualifizierten faktischen Konzern, DNotZ 1994, 580; *Ernsthaler/Kreher,* Verlustausgleichspflicht im qualifizierten faktischen GmbH-Konzern, BB 1995, 1422; *Goette,* Haftungsvoraussetzungen im qualifizierten faktischen Konzern, DStR 1993, 568.

[17] S. *BGHZ* 68, 312; Soergel/*Hadding,* vor § 21 Rn. 36; a.A. *Wiedemann,* Gesellschaftsrecht I, 1980, § 10 IV 3b; vgl. auch MünchKomm/*Reuter,* vor § 21 Rn. 36; ferner *Kübler,* Gesellschaftsrecht, S. 255; *Ulmer,* FS Duden, S. 661ff.; *Lutter/Hommelhoff,* ZGR 1979, S. 31, 61.

[18] S. z.B. *BGH* NJW 1979, 2104; *BGH* NJW 2002, 3024 m. Anm. *Heidenhain,* LMK 2003, 7.

[19] S. MünchKomm/*Reuter,* vor § 21 Rn. 21; Soergel/*Hadding,* vor § 21 Rn. 39f.

[20] S. *BGHZ* 68, 312, 319; 115, 192; 116, 37; *BGH* NJW 1993, 1200; 1994, 3288; kritisch dazu *K. Schmidt,* ZIP 1993, 549.

[21] Dafür allgemein *Wilhelm,* Rechtsfolgen und Haftung bei der juristischen Person, 1981, S. 330ff.

führt werden müssen (Gläubiger gegen juristische Person und juristische Person gegen Gesellschafter). Diese Rechtsprechung hat der *BGH* inzwischen aufgegeben[22] und neue Kriterien entwickelt. (5) Nunmehr gewährt er den Gesellschaftsgläubigern eine echte Durchgriffshaftung gegen die Gesellschafter in den Fällen des sog. **existenzvernichtenden Eingriffs**[23]. Ein solcher Eingriff liegt vor, wenn die Gesellschafter auf das Gesellschaftsvermögen zugreifen, ohne dessen Zweckbindung als Haftungsmasse für die Gesellschaftsgläubiger zu beachten, und wenn sie dadurch die Fähigkeit der Gesellschaft zur Befriedigung ihrer Gläubiger in einem ins Gewicht fallenden Maße beschneiden. In solchen Fällen liegt ein Mißbrauch des Trennungsprinzips vor, der zum Verlust des Haftungsprivilegs aus § 1 Abs. 1 Satz 2 AktG, § 13 Abs. 2 GmbHG führt.

21 Eine Haftung der Mitglieder bzw. Gesellschafter kommt unabhängig vom Trennungsprinzip in Betracht, wenn die Mitglieder bzw. Gesellschafter nach außen selbst eine Haftung übernommen haben, sei es durch Eintritt in den Vertrag neben der juristischen Person als Gesamtschuldner (§ 421), sei es durch Übernahme einer Bürgschaft (§ 765) oder Garantie. Auch kann eine selbständige Haftung der Mitglieder oder Gesellschafter aus Verschulden bei Vertragsabschluß (culpa in contrahendo, § 311 Abs. 2 und 3) oder aus unerlaubter Handlung (§§ 823, 826) in Betracht kommen[24]. Darin liegt jedoch keine Durchgriffshaftung, sondern eine eigene Haftung, die bei Beteiligung mehrerer natürlicher Personen ohne weiteres eintreten kann.

22 Die Wissenszurechnung von Organen (oben Rn. 14ff.) oder die Zurechnung von Organhandeln nach § 31 durchbricht die Trennung von juristischer Person und ihren Mitgliedern, ist aber kein Problem der Durchgriffshaftung. Nicht zur Durchgriffshaftung zählt auch die Frage, ob ein Gesellschafter den aus seiner Körperverletzung der Gesellschaft, etwa durch Einstellung einer Aushilfe, entstandenen Schaden geltend machen kann[25].

II. Rechtliche Grundlagen der Vereinigungsfreiheit

1. Verfassungsrechtliche und europarechtliche Grundlagen

a) Verfassungsrechtliche Grundlagen

23 Nach Art. 9 Abs. 1 GG haben alle Deutschen das Recht, Vereine und Gesellschaften zu bilden. Verboten sind lediglich Vereinigungen, „deren Zwecke oder deren Tätigkeit den Strafgesetzen zuwiderlaufen oder die sich gegen die verfassungsmäßige Ordnung oder den Gedanken der Völkerverständigung richten". Damit ist jedem deutschen Staatsbürger in den angegebenen Grenzen die **Vereinigungsfreiheit gewährleistet.** Das Grundrecht richtet sich in erster Linie **gegen die Staatsgewalt.** Sie darf Vereine, Gesellschaften und andere privatrechtliche Vereinigungen aus keinem anderen als den angegebenen Gründen verbieten und es dem einzelnen nicht verwehren, eine danach erlaubte Vereinigung mit anderen zu gründen, ihr beizutreten oder ihr anzugehören. Neben der positiven Vereinigungsfreiheit, einen Verein gründen oder ihm beitreten zu dürfen, umfaßt Art. 9 GG auch die negative Vereinigungsfreiheit, einem Verein fernbleiben zu dürfen.

24 Das öffentliche Recht, das im Vereinsgesetz vom 5. 8. 1964 die Vereinsverbote im einzelnen regelt, darf aufgrund der verfassungsrechtlichen Gewährleistung der Vereinigungsfreiheit keine

---

[22] *BGHZ* 149, 10 (Bremer Vulkan) = NJW 2001, 3622.

[23] *BGHZ* 149, 10 (Bremer Vulkan); *BGH* NJW 2002, 1803; *BGH* NJW 2002, 3024 m. Anm. *Heidenhein,* LMK 2003, 7; s. dazu auch *Wilhelm,* NJW 2003, 175ff.

[24] S. *BGHZ* 149, 10 (Bremer Vulkan) = NJW 2001, 3622: Haftung des Alleingesellschafters bzw. des Vorstands aus § 823 Abs. 2 mit § 266 StGB; *BGH* NJW 2002, 3024: Haftung der Gesellschafter aus § 826.

[25] Bejahend *BGHZ* 61, 380; *BGH* NJW 1977, 1283; *BGH* NJW-RR 1991, 551.

Bestimmungen enthalten, die die Gründung von Vereinigungen von einer Erlaubnis der Verwaltungsbehörde abhängig machen oder die Auflösung einer Vereinigung aus anderen als den in Art. 9 GG genannten Gründen zulassen. Ferner ist der staatliche Gesetzgeber gehalten, privatrechtliche Vorschriften bereit zu stellen, die den institutionellen rechtlichen Rahmen für die Bildung und die Betätigung der Vereinigungen schaffen, indem z. B. die Gründungsvoraussetzungen, die Organhaftung, der Schutz der Gläubiger und der Minderheitsrechte innerhalb der Vereinigung geregelt werden. Dabei steht dem Gesetzgeber ein weiter Gestaltungsspielraum zur Verfügung, der zu einer Vielzahl privatrechtlicher Vereinigungen geführt hat.

b) Europarechtliche Grundlagen

25 Auch wenn Art. 9 GG die Vereinigungsfreiheit nur Deutschen garantiert, so ist doch die Gründung privatrechtlicher Vereinigungen auch den Angehörigen anderer Mitgliedstaaten der Europäischen Gemeinschaft in Deutschland gestattet. Die Grundlage hierfür findet sich in der Niederlassungsfreiheit des Art. 43 EGV. Darüber hinaus gewährleistet Art. 11 EMRK zusammen mit den gemeinsamen Verfassungsgrundsätzen der einzelnen Mitgliedstaaten die Vereinigungsfreiheit als gemeinsamen europäischen Verfassungsbestand[26]. Deshalb können auch Angehörige anderer Mitgliedstaaten der EG in Deutschland Vereinigungen frei gründen, sofern sie nicht gegen vorrangige Interessen der Allgemeinheit verstoßen.

2. Inhalt und Schutz der Vereinigungsfreiheit zwischen Privaten

26 Die verfassungsrechtliche Vereinigungsfreiheit des Art. 9 GG gilt nicht unmittelbar zwischen Privatpersonen, da eine unmittelbare Drittwirkung der Grundrechte grundsätzlich nicht besteht (s. oben § 4 Rn. 64 ff.). Die Vereinigungsfreiheit ist deshalb nicht als sonstiges Recht im Sinne von § 823 Abs. 1 geschützt[27]. Die privatrechtlichen Normen, insbesondere auch die Generalklauseln sind aber unter Berücksichtigung von Art. 9 Abs. 1 GG verfassungskonform auszulegen. Dies führt zu einer mittelbaren Drittwirkung der Grundrechte auch im Vereinsrecht[28]. Der privatrechtliche Inhalt der Vereinigungsfreiheit ist Ausfluß und Teil der Privatautonomie, wobei zwei Inhalte unterschieden werden können.

a) Gründungs- und Beitrittsfreiheit

27 Die privatautonome Vereinigungsfreiheit umfaßt die Gründungsfreiheit und die Beitrittsfreiheit vergleichbar mit der Abschlußfreiheit bei der Vertragsfreiheit. Die **Gründungsfreiheit** enthält die Freiheit eine privatrechtliche Vereinigung (Verein, Stiftung, Gesellschaft, Rechtsgemeinschaft) mit rechtlicher Anerkennung ins Leben zu rufen. Die Gründungsfreiheit umschließt auch die negative Freiheit, keine Vereinigung zu gründen. Sie setzt deshalb zur Gründung die Zustimmung aller Gründer voraus.

28 Die **Beitrittsfreiheit** hat zum Inhalt, in eine bereits existente privatrechtliche Vereinigung als Mitglied, Gesellschafter oder Gemeinschafter einzutreten. Auch die Beitrittsfreiheit schließt grundsätzlich die negative Freiheit mit ein, nicht beizutreten, oder wieder auszutreten und die bestehende Mitgliedschaft beenden zu können[29]. Eine Zwangsmitgliedschaft ist deshalb für privatrechtliche Vereinigungen grundsätzlich

---

[26] S. auch *EuGH* NJW 1996, 505, Tz 79 (Bosman); *Vieweg/Röthel,* ZHR 166 (2002), 6, 13 f.

[27] A. A. *Ramm,* Einführung III, S. 722.

[28] *BGH* NJW 1999, 1326 = LM § 25 BGB Nr. 36 m. Anm. *Reuter.*

[29] S. dazu auch *BGH* LM H. 8/1994 § 25 BGB Nr. 33 m. Anm. *Meyer.*

nicht verfassungsgemäß[30]. Die Beitrittsfreiheit umfaßt auch die Freiheit der Vereinigung, niemanden aufnehmen zu müssen. Deshalb ist zum Eintritt in eine bestehende Vereinigung nicht nur die einseitige Erklärung des Beitretenden, sondern grundsätzlich auch die Zustimmung der aufnehmenden Vereinigung erforderlich, die entweder ad hoc in jedem Einzelfall oder generell vorweg mit oder ohne Einschränkungen[31] in der Satzung erteilt werden kann.

Während die Gründungsfreiheit nicht durch einen Gründungszwang eingeschränkt ist, ist die 29
Beitrittsfreiheit in einzelnen Fällen ausnahmsweise durch einen Aufnahmezwang vergleichbar dem Kontrahierungszwang im Vertragsrecht beschränkt. Einen gesetzlichen **Beitrittszwang** von Mitgliedern zum Eintritt kennen vielfach öffentlichrechtliche Vereinigungen (z. B. zwangsweise Mitgliedschaft in der Rechtsanwaltskammer, § 60 Abs. 1 BRAO). Er besteht dagegen grundsätzlich nicht bei privatrechtlichen Vereinigungen (s. oben Rn. 28). Wohl aber kann bei diesen ein **Aufnahmezwang** auf Seiten der Vereinigung gegeben sein. Als Grundlage dafür kommen Spezialvorschriften wie § 54 Abs. 1 GenG oder allgemein § 20 Abs. 6 GWB und § 826 in Verbindung mit der mittelbaren Drittwirkung von Art. 9 Abs. 1 GG in Betracht, wenn die Vereinigung eine Monopolstellung oder eine überragende Machtstellung im wirtschaftlichen oder sozialen Bereich hat und auf Seiten des Beitrittswilligen ein wesentliches Interesse am Erwerb der Mitgliedschaft besteht, dem die Vereinigung kein überwiegendes Gegeninteresse an der Ablehnung entgegen setzen kann[32]. Mit § 826 allein ist das nicht mehr zu begründen. Es handelt sich um eine gesetzesübersteigende richterliche Rechtsfortbildung, die ihre Rechtfertigung im Gleichheitsgrundsatz findet sowie in einer über den privaten Bereich hinausgehenden, den sozialen Bereich mitgestaltenden Funktion des betreffenden Vereins und der daraus sich ergebenden Angewiesenheit des Bewerbers auf die Mitgliedschaft in diesem Verein[33]. Soweit ein Aufnahmezwang besteht, ist auch ein Ausschluß grundsätzlich nicht möglich.

Beispiele: Ein Sportverein will in den lokalen Zusammenschluß der städtischen Vereine auf- 30
genommen werden. Der *BGH* bejaht einen Aufnahmezwang wegen der mit der Mitgliedschaft verbundenen Förderung durch die städtischen Behörden. Ein Aufnahmezwang wurde auch bejaht für die Aufnahme in eine Gewerkschaft und für die Aufnahme einer Frau in die Bergwacht[34]. Damit wird dem Umstand Rechnung getragen, daß immer mehr Vereine nicht allein privaten Zwecken ihrer Mitglieder dienen, sondern deren berufliche, wirtschaftliche oder sozialpolitische Interessen in der Öffentlichkeit wahrnehmen, so daß die Zugehörigkeit zu einem derartigen Verein für den einzelnen zu einer Frage seines beruflichen Fortkommens, seiner sozialen Sicherung, wenn nicht gar seiner beruflichen oder wirtschaftlichen Existenz wird. Ebenso kann für einen Verein die Mitgliedschaft in einem übergeordneten Verband eine wesentliche Voraussetzung für seine Funktionsfähigkeit und seine Teilhabe an öffentlicher Förderung sein[35]. Wo das nicht der Fall ist, wo es, wie häufig bei kleinen, örtlich begrenzten Vereinen, wie etwa Gesangsverein, Skatverein u. ä. auf das gute Einvernehmen der Mitglieder untereinander ankommt, muß es dabei bleiben, daß der Verein sich diejenigen aussuchen kann, die er aufnehmen will, auch ohne Gründe für eine Ablehnung nennen zu müssen. Verneint wurde ein Aufnahmezwang darüber hinaus auch für eine politische Partei[36].

---

[30] S. *BGH* NJW 1995, 2981 = LM H. 2/1996 Art. 9 GG Nr. 18 m. Anm. *Gillmaier* zur Zwangsmitgliedschaft in einer Genossenschaft und § 54 Abs. 1 GenG.

[31] S. dazu auch *BGH* NJW 1987, 2503 und unten § 10 Rn. 107.

[32] *BGH* NJW 1999, 1326 = LM § 25 BGB Nr. 36 m. Anm. *Reuter; BGHZ* 93, 151, 154; zu berechtigten Ablehnungsgründen einer Gewerkschaft vgl. *BGH* NJW 1985, 1216.

[33] Vgl. im näheren *Birk,* JZ 1952, 343; *Nicklisch,* JZ 1976, 105; MünchKomm/*Reuter,* vor § 21 Rn. 119; Palandt/*Heinrichs,* § 25 Rn. 10.

[34] *BGH* NJW 1999, 1326 (Sportverein); *BGH* NJW 1985, 1216 (Gewerkschaft); *LG München* NJW-RR 1993, 890 (Bergwacht).

[35] *BGH* NJW 1999, 1326 = LM H. 9/1999 § 25 BGB Nr. 36 m. Anm. *Reuter.*

[36] *BGH* NJW 1987, 2503; dazu auch *Magiera,* DöV 1973, 761.

b) Vereins- und Verbandsautonomie

31 Als weiterer Inhalt der privatautonomen Vereinigungsfreiheit ist die Vereinsautonomie für die Vereine nach §§ 21ff. vergleichbar der inhaltlichen Gestaltungsfreiheit im Vertragsrecht zu nennen. Da Vereinigungen grundsätzlich durch einen rechtsgeschäftlichen Gründungsakt entstehen (s. oben Rn. 12), ergeben sich die Schranken für die inhaltliche Gestaltung wie bei der Vertragsfreiheit in erster Linie aus §§ 134, 138. Darüber hinaus besteht allgemein eine Verbandsautonomie in gleicher Weise für andere Vereinigungen wie Stiftungen, (Kapital-)Gesellschaften und Gemeinschaften. Für Personengesellschaften, deren Verhältnisse durch den Gesellschaftsvertrag geregelt werden, ergibt sich die Gestaltungsfreiheit aus der Vertragsfreiheit. Grenzen ergeben sich aus dem Typenzwang. Aus der Vereins- und Verbandsautonomie ergibt sich zunächst die **positive Befugnis,** daß jede Vereinigung im Rahmen der Rechtsordnung ihre inneren Angelegenheiten und Verhältnisse durch ihre Satzung **(Satzungsautonomie)** oder durch Mehrheitsbeschluß **(Abstimmungsautonomie)** selbst regeln kann. Die Vereins- und Verbandsautonomie enthält aber auch die **negative Abwehrfunktion,** daß die maßgeblichen Entscheidungen nicht von außen durch Dritte aufgezwungen werden dürfen, sondern von den Mitgliedern in eigener Verantwortung getroffen werden sollen[37].

32 Die Vereins- und Verbandsautonomie hat nicht zwingend das Prinzip der **Selbstorganschaft** zum Inhalt, daß die für die Vereinigung handelnden Organe (s. oben Rn. 13ff.) notwendig zugleich Mitglieder der Vereinigung sein müssen. Das Prinzip der Selbstorganschaft gilt zwar grundsätzlich bei den Personengesellschaften (s. etwa §§ 114, 125 HGB), nicht aber beim Verein und bei den Kapitalgesellschaften, bei denen Nichtmitglieder als Organe bestellt werden können. Die Verbandsautonomie ist auch in diesen Fällen der Fremdorganschaft gewahrt, weil die grundlegenden Entscheidungen, wie z.B. Satzungsbeschlüsse, von den Mitgliedern getroffen werden müssen (s. etwa §§ 25, 32, 33; § 119 AktG; § 53 GmbHG) und weil die Fremdorgane von den Mitgliedern gewählt und wieder abberufen werden können (s. etwa § 27 BGB; § 46 Nr. 5 GmbHG; mittelbar bei der AG gemäß §§ 101, 103 mit § 84 AktG). **Einflüsse Dritter von außen** sind auch möglich im Konzernrecht bei Beherrschungsverträgen und anderen Unternehmensverträgen (§§ 291ff. AktG). Jedoch muß zuvor die Hauptversammlung dieser Einschränkung ihrer Autonomie zustimmen (§ 293 AktG).

3. Typenzwang trotz verfassungsrechtlicher Vereinigungsfreiheit

33 Während das Privatrecht die Gründungs- und Beitrittsfreiheit nur in geringem Umfang begrenzt, werden die möglichen Vereinigungsarten und Organisationsformen beschränkt. Auf dem Gebiete des Gesellschafts- und des Vereinsrechts besteht Typenzwang (s. oben Rn. 4). Daran hat auch das Grundgesetz nichts geändert. Die Beschränkung der wählbaren Vereins- und Gesellschaftstypen auf die gesetzlich ausdrücklich zugelassenen Formen sowie die Einhaltung bestimmter Vorschriften bei der Bildung und bei der satzungsmäßigen Ausgestaltung dieser Gesellschafts- und Vereinstypen stellt nach allgemeiner Auffassung **keine unzulässige Beschränkung der Vereinigungsfreiheit** dar[38]. Der Typenzwang ist geboten **im Interesse anderer Verkehrsteilnehmer,** die mit solchen Vereinigungen geschäftliche Beziehungen aufnehmen und dabei wissen müssen, wer ihnen aus den abgeschlossenen Geschäften haftet – ob die Vereinigung selbst als juristische Person, ob ihre Mitglieder oder die

[37] S. *Flume,* Personengesellschaft, S. 207ff.
[38] Vgl. *Enneccerus/Nipperdey,* AT, § 106 I.

Personen, die für sie gehandelt haben. Der Typenzwang besteht aber auch **im Interesse der Mitglieder** selbst, insbesondere der jeweiligen Minderheit und der von der unmittelbaren Führung der Geschäfte ausgeschlossenen Mitglieder. Ihre grundlegenden Rechte und Rechtspositionen dürfen nicht ohne weiteres durch Mehrheitsentscheidungen anderer Mitglieder ausgeschlossen werden. Im Gesellschaftsrecht kommt dem Minderheitenschutz eine ähnliche Schutzfunktion zu wie dem Verbraucherschutz im Vertragsrecht. Soweit in Mitgliedschaftsrechte eingegriffen werden darf, muß zumindest eine angemessene Entschädigung gewährt werden (s. etwa §§ 320b, 327b AktG).

III. Typen rechtsfähiger privatrechtlicher Vereinigungen

1. Verschiedenartige Strukturelemente

a) Unterschiedliche Arten der Rechtsfähigkeit

Im Hinblick auf die Rechtsfähigkeit gibt es Vereinigungen, die als **juristische Personen** Rechtsfähigkeit völlig losgelöst und unabhängig von Personen als ihren Mitgliedern besitzen, wie z.B. der eingetragene Verein, die AG und die GmbH. Juristische Personen sind sogar ohne die Mitgliedschaft von Personen möglich, wie die Stiftung zeigt (s. unten § 12 Rn. 1). Man kann insoweit von **personenunabhängiger Rechtsfähigkeit** sprechen. Andere Vereinigungen stützen ihre Rechtsfähigkeit auf den Zusammenschluß mehrerer Personen zu einer sog. **Gesamthand,** die nicht juristische Person ist, aber als Zusammenschluß mehrerer Personen zu einer Gruppe ein von den einzelnen Personen zu unterscheidendes weiteres Rechtssubjekt bildet[39]. Diese Gruppe ist als Subjekt zwar auf Personen angewiesen und insofern personenabhängig, steht aber neben den einzelnen Personen und kann als Rechtssubjekt eigene Rechte und Pflichten haben. Dabei kann die Identität der Gesamthand als Rechtssubjekt ohne Rücksicht auf einen Wechsel der Gruppenmitglieder bestehen bleiben wie bei der offenen Handelsgesellschaft (OHG, § 124 HGB), bei der Kommanditgesellschaft (KG, § 161 Abs. 2 mit § 124 HGB) und auch bei der Gesellschaft bürgerlichen Rechts (GbR, §§ 705ff.). Diese Form der Gesamthandsgruppe ist demnach zwar auf Personen angewiesen, aber nicht an bestimmte Personen gebunden. Möglich sind aber auch streng personengebundene Gesamthandsgemeinschaften, die nur zwischen bestimmten Personen bestehen und bei einem Wechsel der Personen nicht mehr fortbestehen, wie z.B. die eheliche Gütergemeinschaft (s. dazu Rn. 73, 75). Schließlich gibt es auch **Gemeinschaften,** bei denen kein neues Rechtssubjekt entsteht, sondern nur die einzelnen Personen Rechtsträger von Anteilen sind (dazu unten Rn. 62ff.). 34

b) Körperschaftliche und personalistische Struktur

Körperschaftlich strukturiert ist eine Vereinigung, wenn die Verbindung der einzelnen Mitglieder nicht auf persönliche Verbundenheit ausgerichtet ist. Der Mitgliederwechsel in einer solchen Vereinigung ist deshalb ohne Zustimmung der anderen Mitglieder möglich. Dies trifft etwa auf den Verein und die AG zu. Im Gegensatz dazu beruht eine Vereinigung mit **personalistischer** Struktur auf der persönlichen Verbundenheit und dem persönlichen Vertrauen der beteiligten Gesellschafter. Der Ein- 35

---

[39] Zu Unrecht will *T. Raiser,* FS Zöllner, S. 469, 486 die Unterscheidung zur juristischen Person aufgeben.

tritt eines neuen Gesellschafters ist deshalb nur mit Zustimmung aller anderen Gesellschafter möglich. Dies gilt insbesondere für die sog. Personengesellschaften wie OHG, KG und GbR. Bei personalistisch strukturierten Vereinigungen ist grundsätzlich auch eine persönliche unbeschränkte Haftung der Gesellschafter mit ihrem Privatvermögen vorgesehen. Dies stärkt die Kreditfähigkeit dieser Gesellschaften. Dazu gehören die OHG (§ 128 HGB), die GbR und mit einer beschränkten Haftung des Kommanditisten auch die KG (§ 171 Abs. 1 HGB). Bei den körperschaftlich strukturierten Vereinigungen ist dagegen eine persönliche Haftung der Mitglieder oder Gesellschafter grundsätzlich nicht gegeben.

c) Wirtschaftliche und ideelle Zwecke

36 Unterschiedlich können auch die Zwecke sein, die diese Vereinigungen verfolgen. Möglich sind vorwiegend **wirtschaftliche Zwecke** im Sinne des wirtschaftlichen Erwerbsstrebens. Dabei sind solche Vereinigungen, bei denen der persönliche Zusammenschluß (OHG, KG) vorherrscht, von anderen zu unterscheiden, bei denen die kapitalmäßige Beteiligung überwiegt (AG, GmbH). Möglich sind aber auch Vereinigungen, die vorwiegend **ideelle Zwecke** verfolgen wie etwa der Verein (§ 21).

d) Kombination der verschiedenen Elemente

37 Die verschiedenen Arten der privatrechtlichen Vereinigungen ergeben sich daraus, daß sie die unterschiedlichen Merkmale auf verschiedene Weise miteinander kombinieren. Eine an der Person als Rechtssubjekt ausgerichtete Orientierung ergibt dabei, daß zwischen der natürlichen Person als Individuum und der zum Rechtssubjekt verselbständigten juristischen Person eine Reihe von Vereinigungen stehen, die entweder mehr personengebunden und damit personalistisch oder eher losgelöst von der persönlichen Bindung und damit körperschaftlich aufgebaut sind. Im Folgenden werden die verschiedenen Grundformen aufsteigend von der personalistischen zur körperschaftlichen Struktur im Überblick dargestellt.

2. Die Gesellschaft bürgerlichen Rechts (GbR)

a) Gesamthand als Trägerin des Gesellschaftsvermögens

38 Eine **Vereinigung** auf **personalistischer Grundlage** ist die GbR (§§ 705ff.). Regelmäßig, wenn auch nicht notwendig, besteht ein dem Gesellschaftszweck gewidmetes Gesellschaftsvermögen (§ 718); dieses steht **allen Gesellschaftern gemeinschaftlich** nach dem **Gesamthandsprinzip** (unten Rn. 72ff.) zu. In Gestalt der gemeinschaftlichen Verbundenheit der Gesellschafter als Gesamthand ist die GbR gemäß § 718 Rechtsträger des Gesellschaftsvermögens und damit rechtsfähig[40], ohne juristische Person zu sein. Sie ist eine rechtsfähige Personengesellschaft im Sinne von § 14 Abs. 2. Rechtsträger ist die Gemeinschaft der Gesellschafter als Gruppe in ihrer gesamthänderischen Verbundenheit. Die GbR bleibt auch im Falle eines Gesellschafterwechsels als Rechtsträger bestehen. Gleichwohl ist sie nicht körperschaftlich strukturiert, da ein Gesellschafterwechsel die Zustimmung aller Gesellschafter erfordert, die auch schon vorweg im Gesellschaftsvertrag erteilt werden kann.

[40] So jetzt auch *BGHZ* 146, 341 = NJW 2001, 1056; ebenso *BVerfG* NJW 2002, 3533; zur Scheckfähigkeit *BGH* NJW 1997, 2754; zur Grundbuchfähigkeit *BayObLG* NJW 2003, 70; *Ulmer/Steffek,* NJW 2002, 330.

Das **Gesellschaftsvermögen** wird aus den Beiträgen der Gesellschafter und aus dem gebildet, was diese mit Hilfe des Gesellschaftsvermögens oder als Ersatz für einen dazu gehörenden Gegenstand erwerben. Die für Rechnung der Gesellschaft eingegangenen Verbindlichkeiten sind solche der Gesamthand, wofür das Gesellschaftsvermögen haftet. Eine Haftungsbeschränkung auf das Gesellschaftsvermögen ist durch die Bezeichnung „GbR mit beschränkter Haftung" („GbRmbH") nicht möglich, wohl aber aufgrund individueller Vereinbarung mit dem jeweiligen Vertragspartner[41]. Neben der Gesellschaft besteht auch eine **Haftung der Gesellschafter.** Diese haften dafür nicht nur als Gesamthand mit dem Gesellschaftsvermögen, sondern auch einzeln, jeder mit seinem gesamten eigenen Vermögen als Gesamtschuldner (§ 421), d. h. jeder Gesellschafter haftet in voller Höhe und der Gläubiger kann sich nach seinem Belieben an jeden der Gesellschafter halten, insgesamt den von allen geschuldeten Betrag aber nur einmal verlangen. Die gesamtschuldnerische Haftung der einzelnen Gesellschafter ergibt sich sowohl aus der gesetzlichen und einseitig nicht beschränkbaren Vertretungsmacht der geschäftsführenden Gesellschafter für die übrigen Gesellschafter (s. § 714 mit § 427) als auch aufgrund einer der GbR immanenten gesetzlichen Haftung der Gesellschafter zum Schutz der Gläubiger, was letztlich der analogen Anwendung von §§ 128 ff. HGB auf die GbR entspricht[42]. Der Gläubiger kann danach neben der GbR jeden einzelnen Gesellschafter verklagen und in dessen Vermögen vollstrecken; er kann auch alle Gesellschafter zusammen (als Streitgenossen) verklagen und, nach Erzielung eines Urteils gegen alle, in das Gesellschaftsvermögen vollstrecken (§ 736 ZPO). Auf diese Weise genießt die Gesellschaft soviel Kredit wie alle ihre Gesellschafter zusammen. 39

b) Personalistische Struktur

Die Gesellschaft bürgerlichen Rechts entsteht aufgrund eines auch formlos möglichen Vertrags, durch den die Gesellschafter sich wechselseitig verpflichten, die Erreichung eines gemeinsamen Zwecks in einer bestimmten Weise, insbesondere durch die Leistung von Beiträgen, zu fördern. Typologisch ist sie diejenige Form des Zusammenschlusses mehrerer Personen, bei der jeder Teilnehmer zu jedem anderen in eine vertragsrechtliche Beziehung tritt, so daß für den Zusammenschluß die **Person des einzelnen Gesellschafters von wesentlicher Bedeutung** ist[43]. 40

Da die Führung der Geschäfte in der Regel allen gemeinschaftlich zusteht (§ 709 Abs. 1), hängt der Erfolg oder Mißerfolg wesentlich von der Geschicklichkeit und Zuverlässigkeit eines jeden und vom guten Einvernehmen aller Gesellschafter ab. Möglich ist, daß einzelne Gesellschafter nach dem Gesellschaftsvertrag von der Geschäftsführung ausgeschlossen sind (§ 710). Eine Änderung des Gesellschaftsvertrags, insbesondere eine Erhöhung der vereinbarten Beiträge bedarf grundsätzlich der Zustimmung aller Gesellschafter. Sofern im Gesellschaftsvertrag nichts anderes vereinbart ist, wird die Gesellschaft, eben weil sie eine Verbindung gerade dieser bestimmten Gesellschafter untereinander ist, durch die Kündigung seitens eines von ihnen, ferner durch den Tod eines Gesellschafters oder durch die Eröffnung des Konkurses über sein Vermögen auch unter den übrigen aufgelöst (§§ 723 bis 728, 736). Die meisten dieser Bestimmungen sind allerdings abdingbar. 41

3. Der nicht eingetragene, „nicht rechtsfähige" Verein

Den nicht eingetragenen Verein bezeichnet das BGB in § 54 Satz 1 noch als „nicht rechtsfähigen" Verein. Seit die Rechtsprechung von der Rechtsfähigkeit der GbR ausgeht (s. oben Rn. 38, unten Rn. 72 f.), muß gemäß § 54 Satz 1 auch der „nicht rechtsfähige" Verein als rechtsfähig angesehen werden und ist deshalb zur Vermeidung von Unklarheiten besser als nicht eingetragener Verein zu bezeichnen. Da auf den nicht eingetragenen Verein nach § 54 Satz 1 die Vorschriften über die GbR Anwen- 42

---

[41] *BGHZ* 142, 315 = NJW 1999, 3483.
[42] S. dazu auch *BGH* NJW 2001, 1056; *BGH* NJW 1999, 3483.
[43] Vgl. *Wiedemann,* Gesellschaftsrecht I, § 2 I 1 a.

dung finden, sind Rechtsträger wie bei der GbR grundsätzlich die Mitglieder in ihrer gesamthänderischen Verbundenheit (s. oben Rn. 38). Im Gegensatz zur personalistisch strukturierten GbR ist der nicht eingetragene Verein aber körperschaftlich organisiert (s. oben Rn. 35) und damit auf einen **dauernden Bestand, unabhängig vom Wechsel der Mitglieder** angelegt, ohne aber juristische Person zu sein.

43 Austritt oder Tod eines Mitglieds berühren den Fortbestand grundsätzlich nicht, solange nur überhaupt Mitglieder vorhanden sind. Die Persönlichkeit des einzelnen Mitglieds tritt hinter dem sachlichen Vereinszweck und der Organisation als solcher zurück. Deshalb müssen beim Ausscheiden und beim Eintritt neuer Mitglieder auch nicht die zur Zeit vorhandenen Mitglieder zustimmen. Der Verein führt einen eigenen Namen, unter dem seine Vertreter nach außen hin aufzutreten pflegen; die einzelnen Mitglieder werden dabei in der Regel nicht genannt. Wer dem Verein Kredit gibt, tut dies nicht im Vertrauen auf die Leistungsfähigkeit einzelner Mitglieder, sondern auf das Ansehen, die zahlenmäßige Stärke und das durch die Beitragszahlungen bedingte Leistungsvermögen des Vereins. Insoweit gleicht der nicht eingetragene Verein in seiner Struktur weitgehend dem eingetragenen Verein, ohne aber juristische Person zu sein. Andererseits steht das Vereinsvermögen wie bei der GbR den Mitgliedern gemeinschaftlich zur gesamten Hand zu. Um in dieses Vermögen vollstrecken zu können, muß den Gläubigern wie bei der GbR (s. oben Rn. 39) die Gesamthand als Vermögensträger haften. Die Gesamthand ist deshalb Schuldner mit eigenen Verbindlichkeiten, die von der Haftung der einzelnen Mitglieder als Schuldner zu unterscheiden sind. Doch haften die einzelnen Vereinsmitglieder aufgrund der körperschaftlichen Struktur des nicht eingetragenen Vereins und einer durch Satzung oder Verkehrssitte beschränkten Vertretungsmacht den Vereinsgläubigern nur als Gesamthand mit dem Vereinsvermögen und im Gegensatz zur GbR (s. oben Rn. 39) nicht persönlich mit ihrem Privatvermögen (s. unten § 11 Rn. 16ff.). Die Vorschriften über die GbR passen insoweit nicht auf den nicht rechtsfähigen Verein. Wegen seiner körperschaftlichen Struktur ist der nicht eingetragene Verein insoweit eher dem eingetragenen Verein vergleichbar, auch wenn ihm dessen Eigenschaft fehlt, als juristische Person ein eigenständiges Rechtssubjekt losgelöst und unabhängig von seinen Mitgliedern zu sein. Er hat wie der eingetragene Verein in der Regel auch eine Satzung, die seine Verfassung, den Prozeß der Willensbildung, die Bestellung, Abberufung und die Aufgaben des Vorstandes regelt. Ferner ist der Vorstand Organ des Vereins und nicht nur, wie der geschäftsführende Gesellschafter bei der GbR, Vertreter der übrigen Gesellschafter. Typologisch steht der nicht eingetragene Verein zwischen dem eingetragenen Verein und der GbR, steht aber wegen seiner körperschaftlichen Struktur dem eingetragenen Verein näher.

4. Die handelsrechtlichen Personengesellschaften

44 Man kann die GbR als Grundform der Personenvereinigung sehen, von der aus eine Typenreihe[44] über den nicht rechtsfähigen Verein zum rechtsfähigen Verein, eine andere Typenreihe dagegen zur OHG und zur KG als den Handelsgesellschaften führt. OHG und KG sind wie die GbR rechtsfähig, in ihrer Struktur aber **personalistisch** und nicht körperschaftlich aufgebaut. Sie sind wie der nicht eingetragene Verein **keine juristische Person.**

a) Die offene Handelsgesellschaft (OHG)

45 Eine OHG ist eine Handelsgesellschaft insofern, als ihr Zweck auf den Betrieb eines Handelsgewerbes unter gemeinschaftlicher Firma gerichtet ist. Hinzu kommt, daß bei ihr **jeder Gesellschafter** gegenüber den Gesellschaftsgläubigern persönlich mit seinem Vermögen **unbeschränkt haftet** (§ 105 Abs. 1 HGB). Wie die GbR ist die

---

[44] Über den methodologischen Wert von Typenreihen vgl. *Larenz,* Methodenlehre der Rechtswissenschaft, S. 451ff.; *Larenz/Canaris,* Methodenlehre, S. 240ff. Vgl. auch die Typenreihe der Vereinigungen (mit und ohne Rechtsfähigkeit) bei *Medicus,* AT, Rn. 1097. Sie beginnt am entgegengesetzten Ende, bei der AG, und endet bei der Gesellschaft des BGB.

OHG eine **Vereinigung auf rein persönlicher Grundlage.** Die Persönlichkeit des einzelnen Gesellschafters ist demgemäß sowohl für die übrigen Gesellschafter wie für die Kreditwürdigkeit der Gesellschaft von ausschlaggebender Bedeutung. Auf die OHG finden die Vorschriften der §§ 705ff. über die GbR grundsätzlich Anwendung (§ 105 Abs. 3 HGB). Doch gelten zahlreiche Abweichungen.

Im Rechtsverkehr tritt die OHG **unter ihrer Firma** als ihrem handelsrechtlichen Namen auf. Sie kann, anders als die GbR, aber auch anders als der nicht eingetragene Verein, „unter ihrer Firma Rechte erwerben und Verbindlichkeiten eingehen, Eigentum und andere dingliche Rechte an Grundstücken erwerben, vor Gericht klagen und verklagt werden" (§ 124 Abs. 1 HGB). Das klingt so, als sei die OHG juristische Person. Nach der h.L. ist das jedoch nicht der Fall: § 124 HGB regelt nach ihr nicht die Rechtszuständigkeit, sondern nur das einheitliche Auftreten der Gesellschafter im Rechtsverkehr und im Prozeß unter ihrem Firmennamen[45]. Die Rechte stehen auch hier der Gesamtheit der Gesellschafter gemäß dem **Gesamthandsprinzip** zur gesamten Hand zu. Auch die Verbindlichkeiten der Gesellschaft richten sich als Gesamthandsverbindlichkeiten gegen das Gesamthandsvermögen. Daneben haften die einzelnen Gesellschafter persönlich mit ihrem Privatvermögen als Gesamtschuldner (§ 128 HGB). Die OHG ist zwar keine juristische Person, sie ist aber als solche rechtsfähig und damit eine rechtsfähige Personengesellschaft im Sinne von § 14 Abs. 2. Als solche hat sie ihren eigenen Rechtskreis, der von dem ihrer Mitglieder getrennt ist. Sie ist insofern einer juristischen Person angenähert[46]. 46

Besondere Personengesellschaften, auf die die Vorschriften der OHG ergänzend Anwendung finden, sind die Europäische Wirtschaftliche Interessenvereinigung (EWIV) und die Partnerschaftsgesellschaft. Die **EWIV** ist eine europäische Gesellschaftsform, die die grenzüberschreitende Zusammenarbeit vorwiegend kleiner und mittlerer Unternehmen in den Mitgliedstaaten der Europäischen Gemeinschaft ermöglichen soll. Die EWIV beruht auf einer EG-Verordnung[47]. Ihr Anwendungsbereich ist aber beschränkt, weil sie nach ihrem Zweck nur unterstützende Hilfstätigkeiten, z.B. gemeinsamen Vertrieb oder gemeinsame Forschungstätigkeit, für diejenigen Unternehmen durchführen kann, die Gesellschafter der EWIV sind (Art. 3 Abs. 1 VO). Soweit die VO keine Regelungen enthält, sind nach dem deutschen Ausführungsgesetz zur EWIV[48] die Vorschriften der OHG anwendbar. Die **Partnerschaftsgesellschaft** dient nach dem Gesetz über Partnerschaftsgesellschaften (PartGG) dem Zusammenschluß von Angehörigen freier Berufe zur Ausübung ihrer beruflichen Tätigkeit, wie z.B. Ärzten, Architekten, Ingenieuren, Rechtsanwälten, Steuerberatern und Wirtschaftsprüfern. § 1 Abs. 2 Satz 1 PartGG enthält eine Definition des Begriffs der freien Berufe. Gesellschafter der Partnerschaftsgesellschaft können nur natürliche Personen sein. Das PartGG enthält vielfach Verweisungen auf das Recht der OHG (z.B. §§ 4, 6–8 PartGG). Ergänzend gelten auch die §§ 705ff. (§ 1 Abs. 4 PartGG). 47

b) Die Kommanditgesellschaft (KG)

Eine besondere Abwandlung der OHG ist die KG. Sie ist wie die OHG personalistisch strukturiert und keine juristische Person, jedoch eine rechtsfähige Personengesellschaft im Sinne von § 14 Abs. 2. Bei ihr gibt es **neben** einem oder mehreren **persönlich haftenden Gesellschaftern** (Komplementären) einen oder mehrere 48

---

[45] *Hueck/Windbichler,* Gesellschaftsrecht, 20. Aufl. 2003, § 15 Rn. 2; *ders.,* Das Recht der OHG, 4. Aufl., § 3 IV. Eine eingehende Darstellung der verschiedenen Auffassungen gibt *Fabricius,* Relativität der Rechtsfähigkeit S. 163ff. Er selbst kommt zu dem Ergebnis, die OHG habe eine „Doppelnatur", sie sei überall dort als juristische Person anzusehen, wo lediglich Rechte der Gesellschaft in Frage stehen, während bei den Pflichten neben der Zuständigkeit der Gesellschaft eine solche der Gesellschafter begründet sei.

[46] Vgl. auch *BGHZ* 10, 91, 100, wo die OHG als ein „eigenes Rechtssubjekt" bezeichnet wird, dem eigene Ansprüche zustehen und eigene Verpflichtungen obliegen.

[47] VO v. 25. 7. 1985, ABl. EG 1985 Nr. L 199, S. 1ff.

[48] Gesetz v. 14. 4. 1988 (BGBl. I S. 514ff.).

Kommanditisten, die **nur mit einer Kapitaleinlage** an der Gesellschaft **beteiligt,** von der Geschäftsführung aber ausgeschlossen sind und über ihre Einlage hinaus den Gesellschaftsgläubigern nicht haften.

49 Soweit sich nicht aus der Sonderstellung der Kommanditisten etwas anderes ergibt, finden die Vorschriften über die OHG und auch über die GbR Anwendung (§ 161, § 105 Abs. 3 HGB). Die KG ist deshalb eine Gesamthandsgemeinschaft, die unter ihrem Firmennamen wie die OHG am Rechtsverkehr teilnehmen kann (s. oben Rn. 46). Als Sondertypus der OHG stellt die KG, die wenigstens einen Kommanditisten, aber auch mindestens einen Komplementär haben muß, wegen der beschränkten Haftung des Kommanditisten den Übergang von der Personengesellschaft zum Typus der Kapitalgesellschaft (insbesondere der AG und GmbH) her.

c) Verbindungen zwischen Personen- und Kapitalgesellschaften

50 Personengesellschaft und Kapitalgesellschaft können insofern miteinander verbunden werden als Kapitalgesellschaften ihrerseits Gesellschafter einer Personengesellschaft sein können. Diese Möglichkeit wird insbesondere bei der GmbH & Co KG ausgenutzt, bei der die GmbH den persönlich haftenden Gesellschafter stellt und natürliche Personen, zumeist die Gesellschafter der GmbH, die Kommanditisten der KG sind. Dadurch wird erreicht, daß die GmbH als persönlich haftender Gesellschafter der KG nur mit ihrem Vermögen haftet und die natürlichen Personen, die Gesellschafter der GmbH sind, nicht mit ihrem Privatvermögen haften, was der Fall wäre, wenn sie selbst ohne Zwischenschaltung der GmbH direkt persönlich haftende Gesellschafter der KG wären. Gesellschafter einer Personengesellschaft kann auch eine AG oder jede andere juristische Person sein. Es ist deshalb möglich, nicht nur eine GmbH & Co KG, sondern auch eine AG & Co KG zu gründen, ebenso eine OHG oder eine Gesellschaft des bürgerlichen Rechts, deren Gesellschafter nur aus AG oder GmbH bestehen. Eine OHG, KG oder GbR kann auch Gesellschafter einer AG oder GmbH sein. Ebenso kann eine GbR als solche Gesellschafter einer OHG oder KG[49] und die OHG oder KG können Gesellschafter einer GbR werden.

5. Der eingetragene „rechtsfähige" Verein

51 Der rechtsfähige Verein mit dem Zusatz eingetragener Verein (e.V., § 65) ist eine **körperschaftlich strukturierte,** und damit von Ein- und Austritt ihrer Mitglieder unabhängige **juristische Person** mit eigenem Vermögen und Verbindlichkeiten, für die die Mitglieder nicht haften. Während die AG und die GmbH sowohl den Betrieb eines Unternehmens als auch jede sonstige erlaubte Betätigung durchführen können, handelt es sich bei den rechtsfähigen Vereinen des BGB in der Regel um sogenannte **Idealvereine,** die nicht auf einen wirtschaftlichen Geschäftsbetrieb gerichtet sind (§ 21), sondern allein gesellschaftlichen, kulturellen, sportlichen oder wissenschaftlichen Zwecken dienen, wie z.B. als Gesangsverein, Sportverein, Karnevalsverein, Künstlerverein oder Züchterverein (s. im einzelnen unten § 10). Der rechtsfähige Verein des BGB ist die Grundform der privatrechtlichen juristischen Personen, einschließlich der Kapitalgesellschaften. Deshalb können Vorschriften des Vereinsrechts wie z.B. § 31 oder § 33 auf Kapitalgesellschaften entsprechend angewandt werden (s. oben Rn. 15).

---

[49] S. dazu *BGH* NJW 2001, 3121.

6. Die Kapitalgesellschaften

Die Kapitalgesellschaften wie AG, GmbH, Genossenschaft, KGaA oder VVaG sind juristische Personen, die grundsätzlich körperschaftlich strukturiert sind (s. oben Rn. 35). AG und GmbH als die wichtigsten Kapitalgesellschaften müssen ein von den Gesellschaftern aufzubringendes Eigenkapital aufweisen. Die Mitgliedschaft ist an die Innehabung eines Anteils am Eigenkapital der Gesellschaft geknüpft. Die Aufbringung und Erhaltung des Stammkapitals (bei der GmbH) und des Grundkapitals (bei der AG) steht gegenüber der persönlichen Verbundenheit der Gesellschafter im Vordergrund. Der kapitalmäßige Anteil am Stamm- oder Grundkapital ist nicht an eine bestimmte Person gebunden, sondern kann grundsätzlich auf andere übertragen werden, gleichgültig ob die Aktien als Namensaktien auf den Namen des Berechtigten, oder als Inhaberaktien auf den jeweiligen Inhaber ausgestellt sind (§ 10 Abs. 1 AktG). 52

a) Aktiengesellschaft (AG)

Die rein kapitalmäßige Beteiligung zeigt sich am deutlichsten bei der AG. Bei den Inhaberaktien bleiben die jeweiligen Mitglieder grundsätzlich anonym, wenn sie nicht zwecks Ausübung ihres Stimmrechts in der Hauptversammlung persönlich hervortreten. Daher lautet die Bezeichnung für die AG im französischen Recht société anonyme. Die AG ist typologisch gesehen nicht eine Gesellschaft, sondern ein rechtsfähiger Verein[50], weil sie wie der Verein körperschaftlich strukturiert, d. h. nicht an die Person des einzelnen Mitglieds gebunden ist und ihre Identität durch einen Wechsel in der Zusammensetzung der Aktionäre nicht geändert wird. 53

Trotz dieser unpersönlichen Anonymität obliegt den Aktionären, seien sie Mehrheits- oder Minderheitsaktionäre, eine **Treuepflicht** gegenüber der AG wie gegenüber den anderen Aktionären, woraus sich vor allem Schranken für die Ausübung ihrer Mitgliedschaftsrechte ergeben, die unter dem Gebot der Rücksichtnahme auf die Interessen der anderen stehen[51]. 54

Die einzelnen Gesellschafter (Aktionäre) **haften** den Gläubigern der AG nicht für deren Verbindlichkeiten. Es haftet ihnen vielmehr die AG als juristische Person allein mit ihrem Vermögen (§ 1 Abs. 1 AktG). Die von dem zuständigen Organ (dem Vorstand) im Rahmen seiner Vertretungsmacht im Namen der AG abgeschlossenen Geschäfte berechtigen und verpflichten die AG allein, nicht die einzelnen Aktionäre und auch nicht die handelnden Personen selbst. 55

Die AG weist freilich gegenüber dem Verein starke **Besonderheiten** auf. Sie ist vorwiegend, wenn auch nicht notwendig, auf wirtschaftlichem Gebiet tätig. In jedem Fall ist sie Handelsgesellschaft (§ 3 AktG), mit der Folge daß sie eine Firma führt (§ 4 AktG) und ins Handelsregister einzutragen ist (§ 36 AktG). Die AG muß ein bestimmtes Grundkapital haben (§§ 6, 7 AktG), das als Mindestvermögen zum Schutz der Gläubiger erhalten bleiben soll[52]. Ihre Satzung bedarf der notariellen Beurkundung und muß einen gesetzlich bestimmten Mindestinhalt haben (§ 23 Abs. 3–5 AktG), aus dem sich unter anderem die Firma, der Gegenstand des Unternehmens, die Höhe des Grundkapitals, der Ausgabebetrag und die Zahl der Aktien sowie die Zusammensetzung des Vorstandes ergeben müssen. 56

Die in den §§ 278 ff. AktG geregelte **Kommanditgesellschaft auf Aktien** (KGaA) ist eine Mischform zwischen Personen- und Kapitalgesellschaft. Sie entspricht in den Grundzügen der AG, weist aber die Besonderheit auf, daß ihr mindestens ein Gesellschafter als persönlich haftender Gesellschafter angehört, der den Gläubigern der Gesellschaft unbeschränkt mit seinem Privatvermögen haftet (§ 278 AktG). Die übrigen Gesellschafter sind Kommanditaktionäre, die 57

---

[50] Vgl. *K. Schmidt,* Gesellschaftsrecht, 4. Aufl. 2002, § 26 I 2; *Hueck/Windbichler,* Gesellschaftsrecht, § 20 Rn. 1.

[51] *BGH* NJW 1995, 1739, 1741 = LM H. 8/1995 § 53 a AktG 1965 Nr. 2 m. Anm. *Noack.*

[52] S. etwa *Kübler,* Gesellschaftsrecht, 5. Aufl. 1998, § 14 I 2 c.

nicht persönlich haften. Die persönlich haftenden Gesellschafter übernehmen in der KGaA die Stellung und Funktion des vertretungsberechtigten Vorstands (§ 278 Abs. 2 AktG mit §§ 125ff. HGB, §§ 282, 283 AktG). Der Versicherungsverein auf Gegenseitigkeit (VVaG) ist geregelt im Versicherungsaufsichtsgesetz (VAG). Er stellt eine Mischform aus genossenschaftlichen Elementen mit den Grundstrukturen der AG dar. Mitglieder des VVaG sind die Versicherungsnehmer, die ihre Mitgliedschaft mit Abschluß eines Versicherungsvertrags erlangen. Die Organisation des VVaG entspricht mit Vorstand, Aufsichtsrat und oberster Vertretung, vergleichbar der Hauptversammlung, im wesentlichen der Struktur der AG (s. §§ 34–36 VAG).

b) Gesellschaft mit beschränkter Haftung (GmbH)

58 Auch die GmbH ist eine rechtsfähige Vereinigung auf kapitalmäßiger Grundlage. Sie hat ein Stammkapital, auf das jeder Gesellschafter eine Einlage zu leisten hat. Entsprechend seiner Einlage erwirbt jeder Gesellschafter einen Geschäftsanteil (§ 14 GmbHG), der veräußerlich und vererblich ist (§ 15 Abs. 1 GmbHG). Die GmbH ist deshalb wie die AG und der Verein grundsätzlich körperschaftlich strukturiert.

59 In der Regel besteht die GmbH aus einer kleineren Zahl von Gesellschaftern, unter denen ein persönliches Vertrauensverhältnis besteht. Deshalb kann der Gesellschaftsvertrag die Abtretung eines Geschäftsanteils von der Genehmigung der Gesellschaft abhängig machen (§ 15 Abs. 5 GmbHG), damit die in der GmbH befindlichen Gesellschafter die Genehmigung bei einem unerwünschten Erwerber ablehnen können. Üblich, wenn auch nicht notwendig, ist, daß die Geschäftsführung durch die Gesellschafter selbst oder durch einen oder einige von ihnen erfolgt (sog. Eigengeschäftsführung). Möglich ist aber auch die Fremdgeschäftsführung durch einen Nichtgesellschafter. Die GmbH steht wegen dieser teilweise personalistischen Ausrichtung zwischen der OHG und der AG, ist jedoch insgesamt näher bei der AG. Sie unterscheidet sich von der OHG wesentlich dadurch, daß die Gesellschafter nicht persönlich für die Schulden der Gesellschaft haften (deshalb Gesellschaft „mit beschränkter Haftung"), die Gesellschaftsgläubiger vielmehr, sofern die Gesellschafter ihre Einlage geleistet haben, sich nur an das Gesellschaftsvermögen halten können (§ 13 Abs. 2 GmbHG). Dem einzelnen Gesellschafter kann aber im Gesellschaftsvertrag eine Nachschußpflicht (d.h. eine Pflicht zu einer über den Betrag seiner Stammeinlage hinausgehenden weiteren Einzahlung in das Gesellschaftsvermögen) auferlegt werden (§ 26 GmbHG).

60 Im Vergleich zur AG ist das persönliche Engagement des einzelnen Gesellschafters in der GmbH stärker, wenn auch nicht so stark wie bei der OHG. Daher unterliegen die Gesellschafter einer GmbH noch stärker als die Aktionäre der AG der **gesellschaftsrechtlichen Treuepflicht** nicht nur in ihrem Verhältnis zur Gesellschaft als Körperschaft, sondern auch in ihrem Verhältnis untereinander als Mitgesellschafter[53].

c) Eingetragene Genossenschaft (e. G.)

61 Die eingetragenen Genossenschaften schließlich sind „Gesellschaften von nicht geschlossener Mitgliederzahl, welche die Förderung des Erwerbs oder der Wirtschaft ihrer Mitglieder mittels gemeinschaftlichen Geschäftsbetriebes bezwecken" (§ 1 GenG). Sie sind rechtsfähige Körperschaften und haben als solche die Struktur eines Vereins. Für die Verbindlichkeiten der Genossenschaft haftet deren Gläubigern nur das Vermögen der Genossenschaft (§ 2 GenG); im Falle der Insolvenz der Genossenschaft trifft allerdings die Genossen eine Nachschußpflicht zur Insolvenzmasse, falls eine solche nicht im Statut der Genossenschaft ausgeschlossen ist (§ 105 Abs. 1 GenG).

---

[53] *BGHZ* 9, 157, 163; 65, 15, 18f.

IV. Typen nicht rechtsfähiger Gemeinschaften

Bei den Gemeinschaften, denen die Rechtsfähigkeit fehlt, erhebt sich die Frage, wem die das Vermögen bildenden Rechte zustehen. Während bei der natürlichen Einzelperson und bei der juristischen Person die Rechte jeweils nur einem einzigen Rechtssubjekt zugeordnet sind, muß bei den nicht rechtsfähigen Personengemeinschaften geklärt werden, wie ein Recht, z. B. eine Forderung oder das Eigentum an einer Sache, mehreren Personen zugleich zustehen kann. 62

Das BGB kennt zwei verschiedene Arten gemeinschaftlicher Rechtszuständigkeit; die einfache Rechtsgemeinschaft (Gemeinschaft nach Bruchteilen), die aus der römischrechtlichen communio incidens hervorgegangen ist (§§ 741 ff.), und die deutschrechtliche Gesamthandsgemeinschaft. 63

1. Die Gemeinschaft nach Bruchteilen

a) Die allgemeine Bruchteilsgemeinschaft

Die Gemeinschaft nach Bruchteilen gemäß den §§ 741 ff., auch schlichte Rechtgemeinschaft genannt[54], kann an allen Vermögensrechten bestehen. Sie kommt aber insbesondere in der Form des **Miteigentums** an Sachen vor (§§ 1008 ff. ergänzend zu §§ 741 ff.), aber auch als Bruchteilsgemeinschaft an Forderungen. Kennzeichnend für diese Art der gemeinschaftlichen Rechtszuständigkeit ist, daß jeder Teilhaber **einen nach Bruchteilen des gemeinschaftlichen Gegenstandes berechneten Anteil** an ihm hat. 64

Beispiele: Bei zwei Personen kann jeder $^1/_2$ Anteil oder bei fünf Personen jeder $^1/_5$ haben. Es kann aber bei zwei Personen auch einer $^3/_4$ und der andere $^1/_4$ Anteil oder sonst einen beliebigen Bruchteil haben. Die Bruchteile müssen in ihrer Summe nur die Zahl eins ergeben. Es handelt sich aber jeweils nur um rechnerische Bruchteile, die dem einzelnen Teilhaber zustehen, nicht um reale Teile des Rechts oder der Sache. Dem Miteigentümer nach Bruchteilen steht deshalb nicht etwa die obere oder untere, die linke oder rechte Hälfte einer Sache zu. Sein Recht besteht an der ganzen Sache, aber eben nur zur rechnerischen Hälfte, weshalb er die Sache z. B. nicht allein nutzen kann, sondern nur gemeinschaftlich mit dem anderen, sei es gleichzeitig zusammen oder in Absprache zeitlich getrennt. 65

Die Bruchteilsgemeinschaft **entsteht** teilweise **kraft Gesetzes** in Fällen, in denen ein Recht mehreren ohne einen darauf gerichteten Willensakt auf Grund eines gesetzlichen Erwerbstatbestandes gemeinsam anfällt. Eine Bruchteilsgemeinschaft kann aber auch **durch rechtsgeschäftliche Vereinbarung** begründet werden. 66

Beispiele: Eine Bruchteilsgemeinschaft in Form der Miteigentumsgemeinschaft entsteht kraft Gesetzes durch die Verbindung mehrerer bis dahin selbständiger beweglicher Sachen, die verschiedenen Eigentümern gehören, zu einer einheitlichen Sache, wenn keine der bisher selbständigen Sachen als die Hauptsache anzusehen ist (§ 947); ferner durch die untrennbare Vermischung beweglicher Sachen miteinander (§ 948) und durch den Schatzfund (§ 984). Eine Miteigentumsgemeinschaft aufgrund rechtsgeschäftlicher Vereinbarung entsteht etwa, wenn Ehegatten je zur Hälfte ein Grundstück erwerben. 67

---

[54] Literatur: *Engländer,* Die regelmäßige Rechtsgemeinschaft, 1914; *Larenz,* Zur Lehre von der Rechtsgemeinschaft, JherJb. 83 (1933), 108; *Saenger,* Gemeinschaft und Rechtsteilung, 1913; *Würdinger,* Theorie der schlichten Interessengemeinschaft, 1934; *Ropeter,* Die Beteiligung als Bruchteilsgemeinschaft, 1980.

68 Der Gesetzgeber hat die Bruchteilsgemeinschaft nicht als dauernde, sondern als ihrem Wesen nach vorübergehende, **auf Auflösung angelegte** Gemeinschaft ausgestaltet. So erklärt es sich, daß jeder Teilhaber jederzeit die Aufhebung der Gemeinschaft (§ 749 Abs. 1) und damit in der Regel die Teilung in Natur (§ 752) verlangen kann. Doch hat das Gesetz auch die Möglichkeit vorgesehen, das Aufhebungsrecht durch Vereinbarung für immer oder auf Zeit auszuschließen (§ 749 Abs. 2). Dadurch und durch ihre Ausgestaltung zu einer Verwaltungsgemeinschaft (§§ 744ff.) können die Beteiligten der Bruchteilsgemeinschaft **auch Dauer** verleihen.

69 Die einzelnen Teilhaber sind auch bei einer auf Dauer angelegten Bruchteilsgemeinschaft nicht zwingend aneinander gebunden. Vielmehr kann jeder Teilhaber über seinen Anteil gesondert verfügen, ihn z.B. veräußern (§ 747 Satz 1). Über den gemeinschaftlichen Gegenstand im ganzen können dagegen nur alle Teilnehmer gemeinschaftlich verfügen (§ 747 Satz 2). Jeder von ihnen ist an der Verwaltung des gemeinschaftlichen Gegenstandes gleichermaßen beteiligt; für Beschlüsse gilt das Mehrheitsprinzip, wobei das Gewicht der Stimmen nach der Größe der Anteile zu berechnen ist (§§ 744, 745). Jeder Teilhaber ist den anderen gegenüber verpflichtet, die Lasten des gemeinschaftlichen Gegenstandes sowie die Kosten der Erhaltung und Verwaltung im Verhältnis seines Anteils mit zu tragen (§ 748).

b) Das Wohnungseigentum

70 Zu größerer Bedeutung ist die Bruchteilsgemeinschaft durch die Zulassung und Regelung des **Wohnungseigentums** gelangt. Das Wohnungseigentum ist im Wohnungseigentumsgesetz (WEG) als Sondergesetz geregelt. Unter Wohnungseigentum versteht das Gesetz „das Sondereigentum an einer Wohnung in Verbindung mit dem Miteigentumsanteil an dem gemeinschaftlichen Eigentum, zu dem es gehört" (§ 1 Abs. 2 WEG). Während die einzelne Wohnung im Sondereigentum des Wohnungseigentümers steht, gehört das Grundstück sowie diejenigen Teile, die wie z.B. Anlagen und Einrichtungen des Gebäudes nicht im Sondereigentum stehen, den beteiligten Wohnungseigentümern gemeinschaftlich (§ 1 Abs. 5 WEG). Diese sind insoweit Miteigentümer nach Bruchteilen.

71 Der Wohnungseigentümer kann über das Sondereigentum an seiner Wohnung nur zusammen mit dem Miteigentumsanteil, zu dem es gehört, verfügen (§ 6 Abs. 1 WEG). Er ist grundsätzlich in der Verfügung frei; jedoch kann mit dinglicher Wirkung in Abweichung von § 137 Satz 1 als „Inhalt des Sondereigentums" vereinbart werden, daß ein Wohnungseigentümer zur Veräußerung der Zustimmung der anderen oder eines Dritten, z.B. des Verwalters, bedarf. Die Zustimmung darf jedoch nur aus einem wichtigen Grunde versagt werden (§ 12 WEG). Das Miteigentum am Grundstück und an den nicht zum Sondereigentum gehörenden Teilen des Hauses erfordert eine gemeinsame Verwaltung und begründet unter den Miteigentümern eine Gemeinschaft. Auf diese sind nach § 10 Abs. 1 WEG die Vorschriften des BGB über die Bruchteilsgemeinschaft anzuwenden, soweit nicht das WEG etwas anderes bestimmt; die Wohnungseigentümer können auch etwas anderes vereinbaren. Die wichtigste Abweichung vom Recht des BGB ist der Ausschluß des Rechts der Miteigentümer, die Aufhebung der Gemeinschaft zu verlangen (§ 11 Abs. 1 WEG). Die Gemeinschaft ist beim Wohnungseigentum, anders als die einfache Bruchteilsgemeinschaft des BGB, auf Dauer angelegt. Zweifelhaft ist die Rechtslage hinsichtlich der Gegenstände des sog. Verwaltungsvermögens, z.B. gemeinsamer Gelder, Bankguthaben und anderer Forderungen, die durch Beiträge der Gemeinschafter oder aus Rechtsgeschäften entstanden sind, die der Verwalter für sie getätigt hat (vgl. § 27 WEG). Richtigerweise ist das Verwaltungsvermögen als Bestandteil des Wohnungseigentums gemäß § 96 und damit als gemeinschaftliches Eigentum gemäß § 1 Abs. 5 WEG anzusehen, nicht aber als selbständige Bruchteilsgemeinschaft oder als Gesamthandsgemeinschaft[55].

---

[55] S. zu einem Überblick *Niedenführ/Schulze,* WEG, 8. Aufl. 2002, § 21 Rn. 4; *Roth,* ZWE 2001, 238.

2. Die Gesamthandsgemeinschaft

Die Form der Gesamthandsgemeinschaft hat das Gesetz gewählt für die eheliche Gütergemeinschaft (§ 1416), die Erbengemeinschaft (§ 2032), die Gesellschaft des bürgerlichen Rechts (§ 718) sowie für die OHG und die KG (§ 105 Abs. 3, § 161 Abs. 2 HGB). Die Rechtsprechung und die h.M. sehen die OHG und KG sowie auch die GbR als rechtsfähige Vereinigungen an, die ein von den Einzelpersonen und deren Vermögen zu trennendes selbständiges Zuordnungssubjekt für Rechte und Pflichten darstellen (s. oben Rn. 34, 38, 44, 46, 48). Zugleich stellt sich aber auch die Frage nach der Rechtsfähigkeit der anderen Gesamthandsgemeinschaften wie der Erbengemeinschaft und der eheliche Gütergemeinschaft. 72

Das Verständnis der gemeinsamen Berechtigung in Form der Gesamthandsgemeinschaft hat von jeher große Schwierigkeiten bereitet. Grundlegend waren die Arbeiten *Otto v. Gierkes,* an die neuerdings *Flume* wieder anknüpft. Die Fülle der unterschiedlichen Meinungen ist fast unabsehbar[56]. Dabei handelt es sich oft um eine terminologische Frage, weil der Begriff der Rechtsfähigkeit zuweilen mit der Rechtsfähigkeit der juristischen Person gleichgesetzt wird. Zu unterscheiden ist auch zwischen der Rechtsfähigkeit der Gesamthand und der davon zu trennenden Frage, ob die Gesamthand unter einer selbständigen Bezeichnung, wie z.B. der Firma bei der OHG, auftreten sowie Rechte und Pflichten erwerben und halten kann und dabei unabhängig vom Wechsel in der Person einzelner Gesamthänder als identischer Rechtsträger bestehen bleibt. Es handelt sich um eine Gesamthand mit **nicht personengebundener Rechtsfähigkeit** (s. oben Rn. 34). Die Rechtsfähigkeit der Gesamthand kann aber auch als **personengebundene Rechtsfähigkeit** verstanden werden, wobei die Rechtsfähigkeit an die jeweilige Personenzusammensetzung gebunden ist und bei einem Personenwechsel eine neue Gesamthand entsteht, auf die die Rechte und Pflichten der Gesamthand bisheriger Zusammensetzung nicht übergehen. 73

a) Die Rechtsfähigkeit der Gesamthandsgemeinschaft

Auszugehen ist davon, daß die Gesamthandsgemeinschaft eine personenrechtliche Gruppengemeinschaft mit eigenem Vermögen ist, ohne aber juristische Person zu sein. Als Personengruppe ist die Gesamthand Trägerin von Rechten und Pflichten und ihr steht als Gesamthand ein Gemeinschaftsvermögen zu, das vom Privatvermögen der Einzelpersonen getrennt ist (s. oben Rn. 34, 38). Dies gilt sowohl für das Gesellschaftsvermögen der Personengesellschaften wie GbR, OHG und KG (s. § 718) als auch für den Nachlaß als gemeinschaftliches Vermögen der Erbengemeinschaft (§ 2032 Abs. 1) und das Gesamtgut der ehelichen Gütergemeinschaft (§ 1416). Da diese Gesamthandsvermögen die Gruppe der Gesamthand als einen von den einzelnen Gesamthändern und ihrem Privatvermögen zu trennenden Rechtsträger haben, ent- 74

[56] Zur Gesamthand vgl. außer der eingangs und der zur einfachen Rechtsgemeinschaft genannten Literatur noch *Bartholomeyczik,* Das Gesamthandsprinzip beim gesetzlichen Vorkaufsrecht der Miterben, in FS Nipperdey, 1965, Bd. I S. 145; *Beuthien,* Die Haftung von Personengesellschaften, DB 1975, 725, 773; *J. Blomeyer,* Die Rechtsnatur der Gesamthand, JR 1971, 397; *Eberls-Borges,* Die Rechtsnatur der Erbengemeinschaft nach dem Urteil des BGH vom 29. 1. 2001 zur Rechtsfähigkeit der (Außen-)GbR, ZEV 2002, 125; *Flume,* Gesellschaft und Gesamthand, ZHR 136, 177; *ders.,* Schuld und Haftung bei der Gesellschaft des Bürgerlichen Rechts, FS H. Westermann, 1974, S. 119; *ders.,* Die Gesamthand als Besitzer, FS Hengeler, 1972, S. 76; *ders.,* Allgemeiner Teil Bd. I/1, Die Personengesellschaft, 1977; *Grunewald,* AcP 197 (1997), 305; *Habersack,* BB 2001, 477; *Schünemann,* Grundprobleme der Gesamthandsgesellschaft, 1975; *Schulze-Osterloh,* Das Prinzip der gesamthänderischen Bindung, 1972; *Ulmer,* ZIP 2001, 585; *Westermann,* NZG 2001, 289; *Wiedemann,* Juristische Person und Gesamthand als Sondervermögen, WM, Sonderbeilage 4/1975.

spricht es einer natürlichen Betrachtung, der **Gesamthand als Personengruppe Rechtsfähigkeit** zuzuerkennen[57]. Dies gilt für alle Gesamthandsgemeinschaften, also für die Personengesellschaften ebenso wie für die Erbengemeinschaft und die eheliche Gütergemeinschaft. Die Gesamthand ist eine Mehrheit von Personen, die untereinander rechtlich zu einer Gemeinschaft verbunden sind. Träger und Inhaber der Rechte sind die **in der Gemeinschaft als Gruppe miteinander verbundenen Personen.** Entsprechend gibt es auch gemeinsame Schulden, für die die zur Gesamthand verbundenen Personen mit dem gemeinsamen Vermögen haften[58]. Daneben haftet auch jeder einzelne Gesamthänder mit seinem Privatvermögen als Gesamtschuldner (s. § 128 HGB für die OHG, § 2058 für die Erbengemeinschaft und oben Rn. 35, 39).

75 Bei den verschiedenen Arten der Gesamthandsgemeinschaften handelt es sich also darum, daß ein Recht als **mehreren Personen gemeinsam zustehend** gedacht wird. Die zur Gesamthand verbundenen Personen, die man auch als Gruppe bezeichnen kann[59], sind die Rechtsträger, nicht ein davon zu trennendes Subjekt, seien es die Einzelpersonen oder eine von den Personen losgelöste juristische Person. Terminologisch ungenau sind deshalb Umschreibungen wie die der nicht rechtsfähigen, aber dann doch rechtsfähigen Gesellschaft[60], da den Gesamthandgemeinschaften gerade nicht die Rechtsfähigkeit fehlt, sondern lediglich die Rechtspersönlichkeit. Die Gesamthand steht damit in einer theoretisch gedachten Reihe der Rechtsträger zwischen den Individualpersonen und der juristischen Person. Mit der Rechtsfähigkeit der Gesamthand als Personengruppe ist noch nicht entschieden, wie stark die rechtsfähige Gesamthand an bestimmte Personen gebunden ist, ob sie insbesondere unter einem einheitlichen Namen auftreten kann und ihre Identität auch bei einem Wechsel der zur Gesamthand gehörenden Personen behält, oder ob die Rechtsfähigkeit personengebunden ist (s. oben Rn. 34 und 72). Für die OHG und die KG sehen § 124 und § 161 Abs. 2 HGB die **nicht personengebundene Rechtsfähigkeit** vor. Für die GbR hat sie der *BGH* grundsätzlich bejaht, für die Erbengemeinschaft dagegen verneint[61]. Eine **personengebundene Rechtsfähigkeit** ist bei der ehelichen Gütergemeinschaft anzunehmen. Für die Erbengemeinschaft ist dagegen entgegen dem *BGH* richtigerweise von einer nicht personengebundenen Rechtsfähigkeit auszugehen, weil ein Miterbe über seinen Anteil am Nachlass gemäß § 2033 Abs. 1 verfügen kann, ihn insbesondere auf einen anderen Erwerber übertragen kann, ohne daß sich dadurch die Identität der Erbengemeinschaft ändert[62]. Ein Mietvertrag wird mit der Erbengemeinschaft als solcher fortgesetzt, auch wenn ein Miterbe ausscheidet oder seinen Anteil an einen neuen Erwerber überträgt.

b) Unterschiede zur Bruchteilsgemeinschaft

76 Der Unterschied der Gesamthand zur Bruchteilsgemeinschaft besteht vor allem darin, daß im Falle der Gesamthand ein Teilhaber **über seinen Anteil an einem einzelnen Gegenstand nicht gesondert verfügen** kann. Ob ihm überhaupt ein solcher Anteil zusteht, ist umstritten; jedoch ist die Vorstellung eines solchen Anteils eine gedankliche Hilfsvorstellung, die schwerlich zu entbehren ist[63]. Im übrigen

---

[57] Insoweit auch *Fabricius,* Relativität der Rechtsfähigkeit, S. 117 ff. Zur GbR *BGHZ* 146, 341 = NJW 2001, 1056 und die dort aufgeführte überwiegende Meinung, a. A. zur GbR vor allem *Zöllner* FS Kraft, 1998, S. 278, der die Gesamthand als Rechtsträger ablehnt; gegen die Rechtsfähigkeit der Erbengemeinschaft *BGH* NJW 2002, 3389 mit zu Recht ablehnender Anm. *Eberl-Borges,* LMK 2003, 5.

[58] *BGH* NJW 2001, 1056 und oben Rn. 39.

[59] So *Flume,* AT I/1, § 4 II.

[60] So *BVerfG* NJW 2002, 3533.

[61] Zur GbR *BGHZ* 146, 341 = NJW 2001, 1056; zur Erbengemeinschaft *BGH* NJW 2002, 3389; zu Recht abl. *Eberl-Borges,* LMK 2003, 5.

[62] S. etwa Soergel/*M. Wolf,* BGB, § 2033 Rn. 13, 15; Palandt/*Edenhofer,* § 2033 Rn. 6.

[63] Für das Bestehen eines entsprechenden Anteils z. B. Staudinger/*Keßler,* Vorbem. § 705 Rn. 70; dagegen z. B. Soergel/*Schultze-von Lasaulx,* 11. Aufl., § 719 Rn. 2; *Flume,* Die Perso-

spricht der Wortlaut von § 719 Abs. 1, § 1419 Abs. 1 und § 2033 Abs. 2 für die Existenz derartiger Anteile.

Die **Gesamthandsgemeinschaft** erstreckt sich jeweils auf ein ganzes Sondervermögen wie das Gesellschaftsvermögen, das eheliche Gesamtgut oder den Nachlaß. Dieses Sondervermögen ist von dem übrigen Vermögen der Teilhaber deutlich getrennt. Es steht ihnen allen als Gruppe gemeinschaftlich zu. Der Anteil des einzelnen Gesamthänders an den einzelnen, zu dem Gesamtvermögen gehörenden Gegenständen ist abhängig von seinem Anteil an dem Sondervermögen im ganzen, und dieser wieder von seiner Mitgliedschaft in der personenrechtlichen Gemeinschaft. Der einzelne Gesamthänder kann über seinen Anteil an den einzelnen Gegenständen des Sondervermögens nicht getrennt von seinem Anteil am Sondervermögen verfügen, weil dieses sonst zerteilt und die Gesamthandsgemeinschaft in mehrere Untergruppen mit jeweils verschiedenen Personen zerrissen würde. Über einen einzelnen zum Gesamthandsvermögen gehörenden Gegenstand können nur alle Gesamthänder gemeinschaftlich verfügen (s. §§ 1450, 2040), falls nicht einem allein die Verfügungsbefugnis übertragen ist (§§ 1421, 1422). Die **Bruchteilsgemeinschaft** besteht demgegenüber nicht an einem Sondervermögen, sondern an jedem einzelnen Vermögensgegenstand besteht eine neue Bruchteilsgemeinschaft. Das Gesetz ordnet zwar auch hier das jeweilige Recht den mehreren Berechtigten als Gruppe zu. Sie können aber über ihren Anteil an jedem einzelnen Gegenstand getrennt verfügen (s. oben Rn. 68), weil die Bruchteilsgemeinschaft nur diesen einen Gegenstand und nicht ein ganzes Sondervermögen umfaßt. Über den einzelnen Gegenstand insgesamt können aber auch bei der Bruchteilsgemeinschaft wie bei der Gesamthand nur alle gemeinsam verfügen. Die Verwaltung und Geschäftsführung über den einzelnen gemeinschaftlichen Gegenstands steht bei der Gesamthandsgemeinschaft (s. § 709, § 1421 Satz 2, § 2038) wie auch bei der Bruchteilsgemeinschaft grundsätzlich allen gemeinschaftlich zu (§ 744). Bei der Bruchteilsgemeinschaft kann jeder Teilhaber aber seinen Anteil getrennt nutzen, sofern dadurch die übrigen Teilhaber nicht beeinträchtigt werden (vgl. § 743 Abs. 2). Dem einzelnen Teilhaber können aber durch Vereinbarung alle einzelnen Befugnisse am Gegenstand insgesamt zur Ausübung und Nutzung überlassen werden. 77

c) Persönliche Verbundenheit bei der Gesamthand

Die persönliche Verbundenheit der Gesamthänder hat grundsätzlich zur Folge, daß der einzelne Gesamthänder nicht über seinen **Anteil am Gesamthandsvermögen** verfügen kann (§ 719 Abs. 1, § 1419 Abs. 1), weil das Eindringen fremder Personen in die Gesamthandsgemeinschaft vermieden werden soll. 78

Dies ist bei der ehelichen Gütergemeinschaft besonders einleuchtend. Etwas anderes gilt nur für die Erbengemeinschaft. Der einzelne Miterbe kann zwar nicht über seinen Anteil an einem einzelnen Nachlaßgegenstand, wohl aber über seinen Anteil an dem Nachlaß im ganzen verfügen (§ 2033 Abs. 1 Satz 1). Darin liegt eine nicht unerhebliche Abschwächung des Gesamtheitsprinzips. Der Grund dafür liegt darin, daß es sich bei der Erbengemeinschaft nicht um eine vom Gesetz auf Dauer angelegte Personengemeinschaft, sondern um eine zur baldigen Auflösung bestimmte Verbindung handelt, die auf dem zufälligen Umstand beruht, daß den Miterben die Erbschaft ohne ihr Zutun insgesamt zugefallen ist. Über seinen Anteil am Nachlaß insgesamt kann jeder Miterbe deshalb selbständig verfügen, nicht aber über seinen Anteil am einzelnen Nachlaßgegenstand (§ 2033 Abs. 1 Satz 1 im Gegensatz zu Abs. 2). Auch kann jeder Miterbe zu jeder Zeit die Auseinandersetzung verlangen (§ 2042). Typologisch weist die Erbengemeinschaft somit neben Zügen der Gesamthand auch Merkmale der Bruchteilsgemeinschaft auf (s. auch den Verweis in § 2042 Abs. 2 auf §§ 749 ff.). Sie hat damit eine Art Zwitterstellung zwischen Gesamthand und Bruchteilsgemeinschaft. 79

---

nengesellschaft § 5, 73; *Blomeyer,* aaO, sieht das „Nebeneinander von Anteils- und Einheitsbetrachtung" sogar als das „eigentliche Charakteristikum der Gesamthand" an. Er betont zu Recht, daß Verfügungen über den Anteil am Gesamthandsvermögen (bei der Erbengemeinschaft) bis zu einem gewissen Grade „hindurchwirken" müssen auch auf das Anteilsrecht am einzelnen Gegenstand.

80 Die persönliche Verbundenheit ist bei der GbR nicht so eng wie in der Ehe. Auch kann die Gesellschaft von den Gesellschaftern wieder aufgelöst werden. Deshalb läßt es die allgemeine Meinung zu, daß ein Gesellschafter seinen Anteil am Gesellschaftsvermögen, nicht dagegen den Anteil an den einzelnen Gegenständen, mit Zustimmung der übrigen Gesellschafter auf einen Erwerber übertragen kann, der als neuer Gesellschafter an seiner Stelle in die Gesellschaft eintritt. Die Zustimmung der übrigen Gesellschafter kann einzeln zu jeder Übertragung oder generell vorweg im Gesellschaftsvertrag erteilt werden. § 719 Abs. 1 ist deshalb dispositiv, soweit es den Anteil am Gesellschaftsvermögen betrifft, zwingend dagegen bezüglich des Anteils an den einzelnen Gegenständen[64]. Dies gilt ebenso für OHG und KG. Umgekehrt ist der Gedanke der Einheit der in der OHG oder KG verbundenen Personen durch die Möglichkeit einheitlichen Auftretens unter dem Firmennamen und der einheitlichen Prozeßführung so weit verstärkt, daß man hier von einer Annäherung an die juristische Person sprechen kann. Dies gilt auch für die GbR, soweit diese als personenunabhängig rechtsfähig anerkannt ist.

§ 10. Der eingetragene Verein

Inhaltsübersicht

[64] Vgl. Staudinger/*Keßler,* 12. Aufl., § 719 Rn. 9.

Literatur: *Bartodziey,* Ansprüche auf Mitgliedschaft in Vereinen und Verbänden, ZGR 1991, 517ff.; *Bock,* Zur Verbandstheorie Otto von Gierkes, Rechtstheorie 1994, 87; *Daigfuß,* Verhältnis von Vereinsmitgliedern und Nichtvereinsmitgliedern gegenüber Verbänden. Dargestellt unter besonderer Berücksichtigung des Sportbereichs, 1995; *Friedrich,* Grundlagen und ausgewählte Probleme des Vereinsrechts, DStR 1994, 61ff. und 100ff.; *Flume,* Die Problematik der werdenden Juristischen Person, FS Gessler, 1971, S. 3; *Haas,* Verbandsmaßnahmen gegenüber Sportlern, NJW 1995, 2146; *Habersack,* Die Mitgliedschaft – subjektives und „sonstiges Recht, 1996; *Helms,* Schadensersatzansprüche wegen Beeinträchtigung der Vereinsmitgliedschaft, 1998; *Hemmerich,* Möglichkeiten und Grenzen wirtschaftlicher Betätigung von Idealvereinen, 1982; *Lette,* Das Wertrecht der Mitgliedschaft beim Idealverein, 1999; *Martinek,* Repräsentantenhaftung, Die Organhaftung nach § 31 BGB als allgemeines Prinzip der Haftung von Personenverbänden für ihre Repräsentanten, 1979; *Mummenhoff,* Gründungssysteme und Rechtsfähigkeit, 1979; *Oetker,* Der Wandel vom Ideal- zum Wirtschaftsverein, NJW 1991, 385; *Reichert,* Handbuch des Vereins- und Verbandsrechts, 9. Aufl. 2002; *Reuter,* Der Ausschluß aus dem Verein, NJW 1987, 2401; *Sauter/Schweyer,* Der eingetragene Verein, 15. Aufl. 1994; *Schlosser,* Vereins- und Verbandsgerichtsbarkeit, 1972; *K. Schmidt,* Der bürgerlichrechtliche Verein mit wirtschaftlicher Tätigkeit, AcP 182 (1982), 1; *ders.,* Verbandszweck und Rechtsfähigkeit im Vereinsrecht, 1984; *ders.,* Ultra-vires Doktrin: tot oder lebendig? AcP 184 (1984), 529; *ders.,* Die Vereinsmitgliedschaft als Grundlage von Schadensersatzansprüchen, JZ 1991, 157; *Schockenhoff,* Der Grundsatz des Vereinsautonomie. Inhalt und Geltung eines ungeschriebenen Tatbestandsmerkmals, AcP 193 (1993), 35ff.; vgl. ferner die Literatur zu § 9.

A. Gründung und Erlangung der Rechtsfähigkeit als juristische Person

Die Entstehung eines eingetragenen Vereins vollzieht sich in zwei Stufen: der Verein muß zunächst als solcher gegründet werden. Im Anschluß daran muß ihm die Rechtsfähigkeit in seiner Eigenschaft als juristische Person (s. dazu § 9 Rn. 34) durch die Eintragung ins Vereinsregister (§ 21) oder durch die Verleihung als staatlichem Akt (§ 22) zuerkannt werden. Die Entstehung eines nicht eingetragenen Vereins (s. dazu § 11 Rn. 2) erfordert dagegen lediglich seine Gründung. 1

I. Die Gründung des Vereins

Vorschriften über die Gründung eines Vereins enthält das Gesetz nur unvollständig in den §§ 21f., 56ff. Daraus und aus den Grundlagen der privatrechtlichen Vereinsautonomie lassen sich jedoch die Erfordernisse der Vereinsgründung ableiten. Ein Verein, gleichgültig ob als eingetragener oder als nicht eingetragener, entsteht durch einen **rechtsgeschäftlichen Akt,** durch den sich mehrere Personen (s. § 56) zu einem bestimmten Zweck freiwillig in der Art zusammenschließen, daß eine **körperschaftliche Organisation** geschaffen wird (s. oben § 9 Rn. 35), die einen dauernden Bestand des Vereins **unabhängig** von der Individualität der ihm jeweils angehörenden **Mitglieder** verbürgt. 2

1. Die Gründung als Organisationsvertrag

Erstes Erfordernis ist danach ein **Zusammenschluß von Personen.** Dieser erfolgt dadurch, daß die gründungswilligen Mitglieder gegenseitige Erklärungen abgeben, die auf die Gründung eines Vereins mit der von den Gründern vorgesehenen Organisation abzielen und durch die sie zugleich dem zu gründenden Verein als Mitglieder bei- 3 treten. Diese gegenseitig untereinander übereinstimmenden Erklärungen erfüllen die Erfordernisse des Vertragsbegriffs (s. unten § 23 Rn. 9 ff.) und werden deshalb als **Gründungsvertrag**[1] bezeichnet. Obwohl in ihm die Gründer wenigstens mittelbar auch bestimmte Verpflichtungen übernehmen, wie z. B. die Zahlung von Beiträgen, handelt es sich bei diesem Vertrag doch nicht um einen Schuldvertrag, sondern wegen seines Zwecks, einen seine Mitglieder überdauernden Verband zu schaffen, um einen **körperschaftsrechtlichen Organisationsvertrag.**

4 Der Umstand, daß mit diesem Vertrag die Vereinsgründung als Konstitutivakt verbunden ist, rechtfertigt nicht die Annahme, daß es sich beim Gründungsakt nicht um einen rechtsgeschäftlichen Vertrag, sondern um eine „selbständige und eigenartige Rechtsquelle" handle[2], aus der die Satzung durch von den Gründern als Privatpersonen gesetzte Norm entstehe (sog. Normtheorie)[3]. Für das rechtsgeschäftliche Verständnis des Gründungsakts ist es ohne Bedeutung, ob man der Satzung Normcharakter zuspricht oder nicht (s. unten Rn. 11). Das rechtsgeschäftliche Verständnis des Gründungsvertrags rechtfertigt sich daraus, daß die Vereinsgründung auf dem Willensakt der Gründer beruht. Durch diesen Willensakt werden als Ausfluß der Privatautonomie Rechtsfolgen vor allem deshalb herbeigeführt, weil sie gewollt sind. Damit sind alle wesentlichen Merkmale des Rechtsgeschäfts und, weil es sich um die übereinstimmenden Erklärungen mehrerer handelt, auch des Vertrags erfüllt[4]. Demgemäß sieht auch § 2 GmbHG die Gründung der GmbH durch einen Gesellschaftsvertrag vor und nach § 2 AktG beruht die Satzung der AG auf einem Gesellschaftsvertrag.

a) Anwendung der Vertragsvorschriften

5 Als Vertrag ist der Gründungsvertrag ein mehrseitiges Rechtsgeschäft, das übereinstimmende Willenserklärungen aller Beteiligten erfordert und alle Beteiligten bindet. Auf den Gründungsakt sind deshalb die Vorschriften über den Vertrag (§§ 145 ff.) und über Rechtsgeschäfte allgemein (§§ 104 ff., §§ 164 ff.) anzuwenden.

6 Da die Vereinsgründung ein Rechtsgeschäft ist, durch das die Gründer in ihrer Eigenschaft als erste Mitglieder auch Pflichten übernehmen und ihnen nicht nur rechtliche Vorteile entstehen, ist die Erklärung eines Mitgründers nur dann gültig, wenn er entweder voll geschäftsfähig ist oder, sofern er in der Geschäftsfähigkeit beschränkt ist, die gesetzlichen Vertreter zugestimmt haben (§ 107). Auch die Vorschriften über die Willensmängel (§§ 116 ff.) finden grundsätzlich Anwendung. Ein Gründungsmitglied kann deshalb z. B. seine Gründungserklärung nach § 119 oder § 123 anfechten[5].

b) Rechtsgeschäftliche Besonderheiten

7 Für den Gründungsvertrag als körperschaftsrechtlichen Organisationsvertrag gelten aber Besonderheiten, vor allem wegen der Entstehung eines im Rechtsverkehr gegenüber der Allgemeinheit auftretenden neuen und selbständigen Rechtsgebildes.

8 aa) Die **Nichtigkeit** der **Erklärung eines Mitgründers berührt** in der Regel, insbesondere sofern die erforderliche Zahl von Gründern (§ 56) erhalten bleibt, **nicht die Gültigkeit**

---

[1] Er ist zu unterscheiden von einem Gründungsvorvertrag, durch den sich die Vertragsschließenden nur erst wechselseitig dazu verpflichten, zur Gründung eines Vereins zusammenzuwirken. Vgl. zu ihm *Flume,* FS Gessler, S. 17 ff.

[2] So insbes. *v. Gierke,* Deutsches Privatrecht, § 63 I 2.

[3] Für die Normtheorie neben *v. Gierke* auch *Meyer-Cording,* Rechtsnormen, 1971, S. 70 ff.; *Reuter,* ZHR 145, 273, 281 f.; *ders.,* ZGR 1987, 475, 477; *Larenz,* GS Dietz, 1973, S. 45, 49.

[4] So zutreffend Soergel/*Hadding,* § 25 Rn. 17 mit einem Überblick Rn. 11 ff.; *ders.,* Korporationsrechtliche oder rechtsgeschäftliche Grundlagen des Vereinsrechts?, FS Robert Fuchs, S. 165, 166. Für Vertrag auch Palandt/*Heinrichs,* § 21 Rn. 9.

[5] *Reichert,* Rn. 72.

des Gründungsvertrages im ganzen und unter den übrigen Mitgründern, da anders als bei Gründung einer Personengesellschaft die Person des einzelnen Mitgliedes und daher des einzelnen Mitgründers für die übrigen nicht von wesentlicher Bedeutung ist. Die Vermutung der Gesamtnichtigkeit des § 139 kann deshalb regelmäßig als widerlegt angesehen werden. Der Nichtigkeitsgrund, z. B. die Geschäftsunfähigkeit eines Mitgründers oder die Anfechtung seiner Beitrittserklärung wegen eines Erklärungsirrtums, hat lediglich zur Folge, daß er nicht Vereinsmitglied wird, berührt aber nicht die Wirksamkeit des Gründungsvertrags insgesamt.

bb) Ist der Verein inzwischen eingetragen oder nach außen tätig geworden, so tritt 9
die **Nichtigkeit der Mitgliedschaft** nicht rückwirkend (ex tunc), sondern nur mit Wirkung für die Zukunft **(ex nunc)** ein, weil z. B. die Beteiligung an einer Abstimmung aus Gründen der Rechtssicherheit und des Vertrauensschutzes nicht rückgängig gemacht werden soll und auch sonstige vom Vereins- und Gründungsmitglied erbrachte Leistungen, insbesondere etwa Dienstleistungen[6], nicht ohne weiteres rückabgewickelt werden können. Die §§ 812 ff. bieten dafür keine angemessene Grundlage. Es ist deshalb wie bei Dauerschuldverhältnissen und insbesondere bei Gesellschaften und anderen Vereinigungen von einer **faktischen Vereinsmitgliedschaft** auszugehen[7]. Bei Unwirksamkeit der Willenserklärungen aller Mitglieder entsteht ein faktischer Verein.

cc) Eine Besonderheit ergibt sich auch bei der Auslegung des Gründungsvertrags und der 10
darauf beruhenden Satzung. Wegen ihrer vom einzelnen Mitglied unabhängigen Bestandskraft sind sie nicht gemäß §§ 133, 157 nach dem Willen der einzelnen Gründer, sondern nach ihrem verselbständigten objektiven Gehalt auszulegen[8].

2. Der Gründungsvertrag als Satzung

Die Schaffung einer körperschaftlichen Organisation verlangt vor allem die Aufstel- 11
lung einer Satzung, die die **Ordnung des Vereins** im Rahmen der gesetzlichen Bestimmungen in einer für die Mitglieder verbindlichen Weise festlegt (§ 25). Dazu gehören neben der Bestimmung seines Zwecks und seines Namens vornehmlich solche Bestimmungen, die die Willensbildung innerhalb des Vereins und ein Handeln im Namen des Vereins nach außen ermöglichen. Die Satzung wird in der Regel von den Gründern im Gründungsvertrag festgelegt und durch seinen Abschluß in Geltung gesetzt. Sie hat den Charakter einer die Mitglieder bindenden Regelung und gilt auch für eine unbestimmte Vielzahl künftiger Mitglieder und für alle künftig von ihr erfaßten Fälle. Dennoch ist sie **keine Rechtsnorm**[9], weil sie nicht wie ein Gesetz kraft staatlicher Autorität gilt, sondern nur aufgrund des freiwilligen Beitritts.

Für die Satzung ist durch § 59 Abs. 2 Nr. 1 einfache **Schriftform** vorgesehen, soweit es 12
die Anmeldung zum Vereinsregister betrifft. Die Schriftform ist jedoch kein Wirksamkeitserfordernis im Sinne von § 125, d. h. daß bei fehlender Schriftform nicht die Gründung und die Satzung nichtig sind, sondern es wird lediglich das Registergericht die Eintragung nicht vornehmen. Wird dennoch eingetragen, so ist der Verein mit gültiger Satzung wirksam entstanden.

---

[6] Soergel/*Hadding*, § 38 Rn. 21 a.

[7] Ebenso *Flume*, AT I/1, § 2 III; Palandt/*Heinrichs*, § 21 Rn. 9; s. auch unten § 44 Rn. 9 ff.

[8] S. unten § 28 Rn. 81 ff.; *BGHZ* 47, 172, 180; MünchKomm/*Reuter*, § 25 Rn. 22.

[9] Dafür aber *Meyer-Cording*, Rechtsnormen, 1971, S. 74; MünchKomm/*Reuter*, § 25 Rn. 9; s. allgemein zur Geltung gegenüber Mitgliedern und Nichtmitgliedern *Heermann*, NZG 1999, 325.

13 Das Gesetz enthält, soweit es sich um einen Verein handelt, der die Rechtsfähigkeit als juristische Person durch Eintragung in das Vereinsregister erlangen soll, einige **zwingend vorgeschriebene Inhalte** für die Satzung (§ 57 Abs. 1). Diese muß den Zweck, den Namen und den Sitz des Vereins angeben und zum Ausdruck bringen, daß der Verein durch die Eintragung die Rechtsfähigkeit als juristische Person erlangen soll. Daneben bestehen Soll- und Kannvorschriften. Zur Rechtsfolge bei Verstößen s. unten Rn. 23.

a) Angabe des Vereinszwecks

14 Der Vereinszweck ist die **für alle Mitglieder gemeinsame Grundlage,** weshalb sie sich zusammengeschlossen haben, bzw. dem Verein beitreten. Der Zweck bestimmt die Zeitdauer des Vereins und seine Aktivitäten. Er bindet die Organe und Mitglieder, deren mitgliedschaftliche Rechte und Pflichten sich am Vereinszweck orientieren. Die Angabe des Vereinszwecks gehört zum zwingenden **Mußinhalt** der Satzung. Der Vereinszweck kann bei Gründung des Vereins grundsätzlich frei gewählt werden, soweit es sich nicht um einen gesetzeswidrigen (§ 134), z. B. zur Begehung von Straftaten, oder um einen sittenwidrigen (§ 138) Zweck, z. B. zur Förderung unlauterer Geschäftspraktiken, handelt[10]. Wegen seiner grundlegenden Bedeutung als oberster Leitsatz und Leitidee für die Vereinstätigkeit ist die Abänderung des Vereinszwecks nicht durch Mehrheitsbeschluß, sondern nur durch Zustimmung aller Mitglieder möglich (§ 33 Abs. 1 S. 2). Es handelt sich dabei um einen allgemeinen Grundsatz des Verbandsrechts[11].

15 Trotz dieser grundlegenden Bedeutung des Vereinszwecks für die Vereinstätigkeit gilt im deutschen Recht aber nicht die **ultra-vires-Lehre** wie im anglo-amerikanischen Recht. Nach dieser Lehre ist eine juristische Person nur insoweit rechtsfähig, als ihre satzungsmäßig festgelegten Zwecke dies erfordern. Eine solche zweckbeschränkte Teilrechtsfähigkeit kennt das deutsche Recht nicht. Die juristische Person ist vielmehr auch über ihren Zweck hinaus voll rechtsfähig. Der Vereinszweck kann jedoch die Vertretungsmacht des Vorstandes begrenzen[12] oder es kann bei deutlich erkennbarem Überschreiten des Vereinszwecks ein Mißbrauch der Vertretungsmacht gegeben sein[13]. Daneben dient der Vereinszweck als Auslegungshilfe für Satzungsbestimmungen und beeinflußt die internen Rechtsverhältnisse im Verein, insbesondere die Rechte und Pflichten der Mitglieder.

16 Die Notwendigkeit der Vereinbarung eines bestimmten Vereinszwecks, die für den eingetragenen Verein aus § 57 Abs. 1 folgt, ergibt sich für den nicht eingetragenen Verein auch aus der in § 54 Satz 1 vorgeschriebenen entsprechenden Anwendung der Vorschriften über die Gesellschaft (vgl. § 705).

b) Angabe des Vereinsnamens

17 Durch den Namen wird der **Verein** als eine von den jeweiligen Mitgliedern unabhängige Vereinigung im Verkehr **individualisiert.** Die Angabe des Namens ist eine **Mußvorschrift.** Für solche Vereine, die die Rechtsfähigkeit als juristische Person durch Eintragung erlangen sollen, verlangt das Gesetz zusätzlich, daß ihr Name sich

[10] S. zu verbotenen Vereinszwecken im einzelnen Soergel/*Hadding,* §§ 21, 22 Rn. 12 ff.

[11] Vgl. *K. Schmidt,* Verbandszweck, aaO, S. 31 f.; *Hüffer,* AktG, 5. Aufl. 2002, § 179 Rn. 33; *Baumbach/Hueck/Zöllner,* GmbHG, 17. Aufl. 2000, § 53 Rn. 14.

[12] S. *BGH* LM § 16 UWG Nr. 6; *BGHZ* 20, 119, 123, 126.

[13] S. *Flume,* AT I/2, § 10 II; *K. Schmidt,* Gesellschaftsrecht, § 24 III 2 c; Soergel/*Hadding,* vor § 21 Rn. 24 f.; s. zum Mißbrauch der Vertretungsmacht unten Rn. 75 und § 46 Rn. 135 ff.

von den Namen der an demselben Ort bestehenden eingetragenen Vereine deutlich **unterscheidet** (§ 57 Abs. 2). Hierbei handelt es sich allerdings nur um eine **Sollvorschrift,** deren Verletzung die Gültigkeit des Gründungsakts nicht berührt.

c) Angabe des Vereinssitzes

Der Sitz des Vereins hat im wesentlichen dieselbe **Bedeutung wie** der **Wohnsitz** **18**
einer natürlichen Person. Nach dem Sitz bestimmt sich etwa die Zuständigkeit des Registergerichts (§ 55 Abs. 1) oder, ob es sich um einen inländischen Verein oder bei einem Sitz im Ausland um einen ausländischen Verein handelt (s. auch § 23). Nach der Sitztheorie bestimmt sich im internationalen Privatrecht auch die Wirksamkeit der Vereinsgründung, d.h. ein Verein muß die Gründungsvorschriften des Landes erfüllen, in dem er seinen Sitz hat oder in das er seinen Sitz später verlegt, im Gegensatz zur Gründungstheorie, die auf den Ort der Gründung abstellt[14]. Der Vereinssitz ist auch bedeutsam für den Erfüllungsort (§ 269) oder für den Gerichtsstand (§ 17 ZPO) bei Klagen gegen den Verein. Wegen dieser Bedeutung **muß** der Sitz in der Satzung enthalten sein (§ 57 Abs. 2) und er muß so bestimmt sein, daß er zweifelsfrei erkennbar ist. Fehlt die Sitzangabe oder ist sie nicht hinreichend bestimmt, so gilt nach § 24 der Ort, an dem die Verwaltung geführt wird, als Sitz des Vereins. Daraus ergibt sich zugleich, daß der Ort der Verwaltung nicht notwendig mit dem Vereinssitz übereinstimmen muß.

d) Belastungen der Mitglieder

Über § 57 hinaus bedürfen die **Maßnahmen** des Vereins, die geeignet sind, ein **19**
Mitglied in besonderer Weise zu belasten, einer Grundlage in der Satzung[15]. Dazu gehören insbesondere Vereinsstrafen (s. dazu unten Rn. 115ff.) oder Pflichten der Mitglieder, die sich nicht schon aus dem Gesetz ergeben. Wegen der bei Satzungen bestehenden einseitigen Regelungsmacht mit genereller Wirkung, der die Mitglieder mit ihrem Beitritt unterworfen sind (s. oben Rn. 11), unterliegen Satzungen von Vereinen und Verbänden jedenfalls dann, wenn ihnen eine wirtschaftliche oder soziale Machtstellung zukommt, wie z.B. Sportvereinen, einer gerichtlichen Inhaltskontrolle gemäß §§ 138, 242[16].

Beispiel: Wird einem Verein als Mitglied eines Landesverbands satzungsgemäß die Pflicht **20**
zur Zahlung einer Ausbildungs- und Förderungsentschädigung auferlegt, wenn er den in einem anderen Verein ausgebildeten Amateurfußballspieler unter Vertrag nimmt, so ist diese Satzungsbestimmung nach § 138 mit Art. 12 GG nichtig, weil sie die Amateurspieler in ihrer Freiheit der Wahl des Arbeitsplatzes beschränkt, indem sie nur bei einem Verein spielen können, der die Entschädigung zahlen kann und will[17].

e) Sollvorschriften

Neben den Mußinhalten des § 57 Abs. 1 sieht § 58 Sollvorschriften für die Satzung **21**
vor. Zu den Sollvorschriften gehören Bestimmungen über den Eintritt und Austritt der Mitglieder; darüber, ob und welche Beiträge von den Mitgliedern zu leisten sind; über die Bildung des Vorstandes; über die Voraussetzungen, unter denen die Mitglie-

---

[14] S. zu dieser Frage etwa *EuGH* NJW 2003, 331; *EuGH* NJW 2002, 3614; *BGH* NJW 2003, 1461; Palandt/*Heldrich,* Art. 12 EGBGB Anh. Rn. 2–4; *Reichert* Rn. 3153.

[15] *BGH* WM 1984, 552.

[16] *BGHZ* 105, 306, 318; 138, 93, 101ff.; *BGHZ* 142, 305 = *BGH* NJW 1999, 3552.

[17] *BGH* NJW 1999, 3552 = LM § 138 (Aa) BGB Nr. 58 m. Anm. *Reuter.*

derversammlung einzuberufen ist; über die Form der Einberufung und über die Beurkundung der Beschlüsse. Zur Rechtsfolge bei Verstößen s. unten Rn. 23.

f) Kannbestimmungen

22 In die Satzung können als Kannbestimmungen weitere Regelungen aufgenommen werden. So können Bestimmungen getroffen werden z.B. über die Rechte der Mitglieder auf Benutzung von Vereinseinrichtungen, über die Bestellung besonderer Organe oder Vertreter für spezielle Angelegenheiten (§ 30), über die Verteilung der Geschäfte unter die einzelnen Mitglieder des Vorstandes, die Einrichtung einer Geschäftsstelle, die Bildung von Ortsgruppen oder Sektionen[18], endlich über die Auflösung des Vereins und den Anfall des Vereinsvermögens nach der Auflösung (§ 45).

g) Rechtsfolgen bei Verstößen

23 Bei Verstößen gegen Muß- oder Sollvorschriften hat das Registergericht die Eintragung abzulehnen (§ 60). Wird dennoch eingetragen, so ist bei Nichteinhaltung einer Mußvorschrift (s. oben Rn. 13–18) die Eintragung grundsätzlich unzulässig und kann vom Registergericht mit Wirkung für die Zukunft (ex nunc) von Amts wegen gelöscht werden (§§ 159, 142, 143 FGG). Bei Nichteinhaltung einer Soll- oder Kannvorschrift bleibt die Eintragung dagegen bestehen.

3. Stadium zwischen Gründung und Rechtsfähigkeit

24 Mit dem Abschluß des Gründungsvertrages und der Inkraftsetzung der Satzung ist der Verein **entstanden,** auch wenn er vor Eintragung ins Vereinsregister **noch nicht juristische Person** ist. In diesem Stadium zwischen Entstehung des Vereins und der angestrebten Erlangung der Eigenschaft als juristischer Person (s. sogleich Rn. 26ff.) spricht man vom sog. **Vorverein**[19]. Der Vorverein hat bis zur Eintragung ins Vereinsregister wegen seiner körperschaftlichen Struktur die Stellung eines nicht eingetragenen Vereins (dazu unten § 11). Diese Stellung ist aber beim Vorverein wegen der angestrebten Eintragung nur vorübergehend und nicht endgültig wie beim eigentlichen nicht eingetragenen Verein im Sinne von § 54.

25 Damit der Vorverein nach außen handlungsfähig wird, müssen die Gründer und ersten Mitglieder in Übereinstimmung mit der von ihnen erlassenen Satzung einen Vorstand wählen. Dieser vertritt den Vorverein, solange er noch nicht die Rechtsfähigkeit als juristische Person erlangt hat. Ist ein Vorstand noch nicht gewählt, so wird der Vorverein durch die Gesamtheit der in ihm zusammengeschlossenen Mitglieder vertreten. Die Aufgabe der Vertreter des Vorvereins ist es, die für die Erlangung der Rechtsfähigkeit als juristische Person erforderlichen Schritte zu unternehmen. Für Handlungen der jeweiligen Vertreter haften neben dem Vorverein mit seinem Vermögen auch die einzelnen Mitglieder gemäß § 54 als Gesamtschuldner entsprechend der Haftung der Gesellschafter bei der GbR[20].

---

[18] Untergliederungen eines Vereins, die eigene Aufgaben wahrnehmen, können selbst als nichtrechtsfähige Vereine zu qualifizieren sein, wenn sich ihr Zweck und ihre Organisation aus der Satzung des Hauptvereins ergibt, *BGH* NJW 1984, 2223.

[19] S. auch *Sauter/Schweyer,* Rn. 14; zur analogen Anwendung auf einen kommunalen Zweckverband im Gründungsstadium *BGH* NJW 2001, 748.

[20] *BGHZ* 146, 190, 201 = *BGH* NJW 2001, 748.

II. Die Erlangung der Rechtsfähigkeit als juristische Person

1. Unterschiedliche Systeme

Hinsichtlich der Erlangung der Rechtsfähigkeit unterscheidet das BGB zwei Arten 26
von Vereinen: die wirtschaftlichen Vereine und die sog. Idealvereine. Die **wirtschaftlichen Vereine** erlangen die Rechtsfähigkeit als juristische Person durch staatliche Verleihung (§ 22, sog. **Konzessionssystem**). Die **Idealvereine** werden dagegen durch ihre Eintragung in das bei den Amtsgerichten geführte Vereinsregister rechtsfähig (§ 21). Der Idealverein hat, wenn die gesetzlichen Voraussetzungen erfüllt sind, einen Anspruch auf Eintragung (sog. **System der Normativbestimmung**). Beim wirtschaftlichen Verein steht der verleihenden Behörde dagegen grundsätzlich ein Ermessen zu. Da die Verleihung der Rechtsfähigkeit als juristische Person aber nicht willkürlich vorgenommen oder versagt werden darf, handelt es sich um ein pflichtgebundenes Ermessen. Der Unterschied beider Systeme ist deshalb nur gradueller Art. Er verringert sich in dem Maße, in dem sich bindende Richtlinien auch für den Ermessensgebrauch der Verleihungsbehörden herausbilden[21]. Es bleiben die verschiedenen Zuständigkeiten: beim Idealverein der Registerrichter und die Überprüfung seiner Entscheidung durch die ordentlichen Gerichte, beim wirtschaftlichen Verein die Entscheidung durch eine Verwaltungsbehörde und die Überprüfung dieser Entscheidung durch die Verwaltungsgerichte.

Die Unterscheidung zwischen wirtschaftlichen Vereinen und Idealvereinen ist auch deshalb 27
von Bedeutung, weil wirtschaftliche Vereine nicht beliebig zugelassen werden können, da für die wirtschaftliche Betätigung die Kapitalgesellschaften (AG, GmbH, KGaA) und die Genossenschaft (sowie VVaG) vorrangig vom Gesetzgeber als juristische Person vorgesehen sind und der wirtschaftliche Verein nur insoweit zugelassen werden kann, als dieser Vorrang nicht eingreift. So hat der Gesetzgeber zum Schutz der Gläubiger und auch der Mitglieder, insbesondere von Minderheiten, bei den von ihm zugelassenen rechtsfähigen Handelsgesellschaften (AG, GmbH, KGaA, e. G., VVaG) bestimmte Vorschriften getroffen, die er bei den Idealvereinen für entbehrlich gehalten hat, eben weil bei ihnen eine Betätigung auf wirtschaftlichem Gebiet allenfalls nur eine unbedeutende Rolle spielen sollte. Durch die Einführung des Konzessionsystems für die wirtschaftlichen Vereine wollte er verhindern, daß die im Interesse der Gläubiger oder auch einer Minderheit von Gesellschaftern bestehenden Vorschriften für die genannten Erwerbsgesellschaften dadurch umgangen werden, daß die Gründer die Form eines rechtsfähigen Vereins wählen[22].

2. Vereinsarten und ihre unterschiedliche Zwecksetzung

a) Idealvereine

Die nicht wirtschaftlich tätigen Vereine (§ 21, sog. Idealvereine) haben ihre Zielset- 28
zung und ihre Betätigung insbesondere auf dem Gebiete der Bildung, des Sports, der Geselligkeit, der Wohltätigkeit, aber auch der Politik, z. B. der Kommunalpolitik oder der Sozialpolitik. Auch Religionsgemeinschaften können sich der Rechtsform des Idealvereins bedienen, sofern sie damit keinen wirtschaftlichen Geschäftsbetrieb verbin-

---

[21] Vgl. dazu *K. Schmidt,* AcP 182 (1982), 5 ff., 32 ff.

[22] Vgl. grundlegend *K. Schmidt,* RPfleger 1972, 286 ff.; *ders.,* ZGR 1975, 477; *ders.,* AcP 182 (1982), 1 ff.; *ders.,* Verbandszweck, S. 105 ff.; ihm folgt z. B. MünchKomm/*Reuter,* §§ 21, 22 Rn. 7.

den[23]. Art. 4 GG garantiert dabei nicht die freie Wahl einer bestimmten Rechtsform[24]. Eine große Rolle spielen ferner solche Vereine, die sich die Wahrung der Interessen einer bestimmten Berufsgruppe oder einer durch die gleiche Interessenlage gekennzeichneten gesellschaftlichen Gruppe (z.B. Mieter oder Vermieter, Grundstücksbesitzer, Einzelhändler oder Verbraucher) zur Aufgabe machen. Auch Gewerkschaften und Arbeitgeberverbände sowie politische Parteien[25] haben zumeist die Form eines (in der Regel nicht rechtsfähigen) Vereins.

29 Soweit derartige Verbände legitimerweise an der Gestaltung der Arbeitsbedingungen und darüber hinaus der gesamten Sozialordnung mitwirken, reichen ihre Wirkungen – man denke etwa an den Abschluß von Tarifverträgen – über den Bereich des Privatrechts weit hinaus. Ihre innere Organisation richtet sich gleichwohl, vorbehaltlich spezialgesetzlicher Regelungen (s. z.B. Art. 21 GG und PartG), allein nach dem Vereinsrecht des BGB. Für solche Verbände, die gewissermaßen öffentliche Funktionen wahrnehmen, muß im Rahmen des Privatrechts unter Einbeziehung verfassungsrechtlicher und gesellschaftspolitischer Aspekte eine innere Ordnung gewährleistet werden, die die Verbandsdemokratie sichert[26]. Die damit verbundenen Fragen gehören zu den Nahtstellen, an denen sich die Verklammerung privatrechtlicher Normen mit der Sozialordnung und der politischen Verfassung künftig voraussichtlich stärker bemerkbar machen wird als bisher[27].

b) Wirtschaftliche Vereine

30 Wirtschaftliche Vereine sind nach § 22 dadurch gekennzeichnet, daß ihr Zweck auf einen wirtschaftlichen Geschäftsbetrieb gerichtet ist. Dies setzt eine planmäßig auf Dauer angelegte entgeltliche Tätigkeit mit der Absicht der Gewinnerzielung voraus. Ein einmaliges Geschäft genügt nicht, ebensowenig eine gemeinnützige, nicht auf Gewinnerzielung gerichtete Tätigkeit. Die Zahl der wirtschaftlichen Vereine, die die Rechtsfähigkeit als juristische Person durch Verleihung erworben haben, ist gering.

3. Abgrenzung der beiden Vereinsarten

31 Die Abgrenzung der beiden Vereinsarten nicht wirtschaftlicher Idealverein und wirtschaftlicher Verein richtet sich gemäß §§ 21, 22 danach, ob „der Zweck des Vereins auf einen wirtschaftlichen Geschäftsbetrieb gerichtet ist" oder nicht. Diese Formulierung läßt mehrere Deutungen zu.

32 Eine **subjektive Theorie** stellte zunächst auf die vom Verein verfolgte wirtschaftliche oder nicht wirtschaftliche **Zielsetzung** ab, konnte damit den objektiven Gegebenheiten aber nicht Rechnung tragen. Demgegenüber stellte eine **objektive Theorie** allein auf die **äußere Betätigung** des Vereins ohne Rücksicht auf die Zielsetzung ab und war damit gezwungen, einen Verein mit ideellem Zweck schon bei geringer wirtschaftlicher Betätigung als Wirtschaftsverein gemäß § 22 zu behandeln. Die ältere Lehre[28] vertrat deshalb eine **gemischte Theorie,** in der sie subjektive und objektive Elemente kumulativ miteinander verband. Danach sollte für das Vorliegen eines wirtschaftlichen Vereins maßgebend sein, ob sein Hauptzweck darauf gerichtet

---

[23] *BVerwG* NJW 1998, 1166 (Scientology).

[24] *BVerfGE* 83, 341 = NJW 1991, 2623.

[25] Für sie gelten die Sonderbestimmungen des Gesetzes über die politischen Parteien (PartG) vom 24. 7. 1967 (BGBl. I S. 773).

[26] Dazu *Teubner,* ZGR 1975, 459; *Ott,* Recht und Realität der Unternehmenskorporation, 1977; MünchKomm/*Reuter,* vor § 21 Rn. 66ff.

[27] Um eine weitere derartige Nahtstelle dürfte es sich bei der Aufnahmepflicht von Verbänden, die eine Monopolstellung haben (s. oben § 9 Rn. 29f.), handeln.

[28] So *RGZ* 154, 343; *v. Tuhr,* AT I, S. 468ff.; *Enneccerus/Nipperdey,* AT, § 107, II, 1 u. 2; s. zu einem Überblick Soergel/*Hadding,* §§ 21, 22 Rn. 20f.

ist, mittels eines wirtschaftlichen Geschäftsbetriebes, d.h. einer nach außen gerichteten, planmäßigen und dauernden entgeltlichen Tätigkeit, wirtschaftliche Vorteile zu erzielen, die dem Verein selbst oder in irgendeiner Form den Mitgliedern zufließen sollen. Da danach das Streben, einen Gewinn zu erzielen, nach wie vor entscheidendes Kennzeichen einer wirtschaftlichen Tätigkeit war, blieb die Abgrenzung weiterhin von den Unsicherheiten und der Dominanz subjektiver Zielsetzungen abhängig.

Die neuere Lehre versucht demgegenüber zu Recht, den **objektiven Gegebenheiten mehr Gewicht** beizumessen. So reicht es insbesondere nicht, daß die Vereinsmitglieder wirtschaftliche Gewinne anstreben[29]. Vielmehr ist entscheidend, ob ein wirtschaftlicher Geschäftsbetrieb vorliegt, der Verein also eine **unternehmerische Tätigkeit tatsächlich ausübt**[30]. Umstritten ist, ob es sich um einen eigenen Geschäftsbetrieb des Vereins handeln muß[31] oder ob es sich auch um einen Geschäftsbetrieb außerhalb des Vereins selbst handeln kann[32]. 33

Beispiel: Der *BGH* hat im ADAC-Fall[33] entschieden, daß die unternehmerische Betätigung von Tochtergesellschaften auch dann unschädlich ist, wenn ein beherrschender Einfluß gegeben ist. Im Schrifttum[34] ist die Entscheidung zu Recht kritisiert worden, denn die Gründung und Verwaltung von wirtschaftlich tätigen Tochterunternehmen ist selbst schon eine wirtschaftliche Tätigkeit, deren Gewinn dem Verein zufließt. Eine Unternehmensholding ist nach ihrem Zweck und ihrer Betätigung kein Idealverein. Die Beherrschung der Tochtergesellschaften führt im Konzern regelmäßig auch zur Zurechnung[35] mit der Folge, daß die wirtschaftliche Tätigkeit der Tochtergesellschaften als solche des Vereins anzusehen ist. Schließlich ist die Umwandlung eines Vereins in eine AG, die der *BGH* wegen früher bestehender Nachteile als nicht zumutbar ansah, durch §§ 232ff. UmwG wesentlich erleichtert worden und ohne die steuerlich nachteilige Auflösung stiller Reserven möglich. 34

Die eigentlichen Schwierigkeiten liegen darin, den Begriff des wirtschaftlichen Geschäftsbetriebs in praktikabler Weise festzulegen. Die ganze h.M. geht hier von einem **typologischen Ansatz** aus[36]. Dem liegt letztendlich eine teleologische Sicht der §§ 21, 22 zugrunde: § 22 soll vor allem verhindern, daß die Normativbestimmungen des Rechts der Kapitalgesellschaften (AG, GmbH u.a.) umgangen werden (s. oben Rn. 26). Ein Verein, auf den an sich das Kapitalgesellschafts- oder Genossenschaftsrecht zugeschnitten ist, soll sich nicht den dort vorgesehenen Anforderungen, etwa des Gläubigerschutzes oder der Minderheitenrechte, durch eine Flucht ins Vereinsrecht des BGB entziehen können[37]. Auf der anderen Seite ist zu bedenken, daß z.B. eine GmbH grundsätzlich zu jedem erlaubten Zweck gegründet werden kann[38]. Es würde dem nichtwirtschaftlichen Verein also kein Anwendungsbereich verbleiben, wollte man allein darauf abstellen, ob die Rechtsfiguren der Kapitalgesellschaften anwendbar 35

---

[29] Vgl. *Eyles,* NJW 1996, 1994, 1997; *LG Frankfurt* NJW 1996, 2039; vgl. auch noch *RGZ* 154, 343, 350.

[30] MünchKomm/*Reuter,* §§ 21, 22 Rn. 7, 21ff.; *Hemmerich,* aaO, S. 63f.; vor allem *K. Schmidt,* aaO durchweg, auch NJW 1983, 544; ferner Palandt/*Heinrichs,* § 21 Rn. 2; *Sauter/Schweyer,* Rn. 43.

[31] So *BGHZ* 45, 395, 398; *RGZ* 83, 231, 235; *Reinhardt,* FS Paulick, S. 3, 11f.

[32] So MünchKomm/*Reuter,* §§ 21, 22 Rn. 29.

[33] *BGHZ* 85, 84.

[34] *K. Schmidt,* NJW 1983, 543; *Flume,* Die juristische Person, § 4 II; *Emmerich/Sonnenschein,* Konzernrecht, § 37 III 2.

[35] Vgl. ausführlich *Bork,* ZGR 1994, 237ff.

[36] Vgl. Soergel/*Hadding,* §§ 21, 22 Rn. 24; MünchKomm/*Reuter,* §§ 21, 22 Rn. 26ff.

[37] So zutreffend MünchKomm/*Reuter,* §§ 21, 22 Rn. 7.

[38] S. etwa *Baumbach/Hueck/Zöllner,* GmbHG, 17. Aufl. 2000, § 1 Rn. 6ff.

sind. Folglich bedarf es einer Trennung zwischen dem möglichen Anwendungsbereich der genannten Körperschaften und dem Bereich, in dem ihre Anwendung zwingend sicherzustellen ist. Daraus erklärt sich die genannte Typenbildung. Im einzelnen unterscheidet man folgende Typen.

a) Marktmäßige Betätigung außerhalb des Mitgliederkreises

36 Eine unternehmerische Betätigung, die die Form des Idealvereins ausschließt, liegt einmal dann vor, wenn der Verein auf einem äußeren, über die Mitglieder hinausgreifenden Markt **planmäßig und auf Dauer Leistungen gegen Entgelt** anbietet[39]. Man spricht hier auch von einem unternehmerischen Verein im engeren Sinn.

b) Marktmäßige Betätigung im Mitgliederkreis

37 Die unternehmerische Tätigkeit kann aber auch auf einen inneren, nur aus seinen Mitgliedern bestehenden Markt beschränkt sein, wenn sie ebenfalls planmäßig und auf Dauer gegen Entgelt angelegt ist.

38 **Beispiel:** Leitbild für diese Art des Wirtschaftsvereins ist der auf Versorgung seiner Mitglieder ausgerichtete Genossenschaftstypus (Konsumverein). Der Unterschied zu einem unternehmerischen Verein im engeren Sinn liegt hier nur darin, daß die marktmäßigen Austauschbeziehungen in mitgliedschaftliche Formen gekleidet sind[40]. Der Verein muß hier also mit sonstigen Anbietern konkurrieren, was nur dann der Fall ist, wenn – sei es auch in der Form von Mitgliedsbeiträgen oder Bearbeitungsgebühren – ein marktübliches Entgelt gefordert wird.

c) Genossenschaftsähnliche Kooperation

39 Schließlich bleibt noch der Typus der genossenschaftsähnlichen Kooperation, bei der die Vereinsmitglieder eine Teilfunktion der eigenen Unternehmertätigkeit auf den Verein auslagern.

40 **Beispiel:** Einen Fall dieser Art hat der *BGH* entschieden[41]. Es ging um einen Verein von Taxiunternehmern, der eine Geschäftsstelle zur Entgegennahme von Taxibestellungen und eine Funkzentrale betrieb. Der *BGH* ging noch von der älteren Lehre aus, verzichtete hier aber auf das Merkmal der Dritten entgeltlich angebotenen Leistungen (nämlich: der Vermittlung von Taxibestellungen) und kam so zur Bejahung des wirtschaftlichen Charakters des Vereins.

41 Dieser Typus macht in der Praxis die größten Abgrenzungsschwierigkeiten. Ausreichend für die Annahme eines wirtschaftlichen Geschäftsbetriebes ist es jedenfalls, wenn der Verein mit der Ausführung von Hilfsgeschäften dauernd und planmäßig in rechtsgeschäftlich verbindlicher Weise in **Rechtsbeziehungen zu Dritten** tritt[42]. Fraglich ist insbesondere, ob eine unternehmerische Tätigkeit des Vereins auch dann angenommen werden kann, wenn dieser sich darauf beschränkt, die Tätigkeit seiner Mitglieder ohne ein selbständiges Auftreten gegenüber Dritten zu fördern.

42 **Beispiel:** Zu denken ist hier an die Koordination und Förderung von Werbekampagnen der Vereinsmitglieder. Allein auf die fehlende Außenwirkung abzustellen, überzeugt schon deshalb nicht, weil § 1 Abs. 1 Nr. 6 GenG Vereine zur Beschaffung von Gegenständen des landwirtschaftlichen Betriebes und zur Nutzung derselben auf gemeinschaftliche Rechnung, also Vereine ohne Außenwirkung, ausdrücklich als Erscheinungsform der Genossenschaft erwähnt[43].

---

[39] Vgl. MünchKomm/*Reuter,* §§ 21, 22 Rn. 21 ff.
[40] *Eyles,* NJW 1996, 1994, 1996; MünchKomm/*Reuter,* §§ 21, 22 Rn. 26.
[41] *BGHZ* 45, 395.
[42] *BGHZ* 45, 395, 398.
[43] Vgl. MünchKomm/*Reuter,* §§ 21, 22 Rn. 29; gegen die Notwendigkeit eines Auftretens nach außen auch Soergel/*Hadding,* §§ 21, 22 Rn. 31; *Reichert,* Rn. 130; als Gegenposition wird

Auch Gesichtspunkte des Gläubigerschutzes sprechen gegen die Voraussetzung des Auftretens nach außen, weil es sonst möglich wäre, Vermögenswerte z.B. einer GmbH auf einen Verein auszulagern und durch gleichzeitigen Ausschluß von Abfindungsansprüchen der Vereinsmitglieder (s. unten Rn. 132) einen Zugriff der Gläubiger auf diese Vermögenswerte zu verhindern.

Man wird auf verschiedene Gesichtspunkte abstellen müssen. So kann es eine Rolle spielen, ob nach den konkreten Umständen, auch unter Berücksichtigung des Umfangs der nach außen gerichteten Tätigkeit, eine Gläubigergefährdung zu befürchten ist[44]. Auch ist zu fragen, ob die Gefahr besteht, daß durch die spätere Auslagerung weiterer Betriebsteile auf den Verein eine Umgehung der kapitalgesellschaftsrechtlichen Anforderungen droht. Daß diese Abgrenzungskriterien nicht immer trennscharf sind, liegt auf der Hand, dürfte aber unvermeidlich sein. 43

Beispiele: Ein wirtschaftlicher Verein ist im Falle eines Werbevereins bejaht worden[45]. Anderes soll aber gelten, wenn die Werbung branchenübergreifend erfolgt[46] oder wenn nur die selbständigen Werbeaktivitäten der Vereinsmitglieder koordiniert werden[47]. Aufgrund spezialgesetzlicher Vorschriften (§§ 13ff. StBerG) können Lohnsteuerhilfevereine als wirtschaftliche Vereine zugelassen werden. 44

d) Das Nebenzweckprivileg

Eine **unternehmerische Tätigkeit** des Vereins bleibt jedoch außer Betracht, wenn sie im Rahmen der auf ideelle Zwecke gerichteten Haupttätigkeit des Vereins **von nur untergeordneter Bedeutung** ist (sog. Nebenzweckprivileg)[48]. Auch wenn der Nebenzweck hinter dem Hauptzweck zurücktritt, so können die damit verbundenen Tätigkeiten doch einen großen wirtschaftlichen Umfang erreichen und damit erhebliche Gefahren für die Gläubiger des Vereins, denen nur das vielleicht geringfügige Vereinsvermögen haftet, und eventuell auch für die Mitglieder mit sich bringen. 45

Beispiele: Es gibt Vereine, deren wirtschaftliche Betätigung, obgleich nur Nebenzweck, einen sehr bedeutenden Umfang hat. Das trifft für manche Fußballvereine, auch für einige Automobilklubs und große karitative Vereine zu[49]. Es wird deshalb über eine Einschränkung des Nebenzweckprivilegs, sei es schon de lege lata, sei es im Wege der Gesetzgebung, diskutiert. Hierfür fehlt es aber bislang an einem brauchbaren Maßstab[50]. Entscheidend muß jeweils sein, ob angesichts des Umfangs der unternehmerischen Tätigkeit mit einer Gefährdung von Gläubiger- oder Mitgliederinteressen ernsthaft zu rechnen ist[51]. 46

4. Konzession beim wirtschaftlichen Verein

a) Sperr- und Auffangfunktion des wirtschaftlichen Vereins

Ist ein Verein als wirtschaftlicher Verein einzuordnen und erstrebt er als solcher die staatliche Konzession, statt die Form einer Kapitalgesellschaft zu wählen, so hat die 47

---

vielfach *BGHZ* 45, 395, 397 zitiert, der aber nicht ganz deutlich macht, ob das Auftreten nach außen tatsächlich als zwingende Voraussetzung eines wirtschaftlichen Geschäftsbetriebes einzustufen ist.

44 Vgl. *LG Frankfurt* NJW 1996, 2039.

45 *BayObLG* Rpfleger 1977, 19; offen gelassen in *BGH* NJW 1979, 2304.

46 *OLG Bremen* Rpfleger 1988, 532f.

47 *LG Frankfurt* NJW 1996, 2039.

48 Dazu *Heckelmann,* AcP 179 (1979), 9; MünchKomm/*Reuter,* §§ 21, 22 Rn. 8, 17; Soergel/*Hadding,* § 21 Rn. 21; *K. Schmidt,* aaO, S. 18f., 26ff.; *Medicus,* AT, Rn. 1112.

49 Nähere Angaben dazu bei *Hemmerich,* aaO, S. 14ff.

50 Vgl. dazu auch *K. Schmidt,* NJW 1983, 543, 546.

51 S. auch *Flume,* AT II, § 4 II.

Behörde zu prüfen, ob für seine wirtschaftliche Betätigung nicht eine der dafür **vorrangig vorgesehenen Kapitalgesellschaften** (AG, GmbH, KGaA, eG, VVaG) genügt[52]. Ist das der Fall, hat die Behörde den Verein auf diese anderen Rechtformen zu verweisen[53]. Ist die Erfüllung der Voraussetzungen dieser anderen Rechtsformen dem Verein **nicht zumutbar,** so hat die Zulassungsbehörde nach pflichtgemäßem Ermessen zu prüfen, ob eine Freistellung von diesen Voraussetzungen geboten ist[54] und ob die Satzung hinreichende Sicherheit hinsichtlich des Schutzes der Gläubiger und der Mitglieder, insbesondere hinsichtlich etwaiger Mitgliederminderheiten, sowie hinsichtlich des Sozialschutzes bietet, d. h. auch der Wahrung der Mitbestimmungsrechte nach dem MitbestG und dem BetrVG. Die Behörde kann zur Erreichung dieses Schutzes Auflagen erteilen und hat bei deren Erfüllung die Konzession zu gewähren.

b) Die Konzession als privatrechtsgestaltender Verwaltungsakt

48 Die Konzession, mit der dem wirtschaftlichen Verein die Rechtsfähigkeit als juristische Person verliehen wird, ist ein zivilrechtsgestaltender begünstigender Verwaltungsakt[55]. Neben der Verleihung der Rechtsfähigkeit durch die Konzession muß aber aus Gründen der Publizität auch die **Eintragung** ins Vereinsregister hinzukommen[56]. Die Eintragung hat hier aber nur **deklaratorische Wirkung.**

5. Die Eintragung beim Idealverein

a) Rechtsfähigkeit durch Eintragung

49 Die Idealvereine erlangen die Rechtsfähigkeit als juristische Personen durch **Eintragung in das Vereinsregister.** Nach dem System der Normativbestimmungen (s. oben Rn. 26) müssen sie bestimmte gesetzlich festgelegte Voraussetzungen erfüllen, bei deren Vorliegen sie einen mit Rechtsmitteln verfolgbaren Anspruch auf die Eintragung in das Vereinsregister haben. Die Eintragung steht nicht im Ermessen des Gerichts. Da der Idealverein mit der Eintragung die Rechtsfähigkeit als juristische Person erlangt, hat die Eintragung im Gegensatz zum wirtschaftlichen Verein (s. oben Rn. 48) konstitutive Wirkung. Damit die Rechtsfähigkeit kundbar ist, erhält der Vereinsname den Zusatz e. V. (§ 65).

b) Voraussetzungen der Eintragung

50 Die Eintragung ist an bestimmte Voraussetzungen geknüpft. **Materielle Voraussetzungen** für die Eintragung sind, (1) daß der Zweck des Vereins nicht auf einen wirtschaftlichen Geschäftsbetrieb gerichtet ist (§ 21, s. oben Rn. 28), (2) daß der Zweck des Vereins nicht sittenwidrig ist oder gegen ein gesetzliches Verbot einschließlich Art. 9 Abs. 2 GG verstößt (s. oben Rn. 14), (3) daß er eine Satzung mit den Inhalten des § 57 Abs. 1 (s. oben Rn. 14–18) und schließlich (4) einen Vorstand hat, der den Verein zu vertreten in der Lage ist und der den Antrag auf Eintragung stellt. Als Sollvorschrift zu beachten ist, (5) daß die Satzung die Inhalte des § 58 (s. oben Rn. 21) aufweist, (6) daß die Zahl der Mitglieder gemäß § 56 mindestens sieben

---

[52] S. *BVerwGE* 58, 26 = NJW 1979, 2261; *K. Schmidt,* NJW 1979, 2239.
[53] *BVerwGE* 58, 26 = NJW 1979, 2261, 2265; *BGHZ* 85, 89.
[54] *BVerwGE* 58, 26 = NJW 1979, 2261, 2264.
[55] S. Soergel/*Hadding,* §§ 21, 22 Rn. 55.
[56] *KG* HRR 1936 Nr. 812.

betragen soll und (7) daß die Urschrift der Satzung von mindestens sieben Mitgliedern unterzeichnet sein sowie den Tag ihrer Errichtung angeben soll (§ 59 Abs. 3).

Verfahrensrechtlich bedarf es eines Antrages, den der Vorstand zu stellen hat 51
(§ 59 Abs. 1). Funktionell zuständig ist das Amtsgericht als Registergericht, für das der Rechtspfleger tätig wird (§ 3 Nr. 1a RPflG); örtlich zuständig ist das Amtsgericht, in dessen Bezirk der Verein seinen Sitz hat (§ 55 Abs. 1; dazu oben Rn. 18). Der Anmeldung beim Registergericht sind die Satzung in Urschrift und Abschrift sowie eine Abschrift der Urkunden über die Bestellung des Vorstandes beizufügen (§ 59 Abs. 2).

Ist eine der genannten Voraussetzungen nicht erfüllt, so ist die Anmeldung von dem Regi- 52
stergericht unter Angabe der Gründe zurückzuweisen (§ 60). Gegen die Zurückweisung findet das Rechtsmittel der sofortigen Beschwerde statt (§ 160a FGG; über die Beschwerde im allgemeinen und die sofortige Beschwerde §§ 19, 20 FGG). Hat das Amtsgericht keine Bedenken, so läßt es die Anmeldung zu und teilt sie der nach den Bestimmungen des Vereinsgesetzes dafür zuständigen Verwaltungsbehörde mit. Diese kann gegen die Eintragung Einspruch erheben, wenn der Verein nach dem öffentlichen Vereinsrecht unerlaubt ist oder verboten werden kann (§ 61). Dies betrifft nicht alle verbotenen Vereinszwecke (oben Rn. 14), sondern ist nur dann der Fall, wenn der Zweck oder die Tätigkeit des Vereins den Strafgesetzen zuwiderläuft oder sich gegen die verfassungsmäßige Ordnung oder gegen den Gedanken der Völkerverständigung richtet (Art. 9 Abs. 2 GG). Das Amtsgericht hat den Einspruch dem Vorstand mitzuteilen (§ 62). Das Amtsgericht darf die Eintragung erst vornehmen, wenn der erhobene Einspruch seine Wirksamkeit verloren hat. Das ist der Fall, wenn nicht die zuständige Behörde binnen eines Monats ein Verbot des Vereins ausgesprochen hat, wenn das ausgesprochene Verbot von ihr zurückgenommen ist oder wenn es (auf eine Klage vor den Verwaltungsgerichten oder, nach Erschöpfung des Verwaltungsrechtsweges, auf eine Verfassungsbeschwerde hin) unanfechtbar aufgehoben worden ist (§ 63 Abs. 2). Erhebt die Verwaltungsbehörde keinen Einspruch, so darf die Eintragung dennoch erst erfolgen, wenn sie dies dem Amtsgericht mitgeteilt hat oder wenn seit der Mitteilung der Anmeldung an die Verwaltungsbehörde sechs Wochen verstrichen sind und diese bis dahin keinen Einspruch erhoben hat (§ 63 Abs. 1). Die Bestimmungen der §§ 61 bis 63 sind nicht anwendbar auf politische Parteien (§ 37 PartG).

c) Inhalt der Eintragung

Als Inhalt der Eintragung sind anzugeben der Name und der Sitz des Vereins, der 53
Tag der Errichtung der Satzung und die Mitglieder des Vorstandes; ferner solche Bestimmungen der Satzung, die den Umfang der Vertretungsmacht des Vorstandes beschränken oder die Beschlußfassung des Vorstandes abweichend von § 28 regeln (§ 64). Spätere Änderungen der Satzung sowie jede Änderung des Vorstandes sind von dem Vorstand zur Eintragung anzumelden. Eine Änderung der Satzung wird erst mit ihrer Eintragung wirksam (vgl. §§ 67, 71). Die erstmalige Eintragung des Vereins hat das Amtsgericht in dem für seine Bekanntmachungen bestimmten Blatt zu veröffentlichen (§ 66).

d) Publizität der Eintragung

Die Eintragung in das Register dient der Publizität. Dadurch sollen Dritte, die mit 54
dem Verein in geschäftliche Beziehungen treten, die **Möglichkeit zur Information** über die für sie wesentlichen Rechtsverhältnisse des Vereins erlangen, insbesondere über die für den Verein vertretungsberechtigten Vorstandsmitglieder. Ist die Eintragung unrichtig, so wird jedoch nur ein **beschränkter Vertrauensschutz** dahingehend gewährt, daß eine Änderung des Vorstandes (§ 68), eine Beschränkung der Vertretungsmacht oder der Beschlußfassung des Vorstandes (§ 70), solange sie nicht eingetragen sind, unwissenden Dritten als Geschäftspartnern nicht entgegengehalten werden können. Dem Schweigen des Registers darf also vertraut werden (sog. **nega-**

tive Publizität). Wird zwischen einem Dritten und einem bisherigen Mitglied des Vorstandes ein Rechtsgeschäft vorgenommen, bei dem das bisherige Vorstandsmitglied den Verein vertritt, so kann die Änderung des Vorstandes dem Dritten nur entgegengesetzt werden, wenn sie zur Zeit der Vornahme des Rechtsgeschäfts im Vereinsregister eingetragen oder dem Dritten bekannt war (§ 68 Satz 1). Der Dritte wird also in seinem Vertrauen darauf geschützt, daß nicht im Register eingetragene, ihm auch nicht auf andere Weise bekannt gewordene Änderungen des Vorstandes nicht eingetreten sind. Selbst wenn die Änderung eingetragen war, braucht der Dritte sie nicht gegen sich gelten zu lassen, wenn er sie nicht kannte und seine Unkenntnis – das Unterlassen der Einsichtnahme in das Register – nicht auf Fahrlässigkeit beruht (§ 68 Satz 2). Das gleiche gilt hinsichtlich solcher Bestimmungen der Satzung, durch die der Umfang der Vertretungsmacht des Vorstandes beschränkt oder die Beschlußfassung des Vorstandes abweichend von § 28 Abs. 1 geregelt wird (§ 70). Dagegen kann man nicht darauf vertrauen, daß eine im Register eingetragene Bestellung einer bestimmten Person zum Vorstand oder zum Mitglied des Vorstandes gültig ist. Das Register genießt also keine positive Publizität, sein Inhalt gilt nicht, wie der des Grundbuchs nach § 891, zugunsten des gutgläubigen Geschäftsgegners als richtig. Die **Einsicht** in das Vereinsregister ist jedermann gestattet; von den Eintragungen kann eine beglaubigte Abschrift verlangt werden (§ 79).

6. Identitätswahrender Übergang

55 Der **Vorverein** (s. oben Rn. 24f.) **und** der **mit der Eintragung entstandene rechtsfähige Verein** sind richtiger Ansicht nach identisch[57]. Es liegt ein bloßer Wechsel der Rechtsform entsprechend dem Grundgedanken von § 202 Abs. 1 Nr. 1 und 2 UmwG vor, auch wenn dafür gemäß § 190 Abs. 2 UmwG grundsätzlich nicht die einzelnen Vorschriften des UmwG gelten. Beim Wechsel der Rechtsform des Vorvereins (ohne Rechtspersönlichkeit) in den eingetragenen Verein (juristische Person) handelt es sich um dieselbe Personenvereinigung, die durch den gleichen Namen (abgesehen von dem späteren Zusatz e. V.) individualisiert wird. Verschieden ist lediglich der vorübergehende Rechtsträger für die Rechte und Pflichten im Durchgangsstadium zwischen Gründungsvertrag und der Eintragung ins Vereinsregister. Solange der Verein nicht eingetragen ist, bestehen die Rechte und Pflichten bei der Gesamtheit der Mitglieder in ihrer Verbundenheit als Gesamthand. Sobald dagegen der Verein die Rechtsfähigkeit als juristische Person erlangt hat, ist er als Rechtssubjekt Träger der Rechte und Pflichten. Geändert hat sich nur die formale Zuordnung der Rechte und Pflichten; geblieben ist das reale Sozialgebilde, dem die Zuordnung gilt. Es bedarf daher keiner rechtsgeschäftlichen Übertragung der bisher den Mitgliedern als Gesamthand zustehenden Rechte und Pflichten auf den rechtsfähigen Verein. Vielmehr tritt der rechtsfähige Verein automatisch kraft Gesetzes an die Stelle des Vorvereins[58]. Sind die Mitglieder in ihrer Verbindung zu einem nicht rechtsfähigen Verein als Berechtigte im Grundbuch eingetragen, so wird dieses insoweit unrichtig und ist zu berichti-

---

[57] So die überwiegende Lehre: *Hübner,* AT, Rn. 132; *Köhler,* AT, § 9 Rn. 11; *Medicus,* AT, Rn. 1113; Palandt/*Heinrichs,* § 21 Rn. 9; Erman/*Westermann,* § 21 Rn. 10; MünchKomm/*Reuter,* §§ 21, 22 Rn. 65ff.; *RGZ* 85, 256, 259.

[58] S. zur Umwandlung einer Erbengemeinschaft in eine GmbH *M. Wolf,* FS Schippel, 1996, S. 533, 538ff.

gen, da das eingetragene Recht nun nicht mehr den Mitgliedern, sondern dem Verein selbst zusteht. Ebenso gehen die von dem bisher nicht eingetragenen Verein eingegangenen Verbindlichkeiten von den Mitgliedern auf den nunmehr eingetragenen Verein über, nachdem dieser durch die Eintragung eigene Rechtspersönlichkeit erlangt hat. Voraussetzung ist, daß der Vorverein als solcher gehandelt hat und dies den Gläubigern erkennbar war. Von einem identitätswahrenden Übergang ist grundsätzlich auch auszugehen, wenn ein nicht als juristische Person (s. § 11 Rn. 1) gegründeter Verein erst später beschließt, die Rechtsfähigkeit als juristische Person zu erwerben. Da er sich dadurch als rechtlich verfaßter Verband nicht auflöst, sondern sich nur eine andere Organisationsform gibt, handelt es sich vorher wie nachher um denselben Personenverband.

B. Rechtliche Organisation des Vereins

I. Die Vereinsorgane

Ein Verein muß wie jeder Verband notwendig Organe haben, da er nur durch sie zur Bildung und Betätigung eines einheitlichen Gesamtwillens und damit zur Teilnahme am Rechtsverkehr in der Lage ist (s. oben § 9 Rn. 1). Nach dem Gesetz muß jeder rechtsfähige Verein **notwendig zwei Organe** haben: die Mitgliederversammlung und den Vorstand. Die Mitgliederversammlung dient vor allem der Willensbildung innerhalb des Vereins. Der Vorstand vertritt den Verein nach außen und führt die laufenden Geschäfte. Der Verein kann auf Grund seiner Satzung weitere Organe haben. 56

1. Die Mitgliederversammlung

Da der Verein ein Personenverband ist, in dem sich eine Vielzahl wechselnder Mitglieder zu einem einheitlichen Handeln verbunden haben, entscheiden **grundsätzlich alle Mitglieder** über die den Verein betreffenden Angelegenheiten. Sie treten zu diesem Zweck in einer Versammlung zusammen, die nach bestimmten Regeln verfährt. Der Mitgliederversammlung kommt, soweit in der Satzung nichts anderes vorgesehen ist, die letzte Entscheidung in allen Vereinsangelegenheiten zu (§ 32 Abs. 1 Satz 1). Ihr obliegt auch die Bestellung (§ 27 Abs. 1) und die Abberufung des Vorstandes (§ 27 Abs. 2). Sie ist somit das oberste Organ des Vereins[59]. 57

a) Aufgaben der Mitgliederversammlung

Die Mitgliederversammlung ist das oberste Entscheidungsorgan des Vereins, dem die **Entscheidung in den grundlegenden Angelegenheiten** des Vereins zusteht, wie z. B. Satzungsänderungen (§ 33) einschließlich der Änderung des Vereinszwecks oder die Auflösung des Vereins (§ 41). Zu den Aufgaben der Mitgliederversammlung gehört dagegen nicht die Vertretung nach außen, sondern in erster Linie die Regelung der **Vereinsangelegenheiten im Innenverhältnis** zwischen dem Verein und seinen Mitgliedern, sowie die **Einsetzung und Überwachung der** übrigen **Vereinsorga-** 58

---

[59] *v. Tuhr,* AT I, § 36 III; *Enneccerus/Nipperdey,* AT, § 111 I.

ne, insbesondere des Vorstandes (§ 27)[60]. Ein Streit zweier Mitglieder eines Vereinsorgans über ihre satzungsmäßigen Befugnisse oder die Satzungsmäßigkeit des Vorgehens eines Organs ist daher von der Mitgliederversammlung zu entscheiden. Die Satzung kann einem anderen Organ, etwa einem Aufsichtsrat, diese Aufgaben übertragen, denn § 27 ist gemäß § 40 dispositiv. Sie kann gemäß § 30 auch neben dem Vorstand die Bestellung besonderer Vertreter für bestimmte Geschäfte vorsehen. In diesen Fällen obliegt der Mitgliederversammlung jeweils auch die Bestellung und Abberufung dieser Organe. Die Mitgliederversammlung kann dem Vorstand und anderen Organen im Rahmen der Satzung und der gesetzlichen Bestimmungen **bindende Weisungen** für deren Verhalten erteilen; sie kann **Auskünfte und periodische Rechnungslegung** verlangen, soweit nicht die Entgegennahme und die Prüfung der Rechnung nach der Satzung einem anderen Organ zugewiesen ist (vgl. § 27 Abs. 3 und die dort in Bezug genommenen §§ 665, 666). Sie kann ferner die Rechnungsprüfung einem oder einigen von ihr bestellten Prüfern übertragen, die ihr dann über das Ergebnis zu berichten haben.

59 Die Einberufung der Mitgliederversammlung und ihre Leitung obliegt normalerweise dem Vorstand. Die Mitgliederversammlung ist in den durch die Satzung bestimmten Fällen und nach § 36 mit § 40 zwingend immer dann einzuberufen, wenn „das Interesse des Vereins es erfordert". Sie ist ferner dann einzuberufen, wenn der in der Satzung bestimmte Teil oder in Ermangelung einer entsprechenden Bestimmung in der Satzung der zehnte Teil der Mitglieder die Einberufung schriftlich unter Angabe des Zwecks und der Gründe verlangt. Wird dem Verlangen nicht entsprochen, so kann das Amtsgericht die betreffenden Mitglieder zur Einberufung der Versammlung ermächtigen (§ 37, der nach § 40 zwingend ist)[61]. Diese Bestimmungen sollen verhindern, daß der Vorstand den Willen eines bedeutenden Teils der Mitglieder einfach ignoriert.

b) Beschlußfassung durch die Mitgliederversammlung

60 Die Mitgliederversammlung faßt ihre Beschlüsse **grundsätzlich mit einfacher Mehrheit,** sofern nicht im Gesetz oder der Satzung etwas anderes bestimmt ist. Mit einfacher Mehrheit ist die **Mehrheit der erschienenen Mitglieder** gemeint, die mit „ja" oder „nein" stimmen, so daß diejenigen, die sich der Stimme enthalten, bei der Berechnung der Mehrheit nicht mitzuzählen sind[62]. Abweichend vom Grundsatz der einfachen Mehrheit muß für bestimmte Angelegenheiten eine **qualifizierte Mehrheit** gegeben sein. Zur Änderung der Satzung ist, sofern diese selbst nichts anderes bestimmt (§ 40), eine Mehrheit von drei Vierteln der erschienenen Mitglieder und zur Änderung des Vereinszwecks sogar die Zustimmung aller Mitglieder erforderlich. Die Zustimmung der in der Versammlung nicht erschienenen Mitglieder muß in diesem Fall schriftlich erfolgen (§ 33 Abs. 1). Wenn die Satzung eine Satzungsänderung mit einer geringeren als der in § 33 Abs. 1 Satz 1 vorgesehenen Mehrheit erlaubt, gilt dies im Zweifel nicht für eine Änderung des Vereinszwecks[63].

---

[60] Dazu auch *BGHZ* 49, 396.

[61] Über die entsprechende Anwendung auf nicht rechtsfähige Vereine vgl. *LG Heidelberg* NJW 1975, 1661; *Habscheid,* AcP 155 (1956), 396, 398; MünchKomm/*Reuter,* § 37 Rn. 8; Soergel/*Hadding,* § 37 Rn. 3.

[62] Vgl. *Enneccerus/Nipperdey,* AT, § 111 Anm. 8; *Medicus,* AT, Rn. 1125; *Hübner,* AT, Rn. 137; *Köhler,* AT, § 21 Rn. 26f.; Palandt/*Heinrichs,* § 32 Rn. 7; Soergel/*Hadding,* § 32 Rn. 32; MünchKomm/*Reuter,* § 32 Rn. 48; so auch *BGHZ* 83, 35; *BGH* NJW 1987, 2430.

[63] So *BGHZ* 96, 245, 249f. Der *BGH* legt dabei den Begriff „Vereinszweck" jedoch eng aus. Dieser umfasse nur die grundsätzliche Zielrichtung des Vereins, nicht auch Angaben der Sat-

Zur Gültigkeit eines Beschlusses ist erforderlich, daß der Gegenstand bei der Berufung der Mitgliederversammlung bezeichnet worden war (§ 32 Abs. 1 Satz 2 und 3). Auch ohne den Zusammentritt der Mitglieder zu einer Versammlung können Beschlüsse gefaßt werden, wenn alle Mitglieder ihre Zustimmung schriftlich erklären (§ 32 Abs. 2). Eine Satzungsänderung wird bei einem eingetragenen Verein erst mit ihrer Eintragung in das Vereinsregister wirksam (§ 71 Abs. 1 Satz 1). Sie ist vom Vorstand unter Vorlegung der schriftlichen Fassung des Beschlusses der Mitgliederversammlung beim Registergericht anzumelden (§ 71 Abs. 1 Satz 2 und 3). Die meisten Vorschriften über die Anmeldung des Vereins zum Zwecke der Erlangung der Rechtsfähigkeit als juristische Person sind auch auf die Satzungsänderung anzuwenden (§ 71 Abs. 2). Bei einem wirtschaftlichen Verein, der seine Rechtspersönlichkeit durch Verleihung erworben hat, ist zur Gültigkeit der Satzungsänderung die staatliche Genehmigung erforderlich (§ 33 Abs. 2). 61

c) Das Stimmrecht

Das Stimmrecht ist ein Bestandteil und **Ausfluß des Mitgliedschaftsrechts.** Es entsteht deshalb kraft Gesetzes mit dem Beitritt zum Verein und endet mit dem Ausscheiden. Jedes Mitglied hat grundsätzlich **gleiches Stimmrecht** mit einer Stimme. Die Satzung kann jedoch von diesem Grundsatz der Gleichbehandlung Ausnahmen vorsehen und bestimmten Mitgliedern oder Gruppen von Mitgliedern ein mehrfaches Stimmrecht verleihen[64]. Dieses sog. **Mehrfachstimmrecht** kann grundsätzlich nur einheitlich ausgeübt werden, falls nicht in der Satzung eine gespaltene Ausübung zugelassen ist[65]. Die grundsätzliche Zulässigkeit des Mehrfachstimmrechts läßt sich als Sonderrecht aus § 35 folgern. Einzelnen Mitgliedern kann durch die Satzung auch ein **Vetorecht** eingeräumt werden. Um die Gleichbehandlung der Mitglieder und die demokratische Ordnung im Verein nicht unnötig zu beeinträchtigen, ist das Mehrfachstimmrecht aber nicht unbegrenzt zulässig, sondern erfordert regelmäßig das Vorliegen eines sachlichen Grundes[66]. Das gilt auf jeden Fall für einen Verein mit einer Monopolstellung[67]. 62

Statt einer Verstärkung des Stimmrechts können auch **Stimmrechtsbeschränkungen** in der Weise vorgesehen sein, daß das Stimmrecht nur unter bestimmten Voraussetzungen (z.B. Zahlung des Beitrags) ausgeübt werden darf[68]. Ob auch einzelne Klassen von Mitgliedern durch die Satzung vom Stimmrecht ausgeschlossen werden können, ist problematisch, kann aber aufgrund der Vereinsautonomie (s. § 9 Rn. 31) in den Grenzen von §§ 134, 138, 242 als Ausnahme vom grundsätzlichen Gleichbehandlungsgebot bei Vorliegen eines sachlichen Grundes zulässig sein. Sieht die Satzung eine solche Klassifizierung der Mitglieder vor, wird man fordern müssen, daß dies dem Mitglied, das zu einer Klasse minderberechtigter Mitglieder gehört, bei seinem Eintritt deutlich ist. Ein Mitglied ist bereits **kraft Gesetzes nicht stimmberechtigt,** wenn die Beschlußfassung die Vornahme eines Rechtsgeschäfts mit ihm selbst oder einen Rechtsstreit zwischen dem Verein und ihm betrifft (§ 34). Darin liegt zugleich ein allgemeiner Grundsatz, der sich in ähnlicher Weise auch in § 136 AktG und § 47 Abs. 4 GmbHG findet. 63

---

zung über weitere Aufgaben oder die einzuschlagenden Wege. – Über die Auslegung von Vereinssatzungen vgl. ebenda S. 250. Die Satzung sei, so sagt der *BGH,* „lediglich aus ihrem Inhalt heraus auszulegen".

[64] H.M., Soergel/*Hadding,* § 32 Rn. 22; MünchKomm/*Reuter,* § 32 Rn. 26; Palandt/*Heinrichs,* § 32 Rn. 1.

[65] Soergel/*Hadding,* § 32 Rn. 24.

[66] Soergel/*Hadding,* § 32 Rn. 22.

[67] S. *BGHZ* 105, 306.

[68] Soergel/*Hadding,* § 32 Rn. 22.

d) Stimmabgabe und Abstimmung

64 Die Stimmabgabe in der Mitgliederversammlung ist eine einseitige **empfangsbedürftige Willenserklärung,** gerichtet an den Versammlungsleiter[69]. Die Stimmabgabe ist im Interesse der Rechtsklarheit bedingungsfeindlich. Obwohl es sich bei der Stimmabgabe um eine Willenserklärung handelt, ist sie kein selbständiges Rechtsgeschäft, weil sie für sich allein, ohne die Stimmen der anderen noch keine Rechtsfolge herbeiführt[70]. Sie zielt auf die Herbeiführung eines gültigen Beschlusses der Versammlung, der auch für solche Vereinsmitglieder, die ihm nicht zugestimmt haben, verbindlich ist.

65 Ein Minderjähriger bedarf der Zustimmung seines gesetzlichen Vertreters. Diese kann analog § 111 nur im voraus erteilt werden; ein Schwebezustand, wie er im Falle des § 108 Abs. 1 entsteht, wäre unerträglich. Der Versammlungsleiter kann demgemäß Vorlegung der Einwilligung der gesetzlichen Vertreter in schriftlicher Form verlangen. Hat der Minderjährige mit abgestimmt und ergibt sich dann, daß es an der notwendigen Einwilligung gefehlt hat, ist zwar seine Stimme ungültig, der gefaßte Beschluß aber nur dann, wenn es nach den Mehrheitsverhältnissen gerade auf die Stimme des Minderjährigen ankommt. In der Einwilligung der gesetzlichen Vertreter, daß der Minderjährige dem Verein beitritt, kann nicht ohne weiteres schon die generelle Einwilligung zur Stimmabgabe für alle Vereinsangelegenheiten gesehen werden[71]. Zum mindesten dürfte es dabei auf das Alter des Minderjährigen ankommen. Die Satzung kann Minderjährige vom Stimmrecht ausschließen.

66 Der **Beschluß** als Ergebnis der Abstimmung, ist ein **Akt kollektiver Willensbildung,** bestehend aus den gebündelten Stimmen, in denen der Gesamtwille zum Ausdruck kommt[72]. Der Beschluß ist ein mehrseitiges Rechtsgeschäft eigener Art, durch den ein mehrgliedriger Personenverband eine vom Gesamtwillen gewollte Rechtsfolge erzeugt. Durch den Vorgang der innerverbandlichen Willensbildung bei der Abstimmung unterscheidet sich der Beschluß vom Vertrag. Während der Beschluß auch bei Abgabe von Gegenstimmen als Mehrheitsentscheidung zustande kommt, erfordert der Vertrag die Zustimmung aller Beteiligten.

e) Ausführung der Beschlüsse

67 Der Beschluß ist zunächst nur ein innerverbandlicher Willensakt. Für die **Ausführung der Beschlüsse** ist dagegen grundsätzlich der Vorstand zuständig, soweit ein Tätigwerden nach außen gegenüber dritten Personen oder auch gegenüber den einzelnen Mitgliedern (z. B. die Einziehung der beschlossenen Beiträge) erforderlich wird. Die Ausführung kann aber insbesondere durch die Satzung einem anderen Vereinsorgan, z. B. einem besonderen Ausschuß, übertragen werden. Die Mitgliederversammlung selbst ist im allgemeinen zu schwerfällig, um ihrerseits Dritten gegenüber handeln zu können. Grundsätzlich ist deshalb die Vertretung des Vereins im rechtsgeschäftlichen Verkehr und vor Gericht Sache des Vorstandes (§ 26 Abs. 2).

68 Wenn daraus aber der Schluß gezogen wird, die Mitgliederversammlung sei zur Vertretung des Vereins überhaupt nicht in der Lage[73], so geht das zu weit. Es wäre z. B. denkbar, daß die

---

[69] Vgl. MünchKomm/*Reuter,* § 32 Rn. 23.

[70] S. Soergel/*Hadding,* § 32 Rn. 25.

[71] S. *Braun,* NJW 1962, 92, der Eltern hierzu befragt hat; a. A. Palandt/*Heinrichs,* § 32 Rn. 8; vermittelnd *Hammelbeck,* NJW 1962, 722; s. auch Soergel/*Hadding,* § 32 Rn. 26 (Auslegungsfrage).

[72] MünchKomm/*Reuter,* § 32 Rn. 23.

[73] So *v. Tuhr,* AT I, § 36 zu Anm. 29. Daß die Vertretungsmacht des Vorstandes, wenn die Satzung nichts anderes bestimmt, nach § 26 eine ausschließliche sei, wie *Oertmann,* 4 a zu § 26 meint, sagt das Gesetz nicht.

Mitgliederversammlung ein Rechtsgeschäft mit einem anwesenden Mitglied auf der Stelle vornimmt, indem sie einen von diesem der Versammlung gemachten Vorschlag in seiner Gegenwart annimmt[74]. Die Erklärung gegenüber dem anwesenden Geschäftsgegner liegt in diesem Fall in der Mitteilung des Abstimmungsergebnisses durch den in ihrem Auftrag handelnden Leiter der Versammlung. Es ist kein Grund ersichtlich, warum es in einem derartigen Falle noch der Abgabe einer Erklärung durch den Vorstand bedürfen sollte, um das Geschäft wirksam werden zu lassen. Allerdings ist die Mitgliederversammlung zur Abgabe von Erklärungen gegenüber einem Abwesenden, einer Behörde, vor einem Gericht oder Notar nicht imstande. Selbst wenn alle anwesenden Mitglieder die von der Versammlung beschlossene schriftliche Erklärung unterzeichnet hätten, vermöchte ein nicht in der Versammlung anwesender Dritter nicht zu erkennen, ob die Versammlung ordnungsgemäß berufen, der Beschluß ordnungsgemäß gefaßt war. Für die Vornahme eines Rechtsgeschäfts mit Abwesenden kann man daher die Mitgliederversammlung nicht als zuständig erachten.

2. Der Vorstand

a) Vertretungsberechtigtes Vereinsorgan

Der Vorstand ist dasjenige Vereinsorgan, dem grundsätzlich die **Vertretung des Vereins nach außen** gegenüber Dritten im rechtsgeschäftlichen Verkehr, gegenüber Behörden und vor Gericht obliegt. Er kann eine einzelne Person sein oder aus mehreren Personen bestehen (§ 26 Abs. 1 Satz 2). Der Vorstand ist ein notwendiges, vom Gesetz zwingend vorgeschriebenes Organ (§ 26 Abs. 1 Satz 1). Dies gilt für alle juristischen Personen, die ohne Vertretungsorgan nicht nach außen gegenüber Dritten rechtsgeschäftlich handeln können (s. etwa § 78 Abs. 1 AktG und § 35 Abs. 1 GmbHG). Der Vorstand hat jeweils „die Stellung eines gesetzlichen Vertreters" (§ 26 Abs. 2 Satz 1). Dies gilt entsprechend für den Vorstand der AG und den Geschäftsführer einer GmbH[75]. Das bedeutet, daß das Recht der Stellvertretung nach §§ 164ff. anzuwenden ist und demgemäß alle vom Vorstand im Namen des Vereins abgegebenen Willenserklärungen den Verein, nicht die Vorstandsmitglieder persönlich, berechtigen und verpflichten (s. § 164 Abs. 1)[76]. Mietet etwa der Vorstand für den Verein Räume an, so ist der Verein als solcher und nicht der Vorstand oder das einzelne Vorstandsmitglied als Mieter anzusehen. 69

b) Interne Beschlußfassung des Vorstands

Beim Handeln des Vorstands ist von der Vertretung nach außen die Beschlußfassung **innerhalb des Vorstands als Gesamtorgan** zu unterscheiden. Besteht der Vorstand aus mehreren Personen, so erfolgt die Beschlußfassung im Innenverhältnis nach den für die Beschlüsse der Mitglieder des Vereins geltenden Vorschriften der §§ 32, 34 (§ 28 Abs. 1). Es entscheidet also, sofern die Satzung nichts anderes bestimmt, grundsätzlich die **Mehrheit der Stimmen** der zu der ordnungsgemäß einberufenen Vorstandssitzung erschienenen Vorstandsmitglieder. Abweichende Regelungen der Satzung sind in das Vereinsregister einzutragen (§ 64). Dafür gilt nach § 70 mit § 68 wiederum die negative Publizität des Vereinsregisters (s. oben Rn. 54). Die Beschlußfassung innerhalb des Vorstands hat aber ebenso wie die Geschäftsführungsbefugnis des Vorstands im Verhältnis zum Verein (s. unten Rn. 76) grundsätzlich nur interne Bedeutung und entfaltet keine unmittelbare Wirkung gegenüber Dritten. Des- 70

[74] So auch Erman/*Westermann*, § 32 Rn. 1.
[75] S. z.B. *Hüffer*, AktG, 5. Aufl. 2002, § 78 Rn. 3.
[76] *Reichert*, Rn. 1389.

halb hängt die Vertretungsmacht eines einzelvertretungsberechtigten oder zweier gesamtvertretungsberechtigter Vorstandsmitglieder nicht von einer vorgängigen Beschlußfassung durch den Gesamtvorstand ab[77]. Die Vorstandsmitglieder, die von ihrer Vertretungsmacht entgegen einem internen Vorstandsbeschluß Gebrauch machen, können aber ebenso wie bei Nichtbeachtung ihrer Geschäftsführungsbefugnis (s. unten Rn. 76) dem Verein zum Schadensersatz verpflichtet sein. Erkennt der außenstehende Dritte, daß der vertretungsberechtigte Vorstand entgegen einer internen Beschlußfassung handelt, so ist das Rechtsgeschäft wegen Mißbrauchs der Vertretungsmacht unwirksam, wenn es dem Verein nachteilig ist (s. zum Mißbrauch im einzelnen unten § 46 Rn. 135ff.).

c) Arten der Vertretungsmacht

71 Es fehlt im Gesetz eine Bestimmung darüber, ob nur alle oder mehrere Vorstandsmitglieder zusammen für den Verein ein Rechtsgeschäft vorzunehmen vermögen **(Gesamtvertretung)** oder ob jedes Mitglied des Vorstandes allein dazu berechtigt ist **(Einzelvertretung).** Das Gesetz sieht in § 28 Abs. 2 nur die passive **Einzelvertretungsmacht** jedes einzelnen Vorstandsmitglieds **zur Empfangnahme** von gegenüber dem Verein abzugebenden Willenserklärungen vor. Der Vermieter kann deshalb das Mietverhältnis mit dem Verein auf jeden Fall schon dadurch kündigen, daß er die Kündigung nur einem Vorstandsmitglied gegenüber erklärt. Darin kommt zugleich ein allgemeiner Grundsatz zum Ausdruck (s. unten § 46 Rn. 34). Die passive Vertretungsmacht zur Empfangnahme gemäß § 28 Abs. 2 kann nach § 40 in der Satzung nicht abbedungen werden.

72 Dagegen kann die Satzung hinsichtlich der aktiven Vertretung, d.h. der **Vertretung bei der Abgabe einer Erklärung** für den Verein, jede denkbare Bestimmung treffen. Es kann z.B. jedem Vorstandsmitglied Einzelvertretungsmacht eingeräumt werden, oder es kann Gesamtvertretungsmacht für alle oder für mehrere zusammen vorgesehen werden. Die Gesamtvertretung kann auch auf besonders wichtige Geschäfte begrenzt werden. Schweigt die Satzung, so nimmt die h.L. an, daß dann die Mehrheit der abstimmenden Vorstandsmitglieder gemäß § 28 Abs. 1 zur Vertretung gegenüber Dritten berechtigt ist. Es müßten danach so viele Vorstandsmitglieder bei der Erklärung zusammenwirken, wie es der Mehrheit der bei der Beschlußfassung anwesenden Vorstandsmitglieder entspricht[78]. Das ist jedoch unpraktisch[79], weil der Dritte, dem gegenüber das Rechtsgeschäft wirksam sein soll, nicht zu erkennen vermag, wie viele Vorstandsmitglieder an dem fraglichen Beschluß mitgewirkt haben und wie groß daher die zur Gültigkeit der Erklärung erforderliche Zahl der Vorstandsmitglieder ist. Deshalb ist im Interesse der Rechtssicherheit anzunehmen, daß bei Schweigen der Satzung die Mitwirkung der Mehrzahl der satzungsmäßig vorgesehenen Vorstandsmitglieder, deren Zahl der Dritte aus dem Vereinsregister zu ersehen vermag, erforderlich und genügend ist.

73 Wenn demgegenüber darauf hingewiesen wird, daß die in § 70 mit § 68 Satz 2 vorgeschriebene Eintragung einer von § 28 Abs. 1 abweichenden Regelung der Beschlußfassung in das

---

[77] Vgl. *BGHZ* 69, 250; s. zur Gesamtvertretung sogleich Rn. 71 und unten § 46 Rn. 31 ff.

[78] *Enneccerus/Nipperdey,* AT, § 109 Anm. 19; *Oertmann,* 1 b β; *Köhler,* AT, § 21 Rn. 20ff. Nach *Hübner,* AT, Rn. 139 soll es dagegen zur Abgabe der Erklärung im Zweifel der Mitwirkung aller Vorstandsmitglieder, auch der bei der Beschlußfassung überstimmten, bedürfen.

[79] So zu Recht *v. Tuhr,* AT I, § 37 Anm. 52; Soergel/*Hadding,* § 26 Rn. 16.

Vereinsregister sinnlos wäre, wenn nicht die gleiche Regelung auch für die Vornahme des Rechtsgeschäfts gegenüber dem Dritten gelte, so ist darauf zu sagen, daß die Eintragung in das Register den Dritten nicht zu schützen vermag, weil die Anwesenheit bei der Beschlußfassung aus dem Vereinsregister nicht ersichtlich ist. Der Gesetzgeber hat die Frage offenbar nicht durchdacht. Die Lücke im Gesetz ist so auszufüllen, daß die Zwecke des Gesetzes, nämlich einerseits das Mehrheitserfordernis zu wahren, anderseits dem Dritten die Möglichkeit zur Information aus dem Vereinsregister zu geben, erreicht werden. Dies ist dann der Fall, wenn auf die Mehrheit der in der Satzung vorgesehenen und im Vereinsregister eingetragenen Vorstandsmitglieder abgestellt wird. Die umständliche Abgabe der Erklärung durch mehrere Vorstandsmitglieder kann dadurch ersetzt werden, daß der Vorstand im Einzelfall beschließt, ein Vorstandsmitglied zur Vornahme dieses Rechtsgeschäfts zu bevollmächtigen. Allerdings ist dann bei einem einseitigen Rechtsgeschäft § 174 anzuwenden: der andere Teil kann es zurückweisen, wenn das bevollmächtigte Vorstandsmitglied ihm seine Vollmacht nicht durch eine von der Mehrheit der Vorstandsmitglieder unterschriebene Urkunde nachweist.

d) Umfang der Vertretungsmacht

Der Umfang der Vertretungsmacht des Vorstandes berechtigt grundsätzlich zu **allen** 74
für die Vereinsgeschäfte **erforderlichen Handlungen.** Der Umfang ist jedoch nicht gesetzlich zwingend festgelegt, sondern kann **durch die Satzung beschränkt** werden (§ 26 Abs. 2 Satz 2). Die Vertretungsmacht des Vorstandes allein kann insbesondere für Risikogeschäfte ausgeschlossen und an die vorherige Zustimmung der Mitgliederversammlung gebunden werden, so z.B. für die Übernahme einer Bürgschaft, die Eingehung von Wechselverbindlichkeiten, den An- und den Verkauf von Aktien und anderes. Satzungsbestimmungen, die den Umfang der Vertretungsmacht des Vorstandes beschränken, sind nach § 64 Satz 2 in das Vereinsregister einzutragen. Sie können einem Dritten nur dann entgegengesetzt werden, wenn sie eingetragen sind oder wenn dieser sie bei der Vornahme des Rechtsgeschäfts kennt (§ 70 mit § 68). Nach h.L.[80] umfaßt die Vertretungsmacht auch nicht solche Geschäfte, deren Vornahme für Dritte offensichtlich **außerhalb des Vereinszwecks** liegt.

Beispiel: Der Vorstand eines Vereins zur Unterstützung notleidender Künstler kann also aus 75
dem Vereinsvermögen unentgeltliche Zuwendungen wohl an Künstler und etwa noch an deren in Not geratene Angehörige oder Hinterbliebene, nicht aber an andere Personen machen, die zu dem Personenkreis, der durch den Zweck des Vereins begründet wird, in keiner Beziehung stehen. Bei solchen Geschäften handelt der Vorstand deshalb gemäß §§ 177–179 als Vertreter ohne Vertretungsmacht (dazu unten § 49). Eine Beschränkung der Vertretungsmacht sollte jedoch nur angenommen werden, soweit das Handeln des Vorstands allgemein, für jeden vernünftigen Dritten offenkundig dem Vereinszweck widerspricht, weil eine solche Beschränkung im Interesse der Rechtssicherheit allgemein erkennbar sein und eindeutig feststehen muß, wie die Vorschriften über die Beschränkung der Vertretungsmacht durch Satzung deutlich machen. Ist das dem Vereinszweck widersprechende Handeln nicht eindeutig und allgemein erkennbar und konnte statt dessen nur der konkrete Geschäftspartner aufgrund seiner speziellen Kenntnisse dies erkennen, so kann das Handeln des Vorstands gegenüber diesem Geschäftspartner nach den Grundsätzen über den Mißbrauch der Vertretungsmacht (dazu unten § 46 Rn. 135ff.) unwirksam sein[81]. Dabei muß dem Dritten als Geschäftspartner nicht notwendig die positive Kenntnis des Mißbrauchs nachgewiesen werden. Es genügt, daß er angesichts der konkreten Umstände begründeten Verdacht schöpfen mußte[82].

---

[80] Vgl. *v. Tuhr,* AT I, § 37 zu Anm. 34; *Enneccerus/Nipperdey,* AT, § 109 II Anm. 21; *Oertmann,* Anm. 4a, Erman/*Westermann,* § 26 Rn. 4; Palandt/*Heinrichs,* § 26 Rn. 5; *Hübner,* AT, Rn. 140. Dagegen Soergel/*Hadding,* § 26 Rn. 20; *K. Schmidt,* AcP 184 (1984), 529; *Köhler,* AT, § 21 Rn. 25; s. zur Verbindung mit der ultra-vires-Lehre oben Rn. 15.

[81] In allen Fällen nur diese Grundsätze anwendend *K. Schmidt,* AcP 184 (1984), 529; Soergel/*Hadding,* § 26 Rn. 20; *Köhler,* AT, § 21 Rn. 21f.

[82] *BGHZ* 50, 114.

e) Interne Geschäftsführungsbefugnis

76 Von der Vertretung des Vereins durch den Vorstand nach außen gegenüber Dritten ist dessen Befugnis zur Geschäftsführung **im Innenverhältnis zum Verein** zu unterscheiden. Sie ergibt sich aus dem Rechtsverhältnis, das zwischen dem einzelnen Vorstandsmitglied und dem Verein besteht, und betrifft jede Art von Tätigkeit, die der Vorstand im Interesse des Vereins ausübt, mag sie nach außen wirken oder nicht. Ihre Grundlage findet sie im organschaftlichen Bestellungsakt (s. unten Rn. 78) unabhängig vom jeweiligen Anstellungsverhältnis[83]. Der Inhalt und der Umfang der Geschäftsführungsbefugnis können in der Satzung im einzelnen geregelt sein. Sie brauchen inhaltlich nicht mit der Vertretungsmacht im Außenverhältnis übereinzustimmen. Insbesondere kann die Geschäftsführungsbefugnis enger gefaßt sein als die Vertretungsmacht, so daß der Vorstand im Außenverhältnis mehr kann, als er im Innenverhältnis gegenüber dem Verein darf. Nimmt er ein Geschäft trotz nicht bestehender Geschäftsführungsbefugnis vor, so ist dieses wirksam, sofern nur die Vertretungsmacht besteht und nicht ein Fall des Mißbrauchs der Vertretungsmacht (dazu unten § 46 Rn. 135ff.) vorliegt. Im übrigen ist er bei Verstoß gegen seine Geschäftsführungsbefugnis nur dem Verein zum Schadensersatz verpflichtet.

77 Im Zweifel finden auf den Inhalt und den Umfang der Geschäftsführungsbefugnis die für den Auftrag geltenden Vorschriften der §§ 664ff. entsprechende Anwendung (§ 27 Abs. 3). Die Vorstandsmitglieder sind danach dem Verein gegenüber zur ordnungsmäßigen Besorgung der ihnen obliegenden Angelegenheiten verpflichtet; sie haften dem Verein auf Schadensersatz, wenn sie dieser Verpflichtung schuldhaft zuwiderhandeln und der Verein dadurch einen Schaden erleidet. Sie sind an Weisungen der Mitgliederversammlung gebunden; ferner haben sie dieser oder einem von der Satzung vorgesehenen Aufsichtsrat Auskunft zu geben und Rechenschaft abzulegen (§ 666). Für Aufwendungen, die sie den Umständen nach für erforderlich halten dürfen, können sie Ersatz verlangen (§ 670).

f) Bestellung und Abberufung des Vorstands

78 Die **Bestellung** zum Vorstand erfolgt, wenn in der Satzung nichts anderes bestimmt ist (§ 40), **durch die Mitgliederversammlung** (§ 27 Abs. 1). Die Bestellung ist der Akt, der die organschaftliche Rechtsstellung als Vorstandsmitglied begründet und zugleich die durch Satzung oder Gesetz bestimmte Geschäftsführungsbefugnis und Vertretungsmacht verleiht. Die Bestellung ist ein **Vertrauensakt.** Dem entspricht es, daß die Mitglieder des Vorstandes ihre Aufgaben im Zweifel persönlich wahrzunehmen haben, deren Ausführung also nicht einem Dritten übertragen dürfen (s. § 664). Allerdings ist es ihnen nicht verwehrt, sich dabei eines oder mehrerer Gehilfen zu bedienen. Die Eintragung der Bestellung in das Vereinsregister gemäß § 59 Abs. 2 Nr. 2 hat nur deklaratorische Bedeutung.

79 Die Begründung der organschaftlichen Stellung, die auch nach außen wirkt, ist zu unterscheiden von einem etwaigen **Anstellungsvertrag,** den der Verein mit seinem Vorstandsmitglied schließt. Der Anstellungsvertrag, der entgeltlicher Dienstvertrag oder unentgeltlicher Auftrag sein kann, regelt die Rechte und Pflichten im Innenverhältnis zwischen Vorstand und Verein. Wird ein Anstellungsvertrag nicht geschlossen, so ist nach § 27 Abs. 3 das Recht des Auftrags kraft Gesetzes anzuwenden (s. oben Rn. 76).

80 Der Vertrauensstellung, die dem Vorstand zukommt, entspricht es, daß der Gesamtvorstand oder ein einzelnes Vorstandsmitglied jederzeit **durch die Mitgliederver-**

[83] S. MünchKomm/*Reuter,* § 27 Rn. 20; Soergel/*Hadding,* § 27 Rn. 21.

sammlung abberufen werden kann (§ 27 Abs. 2 Satz 1). Durch die Abberufung verliert das Vorstandsmitglied die Befugnis, in den Angelegenheiten des Vereins tätig zu werden, insbesondere auch die Vertretungsmacht. Dagegen bleibt ein etwa zwischen ihm und dem Verein geschlossener Anstellungsvertrag, aus dem das Vorstandsmitglied z.B. eine Vergütung beanspruchen kann, grundsätzlich unberührt. Der Anstellungsvertrag kann nur durch Ablauf der vorgesehenen Zeit oder durch eine ordentliche fristgebundene Kündigung oder bei Vorliegen eines wichtigen Grundes auch durch eine außerordentliche fristlose Kündigung beendet werden. Die Widerruflichkeit der Bestellung zum Vorstand kann durch die Satzung auf den Fall beschränkt werden, daß hierfür ein wichtiger Grund vorliegt; ein solcher ist insbesondere eine grobe Pflichtverletzung sowie „Unfähigkeit zur ordnungsgemäßen Geschäftsführung" (§ 27 Abs. 2 Satz 2). In derartigen Fällen ist auch der Anstellungsvertrag wegen wichtigen Grundes ohne Einhaltung einer Kündigungsfrist kündbar (§ 626).

Ist der Verein z.B. wegen Abberufung oder Tod aller Vorstandsmitglieder zeitweise ohne Vorstand oder, da es an der erforderlichen Zahl der Vorstandsmitglieder fehlt, ohne handlungsfähigen Vorstand, so kann auf Antrag eines Beteiligten das Amtsgericht bis zur Behebung des Mangels die erforderliche Zahl von „Notvertretern" bestellen, wenn ein „dringender Fall" vorliegt (§ 29)[84]. Um einen solchen Fall handelt es sich, wenn eine Erklärung gegenüber dem Verein vorgenommen werden soll und kein einziger Vertreter vorhanden ist, demgegenüber sie abgegeben werden könnte, oder wenn zur Ausführung eines Beschlusses der Mitgliederversammlung ein Rechtsgeschäft vorgenommen werden muß, das keinen Aufschub duldet. Beteiligter ist im zweiten Fall jedes Vereinsmitglied. **81**

3. Sonstige Organe

Durch die Satzung können weitere Vereinsorgane vorgesehen werden. Es kann sich **82** hierbei um solche Organe handeln, deren Tätigkeit sich darauf beschränkt, bei der inneren Ordnung der Vereinsangelegenheiten mitzuwirken, wie z.B. ein Aufsichtsrat oder Beirat als **Kontrollorgan,** das lediglich den Vorstand beraten oder überwachen und der Mitgliederversammlung Bericht erstatten soll. Meist aber wird es sich um Organe handeln, die innerhalb eines ihnen durch die Satzung zugewiesenen bestimmten Wirkungskreis auch nach außen für den Verein handeln sollen. Das Gesetz bezeichnet sie als **besondere Vertreter** (§ 30 Satz 1).

Beispiele: Der Verein kann etwa einen besonderen Vertreter haben für die Herausgabe der **83** Vereinszeitschrift, für Kontakte zur Presse, für die Leitung einer Jugendgruppe, einer Sportabteilung und anderer mehr. Soweit die ihm zugewiesene Tätigkeit den Abschluß von Rechtsgeschäften für den Verein erforderlich macht, hat der besondere Vertreter im Zweifel Vertretungsmacht für „alle Rechtsgeschäfts, die der ihm zugewiesene Geschäftskreis gewöhnlich mit sich bringt" (§ 30 Satz 2). Daß die ihm zugewiesene Aufgabe überhaupt den Abschluß von Rechtsgeschäften mit sich bringt, ist indes für die Stellung als besonderer Vertreter nicht erforderlich. Die Rechtsprechung sieht vielmehr die Hauptbedeutung der Stellung als besonderer Vertreter in der sich aus § 31 ergebenden Haftung des Vereins für schädigende Handlungen solcher Vertreter.

4. Die Haftung des Vereins für seine Organe

Dem Verein werden **Willenserklärungen,** die von seinen vertretungsberechtigten **84** Organen, insbesondere vom Vorstand im Namen des Vereins abgegeben werden, nach

---

[84] Für die entsprechende Anwendung des § 29 auf nicht rechtsfähige Vereine, MünchKomm/*Reuter,* § 29 Rn. 2; Palandt/*Heinrichs,* § 29 Rn. 1; *LG Berlin* NJW 1970, 1047.

§ 164 zugerechnet (s. oben Rn. 69). Auch **Wissen** der Organe wird dem Verein gemäß § 166 Abs. 1 zugerechnet und wie eigenes Wissen des Vereins behandelt (s. unten § 46 Rn. 94ff.). Darüber hinaus wird dem Verein auch sonstiges Verhalten seiner vertretungsberechtigten Organe zugerechnet. **Besitz,** den die Vereinsorgane in ihrer Eigenschaft als Organe ausüben, wird als Besitz des Vereins angesehen[85] und muß deshalb vom Verein und nicht von der Organperson z.B. nach § 985 herausverlangt werden. Für **schädigende Handlungen,** mit denen ein vertretungsberechtigtes Organ in Ausführung der ihm zustehenden Verrichtungen einem Dritten einen Schaden zufügt, ist der Verein **nach § 31 verantwortlich.**

a) Haftung aus § 31 für alle Schadensersatzansprüche

85 Die Haftung aus § 31 gilt für alle Schadensersatzansprüche. Es werden sowohl **vertragliche Schadensersatzansprüche** aus §§ 280ff. wegen Unmöglichkeit, Verzug und positiver Vertragsverletzung erfaßt als auch **gesetzliche Schadensersatzansprüche** z.B. aus § 823, aus § 228 Satz 2 oder aus Verschulden bei den Vertragsverhandlungen nach § 311 Abs. 2 mit § 280 und § 282. Die Haftung aus § 31 für die Organe tritt an die Stelle der Haftung aus § 278[86]. Die Unterscheidung ist wichtig, weil die Haftung des Vereins aus § 31 sich auch auf Schadensersatzansprüche ohne Verschulden erstreckt, wie z.B. Ansprüche aus §§ 122, 231, 904. Auch kann die Haftung für Vorsatz nicht wie bei Erfüllungsgehilfen nach § 278 Satz 2 ausgeschlossen werden. Die Haftung aus § 31 ist gemäß § 40 nicht durch die Satzung abdingbar. Es kann aber durch vertragliche Vereinbarung mit dem Geschäftspartner die Haftung wie für das eigene Verschulden einer natürlichen Person unter Beachtung der bei AGB durch die §§ 307ff. gezogenen Schranken für Fahrlässigkeit ausgeschlossen oder beschränkt werden.

86 **Beispiele:** Wer durch eine unerlaubte Handlung eines Vereinsorgans in seinen Rechten verletzt und dadurch geschädigt wird, kann Schadensersatz gemäß § 823 Abs. 1 nicht nur von dem handelnden Organ persönlich, sondern auch vom Verein aus dessen Vermögen verlangen, wenn das Organ schuldhaft in Ausführung einer Verrichtung für den Verein gehandelt hat. Der Verein haftet auch nach § 122, wenn der Vorstand als Organ eine Willenserklärung für den Verein abgegeben hat und diese Erklärung später wegen Irrtums anficht. Der Verein haftet grundsätzlich ebenfalls aus § 179, wenn er als Vertreter für einen anderen auftritt und dabei der Vorstand für ihn handelt. Die Haftung nach § 31 tritt auch dann ein, wenn von mehreren Vorstandsmitgliedern, die nur als Gesamtvertreter handeln können, nur ein Vorstandsmitglied einen Außenstehenden schädigt. Die Anwendung von § 31 auf Schadensersatzansprüche aus § 179 darf allerdings nicht dazu führen, daß der Verein so haftet, als wenn der nicht alleinvertretungsberechtigte Vorstand Vertretungsmacht hätte[87], weil sonst die Beschränkung der Vertretungsmacht wirkungslos wäre. Es kann aber eine Haftung aus Anscheinsvollmacht (s. unten § 48 Rn. 25ff.) in Betracht kommen. Die Haftung des Vereins kann sich ferner aus § 31 mit § 823 Abs. 2 BGB und § 263 StGB ergeben, wenn das Vorstandsmitglied eine Alleinvertretungsmacht betrügerisch vortäuscht. Diese Haftung führt zu keiner Umgehung der Gesamtvertretungsmacht, weil § 31 gerade auch die Haftung für das einzelne Vorstandsmitglied vorsieht und die deliktische Haftung sich von der vertraglichen Bindung bei wirksamer Gesamtvertretung unterscheidet[88]. Auch kann dem Geschäftspartner, der sich nicht über die Vertretungsmacht vergewissert, insbesondere wenn sie im Handelsregister eingetragen ist, ein Mitverschulden nach § 254 anzulasten sein.

---

[85] S. *BGHZ* 57, 166; *M. Wolf,* Sachenrecht, Rn. 193.

[86] Soergel/*Hadding,* § 31 Rn. 4; a.A. *Flume,* AT I 1, § 11 III 5; *Medicus,* AT, Rn. 1135, die insoweit § 278 anwenden.

[87] Vgl. MünchKomm/*Reuter,* § 31 Rn. 34.

[88] *BGH* NJW 1986, 2941, 2941.

b) Geltung für alle juristischen Personen und Sondervermögen

§ 31 gilt nach § 86 ausdrücklich auch für die selbständige Stiftung und nach § 89 für **87** den Fiskus, d. h. für den Staat, soweit er als Privatrechtssubjekt am privaten Rechtsverkehr teilnimmt, sowie für Körperschaften, Stiftungen und Anstalten des öffentlichen Rechts. § 31 enthält darüber hinaus einen **allgemeinen Grundsatz des Körperschaftsrechts,** der auf alle juristischen Personen und darüber hinaus auf die OHG, die KG, die Vor-GmbH und den nicht eingetragenen Verein entsprechend angewandt wird[89]. Der Grundgedanke von § 31 ist, daß die Handlungen, die ein Organ im Rahmen der ihm übertragenen Aufgabe vornimmt, dem dahinter stehenden Vermögensträger zuzurechnen sind. Vertretungsmacht ist dazu nicht erforderlich[90]. Die Rechtsprechung will diese Zurechnung auf juristische Personen und körperschaftlich strukturierte Verbände begrenzen[91], weicht aber bereits mit der Anwendung auf die OHG und KG als Personengesellschaften, die nicht körperschaftlich strukturiert sind (s. oben § 9 Rn. 35, 44ff.), von dem selbst gewählten Ausgangspunkt ab. Richtigerweise ist der Grundgedanke von § 31 darin zu sehen, daß er eine Haftungszurechnung für **alle Sondervermögen** begründen will, die als selbständige Haftungs- und Vollstreckungseinheit anerkannt sind und für die im Rechtsverkehr Organe auftreten, die mit Handlungsbefugnissen gerade für das jeweilige Sondervermögen ausgestattet sind[92]. Da neben juristischen Personen auch die Gesamthandsgemeinschaften (s. oben § 9 Rn. 34, 38, 46) solche Sondervermögen bilden, ist § 31 neben der OHG und KG auch auf die GbR[93] und auf die Erbengemeinschaft[94] analog anzuwenden. Ebenso ist es gerechtfertigt, § 31 analog auf den Insolvenzverwalter[95] sowie auf den Testamentsvollstrecker anzuwenden, soweit diese Personen für die Insolvenzmasse bzw. den Nachlaß als Sondervermögen handeln. Nicht anwendbar ist § 31 dagegen auf den Verwalter der Wohnungseigentümergemeinschaft, da es insoweit an einem Sondervermögen fehlt[96]. Die analoge Anwendung von § 31 auf Sondervermögen rechtfertigt sich daraus, daß diesen Sondervermögen die Verwaltungshandlungen ihrer Organe zugute kommen und sie deshalb auch für die in Ausübung dieser Verwaltung begangenen schadensersatzpflichtigen Handlungen einstehen sollen[97].

c) Haftung für Organe und andere selbständig Handlungsberechtigte

Hinsichtlich der **handelnden Personen** verlangt § 31 eine Handlung des Vorstan- **88** des, eines Mitglieds des Vorstandes[98] oder eines anderen verfassungsmäßig berufenen

---

[89] *Martinek,* aaO, S. 107ff.; *Medicus,* Bürgerl. Recht, Rn. 795; MünchKomm/*Reuter,* § 31 Rn. 8ff.; *Flume,* AT I 1, S. 319, 322; für OHG und KG schon *RGZ* 76, 48; *BGH* NJW 1952, 538.
[90] S. *BGHZ* 98, 148, 151.
[91] *BGHZ* 45, 311, 312.
[92] *Wiedemann,* Gesellschaftsrecht Bd. I, 1980 S. 264; *M. Wolf,* AcP 181 (1981), 480, 505.
[93] So die inzwischen überwiegende Meinung in der Literatur. Soergel/*Hadding,* § 31 Rn. 7; MünchKomm/*Ulmer,* § 705 Rn. 218f.; *K. Schmidt,* Gesellschaftsrecht, § 60 II 4; *Wiedemann,* Gesellschaftsrecht I, S. 264; a. A. immer noch die Rspr. *BGHZ* 45, 311; *BGH* NJW 1975, 574.
[94] Soergel/*M. Wolf,* § 2038 Rn. 8; MünchKomm/*Reuter,* § 31 Rn. 11; *Martinek,* Repräsentantenhaftung, S. 131f.; *K. Schmidt,* NJW 1985, 2789; a. A. Soergel/*Hadding,* § 31 Rn. 8
[95] So zu Recht *Bötticher,* ZZP 77 (1964), 55, 71; Palandt/*Heinrichs,* § 31 Rn. 3; MünchKomm/*Reuter,* § 31 Rn. 12.
[96] S. auch *OLG Karlsruhe OLGZ* 1985, 146; a. A. MünchKomm/*Reuter,* § 31 Rn. 8.
[97] Zu diesem Argument bei juristischen Personen *BGH* NJW 1986, 2941, 2943.
[98] H. M. s. etwa *BGH* NJW 1952, 537, 538; 1973, 456; 1986, 2941; Palandt/*Heinrichs,* § 31 Rn. 5; Soergel/*Hadding,* § 31 Rn. 9; *K. Schmidt,* Gesellschaftsrecht, § 10 IV 2 c.

Vertreters. Zu den verfassungsmäßig berufenen Vertretern gehören auf jeden Fall die gemäß § 30 durch die Satzung berufenen besonderen Vertreter. Die Rechtsprechung hat den Begriff des **verfassungsmäßig berufenen Vertreters** darüber hinaus weit ausgelegt[99]. Es genügt, „daß dem Vertreter durch die allgemeine Betriebsregelung und Handhabung bedeutsame, wesensmäßige Funktionen der juristischen Person zur selbständigen, eigenverantwortlichen Erfüllung zugewiesen sind" und er dabei die juristische Person nach außen hin repräsentiert[100]. Statt auf die Verankerung in der Satzung ist auf die Bedeutsamkeit der Funktion für die **Wahrnehmung der satzungsgemäßen Aufgaben** und auf eine gewisse **Selbständigkeit des Vertreters** abzustellen. Daraus ergibt sich eine weitgehende Ähnlichkeit zum Begriff des leitenden Angestellten im Arbeitsrecht, insbesondere gemäß § 5 Abs. 3 BetrVG[101]. Auch wenn dies über den Wortlaut von § 31 hinausgeht, so ist diese Ausdehnung doch im Wege der Analogie gemäß dem Grundgedanken von § 31 (s. oben Rn. 87) gerechtfertigt[102]. § 31 ist **nicht auf rechtsgeschäftlich tätige Personen beschränkt.** Nicht erforderlich ist insbesondere, daß der besondere Vertreter mit rechtsgeschäftlicher Vertretungsmacht ausgestattet, also auch Vertreter im Sinne der §§ 164ff. ist[103]. Es genügt, wenn ihm ein selbständiger Wirkungskreis auch ohne Vertretungsmacht zugewiesen ist.

89 **Beispiele:** Als verfassungsmäßig berufene Vertreter wurden anerkannt der Filialleiter einer Auskunftei, der leitende Arzt eines Krankenhauses, soweit er im medizinischen Bereich, in dem er keinen Weisungen unterliegt, tätig wird und die Mitglieder des Direktoriums einer Bank, auch wenn deren Präsident ihnen gegenüber weisungsberechtigt ist[104].

d) Handeln in Ausführung der zustehenden Verrichtungen

90 § 31 setzt voraus, daß die Handlung des Organs in Ausführung der ihm zustehenden Verrichtungen begangen worden ist. Dies trifft zu, wenn die Handlung im Zusammenhang mit einer in den **Wirkungsbereich des Organs** fallenden Tätigkeit vorgenommen wurde. Das ist der Fall bei unsorgfältiger Ausführung einer solchen Tätigkeit, aber auch bei Überschreiten der Vertretungsmacht, solange diese nicht offenkundig ist. Abzustellen ist nicht darauf, ob die im Einzelfall vorgenommene Verrichtung pflichtwidrig ist, sondern darauf, ob die Handlung mit dem dem Organ generell zugewiesenen Wirkungskreis[105] in einer inneren Verbindung steht.

91 **Beispiele:** Der Vorstand eines Sportvereins unterläßt es, bei der Durchführung einer Sportveranstaltung die notwendigen Absperrungsmaßnahmen durchzuführen, um eine Überfüllung der Tribüne zu verhindern. Ein Handeln in Ausführung der Verrichtung liegt auch vor, wenn der Vertreter den Geschäftsgegner täuscht, um ihn zum Abschluß eines Geschäfts mit dem Verein zu bewegen, oder wenn er eine den Verein treffende Verpflichtung, deren Erfüllung in seinen Aufgabenbereich fällt, schuldhaft verletzt. – Der Vorstand handelt dagegen **nicht** in Ausführung der Verrichtung, wenn er die ihm durch seine Tätigkeit für den Verein gegebene Gelegenheit dazu benutzt, eine nur seinen eigenen Nutzen bezweckende Handlung vorzunehmen, die außerhalb der ihm übertragenen Aufgaben liegt. So haftet der Verein nicht, wenn der Vertreter bei Gelegenheit einer von ihm für den Verein geführten Vertragsverhandlung den

---

99 Dazu *Martinek,* aaO, S. 134ff.

100 *BGHZ* 49, 19, 21; *BGH* NJW 1998, 1854, 1856

101 MünchKomm/*Reuter,* § 31 Rn. 14; Soergel/*Hadding,* § 31 Rn. 10.

102 Vgl. auch Soergel/*Hadding,* § 31 Rn. 10; *Martinek,* aaO, S. 183f.

103 *BGH* NJW 1986, 2941 m. w. N.

104 *BGHZ* 49, 19; 77, 74, 79; *BGH* LM § 31 BGB Nr. 17; *OLG Köln,* NJW 1972, 1950. Bedenken gegen die Rspr. äußert *Martinek,* aaO, S. 143ff.

105 *BGH* NJW 1986, 2941, 2942.

Geschäftspartner bestiehlt oder wenn er die durch seine Tätigkeit als Vereinsorgan erlangten Kenntnisse dazu benutzt, um jemanden zu erpressen.

Die Rechtsprechung hat eine den Verein oder die sonstige juristische Person gemäß § 31 ersatzpflichtig machende Unterlassung eines Organs vielfach schon darin gesehen, daß die Mitgliederversammlung oder das für die Gesamtorganisation des Vereins zuständige Organ es versäumt hat, für besonders verantwortungsvolle, einer selbständigen Leitung bedürftige Tätigkeitsbereiche besondere Vertreter zu bestellen, für die, wenn sie bestellt worden wären, die Haftung gemäß den §§ 30, 31 gegeben wäre. Man spricht in solchen Fällen von einem **Organisationsmangel,** den die juristische Person gemäß § 31 zu vertreten hat[106]. Dem Verein wird damit eine Rechtspflicht zur Bestellung besonderer Vertreter für alle Angelegenheiten von einiger Wichtigkeit auferlegt, die der Vorstand allein nicht zu übersehen und zu kontrollieren vermag. Daran ist Kritik geäußert worden[107]. Es widerspricht aber nicht der Vereinsautonomie, wenn der Verein für die Tätigkeitsfelder, die er nach wie vor frei wählen kann, eine ordnungsgemäße Organisation mit dafür verantwortlichen Personen bereit stellen muß. Angesichts der weiten Auslegung des verfassungsmäßigen Vertreters, der nicht in der Satzung vorgesehen sein muß, ist eine die Haftung nach § 31 begründende Person im Regelfall vorhanden, so daß es insoweit nicht mehr des Rückgriffs auf einen Organisationsmangel bedarf. 92

II. Die Mitgliedschaft

1. Rechte und Pflichten der Mitglieder

Aus der Mitgliedschaft ergeben sich für das Mitglied Rechte und Pflichten gegenüber dem Verein, die ihre Grundlage in der Satzung und, in Ermangelung entsprechender Satzungsbestimmungen, im Gesetz haben. Die Rechte und Pflichten sind unmittelbar an die Mitgliedschaft geknüpft und enden deshalb mit dem Ausscheiden aus dem Verein ebenso wie sie mit dem Eintritt in den Verein entstehen. Die Mitgliedschaft als Teilhabe an einer Personenvereinigung ist in erster Linie ein Rechtsverhältnis mit Rechten und Pflichten (vgl. unten § 15 Rn. 79ff.) zwischen dem Mitglied und dem Verein. Die Mitgliedschaft ist daneben als solche auch ein subjektives Recht des Mitglieds[108]. Sie ist eine Rechtsposition, die ihrem Inhaber nicht willkürlich genommen werden darf und die den gleichen Schutz wie absolute Rechte genießt (s. unten § 15 Rn. 90f.). 93

a) Mitgliedschaftspflichten

Die vereinsrechtlichen Pflichten haben, auch wenn sie auf dem Rechtsverhältnis der Mitgliedschaft beruhen, **schuldrechtlichen Charakter.** Mitgliedschaftspflichten können sich aus dem Gesetz und dem Zweck des Vereins ergeben. In der Satzung können darüber hinaus aufgrund der Vereinsautonomie (s. oben § 9 Rn. 31) verschiedene Pflichten im einzelnen festgelegt werden. Als typische Pflichten kommen mehrere in Betracht. 94

---

[106] Vgl. *RGZ* 157, 228, 235 m.w.N.; *BGHZ* 24, 200, 213.

[107] Vgl. *Landwehr,* AcP 164 (1964), 482; MünchKomm/*Reuter,* § 31 Rn. 4, 5; *Martinek,* aaO, S. 163ff.; *Medicus,* AT, Rn. 1140.

[108] *Lutter,* AcP 180 (1980), 84, 101f.

95 aa) Als wesentliche Pflicht ist zunächst die **Beitragspflicht** zu nennen. Nach § 58 Nr. 2 soll die Satzung eines zur Eintragung angemeldeten Vereins Bestimmungen darüber enthalten, ob und welche Beiträge von den Mitgliedern zu leisten sind. Die Festsetzung der Beiträge braucht nicht in der Satzung selbst zu erfolgen, sondern kann der Mitgliederversammlung überlassen werden. Grundsätzlich müssen die Beiträge für alle Mitglieder gleich bemessen sein (**Grundsatz der Gleichbehandlung,** s. sogleich Rn. 103). Sollen Unterschiede gemacht werden, so müssen sie aus der Satzung ersichtlich sein. Unterschiede können nachträglich nur durch eine Satzungsänderung und nur, wenn sachliche Gründe dafür vorliegen, beschlossen werden.

96 bb) Als mitgliedschaftliche Pflichten können durch Satzung oder durch Beschluß des zuständigen Organs auch **Mitverwaltungspflichten** vorgesehen werden, so etwa die Pflicht zur Teilnahme an Mitgliederversammlungen oder zur Übernahme eines Amtes.

97 cc) Aus der Mitgliedschaft ergibt sich ferner eine generelle **Treuepflicht,** mit dem Inhalt, den Vereinszweck nicht zu beeinträchtigen und die Vereinstätigkeit nicht zu behindern, sondern je nach den Gegebenheiten in zumutbarer Weise zu fördern.

98 dd) Als **Sanktion bei Verstößen** gegen die Vereinspflichten kommt bei schweren Verstößen eine Ausschließung aus wichtigem Grund in Betracht. Der Verein kann durch seine Satzung als Sanktion auch **Vereinsstrafen** vorsehen, die vergleichbar mit Vertragsstrafen (§§ 339ff.) vom Verein aufgrund seiner Vereinsautonomie aufgestellt und im Einzelfall verhängt werden können (s. unten Rn. 115ff.).

b) Mitgliedschaftsrechte

99 aa) Bestandteil der Mitgliedschaftsrechte sind vor allem die Rechte auf **Teilnahme an der Willensbildung** des Vereins. Hierzu gehört das Recht auf Anwesenheit in der Mitgliederversammlung und das Stimmrecht, ferner das passive Wahlrecht hinsichtlich der Vereinsämter. Derartige Rechte, man nennt sie **Organschaftsrechte**[109], sind nicht primär eigennützige, dem Vorteil des Mitglieds dienende Rechte, sondern Rechte, die zugleich im Interesse des Vereins auszuüben sind[110]. Ihre Ausübung, so etwa die Teilnahme an der Mitgliederversammlung oder die Übernahme eines Vereinsamtes, kann zur Pflicht gemacht werden. Ihrer Struktur nach sind derartige Rechte keine Forderungen, kraft deren der Berechtigte eine Leistung verlangen könnte, sondern sie bilden als Rechte auf Mitwirkung eine eigene Kategorie von Rechten (s. unten § 15 Rn. 79ff.). Diese Mitwirkungsrechte bestehen nicht nur bei den Körperschaften, sondern auch bei den Personengesellschaften und bei den Rechtsgemeinschaften (s. oben § 9 Rn. 62).

100 bb) Zu den Mitgliedschaftsrechten gehören aber auch die sogenannten **Genußrechte**[111]**.** Dabei handelt es sich um eigennützige Rechte des Mitglieds. Diese Rechte haben vielfach bestimmte Leistungen zum Inhalt, die das Mitglied von dem Verein verlangen kann; sie gleichen in ihrer Struktur insoweit den Forderungsrechten. Doch sind sie keine selbständigen Forderungen, die als solche gesondert übertragen werden könnten, sondern von Ausnahmefällen (etwa einem satzungsmäßig vorgesehenen An-

---

[109] MünchKomm/*Reuter,* § 38 Rn. 15.
[110] *Reichert,* Rn. 517.
[111] Vgl. *Köhler,* AT, § 21 Rn. 14.

spruch auf Auszahlung eines Gewinnanteils)[112] abgesehen, unselbständige Befugnisse, die von der Mitgliedschaft nicht getrennt werden können.

Beispiele: Zu den Genußrechten gehören etwa das Recht auf den Gebrauch der Ver- 101
einseinrichtungen (z.B. des Sportplatzes, der Geräte usw. eines Sportvereins), das Recht auf Teilnahme an den Vereinsveranstaltungen, auf Vergünstigungen oder auf Inanspruchnahme bestimmter Dienste, die der Verein satzungsgemäß seinen Mitgliedern gewährt (z.B. fachliche Beratung oder Rechtsberatung), auf den Bezug der Vereinszeitschrift und ähnliches mehr.

Die Genußrechte können für die Zukunft durch Beschluß der Mitgliederversamm- 102
lung oder, falls sie in der Satzung festgelegt sind, durch eine Satzungsänderung aufgehoben oder eingeschränkt werden. Sie unterliegen der Vereinsautonomie im Sinne der Selbstbestimmung des Vereins hinsichtlich der Regelung seiner Organisation und der Rechtsverhältnisse seiner Mitglieder, der sich das Mitglied durch seinen freiwilligen Beitritt unterworfen hat.

cc) Für Körperschaften wie auch für nicht eingetragene Vereine und Personenge- 103
sellschaften gilt im Verhältnis zu ihren Mitgliedern der **Grundsatz der Gleichbehandlung.** Er schließt jedoch sachgerechte Differenzierungen nicht aus[113]. Darüber hinaus können einzelnen Mitgliedern oder Gruppen von Mitgliedern durch die Satzung sogenannte Sonderrechte[114] eingeräumt werden. Ist das geschehen, so können sie nicht ohne deren Zustimmung wieder beseitigt oder beeinträchtigt werden (§ 35). Wer einem Verein beitritt, muß aus der Satzung ersehen können, ob und welche Differenzierungen zwischen den einzelnen Mitgliedern oder Gruppen von Mitgliedern bestehen. Neue Differenzierungen dürfen daher nur durch Satzungsänderung und nur dann geschaffen werden, wenn darin keine willkürliche Zurücksetzung einzelner Mitglieder oder Gruppen von Mitgliedern liegt. Unter dieser Voraussetzung kann ein Verein, der unterschiedlich berechtigte Mitgliedergruppen hat, durch einen satzungsändernden Beschluß auch die Voraussetzungen für die Zugehörigkeit zu einer Gruppe verschärfen und diejenigen Mitglieder, die diese Voraussetzungen nicht erfüllen, in eine andere Gruppe herabstufen[115].

c) Mitgliedschaftsunabhängige Rechte und Pflichten

Von den Mitgliedschaftsrechten, die den Mitgliedern auf Grund ihrer Zugehörig- 104
keit zum Verein zustehen, streng zu unterscheiden sind die unabhängig von der Mitgliedschaft bestehenden Rechte und Pflichten, die ein Vereinsmitglied auf Grund irgendeines anderen Tatbestandes, z.B. eines von ihm als Einzelperson mit dem Verein abgeschlossenen Vertrages, einer ihm gegenüber von einem satzungsmäßigen Vertreter des Vereins begangenen Vertragsverletzung oder unerlaubten Handlung oder aus dem Gesichtspunkt einer ungerechtfertigten Bereicherung gegen den Verein haben kann. Derartige Rechte sind nicht anders zu behandeln als entsprechende Rechte eines Außenstehenden; sie können insbesondere nicht durch einseitige Maßnahmen des Vereins beeinträchtigt werden und sind unabhängig von der Mitgliedschaft im Verein.

---

[112] Zu den sog. gläubigerähnlichen Wertrechten, die abtretbar sind, vgl. MünchKomm/*Reuter,* § 35 Rn. 4; Soergel/*Hadding,* § 38 Rn. 29.

[113] Das ist heute allgemein anerkannt. Vgl. dazu eingehend *G. Hueck,* Der Grundsatz der gleichmäßigen Behandlung im Privatrecht, 1958, S. 173ff., speziell zum Vereinsrecht, S. 213f.

[114] Zu diesem Begriff vgl. *v. Tuhr,* AT I, § 38 VI; *Enneccerus/Nipperdey,* AT, § 112 IV 1; Soergel/*Hadding,* § 35 Rn. 3ff.; MünchKomm/*Reuter,* § 35 Rn. 1ff.

[115] *BGH* WM 1971, 538.

2. Erwerb und Verlust der Mitgliedschaft

a) Mögliche Mitglieder

105 Die Mitgliedschaft ist ein Rechtsverhältnis zwischen Verein und Mitglied, aus dem auf den Vereinszweck bezogene Rechte und Pflichten erwachsen. Mitglied in einem Verein kann jede rechtsfähige Person, also sowohl eine natürliche wie eine juristische Person, aber auch eine Gesamthandsgemeinschaft wie z. B. eine OHG, KG oder GbR sein[116].

b) Erwerb der Mitgliedschaft

106 Die Mitgliedschaft in einem Verein wird erworben durch die Beteiligung an dem Gründungsvertrag oder durch **Beitritt.** Die Mitgliedschaft beruht grundsätzlich auf einem freiwilligen Akt, der, weil er auf die Begründung eines Rechtsverhältnisses abzielt, ein **Rechtsgeschäft** ist. Nur ausnahmsweise besteht ein gesetzlicher Beitrittszwang[117]. Der Beitritt zu einem Verein ist nur mit **Zustimmung des zuständigen Vereinsorgans** möglich und erfordert daher eine Einigung, die wie auch der Gründungsakt (oben Rn. 2ff.) den Vorschriften der §§ 145ff. über das Zustandekommen von Verträgen unterliegt. Welches Vereinsorgan für die Aufnahme eines Mitglieds zuständig ist, bestimmt die Satzung; im Zweifel ist es der Vorstand. Die Satzung soll Bestimmungen über den Eintritt enthalten (§ 58 Nr. 1); sie kann ihn von der Erfüllung bestimmter Voraussetzungen abhängig machen oder ein förmliches Aufnahmeverfahren vorschreiben.

107 Die Zustimmung des Vereins kann dem Beitretenden gegenüber ausdrücklich erklärt werden, sie kann aber auch gemäß § 151 durch eine Handlung erfolgen, die den Willen des zuständigen Organs, den Beitritt anzunehmen, in anderer Weise erkennen läßt, z. B. durch die Eintragung des Beitretenden in die Mitgliederliste oder durch die Annahme des Vereinsbeitrags. Das Einverständnis des Vereins kann auch generell in der Satzung für jeden Beitrittswilligen erklärt werden, der die satzungsgemäß festgelegten Beitrittsvoraussetzungen erfüllt[118]. Das zuständige Vereinsorgan kann aber dennoch, falls nicht ein Aufnahmezwang besteht (s. oben § 9 Rn. 29f.), die in der Beitrittserklärung liegende Vertragsofferte ablehnen, weil für den Verein als Ausfluß der Privat- und Vereinsautonomie (s. oben § 9 Rn. 28) die Aufnahmefreiheit gilt[119]. Daß die Regeln über Verträge und nicht die über einseitige Rechtsgeschäfte anzuwenden sind, hat zur Folge, daß die Beitrittserklärung eines in der Geschäftsfähigkeit Beschränkten, wenn sie ohne Einwilligung seiner gesetzlichen Vertreter erfolgt, nicht nach § 111 nichtig, sondern nur schwebend unwirksam ist, also von dem gesetzlichen Vertreter genehmigt werden kann.

c) Persönlich gebundene Mitgliedschaft

108 Die Mitgliedschaft und die aus ihr sich ergebenden Rechte sind, da es sich bei der Zugehörigkeit zu einem Verein um ein personenrechtliches Verhältnis handelt, in der Regel **weder übertragbar noch pfändbar noch vererblich.** Dies war jedenfalls die Auffassung der Gesetzesverfasser, die dabei vornehmlich an solche Idealvereine wie Geselligkeits- und Sportvereine gedacht haben dürften. Nicht einmal die Ausübung der Mitgliedschaftsrechte kann einem anderen überlassen werden (§ 38). Indessen

---

116 MünchKomm/*Reuter,* § 38 Rn. 10ff.; *Flume,* AT I/2 § 8 III; Soergel/*Hadding,* § 38 Rn. 5; vgl. zur GmbH auch *BGHZ* 78, 311.

117 S. oben § 9 Rn. 29; bezüglich eines genossenschaftlichen Prüfverbandes § 54 Abs. 1 GenG und *BGH* NJW 2981 = LM H. 2/1996 Art. 9 GrundG Nr. 18 m. Anm. *Gillmaier.*

118 S. auch Soergel/*Hadding,* § 38 Rn. 7a; *Sauter/Schweyer,* Rn. 71.

119 *Enneccerus/Nipperdey,* AT, § 112 zu Anm. 5; MünchKomm/*Reuter,* § 38 Rn. 21.

kann die Satzung etwas anderes bestimmen; es handelt sich um eine nachgiebige Vorschrift (§ 40)[120].

Die Unübertragbarkeit gilt in erster Linie für den Idealverein. Dagegen wird man bei einem wirtschaftlichen Verein, der die Rechtsfähigkeit als juristische Person nach § 22 erlangt hat, die Grundsätze anwenden müssen, die sich hinsichtlich der Übertragbarkeit der Mitgliedschaft in einer Personengesellschaft herausgebildet haben[121]. Ein Bedürfnis, die Übertragbarkeit und die Vererblichkeit der Mitgliedschaft zuzulassen, kann sich vornehmlich bei Vereinen von Unternehmern für den Fall des Übergangs des Unternehmens ergeben[122]. Ist sie zulässig, so fordert die Übertragung der Mitgliedschaft außer einem Vertrag zwischen dem ausscheidenden und dem an seiner Stelle eintretenden Mitglied die Zustimmung des Vereins[123]. 109

d) Beendigung der Mitgliedschaft

Endigungsgründe für die Mitgliedschaft sind der Tod eines Mitglieds, sein Austritt und, soweit zulässig, sein Ausschluß aus dem Verein sowie der Untergang des Vereins (s. unten Rn. 135). 110

aa) Die Mitglieder sind aufgrund der negativen Vereinigungsfreiheit in ihrer privatautonomen Form grundsätzlich zum **Austritt** aus dem Verein berechtigt (§ 39 Abs. 1), außer wenn ein Beitrittszwang besteht (s. oben § 9 Rn. 29). Das Recht zum Austritt kann dem Mitglied durch die Satzung nicht genommen werden (§ 40). Die dauernde Versagung der Austrittsmöglichkeit wäre eine übermäßige Beschränkung der persönlichen Freiheit und würde dem Prinzip der Freiwilligkeit widerstreiten, auf dem die privatrechtlichen Zusammenschlüsse beruhen. Der Austritt aus dem Verein ist insbesondere die einzige Möglichkeit für das Mitglied, sich den Folgen einer von ihm nicht gebilligten Satzungsänderung oder eines von ihm nicht gebilligten Beschlusses der Mitgliederversammlung, z.B. einer Beitragserhöhung, für die Zukunft zu entziehen[124]. Das Recht zum Austritt, das weitgehend dem Kündigungsrecht bei Dauerschuldverhältnissen entspricht, ist das unentbehrliche Korrelat zu der grundsätzlichen Unterwerfung des Mitgliedes unter die Satzungsgewalt des Vereins. 111

Die Satzung kann indessen bestimmen, daß der Austritt nur am Schluß eines Geschäftsjahres oder nach Ablauf einer Kündigungsfrist zulässig ist, die höchstens zwei Jahre betragen darf (§ 39 Abs. 2). Ist das geschehen, so ist das Mitglied bis zum Ablauf der Frist noch zur Erfüllung der sich aus der Mitgliedschaft ergebenden Pflichten verpflichtet. Der Austritt muß jedoch nach den für Dauerrechtsverhältnisse allgemein geltenden Grundsätzen dann ohne Rücksichtnahme auf einen Termin und ohne Einhaltung einer Frist möglich sein, wenn ein wichtiger Grund dafür vorliegt[125]. Ein solcher könnte z.B. in der ungerechtfertigten Ausschließung des Mitglieds von den Vereinsveranstaltungen oder in beleidigenden Äußerungen des Vorstandes liegen. Der Austritt ist im Gegensatz zum Beitritt ein einseitiges Rechtsgeschäft; er erfolgt, falls die Satzung keine Form vorgeschrieben hat, durch einfache Erklärung gegenüber einem Mitglied des Vorstandes (§ 28 Abs. 2). 112

---

[120] Über die Pfändbarkeit der Mitgliedschaft im Falle ihrer Übertragbarkeit vgl. § 857 ZPO; *v. Tuhr,* AT I, § 38 Anm. 31.

[121] S. hierzu etwa *Wiedemann,* Die Übertragung und Vererbung von Mitgliedsrechten bei Handelsgesellschaften, 1965, sowie *BGHZ* 44, 229.

[122] Dazu *Sernetz,* Die Rechtsnachfolge in die Verbandsmitgliedschaft insbesondere beim Unternehmerwechsel, 1973, S. 23ff., 26, 103ff. Zur ergänzenden Auslegung einer Satzung in derartigen Fällen, S. 159ff.

[123] *Sernetz,* aaO, S. 58ff.

[124] Zur Zahlung von Sonderbeiträgen, die erst nach dem Wirksamwerden des Austritts fällig werden, ist der Ausgeschiedene nicht verpflichtet: *BGHZ* 48, 207.

[125] *Enneccerus/Nipperdey,* AT, § 112 Anm. 26; Soergel/*Hadding,* § 39 Rn. 5.

113 bb) Der **Ausschluß** eines Mitgliedes aus dem Verein ist in der Regel nur dann zulässig, wenn er in der Satzung vorgesehen ist und ein satzungsgemäßer Ausschlußgrund vorliegt, so wenn der Verein mit satzungsändernder Mehrheit beschließt, das Aufnahmealter zu erhöhen, und sich nun von den Mitgliedern, die es noch nicht erreicht haben, trennen will. Der Ausschlußgrund wird regelmäßig an ein vom Verein mißbilligtes Verhalten des Mitgliedes anknüpfen oder doch an ein Verhalten, das geeignet ist, das Ansehen des Vereins in der Öffentlichkeit herabzusetzen. In Ermangelung besonderer, in der Satzung angegebener Ausschlußgründe ist wie zur Beendigung anderer Dauerschuldverhältnisse ein wichtiger Grund zu verlangen. Liegt ein solcher vor, dann ist der Ausschluß auch dann zulässig, wenn die Satzung darüber keine Bestimmung enthält.

114 Zuständig für den Ausschluß ist, falls die Satzung nichts anderes bestimmt, die Mitgliederversammlung als das oberste Vereinsorgan[126]. Die erforderlichen verfahrensrechtlichen Voraussetzungen müssen eingehalten werden. Der Ausschluß beendet das Rechtsverhältnis der Mitgliedschaft durch einseitigen Gestaltungsakt des Vereins mit Wirkung für die Zukunft. Er erfüllt insoweit die Funktion der Kündigung. Indessen trägt der Ausschluß regelmäßig, da er mit dem Vorwurf eines vereinsschädlichen oder sonst zu mißbilligenden Verhaltens verbunden zu sein pflegt, zugleich den Charakter einer **Vereinsstrafe**[127]. Dann stellt sich für ihn dieselbe Problematik wie für die Vereinsstrafe (s. sogleich Rn. 115ff.).

III. Zulässigkeit und Grenzen einer Vereinsstrafe[128]

115 Vereinsstrafen dienen dem Verein regelmäßig dazu, das von seinen Mitgliedern geforderte Verhalten – z.B. die Einhaltung der Spielregeln bei einem Sportverein – zu erzwingen oder sich notfalls von solchen Mitgliedern zu trennen, die sich ihren Vereinspflichten dauernd entziehen, das Ansehen des Vereins schädigen oder dem Vereinszweck zuwiderhandeln. Wie die Erfahrung zeigt, kommen die Vereine ohne die Möglichkeit, solche Maßnahmen zu treffen, nicht aus.

1. Rechtliche Grundlagen der Vereinsstrafe

116 Es ist in der Rechtsprechung und ganz überwiegend auch im Schrifttum seit langem anerkannt[129], daß ein Verein befugt ist, wenn er sich das in seiner Satzung vorbehalten hat, gegen ein Mitglied eine „Strafe" zu verhängen, die z.B. in einer förmlichen Rüge, einer Geldbuße, dem zeitweiligen Ausschluß von Vereinsämtern oder bestimmten Vereinsveranstaltungen oder in dem Ausschluß aus dem Verein bestehen kann. Begründet wird dies damit, daß dem Verein eine selbständige Strafgewalt zukommt, die der Staat gelten läßt und der sich die Mitglieder im Rahmen der Satzung unterwerfen.

---

[126] Ist nach der Satzung der Vorstand zum Ausschluß von Mitgliedern berechtigt, so darf er doch nicht ein Vorstandsmitglied ausschließen, *BGHZ* 90, 92.

[127] S. dazu auch *Reuter,* NJW 1987, 2401 und MünchKomm/*Reuter,* § 38 Rn. 46.

[128] *Beuthien,* Die richterliche Kontrolle von Vereinsstrafen u. Vertragsstrafen, BB 1968, Beilage 12; *Flume,* Die Vereinsstrafe, FS Bötticher, 1969, S. 101; *Meyer-Cording,* Die Vereinsstrafe, 1957; *Wiedemann,* Richterliche Kontrolle privater Vereinsmacht, JZ 1968, 219; *Larenz,* Zur Rechtmäßigkeit einer „Vereinsstrafe", GS Rolf Dietz, 1973; S. 45; *Vieweg,* Die gerichtliche Nachprüfung von Vereinsstrafen und -entscheidungen, JZ 1984, 167; *H. P. Westermann,* Die Verbandsstrafgewalt und das allgemeine Recht, 1972; *ders.,* JZ 1972, 537.

[129] Aus der Rspr. *RGZ* 49, 150; 140, 23; *BGHZ* 13, 5, 11; 21, 370, 375; 47, 381.

Die Anerkennung einer „selbständigen Strafgewalt der Vereine" verstößt jedoch gegen das Strafverhängungsmonopol des Staates und gegen Art. 92 GG, nach dem die rechtsprechende Gewalt nur von den dort angeführten staatlichen Gerichten ausgeübt wird[130]. Das Recht zur Verhängung von Vereinsstrafen beruht deshalb nicht auf einer vom Staat abgeleiteten autonomen Vereinsstrafgewalt[131], sondern erlangt seine **Geltung allein durch** die im Vereinsbeitritt zum Ausdruck gelangende **rechtsgeschäftliche Zustimmung** des Mitglieds zum Inhalt der Satzung und den darin enthaltenen Vereinsstrafen. Im Hinblick auf diese rechtsgeschäftliche Grundlage können auch die Vorschriften über die **Vertragsstrafe** analoge Anwendung finden[132]. Die Möglichkeit von Vertragsstrafen aufgrund der Satzung sieht auch § 63 Abs. 3 AktG vor. Für den Idealverein des BGB kann insoweit nichts anderes gelten. Der Umstand, daß der Vereinsstrafe von den beiden Funktionen der Vertragsstrafe, dem indirekten Erfüllungszwang und dem pauschalierten Schadensersatz, hauptsächlich der indirekte Erfüllungszwang eigen ist, hat keine entscheidende Bedeutung. Die Vereinsstrafen sind deshalb den Vertragsstrafen im Sinne der §§ 339 ff. vergleichbar[133]. Sie beruhen auf rechtsgeschäftlicher Grundlage und können nach § 343 vom Gericht herabgesetzt werden[134].

Auch der Ausschluß aus dem Verein kann nicht die Funktion einer Mißbilligung 117
mit strafähnlichem Charakter rechtlich verbindlich für sich beanspruchen[135]. Der Ausschluß ist deshalb nicht als Strafe, sondern nur als **Kündigung** des Mitgliedschaftsverhältnisses **aus wichtigem Grund** zulässig[136]. Dabei ist jedoch der Grundsatz der Verhältnismäßigkeit zu beachten. Stehen mildere Mittel zur Verfügung, wie z.B. die Klage auf Erfüllung oder die Geltendmachung von Schadensersatz, so sind diese auszuschöpfen. Vor dem Ausschluß ist das Mitglied grundsätzlich auch durch Abmahnung auf sein pflichtwidriges Verhalten hinzuweisen und ihm Gelegenheit zur künftigen Beachtung seiner Pflichten zu geben.

2. Verhängung und Überprüfung der Vereinsstrafe

a) Entscheidung des Vereins und gerichtliche Überprüfbarkeit

Da die Vereinsstrafen im Regelfall in der Satzung nur abstrakt vorgesehen sind, 118
werden sie im Einzelfall von einem **Vereinsorgan verhängt,** dem diese Befugnis analog § 315 eingeräumt werden kann. Die Verhängung von Vereinsstrafen wird zuweilen, insbesondere etwa in der Sportgerichtsbarkeit, sog. **Vereinsgerichten** übertragen. Diese können als echte Schiedsgerichte gemäß § 1066 mit §§ 1025 ff. ZPO eingerichtet sein. Zumeist handelt es sich jedoch nicht um Schiedsgerichte im Sinne der ZPO, sondern um interne Vereinsorgane, die ihre Entscheidungsbefugnis allein aus §§ 315 ff. ableiten können[137]. Gegenüber Nichtmitgliedern können sie ohnehin

---

130 S. dazu auch *M. Wolf,* Gerichtsverfassungsrecht aller Verfahrenszweige, 6. Aufl. 1987, § 2 V.

131 In dieser Weise lassen sich aber Formulierungen in *BGHZ* 29, 352, 355 deuten.

132 Soergel/*Hadding,* § 25 Rn. 38 m.w.N.; *Rieble,* LMK 2003, 60 zu Recht gegen *BGH* NZG 2003, 230.

133 Als eigenständiges verbandsrechtliches Institut sehen die Vereinsstrafe Palandt/*Heinrichs,* vor § 339 Rn. 7; *Sauter/Schweyer,* Rn. 350; *BGHZ* 21, 374.

134 A.A. *Sauter/Schweyer,* Rn. 351.

135 A.A. *Meyer-Cording,* S. 61 ff.; sowie RGRK/*Steffen,* § 25 Rn. 18.

136 S. auch Soergel/*Hadding,* § 25 Rn. 4; *Flume,* AT I/2, § 9 IV.

137 S. auch *M. Wolf,* Gerichtsverfassungsrecht aller Verfahrenszweige, 6. Aufl. 1987, § 2 IV b, bb; Soergel/*Hadding,* § 25 Rn. 62.

nur aufgrund vertraglicher Grundlage tätig werden[138]. Die Entscheidungen solcher Vereinsgerichte können deshalb von staatlichen Gerichten im Rahmen von § 315 Abs. 3 auf ihre Angemessenheit überprüft werden. Das Recht des Vereins, im Rahmen seiner Autonomie über seine Mitglieder eine gewisse Disziplinargewalt auszuüben, bedeutet **keine Exemtion von der staatlichen Gerichtsbarkeit.** Die gerichtliche Nachprüfbarkeit der ergangenen Strafmaßnahmen bezweckt keine Einmischung in die inneren Angelegenheiten des Vereins, sondern den in einem Rechtsstaat unverzichtbaren Schutz des einzelnen gegen willkürliche Machtausübung durch die Verbände.

119 Es muß dabei beachtet werden, daß Geldbußen, Ehrenstrafen und der Ausschluß etwa aus einem Berufsverein schwerwiegende Folgen sowohl für das Vermögen, wie für das Ansehen, das berufliche Fortkommen und in extremen Fällen sogar für die wirtschaftliche Existenz des Betroffenen haben können. Die gerichtliche Nachprüfbarkeit ist dabei nicht nur auf Fälle zu beschränken, in denen die Strafe den Betroffenen besonders hart trifft[139]. Ebensowenig berechtigt ist die vom *BGH* immer noch aufrechterhaltene[140] Beschränkung auf solche Fälle, in denen die Strafe offenbar unbillig oder sittenwidrig ist. Sie sollte von der Rechtsprechung aufgegeben werden[141]. Auch die Beschränkung auf die Nachprüfbarkeit der Subsumtion unter die Vereinsnormen sollte aufgegeben werden.

b) Prüfungsmaßstäbe

120 Rechtsstaatlichen Grundsätzen entspricht nur die volle richterliche Nachprüfung des Beschlusses darauf hin, ob er gemäß § 315 Abs. 3 „billig" und damit **rechtmäßig** ist. Dazu gehört, (1) daß die Vereinsgerichte formell das in der Satzung vorgesehene und den Grundsätzen der Fairneß entsprechende Verfahren eingehalten haben[142], insbesondere auch rechtliches Gehör gewährt haben, (2) daß ihre Entscheidung begründet ist und (3) auf einer im wesentlichen richtigen Tatsachengrundlage beruht[143]. In sachlicher Hinsicht muß die Entscheidung (4) nach Art und Höhe der Vereinsstrafe der Billigkeit entsprechen[144]. Dabei ist zu beachten, (4a) daß die verhängte Vereinsstrafe in der Satzung für den festgestellten Verstoß vorgesehen sein muß, (4b) daß die Vereinsstrafe ihrer Art nach überhaupt zulässig ist und (4c) im konkreten Fall nach Art und Höhe angemessen, insbesondere nicht unverhältnismäßig ist[145]. Gegenüber Nichtmitgliedern, die sich den Vereinssatzungen unterworfen haben, ist eine Inhaltskontrolle vorzunehmen, die der *BGH* auf § 242 stützt, für die aber richtigerweise § 307 gelten muß[146].

121 Dabei sind auch die Auswirkungen zu berücksichtigen, die der Ausschluß oder die sonstige Vereinsstrafe auf die berufliche Stellung des Betroffenen oder auf sein Ansehen in der Öffentlichkeit zwangsläufig haben[147]. Ist die Folge der Verlust der beruflichen oder der wirtschaftlichen Existenz, so ist eine schwerwiegende, in der Regel kriminelle Verfehlung, oder wenig-

---

138 S. *BGH* NJW 1995, 583 = LM H. 6/95 § 25 BGB Nr. 34 m. Anm. *M. Wolf.*

139 Gegen eine solche Beschränkung auch *BGHZ* 47, 381, 385.

140 *BGHZ* 75, 158, 159.

141 So auch *Beuthien,* aaO; vgl. ferner *Vieweg,* aaO, S. 170. Wie die Rechtsprechung Palandt/*Heinrichs,* § 25 Rn. 12f.; für volle gerichtliche Nachprüfbarkeit nur bei Vereinen mit Aufnahmepflicht MünchKomm/*Reuter,* § 25 Rn. 50ff.; ähnlich *Köhler,* AT, § 21 Rn. 17.

142 *BGH* NJW 1980, 443.

143 *BGHZ* 87, 337, 344.

144 *Flume,* AT I/2, § 9 IV; *Schlosser,* Vereins- und Verbandsgerichtsbarkeit, 1972, S. 144ff.

145 Dabei ist der Grundsatz der Gleichbehandlung zu beachten, der willkürliche Differenzierungen unter den Mitgliedern verbietet. So auch *BGHZ* 47, 381, 385f.

146 S. *BGH* NJW 1995, 583 = LM H. 6/95 § 25 BGB Nr. 34 m. Anm. *M. Wolf.*

147 Vgl. *BGHZ* 13, 5, 12.

stens ein Verschulden im Sinne persönlicher Vorwerfbarkeit[148] zu verlangen. Eine gezielte Herabsetzung des Betroffenen oder eine vermeidbare Bloßstellung ist nicht zulässig. Nur bei der Beurteilung von Fragen wie der, ob ein bestimmtes Verhalten dem Ehrenkodex des Vereins zuwiderläuft, den Vereinsfrieden erheblich stört oder den Zielen des Vereins abträglich ist, sollte den zuständigen Vereinsorganen – bis zur Grenze eines offenbaren Mißbrauchs ihres Ermessens – ein gewisser Beurteilungsspielraum gelassen werden.

C. Die Beendigung des Vereins

I. Beendigungsgründe

Das Gesetz unterscheidet zwischen der Auflösung des Vereins (§ 41) und dem Verlust oder der Entziehung der Rechtsfähigkeit (§ 43). Nachdem der *BGH* die Gesellschaft bürgerlichen Rechts (GbR) als rechtsfähig anerkannt hat (s. oben § 9 Rn. 38), ist auch der bisher als nicht rechtsfähig bezeichnete Verein rechtsfähig (s. oben § 9 Rn. 42). Er soll deshalb im Folgenden als nicht eingetragener Verein bezeichnet werden. Der Entzug der Rechtsfähigkeit nach § 43 kann sich deshalb nur auf den Wegfall der Rechtssubjektivität der juristischen Person sowie ihrer Eintragung im Vereinsregister beziehen. Die Personenvereinigung wird dadurch aber nicht zwingend aufgehoben, sondern kann als nicht eingetragener Verein fortbestehen. Gleichwohl sieht § 45 Abs. 1 für die Auflösung wie für den Entzug der Rechtsfähigkeit dieselben Rechtsfolgen vor, daß nämlich das Vereinsvermögen an andere Personen fällt und damit auch der Verein zu existieren aufhört. Die Unterscheidung der einzelnen Beendigungsgründe ist aber dennoch sinnvoll, weil sie unterschiedliche Voraussetzungen aufweisen und teilweise auch unterschiedliche Rechtsfolgen gelten. Außer den in §§ 41–43 geregelten Beendigungsgründen ergeben sich weitere Beendigungsgründe aus anderen gesetzlichen Bestimmungen sowie aus allgemeinen Grundsätzen des Zivilrechts und des Rechts der Personenvereinigungen[149]. **122**

1. Die Auflösung

Die Auflösung des Vereins beendet den Fortbestand als werbender Verein. Dies bedeutet, daß der **Verein nicht mehr fortgesetzt** wird, sondern in die Beendigungsphase eintritt, ohne damit schon die Rechtsfähigkeit als juristische Person zu verlieren. Vielmehr wird nach § 47 das Liquidationsverfahren eingeleitet, das gemäß § 49 grundsätzlich die Umwandlung des Vereinsvermögens in Geld mit anschließender Befriedigung der Gläubiger und der Verteilung des Überschusses an die Anfallberechtigten des § 45 zum Ziel hat (s. unten Rn. 132). Erst nach Abschluß des Liquidationsverfahrens endet die Rechtsfähigkeit des Vereins als juristische Person (§ 49 Abs. 2). **123**

Die Auflösung tritt nach § 41 durch einen **Auflösungsbeschluß der Mitgliederversammlung** ein. Die Mitgliederversammlung kann ihre Zuständigkeit für die Auflösung nicht völlig aus der Hand geben, sie kann aber die Auflösung von zusätzlichen **124**

---

[148] So auch MünchKomm/*Reuter,* § 25 Rn. 55; anders aber *BGHZ* 29, 352, 359; *BGH* NJW 1971, 879.

[149] S. zu einem Überblick der Beendigungsgründe auch Soergel/*Hadding,* vor § 41 Rn. 2; *Reichert,* 2051 ff.

Voraussetzungen abhängig machen, sofern diese nicht die Vereinsautonomie beeinträchtigen, wie z.B. bei Einflußnahme Dritter. Aufgrund der Satzungsautonomie kann die Auflösung auch durch Eintritt eines in der Satzung bestimmten **Endtermins** oder einer in der Satzung festgelegten auflösenden Bedingung vorgesehen werden. Eine Beendigung der Personenvereinigung durch Auflösung tritt ferner durch **Wegfall sämtlicher Mitglieder** ein, sei es durch deren Tod oder Austritt aus dem Verein. Nach § 42 führt auch die **Eröffnung des Insolvenzverfahrens** zur Auflösung des Vereins. Im Falle von **Gründungsmängeln** entsteht ein faktischer Verein (s. oben Rn. 9), der durch Geltendmachung dieser Mängel aufgelöst wird. Eine Auflösung kann nach § 39 Abs. 2 BVerfGG im Zusammenhang mit der Verwirkung von Grundrechten gemäß **Art. 18 S. 1 GG** auch vom *BVerfG* angeordnet werden. Ein weiterer Auflösungsgrund ist die **Auflösungsanordnung der Verwaltungsbehörde,** wenn diese einen Verstoß gemäß § 3 VereinsG mit Art. 9 Abs. 2 GG feststellt.

2. Verlust und Entzug der Rechtsfähigkeit als juristische Person

a) Verlust der Rechtsfähigkeit als juristische Person

125 Der Verein verliert seine Rechtsfähigkeit, wenn er durch Beschluß der Mitgliederversammlung hierauf verzichtet. Ein solcher Beschluß ist aufgrund der Vereinsautonomie ohne weiteres zuzulassen[150]. Ist die Eintragung des Vereins in das Vereinsregister unter Verletzung einer Mußvorschrift (s. oben Rn. 13ff., 23) erfolgt, so kann das Registergericht sie von Amts wegen gemäß § 159 mit § 142 Abs. 1 S. 1 FGG löschen. Mit der Löschung der Eintragung wird der Verein aber wiederum nicht aufgelöst[151], sondern verliert nur die Rechtsfähigkeit als juristische Person[152].

b) Entziehung der Rechtsfähigkeit als juristische Person

126 Die Entziehung der Rechtsfähigkeit als juristische Person kann entweder durch das Gericht oder die Verwaltungsbehörde ausgesprochen werden. Das Amtsgericht entzieht nach § 73 dem Verein seine Rechtsfähigkeit, wenn die Mitgliederzahl unter drei sinkt. Auch wenn nur noch ein Mitglied vorhanden ist, bedarf es dieser Entziehung, da erst bei Wegfall sämtlicher Mitglieder die Auflösung kraft Gesetzes eintritt (s. oben Rn. 124). Die zuständige Verwaltungsbehörde kann dem Verein die Rechtsfähigkeit entziehen, wenn einer der in § 43 beschriebenen Fälle vorliegt. Hierbei hat der Entzug der Rechtsfähigkeit wegen Gesetzwidrigkeit nach § 43 Abs. 1 geringe praktische Bedeutung, da ein Verstoß gegen Art. 9 Abs. 2 GG mit § 3 VereinsG zur Auflösung führt (s. oben Rn. 124) und andere Verstöße den Entzug der Rechtsfähigkeit gemäß Art. 9 GG mit § 3 VereinsG nicht rechtfertigen. Der Entzug der Rechtsfähigkeit ist aber nach § 43 Abs. 2 möglich, wenn ein Idealverein, wie z.B. ein kirchlicher Verein (Scientology), einen wirtschaftlichen Geschäftsbetrieb aufnimmt. Ebenso kann einem wirtschaftlichen Verein nach § 43 Abs. 4 die Rechtsfähigkeit entzogen werden, wenn er einen von der Satzung abweichenden Zweck verfolgt. Zur Wahrung des Typen-

---

[150] *Kollhosser,* ZIP 1984, 1434; Soergel/*Hadding,* vor § 41 Rn. 8; a.A. aber noch *v. Tuhr,* AT, § 39 II 4.

[151] So etwa MünchKomm/*Reuter,* § 41 Rn. 12.

[152] So zu Recht *K. Schmidt,* JR 1987, 177, 179; Soergel/*Hadding,* vor § 41 Rn. 14; *Reichert,* Rn. 2392.

zwangs (s. oben § 9 Rn. 33) steht die Entziehung der Rechtsfähigkeit als juristische Person grundsätzlich nicht im Ermessen der Verwaltungsbehörde[153].

c) Folgen des Wegfalls der Rechtsfähigkeit als juristische Person

Der Verlust der Rechtsfähigkeit als juristische Person bewirkt außer im Falle eines gesetzwidrigen Vereins nicht die Auflösung des Vereins, sondern führt zur **Umwandlung in einen nicht eingetragenen Verein.** Die Auflösung des Vereins und die Entziehung der Rechtsfähigkeit als juristische Person sind, wenn es sich um einen eingetragenen Verein handelt, in das **Vereinsregister einzutragen** (§ 74). Im Falle der Insolvenzeröffnung wird diese und nicht wie nach § 74 die Auflösung oder der Verlust der Rechtsfähigkeit eingetragen (§ 75). Die Eintragung hat nur deklaratorische Wirkung, kann aber gemäß § 78 erzwungen werden. **127**

II. Rechtsfolgen der Beendigung

1. Liquidation und Anfall des Vereinsvermögens

a) Zweck der Liquidation

Wenn das Vereinsvermögen nicht an den Fiskus fällt, dann muß eine Liquidation stattfinden (§ 47). Da anders als beim Fiskus die sonstigen anfallberechtigten Personen nicht für die Schulden des Vereins haften, ist der Zweck der Liquidation die **Umsetzung** des Vereinsvermögens **in Geld** und die **vollständige Bereinigung aller Schulden** vor der Aushändigung des verbleibenden **Überschusses an** den oder die **Anfallberechtigten.** Diese haben bis dahin lediglich einen schuldrechtlichen Anspruch; es findet also keine Gesamtrechtsnachfolge statt[154]. Das Wort „Anfall des Vermögens“ hat somit eine verschiedene Bedeutung, je nachdem ob Anfallberechtigter der Fiskus ist – dann Gesamtrechtsnachfolge – oder nicht. Die Liquidation findet als selbständiges Verfahren nach §§ 48ff. statt, sofern nicht im Falle der Insolvenz ein Insolvenzverfahren nach der Insolvenzordnung durchgeführt wird. **128**

b) Liquidationsberechtigte Personen

Die Durchführung der Liquidation erfolgt entweder durch den Vorstand oder durch eigens zu diesem Zweck von dem Verein bestellte Liquidatoren (§ 48). Die Liquidatoren haben die rechtliche Stellung des Vorstandes. Ihre Vertretungsmacht ist nach § 48 Abs. 2 durch den Liquidationszweck begrenzt. Diese Begrenzung wirkt aber gegenüber Dritten nur, sofern sie die Überschreitung des Liquidationszwecks erkennen konnten. Dabei macht es im Ergebnis keinen Unterschied, ob man die durch den Liquidationszweck begrenzte Vertretungsmacht im Interesse des Verkehrsschutzes auf alle nicht erkennbar dem Liquidationszweck widersprechenden Geschäfte erstreckt[155] oder ob man die Vertretungsmacht nach außen als unbegrenzt ansieht, jedoch die **129**

---

[153] S. *BVerwG* NJW 1998, 1166; *K. Schmidt,* NJW 1998, 1124 m.w.N.; s. auch MünchKomm/*Reuter,* §§ 43, 44 Rn. 12.

[154] So die heute durchaus herrschende Lehre: *v. Tuhr,* AT I, § 39 zu Anm. 35; *Enneccerus/Nipperdey,* AT, § 114 I 6; *Hübner,* AT, Rn. 260; Soergel/*Hadding,* § 45 Rn. 3; MünchKomm/*Reuter,* §§ 45–47 Rn. 4.

[155] So im Anschluß an § 48 Abs. 2 die h.M., s. *RGZ* 146, 376; *BGH* NJW 1984, 982 (zur KG); MünchKomm/*Reuter,* § 48 Rn. 3f.; Palandt/*Heinrichs,* §§ 48, 49 Rn. 3.

Grundsätze über den Mißbrauch der Vertretungsmacht anwendet[156]. Handelt es sich um einen eingetragenen Verein, so sind die Liquidatoren in das Vereinsregister einzutragen (§ 76). Wenn der Verein keine Mitglieder mehr hat, die Liquidatoren bestellen könnten, erfolgt die Abwicklung durch einen nach § 1913 vom Gericht zu bestellenden Pfleger[157].

c) Fortbestehen für Zwecke der Liquidation

130 **Bis zur Beendigung der Liquidation** gilt der Verein als fortbestehend, soweit es der Liquidationszweck erfordert (§ 49 Abs. 2). Er ist insoweit weiterhin als juristische Person und damit als Subjekt der ihm zustehenden Rechte und als Schuldner seiner Verbindlichkeiten anzusehen. § 49 Abs. 2 sieht entsprechend der ultra-vires-Lehre (s. oben Rn. 15) ausnahmsweise eine auf den Liquidationszweck begrenzte **Teilrechtsfähigkeit** vor[158]. Diese ist aber im Interesse des Verkehrsschutzes auf alle nicht offensichtlich dem Liquidationszweck widersprechenden Geschäfte auszudehnen[159]. Dem Liquidationszweck widerspricht etwa die Aufnahme neuer Mitglieder. Alte Mitgliedschaften bestehen dagegen bis zur Beendigung der Liquidation fort. Weitere Beiträge sind jedoch nicht geschuldet. Lediglich rückständige Beiträge sind einzuziehen.

d) Durchführung der Liquidation

131 Die Liquidatoren haben die Aufgabe, die laufenden Geschäfte zu beenden, die Auflösung des Vereins oder die Entziehung der Rechtsfähigkeit öffentlich bekannt zu machen und dabei die Gläubiger des Vereins aufzufordern, sich zu melden, bekannte Gläubiger zur Anmeldung ihrer Forderungen durch eine besondere Mitteilung aufzufordern, das Vermögen, soweit erforderlich, in Geld umzusetzen, die Gläubiger zu befriedigen und endlich den Überschuß an den oder die Anfallberechtigten auszuhändigen. Die Aushändigung darf nicht früher als ein Jahr nach der Bekanntmachung der Auflösung des Vereins oder der Entziehung der Rechtsfähigkeit geschehen (§§ 49 bis 52). Die Liquidatoren haften den Vereinsgläubigern persönlich, wenn diese dadurch einen Schaden erleiden, daß die Liquidatoren die ihnen gesetzlich obliegenden Pflichten schuldhaft verletzen, insbesondere vor der Befriedigung aller Gläubiger das Vermögen den Anfallberechtigten aushändigen (§ 53).

e) Anfallberechtigte Personen

132 Grundsätzlich fällt das überschüssige Vereinsvermögen an die in der **Satzung bestimmten Personen** (§ 45 Abs. 1). Die Satzung kann die Bestimmung des oder der Anfallberechtigten der Mitgliederversammlung oder einem anderen Vereinsorgan zuweisen. Auch ohne eine solche Bestimmung in der Satzung kann die Mitgliederversammlung eines Idealvereins das Vermögen einer öffentlichen Stiftung oder Anstalt zuweisen (§ 45 Abs. 2 Satz 2). Fehlt es an einer Bestimmung des Anfallberechtigten, so fällt das Vereinsvermögen, wenn der Verein ausschließlich den Interessen seiner Mitglieder diente, an die zur Zeit der Auflösung oder der Entziehung der Rechtsfähigkeit vorhandenen Mitglieder zu gleichen Teilen, andernfalls an den Fiskus (§ 45 Abs. 3).

---

[156] So Soergel/*Hadding,* § 49 Rn. 13; *K. Schmidt,* AcP 184 (1984), 536 ff.

[157] *BGHZ* 19, 51, 57; *BAG* DB 1967, 813.

[158] So die h. M., vgl. RGRK/*Steffen,* § 49 Rn. 54; Palandt/*Heinrichs,* § 49 Rn. 4; Erman/*Westermann,* § 49 Rn. 5.

[159] Für eine unbegrenzte Rechtsfähigkeit Soergel/*Hadding,* § 49 Rn. 11; MünchKomm/*Reuter,* § 49 Rn. 11; *K. Schmidt,* AcP 174 (1974), 55, 67.

133 Fällt es an den **Fiskus,** so finden die **erbrechtlichen Vorschriften** entsprechende Anwendung. Es findet also gemäß § 1922 Abs. 1 eine Gesamtrechtsnachfolge statt (§ 46 Satz 1). Der Fiskus haftet gemäß § 1967 Abs. 1 auch für die Verbindlichkeiten des Vereins, mit der Möglichkeit der Beschränkung seiner Haftung auf das Vereinsvermögen gemäß den erbrechtlichen Vorschriften. Der Fiskus hat das überschüssige Vermögen „tunlichst" in einer den Zwecken des Vereins entsprechenden Weise zu verwenden (§ 46 Satz 2). Der Fiskus kann, anders als ein Privater, die ihm kraft Gesetzes angefallene Erbschaft nicht ausschlagen (§ 1942 Abs. 2).

f) Beendigung der Rechtsfähigkeit

134 **Mit der Beendigung der Liquidation** erlischt die Rechtsfähigkeit endgültig. Die Liquidation ist beendet, wenn das gesamte verwertbare Vermögen verwertet und ein nach Berichtigung der Schulden verbleibender Überschuß verteilt ist. Mit der Rechtsfähigkeit erlischt auch die Parteifähigkeit. Für die Führung eines Aktivprozesses, in dem der Liquidationsverein einen von ihm geltend gemachten Anspruch einklagt, besteht die Parteifähigkeit fort. Dasselbe gilt für einen Passivprozeß, in dem Ansprüche gegen den Liquidationsverein eingeklagt werden[160], weil auch nach Verteilung des Vereinsvermögens an die Anfallberechtigten gegenüber diesen Bereicherungsansprüche des Vereins bestehen, wenn er nachträglich noch zur Zahlung verurteilt wird[161].

2. Umwandlung in nicht eingetragenen Verein

135 Durch den Wegfall der Rechtsfähigkeit (s. oben Rn. 125f.) wird die Personenvereinigung nicht aufgelöst. Sie **besteht** deshalb als **nicht eingetragener Verein** fort. Dies gilt insbesondere im Falle des Verzichts auf die Rechtsfähigkeit sowie bei der Löschung im Vereinsregister. Die Mitgliedschaft im rechtsfähigen Verein wandelt sich um in eine Mitgliedschaft im nicht eingetragenen Verein. Das Vereinsvermögen steht, ohne daß es einer Übertragung bedarf, dem nicht eingetragenen Verein zu. Dieser tritt im Wege des **identitätswahrenden Rechtsformwechsels** an die Stelle des nicht mehr als juristische Person bestehenden Vereins[162]. Im Falle der Entziehung der Rechtsfähigkeit als juristische Person (s. oben Rn. 126) tritt zwar nach § 47 mit § 45 Abs. 1 die Liquidation ein. Die Mitgliederversammlung oder die Satzung können jedoch die Fortsetzung als nicht rechtsfähiger Verein vorsehen. Auch kann ein Auflösungsbeschluß (§ 41) nachträglich umgewandelt werden in einen Fortsetzungsbeschluß als nicht eingetragener Verein.

3. Abwicklung in besonderen Fällen

136 Im Falle eines **Vereinsverbots** nach § 3 VereinsG, Art. 9 Abs. 2 GG richtet sich die Abwicklung nach § 13 VereinsG. Bei **Auflösung** des Vereins **durch das *BVerfG*** gemäß § 13 Nr. 1 mit §§ 36–41 BVerfGG wird das Vereinsvermögen eingezogen und der Verein erlischt.

---

[160] A. A. *BGHZ* 74, 212; *BGH* NJW 1982, 238; *BGH* NJW-RR 1986, 394.
[161] So zu Recht *Thiel,* JZ 1979, 567; 1982, 373; Soergel/*Hadding,* § 49 Rn. 14.
[162] *K. Schmidt,* Verbandszweck, S. 312ff.; *Kollhosser,* ZIP 1984, 1434, 1437; s. auch oben Rn. 55; a. A. Voraufl.

§ 11. Der nicht eingetragene Verein

Inhaltsübersicht

Literatur: *Flume,* Der nichtrechtsfähige Verein, ZHR 1984, 503; *O. v. Gierke,* Vereine ohne Rechtsfähigkeit nach dem neuen Recht, FS Dernburg, 1900, Nachdruck 1987, S. 1; *Habscheid,* Der nichtrechtsfähige Verein zwischen juristischer Person und Gesellschaft, AcP 155, 375; *Neubecker,* Verein ohne Rechtsfähigkeit, Teil 1, 1908; *Reuter,* Der nichtrechtsfähige wirtschaftliche Verein, FS Johannes Semler, 1993, S. 931; *K. Schmidt,* Die Partei- und Grundbuchfähigkeit nichtrechtsfähiger Vereine, NJW 1984, 2249.

1 Mit der Rechtsprechung zur Rechtsfähigkeit der Gesellschaft bürgerlichen Rechts (GbR) ist gemäß § 54 Satz 1 auch der „nicht rechtsfähige" Verein als rechtsfähig anzusehen (s. oben § 9 Rn. 42). Der scheinbare Widerspruch, daß der nicht rechtsfähige Verein doch rechtsfähig ist, klärt sich dadurch auf, daß das BGB mit der Rechtsfähigkeit die Eigenschaft der juristische Person als Rechtsperson bezeichnen wollte, während beim „nicht rechtsfähigen" Verein Rechtsträger die Gruppe der gesamthänderisch verbundenen Mitglieder ist[1]. Rechtsträger sind danach unterschiedliche Rechtssubjekte: beim rechtsfähigen Verein die von den Mitgliedern losgelöste und damit von Personen unabhängige, als solche verselbständigte juristische Person, beim nicht rechtsfähigen Verein dagegen die aus Personen bestehende und damit von Personen abhängige Gruppe der Mitglieder als gesamthänderisch verbundene Personen. Man kann deshalb von personenunabhängiger Rechtsfähigkeit der juristischen Person und von **personenabhängiger Rechtsfähigkeit der Mitgliedergruppe** des „nicht rechtsfähigen" Vereins sprechen. Dabei heißt personenabhängig nicht, daß die Gruppe immer aus denselben Personen bestehen müßte. Vielmehr können die Mitglieder des körperschaftlich strukturierten „nicht rechtsfähigen" Vereins wechseln, ohne daß die Gruppe

[1] S. dazu auch *BGH* NJW 2001, 1056, 1058.

damit ihre Identität als ein bestimmter „nicht rechtsfähiger" Verein verliert. Die Rechtsfähigkeit des „nicht rechtsfähigen" Vereins ist deshalb zwar personenabhängig, aber nicht an bestimmte Personen gebunden (s. dazu auch oben § 9 Rn. 34). Um der widersprüchlichen Terminologie des rechtsfähigen „nicht rechtsfähigen" Vereins zu entgehen und um Unklarheiten zu vermeiden, soll statt vom „nicht rechtsfähigen", vom „nicht eingetragenen" Verein die Rede sein.

I. Gründung

2 Die Entstehung eines nicht eingetragenen Vereins erfordert lediglich einen grundsätzlich **formlosen Gründungsakt** in der Weise, daß sich die Gründer rechtsgeschäftlich auf die Entstehung eines nicht eingetragenen Vereins einigen, dessen Mitglieder sie sein wollen und der einen bestimmten Zweck verfolgen soll. Diese rechtsgeschäftliche Einigung führt zur Entstehung der Satzung, die zugleich die rechtlichen Grundlagen der Vereinsorganisation und der Rechte und Pflichten der Mitglieder enthält. Hinzukommen muß, daß die Gründer die Satzung in Geltung setzen. Die Gründung des nicht eingetragenen Vereins entspricht der Gründung des rechtsfähigen Vereins (s. oben § 10 Rn. 2ff.) mit der Ausnahme, daß die Entstehung einer juristischen Person mit der Eintragung ins Vereinsregister nicht angestrebt wird. Der Mitwirkung einer Behörde, sei es auch nur einer Anzeige oder Registrierung, bedarf es nicht. Es gibt auch keine Bestimmungen über eine Mindestzahl von Mitgliedern oder über den Inhalt der Satzung. Die Gründer sind hinsichtlich der Schaffung des Vereins und seiner Ausgestaltung innerhalb der allgemeinen Schranken der Vereinsautonomie (s. oben § 9 Rn. 31, 33) frei.

II. Körperschaftliche Struktur im Unterschied zur Gesellschaft

1. Gesellschaftsrecht als sachfremde Regelung

3 Auf den nicht eingetragenen Verein sind nach dem BGB grundsätzlich die Vorschriften über die GbR anzuwenden (§ 54 Satz 1). Der nicht eingetragene Verein unterscheidet sich aber von der GbR durch seine körperschaftliche Struktur als ein vom **Wechsel seiner Mitglieder unabhängiger Verband.** Die Bestimmung des § 54 Satz 1 ist daher nur mit Einschränkungen anzuwenden. Der nicht eingetragene Verein ist zwar als die Personengruppe Gesamthand rechtsfähig wie die GbR, steht im übrigen aber seiner ganzen Struktur nach einem eingetragenen Verein um vieles näher als der GbR, bei der die Persönlichkeit jedes einzelnen Gesellschafters von größerer Bedeutung ist (s. oben § 9 Rn. 42f.).

2. Analoge Anwendung des Vereinsrechts

4 Rechtsprechung und Lehre haben sich seit langem darum bemüht, die nicht eingetragenen Vereine von der sachfremden Regelung des § 54 Satz 1 soweit wie möglich zu befreien. Dieses Bestreben wird bis zu einem gewissen Grade dadurch erleichtert, daß die meisten der **gesellschaftsrechtlichen Vorschriften dispositives Recht** sind und daher durch die Satzung, die dem Gesellschaftsvertrag bei der GbR entspricht, ausgeschlossen und durch für den Verein passendere Bestimmungen ersetzt

werden können. Die Rechtsprechung hat sich auf diese Möglichkeit gestützt und in weitem Umfang angenommen, daß solche Vorschriften der GbR, die zu dem Strukturtypus des nicht eingetragenen Vereins im Widerspruch stehen, durch die Vereinssatzung stillschweigend ausgeschlossen werden. Sie wendet stattdessen die **für eingetragene Vereine geltenden Vorschriften analog** an mit Ausnahme derer, die die Rechtsfähigkeit als juristische Person voraussetzen.

5 **Beispiele:** Durch die Satzung werden regelmäßig entweder ausdrücklich ausgeschlossen oder wegen der körperschaftlichen Struktur doch als stillschweigend ausgeschlossen angesehen die Bestimmungen der §§ 723, 727, 728 Abs. 2, nach denen die Gesellschaft durch die Kündigung eines einzelnen Gesellschafters, den Tod eines Gesellschafters oder die Eröffnung des Insolvenzverfahrens über das Vermögen eines Gesellschafters aufgelöst wird. Statt dessen wird als stillschweigend vereinbart angesehen, daß der Verein in diesen Fällen unter den übrigen Mitgliedern fortbesteht (§ 736). Die Mitglieder, die als „geschäftsführende Gesellschafter" (§ 710) angesehen werden, haben entgegen § 708 für normale Sorgfalt einzustehen. Auch dies wird damit begründet, daß die Beschränkung der Haftung der Vorstandsmitglieder und der sonstigen Vereinsvertreter gemäß § 708 mit dem körperschaftlichen, von dem Wechsel der Mitglieder unabhängigen Wesen des nicht eingetragenen Vereins unvereinbar und daher satzungsmäßig als ausgeschlossen anzusehen ist[2]. Ein Anspruch auf Gewinnverteilung (§ 721) entfällt jedenfalls bei nicht wirtschaftlichen Vereinen, ebenso ein Anspruch auf Auszahlung des fiktiven Auseinandersetzungsguthabens im Falle des Austritts gemäß § 738[3]. Der Anteil des Ausgetretenen wächst den verbleibenden Mitgliedern zu, ebenso wie einem neu Eintretenden ein Anteil automatisch zuwächst. Für die Beschlußfassung in der Mitgliederversammlung und im Vorstand gilt entgegen § 709 Abs. 1 das Mehrheitsprinzip; es wird wiederum unterstellt, daß dieses gemäß §§ 709 Abs. 2, 710 Satz 2 in der Satzung, dem der Gesellschaftsvertrag entspricht, vereinbart sei. Der fiktive Charakter der angenommenen Vereinbarung ist deutlich. In Wahrheit entscheidet die Rechtsprechung hier gemäß der Natur der Sache[4].

6 Mit der Zuerkennung der Rechts- und Parteifähigkeit für die GbR und der Ausbildung einer nicht streng personengebundenen GbR (s. oben § 9 Rn. 34, 72ff.) ist zwar eine weitere Annäherung zwischen dem Recht der GbR und dem Recht des nicht eingetragenen Vereins möglich geworden. Es bleiben jedoch immer noch eine Anzahl von Fragen offen, weil die an den personalistischen Aufbau der GbR anknüpfenden Vorschriften nicht ohne weiteres an die körperschaftliche Struktur des nicht eingetragenen Vereins angepaßt werden können. Lehre und Rechtsprechung haben deshalb, um sachwidrige Ergebnisse zu vermeiden, auf verschiedenen Wegen nach Abhilfe gesucht und insgesamt im Laufe der Zeit die Rechtslage der nicht eingetragenen Vereine immer mehr derjenigen der eingetragenen angenähert. Die wichtigsten dieser Fragen sollen im folgenden etwas näher beleuchtet werden.

III. Das Namensrecht

7 Der nicht eingetragene Verein tritt nach außen wie ein eingetragener Verein unter seinem eigenen Namen auf. Er behält im Verkehr seine Individualität und seine Kontinuität trotz etwaigen Wechsels seiner Mitglieder bei. Auch das Gesetz spricht in § 54 Satz 2 ganz unbefangen von Rechtsgeschäften, die im Namen des Vereins und nicht, wie es der Verweis von § 54 Satz 1 auf § 714 nahe legt, seiner Mitglieder geschlossen

---

[2] *RGZ* 143, 212, 214; Palandt/*Heinrichs,* § 54 Rn. 6; Soergel/*Hadding,* § 54 Rn. 14.
[3] *RGZ* 113, 125, 135; *BGHZ* 50, 325, 329.
[4] Vgl. dazu *Larenz,* FS Nikisch, 1958, S. 281ff.; *ders.,* Methodenlehre, S. 417.

werden. Das *RG* hat schon frühzeitig[5] daraus die Folgerung gezogen, daß dem nicht eingetragenen Verein gemäß § 12 auch das Recht zum Gebrauch seines Namens zusteht. Vereinigungen einer wechselnden Vielheit von Personen können nach außen hin nur dann als eine diesen Wechsel überdauernde Einheit in Erscheinung treten, wenn ihnen eine Bezeichnung beigelegt ist, die in erkennbarer Weise die Mitglieder zu einem Ganzen zusammenschließt und zugleich geeignet ist, den Verein von seinesgleichen zu unterscheiden. Ist demnach ein solcher **Name für den Verein als solchen** notwendig und vom Gesetz auch vorgesehen, dann muß dem Verein auch der Schutz seines Namens gemäß § 12 gewährt werden.

Da der nicht eingetragene Verein keine juristische Person ist, steht das Namensrecht wie alle übrigen Rechte des Vereins der Gesamtheit der jeweiligen Mitglieder zu. Daraus darf jedoch nicht der Schluß gezogen werden, daß das Namensrecht nur von allen Mitgliedern gemeinsam durch Erhebung einer Unterlassungsklage gerichtlich geltend machen werden kann. Vielmehr ist dem nicht eingetragenen Verein die aktiven Parteifähigkeit zu gewähren, so daß im Namen des Vereins geklagt werden kann und damit automatisch die Gesamtheit der Mitglieder in ihrer jeweiligen Zusammensetzung als Partei anzusehen ist (s. dazu unten Rn. 27). Nachdem der *BGH* auch die GbR als rechts- und parteifähig ansieht[6], findet hier eine Annäherung der GbR an den nicht eingetragenen Verein statt. **8**

IV. Die Vermögenszuständigkeit

1. Die Gesamthand als Rechtsträger

Da er nicht juristische Person ist, kann der nicht eingetragene Verein als solcher nicht selbst Subjekt der ihm zugeordneten Rechte sein, vielmehr können diese nur **den jeweiligen Mitgliedern in ihrer Zusammenfassung** zur gesamten Hand zustehen (s. oben § 9 Rn. 42f.). Gemäß der in § 54 Satz 1 ausgesprochenen Verweisung sind die §§ 718, 719 anzuwenden. Danach wird aus den Beiträgen der Vereinsmitglieder und den durch die Geschäftsführung des Vorstandes für den Verein erworbenen Gegenständen das Vereinsvermögen als Gemeinschaftsvermögen der Vereinsmitglieder gebildet. Das einzelne Vereinsmitglied kann weder über seinen Anteil an diesem Vermögen im ganzen noch über seinen Anteil an den einzelnen dazu gehörenden Gegenständen verfügen; es ist auch nicht berechtigt, Teilung zu verlangen. Über einen zum Vereinsvermögen gehörenden Gegenstand können nur alle Vereinsmitglieder gemeinschaftlich verfügen, wobei sie sich durch den Vorstand (s. oben Rn. 5) vertreten lassen können (§ 714). Ebenso vertritt der Vorstand den Verein in Gestalt der Gesamtheit der Mitglieder beim Erwerb von Gegenständen für das Vereinsvermögen. **9**

2. Eintragung ins Grundbuch

Schwierigkeiten ergeben sich, wenn es sich um den **Erwerb eines Grundstücks** oder des Rechts an einem Grundstück handelt. Denn hierzu bedarf es der Eintragung des Erwerbs im Grundbuch (§ 873). Erwerber aber sind die Mitglieder des Vereins in ihrer gesamthänderischen Verbundenheit. Nach § 47 GBO müßten demgemäß sämtliche im Augenblick der Eintragung vorhandenen Mitglieder namentlich und unter Angabe des für die Gemeinschaft maßgeblichen Rechtsverhältnisses eingetragen werden. **10**

---

[5] *RGZ* 78, 101, 102f.
[6] *BGH* NJW 2001, 1056.

11 Dem folgt die Praxis der Grundbuchämter. Jeder Mitgliederwechsel würde damit das Grundbuch sofort unrichtig machen. Eine Eintragung aller derzeitigen Mitglieder ist praktisch in vielen Fällen überhaupt nicht realisierbar. Bei großen Vereinen, die, wie etwa eine Gewerkschaft, Hunderttausende von Mitgliedern haben, von denen täglich einige neu eintreten oder ausscheiden, ist es nicht einmal möglich, genau festzustellen, welche Personen gerade im Zeitpunkt der Eintragung dem Verein als Mitglieder angehören; das Grundbuch würde völlig unübersichtlich werden. Infolgedessen helfen sich derartige Vereine, wenn sie nicht die Rechtsfähigkeit erwerben wollen, in der Weise, daß einzelne Personen als Treuhänder oder eine zu diesem Zweck gegründete Kapitalgesellschaft (AG, GmbH), deren sämtliche Anteile sich im Besitz des Vereins befinden, nach außen als Inhaber der Grundstücksrechte fungieren[7].

12 Richtigerweise ist mit der Parteifähigkeit des nicht eingetragenen Vereins auch dessen Grundbuchfähigkeit anzuerkennen[8]. Dies wird inzwischen auch für die GbR vertreten[9]. Etwaige Schwierigkeiten bei der Feststellung des jeweils vertretungsberechtigten Vorstands[10] dürfen nicht überbewertet werden. Insoweit kann sich der Geschäftsverkehr jedenfalls auf den Schutz des Rechtsscheins bei der Duldungs- und Anscheinsvollmacht stützen (s. unten § 48). Auch kann der Vorstand an Stelle aller Mitglieder ins Grundbuch oder doch in die Grundbuchakten aufgenommen werden[11]. Dies sollte mit einem Schutz analog § 68 verbunden werden.

V. Die Haftung für Schulden

1. Haftung des Gesamthandsvermögens

13 Das Vermögen des nicht eingetragenen Vereins steht der Gesamtheit seiner Mitglieder als Rechtsträger in gesamthänderischer Verbundenheit zu. Die **Gesamthand als Vermögensträger haftet** auch **für die Verbindlichkeiten**[12], die gegen den Verein gerichtet sind, z. B. aus Geschäften oder Handlungen des Vorstands oder anderer für ihn handelnder Personen (s. auch oben § 9 Rn. 43). Die Gläubiger solcher Forderungen können gegen den Verein vorgehen, indem sie ihn als parteifähigen Beklagten in Anspruch nehmen und in das Vereinsvermögen als Gesamthandsvermögen der jeweiligen Mitglieder vollstrecken (s. § 735 ZPO).

2. Haftung des Eigenvermögens der Mitglieder

a) Unangemessenheit der GbR-Haftung

14 Bei der GbR unterliegen die Gesellschafter gemäß der neuen Rechtsprechung des BGH wie bei einer OHG der akzessorischen Haftung analog §§ 128 ff. HGB[13]. Daraus

[7] Vgl. hierzu *Medicus,* AT, Rn. 1150 f.

[8] *Stoll,* RG-Festschrift Bd. 2, S. 77; *Boehmer,* Grundlagen der bürgerlichen Rechtsordnung, Bd. II/2, S. 175 ff.; Staudinger/*Coing,* § 54 Rn. 80 aE; Soergel/*Hadding,* § 54 Rn. 18; Palandt/*Heinrichs,* § 54 Rn. 8; *Hübner,* AT, Rn. 158; *Köhler,* AT, § 9 Rn. 40; MünchKomm/*Reuter,* § 54 Rn. 10; a. A. *K. Schmidt,* NJW 1984, 2249; *ders.,* Verbandszweck und Rechtsfähigkeit, S. 52 ff.; *Flume,* ZHR 148 (1984), 510.

[9] S. *Ulmer/Steffek,* NJW 2002, 330 unter Begrenzung auf die GbR mit eigener Identitätsausstattung wie einen eigenen Namen und mit Geschäftsführern; a. A. *BayObLG* NJW 2003, 70.

[10] S. dazu z. B. *K. Schmidt,* NJW 1984, 2249.

[11] Dafür bei der GbR *Ulmer/Steffek,* NJW 2002, 330, 336.

[12] S. *Flume,* AT I/1, § 16 IV 2, der die Gesamthand als haftende Personengruppe versteht.

[13] *BGHZ* 146, 341 = NJW 2001, 1056; s. auch oben § 9 Rn. 35.

ergibt sich eine **Haftung mit dem gesamten eigenen Privatvermögen** der Gesellschafter. Für den nicht eingetragenen Verein würde sich nach § 54 Satz 1 im Prinzip die gleiche Haftung[14] ergeben. Die **persönliche Haftung der Vereinsmitglieder** ist aber wegen der andersartigen Interessenlage bei den Idealvereinen insoweit **unangemessen,** als sie über die Haftung des den Mitgliedern gemeinschaftlich zustehenden Vereinsvermögens hinausgeht.

Wer einem Idealverein beitritt, hat regelmäßig nicht den Willen, ein weiteres finanzielles Risiko einzugehen, als es sich aus der Beitragspflicht ergibt. Dies entspricht allgemeiner Verkehrsauffassung. Darauf müssen sich auch die Vereinsgläubiger einstellen. Es würde auch kaum jemand einem Idealverein beitreten, wenn er für dessen Schulden persönlich mit seinem gesamten Vermögen einzustehen hätte. Die unbeschränkte Haftung der Vereinsmitglieder für die Vereinsschulden würde, wenn sie praktiziert würde, ein kaum überwindbares Hindernis für die Gründung eines solchen Vereins und für die Gewinnung neuer Mitglieder darstellen. Auch für die Gläubiger wäre es hinderlich feststellen zu müssen, wer jeweils im Zeitpunkt der Entstehung ihrer Verbindlichkeit Mitglied des Vereins war. 15

b) Beschränkung der Haftung auf das Vereinsvermögen

Angemessen ist es, die Haftung der Mitglieder für die Vereinsschulden auf das Vereinsvermögen zu beschränken. Diese Haftungsbeschränkung rechtfertigt sich aus der körperschaftlichen Struktur des nicht eingetragenen Vereins sowie daraus, daß ein vom Mitgliedervermögen getrenntes selbständiges Vereinsvermögen vorhanden ist[15]. Hinzukommt, daß das Interesse der Gläubiger bei nicht wirtschaftlichen Vereinen[16], die in der Regel keine umfangreichen Geschäfte betreiben, die unbeschränkte Haftung aller Mitglieder nicht erfordert und andererseits eine derartige Haftung den Erwartungen derjenigen, die einem solchen Verein beitreten, in grobem Maße widerspricht. Die persönliche Haftung jedes einzelnen Mitglieds ist daher auch ohne ausdrückliche Regelung in der Satzung als mit dem typischen Zweck eines Idealvereins und seiner sich daraus ergebenden Grundstruktur unvereinbar anzusehen. Das gilt auch für die nicht rechtsgeschäftlich begründeten Schulden des Vereins. Da bei einem Idealverein im Verkehr niemand mit einer unbeschränkten Haftung der Mitglieder rechnet, kann man insoweit von einem Gewohnheitsrecht sprechen[17]. 16

Man hat die Haftungsbeschränkung für die durch Rechtsgeschäft begründeten Schulden mit einer in der Satzung stillschweigend enthaltenen Beschränkung der Vertretungsmacht des Vorstandes oder mit einer zwischen dem Vorstand und den Vertragskontrahenten stillschweigend vereinbarten Haftungsbeschränkung gerechtfertigt[18]. Dies hat den Nachteil, daß sie nur für rechtsgeschäftlich begründete Schulden wirkt, nicht aber für gesetzliche Schulden, z.B. aus einer ungerechtfertigten Bereicherung des Vereinsvermögens oder aus einer unerlaubten Handlung, für die auch der nicht rechtsfähige Verein analog § 31 haftet (s. unten Rn. 23). 17

---

[14] Zur Anwendung dieser Grundsätze auf einen öffentlich-rechtlichen Abwasserverband, der als Vorverband im Gründungsstadium wie ein nicht eingetragener wirtschaftlicher Verein behandelt wird s. *BGH* NJW 2001, 748.

[15] Ähnlich Staudinger/*Weick,* § 54 Rn. 52; *Boehmer,* aaO, S. 179.

[16] Bei wirtschaftlichen Vereinen, die nicht die Rechtsfähigkeit nach § 22 erworben haben, nimmt die h.L. eine Haftungsbeschränkung der Mitglieder nicht an. So *Enneccerus/Nipperdey* und *Boehmer,* aaO, (vorige Anm.); *Hübner,* AT, Rn. 270; *Medicus,* AT, Rn. 1155; *Köhler,* AT, § 21 Rn. 42 (analog § 128 HGB).

[17] S. auch *BGH* NJW-RR 2003, 1265; *Hübner,* AT, Rn. 262, 270; *Schack,* AT, Rn. 108.

[18] *v. Tuhr,* AT I, § 40 III; *Köhler,* AT, § 21 Rn. 42; *Brox,* AT, Rn. 725; *Enneccerus/Nipperdey,* AT, § 116 Anm. 42.

3. Haftung des Handelnden

a) Haftung für rechtsgeschäftliches Handeln

18 Außer der Haftung des Gesamthandsvermögens des nicht eingetragenen Vereins gemäß § 54 Satz 1 sieht § 54 Satz 2 eine **Haftung des Handelnden** für Rechtsgeschäfte vor, die im Namen des Vereins mit Dritten abgeschlossen worden sind. Die Haftung trifft den Handelnden unabhängig davon, ob er Vorstand oder Vereinsmitglied ist (s. unten Rn. 20). **Dritter** ist nicht ein Vereinsmitglied, mit dem ein Geschäft in Übereinstimmung mit dem Vereinszweck geschlossen wird, z. B. zur Tragung von Prozeßkosten durch eine zum Zwecke der Prozeßführung als nicht eingetragener Verein gegründete Bürgerinitiative[19]. Der Handelnde haftet nach § 54 S. 2 **persönlich** mit seinem eigenen Vermögen. Wenn mehrere gemeinschaftlich gehandelt haben, haften sie als Gesamtschuldner[20]. Gerechtfertigt ist die Haftung des Handelnden beim nicht rechtsfähigen Verein durch das **Schutzbedürfnis des rechtsgeschäftlichen Verkehrs,** der aufgrund der fehlenden Eintragung im Vereinsregister nicht erkennen kann, wer Vorstand des nicht rechtsfähigen Vereins ist und in welchem Umfang eine Vertretungsmacht besteht. Zur Vermeidung dieser Unsicherheiten sollen sich die Geschäftspartner auf jeden Fall an den Handelnden halten können[21].

19 Den Grund für die Haftung des Handelnden sah der Gesetzgeber ursprünglich darin, mit Hilfe einer scharfen Haftung einen Druck dahin auszuüben, daß die Eintragung ins Vereinsregister erfolgt, da dadurch die Haftung aus § 54 Satz 2 vermieden wird[22]. Ein solcher Gesetzeszweck kann im Hinblick auf die verfassungsrechtlich gewährleistete Vereinigungsfreiheit in Art. 9 GG nicht mehr als verfassungskonform angesehen werden. Als Zweck des § 54 Satz 2 wird auch der Gläubigerschutz[23] genannt. Der Zugriff auf das Vereinsvermögen ist aber im Hinblick auf die passive Partei- und Vollstreckungsfähigkeit (§ 50 Abs. 2, § 735 ZPO) beim nicht rechtsfähigen Verein in gleicher Weise gewährleistet wie beim rechtsfähigen Verein.

b) Handelnde Person

20 Handelnder im Sinne dieser Vorschrift ist, **wer das Geschäft für den Verein abschließt,** d. h. die erforderlichen Willenserklärungen im Namen des Vereins abgibt. Gleichgültig ist, ob ein Mitglied des Vorstandes, ein besonderer Vertreter im Sinne des § 30 oder ein für dieses Geschäft Bevollmächtigter auftritt und ob ihm die behauptete Vertretungsmacht zusteht oder ob es sich überhaupt um ein Vereinsmitglied handelt[24]. Handelnder ist nur, wer nach außen für den Erklärungsempfänger erkennbar als Handelnder auftritt, nicht dagegen, wer nur im Innenverhältnis den Auftrag oder eine Weisung erteilt oder den Vertrag genehmigt[25].

21 Eine Haftung des Handelnden vor Eintragung der GmbH und der AG in das Handelsregister sehen auch § 11 Abs. 2 GmbHG und § 41 Abs. 1 Satz 2 AktG vor. Während die Handelndenhaftung bei der Vor-GmbH und bei der Vor-AG nur vorübergehend bis zur Eintragung vorgesehen ist und mit dieser erlischt[26], ist die Haftung aus § 54 Satz 2 zum Schutz der Gläubiger auf Dauer angelegt.

---

[19] *BGH* NJW-RR 2003, 1265.
[20] § 54 Satz 2 ist nicht anwendbar auf politische Parteien, § 37 PartG.
[21] So zu Recht MünchKomm/*Reuter,* § 54 Rn. 33: Ausgleich für fehlende Registerpublizität.
[22] MünchKomm/*Reuter,* § 54 Rn. 2.
[23] Vgl. *Mugdan,* Prot. I, S. 641.
[24] *BGH* NJW 1957, 1186; *BGH* NJW-RR 2003, 1265; Soergel/*Hadding,* § 54 Rn. 26 ff.
[25] *BGH* NJW 1957, 1186.
[26] *BGHZ* 80, 183.

c) Haftung als gesetzliches Schuldverhältnis

Die Haftung des Handelnden nach § 54 Satz 2 begründet ein gesetzliches Schuldverhältnis, dessen Inhalt durch den zwischen dem Verein und dem Dritten zustande gekommenen Vertrag bestimmt wird. Ist ein Vertrag mangels Vertretungsmacht nicht zustande gekommen, so haftet der Handelnde nach § 54 Satz 2, der insoweit an Stelle von § 179 eingreift, auf Erfüllung bzw. auf Schadensersatz wegen Nichterfüllung[27]. Die Haftung besteht auch für Verschulden bei den Vertragsverhandlungen (§ 311 Abs. 2 und 3 mit §§ 280, 282)[28]. Die Haftung kann durch Vereinbarung mit dem Dritten ausgeschlossen und auf das Vereinsvermögen begrenzt werden. 22

VI. Die Organhaftung

§ 31 ist auf die Organe des nicht eingetragenen Vereins nach allgemeiner Meinung analog anzuwenden[29]. Dies rechtfertigt sich aber nicht in erster Linie aus der körperschaftlichen Struktur des nicht eingetragenen Vereins, sondern aus der Handlung der Vereinsorgane für das **Vereinsvermögen als Sondervermögen** der Gesamthand der Mitglieder. Wenn diesem Sondervermögen die Vorteile des Organhandelns zugute kommen, dann muß es auch für die sich aus dem Organhandeln ergebenden Nachteile einstehen. 23

Der Vorstand handelt als Organ des nicht eingetragenen Vereins in der Absicht und entsprechend dem Verkehrsverständnis für den Verein und nicht für die einzelnen Mitglieder. Auch der nicht eingetragene Verein hat in aller Regel eine Satzung, aus der sich die Kompetenzen des Vorstandes und sonstiger verfassungsmäßig berufener Vertreter ergeben. Somit liegen alle Voraussetzungen für die analoge Anwendung des § 31 vor. Die **Beschränkung der Haftung auf das Vereinsvermögen** folgt daraus, daß § 31 auch bei einem eingetragenen Verein dem Geschädigten nur den Zugriff auf das Vereinsvermögen, nicht auf das sonstige Vermögen der Mitglieder eröffnet. Die analoge Anwendung auf den nicht eingetragenen Verein muß daher dazu führen, daß die sich aus der Organhaftung ergebenden Verbindlichkeiten nur eine Haftung des Vereinsvermögens begründen. 24

VII. Die Parteifähigkeit

1. Passive Parteifähigkeit

Wer in einem Zivilprozeß Partei sein, d.h. die Stellung des Klägers oder des Beklagten einnehmen kann, beantwortet § 50 Abs. 1 ZPO in der Weise, daß „parteifähig ist, wer rechtsfähig ist". Um den Vereinsgläubigern die Rechtsverfolgung zu erleichtern, hat aber schon § 50 Abs. 2 ZPO dem nicht rechtsfähigen Verein passive Parteifä- 25

---

[27] *K. Schmidt,* Gesellschaftsrecht, § 25 III 3c; Soergel/*Hadding,* § 54 Rn. 29.

[28] *BGH* NJW 1957, 1186.

[29] *Enneccerus/Nipperdey,* AT, § 116 IV 7 (seit der 15. Auflage); *Stoll,* aaO, S. 64; *Boehmer,* aaO, S. 182; *Habscheid,* aaO, S. 409; Staudinger/*Weick,* § 54 Rn. 71; Soergel/*Hadding,* § 54 Rn. 22; Erman/*Westermann,* § 54 Rn. 13; MünchKomm/*Reuter,* § 31 Rn. 8; *Medicus,* AT, Rn. 1157; *Hübner,* AT, Rn. 272; *Brox,* AT, Rn. 726. *Martinek,* aaO, S. 44ff.; s. auch oben § 10 Rn. 84; a.A noch *v. Tuhr,* AT I, § 40 zu Anm. 47; *RGZ* 143, 212, 214.

higkeit in dem Sinne beigelegt, daß er **unter seinem Namen verklagt werden** kann. Der nicht eingetragene Verein ist also Prozeßpartei. Er wird durch seinen Vorstand vertreten (§ 26 Abs. 2 Satz 1). Aus einem Urteil, das gegen den Verein ergangen ist, kann der Gläubiger **in das Vereinsvermögen vollstrecken** (§ 735 ZPO), ohne sich darum kümmern zu müssen, wer die Vereinsmitglieder sind, denen das Vermögen zur gesamten Hand zusteht.

26 Der Gläubiger kann außerdem in das Vereinsvermögen vollstrecken, wenn er ein Urteil gegen alle Mitglieder – die dann freilich in der Klageschrift alle namentlich angegeben werden müssen – erzielt hat (§ 736 ZPO). Es liegt auf der Hand, daß der erste Weg für den Gläubiger weit einfacher, ja bei Vereinen mit einer großen Mitgliederzahl der allein gangbare ist.

2. Aktive Parteifähigkeit

27 Die ausdrückliche Regelung der passiven Parteifähigkeit war bedeutsam, solange der nicht eingetragene Verein als nicht rechtsfähig angesehen wurde. Seit die Rechtsprechung die GbR als Grundtypus der Gesamthand bei den Personenvereinigungen als rechtsfähig anerkennt und damit die aktive und passive Parteifähigkeit verbindet[30], ist auch der nicht eingetragene Verein als rechtsfähig anzusehen. Daraus leitet sich neben der passiven Parteifähigkeit auch die **allgemeine aktive Parteifähigkeit** des nicht eingetragenen Vereins gemäß § 50 Abs. 1 ZPO ab[31], nachdem der *BGH* diese zunächst nur für Gewerkschaften anerkannt hat[32]. Dementsprechend müssen nicht mehr wie zuvor bei einer Klage des nicht eingetragenen Vereins alle seine Mitglieder als Kläger in der Klageschrift aufgeführt werden. Der nicht eingetragene Verein kann vielmehr wie die OHG und KG **unter seinem Vereinsnamen** klagen, auch wenn dabei nicht eine juristische Person Partei wird wie beim eingetragenen Verein. § 11 Abs. 1 Satz 1 InsO geht sogar so weit, den nicht rechtsfähigen, d.h. nicht eingetragenen Verein für die Zwecke des Insolvenzverfahrens einer juristischen Person gleichzustellen. Durch § 3 PartG hat der Gesetzgeber auch den politischen Parteien die aktive Parteifähigkeit verliehen.

28 Die an die Parteifähigkeit sich anschließenden **prozessualen Fragen** sind beim nicht eingetragenen Verein ebenso zu lösen wie bei der OHG. Ein Mitgliederwechsel berührt die Parteistellung der OHG nicht und stellt keinen Parteiwechsel dar. Da der nicht eingetragene Verein als solcher Partei ist, kann das einzelne Mitglied Zeuge sein[33]. Für die Prozeßkosten haftet nur der eingetragene Verein mit dem Vereinsvermögen und nicht das einzelne Mitglied. Bei der Prozeßkostenhilfe gemäß § 114 ZPO ist bezüglich der wirtschaftlichen Verhältnisse grundsätzlich auf die Vermögensverhältnisse des Vereins und nicht des einzelnen Mitglieds abzustellen.

---

[30] *BGH* NJW 2001, 1056.
[31] So vor dem *BGH* schon MünchKomm/*Reuter,* § 54 Rn. 12.
[32] *BGHZ* 42, 210, 216; 50, 325.
[33] S. zur OHG *Baumbach/Hopt,* HGB, 30. Aufl. 2000, § 124 Rn. 42, 43.

§ 12. Die rechtsfähige Stiftung

Inhaltsübersicht

Literatur: *Blydt-Hansen,* Die Rechtsstellung der Destinatäre der rechtsfähigen Stiftung Bürgerlichen Rechts, 1998; *Eichler,* Die Verfassung der Körperschaft und Stiftung, 1986; *Goerdeler,* Zur Problematik der Unternehmensträgerstiftung, NJW 1992, 1487; *Härtl,* Ist das Stiftungsrecht reformbedürftig?, 1990; *Kronke,* Stiftungstypus und Unternehmensträgerstiftung, 1988; *Kemke,* Privatautonome Rechtsgestaltung im modernen Staat, 1998; *Rawert,* Der Einsatz der Stiftung zu stiftungsfremden Zwecken, ZEV 1999, 294; *Reuter,* Rechtsprobleme unternehmensbezogener Stiftungen, DWiR 1991, 192ff.; *Schauhoff,* Neue Entwicklungen im Stiftungs- und Stiftungssteuerrecht, ZEV 1999, 121; *K. Schmidt,* Stiftungswesen, Stiftungsrecht, Stiftungspolitik, 1987; *M. Schulte,* Staat und Stiftung, 1989; *Seifart,* Handbuch des Stiftungsrechts, 1987; *Strickroth,* Stiftungsrecht, 1977.

I. Begriff und Merkmale der rechtsfähigen Stiftung

Das BGB sieht in §§ 80–88 die rechtsfähige Stiftung als eine weitere Art der juristischen Person vor. Ergänzend zur lückenhaften Regelung des BGB bestehen Stiftungsgesetze der einzelnen Bundesländer[1]. Die rechtsfähigen Stiftungen sind keine Personenvereinigungen, sondern Organisationen, die dazu geschaffen sind, einen bestimmten Zweck mit Hilfe eines dafür bestimmten Vermögens dauernd zu fördern. Die rechtsfähige Stiftung läßt sich danach als eine **rechtlich selbständige, zweckgebundene Vermögenseinheit** begreifen[2]. Wenn die Rechtsordnung der Stiftung Rechtsfähigkeit beilegt und sie damit wie eine Person, als Rechtssubjekt, behandelt, so beruht dies darauf, daß das Stiftungsvermögen als selbständige rechtliche Einheit bestehen soll. Dies ist dadurch gerechtfertigt, daß der in der Verfassung der Stiftung objektivierte Wille des Stifters durch die Tätigkeit der ihn ausführenden Organe immer wieder aktualisiert wird. 1

Die wesentlichen Merkmale einer solchen Stiftung sind der **Stiftungszweck,** d.h. eine der Stiftung von dem Stifter gesetzte Daueraufgabe, um derentwillen sie besteht, ferner eine **Organisation,** die es ermöglicht, daß die Aufgaben der Stiftung ständig durch dazu bestellte Organe wahrgenommen werden, und endlich die Bereitstellung 2

[1] S. den Überblick bei Palandt/*Heinrichs,* vor § 80 Rn. 12f.

[2] Vgl. MünchKomm/*Reuter,* vor § 80 Rn. 11; Staudinger/*Rawert,* vor §§ 80ff. Rn. 4; Soergel/*Neuhoff,* vor § 80 Rn. 7ff.

von Mitteln in Gestalt eines der Stiftung als solcher zugewandten **Vermögens**[3]. Der Zweck einer Stiftung kann ein karitativer, wissenschaftlicher, sozialer oder sonst ein im weitesten Sinne gemeinnütziger sein; seine Verfolgung darf nur nicht gegen ein gesetzliches Verbot (§ 134) oder gegen die guten Sitten (§ 138) verstoßen.

3 Möglich sind auch **Familienstiftungen,** die den Mitgliedern einer bestimmten Familie zugute kommen sollen. Die dadurch mögliche Zweckbindung von Vermögen für einzelne Familien wird in einer demokratisch offenen Gesellschaft wegen der daraus befürchteten Refeudalisierungstendenzen zum Teil als problematisch angesehen[4]. Dies steht jedoch der Zulässigkeit von Familienstiftungen nicht entgegen[5]. Die früher bestehende Möglichkeit, wegen der Unsterblichkeit der Stiftung mehreren Generationen den Genuß des Familienvermögens ohne den Weg über das Erbrecht zu verschaffen und dadurch Erbschaftssteuer zu sparen, ist durch die Einführung einer Ersatzerbschaftssteuer, die für Stiftungen alle 30 Jahre einen Erbfall fingiert (§ 1 Abs. 4 ErbStG) beseitigt worden.

4 Die Stiftung kann auch als **Unternehmensträgerstiftung** auf die Betreibung eines Unternehmens gerichtet sein, sei es, daß die Stiftung lediglich Gesellschaftsanteile oder Aktien eines Unternehmens hält, sei es, daß die Stiftung, auch z.B. in der Rechtsform der Stiftung u. Co. KG, selbst ein Unternehmen betreibt[6]. Dies ist sowohl in der Weise möglich, daß der Unternehmensbetrieb der Gewinnerzielung zur Finanzierung eines anderweitigen, meist gemeinnützigen Stiftungszwecks dient, als auch in der Weise, daß mit dem Unternehmensbetrieb als solchem ein besonderer Zweck, z.B. die Vermögensbeteiligung der Arbeitnehmer oder die innerbetriebliche Wirtschaftsdemokratie, gefördert werden soll[7]. Eine Stiftung, die außer dem Unternehmensbetrieb an sich keinen weitergehenden Stiftungszweck verfolgt, ist nicht möglich[8], weil dann auch ein durch den Stiftungszweck begünstigter Personenkreis (§ 87 Abs. 2) fehlt.

II. Rechtsfähige und unselbständige Stiftungen

1. Unselbständige Stiftung

5 Von der selbständigen, nämlich rechtsfähigen Stiftung zu unterscheiden ist die unselbständige Stiftung. Unter ihr versteht man die Übertragung bestimmter Vermögenswerte auf eine bestehende natürliche oder juristische Person mit der Bestimmung, diese Werte als ein von dem übrigen Vermögen des Empfängers **wirtschaftlich getrenntes Sondervermögen** zu verwalten und für einen bestimmten Zweck zu verwenden. Dafür kommt vor allem die **treuhänderische Rechtsübertragung** in Form der Verwaltungstreuhand (s. unten § 46 Rn. 63) in Betracht.

6 So erhalten beispielsweise die Universitäten in ihrer Eigenschaft als Korporationen nicht selten Kapitalzuwendungen, z.B. in Form von Vermächtnissen, mit der Bestimmung, aus den Er-

[3] Vgl. *Seifart,* Rn. 3; MünchKomm/*Reuter,* vor § 80 Rn. 12f., der in Rn. 14 allerdings in der Existenz eines Stiftungsvermögens keine zwingende Voraussetzung für die Genehmigungsfähigkeit einer Stiftung sieht; Soergel/*Neuhoff,* vor § 80 Rn. 7ff. nennt in Rn. 8 zusätzlich noch die Stiftungsabsicht, die aber regelmäßig im Stiftungszweck enthalten ist.

[4] S. MünchKomm/*Reuter,* vor § 80 Rn. 17ff.; Soergel/*Neuhoff,* vor § 80 Rn. 57ff.

[5] S. *BVerfG* NJW 1983, 1841.

[6] Dazu im einzelnen auch Soergel/*Neuhoff,* vor § 80 Rn. 65ff.

[7] *Kronke,* Stiftungstypus und Unternehmensträgerstiftung, 1988, S. 195ff.; *Kohl,* NJW 1992, 1922; Soergel/*Neuhoff,* vor § 80 Rn. 67ff.; Palandt/*Heinrichs,* vor § 80 Rn. 11; einschränkend: *K. Schmidt,* Stiftungswesen usw., S. 26f., 31f.; MünchKomm/*Reuter,* vor § 80 Rn. 24; *Schwintowski,* NJW 1991, 2736ff.; *Rawert,* Die Genehmigungsfähigkeit der unternehmensverbundenen Stiftung, Diss. Kiel 1990, S. 84ff.

[8] Soergel/*Neuhoff,* vor § 80 Rn. 70; *Rawert,* S. 26f., 79f.

trägen dieses Kapitals bestimmte Forschungsvorhaben oder andere wissenschaftliche Vorhaben zu unterstützen, Stipendien zu vergeben oder ähnlichen Zwecke zu verfolgen. Die zugewandten Vermögenswerte gehen dann in das Eigentum derjenigen Person über, z. B. der Universität, die sie als Treuhänder zu verwalten und die Erträgnisse in der angegebenen Weise zu verwenden hat. Auf solche unselbständigen Stiftungen sind die Vorschriften über die Schenkung unter einer Auflage (§§ 525 ff.) oder, wenn sie auf einer Erbeinsetzung oder auf einem Vermächtnis beruhen, die §§ 1940, 2192 ff. anzuwenden. Eine nicht rechtsfähige Stiftung vergleichbar dem nicht eingetragenen Verein kennt das Stiftungsrecht nicht. Es kann jedoch eine GbR mit einem Gesamthandsvermögen für Stiftungszwecke gegründet werden.

2. Selbständige rechtsfähige Stiftung

Will der Stifter das Kapital nicht einer bestehenden natürlichen oder juristischen Person zuwenden, etwa weil er fürchtet, diese werde es nicht in seinem Sinn verwenden, oder weil ihm für den von ihm beabsichtigten Zweck keine Organisation geeignet erscheint, so muß er eine **neue Organisation** schaffen, die sich allein dem von ihm bestimmten Zweck zu widmen hat und als eine juristische Person selbst Vermögensträger ist. Das kann er durch die Errichtung einer selbständigen Stiftung erreichen. 7

III. Errichtung einer rechtsfähigen Stiftung

Die Errichtung einer selbständigen Stiftung erfordert einen **rechtsgeschäftlichen Gründungsakt des Stifters,** das sogenannte „Stiftungsgeschäft“, **und** die **staatliche Genehmigung** der Stiftung (§ 80 Abs. 1). Das Stiftungsgeschäft kann unter Lebenden oder in einer Verfügung von Todes wegen vorgenommen werden. 8

1. Stiftungsgeschäft unter Lebenden

Das Stiftungsgeschäft unter Lebenden bedarf der Schriftform (§ 81 Abs. 1). Da es auf die Schaffung einer mit Rechtsfähigkeit ausgestatteten Organisation gerichtet ist, ist es ebenso wie die Vereinsgründung zusammen mit der behördlichen Genehmigung ein **Konstitutivakt**[9]. 9

Zugleich aber ist es in der Regel auch ein **verpflichtendes Rechtsgeschäft,** weil es für den Stifter die Verpflichtung begründet, im Falle der Genehmigung durch die Behörde der Stiftung das in dem Stiftungsgeschäft zugesicherte Vermögen zu übertragen (§ 82 Satz 1). Rechte, zu deren Übertragung die Abtretung nach § 398 genügt, gehen mit der Genehmigung kraft Gesetzes auf die Stiftung über (§ 82 Satz 2). 10

Bis zur Erteilung der Genehmigung ist der Stifter noch zum **Widerruf** berechtigt (§ 81 Abs. 2 Satz 1). Der Widerruf ist an sich so wenig wie das Stiftungsgeschäft selbst eine empfangsbedürftige Willenserklärung. Ist aber die Genehmigung bei der zuständigen Behörde bereits nachgesucht worden, so kann der Widerruf nur noch ihr gegenüber erklärt werden (§ 81 Abs. 2 Satz 2). Nach dem Tode des Stifters ist der Erbe nur dann noch zum Widerruf berechtigt, wenn der Stifter weder das Gesuch um Genehmigung bei der zuständigen Behörde eingereicht, noch, im Falle notarieller Beurkundung des Stiftungsgeschäfts, den Notar mit der Einreichung des Gesuchs beauftragt hat (§ 81 Abs. 2 Satz 3). 11

---

[9] Vgl. *Hübner,* AT, Rn. 279 („Organisatorischer Schöpfungsakt“).

2. Stiftungsgeschäft von Todes wegen

12 Besteht das Stiftungsgeschäft in einer Verfügung von Todes wegen (d. h. einem Testament, einem gemeinschaftlichen Testament oder einem Erbvertrag[10]), so bedarf es der hierfür vorgesehenen Form, d. h. für das Testament genügt die handschriftliche Form (§ 2247 bzw. § 2267), der Erbvertrag bedarf dagegen der notariellen Beurkundung (§ 2276).

13 Das Gesuch um die staatliche Genehmigung ist nach dem Tode des Stifters von dem Erben, dem Testamentsvollstrecker oder dem Nachlaßgericht an die zuständige Behörde zu richten (§ 83). Wird die Stiftung genehmigt, so gilt sie für die Zuwendungen des Stifters als schon vor dessen Tode entstanden (§ 84). Das Gesetz bedient sich dieser Fiktion, um es zu ermöglichen, daß die Stiftung trotz des § 1923 Abs. 1 den Stifter beerbt. Hat sie also der Stifter zum Erben eingesetzt, dann geht sein Vermögen mit seinem Tode auf die als schon zu diesem Zeitpunkt bestehend angenommene Stiftung über. Hat er ihr lediglich ein Vermächtnis zugewandt, so entsteht der Anspruch gegen den oder die Erben auf die Erfüllung des Vermächtnisses ebenfalls in diesem Zeitpunkt. § 84 gilt auch dann, wenn der Stifter die Stiftung durch Rechtsgeschäft unter Lebenden errichtet hat, sie aber erst nach seinem Tode genehmigt wird.

3. Behördliche Genehmigung

14 Die staatliche Genehmigung ist unerläßliche Voraussetzung dafür, daß die Stiftung Rechtsfähigkeit erlangt. Für die selbständigen Stiftungen gilt also das **Konzessionssystem,** und zwar unabhängig davon, ob der Zweck der Stiftung einen wirtschaftlichen Geschäftsbetrieb von nicht ganz geringem Umfang erforderlich macht oder nicht. Die Erteilung der Genehmigung steht im pflichtmäßigen Ermessen der Behörde, die die grundrechtlich durch Art. 2, 14 GG geschützte Stifterfreiheit zu beachten hat. Ein Anspruch auf die Genehmigung besteht aber nicht ohne weiteres[11], es sei denn, daß sich das pflichtgemäße Ermessen auf Null reduziert[12]. Mit der Genehmigung durch die Behörde ist die Stiftung als Rechtssubjekt entstanden. Handlungsfähig wird sie, wie der Verein, durch die Bestellung eines Vorstandes, der ihr einziges notwendiges Organ ist (§ 86 mit § 26). Die staatliche Behörde ist befugt, der Stiftung eine andere Zweckbestimmung zu geben oder sie aufzuheben, wenn die Erfüllung des Stiftungszwecks unmöglich wird oder das gemeine Wohl gefährdet ist. Bei der Umwandlung des Zwecks hat sie die Absicht des Stifters tunlichst zu berücksichtigen (§ 87).

15 Bis zur Entscheidung der Behörde über die nachgesuchte Genehmigung besteht ein Schwebezustand, der demjenigen ähnlich ist, der beim Verein vor Erlangung der Rechtsfähigkeit besteht. Die für den Vorverein entwickelten Regeln (s. oben § 10 Rn. 24f.) können jedoch nur unter Beachtung der Besonderheiten des Stiftungsrechts zur Anwendung kommen[13]. So kann z. B. der Stifter zu seinen Lebzeiten noch den Widerruf erklären. Unterläßt er dies aber, so muß er, falls die Genehmigung erteilt wird, wegen Verletzung der Übertragungspflicht aus § 82 Schadensersatz leisten, wenn die Erfüllung der von ihm im Stiftungsgeschäft gemachten Zusa-

---

[10] Haben Ehegatten in einem Erbvertrag gemeinsam eine Stiftung mit der Bestimmung errichtet, diese solle „unmittelbar nach dem Tode des zuerst Verstorbenen entstehen", so enthält der Vertrag sowohl ein (bedingtes) Stiftungsgeschäft jedes von beiden unter Lebenden wie von Todes wegen, wobei das eine durch sein Überleben, das andere dadurch bedingt ist, daß er zuerst verstirbt; so *BGHZ* 70, 313, 321 f. Der Überlebende hat der Stiftung die ihr von ihm zugesicherten Vermögensstücke zu übertragen.

[11] Vgl. *Flume,* AT I/2, § 4 V 2; *Hübner,* AT, Rn. 282.

[12] Für einen Anspruch aber MünchKomm/*Reuter,* § 80 Rn. 12; Palandt/*Heinrichs,* § 80 Rn. 2; Soergel/*Neuhoff,* § 80 Rn. 15; vgl. auch *Schulte,* aaO, § 44.

[13] S. auch *Schwinge,* BB 1978, 527; a. A. Soergel/*Neuhoff,* § 80 Rn. 16.

gen in der Zwischenzeit durch sein Verschulden vereitelt oder beeinträchtigt wird[14]. Allerdings hat er, in entsprechender Anwendung des § 521, nur für Vorsatz und grobe Fahrlässigkeit, nicht aber auch für leichte Fahrlässigkeit einzustehen[15].

IV. Verfassung und Organisation der Stiftung

Die Verfassung der Stiftung wird, neben dem Bundesrecht und dem in § 85 ausdrücklich zugelassenen Landesrecht, **durch das Stiftungsgeschäft bestimmt**[16]. Dieses muß den Zweck der Stiftung angeben, die Organisation der Stiftung, vor allem die Art und Weise der Bildung des Vorstandes, regeln und in der Regel eine Vermögenszuwendung an die Stiftung (sog. Dotation)[17] enthalten. **16**

Die Bildung des Vorstandes kann z. B. in der Weise geschehen, daß der Stifter selbst die ersten Vorstandsmitglieder bestellt und den Vorstand ermächtigt, sich jeweils durch Zuwahl zu ergänzen, oder in der Weise, daß ein anderes Gremium, z. B. der Senat der Universität oder der Rat einer Stadt, den Vorstand bestellen soll, oder in der Weise, daß der jeweilige Inhaber eines bestimmten Amtes, z. B. der Rektor der Universität, der Oberbürgermeister oder der erste Bürgermeister der Stadt, der Leiter einer Schule usw. der Vorstand ist. **17**

Da die Stiftung keine Mitglieder hat, kann es auch keine Mitgliederversammlung geben. Die notwendige Kontrolle des Vorstandes wird durch die staatliche Aufsicht gewährleistet. Im Gesetz besonders erwähnt ist der Fall, daß die Verwaltung der Stiftung von einer öffentlichen Behörde geführt werden soll (§ 86). Durch das Stiftungsgeschäft kann bestimmten begünstigten Personen (den sogenannten „Destinatären") ein klagbares Recht gegen die Stiftung auf bestimmte Leistungen eingeräumt werden. Diese Möglichkeit ergibt sich aus einer Analogie des Vertrages zugunsten Dritter (§ 328). Die unmittelbare Einräumung eines klagbaren Rechts an Dritte kann aber nicht angenommen werden, wenn der Kreis der Begünstigten nur allgemein umschrieben ist, wenn also das zuständige Organ der Stiftung eine Auswahl vornehmen muß. **18**

Auf die Stiftung finden eine Reihe der für den rechtsfähigen Verein geltenden Vorschriften entsprechende Anwendung (§ 86), darunter auch die Organhaftung nach § 31. **19**

Im Falle der Aufhebung der Stiftung oder ihres Erlöschens aus einem anderen Grunde, etwa wegen Ablaufs der vorbestimmten Zeit oder der Eröffnung des Insolvenzverfahrens (§ 86 mit § 42), gelten die Vorschriften der §§ 46 bis 53 über die Folgen der Auflösung eines rechtsfähigen Vereins entsprechend (§ 88). **20**

---

[14] Vgl. auch Staudinger/*Rawert,* § 82 Rn. 8.

[15] Über die entsprechende Anwendung der Schenkungsregeln vgl. *v. Tuhr,* AT I, § 41 zu Anm. 44 ff.; *Enneccerus/Nipperdey,* AT, § 118 Anm. 8; *Staudinger/Rawert,* § 82 Rn. 10; Soergel/*Neuhoff,* § 82 Rn. 2; a. A. MünchKomm/*Reuter,* § 82 Rn. 3.

[16] Dazu *Eichler,* aaO, S. 75; *Hübner,* AT Rn. 283; Soergel/*Neuhoff,* § 80 Rn. 3 ff.; zur Möglichkeit der nachträglichen Änderung der Verfassung vgl. *BGH* JZ 1976, 715.

[17] Eine solche Zusage wird von der h. L. nicht unter allen Umständen für notwendig gehalten, da die Stiftung auch von dritter Seite, wenn sie einmal errichtet ist, Zuwendungen erhalten könne. Doch wird eine auf so unsicherer Grundlage errichtete Stiftung ohne eine feste Vermögensanwartschaft von der Behörde nicht genehmigt. Vgl. Soergel/*Neuhoff,* vor § 80 Rn. 14 ff.; *v. Tuhr,* AT I, § 41 Anm. 20; *Enneccerus/Nipperdey,* AT, § 117 Anm. 10. Zum Mindeststiftungsvermögen ab 25 000, im Regelfall 50 000 oder 100 000 Euro s. ZEV 1998, 179.

2. Kapitel
Rechtsverhältnisse und subjektive Rechte

§ 13. Rechtsverhältnisse

Inhaltsübersicht

Literatur: *Achterberg,* Rechtsverhältnisse als Strukturelemente der Rechtsordnung, Rechtstheorie 1978, 385; *v. Gierke,* Dauernde Schuldverhältnisse, JherJb. 65, 355; *Husserl,* Recht und Zeit, 1955; *R. Schmidt,* Die Obliegenheiten, 1953; *H. L. Schreiber,* Der Begriff der Rechtspflicht, 1966. – S. auch die Angaben zu § 14.

I. Die Struktur des Rechtsverhältnisses

1. Das Rechtsverhältnis als Grundelement rechtlicher Beziehungen

a) Das Rechtsverhältnis als Grundbegriff des Privatrechts

Im menschlichen Zusammenleben gibt es eine Vielzahl von Beziehungen verschiedenster Art. Es gibt Beziehungen zu Freunden und Bekannten, zu Arbeitskollegen und Geschäftspartnern. Selbst zu völlig Unbekannten kann man auf öffentlichen Straßen oder in öffentlichen Verkehrsmitteln für kurze Zeit in Kontakt kommen. Diese Kontakte und Beziehungen sind zum großen Teil gesellschaftlicher Art oder nur augenblickliche zufällige Begegnungen, ohne daß zwischen den Personen einzelne Rechte und Pflichten bestehen. Solche Beziehungen, in denen es zumeist nur um die Einhaltung gesellschaftlicher Höflichkeits- und Umgangsformen geht, sind für das Privatrecht ohne Interesse. Erst wenn unter den beteiligten Personen eine Person gegen eine andere Person Rechte geltend machen kann, sei es aufgrund eines Vertrags oder einer unerlaubten Handlung, und rechtlich festgelegte Pflichten zu erfüllen hat, spricht man 1 von einem Rechtsverhältnis. Ein **Rechtsverhältnis** ist im Gegensatz zu sonstigen sozialen Lebensverhältnissen eine **rechtlich geregelte Beziehung zwischen Personen.**[1] Entscheidend ist, daß die Beziehung von der Rechtsordnung gestaltet zwischen bestimmten Personen besteht und **mit individuellen Rechten und Pflichten** ausgestattet ist, die über die allgemeinen staatsbürgerlichen Pflichten hinausgehen. Das Rechtsverhältnis ist damit neben der Person (s. 1. Kapitel) der zweite zentrale Grundbegriff des Privatrechts.

2 **Beispiele: Rechtsverhältnisse** sind sowohl die Schuldverhältnisse als Ganzes wie auch die einzelne darin eingeschlossene Forderung, ebenso ein Gestaltungsrecht, das Eigentum und andere dingliche Rechte, ein familienrechtliches Verhältnis, die Mitgliedschaft in einer Gesellschaft oder in einem Verein, aber auch eine einzelne daraus hervorgehende Befugnis, sowie die Pflicht zur Vornahme oder zur Unterlassung bestimmter Handlungen. Zu den Rechtsverhältnissen zählen aber auch z. B. Spiel und Wette, obwohl durch sie eine Verbindlichkeit nicht begründet wird (§ 762 Abs. 1 Satz 1). Eine rechtliche Beziehung liegt bei Spiel und Wette aber darin, daß das Geleistete nicht mehr nach § 812 zurückgefordert werden kann (§ 762 Abs. 1 Satz 2), weil Spiel und Wette den rechtlichen Grund für das Behaltendürfen darstellen. Auch andere Rechtsverhältnisse treten nach ihrer aktiven Phase der Berechtigung und Rechtsausübung in die passive Phase als Rechtsgrund für das Behaltendürfen der erlangten Leistung ein. Dies gilt insbesondere von Schuldverhältnissen, bei denen das ursprüngliche Forderungsrecht nach Leistungserbringung erlischt (§ 362 Abs. 1), aber als Rechtsgrund für das Behaltendürfen im Sinne von § 812 in einer beschränkten Teilfunktion passiver Art fortbesteht. Man kann insoweit von **aktiven Rechtsverhältnissen** mit aktiven Berechtigungen und passiven Rechtsverhältnissen der Bestandssicherung sprechen.

3 **Keine Rechtsverhältnisse** sind reine Gefälligkeitsverhältnisse[2], wie etwa die Einladung zu einer Party, die Pflege der Pflanzen des Nachbarn während dessen Urlaub oder der Einwurf eines Briefes des Nachbarn bei der Post. Aus diesen Gefälligkeitsverhältnissen kann nicht vor Gericht auf Erfüllung geklagt werden (s. dazu unten Rn. 21 f.). Kein Rechtsverhältnis sind grundsätzlich einzelne tatbestandliche Voraussetzungen einer Norm, wie z. B. das Verschulden oder die Minderjährigkeit einer Person, weil diese Merkmale nicht für sich allein, sondern erst zusammen mit weiteren Voraussetzungen Rechtsfolgen begründen. Kein Rechtsverhältnis ist deshalb auch der Schuldnerverzug[3] oder der Annahmeverzug des Gläubigers[4].

b) Rechtsverhältnis und Rechtsschutz

4 Im Rechtsstaat dürfen die Rechte und Pflichten aus den privatrechtlichen Rechtsverhältnissen nicht nur auf dem Papier stehen, sondern müssen real in die Wirklichkeit umgesetzt und beachtet werden. Zu diesem Zweck können die Gerichte angerufen werden, wenn die beteiligten Personen ihre Rechte und Pflichten nicht freiwillig erfüllen. Der dafür erforderliche Rechtsschutz wird durch das **Rechtsstaatsprinzip** gewährleistet. Dieses umfaßt einen **Anspruch auf effektiven Rechtsschutz** und einen Justizgewährungsanspruch, der einen wirkungsvollen Rechtsschutz durch die Gerichte auch in bürgerlich-rechtlichen Rechtsverhältnissen sicher stellen soll[5]. Für zivilrechtliche Rechtsverhältnisse wird der Rechtsschutz vor allem durch die Zivilprozeßordnung (ZPO) ermöglicht. Diese sieht neben der Leistungsklage für die Durchsetzung einzelner Ansprüche in § 256 ZPO eine Klage auf Feststellung des Bestehens

[1] Dies gilt auch bei der Betrachtung des Eigentums als Rechtsverhältnis s. Rn. 11.
[2] S. dazu im einzelnen Soergel/*M. Wolf,* vor § 145 Rn. 83 ff.
[3] *BGH* NJW 2000, 2280.
[4] *BGH* NJW 2000, 2663.
[5] S. *BVerfGE* 54, 277, 291; 80, 103, 107; 85, 337, 345; 88, 118, 123; 93, 99 107; s. dazu auch *M. Wolf,* Gerichtsverfassungsrecht aller Verfahrenszweige, 6. Aufl. 1987, § 27.

oder Nichtbestehens eines Rechtsverhältnisses vor, wenn der Kläger an der alsbaldigen richterlichen Feststellung ein rechtliches Interesse hat.

c) Das Rechtsverhältnis als Organismus

Ein Rechtsverhältnis des Privatrechts enthält in seiner aktiven Phase (s. oben Rn. 2) 5
als eines seiner Elemente mindestens ein subjektives Recht (s. unten Rn. 24). Es kann in einem einzigen subjektiven Recht bestehen, es kann aber auch eine Mehrheit von Rechten, Pflichten, Befugnissen, Obliegenheiten und sonstigen rechtlichen Regelungen enthalten, die untereinander in einem bestimmten Zusammenhang stehen. Wegen dieser Komplexität kann man das Rechtsverhältnis als einen **Inbegriff,** d.h. eine Gesamtheit **von Berechtigungen und Verpflichtungen** verstehen, die **zu einem Organismus und Gefüge miteinander verbunden** sind und dessen einzelne Elemente subjektive Rechte, Befugnisse, Pflichten und Gebundenheiten mannigfacher Art sind.

Beispiel: Komplexe Rechtsverhältnisse sind vor allem Schuldverhältnisse und familienrecht- 6
liche Verhältnisse. Ein Schuldverhältnis enthält nicht nur Leistungspflichten und ihnen entsprechende Forderungen, sondern auch ihrer Sicherung dienende Hilfspflichten und allgemeine Rücksichtnahmepflichten (s. § 241 Abs. 2) sowie Befugnisse, Gestaltungsrechte und Zuständigkeiten. Ein Mieter ist z.B. nicht nur zur Zahlung des Mietzinses verpflichtet (§ 535 Abs. 2). Er hat auch hinsichtlich der Sache eine Obhutspflicht und muß sie nach Beendigung des Mietverhältnisses dem Vermieter zurückzugeben (§ 546). Auf der anderen Seite hat der Mieter nicht nur ein Besitz- und Gebrauchsrecht, sondern auch ein Recht auf Erhaltung der Sache in einem vertragsmäßigen Zustand (s. etwa § 536a). Auch kann er unter gewissen Voraussetzungen ein Kündigungsrecht ausüben (§§ 542, 543). Zwischen diesen Rechten und Pflichten bestehen Abhängigkeiten und Zusammenhänge. So ist der Mieter zur Zahlung des Mietzinses nicht verpflichtet, wenn und solange ihm der vertragsmäßige Gebrauch der Mietsache von dem Vermieter nicht gewährt wird (§ 536); er hat in diesem Fall auch ein Recht zu sofortiger Kündigung (§ 543 Abs. 2 Nr. 1). Andererseits hat der Vermieter ein Recht zur fristlosen Kündigung, wenn der Zahlungsverzug des Mieters ein bestimmtes Ausmaß erreicht (§ 543 Abs. 2 Nr. 3). Allgemein begründen in einem Schuldverhältnis schuldhafte Pflichtverletzungen des einen Teils für den anderen Schadensersatzansprüche, unter Umständen ein Rücktritts- oder Kündigungsrecht. Auch das Eigentum, das auf den ersten Blick als ein einheitliches Recht erscheint, ist in Wahrheit ein komplexes Rechtsverhältnis[6].

Das BGB hat das Rechtsverhältnis vernachlässigt. Zwar spricht es von Schuldverhältnissen in 7
den §§ 241, 311, 362, 364, 366, 397, meint damit aber in den §§ 241 Abs. 1, 362, 364, 366, 397 nur die einzelne Forderung. Einen umfassenderes Verständnis des Schuldverhältnisses mit mehreren Pflichten liegt § 241 Abs. 2 und § 311 zugrunde und offensichtlich das ganze Rechtsverhältnis meint das Gesetz, wenn es z.B. von der Kündigung des Mietverhältnisses, des Darlehens, des Auftrags oder der Gesellschaft spricht[7]. Statt des Rechtsverhältnisses hat *von Tuhr*[8] das subjektive Recht als den zentralen Begriff des Privatrechts bezeichnet. Rechtsverhältnisse des Privatrechts enthalten zwar grundsätzlich ein subjektives Recht (s. oben Rn. 5), sie erschöpfen sich aber nicht darin. Während im subjektiven Recht nur die Seite des Berechtigten angesprochen ist, schließt das Rechtsverhältnis auch die Seite des Verpflichteten oder der sonst gebundenen Personen mit ein. Der Komplexität der einzelnen Rechtsbeziehungen mit einem Inbegriff von Rechten und Pflichten, Obliegenheiten und sonstigen Gebundenheiten entspricht es besser, das Rechtsverhältnis als geordnete Gesamtheit aller Berechtigungen und Verpflichtungen in einer Beziehung in den Mittelpunkt zu stellen.

---

[6] Vgl. *Raiser,* ZBernJV 1961, S. 49; *Wolff/Raiser,* Sachenrecht, § 51 II 3 a.E.; *Sontis,* FS Larenz, 1973, S. 981, 997.

[7] *Enneccerus/Nipperdey,* AT, § 71 I 4, unterscheiden „einfache und zusammengesetzte Rechtsverhältnisse". Als „einfaches Rechtsverhältnis" sehen sie die einzelne Forderung, als zusammengesetztes das gesamte Schuldverhältnis an. Dies führt aber eher zu terminologischer Verwirrung.

[8] AT I, § 1 I; s. dazu auch unten § 15 Rn. 3.

2. Das Rechtsverhältnis als Rechtsbeziehung zwischen Personen

8 Rechtsverhältnisse können wegen ihres normativ regelnden Charakters immer **nur zwischen Personen** bestehen, die die normativen Befugnisse ausüben und die damit verbundenen normativen Gebote befolgen können. Rechtsverhältnisse schließen deshalb immer Rechte oder Befugnisse zu einer oder mehreren Personen und damit korrespondierende Pflichten oder sonstige Gebundenheiten anderer Personen ein[9]. Im einzelnen unterscheidet man verschiedene Arten von Rechtsverhältnissen.

a) Das Rechtsverhältnis als Sonderbeziehung

9 Es gibt Rechtsverhältnisse, an denen **nur zwei oder wenige individuell bestimmte Personen** beteiligt sind. Dazu gehören vor allem Schuldverhältnisse, aber auch familienrechtliche Verhältnisse oder die Beziehungen zwischen mehreren Erben. In diesen Fällen richtet sich das Recht des einen gerade gegen den anderen oder gegen mehrere bestimmte andere Personen. Es können die Beteiligten auch wechselseitig berechtigt und verpflichtet sein. Derartige Rechtsverhältnisse stellen eine rechtliche Sonderbeziehung, bildlich gesprochen, ein rechtliches Band, gerade nur zwischen den Beteiligten dar. Dritte, die außerhalb dieser Beziehung stehen, werden davon nicht berührt.

b) Latente Rechtsverhältnisse

10 Es gibt aber auch Rechtsverhältnisse, die wie das Persönlichkeitsrecht oder das Eigentum einer Person auf einem **Recht im Verhältnis zu allen anderen** beruhen. Dies trifft auf absolute Rechte zu (s. unten § 15 Rn. 2ff.). Der Kern solcher Rechte ist ein Dürfen mit einem Freiraum, den die Rechtsordnung einer bestimmten Person gewährleistet, indem sie alle anderen davon ausschließt. Alle anderen haben dann die Pflicht, dieses Recht zu achten und nicht zu verletzen. Diese Pflicht ist zunächst nur von sehr allgemeiner Art; sie gibt dem Berechtigten noch keine konkreten Befugnisse gegen eine bestimmte Person. Das Bild der rechtlichen Sonderbeziehung paßt deshalb hier nicht. Man kann insoweit aber von **latenten Rechtsverhältnissen** sprechen. Erst wenn jemand dieses Recht verletzt oder zu verletzen droht, stehen dem Berechtigten bestimmte Ansprüche, z.B. auf Unterlassung oder Beseitigung einer Beeinträchtigung (s. § 1004), unter Umständen auf Schadensersatz zu. Immer aber besteht ein Rechtsverhältnis nur als eine rechtlich gestaltete Beziehung unter Personen, sei es unter zwei oder mehreren Personen, sei es auch nur als latentes Rechtsverhältnis zwischen einer Person und allen übrigen Personen, denen es untersagt ist, das Recht des anderen zu mißachten.

11 Eine andere Auffassung betrachtet das Eigentum als ein Rechtsverhältnis nicht zwischen Personen, sondern zwischen einer Person und einer Sache[10]. Dem ist aber zu widersprechen. Eigentum an einer bestimmten Sache hat der Mensch nur in einer sozialen Beziehung zu anderen Personen. Robinson Crusoe braucht kein Eigentum, solange er allein auf seiner Insel ist, weil niemand ihm den Gebrauch der Sache streitig machen kann. Erst wenn eine zweite Person hinzu kommt, taucht die Frage auf, wer von ihnen in Bezug auf die Sache welche Rechte aus-

[9] So auch *Achterberg,* aaO, S. 394f. Den Begriff des Rechtsverhältnisses bestimmt er als „die rechtsnormgestaltete Beziehung zwischen zwei oder mehreren Subjekten". Dabei gehe es um „die Verteilung zumindest von Pflichten, im allgemeinen aber auch von Rechten".

[10] So *v. Tuhr,* AT, I § 5 I 1; *Enneccerus/Nipperdey,* AT, § 71 I 3; *Brox,* AT, Rn. 559; s. auch *BGH* NJW 2000, 2663.

üben darf. Erst damit wird aus dem faktischen Verhältnis einer Person zu einer Sache ein Rechtsverhältnis als ein Verhältnis von Personen zueinander. Richtig ist, daß das Eigentumsrecht dem Eigentümer die unmittelbare Herrschaft über eine Sache zuweist und damit auch eine Beziehung der Person zur Sache herstellt. Die Zuweisung der Sache ist aber immer eine solche im Verhältnis zu anderen Personen[11]. Der positiven Funktion des Eigentumsrechts, d. h. der Zuweisung einer umfassenden Sachherrschaft an den Eigentümer, entspricht notwendig die negative, daß alle anderen verpflichtet sind, jede Einwirkung auf die Sache zu unterlassen, welche die Ausübung der Sachherrschaft des Eigentümers beeinträchtigen könnte. Diese beiden in § 903 hervorgehobenen Seiten des Eigentums dürfen nicht auseinandergerissen, sondern müssen zusammen gesehen werden. Die Konkretisierung der im Eigentum latent enthaltenen Rechtsverhältnisses zu einem Rechtsverhältnis mit einer bestimmten anderen Person kann schon dadurch erfolgen, daß der andere dem Eigentümer dessen Recht bestreitet. In diesem Fall kann der Eigentümer gegen den anderen auf Feststellung seines Eigentums klagen (§ 256 ZPO).

3. Entstehungsgründe für Rechtsverhältnisse

Rechtsverhältnisse entstehen im Privatrecht unter der Geltung der Vertragsfreiheit 12
hauptsächlich **durch Rechtsgeschäft.** Dies erfordert regelmäßig den Abschluß eines Vertrags der beiden Personen, die ein Rechtsverhältnis begründen wollen. Rechtsverhältnisse durch Vertragsabschluß entstehen nicht nur als schuldrechtliche Vertragsverhältnisse im Schuldrecht (s. § 311), sondern auch im Sachenrecht, z. B. zwischen dem Nießbraucher oder dem Pfandgläubiger und dem Eigentümer, aber auch im Familienrecht durch das Eingehen der Ehe oder den Abschluß eines güterrechtlichen Ehevertrags (§ 1408) sowie im Erbrecht durch den Abschluß eines Erbvertrags (§§ 2274 ff.) oder eines Erbschaftskaufs (§§ 2371 ff.). Auch im öffentlichen Recht können Rechtsverhältnisse durch Vertrag entstehen (s. §§ 54 ff. VwVfG). Nur ausnahmsweise entstehen Rechtsverhältnisse durch einseitiges Rechtsgeschäft, wie z. B. ein Rückabwicklungsverhältnis durch den Rücktritt (§§ 346 ff.). Kein Rechtsverhältnis entsteht aber durch das Testament, weil dieses jederzeit widerrufen werden kann (§§ 2253 ff.) und der vorgesehene Erbe deshalb vor dem Tod des Erblassers kein Recht erwirbt.

Privatrechtliche Rechtsverhältnisse entstehen häufig auch **durch Gesetz.** Dabei 13
knüpft das Gesetz häufig an nicht rechtsgeschäftliches menschliches Verhalten an, wie z. B. bei der Entstehung von Schadensersatzansprüchen durch unerlaubte Handlung (§§ 823 ff.), bei der Entstehung von Ansprüchen aus einer Geschäftsführung ohne Auftrag (§§ 677 ff.), bei der Entstehung von Bereicherungsansprüchen durch Leistung oder Eingriff in ein anderes Recht (§ 812), beim Rechtsverhältnis der Vertragsverhandlungen (culpa in contrahendo, § 311 Abs. 2) durch die Aufnahme von Vertragsverhandlungen oder beim Eigentumserwerb durch Verbindung, Vermischung und Verarbeitung (§§ 946 ff.).

Nur selten entstehen privatrechtliche Rechtsverhältnisse **durch staatlichen Akt,** insbeson- 14
dere durch einen Verwaltungsakt. Nach der Zweistufenlehre begründet aber die subventionsweise Gewährung eines Darlehens einen Darlehensvertrag auf der zweiten Stufe durch einen begünstigenden Verwaltungsakt auf der ersten Stufe[12]. Ein privatrechtliches Rechtsverhältnis in Form eines Pfandrechts entsteht auch durch den staatlichen Pfändungsakt in der Zwangsvollstreckung (s. § 804 ZPO).

---

[11] Zutreffend sagt *Hubmann,* Das Persönlichkeitsrecht, S. 120: „Daher ist es z. B. ungenau, das Wesen des Eigentums in der Herrschaftsmacht über eine Sache zu sehen; es ist vielmehr das gegen jedermann wirkende Recht auf Achtung der eigenen Beziehung zur Sache, es ist ein Verhältnis von Person zu Person in bezug auf eine Sache"; s. auch *Hadding,* JZ 1986, 926.

[12] S. dazu etwa *Maurer,* Allgemeines Verwaltungsrecht, § 17 Rn. 11 ff.

4. Das Rechtsverhältnis als zeitliche Erscheinung

15 Rechtsverhältnisse haben grundsätzlich einen zeitlichen Beginn und ein zeitliches Ende. Sie haben im Zeitablauf auch unterschiedliche Funktionen[13].

a) Rechtsverhältnisse mit einmaligen Rechten und Pflichten

16 Rechtsverhältnisse mit einmaligen Rechten und Pflichten sind solche, bei denen die Rechte **nur einmal ausgeübt** werden können und die Pflichten nur einmal erfüllt werden müssen. Dazu gehören viele **Forderungen** aus Vertragsverhältnissen. Es sind jedoch der Vertragsabschluß als einmaliger Vorgang und das daraus entstehende **Vertragsverhältnis als auf einmalige Leistung angelegtes Rechtsverhältnis** zu unterscheiden.

17 **Beispiele:** Der Verkäufer wird durch den Vertragsabschluß dazu verpflichtet, dem Käufer die Kaufsache zu übergeben und zu übereignen, der Käufer dazu, den vereinbarten Kaufpreis zu zahlen. Grundsätzlich kann jeder von beiden die ihm geschuldete Leistung sofort verlangen (§ 271 Abs. 1). Geschieht das und erfüllt jeder den Vertrag auf der Stelle, so sind damit die beiderseitigen Verpflichtungen und Forderungen alsbald erloschen (§ 362 Abs. 1). Es kann aber auch sein, daß der Verkäufer erst später liefern, der Käufer erst zu einem späteren Zeitpunkt zahlen soll. Dann bestehen die beiderseitigen Verpflichtungen so lange fort, bis sie erfüllt werden oder bis ein anderer Erlöschensgrund eintritt. Die Forderung ist ihrem Sinne nach auf ein Ziel gerichtet, mit dessen Erreichung sie überflüssig wird und damit wegfällt. Dieses Ziel ist die vom Schuldner zu erbringende Leistung. Nach der Erfüllung besteht zwar die Forderung nicht mehr als einklagbarer Anspruch. Die im Schuldverhältnis enthaltene causa bleibt jedoch als Rechtsgrund im Sinne von § 812 für das Behaltendürfen der erbrachten Leistung bestehen, was zumindest bis zur Verjährung gemäß § 195 zum Ausschluß des Rückforderungsanspruchs erforderlich ist. Auch ein Pfandrecht findet sein zweckbestimmtes Ende, wenn es ausgeübt und die Pfandsache verwertet wird oder der Gläubiger mit seiner Forderung auf andere Weise befriedigt wird[14]. Das Pfandrecht hat, da es zur Sicherung einer Forderung dient, auch deren Zeitstruktur.

18 Eine der Forderung ähnliche Zeitstruktur haben die **Gestaltungsrechte.** Sie sind von Anfang an auf die durch sie ermöglichte Rechtsgestaltung als ihren Endzweck hin angelegt. Ein Gestaltungsrecht, wie etwa das Kündigungsrecht, ein Anfechtungsrecht oder ein Wahlrecht endet daher dann, wenn es ausgeübt wird; es wird durch seine Ausübung gleichsam verbraucht. Es endet ebenso, wenn es innerhalb der dafür bestimmten Frist nicht ausgeübt wird.

b) Auf Lebenszeit angelegte Rechtsverhältnisse

19 Von ganz anderer Art ist die **Zeitstruktur des Eigentums.** Zwar beginnt das Eigentum einer bestimmten Person an einer bestimmten Sache in einem bestimmten Zeitpunkt und es endet in einem bestimmten Zeitpunkt, z.B. mit der Übertragung auf eine andere Person, spätestens mit dem Tode des Eigentümers oder dem Untergang der Sache. Allein es ist nach seinem Zweck nicht darauf angelegt, wie eine Forderung durch Erfüllung sein Ende zu finden. Ihm ist kein zeitliches Ende vorherbestimmt. Es ist nach seiner Natur nicht als vorübergehend, sondern als für die Lebenszeit dauernd gedacht. Dasselbe gilt für die Lebenszeit einer Person von den **Persönlichkeitsrechten** und von der **Ehe** als Rechtsverhältnis.

---

[13] S. dazu *G. Husserl*, Recht und Zeit, insbesondere S. 30ff.

[14] Daß die Hypothek in diesem Fall nicht erlischt, sondern zur Eigentümergrundschuld wird (vgl. § 1163 Abs. 1 Satz 2), hat nur rechtstechnische Gründe und kann in diesem Zusammenhang außer Betracht bleiben.

c) Dauerschuldverhältnisse

20 In der Mitte zwischen den auf einmalige Leistung angelegten Rechtsverhältnissen und dem Eigentum stehen die sogenannten Dauerschuldverhältnisse, z.B. das Mietverhältnis, das Pachtverhältnis, die Gesellschaft des bürgerlichen Rechts, das Arbeitsverhältnis oder ein Verhältnis mit Unterhaltspflichten. Den Dauerschuldverhältnissen ist eigentümlich, daß die Beteiligten nicht einmalige Leistungen erbringen sollen, sondern **Leistungen,** die **während eines bestimmten Zeitraums** fortgesetzt oder wiederholt werden sollen[15]. Solange das Rechtsverhältnis besteht, entstehen die Leistungspflichten immer neu; sie werden fortdauernd erfüllt und wachsen gleichsam fortdauernd nach. Solange das Mietverhältnis andauert, besteht das Gebrauchsrecht des Mieters und entsteht seine Verpflichtung zur Zahlung des Mietzinses für jeden Zeitabschnitt neu. Dennoch sind auch die Dauerschuldverhältnisse als Schuldverhältnisse auf ein Ende hin angelegt. Sie sind von vornherein als nur zeitweilige gedacht und finden ihr Ende mit dem Ablauf der für sie bestimmten Zeit, durch Vereinbarung oder durch einen einseitigen Endigungsakt, die Kündigung.

5. Rechtsverhältnis im Unterschied zum Gefälligkeitsverhältnis

21 Das Rechtsverhältnis ist als Inbegriff von Rechten und Pflichten durch die normative Geltung und Verbindlichkeit der Beziehungen zwischen Personen gekennzeichnet. Demgegenüber handelt es sich bei Gefälligkeitsverhältnissen um **außerrechtliche Beziehungen** im gesellschaftlichen Bereich (s. oben Rn. 3). Das Freundschaftsverhältnis ist nicht rechtlich geordnet und auf seinen Fortbestand besteht kein einklagbarer Anspruch. Ebensowenig besteht ein klagbarer Anspruch auf das Stattfinden und die Teilnahme an einer Party.

22 Soweit ein Gefälligkeitsverhältnis gegeben ist, bestehen zwar keine vertraglichen Beziehungen, weil die Beteiligten sich nicht rechtlich binden wollen (s. unten § 22 Rn. 24ff.). Bei Vorliegen der tatbestandlichen Voraussetzungen können jedoch gesetzliche Schuldverhältnisse entstehen, z.B. ein Schadensersatzanspruch aus unerlaubter Handlung nach § 823, wenn eine Person verletzt oder eine Sache beschädigt wird (unten § 22 Rn. 37ff.). Möglich sind auch Mischverhältnisse, bei denen mit Gefälligkeitselementen beschränkte vertragliche Pflichten verbunden sind (s. unten § 22 Rn. 32ff.).

II. Die einzelnen Elemente der Rechtsverhältnisse

23 Das Rechtsverhältnis enthält einen Inbegriff von Rechten und Befugnissen, Pflichten und sonstigen Gebundenheiten, die zu einer auf einen einheitlichen Zweck bezogenen rechtlichen Beziehung zwischen Personen zusammengefaßt sind. Die Gesamtheit der Rechtsfolgen, die sich aus dem Rechtsverhältnis für einen Beteiligten ergeben, machen seine Rechtsstellung in diesem Rechtsverhältnis aus. Diese Rechte, Befugnisse, Pflichten und Gebundenheiten haben verschiedenartige normative Eigenschaften und Strukturen, die sich in verschiedene Arten von Berechtigungen einerseits und rechtlichen Belastungen andererseits untergliedern lassen.

---

[15] S. etwa *Oetker,* Zum dogmatischen Gehalt der Dauerschuldverhältnisse, 1994; *Oechsler,* RabelsZ 1996 (60), 91; *Kern,* JuS 1992, 13.

1. Verschiedene Arten von Berechtigungen

a) Subjektive Rechte

24 Die wichtigsten Elemente der Rechtsverhältnisse sind die subjektiven Rechte, denen notwendig Pflichten, Beschränkungen oder rechtliche Gebundenheiten anderer Personen entsprechen. Die subjektiven Rechte schützen bestimmte, durch ihren Rechtsinhalt festgelegte Interessen und enthalten eine **von der Rechtsordnung verliehene Rechtsmacht zur selbstbestimmten Wahrnehmung** der geschützten Interessen durch den Rechtsinhaber selbst (s. unten § 14). Sie haben z. B. als Forderungsrechte, Herrschaftsrechte oder Gestaltungsrechte verschiedene Inhalte, die sich in unterschiedlichen Befugnissen ausdrücken (dazu im einzelnen unten § 15). Die subjektiven Rechte bündeln die in ihnen enthaltenen Befugnisse zu einem einheitlichen Zweck zusammen. Sie sind ein selbständiger Gegenstand des Rechtsverkehrs und als Vermögensrechte grundsätzlich übertragbar, nicht jedoch soweit es sich um persönliche Rechte zur Sicherung der Persönlichkeitssphäre handelt. Ihre Verletzung begründet regelmäßig Abwehr- und Schadensersatzansprüche.

b) Befugnisse

25 Befugnisse sind unselbständige **Teilinhalte eines Rechts.** Als solche sind sie grundsätzlich untrennbare Bestandteile eines subjektiven Rechts und deshalb nicht selbständig übertragbar. Jedes subjektive Recht enthält eine **Verfügungsbefugnis,** die bei Vermögensrechten grundsätzlich zur Übertragung auf andere, zur Inhaltsänderung, zum Verzicht oder zur Aufhebung und bei allen Rechten in Gestalt der außergerichtlichen Ausübungs- und Einziehungsbefugnis sowie der gerichtlichen Klagebefugnis zu ihrer Geltendmachung berechtigt. Daneben ergeben sich **spezifische Befugnisse** jeweils gemäß dem verschiedenartigen Inhalt der subjektiven Rechte.

26 **Beispiele:** Das **Eigentum** verleiht insbesondere die Befugnis, die Sache zu besitzen und zu gebrauchen, sie zu verbrauchen, sie umzugestalten oder zu vernichten und andere von jeder Einwirkung notfalls mit Hilfe einer gerichtlichen Klage auszuschließen. Einzelne dieser Befugnisse können anderen auf Zeit zur Ausübung überlassen werden, sei es aufgrund einer schuldrechtlichen Gestattung oder aufgrund eines beschränkten dinglichen Rechts, z. B. einer Dienstbarkeit, eines Nießbrauchs oder einer Grundschuld. Mit Erlöschen dieser Rechte steht die Befugnis aber wieder automatisch allein dem Eigentümer zu. Die **Forderung** enthält neben dem Recht auf die Leistung als dem Kernrecht weitere Befugnisse wie etwa, mit der Forderung aufzurechnen, sie abzutreten oder zu verpfänden. **Gestaltungsrechte** enthalten die Befugnis, durch einseitige Gestaltungserklärung ein Rechtsverhältnis zu begründen, zu ändern oder zu beenden (s. unten § 15 Rn. 65 ff.), so z. B. das Recht, ein Dauerschuldverhältnis zu kündigen, oder durch ein gesetzliches oder vereinbartes Wahlrecht den zunächst alternativen Inhalt der Leistungspflicht des Schuldners zu konkretisieren (§ 262).

c) Erwerbsaussichten

27 Mit einem Rechtsverhältnis kann für einen Beteiligten die Aussicht auf den künftigen Erwerb eines Rechts verbunden sein, ohne daß sich diese Aussicht bereits zu einer rechtlich gesicherten Erwerbsposition im Sinne eines selbständigen Erwerbs- oder Anwartschaftsrechts zu einem subjektiven Recht verdichtet haben muß. Erst dann, wenn eine Erwerbsaussicht durch die Rechtsordnung rechtlich so gesichert ist, daß sie im Regelfall zum endgültigen Rechtserwerb führt, entsteht ein Anwartschaftsrecht (vgl. unten § 15 Rn. 97).

Beispiele: Eine bloße Erwerbsaussicht zugunsten des Eigentümers einer Sache sieht § 953 hinsichtlich des **Eigentumserwerbs an Erzeugnissen und sonstigen Bestandteilen** vor, wenn sie von der Sache getrennt werden und andere Erwerbsrechte nicht vorgehen. Mit der Trennung werden die Erzeugnisse und Bestandteile selbständige bewegliche Sachen, an denen nunmehr ein gesondertes Eigentumsrecht möglich ist, das dem Eigentümer der „Muttersache" zusteht, und zwar ohne daß dazu eine Aneignungshandlung nötig wäre. Eine **Erwerbsaussicht des Finders** ergibt sich auch aus dem gesetzlichen Schuldverhältnis zwischen dem Finder und dem Eigentümer einer verlorenen Sache (§§ 965 ff.). Der Finder hat die Aussicht, nach Ablauf von 6 Monaten seit der Anzeige des Fundes bei der zuständigen Behörde das Eigentum an der gefundenen Sache zu erwerben, wenn ihm nicht vorher ein Empfangsberechtigter bekannt geworden ist oder ein solcher sein Recht bei der zuständigen Behörde angemeldet hat (§ 973). Weil die Erwerbsaussicht des Finders unsicher ist, zählt man sie nicht zu den Anwartschaftsrechten. Sie ist aber immerhin mit dem Fund entstanden und gehört somit zum Inhalt des durch den Tatbestand des Fundes begründeten Rechtsverhältnisses. Mit Dauerschuldverhältnissen ist die **Aussicht auf regelmäßig wiederkehrende Ansprüche** für zukünftige Zeitabschnitte verbunden, wie etwa der Anspruch auf den Mietzins oder den Arbeitslohn, falls nicht vorher gekündigt wird. 28

d) Empfangszuständigkeiten

In einem Rechtsverhältnis können endlich **Zuständigkeiten zur Entgegennahme von Erklärungen oder Leistungen** anderer Beteiligter begründet sein. Von besonderer Bedeutung ist im Schuldverhältnis die Empfangszuständigkeit für die Leistung, die grundsätzlich beim Gläubiger liegt, ausnahmsweise aber auch für einen anderen begründet sein kann[16]. 29

Beispiele: Der Gläubiger kann gemäß § 362 Abs. 2 einen anderen zur Empfangnahme der Leistung ermächtigen. Die Empfangszuständigkeit des Gläubigers kann anderseits eingeschränkt sein; sie ist immer dann eingeschränkt, wenn seine Verfügungsmacht eingeschränkt ist, wie etwa bei einer Testamentsvollstreckung (§§ 2211, 2212) oder in der Insolvenz (§§ 80 ff. InsO). Aus dem Schuldverhältnis ergibt sich ferner, wer der richtige Adressat für bestimmte Erklärungen ist, z. B. für die Kündigung, die Mahnung, eine Fristsetzung (vgl. §§ 281, 323, 634) oder eine Mitteilung (vgl. §§ 409, 415 Abs. 1 Satz 2, § 416). 30

2. Verschiedene Arten von Belastungen

Den subjektiven Rechten des Berechtigten entsprechen Rechtspflichten oder sonstige rechtliche Gebundenheiten anderer Personen. Hinzukommen Obliegenheiten und Lasten, die einen Beteiligten treffen können, ohne daß daraus ein subjektives Recht für einen anderen entsteht. 31

a) Rechtspflichten

Rechtspflichten bringen ein **rechtliches Gebot** zum Ausdruck, dem der Verpflichtete nachkommen muß und **zu dessen Erfüllung** er im Wege der gerichtlichen Klage mit anschließender Zwangsvollstreckung **gezwungen** werden kann. Dabei ist die Rechtspflicht auf die Vornahme eines bestimmten Tuns oder auf das Unterlassen bestimmter Handlungen gerichtet. Unterlassungspflichten für alle ergeben sich aus den absoluten Rechten, wie etwa dem Persönlichkeitsrecht oder dem Eigentum (s. oben Rn. 10). Im Privatrecht ist die Kehrseite der Rechtspflicht der Anspruch (§ 194) als das **subjektive Recht** eines anderen **auf Erfüllung** dieser Pflicht. Außerhalb des Privatrechts, vor allem im öffentlichen Recht und im Strafrecht, bestehen aber zahlreiche 32

[16] Vgl. *Larenz,* Schuldrecht I, § 18 I. Zur Empfangszuständigkeit in einem weiteren Sinne *Müller/Laube,* Die Empfangszuständigkeit im Zivilrecht, 1978.

Pflichten, aus denen einer anderen Person nicht unmittelbar ein eigenes subjektives Recht auf Erfüllung erwächst. Wird aber durch die Verletzung solcher Pflichten ein anderer geschädigt, so entsteht zwischen dem Geschädigten und dem Schädiger ein Rechtsverhältnis mit privatrechtlichen Ansprüchen.

33 **Beispiel:** Es hat nicht jeder Teilnehmer am Straßenverkehr gegen jeden anderen ein im Wege der Leistungsklage verfolgbares subjektives Recht auf Einhaltung der Straßenverkehrsvorschriften, wohl aber hat er einen **Schadensersatzanspruch** etwa aus § 823 Abs. 2, wenn er dadurch geschädigt wird, daß ein anderer schuldhaft diese Vorschriften verletzt hat. Das gleiche gilt von den Vorschriften zum Schutz der Reinhaltung der Gewässer, des Schutzes vor Seuchen, der Verhütung von Betriebsunfällen und ähnlichen Vorschriften mehr. Der einzelne, der sich wegen der Mißachtung einer derartigen Vorschrift durch einen anderen gefährdet glaubt, kann versuchen, die zuständige Behörde zum Eingreifen zu veranlassen, aber erst die geschehene Verletzung seiner Person oder seiner Rechtsgüter gibt ihm ein subjektives Recht auf Schadensersatz und damit die Möglichkeit einer Zivilklage. Die Rechtsprechung gewährt schon zuvor bei drohenden Eingriffen in die privatrechtlich geschützten Güter die sogenannte **vorbeugende Unterlassungsklage.** Es muß dann aber ein Eingriff in eines der Rechtsgüter drohen, der geeignet wäre, eine Schadensersatzpflicht zu begründen. Ist das der Fall, so besteht wie im Falle drohender Verletzung eines absoluten Rechts, gegen den potentiellen Verletzer ein Unterlassungsanspruch[17].

b) Rechtliche Gebundenheiten

34 In manchen Fällen entspricht dem subjektiven Recht des einen nicht eine Rechtspflicht anderer Personen, sondern eine rechtliche Gebundenheit in dem Sinne, daß man die Handlungen des Berechtigten hinnehmen muß, ohne sich dagegen wehren zu können. Solche rechtlichen Gebundenheiten bestehen insbesondere bei der Ausübung von Gestaltungsrechten, aber auch für den Eigentümer, der einem anderen ein Recht an seiner Sache einräumt.

35 **Beispiele:** Der Vertragsgegner, gegen den sich ein **Gestaltungsrecht** richtet, wie etwa ein Rücktrittsrecht oder Kündigungsrecht, hat die durch die Ausübung des Gestaltungsrechts herbeigeführte Rechtsänderung hinzunehmen und muß sie gelten lassen. Seine Gebundenheit besteht darin, daß ihm der Berechtigte eine Gestaltung wie die Auflösung des Rechtsverhältnisses gegen seinen Willen aufnötigen kann. In anderer Weise gebunden hat sich der **Eigentümer,** der einem anderen ein beschränktes dingliches Recht an seiner Sache eingeräumt hat. Er ist dadurch gehalten, Handlungen des anderen zu dulden, die er sonst als Eigentümer nicht hinzunehmen brauchte. Hat er ein Pfandrecht bestellt, so muß er unter gewissen Umständen die Veräußerung der Pfandsache im Wege der Versteigerung und damit den Verlust seines Eigentums hinnehmen. Man spricht hier auch von einer Pflicht zu dulden. Es handelt sich jedoch um mehr als eine bloße Duldungs- und Unterlassungspflicht. Der Eigentümer ist nicht nur verpflichtet, bestimmte Handlungen wie die Erhebung einer Klage zwecks Verhinderung der Versteigerung zu unterlassen. Vielmehr muß er die vom Berechtigten rechtmäßig getroffene Verfügung über sein Eigentum hinnehmen und sie gegen sich gelten lassen, ohne daß er etwas dagegen unternehmen kann[18].

c) Obliegenheiten

36 Obliegenheiten sind Verhaltensanforderungen, zu deren Erfüllung man nicht wie bei Rechtspflichten gezwungen werden kann, deren Beachtung aber im eigenen Interesse liegt, um sonst eintretende Nachteile zu vermeiden. Es sind **Rechtsgebote im**

---

[17] Dazu *Henckel,* Vorbeugender Rechtsschutz im Zivilrecht, AcP 174 (1974), 97, zum Unterlassungsanspruch S. 121 ff., 127, 138 f. *Henckel* spricht von einem „Schutzanspruch", dessen Funktion darin besteht, „daß man dem Gefährdeten die Möglichkeit gibt, schon vor der Pflichtverletzung die Einhaltung der Pflicht zu fordern und durchzusetzen".

[18] *v. Tuhr,* AT, I § 4 V zu Anm. 40.

eigenen Interesse oder Verhaltensanforderungen in eigener Sache[19]. Trotz dieser Bindung an das eigene Interesse sind Obliegenheiten einer Person grundsätzlich zugleich auch im Interesse eines anderen auferlegt, ohne daß dieser aber ein dementsprechendes Verhalten von dem Belasteten fordern und einklagen kann[20]. Die Rechtsordnung sieht hier von jedem Erfüllungszwang und auch von einer Schadensersatzpflicht im Falle der Nichterfüllung ab und begnügt sich statt dessen mit schwächeren Sanktionen. Diese bestehen in der Regel in dem Verlust einer günstigen Rechtsposition oder in einem sonstigen Rechtsnachteil für denjenigen, an den sich die Obliegenheit richtet.

Der Rechtsnachteil tritt aber im Regelfall nicht schon mit der bloß objektiven Obliegenheitsverletzung ein, sondern nur wenn ein Verschulden hinzutritt (s. z.B. § 254 BGB, § 6 Abs. 1 VVG). Da sich das Verschulden aber nicht auf eine Pflicht zur Wahrung fremder Interessen bezieht, sondern auf eine Obliegenheit zur Wahrung in erster Linie eigener Interessen, spricht man von einem **Verschulden gegen sich selbst.** Durch dieses Erfordernis des Verschuldens gegen sich selbst unterscheiden sich die Obliegenheiten auch von den sog. Lasten (s. sogleich Rn. 39), die insbesondere im Prozeß ihre Wirkung zeigen. 37

Beispiele: **§ 377 HGB** bestimmt, daß bei einem beiderseitigen Handelskauf der Käufer die Ware unverzüglich, d.h. ohne schuldhaftes Zögern (§ 121 Abs. 1), nach ihrer Ablieferung durch den Verkäufer zu untersuchen, und wenn sich ein Mangel zeigt, diesen dem Verkäufer unverzüglich anzuzeigen hat. Unterläßt er die Untersuchung oder die Anzeige schuldhaft, so kann er zwar nicht auf Erfüllung oder auf Schadensersatz verklagt werden. Er verliert aber seine Mängelansprüche, es sei denn, daß der Mangel bei der Untersuchung nicht erkennbar war. Der Verkäufer braucht keinen Anspruch gegen den Käufer auf die Vornahme der Untersuchung, weil sein Interesse hinreichend dadurch gewahrt ist, daß der Käufer bei Verletzung der Obliegenheit seine Rechte verliert. Ähnlich liegt es im Falle des **§ 254 Abs. 1.** Es besteht keine eigentliche Rechtspflicht, sich selbst vor Schaden zu bewahren. Wer infolge seiner eigenen Nachlässigkeit zu Schaden kommt, hat selbst den darauf entfallenden Schadensanteil zu tragen. Zahlreiche Obliegenheiten finden sich im **Versicherungsrecht,** so etwa zur alsbaldigen Anzeige von Schadensfällen oder gefahrerhöhenden Umständen (s. etwa §§ 16f., 33 VVG). 38

d) Lasten

Lasten enthalten Regeln für die **Zuteilung von Risiken und Nachteilen,** die im Gegensatz zu den Obliegenheiten auch ohne ein Verschulden gegen sich selbst eintreten. Lasten sind vor allem im Prozeßrecht vorgesehen. Die Beachtung dieser Lasten dient ausschließlich dem eigenen Interesse des Belasteten, während ihre Nichtbeachtung dem Gegner dient und von ihm eher gewünscht werden muß[21], weil er dadurch den Prozeß gewinnt. Den Lasten fehlt jeglicher Pflichtcharakter auch minderer Art. 39

Beispiele: Zu den Lasten gehören insbesondere die Behauptungs- und Beweislast im Zivilprozeß. Die Nichtbeachtung dieser Lasten führt zu Nachteilen, zumeist in Form des Prozeßverlusts. Der Geschädigte, der seinen Schaden vom angeblichen Schädiger einklagt, aber nicht beweisen kann, daß gerade dieser Schädiger den Schaden verursacht hat, verliert den Prozeß, weil er die Beweislast für die Ursächlichkeit trägt. Gleichgültig ist, warum er den Beweis nicht führen kann, ob aus Nachlässigkeit oder trotz aller Anstrengung ohne ein Verschulden gegen sich selbst. 40

---

[19] *Köbler,* Juristisches Wörterbuch, 7. Aufl. 1995, Stichwort: Obliegenheit; *Gernhuber,* Das Schuldverhältnis, 1989, § 2 III 1.
[20] *Enneccerus/Nipperdey,* AT, § 74 IV.
[21] *Rosenberg/Schwab/Gottwald,* Zivilprozeßrecht, 15. Aufl. 1993, § 2 III 1.

III. Der Übergang von Rechtsverhältnissen

41 Rechte können, soweit sie nicht als persönliche Rechte wie das Persönlichkeitsrecht oder familienrechtliche Statusrechte an die Person gebunden sind, grundsätzlich auf andere übergehen. Der Übergang von Rechten auf andere trägt wesentlich zu ihrem Vermögenswert bei, weil andere Personen als Erwerber aus den übergehenden Rechten vermögenswerten Nutzen ziehen können. Die damit für den Berechtigten eröffnete Möglichkeit, sein Recht durch Übertragung auf andere entgeltlich zu verwerten oder es anderen zu vererben, ist durch die Eigentums- und Vererbungsfreiheit des Art. 14 GG und die allgemeine Handlungsfreiheit des Art. 2 GG gewährleistet und darf dem Berechtigten nicht entzogen werden. Es stellt sich jedoch die Frage, ob Rechtsverhältnisse nur insgesamt oder ob einzelne Rechte daraus getrennt vom übrigen Rechtsverhältnis übertragen werden können.

1. Rechtsverhältnisse mit abtrennbaren Rechten und Pflichten

42 Grundsätzlich ist jedes aus einem Rechtsverhältnis entspringende Recht frei und selbständig übertragbar. Dies ist eine notwendige Folge der aus Art. 2 und 14 GG abzuleitenden privatautonomen Verfügungsfreiheit, die dem Rechtsinhaber grundsätzlich die freie Verfügung über jedes einzelne seiner Rechte läßt und sie nicht ohne Notwendigkeit zu untrennbaren Bündeln zusammenfaßt. Wenn in einem Rechtsverhältnis **mehrere selbständige Rechte mit eigenständigen Funktionen** verbunden sind, so können diese deshalb im Regelfall auch aus dem Rechtsverhältnis herausgelöst und selbständig übertragen werden. Dies trifft im Regelfall auf Schuldverhältnisse mit einer Mehrzahl von Forderungen zu, so insbesondere bei Schuldverhältnissen aus gegenseitigen Verträgen und bei allen Dauerschuldverhältnissen. Hier geht mit der Abtretung einer einzelnen Forderung keineswegs das gesamte Schuldverhältnis über.

43 **Beispiele:** Tritt der Verkäufer seinen Anspruch auf den Kaufpreis ab, so verbleiben ihm doch die sonstigen Ansprüche, z. B. der Anspruch auf Abnahme der gekauften Sache nach § 433 Abs. 2, 2. Alt. oder ein bereits entstandener Schadensersatzanspruch, z. B. auf Ersatz des Verzugsschadens. Ebenso bestehen die Verkäuferpflichten, nicht nur die Erfüllungspflicht, sondern auch die Gewährleistungspflicht in der Person des Verkäufers fort. Andererseits kennt das Gesetz auch eine Übernahme einzelner Leistungspflichten (§§ 414 ff.), die von der Übernahme des ganzen Schuldverhältnisses durch Vertragsübernahme zu unterscheiden ist. Die Abtretung der einzelnen Forderung und die Übernahme einer einzelnen Schuld läßt die Rechtsstellung als Teilhaber an diesem Rechtsverhältnis, etwa als Käufer oder Verkäufer, Mieter oder Vermieter unberührt.

2. Rechtsverhältnisse mit notwendig einheitlichem Übergang

44 Die Übertragung einzelner im Rechtsverhältnis begründeter Rechte kommt dann nicht in Betracht, wenn die Rechte im Rahmen des Rechtsverhältnisses keine selbstständige Bedeutung haben und mit dem Rechtsverhältnis funktionsbedingt eng verbunden sind. In einem solchen Fall kann die **Rechtsstellung** des Berechtigten grundsätzlich nur **ihrem ganzen Inhalt nach** auf den Rechtsnachfolger übergehen Die einzelnen Befugnisse und Belastungen bilden mit dem Rechtsverhältnis dann eine **untrennbare Einheit,** wenn das Rechtsverhältnis seine Zweckbestimmung durch die Aufteilung einzelner Rechte und Pflichten an verschiedene Personen nicht mehr erfüllen könnte.

Beispiele: Auf den Eigentümer gehen insbesondere die auf der Sache ruhenden öffentlichen Lasten und die etwa mit dem Eigentum an dieser Sache verbundenen Beschränkungen und dinglichen Belastungen über, wie etwa ein Pfandrecht. Das mit dem Pfandrecht verbundene gesetzliche Schuldverhältnis zwischen dem Pfandgläubiger und dem Eigentümer geht kraft Gesetzes auf den neuen Eigentümer über. Ebenso tritt ein neuer Pfandgläubiger in das gesetzliche Schuldverhältnis ein, sobald er den Besitz an der Pfandsache erlangt (§ 1251 Abs. 2). Mit dem Übergang eines Dauerschuldverhältnisses geht grundsätzlich auch das Kündigungsrecht auf den Erwerber über, weil die Kündigungsbefugnis seiner Funktion nach grundsätzlich dem neuen Vertragspartner zustehen soll, damit er das Dauerschuldverhältnisses beenden kann. 45

3. Gesetzlicher und rechtsgeschäftlicher Übergang des ganzen Rechtsverhältnisses

Der Übergang des ganzen Rechtsverhältnisses ist vom dem Übergang einzelner daraus entspringender Rechte und Pflichten zu unterscheiden. Während das BGB die Übertragung einzelner Rechte und Pflichten, soweit sie nicht höchstpersönlich sind, grundsätzlich regelt (s. etwa §§ 398ff., 413, 929ff., 873), sind für den Übergang von Rechtsverhältnissen insgesamt nur wenige Regelungen vorgesehen. Dabei ist zwischen dem gesetzlichen Übergang und der rechtsgeschäftlichen Übertragung von Rechtsverhältnissen zu unterscheiden. 46

a) Gesetzlicher Übergang

Ein gesetzlicher Übergang findet insbesondere im Erbrecht statt, wo die gesamte Rechtsstellung, soweit es sich um vermögensrechtliche Beziehungen handelt, mit dem Tode eines Menschen auf den oder die Erben übergeht. Das ist eine Folge des Prinzips der **Universalsukzession,** d.h. des Übergangs des Vermögens des Erblassers „als Ganzes" (§ 1922 Abs. 1), und der vom Gesetz angeordneten Haftung des Erben für die Nachlaßverbindlichkeiten, zu denen die vom Erblasser herrührenden Schulden gehören (§ 1967). Nicht nur die Rechte und Pflichten gehen auf den Erben über, sondern auch die gesamte mit dem Rechtsverhältnis verbundene Rechtsstellung, wie Erwerbsaussichten, Empfangszuständigkeiten, rechtliche Gebundenheiten und Obliegenheiten. Der Erbe setzt die gesamte Rechtsstellung des Erblassers, so wie sie bei dessen Tode war, in vermögensrechtlicher Hinsicht fort[22]. 47

Aber auch unter Lebenden kann die Rechtsstellung in einem Schuldverhältnis mit allen sich daraus ergebenden Folgen kraft Gesetzes, ohne einen hierauf gerichteten Willen auf einen anderen übergehen, und zwar auf Grund einzelner gesetzlicher Bestimmungen. Dies betrifft vor allem den Übergang der Mietverhältnisses nach §§ 565, 566, den Übergang des Arbeitsverhältnisses nach § 613a und des Versicherungsverhältnisses nach § 69 VVG. Es handelt sich dabei um eine **Singularsukzession,** bei der nur ein einzelnes Rechtsverhältnis und nicht wie bei der Universalsukzession das ganze Vermögen übergeht. 48

b) Rechtsgeschäftliche Übertragung

Während das BGB für die rechtsgeschäftliche Übertragung einzelner Forderungen in den §§ 398ff. und für die Schuldübernahme in §§ 414f. Regelungen enthält, fehlen solche Regelungen für die rechtsgeschäftlichen Übertragung ganzer Rechtsverhältnisse, insbesondere Vertragsverhältnisse. Grundsätzlich kann ein Rechtsverhältnis durch 49

---

[22] Vgl. *Kipp/Coing,* Erbrecht, § 91 II 2 und III; *Lange/Kuchinke,* Lehrbuch des Erbrechts, 4. Aufl., § 5 III 3.

rechtsgeschäftlichen Übernahmevertrag auf andere Personen übergeleitet werden[23]. Dies gilt insbesondere für die Vertragsübernahme. Die Vertragsübernahme ist nicht nur eine Kombination von Abtretung (§ 398) und Schuldübernahme (§§ 414, 415), weil nicht nur Forderungen und Schulden, sondern die gesamte Rechtsstellung mit allen Gestaltungsrechten, Erwerbsaussichten, Obliegenheiten und Lasten übergehen soll. Die Vertragsübernahme ist ein selbständiges dreiseitiges Rechtsgeschäft, bei dem außer den bisherigen Vertragsparteien natürlich auch der neu eintretende Vertragsteil zustimmen muß.

50 **Beispiel:** Tritt ein Mieter oder Pächter in ein bestehendes langfristiges Miet- oder Pachtverhältnis ein, so setzt er die Rechtsstellung des bisherigen Mieters oder Pächters fort. Damit gilt etwa der Mietzins in seiner bisherigen Höhe fort und auch der Zeitpunkt für die Beendigung des Mietverhältnisses richtet sich nach den Bedingungen des bisherigen Mietvertrags. Der Vermieter ist regelmäßig nicht verpflichtet, seine Zustimmung zum Eintritt eines sog. Nachmieters zu geben. Er darf seine Zustimmung zwar gegenüber einem zumutbaren Nachmieter auch nicht rechtsmißbräuchlich (§ 242) verweigern. Er kann sie aber unter Umständen davon abhängig machen, daß der bisherige Mieter für die Verpflichtungen des neuen Mieters eine Bürgschaft leistet oder Sicherheit stellt. Ein gesetzliches Recht zum Eintritt in ein Mietverhältnis über Wohnraum haben im Falle des Todes des Mieters sein Ehegatte und solche Familienangehörige, die mit ihm einen gemeinsamen Hausstand geführt haben (§ 563 Abs. 1 und 2).

51 Bei Personengesellschaften wie GbR, OHG und *KG* war früher streitig, ob die Mitgliedschaft in einer solchen Gesellschaft mit den aus ihr sich ergebenden Rechten und Pflichten übertragen werden könne, oder ob nur das Ausscheiden eines Gesellschafters und der Eintritt eines neuen durch Vertrag mit allen übrigen möglich sei. Die Übertragung der Mitgliedschaft durch Vertrag zwischen dem ausscheidenden und dem eintretenden Gesellschafter mit Zustimmung der übrigen Gesellschafter wird inzwischen allgemein für zulässig erachtet[24].

c) Nicht übertragbare Rechtsverhältnisse

52 Es gibt auch einzelne nicht übertragbare Rechtsverhältnisse, insbesondere weil sie an bestimmte Personen gebunden sind und durch den Personenwechsel eine Inhaltsänderung erfahren würden. Dazu gehören insbesondere familienrechtliche Rechtsverhältnisse wie die Ehe, das Kindschaftsverhältnis oder Unterhaltsansprüche. Nicht übertragbar sind auch höchstpersönliche Rechtsstellungen (s. auch § 613). Die Unübertragbarkeit gilt grundsätzlich für den gesetzlichen wie für den rechtsgeschäftlichen Übergang.

§ 14. Subjektive Rechte

Inhaltsübersicht

[23] S. *BGHZ* 95, 94; *Larenz,* Schuldrecht I, § 5 III; eingehend *Pieper,* Vertragsübernahme und Vertragsbeitritt, 1963.

[24] Vgl. dazu *Flume,* AT I/1, § 17 I. Über die Übertragbarkeit des Rechtsverhältnisses der Mitgliedschaft in einem rechtsfähigen Verein („Idealverein") vgl. oben § 10 Rn. 108.

Literatur: *Aicher,* Das Eigentum als subjektives Recht, 1975; *Bucher,* Das subjektive Recht als Normsetzungsbefugnis, 1965; *Coing in Coing/Lawson/Grönefors,* Das subjektive Recht und der Rechtsschutz der Persönlichkeit, 1959; *Fezer,* Teilhabe und Verantwortung, 1986; *Kasper,* Das subjektive Recht – Begriffsbildung und Bedeutungsmehrheit, 1967; *Larenz,* Zur Struktur subjektiver Rechte, in: Beiträge zur Europäischen Rechtsgeschichte und zum geltenden Zivilrecht, Festgabe für *Sontis,* 1977; *Raiser,* Der Stand der Lehre vom subjektiven Recht im deutschen Zivilrecht, ZBernJV 1961, 121; *Schapp,* Das subjektive Recht im Prozeß der Rechtsgewinnung, 1977; *J. Schmidt,* Aktionsberechtigung und Vermögensberechtigung, 1969; *ders.*, Zur formalen Struktur der subjektiven Rechte, Rechtstheorie 1979, 71; *Thon,* Rechtsnorm und subjektives Recht, 1878, Neudruck 1964.

I. Subjektives und objektives Recht

Die subjektiven Rechte wurden als die wichtigsten Bestandteile der Rechtsverhältnisse bereits erwähnt (s. oben § 13 Rn. 24). Sie bilden eine wesentliche Grundlage der privatautonomen Zivilrechtsbeziehungen, weil sie eine dem Berechtigten von der Rechtsordnung verliehene **Rechtsmacht zur selbstbestimmten Wahrnehmung der** durch das jeweilige Recht **geschützten Interessen** enthalten. Das subjektive Recht verschafft der einzelnen Person damit eine Berechtigung, über deren Ausübung sie privatautonom selbst entscheiden kann. Das subjektive Recht unterscheidet sich vom objektiven Recht dadurch, daß es die Berechtigung einer einzelnen konkreten Person darstellt, während unter dem objektiven Recht die generell geltenden, abstrakten Vorschriften und Verhaltensanweisungen verstanden werden. 1

Beispiele: Die Vorschriften des Straßenverkehrsrechts, welche die Vorfahrt, das Überholen und andere Verhaltensweisen regeln, sind zunächst objektives Recht mit allgemeiner Bedeutung für jedermann. Wenn sie aber in einem konkreten Einzelfall gegenüber einer bestimmten Person nicht beachtet werden und diese Person verletzt wird, so erwächst ihr daraus ein Schadensersatzanspruch als subjektives Recht. Ebenso ist die generelle, etwa in §§ 242, 303 StGB zum Ausdruck kommende Vorschrift, das Eigentum anderer zu achten, geltendes objektives Recht unabhängig vom Eigentum einer konkreten Person. Soweit aber das Eigentum einer konkreten Person an einer konkreten Sache betroffen ist, handelt es sich um ein subjektives Recht der einzelnen Person, auch wenn dieses subjektive Recht als absolutes Recht gegenüber jedermann wirkt (s. unten § 15 Rn. 2). Aus dem Eigentum als subjektivem Recht entstehen im Falle seiner Verletzung weitere subjektive Rechte. Wenn z.B. das Eigentum einer bestimmten Person von einer anderen nicht beachtet wird, so steht diesem Eigentümer ein Unterlassungsanspruch als subjektives Recht gegen den jeweiligen Verletzer zu. 2

II. Die Funktion des subjektiven Rechts

1. Individualistische und gesamtgesellschaftliche Betrachtung

Die Rechtswissenschaft des 19. Jahrhunderts und zu Beginn des 20. Jahrhunderts 3
hat das **subjektive Recht als individuelle Berechtigung** in den Mittelpunkt des

Privatrechts gestellt[1]. Eine weniger individualistische und mehr sozial orientierte Betrachtung rückt demgegenüber das **Rechtsverhältnis** in den Vordergrund, worin das subjektive Recht eingebettet ist, woraus aber auch Pflichten, Gebundenheiten und Obliegenheiten entspringen, die im Zusammenspiel mit dem subjektiven Recht eine insgesamt besser ausbalancierte Gestaltung der rechtlichen Beziehungen ermöglichen, als wenn man allein das subjektive Recht im Auge hat (s. oben § 13 Rn. 5ff.). Eine Sichtweise, die mehr auf die gesellschaftlichen Funktionen des Rechts blickt, sieht neben dem subjektiven Recht als individueller Berechtigung auch die **Institutionen,** die als Einrichtungen des objektiven Rechts hinter den subjektiven Rechten stehen und bei denen an Stelle der individuellen Berechtigung des einzelnen die gesellschaftlichen und wirtschaftlichen Gesamtwirkungen rechtlicher Einrichtungen und ihr Zusammenspiel mit anderen Rechtsfiguren betrachtet wird[2]. Vor allem bei den Grundrechten hat sich die Erkenntnis durchgesetzt, daß sie neben Individualrechten mit einer Individualgarantie auch teilweise objektive Rechtsinstitutionen mit einer Institutsgarantie darstellen[3]. Diese Erkenntnis der zwei Seiten eines Rechts, seiner individuell-subjektiven Berechtigung einerseits und seiner objektiven Bedeutung als allgemeiner Rechtseinrichtung in der Gesellschaft andrerseits, gilt über die Grundrechte hinaus auch für alle privatrechtlichen Rechte. In ähnlicher Weise tritt neben die isolierte Betrachtung des subjektiven Rechts die gesamtgesellschaftliche Betrachtung, wenn auch die **Organisation der Zusammenarbeit** zwischen den Mitgliedern der Rechtsgemeinschaft als Aufgabe der Rechtsordnung angesehen wird[4].

2. Die Sicherung selbstbestimmter Freiheitssphären

4 Auch wenn man die individualistisch-isolierte Betrachtung des subjektiven Rechts aufgibt und seine Einbettung in Rechtsverhältnisse, in Institutionen und Organisationen der Zusammenarbeit anerkennt, so bleibt doch das subjektive Recht eine beherrschende Figur des Privatrechts, dessen Funktion in der Sicherung selbstbestimmter Freiheitssphären besteht.

a) Privatautonome Freiheit mit selbstgestalteten Rechtsbeziehungen

5 Eine Rechtsordnung kann das Zusammenleben der Menschen auch dadurch ordnen, daß sie in erster Linie Pflichten und rechtlich gebundene Verhaltensweisen vorschreibt und die Einhaltung dieser Pflichten und Gebote dem Strafrecht und der behördlichen Überwachung im öffentlichen Recht überträgt. Ein Privatrecht wäre dann nicht existent. Das Privatrecht lebt hauptsächlich davon, daß die Einhaltung der Pflichten und Gebundenheiten in der freien Entscheidung und selbstbestimmten Verantwortung von Privatpersonen liegt, denen als Gegenstück zu den Pflichten und Gebundenheiten subjektive Rechte zugewiesen sind. Aufgrund des subjektiven Rechts, über dessen Ausübung und Geltendmachung allein der Berechtigte bestimmt, bleibt die **Durchsetzung der Pflichten und Gebote der freien Entscheidung der pri-**

---

[1] S. *v. Tuhr,* AT I, S. 53; *Coing,* Zur Geschichte des Privatrechts, 1962, S. 29ff. und oben § 13 Rn. 7.

[2] S. insbes. *L. Raiser,* JZ 1961, 465, 472; *ders.*, Rechtsschutz und Institutionenschutz, in Summum ius, summa iniuria, 1963, S. 145; *ders.,* Die Zukunft des Privatrechts, 1971.

[3] *BVerfGE* 39, 1, 41; vgl. auch *v. Münch,* Grundgesetz Bd. 1, 5. Aufl. 2000, Vor Art. 1–9 Rz. 22ff.

[4] Dazu *Coing,* Zur Geschichte des Privatrechts, 1962, S. 53.

vaten Rechtsinhaber überlassen. Diese gestalten damit zugleich ihr Zusammenleben in eigener Verantwortung, indem sie auf der Einhaltung der festgelegten Pflichten und Gebote beharren oder darauf verzichten und durch vertragliche Absprachen andere Regelungen treffen. Das Privatrecht ermöglicht auf diese Weise die **Selbstorganisation des Zusammenlebens** in rechtlichen Bahnen durch die Beteiligten selbst.

b) Sicherung von Handlungsfreiheiten

Die Selbstorganisation des Zusammenlebens im Privatrecht beruht zum wesentlichen Teil auf der Freiheit, die das subjektive Recht dem Berechtigten gewährt. Diese Freiheit besteht neben der Fähigkeit, die Pflichterfüllung und Einhaltung der Gebote vom anderen zu verlangen, zugleich auch darin, die bei Erfüllung der Pflichten und Gebote entstehenden Handlungsmöglichkeiten zu nutzen. **6**

Beispiel: Der Eigentümer kann seine Sache nutzen, wenn die anderen sich an ihre Pflicht halten, ihn darin nicht zu stören. Der Gläubiger kann die erbrachte Leistung nutzen, wenn der Schuldner seine Leistungspflicht erfüllt. **7**

Auf diese Weise kann das subjektive Recht in mehrfacher Hinsicht der Sicherung selbstbestimmter Freiheitssphären dienen. Es gewährt die Ausübungsfreiheit in Form der **Freiheit zur Geltendmachung gegenüber anderen** Personen, die **Freiheit zur Eigennutzung** der von anderen Personen geachteten Handlungsspielräume sowie die **Verfügungsfreiheit** bei der Entscheidung, ob das subjektive Recht bestehen bleibt oder auf andere übertragen wird. Mit diesen Freiheitsgewährungen trägt das subjektive Recht zur Gewährleistung der privatautonomen Handlungsfreiheit bei. **8**

c) Freiheit von staatlicher Einflußnahme

Subjektive Rechte bestehen auch im öffentlichen Recht. Dort richten sie sich aber an Träger hoheitlicher Gewalt, die an der Gestaltung des Zusammenlebens mitwirken. Im Privatrecht bestehen die subjektiven Rechte dagegen nur gegenüber Privatpersonen unter **Ausschaltung staatlicher und behördlicher Gestaltung** und Einflußnahme. Zwar müssen auch die privaten subjektiven Rechte wie die subjektiven öffentlichen Rechte vor staatlichen Gerichten eingeklagt und mit Hilfe der Zwangsvollstreckung durchgesetzt werden, wenn sie nicht freiwillig erfüllt werden. Dies ändert aber nichts an der privatautonomen Selbstbestimmung, weil nur das durchgesetzt wird, was die Privatperson in Wahrnehmung ihrer Ausübungsfreiheit bestimmt. **9**

III. Die einzelnen Merkmale des subjektiven Rechts

Die Funktion des subjektiven Rechts, eine Sphäre selbstbestimmter Freiheit zu sichern, hat wesentlichen Einfluß auf seinen begrifflichen Inhalt. Das Bemühen um eine allgemeine Definition für alle Arten subjektiver Rechte führt notwendigerweise zu einem gewissen Abstraktionsgrad und hat auch formale Begriffe hervorgebracht, die nur etwas über die normlogische Struktur des subjektiven Rechts aussagen sollen[5]. Wird dagegen in die Definition der Zweck einbezogen, dem die jeweiligen subjektiven Rechte dienen, so stellt die allgemeine Definition nur einen Rahmenbegriff dar, der der Ausfüllung im Blick auf die verschiedenen Arten und Typen subjektiver Rechte **10**

---

[5] Hier sind die Schriften von *Bucher, Aicher* und teilweise von *J. Schmidt* zu nennen.

bedarf. Da jede dieser Betrachtungsweisen bestimmte Aspekte des subjektiven Rechts zum Ausdruck bringt, ist es sinnvoll, alle ins Auge zu fassen. Dem trägt die Beschreibung des subjektiven Rechts als einer von der Rechtsordnung verliehenen Rechtsmacht zum Zweck der selbstbestimmten Wahrnehmung der geschützten Interessen durch den Berechtigten selbst Rechnung (s. oben Rn. 1). Die einzelnen Merkmale dieser Definition sind genauer zu erläutern.

1. Das subjektive Recht als Rechts- und Willensmacht

11 Das Begriffselement „Rechtsmacht" weist auf ein festes, der Person zugeeignetes Machtverhältnis hin, in dem ihr Wille herrscht[6]. Der Ausdruck Rechtsmacht soll klar stellen, daß hier nicht die wirtschaftliche Macht angesprochen ist, sondern eine dem Berechtigten von der Rechtsordnung erteilte und kontrollierte Ermächtigung im Sinne von **Handeln-Dürfen** und **rechtlichem Können.** Die Definition trifft damit auch auf Persönlichkeitsrechte und auf das Eigentum an Verbrauchsgütern zu, die grundsätzlich keine wirtschaftliche Macht begründen. Von der Rechtsmacht macht der Berechtigte Gebrauch, indem er die von der Rechtsordnung dem subjektiven Recht zugeordneten normativ bereits festgelegten Befugnisse ausübt. Die Rechtsmacht ist dagegen nicht selbst als Normsetzungsbefugnis zu verstehen.

12 Demgegenüber sieht *Buchers*[7] das subjektive Recht als eine Normsetzungsbefugnis. Das subjektive Recht als Normsetzungsbefugnis bedeutet, daß der Berechtigte dazu ermächtigt ist, individuelle normative Befehle an andere zu erlassen, so wird z.B. nach *Bucher* der Gläubiger durch das Forderungsrecht dazu ermächtigt, den Schuldner zu der geforderten Leistung zu verpflichten. Die tatsächliche Inanspruchnahme ist die Normsetzung, zu welcher den Gläubiger sein Forderungsrecht ermächtigt. Vorher, sagt *Bucher*[8] ausdrücklich, sei der Schuldner zur Erfüllung nicht verpflichtet; es bestehe nur „ein Bereich potentieller Pflichten". Mit dem geltenden Schuldrecht ist das unvereinbar. Schon *Buchers* Prämisse, die Imperativentheorie, ist nicht haltbar[9].

13 Es ist sinnvoll, die Rechtsmacht als gemeinsames Merkmal aller subjektiven Rechte zu betonen, auch wenn die Rechtsmacht bei den verschiedenen Rechten einen unterschiedlichen Inhalt hat. So hat das Persönlichkeitsrecht als absolutes Recht zum Schutz der Privatsphäre (s. oben § 8) einen anderen Inhalt als das Eigentum als absolutes Herrschaftsrecht an einer Sache (s. unten § 15 Rn. 2ff.) und Forderungsrechte mit dem Leistungsanspruch gegen einen bestimmten Schuldner (s. unten § 15 Rn. 44ff.) haben einen anderen Inhalt als Gestaltungsrechte wie etwa das Kündigungsrecht (s. unten § 15 Rn. 78ff.). Allen diesen Rechten gemeinsam ist aber die dem Berechtigten verliehene Willensmacht über die Ausübung und den Bestand dieser Rechte zu bestimmen.

---

[6] S. schon *Savigny,* System des heutigen römischen Rechts, Bd. 1, 1840, § 4, S. 7; *Windscheid/Kipp,* Lehrbuch des Pandektenrechts, Bd. I, 9. Aufl. 1906, § 37; *Enneccerus/Nipperdey,* AT, § 72 I.

[7] *Bucher,* aaO, S. 55ff.; zustimmend *Pawlowski,* AT, Rn. 284; kritisch *Aicher,* aaO, S. 41ff.; *Kasper,* aaO, S. 149f.; *Fezer,* aaO, S. 346f.

[8] AaO, S. 57f., 61ff.

[9] Zu *Bucher* und zu den von ähnlichen Voraussetzungen ausgehenden Ausführungen *Aichers* vgl. *Larenz,* Methodenlehre der Rechtswissenschaft, S. 253ff.; *ders.,* FS Engisch, 1969, S. 150ff.; *J. Schmidt* in Rechtstheorie 1979, 71; *Bydlinski,* Juristische Methodenlehre und Rechtsbegriffe, 1982, S. 197f.

2. Das subjektive Recht als rechtlich geschütztes Interesse

Auf *Rudolf v. Ihering* geht die Formel zurück, subjektives Recht sei ein „rechtlich geschütztes Interesse“. Diese Formulierung betont, daß das subjektive Recht der Wahrnehmung der jeweils geschützten Interessen des Berechtigten dient. Das subjektive Recht selbst ist freilich nicht dieses Interesse, sondern nur die rechtliche Form, in der es geschützt wird und geltend gemacht werden kann. Diese Sicht weist auch auf den Rechtsschutz hin. Zwar können Interessen einzelner auch durch die Androhung von Strafen oder Ordnungsmitteln geschützt werden. Das Kennzeichen des subjektiven Rechts besteht aber darin, daß es der Berechtigte in der Hand hat, dieses Recht zu nutzen und darüber zu verfügen. Damit ist zwar auch die Willensmacht angesprochen, aber mit den rechtlich geschützten Interessen wird der Zweck deutlich gemacht, dem die Willensmacht dient. Mit der Einbeziehung des Interessenschutzes als Zweck der subjektiven Rechte wird es insbesondere möglich, die Grenzen der Rechtsausübung genauer zu bestimmen[10], indem jede vom Zweck der geschützten Interessen nicht gedeckte Rechtsausübung als unzulässig angesehen wird[11]. Deshalb ist es sinnvoll den Zweck des Interessenschutzes in die Definition des subjektiven Rechts mit einzubeziehen. 14

3. Der Zuweisungsgehalt des subjektiven Rechts

a) Unterschiedlicher Zuweisungsgehalt

Daß jemand ein subjektives Recht hat, bedeutet sinngemäß, daß ihm etwas rechtens zukommt und zugewiesen wird. Daß jemandem etwas rechtens gebührt, ist eine nicht weiter ableitbare Grundkategorie der normativen Sphäre. Mit dem Zuweisungsgehalt wird der Inhalt des subjektiven Rechts und sein Schutzgegenstand bestimmt. Der Inhalt der Zuweisung kann bei den verschiedenen Rechten von sehr unterschiedlicher Art sein. Er ergibt sich entweder aus dem Gesetz oder, soweit die Privatautonomie reicht, aus der Parteivereinbarung und ist aus typenspezifischen und ein allgemeingültigen Zuweisungsinhalten zusammengesetzt. Aus den unterschiedlichen Zuweisungsgehalten ergeben sich die verschiedenen Arten und Typen subjektiver Rechte. 15

Beispiele: Typenspezifischer Zuweisungsgehalt ist etwa die Achtung und Nichtverletzung der Person beim Persönlichkeitsrecht, ein dem Berechtigten allein vorbehaltener, gegenstandsbezogener Handlungsspielraum an Sachen beim Eigentum oder das Recht auf die Erbringung einer Leistung durch eine andere Person beim Forderungsrecht. Bei übertragbaren Rechten gehört die Übertragungsmöglichkeit zum Zuweisungsgehalt. Die Übertragbarkeit und Vererblichkeit sind aber keine notwendigen Attribute eines subjektiven Rechts. Sie fehlen den Persönlichkeitsrechten; die Übertragbarkeit einer Forderung kann ausgeschlossen werden (§ 399); Gestaltungsrechte sind entweder nicht oder nur zusammen mit der Stellung des Berechtigten in dem betreffenden Rechtsverhältnis übertragbar. Allgemeine Grenzen aller subjektiven Rechte ergeben sich aus dem Schikaneverbot und aus Treu und Glauben (unten § 16 Rn. 9ff.). 16

b) Bestimmte und individuelle Zuweisung

Aus der Abgrenzung zum objektiven Recht ergibt sich, daß ein subjektives Recht immer einer bestimmten Person **individuell zugewiesen** sein muß. Ein subjektives Recht besteht auch grundsätzlich nur dort, wo eine Rechtsmacht einer Person zugewiesen ist, die anderen Personen nicht in derselben Weise zusteht. Deshalb muß auch 17

---

[10] So zu Recht *Medicus,* AT, Rn. 70.

[11] Dazu im einzelnen unten § 16 Rn. 9ff.

der Zuweisungsgehalt eines subjektiven Rechts **gegenständlich bestimmt und abgegrenzt** sein. Alles tun zu dürfen, was nicht durch das Recht verboten ist, ist zwar eine zutreffende Aussage. Aus ihr ergibt sich aber mangels gegenständlicher Bestimmtheit noch kein subjektives Recht. Erst wenn ein Berechtigter in Bezug auf eine bestimmte Sache andere von deren Benutzung ausschließen und über sie verfügen kann oder von einer bestimmten Person als Schuldner eine bestimmte Leistung verlangen kann, ist ein bestimmtes subjektives Recht einer bestimmten Person individuell zugeordnet.

18 **Beispiele:** Allgemeine rechtliche Fähigkeiten wie die Rechtsfähigkeit, die Geschäftsfähigkeit oder die allgemeine Handlungsfähigkeit gehören nicht zu den subjektiven Rechten. Zwar stehen auch sie der Person zu, aber sie kommen jeder Person zu. Sie liegen ebenso wie die Privatautonomie den Rechtsverhältnissen und ihren Elementen, den subjektiven Rechten, zugrunde und bedingen diese. Probleme der Bestimmtheit zeigen sich insbesondere beim Recht am eingerichteten und ausgeübten Gewerbebetrieb. Schutzgut dieses Rechts kann nicht schlechthin der ungestörte Gewerbebetrieb sein, da dies dem freien Wettbewerb und dem Recht auf freie Konkurrenztätigkeit anderer widersprechen würde. Die Rechtsprechung hat eine nähere Präzisierung deshalb dadurch versucht, daß sie einen unmittelbaren betriebsbezogenen Eingriff voraussetzt[12]. Das allgemeinen Persönlichkeitsrecht weist eine bestimmten Schutzgegenstand auf, weil die Persönlichkeit jedes einzelnen Menschen individuell bestimmt ist und von anderen Schutzgegenständen wie z. B. den Vermögensrechten abgegrenzt werden kann. Darüber hinaus wird der Zuweisungsgehalt durch die gegenständlich begrenzten Schutzinhalte des Persönlichkeitsrechts bestimmt (s. oben § 8 Rn. 24 ff.).

19 Die Zuweisung eines bestimmten Rechtsinhalts zur alleinigen Ausübung ist zugleich Voraussetzung dafür, daß subjektive Rechte einen **handelbaren wirtschaftlichen Wert** haben. Dafür, was jedermann ohnehin tun kann, wird niemand bereit sein, einen Preis zu bezahlen. Nur ein Zuweisungsgehalt den jemand allein oder jedenfalls nur wenige nutzen können, ist für andere begehrenswert und einen Preis wert. Dazu ist aber die Bestimmtheit des nutzbaren Guts erforderlich, damit nicht ständig Abgrenzungsschwierigkeiten und Streitigkeiten entstehen. Das ist eine zutreffende Erkenntnis der ökonomischen Analyse des Rechts[13].

20 **Beispiele:** Ein geldwerter und handelbarer Zuweisungsgehalt besteht nicht nur bei übertragbaren Rechten wie bei Forderungen oder beim Eigentum, sondern auch wenn die Ausübung oder der Eingriff durch einen anderen vom Rechtsinhabern gestattet wird, wie z. B. der Eingriff ins Namensrecht, in das Recht am Bild oder in die Intimsphäre als Bestandteil des Persönlichkeitsrechts und sich der Rechtsinhaber für die Gestattung des Eingriffs ein Entgelt bezahlen läßt. Während die Bestimmtheit des Zuweisungsgehalts für ein subjektives Recht unerläßlich ist, ist die ökonomische Handelbarkeit aber kein notwendiger Inhalt des subjektiven Rechts.

4. Keine subjektlosen Rechte

21 Gleichgültig ob man das subjektive Recht unter dem Blickwinkel der Willens- und Rechtsmacht, der rechtlich geschützten Interessen oder des Zuweisungsgehalts sieht, es muß jeweils einem Berechtigten zugeordnet sein. Die Vorstellung subjektloser Rechte als Dauerzustand ist dem BGB fremd[14].

---

[12] S. z. B. *BGHZ* 29, 65 (Stromkabel).

[13] Dazu *Schäfer/Ott,* Lehrbuch der ökonomischen Analyse des Zivilrechts, 1986, S. 68 ff.

[14] *v. Tuhr,* AT I, § 2 VII; *Enneccerus/Nipperdey,* AT, § 75 II, § 84 II 3 Fn. 10; *K. Schmidt,* AcP 191 (1991), 495, 497. Für die Existenz subjektloser Rechte aber *Wolff/Raiser,* § 63 Anm. 5, § 78 Anm. 1; *Firsching,* FamRZ 1957, 102, 103; *Hübner,* AT, Rn. 76; ausführlich *Hohner,* Subjektlose Rechte, 1969, m. w. N.

Zur Vermeidung subjektloser Rechte sieht das BGB beim Tod einer Person den automatischen Übergang aller Vermögensrechte auf den oder die Erben vor, die im Augenblick des Todes kraft Gesetzes in dessen Rechtsstellung einrücken (§ 1922 Abs. 1). Im Falle der Auflösung einer juristischen Person im Wege der Liquidation gilt der Verein bis zur Beendigung der Liquidation als fortbestehend (§ 49 Abs. 2) bis dem Verein keine Rechte oder Pflichten mehr zugeordnet sind (s. oben § 10 Rn. 128ff.). Subjektlose Rechte sind allerdings in einigen Fällen, in denen der Fortbestand eines Rechts trotz zeitweiligen Fehlens eines Berechtigten angenommen wird, als Übergangszustand nicht zu vermeiden. 22

Beispiel: Da die Rechtsfähigkeit erst mit der Vollendung der Geburt beginnt (§ 1), andererseits aber die Leibesfrucht für den Fall ihrer späteren Geburt Erbe sein kann, entsteht faktisch eine Zeit mit subjektlosen Rechten. Der Gesetzgeber überspielt dies mit einer Fiktion, indem er die Leibesfrucht so behandelt, als ob sie bereits vor dem Erbfall geboren wäre (§ 1923 Abs. 2). Zur Wahrnehmung ihrer Rechte erhält die noch nicht geborene Leibesfrucht einen Pfleger (§ 1912 Abs. 1) oder es verwalten die Eltern das Vermögen (§ 1912 Abs. 2). Weder Eltern noch Pfleger sind aber Rechtsträger. Dies ist das später geborene Kind. Es muß aber später lebend geboren werden. Anderenfalls stehen die Rechte rückwirkend auf den Erbfall den Ersatzerben zu. Kein subjektloses Recht entsteht, wenn einem Kind Schadensersatz für eine vor seiner Geburt oder vor seiner Zeugung begangene schädigende Handlung zuerkannt wird. Der Anspruch entsteht erst mit der Geburt (§ 1). Es werden lediglich die vor der Geburt oder Zeugung liegenden Schadensursachen berücksichtigt. 23

IV. Entstehung und Untergang von subjektiven Rechten

Subjektive Rechte, die im Gegensatz zum abstrakten objektiven Recht jeweils einer bestimmten konkreten Person zustehen, müssen von dieser Person erworben werden und können auch wieder verloren gehen. Demgemäß hat jedes subjektive Recht seine eigene Lebensgeschichte von der Entstehung bis zum Untergang. Es gibt jedoch gemeinsame Grundlagen für den Erwerb und das Erlöschen der subjektiven Rechte. 24

1. Originärer und derivativer Erwerb

a) Originärer Erwerb

Hinsichtlich des Erwerbs subjektiver Rechte unterscheidet man zwischen originärem und derivativem Erwerb. Die Unterscheidung ist von Bedeutung hinsichtlich der Voraussetzungen, die vorliegen müssen, damit der Erwerb eintritt. Als originär bezeichnet man den Erwerb eines Rechts, wenn das Recht in der Person des Erwerbers ursprünglich **neu entsteht** und nicht von einem Rechtsvorgänger abgeleitet ist. Dabei ist gleichgültig, ob das Recht im Zeitpunkt des Erwerbs einem anderen zustand oder nicht. Stand das erworbene Recht zuvor einem anderen zu, so geht es beim originären Erwerb nicht auf den neuen Erwerber über, sondern geht beim bisherigen Rechtsinhaber unter und entsteht in der Person des neuen Berechtigten neu. 25

Beispiele: für originären Erwerb sind: der Erwerb durch Aneignung einer bis dahin herrenlosen, in niemandes Eigentum stehenden Sache (§ 928 Abs. 2, § 958 Abs. 1), der Erwerb des Eigentums durch Ersitzung (§ 937), durch Verbindung, Vermischung, Verarbeitung (§§ 946 bis 950), durch Fund (§ 973) und Schatzfund (§ 984), der Erwerb eines Urheberrechts durch die Schaffung eines urheberrechtsfähigen Werkes, der Erwerb einer zuvor nicht existierenden Forderung oder eines Gestaltungsrechts durch den Abschluß eines Schuldvertrages oder auf Grund eines Sachverhalts, der kraft Gesetzes (z.B. § 823) die Entstehung eines solchen Rechts zur Folge hat, der Erwerb der Mitgliedschaft durch die Teilnahme an der Gründung eines Vereins oder einer Gesellschaft oder durch den Beitritt zu einem Verein. 26

b) Derivativer Erwerb

27 Derivativ nennt man den Erwerb dann, wenn der Erwerber sein Recht **von einem vorherigen Inhaber** in der Weise **ableitet,** daß es im Wege der Rechtsnachfolge auf ihn übergeht. Derivativ ist sowohl die **rechtsgeschäftliche Übertragung** des Eigentums, einer Forderung oder eines sonstigen übertragbaren Rechts durch seinen bisherigen Inhaber auf den Erwerber als auch der **Übergang** eines Rechts **kraft Gesetzes,** wie z. B. im Falle der Erbfolge (§ 1922 Abs. 1). In diesen Fällen gründet der Erwerber als Rechtsnachfolger seine Berechtigung auf die seines Vorgängers. Der Erwerb des Rechts ist daher abhängig davon, daß es dem Rechtsvorgänger zustand.

28 **Beispiele:** Wenn E sein Eigentum an einer Sache darauf gründet, daß der frühere Eigentümer A es ihm übertragen habe, muß er, sofern nicht ein Fall des gutgläubigen Erwerbs vom Nichtberechtigten vorliegt, außer einem gültigen Übertragungsakt dartun, daß A zur Zeit der Vornahme dieses Akts Eigentümer der Sache war. Wenn er sein Eigentum darauf gründet, daß er der Erbe des B sei, muß er außer seinem Erbrecht dartun, daß die Sache zur Zeit des Erbfalls dem B gehörte. Dagegen bedarf es eines solchen Nachweises der Berechtigung des Rechtsvorgängers in den Fällen des originären Erwerbs nicht. Zum derivativen Erwerb sind richtigerweise auch die Fälle des gutgläubigen Erwerbs vom Nichtberechtigten, z. B. gemäß § 892, §§ 932 ff. zu zählen. Zwar wird das Verfügungsgeschäft mit dem Nichtberechtigten abgeschlossen, der nicht selbst Rechtsinhaber ist und der bisherige Eigentümer verliert sein Eigentum gegen seinen Willen. Auf den gutgläubigen Erwerber geht aber das Recht so über, wie es beim bisherigen Inhaber bestand. Es handelt sich deshalb um einen Fall der Rechtsnachfolge, die kraft Gesetzes gegen den Willen des bisherigen Rechtsinhabers und vermittelt durch die rechtsgeschäftliche Verfügung des Nichtberechtigten eintritt.

29 Ein derivativer Erwerb kann auch die Neuentstehung eines Rechts zur Folge haben. Der Hauptfall ist die Bestellung eines beschränkten dinglichen Rechts an einer Sache, wobei aus dem Eigentum einzelne Herrschafts- oder Verfügungsbefugnisse entnommen und als verselbständigte Rechtsinhalte auf einen anderen übertragen werden. So werden etwa bei den Dienstbarkeiten (§§ 1018, 1090), beim Nießbrauch (§ 1030) und beim Erbbaurecht die Nutzungsbefugnisse an einer Sache aus dem Eigentum herausgelöst und auf den Erwerber des beschränkten dinglichen Rechts übertragen. Bei den Pfandrechten erhält der Berechtigte als Teilinhalt aus dem Eigentum die Veräußerungsbefugnis des Eigentümers eingeräumt. Der Erwerber erhält dadurch jeweils ein inhaltlich und meist auch zeitlich beschränktes Herrschaftsrecht an der Sache, das sich als eine Abspaltung aus dem Eigentum darstellt. Da ein beschränktes dingliches Recht aus dem Eigentum abgeleitet wird, muß das Eigentum zuvor bestanden haben. Man spricht von einer konstitutiven (im Gegensatz zur translativen) Rechtsnachfolge[15].

2. Einzel- und Gesamtrechtsnachfoge

a) Einzelrechtsnachfolge (Singularsukzession)

30 Die Rechtsnachfolge kann eine Einzelnachfolge (Singularsukzession) oder eine Gesamtnachfolge (Universalsukzession) sein. Eine Einzelrechtsnachfolge oder Singularsukzession liegt vor, wenn durch den Übertragungstatbestand jeweils **nur ein einzelnes Recht übertragen** wird. Die Rechtsnachfolge bei der Übertragung von Rechten unter Lebenden ist für den Regelfall zwingend vorgeschrieben. Die Vertragsparteien können nicht wirksam eine Gesamtnachfolge vereinbaren, wo sie vom Gesetz nicht vorgesehen ist. Es muß demnach, wenn eine Mehrheit von Rechten übertragen werden soll, jedes Recht nach den für dieses Rechte bestehenden Vorschriften gesondert übertragen werden (Spezialitätsgrundsatz). Damit soll der selbständigen wirtschaftlichen Bedeutung jedes einzelnen subjektiven Rechts Rechnung ge-

[15] *v. Tuhr,* AT II, § 45. Dagegen *Sontis,* FS Larenz, 1973, S. 994.

tragen werden. Zugleich ist die Verfügungsfreiheit des Eigentümers umfassender, wenn er über jedes Recht einzeln und gesondert, statt nur über alle zusammen verfügen kann.

31 **Beispiele:** Sollen die Bücher einer Bibliothek oder die Waren eines Warenlagers übertragen werden, so muß jede einzelne Sache individuell in der Einigung bestimmt und übergeben werden; ferner geht das Eigentum nur an den Büchern oder Waren über, an denen der Veräußerer Eigentum innehat, falls nicht ein gutgläubiger Erwerb stattfindet, was z. B. bei gestohlenen Sachen nicht möglich ist. Beim Kauf eines Unternehmens im Wege des sog. asset deals wird zwar nur ein einheitlicher Kaufvertrag als Verpflichtungsgeschäft geschlossen. Zum Eigentumserwerb muß aber jede einzelne Sache, jedes Grundstück, jede Forderung und jedes sonstige Recht für sich individuell bestimmbar durch ein Verfügungsgeschäft auf den Erwerber übertragen werden[16]. Auch der Nießbrauch an einem Vermögen als Wirtschaftseinheit kann nur in der Weise bestellt werden, daß er an jedem einzelnen der dazu gehörenden Rechte bestellt wird (§ 1085).

b) Gesamtrechtsnachfolge (Universalsukzession)

32 Eine Gesamtrechtsnachfolge oder Universalsukzession ist gegeben, wenn das subjektive Recht nicht isoliert, sondern zusammen **mit anderen Rechten als Gesamtheit** übergeht. Bei der Gesamtrechtsnachfolge bedarf es keiner Übertragung der einzelnen zu dem Gesamtkomplex gehörenden Rechte. Der Übergang vollzieht sich uno actu durch ein und denselben Vorgang. Das ist besonders dann wichtig, wenn unter den übergehenden Rechten auch Grundstücksrechte sind. Es bedarf dann zu ihrer Übertragung keiner Eintragung im Grundbuch. Vielmehr findet der Rechtserwerb außerhalb des Grundbuchs statt und das Grundbuch wird unrichtig. Erforderlich ist lediglich eine Berichtigung des Grundbuchs, von der aber der Übergang des Rechts nicht abhängt. Die Berichtigung hat demgemäß nur deklaratorische Bedeutung. Eine Gesamtrechtsnachfolge ist nur in den gesetzlich vorgesehenen Fällen möglich. Sie kann nicht vertraglich vereinbart werden.

33 **Beispiele:** Hauptfall der Gesamtnachfolge ist die Erbfolge (vgl. § 1922 Abs. 1: „Vermögen als Ganzes"). Andere Fälle sind der Anfall des Vermögens eines aufgelösten Vereins an den Fiskus (§ 46), der Zuwachs des Anteils eines ausscheidenden Gesellschafters am Gesellschaftsvermögens an die übrigen Gesellschafter (§ 738 Satz 1) und demgemäß der Erwerb eines entsprechenden Anteils durch einen neu eintretenden Gesellschafter unter Verminderung der Anteile der bisherigen Gesellschafter. Eine Gesamtrechtsnachfolge ist auch bei der Vereinbarung einer ehelichen Gütergemeinschaft vorgesehen (§ 1416, insbesondere Abs. 2). Als Gesamtnachfolge sind auch die im Umwandlungsgesetz geregelten Fälle der Verschmelzung (§ 20 Abs. 1 Nr. 1 UmwG), der Spaltung (§ 131 Abs. 1 Nr. 1 UmwG) und der Vermögensübertragung (§ 174 Abs. 1 UmwG) ausgestaltet. Die Gesamtrechtsnachfolge muß nicht das Ganze Vermögen des bisherigen Rechtsträgers erfassen, sie kann sich auf **Teile des Vermögens** beschränken (partielle Gesamtnachfolge), wie insbesondere § 131 Abs. 1 Nr. 1 UmwG bei der Spaltung von Unternehmen deutlich macht. Bei der Unternehmensspaltung als Gesamtrechtsnachfolge in Vermögensteile wird der von der Gesamtrechtsnachfolge erfaßte Vermögensteil nicht vom Gesetz, sondern durch die Beteiligten im Spaltungsvertrag bestimmt (§ 126 Abs. 1 Nr. 9 UmwG). Es handelt sich deshalb um eine **rechtsgeschäftlich initiierte Gesamtrechtsnachfolge**[17], die vom Gesetz zusammen mit der Registereintragung zugelassen und angeordnet wird (s. dazu auch § 22 Rn. 11 ff.). Keine Gesamtrechtsnachfolge findet dagegen beim identitätswahrenden Formwechsel (§§ 190 ff. UmwG; s. auch oben § 10 Rn. 55) statt. Hier bleibt der Rechtsträger erhal-

[16] S. dazu etwa *M. Wolf/Kaiser,* DB 2002, 411.

[17] Dazu *K. Schmidt,* AcP 191 (1991), 495, 510 ff.; *Mertens,* Umwandlung und Universalsukzession, 1993, S. 64 ff.; *Teichmann,* ZGR 1993, 396, 398; *Hennrichs,* Formwechsel und Gesamtrechtsnachfolge bei Umwandlungen, 1995, S. 31 ff.; *Rieble,* ZIP 1997, 301, 303; *M. Wolf,* Der Konzern 2003, 661, 673 f.

ten und wechselt nur seine Rechtsform, z. B. wird aus einer *AG* eine GmbH mit denselben Gesellschaftern, die bereits Aktionäre der *AG* waren.

3. Untergang von Rechten

34 Subjektive Rechte dienen jeweils bestimmten Zwecken und gehen deshalb unter, wenn diese Zwecke erreicht sind oder aufgegeben werden. Dabei kann der Untergang entweder auf dem rechtsgeschäftlichen Willen des Berechtigten beruhen oder vom Gesetz vorgesehen sein.

a) Beendigung durch Rechtsgeschäft

35 Ein Ausfluß der aus dem subjektiven Recht fließenden Rechts- und Willensmacht ist es grundsätzlich, daß der Rechtsinhaber durch Rechtsgeschäft auf sein Recht **verzichten** kann. Dafür genügt grundsätzlich die einseitige Verzichtserklärung des Rechtsinhabers, wie dies etwa §§ 875, 928 Abs. 1 für Grundstücksrechte zusammen mit der Eintragung ins Grundbuch, § 959 für das Eigentum an beweglichen Sachen zusammen mit der Aufgabe des Besitzes und §§ 1064, 1255 allein durch Aufgabeerklärung vorsehen. Für Forderungen verlangt § 397 ausnahmsweise die Mitwirkung des Schuldners in einem Erlaßvertrag. Im übrigen genügt aber zur Aufgabe von Rechten grundsätzlich die einseitige Verzichtserklärung des Rechtsinhabers.

36 Einzelne Rechte, die für den Schutz der Interessen einer Person besonders wichtig sind, sind **unverzichtbar** und können nicht durch Verzichtserklärung aufgegeben werden. Nicht verzichtbar ist grundsätzlich das Persönlichkeitsrecht als solches (s. unten § 15 Rn. 18ff.), im Unterschied etwa zu einzelnen bei seiner Verletzung entstandenen Schadensersatzansprüchen. Nicht verzichtbar sind auch Unterhaltsansprüche für die Zukunft (§ 1614 Abs. 1) oder Pflichtrechte wie das Recht der elterlichen Sorge (s. unten § 15 Rn. 27).

37 Ein rechtsgeschäftlicher Untergang ist auch gegeben, wenn ein Recht von vornherein nur **zeitlich befristet** bestellt wird, so z. B. wenn ein dingliches Recht wie etwa eine Dienstbarkeit oder ein Nießbrauch nur für einige Jahre bestellt wird oder wenn ein Mietvertrag, ein Dienstvertrag, ein Darlehen oder eine Bürgschaft von vornherein nur für einige Zeit geschlossen wird. Im übrigen können Rechte aus diesen Rechtsverhältnissen durch **Kündigung** oder durch **Rücktritt** erlöschen.

b) Untergang kraft Gesetzes

38 Der Untergang kraft Gesetzes tritt insbesondere durch **Zweckerreichung und Zweckfortfall** ein, wenn der Zweck, auf dessen Erreichung das subjektive Recht angelegt ist, entweder erfüllt ist oder nicht mehr erreicht werden kann. Rechte können auch **durch Zeitablauf** untergehen.

39 **Beispiele: Zweckerreichung** durch Erfüllung läßt insbesondere die Forderungsrechte erlöschen (§ 362). Dem stehen die sog. Erfüllungssurrogate, Leistung an Erfüllungs Statt (§ 364), Hinterlegung (§ 378) und Aufrechnung (§§ 387ff.) gleich. Der Zweckerreichung durch Erfüllung vergleichbar ist auch der Untergang von Gestaltungsrechten durch ihre Ausübung. Ein **Zweckfortfall** tritt **bei höchstpersönlichen Rechten** grundsätzlich mit dem **Tod** der Person ein. Dazu gehört grundsätzlich das Persönlichkeitsrecht, auch wenn in mancher Hinsicht noch ein postmortaler Persönlichkeitsschutz stattfindet (s. oben § 8 Rn. 46). Mit dem Tod des Berechtigten enden auch Unterhaltsansprüche (§ 1615 Abs. 1), der Anspruch auf Leibrente (§ 759 Abs. 1) oder die Rechte aus dem Auftrag (§§ 672, 673), einem Nießbrauch (§ 1061), aus einer persönlichen Dienstbarkeit (§§ 1090, 1061) sowie die persönlichen Rechte aus der Ehe (§ 1353). Wegen Zweckfortfalls enden auch Herrschaftsrechte mit dem **Untergang ihres Objekts,** so z. B. das Eigentum und die beschränkten dinglichen Rechte mit der Zerstörung oder dem Un-

tergang der Sache. Forderungen gehen bei nicht zu vertretender Unmöglichkeit unter (§ 275), bei zu vertretender Unmöglichkeit verwandelt sich der auf Leistung gerichtete Erfüllungsanspruch in eine Schadensersatzforderung (§§ 280ff.). Zweckfortfall ist bei einer Forderung auch gegeben, wenn sich Forderung und Schuld in einer Person vereinigen (sog. Konfusion), wenn z.B. der Schuldner den Gläubiger beerbt (anders § 889).

Ein Untergang durch **Zeitablauf** tritt ein bei Gestaltungsrechten, für deren Ausübung eine Frist vorgesehen ist (z.B. §§ 121, 124, 510, 626 Abs. 2). Sie erlöschen mit Fristablauf, wenn sie nicht zuvor ausgeübt worden sind. Durch Fristablauf endet auch das Urheberrecht 70 Jahre nach dem Tod des Urhebers (§ 64 UrhG). Zur Beendigung eines Rechts führen auch Ausschlußfristen (s. unten § 16 Rn. 41f.) und die Verwirkung (unten § 16 Rn. 47ff.), nicht aber die Verjährung, die nur ein Leistungsverweigerungsrecht begründet (§ 214 Abs. 1), den Anspruch selbst aber bestehen läßt (s. unten 17 Rn. 64ff.). **40**

§ 15. Arten subjektiver Rechte

Inhaltsübersicht

1 Der Begriff des subjektiven Rechts ist ein allgemeiner Begriff, der für alle individuellen Berechtigungen gilt. Unter dem Dach dieses allgemeinen Begriffs befinden sich eine Fülle subjektiver Rechte, die nach der Art der Rechtsmacht sowie nach der Art der geschützten Interessen und des Zuweisungsgehalts verschieden sind. Innerhalb dieser verschiedenartigen Rechte lassen sich aber Gruppen mit gemeinsamen Merkmalen bilden, für die in vielfacher Hinsicht gemeinsame Regeln gelten. Deshalb ist es sinnvoll und dient der Vereinfachung sowie der gleichmäßigen Regelbildung, wenn man subjektive Rechte mit einheitlichen Merkmalen zusammenfaßt und die für die jeweilige Art subjektiver Rechte geltenden Gemeinsamkeiten aufzeigt. Dabei kann man aus verschiedenen Blickwinkeln verschiedene Einteilungsgesichtspunkte bilden. Das primäre Einteilungskriterium, das sich am aussagekräftigsten erwiesen hat und an dem sich auch der Gesetzgeber bei der Aufstellung gemeinsamer Regeln am häufigsten orientiert, ist die Art der Rechtsmacht, die das subjektive Recht dem Berechtigten verleiht. Daneben wird auch die Art der geschützten Interessen berücksichtigt, die dann zu Untergruppen führen kann.

I. Absolute Herrschaftsrechte

2 Nach der Art der Rechtsmacht vermitteln die absoluten Herrschaftsrechte die stärkste Rechtsstellung. Ihr **Kennzeichen** besteht darin, daß sie dem Berechtigten einen **Freiheitsbereich** zuweisen, in dem er unter Ausschluß aller anderen Personen und ohne auf deren Mitwirkung angewiesen zu sein, **allein bestimmt.** Die Herrschaftsbefugnis zeigt sich gerade darin, daß der Berechtigte seine Rechtsmacht allein ausüben kann, **und nicht der aktiven Mithilfe anderer Personen** zur Verwirklichung seines Rechts bedarf. Andere Personen haben lediglich störende Eingriffe zu unterlassen[1]. Da diese **Abwehransprüche gegen jedermann** bestehen, handelt es sich um absolute Rechte. Absolute Herrschaftsrechte sind deshalb gegen jedermann auf Unterlassung von Störungen gerichtete Rechte, die mit dieser **allwirksamen Abwehrmacht** zugleich sichern wollen, daß der Berechtigte allein, ohne eines Rechts auf aktive Mitwirkung anderer zu bedürfen, sich in seinem subjektiven Freiheitsbereich allein betätigen kann.

1. Unterschiedliche Herrschaftsbereiche

3 Ausgehend von den **geschützten Interessen** lassen sich bei den absoluten Herrschaftsrechten die Persönlichkeitsrechte, die dinglichen Sachenrechte und die Immaterialgüterrechte unterscheiden. Das Recht am eingerichteten und ausgeübten Gewer-

[1] Dem Staat gegenüber kann der Bürger mitunter nicht nur verlangen, daß Eingriffe in seinen Herrschaftsbereich (Gesundheit, Art. 2 II GG) unterbleiben, sondern er kann darüber hinaus auch Schutzvorkehrungen verlangen. Vgl. z.B. *Jarass/Pieroth,* GG, 6. Aufl. 2002, Art. 2 Rn. 70f.

bebetrieb wird ebenfalls als Herrschaftsrecht angesehen, kommt aber nur subsidiär zur Anwendung, wenn andere Möglichkeiten des Rechtsschutzes nicht bestehen. Dies schwächt den Schutz dieses Rechts ebenso wie sein nur schwer bestimmbarer Inhalt (s. auch § 20 Rn. 85).

a) Die Persönlichkeitsrechte als absolute Rechte

Persönlichkeitsrechte sind ihrer allgemeinen Struktur nach Rechte auf Achtung, d.h. auf Anerkennung und Nichtverletzung der Person in der ihr eigentümlichen Würde und in ihrer leiblichen Existenz, ihrem Dasein und Sosein. Das durch sie geschützte Gut ist ganz allgemein die Person in ihrer Individualität. Dieses Schutzgut wird durch das allgemeine Persönlichkeitsrecht mit den einzelnen darin enthaltenen besonderen Persönlichkeitsrechten geschützt (s. im einzelnen oben § 8 Rn. 24). Diese Rechte sind absolute Herrschaftsrechte, weil jedermann das Persönlichkeitsrecht achten und Eingriffe unterlassen muß und die Rechtsordnung dem Berechtigten dadurch einen Freiheitsbereich sichert, in dem er seine Persönlichkeit allein verwirklichen darf, ohne auf die aktive Mitwirkung anderer angewiesen zu sein. 4

b) Die absoluten dinglichen Rechte an Sachen

Prototyp der dinglichen Sachenrechte ist das **Eigentum**[2]. Es ist das an Sachen als körperlichen Gegenständen (§ 90) bestehende Recht auf eine zeitlich unbegrenzte und im Rahmen der Gesetze umfassende ausschließliche Sachherrschaft, durch die alle anderen von der Einwirkung auf die Sache ausgeschlossen werden. Dem Eigentümer wird dadurch ein ihm allein vorbehaltener gegenstandsbezogener Handlungsspielraum zuerkannt, in dem er mit der Sache grundsätzlich nach Belieben verfahren darf (§ 903). Das Eigentum an Sachen ist wegen der Abwehransprüche gegenüber allen anderen ein absolutes Recht. Es ist jedoch kein schrankenloses Recht, sondern kann nur soweit ausgeübt werden als das Gesetz oder Rechte Dritter nicht entgegenstehen (§ 903). Ferner unterliegt es Beschränkungen, die sich auch aus der grundgesetzlichen Sozialpflichtigkeit des Eigentums (Art. 14 Abs. 1 Satz 2 GG) ergeben. 5

Im Gegensatz zum Eigentum als umfassendem Herrschaftsrecht gewähren die **beschränkten dinglichen Rechte** als Teilinhalte, die aus dem Eigentum abgespalten sind[3], dem Berechtigten nur eine inhaltlich und meist auch zeitlich begrenzte Herrschaftsmacht an einer Sache. Die Herrschaftsmacht über das Eigentum wird insoweit eingeschränkt. Sie lebt aber wieder auf, wenn das beschränkte dingliche Recht erlischt. Wie das Eigentum sind auch die beschränkten dinglichen Rechte absolute Rechte, weil sie im Umfang der abgespaltenen Teilinhalte gegenüber jedem, einschließlich des Eigentümers, der unbefugt auf das Recht einwirkt, einen Abwehranspruch gewähren. 6

Zu den beschränkten dinglichen Rechten gehören die **dinglichen Nutzungsrechte.** Von ihnen gewährt dem Berechtigten der Nießbrauch (§ 1030) das volle und die Grunddienstbarkeiten sowie die beschränkten persönlichen Dienstbarkeiten (§§ 1018, 1090) ein inhaltlich beschränktes Nutzungsrecht an der Sache. Die **dinglichen Verwertungsrechte** wie insbesondere die Hypothek (§ 1113), die Grundschuld (§ 1191) oder das Pfandrecht (§ 1204) übertragen dem Berechtigten die Befugnis zur Veräußerung der Sache, wobei der Berechtigte die Sache 7

---

[2] Zum Eigentumsbegriff vgl. außer dem vor I genannten Schrifttum: *Sontis,* Strukturelle Betrachtungen zum Eigentumsbegriff, FS Larenz, 1973; *Georgiades,* Eigentumsbegriff und Eigentumsverhältnis, und *Raiser,* Funktionsteilung des Eigentums, beide in: Beiträge zur Europäischen Rechtsgeschichte und zum geltenden Zivilrecht, FS Sontis, 1977.

[3] Vgl. dazu *Wolff/Raiser,* Sachenrecht, § 2 II. A.A. *Sontis,* FS Larenz, 1973, S. 994f.

versteigern lassen kann und, soweit die Haftung besteht, den daraus erzielten Gelderlös behalten darf. Nach dem Erlöschen dieser beschränkten dinglichen Rechte fällt die Nutzungsbefugnis und die Veräußerungsbefugnis wieder allein an den Eigentümer zurück.

c) Die Immaterielgüterrechte als absolute Rechte

8 Zu den Immaterialgüterrechten gehören die Urheber- und Patentrechte sowie Gebrauchsmusterrechte, Geschmacksmusterrechte und Markenrechte. Sie sind Herrschaftsrechte an unkörperlichen Gütern wie Geisteswerken und Erfindungen und berechtigten zeitlich begrenzt zur ausschließlichen Nutzung oder Verwertung des jeweiligen Immaterialgutes. Gegenüber jedem Dritten, der unbefugt in das Immaterialgüterrecht eingreift, können Abwehransprüche geltend gemacht werden. Die Immaterielgüterrechte sind deshalb den absoluten Rechten zuzurechnen.

9 Das **Markenrecht** schützt als Marke alle Zeichen einschließlich Worten, Abbildungen oder Formen von Waren oder Verpackungen, die geeignet sind, Waren oder Dienstleistungen eines Unternehmens von denen anderer Unternehmen zu unterscheiden (§ 1 MarkenG). Das Markerecht ist zwar zunächst auf 10 Jahre angelegt, kann aber verlängert werden (§ 47 MarkenG).

10 Das **Urheberrecht** schützt geistige Schöpfungen von Werken der Literatur, Wissenschaft und Kunst (§ 1 UrhG), wozu auch Computerprogramme, Musikwerke, Werke der Baukunst, Lichtbildwerke und Filmwerke gehören (s. § 2 UrhG) ebenso wie Übersetzungen und Bearbeitungen dieser Werke (§ 3 UrhG). Es muß sich aber jeweils um persönliche geistige Schöpfungen handeln (§§ 2, 3 UrhG). Der Schutz erlischt 70 Jahre nach dem Tod des Urhebers (§ 64 UrhG). Auch wo das Werk, das den Gegenstand eines Urheberrechts bildet, in einer bestimmten Sache verkörpert ist, wie z.B. ein Gemälde, ein Werk der bildenden Kunst, bezieht sich das Urheberrecht nicht auf die Sache als solche, sondern auf die geistige Schöpfung, die sie darstellt. Das Urheberrecht überlagert dann gleichsam das an der Sache als solcher bestehende Eigentum. Beim Urheberrecht ergibt sich als Besonderheit, daß es eine unmittelbare Äußerung der Persönlichkeit ihres Urhebers oder Schöpfers darstellt und deshalb einen persönlichkeitsrechtlichen Einschlag enthält[4], der z.B. dahin geht, daß der Urheber selbst über die Veröffentlichung seines Werkes bestimmen kann, daß er das Recht hat, als Urheber genannt zu werden und Entstellungen seines Werkes zu verhindern. Das Urheberecht vereinigt damit in sich typische Züge der Herrschaftsrechte an Sachen mit denen der Persönlichkeitsrechte.

2. Typenzwang und Publizität absoluter Rechte

a) Typenzwang und Bestimmtheit

11 Weil die absoluten Herrschaftsrechte von jedermann beachtet werden müssen, muß ihr Schutzgut und ihr Schutzbereich nach Inhalt und Umfang leicht erkennbar und bestimmt sein (s. dazu oben § 14 Rn. 17ff.). Damit die Bestimmtheit von Schutzgut und Schutzbereich gesichert wird, ist der Inhalt und der Umfang der Rechtsmacht bei den absoluten Herrschaftsrechten im wesentlichen durch das Gesetz zwingend festgelegt und der freien Vereinbarung durch die Parteienentzogen. Es besteht deshalb zugleich ein **Typenzwang** und ein **numerus clausus.** Weder können die vom Gesetz vorgesehenen Herrschaftsrechte durch Parteivereinbarung inhaltlich wesentlich modi-

[4] Vgl. *E. Ulmer,* Urheber- und Verlagsrecht, 3. Aufl. 1980, S. 11ff., 110ff., 118.

fiziert werden noch können neue Herrschaftsrechte durch Parteivereinbarung geschaffen werden. Die Vertragsfreiheit ist, soweit es die inhaltliche Gestaltungsfreiheit betrifft, bei den absoluten Herrschaftsrechten eingeschränkt, denn andernfalls könnte der Rechtsinhalt immer wieder verändert werden und wäre damit, für die Allgemeinheit zu unbestimmt und nicht erkennbar, weil die Parteivereinbarungen im Gegensatz zu gesetzlichen Vorschriften nicht allgemein zugänglich sind.

Der Typenzwang und numerus clausus besteht nicht nur bei den dinglichen **Sachenrechten**[5], sondern ebenso bei den **Immaterialgüterrechten**[6]. Auch der Inhalt des **Persönlichkeitsrechts** kann nicht durch Parteienvereinbarung mit Wirkung gegenüber jedermann erweitert oder sonst geändert werden. Vielmehr wird auch sein Inhalt durch gesetzliche Vorschriften vorgegeben oder durch die Rechtsprechung auf der Grundlage von Art. 1, 2 GG konkretisiert. Bei den Sachenrechten ergibt sich die **Bestimmtheit des Rechtsobjekts** durch den Sachbegriff in § 90 sowie durch die Vorschriften über wesentliche Bestandteile (§§ 93–96; s. unten § 20 Rn. 10ff.). Auch das Objekt der Immaterialgüterrechte wird durch gesetzliche Vorschriften eingegrenzt wird. Der Schutzbereich des allgemeinen Persönlichkeitsrechts wird bestimmt durch die Persönlichkeit des Einzelnen und die einzelnen Schutzinhalte des Persönlichkeitsrechts (s. oben § 8 Rn. 24ff.). 12

b) Publizität der absoluten Recht

Die Erkennbarkeit der absoluten Herrschaftsrechte wird grundsätzlich durch besondere Publizitätsmittel hergestellt. Bei dinglichen Rechten an beweglichen Sachen dient der **Besitz** als Publizitätsmittel, bei dinglichen Grundstücksrechten soll die Eintragung im Grundbuch[7] die Publizität gewährleisten. Die **Eintragung in ein Register** ist auch beim Patent (§ 30 Abs. 1 PatG) und bei den gewerblichen Schutzrechten wie Gebrauchsmuster (§§ 8ff. GebrMG), Geschmacksmuster (§§ 7ff. GeschmMG) und Marken (§ 4 Nr. 1, §§ 32ff. MarkenG) vorgesehen. Beim Patent treten dessen Wirkungen allerdings bereits mit der Veröffentlichung im Patentblatt ein (§ 58 Abs. 1 PatG), die ebenfalls der Publizität dient. Daneben kommen für die Erkennbarkeit die Verkehrsgeltung oder die notorische Bekanntheit in Betracht (§ 4 Nr. 2 und 3 MarkenG). Keine Registerpublizität besteht bei Urheberrechten, sie sind aber in der im Werk verkörperten geistigen Schöpfung erkennbar. Kein besonderes Publizitätsmittel besteht für das allgemeine Persönlichkeitsrecht. Seine Erkennbarkeit muß sich auf das allgemeine Bewußtsein von der Würde und Achtung der Persönlichkeit stützen. Das Recht am eingerichteten und ausgeübten Gewerbebetrieb wird durch die Art der betrieblichen Tätigkeit erkennbar. 13

3. Schutz der absoluten Herrschaftsrechte

Die absoluten Herrschaftsrechte genießen Schutz gegen jedermann, indem bei unbefugten Eingriffen in ihren Schutzbereich **Abwehr- und Ersatzansprüche** vorgesehen sind. Diese Ansprüche bestehen gleichermaßen für alle absoluten Herrschaftsrechte. 14

a) Beseitigungs- und Unterlassungsansprüche

Als Abwehransprüche sind Beseitigungs- und Unterlassungsansprüche gegen jeden unbefugten Eingriff vorgesehen, ohne daß ein Verschulden auf Seiten des Eingreifen- 15

---

[5] S. etwa *Baur/Stürner,* Sachenrecht, § 1 Rn. 7; *Westermann,* Sachenrecht § 3 III; *M. Wolf,* Sachenrecht, Rn. 22.

[6] Vgl. hierzu *Troller,* Immaterialgüterrecht, Bd. I, 3. Aufl. 1983, S. 59ff.

[7] S. dazu *M. Wolf,* Sachenrecht, Rn. 328ff.

den erforderlich ist. Es genügt der **rechtswidrige Eingriff.** Der Beseitigungsanspruch ist auf die Rückgängigmachung eines noch bestehenden Störungszustandes gerichtet, gewährt aber keinen vollen Schadensersatz. Der Unterlassungsanspruch dient der Abwehr künftig drohender Beeinträchtigungen und will diese vermeiden. Die Rechtsgrundlage findet sich für das Eigentum in § 1004, für die beschränkten dinglichen Rechte in §§ 1027, 1065, 1133, 1134, 1227. Der Schutz der Immaterialgüterrechte ergibt sich aus § 97 UrhG, § 139 Abs. 1 PatG, § 24 Abs. 1 GebrMG, § 14a GeschmMG, § 14 Abs. 5, § 15 Abs. 4 MarkenG. Für sonstige absolute Herrschaftsrechte, wie insbesondere für das allgemeine Persönlichkeitsrecht, wird der Beseitigungs- und Unterlassungsanspruch aus der analogen Anwendung von § 1004 BGB hergeleitet.

b) Schadensersatzansprüche

16 Im Falle einer schuldhaften Verletzung der absoluten Herrschaftsrechte gibt das BGB einen Schadensersatzanspruch aus **§ 823 Abs. 1,** da alle absoluten Herrschaftsrechte als sonstige Rechte im Sinne von § 823 Abs. 1 anzusehen sind. Der Schadensersatz umfaßt grundsätzlich den aus der Verletzung des absoluten Herrschaftsrechts erwachsenen Vermögensschaden. Bei Verletzung des allgemeinen Persönlichkeitsrechts gewährt die Rechtsprechung in analoger Anwendung von § 253 Abs. 2 BGB auch Ersatz des immateriellen Schadens.

c) Bereicherungsansprüche

17 Absolute Herrschaftsrechte können auch Gegenstand einer **Eingriffskondiktion** (§ 812 Abs. 1, 2. Alt.) sein. Der durch diesen Eingriff erlangte Vermögensvorteil muß, soweit er mit dem Zuweisungsgehalt des absoluten Herrschaftsrechts in Widerspruch steht, als ungerechtfertigte Bereicherung vom Eingreifenden gemäß §§ 812, 818 herausgegeben werden.

4. Herrschaftsrechte als Vermögensgegenstand

18 Absolute Herrschaftsrechte sind entweder den Vermögensrechten, d.h. den geldmäßig bewerteten Rechten, oder den Nichtvermögensrechten, d.h. den Rechten mit ideellem, nicht in Geld ausdrückbarem Wert, zuzuordnen. Zu den **Vermögensrechten** gehören die dinglichen Rechte an Sachen und grundsätzlich auch die Immaterialgüterrechte sowie das Recht am eingerichteten und ausgeübten Gewerbebetrieb. Als **Nichtvermögensrecht** ist das allgemeine Persönlichkeitsrecht mit den besonderen Persönlichkeitsrechten anzusehen. Eine gewisse Zwitterstellung nimmt das Urheberrecht wegen seiner starken persönlichkeitsrechtlichen Bestandteile ein. Die Vermögensrechte können anders als die Nichtvermögensrechte grundsätzlich Gegenstände des Geschäfts- und Wirtschaftsverkehrs sein. Daraus ergeben sich mehrere Konsequenzen.

a) Herrschaftsrechte als Verfügungsgegenstand

19 Herrschaftsrechte gewähren grundsätzlich Verfügungsfreiheit. Als **Vermögensrechte** sind sie deshalb grundsätzlich auf andere **übertragbar und vererblich** und es kann auf sie **verzichtet** werden (s. oben § 14 Rn. 27ff., 35). Demgemäß sind das Eigentum, die beschränkten dinglichen Rechte und auch die Immaterialgüterrechte in der Regel übertragbar und vererblich.

20 **Beispiele:** Neben dem Eigentum und den meisten beschränkten dinglichen Rechten sind als Vermögensrechte, das Patentrecht (§ 15 PatG), das Gebrauchsmusterrecht (§ 22 GebrMG), das

Geschmacksmusterrecht (§ 3 GeschmMG) und das Markenrecht (§ 27 MarkenG) übertragbar und vererblich. Das Urheberrecht soll wegen seines starken persönlichkeitsrechtlichen Einschlags nicht insgesamt Gegenstand des Wirtschaftsverkehrs sein und ist deshalb unter Lebenden nicht übertragbar (§ 29 Abs. 1 UrhG). Am Urheberrecht können aber durch Lizenzvergabe Nutzungsrechte bestellt werden (§§ 31ff. UrhG). Nach dem Tode des Urhebers verliert das persönlichkeitsrechtliche Element im Urheberrecht an Gewicht. Es ist deshalb vererblich (§ 28 Abs. 1 UrhG) und kann im Zusammenhang mit erbrechtlichen Regelungen übertragen werden (§ 29 Satz 1 UrhG). Eine Ausnahme gilt für den Nießbrauch und die beschränkte persönliche Dienstbarkeit. Diese Rechte sind grundsätzlich nicht übertragbar (§§ 1059, 1092) und nicht vererblich (§§ 1061, 1090 Abs. 2). Etwas anderes gilt aber, wenn diese Rechte einer juristischen Person oder einer rechtsfähigen Personengesellschaft zustehen (§§ 1059a ff., § 1092).

Nichtvermögensrechte sind, soweit sie an eine bestimmte Person gebunden sind, 21
grundsätzlich **nicht übertragbar und nicht vererblich.** Dazu gehört vor allem das Persönlichkeitsrecht.Das schließt nicht aus, daß die Rechtsordnung auch der Persönlichkeit des Verstorbenen noch einen gewissen Schutz gewährt (sog. postmortaler Persönlichkeitsschutz, oben § 8 Rn. 46). Die Angehörigen nehmen in solchen Fällen das schon zu seinen Lebzeiten begründete Interesse des Verstorbenen aus eigenem Rechte wahr, nicht aber ist das Recht, wie ein Vermögensrecht, auf sie als Rechtsnachfolger übergegangen. Der persönliche Schutzcharakter des Persönlichkeitsrechts führt auch dazu, daß es als Ausfluß der Menschenwürde Art. 1 Abs. 1 GG grundsätzlich **unverzichtbar** ist. Allerdings kann der einzelne über bestimmte Persönlichkeitsgüter, auf die sich sein Persönlichkeitsrecht erstreckt, in den Grenzen vor allem der guten Sitten zugunsten eines anderen verfügen.

Beispiele: Der Träger des Persönlichkeitsrechts kann einem anderen die Benutzung seines 22
Namens, die Veröffentlichung seines Bildes oder eines Briefes gestatten. Solche einzelnen Gestattungen, die die Widerrechtlichkeit des Eingriffs beseitigen, schränken zwar von Fall zu Fall den Umfang des betreffenden Persönlichkeitsrechts mit relativer Wirkung gegenüber dem Gestattungsempfänger ein. Sie lassen aber das Persönlichkeitsrecht in seiner Substanz bestehen und sind entweder zeitlich begrenzt oder mindestens aus wichtigem Grunde widerruflich. Von der Unübertragbarkeit und Unvererblichkeit des Persönlichkeitsrechts als solchen werden die aus einer Verletzung des Persönlichkeitsrechts entstehenden **Schadensersatzansprüche** nicht erfaßt. Diese sind einschließlich des Schmerzensgeldanspruchs vermögensrechtlicher Natur und deshalb übertragbar und vererblich. Das Recht am eingerichteten und ausgeübten Gewerbebetrieb ist nicht selbständig, sondern nur zusammen mit dem Gewerbebetrieb übertragbar und vererblich.

b) Vermögenszuordnung durch Herrschaftsrechte

Die absoluten Herrschaftsrechte bewirken eine **unmittelbare Zuordnung des** 23
Rechtsobjekts zum Vermögen im Gegensatz zu Forderungs- und Anspruchsrechten, die die Zuordnung des Leistungsgegenstands nicht unmittelbar ändern, so daß dieser im Vermögen des Schuldners verbleibt und erst durch die entsprechenden Erfüllungshandlungen vom Vermögen des Schuldners in das Vermögen des Gläubigers übergeht. Das Persönlichkeitsrecht gehört wegen seines persönlichen Charakters und seiner Bindung an eine bestimmte Person dagegen nicht zum Vermögen und ist in seiner Grundsubstanz nicht Gegenstand des Wirtschaftsverkehrs. Die mit den Herrschaftsrechten verbundene Vermögenszuordnung ist vor allem für die Haftung gegenüber Gläubigern von Bedeutung.

Beispiele: Die Herrschaftsrechte können als Vermögensrechte, soweit sie übertragbar sind, 24
im Wege der Zwangsvollstreckung gepfändet werden (§ 857 mit § 851 ZPO) und sie gehören zur Insolvenzmasse (§§ 35, 36 InsO). Dies gilt für dingliche Rechte an Sachen ebenso wie für Immaterialgüterrechte. Ein Recht, das nicht übertragbar ist, dessen Ausübung aber einem an-

deren überlassen werden kann (s. § 1059 Satz 2, § 1092 Satz 2), unterliegt gemäß § 857 Abs. 3 ZPO auch der Pfändung im Wege der Zwangsvollstreckung. Die Pfändung des Urheberrechts richtet sich nach §§ 112ff. UrhG. Das Persönlichkeitsrecht kann anders als die aus einer Verletzung entstehenden Schadensersatzansprüche nicht gepfändet werden und gehört nicht zur Insolvenzmasse. Da nicht selbständig übertragbar kann auch das Recht am eingerichteten und ausgeübten Gewerbebetrieb nicht isoliert im Wege der Zwangsvollstreckung gepfändet werden, wohl aber kann es vom Insolvenzverwalter ausgeübt werden, wenn der Gewerbebetrieb zur Insolvenzmasse gehört.

25 Aufgrund der unmittelbaren Vermögenszuordnung, die die absoluten Herrschaftsrechte bewirken, dürfen andere Gläubiger als die des Herrschaftsberechtigten nicht auf diese Rechte zugreifen. Tun sie es unbefugterweise dennoch, so steht dem Inhaber des Herrschaftsrechts gegen unbefugte Vollstreckungsakte anderer Gläubiger die Drittwiderspruchsklage (§ 771 ZPO) und im Insolvenzverfahren ein Aussonderungsrecht (§ 47 InsO) bzw. bei dinglichen Verwertungsrechten ein Absonderungsrecht (§§ 49ff. InsO) zu.

II. Persönliche Familienrechte

26 Den Persönlichkeitsrechten nahe stehen die persönlichen Familienrechte, d.h. diejenigen Familienrechte, die keinen vermögensrechtlichen Charakter haben, nämlich die elterliche Sorge (§§ 1626ff.) und das ihr nachgebildete Recht des Vormundes (§§ 1793ff.). Sie sind am besten als eigener Typus subjektiver Rechte zu begreifen, die sich von den Persönlichkeitsrechten dadurch unterscheiden, daß sie sich auf das personenrechtliche Verhältnis zu einer anderen Person beziehen. Falls ein Recht eines jeden Ehegatten auf Achtung der ehelichen Lebensgemeinschaft gegenüber dem anderen und gegenüber Dritten anerkannt wird, steht es ebenfalls den Persönlichkeitsrechten nahe. Beide Rechte sind aber, auch wenn sie von allen anderen zu achten sind, **keine Herrschaftsrechte,** weil Kinder und Ehegatten, die den Bezugspunkt dieser Rechte bilden, nicht wie sonstige Objekte Gegenstand einer Herrschaft sein können.

1. Recht der elterlichen Sorge

27 Das Recht der elterlichen Sorge schließt das Recht ein, die Erziehung und den Aufenthalt des Kindes zu bestimmen und seine Herausgabe von jedem zu verlangen, der es den sorgeberechtigten Eltern widerrechtlich vorenthält (vgl. §§ 1631, 1632). Es ist dennoch kein Herrschaftsrecht[8], da das Kind den Eltern mit einem eigenen Anspruch auf Achtung und Entwicklung seiner Persönlichkeit gegenübersteht (s. auch § 1631 Abs. 2). Das Recht der Eltern und des Vormundes trägt nicht eigennützigen, sondern fürsorglichen Charakter. Es in der rechten Weise und zum Besten des Kindes auszuüben, ist die Pflicht der Eltern. Man hat es daher treffend als **Pflichtrecht** bezeichnet[9]. Das wird durch die §§ 1626 Abs. 1 und 1631 Abs. 1 unterstrichen (s. auch unten § 16 Rn. 6ff.).

a) Das Sorgerecht als absolutes Recht

28 Auch wenn das Sorgerecht kein Herrschaftsrecht ist, so ist es doch ein absolutes Recht in dem Sinne, daß es **von allen** anderen, die nicht sorgeberechtigt sind, **zu achten** ist. Das macht insbesondere § 1632 deutlich, der in Abs. 1 dem Sorgeberechtigten einen Anspruch auf Herausgabe des Kindes gegen jeden unbefugten Dritten

[8] Ebenso *Gernhuber/Coester-Waltjen,* Lehrbuch des Familienrechts, 4. Aufl., § 2 II 4.

[9] So *Gernhuber/Coester-Waltjen,* aaO, § 2 II 6 und § 57 IV 2.

gewährt und in Abs. 2 das Recht gewährt, dem Umgang des Kindes auch mit Wirkung für und gegen Dritte zu bestimmen. Der absoluten Drittwirkung nach außen steht nicht entgegen, daß es sich im Innenverhältnis zwischen Sorgeberechtigtem und Kind um ein Pflichtrecht handelt[10]. Das Sorgerecht wird aber durch das Kindeswohl in seinem Inhalt begrenzt.

Der Inhalt des Sorgerechts wird durch das Gesetz festgelegt (§§ 1626ff.) und weist dadurch ausreichende **Bestimmtheit** auf. Da das Sorgerecht kein Herrschaftsrecht ist und nicht Gegenstand des Handelsverkehrs ist, muß die Bestimmtheit nicht in gleicher Weise gewährleistet sein. Die Erkennbarkeit des Sorgerechts ist dadurch gegeben, daß den Eltern das Kindschaftsverhältnis zu ihren Kindern bekannt ist. 29

b) Schutz des Sorgerechts gegenüber Dritten

Aufgrund seines absoluten Charakters wird das Sorgerecht in analoger Anwendung von § 1004 durch den **Unterlassungsanspruch** geschützt. Ein Herausgabeanspruch ergibt sich aus § 1632 Abs. 1. Die schuldhaft widerrechtliche Verletzung des Sorgerechts durch Dritte verpflichtet diese zum Schadensersatz nach § 823 Abs. 1. Eine Eingriffskondiktion (§ 812 Abs. 1 S. 1 Alt. 2) kommt nicht in Betracht, da es sich nicht um ein Vermögensrecht handelt. 30

Beispiel (BGHZ 111, 168): Nach der Scheidung wird das Sorgerecht über die Kinder gemäß § 1671 der Mutter übertragen. Der nicht sorgeberechtigte Vater nimmt die Kinder an sich und weigert sich, der Mutter den Aufenthaltsort der Kinder mitzuteilen. Die Mutter beauftragt mit hohen Kosten einen Privatdetektiv, den Aufenthalt der Kinder ausfindig zu machen, und verlangt die Kosten als Schadensersatz vom Vater. Der BGH sieht einen schuldhaft widerrechtlichen Eingriff des Vaters in das allein der Mutter zustehende Sorgerecht als gegeben an und verurteilt den Vater zum Schadensersatz aus § 823 Abs. 1. 31

c) Sorgerecht kein Verfügungsgegenstand

Mit den Persönlichkeitsrechten haben die persönlichen Familienrechte gemeinsam, daß sie streng an die Person gebunden sind, **nicht übertragbar und nicht vererblich** sind. Ein Verzicht auf die elterliche Sorge ist schon deshalb nicht möglich, weil sie zugleich Pflicht ist. Die Ausübung der elterlichen Sorge kann jedoch in begrenztem Umfang einem anderen überlassen werden[11]. 32

2. Recht auf Achtung der ehelichen Lebensgemeinschaft

a) Kein absoluter Schutz der Ehe

Das Recht an der Ehe oder ein Recht auf Achtung der ehelichen Lebensgemeinschaft ist nicht als absolutes Recht anzuerkennen[12]. Teilweise wird dieses Recht jedoch als absolutes Recht angesehen, dessen Schutzgut die „Ehe als ideelles Rechtsgut"[13], das „persönlich-sittliche Band der Ehe"[14], das „Recht auf eheliche Treue"[15] 33

---

[10] S. *BGHZ* 111, 168 = NJW 1990, 2060; MünchKomm/*Hinz,* § 1626 Rn. 9; Soergel/*Strätz,* § 1626 Rn. 3, 4, 21.

[11] *Gernhuber/Coester-Waltjen,* aaO, § 57 III 2. Zur Übertragung von Angelegenheiten der elterlichen Sorge durch das Vormundschaftsgericht (auf Antrag der Eltern) auf eine Pflegeperson – mit der Folge, daß diese insoweit die Rechte und Pflichten eines Pflegers erhält – vgl. § 1630 Abs. 3.

[12] S. zusammenfassend *BGH* NJW 1990, 706 = LM § 823 (Af) BGB Nr. 11.

[13] *Larenz/Canaris,* Schuldrecht II/2, § 72 I a a. E.

[14] Soergel/*Lange,* § 1353 Rn. 41.

[15] *Gernhuber/Coester-Waltjen,* aaO, § 17; MünchKomm/*Wacke,* § 1353 Rn. 30.

oder das „Recht auf Schutz und Fortbestand der ehelichen Lebensgemeinschaft"[16] sein soll, welches sowohl gegen Eingriffe Dritter als auch gegen Eingriffe des anderen Ehegatten geschützt sein soll. Die Ehe ist jedoch eine **persönliche Lebens- und Geschlechtsgemeinschaft,** die auf der freien sittlichen Entscheidung der Ehepartner zum Zusammenleben gründet und ohne diesen Willen zum Zusammenleben kein selbständiges Schutzgut darstellt. Ein Dritter, der in die Ehe eindringt, kann dies nicht ohne den Willen eines der Ehepartner. Stimmt aber ein Ehepartner dem Eindringen des Dritten zu, so gibt er damit zugleich die ausschließliche Lebensgemeinschaft mit dem anderen Ehepartner auf. Diese ausschließliche Lebens- und Geschlechtsgemeinschaft existiert dann nicht mehr intakt und kann deshalb nicht mehr Gegenstand eines Schutzes sein.

34 Zwar verstößt der ausbrechende Ehegatte gegen seine Pflicht zur ehelichen Lebensgemeinschaft aus § 1353 Abs. 1 Satz 2, aber diese Pflicht besteht nur gegenüber dem anderen Ehegatten und gibt dem anderen Ehegatten nur ein relatives Recht zur ehelichen Lebensgemeinschaft gegenüber dem ausbrechenden Ehepartner, nicht aber ein absolutes Recht gegenüber Dritten. Zudem ist die Pflicht zur Herstellung des ehelichen Lebens nicht vollstreckbar (§ 888 Abs. 3 ZPO) und ihre Verletzung begründet keine Schadensersatzpflicht[17]. Die gesetzliche Sanktion solcher Pflichtverletzung besteht vielmehr allein in der Scheidung wegen Scheiterns der Ehe gemäß § 1565 Abs. 1. In dieses ausgewogene und den speziellen Bedürfnissen der ehelichen Lebensgemeinschaft angepaßte Sanktionssystem darf nicht dadurch eingegriffen werden, daß die Ehe als absolutes Recht angesehen wird und im Falle einer Verletzung Beseitigungs- und Unterlassungsansprüche analog § 1004 BGB oder Schadensersatzansprüche aus § 823 Abs. 1 gewährt werden. Durch die mit solchen Ansprüchen gegebenen Vollstreckungsmöglichkeiten und dem dadurch erzeugten mittelbaren Zwang würde die Entscheidung des Gesetzgebers in § 888 Abs. 3 ZPO gegen die Anwendung von Zwang zum Zweck der Erhaltung der Ehe unterlaufen[18].

35 Aus denselben Gründen kann der Ehebruch und die Ehestörung auch **keine Verletzung des Persönlichkeitsrechts** des anderen Ehegatten und damit auch keine Ansprüche aus § 1004 und § 823 Abs. 1 begründen. Auch kann sich die Persönlichkeit in ihren ehebedingten Ausstrahlungen nur zusammen mit dem anderen und nicht ohne diesen entfalten, so daß der Persönlichkeitsschutz in der ehelichen Dimension nicht über den Eheschutz hinausgehen kann[19].

b) Einzelne Schutzbereiche

36 Abweichend von der grundsätzlichen Ablehnung der Ehe als absolutes Recht gewährt die Rechtsprechung den Schutz eines absoluten Rechts durch deliktsrechtliche Schadensersatzansprüche und Unterlassungsansprüche, soweit es den äußeren **räumlich-gegenständlichen Bereich** der Ehe betrifft, d. h. die Aufnahme eines Dritten als Lebenspartner in die eheliche Wohnung durch einen Ehegatten[20], oder soweit es **gesundheitliche Schädigungen** durch die Ansteckung des anderen Ehegatten als Folgen des Ehebruchs betrifft[21]. Der insoweit erforderliche Schutz kann jedoch unabhängig von der Anerkennung von Teilbereichen der Ehe als absolutes Recht gewährt werden.

---

[16] *Berg,* JuS 1961, 141; *Lüke,* AcP 178 (1978), 1, 10.
[17] *BGH* FamRZ 1977, 38; *Deutsch,* VersR 1993, 1045; Palandt/*Brudermüller,* § 1353 Rn. 16; Ermann/*Heckelmann,* § 1353 Rn. 19.
[18] In ähnlicher Weise zu Recht *BGH* NJW 1990, 706.
[19] Im Ergebnis ebenso *BGH* NJW 1990, 706.
[20] Dazu *BGHZ* 6, 330; 34, 80.
[21] *BGHZ* 26, 217, 222; dazu auch *Tiedemann,* NJW 1988, 729, 731.

37 Soweit es den räumlich-gegenständlichen Bereich der ehelichen Wohnung betrifft, steht dem beeinträchtigten Ehegatten der Besitzschutz zu, der auch besteht, wenn der beeinträchtigte Ehegatte nur Mitbesitzer ist, weil es sich bei der Aufnahme eines Dritten als Lebenspartner in die eheliche Wohnung durch einen Ehegatten nicht mehr um die Grenzen des Gebrauchs gemäß § 866 handelt, diese vielmehr überschritten sind und deshalb dem gestörten Ehegatten als berechtigtem Mitbesitzer der Besitzschutz gegen den anderen Ehegatten aus § 823 Abs. 1 zusteht[22]. Gegenüber dem Dritten findet der Besitzschutz ohne weiteres aus §§ 861, 862 wie aus § 823 Abs. 1 und 2 statt. Auch in den Fällen der Gesundheitsbeschädigung ist ein direkter Anspruch wegen Gesundheitsgefährdung aus § 823 Abs. 1 gegeben, ohne daß es eines Rückgriffs auf den Schutz der Ehe als absolutes Recht bedarf.

III. Forderungsrechte

38 Forderungen sind Rechte gegen eine bestimmte Person auf eine dem Berechtigten gegenüber zu erbringende Leistung. Da Forderungen nicht gegen jedermann, sondern nur gegen einen bestimmten Verpflichteten, den Schuldner, gerichtet sind, sind sie keine absoluten Rechte, sondern **relative Rechte.** Eigentümlich ist ihnen einmal die Richtung gegen einen bestimmten Verpflichteten und zum anderen die Richtung auf ein Ziel, die zu erbringende Leistung. Mit der Erbringung der Leistung hat die Forderung ihr Ziel erreicht, sie erlischt (§ 362). Die Forderung ist kein Herrschaftsrecht, da sie weder die Person des Schuldners noch seine Leistungshandlung noch den Leistungsgegenstand der unmittelbaren Herrschaft des Gläubigers unterwirft[23]. Der Schuldner ist nicht Objekt einer willkürlichen Bestimmung durch den Gläubiger, sondern **verpflichtet,** die vertraglich bestimmte oder vom Gesetz geforderte Leistung, zu erbringen. Der Gläubiger bleibt deshalb im Gegensatz zu den Herrschaftsrechten (s. oben Rn. 2) auf die Mitwirkung Schuldners angewiesen. Der vom Schuldner zu leistende Gegenstand bleibt auch dem Vermögen des Schuldners zugeordnet, bis dieser seine Leistungshandlung vornimmt (s. unten Rn. 47). Daß der Gläubiger die Möglichkeit hat, sich die ihm gebührende Leistung nötigenfalls im Wege der Klage und der Zwangsvollstreckung durch Vermittlung der staatlichen Rechtspflege zu verschaffen, bedeutet kein Recht zur unmittelbaren Einwirkung auf den Schuldner. Der Gläubiger kann dem Schuldner auch keine Befehle erteilen[24].

1. Inhalt und geschützte Interessen

39 Von ihrem Inhalt und den Interessen aus betrachtet, können Forderungen grundsätzlich auf **alle gesetzlich erlaubten Verhaltensweisen** gerichtet sein und alle rechtlich geschützten Interessen zum Gegenstand haben. Neben Geldforderungen gibt es ebenso Forderungen auf Vornahme von Handlungen wie Forderungen auf Unterlassung. Aufgrund ihres umfassenden Anwendungsbereichs finden sich Forderungsrechte nicht nur im Schuldrecht, das nach seiner Funktion im wesentlichen auf Forderungsrechte ausgerichtet ist. Forderungsrechte können auch im Familienrecht entstehen, insbesondere als Unterhaltsforderungen (§§ 1360, 1361, §§ 1569ff., §§ 1601ff.), oder im Erbrecht, insbesondere als Vermächtnisforderung (§ 2174) oder als Pflichtteilsanspruch (§§ 2303ff., §§ 2325ff.).

---

[22] *BGHZ* 62, 243; Palandt/*Bassenge,* § 866 Rn. 5; Erman/*Werner,* § 865 Rn. 5.
[23] Vgl. *Larenz,* Schuldrecht I, § 2 II.
[24] A. A. *Bucher,* aaO, S. 67.

40 Bei Forderungen, die **kraft Gesetzes** entstehen, wie z. B. Schadensersatzforderungen aus §§ 823ff. oder bereicherungsrechtliche Forderungen aus §§ 812ff. werden der Leistungsinhalt und die Leistungsinteressen durch das Gesetz festgelegt. Bei Forderungen, die **durch Vertrag** begründet werden, werden der Leistungsinhalt und die Leistungsinteressen innerhalb der Grenzen von §§ 134, 138, 242 durch den vertraglichen Willen der Parteien bestimmt.

2. Bestimmtheit und Erkennbarkeit

41 Forderungen enthalten als relative Rechte nur Rechtswirkungen zwischen dem berechtigten Gläubiger und dem verpflichteten Schuldner. Wegen dieser **auf die Zwei-Parteien-Beziehung reduzierten Rechtswirkung** braucht der Inhalt des Forderungsrechts im Gegensatz zu den absoluten Rechten nicht allgemein bekannt und für jedermann bestimmt sein. Es genügt die Erkennbarkeit und Bestimmtheit für den beteiligten Gläubiger und Schuldner.

a) Bestimmtheit des Forderungsinhalts

42 Die Bestimmtheit des Forderungsinhalts muß spätestens dann gewahrt sein, wenn der Gläubiger sein Recht einklagt[25], weil der Richter den Inhalt einer Verpflichtung nicht nach eigenem Belieben festlegen kann, sondern den Pflichtinhalt aus dem Gesetz oder bei Verträgen aus dem Parteiwillen erschließen muß. Zuvor muß bei vertraglichen Forderungen die Bestimmtheit lediglich insoweit festgelegt sein, als die Vertragsparteien in Gestalt des Gläubigers und Schuldners feststehen müssen und die Art der Forderung aus dem Vertragszweck feststellbar sein muß. Im übrigen kann die nähere Konkretisierung des Leistungsinhalts nach §§ 315f. durch die spätere Bestimmung einer der Vertragsparteien oder eines Dritten (§§ 317ff.) getroffen werden[26].

b) Kein Publizitätserfordernis

43 Da der Inhalt des relativen Forderungsrechts nur den Vertragsparteien als Gläubiger und Schuldner bekannt sein muß, können sie auch Vertragsinhalte vereinbaren, die nur ihnen bekannt sind. Weil danach eine Publizität gegenüber Dritten entbehrlich ist, wird den Parteien ein größerer Gestaltungsspielraum eröffnet und es kann auf den bei absoluten Rechten erforderlichen numerus clausus und Typenzwang (s. oben Rn. 11) verzichtet werden. Statt dessen steht den Parteien als Ausfluß der Vertragsfreiheit bei den relativen Forderungsrechten in weitem Maße die **inhaltliche Gestaltungsfreiheit** zu. Grenzen werden nur durch wenige zwingende Gesetzesvorschriften einschließlich der §§ 134, 138, 242 sowie bei gestörtem Verhandlungsgleichgewicht durch die Inhaltskontrolle von Allgemeinen Geschäftsbedingungen (§§ 307ff. BGB) gezogen.

3. Forderungsrechte als Vermögensgegenstand

44 Forderungsrechte sind im allgemeinen den geldwerten **Vermögensrechten** zuzuordnen, sei es, daß sie unmittelbar auf Zahlung von Geld gerichtet sind oder daß die zu erbringende Leistung einen in Geld ausdrückbaren Wert verkörpert. Es sind aber auch nichtvermögensrechtliche Forderungsrechte denkbar, so z. B. die Verpflichtung,

---

[25] S. zur Bestimmtheit des Klageantrags § 253 Abs. 2 Nr. 2, § 308 Abs. 1 ZPO.
[26] S. dazu auch Soergel/*M. Wolf*, § 315 Rn. 1.

wertvollen Familienbesitz nicht zu veräußern, oder die Verpflichtung, ein bestimmtes Recht nicht auszuüben.

a) Forderungsrechte als Verfügungsgegenstand

Als Vermögensrechte sind Forderungsrechte grundsätzlich **übertragbar und vererblich.** Als Vermögensgegenstand kann auf Forderungsrechte auch grundsätzlich **verzichtet** werden, was durch Erlaßvertrag (§ 397) geschieht. Nur ausnahmsweise sind Forderungsrechte wegen ihres höchstpersönlichen Charakters oder, weil sie durch den Übergang auf einen anderen Gläubiger ihren Inhalt ändern würden (§ 399 Alt. 1), **nicht übertragbar und nicht vererblich.** Auch kann die Übertragbarkeit nach § 399 Alt. 2 durch Vereinbarung ausgeschlossen werden. Insofern besteht für Forderungen eine Ausnahme von § 137 Satz 1, wonach ein rechtsgeschäftliches Verfügungsverbot und damit der Ausschluß der Übertragbarkeit im allgemeinen nicht zulässig ist. 45

Beispiele: Wegen seines höchstpersönlichen Charakters ist der Anspruch auf Dienstleistung im Zweifel nicht übertragbar (§ 613 Satz 2). Gleiches gilt für den Anspruch auf Ausführung eines Auftrags (§ 664 Abs. 2). Aus sozialen Gründen, vor allem um ein Minimum an Einkünften sicher zu stellen, sieht § 400 vor, daß unpfändbare Forderungen nicht abgetreten werden können, wovon hauptsächlich das Arbeitseinkommen bis zu einer bestimmten Höhe zählt (s. im einzelnen §§ 850ff. ZPO). Nicht übertragbar und unvererblich ist das Vorkaufsrecht (§ 473). **Unvererblich** sind Unterhaltsansprüche. Sie erlöschen mit dem Tod des Berechtigten wie dem des Verpflichteten (§ 1615). Ebenso wird ein Auftragsverhältnis gemäß §§ 672, 673 durch Tod grundsätzlich beendet. Nicht verzichtet werden kann auf den Unterhaltsanspruch für die Zukunft (§ 1614 Abs. 1). 46

b) Keine Vermögenszuordnung durch Forderungsrechte

Die Forderung ist als solche **Vermögensgegenstand.** Sie ist als Vermögensrecht auch grundsätzlich dem **haftenden Vermögen** des Gläubigers zuzurechnen. Sie kann deshalb von den Gläubigern des Gläubigers gepfändet werden und fällt in die Insolvenzmasse (§§ 35, 36 InsO). Dabei stellen sowohl § 851 Abs. 1 ZPO einerseits wie § 400 andererseits einen engen Zusammenhang zwischen Übertragbarkeit und Pfändbarkeit her. Der aufgrund der Forderung vom Schuldner zu leistende Gegenstand ist dagegen, solange der Schuldner seine Verpflichtung nicht erfüllt, nicht dem Vermögen des Gläubigers zugeordnet, sondern fällt immer noch in das Vermögen des Schuldners. 47

Beispiel: Die Gläubiger des Verkäufers können deshalb die an den Käufer verkaufte, aber noch nicht übereignete Sache pfänden, ohne daß der Käufer, der nur Gläubiger des Lieferanspruchs, aber noch nicht Eigentümer ders Sache ist, einer solchen Pfändung mit der Drittwiderspruchsklage aus § 771 ZPO begegnen könnte. Auch in der Insolvenz des Verkäufers kann der Käufer die zwar gekaufte, aber noch nicht zu Eigentum erworbene Sache nicht nach § 47 InsO aussondern. 48

4. Schutz der Forderungsrechte

Obwohl Forderungsrechte relative Rechte sind, sind sie grundsätzlich von jedermann zu beachten. Zwar ist nur der Schuldner und kein Dritter zur Leistung verpflichtet und diese Verpflichtung kann daher auch nur von dem Schuldner, nicht aber von einem Dritten verletzt werden. Vereinzelt können Dritte aber in die Rechtszuständigkeit des Gläubigers dadurch eingreifen, daß sie die Leistung des Schuldners in Empfang nehmen und der Schuldner dadurch von seiner Verpflichtung frei wird (z.B. § 407). Die darin liegende Verletzung der Rechtszuständigkeit des Gläubigers ist wi- 49 derrechtlich[27]. Der **Schutz bei Verletzung** der relativen Forderungsrechte läßt sich gleichwohl nicht wie bei absoluten Rechten auf § 1004, § 823 Abs. 1 stützen, da das Forderungsrecht nicht von jedem beliebigen Dritten verletzt werden kann. Bei schuldhafter Verletzung des Forderungsrechtes durch den Forderungsschuldner stehen dem Gläubiger jedoch **Schadensersatzansprüche** nach §§ 280, 281ff. aufgrund von Unmöglichkeit, Verzug oder sonstiger Pflichtverletzungen gegen den Schuldner zu. Im Falle des unberechtigten Leistungsempfangs durch einen Dritten erwächst dem Gläubiger gegen den Dritten ein Bereicherungsanspruch aus **Eingriffskondiktion** nach § 816 Abs. 2, sofern der Gläubiger wie in § 407 die Leistung an den Dritten gegen sich gelten lassen muß. Daneben können gegen den Dritten als Zedenten Schadensersatzansprüche aus dem der Abtretung zugrunde liegenden Kausalverhältnis geltend gemacht werden, wenn dieser die Forderung pflichtwidrig einzieht.

5. Drittwirkung relativer Rechte

a) Unterschiede absoluter und relativer Rechte

50 Die Unterscheidung von absoluten und relativen Rechte ist hauptsächlich für den **Schutz der Rechte** von Bedeutung. Ein wichtiger Unterschied ergibt sich ferner bei der **Vermögenszuordnung,** die sich insbesondere in der Insolvenz zeigt.

51 **Beispiele:** Beim Schutz zeigen sich Unterschiede darin, daß der Inhaber eines absoluten Rechts bei störenden Eingriffen in sein Recht von dem Störer regelmäßig die Beseitigung der bestehenden Beeinträchtigung und bei Wiederholungsgefahr Unterlassung weiterer Störungen gemäß § 1004 in unmittelbarer oder entsprechender Anwendung verlangen kann. Bei schuldhafter Verletzung eines absoluten Rechts hat der Berechtigte ferner einen Schadensersatzanspruch gemäß § 823 Abs. 1. Relative Forderungsrechte werden grundsätzlich nicht durch § 823 Abs. 1 geschützt[28]. Diese können nicht wie absolute Rechte durch beliebige Dritte, sondern grundsätzlich nur durch den Schuldner verletzt werden. In diesem Fall kommen Schadensersatzansprüche aus §§ 280ff. oder Rücktrittsrechte nach §§ 323ff. in Betracht. Bei den Gestaltungsrechten und den Einreden ist eine Verletzung durch denjenigen, gegen den sie sich richten, nicht denkbar, weil sich ihre Wirkung in der durch ihre Ausübung ipso iure herbeigeführten Änderung der Rechtslage erschöpft. Es kommen daher weder Unterlassungs- noch Schadensersatzansprüche in Betracht. Dagegen kann ihr Bestreiten unter Umständen eine Feststellungsklage rechtfertigen. – In Bezug auf die Vermögenszuordnung zeigt sich der Unterschied vor allem darin, daß in der Insolvenz der Gegenstand, an dem ein absolutes Recht besteht, ausgesondert werden kann, weil der Gegenstand nicht zum Vermögen des Insolvenzschuldners gehört, oder, falls es sich um eine dingliches Verwertungsrecht handelt, abgesonderte Befriedigung aus diesem Gegenstand verlangt werden kann. Der Gegenstand, den der Schuldner aufgrund der gegen ihn gerichteten Forderung liefern muß, ist dagegen vor vollzogener Lieferung immer noch dem Vermögen des Schuldners zugeordnet und fällt bei dessen Insolvenz gemäß § 35 InsO in die Insolvenzmasse.

b) Verstärkter Schutz relativer Rechte

52 Abweichend von der strengen Unterscheidung zwischen absoluten und relativen Wirkung subjektiver Rechte gibt es Fälle, in denen ein relatives Recht auch Dritten gegenüber Schutz genießt und insoweit einem absoluten Recht angenähert ist. Man spricht von einer **Verdinglichung obligatorischer Rechte**[29], wobei Verdinglichung

---

[27] S. *v. Tuhr,* AT I, § 11 II 2; *Larenz,* Schuldrecht I, § 2 II und § 33 III a. E.
[28] Vgl. *Hübner,* AT, Rn. 368ff.
[29] Hierzu *Dulckeit,* Die Verdinglichung obligatorischer Rechte, 1951; *Canaris,* Die Verdinglichung obligatorischer Rechte, in FS Flume, 1978, S. 371; *Medicus,* AT, Rn. 64.

das für die dinglichen Rechte, insbesondere die Sachenrechte, kennzeichnende Moment der Absolutheit im Sinne der allwirksamen Abwehrmacht gegenüber Dritten meint (s. oben Rn. 2). Demnach gibt es Rechte, die in einigen Hinsichten nur relativ, in anderen aber absolut gegen alle wirken und die man insoweit als Mischgebilde[30] bezeichnen kann.

Beispiele: Eine Forderung, die sich auf die Einräumung oder Aufhebung eines dinglichen Rechts – z. B. des Eigentums oder einer Hypothek – an einem Grundstück richtet, kann durch die Eintragung einer **Vormerkung** im Grundbuch (§ 883) in der Weise gesichert werden, daß vormerkungswidrige Verfügungen und Zwangsvollstreckungsmaßnahmen gegen den Eigentümer als Schuldner der Forderung unwirksam sind. Bei Insolvenz des Eigentümers muß der Insolvenzverwalter die gesicherte Forderung erfüllen (§ 106 InsO). Die so gesicherte Forderung bleibt zwar ein Forderungsrecht; die Vormerkung gewährt noch keine unmittelbaren Einwirkungsbefugnisse auf das Grundstück. Der Schutz des Gläubigers gegenüber Verfügungen des Grundstückeigentümers also des Schuldners und die Durchsetzbarkeit seiner Forderung auch in der Insolvenz verleihen der Forderung aber eine Wirkung auch gegenüber Dritten, die sonst nur den absoluten Rechten zukommt[31]. Das solchermaßen gesicherte Recht kann man ferner auch als ein sonstiges Recht im Sinne des § 823 Abs. 1 ansehen[32]. 53

Die **Rechte zum Besitz** aus einem Schuldverhältnis sind, da sie grundsätzlich nur gegenüber dem Schuldner bestehen, nur relative Rechte zum Besitz[33]. Sie erfahren jedoch, sofern der Gläubiger im Besitz der Sache ist, eine Verstärkung dadurch, daß der Berechtigte sein Recht auch gegenüber dem Rechtsnachfolger des verpflichteten Eigentümers durchsetzen kann. Bei beweglichen Sachen kann der nur relativ zum Besitz Berechtigte sein Recht zum Besitz auch einem neuen Eigentümer entgegensetzen, der das Eigentum nach § 931 erworben hat (§ 986 Abs. 2). Der Mieter eines Grundstücks oder einer Wohnung, kann im Falle der Veräußerung der Mietsache sein Mietrecht dadurch gegenüber dem Erwerber des Grundstücks behaupten, daß dieser kraft Gesetzes in das Mietverhältnis eintritt (§ 566 Abs. 1, § 578 Abs. 1; s. auch § 565 Abs. 1)[34]. Auch das nur relative Recht zum Besitz wird als ein sonstiges Recht im Sinne des § 823 Abs. 1 anerkannt und daher gegen Beeinträchtigungen des Besitzes seitens Dritter durch Schadensersatz- und auch durch Unterlassungsansprüche geschützt. Dem Berechtigten kann ferner gemäß § 861 oder § 1007 auch ein Herausgabeanspruch gegenüber Dritten zustehen. 54

Eine **Drittwirkung von Schuldverhältnissen** zeigt sich allgemein in den Fällen, in denen ein Schuldverhältnis kraft Gesetzes auf einen anderen übergeht. Zu nennen sind hier neben §§ 565, 566 und § 578 bei Mietverhältnissen über Wohnraum und Grundstücke ferner noch § 613a für Arbeitsverhältnisse und § 69 VVG für Sachversicherungsverträge. Ferner gibt es Fälle, in denen eine Vereinbarung über die Ausgestaltung eines gesetzlichen Schuldverhältnisses bei Sachenrechten dadurch Wirksamkeit gegenüber dem Nachfolger eines Beteiligten erlangt, daß die Vereinbarung in das Grundbuch eingetragen wird. Zu nennen sind hier § 1010 BGB und § 10 Abs. 2 WEG. Auch die verdinglichten Schuldverhältnisse bleiben aber Schuldverhältnisse[35], die durch sie begründeten Rechte werden nicht zu absoluten Rechten. 55

---

30 *Canaris,* aaO, S. 372.
31 Vgl. *Canaris,* aaO, S. 383.
32 *Canaris,* aaO, S. 384 ff.
33 *Diederichsen,* Das Recht zum Besitz aus Schuldverhältnissen, 1965, S. 87 ff.
34 *Canaris,* aaO, S. 392, zum Schutz gegen Vollstreckungsmaßnahmen vgl. S. 396 f.
35 *Weitnauer,* Verdinglichte Schuldverhältnisse, 2. FS Larenz, 1983, S. 705, 717 ff.

IV. Ansprüche

1. Kennzeichen und Funktion des Anspruchs

a) Der Anspruch als grundlegender Rechtsbegriff

56 Der Anspruch wird in § 194 definiert als das **Recht,** von einem anderen ein **Tun oder Unterlassen zu verlangen.** Da sich der Anspruch nur gegen eine bestimmte andere Person richtet, ist er wie die Forderung ein **relatives Recht.** Die sachliche Übereinstimmung von Anspruch und Forderung kommt auch darin zum Ausdruck, daß § 241 eine inhaltlich mit § 194 vergleichbare Definition der Forderung gibt. Das Verhältnis von Anspruch und Forderung ist in der Weise zu bestimmen, daß jede Forderung einen Anspruch enthält[36], daß aber der Anspruch über die Forderungen hinaus für die Zwecke anderer Rechte benutzt wird. Der Anspruch ist ein **Basisbegriff** für die in Rechtsverhältnissen geordneten Beziehungen zwischen Personen. Entweder besteht das Rechtsverhältnis nur aus einem oder mehreren Ansprüchen oder das Rechtsverhältnis enthält subjektive Rechte zu deren Schutz – wie bei den absoluten Rechten (s. oben Rn. 2, 14ff.) – oder zu deren Abwicklung – wie nach der Ausübung von Gestaltungsrechten – Ansprüche ergänzend vorgesehen sind. Darüber hinaus gibt es, wie es § 194 Abs. 2 ausdrücklich formuliert, auch Ansprüche aus einem familienrechtlichen Verhältnis (s. z. B. §§ 1360, 1361, §§ 1570ff., §§ 1601ff.). Ferner gibt es auch aus einem erbrechtlichen Verhältnis (z. B. §§ 2018ff., § 2042, §§ 2303ff.) Ansprüche. Der Anspruch hat damit einen Anwendungsbereich, der sich über die Forderungen hinaus auf nahezu alle privatrechtlichen Verhältnisse erstreckt und sich sogar im öffentlichen Recht findet.

b) Funktion des Anspruchs

57 Die Funktion des Anspruchs liegt **in materiellrechtlicher Hinsicht** darin, als einheitlicher Basisbegriff für alle diejenigen Rechte zu dienen, vermittels derer man über die schuldrechtlichen Forderungen hinaus von einem anderen ein Tun oder Unterlassen verlangen kann. Daneben hat der Anspruch aber auch eine **prozeßrechtliche Funktion.** Mit ihm wird die Brücke zur gerichtlichen Verfolgung und Durchsetzung von Rechten geschlagen, weil das Prozeßrecht an den Anspruchsbegriff anknüpft (s. etwa § 253 Abs. 2 Nr. 2, §§ 255, 257, 260, 322 ZPO), mag dieser im Prozeßrecht auch Modifikationen erfahren (s. unten § 18 Rn. 69ff.). Der materiellrechtliche Anspruch wird prozessual regelmäßig durch eine Leistungsklage geltend gemacht.

2. Subsidiäre Anwendung der Forderungsvorschriften

58 Für den Anspruch sieht das BGB nur hinsichtlich der Verjährung in den §§ 194ff. allgemein geltende Regeln vor. Daneben bestehen für einzelne Ansprüche zum Teil besondere Vorschriften, die etwa Fragen der Leistungserbringung oder des Wegfalls der Leistungspflicht regeln (s. z. B. §§ 987ff., §§ 2018ff.). Die besonderen Vorschriften

[36] *Enneccerus/Nipperdey,* AT, § 222 Anm. 19 und die dort Genannten; *Georgiades,* aaO, S. 133f.; *Medicus,* AT, Rn. 75; *Köhler,* AT, § 18 Rn. 3; anders *v. Tuhr,* AT I, § 15 II (Aufrechnungsbefugnis nicht Inhalt des Anspruchs); *Pawlowski,* AT, Rn. 328f. (Anspruch als sich aus der Forderung ergebende einzelne Befugnis).

regeln jedoch nur Einzelfragen. Daneben bleiben zahlreiche Fragen offen. Zu deren Lösung kann angesichts der Verwandtschaft der Ansprüche mit den Forderungsrechten auf die Vorschriften des allgemeinen Schuldrechts über Forderungen zurückgegriffen werden.

Beispiele: Auch bei Ansprüchen sind die Fragen ihrer Fälligkeit, ihres Leistungsorts, ihrer Erfüllung oder der Rechte bei Leistungsstörungen (Unmöglichkeit, Verzug, sonstige Pflichtverletzung) zu beantworten. Soweit keine speziellen Vorschriften bei den einzelnen Ansprüchen bestehen, kann hierfür auf § 269 (Erfüllungsort), § 271 (Fälligkeit), §§ 362ff. (Erfüllung) oder §§ 280ff. (Schadensersatz bei Leistungsstörungen) zurückgegriffen werden[37]. Hinsichtlich der Unmöglichkeit des sachenrechtlichen Herausgabeanspruchs finden sich aber z. B. Sonderregeln in den §§ 989ff.[38]. 59

3. Ansprüche als Schutz- und Vermögensgegenstand

Hinsichtlich des Schutzes von Ansprüchen vor Eingriffen und ihrer Behandlung als Vermögensgegenstand kann angesichts ihres mit den Forderungen übereinstimmenden relativen Charakters grundsätzlich auf die Aussagen zu den Forderungen verwiesen werden (s. oben Rn. 44ff., 49). Bei den Ansprüchen als Vermögensgegenstand ist aber zwischen den selbständigen und den unselbständigen Ansprüchen zu unterscheiden. 60

a) Selbständige Ansprüche

Die selbständigen Ansprüche tragen ihren Sinn in sich selbst. Sie bestehen für sich selbst und sind nicht auf ein anderes Recht bezogen, dem sie dienen und aus dem sie sich ableiten. Sie stellen einen **selbständigen wirtschaftlichen Wert** dar. Zu ihnen gehören die Forderungen, von den familienrechtlichen Ansprüchen die Unterhaltsansprüche sowie von den erbrechtlichen Ansprüchen die Forderung aus einem Vermächtnis (§ 2174) oder der Anspruch auf den Pflichtteil (§§ 2303ff.). Sie sind in der Regel übertragbar und mit Ausnahme der familienrechtlichen Ansprüche vererblich und pfändbar. 61

b) Unselbständige Ansprüche

Unselbständige Ansprüche haben eine **dienende Funktion.** Sie dienen der Verwirklichung und dem Schutz anderer Rechte, insbesondere absoluter Rechte, z. B. eines Persönlichkeitsrechts, eines Herrschaftsrechts, eines Immaterialgüterrechts oder eines persönlichen Familienrechts. Sinn und Zweck dieser Ansprüche ist allein die Herstellung oder – im Falle des Unterlassungsanspruchs – die Wahrung des dem absoluten Recht entsprechenden Zustandes. Sie stehen daher dem Inhaber des absoluten Rechts als solchem zu und richten sich gegen denjenigen, der als Störer in das Recht eingreift. Da die unselbständigen Ansprüche lediglich den Sinn haben, die Verwirklichung des dem absoluten Recht entsprechenden Zustandes zu ermöglichen, wäre ihre Trennung von dem zugrunde liegenden absoluten Recht sinnwidrig. Sie sind daher nicht selbständig übertragbar[39] und gehen andererseits mit dem Übergang des absoluten Rechts ohne weiteres auf den neuen Rechtsinhaber über. 62

---

[37] Vgl. *v. Tuhr,* AT I, § 15 IX; *Enneccerus/Nipperdey,* AT, § 223 III; ferner *Baur/Stürner,* Sachenrecht, § 11 Rn. 43f.; *M. Wolf,* Sachenrecht, Rn. 297ff. für dingliche Ansprüche; *Gernhuber/Coester-Waltjen,* Familienrecht, § 2 IV 1, für familienrechtliche Ansprüche.

[38] S. auch *M. Wolf,* Sachenrecht, Rn. 298.

[39] Von der Abtretbarkeit des Eigentumsherausgabeanspruchs geht § 931 aus; für Abtretbarkeit auch *Enneccerus/Nipperdey,* AT, § 222 Anm. 14 und die dort Genannten; a. A. *Wolff/Raiser,*

63 **Beispiel:** Solange der Eigentümer in der ihm allein zustehenden Sachherrschaft von niemandem gestört wird, bedarf er keines Anspruchs gegen einen bestimmten anderen. Sein Eigentumsrecht befindet sich gleichsam im Ruhezustande, die tatsächliche Lage und die nach dem Recht bestehende Lage stimmen überein. Das Eigentumsrecht ist auch im Hinblick auf seine Ausschlußfunktion noch kein konkret bestehender, sondern nur ein latenter Anspruch (s. oben § 13 Rn. 10). Das ändert sich in dem Augenblick, in dem ein anderer unbefugt in den Herrschaftsbereich des Eigentümers eingreift. Nunmehr gewinnt das Recht des Eigentümers eine besondere Richtung gerade gegen den unberechtigten Besitzer oder gegen den Störer. Der Eigentümer kann jetzt die Herausgabe der Sache oder die Beseitigung der Beeinträchtigung sowie die Unterlassung weiterer Störungen verlangen. Sein Eigentumsrecht verdichtet sich zu einem bestimmten Verlangen gegen eine bestimmte Person und damit zu einem Anspruch. Der Anspruch steht dem jeweiligen Eigentümer gegen den jeweiligen Störer zu. Im Falle der Vorenthaltung des Besitzes richtet sich der Herausgabeanspruch gegen den jeweiligen Besitzer. Wenn der erste Besitzer den Besitz einem zweiten überträgt, dann entfällt die Herausgabepflicht des ersten Besitzers und es entsteht gegen den zweiten Besitzer ein neuer Herausgabeanspruch. Wird der Eigentümer in der Ausübung seines Rechts von mehreren gestört, so stehen ihm Abwehransprüche gemäß § 1004 gegen jeden der Störer zu.

64 Das Eigentum als absolutes Herrschaftsrecht und die jeweils seiner Durchsetzung gegenüber einem bestimmten Besitzer oder Störer dienenden Ansprüche sind demnach scharf voneinander zu unterscheiden. Nur die Ansprüche aus dem Eigentum verjähren, nicht aber das Eigentum selbst als Herrschaftsrecht. Ist dem Eigentümer E eine Sache abhanden gekommen, dann ist auch ohne Ersitzung (§ 937)der Herausgabeanspruch des E gegen X nach 30 Jahren verjährt (§ 197 Abs. 1 Nr. 1). X kann dem Anspruch des E die Einrede der Verjährung entgegensetzen und dadurch seine Durchsetzung hindern. Damit ist aber nicht das Eigentumsrecht des E erloschen. Zwar ist es gegen X jetzt nicht mehr durchsetzbar, wenn dieser sich auf die Verjährung beruft. Da aber der Herausgabeanspruch des Eigentümers sich nach § 985 gegen den jeweiligen Besitzer richtet, erlischt der gegen X gerichtete Herausgabeanspruch. Gegen einen neuen Besitzer entsteht mit dessen Besitzerlangung ein neuer Herausgabeanspruch[40]. Zwar kommt die während der Besitzzeit des X verstrichene Verjährungsfrist auch einem Rechtsnachfolger zustatten, der seinen Besitz durch willentliche Überlassung oder im Wege der Erbfolge von X erlangt hat (§ 198). War die Frist vorher abgelaufen, so ist nun auch der neue Herausgabeanspruch verjährt. Gelangt die Sache aber ohne Willen des X in den Besitz des Y, so kann sich Y nicht auf § 198 berufen. Die Verjährungsfrist gegen Y beginnt von Neuem. Das gilt auch für den Beseitigungsanspruch gemäß § 1004[41]. Er richtet sich ebenfalls gegen den jeweiligen Störer und entsteht daher, wenn dieser wechselt, neu. Dabei ist aber wieder § 198 zu beachten.

V. Gestaltungsrechte

1. Kennzeichnung

65 Ein Gestaltungsrecht[42] ist das einer bestimmten Person zustehende Recht, **durch** eine **Gestaltungserklärung** als einseitigen Akt **eine Rechtsänderung herbei zu führen,** indem ein Rechtsverhältnis neu begründet, inhaltlich näher bestimmt, geändert, beendet der aufgehoben wird. Im Gegensatz zum Anspruch, bei dem der Be-

---

Sachenrecht, 84 IV 3; *Westermann,* Sachenrecht, § 30 I 3; *Baur/Stürner,* Sachenrecht, § 11 Rn. 43ff.; *Schwab/Prütting,* Sachenrecht, § 47 IV; ferner *v. Tuhr,* AT I, § 15 IX zu Anm. 108; *Enneccerus/Lehmann,* Schuldrecht, § 1 II 2; *Henckel,* aaO, S. 129. Auf jeden Fall selbständig abtretbar sind die mit dem Anspruch aus § 985 verbundenen Nebenansprüche der §§ 987ff.

[40] Vgl. *v. Tuhr,* AT III, S. 520 zu Anm. 84; *Hübner,* AT, Rn. 417.

[41] Vgl. auch *BGH* NJW 1990, 2555, 2556; a. A. zuvor *BGHZ* 60, 235, 240. Für die Entstehung eines neuen Beseitigungsanspruchs auch *Baur,* JZ 1973, 560; Staudinger/*Gursky,* § 1004 Rn. 190.

[42] Der Begriff wurde geprägt durch *Seckel* in der Festgabe f. Koch, 1903, S. 205ff. Vgl. dazu *Dölle* in Verhandlg. des 42. DJT, Bd. II, Teil B, S. 11f.

rechtigte ein Handeln des Verpflichteten verlangen kann (§ 194) und damit auf dessen Mitwirkung angewiesen ist, verleiht das Gestaltungsrecht die einseitige, ohne Mitwirkung des anderen ausübbare Rechtsmacht, allein nach seinem Willen Rechtsfolgen herbeizuführen. Das Gestaltungsrecht ermöglicht damit einen Eingriff in den Rechtskreis eines anderen ohne dessen Zustimmung. Dies stellt einen Einbruch in das Prinzip der Notwendigkeit vertraglicher Zustimmung des Betroffenen dar[43]. Der einseitigen Gestaltungsmacht des Berechtigten entspricht auf der Seite des Gestaltungsgegners eine Gebundenheit, diese Gestaltung und den in ihr liegenden Einbruch in seinen eigenen Rechtskreis hinzunehmen und gegen sich gelten zu lassen[44]. Für den einseitigen Eingriff in die Rechtssphäre des Betroffenen, die das Gestaltungsrecht zur Folge hat, bedarf es einer Rechtfertigung. Diese Rechtfertigung kann sich aus dem Gesetz oder daraus ergeben, daß ein Gestaltungsrecht vertraglich eingeräumt wird und sich die eine Partei dadurch der einseitiger Bestimmung der anderen Partei unterwirft.

2. Verschiedenartige Gestaltungsrechte

Nach ihrem Inhalt eröffnen die Gestaltungsrechte **verschiedene Gestaltungs-** 66
möglichkeiten. Sie können ein Rechtsverhältnis neu begründen, inhaltlich näher bestimmen, ändern, beenden oder aufheben.

Beispiele: Gestaltungsrechte, die auf die **Begründung eines Rechtsverhältnisses** zu einer 67
anderen Person durch einseitigen Akt gerichtet sind, sind die Optionsrechte, (s. unten § 23 Rn. 103ff.; § 29 Rn. 43ff.) einschließlich des Vorkaufsrechts (§ 463) und des Wiederkaufsrechts (§ 456). Dazu zählen auch die dinglichen Aneignungsrechte[45] wie etwa das Aneignungsrecht des Jagdberechtigten, des Fischereiberechtigten, ferner das im Bergwerkseigentum gelegene Aneignungsrecht an bergrechtlichen Mineralien und das ausschließliche Aneignungsrecht des Fiskus an einem von dem bisherigen Eigentümer aufgegebenen Grundstück gemäß § 928 Abs. 2. Gestaltungsrecht ist auch die Aneignungsgestattung gemäß § 956 Abs. 1. Das neu begründete Rechtsverhältnis ist das Eigentum an der Sache. Ein Recht, den **Inhalt** eines Schuldverhältnisses **näher zu bestimmen,** ist das Wahlrecht bei einem Wahlschuldverhältnis (§ 262) oder das Bestimmungsrecht nach §§ 315ff. sowie die vom Gesetz eingeräumte Befugnis, zwischen mehreren Rechtsbehelfen, wie z.B. gemäß § 437 zwischen Nacherfüllung, Minderung, Rücktritt und Schadensersatz zu wählen. Gestaltungsrechte, die ein **Rechtsverhältnis ändern,** liegen etwa vor, wenn der Berechtigte die Verlängerung eines Dauerschuldverhältnisses durch eine vertraglich vereinbarte Verlängerungsoption herbeiführen kann. Gestaltungsrechte, die ein **Rechtsverhältnis beenden oder aufheben,** sind die Kündigung, der Rücktritt, das Widerrufsrecht (s. unten § 39) oder das Anfechtungsrecht (s. unten § 42, § 44 Rn. 23ff.).

Den Gestaltungsrechten zurechenbar sind auch **Gegenrechte** wie die Leistungs- 68
verweigerungsrechte, die als Einrede die Durchsetzung von Ansprüchen hemmen (s. z.B. § 214 Abs. 1, § 273 Abs. 1, § 320 Abs. 1). Ihre Gestaltungswirkung besteht darin, daß sie es dem Berechtigten ermöglichen, dem Anspruch, gegen den sie sich

[43] Dieses Merkmal hebt mit Recht *Bötticher,* FS Dölle Bd. I, S. 45ff. hervor; *ders.,* „Gestaltungsrechte und Unterwerfung im Privatrecht", 1964.

[44] S. oben § 13. *Bötticher* und ihm folgend *Söllner,* Einseitige Leistungsbestimmungen im Arbeitsverhältnis (S. 40), sprechen von einem „Unterworfensein" des Gestaltungsgegners unter den Willen des Gestaltungsberechtigten. Hier wird der Ausdruck „Gebundenheit" benutzt, um den Gedanken an ein soziales Abhängigkeitsverhältnis fern zu halten. Es handelt sich um eine normative, nicht um eine soziologische Kategorie. Vgl. auch *Larenz,* FS Sontis.

[45] So *v. Tuhr,* AT I, § 8 I; *Enneccerus/Nipperdey,* AT, § 73 I 3a und § 79 II; *Wolff/Raiser,* Sachenrecht § 2 III 3a. Ausdrücklich gegen die Einordnung des Aneignungsrechts unter die Gestaltungsrechte *Wolff/Raiser,* § 79 Anm. 11.

richten, die Durchsetzbarkeit zu nehmen. Eine Besonderheit der Einrede besteht jedoch darin, daß ihre Ausübung keine rechtsgeschäftliche Willenserklärung, sondern nur eine tatsächliche Willensäußerung erfordert[46]. Eine besondere Art von Gestaltungsrechten sind die **Gestaltungsgegenrechte,** die dazu dienen, die Rechtswirkungen anderer Gestaltungsrechte zu beseitigen oder zu modifizieren[47]. Ein Beispiel ist das Widerspruchsrecht des Mieters von Wohnraum gemäß § 574 gegen eine Kündigung des Vermieters. Das Widerspruchsrecht modifiziert die vom Vermieter durch die Kündigung ausgesprochene Gestaltung dahin, daß an die Stelle der Beendigung des Mietverhältnisses der Anspruch des Mieters gegen den Vermieter auf Fortsetzung des Mietverhältnisses tritt. Als Gestaltungsgegenrecht kommt auch das Zurückweisungsrecht aus § 111 Satz 2, § 174 in Betracht, wenn es sich gegen eine Gestaltungserklärung als einseitiges Rechtsgeschäft richtet.

3. Ausübung der Gestaltungsrechte

69 Die Ausübung der Gestaltungsrechte und damit die Vornahme der rechtlichen Gestaltung, zu der sie die rechtliche Macht erteilen, erfolgt in aller Regel durch eine Erklärung gegenüber dem jeweiligen Gestaltungsgegner (s. §§ 143 Abs. 1, 263 Abs. 1, 315 Abs. 2, 318 Abs. 1, 349, 456 Abs. 1, 464 Abs. 1, 531 Abs. 1). In einigen Fällen hat der Gesetzgeber auch vorgesehen, daß die Gestaltung durch ein gerichtliches Urteil erfolgt. Demgemäß kann der Gestaltungsberechtigte die Gestaltung nicht allein vornehmen, sondern muß eine Gestaltungsklage erheben (s. unten Rn. 71). Gestaltungserklärungen können wegen der damit verbundenen Rechtsunsicherheit für den von der Gestaltung Betroffenen grundsätzlich nicht unter einer Bedingung oder einer Befristung abgegeben werden (s. § 388 Satz 2 und unten § 50 Rn. 21 ff.).

a) Ausübung durch Gestaltungserklärung

70 Die Gestaltungserklärung hat den Sinn, den Gestaltungsgegner von der Rechtsänderung in Kenntnis zu setzen. Sie ist deshalb grundsätzlich eine **empfangsbedürftige Willenserklärung,** für die § 130 gilt. Eine Ausnahme besteht bei der Geltendmachung von Einreden (s. unten § 18 Rn. 56). Bei den Aneignungsrechten entfällt die Notwendigkeit zur Abgabe der Gestaltungserklärung gegenüber einem am Rechtsverhältnis beteiligten Gestaltungsgegner, da Aneignungsrechte ein absolutes Recht an Sachen gegenüber jedermann begründen. Dazu bedarf es einer öffentlich erkennbaren Kundbarmachung des Aneignungswillens, die in der Besitzergreifung zu sehen ist. Wer ein Gestaltungsrecht ausübt, braucht im allgemeinen den **Gestaltungsgrund nicht zu nennen.** Weist aber der Gestaltungsgegner die Gestaltungserklärung zurück und kommt es zum Prozeß, muß derjenige, der sich auf sein Gestaltungsrecht beruft, die Tatsachen, die es begründen, beweisen.

b) Gestaltung durch Gestaltungsurteil

71 In machen Fällen besteht ein Bedürfnis, die Gestaltungswirkung im Interesse der Rechtssicherheit erst durch ein Urteil nach vorangegangener richterlicher Nachprüfung und rechtskräftiger Feststellung der vom Gesetz geforderten Voraussetzungen eintreten zu lassen. Dies gilt insbesondere, wenn wegen der Schwere des Eingriffs in

[46] Zu Unterschieden s. auch unten § 17 Rn. 67.
[47] S. *Medicus,* AT, Rn. 86.

die Rechtsstellung des anderen Teiles oder auch wegen des öffentlichen Interesses an einer eindeutigen, leicht erkennbaren Rechtslage die Gestaltung für den Rechtsverkehr sicher und eindeutig beurteilt werden können soll. Der Berechtigte kann die Gestaltung dann nicht selbst vornehmen, sondern ist nur dazu befugt, im Wege der Erhebung einer **Gestaltungsklage** eine richterliche Gestaltung herbeizuführen. Der Gestaltungsklage liegt ebenfalls ein Gestaltungsrecht zugrunde, dessen Vorliegen aber das Gericht vor Eintritt der Gestaltungswirkung überprüfen soll. Der Berechtigte leitet die Gestaltung durch die willentliche Erhebung der Gestaltungsklage als Prozeßhandlung vergleichbar einer Willenserklärung ein und der Gestaltungsgegner muß, falls das Gestaltungsrecht besteht, die durch das Gericht erfolgende Gestaltung hinnehmen[48].

Beispiele für Gestaltungsklagen sind die Klage auf Scheidung (§ 1564) oder Aufhebung der Ehe (§ 1313) oder die Klage auf Anfechtung der Ehelichkeit eines Kindes nach den §§ 1599 ff. Gestaltungsklagen sind insbesondere auch im Gesellschaftsrecht vorgesehen, so z.B. bei der OHG und KG (§ 161 Abs. 2 HGB) für den Entzug der Geschäftsführungsbefugnis (§ 117 HGB) oder der Vertretungsmacht (§ 127 HGB), für den Ausschluß eines Gesellschafters (§ 140 HGB) oder für die Auflösung der Gesellschaft (§ 133 HGB), bei einer Aktiengesellschaft für deren Nichtigerklärung (§§ 275, 277 AktG) oder für die Anfechtung der in ihrer Hauptversammlung gefaßten Beschlüsse (§§ 243, 246, 248 AktG) und bei einer GmbH für deren Auflösung (§ 61 GmbHG). In all diesen Fällen soll die Gestaltungswirkung wegen ihrer weitgehenden Folgen aus Gründen der Rechtssicherheit erst nach rechtskräftiger Feststellung eintreten. **72**

4. Sicherung des Gestaltungsgegners

Die im Gestaltungsrecht liegende einseitige Gestaltungsmacht und der damit verbundene **Eingriff in die Rechtssphäre** einer anderen Person kann in einer Gesellschaft gleichberechtigter Bürger nicht beliebig zugelassen werden. Im Interesse des Gestaltungsgegners müssen vielmehr Sicherungen vorgesehen werden, damit der Eingriff in die Rechtssphäre für den Gestaltungsgegner **überschaubar** und auf das **notwendige Maß begrenzt** wird. Um dies zu erreichen, ist das Vorliegen eines Gestaltungsgrundes erforderlich und die Gestaltungserklärung muß eindeutig und bestimmt abgegeben werden. **73**

a) Vorliegen eines Gestaltungsgrundes

Der Gestaltungsgrund enthält die Voraussetzungen, bei deren Vorliegen das Gestaltungsrecht ausgeübt werden kann[49]. Der **Inhalt des Gestaltungsgrundes** wird zumeist vom Gesetz bestimmt. Er kann in den Grenzen der Vertragsfreiheit aber auch von den Parteien **frei vereinbart** werden, wenn das Rechtsverhältnis, auf das sich das Gestaltungsrecht bezieht, unter der Herrschaft der Vertragsfreiheit steht. Soweit der Gestaltungsgrund vertraglich vereinbart ist, hat der Gestaltungsgegner mit seiner Zustimmung zu dem Vertrag selbst die Grenzen bestimmt und die Rechtfertigung für den Eingriff gesetzt. Bei den gesetzlichen Gestaltungsgründen ergeben sich Grenzen und Rechtfertigung aus dem Gesetz. So sind etwa die Kündigungsgründe für Wohnraummiet- und Arbeitsverhältnisse durch einen besonderen sozialen Bestandsschutz beschränkt. **74**

Beispiele: Die Rücktrittsgründe für das Rücktrittsrecht aus § 346 können grundsätzlich ebenso frei vereinbart werden wie die Kündigungsrechte in Dauerschuldverhältnissen. Das or-

---

[48] Vgl. *Bötticher,* aaO, S. 54 ff.

[49] Hierzu *M. Becker,* Gestaltungsrecht und Gestaltungsgrund, AcP 188 (1988), 1.

dentliche Kündigungsrecht des Vermieters sowie des Arbeitgebers ist aber im Interesse des sozialen Schutzes des Mieters von Wohnraum (dazu § 573) sowie des Arbeitnehmers (dazu § 1 KSchG) auf die gesetzlich festgelegten Kündigungsgründe begrenzt und kann zum Nachteil des Mieters (s. § 573 Abs. 4) bzw. des Arbeitnehmers[50] auch nicht abweichend vereinbart werden. Die fristlose Kündigung ist durch das Erfordernis des wichtigen Grundes begrenzt (s. z.B. § 569, § 626). Diese Gründe können nicht beliebig erweitert werden und auf das Kündigungsrecht aus wichtigem Grund kann grundsätzlich nicht verzichtet werden. Auch in Rechtsverhältnissen, die nicht der Parteidisposition unterliegen, wie z.B. der Ehe oder dem Eltern-Kind-Verhältnis, kann der Gestaltungsgrund nicht frei vereinbart werden.

b) Erkennbarkeit der Gestaltung

75 Die Erkennbarkeit des Eingriffs wird zunächst dadurch erreicht, daß die **Gestaltungserklärung** dem Betroffenen gegenüber abgegeben werden muß und erst mit **Zugang** wirksam wird (§ 130), so daß sich der Betroffene auf die geänderte Rechtslage einstellen kann. Der Möglichkeit, sich auf die geänderte Rechtslage einzustellen, dienen bei der ordentlichen Kündigung auch die Kündigungsfristen, die nach dem Zugang der Kündigungserklärung verstreichen müssen, bevor die Beendigungswirkung der Kündigung eintritt. Der sicheren Erkennbarkeit dient auch, daß Gestaltungserklärungen grundsätzlich **bedingungsfeindlich** sind, d.h. nicht unter einer Bedingung abgegeben werden können, weil die Bedingung ein ungewisses zukünftiges Ereignis darstellt (s. unten § 50 Rn. 21) und dem Gestaltungsgegner die Ungewißheit und der Schwebezustand, ob die Gestaltungswirkung eintritt oder nicht, nicht zugemutet werden soll[51]. Bedingungen, die für den Gestaltungsgegner leicht feststellbar sind, insbesondere von seinem eigenen Willen abhängig sind, sind dagegen zulässig[52]. Zulässig sind grundsätzlich auch Befristungen mit eindeutiger Zeitbestimmung, nicht aber eine Befristung, deren Beginn oder Ende für den Gestaltungsgegner nicht oder nur schwer feststellbar ist[53]. Um für den Gestaltungsgegner die erforderliche Überschaubarkeit und Rechtssicherheit zu wahren, sind Gestaltungserklärungen grundsätzlich auch **unwiderruflich.** Die einmal eingetretene Rechtswirkung kann nicht einseitig wieder beseitigt werden. Ein Widerruf ist ausnahmsweise möglich, wenn er dem Gestaltungsgegner vor oder gleichzeitig mit dem Widerruf zugeht (§ 130 Abs. 1 Satz 2). Ein Widerruf wird auch zugelassen, wenn der Gestaltungsgegner die Wirksamkeit der Gestaltung bestreitet, weil dann nur der von ihm für richtig gehaltene Zustand hergestellt wird[54]. Vielfach wird dann aber zugleich ein Vertrag über die Aufhebung der Gestaltungswirkungen vorliegen, der im Gegensatz zum einseitigen Widerruf ohne weiteres möglich ist.

c) Verbrauch des Gestaltungsrecht

76 Eine weitere Begrenzung zeigt sich im Verbrauch der Gestaltungsrechte. Gestaltungsrechte werden **durch ihre Ausübung** gleichsam verbraucht und erlöschen daher mit ihrer Ausübung. Die meisten dieser Rechte können nur innerhalb einer bestimmten Frist ausgeübt werden und erlöschen **durch Fristablauf,** wenn die Ausübung nicht innerhalb der Frist erfolgt. Beispielsweise kann das Anfechtungsrecht wegen Irrtums

---

[50] Siehe Palandt/*Putzo*, Vorb v § 620 Rz. 74.

[51] Allg. Meinung, s. etwa Palandt/*Heinrichs,* Einf. vor § 158 Rn. 13; Erman/*Hefermehl,* vor § 158 Rn. 15.

[52] S. etwa *BGHZ* 97, 297.

[53] S. *Medicus,* AT, Rn. 849f.

[54] S. auch *Medicus,* AT, Rn. 90.

nur „unverzüglich" nach der Entdeckung des Irrtums, längstens 30 Jahre nach der Abgabe der Willenserklärung ausgeübt werden (§ 121), das Vorkaufsrecht nur innerhalb der in § 469 Abs. 2 bestimmten Frist. Man bezeichnet derartige Fristen als Ausschlußfristen, weil mit ihrem Ablauf der Berechtigte mit seinem Recht ausgeschlossen ist.

5. Schutz der Gestaltungsrechte

Die Gestaltungsrechte sind keine absoluten Rechte und genießen deshalb **nicht** 77
den Schutz des § 823 Abs. 1 noch sind sie durch einen Unterlassungsanspruch in Analogie zu § 1004 geschützt. Sie bedürfen dieses Schutzes auch nicht, da sie nur vom Berechtigten wirksam ausgeübt werden können und durch die Ausübung eines Nichtberechtigten nicht berührt werden.

6. Gestaltungsrechte als Vermögensgegenstand

Die Gestaltungsrechte sind grundsätzlich **keine selbständigen Vermögensrechte.** 78
Sie sind einschließlich der Gestaltungsklagerechte in der Regel nicht selbständig übertragbar, sondern an die Person oder an das Rechtsverhältnis gebunden, auf das sie sich beziehen. Sie gehen mit dem Übergang dieses Rechtsverhältnisses auf den Nachfolger über. Optionsrechte können dagegen selbständig übertragbar sein wie der Vertrag, der bei Ausübung der Option entsteht. Das Vorkaufsrecht ist aber nach § 473 nicht übertragbar und nicht vererblich, soweit die Parteien nicht etwas anderes vereinbart haben. Das Anfechtungsrecht ist nicht übertragbar, aber regelmäßig vererblich (vgl. § 44 Rn. 26). Der Insolvenzverwalter kann das Gestaltungsrecht ausüben, wenn das Rechtsverhältnis zur Insolvenzmasse gehört. Ein Gläubiger kann Gestaltungsrechte pfänden, soweit er ihrer zur Verwertung anderer gepfändeter Vermögensrechte bedarf.

VI. Anteils- und Mitgliedschaftsrechte

Anteils- und Mitgliedschaftsrechte ergeben sich aus der Beteiligung an einer Ge- 79
meinschaft (s. §§ 742, 747), an einer Personengesellschaft (§ 719), an einer Erbengemeinschaft (§ 2033 Abs. 1), an einem Verein (s. § 38) oder einer Kapitalgesellschaft (s. § 1 Abs. 2, §§ 8ff. AktG, §§ 14ff. GmbHG).

1. Vermögensanteil und Mitwirkungsrechte

Mit dem Begriff des Anteilsrechts wird in erster Linie die **vermögensmäßige Be-** 80
teiligung an der Gemeinschaft, Gesellschaft oder juristischen Person zum Ausdruck gebracht, während mit den Mitgliedschaftsrechten die **Mitwirkungs- und Beteiligungsrechte an der Willensbildung und Geschäftsführung** angesprochen sind. Der Begriff Mitgliedschaftsrechte wird allerdings zumeist nur für den körperschaftlich (dazu oben § 9 Rn. 51ff.) verfaßten Verein und die Aktiengesellschaft benutzt. Bei den personalistisch ausgebildeten Personalgesellschaften (GbR, OHG, KG) und auch bei der GmbH spricht man statt dessen von Gesellschafterrechten.

Zu den vermögensmäßigen **Anteilsrechten** gehört neben dem Anteil am Gesamtvermögen 81
und den Einzelgegenständen auch der Anspruch auf den Gewinnanteil und auf das Auseinandersetzungsguthaben (s. § 717 Satz 2). Bei der **Gemeinschaft** (§§ 741ff.) und bei den **Personalgesellschaften** sind die Gemeinschafter bzw. Gesellschafter als Person selbst Mitberechtigte

am Vermögen und den einzelnen Gegenständen und werden z. B. als Person zusammen mit den anderen Mitberechtigten ins Grundbuch eingetragen. Bei den **Kapitalgesellschaften** sind diese als juristische Personen zwar selbst Träger der zum Gesellschaftsvermögen gehörenden Rechte. Das Anteilsrecht am Vermögen zeigt sich aber darin, daß im Falle der Liquidation der Gesellschaft ein etwaiger Überschuß den Gesellschaftern zufällt (s. § 271 AktG, § 72 GmbHG). Im Gegensatz dazu besteht beim **rechtsfähigen Verein** keine vermögensmäßige Beteiligung der Mitglieder am Vereinsvermögen, was sich nicht nur in der Rechtsfähigkeit des Vereins, sondern auch darin zeigt, daß ein Überschuß bei Liquidation des Vereins nicht an die Mitglieder, sondern an davon zumeist verschiedene Anfallberechtigte verteilt wird (§ 49).

82 Zu den **Mitwirkungs- und Beteiligungsrechten,** die als Mitgliedschafts- und Gesellschafterrechte zusammengefaßt sind, gehören insbesondere das Recht zur Teilnahme an Gesellschafter- und Mitgliederversammlungen, das Stimmrecht bei Beschlußfassungen, das Recht auf Mitwirkung bei der Geschäftsführung (z. B. § 709 BGB; §§ 114ff. HGB), aber auch gewisse Informations-, Kontroll- und Auskunftsrechte (s. z. B. §§ 118, 166 HGB; § 131 AktG).

2. Rechtsnatur der Anteils- und Mitwirkungsrechte

83 Die Anteils- und Mitgliedschaftsrechte sind eingebettet in das Gemeinschafts- oder Gesellschaftsverhältnis des einzelnen zu seiner Gemeinschaft oder Gesellschaft. Aus dem Gemeinschafts- oder Gesellschaftsverhältnis, das als Rechtsverhältnis die Gesamtheit der Rechtsstellung umfaßt, ergeben sich neben Rechten insbesondere auch Pflichten. Die Anteils- und Mitgliedschaftsrechte aus diesen Rechtsverhältnissen können jedoch als **eigenständige subjektive Rechte** betrachtet werden.

a) Rechtsnatur der vermögensmäßigen Anteilsrechte

84 Bei den vermögensmäßigen Anteilsrechten ist zwischen den Anteilen an den einzelnen Gegenständen und dem Anteil am gesamten Vermögen zu unterscheiden. Bei der Bruchteilsgemeinschaft existiert nur der **Anteil an den einzelnen Vermögensgegenständen.** Er ist mit der rechtlichen Eigenart des jeweiligen subjektiven Rechts als Vermögensgegenstand vergleichbar. So ist bei der Bruchteilsgemeinschaft (§§ 741 ff.) der Miteigentumsanteil an einem Grundstück oder einer beweglichen Sache mit dem Alleineigentum vergleichbar (s. auch § 1011). Er wird deshalb wie dieses behandelt und ist den absoluten Herrschaftsrechten zuzuordnen. Demgegenüber ist die Bruchteilsberechtigung an einer Forderung den relativen Forderungsrechten vergleichbar. Bei den Gesamthandsgemeinschaften ist der Anteil an den einzelnen zum Gesamthandsvermögen gehörenden Gegenständen dagegen kein selbständiger Gegenstand des Rechtsverkehrs und kann deshalb nur zusammen mit dem Anteil am Gesamthandsvermögen, nicht aber für sich allein übertragen oder vererbt werden (s. insbesondere § 2033 Abs. 2, aber auch § 719 Abs. 1, § 1419 Abs. 1).

85 Der **Anteil am Gesamthandsvermögen** weist im Unterschied zum Anteil an den einzelnen Vermögensgegenständen eine selbständige rechtliche Qualität auf. Dies zeigt sich insbesondere daran, daß dieser Anteil bei der Erbengemeinschaft und bei den Personalgesellschaften selbständig übertragen und vererbt werden kann (s. unten Rn. 87). Dieser Anteil ist deshalb ein selbständiger Vermögensgegenstand. Aus dem Anteil am Gesamtvermögen ergibt sich auch der vermögensrechtliche Gewinnanspruch und der Anspruch auf das Auseinandersetzungsguthaben (§ 717 Satz 2). Bei den **Kapitalgesellschaften** ist der einzelne Aktionär oder Gesellschafter der GmbH nicht direkt am Vermögen dieser Gesellschaften beteiligt. Vielmehr ist deren Vermögen direkt der juristischen Person zugeordnet (s. oben Rn. 81). Das vermögensrechtliche Anteilsrecht beschränkt sich bei den Kapitalgesellschaften auf den Anspruch auf Gewinnauszahlung

und das Auseinandersetzungsguthaben und hat deshalb die rechtliche Struktur einer Forderung.

b) Rechtsnatur der Mitwirkungs- und Beteiligungsrechte

Die Mitwirkungs- und Beteiligungsrechte sind nach ihrer rechtlichen Struktur weder Herrschaftsrechte noch Forderungen. Die Teilnahme an einer Mitgliederversammlung und an der Abstimmung oder die Mitwirkung bei der Führung der Geschäfte einer Gesellschaft sind keine Leistung der übrigen an den Mitwirkenden. Die Mitwirkungsrechte stehen den Gestaltungsrechten sehr nahe, soweit das einzelne Mitglied oder der Gesellschafter durch seinen rechtsgeschäftlichen Willen in der Sphäre der Gesellschaft als eines anderen Rechtssubjekts Wirkungen herbeizuführen oder sich an der Herbeiführung solcher Wirkungen beteiligen kann[55]. Sie unterscheiden sich von den Gestaltungsrechten aber dadurch, daß sie nicht rein eigennützige Rechte, sondern Organschaftsrechte sind, und daß sie nicht die alleinige Gestaltung eines Rechtsverhältnisses durch den Berechtigten, sondern eben nur seine Mitwirkung bei der Bildung eines gemeinsamen Willens ermöglichen. Sie unterliegen den Schranken, die sich aus der gesellschafts- oder vereinsrechtlichen Treuepflicht des Mitglieds gegenüber den anderen Gesellschaftern, dem Verein oder der Gesellschaft ergeben (s. oben § 9 Rn. 60). 86

3. Anteils- und Mitgliedschaftsrechte als Vermögensgegenstand

a) Freie Übertragbarkeit

Am stärksten ausgeprägt ist der vermögensmäßige Charakter, wo das **vermögensrechtliche Anteilsrecht** überwiegt, wie dies bei der Bruchteilsgemeinschaft (§§ 741 ff.) und bei der Aktie, aber auch beim GmbH-Anteil der Fall ist. Hier kann der Anteilsinhaber über sein Anteilsrecht **grundsätzlich frei verfügen** und es auf andere übertragen (§ 747 Satz 1 BGB; § 10 Abs. 1 AktG, §§ 793 ff. für Inhaberaktien, § 68 Abs. 1 AktG für Namensaktien; § 15 Abs. 1 GmbHG für Geschäftsanteile der GmbH). Diese Rechte sind deshalb auch **vererblich.** Mit der Übertragung des Anteilsrechts geht grundsätzlich die gesamte Rechtsstellung aus der Gemeinschaft oder Gesellschaft mit allen Rechten einschließlich der Mitgliedschaftsrechte und allen Pflichten auf den Erwerber über. 87

b) Vereinbarte Übertragbarkeit

Der Anteil an einer **Personengesellschaft** (GbR, OHG, KG) kann dagegen wegen des **Überwiegens der persönlichen Bindungen** nach § 719 Abs. 1 nicht ohne weiteres auf einen anderen übertragen oder vererbt werden. Da die Vorschrift jedoch nur die Interessen der anderen Gesellschafter schützt, kann mit deren Zustimmung etwas anderes vereinbart werden. Neben der Zustimmung aller Gesellschafter zum einzelnen Übertragungsakt kann die Übertragbarkeit und Vererblichkeit des Gesellschaftsanteils, nicht jedoch des Anteils an den einzelnen Gegenständen, auch von vornherein im Gesellschaftsvertrag vereinbart werden[56]. Auch hier geht mit der Übertragung des Gesellschaftsanteils grundsätzlich die gesamte Gesellschafterstellung mit ihren Rechten und Pflichten auf den Gesellschafter über. 88

---

[55] S. *v. Tuhr,* AT I, § 38 Anm. 49.

[56] S. etwa *Kübler,* Gesellschaftsrecht, 5. Aufl. 1998, § 4 III 2b; *Hueck,* Gesellschaftsrecht, 19. Aufl. 1991, § 10 III 2.

89 In ähnlicher Weise ist die **Mitgliedschaft im Verein** und damit auch die in die Mitgliedschaft integrierten Mitgliedsrechte gemäß § 38 an die Person des Mitglieds gebunden und nicht übertragbar. Aber auch § 38 ist nicht zwingend, sondern dispositiv (§ 40), weshalb in der Satzung die Übertragbarkeit der Mitgliedschaft und die Ausübung der Mitgliederrechte durch andere vorgesehen werden kann.

4. Schutz der Anteils- und Mitgliedschaftsrechte

90 Obwohl keine absoluten Herrschaftsrechte sind die Anteils- und Mitgliedschaftsrechte durch ihre Integration in die Mitgliedschaft und die gesellschaftsrechtliche Beteiligung als sonstige Rechte **nach § 823 Abs. 1 geschützt**[57]. Dies gilt nicht nur für die Inhaberaktie, bei der die Anteils- und Mitgliedschaftsrechte mit dem Eigentum an der Urkunde verbunden sind. Es gilt auch für den GmbH-Anteil[58] und für die vereinsrechtliche Mitgliedschaft[59]. In gleicher Weise sollte auch der Anteil an einer Personengesellschaft gegenüber Eingriffen Dritter durch § 823 Abs. 1 geschützt werden. Der Schutz nach § 823 Abs. 1 hat nicht nur **Schadensersatzansprüche** zur Folge, sondern eröffnet auch die Möglichkeit des vorbeugenden Schutzes durch **Unterlassungsansprüche**[60].

5. Mitwirkungsrechte der Arbeitnehmer

91 Besondere Mitwirkungsrechte ohne vermögensmäßige Anteilsrechte bestehen für die Arbeitnehmer in einem Betrieb oder Unternehmen in Gestalt kollektiver Mitbestimmungsrechte durch den Betriebsrat nach dem Betriebsverfassungsgesetz (§§ 74ff., 87ff. BetrVG) sowie durch die Entsendung von Arbeitnehmervertretern in den Aufsichtsrat nach dem Mitbestimmungsgesetz (§§ 7, 9 MitbestG und §§ 4, 6 MontanMitbestG). Individuelle Mitwirkungsrechte des einzelnen Arbeitnehmers sind nur schwach ausgebildet (§§ 81ff. BetrVG). Zwischen Betriebsrat und Arbeitgeber besteht eine Pflicht zur vertrauensvollen Zusammenarbeit (§ 2 BetrVG).

VII. Erwerbsrechte

1. Allgemeine und besondere Erwerbsrechte

92 Das Recht zum Erwerb von Sachen und Rechten kann grundsätzlich nicht aus dem erst noch zu erwerbenden Recht abgeleitet werden. Es ergibt sich als allgemeines Erwerbsrecht vielmehr aus der durch Art. 2 Abs. 1 GG geschützten allgemeinen Handlungsfreiheit in Verbindung mit der Eigentumsgarantie des Art. 14 GG als Institutsgarantie[61]. Jedoch gibt es einzelne besondere Erwerbsrechte, die an einer Sache haften und diese belasten. Die besonderen Erwerbsrechte können aufgrund Gesetzes oder

---

[57] *BGHZ* 110, 323, 327 = NJW 1990, 2877; *Larenz/Canaris*, Schuldrecht II/2, § 76 II 4 e; MünchKomm/*Mertens*, § 823 Rn. 152.

[58] S. auch *OLG München* NJW-RR 1991, 928.

[59] *BGHZ 110, 323; Helms*, Schadensersatzansprüche wegen Beeinträchtigung der Vereinsmitgliedschaft, 1998;.

[60] S. dazu etwa Palandt/*Thomas*, Einf. vor § 823 Rn. 16ff.; Erman/*Schiemann*, vor § 823 Rn. 20f.

[61] S. dazu *M. Wolf*, Sachenrecht Rn. 39f.

aufgrund rechtsgeschäftlicher Bestellung entstehen. Vom Entstehen des Erwerbsrechts als solchem ist der Erwerb des Rechts zu unterscheiden, auf welches das Erwerbsrecht gerichtet ist. Auch beim Erwerb aufgrund des Erwerbsrechts ist zwischen dem gesetzlichen Erwerb, der den Erwerb ohne Erwerbswillen des Berechtigten den Erwerb herbeiführt (Anfallrecht), und dem rechtsgeschäftlichen Erwerb, der einen Erwerbswillen voraussetzt (Aneignungsrecht), zu unterscheiden.

2. Anfallrechte

Als Anfallrechte werden solche Rechte bezeichnet, aufgrund deren dem Berechtigten beim Eintritt bestimmter Voraussetzungen ein **Recht kraft Gesetzes zufällt,** ohne daß es dazu eines darauf gerichteten Erwerbswillens des Berechtigten bedürfte. 93

Beispiele: Anfallrechte in diesem Sinne sind etwa die Eigentumserwerbsrechte der §§ 953ff., bei denen der Berechtigte das Eigentum an der neuen Sache grundsätzlich bereits mit der Trennung ohne weitere besondere Aneignungshandlungen erwirbt. Anfallrechte sind auch die Rechte auf Eigentumserwerb nach §§ 946ff. an verbundenen und vermischten Sachen sowie der Eigentumserwerb an der neu hergestellten Sache nach § 950. Der Erwerb tritt hier jeweils kraft Gesetzes auch ohne einen auf den Erwerb gerichteten Willen ein. Gleiches gilt für den Eigentumserwerb des Finders gemäß § 973. Die Anwartschaftsrechte (s. Rn. 96ff.) sind Anfallsrechte insofern, als der Eigentumserwerb bei Erfüllung der Erwerbsvoraussetzungen auch dann eintritt, wenn der Berechtigte im Zeitpunkt des Erwerbs keinen Erwerbswillen mehr hat. Auch der Erwerb einer Erbschaft tritt kraft Gesetzes ein und kann deshalb den Anfallrechten zugeordnet werden (s. § 1942 Abs. 1). Gleiches gilt für den Erwerb eines Vermächtnisses (§ 2176). 94

3. Aneignungsrechte

Aneignungsrechte sind Erwerbsrechte, die zum Erwerb des von ihnen gesicherten Rechts einen **Erwerbswillen des Erwerbsberechtigten** voraussetzen. Dazu gehört etwa das Vorkaufsrecht, das zum Erwerb der Rechte aus dem Kaufvertrag mit dem Dritten gemäß §§ 464, 1098 eine rechtsgeschäftliche Ausübungserklärung voraussetzt. Auch die Vormerkung setzt als Erwerbsrecht voraus, daß der gesicherte Anspruch geltend gemacht wird. Den Willen zum Erwerb des Eigenbesitzes an der Sache setzt das Aneignungsrecht nach § 958 voraus. Auch wenn es sich dabei um einen natürlichen, nicht rechtsgeschäftlichen Willen handelt und der Erwerbswille nur auf den Eigenbesitz und nicht notwendig auf den Eigentumserwerb selbst gerichtet sein muß, so beherrscht doch das willentliche Element den Eigentumserwerb. 95

4. Anwartschaften und Anwartschaftsrechte

a) Die Anwartschaft

Eine Anwartschaft ist über das bloße Anfallsrecht hinaus eine rechtlich bereits mehr oder weniger **gesicherte Aussicht** auf den Erwerb eines subjektiven Rechts, insbesondere einer Forderung oder eines dinglichen Rechts. Die Erwerbsaussicht beruht dabei darauf, daß der normale Erwerbstatbestand eines solchen Rechts schon teilweise verwirklicht ist und seine Vollendung mit einiger Wahrscheinlichkeit erwartet werden kann. Die Frage, ob eine Anwartschaft gegeben sei, stellt sich demgemäß immer dort, wo sich der Erwerb eines Rechts in mehreren, zeitlich auseinanderliegenden Stufen vollzieht. Indessen ist nicht jede derartige Anwartschaft schon ein Anwartschaftsrecht. 96

b) Das Anwartschaftsrecht

97 Von einem Anwartschaftsrecht spricht man, wenn die Aussicht einen solchen Grad von Festigkeit und rechtlicher Sicherheit erlangt hat, daß sie dem Berechtigten normalerweise nicht mehr entzogen werden kann und deshalb im Verkehr als eine bereits **gegenwärtig bestehende Rechts- und Vermögensposition** von solcher Stärke angesehen wird, daß über sie schon wie über das endgültige Recht verfügt werden kann. Die h.L. sieht in dem Anwartschaftsrecht eine **Vorstufe des künftigen Vollrechts** und betrachtet es als „wesensgleiches minus" zum Vollrecht, dessen Erwerb durch das Anwartschaftsrecht vorbereitet wird. Man spricht von Vorwirkungen dieses Rechts[62] oder von einer Teilung des Rechtsinhalts zwischen dem noch Berechtigten und dem Anwärter[63]. Aus derartigen Formulierungen dürfen jedoch keine Schlüsse hinsichtlich des Inhalts oder der Reichweite des Rechts gezogen werden. Die rechtlich gesicherte Anwartschaft auf den Erwerb einer Forderung ist noch keine Forderung, auch nicht eine Forderung minderer Art oder minderen Grades. Dennoch lassen sich im Wege der Analogie die für das Vollrecht geltenden Vorschriften weitgehend auf das Anwartschaftsrecht übertragen. Das Anwartschaftsrecht hat neben seiner Eigenschaft als Erwerbsrecht den Charakter des Rechts, auf dessen Erwerb es gerichtet ist. Das Anwartschaftsrecht aus dem Eigentumsvorbehalt ist deshalb wie das Eigentum selbst ein absolutes Recht und genießt den Schutz als sonstiges Recht des § 823 Abs. 1. Ebenso ist es gegenüber Dritten durch § 985 und durch Abwehransprüche analog § 1004 geschützt. Das Anwartschaftsrecht aus dem Eigentumsvorbehalt kann ferner analog §§ 929ff. direkt auf andere übertragen werden[64]. Es ist dagegen ein relatives Recht, wenn es auf den Erwerb eines Forderungsrechts gerichtet ist.

98 **Beispiele:** (1) Allgemein anerkannt ist das Anwartschaftsrecht aus einer aufschiebend bedingten Rechtsübertragung, insbesondere das Anwartschaftsrecht des Käufers aus der aufschiebend bedingten Übereignung beim Eigentumsvorbehalt gemäß § 449 Abs. 1[65]. Da ein Widerruf ausgeschlossen ist (unten § 50 Rn. 46) und auch abweichende Verfügungen einschließlich von Zwangsvollstreckungsmaßnahmen und Verfügungen des Insolvenzverwalters gemäß § 161 unwirksam sind (unten § 50 Rn. 52ff.), ist der endgültige Rechtserwerb weitgehend gesichert. Dies gilt nicht nur für die Anwartschaft aus Eigentumsvorbehalt, sondern für alle bedingt übertragenen Rechte. Wichtigstes Kennzeichen dieser Rechtsposition ist, daß der Erwerb lediglich noch von dem Eintritt der Bedingung abhängt, auf den der andere Teil keinen Einfluß haben darf. Bei der aufschiebenden Bedingung hat derjenige, zu dessen Gunsten verfügt worden ist, ein Anwartschaftsrecht, bei der auflösenden Bedingung steht es dem Verfügenden zu, dem das Recht bei Bedingungseintritt wieder anfallen wird. (2) Ebenfalls anerkannt ist das Anwartschaftsrecht desjenigen, an den ein Grundstück aufgelassen ist, wenn die Auflassung nach § 873 Abs. 2 bindend und entweder die Eintragung beim Grundbuchamt von ihm beantragt oder eine Vormerkung (§ 883) für den Erwerber eingetragen worden ist[66]. Dann kann der Veräußerer den Eigentumserwerb des Erwerbers nicht mehr hindern; der Übergang des Eigentums hängt nur noch von der Eintragung ab. Das zwischenzeitlich bestehende Auflassungsanwartschaftsrecht des Erwerbers hält die h.L. für übertragbar und pfändbar[67]. (3) Als Anwartschaftsrecht an-

---

[62] So *v. Tuhr,* AT I, § 9; *Enneccerus/Nipperdey,* AT, § 82 II 4.

[63] So *Raiser,* Dingliche Anwartschaften, S. 69ff.

[64] S. Palandt/*Bassenge,* § 929 Rn. 45; *Baur/Stürner,* Sachenrecht, § 59 V 2 a; *Westermann/H.P. Westermann,* Sachenrecht, § 5 III 3c; *M. Wolf,* Sachenrecht, Rn. 509, 513.

[65] S. *M. Wolf,* Sachenrecht, Rn. 504ff.

[66] Vgl. *BGHZ* 45; 186, 190f.; *Westermann/H.P. Westermann,* Sachenrecht, § 5 III 4b; *M. Wolf,* Sachenrecht, Rn. 343ff.

[67] Vgl. *Baur/Stürner,* Sachenrecht, § 19 Rn. 16ff.; *Wolff/Raiser,* Sachenrecht, § 38 III 1 und § 61 II; *Raiser,* Dingliche Anwartschaften, S. 15, 22, 34.

erkannt ist auch die nach dem Erbfall bestehende Aussicht des eingesetzten Nacherben auf den Anfall der Erbschaft bei Eintritt des Nacherbfalls[68]. Auch hier ist die Aussicht des Nacherben auf den Erwerb durch gesetzliche Vorschriften, die eine Verfügungsbeschränkung des Vorerben enthalten (vgl. §§ 2112ff.), sowie durch andere Vorschriften gesichert und grundsätzlich auch vererblich (§ 2108 Abs. 2). Sie hat daher den Charakter eines subjektiven Rechts. Dagegen ist die bloße Aussicht, einen noch Lebenden als Testamentserbe oder als gesetzlicher Erbe zu beerben, noch ungesichert und zu schwach, um sie zu den Anwartschaftsrechten zählen zu können[69].

VIII. Teilhaberechte

In jeder Gesellschaftsordnung als einer sozialen Gemeinschaft kann der Einzelne 99
nicht getrennt und isoliert leben, sondern ist auf seine Integration in die Gesellschaft angewiesen. Er hat deshalb ein Interesse, neben dem Schutz seiner Freiheits- und Privatsphäre auch an der sozialen Gemeinschaft und den für ihn wichtigen sozialen Institutionen teilhaben zu können. Rechte auf **Teilhabe an sozialen Gemeinschaften** werden vor allem im öffentlichen Recht und Sozialrecht gewährt, etwa durch das mit der Staatsangehörigkeit verbundene Wahlrecht oder durch die Mitgliedschaft in den verschiedenen Sozialversicherungen oder in öffentlich-rechtlich organisierten Kammern und Verbänden wie etwa der Industrie- und Handelskammer, der Handwerkskammer, der Anwaltskammer oder Ärztekammer. Von einem Teilhaberecht an staatlichen Leistungen und Einrichtungen geht das BVerfG auch bei der Vergabe von Studienplätzen aus[70]. Daneben gibt es aber auch privatrechtliche Organisationen und Institutionen, an denen teilzuhaben und deren Mitgliedschaft zu erwerben für den Bürger von Interesse und erheblicher Bedeutung sein kann. Dem trägt das Privatrecht durch Gewährung verschiedenartiger Rechte Rechnung.

1. Teilhaberecht und Gleichbehandlung

Da die Teilhaberechte auf Aufnahme und Beteiligung in sozialen Gemeinschaften 100
gerichtet sind, haben sie eine enge Verbindung zum Grundsatz der Gleichbehandlung in seiner privatrechtlichen Ausprägung[71]. Die Teilhaberechte sind jedoch mit dem Gleichbehandlungsgrundsatz **nicht identisch.** Teilhaberechte sind nicht nur auf Gleichbehandlung mit anderen gerichtet, sondern können darüber hinaus einen **Anspruch auf Beteiligung und Information** geben, der unabhängig davon besteht, ob andere beteiligt und informiert werden oder nicht. So können Minderheiten in einem Verein unabhängig von anderen die Einberufung einer Mitgliederversammlung (§ 37) verlangen. Gleiches gilt für die Aktiengesellschaft (§ 122 AktG); einzelne Aktionäre können ferner Auskunft verlangen (§ 131 AktG), um ihre Teilhabe am Entscheidungsprozeß zu sichern. Auch dort, wo Teilhaberechte auf Gleichbehandlung mit anderen gerichtet sind, decken sich Gleichbehandlung und Teilhabe nicht, weil die Gleichbehandlung mit dem Gebot, Ungleiches ungleich zu behan-

---

[68] *BGHZ* 87, 367, 369; vgl. a. *v. Tuhr,* AT I, § 19 III Ziff. 3; *Kipp/Coing,* Erbrecht, § 50 I; *Raiser,* Dingliche Anwartschaften S. 12; Soergel/*Harder,* § 2100 Rn. 11ff.

[69] S. etwa *BGHZ* 12, 115, 118; *Brox,* Erbrecht, Rn. 83; Palandt/*Edenhofer,* § 1922 Rn. 3.

[70] *BVerfGE* 33, 303, 330ff.

[71] S. dazu auch *M. Wolf,* FS L. Raiser, 1974, S. 597ff.

deln[72], **auch gegen eine Teilhabe gerichtet** sein kann. Hinzukommen Fälle, in denen ein Verstoß gegen das Gleichbehandlungsgebot nicht mit einem Anspruch auf Teilhabe, sondern nur mit **Schadensersatz- und Entschädigungsansprüchen** korrigiert werden kann (etwa § 611 a Abs. 2).

101 Daneben bestehen aber auch **Gemeinsamkeiten.** Soweit die Teilhabe auf Gleichbehandlung gerichtet ist, wird der Inhalt des Teilhaberechts durch den **Maßstab der Gleichbehandlung** bestimmt. Wie der Grundsatz der Gleichbehandlung so finden auch die Teilhaberechte ihre **Grenze in der Privatautonomie und Vertragsfreiheit.** Wegen des Vorrangs der Privatautonomie und Vertragsfreiheit stellen Teilhaberechte eine Ausnahme dar und bedürfen jeweils einer besonderen Rechtfertigung. Dies gilt insbesondere für den Kontrahierungszwang und den Aufnahmezwang in eine Vereinigung. Nach Aufnahme in eine Vereinigung ist der Grundsatz der Gleichbehandlung aber die Regel (s. etwa § 53 a AktG). Damit ist auch die Teilhabe an der Organisation im Grundsatz vorgegeben.

2. Einzelne Teilhaberechte

102 Teilhaberechte werden hauptsächlich durch Ansprüche gewährt, die als **Anspruch auf Aufnahme** in privatrechtliche Vereinigungen (s. oben § 9 Rn. 29) oder als **Kontrahierungszwang** auf den Abschluß von Verträgen mit anderen Marktteilnehmern gerichtet sind (s. unten § 34 Rn. 29 ff.). Grundlage für solche Ansprüche kann vor allem § 20 GWB sein. Teilnahmerechte können aber auch **Beteiligungsrechte** im Sinne von Teilnahmerechten an Versammlungen der jeweiligen Vereinigung sein oder sie können ihren Ausdruck in Stimmrechten bei Abstimmungen in der Gemeinschaft finden. In dieser Form sind die Teilhaberechte keine Ansprüche, sondern Mitwirkungsrechte (s. oben Rn. 86). Teilhaberechte sind aber auch Ansprüche auf Gewinnauszahlung und auf das Auseinandersetzungsguthaben. **Informationsrechte** begründen entweder Ansprüche auf Auskunft und Information oder sie führen im Falle ihrer Verletzung zur Nichtigkeit oder Anfechtbarkeit von Beschlüssen (etwa §§ 241, 243 AktG).

103 **Beispiele:** Das Vereinsmitglied hat ein Recht auf Teilnahme an der Mitgliederversammlung und Abstimmung (s. oben § 10 Rn. 99). Gleiches gilt für andere Personal- und Kapitalgesellschaften (s. etwa § 121 Abs. 3 und 4 AktG). Jedem Mitglied und jedem Gesellschafter steht ein Stimmrecht zu (s. etwa § 114 HGB, § 134 AktG, § 47 Abs. 2 GmbHG). Die Gesellschafter haben grundsätzlich einen Anspruch auf Beteiligung am Gewinn (§§ 120, 121, 167 HGB; § 60 AktG; § 29 GmbHG). Jedes Mitglied und jeder Gesellschafter hat Informationsrechte verschiedenster Art, so etwa auf vorherige Mitteilung des Gegenstands der Beschlußfassung (z.B. § 32 Abs. 1 Satz 2 BGB; § 124 AktG; § 51 GmbHG) oder über Angelegenheiten der Gesellschaft allgemein (z.B. § 118, 166 HGB; § 131 AktG; § 51 a GmbHG) oder in besonderen Angelegenheiten der Gesellschaft wie etwa die Beziehungen zu verbundenen Unternehmen (§ 312 AktG), die Eingliederung einer Gesellschaft (§ 320 AktG) oder der Ausschluß von Minderheitsaktionären (§ 327 c AktG).

---

[72] S. *G. Hueck,* Der Grundsatz der gleichmäßigen Behandlung im Privatrecht, 1958, S. 3, 106, 173.

§ 16. Die Schranken der subjektiven Rechte

Inhaltsübersicht

Literatur: *Dette,* Venire contra factum proprium nulli conceditur, 1985; *Hager,* Schikane und Rechtsmißbrauch, 1913; *Hohmann,* § 242 BGB und unzulässige Rechtsausübung in der Rspr. des BGH, JA 1982, 112ff.; *Kegel,* Verwirkung, Vertrag und Vertrauen, 1993; *Merz,* Vom Schikaneverbot zum Rechtsmißbrauch, Ztschr. f. Rechtsvergleichung 1977, 162; *Siber,* Schranken der privaten Rechte, 1926; *Siebert,* Verwirkung und Unzulässigkeit der Rechtsausübung, 1934; *ders.,* Vom Wesen des Rechtsmißbrauch, 1935; *Singer,* Das Verbot widersprüchlichen Verhaltens, 1993; *Teichmann,* Venire contra factum proprium – Ein Teilaspekt rechtsmißbräuchlichen Handelns, JA 1985, 497.

I. Das subjektive Recht als Teil der Gemeinschaftsordnung

Das subjektive Recht verleiht dem Berechtigten eine Rechts- und Willensmacht 1
(s. oben § 14 Rn. 11), die er grundsätzlich nach seinem freien Willen und seinen Vorstellungen ausüben darf. Die Verleihung subjektiver Rechte durch die Rechtsordnung erfolgt aber unter dem von der Rechtsordnung verfolgten Ziel, eine funktionierende Gemeinschaftsordnung zu schaffen und zu erhalten. In einer privatautonom organisierten Zivilgesellschaft, die dem einzelnen Bürger grundsätzlich die eigenverantwortliche Gestaltung seines persönlichen Lebensbereichs überläßt und deren Volkswirtschaft von marktwirtschaftlichen Grundsätzen gesteuert wird, steht zwar die im subjektiven Recht verkörperte Selbstbestimmung im Mittelpunkt. Subjektive Rechte und deren Selbstbestimmung stehen aber nicht nur einer Person, sondern allen Personen zu, weshalb das subjektive Recht des einen seine Grenzen im subjektiven Recht des anderen finden kann und alle subjektiven Rechte zu einem gemeinverträglichen Nebeneinander und Miteinander gebracht werden müssen. Daraus ergibt sich die Notwendigkeit, den einzelnen subjektiven Rechten Grenzen zu ziehen, die zunächst durch den jeweiligen Inhalt und die Art des einzelnen Rechts vorgegeben sind, die sich aber auch aus den besonderen Umständen ergeben können, unter denen diese

Rechte im Einzelfall ausgeübt werden. Daneben ergeben sich auch zeitliche Grenzen für den Bestand oder die Ausübung von Rechten.

II. Schranken aus dem Zweck und Inhalt des Rechts

1. Verschiedene Rechtsinhalte

2 Grenzen ergeben sich zunächst aus den verschiedenen Inhalten der subjektiven Rechte, die durch das Gesetz oder durch vertragliche Vereinbarung festgelegt sind.

3 **Beispiele: Forderungen** können als relative Rechte nur gegen den Schuldner und nicht gegen dritte Personen geltend gemacht werden und der Gläubiger kann nur die geschuldete Leistung und keine andere verlangen. **Gestaltungsrechte** finden ihre Grenzen im Gestaltungsgrund (s. oben § 15 Rn. 73 ff.). Grenzen bestehen auch bei den **dinglichen Rechten.** Der Inhaber eines dinglichen Nutzungsrechts wie eines Erbbaurechts oder einer Dienstbarkeit kann die belastete Sache lediglich im vereinbarten Umfang nutzen, er darf sie aber nicht veräußern, beschädigen oder zerstören. Auch der Eigentümer muß die durch Rechte anderer oder durch das Gesetz gezogenen Grenzen beachten. Hat der Eigentümer einem anderen einen Nießbrauch, eine schuldrechtliche Miete oder Pacht eingeräumt, so muß er ihm den Besitz und den Gebrauch der Sache überlassen (s. § 986 mit §§ 535, 581, 1036). Gesetzliche Beschränkungen des Eigentums finden sich etwa im privatrechtlichen Nachbarrecht (s. z. B. 906) oder darin, daß der Eigentümer sein Eigentum im Interesse des Schutzes des gutgläubigen Verkehrs (§§ 932 ff., 937) oder zur Erhaltung wirtschaftlicher Einheiten (§§ 946 ff.) oder wegen des Vorrangs des Arbeitswerts (§ 950) verlieren kann. Gesetzliche Grenzen finden sich insbesondere auch im öffentlichen Recht, z. B. im BImSchG für den umweltverträglichen Gebrauch von Anlagen oder in den Baugesetzen, die die Befugnis zum Bauen im einzelnen regeln. Vor allem das Grundstückseigentum unterliegt einer Sozialpflichtigkeit, die vom Eigentümer einen sozialverträglichen Gebrauch seines Eigentums verlangt (s. Art. 14 Abs. 2 GG)[1]. Beschränkungen ergeben sich auch für **sonstige absolute Rechte.** So kann der Patentinhaber zur Erteilung einer Lizenz (Zwangslizenz) verpflichtet sein (§ 24 PatG) und das Urheberrecht unterliegt den Schranken der §§ 45 ff. UrhG, die verschiedenartige Nutzungsrechte Dritter vorsehen.

2. Abwägung mit anderen Rechten, insbesondere Rahmenrechte

4 Während die absoluten Rechte grundsätzlich einen feststehenden Inhalt haben, sind die zu den absoluten Rechten zählenden Rahmenrechte wie das allgemeine Persönlichkeitsrecht (s. oben § 8 Rn. 24 ff.) und das Recht am eingerichteten und ausgeübten Gewerbebetrieb dadurch gekennzeichnet, daß sie ihren Schutzbereich nur allgemein umschreiben, während ihr konkreter Inhalt und ihre Grenzen erst aus einer **Abwägung mit anderen kollidierenden Rechten** im Einzelfall ermittelt werden[2].

5 **Beispiele:** Der Umfang und die Reichweite des Ehrenschutzes ist in der Abwägung und Ausbalancierung mit den konkurrierenden Rechten auf Meinungsfreiheit und Pressefreiheit aus Art. 5 GG festzulegen (s. oben § 8 Rn. 25). Wo die Grenzen zu anderen Rechten nicht eindeutig gezogen sind, muß auch bei sonstigen Rechten eine Abwägung mit anderen Rechten stattfinden. So sind die Grenzen zwischen Eigentum und Kunstfreiheit zu bestimmen, wenn fremdes Eigentum zur Kunstausübung benutzt wird, wie beim Besprayen von Hauswänden[3].

---

[1] Zu einem Überblick etwa *Baur/Stürner,* Sachenrecht, § 24 Rn. 8 ff.; *M. Wolf,* Sachenrecht, Rn. 57 ff.

[2] Nach *Medicus,* AT, Rn. 71 und *Pawlowski,* AT, Rn. 302 a sind Rahmenrechte Rechte minderer Wirksamkeit, weil sie eine Güter- und Interessenabwägung erfordern.

[3] Dazu *BVerfG* NJW 1984, 1293.

Bei der Kündigung von Wohnraum sind die Rechte des Eigentümers gegen die Rechte des Mieters abzuwägen (§ 573). Eine Abwägung zwischen dem Recht zur sofortigen Beendigung und dem Recht zur Beachtung der Kündigungsfrist muß auch bei Kündigung aus wichtigem Grund vorgenommen werden (§ 314 Abs. 1 Satz 2).

3. Pflichtrechte

Die Grenzen einzelner Rechte werden dadurch besonders betont, daß sie von vornherein mit einer Pflichtbindung versehen werden, die den gesamten Rechtsinhalt prägt und die Ausübung dieser Rechte nicht dem eigenen Interesse, sondern den Interessen einer bestimmten anderen Person unterstellt[4]. Pflichtrechte bilden die Ausnahme[5]. Subjektive Rechte werden nicht dadurch zu Pflichtrechten, daß ihre Ausübung Schranken unterliegt, denn diese Schranken begrenzen zwar die Verfolgung eigener Interessen, gebieten aber nicht wie die Pflichtrechte positiv die Wahrnehmung fremder Interessen. 6

Beispiele: Insbesondere das Recht der **elterlichen Personensorge** ist als Pflichtrecht ausgestaltet (s. § 1626 und oben § 15 Rn. 27). Seine Wahrnehmung ist begrenzt durch die Pflicht, es zum Wohle des Kindes und seiner Entwicklung zu einer selbstverantwortlichen Persönlichkeit auszuüben (§ 1626 Abs. 2). Ausdrücklich untersagt sind entwürdigende Erziehungsmaßnahmen (§ 1631 Abs. 2). Auch die Rechtsstellung des Vormunds ist als Pflichtrecht ausgestaltet (§ 1793) ebenso die Rechtsstellung des Betreuers (§ 1901) und des Pflegers (§ 1915 mit § 1793). Auch die **Verwalter kraft Amtes** wie der Nachlaßverwalter (§ 1985), der Testamentsvollstrecker (§ 2205 mit § 2216 Abs. 1) und der Insolvenzverwalter (§ 80 mit § 60 InsO) haben ihre Verwaltungsbefugnisse pflichtgemäß auszuüben. Ein Pflichtrecht ist auch das Recht zur **Geschäftsführung und Vertretung** des Vorstands einer *AG* (§§ 77, 78 AktG) und des Geschäftsführers einer GmbH (§ 35 GmbHG), weil diese zugleich verpflichtet sind, die Interessen der Gesellschaft mit der Sorgfalt eines gewissenhaften Geschäftsleiters wahrzunehmen (§ 93 AktG, § 43 GmbHG). Gleiches gilt für die geschäftsführenden Gesellschafter einer OHG oder *KG* (§§ 114 Abs. 1, 161 Abs. 2 HGB). Eine Pflichtbindung findet sich auch bei der **Treuhand,** bei der der Treuhänder als Rechtsinhaber sein Recht nicht allein im eigenen Interesse ausüben darf, sondern die Interessen des Treugebers wahrnehmen muß. Dies gilt insbesondere auch für das Treuhandeigentum. Die Pflichtbindung besteht hier zwar aufgrund eines schuldrechtlichen Vertrags, sie berührt aber auch den dinglichen Rechtsinhalt[6]. 7

Kein Pflichtrecht ist insbesondere das **Eigentum.** Auch wenn Art. 14 Abs. 2 GG vorsieht, daß Eigentum verpflichtet und sein Gebrauch dem Wohle der Allgemeinheit dienen soll, so besteht eine solche Pflicht doch nicht wie bei den Pflichtrechten gegenüber bestimmten Personen. Der Eigentümer darf allein seine Interessen verfolgen und muß nicht fremde Interessen wahrnehmen. Die Bindung an das Allgemeinwohl stellt nur eine Rechtsausübungsschranke dar, die zudem keine unmittelbare Wirkung entfaltet, sondern erst durch den Gesetzgeber und durch allgemeingültige Rechtsprinzipien des Privatrechts konkretisiert werden muß. Der Eigentumsgebrauch eines Autos, die Verbreitung von Kriminal- oder Revolvergeschichten durch Bücher oder Videos etwa. kann dem Eigentümer von anderen nicht untersagt werden, weil diese meinen, dies diene nicht ihrem und ihrer Kinder Wohl oder dem Wohl der Allgemeinheit[7]. Darüber, was dem Wohl der Allgemeinheit dient, hat in erster Linie der Gesetzgeber zu entscheiden[8]. Was einzelne für ihr Wohl halten, ist nicht notwendig mit dem Allgemeinwohl identisch. Andererseits kann eine Rechtsausübung die Interessen eines anderen verletzen und 8

[4] S. auch *Pawlowski,* AT, Rn. 303.

[5] A. A. offenbar *Gernhuber/Coester-Waltjen,* § 2 II 6.

[6] *M. Wolf,* NJW 1987, 2647, 2650f.; *Gernhuber,* JuS 1988, 355, 358; *Wiegand,* AcP 190 (1990), 112, 128f.

[7] S. auch *Medicus,* AT, Rn. 131.

[8] *BVerfGE* 37, 132, 140f.; 58, 300, 335; 74, 264 = NJW 1987, 1251f.

die Rechtsausübung unzulässig machen, ohne daß dadurch das Wohl der Allgemeinheit beeinträchtigt sein muß. Art. 14 Abs. 2 GG ist für die Lösung solcher privatrechtlicher Interessenkonflikte im einzelnen wenig geeignet[9].

III. Die unzulässige Rechtsausübung

9 Während die durch den Rechtsinhalt gezogenen Grenzen im subjektiven Recht selbst enthalten sind und dessen Befugnisse von vornherein und generell begrenzen, sind die durch die unzulässige Rechtsausübung gezogenen Grenzen auf besondere Umstände bezogen, die nicht den Rechtsinhalt generell einschränken, sondern auf einzelne Situationen Bezug nehmen, die lediglich die Ausübung des Rechts unter den **besonderen Umständen des Einzelfalls** hindern, unter anderen Umständen der Rechtsausübung jedoch nicht im Wege stehen[10].

10 **Beispiele:** Ein mehreren Personen z. B. als Gesamthändern zustehendes Recht kann von den übrigen Gesamthändern geltend gemacht werden, auch wenn gegenüber einem Gesamthänder der Einwand der unzulässigen Rechtsausübung besteht[11]. Auch bei einer Gesamtschuld kann die Forderung, selbst wenn ihre Geltendmachung gegenüber einem der Schuldner unzulässig ist, gegenüber den anderen noch durchgesetzt werden (s. auch § 425). Die unzulässige Rechtsausübung ist nicht wie die Inhaltsschranken (s. oben Rn. 2 ff.) als immanente Schranke des einzelnen Rechts anzusehen[12]. Es ist nicht von einer Relativität des Rechtsinhalts auszugehen[13]. Vielmehr ist die sittenwidrige und treuwidrige Rechtsausübung eine von der Rechtsordnung von außen gesetzte Grenze, die nicht aus dem spezifischen Inhalt des einzelnen Rechts fließt, sondern für jedes Recht situationsabhängig gleichermaßen gilt. Deshalb ist es z. B. nicht von vornherein ausgeschlossen, daß bei einem Wechsel des Rechtsinhabers der neue Rechtsinhaber das Recht ausüben kann, obwohl dies dem bisherigen Rechtsinhaber verwehrt war[14]. Zwar tritt bei der Gesamtrechtsnachfolge und bei der Einzelrechtsnachfolge der Rechtsnachfolger grundsätzlich in die Rechtsstellung des Rechtsvorgängers ein. Aber eine Änderung kann sich nicht nur in den Fällen des gutgläubigen Erwerbs[15], sondern auch dann ergeben, wenn etwa der Rechtsnachfolger nicht den für den Sittenwidrigkeitsvorwurf erforderlichen Vorsatz hat oder wenn ihn seinerseits nicht der Vorwurf pflichtwidrigen Verhaltens wie seinen Rechtsvorgänger trifft[16].

11 Das Verbot unzulässiger Rechtsausübung gilt **für** die **Geltendmachung aller Rechte** nicht nur für Ansprüche. Unzulässig kann deshalb nicht nur die Geltendmachung eines Anspruchs sein, sondern auch die Ausübung eines Kündigungsrechts, eines Anfechtungsrechts (s. unten § 37 Rn. 47), eines anderen Gestaltungsrechts oder auch die Abgabe eines Stimmrechts sowie die Ausübung von Mitverwaltungs- und

---

[9] S. auch *M. Wolf,* Sachenrecht, Rn. 95; a. A. *Kübler,* AcP 159 (1959), 236, 261 ff.; für die Anwendung von Art. 14 Abs. 2 GG im Rahmen zivilrechtlicher Generalklauseln *Götz,* VVDStRL 41 (1983), 32.

[10] S. auch *BGHZ* 52, 368; *BGH* LM § 247 BGB Nr. 1.

[11] S. z. B. *BGHZ* 44, 367; *BGH* NJW 1973, 1604.

[12] *Canaris,* Die Vertrauenshaftung im deutschen Privatrecht, 1971, S. 518 ff.; Soergel/*Teichmann,* § 242 Rn. 277.

[13] So aber die Vertreter der sog. Innentheorie insbesondere *Siebert,* Verwirkung, S. 152; Soergel/*Teichmann,* § 242 Rn. 274; MünchKomm/*Roth,* § 242 Rn. 62; vgl. auch *Grunewald,* BürgR, § 20 Rn. 6; *Enneccerus/Nipperdey,* AT, § 239 Anm. 23; Staudinger/*J. Schmidt,* § 242 Rn. 763; *BAG* BB 1995, 204.

[14] S. auch *BGH* NJW 1962, 1388; anders *BGHZ* 64, 5, 10.

[15] Dazu Soergel/*Teichmann,* § 242 Rn. 277.

[16] Dazu auch *BGH* GmbHR 1988, 18; s. auch § 145 InsO.

Kontrollrechten in Vereinigungen und Gesellschaften[17] oder die Ausübung sonstiger Rechte. Die innerstaatlichen Grundsätze des Rechtsmißbrauchs können auch einem aus dem europäischen Gemeinschaftsrecht abgeleiteten Recht entgegengehalten werden (s. unten Rn. 36).

Als ausdrückliche Rechtsausübungsschranke hat der Gesetzgeber lediglich das Schikaneverbot in § 226 vorgesehen. Diese Grenze hat sich als viel zu eng und unzureichend erwiesen. Rechtsprechung und Literatur haben deshalb aus § 826 und § 242 weitere Rechtsausübungsschranken herausgearbeitet, wobei vor allem den aus § 242 abgeleiteten Rechtsausübungsschranken die größere Bedeutung zukommt. 12

1. Das Schikaneverbot

Nach § 226 ist eine Ausübung des Rechts lediglich dann unzulässig, wenn sie „nur den Zweck“, d.h., keinen anderen Zweck haben kann, als einem anderen Schaden zuzufügen. Der Tatbestand der Schikane in § 226 ist damit so eng gefaßt, daß er nur sehr selten vorliegen wird[18]. Es genügt nicht, daß der Handelnde eine Schädigungsabsicht auch neben anderen Motiven hatte. Das Gesetz verlangt vielmehr, daß die Handlung überhaupt keinen anderen Zweck als die Schädigung haben kann. In der Regel werden sich, mag auch die Absicht der Schädigung noch so deutlich sein, doch in den meisten Fällen noch andere Zwecke als mitgewollt finden lassen, was die Anwendung von § 226 dann ausschließt. 13

Beispiel: In einer der wenigen Entscheidungen, in denen das *RG* den § 226 für anwendbar gehalten hat, war dies, streng genommen, nicht richtig[19]. Der Eigentümer eines Schloßgutes hatte seinem Sohn, mit dem er in Feindschaft lebte, den Besuch des im Schloßgarten gelegenen Grabes seiner Mutter untersagt. Er berief sich auf sein Verbietungsrecht als Eigentümer und machte geltend, daß er schwer herzleidend sei und deshalb den Anblick des Sohnes auf seinem Besitztum nicht ertragen könne. Das *RG* sah dennoch den völligen Ausschluß des Sohnes vom Besuch des Grabes seiner Mutter als Schikane und damit als eine unzulässige Ausübung des Eigentums an. Dies ist schwer verständlich, weil nach dem unwiderlegten Vorbringen der Vater zumindest auch seine Gesundheit schützen und nicht nur den Sohn schikanieren wollte. Richtigerweise hätte das *RG* nicht einen Fall des § 226, sondern eine sittenwidrige Rechtsausübung annehmen sollen (s. sogleich Rn. 15). Der völlige Ausschluß des Sohnes vom Besuche des Grabes seiner Mutter war zweifellos sittenwidrig. 14

2. Verbot sittenwidrig schädigender Rechtsausübung

Eine Handlung verpflichtet nach § 826 zum Schadensersatz und muß schon vorbeugend unterlassen werden, wenn sie einen anderen in sittenwidriger Weise vorsätzlich schädigt. Dies gilt auch dann, wenn sich die Handlung als Ausübung eines Rechts darstellt[20]. Die Rechtsausübung muß gerade gegenüber dem von der Rechtsausübung Betroffenen sittenwidrig sein. Zur Sittenwidrigkeit gehört grundsätzlich, daß die Schädigung des Betroffenen gewollt oder wenigstens in Kauf genommen und damit vorsätzlich war. Grobe Fahrlässigkeit genügt grundsätzlich 15

---

[17] S. *BGH* NJW 1995, 1739.

[18] Über einen Fall schikanöser Ausübung der Klagebefugnis vgl. *OLG Frankfurt* NJW 1979, 1613; s. auch *OLG Brandenburg* NJW 2001, 450, 451; *OLG Düsseldorf* DB 1988, 284; *RGZ* 96, 184.

[19] *RGZ* 72, 251.

[20] *Enneccerus/Nipperdey,* AT, § 239 IV 2; Soergel/*Fahse,* § 226 Rn. 3.

nicht[21]. Vorsätzlich sittenwidrig handelt aber auch, wer in Kenntnis der maßgeblichen Umstände sich der Einsicht in die Sittenwidrigkeit seines Handelns bewußt verschließt[22]. Auch kann aus einem besonders leichtfertigen Verhalten auf das Vorliegen eines bedingten Vorsatzes geschlossen werden[23]. Da ein Sittenverstoß nach § 826 regelmäßig zugleich einen Verstoß gegen Treu und Glauben enthält (s. sogleich Rn. 16ff.), verbleibt für das Verbot sittenwidriger Rechtsausübung kaum ein Anwendungsbereich, der nicht zugleich von § 242 erfaßt ist. Dem Vorsatzerfordernis kommt deshalb keine praktische Bedeutung zu. § 826 setzt zwar nicht wie § 242 eine Sonderverbindung zwischen den Beteiligten voraus[24], aber die Rechtsausübung stellt eine solche Sonderverbindung her.

3. Unzulässige Rechtsausübung nach § 242

16 Die wichtigste Rechtsausübungsschranke ergibt sich aus dem Grundsatz von Treu und Glauben (§ 242). Zwar bezieht sich § 242 nach seinem Wortlaut nur auf die Leistungserbringung durch den Schuldner. § 242 gilt aber nach allgemeiner Auffassung über das Schuldrecht hinaus für jede rechtliche Sonderverbindung und begründet nicht nur Pflichten für den Schuldner, sondern bindet spiegelbildlich auch den Gläubiger und begrenzt damit die Ausübung seiner Rechte[25]. Wo immer zwischen bestimmten Personen ein rechtliches Band besteht, da sind sie gehalten, sich so zu verhalten, wie man es von einem redlichen Denkenden erwarten darf. Das gilt hinsichtlich der Ausübung **aller** in einem Rechtsverhältnis bestehenden **Rechte und Rechtspositionen.** Die unzulässige Rechtsausübung kann deshalb nicht nur Ansprüchen, Gestaltungsrechten oder sonstigen Rechten entgegengehalten werden, sondern allen Rechtspositionen, auch Einwendungen und Einreden. Dabei ist zwischen individuellem und institutionellem Rechtsmißbrauch zu unterscheiden. Ein **institutioneller Rechtsmißbrauch** liegt vor, wenn von Rechten und Rechtspositionen ein ihrem objektiven Sinn und Zweck widersprechender Gebrauch gemacht wird. Von **individuellem Rechtsmißbrauch** spricht man dagegen, wenn sich die Rechtsausübung zwar noch innerhalb der vom objektiven Zweck einer Norm oder eines Rechtsinstituts gezogenen Grenzen hält, der Berechtigte aber durch sein individuelles Verhalten treuwidrig gegen die Interessen des anderen verstößt, z.B. dessen Vertrauen verletzt[26].

17 **Beispiel:** Die Berufung auf die Formnichtigkeit (§ 125) wegen Nichtbeachtung der notariellen Beurkundung bei einem Grundstückskauf begrenzt nicht die Ausübung eines subjektiven Rechts. Die Berufung auf die Formnichtigkeit kann aber dennoch gegen Treu und Glauben verstoßen und deshalb unzulässig sein (s. unten § 27 Rn. 67ff.). Die Berufung hierauf wider-

---

[21] S. *BGH* NJW 1962, 1766; a.A. Palandt/*Heinrichs,* § 242 Rn. 21; *Siebert,* Verwirkung und Unzulässigkeit der Rechtsausübung S. 108ff., wonach ein objektiver Sittenverstoß ohne Verschulden genügt.

[22] *BGH* NJW 1994, 2289.

[23] *BGH* WM 1986, 904.

[24] Darin sieht Palandt/*Heinrichs,* § 242 Rn. 21 einen Unterschied zu § 242.

[25] Vgl. *Larenz,* Schuldrecht I, § 10 I u. II b; *Enneccerus/Nipperdey,* AT, § 239 IV 1; Soergel/*Teichmann,* § 242 Rn. 11.

[26] S. Soergel/*Teichmann,* § 242 Rn. 14, 25; *Teichmann,* JA 1985, 497, 498; a.A. Palandt/*Heinrichs,* § 242 Rn. 40 und die Voraufl., wo der individuelle Rechtsmißbrauch auf die Ausübung subjektiver Rechte bezogen wird.

spricht zwar nicht dem objektiven Zweck der Formvorschrift, sie kann aber unter den individuellen Umständen des Einzelfalles treuwidrig sein, insbesondere wenn die Formnichtigkeit von einem rechtskundigen Verkäufer verursacht und dadurch das Vertrauen eines rechtsunkundigen Käufers, der sich auf die Wirksamkeit des Kaufvertrags verlassen hat, beeinträchtigt wird.

Wann eine Rechtsausübung im einzelnen gegen Treu und Glauben verstößt und deshalb unzulässig ist, läßt sich nicht erschöpfend angeben, weil es sich bei Treu und Glauben um eine Generalklausel handelt, die der Ausfüllung und ständigen Fortbildung durch die Rechtsprechung bedarf. Es müssen Umstände vorliegen, die die Ausübung des Rechts zu diesem Zweck oder zu diesem Zeitpunkt als ein rechtsethisch objektiv zu mißbilligendes Vorgehen erscheinen lassen. Ein Verschulden ist nicht erforderlich[27]. Rechtsprechung und Literatur haben verschiedene Fallgruppen der unzulässigen, Treu und Glauben widersprechenden Rechtsausübung herausgearbeitet. 18

a) Unredlicher Erwerb der eigenen Rechtsstellung

Gegen Treu und Glauben verstößt, wer ein **Recht** geltend macht, das er sich durch eigenes treuwidriges oder vertragswidriges Verhalten **auf unredliche Weise verschafft** hat[28]. Es genügt eine objektive Treuwidrigkeit, Verschulden ist nicht erforderlich. Die Treuwidrigkeit muß sich gerade gegen den von der Rechtsausübung Betroffenen richten und dessen Interessen verletzen und sie muß für den Rechtserwerb kausal sein[29]. Dem unredlichen Erwerb des eigenen Rechts ist gleichzustellen der Fall, daß die **Rechtsstellung des Gegners auf unredliche Weise vereitelt** wird. 19

Beispiele: Erwirbt jemand Rechte aus einem Vertrag, den er mit dem Vertreter eines anderen geschlossen hat, und weiß er dabei, daß der Vertreter seine Vertretungsmacht pflichtwidrig ausnutzt, oder kennt er die objektiven Umstände, die einen diesbezüglichen Verdacht evident machen[30], kann er die wegen des darin liegenden Mißbrauchs der Vertretungsmacht (s. unten § 46 Rn. 141 ff.) erworbenen Rechte nicht geltend machen. Der Vertretene kann den aus dem Vertrag abgeleiteten Rechten den Einwand unzulässiger Rechtsausübung aus § 242 entgegenhalten[31]. – Ein unredlicher Erwerb einer Rechtsstellung ist auch angenommen worden, wenn sich eine Bank in bankunüblicher Weise einen Schadensersatzanspruch abtreten läßt, der ihrer Schwester-Bank gegen einen ihrer Kunden zusteht, nur um mit dem abgetretenen Anspruch gegen eine Guthabenforderung ihres Kunden aufzurechnen und das Guthaben an die Schwester-Bank zu überweisen. Die Aufrechnung stellt dann eine unzulässige Rechtsausübung dar, weil die Aufrechnungslage durch die geschäftsunübliche Abtretung auf treuwidrige Weise geschaffen wurde[32]. Der Gedanke des treuwidrigen Rechtserwerbs liegt auch § 162 Abs. 2 zugrunde. – Eine treuwidrige Vereitelung der Rechtsstellung des Gegners ist anzunehmen, wenn der Empfänger einer Kündigungs- oder einer sonstigen Willenserklärung den Zugang der Erklärung verhindert, indem er den Briefkasten abmontiert und auf Klingeln nicht öffnet oder ein Einschreiben nicht entgegennimmt. Er muß sich dann so behandeln lassen, als ob der Zugang erfolgt sei[33]. Auch § 162 Abs. 1 betrifft einen Fall der treuwidrigen Vereitelung der Rechtsstellung eines anderen. Ebenso kann sich der Anspruchsverpflichtete nicht auf die Verjährung des Anspruchs berufen, wenn er den Berechtigten treuwidrig von der rechtzeitigen Klageerhebung abgehalten hat (unten § 17 Rn. 69 f.). 20

---

[27] *BGH* NJW-RR 1986, 764, 765.
[28] Vgl. *BGHZ* 9, 94; 13, 346; *BGHZ* 57, 111; *RGZ* 157, 363.
[29] Palandt/*Heinrichs,* § 242 Rn. 43; Soergel/*Teichmann,* § 242 Rn. 281; Staudinger/*J. Schmidt,* § 242 Rn. 653.
[30] Dazu *BGH* NJW 1994, 2082, 2083; 1995, 251.
[31] S. auch *BGHZ* 113, 320; *BGH* NJW 1990, 384, 385.
[32] *BGH* NJW 1987, 2997.
[33] S. *BGHZ* 67, 271, 275; *BGH* NJW 1983, 929; s. auch *BAG* NJW 1985, 823; 1987, 1508.

b) Eigenes pflichtwidriges Verhalten

21 Vor allem in vertraglichen Verhältnissen setzt die Geltendmachung von Rechten grundsätzlich voraus, daß der Gläubiger nicht schwerwiegend gegen eigene Pflichten verstößt. Zwar stehen dem Vertragspartner bei solchen Pflichtverstößen im Regelfall Schadensersatzansprüche zu, mit denen er aufrechnen (§ 387) oder bei ungleichartigen Leistungen ein Zurückbehaltungsrecht geltend machen kann (§§ 273, 320). Liegen die Voraussetzungen dafür aber nicht vor, so kann dem Berechtigten, wenn er sich pflichtwidrig verhält, der Einwand der unzulässigen Rechtsausübung (unclean hands, tu quoque) entgegengehalten werden.

22 **Beispiele:** Der Unternehmer, der die Einhaltung eines vertraglich vereinbarten Wettbewerbsverbots verlangt, handelt treuwidrig, wenn er seinerseits pflichtwidrig die Karenzentschädigung (s. § 74 Abs. 2, § 90a Abs. 1 S. 3 HGB) nicht zahlt[34]. Ferner kann der Gläubiger vom vorleistungspflichtigen Schuldner nicht Erfüllung verlangen, wenn er seinerseits die von ihm zu erbringende Gegenleistung ablehnt[35]. Ebenso kann der Gläubiger die Rechte aus §§ 280, 281, 323 nur geltend machen, wenn er selbst vertragstreu ist[36]. Auch kann sich ein Mieter nicht auf die Befreiung von der Mietzinspflicht gemäß § 537 Abs. 2 wegen Überlassung der Sache an einen Dritten berufen, wenn er seinerseits vertragswidrig ausgezogen ist und keine Miete mehr zahlt[37]. Ebensowenig tritt Leistungsfreiheit des Versicherers wegen arglistiger Täuschung des Versicherungsnehmers ein, wenn sich der Versicherer selbst grob pflichtwidrig verhalten hat[38]. Es existiert aber kein allgemeiner Grundsatz, daß nur eine rechtstreue Person eigene Rechte geltend machen kann[39]. Ein Gesellschafter kann sich deshalb trotz beiderseitiger Pflichtverstöße auf den Fortbestand der Gesellschaft berufen[40].

c) Fehlen eines berechtigten Eigeninteresses

23 Da subjektive Rechte dem Schutz bestimmter rechtlich geschützter Interessen dienen (s. oben § 14 Rn. 14), ist es unangebracht, die Geltendmachung eines Rechts auch dann noch zuzulassen, wenn ein rechtlich geschütztes Interesse im konkreten Fall gar nicht besteht[41]. Soweit das geltend gemachte Interesse schon vom ausdrücklich umschriebenen Inhalt des Rechts nicht gedeckt ist, kommen bereits die Inhaltsschranken (s. oben Rn. 2ff.) zum Tragen. Ist aber das Recht nach seinem formalen Wortlaut zwar anwendbar, ist aber aufgrund besonderer Umstände ein berechtigtes Interesse nicht gegeben, weil es z.B. bereits auf andere Art befriedigt oder nicht schutzwürdig ist, so kann die Ausübung der formalen Rechtsstellung treuwidrig und damit unzulässig sein. Da der Interessenschutz jedoch eine wichtige Aufgabe des subjektiven Rechts ist, darf nicht schon jeder geringfügige Zweifel am Fehlen eines berechtigten Eigeninteresses zur Versagung der Rechtsausübung führen. Vielmehr müssen dafür deutliche Anhaltspunkte mit möglichst klar bestimmten Voraussetzungen bestehen[42]. Rechtsprechung und Literatur haben dafür verschiedene Fallgruppen gebildet.

24 aa) Unzulässig ist das Ausnutzen einer formalen Rechtsstellung, wenn ein **schützenswertes Interesse** von vornherein **nicht besteht** oder es **später** infolge Zweck-

---

[34] *BAG* NJW 1964, 1643.
[35] *BGHZ* 50, 176.
[36] Vgl. MünchKomm/*Emmerich,* § 326 Rn. 32; Bamberger/Roth/*Grothe,* § 323 Rn. 41.
[37] *BGH* NJW 1993, 1645 zum gleich lautenden § 552 Satz 3 a.F.
[38] *BGH* NJW 1989, 2472.
[39] *BGH* NJW 2000, 505; Soergel/*Teichmann,* § 242 Rn. 287.
[40] *BGH* NJW 1998, 3771.
[41] S. auch *BGH* WM 1994, 623.
[42] S. auch *Medicus,* AT Rn. 134.

erreichung oder Zweckfortfall **weggefallen** ist. In diesen Fällen wird häufig ein institutioneller Rechtsmißbrauch vorliegen (s. oben Rn. 16).

25 **Beispiele:** Treuwidrig ist es, wenn Sachmängelgewähransprüche geltend gemacht werden, obwohl der Mangel gar nicht mehr vorhanden ist[43]. Gleiches gilt für die Anfechtung, wenn der den Irrtum begründende Umstand bei Abgabe der Anfechtungserklärung nicht mehr besteht (s. unten § 37 Rn. 47), oder wenn gegenüber einer Versicherung falsch vorgebrachte Tatsachen vor Eintritt eines Nachteils richtig gestellt werden[44]. Unzulässig ist auch die Berufung auf die Formstrenge beim Dokumenten-Akkreditiv, wenn aus deren Nichtbeachtung nachweislich keine Nachteile entstanden sind[45]. Ebenso ist die Geltendmachung einer Bürgschaft oder einer Garantie auf erstes Anfordern unwirksam, wenn der Anspruch wegen sog. liquider Einwendungen offenkundig nicht besteht[46]. In diesen Fällen handelt es sich grundsätzlich um einen institutionellen Rechtsmißbrauch. Ein individueller Rechtsmißbrauch liegt vor, wenn formal gemäß § 14 MarkenG bestehende Ansprüche aus einer Marke (E-Klasse) geltend gemacht werden, obwohl der Inhaber die Marke selbst gar nicht benutzen, sondern nur anderen die Benutzung verbieten bzw. seine Zustimmung zur Benutzung sich abkaufen lassen will[47].

26 bb) Ein berechtigtes Eigeninteresse fehlt auch bei **geringfügiger Interessenbeeinträchtigung** auf Seiten des Berechtigten, wenn andererseits durch die Rechtsausübung dem anderen Teil **unverhältnismäßige Nachteile** entstehen. Dies ist Ausdruck des auch für die Rechtsausübung geltenden Grundsatzes der Verhältnismäßigkeit[48], wobei allerdings die Rechtsausübung den Vorrang haben muß, die nur bei besonderer Unverhältnismäßigkeit unzulässig wird. Das BGB schließt die Geltendmachung von Rechten aus einer Pflichtverletzung zum Teil ausdrücklich aus wenn diese unerheblich oder verhältnismäßig geringfügig ist, so in § 281 Abs. 1 Satz 3, § 320 Abs. 2, § 323 Abs. 5 Satz 2. Bei Anwendung von § 242 schließt die Geringfügigkeit der Interessenbeeinträchtigung die Rechtsausübung aber nicht generell aus. Hinzukommen muß, daß der andere dadurch unverhältnismäßig benachteiligt wird, so z. B. wenn ein sehr hoher Schaden durch die Geltendmachung des Rechts entstehen würde[49].

27 **Beispiele:** Ein Zurückbehaltungsrecht nach § 273 darf nicht wegen einer geringfügigen Forderung in vollem Umfang ausgeübt werden[50]. Ebensowenig kann sich eine Versicherung auf Leistungsfreiheit wegen einer Obliegenheitsverletzung berufen, wenn ihre Interessen durch die Obliegenheitsverletzung nicht ernsthaft gefährdet sind[51]. Wegen unverhältnismäßiger Benachteiligung ohne ausreichendes Eigeninteresse ist auch die Erhebung der Anfechtungsklage gegen einen Hauptversammlungsbeschluß der Aktiengesellschaft (§ 246 AktG) durch einen Aktionär unzulässig, wenn die *AG* dadurch lange Zeit an der Durchführung wirtschaftlich notwendiger Maßnahmen (z. B. einer Kapitalerhöhung) gehindert wird, während es dem Aktionär in erster Linie darauf ankommt, sich seine Aktien oder den Verzicht auf seine Klage zu einem unverhältnismäßig hohen Preis abkaufen zu lassen[52]. Stehen dem Berechtigten mehrere Möglichkeiten zur Verfügung, so muß er zur Vermeidung unverhältnismäßiger Nachteile grundsätzlich das

---

43 *BGHZ* 90, 204.

44 *BGH* NJW 2002, 518.

45 *RGZ* 169, 140, 143.

46 S. etwa *BGH* NJW 1992, 497; *BAG* NJW 1989, 2493.

47 *BGH* NJW-RR 2001, 975.

48 S. dazu etwa *BGH* GRUR 2003, 628 (Klosterbrauerei); dazu *Teplitzky,* LMK 2003, 130.

49 *BGH* NJW 1997, 255; *M. Wolf,* in: *Wolf/Horn/Lindacher,* AGBG, § 9 Rn. B 220.

50 Palandt/*Heinrichs,* § 273 Rn. 18; Soergel/*M. Wolf,* § 273 Rn. 50; s. auch *BGH* NJW-RR 1997, 18.

51 *BGHZ* 53, 160; 96, 88, 92.

52 *BGH* NJW 1989, 2689; *BGH* ZIP 1990, 168; dazu etwa *Teichmann,* JuS 1990, 269; *Eppler,* DB 1991, 1346; *Diekgräf,* WM 1991, 613; *Waisenbach,* BB 1991, 485; *Radu,* ZIP 1992, 303; *Kort,* DB 1992, 1765.

mildere Mittel wählen, wenn dieses seine rechtlich geschützten Interessen ausreichend wahrt. Einer Kündigung wegen pflichtwidrigen Verhaltens muß deshalb grundsätzlich eine Abmahnung vorausgehen (s. § 314 Abs. 2)[53].

28 cc) Eine lediglich formale Rechtsstellung ohne berechtigtes Eigeninteresse wird auch ausgenutzt, wenn **das Verlangte sofort wieder zurückzugewähren ist (dolo agit, qui petit, quod statim redditurus est)**[54] oder wenn der Zustand, dessen Beseitigung geltend gemacht wird, zu dulden ist.

29 **Beispiel:** Unzulässig ist etwa die Geltendmachung einer Forderung, wenn das Geleistete nach § 812 oder als Schadensersatz sogleich wieder zurückgewährt werden muß[55]. Voraussetzung ist aber immer, daß der Rückgewähranspruch sofort geltend gemacht werden kann und nicht seinerseits von einer Leistung Zug-um-Zug abgängt, die der Rückforderungsberechtigte verweigert[56]. Unzulässig ist auch die Geltendmachung eines Grundbuchberichtigungsanspruchs wegen Nichtbestehens eines eingetragenen Rechts, wenn der Eingetragene die Bestellung dieses Rechts gerade verlangen kann[57]. Ebenso unzulässig ist das Herausgabeverlangen gegen den Besitzer, wenn dieser aufgrund einer Option den Abschluß oder die Verlängerung eines Mietvertrags verlangen kann[58]. Unzulässig ist auch die Berufung auf die Nichtigkeit einer Vollmacht, wenn der Vollmachtgeber zur Erteilung der Vollmacht verpflichtet ist[59]. Die Geltendmachung von Rechten aus dem Eigentum ist unzulässig, wenn die Rechtsausübung der Sozialpflichtigkeit des Eigentums nach Art. 14 Abs. 2 GG widerspricht[60].

30 *d)* Gegen Treu und Glauben verstößt auch, wer sich durch die Ausübung seines Rechts zu seinem **eigenen bisherigen Verhalten,** auf das der andere vertraut, ungerechtfertigt und in zurechenbarer Weise in **Widerspruch** setzt **(venire contra factum proprium)**[61]. Widersprüchliches Verhalten ist für sich allein nicht ohne weiteres unzulässig. So kann sich etwa der Erklärende auf die Nichtigkeit oder die Anfechtung der von ihm abgegebenen Willenserklärung berufen. Ebenso kann der Schuldner das Bestehen einer Forderung bestreiten, aber dennoch hilfsweise die Aufrechnung erklären. Zusätzlich zum widersprüchlichen Verhalten muß hinzukommen, daß das berechtigte Vertrauen eines anderen, der sich darauf eingerichtet hat, enttäuscht wird und diesem daraus ungerechtfertigte Nachteile entstehen[62]. Das widersprüchliche Verhalten macht nur die Ausübung eines Rechts unzulässig, begründet aber anders als die Erwirkung (s. unten Rn. 33) nicht selbst Rechte. Insbesondere können vertragliche Ansprüche nur nach den Grundsätzen über die Willenserklärung und die Rechtsscheinhaftung begründet werden[63]. Die protestatio factis contraria mag zwar ein widersprüchliches Verhalten sein, enthält deshalb aber nicht ohne weiteres eine Willenserklärung (s. unten § 30 Rn. 25 ff.).

---

53 Soergel/*Teichmann,* § 242 Rn. 293; Palandt/*Heinrichs,* § 242 Rn. 54.

54 S. etwa Soergel/*Teichmann,* § 242 Rn. 299; Palandt/*Heinrichs,* § 242 Rn. 52.

55 S. etwa *BGHZ* 56, 22, 25; 66, 293, 305; 74, 300; 116, 200.

56 BGH v. 24. 10. 03 V ZR 24/03.

57 *BGHZ* 38, 122, 126.

58 Vgl. auch *OLG Köln* NJW-RR 1992, 1162.

59 *BGH* NJW 2004, 62; *BGH* WM 2004, 27.

60 S. auch *M. Wolf,* Sachenrecht, Rn. 95.

61 *BGHZ* 47, 184, 189; *Riezler,* Venire contra factum proprium, 1912; *Merz,* aaO, S. 171; *Singer,* Das Verbot widersprüchlichen Verhaltens, 1993; MünchKomm/*Roth,* § 242 Rn. 423.

62 Dazu auch *Teichmann,* JA 1985, 497.

63 So zu Recht *Singer,* Das Verbot widersprüchlichen Verhaltens, 1993, S. 169 ff.; *Canaris,* Die Vertrauenshaftung im deutschen Privatrecht, 1971, S. 287 ff.; *ders.,* Handelsrecht, § 6 VIII, will darüber hinaus Ansprüche aus Vertrauenshaftung kraft widersprüchlichen Verhaltens herleiten; die davon erfaßten Fallgestaltungen sind jedoch der Erwirkung zuzuordnen.

Beispiele: Wer das ihm ohne Rechtsgrund Geleistete behalten will, kann nicht seinerseits unter Berufung auf den fehlenden Rechtsgrund seine von ihm erbrachte Leistung zurückfordern[64]. Wer einen Vertrag längere Zeit in einem bestimmten Sinn ausgelegt hat, worauf sich der Vertragspartner eingerichtet hat, kann nicht plötzlich eine andere Auslegung zugrunde legen[65]. Der Dienstverpflichtete, der sein Arbeits- oder Dienstverhältnis aus wichtigem Grund gekündigt und seine Arbeit eingestellt hat, kann nicht nachträglich, wenn sich der Dienstberechtigte darauf eingerichtet hat, die Unwirksamkeit der Kündigung und den Fortbestand des Arbeits- oder Dienstverhältnisses geltend machen[66]. Wer jahrelang den Gläubiger im Glauben gelassen hat, er sei der wahre Schuldner der erbrachten Leistungen, haftet für die weitere Vertragsdurchführung nicht aus widersprüchlichem Verhalten[67]. Vielmehr hat er durch sein Verhalten konkludent einen Vertrag mit dem Gläubiger geschlossen und kann deshalb im Falle einer Klage nicht seine Passivlegitimation bestreiten. Aus dem widersprüchlichen Verhalten im Zusammenhang mit Vertragsverhandlungen oder geschäftlichen Kontakten (§ 311 Abs. 2) können sich auch Ansprüche aus culpa in contrahendo ergeben sein, wenn daraus zwar keine Willenserklärung abgeleitet werden kann, aber ein Schaden entsteht[68]. 31

e) Verwirkung und Erwirkung

Dem widersprüchlichen Verhalten nahe steht die **Verwirkung**[69]. Das Kennzeichen der Verwirkung liegt darin, daß der Berechtigte mit der Geltendmachung seines Rechts so lange wartet, daß der andere Teil den Umständen nach damit rechnen kann und tatsächlich damit gerechnet hat, das Recht bestehe nicht oder werde doch nicht mehr ausgeübt. Während jedoch das widersprüchliche Verhalten grundsätzlich ein positives früheres Verhalten voraussetzt, das dem späteren Verhalten widerspricht, knüpft die Verwirkung an den Zeitablauf und die **längere Zeit unterlassene Rechtsausübung** an. Hinzukommen muß auch bei der Verwirkung das Vertrauen des anderen Teils, der sich auf das Nichtbestehen oder die Nichtgeltendmachung des Rechts eingerichtet hat und durch die spätere Geltendmachung in seinem **berechtigten Vertrauen enttäuscht** wird. Da die Verwirkung jedoch mit der unterlassenen Rechtsausübung über längere Zeit maßgeblich auf ein zeitliches Element abstellt, soll sie zusammen mit anderen zeitlichen Rechtsausübungsschranken behandelt werden (s. unten Rn. 47 ff.). 32

Während die Verwirkung die Geltendmachung eines subjektiven Rechts hindert, führt die **Erwirkung** zur **Entstehung eines subjektiven Rechts**[70]. Als Rechtsentstehungsgrund ist die Erwirkung nicht unmittelbar der unzulässigen Rechtsausübung zuzuordnen. Es bestehen aber insofern Berührungspunkte, als sich der Verursacher des Erwirkungstatbestands nicht auf die fehlenden Entstehungsvoraussetzungen für das erwirkte Recht berufen darf. Die Erwirkung ist der Verwirkung im übrigen vergleichbar und kann als deren Spiegelbild verstanden werden. Auch bei der Erwirkung wird das **Vertrauen auf einen lang andauernden Zustand** geschützt, auf den sich der Vertrauende verlassen und eingerichtet hat und an dem sich der Verursacher festhalten lassen muß. Erforderlich ist ebenfalls, daß die Vertrauen verursachenden Umstände 33

---

[64] *BGH* LM § 154 BGB Nr. 2; *RGZ* 161, 59.

[65] *RGZ* 144, 92.

[66] *BGHZ* 44, 271, 274; *BGH* NJW 2000, 1329 = LM H. 5/2000 § 134 BGB Nr. 166 m. Anm. *G. Roth; BAG* BB 1998, 645.

[67] So aber *BGH* LM § 164 BGB Nr. 33; *BGH* NJW-RR 1987, 335; 1990, 417; dazu auch *BGH* NJW 2001, 2716.

[68] S. *BGH* NJW 2001, 2716 = LM H. 9/2001 § 276 (Fa) BGB Nr. 163 m. Anm. *Leenen;* dazu unten § 31.

[69] MünchKomm/*Roth,* § 242 Rn. 424, bezeichnet sie als Unterfall des widersprüchlichen Verhaltens.

[70] *Singer,* Das Verbot widersprüchlichen Verhaltens, 1993, S. 224.

dem Verursacher verantwortlich zugerechnet werden können und daß auf Seiten des Vertrauenden ein berechtigtes Vertrauen besteht[71].

34 Die Erwirkung kann sich grundsätzlich auf **alle Rechte** erstrecken, gleichgültig ob deren Entstehung auf Gesetz oder auf Rechtsgeschäft beruht. Bei Rechten, deren Entstehung auf einem Rechtsgeschäft beruht, ist die Erwirkung **von der Willenserklärung abzugrenzen.** Die Willenserklärung erfordert ein Verhalten, aus dem auf einen mit dem Verhalten selbst zum Ausdruck kommenden Rechtsfolgewillen (s. unten § 24 Rn. 9) geschlossen werden kann. Daran fehlt es regelmäßig beim bloßen Schweigen (s. unten § 28 Rn. 67). Die Erwirkung verlangt dagegen keinen aktuellen Rechtsfolgewillen, sondern schützt das Vertrauen, daß ein solcher Rechtsfolgewille zuvor bereits rechtsbegründend gewirkt hat. Für eine Erwirkung kann demgemäß auch das bloße Schweigen genügen.

35 **Beispiel:** In einem Konzern bestehen zwei Baufirmen mit gleichem Firmennamen, wobei der Bauherr den Bauvertrag nur mit einer dieser Firmen geschlossen hat, während die zweite gleichnamige Firma den Vertrag und teilweise auch die Gewährleistungsansprüche erfüllte sowie die Rechnungen erstellte. Nachdem weitere Gewährleistungsansprüche nicht erfüllt werden, klagt der Bauherr gegen die zweite Firma. Nach längerer Prozeßdauer wendet diese ein, daß der Vertrag nicht mit ihr geschlossen und sie deshalb auch nicht zur Gewährleistung verpflichtet sei. Wegen des vorangegangenen der zweiten Firma zurechenbaren Verhaltens in Verbindung mit der Namensgleichheit durfte der Bauherr berechtigterweise darauf vertrauen, daß die zweite Firma als Vertragspartner in Betracht komme. Die Berufung der zweiten Firma auf den fehlenden Vertragsabschluß mit ihr ist unzulässig. Sie muß sich als Vertragspartner behandeln lassen mit der Folge, daß ohne Willenserklärung vertragsgleiche Ansprüche gegen sie im Wege der Erwirkung entstanden sind. Ein Vertragsabschluß durch Willenserklärungen mit der zweiten Firma kommt nicht in Betracht, weil der Bauherr davon ausging, daß ein Vertrag bereits geschlossen sei und er einen zweiten Vertrag nicht mehr abschließen wollte[72]. – Sind die Voraussetzungen für eine Erwirkung nicht gegeben, weil kein ausreichender Vertrauenstatbestand besteht, so kann immer noch ein Anspruch aus Verschulden bei bestehenden geschäftlichen Kontakten (§ 311 Abs. 2 Nr. 3 mit § 280) in Betracht kommen[73].

4. Unzulässige Rechtsausübung in der EG und den Mitgliedstaaten

36 Nach der Rechtsprechung des *EuGH* ist die Berufung auf das Gemeinschaftsrecht unzulässig, wenn die Rechtsausübung betrügerisch oder sittenwidrig ist[74]. Bei der Rechtsausübung ist auch der Grundsatz der Verhältnismäßigkeit zu beachten[75]. Diese Rechtsausübungsschranke ist Bestandteil des autonomen **europäischen Gemeinschaftsrechts.** Sie ist auch von den Mitgliedstaaten bei Anwendung des Gemeinschaftsrechts zu beachten. Daneben bestehen Rechtsausübungsschranken in den **Rechtsordnungen der Mitgliedstaaten,** die sich über die Sittenwidrigkeit hinaus erstrecken. Diese Rechtsausübungsschranken lassen sich auf den **gemeinsamen Grundgedanken** bringen, daß eine treuwidrige und dem Zweck des Rechts widersprechende Rechtsausübung unzulässig ist. Die den subjektiven Rechten immanenten Rechtsausübungsschranken gelten unabhängig davon, ob die Mitgliedstaaten sie ausdrücklich im Gesetz niedergelegt haben oder ob es sich um einen ungeschriebenen all-

---

71 S. *Canaris,* Die Vertrauenshaftung im deutschen Privatrecht, 1971, S. 93ff., 372ff.; *Singer,* Das Verbot widersprüchlichen Verhaltens, 1993, S. 224ff.

72 Zu einem vergleichbaren Sachverhalt s. *BGH* NJW-RR 1987, 335.

73 S. dazu auch *BGH* NJW 2001, 2716 sowie unten § 31.

74 S. *EuGH* EuZW 1999, 56 = RIW 1999, 130 Tz 20 (Kefalas); dazu *Ranieri,* ZEuP 2001, 169, 172ff.

75 S. Etwa *EuGH* GRUR 1999, 1122, 1124 ; *EuGH* GRUR Int. 2000, 756.

gemeinen Grundsatz handelt[76]. Als gemeinsamer Grundsatz der nationalen Rechtsordnungen können diese den subjektiven Rechten immanten Rechtsausübungsschranken sowohl vom *EuGH* als auch von den nationalen Gerichten auf das Gemeinschaftsrecht angewandt werden, weil und soweit dadurch die einheitliche Anwendung des Gemeinschaftsrechts gewährleistet bleibt. Die deutschen Gerichte dürfen deshalb die Grundsätze der unzulässigen Rechtsausübung (s. oben Rn. 9–36) auch auf solche nationale Rechtsvorschriften anwenden, die auf EG-Richtlinien beruhen und diese umsetzen[77]. Dadurch darf jedoch nicht die volle Wirksamkeit und einheitliche Anwendung des Gemeinschaftsrechts beeinträchtigt werden. Insbesondere darf die Tragweite einer Vorschrift des Gemeinschaftsrechts und der mit ihr verfolgte Zweck nicht vereitelt werden[78].

IV. Zeitliche Rechtsausübungsschranken

1. Zeitliche Inhaltsbegrenzung des Rechts

Zeitliche Rechtsausübungsschranken ergeben sich zunächst, wenn das Recht schon nach seinem Inhalt nur beschränkt gilt (s. auch oben Rn. 2ff.). Die zeitliche Befristung des Rechts auf eine bestimmte Zeitdauer kann **vertraglich vereinbart** werden. 37

Beispiel: Ein Dienstvertrag, Miet- oder Pachtvertrag kann von vornherein nur auf eine bestimmte Zeit, z.B. auf 2 Jahre, abgeschlossen werden. Die Rechte aus dem Vertrag enden dann, abgesehen von einzelnen nachvertraglichen Pflichten (s. etwa §§ 546a, 571), grundsätzlich mit Ablauf der vereinbarten Frist. Die zeitliche Befristung kann bei allen Dauerschuldverhältnissen vereinbart werden. 38

Außer einer vertraglich vereinbarten Befristung ergeben sich zeitliche Inhaltsbegrenzungen aber zum Teil auch aus zwingenden **gesetzlichen Vorschriften,** die zwecks Vermeidung ewiger Belastungen und unüberschaubar langer Bindungen die zeitliche Dauer des Rechtsinhalts begrenzen. 39

Beispiel: Der Nießbrauch (§ 1061) oder eine beschränkte persönliche Dienstbarkeit (§ 1090 Abs. 2 mit § 1061) können höchstens für die Lebenszeit des Berechtigten bestehen. Beide Rechte erlöschen zwingend mit dem Tod des Berechtigten. Zeitlichen Schranken unterliegen auch die Unterhaltsansprüche der Mutter bzw. des Vaters eines nichtehelichen Kindes (§ 1615l Abs. 1, 2 und 4). Das Recht des Nacherben oder eine Testamentsvollstreckung können grundsätzlich nicht länger als 30 Jahre bestehen (§ 2109, § 2210). Ein Mietvertrag oder ein Pachtvertrag kann grundsätzlich spätestens nach 30 Jahren gekündigt werden, falls er nicht auf die Dauer der Lebenszeit des Mieters oder Vermieters abgeschlossen ist (§ 544 mit § 581 Abs. 2, § 594b). Dienstverträge können spätestens nach Ablauf von 5 Jahren gekündigt und damit beendet werden (§ 624). Ohne Kündigung laufen diese Verträge aber weiter. 40

2. Ausschlußfristen

a) Anwendungsbereich und Zwecke der Ausschlußfristen

Ein Recht kann auch nicht mehr geltend gemacht werden, wenn eine für dieses Recht geltende Ausschlußfrist abgelaufen ist. Ausschlußfristen können **für alle Rechte** vorgesehen werden, die der Ausübung bedürfen. Sie kommen deshalb sowohl 41

---

[76] S. dazu *Ranieri,* Bonne foi et exercice du droit dans la tradition du Civil Law, in Revue internationale de droit comparé, 1998, 1055.

[77] Vgl. *BGH* NJW 1993, 2181; dazu *W.-H. Roth,* EWiR, Art. 177 EWG 2/93, S. 575; s. auch *BGH* GRUR 2003, 628.

[78] *EuGH* EuZW 1999, 56 = RIW 1999, 130 (Kefalas).

für Gestaltungsrechte in Betracht (z.B. §§ 121, 124, 532, § 626 Abs. 2, § 1944 Abs. 1) wie auch für Ansprüche (z.B. § 651g Abs. 1, § 801 Abs. 1, § 864), für dingliche Rechte (§ 382, § 562b Abs. 2 Satz 2) oder für sonstige Rechte und Rechtspositionen (z.B. § 148). Ausschlußfristen sind durch Gesetz vorgesehen, können aber auch vertraglich vereinbart werden, unterliegen dann aber den Schranken des AGB-Gesetzes (s. z.B. § 309 Nr. 8bee). Die Ausschlußfristen sind verglichen mit der Regelverjährungsfrist von 3 Jahren (§ 195) oft sehr viel kürzer, z.B. „unverzüglich" in § 121 BGB, § 377 HBG, 2 Wochen in § 626 Abs. 2, 1 Monat in § 562b Abs. 2, § 651g, § 1002, 6 Wochen in § 1944 Abs. 1, ein Jahr in § 124, § 532, § 864. Daneben gibt es aber auch lange Ausschlußfristen von 30 Jahren wie in § 382 und § 801.

42 Die Ausschlußfristen dienen verschiedenen Zwecken. Der **Zweck** der kurzen Ausschlußfristen besteht vornehmlich darin, für den anderen Teil und zum Teil auch für den Rechtsverkehr insgesamt möglichst rasch **Rechtssicherheit** und damit auch Planungssicherheit und Dispositionsfreiheit zu schaffen. Bei den langen Ausschlußfristen tritt als Zweck die Schaffung von **Rechtsklarheit** in den Vordergrund. Rechtsklarheit wird dadurch hergestellt, daß das von der Ausschlußfrist betroffene Recht kraft Gesetzes von selbst erlischt und nicht erst als Einrede geltend gemacht werden muß (s. unten Rn. 43). Die Erhebung einer Einrede als Gegenrecht verlangt Überwachung des Fristablaufs und die ausdrückliche Geltendmachung (s. unten Rn. 46). Bei Ansprüchen, die nicht gegen einen einzelnen privaten Schuldner gerichtet sind, soll diese Belastung entfallen und durch die Beachtung von Amts wegen seitens des Gerichts ersetzt werden. Darüber hinaus sind Einreden zwar als Leistungsverweigerungsrechte zur Abwehr von Ansprüchen geeignet, die vom Schuldner ein Tun oder Unterlassen verlangen (§ 194). Zur Verteidigung gegenüber Gestaltungsrechten, die der Berechtigte allein ausüben kann (s. oben § 15 Rn. 65), sind Einreden als Gegenrechte jedoch wenig geeignet, weil die Rechtslage durch die Ausübung des Gestaltungsrechts bereits umgestaltet ist.

b) Rechtsfolgen

43 Während die zeitlichen Inhaltsbegrenzungen (oben Rn. 37ff.) das Recht nach Zeitablauf auf jeden Fall erlöschen lassen, gleichgültig ob es zuvor ausgeübt worden ist oder nicht, verlieren Ausschlußfristen ihre Wirkung, wenn das Recht **vor ihrem Ablauf ausgeübt** worden ist. Wie bei zeitlichen Inhaltsbegrenzungen führt auch der Ablauf einer Ausschlußfrist ohne vorherige Ausübung des Rechts grundsätzlich zu dessen **Erlöschen** (s. z.B. § 562b Abs. 2 Satz 2, § 801 Abs. 1, §§ 864, 977, 1002 BGB, § 13 ProdHG). Es kann aber auch nur die **Geltendmachung** des Anspruchs **ausgeschlossen** sein (s. § 651g Abs. 1). Der Unterschied zeigt sich daran, daß das auf einen erloschenen Anspruch Geleistete grundsätzlich nach § 812 zurückverlangt werden kann, während auf die Ausschlußfrist, die lediglich die Geltendmachung ausschließt, ohne den Anspruch zum Erlöschen zu bringen, § 214 Abs. 2 analog anzuwenden ist, mit der Folge, daß eine bereicherungsrechtliche Rückabwicklung ausgeschlossen ist (§ 813 Abs. 1 Satz 2). Die Ausschlußfrist begründet eine **Einwendung,** die vom Gericht von Amts wegen zu berücksichtigen ist (s. auch sogleich 3). Die Berufung auf die Ausschlußfrist kann aber nach § 242 unzulässig sein (s. oben Rn. 16ff.).

3. Verjährung und Ausschlußfristen

44 Zeitliche Schranken für die Rechtsausübung bringt auch die Verjährung mit sich. Für die Verjährung hat das BGB im Gegensatz zu den Ausschlußfristen eine ausführ-

liche Regelung allgemeiner Art in den §§ 194ff. vorgesehen. Diese werden gesondert dargestellt (s. unten § 17). Ausschlußfristen und Verjährung können nebeneinander bestehen. Ansprüche können, wenn sie nicht bereits durch Ausschlußfristen ausgeschlossen sind, immer noch verjähren (s. etwa § 651g Abs. 1 und 2, § 801 Abs. 1). Obwohl die Verjährung wie die Ausschlußfristen die Geltendmachung von Rechten unter Zeitzwang setzen und beide ähnlichen Zwecken dienen, bestehen dennoch Unterschiede zwischen beiden Instituten.

a) Verjährung nur für Ansprüche

Der Unterschied der Ausschlußfristen zur Verjährung zeigt sich zum einen darin, **45** daß die Verjährung nur für Ansprüche (§ 194), nicht für sonstige Rechte vorgesehen ist. Nicht der Verjährung unterliegen insbesondere Persönlichkeitsrechte, Herrschaftsrechte, Mitwirkungsrechte und Gestaltungsrechte. Aufgrund der Verjährung des zugrunde liegenden Anspruchs kann sich der Schuldner aber gemäß § 218 auf die Unwirksamkeit der Ausübung des Gestaltungsrechts berufen. Verjähren können aber die aus einem Persönlichkeitsrecht oder einem Herrschaftsrecht hervorgehenden, der Herstellung des dem Recht entsprechenden Zustandes dienenden unselbständigen Ansprüche (s. oben § 15 Rn. 14ff.) auf Herausgabe, Beseitigung einer Beeinträchtigung und Unterlassung von Störungen.

b) Verjährung als Einrede

Die Verjährung bringt auch den Anspruch nicht zum Erlöschen, sondern läßt ihn **46** bestehen und begründet nur ein **Leistungsverweigerungsrecht** (§ 214 Abs. 1), das als Einrede vom Anspruchsverpflichteten erkennbar geltend gemacht werden muß und vom Gericht nicht wie die Ausschlußfrist als eine Einwendung von Amts wegen beachtet wird. Ein Anspruch kann deshalb trotz Verjährung erfolgreich eingeklagt werden, wenn sich der Beklagte nicht auf eine Verjährung beruft. Dies gilt selbst dann, wenn sich deren Ablauf aus dem von den Parteien vorgetragenen Sachverhalt ergibt. Die Verjährung muß ähnlich wie ein Gestaltungsrecht geltend gemacht werden (s. oben § 15 Rn. 69). Die auf einen verjährten Anspruch erbrachte Leistung kann auch nicht nachträglich als ungerechtfertigte Bereicherung zurückgefordert werden (§ 214 Abs. 2 mit § 813 Abs. 1 Satz 2).

4. Verwirkung

a) Besondere Voraussetzungen der Verwirkung

Eine am Zeitablauf orientierte Rechtsausübungsschranke stellt auch die Verwirkung **47** dar. Sie bildet eine **Fallgruppe der unzulässigen Rechtsausübung nach § 242** (s. oben Rn. 32). Die Verwirkung unterscheidet sich von der Verjährung insofern, als neben noch nicht verjährten Ansprüchen auch **alle** sonstigen **Rechte,** insbesondere auch Gestaltungsrechte wie Rücktritt oder Kündigung[79] und die Geltendmachung von Einreden davon erfaßt werden. Im Gegensatz zu den Ausschlußfristen und zur Verjährung ist die Verwirkung aber **nicht an eine bestimmte Frist gebunden,** sondern verlangt zusätzlich zum Zeitablauf weitere Voraussetzungen, die **strengen Anfor-**

---

[79] S. als Beispiel *BGH* NJW 2002, 669 zur Ausübung eines Rücktrittsrechts; *BGH* NJW 2003, 2821 zur Kündigung.

derungen genügen müssen[80]. Es müssen zu der bloßen Untätigkeit des Berechtigten zusätzliche Momente hinzukommen, aus denen sich die **Notwendigkeit eines besonderen Vertrauensschutzes** ergibt. Dies trifft zu, wenn der andere Teil im berechtigten Vertrauen auf die Nichtgeltendmachung andere Vermögensdispositionen getroffen oder unterlassen hat.

48 Demgemäß ergeben sich als **Voraussetzungen** für die Verwirkung, daß (1) der Berechtigte sein Recht längere Zeit nicht geltend macht (sog. Zeitmoment, Rn. 49), (2) dadurch beim anderen Teil berechtigterweise das Vertrauen entsteht, der Berechtigte werde sein Recht nicht mehr ausüben (sog. Vertrauensmoment, Rn. 51), (3) der andere Teil sich darauf berechtigterweise eingerichtet hat (sog. Umstandsmoment, Rn. 53)[81] und (4) zwischen den einzelnen Voraussetzungen eine Wechselwirkung besteht (unten Rn. 55).

b) Das Zeitmoment

49 Die Zeitdauer, in der das Recht nicht geltend gemacht wird, ist nicht exakt bestimmt. Sie hängt ab von der Art und Bedeutung des Rechts, von der Intensität des Vertrauenstatbestandes und der Schutzbedürftigkeit des Rechtsunterworfenen. Dabei ist sie im Regelfall kürzer als eine für dasselbe Recht bestehende Verjährungs- oder Ausschlußfrist und kann von einigen Wochen bis zu mehreren Jahren betragen[82]. Für Gestaltungsrechte besteht kein allgemeiner Grundsatz, daß bei ihnen bereits nach kurzer Zeit Verwirkung eintrete. Treu und Glauben können allerdings verlangen, daß der Berechtigte alsbald Klarheit darüber schafft, ob er sein Gestaltungsrecht ausüben möchte. Dies kommt jedoch dann nicht in Betracht, wenn der Gestaltungsgegner durch Fristsetzung etwa nach § 350 das Recht zum Erlöschen bringen kann[83]. Bei ohnehin schon kurzen Verjährungs- oder Ausschlußfristen, wie z. B. der zweiwöchigen Ausschlußfrist für die Kündigung aus wichtigem Grund nach § 626 Abs. 2, kommt eine Verwirkung im Regelfall nicht in Betracht[84]. Eine beim bisherigen Rechtsinhaber verstrichene Zeit wird dem Rechtsnachfolger grundsätzlich angerechnet[85]. Der Zeitablauf reicht aber für sich allein nicht aus.

50 **Beispiele:** Der Gläubiger von Unterhaltsansprüchen muß diese möglichst zeitnah geltend machen. Weil solche Ansprüche im Regelfall lebensnotwendig sind, kann erwartet werden, daß sie rasch geltend gemacht werden. Auch soll der Unterhaltspflichtige, selbst wenn rückständige Ansprüche unter den Voraussetzungen des § 1613 geltend gemacht werden dürfen, vor der Ansammlung erdrückender Unterhaltsrückstände bewahrt werden. Das Zeitmoment kann deshalb bei Unterhaltsansprüchen bereits nach wenig mehr als einem Jahr erfüllt sein[86]. Bei einem dinglichen Anspruch sind aber andererseits 28 Jahre nicht als ausreichend angesehen worden.[87] Ferner darf es auch dem Gläubiger einer Geldforderung nicht ohne weiteres zum Nachteil gereichen, wenn er mit einer Mahnung oder Klageerhebung längere Zeit wartet, sei es aus Rücksicht auf den Schuldner, aus Kulanz oder auch nur aus eigener Bequemlichkeit. Im allgemeinen muß der Schuldner mit der Geltendmachung der Forderung noch rechnen, solange sie nicht verjährt ist.

---

[80] *Enneccerus/Nipperdey,* AT, § 228 IV 2; *Hübner,* AT, Rn. 1397; Soergel/*Teichmann,* § 242 Rn. 336ff.; MünchKomm/*Roth,* § 242 Rn. 469.
[81] S. etwa *BGHZ* 43, 252; 105, 290, 298; *BGH* NJW 1984, 1684.
[82] *BGH* WM 1971, 1084; s. auch *OLG Frankfurt* NJW-RR 1991, 674, 678.
[83] *BGH* NJW 2002, 669, 670.
[84] S. auch *BGH* BB 1969, 332; MünchKomm/*Roth,* § 242 Rn. 467.
[85] Zu Einzelheiten s. Staudinger/*J. Schmidt,* § 242 Rn. 570.
[86] *BGH* NJW 2003, 128.
[87] *BGH* WM 1971, 1084.

c) Das Vertrauensmoment

Der Schuldner muß aus dem Verhalten des Berechtigten, der während längerer Zeit sein Recht nicht geltend macht, vernünftigerweise darauf vertrauen dürfen, daß der Berechtigte sein Recht nicht mehr ausüben wolle. Der Vertrauensschutz, daß der Berechtigte sein Recht nicht geltend machen werde, kann nur für solche Rechte eingreifen, über die der Berechtigte allein verfügungsbefugt ist. Daraus ergibt sich, daß Rechte, durch die Interessen der Allgemeinheit geschützt werden, wie etwa im Recht des unlauteren Wettbewerbs (UWG), nicht der Verwirkung unterliegen[88]. Zum berechtigten Vertrauen gehört auch, daß sich dem Schuldner nicht aufdrängen muß, daß der Berechtigte das ihm zustehende Recht nicht kennt[89]. Der von der Rechtsausübung Betroffene muß sich auch seinerseits redlich verhalten, insbesondere den bestehenden Zustand redlich geschaffen haben, damit er auf die Nichtausübung des Rechts für die Zukunft vertrauen kann[90]. 51

Beispiel: Wird bei einer Abrechnung eine zum Gesamtkomplex gehörende Forderung nicht geltend gemacht und wird dies auch nicht in absehbarer Zeit korrigiert, so darf der Verpflichtete in der Regel darauf vertrauen, daß die Abrechnung vollständig ist und die Forderung nicht mehr geltend gemacht wird. 52

d) Das Umstandsmoment

Hinzukommen müssen ferner durch das Vertrauen verursachte Dispositionen des Verpflichteten, die ihn im Falle der verspäteten Geltendmachung der Forderung benachteiligen, indem er z. B. Vermögensdispositionen getroffen hat, die er bei rechtzeitiger Geltendmachung nicht getroffen hätte, oder indem er Gegenmaßnahmen zur Abwendung ihm drohender Rechtsnachteile nicht ergriffen hat, z. B. Beweismittel nicht gesichert hat[91] oder wenn er die für einen Anspruch gebildeten Rücklagen aufgelöst oder seinerseits Regreßansprüche gegen Dritte nicht rechtzeitig geltend gemacht hat. Je nach der Art des geltend gemachten Rechts können für das Umstandsmoment verschiedene Umstände zu berücksichtigen sein. Für die Verwirkung eines Unterlassungsanspruchs kann die Schaffung eines wertvollen Besitzstandes verlangt werden, was für die Verwirkung eines Schadensersatzanspruchs nicht erforderlich ist[92]. 53

Beispiel: Ein Hotel war für zwanzig Jahre verpachtet; der Pachtzins sollte nach dem Umsatz berechnet werden, jedoch mindestens 1250 Euro monatlich betragen. Der Pächter hatte mehrere Jahre lang den nach dem Umsatz berechneten Pachtzins bezahlt, der immer unter 1250 Euro lag. Der Verpächter hatte dies nicht beanstandet. Später verlangte der Verpächter für die ganze zurückliegende Zeit den Unterschiedsbetrag. Der *BGH* sah den für die Jahre, über die unter den Parteien bereits abgerechnet war, als verwirkt an, da der Pächter für diese Jahre mit einer Nachforderung nicht mehr habe zu rechnen brauchen und sich in seiner Lebensführung darauf eingerichtet hatte[93]. 54

e) Wechselwirkung der verschiedenen Momente

Die Verwirkung ergibt sich erst aus einer Gesamtabwägung der verschiedenen Momente. Ein schwächer ausgeprägtes Element kann durch ein anderes 55

---

[88] S. etwa *BGH* GRUR 2003, 628 (Klosterbrauerei); dazu *Teplitzky,* LMK 2003, 130.

[89] *BGH* NJW 2000, 140 = LM H. 3/2000 § 3 UrhG Nr. 7 m. Anm. *Vinck; BGH* GRUR 2003, 628 (Klosterbrauerei).

[90] S. *BGH* NJW 1993, 1387.

[91] *BGH* ZIP 1992, 1402; Palandt/*Heinrichs,* § 242 Rn. 95.

[92] *BGHZ* 146, 217 = LM H. 8/2001 § 242 (Cc) BGB Nr. 64 m. krit. Anm. *Teichmann/Laub.*

[93] *BGH* LM § 242 (Cc) BGB Nr. 22 = JZ 1965, 682; s. auch *BGHZ* 103, 62, 71; *BGH* NJW 2003, 128, 129.

stärkeres Element ausgeglichen werden, insbesondere können die Voraussetzungen des Umstandsmoments bei langem Untätigsein eher erfüllt sein als bei kurzfristiger Untätigkeit[94].

f) Rechtsfolgen der Verwirkung

56 Als Fallgruppe der unzulässigen Rechtsausübung nach § 242 (s. oben Rn. 32) begründet die Verwirkung wie die Ausschlußfristen, aber im Gegensatz zur Verjährung, eine **Einwendung** und nicht nur eine Einrede. Als Einwendung ist die Verwirkung vom Gericht **von Amts wegen zu beachten.** Die Verwirkung macht nur die Rechtsausübung unzulässig[95], beseitigt aber nicht das Recht selbst[96]. Die unzulässige Rechtsausübung wirkt auf Dauer und wirkt faktisch zum Teil wie die Beendigung des Rechts. Dennoch ergeben sich Unterschiede zum völligen Erlöschen eines Rechts. Daraus rechtfertigt sich zum Teil die analoge Anwendung der Verjährungsvorschriften.

57 **Beispiele:** Es ist sachgerecht, § 214 Abs. 2 auf die Verwirkung analog anzuwenden[97] und die Rückforderung auszuschließen, wenn der Verpflichtete trotz Verwirkung versehentlich noch zahlt. Ebenso erscheint es angebracht, § 216 analog anzuwenden, wenn nur die Hauptforderung, nicht aber die Sicherheit selbst verwirkt ist. Diese Rechtsfolgen sind mit der Vorstellung einer unzulässigen Rechtsausübung bei grundsätzlich bestehenbleibendem Recht besser in Einklang zu bringen als mit dem völligen Erlöschen des verwirkten Rechts. Die analoge Anwendung von § 215 erscheint jedoch nicht angebracht, wenn gerade auch das Zurückbehaltungsrecht oder die Aufrechnung als Gestaltungsrecht verwirkt ist.

§ 17. Die Verjährung von Ansprüchen

Inhaltsübersicht

[94] *BGHZ* 146, 217 = LM H. 8/2001 § 242 (Cc) BGB Nr. 64 m. Anm. *Teichmann/Laub.*

[95] S. etwa *Siebert,* Verwirkung und Unzulässigkeit der Rechtsausübung, S. 175, 254; MünchKomm/*Roth,* § 242 Rn. 478f.; *Pawlowski,* AT, Rn. 333; der *BGH* (NJW 1966, 345) spricht etwas ungenau von rechtsvernichtender Einwendung.

[96] So aber Soergel/*Teichmann,* § 242 Rn. 343; Staudinger/*J. Schmidt,* § 242 Rn. 566.

[97] Dafür auch Staudinger/*J. Schmidt,* § 242 Rn. 567.

Literatur: *Haug,* Die Neuregelung des Verjährungsrechts, 1999; *Kornilakis,* Wesen und Funktion der Verjährung im Rahmen des deutschen und englischen Schuldrechts, 2002; *Spiro,* Die Begrenzung privater Rechte durch Verjährungs-, Verwirkungs- und Fatalfristen, Bd. I, Die Verjährung privater Forderungen, Bern 1975 (zum schweizerischen, deutschen und österreichischen Recht); *Unterrieder,* Die regelmäßige Verjährung, 1998; *M. Wolf,* Die Befreiung des Verjährungsrechts vom Streitgegenstandsdenken, in FS E. Schumann, 2001, S. 579; *Zimmermann,* „... ut sit finis litium", JZ 2000, 853.

I. Sinn und Zweck der Verjährung

1 Die Verjährung setzt der Rechtsausübung zeitliche Schranken. Sie begründet aber im Gegensatz zu den Ausschlußfristen (oben § 16 Rn. 41) und zur Verwirkung (oben § 16 Rn. 47ff.) keine vom Gericht von Amts wegen zu beachtende Einwendung, sondern nur ein Leistungsverweigerungsrecht, das vom Gericht nur beachtet wird, wenn es der Weigerungsberechtigte als Einrede erkennbar geltend macht (oben § 16 Rn. 46). Der Verjährung unterliegen aber nur Ansprüche (§ 194) und nicht andere Rechte (oben § 16 Rn. 45). Zwar kann nach § 218 mit der Erhebung der Verjährungseinrede bezüglich des Erfüllungsanspruchs auch das bei nicht ordnungsgemäßer Erfüllung vorgesehene Rücktrittsrecht nicht mehr ausgeübt werden. Insofern wirkt die Verjährung auch auf das Rücktrittsrecht ein. Dies ändert aber nichts daran, daß die Verjährungseinrede nur bezüglich des Anspruchs auf Erfüllung entsteht. Abgesehen von einzelnen Ausnahmen (unten Rn. 7) kann die Verjährung grundsätzlich bei allen Ansprüchen eintreten.

2 Der Verjährung kommt, je kürzer die Verjährungsfristen sind, umso mehr Bedeutung in der Praxis zu, sei es, daß sie die Durchsetzung von Ansprüchen verhindert oder zu einer Haftung des Anwalts führt, weil er die Verjährung eines Anspruchs seines Mandanten hat eintreten lassen. Die Verjährungsvorschriften des BGB wurden mit Wirkung vom 1. 1. 2002 grundlegend geändert. Wesentliche Änderungen bestehen darin, daß die regelmäßige Verjährungsfrist in § 195 von 30 Jahren auf 3 Jahre verkürzt wurde. Längere Verjährungsvorschriften sehen § 196 und § 197 vor. Der Beginn der regelmäßigen Verjährungsfrist setzt aber nicht wie bisher die bloße Fälligkeit, sondern zusätzlich die Kenntnis des Gläubigers vom Anspruch und von der Person des Schuldners voraus (§ 199). Allerdings gibt es Höchstfristen, bei deren Ablauf der Anspruch ohne Rücksicht auf die Kenntnis des Gläubigers verjährt. Eine weitere wichtige Änderung besteht darin, daß die bisherige Unterbrechung mit dem Neubeginn der Verjährung weitgehend durch die Hemmung des Verjährungsablaufs ersetzt wurde und zugleich die Hemmungsgründe wesentlich erweitert wurden (§ 204). Schließlich wurde den Beteiligten auch mehr Freiheit zur Vereinbarung abweichender Verjährungsregelungen gewährt (§ 202).

1. Zwecke der Verjährung

3 Die Verjährung dient hauptsächlich dem **Schutz des Schuldners.** Ein Anspruch der lange Zeit nicht geltend gemacht wird, kann in vielen Fällen nicht mehr mit Sicherheit aufgeklärt werden. Auch tritt eine Gewöhnung an den Zustand ein und die

verspätete Geltendmachung verändert lange bestehende und hingenommene Verhältnisse. Das Institut der Verjährung will dem Rechnung tragen. Die Verjährung soll den Schuldner sowohl vor einer durch Zeitablauf entstandenen **Beweisnot schützen** als ihm auch seine **Dispositionsfreiheit und Planungssicherheit erhalten,** damit er nicht auf ungewisse Zeit Rückstellungen bilden und sich leistungsbereit halten muß, ohne zu wissen, ob er je in Anspruch genommen werden wird[1]. Hinzukommt, daß der Gläubiger, wenn er trotz Kenntnis seines Anspruchs diesen über längere Zeit nicht geltend macht, an der ernstlichen Verfolgung des Anspruchs kein Interesse erkennen läßt. Das von ihm selbst vernachlässigte Rechtsschutzbedürfnis muß dann auch von der Rechtsordnung nicht vorrangig berücksichtigt zu werden.

4 Der Schutz des Schuldners vor etwaiger Beweisnot ist erforderlich, obwohl der Gläubiger die Beweislast für die Anspruchsvoraussetzungen trägt. Denn dem Schuldner wird der Beweis etwaiger Einwendungen wie z. B. der Erfüllung erschwert, z. B. weil ihm die Beweismittel abhanden gekommen sind, Zeugen nicht mehr am Leben oder nicht mehr auffindbar sind. Die Erhaltung der Dispositionsfreiheit und Planungssicherheit für den Schuldner ist bei den kurzen Verjährungsfristen von 2 Jahren für bestimmte Sach- und Rechtsmängel (§ 438 Abs. 1 Nr. 3, § 634a Abs. 1 Nr. 1, § 651g Abs. 2) besonders stark ausgeprägt. Die kurze Verjährungsfrist soll hier der kurzfristigen Abwicklung massenhaft getätigter Geschäfte dienen[2]. Der Verkäufer, Reiseveranstalter oder Werkunternehmer soll davor bewahrt werden, daß er noch längere Zeit nach der Abwicklung eines Geschäfts mit nicht mehr von ihm erwarteten Mängelansprüchen überzogen wird, die eine Rückabwicklung des Geschäfts und beträchtliche finanzielle Einbußen für ihn zur Folge haben können und damit seine weiteren Dispositionen erschweren. Für die Annahme, es bestehe erfahrungsgemäß eine Wahrscheinlichkeit dafür, daß ein Anspruch, der erst nach langer Zeit erhoben wird, entweder nie entstanden oder bereits erloschen sei[3], besteht keine Grundlage.

5 Als eine Folge der Verjährung kann auch die Bewahrung eines lange Zeit bestehenden Zustands und damit die Erhaltung des Rechtsfriedens sowie die Entlastung der Gerichte von potentiellen Streitigkeiten genannt werden. Diese Verjährungsfolgen dienen über die Schuldnerinteressen hinaus den Interessen der Allgemeinheit. Sie bestimmen aber nicht den eigentlichen Schutzzweck der Verjährung, da die Wahrung von Allgemeininteressen nicht in das Belieben des Schuldners gestellt werden dürfte, wie dies bei der Verjährungseinrede der Fall ist[4].

2. Verfassungsrechtliche Rechtfertigung

6 Die Verjährung schwächt den verjährten Anspruch, indem der Schuldner ihn durch Erhebung der Verjährungseinrede zu Fall bringen kann. Da vermögensrechtliche Ansprüche durch Art. 14 GG und nicht vermögensrechtliche Ansprüche durch Art. 2 oder 6 GG geschützt sind, bedürfen die verjährungsrechtlichen Vorschriften, durch die der Gesetzgeber die Ansprüche schwächt, der verfassungsrechtlichen Rechtfertigung. Diese Rechtfertigung ergibt sich aus den Zwecken der Verjährung und den dadurch geschützten Grundrechten des Schuldners. Die Grundrechte des Schuldners stützen sich, soweit es die eintretende Beweisnot betrifft, auf das durch Art. 19 Abs. 4 und Art. 103 Abs. 1 GG geschützte Recht auf ein faires Verfahren sowie auf Art. 2 Abs. 1

[1] S. schon Mot. I, S. 291; ferner *M. Wolf,* FS E. Schumann, 2001, S. 580 ff.; *Kornilakis,* Wesen und Funktion der Verjährung, aaO, S. 28 ff. (auch zum englischen Recht); *Bork,* AT, Rn. 319; *Brehm,* AT, Rn. 626; Soergel/*Niedenführ,* BGB, Ergänzungsband 2a, 13. Aufl. 2002, vor § 194 Rn. 2; *Spiro,* aaO, S. 8 f.; *Zimmermann,* JZ 2000, 853, 854.

[2] Vgl. Staudinger/*Peters,* vor § 194 Rn. 5, dem zufolge die Verjährungsvorschriften auch die wirtschaftspolitische Funktion haben, den Gläubiger zur raschen, endgültigen Abwicklung seines Rechtsverkehrs zu veranlassen.

[3] So *v. Tuhr,* AT III, § 91 I.

[4] S. *M. Wolf,* FS E. Schumann, S. 581.

GG, soweit es um die Wahrung der Dispositionsfreiheit und Planungssicherheit geht. Aus der Abwägung der miteinander kollidierenden Grundrechte des Gläubigers und des Schuldners läßt sich rechtfertigen, daß der Schuldner nicht endlos den Ansprüchen des Schuldners ausgesetzt sein darf[5]. Aus den Grundrechten des Gläubigers ergibt sich aber auch, daß dessen Ansprüche, soweit ihnen wichtige Rechtsgüter wie z. B. Leben und Gesundheit in Art 2 Abs. 2 GG oder Ehe und Familie (Art. 6 GG) zugrunde liegen, einen verstärkten Schutz erfordern.

Beispiele: Zum Schutz von Ehe und Familie (Art. 6 GG) unterliegen gemäß § 194 Abs. 2 keiner Verjährung Ansprüche, die der Herstellung familienrechtlicher Verhältnisse für die Zukunft dienen. Dazu gehören etwa Ansprüche aus §§ 1353, 1356, 1360, 1361, 1619, 1631, 1632, auch Unterhaltsansprüche für die Zukunft (vgl. § 1613). Sonstige familienrechtliche Ansprüche verjähren in 30 Jahren (§ 197 Abs. 1 Nr. 2), Ansprüche aus dem Verlöbnis allerdings bereits in 2 Jahren (s. § 1302). Die längeren absoluten Verjährungsfristen in § 198 Abs. 2 für Schadensersatzansprüche wegen Verletzung von Leben, Körper, Gesundheit und Freiheit tragen dem Schutz dieser Güter durch Art. 2 Abs. 1 GG Rechnung. Auch andere wichtige Ansprüche werden vor dem Verlust durch Verjährung bewahrt, wobei nicht nur verfassungsrechtliche Überlegungen eine Rolle spielen. So ist etwa die Verjährung ausgeschlossen für Ansprüche aus im Grundbuch eingetragenen Rechten (§ 902), für Ansprüche im Zusammenhang mit der Grundbuchberichtigung (§ 898), für die in § 924 genannten nachbarrechtlichen Ansprüche sowie für den Anspruch auf Aufhebung einer Gemeinschaft (§ 758), einschließlich der Erbengemeinschaft (§ 2042 Abs. 2). Für andere wichtige Ansprüche sind in § 197 Abs. 1 besonders lange Verjährungsfristen vorgesehen. 7

Die Geltendmachung der Verjährungseinrede kann in Einzelfällen zu einem Ergebnis führen, das der materiellen Gerechtigkeit widerspricht. Der Gesetzgeber hat dies um der Rechtssicherheit willen in Kauf genommen. So kann sich im Interesse der Rechtssicherheit und des Rechtsfriedens auf die Verjährung nicht nur derjenige berufen, der glaubt, daß er nichts schuldet, sondern im allgemeinen auch derjenige, der sehr wohl weiß, daß die Schuld besteht. Nur in besonders krassen Fällen kann gegenüber der Verjährungseinrede der Einwand unzulässiger Rechtsausübung erhoben werden (vgl. unten Rn. 69 f.)[6]. So ergibt sich, um den verschiedenen Interessen gerecht zu werden, insgesamt eine sehr differenzierte Regelung der Verjährung. 8

3. Vereinbarungen zur Verjährung

Da die Verjährung in erster Linie dem Schutz des Schuldners dient (s. oben Rn. 3) und es ihm frei steht, die Verjährungseinrede zu erheben oder nicht (s. oben Rn. 5), können die Verjährungsvorschriften grundsätzlich dispositiv ausgestaltet werden. Dementsprechend gewährt § 204 den Beteiligten weitgehende Vertragsfreiheit bei der Ausgestaltung der Verjährung. Im Gegensatz zur früheren Regelung kann die Verjährung nicht nur erleichtert, sondern auch erschwert, insbesondere eine Verlängerung der Verjährungsfrist vereinbart werden. Allerdings setzt § 202 Abs. 2 insofern eine absolute Grenze, als die Verjährungsfrist nicht über 30 Jahre hinaus ausgedehnt werden kann. Der Grund für diese Einschränkung, die auch bei anderen auf Dauer angelegten Vereinbarungen zu finden ist (s. etwa §§ 544, 2109, 2210), liegt im Schutz der Beteiligten vor überlangen Bindungen, deren Konsequenzen nicht überblickt werden können (s. auch oben § 16 Rn. 39 f.). Deshalb ist auch ein Verzicht auf die Verjährungseinrede vor Eintritt der Verjährung unwirksam[7]. Ein öffentliches Interesse an der Erhaltung 9

---

[5] S. dazu im einzelnen *Kornilakis,* Wesen und Funktion der Verjährung, aaO, S. 32 ff.

[6] Vgl. MünchKomm/*Grothe,* § 194 Rn. 13.

[7] So die ganze h. M., vgl. *BGHZ* 57, 209; *BGH* NJW 1979, 866, 867; Staudinger/*Peters,* § 225 Rn. 6; MünchKomm/*Grothe,* § 225 Rn. 3; Soergel/*Niedenführ,* Bd. 2 a, § 202 Rn. 2 ff.

der Verjährung läßt sich daraus nicht ableiten. Die Einschränkung in § 204 Abs. 1 bezüglich der Haftung wegen Vorsatzes ergänzt § 276 Abs. 3, weil eine Erleichterung der Verjährung eine ähnliche Wirkung wie der Erlaß einer Forderung haben kann.

10 **Beispiele: Wirksam** sind neben Vereinbarungen, die die Verjährungsfrist nicht über 30 Jahre hinaus verlängern, auch Individualvereinbarungen, die andere als die § 204 aufgezählten Mittel der Rechtsverfolgung als Gründe für die Hemmung der Verjährung vorsehen. Die Gründe können dabei erweitert werden, indem z. B. auch die bloße Mahnung als Hemmungsgrund vereinbart wird. Zulässig ist es auch engere Hemmungsgründe vorzusehen, z. B. nur der Klage und der Zustellung eines Mahnbescheids verjährungshemmende Wirkung beizumessen, nicht aber einem Güteantrag vor einer Schiedsstelle. Statt der Hemmung kann vereinbart werden, daß die Verjährung neu zu laufen beginnen soll. Wirksam sind auch Vereinbarungen, die den Beginn der Verjährungsfrist (§ 199) betreffen, wie z. B. das Hinausschieben der Fälligkeit, die Vereinbarung einer Stundung[8] oder einer aufschiebenden Bedingung[9]. Möglich ist auch, die Verjährung schon mit dem Entstehen des Anspruchs und nicht erst mit der Kenntnis beginnen zu lassen. Ebenso können Vereinbarungen, die die Verjährung erleichtern, bei vorsätzlicher Schädigung gemäß § 202 Abs. 1 nach Entstehung des Schadensersatzanspruchs getroffen werden. Zulässig sind auch Stillhaltevereinbarungen, die die Verjährung bis nach Beendigung eines anderen Prozesses verlängern, und ein auf eine angemessene Zeit befristeter Verzicht, um die Prüfung eines Regreßanspruchs ohne Belastung durch einen Prozeß zu prüfen[10].

11 **Unwirksam** sind gemäß § 202 Abs. 2 alle Vereinbarungen, die von vornherein die Verjährungsfrist von 30 Jahren beginnend mit der Entstehung, d. h. der Fälligkeit, des Anspruchs überschreiten. Möglich ist es jedoch, mit Ablauf der 30 Jahre oder auch kurz zuvor, wenn die Folgen der Verlängerung überschaubar sind, die Verjährungsfrist durch Vereinbarung zu verlängern oder neu beginnen zu lassen können ebenso wie es zulässig wäre, das Entstehen des Anspruchs völlig neu zu vereinbaren. Ebenso kann auch nach 30 Jahren auf die Verjährungseinrede für weitere 30 Jahre verzichtet werden, wie auch deren Geltendmachung nach wie vor dem Belieben des Schuldners überlassen bleibt. Die Verjährung der in § 194 Abs. 2 genannten Ansprüche kann nicht vereinbart werden. Beim Verbrauchsgüterkauf kann aufgrund der halbzwingenden Vorschrift des § 475 Abs. 2 die Verjährung von Ansprüchen wegen Sach- und Rechtsmängeln nicht zum Nachteil des Verbrauchers unter 2 Jahre und bei gebrauchten Sachen nicht unter ein Jahr gesenkt werden. Verlängerungen zugunsten des Verbrauchers sind aber möglich. Soweit Vereinbarungen in AGB getroffen werden, sind in allen Fällen zusätzlich die Inhaltsschranken in § 307 und bei Verbraucherkauf- und -werkverträgen die Schranken in § 309 Nr. 8b ff. zu beachten (s. auch unten § 43 Rn. 58).

II. Die Entstehung des Anspruchs als Voraussetzung der Verjährung

12 Die Verjährung setzt nach §§ 199, 200 grundsätzlich die Entstehung des Anspruchs voraus. Vor der Entstehung des Anspruchs tritt die Verjährung nur ausnahmsweise gemäß § 199 Abs. 2 und Abs. 3 Nr. 2 ein. Ein Anspruch ist eigentlich bereits dann entstanden, wenn der gesetzliche Entstehungstatbestand verwirklicht ist, unabhängig davon, ob der im Sinne von § 271 fällig ist, d. h. geltend gemacht werden kann. Es wäre aber unzweckmäßig und ungerecht, den Lauf der Verjährungsfristen bereits beginnen zu lassen, bevor der Gläubiger vom Schuldner die Leistung verlangen und mit Aussicht auf Erfolg einklagen kann. Bei später eintretender Fälligkeit, z. B. eines Anspruchs auf Darlehensrückzahlung in 5 Jahren, würde man dem Gläubiger die Rechts-

---

Dagegen geht *Honsell,* VersR 1975, 104, 105, davon aus, daß ein kurz vor Fristablauf zur Vermeidung einer gerichtlichen Auseinandersetzung erklärter Verzicht wirksam ist.

[8] *BGH* NJW 1984, 289, 290; 1986, 1608, 1609.

[9] *BGH* NJW 1995, 2282, 2283.

[10] *BGH* NJW 1996, 1895 = LM H. 7/1996 SteuerberatungsG Nr. 57 m. Anm. *Niedenführ.*

verfolgung ganz abschneiden. Es wird daher allgemein angenommen, daß mit dem entstandenen Anspruch der **fällige Anspruch** gemeint ist, der geltend gemacht werden kann[11].

Beispiele: Wenn die Wirksamkeit eines Vertrags von einer **Genehmigung** z. B. des gesetz- 13
lichen Vertreters abhängt und die Genehmigung erst nach längerer Zeit erteilt wird, tritt die Fälligkeit der vertraglichen Ansprüche, ungeachtet der grundsätzlichen Rückwirkung der Genehmigung (§ 184 Abs. 1), erst im Zeitpunkt der Erteilung der Genehmigung ein, weil vorher eine Geltendmachung dieser Ansprüche noch nicht möglich war[12]. Für die **Entstehung eines Schadensersatzanspruchs** genügt es im allgemeinen, daß ein Schaden entstanden ist, auch wenn dessen Höhe noch nicht beziffert werden kann. Ist hingegen noch offen, ob aus einem pflichtwidrigen, zum Schadensersatz verpflichtenden Verhalten überhaupt ein Schaden entstehen wird, ist die Fälligkeit noch nicht gegeben. Für den Beginn der Verjährungsfristen bei Ansprüchen wegen **Sach- und Rechtsmängeln** stellt § 438 Abs. 2 beim Kauf auf die Ablieferung der Sache bzw. bei Grundstücken auf die Übergabe ab. Beim Werkvertrag ist gemäß § 634 a Abs. 2 die Abnahme des Werks maßgebend. Für den Reisevertrag erklärt § 651 g Abs. 2 Satz 2 das vertraglich vorgesehene Ende der Reise für entscheidend. Ist ein **Anspruch auf Unterlassen** bestimmter Handlungen gerichtet, so ist nach § 199 Abs. 5 auf die Zuwiderhandlung gegen das Unterlassungsgebot abzustellen. Solange sich der Verpflichtete in erlaubter Weise verhält, hat der Berechtigte keinen Anlaß, dagegen vorzugehen, da sein Anspruch befriedigt ist. Die Verjährung eines Anspruchs ist im allgemeinen die Folge einer Untätigkeit des Gläubigers; solange dieser aber nicht tätig zu werden braucht, um die Verwirklichung seines Anspruchs zu erreichen, wäre eine Verjährung unangebracht.

III. Die regelmäßige Verjährungsfrist

Den Eintritt der Verjährung knüpft das Gesetz an das Verstreichen einer genau fest- 14
gelegten Zeit, die es für einzelne Arten von Ansprüchen verschieden bestimmt. Dabei unterscheidet das Gesetz zwischen den besonderen Verjährungsfristen für im einzelnen bestimmte Ansprüche, wie etwa in §§ 196, 197, aber auch in §§ 438, 634 a, und der regelmäßigen Verjährungsfrist für alle anderen Ansprüche, für die das **Gesetz keine besonderen Verjährungsfristen vorsieht.** Die regelmäßige Verjährungsfrist beträgt **3 Jahre** (§ 195).

Beispiele: Die regelmäßige Verjährungsfrist gilt grundsätzlich für Ansprüche auf die Erfül- 15
lung vertraglicher Leistungen wie etwa den Anspruch aus § 433 Abs. 1 Satz 1 auf Lieferung gekaufter beweglicher Sache (für Grundstücke s. § 196) oder den Anspruch auf Bezahlung des Kaufpreises aus § 433 Abs. 2, auf Bezahlung der Vergütung aus § 611, auf Bezahlung des Werklohns aus § 631 oder auf Erfüllung sonstiger vertraglicher Leistungen, z. B. auch auf Erfüllung eines Schenkungsversprechens (§ 518 Abs. 2). In der regelmäßigen Verjährungsfrist verjährt auch der Anspruch auf Rückgabe der Leihsache oder auf Rückzahlung eines Darlehens, ebenso der Anspruch des Auftraggebers oder auch eines Kommittenten auf Herausgabe des vom Beauftragten (Kommissionär) Erlangten (§§ 667, 675) oder der Anspruch eines Gesellschafters auf Auszahlung seines Gewinnanteils gemäß § 721. Der regelmäßigen Verjährungsfrist unterliegen ferner Schadensersatzansprüche wegen Verletzung vertraglicher oder gesetzli-

---

[11] So *v. Tuhr,* AT III, § 91 IV; *Enneccerus/Nipperdey,* AT, § 232 I 1; *Hübner,* AT, Rn. 1377; *Medicus,* AT, Rn. 108; Soergel/*Niedenführ,* Bd. 2 a, § 199 Rn. 9; MünchKomm/*Grothe,* § 198 Rn. 1; Palandt/*Heinrichs,* § 199 Rn. 3; Erman/*Hefermehl,* § 198 Rn. 1. *Jahr,* JuS 1964, 294, nimmt zwar nicht ein Hinausschieben des Beginns der Verjährung, wohl aber ihre Hemmung bis zum Eintritt der Fälligkeit an.

[12] *RGZ* 65, 245, 248. Das *RG* geht davon aus, die Verjährung eines Anspruchs erfordere, daß er geltend gemacht werden könne und trotzdem nicht geltend gemacht worden ist. Vgl. auch *BGHZ* 15, 80, 84 für den Fall eines zurückwirkenden Gesetzes.

cher Schuldverhältnisse aus §§ 280ff. ebenso Schadensersatzansprüche aus unerlaubter Handlung gemäß §§ 823ff. sowie grundsätzlich Ansprüche aus ungerechtfertigter Bereicherung[13]. Die regelmäßige Verjährungsfrist von 3 Jahren findet auch auf die in § 197 Abs. 2 genannten Ansprüche auf regelmäßig wiederkehrende Leistungen Anwendung.

1. Bewegliche regelmäßige Verjährungsfrist

16 Bei der regelmäßigen Verjährungsfrist sind eine bewegliche Frist und eine absolute Höchstfrist zu unterscheiden, die beide nebeneinander her laufen. Die bewegliche Verjährungsfrist kann abhängig von ihrem Beginn in ihrem **Ablauf erheblich variieren.** Nach § 199 Abs. 1 beginnt die bewegliche regelmäßige Verjährungsfrist erst am Ende des Jahres, in dem der Anspruch entstanden, d.h. fällig geworden ist und der Gläubiger vom Anspruch und der Person des Schuldners Kenntnis erlangt hat oder grob fahrlässig keine Kenntnis erlangt hat.

17 **Beispiel:** Bei dem auf der Straße geparkten Auto des A sind am 15. 9. 2001 über Nacht die Scheiben eingeschlagen worden. Die Ermittlungen der Polizei nach dem Täter bleiben vorläufig ohne Ergebnis. Erst am 28. 12. 2001 gelingt es der Polizei im Zusammenhang mit anderen Ermittlungen, T als Täter ausfindig zu machen. Dies wird dem A am 20. 1. 2002 mitgeteilt. Der Schadensersatzanspruch des A gegen T ist am 15. 9. 2001 entstanden und fällig geworden (§ 199 Abs. 1 Nr. 1 mit § 271). Am 15. 9. 2001 hat A auch von den den Anspruch begründenden Umständen Kenntnis erlangt. Die nach § 199 Abs. 1 Nr. 2 ebenfalls erforderliche Kenntnis von der Person des T als Schuldner hat A jedoch erst am 20 12002 erhalten. Nach § 199 Abs. 1 beginnt die Verjährungsfristerst mit dem Schluss des Jahres der Kenntniserlangung zu laufen, d.h die Verjährungsfrist beginnt erst am 1. 1. 2003 zu laufen und endet demgemäß nach 3 Jahren erst am 31. 12. 2005. Je nach dem Kenntnisstand des A könnte der Anspruch u.U. auch noch nach 30 oder 40 Jahren geltend gemacht werden, wenn der Gläubiger erst zu diesem Zeitpunkt die erforderliche Kenntnis erlangt hat oder ohne grobe Fahrlässigkeit hätte erlangen müssen. Um einen endlos langen Verjährungsablauf zu vermeiden, hat das Gesetz auch absolute Höchstfristen vorgesehen, die ohne Rücksicht auf die Kenntnis des Gläubigers zu laufen beginnen. Dadurch ist das Verjährungsrecht insgesamt sehr differenziert geworden.

2. Absolute Höchstfristen für die regelmäßige Verjährung

18 In § 199 Abs. 2–4 sind absolute Verjährungsfristen vorgesehen, die neben der beweglichen Verjährungsfrist her laufen und ohne Rücksicht auf den Kenntnisstand des Gläubigers auf jeden Fall die Verjährung eintreten lassen. Eine Hemmung der Verjährung (s. unten Rn. 38ff.) kann aber auch bei diesen Ansprüchen noch eintreten. Bei den absoluten Verjährungsfristen differenziert das Gesetz je nach der Art des Anspruchs.

19 (1) **Schadensersatzansprüche wegen Verletzung des Lebens, des Körpers, der Gesundheit und der Freiheit** verjähren nach § 199 Abs. 2 in jedem Fall 30 Jahre nach Setzen der Schadensursache, das ist die Vornahme der schädigenden Handlung bei unerlaubten Handlungen, die Begehung der Pflichtverletzung bei vertraglichen Schadensersatzansprüchen oder Ansprüchen aus culpa in contrhahendo oder das schädigende Ereignis bei Tatbeständen der Gefährdungshaftung. Entscheidend ist demnach nicht der Eintritt des Schadens, sondern das Setzen der Schadensursache mit dem schädigenden Ereignis.

Beispiel: Ein Arzneimittel, das vor langer Zeit eingenommen wurde (Schadensursache), zeigt schädigende Wirkungen (Schadenseintritt) erst 31 Jahre nach Einnahme. Schadensersatzansprüche jeder Art sind nach § 199 Abs. 2 ohne Rücksicht auf die Kenntnis verjährt.

---

[13] Palandt/*Heinrichs,* § 195 Rn. 4f.

(2) **Sonstige Schadensersatzansprüche,** die nicht von § 199 Abs. 2 erfaßt werden, insbesondere wegen Sach- oder Vermögensschäden, verjähren nach § 199 Abs. 3 in unterschiedlichen Zeiträumen. 20

(a) Wenn der **Schaden eingetreten** ist, tritt die Verjährung unabhängig von der Kenntnis des geschädigten Gläubigers 10 Jahre nach Schadenseintritt ein. Für den Schadenseintritt genügt, daß ein erster Teilschaden entstanden ist und geltend gemacht werden kann[14]. Für weitere Schäden, die sich an den ersten Schaden anschließen, beginnt keine neue 10 Jahresfrist.

Beispiel: Durch den Einsturz des Kamins des Nachbarhauses wird das Dach des E beschädigt 21
und es dringt Feuchtigkeit in das Gebäude ein. Die erste Schadensstelle am Dach wird repariert. Infolge der eingedrungenen Feuchtigkeit werden als weiterer Folgeschaden nach 12 Jahren Dachbalken morsch und müssen ausgetauscht werden. Der Anspruch auf Ersatz dieses Folgeschadens ist nach § 199 Abs. 3 Satz 1 Nr. 1 verjährt, weil seit Eintritt des ersten Teilschadens mehr als 10 Jahre verstrichen sind. Die 10 Jahresfrist ist nach § 199 Abs. 3 Satz 2 für alle weiteren Schäden maßgebend. Um die vorzeitige Verjährung zu vermeiden, muß auf Feststellung der Pflicht zum Ersatz aller künftigen Schäden aus dem Schadensereignis geklagt werden. Das daraufhin ergehende Feststellungsurteil läßt weiter gehende Schäden erst 30 Jahre nach Eintritt der Rechtskraft verjähren (§ 197 Abs. 1 Nr. 3).

(b) Tritt der **erste Schaden später als 30 Jahre** nach der schädigenden Handlung 22
oder dem sonst schädigenden Ereignis ein, so ist der ganze Schadensersatzanspruch nach § 199 Abs. 3 Satz 1 Nr. 2 verjährt. Insoweit gelten die Ausführungen zu § 199 Abs. 2 entsprechend.

(3) Für **alle anderen regelmäßig verjährenden Ansprüche**, die nicht Schadens- 23
ersatzansprüche sind (s. oben Rn. 13), z.B. Ansprüche auf Aufwendungsersatz aus § 670, auf Darlehensrückzahlung oder auf Gewinnauszahlung, sieht § 199 Abs. 4 ohne Rücksicht auf Kenntnis oder grobfahrlässige Unkenntnis den Eintritt der Verjährung 10 Jahre nach Entstehung des Anspruchs vor. Vom Entstehen des Anspruchs ist auszugehen, wenn dieser geltend gemacht werden kann, d.h. mit Eintritt der Fälligkeit. Bei Unterlassungsansprüchen stellt § 199 Abs. 5 klar, daß der Anspruch mit der Zuwiderhandlung gegen das Verbot entsteht.

IV. Besondere Verjährungsfristen

Für einzelne besonders aufgeführte Ansprüche sieht das Gesetz abweichend von der 24
regelmäßigen Verjährungsfrist besondere Verjährungsfristen vor. Alle Ansprüche, für die keine besonderen Verjährungsfristen im Gesetz oder in einer Vereinbarung vorgesehen sind, verjähren in der regelmäßigen Verjährungsfrist (s. oben Rn. 14ff.). Die besonderen Verjährungsfristen können kürzer oder länger als die regelmäßige Verjährungsfrist sein.

1. Längere Verjährungsfristen

Da die regelmäßige Verjährungsfrist in vielen Fällen, vor allem bei vertraglichen 25
Ansprüchen, bei denen der Vertragspartner als Schuldner bekannt ist, mit 3 Jahren verhältnismäßig kurz ist, sind die besonderen Verjährungsfristen häufig länger. Als län-

[14] *BGH* NJW 1998, 1488.

ger sind solche Verjährungsfristen anzusehen, deren Frist 3 Jahre übersteigt, auch wenn die Verjährung unabhängig von der Kenntnis des Gläubigers beginnt. Längere Verjährungsfristen sehen vor allem § 196 und § 197 vor. Regelmäßig wiederkehrende Leistungen, die aus den in § 197 Abs. 1 Nr. 2–5 genannten Ansprüchen erwachsen, verjähren gemäß § 197 Abs. 2 in der regelmäßigen Verjährungsfrist von 3 Jahren (§ 195). Längere Verjährungsfristen können in den Grenzen von § 202 sowie unter Beachtung der Inhaltskontrolle nach §§ 138, 307ff. vereinbart werden. Zu Ansprüchen, die nicht der Verjährung unterliegen s. oben Rn. 7.

a) Verjährungsfrist von 10 Jahren

26 Eine Frist von 10 Jahren sieht **§ 196** für **Ansprüche in Bezug auf Grundstücksrechte** vor. Dazu gehört in erster Linie der Anspruch auf Übertragung des Grundstückseigentums nach §§ 873, 925, z.B. aus einem Kaufvertrag, einem Schenkungsvertrag, einem Bauträgervertrag oder einem Vertrag auf Einbringung eines Grundstücks in eine Gesellschaft. Zu den die Grundstücksrechte betreffenden Ansprüchen zählen auch Ansprüche auf Vornahme der in §§ 873, 875, 877 genannten Geschäfte zur Begründung, Übertragung, Aufhebung oder Inhaltsänderung von Grundstücksrechten, wie etwa der Anspruch einer Bank auf Bestellung einer Grundschuld als Sicherheit für den Darlehensrückzahlungsanspruch.

27 Die längere Verjährungsfrist rechtfertigt sich daraus, daß Grundstücksrechte kein Gegenstand des täglichen Geschäftsverkehrs sind. Der Schuldner bedarf deshalb nicht in derselben Weise wie bei beweglichen Sachen und Rechten des Schutzes seiner Dispositionsfreiheit. Hinzukommt, daß bei Grundstücksrechten das Verpflichtungsgeschäft entweder notariell beurkundet werden muß (s. § 311b Abs. 1) oder wegen der Eintragung ins Grundbuch mit dem Verpflichtungsgeschäft häufig eine öffentliche Beglaubigung (§ 29 GBO) verbunden wird und deshalb geringere Beweisprobleme entstehen. Zudem müssen für die Übereignung von Grundstücken oft behördliche Genehmigungen und Bescheinigungen, z.B. über die Bezahlung der Grunderwerbsteuer oder die katastermäßige Vermessung beigebracht werden, was Zeit kosten kann.

28 Um das vertragliche Äquivalenzverhältnis nicht zu stören, unterliegt auch der Anspruch auf die Gegenleistung für diese Rechte der 10jährigen Verjährung. Dazu kann neben dem Grundstückskaufpreis auch der Anspruch auf Auszahlung eines Darlehens gehören, für das eine Grundschuld als Sicherheit gewährt wird. Der Anspruch aus dem Sicherungsvertrag auf Aufhebung der Grundschuld nach Rückzahlung des Darlehens fällt zwar unter § 196. Der Eigentümer kann jedoch trotz der Verjährung des Darlehensanspruchs der Geltendmachung der Grundschuld wegen fehlender Valutierung widersprechen und nach § 1169 mit § 1192 Verzicht auf die Grundschuld verlangen. Dieser Anspruch unterliegt als Anspruch aus dem eingetragenen Eigentum nach § 902 nicht der Verjährung.

b) Verjährungsfrist von 30 Jahren

29 In einer **Frist von 30 Jahren** verjähren nach **§ 197 Abs. 1 Nr. 1 dingliche Herausgabeansprüche,** wie sie aus §§ 985, 1065, 1227 entstehen. Durch die lange Verjährungsfrist soll das ständige Auseinanderfallen des dinglichen Rechts mit dem Besitz als seinem Publizitätsmittel soweit möglich verhindert werden. Dies gilt aber nur für dingliche Herausgabeansprüche in Bezug auf bewegliche Sachen, da Herausgabeansprüche in Bezug auf Grundstücke als Ansprüche aus eingetragenen Rechten nach § 902 nicht der Verjährung unterliegen. § 197 Abs. 1 Nr. 1 gilt auch nur für dingliche, nicht für schuldrechtliche Herausgabeansprüche aus §§ 346, 546 oder § 812. Schuldrechtliche Herausgabeansprüche unterliegen grundsätzlich der regelmäßigen Verjährungsfrist. Sofern dingliche Herausgabeansprüche oder Grundstücksrechte aber die

Kaufsache als Mängel belasten (§ 435), verjähren sie gemäß § 438 Abs. 1 Nr. 1 ebenfalls in 30 Jahren. Da der Besitz kein dingliches Recht ist, werden auch die Herausgabeansprüche aus §§ 861, 1007 nicht erfaßt. Unter § 197 Abs. 1 Nr. 1 fallen schließlich nur Herausgabeansprüche, d.h. Ansprüche auf Herausgabe des Besitzes, nicht dagegen Beseitigungs- und Unterlassungsansprüche aus § 1004 oder Ansprüche auf Nutzungsherausgabe und Schadensersatz nach §§ 987 ff. Für diese Ansprüche verbleibt es bei § 195.

Bei **dinglichen Ansprüchen** kommt, wenn die Sache im Wege der **Rechtsnachfolge** in den Besitz eines Dritten gelangt, die während des Besitzes des Rechtsvorgängers verstrichene Verjährungsfrist dem Nachfolger zustatten (§ 198). Dieser Bestimmung, die nur bei einem Besitzwechsel gilt, bedurfte es deshalb, weil gegenüber dem neuen Besitzer ein neuer Herausgabeanspruch zur Entstehung gelangt[15]. Der Zweck der Verjährung erfordert, daß nicht bei jedem Besitzwechsel die Frist von 30 Jahren erneut zu laufen beginnt. Die seit der Entstehung des ersten Herausgabeanspruchs verstrichenen Besitzzeiten werden vielmehr zusammengerechnet. Rechtsnachfolge ist sowohl die Einzelnachfolge wie die Gesamtnachfolge (s. oben § 14 Rn. 30 ff.). Nach seinem Wortlaut ist § 198 nicht auf Herausgabeansprüche beschränkt, sondern gilt für alle dinglichen Ansprüche, sofern sie gegen den Besitzer gerichtet sind. § 198 muß deshalb z.B. auch auf §§ 987 ff. zur Anwendung kommen. Bei Übergang des Herausgabeanspruchs auf einen neuen Gläubiger, z.B. einen neuen Eigentümer, kann der Besitzer die Verjährungseinrede nach § 404 i.V.m. § 412 gegenüber dem neuen Eigentümer geltend machen. Schuldrechtliche Ansprüche bleiben im Falle der Rechtsnachfolge bestehen. Die dagegen bestehende Verjährungseinrede bleibt dem Besitzer gemäß § 417 Abs. 1 oder nach §§ 1922, 1967 erhalten. 30

Als **familienrechtliche Ansprüche,** die nach **§ 197 Abs. 1 Nr. 2** der 30jährigen Verjährungsfrist unterliegen, kommen in Betracht Ansprüche des Kindes gegen seine Eltern aus § 1664 oder Ansprüche auf den Versorgungsausgleich nach § 1587 a. Der Anwendungsbereich dieser Vorschrift ist nicht allzu groß, da die Ansprüche auf Herstellung eines familienrechtlichen Verhältnisses nach § 194 Abs. 2 nicht der Verjährung unterliegen (s. oben Rn. 7), Ansprüche aus § 1632 Abs. 1 auf Herausgabe eines Kindes mit dem Ende der elterlichen Sorge bei Eintritt der Volljährigkeit (§ 2) untergehen und für Unterhaltsansprüche nach § 197 Abs. 2 die regelmäßige Verjährungsfrist aus § 195 gilt, ergänzt um spezielle Vorschriften wie § 1613, § 1360 a Abs. 3 und § 1585 b. **Erbrechtliche Ansprüche,** die von § 197 Abs. 1 Nr. 2 erfaßt werden, unterliegen der langen Verjährung, weil diese Ansprüche oft zeitaufwendiger Klärung bedürfen und andererseits angesichts des unentgeltlichen erbrechtlichen Erwerbs die Sicherung der Dispositionsfreiheit des Schuldners nicht dringlich erscheint. Hierfür kommen in Betracht z.B. der Herausgabeanspruch aus § 2018, der Anspruch aus einem Vermächtnis (§ 2174), der Anspruch der Miterben aus § 2042 auf Auseinandersetzung oder auf Ausgleich von Zuwendungen nach §§ 2050 ff. oder ein Schadensersatzanspruch gegen den Testamentsvollstrecker aus § 2219. Für den Pflichtteilsanspruch gilt aber gemäß § 2332 eine 3jährige Verjährungsfrist ab Kenntnis. 31

Rechtskräftig festgestellte Ansprüche nach **§ 197 Abs. 1 Nr. 3** sind in erster Linie Ansprüche aus einem rechtskräftigen Urteil (§ 322 ZPO). Neben Ansprüchen aus einem Leistungsurteil kommen auch die in einem Feststellungsurteil festgestellten Ansprüche in Betracht, wie z.B. der Anspruch auf Ersatz künftigen Schadens (s. oben Rn. 19). Auch ein Anspruch aus einem rechtskräftigen Urteil im Verfahren der einstweiligen Verfügung, ein Anspruch aus einem rechtskräftigen Versäumnisurteil oder einem rechtskräftigen Vollstreckungsbescheid oder aus einem Schiedsspruch (§ 1055 32

[15] Vgl. Soergel/*Niedenführ,* Bd. 2a, § 221 Rn. 2; MünchKomm/*Grothe,* § 221 Rn. 1; Staudinger/*Peters,* § 221 Rn. 1; s. auch oben § 15 Rn. 64.

ZPO) genügt, ebenso ein Kostenerstattungsanspruch aus einem Kostenfestsetzungsbeschluß (§§ 103ff. ZPO). Ein **vollstreckbarer Vergleich** im Sinne von **§ 197 Abs. 1 Nr. 4** entsteht als Prozeßvergleich nach § 794 Abs. 1 Nr. 1 ZPO, als Anwaltsvergleich nach §§ 796a ff. ZPO oder als Schiedsvergleich nach § 1053 Abs. 2 ZPO. Eine **vollstreckbare Urkunde** wird gemäß § 794 Abs. 1 Nr. 5 ZPO erstellt. Der vollstreckbare Anspruch aus einer **Feststellung im Insolvenzverfahren** nach § 197 Abs. 1 Nr. 5 folgt aus §§ 201 Abs. 2, 215 Abs. 2 InsO.

33 Die lange Verjährung gilt grundsätzlich **für alle rechtskräftig festgestellten oder sonst vollstreckbaren Ansprüche,** gleichgültig wie lang die ursprüngliche Verjährungsfrist gewesen ist. Dies rechtfertigt sich daraus, daß dem Gläubiger die Möglichkeit zur Vollstreckung seines Anspruchs unabhängig von der derzeitigen Vermögenslage des Schuldners langfristig erhalten werden soll[16], insbesondere wenn der zur Zeit nicht leistungsfähige Schuldner später zu Vermögen gelangt. Nach **§ 197 Abs. 2** gilt statt der Frist von 30 Jahren die regelmäßige Verjährungsfrist für Ansprüche auf künftig fällig werdende regelmäßig **wiederkehrende Leistungen,** wie etwa auf Miet- und Pachtzinsen, wobei die Frist für jeden einzelnen Anspruch mit seiner Entstehung und Fälligkeit neu beginnt.

c) Sonstige längere Verjährungsfristen

34 Mängel an Bauwerken verjähren nach dem Gesetz in **5 Jahren** bei einem Werkvertrag oder beim Kauf eines neu erstellten Bauwerks oder von Sachen, die für die Erstellung des Bauwerks bestimmt sind (§ 634a Abs. 1 Nr. 2, § 438 Abs. 1 Nr. 2).

2. Kürzere Verjährungsfristen

a) Gesetzliche Fristen

35 Kürzer sind solche Verjährungsfristen, deren Frist geringer als 3 Jahre ist oder die zwar 3 Jahre beträgt, aber unabhängig von der Kenntnis des Gläubigers zu laufen beginnt. Als kürzere Verjährungsfrist ist insbesondere die Frist von **2 Jahren** für Sach- und Rechtsmängel beim Kaufvertrag gemäß § 438 Abs. 1 Nr. 3 und beim Werkvertrag gemäß § 634a Abs. 1 Nr. 1 zu nennen. Eine ebenfalls zweijährige Verjährungsfrist gilt für Reisemängel (§ 651g Abs. 2). Bereits in **6 Monaten** nach Rückgabe einer Miet- oder Pachtsache verjähren die Ersatzansprüche des Vermieters und des Mieters gegeneinander (§ 548, § 581 Abs. 2). Gleiches gilt gemäß § 606 für die Leihe. Für den schuldrechtlichen Herausgabeanspruch aus § 546 oder § 604 gilt aber die regelmäßige Verjährung gemäß § 195 und für den dinglichen Herausgabeanspruch bleibt § 197 Abs. 1 Nr. 1 anwendbar.

36 Zugleich mit dem Hauptanspruch verjähren die **Ansprüche** auf die von ihm abhängigen **Nebenleistungen,** z. B. auf Darlehenszinsen oder Verzugszinsen, auch wenn die für diese Ansprüche geltende besondere Verjährungsfrist noch nicht abgelaufen ist (§ 217).

b) Vereinbarte Verjährungsfristen

37 Durch vertragliche Vereinbarung können die Verjährungsfristen grundsätzlich verkürzt werden. Der Verkürzung stehen nicht nur bei Ansprüchen aus Haftung bei Vorsatz (§ 202 Abs. 1), sondern auch in anderen Fällen gesetzliche Grenzen entgegen. Beim Verbrauchsgüterkauf kann die Verjährungsfrist vor Mitteilung des Mangels an den Unternehmer nach § 475 Abs. 2 mit Ausnahme von Schadensersatzansprüchen (§ 475 Abs. 3) nicht unter zwei Jahre und bei gebrauchten Sachen nicht unter ein Jahr

---

[16] S. dazu auch Soergel/*Niedenführ,* BGB, 13. Aufl. 2003, § 197 Rn. 22, 23.

verkürzt werden. Nach Mitteilung des Mangels gilt die halbzwingende Vorschrift des § 475 nicht mehr. Alle Vereinbarungen, die die Verjährung zu Lasten des Kunden eines AGB-Verwenders verkürzen, unterliegen aber der Inhaltskontrolle nach §§ 307ff. Für Mängelansprüche ist dabei § 309 Nr. 8b ee zu beachten. Auf andere Ansprüche findet § 307 auch über das Schuldrecht hinaus auf das im Allgemeinen Teil geregelte Verjährungsrecht zumindest analoge Anwendung. Eine Verjährung von weniger als 6 Monaten wird sich dabei ohne besondere Gründe im allgemeinen kaum rechtfertigen lassen[17]. Dies gilt auch für nicht ausgehandelte Vereinbarungen mit Verbrauchern (§ 310 Abs. 3 Nr. 2). Im übrigen bleibt § 138 stets anwendbar. Eine Absenkung der Verjährungsfrist auf Null würde der Rechtsnatur des Anspruchs widersprechen, weil sich der Schuldner durch Erhebung jederzeit seiner Verpflichtung entziehen könnte.

V. Hemmung der Verjährung

Die **Wirkung der Hemmung** besteht gemäß § 209 darin, daß die **Zeit** während der die Verjährung gehemmt ist, in die Verjährungsfrist **nicht eingerechnet** wird. Die Hemmung tritt aber nur bei Vorliegen eines gesetzlich vorgesehenen oder vertraglich gemäß § 202 vereinbarten Hemmungsgrundes ein. Der Gesetzgeber hat seit 1. 1. 2002 die Hemmungsgründe wesentlich erweitert. Der Hemmung kommt nunmehr eine zentrale Bedeutung zu. Damit die Hemmung eintritt, muß sowohl ein Hemmungsgrund als auch die Dauer der Hemmung festgestellt werden. Die Hemmung tritt nach § 213 **einheitlich für alle Ansprüche** ein, die auf dasselbe wirtschaftliche Ziel gerichtet sind. Sie gilt deshalb trotz unterschiedlicher Verjährungsfristen einheitlich sowohl für miteinander konkurrierende vertragliche und gesetzliche Ansprüche, z.B. auf Besitzherausgabe aus § 546 und § 985, als auch für wahlweise nebeneinander bestehende Ansprüche, wie z.B. die verschiedenen Rechte bei Sach- und Rechtsmängeln aus § 437 oder § 634. Damit löst sich das Verjährungsrecht vom prozessualen Streitgegenstandsdenken[18]. 38

Beispiel: K hat von V einen Pkw gekauft und am 30. 4. 2002 ausgeliefert erhalten. Am 30. 3. 2003 teilt K dem V mit, daß die Startautomatik defekt ist. V bezweifelt dies und führt etwaige Mängel auf ein Fehlverhalten des K zurück. K gibt sich damit nicht zufrieden und legt das Schreiben einer freien Werkstatt bei, wonach die Startautomatik fehlerhaft konstruiert sei. Daraufhin schreibt V an K, daß er das Gutachten dem Herstellerwerk eingesandt habe und auf dessen Antwort warte. Das Herstellerwerk äußert sich am 25. 6. 2003 dahin, daß eine Fehlkonstruktion nicht vorliege, der Mangel vielmehr auf einen Bedienungsfehler zurückzuführen sei. Darauf erklärt V gegenüber K mit Schreiben vom 29. 6. 2003, das K einen Tag später zugeht, daß ein kostenloser Austausch der Startautomatik nunmehr endgültig nicht mehr in Betracht komme. K läßt eine neue Startautomatik auf seine Kosten einbauen. Er will wissen, wie lange er sich Zeit lassen könne, um durch ein Sachverständigengutachten die fehlerhafte Konstruktion der Startautomatik nachweisen und von V Ersatz seiner Kosten verlangen zu können. Die Verjährung beginnt bei Mangelhaftigkeit einer Kaufsache gemäß § 438 Abs. 2 mit deren Ablieferung am 30. 4. 2002 und würde ohne Hemmung gemäß § 438 Abs. 1 Nr. 3, § 188 am 30. 4. 2004 enden. § 203 sieht jedoch Verhandlungen über den Anspruch als Hemmungsgrund vor. Die Verjährung ist deshalb so lange gehemmt, bis V mit seinem Schreiben, das K am 30. 6. 2003 zugeht, weitere Verhandlungen ablehnt. Die Verhandlungsdauer von 3 Monaten zwischen dem 30.3. und 30. 6. 2003 wird in die Verjährungszeit nicht eingerechnet. Die zweijährige Verjährungsfrist des § 438 Abs. 1 Nr. 3 endet deshalb erst am 30. 7. 2004. Die Hemmung 39

[17] *BGHZ* 104, 292, 294ff.

[18] S. dazu auch *M. Wolf,* FS E. Schumann, 2001, S. 579.

wirkt einheitlich sowohl für den Anspruch auf Nachbesserung aus § 437 Nr. 1 wie auch für den Schadensersatzanspruch aus § 437 Nr. 3 mit § 280 oder § 281.

1. Verhandlungen als Hemmungsgrund

40 Mit § 203 ist seit 1. 1. 2002 der allgemeine Hemmungsgrund der Verhandlungen eingeführt, der zuvor nur für einzelne Ansprüche (z.B. § 639 Abs. 2, § 651g Abs. 2, § 852 Abs. 2 jeweils a.F.) vorgesehen war. Der Hemmungsgrund gilt nunmehr für alle Ansprüche, für die das Verjährungsrecht des BGB gilt. Dies können auch Ansprüche aus dem HGB und Sondergesetzen sein. Durch diesen Hemmungsgrund sollen Verhandlungen zwischen Gläubiger und Schuldner oder ihren Vertretern vor allem kurze Zeit vor Ablauf der Verjährungsfrist nicht verhindert werden, weil der Gläubiger schon Vorbereitungen für die Klageerhebung treffen muß. Zugleich muß sich der Schuldner, solange er Verhandlungen führt, auf den Anspruch einstellen. Verhandlungen sind gegeben, wenn der Schuldner den vom Gläubiger geltend gemachten Anspruch nicht sogleich endgültig ablehnt, sondern zu Gesprächen über den Anspruch oder die den Anspruch begründenden Umstände bereit ist[19]. Die Hemmung endet und die Verjährungsfrist läuft weiter, wenn die Verhandlungen beendet sind, insbesondere wenn die Schuldnerseite deren Fortsetzung verweigert.

41 **Beispiele** für Verhandlungen sind gegeben, wenn der Schuldner nähere Aufklärung oder Auskunft über den Anspruch vom Gläubiger erbittet, eine Besprechung zur Aufklärung des Sachverhalts anregt, insbesondere sich zur Überprüfung von Mängeln einer Sache oder einer Werkleistung bereit erklärt. Sofern Verhandlungen stattfinden, beginnt die Hemmung regelmäßig in dem Zeitpunkt, in dem der Gläubiger seinen Anspruch geltend macht. Gegenstand der Verhandlungen muß der Anspruch im wirtschaftlichen Sinne sein. Erfaßt werden demgemäß grundsätzlich alle Anspruchsgrundlagen, sofern nicht etwas anderes vereinbart oder eindeutig erkennbar ist. Eine Verhandlung findet nicht statt oder endet, wenn der Schuldner den Anspruch oder jedes Gespräch darüber ablehnt oder dies dadurch verweigert, daß er nicht innerhalb angemessener Frist antwortet. Hat der Schuldner sich einmal auf Verhandlungen eingelassen, so muß er die Verweigerung zur Fortsetzung besonders deutlich erkennbar zum Ausdruck bringen[20], damit nicht die Verjährungsfrist für den Gläubiger unerkennbar weiter zu laufen beginnt. Setzt der Gläubiger die Verhandlungen nicht fort, so kann er die Verjährung dadurch nicht endlos hemmen. Die Hemmung endet vielmehr in dem Zeitpunkt, in dem man vom Gläubiger unter Berücksichtigung der jeweiligen Umstände eine Reaktion erwarten konnte[21]. Beim Ende der Verhandlungen können sich folgende Situationen ergeben:

(1) Die Verhandlungen enden ergebnislos. Gemäß § 203 Satz 2 läuft die Verjährungsfrist noch mindestens noch 3 Monate, auch wenn die normale Verjährungsfrist schon früher z.B. ein Monat nach Beendigung der Verhandlungen ablaufen würde. Dadurch sollen Verhandlungen bis in die letzten Tage einer Verjährungsfrist hinein erleichtert und dem Gläubiger Zeit zur Vorbereitung der Rechtsverfolgung gegeben werden.

(2) Der Schuldner erfüllt den Anspruch und der Anspruch erlischt (§ 362).

(3) Der Schuldner erfüllt teilweise, leistet Sicherheit oder anerkennt den Anspruch in anderer Weise. Es beginnt gemäß § 212 Abs. 1 Nr. 1 eine neue Verjährungsfrist.

2. Rechtsverfolgungsverfahren als Hemmungsgrund

42 § 204 läßt die Hemmung eintreten, wenn der Gläubiger von den **gesetzlich vorgesehenen Verfahren** zur Verfolgung seines Anspruchs Gebrauch macht. Der Gläubiger kann sich nicht beliebiger Mittel zur Rechtsverfolgung bedienen, sondern muß

---

[19] *BGH* NJW-RR 2001, 1168, 1168 zu § 852 Abs. 2 a.F.

[20] *BGH* NJW 1998, 2819f.

[21] *BGH* NJW 1986, 1337, 1339.

die in § 204 aufgezählten Verfahren benutzen, sofern nicht besondere Vorschriften etwas anderes vorsehen oder der Gläubiger mit dem Schuldner nach § 202 etwas anderes vereinbart. Die Verfahren in § 204 sind dadurch gekennzeichnet, daß es sich um **rechtlich geregelte Verfahren unter Beteiligung neutraler Dritter** handelt, die Feststellungen über den Anspruch und seine Vollstreckbarkeit ermöglichen oder dazu vorbereiten. Mit der Einleitung dieser Verfahren macht der Gläubiger dem Schuldner die Ernsthaftigkeit seines Rechtsverfolgungswillens deutlich. Zugleich wird dem Schuldner die Möglichkeit geboten, sich umfassend gegen den Anspruch zu verteidigen. Dies rechtfertigt die Hemmung der Verjährung, solange diese Rechtsverfolgungsverfahren laufen, ergänzt um eine Frist von 6 Monaten nach Beendigung des Verfahrens gemäß § 204 Abs. 2. Dadurch soll dem Gläubiger Gelegenheit gegeben werden, sich auf die neue Situation nach Verfahrensende einzustellen, was insbesondere erforderlich ist, wenn das Verfahren ergebnislos endet und die restlich verbleibende Verjährungsfrist nur noch von kurzer Dauer ist.

Die verjährungshemmenden Verfahren sind durch § 204 gegenüber dem früheren Rechtszu- **43**
stand wesentlich erweitert worden und an Stelle der bisherigen Unterbrechung im Sinne des Neubeginns der Verjährung ist die für den Schuldner weniger einschneidende Hemmung im Sinne der zeitweisen Unterbrechung der Verjährungsfrist getreten. Nicht verjährungshemmend ist aber anders als z. B. im italienischen und niederländischen Recht nach wie vor die bloße Mahnung oder Zahlungsaufforderung durch den Gläubiger. Die in § 204 aufgezählten Verfahren sind zumeist den gerichtlichen Verfahren (unten Rn. 44f.) oder deren Vorbereitung (unten Rn. 46f.) zuzuordnen. Es gibt aber auch außergerichtliche Verfahren (unten Rn. 48f.). Alle Verfahren setzen ihre Einleitung voraus. Dies kann durch den Gläubiger selbst oder durch eine für ihn handlungsberechtigte Person geschehen, sei es durch einen Vertreter oder eine auf Grund Gesetzes oder nach § 185 ermächtigte Person (s. unten § 23 Rn. 41 ff.).

a) Gerichtliche Verfahren über den Anspruch

Gerichtliche Verfahren über den Anspruch sind solche, die der **gerichtlichen Fest-** **44**
stellung des Anspruchs oder seiner Vollstreckbarkeit dienen. Gemäß § 204 Abs. 1 kommen dafür folgende Verfahren in Betracht: Die in **Nr. 1** erwähnten Leistungs- oder Feststellungsklagen nach §§ 253–260 ZPO, die Klage auf Erteilung der Vollstrekkungsklausel nach §§ 731, 796 Abs. 3, 797 Abs. 5 ZPO sowie die Klage auf Erlass eines Vollstreckungsurteils für ausländische Entscheidungen nach § 722 ZPO oder für Schiedssprüche nach §§ 1060, 1061 ZPO. Ausreichend ist nach Sinn und Zweck dieser Hemmungsgründe (s. oben Rn. 41) auch eine negative Feststellungsklage[22]. Die Klagen müssen zwar wirksam erhoben, aber nicht zulässig sein. Die Hemmung erstreckt sich auch auf hilfsweise geltend gemachte Ansprüche. Im Ausland erhobene Klagen genügen, wenn die Urteile im Inland Anerkennung finden[23]. Zu den gerichtlichen Verfahren zählt auch der Antrag auf das in **Nr. 2** genannte vereinfachte Verfahren über den Unterhalt Minderjähriger nach §§ 645 ff. ZPO, der in **Nr. 3** erwähnte Mahnbescheid nach § 692 ZPO, die in **Nr. 5** angeführte Aufrechnung im Prozeß gemäß § 322 Abs. 2 ZPO sowie die in **Nr. 9** aufgeführten Anträge auf Erlaß eines Arrests oder einer einstweiligen Verfügung nach §§ 922, 936 ZPO.

In allen Fällen verlangt der Eintritt der Hemmungswirkung, daß die Klage oder der Antrag **45**
dem Gegner zugestellt wird, damit der Schuldner von der Rechtsverfolgung gegen ihn Kennt-

[22] A. A. zum alten Recht *BGHZ* 72, 28; *BGH* NJW 1972, 159 und 1043; zum neuen Recht auch Palandt/*Heinrichs,* § 204 Rn. 3; Bamberger/Roth/*Henrich,* § 204 Rn. 3.
[23] S. dazu auch *M. Wolf,* Die grenzüberschreitende Verjährung, in FS Beys, 2003.

nis erlangt. Der Eintritt der Hemmungswirkung wird gemäß § 167 ZPO auf den Zeitpunkt vorverlegt, in dem die Klage, der sonstige Antrag oder die Erklärung bei Gericht eingeht, sofern die Zustellung demnächst erfolgt. Die Hemmung endet gemäß § 204 Abs. 2 sechs Monate nach der im jeweiligen Verfahren ergehenden rechtskräftigen Entscheidung oder nach sonstiger Beendigung des Verfahrens oder nach Verfahrensstillstand. Rechtskräftig ist die Entscheidung, wenn sie endgültig ist, d. h. nicht mehr mit Rechtsmitteln angefochten werden kann (§ 705 ZPO). Dabei ergeben sich mehrere Möglichkeiten.

(1) Der Anspruch wird rechtskräftig festgestellt. Es beginnt dann für den Anspruch nach Ablauf der 6 Monate gemäß § 204 Abs. 2 aufgrund von § 197 Abs. 1 Nr. 3 mit § 201 eine neue Verjährungsfrist von 30 Jahren. Wird das Verfahren durch einen vollstreckbaren Vergleich beendet, so gilt ebenfalls eine 30jährige Verjährung gemäß § 197 Nr. 4 ab Errichtung des Vergleichs durch Unterschrift der Parteien oder durch gerichtliche Protokollierung.

(2) Weist die Entscheidung die Klage oder den sonstigen Antrag rechtskräftig als unbegründet ab, so besteht der Anspruch nicht. Fragen der Verjährung stellen sich dann nicht mehr.

(3) Weist die Entscheidung die Klage oder den Antrag als unzulässig ab, so endet die Hemmungswirkung 6 Monate nach Rechtskraft der Entscheidung und die restliche Verjährungsfrist, die vor Verfahrensbeginn noch nicht verstrichen ist, läuft weiter. Bis zum Ende dieser Frist kann der Gläubiger ein neues Verfahren einleiten.

(4) Wird das Verfahren auf andere Weise z. B. durch Klagerücknahme (§ 269 ZPO) beendet oder gerät es in Stillstand, weil es nicht weiter betrieben wird, so endet 6 Monate nach Verfahrensende oder der letzten Verfahrenshandlung die Hemmungswirkung gemäß § 204 Abs. 2 und die restliche Verjährungsfrist läuft weiter. Der Stillstand des Verfahrens ist gemäß § 204 Abs. 2 Satz 2 der Verfahrensbeendigung gleichgestellt, um zu verhindern, daß die Beteiligten durch Untätigkeit den Eintritt der Verjährung endlos hinauszögern. Dies gilt aber nur, wenn die Untätigkeit ohne triftigen Grund erfolgt[24]. Den Ausgang eines Strafverfahrens abzuwarten, ist ein triftiger Grund, wenn dadurch die richtige Entscheidung im Zivilprozeß gefördert wird[25].

b) Vorbereitende gerichtliche Verfahren

46 Vorbereitende gerichtliche Verfahren entscheiden nicht über den Anspruch und seine Vollstreckbarkeit selbst, dienen aber der Vorbereitung solcher Verfahren. Dazu gehören in § 204 **Nr. 6** die Streitverkündung nach §§ 72, 73 ZPO. Hemmende Wirkung kann auch eine Nebenintervention (§ 66 ZPO), eine Hauptintervention (§ 64 ZPO), ein Gläubigerstreit (§ 75 ZPO) oder eine Urheberbenennung nach §§ 76, 77 ZPO haben. Vorbereitend ist nach **Nr. 7** auch die Durchführung eines selbständigen Beweisverfahrens gemäß §§ 485 ff. ZPO, nach **Nr. 12** die Einreichung des Antrags auf Vorentscheidung einer Behörde, nach **Nr. 13** der Antrag auf Bestimmung des zuständigen Gerichts gemäß § 36 ZPO und nach **Nr. 14** der Antrag auf Prozeßkostenhilfe nach §§ 114 ff. ZPO.

47 Voraussetzung ist mit Ausnahme von Nr. 12 und 13 jeweils, daß der betreffende Antrag dem Schuldner zugestellt oder seine Bekanntgabe veranlaßt wird. Die Hemmungswirkung wird jedoch nach § 167 ZPO oder nach jeweils spezieller Vorschrift auf den Zeitpunkt der Einreichung des Antrags vorverlagert, wenn die Zustellung oder Bekanntgabe demnächst erfolgt. In Nr. 12 und 13 ist der Eintritt der Hemmungswirkung zudem davon abhängig, daß der Antrag im Hauptverfahren innerhalb von 3 Monaten nach Erledigung des Gesuchs im vorbereitenden Verfahren gestellt wird. Gemäß § 204 Abs. 2 verliert die Hemmung ihre Wirkung 6 Monate nach Beendigung oder Stillstand des jeweiligen Verfahrens und die restliche Verjährungsfrist läuft weiter.

c) Außergerichtliche Verfahren

48 Als außergerichtliche Verfahren, die ohne Einschaltung eines Gerichts zur Feststellung des Anspruchs und seiner Vollstreckbarkeit führen, sieht § 204 in **Nr. 4** die Ein-

---

[24] *BGH* NJW 1987, 371, 372; *BGH* NJW 1999, 3774 noch zu § 211 a. F.

[25] *BGH* NJW 2000, 132 noch zu § 211 a. F.

leitung eines staatlich anerkannten oder von den Parteien vereinbarten Güteverfahrens, in **Nr. 8** den Beginn oder die Beauftragung eines Gutachters in einem Verfahren nach § 641a BGB, in **Nr. 10** die Anmeldung des Anspruchs im Insolvenzverfahren gemäß §§ 174ff. InsO und in **Nr 11** den Beginn eines schiedsrichterlichen Verfahrens gemäß § 1044 ZPO vor.

Die Hemmung endet gemäß § 204 Abs. 2 wiederum 6 Monate nach Beendigung oder Stillstand des Verfahrens und die noch nicht abgelaufen Verjährungsfrist setzt sich fort. Soweit eine dem rechtskräftigen Urteil gleich gestellte Maßnahme ergeht (s. z. B. § 202 Abs. 2 InsO, § 1055 ZPO) oder wenn ein vollstreckbarer Vergleich geschlossen wird, greift gemäß § 197 Abs. 1 Nr. 3 und 4 die Verjährungsfrist von 30 Jahren ein. 49

3. Sonstige Hemmungsgründe

a) Vereinbarte Leistungsverweigerungsrechte

Nach § 205 ist die Verjährung gehemmt, solange dem Schuldner vorübergehend ein vertragliches Leistungsverweigerungsrecht zusteht. § 205 gilt nur für vertraglich vereinbarte Leistungsverweigerungsrechte. Die Hemmung ist hier gerechtfertigt, weil der Gläubiger an der Durchsetzung seines Anspruchs gehindert ist und der Schuldner der Vereinbarung, deren Vorteile ihm zugute kommen, zugestimmt hat und sich auf die Hemmung einstellen muß. Die Hemmung tritt nicht ein bei gesetzlichen Leistungsverweigerungsrechten, wie z. B. einem Zurückbehaltungsrecht nach § 273 oder § 1000, bei ihnen läuft die Verjährungsfrist weiter. 50

Beispiel: Vertraglich vereinbarte Leistungsverweigerungsrechte sind vor allem **Stundungsvereinbarungen.** Diese sind dadurch gekennzeichnet, daß sie den Zeitpunkt der Fälligkeit verschieben. Dabei ist jedoch zu unterscheiden. Wird die Fälligkeit von Anfang an auf einen Zeitpunkt nach dem Entstehen des Anspruchs verlegt, so daß dieser zuvor noch gar nicht fällig war, so ist der Anspruch noch gar nicht im Sinne von § 199 Abs. 1 Nr. 1, § 200 entstanden (s. oben Rn. 12f.) und die Verjährung beginnt überhaupt erst, nachdem die Stundungsvereinbarung ausläuft. Wird die Stundungsabrede erst später getroffen, so kann § 205 zur Anwendung kommen. Da aus der späteren Stundungsabrede häufig zugleich eine Anerkennung des Anspruchs abgeleitet werden kann, beginnt die Verjährungsfrist ferner gemäß § 212 Abs. 1 Nr. 1 neu zulaufen. § 205 ist demnach nur auf die Fälle anwendbar, in denen später getroffene Stundungsabrede nicht als Anerkennung des Anspruchs ausgelegt werden kann. Dies trifft etwa zu, wenn vereinbart wird, der Anspruch solle gestundet werden, bis ein Musterprozeß zwischen anderen Parteien entschieden worden ist. 51

Der Stundungseinrede gleichzustellen ist das sog. **pactum de non petendo,** d. h. die Abrede, einen bestimmten Anspruch einstweilen nicht geltend zu machen. Auch ein solches Stillhalteabkommen hemmt die Verjährung gemäß § 205[26]. § 205 gilt nur für zeitweilige Einreden. Wird vereinbart, daß der Anspruch auf Dauer nicht mehr fällig sein soll, so kommt dies einem Verzicht auf den Anspruch gleich, so daß es aus diesem Grund auf die Verjährung nicht ankommt. Die Verjährungsfrist kann aber dennoch nebenher laufen für den Fall, daß der Verzicht auf den Anspruch nicht bewiesen werden kann. 52

b) Hemmung infolge höherer Gewalt

Eine Hemmung tritt ein, wenn und solange der Gläubiger innerhalb der letzten 6 Monate vor Ablauf der Verjährungsfrist durch **höhere Gewalt** an der Rechtsverfolgung gehindert wurde (§ 206). Höhere Gewalt in diesem Sinne ist jedes dem Einfluß des Anspruchsberechtigten entzogene Ereignis, das ihm die Rechtsverfolgung auch bei den äußersten, ihm zumutbaren Anstrengungen unmöglich macht. Dem Gläubiger 53

---

[26] *BGH* LM H. 8/1996 § 203 BGB Nr. 29; *BGH* WM 1977, 895.

sollen volle 6 Monate zur Vorbereitung der Verfahren für die Geltendmachung des Anspruchs ungestört zur Verfügung stehen.

54 **Beispiele** für höhere Gewalt sind ein schwerer Unfall, eine Überschwemmung, eine nicht voraussehbare sonstige Unterbrechung der Verkehrsverbindungen oder auch ein Stillstand der Rechtspflege infolge von Kriegsereignissen. Selbst eine falsche Auskunft durch eine Behörde oder einen Versicherungsträger ist aus der Sicht des Gläubigers als höhere Gewalt anzusehen[27]. Im Gegensatz zu der Auslegung im Haftpflichtrecht ist es nicht erforderlich, daß es sich um ein von außen kommendes Ereignis handelt. Höhere Gewalt ist deshalb auch eine schwere Erkrankung. Auch ein geringes Verschulden des Anspruchsberechtigten schließt aber die Annahme höherer Gewalt aus[28]. Dabei muß sich der Berechtigte auch ein Verschulden seines Anwalts als Prozeßvertreter zurechnen lassen[29].

c) Hemmung aus familiären und ähnlichen Gründen

55 Die Verjährung ist nach § 207 gehemmt bei Ansprüchen zwischen Personen, die durch enge **familienrechtliche Verhältnisse** oder aufgrund von **Betreuungsverhältnissen** mit einander verbunden sind. Dies soll vermeiden, daß diese engen Verhältnisse durch die Einleitung von Rechtsverfolgungsverfahren gestört werden. Dazu gehören die in § 207 aufgezählten Ansprüche zwischen Ehegatten und gleichgeschlechtlichen Lebenspartnern solange die Ehe oder Lebenspartnerschaft besteht, Ansprüche zwischen Eltern und Kindern, solange die Kinder minderjährig sind, und Ansprüche zwischen dem Vormund, Betreuer, oder Pfleger und dem Mündel oder der sonst betreuten Person während der Dauer des Vormundschafts- oder Betreuungsverhältnisses.

d) Hemmung wegen Verletzung der sexuellen Selbstbestimmung

56 Ansprüche wegen Verletzung der sexuellen Selbstbestimmung, die sich vor allem aus § 825 mit § 253 Abs. 2 ergeben können, sind nach § 208 bis zur Vollendung des 21. Lebensjahres des Gläubigers gehemmt. Gleiches gilt, falls schon bei Beginn der Verjährungsfrist eine häusliche Gemeinschaft zwischen Gläubiger und Schuldner besteht, bis zur Beendigung dieser Gemeinschaft.

4. Ablaufhemmung

57 Bei der Ablaufhemmung wird der Lauf der Verjährungsfrist nicht zwischendurch ausgesetzt, sondern am Ende der Frist verlängert. Die Verjährung endet in diesen Fällen nicht vor dem Ablauf von sechs Monaten nach dem Zeitpunkt, in dem das Hindernis fortgefallen ist (§§ 210, 211). Das Hindernis wirkt sich daher nicht aus, wenn es früher als sechs Monate vor dem normalen Ablauf der Frist bereits fortgefallen ist. Ist die Verjährung kürzer als 6 Monate, so tritt die kürzere Verjährungsfrist an die Stelle der Sechs-Monate-Frist (§ 210 Abs. 1 Satz 2, § 211 Satz 2).

58 **Beispiele:** Nach § 210 ist der Ablauf der Verjährung eines Anspruchs einer geschäftsunfähigen oder in der Geschäftsfähigkeit beschränkten Person gehemmt, wenn sie in irgendeinem Zeitpunkt während der letzten 6 Monate der Verjährungsfrist ohne gesetzlichen Vertreter ist. § 211 betrifft die Ablaufhemmung bei einer Erbschaft, bis dort die Berechtigten oder Ver-

---

[27] *BGH* BB 1960, 907; *RGZ* 160, 94; *BayObLGZ* 1960, 490, 497; s. zu weiteren Fällen etwa Soergel/*Niedenführ,* 13. Aufl. § 206 Rn. 5ff.; Bamberger/Roth/*Henrich,* § 206 Rn. 4.

[28] *BGH* NJW 1997, 3164.

[29] BGHZ 17, 199, 205; 81, 353, 356f.; Staudinger/*Peters,* § 203 Rn. 14; AK/*Kohl,* § 203 Rn. 3; anders jedoch *RGZ* 158, 357, 360f.; *Melzer,* NJW 1959, 925, 926.

pflichteten feststehen. § 2031 regelt die Ablaufhemmung des Herausgabeanspruchs bei fälschlich für tot Erklärten und dehnt sie auf ein Jahr aus.

VI. Neubeginn der Verjährung

Beim Neubeginn der Verjährung, der bisher etwas mißverständlich als Unterbrechung der Verjährung bezeichnet wurde, wird die bisher verstrichene, aber noch nicht abgelaufene Verjährungsfrist mit dem Eintritt gesetzlich bestimmter oder durch Vereinbarung nach § 202 festgelegter Gründe bedeutungslos und danach beginnt eine neue Frist regelmäßig von gleicher Länge wie zuvor (§ 212). Die neue Verjährungsfrist beginnt nicht erst gemäß § 199 mit dem Jahresschluß, sondern unmittelbar mit dem Ende des Grundes für den Neubeginn[30]. Die wichtigsten Fälle des Unterbrechung sind die formlose Anerkennung des Anspruchs durch den Verpflichteten (§ 212 Abs. 1 Nr. 1) und die Vornahme oder Beantragung gerichtlicher oder behördlicher Vollstreckungshandlungen (§ 212 Abs. 1 Nr. 2). Hemmungsgründe und Gründe für den Neubeginn können nebeneinander bestehen. Die Verjährung beginnt dann mit Ablauf des Hemmungsgrundes von Neuem. Auch kann der Lauf der neuen Verjährungsfrist wiederum durch neue Hemmungsgründe ausgesetzt sein. 59

1. Das Anerkenntnis als Grund für den Neubeginn

Das Anerkenntnis ist der Oberbegriff der in § 212 Abs. 1 Nr. 1 geregelten Gründe für den Neubeginn der Verjährung. Es ist nicht identisch mit dem abstrakten Schuldanerkenntnis in § 781 und erfordert deshalb keine Schriftform. Schlüssiges Verhalten genügt[31]. 60

Beispiele: Das Gesetz selbst nennt Abschlagszahlungen, Zinszahlung und Sicherheitsleistung als Beispiele. Jede Handlung genügt, die erkennen läßt, daß der Schuldner um seine Verpflichtung weiß. So enthält etwa die Bitte um Stundung wegen augenblicklicher Zahlungsschwierigkeiten konkludent das Anerkenntnis der Zahlungspflicht. Teilzahlungen sind wie Abschlagszahlungen grundsätzlich als Anerkenntnis des vollen Anspruchs anzusehen, falls nicht der Schuldner sein Anerkenntnis ausdrücklich auf einen abgrenzbaren Teil der Forderung begrenzt. Ein Anerkenntnis begrenzt auf den Grund des Anspruchs unter Ausklammerung von dessen Höhe ist ausreichend. Die Erklärung der Aufrechnung mit einer eigenen, aber bestrittenen Forderung gegen die Gegenforderung des Gläubigers ist zugleich als Anerkenntnis der Gegenforderung anzusehen, weil ohne Anerkenntnis der Gegenforderung die Aufrechnung sinnlos wäre[32]. Kein Anerkenntnis stellt dagegen die hilfsweise Aufrechnung im Prozeß dar. Generell ist ein nur bedingtes Anerkenntnis nicht ausreichend[33]. 61

2. Beantragung und Vornahme von Vollstreckungshandlungen

§ 212 Abs. 1 Nr. 2 sieht als Grund für einen Neubeginn der Verjährung die Beantragung oder Vornahme von Vollstreckungshandlungen vor. Vollstreckungshandlungen sind Maßnahmen der Rechtsverfolgung in einem gesetzlich geregelten Verfahren. 62

---

[30] So noch zur Unterbrechung *BGHZ* 86, 103; 93, 287, 294; *BAG* NJW 1990, 2578, 2579; Soergel/*Niedenführ,* § 212 Rn. 29.

[31] *BGH* LM § 208 (jetzt § 212) BGB Nr. 3.

[32] BGHZ 107, 395, 398; Palandt/*Heinrichs,* § 212 Rn. 4; je nach Fall Soergel/*Niedenführ,* § 212 Rn. 22; *kritisch* MünchKomm/*Grothe,* § 208 Rn. 12; a. A. zuvor noch *BGHZ* 58, 103, 105.

[33] *BGH* NJW 1969, 1108 = LM § 208 BGB Nr. 5.

Indem der Gläubiger solche Maßnahmen beantragt, bringt er zum Ausdruck, daß er auf der Erfüllung seines Anspruchs besteht, so daß der Schuldner sich hierauf einstellen kann. Hat die Vollstreckung zur Erfüllung des Anspruchs geführt, so ist dieser untergegangen und die Verjährung ist ohne Bedeutung. Ist der Anspruch aber nicht oder nur teilweise durch die Vollstreckungshandlung erfüllt worden, so müssen dem Gläubiger neue Vollstreckungsmaßnahmen gestattet werden, ohne daß er durch den Ablauf der ursprünglichen Verjährungsfrist daran gehindert wird. Andernfalls könnte er sich vor Ablauf der ursprünglichen Verjährungsfrist noch zu übereilten Vollstreckungshandlungen veranlaßt sehen, ohne ausreichend prüfen zu können, ob und welches Vermögen sein Schuldner hat.

63 Ein Grund für den Neubeginn der Verjährung ist sowohl die Vornahme der Vollstreckungshandlung als auch deren Beantragung. Die Zustellung des Vollstreckungsantrags ist nicht erforderlich. Der Antrag führt aber nach § 212 Abs. 3 nicht zum Neubeginn der Verjährung, wenn ihm nicht stattgegeben, er vom Gläubiger zurückgenommen oder die Vollstreckungsmaßnahme später wegen Fehlens der gesetzlichen Voraussetzungen aufgehoben wird. Dadurch soll vermieden werden, daß unzulässige Anträge allein zum Zweck gestellt werden, den Beginn einer neuen Verjährungsfrist herbeizuführen. Zum Neubeginn der Verjährung führt der Antrag aber, wenn wegen Vermögenslosigkeit des Schuldners, aufgrund einer Vollstreckungsgegenklage (§ 767 ZPO) oder wegen einstweiliger Einstellung der Zwangsvollstreckung (z.B. §§ 707, 719, 765a ZPO) keine Vollstreckungshandlung vorgenommen wird. Später aufgrund des ursprünglichen Antrags dann doch vorgenommene Vollstreckungshandlungen lassen die Verjährung wieder neu beginnen. Da Vollstreckungshandlungen grundsätzlich einen Vollstreckungstitel voraussetzen, für den nach § 197 Abs. 1 Nr. 3–5 bereits eine Verjährungsfrist von 30 Jahren gilt, kommt dem Neubeginn der Verjährung keine allzu große praktische Bedeutung zu.

VII. Rechtsfolgen der Verjährung

64 Ist der Anspruch verjährt, so „ist der Schuldner berechtigt, die Leistung zu verweigern" (§ 214 Abs. 1). Die Verjährung stellt also keinen Erlöschensgrund dar, sondern gibt dem Verpflichteten nur eine **Einrede** im Sinne des Rechts, die Leistung auf den Anspruch zu verweigern. Die Einrede der Verjährung ist eine **dauernde** (peremptorische), weil sie, einmal entstanden, für immer bestehen bleibt im Gegensatz zu vorübergehenden (dilatorischen) Einreden, die nur für eine gewisse Zeit existieren (s. unten § 18 Rn. 61ff.). Es ist zu unterscheiden zwischen den Rechtsfolgen des Bestehens eines Einrederechts vor seiner Ausübung (des Einredetatbestandes) und den Folgen nach der Ausübung der Einrede.

1. Rechtsfolgen vor Ausübung

65 Die **Rechtsfolgen des Bestehens der Verjährungseinrede** gehen nicht so weit wie die des Bestehens anderer dauernder Einreden. Aufgrund der Einrede kann der Schuldner zwar jederzeit die Leistung verweigern und mit ihrer Geltendmachung im Prozeß die Abweisung der Klage erreichen. Ohne Erhebung der Einrede wird er aber verurteilt, wenn der Anspruch im Übrigen besteht. Er kann die verjährte Forderung auch freiwillig erfüllen. Das zu ihrer Erfüllung Geleistete kann aber anders als bei anderen Einreden, nicht nach § 813 Abs. 1 zurückgefordert werden. Dies gilt gemäß § 214 Abs. 2 auch, wenn die Leistung in Unkenntnis der Verjährung erfolgt war. Nicht zurückgefordert werden können auch ein vertragsmäßiges Anerkenntnis der verjährten Schuld und eine vom Schuldner erbrachte Sicherheitsleistung. Die Einrede

der Verjährung hindert nach § 390 zwar grundsätzlich die Aufrechnung (§§ 387ff.) und die Geltendmachung eines Zurückbehaltungsrechts wegen der verjährten Forderung (z.B. nach § 273). Dies gilt aber gemäß § 215 dann nicht, wenn die Aufrechnung und das Zurückbehaltungsrecht schon vor Eintritt der Verjährung möglich waren.

Die zur Sicherung des verjährten Anspruchs bestellten Hypotheken und Pfandrechte bleiben unberührt. Der Gläubiger kann weiterhin seine Befriedigung wegen der verjährten Forderung aus dem Pfandgegenstand suchen (§ 216 Abs. 1). Ebenso bleiben Sicherungsübereignungen und Sicherungsabtretungen weiterhin wirksam (§ 216 Abs. 2). Ferner kann der Eigentumsvorbehaltsverkäufer (§ 449) auch noch nach Eintritt der Verjährung der Kaufpreisforderung von dem Vertrag zurücktreten und die Kaufsache herausverlangen, wenn die Zahlung nicht vollständig erfolgt ist (§ 216 Abs. 2 S. 2). Diese Bestimmungen gelten aber nicht für Ansprüche auf Rückstände von Zinsen und anderen wiederkehrenden Leistungen (§ 216 Abs. 3). 66

2. Rechtsfolgen nach Ausübung

Hat der Schuldner die Verjährungseinrede geltend gemacht, so ist der Anspruch des Gläubigers **gerichtlich nicht mehr durchsetzbaren** und in diesem Sinne klaglos geworden. Das Gericht darf dem Anspruch nicht mehr stattgeben, auch wenn er im Übrigen besteht. Die Erhebung der Einrede muß dem Gericht aber bekannt gemacht werden, sei es, daß der Beklagte sie vor Gericht erhebt oder daß dem Gericht die außerprozessuale Erhebung mitgeteilt wird. Die Einrede der Verjährung kann auch konkludent erhoben werden. 67

Beispiele: Hat sich der Beklagte vor dem Prozeß dem Gläubiger gegenüber auf die Verjährung berufen, erscheint er aber im Prozeß nicht, so ist die Einrede dennoch vom Gericht zu beachten, wenn der Kläger dem Gericht mitteilt, daß der Beklagte sich ihm gegenüber vorprozessual auf die Verjährung berufen habe. Sieht es den Anspruch als verjährt an, so hat es die Klage als unbegründet abzuweisen. Beruft sich der Beklagte im Prozeß wegen der verflossenen Zeit auf Verwirkung, so kann darin zugleich konkludent die Erhebung der Verjährungseinrede gesehen werden[34]. 68

VIII. Ausübungsschranken für die Verjährungseinrede

Als Gegenrecht unterliegt die Verjährungseinrede den allgemeinen Schranken der Rechtsausübung aus Treu und Glauben (s. oben § 16 Rn. 16ff.). Dabei ist ein restriktiver Maßstab anzulegen[35]. Die Geltendmachung der Verjährungseinrede in Kenntnis des Bestehens der Verpflichtung ist für sich allein noch keine unzulässige Rechtsausübung, weil die Rechtsordnung sie erlaubt. 69

Beispiele: Die Erhebung der Einrede kann aber eine unzulässige Rechtsausübung sein, wenn der Verpflichtete zuvor den **Anschein** erweckt hatte, er werde sie **nicht geltend machen,** und wenn er dadurch absichtlich oder unabsichtlich den Berechtigten von der rechtzeitigen Klageerhebung oder sonstigen Geltendmachung abgehalten hat. Die Ausübung der Einrede steht dann zu dem eigenen früheren Verhalten des Schuldners im Widerspruch (oben § 16 Rn. 30). Die dazu gehörenden Fälle werden aber zumeist von § 203 Satz 1 erfaßt (s. oben Rn. 40). Bei einem vertraglichen Schadensersatzanspruch ist die Berufung auf die Verjährung aber treuwidrig, wenn der Schuldner den Eindruck erweckt, der Schaden sei in Wirklichkeit 70

---

[34] *BGH* NJW 1988, 2247; *BGH* NJW 1996, 1895 = LM H. 7/1996 SteuerberatungsG Nr. 57 m. Anm. *Niedenführ.*

[35] *BGH* NJW 1996, 1894; *BGH* NJW 1998, 1488; Soergel/*Niedenführ,* § 214 Rn. 11.

nicht entstanden[36]. Eben so kann ein Fall des **unredlichen Erwerbs der eigenen Rechtsstellung** vorliegen (oben § 16 Rn. 19ff.), z.B. wenn der Schuldner durch ständigen Umzug oder falsche Anmeldung die rechtzeitige Klageerhebung verhindert hat. Die Erhebung der Verjährungseinrede verstößt dann gegen Treu und Glauben. Der Einwand der unzulässigen Rechtsausübung steht jedoch der Geltendmachung der Verjährungseinrede nicht dauernd entgegen, sondern nur bis zum Ablauf einer nach den Umständen und den Anforderungen des Geschäftsverkehrs angemessenen Frist, innerhalb derer vom Berechtigten erwartet werden kann, daß er nunmehr die Klage erheben werde. Die Frist ist knapp zu bemessen[37]. Sie beträgt in der Regel 4 Wochen. 6 Wochen sind grundsätzlich zu lang (BGH NJW 1991, 975). Nach Ablauf auch dieser zusätzlichen Frist verstößt es nicht mehr gegen Treu und Glauben, wenn der Verpflichtete die Verjährung geltend macht.

§ 18. Der Anspruch und seine Durchsetzung

Inhaltsübersicht

Literatur: *R. Bruns,* Der materiellrechtliche Anspruch und der Zivilprozeß, FS Ekelöf, Stockholm 1972, S. 161ff.; *Dietz,* Anspruchskonkurrenz bei Vertragsverletzung und Delikt, 1934; *Eichler,* Die Konkurrenz der vertraglichen und deliktischen Haftung im deutschen Recht, AcP 162 (1962), 401; *Georgiades,* Die Anspruchskonkurrenz im Zivilrecht und Zivilprozeßrecht, 1967; *Habscheid,* Die neuere Entwicklung der Lehre vom Streitgegenstand im Zivilprozeß, FS Schwab, 1990, S. 181; *Hellwig,* Anspruch und Klagrecht, 1900 (dazu *Hölder* ZZP 29, 50); *Henckel,* Vorbeugender Rechtsschutz im Zivilrecht, AcP 174 (1974), 97; *Hölder,* Über Ansprüche und Einreden, AcP 93, 1; *ders.,* Über das Klagrecht, JherJb. 46, 265; *Jahr,* Die Einrede des bürgerlichen Rechts, JuS 1964, 125ff., 293ff.; *ders.,* Anspruchsgrundlagenkonkurrenz und Erfüllungskonnexität, FS G. Lüke 1997, S. 297ff.; *Kleinfeller,* Der Begriff „Anspruch", AcP 137, 129; *Langheineken,* Anspruch und Einrede, 1903; *Lent,* Die Gesetzeskonkurrenz im bür-

---

[36] *BGH* NJW 1998, 1488.

[37] Vgl. MünchKomm/*Grothe,* § 194 Rn. 14; s. auch Soergel/*Niedenführ,* Bd. 2a § 214 Rn. 16.

gerlichen Recht und Zivilprozeßrecht, 2 Bde. 1912/16; *ders.*, Zur Lehre vom Streitgegenstand, ZZP 65, 315; *Nikisch,* Der Streitgegenstand im Zivilprozeß, 1935; *ders.*, Zur Lehre vom Streitgegenstand im Zivilprozeßrecht, AcP 154 (1954), 269; *Rimmelspacher,* Materieller Anspruch und Streitgegenstandsproblem im Zivilprozeß, 1970; *Roth,* Die Einrede des Bürgerlichen Rechts, 1988; *Schlosser,* Selbständige peremptorische Einrede und Gestaltungsrecht im deutschen Zivilrecht, JuS 1966, 257; *Schwab,* Der Streitgegenstand im Zivilprozeßrecht, 1954; *Windscheid,* Die Actio des römischen Civilrechts vom Standpunkt des heutigen Rechts, 1856.

I. Grundlagen

Der Anspruch als das Recht, von einem andern ein Tun oder Unterlassen zu verlangen (§ 194), erfordert ein bestimmtes Verhalten des Anspruchsverpflichteten, ohne das ein anspruchsgemäßer Zustand nicht besteht. Während bei anderen subjektiven Rechten der Berechtigte sein Recht allein und ohne das Tun eines anderen ausüben kann, ist er beim Anspruch auf die Mitwirkung des Verpflichteten angewiesen. 1

Beispiel: Der Eigentümer kann sein Eigentum als absolutes Herrschaftsrecht an einer Sache allein durch Inbesitznahme und Nutzung ausüben, ohne auf einen andern angewiesen zu sein. Ebenso kann der Berechtigte durch einseitige Erklärung sein Gestaltungsrecht, z. B. ein Kündigungsrecht, ausüben und dadurch ein Rechtsverhältnis umgestalten, ohne der Mitwirkung des andern zu bedürfen. Der Lieferanspruch aus einem Kaufvertrag kann dagegen nicht durch den Käufer als Anspruchsinhaber allein erfüllt werden, sondern nur wenn der Verkäufer als der Verpflichtete (§ 433 Abs. 1) die zur Übergabe (= Besitzverschaffung) und Eigentumsübertragung erforderlichen Handlungen vornimmt. Gleiches gilt bei einem Zahlungsanspruch oder bei jedem sonstigen Anspruch, wo jeweils der Verpflichtete durch seine anspruchskonforme Handlung an der Erfüllung mitwirken muß. 2

Diese Besonderheit des Anspruchs bringt es mit sich, daß der Anspruchsberechtigte (= Gläubiger) auf den Anspruchsverpflichteten (= Schuldner)[1] einwirken können muß, damit dieser den Anspruch erfüllt, denn die freiwillige Anspruchserfüllung, die von dem Verpflichteten oft einen erheblichen Aufwand verlangt, ist nicht immer gewährleistet. 3

Als Einwirkung auf den Schuldner läßt das Gesetz die Selbsthilfe des Gläubigers grundsätzlich nicht zu. Dies ergibt sich aus § 229, der eigenmächtiges Handeln des Gläubigers, z. B. eigenmächtige Wegnahme einer Sache oder eigenmächtige Gewaltanwendung gegen den Schuldner, nur ausnahmsweise zuläßt (s. unten § 19 Rn. 42). Daraus kann im Wege des Umkehrschlusses ein grundsätzliches Verbot der Selbsthilfe entnommen werden. 4

Statt der verbotenen Selbsthilfe stellt der Staat als Ausfluß seines staatlichen Gewaltmonopols die Mittel der Zwangsvollstreckung im 8. Buch der ZPO (§§ 704ff. ZPO) zur Verfügung. Bevor der Staat aber seine Machtmittel zur Durchsetzung von Ansprüchen gewährt, muß grundsätzlich im gerichtlichen Erkenntnisverfahren durch unabhängige Richter geprüft und durch deren Urteil ausgesprochen werden, daß der Anspruch besteht. Erst aufgrund dieses Urteils findet dann die Zwangsvollstreckung statt (§ 704 Abs. 1 ZPO). Dies führt zu einer engen Verbindung zwischen dem Anspruch und dem gerichtlichen Verfahren. 5

Nicht jede Rechtsnorm gewährt einen Anspruch. Es kommt deshalb darauf an, die Normen ausfindig zu machen, die Ansprüche gewähren. Für einen Anspruch können 6

---

[1] Die Begriffe Gläubiger und Schuldner werden vom BGB in erster Linie im Schuldrecht für Forderungen verwendet (s. § 241). Sie werden hier generell für alle anderen Ansprüche ebenfalls benutzt.

auch mehrere verschiedene Normen in Betracht kommen, deren Verhältnis zueinander zu klären ist (sog. Anspruchskonkurrenzen). Schließlich kann sich der Schuldner auch gegen Ansprüche mit Einwendungen und Einreden verteidigen.

II. Anspruchsnormen

1. Unterscheidung von anderen Normen

a) Kennzeichen der Anspruchsnormen

7 Anspruchsnormen oder Anspruchsgrundlagen sind solche Vorschriften, deren **Rechtsfolge** vorsieht, daß **ein anderer etwas tun oder unterlassen** muß (vgl. § 194).

8 **Beispiele:** Für Anspruchsnormen finden sich verschiedene Formulierungen, so etwa, daß dem Berechtigten gestattet wird, etwas zu „fordern" (s. etwa § 241, § 2174) oder zu „verlangen" (z.B. § 250 Satz 2, § 257, § 280 Abs. 1, § 437 Nr. 1, 3, §§ 861, 862, § 985, § 1004 Abs. 1 Satz 1) oder es kann auf den Verpflichteten abgestellt werden, der zu etwas „verpflichtet" wird (so etwa § 346, § 433 Abs. 1 und 2, § 488, § 535, § 598, § 607, § 611 Abs. 1, § 631 Abs. 1, § 812, § 823) oder eine Leistung zu erbringen „hat" (z.B. §§ 258, 259, § 701, § 824). Zuweilen ist auch davon die Rede, daß jemand „haftet" (so in § 496 Abs. 2 S. 4) oder „verantwortlich" ist (§ 834) oder es wird gesagt, daß der Berechtigte „klagen" kann (§ 862 Abs. 1 Satz 2, § 1004 Abs. 1 Satz 2).

9 Durch diese besondere Rechtsfolge unterscheiden sich die Anspruchsnormen von anderen Normen mit den verschiedenartigsten Rechtsfolgen. Jede Norm sieht eine Rechtsfolge vor, nicht jede Norm ist aber eine Anspruchsnorm.

10 **Beispiele:** § 1 bestimmt, wann die Rechtsfähigkeit des Menschen beginnt, § 2 regelt, wann die Volljährigkeit eintritt, § 275 sieht das Freiwerden von der Leistung vor und nach § 362 Abs. 1 erlischt das Schuldverhältnis als Forderung. § 387 gewährt das Recht zur Aufrechnung als Gestaltungsrecht, §§ 119, 123 gewähren ein Anfechtungsrecht, § 314, §§ 488, 489, §§ 542 Abs. 1, 543, § 605 oder § 608 sehen ein Kündigungsrecht vor. § 903 gestattet dem Eigentümer mit seiner Sache nach Belieben zu verfahren. § 1922 Abs. 1 sieht als Rechtsfolge den Vermögensübergang auf den Erben vor. Alle diese Rechtsfolgen enthalten keine Ansprüche. Diese Normen können deshalb keine Anspruchsgrundlagen sein.

b) Anspruchszugehörige Normen

11 Neben den Anspruchsnormen und den Normen mit andersartigen Rechtsfolgen lassen sich auch noch anspruchszugehörige Normen unterscheiden, die zwar nicht selbst eine Anspruchsgrundlage bilden, aber den **Anspruchsinhalt** und die **Art und Weise der Anspruchserfüllung** regeln.

12 **Beispiele:** Zu den anspruchszugehörigen Normen zählen etwa §§ 249–253. Diese enthalten zwar selbst keine Anspruchsgrundlagen für Schadensersatzansprüche. Wenn ein Schadensersatzanspruch aber aufgrund anderer Anspruchsnormen besteht (z.B. nach § 823), dann bestimmen sie den Anspruchsinhalt, ob z.B. Schadensersatz in Form der tatsächlichen Wiederherstellung des ursprünglichen Zustands (sog. Naturalrestitution) oder in Form einer Geldzahlung zu leisten ist (§§ 249–251). § 252 trifft eine Regelung über den Umfang des zu leistenden Ersatzes. § 253 Abs. 2 dehnt den Geldersatz auf immaterielle Schäden aus. Daneben enthält § 269 Vorschriften über den Leistungsort und § 271 über die Fälligkeit des Anspruchs.

2. Kongruenz von Anspruchsnorm und tatsächlichem Begehr

13 Verlangt der Gläubiger vom Schuldner eine Leistung, sei es mit einer Klage vor Gericht oder außergerichtlich ohne Klage, so ist als erster Schritt immer zu fragen, ob

es für dieses tatsächliche Begehren eine Anspruchsnorm oder Anspruchsgrundlage gibt. Ohne eine solche Anspruchsgrundlage führt keine Leistungsklage zum Erfolg und sollte deshalb vernünftigerweise unterbleiben. Eine Anspruchsgrundlage kann sich aus dem Gesetz oder einem Vertrag ergeben. Es genügt aber nicht irgendeine Anspruchsnorm, sondern entscheidend ist, eine solche Anspruchsgrundlage zu finden, deren abstrakt-generelle Rechtsfolge sich mit dem konkret-individuellen Begehren des Klägers inhaltlich deckt.

Beispiele: Verlangt der Kläger in seiner Klage z. B. Schadensersatz, so kommt nur eine Anspruchsnorm in Betracht, deren Rechtsfolge ebenfalls auf Schadensersatz gerichtet ist, also z. B. § 823. Bei Schadensersatzansprüchen wegen vertraglicher Pflichtverletzung ist noch zu unterscheiden, ob es sich z. B. um einen Schadensersatz neben der Leistung (§ 280) oder um einen Schadensersatz statt Leistung (§§ 281–283) oder um einen Schadensersatz wegen Nichterfüllung handelt (§ 651 f Abs. 1), der dem Schadensersatzstatt Leistung entspricht. Wird an Stelle des Schadensersatzes Aufwendungsersatz verlangt, so ist § 284 die Anspruchsgrundlage. Verlangt der Kläger Zahlung eines Kaufpreises, so muß er sich auf § 433 Abs. 2 stützen, verlangt er Bezahlung des Mietzinses, so ist § 535 Abs. 2 Anspruchsgrundlage. Wird Herausgabe verlangt, so kommen § 546, § 861, § 985 oder § 1007 in Betracht. Für einen Unterhaltsanspruch bilden § 1360, § 1361, §§ 1569 ff. oder § 1601 die Grundlage. 14

3. Vorliegen der Anspruchsvoraussetzungen

Wie jede andere Norm besteht auch die Anspruchsnorm aus Tatbestand und Rechtsfolge. Der Gläubiger kann den Anspruch als Rechtsfolge der Anspruchsnorm deshalb nur dann erfolgreich geltend machen, wenn die tatbestandlichen Voraussetzungen der Anspruchsnorm vorliegen und von ihm im Falle des Bestreitens nachgewiesen werden. Der Vorgang, bei dem geprüft wird, ob der konkrete Tatsachenvortrag die tatbestandlichen Voraussetzungen der generell-abstrakten Norm erfüllt, nennt man **Subsumtion.** 15

Beispiele: Bei einem vertraglichen Anspruch muß insbesondere das Bestehen eines entsprechenden Vertrags dargetan werden, bei einem gesetzlichen Anspruch die zugehörigen gesetzlichen Voraussetzungen, z. B. die rechtswidrige schuldhafte Eigentumsverletzung und ein daraus entstandener Schaden bei Geltendmachung eines Anspruchs aus § 823 Abs. 1. 16

Anhand der unterschiedlichen tatbestandlichen Voraussetzungen kann sich ergeben, daß von mehreren Anspruchsnormen nur eine in Betracht kommt, so kommen z. B. für den Unterhaltsanspruch zwischen geschiedenen Ehegatten nur die §§ 1569 ff. in Betracht, nicht aber §§ 1360, 1361 oder §§ 1601 ff. Es können für ein konkretes Begehren des Klägers aus einem bestimmten Lebenssachverhalt aber auch mehrere Anspruchsgrundlagen eingreifen. Dann ergibt sich die Frage nach den Anspruchskonkurrenzen. 17

III. Anspruchskonkurrenz und Mehrheit der Anspruchsgrundlagen[2]

Dieselben oder ähnliche Lebenssachverhalte können die Tatbestände verschiedener anspruchsbegründender Normen erfüllen. Es fragt sich dann, ob nur eine Norm zur Anwendung kommt oder ob mehrere Anspruchsnormen nebeneinander bestehen und ob aus den mehreren Anspruchsnormen für dasselbe tatsächliche Begehren mehrere 18

[2] Schrifttumsangaben dazu am Beginn dieses Paragraphen, ferner *Schlechtriem*, Vertragsordnung und außervertragliche Haftung, 1972. Vgl. auch *Larenz/Canaris*, Methodenlehre, S. 87 ff.

Ansprüche entstehen oder, bei Inhaltsgleichheit, nur ein einziger Anspruch, der im Gesetz mehrfach begründet ist. Dabei sind verschiedene Fallgestaltungen zu unterscheiden.

1. Gesetzeskonkurrenz oder normverdrängende Konkurrenz

19 Bei dieser Art von Konkurrenz **verdrängt eine Anspruchsnorm die andere,** so daß nur eine Norm zur Anwendung kommt. Manche sprechen in solchen Fällen von Gesetzeskonkurrenz[3]. Da dieser Ausdruck jedoch mehrdeutig ist und tatsächlich auch in anderem Sinne gebraucht wird[4], sollte man statt dessen besser von normverdrängender Konkurrenz sprechen.

20 Normverdrängende Konkurrenz ist gegeben, wenn eine Norm als **„lex specialis"** anzusehen ist, d.h., wenn der in der speziellen Norm geregelte Fall ein Unterfall des Tatbestandes der generellen Norm ist. Der Gesetzgeber hat dann aus dem Kreis der durch die generelle Norm erfaßten Fälle eine engere Gruppe ausgesondert, die er anders hat regeln wollen. Die spezielle Regelung verdrängt dann für ihren Anwendungsbereich die allgemeinere (lex specialis derogat lex generalis). Allgemein kann sich die Verdrängung der einen Norm durch eine andere aus dem **Zweck der verdrängenden Norm** ergeben, ohne daß es sich um eine lex specialis handeln muß.

21 **Beispiele:** Es kann sein, daß die generelle Norm einen Anspruch begründet, die spezielle ihn aber für ihren engeren Bereich ausschließt oder an zusätzliche Voraussetzungen knüpft. Dies trifft bei § 833 Satz 2 zu, der im Gegensatz zur allgemeinen Tierhalterhaftung ohne Verschulden des § 833 Satz 1 bei bestimmten Haustieren nur eine Haftung im Falle eines Verschuldens bei der Beaufsichtigung vorsieht. Die generelle Norm kann auch wie in § 253 Abs. 1 einen Anspruch bestimmter Art im allgemeinen versagen, während die spezielle Norm in § 253 Abs. 2 ihn als anspruchszugehörige Norm (s. oben Rn. 11f.) für bestimmte Fälle doch gewährt. – Unabhängig davon, ob es sich um das Verhältnis der Spezialität handelt oder nicht, schließt der Anspruch auf Rückabwicklung der vertraglichen Leistungen gemäß § 346 im Anschluß an die Ausübung eines Rücktrittsrechts nach seinem Zweck einen Bereicherungsanspruch aus § 812 Abs. 1 Satz 2 wegen nachträglichen Wegfalls des rechtlichen Grundes aus[5]. Die Art und Weise der Rückabwicklung eines Vertrags nach Ausübung eines Rücktrittsrechts soll allein durch die §§ 346ff. bestimmt werden. Insbesondere soll der Einwand des Wegfalls der Bereicherung aus § 818 Abs. 3 nicht zugelassen werden. – Der Zweck des § 839, die Amtspflichtverletzung nur nach dieser Bestimmung (gegebenenfalls mit Art. 34 GG) und nicht nach §§ 823ff. zu beurteilen, führt dazu, daß § 839 für seinen Anwendungsbereich die anderen Deliktstatbestände der §§ 823ff. verdrängt. In vielen Fällen können Anspruchsgrundlagen aber auch nebeneinander bestehen (s. unten Rn. 24f., 26ff.).

2. Alternative Konkurrenz

22 Mitunter stellt das Gesetz jemandem **zwei oder mehrere Ansprüche** oder einen Anspruch und ein Gestaltungsrecht **wahlweise** zur Verfügung. Der Berechtigte hat dann die Wahl, kann aber endgültig nur das eine oder das andere Recht ausüben. Man spricht in solchen Fällen von alternativer oder elektiver Konkurrenz. Die Rechtsfolgen der wahlweisen Ansprüche oder Gestaltungsrechte schließen sich in diesen Fällen aus, sie können also nicht nebeneinander verwirklicht werden. Der Berechtigte hat aber zunächst beide Rechte.

---

[3] So vor allem *Dietz*, aaO, S. 16ff.; *v. Tuhr*, AT I, § 16 I 14.
[4] So von *Enneccerus/Nipperdey*, AT, § 60.
[5] S. z.B. Palandt/*Heinrichs*, Einf v § 346 Rn. 6; Soergel/*Hadding*, Vor § 346 Rn. 3.

Beispiele: Im Falle eines Irrtums (§ 119) oder einer arglistigen Täuschung oder Drohung (§ 123) kann die Partei wählen, ob sie ihr Anfechtungsrecht ausübt und Schadensersatz z. B. nach § 122 verlangt oder ob sie auf die Anfechtung verzichtet und Vertragserfüllung u. U. neben einem Schadensersatzanspruch aus culpa in contrahendo (s. unten § 31 Rn. 43ff.) verlangt. Der Käufer hat im Falle eines Sach- oder Rechtsmangels wahlweise die Rechte aus § 437, wenn die Nachfrist abgelaufen oder nach § 440 entbehrlich ist. Nach § 284 kann er statt des Schadensersatzes nach §§ 281–283 Aufwendungsersatz verlangen. 23

3. Kumulative Konkurrenz oder Anspruchshäufung

Derselbe oder doch im wesentlichen derselbe Sachverhalt kann nach verschiedenen Normen verschiedene **Ansprüche** zur Folge haben, die **auf verschiedene Leistungen gerichtet** sind und daher **nebeneinander** verwirklicht werden können. Man spricht hier von kumulativer Konkurrenz oder Anspruchshäufung. Das nebeneinander mehrerer Ansprüche mit verschiedenen Anspruchsinhalten ist zu unterscheiden von der Anspruchs- und der Anspruchsnormenkonkurrenz, bei denen jeder Anspruch auf denselben Inhalt gerichtet ist (s. unten Rn. 26ff.). 24

Beispiele: Im Falle einer schuldhaften Körperverletzung kann der Schädiger dem Geschädigten außer zum Ersatz des Vermögensschadens auch zur Zahlung eines Schmerzensgeldes gemäß § 253 Abs. 2 verpflichtet sein. Der unrechtmäßige Besitzer einer Sache ist dem Eigentümer nach § 985 zur Herausgabe der Sache und daneben unter den Voraussetzungen der §§ 987, 988, 990, 993 zur Herausgabe von Nutzungen verpflichtet. Der Beauftragte hat dem Auftraggeber das herauszugeben, was er aus der Geschäftsführung erlangt hat (§ 667), sowie ihm Auskünfte zu geben und Rechenschaft abzulegen (§ 666). Die genannten Ansprüche stehen dem Berechtigten jeweils nebeneinander zu; sie stören einander nicht. Der Berechtigte kann jeden dieser Ansprüche, sofern er überhaupt abtretbar ist, gesondert abtreten oder erlassen, jeden für sich allein oder alle zusammen einklagen. Im letzteren Fall spricht man von objektiver Klagenhäufung, besser Anspruchshäufung (§ 260 ZPO). Jeder der eingeklagten Ansprüche bildet im Prozeß einen besonderen Streitgegenstand. 25

4. Anspruchsnormenkonkurrenz und echte Anspruchskonkurrenz

a) Gleiche Anspruchsziele

Anspruchskonkurrenz und Anspruchsnormenkonkurrenz haben **gemeinsam,** daß ein im wesentlichen identischer Lebenssachverhalt unter verschiedene anspruchsbegründende Normen subsumiert werden kann und daß die nach diesen verschiedenen Normen begründeten **Anspruchsinhalte** im wesentlichen **gleich** sind und **dasselbe Schutzziel** verfolgen[6]. 26

Beispiele: Ein und die selbe Handlung, wie die Lieferung verdorbener Speisen durch einen Gastwirt oder durch einen Lebensmittelhändler, kann bei den Kunden neben vertraglichen Schadensersatzansprüchen aus §§ 280ff. zugleich Schadensersatzansprüche wegen unerlaubter Handlung in Gestalt der Gesundheitsbeschädigung (§ 823 Abs. 1) auslösen. Die Ersatzpflicht eines Kraftfahrers, der schuldhaft einen anderen verletzt hat, kann sowohl nach § 7 StVG wie nach § 823 begründet sein. Die Herausgabe der Mietsache nach dem Ablauf des Mietverhältnisses kann von dem Eigentümer, und der zugleich Vermieter ist, sowohl auf Grund seines Eigentums (§ 985) wie aus dem Mietverhältnis (§ 546) erhoben werden. Der Anspruch auf Herausgabe dessen, was jemand durch eine unberechtigte Verfügung über ein fremdes Recht erlangt hat, kann sowohl nach § 816 Abs. 1 wie nach § 687 Abs. 2 und nach § 823 Abs. 1 begründet sein. 27

---

[6] Eingehend dazu *Dietz,* aaO, S. 125ff.

28 Es geht in diesen Fällen regelmäßig um den **Schutz und die Erhaltung von Rechtsgütern.** Um diesen Schutz möglichst effektiv zu gestalten, sollen dem Berechtigten grundsätzlich alle Anspruchsgrundlagen zur Verfügung stehen, damit er die verschiedenen Vorteile, die sie ihm gewähren, miteinander kombinieren kann. Nach der ständigen Rechtsprechung und der im Schrifttum weit überwiegenden Ansicht[7] liegt deshalb **keine normverdrängende Konkurrenz** vor. Vielmehr kann sich der Berechtigte mit Ausnahme der normverdrängenden und alternativen Konkurrenz (s. oben Rn. 19ff., 24f.) auf alle im einzelnen Fall zutreffenden Anspruchsnormen, einschließlich etwaiger öffentlich-rechtlicher Anspruchsgrundlagen[8], berufen.

29 **Beispiele:** Der vertragliche Schadensersatzanspruch kann neben dem Anspruch aus § 823 wegen unerlaubter Handlung geltend gemacht werden. Der Gläubiger kann sich beider Anspruchsgrundlagen bedienen und das Gericht kann die Anspruchsgrundlage auswählen, deren Voraussetzungen es am ehesten als bewiesen ansieht. Die vertraglichen Schadensersatzansprüche sind für den Gläubiger zumeist günstiger als der Deliktsanspruch. Dies gilt insbesondere im Hinblick auf die Beweislast für das Verschulden, die der Schuldner trägt (s. z.B. § 280 Abs. 1 Satz 2), bezüglich der Haftung des Schuldners für seine Erfüllungsgehilfen ohne Exculpationsmöglichkeit (§ 278) sowie im Hinblick darauf, daß bei vertraglichen Pflichtverletzungen im Gegensatz zu § 823 Abs. 1 auch der reine Vermögensschaden ohne vorherige Verletzung eines absoluten Rechts ersetzt wird. Dagegen kann hinsichtlich der Ersatzansprüche Dritter (§§ 844, 845) der Deliktsanspruch günstiger sein. In den Fällen der Konkurrenz einer Gefährdungshaftung mit der Deliktshaftung ist der Anspruch aus der Gefährdungshaftung für den Geschädigten wesentlich günstiger hinsichtlich der Beweisanforderung, da er kein Verschulden des Schädigers verlangt, aber ungünstiger mit Rücksicht auf die Haftungshöchstsummen (s. § 12 StVG, § 31 AtomG).

30 Gegen die Kumulierung von Ansprüchen haben sich etwa das französische und das englische Recht entschieden. Das französische Recht geht von dem Grundsatz des „non cumul“ aus und das englische Recht läßt dem Kläger zwar die Wahl, ob er seinen Anspruch auf „contract“ oder „tort“ stützt, er kann aber nicht beides nebeneinander geltend machen[9].

b) Verbindung durch Erfüllungsgemeinschaft

31 Die Fälle der Anspruchskonkurrenz und der Anspruchsnormenkonkurrenz oder Anspruchsgrundlagenkonkurrenz unterschieden sich von denen der Anspruchshäufung (s. oben Rn. 26f.) dadurch, daß zwischen ihnen auf jeden Fall eine Erfüllungsgemeinschaft besteht[10]. Weil und soweit alle Ansprüche oder Anspruchsnormen auf die **gleiche Leistung** gerichtet sind, kann diese Leistung, wie z.B. die Herausgabe einer Sache, **nur einmal verlangt** werden. Mit der Erfüllung eines Anspruchs z.B. aus § 985 erlöschen daher auch die übrigen Ansprüche, z.B. aus § 546[11]. Daneben bestehen aber wesentliche Unterschiede zwischen der Anspruchskonkurrenz und der Anspruchsnormenkonkurrenz. Sie betreffen im wesentlichen die Frage, ob wie im Falle der Anspruchsnormenkonkurrenz trotz mehrerer Anspruchsgrundlagen nur ein ein-

---

[7] S. etwa *BGH* NVwZ 2002, 1535; MünchKomm/*Kramer,* § 241 Rn. 29, 31; für Verdrängung der Deliktsnormen durch die Vertragsnormen sind *v. Tuhr,* AT I, § 16 zu Anm. 33; *Knetsch,* Das Verhältnis von Vertragsrecht und Deliktsrecht, 1975; *Schwark,* AcP 179 (1979), 57; hinsichtlich der Verdrängung des Herausgabeanspruchs aus § 985 durch schuldrechtliche Rückgabeansprüche aus Miete, Pacht oder Leihe *L. Raiser,* FS Martin Wolff, 1952, S. 123ff.; *ders.,* JZ 1958, 684; 1961, 529.

[8] S. *BGH* NVwZ 2002, 1535.

[9] S. dazu auch *Jahr,* FS Lüke, 1997, S. 297, 299.

[10] Von Erfüllungskonnexität spricht *Jahr,* FS Lüke, 1997, S. 297ff.

[11] *Dietz,* aaO, S. 164; *v. Tuhr,* AT I, § 16 zu Anm. 54; *Enneccerus/Nipperdey,* AT, § 228 III 2; *Enneccerus/Lehmann,* Schuldrecht, § 232.

heitlicher Anspruch besteht[12] oder ob eine echte Anspruchskonkurrenz gegeben ist, bei der aus mehreren Anspruchsgrundlagen mehrere selbständige Ansprüche erwachsen, die möglicherweise getrennt voneinander abgetreten werden und auch in getrennten Prozessen eingeklagt werden können.

Beispielsfall in Anlehnung an *BGH* NJW 1999, 715: Die Kläger haben ihre „Ansprüche auf Miet-/Pachtzahlungen" zur Sicherheit an ihre Bank abgetreten. Wegen Differenzen mit dem Mieter haben sie den gewerblichen Mietvertrag gekündigt. Da die Mieter nach Beendigung des Mietvertrags zunächst nicht ausziehen, haben sie gemäß § 546a auch nach Beendigung des Mietvertrags den vereinbarten Mietzins weiter zu zahlen. Mit der Begründung, diese Miete sei zu niedrig, verlangen die Kläger vom Mieter eine höhere Miete und stützen ihren Anspruch auf §§ 987, 990. Der *BGH* hatte zu entscheiden, ob zwischen § 546a und §§ 987, 990 eine Anspruchsnormenkonkurrenz (=Anspruchsgrundlagenkonkurrenz) besteht mit der Folge, daß nur ein einziger Anspruch vorliegt, der dann als allein vorhandener Anspruch an die Bank zur Sicherheit abgetreten worden ist, oder ob es sich um eine Anspruchskonkurrenz handelt mit der Folge, daß zwei eigenständige Ansprüche vorhanden sind, von denen nur die Mietzinsansprüche an die Bank abgetreten worden sind, während die Ansprüche aus §§ 987, 990 bei den Klägern verblieben sind (zur Lösung s. unten Rn. 40). 32

c) Anspruchsnormenkonkurrenz

Bei der Anspruchsnormenkonkurrenz oder Anspruchsgrundlagenkonkurrenz liegt nur **ein einziger materiellrechtlicher Anspruch,** aber eine Mehrheit von Anspruchsgrundlagen vor[13]. Über den alleinigen Anspruch kann nur einheitlich verfügt werden und kann auch nur einheitlich in einem Prozeß und nicht in getrennten Prozessen eingeklagt werden[14]. Im Regelfall ist bei Ansprüchen, die eine Erfüllungsgemeinschaft bilden, von einer bloßen Anspruchsnormenkonkurrenz mit einem einheitlichen Anspruch auszugehen. Lediglich ausnahmsweise, wenn mit einer Anspruchsnorm besondere Funktionen verbunden sind, die sie von anderen Anspruchsnormen unterscheidet, liegt eine echte Anspruchskonkurrenz mit mehreren selbständigen Ansprüchen vor. 33

Eine Anspruchsnormen- oder Anspruchsgrundlagenkonkurrenz ist grundsätzlich anzunehmen, wenn nach dem Zweck der Anspruchsnorm die **Rechtsfolgen** mehrerer Anspruchsgrundlagen **notwendig** immer nur **bei ein und derselben Person** eintreten können. Dies gilt insbesondere für Schadensersatzansprüche bezüglich des selben Schadens einschließlich eines Anspruchs auf Schmerzensgeld. Anspruchsnormenkonkurrenz besteht auch mit Ansprüchen auf Wertersatz, z.B. aus § 816 Abs. 1 oder § 687 Abs. 2, bezüglich ein und des selben Wertgegenstandes. Diese Anspruchsnormen sind auf Schutz und Erhaltung des Vermögens als gemeinsamen Zweck gerichtet. Sie entstehen deshalb einheitlich in der Person des Vermögensträgers und bilden zu diesem Zweck einen einheitlichen Anspruch, der nicht durch Abtretung einzelner Anspruchsnormen aufgespalten werden kann. 34

---

[12] Dazu *Henckel,* Parteilehre und Streitgegenstand im Zivilprozeß, 1961, S. 262ff.; *Jahr,* FS Lüke, 1997, S. 297, 300.

[13] Diese Auffassung, die früher schon von *Siber,* Schuldrecht S. 493, vertreten wurde, ist eingehend von *Georgiades* begründet worden, der auch den Ausdruck „Anspruchsnormenkonkurrenz" geprägt hat. Gegen ihn *Schlechtriem,* aaO, S. 57f.; *Arens,* AcP 170 (1970), 392, 413ff. Wie hier ferner Staudinger/*J. Schmidt,* Einl. vor § 241 Rn. 481; *Eichler,* AcP 162 (1962), 401, 417; *Esser/Weyers,* Schuldrecht, Bd. II, 6. Aufl., § 112 V Nr. 3; *Fikentscher,* Schuldrecht, § 102 V 1a. Ablehnend *Medicus,* Schuldrecht I, § 32 I 2; *Hübner,* AT, Rn. 434.

[14] S. dazu *Nikisch,* AcP 154 (1954), 281; *Georgiades,* aaO, S. 120ff., 239ff.

35 **Beispielsfall:** Verletzt A bei einer Operation den Patienten B, so kann der Schadensersatzanspruch einheitlich immer nur bei dem geschädigten B entstehen, gleichgültig ob der Anspruch auf Verletzung der Vertragspflicht aus dem Operationsvertrag oder daneben noch auf unerlaubte Handlung gestützt wird. Nur B muß durch Schadensersatzansprüche geschützt werden, nicht andere Personen, die nicht geschädigt sind. Deshalb besteht trotz mehrerer Anspruchsgrundlagen nur ein einziger materiellrechtlicher Anspruch. Gleiches gilt, hinsichtlich eines Schmerzensgeldanspruchs. Ebenso muß entschieden werden, wenn bei einer Reparatur der Pkw des Eigentümers E beschädigt wird. Der Eigentumsschaden kann nur bei E entstehen, gleichgültig ob er aus vertraglicher Pflichtverletzung oder aus unerlaubter Handlung hergeleitet wird. Wenn der Anspruch nur einheitlich in einer Person entstehen kann, so bestimmt dies auf Dauer seinen ganzen Inhalt, d.h er kann nur als Einheit bestehen und nicht aufgespalten werden, sei es durch Abtretung an verschiedene Personen oder durch getrennt geführte Prozesse. Der Schadensersatzanspruch bildet einen einzigen Streitgegenstand, über den das Gericht unter allen in Betracht kommenden rechtlichen Gesichtspunkten im Urteil zu befinden hat. Wenn das Gericht die Klage wegen Vertragsverletzung nicht für begründet hält, weil z.B. ein Vertragsverhältnis nicht bestanden habe, wohl aber wegen unerlaubter Handlung, dann weist es die Klage nicht wegen des fehlenden vertraglichen Schadensersatzes ab, sondern gibt der Klage insgesamt aus unerlaubter Handlung statt. Es genügt für ein der Klage stattgebendes Urteil, daß das Verlangen des Klägers unter einem der in Betracht kommenden rechtlichen Gesichtspunkte begründet ist. Nur wenn es unter keinem begründet ist, kann die Klage als unbegründet abgewiesen werden. Das die Klage abweisende rechtskräftige Urteil schließt eine neue Klage wegen desselben Schadens gestützt auf die jetzt vielleicht beweisbare Vertragspflichtverletzung aus.

36 Als Folge der Anspruchsnormenkonkurrenz mit nur einem materiellrechtlichen Anspruch ergibt sich auch eine **gegenseitige Beeinflussung** der verschiedenen Normeninhalte. So haftet z.B. der Vertragsschuldner ebenso wie der Deliktsschuldner in der Regel bei jeder Art von Verschulden. In einigen Fällen läßt das Gesetz aber nur für schwerere Verschuldensarten haften (vgl. die §§ 521, 599, 690, 708). In diesen Fällen haftet der Schuldner nach der heute überwiegenden Ansicht[15] dann, wenn seine Vertragsverletzung zugleich eine unerlaubte Handlung darstellt, auch unter diesem Gesichtspunkt nur für das gleiche Verschuldensmaß. Auch hinsichtlich der Verjährungsfristen hat die Rechtsprechung in den Fällen der §§ 548, 606 eine Angleichung vorgenommen. Sie läßt hier den Schadensersatzanspruch des Vermieters oder Verleihers auch dann in den kurzen Fristen dieser Bestimmungen verjähren, wenn er auch noch auf andere Vorschriften, insbesondere auf unerlaubte Handlung gestützt werden kann[16].

37 Der Gedanke der Anspruchsnormenkonkurrenz schließt nicht aus, daß der nur einmal gegebene Anspruch nach der einen Norm weitergeht als nach der anderen, z.B. aus § 823 über die Höchstgrenzen einer Gefährdungshaftung (z.B. §§ 7, 12 StVG) hinaus. Die geschuldete Leistung kann aber insgesamt nur einmal verlangt werden.

d) Echte Anspruchskonkurrenz

38 Im Falle einer echten Anspruchskonkurrenz liegen trotz gleichen Leistungsinhalts und, obwohl dieser nur einmal zu erbringen ist, doch **mehrere materiellrechtliche Ansprüche** vor. Dies ergibt sich aus der weitgehend selbständigen Funktion, die die-

---

[15] So *Enneccerus/Lehmann,* Schuldrecht, § 232 1; *Leonhard,* Besonderes Schuldrecht, § 348; *Heck,* Schuldrecht, § 147 Ziff. 10b; *BGH* NJW 1954, 145. Allerdings bedürfen die genannten Bestimmungen, wie *Schlechtriem,* aaO, S. 333, 442, gezeigt hat, ihrerseits einer erheblichen Einschränkung. Danach werden sie in den meisten Fällen, in denen die Vertragsverletzung zugleich eine unerlaubte Handlung darstellt, nicht anzuwenden sein; vgl. dazu *Larenz/Canaris,* Schuldrecht II/2, § 83 VI.

[16] So *BGHZ* 47, 53; 54, 264, 267; 61, 227; *RGZ* 66, 363, 364; 75, 116, 119; 142, 258, 262. Weitere Nachweise bei *Georgiades,* aaO, S. 88. Für den Fall, daß ein Schadensersatzanspruch sowohl auf § 634 Nr. 4 mit § 280 (vom Unternehmer zu vertretender Mangel eines Werkes) wie auf § 823 (Eigentumsverletzung) gestützt werden kann, ist dagegen nicht die u.U. maßgeblich kürzere Verjährungsfrist des § 634a Abs. 1 Nr. 1, sondern, im Hinblick auf die zweite Anspruchsgrundlage, die längere Frist des § 195 maßgeblich. S. *BGHZ* 55, 392.

sen Ansprüchen nach ihrem Zweck zukommen soll[17]. Sie sollen nach ihrem Zweck bestimmte Rechte und deren Rechtsinhaber unabhängig davon schützen, ob es sich um einen einzelnen oder verschiedene Rechtsträger handelt. Die Ansprüche können deshalb bei verschiedenen Personen entstehen und deshalb auch später verschiedenen Personen zustehen. Da sie gleichwohl alle auf dieselbe Leistung gerichtet sind, muß der Schuldner nur einmal leisten und es ist Sache der verschiedenen Anspruchsinhaber, wie sie die Leistung unter sich verteilen. Eine echte Anspruchskonkurrenz ist insbesondere mit **dinglichen Schutzansprüchen** gegeben.

Beispiele: Funktion des dinglichen Anspruchs ist es, das hinter ihm stehende dingliche Recht auf jeden Fall zu schützen, gleichgültig ob daneben andere Anspruchsgrundlagen etwa aus Vertrag bestehen oder nicht. Dem Eigentümer muß zum Schutz seines Eigentums ein Anspruch auf Besitzherausgabe gegen den unberechtigten Besitzer nach § 985 zustehen, auch wenn daneben ein Vermieter, der nicht Eigentümer ist, einen vertraglichen Rückgabeanspruch aus § 546 hat. Eine Anspruchsidentität zwischen dem dinglichen Herausgabeanspruch und einem schuldrechtlichen Rückgabeanspruch kann auch dann nicht angenommen werden, wenn Eigentümer und Vermieter identisch sind. Der Eigentümer kann seinen schuldrechtlichen Rückgabeanspruch aus § 546 an einen neuen Mieter abtreten, ohne daß sein Herausgabeanspruch aus § 985 davon berührt wird. Ebenso ist es nicht möglich, zwischen dem dinglichen Herausgabeanspruch aus § 985 und der Besitzkondiktion gemäß § 812 eine Anspruchseinheit anzunehmen. Auch der Unterlassungsanspruch aus § 1004 ist gegenüber einem vertraglichen Unterlassungsanspruch ein selbständiger Anspruch. 39

Im **Beispielsfall** (s. oben Rn. 32) muß dem Eigentümer zur Sicherung des Zuweisungsgehalts seines Eigentums gegenüber dem unberechtigten Besitzer ein Anspruch auf Nutzungsherausgabe gemäß §§ 987, 990 unabhängig davon gewährt werden, ob einem anderen als Vermieter ein vertraglicher Anspruch auf Zahlung des Mietzinses z.B. aus § 546a zusteht oder nicht. Es handelt sich danach um zwei selbständige Ansprüche, die grundsätzlich getrennt voneinander abgetreten werden können. Sind die Ansprüche in einer Person entstanden, weil Eigentümer und Mieter identisch waren, so führt eine getrennte Abtretung der beiden Ansprüche zu einer Verdoppelung der Gläubigerstellung, wodurch die Gläubiger gemäß § 428 Gesamtgläubiger werden. Darin liegt zugleich eine Veränderung des Anspruchsinhalts mit der Folge, daß die Forderungen nach § 399 nicht durch Vereinbarung der Gläubiger allein, sondern nur mit Zustimmung des Schuldners getrennt abgetreten werden können[18]. 40

Eine weitere Fallgruppe echter Anspruchskonkurrenz besteht bei den **abstrakten Schuldverhältnissen,** etwa bei dem Anspruch aus einem abstrakten Schuldversprechen oder Schuldanerkenntnis (§§ 780, 781), aus einem Scheck (z.B. Art. 12 ScheckG) oder aus einem Wechsel (z.B. Art. 9, 28 WG) einerseits und dem Anspruch aus dem zugrunde liegenden Schuldverhältnis (z.B. § 433 Abs. 2) andererseits. Es handelt sich trotz gleichen Leistungsinhalts (Geldzahlung) nicht um einen einzigen Anspruch, sondern um zwei miteinander konkurrierende Ansprüche, da das Gesetz die abstrakten Ansprüche gegenüber anderen Verpflichtungsgründen gerade verselbständigen und besonderen Regeln unterworfen wollte[19]. Die abstrakten Ansprüche, insbesondere auch die Ansprüche aus Wechsel und Scheck können in besonderen Prozessen eingeklagt werden (s. §§ 592ff., 602, 605a ZPO). Daneben oder danach kann der Anspruch aus dem zugrunde liegenden Schuldverhältnis (z.B. aus § 433 Abs. 2) eingeklagt werden. 41

[17] S. auch *Georgiades,* aaO, S. 163ff., 219ff.

[18] S. dazu *BGH* NJW 1999, 715 noch zu § 557 a.F. (= § 546a n.F.).

[19] Vgl. *Nikisch,* AcP 154 (1954), 283f.

IV. Einwendungen und Einreden

1. Verteidigungsmittel gegen Ansprüche

42 Wenn eine Anspruchsnorm gegeben ist und ihre Voraussetzungen im konkreten Fall nachgewiesen sind, so ist damit noch nicht gesagt, daß der Anspruch wirklich besteht, denn dem Schuldner können gegen den Anspruch materiell-rechtliche oder prozessuale Verteidigungsmöglichkeiten zur Verfügung stehen, die den Anspruch zu Fall bringen oder jedenfalls seine Durchsetzbarkeit ganz oder zeitweise verhindern. Prozessuale Verteidigungsmittel entfalten ihre Wirkung erst im Rahmen eines Prozesses vor Gericht. **Materiellrechtliche Verteidigungsmittel** wirken auch außerhalb eines gerichtlichen Verfahrens. Als materiellrechtliche Verteidigungsmittel stehen dem Schuldner **Einwendungen und Einreden** zur Verfügung. Sie sind für jede Anspruchsgrundlage gesondert zu prüfen[20], weil z.B. gegen vertragliche Anspruchsgrundlagen andere Einwendungen und Einreden bestehen können als gegen gesetzliche (s. z.B. unten Rn. 49f.).

2. Zweck der Unterscheidung von Anspruch, Einwendung und Einrede

a) Verteilung der Beweislast

43 Die Aufteilung in Anspruchsvoraussetzungen einerseits und materiellrechtliche Einwendungen und Einreden andererseits hat vor allem den Sinn, die Beweislast **zwischen Gläubiger und Schuldner** zu verteilen. Für die Anspruchsvoraussetzungen trägt grundsätzlich der Gläubiger die Beweislast, d.h. er muß dafür sorgen, daß sie im Falle des Bestreitens vor Gericht bewiesen werden. Wenn er sie nicht beweisen kann, wirkt sich dies zu seinem Nachteil aus, indem das Gericht seinen Anspruch dann nicht anerkennt und die Klage als unbegründet abweist (s. auch oben § 13 Rn. 40). Für die Voraussetzungen von Einwendungen und Einreden trägt dagegen grundsätzlich der Schuldner die Beweislast, d.h., wenn er die dafür erforderlichen Voraussetzungen im Bestreitensfall nicht nachweisen kann, sieht das Gericht die Einwendungen und Einreden als nicht gegeben an und gibt der Klage statt.

44 **Beispiel:** Macht der Verkäufer einen Kaufpreisanspruch geltend, so muß er das Zustandekommen eines Kaufvertrags als Anspruchsvoraussetzung beweisen, falls der Käufer einen Kaufvertrag bestreitet. Verteidigt sich der Käufer gegen diesen Anspruch des weiteren mit der Einrede der Verjährung, so muß der Käufer die Voraussetzungen der Verjährung beweisen, wenn der Verkäufer diese bestreitet.

b) Orientierung am Regel-Ausnahme-Verhältnis

45 Die Aufteilung in Anspruchsvoraussetzungen einerseits und Einwendungen und Einreden andererseits orientiert sich hauptsächlich am Regel-Ausnahme-Verhältnis. Wenn ein Anspruch gegeben sein soll, müssen die **Anspruchsvoraussetzungen,** im Falle eines Kaufpreisanspruchs also der Abschluß eines Kaufvertrags, **immer** gegeben sein. **Einwendungen und Einreden**, z.B. die Einrede der Verjährung, bilden dagegen die **Ausnahme,** denn nicht jeder Anspruch ist verjährt. Zugleich handelt es sich bei den Einwendungen und Einreden regelmäßig um **negative Voraussetzungen,**

[20] S. etwa *BGH* NJW-RR 1998, 579.

die nicht vorliegen dürfen, wenn der Anspruch bestehen soll. Demgegenüber müssen die Anspruchsvoraussetzungen positiv gegeben sein, damit der Anspruch existieren kann.

c) Einrede als subjektives Recht

Der Hauptunterschied der Einrede zur Einwendung besteht darin, daß die Einrede als Leistungsverweigerungsrecht ein **Gegenrecht** darstellt, das als subjektives Recht einzuordnen ist. Als solches ist es erkennbar **geltend zu machen,** um seine anspruchshemmende Wirkung zu entfalten (zu Ausnahmen s. unten Rn. 66). Andernfalls wird die Einrede im Gegensatz zur Einwendung auch im Prozeß vom Gericht nicht beachtet und der Gläubiger kann seinen Anspruch unbehelligt durchsetzen. Die Ausgestaltung der Einrede als subjektives Recht hat den Sinn dem Einredeberechtigten allein die Entscheidung zu überlassen, ob er sie ausüben will oder nicht[21]. Die Einrede ist insofern den Gestaltungsrechten vergleichbar[22]. Die Einwendung ist dagegen vom Gericht ohne Rücksicht auf den Willen des beklagten Schuldners von Amts wegen zu beachten (s. Rn. 47). 46

3. Einwendungen

Einwendungen sind Verteidigungsmittel, mit denen der Schuldner geltend macht, daß der Anspruch aufgrund besonderer Umstände nie entstanden ist (sog. rechtshindernde Einwendungen) oder daß der zunächst entstandene Anspruch später wieder erloschen ist (sog. rechtsvernichtende Einwendungen). Einwendungen haben demgemäß eine **anspruchsleugnende Wirkung.** Einwendungen können nicht nur gegen Ansprüche, sondern gegen jede Rechtsausübung geltend gemacht werden (s. auch oben § 16 Rn. 9ff.). Einwendungen müssen vom Gericht **von Amts wegen beachtet** werden. Dies setzt aber voraus, daß die einwendungsbegründenden Tatsachen von einer Partei, gleichgültig ob vom Kläger oder Beklagten, in den Prozeß eingeführt werden und daß sie unstreitig oder bewiesen sind. Es bedarf bei ihnen nicht wie bei der Einrede noch zusätzlich einer besonderen Rechtsausübung durch Geltendmachung seitens des Schuldners. 47

a) Rechtshindernde Einwendungen

Rechtshindernde Einwendungen, bei deren Eingreifen der Anspruch trotz Vorliegens der Anspruchsvoraussetzungen von vornherein nie entstanden ist, sind bei vertraglichen und gesetzlichen Ansprüchen verschieden. 48

aa) Bei **vertraglichen Ansprüchen** kommen als rechtshindernde Einwendungen vor allem in Betracht (1) die **Nichtigkeitsgründe** aus §§ 105, 116 Satz 2, 117 Abs. 1, 118, 125, 134, 138, aber auch die §§ 311b Abs. 2 und 4. Zu den Nichtigkeitsgründen zählt auch die Anfechtung, wenn der Berechtigte die Anfechtung erklärt hat, weil § 142 Abs. 1 daran ausdrücklich die Rechtsfolge der Nichtigkeit von Anfang an knüpft. Wird dagegen die Anfechtung nicht erklärt, so bleibt das Rechtsgeschäft gültig. Zu den rechtshindernden Einwendungen zählen auch (2) die 49

[21] Die hiergegen von *Schlosser,* aaO, S. 264f. vorgebrachten Bedenken sind zwar de lege ferenda überzeugend, reichen aber nicht dazu aus, die vom Gesetzgeber zweifellos gewollte Abhängigkeit der Einredewirkungen von ihrer Geltendmachung durch den Schuldner de lege lata in Frage zu stellen. Vgl. dazu auch *Medicus,* AT, Rn. 97f.; *Roth,* aaO, S. 126ff.

[22] So die h.M., *v. Tuhr,* AT I, § 17 III; *Enneccerus/Nipperdey,* AT, § 73 I 3c. Am konsequentesten hat diese Auffassung durchgeführt *Jahr,* JuS 1964, S. 125ff., 218ff., 293 ff.; s. aber unten Rn. 55 sowie oben § 15 Rn. 68.

Unwirksamkeitsgründe. Die **Unwirksamkeit** unterscheidet sich von der Nichtigkeit dadurch, daß sie nicht das Rechtsgeschäft als solches betrifft, sondern nur die von ihm ausgehenden Rechtsfolgen, was eine größere Variabilität und Abstufung ermöglicht, indem z.B. nur einzelne Rechtsfolgen nicht eintreten. So sehen insbesondere die halbzwingenden Normen (s. oben § 3 Rn. 104ff.) nur eine **einseitige Unwirksamkeit** vor, soweit eine dem Mieter oder Verbraucher nachteilige Vereinbarung getroffen wird. Der einseitigen Unwirksamkeit vergleichbar ist es, wenn sich eine Partei auf abweichende Vereinbarungen nicht berufen kann (s. § 475). Eine einseitige Unwirksamkeit ist z.B. bei unangemessenen Allgemeinen Geschäftsbedingungen zugunsten des Kunden vorgesehen (§§ 307ff.), aber auch zugunsten des Mieters (z.B. § 536 Abs. 4, § 551 Abs. 4, § 557 Abs. 4, § 573 Abs. 4 u.a.) oder zugunsten des Verbrauchers (z.B. § 312f, § 506). Eine rechtshindernde Einwendung stellt auch die **schwebende Unwirksamkeit** dar, solange die erforderliche Genehmigung nicht erteilt ist (s. § 108 Abs. 1, § 177 Abs. 1).

50 bb) Bei **gesetzlichen Ansprüchen** sind die rechtshindernden Einwendungen je nach der Anspruchsart verschieden. Bei Ansprüchen aus § 823 bilden etwa Rechtfertigungsgründe (z.B. §§ 227, 228, 904 oder die Einwilligung) oder Schuldausschlußgründe (z.B. §§ 827, 828) rechtshindernde Einwendungen. Bei einem Anspruch aus ungerechtfertigter Bereicherung (§ 812) ergibt sich eine rechtshindernde Einwendung z.B. aus § 817 Satz 2. Eine rechtshindernde Einwendung gegenüber dem Herausgabeanspruch aus § 985 stellt ein Recht zum Besitz gemäß § 986 dar[23].

b) Rechtsvernichtende Einwendungen

51 **Rechtsvernichtende Einwendungen** bringen einen zunächst bestehenden Anspruch durch ein erst nachträglich eintretendes Ereignis zum Erlöschen. Es gibt rechtsvernichtende Einwendungen, die für alle Ansprüche gelten und rechtsvernichtende Einwendungen, die speziell auf einzelne Ansprüche zugeschnitten sind.

52 **Beispiele:** Einwendungen, die **bei allen Ansprüchen** wirken sind die Erfüllung (§ 362) und ihre Surrogate wie Leistung an Erfüllungs Statt (§ 364), Hinterlegung (§ 378), Aufrechnung (§ 389) und Erlaß (§ 397). Eine allgemein wirkende rechtsvernichtende Einwendung enthält auch § 275 bei Unmöglichkeit, Unverhältnismäßigkeit oder Unzumutbarkeit der Leistung. Rechtsvernichtend wirkt allgemein auch der Einwand der unzulässigen Rechtsausübung aus § 242 (s. oben § 16 Rn. 16ff.). Als **spezielle Einwendungen** rechtsvernichtender Art greifen bei vertraglichen Ansprüchen der Rücktritt[24] und die Kündigung[25] oder der Wegfall der Geschäftsgrundlage (§ 313 s. unten § 38 Rn. 44ff.) ein, indem sie Ansprüche für die Zukunft beseitigen oder modifizieren. Als spezielle rechtsvernichtende Einwendungen für einzelne Ansprüche wirken weiterhin Ausschlußfristen (s. oben § 16 Rn. 41) und der Wegfall der Bereicherung (§ 818 Abs. 3) bei einem Bereicherungsanspruch.

c) Rechtshemmende Einwendungen

53 Einwendungen können auch lediglich rechtshemmend in der Weise sein, daß der **Anspruch** zwar **bestehen bleibt,** aber grundsätzlich nicht oder nicht mehr geltend gemacht oder sonst **nicht mehr durchgesetzt** werden kann. Die rechtshemmende Einwendung unterscheidet sich von der ebenfalls rechtshemmend wirkenden Einrede dadurch, daß sie von Amts wegen zu berücksichtigen ist und nicht erst, wenn sich der Schuldner auf sie beruft. Rechtshemmende Einwendungen können sowohl von Anfang an bestehen als auch erst nachträglich eintreten.

54 **Beispiele:** Für eine nachträglich rechtshemmende Einwendung kann insbesondere auf § 651g Abs. 1 verwiesen werden. Wird in diesem Fall die Leistung nach Ablauf der Ausschlußfrist erbracht, so ist sie nicht ohne Rechtsgrund geleistet und kann nicht nach § 812 zurückverlangt werden. Lediglich nachträglich rechtshemmend ist auch die Einwendung der Verwirkung

---

[23] Dazu *BGHZ* 82, 13, 18.
[24] S. dazu etwa Palandt/*Heinrichs,* Einf. vor § 346 Rn. 6; Soergel/*Hadding,* Vor § 346 Rn. 4.
[25] S. *Larenz,* Schuldrecht I, § 2 VI; *Esser/Schmidt,* Schuldrecht I, § 20 I 1.

(s. oben § 16 Rn. 47ff.). Eine anfänglich rechtshemmende Einwendung ist bei den Naturalobligationen wie Spiel und Wette (§ 762) gegeben.

4. Einreden

a) Die Einrede als Leistungsverweigerungsrecht

Während die Einwendungen den Anspruch gar nicht entstehen lassen, zum Erlöschen bringen oder ohne besondere Geltendmachung seine Durchsetzbarkeit ausschließen, lassen Einreden den Anspruch und seine Durchsetzbarkeit bestehen, geben dem Schuldner aber ein Gegenrecht, aufgrund dessen er die Leistung verweigern kann. Der Einrede kommt damit eine die **Anspruchsdurchsetzung hemmende Wirkung** zu. Die Einrede ist als Gegenrecht ein subjektives Recht, über dessen Ausübung allein der einredeberechtigte Schuldner zu entscheiden hat (s. oben Rn. 46). Die Einrede entfaltet ihre Wirkung der Anspruchshemmung erst, wenn sie ausgeübt wird. Während die Einwendung vom Gericht von Amts wegen beachtet wird (s. oben Rn. 47), bleibt die Einrede **ohne Geltendmachung** außerhalb und innerhalb eines Prozesses grundsätzlich **unbeachtet,** auch wenn dem Gericht die einredebegründenden Tatsachen bekannt und diese bewiesen sind. Dies hat zur Folge, daß der Gläubiger seinen Anspruch unbehelligt durchsetzen kann, wenn der Schuldner die Einrede nicht ausübt (zu Ausnahmen s. unten Rn. 66). Der Charakter der Einrede als subjektives Recht zeigt sich auch darin, daß der Einredeberechtigte auf sie verzichten kann und das Gegenrecht damit entfällt[26]. Ein solcher Verzicht ist auch noch nach einer vorangegangenen Geltendmachung der Einrede möglich. Dadurch unterscheidet sich die Einrede von den sonstigen Gestaltungsrechten, die nach ihrer Ausübung verbraucht sind (s. oben § 15 Rn. 75, 76). 55

Beispiel: Trotz Verjährung kann der Gläubiger seinen Anspruch erfolgreich einklagen, wenn sich der Schuldner nicht auf die Verjährung beruft. Erst wenn der Schuldner deutlich macht, daß er die Leistung wegen der Verjährung verweigern will, greift die Wirkung der Verjährung ein und wird sie vom Gericht beachtet mit der Folge, daß die Klage abgewiesen wird. Das Gericht darf die Einrede nur berücksichtigen, wenn sie entweder schon vorprozessual geltend gemacht worden ist und diese Tatsache im Prozeß vorgebracht wird (s. auch oben § 17 Rn. 68) oder wenn der Berechtigte sie direkt im Prozeß ausübt[27]. In dem Vorbringen von Tatsachen, die eine Einrede begründen, wird man in der Regel zugleich den Willen des Beklagten erblikken können, sein Einrederecht auszuüben. Im Zweifelsfall muß der Richter von seinem Fragerecht gemäß § 139 ZPO Gebrauch machen. 56

Die Einrede erkennt man grundsätzlich daran, daß das Gesetz den Schuldner **berechtigt,** die Leistung, Erfüllung oder Zahlung **„zu verweigern“** (s. etwa § 214 Abs. 1, § 273 Abs. 1, § 320 Abs. 1, § 438 Abs. 4, § 519 Abs. 1, § 526, §§ 770, 771, § 821, § 853, § 1973 Abs. 1, §§ 2014, 2015 Abs. 1, § 2083, § 2318 Abs. 1)[28]. Unter den Einreden sind nach ihrer Wirkung zu unterscheiden, die dauernde Einrede, die aufschiebende Einrede und die anspruchsbeschränkende Einrede. 57

b) Dauernde Einreden

Dauernde Einreden oder auch peremptorische Einreden genannt, sind dadurch gekennzeichnet, daß sie im Falle der Geltendmachung die gerichtliche **Durchsetzung** 58

---

[26] Hierfür genügt eine einseitige Erklärung (h.L.). Das bloße „Fallenlassen“ der Einrede im Prozeß ist aber nach Meinung des *BGH* noch nicht notwendig ein „endgültiger“ Verzicht auf das Gegenrecht; *BGHZ* 22, 267.

[27] H.L. *Enneccerus/Nipperdey,* AT, § 226 III 2; *Brox,* AT, Rn. 613; *Medicus,* AT Rn. 98; anders jedoch *Schlosser,* aaO.

[28] § 986 wird, obwohl er auch ein Verweigerungsrecht vorsieht, ausnahmsweise nicht als Einrede, sondern als Einwendung angesehen, s. *BGHZ* 82, 13, 18.

des Anspruchs für immer verhindern. Eine vom Gläubiger erhobene Klage ist deshalb als unbegründet abzuweisen.

59 **Beispiele:** Zu den dauernden Einreden gehört die Einrede der Verjährung (§ 214 Abs. 1), die Mängeleinrede aus § 438 Abs. 4 Satz 2 sowie aus § 634a Abs. 4 Satz 2, die Einrede aus § 821, daß der geltend gemachte Anspruch ohne rechtlichen Grund erlangt ist, die Einrede aus § 853, daß der geltend gemachte Anspruch durch eine unerlaubte Handlung erworben ist und die Einreden aus § 1973 Abs. 1, aus § 2083 und aus § 2318.

60 Das Bestehen einer dauernden Einrede hat daneben zur Folge, daß die Forderung in mancherlei Hinsicht wie eine nicht bestehende behandelt wird. Das zur Erfüllung eines solchen Anspruchs Geleistete kann etwa, sofern die Leistung in Unkenntnis des Bestehens der Einrede erfolgte, zurückgefordert werden (§§ 813 Abs. 1, 814 analog). Die Einrede wird in diesem Fall mit der Rückforderung ausgeübt. Die Rückforderung ist jedoch bei verjährten Forderungen ausgeschlossen (§ 214 Abs. 2 mit § 813 Abs. 1 Satz 2). War für eine Forderung eine Hypothek oder ein Pfandrecht bestellt, so kann, wenn der Hypothek oder dem Pfandrecht eine dauernde Einrede entgegensteht, der Eigentümer des Grundstücks oder der Pfandsache vom Gläubiger den Verzicht auf die Hypothek (§ 1169) oder die Rückgabe des Pfandes (§ 1254) verlangen, womit das Pfandrecht erlischt (§ 1253 Abs. 1).

c) Aufschiebende Einreden

61 Durch eine aufschiebende (= dilatorische) Einrede wird im Falle ihrer Geltendmachung die **Anspruchsdurchsetzung** nicht für immer, sondern nur **auf Zeit verhindert,** bis das Durchsetzungshindernis wieder entfallen ist. Die Klage des Gläubigers wird deshalb nicht schlechthin als unbegründet, sondern nur als zur Zeit unbegründet abgewiesen. Die Klage kann nach Wegfall der Einrede erneut erhoben werden und zur Verurteilung des Schuldners führen.

62 **Beispiele:** Aufschiebende Einreden sind die Einrede der Stundung[29], die dem Schenker zustehende Einrede des Notbedarfs (§ 519), die Einrede aus § 526, die dem Bürgen nach § 770 zustehende Einrede und die Einrede der Vorausklage (§ 771). Der Einrede des Zurückbehaltungsrechts aus §§ 273, 322, 1000 kommt in gewissem Sinn zwar auch aufschiebende Wirkung zu, solange bis der Gläubiger seine Leistung erbringt. Diese Einrede führt aber nicht zur Klageabweisung, sondern zur Verurteilung, Zug um Zug (§§ 274, 322). Eine lediglich beschränkt aufschiebende Wirkung haben auch die Einreden aus §§ 2014, 2015 (s. unten Rn. 64f.).

63 Der Schuldner kann allerdings seine bereits erbrachte Leistung nicht wegen des zeitweisen Leistungsverweigerungsrechtes nach § 812 zurückverlangen. Der Anspruch kann zwar nicht durchgesetzt werden. Er besteht aber gleichwohl und bildet damit den rechtlichen Grund für die Leistung[30]. Eine aufgrund einer Stundungsabrede oder aufgrund einer sonstigen Vereinbarung bestehende aufschiebende Einrede hemmt den Lauf der Verjährung (§ 205).

d) Anspruchsbeschränkende Einreden

64 Anspruchsbeschränkende Einwendungen sind solche, die im Falle ihrer Ausübung die **Anspruchsdurchsetzung** nicht dauernd oder zeitweise ganz ausschließen, sondern nur **unter bestimmten Voraussetzungen zulassen.** Sie führen deshalb vor Gericht nicht zur Klageabweisung, sondern nur zu einer einschränkenden Verurteilung.

---

[29] Vgl. jedoch zur Problematik der Stundung oben § 17 Rn. 30.

[30] Zur Ausnahme des § 813, der nur für dauernde, nicht aber für andere Einreden gilt, (s. oben § 18 Rn. 60).

Beispiele: Die anspruchsbeschränkenden Einreden können entweder zu einer **Verurteilung zur Leistung Zug um Zug,** nur gegen Empfang einer dem einredeberechtigten Schuldner seinerseits gebührenden Leistung führen (so §§ 273, 274, §§ 320, 322) oder es erfolgt in den Fällen der §§ 2014, 2015 und § 1489 Abs. 2 eine **Verurteilung unter dem Vorbehalt der beschränkten Haftung** (s. § 305 ZPO). Der Vorbehalt ist in der Zwangsvollstreckung gemäß §§ 780ff. ZPO geltend zu machen. 65

e) Rechtsfolgen schon vor Ausübung der Einrede

Neben den Rechtsfolgen der Einreden, die erst bei Ausübung der Einrede als Gegenrecht eintreten (s. oben Rn. 55–65), ergeben sich auch materiellrechtliche Rechtsfolgen, die schon vor einer Ausübung der Einrede eintreten. Diese Rechtsfolgen bestehen vor allem darin, daß mit einer einredebehafteten Forderung nicht aufgerechnet werden kann (§ 390) und daß der Schuldner mit einer Forderung, gegen die ihm eine Einrede zusteht, nicht im Verzug kommt[31]. Diese materiellrechtlichen Rechtsfolgen treten bei allen Einreden allein schon durch das Bestehen der Einrede ein, ohne daß diese ausgeübt sein muß[32]. Das Bestehen solcher Rechtsfolgen vor Ausübung der Einrede spricht nicht gegen die Vergleichbarkeit mit den Gestaltungsrechten (s. oben Rn. 55), da auch diese Wirkungen ohne Ausübung entfalten können (s. § 770). 66

V. Der Anspruch im Verfahrensrecht

1. Trennung des materiellrechtlichen Anspruchs vom Verfahrensrecht

Der **Anspruch besteht** als materiellrechtliches subjektives Recht **außerhalb des gerichtlichen Verfahrens** und unabhängig vom Verfahrensrecht. Dennoch gibt es eine enge Verbindung zum gerichtlichen Verfahren, weil der Anspruch, wenn er nicht freiwillig erfüllt wird, wegen des Verbots der Selbsthilfe grundsätzlich mit gerichtlicher Hilfe im Wege der Zwangsvollstreckung durchgesetzt werden muß. Dazu bedarf es aber zunächst seiner **Feststellung in** einem vorgeschalteten **gerichtlichen Erkenntnisverfahren.** Zur Einleitung dieses Erkenntnisverfahrens bedarf es einer Klage, mit der der Anspruch dem Gericht zur Prüfung unterbreitet wird. Die Klage ist begründet, wenn nach dem Sachverhalt der materiell-rechtliche Anspruch im konkreten Fall gegeben ist und das Klagebegehren rechtfertigt. Findet sich ein solcher Anspruch nicht oder steht ihm eine vom Beklagten zu Recht erhobene Einwendung oder Einrede entgegen, ist die Klage als unbegründet abzuweisen. 67

Der Anspruchsbegriff, der dem BGB zugrunde liegt, wurde von *Windscheid* konzipiert, um mit seiner Hilfe die „actio" als das Klagerecht des römischen und des älteren gemeinen Rechts, das von den Möglichkeiten des Prozesses her gesehen war[33], in das materielle Privatrecht zu verlegen. *Windscheid* wollte damit der Auffassung Rechnung tragen, daß das subjektive Privatrecht das primäre, die Möglichkeit seiner klageweisen Durchsetzung das sekundäre ist und daß 68

---

[31] *BGHZ* 48, 250; 104, 11; Palandt/*Heinrichs,* § 286 Rn. 12; Soergel/*Wiedemann,* § 284 a.F. Rn. 13.

[32] S. etwa Palandt/*Heinrichs,* § 390 Rn. 1; a.A. *Jahr,* aaO, S. 298. Gegen die Auffassung *Jahrs* spricht nicht nur der Wortlaut des § 390, sondern auch, daß die beiderseitigen Forderungen durch die Aufrechnung als erloschen angesehen werden müßten, solange nicht der Aufrechnungsgegner diese Rechtsfolge durch seinen Widerspruch, der die Geltendmachung seiner Einrede darstellen würde, rückwirkend beseitigt. Zu einer solchen Konstruktion besteht jedoch keine Notwendigkeit.

[33] Zur Geschichte des aktionenrechtlichen Denkens vgl. den so betitelten Aufsatz von *H. Kaufmann,* JZ 1964, 482; *Georgiades,* aaO, S. 24ff.

der Prozeß die Aufgabe hat, das vorprozessual gegebene materielle Recht, wenn es verletzt oder bestritten wird, außer Zweifel zu stellen und zu verwirklichen[34]. Hat der Kläger einen materiell-rechtlichen Anspruch, so steht damit grundsätzlich die Möglichkeit offen, diesen Anspruch im Wege der Erhebung einer Leistungsklage durchzusetzen[35]. Diese Möglichkeit ist im Begriff des Anspruchs als des „Verlangenkönnens" mitgedacht. Insofern kann man sagen, daß die „actio" des römischen Rechts im heutigen Anspruchsbegriff mit enthalten ist. Der Anspruch unterscheidet sich aber von der actio des römischen Rechts dadurch, daß er auch außergerichtlich, z. B. durch Aufrechnung durchgesetzt, freiwillig erfüllt sowie abgetreten und erlassen werden kann. Mit der Verlagerung des Akzents von der vorwiegend prozessualen Betrachtung des aktionenrechtlichen Denkens auf eine primär materiellrechtliche Betrachtungsweise hängt es zusammen, daß das BGB die Anspruchsverjährung als ein materiellrechtliches Institut geregelt hat, obgleich ihre praktische Bedeutung vor allem im Prozeß sichtbar wird.

2. Der prozessuale Anspruch als Streitgegenstand

a) Unterschiede von materiellem und prozessualem Anspruch

69 Wegen des engen Zusammenhangs zwischen materiell-rechtlichem Anspruch und gerichtlicher Klage (s. oben Rn. 62), aber auch weil die ZPO von 1877 die Trennung des materiell-rechtlichen Anspruchs von dem Klagerecht noch nicht ganz vollzogen hatte (s. oben Rn. 68), ist auch in der ZPO mehrfach vom Anspruch die Rede (s. etwa § 253 Abs. 2 Nr. 2, § 255, § 260, § 261 Abs. 2, § 265 Abs. 1, § 322 Abs. 1, §§ 325–327 ZPO). Es ist jedoch zu beachten, daß der **Anspruchsbegriff der ZPO** nicht mit dem materiellrechtlichen Anspruch gleichgesetzt werden kann. Während der Anspruch des § 194 das Recht betrifft, von einem anderen ein Tun oder Unterlassen zu verlangen, meint der Anspruchsbegriff der ZPO den Gegenstand der Klage und des Urteils als das, worüber das Gericht entscheidet. Der prozessuale Anspruch wird **Streitgegenstand** genannt, um damit den Unterschied zum materiellrechtlichen Anspruch zum Ausdruck zu bringen.

70 Den Unterschied macht § 322 Abs. 1 ZPO deutlich. Dort ist die Rechtskraft des Urteils auf den erhobenen Anspruch bezogen. Da aber einerseits jedes Urteil spätestens nach Erschöpfung des Instanzenzugs in Rechtskraft erwächst, andererseits aber nicht alle Urteile über materiellrechtliche Ansprüche, sondern auch über sonstige Rechtsverhältnisse aufgrund von Feststellungsklagen (§ 256 ZPO) oder Gestaltungsklagen (z. B. § 1564 BGB; § 133 HGB) entscheiden, muß der prozessuale Anspruch in § 322 Abs. 1 ZPO weiter sein als in § 194 BGB.

71 **Beispiel:** Eine Feststellungsklage, daß E Eigentümer eines bestimmten Grundstücks oder Erbe eines bestimmten Nachlasses sei, erwächst gemäß § 322 Abs. 1 ZPO ebenso in Rechtskraft wie der urteilsmäßige Ausspruch, daß eine Ehe geschieden wird (§ 1564), obwohl nicht über einen materiellrechtlichen Anspruch im Sinne von § 194 entschieden wird. Wenn § 322 Abs. 1 ZPO dennoch von Anspruch spricht, meint dieser prozessuale Anspruch etwas anderes als § 194 BGB.

---

[34] Diese Auffassung hat sich heute allgemein durchgesetzt, obgleich es ihr niemals an Gegnern gefehlt hat. Eine gegenteilige Auffassung hat vor allem *J. Binder* in seinem Buch „Prozeß und Recht" (1927) vertreten. Danach ist die Möglichkeit des Rechtsschutzes, das Klagerecht, das erste, die materielle Berechtigung, das „wirkliche" subjektive Recht dagegen durch den Ausgang des Prozesses bedingt. Dagegen spricht, daß subjektive Rechte in den meisten Fällen, auch ohne daß es zum Prozeß kommt, respektiert werden und damit normativ und faktisch „gelten".

[35] Es ist bestritten, ob es „klaglose Ansprüche" gibt; vgl. *Enneccerus/Nipperdey,* AT § 222 II 5; *Larenz,* Schuldrecht I § 2 III. Grundsätzlich sind alle Ansprüche einklagbar; nicht mehr im Wege der Klage durchsetzbar sind verjährte Ansprüche und solche, denen eine andere dauernde Einrede entgegensteht, sobald die Einrede geltend gemacht wird.

b) Bestimmung des prozessualen Anspruchs

Der Streitgegenstand (= prozessualer Anspruch) wird nach h. M. in Rechtsprechung und Lehre aus zwei Elementen gebildet (sog. **zweigliedriger Streitgegenstandsbegriff**)[36]. Er besteht (1) aus dem im **Antrag** enthaltenen tatsächlichen Begehren, etwa der geforderten Geldsumme, der begehrten Leistungshandlung (z. B. Lieferung oder Übereignung einer Sache) oder der begehrten Unterlassung und (2) aus dem der Begründung dieses tatsächlichen Begehrs dienenden **Sachverhalt** als dem tatsächlichen Geschehen. Der Sachverhalt dient neben der Begründung des Antrags auch zur Individualisierung und Konkretisierung des tatsächlichen Begehrs und seiner Unterscheidung von anderen Anträgen. 72

Beispiel: Die Notwendigkeit zur Individualisierung zeigt sich insbesondere bei Geldforderungen. Klagt A von B 3 000,– Euro ein, so muß, insbesondere wenn mehrere Rechtsverhältnisse etwa im Rahmen von Geschäftsbeziehungen zwischen ihnen bestehen, klargemacht werden, um welchen Geldbetrag es sich handelt, ob z. B. um den Kaufpreis aus dem Kaufvertrag vom März oder um einen mit gleicher Lieferung vom April oder ob z. B. ein Verzugsschaden geltend gemacht wird. Eine Bank, die ihrem Kreditnehmer mehrere Kredite ausbezahlt hat, muß deutlich machen, aus welchem konkreten Darlehen sie die Rückzahlung verlangt. Mit der bloßen Angabe des Geldbetrags im Klagantrag ist es nicht getan. Der Sachverhalt muß zur näheren Individualisierung und Unterscheidung des eingeklagten Geldbetrags von anderen Beträgen mit herangezogen werden. 73

c) Verhältnis von materiellem und prozessualem Anspruch

aa) Der Kläger muß gemäß der prozessualen Dispositionsmaxime nur den prozessualen Anspruch als **Streitgegenstand in der Klage bestimmen** und dem Gericht vortragen. Welche materiellrechtlichen Ansprüche für den Streitgegenstand in Betracht kommen, muß er dagegen nicht angeben. Vielmehr ist es Aufgabe des Gerichts, die zugehörigen möglichen Anspruchsnormen und sonstigen Normen ausfindig zu machen und zu prüfen **(iura novit curia).** Selbstverständlich können der Kläger oder der Beklagte die ihrer Meinung nach einschlägigen Normen dem Gericht mitteilen, sie müssen dies aber nicht. 74

Beispiel: Verlangt der Kläger Schadensersatz, weil er durch ein ihm vom Beklagten geliefertes Produkt körperlich verletzt worden ist, so muß das Gericht erwägen, ob vertragliche Schadensersatzansprüche bestehen oder solche aus unerlaubter Handlung (Produkthaftung aus § 823 Abs. 1) oder nach dem ProdHaftG, auch wenn diese Normen von den Parteien nicht vorgetragen sind. Das Gericht kann jedoch die Anspruchsnorm aussuchen, auf die es sein Urteil stützen will, und sich auf diese Anspruchsnorm beschränken, wenn es der Klage voll stattgibt. Nur wenn es die Klage ganz oder teilweise abweist, muß das Gericht im Urteil deutlich machen, daß es alle Anspruchsnormen geprüft hat und nach keiner der Anspruch voll gegeben ist. 75

bb) Da mit dem Streitgegenstand und dem zugehörigen Sachverhalt dem Gericht alle einschlägigen Ansprüche zur Entscheidung unterbreitet werden, kann der Kläger in den Fällen der Anspruchsnormenkonkurrenz (s. oben Rn. 33 ff.) nicht zunächst nur seinen vertraglichen oder nur seinen Anspruch nach § 823 Abs. 1 aus dem konkreten Verletzungsereignis einklagen, um dann in einer zweiten Klage den anderen materiellrechtlichen Anspruch einzuklagen. Die **Rechtskraft** erfaßt den gesamten Streitge- 76

[36] S. z. B. *BGHZ* 79, 245, 248 f.; 117, 1; *BGH* NJW 2001, 3713; *Rosenberg/Schwab/Gottwald,* Zivilprozeßrecht, § 95 III 2, 3; MünchKommZPO/*Lüke,* vor § 253 Rn. 31 f.; *Thomas/Putzo,* ZPO Einl. II; *Schwab,* FS Ramos, S. 845; *Beys,* ZZP 105 (1992), 145 ff.

genstand und **schließt alle Anspruchsnormen ein,** gleichgültig ob sie vom Kläger in der Klage genannt sind oder nicht und gleichgültig auch, ob sie das Gericht geprüft und im Urteil genannt hat oder nicht. Da das Urteil und seine Rechtskraft den gesamten Streitgegenstand umfassen, kann eine zweite Klage auch nicht mehr auf Tatsachen gestützt werden, die zum Streitgegenstand der ersten Klage gehören, gleichgültig ob sie dem Gericht vorgetragen waren oder nicht.

77 **Beispiel:** Stützt der Kläger seinen Schadensersatzanspruch wegen Körperverletzung durch das vom Beklagten gelieferte Produkt zunächst nur auf die gesetzlichen Ansprüche aus § 823 Abs. 1 und aus dem ProdHaftG, ohne den Vertrag mit dem Beklagten vorzutragen, so ist eine zweite Klage gestützt auf den Vertrag und daraus abgeleitete Ansprüche unzulässig. Eine zweite Klage ist dagegen ohne diese Einschränkung möglich in den Fällen der echten Anspruchskonkurrenz (s. oben Rn. 38ff.).

78 Die Rechtskraft erfaßt auch den dem Antrag zugrundeliegenden Sachverhalt, soweit die den Sachverhalt bildenden Tatsachen bereits entstanden sind. Der Kläger ist deshalb in den Fällen der Anspruchsnormenkonkurrenz (s. oben Rn. 33ff.) **mit alten Tatsachen,** die zum Zeitpunkt der letzten mündlichen Verhandlung vor Gericht objektiv existent waren, in einem neuen Verfahren **ausgeschlossen** (präkludiert), gleichgültig ob sie ihm bekannt waren oder nicht. Eine neue Klage kann lediglich auf solche Tatsachen gestützt werden, die erst nach der letzten mündlichen Verhandlung objektiv entstanden sind.

79 Eine Ausnahme ist dann anzuerkennen, wenn das Gericht gemäß der früheren Rechtsprechung im Gerichtsstand der unerlaubten Handlung (§ 32 ZPO) nur über die Ansprüche aus unerlaubter Handlung entscheiden darf, nicht aber über vertragliche Schadensersatzansprüche[37]. Diese Rechtsprechung ist jedoch im Hinblick auf § 17 Abs. 2 GVG und dem darin enthaltenen Rechtsgedanken angreifbar[38]. Die Möglichkeit einer zweiten Klage besteht aber nicht, wenn der Kläger die erste Klage am Gericht des Beklagtenwohnsitzes erhebt, weil dort das Gericht alle Anspruchsgrundlagen prüfen darf und muß.

3. Prozessuale Verteidigungsmittel

80 So wie es den prozessualen Anspruch gibt, kennt die ZPO auch prozessuale Einwendungen und Einreden als Verteidigungsmittel (s. §§ 146, 282 Abs. 1 ZPO). **Prozessuale Einwendungen** liegen vor, wenn der Beklagte die klagebegründenden Tatsachen des Klägers bestreitet, d.h. sie als nicht oder anders geschehen darstellt. Gemäß § 138 Abs. 4 ZPO darf er sie auch mit der bloßen Erklärung des Nichtwissens bestreiten. **Prozessuale Einreden** sind dagegen diejenigen tatsächlichen Behauptungen, deren Vorliegen die Voraussetzungen einer rechtshindernden, einer rechtsvernichtenden oder rechtshemmenden Gegennorm erfüllen, die einer anspruchs- oder sonst rechtsbegründenden Norm entgegen gehalten werden kann[39]. Prozessuale Einreden umfassen danach die Tatsachen, die Einwendungen und Einreden im materiellrechtlichen Sinn begründen. Daneben gibt es Beweiseinreden (s. § 282 Abs. 1 ZPO), die die Tatsachen bezeichnen, welche sich gegen die Zulässigkeit und Zuverlässigkeit

---

[37] So noch *BGH* WM 1988, 840; konsequent MünchKommZPO/*Gottwald,* § 322 Rn. 109; zu Ausnahmen *BGH* MDR 1983, 296.

[38] So jetzt auch *BGH* NJW 2003, 828; dazu kritisch *Patzina,* LMK 2003, 71; ausführlich *Hoffmann,* ZZP 107 (1994), 3, 15.

[39] S. im einzelnen *Rosenberg/Schwab/Gottwald,* Zivilprozeßrecht, § 104 II.

von Beweismitteln richten[40]. Mit Einreden werden im Prozeßrecht auch noch einzelne Zulässigkeitsvoraussetzungen bezeichnet, die ausdrücklich geltend gemacht werden müssen[41]. Man sollte insoweit besser von Prozeßhindernissen sprechen.

Gegen eine Klage, kann sich der beklagte Schuldner damit wehren, (1) daß die Klage unzu- **81**
lässig ist, z. B. nicht formal ordnungsgemäß oder beim unzuständigen Gericht erhoben ist oder daß sonst Zulässigkeitsvoraussetzungen fehlen[42]. Er kann aber auch, wenn die Klage zulässig ist, (2) deren Unschlüssigkeit rügen, d. h. die vorgetragenen Tatsachen rechtfertigen, selbst wenn sie zutreffen, den geltend gemachten Anspruch nicht oder, wenn die Klage schlüssig ist, kann er (3) die vom Kläger vorgetragenen anspruchsbegründenden Tatsachen bestreiten. Der Kläger muß dann die vom Beklagten bestrittenen Tatsachen beweisen, wobei der Beklagte u. U. (4) gegen die vom Kläger eingeführten Beweismittel Zulässigkeitsbedenken oder Bedenken gegen deren Beweiskraft erheben kann. (5) Bestehen prozessuale Verteidigungsmittel nicht, so können immer noch materiellrechtliche Verteidigungsmittel bestehen.

§ 19. Zulässige Verteidigung und Selbsthilfe

Inhaltsübersicht

Literatur: *Adomeit,* Wahrnehmung berechtigter Interessen und Notwehrrecht, JZ 1970, 495; *Baumgarten,* Notstand und Notwehr, 1911; *Braun,* Subjektive Rechtfertigungselemente im Zivilrecht?; NJW 1998, 941; *Dilcher,* Besteht für die Notwehr nach § 227 BGB das Gebot der Verhältnismäßigkeit oder ein Verschuldenserfordernis? FS *Hübner,* 1984, S. 443; *Felber,* Die Rechtswidrigkeit des Angriffs in den Notwehrbestimmungen, 1979; *H. A. Fischer,* Die Rechtswidrigkeit, 1911; *Haas,* Notwehr und Nothilfe, 1978 (vorwiegend zum Strafrecht); *Kuhlenbeck,* Das Recht auf Selbsthilfe, 2. Aufl. 1907; *Münzberg,* Verhalten und Erfolg als Grundlage der Rechtswidrigkeit und Haftung, 1966; *Oetker,* Über Notwehr und Notstand, 1903; 1. FS *Frank,* 1930, I. S. 359; *Schünemann,* Selbsthilfe im Rechtssystem, 1985 (dazu *Dilcher* in AcP 186 (1986), 591); *Titze,* Die Notstandsrechte, 1897; *v. Tuhr,* Der Notstand im Zivilrecht, 1888; *ders.,* Verhandlungen des 34. DJT, 1926, I S. 124, 142; II S. 426.

---

[40] *Thomas/Putzo,* ZPO, § 146 Rn. 2; *Rosenberg/Schwab/Gottwald,* aaO, § 104 I.

[41] Z. B. § 110 ZPO; s. *Rosenberg/Schwab/Gottwald,* aaO, § 96 IV.

[42] S. zu einem Überblick über die Zulässigkeitsvoraussetzungen *Thomas/Putzo,* ZPO, Vorbem. § 253 Rn. 15 ff.; *Jauernig,* Zivilprozeßrecht, § 33 IV; *Baur/Grunsky,* Zivilprozeßrecht, Rn. 131; *Rosenberg/Schwab/Gottwald,* Zivilprozeßrecht, § 86 II; *Zeiss,* Zivilprozeßrecht, Rn. 255 ff.

1 Zu den wichtigsten Aufgaben des Rechts gehört die Erhaltung und die Sicherung des Rechtsfriedens[1], und dieser verlangt, daß jedermann auf die Anwendung von Gewalt gegen andere verzichtet und daher dort, wo er sich in seinen Rechten verletzt oder bedroht sieht, statt den Versuch zu machen, sein (wirkliches oder nur vermeintliches) Recht eigenmächtig durchzusetzen, die Organe der Rechtspflege anruft. Aber es gibt Situationen, in denen er auf diesem Wege keine rechtzeitige Hilfe zu erlangen vermöchte und ihm daher die Rechtsordnung nicht zumutet, untätig zu bleiben und z.B. ein ihm gegenüber verübtes Unrecht widerstandslos über sich ergehen zu lassen. Liegt eine derartige Situation vor, so erlaubt die Rechtsordnung unter ganz bestimmten, näher bezeichneten Voraussetzungen Maßnahmen zur Abwehr eines Angriffs oder zur Durchsetzung eines Anspruchs, auch wenn diese, freilich nicht mehr als erforderlich, in fremde Rechtsgüter eingreifen. Das Gesetz unterscheidet zwei Fälle der erlaubten Verteidigung, die Notwehr und den Notstand, sowie einen Fall eines erlaubten aggressiven Vorgehens zum Zwecke der Anspruchssicherung, die erlaubte Selbsthilfe.

I. Die Notwehr

2 Notwehr ist „diejenige Verteidigung, welche erforderlich ist, um einen gegenwärtigen rechtswidrigen Angriff von sich oder einem anderen abzuwenden" (§ 227 Abs. 2). Die gesetzliche Definition der Notwehr im BGB stimmt mit § 32 Abs. 2 StGB wörtlich überein. Unter den Begriff der Notwehr fallen demnach nur solche Maßnahmen, die ausschließlich der Verteidigung, d.h. der Abwehr eines Angriffs dienen, daher nicht die angriffsweise Durchsetzung des eigenen Rechts und nicht die Vergeltung, also z.B. nicht die sofortige Erwiderung einer Beleidigung durch eine andere Beleidigung oder durch eine Tätlichkeit. Verteidigungsmaßnahmen sind nicht nur dem Angegriffenen selbst, sondern auch jedem Dritten erlaubt, der ihm zur Hilfe kommt (sog. Nothilfe). Die Nothilfe bezieht sich auf Fälle, in denen nicht eigene, sondern fremde Rechtsgüter verteidigt werden. Die Nothilfe ist ein Unterfall der Notwehr und unterliegt deshalb deren Voraussetzungen und Rechtsfolgen.

1. Angriff und Verteidigung bei der Notwehr

a) Angriff und die daran Beteiligten

3 Erste Voraussetzung der Notwehr ist ein bereits begonnener oder unmittelbar bevorstehender **Angriff.** Unter einem Angriff ist eine menschliche Handlung[2] zu verstehen, die beabsichtigt oder unbeabsichtigt gegen die Person, das Leben, die Gesundheit, die Freiheit, das Eigentum oder ein sonstiges von der Rechtsordnung geschütztes Gut eines anderen gerichtet ist. Geschützt sind grundsätzlich Rechtsgüter jeder Art.

4 **Beispiel:** Dringt ein Dritter unbefugt in eine Wohnung ein, so kann sich dagegen nicht nur ein darin wohnender Eigentümer, sondern auch ein Mieter gegen die Verletzung seines Hausrechts wehren, weil auch der aufgrund des Mietvertrags berechtigte Besitz und das darauf gestützte Hausrecht zu den geschützten Rechtsgüter gehört[3].

---

[1] Zum Rechtsfrieden als oberstem Rechtszweck vgl. *Larenz,* Richtiges Recht, 1979, S. 33ff.

[2] So mit Recht *Münzberg,* Verhalten und Erfolg als Grundlagen der Rechtswidrigkeit und Haftung, 1966, S. 357.

[3] *OLG Düsseldorf* NJW 1997, 3383; a.A. *OLG Frankfurt* NJW 1994, 946.

Angreifer kann nur ein Mensch, nicht ein Tier oder eine leblose Sache sein, da diese nicht zu handeln vermögen. Nicht erforderlich ist, daß der Handelnde für sein Vorgehen etwa im Sinne der §§ 827, 828 subjektiv verantwortlich ist. 5

Beispiel: Auch gegen einen Betrunkenen, bei dem immerhin noch ein Rest von Willensbestimmung vorhanden ist, ist Notwehr möglich. Dagegen kann man von einem Angriff dann nicht mehr reden, wenn es überhaupt an jeder Handlung fehlt; so wenn ein Kraftfahrer am Steuer seines Wagens plötzlich bewußtlos wird und der Wagen nunmehr steuerlos weiterfährt. Die Gefahr geht dann nicht mehr von einem handelnden Menschen, sondern von der mechanisch fortwirkenden Kraft des Wagens aus. Etwa mögliche Abwehrmaßnahmen sind nicht nach § 227, sondern nach § 228 BGB und § 34 StGB zu beurteilen, wobei hinsichtlich eines mit ihnen unvermeidbar verbundenen Personenschadens in analoger Anwendung von § 228 Satz 2 ein Schadensersatzanspruch zu gewähren ist[4]. 6

Angegriffener kann neben Menschen als natürlichen Personen und deren Rechtsgüter auch jeder andere Rechtsträger sein, insbesondere juristische Personen, aber auch Personengesellschaften wie OHG, KG, aber auch die GbR und andere Gesamthandsgemeinschaften als Vermögensträger. Angegriffener und Verteidiger brauchen nicht identisch zu sein. Von der Notwehr erfaßt wird vielmehr auch die **Nothilfe** zugunsten eines Dritten, der sich nicht selbst verteidigen kann. 7

Beispiele: Auch eine Nothilfe zugunsten des Staates, z. B. zur Verhinderung einer landesverräterischen Handlung oder eines Anschlags auf ein staatliches Gebäude, ist denkbar[5], jedoch wohl nur dann als zulässig zu erachten, wenn ein rechtzeitiges Eingreifen der dafür in erster Linie zuständigen Staatsorgane nicht möglich ist. Denn diese sind in erster Linie dazu berufen zu entscheiden, ob und in welcher Weise hier ein Eingreifen nötig ist. Keinesfalls sind dem Nothelfer weitergehende Maßnahmen gestattet als solche, die auch die staatlichen Sicherheitsorgane zu treffen berechtigt wären[6]. Dagegen ist die bloße Verletzung der, sei es auch durch Strafvorschriften geschützten öffentlichen Ordnung, wie z. B. das verbotene Ausstellen jugendgefährdender Schriften, kein Angriff gegen den Staat als Rechtssubjekt und als Inhaber rechtlich geschützter Güter. Mit Recht hat der *BGH* hier die Zulässigkeit einer Nothilfe abgelehnt[7]. 8

b) Die Rechtswidrigkeit des Angriffs

Der Angriff muß rechtswidrig sein. Er darf also **nicht** von der Rechtsordnung aus irgendeinem Grunde, z. B. weil er eine nach § 229 gestattete Selbsthilfe darstellt (s. Rn. 42 ff.), **gerechtfertigt** sein. Von solchen besonderen Rechtfertigungsgründen abgesehen, ist rechtswidrig schon jeder bereits begonnene oder unmittelbar bevorste- 9

---

[4] Vgl. *Münzberg,* aaO S. 355 ff. und die dort (Anm. 725) Genannten. Nach *Enneccerus/Nipperdey,* AT, § 240 II 2 soll Notwehr auch dann noch möglich sein, „wenn es an einer bewertbaren Handlung überhaupt mangelt, so z. B. wenn ein Kraftfahrer infolge einer Ohnmacht in eine Menschenmenge zu fahren droht". Aber „fährt" er dann überhaupt noch? Wenn „fahren" hier soviel meint wie „das Kraftfahrzeug führen", dann „fährt" er eben nicht mehr. Die Gefahr droht nicht von ihm, sondern von der mechanisch fortwirkenden Kraft des Fahrzeugs. Richtig *Münzberg,* aaO, Anm. 734.

[5] H. L.; *Enneccerus/Nipperdey,* AT, § 240 Anm. 3; Soergel/*Fahse,* § 227 Rn. 12; MünchKomm/*Grothe,* § 227 Rn. 16; Erman/*Hefermehl,* § 227 Rn. 14.

[6] Bedenklich daher *RGZ* 117, 138, 142, wo den Staatsorganen selbst eine über ihre gesetzlichen Befugnisse hinausgehende Notwehrbefugnis zugestanden wird.

[7] BGHZ 64, 178. Der *BGH* hat hierzu ausgeführt, daß gegen eine derartige Störung der öffentlichen Ordnung Notwehr nur zulässig sei, wenn „der Störer dadurch zugleich als solche geschützte Individualinteressen angreift". Er hat damit wohl nicht sagen wollen, daß Nothilfe immer nur zugunsten des Individuums, nicht aber zugunsten des Staates oder anderer Körperschaften zulässig sei. Sollte er aber das gemeint haben, dann könnte dem nicht zugestimmt werden.

hende Eingriff in eines der in § 823 Abs. 1 genannten subjektiven Rechte oder Rechtsgüter[8]. Die Rechtswidrigkeit wird bei diesen unmittelbaren Eingriffen **erfolgsbezogen** bestimmt, d.h. allein der Erfolg der Rechtsgutverletzung indiziert die Rechtswidrigkeit[9]. Auf ein Verschulden des Angreifers, sei es auch nur auf einen objektiven Sorgfaltsverstoß, kommt es nicht an[10]. Das ergibt sich einmal aus dem insoweit unzweideutigen gesetzlichen Sprachgebrauch, darüber hinaus aus der Erwägung, daß es dem Angegriffenen, dem oft nur eine blitzschnelle Reaktion zu helfen vermag, nicht zuzumuten ist, sich erst von der Schuld des Angreifers zu überzeugen. Dem entspricht es, Notwehr auch bei sozialadäquatem Handeln zuzulassen[11].

10 Handlungen, die erst durch das Hinzutreten weiterer Zwischenursachen, also mittelbar, für die Beeinträchtigung eines anderen ursächlich zu werden vermögen, sind richtiger Ansicht nach nicht schon wegen der mittelbaren Verursachung des späteren rechtswidrigen Erfolgs rechtswidrig, sondern nur wenn der Handelnde sich von vornherein gebotswidrig verhalten hat[12]. Die Rechtswidrigkeit ist insoweit nach den Grundsätzen des **Verhaltensunrechts** zu bestimmen[13]. Diese mittelbaren Handlungen stellen aber regelmäßig noch keinen gegenwärtigen Angriff dar.

11 **Beispiele:** Strafbare Handlungen sind rechtswidrig, auch wenn sie sich, wie etwa eine Erpressung, gegen das Vermögen richten, das gegen Beeinträchtigungen im Zivilrecht nicht schlechthin, sondern nur nach § 823 Abs. 2 und daher nur insoweit geschützt ist, als diese Beeinträchtigungen in ganz bestimmter Weise erfolgen. Rechtswidrig ist auch die Beeinträchtigung des bloßen Besitzes durch verbotene Eigenmacht (§ 858). Der Besitzer hat ein erweitertes Notwehr- und Selbsthilferecht nach § 859.

c) Gegenwärtiger Angriff

12 Der Angriff muß schließlich gegenwärtig sein, d.h. er muß **begonnen** haben oder **unmittelbar bevorstehen** und darf nicht bereits beendet sein.

13 **Beispiel:** Der Angriff des auf frischer Tat ertappten und sogleich verfolgten Diebes dauert nach überwiegender Ansicht[14] so lange fort, bis dieser seine Beute wenigstens vorläufig in Sicherheit gebracht hat. Der Verfolger darf sie ihm daher bis zu diesem Zeitpunkt, wenn nötig mit Gewalt, wieder abnehmen. Dagegen endet der Angriff des Diebes und damit die Notwehrmaßnahme, wenn der Dieb die Beute fortwirft und nur noch sich selbst in Sicherheit zu bringen sucht. Ist der Angriff aufgegeben, so ist für weitere Verteidigung kein Raum. Ob man dem Dieb, der seine Beute vorläufig in Sicherheit gebracht hat, sie später, wenn man ihm mitsamt der Beute (z.B. dem gestohlenen Mantel) wieder begegnet, gewaltsam abnehmen darf, richtet sich nicht mehr nach § 227, sondern nach § 229 (unten Rn. 42ff.).

---

[8] Dazu des näheren *Larenz,* Schuldrecht II/2 § 86 II.

[9] S. auch Soergel/*M. Wolf,* § 276 Rn. 22.

[10] Das ist im Zivilrecht weitgehend h.L.; vgl. *v. Tuhr,* AT II S. 583; *Enneccerus/Nipperdey,* AT § 240 II 2; *Hübner,* AT, Rn. 548; *Köhler,* AT, § 19 Rn. 7;. MünchKomm/*Grothe,* § 227 Rn. 8; a.A. *Jauernig,* § 227 Rn. 2; anders aber *Pawlowski,* AT, Rn. 937ff. Dagegen macht sich im Strafrecht neuerdings eine Tendenz bemerkbar, die dahin geht, auf Seiten des Angreifers ein Verschulden – so *Haas,* aaO, S. 259f.; auch *Hruschka,* FS Dreher, 1977, S. 200ff. – oder wenigstens Rechtswidrigkeit nicht nur im erfolgsbezogenen Sinne, sondern in dem eines normwidrigen Verhaltens – so *Felber,* aaO, S. 138ff. – zu verlangen.

[11] MünchKomm/*Grothe,* § 227 Rn. 8; Soergel/*Fahse,* § 227 Rn. 16.

[12] Zu diesen Fällen vgl. *Larenz,* FS Dreher 1963, Bd. I S. 169.

[13] S. Soergel/*M. Wolf,* § 276 Rn. 22.

[14] *Enneccerus/Nipperdey,* AT Anm. 14; *E. Wolf,* AT S. 613; *Hübner,* AT, Rn. 550; *Medicus,* AT, Rn. 154; Erman/*Hefermehl,* § 227 Rn. 8; MünchKomm/*Grothe,* § 227 Rn. 7; Palandt/*Heinrichs,* § 227 Rn. 4 im Anschluß an *RGZ* 111, 370.

d) Notwendigkeit eines Verteidigungswillens

14 Voraussetzung der Notwehr ist auch ein Verteidigungswille[15], d. h. der Angegriffene muß den **Angriff abwehren wollen.** Der Vereidigungswille ist geboten, weil der Angegriffene über seine Rechtsgüter disponieren und einen Angriff auf sie auch zulassen kann. Auch sollten die Voraussetzungen dafür, wann ein Eingriff in fremde Rechtsgüter durch Notwehr gerechtfertigt ist, auf sachgerechte Weise begrenzt werden. Wer z. B. nicht weiß, daß er oder seine Rechtsgüter angegriffen werden, und ohne Rücksicht darauf einen anderen verletzt oder wer aus bloßer Rauflust zuschlägt, handelt nicht in Notwehr[16]. Der Verteidigungswille muß aber nicht das einzige Motiv des Verteidigers sein. Andere Motive wie Haß und Wut beseitigen den Verteidigungswillen nicht, solange er nur im wesentlichen das Verteidigungsverhalten bestimmt[17].

2. Verhältnismäßigkeit der Notwehr

a) Erforderlichkeit der Verteidigungshandlung

15 Nur diejenige Verteidigung ist als Notwehr zulässig, die erforderlich ist, **um den Angriff abzuwehren**[18]. Eine Verteidigungshandlung, die einen Eingriff in die Rechtsgüter des Angreifers zur Folge hat, ist nicht erforderlich, wenn der Angreifer seinen Angriff schon aufgrund eines Hinweises auf das Unerlaubte seines Tuns abbricht. Nicht erforderlich ist auch eine Verteidigungshandlung, die ihre Wirkung erst entfaltet, wenn das zeitliche Ende des Angriffs abzusehen ist. Zur Erforderlichkeit gehört auch, daß das **Mittel geeignet** ist, d. h. daß die Notwehrmaßnahme den Angriff überhaupt abwehren kann. Ein Mittel das nicht geeignet ist, ist auch nicht erforderlich.

16 **Beispiel:** Die Beschädigung des Pkw des zu Fuß flüchtenden Diebs ist nicht geeignet, den Diebstahl zu verhindern. Dazu bedarf es der Verfolgung des Diebs oder der Feststellung von dessen Identität über die Zulassungsnummer.

b) Grundsatz des mildesten Mittels

17 Darüber hinaus ist unter mehreren erforderlichen Verteidigungsmitteln dasjenige zu wählen, das einerseits zwar Erfolg verspricht, andererseits aber den **Angreifer** aber **am wenigsten schädigt** (Grundsatz des mildesten Mittels). Gibt es ein erfolgversprechendes milderes Mittel, dann ist das schärfere nicht gerechtfertigt und nicht mehr durch Notwehr gedeckt. Die strikte Beachtung dieses Erfordernisses bietet allein dafür Gewähr, daß der Angreifer nicht einfach der Willkür des Angegriffenen oder des Nothelfers ausgeliefert ist.

18 **Beispiel:** Genügt ein Hinweis, oder ein energisches Auftreten, um weitere Belästigungen zu verhindern, so darf man nicht tätlich werden. Den unbewaffneten Dieb, der selbst keine Anstalten trifft, gewalttätig zu werden, darf man nicht zusammenschlagen oder niederschießen. Dagegen darf man sich gegenüber dem mit einer Waffe ausgerüsteten und damit drohenden

---

[15] S. etwa *BGH* NJW 1990, 2263; Palandt/*Heinrichs,* § 227 Rn. 6; a. A. *Braun,* NJW 1998, 941, 942, dessen (extremes) Beispiel sich mit anderen Erwägungen sachgerecht lösen läßt, z. B. mit der den Schadensersatz ausschließenden Figur des rechtmäßigen Alternativverhaltens.

[16] S. z. B. *BGH* NJW 1990, 2263.

[17] S. auch Palandt/*Heinrichs,* § 227 Rn. 6; Soergel/*Fahse,* § 227 Rn. 29.

[18] MünchKomm/*Grothe,* § 227 Rn. 10: grundsätzlich bedarf es keiner Rücksicht auf die Verhältnismäßigkeit, ebenso Erman/*Hefermehl,* § 227 Rn. 13;. Staudinger/*Werner,* § 227 Rn. 19.

Einbrecher oder Räuber auch einer Waffe bedienen. Auch dann darf man aber von ihr nur einen solchen Gebrauch machen, der zur Abwehr des Angriffs notwendig ist. Würde also zur Abwehr ein Schreckschuß genügen, so darf man nicht sogleich einen gezielten Schuß abgeben. Selbst zur Warnung darf man von einer Schußwaffe nur als äußerstes Mittel, d.h. nur dann Gebrauch machen, wenn alle anderen Mittel keinen Erfolg versprechen[19]. Ein Ausweichen ist dem Angegriffenen allerdings nur dann zuzumuten, wenn es ohne die Aufgabe berechtigter Interessen möglich ist[20]

c) Das Übermaßverbot

19 Des weiteren ist zu beachten, daß besonders hochwertige Rechtsgüter, insbesondere das Leben einer Person nicht zum Schutz bloßer Sachgüter geopfert werden dürfen, auch wenn dies das einzige zur Verfügung stehende Mittel wäre. Das mit der Verteidigungshandlung **geopferte Rechtsgut** darf **in seinem Wert** gegenüber dem geretteten Rechtsgut **nicht offensichtlich wesentlich höher** sein. Maß zu halten, ist ein elementares Gebot der Gerechtigkeit. Man kann die Unzulässigkeit der Notwehr in einem solchen Fall auch damit begründen, daß das Notwehrrecht nicht mißbraucht werden darf. Dies wird zum Teil auch dem Verbot der unzulässigen Rechtsausübung zugeordnet[21]. Das Leben des Angreifers darf auf jeden Fall erst dann bedroht werden, wenn ein unmittelbar drohender oder schon begonnener schwerwiegender Angriff gegen die Gesundheit oder das Leben einer anderen Person gegeben ist. Ein Zugriff des Angreifers nur auf Sachgüter genügt dafür nicht. Das verlangt die von unserer Rechtsordnung geforderte hohe Achtung vor dem menschlichen Leben.

20 Nach Art. 2 EMRK, die durch Gesetz vom 17. 8. 1952 zum geltenden Recht in der Bundesrepublik erhoben worden ist, ist die absichtliche Tötung eines anderen nur dann nicht rechtswidrig, wenn dieser Gewalt gegen einen Menschen anwendet und die Tötungshandlung der Verteidigung dagegen dient. An der Absicht der Tötung fehlt es, wenn der Angegriffene zwar eine Waffe gebraucht, sich aber, soweit ihm das möglich ist, dabei bemüht hat, eine tödliche Wirkung zu vermeiden. Art. 2 EMRK richtet sich zwar unmittelbar nur an den Staat[22], beeinflußt aber mit seiner Wertentscheidung doch auch die Auslegung von § 227 bei seiner Anwendung auf Privatpersonen[23]. Eine strenge Bindung an den Grundsatz der Verhältnismäßigkeit kann vom Verteidiger nicht erwartet werden, da ihm angesichts des Angriffs eine sorgfältige Abwägung nicht ohne weiteres möglich und zumutbar ist[24]. In Anbetracht des Grundsatzes: „Recht braucht dem Unrecht nicht zu weichen", sind auch bei Angriffen auf Sachgüter körperliche Verletzungen des Angreifers nicht generell ausgeschlossen. Ein Verbot der offensichtlichen Übermaßreaktion muß jedoch auch für die Notwehr gelten[25]. Der Eigentümer darf Kinder, die seine Äpfel unerlaubt vom Baum holen, nicht erschießen.

---

[19] BGH NJW 1976, 41; *BGH* NStZ 1987, 32 (zu § 32 StGB).

[20] *BGHSt* NJW 1954, 438.

[21] Auf Rechtsmißbrauch weisen *Medicus,* AT, Rn. 157, *Köhler,* AT, § 19 Rn. 8, *Brox,* AT, Rn. 647 Nr. 3, *Rüthers/Stadler,* AT, § 8 II Rn. 4, Soergel/*Fahse,* § 227 Rn. 38, MünchKomm/*Grothe,* § 227 Rn. 13 hin. Vgl. ferner *Deutsch,* Haftungsrecht Bd. I S. 217; Palandt/*Heinrichs,* § 227 Rn. 8; *BGH* LM § 53 StGB Nr. 3, 6.

[22] Soergel/*Fahse,* § 227 Rn. 47.

[23] S. auch MünchKomm/*Grothe,* § 227 Rn. 13; *Krey,* JZ 1979, 707ff.; *Medicus,* AT, Rn. 158.

[24] Für eine strenge Güterabwägung: *Dilcher,* aaO, und auch noch Staudinger/*Dilcher,* 12. Aufl. § 227 Rn. 21. In dieser Allgemeinheit ist das nicht zu halten: s. auch Palandt/*Heinrichs,* § 227 Rn. 7; MünchKomm/*Grothe,* § 227 Rn. 10; Erman/*Hefermehl,* § 227 Rn. 13; Staudinger/*Werner,* § 227 Rn. 19; *Hübner,* AT, Rn. 555.

[25] Ähnlich Soergel/*Fahse,* § 227 Rn. 39: unerträgliches Mißverhältnis der Güterproportionalität; für die Anwendung des Mißbrauchsgedankens MünchKomm/*Grothe,* § 227 Rn. 16; *Pawlowski,* AT Rn. 939 verlangt für die Zulässigkeit der Notwehr, daß jemand „von einem anderen bewußt in seinem Recht verletzt wird". Danach wäre gegen einen Betrunkenen, der, ohne zu

d) Objektive Gesamtabwägung

Zusätzlich zum Übermaßverbot ist unter Beachtung der Erforderlichkeit und des mildesten Mittels eine **Gesamtabwägung aller Umstände** vorzunehmen. Dabei kann neben dem Gewicht des verletzten Rechtsguts auch die Verwerflichkeit des Angreiferhandelns berücksichtigt werden. Einem vorsätzlichen Angreifer gegenüber lassen sich schwerwiegendere Verteidigungsmittel rechtfertigen als gegenüber einem fahrlässig oder schuldlos handelnden. Wenn den Angreifer ein erhebliches Maß an Verschulden trifft, braucht das Recht nicht dem Unrecht zu weichen[26]. Für diesen Grundsatz kann man insbesondere anführen, daß die kampflose Preisgabe des eigenen Rechts, als allgemeine Maxime gedacht, dem Recht schweren Schaden zufügen müßte. Das Notwehrrecht dient **neben** dem **Güterschutz** auch der **Verhinderung objektiven Unrechts.** Wie jeder allgemeine Grundsatz darf indessen auch die Verhinderung objektiven Unrechts nicht über ein vernünftiges Maß hinaus angewandt werden. 21

Beispiele: Gegenüber einem Betrunkenen, der handgreifliche Händel sucht, wird ein verständiger Mensch lieber ausweichen, wenn ihm das möglich ist, als gewaltsam abzuwehren. Unrechtmäßig ist eine Abwehr aber nicht ohne weiteres. Gegen Kinder oder Jugendliche aber, die seine Obstbäume plündern, mit einer Schußwaffe vorzugehen, kann dem Gartenbesitzer nicht gestattet sein, auch wenn er die Kinder nur verletzt und sie nicht anders vertreiben kann. Offensichtlich steht hier die Schwere der möglichen Folgen in keinem Verhältnis zu dem dem Gartenbesitzer drohenden Schaden und auch nicht zu dem Unrechtsgehalt der Tat. Insbesondere das Leben und die körperliche Unversehrtheit eines Menschen nehmen in der Rangordnung der Rechtswerte einen soviel höheren Rang ein als Vermögenswerte, daß sie auch zur Abwehr eines Angriffs, wenn hinter ihm kein verbrecherischer Wille steht, nicht leichthin aufs Spiel gesetzt werden dürfen. Deshalb sind die Grenzen zulässiger Notwehr dort anzusetzen, wo sowohl der durch den Angriff drohende Schaden wie das Verschulden des Angreifers geringfügig sind und der dem Angreifer zugefügte Schaden jedes vernünftige Maß übersteigt. Mit dieser Einschränkung verbleibt man im Rahmen der dem Gesetz zu entnehmenden Wertungen und vermeidet untragbare Ergebnisse. 22

Welches Maß an Verteidigung jeweils zur Abwehr erforderlich und verhältnismäßig ist, bestimmt sich nach der **objektiven Sachlage,** nicht dadurch, wie der Angegriffene die Lage sieht[27]. Beurteilt er die Lage von seinem Standpunkt aus unrichtig, ohne daß ihm dabei aber Fahrlässigkeit vorzuwerfen wäre, und gebraucht er deshalb ein Mittel, das objektiv zur Abwehr des Angriffs nicht erforderlich war, so ist sein Handeln nicht mehr durch Notwehr gerechtfertigt (s. im einzelnen unten Rn. 29). 23

3. Rechtsfolgen der Notwehr

a) Notwehr als Rechtfertigungsgrund

Die Notwehr ist ein Rechtfertigungsgrund. Eine im Rahmen zulässiger Notwehr vorgenommene **Verteidigungshandlung** ist **nicht rechtswidrig.** Sie ist es auch dann nicht, wenn dadurch das Recht oder ein geschütztes Rechtsgut des Angreifers 24

---

wissen, was er tut, andere mit einem Messer bedroht, Notwehr nicht zulässig. Gegen jede derartige Beschränkung des Notwehrrechts dagegen *E. Wolf,* AT, S. 614ff. Dies geht zu weit.

[26] Über diesen Grundsatz vgl. *Münzberg,* aaO, S. 364ff.

[27] Das gilt nicht nur zu Ungunsten des Angegriffenen, sondern auch zu seinen Gunsten; vgl. die lehrreiche Entscheidung *RGZ* 84, 306. Nach *Bockelmann,* aaO S. 94 ist die Sachlage zugrunde zu legen, „die für den Angegriffenen im Augenblick des Angriffs gegeben und erkennbar war". Das wäre eine nicht unerhebliche Erweiterung der Notwehrlage zugunsten des Angegriffenen, widerspricht aber dem insofern eindeutigen Gesetzeswortlaut und der ganz herrsch. Meinung.

verletzt wird. Eine Schadensersatzpflicht gemäß §§ 823ff. entfällt daher, soweit die Verletzung durch die Notwehr gedeckt ist, schon wegen fehlender Rechtswidrigkeit.

25 Die Rechtfertigungswirkung der Notwehr entfällt, wenn der Angegriffene den Angriff absichtlich herbeigeführt hat, um den Angreifer verletzen zu können (sog. **Absichtsprovokation).** Hat der Angegriffene den Angriff verschuldet, jedoch ohne Absicht gehandelt, so entfällt die Rechtfertigungswirkung nicht. Das Notwehrrecht ist aber nach § 242 in der Weise eingeschränkt, daß der Angegriffene sich auf die unbedingt notwendige Verteidigung beschränken und dem Angriff möglichst ausweichen muß[28].

26 Auch eine erforderliche Verteidigung kann aber immer nur gegenüber dem Angreifer rechtmäßig sein. Wird durch die Notwehrhandlung ein **Dritter** in seinen Rechtsgütern **verletzt,** so ist die Handlung ihm gegenüber **rechtswidrig.** Ob sie auch schuldhaft war und den Handelnden daher zum Schadensersatz verpflichtet, hängt wieder davon ab, ob er die in dieser Situation von ihm zu verlangende Sorgfalt und Umsicht hat walten lassen oder nicht. Ein Gastwirt, der mit einem Angriff gegen seine Person rechnen muß, bei dem er sich nur durch den Gebrauch einer Schußwaffe wehren kann, ist seinen Gästen gegenüber verpflichtet, den Eintritt dieser Lage durch sein Fernbleiben zu vermeiden, um sie nicht der Gefährdung auszusetzen[29].

b) Keine Gegennotwehr

27 Da die durch Notwehr gedeckte Verteidigungsmaßnahme rechtmäßig ist, darf sich der Angreifer, gegen den sie sich richtet, ihrer nicht seinerseits erwehren. Gegen Notwehr gibt es keine Gegennotwehr.

4. Notwehrexzeß und Putativnotwehr

28 Wenn der Angegriffene oder der Nothelfer die **Grenzen der Notwehr überschreitet** (Notwehrexzeß), sei es, daß er den in Wahrheit schon beendeten Angriff für noch fortdauernd, oder ein in Wahrheit nicht erforderliches Verteidigungsmittel für erforderlich hält, dann handelt er zwar widerrechtlich, so daß Notwehr gegen ihn zulässig ist, braucht aber, wenn es am Verschulden fehlt, keinen Schadensersatz zu leisten.

29 Widerrechtlich handelt auch, wer sich gegen eine **vermeintliche Notwehrlage** verteidigt, weil er sich zu Unrecht angegriffen glaubt, also irrtümlich eine notwehrbegründende Lage annimmt („Putativnotwehr“)[30]. Seine vermeintliche Verteidigung stellt dann in Wahrheit einen rechtswidrigen Angriff dar, wogegen Notwehr zulässig ist. Ob er Schadensersatz leisten muß, hängt davon ab, ob seine Annahme angegriffen zu sein, nach den Umständen auf Verschulden, insbesondere auf Fahrlässigkeit beruht oder nicht[31].

II. Notstand

30 Eingriffe in fremdes Eigentum – nicht aber in andere Rechtsgüter, vor allem nicht in das Leben, den Körper und die Gesundheit eines Menschen – werden vom BGB dann erlaubt, wenn sie in einer Notstandssituation zur Abwehr einer Gefahr vorge-

[28] S. *BGH* NJW 1975, 1423; Palandt/*Heinrichs,* § 227 Rn. 9.
[29] S. das Beispiel in *BGH* NJW 1978, 2028.
[30] Zu den Anforderungen an die Entschuldbarkeit eines Irrtums s. *BGH* NJW 1987, 2509.
[31] Lehrreich *RGZ* 88, 118.

nommen werden, die einem anderen an seinen Rechtsgütern (gleich welchen) droht, und wenn bestimmte weitere Voraussetzungen vorliegen. Notstand ist ein **Zustand drohender Gefahr** für die Person oder die Rechtsgüter eines Menschen, ohne daß ein Angriff eines Menschen vorliegt wie bei der Notwehr. Der Eingriff ist in diesen Fällen als eine Maßnahme zulässigen Selbstschutzes oder zulässiger Hilfe für den Bedrohten nicht rechtswidrig. Im Gegensatz zur Notwehr, bei der es, als Verteidigung gegen eine menschliche Handlung, um die Abwehr des Unrechts geht, beruht hier die Wertung des Gesetzes auf dem Prinzip des überwiegenden Interesses. Das geringerwertige Gut – unter den weiteren Voraussetzungen des § 228 auch ein gleichwertiges – muß zurückstehen. Im näheren unterscheidet das Gesetz zwei Fälle, nämlich einmal den Verteidigungsnotstand (§ 228, „Sachwehr"), und zum anderen den aggressiven Notstand (§ 904).

1. Verteidigungsnotstand (§ 228)

Im Fall des § 228 geht die **Gefahr** gerade **von der fremden Sache aus,** auf die zum Zwecke der Abwehr defensiv, zum Zwecke der Verteidigung gegen die von ihr ausgehende Gefahr eingewirkt wird, die Sache also gewissermaßen als Angreifer erscheint. 31

Beispiele hierfür sind, außer dem Angriff eines Tieres, der morsche Baum, der auf die Glasbeete des Nachbarn oder auf einen Kinderspielplatz zu stürzen droht, oder der abgestellte Wagen, der sich infolge ungenügender Wirkung der Bremsen selbständig gemacht hat und die abfallende Straße hinunterrollt. 32

a) Voraussetzungen

Die Abwehrhandlung muß wie bei der Notwehr mit einem Verteidigungswillen (s. oben Rn. 14) vorgenommen werden. Ferner muß die Einwirkung auf die Sache zur Abwendung der Gefahr erforderlich sein (vgl. oben Rn. 15ff.) und der durch sie dem Eigentümer zugefügte Schaden darf „nicht außer Verhältnis zur Gefahr" stehen (vgl. oben Rn. 19f.). Die Einwirkung ist also nicht erlaubt, wenn der Schaden, der abgewendet werden soll, im Verhältnis zu dem dem Eigentümer entstehenden Schaden gering ist. Man darf den wertvollen Hund des Nachbarn nicht töten, um zu verhindern, daß er geringen Schaden im Garten anrichtet, wohl aber, wenn er einen Menschen oder auch gleichwertige Sachen[32] angreift und nicht anders abgewehrt werden kann. Besteht die Möglichkeit zur Flucht, ist die Notstandshandlung nicht erforderlich[33]. 33

b) Rechtsfolge

Da die Einwirkung unter den angegebenen Voraussetzungen **rechtmäßig** ist, darf sie der Eigentümer nicht hindern. Der Handelnde ist ihm aber zum Schadensersatz verpflichtet, wenn er die Gefahr verschuldet, z. B. das Tier gereizt oder selbst die Bremsen des abgestellten Wagens gelöst hatte (§ 228 Satz 2). 34

2. Angriffsnotstand (§ 904)

a) Voraussetzungen

Unter den Voraussetzungen des Angriffsnotstands oder aggressiven Notstands darf auf eine **fremde Sache** angriffsweise eingewirkt werden, **ohne** daß eine **Gefahr von** 35

---

[32] Vgl. auch *OLG Hamm* NJW-RR 1995, 279.
[33] Soergel/*Fahse,* § 228 Rn. 17; Erman/*Hefermehl,* § 228 Rn. 6.

dieser selbst ausgeht. Der zur Abwendung einer von anderen Personen oder Sachen drohenden gegenwärtigen Gefahr vorgenommene Eingriff und die zu diesem Zweck notwendigen Einwirkungen sind rechtmäßig, ohne daß der Eingreifende subjektiv im Bewußtsein des Angriffsnotstands gehandelt haben muß. § 904 gilt deshalb auch für reflexartige Abwehrhandlungen[34]. Erforderlich ist aber, daß „der **drohende Schaden** gegenüber dem aus der Einwirkung dem Eigentümer entstehenden Schaden **unverhältnismäßig groß** ist" (§ 904 Satz 1). Da in § 904 nicht die gefahrbringende Sache beschädigt wird, sondern eine andere, sind an die Verhältnismäßigkeit höhere Anforderungen als bei § 228 zu stellen.

36 **Beispiel:** Man darf bei Hochwasser, um einen drohenden Dammbruch zu verhüten, der unermeßlichen Flurschaden anrichten würde, Steine, Bretter und sonstige Baumaterialien, die in der Nähe lagern, zur Befestigung des Dammes verwenden, man darf aber nicht, um seine eigene Wiese vor Überflutung zu bewahren, das Wasser durch einen Dammdurchstich auf die nicht unverhältnismäßig geringerwertige Wiese eines anderen ablenken.

b) Rechtsfolgen

37 Der Eigentümer, der die Aufopferung seines Gutes oder doch seine Beeinträchtigung im Interesse des höherwertigen Gutes eines anderen dulden muß, kann, obgleich die Einwirkung rechtmäßig ist, **Ersatz des** ihm daraus entstandenen **Schadens** verlangen (§ 904 Satz 2). Der Schadensersatzanspruch findet seine Grundlage nicht etwa in einer unerlaubten Handlung des Handelnden, sondern in dem Gedanken, daß derjenige, der im überwiegenden Interesse eines anderen etwas von seinen Gütern aufopfern muß, dafür entschädigt werden soll. Es handelt sich um einen Ausgleich der beteiligten Interessen durch einen **Aufopferungsanspruch.** Das ist von Bedeutung für die im Gesetz offen gebliebene Frage nach der Person des Ersatzverpflichteten. Richtiger Ansicht nach ist dies sowohl der Handelnde als auch der Begünstigte, zu dessen Gunsten der Eigentümer die Einwirkung zu dulden hat[35].

38 Mit Rücksicht auf die im § 904 Satz 2 angeordnete Ersatzpflicht ist es praktisch von erheblicher Bedeutung, ob die abzuwendende Gefahr gerade durch die Sache droht, auf die eingewirkt wurde, ob also ein Verteidigungsnotstand gemäß § 228 vorliegt, oder nicht. Denn im Falle des Verteidigungsnotstandes besteht eine solche Ersatzpflicht nicht.

39 **Beispiele:** Die Frage ist leicht zu beantworten, wenn die Sache gleichsam aktiv ist, wie das angreifende Tier oder der herabrollende Wagen, oder demnächst aktiv zu werden droht, wie der morsche Baum. Die h. L. rechnet aber auch solche Fälle § 228 zu, in denen die Sache nur das Medium bildet, das die Gefahr weiterleitet, so den Fall, daß ein Haus brennt und die Flammen auf das Nachbarhaus überzugreifen drohen[36]. Der Nachbar darf danach zwar, ohne ersatzpflichtig zu werden, gemäß § 228 das brennende Haus einreißen, um das Übergreifen der Flammen zu verhindern. Steht aber in der Reihe zwischen dem brennenden Haus und dem eigenen Haus ein drittes Haus, das noch nicht Feuer gefangen hat, so soll dieses Haus nur unter der Voraussetzung des § 904 abgerissen werden dürfen, also wenn dessen Wert unverhältnismä-

[34] *Braun,* NJW 1998, 941, 943.

[35] *Pawlowski,* AT, Rn. 859; *M. Wolf,* Sachenrecht Rn. 334. Anders die h. L., die den Handelnden allein haften läßt Palandt/*Bassenge,* § 904 Rn. 5; s. etwa *Horn,* JZ 1960, 350; *Konzen,* aaO S. 108 ff.; JZ 1985, 181; *Kraffert,* AcP 165, 453; MünchKomm/*Säcker,* § 904 Rn. 17 f.

[36] Sehr weitgehend *OGHZ* 4, 99: in unsicherer Zeit könne schon durch das bloße Vorhandensein einer größeren Menge Tabakwaren oder Spirituosen einen Anreiz zu Plünderungen bieten; ebenso *Medicus,* AT, Rn. 166; a. A. richtigerweise für § 904 Palandt/*Heinrichs,* § 228 Rn. 6; MünchKomm/*Grothe,* § 228 Rn. 6.

ßig geringer ist als der des eigenen Hauses. Überdies müßte Schadensersatz geleistet werden[37]. Richtigerweise ist bei der Bemessung des Wertes des dazwischen gelegenen Hauses der Umstand zu berücksichtigen, daß es der Brandgefahr ausgesetzt ist. Oder soll etwa der Nachbar mit dem Einreißen des Hauses so lange warten, bis es Feuer gefangen hat, und es dann vielleicht zu spät ist?

3. Allgemeiner Notstand

Neben dem Angriffsnotstand (§ 228) und dem Verteidigungsnotstand (§ 904) 40 schließt auch der allgemeine **rechtfertigende Notstand im Sinne des § 34 StGB** die Rechtswidrigkeit für die zivilrechtliche Beurteilung aus[38]. Der allgemeine rechtfertigende Notstand erlaubt auch **Eingriffe in andere Rechtsgüter** als das Sacheigentum. Er setzt voraus, daß bei Abwägung der widerstreitenden Interessen, namentlich der betroffenen Rechtsgüter und des Grades der ihnen drohenden Gefahr, das geschützte Interesse das beeinträchtigte wesentlich überwiegt, daß die Gefahr für das bedrohte Rechtsgut nicht anders abwendbar und die Abwehrhandlung ein angemessenes Mittel ist, die Gefahr abzuwenden. § 904 Satz 2 bleibt unberührt. Wichtig ist vor allem, daß hiernach unter Umständen auch Eingriffe in andere Rechtsgüter als nur in das Eigentum gerechtfertigt sein können. In analoger Anwendung von § 904 Satz 2 steht dem Geschädigten auch hier ein Schadensersatzanspruch zu[39]

Daneben besteht kein Bedürfnis für die Anwendung des von der Rechtsprechung entwik- 41 kelten sogenannten übergesetzlichen Notstandes. Er wurde früher dann angenommen, wenn ein höherwertiges Rechtsgut, meist das Leben eines Menschen, nur dadurch gerettet werden konnte, daß ein geringerwertiges Gut aufgeopfert wird, und wenn die Aufopferung des geringerwertigen Gutes das einzige Mittel zur Rettung des höherwertigen ist. Diese Fälle werden schon durch § 34 StGB erfaßt, so daß daneben für einen übergesetzlichen Notstand kein Raum mehr ist[40].

III. Selbsthilfe

1. Voraussetzungen erlaubter Selbsthilfe

Notwehr und Notstand rechtfertigen nur ein Vorgehen, das der Abwehr eines An- 42 griffs oder doch der Abwehr einer unmittelbar bevorstehenden Gefahr dient. Sie rechtfertigen nicht ein angriffsweises Vorgehen gegen einen anderen zur Durchsetzung eines Anspruchs, auch wenn es sich hierbei um ein berechtigtes Verlangen handelt. Hierfür hat man sich grundsätzlich der Hilfe des Gerichts und der Vollstreckungsorgane zu bedienen. Die generelle Zulassung der Selbsthilfe würde zur Aufhebung aller Rechtssicherheit, zu einer schweren Gefährdung der öffentlichen Ordnung, des Rechtsfriedens, und letztlich dazu führen, daß Macht vor Recht ginge. Immer wieder haben sich daher in der Geschichte Staaten oder einzelne Herrscher, die sich die Herstellung oder die Aufrechterhaltung des inneren Friedens und rechtlich geordneter Zustände zur Aufgabe setzten, darum bemüht, Erscheinungen wie die Fehde, die Blutrache und das heimliche Gericht zu unterdrücken und denjenigen, der sich in sei-

---

[37] Vgl. *v. Tuhr,* AT III, § 95 III.
[38] Allg. Meinung, vgl. Palandt/*Heinrichs,* § 228 Rn. 2.
[39] MünchKomm/*Grothe,* § 228 Rn. 2; Bamberger/Roth/*Fritzsche,* § 904 Rn. 23.
[40] So auch MünchKomm/*Grothe,* § 228 Rn. 2; Staudinger/*Werner,* § 228 Rn. 3; *Medicus,* AT, Rn. 164.

nen Rechten verletzt glaubt, an ihre Gerichte zu verweisen. In einem rechtlich geordneten Gemeinwesen, das seinen Bürgern ausreichenden Rechtsschutz zur Verfügung stellt, kann dem einzelnen die eigenmächtige Durchsetzung seiner Ansprüche, auch wenn diese bestehen, nur ausnahmsweise unter besonderen eng begrenzten Voraussetzungen und in einem eng begrenzten Ausmaß gestattet sein. Das BGB regelt diese Voraussetzungen und die bei ihrem Vorliegen gestatteten Maßnahmen in § 229.

a) Verwirklichung eines Anspruchs

43 Die Selbsthilfe dient nur der Verwirklichung, d.h. der **Durchsetzung eines eigenen Anspruchs.** Selbsthilfe zur Durchsetzung eines fremden Anspruchs ist grundsätzlich nicht zulässig[41]. Für den Anspruchsinhaber darf aber ein Vertreter oder ein Beauftragter tätig werden. Auch die Genehmigung von Handlungen eines Geschäftsführers ohne Auftrag ist zuzulassen[42]. Für andere Rechte als Ansprüche ist eine Selbsthilfe nicht vorgesehen, weil der Rechtsinhaber sie schon nach ihrem Rechtsinhalt ohne Mitwirkung eines anderen selbst durchsetzen kann, wie z.B. Gestaltungsrechte oder die Nutzung des Eigentums.

44 Nicht notwendig ist, daß der Anspruch bereits fällig ist; selbst ein künftiger oder ein bedingter Anspruch genügt, wenn die Voraussetzungen des § 916 Abs. 2 ZPO vorliegen. Das Selbsthilferecht entfällt, wenn dem Verpflichteten eine dauernde Einrede zur Seite steht und er sie geltend macht, da dann auch eine gerichtliche Durchsetzung ausgeschlossen ist[43].

b) Anspruchsgefährdung

45 Weitere Voraussetzung ist eine Gefährdung der Anspruchsdurchsetzung. Es muß ohne sofortiges Eingreifen die Gefahr bestehen, daß die Verwirklichung des Anspruchs **vereitelt oder wesentlich erschwert** wird. Eine solche Gefährdung liegt vor, wenn **obrigkeitliche Hilfe nicht rechtzeitig zu erlangen** ist, etwa um die Personalien des Schädigers durch einen Polizeibeamten festzustellen oder um eine einstweilige gerichtliche Verfügung zu erwirken, durch die dem Schuldner verboten wird, die geschuldete Sache zu veräußern oder in das Ausland zu verbringen.

c) Selbsthilfewille

46 Der zum Zwecke der Selbsthilfe Handelnde muß mit dem **Bewußtsein zur Selbsthilfe** tätig werden[44]. Auf diese Weise soll nur überlegtes Handeln privilegiert und unbedachte und willkürliche Eingriffe in fremde Rechtssphäre möglichst vermieden werden.

2. Rechtsfolgen erlaubter Selbsthilfe

a) Einwirkung auf Sachen

47 Als Einwirkung auf Sachen wird dem Berechtigten erlaubt, eine Sache **wegzunehmen,** zu **zerstören** oder zu **beschädigen.** Er darf sie wegnehmen, um den Ver-

[41] Soergel/*Fahse,* § 229 Rn. 9; MünchKomm/*Grothe,* § 229 Rn. 2; Palandt/*Heinrichs,* § 229 Rn. 3; *Jauernig,* §§ 229–231 Rn. 5; a.A. *Schünemann,* Selbsthilfe, 1985, S. 57ff.

[42] MünchKomm/*Grothe,* § 229 Rn. 2; Soergel/*Fahse,* § 229 Rn. 9; a.A. Palandt/*Heinrichs,* § 229 Rn. 3; Staudinger/*Werner,* § 229 Rn. 7.

[43] So auch Staudinger/*Werner,* § 229 Rn. 6.

[44] *Schünemann,* Selbsthilfe im Rechtssystem, 1985, S. 31ff.; a.A. *Braun,* NJW 1998, 941, 943.

pflichteten daran zu hindern, sie an einen unbekannten Ort oder an einen Ort außerhalb der Reichweite der deutschen Gerichte und Vollstreckungsbehörden zu verbringen, oder um ihn zu hindern, sich der Feststellung seiner Personalien durch die Flucht zu entziehen (z.B. Wegnahme des Fahrrades, des Autoschlüssels). Zu dem gleichen Zweck darf er die Sache beschädigen (z.B. Reifen zerschneiden) oder sogar, wenn es nicht anders geht, zerstören. Die Wegnahme- oder Schädigungshandlung ist, wenn sie erforderlich ist, nicht rechtswidrig. Es liegt auch keine verbotene Eigenmacht im Sinne von § 858 vor.

b) Einwirkung auf Personen

Als Einwirkung auf Personen darf der Berechtigte einen Verpflichteten, der der Flucht verdächtig ist, **festnehmen** und seinen **Widerstand** gegen eine Handlung, die er zu dulden verpflichtet ist, **mit Gewalt beseitigen.** Eine dabei dem Verpflichteten zugefügte geringfügige Körperverletzung ist, wenn sie sich nicht vermeiden ließ, rechtmäßig, nicht aber eine schwere Körperverletzung oder gar Tötung[45], weil auch bei der Selbsthilfe der Grundsatz der Verhältnismäßigkeit zu beachten ist (s. sogleich Rn. 51). **48**

3. Grenzen der Selbsthilfe

§ 230 sieht auch bei einer grundsätzlich erlaubten Selbsthilfe mehrere Grenzen bei den zu ergreifenden Maßnahmen vor. Daneben ist wie bei der Notwehr auch der allgemeine Grundsatz der Verhältnismäßigkeit (s. oben Rn. 15ff.) maßgebend, auch soweit er in § 230 nicht ausdrücklich angesprochen ist. Deshalb gilt insbesondere auch das Übermaßverbot (s. oben Rn. 19ff.). Für geringwertige Ansprüche dürfen deshalb nicht offensichtlich höherwertige Rechtsgüter verletzt werden und es hat eine Gesamtabwägung stattzufinden. § 230 sieht einzelne Sicherungen ausdrücklich vor. **49**

a) Erforderlichkeit (§ 230 Abs. 1)

Die Selbsthilfe darf nicht weiter gehen, als zur Abwendung der Gefahr erforderlich ist (Abs. 1). Darin enthalten ist auch der **Grundsatz des mildesten Mittels** (vgl. oben Rn. 17). Unter mehreren möglichen und erfolgversprechenden Maßnahmen ist also nur diejenige erlaubt, die den Verpflichteten am wenigsten schädigt. Wenn der Zweck der Anspruchssicherung erreicht ist, z.B. sich der Verpflichtete über seine Person ausgewiesen oder ein ausreichendes Pfand gegeben hat, dürfen keine weiteren Maßnahmen gegen ihn ergriffen werden. **50**

b) Unverzügliche Nachholung prozessualer Maßnahmen

Im Falle der Wegnahme von Sachen (Abs. 2) ist ohne Verzögerung (Abs. 4) entweder die **Zwangsvollstreckung** zu erwirken, wenn der Berechtigte bereits einen Vollstreckungstitel hat, oder es ist als eine gerichtliche Sicherungsmaßnahme der **dingliche Arrest** zu beantragen (vgl. die §§ 916, 917, 928ff. ZPO). **51**

Wird der Arrestantrag verzögert oder vom Gericht abgelehnt, so hat der Berechtigte die weggenommenen Sachen unverzüglich zurückzugeben (Abs. 4). Die weitere Zurückhaltung **52**

---

[45] MünchKomm/*Grothe,* § 229 Rn. 8; nach Erman/*Hefermehl,* § 229 Rn. 8 soll dagegen nur die Gewaltanwendung als solche, nicht eine dabei zugefügte Körperverletzung rechtmäßig sein. Wäre das richtig, so wären die Rechte zur Festnahme und zur Beseitigung eines Widerstandes der Verpflichteten praktisch ziemlich wertlos.

wäre rechtswidrig. Etwas anderes muß jedoch gelten, wenn der Berechtigte gerade nur diejenigen Sachen weggenommen hat, auf deren Herausgabe sein Anspruch gerichtet ist, und wenn damit sein Anspruch befriedigt und der seinem Recht entsprechende Zustand hergestellt ist. Die Rückgabe der Sache würde den Berechtigten erneut der Gefahr der Vereitelung oder der wesentlichen Erschwerung einer Verwirklichung seines Anspruchs aussetzen. In diesem Fall muß daher, obgleich das Gesetz darüber schweigt, der Berechtigte die Sache behalten und es dem Gegner überlassen dürfen, gerichtliche Schritte zu ergreifen[46].

53 Im Falle der Festnahme des Verpflichteten ist ohne Verzögerung (Abs. 4) der **persönliche Sicherheitsarrest** zu beantragen; der Verpflichtete ist unverzüglich dem Gericht vorzuführen (Abs. 3).

54 Bei Verzögerung oder Ablehnung des Arrestantrags muß der Festgenommene unverzüglich freigelassen werden. Ein weiteres Festhalten ist rechtswidrig und rechtfertigt Notwehr des Festgenommenen.

4. Erweitertes Selbsthilferecht

55 Ein erweitertes Selbsthilferecht gibt das Gesetz unter bestimmten Umständen dem Vermieter (§ 562b Abs. 1), dem Verpächter (§ 581 Abs. 2) und dem Gastwirt (§ 704) hinsichtlich solcher Gegenstände, die seinem Pfandrecht unterliegen. Auch dem Besitzer einer Sache steht ein solches Selbsthilferecht zu, wenn ihm der Besitz durch verbotene Eigenmacht entzogen wird (§ 859 Abs. 2 bis 4).

5. Risikohaftung bei entschuldbarem Irrtum

56 Wer eine der nach § 229 zugelassenen Selbsthilfehandlungen in der irrigen Meinung vornimmt, die für die Rechtmäßigkeit seiner Handlung nach den §§ 229, 230 geforderten Voraussetzungen lägen vor, ist zum **Schadensersatz** verpflichtet, auch wenn sein Irrtum nicht auf Fahrlässigkeit beruht, also unverschuldet ist (§ 231). Ihn trifft dann zwar kein Schuldvorwurf, aber wegen der grundsätzlichen Bedenken gegen die Selbsthilfe bürdet ihm das Gesetz das Risiko auf, daß die Voraussetzungen erlaubter Selbsthilfe wirklich vorliegen. Auch Verschuldensfähigkeit ist nicht erforderlich[47]. Es handelt sich weder um einen Anspruch aus unerlaubter Handlung, da ein Verschulden nicht vorausgesetzt ist, noch aus Gefährdungshaftung[48]. Im Gegensatz zu den Fällen der Gefährdungshaftung liegt immerhin ein objektiv rechtswidriges Handeln vor, dagegen fehlt es an einer für diese charakteristischen spezifischen Sach- und Betriebsgefahr. Daher besteht hier eine **gesetzliche Risikozurechnung**[49].

---

[46] So auch Erman/*Hefermehl,* § 230 Rn. 3; anders aber Staudinger/*Werner,* § 230 Rn. 4; Palandt/*Heinrichs,* § 230 Rn. 3 außer bei Besitzkehr § 859 Abs. 2 und 3.

[47] MünchKomm/*Grothe,* § 231 Rn. 2; Erman/*Hefermehl,* § 231 Rn. 2; anders *Enneccerus/Nipperdey,* AT, § 242 Anm. 17.

[48] Dafür aber Palandt/*Heinrichs,* § 231 Rn. 1; MünchKomm/*Grothe,* § 231 Rn. 2.

[49] Vgl. *Larenz,* JuS 1965, 373, 375; *Deutsch,* Haftungsrecht Bd. I S. 221; Staudinger/*Werner,* § 231 Rn. 3; *BGH* NJW 1977, 1818.

3. Kapitel
Die Rechtsgegenstände und das Vermögen

§ 20. Rechtsgegenstände

Inhaltsübersicht

Literatur: *Brecher,* Das Unternehmen als Rechtsgegenstand, 1953; *P. Bydlinski,* Der Sachbegriff im elektronischen Zeitalter: zeitlos oder anpassungsbedürftig? AcP 198 (1998), 287; *Giesen,* Scheinbestandteil – Beginn und Ende, AcP 202 (2002), 689; *Husserl,* Der Rechtsgegenstand, 1933; *Kirsten,* Der Bestandteilsbegriff des § 93 BGB unter Berücksichtigung der technischen Normung, 1933; *Michaelis,* Voraussetzungen und Auswirkungen der Bestandteilseigenschaft, FS Nipperdey, 1965, I, S. 553; *Oertmann,* Zum Rechtsproblem der Sachgesamtheit, AcP 136, 88; *Siebert,* Zubehör des Unternehmens und Zubehör des Grundstücks, FS Gieseke, 1958, S. 59; *Sohm,* Der Gegenstand, 1905; *ders.,* ArchBürgR 28, 173; *ders.,* JherJb 53, 373.

I. Rechtsgegenstände im allgemeinen

1. Rechtsobjekte und Verfügungsobjekte

1 Der Begriff des Rechtsgegenstandes ist wie die Begriffe der Person, des Rechtssubjekts und des subjektiven Rechts ein **Grundbegriff des Privatrechts.** Der Begriff des Rechtsgegenstandes wird in einem zweifachen Sinne gebraucht. Es ist zu unterscheiden zwischen den Gegenständen eines Herrschafts- oder Nutzungsrechts, d. h. den **Rechtsobjekten** als Objekt von Rechten (s. unten Rn. 10–93) und den **Verfügungsobjekten** als den Gegenständen, über die ein Rechtssubjekt durch Rechtsgeschäft verfügen kann. Verfügungsobjekte sind alle Rechte und Rechtsverhältnisse[1], über die man verfügen kann, so z. B. dingliche Rechte, Forderungen, die abgetreten werden können, oder Vertragsverhältnisse, die ebenfalls auf andere übertragbar sind (s. unten Rn. 94 ff.).

2 Wo das BGB den Ausdruck „Gegenstand" gebraucht, da geschieht dies meist im Zusammenhang mit einer rechtsgeschäftlichen Verfügung oder mit Verfügungsmacht, daher im Sinne des Rechtsgegenstandes als Verfügungsgegenstand (vgl. §§ 135 Abs. 1, 161 Abs. 1, 185 Abs. 1, 719, 747 Satz 2, 816 Abs. 1, 1419 Abs. 1, 2040 Abs. 1, 2205 Satz 2). Dagegen versteht das Gesetz in §§ 90, 1068 Abs. 1, 1273 Abs. 1 unter Gegenständen Objekte eines Herrschaftsrechts. Es entspricht deshalb nicht dem Sprachgebrauch des BGB, den Begriff des Gegenstands auf den Begriff des Rechtsobjekts zu verengen[2].

3 In einem anderen Sinne ist vom **Leistungsgegenstand** als dem **Gegenstand einer geschuldeten Leistung die Rede (s. etwa § 453 Abs. 1).** Damit ist gemeint, was der Schuldner durch seine Leistung dem Gläubiger verschaffen soll, z. B. den Besitz einer Sache, das Eigentum oder ein sonstiges Recht, eine Geldsumme oder irgendeine durch ihn zu bewirkende Handlung oder einen Erfolg. Nicht alles, was in diesem weiten Sinne Gegenstand einer Leistung zu sein vermag, ist darum schon ein Rechtsgegenstand in dem angegebenen Sinn. Wenn ferner das BGB in § 32 Abs. 1 (s. auch § 124 Abs. 1 AktG; §§ 50 Abs. 2, 51 Abs. 4 GmbHG) von dem Gegenstand einer Beschlußfassung spricht, so ist damit nichts weiter als die zu entscheidende Angelegenheit gemeint. Derartige Bedeutungen des Wortes Gegenstand scheiden hier aus. Rechtsgegenstände in dem hier interessierenden Sinn sind allein Objekte von Herrschaftsrechten und Verfügungsgegenstände. Die möglichen Verfügungsobjekte sind mit den Rechtsverhältnissen (s. oben § 13) und den subjektiven Rechten (s. oben §§ 14, 15) bereits beschrieben. Deshalb kann sich die folgende Darstellung auf die Rechtsobjekte konzentrieren.

2. Mögliche Rechtsobjekte

a) Körperliche und unkörperliche Gegenstände

4 Mögliche Rechtsobjekte sind **Sachen** im Sinne von körperlichen Gegenständen gemäß § 90 und solche **unkörperlichen Gegenstände,** wie z. B. Geisteswerke, Erfindungen, Namen oder Marken[3], an denen ein Dritten gegenüber wirksames Herrschafts- oder Nutzungsrecht möglich ist. Sie sind **Gegenstand absoluter Herrschaftsrechte** (s. oben § 15 Rn. 2 ff.).

5 **Beispiele:** Die Sache, die in jemandes Eigentum steht, ist ein Rechtsobjekt, das an der Sache bestehende Eigentum ist dagegen Verfügungsgegenstand. Das wird mitunter dadurch verdunkelt, daß man von einer Verfügung über die Sache spricht, wo man streng genommen von ei-

---

[1] Vgl. auch *Köhler,* AT, § 22 Rn. 4. Zum Begriff der Verfügung unten § 23 Rn. 36.

[2] So aber *Enneccerus/Nipperdey,* AT, § 121 I; *Pawlowski,* AT, Rn. 279; *E. Wolf,* AT, S. 164; etwas anders *Hübner,* AT, Rn. 285.

[3] Vgl. *Pawlowski,* AT, Rn. 281; zu den unkörperlichen Gegenständen im einzelnen s. unten § 20 Rn. 75 ff.

ner Verfügung über das Eigentum an ihr sprechen müßte. Man sollte sich durch den oft ungenauen Sprachgebrauch nicht täuschen lassen: verfügt wird über das Eigentumsrecht[4].

Als Herrschaftsrechte an unkörperlichen Gegenständen sind insbesondere die Immaterialgüterrechte zu nennen (s. oben § 15 Rn. 8ff.). Als unkörperliche Gegenstände absoluter Herrschaftsrechte und damit als Rechtsobjekte kommen, soweit es den Nießbrauch (§ 1068 Abs. 1) und das Pfandrecht (§ 1273 Abs. 1) betrifft, auch alle übertragbaren Vermögensrechte, z.B. auch Forderungsrechte in Betracht (s. § 1070, §§ 1275, 1279ff.). 6

b) Person kein Rechtsobjekt

Die Person als Mensch ist Inhaber der Herrschaftsrechte und steht den Gegenständen gegenüber. Die **Person als Mensch ist dagegen kein Rechts- und Herrschaftsobjekt**[5]. Mit der Würde des Menschen ist es nicht vereinbar, an der Person als solcher ein Herrschaftsrecht zu begründen. Die Person ist von der Natur vorgegeben. Sie existiert unabhängig von der Rechtsordnung, nicht aber weil ihr die Rechtsordnung die Rechtsmacht über sich verliehen hätte und damit auch in ihrem Inhalt bestimmen und wieder entziehen könnte[6]. Möglicher Gegenstand eines Herrschaftsrechts ist daher weder die eigene Person, noch die fremde Person[7]. Zwar hat die menschliche Person in ihrem Dasein eine geistig-seelische und räumlich-leibliche Existenz, die durch andere verletzbar ist und deshalb auch des Schutzes bedarf. Die Rechtsordnung muß der Person deshalb **Schutz gewähren.** Auch können einzelne von der Person losgelöste und verselbständigte Inhalte der Persönlichkeit Objekt des Persönlichkeitsrechts als Herrschaftsrecht sein (s. unten Rn. 87). Aber der Körper und die einzelnen Körperteile des lebenden Menschen sind dennoch keine Rechtsobjekte und keine Sachen im Rechtssinne. Niemand kann daher einem anderen ein Herrschaftsrecht über seinen Körper einräumen, auch wenn er ihm bestimmte Eingriffe gestatten und die Widerrechtlichkeit eines solchen Eingriffs dadurch ausschließen kann. 7

Beispiele: Der Erwerb von Organen lebender Personen, etwa einer Niere, wird von der Rechtsordnung wegen Verstoßes gegen Grundrechte und gegen ethische Grundwerte nicht als rechtsgültiges Geschäft anerkannt, sondern nach § 138 als nichtig angesehen[8]. Auch der Samen, der vor einer zur Zeugungsunfähigkeit führenden Operation in einer Samenbank hinterlegt wird, ist keine Sache. Er bleibt wie Organe oder Blut, die zur Rückführung in den Körper oder zur eigenbestimmten Verwendung vorgesehen sind, Bestandteil der Person und ihrer körperlichen Unversehrtheit. Ihre Zerstörung ist deshalb eine Körperverletzung[9]. Das 8

---

[4] So schon *v. Tuhr,* AT, I 1, S. 319. Vgl. auch *Medicus,* AT, Rn. 208; Palandt/*Heinrichs,* § 185 Rn. 2.

[5] So richtig *Brecher,* Das Unternehmen als Rechtsgegenstand, S. 23. *E. Wolf,* bemerkt zutreffend (AT, S. 169), ein Mensch könne kein Rechtsgegenstand sein, „weil er an einem rechtlichen Verhältnis nur entsprechend seiner Eigenschaft als Person ... nicht als bloßer Gegenstand von Entscheidungen anderer, beteiligt sein kann“. Vgl. auch *Hübner,* AT, Rn. 285: „Die Einbeziehung der Person in den Bereich subjektiver Herrschaftsmacht ist mit der Menschenwürde nicht vereinbar“; ähnlich *Köhler,* AT, § 22 Rn. 5.

[6] So auch *Enneccerus/Nipperdey,* AT, § 121 II 1; *Medicus,* AT, Rn. 1176; Staudinger/*Dilcher,* § 90 Rn. 14.

[7] Anders jedoch die früher h.L., z.B. *Enneccerus/Nipperdey,* AT, § 221 I.

[8] S. dazu auch *BGHZ* 101, 217; ferner unten § 40 Rn. 17.

[9] S. *BGH* NJW 1994, 127 zur Vernichtung des in einer Samenbank hinterlegten Samens; s. auch *Taupitz,* NJW 1995, 745; krit. Soergel/*Marly,* BGB, § 90 Rn. 8 (Verletzung des Persönlichkeitsrechts).

Recht auf körperliche Unversehrtheit ist ein Bestandteil des Personenschutzes und des Persönlichkeitsrechts (s. oben § 8 Rn. 5f.), nicht ein Sachenrecht am eigenen Körper. Es ist daher auch nicht übertragbar. Das Persönlichkeitsrecht ist seinem Kern nach ein Recht auf Achtung, auf Nichtverletzung der Person in dem, was ihr als solcher zukommt (s. oben § 8 Rn. 1ff., 23ff.). Es ist damit kein Herrschaftsgegenstand, aber ein von der Rechtsordnung anerkanntes Schutzobjekt.

9 Auch der **menschliche Leichnam** ist nicht als eine Sache im Rechtssinne anzusehen[10]. Bei der Bestattung des Leichnams ist im Rahmen des gesetzlich Zulässigen in erster Linie der Wille des Verstorbenen zu beachten. Fehlen solche Bestimmungen, so können traditionsgemäß die nächsten Angehörigen des Verstorbenen die notwendigen Entscheidungen treffen. Der Leichnam ist dennoch nicht den Sachen und Herrschaftsobjekten zuzurechnen, da er immer noch „Rückstand" der menschlichen Person ist. Er gehört deshalb nicht zum Nachlaß des Verstorbenen und ist aus Gründen der Pietät dem allgemeinen Rechtsverkehr entzogen (res extra commercium). Gemäß der Bestimmung des Verstorbenen oder nach seinem Tod der bestimmungsberechtigten Angehörigen können jedoch der Leichnam und einzelne seiner Teile zu Gegenständen des Rechtsverkehrs gemacht werden und damit Sachqualität im Rechtssinne erlangen, z.B. als Skelett oder als mumifiziertes Schaustück oder als Organspende. Zu Lebzeiten **abgetrennte Körperteile,** die nach der Bestimmung der Person nicht mehr in den Körper zurückgeführt werden sollen, wie z.B. abgeschnittene Haare, gespendetes Blut, gezogene Zähne oder gespendete Organe, haben sich endgültig von der Person gelöst und sind daher als Sachen anzuerkennen, an denen ein Eigentumsrecht bestehen kann, wenn sie als Gegenstand des Rechtsverkehrs anerkannt sind. Dazu kann man auch gespendeten Samen oder Eizellen rechnen, sofern ihre Verwendung für andere als eigene Zwecke von der Rechtsordnung gestattet ist[11].

II. Sachen

1. Sachen als körperliche Rechtsobjekte

a) Rechtlich funktionaler Sachbegriff

10 Nach § 90 sind Sachen im Sinne des Gesetzes nur körperliche, d.h **raumfüllende und greifbare Gegenstände.** Gemeint sind ferner nur solche Gegenstände, die **Objekte des Rechtsverkehrs** sein können. Daher ist nicht alles, was den Raum erfüllt und in diesem Sinne materieller Natur ist, auch eine Sache als ein im Sinne der Rechtsordnung frei beherrschbares Rechtsobjekt, so z.B. nicht der menschliche Körper oder Teile hiervon (s. oben Rn. 7f.) und nur eingeschränkt Tiere (s. unten Rn. 16). Sachen im Sinne dieses rechtlich funktionalen Sachbegriffs können grundsätzlich sowohl den Leistungsgegenstand schuldrechtlicher Verpflichtungen als auch das Herrschaftsobjekt absoluter, insbesondere dinglicher Rechte bilden.

11 Manche Sachen sind, obwohl sie körperliche Gegenstände sind, nicht voll verkehrsfähig, weil sie durch **öffentliche Zwecke** überlagert werden. Dazu gehören neben Sachen, die der Religionsausübung dienen (sog. **res sacrae**), wie z.B. Kirchengebäude oder liturgische Gegenstände, auch die **öffentlichen Sachen,** die durch ihre öffentlichrechtliche Widmung den Interessen der Allgemeinheit zu dienen bestimmt sind, wie z.B. die dem Gemeingebrauch dienenden Straßen, öffentliche Gewässer, der Meeresstrand oder die unmittelbar dem Verwaltungszweck gewidmeten Sachen, wie etwa Akten, Archivstücke oder Stempel und Siegel. An diesen Sachen ist zwar Privateigentum möglich. Dieses wird jedoch durch die öffentlichrechtliche Zweckver-

---

[10] S. *Forkel,* JZ 1974, 593; a.A. MünchKomm/*Holch,* § 90 Rn. 30; Soergel/*Marly,* BGB, § 90 Rn. 9f.

[11] S. zu den im einzelnen noch im Fluß befindlichen Abgrenzungsproblemen etwa *Brohm,* JuS 1998, 197; *Damm,* JZ 1998, 926, 933; s. auch *M. Wolf,* Sachenrecht, Rn. 12.

bindung überlagert und muß dem Vorrang der öffentlichrechtlichen Widmung weichen (sog. Theorie des modifizierten Privateigentums)[12]. Deshalb kann z. B. eine Stadt die Herausgabe ihres Stadtsiegels verlangen[13], auch wenn daran auf einer öffentlichen Versteigerung privatrechtlich wirksames Eigentum erworben wurde[14].

Als Sachen kommen nicht etwa nur feste, sondern auch **flüssige und gasförmige Körper** in Betracht, wenn sie in entsprechenden Behältern eingeschlossen und dadurch in abgesonderten Mengen der **Beherrschung zugänglich** sind und damit aufbewahrt, weitergegeben und verbraucht werden können[15]. Zu den speicherbaren und beherrschbaren Gegenständen gehören heute auch **elektronische Daten** auf Datenträgern verschiedenster Art. Sie können deshalb, ohne daß sie den geistigen Schöpfungen zugerechnet werden müssen, in gespeicherter Form als Sachen angesehen werden[16]. Auf die Beherrschbarkeit stellen auch das österreichische, niederländische und schweizerische Recht ab[17]. 12

Beispiele: Sachen sind deshalb Getränke in Fässern, Flaschen oder Dosen, Heizöl, Benzin und Gas in festen oder transportablen Behältnissen ebenso elektrische und elektronische Daten auf Schallplatten, Kassetten, Disketten, CDs und DVDs. Keine Sachen, weil nicht beherrschbar und festhaltbar sind etwa bloße Lichtsignale und -impulse, wenn sie nicht irgendwie aufgezeichnet werden. 13

Ähnlich wie Gase oder elektronische Daten (s. oben Rn. 12f.) haben auch **geistige Ideen und Schöpfungen** als solche keine Sachqualität. Mit ihrer Verbindung und **Verkörperung in** für sie bestimmten **Speicherformen** wie Bücher, Schallplatten, Cassetten oder Disketten werden jedoch auch Ideen und **geistige Schöpfungen** wie Worte der Literatur, Musikstücke, Filmwerke oder Computerprogramme zu Sachen. Es ist jedoch zu berücksichtigen, daß neben das mit der Sache verbundene Eigentum auch der urheberrechtliche Schutz oder auch der gewerbliche Rechtsschutz der in der Sache verkörperten geistigen Schöpfung tritt. Mit dem Erwerb des Sacheigentums ist jedoch grundsätzlich die Befugnis zur Benutzung der darin verkörperten geistigen Schöpfung verbunden, soweit der Urheber oder sonst Schutzberechtigte der Verbindung seines Werks mit dem Sacheigentum und damit auch dessen Verbreitung zugestimmt hat (s. auch § 17 Abs. 2 UrhG). Wegen der damit geschaffenen engen Verbindung von Sacheigentum und der darin verkörperten geistigen Schöpfung und weil die geistige Schöpfung ohne Verkörperung in einer Sache nicht allgemein zugänglich ist, knüpft der Rechtsverkehr vereinfachend an die Sache (Buch, Schallplatte, Diskette) als den wesentlichen Gegenstand an. Elektronischen Daten kann danach aus zweifachen Gründen Sachqualität zukommen, als elektronischen Daten an sich und wegen der in den Daten enthaltenen geistigen Schöpfungen. 14

---

12 *Frotscher,* VerwArch 62 (1971), 153; *Papier,* Recht der öffentlichen Sachen, 3. Aufl. 1998, § 1 II 5; *Hübner,* AT, Rn. 541.

13 S. *VG Köln* NJW 1991, 2584.

14 S. *BGH* NJW 1990, 899.

15 Vgl. auch MünchKomm/*Holch,* § 90 Rn. 7f.; Staudinger/*Dilcher,* § 90 Rn. 1.

16 *BGH* NJW 1988, 406; 1990, 1290; 1993, 2436; *Bydlinski,* AcP 198 (1998), 287, 307f.; *Marly,* Softwareüberlassungsverträge, 3. Aufl. 2000, Rn. 90ff.; Soergel/*Marly,* BGB, § 90 Rn. 3f.; *König,* NJW 1993, 824; *ders.,* NJW 1993, 3121; *Redeker,* NJW 1992, 1729; *Hoeren,* Softwareüberlassung als Sachkauf, 1989, Rn. 71ff.

17 S. *Bydlinski,* AcP 198 (1998), 287, 290.

b) Gegenstände ohne Beherrschbarkeit und Wahrnehmbarkeit

15 **Keine Sachen** sind alle Dinge, die räumlich abgegrenzter **menschlicher Beherrschung nicht allgemein zugänglich** sind, wie z. B. andere Sterne, Meteore, die Lufthülle der Erde, Wolken, das Wasser der Meere und fließender Gewässer[18]. Ferner scheiden auch solche Dinge aus, die **mit den menschlichen Sinnen nicht mehr wahrgenommen** werden können oder bei Berührung zergehen, wie etwa Regentropfen, Schneeflocken, Staubkörner oder Rußflocken. Der Mensch nimmt das Maß der Sachen von sich selbst. Der Mikro- und der Makrokosmos scheiden also aus dem Kreis der Rechtsgegenstände aus. Keine Sachen, weil nach der hierfür maßgeblichen Lebensanschauung keine körperlichen Gegenstände, sind auch **Naturkräfte,** wie nicht gespeicherte Elektrizität, Licht- und Schallwellen oder Strahlen aller Art[19]. Vom Menschen beherrschte Energien können allenfalls unkörperliche Rechtsgegenstände sein.

c) Tiere als Lebewesen

16 **Tiere** sind **keine Sachen** (§ 90 a Satz 1), weil sie als Lebewesen ähnlich wie der Mensch nicht beliebiges Herrschaftsobjekt sein sollen. Für die rechtliche Behandlung von Tieren sind deshalb in erster Linie nicht das Eigentum als absolutes Herrschaftsrecht (§ 903), sondern besondere Schutzgesetze wie insbesondere das Tierschutzgesetz maßgebend (s. § 90 a Satz 2). Das Tier ist aber nicht in derselben Weise wie der Mensch der Selbstbestimmung und Verantwortung in der menschlichen Gemeinschaft fähig. Tiere, die in der menschlichen Gemeinschaft leben, sollen zur Wahrnehmung der Verantwortung und auch des Schutzes für sie jeweils bestimmten Personen, die sich auch um sie kümmern, zugeordnet werden können. Da für diese Zuordnung der Rechtsordnung in erster Linie das Eigentum zur Verfügung steht, sieht § 90 a Satz 3 vor, daß die für Sachen geltenden Vorschriften entsprechend anzuwenden sind und damit auch Eigentum an Tieren möglich ist[20]. Die Vorschriften zum Schutz der Tiere werden dadurch jedoch nicht berührt. Das freie Belieben des Eigentümers im Umgang mit Tieren ist deshalb eingeschränkt.

2. Arten der Sachen

17 Unter den als Sachen im rechtlichen Sinn verbleibenden körperlichen und räumlich beherrschbaren Gegenständen finden sich Sachen der verschiedensten Art.

18 **Beispiele:** Es gibt nicht nur feste, sondern auch flüssige und gasförmige Sachen (s. oben Rn. 12), belebte (Tiere, Pflanzen) und unbelebte, solche, die von Menschenhand geschaffen oder wenigstens umgestaltet worden sind, und solche, die durch natürliche Vorgänge entstanden, von der Natur gebildet sind. Ebenso mannigfaltig wie ihre Form, Gestalt, Größe, chemischen und physikalischen Eigenschaften sind die möglichen Verwendungszwecke der Sachen. Danach kann man z.B. unterschiedliche Rohstoffe, Halb- und Fertigfabrikate, Produktionsmittel und Gebrauchsgüter unterscheiden.

19 Die meisten dieser Unterscheidungen, seien sie nun von der natürlichen Beschaffenheit oder der Zweckbestimmung, der wirtschaftlichen Bedeutung der Sachen her

---

[18] Vgl. MünchKomm/*Holch,* § 90 Rn. 8; Soergel/*Marly,* vor § 90 Rn. 33.

[19] Vgl. MünchKomm/*Holch,* § 90 Rn. 23. Die fehlende Anerkennung der Sacheigenschaft von Elektrizität war auch Anlaß für die Schaffung von § 248 c StGB.

[20] Kritisch *Medicus,* AT, Rn. 1178 a, der von „Begriffskosmetik" spricht; MünchKomm/*Holch,* § 90 a Rn. 11.

genommen, sind für das Privatrecht im allgemeinen ohne Bedeutung. Von allgemeiner rechtlicher Bedeutung sind dagegen folgende Unterscheidungen.

a) Bewegliche und unbewegliche Sachen

Das Gesetz unterscheidet **bewegliche und unbewegliche Sachen.** Beweglich sind Sachen, bei denen eine **Ortsveränderung möglich** ist. Unbeweglich sind dagegen die Sachen, die ihre räumliche Belegenheit nicht verändern können. Das BGB benutzt den Begriff der beweglichen Sache (vgl. § 929). An Stelle von unbeweglichen Sachen oder Immobilien spricht es aber grundsätzlich von **Grundstücken** (vgl. § 873). 20

Grundstücke sind räumlich abgegrenzte Teile der Erdoberfläche, die, soweit sie im Grundbuch verzeichnet sind, durch das Grundbuch (vgl. § 890)[21], soweit das nicht der Fall ist, durch ihre Lage und natürliche Grenzen individualisiert werden. Die Bestandteile eines Grundstücks (unten Rn. 51 ff.) teilen dessen rechtliches Schicksal. Alle anderen als Rechtsgegenstände anzusehenden Sachen, die weder Grundstücke noch Grundstücksbestandteile sind, sind bewegliche Sachen. Dabei kommt es nicht darauf an, ob sie im wörtlichen Sinne beweglich sind oder nicht. Eine schwere Maschine, die nicht etwa aus einem der noch zu besprechenden Gründe zum Bestandteil eines Grundstücks geworden ist, ist eine bewegliche Sache, auch wenn sie, ohne auseinandergenommen zu werden, nicht von der Stelle bewegt werden kann. 21

Dagegen werden im Schiffsregister eingetragene Schiffe, obgleich sie bewegliche Sachen sind, in einigen Hinsichten, so besonders hinsichtlich der an ihnen bestellten Pfandrechte (Schiffshypotheken), ähnlich wie Grundstücke behandelt (vgl. das Gesetz über Rechte an eingetragenen Schiffen und Schiffsbauwerken vom 15. 11. 1940 sowie die §§ 452, 578 a, 1287 Satz 2)[22]. 22

aa) Der Begriff der Sachen ist der Oberbegriff, der sowohl die beweglichen wie die unbeweglichen Sachen umfaßt. Sofern das Gesetz nur von Sachen spricht, will es im Regelfall zum Ausdruck bringen, daß insoweit beide Arten **gleich zu behandeln** sind und dieselben Rechtsfolgen eingreifen. 23

Beispiele: Das Eigentum (§ 903) und § 985 sind für Sachen schlechthin und damit für bewegliche Sachen, ebenso wie für Grundstücke, vorgesehen. Auch im Besitzrecht gelten §§ 854 bis 856, 865, 866, 868, 872 für alle Sachen. Auch der Nießbrauch (§ 1030) ist an allen Sachen möglich. Auch die Vorschriften des Kaufvertrags gelten grundsätzlich für Sachen generell (§ 433), sofern nicht ausdrücklich Ausnahmen vorgesehen sind. 24

bb) Sofern für bewegliche Sachen und Grundstücke **unterschiedliche Rechtsfolgen** vorgesehen sind, wird das in aller Regel dadurch deutlich, daß eine Vorschrift ausdrücklich nur für bewegliche Sachen oder nur für Grundstücke vorgesehen ist. Als Ausnahme spricht § 867 zwar von Sache allgemein, meint aber nur bewegliche Sachen, weil nur diese auf Grundstücke „gelangen“ können. Auch § 447 kann nur für bewegliche Sachen gelten, weil er eine Ortsveränderung voraussetzt. 25

Beispiele für Unterschiede ergeben sich vor allem im **Sachenrecht.** Das Eigentum etwa an einer beweglichen Sache wird übertragen durch dinglichen Vertrag (Einigung) und Übergabe (§ 929); das an einem Grundstück durch dinglichen Vertrag (hier genannt: „Auflassung“) und Eintragung des Erwerbers im Grundbuch (§§ 873, 925). Durchaus verschiedenen Regeln unterliegen die Pfandrechte an beweglichen Sachen (§ 1204) einerseits und die Grundpfandrechte wie Hypothek (§ 1113), Grundschuld (§ 1191) und Rentenschuld (§ 1199) andererseits. Auch sind Grunddienstbarkeiten (§ 1018), persönliche Dienstbarkeiten (§ 1090), dingliche Vorkaufs- 26

[21] S. auch MünchKomm/*Holch,* § 90 Rn. 11; Soergel/*Marly,* vor § 90 Rn. 19; *RGZ* 84, 265, 270.

[22] Vgl. dazu *Baur/Stürner,* Sachenrecht, § 31; MünchKomm/*Holch,* § 90 Rn. 12; Staudinger/*Dilcher,* vor § 90 Rn. 26.

rechte (§ 1094), Reallasten (§ 1105) und Erbbaurechte (§ 1 ErbbauVO) oder die Vormerkung (§ 883) nur an Grundstücken und nicht an beweglichen Sachen möglich. Unser gesamtes Grundstücksrecht ist maßgeblich mitgeprägt durch das Grundbuchsystem. Dagegen knüpft das Gesetz bei beweglichen Sachen die Rechtsfolgen vielfach an die Änderung der Besitzlage. Das privatrechtliche Nachbarrecht (§§ 906–924) gilt wiederum nur für Grundstücke und nicht für bewegliche Sachen.

27 Auch im Schuldrecht ist der Unterschied von Bedeutung. Der Kaufvertrag über ein Grundstück bedarf, anders als der über eine beweglichen Sache, einer besonderen Form (§ 311b Abs. 1). Im Recht der Sachmängelhaftung gelten für bewegliche Sachen und Grundstücke unterschiedliche Verjährungsregeln (§ 438). Zahlreiche Vorschriften des Mietrechts gelten nur für die Miete von Räumen oder Wohnräumen, die als Grundstücksbestandteile gelten (vgl. § 578 und § 94).

28 Auch im Familienrecht spielt die Unterscheidung teilweise eine Rolle. Zu Verfügungen über Grundstücksrechte und zu anderen auf Grundstücke bezüglichen Rechtsgeschäften bedürfen Eltern und Vormünder der vormundschaftsgerichtlichen Genehmigung (§§ 1643, 1821).

29 Im Prozeßrecht ist der Unterschied ebenfalls bedeutsam. Für Klagen, durch die das Eigentum oder ein beschränktes dingliches Recht an einem Grundstück oder das Fehlen eines solchen Rechts geltend gemacht wird, gilt der Gerichtsstand der belegenen Sache (§ 24 ZPO). Schließlich folgt die Zwangsvollstreckung in Grundstücke (§§ 864ff. ZPO) ganz anderen Regeln als diejenige in bewegliche Sachen (§§ 803ff. ZPO).

b) Vertretbare und nicht vertretbare Sachen

30 Die Unterscheidung zwischen **vertretbaren und nicht vertretbaren** Sachen betrifft **nur bewegliche Sachen** und ist am Handelsverkehr orientiert. Vertretbar sind solche Sachen, die „im Verkehr nach Zahl, Maß und Gewicht bestimmt zu werden pflegen" (§ 91). Dies ist der Fall bei massenhaft vorhandenen **Sachen gleicher Art,** die im Verkehr ohne Rücksicht auf einzelne individuelle Merkmale als gleichwertig eingestuft werden. Unvertretbar sind demgegenüber Sachen, die im Verkehr durch individuelle Merkmale gekennzeichnet sind. Das Merkmal der Vertretbarkeit wird objektiv nach der Verkehrsauffassung bestimmt im Unterschied zu Gattungssachen (§ 243), deren Eigenschaft durch Parteivereinbarung festgelegt wird.

31 **Beispiele** für vertretbare Sachen sind etwa Kohlen, Kartoffeln, Getreide, Ziegelsteine, aber auch serienmäßig hergestellte Waren[23], solange sie neu sind, wie z.B. Exemplare eines Buches, einer Zeitschrift, technische Geräte, sofern sie massenhaft gleich im Geschäftsverkehr angeboten werden. Vertretbare Sachen sind zumeist auch Gattungssachen. Die Parteien können aber bestimmen, daß eine nach objektiver Auffassung vertretbare Sache nicht als Gattungsschuld, sondern individuell als Stückschuld behandelt werden soll, z.B. das Buch im Schaufenster. Auch werden Gattungsschulden durch Konkretisierung nach § 243 Abs. 2 zu individuellen Stückschulden. Sie können aber dennoch vertretbare Sachen bleiben, z.B. das Buch, das wegen fehlender Seiten umgetauscht wird.

32 Unvertretbar sind z.B. Kunstgegenstände, soweit es sich um Originale und nicht um Reproduktionen handelt[24], Modellkleider, individuell gefertigte Möbel[25] und Einrichtungsgegenstände, ferner alle schon gebrauchten Sachen, wie z.B. gebrauchte Möbel, Kraftfahrzeuge, Bücher usw.

33 Der Unterschied ist **bedeutsam** einmal dann, wenn wegen der Zerstörung eines solchen Gegenstandes Schadensersatz zu leisten ist. Ersatz durch Naturalherstellung, nämlich durch Lieferung einer anderen gleichartigen Sache, ist im allgemeinen nur bei vertretbaren Sachen möglich[26]. Bei einer unvertretbaren Sache kommt nur Geldersatz

---

[23] Vgl. *BGH* WM 1971, 1014.
[24] MünchKomm/*Holch,* § 91 Rn. 4; Bamberger/Roth/*Fritzsche,* § 91 Rn. 8.
[25] *RGZ* 107, 339, 340.
[26] Vgl. *Larenz,* Schuldrecht I, § 28 I a.E.

in Betracht. Vertretbare Sachen können Gegenstand eines Sachdarlehens (§ 607) sein. Von erheblicher Bedeutung ist der Unterschied ferner beim Werklieferungsvertrag (§ 651 Satz 3). Das Gesetz ordnet auch die Geldzeichen (Scheine, Münzen) unter die vertretbaren Sachen ein (s. z.B. § 700 Abs. 1 oder auch § 783 „Geld oder andere vertretbare Sachen"). Bei einer Geldschuld kommt es indessen nicht darauf an, daß vertretbare Sachen zu liefern sind, sondern darauf, daß dem Gläubiger die Verfügung über eine bestimmte Summe Geldes zu verschaffen ist[27].

c) Verbrauchbare und nicht verbrauchbare Sachen

Auch die Unterscheidung zwischen **verbrauchbaren und nicht verbrauchbaren** Sachen betrifft **nur bewegliche Sachen.** Verbrauchbar sind solche bewegliche Sachen, „deren bestimmungsmäßiger Gebrauch in dem Verbrauch oder in der Veräußerung besteht" (§ 92 Abs. 1). Bedeutsam ist dabei die Unterscheidung zwischen Gebrauch, der die Sachsubstanz nicht beeinträchtigt, und **Verbrauch, der die Sachsubstanz aufzehrt,** also z.B. das Verzehren von Nahrungs- und Genußmittel oder von Brennmaterial. Der Umstand, daß der bestimmungsmäßige Gebrauch einer Sache zu einer mit der Zeit fortschreitenden Abnutzung führt, wie das etwa bei Kraftfahrzeugen, Maschinen, Möbeln, Kleidungsstücken und den meisten Gebrauchsgegenständen der Fall ist, macht die Sache noch nicht zu einer verbrauchbaren[28]. Eine verbrauchbare Sache im rechtlichen Sinn ist sie nur dann, wenn der einzelne Gebrauchsakt in dem völligen oder teilweisen **Verbrauch oder** ihrer **Veräußerung** besteht. 34

Verbrauchbar sind auch Sachen, deren **üblicher Gebrauch in der Veräußerung besteht.** Dazu gehört insbesondere das Geld als gesetzliches Zahlungsmittel, soweit es überhaupt in Form von Geldscheinen oder Münzen als Sache in Betracht kommt und nicht Buchgeld ist. Als verbrauchbar gelten auch solche Sachen, die derzeitig zu einem Warenlager oder einem sonstigen Sachinbegriff gehören, „dessen bestimmungsmäßiger Gebrauch in der Veräußerung der einzelnen Sachen besteht" (§ 92 Abs. 2). Da von verbrauchbaren Sachen kein anderer sinnvoller Gebrauch als ihr Verbrauch oder – so vor allem bei Geld – ihre Veräußerung gemacht werden kann, so ist es nicht möglich, sie nach dem ihnen gemäßen Gebrauch in ihrer ursprünglichen Identität zurückzugeben. 35

Da bei Miete, Leihe oder Pacht der ursprüngliche Gegenstand zurückgegeben werden muß, sind verbrauchbare Sachen nicht dazu geeignet, verliehen oder vermietet zu werden. Sie können jedoch, wenn sie zugleich vertretbar sind (s. oben Rn. 30ff.), den Gegenstand eines Darlehens bilden, da bei einem solchen nur Gegenstände gleicher Art zurückgegeben zu werden brauchen (s. § 607 Abs. 1). Gleiches gilt auch für die Verwahrung (§ 700). Bei nicht vertretbaren, verbrauchbaren Sachen muß die Rückgabe entfallen. Es liegt je nach Entgeltlichkeit Kauf oder Schenkung vor. Wird ein Nießbrauch an verbrauchbaren Sachen bestellt, so wird der Nießbraucher Eigentümer, nach Beendigung des Nießbrauchs hat er dem Besteller den Wert zu ersetzen (§ 1067). 36

3. Einzelsachen, Sacheinheit und Sachgesamtheit

Neben Einzelsachen gibt es auch Sachgesamtheiten, die auch Sachinbegriff genannt werden und aus einer Mehrheit selbständiger Sachen bestehen, zu einem einheitlichen 37

[27] Über Geld und Geldschuld vgl. *Larenz,* Schuldrecht I, § 12 I bis II; s. auch *K. Schmidt,* Geldrecht (Sonderausgabe aus dem Kommentar von *Staudinger*), 1983.

[28] Bamberger/Roth/*Fritzsche,* § 92 Rn. 5; MünchKomm/*Holch,* § 92 Rn. 3; Staudinger/*Dilcher,* § 92 Rn. 1.

Zweck zusammengefaßt sind und dadurch eine wirtschaftliche Einheit bilden. Solche Sachgesamtheiten können zwar Leistungsgegenstand einer schuldrechtlichen Pflicht, z. B. der Lieferpflicht aus einem Kaufvertrag sein. Unsere Rechtsordnung kennt aber grundsätzlich **kein einheitliches Eigentumsrecht an einer Sachgesamtheit.** Vielmehr besteht an jeder Einzelsache ein gesondertes Eigentum (sog. Spezialitätsgrundsatz)[29]. Dies gilt grundsätzlich auch für andere dingliche Rechte. Deshalb ist eine Mehrheit von Sachen, z. B. eine Bibliothek oder ein Warenlager, als Sachgesamtheit nicht selbst wieder Gegenstand eines an ihr bestehenden Eigentums- oder sonstigen dinglichen Herrschaftsrechts. Eine Ausnahme besteht bei der Hypothekenhaftung nach § 1120. Hier erstreckt sich die Hypothek oder Grundschuld (§§ 1191, 1192) auf das Grundstück samt den Zubehörstücken als wirtschaftliche Einheit (s. auch § 865 ZPO, §§ 20 Abs. 2, 21 ZVG).

38 **Beispielsfall:** Hat A von seinem Freund F ein Buch entliehen und stellt er es in seinen Bücherschrank zu anderen Büchern, so wird A dadurch nicht Eigentümer, vielmehr bleibt das Eigentum bei F. Es gibt im Bücherschrank so viele Sachen und Eigentumsrechte, als es Bücher gibt. Dies nicht nur deshalb, weil es an einer festen Verbindung mit den anderen Büchern fehlt, sondern vornehmlich deswegen, weil es nicht aufgehört hat, für sich allein benutzbar zu sein. Das gilt auch für den einzelnen Band eines mehrbändigen Werkes oder einer Reihe. Ebenso besteht kein einheitliches Eigentumsrecht an einem Warenlager. Jeder Lieferant behält seinen Eigentumsvorbehalt, solange seine Ware nicht bezahlt ist und die Ware unterscheidbar von anderen als seine erkennbar ist. Bei ununterscheidbarer Vermischung gleicher Waren steht jedem Lieferanten ein Miteigentumsanteil an jeder Ware in Höhe seines Anteils an der Gesamtlieferung zu (s. § 948 mit § 947).

39 Neben der natürlichen Einzelsache wie einem Buch, einem Tisch oder einem Stuhl mit jeweils nur einem Eigentumsrecht und der aus mehreren Einzelsachen bestehenden Sachgesamtheit mit mehreren Eigentumsrechten gibt aus Sacheinheiten, die zwar aus physikalisch oder funktional unterscheidbaren Sachen bestehen, die aber durch ihre Verbindung oder Vermischung eine **Sacheinheit** bilden. Es ist daher zu klären, wann es sich im Sinne der Rechtsordnung um eine einzige Sache und wann um eine Mehrheit von Sachen handelt. Ist z. B. der in einem Keller liegende Kohlenhaufen eine einheitliche Sache oder ist jedes einzelne Kohlestück eine selbständige Sache; ist ein Kartenspiel oder ein Legespiel eine einheitliche Sache, ein Paar Schuhe oder Handschuhe, eine Briefmarkensammlung, ein Kaffeeservice? Oder sind es so viele Sachen, wie äußerlich gesonderte Einzelstücke vorhanden sind? Dies betrifft zugleich die Frage nach den wesentlichen Bestandteilen einer Sache (s. unten Rn. 43 ff.).

40 Bei der Frage, wann im Sinne der Rechtsordnung eine Sacheinheit, wann eine Vielheit selbständiger Sachen vorliegt und was ein Teil einer einzigen Sache ist, handelt es sich nicht um eine Frage der natürlichen Erfahrung, sondern um eine spezifische Rechtsfrage[30]. Das Recht folgt dabei in erster Linie, wenn auch nicht ausschließlich, der Verkehrsanschauung[31], für die wiederum am wichtigsten die Eignung einer Sache für einen bestimmten Zweck oder Gebrauch ist. Maßgebend ist danach nicht so

---

[29] S. Staudinger/*Dilcher,* vor § 90 Rn. 17; MünchKomm/*Holch,* § 90 Rn. 40; Soergel/*Marly,* vor § 90 Rn. 6 ff.; *M. Wolf,* Sachenrecht, Rn. 29.

[30] Vgl. *Engisch,* Vom Weltbild des Juristen, S. 147 ff.; *Brecher,* Das Unternehmen als Rechtsgegenstand, S. 35 ff.; *Pawlowski,* AT, Rn. 278.

[31] Bedenken hierzu äußert *Brecher,* aaO, S. 49 ff.

sehr der äußerliche Zusammenhang[32], wiewohl auch dieser eine Rolle spielt, als der einheitliche Verwendungszweck oder die tatsächliche Verwendung, die eine Sache im Rahmen einer größeren Sacheinheit gefunden hat[33].

Beispiele: Der Kohlehaufen im Keller ist eine Sache, nicht dagegen die einzelnen zu ihm gehörenden Kohlestücke, obgleich ihr äußerlicher Zusammenhang nicht enger ist als der in einer Reihe stehenden Bücher. Das einzelne Kohlestück hat für sich keinen meßbaren wirtschaftlichen Wert, ist als einzelnes unter wirtschaftlichen Gesichtspunkten und nach der Verkehrsanschauung ebensowenig selbständig verkehrsfähig wie das einzelne Sandkorn in einem Sandhaufen. Eine einzige Sache bilden auch die 52 Blätter eines Kartenspiels oder die Teile eines Legespiels, da sie nur alle zusammen sinnvoll gebraucht werden können. Auf die fehlende äußere Verbindung kommt es deshalb nicht an. In der Regel wird man auch ein Paar Schuhe oder Handschuhe nur als eine einzige Sache ansehen. Teile dieser Sachgesamtheiten können aber jederzeit, wenn dies im Geschäftsverkehr gewollt ist, verselbständigt und als selbständige Sachen mit einem eigenen Eigentumsrecht in den Verkehr gebracht werden. Briefmarkensammlungen und das Kaffeeservice sind ebenfalls Sachmehrheiten, die aber wegen des wirtschaftlichen Werts der Einzelsache von vornherein aus mehreren Eigentumsrechten bestehen[34]. 41

Ein sicheres Kriterium dafür, wann es sich um eine einzige Sache, wann um mehrere Sachen handelt, ergibt sich nur bei **Grundstücken,** und zwar aus dem Grundbuch. Ein selbständiges Grundstück ist ein räumlich abgegrenzter Teil der Erdoberfläche, der im Grundbuch als ein Grundstück geführt wird (s. § 890)[35]. 42

III. Sachbestandteile

1. Bestandteile allgemein

Räumlich und funktional unterscheidbare Teile einer als Einheit zu betrachtenden Sache bezeichnet das Gesetz als Bestandteile derselben. Die Bestandteile einer Sache teilen, wenn nichts anderes bestimmt ist, das rechtliche Schicksal der ganzen Sache. Der Verkauf und die Übereignung einer bestimmten Sache umfaßt also ihre sämtlichen Bestandteile. Dabei ist jedoch zwischen den **einfachen, unwesentlichen Bestandteilen** und den wesentlichen Bestandteilen (§ 93) zu unterscheiden. Die **rechtlich einheitliche Behandlung** gilt bei einfachen Bestandteilen nur, wenn sie im Eigentum des Eigentümers der Hauptsache stehen, und sie gilt nicht zwingend kraft Gesetzes wie bei den wesentlichen Bestandteilen, sondern weil sie rein tatsächlich **als gewollt vermutet** wird (vgl. für Zubehör §§ 311 c, 926). Einfache, unwesentliche Bestandteile sind alle, die nicht wesentlich im Sinne von § 93 sind. Der Begriff des wesentlichen Bestandteils steht deshalb im Vordergrund. 43

---

[32] *Enneccerus/Nipperdey,* AT, § 121 II 3 meinen, bei beweglichen festen Körpern werde die Einheit der Sache im allgemeinen durch die Kohärenz bestimmt. Schlechthin entscheidend sei sie aber nicht.

[33] Zutreffend sagt *Engisch,* aaO, S. 155: „Was für den Gebrauch eine Einheit bildet, wird eben deshalb im allgemeinen als ein Ding, eine Sache betrachtet."

[34] Ebenso MünchKomm/*Holch,* § 90 Rn. 40.

[35] Vgl. Soergel/*Marly,* vor § 90 Rn. 19; *Baur/Stürner,* Sachenrecht, § 15 III 1; *Westermann,* Sachenrecht, § 70 I. Nach *RGZ,* 84, 265, 270 ist ein selbständiges Grundstück „jeder gegen andere Teile räumlich abgegrenzter Teil der Erdoberfläche, der auf einem besonderen Grundbuchblatt für sich allein oder auf einem gemeinschaftlichen Grundbuchblatt unter einer besonderen Nummer im Verzeichnis der Grundstücke gebucht ist".

2. Wesentliche Bestandteile

44 Bei wesentlichen Bestandteilen ist die **rechtlich einheitliche Behandlung** vom Gesetz **zwingend vorgeschrieben.** Es handelt sich bei ihnen entgegen der natürlichen Bedeutung des Wortes „wesentlich" nicht um solche Bestandteile, die für das Wesen der Sache, sei es für ihre Identität, ihre Qualität oder Verwendbarkeit, von besonderer Bedeutung sind, sondern um solche, **deren Trennung** von der Sache für die Bestandteile oder für die danach verbleibende restliche Sache **unwirtschaftlich wäre.** Das Gesetz sucht zu vermeiden, daß unwirtschaftliche Trennungen nur deshalb vorgenommen werden müssen, weil unterschiedliche Rechte an der Sache und ihren Teilen bestehen. Deshalb bestimmt es, daß die sogenannten wesentlichen Bestandteile nicht Gegenstand besonderer Rechte sein können (§ 93). Wesentliche Bestandteile sind danach **sonderrechtsunfähig.** Das bedeutet, der wesentliche Bestandteil kann nicht im Eigentum einer anderen Person stehen als des Eigentümers der ganzen Sache. Auch Pfandrechte oder andere dingliche Rechte sind an einem wesentlichen Bestandteil allein nicht möglich. Wesentliche Bestandteile können dagegen Leistungsgegenstand schuldrechtlicher Verpflichtungen sein.

45 **Beispielsfälle:** Werden Lenkung und Federung mit der Karosserie des Autos verbunden, so werden sie wesentlicher Bestandteil des Autos und der Eigentümer der Karosserie als der Hauptsache erwirbt durch die Verbindung automatisch auch das Eigentum an diesen wesentlichen Bestandteilen (§ 947 Abs. 2). Gleiches gilt nach § 946 beim Einbau beweglicher Sachen in ein Grundstück, wenn sie dadurch wesentlicher Bestandteil des Grundstücks werden. Auch ein Eigentumsvorbehalt des Verkäufers an einer beweglichen Sache vermag den Eigentumsübergang nach § 946 oder § 947 Abs. 2 nicht zu hindern, da diese Bestimmungen zwingend sind. Die Zweckmäßigkeit dieser Regelung leuchtet ein, wenn man sich vorstellt, daß versehentlich einige dem A gehörende Steine oder Balken in die Fundamente oder den Dachstuhl des Hauses des B eingebaut worden sind. Wenn A auf Grund fortbestehenden Eigentums die Herausgabe der eingebauten Sachen von B verlangen könnte, könnte er dadurch wirtschaftliche Werte zerstören und B gegen seinen Willen zu äußerst kostspieligen Maßnahmen zwingen. Um dies zu verhindern, sieht das Gesetz vor, daß A sein Eigentum verliert. Sein Interesse wird dadurch berücksichtigt, daß ihm der Wert seiner Steine oder Balken gemäß § 951 in Geld vergütet wird. B kann sich aber schuldrechtlich verpflichten, die eingebauten Teile wieder auszubauen. Die Parteien können dann selbst entscheiden, ob dies wirtschaftlich sinnvoll ist. Nur kann A den B nicht auf Grund seines früheren Eigentums zum Ausbau zwingen.

a) Wesensänderung durch Trennung als allgemeine Voraussetzung

46 Wesentliche und damit sonderrechtsunfähige Bestandteile sind grundsätzlich solche, die nicht voneinander getrennt werden können, ohne daß der eine oder der andere zerstört oder in seinem Wesen verändert würde (§ 93). Da die Zerstörung das Wesen des Bestandteils am einschneidendsten verändert, kann die Zerstörung als ein Unterfall und die **Wesensänderung als Oberbegriff** angesehen werden.

47 In **seinem Wesen verändert** ist der Bestandteil, wenn seine **Brauchbarkeit und** damit sein **Wert** infolge der Trennung **nicht unerheblich gemindert** wird[36]. Dabei kommt es nicht auf die Veränderung oder Wertminderung der ungetrennten Sache an, denn eine solche wird immer eintreten, wenn man einen nicht ganz unbedeutenden Teil von ihr abtrennt. Vielmehr ist maßgebend, ob der abgetrennte Bestandteil und die danach übrig bleibende Sache in ihrer Vereinzelung noch in der bisherigen Art wirtschaftlich genutzt werden kann und beide, sofern man ihre wirtschaftlichen

[36] Vgl. dazu *Otte,* JuS 1970, 156.

Werte addiert, annähernd noch den gleichen Wert ergeben, den vorher die ganze Sache hatte[37]. Das ist bei leicht abnehmbaren Teilen, die im Verkehr als selbständige Sache gehandelt werden und daher auch leicht ersetzbar und wieder verwendbar sind, der Fall. Eine Wertminderung ist aber dann zu bejahen, wenn die Kosten der Trennung und Wiederzusammensetzung den Wert des abgetrennten Bestandteils erheblich übersteigen[38].

Beispiele: Der Reifen eines Autos ist kein wesentlicher, sondern ein **unwesentlicher Bestandteil** und damit sonderrechtsfähig. Man darf sich nicht dadurch täuschen lassen, daß der Wagen ohne Reifen nicht fahrfähig ist. Ein Reifen ist leicht durch einen anderen zu ersetzen, und der Reifen für sich allein ist eine Handelsware, die durch Trennung nicht nennenswert an Wert verliert. Dasselbe gilt vom Motor eines Kraftfahrzeugs, wenn er ohne Beschädigung und ohne besonderen Aufwand ausgebaut und in einem anderen Fahrzeug wieder verwendet werden kann[39]. Das hat zur Folge, daß ein an dem Reifen oder Motor bestehender Eigentumsvorbehalt des Lieferanten nicht etwa durch die Verbindung des Reifens oder Motors mit dem Wagen nach § 947 Abs. 2 erlischt, sondern bestehen bleibt. Der Lieferant kann im Falle der Insolvenz des Eigentümers sein Eigentum nach § 47 InsO aus der Insolvenzmasse aussondern; er ist nicht auf den Geldanspruch aus § 951 angewiesen, der eine bloße Insolvenzforderung wäre. **48**

Der Motor wäre aber **wesentlicher Bestandteil** bei einem Oldtimer, wenn der Einbau eines anderen Motors nicht mehr möglich wäre oder sich nicht mehr lohnen würde. Wesentliche Bestandteile sind auch die einzelnen Seiten eines Buches, Farbe und Leinwand bei einem Gemälde, auch die einzelnen Karten eines Kartenspiels (s. oben Rn. 41). Zu weiteren Beispielen s. unten Rn. 51, 54. **49**

b) Wesentliche Bestandteile eines Grundstücks

Besondere Vorschriften enthält das Gesetz über § 93 hinaus für Grundstücke und Gebäude. Wesentliche Bestandteile eines **Grundstücks** sind die **mit dem Grund und Boden fest verbundenen Sachen,** insbesondere Gebäude und daher auch alle wesentlichen Bestandteile des Gebäudes, ferner die Erzeugnisse des Grundstücks, d. h. die auf ihm wachsenden Pflanzen und deren Früchte, solange sie mit dem Grundstück zusammenhängen. Samen wird mit dem Aussäen, eine Pflanze mit dem Einpflanzen wesentlicher Bestandteil des Grundstücks (§ 94 Abs. 1). **50**

Beispiele: Zu den mit dem Grund und Boden fest verbundenen Sachen gehören außer den Gebäuden etwa Mauern, ummauerte Brunnen, auf einem Betonsockel ruhende Pfeiler, Brükken; nicht aber einfache Bretterbuden, Marktstände, Zelte, Regentonnen oder Stangen. Es kommt darauf an, ob die Entfernung vom Grundstück ohne erheblichen Arbeitsaufwand und ohne Beschädigung möglich ist oder nicht. Maschinen sind wesentliche Bestandteile des Gebäudes und damit des Grundstücks, wenn sie fest mit dem Grund und Boden verbunden sind. Trifft weder § 94 Abs. 1 oder 2 auf sie zu, bleiben sie selbständige Sachen, werden aber meist Zubehör des Gebäudes im Sinne des § 98 Ziff. 1 sein. **51**

c) Wesentliche Bestandteile eines Gebäudes

Wesentlicher Bestandteil eines **Gebäudes** ist schon **nach § 93** alles das, was in solcher Weise in das Gebäude eingebaut oder mit ihm verbunden ist, daß es nicht ohne **Wertminderung des Gebäudes oder des Bestandteils** aus der Verbindung mit dem Gebäude gelöst werden kann. Daher können Geräte wie die Lüftungsanlage und andere Maschinen wesentliche Bestandteile eines Gebäudes sein, wenn sie fest mit ihm **52**

---

[37] Gegen diese Betrachtung *Michaelis,* FS Nipperdey, 1965, Bd. I, S. 553ff.; ihm folgt *Pinger,* JR 1973, 464.

[38] *Köhler,* AT, § 23 Rn. 12; *Medicus,* AT, Rn. 1189.

[39] *BGHZ* 18, 226, 230; 61, 80, 81; vgl. ferner *BGHZ* 20, 154, 158 (in Apparate eingebaute Meßinstrumente).

verbunden sind, so daß ihr Ausbau nicht ohne teilweise Zerstörung und daher Wertminderung möglich ist.

53 Für Bestandteile eines Gebäudes[40] gilt darüber hinaus die Sondervorschrift des **§ 94 Abs. 2.** Nach ihr gehören zu den wesentlichen Bestandteilen des Gebäudes und damit gemäß § 94 Abs. 1 in der Regel des Grundstücks, auch wenn die Voraussetzungen des § 93 nicht vorliegen, die **zur Herstellung des Gebäudes eingefügten Sachen.** Zur Herstellung des Gebäudes eingefügt sind alle diejenigen Sachen, die mit dem Gebäude irgendwie verbunden worden sind, um es für den Zweck, für den es erbaut wurde, brauchbar, verwendbar oder wieder verwendbar zu machen.

54 **Beispiele:** Dazu gehören nicht nur Mauersteine, Dachziegel, Dachbalken, Treppenstufen, Fenster und Türen, sondern, je nach dem Verwendungszweck des Gebäudes, auch Heizungsanlagen[41], Fahrstühle, Klimaanlagen, Rohre und sanitäre Anlagen. Manche dieser Dinge sind wesentliche Bestandteile schon nach § 93, andere wären es jedoch nach dieser Bestimmung nicht, weil ihre Trennung nicht im Sinne dieser Bestimmung wertvermindernd wirkt. So sind Türen, Türschlösser, Heizkörper und selbst Dachziegel leicht auswechselbar. Sie behalten auch nach der Trennung ihren vorherigen Wert. Sind sie aber einmal in ein bestimmtes Gebäude, um dieses verwendbar zu machen, eingefügt, so sind sie dennoch dessen wesentliche Bestandteile nach § 94 Abs. 2. Es kommt nach dieser Bestimmung nicht darauf an, ob die voneinander getrennten Teile nach ihrer Trennung wirtschaftlich zusammen noch den gleichen Wert ergeben wie vor der Trennung, sondern darauf, ob durch die Trennung das Gebäude unfertig wirkt[42]. Dabei spielt es auch keine Rolle, ob es zur Fertigstellung des Gebäudes gerade dieses, vielleicht besonders wertvollen Einzelstücks, z. B. eines Mosaikfußbodens oder einer kunstvoll geschnitzten Tür, bedurft hätte. Es genügt, daß dieses Einzelstück nun einmal für die Herstellung des Gebäudes verwendet worden ist. Auch eine feste Verbindung ist nicht erforderlich, ein lockerer, leicht lösbarer Zusammenhang genügt[43]. Durch ihre Einfügung muß die Sache jedoch für die Anschauung des Verkehrs zu einem Teil des Hauses selbst geworden sein. Das ist bei Türen, Türschlössern, Heizkörpern sicher der Fall, nicht aber bei Beleuchtungskörpern, Wasch- und Küchenmaschinen[44]. Diese bleiben selbständige Sachen, es sei denn, ihre Entfernung wäre nicht ohne erhebliche Beschädigungen und damit nicht ohne Wertminderung möglich. Maschinen können nach § 94 Abs. 2 wesentliche Bestandteile eines Gebäudes sein, wenn das Gebäude gerade für diese spezielle Maschine errichtet wurde, also ohne sie seinen Verwendungszweck einbüßt[45].

d) Einheitliches Eigentum und Sondereigentum

55 Am Grundstück, den darauf befindlichen Gebäuden und den zur Herstellung des Gebäudes eingefügten Sachen, besteht nach §§ 93, 94 ein einheitliches Eigentums-

---

[40] Auf Schiffe, die im Schiffsregister eingetragen sind, ist diese Bestimmung entsprechend anzuwenden; so *BGHZ* 26, 225, 228 f. Daher sieht der *BGH* den Schiffsmotor als wesentlichen Bestandteil an. Zu den wesentlichen Bestandteilen eines Schiffs vgl. auch *Greif,* MDR 1966, 890.

[41] Auch dann, wenn die Anlage nachträglich in das bis dahin auf andere Weise beheizte Haus eingebaut wird, *BGH* NJW 1970, 895.

[42] Hier folgt das Gesetz der sog. Ganzheitsbetrachtung. Insoweit besteht, worauf *Michaelis,* FS Nipperdey, 1965, Bd. I, S. 553 ff. mit Recht aufmerksam macht, zwischen § 93, wie ihn die h. L. versteht, und § 94 keine volle Deckung. Das wirkt sich auch in der unterschiedlichen Einordnung des Kraftfahrzeugs- und des Schiffsmotors durch den *BGH* aus.

[43] So auch der *BGH* LM § 94 BGB Nr. 16; *RGZ* 60, 421, 422; 62, 248, 251; 63, 171, 173; MünchKomm/*Holch,* § 94 Rn. 18; Soergel/*Marly,* § 94 Rn. 28; Palandt/*Heinrichs,* § 94 Rn. 6. Vgl. aber *BGHZ* 36, 46, 50; Mitbenutzung der Giebelmauer des Nachbarhauses nur als Verstärkung der Wärmeisolierung bedeutet noch keine Einfügung in das Gebäude.

[44] Zu weiteren Beispielen s. Soergel/*Marly,* § 94 Rn. 34.

[45] Vgl. *Enneccerus/Nipperdey,* AT, § 125 Anm. 31; MünchKomm/*Holch,* § 94 Rn. 31; Staudinger/*Dilcher,* § 94 Rn. 22; Soergel/*Marly,* § 94 Rn. 36; *RGZ* 67, 30, 33; 69, 117, 121; 87, 43, 45.

recht. Teile eines Gebäudes können danach nicht im Eigentum verschiedener Eigentümer stehen, da sie nicht ohne Zerstörung voneinander getrennt werden können und das ganze Gebäude in der Regel im Eigentum des Grundstückseigentümers steht (Ausnahme: § 95 s. unten Rn. 58ff.). Mehreren Eigentümern kann am Grundstück samt Gebäude grundsätzlich **kein real geteiltes Eigentum** zustehen. Möglich ist jedoch Miteigentum im Sinne von rechnerisch aufgeteilten Bruchteilen (§§ 741ff.). Beim Besitz als tatsächlicher Sachherrschaft ist dagegen eine Realteilung möglich.

Abweichend hiervon kennt das Wohnungseigentumsgesetz (WEG) ein **Sondereigentum an Wohnungen** und an zu anderen Zwecken dienenden Räumen, und zwar in Verbindung mit einem (ideellen) Miteigentumsanteil an dem betreffenden Grundstück und den nicht in Sondereigentum stehenden Gebäudeteilen (§ 1 Abs. 1–3 WEG). Sondereigentum an Wohnungen und anderen Räumen wird in Abweichung von §§ 93, 94 vom WEG vorgesehen, obwohl es sich dabei um wesentliche Bestandteile des Gebäudes handelt. Dies zeigt, daß der Begriff des wesentlichen Bestandteils ein Rechtsbegriff ist, der zur Disposition des Gesetzgebers steht. 56

e) Rechte als wesentliche Bestandteile des Grundstücks

Rechte, die mit dem Eigentum an einem Grundstück verbunden sind, gelten als Bestandteile des Grundstücks (§ 96). Als solche Rechte kommen die sogenannten **subjektiv-dinglichen Rechte,** insbesondere Grunddienstbarkeiten (§ 1018), subjektiv-dingliche Vorkaufsrechte (§ 1094 Abs. 2) und Reallasten (§ 1105 Abs. 2) in Betracht. Wenn auch § 96 nur von Bestandteilen spricht, sind diese Rechte doch nach ihrem Inhalt mit dem Eigentum untrennbar verbunden (s. §§ 1103, 1110) und daher nicht isoliert ohne das Grundstückseigentum, dem sie dienen (s. etwa § 1019), existenzfähig. Sie sind deshalb wesentliche Bestandteile des Grundstücks[46]. Durch die Fiktion, diese Rechte seien Bestandteile des Grundstücks, will der Gesetzgeber erreichen, daß die beschränkten dinglichen Rechte an dem Grundstück – z.B. ein Nießbrauch, eine Hypothek oder eine Grundschuld – auch diese Rechte mit ergreifen. Die subjektiv-dinglichen Rechte werden insoweit wie ein Grundstücksteil behandelt. 57

3. Nichtwesentliche Bestandteile

Auch wenn die Voraussetzungen des § 93 oder des § 94 vorliegen, gehören vorübergehend oder in Ausübung eines Rechts an einem Grundstück verbundene Sachen **nach § 95** dennoch nicht zu den Bestandteilen eines Grundstücks. Diese Gegenstände werden wie bewegliche Sachen behandelt. 58

Wenn die h.L.[47] in diesen Fällen von Scheinbestandteilen spricht, so darf dies nicht zu der falschen Schlußfolgerung verleiten, für den Bestandteilsbegriff sei die äußerlich sichtbare Verbindung maßgebend[48]. Der Bestandteilsbegriff ist, so wie der Sachbegriff des § 90, ein Rechtsbegriff, für dessen Bildung nur rechtliche Gesichtspunkte maßgebend sind, wobei es auf die sichtbare äußere Verbindung nicht oder doch nicht allein ankommt. 59

---

46 So auch *Enneccerus/Nipperdey,* AT, Anm. 76 zu § 126; *Köhler,* AT, § 23 Rn. 15; Palandt/*Heinrichs,* § 96 Rn. 1. Dagegen rechnet *Hübner,* AT, Rn. 327 sie unterschiedslos zu den nichtwesentlichen Bestandteilen; so wohl auch *Medicus,* AT, Rn. 1195.

47 Vgl. nur Palandt/*Heinrichs,* § 95 Rn. 1; MünchKomm/*Holch,* § 95 Rn. 1; Staudinger/*Dilcher,* § 95 Rn. 2; Soergel/*Marly,* § 95 Rn. 1; *Medicus,* AT, Rn. 1191; *Giesen,* AcP 202 (2002), 689.

48 Vgl. auch Staudinger/*Dilcher,* § 95 Rn. 2.

a) Verbindung zu einem vorübergehenden Zweck

60 Nicht zu den wesentlichen Bestandteilen zählen solche Sachen, die berechtigterweise **nur zu einem vorübergehenden Zweck** mit dem Grund und Boden verbunden (§ 95 Abs. 1 Satz 1) oder in ein Gebäude eingefügt sind (§ 95 Abs. 2). Der Scheinbestandteil bleibt selbständige bewegliche Sache und fällt nicht nach § 946 dem Grundstückseigentümer zu. Voraussetzung ist (1) die Verbindung mit einem **Grundstück oder Gebäude.** Für die Verbindung mit einer anderen beweglichen Sache gilt § 95 nicht. Hier verbleibt es bei § 93. (2) Die Verbindung muß auch in Ausübung einer **Verbindungsberechtigung**[49], nicht vom Verbindungsberechtigten selbst, aber mit dessen Einverständnis vorgenommen werden. Das Verbindungsrecht braucht aber nicht wie in Abs. 1 Satz 2 ein dingliches Recht zu sein. Es genügt ein obligatorisches Recht z.B. aus einem Miet- oder Pachtvertrag oder eine einfache Gestattung. Besteht kein Verbindungsrecht, so gilt § 93. (3) Für die **vorübergehende Zweckbestimmung** entscheidend ist die Willensrichtung desjenigen, der die Verbindung vornimmt, im Augenblick der Vornahme. Ergänzend ist auf die Verkehrsanschauung und die mutmaßliche Absicht eines verständigen Menschen zurückzugreifen. Der Wille ist ähnlich dem Besitzwillen kein rechtsgeschäftlicher, sondern ein **natürlicher Wille,** den auch der Geschäftsunfähige haben kann[50]. Wird der zunächst vorübergehend gedachte Zweck infolge einer späteren Willensänderung aufgegeben, so fällt die Sache nicht von selbst an den Grundstückseigentümer[51]. Dazu bedarf es vielmehr einer Übereignung gemäß § 929 an den Grundstückseigentümer, dem der Erwerb nicht aufgezwungen werden darf und der auch nach § 1004 Beseitigung verlangen könnte.

61 **Beispiele:** Nur zu einem vorübergehenden Zweck mit dem Grund und Boden verbunden und daher nicht dessen Bestandteile sind beispielsweise Baugerüste oder Bauzäune, auch wenn ihre Verbindung mit dem Boden eine gewisse Festigkeit hat. Gleiches gilt für die Dauer eines Baus errichtete Baracken, selbst wenn sie im Boden fest fundamentiert sind[52]. Selbst Gebäude und Bauwerke, die ein Mieter oder Pächter[53] auf dem gemieteten oder gepachteten Grundstück errichtet hat – etwa eine Fabrikhalle oder eine Scheune – können unter die Ausnahmebestimmung des § 95 Abs. 1 Satz 1 fallen[54], wenn der Erbauer nur die Absicht hatte, sie bei Beendigung des Miet- oder Pachtverhältnisses wieder abzubrechen. Dafür spricht eine tatsächliche Vermutung[55]. Nur zu einem vorübergehenden Zweck mit einem Gebäude verbunden sind ebenfalls solche von einem Mieter eingefügten beweglichen Sachen, die dieser im Falle seines Auszuges wieder mitzunehmen gedenkt, wie in der Regel Öfen, eingebaute Regale, Waschbecken oder Jalousien. Die Absicht späterer Wegnahme wird dem Mieter im allgemeinen dann fehlen, wenn die von ihm mit der Mietsache verbundene Sache durch ihre Trennung mehr oder weniger zerstört und dadurch wertlos würde, wie das bei Tapeten, einem Farbanstrich und wohl auch bei einer Zwischenwand der Fall wäre.

---

[49] S. *BGH* NJW 1959, 1487; *BGH* DB 1970, 585; *Giesen,* AcP 202 (2002), 689, 697; a.A. *RGZ* 106, 49; Soergel/*Marly,* § 95 Rn. 5.

[50] Dazu *Giesen,* AcP 202 (2002), 689, 701.

[51] *BGHZ* 23, 57, 59; Staudinger/*Dilcher,* § 95 Rn. 9, Soergel/*Marly,* § 95 Rn. 6; a.A. *Enneccerus/Nipperdey,* AT, § 125 Anm. 40; *Giesen,* AcP 202 (2002), 689, 715ff.

[52] *BGH* NJW 1984, 2878: MünchKomm/*Holch,* § 95 Rn. 13; Soergel/*Marly,* § 95 Rn. 9.

[53] Da Mieter und Pächter kein dingliches Recht an der Miet- oder Pachtsache erwerben, ist § 95 Abs. 1 Satz 2 hier nicht anwendbar.

[54] Vgl. *RGZ* 55, 281, 284; *BGHZ* 10, 171, 175f.

[55] Vgl. MünchKomm/*Holch,* § 95 Rn. 6; Bamberger/Roth/*Fritzsche,* § 95 Rn. 17.

b) In Rechtsausübung verbundene Sachen

Ein Gebäude oder ein anderes Werk wird auch dann nicht Bestandteil des Grundstücks, wenn es in **Ausübung eines beschränkten dinglichen Rechts** an dem Grundstück von dem Berechtigten mit dem Grundstück verbunden worden ist (§ 95 Abs. 1 Satz 2), wie z.B. beim Bau eines Hauses aufgrund eines Erbbaurechts, einer Halle aufgrund eines Nießbrauchs oder bei Verlegung von Versorgungsleitungen aufgrund einer Dienstbarkeit. Dies gilt unabhängig davon, ob die Verbindung zu einem vorübergehenden Zweck erfolgt oder nicht. Da diese Gegenstände weder wesentliche noch auch nur nichtwesentliche[56] Bestandteile des Grundstücks werden, bleiben sie selbständige und werden wie bewegliche Sachen behandelt[57]. Dies gilt auch dann, wenn die Sache nach der natürlichen Anschauung unbeweglich ist[58]. Etwas anderes gilt nur für Gebäude, die auf Grund eines Erbbaurechts errichtet worden sind: sie gelten nach § 12 ErbbaurechtsVO als wesentliche Bestandteile des Erbbaurechts, auf das nach § 11 die Vorschriften über Grundstücke Anwendung finden. 62

IV. Sachzubehör

Eine Sache kann, ohne Bestandteil einer anderen Sache zu sein und ohne mit ihr zusammen eine Sacheinheit zu bilden, dem wirtschaftlichen Zweck einer anderen Sache dauernd zu dienen bestimmt sein und daher im Verhältnis zu ihr die **wirtschaftliche Funktion eines Hilfsmittels** haben. Das Gesetz spricht dabei in § 97 von Zubehör. Der wirtschaftliche Zusammenhang ist hier zwar weniger eng, als wenn es sich um den Bestandteil einer ganzheitlichen Sache handelt. Das Gesetz trägt dem wirtschaftlichen Zusammenhang aber, solange er besteht, durch eine Reihe von Bestimmungen Rechnung, deren Grundgedanke es ist, daß das Zubehör, wenn nichts anderes bestimmt ist, das rechtliche Schicksal der Hauptsache teilt. 63

1. Voraussetzungen der Zubehöreigenschaft

Die Voraussetzungen der Zubehöreigenschaft beschreibt § 97 mit einer typologischen Umschreibung[59]. Danach muß es sich (1) um eine selbständige **bewegliche Sache** handeln. Grundstücke können nicht Zubehör sein, weil das Grundbuch für jedes selbständige Grundstück eine gesonderte rechtliche Behandlung verlangt. Die Zubehörsache muß (2) dem **wirtschaftlichen Zweck** einer Hauptsache **zu dienen bestimmt** sein. Eine nur vorübergehende Benutzung einer Sache für den wirtschaftlichen Zweck einer anderen begründet die Zubehöreigenschaft noch nicht (§ 97 Abs. 2 Satz 1). Eine unter § 95 fallende Sache kann deshalb grundsätzlich nicht Zubehör sein[60]. Die Zubehörsache darf (3) **nicht** wesentlicher oder unwesentlicher **Bestandteil** der Hauptsache sein. Sie muß außerdem (4) zu der Hauptsache in einem dem wirt- 64

[56] Dafür, sie trotz des Gesetzeswortlauts als nichtwesentliche Bestandteile anzusehen, *Brecher,* Das Unternehmen als Rechtsgegenstand, S. 66.

[57] S. Soergel/*Marly,* § 95 Rn. 24; Palandt/*Heinrichs,* § 95 Rn. 1.

[58] H.L.; vgl. *Enneccerus/Nipperdey,* AT, § 125 Anm. 47; MünchKomm/*Holch,* § 95 Rn. 28f.; auch *BGH* NJW 1987, 774.

[59] Zur Bedeutung des Typus als Mittel gesetzlicher Tatbestandsbildung vgl. *Leenen,* Typus und Rechtsfindung, 1971, S. 88ff.; *Larenz/Canaris,* Methodenlehre, S. 290ff.

[60] *BGH* NJW 1962, 1498.

schaftlichen Zweck entsprechenden **räumlichen Verhältnis** stehen. Dadurch soll die Zubehöreigenschaft einigermaßen ersichtlich werden. Eine gewisse räumliche Nähe genügt, ein enger körperlicher Zusammenhang ist nicht erforderlich[61]. Eine vorübergehende Trennung oder räumliche Entfernung von der Hauptsache hebt die Zubehöreigenschaft noch nicht auf (§ 97 Abs. 2 Satz 2). Endlich darf (5) die **Verkehrsanschauung** nicht ihrer Einordnung als Zubehör entgegenstehen (§ 97 Abs. 1 Satz 2). Die Zubehöreigenschaft entfällt, wenn eine ihrer Voraussetzungen für die Dauer wegfällt.

65 **Beispiele:** Das Gesetz führt **in § 98** nicht abschließend eine Reihe von Gegenständen an, die als Zubehör anzusehen sind. Bei einem Gebäude, das für einen gewerblichen Betrieb dauernd eingerichtet ist[62], sind Zubehör die zu dem Betrieb bestimmten Maschinen und sonstige Gerätschaften – vorausgesetzt, daß sie nicht, weil zur Herstellung des Gebäudes eingefügt oder mit dem Grund und Boden fest verbunden, als wesentliche Bestandteile des Gebäudes oder doch des Grundstücks anzusehen sind (s. oben Rn. 52, 54). Zu den Gerätschaften zählen die für den jeweiligen Betrieb erforderliche Einrichtungen z.B. bei einer Gastwirtschaft oder einem Hotel und die dem Betrieb dienenden Fahrzeuge[63]. Bei einem Landgut ist Zubehör das zum Wirtschaftsbetrieb bestimmte Gerät und Vieh, ferner die zur Fortführung der Wirtschaft erforderlichen landwirtschaftlichen Erzeugnisse und der vorhandene, auf dem Gut gewonnene Dünger.

66 **Nach § 97** ist als Zubehör ferner anzusehen die zu einem Photoapparat gehörende Tasche, der Schutzumschlag eines Buches, die Schlüssel zu einem Schrank oder zu einer Wohnung, das Reserverad im Kofferraum eines Wagens, der Kohlenvorrat einer Fabrik[64] oder der zu einem Hause gehörende Heizöltank, soweit er nicht, weil in das Gebäude selbst eingefügt, wesentlicher Bestandteil ist. Baumaterialien und Heizkörper, die zum Einbau in ein im Bau befindliches Gebäude bestimmt sind und bereits auf dem betreffenden Grundstück lagern, sind, solange sie noch nicht durch ihren Einbau oder die Montage zu wesentlichen Bestandteilen des Gebäudes geworden sind, bereits als Zubehör anzusehen, da sie dem wirtschaftlichen Zweck des zu errichtenden Gebäudes zu dienen bestimmt sind und zu ihm in einem dementsprechenden räumlichen Verhältnis stehen[65]. Sie können also zwar noch im Eigentum eines Dritten – etwa des Vorbehaltsverkäufers – stehen, teilen aber in wichtigen Hinsichten das rechtliche Schicksal des Grundstücks (s. unten Rn. 68ff.).

67 **Nicht** von **Zubehör** läßt sich sprechen, wenn wirtschaftlich zusammengehörige Sachen eine gleichwertige Funktion haben, so daß keine von ihnen im Verhältnis zu der anderen als Hauptsache angesehen werden kann, wie etwa Messer und Gabel, Hammer und Zange, Zugmaschine und Anhänger. Am räumlichen Verhältnis fehlt es, wenn beispielsweise die Ersatzteile für eine Maschine nicht auf dem Grundstück, auf dem sich diese befindet, oder auf einem Nachbargrundstück, sondern in einem weit davon entfernten Lager aufbewahrt würden. Nicht zum Zubehör des Grundstücks, von dem aus ein Speditions- oder Transportunternehmen geführt wird, gehören die dem Unternehmen dienenden Kraftfahrzeuge, wenn wesentliche Grundlage des Betriebs nicht das Grundstück, sondern die Fahrzeuge sind und diese sich nur selten auf dem Gründstück befinden[66]. Eine feste Grenze läßt sich hier schwerlich ziehen; auch die Verkehrsauffassung wird häufig unsicher sein.

---

[61] Staudinger/*Dilcher,* § 97 Rn. 21; Soergel/*Marly,* § 97 Rn. 29.

[62] Darüber, wann das der Fall ist, vgl. *BGHZ* 62, 49; 124, 380, 392.

[63] Vgl. die Angaben aus der Rechtspr. in MünchKomm/*Holch,* § 98 Rn. 13.

[64] Vgl. *RGZ* 77, 36, 38 (lesenswerte Entscheidung). Dagegen sind Rohstoffvorräte nicht dem Fabrikgrundstück, sondern nur dem Betrieb zu dienen bestimmt, weil sie wirtschaftlich im Verhältnis zum Grundstück einen diesem gleichwertigen Betriebsfaktor darstellen; vgl. *RGZ* 86, 326, 328; *Enneccerus/Nipperdey,* AT, § 126, 13c; Staudinger/*Dilcher,* § 97 Rn. 16.

[65] Vgl. *BGHZ* 58, 309, 312 (lesenswert!); ferner *BGH* LM § 98 BGB Nr. 1.

[66] So *BGHZ* 85, 234, 238ff.; *Medicus,* AT, Rn. 1197 bezeichnet die Entsch. als zweifelhaft.

2. Rechtsfolgen der Zubehöreigenschaft

a) Grundsätzliche rechtliche Selbständigkeit

Da Zubehörstücke selbständige bewegliche Sachen sind, bleiben sie **sonderrechtsfähig.** Sie können also im Eigentum eines anderen als dem des Eigentümers der Hauptsache stehen. Wird der von dem Eigentümer eines Fabrikgrundstücks für seinen Betrieb erworbene Lastwagen Zubehör des Grundstücks, so wird dadurch der Eigentumsvorbehalt des Verkäufers nicht unwirksam. Der Wagen verliert seine Zubehöreigenschaft, wenn ihn der Verkäufer auf Grund seines Eigentumsvorbehalts zurücknimmt und der Wagen damit vom Grundstück dauernd entfernt wird. 68

b) Einbeziehung in Verpflichtungsgeschäfte

Verpflichtungsgeschäfte über Sachen erstrecken sich im Zweifel auf deren Zubehör. 69 Es besteht danach eine **widerlegbare Vermutung für die Einbeziehung** von Zubehör in das Verpflichtungsgeschäft über die Hauptsache. Verpflichtet sich jemand dazu, eine Sache, sei es ein Grundstück oder eine bewegliche Sache, zu veräußern oder zu belasten, so erstreckt sich die Verpflichtung im Zweifel auch auf das Zubehör der Sache (§ 311 c). Die gleiche Auslegungsregel gilt für das dingliche Vorkaufsrecht an einem Grundstück (§ 1096 Satz 2). Auch das Vermächtnis einer Sache erstreckt sich im Zweifel auf das zur Zeit des Erbfalls vorhandene Zubehör dieser Sache (§ 2164).

c) Einbeziehung in die Auflassung

Im Falle der **Übereignung eines Grundstücks** erstreckt sich die Auflassung als das 70 dingliche **Verfügungsgeschäft** im Zweifel auch auf das Zubehör (§ 926 Abs. 1 Satz 2). Der Übergang des Zubehörs erfolgt aber nicht zwingend kraft Gesetzes, sondern verlangt die Einigung nach § 929 als dingliches Rechtsgeschäft. § 926 enthält aber eine widerlegbare Vermutung, daß diese Einigung in der Auflassung enthalten ist. Die Besonderheit des § 926 Abs. 1 besteht zusätzlich darin, daß die nach § 929 erforderliche Übergabe entbehrlich ist.

Soweit sich die Auflassung – nach der ausdrücklichen Erklärung der Parteien oder auf Grund 71 der eben genannten Auslegungsregel – auf das Zubehör des Grundstücks mit erstreckt, geht das Eigentum an den zur Zeit des Erwerbs vorhandenen Zubehörstücken, soweit sie dem Veräußerer gehören, zusammen mit dem Eigentum an dem Grundstück auf den Erwerber über, ohne daß es einer Besitzübergabe bedarf[67]. Auf die Besitzübergabe kommt es aber entscheidend an, wenn der Erwerber nur gutgläubig erwerben kann, weil der Veräußerer nicht Eigentümer der vorhandenen Zubehörstücke ist (§ 926 Abs. 2).

d) Einbeziehung in die Hypothekenhaftung

Die **Hypothek,** also das dingliche Verwertungsrecht an einem Grundstück, und 72 ebenso die **Grundschuld** (§ 1191), erstreckt sich auch auf das dem Eigentümer des Grundstücks gehörende Zubehör des Grundstücks (§ 1120; zwingend). Demgemäß unterliegt das Grundstückszubehör, obgleich es sich um bewegliche Sachen handelt, der Zwangsvollstreckung in Grundstücke (vgl. § 865 Abs. 1 ZPO), nicht aber der Zwangsvollstreckung in bewegliche Sachen (§ 865 Abs. 2 Satz 1 ZPO).

---

[67] Ähnliche Bestimmungen finden sich in den §§ 1031, 1093 Abs. 1 Satz 2 sowie § 11 ErbbaurechtsVO.

e) Einbeziehung in die Zwangsversteigerung

73 Im Falle der **Zwangsversteigerung** eines Grundstücks **erwirbt der Ersteher** durch Zuschlag mit dem Eigentum an dem Grundstück (§ 90 Abs. 1 ZVG, s.a. §§ 55 Abs. 1, 20 Abs. 2 ZVG) die Gegenstände, auf welche sich die Versteigerung erstreckt hat (§ 90 Abs. 2 ZVG). Zu ihnen gehören Zubehörstücke, die sich im Besitz des Schuldners befinden, unter den Voraussetzungen von § 55 Abs. 2 ZVG auch dann, wenn sie nicht dem Schuldner, sondern einem Dritten gehören. Zubehörstücke werden nach § 148 Abs. 1 ZVG auch von einer **Zwangsverwaltung** über das Grundstück erfaßt.

V. Unkörperliche Gegenstände als Rechtsobjekte

74 Unkörperliche Gegenstände, wie z.B. das Hervorbringen und die Weitergabe von Ideen oder Know-how können grundsätzlich ohne weiteres Leistungsinhalt einer schuldrechtlichen Verpflichtung sein. Gegenstand eines absoluten Herrschafts- oder Nutzungsrechts (s. oben § 15 Rn. 2ff.) und in diesem Sinne Rechtsobjekte können sie aber nicht wie Sachen generell sein, sondern nur soweit die Rechtsordnung an den unkörperlichen Gegenständen ein derartiges absolutes Recht ausdrücklich anerkennt.

1. Geistige Werke als Rechtsobjekte

75 Als unkörperliche Gegenstände, die das Gesetz als **Objekt absoluter Rechte** anerkennt, kommen geistige Güter wie Erfindungen oder künstlerische Schöpfungen in Betracht. Da es sich dabei um immaterielle Güter handelt, nennt man die dafür vorgesehenen Rechte, wie z.B. Patent-, Urheber- und Markenrechte auch **Immaterialgüterrechte.** Die Immaterialgüterrechte setzen sich aus dem Urheberecht (Rn 76ff.) und den gewerblichen Schutzrechten (Rn 80ff.) zusammen. Nicht jede geistige Idee kann Objekt eines absoluten Herrschaftsrechts und den damit verbundenen Unterlassungsansprüchen sein. Dies würde den freien Austausch und Wettbewerb von Ideen und Meinungen behindern. So kann das Know-how zwar Gegenstand schuldrechtlicher Verpflichtungen sein, ist aber nicht als Gegenstand eines absoluten Rechts anerkannt. Jeder kann deshalb sein eigenes Know-how erwerben, ohne daß ihm dies von einem anderen, der dieses Know-how bereits besitzt, verboten werden könnte. Geistige Werke müssen deshalb eine besondere Qualität aufweisen, um als Rechtsobjekt Gegenstand eines absoluten Herrschafts- und Verbietungsrechts sein zu können.

a) Rechtsobjekte des Urheberrechts

76 Als geistige Güter, die Gegenstand des Urheberrechts als eines absoluten Rechts sein können, erkennt das Gesetz die in §§ 1–4 UrhG aufgeführten **Werke der Literatur, der Wissenschaft und der** Kunst, aber gemäß § 69a UrhG auch **Computerprogramme** an. Gegenstand des Urheberrechts ist das **Geisteswerk als solches,** also das literarische oder wissenschaftliche Werk, das Musikwerk, das Gemälde oder Werk der bildenden Kunst als solches, nicht dagegen das sachliche Substrat, in dem es verkörpert ist, wie z.B. das geschriebene oder gedruckte Exemplar, das Gemälde aus Holz, Leinwand und Farbe[68]. Das sachliche Substrat ist in der Regel eine bewegliche Sache, die

[68] Vgl. *Ulmer,* Urheber- und Verlagsrecht, 3. Aufl. 1980, § 2 1 II.

im Besitz und im Eigentum, sei es des Urhebers oder eines anderen, steht. Das geistige Werk ist zwar in dem sachlichen Substrat verkörpert, bildet aber ein davon unabhängiges Rechtsobjekt, das selbständig neben dem sachlichen Substrat geschützt wird.

Der **Inhalt des geschützten geistigen Werkes** besteht nicht in der allgemeinen abstrakten Idee, die frei ist, sondern in ihrer speziellen und individuellen Ausgestaltung und den darin ausgedrückten Gedanken, Empfindungen und Gefühlsregungen, die durch ihre sprachliche oder künstlerische Form eine **individuelle Schöpfung** des menschlichen Geistes darstellen. Von wesentlicher Bedeutung ist dabei die Individualität, die Eigenartigkeit und Einzigartigkeit gerade dieses Geisteswerks, in der ein schöpferischer Impuls, eine persönliche Leistung des Urhebers zum Ausdruck kommen[69]. 77

Nach dem **Inhalt des Urheberrechts** soll der Urheber „in seinen geistigen und persönlichen Beziehungen zum Werk und in der Nutzung des Werkes" geschützt werden (§ 11 UrhG). Das Urheberecht gewährt dem Urheber daher zum einen die **persönlichkeitsrechtliche Befugnis,** allein über die Veröffentlichung seines Werkes selbst zu bestimmen und „eine Entstellung oder eine andere Beeinträchtigung seines Werkes zu verbieten, die geeignet ist, seine berechtigten geistigen oder persönlichen Interessen am Werk zu gefährden" (§ 14 UrhG). Zum anderen hat der Urheber das ausschließliche **Nutzungs- und Verwertungsrecht,** sein Werk etwa durch Vervielfältigung, Verbreitung oder öffentliche Ausstellung wirtschaftlich zu verwerten (§ 15 UrhG). Das Urheberrecht hat insoweit den Charakter eines absoluten Herrschaftsrechts an dem Geisteswerk (s. auch oben § 15 Rn. 8, 10). 78

Den Geisteswerken, die Gegenstände eines Urheberrechts sind, kann man an die Seite stellen die Gegenstände der dem Urheberrecht verwandten Schutzrechte wie Lichtbilder, Filmwerke und Darbietungen ausübender Künstler (§§ 72ff. UrhG). 79

b) Gewerbliche Schutzrechte und ihre Objekte

Neben den künstlerischen und wissenschaftlichen geistigen Leistungen, die ihren Schutz im Urheberrecht finden, werden auch **geistige Leistungen im gewerblichen und technischen Bereich** geschützt und damit als Rechtsobjekte anerkannt[70]. Wegen der Eigenart des Schutzobjekts spricht man hier von gewerblichen Schutzrechten[71]. Die gewerblichen Schutzrechte gewähren ihrem Inhaber das ausschließliche Bestimmungs- und Nutzungsrecht an dem jeweils geschützten Rechtsobjekt. Sie sind deshalb absolute Herrschaftsrechte (s. oben § 15 Rn. 8). 80

aa) **Patent und Gebrauchsmuster.** Bei den gewerblichen Schutzrechten wird, soweit es das Patentrecht und das Gebrauchsmusterrecht betrifft, die **erfinderische Leistung auf technischem Gebiet** als Rechtsobjekt geschützt. Patent und Gebrauchsmuster unterscheiden sich dadurch, daß an das Gebrauchsmuster hinsichtlich der Erfindungshöhe und der Neuheit der Erfindung geringere Anforderungen gestellt werden als an das Patent. 81

bb) **Geschmacksmuster.** Beim Geschmacksmuster bildet den Schutzgegenstand nicht eine technische Erfindung, sondern eine **ästhetische gewerbliche Gestaltung.** Das Geschmacksmusterrecht steht dem Urheberrecht nahe (s. auch § 1 GeschmMG) 82

---

[69] Vgl. *Ulmer,* aaO, § 19.
[70] Vgl. auch *Pawlowski,* AT, Rn. 281.
[71] Vgl. nur Erman/*Schiemann* § 823 Rn. 40; *Larenz/Canaris,* Schuldrecht II/2, § 76 II 4a.

unterscheidet sich von diesem aber dadurch, daß es die gewerbliche Verwertbarkeit verlangt, während das Urheberrecht auf künstlerischem und wissenschaftlichem Gebiet ohne Rücksicht auf die gewerbliche Verwertbarkeit besteht.

83 cc) **Marke.** Durch das Markenrecht werden **geschäftliche Kennzeichen** als Rechtsobjekte geschützt, in denen sich die **Werbeleistung** von Kaufleuten und Gewerbetreibenden in Bezug auf Waren oder Dienstleistungen eines Unternehmens zur Unterscheidung von Leistungen anderer Unternehmen niederschlägt (s. auch § 3 MarkenG).

2. Das Unternehmen als Rechtsgegenstand

a) Bestandteile des Unternehmens

84 Ein Unternehmen ist eine **organisatorische Verbindung personeller und sachlicher Kräfte,** das ein Gewerbetreibender oder freiberuflich Tätiger als organisatorische Einheit geschaffen hat. Dazu gehören die im Eigentum oder Besitz des Unternehmensinhabers stehenden Sachen (Grundstücke, Gebäude, Maschinen, Inventar, Rohstoff- und Warenvorräte), ihm zustehende Rechte (Forderungen, Patentrechten usw.) sowie sonstige unkörperliche Vermögenswerte, wie die Firma, der Ruf, das Know-how, geschäftliche Erfahrungen und Beziehungen, die Arbeitskräfte, die Kundschaft und anderes mehr zum Zwecke der Entfaltung einer meist auf einen wirtschaftlichen Erfolg gerichteten planmäßigen Tätigkeit. Wie schon die Zusammenstellung unkörperlicher Werte verschiedenster Art zeigt, ist es nicht leicht, das Unternehmen für die rechtliche Betrachtung als einheitliches Objekt zu sehen. Hinzukommt, daß aus dem Unternehmen als einer sich nur in fortgesetzter Tätigkeit erhaltenden Funktionseinheit die personelle Komponente nicht fortgedacht werden kann. So beschreibt denn auch § 14 Abs. 1 den Unternehmer und nicht das Unternehmen. Das Unternehmen ist nicht wie ein Geisteswerk ein konstanter, wenn auch von der Person des Unternehmers geprägter Gegenstand. Es ist „vom Personalen her ein werdender Rechtsgegenstand, der nie fertig, nie ganz objektiviert, immer auf dem Wege ist, sich gegenständlich zu konstituieren und zu integrieren“[72]. So ist es denn nicht verwunderlich, daß es bisher noch nicht gelungen ist, den Begriff des Unternehmens als eines Rechtsgegenstandes sui generis befriedigend zu definieren[73].

b) Unternehmen als einheitliches Objekt

85 Unternehmen können als solche zwar ein **einheitlicher Leistungsgegenstand** einer schuldrechtlichen Verpflichtung sein. Dies wollte der Gesetzgeber in § 453 Abs. 1 zum Ausdruck bringen[74]. Es ist ein Wirtschaftsgut und kann als solches auch ein Gegenstand schuldrechtlicher Verpflichtungen sein. Man kann es verkaufen oder verpachten. Es wirft, nicht anders als ein land- oder forstwirtschaftlich genutztes Grund-

---

[72] So *Brecher,* Das Unternehmen als Rechtsgegenstand, S. 129. Auch andere betonen die personale Seite des Unternehmens, sogar ihren Vorrang, so *Ritter,* Marburger Gespräch über Eigentum – Gesellschaftsrecht – Mitbestimmung, S. 54; die gegenständliche Seite stellt dagegen die Definition von *E. Wolf,* AT, S. 170 ganz in den Vordergrund; vgl. aber auch Staudinger/*Dilcher,* vor § 90 Rn. 23: „Dabei ist das Unternehmen weitgehend unabhängig von den Personen seiner Inhaber“.

[73] *Brecher* selbst verzichtet in klarer Erkenntnis dieser Lage auf eine Definition. Vgl. auch *Medicus,* AT, Rn. 1200.

[74] S. dazu auch *M. Wolf/Kaiser,* DB 2002, 411.

stück, Erträge ab. Nach vorherrschender Meinung ist es aber **kein einheitliches Rechtsobjekt für ein absolutes Herrschaftsrecht**[75]. Gäbe es ein solches Recht, so müßte auch eine einheitliche Verfügung über das Unternehmen als Ganzes möglich sein. Das ist aber unstrittig nicht der Fall[76]. Wer sich zur Übertragung eines Unternehmens als Einheit schuldrechtlich verpflichtet hat, kann diese Verpflichtung nur dadurch erfüllen, daß er entsprechend dem Spezialitätsgrundsatz (s. oben Rn. 37) die einzelnen dazu gehörenden Sachen, Rechte und sonstigen Gegenstände durch Vornahme der entsprechenden Verfügungsgeschäfte überträgt und die unkörperlichen Werte dem Erwerber zugänglich macht, z. B. durch Überlassung von Kundenlisten, Adressen, Plänen, Zeichnungen und Geschäftspapieren, der Erteilung von Auskünften, Empfehlungsschreiben und ähnlichem mehr.

Auch wenn das gewerbliche Unternehmen von der Rechtsprechung durch die Annahme des 86
sogenannten **Rechts am eingerichteten und ausgeübten Gewerbebetrieb**[77] gegen unmittelbar betriebsbezogene Beeinträchtigungen gemäß § 823 Abs. 1 geschützt wird, so ist das Unternehmen dennoch **kein tauglicher Gegenstand eines einheitlichen Herrschaftsrechts.** Das sogenannte Recht am Gewerbebetrieb erschöpft sich im Schutz des unternehmerischen Tätigkeitsbereichs, den die Rechtsprechung unter die sonstigen Rechte in § 823 Abs. 1 subsumiert hat. Dies gewährt aber keine unmittelbaren Herrschaftsbefugnisse, die dem Inhaber des Unternehmens nicht bereits auf Grund aller zu dem Vermögenskomplex Unternehmen gehörenden Einzelrechte ohnehin zustünden, und es ist kein Verfügungsgegenstand.

3. Die Persönlichkeitssphäre als Rechtsobjekt

Die Person als Mensch ist kein Objekt von Herrschaftsrechten (s. oben Rn. 7), da 87
sie ihre Existenz von Natur aus beherrscht und nicht erst von der Rechtsordnung verliehen bekommt. Davon zu unterscheiden ist die die Person umgebende und von ihr geschaffene Persönlichkeitssphäre, die Gegenstand des Persönlichkeitsrechts ist. Einzelne **von der Person losgelöste und verselbständigte Inhalte der Persönlichkeit** wie etwa die vergegenständlichten Äußerungen oder Darstellungen der Person, ihr Bild, der Inhalt eines Privatbriefs, ihre auf einem Stück Papier festgehaltene Handschrift oder ihre auf ein Tonband festgehaltene Stimme, aber auch ihr Name[78] können Objekt des Persönlichkeitsrechts als Herrschaftsrecht sein, die die Rechtsordnung schützt und über die sie Verfügungsmacht verleiht. Diese verselbständigten Erscheinungsformen der Persönlichkeit sind als unkörperliche Gegenstände verwertbar und in mancher Hinsicht dem Urheberrecht vergleichbar und damit auch als Rechtsobjekte und Objekte von Herrschaftsrechten anzuerkennen. Neben diesen selbständig verwertbaren Teilgegenständen der Persönlichkeit stehen aber andere Teilinhalte, die der Person aufgrund ihrer Würde zukommen. Diese sind zwar wie die Persönlichkeit als

---

[75] Zu einer Übersicht über die mannigfachen Bemühungen um die Erfassung des Unternehmens als eines einheitlichen Rechtsgegenstandes s. *Raisch,* „Geschichtliche Voraussetzungen, dogmatische Grundlagen und Sinnwandlung des Handelsrechts", 1965, S. 131 ff., der sich selbst aber weniger dem Begriff des Unternehmens als dem des Unternehmers zuwendet.

[76] *Enneccerus/Nipperdey,* AT, § 133 III; *Medicus,* AT, Rn. 1200; *Hübner,* AT, Rn. 295 hält dies für bedauerlich.

[77] Vgl. dazu *Larenz/Canaris,* Schuldrecht II/2, § 81. Es handelt sich hierbei um den Versuch, der wirtschaftlichen Betätigung in einem Unternehmen einen über das Wettbewerbsrecht hinausreichenden Deliktsschutz zu gewähren. Grundsätzliche Bedenken hiergegen bei *Raiser,* JZ 1961, 469 und ZBernJV 1961, 135 ff.; *Larenz/Canaris,* Schuldrecht II/2, § 81 III.

[78] Vgl. hierzu oben § 8 Rn. 29 ff.; s. auch *Larenz/Canaris,* Schuldrecht II/2, § 80 II.

Ganzes Schutzgegenstand des Persönlichkeitsrechts (s. oben § 8 Rn. 3, 7f.). Sie sind aber nicht verwertbare Objekte von Herrschaftsrechten und in diesem Sinne keine Rechtsobjekte. Das Persönlichkeitsrecht ist auch nicht als Leistungsgegenstand schuldrechtlicher Pflichten anzuerkennen, soweit es Ausdruck der Würde der Person ist, deren Veräußerung und Beeinträchtigung die Rechtsordnung nicht als rechtlich verbindlich anerkennen kann.

4. Rechte als unkörperliche Rechtsobjekte

88 Gegenstand von Herrschaftsrechten können auch andere Rechte sein. So kann insbesondere der Nießbrauch (§ 1068) als Nutzungsrecht und das Pfandrecht (§ 1273) als Verwertungsrecht an anderen Rechten bestehen. Gegenstand eines Nießbrauchs oder eines Pfandrechts an einem Rechte können grundsätzlich alle übertragbaren Rechte sein (vgl. §§ 1069 Abs. 2, 1274 Abs. 2).

89 Dem Nießbraucher eines Rechtes steht die Herrschaft über dieses Recht in der Weise zu, daß ihm etwa die Erträgnisse des Rechts (Zinsen, Dividenden, Lizenzgebühren) zukommen. Der Inhaber eines Pfandrechts an einem Recht hat die Herrschaft in der Weise, daß er bei Vorliegen bestimmter Voraussetzungen das ihm verpfändete Recht im Wege der Zwangsvollstreckung verwerten kann (§ 1277). Der Pfandgläubiger einer Forderung ist, wenn er Befriedigung verlangen kann, zur Einziehung der Forderung berechtigt; vorher kann er nur verlangen, daß der Schuldner der ihm verpfändeten Forderung an ihn und an den Gläubiger der verpfändeten Forderung gemeinsam leistet (§§ 1281, 1282).

90 Nicht zu den Rechten an anderen Rechten zählen die Rechte am Eigentum. Rechte am Eigentum sind die beschränkten dinglichen Rechte, die als Herrschaftsrechte an der Sache betrachtet werden, auch wenn sie, wie z.B. eine Hypothek, keine unmittelbare Sachherrschaft, sondern nur die Möglichkeit zu einer Einwirkung auf das Eigentum gewähren. Mit den Rechten an Rechten sind also lediglich Rechte an einem anderen Recht als dem Eigentumsrecht gemeint.

91 Man versteht die Rechte an Rechten am besten so, daß man in ihnen verselbständigte und auf den Berechtigten übertragene Abspaltungen des zugrunde liegenden Rechts derart sieht, daß die Befugnisse, die dieses Recht gewährt, nunmehr in bestimmter Weise zwischen dem Rechtsinhaber und dem an dem Rechte Berechtigten aufgeteilt sind[79]. Daraus ergibt sich, daß die Rechte an Rechten jeweils von derselben Struktur sind wie das Recht, an dem sie bestehen. Sie haben forderungsähnlichen Charakter, wenn das belastete Recht eine Forderung ist und dinglichen Charakter, wenn das belastete Recht ein dingliches Recht ist[80].

5. Tun oder Unterlassen kein Rechtsgegenstand

92 Inhalt und Leistungsgegenstand eines Forderungsrechts und eines Anspruchs ist das Recht, von einem anderen ein Tun oder Unterlassen zu verlangen (§§ 194, 241). Das Tun oder Unterlassen eines anderen ist aber **nicht Herrschaftsobjekt eines ande-**

[79] Vgl. *v. Tuhr,* AT I § 6 VI; *Baur/Stürner,* Sachenrecht § 60 Rn. 1; *Wolff/Raiser,* Sachenrecht § 120 I; *Westermann,* Sachenrecht § 136 I 2.

[80] Einschränkend *Canaris,* FS Flume 1978, S. 375. Da das Pfandrecht an einer Forderung diese dem Pfandgläubiger mit absoluter Wirkung zuordne, sei es ein dingliches Recht, obwohl es „im übrigen" mit der Forderung deren schuldrechtlichen Charakter teile. Die absolute Wirkung betrifft auch hier nur die Zuständigkeit der den Inhalt des Pfandrechts ausmachenden Befugnisse, nicht diese – als allein gegen den Schuldner gerichtete – selbst.

ren. Forderungsrechte und Ansprüche beziehen sich deshalb zwar auf das Verhalten, machen dieses Verhalten aber nicht zum Rechtsobjekt.

Auch **Gestaltungsrechte haben kein Rechtsobjekt.** Sie ermöglichen zwar die **93** Begründung, die Änderung oder die Beendigung eines Rechtsverhältnisses durch einseitige Gestaltungserklärung des Berechtigten (s. oben § 15 Rn. 78ff.). Das Rechtsverhältnis ist aber weder das Herrschaftsobjekt noch das Schutzobjekt der Gestaltungsrechte.

VI. Früchte und Nutzungen

Sachen werden vielfach genutzt und bringen dadurch wirtschaftliche Vorteile, sei es **94** durch unmittelbaren Gebrauch der Sache selbst oder dadurch, daß die Sache einem anderen gegen Entgelt zum Gebrauch überlassen wird. Teilweise werden durch Wachstum in der Natur auch neue Sachen erzeugt oder aus mehreren Einzelteilen zusammengesetzte Sachen wie z.B. ein Fahrzeug oder eine Maschine werden in ihre Einzelteile zerlegt. Auch Rechte und Rechtsverhältnisse können Erträge abwerfen, so die Zinsen aus einem Darlehensvertrag, die Dividenden aus Aktien oder generell die Gewinne aus einem Unternehmen. In diesen Fällen fragt sich, **wem** die Früchte und Nutzungen sowie Erzeugnisse und Bestandteile zu Eigentum **gehören** bzw. wem sie **gebühren.** Mit dem Gebühren ist dabei gemeint, wer die Früchte und Nutzungen sowie ihren Wert endgültig erhalten soll, auch wenn sie zunächst in das Eigentum eines anderen fallen.

Das BGB regelt an mehreren Stellen, wer berechtigt ist, die Nutzungen einer Sache oder ei- **95** nes Rechts zu ziehen oder die Früchte zu genießen. Nach § 581 stehen dem Pächter und nach §§ 1030, 1068 dem Nießbraucher die Früchte und Nutzungen zu. §§ 953ff. regelt, wer das Eigentum an Erzeugnissen und sonstigen Bestandteilen nach ihrer Trennung erwirbt. Bei der gemeinschaftlichen Zuständigkeit eines Rechts nach Bruchteilen gebührt jedem Teilnehmer ein seinem Anteil entsprechender Bruchteil der Früchte (§ 743 Abs. 1). Dem Käufer einer Sache gebühren von der Übergabe an ihre Nutzungen (§ 446 Satz 2). § 101 regelt unter zeitlichen Aspekten, wem die Früchte einer Sache oder eines Rechts gebühren. Wer etwas ohne rechtlichen Grund erlangt und daher das Erlangte nach § 812 herauszugeben hat, hat auch die von ihm gezogenen Nutzungen des erlangten Gegenstandes herauszugeben (§ 818 Abs. 1). Zur Herausgabe von Nutzungen ist unter Umständen der Besitzer verpflichtet, der dem Eigentümer dessen Sache herauszugeben hat (§§ 987, 990, 993). Auch der sogenannte Erbschaftsbesitzer hat dem Erben die von ihm gezogenen Nutzungen der Erbschaft herauszugeben (§ 2020).

Neben der Frage, wem die Nutzungen und Früchte einer Sache gehören oder ge- **96** bühren, muß auch geregelt werden, was Früchte und Nutzungen im einzelnen sind. Während das Gehören und Gebühren von Nutzungen und Früchten in verschiedenen Zusammenhängen und an verschiedenen Stellen geregelt wird, werden die **Begriffe der Früchte und Nutzungen** im Allgemeinen Teil des BGB **in §§ 99, 100** für das BGB und das Zivilrecht insgesamt bestimmt. Zu unterschieden sind danach die Früchte und die Nutzungen einer Sache einerseits und die Früchte und Nutzungen eines Rechts andererseits. Der Begriff der Nutzungen ist umfassender als der der Früchte. Zu den Nutzungen gehören neben den Früchten einer Sache oder eines Rechts auch die Gebrauchsvorteile (§ 100). Im einzelnen sind verschiedene Arten zu unterscheiden, die nicht so sehr der Abgrenzung voneinander, als vielmehr der inhaltlichen Bestimmung des umfassenden Begriffs der Nutzungen dienen. Zweifel bei der

Abgrenzung der verschiedenen Arten von Früchten und Nutzungen brauchen demgemäß grundsätzlich nicht entschieden zu werden[81], solange nur die Zuordnung zu den Früchten oder Nutzungen klar ist.

1. Sachfrüchte

97 Zu den Sachfrüchten als den Erträgen aus einer Sache gehören sowohl die unmittelbaren oder natürlichen Früchte der Sache wie auch die sog. mittelbaren Früchte.

a) Unmittelbare Sachfrüchte

98 Unmittelbare Früchte einer Sache sind „die Erzeugnisse der Sache und die sonstige Ausbeute, welche aus der Sache ihrer Bestimmung gemäß gewonnen wird" (§ 99 Abs. 1).

99 **Erzeugnisse** sind die organischen von einem Tier abgetrennten Teile[82], wie z.B. die Wolle des Schafes, die Milch aber auch das Kalb der Kuh, ferner Bodenerzeugnisse, also alles, was auf einem Grundstück wächst, einerlei ob es bei wirtschaftlicher Betrachtungsweise als Erträgnis des Grundstücks anzusehen ist oder nicht. Erträgnisse sind solche Produkte, die bei entsprechender Bewirtschaftung immer wieder gewonnen werden können, also z.B. auf dem Grundstück gewachsenes Getreide (Korn und Stroh), die Früchte der auf ihm stehenden Obstbäume und Sträucher, bei einem Wald das im Rahmen ordnungsgemäßer Bewirtschaftung geschlagene Holz: Früchte, die nicht Erträgnisse sind, vielmehr die Substanz der Sache schmälern, wären z.B. die Obstbäume selbst, soweit sie noch tragen, der Windbruch oder das im Übermaß geschlagene Holz. Allerdings muß die Sache als solche erhalten bleiben, so ist Fleisch des Mastochsen nicht eine Frucht desselben. Der Pächter hat nur ein Recht auf diejenigen Früchte, die „nach den Regeln einer ordnungsgemäßen Wirtschaft als Ertrag anzusehen sind" (§ 581); auf sie, und nur auf sie, bezieht sich die im Pachtvertrag enthaltene Aneignungsgestattung (§ 956). Der Nießbraucher erwirbt darüber hinaus das Eigentum an den „Übermaßfrüchten", hat jedoch bei Beendigung des Nießbrauchs deren Wert zu ersetzen (§ 1039).

100 Bei der **sonstigen Ausbeute,** welche aus der Sache ihrer Bestimmung gemäß gewonnen wird, handelt es sich um Bestandteile, die einer Sache, meist einem Grundstück, ihrer wirtschaftlichen Nutzungsart gemäß entnommen werden[83], wie z.B. Steine, Kies, Sand sowie nicht bergrechtliche (also nur die dem Grundeigentümer gehörenden) Mineralien und sonstige Bodenbestandteile. Ein im Grundstück verborgener Schatz gehört nicht hierher, weil er aus dem Grundstück nicht „seiner Bestimmung gemäß" gewonnen wird (vgl. § 1040).

b) Mittelbare Sachfrüchte

101 Mittelbare Früchte einer Sache sind die **Erträge,** welche eine Sache **vermöge eines Rechtsverhältnisses** gewährt (§ 99 Abs. 3). Zu denken ist hier vornehmlich an Miet- und Pachtzinsen[84]. Sie sind wirtschaftlich gesehen zwar Erträge der Sache, aber Erträge, die die Sache vermöge des Miet- oder Pachtverhältnisses dem Vermieter oder Verpächter und damit im Normalfall ihrem Eigentümer einbringt. Da diese Früchte nur mittels eines Rechtsverhältnisses als Entgelt für die Überlassung der unmittelbaren Sachnutzung entstehen, spricht man von mittelbaren Früchten der Sache. Während es sich bei den unmittelbaren oder natürlichen Früchten um organisch Gewachsenes und um körperliche Teile aus der Hauptsache handelt, wird bei den mittelbaren Früchten

---

[81] S. aber zu Ausnahmen unten § 20 Rn. 111ff.

[82] Vgl. Erman/*Michalski,* § 99 Rn. 4; MünchKomm/*Holch,* § 99 Rn. 3, 4; Soergel/*Marly,* § 99 Rn. 6.

[83] Vgl. Soergel/*Marly,* § 99 Rn. 8; MünchKomm/*Holch,* § 99 Rn. 4; Palandt/*Heinrichs,* § 99 Rn. 2.

[84] Vgl. Erman/*Michalski,* § 99 Rn. 9; Bamberger/Roth/*Fritzsche,* § 99 Rn. 13f.; MünchKomm/*Holch,* § 99 Rn. 5; Soergel/*Marly,* § 99 Rn. 16.

an die Erträge als dem von anderen gezahlten Entgelt und damit an eine wirtschaftliche Betrachtung angeknüpft.

Keine mittelbare Frucht der Sache oder des Eigentums ist aber der Kaufpreis, weil er kein Ertrag, sondern der Gegenwert für das Eigentum ist[85]. 102

2. Rechtsfrüchte

Unter Rechtsfrüchten versteht das Gesetz die Erträge, die ein Recht (außer dem Eigentum) seiner Bestimmung gemäß dem Berechtigten gewährt; so etwa bei einem Recht auf die Gewinnung von Bodenbestandteilen die gewonnenen Bestandteile (§ 99 Abs. 2). Die Erträgnisse aus dem Eigentum werden infolge der Gleichsetzung von Eigentum und Sache als Sachfrüchte angesehen. 103

a) Unmittelbare Rechtsfrüchte

Auch hier sind wieder die unmittelbaren Früchte des Rechts in § 99 Abs. 2 von den mittelbaren Früchten in § 99 Abs. 3 zu unterscheiden. Unmittelbare Rechtsfrüchte sind im Regelfall natürliche Früchte der Sache, auf die sich das Recht bezieht. 104

Beispiele: Unmittelbare Früchte eines Pachtrechts sind die vom Pächter des landwirtschaftlichen Grundstücks gewonnenen Erzeugnisse oder die vom Pächter in einem Steinbruch gewonnenen Steine oder bei einem GmbH-Anteil der Gewinn. 105

b) Mittelbare Rechtsfrüchte

Mittelbare Rechtsfrüchte sind die Früchte, die vermöge eines Rechtsverhältnisses erzielt werden, wie z. B. die durch ein Unterpachtverhältnis vom Pächter erzielten Pachtzinsen[86]. Pachtzinsen, die der Eigentümer erhält, sind nach der Terminologie des Gesetzes mittelbare Sachfrüchte, Pachtzinsen, die der Hauptpächter vom Unterpächter erhält, mittelbare Rechtsfrüchte, während die vom Pächter selbst oder vom Unterpächter geernteten natürlichen Früchte des Pachtlandes für diese Rechtsfrüchte, nämlich unmittelbare Früchte ihres Pachtrechts sind. Hier wird ganz deutlich, daß die sogenannten mittelbaren Sachfrüchte, also die Pachtzinsen, die der Eigentümer des Grundstücks von dessen Hauptpächter erhält, im Unterschied zu den Pachtzinsen, die der Hauptpächter vermöge des Unterpachtverhältnisses erzielt, mittelbare Früchte seines Eigentums sind und damit im Grunde auch Früchte aus dem Eigentum als Recht sind. 106

Als Rechtsfrüchte, nämlich als Früchte der Darlehensforderung, werden von vielen die Zinsforderungen bei einem verzinslichen Darlehen angesehen[87]. Wirtschaftlich gesehen sind sie der Ertrag des überlassenen Kapitals, den dieses mittels eines Rechtsverhältnisses, des Darlehensverhältnisses abwirft. Sie sind demnach mittelbare Sachfrüchte des Kapitals, also regelmäßig einer Geldsumme. 107

3. Früchte eines Unternehmens

Das Gesetz kennt nur Früchte einer Sache und Früchte eines Rechts, nicht Früchte oder Nutzungen eines Unternehmens als solche. Zu den Erträgen gehören insbeson- 108

---

[85] Entsprechendes gilt für die Brandversicherungssumme, vgl. *BGH* FamRZ 1991, 1290.

[86] Vgl. Erman/*Michalski,* § 99 Rn. 9; MünchKomm/*Holch,* § 99 Rn. 12.

[87] *Enneccerus/Nipperdey,* AT, § 127 Anm. 14; Soergel/*Marly,* § 99 Rn. 15; Staudinger/*Dilcher,* § 99 Rn. 13; a. A. MünchKomm/*Holch,* § 99 Rn. 6.

dere die Gewinne des Unternehmens. Das Unternehmen ist aber weder eine Sache (s. oben Rn. 84ff.) noch sind seine Erträge die Früchte eines Rechts, da es kein Recht am Unternehmen als solchen gibt, über das verfügt werden könnte[88]. Gleichwohl ist zu entscheiden, ob die Früchte des Unternehmens den Sachfrüchten oder den Rechtsfrüchten zugeordnet werden.

109 **Beispiele:** Wird Klage auf Herausgabe eines Unternehmens erhoben, das im wesentlichen aus Sachen besteht, so ist der Gewinn des Unternehmens nach § 987 herauszugeben, soweit er zu den Sachfrüchten gehört, nicht aber wenn er den Rechtsfrüchten zugeordnet wird[89]. Beim Verkauf eines Unternehmens stehen die Unternehmensgewinne ab der Übernahme nach § 446 Satz 2 mit § 453 Abs. 1 dem Käufer zu, sofern die Unternehmensgewinne zu den Früchten und damit zu den Nutzungen (§ 100) des Unternehmens zählen.

110 Es ist sachgemäß, die Vorschriften über Sachfrüchte auf die Erträgnisse eines Unternehmens analog anzuwenden[90]. Das zeigt schon der Vergleich eines Unternehmens etwa mit einem landwirtschaftlich genutzten Grundstück. Die Erträgnisse des Unternehmens sind hiernach unmittelbare Früchte des Unternehmens, wenn der Inhaber sie selbst erwirtschaftet; verpachtet er das Unternehmen, so sind die Pachtzinsen mittelbare Sachfrüchte des Unternehmens. Die Erträgnisse, die der Pächter erzielt, sind unmittelbare Rechtsfrüchte seines Pachtrechts. Hat er kein Pachtrecht, so sind es Sachfrüchte, die er als Besitzer zieht, aber an den Eigentümer nach § 987 herausgeben muß.

111 Es ist jedoch zu unterscheiden zwischen den Gewinnteilen, die auf die Nutzung des Unternehmensgegenstands zurückzuführen sind, und solchen Gewinnteilen, die auf den persönlichen Leistungen und Fähigkeiten des Unternehmers beruhen und deshalb nicht zu den Früchten des Unternehmens zählen[91]. Die Abgrenzung kann danach vorgenommen werden, daß man den Pachtwert des Unternehmens ermittelt.[92]

4. Nutzungen

112 Die **Früchte und** die **Gebrauchsvorteile** einer Sache oder eines Rechts zusammen bilden die Nutzungen (§ 100). Der Gebrauch einer Sache ist einerseits zu unterscheiden von ihrem Verbrauch, der stets mit ihrer völligen oder teilweisen Vernichtung einhergeht und anderseits von der Fruchtziehung.

113 **Beispiele:** Der Mieter ist nur zum Gebrauch der Mietsache (§ 535), der Pächter darüber hinaus, wenn auch nur im Rahmen einer ordnungsgemäßen Wirtschaft, zum Genuß der Früchte berechtigt (§ 581 Abs. 1). Dem Nießbraucher kommen grundsätzlich alle Nutzungen der Sache zu (§ 1030). Besteht ein Nießbrauch an einem GmbH-Anteil oder einer Aktie, so

---

[88] Dagegen meint der BGH, daß die Erträgnisse eines Unternehmens den mittelbaren (?) Rechtsfrüchten „am nächsten“ stünden; so *BGHZ* 7, 208, 218; *BGH* LM § 102 BGB Nr. 1; so auch MünchKomm/*Holch,* § 99 Rn. 11.

[89] So *BGHZ* 7, 208, 218.

[90] So zutreffend Soergel/*Marly,* § 99 Rn. 3. Vgl. auch Palandt/*Heinrichs,* § 99 Rn. 3: „Frucht der Sach- und Rechtsgesamtheit analog I und II“; s. auch *BGH* LM § 818 BGB Nr. 7; *BGH* LM § 102 BGB Nr. 1.

[91] S. auch *BGHZ* 7, 208, 218; Palandt/*Bassenge,* § 987 Rn. 2; Soergel/*Mühl,* § 987 Rn. 2.

[92] Dies betonen auch MünchKomm/*Medicus,* § 987 Rn. 13 und Staudinger/*Gursky,* § 987 Rn. 20, denenzufolge ein über den objektiven Pachtwert hinausgehender Gewinn immer das Ergebnis unternehmerischer Fähigkeiten ist und daher nicht nach § 987 errechnet werden muß. Auch der *BGH* hat in *BGH* NJW 1978, 1578 bei einem Tankstellenbetrieb auf den Pachtzins abgestellt.

steht das Stimmrecht als Gebrauchsvorteil dem Nießbraucher zu[93]. Ebenso hat der Nießbraucher einer Eigentumswohnung das Stimmrecht in der Wohnungseigentümerversammlung.

Wer Nutzungen herauszugeben oder ihren Wert zu ersetzen hat, hat die gezogenen Früchte soweit möglich in Natur herauszugeben, sonst ihren Wert zu erstatten und ferner den Wert der gezogenen Gebrauchsvorteile zu vergüten (s. etwa § 346 Abs. 1 und 2, § 818 Abs. 1 und 2). Unter bestimmten Umständen ist auch für nicht gezogene Nutzungen Wertersatz zu leisten (s. etwa §§ 347, 987 Abs. 2, 990). **114**

5. Zeitliche Aufteilung von Nutzen und Lasten

Ist jemand berechtigt, die Früchte einer Sache oder eines Rechts z. B. auf Grund eines Pachtvertrages oder als Nießbraucher bis zu einem bestimmten Zeitpunkt oder von einem bestimmten Zeitpunkt an zu beziehen, so können sich Zweifel darüber, wem sie gebühren, dann ergeben, wenn diese Früchte periodisch anfallen und wenn der Zeitpunkt des Wechsels der Berechtigung nicht gerade mit dem Ende einer solchen Periode zusammenfällt. Das Gesetz löst diese Zweifel durch die Auslegungsregel in § 101 auf verschiedene Weise. **115**

- **Nach § 101 Nr. 1** kommt es für die natürlichen Früchte einer Sache oder eines Rechts darauf an, in wessen Berechtigungszeit sie von der Muttersache tatsächlich getrennt werden.
- **Nach § 101 Nr. 2 HS 1** entscheidet bei mittelbaren Früchten grundsätzlich, wann sie fällig werden.
- **Nach § 101 Nr. 2 HS 2** gilt für die wichtigsten Fälle, wie für Miet- und Pachtzinsen sowie für die Zinsen aus einem Darlehen oder für die Gewinnanteile aus einem Unternehmen oder einem Gesellschaftsanteil aber etwas anderes. Hier ist die Aufteilung nach dem Verhältnis der Dauer (pro rata temporis) der Berechtigung eines jeden vorzunehmen. Es handelt sich dabei um eine schuldrechtliche Ausgleichspflicht im Innenverhältnis zwischen dem alten und dem neuen Berechtigten unabhängig davon, wer nach außen Inhaber der Sache oder des Rechts ist.

Beispiele: (1) Der Landwirt V verkauft und übereignet die für ihn unerkennbar bereits trächtige Stute an K als Käufer. Das Fohlen wird bei K geboren. K wird nach § 953 dessen Eigentümer. Das Fohlen gebührt ihm auch nach § 101 Nr. 1, d. h. er ist nicht verpflichtet, es an V herauszugeben. – Hätte K die erkennbar hochträchtige Stute gekauft und wegen der Trächtigkeit einen höheren Kaufpreis bezahlt, wäre das Fohlen aber frühzeitig vor der Übergabe und Übereignung noch bei V geboren worden, so würde V Eigentümer des Fohlens nach § 953. Das Fohlen würde ihm nach § 101 Nr. 1 auch gebühren. Aus dem Kaufvertrag ist jedoch wegen des vereinbarten höheren Kaufpreises als von § 101 Nr. 1 abweichende Vereinbarung zu entnehmen, daß K von V nach § 433 Abs. 1 auch Übergabe und Übereignung des Fohlens verlangen kann. Nach § 102 könnte V von K aber Erstattung der Kosten der Geburt, z. B. für einen beigezogenen Tierarzt verlangen. **116**

(2) Ist das verpachtete Grundstück verkauft und dem Käufer am 31. März übergeben worden (vgl. § 446 Satz 2), der Pachtzins aber jährlich am 1. Oktober für das am 30. September abgelaufene Pachtjahr zu entrichten, so wird der Käufer im Verhältnis zum Pächter zwar Gläubiger der Pachtzinsforderung, die nach § 566 mit § 581 Abs. 1 auf ihn übergeht. Er darf den Pachtzins aber nicht in vollem Umfang behalten. Vielmehr gebührt nach § 101 Nr. 2 HS 2 der von dem Pächter nach der Übergabe entrichtete Pachtzins für das abgelaufene Pachtjahr im Verhältnis zwischen dem Verkäufer und dem Käufer jedem zur Hälfte, d. h. dem Verkäufer gebührt der Pachtzins vom 1. Oktober des Vorjahres bis zum Übergabetag am 31. März einschließlich **117**

[93] *RGZ* 118, 266, 269; ebenso MünchKomm/*Holch,* § 100 Rn. 3.

(dazu § 188 Abs. 2) und dem Käufer gebührt der Pachtzins von dem auf den Übergabetag am 31. März an folgenden Tag, dem 1. April an (s. § 187 Abs. 1) bis zum 30. September. Da der Käufer den Pachtzins als neuer Gläubiger eingezogen hat, der Pachtzins nach § 101 Nr. 2 HS 2 aber zur Hälfte dem Verkäufer gebührt, ist er verpflichtet, die Hälfte an den Verkäufer auszuzahlen. Dasselbe gilt für die Aufteilung des Jahresgewinns beim Verkauf eines Gesellschaftsanteils an einer Personen- oder Kapitalgesellschaft, z.B. eines OHG-Anteils oder eines GmbH-Anteils[94]. Dieser ist entsprechend der bis zum Übertragungstag vergangenen Zeit aufzuteilen. Da § 101 dispositiver Natur ist, können andere Vereinbarungen getroffen werden und sie werden auch häufig getroffen, z.B. daß der gesamte Jahresgewinn unabhängig vom Tag der Übertragung dem Käufer gebührt.

118 Eine ähnliche Bestimmung trifft § 103 für die Lasten. Bei Lasten handelt es sich um Belastungen öffentlich-rechtlicher oder privater Natur, durch welche der Besitzer einer Sache oder Inhaber eines Rechtes als solche zu einer Leistung verpflichtet sind. Hierzu gehören z.B. Grundsteuern und Erschließungsbeiträge oder Zinsen auf Hypotheken und Grundschulden, nicht aber bauordnungsrechtliche Auflagen oder Grunddienstbarkeiten[95].

6. Ersatz der Gewinnungskosten

119 § 102 bestimmt, daß, wer zur Herausgabe von Früchten, die er gezogen hat, verpflichtet ist, in bestimmten Grenzen Ersatz der von ihm auf die Gewinnung der Früchte verwendeten Kosten verlangen kann, einschließlich der persönlich von ihm erbrachten Arbeitsleistung[96]. Dabei handelt es sich um einen selbständigen Anspruch, der nicht nur die Einrede des Zurückbehaltungsrechtes begründet[97].

§ 21. Das Vermögen

Inhaltsübersicht

[94] S. dazu *BGH* NJW 1995, 1027.

[95] MünchKomm/*Holch,* § 103 Rn. 6ff.; Bamberger/Roth/*Fritzsche,* § 103 Rn. 4f.

[96] *BGH* LM § 102 BGB Nr. 1; ebenso MünchKomm/*Holch,* § 102 Rn. 4; Soergel/*Marly,* § 102 Rn. 3; Staudinger/*Dilcher,* § 102 Rn. 4; s. auch oben Rn. 116.

[97] Erman/*Michalski,* § 102 Rn. 3.

I. Der Vermögensbegriff des BGB

Das BGB enthält weder eine Begriffsbestimmung noch irgendwelche allgemeinen Regeln über das Vermögen. Der Vermögensbegriff ist jedoch von erheblicher Bedeutung. Zahlreiche Vorschriften im BGB und anderen Gesetzen beziehen sich auf das Vermögen. Von einem Vermögen spricht das Gesetz regelmäßig in Bezug auf bestimmte natürliche oder juristische Personen, denen das Vermögen als Rechtsträger zusteht. 1

Das Vermögen betreffende Vorschriften enthalten im BGB z.B. §§ 45ff., 88, 311b, 718f., 1085, 1363ff., 1373ff., 1416, 1577, 1605, 1626, 1629a, 1638, 1640, 1642, 1793f., 1802, 1805f., 1908, 1914, 1922, 2032. Mit dem Begriff „Nachlaß", der das ganze Erbrecht durchzieht, bezeichnet das BGB das Vermögen des verstorbenen Erblassers. Der Begriff des Vermögens ist auch von Bedeutung im Handelsrecht, das in § 242 HGB den Kaufmann verpflichtet, in der Bilanz das Verhältnis seines Vermögens und seiner Schulden darzustellen. Der Vermögensbegriff ist auch von Bedeutung für die Zwangsvollstreckung, die in das bewegliche Vermögen (§ 803 ZPO) und in das unbewegliche Vermögen (§ 864 ZPO) des Schuldners erfolgt. Nach § 807 ZPO muß der Schuldner ein Verzeichnis über sein Vermögen vorlegen (s. auch § 117 Abs. 2 ZPO). Dem Insolvenzverfahren unterliegt das Vermögen des Schuldners (§§ 1, 35 InsO) und mit der Eröffnung des Verfahrens geht das Recht zur Verwaltung des Vermögens auf den Insolvenzverwalter über (§ 80 Abs. 1 InsO). Nach dem Umwandlungsgesetz geht bei Verschmelzung, Spaltung oder Auflösung das Vermögen im Wege der Universalsukzession (s. oben § 14 Rn. 32f.) auf einen anderen Rechtsträger über (§§ 5 Abs. 1 Nr. 2, 20 Abs. 1 Nr. 1, §§ 126 Abs. 1 Nr. 2, 131 Abs. 1 Nr. 1, § 174 UmwG). Es fragt sich, was unter dem Vermögen zu verstehen ist und ob der Vermögensbegriff einheitlich oder in den einzelnen Vorschriften unterschiedlich zu verstehen ist. 2

1. Das Vermögen als Summe der geldwerten Rechte

Grundsätzlich besteht das Vermögen einer Person aus **der Gesamtheit** der ihr jeweils zustehenden **geldwerten Rechte.** Mit Vermögen ist damit aus zivilrechtlicher Sicht das **Vermögen im haftungsrechtlichen Sinne** gemeint, d.h. worauf ein Gläubiger zugreifen kann, wenn der Schuldner nicht freiwillig zahlt. Auch § 242 HGB meint diesen Vermögensbegriff, wenn dort das Vermögen den Schulden gegenüber gestellt wird. Zum Vermögen in diesem haftungsrechtlichen Sinn zählen nur die Rechte (= Aktivvermögen), nicht auch die Verbindlichkeiten (= Passivvermögen)[1]. 3

Demgegenüber wird beim **strafrechtlichen Vermögensbegriff** im Gegensatz zum juristischen Vermögensbegriff des Zivilrechts die wirtschaftliche Komponente stärker betont. Nach dem rein wirtschaftlichen Vermögensbegriff gehört zum Vermögen alles, was nur irgendwie in Geld bewertbar ist, gleichgültig ob der Vorteil rechtlich anerkannt wird oder nicht. Danach gehören auch Vorteile aus sittenwidrigen oder verbotenen Geschäften zum Vermögen[2]. Der gemischt wirtschaftlich-juristische Vermögensbegriff schwächt dies dahin ab, daß nur solche geldwerten Positionen zum Vermögen gehören, die auch rechtliche Anerkennung finden, wobei es aber im Gegensatz zum zivilrechtlichen Vermögensbegriff nicht darauf ankommt, daß es sich um Rechte handelt[3]. 4

a) Vermögen als Summe von Rechten

Das Vermögen im haftungsrechtlichen Sinne besteht dagegen nur aus **gesetzlich anerkannten Rechten** (s. oben § 15), die in ihrer Summe das Vermögen bilden. 5

---

[1] Vgl. nur *Hübner,* AT, Rn. 295; *Brox,* AT, Rn. 741; Soergel/*Marly,* vor § 90 Rn. 10.
[2] S. *Schönke/Schröder/Cramer,* StGB, 25. Aufl. 1997, § 263 Rn. 80ff., 92.
[3] *Schönke/Schröder/Cramer,* StGB, § 263 Rn. 84ff.

Durch ihre Zusammenfassung im Aktivvermögen werden diese Rechte aber nicht zu einem einheitlichen Rechtsobjekt, sondern bleiben als einzelne Rechte erhalten (s. auch oben § 20 Rn. 84f.). Zum Vermögen im Sinne des privatrechtlichen, **haftungsrechtlichen Vermögensbegriffs** zählen nur die Rechte (= Aktivvermögen), nicht auch die Verbindlichkeiten (= Passivvermögen)[4].

6 Die Nennung von Sachen wird dabei mit dem Eigentum an der Sache gleichgesetzt. Wenn in einer Vermögensaufstellung Grundstücke und bewegliche Sachen aufgeführt werden, so sind damit Eigentumsrechte an diesen Sachen gemeint[5].

7 Das **Unternehmen** ist als solches kein einheitliches haftungsrechtliches Vermögensobjekt. Da die Vollstreckung grundsätzlich an die Übertragbarkeit anknüpft (§§ 851, 857 ZPO, s. auch §§ 35, 36 InsO), kann haftungsrechtlich nur auf die übertragbaren Rechte zugegriffen werden. Übertragbar sind aber nur die einzelnen zum Unternehmen gehörenden Rechte, einschließlich der Namens- und Firmenrechte und der gewerblichen Schutzrechte, nicht aber das Unternehmen als solches (s. oben § 20 Rn. 85). Um eine Zerschlagung zu verhindern, sollte aber zweckmäßigerweise die Vollstreckung auf alle Unternehmensgegenstände erstreckt werden. Auch das Insolvenzverfahren ermöglicht die Erhaltung des Unternehmens (§ 1 InsO) und ist um die Verwertung als Einheit bemüht (s. etwa §§ 160 Abs. 2 Nr. 1, 162 InsO). Dies ändert aber nichts daran, daß haftungsrechtlich immer nur auf die einzelnen zum Unternehmen gehörenden Rechte zugegriffen und über diese Rechte nur einzeln verfügt werden kann.

b) Geldwerte Rechte

8 Zum Vermögen gehören nur, aber auch alle geldwerten Rechte[6]. Dies ergibt sich insbesondere aus dem Verständnis des Vermögens als **Haftungsobjekt** für die Gläubiger, das verwertet und durch Veräußerung an andere zu Geld gemacht werden kann, damit die Gläubiger sich aus dem Erlös befriedigen können. Geldwert sind entsprechend diesem haftungsrechtlichen Vermögensbegriff Rechte, die unter normalen Verhältnissen, im Regelfall am Markt **gegen Geld veräußert** oder nur gegen Geld erworben werden können oder, wie ein Nießbrauch, ihrer Bestimmung nach einen in einem **Geldwert ausdrückbaren wirtschaftlichen Nutzen** gewähren.

9 **Beispiele:** Zu den geldwerten Rechten gehören das Eigentum an Sachen, andere dingliche Rechte, Immaterialgüterrechte und Forderungen, wenn sie, wie regelmäßig, einen Geldwert haben. Eine Forderung kann auch dann einen Geldwert haben, wenn die Leistung, auf die sie gerichtet ist, der Befriedigung eines rein ideellen Interesses dient, wie z.B. eine Theatervorstellung, sofern eine solche Forderung in der Regel nur gegen Geld erworben werden kann und daher einen Preis hat[7]. Ein Geldwert kann aber auch dann bestehen, wenn ein Recht unübertragbar und daher kein Gegenstand der Vollstreckung ist, sofern nur die Ausübung des Rechts einen geldwerten Nutzen bietet und verwertet werden kann, wie z.B. bei einem Nießbrauch oder einer Dienstbarkeit (§§ 1059, 1092 BGB mit § 857 Abs. 3 ZPO). Zu den geldwerten Rechten gehören auch Schadensersatzforderungen aus der Verletzung von nichtvermögensrechtlichen Rechten, wie z.B. dem Persönlichkeitsrecht, ebenso die Mitgliedschaft in einer Kapitalgesellschaft, also Anteilsrechte an einer GmbH und Aktien[8], sowie der Anteil an einem Gesamthandsvermögen, insbesondere an einer Personengesellschaft (vgl. §§ 859, 860 ZPO).

10 Gegen das Kriterium des Geldwerts kann auch nicht eingewendet werden, daß es Eigentum auch an Sachen ohne jeden Geldwert gebe und daß das Urheberrecht sich auch auf völlig

---

[4] Vgl. nur *Hübner,* AT, Rn. 295; *Brox,* AT, Rn. 741; Soergel/*Mühl,* vor § 90 Rn. 10.

[5] S. *v. Tuhr,* AT I, § 18 II (S. 318)

[6] S. z.B. *Brox,* AT, Rn. 739; *Medicus,* AT, Rn. 1198; MünchKomm/*Holch,* § 90 Rn. 44; Soergel/*Marly,* vor § 90 Rn. 10.

[7] So zum schadensrechtlichen Vermögensbegriff etwa Palandt/*Heinrichs,* vor § 249 Rn. 10; Bamberger/Roth/*Grüneberg,* vor § 249 Rn. 10.

[8] Nicht aber die Mitgliedschaft in einem Idealverein, da sie nicht zu Geld gemacht werden kann und keinen möglichen Vollstreckungsgegenstand darstellt.

wertlose Geistesprodukte beziehe[9], denn die wirtschaftliche Bewertung kann sich ändern. Es kommt deshalb nur auf die generelle Möglichkeit der geldwerten Verwertung an, nicht aber auf die aktuelle Verwertbarkeit im Einzelfall. Neben geldwerten Rechten gibt es auch **geldwerte Pflichten,** die aber nicht zum haftungsrechtlichen Vermögen zählen. Geldwerte Pflichten sind solche, deren Erfüllung einen in Geld berechenbaren Aufwand erfordert, wie z. B. die Lieferung von Sachen oder die Erbringung von vertretbaren Werk- oder Dienstleistungen. Nicht in Geld berechenbare Pflichten sind etwa die ehelichen (s. § 1353 Abs. 1) oder gesellschaftsrechtlichen Treuepflichten.

Nicht zum Vermögen im haftungsrechtlichen Sinn, weil keine geldwerten Rechte, gehö- 11
ren alle diejenigen persönlichen Eigenschaften oder Fähigkeiten eines Menschen, mit deren Hilfe er Vermögen zu erwerben vermag, wie insbesondere seine Arbeitskraft, beruflichen Kenntnisse und geschäftlichen Erfahrungen, weil es dabei weder um Verfügungs- noch um Vollstreckungsobjekte handelt. Auch das allgemeine Persönlichkeitsrecht und persönliche Familienrechte gehören nicht zum Vermögen. Nicht zum Vermögen gehört der Besitz als solcher[10]. Ohne Recht zum Besitz hat er keinen rechtlich anerkannten Vermögenswert. Rechnete das Gesetz den Besitz als solchen schon zum Vermögen, so bedürfte es des § 857 nicht, er würde dann schon nach § 1922 auf den Erben übergehen. Daß der bloße Besitz nicht zum Vermögen gehört, zeigt sich vor allem in der Zwangsvollstreckung. Greift ein Gläubiger auf eine Sache zu an der sein Schuldner nur Besitz hat, so kann der berechtigte Eigentümer nach § 771 ZPO der Vollstreckung widersprechen. Auch in der Insolvenz gehört eine Sache nicht schon deshalb zur Insolvenzmasse, weil sie sich im Besitz des Schuldners befindet; vielmehr hat sie der Insolvenzverwalter im Wege der Aussonderung (§ 47 InsO) dem Eigentümer herauszugeben. Zum Vermögen gehört aber ein, wenn auch zeitlich befristetes, Recht zum Besitz, weil es aufgrund des Gebrauchsnutzens einen rechtlich anerkannten Vermögenswert darstellt. Bloße Erwerbsaussichten, die nicht zu einem Anwartschaftsrecht verdichtet sind (s. oben § 15 Rn. 97f.) oder ein erst in Aussicht stehender Gewinn, der noch ungewiß ist, sind keine Vermögensbestandteile; wohl aber kann die Vereitelung einer bestehenden Gewinnaussicht, die Verhinderung eines zu erwartenden Erwerbs durch eine Beeinträchtigung der Erwerbsfähigkeit oder des beruflichen Fortkommens einen ersatzfähigen Vermögensschaden darstellen (s. §§ 252, 842). Die daraus erwachsende Schadensersatzforderung gehört aber zum geldwerten Vermögen. Der Begriff des Vermögens im schadensrechtlichen Sinne (s. unten Rn. 17f.) ist damit weiter als der des Vermögens im haftungsrechtlichen Sinne.

2. Das Vermögen als Gesamtheit der Rechte und Pflichten

a) Gesamtbetrachtung des Vermögens

Der im BGB, aber auch im Vollstreckungs- und Insolvenzrecht zugrunde gelegte 12
haftungsrechtliche Vermögensbegriff unterscheidet sich mit seiner Beschränkung auf die geldwerten Rechte des Aktivvermögens (= Bruttovermögen) von einem **Gesamtvermögensbegriff,** der die Gesamtheit aus geldwerten Rechten (Aktiva) und geldwerten Pflichten (Passiva, s. oben Rn. 10) umfaßt. Das Vermögen im privatrechtlich haftungsrechtlichen Sinne ist das **Bruttovermögen,** während der wirtschaftliche Vermögensbegriff auf das **Nettovermögen** nach Abzug der Schulden (Passiva) abstellt. Das Nettovermögen ergibt sich danach aus der Differenz zwischen dem Aktiv- und dem Passivvermögen[11].

Die Gleichsetzung des Vermögens mit dem Bruttovermögen ist im Kontext des Zivilrechts 13
deshalb geboten, weil das Vermögen einer Person zivil- und haftungsrechtlich gleichsam als das vorhandene Reservoir erscheint, auf das die Gläubiger des Vermögensinhabers zugreifen kön-

[9] *Enneccerus/Nipperdey,* AT, § 78 II Anm. 5, 6.

[10] Vgl. auch *Brox,* AT, Rn. 739, der nur Rechte zum Vermögen zählt; a. A. *v. Tuhr,* AT I, § 18 Anm. 15; *Enneccerus/Nipperdey,* AT, § 131 II 1; vgl. auch Erman/*Schlüter,* § 1922 Rn. 7, demzufolge auch der Besitz ein Teil des Vermögens ist.

[11] Vgl. *Enneccerus/Nipperdey,* AT, § 131 II 4; *Hübner,* AT, Rn. 295.

nen, um sich für ihre Forderungen zu befriedigen. Solange noch Bruttovermögen vorhanden ist, können die Gläubiger auf Befriedigung hoffen, auch wenn das Nettovermögen gleich Null ist, d. h. Aktiva und Passiva sich die Waage halten. Grundsätzlich ist im Privatrecht vom haftungsrechtlichen Begriff des Aktivvermögens (s. oben 2 ff.) auszugehen, soweit nicht der besondere Gesetzeszweck eine andere Auslegung gebietet.

b) Anwendungsbereich

14 Im Privatrecht spielt der Gesamtvermögensbegriff als die Gesamtheit von Aktiva und Passiva eine Rolle, wenn es entweder um die **rechnerische Gesamtbewertung** von Vermögen im Sinne eines wirtschaftlichen Vermögensbegriffs geht oder wenn zum Ausdruck gebracht werden soll, daß die **Gesamtheit** von Rechten und Pflichten auf einen anderen übergehen oder sonst als **rechtlich einheitlich behandelt** werden soll, z. B. bei einer Verwaltung.

15 **Beispiele:** Die **rechnerische Gesamtbewertung** liegt etwa dem Anfangsvermögen (§ 1374) und dem Endvermögen (§ 1375) bei der Berechnung des Zugewinns zugrunde, weil dort ausdrücklich vom Vermögen nach Abzug der Verbindlichkeiten die Rede ist[12]. Auch § 1605 geht vom wirtschaftlichen Vermögensbegriff aus, weil die Leistungsfähigkeit des Unterhaltsverpflichteten ermittelt werden soll. Im HGB verwendet § 238 Abs. 1 den wirtschaftlichen Vermögensbegriff, weil sich die Buchführungspflicht auf Aktiva und auf Passiva erstreckt[13]. In § 242 Abs. 1 HGB ist dann aber wiederum nur das Aktivvermögen gemeint, dem die Schulden gegenüber gestellt werden. Vom Begriff des Aktivvermögens geht grundsätzlich auch § 1365 aus, damit sein Schutz auch gegenüber einem überschuldeten Ehegatten Platz greifen kann[14]. Dennoch findet eine wirtschaftliche Betrachtungsweise insofern statt, als der wirtschaftliche Wert einzelner Vermögensgegenstände berücksichtigt wird[15] und es bei dinglichen Belastungen eines Grundstücks darauf ankommt, inwieweit die Belastung den wirtschaftlichen Wert des Grundstücks ausschöpft[16].

16 Die **rechtlich einheitliche Behandlung** des Gesamtvermögens wollen die Vorschriften erfassen, die im Zusammenhang mit einer Universalsukzession (s. oben § 13 Rn. 47) den einheitlichen Übergang aller Rechte und Pflichten auf einen Rechtsnachfolger vorsehen. Dazu gehören insbesondere die erbrechtlichen Vorschriften, die die Erbschaft (§ 1922 Abs. 1) oder den Nachlaß betreffen (s. auch § 1967). Ebenso beziehen sich die §§ 20 Abs. 1 Nr. 1, 131 Abs. 1 Nr. 1 UmwG auf das Gesamtvermögen „einschließlich der Verbindlichkeiten". Darunter fallen aber auch Vorschriften, die die einheitliche Verwaltung von Vermögen unter Einschluß von Rechten und Pflichten vorsehen, wie etwa § 1626, weil die Eltern als gesetzliche Vertreter (§ 1629) sowohl das Aktiv- wie das Passivvermögen des Kindes zu betreuen haben. Die Rechte und Pflichten umfassende Verwaltung meint auch die Nachlaßverwaltung (§§ 1981 ff., die Testamentsvollstreckung (§§ 2205, 2209) oder die Insolvenzverwaltung (§ 80 InsO).

3. Der Vermögensbegriff im Schadensersatzrecht

17 Der Ersatz des materiellen Schadens ist gemäß der Differenzhypothese auf den Ausgleich des durch das schädigende Ereignis verursachten Vermögensnachteils gerichtet[17]. Dabei wird grundsätzlich der wirtschaftliche Vermögensbegriff (s. oben Rn. 14) zugrunde gelegt, weil sowohl die Verminderung der Aktiva wie die Vermehrung der Schulden (Passiva) einen Vermögensschaden begründet. Zudem wird bei der Vorteilsausgleichung ein dem Geschädigten erwachsener Vermögensvorteil schadensmin-

[12] Vgl. nur Erman/*Heckelmann,* § 1374 Rn. 3 f.; Palandt/*Diederichsen,* § 1374 Rn. 5.
[13] Vgl. *Baumbach/Hopt,* HGB § 238 Rn. 11.
[14] *BGH* NJW 2000, 1947, 1948.
[15] Vgl. nur Erman/*Heckelmann,* § 1365 Rn. 7.
[16] *BGHZ* 77, 293; 123, 93.
[17] Vgl. *Larenz,* Schuldrecht I, § 29 V.

dernd berücksichtigt. Dies setzt eine wirtschaftliche Gesamtrechnung unter Berücksichtigung der Vermögensvorteile und Vermögensnachteile voraus, die beim wirtschaftlichen Vermögensbegriff stattfindet.

Der schadensersatzrechtliche Vermögensbegriff weist aber insoweit eine Besonderheit auf, als dabei auch bloße Erwerbsmöglichkeiten und der künftige mögliche Gewinn berücksichtigt werden (§§ 252, 842), die außerhalb des Schadensersatzrechts weder beim haftungsrechtlichen (oben Rn. 3ff.) noch beim wirtschaftlichen Vermögensbegriff (oben Rn. 14ff.) berücksichtigt werden, weil sie nicht wie die Anwartschaftsrechte als subjektive Rechte anerkannt sind. 18

II. Das Vermögen als Rechtsgegenstand

1. Grundsätzlich kein Verfügungsobjekt

a) Spezialitätsgrundsatz und Singularsukzession

Das BGB sieht im Vermögen kein einheitliches Recht und **kein singuläres Verfügungsobjekt**[18]. Dies ergibt sich bereits aus dem sachenrechtlichen **Spezialitätsgrundsatz,** der jedem Gegenstand im Interesse der freien Verfügbarkeit ein eigenes selbständiges Recht zuordnet[19] und für jeden einzelnen Gegenstand einen gesonderten Übertragungstatbestand vorsieht (sog. **Singularsukzession**). Dies macht auch § 1085 deutlich, wenn er bestimmt, daß der Nießbrauch nicht am Vermögen als solchem, sondern nur an den einzelnen Gegenständen bestellt werden kann[20]. Ebensowenig gibt es eine Verpfändung des Vermögens im ganzen. Nur einzelne bewegliche Sachen oder Rechte können verpfändet, nur einzelne Grundstücke mit einem Grundpfandrecht belastet werden. Eine Ausnahme bildet jedoch die Hypothekenhaftung (§ 1120; s. oben § 20 Rn. 37). Davon abgesehen ist das Vermögen im haftungsrechtlichen Sinne nur eine zusammenfassende Bezeichnung für sämtliche einer Person zustehenden Vermögensrechte[21]. Es ist kein einheitlicher Verfügungsgegenstand. Das ist keine logische Notwendigkeit, da die Behandlung des Vermögens als Verfügungsgegenstand und der damit verbundene Übergang aller Rechte (sog. **Universalsukzession**) beim gesetzlichen Übergang z.B. in § 1922 vorgesehen ist und auch in Zusammenhang mit rechtsgeschäftlichen Vorgängen in §§ 5 Abs. 1 Nr. 2 mit 20 Abs. 1 Nr. 1, §§ 126 Abs. 1 Nr. 2 mit 131 Abs. 1 Nr. 1 und § 174 UmwG bereits teilweise verwirklicht ist[22]. 19

Dennoch sprechen gute Gründe dafür, im Bereich der rechtsgeschäftlichen Übertragung von Rechten grundsätzlich am **Prinzip der Singularsukzession festzuhalten.** Die Verfügung über die einzelnen Rechte muß im Interesse der Verfügungsfreiheit und ihrer Marktfähigkeit auf jeden Fall erhalten bleiben. Würde man daneben auch noch eine Verfügung über das Vermögen als Gesamtheit aller geldwerten Rechte zulassen, so könnten leicht einander widersprechende Verfügungen über das Einzel- 20

---

[18] Vgl. *v. Tuhr,* AT I, § 18 VI; *Enneccerus/Nipperdey,* AT, § 131 IV; *Köhler,* AT, § 22 Rn. 15; *Brox,* AT, Rn. 740.

[19] S. oben § 20 Rn. 36ff.

[20] Vgl. nur MünchKomm/*Holch,* § 90 Rn. 44; Bamberger/Roth/*Fritzsche,* § 90 Rn. 22.

[21] So auch *Medicus,* AT, Rn. 1198; *Brox,* AT, Rn. 739.

[22] Kritisch zur gegenwärtigen Rechtslage etwa *Hübner,* AT, Rn. 297.

recht einerseits und das Vermögen andererseits vorgenommen werden, die zu **Verwirrungen und Rechtsunsicherheit** über die richtige Zuordnung eines Rechts führen könnten. Auch das Grundbuchsystem kann nur funktionieren, wenn die Rechtsänderung am Grundstück erst mit der Eintragung auf jedem einzelnen Grundbuchblatt des betreffenden Grundstücks eingetragen wird. Wo eine Gesamtnachfolge in ein Vermögen oder Sondervermögen mit Grundstücksrechten möglich ist, da kann, weil dann die Eintragung nicht Voraussetzung des Rechtsübergangs ist, das Grundbuch unrichtig werden. Dem wirkt das Gesetz entgegen, indem es die Gesamtnachfolge auf wenige Fälle beschränkt. Das Bedürfnis für eine Übertragung mehrerer Sachen und Rechte in möglichst einem Akt kann zumeist auch dadurch befriedigt werden, daß die einzelnen zu übertragenden Gegenstände in einen Vertrag aufgenommen und im einzelnen bezeichnet werden. Auf diese genaue Bezeichnung der einzelnen Gegenstände kann aus Gründen der Bestimmtheit und Rechtssicherheit keinesfalls verzichtet werden (s. auch § 126 Abs. 1 Nr. 9 UmwG).

b) Vermögen als Ganzes kein Vollstreckungsobjekt

21 Auch als Vollstreckungsobjekt kann man nicht auf das Vermögen als Ganzes, sondern nur auf die jeweils einzelne Sache oder das einzelne Recht zugreifen (s. unten Rn. 27)[23]. Das ist zweckmäßiger und schonender, weil die Vollstreckung in Einzelobjekte eine bessere Anpassung an die jeweils zu vollstreckende Geldsumme erlaubt, als wenn nur in das Vermögen als Gesamtobjekt vollstreckt werden könnte. Dem Insolvenzverfahren unterliegt allerdings das ganze Vermögen (§§ 1, 35 InsO) im Interesse der gleichmäßigen Verteilung unter alle Gläubiger. Aber auch dabei kann der Insolvenzverwalter nur nach den Regeln der Singularsukzession (oben Rn. 19) über die einzelnen Gegenstände verfügen.

c) Vermögen als Gegenstand von Verpflichtungsgeschäften

22 Das Vermögen kann dagegen Gegenstand von Verpflichtungsgeschäften sein[24]. Dies bedeutet allerdings keine Anerkennung des Vermögens als Rechtsobjekt, vielmehr ist Gegenstand des Verpflichtungsgeschäfts die versprochene vorzunehmende Handlung. Wenn dabei von der Verpflichtung zur Übertragung des Vermögens oder eines Unternehmens die Rede ist, so ist dies nur eine abkürzende Bezeichnung dafür, daß die einzelnen Rechte nach der jeweils für sie geltenden Übertragungsform gesondert übertragen werden müssen.

23 Darüber hinaus läßt das Gesetz Verpflichtungsgeschäfte zur Übertragung oder Belastung des Vermögens nur in eingeschränktem Maße zu. Verträge über das **künftige** Vermögen sind gemäß § 311 b Abs. 2 nichtig und Verträge über das **gegenwärtige** Gesamtvermögen bedürfen nach § 311 b Abs. 3 der notariellen Beurkundung. Grund des Schutzes nach § 311 b Abs. 2 ist die Überlegung, daß die Verpflichtung zur Übertragung des künftigen Vermögens als Gesamtheit aller geldwerten Rechte eine unübersehbare Verpflichtung begründen würde, für die eine angemessene Gegenleistung nicht gefunden werden kann und womit zugleich die Gefahr besteht, daß sich der Versprechende vermögenslos stellt. Zugleich will § 311 b Abs. 2 verhindern, daß sich jemand seiner Erwerbsfähigkeit begibt und damit allen Antrieb zum Erwerb verliert[25].

---

[23] Vgl. nur *RGZ* 95, 231, 235; *Hübner,* AT, Rn. 296; Soergel/*Marly,* vor § 90 Rn. 10.

[24] Dies wird vom Gesetz in §§ 311 b, 1365 vorausgesetzt. Vgl. nur Palandt/*Heinrichs,* § 311 b Rn. 58; MünchKomm/*Krüger,* Bd. 2 a, § 311 b Rn. 98.

[25] Vgl. Mot. II, S. 186; Soergel/*M. Wolf,* § 310 a. F. Rn. 1; Erman/*Battes,* § 310 a. F. Rn. 1, der zusätzlich darauf hinweist, daß solche Verträge im Rechtsverkehr „kaum zu entwirrende Verwicklungen" zur Folge haben würden.

Das Versprechen zur Übertragung oder Belastung des gegenwärtigen Vermögens bedarf wegen der Gefahr einer unübersehbaren Belastung der notariellen Beratung und Belehrung[26].

2. Das Vermögen als Schutzobjekt

Das Vermögen ist auch **kein einheitliches Schutzobjekt**[27]. Vielmehr werden die einzelnen Rechte gegen Verletzungen und Eingriffe geschützt. Ein darüber hinausgehender Schutz des Vermögens als Gesamtheit würde mit dem unterschiedlichen Schutz der einzelnen Vermögensrechte kollidieren, insbesondere werden durch § 823 Abs. 1 nur absolute Rechte und nicht relative Rechte geschützt. Würde das Vermögen als Gesamtheit gemäß § 823 Abs. 1 geschützt, so würden damit mittelbar entgegen der Entscheidung in § 823 Abs. 1 auch Forderungen geschützt[28]. 24

Das Vermögen wird durch § 823 Abs. 2 vor allem in Verbindung mit § 263 oder § 266 StGB in einzelnen Beziehungen gegen bestimmte Eingriffsformen geschützt. Auch werden Vermögensschäden im Anschluß an die Verletzung eines absoluten Rechts oder bei Verletzung von Pflichten aus vertraglichen oder gesetzlichen Schuldverhältnissen ersetzt. Darin liegt aber kein absoluter Schutz des Vermögens als solchem. Vielmehr werden nur einzelne Verletzungshandlungen erfaßt. 25

Eine gewisse Ausnahme scheint das **Recht am Unternehmen** in Gestalt des Rechts am eingerichteten und ausgeübten Gewerbebetrieb zu bilden. Aber auch hier steht der Schutz der einzelnen zum Unternehmen gehörenden Rechte im Vordergrund. Dem Recht am Unternehmen kommt demgegenüber nur subsidiäre Bedeutung zu[29], wobei der Schutz nur gegen unmittelbar betriebsbezogene Eingriffe gewährt wird[30] und vor allem die unternehmerische Betätigung[31] und nicht das Unternehmensvermögen als solches zum Gegenstand hat. 26

3. Das Vermögen als Haftungsobjekt

Das Vermögen steht zwar den Gläubigern als Haftungsmasse zur Verfügung. Es ist aber als solches kein Vollstreckungsobjekt (s. oben Rn. 21). Alle zum haftungsrechtlichen Vermögen einer Person gehörenden Rechte (Aktiva) unterliegen als Einzelrechte in ihrem jeweiligen Bestand grundsätzlich der Zwangsvollstreckung zugunsten der Gläubiger des Vermögensinhabers, mag sich auch die Zwangsvollstreckung auf verschiedene Weise vollziehen, je nachdem ob es sich um Grundstücke, bewegliche Sachen, Forderungen oder andere Vermögensrechte handelt. 27

Beispiel: Die Haftung ist grundsätzlich unbeschränkt und erfaßt das ganze Vermögen im haftungsrechtlichen Sinne (oben Rn. 5ff.). Der Gläubiger einer Geldforderung kann deshalb jeden Vermögensgegenstand seines Schuldners, ausgenommen gewisse unpfändbare Gegenstände (z.B. §§ 811, 850ff. ZPO), im Wege der Zwangsvollstreckung für sich verwerten, um dadurch Befriedigung für seine Forderung zu erlangen. Voraussetzung dafür ist, daß der betreffende Vermögensgegenstand beim Beginn der Vollstreckung zum Vermögen des Schuldners 28

---

26 Vgl. etwa Erman/*Battes,* § 311 a.F. Rn. 1; Soergel/*M. Wolf,* § 311 a.F. Rn. 1 auch zu weiteren Zwecken des § 311.

27 Soergel/*Marly,* vor § 90 Rn. 11.

28 Nach *Larenz/Canaris,* Schuldrecht II/2, § 76 II 4g soll allerdings die Forderungszuständigkeit als absolutes Recht geschützt werden.

29 *BGHZ* 45, 296, 307 („Höllenfeuer"); kritisch dazu *Larenz/Canaris,* Schuldrecht II/2, § 81 I 4.

30 *BGHZ* 29, 65, 74; Palandt/*Sprau,* § 823 Rn. 126ff.

31 *BGH* NJW 1985, 1620.

gehört. Was also vorher, durch Veräußerung oder Verzicht, aus dem Vermögen ausgeschieden ist, unterliegt grundsätzlich nicht mehr der Vollstreckung. Unter bestimmten Umständen kann jedoch der Vollstreckungszugriff auf den Vermögensgegenstand wieder mittels Anfechtung nach dem AnfG außerhalb oder nach den §§ 129ff. InsO innerhalb des Insolvenzverfahrens eröffnet werden; ob die Anfechtung nach dem AnfG oder der InsO die haftungsrechtliche Unwirksamkeit zur Folge hat, ist allerdings strittig[32]. Auf das, was der Schuldner neu erwirbt, kann dagegen die Vollstreckung sogleich gerichtet werden. Jeder Gläubiger des Vermögensinhabers kann, solange nicht das Insolvenzverfahren eröffnet ist, auf jeden beliebigen Vermögensgegenstand des Schuldners zugreifen; im Verhältnis der Gläubiger untereinander gilt bis zur Eröffnung des Insolvenzverfahrens der Grundsatz der zeitlichen Priorität. Hat allerdings ein Gläubiger an einem bestimmten Gegenstand ein spezielles Verwertungsrecht, z.B. ein Pfandrecht oder eine Hypothek, so kann er verlangen, vor allen anderen Gläubigern aus diesem Gegenstand befriedigt zu werden (vgl. §§ 49ff. InsO).

29 Da das Vermögen den Gläubigern, und zwar allen Gläubigern nur in seinem jeweiligen Bestand haftet, können diese sowohl dadurch gefährdet werden, daß das Vermögen ihres Schuldners sich vermindert, wie dadurch, daß sich seine Verbindlichkeiten vermehren. Weder das eine noch das andere vermögen sie zu verhindern. Der Schuldner ist, solange nicht das Insolvenzverfahren über sein Vermögen eröffnet ist, in der Verfügung über sein Vermögen frei und kann auch durch Eingehung neuer Schulden sein Vermögen dem Zugriff weiterer Gläubiger aussetzen.

30 Der Zusammenhang von Vermögen und Schulden zeigt sich endlich in den Fällen, in denen das Gesetz eine **Liquidation,** d.h. eine Vermögensabwicklung verlangt. Das ist z.B. der Fall bei der Auflösung eines rechtsfähigen Vereins, falls sein Vermögen nicht dem Fiskus anfällt (§ 47; s. oben § 10 Rn. 128ff.), bei der Auflösung einer AG (§§ 264ff. AktG) und einer GmbH (§§ 66ff. GmbHG). Im Falle der Auflösung einer Gesellschaft des bürgerlichen Rechts findet unter den Gesellschaftern hinsichtlich des Gesellschaftsvermögens die Liquidation als Auseinandersetzung gemäß §§ 730ff. statt[33]. In allen diesen Fällen ist vorgeschrieben, daß aus dem Vermögen, das den Gegenstand der Liquidation oder der Auseinandersetzung bildet, zunächst die Schulden zu berichtigen sind, für die dieses Vermögen haftet. Erst wenn das geschehen ist, darf der verbleibende Überschuß unter die Berechtigten verteilt und an sie ausgehändigt werden.

III. Sondervermögen

31 Grundsätzlich hat eine Person nur ein einziges Vermögen. Ausnahmsweise kann aber eine Trennung verschiedener Vermögensmassen eintreten. Dies kann in der Weise der Fall sein, daß einer Person neben ihrem Hauptvermögen ein oder mehrere Sondervermögen zustehen (Rn 32ff.)[34]. Die Trennung der Vermögensmassen kann von Bedeutung sein für die Verwaltung des Vermögens, die Verfügungsmacht des Vermögensinhabers, den Anfall der Nutzungen und die Schuldenhaftung. Ein Sondervermögen kann aber auch dadurch entstehen, daß für mehrere Personen ein gemeinschaftliches Vermögen, insbesondere ein Gesamthandsvermögen gebildet wird (unten Rn. 53ff.). Für Sondervermögen besteht ein numerus clausus. Sie können nur vom Gesetzgeber, nicht aber durch Parteivereinbarungen neu geschaffen werden.

---

[32] Vgl. *BGH* v. 24. 6. 03, IX ZR 228/02; MünchKomm/*Kirchhof,* InsO, 2002; § 129 Rn. 11ff.

[33] Das Gesetz verwendet die Begriffe Liquidation und Auseinandersetzung synonym, vgl. §§ 145, 158 HGB.

[34] Vgl. Soergel/*Marly,* vor § 90 Rn. 12; *Medicus,* AT, Rn. 1199.

1. Mehrere Vermögen einer Person

a) Gründe für die Bildung von Sondervermögen

Die Gründe, die zur Bildung eines Sondervermögens führen, können sehr verschieden sein[35]. Es geht vor allem darum, das Sondervermögen einer gesonderten Verwaltung zu unterstellen, es für eine bestimmte Gruppe von Gläubigern als Haftungsmasse zu reservieren oder seine Erhaltung für einen Nachfolger zu sichern. 32

aa) Anlaß für die Bildung eines Sondervermögens als **gesondertes Haftungsvermögen** für eine bestimmte Gläubigergruppe[36] besteht vor allem für den erbrechtlichen **Nachlaß.** Der Nachlaß steht dem Alleinerben zwar grundsätzlich als Bestandteil seines sonstigen Privatvermögens zu. Wenn er aber erreichen will, daß die Nachlaßgläubiger nur auf den Nachlaß zugreifen und nicht in sein sonstiges Vermögen vollstrecken, dann muß er das Nachlaßvermögen von seinem sonstigen Privatvermögen absondern. Dafür stehen ihm die Nachlaßverwaltung (§§ 1975, 1985) und das Nachlaßinsolvenzverfahren (§§ 1975, 1980, §§ 315 ff. InsO) zur Verfügung. Als Folge der Anordnung einer Nachlaßverwaltung oder eines Nachlaßinsolvenzverfahrens können die Nachlaßgläubiger ihre Befriedigung nur noch aus dem Nachlaß und die Eigengläubiger des Erben nur noch aus dem sonstigen Privatvermögen erlangen. Damit bestehen zwei verschiedene Haftungsvermögen für zwei verschiedene Gläubigergruppen. 33

Eine besondere Haftungsgruppe bildet auch die **Insolvenzmasse** zur Befriedigung der Insolvenzgläubiger (§§ 35, 36, 38 InsO). Dabei wird das pfändbare Vermögen des Schuldners von dem übrigen, dem insolvenzfreien Vermögen getrennt. 34

Mit der Trennung der Haftungsmassen ist verbunden eine getrennte Verwaltung. Diese geht beim Nachlaß auf den Nachlaßverwalter (§ 1985) bzw. auf den Verwalter im Nachlaßinsolvenzverfahren über. Allerdings bleibt der Erbe alleiniger Rechtsinhaber. Ebenso geht im Insolvenzverfahren die Verwaltungs- und Verfügungsbefugnis auf den Insolvenzverwalter über (§ 80 InsO), während der Schuldner Rechtsinhaber aller Vermögensgegenstände bleibt. Der Insolvenzverwalter hat die Insolvenzmasse als neutrale Person im Interesse aller Gläubiger zu verwerten. 35

bb) Die **Verwaltung einer Sondervermögenseinheit**[37] durch einen vom Rechtsinhaber verschiedenen Verwalter ist nicht nur wie beim Insolvenzverwalter und beim Nachlaßverwalter zum Zwecke der Verwertung gesonderter Haftungsvermögen vorgesehen. Sie kann auch den Hauptzweck für die Bildung eines Sondervermögens darstellen. Dies trifft insbesondere für die **Testamentsvollstreckung** zu (§§ 2197 ff.), bei der vor allem im Falle der sog. Verwaltungsvollstreckung der dem Erben gehörende Nachlaß von einem Testamentsvollstrecker verwaltet wird (§§ 2205, 2209). Die Verwaltungsbefugnisse des Testamentsvollstreckers werden dabei vor allem durch die Anordnungen des Erblassers bestimmt (§§ 2203, 2207, 2208). Im übrigen ist der Testamentsvollstrecker zur ordnungsgemäßen Verwaltung des Nachlasses verpflichtet (§ 2216 Abs. 1), wobei er neben den Anordnungen des Erblassers (§ 2216 Abs. 2) vor allem auf die Sicherung und Erhaltung des Nachlasses für den oder die Erben bedacht sein muß[38]. 36

---

[35] Vgl. auch Soergel/*Marly,* vor § 90 Rn. 12.
[36] Dazu auch *M. Wolf,* JuS 1975, 710 f.
[37] Dazu auch *M. Wolf,* JuS 1975, 710 ff.
[38] Vgl. *RGZ* 130, 131, 135; Palandt/*Edenhofer,* § 2216 Rn. 2; Erman/*Schmidt,* § 2216 Rn. 2.

37 Ein einer besonderen Verwaltung unterstelltes Sondervermögen bildet auch das von einem **Pfleger** verwaltete Sondervermögen des Kindes gemäß §§ 1638, 1909. Während grundsätzlich die Eltern das gesamte Kindesvermögen verwalten (§ 1626 Abs. 1), kann vererbtes, vermachtes oder geschenktes Vermögen vom Erblasser bzw. vom Schenker der Verwaltung der Eltern entzogen werden. Es bildet ein vom Pfleger verwaltetes Sondervermögen des Kindes neben dessen Hauptvermögen, das weiterhin von den Eltern verwaltet wird.

38 Ein Sondervermögen mit besonderer Verwaltung stellt auch das einem Treuhänder übertragene **Treuhandvermögen** dar (s. unten § 46 Rn. 62ff.). Im Unterschied zu den bisher genannten Verwaltern ist der verwaltende Treuhänder zwar grundsätzlich auch Rechtsinhaber des ihm übertragenen Vermögens. Dieses Vermögen bildet für den Treuhänder aber ein Sondervermögen neben seinem sonstigen Eigenvermögen, weil er das Treuhandvermögen nicht nach freiem Belieben, sondern gemäß den Anordnungen und im Interesse des Treugebers verwalten muß und weil die Gläubiger des Treuhänders in dieses Vermögen nicht vollstrecken dürfen[39].

39 Ein dem Treuhandvermögen vergleichbares Sondervermögen ist das Vermögen, das von einer Kapitalanlagegesellschaft für die Anleger in einem Investmentfond gehalten wird (§ 9 Abs. 1 InvestG). Eine Kapitalanlagegesellschaft kann mehrere Investmentfonds und damit auch mehrere Sondervermögen haben.

40 cc) Der **Erhaltung eines Sondervermögens für einen Nachfolger** dient die Trennung des Nachlasses vom Eigenvermögen des Erben im Falle der Anordnung einer Vor- und Nacherbschaft[40]. Der Nachlaß soll in diesem Fall nach Beendigung der Vorerbschaft vom Vorerben auf den Nacherben übergehen (§§ 2100, 2106). Um den Nachlaß für den Nacherben zu erhalten, darf der Vorerbe darüber nur eingeschränkt verfügen (§§ 2112ff.) und seine Gläubiger dürfen darin nicht vollstrecken (§ 2115). Aus diesem Grund bildet der Nachlaß ein vom Eigenvermögen des Vorerben getrenntes Sondervermögen.

41 dd) Im Falle der Vereinbarung einer **ehelichen Gütergemeinschaft** behält jeder Ehegatte neben dem Vermögen, das gemeinschaftliches Vermögen beider Ehegatten (Gesamtgut) wird, sowohl ein Sondergut wie das Vorbehaltsgut (§§ 1417, 1418). Das Sondergut oder Vorbehaltsgut bilden selbständige Vermögenseinheiten neben dem Gesamthandsanteil eines jeden Ehegatten an dem gemeinschaftlichen Vermögen der Gütergemeinschaft. Das Vorbehaltsgut hat praktisch die Funktion des privaten Alleinvermögens eines Ehegatten. Das Sondergut ist dagegen ein vom Vorbehaltsgut getrenntes Sondervermögen[41]. Jeder Ehegatte verwaltet sein eigenes Sondergut und sein Vorbehaltsgut selbständig; der Unterschied zwischen beiden liegt darin, daß die Nutzungen des Sondergutes dem Gesamtgut, die des Vorbehaltsgutes dagegen wieder dem Vorbehaltsgut zugute kommen.

b) Besondere Rechtsfolgen für Sondervermögen

42 Entsprechend der Verschiedenheit der Zwecke der Vermögenstrennung ergeben sich in den einzelnen Fällen **verschiedene Rechtsfolgen,** die der Sicherung und Erhaltung des jeweiligen Vermögens dienen.

43 aa) Sondervermögen stehen nicht ohne weiteres allen Gläubigern, sondern grundsätzlich nur einer **bestimmten Gläubigergruppe als Haftungsvermögen** zur Verfügung.

---

[39] Vgl. nur Zöller/*Herget,* ZPO § 771 Rn. 14.
[40] Vgl. Erman/*Schmidt,* vor § 2100 Rn. 1.
[41] Vgl. MünchKomm/*Holch,* § 90 Rn. 45; Erman/*Heckelmann,* § 1417 Rn. 3.

Beispiele: Im Falle der Nachlaßverwaltung oder der Nachlaßinsolvenz haftet der Nachlaß vorrangig den Gläubigern des Erblassers, die ihrerseits nicht in das Eigenvermögen des Erben vollstrecken können, falls dieser nicht im Sinne des § 1994 unbeschränkt haftet. Im Insolvenzfall haftet die Insolvenzmasse allein den Gläubigern, die einen zur Zeit der Eröffnung des Verfahrens begründeten Vermögensanspruch gegen den Schuldner haben (§ 38 InsO). Der Nachlaß in der Hand eines Vorerben und der von einem Testamentsvollstrecker verwaltete Nachlaß haftet unbeschränkt nur den Nachlaßgläubigern (§§ 2115, 2214), ohne daß diese deshalb auch schon ihrerseits von dem Zugriff auf das übrige Vermögen des Vorerben oder des Erben ausgeschlossen wären. 44

bb) Für Sondervermögen gilt grundsätzlich eine **besondere Verwaltungs- und Verfügungsregelung.** Häufig verliert der Rechtsinhaber seine Verwaltungs- und Verfügungsbefugnis (§§ 1984, 2211 BGB, § 80 InsO) zugunsten eines Verwalters, der nicht Rechtsinhaber ist. Es kann aber wie bei Vor- und Nacherbschaft auch der Rechtsinhaber in der Verwaltung und Verfügung beschränkt sein, ohne daß ein anderer Verwalter eintritt (§ 2113) oder es tritt an die Stelle des Verwalters über das Hauptvermögen ein neuer Verwalter für das Sondervermögen (§§ 1638, 1909). Während die Verwaltungs- und Verfügungsbefugnis grundsätzlich mit unmittelbarer dinglicher Wirkung entzogen oder beschränkt ist und damit entgegenstehende Verfügungen grundsätzlich unwirksam sind, ist die Verwaltungs- und Verfügungsbefugnis des Treuhänders nur durch eine schuldrechtliche Verpflichtung gebunden (s. unten § 46 Rn. 30ff.). Verstöße machen die Maßnahme deshalb nicht unwirksam, sondern begründen nur Schadensersatzansprüche[42]. 45

Ist dem Vermögensinhaber die Verwaltung des Sondervermögens und die Verfügung über die dazu gehörenden Gegenstände mit dinglicher Wirkung entzogen, dann wird die dadurch eingetretene Beschränkung seiner Verfügungsmacht, soweit Grundstücke zu dem Sondervermögen gehören, im Grundbuch eingetragen. Fehlt es an der Eintragung, so werden Dritte, die die Beschränkung der Verfügungsmacht nicht kennen, beim Erwerb eines Rechts an dem Grundstück regelmäßig geschützt (vgl. § 892 Abs. 1 Satz 2, §§ 81 Abs. 1 Satz 2, 91 Abs. 2 InsO, § 1984 Abs. 1 Satz 2). Sie können also darauf vertrauen, daß die Verfügungsmacht des Eigentümers nicht beschränkt ist. Für Erwerber einer beweglichen Sache besteht ein derartiger Schutz nur in den Fällen der §§ 2113 Abs. 3, 2211 Abs. 2 mit § 932. 46

cc) In manchen Fällen ordnet das Gesetz an, daß dasjenige, was auf Grund eines zu dem Sondervermögen gehörenden Rechts, z.B. einer dazu gehörenden Forderung, oder als Ersatz für die Zerstörung, Entziehung oder Beschädigung eines dazu gehörenden Gegenstandes oder auch durch Rechtsgeschäft mit Mitteln des Sondervermögens erworben wurde, wieder in dieses Sondervermögen fällt (vgl. §§ 1418 Abs. 2 Nr. 3, 1638 Abs. 2, 2111). Man spricht in diesen Fällen von **dinglicher Surrogation**[43]. Das Charakteristikum der dinglichen Surrogation besteht darin, daß sich die bisherige Eigentums- und Vermögenszuordnung eines Gegenstandes kraft Gesetzes an einem anderen Gegenstand fortsetzt, der wirtschaftlich an seine Stelle tritt. Die Eigentums- und Vermögenszuordnung des neuen Gegenstandes tritt unabhängig vom rechtsgeschäftlichen Erwerbsvorgang automatisch kraft Gesetzes ein. 47

---

[42] Vgl. etwa *Schellhammer,* Schuldrecht, Rn. 616.

[43] S. im einzelnen *M. Wolf,* JuS 1975, 643, 710; 1976, 32, 104; *Coester-Waltjen,* Jura 1996, 24; *Strauch,* Mehrheitlicher Rechtsersatz, 1972, wendet sich gegen diesen Ausdruck (S. 150f.). Er spricht von „mehrheitlichem Rechtsersatz", weil er den Kern des Vorgangs darin erblickt, daß für die untergegangene Teilzuständigkeit an einem Recht eine gleichartige an einem anderen begründet werde.

48 **Beispiel:** Erwirbt der Vorerbe mit Geld, das sich im Nachlaß befindet, ein wertvolles Möbelstück, so gehört dieses kraft Gesetzes ebenfalls zum Nachlaß und geht auf den Nacherben über, selbst wenn die Übereignung nicht in den Nachlaß, sondern nur an den Vorerben persönlich gewollt war. Dies gilt ebenso beim Erwerb eines Grundstücks. Die Fallgestaltungen, bei denen jeweils eine dingliche Surrogation stattfindet, sind nicht für alle Sondervermögen einheitlich geregelt[44]. Ebenso unterschiedlich ist die Regelung hinsichtlich der Nutzungen. Im Falle der Nacherbschaft bleiben sie dem Vorerben (§ 2111), in anderen Fällen dagegen fallen sie in das betreffende Sondervermögen.

49 Wegen der vergleichbaren Interessenlage können die Grundsätze der dinglichen Surrogation auf andere Sondervermögen, für die eine gesetzliche Regelung fehlt, analog angewendet werden, damit das Sondervermögen in seinem wirtschaftlichen Bestand erhalten bleibt. Dies gilt insbesondere für die Testamentsvollstreckung, für die Nachlaßverwaltung und für das Insolvenzverfahren[45]. Für das Treuhandvermögen verneint die Rspr. dagegen eine dingliche Surrogation, indem sie am sog. Unmittelbarkeitsgrundsatz festhält, d.h. zum Treuhandvermögen gehören nur die Gegenstände, die unmittelbar vom Treugeber an den Treuhänder übertragen worden sind[46]. Dieser Grundsatz erfährt jedoch zahlreiche Ausnahmen[47], so daß auch bei Treuhandvermögen vielfach ein der dinglichen Surrogation vergleichbarer Zustand besteht. Dem Unmittelbarkeitsgrundsatz fehlt danach angesichts der zahlreichen Ausnahmen eine Rechtfertigung (s. auch unten § 46 Rn. 66).

50 dd) Unabhängig von der durch die dingliche Surrogation gesicherten Bestandserhaltung sind auch **Veränderungen der Vermögenszuordnung** möglich.

51 **Beispiel:** Der Insolvenzverwalter kann einzelne Vermögensgegenstände aus der Insolvenzmasse freigeben, wodurch sie insolvenzfreies Vermögen werden. Der Testamentsvollstrecker soll Nachlaßgegenstände, deren er zur Erfüllung seiner Aufgabe nicht bedarf, dem Erben auf dessen Verlangen zur freien Verfügung überlassen. Sie scheiden damit aus seiner Verwaltung aus und unterliegen nunmehr der des Erben (§ 2217).

52 Möglich sind auch Rechtsgeschäfte zwischen dem Verwalter des Sondervermögens und dem Vermögensinhaber, die sich auf Gegenstände des Sondervermögens beziehen. Ebenso können zwischen den verschiedenen Vermögensmassen rechtliche Beziehungen begründet sein.

2. Gemeinschaftliches Vermögen mehrerer Inhaber

a) Gesamthandsvermögen als Sondervermögen

53 Ein Sondervermögen kann dadurch entstehen, daß ein Vermögen mehreren Personen gemeinschaftlich zusteht. Es ist von dem Eigenvermögen jedes einzelnen von ihnen getrennt. Jeder hat außer seinem individuellen Vermögen einen Anteil an dem gemeinsamen Sondervermögen.

---

[44] S. etwa *Enneccerus/Nipperdey*, AT, § 132 II 3; *M. Wolf*, JuS 1975, 712ff.

[45] *v. Tuhr*, AT, § 19 Anm. 13; *M. Wolf*, JuS 1975, 714 m.w.N.

[46] S. etwa *BGH* NJW-RR 1993, 301 = LM H. 7/1993 § 43 KO Nr. 5 m. Anm. *M. Wolf;* dazu auch *Walter*, Das Unmittelbarkeitsprinzip bei der fiduziarischen Treuhand, 1974; *Henssler*, AcP 196 (1996), 37, 54.

[47] *BGH* NJW 1993, 2041; *BGH* NJW-RR 1993, 301 = LM H. 7/1993 § 43 KO Nr. 5 m. Anm. *M. Wolf; Rosenberg/Gaul/Schilken*, Zwangsvollstreckungsrecht, 11. Aufl. 1997, § 41 VI 4a aa (S. 671); MünchKomm/*Ganter*, InsO, 2001, § 47 Rn. 357f.

Beispiele: Als Gesamthandsgemeinschaften kommen in Betracht die Gesellschaft bürgerlichen Rechts (§§ 718, 719) und damit auch die OHG sowie die KG, ferner die eheliche Gütergemeinschaft (§ 1416) und die Erbengemeinschaft (§ 2032 Abs. 1). 54

Die Besonderheit besteht bei Gesamthandsvermögen darin, daß Rechtsträger nicht die Gesamthand als juristische Person ist[48], sondern die einzelnen Personen, die zu einer **Gruppe gesamthänderisch miteinander verbunden** sind. Jeder einzelne Gesamthänder ist danach Rechtsträger, dies aber nicht allein wie bei seinem Eigenvermögen, sondern nur zusammen mit den anderen Gesamthändern. Der einzelne Gesamthänder hat zwar einen Anteil am Gesamthandsvermögen, der ihm gehört. Das Gesamthandsvermögen als ganzes gehört aber nicht zum Alleinvermögen jedes Gesamthänders und bildet insofern ein Sondervermögen. 55

Bei der einfachen Rechtsgemeinschaft (Gemeinschaft nach Bruchteilen) dagegen gibt es kein gemeinschaftliches Vermögen, sondern nur einzelne Rechte, die mehreren Personen in der Weise gemeinschaftlich zustehen, daß jeder über seinen Anteil daran selbständig verfügen kann (§ 747 Satz 1). 56

b) Besondere Rechtsfolgen

Für Gesamthandsvermögen gelten verschiedene besondere Rechtsfolgen, die sie vom Eigenvermögen jedes Gesamthänders unterscheiden. 57

aa) Das Gesamthandsvermögen dient grundsätzlich nur den **Gesamthandsgläubigern** als einer von den Privatgläubigern des einzelnen Gesamthänders getrennten Gläubigergruppe **als Haftungsgrundlage.** Die Eigengläubiger können nur auf den Anteil des einzelnen Gesamthänders am Gesamthandsvermögen (§ 859 Abs. 1 ZPO), auf das Auseinandersetzungsguthaben (§ 717 Satz 2) oder einen etwaigen Gewinnanspruch zugreifen, nicht aber auf die einzelnen zum Gesamthandsvermögen gehörenden Gegenstände. Der Zugriff auf diese ist den Gesamthandsgläubigern vorbehalten (§ 733 Abs. 1). Dies gilt für die Personalgesellschaften (GbR, OHG, KG) und grundsätzlich auch für die Erbengemeinschaft (vgl. § 747 ZPO). Bei der ehelichen Gütergemeinschaft haftet das Gesamtgut unter bestimmten Voraussetzungen auch für Verbindlichkeiten, die nur einen Ehegatten treffen (§§ 1437, 1459). 58

Während die Eigengläubiger der einzelnen Gesamthänder grundsätzlich nicht in das Gesamthandsvermögen vollstrecken können, steht den Gesamthandsgläubigern grundsätzlich der Zugriff auf das Eigenvermögen der einzelnen Gesamthänder offen, weil und soweit diese als Gesamtschuldner haften (§ 427 mit § 714 BGB, § 128 HGB, § 1437 Abs. 2, § 1459 Abs. 2, §§ 2058 ff.). 59

Beispiele: Soll ein Gegenstand aus dem Vermögen eines Gesamthänders in das der Gesamthand übertragen werden oder umgekehrt, so bedarf es hierzu eines Rechtsgeschäfts zwischen dem einzelnen Gesamthänder auf der einen Seite und der Gesamtheit aller, mit Einschluß des betreffenden Gesamthänders, auf der anderen Seite. Daher muß beispielsweise ein Grundstück, das ein Gesellschafter in das Gesellschaftsvermögen einbringt, von ihm an die zur Gesellschaft verbundene Gesamtheit der Gesellschafter aufgelassen werden; soll ein Nachlaßgegenstand einem der Miterben allein überlassen werden, so muß er ihm von der Gesamtheit der Miterben übertragen werden. Der betreffende Gesellschafter oder Miterbe wirkt bei solchen Rechtsgeschäften theoretisch auf beiden Seiten mit, auf der einen Seite als Einzelperson, auf der anderen Seite in seiner Eigenschaft als Mitglied der Gesamthand[49]. Praktisch gesehen erteilt er mit sei- 60

---

[48] S. oben § 9 Rn. 71; *BGHZ* 34, 296, 299; s. dazu *Baumbach/Hopt,* HGB, § 124 Rn. 1; vgl. aber auch *Flume,* ZHR 136 (1972), S. 177 ff. = „Gruppe" als Rechtssubjekt.

[49] Vgl. hierzu *v. Tuhr,* AT I, § 20 V; *BGH* DNotZ 1955, 406; MünchKomm/*Dütz,* § 2040 Rn. 20; Soergel/*M. Wolf,* § 2040 Rn. 12.

nem Einverständnis als Einzelperson zugleich sein Einverständnis als Mitglied der Gesamthand und braucht deshalb seine Erklärung nicht zweimal abzugeben.

61 bb) Die **Verwaltung** des Gesamthandsvermögens steht grundsätzlich **allen Gesamthändern gemeinschaftlich** zu (§§ 709, 714, §§ 1421 Satz 2, 1450, §§ 2038, 2040), soweit nicht durch besondere gesetzliche Vorschriften oder besondere Vereinbarungen ein Gesamthänder allein zur Verwaltung und zur Vertretung der anderen Gesamthänder befugt ist. Aufgrund der grundsätzlich gemeinschaftlichen Verwaltungs- und Verfügungsbefugnis können über die zum Gesamthandsvermögen gehörenden einzelnen Gegenstände nur alle Gemeinschaftsmitglieder gemeinsam verfügen; etwas anderes gilt nur für das eheliche Gesamtgut in dem Falle, daß es von einem Ehegatten verwaltet wird (§§ 1421, 1422). Eine Verfügung des einzelnen Gesamthänders über seinen Anteil an einem gemeinschaftlichen Gegenstand ist generell ausgeschlossen.

62 Eine Verfügung des einzelnen Gesamthänders über seinen Anteil an dem Sondervermögen im ganzen ist nur im Falle der Erbengemeinschaft (§ 2033) möglich, in den anderen Fällen dagegen (§§ 719, 1419) ausgeschlossen. § 719 Abs. 1 ist nach allgemeiner Auffassung insoweit dispositiv, als er den Anteil am Gesellschaftsvermögen betrifft. Die Gesellschafter können deshalb die Übertragbarkeit des Gesellschaftsanteils generell vereinbaren oder der Übertragung des einem Gesellschafter gehörenden Anteils im Einzelfall zustimmen.

63 cc) Im Interesse der Erhaltung des jeweiligen Gesamthandsvermögens in seinem wirtschaftlichen Bestand ist auch bezüglich der zum Gesamthandsvermögen gehörenden Gegenstände grundsätzlich die **dingliche Surrogation** vorgesehen (für die Erbengemeinschaft ausdrücklich § 2041), d. h., daß Ersatzgegenstände, die wirtschaftlich den Wert eines bisher zum Gesamthandsvermögen gehörenden Gegenstandes verkörpern, wieder in das Gesamthandsvermögen fallen.

4. Kapitel
Rechtsgeschäfte

1. Abschnitt
Allgemeine Vorschriften für Rechtsgeschäfte

§ 22. Funktion und Bestandteile des Rechtsgeschäfts

Inhaltsübersicht

Literatur: *Flume,* Rechtsgeschäft und Privatautonomie, FS DJT, Bd. I, 1960; *ders.,* Das Rechtsgeschäft und das rechtlich relevante Verhalten, AcP 161 (1962), 52; *Himmelschein,* Beiträge zur Lehre vom Rechtsgeschäft, 1930; *Isay,* Die Willenserklärung im Tatbestand des Rechtsgeschäfts nach dem BGB, 1899; *Kegel,* Verpflichtung und Verfügung, in FS *F. A. Mann,* 1977, S. 586; *Klein,* Rechtshandlungen im engeren Sinne, 1912; *Löwisch,* Das Rechtsgeschäft, 2. Aufl. 1975; *Manigk,* Zum Begriff des Rechtsgeschäfts, DJZ 1902, 279; *ders.,* Willenserklärung und Willensgeschäft, 1907; *ders.,* Das rechtswirksame Verhalten, 1939; *Oertmann,* Entgeltliche Rechtsgeschäfte, 1912; *Repgen,* Abschied von der Willensbetätigung, AcP 200 (2000), 534; *K. Schneider,* Die Bedeutung der ausdrücklichen Willenserklärung und ihr Gegensatz zur Willensbetätigung, ArchBürgR 42, 273; *v. Tuhr,* Zum Begriff der Verfügung nach dem BGB, AcP 117 (1919), 193; *Zitelmann,* Das Rechtsgeschäft im Entwurf des BGB, 1889.

I. Funktion des Rechtsgeschäfts

Das Privatrecht gewährt mit der Privatautonomie den Rechtssubjekten in vielfältiger Hinsicht die Möglichkeit, ihre Rechtsverhältnisse selbst in eigener Verantwortung zu gestalten (s. oben § 1 Rn. 2; § 2 Rn. 15ff.). Die Gestaltung von Rechtsverhältnissen bedeutet dabei nicht nur, bestehende Rechte im Sinne der Rechtsausübungsfreiheit (s. oben § 2 Rn. 18) faktisch auszuüben, wie z.B. sein Eigentum zu besitzen und zu benutzen, sondern Rechtsverhältnisse zu anderen Personen oder Sachen mit dem eigenen Willen zu gestalten, d.h. zu begründen, zu ändern oder aufzuheben. Diese **privatautonome Gestaltung von Rechtsverhältnissen** muß sich bestimmter Formen bedienen, die gewährleisten, daß sich der rechtsgestaltende Wille ordnungsgemäß äußern und betätigen kann. Als das Instrument, mit dessen Hilfe sich der rechtsgestal- 1 tende Wille betätigen und rechtswirksam entfalten kann, sieht das BGB Rechtsgeschäfte vor. Dem Institut des Rechtsgeschäfts ist damit die Aufgabe zugedacht, die **Voraussetzungen und** den **Rahmen für die rechtsgestaltende Betätigung des privatautonomen Willens** gesetzlich festzulegen.

2 Zu diesem Zweck enthält der Allgemeine Teil als 1. Buch des BGB einen dritten Abschnitt, der mit „Rechtsgeschäfte" überschrieben ist und der in den §§ 104–185 viele Vorschriften enthält, die sich ausdrücklich auf das Rechtsgeschäft beziehen oder ein solches voraussetzen, so z.B. §§ 125, 127, 134, 138–142. Auch im Handels- und Gesellschaftsrecht ist vielfach von „Geschäften" die Rede, womit Rechtsgeschäfte gemeint sind, so etwa in §§ 49, 54, 55, 86, 93 Abs. 2, 94, 126, 230 Abs. 2 HGB und § 36 GmbHG. Es muß deshalb geklärt werden, was ein Rechtsgeschäft ist.

II. Tatbestand des Rechtsgeschäfts

1. Willenserklärung als wesentliches Element

3 Unter einem Rechtsgeschäft versteht das BGB einen Tatbestand, der **mindestens eine Willenserklärung** enthält und dessen **Zweck** es ist, eine **privatrechtliche Rechtsfolge,** d.h. eine Änderung in den rechtlichen Beziehungen **herbeizuführen.** Zwischen dem Rechtsgeschäft und der Rechtsfolge besteht eine finale Beziehung[1]. Damit ist gemeint, daß die Rechtsfolge nicht nur deshalb eintritt, weil die Rechtsordnung dies so vorsieht, sondern in erster Linie deshalb, weil derjenige, der das Rechtsgeschäft vornimmt, die Rechtsfolge herbeiführen will. Das Gesetz ordnet zwar die Geltung der Rechtsfolge an, aber es ordnet sie beim Rechtsgeschäft nur deshalb und mit dem Inhalt an, **wie es vom Erklärenden gewollt** ist. Der Erklärende muß deshalb einen **Rechtsfolgewillen** haben. Dieser manifestiert sich für andere erkennbar in der Willenserklärung als der Handlung, die dazu bestimmt ist, anderen einen bestimmten Rechtsfolgewillen kundzutun (s. im einzelnen unten § 24 Rn. 2ff., 14ff.). Das Rechtsgeschäft kann auch aus einer Mehrzahl von Willenserklärungen und Handlungen einer oder mehrerer Personen sowie sonstigen Voraussetzungen bestehen.

4 **Beispiele:** Ein Rechtsgeschäft, das aus mehreren Willenserklärungen besteht, ist der Vertrag, der die übereinstimmenden Willenserklärungen zweier Beteiligter voraussetzt. Mehrere Willenserklärungen enthält im Regelfall auch ein Beschluß, der z.B. in einem Verein oder auf einer Gesellschafterversammlung gefaßt wird (s. auch unten § 23 Rn. 17ff.). Rechtsgeschäfte, die nur eine Willenserklärung enthalten, nennt man einseitige Rechtsgeschäfte (s. unten § 23 Rn. 3ff.) wie z.B. eine Kündigungserklärung. Neben einer Willenserklärung können auch weitere Handlungen und Voraussetzungen zum Tatbestand des Rechtsgeschäfts gehören (s. Rn. 5ff.).

2. Weitere Voraussetzungen als Bestandteile des Rechtsgeschäfts

a) Die Form als Bestandteil des Rechtsgeschäfts

5 Für verschiedene Rechtsgeschäfte sieht das Gesetz die Einhaltung einer bestimmten **Form** vor. Zwar gilt für die in den Rechtsgeschäften enthaltenen Willenserklärungen als Ausgangspunkt der Grundsatz der Formfreiheit (s. unten § 27 Rn. 3). Aus verschiedenen Gründen, z.B. zum Zwecke der Beweissicherung, im Interesse eines Übereilungsschutzes oder zur Ermöglichung einer notariellen Belehrung und Beratung

---

[1] So schon *Manigk,* Das rechtswirksame Verhalten, S. 34, 68 u. öfter; s. auch *Wieacker,* JZ 1967, 385, 386; *Flume,* AT II, § 1, 2.

(s. auch unten § 27 Rn. 5ff.), sieht das Gesetz jedoch vor, daß eine Willenserklärung nur in einer bestimmten Form abgegeben werden kann, die gewissermaßen die Verkörperung der Willenserklärung und insofern einen Bestandteil des Rechtsgeschäfts darstellt.

Beispiele: Als Formen sind etwa die einfache Schriftform (§ 126), die notarielle Beurkundung (§ 128) oder die öffentliche Beglaubigung (§ 129) vorgeschrieben. Ebenso kann die Abgabe der Erklärung vor einer bestimmten Behörde vorgesehen sein (s. z.B. § 925). 6

b) Mitwirkung außenstehender Dritter

Bei formbedürftigen Geschäften wird vielfach die **Mitwirkung einer dritten Person,** z.B. des Standesbeamten bei der Eheschließung oder des beurkundenden Notars bei der notariellen Beurkundung eines Vertrags, verlangt. Fehlt es an dieser Mitwirkung, so liegt entweder ein Rechtsgeschäft, das die erstrebte Wirkung haben könnte, nach dem Gesetz überhaupt nicht vor, so bei der Eheschließung ohne Standesbeamten, oder das Rechtsgeschäft ist wegen Formmangels nichtig (§ 125). 7

c) Die Vornahme von Vollzugshandlungen

In einigen Fällen verlangt das Gesetz neben den Willenserklärungen noch weitere Vollzugshandlungen als Bestandteile des Rechtsgeschäfts. 8

Beispiel: Die Übereignung einer beweglichen Sache erfordert nach § 929 außer der Einigung der Parteien über den Eigentumsübergang noch die Übergabe der Sache an den Erwerber. Die Übergabe einer Sache ist als Besitzverschaffung eine Handlung, die für sich allein nicht dazu bestimmt ist, eine Rechtsfolge durch die Verlautbarung eines entsprechenden Willens herbeizuführen. Sie ist keine Willenserklärung, sondern ein sogenannter Realakt (s. unten Rn. 20ff.). Aber in Verbindung mit der Einigung ist sie Bestandteil des Rechtsgeschäfts, durch den der Eigentumsübergang herbeigeführt wird. Die Übergabe kann nach den Umständen auch dazu dienen, den Übergabewillen zum Ausdruck zu bringen; dann ist sie zugleich auch selbst eine Willenserklärung in Form eines schlüssigen Verhaltens (vgl. unten § 24 Rn. 16). Das ist vor allem der Fall, wenn sie wortlos, z.B. im Supermarkt, in Ausführung eines Kaufvertrags oder eines sonstigen Vertrags mit Übereignungspflicht erfolgt. 9

Zusammenfassend ist zu sagen, daß das Rechtsgeschäft mindestens eine Willenserklärung enthält, die die Rechtsfolge allein oder zusammen mit anderen Voraussetzungen herbeiführt, die wie Form- oder Vollzugsakten Bestandteile des Rechtsgeschäfts sind. 10

3. Wirksamkeitsvoraussetzungen außerhalb des Rechtsgeschäfts

Von den Voraussetzungen, die zum Bestandteil des Rechtsgeschäfts gehören (s. oben Rn. 5ff.) sind die Voraussetzungen zu unterscheiden, die **außerhalb des eigentlichen Geschäftsaktes liegen.** Dies kann ein anderes Rechtsgeschäft, etwa die Zustimmungserklärung eines Dritten, oder ein behördlicher Akt, wie z.B. die Genehmigung des Vormundschaftsgerichts oder eine andere behördliche Genehmigung, eine Eintragung im Grundbuch, oder ein Naturereignis, wie der Tod des Testators (hinsichtlich des Wirksamwerdens eines Testaments), sein. Auch die Parteien können durch Vereinbarung einer Bedingung (§ 158) die Wirksamkeit eines Rechtsgeschäfts von einem außerhalb des Geschäfts liegenden Umstand abhängig machen. 11

Die Unterscheidung zwischen Wirksamkeitsvoraussetzungen, die Bestandteil des Rechtsgeschäfts sind, und solchen, die außerhalb des Rechtsgeschäfts stehen, ist bedeutsam für die Frage, ob die jeweiligen Voraussetzungen **in den Rechtsfolgewillen** 12

aufgenommen und deshalb mit dem Bewußtsein vorgenommen werden müssen, dadurch die gewollte Rechtsfolge herbeizuführen. Dieses Bewußtsein ist erforderlich bei den Voraussetzungen, die Bestandteil des Rechtsgeschäfts sind, nicht dagegen bei den außerhalb des Rechtsgeschäfts liegenden Voraussetzungen. Die Unterscheidung hat den Sinn, innerhalb des Gesamttatbestandes des Rechtsgeschäfts das finale Handeln der Parteien als seinen Sinneskern deutlicher zu machen.

13 **Beispiele:** (1) Hat sich der Prokurist P als Vertreter des Verkäufers V mit dem Käufer K über die Übereignung eines bestimmten gebrauchten Pkw geeinigt, die Übergabe als Bestandteil des Rechtsgeschäfts (s. oben Rn. 8f.) aber noch nicht vorgenommen, so erwirbt K nur Eigentum, wenn ihm der Pkw in Vollzug des Übereignungswillens von V übergeben wird. Übergibt V den Pkw an K nur für eine kurze Probefahrt, um ihn an K erst zu übergeben, wenn die Finanzierung gesichert ist, so ist die Übergabe zum Zwecke der Probefahrt nicht von dem Rechtsfolgewillen der Übereignung begleitet. Die Übereignung ist deshalb trotz Übergabe nicht vollzogen.

(2) Sind Waren unter Eigentumsvorbehalt übereignet, so hängt der Eigentumsübergang von der Bedingung (§ 158) der vollständigen Zahlung des Kaufpreises ab (§ 449 Abs. 1). Zahlt K den Kaufpreis, so geht das Eigentum auf ihn über, auch wenn V den Eigentumsübergang zu diesem Zeitpunkt nicht mehr will. Die vollständige Zahlung des Kaufpreises steht als Bedingung deshalb außerhalb des Rechtsgeschäfts der Übereignung. Der Eigentumsübergang eines Grundstücks tritt nach Auflassung mit der Eintragung ins Grundbuch ein (§§ 873, 925), auch wenn der V das zu diesem Zeitpunkt nicht will. Er ist an seine Willenserklärung gebunden (§ 873 Abs. 2) und kann die Eintragung ins Grundbuch nicht mehr beeinflussen. Da der Eigentumsübergang unabhängig von seiner Willensrichtung zum Zeitpunkt der Zeitpunkt des Grundbucheintrags eintritt, ist dieser nicht Bestandteil des Rechtsgeschäfts[2].

III. Nicht rechtsgeschäftliche Handlungen[3]

1. Geschäftsähnliche Handlungen

a) Handlungen ohne Rechtsfolgewillen

14 Keine Rechtsgeschäfte sind geschäftsähnliche Handlungen. Sie knüpfen zwar wie die Rechtsgeschäfte an die willentliche Vornahme einer Handlung an, unterscheiden sich von den Rechtsgeschäften aber dadurch, daß bei ihnen die **Rechtsfolge unabhängig von einem darauf gerichteten Rechtsfolgewillen** eintritt[4]. Geschäftsähnliche Handlungen enthalten zwar in der Regel im Gegensatz zu bloßen Realakten Willensäußerungen oder Mitteilungen mit Kundgabezweck. Gleichwohl tritt bei ihnen die vom Gesetz vorgesehene Rechtsfolge auch ein, wenn sie nicht gewollt ist. Das Gewollte muß mit der Rechtsfolge, die kraft Gesetzes eintritt, auch nicht übereinstimmen.

15 **Beispiele:** Eine geschäftsähnliche Handlungen ist etwa die **Mahnung** gemäß § 286 Abs. 1, die zusammen mit weiteren Voraussetzungen den Verzug begründet, auch wenn der Wille des

---

[2] So etwa *Enneccerus/Nipperdey,* AT, § 146 II 2; *Wolff/Raiser,* Sachenrecht, § 38 II 2; *Flume,* AT II, § 2, 3c; *Hübner,* AT, Rn. 611. Zur Problematik der Unterscheidung vgl. auch *Thiele,* Die Zustimmungen in der Lehre vom Rechtsgeschäft, 1960, S. 88ff.

[3] **Literatur:** *Eltzbacher,* Die Handlungsfähigkeit nach deutschem bürgerlichem Recht, 1. Bd. Das rechtswirksame Verhalten, 1903; *Klein,* Die Rechtshandlungen im engeren Sinne, 1912; *Manigk,* Das System der juristischen Handlungen im neuesten Schrifttum, JherJb. 83, 1; *ders.,* Das rechtswirksame Verhalten, 1939.

[4] H.M., s. etwa *Brox,* AT, Rn. 93; Soergel/*Hefermehl,* vor § 104 Rn. 20; *Köhler,* AT, § 5 Rn. 7; *Ulrici,* Geschäftsähnliche Handlungen, NJW 2003, 2053.

Mahnenden nicht auf die Herbeiführung der Verzugsfolgen wie z.B. Ersatz des Verzugsschadens, sondern darauf gerichtet ist, den Schuldner zur Leistung zu veranlassen[5]. Bloß geschäftsähnliche Handlung sind auch die **Fristsetzungen** für den Schadensersatzanspruch aus § 281 Abs. 1, für den Rücktrittsgrund nach § 323 Abs. 1 und für die Rücktrittserklärung nach § 350 sowie zur Billigung beim Probekauf gemäß § 455 oder zur Durchführung der Abhilfe gemäß § 651c Abs. 3 weil die nach Fristablauf gegebene Möglichkeit der Selbsthilfe auch besteht, wenn der Reisende daran zunächst gar nicht interessiert ist. Gleiches gilt für die Fristsetzung vor einer Kündigung gemäß § 651e Abs. 2. Geschäftsähnliche Handlung ist ferner die **Geltendmachung** von Ansprüchen gemäß § 651g Abs. 1[6], weil dadurch der Verlust des Anspruchs vermieden wird, auch wenn der Wille nicht auf die Vermeidung der Ausschlußfrist gerichtet ist. In gleicher Weise ist die **Rüge gemäß § 377 HGB** nur geschäftsähnlich, weil sie dem Käufer das Rücktritts- oder Minderungsrecht erhält, auch wenn er zunächst Schadensersatz geltend machen will. Geschäftsähnlich ist auch die **Aufforderung** an den gesetzlichen Vertreter (§ 108 Abs. 2) oder an den Vertretenen im Fall des § 177 Abs. 2, sich über die Genehmigung zu erklären. Gleiches gilt für die **Mitteilungen** nach §§ 415 Abs. 1 Satz 2, 416 Abs. 1 Satz 1, 469 oder gemäß § 661a. Ebenso ist geschäftsähnlich die Mitteilung, man habe einem anderen Vollmacht erteilt (§ 171)[7], eine Forderung abgetreten (§ 409) oder das vermietete Grundstück an einen Dritten übereignet (§ 566). Schließlich ist geschäftsähnlich auch die **Anzeige** der Verpfändung einer Forderung an den Schuldner, § 1280. Geschäftsähnliche Handlungen können auch **Erklärungen im Letter of Intent** sein (s. unten § 23 Rn. 109).

Rechtsgeschäftliche Erklärungen sind dagegen **Tilgungsbestimmungen,** die gemäß **16** §§ 362, 366 getroffen werden, da die Tilgung davon abhängt, daß der Tilgende diese Rechtsfolge herbeiführen will[8]. Die Einordnung verliert an Bedeutung, sofern man die rechtsgeschäftlichen Vorschriften analog anwendet (s. unten Rn. 17f.)[9]. Die Einordnung als Willenserklärung führt jedoch selbstverständlich zur Anwendung der Vorschriften über Rechtsgeschäfte. Die Annahme einer geschäftsähnlichen Handlung erfordert dagegen besondere Begründungen zur Analogiefähigkeit.

b) Analoge Anwendung rechtsgeschäftlicher Vorschriften

Wegen des in den geschäftsähnlichen Handlungen enthaltenen Willenselements **17** kann die **analoge Anwendung** der für Rechtsgeschäfte und Willenserklärungen vorgesehenen Vorschriften in Betracht kommen, wenn der Zweck der jeweiligen Vorschriften die entsprechende Anwendung rechtfertigt[10]. Insbesondere kann ein Bedürfnis bestehen, den Empfänger einer geschäftsähnlichen Erklärung in seinem Vertrauen auf ihre Richtigkeit zu schützen. Andererseits handelt es sich um willensgetragene Erklärungen, so daß der Wille des Erklärenden Berücksichtigung verlangen kann, auch wenn es sich nicht um einen Rechtsfolgewillen handelt. Es bedarf in jedem Fall der Prüfung, wie weit die Ähnlichkeit mit den rechtsgeschäftlichen Willenserklärungen reicht und welche Bestimmungen daher einer analogen Anwendung fähig sind[11].

Beispiele: Im allgemeinen ist es **im Interesse des Erklärenden** sachgerecht, die Vor- **18** schriften über die Stellvertretung (§§ 164ff.) analog anzuwenden[12], weil es auch bei geschäfts-

---

[5] Vgl. etwa Soergel/*Hefermehl,* vor § 104 Rn. 20; *Köhler,* AT, § 5 Rn. 7.

[6] So auch *BGHZ* 145, 343 = NJW 2001, 289.

[7] Soergel/*Leptien,* § 171 Rn. 4; MünchKomm/*Schramm,* § 171 Rn. 1; a.A. aber *Flume,* AT II, § 49, 2a.

[8] S. auch *Ehricke,* JZ 1999, 1075, 1079.

[9] Dafür *BGHZ* 106, 166; *BGH* NJW 1990, 3195.

[10] Vgl. *Medicus,* AT, Rn. 198; *Hübner,* AT, Rn. 696.

[11] Nach *Enneccerus/Nipperdey,* AT, § 207 II „darf die analoge Anwendung als Regel behauptet werden". Eine Analogie darf aber niemals schematisch vorgenommen werden, vielmehr ist für jede Fallgruppe und für jede Gruppe von Vorschriften zu prüfen, ob hier die Voraussetzungen einer Analogie gegeben sind.

[12] *BGH* NJW 1983, 1542 zur Mahnung; vgl. auch MünchKomm/*Schramm,* § 164 Rn. 5.

ähnlichen Handlungen möglich sein muß, andere für sich handeln zu lassen. Interessen des Erklärungsempfängers werden dadurch nicht beeinträchtigt. Da sich die geschäftsähnlichen Handlungen auf Rechtsverhältnisse und rechtlich bedeutsame Vorgänge beziehen, stellen sie auch Anforderungen an ein rechtlich verantwortliches Handeln. Es müssen deshalb in der Regel die Bestimmungen über die Geschäftsfähigkeit angewandt werden, wenn mit den geschäftsähnlichen Handlungen rechtliche Nachteile verbunden sind[13]. Bei einer Mahnung oder Fristsetzung sowie Rüge gemäß § 377 HGB besteht kein Bedürfnis für eine Anfechtung, da deren einfache Rücknahme oder Berichtigung genügen[14]. Wo dagegen das Gesetz an die Mitteilung eine dem Mitteilenden ungünstige Rechtsfolge knüpft, wie etwa bei den vertrauensbegründenden Erklärungen gemäß §§ 171, 409, 566e, da kann im Falle eines Irrtums, einer Drohung oder einer arglistigen Täuschung in gleicher Weise wie bei einer Willenserklärung das Bedürfnis für eine Anfechtung bestehen. Das spricht für eine analoge Anwendung der §§ 119 Abs. 1, 120, 121, 122 und 123. Es ist jedoch für jede Art der geschäftsähnlichen Handlung gesondert zu prüfen, ob nicht der Schutz des Empfängers höher zu bewerten, eine Anfechtung daher auszuschließen und der Erklärende z. B. auf den Widerruf mit Wirkung ex nunc zu beschränken ist[15].

19 Sofern die geschäftsähnliche Handlung einem anderen zur Kenntnis gebracht werden muß und bei ihm nachteilige Folgen auslöst, müssen grundsätzlich die **Interessen des Empfängers geschützt** werden. Dies gilt etwa für eine Mahnung, eine Fristsetzung oder eine Rüge. Hierauf sind deshalb die Vorschriften über den Zugang (§§ 130–132) entsprechend anzuwenden. Auch die für die Auslegung maßgeblichen Regeln (§§ 133, 157) sind analog heranzuziehen[16]. Da durch eine geschäftsähnliche Handlung in die Rechtssphäre eines anderen eingegriffen wird, können sich auch besondere **Rücksichtnahmepflichten aus geschäftlichem Kontakt** gemäß § 311 Abs. 2 Nr. 3 mit § 241 Abs. 2 ergeben.

2. Realakte

20 **Keine Rechtsgeschäfte** sind auch die sog. Realakte. Realakte sind Handlungen, die ohne Mitteilungs- und Kundgabezweck vorgenommen werden und an die das Gesetz eine Rechtsfolge ohne Rücksicht auf das Gewollte knüpft[17]. Durch den **fehlenden Erklärungs- und Kundgabezweck** unterscheiden sich die Realakte von den geschäftsähnlichen Handlungen, durch die Bedeutungslosigkeit des Rechtsfolgewillens von den rechtsgeschäftlichen Willenserklärungen.

21 **Beispiele:** Realakt ist die **Verbindung oder Vermischung** gemäß §§ 946–949 oder die **Verarbeitung** gemäß § 950, weil die Eigentumsänderungen ohne Rücksicht auf einen Rechtsfolge- oder Kundgabewillen eintreten. Realakte sind auch die Besitzbegründung (§ 854 Abs. 1) und die Besitzaufgabe (§ 856 Abs. 1). Sie müssen zwar von einem Besitzbegründungs- bzw. -aufgabewillen begleitet sein. Es handelt sich jedoch weder um einen rechtsgeschäftlichen noch um einen geschäftsähnlichen Willen, sondern um einen sog. tatsächlichen, natürlichen Willen, den auch ein Geschäftsunfähiger haben kann[18]. Ebenso wie die Besitzbegründung stellen auch der **Fund** (§ 965) und der Schatzfund (§ 984) Realakte dar, weil das Ansichnehmen eine Besitzbegründung darstellt.

22 Auf Realakte sind die **Vorschriften über Rechtsgeschäfte** und Willenserklärungen grundsätzlich **nicht analog** anwendbar. Mit Ausnahme der Wohnsitzbegründung, für die das Gesetz wegen der weitreichenden Folgen Geschäftsfähigkeit verlangt (§ 8),

---

[13] MünchKomm/*Schmitt,* vor § 104 Rn. 11; Soergel/*Hefermehl,* vor § 104 Rn. 20.

[14] Vgl. *Medicus,* AT, Rn. 198.

[15] Für die grundsätzliche Möglichkeit der Anfechtung rechtsgeschäftsähnlicher Handlungen auch *Medicus,* AT, Rn. 198; *Hübner,* AT, Rn. 696; Palandt/*Heinrichs,* § 119 Rn. 4; gegen jede Anfechtung aber Erman/*Palm,* § 119 Rn. 27.

[16] MünchKomm/*Mayer-Maly/Busche,* § 133 Rn. 41; Erman/*Palm,* § 133 Rn. 2.

[17] *Hübner,* AT, Rn. 697; vgl. auch *Medicus,* AT, Rn. 196.

[18] H. M., s. etwa Palandt/*Bassenge,* § 854 Rn. 3, § 856 Rn. 2; MünchKomm/*Joost,* § 854 Rn. 9.

bedarf es zur Vornahme eines Realakts weder der Geschäftsfähigkeit, noch kommen im allgemeinen die Vorschriften über Willensmängel, Einwilligung, Genehmigung und Stellvertretung zur Anwendung. Von einem Zugang und einer Auslegung vom Standpunkt des Erklärungsempfängers kann schon deshalb nicht die Rede sein, weil hier nichts erklärt wird.

Eine Sonderstellung nimmt die **Wohnsitzbegründung** (§ 7) ein. Die h.L. rechnet sie zu den geschäftsähnlichen Handlungen (oben Rn. 14ff.), weil das Gesetz für sie Geschäftsfähigkeit verlangt und sie insoweit den Rechtsgeschäften gleichstellt[19]. Sie bringt aber keine Bezugnahme auf die an sie geknüpften Rechtsfolgen oder auf irgendein Rechtsverhältnis zum Ausdruck und steht deshalb den Realakten zum mindesten nahe[20]. Nicht anwendbar sind jedenfalls die Vorschriften über den Zugang einer Willenserklärung und über die Anfechtung wegen Irrtums, Täuschung oder Drohung, nach h. L. aber die über die Stellvertretung[21]. 23

3. Gefälligkeitshandlungen[22]

a) Handlungen ohne Rechtsfolgen

Während durch Rechtsgeschäfte rechtlich gewollte Rechtsfolgen eintreten und sich an geschäftsähnliche Handlungen und Realakte gesetzliche Rechtsfolgen anschließen, liegen Gefälligkeitshandlungen im **außerrechtlichen, gesellschaftlichen Bereich** und bleiben grundsätzlich **ohne Rechtsfolgen,** weil erkennbar ein Rechtsbindungswille fehlt. Gefälligkeitshandlungen begründen ein Gefälligkeitsverhältnis ohne rechtliche Bindungen, nicht aber ein Rechtsverhältnis. 24

Beispiele: Gefälligkeitsverhältnisse sind etwa die Einladung zu einer Party oder die Verabredung zu einem Rendezvous. Solche Verabredungen sind nicht rechtlich bindend. Man kann nicht auf Durchführung der Party oder auf Erscheinen zum Rendezvous klagen. Wenn das Versprechen nicht eingehalten wird, liegt darin keine vertragliche Pflichtverletzung, aus der Schadensersatzansprüche abgeleitet werden könnten. Auch beim Gentleman's Agreement wird keine rechtliche Verpflichtung zwischen den Beteiligten begründet, sondern nur eine außerrechtliche Anstands- oder Ehrenpflicht übernommen. Davon unabhängig ist die Frage, ob das Gesetz ein Gentleman's Agreement als Verstoß gegen Kartellvorschriften, insbesondere nach § 1 GWB ansieht. 25

Neben eindeutigen Gefälligkeitsverhältnissen gibt es auch zweifelhafte Fälle, so z.B. wenn mehrere eine Lottogemeinschaft bilden. Muß der Mitspieler, der den Lottoschein abzugeben vergißt, den anderen Mitspielern den entgangenen Gewinn ersetzen?[23] Haftet der Passant, der dem Autofahrer an einer Ausfahrt freie Fahrt signalisiert, wenn dennoch etwas passiert? Stellt es eine vertragliche Pflichtverletzung dar, wenn ein Partner in einer eheähnlichen Lebensgemeinschaft die Vereinbarung, empfängnisverhütende Mittel zu nehmen, nicht einhält? Haftet er auf Schadensersatz, wenn dem anderen infolgedessen Unterhaltspflichten gegenüber dem gezeugten Kind erwachsen?[24] 26

---

[19] Erman/*H. P. Westermann,* § 8 Rn. 1; MünchKomm/*Schmitt,* § 8 Rn. 7.

[20] *Flume,* AT II, § 9, 2cc bezeichnet sie als „Realakte mit Verselbständigung des Willensmoments".

[21] MünchKomm/*Schmitt,* § 7 Rn. 18, 30f.

[22] **Literatur:** *Krückmann,* Gefälligkeitsverträge, Seuff. Bl. 74, 113; *Reuß,* Die Intensitätsstufen der Abreden und die Gentlemen-Agreements, AcP 154 (1955), 485; *Willoweit,* Abgrenzung und rechtliche Relevanz nicht rechtsgeschäftlicher Vereinbarungen, 1969; *ders.,* Schuldverhältnisse und Gefälligkeit, JuS 1984, 909; *ders.,* Die Rechtsprechung zum Gefälligkeitshandeln, JuS 1986, 96.

[23] So der Fall in *BGH* NJW 1974, 1705.

[24] So in *BGHZ* 97, 372; dazu auch *Ramm,* JZ 1986, 1011; *ders.,* JZ 1989, 861; *Fehn,* JuS 1988, 602; *Dunz,* VersR 1986, 819; *Schlund,* JR 1986, 455; *Köhler,* AT, § 6 Rn. 2.

b) Maßgeblichkeit des erkennbaren Willens

27 Ob in derartigen Fällen rechtlich verbindliche Absprachen vorliegen, hängt aufgrund der auch insoweit geltenden Privatautonomie vom **Rechtsbindungswillen** der Beteiligten ab. Daran ist trotz zuweilen geübter Kritik[25] festzuhalten. Es kommt aber nicht auf den inneren, unerkennbar gebliebenen Willen an. Vielmehr ist mangels einer ausdrücklichen, dem anderen Teil erkennbaren Erklärung aufgrund der gesamten Umstände und der Interessenlage der Beteiligten zu ermitteln, ob bei vernünftiger Würdigung unter Beachtung der Verkehrssitte im Wege der **Auslegung** ein rechtlicher Bindungswille anzunehmen ist oder nicht[26]. Insoweit sind objektive Kriterien heranzuziehen[27], gerichtet auf das Ziel, möglichst weitgehend den erkennbaren Willen zu ermitteln.

28 Als **Anhaltspunkte** kommen etwa in Betracht die Entgeltlichkeit oder Unentgeltlichkeit eines Geschäfts[28]. Bei entgeltlichen Geschäften ist ein Rechtsbindungswille grundsätzlich zu bejahen. Die Unentgeltlichkeit ist dagegen ein möglicher Anhaltspunkt für ein Gefälligkeitsverhältnis, obwohl dies allein nicht ausschlaggebend sein kann, da es auch unentgeltliche Verträge wie Schenkung (§§ 516, 518), Leihe (§ 598), Auftrag (§ 662) oder Verwahrung (§ 690) gibt. Ein weiterer Anhaltspunkt ergibt sich aus dem **Risiko für wertvolle anvertraute Rechtsgüter**[29]. Deshalb ist z. B., wenn ein Kind Bekannten in Obhut gegeben wird, von einer Pflicht zur Abwendung vorhersehbarer Lebens- und Gesundheitsgefahren vom Kind auszugehen. Diese Pflicht kann sich teilweise auch schon aus § 823 ergeben. Soweit es aber um die Haftung für Unterlassungen geht, können vertragliche Aufsichtspflichten eine Rolle spielen (s. auch unten Rn. 33f.). Umgekehrt kann gerade auch bei unentgeltlichen Geschäften **keine Übernahme allzu hoher Risiken** insbesondere in wirtschaftlicher Hinsicht *Wieacker,* Die Methode der Auslegung des Rechtsgeschäfts, JZ 1967, 385 erwartet werden. Bei der Lottospielgemeinschaft kann deshalb nicht davon ausgegangen werden, daß sich der Mitspieler zur pünktlichen Abgabe rechtlich verbindlich verpflichten und bei Nichteinhaltung auf Ersatz des entgangenen Gewinns haften wollte. Ein Rechtsbindungswille fehlt auch, wenn die **Eigenverantwortung des Versprechensempfängers** erkennbar **bestehen bleiben** soll, so etwa bei der Einweisung eines Fahrers in den Verkehr.

29 Maßgebenden Einfluß hat auch die **rechtliche oder wirtschaftliche Bedeutung** einer Angelegenheit. So ist etwa das Versprechen zur Entrümpelung eines Kellers wegen der im allgemeinen geringen wirtschaftlichen Bedeutung eine bloße Gefälligkeit[30], während es bei der Anlageberatung grundsätzlich um wirtschaftlich wertvolle Entscheidungen geht, bei denen jedenfalls bei **berufsmäßigen Beratern** entgegen § 675 Abs. 2 auf die Einhaltung rechtlich verbindlicher Sorgfaltspflichten vertraut werden darf. Dies gilt insbesondere bei Banken und Sparkassen[31]. Aber auch ein Architekt übernimmt eine Rechtspflicht, wenn er sich um die Gewährung von Fördermitteln für ein Bauvorhaben zu kümmern verspricht[32]. Wegen der Bedeutung für die Bekanntheit und das Ansehen eines Künstlers sowie für die Verkaufschancen ihrer Werke ist auch die Vereinbarung einer Ausstellung rechtlich bindend[33].

30 In manchen Bereichen geht es der Rechtsordnung um die **Sicherung der freien Entscheidung,** insbesondere in religiösen oder ethischen Fragen oder wo grundsätzliche Freiheiten nicht durch rechtsgeschäftliche Absprachen verbindlich eingeschränkt

---

25 S. etwa *Flume,* AT II, § 7, 5–7.
26 *BGH* NJW 1995, 3389; Soergel/*M. Wolf,* vor § 145 Rn. 88ff.
27 S. *Medicus,* AT, Rn. 193; *Hübner,* AT, Rn. 695; Erman/*Hefermehl,* vor § 145 Rn. 4.
28 *BGHZ* 21, 102, 106.
29 Vgl. Erman/*Hefermehl,* vor § 145 Rn. 4; *Hübner,* AT, Rn. 695.
30 Vgl. *LG Mannheim* MDR 1965, 131; Soergel/*M. Wolf,* vor § 145 Rn. 89.
31 S. etwa *BGH* NJW 1983, 1730; 1984, 2524; *BGH* ZIP 1989, 1532; *BGH* NJW 1993, 2433.
32 *BGH* LM H. 7/1996 § 631 BGB Nr. 75.
33 *BGH* NJW 1995, 3389.

werden dürfen. Einem Rechtsbindungswillen setzt hier die Rechtsordnung Schranken, selbst wenn er vorhanden wäre.

Beispiel: Die Absprache, empfangsverhütende Mittel benutzen zu wollen, fällt in diesen Bereich rechtlich gesicherter persönlicher Entscheidungsfreiheit und begründet deshalb keine rechtliche Verpflichtung[34]. 31

c) Mischverhältnisse

Neben den reinen Gefälligkeitsverhältnissen gibt es auch Mischverhältnisse, bei denen sich **Gefälligkeitsbeziehungen mit einzelnen rechtlichen Bindungen** vermischen und damit zumindest in bestimmter Hinsicht ein Rechtsverhältnis begründen. In Betracht kommen hierfür insbesondere Vertragsverhältnisse ohne primäre Leistungspflichten und Verträge mit einseitiger Gegenleistungspflicht[35]. 32

aa) Ein **Vertrag ohne primäre Leistungspflichten** liegt vor, wenn keiner der Beteiligten zu einer Leistung verpflichtet ist, sondern die Leistungserbringung im freien Belieben steht. Wenn eine Leistung aber freiwillig erbracht wird, dann müssen dabei gewisse Schutz- und Sorgfaltspflichten beachtet werden. Es besteht in diesem Fall ein Rechtsverhältnis nur mit Nebenpflichten ähnlich wie beim Vertrag mit Schutzwirkung für Dritte gegenüber dem Dritten. 33

Beispiele: Mischverhältnisse aus Gefälligkeit und vertraglichen Sorgfaltspflichten bilden etwa die freiwillige Übernahme der Aufsicht über Kinder unter Nachbarn oder Bekannten[36], ferner die unentgeltliche Behandlung durch einen Arzt[37] oder die freiwillige Auskunfts- und Beratungstätigkeit im Zusammenhang mit Kapitalanlagen[38]. Auch wenn keine Pflicht zur Vornahme dieser Tätigkeiten besteht, müssen sie doch, wenn sie erfolgen, sorgfältig vorgenommen werden[39]. 34

bb) Ein **Vertrag mit einseitiger Gegenleistungspflicht** ist gegeben, wenn die Leistung eines Beteiligten freiwillig, d. h. ohne Verpflichtung, erbracht werden kann und im Falle der Leistungserbringung der andere Teil zu einer, auch einklagbaren Gegenleistung verpflichtet sein soll. 35

Beispiel: Hier einzuordnen ist etwa die freiwillige Aushilfe mit Treibstoff für ein unterwegs liegengebliebenes Fahrzeug, wofür Ersatz der Benzinkosten zu leisten ist. Auf den Treibstoff besteht kein Anspruch, wohl aber auf den Kostenersatz, wenn der Treibstoff freiwillig überlassen wird. Im Unterschied zu unentgeltlichen Verträgen, bei denen wie etwa bei Schenkung (§§ 516, 518), Leihe (§ 598) oder Auftrag (§ 662) nur eine Hauptpflicht vorliegt, existieren beim Vertrag mit einseitiger Gegenleistungspflicht zwei Hauptleistungen, von denen aber nur eine mit einer Pflicht unterlegt und einklagbar ist. 36

d) Haftung bei Gefälligkeitsverhältnissen

Soweit bei Gefälligkeitsverhältnissen wegen des fehlenden Rechtsbindungswillens vertragliche Pflichten nicht bestehen, kann dennoch eine gesetzliche **Haftung aus § 823** auf Schadensersatz Platz greifen. 37

Beispiel: Wird eine in einem Pkw freiwillig und unentgeltlich mitgenommene Person durch einen Unfall verletzt, so bleibt die allgemeine gesetzliche Pflicht zur Rücksicht auf die in § 823 38

---

[34] *BGHZ* 97, 372, 378; s. auch *OLG Stuttgart* FamRZ 1987, 700.
[35] S. auch Soergel/*M. Wolf,* vor § 145 Rn. 79ff., 84.
[36] *Willoweit,* JuS 1986, 96, 101; a. A. *BGH* NJW 1968, 1874.
[37] *BGH* NJW 1977, 2120.
[38] *BGH* NJW 1993, 2433; 1993, 3073.
[39] Zu weiteren Beispielen Soergel/*M. Wolf,* vor § 145 Rn. 91.

Abs. 1 genannten Rechtsgüter bestehen. Eine Milderung der Verschuldenszurechnung auf Vorsatz und grobe Fahrlässigkeit wie bei einzelnen unentgeltlichen Verträgen in § 521, § 599, §§ 690, 708 mit § 277, nicht jedoch beim Auftrag, kommt jedenfalls, soweit es Leben und Gesundheit des Mitgenommenen betrifft, wegen des hohen Werts dieser Rechtsgüter nicht in Betracht[40]. Für mitgenommene Sachgüter ist eine analoge Anwendung von § 690 zu befürworten[41].

39 Liegen gefahrerhöhende Umstände vor, wie z.B. Trunkenheit oder fehlender Führerschein, die dem verletzten Mitfahrer bekannt sind oder hätten bekannt sein müssen, so kommt eine Herabsetzung des Schadensersatzes nach § 254 in Betracht[42]. Eine Einwilligung in die eigene Verletzung ist dagegen nicht anzunehmen. Die Annahme eines stillschweigenden Haftungsausschlusses für leichte Fahrlässigkeit läßt sich nur bei Vorliegen besonderer Umstände rechtfertigen, so z.B., wenn der Fahrzeughalter einem Dritten mit nur geringer Fahrpraxis das Steuer überläßt[43].

§ 23. Arten und Funktionen der Rechtsgeschäfte

Inhaltsübersicht

[40] *BGHZ* 21, 102, 110; Soergel/*M. Wolf,* vor § 145 Rn. 97; *Medicus,* AT, Rn. 194.

[41] Allgemein zur Anwendung des milderen vertraglichen Haftungsmaßstabs auf unerlaubte Handlung s. *OLG Köln* NJW-RR 1988, 157; *Larenz/Canaris,* Schuldrecht II/2, § 83 VI 2a.

[42] *BGHZ* 34, 355, 363; Soergel/*M. Wolf,* vor § 145 Rn. 97; *Medicus,* AT, Rn. 194.

[43] *BGH* VersR 1980, 384.

Das Rechtsgeschäft ist ein allgemeiner Begriff, der mit der Willenserklärung als seinem Grundelement für das gesamte Privatrecht gilt. Wegen dieser allumfassenden Geltung kommt das Institut des Rechtsgeschäfts aber in ganz unterschiedlichen Zusammenhängen zur Anwendung und muß sehr unterschiedlichen Interessenlagen Rechnung tragen. Um sich den unterschiedlichen Bedürfnissen anzupassen, gibt es verschiedene Arten des Rechtsgeschäfts. Diese berücksichtigen die Besonderheiten der jeweiligen Rechtsgebiete in der Weise, daß sie entweder neben mindestens einer Willenserklärung weitere Voraussetzungen aufstellen oder daß ihre Rechtsfolgen auf ganz unterschiedliche Ziele gerichtet sind und ganz unterschiedliche Funktionen erfüllen. 1

Entsprechend der Zahl der Willenserklärungen gibt es einseitige und mehrseitige Rechtsgeschäfte; unter den letzteren wieder Verträge und Beschlüsse. Nach dem Gegenstand der intendierten Regelung unterscheidet man schuldrechtliche, sachenrechtliche, familienrechtliche und erbrechtliche Rechtsgeschäfte. Nach der Art der intendierten Rechtsfolge sind Verpflichtungs- und Verfügungsgeschäfte von einander zu trennen. Bei Geschäften, die eine Zuwendung enthalten, unterscheidet man kausale und abstrakte sowie entgeltliche und unentgeltliche Geschäfte. Ferner sind erwerbswirtschaftliche Rechtsgeschäfte von anderer Art als personenrechtliche Rechtsgeschäfte. Weiter kann man unterscheiden formfreie und formbedürftige, unbedingte und bedingte, sofort wirksame und erst von einem späteren Zeitpunkt an wirksame, d.h. befristete Geschäfte sowie Rechtsgeschäfte unter Lebenden und von Todes wegen. Diese Unterscheidungen bedürfen der Erläuterung. 2

I. Einseitige Rechtsgeschäfte, Verträge und Beschlüsse

1. Einseitige Rechtsgeschäfte

Einseitige Rechtsgeschäfte sind dadurch gekennzeichnet, daß sie nur **eine Willenserklärung** enthalten im Gegensatz zum Vertrag und zu den Beschlüssen, die sich aus zwei oder mehr Willenserklärungen zusammensetzen. Die Feststellung, ob das Gesetz eine einseitige Willenserklärung oder eine andere Art des Rechtsgeschäfts voraussetzt, ist nicht nur wichtig für die Frage, welche Voraussetzungen für die Vornahme des Rechtsgeschäfts vorliegen müssen. Vielmehr sind für einseitige Rechtsgeschäfte zum Teil auch spezielle Vorschriften zu beachten, z.B. §§ 111, 143 Abs. 3, 174, 180, 1831, und die speziellen Vorschriften für Verträge, wie z.B. §§ 145ff., 108–110, 177–179, können nicht zur Anwendung kommen. Dagegen finden auf einseitige Rechtsgeschäfte alle Vorschriften Anwendung, die für Rechtsgeschäfte, z.B. §§ 112, 113, 125, 3

134, 138, 140, 158, oder für Willenserklärungen allgemein gelten, z. B. §§ 105, 107, 116–124, 130, 133, 164 u. a. Es ist deshalb immer sehr sorgfältig darauf zu achten, welchen Begriff die jeweilige gesetzliche Vorschrift verwendet.

4 **Beispiele:** Einseitige Rechtsgeschäfte sind etwa die Gestaltungserklärungen zur Ausübung von Gestaltungsrechten (s. oben § 15 Rn. 65 ff.), wie die Anfechtungserklärung (§ 143), die Rücktrittserklärung (§ 349), die Kündigungserklärung oder die Aufrechnungserklärung (§ 388). Einseitiges Rechtsgeschäft sind aber auch z. B. die Vollmachterteilung (§ 167) oder die Zustimmung (§ 182), sei es in Gestalt der vorherigen Einwilligung (§ 183) oder der nachträglichen Genehmigung (§ 184), ebenso die Zurückweisung nach §§ 111, 174. Einseitig ist auch die Aufhebung eines das Grundstück belastenden Rechts (§ 875) und der Verzicht auf das Grundstückseigentum (§ 928) oder die Bewilligung einer Vormerkung (§ 885) oder die Errichtung eines Testaments (§§ 2231 ff., 2247).

5 Einseitige Rechtsgeschäfte richten sich vielfach an eine bestimmte andere Person und sind dieser gegenüber abzugeben (s. z. B. § 143 Abs. 1, § 167, § 349, § 388). Man spricht insoweit von **empfangsbedürftigen Willenserklärungen,** die gemäß § 130 erst durch Zugang wirksam werden (s. dazu unten § 26). Es gibt aber auch nicht empfangsbedürftige Willenserklärungen, wie z. B. das Testament, die keines Zugangs bedürfen.

6 Auch bei einseitigen Rechtsgeschäften kann es erforderlich werden, daß **mehrere Personen** daran mitwirken. In solchen Fällen der Ausübung eines mehreren Personen gemeinschaftlich zustehenden Gestaltungsrechts liegen mehrere Willenserklärungen vor, die zu einem Ausübungsakt miteinander verbunden sind. Man spricht deshalb auch von einem **Gesamtakt**[1]. Gleichwohl handelt es sich um ein einseitiges Rechtsgeschäft, weil inhaltlich gleiche, parallel laufende Erklärungen („ich kündige") mit einer einheitlichen Rechtsfolge abgegeben werden und nicht wie beim Vertrag einander zwar korrespondierende, aber doch wechselseitige Erklärungen (Verkäufer „verkauft", Käufer „kauft") vorliegen. Da es sich beim Gesamtakt um ein einseitiges Rechtsgeschäft handelt, finden darauf §§ 111, 174 und alle anderen Vorschriften für einseitige Rechtsgeschäfte Anwendung (s. oben Rn. 3).

7 **Beispiel:** Haben Ehegatten gemeinsam eine Wohnung gemietet, so ist mangels abweichender Vereinbarungen zur Beendigung des Mietverhältnisses grundsätzlich eine Kündigung durch beide Ehegatten erforderlich[2]. Auch die nach § 107 erforderliche Einwilligung oder die nach § 108 erforderliche Genehmigung der Eltern, die beide das Sorgerecht haben (§§ 1626, 1629), setzt sich aus zwei Willenserklärungen als Gesamtakt zusammen. Ebenso kann die einer Erbengemeinschaft zustehende Forderung nur durch gemeinsame Erklärung aller Erben gegenüber einer Nachlaßverbindlichkeit der Erbengemeinschaft aufgerechnet werden (§ 2040 Abs. 1).

8 Vom Gesamtakt, bei dem die Willenserklärungen mehrerer nur gemeinschaftlich berechtigter Personen zu einem einseitigen Rechtsgeschäft verbunden sind, ist zu unterscheiden der Fall, daß **zu einem Geschäft mehrere selbständige einseitige Rechtsgeschäfte** erforderlich sind, so z. B. wenn zu einer Adoption neben der Einwilligung des Kindes (§ 1746), die Einwilligung der Eltern (§ 1747) und die Einwilligung des Ehegatten des Annehmenden erforderlich ist (§ 1749) oder wenn zu einer Verfügung des Erben der Testamentsvollstrecker nach §§ 2211, 185 und der Nacherbe nach §§ 2113, 185 zustimmen müssen.

2. Verträge

9 Im geschäftlichen Verkehr, bei dem zwei oder mehrere Personen zusammenwirken, genügt zum Eintritt rechtsgeschäftlicher Rechtsfolgen zumeist nicht die einseitige

[1] S. *Brox,* AT, Rn. 99.
[2] S. z. B. Palandt/*Weidenkaff,* § 542 Rn. 18; Bamberger/Roth/*Ehlert,* § 542 Rn. 20.

Willenserklärung nur einer Person, weil eine Person nicht einseitig über die Rechtsverhältnisse einer anderen bestimmen kann. Die Gestaltungsrechte bilden insofern eine Ausnahme. Zur Regelung gemeinsamer privatautonomer Angelegenheiten bedarf es vielmehr grundsätzlich der übereinstimmende Willenserklärungen aller Beteiligter, die von der rechtsgeschäftlichen Regelung in ihren Rechten betroffen werden.

Vorschriften, die an das Vorliegen eines Vertrages anknüpfen, finden sich über das ganze BGB verstreut, so z.B. im **Schuldrecht** §§ 311 Abs. 1, 320ff., 328, 336, 397, 398, 414, 427, 433 (Kaufvertrag), § 488 (Darlehensvertrag), § 518 (Schenkung), § 535 (Mietvertrag) § 581 (Pachtvertrag), § 611 (Dienstvertrag), § 631 (Werkvertrag), § 651a (Reisevertrag), § 652 (Maklervertrag), § 662 (Auftrag), § 705 (Gesellschaftsvertrag), § 765 (Bürgschaftsvertrag), § 779 (Vergleich), im **Familienrecht** § 1408 (Ehevertrag), §§ 1822 Nr. 2–7, 1829 sowie im **Erbrecht** §§ 1941, 2274ff. (Erbvertrag), § 2346 (Erbverzicht), § 2371 (Erbschaftskauf). Auch in anderen Gesetzen wird vielfach ein Vertrag vorausgesetzt, so z.B. in §§ 407, 453, 467 **HGB,** §§ 2, 15, 291ff. **AktG,** §§ 2, 3, 53 **GmbHG,** §§ 4f., 126 **UmwG,** §§ 17f. **GWB** und in §§ 34 Abs. 4, 40 **UrhG.** Die allgemeine Bedeutung des Vertrags als rechtliches Regelungsinstrument zeigt sich auch darin, daß auch das **öffentliche Recht** (§§ 54ff. VwVfG)[3] und das **Völkerrecht** den Vertrag kennen. Für all diese Vorschriften und viele andere mehr muß geklärt werden, wann ein Vertrag vorliegt. Für den Abschluß von Verträgen gelten nicht nur die §§ 145ff., die ausdrücklich auf den Vertrag Bezug nehmen, sondern darüber hinaus alle Vorschriften über Willenserklärungen und Rechtsgeschäfte, sofern sie nicht auf einseitige Rechtsgeschäfte begrenzt sind (s. oben Rn. 3). 10

a) Willensübereinstimmung als wesentliches Vertragselement

Die übereinstimmenden Willenserklärungen zweier Personen begründen den Vertrag. In diesem Fall werden dabei als Rechtsgeschäft nicht die einzelnen Willenserklärungen bezeichnet, sondern der aus den Erklärungen beider Vertragspartner zusammengesetzte Vertrag, weil nur dieser die gemeinsam gewollten Rechtsfolgen herbeiführt (s. dazu auch unten § 29 Rn. 1ff.). Der Vertrag ist demgemäß das Rechtsgeschäft, das aus zumindest zwei **inhaltlich übereinstimmenden Willenserklärungen** besteht, die die **Einigung** der Parteien beinhalten. Der Vertrag ist damit mehr als nur die Summe zweier Willenserklärungen; da diese sinngemäß aufeinander bezogen sind, ist er ein sinnhafter Doppelakt. 11

Da der Vertrag durch das Einigsein der Parteien gekennzeichnet ist, liegt ein Vertrag auch vor, wenn das Gesetz, wie insbesondere im **Sachenrecht,** von **„Einigung"** spricht, so z.B. in § 929 sowie in § 873 und § 925. Ebenso setzt die **„Vereinbarung"** eine Einigung und damit einen Vertrag voraus, so z.B. in §§ 1585c, 1587o oder §§ 1ff. GWB. Auch wenn das Gesetz den Begriff **„Versprechen"** benutzt, meint es damit die vertragliche Einigung, weil ein solches Versprechen erst durch die Annahme des Versprechensempfängers verbindlich wird. Deshalb ist auch das Verlöbnis als das gegenseitige Versprechen, miteinander die Ehe eingehen zu wollen, ebenso ein Vertrag wie die Eheschließung selbst, die mit dem gegenseitigen Jawort (§ 1310) eine vertragliche Einigung enthält. 12

b) Rechtfolgen grundsätzlich nur für die Vertragspartner

Der Betonung der Eigenverantwortung im **Grundsatz der Privatautonomie** (s. oben § 1 Rn. 2, § 2 Rn. 17) entspricht es, daß die Rechtsfolgen eines Vertrags nur denjenigen treffen, der durch eine ihm zurechenbare Willenserklärung am Vertragsabschluß mitgewirkt hat. Es gibt demgemäß **grundsätzlich keinen Vertrag zu Lasten Dritter.** Ein **Schuldvertrag** begründet Rechtsfolgen im allgemeinen nur unter den Vertragschließenden; doch gibt es hiervon Ausnahmen, so den berechtigenden 13

[3] S. dazu *Höfling/Krings,* JuS 2000, 625.

Vertrag zugunsten eines Dritten (§ 328) und den Vertrag mit Schutzwirkung für Dritte (s. unten Rn. 122). Auch der **dingliche Vertrag** begründet als Verfügungsgeschäft einen Rechtserwerb und den auf der anderen Seite damit verbundenen Rechtsverlust grundsätzlich nur zwischen den Vertragsparteien. Er wirkt aber insofern mittelbar gegenüber allen, als die darin getroffene Zuweisung ein von der Rechtsordnung anerkannter Erwerbsgrund und daher auch von jedem Dritten zu beachten ist. Ein dinglicher Vertrag zugunsten Dritter analog § 328, der den Rechtserwerb nicht beim Vertragspartner, sondern bei einem Dritten eintreten läßt, wird von der Rechtsprechung nicht anerkannt[4], wird aber vom Gesetz z. B. in § 414 und § 423 vorgesehen. Die Eheschließung ist ein **familienrechtlicher Vertrag,** der die Partner zur ehelichen Lebensgemeinschaft verpflichtet (§ 1353), darüber hinaus rechtliche Wirkungen, z. B. hinsichtlich ihres Namens und des Güterstandes (§ 1363), hat, die auch gegenüber Dritten von Bedeutung sein können. Auch ein **Erbvertrag** gilt zunächst nur zwischen beiden Parteien. Der Erblasser kann aber darin Dritte durch Zuwendung begünstigen und durch Enterbung benachteiligen.

c) Beteiligung mehrerer Personen am Vertrag

14 Ein Vertrag setzt die Willenserklärungen mindestens zweier Personen voraus. Am Vertragsschluß können aber auch **mehrere Personen mit ihren Willenserklärungen** beteiligt sein.

15 **Beispiele:** Am Abschluß eines Gesellschaftsvertrags (§ 705 BGB, § 2 AktG, § 2 GmbHG) können mehrere Gesellschafter beteiligt sein, die alle einen gemeinsamen Zweck gemeinschaftlich verfolgen wollen. Sinnwidrig spricht § 2 AktG vom Gesellschaftsvertrag mit Beteiligung nur einer Person (Einmann-AG, s. auch die Einmann-GmbH in §§ 1, 2 GmbHG). Ein Vertrag mit mehreren Personen liegt auch vor, wenn z. B. Ehegatten einen Mietvertrag über die gemeinsam zu mietende Wohnung oder einen Darlehensvertrag über das gemeinsam aufzunehmende Darlehen schließen. Auch die Vertragsübernahme stellt einen Vertrag mit drei Beteiligten dar (s. oben § 13 Rn. 49) und § 427 nennt die Verpflichtung mehrerer durch Vertrag, denen mindestens eine weitere Person als Gläubiger gegenüber stehen muß. Zuweilen wird insoweit von einem mehrseitigen Rechtsgeschäft gesprochen[5]. Dies verschleiert jedoch, daß die Einigung das entscheidende Element darstellt. Das Erfordernis und das Charakteristische der Einigung ändert sich nicht dadurch, daß an der Einigung statt nur zwei Personen mehrere Personen beteiligt sind. Es ist deshalb auch bei Beteiligung mehrerer Personen an der Einigung am Vertragsbegriff festzuhalten, so daß die §§ 145 ff. uneingeschränkt Anwendung finden.

16 Wichtig ist die Frage, ob an der Einigung insofern alle beteiligt sein müssen, als bei fehlender Willenserklärung eines Beteiligten auch der Vertrag unter den anderen Beteiligten, die sich geeinigt haben, zustande kommt oder nicht zustande kommt. Bei Verträgen, die zwingend die Teilnahme mehrerer Personen erfordern, wie z. B. die Vertragsübernahme als dreiseitiger Vertrag oder die Übertragung des mehreren gehörenden Eigentums, ist die Frage bereits vom Gesetz dahin beantwortet, daß der Vertrag ohne Zustimmung aller nicht zustande kommt. Im übrigen entscheidet entsprechend § 139 der Wille der restlichen Beteiligten, ob sie den Vertrag allein unter sich oder nur mit Beteiligung des noch Ausstehenden in Geltung setzen wollen.

3. Beschlüsse

17 Das BGB erwähnt den Beschluß als rechtsgeschäftlichen Gestaltungsakt beim Verein in §§ 28, 32 ff., 70, bei den Personengesellschaften in § 712 BGB und § 119 HGB sowie bei der Gemeinschaft nach Bruchteilen (§ 745). Das AktG (z. B. §§ 77 Abs. 2,

[4] *BGHZ* 41, 96; 68, 231; *BGH* NJW 1994, 2483.
[5] *Medicus,* AT, Rn. 204.

108, 119, 129f., 179, 193, 195, 223, 241ff.) und das GmbHG (z.B. §§ 47, 48, 53, 57e) beziehen sich ebenfalls mehrfach auf Beschlüsse. Aus den gesetzlichen Bestimmungen kann entnommen werden, daß die Beschlüsse der **innerorganisatorischen Willensbildung** der Gesellschafter in Personengesellschaften (GbR, OHG, KG), der Teilhaber in der Bruchteilsgemeinschaft (§ 745) oder der Mitglieder von juristischen Personen (Verein, AG, GmbH) dienen. Dieselbe Funktion erfüllen sie bei den aus mehreren Personen bestehenden Organen dieser Personenvereinigungen, wie z.B. bei der Willensbildung in einem mehrköpfigen Vorstand oder Aufsichtsrat. Aus dieser Funktion des Beschlusses ergeben sich Besonderheiten und Unterschiede zum Vertrag in mehrfacher Hinsicht. Unterschiede bestehen aber auch zum Gesamtakt (s. unten Rn. 22).

Es gibt jedoch ausnahmsweise auch Beschlüsse, die nur eine Willenserklärung aufweisen, wie der Beschluß des einzigen Gesellschafters einer Einmann-GmbH oder des Alleinaktionärs in der AG. Von der Abstimmung durch Beschluß in Personenvereinigungen ist auch der Beschluß als eine Form gerichtlicher Entscheidung (s. z.B. § 358 ZPO). Gerichtsbeschlüsse sind Entscheidungen der Rechtsprechung als staatliches Organ und keine privatrechtlichen Rechtsgeschäfte wie der Beschluß in Personenvereinigungen. **18**

a) Rechtsgeschäft mit gleichlautenden Willenserklärungen

Beschlüsse gestalten die rechtlichen Beziehungen in den Personenvereinigungen **19** nach dem Willen der Mehrheit. Weil sie Rechtsfolgen nach dem Willen der Mehrheit herbeiführen, sind sie Rechtsgeschäfte und enthalten wie Verträge grundsätzlich die **Willenserklärungen mehrerer Personen.** Beschlüsse beruhen nach ihrem Inhalt auf **gleichlautenden Willenserklärungen** und unterscheiden sich dadurch von den Verträgen. Während vertragliche Willenserklärungen zwar inhaltlich dieselben Rechtsfolgen anstreben, sind sie inhaltlich doch insofern nicht identisch, als die Vertragspartner ihre Erklärungen in unterschiedlichen Vertragsfunktionen abgeben, z.B. als Käufer, der sagt, „ich kaufe", und als Verkäufer, der sagt, „ich verkaufe". Beschlüsse setzen sich dagegen aus inhaltlich identischen Erklärungen zusammen, indem die Stimmberechtigten zu einem bestimmten Gegenstand, wie z.B. dem Vorschlag zur Gewinnverteilung oder der Entlastung des Vorstands, gleichlautend mit „Ja" oder „Nein" abstimmen. Der Beschluß und seine Rechtsfolgen werden getragen von der Mehrheit der abgegebenen Stimmen.

b) Besondere Erklärungsempfänger

Hinsichtlich des **Empfängers** der Willenserklärung kennzeichnet den Beschluß, **20** daß er nicht gegenüber den anderen Abstimmenden, vergleichbar gegenüber dem anderen Vertragspartner beim Vertrag, sondern gegenüber der **Personenvereinigung oder** ihrem **Organ** abgegeben wird, innerhalb dessen die Willensbildung stattfindet. Auch geben die Empfänger des Beschlusses nicht ihrerseits wie der Vertragspartner beim Vertrag eine Willenserklärung ab.

c) Innerorganisatorische Rechtsfolgen

Bei den Rechtsfolgen ergibt sich die Besonderheit, daß vornehmlich die **inneren** **21** **Verhältnisse** der Vereinigung geregelt, Verhaltensregeln für die Mitglieder aufgestellt oder Weisungen an diejenigen erteilt werden, die die Beschlüsse nach der Satzung auszuführen haben. Es sollen nicht die Beziehungen der an der Beschlußfassung beteiligten Personen als Einzelperson zueinander, sondern der ihnen **gemeinsame**

Rechtskreis oder der Rechtskreis der durch sie vertretenen Körperschaft gestaltet werden. Dagegen regeln sie nicht die Verhältnisse der Vereinigung, d.h. der Gesamtheit der Mitglieder oder der juristischen Person, zu dritten Personen; um diese zu regeln, bedarf es eines im Namen aller Mitglieder oder der Körperschaft als solcher dem Dritten gegenüber vorgenommenen Rechtsgeschäfts.

d) Bindung aller Mitglieder

22 Eine weitere Besonderheit der Rechtsfolgen besteht darin, daß Beschlüsse, soweit sie sich in dem Rahmen der Satzung halten und nicht gegen zwingende Rechtsnormen verstoßen, auch für die überstimmte Minderheit und nicht anwesende Mitglieder **bindend** sind und damit **für alle Mitglieder** der Vereinigung gelten, es sei denn, daß ausnahmsweise Einstimmigkeit vorgeschrieben ist. Dadurch unterscheidet sich der Beschluß auch vom Gesamtakt, der stets die Zustimmung aller Beteiligten voraussetzt (s. oben Rn. 6f.).

II. Unterscheidung nach dem Rechtsgebiet

23 Bezogen auf das Rechtsgebiet kann man vor allem schuld- und sachenrechtliche sowie familien- und erbrechtliche Rechtsgeschäfte unterscheiden.

1. Schuldrechtliche Rechtsgeschäfte

24 Schuldrechtliche Rechtsgeschäfte sind solche, die auf die **Begründung** und inhaltliche **Ausgestaltung, Änderung** oder **Beendigung eines Schuldverhältnisses** mit relativen Rechten und Pflichten gerichtet sind. Die Unterscheidung der schuldrechtlichen und der sachenrechtlichen Geschäfte hängt aufs engste mit derjenigen der Verpflichtungs- von den Verfügungsgeschäften zusammen (unten Rn. 31). Zumeist handelt es sich um Verträge, für die weitgehend die Vertragsfreiheit gilt (s. unten § 34 Rn. 22ff.). Es kommen jedoch auch einseitige Rechtsgeschäfte und Beschlüsse vor.

25 **Beispiele:** Schuldrechtliche Verträge sind z.B. der Kaufvertrag, der Mietvertrag, der Dienstvertrag, der Werkvertrag oder das Darlehen. Ein einseitiges Rechtsgeschäft, dessen Wirkung auf dem Gebiet des Schuldrechts liegt, ist etwa die Auslobung (§ 657), ferner die Kündigung eines Dauerschuldverhältnisses, z.B. eines Mietverhältnisses, sowie die Ausübung einer Wahlbefugnis (§ 263). Beschlüsse können schuldrechtliche Wirkungen hervorrufen, indem sie etwa Beitragspflichten oder Gewinnauszahlungsansprüche begründen. Nicht alle schuldrechtlichen Verträge sind im Schuldrecht geregelt. So gibt es im HGB als schuldrechtliche Verträge das Kommissionsgeschäft (§§ 383ff. HGB), das Frachtgeschäft (§§ 407ff. HGB), das Speditionsgeschäft (§§ 453ff. HGB) oder das Lagergeschäft. Andererseits sind im Schuldrecht auch Verfügungsgeschäfte geregelt, wie etwa die Abtretung (§ 398) oder der Erlaßvertrag (§ 397).

2. Sachenrechtliche Rechtsgeschäfte

26 Sachenrechtliche Rechtsgeschäfte sind auf die **Begründung, Änderung, Übertragung** oder **Aufhebung** eines **dinglichen Rechts** mit absoluter Wirkung gegenüber jedermann gerichtet. Es kann sich um Verträge wie um einseitige Rechtsgeschäfte handeln. Sachenrechtliche Verträge werden auch dingliche Verträge genannt. Während schuldrechtliche Verträge grundsätzlich beliebigen Inhalts geschlossen werden können, gilt im Sachenrecht der sog. Typenzwang, d.h. es können nur solche

Sachenrechte begründet werden, die einem vom Gesetz zugelassenen Rechtstypus entsprechen (s. unten § 34 Rn. 53ff.).

Beispiele: Ein sachenrechtlicher, dinglicher Vertrag ist die Einigung bei der Übertragung des Eigentums nach §§ 873, 925, 929. Einseitige Rechtsgeschäfte auf dem Gebiet des Sachenrechts sind z.B. der Verzicht auf das Eigentum an einem Grundstück (§ 928), die Aufgabe des Eigentums an einer beweglichen Sache (§ 959), die Aufhebung eines Grundstücksrechts (§ 875) und der Verzicht auf eine Hypothek (§ 1168 Abs. 2). 27

3. Familienrechtliche Rechtsgeschäfte

Zu den familienrechtlichen Rechtsgeschäften gehören zunächst die den **personenrechtlichen Status** betreffenden Rechtsgeschäfte, vor allem die Eheschließung, das Anerkenntnis der Vaterschaft eines Kindes (§§ 1592 Nr. 2, 1594ff.) und dessen Einbenennung (§ 1618), aber auch die Erklärungen zur Adoption nach §§ 1741ff. Familienrechtliche Rechtsgeschäfte sind aber auch solche, **die die vermögensrechtlichen Verhältnisse der Ehegatten** regeln, wie vor allem Eheverträge (§ 1408), aber auch z.B. Vereinbarungen über den Unterhalt nach § 1585c oder über den Versorgungsausgleich nach § 1587o. Die familienrechtlichen Geschäfte sind wegen ihrer überragenden Bedeutung für die Beteiligten, und soweit durch sie öffentliche Interessen oder doch Interessen Dritter berührt werden können, zumeist formbedürftig. Personenrechtliche Rechtsgeschäfte, die auf eine Änderung des Personenstandes zielen[6], können in der Regel nicht unter einer Bedingung (s. etwa § 1311 Satz 2, § 1594 Abs. 3, § 1750 Abs. 2) und häufig nur persönlich, nicht durch Stellvertreter (s. z.B. § 1311 Satz 1, § 1596 Abs. 4, § 1750 Abs. 3) vorgenommen werden. Die inhaltliche Ausgestaltung der Familienverhältnisse (Ehe, Kindesverhältnis) ist grundsätzlich der Parteidisposition entzogen. Soweit, wie auf dem Gebiet des ehelichen Güterrechts, die Parteien eine gewisse Dispositionsfreiheit haben, ist diese beschränkt (s. unten § 34 Rn. 57ff.). Andere als die im Gesetz vorgesehenen familienrechtlichen Geschäfte sind in Bezug auf den personenrechtlichen Status nicht möglich. Es besteht also ebenso wie auf dem Gebiet des Sachenrechts Typenzwang. 28

4. Erbrechtliche Rechtsgeschäfte

Unter den erbrechtlichen Geschäften sind die wichtigsten die sog. Verfügungen von Todes wegen, mit Hilfe derer eine Person Bestimmungen hinsichtlich des rechtlichen Schicksal ihres Vermögens nach ihrem Tode trifft. Solche Bestimmungen können durch Testament als einseitiges Rechtsgeschäfte oder in einem Erbvertrag getroffen werden. Beide, das Testament und der Erbvertrag, sind formbedürftig. Verfügungen von Todes wegen können nur in den vom Gesetz vorgesehenen Formen getroffen werden. Insoweit besteht also ein Typenzwang. In inhaltlicher Hinsicht gewährt das BGB jedoch weitgehende Testierfreiheit. Der Erblasser kann deshalb unter Beachtung des Pflichtteilsrechts (§§ 2303ff.) bis zu den Grenzen der Sittenwidrigkeit (§ 138) letztwillig über sein Vermögen verfügen, wie er will (s. unten § 34 Rn. 60f.). Erbrechtliche Geschäfte, die nicht in einer Verfügung von Todes wegen bestehen, sind z.B. die Annahme und die Ausschlagung einer Erbschaft (§§ 1942ff.) oder eines Vermächtnisses (§ 2180), die Übertragung eines Erbteils (§ 2033), Vereinbarungen über 29

[6] Zu ihnen *Beitzke,* FS Flume, 1978, Bd. I, S. 317.

die Auseinandersetzung nach § 2042, der Erbverzicht (§§ 2346ff.) und der Erbschaftskauf (§§ 2371ff.).

30 Der Erbauseinandersetzungsvertrag, durch den mehrere Miterben die Verteilung des Nachlasses unter sich regeln, enthält, soweit er die Erbauseinandersetzung nicht nach § 2042 Abs. 2 mit § 749 Abs. 2 ausschließt oder beschränkt, vielfach auch schuldrechtliche Elemente, da er Ansprüche und Verpflichtungen der Miterben untereinander begründet, seine Wirkung daher insoweit auf dem Gebiet des Schuldrechts liegt.

III. Die Verpflichtungsgeschäfte

1. Die Funktion der Erzeugung von Leistungspflichten

31 Verpflichtungsgeschäfte sind solche Rechtsgeschäfte, durch die eine Person sich einer oder mehreren anderen gegenüber zu einem bestimmten Tun oder Unterlassen verbindlich bereit erklärt. Ihre **primäre Funktion** ist die **Begründung einer Leistungspflicht** und damit eines Schuldverhältnisses (§ 241), aufgrund dessen der Schuldner verpflichtet ist, dem Gläubiger die versprochene Leistung zu erbringen. Daraus entsteht zugleich für den Gläubiger das Forderungsrecht als das Recht, die Leistung zu verlangen. Die versprochene Leistung kann in einem Verfügungsgeschäft als Erfüllungsgeschäft[7] oder in einem tatsächlichen Verhalten, wie z.B. einer Dienstleistung bestehen. Der Erfüllungsgegenstand kann eine bestimmte Sache oder ein Recht, aber auch eine vom Umfang der Vertragslaufzeit abhängige Leistung sein. Leistungspflichten, deren Umfang vom Zeitablauf abhängt, entstehen aus Dauerschuldverhältnissen, wie z.B. Miete, Pacht, Leihe oder Dienst- und Arbeitsvertrag. Ein Verpflichtungsgeschäft kann jede Person aufgrund ihrer allgemeinen Handlungs- und Geschäftsfähigkeit (s. oben § 6 Rn. 3ff.) abschließen, ohne Rechtsinhaber oder sonst verfügungsberechtigt sein zu müssen.

32 Zur rechtsgeschäftlichen Begründung eines Schuldverhältnisses und ebenso zur Änderung des Inhalts eines solchen bedarf es **in der Regel** eines **Vertrages** zwischen den Beteiligten (§ 311 Abs. 1), der als schuldrechtlicher Vertrag das Verpflichtungsgeschäft enthält. Nur **ausnahmsweise** genügt hierzu ein **einseitiges Rechtsgeschäft;** wie bei der Auslobung (§ 657) oder wie beim Vermächtnis (§ 2174) aufgrund eines Testaments.

33 Schuldverhältnisse können **einseitig verpflichtend** sein. Dann ist nur ein Teil zu einer Leistung verpflichtet, wie z.B. bei der Schenkung. Ohne Bedeutung für diese Einteilung sind die allgemeinen Rücksichtnahmepflichten aus § 241 Abs. 2. Diese sind keine Leistungspflichten und bestehen bei jedem Schuldverhältnis. Es können aber auch beide Teile zu einer Leistung verpflichtet sein. Dazu gehören als wichtigste Gruppe die **gegenseitigen Verträge,** bei denen die Hauptpflichten der beiden Teile in einem synallagmatischen Austauschverhältnis (do ut des) stehen, so daß die eine Leistung die Gegenleistung für die andere darstellt. Dazu gehören alle entgeltlichen Verträge, bei denen der eine Teil für die Leistung des anderen Teils etwas bezahlen muß, wie z.B. beim Kaufvertrag (§ 433), beim Werkvertrag (§ 631), beim Mietvertrag (§ 535) oder beim Dienstvertrag (§ 611). Daneben gibt es Verträge, die als **zweiseitig verpflichtende Verträge** beiden Teilen Leistungspflichten auferlegen, ohne gegenseitige Verträge zu sein, weil die beiderseitigen Leistungspflichten nicht in einem Austauschverhältnis zueinander stehen. **Zweiseitig verpflichtend** in diesem Sinne ist z.B. der Auftrag (§ 662) oder die Leihe (§ 598). In beiden Fällen handelt es sich um unentgeltliche Verträge. Die Gebrauchsüberlassung (§ 598) und die Geschäftsbesorgung (§ 662) werden nicht übernommen, um dafür eine Gegenleistung zu erhalten. Es ist aber außerhalb eines Austauschverhältnisses neben dem

---

[7] Die Unterscheidung zwischen Verpflichtungs- und Verfügungsgeschäft kennt auch der öffentlich-rechtliche Vertrag, s. *Höfling/Krings,* JuS 2000, 625, 629.

Verleiher auch der Entleiher verpflichtet, die gewöhnlichen Erhaltungskosten zu tragen (§ 601), die Sache nur vertragsgemäß zu benutzen (§ 603) und sie nach Ablauf der Leihe zurückzugeben (§ 604). Ebenso ist neben dem Beauftragten der Auftraggeber zum Aufwendungsersatz (§ 670) und zu etwaigen Vorschußzahlungen verpflichtet (§ 669).

2. Die Funktion als Rechtsgrund

Neben der Funktion der Begründung einer Leistungspflicht hat das Verpflichtungsgeschäft die **weitere Funktion,** den **Rechtsgrund für das Behaltendürfen der Leistung** zu bilden. Mit dem dadurch geschaffenen rechtlichen Grund, der auch causa genannt wird (s. unten Rn. 65, 82), wird die bereicherungsrechtliche Rückforderung der erbrachten Leistung nach § 812 ausgeschlossen. 34

IV. Die Verfügungsgeschäfte

1. Die Verfügung als Einwirkung auf Rechte

Unter Verfügungsgeschäften versteht man solche Rechtsgeschäfte, die darauf gerichtet sind, **unmittelbar auf ein bestehendes Recht einzuwirken,** sei es, um dieses Recht inhaltlich zu verändern, zu übertragen, zu belasten oder aufzuheben[8]. Gegenstand einer rechtsgeschäftlichen Verfügung ist stets ein bereits bestehendes subjektives Recht oder ein bestehendes Rechtsverhältnis[9], auf das durch die Verfügung eingewirkt wird. Das Verfügungsgeschäft erfordert im Regelfall einen Vertrag. Das Gesetz sieht in bestimmten Fällen aber auch Verfügung durch einseitige Rechtsgeschäfte vor. 35

Beispiele: Eine Verfügung des Eigentümers über sein Eigentumsrecht ist die Übereignung der Sache, aber auch die Belastung des Eigentums mit einem beschränkten dinglichen Recht zugunsten eines Dritten, wie etwa die Bestellung eines Nießbrauchs, einer Hypothek oder eines Pfandrechts. Durch die Bestellung eines beschränkten dinglichen Rechts begibt sich der Eigentümer eines Teils seiner Eigentumsbefugnis, indem er gleichartige oder ähnliche Befugnisse dem anderen überträgt. Eine Verfügung des Gläubigers über sein Forderungsrecht liegt in dem Erlaß der Forderung (§ 397) oder ihrer Abtretung (§ 398). Diese Verfügungen setzen jeweils einen Vertrag voraus. Eine Verfügung durch einseitiges Rechtsgeschäft stellt z.B. die Aufhebung eines Rechts gemäß § 875 dar oder aber auch die Kündigung, durch die eine Forderung fällig gestellt wird. Verfügung ist auch die Zustimmung zu der Verfügung eines anderen, wie z.B. die Zustimmung des Rechtsinhabers zu der Verfügung eines Nichtberechtigten gemäß § 185 Abs. 1 und 2 (s. auch unten § 46 Rn. 51). **Verfügungsgegenstand** ist in allen diesen Fällen ein **einzelnes Recht.** 36

Meist wird als **Verfügungsgegenstand** nur ein einzelnes Recht, nicht auch ein **Rechtsverhältnis,** insbesondere ein Schuldverhältnis als Ganzes genannt[10]. Der Änderungsvertrag (§ 311 Abs. 1), die vertragliche Aufhebung eines Schuldverhältnisses, der Rücktritt, die Kündigung 37

---

[8] H.L.; s. etwa *BGHZ* 75, 221, 226 und schon *RGZ* 90, 399; *v. Tuhr,* AT II 1, S. 238ff. Zur historischen Herkunft des Verfügungsgeschäfts *Wilhelm,* Begriff und Theorie der Verfügung, in: *Coing/Wilhelm,* Wissenschaft und Kodifikation des Privatrechts im 19. Jahrhundert, Bd. II, 1977, S. 213.

[9] S. MünchKomm/*Schramm,* § 185 Rn. 7f.; Soergel/*Leptien,* § 185 Rn. 8; *v. Tuhr,* AT II/1, § 54 zu Anm. 36.

[10] Nur auf das einzelne subjektive Recht beziehen den Verfügungsbegriff *Enneccerus/Nipperdey,* AT, § 143; *Flume,* AT, § 11, 5b; *Hübner,* AT, Rn. 390ff. Auch *Medicus,* AT, Rn. 208 spricht nur von Verfügungen über Rechte. Dagegen spricht *v. Tuhr,* AT II/1, § 54 zu Anm. 4 und 23 ausdrücklich auch von Verfügungen über Schuldverhältnisse. Als solche nennt er: Aufhebung durch Vertrag, Rücktritt, Kündigung, Widerruf der Schenkung, Anfechtung. Eingehend dazu *Thiele,* Die Zustimmungen in der Lehre vom Rechtsgeschäft, 1966, S. 39ff.

eines Dauerschuldverhältnisses und die Vertragsübernahme können aber ebenfalls als Verfügungen über das Schuldverhältnis im ganzen betrachtet werden, da sie unmittelbar auf die Änderung oder Aufhebung eines Schuldverhältnisses gerichtet sind. Die Erweiterung des Verfügungsbegriffs rechtfertigt sich einerseits daraus, daß für die Verfügung über einzelne Rechte und Schuldverhältnisse gemeinsame Merkmale gelten, wie z.B. das Erfordernis der Verfügungsberechtigung (s. unten Rn. 38). Andererseits bestehen Unterschiede, die eine sorgfältige Prüfung erfordern, auf welche Art von Verfügung sich die einzelnen Vorschriften beziehen. So bezieht sich z.B. der Verfügungsbegriff in § 816 Abs. 1 auf veräußerungsfähige Rechte. Der Verfügungsbegriff in § 185 umfaßt dagegen auch Rechtsverhältnisse sowie nach § 362 Abs. 2 die Befugnis zur Empfangnahme einer Leistung (s. auch oben § 13 Rn. 29). Die Ausübung eines Gestaltungsrechts ist zwar eine Verfügung über das Rechtsverhältnis, auf das durch das Gestaltungsrecht eingewirkt wird, aber keine Verfügung über das Gestaltungsrecht selbst. Zwar wird das Gestaltungsrecht durch seine Ausübung verbraucht und so zum Erlöschen gebracht. Das Erlöschen des Gestaltungsrechts ist aber nur eine Nebenfolge seiner Ausübung, nicht der unmittelbar bezweckte Rechtserfolg[11].

2. Verfügungsberechtigung

38 Die praktische Bedeutung des Verfügungsbegriffs liegt darin, daß eine Verfügung für ihre Wirksamkeit eine Verfügungsbefugnis, d.h. die **Verfügungsmacht** des Verfügenden voraussetzt, um über das Recht wirksam verfügen zu können. Die Befugnis, über das Recht zu verfügen, ist Bestandteil des jeweiligen Rechts oder Rechtsverhältnisses, die **Verfügung** selbst daher ein **Akt der Rechtsausübung.** Die Verfügung als ein Akt der Rechtsausübung kann im Gegensatz zum Verpflichtungsgeschäft grundsätzlich nur von einer Person vorgenommen werden, die zur Verfügung über das Recht befugt ist[12] und auch nur so lange, wie sie verfügungsbefugt ist. Daraus ergibt sich der Prioritätsgrundsatz. Hat der Berechtigte sein Recht übertragen, so erwirbt es der erste Erwerber, eine zweite Verfügung ist dem vormals Berechtigten nicht mehr möglich[13]. Das Verfügungsgeschäft einer Person ohne Verfügungsbefugnis ist unwirksam, weil dieser Person die Einwirkung auf das Recht oder Rechtsverhältnis nicht gestattet ist. Das Erfordernis der Verfügungsbefugnis dient damit dem **Schutz des Berechtigten vor unbefugten Eingriffen Dritter** in seine Rechtsstellung. Das Verpflichtungsgeschäft einer nicht verfügungsbefugten Person, durch das sie sich selbst verpflichtet, ist dagegen wirksam, weil die Verpflichtung nicht unmittelbar auf ein Recht einwirkt und deshalb keine Verfügungsbefugnis voraussetzt, sondern nur die Anstrengung verlangt, die übernommene Verpflichtung zu erfüllen und sich die dazu erforderliche Sache oder das Recht zu verschaffen. Gelingt dies nicht und wird die Verpflichtung nicht erfüllt, so können statt der ursprünglichen Leistungspflicht Schadensersatzpflichten wegen Verletzung der übernommenen Pflicht entstehen.

3. Verfügungsberechtigte Personen

a) Verfügungsbefugnis des Rechtsinhabers

39 Verfügungsbefugt ist grundsätzlich der **Inhaber des Rechts,** also der Eigentümer hinsichtlich seines Eigentumsrechts und der Gläubiger hinsichtlich seiner Forderung. Die Verfügungsmacht über ein Schuldverhältnis im ganzen steht grundsätzlich nur den an dem Schuldverhältnis Beteiligten gemeinsam zu, soweit nicht einem von ihnen ein

[11] Anders *v. Tuhr,* AT II/1, § 54 zu Anm. 53; gegen ihn mit Recht *Flume,* AT II, § 11, 5 d.
[12] S. auch *Berger,* Rechtsgeschäftliche Verfügungsbeschränkungen, S. 10ff.
[13] S. dazu *Neuner,* Der Prioritätsgrundsatz im Privatrecht, AcP 203 (2003), 46, 54, 70.

entsprechendes Gestaltungsrecht wie z. B. Rücktritt oder Kündigung durch das Gesetz oder den Vertrag eingeräumt worden ist. Die Verfügungsmacht ist hier nicht Bestandteil des einzelnen Forderungsrechts, sondern sie folgt aus der Stellung als Partei des Schuldverhältnisses und steht damit sowohl dem Gläubiger als auch dem Schuldner zu.

Beispiele: Will der Verkäufer V seine Kaufpreisforderung an einen anderen Gläubiger nach 40
§ 398 abtreten, so kann er als alleiniger Forderungsinhaber die in der Abtretung liegende Verfügung ohne Zustimmung des Schuldners vornehmen. V bleibt in diesem Fall weiterhin Partei des Kaufvertrags, indem er z. B. zur Lieferung oder zur Mängelbeseitigung verpflichtet bleibt. Will V dagegen sich aus dem Kaufvertrag insgesamt lösen und den Kaufvertrag aufheben, so kann er dies, falls ihm nicht ein Rücktrittsrecht zusteht, nur mit Zustimmung des Käufers durch einen Aufhebungsvertrag, weil auch der Käufer am Kaufvertrag als Rechtsverhältnis beteiligt ist und ihm seine Rechte daraus nicht ohne seine Zustimmung entzogen werden können. Soll dagegen an Stelle des Verkäufers ein anderer Lieferant in den Kaufvertrag mit seinen Rechten und Pflichten eintreten, so wird mit dem Übergang des gesamten Kaufvertrags auf den neuen Lieferanten eine Verfügung über den ganzen Kaufvertrag in Gestalt einer Vertragsübernahme getroffen. Dieser Verfügung über den Kaufvertrag insgesamt müssen neben dem Käufer und dem ausscheidenden Verkäufer auch der neu eintretende Lieferant als dritter Beteiligter zustimmen.

b) Dritter als Verfügungsberechtigter an Stelle des Rechtsinhabers

In bestimmten Fällen wird dem **Rechtsinhaber** von der Rechtsordnung die Be- 41
fugnis, über einzelne oder alle seine Rechte zu verfügen, **entzogen** und auf andere übertragen. Der Dritte ist dann allein verfügungsbefugt.

Beispiele: Im Falle der Insolvenz verliert der Schuldner mit Eröffnung des Insolvenzverfah- 42
rens seine Verfügungsmacht. Sie geht auf den Insolvenzverwalter über (§ 80 Abs. 1 InsO). Die Verfügungsmacht erstreckt sich sowohl auf die dem Schuldner gehörenden Vermögensrechte als auch auf die vermögensrechtlichen Rechtsverhältnisse, an denen der Schuldner beteiligt ist. Auch dem Erben ist, falls der Erblasser einen Testamentsvollstrecker eingesetzt hat, grundsätzlich die Befugnis genommen, über die Nachlaßgegenstände und die in den Nachlaß fallenden Rechtsverhältnisse zu verfügen; diese Befugnis steht statt dessen dem Testamentsvollstrecker zu (§§ 2205, 2211). Gleiches gilt, wenn eine Nachlaßverwaltung angeordnet wird (§§ 1984, 1985). Diesen sog. Parteien kraft Amts steht neben der Verfügungsermächtigung auch eine gesetzliche Verpflichtungsermächtigung zu (s. auch unten Rn. 117).

c) Rechtsinhaber und Dritter als gemeinsam Verfügungsberechtigte

Statt dem Rechtsinhaber seine Verfügungsmacht ganz zu entziehen und sie einem 43
Dritten ohne gleichzeitige Beteiligung des Rechtsinhaber zu übertragen, kann sie dem Rechtsinhaber auch nur teilweise entzogen und **einem Dritten zur gemeinsamen Ausübung mit dem Rechtsinhaber** verliehen werden.

Beispiel: Nach §§ 1365, 1369 kann ein Ehegatte nur mit Zustimmung des anderen über sein 44
Vermögen bzw. über seine Haushaltsgegenstände verfügen kann. Ist etwa ein Ehegatte alleiniger Eigentümer des von beiden Ehegatten gemeinsam bewohnten Einfamilienhauses, so kann er, wenn das Einfamilienhaus mindestens 85% des Wertes seines Gesamtvermögens ausmacht, darüber gemäß § 1365 nicht mehr als Rechtsinhaber allein verfügen. Vielmehr muß der andere Ehegatte zustimmen, obwohl dieser gar nicht Eigentümer ist. In diese Gruppe fallen regelmäßig auch die von einem Gericht erlassenen relativen Veräußerungsverbote (§ 136). Sie lassen eine wirksame Verfügung nur zu, wenn die durch das Veräußerungsverbot geschützte Person zustimmt (dazu unten § 44 Rn. 59, 61).

d) Dritter als weiterer Verfügungsberechtigter

Der Rechtsinhaber kann auf Grund seiner eigenen Verfügungsmacht **einen ande-** 45
ren ermächtigen, im eigenen Namen, aber mit Wirkung für den Rechtsinhaber über das Recht zu verfügen. Die Ermächtigung erfolgt durch einseitiges Rechtsgeschäft, das vom Gesetz als Einwilligung (§ 185 Abs. 1 mit § 183, s. unten § 46 Rn. 51)

bezeichnet wird, wenn es der Verfügung vorausgeht, und das Genehmigung heißt (§ 185 Abs. 2 mit § 184 Abs. 1), wenn es der Verfügung nachfolgt. § 185 bezieht sich nur auf Verfügungen über ein Recht. Die Möglichkeit, durch Rechtsgeschäft einem anderen eine Verpflichtungsermächtigung zu erteilen, sieht das Gesetz grundsätzlich nicht vor (s. auch unten Rn. 115 ff.).

46 **Beispiel:** E ist Eigentümer eines wertvollen Gemäldes, das er anonym verkaufen möchte. Er beauftragt deshalb den Kunsthändler H, das Gemälde als Kommissionär (§ 383 HGB) für ihn zu verkaufen. H schließt den Kaufvertrag im eigenen Namen als Verkäufer ab. H kann, obwohl er nicht Eigentümer ist, das Eigentum an dem Gemälde dennoch im eigenen Namen auf den Käufer übertragen, wenn E ihn dazu gemäß § 185 Abs. 1 im voraus ermächtigt oder zumindest nachträglich die Eigentumsübertragung genehmigt, die H, ohne E zu nennen, an K im eigenen Namen vorgenommen hat. Der Unterschied zur Stellvertretung liegt darin, daß H als Stellvertreter im Namen des E als Vertretenen, also im fremden Namen handeln und damit dessen Namen nennen und die Anonymität aufdecken müßte, während er mit einer Ermächtigung gemäß § 185 Abs. 1 zu einer Verfügung im eigenen Namen in der Lage ist, ohne die Anonymität des E aufdecken zu müssen. Es ist deshalb für den Geschäftspartner nicht erkennbar, daß H nicht über sein eigenes Recht, sondern über ein fremdes Recht, das Recht des E, verfügt. Man spricht hier auch von Handeln im eigenen Namen auf fremde Rechnung. Das Handeln im eigenen Namen mit Wirkung für den unerkannt bleibenden Rechtsinhaber läßt das Gesetz aber nur bei Verfügungsgeschäften zu. Für Verpflichtungsgeschäfte kann keine rechtsgeschäftliche Verpflichtungsermächtigung erteilt werden. Für diese kommt deshalb nur die Stellvertretung in Betracht, die offenkundiges Handeln im Namen dessen verlangt, der verpflichtet werden soll. H kann deshalb, wenn er im eigenen Namen handelt, E nicht verpflichten, sondern nur sich selbst,. Wie die Vollmacht (s. unten § 47 Rn. 9) kann auch die Verfügungsermächtigung nach § 185 in ihrem Umfang beliebig eingeschränkt oder erweitert werden[14], z. B. nur für die Übertragung an ein bestimmtes Museum erteilt werden. Bei Übereignung des Gemäldes an einen privaten Kunstliebhaber würde H dann als Nichtberechtigter verfügen.

4. Gesetzliche Verfügungsverbote

47 Weil die Verfügung in bestehende Rechte und Rechtsverhältnisse eingreift, können Interessen einzelner Personen oder Interessen einer größeren Gruppe oder der Allgemeinheit betroffen werden, die zu schützen sind und deshalb eine Einschränkung der grundsätzlich bestehenden Verfügungsmacht erfordern. Es ist zwischen relativen Verfügungsverboten (§§ 135, 136) und absoluten Verfügungsverboten, die nicht unter § 135 fallen, zu unterscheiden. **Relative Verfügungsverbote** sind dadurch gekennzeichnet, daß ein Verstoß gegen sie die Verfügung nicht generell gegenüber jedermann, sondern nur der geschützten Person gegenüber unwirksam sein läßt (§ 135). Es entsteht dadurch eine gespaltene Rechtslage. Dem Geschützten gegenüber ist die Verfügung unwirksam, für alle anderen Personen entfaltet die Verfügung dagegen volle Wirkung. **Absolute Verfügungsverbote** sind Verbotsgesetze im Sinne von § 134. Eine gegen sie verstoßende Verfügung ist deshalb generell gegenüber jedermann unwirksam (s. dazu im einzelnen unten § 40).

5. Verbot rechtsgeschäftlicher Verfügungsbeschränkungen[15]

a) Grundsätzliches Verbot

48 Wer als Rechtsinhaber oder kraft Gesetzes über ein bestimmtes Recht verfügungsberechtigt ist, kann die ihm **gesetzlich verliehene Verfügungsmacht nicht durch**

---

[14] S. dazu auch *BGH* NJW 1989, 521.

[15] **Lit.:** *Berger,* Rechtsgeschäftliche Verfügungsbeschränkungen, 1998.

Rechtsgeschäft ausschließen oder beschränken (§ 137 Satz 1). Dadurch soll die gesetzlich vorgesehene **Verkehrs- und Umlauffähigkeit von Sachen und Rechten** nicht der Disposition der Beteiligten, sondern mit den gesetzlichen Verfügungsverboten allein dem Gesetzgeber überlassen bleiben (s. oben Rn. 47; unten § 44 Rn. 58). Die rechtsgeschäftlich gemäß § 185 erteilte Verfügungsermächtigung kann dagegen beliebig eingeschränkt werden (s. oben Rn. 46). § 137 bezieht sich auf die vom Gesetz zugewiesene Verfügungsmacht über ein bestimmtes Recht und gilt grundsätzlich für alle Rechte (Ausnahmen s. Rn. 51). Dabei erfaßt die Vorschrift nur die Verfügungsmacht als Ausfluß des jeweiligen Rechts, nicht aber die allgemeine Möglichkeit überhaupt verfügen zu können als Bestandteil der allgemeinen Handlungsfähigkeit und Geschäftsfähigkeit. Daß diese nicht verzichtbar oder durch Rechtsgeschäft beschränkbar ist, war den Verfassern des BGB selbstverständlich und ergibt sich auch daraus, daß auf die durch Art. 2 Abs. 1 GG geschützte Handlungsfreiheit nicht verzichtet werden kann.

Durch § 137 Satz 1 wird verhindert, daß ein grundsätzlich veräußerungsfähiges Recht durch 49
Rechtsgeschäft dem Verkehr entzogen wird[16]. Dies kann auch nicht mit Hilfe einer letztwilligen Anordnung des Erblassers geschehen, durch die er den Testamentsvollstrecker gemäß § 2208 Abs. 1 von der Verfügung über bestimmte Nachlaßgegenstände ausschließt oder ihm eine bestimmte Verfügung untersagt[17]. Soweit der Testamentsvollstrecker nicht verfügungsbefugt ist, steht die Verfügungsmacht automatisch dem oder den Erben zu. § 137 Satz 1 dient damit sowohl der Mobilität aller verkehrsfähigen Güter wie der Sicherheit des Rechtsverkehrs. Mittelbar schützt die Vorschrift auch die Freiheit der wirtschaftlichen Betätigung des Rechtsinhabers, etwa eines Grundstückeigentümers[18]. Er kann verfügen, auch wenn er damit gegen eine schuldrechtliche Verpflichtung nach § 137 Satz 2 verstößt und vielleicht schadensersatzpflichtig wird. Mit dem Verkehrsschutz entspricht § 137 Satz 1 den wirtschaftlichen Forderungen des Liberalismus, wie sie sich im 19. Jahrhundert mehr und mehr durchgesetzt hatten.

Der Sicherung der Verkehrs- und Umlauffähigkeit von Gütern dient auch der mit § 137 50
Satz 1 eng verbundene sog. **Erschöpfungsgrundsatz** im Urheberrecht (§ 17 Abs. 2 UrhG) und Markenrecht (§ 24 Abs. 1 MarkenG). Ist ein mit einem Urheber- oder Markenrecht ausgestatteter Gegenstand, z.B. ein Buch, eine Schallplatte, ein Gemälde, Software oder ein Markenartikel vom Urheber oder Markeninhaber einmal in den Verkehr gebracht worden, so kann er dessen Weiterveräußerung an Dritte nicht mit dinglicher Wirkung beschränken[19]. Der Hersteller von Software kann deshalb sein Urheberrecht an der Software nicht dazu benutzen, ihren Vertrieb an den Erwerb eines bestimmten PC zu koppeln[20].

b) Zulässige rechtsgeschäftliche Verfügungsbeschränkungen

Ausnahmen vom grundsätzlichen Beschränkungsverbot macht das BGB in § 399 51
2. Alt., wonach die **Übertragbarkeit einer Forderung** durch Vereinbarung zwischen Gläubiger und Schuldner **ausgeschlossen** werden kann. Eine dennoch vorgenommene Abtretung ist unwirksam, weil der Forderung schon nach ihrem Inhalt die Verkehrsfähigkeit fehlt[21]. Sie ist nach dem Willen der Vertragsparteien an die Person des Gläubigers gebunden. Lediglich für Geldforderungen aus beiderseitigen Handelsgeschäften oder gegenüber öffentlich-rechtlichen Schuldnern sieht § 354a HGB vor,

---

[16] S. dazu *Berger,* Rechtsgeschäftliche Verfügungsbeschränkungen, 1998, S. 4, 49ff.

[17] *BGHZ* 40, 115, 117f.; 56, 275, 278ff.

[18] Vgl. dazu *Liebs,* AcP 175 (1975), 1; a.A. *Berger,* Rechtsgeschäftliche Verfügungsbeschränkungen, S. 66ff.

[19] S. *EuGH* Slg 1997 I 6013; *BGH* NJW 2000, 3571 = LM § 69c UrhG Nr. 2 m. Anm. *Marly; BGH* NJW 2000, 3783 = LM § 16 UrhG Nr. 13 m. Anm. *Götting.*

[20] *BGH* NJW 2000, 3571 = LM § 69c UrhG Nr. 2 m. Anm. *Marly.*

[21] S. *BGHZ* 40, 160; krit. dazu *Wagner,* AcP 194 (1994), 451.

daß die Abtretung trotz eines vereinbarten Abtretungsverbots wirksam ist. Statt des völligen Ausschlusses der Abtretbarkeit können die Parteien auch eine **beschränkte Abtretbarkeit** vereinbaren, indem sie z. B. die Abtretung von der Zustimmung des Schuldners abhängig machen.

52 **Weitere rechtsgeschäftliche Verfügungsbeschränkungen** im Sinne von Zustimmungsvorbehalten von dritten Personen, die nicht Rechtsinhaber sind, sind zugelassen in § 68 Abs. 2 AktG die sog. vinkulierten Namensaktien, in § 15 Abs. 5 GmbHG für Geschäftsanteile an einer GmbH, für die Übertragung von Urhebernutzungsrechten in § 34 Abs. 1 UrhG, in § 12 WEG für Wohnungseigentum und in § 35 WEG für ein Dauerwohnrecht. § 137 Satz 1 ist auch grundsätzlich nicht anwendbar auf Immaterialgüterrechte wie Patente, Marken oder Urheberechte[22]. Hier wird die Verkehrsfähigkeit aber durch die Möglichkeit von Zwangslizenzen und den Erschöpfungsgrundsatz (s. oben Rn. 50) hergestellt. Darüber hinaus kann § 399 über § 413 als Generalklausel der Rechtsübertragung zwar auf andere Rechte Anwendung finden. Diese müssen jedoch forderungsähnlich sein im Sinne von relativen Rechten ohne absolute Wirkung gegenüber Dritten[23]. Keinesfalls darf § 399 mit § 413 entgegen dem grundsätzlichen Verbot in § 137 Satz 1 zu einer Beschränkung des Wirtschaftsverkehrs und der Marktfreiheit von Rechtsgütern führen. Keine Verfügungsbeschränkung stellt die einem anderen erteilte Verfügungsermächtigung dar. Auch wenn der Rechtsinhaber einem anderen Verfügungsmacht erteilt, bleibt er daneben weiter selbst verfügungsberechtigt. Er kann sich seiner Verfügungsmacht nicht entäußern, andererseits kann er die dem anderen rechtsgeschäftlich nach § 185 eingeräumte Ermächtigung beliebig begrenzen (s. oben Rn. 46).

53 Zulässig ist grundsätzlich eine **schuldrechtliche Unterlassungsverpflichtung** durch Vertrag, von seiner Verfügungsmacht keinen Gebrauch zu machen (§ 137 Satz 2). In Ausnahme hiervon sieht aber § 1136 im Zusammenhang mit einer Hypothek oder Grundschuld (§ 1191 Abs. 2) eine Verpflichtung, die Veräußerung eines Grundstücks zu unterlassen, als unzulässig und nichtig an. Soweit die Unterlassungsverpflichtung wirksam ist, kann der Verpflichtete schadensersatzpflichtig sein, wenn er dennoch verfügt und dadurch der andere einen Vermögensschaden erleidet. Die Verfügung selbst ist jedoch wirksam.

6. Absolute und relative Wirkung

54 Der Unterscheidung der Verpflichtungs- und der Verfügungsgeschäfte kommt nach der Systematik des Gesetzes erhebliche Bedeutung zu. Die wichtigsten Verfügungsgeschäfte sind diejenigen, durch die ein Recht oder Teile daraus (s. oben § 14 Rn. 30) übertragen werden. Sie haben den Charakter einer Zuweisung. Ihre Rechtsfolge ist die Änderung der Zuständigkeit des betreffenden Rechts und damit eine von jedermann zu beachtende Änderung der Güterzuordnung. Derartige **Verfügungen wirken** damit **absolut** gegenüber jedermann. Das gilt auch von der Übertragung einer Forderung. Die Zuweisung einer Forderung an einen bestimmten Gläubiger wirkt, auch wenn die Forderung ein relatives Recht ist, absolut und ist von jedermann zu beachten. Eine Ausnahmen von der absoluten Wirkung der Rechtszuständigkeit zeigt sich bei den relativen Verfügungsbeschränkungen (unten § 44 Rn. 58 ff.).

55 **Beispiel:** Die absolute Wirkung der Zuweisung von Rechten zeigt sich deutlich bei der Vermögenshaftung, insbesondere in der Zwangsvollstreckung und in der Insolvenz. Die Gläu-

---

[22] S. dazu *Berger,* Rechtsgeschäftliche Verfügungsbeschränkungen, 1998, S. 336 ff.

[23] Auf die schuldrechtliche Verankerung von § 399 stellt auch ab *Berger,* Rechtsgeschäftliche Verfügungsbeschränkungen, S. 58 f., 241 ff.

biger können nur auf die Sachen, aber auch nur auf die Forderungen zugreifen, die ihrem Schuldner zustehen, nicht dagegen auf Sachen oder Forderungen anderer Personen.

Dagegen begründet das **Verpflichtungsgeschäft** eine Verpflichtung nur gegenüber einer anderen Person oder gegenüber bestimmten anderen Personen, es **wirkt** daher nur **relativ.** Eine Person kann beliebig viele Verpflichtungen eingehen, auch wenn sie diese nicht alle zu erfüllen vermag. Sie kann dagegen ein Recht nur einmal wirksam übertragen, denn wenn sie sich durch die Übertragung ihres Rechts begeben hat, steht ihr nunmehr auch die Verfügungsmacht darüber nicht mehr zu. 56

Beispiel: Man kann dieselbe Sache mehrmals wirksam verkaufen. Der Verkäufer ist dann jedem der Käufer gegenüber zur Übergabe und zur Übereignung der Sache verpflichtet, wenngleich er diese Verpflichtung nur einmal zu erfüllen vermag. Hat er die Sache dagegen einmal erst übereignet, dann hat er sein Eigentum an ihr und damit auch die Verfügungsmacht verloren. Er kann also durch eine erneute Übergabe und Übereignung einem Dritten nicht mehr das Eigentum verschaffen, es sei denn, es kämen zugunsten des Dritten die Vorschriften über den gutgläubigen Erwerb von einem Nichtberechtigten (§§ 932, 892) zur Anwendung. Grundsätzlich schließt eine frühere Verfügung, sobald sie wirksam geworden ist, die Wirksamkeit einer späteren Verfügung, die zu ihr im Widerspruch steht, aus (s. auch § 161). Soweit der Verkäufer wegen Verlust seiner Verfügungsmacht infolge der ersten Übereignung seine Übereignungspflichten aus dem zweiten oder weiteren Kaufverträgen nicht mehr erfüllen kann, ist er gemäß § 281 zum Schadensersatz wegen Nichterfüllung verpflichtet. 57

7. Sonderformen

Die **Einteilung** der Rechtsgeschäfte in Verpflichtungs- und Verfügungsgeschäfte ist **nicht erschöpfend**[24]. Sie ist auch nicht so zu verstehen, als könne ein Geschäft entweder nur das eine oder das andere sein. 58

a) Gemischte Geschäfte

Gemischte Geschäfte sind solche Rechtsgeschäfte, die in einem Rechtsgeschäft zusammengefaßt sind und einem einheitlichen Zweck dienen, gleichwohl aber Elemente eines **Verpflichtungs- und** eines **Verfügungsgeschäfts** in **ein und demselben Rechtsgeschäft** miteinander vereinen. 59

Beispiele dafür bilden etwa die sogenannte befreiende Schuldübernahme[25], ferner ein Schuldabänderungsvertrag und ein Vergleich. Verfügung ist hier jeweils der Teil des Rechtsgeschäfts, durch den die bestehende Forderung wie bei einem Erlaß untergeht. Verpflichtungsgeschäft ist derjenige Teil, durch den eine neue Verpflichtung begründet wird. 60

b) Erwerbsgeschäfte

Erwerbsgeschäfte sind solche Geschäfte, durch die jemand ein **Recht erwirbt.** Erwerbsgeschäfte sind im Regelfall entweder in Verpflichtungsgeschäften oder in Verfügungsgeschäften enthalten, da ein rechtsgeschäftlicher Erwerb grundsätzlich die Mitwirkung eines anderen voraussetzt, der die Verpflichtung übernimmt, aus der die Forderung entsteht, oder der die Verfügung über sein Recht trifft, damit der Erwerber das Recht erlangen kann. Erwerbsgeschäfte bilden deshalb in der Regel keine selbständigen Geschäfte. Vielmehr sind sie in das Verpflichtungs- oder das Verfügungsgeschäft integriert und unterliegen dessen Regeln. Vereinzelt gibt es auch reine Erwerbsgeschäfte. 61

---

[24] Das betont mit Recht *Flume,* AT II/1, § 11, 1.

[25] *Larenz,* Schuldrecht I, § 35 I a.

62 **Beispiel** für ein Erwerbsgeschäft in einem Verpflichtungsgeschäft ist der Erwerb der neu entstandenen Forderung durch den Gläubiger, bei einem Verfügungsgeschäft der Erwerb des übertragenen oder abgetretenen Rechts. Ein reines Erwerbsgeschäft ist die Aneignung einer herrenlosen Sache gemäß § 928 Abs. 2 oder nach § 958.

IV. Kausale und abstrakte Geschäfte

63 Die Verpflichtungsgeschäfte wie der Kaufvertrag, der Tauschvertrag oder der Schenkungsvertrag dienen der Vorbereitung einer Übertragung von Vermögensrechten, z. B. der Übertragung des Eigentums oder der Abtretung einer Forderung. Die Übertragung selbst oder die Abtretung erfolgen erst durch einen zweiten, einen dinglichen Vertrag, der die Verfügung des Verkäufers über sein Eigentums- oder Forderungsrecht darstellt (vgl. § 398, §§ 873 Abs. 1, 925, §§ 929 ff.).

64 **Beispiel:** Der Kauf einer Sache vollzieht sich in drei Akten: Zuerst wird der Kaufvertrag als kausales Verpflichtungsgeschäft abgeschlossen. Danach erfüllt der Verkäufer durch das Verfügungsgeschäft die von ihm in dem Kaufvertrag eingegangene Verpflichtung. Die Zahlung des Kaufpreises, sofern sie durch Barzahlung geschieht, wird durch die Übereignung von Geldscheinen oder Münzen als bewegliche Sachen nach § 929 durch Übergabe und Einigung über den Eigentumsübergang vorgenommen. Es ist offenkundig, daß diese drei Akte nach dem ihnen innewohnenden Sinn zusammengehören. Erst wenn alle drei vorgenommen sind, ist das Geschäft als wirtschaftlicher Vorgang, so wie die Parteien es sich vorstellten, abgewickelt. Aus rechtlicher Sicht handelt es sich aber um ein Verpflichtungsgeschäft, den Kaufvertrag, und mindestens zwei Verfügungsgeschäfte, nämlich die Übereignung der gekauften Sache als erstes Verfügungsgeschäft und die Übereignung des Bargeldes zur Bezahlung des Kaufpreises. Werden zur Bezahlung des Kaufpreises mehrere Scheine oder Münzen übereignet, so muß für jeden einzelnen Schein und jede einzelne Münze gemäß dem Spezialitätsgrundsatz (s. oben § 20 Rn. 37) ein besonderer Übereignungsvertrag als Verfügungsgeschäft vorgenommen werden. Gleiches gilt, wenn mehrere Sachen Gegenstand des Kaufvertrags sind. Weitere Übereignungsgeschäfte können sich anschließen, wenn Wechselgeld zurückgegeben werden muß. In dem einheitlichen wirtschaftlichen Vorgang sind mehrere Rechtsgeschäfte enthalten. Was auf den ersten Blick als unnötig und überflüssig erscheint, ist bei genauer Betrachtung sinnvoll, weil Verpflichtungs- und Verfügungsgeschäft unterschiedliche Funktionen erfüllen und für jeden einzelnen Schein und für jede einzelne Münze geklärt werden muß, ob der Verkäufer daran Eigentum erworben hat und erwerben wollte, z. B. an gestohlenen, an gefälschten oder an ausländischen Scheinen oder Münzen.

1. Unterschiedliche Funktionen

65 Trotz des wirtschaftlichen Zusammenhangs erfüllen das Verpflichtungsgeschäft und das Verfügungsgeschäft unterschiedliche Funktionen. Das Verpflichtungsgeschäft erzeugt als erste Funktion die Verpflichtung (s. oben Rn. 31). Die Verfügungsgeschäfte dienen der Erfüllung, indem die durch das Verpflichtungsgeschäft versprochene Rechtsänderung durch das Verfügungsgeschäft unmittelbar durchgeführt wird (s. oben Rn. 35 f.). Die unterschiedlichen Rechtsfolgen führen dazu, daß beide Geschäfte von rechtlich unterschiedlichen Willensinhalten und Vorstellungen geprägt sind, nämlich die Begründung von Verpflichtungen durch das Verpflichtungsgeschäft (z. B. Einigung über den Kaufvertrag) und die Übertragung eines Rechts durch das Verfügungsgeschäft (z. B. Einigung über den Eigentumsübergang). Neben der Begründung einer Verpflichtung hat das Verpflichtungsgeschäft noch eine weitere Funktion. Es bildet den rechtlichen Grund **(causa)** sowohl dafür, daß die Leistung als Erfüllungshandlung vorgenommen wurde als auch dafür, daß der Gläubiger der Forderung die Leistung

behalten darf (s. oben Rn. 34). Entsprechend dieser unterschiedlichen Funktionen unterscheidet man kausale und abstrakte Geschäfte.

a) Kausale Geschäfte

Kausale Geschäfte sind **zweckbestimmte Geschäfte,** deren Inhalte und deren Rechte und Pflichten von einem bestimmten, von den Parteien gewollten Leistungszweck geprägt werden. Dieser Leistungszweck läßt zugleich den damit verfolgten wirtschaftlichen Zweck erkennen. Bei den kausalen Geschäften bildet der von den Parteien festgelegte und rechtlich anerkannte Geschäftszweck (causa) den wesentlichen Kern und Inhalt, dessen Erreichung über Bestand und Inhalt der Rechte und Pflichten entscheidet. Die kausalen Geschäfte sind daher aus sich allein heraus verständlich und bedürfen nicht, um wirtschaftlich verständlich zu sein, eines außerhalb ihrer selbst, in einem anderen Geschäft oder Rechtsverhältnis gelegenen Zweckgrundes. **Causa ist** aber nicht schon jedes einseitige Motiv und jeder einseitige wirtschaftliche Zweck, sondern nur **der im Verpflichtungsgeschäft gemeinsam festgelegte, gesetzlich anerkannte Zweck.** Kausale Geschäfte sind in aller Regel Verpflichtungsgeschäfte, die durch Vertrag oder einseitiges Rechtsgeschäft entstehen (s. oben Rn. 32). Der im Vertrag festgelegte Leistungszweck ist nach § 307 Abs. 2 Nr. 2 zugleich Maßstab für die Kontrolle der Angemessenheit der übrigen in AGB enthaltenen Vertragsbedingungen (s. unten § 43 Rn. 67). Unangemessen sind die Vertragsbedingungen, wenn sie den Vertragszweck gefährden. Sie dürfen den Vertragszweck nicht wesentlich stören, sondern müssen mit ihm eine sinnvolle Einheit bilden. 66

Beispiel: Aus dem Kaufvertrag ergibt sich als Zweck, daß der Verkäufer die Pflicht zur Übereignung und Besitzverschaffung der Kaufsache übernimmt, um dafür vom Käufer den Kaufpreis zu erhalten, und umgekehrt der Käufer den Kaufpreis zu zahlen bereit ist, weil der Verkäufer ihm Eigentum und Besitz verschaffen muß. 67

Läßt sich der **auf Leistungsaustausch gerichtete Zweck** nicht mehr durchführen (§ 275 Abs. 1) oder ist die Durchführung unverhältnismäßig (§ 275 Abs. 2) oder unzumutbar (§ 275 Abs. 3), so entfallen die gegenseitigen Leistungspflichten wegen Unmöglichkeit der Zweckerreichung (§§ 275, 326 Abs. 1). Wenn der Leistungszweck als integraler Bestandteil des Verpflichtungsgeschäfts nicht mehr erreicht werden kann, dann haben auch die Leistungspflichten keinen Sinn mehr. Dies gilt für alle auf entgeltlichen Leistungsaustausch gerichteten Verträge wie z.B. Werkvertrag, Dienstvertrag, Mietvertrag u.a. 68

Bei Schenkung, Leihe oder Auftrag ist der **Leistungszweck** dagegen auf die **unentgeltliche Leistungserbringung** gerichtet. Auch diese Leistungspflichten entfallen, wenn ihre Zweckerreichung nicht mehr möglich, unverhältnismäßig oder unzumutbar ist (§ 275). 69

Neben der Entgeltlichkeit oder Unentgeltlichkeit bestimmt der Leistungszweck auch den **Inhalt der Leistungspflichten** und den durch die jeweiligen Hauptleistungspflichten geprägten Vertragstyp. 70

Beispiel: Ist Sachüberlassung für immer versprochen, so ist die Leistungspflicht auf Übereignung gerichtet, was bei Vereinbarung von Entgeltlichkeit einen Kaufvertrag begründet und bei Unentgeltlichkeit eine Schenkung. Soll die Sache dagegen nur auf Zeit überlassen werden, so ist im Regelfall nicht Übereignung, sondern nur Besitzüberlassung geschuldet und demgemäß ein entgeltlicher Mietvertrag oder ein unentgeltlicher Leihvertrag anzunehmen. 71

b) Abstrakte Geschäfte

72 Im Gegensatz zu den kausalen Geschäften enthalten die abstrakten Geschäfte **keinen bestimmten Leistungszweck,** sondern sind wegen ihrer **Zweckfreiheit** zur Erfüllung der in verschiedenen Verpflichtungsgeschäften enthaltenen Leistungszwecke geeignet. Die wichtigsten abstrakten Geschäfte sind die **Verfügungsgeschäfte.** Sie sind zweckfrei und können zur Erfüllung von Verpflichtungsgeschäften mit unterschiedlicher causa eingesetzt werden.

73 **Beispiel:** Die Übereignung nach § 929 kann als abstraktes Verfügungsgeschäft z.B. eingesetzt werden, um (1) den Austauschzweck im Rahmen eines Kaufvertrags (§ 433) oder (2) eines Werklieferungsvertrags (§ 651 Abs. 1) sowohl hinsichtlich der Übereignung der Sache als auch hinsichtlich der Übereignung des Bargeldes zu erfüllen, um (3) die unentgeltliche Zuwendung bei einer Schenkung (§§ 516, 518) zu bewirken, um (4) den Gläubiger zu seiner Sicherung das Sicherungseigentum zu verschaffen, um (5) dem Treuhänder das Eigentum zur Durchführung einer Treuhandverwaltung zu übertragen oder um z.B. (6) ein Vermächtnis zu erfüllen (§ 2174). Da die Übereignung als Verfügungsgeschäft nicht an einen bestimmten Zweck gebunden, sondern davon losgelöst (abstrahiert) und damit abstrakt ist, kann sie für die verschiedensten schuldrechtlichen Leistungszwecke benutzt werden.

74 Zu den abstrakten Verfügungsgeschäften zählen nicht nur die Übereignung, sondern auch andere dingliche Verträge, wie die Belastung des Eigentums mit einem beschränkten dinglichen Recht oder die Übertragung eines solchen dinglichen Rechts (s. auch § 873). Abstraktes Verfügungsgeschäft ist aber auch die Abtretung einer Forderung (§ 398) oder eines anderen Rechts (§ 413), die ebenfalls z.B. zur Erfüllung eines Forderungskaufs beim Factoring, zur Erfüllung eines Schenkungsversprechens oder als Sicherungsabtretung zur Sicherung eines Gläubigers erfolgen kann.

75 Als abstrakte Geschäfte kommen auch **abstrakte Verpflichtungsgeschäfte** in Betracht. Dies bedeutet, daß die übernommene abstrakte Verpflichtung, z.B. in einem Scheck, in einem Wechsel oder in einem abstrakten Schuldversprechen (§§ 780, 781) selbst zweckfrei bleibt und deshalb für verschiedene kausale Zwecke eingesetzt werden kann, z.B. erfüllungshalber oder an Erfüllungs Statt für eine andere Forderung oder auch schenkweise, ohne als Ersatz für eine andere Forderung zu dienen. Abstrakte Verpflichtungsgeschäfte können nur in einer vom Gesetz zugelassenen Art vorgenommen werden; sie sind regelmäßig formbedürftig.

76 Die Frage, ob ein Geschäft abstrakt oder kausal ist, stellt sich in der Regel nur bei **Zuwendungsgeschäften.** Dies sind solche Geschäfte, durch die der eine dem anderen sei es ein Recht, sei es einen sonstigen vermögensrechtlichen Vorteil, wie den Besitz oder die Befreiung von einer Verbindlichkeit zukommen läßt. Hierbei taucht die Frage auf, ob der Zuwendungsempfänger die empfangene Leistung auf Dauer, nur zeitweise oder gar nicht behalten darf. Der Zweck des kausalen Geschäfts ermöglicht die Beantwortung dieser Frage. Die Zuwendung kann auch in der Übernahme einer Bürgschaft liegen, die, obwohl sie selbst ein Verpflichtungsgeschäft darstellt, dennoch eine causa als Rechtsgrund für das Behaltendürfen benötigt.

77 **Andere Rechtsgeschäfte** als Zuwendungsgeschäfte **bedürfen keiner causa,** um als soziale Akte sinnvoll zu sein, so etwa die Gründungsverträge für eine Personen- oder Kapitalgesellschaft, die Beitrittserklärungen zu einem Verein oder einer Körperschaft oder Erklärungen, durch die ein Gestaltungsrecht, z.B. ein Kündigungsrecht, ausgeübt wird. Bei ihnen stellt sich die Frage einer causa als Rechtsgrund für das Behaltendürfen einer Zuwendung nicht. Sie sind deshalb weder abstrakt noch kausal.

2. Der Abstraktionsgrundsatz[26]

Auf der Grundlage der Unterscheidung von abstrakten und kausalen Geschäften gilt im deutschen Recht der sog. Abstraktionsgrundsatz. Dieser enthält Aussagen zum Verhältnis zwischen kausalem und abstraktem Geschäft in mehrfacher Hinsicht[27]. 78

a) Abstraktion als Trennungsprinzip

Der Abstraktionsgrundsatz enthält in erster Linie das Trennungsprinzip. Dieses besagt, daß das kausale Verpflichtungsgeschäft und das abstrakte Geschäft nicht nur gedanklich, sondern auch in ihrer rechtlichen Behandlung, insbesondere im Hinblick auf ihre **Wirksamkeitsvoraussetzungen** zu trennen sind. Die **Trennung der Unwirksamkeitsgründe** ist im Hinblick auf die unterschiedlichen Funktionen und Rechtsfolgen beider Geschäfte sinnvoll und geboten. Die unterschiedlichen Wirksamkeitsvoraussetzungen und Unwirksamkeitsgründe führen auch zur **Trennung der Unwirksamkeitsfolgen.** Die Wirksamkeit des abstrakten und des kausalen Geschäfts sind selbständig zu beurteilen und die Unwirksamkeit des einen berührt nicht die Wirksamkeit des anderen. 79

Beispiele: Ist der mit einem Minderjährigen geschlossene Kaufvertrag mangels Zustimmung der gesetzlichen Vertreter unwirksam, so kann dennoch die Übereignung der Kaufsache an den Minderjährigen, der dadurch lediglich einen rechtlichen Vorteil erlangt, nach § 107 wirksam sein. Verkauft V eine gestohlene Sache an K, so ist der Kaufvertrag wirksam, die Übereignung dagegen nach § 935 unwirksam. Bietet V eine im Katalog mit 6500,– Euro ausgewiesene Maschine infolge eines Schreibfehlers im schriftlichen Angebot für 5600,– Euro an, so kann er zwar den auf dieser Basis geschlossenen Kaufvertrag nach § 119 Abs. 1 wegen eines Erklärungsirrtums anfechten. Der Irrtum und die Anfechtung erfassen aber nicht eine zwischenzeitlich vorgenommene Übereignung. Diese bleibt wirksam. Da die Zweckvorstellungen der Parteien im kausalen Geschäft enthalten sind, nicht aber im abstrakten Geschäft, kommt eine Störung der Geschäftsgrundlage in erster Linie beim kausalen Verpflichtungsgeschäft, nicht ohne weiteres aber beim abstrakten Verfügungsgeschäft zur Anwendung (s. aber unten § 38 Rn. 26). Ebenso berechtigt eine arglistige Täuschung (§ 123) über Zweckvorstellungen in erster Linie beim kausalen Verpflichtungsgeschäft und nur selten beim abstrakten Verfügungsgeschäft zur Anfechtung. 80

Abstraktes und kausales Geschäft bilden grundsätzlich kein wirtschaftlich einheitliches Geschäft im Sinne von § 139. Die Wirksamkeit des Verpflichtungsgeschäfts kann jedoch als Bedingung für die Wirksamkeit des Verfügungsgeschäfts gemäß § 158 vereinbart werden. 81

b) Die causa als Verbindungselement

Die fehlende causa macht das abstrakte Geschäft nicht unwirksam. Aus der Abstraktheit ergibt sich, daß das **abstrakte Geschäft auch ohne causa wirksam** ist. Dagegen ist das kausale Verpflichtungsgeschäft ohne Einigung über die causa unwirksam, weil die causa zu seinem notwendigen Inhalt gehört. 82

Beispiel: Übereignet A an B eine Sache, wobei A verkaufen und B schenkweise erwerben will, so ist das Verpflichtungsgeschäft mangels Einigung über die Entgeltlichkeit als causa un- 83

---

[26] Zur Herausbildung des Abstraktionsgrundsatzes in der deutschen Rechtswissenschaft des 19. Jahrhunderts vgl. die Beiträge von *Kiefner, Ranieri, Luig* u. *Müller-Freienfels,* in: Coing/Wilhelm, Wissenschaft und Kodifikation des Privatrechts im 19. Jahrhundert, Bd. II, 1977; *Stadler,* Gestaltungsfreiheit und Verkehrsschutz durch Abstraktion, 1996.

[27] S. dazu auch *Martinek,* JuS 1993, 615; *Jauernig,* JuS 1994, 712.

wirksam. Die Übereignung als abstraktes Geschäft, dessen Inhalt keine causa erfordert, ist dagegen wirksam.

84 Auch wenn das Verfügungsgeschäft als abstraktes Geschäft ohne causa wirksam ist, so heißt das doch nicht, daß der Erwerber das Eigentum für immer behalten darf. Vielmehr muß er, wenn er die Leistung ohne causa, d.h. ohne rechtlichen Grund, erlangt hat, das Erworbene wegen **ungerechtfertigter Bereicherung** nach § 812 wieder an den Leistenden zurückgeben. § 812 begründet aber nur eine schuldrechtliche Rückübereignungspflicht.

85 **Beispiel:** Der Käufer kann das Eigentum an der Kaufsache nach dem Abstraktionsgrundsatz auch bei fehlendem oder nichtigem Kaufvertrag erwerben (s. auch oben Rn. 80). Er muß aber das Eigentum nach § 929 bei beweglichen Sachen und nach §§ 873, 925 bei Grundstücken an den Veräußerer zurück übertragen. Bis zur Durchführung dieser Rückübereignung bleibt der Erwerber Eigentümer und kann damit als Berechtigter über die Sache verfügen, sie z.B. wirksam auf einen Dritten übertragen. Er verletzt damit zwar seine Verpflichtung aus § 812 und macht sich nach § 819 mit §§ 818 Abs. 4, 292, 989 gegenüber dem Veräußerer schadensersatzpflichtig. Dies ändert aber nichts an der Wirksamkeit der Übereignung an den Dritten. Solange der Erwerber Eigentümer ist, stehen auch ihm allein Schadensersatzansprüche aus § 823 Abs. 1 bei Beschädigung der Sache zu.

c) Sinn und Zweck des Abstraktionsprinzips

86 Das Abstraktionsprinzip mit der Trennung von kausalem und abstraktem Geschäft, ist eine **Eigentümlichkeit des deutschen BGB,** die die meisten anderen Rechtsordnungen nicht kennen. Historisch geht sie auf die gemeinrechtliche Wissenschaft des 19. Jahrhundert, insbesondere auf die Lehre von Savigny zurück. Ihr rechtspolitischer Wert war und ist lebhaft umstritten[28]. Daran, daß sie geltendes Recht ist, ist aber nicht zu zweifeln.

87 Der Hauptvorteil, den sich die Verfasser des BGB von dem abstrakten Charakter des dinglichen Geschäfts versprochen haben, besteht in der **Sicherheit des Rechtsverkehrs.** Ein zweiter Erwerber, der die Sache von dem ersten Erwerber erwirbt, braucht sich nicht darum zu kümmern, ob der erste Erwerber das Eigentum auf Grund eines gültigen Kaufvertrages oder sonst mit rechtlichem Grund erworben hat. Gleiches gilt für einen Gläubiger des ersten Erwerbers, der die Sache bei ihm pfänden lassen will. Es genügt, daß dessen Eigentumserwerb auf einem gültigen dinglichen Vertrag beruht. Mängel des Kaufvertrages oder des sonst dem dinglichen Erwerbsakt zugrunde liegenden Rechtsgeschäfts zwischen dem ersten Veräußerer und dem ersten Erwerber können einem zweiten Erwerber nicht entgegengehalten werden[29]. Der sinnhaften Zusammengehörigkeit des Verfügungsgeschäfts mit dem Verpflichtungsgeschäft, zu dessen Ausführung es vorgenommen wird, trägt das Gesetz durch die bereicherungsrechtliche Rückabwicklung gemäß § 812 Rechnung. Diese Vorschriften sind das notwendige Korrelat zu der Institution des abstrakten Verfügungsgeschäfts[30].

88 Da der auf Rückerstattung des Erlangten gerichtete Bereicherungsanspruch als schuldrechtlicher Anspruch sich nur gegen den Bereicherungsschuldner richtet[31], berührt er dessen Gläubi-

---

[28] Dazu *Larenz,* Schuldrecht II/1, § 39 II, ferner *Rother,* AcP 169 (1969), 1; zu einer umfassenden Diskussion s. *Stadler,* aaO (Fn. 25). Gegen den abstrakten Charakter der Verfügungsgeschäfte wendet sich *Kegel,* aaO S. 78ff.

[29] Treffend *Pawlowski,* AT, Rn. 591: „Das Abstraktionsprinzip begrenzt also die Auswirkung von Fehlern vertraglicher Vereinbarungen"; s. auch *Stadler,* aaO (Fn. 25), S. 728ff.

[30] *Flume,* AT II, § 12 I 2.

[31] Ausgenommen im Falle des § 822.

ger und einen etwaigen weiteren Erwerber nicht. Insoweit bleibt es bei dem mit dem Abstraktionsgrundsatz erstrebten Schutz des Zweiterwerbers. Die Möglichkeit des gutgläubigen Erwerbs durch den Zweiterwerber nach §§ 932ff.[32] hilft den Gläubigern des Ersterwerbers nicht bei der Zwangsvollstreckung und in der Insolvenz und verschafft dem Ersterwerber auch keinen Schadensersatzanspruch nach § 823. Die vermögensmäßige Zuordnung von Rechten wird durch das Abstraktionsprinzip stärker und sicherer erreicht. Dies kommt nicht nur der Erwerberseite, sondern auch der Veräußererseite zugute, denn solange das Verfügungsgeschäft nicht vorgenommen ist, bleibt der Veräußerer Rechtsinhaber. Dies macht gerade der Eigentumsvorbehalt besonders deutlich, der ohne die Trennung von Verpflichtungs- und Verfügungsgeschäft nur schwer vorstellbar ist, weil er einer aufschiebenden Bedingung (§ 449 Abs. 1 mit § 158 Abs. 1) nur beim Verfügungsgeschäft, nicht aber beim Verpflichtungsgeschäft bedarf. Der aufschiebend bedingte Abschluß des Kaufvertrags würde Erfüllungsanspruch und damit auch einen Kaufpreisanspruch gar nicht entstehen lassen. Darüber hinaus ist ohne ein besonderes Verfügungsgeschäft, getrennt vom Verpflichtungsgeschäft, kaum zu erklären, wie der Verkäufer schon mit Abschluß des Kaufvertrags Eigentümer der zu zahlenden Geldscheine werden soll, die z.B. bei Zahlung erst Monate nach Abschluß des Kaufvertrags in aller Regel noch gar nicht konkret bestimmt sind, und wie durch den Kaufvertrag das Eigentum am Wechselgeld übertragen werden soll. Das Abstraktionsprinzip schafft hier jeweils klare Verhältnisse.

V. Entgeltliche und unentgeltliche Geschäfte

1. Merkmale der Entgeltlichkeit

Die Einteilung der Rechtsgeschäfte in entgeltliche und unentgeltliche bezieht sich 89 nur auf **Zuwendungen,** d.h. auf Geschäfte, durch die einem andern ein Vermögensvorteil zufließt. Verpflichtungsgeschäfte enthalten eine Zuwendung, weil und soweit durch die Verpflichtung des einen zugunsten des anderen eine Forderung entsteht.

Verpflichtungsgeschäfte sind **entgeltlich,** wenn nach dem Inhalt des Geschäfts der 90 Verpflichtung der einen Partei die Verpflichtung der anderen zu einer **Gegenleistung** gegenübersteht, die nach der Einschätzung beider Parteien einen Gegenwert, ein Äquivalent, darstellt. Verpflichtungsgeschäfte sind demnach **unentgeltlich,** wenn es nach dem Geschäftsinhalt an einer **Gegenleistung fehlt.** Die Verknüpfung von Leistung und Gegenleistung kann in der Weise erfolgen, daß jede Partei sich der anderen gegenüber durch einen gegenseitigen Vertrag (§§ 320ff.) zu einer Gegenleistung verpflichtet, oder in der Weise, daß nur eine Partei sich der anderen gegenüber zu einer Leistung verpflichtet, unter der Bedingung daß sie von der anderen freiwillig eine Gegenleistung erhält.

Beispiele: Entgeltliche Schuldverträge und damit auch gegenseitige Verträge sind insbeson- 91 dere Kauf, Tausch, Miete, Pacht, Dienst- und Werkvertrag. Unentgeltliche Geschäfte sind die Schenkung, die Leihe, die unentgeltliche Verwahrung und der Auftrag. Ein Darlehen kann entgeltlich oder unentgeltlich sein, je nachdem, ob für die zeitweilige Überlassung des Kapitals eine Gegenleistung in Gestalt eines Zinses vereinbart worden ist oder nicht. Die Vereinbarung darüber, ob eine Verpflichtung als eine entgeltliche oder unentgeltliche eingegangen wird, betrifft die causa der Verpflichtung. Streng genommen bezieht sich die Einteilung in entgeltliche und unentgeltliche Geschäfte daher nur auf **kausale Geschäfte.** Verfügungen als abstrakte Geschäfte sind neutral, da sie von der causa gelöst sind. Das Gesetz spricht jedoch an verschiedenen Stellen auch von unentgeltlichen Verfügungen (z.B. §§ 816 Abs. 1 Satz 2, 2113 Abs. 2, 2205 Satz 3) und von der unentgeltlichen Erlangung des Besitzes (§ 988), allgemein von einer unentgeltlichen Zuwendung in § 822. Das ist so zu verstehen, daß eine Verfügung dann unentgeltlich

[32] Vgl. dazu auch *Medicus,* AT, Rn. 227ff.

ist, wenn sie in Erfüllung oder in Ausführung eines kausalen Rechtsgeschäfts vorgenommen wird, das seinerseits ein unentgeltliches Geschäft ist.

2. Besondere Vorschriften für unentgeltliche Geschäfte

92 Für unentgeltliche Geschäfte, insbesondere für Schenkungen, gelten einige **besondere Vorschriften.**

93 (1) Bei den vielen unentgeltlichen Geschäften, nicht aber z.B. beim Auftrag (§ 662), ist der Maßstab der geforderten **Sorgfalt** für denjenigen, der unentgeltlich eine Zuwendung macht oder für einen anderen unentgeltlich tätig wird, vom Gesetz **gemildert** (vgl. die §§ 521, 599, 690).

94 (2) Gesetzlichen Vertretern sowie **Verwaltern** fremden Vermögens ist es vielfach **untersagt,** zu Lasten des ihnen anvertrauten Vermögens **Schenkungen** zu machen (§§ 1641, 1804, 2205 Satz 3).

95 (3) Hat eine Schuldner sein Vermögen durch unentgeltliche Verfügungen vermindert und dadurch die Aussichten seiner Gläubiger auf Befriedigung aus seinem Vermögen verschlechtert, so können diese innerhalb einer gewissen Zeit die von dem Schuldner vorgenommenen Verfügungen als ihnen gegenüber unwirksam anfechten und das von dem Schuldner **Veräußerte** von dem Empfänger zum Zwecke ihrer Befriedigung **herausverlangen** (vgl. § 3 Nr. 3 und 4, § 7 AnfG, s. auch §§ 129, 134 InsO).

96 (4) Der **unentgeltliche Erwerb** von einem Nichtberechtigten wird vom Gesetz in **geringerem Maße geschützt** als ein entgeltlicher Erwerb (vgl. § 816 Abs. 1 Satz 2). Schenkungen unterliegen unter gewissen Voraussetzungen einer Rückforderung oder dem Widerruf (vgl. §§ 528, 530; s. auch § 822).

97 Das Gesetz steht also Schenkungen und unentgeltlichen Verfügungen mit einer gewissen Skepsis gegenüber. Es wertet häufig bestimmte Interessen des Schenkers oder desjenigen, aus dessen Vermögen eine Schenkung gemacht wird, oder auch seiner Gläubiger höher als die des Beschenkten an der Beständigkeit der Schenkung[33]. Darin kommt der Gedanke zum Ausdruck, daß ein unentgeltlicher Erwerb **in geringerem Maße** den **Schutz der Rechtsordnung** verdient als ein entgeltlicher, für den eine Gegenleistung gegeben oder versprochen wurde.

98 Privilegiert gegenüber gewöhnlichen Schenkungen ist indessen die Ausstattung, d.h. dasjenige, „was einem Kinde mit Rücksicht auf seine Verheiratung oder auf die Erlangung einer selbständigen Lebensstellung zur Begründung oder Erhaltung der Wirtschaft oder der Lebensstellung von dem Vater oder der Mutter zugewendet wird" (§ 1624)[34]. Eine Schenkung liegt hier nur vor, soweit die Ausstattung das den Umständen entsprechende Maß übersteigt. Auch freiwillige Zusatzleistungen des Arbeitgebers wie Gratifikationen sind regelmäßig Entgelt für die geleisteten Dienste des Arbeitnehmers und nicht Schenkung[35].

VI. Geschäfte im Umfeld des Hauptvertrags

99 Neben dem Hauptvertrag, der den Endzweck des Geschäfts und den eigentlichen Leistungsaustausch zum Gegenstand hat, gibt es weitere Geschäfte, die den Hauptvertrag vorbereiten oder ihm mit ergänzenden Bestimmungen zur Seite stehen. Als den Hauptvertrag vorbereitende Geschäfte sind der Vorvertrag, die Option, das Vorkaufs-

[33] Vgl. *v. Tuhr,* AT III, § 75 III.

[34] Vgl. *Gernhuber/Coester-Waltjen,* Familienrecht, § 38 I, der in der Ausstattung eine „Art eigene causa" sieht.

[35] Zur Gratifikation *Larenz,* Schuldrecht II/1, § 47 I.

recht und die Vorhand zu nennen. Darüber hinaus wird im geschäftlichen Verkehr, vor allem bei der Vorbereitung umfänglicher und komplexer Verträge der Letter of Intent benutzt. Als den Hauptvertrag begleitender und ergänzender Vertrag hat sich insbesondere der Rahmenvertrag entwickelt.

1. Der Vorvertrag[36]

Im Vorvertrag vereinbaren die Parteien die **Verpflichtung** einer oder beider Parteien, den **Hauptvertrag abzuschließen**[37]. Erst aus dem Hauptvertrag ergibt sich dann die unmittelbare Pflicht zur Erbringung der eigentlich erstrebten Hauptleistung. Aus dem Vorvertrag kann deshalb im allgemeinen nicht direkt auf die Vornahme des Verfügungsgeschäfts oder der sonstigen Leistungshandlung geklagt werden, sondern nur auf den Abschluß des Hauptvertrags[38]. Einen Vorvertrag abzuschließen, macht insbesondere dann Sinn, wenn die Parteien sich bereits binden wollen, aber den Gegenstand des Hauptvertrags noch nicht genau bestimmen können[39]. **100**

Beispiel: Ein Bedürfnis für einen Vorvertrag besteht, wenn ein Baugrundstück als Teilstück aus einem größeren Grundstück gekauft werden soll, die genaue Lage und Größe des Teilstücks aber erst durch den beabsichtigten Bebauungsplan und die damit einhergehende Umlegung bestimmt werden kann. Da der Hauptvertrag die konkrete Bezeichnung des Grundstücks verlangt, kann dieser noch nicht geschlossen werden, wohl aber der Vorvertrag, aus dem dann, wenn Größe und Lage des Grundstücks erkennbar sind, auf Abschluß des Hauptvertrags geklagt werden kann. **101**

Der Vorvertrag ist jeweils ein schuldrechtlicher Vertrag mit einem **rechtsgeschäftlich begründeten Kontrahierungszwang** zum Abschluß des schuldrechtlichen Hauptvertrages. Er muß auf den Abschluß eines schuldrechtlichen Vertrags gerichtet sein. Ein Vertrag, aus dem sich die Pflicht zum Abschluß eines Verfügungsgeschäfts ergibt, ist kein Vorvertrag, sondern der schuldrechtliche Hauptvertrag[40]. Damit auf den Abschluß des schuldrechtlichen Hauptvertrags geklagt werden kann[41], muß der Vorvertrag hinsichtlich der **wesentlichen Vertragspunkte** (essentialia negotii), die nicht aus dem Gesetz ableitbar sind, wie z.B. der Leistungsgegenstand oder der Preis, zwar nicht in gleicher Weise wie der Hauptvertrag, aber doch so **bestimmt** oder doch aufgrund späterer Ereignisse so bestimmbar sein, daß der Richter diese Punkte durch bloß tatsächlichen Erkenntnisakt ohne eigenen Ermessensspielraum feststellen kann[42]. Der Vorvertrag bedarf grundsätzlich der **Form des Hauptvertrags,** da aus **102**

---

[36] **Literatur:** *Herzog,* Der Vorvertrag im schweizerischen und deutschen Recht, 1999; *Ritzinger,* Der Vorvertrag in der notariellen Praxis, NJW 1990, 1201; *K. Schmidt,* Zur Durchsetzung vorvertraglicher Pflichten, DNotZ 1990, 708; *M. Weber,* Der Optionsvertrag, JuS 1990, 249; *ders.,* Haftung für in Aussicht gestellten Vertragsschluß, AcP 192 (1992), 390.

[37] S. *BGHZ* 102, 384, 388; *BGH* NJW 1990, 1233.

[38] Erman/*Hefermehl,* vor § 145 Rn. 40f.; Palandt/*Heinrichs,* Einf. vor § 145 Rn. 21; Soergel/*M. Wolf,* vor § 145 Rn. 66ff.

[39] Vgl. auch Palandt/*Heinrichs,* Einf. vor § 145 Rn. 19; Soergel/*M. Wolf,* vor § 145 Rn. 60.

[40] *RGZ* 48, 133, 135; Soergel/*M. Wolf,* vor § 145 Rn. 58; Palandt/*Heinrichs,* Einf. vor § 145 Rn. 19.

[41] S. zu den verschiedenen Möglichkeiten einer Klage *BGHZ* 98, 130, 134; *BGH* NJW-RR 1995, 1329.

[42] *BGH* NJW 1990, 1234, 1235; *BGH* NJW-RR 1993, 140; *BGHZ* 97, 147, 154; *BGH* LM § 705 Nr. 3; Soergel/*M. Wolf,* vor § 145 Rn. 62; Palandt/*Heinrichs,* Einf. vor § 145 Rn. 20; a.A. aber MünchKomm/*Kramer,* vor § 145 Rn. 46; *Flume,* AT II, § 33, 7.

ihm der Abschluß des Hauptvertrags erzwungen werden kann und deshalb der mit der Form bezweckte Schutz in den Vorvertrag vorverlegt werden muß[43].

2. Die Option

103 Die Option verleiht dem Berechtigten das **Recht,** durch **einseitige Erklärung** einen **Vertrag zustande zu bringen** oder in Geltung zu setzen[44]. Dabei kann es sich um das Recht handeln, einen Gegenstand zu erwerben, wozu insbesondere das Ankaufsrecht und in der Börsensprache, insbesondere bei Aktienoptionen, die Call-Option zählt. Dem Erwerbsrecht entspricht dabei eine Veräußerungspflicht der anderen Partei. Die Option kann aber auch das Recht vermitteln, einen Gegenstand veräußern zu dürfen, ohne selbst dazu verpflichtet zu sein. In der Börsensprache ist hier von einer Put-Option die Rede, der auf der Seite des Abnehmers eine Erwerbspflicht entspricht. Kennzeichen der Option ist danach die **einseitige Bindung einer Vertragspartei** zur Leistungserbringung, während die andere Partei frei darüber entscheiden kann, ob sie sich an den Vertrag durch Ausübung der Option binden will oder nicht. Für die Entstehung einer Option stehen drei verschiedene Rechtsformen zur Verfügung[45].

104 (1) Die Option kann durch einen **Vorvertrag** begründet werden, bei dem nur eine Partei zum Abschluß des Hauptvertrags verpflichtet ist (s. oben Rn. 100), während die andere zwar den Abschluß des Hauptvertrags verlangen kann, aber nicht zu dessen Abschluß verpflichtet ist.

105 (2) Des weiteren kommt das **einseitige bindende Angebot** in Betracht, das auf der Grundlage der §§ 145, 148 eine Partei an ihr Angebot bindet, so daß sie es nicht widerrufen kann (s. auch unten § 29 Rn. 24), während die andere Partei frei darüber entscheiden kann, ob sie dieses Angebot annimmt und dadurch den Vertrag mit den daraus erwachsenden Pflichten zustande bringt (s. unten § 29 Rn. 43).

106 (3) Ferner kann der die Leistungspflichten begründende Vertrag unter der vom Willen einer Partei abhängigen aufschiebenden **Wollensbedingung** (§ 158) geschlossen werden, daß sie den Vertrag durchführen will (s. unten § 50 Rn. 15ff.). Die Bedingung lautet dabei, daß der Vertrag mit seinen Rechten und Pflichten durchzuführen und abzuwickeln ist, wenn die optionsberechtigte Partei sich dafür entscheidet. Da die Option nur einer Partei die Wahlfreiheit läßt und die Bindung der anderen voraussetzt, darf demgemäß die Wollensbedingung auch nur einer Partei die freie Willensentscheidung einräumen, während die andere nicht über den Eintritt der Bedingung entscheiden darf.

3. Das Vorkaufsrecht

107 Das Vorkaufsrecht verschafft dem Berechtigten das **Recht,** durch einseitige Erklärung einen Kaufvertrag mit dem Vorkaufsverpflichteten als Verkäufer zur Entstehung zu bringen mit inhaltlich denselben Bedingungen, wie sie der Vorkaufsverpflichtete mit einem anderen Käufer als Dritten abgeschlossen hat (§§ 463ff., §§ 1094ff.). Der Vorkaufsverpflichtete ist zum Abschluß des Kaufvertrags mit einem Dritten nicht verpflichtet. Schließt er ihn aber freiwillig ab, so sieht er sich aus zwei Kaufverträgen zur Lieferung derselben Sache verpflichtet. Aus dem eigentlichen Kaufvertrag mit dem Dritten und aus dem durch die Ausübung des Vorkaufsrechts zwischen ihm und dem Vorkaufsberechtigten zustande gekommenen Kaufvertrag (s. § 464 Abs. 2). Es ist Sache des Verkäufers, wie er sich aus dieser Doppelverpflichtung lösen kann, z.B. in-

---

[43] S. auch unten § 27 Rn. 25; zu § 313 s. *M. Wolf,* DNotZ 1995, 179, 182.

[44] Palandt/*Heinrichs,* Einf. vor § 145 Rn. 23; MünchKomm/*Kramer,* vor § 145 Rn. 50; Soergel/*M. Wolf,* vor § 145 Rn. 69; Erman/*Hefermehl,* vor § 145 Rn. 43.

[45] S. etwa *BGHZ* 47, 387, 391; *Weber,* JuS 1990, 249ff.

dem er den eigentlichen Käufer auf das Bestehen des Vorkaufsrechts hinweist, so daß dieser in Kenntnis des Risikos handelt, daß das Vorkaufsrecht ausgeübt werden könnte, und deshalb keine Schadensersatzansprüche geltend machen kann[46]. Das Vorkaufsrecht ist insofern den vorbereitenden Verträgen zuzuordnen, als es den eigentlichen Kaufvertrag als Hauptvertrag noch nicht enthält, sondern dessen nachträglichen Abschluß mit einem Dritten als Käufer voraussetzt.

4. Die Vorhand

Anders als das Vorkaufsrecht gibt die Vorhand kein Eintrittsrecht in den mit einem Dritten geschlossenen Vertrag, sondern verpflichtet den Vorhandverpflichteten, einen Gegenstand vor seiner Veräußerung an einen anderen zunächst dem Vorhandberechtigten anzubieten, der dann aufgrund dieses Erstangebots als erster über die Annahme und damit über das Zustandekommen eines Vertrags entscheiden kann (sog. **Angebotsvorhand**). Anstatt der **Verpflichtung zum Erstangebot** an den Vorhandberechtigten kann die Vorhand in abgeschwächter Form auch darauf gerichtet sein, daß der Vorhandverpflichtete den Vorhandberechtigten nur über seine Veräußerungsabsicht informiert, ihm etwaige Angebote anderer Interessenten mitteilt und mit ihm als erstem verhandeln muß (sog. **Verhandlungsvorhand**)[47]. Auch hierbei handelt es sich um ein den Hauptvertrag vorbereitendes Geschäft. Der Vorhandverpflichtete ist aber nicht zum Abschluß eines Veräußerungsvertrags an sich verpflichtet, sondern nur zum Erstangebot oder zu Verhandlungen, wenn er überhaupt veräußern will. 108

5. Der Letter of Intent

Der Letter of Intent (= Absichtserklärung), der vor allem bei langwierigen und komplexen Vertragsverhandlungen, z.B. bei einem Unternehmenskauf oder bei großen Investitionsprojekten, Anwendung findet, dient zum einen der **Information über den bisherigen Verhandlungsstand,** insbesondere über die bereits geklärten und die noch zu klärenden Punkte. Zum anderen gibt er Erläuterungen und **Absichtserklärungen zum weiteren Verhandlungsverlauf.** Er bringt die einseitig oder beiderseitig erklärte **Bereitschaft** zum Ausdruck, mit den Verhandlungen unter bestimmten Voraussetzungen fortzufahren und einen **Vertrag abzuschließen, ohne** hierzu eine **rechtlich bindende Verpflichtung** zu übernehmen[48]. Durch die fehlende Verpflichtung zum Vertragsabschluß unterscheidet sich der Letter of Intent insbesondere vom Vorvertrag und der Option. Wegen des fehlenden Bindungswillens ist die Absichtserklärung für sich allein auch noch keine Willenserklärung. 109

Eine gewisse rechtliche Verbindlichkeit erlangt der Letter of Intent dadurch, daß der Verhandlungspartner darauf vertrauen darf, vom bisher erreichten Verhandlungsstand werde nicht ohne berechtigten Anlaß abgewichen. Der Letter of Intent **konkretisiert** und verstärkt insoweit die im Rahmen des **Rechtsverhältnisses der Vertragsverhandlungen** gemäß § 311 Abs. 2 mit § 241 Abs. 2 bestehenden Rück- 110

---

[46] Vgl. Palandt/*Putzo,* § 464 Rn. 8; Erman/*Grunewald,* § 505 a.F. Rn. 9.

[47] S. zum Ganzen etwa Soergel/*Huber,* BGB, 12. Aufl. 1991, vor § 504 Rn. 14; Palandt/*Heinrichs,* Einf. vor § 145 Rn. 24.

[48] Dazu insbesondere *Lutter,* Der Letter of Intent, 3. Aufl. 1998; *Siebourg,* Der Letter of Intent, Diss. 1979, S. 116ff.; *Blaurock,* ZHR 147 (1983), 334; *Weber,* JuS 1990, 249, 252; *Kösters,* NZG 1999, 623.

sichtnahmepflichten (s. unten § 31) auch ohne einen darauf gerichteten Rechtsfolgewillen[49]. Der Letter of Intent kann damit als **geschäftsähnliche Handlung** angesehen werden, auf die die Vorschriften über Willenserklärungen analoge Anwendung finden können (s. oben § 22 Rn. 14, 17ff.). Werden einzelne Punkte festgehalten, über die bereits eine Einigung erzielt worden ist, so tritt insoweit gemäß § 154 Abs. 1 zwar noch keine Bindung ein. Die insoweit abgegebenen Erklärungen erlangen aber rechtsgeschäftliche Qualität, wenn der Vertrag insgesamt zustande kommt.

111 Im Letter of Intent können auch verbindliche Vereinbarungen über den **formellen Ablauf der Vertragsverhandlungen** unter Aufzählung und Koordinierung der einzelnen dabei zu beachtenden Schritte aufgenommen werden. Zugleich können Regelungen über den **Ersatz von Aufwendungen** und Nachteilen getroffen oder eine **Vertragsstrafe** vereinbart werden, falls der Vertrag nicht zustande kommt. Ebenso werden oft **Geheimhaltungspflichten** oder Pflichten vereinbart, nicht mit anderen Interessenten gleichzeitig Verhandlungen zu führen. Soweit solche Pflichten übernommen werden, enthält der Letter of Intent rechtsgeschäftlich bindende Vereinbarungen.

6. Der Rahmenvertrag

112 Einen den **Hauptvertrag begleitenden und ergänzenden Charakter** hat der Rahmenvertrag[50]. Rahmenverträge werden häufig im Zusammenhang mit einer auf Dauer angelegten Geschäftsverbindung geschlossen. Sie regeln zumeist Fragen, die für alle oder doch viele der im Rahmen der Geschäftsverbindung abzuwickelnden Einzelverträge von gemeinsamer Bedeutung sind.

113 **Beispiele:** Rahmenverträge enthalten oft Allgemeine Geschäftsbedingungen im Sinne von § 305 Abs. 3, worin die für alle Verträge gemeinsamen, die Vertragsabwicklung betreffenden Nebenbestimmungen geregelt werden. Ein Rahmenvertrag ist aber auch etwa der Kreditkartenvertrag, unter dessen Dach die einzelnen Zahlungsvorgänge mit der Kreditkarte abgewickelt werden[51]. Rahmenvertrag ist auch der Girovertrag (§§ 676f.), innerhalb dessen die einzelnen Überweisungen und bargeldlosen Zahlungsvorgänge abgewickelt werden. Ein darüber hinausgehender allgemeiner Rahmenvertrag, der die gesamten Geschäftsverbindungen mit der Bank umfaßt, ist dagegen nicht anzunehmen[52]. Rahmenvertrag ist aber der im Zusammenhang mit einem Factoring-Geschäft geschlossene Globalzessionsvertrag. Die dabei vom Factoring-Kunden an das Factoring-Unternehmen abgetretene Gesamtheit der Forderungen und die Bestimmungen über ihren Einzug oder ihre Verrechnung bilden den Rahmen für den Ankauf einzelner Forderungen durch das Factoring-Unternehmen vom Factoring-Kunden oder für die Bevorschussung einzelner bestimmter Forderungen auf Darlehensbasis.

114 Mangels Bestimmtheit des Inhalts des unter seiner Geltung abzuschließenden Hauptvertrags ist der Rahmenvertrag noch kein Vorvertrag, aus dem auf den Abschluß des Hauptvertrags geklagt werden könnte[53]. Der Nichtabschluß des Hauptvertrags kann aber unter bestimmten Voraussetzungen, insbesondere bei unbegründeter ernsthafter Abschlußverweigerung, wegen Pflichtverletzung des Rahmenvertrags Schadensersatzansprüche begründen[54].

---

49 Vgl. dazu MünchKomm/*Kramer,* vor § 145 Rn. 41.

50 Vgl. dazu Palandt/*Heinrichs,* Einf. vor § 145 Rn. 19; *Hübner,* AT, Rn. 992.

51 S. *BGH* NJW 1991, 1886, 1887; *Pfeiffer,* in Graf von Westphalen, Vertragsrecht und AGB Klauselwerke, Kreditkartenvertrag Rn. 6; *Wolf/Horn/Lindacher,* AGB-Gesetz 4. Aufl. 1999, § 9 Rn. K 51.

52 *BGH* NJW 2002, 3695; dazu *Oechsler,* LMK 2003, 3.

53 *BGH* LM H. 10/2000 § 242 (Bc) BGB Nr. 48; Palandt/*Heinrichs,* Einf. vor § 145 Rn. 19; *Hübner,* AT, Rn. 992.

54 *BGH* LM H. 10/2000 § 242 (Bc) BGB Nr. 48; *Hübner,* AT, Rn. 992.

VII. Geschäfte mit Drittbezug

Verträge regeln grundsätzlich nur die Rechtsbeziehungen der Vertragsparteien und begründen Rechte und Pflichten grundsätzlich nur für diese. Der Grund dafür liegt darin, daß jeder Privatperson grundsätzlich nur die Kompetenz zur Regelung ihrer eigenen Angelegenheiten zukommt und sie nicht in den Rechtskreis anderer gegen deren Willen eingreifen darf. Es gibt grundsätzlich **keinen Vertrag zu Lasten Dritter.** Selbst die Erteilung einer rechtsgeschäftlichen Verpflichtungsermächtigung sieht das Gesetz nicht vor (s. oben Rn. 45f.). 115

Davon macht auch das Recht der **Stellvertretung** keine Ausnahme, weil der Stellvertreter nicht selbst Vertragspartner eines Vertrages ist, aus dem der Vertretene als Dritter berechtigt oder verpflichtet wird. Vielmehr handelt der Vertreter offen im Namen des vertretenen Dritten und die Erklärungen des vertretungsberechtigten Stellvertreters wirken unmittelbar für und gegen den Vertretenen (§ 164 Abs. 1), so daß sie als Erklärungen des Vertretenen gelten und dieser selbst Vertragspartner wird (s. unten § 46 Rn. 149ff.). 116

Bei einer **Verpflichtungsermächtigung** würde der Vertragspartner dagegen im eigenen Namen handeln, damit aber nicht sich selbst, sondern einen Dritten verpflichten. Dies läßt das Gesetz im Interesse der anderen Vertragspartei nicht zu. Das Verbot der rechtsgeschäftlichen Verpflichtungsermächtigung schützt nicht den Dritten, dessen Einverständnis mit der Ermächtigung vorliegen würde, sondern die andere Vertragspartei, die eindeutig erkennen können soll, wer ihr Vertragspartner und damit zugleich ihr Schuldner ist. Eine Verpflichtungsermächtigung wird in einzelnen Fällen aber vom Gesetz angeordnet, so insbesondere für den Insolvenzverwalter, für den Testamentsvollstrecker oder den Nachlaßverwalter (s. oben Rn. 42). Diese Parteien kraft Amts müssen aber, auch wenn sie im eigenen Namen handeln, deutlich machen, daß sie für das von ihnen verwaltete Sondervermögen tätig werden und nicht für ihr Privatvermögen. Eine Verpflichtungsermächtigung für einen Ehegatten zu Lasten des anderen enthält auch § 1357 in Bezug auf Geschäfte, die der angemessenen Deckung des Lebensbedarfs dienen. Der andere Ehegatte wird hier verpflichtet, auch wenn nicht in seinem Namen gehandelt wird. Er kann aber diese Verpflichtungsermächtigung gemäß § 1357 Abs. 2 ausschließen oder einschränken. 117

In einer komplexen Wirtschaftsgesellschaft können die vertraglichen und geschäftlichen Beziehungen nicht immer auf die Vertragsparteien begrenzt bleiben. Vielmehr besteht ein Bedürfnis, die **Relativität der Vertragsbeziehungen** in gewisser Hinsicht zu **durchbrechen** und die Einbeziehung anderer Personen als der der Vertragspartner zu ermöglichen. Die Einbeziehung Dritter sieht das BGB beim Vertrag zugunsten Dritter (§ 328) vor. Daneben sind Verträge in einigen Fällen dergestalt miteinander verbunden, daß sich die Rechtswirkungen aus einem Vertragsverhältnis auf ein anderes erstrecken. 118

1. Vertrag zugunsten Dritter

Beim Vertrag zugunsten Dritter (§ 328) ist der **Dritte nicht selbst Vertragspartei** und wirkt bei dessen Abschluß nicht mit. Er kann deshalb z.B. nicht anfechten und wird auch nicht nach §§ 164ff. vertreten (s. auch unten § 46 Rn. 82). Der Dritte erwirbt aber einen Anspruch auf die vertragliche Leistung. Da er durch den Rechtserwerb nur begünstigt wird, enthält der Vertrag zugunsten Dritter keinen belastenden Eingriff in den Rechtskreis des Dritten. Dieser kann zudem das ihm von den Vertragsparteien zugewandte Recht gemäß § 333 zurückweisen und damit jede Verbindung zum Vertrag beseitigen. In keinem Fall können dem Dritten durch ei- 119 nen Vertrag, an dem er nicht als Vertragspartei willentlich mitgewirkt hat, Pflichten oder sonstige Lasten auferlegt werden. Der Grundsatz, daß es keinen Vertrag zu Lasten Dritter gibt, wird durch die Einrichtung eines Vertrags zugunsten Dritter nicht durchbrochen.

120 **Beispiele:** Einzelne Verträge zugunsten Dritter nennt das Gesetz selbst in §§ 331, 332 mit dem Lebensversicherungsvertrag oder dem Leibrentenvertrag. Beim Lebensversicherungsvertrag wird etwa vereinbart, daß die Versicherungssumme beim Tode des Versicherungsnehmers als des Vertragspartners an den überlebenden Ehegatten oder einen sonstigen Dritten ausgezahlt werden soll, ohne Rücksicht darauf, ob der Dritte Erbe ist oder nicht. Ebenso kann beim Sparbuch eine dritte Person als Berechtigter benannt werden[55]. Der Vertrag zugunsten Dritter kann aber auch in anderen Fällen zur Anwendung kommen, etwa wenn durch Fleurop Blumen an eine andere Person überbracht werden sollen.

a) Echter und unechter Vertrag zugunsten Dritter

121 Beim eigentlichen, echten Vertrag zugunsten Dritter steht das **Forderungsrecht auf die Hauptleistung unmittelbar dem Dritten** zu, ohne daß er selbst die Pflichten einer Vertragspartei hat. Eine etwaige Gegenleistung muß die Vertragspartei bezahlen, die das Gesetz Versprechensempfänger nennt. Neben dem Dritten ist im Regelfall aber auch der Versprechensempfänger berechtigt, die Leistung einzufordern. Er kann dabei zwar nicht Leistung an sich, wohl aber Leistung an den Dritten verlangen und auch einklagen. Beim **unechten Vertrag zugunsten Dritter** ist der Schuldner zwar ermächtigt, mit befreiender Wirkung an Dritte zu leisten. Dem Dritten steht aber kein eigenes Forderungsrecht zu (s. etwa § 329)[56].

b) Vertrag mit Schutzwirkung für Dritte

122 Dritte können in einen zwischen anderen Personen geschlossenen Vertrag auch in der Weise einbezogen sein, daß sie zwar **nicht die Hauptleistung** vom Versprechenden verlangen können, daß aber die den Versprechenden treffenden **Nebenpflichten, insbesondere Schutzpflichten,** auch gegenüber dem Dritten zu erfüllen sind. Man spricht vom Vertrag mit Schutzwirkung für Dritte[57]. Der Vorteil der Schutzpflichten aus dem Vertrag mit Schutzwirkung für Dritte besteht darin, daß es sich um vertragliche Pflichten handelt, bei deren Verletzung § 278 zur Anwendung kommen kann und bei denen die Verschuldensvermutung des § 280 Abs. 1 Satz 2 eingreift, was für einen Anspruch aus unerlaubter Handlung nicht gilt.

123 **Beispiel:** Schließt etwa ein Ehepaar mit Kindern einen Wohnungsmietvertrag, so werden nur die Eheleute Vertragspartner des Vermieters. Nur sie können den Anspruch auf Überlassung der Wohnung einklagen. Nur sie sind aber auch zur Zahlung des Mietzinses verpflichtet. Da sich die Kinder oder andere Familienangehörige, z. B. Großeltern, Onkel, Tanten oder sonstiger Besuch, in der Wohnung aufhalten, hat der Vermieter auch Schutzpflichten ihnen gegenüber. Er muß die Wohnung selbst und den Zugang zu ihr, z. B. das Treppenhaus, so herrichten, daß auch diese Personen nicht zu Schaden kommen. Diese Personen sind als Dritte in den Schutzbereich des Mietvertrags mit einbezogen, auch wenn sie nicht die Überlassung der Wohnung an sich als Hauptleistung verlangen können. Auch ein Handwerker, der zur Vornahme von Reparaturarbeiten in die Wohnung oder in Büroräume bestellt wird, hat vertragliche

---

[55] Vgl. dazu Erman/*H. P. Westermann,* § 328 Rn. 34; Palandt/*Heinrichs,* § 328 Rn. 9a.

[56] Vgl. nur Erman/*Westermann,* vor § 328 Rn. 3.

[57] S. dazu *Larenz,* Schuldrecht I, § 17; Erman/*H. P. Westermann,* § 328 Rn. 11; Palandt/*Heinrichs,* § 328 Rn. 13; *Urban,* „Vertrag" mit Schutzwirkung zugunsten Dritter und Drittschadensliquidation, 1989; *Sonnenschein,* Der Vertrag mit Schutzwirkung für Dritte, JA 1979, 225; *Strauch,* Zum Vertrag mit Schutzwirkung für Dritte, JuS 1987, 947.

Schutzpflichten gegenüber den Kindern bzw. den Büroangestellten[58], ohne daß diese Anspruch auf Vornahme der Reparaturarbeiten als der Hauptleistungspflicht hätten. Ihnen stehen jedoch vertragliche Schadensersatzansprüche gegen den Versprechenden zu, wenn sie oder ihre Sachen durch die Verletzung der Schutzpflichten, z.B. durch unvorsichtiges Hantieren mit Handwerkszeug, beschädigt werden. Der Handwerker haftet, wenn er die Arbeiten nicht selbst durchführt, nach § 278 auch für das Verschulden seiner Arbeitnehmer und da das Verschulden vermutet wird, muß er nachweisen, daß der Schaden ohne sein Verschulden eingetreten ist.

Der echte Vertrag zugunsten Dritter oder mit bloßer Schutzwirkung für Dritte hat seinen **124** Anwendungsbereich bei Verpflichtungsgeschäften. **Verfügungsgeschäfte zugunsten Dritter** will die Rechtsprechung dagegen nicht anerkennen[59]. Das Gesetz selbst sieht in § 423 aber einen Erlaßvertrag als Verfügungsgeschäft zugunsten der übrigen Gesamtschuldner vor und § 414 geht von einer Schuldbefreiung als Verfügungsakt zugunsten des bisherigen Schuldners schon dann aus, wenn sich der Gläubiger mit dem neuen Schuldner als Dritten über die Schuldübernahme einigen, ohne daß der bisherige Schuldner als der Begünstige zustimmen muß. Da das Gesetz damit selbst Verfügungsgeschäfte zugunsten Dritter vorsieht, können diese nicht generell unzulässig sein. Ein analoge Anwendung von § 328 auf andere Verfügungsgeschäfte ist deshalb zu befürworten, wenn keine besonderen Interessen entgegenstehen.

2. Verbundene Verträge

Einen Drittbezug weisen auch die verbundenen Verträge auf. Hier besteht nicht **125** wie beim Vertrag zugunsten Dritter ein einziger Vertrag, aus dem ein Dritter Rechte herleiten kann. Vielmehr handelt es sich um mehrere **Verträge mit unterschiedlichen Vertragspartnern,** die **zu einer wirtschaftlichen Einheit in der Weise** miteinander **verbunden** sind, daß die Vertragsinhalte aufeinander abgestimmt sind und u.U. sogar die in einem Vertrag bestehenden Rechtspositionen in einem anderen Vertrag geltend gemacht werden können.

Beispiel hierfür sind die in §§ 358, 359 geregelten **drittfinanzierten Verbrauchergeschäfte**[60]. Die Verbindung knüpft dabei daran an, daß der in einem Liefervertrag, etwa in einem Kaufvertrag an den Verkäufer zu zahlende Preis durch einen Darlehensvertrag mit einer Bank vom Käufer finanziert wird. Der Kaufvertrag zwischen Verkäufer und Käufer und der Darlehensvertrag des Käufers mit der Bank stehen sich zwar grundsätzlich getrennt gegenüber (sog. Trennungsprinzip). Dies gilt insbesondere, wenn das Darlehen als persönliches Darlehen zur freien Verfügung gewährt wird. Unter besonderen Voraussetzungen sind der Liefervertrag und der Darlehensvertrag aber gemäß § 358 Abs. 3 **zu einer wirtschaftlichen Einheit verbunden.** Dies setzt zunächst voraus, daß das **Darlehen zweckgebunden** zur Finanzierung einer bestimmten Anschaffung gewährt wird. Damit zwischen beiden Verträgen eine wirtschaftliche Einheit entsteht, müssen aber **weitere Verbindungselemente** hinzukommen, von denen einige in § 358 Abs. 3 Satz 2 beispielhaft aufgeführt sind. Ein weiteres Verbindungselement ist etwa gegeben, wenn die Bank mit dem Verkäufer zusammenarbeitet oder wenn sie sich die angeschaffte Sache, z.B. einen Pkw, zur Sicherheit übereignen läßt[61]. Folge hieraus ist, daß der Widerruf eines der miteinander verbundenen Verträge, Kaufvertrag oder Darlehensvertrag, den Verbraucher auch von der Bindung an den anderen Vertrag befreit (§ 358 Abs. 1 und 2). Der Verbraucher kann nach § 359 gegenüber dem Darlehensrückzahlungsanspruch der Bank auch seine ihm aus dem Kaufvertrag mit dem Verkäufer zustehenden Einwendungen und Einreden, etwa wegen Mängeln der Kaufsache, geltend machen. **126**

---

58 S. zum geschützten Personenkreis im einzelnen etwa *BGH* NJW 1996, 2927 = LM H. 12/1996 § 157 (C) BGB Nr. 49 m. Anm. *Martinek;* Palandt/*Heinrichs,* § 328 Rn. 16ff.

59 Vgl. *BGH* 41, 95, 96; *BGH* NJW-RR 1986, 848, 849; s. aber oben Rn. 13.

60 Allgemein dazu auch *Heermann,* Drittfinanzierte Erwerbsgeschäfte, 1998.

61 S. zu weiteren Verbindungselementen *BGH* NJW 1983, 2250; die Grundsätze dieser vor der Neuregelung ergangenen Entscheidung sind auch bei der Auslegung von § 358 Abs. 3 verwendbar.

3. Netz- und Kettenverträge

127 In einer arbeitsteiligen Wirtschaft kann ein Vertrag für sich allein oft nicht mehr den gewünschten wirtschaftlichen Erfolg herbeiführen. Dies gilt etwa in Bereichen, in denen früher von einem Anbieter allein erbrachte Leistungen als Folge einer weitgehenden Arbeitsteilung nunmehr von mehreren Leistungserbringern durchgeführt werden, wie z.B. die Erstellung eines Bauwerks. Viele Leistungen, wie z.B. eine Überweisung ins Ausland, können von vornherein nur durch das Zusammenwirken mehrerer, z.B. einer inländischen und einer ausländischen Bank, erbracht werden. Mehrere Verträge werden dabei zur Erreichung eines einheitlichen wirtschaftlichen Zwecks miteinander koordiniert. Dadurch entsteht eine **Zweckverbindung von Verträgen** mit verschiedenen Personen und **nicht eine Zweckverbindung von Personen** wie bei einer Gesellschaft, bei der alle Gesellschafter durch einen einheitlichen Gesellschaftsvertrag untereinander verbunden sind. Bei dieser Zweckverbindung von Verträgen kann man Netz- und Kettenverträge unterscheiden.

a) Kettenverträge

128 Als Kettenverträge können **hintereinander geschaltete Verträge** bezeichnet werden, die beim Kunden einen Leistungserfolg herbeiführen sollen. Die Verbindung der Kettenverträge zu einem gemeinsamen Zweck beseitigt nicht die grundsätzliche Selbständigkeit eines jeden Vertrags. Die verschiedenen Verträge werden aber durch den gemeinsamen Vertragszweck verbunden, der Einfluß auf die darin zu beachtenden Pflichten hat.

129 **Beispiele:** Als Kettenvertrag kann etwa der kombinierte Transport von Waren vom Herstellerwerk zum Empfänger zu Lande, zu Wasser oder in der Luft betrachtet werden. Die Ware wird vom Hersteller dem Frachtführer (§ 407 HGB) zum Transport an den Flughafen übergeben und von dort ins Bestimmungsland des Empfängers geflogen, der es wieder durch Landtransport zugestellt erhält. Auch wenn die Verträge nicht alle vom Absender, sondern zwischen den jeweiligen Gliedern der Transportkette geschlossen werden, so wissen doch alle Beteiligten um den gemeinsamen Zweck, daß die Ware zum Empfänger gebracht werden soll, wozu jeder mit seinem Vertrag einen Teilbeitrag leistet. Durch den gemeinsamen Zweck sind die Verträge in einer Kette miteinander verbunden. Eine solche Vertragskette besteht auch zwischen Verträgen, die zur Abwicklung des bargeldlosen Zahlungsverkehrs zwischen den Banken und den ihnen jeweils vorgelagerten Girozentralen und Clearingstellen geschlossen werden[62], damit ein Geldbetrag vom Konto des Schuldners auf das Konto des Gläubigers bei einer anderen Bank gelangen kann. Aus dem gemeinsamen Vertragszweck kann sich etwa bei Ausfall eines Glieds in der Vertragskette die Pflicht der anderen ergeben, nach Ersatzlösungen zu suchen. Beim Girovertrag hat das Gesetz veranlaßt durch eine EG-Richtlinie etwa in §§ 676 d ff. sogar Durchgriffsrechte des überweisenden Kreditinstituts auf Vertragsglieder in der Kette vorgesehen, zu denen es selbst gar keine Vertragsbeziehungen hat. Auch können Schutzpflichten eines Systemmitglieds gegenüber dem Kunden aus Vertrag mit Schutzwirkung für Dritte dann entstehen, wenn der Kunde zu diesem Systemmitglied keine Vertragsbeziehungen unterhält.[63]

b) Netzverträge

130 Als Netzverträge[64] kann man die Verträge bezeichnen, die **von einer Person zusammengestellt werden,** um zumeist als Unternehmer durch die Koordination der

---

[62] S. dazu *Möschel,* AcP 186 (1986), 187, 211 ff., der dabei aber von Netzverträgen spricht. Kritisch zur Figur des Netzvertrages im Bereich der Banküberweisung vor allem *Hüffer,* ZHR 151 (1987), 94, 106 ff.; *Schröter,* ZHR 151 (1987), 118, 126 ff.; Erman/*Ehmann,* § 675 Rn. 31 ff.

[63] S. zum Lastschriftverfahren *BGHZ* 69, 82, 84 ff.

[64] Dazu auch *Rohe,* Netzverträge, 1998 mit zum Teil anderer Terminologie.

verschiedenen Vertragsleistungen einen bestimmten einheitlichen wirtschaftlichen Erfolg zu erzielen. Dabei steht eine Person, die Vertragsbeziehungen zu allen anderen unterhält, als **Verwalter des Vertragssystems** in der Mitte, während die übrigen Vertragsbeteiligten nicht untereinander vertraglich verbunden sind.

Beispiele: Hierzu können etwa die Verträge gerechnet werden, die ein Generalunternehmer mit verschiedenen Subunternehmen bei der Durchführung von Großprojekten schließt. Auch die Verträge, die eine Reiseveranstalter mit verschiedenen Leistungsträgern, z. B. mit einem Flugunternehmen, mit einem Hotel und mit Anbietern von Freizeiteinrichtungen, abschließt, um dem Reisenden eine Gesamtheit von Reiseleistungen gemäß § 651 a anbieten zu können, sind hierzu zu zählen. Auch Franchisesysteme sind hier einzuordnen[65], weil dort der das System prägende Franchisegeber zu allen Franchisenehmern in Vertragsbeziehungen steht und diese zum Zweck eines am Markt einheitlich erscheinenden Angebots aufeinander abstimmt. Ein Systemorganisator steht auch beim Tauschring (Bartering) im Zentrum[66]. Unter diese Art von Verträgen fallen auch Verträge, die der Hersteller eines Endprodukts etwa in der Automobilindustrie mit verschiedenen Zulieferern schließt[67]. Drittbeziehungen ergeben sich hier jeweils daraus, daß die Mitglieder des jeweiligen Netzwerks im Innenverhältnis zu gegenseitiger Rücksichtnahme verpflichtet sein können, auch wenn sie nicht unmittelbar miteinander in Vertragsbeziehungen stehen. Auch können sich Schutzpflichten der Systemmitglieder aus Vertrag mit Schutzwirkung für Dritte gegenüber dem Kunden ergeben. Im Wesentlichen trägt aber der Verwalter des Vertragssystems das Risiko des Gelingens, insbesondere auch im Verhältnis zum Kunden. 131

4. Der Normenvertrag

Einen Drittbezug weist auch der Normenvertrag[68] auf, der dadurch gekennzeichnet ist, daß die Vereinbarung der Vertragsparteien wie Rechtsnormen normative Wirkung derart erzeugt, daß die im Normenvertrag getroffenen Regelungen unmittelbar und zwingend für Dritte wirken, die im Regelfall Mitglieder einer der vertragsschließenden Organisationen sind. 132

Beispiele für den Normenvertrag sind der Tarifvertrag, der für die gewerkschaftsangehörigen Arbeitnehmer und die dem Tarifverband angehörenden Arbeitgeber auch ohne deren Willen unmittelbare Wirkung entfaltet (§ 4 Abs. 1 TVG). Normenvertrag ist auch die Betriebsvereinbarung, soweit sie gemäß § 77 Abs. 4 BetrVG unmittelbar und zwingend gilt. Eine der normativen Wirkung ähnliche Wirkung gegenüber allen Mitgliedern erzeugen auch die Satzung einer juristischen Person (s. oben § 10 Rn. 11) und deren Beschlüsse (s. oben Rn. 22). Keine normative Wirkung entfalten dagegen Allgemeine Geschäftsbedingungen (s. unten § 43 Rn. 11), weil sie nur aufgrund des vertraglichen Einverständnisses jedes einzelnen Kunden gelten (§ 305 Abs. 2). 133

VIII. Austausch- und Organisationsverträge

1. Austauschverträge

Verträge dienen zu einem wesentlichen Teil dem Waren- und Dienstleistungsverkehr und damit dem **Austausch und dem Transfer von Leistungen** von einem 134

---

[65] Dazu *Teubner,* ZHR 154 (1990), 295, 305 ff.

[66] Zu Leistungsverzögerungen bei diesen Verträgen s. *Eberl-Borges,* AcP 203, 633, 645 ff.

[67] Dazu insbesondere *Merz,* Qualitätssicherungsvereinbarungen, 1992, der aber wegen der insoweit eingreifenden Produkthaftung einen Rückgriff auf den Netzvertrag für entbehrlich hält (S. 83 ff.).

[68] S. dazu auch *A. Hueck,* JherJb 73, 33.

Marktteilnehmer zum anderen. Mit dem Austauschvertrag verfolgen Veräußerer und Erwerber außer dem gemeinsamen Austauschzweck je eigene Motive und einen eigenen wirtschaftlichen Zweck, z.B. Erlangung von Gütern zum Ge- oder Verbrauch und Erlangung von Geld als Verdienst. Solche Austauschverträge sind in der Regel gegenseitige und entgeltliche Verträge, bei denen eine Vertragspartei ihre Leistung nur erbringt, um die Gegenleistung der anderen Vertragspartei zu erlangen (s. oben Rn. 66, 90). Dafür gelten die besonderen Regeln der §§ 320ff.

135 In einem weiteren wirtschaftlichen Sinne können sogar unentgeltliche Verträge zu den Austauschverträgen gerechnet werden, weil auch hier Waren und Leistungen von einem Marktteilnehmer zu einem anderen Marktteilnehmer transferiert werden. Zu den Austauschverträgen in diesem Sinne können neben den Verpflichtungsgeschäften, die den Leistungsaustausch durch entsprechende Pflichten vorprogrammieren (s. oben Rn. 31ff.), auch die Verfügungsgeschäfte (oben Rn. 35ff.) gezählt werden, die die Rechtsänderung und damit auch den Leistungsaustausch im einzelnen unmittelbar selbst durchführen. Für die juristische Betrachtung ergeben sich daraus jedoch keine besonderen Folgerungen.

2. Organisationsverträge

136 Während Austauschverträge dem Transfer von Waren und Dienstleistungen von einem Wirtschaftssubjekt zum anderen mit ihren jeweils individuellen Verwendungszwecken dienen, ermöglichen Organisationsverträge den **Zusammenschluß mehrerer Personen zur Verfolgung gemeinsamer Zwecke.** Die Verfolgung dieser gemeinsamen Zwecke geschieht dabei nicht in mehr oder weniger zufälliger individueller Koordination, sondern durch Gründung einer **verselbständigten Organisation,** die entweder als juristische Person (s. oben § 9 Rn. 1ff.) oder als Gesamthand (s. oben § 9 Rn. 72ff.) neben den einzelnen Mitgliedern oder Gesellschaftern steht und in der Regel eigenes Vermögen hat.

137 Da die Gründung dieser Organisationen regelmäßig durch freiwilligen Zusammenschluß in Ausübung der Vereinigungsfreiheit (Art. 9 Abs. 1 GG) geschieht (s. oben § 9 Rn. 23ff.), kommt auch hierfür das Rechtsgeschäft als das vom Gesetz vorgesehene Gestaltungsmittel für die Umsetzung von Willensentscheidungen in Rechtsfolgen zur Anwendung. Die Gründung dieser Organisationen beruht auf dem übereinstimmenden Willen aller Beteiligten und es treten nur die zustimmenden Beteiligten in die Organisation ein. Deshalb ist für diesen Gründungsvorgang der Vertrag das vom Gesetz vorgesehene Rechtsgeschäft[69]. Lediglich die Stiftung[70] und die Gründung einer Einmann-GmbH (§ 1 GmbHG) oder einer Einmann-AG (§ 2 AktG) beruht auf einem einseitigen Rechtsgeschäft.

[69] Zum Verein s. oben § 10 Rn. 3ff., § 11 Rn. 2, 4, zur GbR § 705, zur AG § 2 AktG und zur GmbH § 3 GmbHG.

[70] S. oben § 12 Rn. 8.

§ 24. Die Willenserklärung als Geltungserklärung

Inhaltsübersicht

Literatur: *Binder,* Wille und Willenserklärung im Tatbestand des Rechtsgeschäfts, ArchRWPhil V, 266; *Brose,* Grundsätzliches zur Willenserklärung, AcP 130, 180; *Bydlinski,* Privatautonomie und objektive Grundlagen verpflichtender Rechtsgeschäfte, 1967; *Fabricius,* Stillschweigen als Willenserklärung, JuS 1966, 1, 50; *Hanau,* Objektive Elemente im Tatbestand der Willenserklärung, AcP 165, 220; *Henle,* Vorstellungs- und Willenstheorie in der Lehre von der juristischen Willenserklärung, 1910; *Hübner,* Zurechnung statt Fiktion einer Willenserklärung, FS Nipperdey, 1965, Bd. I, S. 373; *Jacobi,* Theorie der Willenserklärung, 1910; *Krause,* Schweigen im Rechtsverkehr, 1933; *Lobinger,* Rechtsgeschäftliche Verpflichtung und autonome Bindung, 1999; *H. M. Pawlowski,* Rechtsgeschäftliche Folgen nichtiger Willenserklärungen, 1966; *Rhode,* Die Willenserklärung und der Pflichtgedanke im Rechtsverkehr, 1937; *Jan Schapp,* Grundfragen der Rechtsgeschäftslehre, 1986; *M. Wolf,* Rechtsgeschäftliche Entscheidungsfreiheit und vertraglicher Interessenausgleich, 1970. Vgl. ferner die zu § 29 angegebene Literatur.

I. Funktion der Willenserklärung

Da die Eigenart des Rechtsgeschäfts darin besteht, daß der Wille die Rechtsfolge 1
hervorbringt, muß jedes Rechtsgeschäft einen solchen rechtsfolgenerzeugenden Willen aufweisen. Dieser ist in der Willenserklärung als dem eigentlich rechtsfolgenerzeugenden Element des Rechtsgeschäfts enthalten. Das den Rechtsfolgewillen enthaltende Element des Rechtsgeschäfts kann statt der Willenserklärung aber auch eine reine Willensbestätigung sein (s. unten Rn. 21ff.). Die sonstigen Bestandteile des Rechtsgeschäfts (oben § 22 Rn. 5ff.) bilden den Rahmen, innerhalb dessen sich die Willenserklärung entfaltet. Die Willenserklärung läßt sich umschreiben als eine zur Kenntnisnahme durch andere bestimmte **Äußerung,** durch die der Erklärende zu erkennen gibt, daß eine bestimmte **Rechtsfolge** oder ein Komplex von Rechtsfolgen **nach seinem Willen** eintreten soll. Die Willenserklärung setzt sich damit, wie auch schon

der Name sagt, aus zwei Elementen zusammen: dem von einer Person gebildeten auf eine bestimmte **Rechtsfolge gerichteten Willen** und der **Kundgabe** dieses Willens in der Erklärung gegenüber dem Empfänger. Sofern die Willenserklärung einem bestimmten Empfängern kundzugeben ist, gehört zu ihrer Wirksamkeit der Zugang (§ 130; dazu unten § 26 Rn. 11ff.).

II. Die Willensinhalte der Willenserklärung

2 Wie schon der Begriff Willenserklärung sagt, ist der Wille neben der Erklärung ein wesentlicher Bestandteil der Willenserklärung. Mit dem in der Willenserklärung enthaltenen Willen können eine Fülle von Willensinhalten und Motiven verbunden sein. Es muß deshalb geklärt werden, welches die rechtlich relevanten und **rechtlich entscheidenden Willensinhalte** sind. Dabei sind verschiedene Willensinhalte zu unterscheiden, die vor allem in der zur Zeit der Entstehung des BGB vorherrschenden psychologisierenden Betrachtung herausgearbeitet worden sind[1].

1. Der Handlungswille

3 Jeder Willenserklärung liegt ein Verhalten zugrunde, in dem der Wille seinen Ausdruck findet. Dieses Verhalten kann jedes bewußte und von irgendeinem Willen beherrschte Tun, aber auch in Form des Schweigens ein Unterlassen sein[2]. Die Willenserklärung erfordert demgemäß zunächst einen Handlungswillen, als den **Willen, überhaupt etwas zu tun** oder bewußt zu unterlassen (s. auch oben § 6 Rn. 6). Dieser Wille muß real vorhanden sein und kann im Gegensatz zum Erklärungsbewußtsein und zum Rechtsfolgewillen (s. unten Rn. 6ff., 6) nicht durch einen objektiven Vertrauenstatbestand ersetzt werden. Dies rechtfertigt sich daraus, daß einerseits die Verantwortlichkeit der Person grundsätzlich eine zurechenbare Handlung voraussetzt und daß andererseits der rechtsgeschäftliche Verkehr das Fehlen eines Handlungsbewußtseins regelmäßig aus den Umständen erkennen kann, weshalb es an einem beachtenswerten Schutzbedürfnis fehlt.

4 **Beispiele:** Die der Willenserklärung zugrunde liegende Handlung kann ein ausdrückliches Sprechen, Schreiben, ein Kopfnicken oder ein sonstiges Zeichengeben sein. Das Erheben der Hand kann die Bedeutung einer Willenserklärung haben, z.B. bei einer Beschlußfassung im Wege der Abstimmung. Dies gilt aber nur dann, wenn es sich um ein vom Willen gesteuertes Tun handelt, nicht aber, wenn lediglich eine rein mechanische Reflexbewegung, wie z.B. der Aufschrei aufgrund einer Verletzung vorliegt. Auch dem Schweigen kann unter besonderen Umständen eine bestimmte Bedeutung zukommen. Regelmäßig, aber nicht notwendig immer ist das Schweigen als Ablehnung zu verstehen. Keine Handlung und daher auch keine Willenserklärung ist eine Äußerung, die jemand im Schlaf, in der Narkose oder in einem ähnlichen, jede bewußte Lenkung seines Verhaltens ausschließenden Zustand tut. Das ist im allgemeinen auch den Umstehenden erkennbar.

5 Keine Handlungen und daher auch keine Willenserklärungen sind ferner solche Körperbewegungen, die jemand nicht gemäß seinem eigenen Willensentschluß, sondern unter einem auf ihn ausgeübten unmittelbaren körperlichen Zwang (sog. **vis**

---

[1] S. dazu insbesondere *Zitelmann,* Irrtum und Rechtsgeschäft, 1879; später *Bartholomeyczik,* Die subjektiven Merkmale der Willenserklärung, FS Ficker, 1967, S. 51ff.

[2] S. zur Bedeutung des Schweigens unten § 28 Rn. 66ff.

absoluta) ausführt, so wenn ein anderer ihm die Hand gewaltsam führt, so daß er sich schon physisch nicht wehren kann[3]. Davon zu unterscheiden ist der Fall, daß jemand unter einem psychologischen Zwang, etwa aus Furcht vor einem ihm sonst angedrohten Übel etwas erklärt (sog. **vis compulsiva**). In diesem Falle ist zwar die Freiheit seiner Willensbestimmung beeinträchtigt, weshalb er seine Erklärung unter Umständen wegen Drohung anfechten kann (§ 123), es liegt aber doch noch ein willentliches Verhalten und damit eine Handlung vor, da er sich rein physisch gesehen anders verhalten konnte.

2. Das Erklärungsbewußtsein

Als weiterer Willensinhalt kommt bei der Willenserklärung das Erklärungsbewußtsein hinzu. Das Erklärungsbewußtsein umfaßt den **Willen, überhaupt am rechtsgeschäftlichen Verkehr teilzunehmen** und durch sein Handeln eine irgendwie rechtsgeschäftlich relevante Erklärung abzugeben[4]. Das Erklärungsbewußtsein hat noch keine konkrete Rechtsfolge zum Inhalt, sondern nur das generelle Bewußtsein, nicht im außerrechtlichen Bereich, sondern im rechtsgeschäftlichen Bereich tätig zu sein. 6

Beispiel: Immer wieder genannt ist die Trierer Weinversteigerung. Dort, aber auch bei anderen Versteigerungen bedeutet das Hochheben der Hand, daß man ein um einen bestimmten Betrag höheres Angebot im Sinne von § 145 abgibt, das bei Erteilung des Zuschlags den Vertrag zustande bringt. Hebt nun A, der diese Verkehrssitte nicht kennt, in der Versteigerung die Hand, um einen Bekannten zu begrüßen, so fehlt ihm das Erklärungsbewußtsein, weil er meint, eine rechtlich völlig bedeutungslose Handlung im rein gesellschaftlich-geselligen Bereich vorgenommen zu haben, und deswegen keinerlei Rechtsfolgen herbeiführen will. Ein Erklärungsbewußtsein ist dagegen bei jedem vorhanden, der diese Verkehrssitte kennt. 7

Fraglich ist, ob das Erklärungsbewußtsein als subjektiver Willensinhalt eine unverzichtbare Voraussetzung für das Vorliegen einer Willenserklärung darstellt oder ob nicht das objektive äußere Erscheinungsbild ausreicht, aufgrund dessen andere auf das Vorhandensein eines Erklärungsbewußtseins vertrauen. Richtiger Anknüpfungspunkt ist das vom Erklärenden zu verantwortende objektive Erklärungsverhalten, weil der Schutz des rechtsgeschäftlichen Verkehrs grundsätzlich den Schutz des Vertrauens auf den objektiven Tatbestand einer Willenserklärung verlangt (s. unten § 28 Rn. 13ff.). Eine Unterscheidung zwischen dem abstrakten Erklärungsbewußtsein und dem konkreten Rechtsfolgewillen läßt sich in dieser Hinsicht nicht rechtfertigen. Der Erklärende muß sich den vom ihm gesetzten Vertrauenstatbestand für das Vorliegen einer Willenserklärung umfassend, einschließlich des Erklärungsbewußtseins zurechnen lassen[5]. Fehlt das subjektive Erklärungsbewußtsein, ohne daß dies äußerlich erkennbar ist, so kann der Erklärende unter den Voraussetzungen der §§ 119, 123 anfechten (s. unten § 36 Rn. 25f., 81ff.), muß dann aber auch nach § 122 den Vertrauensschaden ersetzen. Liegt ein Vertrauenstatbestand für das Erklärungsbewußtsein schon gar nicht vor, so ist eine Willenserklärung nicht gegeben. Es kann möglicherweise eine Gefälligkeitshandlung anzunehmen sein (s. oben § 22 Rn. 24ff.). 8

---

[3] Vgl. nur Palandt/*Heinrichs,* Einf. vor § 116 Rn. 16; Soergel/*Hefermehl,* vor § 116 Rn. 15; MünchKomm/*Kramer,* vor § 116 Rn. 8.

[4] Vgl. nur MünchKomm/*Kramer,* vor § 116 Rn. 8; Palandt/*Heinrichs,* Einf. vor § 116 Rn. 17; Soergel/*Hefermehl,* vor § 116 Rn. 12; *Köhler,* AT, § 6 Rn. 3.

[5] So auch *BGH* NJW 1984, 2279, 2280; Soergel/*Hefermehl,* vor § 116 Rn. 13; *Brox,* AT, Rn. 135; a. A. Staudinger/*Dilcher,* vor § 116 Rn. 18, 27, 80; *Hübner,* AT, Rn. 677.

3. Der Rechtsfolge- oder Geschäftswille

9 Der eigentliche, die konkrete Rechtsfolgen erzeugende Wille ist der sog. Geschäftswille, der **auf die Herbeiführung eines bestimmten rechtsgeschäftlichen Erfolgs gerichtet** ist[6]. Da der Geschäftswille die unmittelbare Grundlage der konkreten Rechtsfolge ist, nennt man ihn auch den **Rechtsfolgewillen.** Er setzt das Erklärungsbewußtsein voraus und schließt es in sich ein. Bei dem auf einen bindenden Vertrag gerichteten Willen (s. unten § 29 Rn. 3ff.) spricht man auch vom Rechtsbindungswillen. Für geschäftsähnliche Handlungen ist ein Rechtsfolgewille nicht erforderlich (s. oben § 22 Rn. 14ff.). Bloße Willensmitteilungen informieren lediglich über einen anderweit bereits erklärten oder noch zu erklärenden Rechtsfolgewillen, erzeugen diesen Rechtsfolgewillen aber nicht selbst (s. auch unten Rn. 30).

10 Unabhängig vom Vorliegen eines subjektiven Geschäftswillens ist die Frage zu beurteilen, ob der **äußere Tatbestand,** aus dem der Erklärungsempfänger berechtigterweise auf das Vorliegen eines Rechtsfolgewillens schließen kann, für das Vorliegen einer Willenserklärung genügt. Dies ist wie schon beim Erklärungsbewußtsein im Interesse des Verkehrsschutzes zu bejahen. Der subjektive Rechtsfolgewille ist aber, falls er nicht mit der objektiven Erklärungsbedeutung übereinstimmt, für die Anfechtbarkeit der Willenserklärung bedeutsam.

11 **Beispiel:** Ob eine Sache gekauft oder gemietet werden soll, ob ein Vertrag gekündigt oder angefochten wird, ob eine Sache übereignet oder verpfändet wird, wird durch den Geschäftswillen als den konkreten Rechtsfolgewillen bestimmt. Wer eine im Katalog angebotene Ware bestellt, dabei aber aus Versehen eine falsche Bestellnummer angibt, hat zwar einen Handlungswillen und er hat auch das Erklärungsbewußtsein, eine rechtsgeschäftlich relevante Erklärung abzugeben, aber es fehlt ihm der konkrete Rechtsfolgewille, gerade die ihm aufgrund der fehlerhaft angegebenen Bestellnummer zugesandte falsche Ware zu kaufen. Er wollte einen Kaufvertrag über eine andere Ware abschließen. Fehlt es trotz Vorliegens eines objektiven Vertrauenstatbestandes für einen Rechtsfolgewillen am subjektiven Rechtsfolgewillen, so ist die Willenserklärung dennoch wirksam, solange sie nicht nach §§ 119, 123 angefochten wird (s. unten § 35 Rn. 1, 36). Eine bloße Willensmitteilung und nicht selbst eine Willenserklärung ist es, wenn jemand darüber informiert, er habe einem anderen Vollmacht erteilt (§ 171).

12 Der Geschäfts- oder Rechtsfolgewille ist durch die auf die Erzeugung einer bestimmten Rechtsfolge gerichtete Absicht gekennzeichnet[7]. Der Erklärende muß die gewollte Rechtsfolge jedoch nicht juristisch exakt vor Augen haben und alle mit der Erklärung verbundenen Rechtsfolgen im einzelnen in seinen Willen aufnehmen. Es genügt eine laienhafte Vorstellung etwa des Inhalts, daß er einen bestimmten wirtschaftlichen oder gesellschaftlichen Erfolg in rechtlich bindender Weise verwirklichen will (Parallelwertung in der Laiensphäre). Der juristische Weg im einzelnen muß ihm nicht bewußt sein.

4. Der Wille als privatautonome Entscheidung

13 Der Handlungswille, das Erklärungsbewußtsein und der Geschäftswille als Ergebnis einer empirisch-psychologischen Betrachtung des Willensinhalts müssen ergänzt wer-

---

[6] Vgl. Soergel/*Hefermehl,* vor § 116 Rn. 11, 19; *Köhler,* AT, § 6 Rn. 3; Erman/*Palm,* vor § 116 Rn. 5; *Hübner,* AT, Rn. 666.

[7] *BGHZ* 21, 102, 106; *Flume,* AT II, § 4, 5; *Hübner,* AT, Rn. 666; Soergel/*Hefermehl,* vor § 116 Rn. 19.

den durch eine **funktionale Betrachtung** der Aufgaben, die den Willensinhalten zukommen. Für diese funktionale Betrachtung ist bedeutsam, daß der Wille als Ausfluß und Ergebnis einer privatautonomen Entscheidung verstanden werden muß, deren Umsetzung in rechtlich bindende Folgen die Willenserklärung dient. Wenn der rechtsgeschäftliche Wille die privatautonomen Willensinhalte wiedergeben soll, dann müssen diese Willensinhalte auch als **Ausdruck autonomer Entscheidungsfreiheit** erscheinen, damit sie dem Einzelnen verantwortlich zugerechnet werden können. Die Bedingungen dieser Entscheidungsfreiheit, die das BGB in erster Linie durch Irrtum, arglistige Täuschung und widerrechtliche Drohung beeinträchtigt sah, müssen unter den veränderten wirtschaftlichen Gegebenheiten, in denen Einflüsse wirtschaftlich überlegener Marktteilnehmer, Informationsdefizite in hochkomplexen Beziehungen und unlautere Einflüsse der Werbepsychologie die Entscheidungsbildung beeinflussen, neu bestimmt werden (s. dazu im einzelnen unten § 42 Rn. 1ff., 6ff.).

III. Die Erklärung

Die Erklärung ist das zweite Element im Begriff der Willenserklärung, durch die der Wille nach außen seinen Ausdruck findet. Sie macht aufgrund eines vom Handlungswillen getragenen Verhaltens den Geschäftswillen und das darin enthaltene Erklärungsbewußtsein für andere erkennbar. Die Erklärung des Willens kann sich verschiedener Formen bedienen. 14

1. Ausdrückliche Erklärungen

Bei den ausdrücklichen Erklärungen ist **der Wille unmittelbar aus der Erklärung zu entnehmen,** weil die Erklärung den Geschäftswillen direkt in Wort und Schrift zum Ausdruck bringt[8]. 15

Beispiel: Sagt eine Vertragspartei „ich kaufe" oder „ich übertrage hiermit das Eigentum" und erwidert die andere „ja, ich nehme das Angebot an", so liegen darin ausdrückliche Erklärungen, die nach dem üblichen Sprachverständnis den Geschäftswillen mit der gewollten Rechtsfolge direkt, allein im Sinngehalt der gebrauchten Worte, zum Ausdruck bringen. 16

2. Konkludentes Verhalten

Willensinhalte können nicht nur durch Wort und Schrift unmittelbar, sondern auch durch konkludentes Verhalten zum Ausdruck gebracht werden. Das konkludente Verhalten ist dadurch gekennzeichnet, daß es isoliert betrachtet nicht einen bestimmten Sinn eindeutig enthält, sondern verschiedene Deutungen zuläßt. In bestimmten Situationen und **in Verbindung mit anderen Umständen** kann aber **ein bestimmter Sinn daraus erschlossen** werden. Man spricht deshalb auch von schlüssigem Verhalten, in dem sich eine Willenserklärung manifestiert[9]. Vielfach wird gleichbedeutend auch der Begriff „stillschweigende Willenserklärung" gebraucht, die als positives, konkludentes Verhalten aber vom bloßen Schweigen und Nichtstun (s. unten Rn. 20) zu unterscheiden ist. 17

---

[8] Erman/*Palm,* vor § 116 Rn. 6.

[9] Vgl. nur Soergel/*Hefermehl,* vor § 116 Rn. 31; *Köhler,* AT, § 6 Rn. 4; Palandt/*Heinrichs,* Einf. vor § 116 Rn. 6.

18 **Beispiele:** Das Kopfnicken bringt für sich allein keinen bestimmten Geschäftswillen zum Ausdruck. Erfolgt es aber als Antwort auf ein unmittelbar davor gemachtes Angebot, so kann daraus auf den Geschäftswillen zur Annahme dieses Angebots geschlossen werden. Das Füllen eines Korbes mit Gegenständen kann abstrakt gesehen verschiedene Bedeutungen haben. Erfolgt es aber durch einen Kunden mit den im Einkaufsmarkt angebotenen Waren und wird der so gefüllte Korb an der Kasse abgegeben, so kann daraus geschlossen werden, daß der Kunde die Ware kaufen will. Ob ich also im Laden sage: Ich möchte diese Sache kaufen, oder ob ich nur auf sie zeige und das Geld hinlege, beide Male erkläre ich dem Verkäufer meinen Willen, mit ihm über diese Sache einen Kaufvertrag abzuschließen, und binde mich eben dadurch ihm gegenüber entsprechend. Konkludentes Verhalten kann auch darin gesehen werden, daß man Waren oder Dienstleistungen in Anspruch nimmt, die üblicherweise nur gegen Entgelt erbracht werden. So kann z. B. in dem Besteigen eines Taxis mit der Angabe des Beförderungsziels und dem Losfahren des Taxifahrers der Abschluß eines entgeltlichen Beförderungsvertrags gesehen werden.

19 Ergibt sich aus dem konkludenten Verhalten eindeutig der Schluß auf einen bestimmten Geschäftswillen, was dem Betreffenden auch bewußt ist, widerspricht er aber dieser Deutung und will er sie nicht gegen sich gelten lassen, so liegt ein widersprüchliches Verhalten vor, das entweder wegen der damit gegebenen Unklarheit keinen bestimmten Erklärungsinhalt mehr erkennen läßt (s. unten § 28 Rn. 65), als Widerruf gedeutet werden kann (s. unten § 26 Rn. 49, § 39 Rn. 2ff.) oder zur Unbeachtlichkeit des späteren widersprüchlichen Verhaltens führt (s. oben § 16 Rn. 30), so insbesondere wenn die Rechtsfolge bereits unwiderruflich eingetreten war, z. B. der Vertrag aufgrund des konkludenten Verhaltens bereits geschlossen war.

3. Schweigen als Erklärung

20 Während das konkludente Verhalten grundsätzlich auf einem aktiven Tun beruht, stellt das bloße Schweigen oder eine sonst passive Untätigkeit eine **besondere Form des konkludenten Verhaltens** dar. Das Schweigen oder sonstige Untätigbleiben enthält grundsätzlich keine oder eine ablehnende negative Willenserklärung[10]. Aufgrund einer Vereinbarung über die Bedeutung des Schweigens oder aufgrund besonderer Umstände kann sich aber eine andere Deutung ergeben (s. dazu im einzelnen unten § 28 Rn. 66).

4. Willensbetätigungen ohne Kundgabezweck

21 Von den Willenserklärungen können die Willensbetätigungen unterschieden werden[11]. Die Willensbetätigung enthält ebenfalls einen auf die Herbeiführung einer Rechtsfolge gerichteten Willen. Sie wird aber im Gegensatz zur Willenserklärung ohne Kundgabezweck vorgenommen und stellt einen **reinen Vollzugsakt,** nicht aber einen Erklärungsakt dar. Dabei ist die Willensbetätigung nicht darauf gerichtet, die Rechtsfolge durch Verlautbarung des Rechtsfolgewillens in Geltung zu setzen, sondern soll die vom Handelnden gewollte Rechtsfolge in der Weise herbeizuführen, daß der ihr entsprechende tatsächliche Zustand hergestellt wird.

22 **Beispiele:** Dahin gehört vor allem die Aneignung einer bisher niemandem gehörenden beweglichen Sache (§ 958) und die Aufgabe des Eigentums an einer beweglichen Sache (§ 959)[12].

---

[10] Palandt/*Heinrichs,* Einf. vor § 116 Rn. 7; Soergel/*Hefermehl,* vor § 116 Rn. 32; Erman/*Palm,* vor § 116 Rn. 8.

[11] Vgl. Palandt/*Bassenge,* § 959 Rn. 1; MünchKomm/*Kramer,* vor § 116 Rn. 32.

[12] Für die Einordnung als Willenserklärung Erman/*Hefermehl,* § 959 Rn. 1; für Willensbetätigung aber RGRK/*Pikart,* § 959 Rn. 1; Staudinger/*Gursky,* § 959 Rn. 1.

Wer eine Sache, um sich ihrer zu entledigen, auf den Müllhaufen wirft, bezweckt nach dem typischen Sinn dieser Handlung damit nicht, einem anderen seinen Willen, das Eigentum aufzugeben, kundzutun. Weil er den Willen hat, das Eigentum an der Sache aufzugeben, handelt es sich um ein Rechtsgeschäft, das auf eine bestimmte Rechtsfolge abzielt. Es handelt sich aber nicht um eine Willenserklärung, weil der so Handelnde nichts erklärt und auch erkennbar niemandem etwas erklären will. Einen wichtigen Fall der Willensbetätigung stellen auch die unter § 151 fallenden Annahmehandlungen dar.

Die Unterscheidung der Willensbetätigungen von den Willenserklärungen ist sinnvoll[13], weil es bei den Willensbetätigungen wegen des bei ihnen fehlenden Kundgabezwecks für ihre Wirksamkeit nicht auf den Zugang ankommt und § 130 deshalb nicht gilt. Bei ihrer Auslegung ist nicht auf das Verständnis des Empfängers und den Empfängerhorizont abzustellen, sondern gemäß § 133 allein nach dem tatsächlichen Willen des Handelnden zu fragen. Es scheidet auch eine Anfechtung wegen eines erklärungsbezogenen Irrtums nach § 119 Abs. 1 aus[14]. 23

In Frage kommt lediglich eine Anfechtung wegen Eigenschaftsirrtums in Analogie zu § 119 Abs. 2 oder analog § 123 gegenüber demjenigen, der aus der Willensbetätigung einen rechtlichen Vorteil erlangt, z.B. die aufgegebene Sache sich seinerseits angeeignet hat. Angefochten wird dabei weder die Willensbetätigung als vorgenommene Handlung, das wäre unmöglich, noch eine darin liegende in Wahrheit nicht ausgesprochene Erklärung, sondern die Rechtsfolge. Wer Anfechtungsgegner ist, ergibt sich aus § 143 Abs. 4, wobei allerdings das Wort „unmittelbar" weit ausgelegt werden muß[15]. 24

IV. Verhältnis von Wille und Erklärung

Da der Wille und die Erklärung als die beiden Elemente der Willenserklärung nicht immer notwendig übereinstimmen, sondern die Erklärung nach außen etwas anderes zum Ausdruck bringen kann, als dasjenige, was der Erklärende innerlich wirklich gewollt hat, ist zu klären, was der eigentliche Geltungsgrund der Willenserklärung ist und wie das Verhältnis von Wille und Erklärung dabei zu bestimmen ist. 25

1. Die sog. Willenstheorie

Nach der im gemeinen Recht des 19. Jahrhunderts bis in die Anfangsjahre des BGB vorherrschenden Willenstheorie lag der maßgebliche **Geltungsgrund** für die Willenserklärung **im Willenselement**[16]. Der Erklärung wurde dabei allein die Aufgabe als 26

[13] Wie hier *v. Tuhr,* AT II/1, § 61 I 2 (S. 404); *Flume,* AT II, § 6, 6; gegen diese Unterscheidung *Enneccerus/Nipperdey,* AT, § 145 II A 3 zu Anm. 16; Soergel/*Hefermehl,* vor § 116 Rn. 29. Die Unterscheidung geht zurück auf *Manigk* (zuletzt „Rechtswirksames Verhalten" S. 341 ff.). Der von ihm für die einfachen Willensbetätigungen gebrauchte Ausdruck „Willensgeschäfte" hat sich nicht eingebürgert.

[14] A.A. wohl Palandt/*Bassenge,* § 959 Rn. 1; MünchKomm/*Quack,* § 959 Rn. 9; Erman/*Hefermehl,* § 959 Rn. 2; wie hier aber Staudinger/*Gursky,* § 959 Rn. 1.

[15] S. dazu MünchKomm/*Mayer-Maly/Basche,* § 143 Rn. 19.

[16] Vgl. zu dieser auch Willensdogma genannten Theorie die Darstellungen bei MünchKomm/*Kramer,* vor § 116 Rn. 4; Erman/*Palm,* vor § 116 Rn. 1. Für die Willenstheorie neuerdings wieder *Lobinger,* Rechtsgeschäftliche Verpflichtung und autonome Bindung, 1999, S. 94 ff., jedoch reduziert auf „vermögensaufstockende Verpflichtungen" (S. 94, 96). Mit der einseitigen Ableitung aus dem Rechtszuweisungsgedanken, wozu auch Dienstleistungen gehören sollen (S. 89 ff.), wird die Seite des Erwerbers ausgeblendet. Ferner müssen doch wieder ungewollte und heteronome Bindungen an das objektive Erklärungsverhalten zugelassen werden (z.B. S. 96 f., 123 ff.).

Offenbarungsmittel zur Offenlegung des inneren Willens als einer unabhängig von der Erklärung vorhandenen seelischen Tatsache beigemessen[17]. Sieht man es so, dann hat die Erklärung offenbar nur die Bedeutung eines Beweisanzeichens. Läßt sich beweisen, daß der Erklärende einen derartigen Rechtsfolgewillen nicht gehabt hat, so müßte in allen derartigen Fällen allein der innere psychische Wille ohne die Erklärung die Rechtsfolge herbeiführen. Dies entspricht aber nicht der Regelung des BGB. Insbesondere ist nach § 116 Satz 1 eine Willenserklärung nicht deshalb nichtig, weil der Erklärende sich insgeheim vorbehält, das Erklärte, also die Rechtsfolge, nicht zu wollen. Eine Schwäche der Willenstheorie liegt auch darin, daß der wahre innere Wille sich kaum je wird mit Sicherheit beweisen lassen. Beweisgegenstand kann immer nur ein anderen erkennbares äußeres Verhalten sein, wie es sich in der Erklärung manifestiert. Das BGB berücksichtigt in weit höherem Maße, als dies einer willenstheoretischen Auffassung möglich wäre, die Bedeutung der Erklärung, auf deren erkennbaren Inhalt sich der Empfänger verlassen können muß.

2. Die Erklärungstheorie

27 Den Vertrauensschutz des Erklärungsempfängers will die Erklärungstheorie[18] dadurch sicherstellen, daß sie den **Geltungsgrund** für die rechtsgeschäftlichen Rechtsfolgen in dem **durch die Erklärung geschaffenen Vertrauenstatbestand** sieht. Die Rechtsfolgen der Willenserklärung beruhen danach darauf, daß der Erklärungsempfänger aufgrund des äußeren Erscheinungsbilds der Erklärung auf das Vorhandensein des Erklärungsbewußtseins und des Rechtsfolgewillens schließen durfte, auch wenn ein entsprechender Wille in Wirklichkeit gar nicht vorhanden war.

28 Die Erklärungstheorie verselbständigt die Erklärung jedoch zu stark und vernachlässigt im Gegensatz zum BGB die Bedeutung des Willens. Das BGB läßt in § 118 die Nichtigkeit einer scherzhaft gemeinten Willenserklärung bereits dann eintreten, wenn sie in der Erwartung abgegeben wird, der Mangel der Ernsthaftigkeit werde erkannt. Ob diese Erwartung wirklich zutrifft und ein Bedürfnis für Vertrauensschutz beim Erklärungsempfänger besteht, ist dagegen unmaßgeblich. Ebenso läßt sich aufgrund der Erklärungstheorie, für die nur die Erklärung maßgeblich ist, schlecht begründen, warum eine mit Willensmängeln behaftete Erklärung angefochten werden darf, auch wenn diese Mängel dem Erklärungsempfänger nicht erkennbar sind.

3. Die Geltungstheorie

29 Da der Geltungsgrund für die Rechtsfolgen der Willenserklärung weder allein im Willen noch allein in der Erklärung zu sehen ist, liegt der Grund für den Eintritt der

---

[17] *Savigny,* meint (System III; 258), „eigentlich" müsse „der Wille an sich als das einzig (!) Wichtige und Wirksame gedacht werden"; nur weil er „ein inneres, unsichtbares Ereignis" sei, bedürfe es eines Zeichens, woran er durch andere erkannt werden könne. *von Tuhr,* AT II/1, S. 400 hält die Willenserklärung für „eine Handlung, welche zu dem Zwecke vorgenommen wird, einen Vorgang des Seelenlebens zur Kenntnis der Mitwelt zu bringen". Zur Irrtumslehre *Savignys* vgl. *Peter Haupt,* Die Entwicklung der Lehre vom Irrtum beim Rechtsgeschäft seit der Rezeption, 1941, S. 40ff.; *Luig,* Savignys Irrtumslehre, in: Jus Commune, Bd. VIII, 1979, S. 36. Wie *Luig* gezeigt hat, ist *Savignys* Irrtumslehre aber keineswegs als konsequent willenstheoretisch zu verstehen. Sie enthält vielmehr Elemente der „Willenstheorie" und einer an der Erklärung orientierten Auffassung in eigenartiger Mischung. Zur „Willenstheorie" der Spätpandektistik *Wunner,* Contractus, 1964 und *Ernst A. Kramer,* Grundfragen der vertraglichen Einigung, 1972, S. 119ff.

[18] *Bähr,* JherJb 14, 401.

gewollten Rechtsfolgen im **Zusammenwirken von Wille und Erklärung.** Dies betont zu Recht die Geltungstheorie[19]. Nach ihr ist die Erklärung nicht nur Beweis- und Offenbarungsmittel für einen davon getrennten inneren Willen wie bei der Willenstheorie. Vielmehr **verwirklicht sich** nach der Geltungstheorie der rechtsgeschäftliche **Wille allein in der Erklärung** und kann nur in dieser und nicht außerhalb der Erklärung rechtliche Anerkennung finden. Die Willenserklärung ist, da sie den rechtsgeschäftlichen Willen in Geltung setzt, als **Geltungserklärung** zu verstehen, deren Aufgabe nicht nur die Willensmitteilung, sondern der **Willensvollzug** und die Verwirklichung des in ihr sich zur Geltung bringenden Rechtsfolgewillens ist. Die Erklärung ist als Vollzugsakt zusammen mit dem darin verkörperten Willen der Geltungsgrund der gewollten Rechtsfolge.

Der nur innerlich gebliebene Wille vermag nichts zu bewirken. Teile ich einem anderen in 30
Form einer Willensmitteilung lediglich mit, ich wolle jetzt dies oder jenes, so bin ich dadurch nicht gehindert, alsbald anderes zu wollen. Sage ich dagegen, ich verpflichte mich dazu, dies oder jenes zu tun, so hat diese Erklärung den Sinn der Endgültigkeit. Sie besagt nicht, daß etwas so sei oder sein werde, sondern daß die zum Ausdruck gebrachte Rechtsfolge fortan gelten solle. Der Erklärende begibt sich damit der Möglichkeit, sich auf eine Änderung seines Willens zu berufen; er hat sich durch die Erklärung gebunden.

Damit tritt die Doppelfunktion der Willenserklärung[20] in den Blick. Sie ist einmal, 31
als ein vom Willen getragener **bestimmender** Akt[21], Mittel für den Erklärenden, um seinen Rechtsfolgewillen zu verwirklichen. Zugleich aber ist die Erklärung als eine Äußerung dazu bestimmt, von anderen zur Kenntnis genommen zu werden, ein **Akt** zwischenmenschlicher, **sozialer Kommunikation.** Als solcher hat sie einen Bezug auch auf denjenigen, der durch sie angesprochen wird. Dieser verläßt sich in der Regel auf den Inhalt der Erklärung, so wie er ihn verstanden hat und vielleicht auch verstehen mußte. Damit gewinnt der Aussagegehalt der Erklärung neben dem Willen zusätzliche Bedeutung als Grundlage für den Schutz des Vertrauens des Erklärungsempfängers, der die Erklärung nach seinem Empfängerhorizont betrachtet und versteht (s. unten § 28 Rn. 6).

Beispiel: A kündigt als Mieter sein Mietverhältnis gegenüber dem Vermieter B durch seine 32
Erklärung am 15. 4. zum nächsten „gesetzlichen Termin“. Dies wäre nach § 573c Abs. 1 Satz 1, da später als am 3. Werktag des April gekündigt wurde, der Ablauf des Monats Juli. A glaubt, es sei dies, wie im Vertrag vereinbart, das Ende des Monats Juni; zu diesem Zeitpunkt will er das Mietverhältnis beenden. Er hätte dies auch gekonnt, weil er nach dem Vertrag eine kürzere als die gesetzliche Kündigungsfrist hatte. B indessen verläßt sich auf das, was A ihm gesagt hat. Er unterläßt es, die Wohnung schon ab dem 1. Juli anderweit zu vermieten und verlangt von A die Miete noch für den Monat Juli. Sein Vertrauen auf die Erklärung des A, so wie B sie allein verstehen konnte und verstanden hat, verdient hier Schutz.

---

[19] Zu ihr vor allem *Larenz,* Die Methode der Auslegung des Rechtsgeschäfts, 1930, S. 34ff., 43; ebenso *Enneccerus/Nipperdey,* AT, § 145 II A 2; *Flume,* AT II, § 4, 7; *Pawlowski,* AT, Rn. 429; Staudinger/*Dilcher,* vor § 116 Rn. 10, 31; Soergel/*Hefermehl,* vor § 116 Rn. 7; *Schapp,* aaO S. 46f.; s. auch schon *Kohler,* JherJb 16, 325, 333. Vgl. ferner *Dulckeit,* FS Fritz Schulz, 1951, S. 158; *Bailas,* aaO, S. 75f.; *Pawlowski,* Rechtsgeschäftliche Folgen, S. 211ff.

[20] Dazu *Bydlinski,* JZ 1975, 1.

[21] Dazu *Reinach,* Die apriorischen Grundlagen des Bürgerlichen Rechts (Neudruck 1953); *Larenz,* in: Phänomenologie, Rechtsphilosophie, Jurisprudenz, FS Gerhard Husserl, 1969, S. 132ff.

V. Die Verantwortung als Grundlage für die Geltung der Willenserklärung

33 Das Verständnis der Willenserklärung als Geltungserklärung, die in ihrer Doppelfunktion als bestimmender Willensakt und Aussagegehalt mit Vertrauensschutz Rechtsfolgen erzeugt, an die der Erklärende gebunden ist, läßt die Frage nach dem Grund dieser Bindung entstehen. Dieser Grund kann nicht nur im Bedürfnis nach Vertrauensschutz beim Erklärungsempfänger gesehen werden, sondern muß ergänzt werden um einen Grund für die Zurechnung der bindenden Geltung gegenüber dem Erklärenden.

1. Verantwortung für Wille und Erklärung

a) Verantwortlichkeit für die Willensbildung

34 Der Zurechnungsgrund für die Geltungswirkung der Willenserklärung liegt zunächst in der **Verantwortlichkeit** des Erklärenden für die von ihm vorgenommene Willensbildung[22]. Die Verantwortung des Erklärenden erstreckt sich damit auch auf die **Willensinhalte** als Ergebnis seiner Willensbildung. Die Verantwortung ist insoweit die natürliche Folge und das Korrelat zur privatautonomen Entscheidungsfreiheit (s. oben Rn. 13).

b) Verantwortlichkeit für die Erklärung

35 Die Verantwortung umfaßt aber auch das **Einstehen für die Erklärung** mit den durch sie erzeugten Folgen des Vertrauensschutzes. Wie es im sozialen Raum kein Handeln ohne Verantwortung gibt, so trifft auch den, der einem anderen gegenüber eine Geltungserklärung abgibt, eine Verantwortung für die von ihm gewählten Ausdrucksmittel. Ihm obliegt es, sie so zu wählen, daß sie der Angesprochene als beabsichtigt bei gehöriger Aufmerksamkeit in dem gemeinten Sinne versteht. Drückt er sich fehlerhaft aus, und versteht ihn der Angesprochene deshalb anders, als er gemeint hatte, so muß er die Erklärung infolge seiner Verantwortlichkeit zunächst in dem Sinne gelten lassen, in dem sie zu verstehen war. Die Verantwortlichkeit für die Erklärungsfolgen rechtfertigt sich aus der Freiheit des Handlungswillens. Da aber Wille und Erklärung gemäß der Geltungstheorie eine funktionale Einheit bilden, ist auch die privatautonome Entscheidungsfreiheit für die verantwortliche Zurechnung der Erklärung nicht ohne Bedeutung.

c) Verantwortlichkeit für die Erklärungen Dritter

36 Grundsätzlich kann dem Erklärenden nur die eigene von ihm selbst abgegebene Erklärung und nicht die Erklärung eines Dritten verantwortlich zugerechnet werden. Die Erklärungen Dritter werden aber einer Person zugerechnet, wenn der Dritte für sie als **Vertreter mit Vertretungsmacht** gehandelt hat (§ 164) oder wenn sie den **Rechtsschein gesetzt** hat, daß ein Dritter für sie handeln dürfte (s. im einzelnen unten § 48). Das Problem der verantwortlichen Zurechnung stellt sich in ähnlicher

[22] Dazu *Larenz,* Methode der Auslegung des Rechtsgeschäfts, S. 70ff.; *Flume,* AT II, § 4, 8; *M. Wolf,* aaO, S. 75ff.; *E. A. Kramer,* aaO, S. 151; *Canaris,* Systemdenken und Systembegriff, 2. Aufl. 1983, S. 55.

Weise, wenn ein Dritter unerkannt das Übermittlungsgerät einer anderen Person, z. B. deren Telefon oder Computer, benutzt hat. Können die Erklärungen dann dem Inhaber des Geräts zugerechnet werden (s. unten § 30 Rn. 42 ff.; § 46 Rn. 58)?

2. Verantwortung bei mangelhafter Willenserklärung

Die Geltung einer Willenserklärung mit vollverantwortlicher Bindung setzt grundsätzlich eine **fehlerfreie Willensbildung** und die Ingeltungsetzung durch eine **fehlerfreie Erklärung** als Ausdruck einer nicht durch sachfremde Einflüsse beeinträchtigten privatautonomen Entscheidung des Erklärenden voraus. Zu klären ist aber auch, ob und in welchem Maße der Erklärende an den durch seine Willenserklärung erzeugten Rechtsfolgen festgehalten werden kann, wenn Mängel in der Willensbildung oder Mängel bei der Erklärungsaussage vorliegen, insbesondere wenn Wille und Erklärung nicht übereinstimmen. Das BGB sieht hier eine sehr stark differenzierte Regelung mit abgestuften Verantwortlichkeiten vor. 37

a) Fehlender Handlungswille

Fehlt es bereits am Handlungswillen zur Abgabe einer Erklärung, etwa weil eine Erklärung im Schlaf oder unter dem Einfluß von vis absoluta abgegeben wird, so findet **keine verantwortliche Zurechnung** statt. Diese scheidet vielmehr mangels Handlung aus (s. oben Rn. 5)[23]. 38

b) Fehlende Verantwortlichkeit und fehlendes Schutzbedürfnis

Eine verantwortliche Zurechnung scheidet grundsätzlich aus bei Willenserklärungen **nicht voll geschäftsfähiger Personen** (s. im einzelnen § 25). Das Gesetz sieht hier Nichtigkeit (§ 105) oder jedenfalls schwebende Unwirksamkeit vor (§ 108). Eine verantwortliche Zurechnung ist auch nicht gerechtfertigt, wenn **kein Bedürfnis für einen Vertrauensschutz** besteht. Dies ist etwa bei nicht empfangsbedürftigen Willenserklärungen (s. unten § 28 Rn. 5, 94) oder dann anzunehmen, wenn der Erklärungsempfänger das fehlende Erklärungsbewußtsein und oder den fehlenden Rechtsfolgewillen erkannt hat oder hätte erkennen müssen (§ 116 Satz 2, § 117 Abs. 1). 39

c) Verantwortlichkeit bei irrtümlichen Erklärungen

Im übrigen ist eine bewußt abgegebene Erklärung, auch wenn das Erklärungsbewußtsein oder der **Geschäftswille fehlt** oder mangelhaft ist, grundsätzlich nicht nichtig (Ausnahme § 118), sondern bindet den Erklärenden zunächst an die von ihm abgegebene Erklärung und den dadurch erzeugten Vertrauenstatbestand. Gleichwohl berücksichtigt das Gesetz ein fehlendes Erklärungsbewußtsein oder einen fehlerhaften Rechtsfolgewillen. Zwar gilt die Erklärung zunächst so, wie der Empfänger sie verstehen mußte. Aber der Erklärende kann sie nach § 119 Abs. 1 **anfechten,** weil er „über ihren Inhalt im Irrtum war". Ficht er sie an, so gilt sie deshalb doch nicht in dem Sinne, den er gemeint hat, sondern ist nichtig (§ 142). Mit der Geltungstheorie, die auf die Notwendigkeit des gemeinsamen Zusammenwirkens von Wille und Erklärung hinweist, läßt sich dies am besten erklären. Durch die Anfechtung kann sich der Erklärende zwar von der mit der Erklärung eingegangenen Verpflichtung wieder lösen. Er hat dann aber den Vertrauensschaden des anderen zu ersetzen (§ 122, s. unten § 36 40

[23] Vgl. *Köhler,* AT, § 6 Rn. 4; Erman/*Palm,* vor § 116 Rn. 13.

Rn. 114ff.). Insoweit bleibt es auch hier bei seiner, wenn auch abgeschwächten Verantwortung für das von ihm Erklärte.

d) Verantwortlichkeit beim Motivirrtum

41 Außerhalb der Irrtumsfälle (§ 119), die durch einen Fehlgriff bei der Erklärung und die dadurch verursachte Nichtübereinstimmung von Rechtsfolgewillen und Erklärung gekennzeichnet sind, fallen Fehler der Willensbildung, insbesondere der sog. Motivirrtum, nach der Wertung des BGB grundsätzlich in den **Verantwortungsbereich des Erklärenden,** der sich deshalb von diesen Erklärungen nicht mehr lösen kann. Eine **Ausnahme** sieht das BGB hier nur bei der arglistigen Täuschung und der widerrechtlichen Drohung vor, die zur Anfechtung berechtigen (§ 123), weil und soweit der Erklärungsempfänger nicht schutzwürdig ist (s. unten § 37). Daneben sieht § 138 Abs. 2 im Falle des Wuchers einen Schutz bei gestörter Willensbildung vor (s. unten § 41 Rn. 59ff.).

42 In neuerer Zeit schränkt der Gesetzgeber die verantwortliche Zurechnung von Willenserklärungen darüber hinaus aber auch dann ein, wenn die Willensbildung durch wirtschaftliche Verhandlungsmacht, durch mangelnde Information oder durch unlautere Einflußnahme unangemessen beeinflußt worden ist. Die Bindung an die abgegebene Willenserklärung wird hier durch die richterliche Inhaltskontrolle, durch die einzelne Vertragsklauseln für unwirksam erklärt werden können (s. unten § 43 Rn. 40ff.), sowie durch einzelne Widerrufsrechte (unten § 39) gelockert oder aufgehoben.

§ 25. Die Geschäftsfähigkeit

Inhaltsübersicht

Literatur: *Brandt,* Verkehrssicherheit und Geschäftsfähigkeit, 1936; *Breit,* Die Geschäftsfähigkeit, 1903; *Gebauer,* Die Lehre von der Teilgeschäftsfähigkeit und ihre Folgen, AcP 153 (1954), 332; *Lindacher,* Überlegungen zu § 110 BGB, in FS Bosch, 1976, 533; *Mayer-Maly,* Die Grundlagen der Aufstellung von Altersgrenzen durch das Recht, FamRZ 1970, 617; *M. Rümelin,* Die Geisteskranken im Rechtsgeschäftsverkehr, 1912; *Schwab,* Gedanken zur Reform des Minderjährigenrechts und des Mündigkeitsalters, JZ 1970, 745; *Stürner,* Der lediglich rechtliche Vorteil, AcP 173 (1973), 402.

I. Die Geschäftsfähigkeit als Geltungsvoraussetzung für Willenserklärungen

Wenn die Willenserklärung rechtlich verbindliche und vor Gericht durchsetzbare 1 Rechtsfolgen erzeugen soll, dann muß die Rechtsordnung auch dafür Sorge tragen, daß die mit einer Willenserklärung verbundenen Rechtsfolgen nur solchen Personen zugerechnet werden, die aufgrund eines **Mindestmaßes an Urteilsvermögen und Einsichtsfähigkeit** zu einer vernünftigen Willensbildung in der Lage sind und die Folgen ihres Tuns zu überblicken und zu verantworten vermögen. Wo diese Fähigkeit fehlt, kann eine verantwortliche Zurechnung (s. oben § 24 Rn. 33ff.) nicht stattfinden. Vielmehr müssen solche Personen vor den Gefahren des rechtsgeschäftlichen Verkehrs und insbesondere den daraus möglicherweise erwachsenden belastenden Pflichten geschützt werden. Dem dient das Institut der Geschäftsfähigkeit, das sicher stellen will, daß die Rechtsfolgen einer Willenserklärung nur geschäftsfähigen und damit rechtsgeschäftlich verantwortungsfähigen Personen zugerechnet werden (s. auch oben § 6 Rn. 12ff.).

Während die §§ 104–113 die Fallgestaltungen regeln, in denen der Minderjährige oder nicht 2 voll Geschäftsfähige selbst eine Willenserklärung abgibt, regelt § 131 die Fälle, in denen Willenserklärungen anderer Personen gegenüber dem Geschäftsunfähigen oder in der Geschäftsfähigkeit Beschränkten abgegeben werden und ihm zugehen müssen.

II. Generelle und individuelle Maßstäbe

1. Altersgrenzen als genereller Maßstab

Zu den schutzbedürftigen Personen gehören in erster Linie Kinder und jugendliche 3 Personen. Um den Rechtsverkehr aber nicht in jedem Einzelfall mit der Überprüfung der individuellen Einsichtsfähigkeit des Geschäftspartners zu belasten, hat der Gesetzgeber die Geschäftsfähigkeit von der mit der **Vollendung des 18. Lebensjahres** eintretenden **Volljährigkeit** als fester Altersgrenze abhängig gemacht. Mit diesem Alter ist typischerweise ein ausreichendes Urteilsvermögen und eine genügende Einsichtsfähigkeit gegeben, um die Folgen der Willenserklärung abschätzen und überblikken zu können.

An Altersgrenzen knüpft der Gesetzgeber auch an, wenn er Kinder, die das **7. Le-** 4 **bensjahr** noch nicht vollendet haben, als **geschäftsunfähig** ansieht (§ 104 Nr. 1) und **Minderjährige** ab der Vollendung des 7. Lebensjahres bis zur Vollendung des 18. Lebensjahres mit einer **beschränkten Geschäftsfähigkeit** ausstattet (§ 106; s. oben § 6 Rn. 14ff.). Mit der Anknüpfung an Altersgrenzen wird dem Geschäftsverkehr eine verläßliche Beurteilungsbasis zur Verfügung gestellt, die nicht auf die individuellen Fähigkeiten, sondern auf das Alter als generellen Maßstab abstellt.

5 An die Vollendung des 18. Lebensjahres knüpfen für den Eintritt der Volljährigkeit auch das französische, das spanische, das englische, das italienische und das niederländische Recht an. Für das Alter davor ergeben sich jedoch erhebliche Unterschiede. Das *französische Recht* kennt keine beschränkte Geschäftsfähigkeit mit bestimmten Altersgrenzen. Ein Schutz der nicht volljährigen Personen erfolgt im Einzelfall unter Berücksichtigung des Entwicklungsstandes des Minderjährigen, seiner Urteilsfähigkeit und der Art des Geschäfts. Unter anderem kann der Minderjährige lediglich rechtlich vorteilhafte Geschäfte und Geschäfte des täglichen Lebens eher alleine vornehmen als andere Geschäfte. Im *italienischen Recht* ist der Minderjährige für einzelne Arten von Rechtsgeschäften (z.B. Arbeitsverträge ab 15) schon teilgeschäftsfähig. Im übrigen sind von ihm abgeschlossene Verträge nicht voll wirksam, sondern durch Gestaltungsklage anfechtbar. Das *englische Recht* gestattet dem Minderjährigen vorteilhafte Geschäfte und Geschäfte über Gegenstände, die er benötigt und sich leisten kann. Vorteilhaft können auch wirtschaftlich vorteilhafte Geschäfte sein. Im übrigen sind vom Minderjährigen geschlossene Verträge schwebend wirksam. Der Vertragspartner ist an sie gebunden, der Minderjährige kann sie durch einfache Mitteilung an den Vertragspartner widerrufen. Das *niederländische Recht* läßt Geschäfte Minderjähriger mit Einwilligung der Eltern, im übrigen dann wirksam sein, wenn der Minderjährige das Geschäft entsprechend seiner Altersstufe üblicherweise selbst vornehmen kann.

2. Individuelle Störung der Geistestätigkeit

a) Geschäftsunfähigkeit

6 Neben den generellen Altersgrenzen muß aber auch die individuelle Schutzbedürftigkeit solcher Personen bedacht werden, bei denen trotz Erreichen der Altersgrenze jede Fähigkeit zur vernünftigen Willensbildung fehlt, sei es **dauernd** (§ 104 Nr. 2) oder auch **nur bei Abgabe der Willenserklärung** (§ 105 Abs. 2). Insoweit wird auf die individuelle Störung der Geistestätigkeit beim Einzelnen abgestellt (s. oben § 6 Rn. 18, 20), weil leicht überschaubare Maßstäbe wie Altersgrenzen nicht zur Verfügung stehen. Eine beschränkte Geschäftsfähigkeit wie in §§ 106ff. für Minderjährige gibt es bei krankhafter Störung der Geistestätigkeit nicht. Ist ein Minderjähriger geisteskrank, so gelten allein § 104 Nr. 2 und § 105. Dem Geschäftsverkehr wird die Rechtsunsicherheit zugemutet, daß er mit einem unerkennbar Geisteskranken Geschäfte abschließt, die nicht gültig sind. Der Schutz des Geschäftsunfähigen genießt den Vorrang vor der Rechtssicherheit im geschäftlichen Verkehr.

7 **Ausnahmsweise** schützt jedoch § 105a Satz 1 den Geschäftsverkehr bei **Geschäften des täglichen Lebens.** Solche Geschäfte eines **volljährigen** Geschäftsunfähigen werden in Bezug auf die ausgetauschten Leistungen wirksam, sofern es sich um geringwertige Leistungen handelt und sobald diese Leistungen bewirkt, d.h. erbracht worden sind. Geschäfte mit erheblicher Gefahr für die Person oder das Vermögen des Geschäftsunfähigen bleiben dagegen unwirksam (§ 105a Satz 2).

8 **Beispiele:** Der 30jährige K ist geschäftsunfähig gemäß § 104 Nr. 2, weil er an starken Wahnvorstellungen leidet. Am Kiosk nahe seiner Wohnung kauft er sich eine Zeitschrift, eine Schachtel Zigaretten und zwei Dosen Bier, die er sogleich gegen Aushändigung der Waren bezahlt. Das Geschäft über die einzelnen Waren ist sowohl hinsichtlich des Kaufs als Verpflichtungsgeschäfts wie hinsichtlich der Übereignung als Verfügungsgeschäft gemäß § 105a wirksam, da es sich um geringwertige Bargeschäfte des täglichen Lebens handelt, bei denen Leistung und Gegenleistung ausgetauscht worden sind. Die Wirksamkeit erstreckt sich aber anders als in § 110 nicht auf den gesamten Vertrag, sondern nur auf den Vertrag „in Ansehung von Leistung und Gegenleistung". Rücksichtnahmepflichten aus § 241 Abs. 2 werden durch einen solchen Vertrag deshalb nicht begründet. Vertragliche Gewährleistungsansprüche bestehen aber, da sie unmittelbar mit der Leistung der Waren zusammenhängen und die Leistung trotz eines Sach-

mangels mit der Übergabe und Übereignung „bewirkt" ist[1]. K kann deshalb Gewährleistungsrechte aus § 437 geltend machen und nach § 437 Nr. 1 mit § 439 Abs. 1 und Abs. 4 Bierdosen, deren Haltbarkeitsdatum abgelaufen ist, in frische umtauschen. Auch der Kauf eines Lottoscheins für die laufende Woche wäre wirksam. Geschäfte des täglichen Lebens erfordern nicht, daß sie täglich, sondern nur im Rahmen normaler Lebensgewohnheiten in kürzeren Abständen immer wieder geschlossen werden. Würde K aber die Lottogebühren für das ganze Jahr im Voraus bezahlen, so wäre dieser Vertrag unwirksam, da die Gegenleistung in Form der Teilnahme an der Ziehung mit einem ausgefüllten Lottoschein noch nicht bewirkt ist. Unwirksam wäre es auch wenn K 100 Lottoscheine für dieselbe Woche kaufen würde, da es sich dann nicht mehr um ein Geschäft des täglichen Lebens handeln würde[2]. Würde sich K mit hochprozentigem Alkohol eindecken oder in der Apotheke einige Packungen Schlaftabletten kaufen, so wäre diese Geschäfte nach § 105a Satz 2 unwirksam. K oder sein Betreuer nach §§ 1896, 1901 könnte das Geld zurückverlangen.

b) Teilweise Geschäftsunfähigkeit

Im Interesse des Schutzes der in ihrer Geistestätigkeit krankhaft gestörten Personen 9
darf von der verantwortlichen Zurechnung einer Willenserklärung nicht nur bei voll umfänglicher, alle Geschäftsbereiche umfassender Störung der Geistestätigkeit abgesehen werden. Vielmehr ist auch eine teilweise Geschäftsunfähigkeit anzuerkennen, wenn die krankhafte Störung der Geistestätigkeit **nur auf einzelnen Gebieten** besteht (s. oben § 6 Rn. 22ff.). § 105a gilt auch bei teilweiser Geschäftsunfähigkeit.

III. Minderjährigenschutz vor Vertrauensschutz

Nicht nur bei unerkennbar Geisteskranken (oben Rn. 5), sondern auch bei Min- 10
derjährigen hat deren Schutz Vorrang vor dem Schutz des Geschäftspartners, der glaubt, es mit einem Volljährigen zu tun zu haben. Es gibt keinen Schutz des guten Glaubens an die Geschäftsfähigkeit. Vielmehr gilt ein allgemeiner **Vorrang des Minderjährigenschutzes** vor dem Vertrauensschutz des Geschäftsverkehrs. Dies umfaßt sowohl die Minderjährigen nach § 106 als auch die geschäftsunfähigen Kinder nach § 104 Nr. 1. Für beide Gruppen findet § 105a (s. Rn. 6f.) keine Anwendung. Der Vorrang des Minderjährigenschutzes gilt unabhängig von der Form der Erklärung, also auch für Erklärungen, die durch Bedienung eines Automaten, fernmündlich oder per Computer im Internet abgegeben werden. Auch wer nicht wußte und den Umständen nach nicht damit zu rechnen brauchte, daß sein Geschäftspartner nicht voll geschäftsfähig ist, kann nicht auf die Gültigkeit der von diesem abgegebenen Willenserklärung vertrauen. Die Unwirksamkeit der von und gegenüber einem nicht voll Geschäftsfähigen abgegebenen Erklärung soll diesen vor nachteiligen Folgen seiner eigenen Handlungen schützen; der Schutz der nicht vollgeschäftsfähigen Personen geht nach der Wertung des Gesetzes dem Verkehrsschutz vor[3].

Beispiele: Kauft sich der 6jährige K bei V Schokolade und andere Süßigkeiten, so ist das 11
Geschäft nach § 105 Abs. 1 unwirksam. Die Eltern können das Geld von V zurückverlangen. § 110 findet auf den 6jährigen K keine Anwendung, weil er nicht im Sinne von § 106 minderjährig ist. Auch Schadensersatzansprüche aus Verschulden bei Vertragsschluß (§ 311 Abs. 2 mit

---

[1] MünchKomm/*Schmitt,* Bd. 1a 2003, § 105a Rn. 20; a.A. *Jauernig,* BGB, 10. Aufl. 2003, § 105a Rn. 6; Bamberger/Roth/*Wendtland,* § 105a Rn. 7.

[2] S. als Beispiel auch *BGH* NJW 1988, 3260.

[3] Vgl. *RGZ* 120, 170, 174; *Enneccerus/Nipperdey,* AT, § 150 Anm. 5; *Medicus,* AT, Rn. 552, 553; MünchKomm/*Schmitt,* § 105 Rn. 2; Erman/*Palm,* § 105 Rn. 1.

§ 280) oder aus unerlaubter Handlung, z. B. wegen Betrugs (§ 263 StGB mit § 823 Abs. 2 BGB) stehen V gegen K nicht zu, weil K nach § 828 Abs. 1 nicht deliktsfähig ist. Ein 8jähriger kann dagegen nach § 828 Abs. 3 schadensersatzpflichtig sein, wenn er die erforderliche Einsichtfähigkeit besitzt. Der nicht voll Geschäftsfähige haftet aber nach Bereicherungsrecht (§§ 812 ff.), wenn er etwas ohne rechtlichen Grund, insbesondere eine Leistung aus einem unwirksamen Vertrag erhalten hat. Voraussetzung ist aber, daß er noch bereichert ist (§ 818 Abs. 3). Dies ist bei einem 6jährigen nicht anzunehmen, wenn er die Süßigkeiten allein oder mit Freunden verzehrt hat. Die Eltern können das Geld gleichwohl von V nach § 812 zurückverlangen.

12 Über §§ 827, 828 hinaus kann eine Haftung dem nicht voll Geschäftsfähigen nicht durch Allgemeine Geschäftsbedingungen auferlegt werden. Ist er bereits bei Vertragsschluß geschäftsunfähig oder nur beschränkt geschäftsfähig, so ist die Vereinbarung nach § 105, §§ 106 ff. unwirksam. Aber auch die Vereinbarung mit einem Geschäftsfähigen für den Fall seiner späteren Geschäftsunfähigkeit ist nach § 307 Abs. 2 Nr. 1 unwirksam, weil sie entgegen den gesetzlichen Grundgedanken der §§ 104 ff., 827, 828 eine Haftung ohne Verschulden begründen will[4].

IV. Folgen der Geschäftsunfähigkeit

1. Die Nichtigkeit von Willenserklärungen

13 Wer nach § 104 geschäftsunfähig ist (s. oben § 6 Rn. 14 ff.), kann **nicht selbst am Rechtsverkehr teilnehmen.** Die Willenserklärung eines Geschäftsunfähigen ist **immer nichtig** (§ 105 Abs. 1), d. h. die Rechtsordnung versagt ihr völlig den mit ihr erstrebten Erfolg. Dies gilt anders als bei den beschränkt Geschäftsfähigen unabhängig davon, ob die Willenserklärung für den Geschäftsunfähigen lediglich rechtlich vorteilhaft ist. Ein Geschäftsunfähiger kann deshalb z. B. auch einen Schenkungsvertrag nicht wirksam abschließen. Der Geschäftsunfähige kann, anders als der nur beschränkt Geschäftsfähige, auch nicht durch sein Handeln mit Zustimmung seiner gesetzlichen Vertreter ein Rechtsgeschäft wirksam vornehmen. Wer nur teilweise geschäftsunfähig ist (s. oben Rn. 9), für den gelten die Folgen der Geschäftsunfähigkeit nur in dem Teilbereich, in dem er geschäftsunfähig ist (s. Beispiele oben § 6 Rn. 23).

14 *Canaris* hält § 105 insgesamt wegen Verstoßes gegen das verfassungsmäßige Übermaßverbot (Art. 2 I GG) für verfassungswidrig und deshalb für nichtig[5]. An die Stelle der vollen Geschäftsunfähigkeit soll in analoger Anwendung der §§ 107 ff. die beschränkte Geschäftsfähigkeit treten. Dies entspräche u. U. in manchen Fällen den Interessen der Personen in §§ 104, 105 eher als die unheilbare Nichtigkeit, weil das Geschäft durch den gesetzlichen Vertreter oder durch den nicht mehr Gestörten selbst genehmigt werden könnte. Statt der Genehmigung ist aber zumeist auch eine Neuvornahme möglich[6]. Wollte man statt einer festen Altersgrenze auf die natürliche Handlungsfähigkeit abstellen, so wäre dies der Rechtssicherheit abträglich. Der gesetzgeberische Beurteilungsspielraum ist deshalb nicht überschritten und § 105 ist nicht verfassungswidrig.

2. Kein Zugang möglich

15 Auch die gegenüber einem Geschäftsunfähigen mündlich abgegebene Erklärung – z. B. eine ihm gegenüber ausgesprochene Kündigung – **kann nicht wirksam zugehen;** eine an ihn gerichtete schriftliche Erklärung wird erst in dem Augenblick wirk-

---

[4] S. *BGHZ* 115, 38, 42 ff.; s. auch *M. Wolf,* in: *Wolf/Horn/Lindacher,* AGBG, § 9 Rn. V 16; a. A. früher *BGHZ* 52, 61; *Donath,* BB 1991, 1881, 1883; *Rüthers/Franke,* DB 1991, 1010, 1011; *Dreher,* JZ 1991, 413, 415.

[5] In JZ 1987, 993, 998; 1988, 494, 496.

[6] Dazu *Ramm,* JZ 1988, 489, 490 und *Wieser,* JZ 1988, 493 f.

sam, in dem das Schriftstück dem gesetzlichen Vertreter zugeht (§ 131 Abs. 1). Steht die Vertretung des Kindes den Eltern gemeinsam zu, so genügt die Abgabe gegenüber einem Elternteil (§ 1629 Abs. 1 Satz 2).

V. Folgen der beschränkten Geschäftsfähigkeit

Der Minderjährige, der gemäß § 106 zwar das 7. Lebensjahr, aber nicht das 18. Lebensjahr vollendet hat, ist weder voll geschäftsfähig noch vollkommen geschäftsunfähig. Unter den Voraussetzungen der §§ 107–113 kann er wirksame Rechtsgeschäfte vornehmen. Er ist deshalb beschränkt geschäftsfähig. Soweit er nicht nach §§ 107–113 selbst wirksam handeln kann, sind seine Willenserklärungen grundsätzlich unwirksam und es handeln für ihn seine gesetzlichen Vertreter. Dies sind im Regelfall bei Verheirateten beide Eltern (§§ 1626, 1629), bei nicht miteinander Verheirateten grundsätzlich die Mutter (§ 1626a Abs. 2). Sofern eine elterliche Vertretungsmacht nicht besteht, ist gesetzlicher Vertreter ein Vormund (§§ 1773, 1793) oder für einzelne Angelegenheiten ein Pfleger (§§ 1909, 1915). 16

Wer geltend machen will, daß ein Minderjähriger Willenserklärungen allein wirksam abgeben kann, muß darlegen und beweisen, daß die Voraussetzungen einer der gesetzlich vorgesehenen Tatbestände der beschränkten Geschäftsfähigkeit gegeben sind. Dafür kommen in Betracht, die lediglich rechtlich vorteilhaften Geschäfte (§ 107), die Geschäfte mit Einwilligung oder Genehmigung des gesetzlichen Vertreters (§§ 107, 108) und die einwilligungsähnlichen Geschäfte, bei denen die gesetzlichen Vertreter dem Minderjährigen Freiräume lassen (§§ 110, 112, 113). Liegen diese Voraussetzungen nicht vor, so ist der Minderjährige nicht geschäftsfähig. Der gute Glaube an die Geschäftsfähigkeit wird nicht geschützt. Der Minderjährigenschutz hat Vorrang (s. oben Rn. 10ff.). 17

1. Rechtlich vorteilhafte Erklärungen (§ 107)

a) Lediglich rechtlicher Vorteil

In Übereinstimmung mit dem Schutzzweck der Geschäftsfähigkeit, den Minderjährigen vor Nachteilen zu bewahren (s. oben § 6 Rn. 12f.), sieht § 107 konsequent solche Willenserklärungen des Minderjährigen als wirksam an, durch die er lediglich einen rechtlichen Vorteil erlangt. § 107 ist aber insgesamt eng auszulegen, weil die Entscheidung darüber, ob der Abschluß des Geschäfts im recht verstandenen Interesse des Minderjährigen liegt, grundsätzlich von dem gesetzlichen Vertreter, z.B. den Eltern, getroffen werden soll. Ist mit dem Geschäft für den Minderjährigen nur **irgendein rechtlicher Nachteil** verbunden, so kann es grundsätzlich **der Minderjährige nicht allein** vornehmen. Darauf, ob die Vorteile etwa im einzelnen Fall die sich aus dem Geschäft ergebenden Nachteile überwiegen, kommt es nicht an. Ein **wirtschaftlicher Vorteil genügt nicht.** 18

Ein **lediglich rechtlicher Vorteil** ist grundsätzlich **nicht gegeben, wenn** durch die Willenserklärung **zugleich Pflichten geschaffen** werden. Dabei sind nicht nur die Hauptpflichten, sondern grundsätzlich auch die Nebenpflichten zu berücksichtigen, insbesondere auch Rückgabepflichten z.B. bei der Leihe (§ 604), oder Pflichten zum Aufwendungsersatz, wie z.B. beim Auftrag (§ 670)[7]. Die allgemeine Rücksichtnahmepflicht aus § 241 Abs. 2 schließt einen lediglich rechtlicher Vorteil dagegen 19

[7] S. auch *Stürner,* AcP 173 (1973), 402, 421f.

nicht aus, weil diese Pflicht nach § 311 Abs. 2 bereits aus dem gesetzlichen Schuldverhältnis der Vertragsverhandlungen entsteht. Würde die allgemeine Rücksichtnahmepflicht aus § 241 Abs. 2 einen lediglich rechtlichen Vorteil ausschließen, so könnte der Minderjährige überhaupt keine Verträge mehr abschließen, nicht einmal einen Schenkungsvertrag, weil auch mit diesem die Pflichten aus § 241 Abs. 2 verbunden sind. Eine solche Aushöhlung entspricht aber nicht dem Sinn des § 107.

20 **Beispiele: Lediglich rechtlich vorteilhaft** ist etwa die **Annahme einer Schenkung,** falls diese nicht mit einer Auflage (§ 525) verbunden ist und es sich auch nicht um die Schenkung eines Tieres handelt, wofür § 11c TierschutzG gilt. Lediglich rechtlich vorteilhaft ist auch die Annahme eines Antrags auf Abschluß eines **Erlaßvertrages** (§ 397 Abs. 1), wenn dem beschränkt Geschäftsfähigen eine Schuld erlassen werden soll, die Annahme eines mit keiner Belastung verbundenen Vermächtnisses[8], die Aneignung einer herrenlosen Sache (§ 958 Abs. 1) oder die Kündigung eines zinslosen Darlehens, wenn der **Minderjährige Darlehensgeber** ist, weil dadurch nur der Rückzahlungsanspruch aus § 488 Abs. 1 Satz 2 fällig gestellt wird. Von den geschäftsähnlichen Handlungen, auf die die Vorschriften über die Geschäftsfähigkeit entsprechend anzuwenden sind (oben § 22 Rn. 18), sind zustimmungsfrei die **Mahnung** und die Mängelrüge. Durch die Mahnung wird der Schuldner in Verzug gesetzt (§ 286 Abs. 1), wodurch sich die Rechtslage des Gläubigers nur verbessert; die Mängelrüge dient der Erhaltung von Mängelansprüchen. Rechtliche Nachteile sind mit diesen Handlungen nicht verbunden.

21 Durch die Übereignung nach § 929 kann der beschränkt Geschäftsfähige zustimmungsfrei **Eigentum erwerben,** da der Eigentumserwerb als Rechtserwerb dem Erwerber regelmäßig lediglich einen rechtlichen Vorteil bringt. Vom Eigentumserwerb ist das Erlöschen der auf den Eigentumserwerb gerichteten Forderung nach § 362 zu unterscheiden. Zum Teil wird die Auffassung vertreten, daß der Schuldner trotz Eigentumserwerb des Minderjährigen nicht von seiner Verpflichtung frei werde, so lange die Leistung nicht vom gesetzlichen Vertreter, z. B. den Eltern, als Erfüllung gebilligt wird. Der nach § 362 eintretende Rechtsverlust stelle einen rechtlichen Nachteil dar[9]. Der Schuldner bliebe danach weiter verpflichtet, hätte hinsichtlich des Geleisteten jedoch den Bereicherungsanspruch aus § 812, dem aber gegebenenfalls der Einwand aus § 818 Abs. 3 entgegenstünde. Für den Eintritt der Erfüllungswirkung (§ 362) bedarf es jedoch keines besonderen Erfüllungsvertrages[10]. Das Erlöschen der Forderung ist vielmehr gesetzliche Folge der Erfüllung. § 107 ist demnach nicht unmittelbar anwendbar. Dem beschränkt Geschäftsfähigen fehlt in entsprechender Anwendung von § 107 auch nicht die Empfangszuständigkeit, da er für das Erlöschen seines Forderungsrechts den geleisteten Gegenstand als gleichwertiges Surrogat bekommt und deswegen ein rechtlich neutrales Geschäft vorliegt (s. dazu auch unten Rn. 27). Er ist deshalb nicht schutzbedürftig. Ein falscher Umgang des Minderjährigen mit dem geleisteten Gegenstand kann dem Schuldner nur angelastet werden, wenn ihn ein Verschulden trifft, weil er z. B. in unverantwortlicher Weise dem Minderjährigen einen wertvollen Gegenstand ausgehändigt und dadurch gegen die Interessenwahrungspflicht aus § 241 Abs. 2 verstoßen hat.

22 **Beispiele** für **nicht lediglich rechtlich vorteilhaft Geschäfte** sind in der Regel gegenseitige Verträge, weil sie zu einer Gegenleistung verpflichten. Wird einem 16jährigen ein gebrauchtes Motorrad zu einem Preis angeboten, der den Kauf als wirtschaftlich sehr günstig erscheinen läßt, so ist dies nicht lediglich rechtlich vorteilhaft, weil mit dem Kauf auf jeden Fall die Pflicht zur Zahlung des Kaufpreises verbunden ist. Auch die **Ausübung von Gestaltungsrechten** ist nicht ohne weiteres rechtlich vorteilhaft, wie z. B. die Erklärung einer An-

---

[8] Nicht jedoch die Annahme einer Erbschaft, weil mit dieser die Haftung für die Nachlaßverbindlichkeiten verbunden ist (§ 1967).

[9] H. L.; so *Flume,* AT II, § 13, 7; *Wacke,* JuS 1978, 80; *Medicus,* AT, Rn. 566; *Köhler,* AT, § 10 Rn. 18 und die Voraufl. § 25 Rn. 22; Staudinger/*Olzen,* § 362 Rn. 37. A. A. wie hier *Harder,* JuS 1977, 149; 1978, 84, 151; *van Venrooy,* BB 1980, 1017; Soergel/*Zeiss,* vor § 362 Rn. 8. Auch nach *Köhler* (aaO) soll in Ausnahmefällen (Überweisung auf ein Konto) etwas anderes gelten. Vgl. ferner *Schreiber,* Jura 1993, 666, 667.

[10] Vgl. *Larenz,* Schuldrecht I, § 18, I.

fechtung, einer Kündigung oder eines Rücktritts, weil dadurch Rechte verloren gehen und zum Teil Rückgabepflichten für den Minderjährigen begründet werden.

b) Gesetzliche Pflichten und dingliche Lasten

Gesetzliche Pflichten, die mit einem Rechtserwerb verbunden sind, **beseitigen grundsätzlich nicht** den lediglich **rechtlichen Vorteil.** Dies gilt etwa für **öffentlichrechtliche Pflichten** zur Zahlung von Grundsteuer und Abgaben oder der Gebühren für den Grundbucheintrag beim Erwerb eines Grundstücks durch Schenkung[11]. § 107 bezieht sich nach seinem Wortlaut auf rechtliche Vorteile, die „durch" die Willenserklärung „erlangt" werden. Gesetzliche Rechtsfolgen, denen der Minderjährige wie alle anderen Bürger unterliegt, werden davon nicht unmittelbar erfaßt. Im Interesse des Minderjährigenschutzes sollte § 107 auf die mit einem Rechtserwerb verbundenen gesetzlichen Pflichten gleichwohl entsprechend angewandt werden. Die entsprechende Anwendung ermöglicht zugleich eine sachgerechte Anpassung von § 107 auf gesetzliche Pflichten. Diese schließen den rechtlichen Vorteil nicht aus, sofern sie aus dem erworbenen Gegenstand gedeckt werden können und nicht das sonstige Vermögen des Minderjährigen belasten[12]. 23

Beispiele: Als Belastung außer Betracht bleiben deshalb **Bereicherungsansprüche,** denen der Minderjährige hinsichtlich des Erlangten ausgesetzt sein könnte, weil der Minderjährige beim Wegfall der Bereicherung nach § 818 Abs. 3 nicht mehr mit seinem sonstigen Vermögen haftet[13]. Auch **dingliche Lasten,** wie z. B. der Erwerb eines mit Hypotheken, Grundschulden oder einem Nießbrauch belasteten Grundstücks, hindern nicht den lediglich rechtlichen Vorteil[14], denn auch solche Lasten mindern nur den Wert des Erlangten, begründen aber keine Verpflichtung, die der Erwerber aus seinem sonst vorhandenen Vermögen erfüllen müßte. Sie sind insofern für ihn ungefährlich. Der Minderjährige kann deshalb in diesen Fällen sowohl den schuldrechtlichen Schenkungsvertrag wie das dingliche Verfügungsgeschäft für den Eigentumserwerb nach §§ 873, 925 ohne Mitwirkung des gesetzlichen Vertreters abschließen. 24

Es muß sich jedoch jeweils um mit dem Erwerbsgegenstand bereits verbundene Pflichten und Belastungen handeln, nicht dagegen um solche, die durch die Willenserklärung des Minderjährigen erst geschaffen werden, wie z. B. die Pflichten bei einem gegenseitigen Vertrag. Solche erst durch die Willenserklärung des Minderjährigen begründeten Pflichten und Lasten beruhen unmittelbar auf der Entscheidung des Minderjährigen. Sie sind deshalb immer unwirksam. 25

Beispiele: Wirksam ist etwa der Erwerb eines mit Grundpfandrechten belasteten Grundstücks, auch wenn die Grundpfandrechte den wirtschaftlichen Wert des Grundstücks übersteigen, weil die Haftung in jedem Fall auf das geschenkte Grundstück begrenzt ist und sich nicht auf das sonstige Vermögen des Minderjährigen ausdehnt. Die Belastung mit Steuern und Abgaben ist unschädlich, weil sie regelmäßig aus den Erträgen und dem Nutzwert gedeckt werden können. Nicht lediglich rechtlich vorteilhaft ist dagegen der Erwerb eines vermieteten Grundstücks, weil der Erwerber nach § 566 in die Pflichten aus dem Mietvertrag eintritt. Auch der Erwerb eines Nießbrauchs ist wegen der das Grundstück belastenden Pflichten aus §§ 1041, 26

---

[11] *Flume,* AT II, § 13 7b; ebenso die meisten Kommentare. Der *BGH* hat die Frage bisher offen gelassen, vgl. *BGHZ* 15, 168; 78, 28, 31. Gegen die h. L. aber *Köhler,* AT, § 10 Rn. 11 und JZ 1983, 225, 230: sie berücksichtige zu wenig das Sorgerecht der Eltern.

[12] S. auch *Stürner,* AcP 173 (1973), 402, 421; *ders.,* JZ 1976, 67; Staudinger/*Dilcher,* § 107 Rn. 15 ff.

[13] S. etwa Palandt/*Sprau,* § 818 Rn. 27.

[14] Vgl. *BayObLG* NJW 1967, 1912. Eine Übersicht über das Schrifttum bei *Gitter/Schmitt,* JuS 1982, 253.

1045, 1047 nachteilig[15]. Gleiches gilt bei einer Reallast, weil diese eine persönliche Verbindlichkeit begründet (vgl. § 1108). Nicht lediglich rechtlich vorteilhaft ist auch der Erwerb einer Eigentumswohnung, wenn der Minderjährige damit in eine Gemeinschaftsordnung mit wesentlich strengeren als den gesetzlichen Pflichten (§§ 10ff., §§ 20ff. WEG) eintritt. Da die Pflichten erst mit dem dinglichen Erwerb entstehen, ist nur dieser, nicht aber die Schenkung unwirksam[16].

c) Rechtlich neutrale Geschäfte

27 Bei **rechtlich neutralen Geschäfte** entstehen in der Person des Minderjährigen keine vorteilhaften oder nachteiligen Rechtsfolgen oder sie heben sich gegenseitig auf. Die Frage nach dem lediglich rechtlichen Vorteil stellt sich deshalb nicht. Den rechtlich neutralen Geschäften werden danach solche Geschäfte zugeordnet, deren **Rechtsfolgen nicht den Minderjährigen treffen,** insbesondere weil er die Willenserklärung als Vertreter für einen anderen in dessen Namen abgibt. Nach § 165 kann ein Minderjähriger mit entsprechender Vertretungsmacht wirksam als Vertreter eines anderen für diesen Rechtsgeschäfte vornehmen. Den Minderjährigen treffen aus einem solchen Rechtsgeschäft also keine rechtlichen Nachteile. Das Geschäft ist für ihn rechtlich neutral. Dasselbe muß gelten, wenn ein beschränkt Geschäftsfähiger als Nichtberechtigter, jedoch mit Einwilligung des Berechtigten (§ 185 Abs. 1) oder zugunsten eines gutgläubigen Erwerbers (§ 932) über eine fremde Sache verfügt. Die Verfügung berührt in diesen Fällen nicht sein Vermögen, sondern allein das des Berechtigten. Nach dem Zweck von § 107 kann der Minderjährige solche Geschäfte auch ohne Zustimmung des gesetzlichen Vertreters vornehmen, da er selbst nicht schutzbedürftig ist[17].

28 Der Minderjährige, der ohne Zustimmung des Berechtigten über ein fremdes Recht wirksam verfügt, ist zwar hinsichtlich des von ihm durch die Verfügung Erlangten bereicherungsrechtlichen Ansprüchen, unter Umständen auch Deliktsansprüchen des Berechtigten ausgesetzt. Insoweit ist er jedoch durch andere Vorschriften (§ 818 Abs. 3, § 828 Abs. 2) hinreichend geschützt. Der gutgläubige Erwerb einer vom Minderjährigen allein veräußerten fremden Sache scheitert auch nicht daran, daß der Erwerber eine dem Minderjährigen selbst gehörende Sache nicht ohne Mitwirkung des gesetzlichen Vertreters erwerben könnte, denn der Schutz des Minderjährigen ist nicht erforderlich, weil er selbst kein Recht verliert und § 107 nicht dem Schutz des wahren Eigentümers dient[18].

29 Ein rechtlich neutrales Geschäft ist aber auch dann anzunehmen, wenn der Minderjährige durch seine Rechtshandlung zumindest ein **rechtlich gleichwertiges Surrogat** erhält. Dies ist etwa anzunehmen, wenn der Minderjährige nach erfolgloser Fristsetzung gemäß § 281 einen Schadensersatzanspruch statt Leistung erwirbt. Es ist kein rechtlicher Nachteil, daß dadurch der Erfüllungsanspruch untergeht, weil an seine Stelle als zumindest gleichwertiger Anspruch der Schadensersatzanspruch tritt. Der Minderjährige kann eine solche Handlung deshalb allein vornehmen. Den Schadens-

---

15 S. *BGH* NJW 1981, 141, 142; *BFH* NJW-RR 1990, 1035, 1036.

16 *BGHZ* 15, 168, 170; *Jauernig,* JuS 1982, 576, 577; *Schubert,* WM 1978, 290, 295; a. A. *BGHZ* 78, 28, 34; *Medicus,* AT, Rn. 565; krit. *Feller,* DNotZ 1989, 66ff.

17 Vgl. *v. Tuhr,* AT II, § 59 zu Anm. 49; *Enneccerus/Nipperdey,* AT, § 151 II 1; *Flume,* AT II, § 13, 7b; *Oertmann,* § 107 Anm. 3e; Soergel/*Hefermehl,* § 107 Rn. 7; Staudinger/*Dilcher,* § 107 Rn. 20; MünchKomm/*Schmitt,* § 107 Rn. 16.

18 *BGHZ* 17, 160, 168; Soergel/*Hefermehl,* vor § 104 Rn. 10; *Pawlowski,* AT, Rn. 178; *Olshausen,* AcP 189, 223, 234; a. A. *Medicus,* BürgR, Rn. 542; *Braun,* Jura 1993, 459, 460; MünchKomm/*Quack,* § 932 Rn. 15.

ersatzanspruch entstehen zu lassen, daneben aber den Erfüllungsanspruch bestehen zu lassen, ist nach dem Schutzzweck von § 107 nicht geboten und widerspricht dem Zweck von § 281, der im Schadensersatzanspruch ein zumindest gleichwertiges Surrogat sieht.

2. Erklärungen mit Zustimmung des gesetzlichen Vertreters

Rechtsgeschäfte, zu deren gültiger Vornahme der Minderjährige der Zustimmung des gesetzlichen Vertreters, insbesondere seiner Eltern (s. oben Rn. 15) bedarf, sind nach § 107 dann voll wirksam, wenn die Zustimmung bei der Vornahme des Geschäfts vorliegt. Das Gesetz bezeichnet die im voraus erteilte Zustimmung als Einwilligung (§ 183), im Gegensatz zur nachträglichen Zustimmung, der Genehmigung (§ 184 Abs. 1). Einwilligung und Genehmigung können entweder dem Minderjährigen selbst oder gegenüber demjenigen erklärt werden, dem gegenüber das Rechtsgeschäft vorzunehmen ist (§ 182 Abs. 1). Dies ist bei einem Vertrag der Vertragspartner, bei einer einseitigen empfangsbedürftigen Willenserklärung, wie z. B. bei einer Kündigung, der Empfänger. § 107 betrifft nur die Einwilligung und läßt jede Willenserklärung des Minderjährigen bei Vorliegen einer Einwilligung des gesetzlichen Vertreters sofort wirksam sein. Die Einwilligung kann ausdrücklich oder konkludent erklärt werden. Ohne Einwilligung sind einseitige Rechtsgeschäfte des Minderjährigen endgültig unwirksam (§ 111), Verträge können dagegen nachträglich durch Genehmigung noch wirksam werden (§ 108). 30

Einwilligung und Genehmigung machen die Erklärung des Minderjährigen nur insoweit wirksam, als sie sich **inhaltlich decken**[19]. Welche Erklärungen des Minderjährigen von der Einwilligung oder Genehmigung erfaßt sind, hängt von der Erkennbarkeit für den Empfänger der Zustimmungserklärung ab. Der gesetzliche Vertreter kann die erteilte Einwilligung bis zur Vornahme des Rechtsgeschäfts mit Wirkung für die Zukunft einschränken oder widerrufen (§ 183). Ein bereits wirksam gewordenes Geschäft kann nach § 183 nicht nachträglich widerrufen werden. 31

Beispiel: Haben die Eltern ihrem minderjährigen Sohn M den Kauf eines Mobiltelefons für 50 Euro erlaubt, so deckt diese Einwilligung nicht den Kauf zu einem höheren Preis. Hat M seinen Eltern gegenüber wahrheitswidrig erklärt, das Mobiltelefon habe nur 50 Euro gekostet, während der Preis in Wirklichkeit 150 Euro betrug, so ist auch die dem M gegenüber nachträglich wiederholte Genehmigung unwirksam, weil dieser die fehlende Übereinstimmung erkennen konnte. Wurde die Genehmigung dagegen gegenüber dem Verkäufer V ausgesprochen, so ist sie wirksam, weil dieser die Diskrepanz nicht erkennen konnte. Auch wenn sich die Eltern in diesem Fall über den wahren Preis geirrt haben, können sie ihre Genehmigung nicht anfechten, da es sich um einen Motivirrtum handelt und die Täuschung der Eltern durch M sie nach § 123 Abs. 2 nicht V gegenüber zur Anfechtung berechtigt[20]. 32

Neben der Einwilligung oder Genehmigung des gesetzlichen Vertreters bedarf es für bestimmte Rechtsgeschäfte zusätzlich der **Genehmigung des Familien- bzw. Vormundschaftsgerichts** oder des Gegenvormunds, wenn der gesetzliche Vertreter auch in Vertretung des Minderjährigen ein solches Geschäft nicht vornehmen könnte 33

---

[19] S. Soergel/*Hefermehl,* § 108 Rn. 4.

[20] A. A. Soergel/*Hefermehl,* § 108 Rn. 4; danach soll eine Anfechtung wegen Inhaltsirrtum möglich sein; s. auch *Bork,* AT, Rn. 1028; nach *Flume,* AT II, § 13, 7 d bb soll demgegenüber bereits keine wirksame Genehmigung vorliegen, da es im Risikobereich des Vertragspartners liege, den gesetzlichen Vertreter ordnungsgemäß zu informieren.

(vgl. §§ 1643, 1812, 1813, 1821, 1822). Für bestimmte Rechtsgeschäfte ist ein Ergänzungspfleger zu bestellen (vgl. § 1629 Abs. 2 S. 1, §§ 1795, 1909).

3. Unterschiedlicher Umfang der Einwilligung

34 Die Einwilligung kann einen unterschiedlichen Umfang haben. Sie kann sich als **spezielle Einwilligung** auf ein ganz bestimmtes Rechtsgeschäft, z. B. auf den Kauf dieses, vielleicht besonders preisgünstigen Fahrrades beziehen. Sie kann sich aber auch als **Einwilligung der Art nach** auf den Abschluß eines derartigen Geschäfts, z. B. den Kauf irgendeines Fahrrades erstrecken. Schließlich kann sich die Einwilligung auch auf den Abschluß einer Vielzahl von Rechtsgeschäften beziehen. Ein allumfassender Generalkonsens ist aber mit dem Sinn und der mit der elterlichen Sorge verbundenen Verantwortung unvereinbar. Dies würde einem Verzicht auf den Minderjährigenschutz gleichkommen. Dies wäre aber gesetzwidrig und daher nichtig[21]. Deshalb ist nur ein **beschränkter Generalkonsens** zulässig, der durch den Umkreis der gestatteten Geschäfte, durch ihren Zweck oder durch bestimmte Weisungen begrenzt und dadurch übersehbar ist[22]. Auch § 110 enthält eine Begrenzung durch den Umfang der überlassenen Mittel. Der Spielraum mag im Einzelfall sehr weit sein. Eine in ihrem Umfang völlig unbegrenzte Einwilligung in alle von dem Minderjährigen vorgenommenen Geschäfte ist aber nicht zulässig.

35 **Beispiel:** Ein solcher beschränkter Generalkonsens liegt vor, wenn die Eltern dem Minderjährigen erlauben, eine Reise zu machen und ihn mit den dafür benötigten Mitteln ausstatten. Sie willigen dann im voraus in diejenigen Rechtsgeschäfte ein, die der Minderjährige zum Zwecke der Durchführung der Reise abschließen wird und die sich in dem ihm gesetzten Rahmen halten, wie z. B. Beförderungsverträge, Übernachtungsverträge, Kauf von Lebensmitteln oder dem Besuch von Museen. Besucht der Minderjährige ein teures Hotel, das seine Reisekasse über Gebühr beansprucht, kommt es darauf an, ob er eine andere Übernachtungsmöglichkeit hatte. Nicht von diesem beschränkten Generalkonsens wäre aber z. B. der Kauf von Aktien gedeckt. Wie weit der Umfang reicht, ist im Einzelfall im Wege der Auslegung der Einwilligung zu ermitteln. Die Einwilligung zur Benutzung öffentlicher Verkehrsmittel gilt im Zweifel nicht für Schwarzfahrten[23].

4. Einwilligung durch Überlassung von Mitteln (§ 110)

36 Soweit die Einwilligung ausdrücklich oder konkludent durch die Überlassung von Mitteln erteilt worden ist, sieht § 110 als sog. **Taschengeldparagraph** Besonderheiten vor. Der Minderjährige kann Verträge wirksam abschließen, wenn er die von ihm zu erbringende Leistung mit ihm überlassenen Mitteln bewirkt. Bevor die Leistung bewirkt ist, ist der Vertrag nicht endgültig, sondern schwebend unwirksam (s. unten § 44 Rn. 49 ff.), da der Vertrag durch das Bewirken der Leistung wirksam werden kann.

---

[21] Vgl. *v. Tuhr,* AT, II § 59 Anm. 79; *Flume,* AT, II, § 13, 7 c, aa; *Pawlowski,* AT, Rn. 181; *Köhler,* AT, § 10 Rn. 23; MünchKomm/*Schmitt,* § 107 Rn. 14. Gegen die Zulässigkeit eines „Generalkonsenses„ überhaupt *Ramm,* Einführung III S. 774, 957. Daher gewinnt nach seiner Meinung § 110 eine weit größere Bedeutung, als ihm nach der hier vertretenen h. L. zukommt. Für diese sprechen vorwiegend praktische Gründe.

[22] Vgl. MünchKomm/*Schmitt,* § 107 Rn. 13.

[23] Vgl. *von Mohrenfels,* JuS 1987, 692, 694; *Harder,* NJW 1990, 857; a. A. *AG Köln* NJW 1987, 447; *Stracke,* NJW 1991, 875.

a) Überlassung zu einem bestimmten Zweck

Soweit die Mittel zu einem bestimmten Zweck überlassen worden sind, ist das Rechtsgeschäft entgegen § 107 nicht schon mit seiner Vornahme durch den Minderjährigen wirksam, sondern erst, wenn er darüber hinaus die **Leistung,** zu der er sich verpflichtet hat, tatsächlich mit den ihm überlassenen Mitteln **bewirkt,** also erfüllt hat, was bei Überlassung von Geldmitteln Barzahlung voraussetzt und zwar bis auf den letzten Cent[24]. Eine Teilerfüllung genügt nur, wenn Leistung und Gegenleistung, z.B. wie beim Abonnementvertrag, teilbar sind[25]. Durch diese Koppelung der Einwilligung mit der Erfüllung soll sichergestellt werden, daß der Minderjährige nicht zwei Geschäfte abschließen kann, eines mit Einwilligung aber ohne Barzahlung jedoch entsprechender Zahlungspflicht und ein zweites mit Barzahlung, wo doch vom gesetzlichen Vertreter nur ein Geschäft gewollt ist. Entscheidend ist, daß der Minderjährige die ihm obliegende Leistung bewirkt. Nicht erforderlich ist im Gegensatz zu § 105a, daß auch der andere Teil seine Leistung erbracht hat. **37**

b) Überlassung zur freien Verfügung

§ 110 läßt auch eine Überlassung der Mittel zur freien Verfügung, d.h. ohne Bindung an einen irgendwie gearteten Zweck zu. Die **Begrenzung** liegt allein im **Umfang der überlassenen Mittel.** Auch insoweit ist aber die Erfüllung durch **Bewirken** der vom Minderjährigen versprochenen Leistung mit den ihm überlassenen Mitteln Voraussetzung. **38**

c) Rückwirkende Wirksamkeit

Das Bewirken der Leistung mit den überlassenen Mitteln ist Bedingung für die Wirksamkeit des vom Minderjährigen geschlossenen Vertrags. Anders als etwa bei der Bedingung nach § 158, welche nur für die Zukunft (ex nunc) wirkt, sieht § 110 eine Rückwirkung **(ex tunc)** vor, indem er den Vertrag „von Anfang an wirksam" sein läßt. Im Interesse des Minderjährigenschutzes darf die Rückwirkung aber nur zugunsten und nicht zu Ungunsten des Minderjährigen Platz greifen. **39**

Beispiel: Der 16jährige M hat sich von erspartem Geld, das ihm von seinen Eltern zur freien Verfügung überlassen worden ist, bei V einen PC gekauft. Den Kaufpreis von 1250 Euro hat er in Höhe von 800 Euro teilweise bezahlt gegen das Versprechen, den Rest in 3 Monatsraten an jedem Monatsersten zu zahlen. Das Gerät ist ihm unter Eigentumsvorbehalt übergeben worden. Er erwirbt deshalb zwar noch kein Eigentum, da die Bedingung der vollständigen Zahlung des Kaufpreises (§ 449 Abs. 1 mit § 158 Abs. 1) noch nicht eingetreten ist. Er erwirbt jedoch ein Anwartschaftsrecht. Dies gilt unabhängig davon, daß der Kaufvertrag, solange der Kaufpreis nicht bezahlt ist, noch schwebend unwirksam ist, denn er kann den Eigentumserwerb durch Zahlung des Kaufpreises ohne Mitwirkung des V, allein abhängig von seinem Willen jederzeit herbeiführen. Der Kaufpreis ist auch nicht durch die Ratenzahlungen bereits teilweise wirksam, da die gekaufte Sache nicht teilbar ist[26]. Zahlt M den restlichen Kaufpreis statt in 3 Monaten erst in 6 Monaten, so wird der Kaufvertrag nach § 110 zwar rückwirkend wirksam. Dadurch hätte M aber an sich gegen seine rückwirkend entstandene Pflicht zur monatlichen Ratenzahlung verstoßen. Gleichwohl kann V von M keine Verzugszinsen nach § 286 Abs. 2 Nr. 1 mit § 288 Abs. 1 verlangen, da die Rückwirkung nicht zu seinem Nachteil eingreifen darf. Ist aber zwei Wochen nach Übergabe des PC wegen eines Defekts im Gerät eine E-Mail mit einem **40**

---

[24] Soergel/*Hefermehl,* § 110 Rn. 2; a.A. *Schellhammer,* Schuldrecht, Rn. 2316.

[25] MünchKomm/*Schmitt,* § 110 Rn. 13ff.

[26] S. auch Erman/*Palm,* § 110 Rn. 2; *Medicus,* AT, Rn. 580; MünchKomm/*Schmitt,* § 110 Rn. 13; Palandt/*Heinrichs,* § 110 Rn. 4.

Lehrstellenangebot nicht bei M angekommen und ist wegen dieser Verspätung die Stelle anderweit vergeben worden, so stehen M nach vollständiger Bezahlung des Kaufpreises die Gewährleistungsrechte aus dem rückwirkend wirksam gewordenen Kaufvertrag zu und er kann nach § 437 Nr. 3 mit § 280 Schadensersatz für die entgangene Lehrstelle verlangen.

d) Geltung nur für Verträge

41 § 110 gilt im **Gegensatz zu § 107** nur für Verträge und nicht für sonstige, insbesondere einseitige Rechtsgeschäfte. § 110 hat wegen der genannten Besonderheiten nicht nur klarstellende Funktion im Verhältnis zu § 107[27], sondern besitzt eine eigenständige Bedeutung[28] im Sinne teilweiser Einschränkungen wie teilweiser Erweiterungen.

42 **Beispiel:** Zugunsten des Minderjährigen können Schadensersatzansprüche entstehen, wenn er den Kaufpreis geleistet hat (s. oben Rn. 37). Er erwirbt auch die sonstigen Sachmängelrechte, wie z. B. das Rücktritts- oder Minderungsrecht nach § 437 Nr. 2. Er kann aber nicht wegen des Sachmangels ohne Mitwirkung seiner Eltern vom Kaufvertrag zurücktreten, weil die Rücktrittserklärung nach § 349 ein einseitiges Rechtsgeschäft ist.

e) Einsatzfähige Mittel

43 Als Mittel, die nach § 110 dem Minderjährigen überlassen werden können und die er zur Bewirkung seiner Leistung einsetzen kann, kommen **alle Vermögensgegenstände** in Betracht, insbesondere aber Bargeld, ein Scheck oder Überweisungen auf ein Girokonto des Minderjährigen. § 110 ist deshalb auch anwendbar, wenn der Minderjährige eine Sache verkauft, die ihm von seinen Eltern zur freien Verfügung überlassen worden ist oder wenn der Minderjährige den von ihm geschlossenen Dienst- oder Werkvertrag durch seine eigene Arbeitsleistung erfüllt, sofern ihm die Eltern eine solche Tätigkeit freigestellt oder jedenfalls nicht verboten haben. Auch in diesen Fällen trifft der Gedanke zu, daß es im Interesse des Minderjährigen liegt, der seine Leistung bereits erbracht hat, nunmehr auch die Gegenansprüche aus dem Vertrag zu erwerben[29]. Zu beachten ist indessen, daß, wenn der Minderjährige infolgedessen auch den Lohnanspruch erwirbt, dies nicht etwa bedeutet, daß er über den empfangenen Lohn frei verfügen könnte. Vielmehr bedarf er zu Verfügungen über den erlangten Lohn wiederum der Einwilligung der Eltern oder des Vormundes. Eine solche Einwilligung kann auch darin liegen, daß sie ihm den erworbenen Lohn zur freien Verfügung belassen.

44 Ob der Minderjährige über Gegenstände, die er mit seinem Taschengeld erworben hat **(Surrogate),** wiederum frei verfügen kann, hängt davon ab, ob in der Überlassung des Taschengeldes eine dahingehende Einwilligung der Eltern gelegen ist oder nicht. Bei Gegenständen von geringem Wert kann dies im allgemeinen bejaht werden, bei hochwertigen Gegenständen aber nicht.

45 **Beispiele:** Tauscht der Minderjährige die mit seinem Taschengeld erworbene Schokolade gegen Orangen ein, so ist auch dieses Geschäft nach § 110 wirksam. Sofern er aber mit dem ihm überlassenen Geld einen Lottoschein erwirbt und damit den Hauptgewinn erzielt, darf er über die erworbenen Millionen nicht frei verfügen. Entscheidend ist jeweils, ob die auf der

---

[27] So aber *Lindacher,* FS Bosch, 1976, S. 533, 545 f.

[28] Dies berücksichtigt die h. M. zu wenig, s. etwa *Medicus,* AT, Rn. 579; *Köhler,* AT, § 10 Rn. 25; *Brox,* AT, Rn. 244; Erman/*Palm,* § 110 Rn. 1; Soergel/*Hefermehl,* § 110 Rn. 1; MünchKomm/*Schmitt,* § 110 Rn. 5; Palandt/*Heinrichs,* § 110 Rn. 1.

[29] Vgl. *v. Tuhr,* AT II, § 59 zu Anm. 122; *Enneccerus/Nipperdey,* AT, § 152 II 3 b; *Oertmann,* § 110 Rn. 7; dagegen Soergel/*Hefermehl,* § 110 Rn. 6; MünchKomm/*Schmitt,* § 110 Rn. 20.

zweiten Stufe erworbenen Gegenstände noch innerhalb des Zwecks und des Rahmens des ursprünglichen Elternkonsenses liegen.

5. Folgen der Einwilligung

Die Folgen der Einwilligung bestehen darin, daß das von dem Minderjährigen vorgenommene **Rechtsgeschäft** für diesen selbst **wirksam** ist, so daß er daraus berechtigt und verpflichtet wird, soweit sich das Rechtsgeschäft mit der Einwilligung deckt. Dies gilt für alle Rechtsgeschäfte. Auch ein einseitiges Rechtsgeschäft einschließlich der Stimmabgabe für einen Beschluß ist nur mit einer Einwilligung wirksam (§ 111 s. unten Rn. 47), sofern es sich nicht um rechtlich vorteilhafte oder neutrale Geschäfte handelt (s. unten Rn. 18ff.). Allerdings ist nur bei Verträgen eine nachträgliche Genehmigung möglich (§ 108, s. unten Rn. 49). Die Einwilligung führt nicht dazu, daß der gesetzliche Vertreter selbst aus den Geschäften des Minderjährigen berechtigt oder verpflichtet wird. Dies gilt auch dann, wenn die Einwilligung dem Geschäftspartner des Minderjährigen gegenüber erklärt worden ist. Will sich der Vertragsgegner die Möglichkeit eröffnen, sich wegen seiner Ansprüche aus dem Vertrage nicht nur an den Minderjährigen selbst, sondern auch an dessen gesetzlichen Vertreter (s. oben Rn. 15) zu halten, dann muß er diesen dazu veranlassen, für die Verpflichtungen des Minderjährigen eine Bürgschaft zu übernehmen oder sich neben diesem als Gesamtschuldner selbst zu verpflichten. **46**

6. Einseitige Rechtsgeschäfte ohne Einwilligung (§ 111)

Ein einseitiges Rechtsgeschäft (s. oben § 23 Rn. 3ff.), z.B. eine von dem Minderjährigen ausgesprochene Kündigung, kann der Minderjährige ohne Einwilligung des gesetzlichen Vertreters, z.B. seiner Eltern, nicht wirksam vornehmen. Die Erklärung ist **nichtig.** Sie kann auch nicht dadurch wirksam werden, daß der gesetzliche Vertreter sie nachträglich genehmigt (§ 111 Satz 1).Der andere Teil, der ein einseitiges Rechtsgeschäft hinnehmen muß, soll nicht bis zur Genehmigung der Ungewißheit ausgesetzt sein, ob das Rechtsgeschäft gültig ist oder nicht. § 111 ist wegen gleicher Interessenlage auf die Stimmabgabe bei Beschlüssen (s. oben § 23 Rn. 17ff.) entsprechend anzuwenden. Um den Erklärungsempfänger vor der Ungewißheit zu schützen, kann dieser, wenn der gesetzliche Vertreter seine Einwilligung nur dem Minderjährigen gegenüber erklärt hat, das Rechtsgeschäft unverzüglich zurückweisen, wenn ihm der Minderjährige nicht die Einwilligung des gesetzlichen Vertreters in schriftlicher Form vorlegt (§ 111 Satz 2 und 3). **47**

Unverzüglich bedeutet nicht sofort, sondern ohne schuldhaftes Zögern (§ 121 Abs. 1 Satz 1). Durch die unverzügliche Zurückweisung des ihm gegenüber vorgenommenen einseitigen Rechtsgeschäfts kann also der andere Teil, wenn der Minderjährige nicht die schriftliche Einwilligung seines gesetzlichen Vertreters vorlegt, das einseitige Rechtsgeschäft, z.B. die Kündigung, unwirksam machen. **48**

7. Vertragsschluß ohne Einwilligung (§ 108)

Schließt der Minderjährige einen Vertrag ohne die erforderliche Einwilligung, so hängt dessen Wirksamkeit von der **Genehmigung** des gesetzlichen Vertreters (s. oben Rn. 15) oder von der Genehmigung des Minderjährigen ab, wenn dieser inzwischen geschäftsfähig geworden ist (§ 108 Abs. 1 und 3). Die Genehmigung kann nicht mehr **49** erteilt werden, wenn sie einmal verweigert worden ist. Möglich ist aber eine Bestätigung analog § 141 (s. unten § 44 Rn. 15)[30]. Bis zur Entscheidung über die Genehmigung oder ihre Verweigerung ist die Wirksamkeit des Vertrages in der Schwebe. Der Vertrag ist deshalb schwebend unwirksam (s. unten § 44 Rn. 56). Mit der Verweigerung der Genehmigung wird der Vertrag endgültig unwirksam, mit ihrer Erteilung dagegen wirksam, und zwar rückwirkend, so daß er als bereits vom Zeitpunkt des Vertragsabschlusses an wirksam anzusehen ist (§ 184 Abs. 1).

a) Beendigung des Schwebezustands

50 Durch die gesetzliche Regelung wird die Entscheidung über das Wirksamwerden des Vertrages in die Hände des gesetzlichen Vertreters, z. B. der Eltern, oder des volljährig Gewordenen selbst gelegt. Der **andere Vertragsteil,** der sich auf das Geschäft eingelassen hat, ist seinerseits bis zur Verweigerung der Genehmigung grundsätzlich **gebunden.** Er muß es hinnehmen, daß bis zur Genehmigung oder der Ablehnung ein Zustand der Ungewißheit besteht. Während dieses Zustandes muß er seine eigene Leistung für den Fall der Genehmigung bereithalten, anderseits kann er noch nicht mit der Durchführung des Vertrages rechnen. Das Gesetz gibt ihm aber die Möglichkeit, das Ende dieses für ihn lästigen Schwebezustandes dadurch herbeizuführen, daß er den gesetzlichen Vertreter dazu auffordert, sich über die Genehmigung zu erklären. Dazu genügt die Aufforderung gegenüber einem Elternteil (§ 1629 Abs. 1 Satz 2). Eine solche Aufforderung hat nach dem Gesetz (§ 108 Abs. 2) eine doppelte Wirkung:

51 aa) Die **Genehmigung** kann jetzt **nur** noch dem **Vertragsgegner,** nicht mehr dem Minderjährigen gegenüber erklärt werden. Eine zuvor dem Minderjährigen gegenüber erklärte Genehmigung oder Verweigerung der Genehmigung wird sogar unwirksam.

52 Eine dem Minderjährigen gegenüber erklärte **Einwilligung bleibt** dagegen **wirksam.** Der andere Vertragsteil hat also, anders als im Falle des § 111, keine Möglichkeit, sich darüber Gewißheit zu verschaffen, ob eine von dem Minderjährigen behauptete Einwilligung diesem erteilt ist oder nicht[31]. Gegen eine analoge Anwendung von § 108 Abs. 2 auf den mit Einwilligung geschlossenen Vertrag[32] spricht, daß ein Antrag, die Einwilligung der Genehmigung zu § 108 Abs. 2 gleichzustellen, von der 2. Gesetzgebungskommission abgelehnt wurde (*Mugdan* Bd. I S. 677). Die Ungleichbehandlung ist vom Gesetzgeber gewollt; es liegt daher keine Gesetzeslücke vor, die durch Analogie auszufüllen wäre. Die Versagung der Analogie führt auch zu keinem schlechthin unbilligen Ergebnis, da der andere Teil den Vertragsabschluß ohne Nachweis der Einwilligung ablehnen kann.

53 bb) Als weitere Konsequenz kann die Genehmigung **nur** noch **bis zum Ablauf von zwei Wochen** erklärt werden, nachdem der Vertreter die Aufforderung empfangen hat. Wird sie innerhalb dieser Frist nicht erklärt, so „gilt" sie als verweigert, ihre Erteilung ist nunmehr ausgeschlossen.

b) Widerrufsrecht des Vertragspartners

54 § 109 gewährt dem Vertragspartner eine weitere Möglichkeit zur Beseitigung des Schwebezustands. Hat er bei Abschluß des Vertrages mit dem Minderjährigen dessen

---

[30] S. auch *BGH* NJW 1999, 3704.

[31] So die h. L.; vgl. *v. Tuhr,* AT II/1, § 59 zu Anm. 102; *Enneccerus/Nipperdey,* AT, § 152 Anm. 12; *Flume,* AT II, § 13, 7 c, cc; Soergel/*Hefermehl,* § 108 Rn. 8, MünchKomm/*Schmitt,* § 108 Rn. 23 f.; Staudinger/*Dilcher,* § 108 Rn. 5; *Medicus,* AT, Rn. 572.

[32] Dafür Erman/*Palm,* § 108 Rn. 7, Palandt/*Heinrichs,* § 108 Rn. 7.

Minderjährigkeit nicht gekannt oder hat der Minderjährige der Wahrheit zuwider die Einwilligung seines Vertreters, z. B. seiner Eltern, behauptet, so kann der **Geschäftsgegner seine eigene Vertragserklärung** bis zur Erteilung der Genehmigung **widerrufen** (§ 109). Der Widerruf, der sowohl dem gesetzlichen Vertreter, auch einem Elternteil allein (§ 1629 Abs. 1 Satz 2), wie auch dem Minderjährigen selbst gegenüber erklärt werden kann, zerstört die Bindung des Vertragspartners an seine Erklärung und bewirkt damit die endgültige Unwirksamkeit des Vertrages.

§ 109 will zugleich die Beweislast regeln. Der Vertragsgegner, der seine Erklärung widerrufen hat und sich gegenüber der Erfüllungsklage oder der Schadensersatzklage des gesetzlichen Vertreters zur Recht auf sein Recht zum Widerruf beruft, braucht hiernach zunächst nur zu beweisen, daß er rechtzeitig, also noch vor der Erteilung der Genehmigung, den Widerruf dem gesetzlichen Vertreter oder dem Minderjährigen gegenüber erklärt hat. Demgegenüber kann der gesetzliche Vertreter, der den Widerruf nicht gelten lassen will, einwenden und muß in diesem Fall seinerseits beweisen, daß der Vertragsgegner die Minderjährigkeit gekannt habe. Dieser muß dann, um mit seinem Widerruf durchzudringen, beweisen, daß der Minderjährige der Wahrheit zuwider die Einwilligung des Vertreters behauptet habe. Dagegen stünde dem Vertreter noch die Möglichkeit offen zu beweisen, daß dem anderen das Fehlen der Einwilligung und damit die Unwahrheit der Behauptung des Minderjährigen bei dem Abschluß des Vertrages bekannt gewesen sei. Fordert der Vertragspartner zunächst den gesetzlichen Vertreter nach § 108 Abs. 2 zur Genehmigung auf, übt er aber anschließend den Widerruf aus, ohne die Frist von 2 Wochen abzuwarten (s. oben Rn. 53), so stellt dies allerdings im Regelfall wegen widersprüchlichen Verhaltens eine unzulässige Rechtsausübung dar[33]. 55

8. Abschluß von Gesellschaftsverträgen

a) Grundsätzliche Mitwirkung der gesetzlichen Vertreter

Einen Gesellschaftsvertrag kann der **Minderjährige in der Regel nicht allein** abschließen, sondern bedarf dazu der Einwilligung (§ 107) oder Genehmigung (§ 108) seiner gesetzlichen Vertreter (s. oben Rn. 16), da durch den Gesellschaftsvertrag grundsätzlich **Beitragspflichten im Innenverhältnis** begründet werden (§ 705). Dazu gehört auch die Pflicht als Gründer zur Einzahlung des Grundkapitals bei der AG (§ 54 AktG) und des Stammkapitals bei der GmbH (§§ 19ff. GmbHG). Für den GbR- und OHG-Gesellschafter sowie den Komplementär bei der KG entstehen zusätzlich **Haftungspflichten im Außenverhältnis** als Gesamtschuldner (s. §§ 714, 427 BGB, § 128 HGB), die den Minderjährigen auch treffen, wenn er den Gesellschaftsanteil später erwirbt. Nur ausnahmsweise begründet der Erwerb des Gesellschaftsanteils an einer Personengesellschaft einen **lediglich rechtlichen Vorteil** gemäß § 107, so etwa wenn der Minderjährige einen Kommanditanteil durch Schenkung erwirbt und die Einlage bereits eingezahlt ist, so daß eine persönliche Haftung entfällt (§§ 171, 172 HGB). Auch der Erwerb einer Inhaberaktie ist wie der Eigentumserwerb an Sachen (s. oben Rn. 20) lediglich rechtlich vorteilhaft, wenn der Ausgabebetrag der Aktie einbezahlt ist (§ 54 AktG). Dies gilt grundsätzlich auch für GmbH-Geschäftsanteile, sofern keine Nachschußpflicht (§ 26 GmbHG) besteht. 56

b) Gesetzlicher Vertreter als Mitgesellschafter

Wird der Gesellschaftsvertrag zwischen dem Minderjährigen und einem Dritten geschlossen, so können die Eltern ohne weiteres als Vertreter handeln. Sind jedoch **beide Eltern oder ein Elternteil an der Gesellschaft beteiligt,** so steht § 181 57

[33] Vgl. MünchKomm/*Gitter,* § 109 Rn. 6.

bzw. § 1629 Abs. 2 Satz 1 mit § 1795 Abs. 2 dem Auftreten der Eltern als gesetzliche Vertreter entgegen. Dies gilt auch für einen Elternteil, wenn nur der andere an der Gesellschaft beteiligt ist (§ 1629 Abs. 2 Satz 1 mit § 1795 Abs. 1 Nr. 1). Eine Ausnahme ist gegeben, wenn durch schenkweisen Erwerb der Minderjährige lediglich einen rechtlichen Vorteil erlangt. § 181 ist dann nicht anzuwenden[34]. Soweit die Eltern an einer Vertretung verhindert sind, ist gemäß § 1909 ein **Ergänzungspfleger** zu bestellen, nicht jedoch ein Dauerpfleger für die Ausübung der Gesellschafterrechte[35].

c) Vormundschaftsgerichtliche Genehmigung

58 Der Gesellschaftsvertrag bedarf bei den Eltern als gesetzlichen Vertretern nach § 1643 mit § 1822 Nr. 3 grundsätzlich der familiengerichtlichen und bei einem Vormund oder Pfleger nach § 1822 Nr. 3 (mit § 1915) der vormundschaftsgerichtlichen Genehmigung, wenn die Gesellschaft ein Erwerbsgeschäft betreibt. Dies gilt wegen der Pflicht zur Leistung der Einlage auch für die Gründung und den Eintritt des Minderjährigen in eine KG[36], AG oder GmbH, nicht jedoch für eine nachträgliche Änderung des Gesellschaftsvertrags, wenn dadurch keine neuen Pflichten begründet werden[37]. Nicht genehmigungspflichtig ist auch der nachträgliche Erwerb von Aktien und von GmbH-Anteilen ohne Eintritt in den Gründungsvertrag. Genehmigungsfrei muß danach auch der Erwerb eines KG-Anteils sein, wenn die Einlage voll eingezahlt ist.

d) Wahrnehmung der Gesellschafterrechte

59 Vom Abschluß des Gesellschaftsvertrag und dem Erwerb von Gesellschaftsanteilen zu unterscheiden ist die Ausübung der Gesellschafterrechte in der Gesellschaft. Ist mit der Gesellschafterstellung die **Geschäftsführung und Vertretung** verbunden, so sind diese Geschäfte grundsätzlich vom gesetzlichen Vertreter, z.B. den Eltern, für den Minderjährigen vorzunehmen, sofern daraus eine persönliche Haftung des Minderjährigen erwachsen kann wie bei der GbR und OHG. § 165 ist hierauf nicht anwendbar, da der Minderjährige sich aus diesen Geschäften wegen der damit verbundenen Haftung im Außenverhältnis (s. oben Rn. 56) auch selbst verpflichtet, wogegen § 165 nur solche Rechtsgeschäfte deckt, deren Folgen nicht beim Minderjährigen selbst eintreten. Der gesetzliche Vertreter kann als Untervertreter (s. unten § 47 Rn. 38ff.) im Namen des Minderjährigen für diesen handeln und mit den dabei abgeschlossenen Geschäften auch die gesamtschuldnerische Haftung des Minderjährigen (s. oben Rn. 56) begründen.

60 Die Haftung des Minderjährigen ist jedoch gemäß § 1629a auf das Vermögen begrenzt, das der Minderjährige beim Eintritt in die Volljährigkeit besitzt (s. dazu auch unten Rn. 73). Für nach der Volljährigkeit entstandene Verbindlichkeiten haftet der Volljährige dagegen in vollem Umfang. Kündigt er die Gesellschaft nicht innerhalb von drei Monaten nach Eintritt der Volljährigkeit, so wird gemäß § 1629a Abs. 4 vermutet, daß die Verbindlichkeit erst nach Volljährigkeit entstanden ist. Soweit der Minderjährige nach § 112 die Rechte aus seiner Gesellschafterstellung selbständig ausüben darf (s. unten Rn. 63), greift die Haftungsbeschränkung nach § 1629a Abs. 2 nicht ein.

---

[34] MünchKomm/*Schramm,* § 181 Rn. 15; Palandt/*Heinrichs,* § 181 Rn. 9; Soergel/*Leptien,* § 181 Rn. 27; *Hübner,* AT, Rn. 690; dazu unten § 46 Rn. 133ff.

[35] *BGHZ* 65, 93, 101.

[36] *BGHZ* 17, 160, 168.

[37] S. auch *BGHZ* 38, 26, 30; a.A. MünchKomm/*Wagenitz,* § 1822 Rn. 28; Erman/*Holzhauer,* § 1822 Rn. 20.

Rechtsgeschäfte, die für den Minderjährigen keine Verpflichtungen erzeugen, kann er als Vertreter für andere auch in einer Gesellschaft, z. B. als Geschäftsführer einer GmbH, nach § 165 ohne Mitwirkung seines gesetzlichen Vertreters selbst vornehmen. Auch sein Stimmrecht kann er in der Gesellschaft ausüben, sofern es sich entweder um lediglich rechtlich vorteilhafte oder um neutrale Geschäfte handelt (s. oben Rn. 26), durch die er sich nicht selbst rechtliche Nachteile auferlegt. Dazu gehört etwa die Abstimmung über die Bestellung des Geschäftsführers einer GmbH oder Vorstands einer AG, über die Sitzverlegung oder die Auszahlung des festgestellten Gewinns, nicht aber z. B. über die Entlastung der Geschäftsführung, weil damit ein Verzicht auf etwaige Ersatzansprüche (nicht bei der AG, § 120 Abs. 2 Satz 2) oder sonstige Rechte, z. B. ein Kündigungsrecht, verbunden ist. 61

9. Erweiterte Geschäftsfähigkeit des Minderjährigen

Häufig besteht ein Bedürfnis dafür, einem Minderjährigen, der das dafür erforderliche Urteilsvermögen besitzt, auf einem beschränkten Lebensgebiet bereits eine größere Selbständigkeit einzuräumen. Eine Möglichkeit hierzu bietet die Erteilung einer generellen Einwilligung in die Vornahme aller solcher Geschäfte, deren Abschluß durch einen bestimmten Zweck, wie eine Reise oder einen Studienaufenthalt, gefordert wird (s. oben Rn. 31 f.). Weitergehende Möglichkeiten eröffnet das Gesetz in den §§ 112 und 113. 62

a) Selbständiger Betrieb eines Erwerbsgeschäfts (§ 112)

Nach § 112 kann der gesetzliche Vertreter, z. B. die Eltern, einen Minderjährigen mit Genehmigung des Vormundschaftsgerichts zum selbständigen Betrieb eines Erwerbsgeschäfts ermächtigen. In diesem Fall ist der Minderjährige für alle Rechtsgeschäfte unbeschränkt geschäftsfähig, die der Betrieb dieses Geschäfts mit sich bringt. Er bedarf also für diese Geschäfte nicht der Zustimmung seines gesetzlichen Vertreters. Maßgebend ist nicht wie nach §§ 54, 56 HGB der gewöhnliche, d. h. der allgemein übliche Geschäftsbetrieb, sondern der konkrete Geschäftsbetrieb des Minderjährigen. Die Haftungsbeschränkung auf das bei Eintritt in die Volljährigkeit vorhandene Vermögen kommt im Falle einer Ermächtigung nach § 112 nicht zur Anwendung (§ 1629 a Abs. 2). 63

Beispiele: Erwerbsgeschäfte sind nicht nur Handelsgeschäfte im Sinne von § 1 HGB, sondern auch die unternehmerische Tätigkeit gemäß § 14, insgesamt jede erlaubte, auf Dauer angelegte, selbständige ausgeübte und auf Gewinnerzielung gerichtete Tätigkeit[38]. Gleichgültig ist, ob die Tätigkeit allein oder zusammen mit anderen in einer Gesellschaft betrieben wird. Unter § 112 fallen jedoch nur Personengesellschaften, in denen der Minderjährige als Geschäftsführer selbständig handelt wie in der GbR, in der OHG oder als Komplementär in der KG, nicht dagegen als Kommanditist oder als Gesellschafter einer GmbH oder AG. § 165, der dem Minderjährigen Vertreterhandeln für andere ermöglicht, hilft nicht weiter, da er für Rechtsgeschäfte im Innenverhältnis (z. B. Stimmrechtsausübung) nicht gilt und der Minderjährige im Außenverhältnis sich als persönlich Haftender auch selbst verpflichtet. 64

Ausgenommen von der erweiterten Geschäftsfähigkeit sind jedoch solche Rechtsgeschäfte, zu denen der Vertreter der **Genehmigung des Familien- oder Vormundschaftsgerichts** bedarf (s. § 112 Abs. 1 Satz 2 mit §§ 1643, 1821, 1822). Diese Geschäfte kann der Minderjährige nicht allein, sondern in jedem Fall **nur mit Einwilligung oder Genehmigung des gesetzlichen Vertreters** abschließen. So bedarf der Minderjährige der weiteren Zustimmung des 65

[38] *Scheerer,* BB 1971, 981, 982; *Medicus,* AT, Rn. 584; AK/*Kohl,* § 112 Rn. 5.

gesetzlichen Vertreters und der familien- und vormundschaftsgerichtlichen Genehmigung, um einen Gesellschaftsvertrag abschließen (§ 1822 Nr. 3) oder einen Kredit aufnehmen (§ 1822 Nr. 8) zu können. Da § 1643 nur eine eingeschränkte Verweisung auf § 1822 enthält, kann der Minderjährige unter elterlicher Sorge allerdings einen größeren Kreis von Geschäften tätigen als der unter Vormundschaft stehende. Die einmal wirksam erteilte Ermächtigung kann nur mit Genehmigung des Vormundschaftsgerichts wieder zurückgenommen werden (§ 112 Abs. 2).

b) Dienst- oder Arbeitsverhältnisse (§ 113)

66 Praktisch noch wichtiger ist der Fall des § 113. Der gesetzliche Vertreter kann hiernach den Minderjährigen dazu ermächtigen, ein Dienst- oder Arbeitsverhältnis einzugehen. Auf Grund dieser Ermächtigung ist der Minderjährige für alle Rechtsgeschäfte unbeschränkt geschäftsfähig, „welche die Eingehung oder Aufhebung eines Dienst- oder Arbeitsverhältnisses der gestatteten Art oder die Erfüllung der sich aus einem solchen Verhältnis ergebenden Verpflichtungen betreffen“[39]. Es kann sich auch um einen Werkvertrag oder ein öffentlichrechtliches Dienstverhältnis handeln. Steht der Minderjährige unter Vormundschaft und soll das Arbeitsverhältnis länger als ein Jahr bestehen, bedarf es allerdings zusätzlich der Genehmigung des Vormundschaftsgerichts (§ 1822 Nr. 7)[40].

67 **Beispiele:** Der Minderjährige kann aufgrund der gemäß § 113 Abs. 1 erweiterten Geschäftsfähigkeit den **Arbeitsvertrag** selbständig abschließen, in Änderungen einwilligen, den Lohn verlangen und mit befreiender Wirkung für den Arbeitgeber entgegennehmen sowie dafür ein Girokonto einrichten[41]. Er kann auch das Arbeitsverhältnis kündigen und es kann ihm gekündigt werden, weil § 131 Abs. 2 Satz 1 nicht anzuwenden ist. Die für einen Einzelfall erteilte Ermächtigung gilt im Zweifel (Auslegungsregel!) „als allgemeine Ermächtigung zur Eingehung von Verhältnissen derselben Art“ (§ 113 Abs. 4). Der Minderjährige kann also, ohne dafür der Zustimmung seines gesetzlichen Vertreters zu bedürfen, seine Arbeitsstelle wechseln. Die Ermächtigung zur Eingehung eines Arbeitsverhältnisses deckt auch den **Beitritt zu einer Gewerkschaft**[42]. Dagegen kann der Minderjährige nicht schon auf Grund der Ermächtigung über den empfangenen Arbeitslohn frei verfügen[43]. Soweit ihm aber die Eltern oder der Vormund den Lohn zur Bestreitung seiner eigenen Lebensbedürfnisse belassen, liegt darin eine Überlassung von Mitteln, die zur Anwendung von § 110 führt. Auf **Lehrverträge** findet § 113 wegen des überwiegend pädagogischen Zwecks dieser Verträge überhaupt **keine Anwendung**[44]. Hier muß den gesetzlichen Vertretern die Möglichkeit im vollen Umfang verbleiben, ihren Einfluß geltend zu machen. Ausgenommen sind ferner Verträge, zu denen der gesetzliche Vertreter der Genehmigung des Familien- oder Vormundschaftsgerichts bedarf (§ 113 Abs. 1 Satz 2 z.B. mit § 1822 Nr. 6 und 7). § 113 Abs. 1 Satz 2 gilt auch für die Einschränkungen der elterlichen Sorge durch § 1643. Zwar verweist die Vorschrift nur auf das Vormundschaftsgericht. Die Nichterwähnung des Familiengerichts beruht jedoch lediglich auf einem Redaktionsversehen.

---

[39] Es mag sein, daß die Vorschrift aus dem alten Gesinderecht in das BGB gelangt ist und dort vorwiegend dem Interesse der Arbeitgeber diente, jugendliche Arbeitskräfte einzustellen (so *Gefaeller,* Entstehung und Bedeutung der Arbeitsmündigkeit, 1968). Heute entspricht sie der selbständigen Stellung der im Erwerbsleben stehenden Jugendlichen. Deren Schutz gegen Übervorteilung in Arbeitsverträgen leistet heute, wie *Gefaeller* darlegt, das Arbeitsrecht.

[40] Vgl. auch § 1643 Abs. 1; danach kommt es zu einer Ungleichbehandlung zwischen Minderjährigen die unter Vormundschaft stehen und solchen unter elterlicher Sorge. S. auch Flume, AT II, § 13, 8.

[41] *Hagemeister,* JuS 1992, 842; *Vortmann,* WM 1994, 967; Palandt/*Heinrichs,* § 113 Rn. 4.

[42] *Gilles/Westphal,* JuS 1981, 899.

[43] HL; vgl. *Flume,* AT II, § 13, 8; MünchKomm/*Schmitt,* § 113 Rn. 31; Palandt/*Heinrichs,* § 113 Rn. 4.

[44] *Enneccerus/Nipperdey,* AT, § 151 Anm. 17; Staudinger/*Dilcher,* § 113 Rn. 5; MünchKomm/*Schmitt,* § 113 Rn. 7.

Die Ermächtigung kann von dem gesetzlichen Vertreter jederzeit **zurückgenommen oder eingeschränkt** werden (§ 113 Abs. 2); der Vertreter kann sie daher auch noch nachträglich auf dieses bestimmte Arbeitsverhältnis beschränken oder einzelne Handlungen, wie z. B. eine Kündigung, von ihr ausnehmen. Die Rücknahme oder Einschränkung, die dem Minderjährigen gegenüber zu erklären ist, bedarf anders als nach § 112 Abs. 2 nicht der Genehmigung des Familien- oder Vormundschaftsgerichts. Ist der gesetzliche Vertreter ein Vormund und verweigert dieser die Ermächtigung, so kann sie auf Antrag des Minderjährigen durch das Vormundschaftsgericht ersetzt werden. Das Vormundschaftsgericht soll sie ersetzen, wenn das im Interesse des Minderjährigen liegt (§ 113 Abs. 3). Verweigern die Eltern die Ermächtigung, so kann das Familiengericht sie nur unter den Voraussetzungen des § 1666 ersetzen. 68

c) Erstreckung auf Prozeßfähigkeit

Da die Ermächtigung nach §§ 112, 113 zur Folge hat, daß der Minderjährige für den genannten Kreis von Geschäften unbeschränkt geschäftsfähig wird, so wird er insoweit auch prozeßfähig. Das ist besonders wichtig für den Minderjährigen, der ermächtigt ist, ein Dienst- oder Arbeitsverhältnis einzugehen. Er kann seinen Lohn vor dem Arbeitsgericht selbständig einklagen und, wenn er von dem Arbeitgeber verklagt wird, den Prozeß selbst führen. 69

d) Fortbestand der Vertretungsmacht?

Soweit die erweiterte Geschäftsfähigkeit des Minderjährigen reicht, ist der **gesetzliche Vertreter zur Vertretung** des Minderjährigen **nicht mehr befugt**[45]. Das ist folgerichtig, weil die Vertretungsmacht des gesetzlichen Vertreters nur dazu dienen soll, die fehlende Handlungsfähigkeit des Vertretenen zu ersetzen. Soweit diese besteht, entfällt das Bedürfnis für eine gesetzliche Vertretung des Minderjährigen. 70

Nach § 113 Abs. 2 kann jedoch der gesetzliche Vertreter die erteilte Ermächtigung jederzeit zurücknehmen oder einschränken. Auf diese Weise kann er auch seine eigene Vertretungsmacht zurückerlangen. Nach der Rücknahme der Ermächtigung kann er also im Namen des Minderjährigen das von diesem eingegangene Arbeitsverhältnis kündigen und einen Arbeitsvertrag für ihn abschließen. In einer von ihm ausgesprochenen Kündigung oder seinem sonstigen Eingreifen in das Arbeitsverhältnis wird regelmäßig eine Rücknahme oder doch eine entsprechende Einschränkung der Ermächtigung des § 113 Abs. 2 zu sehen sein. 71

VI. Einstehen für das Vertreterhandeln

1. Grundsätzliche Zurechnung des Vertreterhandelns

Den Geschäftsunfähigen treffen grundsätzlich die **Rechtsfolgen der Rechtsgeschäfte,** die die gesetzlichen Vertreter in seinem Namen vorgenommen haben. Er wird, da er rechtsfähig ist (s. oben § 5), aus diesen Rechtsgeschäften sowohl berechtigt wie verpflichtet. Darüber hinaus muß er sich nach § 278 Abs. 1 ein **Verschulden** seiner gesetzlichen Vertreter bei der Erfüllung einer ihn treffenden Verbindlichkeit zurechnen lassen. 72

---

[45] *v. Tuhr,* AT II/1, § 59 zu Anm. 144; *Enneccerus/Nipperdey,* AT, § 13, 8 (für § 112); *Medicus,* AT, Rn. 583; Palandt/*Heinrichs,* § 112 Rn. 1; Soergel/*Hefermehl,* § 113 Rn. 1.

2. Beschränkte Haftung

73 Der gesetzliche Vertreter kann den Minderjährigen jedoch nicht unbegrenzt verpflichten. Im Anschluß an eine Entscheidung des BVerfG, das in der unbegrenzten Verpflichtungsbefugnis der Eltern eine Verletzung des Persönlichkeitsrechts des Minderjährigen und einen Verstoß gegen Art. 1, 2 GG gesehen hat[46], hat der Gesetzgeber durch § 1629a eine **Haftungsbegrenzung** eingeführt. Danach können die Eltern als gesetzliche Vertreter weder durch den Abschluß von Rechtsgeschäften noch durch sonstige Handlungen eine Haftung des Minderjährigen begründen, die über sein bei Beendigung der Minderjährigkeit vorhandenes Vermögen hinausgeht. **Neuerwerb des Volljährigen ist haftungsfrei,** d.h. nach Eintritt der Volljährigkeit erworbenes Vermögen unterliegt nicht dem Haftungszugriff von Altgläubigern, die ihre Forderungen gegen den Minderjährigen aufgrund von Handlungen der Eltern als gesetzlichen Vertretern erworben haben[47]. Dies gilt auch für Geschäfte, zu denen die Eltern nach §§ 107, 108 oder 111 ihre Zustimmung gegeben haben. Auch eine familiengerichtliche Genehmigung nach § 1643 bringt keine Haftungserweiterung. § 1629a ist nach § 1793 Abs. 2 auf das Vertreterhandeln eines Vormunds und nach § 1915 auf das Handeln eines Pflegers entsprechend anzuwenden.

74 **Beispiele:** (1) Der 16jährige A hat von seinem Großvater ein altes Haus im Wert von 100 000 Euro geerbt. Die Eltern des A nehmen als gesetzliche Vertreter in seinem Namen umfangreiche Umbaumaßnahmen vor, so daß Forderungen von Bauhandwerkern in Höhe von 300 000 Euro entstehen. Statt der erhofften Wertsteigerung ist das Haus nur 280 000 Euro wert, als A volljährig geworden ist. Die Bauhandwerker können nur auf das Haus als Haftungsobjekt zugreifen und können nicht auf den Lohn zugreifen, den A nach Erreichen der Volljährigkeit erhält. (2) Gleiches gilt, wenn die Eltern als gesetzliche Vertreter einen Mietvertrag im Namen des A über eine Wohnung in dem Haus einen Mietvertrag abschließen und anschließend die Schutzpflichten aus dem Mietvertrag verletzen, weil der Zugang zum Haus nicht ordnungsgemäß beleuchtet ist und der Mieter M dadurch zu Fall kommt. Auch wenn A für die Pflichtverletzung seiner Eltern als gesetzlichen Vertretern nach § 278 haftet, so kann sich M nur an das Vermögen des A bei dessen Eintritt in die Volljährigkeit halten und nicht auf Vermögen zugreifen, das A nach Eintritt in die Volljährigkeit erwirbt. (3) Erwerben die minderjährigen Kinder zusammen mit der Mutter das Geschäft des Vaters als Erben und führt die Mutter dieses Geschäft für sich und die Kinder fort, so können die Gläubiger auf das Vermögen der Minderjährigen zunächst nur in dem Umfang zugreifen, wie es den Minderjährigen bei Eintritt in die Volljährigkeit zusteht. Von einem volljährigen Kind neu erworbenes Vermögen steht den bisherigen Gläubigern nicht zur Verfügung. Dies setzt allerdings voraus, daß der Volljährige innerhalb von drei Monaten seit Eintritt der Volljährigkeit die Auseinandersetzung des Nachlasses verlangt (§ 1629a Abs. 4). Zur Ausübung von Gesellschafterrechten s. oben Rn. 59f. (4) Für Verbindlichkeiten aus eigener Geschäftstätigkeit, zu der die Eltern den Minderjährigen nach § 112 ermächtigt haben, haftet der Minderjährige jedoch in vollem Umfang, auch mit Neuerwerb nach Erreichen der Volljährigkeit (§ 1629a Abs. 2).

---

[46] *BVerfG* NJW 1986, 1859.

[47] S. dazu etwa *Behnke,* NJW 1998, 3078; *Löwisch,* NJW 1999, 1002; dazu auch *M. Wolf,* AcP 187 (1987), 319.

§ 26. Abgabe und Zugang der Erklärung

Inhaltsübersicht

Literatur: *v. Blume,* Versäumnis des Empfanges von Willenserklärungen, JherJb 51, 1; *Brinkmann,* Der Zugang von Willenserklärungen, 1984; *Burgard,* Das Wirksamwerden empfangsbedürftiger Willenserklärungen im Zeitalter moderner Telekommunikation, AcP 195 (1995), 74; *Dilcher,* Der Zugang von Willenserklärungen, AcP 154, 120; *Franzen,* Zugang und Zugangshindernisse bei eingeschriebenen Briefsendungen, JuS 1999, 429; *John,* Grundsätzliches zum Wirksamwerden empfangsbedürftiger Willenserklärungen, AcP 184 (1984), 385; *Kantorowicz,* Methodische Studien über den Zugangsbegriff, 1917; *Singer,* Selbstbestimmung und Verkehrsschutz im Recht der Willenserklärungen, 1995; *Titze,* Der Zeitpunkt des Zugehens bei empfangsbedürftigen, schriftlichen Willenserklärungen, JherJb 47, 379; *Ultsch,* Zugangsprobleme bei elektronischen Willenserklärungen, Dargestellt am Beispiel der Electronic Mail, NJW 1997, 3007.

Willenserklärungen können die gewollten Rechtsfolgen (s. oben § 22 Rn. 1ff.) nur herbeiführen, wenn der Wille in der Erklärung erkennbar geworden ist. Der Wille und seine Äußerung in der Erklärung sind untrennbare Bestandteile der Willenserklärung. Ein nur innerlich gebildeter, aber äußerlich geheim gebliebener Wille ist ebenso wie ein mit der Willenserklärung verbundener geheimer Vorbehalt rechtlich ohne Bedeutung (§ 116 Satz 1). Die **Erklärung** als die Äußerung des rechtsgeschäftlichen Willens erfüllt **zwei verschiedene Funktionen.** Mit der Erklärung verläßt der Wille den inneren Bereich des Erklärenden und manifestiert sich äußerlich erkennbar als rechtlicher Gestaltungswille. Diese **Entäußerungsfunktion** der Erklärung bezeichnet das Gesetz als **Abgabe** der Erklärung (§ 130 Abs. 1, s. unten Rn. 2ff.). Sofern die Rechtsfolgen der Willenserklärung bei einer anderen Person eintreten, muß diese Person darüber informiert werden. Diese **Informationsfunktion** der Erklärung nennt 1 das Gesetz **Zugang** (§ 130 Abs. 1) und läßt damit die empfangsbedürftigen Willenserklärungen wirksam werden (s. unten Rn. 11 ff.).

I. Die Abgabe der Erklärung

1. Entäußerungsfunktion der Abgabe

2 Aus der Entäußerungsfunktion der Abgabe (s. Rn. 1) ergibt sich als erste Voraussetzung, daß der **Erklärende seine Erklärung als endgültig gewollt nach außen erkennbar** gemacht haben muß[1]. Durch das Merkmal der Endgültigkeit unterscheidet sich die Abgabe vom bloßen Entwurf oder der Mitteilung, demnächst eine Erklärung erst abgeben zu wollen. Ist die Erklärung nicht für eine konkrete andere Person bestimmt, so genügt die objektiv erkennbare Äußerung des Willens aufgrund einer dem Erklärenden zurechenbaren Handlung, die erkennbar von einem auf das Inverkehrbringen gerichteten Willen getragen ist. Man spricht dabei auch von Begebung und dem dazu gehörenden Begebungswillen. Ist die Erklärung an einen anderen gerichtet (empfangsbedürftige Erklärung), so kommt als weitere Voraussetzung für die Begebung hinzu, daß der Erklärende das nach den Umständen zu Erwartende getan hat, um die Erklärung auf den **Weg zum Empfänger** zu bringen[2]. Mit der Abgabe läßt der Erklärende seine Erklärung rechtlich existent werden, ungeachtet dessen, ob die Erklärung sogleich mit der Abgabe schon ihre vollen Wirkungen entfaltet[3].

3 **Beispiel:** Die Abgabe einer empfangsbedürftigen Willenserklärung liegt vor, wenn die Erklärung mit dem Willen des Erklärenden auf den Weg zum Empfänger, z. B. zur Post gebracht wird, nicht aber, wenn die Erklärung einem Dritten mitgeteilt wird und von diesem, ohne daß der Erklärende damit rechnen konnte, an die für ihren Empfang zuständige Person weitergeleitet wird[4]. Allerdings gilt bei Privaturkunden die Beweisregel des § 416 ZPO auch für die Begebung[5], so daß von einer Urkunde, die sich im Verkehr befindet, vermutet wird, daß sie von ihrem Aussteller begeben worden ist. Der Gegenbeweis, daß dies nicht zutrifft, sondern die nur als Entwurf gedachte Urkunde gegen den Willen des Ausstellers in den Verkehr gelangt ist, sollte zugelassen werden.[6] Handelt es sich um eine nicht empfangsbedürftige Willenserklärung wie z. B. ein Testament, so genügt für die Abgabe, daß die Erklärung als endgültig gewollt für andere auffindbar irgendwo niedergelegt wird.

2. Zeitpunkt der Abgabe

4 Der Zeitpunkt der Abgabe ist bedeutsam für die **Gültigkeitsvoraussetzungen,** die **in der Person des Erklärenden** gegeben sein müssen, wie die Rechtsfähigkeit und die Geschäftsfähigkeit. Für die Wirksamkeit einer Erklärung ist es auch ohne Einfluß, daß der Erklärende nach der Abgabe der Erklärung gestorben oder geschäftsunfähig geworden ist (§ 130 Abs. 2). Zum Zeitpunkt der Abgabe muß aber die Rechts- und

---

[1] Vgl. etwa Bamberger/Roth/*Wendtland,* § 130 Rn. 5; *Köhler,* AT, § 6 Rn. 12.
[2] S. auch *BGHZ* 65, 13, 14.
[3] *Flume,* AT II, § 14, 2.
[4] *BGH* NJW 1979, 2032, 2033; Erman/*Palm,* § 130 Rn. 4; Palandt/*Heinrichs,* § 130 Rn. 4; MünchKomm/*Einsele,* § 130 Rn. 13; *Medicus,* AT, Rn. 265.
[5] S. *BGH* MDR 2003, 406; *Stein/Jonas/Leipold,* ZPO, § 416 Rn. 7; MünchKomm/*Schreiber,* ZPO 2. Aufl. § 416 Rn. 8; *Musielak/Huber,* ZPO, 3. Aufl. § 416 Rn. 3; a. A. Zöller/*Geimer,* ZPO, § 416 Rn. 9.
[6] *Musielak/Huber,* aaO; a. A. MünchKomm/*Schreiber,* aaO Rn. 10.

Geschäftsfähigkeit noch gegeben sein. Auch für einen Irrtum nach § 119 kommt es darauf an, daß er im Augenblick der Abgabe der Erklärung bestand. Entdeckt der Erklärende seinen Irrtum nach der Abgabe, aber noch vor dem Wirksamwerden der Erklärung, so gilt die Erklärung gleichwohl, so wie sie abgegeben war, vorbehaltlich der Möglichkeit einer Anfechtung. Der Erklärende kann aber das Wirksamwerden der Erklärung noch vor ihrem Zugang gemäß § 130 Abs. 1 Satz 2 durch rechtzeitigen Widerruf verhindern. In diesem Fall bedarf es der Anfechtung nicht[7].

a) Mündliche Erklärungen

Mündliche Erklärungen dienen grundsätzlich der Verständigung **unter Anwesenden.** Als Erklärungen unter Anwesenden sind auch telefonische Erklärungen anzusehen (s. auch § 147 Abs. 1 Satz 2). Eine Erklärung ist dabei abgegeben, wenn sie in Richtung auf den Empfänger so **ausgesprochen** ist, daß dieser sie vernehmen kann. Davon zu unterscheiden ist die Frage des Zugangs, ob der Empfänger die Erklärung auch tatsächlich vernommen hat (s. unten Rn. 34ff.). 5

b) Schriftliche Erklärungen

Eine schriftliche Erklärung gegenüber einem **Anwesenden,** etwa bei einem schriftlichen Vertragsabschluß, ist abgegeben, wenn das Schriftstück dem Empfänger übergeben wird, also nicht schon mit der Anfertigung. Denn solange der Erklärende das Schriftstück noch zurückhalten kann, hat er seinen Willen noch nicht endgültig geäußert[8]. Dementsprechend genügt auch für die Abgabe einer schriftlichen Erklärung gegenüber **Abwesenden** nicht schon die Niederschrift des Briefes, der Schreiber muß auch noch die erforderlichen Schritte getan haben, um den Brief an den Empfänger gelangen zu lassen (Begebung, s. oben Rn. 2)[9]. Eine für die **Öffentlichkeit bestimmte Erklärung** ist abgegeben, wenn der Erklärende alles getan hat, um sie der Öffentlichkeit zugänglich zu machen. 6

Beispiele: Für die Begebung ist es ausreichend, daß der Absender den von ihm unterschriebenen **Brief** seiner Sekretärin übergibt, damit sie ihn adressiert und absendet, oder daß er den von ihm verschlossenen und adressierten Brief an einen Platz legt, von dem die dort liegenden Postsachen gewöhnlich durch Angestellte oder durch ein Familienmitglied mitgenommen werden, um sie in den Postkasten zu stecken. Es genügt also, daß der Absender den Brief soweit auf den Weg gebracht hat, daß er mit seiner weiteren Beförderung rechnen kann. Hat jemand einen Brief, der eine rechtsgeschäftliche Erklärung enthält, zwar geschrieben, verschlossen und adressiert, dann aber, weil er unschlüssig war, unter anderen Papieren auf seinem Schreibtisch liegen lassen, und findet ihn dann seine Ehefrau oder eine Angestellte beim Aufräumen und bringt ihn in der Meinung, die Absendung sei nur versehentlich unterlassen, zur Post, so ist die Erklärung von dem Schreiber des Briefes dennoch als abgegeben anzusehen, weil der Erklärende das Inverkehrbringen aus in seinem Herrschafts- und Organisationsbereich liegenden Gründen zu vertreten hat[10]. Hat der Erklärende die Absendung nicht zu vertreten, z.B. weil der Brief ihm gestohlen wurde, so liegt eine Abgabe nicht vor. Einer Anfechtung wegen Irrtums 7

---

[7] Unterläßt er den Widerruf, obwohl er sich dieser Möglichkeit bewußt war, so kann darin eine Bestätigung der irrtümlich abgegebenen Erklärung liegen. Vgl. dazu *Flume,* AT II, § 14, 2.

[8] *RGZ* 61, 414, 415; Erman/*Palm,* § 130 Rn. 4; *Brox,* AT, Rn. 149; *Medicus,* AT, Rn. 265; vgl. auch *Köhler,* AT, § 6 Rn. 12.

[9] *v. Tuhr,* AT II/1, § 61 III 1; *Enneccerus/Nipperdey,* AT, § 159 zu Anm. 3; *Flume,* AT II, § 14, 2; *Köhler,* AT, § 6 Rn. 12; *Medicus,* AT, Rn. 265; *Brox,* AT, Rn. 150; *BGHZ* 65, 13, 14 (beiläufig).

[10] So zu Recht AK/*Hart,* § 130 Rn. 5; Palandt/*Heinrichs,* § 130 Rn. 4; a.A. Voraufl. § 21 II a, S. 419; *Canaris,* JZ 1976, 194.

bedarf es in diesem Fall nicht. Da die Begebung vermutet wird, muß der Erklärende jedoch das Abhandenkommen beweisen (s. oben Rn. 3). Dem Empfänger, der auf die Gültigkeit der in dem Brief enthaltenen Erklärung vertraut hat, steht in analoger Anwendung des § 122 ein Anspruch auf Ersatz seines Vertrauensschadens zu. Der Erklärende muß für das in seiner Risikosphäre liegende Abhandenkommen einstehen[11]. Der Empfänger muß sich ein mitwirkendes Verschulden nur anrechnen lassen, wenn er den fehlenden Begebungswillen des Erklärenden hätte erkennen können.

8 Im Falle einer Erklärung an die Öffentlichkeit in Form eines **Zeitungsinserates** ist die Erklärung abgegeben, wenn sie der Zeitung übergeben oder an sie abgesandt worden ist, nicht erst dann, wenn es erschienen ist[12]. Rechtliche Wirkung entfaltet die Erklärung allerdings erst dann, wenn die Ausgabe, in der das Inserat erschienen ist, an die Öffentlichkeit gelangt. Zuvor kann der Erklärende z. B. noch die Veröffentlichung seiner Erklärung widerrufen, so daß sie nicht erscheint. Er müßte dann aber im Zeitpunkt des Widerrufs noch leben und geschäftsfähig sein.

9 Bei Erklärungen im Zusammenhang mit der **elektronischen Datenübermittlung,** z. B. in Form der E-mail ist die Abgabe dann anzunehmen, wenn der Erklärende den letzten von ihm auszuführenden Mitwirkungsakt vollzogen hat, um die Erklärung auf die elektronische Reise zu schicken[13].

10 Das **schriftliche Testament** ist, da es an keinen bestimmten Empfänger gerichtet ist, schon fertiggestellt, wenn es niedergeschrieben und unterschrieben ist, unbeschadet dessen, daß es erst mit dem Tode des Testators wirksam wird und vorher von ihm jederzeit geändert oder widerrufen werden kann.

II. Der Zugang empfangsbedürftiger Erklärungen

1. Information des Betroffenen als Zweck des Zugangs

11 Sofern Willenserklärungen Rechtsfolgen erzeugen, die in die Rechtsverhältnisse eines anderen eingreifen und dessen Rechtslage verändern, muß er sich hierauf grundsätzlich einstellen können. Das Gesetz will dies dadurch sicher stellen, daß es in diesen Fällen eine empfangsbedürftige Willenserklärung vorsieht, zu deren Wirksamkeit der Zugang beim Empfänger erforderlich ist. Das Gesetz sieht das Erfordernis des Zugangs ausdrücklich zwar nur bei Erklärungen gegenüber **Abwesenden** vor (§ 130 Abs. 1 Satz 1). Das Zugangserfordernis beruht jedoch auf dem grundsätzlichen **Interesse an rechtzeitiger Information,** das auch für Erklärungen unter **Anwesenden** besteht. Das Zugangserfordernis als Grundgedanke des § 130 ist deshalb auch unter Anwesenden zu beachten[14]. Lediglich die Art und Weise und demgemäß auch die Voraussetzungen des Zugangs sind bei Erklärungen unter Abwesenden und Anwesenden verschieden. § 130 ist ferner auf geschäftsähnliche Handlungen entsprechend anwendbar. Dies gilt grundsätzlich auch für Mitteilungen und Anzeigen. Jedoch kann der Zweck der jeweiligen Mitteilung oder Anzeige und die dafür vorgesehenen Fristen eine andere Beurteilung rechtfertigen (s. unten Rn. 15).

2. Rechtzeitigkeit der Information

12 Das Interesse des Betroffenen richtet sich nicht nur darauf, daß er überhaupt informiert wird, sondern umfaßt auch das Interesse an rechtzeitiger Information. Grundsätz-

---

[11] Vgl. auch *BGH* NJW 1969, 1380; Palandt/*Heinrichs,* § 122 Rn. 2; MünchKomm/*Kramer,* § 122 Rn. 5.

[12] Vgl. *Enneccerus/Nipperdey,* AT, § 159 II.

[13] *Ultsch,* NJW 1997, 3007; *Tanpik/Kritter,* JuS 1999, 839, 840.

[14] So zu Recht auch Palandt/*Heinrichs,* § 130 Rn. 13; MünchKomm/*Einsele,* § 130 Rn. 27 ff.; *Köhler,* AT, § 6 Rn. 19.

lich wird das Interesse an rechtzeitiger Information dadurch geschützt, daß die Willenserklärung gemäß § 130 Abs. 1 Satz 1 **erst bei Zugang wirksam** wird und damit auch erst dann ihre Rechtsfolgen eintreten (s. unten Rn. 51). Soweit etwa das Gesetz vorsieht, daß eine Erklärung bis zu einem bestimmten Zeitpunkt erfolgt sein muß, muß die Erklärung bis zu diesem Zeitpunkt zugegangen sein. Bei formbedürftigen Erklärungen muß die Erklärung schließlich auch in der vorgeschriebenen Form zugehen[15].

Beispiele: Der rechtzeitige Zugang ist insbesondere für Erklärungen bedeutsam, die zu einer bestimmten Zeit oder innerhalb einer bestimmten Frist abgegeben werden müssen, wie z.B. eine Kündigungserklärung (§§ 489, 542, 573c, 621, 622, 626 Abs. 2), aber auch eine Anfechtungserklärung (§§ 121, 124) oder die Annahme eines Vertragsangebots (§§ 146ff.). Teilweise muß die Erklärung dabei in einer bestimmten Form, etwa der Schriftform (§ 126), zugegangen sein. So z.B. bei der Kündigung eines Mietverhältnisses über Wohnraum (§ 568 Abs. 1), durch Zugang der Urkunde mit Originalunterschrift, oder bei dem Abschluß bestimmter Verträge (§§ 550, 766) durch Zugang der Annahmeerklärung mit Originalunterschrift innerhalb der Annahmefrist (§ 147). Ein Zugang mit Fax genügt nicht. Geht das Original erst nach Fristablauf per Post ein, so ist trotz fristgerechten Faxeingangs die schriftliche Erklärung im Original nicht rechtzeitig zugegangen[16]. Bei prozessualen Schriftsätzen reicht dagegen der fristgerechte Faxeingang[17]. 13

Zu beachten ist, daß das Gesetz in einigen Fällen **ausnahmsweise** die **fristgerechte Absendung** zur Wahrung einer Frist genügen läßt. Dies gilt insbesondere bei Erklärungen, die innerhalb kurzer Frist abgegeben werden müssen (unverzüglich in § 121 Abs. 1 Satz 2, zwei Wochen in § 355 Abs. 1 Satz 2, sieben Tage in § 438 Abs. 4 HGB, 14 Tage in § 5a Abs. 2 Satz 3, § 8 Abs. 4 Satz 2 und Abs. 5 Satz 2 VVG, zwei Wochen in § 3 Nr. 7 PflVG). Damit soll dem Erklärenden die volle Frist zur Überlegung bleiben und nicht durch die Versendezeit verkürzt werden. Auch soll der Erklärende nicht das Risiko des rechtzeitigen Zugangs tragen, z.B. bei einer Fehlzustellung durch die Post. Obwohl die rechtzeitige Absendung zur Fristwahrung genügt, so bleibt doch der Zugang als solcher erforderlich. Er muß nur nicht innerhalb der Frist erfolgen. 14

§ 130 gilt ausdrücklich nur für Willenserklärungen. Er ist jedoch auf **geschäftsähnliche Handlungen** (s. oben § 22 Rn. 14ff.) entsprechend anwendbar, wie z.B. bei Mängelanzeigen nach § 377 HGB, § 651g oder bei einer Mahnung[18]. Der BGH will das Erfordernis des Zugangs nicht für bloße **Mitteilungen,** Benachrichtigungen oder Anzeigen gemäß § 666 gelten lassen, wie z.B. bei einer Mitteilung über die Verfallzeit von Optionen und Bezugsrechten[19]. Jedoch können solche Mitteilungen und Anzeigen ihren Zweck nur erfüllen, wenn sie dem Empfänger bekannt werden. Wenn es sich um Mitteilungspflichten handelt, gehört zur Pflichterfüllung ohnehin, daß der Leistungserfolg eintritt[20]. Dazu gehört zumindest die Möglichkeit der Kenntnisnahme (s. unten Rn. 21ff.). Der Absender muß deshalb alles unternehmen, um dem Empfänger die Kenntnisnahme zu ermöglichen. Die Anforderungen dafür lassen sich aus dem Erfordernis des Zugangs entnehmen. Von der Frage des Zugangs an sich ist die Frage zu unterscheiden, ob der Zugang bei einer Frist innerhalb der Geschäftszeit erfolgen muß. Dies ist bei der Übersendung von Anträgen nach § 126 AktG zu verneinen[21]. Es genügt der Zugang bis 15

---

15 *BGH* NJW 1997, 3169, 3170; Erman/*Palm,* § 130 Rn. 14; Palandt/*Heinrichs,* § 126 Rn. 11.

16 *BGHZ* 121, 224; *BGH* NJW 1997, 3169, 3170.

17 *GemS-OGB* NJW 2000, 2340.

18 S. *BGH* NJW 2002, 1565 = LM § 130 BGB Nr. 31 m. Anm. *Pfeiffer.*

19 *BGH* NJW 2002, 2703.

20 S. etwa MünchKomm/*Krieger,* § 260 Rn. 43.

21 Dazu *BGH* NJW 2000, 1328 = LM § 130 BGB Nr. 30 m. Anm. *Noack.*

zum Tagesende. Der Zugang bis zum Tagesende genügt auch bei prozessualen Erklärungen gegenüber dem Gericht, wie z. B. bei Einlegung einer Berufung oder Revision.

III. Zugang unter Abwesenden

1. Merkmale der Abwesenheit

16 Mit Abwesenheit ist das **Fehlen eines unmittelbaren zeitgleichen Verständigungskontakts,** insbesondere eines Sprech-, Sicht- oder Schriftkontakts zwischen dem Erklärenden und dem Empfänger gemeint[22].

17 **Beispiele:** Nicht nur das Versenden von Briefen, sondern auch das Sprechen auf den Anrufbeantworter oder das Zusenden einer Nachricht über Fax ist als Erklärung unter Abwesenden anzusehen, ebenso das Deponieren einer Erklärung per E-mail. Ein unmittelbarer Kontakt liegt aber bei einem Telefongespräch vor. Daher ist die dem Empfänger telefonisch übermittelte Erklärung im Sinne des Gesetzes eine solche unter Anwesenden[23]. Gleiches gilt heute für einen Sicht- oder Schriftkontakt am Bildschirm. Ist der Empfänger geschäftsunfähig, so ist auf den gesetzlichen Vertreter abzustellen (§ 131 Abs. 1). Ist der Empfänger in der Geschäftsfähigkeit beschränkt, so gilt das gleiche, sofern die Erklärung ihm nicht lediglich einen rechtlichen Vorteil bringt oder der Vertreter eingewilligt hat (§ 131 Abs. 2).

18 Bei Fehlen eines unmittelbaren Kontakts besteht ein zeitlicher Abstand zwischen der Abgabe der Erklärung, z. B. der Absendung des Briefes oder dem Sprechen auf den Anrufbeantworter, und der Kenntnisnahme durch den Empfänger. Damit ergibt sich die Frage nach dem Zeitpunkt, in dem die Erklärung wirksam wird.

2. Verteilung des Übermittlungsrisikos zwischen den Beteiligten

a) Grundsätzlicher Ausgangspunkt

19 Der Gesetzgeber wollte die Risiken, die mit jeder an einen Abwesenden gerichteten Erklärung verbunden sind, insbesondere das Risiko, daß die Erklärung dem Empfänger gar nicht oder verspätet zur Kenntnis gelangt, in angemessener Weise zwischen dem Absender und dem Empfänger verteilen. Die Voraussetzungen und damit der Zeitpunkt des Zugangs haben in einer langen Diskussion einen Wandel erfahren.

20 Die in der Zeit vor dem BGB erörterte Äußerungstheorie, die für den Zugang auf die äußere erkennbare Existenz der Erklärung abstellte, sowie die Entäußerungstheorie, die den Zugang schon mit dem Verlassen des Herrschaftsbereichs des Erklärenden eintreten ließ, spielen heute keine Rolle mehr. Aufgegeben ist auch die Auffassung, die auf die Besitzerlangung abstellte[24]. Besitz im Sinne der tatsächlichen Sachherrschaft setzt einen Besitzwillen voraus. Dieser ist aber für den Zugang nicht erforderlich. Nicht ohne weiteres interessengerecht ist auch die Vernehmungstheorie, die die tatsächliche Kenntnisnahme der Erklärung durch den Empfänger verlangt (s. auch unten Rn. 35). Bei ihr könnte der Empfänger den Zugang allzu leicht vereiteln, indem er die Erklärung einfach nicht zur Kenntnis nimmt. Sachgerecht ist allein die **Empfangstheorie,** die den Zugang davon abhängig macht, daß die Erklärung in den Machtbereich des Empfängers gelangt. Der Sache nach geht es um die **richtige Risikoverteilung** zwischen dem Absender und dem Empfänger der Erklärung. Welche Anstrengungen muß der Absender unternehmen, um die Erklärung dem Empfänger bekannt zu machen und welche Risiken muß er tragen, wenn die Erklärung nicht zur Kenntnis des Empfängers gelangt? Was muß andererseits der Empfänger auf sich nehmen, um die Kenntnis von der Erklärung zu erlangen? Die Emp-

---

[22] Vgl. *John,* aaO, S. 391 ff., 401.
[23] H. L.; vgl. *John,* aaO, S. 393; s. auch unten Rn. 32.
[24] So *Titze,* JherJb. 47, 379. Kritisch hierzu *Brinkmann,* aaO, S. 53 ff.

fangstheorie wird der sachgerechten Verteilung dieser Anstrengungen und Risiken am besten gerecht. In die Abgrenzung der Risiko- und Herrschaftssphären muß aber auch einfließen, das aus Treu und Glauben abzuleitende **Gebot gegenseitiger Rücksichtnahme.**

b) Verantwortungsbereich des Absenders

In den Verantwortungsbereich des Absenders fällt in erster Linie das Übermittlungsrisiko. Dem Absender ist die Übernahme des Übermittlungsrisikos zuzumuten, weil er den Versendungsweg und das Versendungsmittel auswählen und damit besser beherrschen kann als der Empfänger. Der Absender muß demgemäß das Übermittlungsrisiko bis zu dem Zeitpunkt tragen, von dem ab normalerweise der Empfänger Kenntnis von der Erklärung nehmen kann. Dies setzt grundsätzlich voraus, daß die Erklärung in den Einfluß- und **Machtbereich des Empfängers** gelangt ist[25]. Dagegen kommt es nicht auf die tatsächliche Kenntnisnahme durch den Empfänger oder seinen Beauftragten an, sondern nur auf die vom Absender zu bewirkende **Möglichkeit der Kenntnisnahme** unter solchen Umständen, mit deren Vorliegen der Absender rechnen konnte. Dementsprechend ist entscheidend, daß die Erklärung dem Empfänger in der Art nahegebracht wird, daß er von ihr Kenntnis nehmen kann und die Kenntnisnahme nach den konkret getroffenen Vorkehrungen oder nach den Gepflogenheiten des Verkehrs auch erwartet werden kann[26]. 21

c) Verantwortungsbereich des Empfängers

Ist die Erklärung in den Machtbereich des Empfängers gelangt, dann trifft ihn grundsätzlich das Risiko, daß er aus Gründen in seiner Person, wie z.B. Krankheit oder vorübergehende Abwesenheit, oder aus Gründen in seinem Geschäftsbetrieb entweder überhaupt nicht oder erst später, als dies unter normalen Umständen zu erwarten ist, von der Erklärung Kenntnis erlangt. Liegen auf der Seite des Empfängers besondere Umstände vor, die ihn an der Kenntnisnahme hindern, mit denen aber der Absender nicht rechnen konnte, so fallen diese grundsätzlich in die Risikosphäre des Empfängers. Erst recht muß es dem Empfänger zur Last fallen, wenn er die unter den gegebenen Verhältnissen konkret vorliegende Möglichkeit der Kenntnisnahme aus Unachtsamkeit oder gar absichtlich nicht wahrnimmt oder wenn er eine längere Zeit verstreichen läßt, bevor er die ihm vorliegende Erklärung tatsächlich zur Kenntnis nimmt. 22

Beispiele: Der dem Empfänger übergebene Brief ist zugegangen, auch wenn er ihn ungeöffnet beiseite legt. Gleiches gilt für die auf Tonband gespeicherte Nachricht oder die abrufbare E-Mail. Im Verantwortungs- und Risikobereich des Empfängers liegt es grundsätzlich auch, wenn ihm die Erklärung während seines Urlaubs zugeht, denn er kann sich darauf einrichten und einen Nachsendeantrag oder einen Empfangsvertreter bestellen. Dies gilt vor allem auch für eine während des Urlaubs ausgesprochene Kündigung des Arbeitsverhältnisses[27]. Der Arbeitge- 23

---

[25] *BGHZ* 67, 271, 275; *BAG* NJW 1993, 1093, 1094; *v. Tuhr,* AT II/1, § 61 zu Anm. 186; *Flume,* AT II, § 14, 3b; *Köhler,* AT, § 6 Rn. 13; *Hübner,* AT, Rn. 731; *Medicus,* AT, Rn. 274; MünchKomm/*Einsele,* § 130 Rn. 6; vgl. auch Erman/*Palm,* § 130 Rn. 6 („Bereich des Empfängers"); ebenso Soergel/*Hefermehl,* § 130 Rn. 8.

[26] Vgl. *Brinkmann,* S. 49; *Enneccerus/Nipperdey,* AT, § 158 II 1; *Hübner,* AT, Rn. 731ff.; *Köhler,* AT, § 6 Rn. 13; *Brox,* AT, Rn. 152, 153; *Medicus,* AT, Rn. 274f.; Palandt/*Heinrichs,* § 130 Rn. 5; ähnlich auch die Rspr.; vgl. *RGZ* 50, 191, 194; 60, 334, 336; 144, 289, 292; 170, 285, 288; *BGHZ* 67, 271, 275; *BGH* NJW 1980, 990; 1983, 929, 930; *BAG* NJW 1993, 1093, 1095.

[27] S. auch *BAG* NJW 1989, 606 und 2213; *H. Dilcher,* JZ 1989, 298; anders noch *BAG* NJW 1981, 1470.

ber darf aber nicht gezielt gerade im Urlaub kündigen, damit die Frist von 3 Wochen zur Erhebung der Kündigungsschutzklage (§ 4 KSchG) verstreicht. Dies verbietet das Gebot der gegenseitigen Rücksichtnahme aus § 242.

d) Machtbereich des Empfängers

24 Der für den Zugang entscheidende Machtbereich des Empfängers bestimmt sich nach dem benutzten Kommunikationsmittel und den Umständen, unter denen die Erklärung abgegeben wird. Grundsätzlich ist auf den räumlichen Machtbereich abzustellen. Es muß aber auch ausreichen, daß dem Empfänger auf andere Weise, d. h. durch eine andere zumutbare Zugriffsmöglichkeit auf die Erklärung, eine Möglichkeit der Kenntnisnahme verschafft wird. Der Empfang in seinem räumlichen Herrschaftsbereich erleichtert dem Empfänger zwar die Kenntnisnahme und kann daher als ein Indiz für den Zugang betrachtet werden, ist aber weder für sich allein zureichend noch unbedingt erforderlich. Es ist nicht zureichend, weil eine Kenntnisnahme häufig erst zu einem späteren Zeitpunkt – etwa dem des Beginns der normalen Geschäftszeit – erwartet werden kann. Es ist auch nicht unbedingt erforderlich, weil auch andere zumutbare Möglichkeiten der Kenntnisnahme ebenfalls dem Machtbereich des Empfängers zugerechnet werden müssen.

25 **Beispiele:** Zum räumlichen Machtbereich gehört insbesondere der **Briefkasten** sowie das Postschließfach. Zum Machtbereich gehören allgemein die **Wohn- und Geschäftsräume** des Empfängers, so etwa wenn die Zimmerwirtin den Kündigungsbrief ihrem Mieter sichtbar auf den Tisch legt oder wenn der Brief wegen seines großen Formats unter der Wohnungstür hindurchgeschoben wird, so daß er dem Empfänger beim Öffnen der Tür alsbald ins Auge fallen muß[28]. Wird ein Privatbrief an die dienstliche Anschrift des Empfängers gesandt, so ist er noch nicht mit dem Empfang bei der Dienststelle, sondern erst dann zugegangen, wenn er auf seinem Schreibtisch oder in ein für ihn bestimmtes Fach gelegt wird. Dem Machtbereich des Empfängers zuzurechnen sind auch die nach der Verkehrsauffassung für ihn **zur Entgegennahme ermächtigten Personen.** Dazu gehören insbesondere Familien- und Haushaltsmitglieder des Empfängers, aber auch die gesetzlichen oder bevollmächtigten Vertreter (dazu im Einzelnen unten Rn. 38ff.). Sendungen, bei denen der Empfänger seine Adresse mit **postlagernd** angegeben hat, sind als zugegangen anzusehen, wenn sie bei dem Postamt zur Abholung bereitgelegt sind, denn von diesem Augenblick an ist grundsätzlich die Kenntnisnahme möglich und die Verwirklichung dieser Möglichkeit hängt allein vom Empfänger ab[29]. In den Machtbereich des Empfängers ist eine Erklärung auch dann gelangt, wenn er einen **Einschreibebrief** nicht bei der Post abholt, obwohl er durch einen Benachrichtigungszettel in seinem Briefkasten darauf hingewiesen worden ist[30]. Zwar ersetzt der Benachrichtigungszettel nicht den Zugang der Erklärung selbst[31]. Aber der Empfänger muß sich nach Treu und Glauben so behandeln lassen, als ob der Zugang erfolgt sei, wenn er ohne besonderen Grund den bei der Post niedergelegten Brief nicht abholt (s. zum Zeitpunkt unten Rn. 28). Die Abholung liegt grundsätzlich in seinem Machtbereich. Eine vergleichbare Wertung enthält § 181 Abs. 1 Satz 3 ZPO für die Zustellung prozessualer Schriftstücke. Dem Machtbereich des Empfängers ist auch der Eingang von Daten in einer **Datenverarbeitungsanlage** des Empfängers zuzurechnen. Bei der Kommunikation per **E-Mail** ist auf die Abrufbarkeit der Daten durch den Empfänger abzustellen. Die Abrufbarkeit ist gegeben ab Eingang im Mail-Server, sei es dem eigenen oder dem eines zwischengeschalteten Versorgers (Provider)[32]. Bei Erklärungen gegenüber **Behörden** genügt der Eingang

---

[28] So auch MünchKomm/*Einsele,* § 130 Rn. 17.

[29] *RGZ* 144, 289, 292; *v. Tuhr,* AT II/1, § 61 Anm. 194; *Enneccerus/Nipperdey,* AT, § 158 Anm. 20; *Flume,* AT II, § 14, 3c; Staudinger/*Dilcher,* § 130 Rn. 35; Bamberger/Roth/*Wendtland,* § 130 Rn. 13.

[30] Nicht überzeugend a.A. *BGH* NJW 1998, 976 = LM § 130 BGB Nr. 27 m. abl. Anm. *Singer;* s. auch unten Rn. 28.

[31] *BGHZ* 67, 271, 275; *BGH* NJW 1998, 976.

[32] *Tanpick/Kritter,* JuS 1999, 839, 841.

bei der Behörde an sich, z. B. bei der Poststelle. Die Weiterleitung an den zuständigen Sachbearbeiter ist für den Zugang nicht entscheidend[33].

3. Zeitpunkt des Zugangs

a) Bedeutung des Zeitpunkts

Der Zeitpunkt des Zugangs ist bedeutsam, wenn die Erklärung zu einem bestimmten Zeitpunkt oder innerhalb einer bestimmten Frist zugegangen sein muß, wie z. B. eine Anfechtungserklärung nach § 123 innerhalb eines Jahres oder unverzüglich gemäß § 121 oder eine Kündigungserklärung spätestens zu einem bestimmten Termin (§ 573c, § 621) oder die Annahme eines Angebots innerhalb der Annahmefrist gemäß § 147 Abs. 2, § 148. Bei formbedürftigen Erklärungen muß die Erklärung innerhalb der Frist auch formwirksam zugehen (s. oben Rn. 12). Der Zeitpunkt des Zugangs ist auch bedeutsam für die Frage, bis wann eine Erklärung noch gemäß § 130 Abs. 1 Satz 2 widerrufen werden kann (s. unten Rn. 49f.). 26

b) Normativ festgelegter Zeitpunkt

Der Zeitpunkt des Zugangs hängt eng mit dem Zugang selbst zusammen und ist nicht von ihm zu trennen[34]. Die Erklärung ist zu dem Zeitpunkt zugegangen, in welchem sie in den **Machtbereich des Empfängers** gelangt ist und dieser davon Kenntnis nehmen konnte (s. oben Rn. 21). Der Zeitpunkt wird aber nicht allein dadurch bestimmt, wann die Erklärung in den Machtbereich des Empfängers gelangt. Vielmehr ist daneben auf den Zeitpunkt abzustellen, in dem die **Kenntnisnahme von dem Absender üblicherweise erwartet** werden konnte (s. oben Rn. 21). 27

Beispiele: Die bloße Aufgabe zur Post oder auch das Einwerfen in den Briefkasten genügt für sich allein nicht. Es muß auf den Zeitpunkt abgestellt werden, zu dem die Post üblicherweise zugestellt wird und vom Empfänger normalerweise die Kenntnisnahme erwartet werden kann, z. B. beim **Briefkasteninhalt** am Vormittag bzw. bei Berufstätigen bei Heimkehr nach Arbeitsende, nicht aber am Abend zuvor, wenn eine Nachricht, z. B. eine Kündigungserklärung[35], nach der üblichen Postzustellung eingeworfen wird. Bei Unternehmen ist zu unterscheiden. Wird die Sendung im Unternehmen selbst abgegeben, so kann eine Kenntnisnahme grundsätzlich noch bis zum Ende der Geschäftszeit erwartet werden. Wird die Post dagegen an ein **Postschließfach** adressiert, so ist die Sendung dann zugegangen, wenn nach den Gepflogenheiten des Geschäftsverkehrs mit der Leerung des Schließfachs und der Durchsicht der Post gerechnet werden kann. Ein Brief, der am Ende oder außerhalb der normalen Geschäftszeit in das Postschließfach gelangt, ist erst mit dem Beginn der üblichen Geschäftszeit des nächsten Geschäftstages zugegangen[36]. Wenn der Postbote, der einen **Einschreibebrief** überbringt, eine Benachrichtigung hinterläßt, weil er den Empfänger nicht angetroffen hat, ist der Brief in dem Zeitpunkt zugegangen, in dem er vom Empfänger oder einem Beauftragten abgeholt werden kann und dies unter normalen Umständen zu erwarten ist (s. auch oben Rn. 25)[37]. Es kann nichts anderes gelten, als wenn der Empfänger den zugegangenen Brief nicht liest. In beiden Fällen genügt die zumutbare Möglichkeit der Kenntnisnahme. **Einwurfeinschreiben,** bei de- 28

---

[33] *BGH* NJW-RR 1989, 757, 758; *BGH* NJW 2000, 3128.

[34] *Medicus,* AT, Rn. 275; a. A. *Flume,* AT II, § 14, 3b.

[35] S. dazu *BAG* NJW 1984, 1651.

[36] *RGZ* 142, 404, 407f.; vgl. auch die Entsch. des *BGH* LM § 130 BGB Nr. 2; Staudinger/*Dilcher,* § 130 Rn. 25; Palandt/*Heinrichs,* § 130 Rn. 6; *Brox,* AT, Rn. 153; *Köhler,* AT, § 6 Rn. 14; *Medicus,* AT, Rn. 273ff.

[37] So auch *Köhler,* AT, § 6 Rn. 14; *Behn,* AcP 178 (1978), 505; *Franzen,* JuS 1999, 429; ferner *BGHZ* 67, 271, 275; anders das *BAG* AP § 130 BGB Nr. 4; Soergel/*Hefermehl* § 130 Rn. 10; MünchKomm/*Einsele,* § 130 Rn. 21.

nen der Postbote den Einwurf bestätigt gehen wie normale Briefsendungen zu[38]. Bei Mitteilungen per **Fax** oder per **E-Mail** kann während der üblichen Geschäftszeit die Kenntnisnahme erwartet werden[39], bei privaten Haushalten auch noch am frühen Abend, nicht aber zur späten Nachtzeit. Ein sofortiger Zugang kann in diesen Fällen nur erwartet werden, wenn um die Nachtzeit oder rund um die Uhr gearbeitet wird. Von einem sofortigen Zugang ist auch auszugehen, wenn eine elektronische Erklärung rund um die Uhr elektronisch, ohne zwischengeschaltete menschliche Kenntnisnahme bearbeitet wird[40]. Für Nachrichten auf dem **Anrufbeantworter** gilt grundsätzlich Gleiches. Zur Zugangsverzögerung s. auch unten Rn. 43f.

c) Tatsächliche Kenntnisnahme

29 Erfolgt die **tatsächliche Kenntnisnahme früher,** so ist die Erklärung in diesem Zeitpunkt zugegangen. Eine Erklärung ist deshalb noch rechtzeitig zugegangen, wenn der Empfänger sie um 23 Uhr nachts tatsächlich liest, auch wenn mit der Kenntnisnahme erst am nächsten Vormittag zu rechnen war. Eine am nächsten Vormittag an sich verspätet zugegangenen Erklärung ist deshalb bei tatsächlicher Kenntnisnahme am Tag zuvor noch rechtzeitig zugegangen. Andererseits kann ein später zugehender Widerruf die Wirksamkeit der Erklärung nicht mehr verhindern, auch wenn an sich erst mit einem späteren Zugang zu rechnen war[41]. Das verlangt das Interesse des Empfängers an der Gültigkeit der an ihn gerichteten Erklärung.

4. Maßnahmen des Zugangsersatzes

30 Der Zugang einer Willenserklärung kann auch durch Maßnahmen des Zugangsersatzes herbeigeführt werden. Als eine Möglichkeit sieht das Gesetz vor, daß der Erklärende die Erklärung durch Vermittlung eines **Gerichtsvollziehers** nach den Vorschriften der ZPO zustellen läßt (§ 132 Abs. 1 i.V.m. §§ 191ff. ZPO). Der Erklärende sichert sich dadurch den Beweis des Zugangs, der ihm obliegt und an den die Rechtsprechung strenge Anforderungen stellt[42]. Eine weitere Form des Zugangsersatzes sieht § 132 Abs. 2 mit der **öffentlichen Zustellung** gemäß §§ 185ff. ZPO vor.

IV. Zugang unter Anwesenden

1. Merkmale der Anwesenheit

31 Das Gesetz erwähnt in § 130 empfangsbedürftige Erklärungen, die in Abwesenheit des Empfängers abgegeben werden. Darüber, wann eine Erklärung gegenüber einem Anwesenden wirksam oder doch für den Erklärenden bindend wird, sagt das Gesetz nichts. Anwesenheit ist anzunehmen, wenn eine **zeitgleiche Kommunikation** mit sofortiger Kenntnisnahmemöglichkeit gewährleistet ist (s. auch oben Rn. 16f.).

---

[38] S. Palandt/*Heinrichs,* § 130 Rn. 7; *Neuvians/Mensler,* BB 1998, 1206; *Jänich,* VersR 1999, 535; Bedenken bei *Bauer/Diller,* NJW 1998, 2795.

[39] S. auch *BGH* VersR 1994, 586; Palandt/*Heinrichs,* § 130 Rn. 8; *Heun,* CR 1994, 595, 598.

[40] S. *Mehrings,* MMR 1998, 30, 33; dazu auch *Ultsch,* NJW 1997, 3007.

[41] So mit Recht *Medicus,* AT, Rn. 276; *John,* aaO, S. 409; MünchKomm/*Einsele,* § 130 Rn. 16.

[42] Vgl. *BGHZ* 24, 308ff. für den Nachweis des Zugangs eines eingeschriebenen Briefes; *BGH* LM § 130 BGB Nr. 7 für den Nachweis des (rechtzeitigen) Zugangs eines gewöhnlichen Briefes; *BGHZ* 70, 232, 234 (der Absender trägt auch die Beweislast für den Zeitpunkt des Zugangs); zur Beweislast vgl. auch Palandt/*Heinrichs,* § 130 Rn. 21; *Köhler,* AT, § 6 Rn. 21.

Beispiele: Ein Zugang unter Anwesenden ist nicht nur bei gleichzeitiger körperlicher Präsenz zweier Personen am selben Ort gegeben, sondern auch beim Gespräch am Telefon (s. § 147 Abs. 1 Satz 2) und beim gleichzeitigen Dialog zweier Personen an ihren PCs auf elektronischem Weg[43]. Von einer Erklärung unter Anwesenden ist auch auszugehen bei Erklärungen, die bei Bedienung eines Automaten von diesem abgegeben werden, ebenso bei Erklärungen gegenüber einem Automaten, weil und sofern dessen Reaktion unmittelbar wahrgenommen werden kann. 32

2. Schriftliche Erklärungen

Handelt es sich um eine in einem Schriftstück oder in anderer Weise verkörperte Erklärung, so genügt es wie sonst beim **Zugang,** daß die verkörperte Erklärung durch Aushändigung und Übergabe in den Machtbereich des Empfängers gelangt[44]. Da der Erklärende, solange er das Schriftstück noch nicht aus der Hand gegeben hat, seinen Willensentschluß noch nicht endgültig geäußert hat[45], fallen Abgabe und Zugang der Erklärung hier zusammen. 33

3. Mündliche Erklärungen

a) Besonderheiten der mündlichen Erklärung

Die mündliche Erklärung unterscheidet sich von einer schriftlichen regelmäßig durch ihre **Vergänglichkeit.** Sobald sie ausgesprochen wird, ist sie auch schon vergangen. Wer ein Schriftstück nicht genau gelesen oder seinen Inhalt vergessen hat, kann es erneut lesen und sich den Inhalt dadurch wieder ins Bewußtsein bringen. Wer die an ihn gerichtete Erklärung, etwa infolge seiner Unaufmerksamkeit oder Schwerhörigkeit, überhaupt nicht oder doch lautlich nicht richtig aufgenommen hat, entbehrt dieser Möglichkeit. Das mündliche Wort hat, wenn es nicht auf Tonband aufgezeichnet wird, Bestand nur im Bewußtsein dessen, der es vernommen hat und in seinem Gedächtnis bewahrt. **Vernehmung** bedeutet in erster Linie die akustisch vollständige Wahrnehmung unabhängig von dem interpretatorisch richtigen Verständnis. Der akustischen Wahrnehmung gleichzustellen ist aber die Verständigung in einer dem Empfänger verständlichen Sprache. 34

Die **Vernehmungstheorie**[46] geht davon aus, daß die mündliche Erklärung nur dann wirksam wird, wenn sie so, wie sie abgegeben wurde, vom Empfänger lautlich zutreffend aufgenommen wurde. Bedenken gegen die Vernehmungstheorie ergeben sich jedoch dann, wenn der Erklärende sich sprachlich hinreichend deutlich geäußert hat und den Umständen nach annehmen muß, der Empfänger habe seine Worte auch richtig vernommen, während dieser vielleicht gar nicht hingehört oder infolge Schwerhörigkeit nur einen Teil verstanden hat. Soll dem Erklärenden auch die für ihn nicht erkennbare Unaufmerksamkeit oder die Schwerhörigkeit des Empfängers zum Nachteil gereichen? Wenn er Anlaß hat, daran zu zweifeln, ob der Empfänger seine Wort richtig aufgenommen hat, muß er sich darüber durch eine Frage vergewissern und nötigenfalls seine Erklärung wiederholen. Wenn aber zu solchen Zweifeln keinerlei Anlaß besteht, wenn etwa der Empfänger auf Befragen bestätigt hat, er habe alles richtig vernommen, soll dann die Erklärung, falls sie in der Tat von dem Empfänger nicht richtig aufgenommen wurde, als unwirksam angesehen werden? 35

---

[43] A. A. *Heun,* CR 1994, 595, 597; *Redeker,* NJW 1994, 2390, 2391.

[44] *BGH* NJW-RR 1996, 641; *BGH* NJW 1998, 3344; Soergel/*Hefermehl,* § 130 Rn. 20; Bamberger/Roth/*Wendtland,* § 130 Rn. 27.

[45] Vgl. *RGZ* 61, 414, 415; *Hübner,* AT, Rn. 734.

[46] *Enneccerus/Nipperdey,* AT, § 158 II B 1; *Hübner,* AT, Rn. 735; *Flume,* AT II, § 14, 3f.; *Oertmann,* § 130 Anm. 4aβ; Staudinger/*Dilcher,* § 130 Rn. 14; MünchKomm/*Förschler,* 3. Aufl. § 130 Rn. 20; s. auch oben Rn. 20.

b) Abgeschwächte Vernehmungstheorie

36 Richtigerweise ist auch hier der dem § 130 zugrunde liegende Gedanke der **Risikoverteilung** unter Berücksichtigung der Besonderheiten der mündlichen Erklärung zur Geltung zu bringen. Danach hat der Erklärende grundsätzlich dafür zu sorgen, daß der Empfänger seine Worte vernimmt. Wenn erkennbare Zweifel daran möglich sind, muß sich der Erklärende aufgrund des Gebots der gegenseitigen Rücksichtnahme (s. oben Rn. 20) weiter um die tatsächliche Kenntnisnahme bemühen. Unterläßt er dies, ist die Erklärung nicht zugegangen. Es genügt deshalb nicht, daß der Empfänger die Erklärung bei der nötigen Aufmerksamkeit vernehmen konnte[47]. Hinzukommen muß, daß der **Erklärende** auf das **tatsächliche Verständnis vertrauen durfte.** Wenn es nach den Umständen für den Erklärenden keinen Zweifel daran geben konnte, daß der Empfänger seine Worte richtig und vollständig vernommen habe, dann ist die Erklärung wirksam zugegangen, selbst wenn der Empfänger sie tatsächlich nicht verstanden hat[48]. Der Erklärende hat dann alles getan, was man vernünftigerweise von ihm erwarten konnte. Das mangelnde Verständnis liegt dann allein im Risikobereich des Empfängers. Diesem obliegt es, die in seinem Bereich liegenden Störungen der Verständigung erkennbar zu machen. Man kann dies als **abgeschwächte Vernehmungstheorie** bezeichnen. Nach ihr steht der Anschein, der Empfänger habe die Erklärung richtig vernommen, der tatsächlichen Vernehmung durch den Empfänger gleich, wenn für den Erklärenden kein Grund zum Zweifeln gegeben war.

37 Im Hinblick auf die Verständigungsbemühungen gemäß der abgeschwächten Vernehmungstheorie ist der mündlichen Erklärung gleichzustellen der **Dialog am Computer,** weil und sofern an der Reaktion des anderen auf die Erklärung unmittelbar festgestellt werden kann, ob er die Erklärung vernommen hat oder nicht. Gleiches ist anzunehmen bei Befehlen, auf die der Computer eines anderen in vorprogrammierter Weise reagiert[49].

V. Zugang durch und an Mittelspersonen

38 Bei der Abgabe oder beim Empfang von Erklärungen durch Mittelspersonen kann es sich um einen Vertreter mit eigener Entscheidungsbefugnis oder um einen Boten als bloßen Träger einer fremden Erklärung handeln.

1. Erklärungen gegenüber einem Vertreter

39 Bei Abgabe und Empfang einer Erklärung gegenüber einem Vertreter tritt der Vertreter an die Stelle des Vertretenen. Die **Zugangsvoraussetzungen** sind deshalb, wenn sie **beim Vertreter** vorliegen, zugleich mit Wirkung gegenüber dem Vertretenen erfüllt (s. § 164 Abs. 3). Deshalb genügt z.B. der Einwurf in ein privates Postfach des Geschäftsführers einer GmbH für den Zugang an die GmbH. Dies gilt auch bei einer Anscheinsvollmacht. Es genügt dabei, wenn der Vertreter die Funktion eines Empfangsvertreters hat, ohne zugleich Erklärungsvertreter zu sein (s. auch unten § 46 Rn. 29f.). Auf eine Weiterleitung an den Vertretenen kommt es nicht an.

---

[47] So aber *v. Tuhr,* AT II/1, § 61 III 2 (S. 439).

[48] So auch *Köhler,* AT, § 6 Rn. 19; Soergel/*Hefermehl,* § 130 Rn. 21; *Brox,* AT, Rn. 159; MünchKomm/*Einsele,* § 130 Rn. 28; Palandt/*Heinrichs,* § 130 Rn. 14; ähnlich auch *Brinkmann,* aaO, S. 97f.; *Medicus,* AT, Rn. 289.

[49] A.A. *Heun,* CR 1994, 595, 597; *Redeker,* NJW 1994, 2390, 2391.

2. Einschaltung eines Boten

40 Bei Benutzung eines Boten kann die Erklärung des Erklärenden entweder vom Boten als eine Art von Transportmittel überbracht (sog. **Erklärungsbote**) oder von einem **Empfangsboten** vergleichbar einem Briefkasten entgegen genommen werden. Demgemäß ist auch das Ausfallrisiko zu verteilen, wenn der Bote die Erklärung nicht weiterleitet.

41 **Empfangsbote** ist, wer vom Erklärungsempfänger **zur Entgegennahme** von Erklärungen **ermächtigt** ist. Die Ermächtigung kann analog § 167 entweder dem Boten oder dem Erklärenden gegenüber erteilt werden. Dies kann als Willenserklärung ausdrücklich oder konkludent geschehen[50]. Unabhängig von einer rechtsgeschäftlichen Erteilung kann sich die Ermächtigung auch aus einer Verkehrsanschauung ableiten. Ob eine solche Verkehrsanschauung anzunehmen ist, hängt von den Umständen ab, insbesondere von der Art und Bedeutung der Erklärung und ihrer Vertraulichkeit, der zu erwartenden Zuverlässigkeit des Empfangsboten, z. B. Kind oder Erwachsener, und seiner Nähe zum Erklärungsempfänger. Der Ehegatte, ein Verwandter oder ein Angestellter im Geschäft kann eher als ermächtigt angesehen werden als die Putzfrau oder ein Nachbar. Empfangsermächtigt ist der Mitarbeiter einer Firma, an den eingehende Anrufe aufgrund einer Anrufumleitung weitergeleitet werden[51]. Gibt der Erklärende die Erklärung einer Person zur Weiterleitung, die nach der Verkehrsauffassung nicht Empfangsbote ist, so macht er diese Person zum Erklärungsboten.

42 **Beispiele:** A beauftragt seinen Sohn oder einen Angestellten damit, dem B, der ihm ein kurz befristetes Vertragsangebot gemacht hat, auszurichten, A nehme sein Angebot an. Der Sohn oder Angestellte ist hier **Erklärungsbote** des A. Die Erklärung geht dem B erst in dem Augenblick zu, in dem der Bote sie dem B ausrichtet. Geschieht das erst am nächsten Tag, so ist der Zugang erst an diesem Tag erfolgt. Bittet A, der den B in seiner Wohnung nicht antrifft, dessen Frau oder Lebensgefährtin oder im Büro dessen Sekretärin, dem B die Annahme des Angebots auszurichten, so sind diese Personen **Empfangsboten** des B, da sie nach der Verkehrsanschauung regelmäßig als für eine solche Erklärung empfangsermächtigt anzusehen sind[52]. Die Erklärung gilt dann in dem Zeitpunkt als zugegangen, in dem unter normalen Umständen mit ihrer Weiterleitung gerechnet werden kann[53], z. B. der Ehemann von der Arbeit nach Hause kommt. Vergißt der Empfangsbote die Weiterleitung an den Empfänger oder nimmt er sie unvollständig oder fehlerhaft vor, so liegt dies im Risikobereich des Empfängers B. Die Erklärung ist gleichwohl, so wie sie von A als Erklärendem oder seinem Erklärungsboten abgegeben war, dem B zugegangen[54]. Voraussetzung ist aber, daß der Erklärende den Empfangsboten als empfangsermächtigt ansehen und mit der Weiterleitung rechnen darf. Dies ist z. B. nicht anzunehmen, wenn die Erklärung einem 10jährigen Kind anvertraut wird. Auch eine nur stundenweise anwesende Putzfrau oder ein Nachbar können nicht als zum Empfang der Annahmeerklärung ermächtigt angesehen werden. Überträgt A dem Nachbarn gleichwohl die Annahmeerklärung zur Weiterleitung, so macht er ihn zum Erklärungsboten. Die Erklärung geht dem B zu, wenn der Nachbar sie tatsächlich weiterleitet. Ein Zugang ist nicht anzunehmen, wenn der Bote, sofern er nicht ausdrücklich für diese Aufgabe bestellt ist, die Entgegennahme ablehnt. Etwas anderes gilt nur, wenn der Empfangsbote gerade für eine solche Entgegennahme bestellt ist oder wenn der Erklärungsempfänger die Annahmeverweigerung veranlaßt hat[55].

---

[50] Vergleichbar § 178 Abs. 1 ZPO; a. A. *Sandmann,* AcP 199 (1999), 455, 456.

[51] *BGH* NJW 2002, 1565 = LM § 130 BGB Nr. 31 m. Anm. *Pfeiffer.*

[52] Vgl. *BAG* NJW 1993, 1093, 1094; Palandt/*Heinrichs,* § 130 Rn. 9; *Köhler,* AT, § 6 Rn. 16.

[53] S. *BGH* NJW-RR 1989, 757, 759; *Köhler,* AT, § 6 Rn. 16; *John,* aaO, S. 296 f.; *Medicus,* AT, Rn. 285 f.

[54] S. Palandt/*Heinrichs,* § 130 Rn. 9; Erman/*Palm,* § 130 Rn. 12.

[55] S. *BAG* NJW 1993, 1093; weitergehend *Schwarz,* NJW 1994, 891.

VI. Zugangsvereitelung

43 Eine Zugangsvereitelung ist anzunehmen, wenn der Empfänger nicht erst die Kenntnisnahme der ihm zugegangenen Erklärung unterläßt, sondern bereits den Zugang verhindert oder doch durch Maßnahmen, mit denen der Absender nicht zu rechnen brauchte, erheblich verzögert oder erschwert.

44 **Beispiele:** Verhindern könnte der Empfänger den Zugang dadurch, daß er seine Wohnung aufgibt, ohne seine neue Anschrift bekanntzugeben, bei der Post die Nachsendung zu beantragen oder ein für ihn niedergelegtes Schriftstück trotz entsprechender Benachrichtigung nicht abholt. Verzögern könnte er den Zugang dadurch, daß er beim Umzug einen Nachsendeantrag stellt, statt dem Absender die neue Anschrift mitzuteilen, oder, wenn er verreist, jemand beauftragt, ihm die Post nachzusenden, statt einen Vertreter zu bestellen, der für ihn handeln kann. Eine Zugangsvereitelung ist demgegenüber nicht anzunehmen, wenn der Empfänger einen Brief nicht aus dem Briefkasten holt und zur Kenntnis nimmt. Hier ist bereits mit dem Einwerfen der Zugang eingetreten (s. Rn. 24f.).

1. Unberechtigte Annahmeverweigerung

45 Zunächst ist ein **Zugang anzunehmen,** wenn der Empfänger die Annahme eines ihm tatsächlich dargebotenen Schreibens **ohne triftigen Grund** verweigert, weil er tatsächlich zur Kenntnisnahme in der Lage war und dies unter normalen Umständen auch von ihm erwartet werden konnte[56]. Auf die gescheiterte Besitzerlangung kommt es gerade nicht an. Ein triftiger Grund für die Annahmeverweigerung wäre etwa gegeben, wenn der überreichte Brief nicht ausreichend frankiert ist und der Empfänger dafür Nachporto zahlen soll.

2. Zugangsfiktionen

46 Bei **absichtlicher Verhinderung** des Zugangs durch den Empfänger, z.B. eines Mahn- oder Kündigungsschreibens, tritt nach dem in den §§ 162 und 815 (letzte Alternative) enthaltenen Rechtsgedanken eine Zugangsfiktion ein. Der Empfänger muß sich so behandeln lassen, wie wenn der Zugang bei normalem Verlauf erfolgt wäre[57]. Der Absender hat allerdings trotzdem weiterhin für den Zugang, notfalls im Wege des § 132 zu sorgen, damit der Empfänger von der Erklärung Kenntnis nehmen kann. Die Erklärung gilt aber bereits zum früheren Zeitpunkt der Zugangsvereitelung als zugegangen, auch wenn der Zugang rein tatsächlich erst später erfolgt. Der Erklärende muss sich nur dann **nicht um eine erneute Zustellung bemühen,** wenn es offensichtlich ist, dass auch der erneute Zustellungsversuch aufgrund des absichtlichen Verhaltens des Empfängers erfolglos sein wird. Dann ist es dem Erklärenden nicht zumutbar, eine erneute Zustellung zu versuchen. Vielmehr muß sich der Empfänger aufgrund der bestehenden Rechtsbeziehung dann so behandeln lassen, als sei die Erklärung in seinen Machtbereich gelangt.[58] Der Zugang wird also fingiert.

47 Aber auch dann, wenn der Empfänger **sachdienliche Maßnahmen getroffen,** z.B. im Falle eines Umzugs einen Nachsendungsantrag gestellt hat, muß ihm die

---

[56] Anders freilich *RGZ* 110, 34, 36. Wie hier *v. Tuhr,* AT II/1, zu § 61 zu Anm. 89; *Enneccerus/Nipperdey,* AT, § 158 zu Anm. 18; *E. Wolf,* AT, S. 335 zu Anm. 119.

[57] Vgl. *RGZ* 58, 406, 408; zustimmend *Medicus,* AT, Rn. 282; a. A. *Brinkmann,* aaO, S. 161 ff.

[58] *BGHZ* 67, 271, 278.

trotzdem unvermeidliche, durch ihn bewirkte **Verzögerung** des Zugangs **zugerechnet** werden, d.h. die Erklärung gilt als zum Zeitpunkt der Zustellung ohne Nachsendeantrag als zugegangen. Dies gilt aber nicht, wenn der Absender mit der Verzögerung rechnen mußte und sie daher in die von ihm angenommene Übermittlungsdauer einrechnen konnte[59]. Im Falle einer vorübergehenden Abwesenheit, z.B. durch Urlaub oder Krankheit, braucht der Absender aber nur bei einem privaten Empfänger mit einer Verzögerung durch die Nachsendung zu rechnen, nicht aber beim Inhaber einer Firma, dessen Geschäftsbetrieb im allgemeinen auch in seiner Abwesenheit weitergeht[60].

3. Schadensersatzansprüche

Aus einem bestehenden Vertragsverhältnis oder aus dem Rechtsverhältnis der Vertragsverhandlungen (§ 311 Abs. 2) kann sich eine **Pflicht** ergeben, den **Zugang** von Erklärungen **zu ermöglichen.** Unterläßt es der Empfänger aus Nachlässigkeit, Vorkehrungen für den rechtzeitigen Empfang der an ihn gerichteten Erklärungen zu treffen, etwa einen Nachsendeantrag zu stellen, und geht die Erklärung ihm deshalb gar nicht oder verspätet zu, so kommen Schadensersatzansprüche wegen vertraglicher Pflichtverletzung oder wegen Verletzung von Pflichten bei den Vertragsverhandlungen in Betracht. Das erforderliche Verschulden des Empfängers wird vorliegen, wenn er mit dem Eingang solcher Erklärungen rechnen mußte. Die schuldhafte Sorgfaltspflichtverletzung löst dann allerdings grundsätzlich nicht im Wege der Naturalrestitution (§ 249 Abs. 1) die Fiktion aus, daß die Erklärung als in dem Zeitpunkt bewirkt gilt, in welchem der Zugang ohne die Zugangsvereitelung erfolgt wäre[61]. Vielmehr muß der Erklärende, wenn er noch an der Erklärung festhalten will, grundsätzlich unverzüglich erneut, notfalls im Wege des § 132 versuchen, den Zugang bei dem Empfänger zu bewirken. Erfolgt der Zugang, kann sich der Empfänger aufgrund seines Sorgfaltspflichtverstoßes aber nicht darauf berufen, daß der Zugang verspätet erfolgt ist[62]. Der Zugang zu einem späteren Zeitpunkt wirkt also dann auf den Zeitpunkt des ersten Zugangsversuches zurück. Der Schadensersatzanspruch kann auch daneben auch auf Geld gerichtet sein. Liegt ein mitwirkendes Verschulden des Absenders vor, z.B. weil er einen zweiten Zustellversuch unterlassen hat, so mindert sich der Geldersatz nach § 254. 48

VII. Widerruf vor oder bei Zugang

Eine Erklärung wird trotz rechtzeitigen Zugehens nicht wirksam, wenn dem Empfänger gleichzeitig oder vorher ein Widerruf zugeht (§ 130 Abs. 1 Satz 2). Es kommt dabei nur auf das zeitliche Verhältnis des Zugangs beider Erklärungen, nicht auf die Reihenfolge an, in welcher der Empfänger tatsächlich von ihnen Kenntnis nimmt. 49

Beispiel: Ist die erste briefliche Erklärung dem Empfänger mit normaler Postzustellung um 9 Uhr zugegangen, hat er die Post aber bis 11 Uhr noch nicht gesehen und geht ihm jetzt ein 50

---

[59] Vgl. dazu *v. Tuhr,* AT II/1, § 61, Anm. 255b; *Enneccerus/Nipperdey,* AT, § 158 II 3; *Brox,* AT, Rn. 161; *Medicus,* AT, Rn. 377ff.

[60] Im Ergebnis ebenso *Flume,* AT II, § 14, 3c.

[61] *BGH* NJW 1998, 976, 977.

[62] *RGZ* 110, 34, 36; *Medicus,* AT, Rn. 278f.; *Brox,* AT, Rn. 162; *Flume,* AT, § 14 3e; *Franzen,* JuS 1999, 432.

die briefliche Erklärung widerrufender Anruf zu, so bleibt die briefliche Erklärung dennoch wirksam, weil der Widerruf später als der Brief zugegangen ist. Nach dem Wortlaut des Gesetzes, der nur auf den Zeitpunkt des Zugangs abstellt, ist das zweifellos. Man kann jedoch einwenden, daß ein Vertrauen des Empfängers auf die Gültigkeit der ersten Erklärung in diesem Fall nicht begründet war und er deshalb gegen Treu und Glauben verstoße, wenn er unter diesen Umständen den Widerruf unbeachtet läßt. Indessen hat das Gesetz das Risiko, daß der Widerruf den Empfänger später zugeht als die Erklärung, dem Absender zugewiesen[63]. Die Berufung auf den verspäteten Widerruf kann deshalb nur unter besonderen Umständen treuwidrig sein. Der Erklärungsempfänger kann allerdings den verspäteten Widerruf dennoch gelten lassen, da dies dem Absender nicht zum Nachteil gereicht, vielmehr dessen Willen entsprochen wird.

VIII. Rechtsfolgen des Zugangs

51 Eine empfangsbedürftige **Erklärung** wird gemäß § 130 erst mit dem Zugang **wirksam,** d.h. daß die **gewollte Rechtsfolge** erst mit dem Zugang **eintritt.** Handelt es sich um die Annahme eines Vertragsangebots, so treten auch die vertraglichen Rechtsfolgen erst mit dem Zugang der Annahmeerklärung ein, falls es nicht noch weiterer Voraussetzungen bedarf, wie z.B. der Eintragung im Grundbuch oder einer behördlichen Genehmigung. Ist das der Fall, tritt die Rechtsfolge erst ein, wenn alle Tatbestandselemente vorliegen. Muß die Erklärung bis zu einem bestimmten Zeitpunkt abgegeben werden, so tritt die gewollte Rechtsfolge nicht ein, wenn sie nicht innerhalb der Frist zugeht.

52 Wenn die Rechtsfolge nicht sofort mit dem Zugang, sondern nach der Vereinbarung oder weil noch ein gesetzliches Erfordernis fehlt, erst später eintritt, hat der Zugang doch zumindest die Bedeutung, daß die zugegangene Erklärung grundsätzlich **nicht mehr widerrufen** werden kann und damit bindend ist[64]. Der Empfänger kann sich deshalb, sofern ihm nicht spätestens zugleich mit der Erklärung ein Widerruf zugeht, vom Moment des Zugangs an auf den Bestand der Erklärung verlassen.

§ 27. Formfreiheit und Formzwang bei Willenserklärungen

Inhaltsübersicht

[63] Vgl. hierzu Staudinger/*Dilcher,* § 130 Rn. 60; MünchKomm/*Einsele,* § 130 Rn. 40; *Köhler,* AT, § 6 Rn. 23; *Medicus,* AT, Rn. 300; *RGZ* 91, 60, 63; abweichend *Hübner,* AT, Rn. 737; Erman/*Palm,* § 130 Rn. 15.

[64] Zu Ausnahmen s. unten § 29 Rn. 5, 27ff.; unten § 39.

Literatur: *Bernard,* Formbedürftige Rechtsgeschäfte, 1979; *Blaurock/Adam,* Elektronische Signatur, ZEuP 2001, 93; *Häsemeyer,* Die gesetzliche Form der Rechtsgeschäfte, 1971; *ders.*, Die Bedeutung der Form im Privatrecht, JuS 1980, 1; *Heldrich,* Die Form des Vertrages, AcP, 147 (1941), 89; *v. Hippel,* Formalismus und Rechtsdogmatik, 1935; *Holzhauer,* Die eigenhändige Unterschrift, 1973; *Köhler,* Die Unterschrift als Rechtsproblem, FS Schippel, 1996, S. 209; *H. Lehmann,* Die Unterschrift im Tatbestand der schriftlichen Willenserklärung, 1904; *Münch,* Die Reichweite der Unterschrift, 1993; *Pohlmann,* Die Heilung formnichtiger Verpflichtungsgeschäfte, 1992; *Reichel,* Zur Behandlung formnichtiger Verpflichtungsgeschäfte, AcP 104, 1; *Reinhart,* Das Verhältnis von Formnichtigkeit und Heilung des Formmangels im bürgerlichen Recht, 1969; *Reithmann,* Warnpflicht des Notars bei der Beurkundung, NJW 1995, 3370; *Schmidt-Salzer,* Rechtsprobleme der Schriftformklauseln, NJW 1968, 1257; *Westerhoff,* Wie begründen wir die Formnichtigkeit? AcP 184 (1984), 341.

I. Funktionswandel des Formzwangs und mögliche Formen

1. Vom Formzwang zur Formfreiheit

Erst mit Beginn der Neuzeit drang der Gedanke durch, daß Schuldverträge jeder 1
Art, auch wenn sie formlos, insbesondere nur mündlich geschlossen wurden, eine klagbare Verbindlichkeit begründeten. Nunmehr erschien die Beachtung einer bestimmten Form nicht nur für einige wenige Geschäfte, sondern grundsätzlich für Geschäfte aller Art als entbehrlich. Damit verbunden war ein Wechsel vom Formzwang zum Grundsatz der Formfreiheit. Dadurch änderte die Form, soweit eine solche jetzt noch verlangt wurde, auch ihre Bedeutung. Erschien ihre genaue Beachtung ursprünglich als unerläßlich, weil man darin den eigentlichen Grund für das Entstehen einer rechtlichen Bindung erblickte, so sah man den Grund für die rechtliche Bindung nunmehr in dem geäußerten Willen der Geschäftsparteien (s. oben § 24 Rn. 27, 29ff.). Die Form erschien daher jetzt nur noch als ein zusätzliches Erfordernis für die Gültigkeit eines Rechtsgeschäfts. Endgültig zum Durchbruch gelangte dieser Funktionswandel der Form **vom maßgeblichen Bindungsgrund zur bloßen Begleiterscheinung der Willenserklärung** wohl erst in der Naturrechtslehre des 17. Jahrhunderts[1], aus der sie in das gemeine Recht übernommen wurde. Die Form

[1] Hierzu *Hägerström,* Recht, Pflicht und bindende Kraft des Vertrags nach römischer und naturrechtlicher Anschauung, herausgegeben von *Olivecrona,* 1965, S. 41ff.; zur naturrechtlichen Vertragslehre *Wieacker,* Privatrechtsgeschichte der Neuzeit, 2. Aufl. 1967, S. 293ff.

wurde nun zu einem in den meisten Fällen entbehrlichen Element der auf die Herbeiführung der Rechtsfolge zielenden Willenserklärung. Statt dessen setzte sich das Prinzip der **Formfreiheit** durch. Von ihm geht auch das BGB aus.

2. Überblick und Stufenfolge möglicher Formen

2 Das Gesetz sieht verschiedene Formen für Rechtsgeschäfte vor, aufsteigend von einfachen zu besonders strengen Formen, die die Formzwecke besonders effektiv verwirklichen. Dabei kann jede höherstufige Form jede niederrangige Form ersetzen, woraus sich folgende Stufenfolge ergibt.

- Die einfachste Form ist die Textform ohne elektronische Signatur oder eigenhändige Unterschrift (§ 126b),
- es folgen auf gleicher Stufe die elektronische Form mit qualifizierter elektronischer Signatur (§ 126a)
- und die Schriftform mit eigenhändiger Unterschrift (§ 126),
- gefolgt von der öffentlichen Beglaubigung mit notarieller Beglaubigung der Echtheit der Unterschrift (§ 129),
- und schließlich die notarielle Beurkundung mit notarieller Bestätigung des Erklärungsinhalts und der Echtheit der Unterschrift (§§ 6ff. BeurkG). Dem ist bei einem gerichtlichen Vergleich die gerichtliche Protokollierung gleichgestellt §§ 127a f.

II. Formzwecke und ihre Verwirklichung

3 Die Formfreiheit ist eine natürliche Folge der Privatautonomie, die den maßgeblichen Grund für die rechtliche Bindung im Parteiwillen sieht, gleichgültig wie dieser sich äußert, sofern er nur überhaupt verläßlich festgestellt werden kann. Der **Grundsatz der Formfreiheit** läßt dem Erklärenden die Wahlfreiheit, in welcher Art und Weise er seinen Willen äußern will. Der Wille möglichst ungehindert zum Ausdruck kommen, indem der Erklärende sich entweder des mündlichen sprachlichen Ausdrucks bedienen oder durch sonstiges Verhalten konkludent seinen Willen zum Ausdruck bringen kann. Der Wille braucht auch nicht mehr in einer bestimmten Form bewiesen zu werden, sondern kann durch freie Beweiswürdigung festgestellt werden. Die Parteien können als Ausfluß ihrer Privatautonomie aber rechtsgeschäftlich die Einhaltung einer bestimmten **Form vereinbaren,** z.B. die Einhaltung der Schriftform (§ 127). Vor dem Hintergrund der Privatautonomie bildet demgegenüber der **gesetzliche Formzwang** die **Ausnahme,** die der Rechtfertigung bedarf. Die Rechtfertigung ergibt sich aus den einzelnen Formzwecken. Aus den Gründen zur Rechtfertigung des Formzwangs ergibt sich grundsätzlich auch, daß die gesetzlichen Formvorschriften **zwingend** sind und nicht der Parteidisposition unterliegen. Andernfalls wäre die Formfreiheit nicht eingeschränkt.

1. Verschiedene Formzwecke

a) Klarstellungs- und Beweisfunktion

4 Für nahezu alle formgebundenen Geschäfte dient die Form der Rechtsklarheit und dem sicheren Beweis **für die Vornahme und den Inhalt** des Rechtsgeschäfts[2]. Es

[2] Vgl. *Pawlowski,* AT, Rn. 410; *Medicus,* AT, Rn. 614; Palandt/*Heinrichs,* § 125 Rn. 1ff.

handelt sich zumeist um Geschäfte, denen eine über den Tag hinausreichende, tiefgreifende Bedeutung für die Beteiligten selbst, zum Teil auch für Dritte oder für den rechtlichen Status einer Person zukommt. Demgemäß kann die Beweis- und Klarstellungsfunktion sowohl gegenüber dem Geschäftspartner nützen als auch gegenüber Dritten, wie z.B. zur Legitimation als Erwerber eines GmbH-Anteils gegenüber der GmbH (s. § 16 GmbHG). Öffentlichen Urkunden kommt eine besondere Beweiskraft zu (§ 415 ZPO). Für die Schriftform des § 126 ordnet § 416 ZPO eine Beweiswirkung hinsichtlich der Abgabe der Erklärung (s. oben § 26 Rn. 2ff.) durch den Aussteller an[3], nicht dagegen für den Zugang. Die Echtheit der Urkunde ist nach §§ 439, 440 ZPO zu beweisen. Für die elektronische Form des § 126a kommt der Anscheinsbeweis nach § 292a ZPO hinsichtlich der Echtheit zur Anwendung. Eine minderer Beweiswert kommt dagegen der bloßen Textform (§ 126b) zu, weil auf sie weder §§ 415, 416 ZPO noch § 292a ZPO anwendbar sind.

Beispiele: Der Klarstellung und Beweissicherung dienen fast alle formgebundenen Erklärungen, selbst wenn andere Formzwecke (s. Rn. 6ff.) hinzukommen. Hierzu gehört zunächst die **behördliche Form** wie die Eheschließung vor dem Standesbeamten (§ 1310), die Abgabe von Erklärungen gegenüber dem Vormundschaftsgericht (§ 1750) oder Nachlaßgericht (§§ 1945, 2081, 2281 Abs. 2). Klarstellungs- und Beweiszwecke werden auch bei Erklärungen mit **notarieller Beurkundung** verfolgt wie beim Ehevertrag (§ 1410), beim Testament (§ 2231), beim Erbvertrag (§ 2276) oder bei Verträgen über Grundstücke und das Vermögen (§ 311b) sowie bei erbrechtlichen Erklärungen, die die Vermögensnachfolge betreffen (§§ 2282 Abs. 3, 2296 Abs. 2, 2348), aber auch bei sonstigen Erklärungen mit notarieller Beurkundung. Der Klarstellung und der Beweissicherung dient auch das **Schriftformerfordernis** beim Mietvertrag (§§ 550, 578) und Pachtvertrag (§ 581 Abs. 2) sowie die Schriftform für die Kündigung von Wohnraum (§ 568 Abs. 1). Gleiches gilt für die Schriftform für Darlehens- und andere Finanzierungsverträge mit Verbrauchern (§§ 492, 499ff.) und für Teilzeit-Wohnrechteverträge (§ 484). Beweiszwecke erfüllt auch die Schriftform für abstrakte Schuldversprechen und Schuldanerkenntnisse gemäß §§ 780, 781 sowie die schriftliche Abtretung einer Hypothekenforderung nach § 1154. Beweis- und Klarstellungsfunktion hat ferner das Schriftformerfordernis für Unternehmensverträge in Gestalt der Beherrschungs- oder Gewinnabführungsverträge nach § 293 Abs. 3 AktG. Für einzelne Erklärungen läßt der Gesetzgeber in der Regel aus Vereinfachungsgründen die wegen der fehlenden eigenhändigen Unterschrift mit einer minderen Beweiskraft ausgestattete **Textform** des § 126b zu (z.B. § 556a Abs. 2 Satz 1 BGB, §§ 47 Abs. 3, 48 Abs. 2 GmbHG, § 109 Abs. 3 AktG). 5

b) Informations- und Publizitätsfunktion

Während die Beweis- und Klarstellungsfunktion sichere Grundlagen bei Auseinandersetzungen mit anderen Beteiligten schaffen soll, dient die Informationsfunktion der Schriftform dazu, dem Berechtigten selbst eine Erkenntnisquelle für die ihn treffenden Rechte und Pflichten zu schaffen. Dafür besteht vor allem ein Bedürfnis bei umfangreichen Rechtsgeschäften und bei Rechtsverhältnissen von längerer Dauer, weil es kaum möglich ist, umfangreiche rechtliche Regelungen und Vertragswerke über längere Zeit in allen Details in Erinnerung zu behalten. Bei schriftlicher Fixierung können die Beteiligten aber jederzeit Einblick nehmen und sich über den genauen Inhalt informieren. Bei den Gesellschaften dient die Schrift- oder Beurkundungsform auch der Publizität für die Gesellschafter. 6

Beispiele: Die Informationsfunktion läßt sich vor allem bei Verbrauchergeschäften feststellen und findet sich neben der Beweisfunktion etwa in § 492 für das Verbraucherdarlehen, in § 499 7

[3] S. dazu *BGH* MDR 2003, 406.

für sonstige Finanzierungshilfen, in § 500 für Finanzierungsleasingverträge und in § 501 für Teilzahlungsgeschäfte, soweit hieran Verbraucher beteiligt sind. Die Information als Schutzzweck wird durch § 502 Abs. 2 bestätigt, indem bei Fernabsatzverträgen die Schriftformangaben durch Vorabinformation in Textform ersetzt werden können. Informationsfunktion hat auch die Schriftform beim Teilzeit-Wohnrechtevertrag in § 484 und für Ratenlieferungsverträge mit Verbrauchern in § 505 Abs. 2, bei denen zu Informationszwecken noch die Mitteilung des Vertragsinhalts in Textform (§ 126 b) vorgesehen ist. Neben der Information der Vertragsparteien dient die Schriftform nach §§ 550, 578, 581 Abs. 2 auch der Information des Erwerbers, auf den nach § 566 der Miet- oder Pachtvertrag über Wohnungen, Grundstücke und Gewerberäume übergeht. Der Information im Sinne der Publizität für die Gesellschafter dient die notarielle Beurkundung des Gesellschaftsvertrags der GmbH (§ 2 Abs. 1 GmbHG) oder der Satzung der *AG* (§ 23 AktG) ebenso die Beurkundung des Verschmelzungs- oder Spaltungsvertrags (§§ 6, 125 UmwG). Der Publizität über die als Vertragspartner beteiligten Unternehmen hinaus dient die Schriftform für Unternehmensverträge in § 293 Abs. 3 AktG[4].

c) Warn- und Übereilungsschutz

8 Für eine Anzahl von schuld- und sachenrechtlichen Geschäften hat das Gesetz eine bestimmte Form vornehmlich als Warn- und Übereilungsschutz vorgeschrieben[5], um den Beteiligten bzw. ihren Vertretern[6] dadurch die **wirtschaftliche Bedeutung des Geschäfts** oder das mit ihm verbundene **Risiko** vor Augen zu führen und um sie zu veranlassen, sich möglichst genau auszudrücken. Zusätzlich dient die Form dazu, den späteren Beweis und die Information über das Geschäfts zu erleichtern (s. Rn. 4, 6). Es kann sich dabei um die einfache Schriftform handeln (s. unten Rn. 27) ebenso wie um die notarielle Beurkundung (s. unten Rn. 56) oder um die Abgabe einer Erklärung vor oder gegenüber einer bestimmten Stelle. Für die notarielle Beurkundung und die Abgabe vor einer bestimmten Stelle kommt als Teilaspekt des Warn- und Übereilungsschutzes bei einzelnen Gegenstände wie Grundstücken und GmbH-Anteilen hinzu, daß zum Schutz von Veräußerer und Erwerber der leichtfertige und spekulative **Handel erschwert** werden soll[7]. Obwohl gesetzliche Schriftform und elektronische Form grundsätzlich gleichgestellt sind (§ 126 Abs. 3), wird in einigen Fällen des Warn- und Übereilungsschutzes die elektronische Form (§ 126 a) ausgeschlossen, weil bei dieser die Hemmschwelle nicht so ausgeprägt erscheint wie bei einer handschriftlichen Unterschrift[8].

9 **Beispiele:** Hierher gehören insbesondere die Fälle der **notariellen Beurkundung** wie etwa der Vertrag, durch den sich jemand zur Übereignung oder zum Erwerb eines Grundstücks verpflichtet (§ 311 b Abs. 1), ebenso die Auflassung eines Grundstücks (§ 925), ferner die Verpflichtung, sein gegenwärtiges Vermögen oder einen Bruchteil desselben einem anderen zu übertragen (§ 311 b Abs. 3), ein Vertrag unter den künftigen gesetzlichen Erben (§ 311 b Abs. 5) oder das Schenkungsversprechen (§ 518) sowie die notarielle Beurkundung für das Verpflichtungs- und Vollzugsgeschäft bei der Abtretung von GmbH-Anteilen nach § 15 Abs. 3 und 4 GmbHG. Für Erklärungen im Zusammenhang mit der Adoption ist notarielle Beurkundung vorgesehen wie etwa für den Antrag auf Annahme eines anderen als Kind an das Vormundschaftsgericht (§§ 1752, 1768 mit 1767 Abs. 2) und für die hierfür erforderlichen Einwil-

---

[4] S. *Hüffer,* AktG, 5. Aufl. 2002, § 293 Rn. 26.

[5] S. auch Palandt/*Heinrichs,* § 125 Rn. 2; *Medicus,* AT, Rn. 614; *Köhler,* AT, § 12 Rn. 3.

[6] S. *BGH* NJW 2000, 2272.

[7] S. zu GmbH-Anteilen *BGHZ* 13, 49, 51; 75, 352, 354; 127, 135; *BGH* NJW 1996, 3339; *Reinhart,* Das Verhältnis von Formnichtigkeit und Heilung des Formmangels im bürgerlichen Recht, 1969, S. 160 (Schutz von Veräußerer und Erwerber); *Häsemeyer,* Die gesetzliche Form der Rechtsgeschäfte, 1971, S. 198 f. (nur Veräußererschutz); *Baumbach/Hueck/Fastrich,* GmbHG, 17. Aufl. 2000, § 15 Rn. 20 (Anlegerschutz); *Pohlmann,* Heilung formnichtiger Verpflichtungsgeschäfte durch Erfüllung, 1992, S. 90 (kein Übereilungsschutz).

[8] S. dazu auch BT-Drs. 14/4987, S. 22.

ligungen (§ 1750 Abs. 1). Dem Warn- und Übereilungsschutz dient auch die notarielle Beurkundung beim Erb- und Zuwendungsverzicht (§§ 2348, 2352). Die **Schriftform** dient neben der Klarstellung und Beweissicherung zugleich dem Übereilungsschutz beim Abschluß von Darlehensverträgen und sonstigen Finanzierungsgeschäften mit Verbrauchern (§§ 492, 499ff), beim Abschluß von Teilzeit-Wohnrechteverträgen (§ 484), bei der Beendigung von Arbeitsverhältnissen durch Kündigung oder Auflösungsvertrag (§ 623), bei der Übernahme einer Bürgschaft (§ 766), sowie beim selbständig verpflichtenden Schuldversprechen und Schuldanerkenntnis (§§ 780, 781).[9] Hierbei ist jeweils der Abschluß in elektronischer Form nach § 126a ausgeschlossen. Die **Erklärung gegenüber einer bestimmten Stelle** als Übereilungsschutz und zur Klarstellung der Ernsthaftigkeit ist neben der Auflassung (§ 925) etwa noch vorgesehen für die Ausschlagung der Erbschaft (§ 1945) oder für Einwilligungserklärungen im Zusammenhang mit der Adoption (§ 1750).

d) Beratungs- und Belehrungsfunktion

Vor allem in den Fällen, in denen für eine Willenserklärung die notarielle Beurkundung vorgesehen ist (s. oben Rn. 8), aber auch bei Erklärungen vor oder gegenüber einer öffentlichen Stelle (s. unten Rn. 61) tritt neben die Beweissicherung und den Übereilungsschutz als weiterer Zweck die rechtliche Beratung und Belehrung der Beteiligten, zu der der **Notar** gemäß §§ 17ff. BeurkG, § 24 BNotO **verpflichtet** ist (s. auch unten § 32 Rn. 6). Die Belehrung und Beratung erstreckt sich aber nur auf die rechtlichen Folgen und die rechtliche Sinnhaftigkeit des Geschäfts, nicht auf die wirtschaftlichen Folgen. Mit der notariellen oder behördlichen Beratung und Belehrung wird zugleich eine **Gültigkeitsgewähr** im Sinne der Vermeidung von Unwirksamkeitsgründen bezweckt. 10

Beispiele: Dem Zweck der Beratung und Belehrung dient neben den bereits genannten Fällen (s. Rn. 8) auch die notarielle Beurkundung gemäß § 1410 für den Ehevertrag, für das öffentliche Testament gemäß §§ 2231 Nr. 1, 2232 oder in § 2276 für den Erbvertrag. Bei der notariellen Beurkundung der Satzung einer AG (§ 23 Abs. 1 AktG) oder GmbH (§§ 2, 53 Abs. 2 GmbHG) sowie eines Verschmelzungs- oder Spaltungsvertrags (§§ 6, 125 UmwG) steht die Gültigkeitsgewähr neben der Belehrungs- und Beratungsfunktion im Vordergrund. Die Gültigkeitsgewähr und die Beweissicherungsfunktion bilden auch den Hauptzweck für die notarielle Beurkundung von Beschlüssen der Hauptversammlung der AG (§ 130 Abs. 1 AktG) und für den Beschluß zum Formwechsel nach § 193 Abs. 3 UmwG. 11

e) Erleichterung behördlicher Kontrolle

Die Schriftform kann auch der Publizität und der Erleichterung der behördlichen Kontrolle dienen, indem nur das als wirksam vereinbart gilt, was schriftlich niedergelegt ist und ohne langwierige Nachforschungen über etwaige mündliche Absprachen von der Behörde überprüft werden kann. Es muß sich aber aus dem Zweck der Formvorschrift ergeben, daß die Einhaltung der Form Wirksamkeitsvoraussetzung für das Rechtsgeschäft ist und die Form nicht nur als berufsrechtliche Ordnungsvorschrift z. B. zur gewerbepolizeilichen, steuerlichen oder buchhalterischen Kontrolle vorgesehen ist[10]. 12

Beispiel: Diesem Zweck dient die in § 15 Abs. 2 GWB vorgesehene Schriftform für die Preisbindung von Verlagserzeugnissen, nachdem § 34 GWB a. F., der aus dem gleichen Grund eine umfassendere Schriftform vorsah, entfallen ist[11]. Nicht als Wirksamkeitserfordernis, sondern der buchhalterischen und steuerlichen Kontrolle dient etwa die Buchführungspflicht mit dem Schriftformerfordernis in § 238 Abs. 2 HGB. 13

---

[9] *Larenz-Canaris,* II 2, § 61 I b; a. A. die h. M. *BGHZ* 121, 1, 4 = LM § 781 Nr. 23; MünchKomm/*Hüffer,* § 780 Rn. 21.

[10] S. *BGH* LM H. 5/2000, § 125 BGB Nr. 50.

[11] S. *Emmerich,* in: Immenga/Mestmäcker, GWB, 3. Aufl. 2001, § 15 Rn. 33f.

2. Die Heilung nicht beachteter Form

a) Heilung durch Vornahme von Erfüllungshandlungen

14 Grundsätzlich führt die Nichtbeachtung einer gesetzlichen Formvorschrift zur Nichtigkeit des Vertrages nach § 125 Satz 1 (s. unten Rn. 64ff.). In einigen Fällen kann der Mangel der Form aber mit Wirkung für die Zukunft, ex nunc (s. unten Rn. 64), dadurch geheilt werden, daß die eingegangene Verpflichtung erfüllt wird. Daran zeigt sich, daß die Form nicht den eigentlichen Bindungsgrund darstellt (s. oben Rn. 1), sondern nur als Mittel für bestimmte Schutzzwecke betrachtet wird, auf das verzichtet werden kann, wenn der Zweck auf andere Weise erreicht worden ist oder an Bedeutung verloren hat. Bei der Auslegung der Formvorschriften ist daher auf die jeweils vom Gesetzgeber verfolgten Zwecke besonderes Gewicht zu legen.

15 **Beispiele:** Nicht notariell beurkundete Grundstücksgeschäfte werden nach § 311b Abs. 1 Satz 2 durch Auflassung und Eintragung des Eigentumswechsels im Grundbuch geheilt, das nicht notariell beurkundete Schenkungsversprechen durch Vollzug der Schenkung (§ 518 Abs. 2). Ebenso läßt § 2301 Abs. 2 die vollzogene Schenkung wirksam sein, auch wenn die erbrechtlichen Formvorschriften nicht beachtet worden sind. Beim nicht schriftlich abgegebenen Bürgschaftsversprechen tritt nach § 766 Satz 3 Heilung ein, soweit der Bürge die Hauptverbindlichkeit erfüllt. Nach § 15 Abs. 4 Satz 2 GmbHG wird das formunwirksame Verpflichtungsgeschäft durch die wirksame Abtretung des GmbH-Anteils geheilt. Formmängel der Eheschließung werden unter den Voraussetzungen in § 1310 Abs. 3 Nr. 1–3 geheilt, wenn die Ehegatten mindestens 10 Jahre als Ehegatten miteinander gelebt haben.

16 Während durch die Heilung grundsätzlich dieselben Rechtsfolgen eintreten wie beim formgültigen Geschäft, sehen § 494 Abs. 2 und 3 beim Verbraucherdarlehen je nach der Art der fehlenden Schriftformangaben **modifizierte Rechtsfolgen** vor, wie z.B. statt des vereinbarten den gesetzlichen Zinssatz in § 246 oder es werden nicht angegebene Kosten nicht geschuldet. Dies gilt auch für sonstige entgeltliche Finanzierungshilfen (§ 499 Abs. 1). Für Teilzahlungsgeschäfte mit Verbrauchern enthält § 502 Abs. 3 eine Heilungsvorschrift mit modifizierten Rechtsfolgen.

b) Heilung durch Publizitätsakt

17 In den Fällen, in denen die Form auch der Publizität für die Beteiligten dient (s. oben Rn. 6f.), kann die Heilung eintreten, wenn das an sich formgebundene Rechtsgeschäft in ein Register eingetragen und damit die Publizität auf andere Weise hergestellt worden ist. Die Nichtigkeit des formunwirksamen Geschäfts würde hier das Vertrauen in den Registereintrag unnötig zerstören.

18 **Beispiele:** Eine Heilung in diesem Sinne tritt durch den Registereintrag etwa ein für den nicht notariell beurkundeten Verschmelzungsvertrag (§ 20 Abs. 1 Nr. 4 UmwG) sowie für den Spaltungs- und Übernahmevertrag (§ 131 Abs. 1 Nr. 4 UmwG) und den nicht notariell beurkundeten Umwandlungsbeschluß beim Formwechsel (§ 202 Abs. 1 Nr. 3 UmwG). Nur teilweise hierher gehört die Heilung durch Grundbucheintragung in § 311b Abs. 1 Satz 2, denn der Grundbucheintrag genügt nicht allein, sondern stellt zusammen mit der Auflassung das Erfüllungsgeschäft dar. Auch sonst kommt dem Grundbucheintrag keine Heilungswirkung zu. Die fehlende Heilungswirkung wird durch den öffentlichen Glauben des Grundbuchs ersetzt, indem sich ein gutgläubiger Erwerber auf die Richtigkeit des Grundbucheintrags verlassen kann (§§ 892, 893).

c) Analoge Anwendung der Heilungsvorschriften

19 Einzelne Heilungsvorschriften sind unter Berücksichtigung der jeweiligen Besonderheiten einer analogen **Anwendung** zugänglich[12]. Ein allgemeiner Rechtsgedanke

---

[12] Gegen eine Anwendung auf alle Schuldverträge, also gegen eine Gesamtanalogie, die h.L., z.B. *Enneccerus/Nipperdey,* AT, § 154 III 2 zu Anm. 16; *Flume,* AT II, § 15 III 3b und 4c;

ist aus den Heilungsvorschriften jedoch nicht abzuleiten, da sie auf unterschiedlichen Zwecken basieren[13]. Eine Einzelanalogie ist zu bejahen, wo Interessen Dritter nicht entgegenstehen[14]. Dient die Form vorwiegend als Warn- und Übereilungsschutz sowie der Beratung und Belehrung, so kommt eine Heilung nach Erfüllung eher in Betracht, als wenn die Form der Klarstellung und Kundbarmachung im Interesse Dritter oder der Allgemeinheit vorgeschrieben ist. Auf die Beweissicherung kann bei Erfüllung von auf einmalige Leistungserbringung gerichteten Geschäften eher verzichtet werden als bei langfristig angelegten Geschäften.

Beispiele: Eine analoge Anwendung der Heilungsvorschriften, die an das Bewirken der Leistung anknüpfen, wie etwa § 518 Abs. 2 oder § 766 Satz 3, ist zu befürworten im Falle eines gemäß §§ 780, 781 formnichtigen Schuldversprechens oder Schuldanerkenntnisses. Der Versprechende oder Anerkennende, der vor Übereilung geschützt werden soll (s. oben Rn. 8), braucht nicht mehr geschützt zu werden, wenn er die versprochene oder anerkannte Leistung tatsächlich erbracht hat. Für die analoge Anwendung spricht auch die in § 2301 Abs. 2 vorgesehene Anwendung der Schenkungsregeln auf das in § 2301 Abs. 1 Satz 2 geregelte Schuldversprechen und Schuldanerkenntnis. Nicht einzusehen ist auch, warum beim Finanzierungsleasing mit Verbrauchern zwar auf das Schriftformerfordernis des § 492, nicht aber auf die entsprechende Anwendung der Heilungsvorschrift des § 494 Abs. 2 oder des § 502 Abs. 3 Satz 2 verwiesen wird. Ohne Heilung ist der Leasingvertrag mit dem Verbraucher nach § 125 nichtig und müßte bereicherungsrechtlich nach §§ 812ff. rückabgewickelt werden. Dies ist wenig sachgerecht, wenn die geleaste Sache dem Leasingnehmer ausgeliefert worden ist. Außerdem erübrigt sich dann ein Übereilungsschutz. Wegen der wirtschaftlich vergleichbaren Interessenlage beim Teilzahlungsgeschäft ist deshalb die analoge Anwendung von § 502 Abs. 3 Satz 2 zu befürworten[15]. Eine Heilung ist auch für einen formunwirksamen Vorvertrag zu bejahen, wenn anschließend der Hauptvertrag formgültig abgeschlossen wird[16]. 20

3. Umfang des Formzwangs

a) Einseitiges und allseitiges Formerfordernis

Grundsätzlich unterliegen bei einem formbedürftigen Rechtsgeschäft die **Erklärungen aller Beteiligten** dem Formzwang. Bei einem Vertrag, für den Schriftform oder notarielle Beurkundung vorgesehen ist, sind deshalb grundsätzlich sowohl das Angebot als auch die Annahmeerklärung zu beurkunden (s. auch § 128). Es gilt der allseitige Formzwang. Um dem Grundsatz der Formfreiheit möglichst weitgehende Geltung zu sichern, sieht das Gesetz aber bei einzelnen Verträgen vor, daß nur die Erklärung einer Vertragspartei dem Formzwang unterliegt. Dies gilt insbesondere, wenn **nur eine der Parteien schutzbedürftig ist.** Es genügt dann die Einhaltung der Form nur für die Erklärung dieser Partei. 21

Staudinger/*Dilcher,* § 125 Rn. 35; MünchKomm/*Einsele,* § 125 Rn. 44ff.; *Hübner,* AT, Rn. 869; ebenso der *BGH* FamRZ 1967, 465 (dazu *Habscheid,* FamRZ 1968, 13).

[13] *Pohlmann,* Die Heilung formnichtiger Verpflichtungsgeschäfte durch Erfüllung, 1992, S. 178ff.; Palandt/*Heinrichs,* § 125 Rn. 11; Erman/*Palm,* § 125 Rn. 21.

[14] *Reichel,* AcP 104, 32; *Siber,* JherJb. 70, 239; vgl. dazu *Lorenz,* AcP 156 (1957), 381, 413; *Merz,* AcP 163 (1964), 325ff.; *Häsemeyer,* aaO, S. 105ff.; MünchKomm/*Einsele,* § 125 Rn. 44ff.; *Pohlmann,* Die Heilung formnichtiger Verpflichtungsgeschäfte, S. 180ff.

[15] Ähnlich, aber enger im Sinne der beiderseits vollständigen Erfüllung MünchKomm/*Ulmer,* § 3 VerbrKrG Rn. 22; *Slama,* WM 1991, 569, 571; a.A. *Bülow,* Verbraucherkreditrecht, 5. Aufl. 2002, § 500 BGB Rn. 29; offen gelassen in *BGH* NJW 1999, 2664 = LM § 1 VerbrKrG Nr. 11/12 m. Anm. *Pfeiffer.*

[16] *BGHZ* 82, 398, 403; *BGH* NJW 1987, 1682; einschränkend *Pohlmann,* Die Heilung aaO, S. 194ff.

22 **Beispiel:** Bei der Bürgschaft sieht § 766 die Schriftform allein für die Bürgschafterklärung, d.h. die Erklärung des Bürgen vor, weil nur der Bürge vor Übereilung geschützt werden muß. Ebenso ordnet § 518 Abs. 1 nur die notarielle Beurkundung des Schenkungsversprechens und nicht aber für dessen Annahme an, weil nur der Schenker des Schutzes vor Übereilung und der rechtlichen Beratung bedarf. Ebenso genügt für das abstrakte Schuldversprechen und Schuldanerkenntnis gemäß §§ 780, 781 die Schriftform für die Versprechens- oder Anerkennungserklärung, während die Annahmeerklärung des anderen Vertragsteils nicht formbedürftig ist.

b) Inhaltlich umfassender Formzwang

23 Soweit das Gesetz eine Form vorgeschrieben hat, stellt sich die Frage, ob der Formzwang für das ganze Rechtsgeschäft gilt oder nur für einzelne, insbesondere seine wesentlichen Teile[17]. Damit verbunden ist die Frage, was alles zum Inhalt des Rechtsgeschäfts gehört, wenn die Parteien z.B. im Zusammenhang mit einem Grundstückskauf (§ 311b) formlos weitere Abreden getroffen haben, die über den typischen Mindestinhalt eines derartigen Vertrages hinausgehen. Die Entscheidung darüber hat sich an den Formzwecken zu orientieren. Die Klarstellungs- und Beweisfunktion (Rn. 4), aber auch die Informations- und Publizitätsfunktion (Rn. 6) sowie die behördliche Kontrollfunktion (Rn. 12) können ihren Zweck im allgemeinen nur erfüllen, wenn der gesamte Inhalt des Rechtsgeschäfts beurkundet wird. Grundsätzlich verlangt aber auch die Belehrungs- und Beratungsfunktion (Rn. 10) eine umfassende Kenntnis des zu beurkundenden Rechtsgeschäfts, weil nur dann eine richtige Belehrung und Beratung gewährleistet sein kann. Allenfalls beim Warn- und Übereilungsschutz (Rn. 8) könnte man daran denken, die Form auf den Hauptgegenstand des Geschäfts (essentialia negotii) zu beschränken. Da aber der Warn- und Übereilungsschutz zumeist mit anderen Zwecken verbunden ist, kommt dieser Beschränkung keine entscheidende Bedeutung zu. Es gilt deshalb der **Grundsatz der Gesamtbeurkundung**[18]. Entscheidend sind jedoch immer die jeweiligen Formzwecke und welche Inhalte des Rechtsgeschäfts danach in den Formzwang einzubeziehen sind.

24 Was zum Inhalt des Rechtsgeschäfts gehört wird teilweise durch das Gesetz, beim Vertrag aber weitgehend durch den Parteiwillen bestimmt. Neben dem Hauptgegenstand des Vertrags (essentialia negotii) gehören hierzu im allgemeinen auch alle Abreden zum Vertragsinhalt, die einen vertraglichen Regelungsgehalt aufweisen, unabhängig davon, ob sie für das von den Parteien gewollte Äquivalenzverhältnis von Bedeutung sind oder nicht. Abreden ohne Verbindlichkeit und ohne rechtlichen Regelungsgehalt, die z.B. nur Zweckmäßigkeitsfragen enthalten wie etwa die Zahlungsweise oder einen Besichtigungstermin, gehören nicht zum Vertragsinhalt und unterliegen deshalb nicht dem Formzwang.

c) Formzwang für vorbereitende Geschäfte

25 Sofern für den Abschluß eines Vertrags eine Formvorschrift besteht, ist diese grundsätzlich auch für den **Vorvertrag** (oben § 23 Rn. 100) einzuhalten. Ansonsten könnte die Formvorschrift leicht umgangen werden. Allerdings kommt es auf die Funktion der jeweiligen Formvorschrift an. Dient sie lediglich der Beweissicherung (s. oben Rn. 3f.), ist die Einhaltung der Form beim Hauptvertrag ausreichend[19]. Keiner Form bedarf im Regelfall der **Letter of Intent** (s. oben § 23 Rn. 109), weil und soweit er keine Verpflichtung zum Abschluß des Hauptvertrags begründet.

---

[17] Eingehend dazu *Häsemeyer,* S. 216ff.

[18] S. zu § 311b = § 313 a.F. etwa *BGH* NJW 1997, 2671; Soergel/*M. Wolf,* § 313 Rn. 59; zu § 15 GmbHG etwa *BGH* NJW 1983, 1843; *Baumbach/Hueck/Fastrich,* GmbHG, 17. Aufl. 2000, § 15 Rn. 29.

[19] Soergel/*Hefermehl,* § 125 Rn. 6; Palandt/*Heinrichs,* § 125 Rn. 9; *Hübner,* AT, Rn. 987.

III. Arten des Formzwangs

26 Das Gesetz kennt verschiedene Arten der Form, die den jeweiligen Formzwecken und Bedürfnissen angepaßt sind. Im einzelnen sind die gesetzliche oder vereinbarte Schriftform (§§ 126, 127), die elektronische Form (§§ 126a, 127), die Textform (§§ 126b, 127), die Beglaubigung der Unterschrift (§ 129), die notarielle Beurkundung (§§ 1ff. BeurkG, § 128), die Abgabe von Erklärungen vor oder gegenüber öffentlichen Stellen sowie besondere Formen für bestimmte Fälle (s. unten Rn. 61ff.) vorgesehen.

1. Die Schriftform

a) Funktionen der Schriftform

27 Die Schriftform hat mehrere Funktionen zu erfüllen. Sie soll neben den allgemeinen Formzwecken noch weitere spezielle Schriftformzwecke erfüllen[20]. Zu den **allgemeinen Formzwecken** gehört zunächst die **Klarstellungs- und Beweisfunktion.** Die Parteien sollen dazu angehalten werden, sich möglichst klar und unmißverständlich auszudrücken. Dies vermag späteren Streitigkeiten vorzubeugen. Die Funktion der Beweiserleichterung wird dadurch verstärkt, daß die Urkunde die **Vermutung der Richtigkeit und der Vollständigkeit** für sich hat[21]. Folglich muß derjenige, der behauptet, die Urkunde gebe die getroffene Vereinbarung nicht richtig oder nicht vollständig wieder, dies beweisen. Der Schutz gegen Übereilung ergibt sich daraus, daß man mündlich oft etwas leicht dahinsagt, was man sich doch noch einmal überlegt, wenn man es schriftlich geben soll. Die Schriftform kann darüber hinaus mit Ausnahme der notariellen Belehrung und Beratung (Rn. 10) auch die sonstigen allgemeinen Formzwecke wie die **Informationsfunktion** (s. oben Rn. 6) und den **Warn- und Übereilungsschutz** (s. oben Rn. 8) erfüllen.

28 Zu den **speziellen Schriftformzwecken** gehört die die Beweis- und Informationsfunktion unterstützende **Perpetuierungsfunktion,** die eine beständige Wahrnehmung des Textes ermöglicht. Mit der zur Wahrung der Schriftform erforderlichen Unterschrift ist die **Abschlußfunktion** verbunden, die den räumlichen und inhaltlichen Abschluß der Willenserklärung zum Ausdruck bringt. Dagegen wird mit der Unterschrift allein noch nicht die rechtliche Bindung zum Ausdruck gebracht[22]. Vielmehr muß dazu noch die Abgabe der Erklärung nach außen hinzutreten (s. oben § 26 Rn. 2). Die eigenhändige Unterschrift ermöglicht die **Identitätsfunktion** zur Feststellung der Identität des Erklärenden. Durch die räumliche Verbindung von Text und Unterschrift kann die **Echtheitsfunktion** erfüllt werden, die deutlich machen soll, daß die Erklärung inhaltlich vom Erklärenden herrührt. Aus der beständigen Schriftform mit eigenhändiger Unterschrift ergibt sich auch die **Verifikationsfunktion,** die dem Empfänger der Erklärung eine Überprüfung der Identität und Echtheit ermöglichen soll.

---

[20] S. dazu auch BT-Drs. 14/4987, S. 16; *GemS OGB* NJW 2000, 2340.

[21] *BGH* NJW 1980, 1680, 1681; *BGH* NJW-RR 1993, 1490, 1491; *BGH* NJW 1999, 1702; *BGH* NJW 2002, 3164; Soergel/*Hefermehl,* § 126 Rn. 24.

[22] So aber BT-Drs. 14/4987, S. 16.

29 **Beispiele:** Die gesetzliche Schriftform ist etwa vorgesehen für das Stiftungsgeschäft unter Lebenden (§ 81 Abs. 1), für einen Mietvertrag über ein Grundstück oder (Wohn-)Räume nach §§ 550, 578, für die Kündigung eines Mietverhältnisses über Wohnraum (§ 568 Abs. 1), für das Versprechen einer Leibrente (§ 761), für die Verpflichtungserklärung des Bürgen (§ 766, Ausnahme § 350 HGB), für das selbständig verpflichtende Schuldversprechen (§ 780) und das selbständig verpflichtende Schuldanerkenntnis (§ 781), für die Anweisung (§ 783) sowie deren Übertragung (§ 792), für die Schuldverschreibung auf den Inhaber (§ 793) und für die Abtretung einer Hypothekenforderung (§ 1154).

30 Für einzelne Erklärungen, insbesondere für das privatschriftliche Testament gilt eine **verschärfte Schriftform.** Hier genügt nicht die eigenhändige Unterschrift, vielmehr muß das gesamte Testament vom Erblasser selbst eigenhändig geschrieben sein (§ 2247 Abs. 1).

31 Die Erfordernisse der Schriftform sind für die gesetzliche (§ 126) und die vereinbarte (§ 127) Schriftform grundsätzlich gleich. Die vorgeschriebene Schriftform kann nach § 126 Abs. 3 vorbehaltlich abweichender gesetzlicher Regelung (s. oben Rn. 8f.) durch die elektronische Form ersetzt werden. Die notarielle Beurkundung ersetzt nach § 126 Abs. 4 in jedem Fall die Schriftform.

b) Errichtung einer Urkunde

32 Die Schriftform führt zur Entstehung einer Urkunde. Die Urkunde ist eine **schriftlich verkörperte Gedankenerklärung.** Gleichgültig ist, wie die Urkunde hergestellt wird, ob handschriftlich, gedruckt, kopiert oder sonst vervielfältigt. Ohne Bedeutung ist auch das Material der Urkunde, sofern es nur Schriftzeichen dauernd festhalten kann, was insbesondere für Papier, nicht aber für die auf dem Bildschirm erscheinenden Zeichen zutrifft. Gleichgültig ist grundsätzlich auch, in welcher Sprache die Urkunde verfaßt ist, sofern sie nur von Experten verständlich gemacht werden kann. Die in der Urkunde enthaltene Gedankenerklärung muß der menschlichen Wahrnehmung unmittelbar zugänglich sein. Dafür kommen schriftlich fixierte Buchstaben, Schriftzeichen und Zahlen in Betracht, nicht aber elektronisch gespeicherte Daten, die für den Menschen nicht unmittelbar, sondern nur mittelbar mit Hilfe eines Computers oder sonstiger elektronischer Geräte wahrnehmbar sind[23]. Der Gesetzgeber hat zwar die elektronische Form zugelassen (§ 126a), diese aber nicht dem Urkundenbeweis, sondern dem Augenscheinsbeweis zugeordnet (§ 371 Abs. 1 Satz 2 ZPO).

33 Die Urkunde muß äußerlich erkennbar eine Einheit bilden, damit Manipulationen mit einzelnen Teilen der Urkunde verhindert werden[24]. Ergibt sich der gesamte Inhalt des Rechtsgeschäfts erst aus mehreren Urkunden zusammen, so ist die **Einheit der Urkunde** gewahrt, wenn die Zusammengehörigkeit der einzelnen Urkundenteile unzweifelhaft feststeht. Eine feste Verbindung, etwa durch Zusammenheften, ist dafür nicht unbedingt erforderlich[25]. Es genügen auch andere eindeutige Zusammengehörigkeitsmerkmale wie etwa eine fortlaufende Seitenzählung oder Numerierung der einzelnen Bestimmungen, der inhaltliche Zusammenhang des Textes, ein einheitliches Schriftbild oder sonstige eindeutige Merkmale, wenn dadurch Manipulationen am Urkundentext ausgeschlossen werden können. Dies trifft insbesondere zu, wenn jedes einzelne zur Gesamturkunde gehörende Blatt von den Ausstellern unterschrieben ist[26].

---

[23] S. *Heun,* CR 1995, 2, 3; *Roßnagel,* NJW-CoR 1994, 36.
[24] MünchKomm/*Einsele,* § 126 Rn. 7; *Flume,* AT II, § 15 II 1 b.
[25] So aber noch *BGHZ* 40, 255, 263.
[26] *BGHZ* 136, 357 = NJW 1998, 58; *BGH* NJW 1999, 1104; s. auch *Häsemeyer,* JuS 1980, 1, 4.

c) Unterschrift

Die Unterschrift zielt auf verschiedene **Zwecke.** Sie soll einerseits die Rechtsverbindlichkeit der Erklärung zum Ausdruck bringen und andererseits von übereilten und unüberlegten Erklärungen abhalten. Zugleich soll sie vor Fälschungen Schutz bieten und die Vollständigkeit der Erklärung zum Ausdruck bringen. Dazu muß sie am Ende der Erklärung stehen und den Text räumlich abschließen. Die Unterschrift erfüllt insgesamt alle maßgeblichen Funktionen der Schriftform (dazu oben Rn. 27). Eine **„Überschrift"** zu Beginn des Textes, wie zeitweise in Überweisungsformularen der Banken und Sparkassen vorgesehen, reicht nicht aus[27]. Nachträgliche Zusätze, die unter der Unterschrift stehen, müssen erneut unterschrieben werden[28]. Dagegen ist es nicht notwendig, daß die Unterschrift zeitlich zuletzt auf das Papier gesetzt wird. 34

Handelt es sich um einen Vertrag und schreibt das Gesetz die Schriftform für den ganzen Vertrag und nicht nur wie bei der Bürgschaft (§ 766) für die Erklärung des einen Teils vor, dann müssen entweder beide Teile dieselbe Urkunde unterzeichnen, oder es müssen gleichlautende Urkunden hergestellt werden, von denen jede, und zwar jeweils die für die andere Partei bestimmte, von einer Partei unterzeichnet werden muß (§ 126 Abs. 2)[29]. Handelt jemand als Vertreter für mehrere Personen, z.B. eine GbR, so genügt seine Unterschrift allein nur, wenn aus der Urkunde hervorgeht, daß er zugleich als Vertreter für die anderen handelt[30]. Nicht der Schriftform genügt deshalb das kaufmännische Bestätigungsschreiben, weil es sich dabei um eine einseitige Schriftform im Bestätigungsschreiben des bereits zuvor mündlich geschlossenen Vertrags handelt und das Schweigen hierauf genügt, also eine schriftliche Erklärung des anderen Vertragspartners gerade nicht vorliegt (s. unten § 30 Rn. 30ff.). 35

Auch eine auf ein unausgefülltes Blatt gesetzte **Blankounterschrift** wahrt die Schriftform, wenn das Blankett später durch den Aussteller selbst oder eine von ihm dazu ermächtigte Person ausgefüllt wird[31]. Selbst das abredewidrige Ausfüllen des Blanketts wird dem Unterschreibenden zugerechnet[32]. Es können dann zwar die Voraussetzungen des § 119 Abs. 1 vorliegen. Doch mußte mit dem abredewidrigen Ausfüllen des Blanketts gerechnet werden, so daß eine Anfechtung gegenüber einem gutgläubigen Dritten entsprechend dem Rechtsgedanken des § 172 Abs. 2 nicht in Betracht kommt[33]. Eine Ausnahme von der Wirksamkeit einer Blankounterschrift ist aber dann zu machen, wenn sich aus Sinn und Zweck des Formzwangs etwas anderes ergibt. Dies gilt insbesondere, wenn der Schriftform eine Warn- und Informationsfunktion zukommt (s. oben Rn. 6, 8), indem dem Unterschreibenden der Inhalt und die Tragweite seiner Erklärung vor Augen geführt werden soll[34]. 36

Beispiele: Eine Blankounterschrift widerspricht der zum Schutz des Bürgen vorgesehenen Schriftform in § 766. Hier hält der BGH zu Recht auch die Vollmacht zum Ausfüllen des 37

---

[27] So zu Recht *BGHZ* 113, 48, 51; a.A. *Köhler,* JZ 1991, 408, 409; *ders.,* FS Schippel, 1996, S. 209, 219; MünchKomm/*Einsele,* § 126 Rn. 9.

[28] *BGH* NJW-RR 1990, 518f.

[29] Unter Abwesenden ist außerdem gemäß § 130 der Zugang der Schriftstücke im Original an den Gegner erforderlich. Vgl. Rn. 40.

[30] *BGH* NJW 2002, 3389, 3390; *BGH* NJW 2003, 3053, 3054.

[31] *RGZ* 57, 66, 67; *BGH* LM § 126 BGB Nr. 1; *v. Tuhr,* AT II/1, § 63 zu Anm. 161; *Enneccerus/Nipperdey,* AT, § 155 I 2c; *Flume,* AT II, § 15 II 1 d.

[32] *BGH* NJW 1986, 3086; MünchKomm/*Einsele,* § 126 Rn. 11.

[33] Palandt/*Heinrichs,* § 119 Rn. 10, § 126 Rn. 6; MünchKomm/*Einsele,* § 126 Rn. 11; *Brox,* AT, Rn. 376; *BGHZ* 40, 65, 68.

[34] *BGHZ* 132, 119, 126; *BGH* NJW 1999, 950.

Blanketts für formbedürftig[35]. Ebensowenig reicht eine Blankounterschrift für die Schriftform beim Verbraucherdarlehen nach § 492, weil die Schriftform hier neben dem Warn- und Übereilungsschutz auch die Information des Verbrauchers gewährleisten soll[36]. Gleiches muß für die §§ 500 und 501 gelten (s. oben Rn. 7, 9). Unwirksam ist auch eine Blankounterschrift bei einer Lebensversicherung auf den Todesfall nach § 159 Abs. 2 Satz 1 VVG[37].

d) Namensunterschrift

38 Für die Schriftform verlangt das Gesetz in der Regel die eigenhändige **Namensunterschrift des Ausstellers** (§ 126), d.h. desjenigen, der die Erklärung für sich selbst oder als Vertreter für einen anderen in dessen Namen abgibt. Dies setzt zunächst die Herstellung einer Urkunde voraus, die durch eine eigenhändige Namensunterschrift, ersatzweise durch ein notariell beglaubigtes Handzeichen des Erklärenden abzuschließen ist (§ 126 Abs. 1). Der übrige Urkundeninhalt braucht im Gegensatz zur Unterschrift nicht von dem Erklärenden selbst geschrieben zu sein. Er kann diesen Inhalt durch einen anderen nach Diktat oder Bandaufnahme herstellen lassen oder sich auch eines vorgedruckten Formulars bedienen.

39 **Beispiele:** Name ist grundsätzlich der **Nachname.** Es genügt aber auch ein **Deckname,** z.B. ein Künstlername, wenn der Aussteller unter diesem Namen bekannt ist[38]. Die Unterschrift allein mit dem **Vornamen** soll nach Auffassung des BGH nicht genügen[39]. Dies ist jedoch nach der Funktion der Schriftform (s. oben Rn. 27) nicht geboten und will nicht einleuchten, wenn die Identität des Unterschreibenden mit derselben Eindeutigkeit wie bei einer Unterschrift mit dem Nachnamen festzustellen ist. Ein **Vertreter** kann auf Grund der ihm zustehenden Vertretungsmacht eine Erklärung für den Vertretenen sowohl mit seinem eigenen Namen[40] als auch mit dem Namen des Vertretenen unterzeichnen[41]. Da sich der Vertretene die Erklärung des Vertreters gemäß § 164 Abs. 1 als eigene zurechnen lassen muß, schadet es nicht, wenn der Vertreter mit dem Namen des Vertretenen unterzeichnet, denn auch in diesem Fall wird die Echtheit der Urkunde als einer dem Vertretenen zurechenbaren Erklärung gewährleistet. An die Stelle des Schriftprobenvergleichs mit dem Namen des Vertretenen muß der Schriftprobenvergleich mit dem Namen des Vertreters treten, den der Vertretene benennen kann. Unterzeichnet der Vertreter mit seinem eigenen Namen, so muß er deutlich machen, daß er nicht für sich, sondern für den Vertretenen handelt[42]. Dafür kann z.B. schon der Briefkopf einer Firma genügen. Ein besonderer Hinweis auf die Vertreterstellung, etwa „i.V.", ist zweckmäßig, aber nicht erforderlich.

e) Eigenhändigkeit der Unterschrift

40 Die Unterschrift muß stets eigenhändig von dem Erklärenden oder seinem Vertreter selbst geleistet werden. Der Gesetzesgeber hat dies damit begründet, daß es der „Vereinfachung der Anerkennung der Echtheit" diene. Maschinenschrift, Stempel, mechanische oder datenmäßige Vervielfältigung durch Computereinblendung genügen

---

[35] *BGHZ* 139, 119 = NJW 1996, 1497 = LM H. 9/1996 § 765 BGB Nr. 107 m. Anm. *Graf von Westphalen; Keim,* NJW 1996, 2774.

[36] S. *BGHZ* 132, 119, 126 zu § 4 VerbrKrG a.F.

[37] *BGH* NJW 1999, 950.

[38] Vgl. nur MünchKomm/*Einsele,* § 126 Rn. 16; Erman/*Palm,* § 126 Rn. 9; Soergel/*Hefermehl,* § 126 Rn. 15.

[39] *BGHZ* 152, 255 = NJW 2003, 1120.

[40] Vgl. *RGZ* 96, 286, 289; *Flume,* AT II, § 15 II 1c; Staudinger/*Dilcher,* § 126 Rn. 21; Palandt/*Heinrichs,* § 126 Rn. 8.

[41] *RGZ* 74, 69, 72; *BGHZ* 45, 193, 195; Palandt/*Heinrichs,* § 126 Rn. 8; Soergel/*Hefermehl,* § 126 Rn. 18; MünchKomm/*Einsele,* § 126 Rn. 12; a.A. *Holzhauer,* aaO S. 115ff.; *Köhler,* FS Schippel, 1996, S. 209, 212.

[42] S. als Beispiel *BGH* NJW 2003, 3053.

nicht. Auch die Verwendung faksimilierter Unterschriften genügt von wenigen Ausnahmevorschriften (z.B. § 793 Abs. 2 Satz 2) abgesehen nicht[43]. Die Echtheit, die nicht nur die äußere Form der Unterschrift betrifft, sondern dokumentieren soll, daß die Erklärung von demjenigen stammt, der unterschrieben hat, kann bei faksimilierten und sonst vervielfältigten Unterschriften nicht mit der erforderlichen Sicherheit gewährleistet werden. Auch eine telegraphische Übermittlung oder eine Übermittlung per Telefax genügt zur Wahrung der gesetzlichen Schriftform selbst dann nicht, wenn das Aufgabeformular vom Absender eigenhändig unterschrieben ist[44].

Das kann im modernen Massenverkehr zu Schwierigkeiten führen. Der Gesetzgeber hat dem dadurch Rechnung getragen, daß er für einzelne Erklärungen die Textform (§ 126b) zuläßt (s. unten Rn. 51). Hinsichtlich prozessualer Schriftsätze erlaubt § 130 Nr. 6 ZPO im Anschluß an eine Entscheidung des Gemeinsamen Senats der Obersten Gerichtshöfe des Bundes[45] die Telekopie mit Wiedergabe der Unterschrift in der Kopie. Auf rechtsgeschäftliche Erklärungen kann dies nicht ohne weiteres übertragen werden, weil bei ihnen der Empfänger schon im Augenblick des Zugangs die Echtheit der Unterschrift überprüfen können soll, was bei einer Telekopie (Telefax) kaum zuverlässig möglich ist. Im übrigen ist durch § 126a die elektronische Schriftform eingeführt, die die Übermittlung elektronischer Unterschriften über weite Entfernungen ermöglicht. 41

2. Die elektronische Form

Mit § 126a läßt das BGB auf der Grundlage zweier EG-Richtlinien[46] die elektronische Form zu und regelt sie für das gesamte Privatrecht. Eine vergleichbare Regelung findet sich in § 130a ZPO für prozessuale Schriftsätze. Die elektronische Form braucht für Willenserklärungen nicht im einzelnen vom Gesetz zugelassen zu werden. Ihre **Zulässigkeit** ergibt sich nach § 126 Abs. 3 von selbst in allen Fällen der Schriftform, sofern sie nicht vom Gesetz ausdrücklich ausgeschlossen worden ist. Die elektronische Form darf aber gleichwohl nicht einseitig aufgedrängt werden, sondern setzt ein ausdrückliches oder konkludentes **Einverständnis des Empfängers** voraus. Neben den erforderlichen Empfangseinrichtungen muß er auch den Umgang damit beherrschen und dem Gebrauch der elektronischen Form zumindest konkludent zustimmen[47]. Davon ist auszugehen, wenn er die Erklärung annimmt und ihr nicht unverzüglich widerspricht. Bei Erklärungen mit minderen Beweisanforderungen ist die Textform zugelassen (s. unten Rn. 51). 42

Einen **Ausschluß** der elektronischen Form sieht das Gesetz vor allem dann vor, wenn die Schriftform vor der Abgabe der Willenserklärung warnen und vor Übereilung schützen soll (s. oben Rn. 8f.). Dieser Warn- und Übereilungsschutz erscheint dem Gesetzgeber bei der elektronischen Form an der leicht bedienbaren Tastatur des 43

---

[43] H.L.; *Medicus,* AT, Rn. 618; *Brox,* AT, Rn. 257; Staudinger/*Dilcher,* § 126 Rn. 18; MünchKomm/*Einsele,* § 126 Rn. 14; Palandt/*Heinrichs,* § 126 Rn. 7; a.A. *Köhler,* AcP 182 (1982), 126, 147ff.

[44] Vgl. *Köhler,* AT, § 12 Rn. 8, der von einem Zugangsproblem spricht; Palandt/*Heinrichs,* § 126 Rn. 11; *Hübner,* AT, Rn. 854; vgl. auch *BGHZ* 24, 297; 121, 224, 229; *BGH* NJW 1997, 3169.

[45] *GemS OGB* NJW 2000, 2340.

[46] Richtlinie 1999/93/EG über gemeinschaftliche Rahmenbedingungen für elektronische Signaturen; Richtlinie 2000/31/EG über den elektronischen Geschäftsverkehr.

[47] S. BT-Drs. 14/4987, S. 41; Palandt/*Heinrichs,* § 126a Rn. 6; Soergel/*Marly,* BGB. Bd. 2a, § 126a Rn. 23.

PC nicht in ausreichendem Maße gewährleistet. Einen Ausschluß der elektronischen Form sieht das Gesetz auch vor bei Erklärungen, die, ohne Willenserklärungen zu sein, eine besondere Seriosität und besonderes persönliches Einstehen für die Richtigkeit zum Ausdruck bringen sollen, was durch die handschriftliche Unterschrift besser gewährleistet ist als durch die elektronische Signatur.

44 **Beispiele:** Zu Beispielen für den Ausschluß der elektronischen Form wegen des Warn- und Übereilungsschutzes (s. oben Rn. 9). Ein Ausschluß wegen der besonderen Seriosität und persönlichen Richtigkeitsgewähr für die Erklärung ist vorgesehen bei Erteilung von Zeugnissen (§ 630 Satz 3 BGB, § 73 HGB)[48], aber auch beim handschriftlichen Testament (§ 2247).

a) Erklärung in einem elektronischen Dokument

45 Die Erklärung muß in einem elektronischen Dokument festgehalten sein. Ein elektronisches Dokument besteht aus elektronisch erfaßten Daten, die in einer zur **dauerhaft lesbaren Wiedergabe** geeigneten Form gespeichert sind[49]. Die Eignung zur dauerhaften Wiedergabe ist erforderlich, um bei der elektronischen Form eine der Schriftform vergleichbare Perpetuierungsfunktion zu erreichen. Das elektronische Dokument muß die **gesamte formbedürftige Erklärung** einschließlich der **Namensangabe des Ausstellers** enthalten. Dies kann auch der Name des ausstellenden Vertreters sein. Die Namensangabe soll die rechtliche Zuweisung und Identifizierung der elektronischen Erklärung ermöglichen. Dafür genügen dieselben Identifizierungsmerkmale wie bei der Urkunde (s. oben Rn. 38). Die Namensangabe hat aber nicht die Echtheits- und Abschlußfunktion der Unterschrift zu übernehmen und braucht deshalb weder handschriftlich zu sein noch am Ende der Erklärung zu stehen. Die gesamte zum Rechtsgeschäft gehörende elektronische Erklärung, z. B. ein Vertragstext, muß eine **Dokumenteneinheit** bilden, die nach denselben Merkmalen wie bei einer Urkunde festgestellt werden kann (s. oben Rn. 33).

b) Qualifizierte elektronische Signatur

46 Die elektronische Form kann die volle Funktion der Schriftform nur in Verbindung mit einer qualifizierten elektronischen Signatur übernehmen. Diese übernimmt wie die Unterschrift die Identitäts-, Abschluß- und Echtheitsfunktion (s. oben Rn. 33). Die qualifizierte elektronische Signatur ist eine **besondere Art der elektronischen Signatur.** Sie besteht nach § 2 Nr. 1 SigG aus elektronischen Daten, die denen des Dokuments beigefügt oder logisch mit ihnen verknüpft werden und damit der Authentifizierung dienen[50]. Signierender ist typischerweise der Inhaber eines Signaturschlüssels. Dieser kann nach § 2 Nr. 9 SigG nur eine natürliche Person sein, der der Signaturschlüssel mit einem zugehörigen Signaturprüfschlüssel durch ein qualifiziertes Zertifikat zugeordnet ist. Qualifizierte Zertifikate sind elektronische Bescheinigungen, durch die der Zertifizierungsdiensteanbieter die Identität des Signaturschlüssel-Inhabers bestätigt. Sie müssen öffentlich abfragbar sein (§ 2 Nr. 9 mit § 5 SigG).

47 Die **Voraussetzungen der qualifizierten elektronischen Signatur** ergeben sich zunächst aus der fortgeschrittenen elektronischen Signatur nach § 2 Nr. 2 SigG. Diese erfordert, (1) daß die Signatur ausschließlich dem Signaturschlüssel-Inhaber zugeordnet ist, (2) daß sie die Identi-

[48] Der Gesetzgeber hat als Begründung die Unüblichkeit und die mangelnde Verbreitung der technischen Lesemöglichkeiten für elektronische Signaturen genannt, BT-Drs. 14/4987, S. 22.

[49] S. Soergel/*Marly*, BGB, Bd. 2a, § 126a Rn. 22.

[50] Gleichlautend Art. 2 Nr. 1 Richtlinie 1999/93/EG.

fizierung des Signaturschlüssel-Inhabers ermöglicht, (3) daß sie mit Mitteln erzeugt wird, die der Signaturschlüssel-Inhaber unter seiner alleinigen Kontrolle halten kann, z. B. eine PIN, und (4) daß sie mit den Daten, auf die sie sich bezieht, so verknüpft ist, daß eine nachträgliche Veränderung der Daten erkannt werden kann[51]. Dies wird mit dem sog. Hashwert (s. Rn. 48) erreicht. Um eine qualifizierte elektronische Signatur zu erstellen, muß nach § 2 Nr. 3 SigG zu den Voraussetzungen (1) bis (4) hinzu kommen, (5) daß sie auf einem zum Zeitpunkt der Signaturerzeugung gültigen qualifizierten Zertifikat (§ 2 Nr. 7 SigG) beruht und (6) daß sie mit einer zur sicheren Signaturerstellung geeigneten Hard- oder Softwareeinheit gemäß § 2 Nr. 10 SigG erzeugt wird[52].

Durch die qualifizierte elektronische Signatur wird eine unverwechselbare **Verbindung zwischen** dem **Dokument und** dem **Signaturschlüssel** des Ausstellers geschaffen. Der Signaturschlüssel besteht aus elektronischen Daten, aus denen ein geheimer, nur für den Aussteller vorgesehener Signaturschlüssel und ein öffentlich jedermann zugänglicher Signaturschlüssel erstellt wird, die beide aufeinander abgestimmt sind. Der geheime Signaturschlüssel wird mit dem Hashwert verbunden. Der Hashwert besteht aus einer Zeichenfolge fester Länge, die der mathematischen Quersumme der Daten des Dokuments vergleichbar ist[53]. Die digitale Signatur setzt sich damit aus der verschlüsselten Quersumme aller Daten zusammen. Die so verschlüsselten Daten werden an den Empfänger versandt. Dieser entschlüsselt die Daten mit dem öffentlichen Signaturschlüssel und kann danach feststellen, ob der so ermittelte Hashwert mit dem Hashwert des ihm vom Absender unverschlüsselt übersandten Dokuments übereinstimmt[54]. Bei Übereinstimmung beider Hashwerte ist gewährleistet, daß das Dokument unverfälscht vom Signaturschlüssel-Inhaber stammt. **48**

c) Benutzung durch Dritte

Macht ein Dritter als Benutzer vom Signaturschlüssel Gebrauch und geschieht dies **mit Zustimmung** des Signaturschlüssel-Inhabers, so muß dieser sich die Erklärung zurechnen lassen und ist daran gebunden. Dies läßt sich vergleichen mit der Situation, in der der Vertreter mit dem Namen des Vertretenen unterschreibt (s. oben Rn. 38). Benutzt der Dritte den Signaturschlüssel **unbefugt,** so ergeben sich Probleme ähnlich wie bei der Fälschung einer Unterschrift. Der berechtigte Signaturschlüssel-Inhaber muß sich diese Erklärung grundsätzlich nicht zurechnen lassen. Eine Ausnahme kann sich ergeben, wenn die Voraussetzungen einer Duldungs- oder Anscheinsvollmacht vorliegen (s. unten § 48 Rn. 20ff.). Soweit eine Zurechnung der Erklärung wegen unberechtigter Benutzung nicht erfolgen kann, können sich jedoch Schadensersatzansprüche gegen den Signaturschlüssel-Inhaber ergeben, wenn dieser den Signaturschlüssel unsorgfältig verwahrt und dadurch dem Dritten die unbefugte Benutzung ermöglicht. Grundlage für Schadensersatzansprüche kann sowohl das Rechtsverhältnis der Vertragsverhandlungen sein (§ 311 Abs. 2) als auch eine positive Vertragsverletzung (§ 280). Verletzt der Zertifizierungsdiensteanbieter seine Pflichten oder versagen seine Produkte, so ist er nach § 11 SigG einem Dritten zum Schadensersatz verpflichtet. Dadurch ist das Vertrauen des Empfängers der elektronischen Signatur in die Echtheit der Erklärung weitgehend geschützt. **49**

---

51 Ebenso Art. 2 Nr. 2 Richtlinie 1999/93/EG.

52 Zur qualifizierten elektronischen Signatur *Roßnagel,* NJW 2001, 1817; *Hähnchen,* NJW 2001, 2831; die Richtlinie 1999/93/EG beschreibt nur qualifizierte Zertifikate (Art. 2 Nr. 10).

53 S. Soergel/*Marly,* § 126 a Rn. 9.

54 S. das Schema in Soergel/*Marly,* BGB, Bd. 2 a, § 126 a Rn. 9.

d) Elektronische Signatur bei Verträgen

50 Während bei einseitigen Erklärungen allein das Dokument mit dieser Erklärung qualifiziert elektronisch zu signieren ist, kommen bei einem Vertrag mehrere Möglichkeiten in Betracht. Der Vertrag kann sich in einem **einheitlichen Dokument** befinden, auf dem beide Vertragsparteien ihre qualifizierte elektronische Signatur angebracht haben. Entsprechend der Regelung für die Schriftform in § 126 ist es auch möglich, über den Vertrag **zwei gleichlautende Dokumente** zu erstellen, von denen jeder Vertragsteil das für den anderen bestimmte Dokument signieren muß. Schließlich kann die elektronische Form auch **mit der Schriftform kombiniert** werden, indem z. B. das Angebot in Schriftform und die Annahme in elektronischer Form abgefaßt wird.

3. Die Textform

51 Die Textform besteht nach § 126b aus Schriftzeichen, die in einer Urkunde oder in einer anderen zur Wiedergabe geeigneten Form, z. B. auch in einem elektronischen Dokument[55], enthalten sind. Die Besonderheit der Textform ergibt sich daraus, daß in ihr zwar die Person des Erklärenden genannt wird. Dazu genügt jede individualisierbare Namensangabe (s. auch oben Rn. 39). Es wird aber weder eine Unterschrift noch eine qualifiziert elektronische Signatur verlangt. Die sichere Zuordnung zur genannten Person im Sinne der Echtheit der Erklärung ist deshalb bei der Textform nicht gewährleistet. Vielmehr genügt es, daß der **Abschluß der Erklärung** durch eine **nachgebildete Namensunterschrift,** z. B. Faksimileunterschrift, **oder auf andere Weise,** z. B. durch Vermerke wie „Ende" oder „Diese Erklärung ist nicht unterschrieben"[56], **erkennbar** gemacht wird. Die Textform erfüllt deshalb zwar die Perpetuierungs- und Abschlußfunktion und teilweise auch die Identitätsfunktion einer Urkunde, nicht aber die Echtheits- und Verfikationsfunktion und kaum die Warnfunktion (s. oben Rn. 27, 28). Eine Beweisfunktion kann die Textform nur eingeschränkt in dem Sinne übernehmen, daß die Erklärung als solche existent und dem Empfänger bekannt gemacht ist, wenn ihr Zugang nachgewiesen wird. Demgemäß wird die Textform aus Vereinfachungsgründen zugelassen, wenn es sich um Mitteilungen und Informationen handelt, die keine rechtsgeschäftlichen Folgen erzeugen, ausnahmsweise auch für Willenserklärungen, wenn diese entweder von minderer Bedeutung sind oder sie im wesentlichen aus Dokumentationsgründen festgehalten werden sollen und ein Mißbrauch ausgeschlossen erscheint. Die Textform kann durch höherwertige Formen, wie z. B. die Schriftform und die qualifizierte elektronische Form ersetzt werden.

52 **Beispiele:** Die Textform ist etwa vorgesehen für die **Information** des Verbrauchers beim Fernabsatz nach § 312c Abs. 2 und § 502 Abs. 2, für den Hinweis nach § 357 Abs. 3 bezüglich der Pflicht zum Wertersatz wegen Verschlechterung durch Ingebrauchnahme, für die Mitteilung der Garantiebedingungen nach § 477 Abs. 2, für Informationen beim Überziehungskredit nach § 493, für die Mitteilung des Vertragsinhalts nach § 505 Abs. 2, für die Information des Mieters von Wohnräumen und anderen Räumen über beabsichtigte Modernisierungsmaßnahmen und damit verbundene Mieterhöhungen (§ 554 Abs. 3, § 578 Abs. 1), ebenso für die Mitteilung der Absicht des Mieters, aufzurechnen oder ein Zurückbehaltungsrecht auszuüben

---

[55] Dazu Soergel/*Marly,* BGB, § 126b Rn. 4.

[56] S. auch Soergel/*Marly,* BGB, Bd. 2a, § 126b Rn. 6.

(§ 556b Abs. 3). In Textform können auch die Mitteilungen über die Beförderung, Versendung und Lagerung gefährlicher Güter erstattet werden (§ 410 Abs. 1, § 455 Abs. 1 Satz 2, § 468 Abs. 1 Satz 1 HGB), ebenso die Schadensanzeige über den Verlust oder die Beschädigung von Transportgut (§ 438 Abs. 4 Satz 1). Zu den Mitteilungen in Textform gehört auch die Schadensanzeige an die Versicherung nach § 3 Nr. 7 PflVersG, die Aufforderung zur Prämienzahlung (§ 37 VVG) sowie die Mitteilung über die Folgen einer Pflichtverletzung nach § 158e Abs. 1 Satz 2 VVG und zahlreiche Informationen an die Beteiligten bei der Umwandlung von Gesellschaften (§§ 89, 182, 216, 230, 256, 260, 267 UmwG).

Eine **Willenserklärung** in Textform sieht etwa § 355 Abs. 1 für die Ausübung des Widerrufsrechts und § 356 Abs. 1 Nr. 3 für die Einräumung eines Rückgaberechts vor. Erklärungen zur Änderung der Miete und der Betriebskostenabrechnung können bei der Wohnungsmiete vor allem aus Vereinfachungsgründen für große Wohnungsgesellschaften in Textform abgegeben werden (§§ 556a, 557b, 558a, 559b, 560). Textform sieht § 109 Abs. 3 AktG auch für die Vertretung von Aufsichtsratsmitgliedern in Sitzungen und Ausschüssen vor, § 47 Abs. 3 GmbHG läßt sie für die Stimmrechtsvollmacht und § 48 Abs. 2 GmbHG für das Einverständnis zur schriftlichen Stimmabgabe zu. Willenserklärung in Textform ist auch der Widerspruch gegen den Inhalt des Versicherungsvertrags nach § 5 Abs. 1, § 5a Abs. 1 VVG. **53**

4. Beglaubigung der Unterschrift

Die öffentliche Beglaubigung ergänzt eine schriftliche Urkunde gemäß § 126 (s. oben Rn. 27ff.) in der Weise, daß die Echtheit der Unterschrift des Erklärenden durch einen Notar mittels eines auf die Urkunde gesetzten Vermerks **bestätigt** wird (§ 129 Abs. 1, § 39 BeurkG). Der Notar bezeugt mittels des Vermerks und seiner Unterschrift, daß derjenige, der die Unterschrift unter den Text der Urkunde geleistet hat, mit demjenigen identisch ist, der in dem Vermerk als Aussteller bezeichnet ist. Dies verstärkt die Identitäts-, Verifikations- und Echtheitsfunktion der Urkunde (s. oben Rn. 28) und stärkt damit deren Beweiskraft. Die Unterschrift soll daher nur vom Notar beglaubigt werden, wenn sie in seiner Gegenwart vollzogen oder anerkannt wird (§ 40 Abs. 1 u. 3 BeurkG). Auf den über der Unterschrift stehenden Text der Urkunde bezieht sich die Beglaubigung nicht; der Notar braucht ihn „nur darauf zu prüfen, ob Gründe bestehen, seine Amtstätigkeit zu versagen" (§ 40 Abs. 2 BeurkG). Sogar eine Blankounterschrift darf beglaubigt werden, „wenn dargelegt wird, daß die Beglaubigung vor der Festlegung des Urkundeninhalts benötigt wird" (§ 40 Abs. 5 BeurkG). Durch die Beglaubigung der Unterschrift unterscheidet sich die öffentliche Beglaubigung von der beglaubigten Abschrift, die die Textgleichheit einer Abschrift oder Kopie mit dem Original amtlich bestätigt. Die öffentliche Beglaubigung wird durch die strengere Form der notariellen Beurkundung ersetzt (§ 129 Abs. 2). **54**

Beispiele: Die öffentliche Beglaubigung ist hauptsächlich vorgeschrieben für Erklärungen, die gegenüber einer Behörde abzugeben sind, insbesondere für solche, die die Grundlage für eine Eintragung in ein öffentliches Register bilden (z.B. §§ 77, 1560 S. 2 BGB; § 29 GBO; § 13 Abs. 1 HGB). In einigen Fällen werden vom Gesetz an eine Erklärung dann weitergehende Rechtsfolgen geknüpft, wenn sie öffentlich beglaubigt ist (z.B. in § 1155). In diesen (vgl. § 1154 Abs. 1 S. 2) und in einigen anderen Fällen (z.B. §§ 371 S. 2, 403) gibt das Gesetz einer Partei den Anspruch, von der anderen Partei eine öffentlich beglaubigte Erklärung zu verlangen. **55**

5. Notarielle Beurkundung

a) Funktion der notariellen Beurkundung

56 Bei der notariellen Beurkundung (s. oben Rn. 5, 9, 11) wird die **gesamte Erklärung,** nicht nur die Unterschrift, von einem Notar beurkundet. Der Notar bezeugt, daß die in der Urkunde genannte Person in seiner Gegenwart eine Erklärung des beurkundeten Inhalts abgegeben hat. Dadurch wird zwar nicht die inhaltliche Richtigkeit der Erklärung bewiesen. Diese kann z. B. noch angefochten werden. Die notarielle Beurkundung erhöht aber die Echtheitsfunktion und verstärkt damit die Beweiskraft der Urkunde dafür, daß der Unterzeichnende genau diese Erklärung abgegeben hat, noch mehr als bei der bloßen Beglaubigung der Unterschrift (s. Rn. 53). Eine Blankounterschrift ist demgemäß bei der notariellen Beurkundung nicht möglich. Daneben gewährleistet die notarielle Beurkundung den Warn- und Übereilungsschutz (s. oben Rn. 8) in besonderem Maße und ermöglicht neben der Perpetuierungs-, Abschluß-, Identitäts- und Verfikationsfunktion der Schriftform (s. oben Rn. 27, 28) vor allem noch die Belehrung und Beratung durch den Notar (s. oben Rn. 9)[57]. Der Notar soll die Beteiligten über die rechtliche Tragweite des Geschäfts belehren. Er soll ferner darauf achten, daß Irrtümer und Zweifel vermieden „sowie unerfahrene und ungewandte Beteiligte nicht benachteiligt werden" (§ 17 Abs. 1 BeurkG).

57 Bei der notariellen Beurkundung wird über den gesamten Vorgang eine **Niederschrift** (§§ 8ff. BeurkG) aufgenommen. Diese muß die Bezeichnung des Notars und der Beteiligten sowie deren Erklärungen enthalten. Sie muß in Gegenwart des Notars den Beteiligten vorgelesen, von ihnen genehmigt und eigenhändig unterschrieben werden. In ihr soll festgestellt werden, daß dies geschehen ist. Haben die Beteiligten die Niederschrift eigenhändig unterschrieben, so wird vermutet, daß sie ihnen vorgelesen und von ihnen genehmigt worden ist (§ 13 Abs. 1 BeurkG). Die Niederschrift ist von dem beurkundenden Notar eigenhändig zu unterschreiben.

58 Bei einem vor **Gericht geschlossenen Vergleich** wird die etwa vorgeschriebene notarielle Beurkundung durch die Aufnahme der abgegebenen Erklärungen in ein nach den Vorschriften der ZPO errichtetes Protokoll ersetzt (§ 127 a).

b) Besonderheiten für Verträge

59 Handelt es sich um einen Vertrag, so können die Erklärungen beider Vertragspartner gleichzeitig beurkundet werden. Es genügt in der Regel jedoch auch die **getrennte Beurkundung** von Antrag und Annahme. Bei getrennter Beurkundung wird zunächst die Erklärung der einen Partei, der Vertragsantrag, und später die Annahmeerklärung der anderen Partei von einem Notar – nicht notwendig von demselben – beurkundet (vgl. § 128). Für einige Fälle schreibt das Gesetz jedoch vor, daß die Erklärungen bei **gleichzeitiger Anwesenheit beider Teile** abgegeben werden müssen.

60 **Beispiele:** Gleichzeitige Anwesenheit beider Teile ist für die Auflassung (§ 925), für die Eheschließung (§ 1311), für den Ehevertrag, d. h. für den Vertrag, durch den Ehegatten ihre güterrechtlichen Verhältnisse regeln, (§§ 1408, 1410) und für den Erbvertrag (§ 2276) notwendig.

6. Erklärungen vor oder gegenüber öffentlichen Stellen

61 Aus Gründen der Klarstellung und des sicheren Beweises (s. oben Rn. 5) ist für manche Willenserklärungen die Abgabe vor oder gegenüber einer Behörde oder anderen öffentlichen Stelle vorgesehen. Zugleich kann damit ein Warn- und Überei-

---

[57] S. auch *Reithmann,* NJW 1995, 3370; s. auch unten § 32 Rn. 6.

lungsschutz (s. oben Rn. 8) verbunden werden. Ferner ermöglicht die Abgabe vor oder gegenüber einer öffentlichen Stelle eine Belehrung und Beratung durch die fachkundige Stelle. Dadurch wird auch gewährleistet, daß das Rechtsgeschäft gültig vorgenommen wird (s. oben Rn. 10).

Beispiel: Als Rechtsgeschäft vor einer öffentlichen Stelle ist vor allem die Eheschließung zu nennen. Sie erfolgt gemäß § 1310 ausschließlich vor dem Standesbeamten, und zwar dadurch, daß die Verlobten vor ihm persönlich und bei gleichzeitiger Anwesenheit erklären (§ 1311), die Ehe miteinander eingehen zu wollen. Der Standesbeamte soll die Eheschließung in das Heiratsbuch eintragen (§ 1312 Abs. 2). Die Eintragung ist jedoch zur Wahrung der Form nicht notwendig und deshalb kein konstitutives Element der Eheschließung. **62**

7. Sonstige besondere Formen

Besondere Vorschriften gelten für das Nottestament vor dem Bürgermeister (§ 2249), für das Dreizeugentestament (§ 2250) und für das Nottestament auf See (§§ 2251ff.). Ergänzend ist jeweils die beschränkte Gültigkeitsdauer zu beachten (§ 2252). Damit soll einem Mißbrauch vorgebeugt werden. **63**

IV. Nichtigkeit als Rechtsfolge bei Formverstößen

1. Nichtigkeit des Rechtsgeschäfts als Grundsatz

Ist durch das Gesetz für ein Rechtsgeschäft eine bestimmte Form vorgeschrieben, so ist das Rechtsgeschäft in der Regel insgesamt nichtig, wenn die Form nicht gewahrt ist (§ 125 Satz 1, s. dazu auch unten § 44 Rn. 4ff.). Die Rechtsfolge der Nichtigkeit tritt aber nur ein, wenn das Gesetz nach seinem Sinn und Zweck die Einhaltung der **Form als Gültigkeitsvoraussetzung** vorschreibt und darin nicht nur eine Soll- und Ordnungsvorschrift sieht, wie z.B. bei der in § 1 der VO über gewerbsmäßige Versteigerungen vorgesehenen Schriftform[58]. An Stelle der Nichtigkeit sieht § 494 bei Verstoß gegen die Schriftform des § 492 einen zum Schutz des Verbrauchers veränderten Vertragsinhalt vor. Ein Verstoß gegen § 492 liegt aber nicht vor, wenn der Inhalt der Angaben unrichtig ist, insbesondere für einzelne Kosten ein unrichtiger Verwendungszweck angegeben ist[59]. Formfrei ist auch ein Aufhebungs- oder abschwächender Vertrag, wenn nach dem Zweck der Formvorschrift nur vor nachteiligen Rechtsfolgen wie z.B. dem Eingehen einer Verpflichtung geschützt werden soll[60]. **64**

Die Nichtigkeit tritt grundsätzlich auch dann ein, wenn die Parteien sich im Prozeß nicht auf die Nichtigkeit berufen und wenn sie gewillt sind, den formlos geschlossenen Vertrag als gültig zu behandeln[61], denn die Vorschrift des § 125 Satz 1 begründet eine **von Amts wegen zu beachtende Einwendung** und steht nicht wie die Einrede zur Disposition der Parteien (s. oben § 18 Rn. 47ff., 55ff.). In einigen Fällen läßt das Gesetz eine nachträgliche **Heilung** des Formmangels zu (s. oben Rn. 14ff.). Die Nichtigkeit wird dann nachträglich beseitigt und der **65**

---

[58] *BGH* LM H. 5/00 § 125 BGB Nr. 50; s. auch *BGH* LM § 125 BGB Nr. 7 und oben § 10 Rn. 12.

[59] *BGH* ZIP 2003, 2149.

[60] Vgl. *v. Tuhr,* AT II/1, § 63 IV; *Enneccerus/Nipperdey,* AT, § 154 III 1 b; MünchKomm/*Einsele,* § 125 Rn. 16; Erman/*Palm,* § 125 Rn. 5; *Häsemeyer,* S. 191.

[61] Vgl. *BGH* LM § 125 BGB Nr. 29.

Vertrag mit Wirkung ex nunc, d.h. für die Zukunft, wirksam[62]. Die Auslegung des Vertrags kann jedoch ergeben, daß die Parteien verpflichtet sind, sich so zu behandeln, als ob der Vertrag von Anfang an wirksam gewesen wäre[63].

2. Gesamtnichtigkeit oder Teilnichtigkeit

66 Gemäß § 139 ist **grundsätzlich das gesamte Rechtsgeschäft nichtig.** Was zur Gesamtheit des Rechtsgeschäfts gehört, bestimmt sich grundsätzlich nach dem Parteiwillen und, wenn ein solcher nicht feststellbar ist, nach dem objektiven Sinnzusammenhang (s. unten § 45 Rn. 4ff.). Auch für nachträgliche Abreden sind grundsätzlich die Formerfordernisse zu beachten, sofern sie einen rechtlichen Regelungsgehalt haben und den Inhalt der Erklärung beeinflussen[64]. Hätten die Parteien das Geschäft aber auch ohne den nichtigen Teil vorgenommen, so ist nur der Teil nichtig, für den die Form nicht eingehalten wurde. Eine besondere Form der inhaltlichen Teilunwirksamkeit ergibt sich aus § 550 bei fehlender Schriftform des Mietvertrags. Hier ist nicht der Vertrag insgesamt, sondern nur insoweit unwirksam, als er eine Vertragslaufzeit über ein Jahr hinaus bindend ohne Kündigungsmöglichkeit vorschreibt.

V. Unzulässige Berufung auf den Formmangel (§ 242)?

1. Berufung auf Formmangel grundsätzlich zulässig

67 Die Vorschrift des § 125 Satz 1 ist zwingendes Recht. Sie kann deshalb **nicht abbedungen** werden. Auch der Einwand der **unzulässigen Rechtsausübung** aus § 242 (s. oben § 16 Rn. 16ff.) ist **im allgemeinen ausgeschlossen,** denn die Nichtigkeit des Rechtsgeschäfts bei Nichtbeachtung der Form ist die einzige Möglichkeit, die Beachtung der Formvorschriften sicherzustellen. Zu weit geht es aber anzunehmen, die Formvorschriften hätten andernfalls nur noch die Bedeutung unverbindlicher Empfehlungen[65]. Jedoch dürfen die Formvorschriften im Interesse der Rechtssicherheit nicht aus bloßen Billigkeitserwägungen außer acht gelassen werden[66]. Insbesondere darf mit Hilfe des Einwands der nach § 242 unzulässigen Rechtsausübung der **Schutzzweck der Formvorschrift nicht ausgehöhlt** werden. Vielmehr müssen die Schutzinteressen der Beteiligen und der jeweiligen Formvorschrift beachtet werden.

68 **Beispiele:** Bei der Eheschließung wird man schon deshalb keine Ausnahmen vom Formzwang zulassen können, weil hier das öffentliche **Interesse an** unbedingter **Klarstellung vorrangig** ist. Dasselbe muß für das öffentliche und das privatschriftliche Testament, den Erbvertrag[67] sowie für die Auflassung gelten, zumal in allen diesen Fällen auch **Interessen Dritter** berührt werden können. Die Anwendung der Grundsätze über die unzulässige Rechtsausübung ist mangels eines Schutzbedürfnisses ausgeschlossen, wenn die **Beteiligten bewußt gegen die Formvorschrift verstoßen** haben. Gleiches gilt, wenn die im Falle der Nichtigkeit eingreifenden **Vorschriften ausreichenden Schutz** bieten, insbesondere durch die Rückabwicklung nach Bereicherungsrecht oder durch Schadensersatz aus culpa in contrahendo. Insofern hat die

---

[62] S. etwa *BGH* NJW 1978, 1577; Palandt/*Heinrichs,* § 125 Rn. 11.

[63] S. etwa *BGHZ* 32, 11; 54, 56, 63.

[64] Palandt/*Heinrichs,* § 125 Rn. 8; s. auch oben Rn. 23.

[65] *Flume,* AT II, § 15 III 4c, aa.

[66] *BGHZ* 45, 179, 182; 85, 315, 318f.; 92, 164, 171f.; 140, 167 = NJW 1999, 950.

[67] Anders freilich *BGHZ* 23, 249, 254ff. Diese Entscheidung ist im Schrifttum durchweg abgelehnt worden; vgl. *Flume,* AT II, § 15 III 4b a.E.; *Kipp/Coing,* Erbrecht, § 19 III.

Formel, daß die Nichtigkeit zu einem untragbaren, nicht nur zu einem harten Ergebnis führen muß[68], ihre Berechtigung. Zu berücksichtigen ist auch, ob das Gesetz an Stelle der Totalnichtigkeit gemäß § 125 eine den **besonderen Verhältnissen angepaßte Sanktion** im Falle des Formverstoßes vorsieht, wie etwa in § 494[69]. Ebenso ist zu beachten, daß das Gesetz schon vielfach eine **Heilung** vorsieht und dabei die schützenswerten Interessen bereits bedacht hat (s. oben Rn. 14 ff.).

2. Fälle unzulässiger Berufung auf Nichtigkeit

Wenn **nur die Interessen der beteiligten Parteien betroffen** sind, wie etwa bei schuldrechtlichen Verträgen, ist es weniger bedenklich, eine formlos eingegangene Verpflichtung unter bestimmten Voraussetzungen als gültig anzusehen, da hier weder das öffentliche Interesse noch Interessen Dritter unbedingt die Einhaltung der Form verlangen. 69

Der BGH bejaht die Entstehung einer rechtlichen Bindung entgegen der Norm des § 125 dann, wenn die Nichtigkeit eines Vertrages zu einem im Hinblick auf Treu und Glauben untragbaren, nicht etwa nur zu einem harten Ergebnis führen würde (s. oben Rn. 68). Eine nur auf fallweise anzustellende Billigkeitserwägungen gestützte Einschränkung des Formzwangs untergräbt jedoch die für die Parteien unerläßliche Rechtssicherheit und vermag willkürliche Ergebnisse nicht zu vermeiden[70]. Im Interesse der Rechtssicherheit muß deshalb versucht werden, bestimmte Fallgruppen zu bilden. 70

a) Arglistige Berufung auf den Formmangel

Eine Berufung auf den Formmangel ist insbesondere unzulässig, wenn derjenige, der sich auf die Nichteinhaltung der Form beruft, entweder bewußt die **Einhaltung der Form verhindert** hat oder **nachträglich** arglistig daraus **Vorteile für sich** ableiten will. Der Grundsatz, daß niemand aus seinem eigenen arglistigen Handeln einen rechtlichen Vorteil ziehen darf, hat hier Vorrang. 71

Beispiel: Hat der Käufer eines Grundstücks schon vor der Beurkundung des Vertrages nach § 311 b Abs. 1 einen wesentlichen Teil des Kaufpreises angezahlt, ist dies aber entgegen dem Grundsatz der Gesamtbeurkundung (s. oben Rn. 23) in der notariellen Urkunde nicht vermerkt worden, so handelt der Verkäufer arglistig wenn er zunächst den Kaufvertrag als wirksam behandelt und nochmalige Zahlung verlangt, weil er den Empfang der Zahlung bestreitet, anschließend aber, als ihm nicht geglaubt wird, aus dem Formmangel Vorteile ziehen will, indem er nunmehr das Grundstück nach § 812 mit § 125 zurückverlangt[71]. 72

Dem ist der Fall gleich zu stellen, daß der eine Teil unter Ausnutzung seiner **geschäftlichen Erfahrenheit und Überlegenheit** oder eines Abhängigkeitsverhältnisses den anderen davon abhält, auf der Einhaltung der Form zu bestehen. Es ist nicht erforderlich, daß er von vornherein beabsichtigte, sich auf diese Weise eine Hintertür offen zu halten[72]. 73

---

[68] *BGHZ* 29, 6, 10; 48, 396, 398; *BGH* NJW 1987, 1069, 1070; *BGH* NJW 1999, 950.

[69] Noch zu § 6 VerbrKrG, jetzt § 494 *BGH* NJW 2002, 368 = LM § 1 VerbrKrG Nr. 12 m. Anm. *Oechsler.*

[70] Vgl. *Flume,* AT II, § 15 III 4; *Medicus,* AT, Rn. 630 ff.; Staudinger/*Dilcher,* § 125 Rn. 42 ff.; MünchKomm/*Einsele,* § 125 Rn. 52 ff.; *Köhler,* AT, § 12 Rn. 17; grundsätzlich gegen jede Lockerung des Formerfordernisses *Häsemeyer,* aaO S, 228 f.; *E. Wolf,* AT, S. 318 f.

[71] Vgl. dazu auch *BGHZ* 85, 315.

[72] S. z.B. *BGHZ* 48, 396, 398; anders für diese Fälle *Medicus,* AT, Rn. 632. Er meint, dann sei eben der Partei, die sich von der Einhaltung der Form abhalten ließ, der Vertragsschluß nicht gelungen.

b) Besonders schwere Verletzung einer Treupflicht

74 Eine unzulässige Rechtsausübung liegt nach der Rechtsprechung vor, falls eine Partei durch die Berufung auf den Formmangel eine besonders schwere Treupflichtverletzung begeht[73]. Wann eine besonders schwere Treupflichtverletzung vorliegt, bedarf jedoch weiterer Konkretisierung.

75 **Beispiele:** Eine hierher gehörende Fallgruppe ist dadurch gekennzeichnet, daß eine Partei den Formmangel in **Verletzung einer** ihr der anderen Partei gegenüber obliegenden **Betreuungspflicht** verursacht. Dies ist etwa bei einem formunwirksamen Vertrag zwischen einer Wohnungsbaugesellschaft und einem ihrer Mitglieder anzunehmen[74]. Eine besonders schwere Treupflichtverletzung besteht auch, wenn eine Partei aus dem formunwirksamen Vertrag **über längere Zeit Vorteile gezogen** hat und sich danach ihren Verpflichtungen unter Berufung auf den Formmangel entziehen will[75]. Eine unzulässige Berufung auf den Formmangel kommt auch in Betracht, sofern die Nichterfüllung oder Rückabwicklung des nichtigen Vertrags zu einer **Existenzgefährdung** einer Vertragspartei führen würde, die auf die Wirksamkeit des Vertrags gutgläubig vertraut hat. Dies wäre etwa anzunehmen, wenn der zahlungsunfähige Verkäufer den Kaufpreis von erheblicher Höhe für ein Grundstück verbraucht hat und der Käufer bei Rückgabe wesentliche Teile seines Vermögens verlieren würde[76].

c) Vereitelung des Schutzzwecks

76 Unzulässig ist die Berufung auf den Formmangel auch, sofern sich ein Vertragsteil auf einen **Formzwang** beruft, der gerade nur **im Interesse des anderen Vertragsteils** besteht und die Berufung auf die Formnichtigkeit diesen Schutzzweck vereiteln würde.

77 **Beispiel:** Dies ist etwa anzunehmen, falls sich der Beauftragte der Herausgabe des von ihm erworbenen Grundstücks unter Berufung auf die Nichteinhaltung der allein dem Schutze des Auftraggebers dienenden Form des § 311 b Abs. 1 entziehen will[77].

VI. Durch Rechtsgeschäft vereinbarte Form

1. Verschiedene Formziele

78 Die Parteien können aufgrund der Privatautonomie vereinbaren, das von ihnen abgeschlossene Geschäft solle in einer bestimmten, zumeist schriftlichen Form abgeschlossen werden, ohne daß dies gesetzlich vorgeschrieben ist (s. § 127). Ebenso kann freiwillig die Textform, die elektronische Form, die öffentliche Beglaubigung, die notarielle Beurkundung oder eine andere Form vereinbart werden. Mangels gegenteiliger Anhaltspunkte ist davon auszugehen, daß die Parteien nur die Form vereinbart wissen wollten, die sie tatsächlich eingehalten haben[78]. Die vereinbarte Form kann verschiedene Bedeutung haben.

---

[73] S. etwa *BGH* NJW 1996, 2503 = LM H. 10/1996 § 313 BGB Nr. 143 m. Anm. *Reithmann.*

[74] Vgl. dazu *BGHZ* 16, 334, 336; 45, 184; *BGH* NJW 1972, 1189.

[75] S. *BGH* NJW 1996, 2503 = LM H. 10/1996 § 313 BGB Nr. 143 m. Anm. *Reithmann; BGH* NJW 1999, 2664 = LM § 1 VerbrKrG Nr. 11/12 m. Anm. *Pfeiffer.*

[76] *BGH* LM § 313 Nr. 13.

[77] *BGHZ* 85, 245, 251; dazu auch ferner *BGH* NJW 1988, 130; MünchKomm/*Einsele,* § 125 Rn. 59.

[78] *BGH* NJW 2000, 354.

a) Bloße Beweissicherung

Es ist möglich, daß die Parteien die förmliche Vornahme des Geschäfts, über das sie sich bereits in allen Einzelheiten geeinigt haben, nur zum Zwecke der Beweissicherung vereinbaren, um etwas in Händen zu haben, daß sie aber die rechtliche Gültigkeit des Geschäfts hiervon nicht abhängig machen wollen, es vielmehr auch unabhängig von dem förmlichen Abschluß als bereits rechtsverbindlich zustandegekommen betrachten. Dies ist etwa anzunehmen, wenn Kaufleute vereinbaren, die mündlich getroffene Vereinbarung, „der Ordnung halber" sich noch schriftlich zu bestätigen[79]. Die **Form** hat in diesem Fall nur **deklaratorische Bedeutung;** ihre Nichteinhaltung berührt die Gültigkeit des Geschäfts nicht. 79

b) Vereinbarte Form als Gültigkeitsvoraussetzung

Es ist aber auch möglich, daß die Parteien dem Geschäft nur Gültigkeit beimessen wollen, wenn es in der vereinbarten Form abgeschlossen wird. Die Form ist dann mit **konstitutiver Bedeutung** gewollt. 80

Beispiele: Der Wille der Parteien wird vor allem dann in diese Richtung gehen, wenn in einem Vertrage, z. B. einem Leasingvertrag, vereinbart wird, daß einseitige rechtsgestaltende Erklärungen, wie etwa eine Kündigung oder die Ausübung eines Vorkaufsrechts (§ 464), in einer bestimmten Form vorgenommen werden sollen, da offenbar beabsichtigt wurde, durch die Form die Eindeutigkeit und Endgültigkeit einer solchen Erklärung außer Frage zu stellen. Dieser Zweck wird aber nur erreicht, wenn die Form konstitutive Bedeutung hat, wenn also von ihrer Einhaltung die Gültigkeit der betreffenden Erklärung abhängt. 81

Das Gesetz bestimmt in § 125 Satz 2, daß der Mangel einer durch Rechtsgeschäft bestimmten Form „im Zweifel", d. h. wenn die Parteien nichts anderes vereinbart haben, die Nichtigkeit des Geschäfts zur Folge hat. Die rechtsgeschäftliche Form soll damit im Zweifel konstitutiv wirken. Aus dieser Auslegungsregel ergibt sich, daß in diesem Fall auch dann, wenn die Parteien sich bereits formlos über alle Punkte des abzuschließenden Vertrages geeinigt haben, dieser so lange noch nicht rechtswirksam ist, bis er in der vereinbarten Form niedergelegt ist. In Übereinstimmung damit bestimmt § 154 Abs. 2, daß im Falle einer vereinbarten Beurkundung im Zweifel der Vertrag nicht als geschlossen anzusehen ist, solange nicht die Beurkundung erfolgt ist. 82

Wird jedoch ein ohne Beachtung der vereinbarten Form geschlossener Vertrag von beiden Parteien voll erfüllt oder bei einem Dauerschuldverhältnis wie Miete oder Pacht wenigstens in Vollzug gesetzt, so wird man darin in der Regel einen nachträglichen Verzicht beider Teile auf die Einhaltung der vereinbarten Form und zugleich eine Bestätigung des formlos geschlossenen Vertrags (§ 141) erblicken können, so daß dieser nunmehr als wirksam anzusehen ist. Darüber hinaus ist die Berufung auf die Nichteinhaltung der vereinbarten Schriftform unzulässig, wenn keine sachgemäße Rückabwicklung des Vertrags mehr möglich ist oder falls eine Partei unwiederbringliche Vorteile gezogen hat[80]. 83

2. Aufhebung der vereinbarten Form

Da die vereinbarte Form als Ausfluß der Privatautonomie allein auf dem Willen der Parteien beruht, können diese eine vereinbarte Form auch jederzeit aufheben[81]. Die 84

---

[79] Vgl. *BGH* NJW 1964, 1270; MünchKomm/*Einsele,* § 125 Rn. 65.

[80] MünchKomm/*Einsele,* § 125 Rn. 65 ff.

[81] H. L.; vgl. MünchKomm/*Einsele,* § 125 Rn. 66; Staudinger/*Dilcher,* § 125 Rn. 10 ff.; *Medicus,* AT, Rn. 641 ff.; *Brox,* AT, Rn. 272; *Köhler,* AT, § 12 Rn. 21. Aus der Rechtspr. *RGZ* 95, 175 ff.; *BGHZ* 66, 378, 383.

Aufhebung kann in lang dauernden Beziehungen generell und endgültig gewollt, aber auch auf das gerade vorgenommene Geschäft beschränkt sein. Die Aufhebungsvereinbarung ist **formlos** möglich. Sie kann deshalb auch durch schlüssiges Verhalten geschehen. Hierfür müssen allerdings konkrete Anhaltspunkte gegeben sein. In der Vertragspraxis ist es inzwischen üblich zu vereinbaren, daß auch die Vereinbarung über die Aufhebung der Form ihrerseits der Schriftform bedarf. Aber auch diese vereinbarte Schriftform kann wieder aufgehoben werden. Art. 29 Abs. 2 UN-Kaufrecht sieht dagegen ausdrücklich vor, daß die einmal vereinbarte Schriftform auch bei Vertragsänderungen zu beachten ist.

85 **Beispiele:** Fraglich ist, ob die Aufhebung des vereinbarten Formzwangs sich allein schon daraus ergibt, daß die Parteien die Geltung der von der vereinbarten Form abweichenden Vereinbarung ernstlich gewollt und dies mit hinreichender Deutlichkeit erklärt haben[82]. Dagegen spricht, daß dann der vereinbarte Formzwang nahezu bedeutungslos sein würde, weil fast alle später formlos geschlossenen Vereinbarungen als gültig anzusehen wären. Zwar genügt für die Aufhebung des vereinbarten Formzwangs ein schlüssiges Verhalten. Doch liegt ein solches in dem formlosen Abschluß nur, wenn beide Parteien sich der getroffenen Abrede bewußt waren und sich über sie bewußt hinweggesetzt haben[83]. Wenn sie sich ihrer nicht bewußt waren, ist zu fragen, ob die formlose Vereinbarung im Wege ergänzender Vertragsauslegung nach § 157 dahin ergänzt werden kann, daß sie die Aufhebung der Vereinbarung über die Form gewollt hätten, wenn sie daran gedacht hätten. Das wird zwar häufig der Fall sein. Jedoch ist auch zu berücksichtigen, ob eine Partei, hätte sie die Formbedürftigkeit gekannt, vermutlich auf der Einhaltung der Form bestanden hätte, weil ihr erkennbares Interesse dies forderte[84]. Mit Recht hat der BGH mangels anderer Anhaltspunkte die Nichtigkeit eines nur mündlich gemachten Angebots zur Aufhebung des Vertrags in einem Fall angenommen, in dem die Parteien in einem Individualvertrag nicht nur vereinbart hatten, Änderungen, Ergänzungen und die Aufhebung des Vertrages bedürften der Schriftform, sondern auch der Verzicht auf diese Formerfordernis könne nur schriftlich erklärt werden[85].

3. Formvorschriften für die vereinbarte Form

86 Für den Fall, daß die Parteien die Schriftform, die elektronische Form oder die Textform vereinbart haben, bestimmt das Gesetz, daß im Zweifelsfall dafür die jeweiligen Vorschriften der §§ 126, 126a oder b gelten (§ 127 Satz 1). Sofern indessen kein anderer Wille der Parteien anzunehmen ist, gelten einige **Erleichterungen** (§ 127 Abs. 2 und 3).

87 **Im Zweifel genügt** zur Wahrung der **Schriftform** die telekommunikative Übermittlung (§ 127 Abs. 2), obwohl hier die eigenhändige Namensunterschrift fehlt. Deshalb genügt auch die Übermittlung durch Fax, weil hier ein eigenhändig unterschriebenes Original vorliegt. Ausreichend ist im Zweifel auch ein Computerausdruck mit eingeblendeter Unterschrift oder eine Faksimileunterschrift. Bei einem Vertrag genügt ein Briefwechsel, ohne daß gleichlautende Urkunden angefertigt werden müßten. Bei Vereinbarung **elektronischer Form** genügt im

---

[82] Vgl. hierzu *BGH* LM § 125 BGB Nr. 20; *BAG* AP § 127 BGB Nr. 1 mit Anm. *Erman; BGHZ* 49, 364 = LM § 123 BGB Nr. 28 mit Anm. *Fischer; BAG* NJW 1989, 2149; Soergel/*Hefermehl,* § 125 Rn. 32, 33; *Häsemeyer,* JuS 1980, 1, 8; *Flume,* AT II, § 15 III 2.

[83] S. dazu auch *Hau,* Vertragsanpassung und Anpassungsvertrag, 2003, S. 58.

[84] Hierzu *Böhm,* AcP 179 (1979), 425.

[85] BGHZ 66, 378. Der *BGH* hat eine solche Vereinbarung ausdrücklich zwar nur für Kaufleute für zulässig gehalten, doch ist ein Grund für diese Beschränkung nicht einzusehen. So auch *Medicus,* AT, Rn. 643; für Gültigkeit der formlosen Vereinbarung *Häsemeyer,* JuS 1980, 1, 8; Palandt/*Heinrichs,* § 125 Rn. 14; Soergel/*Hefermehl,* § 125 Rn. 33; Erman/*Palm,* § 125 Rn. 8f.; weitergehend MünchKomm/*Einsele,* § 125 Rn. 66f., wonach vereinbarter Formzwang auch für die Aufhebung der Formklausel gilt.

Zweifel jede elektronische Signatur, nicht nur die qualifizierte elektronische Signatur gemäß § 126a. Ebenso genügt bei einem Vertrag der Austausch von Angebot und Annahme mit jeweils elektronischer Signatur (§ 127 Abs. 3). Jedoch kann nachträglich jede Partei eine dem § 126 entsprechende Beurkundung bzw. eine dem § 126a entsprechende elektronische Signatur verlangen. Dies hat aber jeweils nur deklaratorische Bedeutung.

§ 28. Die Auslegung von Willenserklärungen

Inhaltsübersicht

Literatur: *Bickel,* Die Methoden der Auslegung rechtsgeschäftlicher Erklärungen, 1976; *Brandner,* Die Umstände des einzelnen Falles bei der Auslegung und Beurteilung von allgemeinen Geschäftsbedingungen, AcP 162, 237; *Danz,* Die Auslegung der Rechtsgeschäfte, 3. Aufl. 1911; *Ehricke,* Zur Bedeutung der Privatautonomie bei der ergänzenden Vertragsauslegung, RabelsZ 60 (1996), 661; *Foer,* Die Regel „falsa demonstratio non nocet" – unter besonderer Berücksichtigung der Testamentsauslegung, 1987; *Ernst A. Kramer,* Grundfragen der vertraglichen Einigung, 1972; *Larenz,* Die Methoden der Auslegung des Rechtsgeschäfts, 1930, Neudruck mit Nachwort 1966; *F. Leonhard,* Die Auslegung der Rechtsgeschäfte, AcP 120, 14; *Lüderitz,* Auslegung von Rechtsgeschäften, 1966; *Manigk,* Irrtum und Auslegung, 1918; *ders.,* Die Methode der Auslegung des Rechtsgeschäfts, ArchRWPhil XXVI, Heft 3; *ders.,* Die Revisibilität der Auslegung von Willenserklärungen, RG-Festschr. 1929, Bd. VI, 94; *Oertmann,* Rechtsordnung und Verkehrssitte, 1914; *Sandrock,* Zur ergänzenden Vertragsauslegung im materiellen und internationalen Schuldvertragsrecht, 1966; *Scherer,* Andeutungstheorie und falsa demonstratio beim formbedürftigen Rechtsgeschäft in der Rechtsprechung des Reichsgerichts und des Bundesgerichtshofs, 1987 (dazu *Häsemeyer,* AcP 188, 427); *Sonnenberger,* Verkehrssitten im Schuldvertrag, 1969; *Titze,* Die Lehre vom Mißverständnis, 1910; *Wieacker,* Die Methode der Auslegung des Rechtsgeschäfts, JZ 1967, 385; *Wieling,* Die Bedeutung der Regel „falsa demonstratio non nocet" im Vertragsrecht, AcP 172, 297.

A. Allgemeine Aufgaben und Ziele der Auslegung

I. Die Sinnermittlung als Aufgabe

1 Es liegt im Wesen der Sprache als eines sich wandelnden, anpassungsfähigen, nicht selten auch mehrdeutigen Ausdrucksmittels, daß die Bedeutung eines Ausdrucks je nach dem Zusammenhang, in dem er gebraucht wird, nach der Situation, auf die er

bezogen ist, und nach der besonderen Ausdrucksweise des Sprechenden oder des Lebenskreises, dem dieser angehört, verschieden sein kann. Daher ist es auch möglich, daß der Erklärende den benutzten Ausdruck in einem anderen Sinn gemeint hat, als ihn der Empfänger versteht.

Beispiel: Jemand bestellt in einem Hotel telegraphisch „zwei Zimmer mit drei Betten" für eine bestimmte Nacht. Er meint ein Zimmer mit zwei Betten und eines mit einem Bett, also insgesamt 3 Betten. Der Hotelwirt versteht aber zwei Zimmer mit jeweils drei, also insgesamt 6 Betten. Er reserviert für den Gast seine zwei größten Doppelzimmer und läßt jeweils ein drittes Bett hineinstellen. Bis der Gast am späten Abend eintrifft, hat er, da inzwischen alles besetzt ist, verschiedene andere Gäste abgewiesen. Der Gast will nur den Preis für drei Betten bezahlen, da er nicht mehr bestellt habe; der Wirt berechnet ihm 6 Betten, da er auf Grund des Telegrammes so viele reserviert habe. 2

Ist es zweifelhaft, wie eine Erklärung zu verstehen ist, so bedarf sie der Auslegung. 3
Unter Auslegung versteht man ganz allgemein die **Ermittlung des Sinns mehrdeutiger Gedankenäußerungen,** seien es ausdrückliche Erklärungen oder sonstige Verhaltensweisen. Es kann sich dabei um die Gedankenäußerung in einer Gesetzesbestimmung, um eine rechtsgeschäftliche Willenserklärung, aber auch um eine einfache Mitteilung handeln.

II. Ziele der Auslegung

1. Erforschung des subjektiven Willens

Das Ziel der Auslegung ist nicht immer dasselbe. Es kann dem Interpreten allein um 4
die subjektive Willenserforschung gehen, d.h. zu erkennen, was der **Erklärende selbst gewollt** hat, welchen Sinn er mit seiner Äußerung verbunden hat. Dieses Ziel der rein subjektiven Willenserforschung hat § 133 vor Augen. Da der Wille ein innerlicher Umstand ist, der anderen nicht ohne weiteres erkennbar ist, kann man den Erklärenden selbst befragen oder versuchen, an Hand äußerer Umstände Rückschlüsse auf den subjektiven Willen zu ziehen. Entscheidend ist, daß dabei **alle Erkenntnismöglichkeiten** ausgeschöpft werden, aus denen sich dieser subjektive Wille ergibt.

Beispiel: Bei der Auslegung eines Testaments (§ 1937) kommt es nur auf den Willen des 5
Testierenden an, weil allein er zu bestimmen hat, wer sein Vermögen nach seinem Tod erhalten soll (s unten Rn. 95). Das Vertrauen anderer Personen ist nicht schutzbedürftig, da sie nur eine freigebige Zuwendung erhalten, für die sie ihrerseits keine Leistung erbringen müssen. Nicht empfangsbedürftige Willenserklärungen, bei denen es allein auf die Willenserforschung ankommt, sind auch die Annahmebetätigung gemäß § 151 und die Aufgabe des Eigentums gemäß § 959.

2. Ermittlung des Empfängerverständnisses

Bei den meisten Willenserklärungen im rechtsgeschäftlichen Verkehr wird in den 6
Rechtskreis eines anderen eingegriffen. Diesem muß die Erklärung als **empfangsbedürftige Willenserklärung** zugehen (s. oben § 26 Rn. 11ff.), und er muß sich auf die ihn treffenden Rechtsfolgen, z.B. bestimmte vertragliche Rechte und Pflichten oder eine Kündigung einrichten und darauf vertrauen können. Bei den empfangsbedürftigen Willenserklärungen kann sich das Gesetz deshalb nicht mit dem Zugang an sich als Wirksamkeitsvoraussetzung begnügen (§ 130). Vielmehr kann nach Sinn und

Zweck des Zugangs die Willenserklärung nur mit dem Inhalt gelten, wie er beim Empfänger angekommen ist. Ziel ist deshalb die **Auslegung nach dem Empfängerhorizont,** d. h. zu ermitteln, wie der Empfänger, dem die Willenserklärung zugehen muß, diese verstehen konnte. Bei dieser Form der Auslegung können nicht alle, sondern nur solche **Erkenntnismöglichkeiten** herangezogen werden, die dem **Empfänger bei gehöriger Anstrengung erkennbar** waren (s. dazu auch unten Rn. 15 ff.). Der Grundsatz, daß die Auslegung empfangsbedürftiger Erklärungen die Verständnismöglichkeit des Empfängers zu berücksichtigen hat, ist von der Lehre und der Rechtsprechung entwickelt worden[1]. Er ist dem Gesetz nicht unmittelbar zu entnehmen.

7 **Beispiele** für empfangsbedürftige Willenserklärungen bilden grundsätzlich die Erklärungen zum Zustandekommen eines Vertrags, also Angebot und Annahme gemäß §§ 145 ff., mit Ausnahme der Annahme nach §§ 151, 152. Empfangsbedürftig, weil in die Rechtssphäre eines anderen eingegriffen wird, sind auch die Gestaltungserklärungen wie Anfechtung (§ 143 Abs. 1), Rücktritt (§ 349), Aufrechnung (§ 388 Satz 1) oder Kündigung.

3. Ermittlung der verkehrstypischen Erklärungsbedeutung

a) Erklärungen an einen unbestimmten Personenkreis

8 Es gibt **Erklärungen,** die nicht an einen bestimmten Erklärungsempfänger, sondern **an die Allgemeinheit oder** an einen **größeren Personenkreis** gerichtet sind, z. B. an die Mitglieder eines Vereins oder an die Zeichner von Aktien oder anderen Wertpapieren. Hier kann nicht nach den Verständnismöglichkeiten eines konkreten Empfängers gefragt werden, sondern es muß der verkehrstypische Sinn der Erklärung ermittelt werden, wie er für die Allgemeinheit oder für bestimmte Verkehrskreise, an die die Erklärung gerichtet war, allgemein zu verstehen ist (s. unten Rn. 81 ff.). Dabei kann für die Auslegung nur auf solche **Erkenntnismöglichkeiten** zurückgegriffen werden, die **allgemein** oder für den jeweils maßgeblichen Personenkreis **zugänglich** sind.

9 **Beispiele** für Erklärungen an die Allgemeinheit oder einen größeren Personenkreis sind etwa die Auslobung gemäß § 657, das Stiftungsgeschäft (§ 81) und die Gründungserklärungen in der Satzung einer GmbH oder AG einschließlich der Einmann-GmbH (§ 1 GmbHG) und der Einmann-AG (§§ 2, 36 Abs. 2 AktG). Dazu gehört auch die Auslegung von Versicherungsbedingungen, die nach dem Verständnis eines durchschnittlichen Versicherungsnehmers auszulegen sind[2]. Die Auslegung nach dem durchschnittlichen Kundenverständnis gilt auch für AGB (s. unten § 43 Rn. 31).

b) Fehlen individueller Anhaltspunkte

10 Auf die verkehrstypische Erklärungsbedeutung ist auch dann zurückzugreifen, wenn bei empfangsbedürftigen Willenserklärungen das **Verständnis des konkreten Empfängers nicht feststellbar** oder nicht anzuerkennen ist (s. unten Rn. 15 ff.). Er muß sich die Erklärung dann mit der Bedeutung zurechnen lassen, wie sie allgemein im Verkehr verstanden wird. Dies bringt § 157 zum Ausdruck, wenn er bestimmt, daß

---

[1] *Enneccerus/Nipperdey,* AT, § 205 I 5; *v. Tuhr,* AT II/1, § 64 Anm. 29 ff.; *Hübner,* AT, Rn. 745; *Flume,* AT II, § 16, 3c; *Köhler,* AT, § 19 Rn. 7; *Medicus,* AT, Rn. 323; *Brox,* AT, Rn. 133 f.; *Lüderitz,* aaO, S. 283 ff.; *Kramer,* aaO, S. 144 f.; *Bickel,* aaO, S. 153; ferner alle Kommentare. Aus der Rechtsprechung vgl. *RGZ* 96, 273, 276; 119, 21, 25; 131, 343, 351; *BGHZ* 36, 30, 33; *BGH* NJW 1984, 721; *BGH* NJW-RR 1986, 984, 985.

[2] *BGH* ZIP 2003, 767.

Verträge nach Treu und Glauben mit Rücksicht auf die Verkehrssitte auszulegen sind. Die verkehrstypische Erklärungsbedeutung hat vor allem Bedeutung für die Auslegung des Vertragsinhalts. Soweit es das Zustandekommen eines Vertrags betrifft, lassen sich regelmäßig noch die tatsächlichen individuellen Vorstellungen feststellen. Nur selten haben die Parteien aber eine Vorstellung über alle Einzelheiten sämtlicher Vertragsbedingungen. Die genaue Bestimmung des Inhalts dieser Vertragsbedingungen ist deshalb das hauptsächliche Anwendungsgebiet für die verkehrstypische Erklärungsbedeutung. Diese Auslegungsmaxime gilt aber nicht nur für Verträge, sondern für alle empfangsbedürftigen Willenserklärungen, z. B. für Gestaltungserklärungen.

4. Gemeinsames Ziel

Trotz dieser unterschiedlichen Zielsetzungen bestehen Gemeinsamkeiten. Denn 11
auch aus der Sicht des Empfängerhorizonts und der verkehrstypischen Auslegung ist das Ziel auf die **Erforschung des Gemeinten und Gewollten** gerichtet. Unterschiedlich sind jedoch die verwertbaren Erkenntnismöglichkeiten zur Erforschung des Gemeinten und Gewollten (s. oben Rn. 4, 6 und 7). Ziel der Auslegung ist sowohl die Frage, ob überhaupt eine Willenserklärung vorliegt oder ein Vertrag zustande gekommen ist, als auch die Frage, welchen Inhalt die Willenserklärung oder der Vertrag hat. Dies kann dazu führen, daß ein real vorhandener Wille nicht zur Geltung gelangt, weil er dem Erklärungsempfänger oder der Allgemeinheit nicht erkennbar ist. Dann entfaltet die Willenserklärung insoweit keine Wirkungen. Es kann aber auch zur Folge haben, daß der Empfänger der Erklärung einen Willen entnimmt, der in Wirklichkeit beim Erklärenden gar nicht vorliegt. Dann kommt eine Anfechtung nach § 119 in Betracht (dazu unten § 36).

5. Verschiedene Willensinhalte

Die Auslegung ist in jedem Fall sowohl auf die Erforschung des **Erklärungsbe-** 12
wußtseins (oben § 24 Rn. 6ff.) als auch auf die Erforschung des konkreten **Rechtsfolgewillens** (oben § 24 Rn. 9ff.) gerichtet. Der Handlungswille (oben § 24 Rn. 3ff.) muß dagegen tatsächlich vorliegen und kann nicht durch die Sicht des Erklärungsempfängers ersetzt werden. Beim Erklärungsbewußtwein und Rechtsfolgewillen ist in erster Linie jeweils der **reale Wille** zu ermitteln. Dies ist die Aufgabe der sog. erläuternden Auslegung. Falls ein realer Wille nicht oder nicht eindeutig feststellbar ist, kann auf den **mutmaßlichen Willen** z. B. im Sinne eines vernünftigen Willens abgestellt werden, der vernünftigerweise gebildet worden sein könnte. Es kann aber auch nach dem **hypothetischen Willen** gefragt werden, welchen der Erklärende gehabt hätte, wenn ihm bestimmte Tatsachen bekannt gewesen wären. Es handelt sich dann um die sog. ergänzende Auslegung (s. unten Rn. 108ff.).

III. Selbstbestimmung und Vertrauensschutz

1. Grundentscheidungen des BGB

Der Gegensatz zwischen subjektiver Willensforschung und objektiver Erklärungsbe- 13
deutung findet seine Entsprechung in der Frage, ob die Selbstbestimmung des Erklärenden oder der Vertrauensschutz des Erklärungsempfängers oder der Allgemeinheit

den Vorzug verdient. Das BGB bietet in verschiedenen Vorschriften Anhaltspunkte für die Lösung dieses Konflikts. So macht insbesondere § 116 S. 1 deutlich, daß ein geheim gebliebener Wille, das Erklärte nicht zu wollen, die Wirksamkeit empfangsbedürftiger Erklärungen nicht berührt und deshalb unbeachtlich ist. Die vom Erklärenden gewollte Unwirksamkeit tritt nur ein, wenn der andere Teil, dem gegenüber die Erklärung abzugeben war, den Vorbehalt kennt (§ 116 Satz 2). Daraus ist zu entnehmen, daß das Gesetz auf die **Kenntnis des Erklärungsempfängers** abstellt und dessen Vertrauen schützt. Auch § 119 Abs. 1 macht deutlich, daß nicht allein der innere Wille, sondern die objektiv erkennbare Erklärungsbedeutung maßgeblich ist. Andernfalls wäre der vom Gesetz in § 119 Abs. 1 geregelte Fall des Inhaltsirrtums nicht denkbar. Die Erklärung hätte dann ja stets den Inhalt, den ihr der Erklärende selbst beigelegt hat. Bei nicht empfangsbedürftigen Willenserklärungen ist dagegen nach § 133 allein auf den Willen des Erklärenden abzustellen.

2. Willensfreiheit gegen Schutz des Erklärungsempfängers

14 Die Entscheidung des Gesetzgebers für den Vertrauensschutz bei empfangsbedürftigen Willenserklärungen beruht auf einer berechtigten Interessenbewertung von allgemeiner Bedeutung. Zwar steht im Rahmen der Privatautonomie grundsätzlich der selbstbestimmte Wille des Erklärenden im Mittelpunkt. Soweit jedoch mit den durch die Willenserklärung erzeugten Rechtsfolgen in die Rechtssphäre des Empfängers eingegriffen wird, muß sich dieser darauf einstellen können und darf von der Willenserklärung deshalb nur so betroffen werden, wie sie von ihm zu verstehen war[3]. Das **Bedürfnis nach Vertrauensschutz schränkt** deshalb **die reine Willensherrschaft ein.** Hinzu kommt die **Beherrschbarkeit durch den Erklärenden,** der das von ihm benutzte Ausdrucksmittel und die Ausdrucksform grundsätzlich frei wählen kann. Deshalb ist es grundsätzlich gerechtfertigt, ihm die Verantwortung für die objektive Erklärungsbedeutung, wie sie vom Erklärungsempfänger bzw. der Allgemeinheit zu verstehen war, aufzuerlegen. Dies macht den selbstbestimmten Willen nicht bedeutungslos. Er ist aber nicht isoliert nach den Vorstellungen des Erklärenden zu ermitteln, sondern wie er sich aus der Sicht des Erklärungsempfängers bzw. der Allgemeinheit unter Berücksichtigung des Vertrauensschutzes darstellt[4].

B. Auslegung empfangsbedürftiger Erklärungen

I. Empfängerhorizont und normative Erklärungsbedeutung

1. Tatsächliches und normatives Verständnis

15 Art. 8 UN-Kaufrecht stellt die Rangfolge von tatsächlichem und normativem Verständnis zutreffend heraus. Das dort beschriebene Vorgehen hat für das deutsche Recht und grundsätzlich auch für andere Unterzeichnerstaaten allgemeine Bedeutung über das Kaufrecht hinaus.

---

[3] S. *Köhler,* AT, § 19 Rn. 7; *Pawlowski,* AT, Rn. 429ff.
[4] Schärfer in der Formulierung *Pawlowski,* AT, Rn. 429ff.

(1) An erster Stelle ist das **tatsächlich übereinstimmende Verständnis** zu prüfen, ob der Empfänger die Erklärung und das sonstige Verhalten so verstanden hat, wie es tatsächlich gemeint war (s. Art. 8 Abs. 1 Alt. 1 UN-Kaufrecht, unten Rn. 29ff.).

(2) Dem tatsächlich übereinstimmenden Verständnis werden **gleichgestellt** Umstände, aufgrund derer der Erklärungsempfänger über den wahren Willen des Erklärenden nicht in Unkenntnis sein konnte (Art. 8 Abs. 1 Alt. 2 UN-Kaufrecht). Dies dient der Beweiserleichterung, wenn der Erklärungsempfänger das Verständnis des wahren Willens nicht zugeben will.

(3) Ist ein tatsächlich übereinstimmendes Verständnis nicht feststellbar, so ist die Erklärung und das sonstige Verhalten so auszulegen, wie es eine dem Erklärungsempfänger vergleichbare Person unter den gleichen Umständen vernünftigerweise aufgefaßt hätte (Art. 8 Abs. 2 UN-Kaufrecht). Mit dem vernünftigerweise zu erwartenden Verständnis wird ein **normativer Maßstab** eingeführt, an Hand dessen zu bestimmen ist, welche Anforderungen an die Auslegungssorgfalt des Erklärungsempfängers zu stellen sind.

2. Beiderseitige Verantwortlichkeit

a) Sorgfaltsanforderungen

Empfangsbedürftige Willenserklärungen erfordern eine gegenseitige Verständigung. 16
Um diese gegenseitige Verständigung haben sich sowohl der Erklärende als auch der Erklärungsempfänger zu bemühen. Zunächst trifft den Erklärenden eine **Ausdruckssorgfalt.** Er kann seine Ausdrucksmittel frei auswählen und hat deshalb für deren sorgfältige Auswahl einzustehen. Gleichzeitig muß sich der Erklärungsempfänger um ein korrektes Verständnis bemühen. Er muß die nach seinem Empfängerhorizont zu erwartende **Auslegungssorgfalt** beachten. Es ist auf die dem Empfänger bei gehöriger Anstrengung zumutbare Erkenntnis- und Verständnismöglichkeit abzustellen (s. oben Rn. 6)[5]. Dabei können sich hinsichtlich des Grades der von ihm aufzuwendenden Sorgfalt Differenzierungen ergeben, je nach der Deutlichkeit der Erklärung, nach Geschäftstypen und anderen Umständen[6].

b) Zurechnungskriterien

Beachtet der Erklärungsempfänger die gebotene Auslegungssorgfalt, so verdient er 17
grundsätzlich **Vertrauensschutz** hinsichtlich der von ihm verstandenen Erklärungsbedeutung. Der Erklärende muß dafür aufgrund seiner Ausdruckssorgfalt einstehen. Daß das Verständnis des Empfängers durch einen Umstand bestimmt wird, den der Erklärende nicht in Betracht ziehen konnte, wird nur in seltenen Ausnahmefällen zutreffen (dazu unten Rn. 57ff.). Eine solche Ausnahme hat zu beweisen, wer dies behauptet. Maßgebend ist dann, wer das **Auslegungsrisiko** für die maßgeblichen Umstände zu tragen hat. Dabei ist in erster Linie auf die Formulierungsherrschaft des Erklärenden abzustellen (s. oben Rn. 14). Dies kommt in dem Grundsatz zum Ausdruck, daß Formulierungen gegen denjenigen auszulegen sind, der sie aufstellt oder in den Vertrag einführt (s. § 305c Abs. 2 sowie unten Rn. 56). Umgekehrt muß sich der Erklärungsempfänger

---

[5] S. etwa *BGH* NJW 1981, 2295, 2296; auf die erkennbare Interessenlage stellt ab *BGH* NJW 2001, 1859.

[6] S. dazu insbesondere *Lüderitz,* Auslegung von Rechtsgeschäften, S. 286ff.

an der aus seiner Sicht bei Anwendung der zumutbaren Sorgfalt erkennbaren Erklärungsbedeutung festhalten lassen, auch wenn er tatsächlich etwas anderes verstanden hat. Die Verantwortlichkeit des Erklärenden und des Empfängers zeigt sich demgemäß in der **Zurechnung der Erklärungsbedeutung** mit dem Inhalt, wie er sich aus den normativen Maßstäben ergibt. Daneben kann sich bei Verletzung der gebotenen Ausdrucks- und Auslegungssorgfalt ein Schadensersatzanspruch aus **Verschulden bei den Vertragsverhandlungen** (§ 311 Abs. 2) ergeben.

18 **Beispiel:** Bei der Zimmerbestellung (oben Rn. 2) hat der Wirt die Bestellung des Gastes tatsächlich anders verstanden (6 Betten in 2 Zimmern), als dieser sie gemeint hat (3 Betten in 2 Zimmern). Es ist aber die Frage, ob man allein auf das rein tatsächliche Verständnis des Empfängers abstellen soll oder ob man von ihm nicht gewisse Anstrengungen verlangen soll, sich um ein korrektes Verständnis zu bemühen. Wäre immer die Bedeutung maßgeblich, die der Empfänger tatsächlich verstanden hat, so könnte das für den Erklärenden vielfach höchst unbillig sein. Nicht nur der Erklärende kann sich über den Sinn der von ihm gebrauchten Ausdrücke irren. Auch der Empfänger kann die Erklärung mißverstehen. Sein tatsächliches Verständnis kann daher für sich allein ebensowenig maßgeblich sein wie dasjenige des Erklärenden[7]. Bei der Verteilung der Verantwortlichkeiten ist zunächst zu fragen, ob der Gast seinen Willen korrekt ausgedrückt hat. Dies ist zu verneinen. Er muß deshalb grundsätzlich für seine Erklärung einstehen, wie sie normalerweise zu verstehen ist, d.h. er hat zwei Zimmer mit je 3 Betten bestellt. Will er die Erklärung nicht mit diesem Inhalt gelten lassen, so müßte er sie eigentlich nach § 119 Abs. 1 anfechten. Dies würde aber zu dem Ergebnis führen, daß der Vertrag insgesamt nichtig ist. Dies will der Gast nicht und ficht deshalb nicht an. Es ist deshalb von der Wirksamkeit der Bestellung auszugehen. Allerdings trifft den Gastwirt ein Auslegungsverschulden, weil er wegen der ungewöhnlichen Bestellung hätte genauer nachfragen müssen. Für dieses Verschulden haftet er aus Verschulden bei den Vertragsverhandlungen (§ 311 Abs. 2) auf Schadensersatz, d.h. er muß nach § 249 den Zustand herstellen, der bei ordnungsgemäßer Nachfrage bestehen würde. Da der Gastwirt zum Zeitpunkt der Bestellung die große Nachfrage noch nicht kannte, hätte er normalerweise auch die Bestellung von 2 Zimmern mit insgesamt drei Betten entgegen genommen. Er muß sich diesen Zustand zurechnen lassen und kann nur die Bezahlung von zusammen 3 Betten in zwei Zimmern verlangen.

3. Einzelne Auslegungsschritte

19 Bei der Auslegung empfangsbedürftiger Willenserklärungen sind insgesamt mehrere Arbeitsschritte durchzuführen.

(1) Zunächst ist der **Gegenstand der Auslegung** zu bestimmen (s. Rn. 21ff.), ob es sich um eine sprachliche Erklärung oder um ein konkludentes Verhalten handelt, sei es ein positives Tun oder ein Unterlassen, insbesondere durch Schweigen (s. unten Rn. 25, 66ff.).

(2) Es ist zu prüfen, ob eine **tatsächliche Übereinstimmung** des Willens und der Vorstellungen besteht (s. unten Rn. 29).

(3) Läßt sich eine tatsächliche Übereinstimmung nicht feststellen, so ist die **normative Erklärungsbedeutung** nach dem konkreten Empfängerhorizont (oben Rn. 6) und mangels eines solchen nach dem verkehrstypischen Verständnis (oben Rn. 10) zu ermitteln (dazu unten Rn. 34ff.).

(4) Eng mit der normativen Erklärungsbedeutung verbunden ist die **Zurechenbarkeit des Auslegungsergebnisses,** ob die so ermittelte Erklärungsbedeutung den Beteiligten zugerechnet werden kann (s. oben Rn. 17, unten Rn. 55ff.).

---

[7] Vgl. nur *Köhler,* AT, § 16 Rn. 7; *Medicus,* AT, Rn. 323.

4. Auslegung durch Erklärungsempfänger und Richter

Die Auslegung hat zunächst der Erklärungsempfänger vorzunehmen. Kommt dabei kein übereinstimmendes Verständnis zustande (s. unten Rn. 29), so hat der Richter im Prozeß die normative Erklärungsbedeutung festzustellen (s. unten Rn. 124ff.). Er muß dabei die Auslegungsgrundsätze beachten. Ein willkürliches Abweichen hiervon stellt einen Verstoß gegen Art. 3 Abs. 1 GG dar und führt zur Aufhebung der richterlichen Entscheidung[8]. 20

II. Erklärungshandlung als Gegenstand der Auslegung

1. Erklärung als äußerlich erkennbarer Tatbestand

Gegenstand der Auslegung kann nur die Erklärungshandlung als der äußerlich erkennbare Erklärungstatbestand sein nicht der innere Wille[9]. Die Erklärungshandlung setzt ein von einem **Handlungswillen** getragenes Verhalten voraus (s. oben § 24 Rn. 3). Gegenstand der Auslegung ist nur die Erklärungshandlung selbst als ein gewolltes **Verhalten mit Kundgabesinn**[10], nicht etwa die Gesamtheit der Umstände, die zur Deutung einer Erklärung heranzuziehen sind. Alle übrigen mitzuberücksichtigenden Umstände sind nicht Gegenstand, sondern nur Anhaltspunkte und Hilfsmittel der Auslegung[11]. Dabei ist aus der Erklärung selbst zu ermitteln, ob ein bestimmtes Verhalten überhaupt den Sinn einer Willenserklärung als Geltungserklärung mit Erklärungsbewußtsein hat oder nicht. Daneben besteht die Aufgabe, den konkreten Inhalt des Geschäftswillens zu ermitteln (s. oben Rn. 6, 11). 21

2. Erklärung mit Sprachgehalt

Die Erklärung besteht als ausdrückliche Erklärung in einer entweder mündlich oder schriftlich abgefaßten sprachlichen Äußerung oder in einer Zahl. Zu den schriftlichen Äußerungen gehören auch die auf einem Bildschirm erkennbaren Buchstaben und Zahlen. Bei sprachlichen Erklärungen ist Gegenstand der Auslegung in erster Linie der Wortlaut oder die Zahlen. Auslegungsbedürftig ist der Wortlaut dann, wenn er entweder mehrdeutig, unklar oder widersprüchlich ist. Aber auch ein vermeintlich eindeutiger Wortlaut kann unter besonderen Umständen auslegungsbedürftig sein, insbesondere wenn der sich daraus ergebende Sinn nicht dem Willen und der Interessenlage der Parteien entspricht[12]. Ergänzend zum Wortlaut können weitere Umstände als Hilfsmittel der Auslegung herangezogen werden. 22

Beispiele: Ein mehrdeutiger Wortlaut liegt etwa vor, wenn die Parteien den Vertragspreis in Dollar bezeichnen, ohne anzugeben, um welche Währung es sich genau handelt. Mehrdeutig ist ein Begriff auch, wenn er in der Umgangssprache anders benutzt wird als in der Fachsprache, 23

---

[8] S. *BVerfG* NJW 1998, 2810; dazu auch unten Rn. 133 f.

[9] *Flume,* AT II, § 16, 3b; *Brox,* AT, Rn. 123.

[10] Dabei kann wiederum erst durch Auslegung zu ermitteln sein, wie weit ein Verhalten zur Erklärung zu rechnen ist. Treffend sagt *Lüderitz,* aaO, S. 25: „Auslegung ermittelt also nicht nur den Inhalt der rechtsgeschäftlichen Erklärung, sondern auch ihren Umfang – und damit den Gegenstand der Auslegung selbst."

[11] So auch *Köhler,* AT, § 19 Rn. 2.

[12] *BGH* NJW 2002, 747.

so etwa das Wort „Besitz" als Vermögen in der Umgangssprache und als tatsächliche Sachherrschaft in der Rechtssprache. Selbst in den Fachsprachen können Begriffe mehrdeutig sein. So kann mit dem Begriff „Eigentum" das verfassungsrechtliche Eigentum des Art. 14 GG im Sinne eines jeden Vermögensrechts gemeint sein. Es kann aber auch im sachenrechtlichen Sinn allein auf das Sacheigentum gemäß § 903 Bezug genommen sein. Auch vermeintlich eindeutige Begriffe können in bestimmten Zusammenhängen anders zu verstehen sein. So kann ein Kaufvertrag als Pachtvertrag oder als Treuhandvertrag[13], ein Erbvertrag kann als Kaufvertrag[14], ein Werkvertrag kann als Arbeitsvertrag oder als Arbeitnehmerüberlassungsvertrag[15] auszulegen sein. Der Begriff Übergabe kann im Sinne von Rückgabe zu verstehen sein[16]. Der genaue Sinngehalt ist im jeweiligen Fall als Erklärungsbedeutung entweder gemäß dem übereinstimmenden Willen (s. unten Rn. 29ff.) oder unter Berücksichtigung des Empfängerhorizonts als normative Erklärungsbedeutung (s. unten Rn. 34ff.) zu ermitteln.

3. Sonstiges Erklärungsverhalten

24 Wie Erklärungen sich regelmäßig in einem **positiven Tun** äußern, das nicht nur in mündlich geäußerten oder schriftlich niedergelegten Worten, sondern auch in **konkludentem Verhalten** bestehen kann (s. oben § 24 Rn. 17), so bilden den Gegenstand der Auslegung auch nicht nur Worte oder Schriftzeichen, sondern jedes Verhalten (s. auch Art. 8 UN-Kaufrecht), das je nach der Einbettung in die Gesamtumstände Grundlage einer konkludenten Erklärung mit einem bestimmten Sinngehalt sein kann.

25 **Beispiele:** Das Hochheben der Hand im Fall der Trierer Weinversteigerung (s. oben § 24 Rn. 7) ist Gegenstand der Auslegung, ob es als Gebot oder als Begrüßung eines Bekannten zu deuten ist. Konkludentes Verhalten ist ebenso das Kopfnicken oder das Benutzen einer angebotenen Leistung. Demgemäß kommt z.B. ein privatrechtlicher Krankenhausvertrag zustande, wenn ein Patient trotz Ablehnung der Kostenübernahme durch die gesetzliche Krankenkasse weiterhin im Krankenhaus verbleibt, weil er dadurch die angebotene Leistung annimmt[17]. Das den Erklärungstatbestand bildende schlüssige Verhalten kann auch ein Unterlassen sein, das als Schweigen ebenfalls Gegenstand der Auslegung sein kann (s. unten Rn. 66ff.).

26 Bei den mittelbaren Erklärungen durch schlüssiges Verhalten dient dieses oft nicht allein der Verlautbarung eines Rechtsfolgewillens. Das Verhalten muß aber demjenigen gegenüber gezeigt werden, der Adressat der daraus zu entnehmenden Erklärung ist. Dieser muß in der Lage sein, es zur Kenntnis zu nehmen und entsprechend zu würdigen.

27 **Beispiel:** Wenn der Gläubiger in der Absicht, seinem Schuldner die Schuld zu erlassen, vor dessen Augen wortlos den Schuldschein zerreißt, so kann darin ein Antrag auf Abschluß eines Erlaßvertrages (§ 397) gesehen werden. Dies ist aber nicht anzunehmen, wenn derselbe Vorgang in Abwesenheit des Schuldners erfolgt.

28 Für die mittelbaren Erklärungen durch schlüssiges Verhalten gelten wiederum keine anderen Regeln als für Willenserklärungen überhaupt. Sie sind also mit Rücksicht auf die Verständnismöglichkeit des Empfängers nach dessen Empfängerhorizont auszulegen. Falls der Erklärende sein Verhalten nicht so gemeint hatte, kann er die daraus entnommene Erklärung anfechten, weil er sich über den Inhalt seiner Erklärung geirrt hat (§ 119 Abs. 1).

---

[13] *BGH* LM H. 4/1997 § 662 BGB Nr. 47.
[14] *BGH* NJW 1998, 2136.
[15] *BGH* NJW 2002, 3317.
[16] *BVerfG* NJW 1998, 2810.
[17] S. dazu *BGH* NJW 2000, 3429.

III. Der Vorrang eines übereinstimmenden Willens

1. Kein Schutzbedürfnis bei richtigem Verständnis

Empfangsbedürftige Willenserklärungen haben den Sinn, einem anderen einen be- 29
stimmten Willen mitzuteilen und insbesondere beim Abschluß von Verträgen eine Willensübereinstimmung der Vertragspartner herzustellen. Die Auslegung nach den normativen Maßstäben des Empfängerhorizonts gibt dabei der Verständnismöglichkeit des Empfängers den Vorrang vor dem wirklichen Willen des Erklärenden. Diesen Schutz verdient der Empfänger aber nur solange, wie er den wirklichen Willen des Erklärenden nicht richtig verstanden hat. Hat er die Vorstellungen und den Willen des Erklärenden tatsächlich richtig erkannt, so muß er sich unabhängig von den nach den Maßstäben zumutbarer Auslegungssorgfalt gebotenen Verstehensanstrengungen sein **individuelles Verständnis zurechnen** lassen[18]. Erst wenn der Erklärungsempfänger die Erklärung anders verstand, als sie vom Erklärenden gemeint war, oder wenn er sich zum mindesten über den vom Erklärenden gemeinten Sinn im Zweifel war, ist zu ermitteln, welche Bedeutung der Erklärung nach dem normativen Maßstab des Empfängerhorizonts zukommt.

Den Vorrang des übereinstimmenden Verständnisses bringt der schon im gemeinen 30
Recht anerkannte Satz: **„falsa demonstratio non nocet"** (Falschbezeichnung schadet nicht) zum Ausdruck[19]. Das gilt nicht nur dann, wenn der Wortlaut der Erklärung mehrdeutig ist, sondern auch dann, wenn er objektiv eindeutig etwas anderes aussagt, der andere aber trotzdem zweifelsfrei verstanden hat, was der erste gemeint hat. Dies ermöglicht es, den Willen des Erklärenden weitgehender zu berücksichtigen, als es bei einer rein normativ-objektiven Interpretation der Fall wäre. Der Vorrang des übereinstimmenden Verständnisses ist auch bei einem erlaubten In-sich-Geschäft (dazu unten § 46 Rn. 123) anwendbar. Es gilt dann der vom Vertreter für beide Seiten gewollte Inhalt des Rechtsgeschäfts, auch wenn dies nach außen nicht hinreichend deutlich geworden ist[20]. Ein übereinstimmender Wille wird dabei regelmäßig gegeben sein. Generell ist zu beachten, daß das Anwendungsgebiet der falsa demonstratio nur insoweit eröffnet ist, als es um den Rechtsfolgewillen geht. Betrifft die gemeinsame Vorstellung die der Erklärung vorgelagerten Motive, so haben diese keinen unmittelbaren Einfluß auf den Inhalt der Willenserklärung, können aber als Geschäftsgrundlage Berücksichtigung finden (s. unten § 38).

2. Gemeinsames Verständnis und vertragliche Willensübereinstimmung

Das **gemeinsame Verständnis** genügt **für einseitige empfangsbedürftige** 31
Willenserklärungen. Bei einem **Vertrag** kommt es nicht nur auf das gemeinsame Verständnis, sondern darüber hinaus auf den **übereinstimmenden Willen** an. Für formbedürftige Erklärungen gelten jedoch Einschränkungen (s. unten Rn. 85ff.).

---

[18] Vgl. auch *BGH* NJW 1984, 721; *BGH* NJW-RR 1993, 373.

[19] Vgl. dazu *Larenz,* Methode der Auslegung des Rechtsgeschäfts, S. 78ff.; *Flume,* AT II, § 16, 2a.

[20] *BGH* NJW 1991, 1730.

32 **Beispiel:** In einem vom RG entschiedenen Fall[21] hatte der Kläger vom Beklagten „Haakjöringsköd" gekauft. „Haakjöringsköd" ist der norwegische Ausdruck für Haifischfleisch. Beide Parteien meinten jedoch Walfischfleisch und irrten lediglich über die Bedeutung des von ihnen verwendeten Ausdrucks. Ungeachtet der falschen Bezeichnung ist der Vertrag über Walfischfleisch zustande gekommen.

33 Hat der Erklärungsempfänger trotz eines falschen Ausdrucks den wahren Willen des Erklärenden erkannt, stimmt er mit diesem Willen aber nicht überein, so liegt kein übereinstimmender Wille vor. Dennoch ist der Vertrag mit dem Inhalt, wie er dem wahren Willen des Erklärenden entspricht, zustandegekommen, wenn das Verhalten des Erklärungsempfängers, insbesondere die unterlassene Aufklärung des anderen über seinen Irrtum, als Indiz für seinen Zustimmungswillen zu verstehen ist[22]. Trifft dies nicht zu, so ist der Vertrag mit dem Inhalt, wie er sich aus der objektiven Erklärungsbedeutung des falschen Ausdrucks ergibt, zustande gekommen. Die Partei, die den falschen Ausdruck benutzt und sich dabei geirrt hat, kann jedoch ihre Willenserklärung nach § 119 Abs. 1 anfechten, muß aber der anderen Partei, die den Irrtum erkannt hat, gemäß § 122 Abs. 2 nicht den Vertrauensschaden ersetzen. Darüber hinaus kann die Partei, die den Irrtum der anderen erkannt hat, der anderen Partei aus dem Rechtsverhältnis der Vertragsverhandlungen zur Aufklärung ihres Irrtums verpflichtet sein (vgl. unten § 31 Rn. 23) und ist bei Verletzung dieser Pflicht zum schadensersatzpflichtig.

IV. Aspekte zur Feststellung der normativen Erklärungsbedeutung

1. Auslegung nach dem Wortlaut

34 Fehlt es an einem übereinstimmenden Verständnis, so ist bei sprachlichen Erklärungen zunächst an den Wortlaut der Erklärung als **primärer Sinnträger** anzuknüpfen, um die normative Erklärungsbedeutung gemäß dem Empfängerhorizont zu ermitteln[23]. Dabei ist zwischen dem allgemeinen Sprachgebrauch und dem besonderen Sprachgebrauch, insbesondere der Fachsprache einzelner Berufsgruppen zu unterscheiden. An den **allgemeinen Sprachgebrauch** ist im Regelfall anzuknüpfen, wenn die Erklärungen, insbesondere auch Vertragserklärungen in der allgemeinen Bevölkerung, z.B. in Verbraucherkreisen oder in fachfremden Kreisen abgegeben werden. Zum allgemeinen Sprachgebrauch kann neben der Schriftsprache auch die Umgangssprache gezählt werden. Die Milieusprache gehört aber eher zum besonderen Sprachgebrauch. Ein für die Auslegung wichtiger besonderer Sprachgebrauch ist der **fachspezifische Sprachgebrauch.** Auf ihn ist grundsätzlich abzustellen, wenn Erklärungen unter den jeweiligen Fachleuten ausgetauscht werden. Es kann aber auch **individueller Sprachgebrauch** des Erklärenden sein[24], der der Auslegung zugrunde zu legen ist, weil sein Sinngehalt dem Erklärungsempfänger bekannt oder doch erkennbar ist.

35 **Beispiele:** Wird der Begriff „Besitz" (s. oben Rn. 23) von Nichtjuristen benutzt, so wird er im allgemeinen im Sinne von Eigentum oder allgemein als Vermögen zu verstehen sein. Wird

[21] *RGZ* 99, 147, 148; dazu *Canaris,* Jura 1991, 352ff.; vgl. auch *BGHZ* 20, 109, 110; *BGH* NJW 2001, 144.
[22] Ohne diese Einschränkung *BGH* NJW-RR 1993, 373.
[23] S. *BGH* NJW 2001, 1346.
[24] Palandt/*Heinrichs,* § 133 Rn. 14; Soergel/*Hefermehl,* § 133 Rn. 24.

er dagegen unter Juristen verwendet, so spricht eine hohe Wahrscheinlichkeit dafür, daß er als juristischer Fachbegriff im Sinne der tatsächlichen Sachherrschaft gebraucht wird. Erklärt der Arbeitgeber A dem Arbeitnehmer B, er könne seine Papiere abholen, so ist dies nach dem üblichen Sprachgebrauch als Kündigung zu verstehen[25]. Meint B dagegen in Verkennung des üblichen Sprachgebrauchs, bei den Papieren handele es sich um Geldscheine, so ist dieses Mißverständnis von ihm zu tragen und er muß die Erklärung des A als Kündigung gegen sich gelten lassen. Nennt der Verkäufer sein Fahrrad immer „Pkw", was dem Käufer als Nachbar aus früheren Gesprächen bekannt ist oder doch bekannt sein müßte, so ist nicht der Pkw, sondern gemäß dem individuellen Sprachgebrauch das Fahrrad Gegenstand des Kaufvertrags. Die von einem Notar benutzten Rechtsbegriffe sind regelmäßig gemäß ihrer wahren juristischen Bedeutung zu verstehen. Entscheidend ist aber auch bei einem notariell beurkundeten Vertrag letztlich nicht die Auffassung des Notars, sondern der im Vertragsinhalt zum Ausdruck gekommene Wille der Parteien[26]. Wer ein vom Wortlaut abweichendes Sinnverständnis behauptet, trägt dafür die Beweislast[27].

Der Wortlaut ist aber nicht immer eindeutig. Er kann mehrdeutig sein und verschiedene Bedeutung haben. Der Wortlaut ist deshalb nicht der alleinige Anhaltspunkt für die Auslegung und nicht dessen unverrückbare Grenze[28]. Dies kann ausdrücklich aus § 133, der den buchstäblichen Sinn nicht als Schranke ansieht, und sinngemäß aus § 157, der auf Treu und Glauben und die Verkehrssitte verweist, entnommen werden. Ergänzend ist auf weitere Auslegungsgesichtspunkte zurückzugreifen. Bei einem Versprechen von hohen Vertragsstrafen oder sonst schwerwiegenden Nachteilen ist aber grundsätzlich eine eng am Wortlaut haftende Auslegung umso mehr geboten je schwerer die vereinbarten Nachteile wiegen[29]. 36

2. Systematische Auslegung

Eine enge Verbindung mit der Auslegung nach dem Wortlaut weist die systematische Auslegung auf. Sie ist hauptsächlich bei der Auslegung von größeren Vertragswerken und Allgemeinen Geschäftsbedingungen möglich und knüpft an die Stellung einer Regelung im Gesamtwerk und an die Überschriften an, bei der eine Vertragsklausel eingeordnet ist. 37

Beispiel: Eine Regelung, die unter der Überschrift „Gewährleistung" die Haftung beschränkt, bezieht sich bei einem Kaufvertrag allenfalls auf die Haftung für Sach- und Rechtsmängel (§§ 434 ff.), nicht aber auf die allgemeine Haftung für vertragliche Pflichtverletzungen (§§ 280 ff.) und ebensowenig auf ein Verschulden bei den Vertragsverhandlungen (§ 311 Abs. 2)[30]. 38

3. Erklärungsrelevante Umstände

a) Primäre Sinnträger bei konkludenten Erklärungen

Erklärungsrelevante Umstände, die sich aus dem Verhalten einer Person ergeben, haben bei konkludenten Erklärungen, die sich nicht der mündlichen oder schriftlichen Sprache bedienen, unterschiedliche Funktionen. Sie sind **für den** eigentlichen **Erklärungstatbestand unverzichtbar** und bilden insoweit den primären Anhaltspunkt 39

[25] *LAG* Baden-Würtemberg DB 1961, 1620; vgl. Erman/*Belling,* § 620 Rn. 100.
[26] *BGH* NJW 1998, 2136.
[27] *BGH* NJW-RR 2001, 421.
[28] S. auch *BGH* NJW 2002, 1260.
[29] *BGH* NJW-RR 2003, 916.
[30] S. als Beispiel auch *BGH* NJW 2001, 1346.

für die Auslegung, wenn sie den wesentlichen Sinnträger für die Erklärung bilden, ohne den ein Erklärungstatbestand gar nicht vorliegen würde. Daneben können erklärungsrelevante Umstände auch bei konkludenten Erklärungen die Funktion ergänzender Hilfsmittel für die Auslegung übernehmen (s. unten Rn. 41). Ergeben die erklärungsrelevanten Umstände einen eindeutigen Sinngehalt, auf den der Empfänger berechtigterweise vertrauen darf, dann kann der Erklärende der Auslegung seines Verhaltens mit dem eindeutigen Sinngehalt nicht mit gegenteiligen Erklärungen widersprechen. Sein Widerspruch gegenüber der objektiven Bedeutung seines konkludenten Verhaltens ist unbeachtlich (**protestatio factis contraria,** s. allgemein zum Verbot des widersprüchlichen Verhaltens oben § 16 Rn. 30).

40 **Beispiele:** Eine häufige Willenserklärung durch schlüssiges Verhalten ist die Übereignung der verkauften Sache an den Käufer durch deren wortlose Übergabe. Im Regelfall, wenn kein Eigentumsvorbehalt vereinbart ist, liegt darin der Willen des Verkäufers, die Sache in Erfüllung des Kaufvertrags zu übereignen. Dies wird vom Käufer auch so verstanden. Der Umstand der Übergabe, der als solcher nur auf einen tatsächlichen Erfolg gerichtet und daher Realakt ist, wird hier zugleich zum primären Sinnträger einer Übereignungserklärung. Durch die Entgegennahme erklärt der Käufer schlüssig die Annahme der Übereignungsofferte. Beim Einkauf im Selbstbedienungsladen kommt nicht nur die Übereignung, sondern auch der Kaufvertrag durch Verhaltensumstände als primäre Sinnträger schlüssig zustande. Im Vorzeigen der Ware an der Kasse liegt schlüssig die Abgabe des Kaufangebots. Das Eintippen des Kaufpreises in die Ladenkasse ist die konkludente Annahme des Angebots[31]. Das Verweilen im Krankenhaus nach Ablauf der von der gesetzlichen Krankenkasse bewilligten Heilbehandlung führt zum Entstehen eines privatrechtlichen Krankenhausvertrags (s. oben Rn. 25). Wenn der Patient dieser aus seinem Verhalten gezogenen Schlußfolgerung widerspricht, so ist dieser Protest als widersprüchliches Verhalten unbeachtlich (s. auch § 30 Rn. 26). Ein berechtigter Vorbehalt kann dagegen gemacht werden z.B. des Inhalts, daß das Verweilen im Krankenhaus solle nur dann als Einverständnis mit einem privaten Krankenhausvertrag gelten, wenn die Weigerung der Kostenübernahme durch die gesetzliche Krankenkasse berechtigt ist. Dies wäre eine Annahme des Vertrags unter einer Bedingung gemäß § 158 und das Einverständnis des Krankenhauses mit dieser Bedingung durch die weitere Versorgung im Krankenhaus.

b) Sekundäre Sinnträger für alle Erklärungen

41 Daneben können die **erklärungsbezogenen Gesamtumstände** sowohl bei sprachlichen Erklärungen wie bei einem konkludenten Verhalten als sekundäre Sinnträger im Sinne ergänzender Hilfsmittel für die Ermittlung der Erklärungsbedeutung herangezogen werden[32], wenn sie den Erklärungstatbestand begleiten und **in einer sinngebenden Beziehung** zu ihm stehen. Diese Umstände kommen allerdings nur insoweit in Betracht, als sie dem Erklärungsempfänger erkennbar waren und dem Erklärenden als zu dessen Risikobereich gehörend zugerechnet werden können (s. oben Rn. 16ff.).

42 **Beispiele:** Als solche sinngebenden Umstände kommen insbesondere in Betracht etwaige **Vorverhandlungen** und Vorgespräche zwischen den Beteiligten[33], frühere Äußerungen des Erklärenden oder des Erklärungsempfängers, auf die sich die Erklärung erkennbar bezieht. Dies gilt auch, wenn es sich um Äußerungen von Verhandlungsgehilfen handelt, die nicht vertretungsberechtigt zu sein brauchen[34]. Zu berücksichtigen sind ferner **Umstände bei Abgabe**

---

[31] Für Annahme bereits durch Vorlage der Ware an der Kasse MünchKomm/*Kramer,* § 145 Rn. 10.

[32] S. etwa *BGH* NJW-RR 1998, 259; zur abweichenden Handhabung im anglo-amerikanischen Recht s. *Döser,* NJW 2000, 1451, 1452.

[33] Vgl. etwa *BGH* NJW 2002, 2235; MünchKomm/*Mayer-Maly/Busche,* § 133 Rn. 48.

[34] *BGH* NJW 1999, 3191.

der Erklärung, insbesondere Ort und Zeit des Vertragsschlusses. Der Abschlußort ist etwa bedeutsam für die Bestimmung der gemeinten Währungseinheit, wenn die Bezeichnung hierfür mehrdeutig ist (Dollar, Peso) und keine ausdrückliche Klarstellung vorliegt. Mangels anderer Anhaltspunkte gilt dann die Währungseinheit am Ort des Vertragsabschlusses. Für die Bestimmung des anwendbaren Rechts knüpft Art. 28 Abs. 2 EGBGB an den Aufenthaltsort an, den die Partei mit der vertragscharakterischen Leistung im Zeitpunkt des Vertragsschlusses hat. Auch andere Begleitumstände können berücksichtigt werden, sofern daraus wie etwa im Falle des Handaufhebens bei einer Versteigerung oder beim Hinzeigen auf die zum Verkauf ausgestellte Ware auf den vom Erklärenden gemeinten Sinn geschlossen werden kann. Auch auf Gepflogenheiten und Gewohnheiten in den bisherigen Beziehungen der Parteien kann zurückgegriffen werden. **Nachträgliches Verhalten,** insbesondere Verhalten nach Vertragsabschluß kann den Inhalt der Erklärung nicht mehr einseitig verändern, wohl können sich daraus aber Anhaltspunkte für den bei Vertragsabschluß tatsächlich vorhandenen Willen ergeben[35]. Insofern kann an der Aussage, daß die erklärungsrelevanten Umstände bei der Abgabe der Erklärung bestanden haben müssen[36], nicht festgehalten werden.

4. Interessengerechte Auslegung

43 Maßgebendes Auslegungskriterium sind die Interessen des Erklärenden und bei Verträgen die Interessen der Vertragsparteien, denn es kann davon ausgegangen werden, daß bei einseitigen Erklärungen der Erklärende und bei Verträgen beide Vertragsparteien eine sinnvolle Regelungen erreichen wollen, die ihren Interessen und Bedürfnissen gerecht wird. Es gilt deshalb der **Grundsatz der interessengerechten Auslegung,** der bei der Vertragsauslegung nicht einseitig zur Anwendung kommen kann und deshalb im Sinne der nach beiden Seiten hin interessengerechten Auslegung zu ergänzen ist[37]. Dies gilt auch für dingliche Verträge[38]. Mit der interessengerechten Auslegung verbunden ist auch die Auslegungsregel, daß bei einer vertraglichen Bestimmung grundsätzlich davon auszugehen ist, daß sie einen rechtserheblichen Inhalt haben soll und daß derjenigen Auslegung der Vorzug zu geben ist, bei der sich eine **rechtlich sinnvolle Regelung,** statt einer sinnlosen Bedeutung ergibt[39]. Dies gilt auch für Prozeßhandlungen[40]. Bei der Auslegung von Verträgen kann im Regelfall davon ausgegangen werden, daß die Parteien den gemeinsam vereinbarten Vertragszweck auch mit den übrigen vertraglichen Regelungen folgerichtig durchsetzen wollen. Eine **vertragszweckkonforme Auslegung** ist deshalb eine wichtige vertragliche Auslegungsmaxime.

44 **Beispiele:** (1) Die Parteien haben einen notariell beurkundeten Grundstückskaufvertrag geschlossen, der von den Gesellschaftern genehmigt werden mußte. Diese Genehmigung wurde zunächst abgelehnt. Daraufhin verlängerten die Parteien in einer neuen notariellen Urkunde die Frist zur Genehmigung. Danach wurde die Genehmigung erteilt. Nach der ersten Ablehnung der Genehmigung war der ursprüngliche Vertrag jedoch endgültig unwirksam und konnte nicht mehr genehmigt werden. Es mußte deshalb ein neuer Grundstückskaufvertrag abgeschlossen werden. Bei **beiderseits interessengerechter Auslegung** ist die notariell beurkundete Vereinbarung über die Verlängerung der Genehmigungsfrist, in der auf den ursprünglichen

---

[35] *BGH* NJW-RR 1998, 259; *BGH* NJW-RR 2000, 1581.
[36] So *BGH* NJW 1998, 3268.
[37] St. Rspr., s. etwa *BGH* NJW 1994, 2228; *BGH* NJW-RR 1995, 1201; *BGH* NJW 1999, 3704; *BGH* NJW-RR 2000, 1581; *BGH* NJW 2002, 747; *BGH* NJW 2003, 2235; s. zur ergänzenden Auslegung unten Rn. 118.
[38] So zu Recht Soergel/*Henssler,* § 929 Rn. 17.
[39] *BGH* NJW 1999, 3704; *BGH* NJW 2002, 440.
[40] *BGH* NJW 2001, 2094.

Kaufvertrag Bezug genommen wurde, gemäß § 141 als dessen Bestätigung und zugleich Neuvornahme auszulegen. Die später dann doch erteilte Genehmigung konnte sich auf den erneut vorgenommenen Vertrag beziehen, der dadurch wirksam wurde[41]. (2) Eine vom Verkäufer eines Mietshauses übernommene Mietgarantie ist im Sinne **risikogerechter Auslegung** als Garantie gegen Mietausfälle bei Vermietung und nicht nur als Vermietungsgarantie gegen das Risiko der Unvermietbarkeit auszulegen, wenn der Verkäufer Einblick in die Vermögenslage des Vermieters hatte, nicht aber der Käufer[42]. (3) Gemäß dem Grundsatz der interessengerechten Auslegung können **nachteilige und interessenwidrige Rechtsfolgen** wie z. B. ein Verzicht oder ein Erlaßvertrag (§ 397) ohne Gegenleistung nur angenommen werden, wenn dafür im Wortlaut und den sonstigen Umständen besonders deutliche Anhaltspunkte gegeben sind[43]. Ebenso ist der Wortlaut von vertragsstrafbewehrten Unterlassungspflichten eher eng auszulegen. Dies gilt umso mehr, wenn eine hohe Vertragsstrafe auch für geringe Verstöße vorgesehen ist. Deshalb kann die Verpflichtung, die Veröffentlichung der von einem Fotografen gemachten Bildaufnahmen zu unterlassen, nicht ausdehnend im Sinne des Rückrufs bereits ausgelieferter Exemplare ausgelegt werden[44]. Auch Haftungsausschlußklauseln in Versicherungen sind grundsätzlich eng auszulegen[45]. (4) Es ist nicht interessengerecht, die von einer Partei geäußerten Motive ohne weiteres als auflösende Bedingung gemäß § 158 Abs. 2 zum Inhalt der vertraglichen Vereinbarung zu machen, da dadurch der Vertrag in seinem Bestand gefährdet wird[46].

5. Redliche Denkweise

45 Bei der Auslegung von einseitigen und vertraglichen Erklärungen ist grundsätzlich auch von einer redlichen Denk- oder Handlungsweise der Beteiligten auszugehen[47]. Die redliche Denkweise als Auslegungsmaxime kommt auch mit der Bezugnahme auf Treu und Glauben in § 157 zum Ausdruck. Daß die Parteien redlich denken und handeln, ist weniger eine Erfahrungstatsache als vielmehr eine Maxime, die jedenfalls die Zivilrechtsordnung zugrunde legt, weil sie eine Ordnung für das Zusammenleben vernünftiger und rechtlich denkender Personen sein will.

46 **Beispiel:** Nimmt der Vermieter in Kenntnis des vereinbarten Rückgabetermins für längere Zeit danach widerspruchslos die vereinbarten Mietzinsen an, so liegt darin die konkludente Verlängerung des Mietvertrags über den vereinbarten Rückgabetermin hinaus. Der Vermieter würde inkonsequent und unredlich handeln, wenn er die Mietzinsen für den späteren Zeitraum widerspruchslos entgegen nimmt, hinterher aber auf dem vereinbarten Rückgabetermin bestehen und Verzugsschaden wegen verspäteter Rückgabe verlangen würde. Der Mieter kann nach Treu und Glauben eine folgerichtige und redliche Denkweise des Vermieters unterstellen und von der konkludenten Verlängerung des Mietvertrags ausgehen.

6. Die Verkehrssitte

a) Verkehrssitte als allgemeine Gepflogenheit

47 Unter den Mitteln der Auslegung nennt § 157 besonders die Verkehrssitte. Die Verkehrssitte ist im Unterschied zu den anderen Auslegungskriterien nicht auf die Berücksichtigung der individuellen Umstände einer Erklärung angelegt, sondern stellt auf das allgemein Übliche ab. Das Gesetz versteht unter der Verkehrssitte eine im Verkehr allgemein oder innerhalb eines bestimmten Kreises von Verkehrsteilnehmern

---

[41] S. dazu *BGH* NJW 1999, 3704.
[42] Vgl. dazu auch *BGH* NJW 2003, 2235.
[43] S. etwa *BGH* NJW 2001, 2325; *BGH* NJW 2002, 1044.
[44] *BGH* NJW-RR 2003, 916.
[45] S. z. B. *BGH* ZIP 2003, 767; *BGH* ZIP 2003, 1945.
[46] *BGH* NJW 2003, 1734.
[47] Vgl. auch *Lüderitz,* aaO S. 340 f.

bestehende **tatsächliche Übung** oder sprachliche Gepflogenheit, deren sich die Angehörigen des jeweiligen Verkehrskreises regelmäßig zu bedienen pflegen und die daher grundsätzlich bei jedem von ihnen **als bekannt vorausgesetzt** werden kann. Eine besondere Form der Verkehrssitte ist der **Handelsbrauch** (§ 346 HGB) als die im Handelsverkehr übliche Verkehrssitte[48]. Von **Branchenüblichkeit** spricht man bei einer auf einen bestimmten Berufs- oder Geschäftszweig beschränkten Verkehrssitte.

Beispiele: Im geschäftlichen Verkehr ist als eine Verkehrssitte grundsätzlich anerkannt, daß vereinbarte Preise grundsätzlich als Bruttopreise unter Einschluß der MwSt anzusehen sind[49]. In einzelnen Geschäftsbreichen, z. B. beim Einkauf im Großhandel kann sich allerdings eine unterschiedliche Verkehrssitte entwickeln, so daß die Preise danach als Nettopreise ohne MwSt zu verstehen sind. **48**

Die Verkehrssitte im Sinne des § 157 ist keine mit dem Anspruch auf Befolgung auftretende Norm[50]; sie wird dazu auch nicht durch die Verweisung in § 157. Vielmehr ist sie ein bei der normativen Auslegung einer Willenserklärung zu beachtender tatsächlicher Faktor. Wie weit ihr als Sitte eine gewisse moralische Verbindlichkeit im Sinne der herrschenden Sozialmoral zukommt, ist ohne Bedeutung. Die Verkehrssitte im Sinne des § 157 umfaßt auch bloß tatsächliche Gepflogenheiten, mögen diese echten Gebotscharakter haben und normative Geltung beanspruchen oder nicht[51].

Die Beachtlichkeit der Verkehrssitte ergibt sich daraus, daß nach allgemeiner Lebenserfahrung damit gerechnet werden kann, jeder werde einen Ausdruck oder ein Verhalten gemäß der im Verkehr üblichen Bedeutung gebrauchen und verstehen. Dabei ist erforderlich, daß die betreffende Verkehrssitte sich mit der Sicherheit des Verkehrs verträgt und sich nicht als ein Mißbrauch erweist. Genügt sie dieser Anforderung nicht, so scheidet die Verkehrssitte als Mittel der Auslegung aus[52]. Die Bedeutung der Verkehrssitte ist auch unterschiedlich je nach dem, ob die von einer Erklärung betroffenen Personen demselben Verkehrskreis angehören oder nicht. **49**

b) Angehörige desselben Verkehrskreises

Gehören der Erklärende und der Empfänger demselben Verkehrskreis an, so ist die **Erklärung,** wenn keine besonderen Umstände vorliegen, **im verkehrsüblichen Sinne zu verstehen.** Dieser Sinn ist rechtlich maßgeblich, auch wenn der Erklärende die Verkehrssitte nicht gekannt oder übersehen haben sollte, sie aber bei Anwendung der gebotenen Sorgfalt hätte erkennen müssen[53]. Er muß seine Erklärung deshalb vorbehaltlich der Möglichkeit einer Anfechtung wegen Erklärungsirrtums in dem der Verkehrssitte entsprechenden Sinn gelten lassen. Voraussetzung ist dabei, daß tatsächlich eine Verkehrssitte bestand, die in dem betreffenden Geschäftszweig, wenn auch in örtlicher Beschränkung, geübt wurde. Es darf sich nicht nur um die Anschauungen eines der Beteiligten handeln. **50**

---

[48] Vgl. dazu *Baumbach/Hopt,* HGB § 346 Rn. 1 ff.

[49] S. *BGH* NJW 2001, 2464; *BGH* NJW 2002, 2312.

[50] Vgl. dazu, z. T. unterschiedlich, *Sonnenberger,* aaO, S. 61 ff., 107; *Flume,* AT II, § 16 3 d; MünchKomm/*Mayer-Maly/Busche,* § 157 Rn. 15 ff.

[51] Vgl. *Flume,* AT II, § 16, 3 d.

[52] Erman/*Hefermehl,* § 157 Rn. 11; MünchKomm/*Mayer-Maly/Busche,* § 157 Rn. 15.

[53] Vgl. MünchKomm/*Mayer-Maly/Busche,* § 157 Rn. 16; *RGZ* 114, 9, 12. Vgl. aber *Flume,* AT II, § 16 3 d, demzufolge es unbeachtlich ist, ob der Vertragspartner die Verkehrssitte kennen muß.

c) Angehörige verschiedener Verkehrskreise

51 Wenn die Beteiligten nicht demselben Verkehrskreis angehören und die Verkehrssitte nur in dem Kreis des einen Partners besteht, so ist grundsätzlich von der **Verständnismöglichkeit des Empfängers** auszugehen, weil der Erklärende bestimmen kann, wo und wem gegenüber er seine Erklärung abgibt und sich deshalb seine Auswahl grundsätzlich zurechnen lassen muß. Regelmäßig ist daher die Erklärung im Sinne der im Kreis des Empfängers allgemein geübten Verkehrssitte oder Ausdrucksweise zu verstehen.

52 **Beispiele:** Tritt ein Kaufmann mit einem Nichtkaufmann in Verhandlungen ein, so kann er grundsätzlich nicht damit rechnen, daß der Nichtkaufmann die Handelsbräuche kennt und darf deshalb nicht deren Einhaltung und Verständnis erwarten[54]. Etwas anderes gilt, wenn sich der Nichtkaufmann wie ein Kaufmann betätigt und nach seinem Auftreten von seiner Kenntnis der Handelsbräuche auszugehen ist[55]. Allgemein gilt, daß wer sich nicht erkennbar als Außenseiter in einem ihm fremden Geschäftszweig betätigt, sich um die dort bestehenden Gebräuche kümmern muß. Tut er das nicht, so muß er damit rechnen, daß er wie ein Angehöriger diese Geschäftszweigs angesehen wird und seine Erklärungen dementsprechend verstanden werden. Weiß der Empfänger, daß der Erklärende diesem Kreis nicht angehört, oder hat er sonst Grund anzunehmen, dieser könne es anders gemeint haben, so hat er wiederum unter Berücksichtigung aller ihm erkennbarer Umstände die Meinung des Erklärenden zu erforschen

d) Örtlich verschiedene Verkehrssitte

53 Bei örtlich verschiedener Verkehrssitte kommt es, wenn zwischen den Parteien keine Einigkeit besteht, auf die Umstände an, unter denen die Erklärung abgegeben wurde. **Unter Anwesenden** ist im allgemeinen auf den **Ort der Erklärungsabgabe** abzustellen[56]. Bei Erklärungen **unter Abwesenden** ist entsprechend § 130 Abs. 1 auf den **Ort des Zugangs** abzustellen. Der Erklärende muß sich deshalb grundsätzlich um die dort bestehende Verkehrssitte kümmern. Aber auch hier muß der Empfänger den erkennbaren Umstand berücksichtigen, daß der Erklärende von einem anderen Ort kommt, und muß zumutbare Anstrengungen zur Aufklärung des Gewollten unternehmen[57].

e) Unterschiedlicher Einfluß bei Individual- und Massenerklärungen

54 Da die Verkehrssitte nur eines unter anderen Auslegungsmitteln ist und keine Normqualität hat, kann sie **bei der Auslegung von Individualvereinbarungen subsidiär** hinter andere Auslegungsmittel, wie z.B. einen von ihr abweichenden Sprachgebrauch oder frühere Äußerungen des Erklärenden, zurücktreten[58], wenn der abweichende Sprachgebrauch oder die früheren Äußerungen dem Empfänger bekannt waren. Etwas anderes gilt dagegen **im typisierten Massenverkehr**[59], insbesondere bei der Verwendung handelsüblicher Klauseln unter Kaufleuten oder im Umlauf bestimmter Wertpapiere. Hier müssen sich die Geschäftspartner auf die typisierte Verkehrssitte einstellen. Jedoch geht auch hier eine übereinstimmende Auffassung und eine abweichende Vereinbarung vor[60].

---

[54] S. auch *Flume,* AT II, § 16 3d; Staudinger/*Dilcher,* §§ 133, 157 Rn. 36.
[55] S. auch Soergel/*M. Wolf,* § 157 Rn. 65.
[56] *BGHZ* 6, 127, 134; *RGZ* 53, 59, 67; vgl. aber Soergel/*M. Wolf,* § 157 Rn. 66f.
[57] Zutreffend *Lüderitz,* aaO, S. 302.
[58] Vgl. Soergel/*M. Wolf,* § 157 Rn. 67.
[59] Vgl. *BGHZ* 7, 365, 369; *RGZ* 149, 96, 99.
[60] Vgl. aber Soergel/*M. Wolf,* § 157 Rn. 79; s. auch MünchKomm/*Mayer-Maly/Busche,* § 133 Rn. 31f.

V. Zurechenbarkeit des Auslegungsergebnisses

Willenserklärungen erzeugen Rechtsfolgen, die in den Rechtskreis von Personen eingreifen. Diese Rechtsfolgen sind nicht beliebig änderbar oder widerruflich. Sie können sowohl die Rechtslage des Erklärenden als auch des Erklärungsempfängers beeinflussen, ohne daß dies einseitig verändert werden kann. Wird z.B. ein Vertrag angefochten oder gekündigt, so kann er grundsätzlich von keiner Partei einseitig wieder in Geltung gesetzt werden. Nachteilig kann es für den Erklärenden insbesondere sein, wenn seiner Erklärung eine Bedeutung beigemessen wird, die er gar nicht gewollt hat. Ebenso kann dem Erklärungsempfänger eine Erklärungsbedeutung zugerechnet werden, die er nicht erkannt hat und auf die er sich deshalb nicht einstellen konnte. Es fragt sich, unter welchen Voraussetzungen diese ungewollten oder unerkannten Rechtsfolgen hingenommen werden müssen und zugerechnet werden können. 55

1. Zurechnung gegenüber dem Erklärenden

a) Ausdruckssorgfalt und Formulierungsrisiko als Zurechnungsgründe

In der Person des Erklärenden müssen als Voraussetzung für die Zurechnung einer Willenserklärung in jedem Fall ein realer Handlungswille (s. oben § 24 Rn. 3f.) und die Geschäftsfähigkeit (s. oben § 6 Rn. 12ff. und oben § 25) gegeben sein. Soweit es den Inhalt seiner Erklärung betrifft, einschließlich der Frage, ob ein Erklärungsbewußtsein und ein Rechtsfolgewille vorliegt, hat der Erklärende für die ihn treffende Ausdruckssorgfalt (s. oben Rn. 16) einzustehen[61]. Darüber hinaus macht § 119 deutlich, daß sich der Erklärende seine Erklärung trotz eines Irrtums grundsätzlich unabhängig davon zurechnen lassen muß, ob er den vom Empfänger erkennbaren Inhalt seiner Willenserklärung in Betracht ziehen konnte. Dementsprechend ist auch die Haftung für den nach der Anfechtung zu ersetzenden Vertrauensschaden gemäß § 122 eine Haftung ohne Verschulden[62]. Der Erklärende trägt aufgrund seiner Formulierungsherrschaft grundsätzlich das **Formulierungsrisiko.** Er muß deshalb das aus dem Wortlaut einschließlich der systematischen Stellung gewonnene Auslegungsergebnis (s. oben Rn. 34ff.) grundsätzlich gegen sich gelten lassen. § 305c Abs. 2 bringt insofern einen allgemeinen Grundsatz zum Ausdruck, der über Allgemeine Geschäftsbedingungen hinaus für alle von einer Partei formulierten Erklärungen gilt (interpretatio contra proferentem)[63]. Bei einem Vertrag können beide Parteien Erklärende sein. Das Formulierungsrisiko ist deshalb hier nur von demjenigen zu tragen, der die Formulierungsherrschaft ausübt, sei es, daß er die Formulierung selbst vornimmt oder eine bereits vorliegende Formulierung auswählt. 56

b) Zurechnung sonstiger Risiken

Der Erklärende trägt darüber hinaus aber auch das Risiko für die Umstände, unter denen er seine Erklärung abgegeben hat **(Umstandsrisiko).** Er muß deshalb grundsätzlich das aus den Umständen (s. oben Rn. 39ff.), einschließlich der erkennbaren 57

---

[61] S. dazu auch *BGHZ* 109, 171, 177 = NJW 1990, 454; *BGH* NJW 2002, 363.

[62] S. *BGH* NJW 1969, 1380; Palandt/*Heinrichs,* § 122 Rn. 1ff.

[63] S. auch *BGH* ZIP 1985, 921, 922; Soergel/*M. Wolf,* § 157 Rn. 59; zurückhaltend MünchKomm/*Mayer-Maly/Busche,* § 157 Rn. 7; wohl auch *Flume,* AT II, § 16, 3 c.

Interessenlage und der Verkehrssitte abgeleitete Auslegungsergebnis gegen sich gelten lassen. Darüber hinaus muß der Erklärende allgemein für den **eigenen Herrschafts- und Risikobereich** einstehen. Bei Verträgen, bei denen beide Parteien die Stellung des Erklärenden einnehmen, ist jeweils zu klären, ob das einer Partei ungünstige Auslegungskriterium ihrem Risikobereich zuzurechnen ist. Dies kann auch der Ort des Vertragsschlusses oder die Zugehörigkeit zu einem Verkehrskreis sein, dem die maßgebliche Verkehrssitte entnommen wird (s. auch oben Rn. 50ff.).

58 **Beispiel**[64]: Ein Gast bestellte in einem Lokal Speisen aufgrund einer älteren Speisekarte dieses Lokals, die ein Dritter dort zuvor zurückgelassen hatte. Die alte Speisekarte wies erheblich niedrigere Preise auf als die jetzt gültige Karte. Durfte der Gast die Speisekarte nach den Gesamtumständen bei Anwendung der zumutbaren Auslegungssorgfalt als jetzt noch gültige Karte verstehen, so war auch die Bestellung für den Gast als Angebot zum Abschluß zu den alten Preisen zu verstehen. Der Wirt konnte die Bestellung dagegen, wenn er von der zurückgelassenen alten Karte des Dritten nichts wissen konnte, nur als eine zu seinen jetzt gültigen Preisen gemachte Bestellung verstehen. Der Gast aber durfte die Annahmeerklärung des Wirts auf die Preise der alten Karte beziehen. Dem Wirt ist diese Bedeutung seiner Annahmeerklärung auch zurechenbar, weil er entweder das Ausliegen der alten Karte hätte verhindern können oder weil er jedenfalls das Risiko für die in seinem Lokal ausliegenden Karten zu tragen hat. Der Vertrag ist daher zu den auf der alten Karte angegebenen Preisen zustande gekommen. Dem Gastwirt steht jedoch ein Anfechtungsrecht wegen Irrtums nach § 119 Abs. 1 zu. Er muß allerdings dem Gast einen etwaigen Vertauensschaden gemäß § 122 ersetzen.

c) Geltung für alle Erklärungen

59 Die Zurechnungsprinzipien gelten grundsätzlich für alle Erklärungen, gleichgültig ob sie mündlich, schriftlich, in elektronischer Form, in Textform oder konkludent abgegeben werden. Auch für **automatisierte Erklärungen,** z.B. in Form von Kontoauszügen oder Stromabrechnungen, gelten im Hinblick auf die Ausdruckssorgfalt und die Risikozurechnung dieselben Anforderungen wie für sonstige Willenserklärungen, d.h. die Veranlasser solcher Erklärungen müssen sich um eine für den durchschnittlichen Empfänger verständliche Darstellung bemühen und dürfen sich nicht mit technischen Schwierigkeiten entschuldigen. Sofern automatisierte Erklärungen nicht verständlich abgefaßt werden, sind sie nicht wirksam[65]. Die Auslegungsgrundsätze gelten grundsätzlich auch für **geschäftsähnliche Handlungen,** soweit bei ihnen auf den Empfängerhorizont abzustellen ist, wie z.B. bei einer Mahnung (s. auch § 22 Rn. 19).

2. Zurechnung gegenüber dem Erklärungsempfänger

60 Der Erklärungsempfänger kann sich die Umstände der Erklärung grundsätzlich nicht aussuchen. Eine Zurechnung der Auslegungskriterien und des Auslegungsergebnisses kann ihm gegenüber deshalb grundsätzlich nicht nach Risikogesichtspunkten vorgenommen werden. Ihm ist aber die Einhaltung der zumutbaren Auslegungssorgfalt (s. oben Rn. 16) zuzumuten. Hätte er danach erkennen müssen, daß dem Erklärenden die für die Auslegung maßgeblichen Umstände und Kriterien nicht bekannt sind, so können diese bei der Auslegung nicht herangezogen werden. Dies gilt insbesondere auch für die Verkehrssitte (s. oben Rn. 47ff.).

---

[64] Dazu auch *Medicus,* AT, Rn. 324ff.
[65] Zum Ganzen auch *Köhler,* AcP 182 (1982), 126, 141f.

VI. Auslegungsfolgen

1. Bestimmung des Erklärungsinhalts und der Rechtsfolgen

Durch die Auslegung wird der Inhalt der jeweiligen Erklärung festgelegt. Damit werden zugleich die durch die Willenserklärung herbeigeführten Rechtsfolgen bestimmt, selbst wenn diese nicht dem wirklichen Willen des Erklärenden entsprechen. Damit können Nachteile verbunden sein, die auch durch eine mögliche Anfechtung nicht ganz beseitigt werden können. Dies muß bei der Auslegung bedacht werden. Insbesondere ist bei der Annahme einer Erklärung durch schlüssiges Verhalten (oben Rn. 24ff.) ist Zurückhaltung geboten. Die Rechtsprechung nimmt zuweilen, um zu einem vermeintlich gerechten Ergebnis zu kommen, stillschweigende Erklärungen an, wo in Wahrheit der Sachverhalt keinen Anhalt dafür bietet, das gezeigte Verhalten als eine Willenserklärung aufzufassen. 61

Beispiel: Wer sich von einem Bekannten in dessen Wagen mitnehmen läßt, bringt nicht schon dadurch stillschweigend zum Ausdruck, daß er auf alle Ansprüche im Fall eines von dem Fahrer verschuldeten Unfalls verzichten wolle[66]. Anders wäre es allenfalls dann, wenn der um Mitnahme Gebetene darauf hingewiesen hätte, er übernehme keine Haftung, und wenn daraufhin der andere, ohne etwas zu sagen, in den Wagen eingestiegen wäre. In diesem Falle müßte sein Stillschweigen auf den Hinweis des Fahrers in Verbindung mit dem Einsteigen als Haftungsverzicht gedeutet werden. Ohne daß aber entsprechende Erklärungen vorangegangen und ohne daß sonst konkrete Anhaltspunkte gegeben sind, kann dem bloßen Einsteigen oder der Bitte um Mitnahme kein Haftungsverzicht entnommen werden. 62

An Stelle einer konkludenten Willenserklärung, die den realen Willen festzustellen hat, kann auch eine **ergänzende Auslegung** in Betracht kommen, die nach dem hypothetischen Willen fragt, den die Parteien redlicherweise gehabt haben würden, wenn sie an eine bestimmte Situation gedacht und diese geregelt hätten (s. unten Rn. 108ff.). Die ergänzende Auslegung kann jedoch grundsätzlich nicht dazu herangezogen werden, einen sonst nicht existenten Vertrag zu begründen, sondern dient nur der Lückenfüllung von nicht geregelten Detailfragen in einem bereits existenten, mit realem Willen geschlossenen Vertrag (s. unten Rn. 120ff.). Möglich sind auch **Rücksichtnahmepflichten aus geschäftlichem Kontakt** gemäß § 311 Abs. 2 Nr. 3 mit § 241 Abs. 2 (s. unten § 31 Rn. 14). 63

Beispiel: Erteilt eine Bank Auskunft über die Finanzverhältnisse einer Person und gelangt diese Auskunft mit Wissen der Bank an einen Dritten, mit dem sie selbst nicht in Vertragsbeziehungen steht, so nimmt die Rechtsprechung das Zustandekommen eines Auskunftsvertrags mit dem Dritten an, aus dem die Bank bei fehlerhafter Auskunft haftet[67]. Ein solcher Auskunftsvertrag kann aufgrund der Vertragsfreiheit ohne weiteres geschlossen werden. In manchen der vom BGH entschiedenen Fälle sind aber Anhaltspunkte für einen entsprechenden Rechtsfolgewillen der Bank nicht erkennbar. Die Annahme eines Auskunftsvertrags erscheint dann gekünstelt. Statt der Fiktion einer in Wirklichkeit erkennbar nicht gewollten Vertragsbindung erscheint es richtiger, die Haftung aus einem gesetzlichen Vertrauensverhältnis abzuleiten, das durch eine Wissensmitteilung als geschäftsähnliche Handlung und den damit verbundenen ge- 64

---

[66] Dagegen schon *H. D. Fischer,* Gefälligkeitsfahrt und vorvertragliche Haftung, 1938, 12ff.; ferner *Stoll,* Handeln auf eigene Gefahr, 1961, S. 313ff. Fälle aus der Rechtsprechung bei *Lüderitz,* aaO, S. 391.

[67] *BGH* WM 1976, 498, 499; *BGH* NJW 1991, 352; *BGH* NJW-RR 1998, 1343 = LM § 676 BGB Nr. 53 m. Anm. *Singer.*

schäftlichen Kontakt aus § 311 Abs. 2 Nr. 3 mit § 241 Abs. 2 entsteht (s. auch oben § 22 Rn. 19 und unten § 31 Rn. 14f.).

2. Unwirksamkeit der Erklärung bei Versagen der Auslegung

65 Wenn sich nach Heranziehung aller für die Auslegung maßgeblichen Umstände die Erklärung immer noch als mehrdeutig herausstellt, ist sie **mangels hinreichender Bestimmtheit unwirksam.** Enthält sie aber neben einem zweifelhaften weiteren einen unzweifelhaften engeren Sinn, so ist sie wenigstens in dieser engeren Bedeutung wirksam. Im übrigen tritt bei Unwirksamkeit der Erklärung die gewünschte Rechtsfolge nicht ein. Dies hat bei Verträgen, soweit es die sog. essentialia negotii, d. h. die nicht gesetzlich geregelten Hauptbestandteile des Vertrages betrifft, zur Folge, daß eine vertragliche Beziehung nicht entsteht (s. unten § 29 Rn. 16ff., 75f., 81, 87). Soweit es ergänzende Nebenpunkte (sog. naturalia negotii) betrifft und nicht nach § 139 Gesamtnichtigkeit anzunehmen ist, wird die unwirksame rechtsgeschäftliche Regelung durch dispositives Gesetzesrecht oder durch ergänzende Auslegung ersetzt (s. auch § 306 Abs. 2 und unten Rn. 105ff., 108ff.).

C. Besondere Formen der Auslegung

I. Das Schweigen als Gegenstand der Auslegung

1. Schweigen als reale Erklärung

66 Wie die Erklärung sich in einem Unterlassen in der Form des Schweigens äußern kann (§ 24 Rn. 19), so kommt auch das Schweigen als Gegenstand der Auslegung in Betracht.

a) Grundsätzlich keine oder negative Erklärung

67 Beim Schweigen als bloßem Nichthandeln ist in erster Linie zu klären, ob **überhaupt eine rechtsgeschäftliche Willenserklärung** mit einem entsprechenden Erklärungsbewußtsein gegeben ist. Sehr häufig wird das bloße Nichthandeln dahin zu verstehen sein, daß eine rechtsgeschäftlich bindende Erklärung nicht gewollt ist, sei es, daß es bereits am Erklärungsbewußtsein fehlt, sei es, daß das Schweigen als fehlende Zustimmung verstanden werden muß. Grundsätzlich erfordert die zustimmende Erklärung, etwa die Annahme eines Angebots, aber auch jede Erklärung mit detaillierten Rechtsfolgen eine positive Äußerung, um den Willen eindeutig erkennbar zu machen. Das Schweigen und bloße Nichthandeln ist deshalb nach dem üblichen normativen Verständnis grundsätzlich nicht als positive Erklärung zu verstehen, sei es, daß eine rechtsgeschäftliche **Erklärung gar nicht vorliegt oder** sie als **Ablehnung** zu verstehen ist.

68 **Beispiele:** Das Schweigen und Liegenlassen unbestellt zugesandter Waren ist nicht schon als Annahme des Angebots anzusehen. Dafür enthält § 241a Abs. 1 nunmehr eine spezielle Regelung (s. unten § 29 Rn. 67ff.). Das Schweigen auf das Angebot einer Versicherung, einen Versicherungsvertrag aufzuheben, kann nicht als Annahme dieses Angebots verstanden werden[68].

---

[68] *BGH* NJW-RR 1999, 818.

b) Ausnahmsweise positiver Erklärungsinhalt

Es gibt Situationen, in denen das Schweigen „beredt" ist und damit als positive rechtsgeschäftliche Erklärung verstanden werden kann. Wer in einer solchen Situation schweigt, sich also passiv verhält, bringt eben damit zum Ausdruck, daß er eine bestimmte Rechtsfolge gelten lassen will[69]. Freilich bedarf es stets **besonderer Umstände,** die es erlauben, im Schweigen auf eine vorangegangene Erklärung, Aufforderung oder Mitteilung eine positive Erklärung zu sehen. 69

aa) Besondere Umstände, bei denen das Schweigen als positive, zustimmende Erklärung verstanden werden kann, sind gegeben, wenn eine **Vereinbarung** dahingehend vorliegt, daß dem Schweigen eine bestimmte Bedeutung zukommen soll[70]. 70

Beispiel: Haben A und B vereinbart, daß A dem B ein schriftliches Angebot unterbreitet, und daß dieses als von B angenommen gelten soll, wenn B es nicht innerhalb einer bestimmten Frist ablehnt, dann muß B sein Schweigen als Zustimmung gelten lassen. Dies muß aber vereinbart sein, d.h. B muß vertraglich damit einverstanden sein, daß sein Schweigen als Zustimmung gewertet wird. § 308 Nr. 5 erlaubt unter bestimmten Voraussetzungen eine solche Vereinbarung in AGB. Die einseitige Erklärung eines Teils, daß z.B. bei Zusendung unbestellter Waren diese als angenommen gelten sollen, falls kein Widerspruch erfolgt, verleiht dem Schweigen dagegen keine Zustimmungswirkung. Wenn bei einer Vereinssitzung der Vorstand diejenigen Mitglieder, die dem vorgeschlagenen Beschluß nicht zustimmen wollen, auffordert, die Hand zu erheben, und dieselbe Prozedur bei der Frage nach Enthaltungen wiederholt, so liegt eine Zustimmung vor, wenn A beide Male seine Hand nicht erhebt, also schweigt. 71

bb) Schweigen ist aufgrund besonderer Umstände auch dann als positive Erklärung anzusehen, wenn nach **Treu und Glauben** im Falle einer Ablehnung eine ausdrückliche Erklärung erwartet werden konnte. Dies ist insbesondere anzunehmen bei geringfügigen Abweichungen oder Verspätungen einer Annahmeerklärung vom Angebot, was gemäß § 150 Abs. 2 als neuer Antrag gilt (s. dazu unten § 29 Rn. 54f., 57), oder wenn in einer bereits länger bestehenden Geschäftsverbindung frühere Verträge jeweils ohne ausdrückliche Bestätigung durchgeführt wurden[71]. 72

Beispiel: Haben A und B mündlich über einen Vertrag gesprochen, übersendet darauf A dem B abredegemäß ein schriftliches Angebot und schreibt B zurück, er nehme das Angebot an, wobei er einen in dem Angebot enthaltenen nicht ganz eindeutigen Ausdruck in einem bestimmten Sinn verstehe, und schweigt A dann zu dieser Interpretation des B, so muß sein Schweigen dahin verstanden werden, daß er mit dieser Interpretation einverstanden sei. Denn nur, wenn dies nicht der Fall ist, wird B eine Antwort erwarten; A kann erkennen, daß sein Schweigen hier als Zeichen seines Einverständnisses gewertet werden muß. 73

Für derartige Willenserklärungen, in denen das Schweigen den Sinn hat, einen bestimmten Rechtsfolgewillen zum Ausdruck zu bringen, gelten **dieselben Regeln wie für andere Willenserklärungen.** Die Frage, ob das Schweigen in dieser Situation 74

---

69 Vgl. *Flume,* AT II, § 5, 2; *Canaris,* Schweigen im Rechtsverkehr als Verpflichtungsgrund, FS Wilburg, 1975, S. 77; MünchKomm/*Kramer,* § 116 Rn. 23; Palandt/*Heinrichs,* vor § 116 Rn. 7; *Jauernig,* vor § 116 Rn. 4a bb; *Pawlowski,* AT, Rn. 400; *Köhler,* AT, § 6 Rn. 5. Gegen die Möglichkeit des Erklärens durch Schweigen *Bickel,* aaO, S. 131ff. u. NJW 1972, 607; *Medicus,* AT, Rn. 346 beschränkt die Fälle des „Schweigens mit Erklärungsbedeutung" im wesentlichen auf die Fälle der vereinbarten Bedeutung. *Hübner,* AT, Rn. 671, 687f. nimmt eine Erklärung durch Schweigen nur dann an, wenn der Schweigende das Erklärungsbewußtsein hat; andernfalls komme eine Vertrauenshaftung gemäß § 122 in Betracht.

70 Vgl. MünchKomm/*Kramer,* § 151 Rn. 4; *Flume,* AT II, § 5 2a; *Medicus,* AT, Rn. 346.

71 S. *Baumbach/Hopt,* HGB, § 346 Rn. 36; *Hübner,* AT, Rn. 671.

überhaupt als eine Willenserklärung aufzufassen ist und was es besagt, ist im Wege der Auslegung, regelmäßig mit Rücksicht auf die Verständnismöglichkeiten des Empfängers, zu entscheiden. Empfänger ist hier derjenige, der eine Erklärung erwarten kann. Ferner muß die Bedeutung des Schweigens als einer rechtsgeschäftlichen Erklärung dem Schweigenden entweder bewußt oder, in Ermangelung des Erklärungsbewußtseins, wenigstens zurechenbar sein. Ist das Schweigen hiernach als reale Willenserklärung bestimmten Inhalts aufzufassen und hat derjenige, der geschwiegen hat, es nicht so gemeint, dann liegt ein Fall des Irrtums über den Inhalt der Erklärung vor, der den Erklärenden zur Anfechtung gemäß § 119 Abs. 1 berechtigt.

75 Eine Erklärung durch Schweigen ist nur dort nicht möglich, wo das Gesetz eine bestimmte Form vorgeschrieben hat oder durch ein Gesetz oder einen Vertrag eine ausdrückliche Erklärung verlangt wird.

76 Vom Schweigen als Gegenstand der Auslegung, bei der unter Berücksichtigung aller Umstände des Einzelfalls die für den Empfänger erkennbare Bedeutung des Schweigens ermittelt wird, sind zu unterscheiden die Fälle des normierten Schweigens, bei denen es nicht mehr um die Auslegung der Bedeutung des Schweigens im Einzelfall geht, sondern an das Schweigen ganz allgemein im Interesse der Verkehrssicherheit vom Gesetz bestimmte Rechtsfolgen geknüpft werden (s. sogleich Rn. 77).

2. Normiertes Schweigen als Erklärungsfiktion

a) Fiktion einer Willenserklärung

77 In einer Reihe von Fällen ordnet das Gesetz an, das Schweigen in einer bestimmten Lage solle als Erklärung bestimmten Inhalts gelten. Es handelt sich bei diesen Vorschriften durchweg nicht um Auslegungsregeln, die lediglich besagen würden, das Schweigen in solcher Lage sei im Zweifel als Willenserklärung dieses Inhalts zu verstehen, sondern um dispositive Gesetzesnormen, die eine Rechtsfolgenanordnung im Gewande der Fiktion einer Willenserklärung enthalten[72]. Man spricht deshalb auch von einem „Schweigen an Erklärungs Statt" oder einem „Schweigen mit Erklärungswirkung"[73]. Das Schweigen hat unabhängig davon, wie es im einzelnen Fall gemeint war und zu verstehen ist, aufgrund der Anordnung des Gesetzes die Rechtsfolgen, die eine Willenserklärung entsprechenden Inhalts haben würde. Es handelt sich aber nicht um eine „Willenserklärung kraft Zurechnung". Auch wird **kein Erklärungsbewußtsein** verlangt. Die Rechtsfolge ist allein an die **Tatsache des Schweigens** geknüpft. Der Schweigende kann die Rechtsfolgen der gesetzlich fingierten Willenserklärung auch nicht durch eine Anfechtung wegen Irrtums beseitigen, weil er sich über die Bedeutung des Schweigens als einer zustimmenden Erklärung geirrt habe oder eine Erklärung dieses Inhalts nicht habe abgeben wollen[74].

78 **Beispiele:** Gemäß §§ 108 Abs. 2 Satz 2 und 177 Abs. 2 Satz 2 gilt die Genehmigung als verweigert, wenn sie von demjenigen, der sie dem Minderjährigen erteilt hat, auf eine an ihn gerichtete Aufforderung hin nicht innerhalb bestimmter Frist erklärt wird. Nach § 455 Satz 2 gilt bei einem Kauf auf Probe unter gewissen Voraussetzungen das Schweigen innerhalb bestimmter Frist als Billigung des Kaufs. Im Falle des § 416 Abs. 1 Satz 2 gilt eine Genehmigung, falls sie nicht fristgerecht verweigert wird, als erteilt. Bei einem Kaufmann, der üblicherweise

---

[72] Dazu *Esser,* Wert und Bedeutung der Rechtsfiktionen, 1940, S. 50ff.

[73] *Köhler,* AT, § 6 Rn. 6 („Schweigen mit Erklärungswirkung"); *Pawlowski,* AT, Rn. 404; *Hübner,* AT, Rn. 672; Palandt/*Heinrichs,* Einf. vor § 116 Rn. 8; *Jauernig,* vor § 116 Anm. 4a cc.

[74] S. etwa MünchKomm/*Schmitt,* § 108 Rn. 29; Soergel/*Hefermehl,* § 108 Rn. 7.

bestimmte Geschäfte für andere tätigt, wie z.B. eine Bank, die Überweisungen für Kontoinhaber durchführt, gilt nach § 362 Abs. 1 HGB das Schweigen auf ein ihm zugehendes Angebot als Annahme. Gemäß §§ 612, 632 gilt, wenn jemand von einem anderen eine Dienstleistung oder die Herstellung eines Werkes begehrt und die betreffende Dienstleistung oder Werkleistung den Umständen nach nur gegen eine Vergütung erwartet werden kann, eine Vergütung als „stillschweigend vereinbart". Da immerhin in diesen Fällen eine Vereinbarung über die Inanspruchnahme der Dienst- oder Werkleistung vorausgesetzt ist, wird hier nicht ein Vertrag schlechthin, sondern nur die Vereinbarung über die Entgeltlichkeit der Leistung und damit allerdings ein für den Vertragstypus wesentliches Element fingiert. Nach § 545 gilt ein Mietverhältnis, wenn der Mieter nach Ablauf der Mietzeit den Gebrauch fortsetzt, als auf unbestimmte Zeit verlängert, sofern keiner der Vertragspartner seinen „entgegenstehenden Willen" dem anderen innerhalb einer Frist von zwei Wochen erklärt. Eine ähnliche Bestimmung findet sich in § 625 für den Dienstvertrag.

b) Eingeschränkte Geltung rechtsgeschäftlicher Vorschriften

Die Gründe für die gesetzliche Regelung sind unterschiedlich. In den Fällen der 79
§§ 108 Abs. 2 und 177 Abs. 2 soll der Geschäftsgegner des Minderjährigen oder der Geschäftsgegner eines Vertreters ohne Vertretungsmacht sich binnen bestimmter Frist endgültig darüber Gewißheit verschaffen können, ob der geschlossene Vertrag durch eine Genehmigung wirksam wird oder nicht[75]. Die übrigen Fälle gehören in den Umkreis der Vertrauenshaftung.

Die Vorschriften über Willenserklärungen und Rechtsgeschäfte finden auf das nor- 80
mierte Schweigen anders als bei der Auslegung mit dem Schutz des Empfängerhorizonts (s. oben Rn. 74) grundsätzlich keine Anwendung. Zwar ist der Vertrauensschutz auch im Rahmen der Rechtsgeschäftslehre von Bedeutung, aber immer bleibt im Rahmen der rechtsgeschäftlichen Auslegung das Korrektiv der Irrtumsanfechtung, durch die sich der Erklärende von der objektiv ihm zugerechneten Rechtsfolge wieder lösen und seine Haftung auf das Vertrauensinteresse des Empfängers beschränken kann. Beim normierten Schweigen ist eine Anfechtung nach § 119 Abs. 1 dagegen ausgeschlossen[76]. Die Rechtsfolgen des Schweigens nach § 362 Abs. 1 HGB können deshalb z.B. nicht durch Anfechtung beseitigt werden (s. im Einzelnen noch unten § 30 Rn. 41). Auch ein Zugang nach § 130 ist nicht vorgesehen. Eine Auslegung nach §§ 133, 157 scheidet aus, weil die Rechtsfolge des Schweigens gesetzlich festgelegt ist. Es handelt sich um einen über den Rahmen der Rechtsgeschäftslehre hinausgehenden Vertrauensschutz. Der Schutz Geschäftsunfähiger und Minderjähriger nach §§ 104ff. muß jedoch zumindest analog zur Anwendung kommen.

II. Erklärungen an einen unbestimmten Personenkreis

Manche Erklärungen wie z.B. die Auslobung (§ 657) werden nicht an einen be- 81
stimmten Empfänger gerichtet, sondern richten sich an einen unbestimmten Personenkreis. Bei derartigen Erklärungen fällt die Rücksicht auf die Verständnismöglichkeit eines individuellen Empfängers fort. Statt dessen ist bei ihrer Auslegung von der **Verständnismöglichkeit eines durchschnittlichen Verkehrsteilnehmers** oder eines Angehörigen gerade des angesprochenen Personenkreises auszugehen. Die Auslegung des Wortlauts, der allgemein zugänglich ist, steht dabei im Vorder-

[75] Vgl. auch Soergel/*Hefermehl,* § 108 Rn. 6.
[76] S. dazu auch *Mankowski,* Beseitigungsrechte, 2003, S. 522.

grund[77]. Außer dem Text der Erklärung sowie Urkunden, auf die darin Bezug genommen ist und die ihrerseits der Öffentlichkeit zugänglich sind, dürfen daher nur **für jedermann erkennbare** oder doch jedem Angehörigen des angesprochenen Kreises erkennbare **Umstände** zur Auslegung herangezogen werden[78], denn die Auslegung kann nur gleichmäßig erfolgen, so daß solche Umstände unberücksichtigt bleiben müssen, die nur einem einzelnen Verkehrsteilnehmer bekannt sind[79].

82 **Beispiele:** Neben der Auslobung (§ 657) gehören dazu auch Erklärungen auf einem zum Umlauf bestimmten **Wertpapier**[80], etwa einem Wechsel, einem Scheck oder einer Aktie und anderer börsengängiger Wertpapiere. Hierzu gehört auch die **Vollmachtsurkunde** (§ 172), die mehreren Dritten vorgelegt werden kann, ferner Erklärungen, die in einem zur Unterrichtung der Öffentlichkeit bestimmten **Register,** z.B. dem Handelsregister, Vereinsregister oder Grundbuch veröffentlicht werden. Ebenso richten sich die **Satzungen und Beschlüsse** eines Vereins oder einer sonstigen Körperschaft an alle gegenwärtigen und künftigen Mitglieder. Für die Auslegung von Satzungen gilt deshalb der Grundsatz der objektiven Satzungsauslegung[81]. Die gleichen Grundsätze finden Anwendung auf solche Beschlüsse einer Wohnungseigentümerversammlung, die nach dem WEG auch für einen späteren Erwerber gelten[82]. Umstände außerhalb der Urkunde können berücksichtigt werden, wenn sie für die Bildung einer allgemeinen Verkehrsauffassung von Bedeutung sind, wie z.B. Erklärungen, die eine AG bei der Ausgabe von Aktien öffentlich abgegeben hat.

83 Die objektive Auslegung, die sich an der durchschnittlichen Verständnismöglichkeit des angesprochenen Personenkreises orientiert, gilt auch für die Auslegung von AGB, insbesondere auch für Versicherungsbedingungen, weil diese regelmäßig dazu bestimmt sind, gegenüber einer Vielzahl von Kunden des Verwenders in stets gleicher Weise zur Anwendung zu kommen (s. unten § 43 Rn. 31). Jedoch kann hier das individuelle Verständnis eines Beteiligten berücksichtigt werden, da Individualvereinbarungen möglich sind (§ 305b; s. auch unten § 43 Rn. 46). Auch bei einer Vollmachtsurkunde sind die individuellen Kenntnisse des Bevollmächtigten vom Willen des Vollmachtgebers zugrunde zu legen, wenn der Bevollmächtigte gemäß § 181 ein Geschäft mit sich selbst abschließt[83].

84 Bei örtlich verschiedenem Sprachgebrauch ist der Sprachgebrauch des Ortes maßgebend, an dem die Urkunde ausgestellt ist. Bei Erklärungen an die Öffentlichkeit in Form einer Zeitungsanzeige muß allerdings der Sprachgebrauch des Verbreitungsgebiets der Zeitung maßgebend sein[84].

III. Auslegung formgebundener Erklärungen

85 Daß zwischen der Erklärung als dem eigentlichen Gegenstand der Auslegung und den für die Auslegung nur als Hilfsmittel dienenden weiteren Umständen unterschieden werden muß (s. oben Rn. 21ff., 34ff.), zeigt sich insbesondere bei der Auslegung formbedürftiger Erklärungen.

---

[77] *BGHZ* 145, 16, 20 (zum Grundbuch); *BGH* NJW 2002, 3021.

[78] *BGHZ* 113, 378; 121, 239; *BGH* NJW 1999, 3713; Soergel/*Hefermehl,* § 133 Rn. 15; MünchKomm/*Mayer-Maly/Busche,* § 133 Rn. 31ff.; Erman/*Palm,* § 133 Rn. 36ff.

[79] *BGHZ* 28, 259, 264.

[80] Vgl. nur MünchKomm/*Mayer-Maly/Busche,* § 133 Rn. 31.

[81] S. dazu etwa *BGHZ* 116, 359, 364; 123, 347, 350; *BGH* NJW 1997, 1510; *BGH* GRUR 2003, 242 m. Anm. *Berlit,* LMK 2003, 66; s. auch oben Rn. 8ff.

[82] *BGH* NJW 1998, 3713 = LM § 15 WEG Nr. 6 m. Anm. *Niedenführ.*

[83] *BGH* NJW 1999, 486; s. auch oben Rn. 30.

[84] Vgl. nur Staudinger/*Dilcher,* §§ 133, 157 Rn. 50.

1. Formbedürftigkeit der Erklärung, nicht sonstiger Umstände

Die Auslegung formbedürftiger Erklärungen hat sich in erster Linie am Wortlaut und der systematischen Stellung einer Regelung innerhalb der Urkunde zu orientieren. Der Wortlaut der Erklärung ist aber kaum jemals so eindeutig, daß nicht Zweifelsfragen und verschiedene Deutungen möglich wären. Es besteht deshalb auch bei formbedürftigen Erklärungen ein Bedürfnis, auf alle für die Auslegung wichtigen Anhaltspunkte zurückgreifen zu können. Formbedürftige Erklärungen müssen zwar grundsätzlich in ihrem gesamten Inhalt beurkundeten werden. Es gilt der Grundsatz der Gesamtbeurkundung (s. oben § 27 Rn. 23). Dies betrifft aber **nur** die **Erklärung selbst, nicht** dagegen die außerhalb der Erklärung liegenden **Umstände** und die sonstigen für die Auslegung maßgeblichen Gesichtspunkte (s. oben Rn. 34–54). Außerhalb der formgebundenen Erklärung liegende Umstände, die Interessen der Parteien oder die Verkehrssitte können hier wie sonst grundsätzlich als Mittel der Auslegung verwertet werden[85]. Die Frage ist jedoch, ob der Form auch dann genügt ist, wenn der nach den allgemeinen Auslegungsgrundsätzen gewonnene Inhalt der Erklärung in der abgefaßten Form keinen hinreichenden Ausdruck gefunden hat. 86

Beispiel: Übernimmt ein Bürge schriftlich gemäß § 766 eine Bürgschaft über 100 000 €, ohne daß in der Urkunde angegeben ist, für welche konkrete Forderung des Gläubigers gegen welchen Hauptschuldner gebürgt werden soll, so ist fraglich, ob die Schriftform eingehalten ist, wenn die konkrete Forderung, für die gebürgt werden soll, erst durch Umstände außerhalb der Urkunde, z. B. durch Zeugenbeweis, geklärt werden kann[86]. 87

2. Deutlichkeit des Ausdrucks und Andeutungstheorie

Da einerseits auf die Form nicht verzichtet werden kann, andererseits aber die Auslegung formgebundener Erklärungen unverzichtbar ist, muß es zur Wahrung der Form grundsätzlich genügen, daß der durch Auslegung ermittelte Wille in der Urkunde wenigstens angedeutet ist **(Andeutungstheorie),** d. h. in der Urkunde einen, wenn auch unvollkommenen Ausdruck gefunden hat[87]. Mit der Andeutungstheorie ist ein **sinnvoller Kompromiß** zwischen den Geboten des Formzwangs und den Bedürfnissen der Auslegung formbedürftiger Erklärungen gefunden. In einem ersten Schritt ist dabei zunächst die Erklärungsbedeutung nach den allgemeinen Auslegungsgrundsätzen zu ermitteln (s. oben Rn. 34–54). Danach ist in einem zweiten Schritt zu prüfen, ob dieses Auslegungsergebnis im Wortlaut der Urkunde zumindest andeutungsweise enthalten ist. Regelungen und Abreden, deren **Beurkundung ganz unterlassen** worden ist, können nicht durch erläuternde Auslegung Vertragsinhalt werden[88]. Möglich ist aber eine ergänzende Auslegung (s. unten Rn. 108 f.) oder es greift dispositives Recht ein. 88

---

[85] H. L.; vgl. *v. Tuhr,* AT II, 15, 506; *Enneccerus/Nipperdey,* AT, § 206 VI; *Oertmann,* § 133 Anm. 6 d; Soergel/*Hefermehl,* § 133 Rn. 28; MünchKomm/*Mayer-Maly/Busche,* § 133 Rn. 29; *Lüderitz,* S. 179 zu Anm. 2. Aus der Rspr. *RGZ* 59, 217, 219; 67, 204, 214; 80, 395, 403; *BGH* MDR 1964, 863.

[86] S. *BGH* NJW 1989, 1484.

[87] S. etwa *BGH* NJW 1996, 2793; *BGH* NJW 2000, 1569; zuvor schon z. B. *RGZ* 154, 44; kritisch zur Andeutungstheorie vor allem *Häsemeyer,* Die gesetzliche Form der Rechtsgeschäfte 1971, S. 172 ff.; *Brox,* Der Bundesgerichtshof und die Andeutungstheorie, JA 1984, 549. Bedenken äußert auch Palandt/*Heinrichs,* § 133 Rn. 19.

[88] *Medicus,* AT, Rn. 330.

89 **Beispiele:** Ein Grundstückskaufvertrag wird unter der Bedingung geschlossen, daß der Käufer eine baurechtliche Genehmigung für seinen Gewerbebetrieb erhält. Ergibt sich aufgrund von Umständen außerhalb der Urkunde, daß sich die Bedingung auf die Genehmigung einer Autowaschanlage beziehen sollte, so ist diese Präzisierung durch die Urkunde gedeckt, weil sie in ihr andeutungsweise enthalten ist[89]. Wird in der Bürgschaftsurkunde eine „Ausfallbürgschaft" übernommen, die nach allgemeinem Verständnis eine Haftung des Bürgen erst begründet, wenn vom Hauptschuldner nachweislich keine Zahlung zu erlangen ist, ergibt aber die Auslegung, daß eine Rückbürgschaft gewollt war, bei der der Rückbürge dem Hauptbürgen für seine Regreßforderung gegen den Hauptschuldner haftet, so hat dieser Wille in der Urkunde keinen ausreichenden Anhalt gefunden, weil die zu sichernde Forderung sowie deren Gläubiger und Schuldner völlig verschiedenartig sind[90].

3. Geltung der falsa demonstratio-Regel?

90 Ob über die Andeutungstheorie hinaus **bei übereinstimmendem Willen** der Beteiligten das Gewollte gemäß der falsa demonstratio-Regel (s. oben Rn. 29ff.) auch dann zu gelten hat, wenn es in der Urkunde nicht einmal andeutungsweise enthalten ist[91], muß in Übereinstimmung mit den **Zwecken der** jeweiligen **Formvorschrift** entschieden werden[92]. Sind trotz der Falschbezeichnung die Ziele der Formzwecke im wesentlichen erreicht, so ist die Form gewahrt und die Falschbezeichnung schadet nicht. Vielmehr gilt das Gewollte, auch wenn es in der Urkunde nicht einmal andeutungsweise enthalten ist. Dabei sind Regeln, daß grundsätzlich von der Andeutungstheorie oder grundsätzlich vom wirklichen Willen[93] auszugehen sei, nicht angebracht. Vielmehr ist im Einzelfall die Erfüllung des Formzwecks jeweils zu begründen.

91 **Beispiel 1:** Wird bei einem Grundstückskaufvertrag (§ 311b Abs. 1) oder bei der Auflassung (§ 925) das Grundstück in der notariellen Urkunde **falsch bezeichnet,** so ist der Vertrag nicht über das falsch bezeichnete, sondern über das von beiden Parteien übereinstimmend gewollte Grundstück abgeschlossen[94]. Dies rechtfertigt sich daraus, daß trotz der Falschbezeichnung der Warn- und Übereilungsschutz bezüglich des Grundstückskaufs an sich erreicht ist. Ebenso kann der Notar seine Beratungs- und Belehrungspflicht trotz der Falschbezeichnung erfüllen, weil und sofern die Vertragsbedingungen sich nicht verändern. Infolge der Falschbezeichnung leidet allerdings die Klarstellungs- und Beweisfunktion, weil das richtige Grundstück nicht urkundlich festgehalten ist. Angesichts des auf das richtige Grundstück gerichteten übereinstimmenden Willens kann aber bezüglich der Grundstücksbezeichnung gerade auf die Klarstellungs- und Beweisfunktion verzichtet werden. Hinsichtlich des übrigen richtig beurkundeten Vertragsinhalts kommt die Klarstellungs- und Beweisfunktion dagegen voll zum Tragen. Keine Falschbezeichnung liegt vor, wenn die Beurkundung von Willensinhalten vergessen oder bewußt unterlassen worden ist. Die bewußt unrichtige Beurkundung des Kaufpreises im Grundstückskaufvertrag kann nicht mit dem Institut der falsa demonstratio korrigiert und richtig gestellt werden[95]. Hier kann allenfalls noch die Heilung durch Auflassung und Eintragung gemäß § 311b Abs. 1 Satz 2 helfen.

92 **Beispiel 2:** Bei einer Bürgschaft dient die Form des § 766 dem Warn- und Übereilungsschutz. Zum Warn und Übereilungsschutz gehört jedoch, daß sich der Bürge auch über die

---

[89] S. dazu *BGH* NJW 1996, 2793.

[90] S. dazu *BGH* NJW 1989, 1484.

[91] So zuletzt *BGHZ* 87, 150, 153. Anders allerdings *BGHZ* 74, 116, 117. Kritisch auch Palandt/*Heinrichs,* § 133 Rn. 19.

[92] Dazu *Lüderitz,* aaO, S. 194ff.; MünchKomm/*Einsele,* § 125 Rn. 24; MünchKomm/*Mayer-Maly/Busche,* § 133 Rn. 29; *Medicus,* AT, Rn. 331.

[93] So *Foer,* aaO, S. 195.

[94] S. dazu etwa *BGH* NJW 2002, 1038.

[95] Soergel/*M. Wolf,* § 313 a.F. Rn. 77.

verbürgte Forderung Klarheit verschaffen kann. Die zu sichernde Forderung darf deshalb nicht offen bleiben oder gänzlich unbestimmt sein. Die Warn- und Übereilungsschutzfunktion kann jedoch erfüllt sein, wenn die zu sichernden Forderungen übereinstimmend gewollt sind oder objektiv feststehen und nur falsch bezeichnet sind. Hat G an die Hauptschuldnerin S zwei Maschinen aufgrund von Mietkaufverträgen geliefert und übernimmt B schriftlich gegenüber G die Bürgschaft für Ansprüche aus „dem Leasingvertrag", so fallen die Ansprüche aus den Mietkaufverträgen unter die Bürgschaft, wenn dies die alleinigen Ansprüche von G gegen S sind und die Parteien nur unterschiedliche Bezeichnungen (Leasing statt Mietkauf) für die zu sichernde Hauptschuld verwendet haben. Es handelt sich um eine bloße Falschbezeichnung, die unschädlich ist, weil sich die Bürgschaft nach den Gesamtumständen auf die beiden Mietkaufverträge bezog[96]. Dem Übereilungsschutz ist Genüge getan, weil B seine Bürgschaftserklärung, wenn auch falsch bezeichnet, in der ihm erkennbaren Bedeutung, daß es sich um Forderungen aus den Mietkaufverträgen handelt, schriftlich abgegeben hat. Für die **Bürgschaft auf erstes Anfordern** besteht die Formstrenge in besonderem Maße, weil die Warnfunktion wegen ihrer scharfen Haftungsfolgen besonders eindringlich sein muß. Die dabei festgelegten Anforderungen können nicht ohne weiteres durch Auslegung aufgeweicht und geändert werden[97].

Beispiel 3: Dient der Schutzzweck den Interessen Dritter, wie etwa bei der Schriftform für einen Mietvertrag gemäß § 550 mit § 578, durch die die Information eines späteren Grundstückserwerbers ermöglicht werden soll, auf den der Vertrag gemäß § 566 übergeht, so muß im Interesse des Dritten der wesentliche Inhalt aus der Urkunde erkennbar sein. Eine Falschbezeichnung schadet hier, wenn nicht auch der Dritte trotz der Falschbezeichnung das Richtige erkennt. Auch wenn die Form dem **öffentlichen Interesse an Kundbarmachung** dient (s. oben § 27 Rn. 6f.), kann nicht mehr allein auf den übereinstimmenden Willen der Parteien und deren Verständnis abgestellt werden, wenn dies nicht allgemein bekannt ist[98]. 93

IV. Die Auslegung nicht empfangsbedürftiger Willenserklärungen

1. Kein Schutz des Empfängerhorizonts

Nicht empfangsbedürftige Willenserklärungen sind wirksam, ohne daß sie einem anderen zugehen müssen (s. oben Rn. 6 und § 26). Daraus ergibt sich zugleich die Wertung des Gesetzes, daß es nicht auf das Verständnis eines Empfängers ankommt, sondern allein der Wille des Erklärenden maßgeblich ist[99]. Die Erklärung hat hierbei zwar nicht mehr die Funktion, einem Erklärungsempfänger etwas mitzuteilen. Die Erklärung ist aber nach wie vor erforderlich, um den Willen nach außen zu offenbaren, der sonst als rein innere, psychische Erscheinung unerkennbar bliebe. Die Auslegung der Erklärung ist deshalb auch bei nicht empfangsbedürftigen Willenserklärungen erforderlich, um den wirklichen Willen zu erforschen. Die Auslegung ist aber nicht an der Verständnismöglichkeit des Empfängers orientiert, sondern kann **alle Umstände zur Ermittlung des wirklich Gewollten** heranziehen, ohne daß diese einem Empfänger erkennbar gewesen sein müssen. Der wichtigste Anwendungsfall nicht empfangsbedürftiger Willenserklärungen ist das einseitige Testament. 94

---

[96] S. dazu auch *BGH* NJW 2000, 1569.
[97] *BGH* NJW 2001, 3616.
[98] S. *BGH* NJW-RR 1986, 724; *BGH* NJW-RR 1998, 1502 noch zu § 34 GWB a.F.
[99] Vgl. MünchKomm/*Mayer-Maly/Busche,* § 123 Rn. 27; Staudinger/*Dilcher,* §§ 133, 157 Rn. 32.

2. Die Auslegung von Testamenten

a) Erforschung des wirklichen Willens

95 Trifft jemand in einem Testament eine einseitige letztwillige Verfügung, so ist grundsätzlich der wirkliche Wille zu erforschen[100]. Maßgeblich ist hier die **subjektive Bedeutung** der Erklärung, die der Testator selbst mit ihr verbunden hat, sofern sie sich nur irgendwie ermitteln läßt (s. auch oben Rn. 4). Die Rücksicht auf den Verständnishorizont eines Empfängers als Kriterium einer normativen Auslegung ist hier nicht am Platz. Es gilt allein § 133, nicht § 157. Zwar ist auch das Testament dazu bestimmt, nach dem Tode des Testators von den Beteiligten zur Kenntnis genommen zu werden; es handelt sich auch hier um eine Äußerung mit Kundgebungszweck. Aber das Testament hat nicht den Sinn, daß der Testator eine Bindung eingeht und daß andere sich darauf sollen verlassen können. Bis zu seinem Tode kann der Erblasser sein Testament abändern oder widerrufen (§ 2253). Daher besteht für ein Festhalten an der objektiven Erklärungsbedeutung ebensowenig ein Bedarf wie für die verantwortliche Zurechnung der gewählten Ausdrucksmittel[101]. Die Auslegung des Testaments einschließlich der Frage, ob der Erblasser überhaupt ein Testament errichten wollte, ist auf die subjektiv gewollte, nicht auf eine von ihr verschiedene objektive und normative Bedeutung gerichtet[102]. In Übereinstimmung damit bestimmt § 2084, daß einer mehrdeutigen Verfügung die Wirksamkeit nicht versagt werden darf, wenn sie bei einer der möglichen Auslegungen seiner Absicht entspricht. Es kommt auf seine Absicht im Zeitpunkt der Abfassung des Testaments, nicht in einem späteren Zeitpunkt an[103]. Um das zu ermitteln, sind alle Umstände zu berücksichtigen, aus denen ein Schluß auf seine Willensrichtung gezogen werden kann, nicht nur diejenigen, die bestimmten Personen erkennbar sind.

96 **Beispiele:** Zur Verdeutlichung oder zur Vervollständigung einer Anordnung können frühere Entwürfe des Testators herangezogen werden, wenn sich ergibt, daß die endgültige Fassung des Testaments keine sachliche Änderung bedeuten sollte. Ebenso sind briefliche oder hinreichend bezeugte mündliche Erläuterungen des Testaments zu berücksichtigen, die der Erblasser anderen Personen gegeben hat. Weiter sind zu berücksichtigen die Vorstellungen, von denen der Erblasser ausging, seine Motive und die von ihm verfolgten Zwecke. Dem allgemeinen Wortsinn kommt dabei noch weniger als sonst entscheidende Bedeutung zu. Hat sich der Testator im Ausdruck vergriffen, läßt sich aber zweifelsfrei ermitteln, was er hat sagen wollen, so gilt der Ausdruck in der von ihm gemeinten Bedeutung, auch wenn sich diese mit dem allgemeinen Wortsinn nicht vereinbaren läßt.

b) Abgeschwächte Andeutungstheorie

97 Eine Grenze der subjektiven Auslegung ergibt sich indessen aus dem Erfordernis, daß der Rechtsfolgewille des Testators, um Geltung zu erlangen, **in der vom Gesetz verlangten Form erklärt** sein muß. Was mit keinem Wort im Testament erwähnt wird und in ihm auch bei weitgehender Berücksichtigung der Ausdrucksweise des Testators keinen Ausdruck gefunden hat, kann nicht, auch nicht im Wege der subjek-

---

[100] Vgl. nur Soergel/*Hefermehl*, § 133 Rn. 48; s. auch oben Rn. 4f.

[101] S. *Flume*, AT II, § 16, 5; Erman/*Palm*, § 133 Rn. 15; s. auch oben Rn. 15.

[102] H.L.; vgl. *Dippel*, AcP 177 (1977), 349, 355ff., m.w.N.; ferner *Medicus*, AT, Rn. 322; *Köhler*, AT, § 6 Rn. 5. Anders *Larenz*, Methoden der Auslegung des Rechtsgeschäfts, S. 80. Dagegen zutreffend *Wieacker*, JZ 1967, 385, 389 zu Anm. 33; auch *Lüderitz*, aaO, S. 98.

[103] So auch *RGZ* 99, 82, 142, 171, 175; *Kipp/Coing*, Erbrecht § 21 Anm. 19; *Lange/Kuchinke*, Lehrb. des Erbrechts, 4. Aufl. 1995, § 33 III 2 u. 5.

tiven Auslegung, Geltung erlangen. Der durch Auslegung in einem ersten Schritt ermittelte Wille kann nur berücksichtigt werden, wenn in einem zweiten Schritt festgestellt wird, daß er im Wortlaut des Testaments irgendeinen erkennbaren Anhalt findet (Andeutungstheorie, s. oben Rn. 88). Die Andeutungstheorie dient beim Testament aber nur als Garantie für die richtige Ermittlung des Erblasserwillens und nicht dem Schutz eines Erklärungsempfängers. Wegen der Beweisschwierigkeiten hinsichtlich des Erblasserwillens muß grundsätzlich an der Andeutungstheorie festgehalten werden, weil sonst beinahe jedes Testament allzu leicht in Zweifel gezogen und ihm ein anderer Inhalt unterschoben werden könnte. Jedoch kann die Andeutungstheorie beim einseitigen Testament großzügig gehandhabt werden, da auf die Interessen Dritter keine Rücksicht genommen werden muß. Insbesondere kann ein spezieller Sprachgebrauch des testierenden Erblassers berücksichtigt werden. Ein gewisses Maß an irgendwie **nachvollziehbarer Willensäußerung** in der Urkunde muß jedoch verlangt werden[104].

Beispiel: Der Erblasser benutzt für seine Ehefrau den Kosenamen Mucki und setzt sie mit dieser Bezeichnung als Erbin ein. Damit ist der Form genügt. Unschädlich ist auch, wenn der Erblasser etwa nur den Namen falsch geschrieben oder es unterlassen hätte, den Träger eines häufig vorkommenden Namens durch Hinzufügung unterschiedlicher Merkmale näher zu kennzeichnen, sofern nur aufgrund sonstiger Anhaltspunkte der Bedachte festgestellt werden kann. Der Grundsatz falsa demonstratio non nocet (s. oben Rn. 30) kann aber beim Testament nur unter Beachtung der abgeschwächten Andeutungstheorie zur Anwendung kommen. Der Erblasserwille muß im Testament selbst eine wenn auch nur schwache Stütze finden[105]. Fehlt es daran, so kann ein nicht oder fehlerhaft ausgedrückter Wille im Wege der Anfechtung wegen Irrtums über den Inhalt der Erklärung gemäß § 2078 Beachtung finden. Bei uneingeschränkter Berücksichtigung des Erblasserwillens ohne Rücksicht auf die Andeutungstheorie wäre eine Irrtumsanfechtung entbehrlich und nicht verständlich, warum der Gesetzgeber diese vorgesehen hat[106]. Durch die Anfechtung wird freilich nur der falsch ausgedrückte Wille gemäß § 142 Abs. 1 vernichtet, nicht dagegen der richtige Wille in Geltung gesetzt. Lediglich eine ungenaue, unvollständige oder teilweise unrichtige Bezeichnung kann im Wege der Auslegung ergänzt oder berichtigt werden. Die Auslegung kann aber nicht eine eindeutige Anordnung in ihr Gegenteil verwandeln[107]. **98**

V. Materiale Auslegungsregeln und dispositives Gesetzesrecht

Die privatautonome Gestaltung der Rechtsbeziehungen, sei es durch einseitige Rechtsgeschäfte oder durch Verträge, setzt einen Rechtsfolgewillen voraus. Ohne einen solchen Rechtsfolgewillen ist die selbstbestimmte Regelung der Rechtsbeziehungen durch die Beteiligten nicht möglich. Die gesamte rechtsgeschäftliche Regelung ist dann unwirksam oder es wird der unwirksame Teil durch gesetzliche Vorschriften er- **99**

---

104 S. auch *M. Wolf/Gangel,* JuS 1983, 663, 666; *Foer,* aaO, S. 197; *Brox,* Erbrecht, Rn. 197, 201.

105 So *BGHZ* 86, 41, 46f.; 121, 357, 363; a.A. Palandt/*Edenhofer,* § 2084 Rn. 6f.; *Medicus,* AT, Rn. 331; *Flume,* NJW 1983, 2007; dazu auch *Leipold,* JZ 1989, 711. Kritisch zur Andeutungstheorie auch *Brox,* JA 1980, 549, 557; Erman/*Palm,* § 133 Rn. 23; *Häsemeyer,* JuS 1980, 1, 6, 7 nach denen es ausreichen soll, wenn der Erklärende glaubt, seine formgemäß abgegebene Erklärung entspreche dem Gewollten.

106 Vgl. auch *Hübner,* AT, Rn. 754; Einschränkend *Flume,* AT II, § 16, 5.

107 *Lange/Kuchinke,* Lehrbuch des Erbrechts, 4. Aufl. 1995, § 33 III 4; MünchKomm/*Leipold,* § 2084 Rn. 10, 30.

setzt (s. oben Rn. 65). Um die privatautonomen Parteibeziehungen möglichst nahe dem selbstbestimmten Willen anzupassen und die rechtsgeschäftliche Regelung nicht scheitern zu lassen, sind der Gesetzgeber und die Rechtsprechung bemüht, den Vorstellungen und Interessen der Beteiligten möglichst weitgehend Rechnung zu tragen. Dazu dienen neben der erläuternden Auslegung, die den realen Willen und seine Bedeutung ermitteln will (s. oben Rn. 12), weitere Institute wie die materialen Auslegungsregeln, das dispositive Gesetzesrecht und die ergänzende Auslegung.

1. Materiale Auslegungsregeln

a) Methodisch-formale und inhaltlich-materiale Auslegungsregeln

100 Die §§ 133 und 157 enthalten Anweisungen, wie die Auslegung einer Willenserklärung oder auch eines Vertrages im ganzen vorzunehmen ist. Ihnen treten die oben dargestellten (s. Rn. 29ff.), in der Rechtsprechung und Rechtslehre entwickelten Grundsätze zur Seite, die sich auf die Methode der Auslegung eines Rechtsgeschäfts beziehen[108]. Da diese Vorschriften und Grundsätze nur die **Methode der Auslegung,** aber nicht die Inhalte des Auslegungsergebnisses zum Gegenstand haben, kann man sie als **formale Auslegungsregeln** bezeichnen. Es gibt im Gesetz aber auch eine Reihe von Vorschriften, die sich nicht auf die Methode der Auslegung beziehen, sondern für bestimmte Fälle ein bestimmtes Ergebnis der Auslegung als „im Zweifel" gewollt bezeichnen. Damit wird der Richter angewiesen dieses Ergebnis als maßgeblichen **Inhalt der Erklärung** anzusehen, falls nicht eindeutig eine andere Bedeutung im Einzelfall als die von beiden übereinstimmend gemeinte oder die vom Empfänger zu verstehende anzunehmen ist. Im Unterschied zu den die Methoden der Auslegung betreffenden formalen Auslegungsregeln kann man diese Regeln, die ein bestimmtes Auslegungsergebnis als das in Zweifelsfällen anzunehmende bestimmen, als **materiale Auslegungsregeln** bezeichnen[109].

b) Funktionen der materialen Auslegungsregeln

101 Materiale Auslegungsregeln **verhindern die Unwirksamkeit** einer Erklärung wegen Unbestimmtheit oder Mehrdeutigkeit, so etwa weil sie von den Beteiligten in verschiedener Bedeutung gemeint und verstanden war und keine dieser Bedeutungen sich zweifelsfrei als die maßgebende erkennen läßt[110]. Maßgeblich ist dann die im Gesetz angegebene Bedeutung.

102 **Beispiele:** Materiale Auslegungsregeln enthalten etwa die §§ 186ff. (unten § 52). Hat jemand erklärt, er halte sich an das von ihm gemachte Angebot drei Tage gebunden, so ist, falls nicht die Umstände für den Empfänger eindeutig etwas anderes ergeben, in die gesetzte Frist der Tage des Angebots selbst gemäß § 187 Abs. 1 nicht, der auf ihn folgende dritte Tag gemäß § 188 Abs. 1 dagegen voll einzurechnen, so daß das am Dienstagvormittag gemachte Angebot noch am Freitagnachmittag – regelmäßig bis zum Geschäftsschluß – angenommen werden kann. Weitere materiale Auslegungsregeln enthalten z.B. die §§ 262, 271 Abs. 2, 311c, 315ff., 364 Abs. 2, 926 Abs. 1 Satz 2, 2066ff.

103 Materiale Auslegungsregeln können sich auch aus der Rechtsprechung entwickeln, insbesondere gestützt auf **Erfahrungssätze und Vermutungen.** So gilt etwa die Auslegungsregel, daß ein Verhalten im Zweifel nicht als Verzicht auf ein bestehendes Recht zu verstehen

[108] Vgl. auch Staudinger/*Dilcher,* §§ 133, 157 Rn. 13.

[109] Zustimmend MünchKomm/*Mayer-Maly/Busche,* § 133 Rn. 51; Erman/*Palm,* § 133 Rn. 34.

[110] Vgl. Erman/*Palm,* § 133 Rn. 34.

ist[111]. Ferner ist im Zweifel von der Vereinbarung der Entgeltlichkeit einer Leistung auszugehen, wenn diese im Zusammenhang mit der Ausübung der Berufs- oder Gewerbetätigkeit des Leistenden erbracht wird.

Materiale Auslegungsregeln haben zugleich eine **Beweislastregelung** zur Folge. Sie lassen die Erklärung mit dem vom Gesetz vorgesehenen Inhalt wirksam sein. Wer die Erklärung mit einem anderen Inhalt gelten lassen will, trägt dafür die Beweislast. 104

2. Dispositives Gesetzesrecht

Die materialen Auslegungsregeln sind zu unterscheiden von den ergänzenden, meist dispositiven Normen des Gesetzes (oben § 3 Rn. 95ff.), die der Regelung solcher Fragen dienen, an die die Parteien entweder beim Vertragsabschluß nicht gedacht oder deren Regelung sie deshalb unterlassen haben, weil sie auf die gesetzliche Regelung vertrauen[112]. Die gesetzlich dispositive Regelung hat ihren **Geltungsgrund im Gesetz,** nicht im rechtsgeschäftlichen Willen. Die materialen Auslegungsregeln greifen nur ein, wenn feststeht, daß von den Beteiligten eine Regelung gewollt war und nur ihr Inhalt unklar ist. Dispositives Gesetzesrecht greift dagegen ein, wenn eine rechtsgeschäftliche Regelung nicht gewollt war oder unwirksam ist. 105

Beispiele: Dispositive Normen finden sich vor allem in dem von der Vertragsfreiheit beherrschten Schuldrecht (s. § 3 Rn. 97, § 34 Rn. 46ff.), insbesondere bei den Vorschriften zu den einzelnen Vertragstypen wie Kauf-, Werk- Dienstvertrag und andere Verträge. Einzelne Vorschriften zum Schutz der Verbraucher, der Wohnungsmieter und der Arbeitnehmer sind zumeist als nicht abdingbar bezeichnet. Da bei materialen Auslegungsregeln die Rechtsfolge auf der ausgelegten Willenserklärung und damit auf der Privatautonomie beruht, befindet sich der Erklärende im Irrtum über den Inhalt seiner Erklärung, wenn er seine Worte tatsächlich anders gemeint hatte, als sie gemäß der Auslegungsregel zu verstehen sind und kann daher seine Erklärung gemäß § 119 Abs. 1 anfechten. Beruht die Rechtsfolge dagegen auf dem dispositiven Gesetz, so handelt es sich um einen sog. Rechtsfolgenirrtum (unten § 36 Rn. 73), nicht um einen Erklärungsirrtum, wenn der Erklärende die Rechtsfolge nicht gewollt hat; er kann seine Erklärung deshalb nicht anfechten[113]. 106

Es ist nicht zu verkennen, daß das Gesetz denselben Erfolg, den es durch eine materiale Auslegungsregel erreicht, häufig auch durch eine dispositive Norm hätte erreichen können und umgekehrt[114]. Es ergibt sich die Frage, welchen Sinn es hat, wenn das Gesetz bald die eine, bald die andere Form der Anordnung wählt. Eine materiale Auslegungsregel wird es im allgemeinen dann vorziehen, wenn es sich darum handelt, die von den Parteien gewollte und erklärte Rechtsfolge näher zu präzisieren, Unklarheiten oder Ungenauigkeiten zu beseitigen; eine ergänzende dispositive Norm dann, wenn die von den Parteien getroffene Regelung die Frage offen läßt, daher durch eine zusätzliche Regelung ergänzt werden soll[115]. Daß indessen beides ineinander übergeht und eine scharfe Grenze nicht gezogen werden kann, ist unvermeidbar. 107

---

[111] S. z.B. *BGH* NJW-RR 1996, 237; *BGH* NJW 2001, 2325; *BGH* NJW 2002, 1044; s. auch oben Rn. 45.

[112] Vgl. zu dieser Unterscheidung Staudinger/*Dilcher,* §§ 133, 157 Rn. 13; Palandt/*Heinrichs,* § 133 Rn. 22; *Köhler,* AT, § 3 Rn. 26.

[113] Vgl. MünchKomm/*Kramer,* § 119 Rn. 70.

[114] Vgl. auch Palandt/*Heinrichs,* § 133 Rn. 22; Soergel/*Hefermehl,* § 133 Rn. 30.

[115] Vgl. *Köhler,* AT, § 3 Rn. 26.

VI. Die ergänzende Auslegung

108 Die ergänzende Auslegung ist auf die Ausfüllung von Lücken gerichtet, wenn eine von einem realen Willen getragene Regelung nicht erkennbar ist, eine solche Regelung aber erforderlich ist. An Stelle eines realen Willens wird dann aufgrund der Interessenlage und der gesamten Umstände ein **hypothetisch-normativer Wille** (s. unten Rn. 116) zu ermitteln versucht, wie die Parteien die Frage geregelt hätten, falls sie daran gedacht hätten. Die Lückenfüllung durch ergänzende Auslegung ist nicht auf Verträge beschränkt, sondern bei allen Rechtsgeschäften, z.B. auch bei Testamenten als einseitigen Rechtsgeschäften möglich[116], wobei aber nicht die Andeutungstheorie (s. oben Rn. 88, 97), sondern §§ 157, 242 die Grenzen bestimmen[117].

1. Verhältnis zum dispositiven Recht

109 Da die Funktion der Lückenfüllung nicht nur der ergänzenden Auslegung, sondern auch dem dispositiven Recht zukommt, ist das Verhältnis zum dispositiven Gesetzesrecht zu klären. Dabei ist **kein genereller Vorrang** weder des dispositiven Rechts[118] noch der ergänzenden Auslegung[119] zu befürworten. Das dispositive Recht könnte seine Funktion, die Masse der typischen Fälle gleichmäßig zu regeln und dadurch die Rechtssicherheit zu erhöhen, nicht erfüllen, wenn ihm in allen Fällen die ergänzende Vertragsauslegung vorginge. Denn dann könnte mit der Begründung, aus dem Sinn und Zweck des konkreten Vertrages ergebe sich etwas anderes, das dispositive Gesetzesrecht gar zu leicht beiseite geschoben werden. Auf der anderen Seite kann aber der ergänzenden Vertragsauslegung zur Erzielung eines gerechten Ergebnisses doch der Vorzug zu geben sein, weil viele der im Leben geschlossenen Verträge einem der im Gesetz geregelten Vertragstypen nicht in jeder Hinsicht entsprechen. Der konkrete Vertrag kann zusätzlich Elemente enthalten, die für den gesetzlich geregelten Vertrag atypisch sind und eine gerade in dieser Frage abweichende Beurteilung erforderlich machen[120]. Es ist deshalb eine differenzierende Lösung angebracht[121].

a) Ergänzende Auslegung aufgrund gesetzlicher Vorgabe

110 Einzelne Normen geben abweichenden Bestimmungen oder den Umständen ausdrücklich Vorrang (s. etwa §§ 269, 271, 426) oder sie wollen nur im Zweifel gelten

---

[116] Vgl. Staudinger/*Dilcher,* §§ 133, 157 Rn. 42; Soergel/*M. Wolf,* § 157 Rn. 115; *BayObLG* MDR 1967, 306.

[117] BGHZ 86, 41, 47; MünchKomm/*Mayer-Maly/Busche,* § 157 Rn. 47; s. auch Soergel/*M. Wolf,* § 157 Rn. 119; a.A. Soergel/*Loritz,* § 2084 Rn. 36; Palandt/*Edenhofer,* § 2084 Rn. 9.

[118] Dafür etwa *BGH* LM § 133 (A) BGB Nr. 5; *BGHZ* 40, 91, 103; *Henckel,* AcP 159, 106, 124; vgl. auch MünchKomm/*Mayer-Maly/Busche,* § 157 Rn. 37.

[119] Dafür *BGH* NJW 1997, 2592 (dispositives Gesetz als letzter Notbehelf); s. auch *RGZ* 131, 343, 351; *Bucher,* FS Deschenaux (Fribourg, Schweiz, 1977) S. 249ff. will danach unterscheiden, ob die in Frage stehende dispositive Gesetzesnorm einen „materiellen Ordnungsgehalt" hat – dann gehe sie der ergänzenden Vertragsauslegung vor – oder als „vermuteter Parteiwille" aufzufassen sei – dann gehe ihr die Vertragsauslegung vor (S. 269).

[120] *Hübner,* AT, Rn. 1031.

[121] S. Soergel/*M. Wolf,* § 157 Rn. 109ff.; *Larenz,* NJW 1963, 737; *Lüderitz,* aaO, S. 454; *Sandrock,* aaO, S. 47f.; *Pawlowski,* AT, Rn. 519; MünchKomm/*Mayer-Maly/Busche,* § 137 Rn. 37f.; vgl. auch *Hübner,* AT, Rn. 1030f.

(s. oben Rn. 100). Gegenüber diesen Normen, die nur als **letzte Auslegungshilfe** gelten wollen, kommt auch der ergänzenden Auslegung der Vorzug zu, wenn die Umstände und die Interessenlage eine andere Lösung ergeben[122].

b) Ergänzende Auslegung aufgrund besonderer Interessenlage

Bei den sonstigen dispositiven Normen sind zur Lückenfüllung grundsätzlich die gesetzlichen Vorschriften heranzuziehen, soweit sich der jeweilige Vertrag mit dem gesetzlich geregelten Vertragstypus deckt, da diese Normen generell den gerechten Interessenausgleich zum Ausdruck bringen[123]. Die ergänzende Auslegung muß aber zur Anwendung kommen, wenn trotz vorhandener gesetzlicher Regelung eine besondere Interessenlage besteht, die eine **vom Gesetz abweichende Wertung nahelegt,** denn der hypothetische Parteiwille geht, wenn er als wahrscheinlich festgestellt ist, als Ausdruck der individuellen Privatautonomie dem generellen dispositiven Recht vor[124]. Es bedarf jedoch der besonderen Begründung, warum die gesetzliche Regelung der Interessenlage der Parteien nicht gerecht wird. 111

c) Ergänzende Auslegung bei fehlender gesetzlicher Regelung

Soweit ein **Vertragstyp nicht gesetzlich geregelt** ist, findet die ergänzende Auslegung ohne Einschränkung Anwendung[125]. Die im dispositiven Recht für vergleichbare Fälle vorgesehene Interessenbewertung kann jedoch als Analogiebasis bei der ergänzenden Auslegung mit herangezogen werden. Gleiches gilt, wenn bei einem an sich gesetzlich geregelten Vertragstyp für das **konkrete Problem** eine Regelung fehlt. 112

2. Rechtsgrundlagen für die ergänzende Auslegung

Rechtsprechung[126] und Literatur[127] stützen die ergänzende Auslegung auf §§ 157, 242, weil als hypothetischer Wille grundsätzlich der Wille anzunehmen ist, der sich **aus der konkreten Interessenlage der Parteien** und den Umständen **bei vernünftiger Abwägung** als sachgerechte und angemessene Regelung ergibt[128]. Dafür bietet der Grundsatz von Treu und Glauben in §§ 157, 242 die normative Grundlage. Beide Normen treffen als Begründung deshalb zu, weil hinter Treu und Glauben beide Male das Leitbild eines redlich und loyal denkenden Vertragspartners steht. Doch ist § 157 der Vorzug zu geben, weil er den Blick stärker auf den Vertrag und auf den Regelungsplan der Parteien lenkt. Eine Abgrenzung der Anwendungsbereiche der ergänzenden Vertragsauslegung und des § 242 ist weder möglich noch erforderlich; die Rechtsprechung begnügt sich häufig damit, die §§ 157 und 242 nebeneinander anzuführen. Der Vertrag ist danach so auszulegen, wie Treu und Glauben mit Rücksicht auf die Interessenlage und die Verkehrssitte es erfordern. Treu und Glauben erfordern, daß jeder Partner den Vertrag so gelten läßt, wie er nach seinem Grundgedanken und seinem Zweck unter Berücksichtigung der Gepflogenheiten des Geschäftsverkehrs von 113

---

122 Vgl. auch *Medicus,* AT, Rn. 341.

123 Vgl. MünchKomm/*Mayer-Maly/Busche,* § 157 Rn. 37.

124 Vgl. *Hübner,* AT, Rn. 1031.

125 Vgl. auch *Graf,* in Untersuchung zum Modellcharakter des vernünftigen Vertrags, 1997, S. 194ff.; MünchKomm/*Mayer-Maly/Busche,* § 157 Rn. 38.

126 Vgl. *BGHZ* 9, 273, 277.

127 Vgl. nur *Medicus,* AT, Rn. 343; MünchKomm/*Mayer-Maly/Busche,* § 157 Rn. 42; Palandt/*Heinrichs,* § 157 Rn. 2.

128 S. etwa *BGH* NJW 1997, 2592.

redlich denkenden Vertragspartnern verstanden werden muß. Die Verweisung auf die Verkehrssitte erklärt sich aus der Annahme des Gesetzgebers, daß mangels anderer Anhaltspunkte die Parteien mit der in solchen Fällen verkehrsüblichen Regelung einverstanden sein werden. Die ergänzende Auslegung darf aber nicht, wie ihr zuweilen vorgeworfen wird[129], mit fiktiven Willenserklärungen zu willkürlichen Billigkeitsentscheidungen führen. Vielmehr sind bestimmte Voraussetzungen (s. sogleich Rn. 114ff., 120ff.) zu beachten.

3. Funktion der Lückenfüllung

114 Die ergänzende Auslegung dient nach ihrem Anwendungsbereich der Lückenfüllung, wenn eine an sich erforderliche oder doch naheliegende rechtsgeschäftliche Regelung fehlt[130]. Eine Lücke ist gegeben, wenn das Rechtsgeschäft **nach dem Regelungsplan der Parteien offene Punkte** aufweist. Dazu gehört auch, daß das gewollte Ziel mit der getroffenen Regelung nicht vereinbar ist[131]. Wo solche zusätzlichen Bestimmungen fehlen, ist der Vertrag als Regelung unvollständig, lückenhaft und daher ergänzungsbedürftig. Eine Lücke kann von Anfang an bestehen oder erst nachträglich eintreten.

115 **Beispiele:** Der Regelungsplan umfaßt meist nur die Hauptpunkte, über die sich die Parteien einig sein müssen; bei einem gegenseitigen Vertrag sind dies zum mindesten der Austauschzweck sowie die Art und der Umfang der beiderseitigen Leistungen. Seine Durchführung aber kann weitere Bestimmungen als Nebenprodukte erfordern, z.B. über die Modalitäten wie Zeit und Ort der Leistung und damit verbunden über die Tragung der Transportkosten oder über den Umfang der von einem Vertragspartner zu leistenden Garantie oder welcher Preis gelten soll, wenn die Leistung erst erhebliche Zeit nach Vertragsabschluß erbracht wird, der Preis aber seither gestiegen oder gefallen ist.

4. Ziele der ergänzenden Auslegung

a) Ermittlung des normativ-hypothetischen Willens

116 Ziel der ergänzenden Auslegung ist die Ermittlung des hypothetischen Willens. Unter dem hypothetischen Willen der Parteien ist bei einem Vertrag aber nicht etwa das zu verstehen, was jede Partei nur unter Berücksichtigung des eigenen Interesses für einen solchen Fall vermutlich gewollt hätte, sondern das, was beide Parteien, und zwar **bei redlicher Denkweise** als einen gerechten Interessenausgleich gewollt oder akzeptiert hätten, wenn sie den betreffenden Punkt bedacht hätten[132]. Im Unterschied

---

[129] S. etwa *Gernhuber,* FS Nikisch, S. 249, 265; *Larenz,* JZ 1960, 108, 112.

[130] Vgl. *BGHZ* 77, 301, 304; 90, 69, 73ff.; *BGH* NJW 1997, 652; *BGH* NJW 1999, 923; *BGH* LM H. 5/00 § 125 BGB Nr. 50; MünchKomm/*Mayer-Maly/Busche,* § 157 Rn. 37; Soergel/*M. Wolf,* § 157 Rn. 104.

[131] S. z.B. *BGH* NJW 1985, 2581, 2582; dieser Begriff der Vertragslücke lehnt sich an den der Gesetzeslücke als einer „planwidrigen Unvollständigkeit" des Gesetzes an; zur Gesetzeslücke *Engisch,* Einführung in das juristische Denken, 8. Aufl. 1983, S. 141ff.; *Larenz,* Methodenlehre der Rechtswissenschaft, 6. Aufl. 1991, S. 370ff.; *Canaris,* Die Feststellung von Lücken im Gesetz, 2. Aufl. 1983, S. 16f.; *Bydlinski,* Juristische Methodenlehre und Rechtsbegriff, 1983, S. 473. Zur Vertragslücke Staudinger/*H. Roth,* § 157 Rn. 15ff. Der „Regelungsplan" der Parteien entspricht dem Gesetzesplan.

[132] *BGHZ* 9, 273, 278; 16, 71, 76; 90, 69, 75; *BGH* NJW 1997, 2592; *BGH* NJW-RR 2003, 1453; vgl. auch *Köhler,* AT, § 9 Rn. 19; Soergel/*M. Wolf,* § 157 Rn. 129; Erman/*Hefermehl,* § 157 Rn. 21; *Stoffels,* Gesetzlich nicht geregelte Schuldverträge, 2001, S. 277ff.

dazu will sich die ökonomische Analyse des Rechts an einem objektiven ökonomisch sinnvollen und effizienten Ergebnis orientieren[133]. Dies wird aber dem Vorrang der privatautonomen Entscheidung nicht gerecht. Der hypothetische Parteiwille ist ein normativer Wille[134], der redlich denkende Vertragspartner meint und insofern am Gedanken der ausgleichenden Vertragsgerechtigkeit (oben § 42 Rn. 1) orientiert ist. Das ist aber nicht so zu verstehen, als dürfte ein vertragsfremder Maßstab angelegt werden. Vielmehr ist von dem Vertrag als einer gegebenen Regelung auszugehen und zu fragen, was im Sinne dieser Regelung liegt und was ein verständig und redlich denkender Vertragspartner daher als durch den Vertrag gefordert gelten lassen muß. Als Folge des normativ bestimmten Willensinhalts ergibt sich, daß dieser Wille nicht durch Anfechtung beseitigt werden kann, denn aus der normativ inhaltlichen Bestimmung ist gerade zu entnehmen, daß diese Rechtsfolgen bei Kenntnis der Sachlage und deren verständiger Würdigung gewollt waren (s. § 119 Abs. 1).

b) Vorrang der individuellen Umstände

Dabei ist auch der hypothetische Parteiwille unter der Herrschaft der Privatautonomie **so individuell wie möglich** zu ermitteln. Hierzu sind neben der von den Parteien bereits getroffenen Regelung mit den daraus vernünftigerweise ableitbaren Konsequenzen die individuellen Umstände der Parteien und ihre gemeinsame individuelle Interessenlage zu berücksichtigen. Der Richter muß bei Anwendung dieser normativen Maßstäbe aber jeweils den Vorrang der von den Parteien bewußt getroffenen Regelung vor Augen haben und deren Einfluß auf die nicht geregelten Punkte beachten[135]. Aufgrund des Vorrangs der Privatautonomie und der Anpassung an einen erkennbar geäußerten Willen schließt sich die ergänzende Auslegung unmittelbar mit fließenden Übergängen an die erläuternde Auslegung des realen Willens an. So kann ein nicht ganz eindeutig geäußerter realer Wille darin seine Bestärkung finden, daß er mit dem normativ-hypothetischen Willen in Einklang steht. Lediglich insoweit als individuelle Umstände nicht vorliegen oder nicht ausschlaggebend sind, kommen die allgemein üblichen Umstände, die allgemeine Interessenlage mit der Verkehrssitte und den Verkehrsgewohnheiten zum Tragen, die auch schon im dispositiven Recht ihren Niederschlag finden können und dann zur Übereinstimmung von ergänzender Auslegung und dispositivem Recht führen[136]. 117

c) Interessengerechte Abwägung

Der Inhalt des hypothetischen Willens wird in dem Maße, in dem individuelle Willenseinflüsse fehlen, von den normativen Maßstäben einer an Treu und Glauben (§§ 157, 242) und an der Billigkeit (s. auch § 315) orientierten Interessenabwägung bestimmt. Der hypothetisch-normative Wille wird geprägt von der normativ interessengerechten Regelung, die die **Parteien** aus der Sicht des Richters im Hinblick auf den mit dem Vertrag oder ihrer sonstigen Regelung verfolgten Zweck nach Treu und Glauben mit Rücksicht auf die Verkehrssitte **vernünftigerweise gewollt** 118

[133] S. *Eidenmüller,* Effizienz als Rechtsprinzip, 2. Aufl. 1998, S. 457 f.

[134] S. *BGH* NJW 1996, 2596 = LM H. 10/1996 Art. 28 EGBGB 1986 Nr. 2 m. Anm. *Dörner; Flume,* AT II, § 16, 4a; *Medicus,* AT, Rn. 343; *Hager,* aaO, S. 144 (was von den Parteien „folgerichtigerweise mitgewollt werden müßte"), S. 162, („Ergebnis einer Wertung"); vgl. auch Soergel/*M. Wolf,* § 157 Rn. 131.

[135] Vgl. *BGH* WM 1960, 437, 438; Soergel/*M. Wolf,* § 157 Rn. 129.

[136] Vgl. MünchKomm/*Mayer-Maly/Busche,* § 157 Rn. 39 f.

hätten[137]. Es gilt wie bei der erläuternden Auslegung der Grundsatz der beiderseits interessengerechten Auslegung (s. oben Rn. 43f.).

d) Maßgeblicher Zeitpunkt

119 Im Gegensatz zur erläuternden Auslegung des realen Willens (oben Rn. 4ff.), dessen Existenz zum Zeitpunkt des Vertragsabschlusses oder der sonstigen Abgabe der Erklärung festzustellen ist, sind bei der ergänzenden Auslegung die **Verhältnisse und Wertungen im Zeitpunkt der Auslegung** zu berücksichtigen[138]. Darin zeigt sich, daß die ergänzende Auslegung in erster Linie einen normativ-hypothetischen Willen ermitteln will und nicht einen psychologisch-hypothetischen Willen. Wegen des normativ bestimmten Inhalts muß die Partei im Zeitpunkt der ergänzenden Auslegung auch nicht mehr geschäftsfähig sein.

5. Grenzen der ergänzenden Auslegung

a) Kein Widerspruch zur gewollten Regelung

120 Aus der Funktion der Lückenfüllung ergibt sich nicht nur, daß die ergänzende Auslegung unterbleiben muß, soweit eine vom rechtsgeschäftlichen Willen getragene Regelung besteht. Vielmehr darf sich die ergänzende Auslegung auch nicht mit der gewollten Regelung in Widerspruch setzen[139] oder zu einer Erweiterung des Vertragsgegenstands führen[140], sondern muß sich der **gewollten Regelung anpassen** und sich in sie einfügen. Der Richter darf den Parteien nicht seine eigenen Maßstäbe aufdrängen, sondern lediglich die von den Parteien zugrunde gelegten Wertungen zu Ende denken. Die ergänzende Vertragsauslegung findet ihre **Grenze** deshalb einmal an einem erkennbar entgegenstehenden Willen der Parteien[141], zum anderen dort, wo die gesuchte Antwort nicht mehr aus dem Zweck und dem Sinnzusammenhang der vertraglichen Regelung abgeleitet werden kann. Eine ergänzende Vertragsauslegung ist auch ausgeschlossen, wenn verschiedene Gestaltungsmöglichkeiten in Betracht kommen, aber kein Anhaltspunkt dafür besteht, welche Regelung die Parteien getroffen hätten[142]. Die ergänzende Vertragsauslegung darf auch nicht zu einer von den Parteien nicht gewollten Erweiterung des Vertragsgegenstandes führen[143]. Das ist allerdings nur „cum grano salis" zu verstehen[144].

121 **Beispiel:** Wenn beim Verkauf eines Geschäfts unter den Parteien darüber ein Streit entsteht, ob der Verkäufer auch verpflichtet ist, dem Käufer seine Kundenlisten auszuhändigen, und der Vertrag hierüber ausdrücklich nichts bestimmt, die Frage nach dem Sinn und Zweck des Vertrages aber zu bejahen ist, dann liegt hierin vom Standpunkt des Verkäufers aus, der die Kundenliste zu behalten gedachte, eine Erweiterung des Vertragsgegenstandes. Eine derartige **Er-**

---

[137] *BGHZ* 90, 69, 75; *BGH* NJW 1997, 652; dazu auch *Graf,* Vertrag und Vernunft, 1997, S. 82ff., der dies zugleich mit Überlegungen zur Nutzenmaximierung verbindet.

[138] *BGHZ* 9, 273, 16, 71; vgl. Soergel/*M. Wolf,* § 157 Rn. 132.

[139] S. *BGHZ* 90, 69, 77; *BGH* NJW 1985, 319, 321; *BGH* NJW 1984, 1177, 1178; *BGH* LM § 157 (D) Nr. 31; Erman/*Hefermehl,* § 157 Rn. 24; *Ehricke,* RabelsZ 60 (1996), 661, 688.

[140] *BGHZ* 77, 301, 304; *BGH* NJW 1985, 480, 481.

[141] Vgl. *Mayer-Maly,* FS Flume S. 625; *ders.,* MünchKomm § 157 Rn. 46; Erman/*Hefermehl,* § 157 Rn. 24.

[142] S. *BGH* NJW 1999, 711 = LM § 242 (Ba) BGB Nr. 99 m. Anm. *S. Lorenz.*

[143] *RGZ* 87, 211, 213f.; 136, 266, 271; ebenso *BGHZ* 9, 273, 278; zustimmend etwa Erman/*Hefermehl,* § 157 Rn. 26.

[144] *Flume,* AT, II § 16, 4 d.

weiterung des Vertragsgegenstandes oder der Vertragspflichten wäre nur dann unzulässig, wenn der davon betroffene Vertragsteil sie vor Vertragsabschluß ausdrücklich abgelehnt hätte. Denn dann hätte der Käufer den Ausschluß der Kundenlisten konkludent hingenommen, wenn er gleichwohl den Vertrag abschließt. Auf der anderen Seite kann die ergänzende Vertragsauslegung auch zu einer **Einschränkung der Vertragspflichten** führen. Hatte der Verkäufer die Übergabe aller das Geschäft betreffenden Papiere versprochen, so kann doch die ergänzende Vertragsauslegung ergeben, daß Papiere, die lediglich einen Erinnerungswert für seine Familie, aber keinen geschäftlichen Wert haben, hiervon ausgenommen sind.

b) Kein fiktiver Vertragsschluß

Die ergänzende Auslegung dient in der Regel nur dazu, offen gebliebene Haupt- und Nebenpunkte in einem bereits abgeschlossenen Vertrag auszufüllen. Sie darf dagegen **nicht den Abschluß eines Vertrags ersetzen** und einen ohne sie nicht bestehenden Vertrag begründen[145]. Entscheidungen, die ohne bestehenden Vertrag z.B. einen Haftungsverzicht im Wege ergänzender Auslegung konstruiert haben[146], sind zu Recht kritisiert worden[147]. Die Lückenfüllung durch ergänzende Auslegung ist aber nicht auf Verträge beschränkt, sondern bei allen Rechtsgeschäften möglich (s. oben Rn. 108)[148]. 122

Die ergänzende Auslegung findet allerdings nur Anwendung, wenn ein rechtsgeschäftlicher Wille nicht erkennbar ist und ersetzt den realen durch einen hypothetischen Willen. Keine ergänzende Auslegung liegt dagegen vor, wenn der Wille vorhanden und lediglich die Erklärung dieses Willens unvollständig ist. Die Ergänzung einer unvollständigen Erklärung zur Feststellung eines real vorhandenen Willens ist der Auslegung des konkludenten Verhaltens zuzurechnen[149] mit der Folge, daß eine Anfechtung wegen Irrtums (§ 119) möglich ist, die bei der ergänzenden Auslegung ausscheidet. 123

VII. Die Auslegung im Prozeß

1. Tat- und Rechtsfrage

a) Grundsätzliche Unterscheidung

Die Auslegung ist im Streitfall Aufgabe des Richters. Die Abgrenzung der Tatfrage von der Rechtsfrage ist dabei bedeutsam für die Verteilung der Aufgaben und der Verantwortung zwischen Richter und Parteien bei der Auslegung wie bei der Entscheidung des Rechtsstreits allgemein. Die Abgrenzung der Tatfrage von der Rechtsfrage ist auch bedeutsam für die Revision (dazu unten Rn. 130ff.), weil in der Revisionsinstanz vom BGH nur die Rechtsfragen überprüft werden können (§§ 545, 546 ZPO). 124

Die **Tatfrage betrifft die Tatsachen,** die das Begehren des Klägers oder des Beklagten zu stützen geeignet sind. Diese Tatsachen müssen nach der im Zivilprozeß geltenden Verhandlungsmaxime[150] der Kläger oder der Beklagte als **Parteien in den Prozeß einbringen.** Sie tragen dafür die Behauptungs- und Beweislast. Das Gericht darf grundsätzlich nur solche Tatsachen bei seinem Urteil berücksichtigen, die von einer Partei vorgebracht sind und zu denen die 125

---

145 Soergel/*M. Wolf,* § 157 Rn. 125ff.; *Zeiß,* NJW 1964, 477, 478.

146 S. etwa *BGH* NJW 1980, 1681.

147 Vgl. nur MünchKomm/*Oetker,* § 254 Rn. 64; Erman/*Hefermehl,* § 157 Rn. 16.

148 Vgl. Staudinger/*Dilcher,* §§ 133, 157 Rn. 42; Soergel/*M. Wolf,* § 157 Rn. 115; *BayObLG* MDR 1967, 306.

149 Nicht so eindeutig *Medicus,* AT, Rn. 339.

150 *Rosenberg/Schwab/Gottwald,* Zivilprozeßrecht, § 78.

andere Partei Stellung nehmen konnte. Über Tatsachen kann Beweis erhoben werden, wenn sie zwischen den Parteien streitig sind.

126 Die **Rechtsfrage** betrifft die **rechtliche Bedeutung der** vorgebrachten **Tatsachen und deren Rechtsfolge.** Darüber entscheidet das Gericht grundsätzlich von sich aus, ohne daß die Parteien genötigt wären, bestimmte Rechtssätze anzuführen oder darzulegen, warum sie auf ihren Fall anzuwenden seien **(„iura novit curia")**[151]. Es ist den Parteien zwar unbenommen, rechtliche Ausführungen zu machen. Der Richter hat aber unabhängig davon zu prüfen, welche Rechtssätze auf den von ihm festgestellten Sachverhalt anzuwenden sind und zu welchem Ergebnis ihre Anwendung führt. Die Parteien haben insoweit weder eine Behauptungs- noch eine Beweislast.

b) Abgrenzung im einzelnen

127 Eine **den Parteien obliegende Tatfrage bei der Auslegung** ist,

(1) ob die Parteien eine Willenserklärung im Sinne einer falsa demonstratio tatsächlich gleich verstanden haben, da zu den Tatsachen auch die sog. inneren Tatsachen, wie die tatsächliche Meinung des Erklärenden und des Empfängers, gehören.

(2) Ebenso ist es eine Tatfrage, ob die Erklärung mit dem behaupteten Wortlaut abgegeben worden ist,

(3) was in den Vorverhandlungen besprochen worden ist oder welche sonstigen Umstände, die für die Auslegung der Erklärung von Bedeutung sein können, vorgelegen haben, und

(4) ob sie dem Erklärungsempfänger bekannt waren.

(5) Zur Tatfrage gehört auch das Bestehen einer bestimmten Verkehrssitte oder eines Handelsbrauchs sowie

(6) die Zugehörigkeit des Erklärenden oder des Empfängers zu dem betreffenden Verkehrskreis. Für diese Tatsachen gelten jeweils die Regeln der Behauptungs- und Beweislast.

(7) Auch die ergänzende Auslegung muß sich auf Tatsachen stützen, aus denen der hypothetische Parteiwille im Sinne dessen zu ermitteln ist, was unter den gegebenen Umständen als redliche Denkweise zu gelten hat[152]. Erst die normativen Maßstäbe für das, was die redliche Denkweise verlangt, gehören zur Rechtsfrage.

128 Eine dem Richter obliegende **Rechtsfrage** ist dagegen die **eigentliche normative Auslegung,** d. h. die richtige Anwendung der Auslegungsregeln und die Entscheidung der Frage, ob eine bestimmte Bedeutung der Erklärung unter den festgestellten Umständen als die rechtlich maßgebliche anzusehen ist[153]. Denn hierbei handelt es sich nicht mehr darum, ob in der Welt der tatsächlichen Begebenheiten etwas gewesen oder nicht gewesen ist, sondern darum, welche Bedeutung der Erklärung auf Grund der festgestellten Tatsachen gerade unter rechtlichen Gesichtspunkten beizumessen ist.

129 **Beispiele:** Ob ein bestimmter Vertrag, den die Parteien als Kaufvertrag bezeichnet haben (Tatsache), wirklich ein Kaufvertrag oder ein Treuhandvertrag ist oder ob ein Erbvertrag als Kaufvertrag einzuordnen ist (s. oben Rn. 23), ist eine Rechtsfrage. Bei der ergänzenden Auslegung gehört zur Rechtsfrage, was die Parteien nach der Interessenlage bei vernünftiger Abwägung als sachgerecht und angemessen gewollt hätten, wenn sie daran gedacht hätten (s. oben Rn. 116ff.). Bei der Auslegung eines Testaments ist die Ermittlung des tatsächlichen Willens des Testators eine tatsächliche Feststellung; die Frage aber, ob der Wille gemäß den Anforderungen

---

[151] Vgl. *Thomas/Putzo,* ZPO, 20. Aufl. 1997, Einl. I Rn. 4.

[152] *BGH* NJW 1998, 1219.

[153] S. etwa *BGH* LM H. 4/1997 § 662 BGB Nr. 47; MünchKomm/*Mayer-Maly/Busche,* § 133 Rn. 42, 56, 57; Palandt/*Heinrichs,* § 133 Rn. 30.

der abgeschwächten Andeutungstheorie (s. oben Rn. 97) in dem Testament zum Ausdruck gekommen ist, ist eine Rechtsfrage.

2. Revisibilität des Auslegungsergebnisses

a) Eingeschränkte Nachprüfung

Die Auslegung ist im wesentlichen Aufgabe des Tatrichters (Richter der Tatsacheninstanz). Der Überprüfung in der Revisionsinstanz unterliegen **nicht alle normativen Erwägungen** bei der Auslegung. Vielmehr besteht ein gewisser **Beurteilungsspielraum des Tatrichters** bei der Deutung einer Willenserklärung. Dies ist berechtigt, weil bei der Auslegung die Feststellung der für die Auslegung erheblichen Tatsachen und ihre Auswertung im Sinne der einen oder anderen Deutung sich zwar theoretisch unterscheiden lassen, praktisch aber doch weithin ineinander übergehen[154]. **Nachprüfbar** ist das Auslegungsergebnis des Tatrichters in der Revisionsinstanz aber insoweit, als die unrichtige Anwendung einer Gesetzesnorm oder allgemein anerkannter Auslegungsregeln, die Nichtbeachtung allgemeiner Denkgesetze oder Erfahrungssätze und die Nichtbeachtung von wesentlichen Auslegungstatsachen gerügt wird[155]. 130

Die eingeschränkte Revisibilität des Auslegungsergebnisses läßt sich auch damit rechtfertigen, daß die rechtsgeschäftliche Willenserklärung als solche und die mit ihr erzeugten Rechtsfolgen nur zwischen den individuellen Parteien gelten und darüberhinaus keine generelle Bedeutung für andere Beteiligte haben. Die Revision hat demgegenüber die Aufgabe, die einheitliche Rechtsanwendung von Normen sicher zu stellen, die allgemein über den Bezirk eines OLG hinaus gelten (s. § 549 ZPO). Aus diesem Grund sieht der BGH auch rechtsgeschäftliche **Erklärungen von überindividueller, genereller Bedeutung** als voll revisibel an. Dies gilt insbesondere für die Auslegung allgemeiner Geschäftsbedingungen, die in mehr als einem Oberlandesgerichtsbezirk zur Anwendung kommen, ferner für die Satzung einer juristischen Person, für ein für den allgemeinen Verkehr bestimmtes Wertpapier (s. oben Rn. 81 ff.) und für feststehende handelsübliche Klauseln[156]. 131

b) Auslegung durch den Revisionsrichter

Wenn der Tatrichter die Auslegung unterlassen oder überhaupt keine Erwägungen dazu angestellt hat, weil die Erklärung eindeutig sei, kann das Revisionsgericht sowohl die erläuternde (s. oben Rn. 12) wie die ergänzende Auslegung selbst vorzunehmen, **wenn die Tatsachen hinreichend geklärt** sind[157]. Das ist in der Revisionsinstanz als 132

---

[154] Dem Revisionsrichter fehlt hier in der Regel die für eine solche Beurteilung erforderliche Nähe zu den Tatsachen. Hierzu und zu der ähnlich liegenden Problematik der Anwendung unbestimmter Rechtsbegriffe, die eine individualisierende Beurteilung verlangen, vgl. *Larenz,* Methodenlehre der Rechtswissenschaft, 6. Aufl. 1991, S. 278 ff., 293 ff.; eingehend *Henke,* Die Tatfrage, 1966, S. 188 ff., 258 ff. Grundsätzlich an der Unterscheidbarkeit der Rechts- und der Tatfrage zweifelnd *Kuchinke,* Grenzen der Nachprüfbarkeit tatrichterlicher Würdigung und Feststellung in der Revisionsinstanz, 1964.

[155] Ständige Rspr., s. etwa *BGHZ* 23, 263, 278; *BGH* NJW-RR 2002, 1344. Gegen diese Rechtsprechung MünchKomm/*Mayer-Maly/Busche,* § 133 Rn. 62; die Sinnermittlung als ein Akt rechtlicher Beurteilung sei stets revisibel; a. A. *Sandrock,* aaO, S. 130, demzufolge ergänzende Vertragsauslegung und Revision grundsätzlich miteinander unverträglich sind.

[156] *BGHZ* 1, 83, 85; 22, 109, 112; kritisch hierzu MünchKomm/*Mayer-Maly/Busche,* § 133 Rn. 62.

[157] *BGH* LM § 133 (A) Nr. 2; *BGHZ* 15, 71, 74; 32, 60, 63; 37, 233, 243; *BGH* NJW 1998, 1219; *Flume,* AT II, § 16, 6 stimmt dem mit dem Bemerken zu, diese teilweise Aufhebung des Unterscheidens von Tatsacheninstanz und Revisionsinstanz sei „der Natur der Sache gemäß".

reiner Rechtsfrageninstanz jedenfalls insoweit möglich, als es sich um eine Rechtsfrage handelt. Darüber hinaus kann die Würdigung der Tatsachen, auch soweit sie Teil der Tatfrage ist, vom Revisionsgericht vorgenommen werden, weil und sofern neuer Tatsachenvortrag und eine Beweiswürdigung nicht mehr erforderlich sind. Dies rechtfertigt sich aus § 563 Abs. 3 ZPO, der dem Revisionsgericht die **Pflicht zur Entscheidung entscheidungsreifer Sachverhalte** auferlegt[158].

3. Verfassungsbeschwerde bei Grundrechtsverstoß in der Auslegung

133 Weicht der Richter aufgrund sachfremder Erwägungen in willkürlicher Weise von den die Auslegung beherrschenden Grundsätzen ab, so daß die Entscheidung sachlich unhaltbar und nicht mehr verständlich ist, so liegt darin ein Verstoß gegen das Willkürverbot des Art. 3 Abs. 1 GG. Dagegen kann die benachteiligte Partei mit der Verfassungsbeschwerde vorgehen.

134 **Beispiel:** Das Landgericht hat die Mietvertragsklausel „Der Mieter verpflichtet sich zur Durchführung sämtlicher Schönheitsreparaturen zum Zeitpunkt der Übergabe" dahin ausgelegt, daß dies nur die Übergabe zu Beginn der Mietzeit, nicht aber die Rückgabe bei Mietende erfasse. Das BVerfG sieht darin eine willkürliche und sachfremde Auslegung, die gegen Art. 3 Abs. 1 GG verstößt, weil die Wohnung frisch renoviert übergeben worden ist und deshalb die vertragliche Regelung durch eine solche Auslegung sinnlos wird, während sich bei der ebenfalls möglichen Auslegung im Sinne von Rückgabe ein vernünftiger Inhalt ergibt[159].

---

[158] S. auch *BGH* NJW 1998, 1219.
[159] S. dazu *BVerfG* NJW 1998, 2810.

2. Abschnitt
Besondere Vorschriften für Verträge

§ 29. Vertrag und Vertragsabschluß

Inhaltsübersicht

Literatur: *Bailas,* Das Problem der Vertragschließung und der vertragsbegründende Akt, 1952; *Diederichsen,* Der logische Dissens, FS der Juristischen Gesellschaft zu Berlin, 1984, S. 81ff.; *ders.*, Der Auslegungsdissens, FS für Hübner, 1984, S. 421ff.; *Gsell,* Die Beweislast für den Inhalt der vertraglichen Einigung, AcP 203 (2003), 119; *Henrich,* Vorvertrag, Optionsvertrag, Vorrechtsvertrag, 1965; *Hilger,* Die verspätete Annahme, AcP 185 (1985), 559; *Köhler,* Das Verfahren des Vertragsschlusses, in *Basedow* (Hg), Europäische Vertragsvereinheitlichung und deutsches Recht, 2000, S. 33; *Kramer,* Grundfragen der vertraglichen Einigung, 1972; *Lee,* Voraussetzungen der Bindungswirkung vertraglicher Einigung, 1999; *Leenen,* Abschluß, Zustandekommen und Wirksamkeit des Vertrages, AcP 188 (1988), 381; *Manigk,* Das Wesen des Vertragsschlusses in der neueren Rechtsprechung, JherJb. 75, 127; *Mayer-Maly,* Vertrag und Einigung, FS Nipperdey, 1965, I S. 509; *ders.,* Die Bedeutung des Konsenses in privatrechtsgeschäftlicher Sicht, in: Rechtsgeltung und Konsens, 1976; *Rolf Raiser,* Schadenshaftung bei verstecktem Dissens, AcP 127, 1; *Schlossmann,* Der Vertrag, 1876; *Schmidt-Rimpler,* Grundfragen einer Erneuerung des Vertragsrechts, AcP 147, 130; *Titze,* Die Lehre vom Mißverständnis, 1910; *Manfred Wolf,* Rechtsgeschäftliche Entscheidungsfreiheit und vertraglicher Interessenausgleich, 1970.

I. Funktionen und Begriff des Vertrags

1. Verschiedene Vertragsfunktionen

1 Aufgrund des Vertrags können beide Parteien in freier Selbstbestimmung von ihrer Vertragsfreiheit Gebrauch machen. **In rechtlicher Hinsicht** regeln die Parteien dadurch ihre Rechtsverhältnisse in eigener Verantwortung. Sie können auf diese Weise **Rechtsfolgen** herbeiführen, die das **Gesetz nicht von sich aus** vorsieht, sondern nur aufgrund des Parteiwillens eintreten läßt, wie z. B. die Begründung eines Schuldverhätnisses durch Abschluß eines Kauf- oder Mietvertrags, die Übertragung des Eigentums durch ein Verfügungsgeschäft oder die Begründung einer Ehe durch Eheschließung. Ebenso können die Parteien durch den Vertrag ihre unterschiedlichen Interessen selbst zu einem von ihnen für richtig gehaltenen Ausgleich bringen, der **an die Stelle der gesetzlichen Regelung** tritt, soweit die Vertragsfreiheit besteht und es sich nicht um zwingendes Recht handelt. Sie setzen damit für ihr beiderseitiges Verhältnis eine vertragsrechtliche Norm, die **„lex contractus"** (oben § 2 Rn. 30), die aber grundsätzlich nur für sie selbst und nicht wie eine allgemeine Rechtsnorm für eine unbestimmte Vielzahl von Personen und Anwendungsfällen gilt. In die Rechtsstellung eines Dritten können die Vertragspartner ohne seine Zustimmung grundsätzlich nicht eingreifen, sei es, daß sie ihm ein Recht entziehen oder eine Pflicht auferlegen. Es gibt grundsätzlich keinen Vertrag zu Lasten Dritter. Dies würde der Selbstbestimmung des Dritten widersprechen[1].

2 In wirtschaftlicher Hinsicht entscheiden die Parteien mit ihrem Vertrag in eigener Verantwortung über die Verteilung von Gütern und Leistungen in der Marktwirtschaft. Zugleich bestimmen sie im Vertrag das Austausch- und Äquivalenzverhältnis ihrer beiderseitigen Leistungen. In einer arbeitsteiligen Wirtschaft und Gesellschaft, in der immer mehr Tätigkeiten verselbständigt und spezialisiert werden, gibt es ein verstärktes Bedürfnis für die Koordination der Austauschbeziehungen durch Vertrag. Hinzu kommen die Massenproduktion und der Massenkonsum, die auf vertraglicher Grundlage abgewickelt werden. Man hat deshalb zu Recht auch von einer Vertragsgesellschaft gesprochen[2]. In sozialer Hinsicht hat der Vertrag eine Befriedungsfunktion, weil er mit der Einigung als seinem Grundelement an die Übereinstimmung der Beteiligten anknüpft und damit Meinungsverschiedenheiten beizulegen geeignet ist[3].

---

[1] Verträge können freilich in anderer Weise Interessen Dritter beeinträchtigen; hierzu *Martens,* Rechtsgeschäft und Drittinteressen, AcP 177 (1977), 113.

[2] S. *Langenfeld,* Vertragsgestaltung, 2. Aufl. 1997, Rn. 417.

[3] S. zu den Vertragsfunktionen auch Soergel/*M. Wolf,* Vor § 145 Rn. 23 ff.

2. Der Vertrag als übereinstimmende Geltungserklärung

Die gewollten Rechtsfolgen gründen sich auf die inhaltlich übereinstimmenden Willenserklärungen der Vertragschließenden als Geltungserklärung (s. oben § 24 Rn. 29). Der Vertrag ist ein **zweiseitiger Akt rechtlicher Geltungserzeugung.** Nur dann, wenn die vertragliche Regelung im Augenblick des Vertragsschlusses vom erklärten Willen beider Vertragspartner getragen ist, ist sie Ausdruck und Verwirklichung der Privatautonomie und Selbstbestimmung eines jeden[4]. Damit der Wille eines jeden im Vertrag Geltung erlangen kann, muß er in einander entsprechenden Geltungserklärungen beider jeweils für den anderen Vertragspartner erkennbar Ausdruck gefunden haben. Demnach erfordert der Vertrag grundsätzlich zwei Willenserklärungen der beiden Vertragspartner, die hinsichtlich des Inhalts der vertraglichen Regelung übereinstimmen und beide besagen, diese Regelung solle gelten[5]. Dies gilt für alle Arten von Verträgen, mag es sich um einen Vertrag im Bereich des Allgemeinen Teils, wie z.B. über die Vereinbarung einer Form (§ 127), über die Unterlassung einer Verfügung (§ 137 Satz 2), über die Verjährung (§ 202), oder um einen schuldrechtlichen, einen sachenrechtlichen, einen familienrechtlichen oder einen erbrechtlichen Vertrag handeln. Gleiches gilt für den öffentlich-rechtlichen Vertrag[6]. Im anglo-amerikanischen Recht ist der Vertrag im wesentlichen auf den Schuldvertrag begrenzt und verlangt für seine Verbindlichkeit eine consideration[7]. Auch in der deutschen Terminologie wird der Vertragsbegriff zum Teil auf den schuldrechtlichen Vertrag verkürzt. 3

Zur übereinstimmenden Geltungserklärung der Parteien muß, wenn der Vertrag gültig sein soll, hinzukommen, daß er von der positiven Rechtsordnung als rechtsgültig anerkannt wird. Das ist im allgemeinen der Fall, wenn die vom Gesetz aufgestellten Voraussetzungen eines gültigen Rechtsgeschäfts, wie Geschäftsfähigkeit und Wahrung der etwa vorgeschriebenen Form vorliegen, der Vertrag nicht gegen ein gesetzliches Verbot oder die guten Sitten verstößt, keine zwingenden Gesetzesvorschriften entgegenstehen und, soweit Typenzwang besteht (s. oben § 23 Rn. 26, 28, 29), die vertragliche Regelung einem der zugelassenen Vertragstypen entspricht. 4

3. Der Vertrag als bindende Vereinbarung

Durch den Vertrag tritt grundsätzlich eine **wechselseitige Bindung der Vertragsschließenden ein.** Die vertragliche Bindung bedeutet, daß eine Partei ihre Erklärung **nicht einseitig frei widerrufen** kann und damit an den im Vertrag vereinbarten Rechtsfolgen vom anderen Teil festgehalten werden kann. Die vertragliche Bindung entsteht grundsätzlich bei jedem Vertrag, sei es sogleich mit seinem Abschluß oder nach Eintritt bestimmter Voraussetzungen später. Grundsätzlich tritt die Bindung sofort mit Abschluß des Vertrages ein. Sie zeigt sich besonders deutlich beim Schuldvertrag, durch den die Parteien bestimmte Leistungspflichten übernehmen. Eine sofortige Bindung zeigt sich aber auch in familienrechtlicher Hinsicht beim Eingehen einer Ehe, die nicht einseitig beliebig widerrufen werden kann, oder beim Erbvertrag, der den Erblasser grundsätzlich an die von ihm getroffene Verfügung bindet. Auch der 5

---

[4] Vgl. hierzu *M. Wolf,* Rechtsgeschäftliche Entscheidungsfreiheit, S. 59 ff.

[5] S. auch MünchKomm/*Kramer,* § 145 Rn. 2, § 151 Rn. 2; Soergel/*M. Wolf,* Vor § 145 Rn. 4.

[6] S. *Höfling/Krings,* JuS 2000, 6625, 626.

[7] Zum Vertragsverständnis im anglo-amerikanischen Recht s. *Döser,* NJW 2000, 1451, 1454.

dingliche Verfügungsvertrag kann nicht mehr beliebig widerrufen werden, sobald der Verfügungserfolg, z. B. der Eigentumswechsel eingetreten ist. Die vertragliche Bindung kann allerdings durch Gesetz oder durch Vereinbarung ausgeschlossen oder beschränkt werden.

6 **Beispiele:** Die Bindung ist **gesetzlich ausgeschlossen** bei Absprachen, die die **persönliche Würde** und die Entscheidungsfreiheit in höchstpersönlichen Angelegenheiten beeinträchtigen. Dies betrifft etwa Abreden über die Familienplanung, z. B. Kinder zu bekommen oder nicht, eine Sterilisation vorzunehmen oder nicht[8]. Gesetzlich ausgeschlossen ist die vertragliche Bindung auch bei einigen **dinglichen Verfügungsgeschäften.** Vor Eintritt des Verfügungserfolgs ist eine Bindung nicht ohne weiteres gegeben. Das Gesetz spricht deshalb auch bei der Einigung über den Eigentumsübergang, die bis zur Übergabe grundsätzlich frei widerrufen werden kann[9], nicht von Vertrag, sondern von Einigung (§ 929, § 873). Eine andere Frage ist, ob die Rechtsordnung eine Absprache, die von den Beteiligten zwar nicht als rechtlich bindend, aber doch als Einverständnis über das von ihnen zu beachtende Verhalten gemeint ist, in bestimmten Hinsichten einem Vertrage gleich erachtet. Das hat der Gesetzgeber getan, indem z. B. auf die Einigung §§ 145 ff. anzuwenden sind, auch wenn es sich noch nicht um einen rechtlich bindenden Vertrag handelt.

7 Schließen die Parteien jegliche Bindung aus, so liegt grundsätzlich kein Vertrag vor. Es handelt sich um ein Gefälligkeitsverhältnis (s. oben § 22 Rn. 24 ff.) oder um ein Gentlemen's Agreement. § 1 GWB spricht hierbei von aufeinander abgestimmten Verhaltensweisen, behandelt diese aber in seinem Geltungsbereich wie vertragliche Vereinbarungen.

II. Das Zustandekommen des Vertrags im Überblick

1. Einheitlicher Abschlußtatbestand

8 Das Zustandekommen eines Vertrags setzt inhaltlich übereinstimmende Willenserklärungen der Beteiligten voraus (s. oben § 23 Rn. 9). Als Vertragsabschlußtatbestand ist der Vertrag in den §§ 145 ff. geregelt. Danach kommt, wie § 151 sagt, der Vertrag **durch die Annahme des Antrags** (=Angebot) zustande. Die Rechtsfolgen der jeweiligen Verträge werden dagegen in den verschiedenen Rechtsgebieten, insbesondere in den einzelnen Büchern des BGB, geregelt.

9 **Beispiele:** Die Rechtsfolgen schuldrechtlicher Verträge werden im Rahmen der vertraglichen Gestaltungsfreiheit von den Parteien, im übrigen durch die Vorschriften für den jeweiligen Vertragstyp im Besonderen Schuldrecht geregelt. Die möglichen Rechtsfolgen sachenrechtlicher Verträge sind im Sachenrecht, familienrechtlicher Verträge im Familienrecht, erbrechtlicher Verträge im Erbrecht geregelt.

10 Trotz unterschiedlicher Rechtsfolgen, die Verträge mit sich bringen können, ist der **Abschlußtatbestand** in den §§ 145 ff. **einheitlich für alle Verträge** vorgesehen, soweit es das Einigungselement im Vertrag betrifft. Vertrag in diesem Sinne, reduziert auf die bloße Einigung, sind die inhaltlich übereinstimmenden Erklärungen beider Parteien. Für das Zustandekommen grenzüberschreitender gewerblicher Kaufverträge ist in seinem Geltungsbereich das Wiener UN-Übereinkommen über den internationalen Warenkauf (UN-Kaufrecht) mit seinen Art. 14 ff. zu beachten.

---

[8] S. *BGHZ* 97, 372, 379; 129, 297, 307; *BGH* NJW 2001, 1789; s. auch unten § 41 Rn. 46 ff., 49 ff.

[9] *BGH* NJW 1978, 696; 1979, 213; Palandt/*Bassenge,* § 929 Rn. 6; Soergel/*Henssler,* § 929 Rn. 38; s. auch § 873 Abs. 2; a. A. aber *Schödermeier/Woopen,* JA 1985, 622; *Wieling,* Sachenrecht, § 1 III 1 b.

2. Angebot und Annahme als Willenserklärungen

Angebot und Annahme sind Willenserklärungen, die jeweils die Wirksamkeitsvoraussetzungen für Willenserklärungen erfüllen müssen. Ob ein Angebot und dessen Annahme vorliegt, ist je für sich durch Auslegung nach dem Empfängerhorizont (s. oben § 28 Rn. 6) zu ermitteln. Die Auslegung hat dabei aber auch schon gemäß § 157 den ganzen Vertragsinhalt als das gemeinsam Gewollte ins Auge zu fassen. Als Willenserklärungen können Angebot und Annahme sowohl ausdrücklich als auch konkludent (stillschweigend) sowie durch elektronische Übermittlung einer Datei im Internet[10] abgegeben werden (s. oben § 24 Rn. 15ff.). 11

Beispiel: Macht ein Kapitalanleger deutlich, daß er bei seiner Kapitalanlage die besonderen Kenntnisse und Verbindungen des ihn ansprechenden Anlagevermittlers nutzen will, so kommt ein stillschweigender Auskunftsvertrag mit der Pflicht zu richtiger und vollständiger Information zustande, sobald der Anlagevermittler mit der Vermittlung einer Kapitalanlage beginnt[11]. 12

3. Verschiedene Abschlußformen

a) Annahme des vollständigen Angebots

Beim Zustandekommen der vertraglichen Einigung unterscheidet das Gesetz die zum Vertragsschluß führenden Erklärungen der beiden Parteien als **Antrag** (Angebot, Offerte) und **Annahme** des Antrags. Das Angebot für sich allein ist nichts anderes als ein Vorschlag (so ausdrücklich Art. 14 UN-Kaufrecht), den der andere Teil dadurch, daß er ihn annimmt, zur von beiden übereinstimmend gesetzten Regelung erhebt. Nach dieser Vorstellung enthält das **Angebot** schon **den gesamten Vertragsinhalt** und kann nur durch völlige Zustimmung angenommen werden (s. Rn. 16ff.). In diesem Sinne ist jedes Angebot eine Vorformulierung des Vertrags gemäß § 310 Abs. 3 Nr. 2. Diese Form des Vertragsschlusses findet sich entweder bei einfachen Verträgen des täglichen Lebens oder bei Angeboten überlegener Vertragspartner, die sich nicht auf Verhandlungen einlassen müssen und deshalb z.B. AGB verwenden. 13

Von welchem der Kontrahenten das Angebot im einzelnen Fall ausgeht, ob vom Käufer oder vom Verkäufer, vom Mieter oder vom Vermieter, vom Besteller oder vom Werkunternehmer, ist gleichgültig. Erforderlich ist lediglich, daß die Erklärung des einen als ein Vertragsangebot, die des anderen als rechtzeitige, uneingeschränkte und vorbehaltlose Annahme dieses Angebots gewertet werden kann. Wann das der Fall ist, und welche Folgen eintreten, wenn es an einer dieser Voraussetzungen fehlt, ist in den §§ 145ff. geregelt. 14

b) Vertragsschluß durch Aushandeln

Angebot und Annahme sind kaum unterscheidbar vorhanden, wenn nicht die eine Partei der anderen einen fertigen Vorschlag zur Annahme unterbreitet, sondern wenn beide Parteien den Vertragstext **gemeinsam Punkt für Punkt aushandeln** und aufsetzen (sog. Punktuation) und danach durch ihre Unterschrift ihr Einverständnis bekunden. Diese Form des Vertragschlusses findet sich vor allem bei umfangreichen Verträgen zwischen annähernd gleichstarken Partnern. In diesem Fall befindet sich jeder wechselnd in der Rolle des Antragenden und des Annehmenden. Das Gesetz nimmt auf diese Art des Vertragsschlusses in § 154 Abs. 1 Satz 1 und 15

---

[10] S. dazu *BGH* NJW 2002, 363 ricardo.de = LM H. 3/02 § 145 BGB Nr. 22 m. Anm. *M. Weber.*

[11] S. *BGH* NJW-RR 2000, 998.

§ 155 Bezug[12]. Auf das Aushandeln im einzelnen stellt auch § 305 Abs. 1 Satz 3 ab[13]. Dabei handelt es sich aber um einen tatsächlichen Vorgang ohne unmittelbaren Einfluß auf das Zustandekommen des Vertrags, denn nach § 154 Abs. 1 ist ein Vertrag im Zweifel nicht geschlossen, solange nicht über alle Punkte eine Einigung erzielt ist. Da davor auch keine Bindung eintritt (vgl. § 154 Abs. 1 Satz 2), liegt beim Aushandeln ein bindendes Vertragsangebot ebenfalls erst vor, wenn über alle Punkte eine Einigung erzielt ist. Eine Partei macht diese Einigung dann zum Angebot, das die andere vorbehaltlos annimmt. Von diesem vollständig fertigen Angebot gehen die §§ 145ff. aus.

II. Das Vertragsangebot

16 Ein Vertragsangebot liegt vor, wenn es **inhaltlich** so **bestimmt** ist, daß ein Vertrag mit hinreichend bestimmtem Inhalt durch die einfache Zustimmungserklärung des Empfängers ohne irgendwelche Zusätze zustande kommen kann, und wenn daraus ein **Bindungswille** hervorgeht, daß der Antragende den Vertrag mit diesem Inhalt gelten lassen will, wenn sein Angebot angenommen wird. Die inhaltliche Bestimmtheit und den Bindungswillen verlangt auch Art. 14 UN-Kaufrecht.

1. Inhaltlich umfassendes und bestimmtes Angebot

17 Das Vertragsangebot muß als Antrag bereits den **späteren Vertragsinhalt** in dem Umfang enthalten, daß er die **wesentlichen Vertragspunkte** (essentialia negotii) sowie **alle Punkte** umfaßt, **über die** nach dem Willen des Antragenden **eine Einigung erzielt werden soll,** so daß für die Annahme nur noch ein Ja als Zustimmung erforderlich ist[14]. Wenn AGB in den Vertrag einbezogen werden sollen, müssen auch diese schon unter Beachtung von § 305 Abs. 2 in den Antrag aufgenommen sein (s. im einzelnen unten § 43 Rn. 18ff.). Jede Annahme unter Erweiterungen, Einschränkungen oder sonstigen Änderungen ist nach § 150 Abs. 2 als Ablehnung und zugleich neuer Antrag anzusehen. Im Rahmen von Vertragsverhandlungen wird demgemäß mit jeder Änderung ein neues Angebot gemacht. Der für den Vertrag erforderliche Antrag liegt dann vor, wenn das Angebot so umfassend und bestimmt ist, daß es den gesamten notwendigen und gewünschten Vertragsinhalt enthält, so daß der andere nur noch zuzustimmen braucht.

18 **Beispiel:** Bietet der Verkäufer einen Gegenstand zum Verkauf an, ohne den Preis zu nennen, so ist dies noch kein Vertragsangebot im Sinne von § 145, denn zu einem Kaufvertrag gehört neben der Bestimmung der Parteien als Mindestinhalt im Sinne der essentialia negotii die Bestimmung des Kaufgegenstandes und des Preises[15]. Macht der Käufer ein Preisangebot, das der Verkäufer für zu niedrig hält, und nennt der Verkäufer daraufhin seinen Preis, so ist dies nunmehr das Angebot. Das Gesetz bemüht sich aber darum, auch bei fehlender Bestimmtheit den Vertrag nach Möglichkeit nicht scheitern zu lassen. Treffen die Parteien trotz vereinbarter

---

[12] S. *Leenen,* aaO, S. 405ff., 417; s. auch *Flume,* AT II, § 34 II (S. 619); MünchKomm/*Kramer,* § 145 Rn. 2; *U. Huber,* RabelsZ 43, 435, 445; *Thiele,* Die Zustimmung in der Lehre vom Rechtsgeschäft, 1966, S. 117f.; Palandt/*Heinrichs,* § 145 Rn. 6.

[13] S. auch § 449 Abs. 2, § 451h Abs. 2, § 452d Abs, 1, § 466 Abs. 2 HGB.

[14] Vgl. *RG* HRR 30, 91; Palandt/*Heinrichs,* § 145 Rn. 1; vgl. aber auch Soergel/*M. Wolf,* § 145 Rn. 4.

[15] S. auch *Jung,* JuS 1999, 28.

Entgeltlichkeit keine Einigung über die Höhe des Preises, so können sie die Bestimmung des Preises einer (Partei, s. o.) von ihnen oder einem Dritten überlassen (vgl. §§ 315ff.). Dann aber muß das Angebot erkennen lassen, daß dies gewollt ist. Im Zweifel ist der Gläubiger der Geldforderung zur Bestimmung berechtigt. Unterbleibt die Bestimmung, so kann der Preis auch vom Gericht bestimmt werden (s. § 315 Abs. 3 Satz 2; § 319 Abs. 1 Satz 2). Die Preisbestimmung durch ein Gericht können die Parteien außerdem von vornherein vereinbaren[16]. Soweit §§ 612 Abs. 2, 632 Abs. 2 eingreifen, haben diese Vorrang. Wird keine Vereinbarung über vertragliche Nebenpunkte getroffen, so füllt entweder die ergänzende Auslegung oder dispositives Recht die Lücke aus (s. oben § 28 Rn. 108ff.). Unverzichtbar ist aber in jedem Fall eine zumindest im Wege der erläuternden Auslegung getroffene Einigung über die Vertragsparteien und den Gegenstand der Leistung (s. auch oben § 28 Rn. 114ff.; zur Frage der Vertragsdurchführung ohne Einigung über alle Nebenpunkte s. unten Rn. 75f.)

2. Rechtlicher Bindungswille und bloße Aufforderung zum Angebot

Ein Angebot liegt nur vor, wenn der Antragende seine Erklärung als **künftige** 19 **Vertragsgrundlage** in dem Sinne **gelten lassen** will, daß mit der Annahme der Vertrag mit seinen Rechtsfolgen gelten soll. Behält sich der Anbietende die Entscheidung vor, ob er die Erklärung des anderen annehmen will oder nicht, so ist seine Erklärung kein Antrag, sondern nur eine **Aufforderung zur Abgabe von Angeboten** (invitatio ad offerendum). Die Erklärung des anderen ist dann das Angebot, das der zum Angebot Auffordernde annehmen kann.

Beispiele: In der **Übersendung einer Preisliste,** in einer mit Preisangaben versehenen 20 Zeitungsanzeige oder in einem Preisverzeichnis, das im Geschäftslokal angeschlagen ist, liegt noch kein Verkaufsangebot, einmal, weil bei unvertretbaren Sachen immer noch die Auswahl des einzelnen Stücks und bei vertretbaren die Menge oder Stückzahl offen bleiben, zum anderen, weil der Absender oder Inserent in aller Regel die Entscheidung über das Zustandekommen eines Vertrages nicht dem Empfänger der Preisliste oder dem Leser der Anzeige überlassen, sondern sich selbst noch vorbehalten und z. B. die Zahlungsfähigkeit oder Kreditwürdigkeit des anderen überprüfen will[17]. Deshalb kann man auch in der mit Preisangaben versehenen **Auslage** einzelner Stücke **im Schaufenster** eines Geschäfts regelmäßig noch kein Verkaufsangebot sehen[18]. Das Vertragsangebot liegt erst in der Erklärung des Käufers, er wolle dieses Stück zu dem angegebenen Preis kaufen. Erst wenn der Verkäufer dieses Angebot annimmt, ist der Kaufvertrag zustandegekommen. Die Übersendung von Preislisten, Zeitungsinseraten und die Ausstellung einzelner Stücke im Schaufenster sind daher nur als Aufforderung zur Abgabe von Kaufangeboten zu werten. Gleiches gilt grundsätzlich auch für ein **Angebot im Internet**[19]. Wird jedoch auf einer im Internet eingerichteten Angebotseite erklärt, es werde bereits jetzt das höchste Angebot angenommen, so liegt nicht nur eine Aufforderung zum Angebot, sondern bereits das Angebot oder eine vorweg erklärte Annahme vor[20].

Keine bloße Aufforderung zur Abgabe von Angeboten liegt in den Fällen der Daseinsvorsor- 21 ge vor. Dazu gehört etwa die Versorgung mit Strom, Gas oder Wasser und die Bereitstellung öffentlicher Verkehrsmittel. Das Angebot dieser Leistungen an die Allgemeinheit ist bereits als Angebot zum Vertragsabschluß anzusehen, weil die Anbieter einem Kontrahierungszwang unterliegen (s. unten § 34 Rn. 29ff.)[21]. Auch in anderen Fällen des Massenverkehrs, bei denen der Anbieter auf die Auswahl des einzelnen Kunden verzichtet, ist das öffentliche Angebot der Leistung nicht nur als invitatio ad offerendum, sondern bereits als Angebot zu verstehen. Die tat-

---

[16] S. auch *BGHZ* 94, 101; *OLG Hamm* NJW 1976, 1212; Soergel/*M. Wolf,* § 315 Rn. 56.

[17] Vgl. Palandt/*Heinrichs,* § 145 Rn. 2; Staudinger/*Bork,* § 145 Rn. 5.

[18] Vgl. *Medicus,* AT, Rn. 360; *BGH* NJW 1980, 1388; anders aber *Köndgen,* Selbstbindung ohne Vertrag, 1981, S. 291ff.

[19] Einschränkend MünchKomm/*Kramer,* § 145 Rn. 10.

[20] *BGH* NJW 2002, 363 ricardo.de = LM H. 3/02 § 145 BGB Nr. 22 m. Anm. *Martin Weber.*

[21] S. ausführlich Soergel/*M. Wolf,* Vor § 145 Rn. 51.

sächliche Inanspruchnahme und Benutzung der angebotenen Leistung stellt sich dann als Annahme durch Gebrauchshandlung im Sinne einer Annahmebetätigung gemäß § 151 Satz 1 dar, durch die der Vertrag zustande kommt (s. unten § 30 Rn. 11 ff.).

3. Angebot an bestimmte oder unbestimmte Empfänger

22 Ein Vertragsangebot wird zwar in der Regel an einen **bestimmten Empfänger** gerichtet, mit dem der Anbietende den Vertrag abzuschließen wünscht, und ist in diesem Fall gemäß § 130 erst mit Zugang an den Empfänger wirksam (so auch Art. 15 (1) UN-Kaufrecht). Möglich ist aber auch, das **Angebot an einen unbestimmten Personenkreis,** z.B. bei einer Internet-Auktion[22], mit der Maßgabe zu richten, daß es jedem gegenüber gelten soll, der es innerhalb einer bestimmten Frist, oder solange es aufrechterhalten wird, annehmen werde. Man spricht in diesem Fällen von einer Offerte „ad incertas personas". Den an einen unbestimmten Personenkreis gerichteten Vorschlag (= Angebot) sieht Art. 14 (2) UN-Kaufrecht im Zweifel als Aufforderung zum Angebot an. Dies ist für das BGB ebenfalls anzunehmen. Gleichwohl kann unter bestimmten Umständen auch schon ein Vertragsangebot vorliegen.

23 **Beispiel:** Ein richtiges Angebot an einen unbestimmten Personenkreis und nicht nur eine Aufforderung zur Abgabe von Angeboten liegt in der Aufstellung und Inbetriebnahme eines Verkaufsautomaten. Das Angebot soll so lange gelten, wie Waren der entsprechenden Art in dem Automaten vorhanden sind. Die Annahme erfolgt gemäß § 151 durch eine entsprechende Willensbetätigung (s. unten § 30 Rn. 8 ff.)[23].

4. Die Bindung und Widerruf des Angebots

a) Grundsätzliche Bindung und möglicher Ausschluß

24 Von der Gebundenheit an den Vertrag (s. oben Rn. 5) zu unterscheiden ist die Gebundenheit des Antragenden an das von ihm gemachte Angebot. Der Antragende ist gemäß § 145 grundsätzlich an sein Angebot im Sinne der **Unwiderruflichkeit** gebunden, falls er nicht seine Gebundenheit daran ausgeschlossen hat. Die Bindung an das Angebot wird aber durch § 147 Abs. 1 gegenüber einem anwesenden Antragsempfänger stark relativiert, weil dieser das Angebot ohne Einräumung einer Annahmefrist nur sofort annehmen kann (s. unten Rn. 33). Bedeutung hat die Bindung allerdings bei einem Angebot gegenüber Abwesenden für die Dauer der in § 147 Abs. 2 bestimmten Frist (s. unten Rn. 36 ff.) oder wenn der Antragende eine Annahmefrist eingeräumt hat (s. Rn. 32). Soweit eine Bindung besteht, hat der Empfänger für die Dauer der Bindung eine **gesicherte Rechtsposition.** Er soll bis zum Ablauf der Frist in Ruhe überlegen können, ob er das Angebot annehmen will, ohne befürchten zu müssen, der Antragende könne seinen Entschluß ändern und sein Angebot widerrufen.

25 Die **Bindung** ist **kein notwendiges Element** eines Vertragsangebots. In Übereinstimmung mit dem Grundsatz der Privatautonomie kann sie ausgeschlossen werden. Sie ist als einseitig dispositive Regelung vorgesehen, beruht aber nicht auf dem typi-

---

[22] S. dazu *BGH* NJW 2002, 363 ricardo.de = LM H. 3/02 § 145 BGB Nr. 22 m. Anm. *Martin Weber.*

[23] Nach *Medicus,* AT, Rn. 362 geht das Vertragsangebot – durch den Einwurf des Geldstücks – erst vom Kunden aus; die Annahme dieses Angebots erfolgt „durch das Funktionieren des Automaten", so daß kein Vertrag zustandekommt, wenn er nicht funktioniert.

scherweise vorhandenen Willen des Antragenden selbst[24]. Dessen Wille ist in der Regel nur darauf gerichtet, sich für den Fall der Annahme des Angebots an den Vertrag zu binden. Wird die Bindung ausgeschlossen, so liegt dennoch ein annahmefähiges Vertragsangebot vor, das aber jederzeit vor der Annahme widerrufen werden kann.

Art. 16 (1) CISG geht von der grundsätzlichen Widerruflichkeit des Angebots aus, **26** schließt aber in Art. 16 (2) CISG das Widerrufsrecht aus, wenn durch Bestimmung einer festen Frist oder auf sonstige Weise der Eindruck der Unwiderruflichkeit entstanden ist oder wenn der Annehmende vernünftigerweise auf ein unwiderrufliches Angebot vertrauen durfte und im Hinblick darauf gehandelt hat.

b) Widerruflichkeit des Antrags

Ein Widerruf des Antrags ist möglich beim **Ausschluß der Bindung.** Der Aus- **27** schluß erfolgt durch einseitige Erklärung des Antragenden, die gleichzeitig mit dem Angebot abgegeben werden muß. Wird zu diesem Zeitpunkt die Bindung nicht ausgeschlossen, ist ein Widerruf nur möglich, wenn die Bindung aus anderen Gründen, insbesondere durch Zeitablauf erlischt. Statt die Bindung auszuschließen kann der Antragende auch einen **Widerrufsvorbehalt** in das Angebot aufnehmen, der ihn beliebig oder beschränkt auf gewisse Voraussetzungen zum Widerruf berechtigt. Darüber hinaus muß bei einem auf längere Zeit befristeten bindenden Angebot dem Antragenden **nach Treu und Glauben** der Widerruf gestattet sein, wenn sich in der Zwischenzeit die Voraussetzungen, von denen er für den Empfänger erkennbar bei seinem Angebot ausgegangen ist, so wesentlich geändert haben, daß ihm die Bindung nicht mehr zugemutet werden kann[25]. Das gilt allerdings nicht, wenn die Änderung voraussehbar war und der Antragende daher das Risiko auf sich genommen hat.

Beispiele: Ein Widerruf des Antrags ist auf jeden Fall möglich, wenn bei einem Vertrag eine **28** Anpassung wegen **Störung der Geschäftsgrundlage** erfolgen würde (s. unten § 38). Ein Widerruf ist aber auch zuzulassen, wenn das Festhalten an der **Bindung aus sonstigen Gründen unzumutbar** ist[26], weil die Bindung an den Antrag nicht dieselbe Stärke aufweist, wie die Bindung an den Vertrag. Der Widerruf ist gemäß § 130 Abs. 1 Satz 2 ohne Einschränkung möglich, wenn er dem Empfänger vor oder gleichzeitig **mit** dem **Zugang** des Angebots zugeht. Dies sieht auch Art. 15 (2) UN-Kaufrecht vor. Die Gebundenheit an das Angebot tritt bei einem Angebot an einen Abwesenden unter diesen Umständen von vornherein nicht ein, weil das Angebot überhaupt nicht wirksam wird.

Daß der Antragende nur gerade seine Gebundenheit an den Antrag ausschließt, ist jedoch sel- **29** ten. Angebote, die als **„freibleibend"**, **„ohne Obligo"** oder ähnlich gemacht werden, haben meist die Bedeutung, daß der Antragende sich die letzte Entscheidung über das Zustandekommen des Vertrages noch vorbehalten will[27]. Sie schließen also nicht nur die Bindung an das Angebot, sondern bereits dessen Annahmefähigkeit aus[28]. Der Anbietende will auch für den Fall der Annahme noch die Möglichkeit der Ablehnung behalten. Allerdings muß er anders als bei der Aufforderung zur Abgabe von Angeboten die Ablehnung im Falle rechtzeitiger Annahme unverzüglich zum Ausdruck bringen; andernfalls muß sein Schweigen nach Treu und Glauben als

---

[24] Zur gemeinrechtlichen Lehre und zu den Erwägungen der Gesetzesredaktoren vgl. *Flume,* AT II, § 35 I 3a; zur Problematik der Bindungswirkung ebenda 3d und e.

[25] Vgl. MünchKomm/*Kramer,* § 145 Rn. 18; *Flume,* AT II, § 35 I 3 d.

[26] *Flume,* AT II, § 35 I 3d; a.A. *Medicus,* AT, Rn. 369; Palandt/*Heinrichs,* § 145 Rn. 3 will im Anschluß an *OLG Düsseldorf* NJW-RR 1991, 312 nur einen Widerruf aus wichtigem Grund zulassen.

[27] Vgl. *Flume,* AT II, § 35 I 3c; MünchKomm/*Kramer,* § 145 Rn. 7.

[28] Vgl. nur MünchKomm/*Kramer,* § 145 Rn. 7; zurückhaltender Staudinger/*Bork,* § 145 Rn. 26.

Ausdruck seiner endgültigen Zustimmung gewertet werden[29]. Ausdrücke wie **„Lieferung freibleibend"**, „soweit Liefermöglichkeit vorhanden" können schließlich so gemeint sein, daß sie Inhalt des abzuschließenden Vertrages werden sollen; in diesem Falle will sich der Anbietende ein vertragliches Rücktrittsrecht, sei es für jeden Fall, sei es für den Fall auftretender Lieferschwierigkeiten oder dergleichen, ausbedingen. In welchem Sinne derartige Ausdrücke im Einzelfall zu verstehen sind, muß unter Berücksichtigung aller für die Auslegung von empfangsbedürftigen Willenserklärungen bedeutsamen Umstände von Fall zu Fall ermittelt werden, eine allgemeine Regel oder eine feste Verkehrssitte hinsichtlich ihrer Bedeutung besteht nicht. Zur Zulässigkeit derartiger Klauseln in allgemeinen Geschäftsbedingungen vgl. unten § 43 Rn. 56.

c) Ausführung des Widerrufs

30 Der Widerruf ist eine einseitige Willenserklärung mit Gestaltungswirkung, weil er den Antrag hinfällig macht. Der Widerruf muß, um wirksam zu werden, dem Empfänger gegenüber erklärt werden und muß ihm zugehen. Der Widerruf kann nicht mehr wirksam werden, wenn dem Antragenden vorher bereits die Annahmeerklärung zugegangen ist, da damit der Vertrag geschlossen ist.

5. Die zeitliche Begrenzung des Angebots

31 Wer einem anderen ein Vertragsangebot macht, will, sofern eine Bindung besteht (s. oben Rn. 24ff.) an sein Angebot nicht für alle Zeiten gebunden bleiben. Demgemäß bestimmt das Gesetz, daß das Angebot nach einer **gewissen Zeit erlischt,** d.h. nicht mehr angenommen werden kann, wenn es nicht bis dahin angenommen worden ist (§ 146).

a) Bestimmung der Bindungsfrist durch den Antragenden

32 Grundsätzlich kann der **Anbietende selbst bestimmen,** wie lange sein Angebot gelten soll. Hat er dem Empfänger für die Annahme eine Frist gesetzt, so kann die **Annahme nur innerhalb der Frist** erfolgen (§ 148). Dies gilt gegenüber anwesenden Antragsempfängern in gleicher Weise wie gegenüber abwesenden. Von der Möglichkeit der Festlegung einer Bindungsfrist für das Angebot kann insbesondere auch in Zusammenhang mit der Einräumung von Optionsrechten Gebrauch gemacht werden (s. unten Rn. 43ff.). Art. 20 UN-Kaufrecht enthält Vorschriften zum Fristbeginn und zur Fristberechnung. Für das BGB gelten §§ 187, 188. Bei Fernabsatzverträgen muß über eine etwaige Bindungsfrist gemäß § 312c Abs. 1 informiert werden (s. unten § 30 Rn. 63ff.).

b) Keine Bindungsfrist gegenüber Anwesenden

33 Hat der Antragende keine Frist gesetzt, so kann das einem Anwesenden gemachte Angebot von diesem **nur sofort angenommen** werden (§ 147 Abs. 1). Dies kann aber nur für rasch überschaubare Angebote gelten. Bei umfangreichen Angeboten muß für die Dauer der üblicherweise erforderlichen Kenntnisnahme und Überlegung eine Bindung angenommen werden. § 147 Abs. 2 ist hier entsprechend anwendbar (s. auch Rn. 35).

34 Als unter **Anwesenden** gemacht gilt ein Angebot nicht nur bei **persönlicher Anwesenheit.** Vielmehr gilt als ein Angebot unter Anwesenden auch ein **telefonisches Angebot** (§ 147 Abs. 1 Satz 2). Ein Angebot unter Anwesenden liegt ebenfalls vor, wenn der eine Teil ein ihm von dem anderen übergebenes **Vertragsformular in**

---

[29] Vgl. *Flume,* AT II, § 35 I 3c; Soergel/*M. Wolf,* § 145 Rn. 10.

dessen **Anwesenheit ausfüllt** und dem anderen übergibt, dieser es wortlos entgegennimmt und über den Inhalt unter ihnen Einverständnis besteht[30]. Die Annahme des schriftlichen Angebots kann auch mündlich oder durch schlüssiges Verhalten geschehen.

Nicht als Anwesender behandelt wird dagegen eine Partei, der im Laufe der Ver- 35
tragsverhandlungen ein schriftliches Angebot überreicht wird, zu dem sie nicht alsbald Stellung nehmen kann oder soll. Ein solches Angebot ist wie ein Angebot unter Abwesenden zu behandeln; es kann also noch innerhalb der Frist des § 147 Abs. 2 angenommen werden[31]. Keine Erklärung unter Anwesenden ist auch das **im Internet abgegebene Angebot,** weil und sofern die Möglichkeit zur individuellen Kommunikation und zum zeitgleichen Verhandeln fehlt. Es kann aber die Verarbeitungs- und Übertragungsgeschwindigkeit des Rechners so hoch sein, daß die für die Annahme unter Abwesenden zur Verfügung stehende Zeit (s. unten Rn. 36ff.) nicht benötigt wird und die Erklärung aus zeitlicher Sicht daher einer Erklärung unter Anwesenden vergleichbar ist[32]. Die Unterscheidung in Anwesende und Abwesende erweist sich allerdings als immer weniger relevant. Statt dessen ist allgemein darauf abzustellen, wann eine Annahme unter regelmäßigen Umständen erwartet werden darf (s. unten Rn. 36ff.).

c) Gesetzliche Bindungsdauer bei Abwesenden

Das einem Abwesenden gemachte Angebot kann nur „bis zu dem Zeitpunkt an- 36
genommen werden, in welchem der Antragende den Eingang der **Antwort unter regelmäßigen Umständen erwarten** darf" (§ 147 Abs. 2). Bei der Bestimmung dieses Zeitpunkts ist von den **Erwartungen des Antragenden** auszugehen, die dieser unter den ihm bekannten Umständen hegen durfte[33].

Beispiele: Konnte der Antragende bei einem Brief mit einer **normalen Beförderungs-** 37
dauer rechnen, so ist die Zeit bis zum voraussichtlichen Eintreffen des Briefes beim Empfänger, die normale Beförderungsdauer für ein Antwortschreiben und endlich eine **angemessene Überlegungsfrist** für die Beantwortung des Briefes einzurechnen, die bei Geschäftsbriefen, je nach der erkennbaren Dringlichkeit, einen oder mehrere Tage betragen kann. Bei Unternehmen oder Behörden mit großen Organisationen kann grundsätzlich nicht mit einer Annahme binnen weniger Tage gerechnet werden[34]. Mit einer **längeren Zeit** muß man vor allem rechnen, wenn anzunehmen ist, der Empfänger werde vor seiner Entschließung noch Erkundigungen einziehen, umfängliche Berechnungen anstellen oder die übersandten Proben einer eingehenden Prüfung unterziehen. Im allgemeinen darf erwartet werden, daß sich, wenn möglich und zumutbar, der Empfänger der **gleichen Beförderungsart** bedient wie der Absender. Auf ein Angebot per Fax oder im Internet wird man in der Regel eine Antwort per Fax bzw. per Internet und unter Berücksichtigung der gebotenen Überlegungsfrist entweder noch an demselben Tag oder am folgenden Geschäftstag erwarten dürfen[35].

Dem Anbietenden bekannte Umstände, die die Antwort zu verzögern geeignet sind, wie 38
zeitweilige Verhinderung, Abwesenheit oder Krankheit des Empfängers, Streik oder Unterbrechung der Verkehrsverbindung, sind bei der Bemessung der Frist mit **zu berücksichtigen**[36]. Innerhalb der berechneten Gesamtfrist können **Verzögerungen** in einem der ersten

---

[30] Vgl. *BGH* LM § 147 BGB Nr. 2.
[31] *RGZ* 89, 104.
[32] S. auch *Mehrings,* MMR 1998, 30, 32f.
[33] S. dazu auch *Finkenauer,* JuS 2000, 118.
[34] *BGH* NJW 2000, 2984.
[35] Vgl. auch *Flume,* AT II, § 35 I 2; MünchKomm/*Kramer,* § 147 Rn. 7.
[36] Vgl. *RGZ* 142, 402, 404; Staudinger/*Bork,* § 147 Rn. 11.

Abschnitte noch durch eine Verkürzung des letzten Abschnitts **ausgeglichen** werden, indem etwa der Empfänger seine Antwort, wenn ein Brief nicht mehr rechtzeitig eintreffen würde, telegraphisch übermittelt. Dagegen ist dem Empfänger ein solcher Ausgleich nicht mehr möglich, wenn die Gesamtfrist in dem Augenblick, in dem er von dem Angebot Kenntnis erhält, bereits abgelaufen ist. Der Empfänger hat kein Recht darauf, ein ihm verspätet zugegangenes Angebot noch annehmen zu können.

6. Erlöschen des Angebots

39 Mit **Ablauf der Bindungsfrist** (Rn. 31ff.) erlischt gemäß § 146 das Angebot, wenn es nicht rechtzeitig innerhalb der Bindungsfrist angenommen wird. Außer durch Zeitablauf **erlischt** das Angebot durch rechtswirksamen **Widerruf** (s. oben Rn. 27) oder **durch Ablehnung.** Die Ablehnung muß dem Anbietenden gegenüber ausgesprochen werden (§ 146). Dies sieht auch Art. 17 (1) UN-Kaufrecht vor. Nach § 156 erlischt bei einer Versteigerung das von einem Bieter abgegebene Gebot durch ein Übergebot oder wenn die Versteigerung ohne Erteilung eines Zuschlags geschlossen wird.

40 Dagegen erlischt ein Angebot gemäß § 153 nicht notwendigerweise dadurch, daß der **Anbietende** vor der Annahme **stirbt oder geschäftsunfähig** wird, es sei denn, daß ein anderer Wille des Antragenden anzunehmen ist. Dieser Wille ist Bestandteil des Antrags. Es gelten für ihn deshalb die Vorschriften über Willenserklärungen. Da sich der Antragende hierüber so gut wie niemals Gedanken gemacht haben wird, kann es nur darauf ankommen, was ein verständiger Mensch an seiner Stelle für diesen Fall angeordnet haben würde. Dies muß allerdings für den Angebotsempfänger auch erkennbar sein.

41 **Beispiele:** Ein Angebot über den Tod hinaus ist regelmäßig jedenfalls dann nicht gewollt, wenn die vertragliche Leistung persönlich zu erbringen ist oder wenn die Leistung des anderen Teils nur für den Verstorbenen persönlich von Interesse war, für seine Erben aber wertlos ist. Dies wird in der Regel auch der Angebotsempfänger erkennen können[37]. Der Antragende muß sich jedoch bemühen, seine Interessenlage dem Antragsempfänger erkennbar zu machen. Andernfalls darf der Annehmende auf die Regel des § 153 vertrauen. Der Vertrag über eine Weinbestellung kommt deshalb gemäß § 153 auch nach dem Tod des Antragenden zustande, selbst wenn die Erben keine Weintrinker sind, der Annehmende dies aber nicht erkennen konnte.

42 **Stirbt** der **Empfänger** des Angebots, ohne sich erklärt zu haben, vor Ablauf der Annahmefrist, so hängt es von den Umständen ab, ob das Angebot als an den oder die Erben gerichtet anzusehen ist. Dabei kommt es unter anderem darauf an, ob die vertragliche Leistung ebenso auch von den Erben oder an diese erbracht werden kann, und wie weit für das Angebot das persönliche Vertrauen maßgebend war, das der Antragende gerade dem Empfänger entgegenbrachte.

7. Rechtsposition des Angebotsempfängers als Optionsrecht

a) Das bindende Angebot als Optionsrecht

43 Dadurch, daß der Empfänger eines bindenden Vertragsangebots bis zu dessen Erlöschen (s. Rn. 39ff.) die Möglichkeit hat, dieses Angebot anzunehmen und dadurch

[37] *Flume,* AT II, § 35 I 4; *Medicus,* AT, Rn. 377, auch MünchKomm/*Kramer,* § 153 Rn. 4; a. A. für analoge Anwendung von § 122 Palandt/*Heinrichs,* § 153 Rn. 2; *Jauernig,* § 153 Rn. 2; *Hübner,* AT, Rn. 1005; vgl. auch *Köhler,* AT, § 18 Rn. 14 und die Vorauflage.

den Vertrag entstehen zu lassen, hat er eine günstige Rechtsposition erlangt. Man kann diese Rechtsposition als **Vertragsanwartschaft**[38] ansehen. Da diese Rechtsposition gesichert ist und dem Erwerber im Regelfall nicht mehr entzogen werden kann, kann man sie den Anwartschaftsrechten zuordnen (s. oben § 15 Rn. 96ff.). Durch die Einräumung einer Annahmefrist gemäß § 148 kann auch ein **Optionsrecht begründet werden** (s. oben § 23 Rn. 103)[39]. Diese Annahmefrist beträgt z. B. bei Aktienoptionen 3, 6 oder mehr Monate. Das Optionsrecht kann auch aufgrund eines Vorvertrags (s. oben § 23 Rn. 100, 103) oder eines Vertrags unter einer aufschiebenden Wollensbedingung (s. unten § 50 Rn. 18) eingeräumt werden. Die Optionsrechte sind im Interesse der Rechtssicherheit regelmäßig befristet, um die Unsicherheit, ob ein endgültiger Vertrag zustande kommt, nicht endlos andauern zu lassen.

Während der Vorvertrag einen Anspruch auf Abschluß des Hauptvertrags entstehen läßt, 44 gewährt das Optionsrecht aus einem aufschiebend bedingten Vertrag ebenso wie die Optionsrechte aus einem Vorkauf (§ 464) oder Wiederkauf (§ 456) ein Gestaltungsrecht[40]. In Übereinstimmung damit kann auch das Optionsrecht aus einem gemäß § 148 befristeten Angebot als Gestaltungsrecht angesehen werden[41]. Davon darf aber nicht die Beantwortung der Frage abhängig gemacht werden, ob der Angebotsempfänger berechtigt ist, das Angebot an einen Dritten weiter zu übertragen und ob die für ihn geschaffene Rechtsposition vererblich ist oder nicht. (dazu unten Rn. 46)[42]. Es kann auch nicht der für Gestaltungsrechte geltende Grundsatz Anwendung finden, daß ihre Ausübung bedingungsfeindlich ist (s. unten § 50 Rn. 24).

Im Gegensatz zum befristet bindenden Angebot werden die auf einem Vorvertrag 45 oder einem aufschiebend bedingten Vertrag beruhenden Optionsrechte durch einen Vertrag begründet, der auch **Optionsvertrag** genannt wird[43]. Wenn auch der wirtschaftliche Effekt derselbe ist, so ergeben sich doch Unterschiede. Beim befristet bindenden Angebot wird der Inhalt der Offerte einseitig vom Offerenten bestimmt. Der Empfänger der Offerte kann dazu nur ja oder nein sagen. Dagegen wird durch einen Optionsvertrag der Inhalt des durch die Ausübung des Optionsrechts in Kraft zu setzenden Hauptvertrags im Wege der Vereinbarung festgelegt. Er ist das Resultat von Vertragsverhandlungen. Es bleibt dann lediglich dem einen der Partner überlassen, den Vertrag mit dem von beiden festgelegten Inhalt in Geltung zu setzen oder nicht. Die Ausübung des Optionsrechts ist daher in Verbindung mit dem Optionsvertrag zu sehen, auf dem es beruht[44]. Schon die Einräumung des Optionsrechts bindet denjenigen, der es bestellt, hinsichtlich des Hauptvertrages für den Fall, daß der andere sein Optionsrecht ausübt. Daher ist bei formbedürftigen Verträgen bereits der Vertrag, durch den das Optionsrecht eingeräumt wird, formbedürftig, während die Ausübung dieses Rechts, wie vom Gesetz für das Wiederkaufsrecht in § 456 Abs. 1 Satz 2 und für das

---

[38] Staudinger/*Bork,* § 145 Rn. 33.

[39] S. auch MünchKomm/*Kramer,* vor § 145 Rn. 50ff.; *Georgiades,* FS Larenz, S. 411ff.

[40] Dazu *Bötticher,* aaO, S. 52ff.; *v. Einem,* aaO, S. 109ff.

[41] Dafür *v. Tuhr,* AT II/1, § 62 III zu Anm. 70; *Enneccerus/Nipperdey,* AT, § 161 IV 1; Palandt/*Heinrichs,* vor § 145 Rn. 23; *v. Einem,* Die Rechtsnatur der Option, 1974, S. 33ff.; a. A. *Bötticher,* FS Dölle, Bd. 1 S. 52ff.; Staudinger/*Bork,* § 145 Rn. 34.

[42] Vgl. Soergel/*M. Wolf,* § 145 Rn. 17; MünchKomm/*Kramer,* § 145 Rn. 21; Erman/*Hefermehl,* § 145 Rn. 18; a. A. Staudinger/*Coing,* § 145 Rn. 14 (11. Aufl.).

[43] Über den Optionsvertrag, seinen Inhalt und seine Rechtsfolgen, *Georgiades,* aaO, S. 415ff., 426ff.; *v. Einem,* aaO, S. 82ff. nennt ihn „Hauptvertrag mit Optionsvorbehalt". Anders (nur ein „Angebot mit verlängerter Bindungswirkung") Staudinger/*Dilcher,* 12. Aufl., § 145 Rn. 47ff.

[44] Vgl. dazu *Georgiades,* aaO, S. 425, 422ff.

Vorkaufsrecht in § 464 Abs. 1 Satz 2 bestimmt, formlos erfolgen kann[45]. Dagegen bedarf die Annahme eines langfristigen Angebots etwa zu einem Grundstückskauf der Form des § 311b Abs. 1.

b) Übertragbarkeit des Optionsrechts

46 Ob das Optionsrecht aus einem befristet bindenden Angebot auf einen anderen übertragen werden kann, hängt vom erkennbaren **Willen des Antragenden** ab, ob er das Angebot nur einer bestimmten Person oder auch für andere potentielle Vertragspartner abgeben wollte. Ist ein Wille des Antragenden nicht erkennbar, so ist das Optionsrecht im Wege der Vertragsübernahme wie der künftige Vertrag übertragbar. Die Voraussetzungen der Vertragsübernahme sind auch bei der Option in Gestalt des bindenden Angebots zu beachten, da der Anbieter sich einem neuen Vertragspartner gegenüber sieht[46]. Der Antragende muß deshalb der Optionsübertragung in einem dreiseitigen Vertragsübernahmevertrag ebenso zustimmen wie der Optionsveräußerer und der Optionserwerber.

III. Die Annahmeerklärung

47 Die Annahme eines Vertragsangebots erfolgt in der Regel durch eine an den Anbietenden gerichtete, empfangsbedürftige Willenserklärung. Nur durch die völlige inhaltliche Übereinstimmung von Angebot und Annahme kommt der Vertrag zustande. Das BGB sagt dies in § 151 nur beiläufig. Die Zustimmung zum Angebot nennt Art. 18 (1) UN-Kaufrecht ausdrücklich als Kennzeichen der Annahme und auch Art. 23 UN-Kaufrecht sagt ausdrücklich, daß der Vertrag mit der wirksamen Annahme des Angebots geschlossen ist. Das Schweigen und die Untätigkeit gelten dagegen nach allgemeinen Grundsätzen des BGB[47] grundsätzlich nicht als Annahme (s. oben § 28 Rn. 67). § 241a knüpft an diesen Grundsatz an, soweit es schuldrechtliche Verträge über Waren und Leistungen betrifft (s. unten Rn. 67ff.), und Art. 18 (1) UN-Kaufrecht spricht dies für internationale Kaufverträge ausdrücklich aus.

1. Wirksamkeitserfordernisse der Annahme

48 Der Vertrag ist im Regelfall geschlossen, wenn die Annahmeerklärung mit dem Antrag inhaltlich übereinstimmt (s. unten Rn. 57ff.) und wenn sie rechtzeitig innerhalb der Bindungsfrist (s. unten Rn. 50ff.) wirksam erklärt wird. Die Annahmeerklärung ist Willenserklärung und unterliegt deshalb den **allgemeinen Wirksamkeitserfordernissen für Willenserklärungen** nach §§ 104ff., §§ 116ff., einschließlich der Einhaltung einer gesetzlich vorgeschriebenen Form. Sie kann ausdrücklich oder konkludent erklärt werden. Sie kann auch vorweg erklärt werden, falls ein bestimmtes

[45] S. *M. Wolf* DNotZ 1995, 179, 184ff.; a.A. jedoch *Georgiades,* S. 425. Er hält den Grundsatz der §§ 497 Abs. 1 Satz 2 und 505 Abs. 1 Satz 2 nicht für verallgemeinerungsfähig; außerhalb des Anwendungsbereichs dieser Vorschriften sei nicht nur der Optionsvertrag, sondern auch die Erklärung, das Recht auszuüben, formbedürftig. Ebenso MünchKomm/*Kramer,* vor § 145 Rn. 45; wie hier *von Einem,* aaO, Rn. 114ff.; Palandt/*Heinrichs,* vor § 145 Rn. 23.

[46] S. im einzelnen *M. Wolf,* DNotZ 1995, 179, 186ff.

[47] *BGHZ* 18, 212, 215; 61, 282, 285; *BGH* LM § 150 BGB Nr. 7; *BGH* JZ 1977, 602 m. Anm. *Lindacher.*

Angebot, z.B. ein Höchstgebot[48], eingehen sollte. Als empfangsbedürftige Willenserklärung wird die Annahmeerklärung nach § 130 Abs. 1 unter Abwesenden grundsätzlich erst im Zeitpunkt ihres **Zugangs** wirksam. Davon geht auch Art. 18 (2) UN-Kaufrecht aus.

Eine Ausnahme vom Erfordernis des Zugangs macht § 151, wonach der Vertrag durch die Annahmebetätigung zustande kommt, ohne daß sie dem Antragenden gegenüber erklärt zu werden braucht (s. im einzelnen unten § 30 Rn. 2). Eine weitere Ausnahme ergibt sich bei der notariellen Beurkundung eines Vertrags, wenn gemäß § 128 zuerst nur das Angebot und hernach, vielleicht vor einem anderen Notar, die Annahmeerklärung beurkundet wird. Dann kommt, wenn die Parteien nichts anderes bestimmt haben, der Vertrag bereits mit der Beurkundung der Annahme zustande (§ 152). Die Annahme bringt den Vertrag damit zustande, bevor sie dem Antragenden mitgeteilt ist. Auf einen Zugang verzichtet auch § 156 bei der Versteigerung. Der Vertrag kommt mit der Erteilung des Zuschlags zustande, selbst wenn der Bieter dies nicht erfährt, weil er den Versteigerungsort verlassen hat. Eine Ausnahme von der Rechtzeitigkeit des Zugangs enthält § 149 (s. sogleich Rn. 51ff.). 49

2. Rechtzeitige und verspätete Annahme

a) Grundsätzliche Erfordernisse

Die Annahmeerklärung ist im allgemeinen rechtzeitig, wenn sie innerhalb der Bindungsfrist (s. oben Rn. 31ff.) und vor dem Erlöschen des Angebots (s. oben Rn. 39ff.) dem Antragenden oder seinem Vertreter zugeht oder erklärt wird, soweit ein Zugang nicht erforderlich ist (s. oben Rn. 47). Eine vergleichbare Regelung trifft Art. 18 (2) UN-Kaufrecht. 50

b) Ausnahmsweise wirksame Annahme trotz verspäteten Zugangs

Vom Erfordernis des rechtzeitigen Zugangs macht § 149 eine Ausnahme, wenn eine dem Antragenden verspätet zugegangene Annahmeerklärung so **rechtzeitig abgesendet** worden ist, daß sie ihm bei normaler Beförderungsdauer auch rechtzeitig zugegangen wäre. Mußte der **Antragende** dies etwa aus dem Poststempel oder bei einem Telegramm aus dem Vermerk über die Zeit der Aufgabe **erkennen,** dann trifft ihn die Obliegenheit, eine **Verspätungsanzeige** dem Annehmenden unverzüglich, d.h. ohne schuldhaftes Zögern (§ 121 Abs. 1 Satz 1), zukommen zu lassen. **Unterläßt der Antragende** diese Anzeige, so „gilt die Annahme als nicht verspätet" (§ 149 Satz 2); sie wird trotz der Überschreitung der Frist noch als rechtzeitig behandelt. Dadurch wird der Annehmende, wenn ihm die Verspätung nicht unverzüglich mitgeteilt wird, in seinem Vertrauen darauf geschützt, der Vertrag sei zustandegekommen[49]. 51

Voraussetzung für die Wirksamkeit der verspäteten Annahme ist, daß der Annehmende die Annahmeerklärung rechtzeitig abgesendet hat. Dagegen ist § 149 auf die verspätete Absendung nicht analog anzuwenden, da er **nur das Beförderungsrisiko, nicht** aber das im Herrschaftsbereich des Annehmenden liegende **Absenderisiko** 52

---

[48] S. dazu *BGH* NJW 2002, 363 ricardo.de = LM H. 3/02 § 145 BGB Nr. 22 m. Anm. *Martin Weber.*

[49] *Hilger,* AcP 185 (1985), 559, 561ff. meint, mit dem Verstreichen der Annahmefrist sei auch in diesem Fall das Zustandekommen des Vertrages endgültig gescheitert. Unterlasse der Offerent es aber, die Verspätung unverzüglich anzuzeigen, so hafte er dem Annehmenden nunmehr wegen Verschuldens beim Vertragsabschluß, und zwar ausnahmsweise auf das Erfüllungsinteresse. Die Auffassung des Gesetzes ist das nicht.

mildern will[50]. Die Umstände müssen auch so beschaffen sein, daß der Annehmende mit einer normalen Beförderungsdauer rechnen durfte. Mußte er mit einer längeren Dauer rechnen, wie z.B. im Falle eines Streiks bei der Post, so hätte er, um die Rechtzeitigkeit zu sichern, eine andere Beförderungsart wählen müssen. § 149 ist nur anwendbar in den Fällen des § 147 Abs. 2 und § 148, wenn der Antrag durch Fristablauf erlischt, nicht wenn der Antrag zuvor abgelehnt oder widerrufen wurde.

53 Eine mit § 149 vergleichbare Regelung enthält Art. 21 (2) UN-Kaufrecht. Art. 21 (1) UN-Kaufrecht behandelt die verspätete Annahme darüber hinaus auch dann als Annahme, wenn der Anbietende unverzüglich ihre Anerkennung als Annahme dem Annehmenden mitteilt.

c) Verspätete Annahme als neuer Antrag

54 Ist die Annahmeerklärung verspätet, so kann sie – von den Fällen des § 149 und Art. 21 UN-Kaufrecht abgesehen – den Vertrag nicht zustandebringen, da sie auf ein nicht mehr annahmefähiges Angebot trifft. Sie ist trotzdem nicht ohne rechtliche Bedeutung. Vielmehr findet gemäß § 150 Abs. 1 eine **Umwandlung in einen neuen Antrag** statt. Der ursprüngliche Anbieter als Empfänger der verspäteten Annahmeerklärung hat nunmehr die Möglichkeit, durch Erklärung seines unveränderten Einverständnisses dieses neue Angebot anzunehmen.

55 Die Annahme kann durch sein Schweigen geschehen, wenn der Annehmende nach den Umständen eine Erklärung erwarten durfte, daß der Empfänger mit dem Vertrag jetzt nicht mehr einverstanden ist. Das gilt vor allem dann, wenn die Verspätung der Annahmeerklärung so geringfügig war, daß der Annehmende erwarten konnte, der andere werde ihr keine Bedeutung beimessen[51].

56 Aus der Rechtsprechung zum Schweigen auf eine verspätete Annahmeerklärung ergibt sich aber nicht ein allgemeiner Rechtssatz, daß die verspätete Annahmeerklärung über den Sonderfall des § 149 hinaus stets dann wirksam ist, wenn der Empfänger der Annahmeerklärung die Verspätung dem Absender nicht unverzüglich anzeigt[52]. Entscheidend ist, ob der verspätet Annehmende aufgrund des Schweigens auf das Zustandekommen des Vertrages vertrauen darf. Dies trifft bei einer knappen Fristüberschreitung[53] eher zu als bei einer erheblichen.

3. Annahme mit Abänderungen

a) Ablehnung und neuer Antrag

57 Eine Annahmeerklärung wird vom Gesetz nur dann als solche gewertet, wenn sie die uneingeschränkte Zustimmung zu dem Vertragsangebot zum Ausdruck bringt. Eine Annahme unter **Erweiterungen, Einschränkungen** oder **sonstigen Änderungen** gilt als **Ablehnung** verbunden **mit** einem **neuen Antrag** (§ 150 Abs. 2). Eine vergleichbare Regelung enthält Art. 19 (1) UN-Kaufrecht.

58 **Beispiel:** Ist der Empfänger eines Angebots mit diesem zwar im allgemeinen einverstanden, wünscht er aber noch irgendeine kleine Änderung oder einen Zusatz, der vielleicht nur der Klarstellung dient und teilt er dies dem Antragenden mit, so liegt darin gemäß § 150 Abs. 2 eine

---

[50] S. Soergel/*M. Wolf,* § 149 Rn. 4.

[51] Vgl. den Fall *RGZ* 103, 11, 13; die Verspätung war in diesem Fall so gering, daß der Zugang bei etwas weitherziger Bemessung der nach § 147 Abs. 2 zu bestimmenden Frist noch als fristgerecht hätte angesehen werden können. Vgl. auch *BGH* LM § 150 BGB Nr. 1; *BGH* NJW 1951, 313; *BGH* NJW 1986, 1807, 1809.

[52] *Medicus,* AT, Rn. 392; a.A. *Flume,* AT II, § 35 II 2.

[53] Für die Wertung des Schweigens als Annahme in diesen Fällen z.B. auch Palandt/*Heinrichs,* § 150 Rn. 1.

Ablehnung und der Vertrag ist mangels einer völlig deckungsgleichen Annahme noch nicht geschlossen. Zu der gewünschten Änderung oder dem gewünschten Zusatz als dem neuen Antrag fehlt noch das Einverständnis des anderen.

Das **Schweigen** auf den neuen Antrag kann unter Umständen als **Annahme** gedeutet werden, so etwa, wenn der gewünschte Zusatz oder die gewünschte Änderung von so geringer Bedeutung ist, daß das Einverständnis des anderen als sicher angenommen werden kann (s. oben § 28 Rn. 72). Denselben Rechtsgedanken enthält Art. 19 (2) UN-Kaufrecht, wenn er bei unwesentlichen Änderungen von einer Annahme des geänderten Angebots ausgeht, sofern nicht unverzüglich widersprochen wird. Art. 19 (3) UN-Kaufrecht zählt Änderungen auf, die als wesentlich angesehen werden und bei denen deshalb das Schweigen nicht nach Art. 19 (2) UN-Kaufrecht als Annahme gilt. Von einer Annahme ist auch auszugehen, wenn derjenige, der das erste Angebot gemacht hatte, mit der **Vertragsausführung** beginnt oder die vertragliche Leistung entgegennimmt, obgleich ihm deutlich sein mußte, daß der Angebotsempfänger ohne die von ihm gewünschte Änderung nicht abzuschließen bereit war[54]. Grundsätzlich sieht jedoch der *BGH* in dem Schweigen auf den neuen Antrag nicht dessen Annahme, sondern vielmehr seine Ablehnung (s. oben § 28 Rn. 67f.). 59

Entgegen § 150 Abs. 2 ist nicht von einer Ablehnung des Antrags auszugehen, wenn der Annehmende das Angebot auf jeden Fall annehmen will, auch wenn seine Änderungs- oder Ergänzungsvorschläge abgelehnt werden. Es liegt dann eine **Annahme** des ursprünglichen Angebots in Verbindung **mit** einem **Angebot zur nachträglichen Änderung** des zunächst unverändert zustande gekommenen Vertrags vor[55]. 60

b) Widerruf der Annahme?

Die Annahme kann nicht mehr widerrufen werden, sobald der Vertrag durch sie zustande gekommen ist. Möglich ist aber wie bei jeder empfangsbedürftigen Willenserklärung ein Widerruf gemäß § 130 Abs. 1 Satz 2. Die Annahmeerklärung ist dann unwirksam. Eine vergleichbare Vorschrift zur Möglichkeit des Widerrufs findet sich auch in Art. 22 UN-Kaufrecht. Möglich bleibt außerdem eine Anfechtung, wenn die Voraussetzungen von § 119 oder § 123 vorliegen. 61

IV. Schweigen auf ein Angebot

1. Allgemeine Bedeutung des Schweigens

a) Schweigen als Ablehnung des Angebots

Grundsätzlich ist das Schweigen als Ablehnung zu deuten (s. oben § 28 Rn. 67). Deshalb ist auch das Schweigen auf ein Angebot grundsätzlich als Ablehnung dieses Angebots zu verstehen mit der Folge, daß im Normalfall ein Vertrag nicht zustande kommt. Kein Schweigen und vom Schweigen zu unterscheiden ist die stillschweigende Erklärung, die als konkludentes Verhalten eine Willenserklärung zum Ausdruck bringt und deshalb auch als Annahme gedeutet werden kann (s. oben § 28 Rn. 24ff.). 62

Beispiele: Wer auf ein Angebot bejahend mit dem Kopf nickt, nimmt damit wortlos das Angebot an. Wer eine entgeltlich angebotene Leistung wie z.B. einen bewachten Parkplatz in Anspruch nimmt, erklärt damit konkludent die Annahme des angebotenen Vertrags. Wer dagegen wortlos weitergeht, wenn ihm auf der Straße eine Ware angeboten wird, zeigt auf das Angebot keine Reaktion. Dies ist als Schweigen und damit als Ablehnung des Angebots zu inter- 63

---

[54] So der Fall *BGH* LM § 150 BGB Nr. 6.

[55] *BGH* NJW 2001, 221; Staudinger/*Bork,* § 150 Rn. 10; Soergel/*M. Wolf,* § 150 Rn. 12.

pretieren. Gleiches gilt auch in den Fällen des § 663. Ein Rechtsanwalt, der sich aufgrund seines Kanzleischilds konkludent öffentlich zur Besorgung von Rechtsangelegenheiten erbietet, nimmt einen Auftrag nicht dadurch an, daß er auf ein ihm zugegangenes schriftlich angebotenes Mandat nicht antwortet. Da er kein Kaufmann ist, findet auf ihn § 362 HGB keine Anwendung. Es gelten vielmehr die allgemeinen Grundsätze, wonach Schweigen Ablehnung bedeutet. Der Anwalt ist aber gemäß § 663 verpflichtet, seine Ablehnung unverzüglich dem Antragenden mitzuteilen. Unterläßt er dies, so kommt zwar kein Vertrag zustande, er ist aber zum Ersatz eines eventuell beim Antragenden entstandenen Schadens verpflichtet, z. B. wenn Verjährung eines Anspruchs eingetreten ist, weil der Antragende im Vertrauen auf die Annahme des Mandats sich nicht rechtzeitig einen anderen Anwalt ausgesucht hat.

b) Schweigen als Annahme

64 Unter besonderen Voraussetzungen kann jedoch das Schweigen entsprechend den allgemeinen Grundsätzen für die Auslegung von Willenserklärungen als Zustimmung und damit als Annahme zu deuten sein. Dafür kommt entweder eine Vereinbarung zwischen den Beteiligten (s. oben § 28 Rn. 70), eine besondere gesetzliche Bestimmung (§ 362 HGB, s. oben § 28 Rn. 77f.) oder allgemein der Grundsatz von Treu und Glauben (s. oben § 28 Rn. 72) in Betracht. Der Vertrag kommt deshalb zustande, wenn nicht innerhalb einer bestimmten Zeitspanne das Angebot abgelehnt wird. Die Zeitspanne, innerhalb welcher die ausdrückliche Ablehnung erfolgen muß, ergibt sich ebenso wie die Bindungsfrist (s. oben Rn. 31 ff.) entweder aus einer ausdrücklichen Bestimmung des Anbietenden oder aus den Umständen.

2. Unbestellte Sachen und Leistungen

a) Allgemeine Grundsätze

65 Für die Behandlung unbestellt gelieferter Sachen und unbestellt erbrachter sonstiger Leistungen gelten zunächst die allgemeinen Grundsätze (s. oben Rn. 62). Das bloße Schweigen hierauf ist keine Annahme. Werden andererseits die zugesandten Sachen benutzt oder die angebotenen Leistungen in Anspruch genommen, so ist dies grundsätzlich als konkludente Annahme zu werten.

66 **Beispiele:** Wird einem Kaufmann oder einem Unternehmer im Sinne des § 14 Büromaterial mit Preisangabe zur Ansicht zugesandt und verwendet er dies in seinem Betrieb, so liegt darin eine konkludente Annahme des Vertragsangebots. Keine Annahme kann dagegen darin gesehen werden, daß er die Zusendung unbeachtet liegen läßt. Er ist auch nicht zur Rücksendung verpflichtet und muß die Zusendung allenfalls für eine überschaubare Zeit, innerhalb derer mit einer Abholung zu rechnen ist, aufbewahren. Von der Rechtsprechung waren Fälle zu entscheiden, in denen Unternehmern im Sinne des § 14 mitgeteilt wurde, es sei für sie eine Eintragung in ein Branchenverzeichnis erfolgt. Dabei wurde der Eindruck erweckt, es sei ein Auftrag erteilt worden. Zugleich wurde eine Rechnung mit Überweisungsformular beigelegt. In Wirklichkeit war der Auftrag nicht erteilt worden, auf dem Anschreiben war aber in Kleindruck vermerkt, daß mit Bezahlung des angeforderten Betrags der Vertrag zustande komme. Sofern der Betrag nicht überwiesen wurde, wurde kein Vertag geschlossen. Von einigen unaufmerksamen wurde jedoch die Überweisung durchgeführt. Damit war der Vertrag zustande gekommen. Weil der Überweisende eine vermeintlich bestehende Schuld tilgen wollte (wirklicher Wille) und nicht einen Vertrag abschließen wollte (objektive Erklärung), kommt eine Anfechtung wegen Irrtums nach § 119 Abs. 1 in Betracht, wobei in der Praxis der Irrtum schwer nachzuweisen sein dürfte.

b) Behandlung bei Verbraucherverträgen

67 Für Verbraucherverträge sieht § 241 a eine Sonderregelung vor. Verbraucherverträge sind Verträge zwischen einem **Unternehmer** nach § 14 als Lieferanten oder Leistenden **und einem Verbraucher** gemäß § 13 **als Kunden.** Auf die Beziehungen

zwischen Unternehmern untereinander oder Verbrauchern untereinander ist § 241a dagegen nicht anwendbar. Vielmehr gelten dafür ebenso wie für alle anderen nicht schuldrechtlichen Verträge die allgemeinen Grundsätze (s. oben Rn. 65f.). § 241a Abs. 1 sieht vor, daß durch die Lieferung unbestellter Sachen und die Erbringung unbestellter sonstiger Leistungen **ein Anspruch** gegen den Verbraucher **nicht begründet** wird. Sendungen mit Ersatzangeboten gelten gemäß § 241a Abs. 3 nicht als unbestellte Leistung. Da in § 241a Abs. 1 im Gegensatz zu Abs. 2 nicht nur von gesetzlichen Ansprüchen, sondern von „einem" Anspruch im Sinne von irgendeinem Anspruch gesprochen wird, will § 241a Abs. 1 offenbar sowohl gesetzliche wie auch vertragliche Ansprüche gegen den Verbraucher ausschließen.

Andererseits knüpft § 241a Abs. 1 mit der Lieferung und Erbringung von Leistun- **68**
gen nur an das **Verhalten des Unternehmers** an, aber **nicht an das Verhalten des Verbrauchers.** Insoweit stimmt § 241a Abs. 1 mit den allgemeinen Grundsätzen überein, daß einseitiges Verhalten einer Partei, hier des Unternehmers, und Untätigkeit der anderen Partei, hier des Verbrauchers, nicht zum Vertragsabschluß führt (s. oben Rn. 62f.). Aus § 241a ist dagegen nicht ersichtlich, daß ein konkludentes Verhalten des Verbrauchers nicht wie auch sonst als Annahme gedeutet werden kann. Allgemein wird zu Recht angenommen, daß ein Vertrag zustande kommt, wenn der Verbraucher für gelieferte Ware oder Leistung das Entgelt bezahlt[56]. Andere Handlungen wie Gebrauchs- oder Verbrauchshandlungen sollen dagegen im Gegensatz zu § 151 und den allgemeinen Grundsätzen keine konkludenten Annahmehandlungen sein[57]. Eine solch weitgehende Einschränkung allgemeiner rechtsgeschäftlicher Grundsätze kann aber aus § 241a nicht entnommen werden[58]. Dafür spricht auch die systematische Stellung im Schuldrecht und nicht bei der Rechtsgeschäftslehre im Allgemeinen Teil. Vielmehr werden die allgemeinen Grundsätze über konkludentes Verhalten durch § 241a Abs. 1 nicht berührt. Deshalb kann nicht nur die Zahlung des Vertragspreises, sondern können auch andere Handlungen wie die Zueignung, der Verbrauch oder die bewußte Inanspruchnahme der Leistung als konkludente Vertragsannahme interpretiert werden. Dabei ist jedoch die in § 241a Abs. 1 getroffene Entscheidung einschränkend zu berücksichtigen, Ansprüche gegen den Verbraucher zu begrenzen.

Beispiele: Bekommt ein Verbraucher eine Zeitschrift zugesandt, so muß er sie weder sorg- **69**
sam verwahren noch zurücksenden. Er darf sie auch durchlesen und danach wegwerfen. Dies ist anzunehmen, weil er die Zusendung normalerweise als **Werbe- und Probesendung** betrachten darf. Seine Benutzungshandlungen führen dann nicht zu einem Kauf- oder Abonnementsvertrag, weil er die Zusendung nicht als Angebot zu einem solchen Vertrag verstehen muß. Dasselbe gilt von sonstigen Zusendungen, die als Werbe- und Probesendungen verstanden werden können. Ein Kauf auf Probe gemäß § 454 liegt in diesen Fällen nicht vor, weil die Zusendung nicht als Angebot zu einem solchen Vertrag zu verstehen ist und der Verbraucher mit seinen Benutzungshandlungen auch nicht konkludent zu erkennen gibt, daß er einen solchen Vertrag schließen will. Für Leistungen, die im **elektronischen Geschäftsverkehr** angeboten werden, sieht § 312e Vorkehrungen vor, die eine unbedachte Annahme verhindern. Wird dem Verbraucher die Aufforderung zur Teilnahme an einer Lotterie zugesandt und wird der **Teilnahmeschein** von ihm ausgefüllt und **eingesendet,** so kommt dadurch selbstverständlich ein

---

[56] S. *Schwarz,* NJW 2001, 1449; Palandt/*Heinrichs,* § 241a Rn. 3; MünchKomm/*Kramer,* § 241a Rn. 8.

[57] S. Palandt/*Heinrichs,* § 241a Rn. 3; MünchKomm/*Kramer,* § 241a Rn. 11.

[58] So zu Recht auch *Casper,* ZIP 2001, 1602, 1607.

Lotterievertrag zustande, auch wenn der Lotterieschein ohne vorherige Bestellung zugesandt worden ist. Erhält der Verbraucher ein Computerspiel zugesandt mit dem deutlich erkennbaren Vermerk, daß durch Öffnen und **Ingebrauchnahme** ein Vertrag zu dem angegebenen Preis zustande kommt, so ist das Öffnen und Benutzen als konkludente Annahme zu bewerten. Der Verbraucher muß das Computerspiel aber **nicht zurücksenden.** Er muß es auch nicht sorgsam verwahren, sondern darf es zum Abfall geben, wenn nicht deutlich erkennbar ein kurzfristiges Abholen angekündigt wird und tatsächlich erfolgt. Den Anspruch aus § 985 in einem solchen Fall auszuschließen[59] oder jede **willkürliche vorsätzliche Beschädigung** und Zerstörung zu erlauben[60], ist aber mit einer an Art. 14 GG und dem Verhältnismäßigkeitsgrundsatz orientierten verfassungskonformen Auslegung von § 241 a Abs. 1 ebenso wenig vereinbar wie mit Treu und Glauben und den guten Sitten (§ 826). Eine **fahrlässige Beschädigung** begründet dagegen weder aus § 311 Abs. 2 noch aus §§ 989, 990 oder aus § 823 einen Schadensersatzanspruch. Ein Rechtsverhältnis der Vertragsverhandlungen kommt nicht zustande, sofern der Verbraucher nicht in Vertragsverhandlungen eintreten will, da diese ihm nicht einseitig aufgedrängt werden dürfen.

70 Handelt es sich bei der Zusendung an den Verbraucher um einen **Irrläufer,** der nicht für den Verbraucher bestimmt war, und konnte der Verbraucher dies erkennen, dann sind nach § 241 a Abs. 2 die **gesetzlichen Ansprüche nicht ausgeschlossen,** d. h. der Verbraucher muß die Sache oder sonstige Leistung nach § 985 oder § 812 herausgeben. Außerdem haftet er auch für fahrlässige Beschädigungen nach §§ 989, 990 und eventuell aus § 823. Gezogene Nutzungen muß er nach §§ 987, 990 herausgeben. Ein Vertrag über den Irrläufer kommt aber nicht zustande, weil der Lieferant erkennbar gerade kein Angebot dem Empfänger gegenüber abgeben will.

IV. Der vertragliche Konsens

71 Der Rechtssatz des § 150 Abs. 2 ist nur eine Folgerung daraus, daß durch den Vertrag die Parteien **in beiderseitigem Einvernehmen** eine für sie verbindliche Regelung setzen. Die danach erforderliche Übereinstimmung der Parteien muß sich auf den **gesamten Inhalt des Vertrages** erstrecken. Übereinstimmung der Parteien kann sowohl Übereinstimmung im Willen als auch Übereinstimmung der Erklärungen sein[61].

1. Konsens durch übereinstimmenden Willen (innerer Konsens)

72 Haben die Parteien ihre Erklärungen übereinstimmend in dem gleichen Sinn verstanden, so gelten sie gemäß ihrem übereinstimmenden Willen („falsa demonstratio non nocet", s. oben § 28 Rn. 29 ff.). Insoweit bedeutet der Konsens die Übereinstimmung des inneren Willens.

2. Konsens durch übereinstimmende Erklärungen (äußerer Konsens)

73 Haben die Parteien ihre Erklärungen nicht im gleichen Sinn gemeint, weil sie sich z. B. des gleichen Wortes bedient haben, aber jeder darunter etwas anderes verstanden hat, so kommt es auf den durch die normative Auslegung zu ermittelnden rechtlich

[59] So die Begründung BT-Drs. 14/3195 S. 32.

[60] So offenbar Palandt/*Heinrichs,* 241 a Rn. 4 jedenfalls bei wettbewerbswidrigen Handlungen des Versenders.

[61] S. zum Konsensbegriff auch *Lee,* Voraussetzungen der Bindungswirkung, aaO S. 25 ff.

maßgeblichen Sinn der Erklärung eines jeden an (s. oben § 28 Rn. 34ff.)[62]. Ist die objektive Erklärungsbedeutung der Erklärungen beider Parteien die gleiche, stimmen also die Erklärungen in ihrem normativ maßgeblichen Sinn überein, so ist der Vertrag mit dem Inhalt geschlossen, der sich aus der rechtlich maßgeblichen Bedeutung der Erklärung ergibt. Es liegt trotz Nichtübereinstimmung des inneren psychologischen Willens dennoch im rechtlichen Sinn eine Übereinstimmung in Form eines äußeren, **objektiven normativen Konsenses** vor[63]. Entscheidend ist dabei die Übereinstimmung der Erklärungen in dem durch ihre Auslegung festgestellten Sinn, auch wenn die Parteien etwas Verschiedenes gemeint haben, ihr innerer Wille also nicht übereinstimmte[64]. Der Vertrag ist dann mit dem Inhalt der äußerlich übereinstimmenden objektiven Erklärungsbedeutung zustande gekommen. Die Partei, deren innerer Wille nicht mit der objektiven Erklärungsbedeutung übereinstimmt, kann den Vertrag möglicherweise aber nach §§ 119, 123 anfechten (s. unten §§ 36, 37).

V. Der Dissens

1. Dissens als Grundtatbestand

74 Unter Dissens ist die **Nichtübereinstimmung der beiderseitigen Willen und Erklärungen** zu verstehen[65]. Im Falle eines Dissenses liegt weder ein innerer Konsens des beiderseitigen Willens (Rn. 72) noch ein äußerer Konsens der Erklärungen vor (Rn. 73). Ob dennoch ein Vertrag zustande gekommen ist, entscheidet sich zunächst danach, ob sich der Dissens auf Hauptpunkte (essentialia negotii) oder Nebenpunkte, sei es vertragswesentlicher Art (naturalia negotii) oder unwesentlicher Art (accidentalia negotii), bezieht[66].

a) Dissens über nicht ersetzbare Hauptpunkte

75 Ein Vertrag ist nicht existent, solange sich die Parteien nicht über die unverzichtbaren Hauptpunkte (essentialia negotii) geeinigt haben, ohne die ein Vertrag nicht durchgeführt werden kann und die in einer privaten Marktwirtschaft weder durch das Gesetz noch durch Richterrecht bestimmt werden können. Zu diesen essentialia negotii gehört eine Einigung über die Person der Vertragspartner sowie über die Art der zu erbringenden Leistungen einschließlich des Vertragstyps und des zu zahlenden Preises. Solange eine Einigung über diese Punkte nicht getroffen ist, ist der **Vertrag nicht durchführbar** und deshalb **nicht geschlossen**[67]. Dabei ist es ohne Bedeutung, ob die Parteien die fehlende Einigung erkannt haben oder nicht[68]. Die bloße Annahme der Parteien, sie hätten sich geeinigt, vermag die tatsächlich fehlende Überein-

---

[62] Vgl. *BGH* NJW 1995, 2638; *BGH* DB 1961, 1020; *BGH* BB 1967, 476; Palandt/*Heinrichs,* § 155 Rn. 2; Soergel/*M. Wolf,* § 155 Rn. 2.

[63] *BGH* NJW 1993, 1798; *BGH* NJW 1995, 2638; Soergel/*M. Wolf,* § 155 Rn. 3; Palandt/*Heinrichs,* § 155 Rn. 3; *Köhler,* AT, § 18 Rn. 37; *Kramer,* aaO, S. 177; *Diederichsen,* Berliner Festschr. S. 82f. Zur Dogmengeschichte des Konsensbegriffs *Mayer-Maly,* aaO.

[64] Vgl. dazu die lehrreiche Entscheidung des *BGH* LM § 155 BGB Nr. 1.

[65] Vgl. Palandt/*Heinrichs,* § 155 Rn. 1; *Köhler,* AT, § 18 Rn. 37.

[66] Zu ähnlichen Erwägungen hinsichtlich der Beweislast s. *Gsell* AcP 203, 119.

[67] *BGH* NJW-RR 2000, 1658; *BGH* NJW-RR 2002, 415.

[68] S. auch *BGH* NJW-RR 1999, 927.

stimmung nicht zu ersetzen. Manche sprechen von einem „Totaldissens“[69]. Deshalb ist weder § 154 noch § 155 anwendbar. Soweit es an einer Einigung über den Preis fehlt, können jedoch die ergänzende Auslegung sowie bei Dienst-, Werk- und Maklerverträgen die §§ 612 Abs. 2, 632 Abs. 2, 653 Abs. 2 die vorhandene Lücke schließen. Mit Hilfe von § 316 oder im Wege der ergänzenden Auslegung kann auch ein Bestimmungsrecht nach §§ 315ff. anzunehmen sein[70], so daß der Vertrag wie beim Fehlen von Nebenpunkten durchgeführt werden kann (s. oben Rn. 18)[71].

76 **Beispiele:** Vereinbaren die Parteien Zahlung in Dollar, so ist dies objektiv mehrdeutig, da es sich z.B. um US-amerikanische oder kanadische Dollar handeln kann. Meint jede Partei einen anderen Dollar, glaubt sie aber, eine Einigung über den von ihr gemeinten Dollar getroffen zu haben, so liegt zwar ein versteckter Dissens vor, gleichwohl ist § 155 nicht anwendbar, weil der Vertrag ohne eine Vereinbarung über diesen Punkt und mangels sonstiger eindeutiger Anhaltspunkte über die gültige Währung nicht durchgeführt werden kann. Gleiches gilt, wenn sich die Parteien nicht über den zu leistenden Gegenstand geeinigt haben. Unwirksamkeit des Vertrags tritt auch ein, wenn beide Teile dieselbe Leistung erbringen, z.B. beide verkaufen wollen, weil sie infolge mißverständlicher Formulierungen annehmen, der jeweils andere wolle den Gegenstand kaufen.

77 Kein Dissens liegt vor, wenn die gleichlautenden **Erklärungen** beider Parteien in sich **widersprüchlich** sind. Ist der Widerspruch nicht zu beheben, so ist ein Vertrag zwar nicht wegen Dissenses, wohl aber mangels Bestimmbarkeit seines Inhalts nicht zustande gekommen. Vom Dissens zu unterscheiden ist auch der Irrtum einer Partei über den Inhalt der von ihr abgegebenen Erklärung. Ein solcher Irrtum hindert aufgrund der objektiv übereinstimmenden Erklärungen (s. oben Rn. 73) nicht das Zustandekommen des Vertrages, sondern gibt nur der irrenden Partei ein Anfechtungsrecht nach § 119 Abs. 1.

78 **Beispiele:** Hat A eine Ware, die im Verkehr zu einem Preis zwischen 100 und 102,5 gehandelt wird, dem B schriftlich zu einem Preis von 102,00 anbieten wollen, enthält sein Schreiben aber infolge unbemerkten Schreibversehens die Angabe 100,20 und hat B dieses Angebot angenommen, so ist der rechtlich maßgebende Sinn sowohl des Angebots wie der Annahmeerklärung die Vereinbarung eines Preises von 100,20. Beide Erklärungen stimmen objektiv überein. A hat sich jedoch über den Inhalt seiner Erklärung geirrt; er kann sie gemäß § 119 Abs. 1 anfechten, muß dann aber dem B gemäß § 122 dessen Vertrauensschaden ersetzen. Ein Widerspruch, der den Vertag wegen Unbestimmtheit und nicht wegen Dissenses unwirksam macht, läge etwa vor, wenn in ein und demselben Angebot einmal der Preis von 100,20 und ein anderes Mal von 102,00 genannt ist und B dieses Angebot annimmt, ohne den Widerspruch zu bemerken.

b) Dissens über ersetzbare Vertragspunkte

79 Soweit sich der Dissens nicht auf unersetzliche Hauptpunkte des Vertrags bezieht, kann er auch ohne Einigung über diese Punkte durchgeführt werden. Insoweit können die §§ 154, 155 zur Anwendung kommen. Diese Vorschriften enthalten Regeln darüber, ob der an sich durchführbare Vertrag als geschlossen anzusehen ist. Im einzelnen ist zwischen offenem (§ 154) und verstecktem (§ 155) Dissens zu unterscheiden. Das Fehlen einer vereinbarten Beurkundung wird dem offenen Dissens zugeordnet (§ 154 Abs. 2).

---

[69] So *Medicus,* AT, Rn. 438; *Hübner,* AT, Rn. 1023; MünchKomm/*Kramer,* § 155 Rn. 7; *Diederichsen* aaO spricht hier von einem „logischen Dissens“.

[70] S. auch Soergel/*M. Wolf,* § 315 Rn. 15.

[71] S. *BGH* NJW 2002, 817.

2. Der sog. offene Dissens (§ 154)

§ 154 hat den Fall im Auge, daß die Partner sich in länger dauernden Verhandlungen nach und nach schrittweise über eine Vielzahl einzelner Vertragspunkte einigen. Sie sind sich dabei der noch **fehlenden vollständigen Einigung bewußt.** Man spricht deshalb von offenem Dissens. 80

a) Offener Dissens über ersetzbare Vertragspunkte

Soweit es an einer Einigung über unersetzbare Hauptpunkte fehlt, ist der Vertrag unabhängig von § 154 nicht geschlossen (s. oben Rn. 75). Dagegen kann es zweifelhaft sein, ob nicht der Vertrag schon als geschlossen anzusehen ist, wenn sich die Parteien über einen ersetzbaren Punkt nicht geeinigt haben, über den sie weiter zu verhandeln beabsichtigen. § 154 Abs. 1 bestimmt, daß der **Vertrag** im Zweifel **nicht geschlossen** ist, solange sich die Parteien **nicht über alle Punkte** eines Vertrages **geeinigt** haben, über die nach der Erklärung auch nur einer Partei eine Vereinbarung getroffen werden soll. Das gilt auch dann, wenn die Verständigung über einzelne Punkte schriftlich festgehalten wurde. Voraussetzung ist jedoch, daß mindestens eine Partei über den betreffenden Punkt eine vom dispositiven Gesetz abweichende Vereinbarung treffen will. Es handelt sich indessen nur um eine **Auslegungsregel.** Die Parteien können vereinbaren, daß der Vertrag mit dem Inhalt, über den sie sich bereits geeinigt haben, gelten solle, und daß die Regelung der noch offen gebliebenen Punkte einer späteren Absprache überlassen bleiben solle. Nach richtiger Ansicht[72] ist anzunehmen, daß die Parteien den Vertrag in Geltung setzen, wenn sie, obgleich sie wissen, daß die Regelung eines Nebenpunktes noch aussteht, in beiderseitigem Einvernehmen mit der Ausführung des Vertrags beginnen. 81

Beispiele: Ein Vertrag ist geschlossen, wenn der Arbeitnehmer seinen Dienst im Einverständnis mit dem Arbeitgeber antritt, obgleich sich beide über die Vertragsdauer, über die eine Vereinbarung getroffen werden sollte, bis dahin noch nicht geeinigt hatten. Der Nebenpunkt, über den eine Einigung nicht erzielt wurde, wird dann durch ergänzende Auslegung oder durch die einschlägige gesetzliche Bestimmung ausgefüllt[73]. Will jede Partei in den Vertrag ihre eigenen AGB einbeziehen, führen die Parteien den Vertrag aber durch, ohne sich über die AGB geeinigt zu haben, so gilt der Vertrag entgegen § 154 als abgeschlossen. Es gelten die AGB, soweit sie sich inhaltlich decken. Im Übrigen ersetzt das dispositive Recht die miteinander kollidierenden AGB (s. dazu unten § 43 Rn. 24). Ein offener Dissens ist aber anzunehmen, wenn der Verkäufer eines Grundstücks eine Anzahlung auf den Kaufpreis haben will und der Vertrag nach § 311 b Abs. 1 beurkundet wird, ohne daß sich die Parteien über die Anzahlung geeinigt haben[74], denn die Höhe der Anzahlung ergibt sich nicht aus dem dispositiven Recht. 82

Kein Einigungsmangel liegt vor, wenn die Parteien keine Regelung über Sach- und Rechtsmängel, über Leistungsstörungen oder über sonstige Sachverhalte herbeiführen wollen, die vom dispositiven Recht geregelt sind oder für die durch ergänzende Auslegung eine Regelung ermittelt und die Lücke geschlossen werden kann (s. oben § 28 Rn. 108 ff.). 83

---

[72] *BGHZ* 41, 275; *BGH* NJW 1990, 1234; *BGH* NJW 2000, 3554; *Flume,* AT II, § 34, 6 e; *Medicus,* AT, Rn. 434.
[73] Vgl. auch Soergel/*M. Wolf,* § 154 Rn. 7.
[74] *BGH* NJW 1998, 3196.

b) Fehlen der vereinbarten Beurkundung

84 Trotz Einigung ist nach § 154 Abs. 2 der **Vertrag nicht geschlossen,** solange eine vereinbarte Beurkundung nicht durchgeführt ist. § 154 Abs. 2 gilt wie § 125 Satz 2 nur für die vereinbarte Beurkundung (s. oben § 27 Rn. 78ff.), weil bei Fehlen der gesetzlich vorgeschriebenen Schriftform der Vertrag gemäß § 125 Satz 1 nichtig ist. § 154 Abs. 2 gilt aber sowohl für die vereinbarte einfache schriftliche Beurkundung wie für die elektronische Form, für die vereinbarte notarielle Beurkundung oder eine vereinbarte gerichtliche Protokollierung[75]. Die Vorschrift ist jedoch nicht zwingend, sondern gilt als **Auslegungsregel** nur im Zweifel. Führen die Parteien den Vertrag trotz Nichtbeachtung der vereinbarter Schriftform tatsächlich durch, so ist im Zweifel anzunehmen, daß sie die vereinbarte Schriftform einverständlich wieder aufgehoben haben (s. dazu oben § 27 Rn. 84ff.)[76].

2. Der sog. versteckte Dissens (§ 155)

a) Voraussetzungen des versteckten Dissenses

85 Von dem in § 154 geregelten offenen Dissenses unterscheidet man den versteckten Dissenses, der in § 155 geregelt ist. § 155 beschreibt den versteckten Dissens dahin, daß die Parteien sich bei einem Vertrag, den sie übereinstimmend als geschlossen ansehen, über einen Punkt, über den eine Vereinbarung getroffen werden sollte, in Wirklichkeit nicht geeinigt haben. Der versteckte Dissens ist demgemäß dadurch gekennzeichnet, daß sich die Parteien ihrer **mangelnden Einigung nicht bewußt** sind. An einer Einigung fehlt es, wenn weder ein innerer Konsens (s. oben Rn. 72) noch ein äußerer Konsens (s. oben Rn. 73) besteht. Des weiteren kann § 155 nur zur Anwendung kommen, wenn der Vertrag trotz der fehlenden Regelung durchführbar bleibt (s. oben Rn. 74ff.).

86 Von einem versteckten Dissens ist insbesondere auszugehen, wenn die Parteien einen Punkt, den sie für regelungsbedürftig hielten, **aus dem Auge verloren** haben und sich auf ihre Abmachungen verlassen, ohne deren Unvollständigkeit zu bemerken. Ein weiterer Fall des versteckten Dissenses liegt vor, wenn die Parteien einen **objektiv mehrdeutigen Ausdruck** benutzen und jede Partei darunter etwas anderes versteht. Dann fehlt es an einer eindeutigen Erklärung und es besteht auch keine Willenseinigung.

b) Rechtsfolgen des versteckten Dissenses

87 Im Falle des versteckten Dissenses sieht § 155 vor, daß das **Vereinbarte gilt,** sofern anzunehmen ist, daß der Vertrag auch ohne eine Bestimmung über den nicht geregelten Punkt geschlossen sein würde. Soweit der versteckte Dissens sich nicht auf unersetzliche Hauptpunkte bezieht (s. oben Rn. 75), trägt das Gesetz damit dem Umstand Rechnung, daß sich die Parteien auf den Vertrag, den sie als geschlossen ansehen, eingerichtet haben, und daß verständige und redlich denkende Parteien in einem solchen Fall den Vertrag nicht an der fehlenden Einigung über einen Punkt von nur untergeordneter Bedeutung scheitern lassen werden. Die fehlende Regelung wird dann durch ergänzende Auslegung oder durch das dispositive Gesetz ausgefüllt[77].

---

[75] S. *BAG* NJW 1997, 1597.
[76] Dazu auch *BGH* NJW-RR 1997, 669, 670.
[77] S. MünchKomm/*Kramer,* § 155 Rn. 13; Soergel/*M. Wolf,* § 155 Rn. 19.

Beispiele: Beim Kauf eines Gesellschaftsanteils im Oktober vereinbaren V und K, daß der **88**
Gewinn aus dem Gesellschaftsanteil ab 1.1. dem K zustehen soll. Ein Jahr ist nicht genannt. K geht davon aus, daß ihm auch der Gewinn des laufenden Jahres zusteht, während V nur den künftigen Gewinn des kommenden Jahres abgeben will. V und K, die die Unstimmigkeit zunächst nicht bemerken, sehen den Vertrag als geschlossen an und V überträgt Ende Oktober den Gesellschaftsanteil auf K. Da keine Willensübereinstimmung besteht liegt wegen Mehrdeutigkeit des Wortlauts ein versteckter Dissens vor. Kann V nachweisen, daß der Vertrag auch ohne eine Bestimmung über die zeitliche Gewinnaufteilung geschlossen worden wäre, dann gilt der Vertrag mit dem übereinstimmend vereinbarten Inhalt. An die Stelle der nicht übereinstimmend vereinbarten Gewinnaufteilung tritt die gesetzliche Regelung aus § 101 Nr. 2 (s. oben § 20 Rn. 115 ff.). Demgemäß steht der Gewinn dem V bis Ende Oktober zu, solange er Inhaber des Gesellschaftsanteils war, danach erhält K den Gewinn. – Entsprechendes gilt, wenn die Parteien als Leistungsort den Wohnort vereinbaren, aber unbestimmt bleibt, ob es der Wohnort des Verkäufers oder des Käufers ist. Wird nachgewiesen, daß der Vertrag auch ohne Einigung über diesen Punkt geschlossen worden wäre, so ist gemäß § 269 der Wohnort des jeweiligen Leistungsschuldners der Leistungsort.

§ 30. Besondere Formen des Vertragsabschlusses

Inhaltsübersicht

Literatur: *Bärmann,* Typisierte Zivilrechtsordnung der Daseinsvorsorge, 1948; *Brehmer,* Die Annahme nach § 151 BGB, JuS 1994, 386; *F. Bydlinski,* Privatautonomie und objektive Grundlagen des verpflichtenden Rechtsgeschäfts, 1967; *P. Bydlinski,* Probleme des Vertragsschlusses ohne Annahmeerklärung, JuS 1988, 36; *Ebenroth,* Das kaufmännische Bestätigungsschreiben im internationalen Handelsverkehr, ZfRVgl. 1977, 167; *Fritzsche/Malzer,* Ausgewählte Probleme elektronisch signierter Willenserklärungen, DNotZ 1995, 3; *Haupt,* Über faktische Vertragsverhältnisse, 1941; *Himmelschein,* Beiträge zur Lehre vom Rechtsgeschäft, 1930; *Jacobsohn,* Die rechtliche Natur der Vertragsannahme nach § 151 BGB, JherJb. 1956, 329, 390 ff.; *Köhler,* Kritik der Regel „protestatio facto contraria non valet", JZ 1981, 464; *Manigk,* Willenserklärung und Willensgeschäft, 1907; *ders.,* Das rechtswirksame Verhalten, 1939, S. 370 ff.; *Mayer-Maly,* Von solchen Handlungen, die den Kontrakten in ihrer Wirkung gleichkommen, FS Wilburg, 1965, S. 129; *Karsten Schmidt,* Die Praxis zum sog. Kaufmännischen Bestätigungsschreiben: ein Zankapfel der Vertragsrechtsdogmatik, in FS H. Honsell, 2002, S. 99; *Schwarz,* Die Annahmehandlung in § 151 BGB als Problem der prozessualen Feststellbarkeit des Annahmewillens, AcP 202 (2002), 607; *S. Simitis,* Die faktischen Vertragsverhältnisse, 1957; *Wedemeyer,* Abschluß eines obligatorischen Vertrags durch Erfüllungs- und Aneignungshandlungen, 1903. – Vgl. auch die Angaben zu § 29.

I. Annahme ohne Zugang (§ 151)

1. Die Interessenlage

1 Die Annahme ist eine empfangsbedürftige Willenserklärung, die normalerweise, um wirksam zu werden, des Zugangs nach § 130 bedarf (s. oben § 26). Die Vorbereitung und Durchführung des Zugangs erfordert jedoch oft kosten- und zeitaufwendige Maßnahmen, die den Bedürfnissen eines einfachen und raschen Geschäftsverkehrs nicht immer gerecht werden. So wäre z.B. die Verwendung von Automaten im Geschäftsverkehr erheblich erschwert, wenn die vertraglichen Willenserklärungen jeweils einer Person zur Kenntnis gebracht werden müßten. Beide Parteien können ein Interesse daran haben, daß der Vertrag möglichst rasch und einfach zustande kommt. Der annehmende Angebotsempfänger hat ein Interesse, daß der Vertrag möglichst rasch und ohne großen Kostenaufwand zustande kommt. Auch der Anbietende kann ein Interesse an einem frühzeitigen Vertragsschluß haben.

2 **Beispiele:** Das **Interesse des Annehmenden** an einem Vertragsabschluß ohne Zugang zeigt sich etwa, wenn er Zigaretten oder Fahrkarten aus einem Automaten entnehmen will. Er will dann nicht den Automatenbetreiber anrufen, um ihm seine Annahmeerklärung mitzuteilen, oder gar zu warten, bis der Automatenbetreiber erscheint, um ihm die Annahme persönlich mitzuteilen. Gleiches gilt bei einer automatischen Bestellung. Wenn dem Annehmenden Arbeitsaufwand dadurch entsteht, daß er die bestellte Ware vom Lager abholt, wiegt, verpackt, das Paket adressiert und auf den Weg zum Empfänger bringt, dann will er sicher sein, daß er dafür auch ein Entgelt aufgrund eines gültigen Vertrags erhält. Zudem könnte der Verkäufer, der die bestellte Ware auf Verlangen des Käufers abgesandt hat, bei Verlust der Ware auf dem Transport nicht gemäß § 447 die Bezahlung des Kaufpreises verlangen, sofern nicht schon mit der Absendung der Kaufvertrag geschlossen würde. Das **Interesse des Anbietenden** am vorzeitigen Zustandekommen des Vertrags vor Zugang der Annahmeerklärung zeigt sich etwa darin, daß er bei Verlust der bestellten Ware infolge falscher Adressierung oder infolge fehlerhafter Verpackung bereits vertragliche Schadensersatzansprüche aus dem Kaufvertrag gegen den Versender geltend machen kann. Wenn der Vertrag in diesen Fällen erst mit dem Zugang wirksam würde, wäre dies für beide Vertragsparteien nachteilig.

3 § 151 Satz 1 will diesen Bedürfnissen nach Erleichterung des Vertragsabschlusses Rechnung tragen, indem er vorsieht, daß der Vertrag durch die Annahme des Antrags zustande kommt, ohne daß die Annahme dem Antragenden gegenüber erklärt zu werden braucht, wenn eine solche Erklärung nach der Verkehrssitte nicht zu erwarten ist oder der Antragende auf sie verzichtet hat. Da § 151 Satz 1 die Erklärung der Annahme gegenüber dem Antragenden für entbehrlich hält, ergibt sich daraus als Rechtsfolge, daß das **Erfordernis des Zugangs entfällt**[1].

[1] So *Medicus,* AT, Rn. 382; *Hübner,* AT, Rn. 542; *Brox,* AT, Rn. 187, *Pawlowski,* AT, Rn. 378.

2. Voraussetzungen für die Entbehrlichkeit des Zugangs

Das Zugangserfordernis entfällt nach § 151 Satz 1, wenn die Abgabe der Annahmeerklärung gegenüber dem Antragenden entweder nach der **Verkehrssitte** nicht zu erwarten ist oder der Antragende darauf verzichtet hat. Ein **Verzicht** auf den Zugang der Annahmeerklärung verlangt eine Willenserklärung des Antragenden gegenüber dem Antragsempfänger, die auch konkludent erfolgen kann und selbst bei formbedürftigen Annahmeerklärungen möglich ist[2]. Während beim Verzicht allein auf den Willen des Antragenden abzustellen ist, können bei der Verkehrssitte auch die Interessen des Annehmenden zur Geltung kommen, wenn sie allgemein anerkannt und gebilligt werden. 4

Beispiele: Nach der **Verkehrssitte** ist eine Annahmeerklärung gegenüber dem Antragenden nicht zu erwarten bei einer Bestellung nach Katalog im Internet beim Versandhandel[3]. Es wird allgemein akzeptiert, daß der Versender rasch und kostensparend arbeiten will und daß die bestellte Ware auch ohne vorherige Benachrichtigung abgesandt wird. Demgemäß erfolgt die Annahme der Kaufbestellung bereits mit dem Absenden der Ware und nicht erst mit dem Eintreffen beim Empfänger. Eine Mitteilung ist lediglich zu erwarten, wenn die Ware nicht lieferbar ist. Nach der Verkehrssitte ist der Zugang der Annahmeerklärung bei einem dem Angebotsempfänger lediglich vorteilhaften Geschäft regelmäßig entbehrlich. Die Annahme einer Bürgschaftserklärung muß deshalb nach der Verkehrssitte regelmäßig nicht dem Bürgen gegenüber erklärt werden[4]. 5

Ein **Verzicht** kann ausdrücklich vom Antragenden erklärt werden[5]. Eine konkludente Verzichtserklärung ist z.B. anzunehmen bei Aufforderung zu sofortiger Warenlieferung oder bei einem dem Angebotsempfänger lediglich vorteilhaften Geschäft. Wird ein Antrag ausdrücklich als „Angebot" bezeichnet, so kann darin die Erwartung einer erkennbaren Annahmeerklärung zum Ausdruck kommen, was einem Verzicht auf das Zugangserfordernis entgegensteht[6]. Auch wenn bei einem schriftlichen Vertrag eine Unterschriftszeile vorgesehen ist, ist damit regelmäßig der Wunsch nach Mitteilung der vollzogenen Unterschrift verbunden, was einem Verzicht entgegen steht[7]. 6

3. Konkludente und eindeutige Betätigung des Annahmewillens

Trotz Entbehrlichkeit des Zugangs ist für § 151 das Vorliegen eines Annahmewillens erforderlich. Der Annahmewille wird aber nicht wie sonst bei empfangsbedürftigen Willenserklärungen erst wirksam, wenn er dem Antragenden zugeht. Die Wirksamkeit tritt vielmehr schon mit jedem Verhalten ein, das sich vom Standpunkt eines objektiven Dritten aus betrachtet **eindeutig** als Ausdruck des Annahmewillens verstehen läßt[8]. Dafür kommt vor allem ein konkludentes Verhalten in Betracht, das sich in Erfüllungs- sowie Aneignungs- und Gebrauchshandlungen äußert (s. unten Rn. 10ff.)[9]. Nicht ausreichend ist dagegen der rein innerlich gebliebene Annahme- 7

---

[2] *BGH* NJW-RR 1986, 1301.

[3] Vgl. Soergel/*M. Wolf,* § 151 Rn. 16; MünchKomm/*Kramer,* § 151 Rn. 54; a.A. für den Versandhandel aber z.B. *Medicus,* AT, Rn. 385.

[4] *BGH* NJW 1997, 2233; *BGH* NJW 1999, 1328; *BGH* WM 2003, 2327.

[5] S. dazu *BGH* NJW 1999, 2179.

[6] *BGH* NJW 1999, 2662.

[7] *BGH* NJW 1999, 1328.

[8] S. etwa *BGHZ* 111, 97, 101; *BGH* NJW 1999, 2179; *BGH* NJW 2000, 276; *BGH* NJW 2001, 2324; *BGH* WM 2003, 2327; dazu auch *Schwarz,* AcP 202, 607.

[9] Die Einteilung geht zurück auf *Wedemeyer,* Der Abschluß eines obligatorischen Vertrags durch Erfüllungs- und Aneignungshandlungen, 1904. Vgl. ferner *Himmelschein,* Beiträge zu der Lehre vom Rechtsgeschäft, 1930, S. 37ff.; *Manigk,* Das rechtswirksame Verhalten, S. 370ff.; *Oertmann,* § 151 Anm. 2c; *Enneccerus/Nipperdey,* AT, § 162 I 2a.

entschluß[10], weil dann weder der Vertragsschluß als solcher noch sein Zeitpunkt festgestellt werden kann.

8 **Beispiel:** Wer in einen Automaten Geld einwirft und die angebotenen Waren oder Berechtigungsnachweise wie z.B. Fahrkarten entnimmt, läßt mit dieser Handlung seinen Willen zur Annahme des Angebots erkennen. Durch das Einwerfen des Münzgelds kommt der Annahmewille klar zum Ausdruck, auch wenn der Automatenbesitzer von dem Vorgang keine Kenntnis erlangt.

a) Annahme durch Erfüllungshandlungen

9 Die Annahme durch Erfüllungshandlungen erfaßt alle Handlungen, die offensichtlich dazu bestimmt sind, den angetragenen Vertrag **auszuführen oder** mit der Erfüllung wenigstens zu **beginnen**[11]. Daß schon der zu bewirkende Leistungserfolg eingetreten ist, ist nicht erforderlich. Die Erfüllungshandlung muß aber **vertragskonform** sein.

10 **Beispiele:** Bei der Bestellung im Versandhandel zeigt sich die Annahme im Aussortieren und Versand der Ware[12]. Übersendet der Verkäufer eine andere als die gewünschte Ware, reserviert der Hotelbesitzer statt des gewünschten Zweibettzimmers ein Zimmer mit nur einem Bett, so stimmen das Angebot und die Annahme nicht überein und der Vertrag ist nicht geschlossen. Die bisher immer beispielhafte Hotelreservierung[13] entspricht allerdings angesichts beschleunigter Kommunikationsmöglichkeiten kaum mehr den Gepflogenheiten, da die Reservierung im Regelfall sofort telefonisch oder mit Fax bestätigt wird.

b) Annahme durch Aneignungs- oder Gebrauchshandlungen

11 Aneignungs- und Gebrauchshandlungen, die einen Annahmewillen zum Ausdruck bringen, sind alle Handlungen, von denen der **Angebotsempfänge**r redlicherweise **annehmen muß,** daß er sie nach dem Willen des Antragenden **nur nach** Zustandekommen eines **Vertrags** vornehmen darf.

12 **Beispiele:** Aneignungs- oder Gebrauchshandlungen liegen vor, wenn der Empfänger einer zur Ansicht bestellten Sendung, etwa von Büchern, Stoffen oder Spirituosen, die Ware in Gebrauch nimmt oder wie ein Eigentümer über sie verfügt, indem er z.B. seinen Namen in das Buch schreibt oder Unterstreichungen vornimmt, einen der Stoffe zuschneidet, eine Flasche entkorkt oder sie verschenkt. Hierzu gehört auch, wenn der Gast im Lokal aus dem bereitgestellten Brotkorb ein Brötchen oder ein Stück Brot entnimmt. Das Absehen vom Zugang liegt in diesen Fällen vornehmlich im Interesse des Antragenden, weil dadurch sein Vergütungsanspruch entsteht. Bei Lieferung unbestellter Waren und sonstiger Leistungen an Verbraucher ist jedoch § 241a zu beachten (s. oben § 29 Rn. 67ff.).

13 Als Indiz für einen Annahmewillen kann auch der Umstand herangezogen werden, daß der Empfänger ein ihm objektiv rechtlich **vorteilhaftes Angebot,** z.B. eine Bürgschaftsurkunde oder eine Abtretungsurkunde[14] widerspruchslos entgegennimmt und behält. Ein Annahmewille wird auch daraus erkennbar, daß jemand eine ihm zur Abtretung angebotene Forderung einklagt. Auf einen Annahmewillen kann außerdem geschlossen werden, wenn der Zessionar die ursprüngliche Forderung zu deren Erfüllung eine andere Forderung abgetreten worden ist, nicht mehr geltend macht[15]. Ein Wille zur Annahme eines Vergleichsvorschlags läßt sich aber

---

[10] So aber *Flume,* AT II, § 35 II 3. Gegen ihn zu Recht die h.L.; vgl. *Medicus,* AT, Rn. 382; MünchKomm/*Kramer,* § 151 Rn. 50; Palandt/*Heinrichs,* § 151 Rn. 2. Richtig erkennt *Flume* aber, daß die Annahme im Sinne des § 151 keine Erklärung fordert; er nennt sie deshalb mit *Manigk* ein „Willensgeschäft".

[11] Vgl. MünchKomm/*Kramer,* § 151 Rn. 53; Palandt/*Heinrichs,* § 151 Rn. 2.

[12] Vgl. Erman/*Hefermehl,* § 151 Rn. 5.

[13] *Medicus,* AT, Rn. 382; MünchKomm/*Kramer,* § 151 Rn. 54.

[14] S. dazu *BGH* NJW 1997, 2233; ähnlich *BGH* NJW 2000, 276.

[15] *BGH* NJW 1999, 2179.

nicht daraus entnehmen, daß der Empfänger eines Schecks diesen einlöst, wenn der angebotene Betrag in krassem Mißverhältnis zur wirklichen Forderung steht[16]. Die Einlösung des Schecks ist keine eindeutige Handlung im Sinne der Annahme des Vergleichsvorschlags. Sie kann auch als Annahme einer Teilleistung auf die ausstehende Forderung gedeutet werden und darf dann nicht zum Nachteil des Scheckeinlösers gewertet werden.

4. Annahmebetätigung als Rechtsgeschäft

a) Geltung allgemeiner rechtsgeschäftlicher Grundsätze

Auch wenn die Annahme eines Vertragsangebots durch eine Annahmebetätigung gemäß § 151 dem Anbietenden nicht zugehen muß, so ist sie doch wie jede andere Annahmeerklärung ein **Rechtsgeschäft.** Die Annahmebetätigung enthält nach allgemeinen Grundsätzen eine konkludente Willenserklärung, nur mit dem Unterschied, daß der Anbietende von der Annahmehandlung keine Kenntnis hat, weil sie ihm nicht zugeht. Dies steht aber einem Rechtsgeschäft nicht entgegen. Durch die Annahmebetätigung wird ein vollgültiger Vertrag begründet, an den sowohl der Anbieter wie der Annehmende gebunden sind[17]. Als Rechtsgeschäft erfordert die Annahmehandlung auch die Geschäftsfähigkeit des Handelnden im Augenblick der Vornahme der Handlung[18]. In der Geschäftsfähigkeit Beschränkte werden also gegen die Folgen ihres Handelns geschützt. Auch die sonstigen Vorschriften über Willenserklärungen, so etwa §§ 116, 119 (s. auch unten § 30 Rn. 16, 21 ff.) sind anwendbar, mit Ausnahme des Zugangserfordernisses und der Auslegung nach dem Empfängerhorizont, weil die Annahme gerade nicht dem Anbietenden gegenüber erklärt zu werden braucht (s. auch unten Rn. 16)[19]. § 151 kann auch bei einem der Schriftform bedürfenden Vertrag zur Anwendung kommen. Dabei muß jedoch die Annahme schriftlich erfolgen, z. B. unterschrieben werden, nur muß das unterschriebene Schriftstück nicht der anderen Vertragspartei zugesandt werden. 14

b) Berücksichtigung von Willensmängeln

Wer in Kenntnis der Sachlage eine Aneignungs- oder Gebrauchshandlung vornimmt, dabei aber den Willen hat, das Angebot nicht anzunehmen, gleicht demjenigen, der eine Willenserklärung unter dem **geheimen Vorbehalt** abgibt, sie solle nicht gelten. In analoger Anwendung des § 116 ist das Fehlen des Annahmewillens in einem solchen Fall nicht zu beachten; die Annahme- oder Gebrauchshandlung ist vielmehr trotz des Fehlens des Annahmewillens als Annahme zu werten, und zwar ohne Möglichkeit einer Irrtumsanfechtung[20]. 15

Hat der Angebotsempfänger sich dagegen über die Sachlage geirrt, indem er z. B. die Sache für seine eigene hielt, so ist der Schluß auf einen Annahmewillen nicht begründet[21]. Ob es sich um die Annahme eines Vertragsangebots handelt, ist allein aus den gesamten Umständen zu entscheiden. Die Rücksichtnahme auf das Vertrauen des Erklärungsempfängers entfällt, weil ihm gegenüber eine Erklärung gar nicht abgegeben wird. Folglich bedarf es auch keiner Anfechtung wegen eines Erklärungsirrtums (§ 119 16

[16] *BGH* NJW 2001, 2324.
[17] Vgl. *RGZ* 102, 370, 372; Palandt/*Heinrichs,* § 151 Rn. 6; Erman/*Hefermehl,* § 151 Rn. 6; *Flume,* AT II, § 35 Rn. 67.
[18] Vgl. Soergel/*M. Wolf,* § 151 Rn. 7; MünchKomm/*Kramer,* § 151 Rn. 2.
[19] S. auch *BGH* NJW 1999, 2179.
[20] *BGH* NJW-RR 1986, 415, 416; MünchKomm/*Kramer,* § 151 Rn. 51.
[21] MünchKomm/*Kramer,* § 151 Rn. 51; *Flume,* AT II, § 35 II 5.

Abs. 1)[22]. Allerdings trifft den Handelnden die Beweislast für das Fehlen eines Annahmewillens, weil seine Handlung auf den ersten Blick als eine Annahme erscheint[23].

17 Fällt dem Handelnden bei der Verwechslung der angebotenen Sache eigene Fahrlässigkeit zur Last, so wird er dem Anbietenden wegen fahrlässiger Verletzung seines Eigentums nach § 823 Abs. 1 schadensersatzpflichtig.

18 **Wollte** der Handelnde das ihm gemachte Angebot **annehmen, irrte** er aber **über** dessen **Inhalt,** so fehlt es ihm zwar an dem Willen, das tatsächlich gemachte Angebot anzunehmen. Da er aber einen für Dritte erkennbaren, wenn auch irrtumsbehafteten Annahmewillen hatte, muß er seine Handlung als Annahme gelten lassen. Allerdings kann er sich von seiner Bindung durch eine Anfechtung gemäß § 119 Abs. 1 befreien.

19 Sofern vertragliche Ansprüche nicht bestehen, weil kein gültiger Vertrag zustande gekommen ist, hat der Handelnde dem Anbietenden bei zumindest fahrlässiger Verletzung von dessen Eigentum nach § 823 Abs. 1 den Schaden zu ersetzen. Der Schaden umfaßt den Wert der Sache bzw. den durch eine Gebrauchshandlung entstandenen Minderwert. Der Anbieter kann aber nicht verlangen, so gestellt zu werden, wie wenn der Vertrag ausgeführt worden wäre. Neben oder an Stelle von Schadensersatzansprüchen kommen Bereicherungsansprüche aus § 812 Abs. 1 in Betracht.

5. Annahmefrist

20 § 147 Abs. 2 über die Annahme eines Vertragsantrags ist nicht anwendbar, weil der Eingang einer Antwort vom Antragenden nicht erwartet werden kann[24]. Der Zeitpunkt des Erlöschens des Antrags bestimmt sich deshalb „nach dem aus dem Vertrag oder den Umständen zu entnehmenden Willen des Antragenden" (§ 151 Satz 2). Bei einer Warenbestellung ist das der Zeitpunkt, bis zu dem man allenfalls noch mit der Ausführung der Bestellung rechnen kann. Bei Ansichts- oder Auswahlsendungen wird der Antragende möglicherweise eine Frist setzen, bis zu deren Ablauf er dem Empfänger die Sache zu überlassen bereit ist. Nach Ablauf dieser Frist kann er die Rückgabe durch Abholung, jedoch nicht die Rücksendung verlangen, wenn sein Angebot bis dahin nicht angenommen worden ist. Verzichtet der Anbietende bei Abtretung einer Forderung auf eine Annahme der Abtretung und dient die abgetretene Forderung als Leistung erfüllungshalber für eine andere Forderung, so bleibt der Antragende an den Antrag gebunden, bis er vom Empfänger des Antrags abgelehnt wird[25].

II. Vertragsabschluß durch sozialtypisches Verhalten?

21 Im modernen Massenverkehr ist es vielfach üblich geworden, daß Beförderungs- und Versorgungsleistungen zu festgesetzten Bedingungen allgemein angeboten werden und von jedermann in Anspruch genommen werden können, ohne daß es hierfür einer auf den Abschluß des Vertrages gerichteten Willenserklärung des Benutzers bedürfte.

---

[22] Vgl. etwa *v. Tuhr,* AT II/1, S. 479 zu Anm. 141 a; *Flume,* AT II, § 35 II 3; MünchKomm/*Kramer,* Rn. 51; Palandt/*Heinrichs,* § 151 Rn. 2.

[23] *BGH* NJW-RR 1986, 415; MünchKomm/*Kramer,* § 151 Rn. 58; Soergel/*M. Wolf,* § 151 Rn. 30.

[24] *BGH* NJW 1999, 2179; Soergel/*M. Wolf,* § 151 Rn. 28; Staudinger/*Bork,* § 151 Rn. 27; Palandt/*Heinrichs,* § 151 Rn. 5; MünchKomm/*Kramer,* § 151 Rn. 57.

[25] *BGH* NJW 1999, 2179.

Beispiele: In Betracht kommt etwa die tatsächliche Benutzung öffentlicher Verkehrsmittel ohne das vorherige Lösen einer Fahrkarte. Gleiches gilt für das Abstellen eines Wagens auf einem als gebührenpflichtig gekennzeichneten Parkplatz oder für den Verbrauch von elektrischem Strom ohne vorherigen Abschluß eines Vertrages über den Strombezug oder nach dessen zeitlichem Auslaufen. Man könnte diese Fälle mit Hilfe von § 151 lösen. Jedoch versagt diese Lösung, wenn es an einem eindeutigen Annahmewillen fehlt (s. oben Rn. 8) oder wenn trotz Inanspruchnahme der Leistung der Vertragschluß sogar ausdrücklich abgelehnt wird. 22

Die Behandlung dieser Fälle ist im Schrifttum äußerst streitig[26]. Eine von *Haupt* begründete, jedoch heute zunehmend abgelehnte Lehre ist der Ansicht, daß hier ein vertragsähnliches Rechtsverhältnis durch „sozialtypisches Verhalten" dessen begründet werde, der von der öffentlich angebotenen Leistung Gebrauch macht. Diese Lehre verzichtet nicht nur auf die Erklärung des Annahmewillens und deren Zugang, sondern auch auf den Rechtsfolgewillen selbst. Die tatsächliche Benutzung der öffentlich angebotenen Leistung soll den rechtsgeschäftlichen Annahmewillen ersetzen. Da nach dieser Auffassung ein Geschäftswille entbehrlich ist, käme es auch nicht auf die Geschäftsfähigkeit an, und der Vertrag könnte sogar mit einem Geschäftsunfähigen geschlossen werden. 23

Diese Auffassung hat sich früher auch der BGH bei der Benutzung eines gebührenpflichtigen Parkplatzes und dem Bezug von Strom zu eigen gemacht[27]. Im Parkplatzfall hatte eine Kraftfahrerin ihren Wagen wiederholt auf einem bewachten, als gebührenpflichtig gekennzeichneten Parkplatz abgestellt, die Zahlung der Gebühr aber gegenüber dem Wächter abgelehnt. Sie berief sich dabei auf den vermeintlichen öffentlich-rechtlichen Gemeingebrauch sowie darauf, eine Bewachung wünsche sie nicht. Der BGH verurteilte sie zur Zahlung der Gebühr mit der Begründung, wer eine als gebührenpflichtig kenntlich gemachte Parkfläche während der Bewachungszeit zum Parken benutze, führe schon dadurch ein vertragliches Rechtsverhältnis herbei; auf seinen gegenteiligen, wenn auch ausdrücklich erklärten Willen komme es nicht an. 24

Diese Auffassung ist abzulehnen, soweit sie sich auf das rein tatsächliche Verhalten ohne rechtsgeschäftliche Grundlage bezieht[28]. Sie findet im Gesetz keine Stütze und läßt sich allein mit den Erfordernissen des modernen Massenverkehrs schwerlich begründen. Insbesondere kann auch im Massenverkehr nicht auf die Geschäftsfähigkeit verzichtet werden. Mit dem schwarzfahrenden Minderjährigen kommt deshalb ohne Zustimmung der Eltern und abgesehen von § 110 kein Vertrag zustande[29]. 25

Im übrigen ist für das Vorliegen einer empfangsbedürftigen Willenserklärung und damit auch für das Angebot und die Annahme auf die objektiv normative Erklärungsbedeutung aus der Sicht des Empfängerhorizonts abzustellen (s. oben § 28 Rn. 6f., 11, 15ff.), soweit nicht § 151 eingreift (s. oben Rn. 14f.). Aus dieser Sicht liegt in der Inanspruchnahme von Leistungen, die regelmäßig nur auf vertraglicher Grundlage gegen Entgelt angeboten werden, grundsätzlich die konkludente Erklärung eines Angebots 26

---

[26] Vgl. *Haupt,* Über faktische Vertragsverhältnisse, 1941 (grundlegend); *Bärmann,* Typisierte Zivilrechtsordnung der Daseinsvorsorge, 1948; *Betti* FS Lehmann, 1956, I, S. 253; *Brox,* AT, Rn. 200; *Enneccerus/Nipperdey,* AT, § 163 VII 3; *Enneccerus/Lehmann,* Schuldrecht, § 26 IV 3; *Esser,* AcP 157 (1958/59), 86; *Flume,* AT II, § 8, 2; *ders.,* FS DJT, Bd. I s. 183; *Hübner,* AT, Rn. 1078, 1013ff.; *Kaduk,* JR 1968, 1; *Köhler,* AT, § 18 Rn. 26ff.; *Larenz,* NJW 1956, 1897; *ders.,* DRiZ 1958, 245; *Lehmann,* JherJb. 90, 131; *ders.,* NJW 1958, 1; *Löning,* ZAkDR 42, 289; *Medicus,* AT, Rn. 245ff.; *Nikisch,* FS Dölle, 1963, I, S. 79, insbesondere S. 86ff.; *Nipperdey* MDR 1957, 129; *Raiser,* FS DJT, Bd. I S. 120; *Siebert,* Faktische Vertragsverhältnisse, 1958; *Simitis,* Die faktischen Vertragsverhältnisse, 1957; *Tasche,* JherJb. 90, 101; *Wieacker,* ZAkDR 1943, 33; *ders.,* JZ 1957, 61; *ders.,* Göttinger FS für das *OLG Celle,* S. 263.

[27] *BGHZ* 21, 319, 333ff.; *BGHZ* 23, 249, 258, 261.

[28] Vgl. auch *Hübner,* AT, Rn. 1078, 1013ff.; *Rüthers,* AT, Rn. 454.

[29] S. *AG Hamburg* NJW 1987, 448; *Harder,* NJW 1990, 857; a.A. zu Unrecht *AG Köln* NJW 1987, 447.

oder einer Annahme (s. oben § 28 Rn. 39)[30]. Befindet sich der Benutzer in einem wesentlichen Irrtum, so mag er anfechten, muß dann aber auch den Vertrauensschaden ersetzen (§ 122). Protestiert er gegen die Interpretation seines Verhaltens als Einverständnis mit einem Vertragsschluß, so ist dieser Protest wegen widersprüchlichen Verhaltens (protestatio factis contraria) grundsätzlich unbeachtlich[31]. Anzuerkennen ist nur ein berechtigter Vorbehalt (s. oben § 28 Rn. 40).

27 Wenn in Ausnahmefällen, z. B. mit Minderjährigen, keine vertragliche Bindung zustande kommt, kann mit Bereicherungsansprüchen ein Ausgleich geschaffen werden wie im Fall der erschlichenen Flugreise[32]. Für Schwarzfahrer in Eisenbahnen sieht § 12 EVO ein höheres Beförderungsentgelt vor, das auch von Minderjährigen zu zahlen ist, weil es auf gesetzlicher Vorschrift und nicht auf Vertrag beruht. Für den Straßenbahn- und Linienbusverkehr besteht eine inhaltlich gleiche Regelung[33].

III. Das kaufmännische Bestätigungsschreiben

28 Um den besonderen Bedürfnissen des geschäftlichen Verkehrs nach rascher und möglichst unkomplizierter Klärung der Rechtsverhältnisse Rechnung zu tragen, hat die Rechtsprechung die Rechtsfigur des kaufmännischen Bestätigungsschreibens entwickelt[34]. Danach kann der Absender des Bestätigungsschreibens unter bestimmten Voraussetzungen darauf vertrauen, daß der Empfänger mit dem Inhalt des Bestätigungsschreibens einverstanden ist, wenn er nicht rechtzeitig widerspricht. Das kaufmännische Bestätigungsschreiben ist auch im internationalen Handelsverkehr bekannt. Der EuGH hat es als Grundlage für die Vereinbarung einer Gerichtsstandsklausel gemäß Art. 23 EuGVVO im Handelsverkehr zwischen den Mitgliedstaaten der EG und des EWR anerkannt[35].

29 Als Rechtsgrundlage für die Zurechnung des Schweigens auf ein kaufmännisches Bestätigungsschreiben als Annahmeerklärung ist sowohl § 362 HGB[36] wie das Vorliegen eines Handelsbrauchs (§ 346 HGB)[37] herangezogen worden. Da die Grundsätze des kaufmännischen Bestätigungsschreibens aber über den für den Kaufmann geltenden Bereich des HGB hinaus zur Anwendung kommen (s. unten Rn. 38), ist die Rechtfertigung auch auf eine allgemeine aus Treu und Glauben hergeleitete Vertrauenshaftung gestützt worden[38]. Inzwischen wird die aus

---

[30] S. auch *BGH* NJW 2000, 3429 (Verweilen im Krankenhaus); allgemein Soergel/*M. Wolf,* vor § 145 Rn. 104ff.

[31] S. *BGH* NJW 2000, 3429; MünchKomm/*Kramer,* vor § 116 Rn. 26; *Flume,* AT II, § 5, 5; Soergel/*Hefermehl,* vor § 116 Rn. 39.

[32] S. dazu *BGHZ* 55, 128.

[33] § 9 VO v. 27. 2. 1970 BGBl. I, 230 mit späteren Änderungen beim erhöhten Beförderungsentgelt.

[34] Zuerst *RGZ* 54, 176, 180; danach st. Rspr. s. *BGHZ* 7, 187, 189; 11, 1, 3; 18, 212, 215; 40, 42, 43; 54, 236, 240; *BGH* NJW 1990, 386.

[35] *EuGH* NJW 1997, 932 noch zu Art. 17 EuGVÜ, der Art. 23 EuGVVO entspricht. – Zu Gemeinsamkeiten und eher geringfügigen Unterschieden im deutschen, österreichischen und schweizerischen Recht *Karsten Schmidt,* FS H. Honsell, 2002, S. 99, 113ff.

[36] S. *Krause,* Das Schweigen im Rechtsverkehr, S. 125ff.; *Litterer,* Vertragsfolgen ohne Vertrag, 1979, S. 115ff.

[37] S. etwa *BGHZ* 40, 42, 46; *BGH* WM 1975, 831.

[38] S. etwa *BGHZ* 11, 1, 2; 40, 42, 43; *Canaris,* Vertrauenshaftung im deutschen Privatrecht, 1971, S. 206ff.; *Diederichsen* JuS 1966, 129.

dem Schweigen auf das Bestätigungsschreiben abgeleitete Annahmeerklärung als Gewohnheitsrecht anerkannt[39].

1. Voraussetzungen des kaufmännischen Bestätigungsschreibens

Da das Schweigen im allgemeinen nicht als Annahmeerklärung, sondern als gar keine Erklärung oder doch als Ablehnung zu verstehen ist (s. oben § 28 Rn. 67), müssen für das kaufmännische Bestätigungsschreiben bestimmte Voraussetzungen gegeben sein, damit das Schweigen als Zustimmung angesehen werden kann[40]. 30

a) Bereits existente mündliche Vereinbarung

Voraussetzung ist zunächst, daß **Vertragsverhandlungen vorausgegangen** sind[41], 31 in denen der Vertrag entweder mündlich bereits geschlossen oder doch so weit vorbereitet wurde, daß das Bestätigungsschreiben nur noch als der förmliche Abschluß des bereits Vereinbarten zu verstehen ist, wobei kleinere Ergänzungen, die aus Zeit- und Kostengründen nicht besprochen wurden, z. B. auch in Form von AGB[42] möglich sind. Durch das Erfordernis, daß bereits ein mündlich geschlossener Vertrag vorliegen muß, unterscheidet sich das Schweigen auf ein kaufmännisches Bestätigungsschreiben von § 362 HGB, bei dem nur ein einseitiges Angebot vorliegt und das Schweigen als Annahme den Vertrag erst zustande bringt (s. oben § 28 Rn. 78).

Durch die Bestätigung einer (angeblich) bereits getroffenen Vereinbarung unterscheidet sich 32 das kaufmännische Bestätigungsschreiben von der sog. Auftragsbestätigung. Die Auftragsbestätigung ist die zumeist schriftliche Annahme eines vorliegenden einseitigen Angebots. Während beim Schweigen auf ein kaufmännisches Bestätigungsschreiben der Vertrag mit dem Inhalt des Bestätigungsschreibens zustande kommt, auch wenn dieses von den vorausgegangenen Verhandlungen abweicht, stellt die vom Angebot abweichende Auftragsbestätigung nach § 150 Abs. 2 eine Ablehnung des Angebots verbunden mit einem neuen Antrag dar, der durch das Schweigen des Empfängers nicht als angenommen, sondern als abgelehnt anzusehen ist[43].

Beispiel: War in den Vertragsverhandlungen von der Lieferung innerhalb von 8 Tagen die 33 Rede, nennt der Lieferant in seinem Bestätigungsschreiben dagegen eine Lieferfrist von 10 Tagen, so ist beim kaufmännischen Bestätigungsschreiben eine Lieferfrist von 10 Tagen vereinbart, wenn der Empfänger nicht widerspricht. Bei der bloßen Auftragsbestätigung ohne vorausgegangene Vertragsverhandlungen wäre das Lieferangebot erst in 10 Tagen dagegen eine Ablehnung des auf Lieferung innerhalb von 8 Tagen lautenden Angebots verbunden mit einem neuen Antrag gemäß § 150 Abs. 2, der aber durch das Schweigen als abgelehnt gilt.

b) Enger zeitlicher Zusammenhang

Das Bestätigungsschreiben muß dem Empfänger in engem zeitlichen Zusammen- 34 hang mit den vorausgegangenen Vertragsverhandlungen zugehen[44]. Über die **Dauer der Frist** entscheiden die Umstände. Insbesondere ist bei einer schwierigen und umfangreichen Vertragsmaterie eine längere Frist gerechtfertigt. Ein innerhalb von 5 Tagen zugegangenes Bestätigungsschreiben ist aber normalerweise noch rechtzeitig. Für den Zugang gelten die allgemeinen Voraussetzungen (s. oben § 26 Rn. 12 ff.).

---

[39] S. etwa *Krause* BB 1952, 996; Palandt/*Heinrichs,* § 148 Rn. 8; *Medicus,* AT, Rn. 440; *K. Schmidt,* Handelsrecht § 19 III 1; *Huber* ZHR 161 (1997), 160, 163.

[40] S. im einzelnen auch Soergel/*M. Wolf,* § 147 Rn. 32 ff.

[41] *K. Schmidt,* Handelsrecht, § 19 III 3 a; *Baumbach/Hopt,* HGB, § 346 Rn. 20.

[42] S. *BGH* NJW 1978, 2243, 2244; *M. Wolf,* in *Wolf/Horn/Lindacher,* AGBG, § 2 Rn. 72.

[43] S. etwa *BGHZ* 18, 212, 215; 61, 282, 285; *Hübner,* AT, Rn. 690; *Köhler,* AT, § 18 Rn. 30.

[44] *Baumbach/Hopt,* § 346 Rn. 21.

c) Keine wesentlichen Abweichungen

35 Das kaufmännische Bestätigungsschreiben darf keine wesentlichen Abweichungen von dem Vorbesprochenen enthalten. **Wesentlich** ist eine Abweichung dann, wenn sie sich so stark von dem mündlich Besprochenen entfernt, daß der Absender nach Treu und Glauben vernünftigerweise nicht mit einem Einverständnis des Empfängers rechnen kann[45].

36 **Beispiele:** War etwa beim Kauf einer Büromaschine telefonisch eine Bringschuld mit Aufstellen und Installation durch den Lieferanten vereinbart, macht der Lieferant daraus im Bestätigungsschreiben aber eine Holschuld ohne Installation, so liegt darin im allgemeinen eine wesentliche Abweichung. Ebenso verhält es sich, wenn eine Lieferfrist von 1 Monat auf 6 Monate erhöht wird. Die Einbeziehung von AGB mit geschäftsüblichem Inhalt stellt im allgemeinen keine wesentliche Abweichung dar.

d) Eindeutiger Inhalt

37 Das kaufmännische Bestätigungsschreiben muß nach seinem **Inhalt eindeutig** gefaßt und als rechtsgeschäftliche Erklärung erkennbar sein. Die Bezeichnung als Bestätigungsschreiben oder die Verwendung sonstiger bestimmter Formulierungen ist aber nicht erforderlich[46]. Es darf sich jedoch nicht nur um eine bloße Schilderung der Ereignisse handeln, sondern muß den Willen für eine rechtsgeschäftlich verbindliche Festlegung erkennen lassen. Unklarheiten jeder Art gehen zu Lasten des Absenders.

e) Einbezogener Personenkreis

38 In persönlicher Hinsicht kommen die Grundsätze des kaufmännischen Bestätigungsschreibens nicht nur unter Kaufleuten zur Anwendung. Sie gelten vielmehr auf Absender- wie auf Empfängerseite für alle **in größerem Umfang am Marktgeschehen** als selbständige Unternehmer **beteiligten Personen,** gleichgültig ob sie Kaufleute oder sonstige Gewerbetreibende sind, sofern es sich nicht um ihren privaten Bereich handelt[47]. Nicht erfaßt werden etwa Kleinhandwerker und als Einzelpersonen freiberuflich Tätige. Insofern ist der Personenkreis enger als der Unternehmerbegriff des § 14.

2. Rechtsfolgen

39 Die Rechtsfolgen des Schweigens auf ein kaufmännisches Bestätigungsschreiben liegen in der **Zustimmung zum Inhalt des Bestätigungsschreibens.** Diese Zustimmung wirkt rein **deklaratorisch,** wenn der Inhalt des Bestätigungsschreibens mit dem Vorbesprochenen übereinstimmt. Das Bestätigungsschreiben hat dann bloße Beweisfunktion. Im Falle von Abweichungen wirkt es dagegen **konstitutiv** vertragsbegründend und inhaltsändernd. Durch das kaufmännische Bestätigungsschreiben kann insbesondere auch der von einem vollmachtslosen Vertreter abgeschlossene Vertrag Wirksamkeit erlangen[48].

40 Das Schweigen wirkt als Zustimmung wie eine **Willenserklärung.** Deshalb ist auch auf seiten des Empfängers des Bestätigungsschreibens Geschäftsfähigkeit erforderlich. Andererseits ist man sich aber im Ergebnis einig, daß es für die Wirkung des

---

[45] *BGHZ* 7, 187, 190; *Hübner,* AT, Rn. 688.
[46] *Baumbach/Hopt,* HGB, § 346 Rn. 21; *K. Schmidt,* Handelsrecht, § 19 III 3 a.
[47] *Baumbach/Hopt,* HGB, § 346 Rn. 18.
[48] *BGH* NJW 1990, 386.

Schweigens nicht darauf ankommt, ob dem Empfänger des Bestätigungsschreibens im Einzelfall die Bedeutung seines Schweigens bewußt war oder nicht[49]. Der Zweck des Bestätigungsschreibens, bei Ausbleiben einer Antwort nach angemessener Zeit die Gewißheit über das Zustandekommen des Vertrags zu schaffen, würde vereitelt, wenn der Empfänger des Bestätigungsschreibens hernach einwenden könnte, er habe gemeint, sein Schweigen bedeute Ablehnung, oder er habe nur aus Versehen oder Unkenntnis der Vorgänge nicht geantwortet, keinesfalls aber, um seine Zustimmung zu erklären. Nach dem Zweck des kaufmännischen Bestätigungsschreibens muß deshalb die **Anfechtung wegen Irrtums** nach § 119 über die Bedeutung des Schweigens als Annahme oder Zustimmung ausgeschlossen werden[50] (s. oben § 28 Rn. 78, 80)[51].

Ausgeschlossen ist die Anfechtung wegen **Irrtums über die Bedeutung des Schweigens** als Annahme des Vertragsantrags nach § 362 HGB (dazu oben § 28 Rn. 78, 80) oder als Zustimmung zum Inhalt des Bestätigungsschreibens (s. oben Rn. 39), mag der Irrtum nun auf Unkenntnis des Zugangs des Antrags oder Schreibens oder als Rechtsfolgenirrtum (s. unten § 36 Rn. 73ff.) auf Unkenntnis der verkehrsmäßigen Bedeutung des Schweigens beruhen[52]. Wenn aber der Empfänger des Antrags oder des Bestätigungsschreibens in Kenntnis der Rechtsfolge bewußt geschwiegen hat, weil er den Antrag annehmen, den Inhalt des Bestätigungsschreibens gelten lassen wollte, dann darf er nicht schlechter stehen, als wenn er die Annahme oder Zustimmung ausdrücklich erklärt hätte. Er muß dann wegen **Inhaltsirrtums** nach § 119 anfechten können, wenn er den Antrag oder das Bestätigungsschreiben in seinem Inhalt mißverstanden hat[53]. Nicht dagegen kann er anfechten, weil er infolge eines Erinnerungsfehlers der Meinung war, das von ihm richtig verstandene Bestätigungsschreiben stimme inhaltlich mit dem Ergebnis der mündlichen Verhandlungen überein. Dabei handelt es sich um einen unbeachtlichen Irrtum im Motiv (s. unten § 36 Rn. 2ff.)[54]. Bei arglistiger Täuschung durch den Absender des Schreibens freilich kann der Empfänger nach § 123 anfechten. 41

IV. Vertragsabschluß mit elektronischer Kommunikation

Im Zuge der Automatisierung und elektronischen Datenverarbeitung erlangt auch der Vertragsabschluß unter Einsatz elektronischer Medien Bedeutung. Dabei ist zwischen den Vertragsverhandlungen unter Personen, die sich der elektronischen Medien als Kommunikationsmittel bedienen einerseits und den Vertragsverhandlungen einer Person mit einem elektronischen Datenverarbeitungsgerät oder der Kommunikation von Datenverarbeitungsgeräten untereinander andererseits zu unterscheiden. Der Vertrag und die aus ihm entspringenden Rechte und Pflichten können jedoch immer nur zwischen natürlichen Personen, Personenverbindungen oder juristischen Personen bestehen, weil nur diese rechtsfähig sind, nicht aber Maschinen und Geräte. Entscheidend ist deshalb, wer die bei den Vertragsverhandlungen zu fällenden Entscheidungen 42

---

49 Vgl. *Köhler,* AT, § 18 Rn. 31; *Medicus,* AT, Rn. 442.

50 *Medicus,* AT, Rn. 442; *Baumbach/Hopt,* HGB, § 346 Rn. 33; *Hübner,* AT, Rn. 688.

51 Vgl. nur *K. Schmidt,* Handelsrecht, § 19 II 2e bb.

52 *BGHZ* 11, 1, 5; 20, 149, 154; *BGH* NJW 1972, 45; *Hanau,* AcP 165, 225; Palandt/*Heinrichs,* § 148 Rn. 8; Soergel/*M. Wolf,* § 147 Rn. 45; MünchKomm/*Kramer,* § 119 Rn. 55ff.

53 Im einzelnen ist hier vieles streitig. Vgl. dazu *Canaris,* aaO, S. 205, 210f.; *Medicus,* AT, Rn. 442, ähnlich wie hier Erman/*Hefermehl,* § 147 Rn. 12. Zu demselben Ergebnis kommt *Litterer,* aaO, S. 126 aufgrund der Annahme, in diesen Fällen liege eine (konkludente) Willenserklärung vor, es komme daher die Haftung ex lege gar nicht zur Anwendung.

54 So auch zutreffend *Canaris,* aaO, S. 211. Vgl. auch *BGH* NJW 1969, 1711.

trifft und sich die dazu erforderlichen Programmierungen der Datenverarbeitungsanlagen zurechnen lassen muß.

1. Elektronische Medien als reine Kommunikationsmittel

43 Möglich ist zunächst, daß die eingesetzten elektronischen Geräte allein als Transportmittel für menschliche Erklärungen benutzt werden, die der Erklärende jeweils in das Gerät eingibt. Man spricht dann von einer elektronisch übermittelten Willenserklärung[55], wobei die elektronischen Medien allein als Kommunikationsinstrumente dienen. Damit ergeben sich für den Vertragsabschluß ähnliche Probleme wie bei der Benutzung herkömmlicher Kommunikationsinstrumente wie Briefpost oder Telefon. Im übrigen sind elektronische Willenserklärungen nicht anders zu behandeln als sonstige Willenserklärungen. Sie müssen zugehen (s. oben § 26 Rn. 24f.), und infolge fehlerhafter Tasteneingabe und Bedienung ungewollt abgegebene Erklärungen können wegen Irrtums nach §§ 119 Abs. 1, 120 angefochten werden (s. auch unten Rn. 55).

44 **Beispiele:** Ein Verkäufer beantwortet das ihm zugegangene Angebot nicht telefonisch, sondern mittels einer E-Mail, oder Angebot und Annahme werden per E-Mail ausgetauscht, wie z. B. bei einer Versteigerung im Internet[56].

45 Sind beide Parteien direkt an der Kommunikation durch Eingabe und gleichzeitigen Empfang ihrer Erklärungen am Bildschirm beteiligt, so handelt es sich um einen Vertragsabschluß unter Anwesenden vergleichbar der telefonischen Kommunikation, wobei die Vorschrift des § 147 Abs. 1 anzuwenden ist und der Antrag deshalb nur sofort angenommen werden kann (s. oben § 29 Rn. 33ff.).

46 Werden die Erklärungen in ein elektronisches Gerät eingegeben, ohne daß sie vom Empfänger unmittelbar wahrgenommen werden, sondern wie z. B. eine E-mail im Empfangsgerät gespeichert werden und dort abgefragt werden können, so handelt es sich um Erklärungen und einen Vertragsabschluß unter Abwesenden. Da das elektronische Angebot und die elektronische Annahme empfangsbedürftige Willenserklärungen sind, kommt es auf den Zugang an (s. oben § 26 Rn. 16ff.). Hinsichtlich der Dauer, für die der Antragende an seinen Antrag gebunden ist, ist § 147 Abs. 2 maßgebend (s. oben § 29 Rn. 35ff.). Dabei ist jedoch die durch die elektronischen Medien verkürzte Übermittlungszeit zu berücksichtigen. Die Überlegungsfrist bleibt dem Angebotsempfänger aber in gleicher Weise wie sonst bei einem Angebot gegenüber Abwesenden erhalten.

2. Abgabe und Entgegennahme von Erklärungen durch elektronische Medien

47 Der Einsatz elektronischer Geräte ermöglicht es bei entsprechender Programmierung, daß diese Geräte Erklärungen entgegennehmen und sinnhaft verarbeiten können, insbesondere auch Erklärungen als Antwort abgeben (Voice-Mail) oder sonstige Zustimmungs- oder Ablehnungsreaktionen auf ihnen zugegangene menschliche Er-

---

55 *Fritzsche/Malzer,* DNotZ 1995, 3, 8; *Fritzemeyer/Heun,* CR 1992, 129; *Heun,* CR 1994, 595.

56 S. dazu *BGH* NJW 2002, 363 – ricardo.de = LM H. 3/02 § 145 BGB Nr. 22 m. Anm. *Martin Weber;* s. dazu auch oben § 29 Rn. 11, 20, 22.

klärungen zeigen können. In diesem Fall spricht man von einer „Computererklärung“[57] als Unterfall der sog. automatisierten Willenserklärung[58].

Beispiele: Eine Buchhandlung vertreibt Bücher dergestalt, daß diese im Internet angeboten werden. Ein dazu eingesetztes Computerprogramm überprüft im Fall einer eingehenden Bestellung zunächst den noch vorhandenen Bestand und nimmt sodann das Angebot automatisch an, ohne daß noch ein Verkäufer eingeschaltet werden müßte. Bei einer Call-by-call-Verbindung kommt der Vertrag mit der automatischen, vorprogrammierten Freischaltung der Leitung zustande[59]. 48

Auch wenn die Angebots- oder Annahmeerklärung äußerlich unmittelbar von dem elektronischen Gerät ausgeht, ist sie doch der Person zuzurechnen, die dieses Gerät betreibt und programmiert hat oder hat programmieren lassen[60]. Es handelt sich deshalb um eine Willenserklärung der Person und nicht um eine Willenserklärung des elektronischen Geräts. Demgemäß ist der Vertrag mit dem Betreiber als Person und nicht mit der Maschine zustande gekommen. Infolge Fehlprogrammierung irrtümlich abgegebene Erklärungen können grundsätzlich nach § 119 Abs. 1 angefochten werden (s. auch unten § 36 Rn. 19). 49

Auch bei den von einem elektronischen Gerät ausgehenden Vertragserklärungen stellt sich die Frage, ob es sich um einen Vertragsabschluß unter Anwesenden oder unter Abwesenden handelt. Dabei ist bei einem Datenverarbeitungsgerät, das Erklärungen empfangen, sinnhaft verarbeiten und beantworten kann, grundsätzlich von Vertragsverhandlungen unter Anwesenden auszugehen[61], so daß § 147 Abs. 1 Satz 1 gilt, auch wenn die Person, der die elektronische Annahmeerklärung zugerechnet wird, das Angebot der anderen Vertragspartei gar nicht unmittelbar selbst wahrgenommen hat. Sie muß sich auch die Wahrnehmung durch die Datenverarbeitungsanlage und deren unmittelbare Reaktion als Reaktion unter Anwesenden zurechnen lassen. 50

Beispiele: Die automatisierte Bestellung von Waren und Wertpapieren oder die Durchführung von Kontobewegungen über das Telefon durch das Drücken bestimmter Rufnummern und die damit verbundene Erteilung eines bestimmten Auftrags sind wie Vertragsverhandlungen und der Vertragsabschluß unter Anwesenden zu behandeln. Gleiches gilt für entsprechende elektronische Eingaben per Internet, z. B. bei der Autorisierung von Zahlungen im electronic-cash-System[62]. 51

3. Vertragsabschluß im elektronischen Geschäftsverkehr (§ 312 e)

a) Anwendungsbereich

Für den elektronischen Geschäftsverkehr gelten zunächst die allgemeinen Vorschriften über den Vertragsabschluß mit elektronischen Medien (s. oben Rn. 42 ff.). 52

---

[57] *Köhler,* AcP 182 (1982), 126, 132; *Heun,* CR 1994, 595; *Fritzsche/Malzer,* DNotZ 1995, 3, 9; *Taupitz/Kritter,* JuS 1999, 839.

[58] Vgl. dazu *Medicus,* AT, Rn. 256; *Paefgen,* JuS 1988, 592.

[59] S. allgemein zum Vertragsabschluß beim Call-by-call Verfahren *Hahn,* Telekommunikationsdienstleistungs-Recht, 2001, Rn. 140 ff.

[60] Vgl. nur *Medicus,* AT, Rn. 256; *Paefgen,* JuS 1988, 592; *Köhler,* AcP 182 (1982), 126, 132; *Taupitz/Kritter,* JuS 1999, 839, 840.

[61] Vgl. allerdings auch *Redeker,* NJW 1992, 2390, 2391; *Bartl,* DB 1982, 1097, 1100; *Heun,* CR 1994, 595, 597, die von der Anwendung der Vernehmungstheorie ausgehen.

[62] S. dazu *Bröcker,* WM 1995, 468.

Daneben enthält § 312e in Umsetzung einer EG- Richtlinie[63] besondere Vorschriften, wenn sich ein Unternehmer im Sinne von § 14 eines Tele- oder Mediendienstes zum Abschluß eines Vertrags über die Lieferung von Waren oder die Erbringung von Dienstleistungen bedient. Zu den **Telediensten** gehört nach § 2 Abs. 2 Nr. 1 TDG etwa das Telebanking oder gemäß Nr. 5 der Verkehr mit abrufbaren Datenbanken und der unmittelbaren Bestellmöglichkeit von Waren und Dienstleistungen. Den **Mediendiensten** ist insbesondere das Teleshopping zuzurechnen[64]. § 312e Abs. 1 Nr. 1–3 sind nicht anzuwenden, wenn der Vertrag ausschließlich durch individuelle Kommunikation z.B. durch E-Mail ohne Vermittlung eines Tele- oder Mediendienstes abgeschlossen wird. Es gelten dann allein die allgemeinen Grundsätze. Bei Geschäften mit einem Verbraucher sind jedoch die §§ 312bff. über den Fernabsatz anwendbar, weil dieser alle Vertragsabschlüsse ohne körperliche Anwesenheit erfaßt, auch wenn sich die Vertragspartner nicht der elektronischen Kommunikation bedienen.

53 In **persönlicher Hinsicht** gilt § 312e grundsätzlich für alle Vertragsabschlüsse zwischen einem Unternehmer und seinen Kunden, auch wenn sie nicht Verbraucher sind. Für Verträge, an denen kein Unternehmer beteiligt ist, d.h. insbesondere allein unter Verbrauchern, kommt § 312e dagegen nicht zur Anwendung. Sofern es sich bei Verträgen mit einem Unternehmer zugleich um ein Fernabsatzgeschäft gemäß § 312b Abs. 1 und 2 handelt, gelten bei Vertragsabschlüssen zwischen einem Unternehmer und einem Verbraucher auch die Bestimmungen der §§ 312b–d über den Fernabsatz (s. unten Rn. 60ff.). Die Regelung des Vertragsabschlusses im elektronischen Geschäftsverkehr ist durch die verschiedenen Vorschriften mit sich teilweise überschneidenden Anwendungsbereichen insgesamt sehr komplex und unübersichtlich geworden.

b) Vermeidung von Eingabefehlern

54 Von besonderer Bedeutung im Zusammenhang mit dem Abschluß von Verträgen im elektronischen Geschäftsverkehr ist die Vermeidung von Eingabefehlern. Der Unternehmer muß zu diesem Zweck angemessene, wirksame und zugängliche **technische Mittel** (§ 312e Abs. 1 Nr. 1) einschließlich der **dazu erforderlichen Informationen** (§ 312e Abs. 1 Nr. 2 mit § 3 BGB-InfoV) zur Verfügung stellen, mit deren Hilfe der Kunde Eingabefehler vor der Bestellung erkennen und berichtigen kann. Dazu können etwa Kontrollabfragen und ein Überblick über die Gesamtbestellung mit Berichtigungsmöglichkeit dienen, bevor der eigentliche Bestellvorgang des Kunden ausgeführt wird. Gleichgültig ist, ob die Bestellung des Kunden als Angebot oder als Annahme anzusehen ist. Diese Vorschriften können im Geschäftsverkehr mit Kunden, die nicht Verbraucher sind, abbedungen werden (§ 312e Abs. 2 Satz 2).

55 Gibt der Kunde infolge eines Bedienungs- und Eingabefehlers eine Bestellung ab, die nicht mit seinem Willen übereinstimmt, so fallen Wille und Erklärung auseinander, was dem Kunden das Recht zur **Anfechtung wegen Irrtums** nach § 119 Abs. 1 verleiht. Hat der Unternehmer Maßnahmen zur Vermeidung des Eingabefehlers schuldhaft nicht durchgeführt, so kann er gemäß § 122 Abs. 2 keinen Ersatz des Ver-

---

[63] Richtlinie 2000/31/EG über den elektronischen Geschäftsverkehr v. 8. 6. 2000, ABl. EG Nr. L 178, S. 1.; s. dazu auch *Kloepfer,* Informationsrecht, 2002, § 13 Rn. 86ff.

[64] S. dazu § 2 Abs. 2 Nr. 1 Medienstaatsvertrag; s. auch *Kloepfer,* Informationsrecht, 2002, § 13 Rn. 4.

trauensschadens verlangen, wenn er den Irrtum fahrlässig nicht erkannte. § 122 Abs. 2 ist analog anzuwenden, wenn der Unternehmer den Eingabefehler schuldhaft verursacht hat. Daneben haftet der Unternehmer für die Verletzung seiner Pflicht nach § 311 Abs. 2 mit § 280 oder § 282 wegen **Verschuldens bei den Vertragsverhandlungen.**

c) Erteilung von Informationen

Der Unternehmer muß den Kunden neben einer Aufklärung über die technischen Schritte zur Durchführung der Bestellung und zur Vermeidung von Eingabefehlern ferner informieren über die **Speicherung des Vertragstextes** und seine Zugänglichkeit für den Kunden sowie über die zur Verfügung stehenden **Vertragssprachen** und die für den elektronischen Geschäftsverkehr einschlägigen **Verhaltenskodizes,** denen sich der Unternehmer unterworfen hat, und wie sie zugänglich sind (§ 312e Abs. 1 Nr. 2 mit § 3 BGB-InfoV). Des weiteren muß der Unternehmer den Zugang der Bestellung unverzüglich auf elektronischem Weg bestätigen (§ 312e Abs. 1 Nr. 3) und eine Möglichkeit schaffen, die Vertragsbedingungen einschließlich etwaiger AGB bei Vertragsabschluß abzurufen und in wiedergabefähiger Form zu speichern (§ 312e Abs. 1 Nr. 4). Mit Ausnahme von Nr. 4 können diese Informationspflichten in Vereinbarungen mit Kunden, die nicht Verbraucher sind, ausgeschlossen werden. 56

Werden die Informationspflichten verletzt, so kommen grundsätzlich **Schadensersatzansprüche** wegen Verschuldens bei den Vertragsverhandlungen § 311 Abs. 2) oder bei Pflichtverletzungen nach Vertragsabschluß aus positiver Vertragsverletzung in Betracht[65]. Werden **AGB** nicht zur Verfügung gestellt, so sind sie gemäß § 305 Abs. 2 **nicht** in den Vertrag **einbezogen.** 57

V. Vertragsabschluß mit Verbrauchern

1. Allgemeine Regeln und besondere Schutzbedürfnisse

Für den Abschluß von Verträgen mit Verbrauchern gelten grundsätzlich die allgemeinen Regeln über das Zustandekommen von Verträgen (s. oben § 29), gleichgültig ob diese Verträge mündlich, schriftlich, elektronisch oder notariell abgeschlossen werden. In einzelnen Vertragsabschlußsituationen hat der Gesetzgeber den Verbraucher aber als besonders schutzbedürftig angesehen, wenn er mit einem Unternehmer im Sinne des § 14 kontrahiert. Maßgebliche Vorstellung ist dabei, daß dem geschäftlich erfahrenen Unternehmer der geschäftlich unerfahrene und deshalb schutzbedürftige Verbraucher gegenüber steht. Die Schutzvorschriften gelten deshalb nur in Beziehungen zwischen einem Unternehmer und einem Verbraucher, dagegen weder zwischen Verbrauchern untereinander noch zwischen Unternehmern untereinander, weil hier bei einer generellen Betrachtung von einem Gleichgewicht der Geschäftserfahrungen ausgegangen werden kann. Im Verhältnis zwischen Unternehmern und Verbrauchern geht der Gesetzgeber dagegen von einem Schutzbedürfnis des Verbrauchers beim Abschluß von Verträgen aus. Der Verbraucher darf in besonderem Maße auf Erklärung des Unternehmers vertrauen. 58

[65] S. dazu auch *Grigoleit,* WM 2001, 597.

59 **Beispiele:** Von einem Schutzbedürfnis des Verbrauchers geht § 661 a aus, wenn er den Unternehmer an seine Zusage bindet, daß der Verbraucher einen Preis gewonnen habe. Darin darf der Verbraucher nach gewöhnlichem Verständnis ein Vertragsangebot erblicken, das er annimmt, wenn er den Preis verlangt. § 661 a schließt als Spezialvorschrift die Anwendung der (Form)Vorschrift über die Schenkung (§ 518) aus[66]. Im einzelnen ist allerdings zu unterscheiden. Die „Gewinnzusage" ist ein Vertrauensangebot, das der Verbraucher nach § 151 oder durch sonstige Annahmehandlungen annehmen kann. Die Mitteilung, daß ein Gewinn gemacht worden sei, ist dagegen eine bloße Wissensmitteilung als geschäftliche Handlung (s. oben § 22 Rn. 14 f.), aus der im allgemeinen kein rechtsgeschäftlicher Bindungswille entnommen werden kann. Der Anspruch aus § 661 a ergibt sich in diesem Fall aus dem Gesetz. Teilt der Unternehmer den Gewinn allerdings mit und verspricht er zugleich dessen Auszahlung, wenn andere Waren bestellt werden, so liegt darin ein Gewinnauszahlungsversprechen, das den Unternehmer bindet, wenn es der Verbraucher mit der Warenbestellung annimmt. Mit dieser Auslegung ist § 661 a verfassungskonform[67]. Die Schutzbedürftigkeit des Verbrauchers zeigt sich auch im Bereich des Fernabsatzes (§§ 312 b ff.), des elektronischen Geschäftsverkehrs (§ 312 e) und der Haustürgeschäfte (§ 312). Die Schutzbedürftigkeit ist dabei typischerweise in schuldrechtlichen Verträgen gegeben, weil in diesen Verträgen das Äquivalenzverhältnis und die Grundlagen des Leistungsaustausches festgelegt werden.

2. Vertragsabschluß bei Fernabsatzgeschäften

60 Wegen der Schwierigkeiten, die für den Verbraucher mit dem Vertragsabschluß über große Entfernungen und Grenzen hinweg verbunden sind, sind auf der Grundlage der Fernabsatzrichtlinie[68] die §§ 312 b–d in das BGB eingefügt worden. Diese Vorschriften bauen entsprechend den Vorgaben der Richtlinie auf den nationalen deutschen Vertragsabschlußregeln auf[69] und ergänzen diese durch besondere Schutzvorschriften, die den Verbraucher vor den spezifischen Gefahren des Fernabsatzes schützen und einen einheitlichen Mindestschutz in den Mitgliedstaaten der EG schaffen sollen. Gefahren ergeben sich beim Fernabsatz daraus, daß der Verbraucher die Existenz, Identität und Vertrauenswürdigkeit seines Vertragspartners nicht erkennen kann und deshalb auf diesbezügliche Angaben angewiesen ist. Ebenso wenig kann er die Tauglichkeit und Eignung der angebotenen Waren und Leistungen überprüfen. Gegen diese Gefahren wird der Verbraucher auf verschiedene Weise geschützt.

a) Begriff der Fernabsatzgeschäfte

61 Fernabsatzgeschäfte beruhen nach § 312 b Abs. 1 auf Verträgen, die zwischen einem Unternehmer und einem Verbraucher unter **ausschließlicher Verwendung von Fernkommunikationsmitteln** über die Leistung von Waren und Diensten geschlossen werden. Ausgenommen sind Vertragsabschlüsse, die nicht im Rahmen eines für den Fernabsatz organisierten Vertriebs- oder Dienstleistungssystems erfolgen, sowie die in § 312 b Abs. 3 aufgeführten Vertragsarten, wozu insbesondere Finanzgeschäfte einschließlich der Bankgeschäfte gehören (Nr. 3) sowie Grundstücksgeschäfte (Nr. 4), die in Nr. 5 genannten Geschäfte über Nahrungsmittel und Haushaltsgegenstände des täglichen Bedarfs, Leistungen im Rahmen einer Pauschalreise (Nr. 6), Geschäfte unter

[66] A. A. offenbar *Stephan Lorenz* NJW 2000, 3306.

[67] *BGH* NJW 2003, 3620.

[68] Richtlinie 97/7/EG über den Verbraucherschutz bei Vertragsabschlüssen im Fernabsatz v. 20. 5. 1997, ABl. Nr. L 144/19.

[69] S. dazu *Micklitz*, in *Grabitz/Hilf/Wolf*, Das Recht der EU, Band III A 3 Rn. 3.

Verwendung von Warenautomaten (Nr. 7a) und Verträge über die Benutzung öffentlicher Fernsprecheinrichtungen[70] (Nr. 7b).

Fernkommunikationsmittel sind solche, die zur Kommunikation zwischen einem Verbraucher und einem Unternehmer ohne gleichzeitige körperliche Anwesenheit beider Teile benutzt werden können. Die Fernkommunikation ist nicht auf den elektronischen Verkehr beschränkt, sondern erfaßt auch andere Mittel, die eine Kommunikation über Distanz ermöglichen. § 312b Abs. 2 nennt beispielhaft ausdrücklich Briefe, Kataloge, Telefonanrufe, E-Mails, Rundfunk-, Tele- und Mediendienste. **62**

b) Schutz durch Information

Gemäß den Vorgaben in Art. 4 der Richtlinie und in Übereinstimmung mit dem Informationsmodell des EuGH (s. unten § 42 Rn. 52) sieht § 312c die Information des Verbrauchers als ein wesentliches Schutzinstrument vor. Die im einzelnen anzugebenden Informationen sind auf der Grundlage von § 312c Abs. 1 und 2 in **§ 1 BGB-InfoV**[71] aufgeführt. § 312c unterscheidet dabei zwischen Informationen, die dem Verbraucher gemäß dem für den Vertragsabschluß eingesetzten Fernkommunikationsmittel rechtzeitig vor Abschluß des Vertrags erteilt werden müssen (Abs. 1), und Informationen, die dem Verbraucher in Textform spätestens bis zur vollständigen Erfüllung zu geben sind (Abs. 2 und 3). **63**

aa) Im Einzelnen beziehen sich die **Informationen vor Vertragsabschluß** insbesondere auf die Identität und Anschrift des Unternehmers, auf das Zustandekommen des Vertrags und die wesentlichen Merkmale der Vertragsleistung, auf die Preise einschließlich etwaiger Steuern, Liefer- und Versandkosten, auf einzelne Angaben über Zahlung und Lieferung sowie auf die Gültigkeitsdauer eines befristeten Angebots (§ 1 Abs. 1 Nr. 1–11 BGB-InfoV). Da es sich dabei um wesentliche Informationen für die Vertragsentscheidung handelt, müssen sie auch ihrer **Form** nach dem **für den Vertragsabschluß verwendeten Kommunikationsmittel** entsprechen. Eine Information über die Preise unmittelbar nach Kontaktaufnahme durch den Kunden genügt[72]. **64**

Bei diesen Informationen handelt es sich zum Teil um Angaben, die den Hauptgegenstand des Vertrags (essentialia negotii) betreffen, wie Identität des Unternehmers und wesentliche Merkmale der Vertragsleistung. Stehen sie bei Vertragsabschluß nicht fest, so ist der Vertrag wegen des Fehlens oder der Unbestimmtheit unersetzbarer Vertragselemente nicht durchführbar und deshalb unwirksam (s. oben § 29 Rn. 75ff.). Kann der wesentliche Vertragsinhalt aus den Umständen ermittelt werden, hat der Verbraucher aber mangels Information eine unrichtige Vorstellung, so kann ihm ein Anfechtungsrecht wegen Irrtums nach § 119 Abs. 1 zustehen. Dies kommt auch für Vertragsinhalte in Betracht, die nicht zu den essentialia negotii gehören. Soweit Informationen gegeben und nicht rechtzeitig vor Vertragsabschluß richtig gestellt werden, wird der Vertrag mit dem Inhalt der dem Verbraucher mitgeteilten Informationen geschlossen. Fehlen Informationen über die Art und Weise der Leistungserbringung oder andere Nebenbestimmungen (naturalia und accidentialia ne- **65**

[70] S. dazu auch *Hahn,* Telekommunikationsdienstleistungs-Recht, 2001, Rn. 125ff.
[71] VO über die Information nach bürgerlichem Recht v. 29. 11. 2001 BGBl. I, S. 3177.
[72] *BGH* NJW 2003, 3343.

gotii), so tritt an ihre Stelle die ergänzende Vertragsauslegung oder dispositives Recht (s. oben § 29 Rn. 74, 79ff.). In jedem Fall kommt bei schuldhaft unterlassener Information ein Schadensersatzanspruch aus § 311 Abs. 2 mit § 280 oder § 282 wegen Verschuldens bei den Vertragsverhandlungen in Betracht.

66 bb) Für einen Teil der Informationen sieht § 312c Abs. 2 mit § 1 Abs. 2 und 3 BGB-InfoV vor, daß sie dem Verbraucher **spätestens bei Lieferung der Waren** bzw. spätestens bis zur vollständigen Erfüllung bei anderen Leistungen mitgeteilt werden müssen. Es handelt sich dabei um Angaben zum Vertragsinhalt, die dem Verbraucher auch schon vor Vertragsabschluß mitgeteilt werden müssen (s. oben Rn. 56). Während die Mitteilung vor Vertragsabschluß die selbstverantwortliche Entscheidung über den abzuschließenden Vertrag ermöglichen soll, dient die Information nach Vertragsabschluß dazu, dem Verbraucher eine jederzeitige Information über den Vertragsinhalt zu gewährleisten. Deshalb muß diese spätere Information auch in einer zur dauerhaften Wiedergabe geeigneten **Textform** nach § 126b erteilt werden. Zusätzliche Informationen über die bei Vertragsabschluß vorgeschriebenen Inhalte hinaus betreffen Einzelheiten über die Ausübung und Rechtsfolgen des Widerrufs- oder Rückgaberechts, die beim Unternehmer zuständige Niederlassung für Beanstandungen, Informationen über Kundendienst sowie Gewährleistungs- und Garantiebedingungen und über Kündigungsbedingungen bei Dauerschuldverhältnissen (§ 1 Abs. 3 BGB-InfoV). Werden diese Informationen nach Vertragsabschluß nicht rechtzeitig gegeben, so können daraus Ansprüche wegen positiver Vertragsverletzung erwachsen (§ 280 oder § 281). In jedem Fall beginnt die Widerrufsfrist nicht zu laufen, wenn die Informationen nicht bis zu den in § 312d Abs. 2 genannten je nach Leistungsart unterschiedlichen Zeitpunkten erteilt sind.

c) Widerrufs- und Rückgaberecht

67 Als weiteren Schutz für den Verbraucher sieht § 312d ein Widerrufsrecht oder bei der Lieferung von Waren alternativ ein Rückgaberecht vor. Dadurch soll dem Verbraucher die Möglichkeit zur Prüfung der Ware oder sonstigen Leistung eröffnet werden, weil er diese Möglichkeit vor oder bei Vertragsabschluß nicht hatte. Für das Widerrufs- und Rückgaberecht gelten die allgemeinen Vorschriften der §§ 355ff. ergänzt um Sondervorschriften für den Fristbeginn, das Erlöschen und den Ausschluß dieser Rechte in § 312d Abs. 2–4. Ausgeschlossen ist das Widerrufsrecht nach § 312d Abs. 4 Nr. 1 bei Sonderanfertigungen für den Kunden, weil die Ware dann für den Unternehmer nicht mehr verwertbar und ihre Rücknahme deshalb unzumutbar ist. Eine Sonderanfertigung in diesem Sinne liegt jedoch nicht vor, wenn die Ware wie z.B. ein Notebook aus Standardbauteilen, wenn auch nach individuellem Kundenwunsch zusammengesetzt ist, denn die Standardbauteile können mit verhältnismäßig geringem Aufwand anderweit verwendet werden[73]. Das Widerrufsrecht ist auch ausgeschlossen, wenn mit Aufzeichnungen oder Software geladene elektronische Datenträger vom Verbraucher entsiegelt worden sind, weil dann die Gefahr besteht, daß er sich die Leistung angeeignet hat. Gleiches gilt von Zeitungen und Zeitschriften oder von Wett- oder Lottodienstleistungen (§ 312d Abs. 4 Nr. 2–4). Bei Versteigerungen ist der Widerruf ebenfalls ausgeschlossen, weil das Gebot anderer Bieter ausgefallen ist (§ 312d Abs. 4 Nr. 5).

---

[73] S. *BGH* NJW 2003, 1665 m. Anm. *Schulte-Nölke,* LMK 2003, 181.

3. Haustürgeschäfte

Die sog. Haustürgeschäfte im Sinne von § 312 betreffen Verträge über eine entgeltliche Leistung zwischen einem Unternehmer (§ 14) und einem Verbraucher (§ 13), zu dessen Abschluß der Verbraucher entweder an seinem Arbeitsplatz, im Bereich seiner Privatwohnung, anläßlich einer Freizeitveranstaltung oder durch überraschendes Ansprechen in Verkehrsmitteln oder im Bereich öffentlicher Verkehrsflächen bestimmt worden ist. Für den Vertragsabschluß gelten die allgemeinen Vorschriften über das Zustandekommen von Verträgen (s. oben § 29). Wegen der besonderen Örtlichkeiten, an denen der Verbraucher zum Vertragsabschluß in psychologisch ungünstiger Situation bestimmt wird (s. unten § 39 Rn. 10ff.) und an denen er sich nicht über die Angebote am Markt informieren kann, wird dem Verbraucher durch § 312 ein Widerrufsrecht eingeräumt, das ihm eine Loslösung vom Vertrag gemäß §§ 355ff. ermöglicht (s. dazu unten § 39 Rn. 26ff.). **68**

§ 31. Pflichten bei Vertragsverhandlungen und geschäftlichen Kontakten

Inhaltsübersicht

Literatur: Grundlegend *R. von Ihering,* Culpa in contrahendo, Jb. f. Dogm. 4 (1861) 1 (Nachdruck 1969 mit Nachwort *Eike Schmidt*), dazu *Schanze,* Culpa in contrahendo bei Jhering, Veröffentlichungen des Max-Planck-Instituts für Europ. Rechtsgeschichte VII (1978) 326. – *Assmann,* Prospekthaftung, 1985; *Breidenbach,* Die Voraussetzungen von Informationspflichten beim Vertragsschluß, 1989; *Canaris,* Schutzgesetze – Verkehrspflichten – Schutzpflichten, 2. FS Larenz, 1983, S. 27, 85; *Damm,* Entwicklungstendenzen der Expertenhaftung, JZ 1991, 373; *Eisenhardt,* Die Rechtsfolgen bei Abbruch von Vertragsverhandlungen und Abschluß eines nicht erwartungsgerechten Vertrags, FS Leser, 1998, 144; *Fleischer,* Vertragsschlußbezogene Informationspflichten, ZEuP 2000, 772; *ders.,* Konkurrenzprobleme um die culpa in contrahendo, Fahrlässige Irreführung versus arglistige Täuschung, AcP 200 (2000), 91; *Frost,* „Vorvertragliche“ und „vertragliche“ Schutzpflichten, 1981; *Frotz,* Die rechtsdogmatische Einordnung der Haftung für culpa in contrahendo, Gedenkschrift f. Gschnitzer, 1969, S. 163; *Grigoleit,* Vorvertragliche Informationspflichten, 1997; *Grote,* Die Eigenhaftung Dritter als Anwendungsfall der culpa in contrahendo, 1984; *Johannes Hager,* Die culpa in contrahendo in den UNIDROIT-Prinzipien und den Prinzipien des Europäischen Vertragsrechts aus der Sicht des deutschen Bürgerlichen Rechts, in *Basedow,* Europäische Vertragsrechtsvereinheitlichung und deutsches Recht, 2000, S. 67; *Krebs,* Sonderverbindung und außerdeliktische Schutzpflichten, 2000; *Lehmann,* Vertragsanbahnung durch Werbung, 1981; *Medicus,* Zur Entdeckungsgeschichte der culpa in contrahendo, FS Kaser zum 80. Geburtstag, 1986, S. 169; FS Hermann Lange, 1992, S. 539; *Messer,* Schadensersatzansprüche aus culpa in contrahendo wegen der Verletzung für den Vertragsinhalt wesentlicher vorvertraglicher Pflichten, FS Steindorff, 1990, S. 743; *Nirk,* Rechtsvergleichendes zur Haftung für culpa in contrahendo, RabelsZ 18 (1953) 310; *Picker,* Positive Forderungsverletzung und culpa in contrahendo – Zur Problematik der Haftung „zwischen Vertrag und Delikt“, AcP 183 (1983), 369; *Pouliadis,* Culpa in contrahendo und Schutz Dritter, 1982; *Rehm,* Aufklärungspflichten im Vertragsrecht, 2003; *Schwarze,* Vorvertragliche Verständigungspflichten, 2001; *Stoll,* Tatbestände und Funktionen der Haftung für culpa in contrahendo, FS Caemmerer, 1978, S. 435; *ders.,* Haftungsfolgen fehlerhafter Erklärungen beim Vertragsabschluß, FS Riesenfeld, 1983, S. 275; *Ziegler,* Die Beschränkung der Haftung aus culpa in contrahendo in Allgemeinen Geschäftsbedingungen, BB 1990, 2345.

I. Sonderverbindung mit Rücksichtnahmepflichten

1. Allgemeine und besondere Pflichten

1 Zwischen den Personen bestehen Beziehungen von unterschiedlicher Intensität, angefangen von engen familiären und ehelichen Beziehungen bis zu Augenblickskontakten und dem Fehlen jeglicher Beziehungen. Die Rechtsordnung trägt dieser Lage durch unterschiedliche Pflichten in unterschiedlichen Rechtsverhältnissen Rechnung. Die Pflichten reichen von den besonders engen und umfassenden Pflichten gegenüber Personen, denen man durch Ehe und Familie verbunden ist, bis zu den allgemeinen Pflichten gegenüber jedermann, die etwa zum Schutz absoluter Rechte aus § 823 und § 1004 abzuleiten sind. In dieser Reihe von **Rechtsverhältnissen mit unterschiedlich engen Pflichtbindungen** liegen zwischen den Pflichten gegenüber jedermann aus §§ 823, 1004 und den Pflichten aus vertraglichen Beziehungen die Pflichten, die aus der Aufnahme von geschäftlichen Kontakten und Vertragsverhandlungen entstehen. Solche Kontakte haben sich einerseits noch nicht zu vertraglichen Beziehungen verdichtet, sind andererseits aber enger als zu unbeteiligten Dritten. Sie gehören deshalb zu den Sonderverbindungen[1]. Während der Vertragsverhandlungen tritt man z.B. in den räumlichen Bereich des anderen ein, oder es werden Gespräche geführt und Informationen ausgetauscht, die die Vertragsentscheidungen jedes Verhandlungspartners beeinflussen und seine Interessen berühren. Es stellt sich deshalb die Frage, ab wann aus den Pflichten gegenüber jedermann eine engere Sonderverbindung mit weitergehenden Pflichten aus geschäftlichem Kontakt entsteht und welchen Inhalt diese Pflichten haben.

[1] S. dazu *Krebs,* Sonderverbindung und außerdeliktische Schutzpflichten, 2000, S. 211 ff.

Beispiele: Würde beim Verkauf eines Gebrauchtwagens angegeben, daß dieser einen Unfall gehabt hat, so würde der Kaufinteressent den Wagen entweder gar nicht oder nur zu einem geringeren Preis kaufen, als wenn diese Information verschwiegen wird. Würde der Verkäufer erfahren, daß der Käufer seine Arbeitsstelle verloren hat, so würde er möglicherweise auf Barzahlung bestehen und den ihm angebotenen Scheck nicht akzeptieren. Wäre dem Käufer eines Grundstücks bekannt, daß früher darauf Chemikalien gelagert waren, so würde er versuchen, vom Verkäufer die Zusicherung zu erhalten, daß das Grundstück frei von Altlasten ist oder daß der Verkäufer etwaige mit einer Beseitigung entstehende Kosten übernimmt. Ist das Grundstück kontaminiert und kommt der Käufer bei der Besichtigung mit Giftstoffen in Berührung, so wird er vom Verkäufer Ersatz etwaiger Reinigungskosten oder sonstiger Schäden verlangen wollen. Es stellt sich deshalb die Frage, ob und welche Informations-, Aufklärungs- und Obhutspflichten unter diesen Umständen bestehen. 2

2. Rechtsgrundlage der Rücksichtnahmepflichten

Angesichts der mit geschäftlichen Kontakten und den Vertragsverhandlungen entstehenden engeren Beziehungen wächst auch die Gefahr, daß ein Verhandlungspartner die Vertragsentscheidung des anderen nachteilig beeinflussen und bei diesem Schäden verursachen kann. Daraus ergibt sich das Bedürfnis und zugleich die Rechtfertigung für einen stärkeren Schutz. Wenn z.B. bei den Vertragsverhandlungen Informationen ausgetauscht werden, so müssen die Verhandlungspartner bei ihren Entscheidungen auf deren Richtigkeit und Vollständigkeit sowie darauf vertrauen können, daß der Informationsempfänger sie nicht unzulässigerweise weitergibt. Mit § 311 Abs. 2 wurde das Rechtsverhältnis der Vertragsverhandlungen und des geschäftlichen Kontakts in das BGB aufgenommen. Es handelt sich dabei um ein **gesetzliches Schuldverhältnis mit Rücksichtnahmepflichten** aus § 241 Abs. 2. Bei Verletzung der daraus entspringenden Pflichten ist der **schuldhaft handelnde** Verhandlungspartner dem anderen Teil zum **Schadensersatz** verpflichtet. Man spricht deshalb auch vom Verschulden bei den Vertragsverhandlungen oder von **culpa in contrahendo.** Dieses Rechtsverhältnis war zuvor schon in einer langen Tradition von Literatur[2] und Rechtsprechung[3] entwickelt worden. § 311 Abs. 2 hat es übernommen, weshalb die bisherige Rechtsprechung weiterhin zur Auslegung herangezogen werden kann. 3

Der Rechtsgrund für die besonderen Pflichten bei den vorvertraglichen und geschäftlichen Kontakten ist zunächst in einem zwischen den Parteien begründeten Vertrauensverhältnis gesehen worden[4]. Rücksichtnahmepflichten aus vorvertraglichen und geschäftlichen Kontakten können jedoch auch ohne ein konkretes Vertrauen bestehen. Dies zeigt sich insbesondere in Beziehungen, die durch wirtschaftliche und andere Zwangslagen gekennzeichnet sind. Wer auf die Produkte und Leistungen eines anderen angewiesen ist, muß mit diesem in Vertragsverhandlungen eintreten und kann dabei Rücksichtnahme erwarten, auch wenn er kein besonderes Vertrauen in den anderen hat. Für die Rücksichtnahmepflichten **entscheidend ist der enge Kontakt,** den man bei der Anbahnung geschäftlicher Kontakte mit anderen notwendigerweise eingehen muß. Dementsprechend stellt auch § 311 Abs. 2 Nr. 2 zutreffend auf die **Einwirkungsmöglichkeit** ab, die man einem anderen eröffnet, gleichgültig ob vertrauensvoll oder gezwungenermaßen. Das Rechtsverhältnis der Vertragsverhandlungen und geschäftlichen Kontakte setzt deshalb kein Vertrauen voraus[5]. Zwar können einzelne Rücksichtnahmepflichten entfallen, wenn ein Vertrauensschutz nicht erforderlich ist. Wer z.B. über Gefahren bereits in- 4

---

[2] Begründer dieser Lehre war *R. von Ihering* mit seinem Beitrag über „Culpa in contrahendo" in Jb.f. Dogm. 4 (1861), 1ff.

[3] Zuerst *RGZ* 78, 238, 239; s. zum Diskussionsstand auch *Singer,* JZ 2000, 153, 154.

[4] S. insbesondere *Canaris,* FS Larenz S. 90ff.

[5] So aber zum alten Rechtszustand noch *BGH* NJW 2001, 3698.

formiert ist, braucht nicht mehr gewarnt zu werden. Dies beseitigt aber nicht die Sonderverbindung insgesamt, sondern nur einzelne Pflichten, während Rücksichtnahmepflichten anderer Art bei fortbestehender Einwirkungsmöglichkeit weiterhin entstehen können.

3. Anwendungsbereich

5 Trotz seiner Stellung im Schuldrecht[6] ist das Rechtsverhältnis der Vertragsverhandlungen nicht auf Vertragsverhandlungen und geschäftliche Kontakte im Zusammenhang mit Schuldverträgen begrenzt, sondern gilt für Vertragsverhandlungen und geschäftliche Kontakte bei **Verträgen jeder Art,** gleichgültig ob sie Rechtsverhältnisse im Sachenrecht, im Familien- oder Erbrecht betreffen. Auch Vertragsverhandlungen zur Gründung von Personal- oder Kapitalgesellschaften können das Schuldverhältnis der Vertragsverhandlungen begründen ebenso wie etwa Kartellvereinbarungen, Tarifverhandlungen oder Verhandlungen über Betriebsvereinbarungen. Bei allen diesen Vertragsverhandlungen werden jeweils enge Kontakte und Interessenberührungen entstehen, die zu besonderer über §§ 823, 1004 hinausgehender Rücksichtnahme verpflichten. Dies begründet die Rücksichtnahmepflichten aus § 311 Abs. 2 mit § 241 Abs. 2, sofern nicht bereits eine Sonderverbindung mit vergleichbaren Rücksichtnahmepflichten aus einem vertraglichen oder gesetzlichen Rechtsverhältnis besteht. Darüber hinaus ist § 311 Abs. 2 auch auf **einseitige Rechtsgeschäfte** und **geschäftsähnliche Handlungen** anwendbar (s. Rn. 14f.).

6 **Beispiele:** (1) Ein Angestellter (A) des V einigt sich nach § 929 mit dem 17jährigen M, den er mit dem Käufer K verwechselt, über die Übereignung eines Kleinmotorrads. A macht den M, der sich über die günstige Gelegenheit freut, nur unzulänglich mit der Bedienung des Fahrzeugs vertraut. Infolge dessen verursacht M einen Unfall, aus dem ihm hohe Kosten entstehen. Auch wenn zwischen V, vertreten durch seinen Angestellten A, und M keine Kaufverhandlungen, sondern nur eine sachenrechtliche Einigung stattgefunden hat, so liegen doch auch darin Vertragsverhandlungen, die Rücksichtnahmepflichten gemäß § 241 Abs. 2 entstehen lassen. A, für den V aus dem Rechtsverhältnis der Vertragsverhandlungen nach § 278 haftet, hätte sich sorgfältiger über die Identität des M vergewissern und diesen sorgfältiger über die Bedienung aufklären müssen. Aufgrund der Verletzung dieser Pflichten kann M von V nach § 280 Schadensersatz für die ihm entstandenen Kosten verlangen. Auch wenn sich M möglicherweise ein Mitverschulden nach § 254 anrechnen lassen muß, so ändert dies doch nichts an der Pflichtverletzung des V aus § 311 Abs. 2 mit § 241 Abs. 2, (2) Bei den Verhandlungen über einen Erbvertrag (§ 2274) klärt der Erblasser E seinen Sohn S nicht darüber auf, daß er bereits durch einen anderen Erbvertrag gebunden ist und der mit S geschlossene Erbvertrag deshalb unwirksam ist (§ 2289 Abs. 1 Satz 2)[7]. S der die Notarkosten übernommen hat, will diese von E ersetzt haben. E hat S durch die unterlassene Aufklärung über einen bereits bestehenden anderen Erbvertrag unnötige Kosten verursacht und ist deshalb nach § 311 Abs. 2 mit § 241 Abs. 2 und § 280 zum Schadensersatz verpflichtet. (3) A hat mit B eine GmbH gegründet und dabei als Sacheinlage Gegenstände eingebracht, die ihm nicht gehörten. B, den A darüber nicht aufgeklärt hat, macht Schadensersatzansprüche wegen seiner Aufwendungen für die GmbH-Gründung geltend, die er in Kenntnis der Umstände nicht getätigt hätte. Schadensersatzansprüche stehen B aus culpa in contrahendo zu, weil auch der Vertrag über die GmbH-Gründung (§ 2 GmbHG) ein Rechtsverhältnis der Vertragsverhandlungen begründet[8].

---

[6] S. zur problematischen Stellung im Schuldrecht oben § 1 Rn. 79.
[7] S. dazu etwa Palandt/*Edenhofer,* § 2289 Rn. 2.
[8] S. dazu auch *M. Wolf,* LMK 2003, 8.

II. Entstehung einer Sonderverbindung

Der Übergang von den allgemeinen Pflichten gegenüber jedermann zu den besonderen Rücksichtnahmepflichten aus der Sonderverbindung bei vorvertraglichen und geschäftlichen Kontakten bedarf einer genauen Bestimmung. § 311 Abs. 2 sieht dafür verschiedene Entstehungsgründe vor. Diese sind 7

- die Aufnahme von Vertragsverhandlungen (Nr. 1),
- die Anbahnung eines Vertrags (Nr. 2) und
- ähnliche geschäftliche Kontakte (Nr. 3). Die Einbeziehung von ähnlichen geschäftlichen Kontakten führt zu einer Erweiterung des Anwendungsbereichs.

Die Übergänge der einzelnen Tatbestände sind fließend. Ihre genaue Abgrenzung ist angesichts der einheitlichen Verweisung auf die Pflichten aus § 241 Abs. 2 nicht von entscheidender Bedeutung. Die einzelnen Tatbestände können auch nebeneinander zur Anwendung kommen je nachdem, in welchem Zeitpunkt eine Pflichtverletzung gegeben ist (s. auch Rn. 51). Daneben stellt § 311 Abs. 3 klar, daß das Rechtsverhältnis der Vertragsverhandlungen und geschäftlichen Kontakte auch zu Dritten bestehen kann, die nicht selbst Vertragspartei werden sollen (s. dazu Rn. 34ff., 41f.). Da es sich um ein gesetzliches und nicht um ein vertragliches Schuldverhältnis handelt, ist es nicht erforderlich, daß später ein Vertrag zustande kommt[9]. Wird ein Vertrag abgeschlossen, so besteht für die vor Vertragsabschluß begangenen Pflichtverletzungen eine Haftung aus dem gesetzlichen Schuldverhältnis der culpa in contrahendo. Für Pflichtverletzungen, die erst nach Vertragsabschluß begangen wurden, ergeben sich vertragliche Schadensersatzansprüche zumeist aus positiver Vertragsverletzung. 8

1. Aufnahme von Vertragsverhandlungen (Nr. 1)

Von der Aufnahme von Vertragsverhandlungen ist auszugehen bei einer **Kontaktaufnahme** mit einem anderen **zum Zwecke eines eventuellen Vertragsabschlusses.** Dazu genügt jede gedankliche Äußerung, gleichgültig, ob sie mündlich, schriftlich, auf elektronischem Weg oder durch konkludentes Verhalten erfolgt. Es muß sich nicht um eine Willenserklärung handeln[10]. Die lediglich **einseitige Anpreisung** von Waren und Leistungen, z.B. in Zeitungen, Katalogen, in der Fernseh- oder Rundfunkwerbung oder in anderen Werbebroschüren **genügt jedoch nicht,** ebenso wenig wie die invitatio ad offerendum durch Auslage im Schaufenster schon als Aufnahme von Vertragsverhandlungen anzusehen ist[11], da Vertragsverhandlungen auf konkret absehbare Verträge mit individuellen Personen bezogen sind[12] und Vertragsverhandlungen mit einer unbestimmten Öffentlichkeit nicht in Betracht kommen. Die Aufnahme von Vertragsverhandlungen beginnt erst, wenn **ein anderer darauf eingeht,** indem er z.B. zu erkennen gibt, daß er sich für die Anpreisung oder die invita- 9

---

[9] S. dazu *BGHZ* 66, 51, 54; 71, 386, 393; *BGH* LM H. 7/1997 § 276 (Fa) BGB Nr. 148 m. Anm. *Koller.*

[10] S. AnwKomm/*Krebs*, 2002, § 311 Rn. 18.

[11] S. auch Soergel/*Wiedemann,* BGB, 12. Aufl. 1990, vor § 275 Rn. 244; a.A. *Lehmann,* Vertragsanbahnung, 1981, S. 352ff.; offenbar auch Palandt/*Heinrichs,* § 311 Rn. 16.

[12] S. auch *Blenske,* in *Schimmel/Buhlmann,* Frankfurter Handbuch zum neuen Schuldrecht, 2002, S. 154, 166; *Hirse,* in *Kohte/Micklitz/Rott/Tonner/Willingmann,* Das neue Schuldrecht – Kompaktkommentar, 2003, § 311 Rn. 12.

tio interessiert und sich näher erkundigen will. Auch wenn die vorhergehenden Anpreisungen und Werbemaßnahmen noch nicht den Beginn der Vertragsverhandlungen darstellen, so können die daraus erkennbaren Angaben doch zum Inhalt der Vertragsverhandlungen werden (vgl. auch § 434 Abs. 1 Satz 3) und bedürfen gegebenenfalls der Ergänzung oder Richtigstellung.

10 **Beispiele:** Wenn V in einem Zeitungsinserat mit besonders herabgesetzten Preisen für ein bestimmtes Modell eines Fernsehapparats wirbt, ohne darauf hinzuweisen, daß es sich nur um einen beschränkten Vorrat handelt, so liegt darin eine **unlautere Werbung.** Fährt K aufgrund dieses Inserats in die Stadt, um ein solches Gerät zu kaufen, so beginnen mit diesem Entschluß die Vertragsverhandlungen[13]. Sind die angepriesenen Geräte wegen geringer Zahl nicht mehr vorrätig, so liegt wegen unvollständiger Information neben der unlauteren Werbung zugleich eine schuldhafte Pflichtverletzung aus dem Rechtsverhältnis der Vertragsverhandlungen vor, die für K einen Anspruch auf Ersatz der Fahrtkosten begründet. Eine Pflichtverletzung liegt ebenfalls vor, wenn ein Kunde durch irreführende Werbung zu einem Vertragsabschluß, z.B. zum Abschluß eines Lehrgangs veranlaßt wird, der für ihn völlig ungeeignet ist. Neben dem Rücktrittsrecht aus § 13a UWG steht dem Kunden dann auch ein Anspruch auf Schadensersatz aus culpa in contrahendo zu[14]. Die **Probefahrt** mit dem gebrauchten Pkw des Verkäufers wird im allgemeinen im Rahmen bereits laufender konkreter Vertragsverhandlungen durchgeführt. Die **Ausnutzung der Überlegenheit,** um einen anderen zu einem ungünstigen Vertragsabschluß zu veranlassen, kann eine Verletzung der Rücksichtnahmepflicht aus § 311 Abs. 2 mit § 241 Abs. 2 sein[15]. Deshalb können Schadensersatzansprüche aus culpa in contrahendo gegeben sein, wenn dem Kunden aus der Einbeziehung unangemessener und deshalb nach §§ 307ff. unwirksamer AGB ein Schaden entsteht[16]. **Keine Vertragsverhandlungen** finden dagegen statt, wenn bei einer Ausschreibung eine Auswahl unter mehreren Interessenten getroffen wird. Es kommt dann die Anbahnung eines Vertrags (Nr. 2) oder ein ähnlicher geschäftlicher Kontakt (Nr. 3) in Betracht.

2. Anbahnung eines Vertrags (Nr. 2)

11 Die Anbahnung eines Vertrags enthält eine **Vorverlagerung und Erweiterung** gegenüber Nr. 1. Die Anbahnung liegt schon vor der Aufnahme von Vertragsverhandlungen vor, sobald einem anderen die Möglichkeit zur Einwirkung auf die eigenen Rechte, Rechtsgüter und Interessen gegeben wird oder diese Güter dem anderen anvertraut werden. Damit wird auf ein Umkehrung der Initiative für die Schaffung einer Einwirkungsmöglichkeit abgestellt[17]. Ein einseitiges Aufdrängen einer solchen Einwirkungsmöglichkeit kann dafür nicht ausreichen. Vielmehr muß der **andere Teil die Einwirkungsmöglichkeit annehmen oder** von vornherein die **Gelegenheit dazu geschaffen** haben. Typischerweise liegt eine Situation der Vertragsanbahnung vor, wenn man sich in die für den Vertragsabschluß oder für seine Vorbereitung geschaffene Einflußsphäre einer generell vertragsabschlußwilligen Person begibt. Das Eintreten in eine räumliche Einflußsphäre ist jedoch nicht erforderlich. Es genügen auch andere Einwirkungsmöglichkeiten, z.B. über Werbezettel, das Telefon oder das Internet.

---

[13] Dazu auch Soergel/*Wiedemann,* BGB, 12. Aufl. 1990, vor § 275 Rn. 244.

[14] S. *Medicus,* JuS 1988, 6, 7; *Köhler,* JZ 1989, 270; Palandt/*Heinrichs,* § 311 Rn. 16.

[15] Für Zuordnung zur Vertragsanbahnung *Blenske,* in *Schimmel/Buhlmann,* Frankfurter Handbuch zum neuen Schuldrecht, 2002, S. 162.

[16] S. *BGH* NJW 1984, 2816, 2817; *BGH* NJW 1987, 639, 640; *BGH* NJW 1988, 197, 198; s. auch *Wolf/Horn/Lindacher,* AGB-Gesetz, 4. Aufl. 1999, § 9 Rn. 167.

[17] Gegen eine eigenständige Bedeutung des Anvertrauens *Hirse,* in *Kohte/Micklitz/Rott/Tonner/Willingmann,* Das neue Schuldrecht – Kompaktkommentar, 2003, § 311 Rn. 16; AnwKomm/*Krebs,* 2002, § 311 Rn. 20.

Im Unterschied zur Aufnahme von Vertragsverhandlungen (Nr. 1) muß ein konkreter oder konkretisierungsfähiger Vertrag noch nicht beabsichtigt sein. Es genügt eine unbestimmte, ganz **allgemein gehaltene Absicht,** sich wegen irgendeines eventuell und sei es auch später abzuschließenden Vertrags oder zum Zweck des bloßen Preisvergleichs zu informieren[18]. Andererseits darf aber auch nicht von vornherein jegliche Absicht zum Vertragsabschluß fehlen, wie z. B. beim Ladendieb oder beim bloßen Unterstellen zum Schutz vor Regen. Die Sonderverbindung beginnt hier erst mit dem Entstellen der Einwirkungsmöglichkeit. Es muß sich aber um die Anbahnung eines Vertrags handeln. Die Absicht, einen anderen vom Vertrag abzuhalten, wird dagegen von Nr. 2 nicht erfaßt, kann aber unter Nr. 3 fallen. 12

Beispiele: (1) Eine Mutter betrat mit ihrem Kind ein Kaufhaus. Umfallende unsorgfältig aufgestellte Linoleumrollen verursachten bei dem Kind eine **Körperverletzung,** noch bevor es zu Vertragsverhandlungen kam. Das RG[19] gewährte Schadensersatz aus culpa in contrahendo. Der Schutz beginnt mit dem Betreten des Geschäftsgrundstücks[20]. (2) Eine Versicherungsagentur wirbt mit ihrer Expertise in allen Versicherungsfragen und gibt für Auskünfte eine Telefonnummer an. Dem Anrufer wird in einem Werbegespräch vor dem Beginn konkreter Vertragsverhandlungen zur **Vertragsaufhebung durch Kündigung** seiner bisherigen Versicherungsverträge geraten. Kündigt daraufhin der Anrufer seinen bisherigen Versicherungsvertrag und erleidet er dadurch Nachteile, so steht ihm aus § 311 Abs. 2 Nr. 2 mit § 241 Abs. 2 und § 280 oder § 282 ein Schadensersatzanspruch zu. (3) Unter das Anvertrauen fällt etwa die Gewährung von **Einblick in vertrauliche Geschäftsunterlagen**[21], z. B. zur Sondierung der Voraussetzungen für einen möglichen Unternehmenskauf, bevor konkrete Vertragsverhandlungen geführt werden. (3) Unter die Fallgruppe der Vertragsanbahnung fällt auch die **Ausschreibung** staatlicher Stellen für die Vergabe von privaten Bauaufträgen. Das Rechtsverhältnis der Vertragsanbahnung entsteht hier mit dem Anfordern der Ausschreibungsunterlagen durch den potentiellen Bieter[22]. Die Ausschreibung allein richtet sich an eine unbestimmte Allgemeinheit und läßt noch keine Rücksichtnahmepflichten gegenüber konkreten Bietern entstehen. Das Anfordern der Ausschreibungsunterlagen ist noch kein Beginn der Vertragsverhandlungen, da die Abgabe eines Angebots noch völlig offen ist. 13

3. Ähnliche geschäftliche Kontakte (Nr. 3)

Im Gegensatz zu Nr. 1 und 2 setzen die ähnlichen geschäftlichen Kontakte keinen Bezug zu einem Vertrag voraus[23]. Auch spricht Nr. 3 im Gegensatz zu Nr. 2 nicht von rechtsgeschäftlichen Beziehungen. Es genügen deshalb geschäftliche Kontakte im weitesten Sinn, die zwar vertraglicher oder sonst rechtsgeschäftlicher Natur, aber darüber hinaus auch rein tatsächlicher Art sein können. Nr. 3 hat damit die **Funktion eines Auffangtatbestandes** für Fälle, die nicht von Nr. 1 oder 2 erfaßt werden. Unter Nr. 3 einzuordnen sind deshalb z. B. Fallgestaltungen der Anbahnung eines Vertrages, ohne daß die für Nr. 2 erforderliche Einwirkungsmöglichkeit oder ein Anvertrauen vorliegen. Ebenso kann das Abhalten von einem Vertragsabschluß im Rah- 14

---

[18] Dazu auch *Canaris,* JZ 2001, 499, 520; enger *Blenske,* in *Schimmel/Buhlmann,* Frankfurter Handbuch zum neuen Schuldrecht, 2002, S. 163.

[19] *RGZ* 78, 238, 239; s. ferner *BGHZ* 66, 51, 54 (Gemüseblatt); *BGH* NJW 1962, 31, 32 (Bananenschale).

[20] *BGH* NJW 1962, 32; *BGH* VersR 1968, 993.

[21] S. *Blenske,* in *Schimmel/Buhlmann,* Frankfurter Handbuch zum neuen Schuldrecht, 2002, S. 162.

[22] *BGH* NJW 1998, 3640 und 3644; *BGH* NJW 2000, 661.

[23] A. A. *Blenske* in *Schimmel/Buhlmann,* Frankfurter Handbuch zum neuen Schuldrecht, 2002, S. 165.

men eines geschäftlichen Kontakts erfolgen. Unter die geschäftlichen Kontakte fallen zudem einseitige Rechtsgeschäfte wie auch geschäftsähnliche Handlungen und reine Realakte. Geschäftliche Kontakte können sogar im Rahmen von Gefälligkeitsverhältnissen entstehen[24]. Es genügt allerdings nicht jeder bloß beiläufige soziale Kontakt[25]. Ausreichend ist aber, daß der Kontakt für einen Teil eine geschäftliche Beziehung aufweist.

15 **Beispiele:** (1) A mahnt von B eine Forderung an, die, wie A eigentlich wissen müßte, aufgrund eines **nichtigen Vertrags** gar nicht besteht. B, der ohne Rechtsberatung die Lage nicht überblickt, nimmt zur Begleichung der angeblichen Forderungen einen verzinslichen Kredit auf. Obwohl die Mahnung kein Rechtsgeschäft, sondern nur eine geschäftsähnliche Handlung ist (s. oben § 22 Rn. 15) und obwohl wegen des nichtigen Vertrags kein Vertragsverhältnis besteht und auch nicht begründet werden soll, besteht doch ein geschäftlicher Kontakt zwischen A und B, aus dem A wegen fahrlässiger Schädigung des B schadensersatzpflichtig ist. (2) G rät dem H, mit dem er gelegentlich Geschäftsbeziehungen unterhält, zur **Abstandnahme vom Vertrag** mit V, weil G die günstigen Geschäfte mit V selbst tätigen will. H läßt sich vom Vertrag mit V abhalten und muß deshalb wesentlich teurer einkaufen. G verletzt die Rücksichtnahmepflicht aus § 311 Abs. 2 mit § 241 Abs. 2 und haftet dem H deshalb auf Schadensersatz, wobei u. U. wegen eines mitwirkenden Verschuldens des H eine Minderung des Schadens nach § 254 möglich ist. (3) E zeigt dem F einige Geschäftsunterlagen, um sich dessen **unverbindlichen Rat** anzuhören. F benutzt die Gelegenheit, um die Unterlagen zu kopieren und sie an den Konkurrenten von E weiterzuleiten. Zwischen E und F liegt ein geschäftlicher Kontakt vor. E kann deshalb wegen eines von ihm dadurch erlittenen Schadens von F Ersatz verlangen. (4) Statt der Konstruktion fiktiver Auskunftsverträge können Sorgfaltspflichten auch aufgrund **tatsächlicher Auskunft** aufgrund eines geschäftlichen Kontakts entstehen (s. dazu oben § 28 Rn. 63 f). Auch die **kostenlose Überlassung** von Räumen und selbst die Mitnahme eines anderen im Kraftfahrzeug kann einen geschäftlichen Kontakt begründen.

III. Einzelne Pflichten bei den Vertragsverhandlungen

1. Schutzpflichten für Körper und Eigentum

16 Die Vertragspartner haben aus dem gesetzlichen Schuldverhältnis der Vertragsverhandlungen die Pflicht, sich so zu verhalten, daß der andere Teil nicht an Körper, Gesundheit, Leben, Eigentum oder sonstigen Rechtsgütern verletzt wird, die er im Zuge der Vertragsverhandlungen in den Herrschaftsbereich des anderen eingebracht oder diesem übergeben hat. Bei schuldhafter Verletzung dieser Pflichten steht dem Berechtigten ein Schadensersatzanspruch aus culpa in contrahendo zu, der neben den Anspruch aus § 823 tritt. Der Anspruch aus culpa in contrahendo hat den Vorteil, daß § 278 und nicht § 831 anwendbar ist.

17 **Beispiel:** Überläßt V seinen Pkw, den er verkaufen will, dem Kaufinteressenten K zu einer Probefahrt und beschädigt K dabei den Pkw fahrlässig, so haftet K dem V nicht nur aus § 823, sondern wegen der Überlassung des Pkw im Rahmen der Kaufverhandlungen auch aus culpa in contrahendo auf Schadensersatz. Nicht einleuchten will die Annahme eines stillschweigenden Haftungsausschlusses für einfache Fahrlässigkeit, wenn ein Kfz-Händler einem Kaufinteressenten

---

[24] *Canaris,* JZ 2001, 499, 520; *Blenske* in *Schimmel/Buhlmann,* Frankfurter Handbuch zum neuen Schuldrecht, 2002, S. 167; *Hirse* in *Kohte/Micklitz/Rott/Tonner/Willingmann,* Das neue Schuldrecht – Kompaktkommentar, 2003, § 311 Rn. 18; AnwKomm/*Krebs,* 2002, § 311 Rn. 46.

[25] S. auch *Canaris,* JZ 2001, 499, 520; Palandt/*Heinrichs,* § 311 Rn. 18; *Blenske* in *Schimmel/Buhlmann,* Frankfurter Handbuch zum neuen Schuldrecht, 2002, S. 165.

ein Kfz zu einer Probefahrt überläßt, soweit die Beschädigung im Zusammenhang mit den einer Probefahrt eigentümlichen Gefahren steht[26]. Zum Linoleumfall s. oben Rn. 13.

2. Informationspflichten

Die Verhandlungspartner sind grundsätzlich verpflichtet, dem jeweils anderen ihnen bekannte oder zugängliche vertragswesentliche Umstände mitzuteilen und darüber aufzuklären. Dabei ist zu unterscheiden, ob Mitteilungen über bestimmte Umstände gemacht werden oder ob sie unterlassen werden. 18

a) Erteilte Informationen

Werden von einem Verhandlungspartner, sei es auf Befragen oder von sich aus, bestimmte Mitteilungen und Informationen gegeben, so müssen diese **vollständig und richtig** sein, damit beim anderen keine Irrtümer und Fehlvorstellungen entstehen oder erhalten bleiben. Zwar verpflichtet die vorsätzliche Irrtumserregung unter den Voraussetzungen des Betrugs (§ 263 StGB) bereits nach § 823 Abs. 2 BGB zum Schadensersatz. Die Bedeutung der culpa in contrahendo liegt hier jedoch neben der Anwendung von § 278 (s. oben Rn. 16) vor allem darin, daß bereits die durch fahrlässige Fehlinformation verursachten Schäden im Vermögen des anderen eine Schadensersatzpflicht begründen, ohne daß die Voraussetzungen von § 823 Abs. 2 BGB mit § 263 StGB oder von § 823 Abs. 1 vorzuliegen brauchen. Auch die Frist des § 124 gilt nicht (s. unten § 37 Rn. 18). 19

Beispiele: Gibt der Verkäufer eines Grundstücks bei den Vertragsverhandlungen an, daß die Erschließungskosten vollständig bezahlt sind, ohne sich zu vergewissern, daß die von ihm erbrachten Zahlungen nur einen Teil der Kosten decken, so ist er wegen fahrlässiger Falschinformation dem Käufer aus culpa in contrahendo zum Schadensersatz verpflichtet, wenn dieser den offenen Restbetrag aus seiner Tasche bezahlen muß. Eine Pflicht zur Erteilung richtiger und vollständiger Information kann sich auch aus §§ 20a, 32 WpHG für Wertpapierdienstleistungsunternehmen gegenüber ihren Kunden ergeben. 20

Auch wenn auf Fragen grundsätzlich richtige Antworten zu geben sind, so gilt dies doch nicht für **unzulässige Fragen,** insbesondere wenn diese ohne berechtigten Grund in die Privat- und Intimsphäre eindringen[27]. Dies betrifft vor allem die Fragen nach der Schwangerschaft bei den Verhandlungen zum Abschluß eines Arbeitsvertrags. Da diese Frage die Intimsphäre betrifft und gegen die Gleichbehandlung verstößt (§ 611a Abs. 1 Satz 1) ist sie unzulässig. Sie muß deshalb nicht wahrheitsgemäß beantwortet werden[28]. 21

b) Nicht erfragte Informationen

Eine Haftung aus culpa in contrahendo kann sich auch aus dem Unterlassen einer Information ergeben. Die Nichterteilung einer Information ist jedoch nicht in jedem Fall pflichtwidrig, weil jeder Vertragspartner **grundsätzlich** die **Last der Eigeninformation** trägt und sich selbst um die vertragsrelevanten Informationen, notfalls auch durch Befragen und eigene Untersuchungen kümmern muß[29]. Das BGB sieht jedoch in Einzelfällen wie in §§ 149, 663 Informationspflichten bei den Vertragsverhandlun- 22

[26] So aber *BGH* NJW 1972, 1363f.

[27] Vgl. dazu MünchKomm/*Kramer,* § 123 Rn. 7; Palandt/*Heinrichs,* § 123 Rn. 10; Erman/*Palm,* § 123 Rn. 20.

[28] S. dazu *BAG* NJW 1993, 1154; dazu auch *EuGH* NJW 1991, 628; ebenso Palandt/*Heinrichs,* § 123 Rn. 10; Erman/*Palm,* § 123 Rn. 20; anders noch Soergel/*Hefermehl,* § 123 Rn. 18.

[29] S. etwa *BGH* NJW 2000, 1254; *BGH* NJW 2000, 2352; *BGH* NJW 2001, 2021; Palandt/*Heinrichs,* § 123 Rn. 5; *Schwarze,* Vorvertragliche Informationspflichten, S. 21ff., 28ff.; *Rehm,* Aufklärungspflichten im Vertragsrecht, S. 128.

gen vor oder setzt solche voraus. Die Informationspflicht aus § 675a besteht auch im Rahmen von Vertragsverhandlungen. Auch § 438 Abs. 3 Satz 1 geht beim arglistigen Verschweigen von einer unterlassenen Mitteilung aus und sieht dafür statt der kurzen Verjährung für Sachmängel die regelmäßige Verjährung gemäß § 195 vor. Das fahrlässige Verschweigen eines Sach- oder Rechtsmangels wird von der Haftung für die schuldhafte Lieferung einer mangelhaften Sache nach § 437 Nr. 3 mit erfaßt[30].

23 Über die ausdrücklich geregelten Fälle hinaus kann ohne ausdrückliches Fragen eine **Informationspflicht nur unter besonderen Umständen** hergeleitet werden. Solche Umstände sind nach einer generalklauselartigen Umschreibung dann anzunehmen, wenn ein Verhandlungspartner vom anderen nach Treu und Glauben unter Berücksichtigung der Verkehrsanschauung redlicherweise Aufklärung erwarten kann[31]. Die Informationspflicht des anderen Teils setzt aber voraus, daß der Vertragspartner auf vollständige Information vertrauen darf[32]. Davon ist insbesondere auszugehen, wenn es sich um dem anderen Teil bekannte Umstände handelt, die den **Vertragszweck vereiteln** können und deshalb für den Entschluß des anderen Vertragsteils erkennbar von wesentlicher Bedeutung sind, oder wenn der Vertragspartner über die allgemeinen wirtschaftlichen Risiken des Geschäfts hinaus einen **zusätzlichen Gefährdungstatbestand** für den Kunden schafft oder dessen Entstehung begünstigt. Eine Informationspflicht kann sich auch daraus ergeben, daß der Vertragspartner erkennbar informationell unterlegen ist. Dies trifft etwa zu, wenn der Vertragspartner in Bezug auf die spezifischen Risiken eines Geschäfts einen konkreten **Wissensvorsprung** besitzt. Eine Unterlegenheit im Sinne von § 138 Abs. 2 genügt[33]. Die Informationspflichten sind aber nicht darauf begrenzt. Wenn bei dreiseitigen Geschäften eine Partei mit einer anderen besonders **eng zusammenarbeitet**[34]. Der Umfang der Aufklärungspflicht richtet sich nach den vorhandenen Erfahrungen und Kenntnissen beider Seiten[35].

24 **Beispiele:** Eine Aufklärungspflicht besteht **beim Kauf** eines Gebrauchtwagens, wenn dieser trotz vorhandener TÜV-Plakette nicht verkehrstauglich ist, etwa einen erheblichen Bremsdefekt aufweist. Ebenso muß der Verkäufer eines Grundstücks den Käufer auf eine Ölverschmutzung hinweisen, die nur ihm und nicht dem Käufer bekannt ist[36]. Beim Verkauf von Anteilen an einem Immobilienfonds muß im Emissionsprospekt auf Sondervorteile hingewiesen werden, die einem Fondsgründer zufließen, sowie auf besondere Verbindungen, die ein Fondsgründer zum Verkäufer des an den Immobilienfonds verkauften Gründstücks hat[37]. Der Verkäufer eines Grundstücks muß den Käufer aber nicht über eine von ihm an den Makler gezahlte Provision informieren[38]. Der **Vermittler von Wertpapiergeschäften** muß anleger- und objektgerechte Informationen erteilen und muß bei Warenterminoptionen von sich aus über die ungewöhnliche Höhe seiner Provision schriftlich aufklären[39]. § 31 Abs. 2 Satz 1 Nr. 2 WpHG sieht eine

---

[30] S. Palandt/*Heinrichs,* § 311 Rn. 25; zur bisherigen Rechtslage *BGHZ* 60, 319, 322; 88, 130, 134; 114, 264, 266.

[31] S. z.B. *BGHZ* 29, 148, 150; *BGH* NJW 1989, 764; *BGH* NJW-RR 1991, 439, 440; *BGH* NJW 2000, 1254; vgl. auch *Flume,* AT II, § 29, 1; Soergel/*Hefermehl,* § 123 Rn. 6.

[32] S. dazu vor allem auch *Schwarze,* Vorvertragliche Informationspflichten, S. 98ff.; *Rehm,* Aufklärungspflichten im Vertragsrecht, S. 194ff.

[33] *Schwarze,* Vorvertragliche Informationspflichten, S. 122ff.

[34] S. zusammenfassend etwa *BGH* v. 3. 6. 03, XI ZR 289/02.

[35] S. dazu *BGH* NJW 2000, 1714 und 2352; *BGH* NJW 2001, 2021 und 2163.

[36] *BGH* NJW 2002, 1867.

[37] *BGH* NJW-RR 2003, 1054.

[38] *BGH* NJW 2003, 1811.

[39] S. etwa *BGHZ* 80, 80, 84; 105, 108, 110; 124, 151, 154ff.; 133, 82 = LM H. 11/1996 BörsG Nr. 41 m. Anm. *Schwark; BGH* LM H. 7/1997 § 276 (Fa) BGB Nr. 148 m. Anm. *Koller.*

Informationspflicht für Wertpapierdienstleistungsunternehmen gegenüber seinen Kunden ausdrücklich vor. Der **Vermieter einer Wohnung** muß den Mieter über eine ungewöhnliche Höhe der Nebenkosten aufklären[40]. Eine Aufklärungspflicht besteht auch über Schmiergelder, die eine Vertragspartei an den Vertreter der anderen Partei gezahlt hat[41] ebenso über die drohende Zahlungsunfähigkeit eines zu verkaufenden Unternehmens[42]. Sofern eine Informationspflicht nicht aus dem gesetzlichen Schuldverhältnis der Vertragsverhandlungen erwächst, kann sie sich noch aus einem konkludent geschlossenen Beratungsvertrag ergeben. Ein solcher darf aber nicht fiktiv unterstellt werden (s. oben § 28 Rn. 63f.). Bei der öffentlichen Ausschreibung staatlicher Aufträge an private Bieter müssen alle Bietern mit gleichen Informationen über die Ausschreibungsgrundlagen versorgt werden[43]. Eine Bank hat dagegen keine allgemeine Aufklärungspflicht bei der Finanzierung von steuersparenden Bauherren- und Erwerbermodellen[44].

3. Pflicht zum Vertragsabschluß?

Aus den vorvertraglichen und geschäftlichen Kontakten entstehen grundsätzlich 25
keine Pflichten zum Vertragsabschluß. Jeder Beteiligte kann im Regelfall die Vertragsverhandlungen ohne besonderen Grund abbrechen und gemäß dem Grundsatz der Vertragsfreiheit (s. unten § 34 Rn. 23ff.) frei darüber entscheiden, ob er den Vertrag abschließen will oder nicht[45]. Eine **Ausnahme** besteht aber, wenn ein Verhandlungspartner beim anderen ein über das gewöhnliche Maß hinausgehendes Vertrauen auf das Zustandekommen des Vertrags erweckt hat, insbesondere den **Vertragsabschluß als sicher hingestellt** oder sich **selbst an** bestimmte **Vergabekriterien gebunden** hat und anschließend den Vertragsabschluß ohne triftigen, d.h. anerkennenswerten Grund verweigert[46].

Beispiele: Bei öffentlichen Ausschreibungen staatlicher Aufträge ist der Zuschlag dem Bieter 26
mit dem unter Berücksichtigung aller vergaberelevanten Gesichtspunkte günstigsten Angebot zu erteilen[47]. Bei formbedürftigen Verträgen, insbesondere beim Erfordernis der notariellen Beurkundung (s. § 311b), kommt aber ein solcher Vertrauensschutz ohne Beachtung der Form außer bei vorsätzlichen[48] oder sonst schwerwiegenden Verstößen grundsätzlich nicht in Betracht[49]. Auch ist der Vertrauensschutz auf eine angemessene Frist begrenzt[50].

Ist im Einzelfall ein besonderes Vertrauen erweckt und pflichtwidrig grundlos ent- 27
täuscht worden, so kann der enttäuschte Verhandlungspartner grundsätzlich nicht auf Abschluß des Vertrags klagen, sondern nur **Ersatz des Vertrauensschadens** verlangen, d.h. insbesondere Ersatz derjenigen Aufwendungen, die er ohne das pflichtwidrige Verhalten nicht gehabt hätte (s. auch unten Rn. 45ff.). Aus culpa in contrahendo

40 Vgl. MünchKomm/*Emmerich,* § 311 Rn. 140.

41 *BGH* NJW 2001, 1065.

42 *BGH* NJW 2001, 2163; *BGH* NZG 2002, 644.

43 *BGH* NJW 2000, 661.

44 *BGH* v. 3. 5. 03, XI ZR 289/02.

45 Vgl. *BGH* NJW-RR 2001, 381; MünchKomm/*Emmerich,* § 311 Rn. 177; Soergel/*Wiedemann,* vor § 275 Rn. 130.

46 S. *BGHZ* 71, 386, 395; *BGH* NJW 1975, 1174; *BGH* NJW-RR 2001, 381; *BGH* NJW 2001, 3698; *Weber,* AcP 192 (1992), 402; *Küpper,* Das Scheitern von Vertragsverhandlungen als Fallgruppe der Culpa in contrahendo, 1988; vgl. auch MünchKomm/*Emmerich,* § 311 Rn. 177ff.; Soergel/*Wiedemann,* vor § 275 Rn. 130; Erman/*Battes,* § 276 Rn. 122.

47 *BGH* NJW 2001, 3698.

48 S. *BGH* NJW 1996, 1885 = LM H 8/1996 § 276 (Fa) BGB Nr. 144 m. Anm. *Pfeiffer;* weitergehend *Kaiser,* JZ 1997, 448, 452.

49 S. *BGH* NJW 1975, 43, 44; *BGH* DNotZ 1983, 621, 623.

50 S. Palandt/*Heinrichs,* § 311 Rn. 37.

kann deshalb **grundsätzlich kein Kontrahierungszwang** hergeleitet werden. An Stelle einer Pflicht zum Vertragsabschluß kann auch eine Pflicht zur Durchführung und **Fortsetzung von Vertragsverhandlungen** bestehen. Als Pflicht zur Anpassung und Neuverhandlung bestehender Verträge[51] ist sie jedoch aus der positiven Vertragsverletzung abzuleiten.

4. Pflicht zur Vermeidung unwirksamer Verträge

28 Bereits §§ 122, 179 sehen eine Schadensersatzpflicht bei Verursachung eines unwirksamen Vertrags vor, setzen allerdings im Gegensatz zur culpa in contrahendo kein Verschulden voraus. Über die geregelten Fälle hinaus hat die Rechtsprechung eine Pflicht angenommen, daß jeder Verhandlungspartner Unwirksamkeitsgründe, die seiner Sphäre zuzurechnen sind, vermeiden muß.

29 **Beispiele:** Der Vertretene hat grundsätzlich die Pflicht, das Auftreten eines vollmachtlosen Vertreters in seinem Namen und damit die Unwirksamkeit des Vertrags zu vermeiden. Er muß deshalb dafür sorgen, daß Personen, die keine Vertretungsmacht haben, nicht in Verhandlungen als Vertreter auftreten[52]. Diese Pflicht trifft den Vertretenen und nicht wie in § 179 den vollmachtlosen Vertreter (dazu unten § 49 Rn. 33). Der Vertretene haftet unter den Voraussetzungen von § 31 oder § 278 auch für schuldhaftes Verhalten des Vertreters ohne Vertretungsmacht, wenn er dessen Auftreten ermöglicht hat. Neben einer Haftung aus culpa in contrahendo kommt zudem eine Duldungs- oder Anscheinsvollmacht in Betracht (s. unten § 48 Rn. 22 ff., 25 ff.). Eine weitere Pflicht besteht darin, eine Schädigung des Vertragspartners durch Verwendung unwirksamer AGB zu vermeiden[53]. Ebenso haftet, wer schuldhaft einen Dissens verursacht[54]. Der Minderjährige haftet aber nicht für den von ihm abgeschlossenen unwirksamen Vertrag, weil dies dem Minderjährigenschutz der §§ 104 ff. widersprechen würde.

30 Ist ein Unwirksamkeitsgrund nicht der Sphäre eines Beteiligten zuzuordnen, so besteht grundsätzlich dem anderen gegenüber keine Vermeidungspflicht[55]. Vielmehr hat jeder Teil die Unwirksamkeit im eigenen Interesse zu vermeiden. Eine Ausnahme besteht in diesen Fällen nur, wenn ein Teil dem anderen aufgrund gesetzlicher Vorschriften, aus vertraglicher Vereinbarung oder weil er ein besonderes Vertrauen in seine Fachkunde erzeugt und für sich in Anspruch genommen hat, den Unwirksamkeitsgrund verhindern muß.

31 **Beispiel:** Die Einhaltung der Form der notariellen Beurkundung bei einem Grundstückskaufvertrag (§ 311 b Abs. 1) ist von jeder Partei zu beachten und nicht der Sphäre einer Partei zuzurechnen. Gibt sich aber ein Wohnungsbauunternehmen als fachkundig aus und veranlaßt es einen Kunden zum Abschluß eines formunwirksamen Vertrags, so kann es dem Kunden, der auf die Wirksamkeit vertraut, schadensersatzpflichtig sein[56].

5. Pflicht zu fairem Verhalten

32 Die Pflicht aus § 241 Abs. 2 zur Rücksichtnahme umfaßt die allgemeine Pflicht zu fairer Verhandlungsführung. Dazu gehört etwa die Pflicht, die z. B. in einem Letter of

---

[51] S. dazu *BGH* NJW 2000, 897.
[52] *BGHZ* 92, 164, 175; *BGH* NVwZ 2001, 116.
[53] *BGHZ* 99, 101, 107; *BGH* NJW 1984, 2816, 2817; 1987, 639, 640; s. auch *M. Wolf,* in *Wolf/Horn/Lindacher,* AGBG, § 9 Rn. 165.
[54] S. *RGZ* 104, 267.
[55] S. auch *BGHZ* 116, 251, 257.
[56] *BGH* NJW 1965, 812, 813; s. auch Soergel/*M. Wolf,* § 313 Rn. 93.

Intent vereinbarten Verhandlungs- und Verhaltensregeln zu beachten. Der Letter of Intent kann dabei die Funktion einer Konkretisierung der Pflichten aus dem Rechtsverhältnis der Vertragsverhandlungen übernehmen (s. auch oben § 23 Rn. 109). Bei der Vergabe staatlicher Aufträge an private Bieter gehört es zu den Pflichten des staatlichen Auftraggebers, die für die Ausschreibung geltenden Bedingungen einzuhalten[57].

III. Verpflichtete Personen

1. Der potentielle Vertragspartner als Verpflichteter

Die Pflichten aus dem gesetzlichen Schuldverhältnis der vorvertraglichen und geschäftlichen Kontakte treffen zunächst denjenigen, der als möglicher künftiger Vertragspartner in den Vertragsverhandlungen auftritt. Dabei treffen ihn die Pflichten nicht nur, wenn er die **Vertragsverhandlungen selbst** führt, sondern auch dann, wenn er **andere für sich handeln läßt.** Diese anderen Personen können sowohl bloße Verhandlungsgehilfen als auch Vertreter sein. Verhandlungsgehilfen sind Personen, die die vorbereitenden Vertragsverhandlungen allein oder zusammen mit ihrem Geschäftsherrn als der künftigen Vertragspartei führen, den Vertrag aber nicht endgültig abschließen, weil der Vertragsabschluß von der Vertragspartei selbst vorgenommen wird. Der Vertreter führt dagegen nicht nur die vorbereitenden Vertragsverhandlungen, sondern kann aufgrund seiner Vertretungsmacht den Vertrag mit Wirkung für den Vertretenen als Vertragspartei abschließen (s. § 164 und unten § 46 Rn. 1ff., 145ff.). Für deren Handeln haftet der Vertretene unter den Voraussetzungen von § 31 oder § 278 (s. oben Rn. 29). 33

2. Dritte Personen als Verpflichtete

§ 311 Abs. 3 sieht vor, daß die Rücksichtnahmepflichten aus § 241 Abs. 2 auch solche Personen treffen können, die gar **nicht selbst Vertragspartner** werden sollen. Dafür kommen nach § 311 Abs. 3 Satz 2 insbesondere solche Dritte in Betracht, die in besonderem Maße Vertrauen für sich in Anspruch nehmen und dadurch die Vertragsverhandlungen oder den Vertragsschluß erheblich beeinflussen. Daneben können auch Personen in den Pflichtenkreis einbezogen werden, die ein eigenes wirtschaftliches Interesse am Vertrag und seiner Durchführung haben, ohne selbst Vertragspartei werden zu wollen[58]. Durch die Ausdehnung der Rücksichtnahmepflichten auf ähnliche geschäftliche Kontakte sind auch weitere Personen in den Kreis der Verpflichteten einbezogen, die nicht die Funktion eines potentiellen Vertragspartners einnehmen (s. oben Rn. 12f.). 34

a) Besonderes persönliches Vertrauen

Ein besonderes persönliches Vertrauen muß über das allgemeine Verhandlungsvertrauen hinausgehen. In Anlehnung an die Rechtsprechung, auf die sich § 311 Abs. 3 stützt, ist dies anzunehmen, wenn die dritte Person insbesondere aufgrund ihrer beruf- 35

[57] *BGH* NJW 2001, 3698.
[58] Vgl. dazu Soergel/*Wiedemann,* vor § 275 Rn. 220ff.; *Hübner,* AT, Rn. 1234; MünchKomm/*Emmerich,* § 311 Rn. 195ff.

lichen Stellung und ihrer Funktion als sog. **Sachwalter** eine besondere **Gewähr für die Seriosität** und die Erfüllung des Vertrags übernommen hat[59] und quasi als **Interessenwahrer** des anderen tätig wird.

36 **Beispiele:** Eine Sachwalterstellung nimmt etwa ein Kraftfahrzeughändler ein, der einen von seinem Kunden in Zahlung genommenen Gebrauchtwagen verkauft. Der Käfer verläßt sich wegen der Sachkunde des Kfz-Händlers auf dessen Angaben über das Fahrzeug[60]. Ein solches besonderes Vertrauen, das maßgeblichen Einfluß auf die Vertragsverhandlungen genommen hat, kann auch von einem Vermittler von Warenterminoptionen ausgehen, wenn sich dieser gegenüber einem unerfahrenen Kunden auf besondere Erfahrungen und interne Kenntnisse beruft[61]. Nicht ausreichend ist aber der einfache Hinweis auf eigene Sachkunde[62] oder langjährige Geschäftsbeziehungen[63]. Eine Sachwalterstellung kann auch ein Rechtsanwalt einnehmen, der eine Auskunft über die Rechtslage erteilt, auf die sich die weiteren Verhandlungen maßgeblich stützen. Sachwalter ist aber nicht einer der mehreren beteiligten Rechtsanwälte, der den Vertragstext formuliert[64].

b) Eigenes wirtschaftliches Interesse

37 Ein eigenes wirtschaftliches Interesse ist gegeben, wenn der **Dritte** bei wirtschaftlicher Betrachtung der **eigentliche Herr des Geschäfts** und Begünstigter oder Belasteter ist und quasi in eigener Sache tätig wird, obwohl er formal nicht Vertragspartner ist[65]. An das Vorliegen eines eigenen wirtschaftlichen Interesses stellt die Rechtsprechung strenge Anforderungen.

38 **Beispiel:** Ein eigenes wirtschaftliches Interesse ist etwa anzunehmen, wenn ein Ehegatte den Vertrag zwar formal im Namen des anderen abschließt, aber selbst die Vertragsleistung erbringt und auch intern nach Absprache der Ehegatten allein über den Gewinn bestimmen können soll[66]. Ein eigenes wirtschaftliches Interesse liegt auch vor, wenn der Alleingesellschafter einer GmbH ein Geschäft für die GmbH tätigt, dessen Nutzen und Gewinn er wirtschaftlich allein für seine Person zieht. Nicht ausreichend ist dagegen ein lediglich mittelbares wirtschaftliches Interesse wie etwa das Provisionsinteresse eines Maklers oder Handelsvertreters[67] oder das allgemeine Interesse des Geschäftsführers am Gewinn der von ihm geführten GmbH[68].

IV. Berechtigte Personen

1. Der potentielle Vertragspartner als Berechtigter

39 Am gesetzlichen Schuldverhältnis der Vertragsverhandlungen sind die künftigen, potentiellen Vertragspartner nicht nur als Verpflichtete, sondern auch als Berechtigte und Gläubiger beteiligt. Dies gilt nicht nur, wenn sie die Vertragsverhandlungen selbst führen, sondern auch, wenn Verhandlungsgehilfen oder Vertreter für sie tätig werden.

---

59 *BGHZ* 88, 69; *BGH* NJW-RR 1991, 1312, 1314.
60 S. etwa *BGHZ* 87, 304; *BGH* NJW 1980, 2185; s. auch *BGH* NJW 1997, 1233; dazu *Schautes/Mallmann,* JuS 1999, 537.
61 Vgl. auch *BGHZ* 80, 80, 82.
62 *BGH* NJW 1990, 506; *BGH* ZIP 1993, 1785, 1787.
63 *BGH* NJW-RR 1992, 605, 606.
64 *BGH* NJW 1989, 293.
65 S. *BGHZ* 56, 84; *BGH* NJW 1986, 587; *BGH* NJW-RR 1992, 605, 606; Palandt/*Heinrichs,* § 311 Rn. 61.
66 *BGHZ* 14, 313, 318; *BGH* LM § 278 BGB Nr. 49.
67 *BGH* NJW 1990, 506; *BGH* NJW-RR 1991, 1241, 1242.
68 *BGHZ* 126, 181, 183 = *BGH* NJW 1994, 2220, 2221; 1995, 1544.

40 Als Gläubiger kann der Verhandlungspartner theoretisch zwar Erfüllung der Pflichten durch den anderen verlangen. Praktisch gesehen kann die Erfüllung dieser Pflichten aber kaum erzwungen werden, weil die Vertragsverhandlungen grundsätzlich jederzeit abgebrochen werden können und ein Kontrahierungszwang grundsätzlich nicht besteht (s. oben Rn. 25). Für den Gläubiger kommen deshalb regelmäßig nur Schadensersatzansprüche im Anschluß an eine schuldhafte Pflichtverletzung in Betracht.

2. Dritte Personen als Berechtigte

41 § 311 Abs. 3 erstreckt das Rechtsverhältnis der vorvertraglichen und geschäftlichen Kontakte generell auf Personen, die nicht Vertragspartei werden sollen, ohne zwischen Berechtigten und Verpflichteten zu unterscheiden. § 311 Abs. 3 übernimmt deshalb auch die zuvor schon von der Rechtsprechung anerkannte Figur der culpa in contrahendo zugunsten Dritter. Dritte Personen kommen als Berechtigte und Gläubiger eines Schadensersatzanspruchs in Betracht, wenn sie für den anderen Verhandlungspartner **erkennbar in den Schutzbereich** der Vertragsverhandlungen **einbezogen** sind, insbesondere weil ihre Rechtsgüter und geschützten Interessen räumlich oder inhaltlich mit dem Verhandlungsgeschehen in Berührung kommen und der auf der Seite des Dritten stehende Verhandlungspartner erkennbar an seinem Schutz interessiert ist[69].

42 **Beispiele:** In der Rechtsprechung gleich zu Beginn anerkannt war der Schutz des Kindes der einkaufenden Mutter bei der Schädigung durch die umfallende Linoleumrolle im Kaufhaus[70]. Das Kind war erkennbar in den Schutzbereich des Kaufvertrages einbezogen, weil es mit der Mutter die Verkaufsräume betrat und die Mutter erkennbar ein berechtigtes Interesse am Schutz ihres Kindes hatte, der ihrem Schutz gleichwertig sein sollte. Als in den Schutzbereich einbezogener Dritter kommt auch der Kommittent (§ 383 HGB) in Betracht, für dessen Rechnung der Kommissionär erkennbar den Vertrag abschließt, z. B. als Versteigerer für den Einlieferer.

V. Voraussetzungen und Umfang des Schadensersatzanspruchs

43 § 311 Abs. 2 sieht als Rechtsfolge bei der Durchführung von Vertragsverhandlungen und bei Bestehen vorvertraglicher und geschäftlicher Kontakte unmittelbar lediglich die Entstehung von Rücksichtnahmepflichten aus § 241 Abs. 2 vor. Bei schuldhafter Verletzung dieser Pflichten kommen aber Schadensersatzansprüche in Betracht, die sich regelmäßig auf § 280 Abs. 1 stützen, unter bestimmten Voraussetzungen aber auch als Schadensersatz statt Leistung aus § 282 hergeleitet werden können. Erfüllungsansprüche erlangen kaum praktische Bedeutung (s. oben Rn. 40; zum Verhältnis zu § 123 s. unten § 37 Rn. 22, 50).

1. Voraussetzungen des Schadensersatzanspruchs

44 Wie bei sonstigen Pflichtverletzungen kommt auch bei Verletzung von Pflichten aus dem gesetzlichen Schuldverhältnis der Vertragsverhandlungen und ähnlichen geschäftlichen Kontakten ein Schadensersatzanspruch aus § 280 Abs. 1 nur bei **schuldhaftem Verhalten** (culpa) in Betracht. Als Verschulden genügt dabei gemäß § 276 Abs. 1 BGB neben Vorsatz grundsätzlich auch Fahrlässigkeit. Sieht der Vertrag, über

---

[69] Vgl. *BGHZ* 66, 51, 54; MünchKomm/*Gottwald,* § 328 Rn. 100ff.; *Weimar,* MDR 1959, 266.

[70] *RGZ* 78, 239f.

dessen Zustandekommen Verhandlungen geführt werden, einen modifizierten Verschuldensmaßstab vor (z.B. §§ 521, 599, 690, 708), so gilt dieser Maßstab auch für das Rechtsverhältnis der Vertragsverhandlungen und den darauf gestützten Schadensersatzanspruch, sofern sich die Aufklärungspflichten auf den Vertragsgegenstand beziehen[71]. Sofern dagegen das Integritätsinteresse des anderen Teils durch Nichtbeachtung von allgemeinen Fürsorge-, Schutz- und Obhutspflichten verletzt wird, verbleibt es beim allgemeinen Haftungsmaßstab des § 276[72]. Für das Verschulden seiner Erfüllungsgehilfen und gesetzlichen Vertreter haftet der verpflichtete Verhandlungspartner nach § 278[73] und für die Organe von juristischen Personen und Personengemeinschaften nach § 31 (s. auch oben Rn. 29).

2. Art und Umfang des Schadensersatzes

45 Bei schuldhafter Verletzung der Pflichten bei den Vertragsverhandlungen und ähnlichen geschäftlichen Kontakten haftet der Verpflichtete gemäß § 280 Abs. 1 grundsätzlich nur auf **Ersatz des Vertrauensschadens,** d.h. der Berechtigte kann grundsätzlich nur verlangen, so gestellt zu werden, wie er ohne das pflichtwidrige Verhalten stehen würde, wenn er sich also nicht auf das pflichtwidrige Verhalten eingelassen hätte. Der Vertrauensschaden ist aber im Gegensatz zu §§ 122, 179 seinem Umfang nach nicht durch das Erfüllungsinteresse begrenzt[74]. Unter besonderen Umständen steht dem Berechtigten auch ein Anspruch auf den **Erfüllungsschaden** nach § 282 zu.

46 Zu ersetzen ist der eingetretene **Schaden.** Ersatzfähiger Schaden ist jede Beeinträchtigung von rechtlich anerkannten Gütern, gleichgültig ob es sich um einen Vermögens- oder Nichtvermögensschaden handelt. Dies gilt uneingeschränkt für die **Naturalrestitution** gemäß § 249 Abs. 1. Lediglich beim **Geldersatz** sieht § 253 Einschränkungen für den Nichtvermögensschaden vor. Soweit im Wege der Naturalrestitution Rückgängigmachung des Vertrags verlangt wird, ist deshalb ein Vermögensschaden nicht erforderlich[75].

47 **Beispiele:** (1) Ist im Anschluß an die Vertragsverhandlungen ein für den Berechtigten ungünstiger **Vertrag** mit dem Verpflichteten **geschlossen** worden, so steht ihm ein Anspruch auf Ersatz des Vertrauensschadens zu. Er kann verlangen, so gestellt zu werden, als ob die Pflichtverletzung unterblieben und deshalb der Vertrag nicht geschlossen worden wäre. Daraus ergibt sich ein Anspruch auf **Rückgängigmachung** des Vertrags im Wege der Naturalrestitution nach § 249 Satz 1[76]. Er kann daneben als Vermögensschaden auch Ersatz unnötigen Aufwands in Geld verlangen, wie etwa Ersatz für unnötige Vertragsvorbereitungs- und -abschlußkosten,

---

[71] S. *BGHZ* 93, 23, 27f.

[72] Vgl. MünchKomm/*Emmerich,* § 311 Rn. 255.

[73] S. als Beispiel etwa *BGH* NJW 2001, 358.

[74] Vgl. *BGHZ* 49, 77, 82; *BGH* WM 1991, 2092, 2095; Palandt/*Heinrichs,* § 311 Rn. 59; MünchKomm/*Emmerich,* § 311 Rn. 234; abweichender Auffassung aber *Gottwald,* JuS 1982, 877, 884; *Hans Stoll,* FS von Caemmerer, S. 438, 451f.; *Kaiser,* JZ 1997, 448, 453; differenzierend Erman/*Battes,* § 276 Rn. 124.

[75] So zu Recht der VII. Senat in *BGHZ* 115, 213, 221f.; *BGH* NJW 2001, 436; a.A. *BGH* NJW 1998, 302 und 898; dazu auch *S. Lorenz,* Der Schutz vor dem unerwünschten Vertrag, 1997, S. 73f.; *ders.,* ZIP 1998, 1053; *Grigoleit,* NJW 1999, 900.

[76] S. etwa *BGH* NJW 1962, 1196, 1198; 1993, 2107; *BGH* NJW 2000, 1254; Palandt/*Heinrichs,* § 311 Rn. 57; *Larenz,* FS Ballerstedt 1975, 397, 405; *Hübner,* AT, Rn. 1089; *Hartwieg,* JuS 1973, 733, 737.

z. B. für eine notarielle Beurkundung. Der BGH gestattet dem Berechtigten statt dessen auch, am Vertrag festzuhalten und als Schadensersatz **Vertragsanpassung** zu verlangen, soweit dies wirtschaftlich dem Ersatz des Vertrauensschadens gleichkommt. Dem anderen Teil kann damit gegen seinen Willen ein unerwünschter Vertrag aufgedrängt werden. Der Anspruch kann dabei etwa auf Minderung des Kaufpreises gerichtet sein, wenn der Berechtigte über den Wert des Kaufgegenstandes getäuscht wurde[77]. Ein Ersatz der Vertragsabschlußkosten scheidet daneben aber aus.

(2) Wurde zwischen den Beteiligten im Anschluß an die Vertragsverhandlungen **kein Vertrag geschlossen,** so kann der Berechtigte grundsätzlich als Ersatz seines Vertrauensschadens die Kosten und Nachteile ersetzt verlangen, die er ohne die Pflichtverletzung nicht gehabt hätte. Dazu können z. B. Kosten der Vertragsvorbereitung wie etwa Anreisekosten gehören. Statt dessen kann der Berechtigte das Erfüllungsinteresse nach § 282 etwa in Gestalt des entgangenen Gewinns aus einem Vertrag verlangen, wenn er nachweist, daß ohne die Pflichtverletzung ein für ihn günstiger Vertrag zustande gekommen wäre[78]. Er kann aber grundsätzlich nicht vergleichbar einem Kontrahierungszwang den Abschluß eines Vertrags mit dem Verpflichteten verlangen (s. oben Rn. 25). 48

(3) In allen Fällen kann der Berechtigte bei Verletzung von Obhuts- und Fürsorgepflichten die durch die Beschädigung oder Zerstörung seiner Sachen oder seiner Gesundheit verursachten Schäden einschließlich etwaiger Vermögensschäden, z. B. der Kündigung eines anderen Vertrags ersetzt verlangen. 49

VI. Prospekthaftung

Dem Rechtsverhältnis der Vertragsverhandlungen mit der Haftung für culpa in contrahendo vergleichbar ist die Prospekthaftung. Die Prospekthaftung ist von der Rechtsprechung im Zusammenhang mit dem Vertrieb von Bauherren- oder Bauträgermodellen[79], dem Vertrieb von Kommanditanteilen für eine Publikums-KG[80], dem Vertrieb von Aktien außerhalb geregelter Märkte[81] und bei Mischformen dieser Vertriebs- und Anlageformen[82] entwickelt worden. Für an der Börse zugelassene Wertpapiere sehen §§ 44 ff., 55 BörsG für Fondanteile § 127 InvestmG und für öffentlich angebotene Wertpapiere § 13 VerkprospG besondere Vorschriften vor. Dadurch soll der Erwerber solcher Geldanlagen in seinem **Vertrauen auf die Richtigkeit** der für seine Anlageentscheidung maßgeblichen Angaben im Prospekt geschützt werden. Der Schutz gilt nicht allgemein für Prospekte, insbesondere auch nicht für jeden Verkaufsprospekt über Waren, sondern nur für die genannten Prospektarten betreffend Vermögensanlagen. Darüber hinaus besteht noch eine Haftung für unterlassene oder unrichtige Angaben nach §§ 37 b und 37 c WpHG für die Emittenten von Wertpapieren, die zum Handel an einer inländischen Börse zugelassen sind. 50

Die Prospekthaftung ist dadurch gekennzeichnet, daß sie nicht Vertragsverhandlungen mit konkreten Personen und ein dadurch erzeugtes persönliches Vertrauen voraussetzt, sondern an **typisiertes Vertrauen** anknüpft, wie es generell durch den Pro- 51

---

[77] S. etwa *BGHZ* 69, 53, 56; 114, 87, 94; *BGH* NJW 1991, 1881, 1882; *BGH* NJW 1999, 2032; Palandt/*Heinrichs,* § 311 Rn. 59; krit. hierzu *Tiedtke,* WM 1993, 1231; *S. Lorenz,* NJW 1999, 1001.

[78] S. *BGH* NJW 2001, 2163 und 2875 = LM § 276 (Fa) BGB Nr. 163 m. Anm. *S. Lorenz.*

[79] *BGHZ* 111, 315, 317; *BGH* NJW 2001, 436 = LM § 276 (Fa) BGB Nr. 160 m. Anm. *Singer.*

[80] *BGHZ* 71, 284, 286; *BGH* NJW 2002, 1711.

[81] *BGHZ* 123, 106.

[82] *BGHZ* 115, 214, 218.

spekt als der wichtigsten Informationsquelle erzeugt wird[83]. Die Prospekthaftung kann deshalb noch nicht der Aufnahme von Vertragsverhandlungen nach § 311 Abs. 2 Nr. 1 zugeordnet werden, wohl aber der Anbahnung eines Vertrags (s. oben Rn. 11ff.) oder den ähnlichen geschäftlichen Kontakten (s. oben Rn. 14ff.). Daneben bleibt § 311 Abs. 2 Nr. 1 bei einem Pflichtverstoß anläßlich der konkreten Vertragsverhandlungen anwendbar[84]. Aus der Prospekthaftung wird für die **Richtigkeit und Vollständigkeit der Angaben** gehaftet, die im Prospekt vor dem Vertragsabschluß gemacht werden. Über Umstände, die sich nach Herausgabe des Prospekts verändert haben, ist vor oder spätestens bei Vertragsabschluß zu informieren[85].

52 Da es nicht auf ein persönliches Vertrauen gegenüber einem konkreten Verhandlungspartner ankommt, werden für die Prospekthaftung die Gründer, Initiatoren und Gestalter des jeweiligen Anlageprojekts sowie alle sonstigen **Personen,** die auf das Projekt und das Geschäftsgebaren **entscheidenden Einfluß** haben, verantwortlich gemacht, auch wenn sie nicht nach außen aufgetreten sind[86]. Dafür ergibt sich eine Grundlage in § 311 Abs. 3 Satz 1[87].

53 Zur Haftung kann auch herangezogen werden, wer mit seinem Zutun im Prospekt **als Referenz genannt** ist[88], wie z.B. eine Bank. Ebenso haftet grundsätzlich ein für die Anleger bestellter Treuhänder[89]. Rechtsanwälte, Notare, Wirtschaftsprüfer oder sonstige Personen, die einen Vertrauenstatbestand gesetzt haben, haften aber nur, soweit sie nach außen als Garanten in Erscheinung getreten sind[90].

54 Die schuldhafte Verletzung der Pflicht zur richtigen und vollständigen Information im Prospekt verpflichtet zum **Ersatz des Vertrauensschadens** (oben Rn. 45ff.). Da der Schutzzweck der Prospekthaftung ganz allgemein in der Verletzung des Rechts auf selbstbestimmte Anlageentscheidung wegen unzureichender Aufklärung besteht, kann die Rückgängigmachung des aufgrund eines fehlerhaften Prospekts geschlossenen Vertrags auch dann verlangt werden, wenn andere als die unrichtig dargestellten Risiken zu einem Wertverlust geführt haben, denn es kann nicht ausgeschlossen werden, daß der Anleger bei richtiger und vollständiger Information vom Vertrag ganz Abstand genommen hätte.

55 Die **Verjährung** ist nach der Rechtsprechung sehr unterschiedlich ausgestaltet. Bei der Prospekthaftung im Zusammenhang mit einer Publikums-KG sollen die Ansprüche 6 Monate nach Kenntnis, spätestens nach 3 Jahren verjähren[91]. Für Wertpapiere, die zum Börsenhandel zugelassen sind, sieht § 46 BörsG eine Verjährungsfrist von 1 Jahr seit Kenntnis, spätestens von 3 Jahren vor. Daran kann als Analogiebasis angeknüpft werden. Bei Bauherrenmodellen kann allerdings an eine Verjährung analog § 634a Abs. 1 Nr. 2 in 5 Jahren gedacht werden, soweit es das Bauwerk betrifft, im übrigen gemäß § 634a Abs. 1 Nr. 3 an die regelmäßige Verjährungsfrist in § 195[92].

---

[83] S. *BGHZ* 83, 222, 224; *BGHZ* 123, 106; *BGH* NJW 2002, 1711; *BGH* v. 7. 4. 03, II ZR 160/02.

[84] S. *BGH* WM 1985, 533, 534; *BGH* v. 7. 4. 2003, II ZR 160/02; MünchKomm/*Emmerich,* § 311 Rn. 162ff.; Palandt/*Heinrichs,* § 311 Rn. 30ff.

[85] *BGHZ* 123, 106, 109; *BGH* NJW 2002, 1711.

[86] *BGHZ* 71, 284,287; 79, 337, 340; 115, 214, 218; vgl. dazu auch Palandt/*Heinrichs,* § 311 Rn. 30ff.; Erman/*Battes,* § 276 Rn. 115c; MünchKomm/*Emmerich,* § 311 Rn. 163.

[87] S. *Blenske* in Schimmel/Buhlmann, Frankfurter Handbuch zum neuen Schuldrecht, 2002, S. 175.

[88] *BGH* NJW 1992, 2148, 2149.

[89] *BGHZ* 84, 141, 143.

[90] *BGHZ* 77, 172, 176; *BGH* NJW-RR 1986, 1158, 1159.

[91] *BGHZ* 83, 222, 227.

[92] Zum alten Verjährungsrecht offen gelassen in *BGHZ* 111, 314, 323; 115, 213, 225.

§ 32. Vertragsgestaltung

Inhaltsübersicht

Literatur: *Brambring,* Einführung in die Vertragsgestaltung, JuS 1985, 380; *Däubler,* Verhandeln und Gestalten, 2003; *Döser,* Einführung in die Gestaltung internationaler Wirtschaftsverträge, JuS 2000, 246, 456, 663, 869. 1075, 1178; JuS 2001, 40; *Gitter,* Der Einfluß des Sozialrechts auf die Vertragsgestaltung, DNotZ 1984, 595; *Haft,* Verhandeln. Die Alternative zum Rechtsstreit, 1992; *Hommelhoff/Gilles,* Zur Methodik kautelarjuristischer Arbeitsweise, Jura 1983, 592, 647; *Keim,* Das notarielle Beurkundungsverfahren, Methodik und Praxis, 1990; *Langenfeld,* Vertragsgestaltung, Methode, Verfahren, Vertragstypen, 1991; *ders.,* Einführung in die Vertragsgestaltung, JuS 1998, 33, 131, 224, 321, 521; *Martin,* Rechtsgeschäfte im Spannungsfeld zwischen Zivil- und Steuerrecht, BB 1984, 1629; *Priester,* Vertragsgestaltung: Das private Ehegattentestament, JuS 1987, 394; *Redeker,* Anwaltschaft und Rechtswissenschaft, NJW 1989, 1141; *Rehbinder,* Vertragsgestaltung, 2. Aufl. 1993; *ders.,* Die Rolle der Vertragsgestaltung im zivilrechtlichen Lehrsystem, AcP 174 (1974), 265; *Scharpf,* Vertragsgestaltung im Zivilrecht, Die Wahl des sicheren Weges bei der Vertragsgestaltung, JuS 2002, 878; *Schmittat,* Einführung in die Vertragsgestaltung, 2000; *Schollen,* Zur Bedeutung der sozialen Wirklichkeit für die Vertragsgestaltung des Notars, DNotZ 1976, 297; *ders.,* Kautelarjurisprudenz und Juristenausbildung, DNotZ Sonderheft Notartag 1977, 28; *Schwarzmann,* Gesetz- und Vertragsentwürfe in juristischen Übungsarbeiten, JuS 1972, 79; *Sontheimer,* Vertragsgestaltung und Steuerrecht, JuS 1998, 872, 970, 1078, 1180; *C. Teichmann,* Vertragsgestaltung durch den Rechtsanwalt – Grundzüge einer Methodik der zivilrechtlichen Fallbearbeitung, JuS 2001, 870, 973, 1078; *Tengelmann,* Die Kunst des Verhandelns, 3. Aufl. 1973; *H. Weber,* Methodenlehre der Rechtsgestaltung, JuS 1989, 636ff., 818; *H. P. Westermann,* Einführung in die Vertragsgestaltung: Die Übertragung einer Einkunftsquelle, Jura 1983, 309; *Zawar,* Neuere Entwicklungen zu einer Methodenlehre der Vertragsgestaltung, JuS 1992, 134.

I. Vertragsverhandlungen und Vertragsgestaltung

1. Freiraum für Verhandlungen

Aufgrund der Vertragsfreiheit steht den Parteien insbesondere im Schuldrecht ein weiter Raum für die Gestaltung von Verträgen zur Verfügung, der nur durch das zwingende Recht einschließlich der Maßstäbe von Treu und Glauben (§ 242, § 307) und der guten Sitten (§ 138) begrenzt wird. 1

2 Dieser Freiraum wird von den Parteien je nach der Art des Geschäfts in unterschiedlicher Weise genutzt. Bei den Alltagsgeschäften der täglichen Bedarfsdeckung finden kaum Vertragsverhandlungen statt. Die Ausübung der Vertragsfreiheit beschränkt sich hier auf die unverzichtbaren essentialia negotii, indem der Vertragspartner und die Ware ausgesucht werden, deren Preis vom Anbieter zumeist einseitig festgesetzt ist. Der übrige für die Abwicklung des Vertrags maßgebliche Inhalt (accidentalia und naturalia negotii) wie Fälligkeit und Ort der Leistung sowie die Folgen von Leistungsstörungen werden durch das der Lückenfüllung dienende dispositive Recht bestimmt. Bei anderen Geschäften insbesondere zwischen Unternehmern und Verbrauchern werden die die Vertragsabwicklung regelnden Bestimmungen einseitig von einer Partei in ihren Allgemeinen Geschäftsbedingungen festgelegt, die das dispositive Recht verdrängen, ohne daß Vertragsverhandlungen stattfinden. Vertragsverhandlungen mit dem Ziel, das dispositive Recht durch der jeweiligen Situation angepaßte Regelungen zu ersetzen oder zu ergänzen, werden vor allem bei Geschäften geführt, die für den Einzelnen einen wesentlichen finanziellen Aufwand bedeuten und nicht zu den gewöhnlichen Geschäften gehören, sei es, daß sie nur selten oder mit einem Partner abgeschlossen werden, der sich nicht auf einseitig aufgestellte Allgemeine Geschäftsbedingungen einläßt. Dabei kann sich das Aushandeln vom einfachen Gewährleistungsausschluß beim Gebrauchtwagenkauf über die Lieferbedingungen für Produktionsmaterial oder die Bedingungen eines Grundstückskauf- oder -mietvertrags bis zu umfassenden Verhandlungen über Großprojekte im Anlagenbereich, z.B. eines Flughafens, eines Chemiewerks oder eines Unternehmenskaufs erstrecken.

2. Einfluß der Verhandlungen auf den Vertragsinhalt

3 Die Art und Weise der Vertragsverhandlungen übt entscheidenden Einfluß auf das Verhandlungsergebnis in Gestalt des Vertragsinhalts aus. Im Idealfall stehen sich zwei Verhandlungspartner mit annähernd gleicher Verhandlungsstärke und gleichem Informations- und Kenntnisstand gegenüber, die ihre jeweiligen Ausgangspositionen in einem Prozeß des gegenseitigen Prüfens und Abwägens einander angleichen, bis sie zu einer Einigung kommen. Durch das nach Prüfen und Abwägen erteilte Einverständnis mit den Bedingungen des jeweils anderen wird ein Ausgleich der beiderseitigen Positionen erreicht, der unter der Voraussetzung zweier vollkommen informierter sowie vollkommen rational und frei handelnder Partner die Richtigkeitsgewähr für einen gerechten Vertragsinhalt in sich trägt[1]. Dieses Modell mit vollkommen rational und frei handelnden Akteuren stellt indessen einen Idealfall dar, der in der Realität kaum gegeben sein wird. Vielmehr bringen ein besserer Informations- und Kenntnisstand, sorgfältigere Vorbereitung, Geschäftsgewandtheit und Erfahrung sowie eine starke Marktposition für einen Verhandlungspartner Vorteile mit sich, die das Verhandlungsergebnis zu seinen Gunsten zu beeinflussen vermögen. Der vertragliche Einigungsprozeß bringt deshalb keine Richtigkeitsgewähr, sondern lediglich die mehr oder minder große Richtigkeitschance[2] mit sich, daß sich beide Parteien auf einen gerechten Ausgleich einigen können. Verfehlen sie den vollkommen gerechten Ausgleich, so sind sie aufgrund der grundsätzlich gegebenen Verantwortlichkeit für ihre Entscheidungen dennoch an den vereinbarten Vertragsinhalt gebunden. Lediglich bei schwerwiegender Beeinträchtigung der Entscheidungsfreiheit wird eine Inhaltskontrolle ermöglicht, die die Bindung an den Vertrag entfallen läßt oder den Vertrag nur in eingeschränktem Maße aufrechterhält[3].

---

[1] S. dazu *Schmidt-Rimpler,* AcP 147 (1941), 130, 151ff.; *ders.,* FS Raiser, 1974, S. 3.

[2] S. *M. Wolf,* Rechtsgeschäftliche Entscheidungsfreiheit und vertraglicher Interessenausgleich, 1970, S. 73f.

[3] S. im einzelnen unten § 42 Rn. 13.

Neben dieser juristischen Verhandlungstheorie, die die Voraussetzungen für die Möglichkeit eines ausgeglichenen Verhandlungsergebnisses beschreiben will und aus der sich die normativen Voraussetzungen für die Bindung sogar an ungerechte Vertragsinhalte ableiten lassen, gibt es auch sozialwissenschaftliche Verhandlungstheorien, die auf spieltheoretischer, soziologischer, psychologischer oder politikwissenschaftlicher Grundlage entweder rein theoretisch oder empirisch untermauert den Verhandlungsablauf und das Verhandlungsverhalten beschreiben[4]. Feststehende und juristisch verwertbare Ergebnisse lassen sich daraus angesichts der vielgestaltigen und stark variierenden tatsächlichen Verhältnisse kaum gewinnen. 4

3. Beteiligung juristischer Berater

Die Vertragsverhandlungen kann grundsätzlich jede Partei selbst führen, was in der Regel der Fälle bei einfachen Verträgen auch geschieht. Bei Investitionen mit beträchtlichen Risiken oder bei Geschäften mit komplizierten Rechtsfragen ist es indessen zweckmäßig, einen rechtlichen Berater beizuziehen, der über die Rechtsverhältnisse und die damit verbundenen Risiken und Pflichten informiert sowie das von den Parteien Gewollte in eine passende rechtliche Gestalt bringt. Die Einholung von Rechtsrat und die Beiziehung eines rechtlichen Beraters in Person eines Rechtsanwalts oder Notars steht den Parteien grundsätzlich frei. Lediglich für einige besondere Rechtsgeschäfte sieht das Gesetz die Form der notariellen Beurkundung zwingend vor (s. etwa § 311b, § 518 Abs. 1, § 2276, § 2348, § 2371 BGB; § 2, § 15 Abs. 3, 4 GmbHG; s. auch oben § 27 Rn. 56ff.). Ohne Notar können die Parteien hier das Rechtsgeschäft grundsätzlich nicht wirksam abschließen (s. § 125). Soweit die Form der notariellen Beurkundung nicht gesetzlich vorgeschrieben ist, können die Beteiligten die Beiziehung eines Notars entweder verbindlich mit der Folge aus § 125 S. 2 vereinbaren oder rein freiwillig vornehmen. 5

a) Vertragsgestaltung durch den Notar

Der Notar nimmt eine **neutrale Position** ein (§§ 1, 14 Abs. 1 BNotO)[5]. Er hat alle Beteiligten zu belehren und zu beraten (§ 17 BeurkG, § 24 BNotO). Zwar sind Belehrung und Beratung nicht immer trennscharf voneinander zu unterscheiden und gehen oft ineinander über[6]. Doch läßt sich als hauptsächliche Unterscheidung sagen, daß der Notar bei der **Belehrung** auf die rechtliche Bedeutung und Tragweite eines Geschäfts hinzuweisen hat, um den Beteiligten die rechtlichen Folgen ihrer eigenen Entscheidung vor Augen zu führen. Bei der **Beratung** zeigt der Notar dagegen Alternativen auf und wirkt mit eigenen Vorschlägen auf eine ausgewogene, zweckmäßige oder gar optimale Gestaltung hin. Mit der Belehrung und Beratung eng verknüpft ist eine **Betreuungspflicht** des Notars. Diese ist darauf gerichtet, die Erklärungen der Beteiligten klar und unzweideutig wiederzugeben, für ihre rechtliche Wirksamkeit zu sorgen sowie darauf zu achten, daß unerfahrene und ungewandte Beteiligte nicht benachteiligt werden und sich die wirtschaftliche Macht einer Vertragspartei nicht einseitig durchsetzt. Hierbei ergeben sich jedoch Konflikte zwischen der neutralen Stellung des Notars und seinen eigenen wirtschaftlichen Interessen[7]. Denn eine Vertrags- 6

[4] S. dazu *Rehbinder,* Vertragsgestaltung, S. 65ff.
[5] Vgl. dazu *Brambring,* JuS 1985, 380, 383f.
[6] S. auch *Rehbinder,* Vertragsgestaltung, S. 54.
[7] S. auch *Stürner,* JZ 1974, 154, 155; *H.-P. Westermann,* AcP 175 (1975), 375, 387; *Rehbinder,* Vertragsgestaltung, S. 91f.; *Brambring,* JuS 1985, 380, 381.

partei, die ihre wirtschaftlichen Interessen bei einem Notar nicht durchsetzen kann, wird zumindest beim nächsten Geschäft einen anderen Notar aufsuchen.

b) Vertragsgestaltung durch den Rechtsanwalt

7 Der Rechtsanwalt ist im Regelfall **Interessenvertreter** einer Partei, die er entweder intern bei den Vertragsverhandlungen berät oder auch nach außen bei den Verhandlungen vertritt, wobei der Vertragsabschluß selbst der Partei vorbehalten oder auch vom Rechtsanwalt als Vertreter vorgenommen werden kann. Als Interessenvertreter, der von einer Partei beauftragt ist, darf der Rechtsanwalt grundsätzlich nicht für die andere Partei tätig werden. Er darf deshalb im Gegensatz zum Notar einseitig um Vorteile für seine Partei bemüht sein, sollte aber als unabhängiges Organ der Rechtspflege (s. §§ 1, 3 BRAO)[8] sowie im Interesse seiner Auftraggeber um die Vermeidung eines unwirksamen, weil unangemessenen oder gar sittenwidrigen Vertrags bemüht sein. Es kann aber auch dem Interesse seines Mandanten entsprechen, den Vertrag im wesentlichen ausgewogen zu gestalten. Dies gilt insbesondere dann, wenn langfristige und reibungslose Geschäftsbeziehungen entstehen sollen. Häufig steht der Anwalt hierbei jedoch in einem Interessenkonflikt, bei dem die Interessen seines Mandanten weitgehend den Vorrang haben[9]. Noch stärker einseitig interessengebunden ist der Syndikus- und Einfirmenanwalt sowie der unternehmensangestellte Jurist[10].

II. Unterschiede zur richterlichen Rechtsanwendung

1. Unterschiedliche Aufgaben

8 Die Tätigkeit des mit der Gestaltung von Verträgen betrauten Rechtsanwalts oder Notars unterscheidet sich von der des Richters zunächst in Hinblick auf das Aufgabenfeld. Der **Richter** muß einen in der **Vergangenheit** liegenden Sachverhalt aufklären und darüber entscheiden, ob sich daraus eine vom Kläger begehrte **bestimmte Rechtsfolge,** zumeist ein Anspruch, ableiten läßt. Demgegenüber hat der **Vertragsjurist** die Beziehungen der Parteien in die **Zukunft** hinein zu gestalten und nicht nur eine einzelne Rechtsfolge, sondern alle zwischen den Parteien bei der Vertragsabwicklung denkbaren und wahrscheinlichen Konflikte in seine Überlegungen einzubeziehen und sie durch eine interessengerechte Gestaltung **aller Rechte und Pflichten** vorausschauend zu regeln. Der auf einen konkreten Streitfall eingegrenzten **Entscheidungstätigkeit des Richters** (Dezisionsjurisprudenz) steht damit die die künftigen Ereignisse und Entwicklungen berücksichtigende **Planungstätigkeit des Vertragsgestalters** (Kautelarjurisprudenz)[11] gegenüber. Dabei ist es allerdings nicht so, daß der Richter auf die Entscheidungstätigkeit beschränkt wäre. Als Zivilrichter kann und soll er den Streit der Parteien vielmehr durch einen Vergleichsvorschlag lösen (s. § 279 ZPO), wobei er dann ebenfalls die Tätigkeit eines Vertragsgestalters ausübt.

---

[8] S. dazu auch *Hartung,* Anwaltsrecht, 1991, S. 276ff.; *M. Wolf,* Gerichtsverfassungsrecht aller Verfahrenszweige, 6. Aufl. 1987, § 34 I, V 2.

[9] S. *Redeker,* NJW 1987, 2610, 2615.

[10] S. *Rehbinder,* Vertragsgestaltung, S. 93f. m. w. N.

[11] Zu Gründen der Vernachlässigung dieser Arbeitsform in der Ausbildung hauptsächlich *Medicus,* AT, Rn. 460ff.

2. Unterschiedliche Arbeitsweise

Die unterschiedlichen Aufgaben der Dezisionsjurisprudenz einerseits und der Kautelarjurisprudenz andrerseits führen auch zu unterschiedlichen Arbeitsweisen. 9

a) Arbeitsweise des Richters

Der Richter hat zusammen mit den Parteien einen bestimmten Sachverhalt notfalls mit Hilfe einer Beweisaufnahme zu ermitteln **(Ermittlungstätigkeit)** und diesen Sachverhalt unter die Rechtsnormen zu subsumieren, um daraus eine konkrete Rechtsfolge abzuleiten **(Subsumtionstätigkeit).** Diese Grundstruktur richterlicher Tätigkeit ändert sich nicht dadurch, daß der Richter auch die Folgen seiner Entscheidung zu berücksichtigen und Wertungen zu treffen hat (s. oben § 4 Rn. 12ff., 21ff.). Die Folgenberücksichtigung und die Wertentscheidungen beeinflussen zwar die Auswahl und die Konkretisierung der Rechtsnormen, die auf den ermittelten Sachverhalt anzuwenden sind. Die dabei zu leistende Subsumtionstätigkeit, bei der die einzelnen Merkmale des Sachverhalts den einzelnen Tatbestandselementen der Rechtsnorm zuzuordnen sind und daraus die Rechtsfolge im konkreten Fall abzuleiten ist, bleibt jedoch im Grundsatz immer dieselbe. 10

b) Arbeitsweise des Vertragsjuristen

Die Arbeitsweise des Vertragsjuristen ist demgegenüber weitreichender. Er hat zwar auch in gewissem Umfang Ermittlungstätigkeit zu leisten. So muß er zunächst die Vorstellungen und Absichten der Beteiligten ermitteln (Willensermittlung) und die Umstände klären, in die der Vertrag eingebettet ist. Wegen der in die Zukunft gerichteten planerischen Gestaltung hat der Vertragsjurist aber vor allem eine **Prognoseentscheidung** zu treffen. Diese Prognoseentscheidung richtet sich zum einen darauf, welche Entwicklung die Durchführung des Vertrags und die Geschäftsbeziehungen der Parteien voraussichtlich tatsächlich nehmen werden, um die vertragliche Regelung darauf abzustimmen. Dabei kann man die Erfüllungsplanung von der Risikoplanung unterscheiden[12]. Die Erfüllungsplanung ist darauf gerichtet, die Sachziele des Mandanten oder beider Parteien zu erreichen. Die Risikoplanung soll Lösungen im Falle von Störungen und Pflichtverletzungen bei der Vertragsdurchführung entwickeln. Um für die künftigen möglichen Konflikte eine sachgerechte und passende Lösung zu finden, muß der Vertragsjurist aber zum anderen auch die richterliche Entscheidung prognostizieren. Er muß sich dabei in die Rolle des Richters versetzen und die vertragliche Regelung in ihren Voraussetzungen und Rechtsfolgen so fassen, daß der Richter daraus die von den Parteien gewollte Regelung ableitet. Insoweit muß der Vertragsjurist also auch die richterliche Subsumtionstätigkeit beherrschen. Dabei kann er sich aber anders als im Regelfall der Richter nicht auf einen Konflikt allein konzentrieren. Vielmehr muß der Vertragsgestalter eine umfassende **Gesamtschau mit** einer umfassenden **Gesamtregelung** aller bei der Vertragsabwicklung entstehenden Interessenkonflikte anstreben unter Berücksichtigung der jeweils zur Problemlösung ineinandergreifenden Rechtsgebiete. 11

Beispiele: Beim Kauf eines neu errichteten Einfamilienhauses müssen neben schuldrechtlichen und sachenrechtlichen Vorschriften auch steuerrechtliche Regelungen der Grunderwerbsteuer und der einkommensteuerlichen Eigenheimförderung sowie öffentlichrechtliche 12

---

[12] S. *Rehbinder,* Vertragsgestaltung, S. 4.

Bestimmungen etwa bezüglich des gemeindlichen Vorkaufsrechts oder der Erschließungskosten beachtet werden. Ebenso müssen bei Vereinbarungen zur Abwicklung einer geschiedenen Ehe neben familienrechtlichen, schuld- und sachenrechtlichen Regeln insbesondere im Zusammenhang mit dem Versorgungsausgleich auch Fragen der Sozialversicherung und der arbeitsrechtlichen Ruhestandsregelung beachtet werden. Um keines der einschlägigen Probleme zu übersehen, sind für häufig wiederkehrende Vertragsarten Checklisten und Problemauflistungen etwa in Formularbüchern entwickelt worden.

13 Aufgrund der privatautonomen Gestaltungsfreiheit muß der Vertragsjurist unter Beachtung der vom zwingenden Recht gesetzten Grenzen verschiedenartige Wege und Möglichkeiten der Vertragsgestaltung berücksichtigen und gegeneinander abwägen. Dies verlangt von ihm ein **Denken in Alternativen**[13] und **Auswahlentscheidungen**[14], bei denen er nicht nur die für eine oder beide Parteien vorteilhafteste Regelung vor Augen haben, sondern auch ihre Realisierbarkeit und Akzeptanz durch die Gerichte beachten muß.

14 Um einen geregelten Ablauf der vielgestaltigen Arbeitsweise des Vertragsjuristen zu gewährleisten und sicher zu stellen, daß möglichst alle Aspekte Berücksichtigung finden, sind die einzelnen Schritte zur Vorbereitung des Vertrags analysiert und aufgelistet worden. Dazu gehören neben Checklisten und Problemauflistungen auch Techniken zur Ermittlung des Parteiwillens, der Verhandlungsführung, des Vertragsaufbaus und der Vertragssprache[15]. Man könnte insoweit von einer Methode der formellen Vertragsvorbereitung und der Technik der Vertragsgestaltung sprechen.

III. Grundsätze der inhaltlichen Gestaltung

15 Um dem Vertragsjuristen angesichts des weiten Gestaltungsspielraums und der vielen Alternativen, die sich bei der Abfassung eines Vertrags eröffnen, ein zweckgerechtes und möglichst fehlerfreies Vorgehen zu ermöglichen, sind Maßstäbe und Richtlinien für die inhaltliche Gestaltung von Verträgen erarbeitet worden, die man als Methode der materiell inhaltlichen Gestaltung bezeichnen kann. Natürlich muß sich ein Vertrag grundsätzlich den besonderen Bedürfnissen und Vorstellungen der Parteien anpassen und dafür eine individuell sachgerechte Regelung treffen. Aber auch bei Berücksichtigung der individuellen und einzelfallbezogenen Interessen lassen sich immer wiederkehrende Grundsätze der Vertragsgestaltung ausmachen, die den Vertragsinhalt beeinflussen.

1. Wahl des sicheren Wegs

16 Bei der Suche und Auswahl von Alternativen muß sich der Vertragsjurist grundsätzlich vom sicheren Weg leiten lassen. Das heißt, er muß diejenige rechtliche Lösung im Auge haben, bei der sich der Parteiwille **mit höchster Gewähr für die** richterliche Anerkennung und **rechtliche Durchsetzung** verwirklichen läßt[16]. Der

---

[13] S. *Langenfeld,* Vertragsgestaltung Rn. 59.

[14] *Langenfeld,* Vertragsgestaltung Rn. 4.

[15] S. dazu im einzelnen *Langenfeld,* Vertragsgestaltung Rn. 87 ff., 107 ff., 131 ff.

[16] S. dazu auch *Rehbinder,* Vertragsgestaltung, S. 23 ff., 47; *Langenfeld,* Vertragsgestaltung, Rn. 161 f.; *Schröder,* Der sichere Weg bei der Vertragsgestaltung, 1990; zum prozessualen Verhalten des Anwalts *BGH* GRUR 2001, 271.

Vertragsjurist muß sich dazu an allgemein anerkannten Rechtsregeln und insbesondere an den von den obersten Gerichten erarbeiteten Ergebnissen der Gesetzesauslegung, der Konkretisierung von Generalklauseln und der richterlichen Rechtsfortbildung orientieren.

Auffassungen in der Literatur, die sich zu einer h. M. verdichtet haben, geben Anhaltspunkte für die Vertragsgestaltung, soweit sich eine gefestigte Rechtsprechung noch nicht entwickelt hat oder wo mit einer Änderung der Rechtsprechung zu rechnen ist. Die Vertragsgestaltung muß den damit verbundenen Unsicherheiten aber soweit wie möglich Rechnung tragen, indem z. B. Ersatzlösungen vorgesehen oder Bestimmungen über die Aufrechterhaltung der Restbestandteile des Vertrags getroffen werden (s. auch unten Rn. 28). Wegen der eingeschränkten Zulässigkeit solcher Klauseln in AGB[17] genügen diese Klauseln aber nicht immer den Anforderungen des sicheren Wegs[18]. 17

Die Beachtung des sicheren Wegs dient in erster Linie dazu, die Voraussetzungen für die rechtliche Wirksamkeit des Vertrags und damit eine verläßliche Basis für die Geschäftsbeziehungen der Parteien zu schaffen. Aus der Sicht des Vertragsgestalters kommt hinzu, daß die Befolgung des sicheren Wegs der Haftungsvermeidung gegenüber dem Auftraggeber dient[19]. Andererseits hemmt dieses Arbeitsprinzip aber auch die Innovationsbereitschaft und Suche nach neuen Lösungen. 18

Der sichere Weg kann nur in dem Maße eingeschlagen werden, wie dies mit dem Willen der Vertragsparteien vereinbar ist. Sind die Vorstellungen der Parteien nur auf einem rechtlich nicht gesicherten Weg zu erreichen, so muß der Vertragsjurist die Parteien umfassend über die damit verbundenen Risiken aufklären. Bestehen die Parteien in Kenntnis der Risiken gleichwohl auf der Einhaltung dieses Wegs, so hat der **Parteiwille Vorrang.** Der Vertragsgestalter kann dann aber auch nicht für die damit verbundenen Unsicherheiten und Schäden verantwortlich gemacht werden. Einen eindeutig gesetz- oder sittenwidrigen Vertrag sollte der Vertragsjurist aber aus berufs- und standesrechtlichen Erwägungen grundsätzlich nicht abschließen[20]. 19

2. Wahl des kostengünstigen Wegs

Unter mehreren rechtlichen Gestaltungsmöglichkeiten sollte der Vertragsjurist grundsätzlich den kostengünstigsten Weg aussuchen und vorschlagen. Die **Vermeidung von Kosten** ist dabei **in umfassendem Sinn** zu verstehen und erstreckt sich sowohl auf die Vermeidung von Steuerlasten, wie auf die Vermeidung von Kosten des Vertragsabschlusses und der Vertragsdurchführung, wozu insbesondere auch die Vermeidung von Haftungsrisiken zählt[21]. 20

Beispiel: Besteht etwa die Möglichkeit, an Stelle des Grundstückseigentums direkt alle Anteile der Gesellschaft zu erwerben, welcher das Grundstück gehört, so sollte dieser Weg erwogen werden, weil damit möglicherweise Grunderwerbsteuer gespart werden kann[22]. Statt eines Abzahlungskaufs kann für Gewerbetreibende ein Leasingvertrag Steuervorteile bringen. Genügt an Stelle der notariellen Beurkundung die öffentliche Beglaubigung (s. z. B. § 1154 Abs. 1 Satz 2), so ist die öffentliche Beglaubigung als die kostengünstigere Lösung zu wählen. 21

---

[17] S. etwa *M. Wolf,* in *Wolf*/Horn/Lindacher, AGBG § 9 Rn. 151.
[18] Dazu im einzelnen *Schröder,* Der sichere Weg bei der Vertragsgestaltung, 1990, S. 242 ff.
[19] S. als Beispiel *BGH* NJW-RR 2000, 791.
[20] S. auch *Rehbinder,* Vertragsgestaltung, S. 82.
[21] Dazu auch *Rehbinder,* Vertragsgestaltung, S. 29; *Langenfeld,* Vertragsgestaltung, Rn. 153 ff.
[22] Einschränkend aber § 1 Abs. 2 a und 3 GrEStG.

22 Die Wahl des kostengünstigeren Wegs kann mit dem Grundsatz des sicheren Wegs in Konflikt geraten. So kann beim Grundstückskaufvertrag in Verbindung mit der Ablösung von Grundpfandrechten eine Entscheidung erforderlich werden, ob die Zahlung des Kaufpreises vom Käufer direkt an den Verkäufer oder auf dem sicheren Weg über ein Notaranderkonto mit Durchführung aller Zahlungen durch den Notar erfolgt, wobei allerdings zusätzliche Gebühren entstehen. In einem solchen Fall ist zunächst maßgebend, welche Entscheidung die Parteien nach Aufklärung über die unterschiedlichen Möglichkeiten treffen. Kommt eine solche Aufklärung etwa in Hinblick auf die Komplexität der Materie nicht in Betracht, so ist grundsätzlich der sichere Weg zu wählen.

3. Wahl des praktikablen Wegs

23 Bei der Festlegung der tatbestandlichen Voraussetzungen und der Rechtsfolgen einer Regelung sollte der jeweils praktikabelste Weg gewählt werden, der die **möglichst einfache und sichere Anwendung der Vertragsbestimmungen** ermöglicht. Dazu gehört, daß die tatbestandlichen Voraussetzungen in tatsächlicher und rechtlicher Hinsicht leicht feststellbar und beweisbar sein sollten.

24 **Beispiele:** Eine Rechtsfolge sollte nicht ohne Notwendigkeit vom Vorliegen von Arglist abhängig gemacht werden, weil diese im Regelfall schwer nachweisbar ist. Auch sollte an Stelle des nur mit Rechtskenntnissen und deshalb für Laien schwer feststellbaren Eigentumsübergangs eher an das tatsächliche Geschehen der Übergabe angeknüpft werden.

25 Im Sinne der Praktikabilität sollte auch auf eine **sachgerechte Beweislastregelung** geachtet werden, die die Beweislast möglichst an tatsächlich bestehende Regel-Ausnahmeverhältnisse anpaßt und sie unter Berücksichtigung von Herrschafts- und Risikobereichen verteilt.

4. Wahl des flexiblen Wegs

26 Enge Verbindung zur Praktikabilität weist die Flexibilität[23] auf. Bei der Flexibilität ist darauf zu achten, daß sich die vertragliche Regelung allen **künftigen Entwicklungen sachgerecht anzupassen** vermag und eine der Interessenlage entsprechende Lösung bietet. Das Bedürfnis nach Flexibilität ergibt sich insbesondere bei langfristig angelegten Verträgen und bei Dauerschuldverhältnissen. Eine flexible Regelung sollte einerseits nicht allzu konkret nur auf bestimmte Ereignisse zugeschnitten sein. Andererseits darf sie auch nicht zu abstrakt und unbestimmt sein.

27 **Beispiel:** Eine flexible und anpassungsfähige Regelung ist etwa gegeben, wenn nach dem Vorbild von § 823 Abs. 1 eine beispielhafte Aufzählung einzelner Anwendungsfälle mit der Klausel „oder sonst vergleichbare Fälle" verknüpft wird.

28 Zur Flexibilität gehören auch Regelungen für den Fall, daß Teile des Vertrags nicht wirksam sein sollten. Insoweit ist zu überlegen, ob der Vertrag mit einer **Gesamtunwirksamkeitsklausel** insgesamt für unwirksam erklärt werden soll oder ob der Restbestand mit einer **Teil- oder Restwirksamkeitsklausel**[24] aufrechterhalten werden soll. Wenn bei der Abfassung von AGB darauf geachtet wird, daß möglicherweise

[23] S. *Rehbinder,* Vertragsgestaltung, S. 22.
[24] S. *M. Wolf,* in *Wolf*/Horn/Lindacher, AGBG, § 9 Rn. T 11.

unwirksame Klauselteile von wirksamen Klauselteilen getrennt und nicht mit ihnen in einem Begriff zusammengefaßt werden, so kann durch bloßes Streichen des unwirksamen Teils der wirksame restliche Teil aufrechterhalten werden[25]. Für den Fall der Restwirksamkeit ist zu klären, ob der unwirksame Teil durch dispositives Recht einschließlich richterlicher Vertragsergänzung ersetzt werden soll oder ob durch sog. salvatorische Klauseln[26] Ersatzlösungen vereinbart werden sollen.

5. Auswahl unter vorformulierten Vertragstypen

Die inhaltliche Vertragsgestaltung wird wesentlich erleichtert, wenn der Vertragsjurist auf vorformulierte Vertragstypen zugreifen kann. Damit sind nicht nur die im BGB selbst geregelten schuld- und sachenrechtlichen Vertragstypen gemeint wie etwa der Kaufvertrag, der Werkvertrag, der Dienstleistungsvertrag, der Mietvertrag oder der Vertrag zur Bestellung eines Nießbrauchs oder einer Grundschuld. Vielmehr sind in der Kautelarpraxis die gesetzlichen Vertragstypen für immer wiederkehrende typische Fallgruppen weiter ausdifferenziert worden[27]. Man kann insoweit von fallgruppenspezifischen Vertragstypen reden. 29

Beispiele: Innerhalb des Kaufvertrags gibt es nicht nur den Vertragstyp des Grundstückskaufs, des Kaufs beweglicher Sachen, des Forderungskaufs, des Unternehmenskaufs und des Kaufs sonstiger Rechte mit je unterschiedlichen Regelungen. Vielmehr kann auch innerhalb des Grundstückskaufvertrags fallspezifisch differenziert werden nach dem Kauf neu errichteter oder gebrauchter Gebäude, nach dem Kauf von Gewerbe- und Wohnimmobilien und beim Kauf von Wohnimmobilien nach dem Erwerb von Mietshäusern oder Eigenheimen sowie nach dem Erwerb vom Bauherrn oder Bauträger im steuersparenden Bauherrenmodell. Für alle diese fallspezifischen Transaktionen stellen sich innerhalb des im BGB geregelten Kaufvertrags als Grundmodell jeweils verschiedenartige Probleme und Interessenkonflikte, die einer situations- und falltypischen Regelung mit unterschiedlichen Rechten und Pflichten und einer unterschiedlichen Verteilung der Risiken und Lasten bedürfen. Hinzu kommen weitere Besonderheiten beim Kauf einer Eigentumswohnung. 30

In gleicher Weise kann etwa beim Mietvertrag zwischen Wohn- und Gewerberaummiete oder zwischen der Miete von Grundstücken und beweglichen Sachen unterschieden werden. Weiter differenzierend hat die Kautelarpraxis den Leasingvertrag mit der Unterart des Finanzierungsleasing entwickelt. Als weiteren Vertragstypen außerhalb des BGB sind in der Praxis etwa der Factoringvertrag, der Franchisevertrag, der Sicherungsvertrag oder der Treuhandvertrag entwickelt worden[28]. 31

Die Bildung von fallspezifischen Vertragstypen, auf die der Vertragsjurist zurückgreifen kann, bringt mehrere Vorteile mit sich. In ihnen sind fallgruppenspezifische Probleme jeweils angesprochen, was der Gefahr des Übersehens von Problemen vorbeugt. Sie bieten bewährte Lösungen an, die entweder von der Rechtsprechung bereits gebilligt sind oder sich doch in einer Diskussion unter Fachleuten als richtig und zweckmäßig herausgeschält haben. In ihnen steckt wegen ihrer häufigen Verwendung viel Erfahrungswissen, das die Belehrung und Beratung der Parteien erleichtert und deren Akzeptanz unter Hinweis auf die Üblichkeit und Normalität erhöht. Da diese 32

[25] S. im einzelnen *M. Wolf,* in *Wolf*/Horn/Lindacher, AGBG § 9 Rn. 157.

[26] Dazu im einzelnen *Beyer,* Salvatorische Klauseln, 1988; *M. Wolf,* in *Wolf*/Horn/Lindacher, AGBG, § 9 Rn. 151.

[27] S. dazu insbesondere *Langenfeld,* Vertragsgestaltung Rn. 53 ff.

[28] S. zu einem Überblick etwa *Martinek,* Moderne Vertragstypen Bd. I, 1991, Bd. II, 1992, Bd. III, 1993; *Graf von Westphalen,* Vertragsrecht und AGB-Klauselwerke; *Wolf/Horn/Lindacher,* AGBG, Klauselkatalog zu § 9.

Vertragstypen in keiner Weise verbindlich oder zwingend sind, sondern nur der Erleichterung dienen, können sie bei Bedarf jederzeit abgeändert oder ergänzt und der jeweiligen Situation angepaßt werden.

§ 33. Das vertragliche Rechtsverhältnis

Inhaltsübersicht

Literatur: *Graf,* Vertrag und Vernunft, Eine Untersuchung zum Modellcharakter des vernünftigen Vertrags, 1997; *Hager,* Gesetzes- und sittenkonforme Auslegung und Aufrechterhaltung von Rechtsgeschäften, 1983; *Henckel,* Die ergänzende Vertragsauslegung, AcP 159 (1959), 106; *Larenz,* Ergänzende Vertragsauslegung und dispositives Recht, NJW 1963, 737; *ders.,* Ergänzende Vertragsauslegung und Rückgriff auf die Geschäftsgrundlage, VersR 1983, Beiheft; *Martens,* Rechtsgeschäft und Drittinteressen, AcP 177 (1977), 116; *Mayer-Maly,* Die Bedeutung des tatsächlichen Parteiwillens für den hypothetischen, FS Flume, 1978, S. 621; *Medicus,* Vertragsauslegung und Geschäftsgrundlage, FS Flume, 1978, S. 629; *Oertmann,* Rechtsordnung und Verkehrssitte, 1914; *Pilz,* Richterliche Vertragsergänzung und Vertragsabänderung, 1963; *Raiser,* Vertragsfunktion und Vertragsfreiheit, FS für den DJT, Bd. I, S. 101; *Reinhardt,* Die Vereinigung subjektiver und objektiver Gestaltungskräfte im Vertrage, FS Schmidt-Rimpler, S. 115; *Rückert,* Ausgleich durch Auslegung, Schadensersatz oder Kondiktion? AcP 186 (1986), 105; *Sandrock,* Zur ergänzenden Vertragsauslegung im materiellen und internationalen Schuldvertragsrecht, 1966; *Schmidt-Rimpler,* Zum Vertragsproblem, FS L. Raiser, 1974, S. 3; *Stoffels,* Gesetzlich nicht geregelte Schuldverträge, 2001.

I. Der Vertrag als Abschlußtatbestand und Rechtsverhältnis

1 In den §§ 145ff. regelt das BGB mit Antrag und Annahme im wesentlichen nur den Abschlußvorgang und das Zustandekommen des Vertrags. Mit dem Abschluß des Vertrages wird aber zugleich die in ihm vereinbarte **Regelung** durch die Vertragschließenden als Rechtsverhältnis **in Geltung gesetzt.** Von der Geltung ist zu unterscheiden die Vertragsbindung (s. oben § 29 Rn. 1ff.). Vertragsbindung ist die Gebundenheit in dem Sinne, daß eine Partei nicht einseitig die getroffene Regelung widerrufen kann. Geltung bedeutet demgegenüber die **normative Verbindlichkeit** der von den Parteien gesetzten Regelung im Sinne der **Rechtsgrundlage** für die künftigen rechtlichen Beziehungen der Parteien.

2 **Beispiele:** Die Parteien setzen sich durch einen **Schuldvertrag** mit den darin enthaltenen Rechten und Pflichten für ihr künftiges Verhalten eine Norm. In einem **dinglichen Vertrag** nehmen die Parteien eine Änderung der rechtlichen Güterzuordnung vor. Derjenige, dem das

Recht zusteht, überträgt es einem anderen ganz oder teilweise, und er muß die Rechtsänderung in Zukunft anerkennen. Er darf z.B. nicht mehr in das dem anderen übertragene Eigentum eingreifen. Mit der **Eheschließung als Vertrag** wird das Rechtsverhältnis der ehelichen Lebensgemeinschaft begründet (§ 1353). Durch den **Erbvertrag** regelt der Erblasser verbindlich die künftige Nachfolge in sein Vermögen (§ 2289). Bei dem **Gründungsvertrag** eines Vereins oder einer Gesellschaft wird eine rechtliche Gemeinschaft als neuer Rechtsträger geschaffen, sei es als juristische Person oder als Gesamthand (s. oben §§ 9, 10). Darüber hinaus wird bei juristischen Personen mit der Satzung eine Regelung gesetzt, die nicht nur für die Gründer, sondern auch für die künftigen Mitglieder auf Grund ihrer im Beitrittsakt liegenden Unterwerfung Geltung haben soll.

Daß durch den Vertrag von den Parteien eine für sie geltende Regelung gesetzt wird, tritt in 3
dem mit „Vertrag" überschriebenen dritten Titel vor § 145ff. kaum hervor. Er befaßt sich mit Ausnahme des § 157 allein mit dem Zustandekommen des Vertrages und den dazu erforderlichen Rechtsakten der Parteien. Die Vorstellung einer gesetzesähnlichen Wirkung des Vertrages als **lex contractus** unter den Parteien (s. oben § 29 Rn. 1) ist der französischen Rechtswissenschaft eher geläufig, denn Art. 1134 des Code Civil besagt, daß die gemäß den Gesetzen geschlossenen Verträge für die Vertragsschließenden die Kraft eines Gesetzes haben (tiennen lieux de loi). Es ist das Verdienst *Raisers*[1] und *Flumes*[2], daß sie auf die Funktion des Vertrages, eine „rechtliche Ordnung zwischenmenschlicher Beziehungen" zu schaffen und diese in Geltung zu setzen, nachdrücklich hingewiesen haben.

Der Vertrag als rechtsgeschäftlicher **Abschlußtatbestand,** als ein in der Zeit ver- 4
laufender sinnhafter Vorgang **und** das **Vertragsverhältnis** als die durch den Vertrag in Geltung gesetzte, in der Zeit bestehende Regelung müssen unterschieden, dürfen freilich aber auch nicht auseinandergerissen werden. Beide sind in der Weise **aufeinander bezogen,** daß es der Sinn des Vertrages als Rechtsgeschäft ist, daß die von den Parteien intendierte Regelung gelten soll, und daß die vertragliche Regelung ihre Geltung durch den ihr zugrunde liegenden geltungserzeugenden Akt, eben das Rechtsgeschäft, in Verbindung mit dessen Anerkennung durch die positive Rechtsordnung, erlangt[3].

II. Die Bestimmung des Vertragsinhalts

Der Vertragsinhalt wird entsprechend der privatautonomen Gestaltungsmacht der 5
Parteien in erster Linie durch deren übereinstimmenden Willen festgelegt. Immer dann, wenn es an einem tatsächlich übereinstimmenden Willen (s. oben § 28 Rn. 29ff.) fehlt und wenn Zweifel über den Vertragsinhalt aufkommen, ist es erforderlich, den Vertrag auszulegen.

1. Auslegung der einzelnen Erklärungen

Es ist zwischen der Auslegung der einzelnen vertraglichen Willenserklärungen, die 6
als Angebot und Annahme den Vertrag zustande bringen, und der Auslegung des Vertrags im Sinne der lex contractus als des durch den Vertragsabschluß geschaffenen Produkts, d.h. der vertraglichen Regelung zu unterscheiden. Die Auslegung von Angebot und Annahme ergibt, ob der Vertrag aufgrund inhaltlich übereinstimender Willenserklärungen zustande gekommen ist oder ob ein Dissens vorliegt.

---

1 FS DJT Bd. I S. 114ff.
2 *Flume,* AT II, § 33, 2 u. 6.
3 Ebenso *Raiser,* aaO, S. 105.

2. Auslegung des Vertrags als Sinnganzes

7 Stimmen die Erklärungen in ihrem als rechtlich maßgeblich erkannten objektiven Sinn überein, dann ist der Vertrag mit dem sich daraus ergebenden Inhalt geschlossen, auch wenn etwa die eine oder sogar beide Parteien ihre Erklärungen in dem einen oder anderen Punkt unterschiedlich gemeint oder nicht bedacht haben (oben § 29 Rn. 75). Hat keine der Parteien rechtzeitig, d.h. unverzüglich gemäß § 121, angefochten oder scheidet eine Anfechtung aus, weil der Vertrag bei verständiger Würdigung trotz des Irrtums dennoch abgeschlossen worden wäre (§ 119 Abs. 1), so bleibt der Vertrag in Kraft, und sein Inhalt muß trotz fehlender Willensübereinstimmung als quasi verselbständigtes Sinnganzes durch **Vertragsauslegung** ermittelt werden.

a) Erläuternde Auslegung

8 Die Vertragsauslegung ist zunächst erläuternde Auslegung ebenso wie die Auslegung der einzelnen Willenserklärung (s. oben § 28 Rn. 16–97). Dabei wird gemäß dem Grundsatz der Privatautonomie zunächst ein **übereinstimmender Wille** der Parteien berücksichtigt, auch wenn dieser erst **nach Vertragsabschluß** gebildet worden ist. Streiten die Parteien über die Auslegung ihres Vertrags, den sie gleichwohl als geschlossen ansehen, so knüpft auch die Vertragsauslegung zunächst an den Wortlaut an, fragt dabei aber weniger nach dem ohnehin oft kaum mehr feststellbaren subjektiven Willen der Parteien im Zeitpunkt des Vertragsabschlusses. Vielmehr rückt das **objektive Verständnis eines vernünftigen Beobachters** unter Berücksichtigung von Treu und Glauben mit Rücksicht auf die Verkehrssitte in den Mittelpunkt. Darin zeigt sich eine wichtige Bedeutung von § 157 im Unterschied zu § 133. Auch die anderen Auslegungskriterien gewinnen eine mehr objektive Bedeutung. Der Blickwinkel des einseitigen Empfängerhorizonts bei der Auslegung der einzelnen Willenserklärung (s. oben § 28 Rn. 6) wird ergänzt um den **Blickwinkel beider Parteien** aus der Sicht eines verständigen neutralen Beobachters. Insbesondere werden im Sinne der interessengerechten Auslegung (s. oben § 28 Rn. 43) die **Interessen beider Parteien** berücksichtigt und gegeneinander abgewogen. Es wird zunächst versucht, die autonome Wertung der Parteien nachzuvollziehen. Deshalb sind zunächst auch alle Umstände, die gerade diesem Vertrag seinen besonderen Charakter geben, in Betracht zu ziehen (s. oben § 28 Rn. 117). Wo die autonome Wertung der Parteien aber nicht oder nur unzureichend festzustellen ist, wird sie durch eine heteronome Wertung von Treu und Gauben und der Verkehrssitte ersetzt. Darin liegt zugleich ein gleitender und stufenloser Übergang zur ergänzenden Auslegung[4].

b) Ergänzende Auslegung

9 Soweit im Vertrag eine Regelungslücke besteht, für deren Ausfüllung sich auch aus dem Vertragswortlaut keine Lösung ergibt, kann diese Regelungslücke entweder durch ergänzende Vertragsauslegung oder notfalls auch durch das dispositive Recht ausgefüllt werden (s. dazu schon oben § 28 Rn. 105ff., 109ff.). Die ergänzende Vertragsauslegung ist nicht Auslegung einzelner Willenserklärungen, sondern Auslegung des durch den Vertrag geschaffenen objektiven Sinnganzen. Der Vertrag gewinnt damit einen über den begrenzten Vorstellungskreis der Parteien hinausreichenden Sinngehalt, der durch die Vertragsauslegung erschlossen wird.

---

[4] S. dazu insbesondere *Lüderitz,* Auslegung von Rechtsgeschäften, 1966, S. 453.

Die Aufgabe der ergänzenden Vertragsauslegung besteht darin, daß man die in dem Vertrag getroffene Regelung auf der Grundlage der von beiden Parteien angenommenen Bewertungsmaßstäbe und unter Berücksichtigung des Vertragszwecks und der gesamten Interessenlage folgerichtig weiterdenkt, die **unvollständige Regelung** also aus ihren eigenen Voraussetzungen und **ihrem Sinnzusammenhang heraus ergänzt**[5]. Die ergänzende Vertragsauslegung ähnelt darin der Gesetzesauslegung[6], daß sie den Sinngehalt einer Norm oder eines Normenkomplexes zu ergründen sucht, unterscheidet sich von ihr aber dadurch, daß der auszulegende Vertrag nicht als Teilstück einer umfassenden Normenordnung betrachtet werden kann, sondern eine partielle Regelung ist, die eben nur unter diesen Parteien und auch nur, abgesehen von Allgemeinen Geschäftsbedingungen und Handelsklauseln[7], für einen konkreten Sachverhalt oder Lebensvorgang gilt. Die ergänzende Vertragsauslegung darf sich deshalb nicht zu dem in Widerspruch setzen, was die Parteien eindeutig vereinbart haben (s. oben § 28 Rn. 120), selbst wenn dies nach der einen oder der anderen Richtung hin unbillig sein sollte. 10

Beispiele: (1) Haben zwei Ärzte, die in verschiedenen Städten praktizierten, einen Tausch ihrer beiderseitigen Praxen durchgeführt und äußert einer von ihnen schon nach einigen Monaten die Absicht, zurückzukehren und sich in unmittelbarer Nähe seiner früheren Praxisräume wieder als Arzt niederzulassen, so handelt er pflichtwidrig, auch wenn ihm dies durch den Vertragswortlaut nicht ausdrücklich untersagt war. Durch die kurzfristige Rückkehr in seinen ehemaligen Praxisbereich wird der Vertragszweck weitgehend gefährdet. Ein in maßvoller Weise auf etwa 2–3 Jahre begrenztes Rückkehrverbot ist nach Treu und Glauben als Vertragsinhalt anzusehen[8]. (2) Hat der Mieter oder Pächter die Ausführung der Schönheitsreparaturen übernommen, werden die Reparaturen aber sinnlos, weil die Räume umgebaut werden, so kann der Vermieter oder Verpächter auch ohne ausdrückliche Vereinbarung an Stelle des wirtschaftlich sinnlos gewordenen Anspruchs auf Durchführung von Schönheitsreparaturen einen entsprechenden Geldausgleich verlangen, weil die Pflicht zur Vornahme der Schönheitsreparaturen im Gesamtzusammenhang des Vertrages einen Teil der vom Mieter oder Pächter zu erbringenden Gegenleistung darstellt[9]. 11

Die **Irrtumsanfechtung** ist bei der ergänzenden Auslegung (s. oben § 28 Rn. 116) wie beim Rechtsfolgenirrtum (s. unten § 36 Rn. 73ff.) **ausgeschlossen,** weil nur der Irrtum über den Inhalt der abgegebenen Erklärung, nicht auch derjenige über die Konsequenzen der durch sie in Geltung gesetzten Regelung zur Anfechtung berechtigt. Dem Erklärenden sind die mit Treu und Glauben verbundenen Konsequenzen zuzumuten, und das Interesse an der Erhaltung des Vertrages verdient den Vorzug. 12

Beispiel: Im Fall des Praxistausches (s. oben Rn. 11) kann der Rückkehrwillige seine Vertragserklärung nicht anfechten, weil er seine Zustimmung zu einem Rückkehrverbot nicht habe erteilen wollen, denn die Grundsätze von Treu und Glauben können nicht durch Anfechtung außer Kraft gesetzt werden[10]. 13

---

[5] S. auch *Stoffels,* Gesetzlich nicht geregelte Schuldverträge, 2001, S. 277ff.

[6] Für eine weitgehende Gleichstellung, *Graf,* Vertrag und Vernunft, 1997, S. 327ff.

[7] Vgl. dazu etwa *Baumbach/Hopt,* HGB, § 346 Rn. 39f.

[8] *BGHZ* 16, 71.

[9] *BGHZ* 77, 301; *BGH* NJW 1985, 480; *BGH* NJW 2002, 2383.

[10] S. auch *Flume,* AT II, § 16 4i (S. 326); *Enneccerus/Nipperdey,* AT, § 205 Anm. 29; anders *Sandrock,* aaO S. 117ff.

III. Vertragserhaltende Maßnahmen

1. Erhaltung des vertraglichen Interessenausgleichs

14 Die privatautonome Regelung im Vertrag vermag den Interessen der Parteien in der Regel besser gerecht zu werden als gesetzliche Rechtsverhältnisse, wie etwa das Eigentümer-Besitzer-Verhältnis (§§ 985ff.), das Bereicherungsrecht (§§ 812ff.) oder das Recht der unerlaubten Handlung (§§ 823ff.), die die spezifischen Belange der Parteien nicht immer berücksichtigen können. Deshalb geht das Bestreben dahin, nicht nur einen unvollständigen sondern auch einen in Teilen unwirksamen Vertrag nach Möglichkeit aufrechtzuerhalten, statt gemäß § 139 von der Nichtigkeit des gesamten Vertrags auszugehen. Für eine Regelung, die den Interessen der Parteien am nächsten kommt, steht **in erster Linie die ergänzende Auslegung** bereit (s. oben Rn. 9ff.). Es kommt aber auch die Umdeutung nach § 140 (s. unten § 44 Rn. 72ff.) oder die Vertragsanpassung wegen Störung der Geschäftsgrundlage gemäß § 313 (s. unten § 38) in Betracht.

15 **Beispiel:** Eine Ergänzung unwirksamer Klauseln durch dispositives Recht, wozu auch die ergänzende Vertragsauslegung gemäß §§ 157, 242 gehört[11], sieht § 306 Abs. 2 vor.

2. Geltungserhaltende Reduktion

16 Um das durch den Vertrag geschaffene Rechtsverhältnis möglichst aufrechtzuerhalten, kommt auch eine geltungserhaltende Reduktion in Betracht. Bei der geltungserhaltenden Reduktion wird eine einzelne Vertragsbedingung, die an sich wegen Sittenwidrigkeit nach § 138 nichtig oder als unangemessene AGB nach § 307 unwirksam ist, **auf das gerade noch zulässige Maß zurückgeführt.** Während bei der ergänzenden Vertragsauslegung die unwirksame Vertragsklausel durch eine Regelung ersetzt wird, die dem hypothetischen Willen beider Parteien gerecht wird und vielleicht 30–40% von der Grenze der Unangemessenheit entfernt ist, liegt die neue Regelung bei der geltungserhaltenden Reduktion auf der Grenze des gerade noch Zulässigen. Eine geltungserhaltende Reduktion wird von der Rechtsprechung zu Recht grundsätzlich abgelehnt. Dies hat seinen Grund darin, daß die unwirksame Regelung in der Regel von einer Vertragspartei der anderen aufgezwungen oder untergeschoben wird und diese Partei das Risiko der von ihr verursachten Unwirksamkeit voll tragen muß. Würde der Richter die vertragliche Regelung auf das gerade noch zulässige Maß zurückführen, so wäre das Risiko der Unwirksamkeit für die begünstigte Partei sehr gering, weil sie selbst im Falle der Unwirksamkeit einer Klausel immer noch den Vorteil der gerade noch zulässigen Lösung hätte. Dieser Anreiz soll ihr nicht gegeben werden. Daneben ist es Aufgabe des Richters, an Stelle der unwirksamen Regelung eine vertragsgerechte Regelung aus dem Willen beider Parteien heraus zu ermitteln und nicht eine Partei zu begünstigen. Dies wird nur mit der ergänzenden Vertragsauslegung erreicht.

17 **Beispiele:** Die Rechtsprechung sieht bei einem Bauvertrag eine Vertragsstrafe, die für die Überschreitung der Bauzeit vereinbart wird, als unwirksam an, wenn diese in ihrer Summe 5% der Bausumme überschreitet. Wird eine Vertragsstrafe bis zur Höhe von 10% der Bausumme

[11] S. *Lindacher* in Wolf/Horn/*Lindacher,* AGBG, § 6 Rn. 15.

vereinbart, so ist diese Klausel insgesamt unwirksam und kann nicht im Wege geltungserhaltender Reduktion auf 5% ermäßigt werden[12]. In Einzelfällen nimmt die Rechtsprechung jedoch ausnahmsweise eine geltungserhaltende Reduktion vor. So sind nachvertragliche Wettbewerbsverbote grundsätzlich nur bis zu einer Dauer von längstens zwei Jahren wirksam. Wird eine Dauer von 5 Jahren vereinbart, so soll das Wettbewerbsverbot mit der zulässigen Höchstdauer von 2 Jahren als wirksam vereinbart gelten[13]. Dies läßt sich aber nur rechtfertigen, wenn im Wege ergänzender Vertragsauslegung ebenfalls eine zweijährige Dauer nach Treu und Glauben als von den Parteien hypothetisch gewollte vernünftige Lösung angesehen werden kann.

3. Ersatzregelung durch Umdeutung

Bei der **Umdeutung** kommt es wie bei der ergänzenden Auslegung auf den hypothetischen Willen der Parteien im Sinne dessen an, was diese bei Kenntnis der Rechtslage vernünftiger- und redlicherweise vereinbart hätten. Das Verhältnis der Umdeutung zur ergänzenden Vertragsauslegung ist umstritten. Die Umdeutung ist aber nicht nur ein Sonderfall der Auslegung[14], sondern hat insofern eigenständige Bedeutung, als die ergänzende Auslegung nur einzelne Vertragslücken ausfüllen (s. oben § 28 Rn. 114), aber nicht wie die Umdeutung einen Vertrag insgesamt ersetzen kann. 18

Beispiel: Ist ein Vertrag mit der Verpflichtung, einem anderen Grundstückseigentum zu übertragen, mangels notarieller Beurkundung nach § 311 b Abs. 1 mit § 125 nichtig, so kann er gemäß § 140 in eine formlos gültige Verpflichtung zur Bestellung eines lebenslänglichen Nießbrauchrechts umgedeutet werden[15]. Eine Vertragslücke, die im Wege der ergänzenden Auslegung ausgefüllt werden könnte, besteht hier nicht. Vielmehr ist der ganze Vertrag nichtig. Die Veränderung eines Vertrags in seinem Gesamtcharakter überschreitet die Möglichkeiten einer ergänzenden, die getroffene Regelung nur vervollständigenden Auslegung (s. auch oben § 28 Rn. 122). 19

4. Anpassung bei Störung der Geschäftsgrundlage

Dem Ziel der Vertragserhaltung dient grundsätzlich auch die Anpassung des Vertragsinhalts bei Störung der Geschäftsgrundlagen gemäß § 313 (s. unten § 38 Rn. 44). Die Anpassung der Geschäftsgrundlage erfüllt neben der ergänzenden Vertragsauslegung eine **eigenständige Funktion.** Sie greift erst dann ein, wenn mit der ergänzenden Auslegung nicht zu helfen ist, weil es an einer Vertragslücke fehlt[16]. Die ergänzende Vertragsauslegung hat zum Ziel, die getroffene Regelung so zu vervollständigen, daß der Regelungsplan der Parteien erhalten bleibt und durchgeführt werden kann[17]. Dies stellt keinen schwerwiegenden Eingriff in die Vertragsbindung dar. Bei der Anpassung der Geschäftsgrundlage muß ein fehlender **Regelungsplan** vom Richter **neu geschaffen** und in den Vertrag eingeführt werden, um ein Mindestmaß an Gerechtigkeit zu wahren. Die ergänzende Auslegung kann auch die kleinsten Lücken in einzelnen Vertragsklauseln ergänzen. Die Störung der Geschäftsgrund- 20

---

[12] S. *BGH* NJW 2003, 1805.

[13] *BGH* NJW-RR 1996, 741; *BGH* NJW 1997, 3089.

[14] So *Hager,* aaO S. 155; a.A. aber Soergel/*Hefermehl,* § 140 Rn. 1; MünchKomm/*Mayer-Maly/Busche,* § 140 Rn. 3; Palandt/*Heinrichs,* § 140 Rn. 1.

[15] *RGZ* 110, 391.

[16] MünchKomm/*Roth,* § 313 Rn. 131 f.; vgl. auch *BGH* WM 1969, 1239; *BGH* NJW 1982, 2237; Palandt/*Heinrichs,* § 313 Rn. 23; *Brehm* AT, Rn. 423; allerdings ist die Grenze fließend (vgl. MünchKomm/*Roth,* § 313, Rn. 131; Palandt/*Heinrichs,* § 313 Rn. 23).

[17] Vgl. auch Palandt/*Heinrichs,* § 157 Rn. 8f.; MünchKomm/*Mayer-Mal/Buschey,* § 157 Rn. 45f.; Soergel/*M. Wolf,* § 157 Rn. 126f.

lage erfordert dagegen eine Gefährdung des Vertragszwecks insgesamt (s. auch unten § 36 Rn. 62).

21 **Beispiel:** Haben die Parteien bei der Bestellung eines Erbbaurechts eine Wertsicherungsklausel nicht vereinbart, so besteht im Regelungsplan der Parteien kein Anhaltspunkt, daß dem Besteller das Risiko der Geldentwertung wenigstens in einem gewissen Grad abgenommen werden solle. Für eine ergänzende Auslegung, die Lücken im Regelungsplan der Parteien ausfüllen, aber nicht diesen neu gestalten soll, ist deshalb kein Raum. Ohne eine vertragliche Regelung trägt grundsätzlich der Geldgläubiger das Risiko der Geldentwertung. Hiervon macht die Rechtsprechung eine Ausnahme bei schweren Äquivalenzstörungen[18]. Da im konkreten Fall die Lebenshaltungskosten um 222,12% gestiegen waren, war das von den Parteien beim Vertragsabschluß zugrunde gelegte Verhältnis von Leistung und Gegenleistung so stark gestört, daß die Grenze des vom Geldgläubiger übernommenen Risikos überschritten war. Deshalb kam eine Anpassung wegen Störung der Geschäftsgrundlage in Betracht, bei der nicht nach dem hypothetischen Parteiwillen zu fragen ist. Wäre dagegen eine Wertsicherungsklausel vereinbart gewesen, die aber unvollständig war, so wäre eine ergänzende Auslegung in Betracht gekommen.

---

[18] Zu diesen Fällen s. unten § 38 Rn. 33ff., 37 und *Larenz,* Schuldrecht I, § 21 II.

3. Abschnitt
Fehlerhafte und unwirksame Rechtsgeschäfte

§ 34. Funktionsbedingungen und Grenzen der Privatautonomie

Inhaltsübersicht

Literatur: *Bezzenberger,* Ethnische Diskriminierung, Gleichheit und Sittenordnung im bürgerlichen Recht, AcP 196 (1996), 395; *Bydlinski,* Zu den dogmatischen Grundfragen des Kontrahierungszwangs, AcP 180 (1980), 1; *Enderlein,* Rechtspaternalismus und Vertragsrecht, 1996; *Grundmann,* Privatautonomie im Binnenmarkt, JZ 2000, 1133; *ders.,* Europäisches Handelsrecht, ZHR 1999, 635; *Kilian,* Kontrahierungszwang und Zivilrechtssystem, AcP 180 (1980), 47; *S. Lorenz,* Der Schutz vor dem unerwünschten Vertrag, 1997; *Lurger,* Vertragliche Solidarität, 1997; *Markert,* Privatautonomie und Kontrahierungszwang, *AG* 1981, 288; *Neuner,* Sozialstaat und Privatrecht, 1999; *ders.,* Diskriminierungsschutz durch Privatrecht, JZ 2003, 57; *Nickel,* Gleichheit und Differenz in der vielfältigen Republik, 1999; *Nipperdey,* Kontrahierungszwang und diktierter Vertrag, 1920; *Paulus/Zenker,* Grenzen der Privatautonomie, JuS 2001, 1; *Rittner,* Die wirtschaftsrechtliche Ordnung der EG und das Privatrecht, JZ 1990, 838; *ders.,* Das Gemeinschaftsprivatrecht und die europäische Integration, JZ 1995, 838, 841, 850; *Schiek,* Differenzierte Gerechtigkeit, 2000; *Singer,* Vertragsfreiheit, Grundrechte und der Schutz des Menschen vor sich selbst, JZ 1995, 1133; *Manfred Wolf,* Gleichbehandlungsgrundsatz und privatrechtliche Teilhaberechte, FS L. Raiser 1974, S. 597.

Auch wenn der Gesetzgeber im Privatrecht dem Bürger einen Gestaltungsspielraum zur selbstverantwortlichen Ordnung seiner Rechtsverhältnisse läßt, so müssen die privatautonomen Regelungen doch mit den Zielen und Wertungen des Gesetzes vereinbar sein und sich in die Gesamtrechtsordnung einfügen. Da durch die privatauto- **1** nomen Willenserklärungen Rechtsfolgen gesetzt werden, die vor Gericht eingeklagt werden können und die der Staat notfalls auch mit staatlichen Zwangsmitteln in der Zwangsvollstreckung durchzusetzen bereit ist, kann es der Staat nicht zulassen, daß die privatautonom durch Rechtsgeschäft gesetzten Rechtsfolgen den gesetzlichen Zwekken und Vorgaben widersprechen. Um die **Konformität** der rechtsgeschäftlichen Rechtsfolgen **mit der gesetzlichen Wertordnung** sicher zu stellen, gibt der Gesetzgeber die Bedingungen vor und steckt den Rahmen ab, innerhalb dessen sich die privatautonom begründeten Rechtsfolgen durch Willenserklärungen entfalten können. Dazu gehören einmal die Bedingungen für die funktionsgerechte Entfaltung des Willens im Medium der Willenserklärung und zum anderen die Bestimmung der inhaltlichen Grenzen, die der Parteidisposition in Abgrenzung zur gesetzlichen Regelung gezogen sind.

I. Funktionsbedingungen der rechtsgeschäftlichen Privatautonomie

1. Funktionsbedingungen der Willenserklärung

2 Die gesetzlich festgelegten Funktionsbedingungen müssen die Voraussetzungen dafür schaffen, daß durch die Willenserklärung als privatautonomes Gestaltungsmittel vernünftige und sachgerechte Regelungen möglich und gefördert werden. Dazu gehören auf Seiten des Erklärenden die Voraussetzungen für die Ermöglichung einer sachgerechten Willensbildung als Ausdruck der freien Selbstbestimmung. Das BGB sieht dafür die **Geschäftsfähigkeit** (§§ 104ff.) als die generelle Fähigkeit zur selbstverantwortlichen Interessenwahrnehmung und vernunftbestimmten Willensbildung vor (s. oben § 25) und will mit den Vorschriften über die **Willensmängel** (§§ 116ff.) sicherstellen, daß irrtümlich abgegebene und andere mangelbehaftete Willenserklärungen nicht bindend zugerechnet werden (s. unten §§ 35–38).

3 Zu den Funktionsvoraussetzungen sachgerechter rechtsgeschäftlicher Regelungen gehört auch, daß mit dem **Zugang** (§ 130; s. oben § 26 Rn. 11ff.) und der Auslegung aus der Sicht des **Empfängerhorizonts** (s. oben § 28 Rn. 6, 15ff.) bei empfangsbedürftigen Willenserklärungen die Interessen des Erklärungsempfängers berücksichtigt werden. Die **Formvorschriften** dienen in Gestalt des Warn- und Übereilungsschutzes sowie mit der Beratungs- und Belehrungsfunktion bei der notariellen Beurkundung vorwiegend dem Schutz des Erklärenden, während die Beweissicherung allen Beteiligten zugute kommt (s. oben § 27). Bei den Funktionsbedingungen der Privatautonomie sind auch die Schwierigkeiten der Willensbildung und der Kommunikation über weite Entfernungen zu berücksichtigen, denen sich der Verbraucher im Geschäftsverkehr gegenüber sieht. Dem trägt das BGB durch die **verbraucherschützenden Widerrufsrechte** Rechnung (s. unten § 39).

4 Das BGB hat diese Funktionsvoraussetzungen wirksamer Willenserklärungen auf die einzelne Willenserklärung bezogen und ohne Rücksicht darauf vorgesehen, ob die Regelung im einzelnen sachgerecht und angemessen ist. Von diesen Funktionsbedingungen der einzelnen Willenserklärung sind zu unterscheiden die Funktionsbedingungen für einen ausgewogenen vertraglichen Verhandlungsprozeß, der beiden Parteien die angemessene Wahrnehmung ihrer Interessen ermöglicht und zu einem interessengerechten Vertragsinhalt führt (dazu unten § 42 Rn. 1ff.).

2. Grenzen der Privatautonomie als Funktionsbedingung

Der Gesetzgeber kann die Anerkennung und Sanktionierung privatautonom gesetzter Rechtsfolgen nur zulassen, wenn sie sich im gesetzlich vorgegebenen Rahmen halten. Reine Willkürakte außerhalb der rechtlichen Grenzen können keine Rechtsgeltung beanspruchen. Bei der Bestimmung des Umfangs und der Grenzen der rechtsgeschäftlichen Privatautonomie macht der Gesetzgeber sehr starke **Unterschiede** und gewährt einmal mehr und einmal weniger privatautonome Freiheit, je nachdem, um welche **Art der rechtsgeschäftlichen Gestaltung** es sich handelt. Der Gesetzgeber darf aber die durch Art. 2 Abs. 1 GG geschützte Privatautonomie nicht beliebig beschränken, sondern ist dabei an den Grundsatz der Verhältnismäßigkeit gebunden[1]. Eine bedeutsame Unterscheidung, an die das Gesetz anknüpft, ist die Unterscheidung zwischen einseitigen Rechtsgeschäften und Verträgen. 5

II. Privatautonomie bei einseitigen Rechtsgeschäften

Privatautonomie ist nicht gleichzusetzen und nicht beschränkt auf die Vertragsfreiheit, sondern wird grundsätzlich auch bei einseitigen Rechtsgeschäften gewährt. Soweit diese Rechtsgeschäfte wie etwa die Gestaltungserklärungen als Kündigung, Rücktritt, Widerruf oder Anfechtung in die Rechtsverhältnisse mit anderen Personen eingreifen, müssen ihnen **enge Grenzen** gezogen werden, weil auf die vertragliche Zustimmung des anderen Teils verzichtet wird und der **einseitige Eingriff in die Rechtssphäre eines anderen** nicht der freien Willkür des Erklärenden überlassen werden kann. Im einzelnen ist aber zu unterscheiden. 6

1. Vornahmefreiheit

Bei der Vornahmefreiheit ist zu unterscheiden zwischen der Freiheit, beliebig in die Rechtssphäre eines anderen einzugreifen (Eingriffsfreiheit) und der Freiheit, ein vom Gesetzgeber eingeräumtes Recht durch einseitiges Rechtsgeschäft auszuüben (Ausübungsfreiheit). 7

a) Begrenzte Eingriffsfreiheit

Bei einseitigen Rechtsgeschäften, die in die Rechtssphäre eines anderen eingreifen, wie z.B. bei einem Anfechtungs-, Widerrufs-, Kündigungs- oder Rücktrittsrecht, besteht **grundsätzlich keine Eingriffsfreiheit.** Vielmehr regelt der Gesetzgeber im einzelnen, ob und unter welchen Voraussetzungen ein solcher Eingriff erfolgen darf. Dies gilt insbesondere bei den Gestaltungsrechten, die grundsätzlich einen vom Gesetzgeber zugelassenen Gestaltungsgrund erfordern. 8

Beispiele: Die Anfechtung und der Rücktritt setzen einen gesetzlich festgelegten oder zumindest gesetzlich zugelassenen Anfechtungs- oder Rücktrittsgrund voraus (z.B. §§ 119, 123, 323). Gleiches gilt für die verbraucherschützenden Widerrufsrechte (z.B. §§ 312, 312d, 485, 495). Auch die Kündigung, insbesondere die außerordentliche fristlose Kündigung (§ 314), aber auch die ordentliche Kündigung eines Mietverhältnisses über Wohnraum (§ 573) oder eines Arbeitsverhältnisses (KSchG) setzt das Vorliegen eines gesetzlich festgelegten Kündigungsgrundes voraus. Bei anderen Dauerschuldverhältnissen ist dagegen die Beendigung durch ordentliche Kündigung ohne besonderen Grund möglich, und es besteht bei Wahrung der Kündigungsfrist 9

[1] S. etwa *BVerfGE* 55, 159, 165 ff.; *Zöllner,* AcP 196 (1996), 1.

eine einseitige Beendigungsfreiheit. Beim Testament besteht zwar auf Seiten des Erblassers Testierfreiheit. Er kann aber nicht ohne weiteres in die Rechtssphäre des Bedachten eingreifen. Zwar können einer Person als Erbe (§ 1937) oder als Vermächtnisnehmer (§ 1939) Zuwendungen gemacht und Verpflichtungen auferlegt werden (§§ 1940,1967). Der Bedachte kann aber die Zuwendungen ausschlagen (§§ 1942, 2176).

b) Ausübungsfreiheit

10 Soweit es die Vornahme einseitiger Rechtsgeschäfte betrifft, besteht auch bei ihnen grundsätzlich Ausübungsfreiheit, d. h. es steht in der alleinigen **Entscheidungsfreiheit des Erklärenden,** ob er das Rechtsgeschäft vornimmt, sofern es der Gesetzgeber an sich zugelassen hat.

11 **Beispiele:** Die Ausübung von **Gestaltungsrechten** durch die Erklärung einer Kündigung, eines Widerrufs, eines Rücktritts oder einer Anfechtung liegt allein im Belieben des Berechtigten. Ebenso steht es dem Erklärenden frei, ob er eine **Einwilligung oder Genehmigung** (z.B. nach § 108 oder § 185) zum Rechtsgeschäft eines andern erklärt, ob er eine **Vollmacht** erteilt (§ 167), ob er ein das Grundstück belastendes Recht aufhebt (§ 875) oder eine **Vormerkung** bewilligt (§ 885). Auch die Errichtung eines **Testaments** steht aufgrund der Testierfreiheit grundsätzlich im freien Belieben des Erblassers. Die verfassungsrechtlich in Art. 14 GG gewährleistete Testierfreiheit (s. oben § 4 Rn. 54) kann jedoch aus Gründen des Gemeinwohls eingeschränkt werden, wie z.B. durch das Testierverbot zugunsten von Heimträgern und Heimpersonal in § 14 HeimG[2].

12 Es besteht grundsätzlich kein gesetzlicher Zwang zur Vornahme eines einseitigen Rechtsgeschäfts. Für die meisten einseitigen Rechtsgeschäfte besteht jedoch die Möglichkeit, sich zu deren Vornahme durch Vertrag zu verpflichten, so z.B. sich zur Erteilung einer Vollmacht, zur Bewilligung einer Vormerkung oder zum Ausspruch einer Kündigung zu verpflichten. Ausgeschlossen ist dies allerdings hinsichtlich eines Testaments (s. § 2302). Soweit die Möglichkeit zur vertraglichen Verpflichtung besteht, ist die Freiheit zur Vornahme einseitiger Rechtsgeschäfte vorverlegt in die Vornahme des Verpflichtungsvertrags.

2. Beschränkte Gestaltungsfreiheit

a) Grundsätzlich keine einseitige Gestaltungsfreiheit

13 Eine inhaltliche Gestaltungsfreiheit ist bei einseitigen Rechtsgeschäften nicht ohne weiteres gegeben, da **ein einseitiger Eingriff in die Rechtsstellung einer anderen Person** ohne deren Einverständnis grundsätzlich nicht dem Belieben eines andern überlassen bleiben kann. Im Interesse der Begrenzung einseitiger Machtausübung einer Privatperson über eine andere Privatperson zieht der Gesetzgeber deshalb die Grenzen des Gestaltungsspielraums für einseitige Rechtsgeschäfte grundsätzlich eng.

14 **Beispiele:** Dies gilt insbesondere für die Ausübung von Gestaltungsrechten. Ein Dauerschuldverhältnis wie etwa ein Mietvertrag kann grundsätzlich nur insgesamt gekündigt werden, nicht aber lediglich in einzelnen Inhalten als Teilkündigung, weil dadurch der anderen Partei ein Rechtsverhältnis mit von ihr nicht gewollten Teilinhalten aufgezwungen werden könnte (Ausnahme § 573b). Ebenso ist ein teilweiser Widerruf und teilweiser Rücktritt als einseitiges Rechtsgeschäft ohne Zustimmung des anderen Teils grundsätzlich nicht möglich, und auch bei der Anfechtung kann die irrtumsbehaftete Erklärung nur ganz, nicht aber teilweise angefochten und der Vertrag mit modifiziertem Inhalt aufrechterhalten werden. Bei der Bewilligung einer Vormerkung setzt bereits der sachenrechtliche Typenzwang (s. unten Rn. 54) der Gestaltungsfreiheit Grenzen.

---

[2] S. *BVerfG* NJW 1998, 2964.

b) Gestaltungsfreiheit bei einzelnen Geschäften

Eine **Vollmacht** kann als einseitiges Rechtsgeschäft jedoch grundsätzlich mit beliebigem Inhalt erteilt werden[3], abgesehen von den für alle Rechtsgeschäfte geltenden Schranken aus §§ 134, 138, 242. Die Gestaltungsfreiheit, die hinsichtlich des Umfangs der Vollmacht besteht, ist auch bei Erteilung einer **Ermächtigung** gemäß § 185 gegeben. Dies ist möglich, weil in beiden Fällen der **andere Teil nur begünstigt** wird, indem er eine ihm zuvor nicht zustehende Rechtsmacht erhält. Eine inhaltliche Gestaltungsfreiheit besteht auch beim **Testament** aufgrund der Testierfreiheit bis zu den Grenzen der Sittenwidrigkeit (§ 138) und des gesetzlichen Verbots (§ 134). Dies rechtfertigt sich aus der begünstigenden Wirkung einerseits und aus der Möglichkeit der **Ausschlagung** (§§ 1942 ff., 2176) andererseits. 15

Ein Gestaltungsrecht ist auch das einseitige **Bestimmungsrecht gemäß §§ 315, 317[4].** Dieses Recht gewährt in den Grenzen des billigen Ermessens (§ 315 Abs. 1) und u. U. bis zum freien Belieben (s. etwa § 319 Abs. 2) eine weitgehende inhaltliche Gestaltungsfreiheit, die aber dadurch gerechtfertigt ist, daß dieses Bestimmungsrecht auch in seinem Umfang auf einer **Parteivereinbarung** und damit auf einer vorweggenommenen Zustimmung beruht. 16

3. Formfreiheit und Formzwang

a) Grundsätzliche Formfreiheit

Zu den privatautonomen Freiheiten ist auch die Formfreiheit zu zählen, weil sie es dem Erklärenden überläßt, in welcher Weise er seine Erklärung abgibt. Diese Formfreiheit gilt grundsätzlich auch für die einseitigen Rechtsgeschäfte. 17

Beispiele: Für eine Kündigungserklärung (Ausnahme § 568), eine Rücktritts- oder Anfechtungserklärung sieht das Gesetz grundsätzlich keine Form vor. Sie können deshalb auch mündlich und konkludent erklärt werden. Auch die Vollmacht (§ 167 Abs. 2), die Ermächtigung nach § 185 und die sonstigen Zustimmungserklärungen sind grundsätzlich formfrei möglich (§ 182 Abs. 2). Gleiches gilt für die Ausübung des Bestimmungsrechts nach §§ 315, 317, und zwar selbst dann, wenn das Rechtsgeschäft auf dem das Bestimmungsrecht beruht, formbedürftig war[5]. 18

b) Formzwang als Ausnahme

Ein Formzwang besteht nur in den Fällen, in denen eine gesetzliche Vorschrift dies ausdrücklich oder in analoger Anwendung gebietet. Die Form wird dem Erklärenden dadurch aufgezwungen, daß eine ohne Einhaltung der Form abgegebene Erklärung gemäß § 125 unwirksam ist (s. oben § 27 Rn. 64 ff.). 19

Beispiele: Das Widerrufsrecht muß nach § 355 Abs. 1 Satz 2 in Textform (§ 126 b) oder durch Rücksendung ausgeübt werden. Allein für die Kündigung von Wohnraum sieht § 568 Abs. 1 die Schriftform vor und als zusätzliches Formerfordernis nach § 573 Abs. 3 die Angabe der Kündigungsgründe, die sonst für die Ausübung von Gestaltungsrechten nicht erforderlich ist. Die Bewilligung einer Vormerkung (§ 885) und der Verzicht auf ein das Grundstück belastendes Recht (§ 875) sind nach materiellem Recht formfrei möglich, bedürfen aber nach der Grundbuchordnung als Verfahrensvorschrift zumindest der öffentlichen Beglaubigung (§ 29 GBO). Formzwang besteht ebenfalls beim Testament (§§ 2231, 2247). Auch bedürfen manche familienrechtlichen Eingriffserklärungen der notariellen Beurkundung (§ 1750). 20

---

[3] Vgl. Erman/*Palm,* § 164 Rn. 15; MünchKomm/*Schramm,* § 164 Rn. 68; Soergel/*Leptien,* § 167 Rn. 38.

[4] S. etwa Soergel/*M. Wolf,* § 315 Rn. 31; Palandt/*Heinrichs,* § 315 Rn. 10; MünchKomm/*Gottwald,* § 315 Rn. 18.

[5] *BGH* DNotZ 1984, 240; Palandt/*Heinrichs,* § 315 Rn. 11; Soergel/*M. Wolf,* § 315 Rn. 33.

21 Selbstverständlich kann sich der Erklärende auch bei den formfreien Erklärungen freiwillig der Schriftform oder der notariellen Beurkundung bedienen. Ebenso kann er statt einer Form der niederen Stufe, z. B. Textform, eine Form der höheren Stufe, z. B. Schriftform, wählen (s. auch oben § 27 Rn. 2). Dies ist aber kein Formzwang.

III. Grundlagen der Vertragsfreiheit

22 Die Vertragsfreiheit ist die praktisch bedeutsamste Erscheinungsform der Privatautonomie[6]. Sie ist ebenso wie allgemein die Privatautonomie **verfassungsrechtlich durch Art. 2 Abs. 1 GG** im Grundsatz, nicht aber in allen Details **gewährleistet**[7]. Der verfassungsrechtliche Schutz umfaßt eine Individualgarantie und eine Institutsgarantie[8]. Für einzelne Teilbereiche enthalten weitere Grundrechte eine Garantie der Vertragsfreiheit, wie etwa Art. 12 GG hinsichtlich der Berufsfreiheit oder Art. 14 GG hinsichtlich der Verfügungsfreiheit über das Eigentum. Die Vertragsfreiheit wird auch vom EG-Vertrag vorausgesetzt und ist im europäischen Gemeinschaftsrecht gewährleistet[9].

23 Die Vertragsfreiheit ist **für eine Marktwirtschaft unverzichtbar,** in der die Güter und Leistungen nicht nach einem vorgefertigten Plan zugeteilt, sondern durch Angebot und Nachfrage im freien Zusammenspiel der Kräfte zur Deckung gebracht werden, denn dazu müssen sich die Marktteilnehmer über Preise und Leistungen und die dazu gehörenden Vertragsbedingungen frei einigen können. Die Vertragsfreiheit kann aber aus rechtlicher Sicht gerade auch deshalb gewährt werden, weil die **Beteiligten** über ihre konkreten Bedürfnisse und ihre konkrete Situation im Regelfall **am besten Bescheid wissen** und ihre Interessen in den Vertragsverhandlungen am besten selbst wahrnehmen können, wenn das Verhandlungsgleichgewicht nicht wesentlich gestört ist (dazu unten § 42). Das Gesetz kann sich dabei auf eine Aushilfsfunktion beschränken, indem es als dispositives Recht eine Regelung nur für den Fall bereit stellt, daß die Parteien nicht selbst eine Regelung getroffen haben[10]. Der Vorrang der Vertragsfreiheit vor der gesetzlichen Regelung kann unter Berücksichtigung der besseren Eignung zur Interessenwahrnehmung aber grundsätzlich nur gelten, wo es **allein um die Interessen der Vertragsparteien** geht, was vor allem im Bereich des Schuldrechts zutrifft. In anderen Rechtsverhältnissen, bei denen über die Vertragsparteien hinaus Interessen Dritter oder der Allgemeinheit beteiligt sind, können die Vertragspartner nicht so frei disponieren. Der für die Vertragsautonomie eröffnete Freiraum ist deshalb in verschiedenen Bereichen unterschiedlich ausgestaltet und hat verschiedene Inhalte.

---

[6] S. oben § 1 Rn. 2; § 2 Rn. 17; § 4 Rn. 51; Palandt/*Heinrichs,* Einf. vor § 145 Rn. 7; *Köhler,* AT, § 18 Rn. 1; *Bork,* AT, Rn. 100; vgl. auch *Medicus,* AT, Rn. 478.

[7] *BVerfGE* 8, 328; *BVerwGE* 1, 323.

[8] S. auch Soergel/*M. Wolf,* vor § 145 Rn. 43.

[9] S. etwa *Lorenz,* Der Schutz vor dem unerwünschten Vertrag, 1997, S. 21.

[10] Vgl. dazu auch oben § 33 Rn. 9.

IV. Vertragsfreiheit als Abschlußfreiheit

1. Abschlußfreiheit als Grundsatz

a) Inhalt der Abschlußfreiheit

24 Zum Inhalt der Vertragsfreiheit gehört zunächst die Abschlußfreiheit[11]. Aufgrund der Abschlußfreiheit kann jeder frei entscheiden, **ob, mit wem und worüber** er einen Vertrag abschließt. Dies entbindet den Anbieter von Leistungen grundsätzlich zugleich von einer Gleichbehandlungspflicht. Die Abschlußfreiheit besteht sowohl in der Form der Freiheit zur Abgabe eines Angebots (Angebotsfreiheit) als auch in der Form der Freiheit zur Annahme des Angebots eines anderen (Annahmefreiheit). Die Abschlußfreiheit besteht nicht nur im Bereich des Schuldrechts, sondern grundsätzlich im gesamten Privatrecht.

25 **Beispiele:** Käufer und Verkäufer können frei darüber entscheiden, ob sie überhaupt einen Kaufvertrag abschließen wollen, ebenso mit wem und über welchen Gegenstand der Vertrag geschlossen werden soll. Gleiches gilt grundsätzlich für alle anderen **Schuldverträge** wie z.B. Mietvertrag, Werkvertrag, Dienstvertrag oder Kreditvertrag. Auch im **Sachenrecht** ist der Eigentümer grundsätzlich frei, ob er sein Eigentum auf einen anderen durch Einigung gemäß §§ 929ff. oder gemäß §§ 873, 925 übertragen oder es mit einem beschränkten dinglichen Recht belasten will. Zwar kann der Eigentümer aufgrund eines schuldrechtlichen Vertrags oder gesetzlich verpflichtet sein, sein Eigentum auf einen anderen zu übertragen oder zugunsten eines anderen zu belasten. Trotz dieser Verpflichtung kann er dennoch das Eigentum auf einen Dritten übertragen oder es für einen Dritten belasten. Er macht sich dann wegen dieser Pflichtverletzung zwar schadensersatzpflichtig, seine Verfügung ist aber dennoch wirksam.

26 Abschlußfreiheit besteht auch im **Familien- und Erbrecht.** Jeder kann frei entscheiden, ob und mit wem er eine Ehe eingehen will und ob er mit seinem Ehegatten einen Ehevertrag über den Güterstand abschließen will (§ 1408). Ebenso kann der Erblasser frei entscheiden, ob und mit wem er sich auf einen Erbvertrag (§ 2274) oder einen Erbverzichtsvertrag (§ 2346) einigt. Abschlußfreiheit besteht ebenso im Bereich des **Immaterialgüterrechts** wie etwa dem Urheber-, Marken- und Patentrecht. Auch im **Gesellschaftsrecht** besteht Abschlußfreiheit in Form der Gründungsfreiheit (s. oben § 9 Rn. 27), da niemand gezwungen ist, mit anderen einen Gesellschaftsvertrag zu vereinbaren.

b) Abschlußfreiheit als Beendigungsfreiheit

27 Die Abschlußfreiheit wird dadurch ergänzt, daß die Parteien mit einem **Aufhebungsvertrag** den einmal geschlossenen Vertrag jederzeit wieder aufheben können[12]. Bei Dauerschuldverhältnissen ermöglicht das Recht zur ordentlichen und zur außerordentlichen **Kündigung** die Vertragsbeendigung durch einseitige Erklärung und sichert damit die Beendigungsfreiheit als Gegenstück zur Abschlußfreiheit.

28 Der Abschlußfreiheit sind auch die verbraucherschützenden **Widerrufsrechte** insbesondere nach § 312 Abs. 1 und § 495 Abs. 1 zuzurechnen, weil sie einem Vertragspartner erlauben, sich innerhalb einer Überlegungsfrist darüber klar zu werden, ob der bereits geschlossene Vertrag wirksam werden soll (s. unten § 39 Rn. 18, 20ff.).

2. Kontrahierungszwang als Ausnahme

29 Als Ausnahme von der Abschlußfreiheit sieht das Gesetz in einigen Fällen einen Kontrahierungszwang als **Abschlußpflicht** vor[13], aufgrund deren bestimmte Anbieter

---

[11] Vgl. nur *Köhler,* AT, § 12 Rn. 2; Soergel/*M. Wolf,* vor § 145 Rn. 49.

[12] S. auch MünchKomm/*Kramer,* vor § 145 Rn. 17.

[13] Vgl. hierzu etwa Palandt/*Heinrichs,* Einf. vor § 145 Rn. 8ff.; MünchKomm/*Kramer,* vor § 145 Rn. 9ff.; *Bydlinski,* AcP 180 (1980), 1; *Kilian,* AcP 180 (1980), 53.

verpflichtet sind, einen Vertrag über die von ihnen angebotenen Leistungen abzuschließen. Die Abschlußpflicht muß nicht mit einem Teilhaberecht einhergehen, da sie auch nur bei einem einzelnen Angebot durch einen einzelnen Anbieter bestehen kann (s. unten Rn. 33). Der Abschlußzwang muß ergänzt werden durch einen **Inhaltszwang** in dem Sinne, daß der Vertrag zu angemessenen Bedingungen abgeschlossen werden muß, weil sonst der Abschlußzwang leicht durch den Abschluß eines Vertrags zu unangemessenen oder gar abschreckenden Bedingungen umgangen werden könnte. Ein abgeschwächter inhaltlicher Kontrahierungszwang würde bestehen, wenn man der unterlegenen Vertragspartei gestatten würde, sich bei einem bereits abgeschlossenen Vertrag statt auf die AGB auf das dispositive Recht zu berufen[14].

30 Die **Durchsetzung der Abschlußpflicht** würde an sich eine Klage auf Abschluß des Vertrags mit der Vollstreckung nach § 894 ZPO verlangen[15]. Auch kann mit der Klage auf Vertragsabschluß zugleich die Klage auf Leistung verbunden werden. Der Vertrag kommt gemäß § 894 ZPO aber erst mit der Rechtskraft des Urteils zustande. Will man diesen umständlichen und langwierigen Weg vermeiden, so sollte man zumindest in den Fällen des Massenverkehrs in dem generellen Angebot der Leistung nicht nur eine Aufforderung zum Angebot, sondern bereits das Angebot an jeden sehen, der sich den angemessenen allgemeinen Bedingungen unterwirft. Danach ist der Antrag des Kunden auf Leistungserbringung bereits als Annahme des allgemein an jedermann gerichteten Angebots anzusehen. Besteht bereits ein Vertrag, so tritt an Stelle der Abschlußpflicht ein **Kündigungsverbot**[16], damit der Vertrag nicht beendet und anschließend wieder neu abgeschlossen werden muß.

a) Abschlußpflicht zur Deckung dringenden Bedarfs

31 Ein gesetzlich ausdrücklich festgelegter Abschlußzwang besteht insbesondere im **Bereich der Daseinsvorsorge.** Im Vordergrund steht dabei das durch den Sozialstaatsgedanken untermauerte Gebot, jeden an den **grundlegenden Leistungen für die Lebensführung** teilhaben zu lassen. Die Gleichbehandlung ist hierbei von untergeordneter Bedeutung. Sie spielt allenfalls insofern eine Rolle, als jeder einen Anspruch auf diese Leistungen hat, auch wenn die Umstände, unter denen die Leistung zu erbringen ist, verschieden sind.

32 **Beispiele:** Es gibt gemäß § 6 EnergiewirtschG eine Abschlußpflicht für die Versorgungsunternehmen, die Strom und Gas anbieten[17], ebenso gemäß § 41 TKG mit § 2 TKV für den Telefonanschluß[18]. Dies gilt grundsätzlich auch im entferntesten Bergdorf. § 22 PersBefG enthält eine Abschlußpflicht für den Personentransport durch die in § 1 PersBefG genannten Beförderungsunternehmen, § 8 PostG für die Monopol- und Pflichtleistungen der Post. Für die Versorgung der Bevölkerung mit geld- und kreditwirtschaftlichen Leistungen, wozu insbesondere der Abschluß eines Girovertrags gehört, können aus Vorschriften in den Sparkassengesetzen der Länder Abschlußpflichten entnommen werden[19], für die Kfz-Haftpflichtversicherung mit Einschränkungen aus § 5 Abs. 4 PflVersG oder für die Übernahme von Pflichtvertretungen durch Rechtsanwälte aus §§ 48, 49 BRAO[20]. Ein Kontrahierungszwang besteht für Stromversorger des Inhalts, daß sie den Strom von Erzeugern erneuerbarer Energien abnehmen müssen[21].

---

[14] S. dazu *M. Wolf,* Selbstbestimmung und vertragliches Abschlußrecht, JZ 1976, 41.

[15] S. etwa *BGHZ* 29, 344; *BGH* NJW-RR 2003, 1348; Staudinger/*Bork*, vor § 145 Rn. 33.

[16] S. dazu auch *BGH* NJW 2003, 1658 dazu *Neuner,* LMK 2003, 100.

[17] S. dazu auch *BGH* NJW -RR 1991, 409.

[18] Dazu etwa *Nolte,* Das Recht auf Netzzugang nach dem Telekommunikationsgesetz, BB 1996, 2629.

[19] S. dazu auch *BGH* NJW 2003, 1658 m. Anm. *Neuner,* LMK 2003, 100; *Günnewig,* Zum Kontrahierungszwang beim Sparkassen-Girokonto, ZIP 1992, 1670; *Reifner,* ZBB 1996, 243, 245.

[20] S. auch den Überblick bei *Kilian,* AcP 180 (1980), 53; *Bork,* AT, Rn. 667.

[21] *BGH* NJW 2003, 3274.

33 Darüber hinaus ist in Analogie zu den genannten Vorschriften in Verbindung mit der Sozialstaatsklausel des Art. 28 GG von dem **allgemeinen Grundsatz** auszugehen, daß ein Unternehmen, das für den Lebensbedarf wichtige Güter oder Leistungen öffentlich anbietet, den Vertragsabschluß nur aus sachlich berechtigten Gründen verweigern darf, wenn dem Kunden keine andere zumutbare Möglichkeit zur Deckung seines Bedarfs zur Verfügung steht[22]. Es handelt sich dabei regelmäßig um Monopolunternehmen oder marktbeherrschende Unternehmen, wobei auch eine marktbeherrschende Stellung in einem räumlich oder sachlich begrenzten Bereich genügt. Ein Monopol kann deshalb auch die einzige Bäckerei am Ort innehaben[23]. Dabei besteht ein Wechselverhältnis. Je dringender der Bedarf um so eher besteht ein Kontrahierungszwang. Je mehr Konkurrenten die Leistung an einem dem Kunden zugänglichen Markt anbieten, desto weniger ist ein Kontrahierungszwang zur Bedarfsdeckung erforderlich.

34 **Beispiele:** Eine Abschlußpflicht besteht etwa für Krankenhäuser[24], auch für städtische Badeanstalten[25], nicht dagegen ohne weiteres für Lebensmittelhändler[26] und für Kreditinstitute[27], weil hier regelmäßig zumutbare Ausweichmöglichkeiten auf andere Anbieter bestehen. Keinem Kontrahierungszwang unterliegt auch eine Gemeinde, um einem Unternehmer zum Abbau von Bodenbestandteilen Zufahrtswege zur Verfügung zu stellen[28].

35 Von dem Gedanken der Deckung eines dringenden Bedarfs ist auch § 19 Abs. 4 Nr. 4 GWB getragen. Ein Unternehmen hat hierbei Anspruch gegen ein marktbeherrschendes Unternehmen auf **Zugang zu** dessen **Infrastruktureinrichtungen,** wenn es dessen bedarf, um als Wettbewerber des marktbeherrschenden Unternehmens tätig zu werden. Der Anspruch besteht ohne Rücksicht darauf, ob anderen Unternehmen dieser Zugang bereits gewährt wird. Es geht deshalb nicht um Gleichbehandlung, sondern um einen Kontrahierungszwang zur **Ermöglichung von Wettbewerb** in einer marktwirtschaftlichen Ordnung. Ein Kontrahierungszwang kommt aber wegen des damit verbundenen Eingriffs in die Vertragsfreiheit nur in Betracht, wenn bei einer Interessenabwägung die Interessen des ablehnenden Unternehmens nicht überwiegen. Eine offensichtliche Willkür der Abschlußverweigerung, eine existentielle Notlage für das abgewiesene Unternehmen oder gravierende Nachteile für das Wettbewerbsgeschehen sind nicht erforderlich[29].

b) Abschlußpflicht aus Gründen der Gleichbehandlung

36 Eine Abschlußpflicht kann sich auch aus dem Verbot der Behinderung und Ungleichbehandlung **für marktbeherrschende Unternehmen** gemäß § 20 Abs. 1 und 2 GWB sowie für Wirtschafts- und Berufsvereinigungen aus § 20 Abs. 6 GWB erge-

---

[22] S. Palandt/*Heinrichs,* vor § 145 Rn. 10; *Bydlinski,* AcP 180 (1980), 41; *Medicus,* Schuldrecht I, § 11 IV; Erman/*Hefermehl,* vor § 145 Rn. 19.

[23] S. *OLG Celle* OLGZ 1972, 281.

[24] *BGH* NJW 1990, 762; Palandt/*Heinrichs,* vor § 145 Rn. 10; *Muschalik,* Kontrahierungszwang in der vertragsärztlichen Versorgung, MedR 1995, 6.

[25] *AG Würzburg* NJW-RR 1993, 1332.

[26] *OLG Celle* OLGZ 1972, 281.

[27] *LG Stuttgart* ZIP 1996, 1700; *AG Essen* WM 1994, 333; *Simon,* ZIP 1987, 1234; a. A. *Neuner,* Sozialstaat und Privatecht, 1999, S. 238f.; zum Kontrahierungszwang der Postbank und Sparkassen Rn. 32.

[28] *BGH* v. 24. 10. 2003 VZR 424/02.

[29] Noch zu § 26 GWB a. F. *BGH* NJW 1999, 2415 = LM § 26 Nr. 85 m. Anm. *Rehbinder.*

ben. Diese Unternehmen und Vereinigungen dürfen einzelne Unternehmen nicht gegenüber anderen gleichartigen Unternehmen unbillig behindern und unterschiedlich behandeln[30]. §§ 19 und 20 GWB machen damit die unterschiedlichen Grundlagen des Kontrahierungszwangs in der Bedarfsdeckung einerseits und der Gleichbehandlung andererseits deutlich. Die Übergänge können aber fließend sein. Die Abschlußpflicht kann unmittelbar aus § 20 Abs. 1 und 2 GWB abgeleitet werden. Auf jeden Fall sieht aber § 33 GWB einen Unterlassungsanspruch und bei schuldhaften Verstößen einen Schadensersatzanspruch vor. Ein Unterlassungsanspruch aus entsprechender Anwendung von § 1004 und ein Schadensersatzanspruch aus § 823 Abs. 2 ist auch bei einem Verstoß gegen Art. 81 EGV gegeben[31].

37 **Beispiele:** Ein Zeitungsverlag, der das Anzeigengeschäft betreibt, darf bei Vorliegen einer regionalen Monopolstellung Anzeigen unpolitischen Inhalts nicht ohne weiteres ablehnen[32], für politische Anzeigen ist aber durch Art. 5 GG die Abschlußfreiheit und damit die Ablehnungsfreiheit grundsätzlich gewährleistet[33]. Ein Zeitschriftenverlag, der wissenschaftliche Zeitschriften verlegt und nach seinem Gesamtcharakter keine Anzeigen bringt, kann aber nicht durch einen Kontrahierungszwang zu einer Änderung seiner Konzeption gezwungen werden. Auch gesetz- und sittenwidrige Anzeigen können abgelehnt werden. Ein Kontrahierungszwang, der sowohl vom Gedanken der Gleichbehandlung als auch vom Gedanken der Teilhabe am Ergebnis des eigenen Schaffens getragen wird, ist die Abschlußpflicht der urheberrechtlichen Wahrnehmungsgesellschaft (Gema) aus § 11 Abs. 1 UrhWG.

3. Abschlußpflicht und Diskriminierungsverbot

38 Eine Abschlußpflicht kann sich auch aus dem Diskriminierungsverbot ergeben. Vor dem Hintergrund der Vertragsfreiheit in einem offenen Markt mit zahlreichen Anbietern ist jedoch eine sorgfältige Abwägung geboten. Eine **Diskriminierung** ist erst gegeben, wenn mit der Ungleichbehandlung eine **Ausgrenzung** verbunden ist, die bei objektiver Betrachtung mit einer **Herabsetzung des Persönlichkeitswertes** einhergeht[34]. Nicht jede Differenzierung und Ungleichbehandlung enthält eine Diskriminierung. Eine Diskriminierung scheidet trotz Verletzung des Gleichbehandlungsgebots z. B. aus, wenn bei der Verteilung des Betriebsergebnisses in Form von Gratifikationen eine sachlich nicht gerechtfertigte Beschäftigungsdauer verlangt wird.

39 Diskriminierungsverbote bestehen auf der Grundlage von EG-Richtlinien (s. auch oben § 2 Rn. 62). Diese enthalten ein Verbot der Diskriminierung wegen der Religion oder Weltanschauung, wegen einer Behinderung, wegen des Alters oder der sexuellen Ausrichtung in Beschäftigung und Beruf[35] sowie ein Diskriminierungsverbot wegen Rasse und ethnischer Herkunft beim Zugang und der Versorgung mit Gütern und Dienstleistungen, die der Öffentlichkeit zur Verfügung stehen, einschließlich von Wohnraum[36]. Art. 12 EGV, der ebenso

---

[30] Vgl. *Immenga/Mestmäcker/Markert,* GWB, 3. Aufl. 2001, § 20 Rn. 109; s. auch Soergel/*M. Wolf,* vor § 145 Rn. 54; MünchKomm/*Kramer,* vor § 145 Rn. 15; *Greiner,* Kontrahierungszwang als Folge des kartellrechtlichen Diskriminierungsverbots, 1975; *Belke,* Die Geschäftsverweigerung im Recht der Wettbewerbsbeschränkungen, 1966, S. 412.

[31] Zurückhaltend aber *BGH* NJW-RR 1999, 189 = LM EG-Vertrag m. krit. Anm. *Rehbinder.*

[32] *OLG Schleswig* NJW 1977, 1886; a. A. *OLG Karlsruhe* NJW 1988, 341; dazu insgesamt auch *Roth-Glawatz,* Anzeigenauftrag und Kontrahierungszwang, WRP 1982, 625.

[33] *BVerfG* NJW 1976, 1627; auch *Kübler,* Die Pflicht der Presse zur Veröffentlichung politischer Anzeigen, 1976.

[34] S. dazu ausführlich *Neuner,* JZ 2003, 57, 61 ff.

[35] Richtlinie 2000/43/EG vom 29. 6. 2000, ABl. EG Nr. L 180 vom 19. 7. 2000.

[36] Richtlinie 2000/78/EG vom 27. 11. 2000, ABl. EG Nr. L 303 vom 2. 12. 2000.

wie Art. 3 GG mittelbare Wirkung über die Generalklauseln entfaltet, verbietet eine unterschiedliche Behandlung unter den Staatsangehörigen der Mitgliedstaaten. Daneben läßt sich ein allgemeines Diskriminierungsverbot aus § 826 ableiten.

Das Diskriminierungsverbot begründet **nicht ohne weiteres** eine **Abschlußpflicht.** Auch wenn eine Abschlußpflicht nicht besteht, bleibt eine Diskriminierung auf jeden Fall verboten und begründet wegen einer Verletzung des Persönlichkeitsrechts einen Unterlassungs- und Schadensersatzanspruch (s. oben § 8 Rn. 51ff.)[37]. Hinsichtlich einer Abschlußpflicht ist jedoch zu unterscheiden, ob es sich um ein begrenztes Angebot oder ein unbegrenztes oder jedenfalls breites Angebot handelt. 40

a) Begrenztes Angebot

Besteht nur ein begrenztes Angebot, so begründet das Diskriminierungsverbot **grundsätzlich keinen Abschlußzwang.** Ein Vermieter, der nur eine Wohnung zu vermieten hat, kann nicht gezwungen werden, diese Wohnung dem Angehörigen einer diskriminierungsanfälligen Gruppe zu vergeben. Wenn er nur eine Wohnung zu vergeben hat, kann die Gleichbehandlung anders als bei massenhaft angebotenen Leistungen nicht Grundlage für eine Abschlußpflicht sein, denn der Vermieter kann nicht allen Interessenten die Wohnung zukommen lassen, sondern muß notwendig eine Auswahl treffen. Welchen Interessenten er dabei aussucht, muß ihm überlassen bleiben. Er darf jeden Interessenten ablehnen. Ablehnungsgrund darf jedoch nicht einer der unter das Diskriminierungsverbot fallenden Gründe sein. Eine Abschlußpflicht ist daraus jedoch nicht abzuleiten. Dies gilt insbesondere, wenn die Wohnung inzwischen anderweit vergeben ist. Gleiches gilt für den Arbeitgeber, der nur einen Arbeitsplatz zu besetzen hat. § 611a Abs. 2 und 3 enthalten dafür eine ausgewogene Regelung, indem sie statt einer Abschlußpflicht eine Entschädigungspflicht vorsehen[38]. Gleiches gilt gemäß § 81 Abs. 2 SGB IX bei der Benachteiligung schwerbehinderter Beschäftigter. Zusätzlich kann eine Schadensersatzpflicht bestehen, weil die Antidiskriminierungsgesetze als Schutzgesetze im Sinne von § 823 Abs. 2 anzusehen sind. Daneben kommt eine Verletzung des Persönlichkeitsrechts in Betracht, woraus sich ein Anspruch auf Schmerzensgeld ergeben kann, der in § 253 Abs. 2 leider nur sehr unzulänglich ausgestaltet ist (s. oben § 8 Rn. 56). Auf diese Weise kann Diskriminierungen vielfach sachgerechter begegnet werden als mit einem Kontrahierungszwang. 41

b) Unbegrenztes und breites Angebot

Bei einem unbegrenzten oder breiten öffentlichen Angebot kommt eine Abschlußpflicht auch über die Deckung eines dringenden Lebensbedarfs hinaus (s. oben Rn. 31ff.) in Betracht. Eine Pflicht zum Vertragsabschluß kann entweder aus dem Diskriminierungsverbot direkt in Verbindung mit einem Unterlassungsanspruch oder aus einem Schadensersatzanspruch gerichtet auf Naturalrestitution gemäß § 249 Satz 1 abgeleitet werden[39]. Sofern eine Abschlußpflicht besteht, kommt eine Pflichtverletzung im Rahmen einer Sonderverbindung in Betracht mit Schadensersatzansprüchen aus §§ 280ff: Daneben sind Ansprüche wegen Verletzung des Persönlichkeitsrechts aus § 823 Abs. 1 sowie wegen Verletzung eines Schutzgesetzes aus § 823 Abs. 2 und An- 42

---

[37] S. zur Unterscheidung der Sanktionen auch *Neuner,* JZ 2003, 57, insbesondere 61ff.

[38] S. dazu auch *EuGH* NJW 1997, 1839.

[39] Vgl. *RGZ* 48, 127; *OLG Celle* OLGZ 1972, 281; Soergel/*M. Wolf,* vor § 145 Rn. 53; *Mestmäcker,* JZ 1964, 441, 443; MünchKomm/*Kramer,* vor § 145 Rn. 13.

sprüche aus § 826 möglich. Jedoch ist stets sorgfältig zwischen dem Interesse an der Abschlußfreiheit und dem Diskriminierungsverbot abzuwägen. Eine Ablehnung aus diskriminierungsfreien Gründen muß möglich bleiben, insbesondere wenn die Bedarfsdeckung durch zahlreiche andere Angebote am Markt ohne weiteres durchführbar ist.

43 **Beispiele:** Oft diskutiertes Beispiel ist der Besuch von Lokalen und Veranstaltungen. Jedem Veranstalter muß es frei stehen, für den Besuch seiner Veranstaltung festliche Kleidung oder gar Smoking zu verlangen. Auch kann eine Veranstaltung nur für Jugendliche oder nur für Frauen (Weiberfasching) organisiert werden. Werden Besucher abgelehnt, die diese Voraussetzungen nicht erfüllen, so liegt darin keine unzulässige Diskriminierung[40]. Allgemein akzeptierte Sitten und Gebräuche müssen nicht aufgegeben werden. Es besteht keine Abschlußpflicht. Auch private Veranstaltungen in Gaststätten und Hotels sind möglich. Eine Abschlußpflicht scheidet naturgemäß auch aus bei Überfüllung. Ebenso müssen auf der Speisekarte angebotene Speisen nicht erbracht werden, wenn der Vorrat ausgegangen ist. Vor dem Hintergrund dieser umfassenden Abschlußfreiheit bleibt jedoch das Diskriminierungsverbot stets zu beachten. Bei öffentlich zugänglichen Veranstaltungen und Diensten wie Verkehrsmitteln, Hotels, Gaststätten, Theatern oder Parks sieht das Übereinkommen zur Beseitigung jeder Form von Rassendiskriminierung[41] den Zugang und damit auch eine Abschlußpflicht ausdrücklich vor. Darüber hinaus kann aus dem Diskriminierungsverbot im Rahmen der vorhandenen Möglichkeiten eine Abschlußpflicht hergeleitet werden. Auch wenn eine Abschlußpflicht bejaht wird, ist daneben ein Schadensersatzanspruch aus § 823 Abs. 2 wegen Verletzung eines Antidiskriminierungsgesetzes und ein Schmerzensgeldanspruch wegen Verletzung des Persönlichkeitsrechts möglich (s. oben Rn. 40).

c) Boykottaufruf

44 Grundsätzlich unzulässig ist auch ein Boykottaufruf als ein Aufruf zur Diskriminierung durch andere. Die Unzulässigkeit des Boykottaufrufs ergibt sich aus § 21 GWB[42] oder auch nach § 826. Das Boykottverbot begründet keinen Abschlußzwang, will aber einer Behinderung der Abschlußfreiheit anderer Marktteilnehmer entgegenwirken.

V. Vertragsfreiheit als inhaltliche Gestaltungsfreiheit

45 Zur Vertragsfreiheit gehört auch die inhaltliche Gestaltungsfreiheit. Sie läßt, soweit sie besteht, die Parteien über die Ausgestaltung ihres Rechtsverhältnisses in eigener Verantwortung bestimmen. Aus der inhaltlichen Gestaltungsfreiheit ergibt sich zugleich, daß grundsätzlich keine Bindung an den Gleichbehandlungsgrundsatz besteht (s. auch Rn. 50 f.). Abschlußfreiheit und Gestaltungsfreiheit können sich überschneiden. Die Abschlußfreiheit ermöglicht es jeder Partei, auch den scheinbar geringsten Punkt zum Gegenstand ihrer Entscheidung über den Vertragsabschluß zu machen (s. § 154). Die inhaltliche Gestaltungsfreiheit betrifft demgegenüber die Frage, ob die Ausgestaltung des Vertragsinhalts vom Gesetz festgelegt ist oder der Parteidisposition überlassen bleibt. Die Gestaltungsfreiheit wird in den verschiedenen Rechtsgebieten und je nach den beteiligten Interessen in sehr unterschiedlichem Umfang gewährt.

---

[40] S. zu Beispielen auch *Neuner,* JZ 2003, 57, 62 ff.

[41] BGBl. 1969 II, S. 961, 967; s. auch *Neuner,* JZ 2003, 57, 60.

[42] S. dazu *Immenga/Mestmäcker/Marker,* GWB, 3. Aufl. 2001, § 21 Rn. 14; noch zu § 26 GWB a. F. *BGH* VersR 1999, 1167 = LM GWB § 12 Nr. 8 m. Anm. *Emmerich; BGH* DB 1965, 889; *BGH* NJW 1964, 29; *BGH* NJW 1985, 1620.

1. Grundsätzliche Gestaltungsfreiheit im Schuldrecht

Soweit durch die vertraglichen Rechtsfolgen **allein die Rechte und Interessen der Vertragsparteien betroffen** sind, wird die inhaltliche Gestaltungsfreiheit in sehr weitem Umfang zugestanden, da die Vertragsparteien ihre Rechte und Interessen grundsätzlich in eigener Verantwortung regeln können sollen. Dies trifft vor allem im Bereich des Schuldrechts zu, das durch die relativen Rechte zwischen Gläubiger und Schuldner gekennzeichnet ist (s. auch § 23 Rn. 24, 31ff.) und das Verträge zu Lasten Dritter grundsätzlich nicht vorsieht. Zum schuldrechtlichen Bereich in diesem Sinn gehört auch das Recht der Handelsgeschäfte (§§ 343ff. HGB). 46

a) Bestimmung des Leistungsinhalts und der Nebenbestimmungen

Der Vertragsinhalt setzt sich zusammen aus dem Hauptinhalt **(essentialia negotii),** zu dem die zu erbringende Leistung, eine eventuell zu erbringende Gegenleistung sowie das Äquivalenzverhältnis zwischen Leistung und Gegenleistung gehören. Hinzukommen die für die Vertragsabwicklung maßgebenden Nebenbestimmungen (naturalia negotii und accidentalia negotii). Die essentialia negotii müssen grundsätzlich **von den Parteien festgelegt** werden. Das Gesetz kann in einer Marktwirtschaft keine Bestimmung über den Gegenstand der vertraglichen Leistung treffen, ob z.B. ein Fahrzeug, ein Grundstück, Bücher oder anderes erworben wird, ob es zu Eigentum oder nur zum zeitweiligen Gebrauch des Besitzes überlassen und ob dafür ein Preis und in welcher Höhe bezahlt wird. Hier berührt sich die inhaltliche Gestaltungsfreiheit mit der Abschlußfreiheit. 47

Die **naturalia** und **accidentalia negotii** (s. oben § 29 Rn. 74) können dagegen vom Gesetz ausgestaltet werden. Davon macht der Gesetzgeber gerade auch im Schuldrecht vielfach Gebrauch. Soweit es nur um die Rechte und Interessen der am Vertrag beteiligten Parteien geht, können diese ihre Interessen aber grundsätzlich in eigener Verantwortung regeln. Die gesetzlichen Vorschriften im Bereich des Schuldrechts sind deshalb grundsätzlich dem **dispositiven Recht** zuzurechnen, das durch abweichende Vereinbarungen der Parteien außer Kraft gesetzt werden kann und nur subsidiär zur Anwendung kommt, wenn die Parteien eine abweichende Regelung nicht getroffen haben (s. oben § 28 Rn. 105ff.). Aufgrund ihrer inhaltlichen Gestaltungsfreiheit können die Parteien auch die Regelungsdichte ihres Vertrags bestimmen, d.h. wie detailliert sie den Vertragsinhalt festlegen oder ob sie statt dessen die Lückenausfüllung dem dispositiven Gesetz oder dem Richterrecht überlassen[43]. 48

b) Zwingendes Recht als Ausnahme

Die Grenzen der inhaltlichen Gestaltungsfreiheit werden durch das zwingende Recht gezogen, das im Bereich des Schuldrechts eher die Ausnahme bildet, in der neueren Gesetzgebung aber die Gestaltungsfreiheit aus den verschiedensten Gründen immer mehr einschränkt. In Betracht kommen dabei zunächst die allgemeinen **Verbotsgesetze im Interesse der Allgemeinheit** (§ 134) sowie Vereinbarungen, die die **guten Sitten** mißachten (§ 138). Die Rechtsordnung kann solche Vereinbarungen nicht anerkennen und erklärt sie für nichtig, weil sie diese Vereinbarungen nicht mit gerichtlicher Hilfe und rechtlichen Sanktionen unter ihren Schutz stellen will (s. unten §§ 40, 41). Nicht von der Rechtsordnung anerkannt werden auch Verein- 49

[43] S. dazu auch *BGH GS* NJW 1998, 671, 673.

barungen, die die Grundbedingungen eines vertrauensvollen Rechtsverkehrs außer Kraft setzen wollen. Die Beachtung von **Treu und Glauben** (§§ 242, 307) kann deshalb nicht ausgeschlossen werden, ebensowenig die außerordentliche Kündigung zur Beendigung unzumutbarer Rechtsverhältnisse (§ 314). Nicht anerkannt werden auch Vereinbarungen, durch die grob pflichtwidriges Verhalten erlaubt werden soll, wie z.B. eine vorsätzliche und arglistige Schädigung (s. etwa § 276 Abs. 3, § 444, § 536d, § 639).

c) Gleichbehandlungsgebot und Diskriminierungsverbot

50 Der inhaltlichen Gestaltungsfreiheit sind teilweise auch durch den **Gleichbehandlungsgrundsatz** Grenzen gesetzt. Zwar besteht im allgemeinen keine Pflicht zur Gleichbehandlung. Jedoch kennt das Gesetz Ausnahmen. Der Anspruch auf Gleichbehandlung bindet einen Vertragspartner, der mehrere gleichartige Vertragsverhältnisse mit anderen Personen unterhält, wie z.B. der Arbeitgeber gegenüber seinen Arbeitnehmern oder ein marktbeherrschendes Unternehmen gegenüber seinen Lieferanten oder Abnehmern. Im Arbeitsverhältnis sieht vor allem § 612 Abs. 3 das Gebot der Lohngleichheit für Frauen und Männer vor. Daneben besteht ein Gleichbehandlungsgebot bei der Verteilung freiwilliger Leistungen und Gratifikationen aus dem Betriebsergebnis, an dem alle mitgearbeitet haben und deshalb auch gleichmäßig daran teilhaben sollen[44]. Ein umfassendes Gleichbehandlungsgebot, das neben einem Kontrahierungszwang (s. oben Rn. 36ff.) auch die Ausgestaltung der Vertragsbedingungen umfaßt, ergibt sich für marktbeherrschende Unternehmen und Vereinigungen aus §§ 19, 20 GWB, um sachlich nicht gerechtfertigte Wettbewerbsnachteile zu vermeiden. Keine Pflicht zur Gleichbehandlung trifft aber z.B. den Vermieter einer Wohnanlage oder den gewöhnlichen Anbieter von Waren und Dienstleistungen. Der Gleichbehandlungsgrundsatz enthält, soweit er besteht, zwingendes Recht. Abweichende Vereinbarungen sind deshalb unwirksam.

51 Von dieser Form der Gleichbehandlung zu unterscheiden sind die **Diskriminierungsverbote** (s. auch oben Rn. 38). Sie können auch eine Vertragspartei treffen, die nur einen einzigen Vertrag abschließt. Hier verbinden sich die Schranken der inhaltlichen Gestaltungsfreiheit mit dem Abschlußzwang, weil die Abschlußpflicht nicht durch unangemessene Vertragsbedingungen unterlaufen werden darf (s. oben Rn. 29). Nicht den Diskriminierungsverboten, sondern der Schutz- und Fürsorgepflicht aus § 241 Abs. 2 im Rahmen vertraglicher Beziehungen sollte der Anspruch des Mieters auf Barrierefreiheit aus § 554a oder auf Empfang fremdsprachiger Sender[45] zugerechnet werden[46], auch wenn es sich dabei um zwingende Bestimmungen für schutzbedürftige Personengruppen handelt. Gleiches gilt für die arbeitsrechtlichen Schutzgesetze. Sie gehören zu den halbzwingenden Normen (s. sogleich Rn. 52). Die Diskriminierungsverbote enthalten im Regelfall gesetzliche Verbote, so daß abweichende Vereinbarungen nach § 134 nichtig sind. An deren Stelle tritt die gesetzliche Regelung oder Richterrecht. Unterhält der Vertragspartner mehrere gleichartige Vertragsverhältnisse mit anderen, so kann auch ein Anspruch auf Gleichbehandlung bestehen (s. oben Rn. 50).

---

[44] S. z.B. *BAG* NJW 2000, 3589; *Hueck,* Der Gleichbehandlungsgrundsatz im Privatrecht, 1958; *M. Wolf,* Gleichbehandlungsgrundsatz und privatrechtliches Teilhaberecht, FS Ludwig Raiser, 1974, S. 597, 612f.

[45] S. dazu etwa *BVerfGE* 90, 27, 31ff.

[46] A.A. offenbar *Neuner,* JZ 2003, 57, 65.

d) Halbzwingende Normen

Neben diesen generellen Schranken, die für alle vertraglichen Vereinbarungen gelten, weil sie allein nach ihrem Inhalt mißbilligt werden, haben sich nach Inkrafttreten des BGB, insbesondere in der zweiten Hälfte des vergangenen Jahrhunderts, Schranken der Vertragsfreiheit zum **Schutz** einer typischerweise **unterlegenen Vertragspartei** herausgebildet (s. unten § 42). Diese Schranken verbieten den vereinbarten Inhalt nicht schlechthin, sondern nur, soweit er in einer Situation des gestörten Verhandlungsgleichgewichts zustande kommt, wenn davon auszugehen ist, daß die überlegene Partei ihre Interessen voll, die unterlegene Partei dagegen nicht angemessen wahrnehmen kann. Demgemäß sind die Schranken auch nicht generell zwingend, sondern nur einseitig oder **halbzwingend** (s. oben § 3 Rn. 104 ff.), soweit es zum Schutz der unterlegenen Partei erforderlich ist. 52

2. Eingeschränkte Gestaltungsfreiheit im Sachenrecht

Es gibt Rechtsverhältnisse, bei denen über die Interessen der unmittelbar Beteiligten hinaus regelmäßig auch die **Interessen Dritter** sowie die **Interessen der Allgemeinheit** zu berücksichtigen sind. Die inhaltliche Gestaltungsfreiheit der Vertragsparteien ist in solchen Rechtsverhältnissen nicht nur punktuell, sondern grundsätzlich generell eingeschränkt, weil ihnen ein Eingriff und eine Verfügung über die Interessen Dritter oder der Allgemeinheit nicht gestattet werden kann. 53

Interessen Dritter sind vor allem im Sachenrecht insofern betroffen, als es sich bei den Sachenrechten um **absolute Rechte** handelt, die von jedem Dritten beachtet werden müssen und gegen ihn geltend gemacht werden können (s. oben § 15 Rn. 5). Absolute Rechte beschränken damit den Freiheitsraum dritter Personen. Die Grenzen der jeweiligen Freiheitsräume gegenüber Dritten kann nicht der Vereinbarung zweier Parteien überlassen werden. Sie müssen vielmehr vom demokratisch legitimierten Gesetzgeber bestimmt werden. Zudem muß der Inhalt absoluter Rechte erkennbar und überschaubar sein, damit dritte Personen diese Rechte beachten können. Dies wird durch eine allgemein gültige gesetzliche Regelung besser gewährleistet als durch parteiinterne Vereinbarungen, die außenstehenden Dritten nicht bekannt sein können. Darum ist der Inhalt der dinglichen Rechte vom Gesetz zwingend festgelegt und kann von den Parteien grundsätzlich nicht oder allenfalls in engen Grenzen verändert werden. Man bezeichnet dies als **Typenzwang,** der ergänzt wird durch den **numerus clausus** der Sachenrechte, weil nicht nur die gesetzlich vorgesehenen Sachenrechte nicht verändert werden dürfen, sondern auch neue Sachenrechte nicht von den Parteien geschaffen werden dürfen[47]. 54

Beispiele: Eine Dienstbarkeit (§§ 1018, 1090) ist nur an Grundstücken, nicht an beweglichen Sachen möglich. Das Pfandrecht (§ 1204) als Verwertungsrecht ist bei beweglichen Sachen zwingend akzessorisch. Lediglich bei Grundstücken gibt es die nicht akzessorische Grundschuld (§ 1191). Bei beweglichen Sachen hat sich die Sicherungsübereignung als nicht akzessorische Sicherheit herausgebildet, die aber sachenrechtlich grundsätzlich dem Eigentum gleichgestellt ist und nur schuldrechtlich gewissen treuhänderischen Bindungen unterliegt. 55

Die Interessen Dritter sind auch bei **anderen absoluten Rechten** zu berücksichtigen, weshalb der inhaltlichen Gestaltungsfreiheit bei diesen Rechten im allgemeinen 56

[47] S. etwa Palandt/*Bassenge,* vor § 854 Rn. 3; *Baur/Stürner,* Sachenrecht, § 1 II 2a; *Westermann,* Sachenrecht, § 1 I; *Bork,* AT, Rn. 662.

enge Grenzen gezogen sind. Dies gilt etwa für den Schutzinhalt des Persönlichkeitsrechts in gleicher Weise wie für Immaterialgüterrechte wie etwa Marken-, Patent- und Urheberrechte. Der Inhalt dieser Rechte kann zwar im Verhältnis zwischen den Vertragsparteien modifiziert werden, mit absoluter Wirkung gegenüber Dritten jedoch nur in dem vom Gesetz zugelassenen Umfang und den gesetzlich vorgesehenen Formen.

3. Eingeschränkte Gestaltungsfreiheit im Familienrecht

57 **Interessen der Allgemeinheit,** zum Teil aber auch **Interessen Dritter** sind auch im Familienrecht zu berücksichtigen und begrenzen damit die inhaltliche Gestaltungsfreiheit innerhalb familienrechtlicher Verhältnisse durch zwingende Regelungen.

58 Wenn gemäß Art. 6 Abs. 1 GG Ehe und Familie unter dem besonderen Schutz der staatlichen Ordnung stehen, so muß auch genau bestimmt sein, wann ein Rechtsverhältnis als Ehe anzusehen ist, damit feststeht, wann der staatliche Schutzauftrag eingreift. Der Parteivereinbarung kann dies nicht überlassen bleiben. Deshalb ist das **Rechtsverhältnis der Ehe,** abgesehen von Teilbereichen, wie z.B. der Haushaltsführung (§ 1356 Abs. 1), grundsätzlich gesetzlich zwingend vorgegeben. Ebenso besteht das **Sorgerecht gegenüber Kindern** nur unter bestimmten Voraussetzungen und unterliegt gewissen Einschränkungen, die im Interesse des Kindes und zur Wahrnehmung des staatlichen Schutzauftrags (Art. 6 Abs. 2, 3 und 5 GG) nicht der Parteidisposition überlassen bleiben können. Ebenso ist der **Unterhaltsanspruch als Mindestinhalt** grundsätzlich gesetzlich zwingend festgelegt (s. § 1614, § 1360a Abs. 3), damit nicht zu Lasten der staatlichen Sozialhilfe Unterhaltsbedürfnisse geschaffen werden.

59 Etwas **Gestaltungsfreiheit** besteht dagegen durch den Ehevertrag im ehelichen Güterrecht (s. insbesondere § 1408), im Unterhaltsrecht nach Scheidung (§ 1585c) sowie beim Versorgungsausgleich (§ 1587o)[48]. Voraussetzung für die Ausnutzung der im Ehevertragsrecht bestehenden Vertragsfreiheit ist jedoch wie auch sonst ein annäherndes Verhandlungsgleichgewicht (s. unten § 42) zwischen den Ehepartnern. Daran kann es insbesondere fehlen, wenn der Schwangeren als Voraussetzung für die Eheschließung eine ihr nachteilige Vereinbarung abverlangt wird, so etwa wenn sie im wesentlichen die Unterhaltslasten für das Kind übernehmen soll. Eine solche Vereinbarung unterliegt, obwohl sie nur zwischen den Ehegatten und nicht zu Lasten des Kindes wirken kann, auch wegen ihrer mittelbaren Nachteile für das Kindeswohl der richterlichen **Inhaltskontrolle**[49]. Eine bloße Ausübungskontrolle[50], die den Vertrag an sich wirksam sein läßt und nur die Ausübung der jeweiligen Rechte im Einzelfall überprüft, erscheint dagegen zu schwach, wenn die Abrede nach ihrem ganzen Inhalt und nicht nur in einzelnen Anwendungsfällen unangemessen ist.

4. Testierfreiheit im Erbrecht

60 Im Erbrecht geht es vornehmlich um die Rechtsnachfolge in das Vermögen des verstorbenen Erblassers. Wer als Erbe Rechtsnachfolger wird und was er erhält oder anderen etwa aufgrund eines Vermächtnisses (§§ 1939, 2147, 2174) übertragen muß, kann der Gesetzgeber dem Erblasser überlassen, der auch schon zu Lebzeiten sein Vermögen grundsätzlich frei verschenken kann. Deshalb gilt im Erbrecht der **Grundsatz der Testierfreiheit**[51], der sich auch auf Art. 14 GG stützen kann.

---

[48] S. zum Ganzen *Gernhuber/Coester-Waltjen,* Familienrecht, § 1 IV 2.

[49] *BVerfG* NJW 2001, 927; zuvor schon allgemein *Schwenzer,* AcP 196 (1996), 88; zum *BVerfG* noch *Schwab,* FamRZ 2001, 349, 350.

[50] Dafür *Dauner-Lieb,* AcP 201 (2001), 295 m.w.N.

[51] S. etwa *Brox,* Erbrecht, Rn. 20, 24; *Schlüter,* Erbrecht, 14. Aufl. 2000, Rn. 136ff.

Lediglich der Pflichtteilsanspruch (§ 2303) ist gesetzlich zwingend vorgesehen und kann dem Berechtigten nur unter engen Voraussetzungen (§§ 2333ff.) entzogen werden. Daneben sind selbstverständlich die Schranken der §§ 134, 138 zu beachten. 61

5. Eingeschränkte Gestaltungsfreiheit im Gesellschaftsrecht

Interessen Dritter sind vor allem noch im Gesellschaftsrecht zu berücksichtigen, wo es neben wirtschafts- und sozialpolitischen **Interessen der Allgemeinheit** auch den Schutz der Gläubiger als außenstehenden Dritten zu verwirklichen gilt. Dieser Schutz kann nicht der freien Disposition der Gesellschafter überlassen bleiben. Ebensowenig können juristische Personen als selbständige Rechtssubjekte in beliebiger Form von den Parteien neu geschaffen werden. Vielmehr bleibt es dem Gesetzgeber vorbehalten, welche Arten von juristischen Personen er zulassen will. Im Recht der Personen- und Kapitalgesellschaften einschließlich dem Vereinsrecht besteht deshalb grundsätzlich ein **Rechtsformzwang** (s. auch oben § 9 Rn. 4, 33). Auch sind der inneren Organisationsautonomie durch zwingende Normen zum Schutz der Gläubiger, aber auch zur Sicherung der Mitbestimmung der Arbeitnehmer sowie im Interesse des Anleger- und Minderheitenschutzes Grenzen gesetzt[52]. 62

VI. Vertragsfreiheit als Formfreiheit

Zu der Vertragsfreiheit gehört auch die Formfreiheit, die es den Parteien erlaubt, sich aller Mittel zu bedienen, um ihre vertragliche Einigung zum Ausdruck zu bringen. Dies erleichtert zugleich den Abschluß von Verträgen. Ein **Formzwang** besteht nur **ausnahmsweise,** wenn dies ausdrücklich gesetzlich vorgeschrieben ist[53]. Als Gründe, die den Gesetzgeber zur Aufnahme von Formvorschriften veranlassen, kommen insbesondere in Betracht das Bedürfnis nach Beweissicherung bei einzelnen Geschäften, der Schutz vor Übereilung sowie bei notarieller Beurkundung die Gewährleistung rechtlicher Belehrung durch den Notar und die Vermeidung unwirksamer Geschäfte. Als Grund für den Formzwang kommt auch das Bedürfnis nach Offenkundigkeit und Publizität bei einzelnen Geschäften in Betracht (s. auch oben § 27 Rn. 4ff.). 63

---

[52] S. *Kübler,* Gesellschaftsrecht, 5. Aufl. 1998, § 20 I; s. auch *Rittner,* Wirtschaftsrecht, 2. Aufl. 1987, § 8 Rn. 21ff.; *K. Schmidt,* Gesellschaftsrecht, 4. Aufl. 2002, § 5 III 3.

[53] Vgl. nur Erman/*Palm,* § 125 Rn. 1; Palandt/*Heinrichs,* § 125 Rn. 1.

1. Unterabschnitt
Irrtum und andere Willensmängel

§ 35. Die mangelhafte Willenserklärung

Inhaltsübersicht

Literatur: *A. Bär,* Scheingeschäfte, 1931; *Kallimopoulos,* Die Simulation im bürgerlichen Recht, 1966; *Kramer,* Die Gültigkeit der Verträge nach den Unidroit Principles, ZEuP 1999, 209; *Michaelis,* Scheingeschäfte, verdecktes Geschäft und verkleidetes Geschäft im Gesetz und in der Rechtspraxis, FS Wieacker, 1978, S. 444; *Oertmann,* Scheingeschäft und Kollusion, Recht 1923, 74; *Singer,* Selbstbestimmung und Verkehrsschutz im Recht der Willenserklärung, 1995; *Ulmer,* Wirtschaftslenkung und Vertragserfüllung, AcP 174 (1974), 167; *D. Wiegand,* Vertragliche Beschränkung der Berufung auf Willensmängel, 2000; *M. Wolf,* Willensmängel und sonstige Beeinträchtigungen der Entscheidungsfreiheit in einem europäischen Vertragsrecht, in *Basedow* (Hrsg.), Europäische Vertragsvereinheitlichung und deutsches Recht, 2000, S. 85; *K. Wolff,* Mentalreservation, JherJb. 81, 53; Vgl. ferner die zu § 36 und § 38 angegebene Literatur.

I. Grundlagen für die Zurechnung mangelhafter Willenserklärungen

1. Grundsätzliche Geltung trotz Willensmängeln

1 Ausgehend vom Zweck der Privatautonomie, den Bürgern eine selbstbestimmte Regelung ihrer Rechtsverhältnisse im privatrechtlichen Bereich zu ermöglichen (s. oben § 2 Rn. 14ff.) dürften die Rechtsfolgen der Willenserklärung eigentlich nur dann eintreten, wenn die erklärten Rechtsfolgen mit dem wirklichen Willen inhaltlich voll übereinstimmen. Dies war auch noch die Auffassung der Willenstheorie (s. oben § 24 Rn. 26)[1]. Wird der Erklärende an Rechtsfolgen gebunden, die er in Wirklichkeit nicht gewollt hat, so entspricht dies nicht seiner Selbstbestimmung. Dem privatautonomen Postulat, nur den wirklichen, mangelfreien Willen gelten zu lassen, steht aber bei empfangsbedürftigen Willenserklärungen die Notwendigkeit gegenüber, das Vertrauen des Erklärungsempfängers zu schützen und den Erklärenden an der Verantwortung für seine Erklärung festzuhalten (s. oben § 24 Rn. 33ff.; § 28 Rn. 13). Dies gilt auch dann, wenn Wille und Erklärung auseinanderfallen, weil der Wille in der Er-

[1] S. auch *M. Wolf* in *Basedow* (Hrsg.), Europäische Vertragsvereinheitlichung und deutsches Recht, 2000, S. 85, 89.

klärung nicht fehlerfrei zum Ausdruck gekommen ist. Die gegensätzlichen Anforderungen der **Selbstbestimmung** einerseits sowie des **Vertrauensschutzes** und der **Selbstverantwortung** andrerseits werden vom Gesetzgeber je nach der Art des Willensmangels verschiedenen Lösungen zugeführt.

2. Unterschiedliche Willensmängel im Überblick

Eine Willenserklärung kann aus verschiedenen Gründen mangelhaft sein. Das Gesetz unterscheidet vor allem zwischen einem Mangel in der Willensbildung und einem Mangel in der Kundgabe des Willens durch die Erklärungshandlung. Ein **Mangel in der Willensbildung** liegt vor, wenn bereits die Entschließung und das Zustandekommen des Willens im Stadium der Motivbildung vor der Erklärung gestört sind. Ein **Mangel in der Erklärung** liegt vor, wenn der Wille innerlich zwar fehlerfrei gebildet ist, dem Erklärenden aber bei der Äußerung seines Willens ein **Kundgabefehler** unterläuft, indem er objektiv etwas anderes sagt, als er subjektiv zu sagen glaubt. 2

Das BGB geht von dem Grundsatz aus, daß Mängel in der Willensbildung im allgemeinen als bloßer **Motivirrtum unbeachtlich** sind (s. unten § 36 Rn. 2), soweit sie nicht auf einer arglistigen Täuschung, einer widerrechtlichen Drohung (§ 123), einem Eigenschaftsirrtum (§ 119 Abs. 2; s. unten § 36 Rn. 46) oder auf einer beiderseitigen Fehlvorstellung (s. unten § 38) beruhen. **Kundgabefehler** als Mängel in der Erklärungshandlung sind dagegen **grundsätzlich beachtlich.** Für sie besteht ein Anfechtungsrecht (§ 119 Abs. 1). Einzelheiten ergeben sich aus den §§ 116 bis 123, in denen das BGB die Folgen mangelhafter Willenserklärungen regelt. Dabei sind Nichtigkeitsgründe (§§ 116 bis 118) und Anfechtungsgründe (§§ 119, 123) zu unterscheiden. 3

II. Nichtigkeitsgründe

Nichtigkeitsgründe sind dadurch gekennzeichnet, daß die davon betroffene Willenserklärung zu keiner Zeit die erklärte Rechtsfolge in Kraft setzt. Die Rechtsfolge entfällt bei nichtigen Willenserklärungen kraft Gesetzes, ohne daß es eines hierauf zielenden Akts eines Beteiligten bedürfte (s. im einzelnen unten § 44 Rn. 4ff.). Demgegenüber ist bei Anfechtungsgründen die Willenserklärung wirksam, wenn sie nicht rechtzeitig angefochten wird. Erst durch die Anfechtungserklärung als einer Gestaltungserklärung tritt hier die Nichtigkeit ein (§ 142 Abs. 1). Im Zusammenhang mit mangelhaften Willenserklärungen sieht das Gesetz einen Nichtigkeitsgrund nur vor beim (erkannten) geheimen Vorbehalt (§ 116), beim Scheingeschäft (§ 117) und bei der Scherzerklärung (§ 118). 4

Außerhalb der Fälle mangelhafter Willenserklärungen bestehen Nichtigkeitsgründe für Willenserklärungen Geschäftsunfähiger (§ 105 Abs. 1), für Willenserklärungen, die der gesetzlich vorgeschriebenen Form entbehren (§ 125) sowie für Willenserklärungen, deren Inhalt gegen das Gesetz (§ 134) oder gegen die guten Sitten verstößt (§ 138). 5

1. Geheimer Vorbehalt (§ 116)

a) Unbeachtlichkeit des nicht erkannten Vorbehalts

Eine Willenserklärung ist nach § 116 nicht deshalb nichtig, weil sich der Erklärende **insgeheim vorbehält,** das Erklärte **nicht zu wollen** (sog. Mentalreservation). Der 6 geheime Vorbehalt setzt Absicht der Geheimhaltung voraus. Die Täuschung bezieht sich dabei darauf, daß der wahre Wille des Erklärenden nicht erkannt werden soll, während bei der arglistigen Täuschung nach § 123 die Willensbildung des Erklärenden beeinflußt werden soll. Wenn das Gesetz die Erklärung gemäß § 116 Satz 1 als wirksam ansieht, so kommt darin der Grundsatz zum Ausdruck, daß der Lügner an seinem Wort festgehalten wird[2]. Dies ist berechtigt, weil weder der Entschluß, eine Erklärung dieses Inhalts abzugeben, auf fehlerhafte Weise zustande gekommen noch die Erklärungshandlung als solche fehlerhaft ist. Der Erklärende erklärt, was er erklären wollte. Es fehlt weder der Erklärungswille noch das Erklärungsbewußtsein. Daß der Erklärende die Rechtsfolge nicht will, ist unbeachtlich, weil er dies dem **Erklärungsempfänger** verbirgt und dieser **in seinem Vertrauen geschützt** werden muß. Bei erkanntem Vorbehalt ist die Erklärung dagegen nichtig (s. Rn. 9).

7 Der Vorbehalt ist **geheim,** wenn er **dem Erklärungsempfänger nicht bekannt** ist. Die Mitteilung des Vorbehalts an einen unbeteiligten Dritten ändert an seiner Unbeachtlichkeit nichts. Der Vorbehalt bleibt auch geheim, solange er lediglich vom eigenen Bevollmächtigten des Erklärenden, nicht aber vom Geschäftsgegner als dem Erklärungsempfänger erkannt wird[3]. Erkennt dagegen der vertretungsberechtigte **Vertreter des Erklärungsempfängers** den geheimen Vorbehalt des Erklärenden, so muß sich dies der Erklärungsempfänger gemäß § 166 Abs. 1 zurechnen lassen.

8 **Beispiele:** Ein geheimer Vorbehalt liegt etwa vor, wenn jemand nach außen den Vertrag als Vertreter für einen anderen abschließt, insgeheim aber selbst Vertragspartner sein will. Dieser Wille ist unbeachtlich. Der Vertrag kommt mit entsprechender Vertretungsmacht allein mit dem Vertretenen zustande. Hat umgekehrt der Vertreter im eigenen Namen abgeschlossen und behält er sich insgeheim vor, den Vertrag für den Vertretenen schließen zu wollen, so ist dies bereits nach § 164 Abs. 2 unbeachtlich, und Vertragspartner ist der Vertreter. Unter § 116 Satz 1 fällt auch der sog. **böse Scherz,** wenn der Erklärende im Gegensatz zu § 118 seine **Scherzabsicht geheim** halten will, z.B. einen Handwerker, um ihn zu ärgern, zur Reparatur an eine gar nicht vorhandene Adresse bestellt[4]. Wird der böse Scherz später aufgedeckt, muß der Besteller dem Handwerker aufgrund eines wirksam geschlossenen Vertrags seine Vergütung bezahlen. Im übrigen ist die praktische Bedeutung der Bestimmung gering. Fälle, in denen sich jemand darauf beruft, er habe das Erklärte insgeheim nicht gewollt, sind selten[5].

b) Nichtigkeit bei erkanntem Vorbehalt

9 Daß die Erklärung nichtig ist, wenn der **Empfänger den Vorbehalt erkennt,** ist sachgerecht, weil das Vertrauen des Erklärungsempfängers dann nicht geschützt werden muß und die Rechtsfolge auch wegen des fehlenden Rechtsfolgewillens keine Grundlage hat[6]. Voraussetzung ist jedoch positive Kenntnis vom vollständigen Fehlen des Rechtsfolgewillens. Bloße Zweifel genügen nicht. Die Kenntnis des geheimen Vorbehalts muß der Erklärende beweisen, wenn er sich auf die Nichtigkeit beruft. Will sich dagegen der Erklärungsempfänger auf die Nichtigkeit der Erklärung berufen, so muß er den geheimen Vorbehalt beweisen.

---

[2] S. *Canaris,* Die Vertrauenshaftung im deutschen Privatrecht, 1971, S. 28ff.; *Singer,* Selbstbestimmung und Verkehrsschutz im Recht der Willenserklärung, 1995, S. 115, 204.

[3] Vgl. auch *BGH* NJW 1966, 1915, 1916.

[4] MünchKomm/*Kramer,* § 116 Rn. 8; Staudinger/*Dilcher,* § 116 Rn. 5; Soergel/*Hefermehl,* § 116 Rn. 11.

[5] Vgl. MünchKomm/*Kramer,* § 116 Rn. 1.

[6] *Wieacker,* JZ 1967, 385, 390; *Singer,* Selbstbestimmung und Verkehrsschutz, aaO, S. 204.

c) Anwendungsbereich

Der Vorbehalt muß sich auf das **Erklärte,** also auf die in der Erklärung bezeichnete Rechtsfolge selbst, beziehen. § 116 gilt dagegen nicht, wenn der Erklärende keinen Verpflichtungsvorbehalt, sondern nur einen Erfüllungsvorbehalt hat, weil er eine Verpflichtung eingehen, diese aber nicht erfüllen will, denn maßgebend ist der Verpflichtungswille und nicht der Erfüllungswille. Die Verpflichtung bleibt auch wirksam, wenn der Erklärungsempfänger den Erfüllungsvorbehalt erkennt. § 116 Satz 2 findet auf den Erfüllungsvorbehalt keine Anwendung. 10

§ 116 Satz 1 ist anwendbar, wenn der Erklärende insgeheim seine Erklärung **in einem anderen Sinn** verstanden wissen wollte, als sie nach ihrem Wortlaut besagte. Die Erklärung gilt deshalb mit dem Sinn, wie er aus dem Empfängerhorizont zu verstehen war. Nicht anwendbar ist in diesem Fall die in § 116 Satz 2 vorgesehene Rechtsfolge der Nichtigkeit[7], wenn der Erklärungsempfänger den geheimen Vorbehalt erkannt hat. Vielmehr gilt die Erklärung mit dem Inhalt, wie er vom Erklärungsempfänger erkannt worden ist (s. oben § 28 Rn. 6). Allein dies entspricht der konsequenten Anwendung von § 116 Satz 2, weil jeweils der geheim gehaltene Rechtsfolgewille zur Anwendung gebracht wird, hier also statt des erkannten fehlenden der erkannte wirkliche, wenngleich geheime Rechtsfolgewille. Hat dagegen jeder der beiden Vertragsschließenden seiner Erklärung einen anderen Sinn beigelegt, als es der objektiven Erklärungsbedeutung entspricht und hat der jeweils andere dies erkannt, so liegt bei übereinstimmendem Willen eine falsa demonstratio, bei nicht übereinstimmendem Willen ein Dissens vor. 11

2. Nicht ernst gemeinte Erklärungen (§ 118)

a) Nichtigkeitsgrund

Eine nicht ernst gemeinte Willenserklärung, die in der Erwartung abgegeben wird, der Mangel der Ernstlichkeit werde nicht verkannt werden, ist nichtig (§ 118). Man spricht hierbei auch von **Scherzerklärungen.** Anders als im Fall des § 116 will der Erklärende hier dem Empfänger nicht endgültig einen Geschäftswillen vortäuschen, den er nicht hat. Vielmehr will er nur momentan, etwa zum Scherz oder auch aus Prahlerei, um den anderen zu verblüffen oder in Verlegenheit zu setzen, den Eindruck hervorrufen, als wolle er eine ernstgemeinte Erklärung abgeben, rechnet aber gleichzeitig damit, der andere werde alsbald die Nichternstlichkeit erkennen. 12

§ 118 stellt auf die subjektive Erwartung des Erklärenden ab, daß der Mangel der Ernstlichkeit erkannt werden wird. Bei dieser Vorstellung fehlt dem Erklärenden zugleich das rechtsgeschäftliche Erklärungsbewußtsein. Daraus wird zum Teil der Schluß gezogen, daß eine Willenserklärung ohne Erklärungsbewußtsein nichtig sei, unabhängig davon, ob der Erklärungsempfänger das fehlende Erklärungsbewußtsein erkennen konnte oder nicht[8]. § 118 ist jedoch entstanden auf der Grundlage der Willenstheorie (oben § 24 Rn. 26), die den Bedürfnissen des rechtsgeschäftlichen Verkehrs und dem auf § 157 gestützten Vertrauensschutz des Erklärungsempfängers nicht gerecht wird. § 118 ist deshalb als speziell geregelter Sonderfall anzusehen, der nicht Ausdruck eines allgemeinen Grundsatzes ist. Der allgemeine Grundsatz verlangt vielmehr auf dem Boden der Geltungstheorie, daß auch das Vorliegen des Erklärungsbewußtseins, mit Ausnahme von § 118, aus der Sicht des Empfängerhorizonts beurteilt wird. 13

---

[7] A. A. *RGZ* 78, 371, 376.

[8] S. insbesondere *Canaris,* Die Vertrauenshaftung im deutschen Privatrecht, S. 427f., 548ff.; *ders.,* NJW 1974, 528; *Thiele,* JZ 1969, 407.

14 Erkennt der andere die Scherzabsicht tatsächlich, so ist schon nach den Grundsätzen der Auslegung empfangsbedürftiger Erklärungen eine Willenserklärung nicht vorhanden. Nimmt der andere aber die Erklärung für ernst, so ist die Scherzerklärung gleichwohl nach § 118 **nichtig.** Dies ist selbst dann der Fall, wenn der andere den Mangel der Ernstlichkeit den Umständen nach nicht erkennen konnte[9]. Der Erklärende, der sich auf die Nichtigkeit beruft, muß beweisen, daß die Erklärung von ihm nicht ernstlich gemeint war und daß er erwartete, der andere werde das erkennen[10].

15 Voraussetzung für eine Anwendung des § 118 ist ein Verhalten, das wenigstens bei flüchtigem Hinsehen als eine Willenserklärung aufgefaßt werden kann. Erklärungen, die jemand im Schauspiel auf der Bühne, zu Unterrichtszwecken auf dem Katheder oder im Rahmen eines Gesellschaftsspiels abgibt, die also ganz offenkundig nicht den Sinn haben, eine Rechtsfolge in Geltung zu setzen, sind keine Willenserklärungen; auf sie ist weder § 118 noch § 122 anwendbar[11].

b) Schutz des Erklärungsempfängers

16 Das Schutzbedürfnis des Empfängers, der auf die Ernstlichkeit der Erklärung vertraut, wird dadurch berücksichtigt, daß ihm das Gesetz gemäß § 122 einen Anspruch auf **Ersatz des Vertrauensschadens** gibt. Dieser Anspruch besteht unabhängig von einem Verschulden, kann aber anders als der Anspruch aus culpa in contrahendo (s. oben § 31 Rn. 45) nicht über das Erfüllungsinteresse hinausgehen. Der Anspruch steht dem Empfänger jedoch nicht zu, wenn er den Mangel der Ernstlichkeit und sei es auch nur infolge von Fahrlässigkeit nicht erkannt hat (§ 122 Abs. 2).

17 **Erkennt der Erklärende,** daß der Gegner den Scherz für ernst genommen hat, dann ist er nach Treu und Glauben (§ 242) dazu **verpflichtet,** ihn unverzüglich **aufzuklären.** Unterläßt er dies, so wird zwar aus der Scherzerklärung nicht nachträglich der Tatbestand des nicht durchschauten geheimen Vorbehalts[12], denn die Absicht des geheimen Vorbehalts muß bereits bei der Abgabe der Erklärung vorhanden sein. Aber das Unterlassen der Aufklärung stellt ein Schweigen mit der objektiven Bedeutung wie eine Erklärung ohne Scherzabsicht dar, weil eine Pflicht bestand, einen gegenteiligen Willen kundzutun (s. oben § 28 Rn. 72)[13]. Daneben kann sich ein Anspruch aus culpa in contrahendo gemäß § 311 Abs. 2 mit § 241 Abs. 2 und § 280 oder § 282 ergeben. Dieser Anspruch ist verschuldensabhängig und nicht durch das Erfüllungsinteresse begrenzt (s. oben § 31).

3. Scheingeschäft (§ 117)

a) Voraussetzungen

18 Von praktisch größerer Bedeutung als die §§ 116 und 118 ist die Bestimmung des § 117, die sich auf das Scheingeschäft bezieht. § 117 setzt eine empfangsbedürftige

---

[9] Vgl. dazu *Flume,* AT II, § 20, 3 (zu Anm. 27); Staudinger/*Dilcher,* § 119 Rn. 3; Soergel/*Hefermehl,* § 118 Rn. 7; a. A. aber *Pawlowski,* AT, Rn. 476: Nach *Pawlowski* soll es darauf ankommen, ob der Erklärende angesichts seines Gesamtverhaltens im Verfahren der Einigung erwarten konnte und durfte, daß der andere den Mangel an Ernstlichkeit erkennt. Diese Einschränkung widerspricht aber dem Wortlaut des Gesetzes (vgl. *Flume,* aaO) und ist wegen § 122 auch aus Vertrauensschutzgesichtspunkten nicht geboten.

[10] Vgl. MünchKomm/*Kramer,* § 118 Rn. 6.

[11] Vgl. Staudinger/*Dilcher,* § 118 Rn. 1.

[12] So aber *Flume,* AT II, § 20, 3. Ebenso MünchKomm/*Kramer,* § 118 Rn. 7; *Medicus,* AT, Rn. 604.

[13] Etwas anders die Begründung der Vorauflagen.

Willenserklärung voraus. Ein Scheingeschäft liegt vor, wenn sich der Erklärende und der Empfänger der Erklärung über die Scheinerklärung und deren **Nichtgeltung einig** sind. Die Parteien wollen einverständlich nur den äußeren Schein des Abschlusses eines Rechtsgeschäfts hervorrufen. Sie wollen dagegen die mit dem betreffenden Rechtsgeschäft verbundene Rechtswirksamkeit nicht eintreten lassen[14]. Der rechtsgeschäftliche Wille der Nichtgeltung liegt in der Scheinerklärung jedes Einzelnen. Das beiderseitige Einverständnis mit der Nichtgeltung ist ein tatsächlicher, kein rechtsgeschäftlicher Wille[15]. Stellvertretung hinsichtlich dieses Einverständnisses ist zwar möglich, nicht dagegen die Wissenszurechnung eines Verhandlungsgehilfen nach § 166 Abs. 1[16]. Das Einverständnis eines von mehreren Gesamtvertretern genügt (s. auch unten § 46 Rn. 94).

Beim Scheingeschäft fehlt dem Erklärenden jede Absicht, den Empfänger der Erklärung irrezuführen oder ihn, wie im Falle des § 118, doch vorübergehend in Zweifel oder Verwirrung zu versetzen. Dagegen bezwecken beide Beteiligten hier zumeist die **Täuschung eines Dritten,** etwa eines Gläubigers oder der Steuerbehörde. Notwendig ist eine Absicht zur Täuschung Dritter jedoch nicht[17]. **19**

Beispiele: Beim Abschluß eines Grundstückskaufvertrags geben die Parteien einen geringeren Kaufpreis als den wirklich gewollten an, um Grunderwerbssteuer, Notargebühren und Eintragungsgebühren beim Grundbuchamt, die jeweils regelmäßig nach dem Kaufpreis berechnet werden, zu sparen[18]. Es kommt nicht darauf an, ob der Dritte weiß, daß die Erklärung nur zum Schein abgegeben wird[19]. Sie ist unabhängig davon nichtig, allein weil die Vertragsparteien ihre Erklärungen nur zum Schein wollen. Wirksam soll nach Auffassung des BGH aber ein Scheingeschäft sein, das etwa ein Handelsvertreter in kollusivem Zusammenwirken mit einem Geschäftspartner zum Schein geschlossen hat, um vom vertretenen Unternehmer eine Provision zu erschleichen. Darin soll zugleich ein geheimer Vorbehalt liegen, der dem Vertretenen gegenüber analog § 116 nichtig ist. Richtiger erscheint aber die analoge Anwendung von § 177, weil bei kollusivem Zusammenwirken die Vertretungsmacht entfällt (s. unten § 46 Rn. 143). Damit wird dem Vertretenen zugleich die Wahl eröffnet, ob er das Geschäft für sich gelten lassen will oder nicht[20]. Daneben kommen Schadensersatzansprüche des Unternehmers gegen den Handelsvertreter und dessen Geschäftspartner in Betracht (s. unten Rn. 33). **20**

b) Rechtsfolgen

Die **Nichtigkeit des Scheingeschäfts** entspricht dem im Zusammenhang mit der Auslegung des Rechtsgeschäfts dargelegten Grundsatz, daß eine Erklärung, die von den Beteiligten übereinstimmend in dem gleichen Sinne aufgefaßt wird, ungeachtet ihrer sonstigen Bedeutung in dem von ihnen gemeinten Sinne gilt (falsa demonstratio non nocet, s. oben § 28 Rn. 29f). Der übereinstimmend gemeinte Sinn besteht darin, daß das Erklärte in Wahrheit nicht gelten solle. Insofern bestätigt § 117 die Privatautonomie und den Grundsatz, daß das von den Parteien **übereinstimmend Gewollte** bzw. Nichtgewollte gegenüber der objektiven Bedeutung ihrer Erklärung den **Vorrang** hat[21]. **21**

---

[14] So *BGHZ* 36, 84, 87.
[15] *BGH* LM § 116 BGB Nr. 6 m. Anm. *Singer.*
[16] *BGH* NJW 2000, 3127 = LM H. 1/01 § 117 BGB Nr. 20 m. Anm. *Singer.*
[17] Vgl. Staudinger/*Dilcher,* § 117 Rn. 13; *RGZ* 90, 273, 277; 95, 160, 162.
[18] S. etwa *BGH* LM § 116 BGB Nr. 6 m. Anm. *Singer; BGH* NJW 2000, 3127.
[19] H.L.; vgl. *v. Tuhr,* AT II, § 66 zu Anm. 49; *Enneccerus/Nipperdey,* AT, § 165 zu Anm. 15; MünchKomm/*Kramer,* § 117 Rn. 7 („durchaus sachgemäß").
[20] S. *Singer* in Anm. zu *BGH* LM § 116 BGB Nr. 6.
[21] Vgl. *Michaelis,* aaO, S. 446f.; MünchKomm/*Kramer,* § 117 Rn. 1.

22 **Beispiele:** Wenn auf Grund einer nur zum Schein vorgenommenen, daher nichtigen Auflassung (§ 925) der scheinbare Erwerber in das Grundbuch eingetragen wird, findet ein Übergang des Grundstückseigentums wegen der unwirksamen Auflassung nicht statt. Die Eintragung im Grundbuch ist aber als behördlicher Akt gültig und das Grundbuch wird dadurch unrichtig. Nach § 892 ist aber ein gutgläubiger Erwerb möglich.

c) Anwendungsbereich

23 § 117 ist **nicht anwendbar,** wenn der in der Scheinerklärung enthaltene übereinstimmende Wille mit den **guten Sitten** und dem ordre public **nicht vereinbar** ist. Bereits kein Scheingeschäft liegt dagegen vor, wenn die Parteien das Geschäft wirklich wollen, aber die von ihnen gewollten Rechtsfolgen **juristisch falsch klassifizieren.**

24 **Beispiele:** (1) Eine nur zum Schein, jedoch formrichtig geschlossene Ehe ist gültig[22], da das Gesetz die Nichtigkeits- und Aufhebungsgründe bei der Ehe erschöpfend geregelt hat[23]. Eine Ehe nur zum Schein abzuschließen ist wegen der Bedeutung der Ehe mit den guten Sitten nicht vereinbar. (2) Wenn die Parteien einen Vertrag, der Elemente eines Kauf- und eines Werkvertrages enthält, wie z. B. der Vertrag über den Kauf eines Grundstücks und die Errichtung eines Eigenheims, nur als Kaufvertrag bezeichnen, so ist dies unschädlich. Beide Verträge sind wirklich gewollt. Die rechtliche Qualifikation des Vertrages ergibt sich aus seinem gesamten Inhalt, nicht aus der von den Parteien gewählten Bezeichnung[24].

d) Strohmann- und Treuhandgeschäfte keine Scheingeschäfte

25 Keine Scheingeschäfte sind auch Strohmanngeschäfte und Treuhandgeschäfte. Beim Strohmanngeschäft und Treuhandgeschäft handeln der Strohmann und der Treuhänder **im eigenen Namen,** aber **auf fremde Rechnung.** Sie wollen den Eintritt der Rechtsfolgen. Jedoch sollen die damit verbundenen wirtschaftlichen oder sonstigen tatsächlichen Folgen einem Dritten zukommen. Dabei ist gleichgültig, ob der andere Vertragsteil das Vorliegen eines Strohmannsgeschäfts durchschaut oder nicht.

26 Strohmann- und Treuhandgeschäfte werden vor allem durch das **Innenverhältnis** zwischen dem wahren Geschäftsherrn oder Treugeber einerseits und dem Strohmann oder Treuhänder andererseits gekennzeichnet. Beide Geschäfte schließen sich nicht gegenseitig aus, sondern können zusammenfallen. Jedoch gibt es **typenmäßige Unterschiede.** Der Strohmann wird im Regelfall bei Veräußerungs- und Erwerbsgeschäften eingesetzt, der Treuhänder verwaltet dagegen Vermögenswerte eines anderen über eine gewisse Dauer. Der Strohmann ist typischerweise stark weisungsgebunden. Der Treuhänder trifft typischerweise eher selbständige Entscheidungen, wenngleich er sich dabei an den Interessen seines Treugebers zu orientieren hat. Beim Strohmanngeschäft benutzt der Geschäftsherr den Strohmann regelmäßig zur Geheimhaltung, um als Hintermann unerkannt zu bleiben. Das Treuhandgeschäft ist dagegen zumeist offen. Der Geschäftsherr als Treugeber setzt den Treuhänder typischerweise z. B. als Verwalter und Sachkenner ein, um sich selbst von Arbeit zu entlasten.

27 **Beispiele:** Jemand erwirbt etwa durch einen **Strohmann** ein Aktienpaket, Geschäftsanteile einer GmbH oder Kunstwerke auf einer Versteigerung, um selbst unerkannt zu bleiben. Das Geschäft, das der Strohmann mit dem Verkäufer abschließt, ist selbst dann, wenn der Geschäfts-

---

[22] MünchKomm/*Kramer,* § 117 Rn. 4; Staudinger/*Dilcher,* § 117 Rn. 16; kritisch hierzu *Gernhuber/Coester-Waltjen,* Familienrecht, § 3 Rn. 10.

[23] Der frühere § 19 EheG, der die Vernichtbarkeit der sog. Namensehe anordnete, gilt seit dem 1. 1. 1977 nicht mehr.

[24] Vgl. *Flume,* AT II, § 20, 2a, a. E.; MünchKomm/*Kramer,* § 117 Rn. 16; *Michaelis,* aaO, S. 459.

gegner weiß, wem das Geschäft zugute kommen soll, von beiden ernstlich gewollt und kein Scheingeschäft. Der Strohmann wird aus diesem Geschäft sowohl berechtigt wie verpflichtet. Er ist aber dem Hintermann als seinem Auftraggeber gegenüber verpflichtet, diesem zu übertragen, was er aus dem Geschäft erlangt[25]. Der **Treuhänder** soll zwar nicht wirtschaftlich, aber doch rechtlich die Stellung eines Eigentümers erhalten, damit er als Eigentümer agieren kann. Allerdings darf er bei der sog. **fremdnützigen** Treuhand von der ihm eingeräumten Rechtsmacht nur im Interesse des Treugebers Gebrauch machen und muß nach Beendigung des Treuhandverhältnisses das Anvertraute zurückgeben[26]. Bei der **eigennützigen** Treuhand, insbesondere bei den Sicherungsübertragungen, muß der Treuhänder ebenfalls die Interessen des Treugebers wahren, darf aber unter bestimmten Voraussetzungen den übertragenen Gegenstand für sich verwenden. Dagegen handelt es sich um ein Scheingeschäft, wenn der Erwerber keine solche treuhänderisch gebundene Rechtsstellung erlangen, sondern die Rechtsstellung nur vorgespielt werden soll, um einen Dritten zu täuschen[27].

e) Schutz des getäuschten Dritten

Da das Scheingeschäft häufig zur Täuschung Dritter benutzt wird, fragt es sich, ob ein Schutz der getäuschten Dritten stattfindet. Einen allgemeinen Schutz des gutgläubigen Dritten gegenüber Scheingeschäften kennt das geltende Recht nicht. Einen anderen Standpunkt vertritt z.B. das österreichische Recht. So kann nach § 916 Abs. 2 ABGB einem Dritten, der im Vertrauen auf die Erklärung Rechte erworben hat, die Einrede des Scheingeschäfts nicht entgegengesetzt werden[28]. Ein allgemeiner Schutz in der Weise, daß das Scheingeschäft zugunsten des Dritten als gültig behandelt wird, ist jedoch nicht erforderlich[29]. 28

Soweit das nichtige **Scheingeschäft** dem Dritten **nachteilig** gewesen wäre, kann er die Nichtigkeit nach § 117 Abs. 1 geltend machen. 29

Beispiele: Hat ein Schuldner, um seinen Gläubigern Vermögensgegenstände zu entziehen, diese zum Schein an einen Dritten veräußert, so kann jeder Gläubiger die Nichtigkeit der Veräußerung geltend machen und in die weiterhin seinem Schuldner gehörenden Gegenstände vollstrecken. Auch bei einem zu gering angegebenen Kaufpreis kann von den Steuer- und Gebührengläubigern die Nichtigkeit des entsprechenden Kaufvertrags geltend gemacht werden. Diese Gläubiger sind darüber hinaus daran interessiert, die Parteien am wirklich gewollten, aber verdeckten Geschäft mit dem höheren Kaufpreis festzuhalten (s. unten Rn. 34). 30

Soweit das nichtige **Scheingeschäft** für den Dritten **von Vorteil** gewesen wäre, bleibt das Scheingeschäft zwar nichtig, aber es greift in vielen Fällen ein Schutz des gutgläubigen Dritten ein, oder er kann Schadensersatzansprüche geltend machen. 31

Beispiele: Erwirbt A durch Rechtsgeschäft eine Sache von B, der sie seinerseits nur zum Schein gemäß § 117 Abs. 1 von C erworben hatte, so ist B nicht Eigentümer geworden. Zugunsten von A finden jedoch die **Vorschriften über den gutgläubigen Erwerb** des Eigentums von einem Nichtberechtigten (§§ 892, 932ff.) Anwendung. Im Falle der Abtretung einer Forderung wird der Erwerber gegenüber dem Einwand, die Eingehung der Schuld sei nur zum Schein erfolgt, wenigstens dann geschützt, wenn ihm die Forderung unter Vorlegung einer vom Schuldner über sie ausgestellten Urkunde abgetreten wird (§ 405). Der scheinbare Schuldner wird hier dem gutgläubigen Erwerber nicht aus der nach § 117 Abs. 1 nichtigen Forderung, 32

---

25 Zur Gründung einer GmbH durch 2 Strohmänner vgl. *BGHZ* 21, 378, 379.

26 Vgl. Soergel/*Hefermehl,* § 117 Rn. 10; Staudinger/*Dilcher,* § 117 Rn. 28; *v. Tuhr,* AT II/1, § 66 II zu Anm. 61ff.; *Enneccerus/Nipperdey,* AT, § 148 II 1; *Flume,* AT II, § 20, 2b; *Medicus,* AT, Rn. 601.

27 So lag es in dem vom OGHZ 4, 105 entschiedenen Fall.

28 Vgl. hierzu MünchKomm/*Kramer,* § 117 Rn. 19.

29 S. auch *Medicus,* AT, Rn. 598.

sondern infolge der Schaffung eines Vertrauenstatbestandes kraft Gesetzes verpflichtet; es handelt sich um einen Fall der Rechtsscheinhaftung[30].

33 Bei einverständlicher Täuschung des Dritten, um diesen zu schädigen, kommen zugunsten des Dritten **Schadensersatzansprüche** gemäß § 823 Abs. 2 mit § 263 StGB sowie gemäß § 826 in Betracht[31]. Besteht ein Rechtsverhältnis zu dem Dritten, so kann dieser auch Schadensersatzansprüche aus §§ 280ff. geltend machen. Der Dritte kann danach verlangen, so gestellt zu werden, als ob er nicht getäuscht worden wäre.

f) Geltung des verdeckten Rechtsgeschäfts

34 Häufig werden die Parteien statt des nur zum Schein vorgenommenen Geschäfts ein anderes, dadurch **verdecktes Rechtsgeschäft** einverständlich wollen. Nach § 117 Abs. 2 finden dann die für das verdeckte Rechtsgeschäft geltenden Vorschriften Anwendung. Bei formfreien Geschäften gilt danach in Übereinstimmung mit der Regel falsa demonstratio non nocet (oben § 28 Rn. 29f.) das verdeckte, übereinstimmend gewollte Rechtsgeschäft. Bei formbedürftigen Rechtsgeschäften nimmt die h. M. zu Recht an, daß nicht nur das beurkundete Scheingeschäft nach § 117 Abs. 1 nichtig ist, sondern auch das gewollte, aber nicht beurkundete Rechtsgeschäft von der Nichtigkeit nach § 125 erfaßt wird. Die Nichtigkeit nach § 125 tritt ein, auch wenn davon bei einer Falschbezeichnung Ausnahmen möglich sind (s. oben § 28 Rn. 90ff.), denn diese Ausnahmen können nicht gelten, wenn die Parteien die Form absichtlich umgehen, indem sie bewußt etwas anderes erklären, als sie übereinstimmend gelten lassen wollen.

35 **Beispiele:** Lassen die Parteien etwa zum Schein einen Kaufvertrag beurkunden, wollen aber beide eine Schenkung vornehmen, oder sind sie sich einig, daß bei einem Grundstückskauf nicht der beurkundete Kaufpreis, sondern ein anderer Preis gelten solle (s. oben Rn. 20), so ist der nur zum Schein vereinbarte Kaufvertrag oder die zum Schein getroffene Preisvereinbarung nach § 117 nichtig. Das in Wahrheit gewollte, aber nur mündlich vereinbarte Schenkungsversprechen oder der nur mündlich vereinbarte Kaufpreises beim Grundstückskauf ist dagegen nach § 125 nichtig, weil insoweit die vom Gesetz vorgeschriebene Form (§ 311b Abs. 1, § 518) nicht gewahrt ist[32]. Bei Grundstücksgeschäften ist allerdings zu berücksichtigen, daß die fehlende Form durch Auflassung und Eintragung ins Grundbuch geheilt wird (§ 311b Abs. 1 Satz 2) und das zunächst nichtige Verpflichtungsgeschäft dadurch auch ohne notarielle Beurkundung mit Wirkung ex nunc wirksam wird. Gleiches gilt bei einer formunwirksamen Schenkung durch Bewirken der versprochenen Leistung gemäß § 518. Die Leistungen können deshalb infolge der Heilung nicht mehr nach § 812 zurückverlangt werden.

III. Anfechtungsgründe

36 Für mangelhafte Willenserklärungen, deren Charakteristikum in der fehlenden Übereinstimmung von Wille und Erklärung besteht (s. oben Rn. 1f.), ist die Gewährung eines Anfechtungsrechts die grundsätzlich sachgerechte Lösung. Denn beim Bestehen eines Anfechtungsrechts ist die Willenserklärung nicht per se nichtig, sondern erst, wenn der Erklärende sein Anfechtungsrecht als Gestaltungsrecht ausübt. Dem Erklärenden bleibt es deshalb vorbehalten, ob er seine Erklärung anfechten oder trotz des Mangels gelten lassen will. Die mit dem Anfechtungsrecht eingeräumte Wahlmöglich-

---

[30] Hierzu *Canaris,* Die Vertrauenshaftung im deutschen Privatrecht, 1971, S. 85ff.; *Michaelis,* aaO, S. 449; s. auch *RGZ* 90, 273, 279. Für einen weitergehenden Schutz tritt *Flume,* AT II, § 20, 2c ein, indem er eine Ermächtigung fingiert.

[31] Vgl. *RGZ* 95, 160, 163.

[32] Vgl. *RGZ* 104, 296, 298; 129, 150, 152; *BGHZ* 89, 41, 43; *Medicus,* AT, Rn. 595.

keit, die Willenserklärung bestehen zu lassen oder zu vernichten, entspricht besser der privatautonomen Selbstbestimmung als die vom Gesetz aufgezwungene per se – Nichtigkeit (oben Rn. 4).

Ein Anfechtungsrecht gewährt das Gesetz aber nicht bei jedem Willensmangel, sondern grenzt den Bereich des dem Willensvorrang dienenden Anfechtungsrechts und den Bereich der verantwortlichen Bindung an die Erklärung in den §§ 119 bis 124 voneinander ab. Als Anfechtungsgründe sieht das BGB dabei die Anfechtung wegen Irrtums (§ 119) und die Anfechtung wegen arglistiger Täuschung und widerrechtlicher Drohung (§ 123) vor (s. unten § 36 und § 37). **37**

§ 36. Die Irrtumsanfechtung (§ 119)

Inhaltsübersicht

Literatur: *Brauer,* Der Eigenschaftsirrtum, 1941; *Brox,* Die Einschränkung der Irrtumsanfechtung, 1960; *Canaris,* Gesamtunwirksamkeit und Teilnichtigkeit rechtsgeschäftlicher Regelungen, FS Steindorff, 1990, S. 519; *Flume,* Eigenschaftsirrtum und Kauf, 1948; *Goltz,* Motivirrtum und Geschäftsgrundlage im Schuldvertrag, 1973; *Grigoleit,* Abstraktion und Willensmängel – Die Anfechtbarkeit des Verfügungsgeschäfts, AcP 199 (1999), 379; *P. Haupt;* Die Entwicklung der Lehre vom Irrtum beim Rechtsgeschäft seit der Rezeption, 1941; *Henle,* Der Irrtum über die Rechtsfolgen, 1911; *Kramer,* Der Irrtum beim Vertragsschluß, Eine weltweit rechtsvergleichende Bestandsaufnahme, 1998; *Krückmann,* Kalkulationsirrtum und ursprüngliche Sinn-, Zweck- und Gegenstandslosigkeit, AcP 128 (1928), 165; *Leist,* Die Einschränkung der Irrtums- und Täuschungsanfechtung in der Praxis, AcP 102, 215; *Lenel,* Der Irrtum über wesentliche Eigenschaften, AcP 123 (1925), 161; *R. Leonhard,* Der Irrtum als Ursache nichtiger Verträge, 2. Aufl. 1907; *Manigk,* Irrtum und Auslegung, 1918; *Mankowski,* Beseitigungsrechte 2003; *Rothoeft,* System der Irrtumslehre als Methodenfrage der Rechtsvergleichung, 1968; *Sandrock,* Subjektive und objektive Gestaltungsgeschäfte bei der Teilnichtigkeit von Rechtsgeschäften, AcP 159 (1959), 48; *Schemaier,* Europäische Geistesgeschichte am Beispie des Irrtumsrechts, ZEuP 1998, 60; *Schlossmann,* Der Irrtum über wesentliche Eigenschaften der Person und der Sache, 1903; *Schmidt-Rimpler,* Eigenschaftsirrtum und Erklärungsirrtum, FS Lehmann, 1956, S. 213; *Singer,* Der Kalkulationsirrtum – ein Fall für Treu und Glauben?, JZ 1999, 342; *Titze,* Die Lehre vom Mißverständnis, 1910; *ders.*, Der sog. Motivirrtum, FS Heymann, Bd. II, 1940; *v. Tuhr,* Irrtum über den Inhalt der Willenserklärung, LZ 1918, 126; *Wasmuth,* Wider das Dogma vom Vorrang der Sachmängelhaftung gegenüber der Anfechtung wegen Eigenschaftsirrtums, FS Piper, 1996, S. 1083; *Wieling,* Der Motivirrtum ist unbeachtlich! Entwicklung und Dogmatik des Irrtums im Beweggrund, Jura 2001, 577; *M. Wolf,* Willensmängel und sonstige Beeinträchtigungen der Entscheidungsfreiheit in einem europäischen Vertragsrecht, in *Basedow* (Hrsg.), Europäische Vertragsvereinheitlichung und deutsches Recht, 2000, S. 85; *Zitelmann,* Irrtum und Rechtsgeschäft, 1878.

I. Grundsätzliche Wertungen für die Beachtlichkeit eines Irrtums

1 Im normalen Sprachgebrauch wird der Irrtumsbegriff umfassend benutzt. Er umfaßt jede Fehlvorstellung, die sich jemand von der Wirklichkeit macht. Auch bei der Abgabe rechtsgeschäftlicher Willenserklärungen können Irrtümer sehr unterschiedlicher Art vorkommen.

1. Grundsätzlich unbeachtlicher Motivirrtum

2 Es liegt auf der Hand, daß nicht alle Irrtümer dazu Anlaß geben können, die Geltung des Rechtsgeschäfts in Frage zu stellen. Das würde fast jedes Geschäft mit einem unerträglichen Unsicherheitsfaktor belasten. Vielmehr muß grundsätzlich jeder das **Risiko der Willensbildung selbst tragen,** auch wenn ihm hierbei ein Irrtum unterläuft. Es geht nicht an, den Erklärungsempfänger mit diesem Irrtumsrisiko zu belasten, denn der Erklärungsempfänger kann im Regelfall die Gründe und Umstände der Willensbildung in ihrer Gesamtheit nicht überblicken und muß sich auf sie nicht einlassen, selbst wenn er sie im Einzelfall kennen sollte. Die Motive, die sich auch jederzeit ändern können, liegen grundsätzlich allein im Verantwortungs- und Risikobereich des Erklärenden. S. dazu auch *Mankowski,* Beseitigungsrechte, 2003, S. 391ff. Der **Motivirrtum ist deshalb im Regelfall unbeachtlich** (s. oben § 35 Rn. 5). Dies entspricht dem Bedürfnis nach der Sicherheit des rechtsgeschäftlichen Verkehrs

3 **Beispiele:** (1) Ein Motivirrtum liegt etwa vor bei einer **Fehlvorstellungen über die geschäftsbegleitenden Umstände,** so etwa, wenn ein Kaufmann Waren bestellt, weil das Lagerhaltungsprogramm ihm anzeigt, sie seien ausgegangen. In Wahrheit ist noch ein ausreichender Vorrat vorhanden. Oder es kauft jemand ein Auto, wobei sich erst hinterher herausstellt, daß er infolge eines Sehfehlers fahruntauglich ist.

4 (2) Ein Motivirrtum liegt ferner vor bei **Fehlvorstellungen über den künftigen Geschehensablauf.** Der Autokäufer besteht unerwartet die Fahrprüfung nicht. Jemand hat ein Hoch-

zeitsgeschenk oder ein Geburtstagsgeschenk für einen Freund gekauft; die Hochzeit findet jedoch nicht statt bzw. er wird nicht zum Geburtstag eingeladen. Das Risiko der künftigen Entwicklung der Preise, der künftigen Absatz- oder Verwendungsmöglichkeiten oder sonstiger Marktchancen muß jeder selbst tragen.

(3) Besonderheiten gelten beim **Irrtum über den Geschäftsgegenstand.** Der Irrtum kann sich auch auf den Geschäftsgegenstand in seiner äußeren Form beziehen, auf seine Herkunft, die an ihm bestehenden Rechte oder seine Beschaffenheit, so etwa wenn jemand ein Bild in dem Glauben kauft, es sei von einem bestimmten Meister, während es in Wahrheit nur eine Kopie ist, oder wenn er einen Gegenstand kauft, von dem er glaubt, er sei aus Kupfer, während er in Wahrheit aus Messing ist. Auch hier bezieht sich der Irrtum nicht auf die Erklärung und ihren Inhalt, sondern auf die Eigenschaften und die Beschaffenheit des Gegenstandes, die die Gründe und Motive für den Kaufentschluß beeinflussen. Dieser Irrtum kann als Eigenschaftsirrtum von § 119 Abs. 2 erfaßt sein (s. unten Rn. 34 ff.). Bei einzelnen Vertragsarten wird dieser Irrtum von Sach- und Rechtsmängelvorschriften als Spezialvorschriften erfaßt, so beim Kauf von §§ 433 ff., beim Werkvertrag von §§ 633 ff., bei der Miete von §§ 536 ff. und beim Reisevertrag von §§ 651 c ff. Soweit weder § 119 Abs. 2 noch die Sach- und Rechtsmängelvorschriften eingreifen, handelt es sich um einen grundsätzlich unbeachtlichen Motivirrtum. 5

Ein Motivirrtum des Erklärenden wird vom BGB nur in sehr engen Grenzen berücksichtigt. Neben der Berücksichtigung des Eigenschaftsirrtums durch § 119 Abs. 2 findet der Motivirrtum nur noch Beachtung bei der arglistigen Täuschung gemäß § 123 (s. unten § 37) sowie mit Rücksicht auf den Grundsatz von Treu und Glauben in den Fällen des beiderseitigen Motivirrtums unter den Voraussetzungen einer Störung der Geschäftsgrundlage (unten § 38 Rn. 5 ff.). Bei letztwilligen Verfügungen wie Testament und Erbvertrag berechtigt ein Motivirrtum dagegen generell zur Anfechtung (§ 2078 Abs. 2, §§ 2079, 2281, 2285). 6

2. Erklärungsbezogener Irrtum grundsätzlich beachtlich

Der **erklärungsbezogene Irrtum betrifft Kundgabefehler.** Wille und Erklärung fallen auseinander. Der Erklärende gibt eine Erklärung ab, deren Inhalt, wie er objektiv zu verstehen ist, subjektiv dem Erklärenden nicht bewußt und deshalb von ihm nicht gewollt ist. Hier deckt sich schon der Erklärungsinhalt nicht mit dem unmittelbar auf die Herbeiführung der Rechtsfolge gerichteten Geschäftswillen. Die an den objektiven Erklärungsinhalt geknüpfte Rechtsfolge (s. oben § 28 Rn. 6) entspricht nicht dem Geltungswillen und beruht deshalb nicht auf der Selbstbestimmung. Die Motive der Willensbildung sind dagegen nicht Inhalt des Rechtsfolgewillens und gehören nicht zum rechtsgeschäftlichen Inhalt der Erklärung. Bei einem Irrtum über sie ist die unmittelbar auf die Rechtsfolge selbst bezogene Selbstbestimmung nicht mit gleicher Intensität berührt, als wenn der Rechtsfolgewille selbst in der Erklärung nicht richtig zum Ausdruck kommt. Außerdem ist der Erklärungsempfänger mit der Erklärung und den sie begleitenden Umständen bei ihrem Zugang unmittelbar konfrontiert. Sie liegen in dem Erklärungsumfeld, in dem er sich bewegt und das ihn unmittelbar betrifft. Der Gesetzgeber sah es deshalb in diesen Fällen als berechtigt an, den Erklärungsempfänger einen Teil des Erklärungsrisikos tragen zu lassen und dem Erklärenden zu gestatten, sich durch Anfechtung von seiner Erklärung zu lösen. 7

Die Hauptverantwortung für den erklärungsbezogenen Irrtum liegt jedoch beim Erklärenden selbst, weil er am besten die Mittel und Wege wählen kann, um sich korrekt auszudrücken. Ob den Erklärenden bei der Wahl des falschen Ausdrucks ein **Verschulden** trifft oder nicht, ist **gleichgültig.** Da es einen vorsätzlichen Irrtum nicht gibt, kommt nur ein fahrlässiger und selbst ein grob fahrlässiger Irrtum in Betracht. Das 8

BGB gesteht dem Erklärenden in jedem Fall nach § 119 ein Anfechtungsrecht zu. Seine Verantwortung bleibt jedoch in Form der verschuldensunabhängigen Verpflichtung zum Ersatz des Vertrauensschadens gemäß § 122 sowie in Form der Haftung des Verschuldens bei den Vertragsverhandlungen (s unten Rn. 114ff., 121) bestehen.

9 **Beispiel:** Wenn jemand durch Handzeichen wie im Fall der Trierer Weinversteigerung (s. oben § 24 Rn. 7) nach der objektiven Erklärungsbedeutung etwas kauft, ohne einen Kaufwillen zu haben, weil er in Wirklichkeit einen anderen begrüßen will, dann ist seine Selbstbestimmung stärker und unmittelbarer beeinträchtigt, als wenn er den Gegenstand mit einem real vorhandenen Rechtsfolgewillen bewußt kaufen will, aber den Gegenstand nicht mehr zu dem von ihm gewählten Zweck, z.B. als Hochzeitsgeschenk, benutzen kann. Auch kann der Erklärungsempfänger die Umstände bei Abgabe der Erklärung selbst überschauen und kann dadurch den Irrtum eher erkennen. Das Anfechtungsrecht besteht jedoch unabhängig davon, ob der Irrende den Irrtum hätte bemerken können.

10 In den Rechtsordnungen des romanischen Rechtskreises wie z.B. in Frankreich, Belgien oder Spanien, aber auch im anglo-amerikanischen Recht wird dagegen auf die Entschuldbarkeit des Irrtums abgestellt. Nur der entschuldbare Irrtum berechtigt in diesen Rechtsordnungen zur Anfechtung, nicht der unentschuldbare, sei es fahrlässige oder grob fahrlässige Irrtum[1]. Die Unidroit-Prinzipien und die Europäischen Vertragsprinzipien stellen dagegen bei der Irrtumsregelung für ein neues europäisches Vertragsrecht maßgeblich auf den Gedanken des Vertrauensschutzes ab[2]. Eine Anfechtung wegen Irrtums ist danach möglich, wenn ein Vertrauensschutz des Erklärungsempfängers nicht angebracht ist, weil er den Irrtum erkannt hat oder doch hätte erkennen können. Die Unterscheidung in Motivirrtum und Kundgabefehler spielt bei der Ausrichtung des Irrtumsrechts an diesen Wertungsprinzipien keine entscheidende Rolle mehr.

II. Kundgabefehler (erklärungsbezogener Irrtum, § 119 Abs. 1)

11 Das Gesetz unterscheidet beim erklärungsbezogenen Irrtum in § 119 Abs. 1 danach, ob der Erklärende sich schon der Erklärung in ihrer äußeren Form nicht bewußt war, ohne es zu bemerken (sog. Erklärungsirrtum), oder ob er die Erklärung, so wie geschehen, in ihrer äußeren Form zwar abgeben wollte, aber sich der inhaltlichen Bedeutung nicht bewußt war (sog. Inhalts- oder Bedeutungsirrtum). Kundgabefehler kommen bei allen Willenserklärungen in Betracht, gleichgültig ob es einseitige Rechtsgeschäfte, Willenserklärungen beim Abschluß von Verträgen oder bei der Abgabe von Beschlüssen sind. Ohne Bedeutung ist auch, ob es sich um eine empfangsbedürftige oder nicht empfangsbedürftige Willenserklärung handelt (s. § 2078 Abs. 1). Nicht entscheidend ist ferner, ob es sich um Rechtsgeschäfte handelt, die im Allgemeinen Teil, im Schuldrecht, Sachenrecht oder sonst im Privatrecht angesiedelt sind. Für einzelne familienrechtliche Geschäfte, insbesondere sofern sie den personenrechtlichen Status betreffen, gelten jedoch Einschränkungen.

1. Erklärungsirrtum

a) Fehler in der Sphäre des Erklärenden

12 Beim Erklärungsirrtum irrt sich der Erklärende über die Worte und Zeichen, die er benutzt hat. Der Erklärungsirrtum umfaßt in erster Linie die Fälle des **Versprechens** und **Verschreibens durch den Erklärenden selbst**.

---

[1] S. dazu etwa *Kramer,* Der Irrtum beim Vertragsschluß, 1998, S. 68ff.

[2] S. dazu *M. Wolf,* Willensmängel und sonstige Beeinträchtigungen der Entscheidungsfreiheit in einem europäischen Vertragsrecht, in *Basedow* (Hrsg.), Europäische Vertragsvereinheitlichung und deutsches Recht, 2000, S. 85, 92ff.

Beispiele: Will der Händler ein Ersatzteil mit der Nr. E 425 bestellen, ist aber auf dem Bestellschein infolge eines Zahlendrehers unbemerkt die Nr. 452 vermerkt, so berechtigt dies wegen eines Erklärungsirrtums nach § 119 Abs. 1 Alt. 2 zur Anfechtung. Beauftragt der Architekt seine Sekretärin, für einen Neubau drei Heizkessel zu bestellen, hat die Sekretärin aber versehentlich fünf notiert und gibt sie deshalb eine Bestellung über fünf Heizkessel auf, so gilt die Bestellung zwar für fünf Heizkessel, der Besteller kann diese Erklärung aber anfechten, da er sie so nicht hat abgeben wollen. Allerdings muß er dann wieder dem Lieferanten, der vielleicht die fünf Kessel bereits abgesandt hat, dessen Vertrauensschaden, also die Kosten des vergeblichen Transports und des Rücktransports, ersetzen. Insofern trägt er das Risiko der von ihm gewählten Übermittlungsart. Einen Erklärungsirrtum stellen auch Eingabefehler am PC dar (s. unten Rn. 18), ebenso wenn der Verkäufer eine Ware, die 1500,– € kostet, wegen eines Schreibfehlers für 1050,– € anbietet. Gleiches gilt, wenn er den Preis falsch vom Preisschild abliest[3]. Kein Erklärungsirrtum, sondern ein Kalkulationsirrtum (unten Rn. 58ff.) liegt dagegen vor, wenn der Preis wegen eines Rechenfehlers beim Multiplizieren oder Addieren mehrerer Zahlen falsch gebildet wird. 13

b) Fehler in der Übermittlungssphäre

Zum Erklärungsirrtum zählen auch die in § 120 aufgeführten Fälle der **unrichtigen Übermittlung** durch eine zur Übermittlung benutzte Person oder Anstalt. Voraussetzung für die Anwendbarkeit des § 120 ist, daß sich der **Erklärende** selbst **der Mittelsperson** oder der Anstalt (z.B. der Post, des Providers) zur Übermittlung **bedient** hat. 14

Beispiele: Ein Erklärungsirrtum nach § 120 liegt vor, wenn der Händler einen Fahrer als Boten schickt, um die Erklärung dem Lieferanten zu übermitteln, und der Fahrer aus Unachtsamkeit eine falsche Zahl als Bestellnummer nennt[4]. Ein Erklärungsirrtum in Form eines Übermittlungsfehlers liegt auch vor, wenn der Server eines Providers ein Vertragsangebot trotz richtiger Eingabe durch den Absender an einen falschen Empfänger weiterleitet. Ein Erklärungsirrtum des Absenders selbst liegt dagegen vor, wenn er eine falsche Adresse eingibt. § 120 gilt jeweils nur für den vom Erklärenden beauftragten Boten oder die beauftragte Einrichtung eines anderen, wenn diese die Erklärung des Geschäftsherrn als für sie fremde Erklärung übermitteln. § 120 gilt dagegen nicht für den Vertreter, der eine eigene Erklärung abgibt. Der Vertreter kann aber selbst einem Erklärungsirrtum nach § 119 Abs. 1 Alt. 2 unterliegen, was den Vertretenen, dem die Erklärung samt dem Irrtum gemäß § 164 mit § 166 Abs. 1 zugerechnet wird, zur Anfechtung berechtigt. Die telefonische Übermittlung gilt nicht als Übermittlung durch eine Anstalt, sondern als Erklärung des Erklärenden selbst. Deshalb ist hier § 119 Abs. 1 unmittelbar anwendbar[5]. 15

Kein Fall der unrichtigen Übermittlung liegt vor, wenn der Empfänger die richtig übermittelte Erklärung durch eine andere Person entgegennehmen läßt und diese sie nicht in dem richtigen Sinne an ihn weiterleitet. Das Risiko der unrichtigen Weiterleitung durch **Hilfspersonen** oder Anstalten **des Empfängers,** z.B. einen Empfangsboten oder eine Empfangsanstalt, trägt der Empfänger. Die Erklärung gilt in dem der Hilfsperson oder Empfangsanstalt des Empfängers richtig übermittelten Sinn[6]. 16

Nicht anwendbar ist § 120 ferner im Falle der nur **scheinbaren Übermittlung** einer fremden Erklärung. Um eine solche handelt es sich, wenn jemand eine mündliche Erklärung eines anderen ausrichtet, ohne von diesem dazu ersucht zu sein, die Erklärung also nicht von demjenigen abgegeben worden ist, von dem sie herzurüh- 17

---

[3] Palandt/*Heinrichs,* § 119 Rn. 10; a.A. *Habersack,* JuS 1992, 548, der einen Kalkulationsirrtum annimmt.
[4] Vgl. MünchKomm/*Kramer,* § 120 Rn. 2.
[5] Soergel/*Hefermehl,* § 120 Rn. 2; AK/*Hart,* § 120 Rn. 2.
[6] Vgl. Staudinger/*Dilcher,* § 120 Rn. 5; MünchKomm/*Kramer,* § 120 Rn. 6.

ren scheint. Hier braucht derjenige, der fälschlich als Urheber der Erklärung angegeben wurde, die Erklärung nicht gelten zu lassen, ohne daß es hierfür einer Anfechtung bedarf. Er braucht dem Empfänger auch nicht dessen Vertrauensschaden zu ersetzen[7].

18 § 120 ist ferner dann nicht anwendbar, wenn der Bote die Erklärung, die er übermitteln sollte, **absichtlich verändert,** also seinen Willen eigenmächtig an die Stelle desjenigen des Erklärenden setzt[8]. Es handelt sich dann nicht mehr um eine, wenn auch unrichtig übermittelte Erklärung des anderen, sondern um eine ihm von der zur Übermittlung verwandten Person nur unterschobene Erklärung, die dem Absender, weil sie auf dem selbständigen Entschluß der Mittelsperson beruht, nicht mehr als von ihm herrührend zugerechnet werden kann[9]. Allerdings hat er durch die Beauftragung der Mittelsperson dieser einen Anlaß dazu gegeben, in dieser Weise aufzutreten. Das mag allenfalls eine Vertrauenshaftung auf das negative Interesse analog § 122 rechtfertigen. Einer Anfechtung bedarf es in diesem Fall aber nicht. Dagegen muß § 120 angewandt werden, wenn die Übermittlungsperson den Inhalt der Erklärung aus **Nachlässigkeit** oder Vergeßlichkeit völlig verändert hat[10], denn zwischen den Fällen einer nur leichten und einer völligen Veränderung läßt sich keine Grenze ziehen. Das Risiko der Nachlässigkeit oder Vergeßlichkeit der Übermittlungsperson trägt eben nach § 120 mit § 122 der Erklärende.

c) Computerfehler

19 Falsche **Mitteilungen aus einem Computer** stellen einen Erklärungsirrtum dar, wenn sie wie bei einer Schreibmaschine auf einem Bedienungsfehler beruhen[11], oder wenn der Computer wegen einer Störung richtig eingegebene Worte oder Zahlen wegläßt oder falsch wiedergibt. Wird der Computer dagegen als Rechenmaschine benutzt und rechnet er falsch oder wird falsches Datenmaterial eingegeben, so liegt kein Erklärungsirrtum, sondern ein Kalkulationsirrtum oder ein sonst der Erklärung vorgelagerter Irrtum vor, der grundsätzlich nicht zur Anfechtung berechtigt (s. auch unten Rn. 65f., 69)[12].

2. Inhaltsirrtum

a) Irrtum über den Bedeutungsinhalt

20 Ein Inhaltsirrtum liegt vor, wenn der Erklärende die Erklärung, so wie geschehen, abgeben wollte, mit ihr aber einen **anderen Bedeutungsinhalt** verbindet, als ihn der

---

[7] Vgl. nur Soergel/*Hefermehl,* § 120 Rn. 4.

[8] H. L.; Soergel/*Hefermehl,* § 120 Rn. 4; Staudinger/*Dilcher,* § 120 Rn. 9; Erman/*Palm,* § 120 Rn. 3; Palandt/*Heinrichs,* § 120 Rn. 2; *Enneccerus/Nipperdey,* AT, § 167 III 2; *Flume,* AT II, § 23, 3; *Köhler,* AT, § 17 Rn. 22; *Brox,* AT, Rn. 369 a. E.; anders *v. Tuhr,* AT II/1, § 61 zu Anm. 61; MünchKomm/*Kramer,* § 120 Rn. 3; *Medicus,* AT, Rn. 748.

[9] A. A. *Marburger,* AcP 173 (1973), 137. Ihm folgen MünchKomm/*Kramer,* § 120 Rn. 3; *Medicus,* AT, Rn. 748; AK/*Hart,* § 120 Rn. 3.

[10] A. A. *Enneccerus/Nipperdey,* AT, § 167 III 2. Wie hier *v. Tuhr,* AT II/1, § 61 zu Anm. 59; *Flume,* AT II, § 23, 2; Soergel/*Hefermehl,* § 120 Rn. 5; Staudinger/*Dilcher,* § 120 Rn. 8; Erman/*Palm,* § 120 Rn. 3; Palandt/*Heinrichs,* § 120 Rn. 3.

[11] So zu Recht *OLG Hamm* NJW 1993, 2321; Palandt/*Heinrichs,* § 119 Rn. 10; a. A. *Köhler,* AcP 182 (1982), 126, 135 und Voraufl., § 20 II a, S. 371.

[12] *Medicus,* AT, Rn. 256; Palandt/*Heinrichs,* § 119 Rn. 10; *Mehrings,* MMR 1998, 30, 32; *LG Frankfurt* NJW-RR 1997, 1273; a. A. wohl Staudinger/*Dilcher,* vor § 116 Rn. 8.

Erklärungsempfänger verstanden hat und verstehen durfte[13]. Der Irrtum muß sich auf eine Willenserklärung beziehen. Die irrtümliche Leistung auf eine nicht bestehende Forderung betrifft keine Willenserklärung. Die Leistung ist deshalb nicht anfechtbar, sondern nach Bereicherungsrecht (§ 812) rückabzuwickeln[14]. Der Inhaltsirrtum kann sich auf **alle rechtlich relevanten Inhalte** der Willenserklärung beziehen. Er kann sich auf den Hauptgegenstand eines Vertrags ebenso beziehen wie auf Nebenbestimmungen und ist bei Verpflichtungsgeschäften ebenso möglich wie bei Verfügungsgeschäften (s. oben Rn. 10)[15].

Beispiele: (1) Der Irrtum kann sich auf den **Vertragstyp** und allgemein auf den Geschäftstyp beziehen, so wenn der Krankenhauspatient die Frage bejaht, ob er vom Chefarzt behandelt werden will, ohne zu wissen, daß er damit einen Vertrag als Privatpatient mit höheren Gebühren abschließt, während er in Wirklichkeit eine Abrechnung gemäß der gesetzlichen Krankenversicherung will. Er irrt sich hier über die inhaltliche Bedeutung seiner Erklärung. Er will zwar vom Chefarzt behandelt werden, kennt aber nicht die damit im Wege der Auslegung verbundene Bedeutung, daß er einen Privatpatientenvertrag statt des von ihm gewollten Vertrags für Patienten der gesetzlichen Krankenversicherung abschließt. 21

(2) Die mißverstandene Bedeutung kann sich auch auf den **Geschäftsgegenstand** beziehen. Bestellt der mit der Speisekarte nicht vertraute Gast in der Gastwirtschaft Salat mit Mozzarella in der Annahme, es handle sich um Wurst, während es in Wirklichkeit eine Käsesorte ist, so unterliegt er einem Inhaltsirrtum. Die objektive Erklärungsbedeutung stimmt nicht mit der subjektiven Bedeutungsvorstellung überein. 22

(3) Ein **Personenidentitätsirrtum**[16] in Gestalt eines Inhaltsirrtums liegt etwa vor, wenn der Kunde den ihm bekannten Malermeister Müller mit den Malerarbeiten in seinem Hause beauftragen will, dabei aber übersieht, daß im Telefonbuch zwei Malermeister dieses Namens verzeichnet stehen, deshalb den falschen anruft und diesem den Auftrag in der Meinung erteilt, er spreche mit dem ihm bekannten Malermeister Müller. Ihrem objektiven, dem Empfänger verständlichen Inhalt nach besagt seine Erklärung, daß er den Auftrag dem ihm unbekannten Malermeister erteilt, mit dem er am Telefon spricht. In Wahrheit meint er aber, den Auftrag dem bekannten zu erteilen. Seine Erklärung hat daher objektiv einen anderen Inhalt als den, den er subjektiv mit ihr verband. Es handelt sich deshalb um einen Inhaltsirrtum. 23

(4) Der Irrtum kann sich auch auf **sonstige Inhalte** der Erklärung beziehen. Weil der Teilnehmer an einer Vereinssitzung den Vorsitzenden fälschlich dahin verstanden hat, wer für einen bestimmten Antrag sei, möge die Hand erheben, erhebt er sie, während der Vorsitzende in Wirklichkeit gesagt hatte, wer gegen den Antrag sei, möge die Hand erheben. 24

b) Fehlendes Erklärungsbewußtsein

Zum Inhaltsirrtum ist auch der Fall zu rechnen, daß jemand **ohne Erklärungsbewußtsein** ein Verhalten zeigt, das objektiv den Sinn einer rechtsgeschäftlichen Willenserklärung hat und ihm in dieser Bedeutung auch zurechenbar ist[17]. 25

Beispiele: Im Fall der Trierer Weinversteigerung (oben § 24 Rn. 7), will der unwissende Besucher nur die Begrüßungshandlung vornehmen, aber nicht die nach den Gesamtumständen vorliegende rechtsgeschäftliche Erklärung abgeben. Dem unwissenden Besucher fehlt hier das Erklärungsbewußtsein ebenso wie jemand, der auf einem Parkplatz sein Fahrzeug abstellt, ohne bemerkt zu haben, daß es sich um einen bewachten gebührenpflichtigen Parkplatz handelt und er durch sein Abstellen deshalb einen Bewachungsvertrag abgeschlossen hat (s. oben § 30 Rn. 22, 24), ohne dies zu wissen. Für diejenigen, die für das Vorliegen einer Willenserklärung 26

[13] Vgl. MünchKomm/*Kramer,* § 119 Rn. 46ff.; AK/*Hart,* § 119 Rn. 9; Staudinger/*Dilcher,* § 119 Rn. 26.

[14] S. etwa *BGH* NJW-RR 2003, 921.

[15] A.A. offenbar *Grigoleit,* AcP 199 (1999), 379.

[16] Vgl. MünchKomm/*Kramer,* § 119 Rn. 76; *Flume,* AT II, § 23, 4a.

[17] S. auch *BGHZ* 91, 324, 327.

das Erklärungsbewußtsein verlangen (s. oben § 24 Rn. 8), bedarf es hier allerdings einer Anfechtung nicht, da es nach dieser Auffassung schon am Tatbestand einer Willenserklärung fehlt.

c) Ohne inhaltliche Vorstellung kein Irrtum

27 An einem Irrtum fehlt es, wenn sich der Erklärende vom Inhalt seiner Erklärung keine Vorstellung macht[18]. Der **Irrtum** beruht auf einer falschen Vorstellung und **setzt** damit eine **Vorstellung voraus.** Wer sich überhaupt keine Vorstellung macht, kann sich demgemäß nicht irren. Es genügt aber eine ungefähre Vorstellung, ohne daß sich der Irrende aller Details bewußt zu sein braucht.

28 **Beispiele:** Wer ein Schriftstück, etwa eine Bürgschaftsurkunde unterschreibt, ohne es gelesen und ohne eine bestimmte Vorstellung von seinem Inhalt gehabt zu haben, kann nicht anfechten[19]. Die Anfechtung ist zu versagen, wenn der Erklärende den Willen hatte, den Inhalt des Schriftstückes gelten zu lassen, wie immer er laute. Dies wird häufig zutreffen, wenn ein Kunde die ihm vom Unternehmer vorgelegten AGB nicht durchliest. An Stelle einer Anfechtung nach § 119 Abs. 1 wird der Kunde durch die Unwirksamkeit überraschender Klauseln nach § 305c Abs. 1 und durch die Inhaltskontrolle nach §§ 307ff. geschützt. Meint aber ein Mieter, der ein Schriftstück ungelesen unterzeichnet, es handle sich um die von ihm beabsichtigte Verlängerung seines Mietvertrags, dessen Einzelheiten er bereits kennt, enthält das Schriftstück in Wirklichkeit aber eine Kündigung oder enthält es vom bisherigen Mietvertrag abweichende Regelungen, die der Mieter keinesfalls erwarten konnte, so hat er etwas erklärt, was er so nicht erklären wollte, und kann daher anfechten[20].

3. Vorrang des übereinstimmenden Verständnisses

29 Wenn der Erklärende und der Empfänger die Erklärung in dem **gleichen,** obwohl von der gewöhnlichen Bedeutung abweichenden **Sinne gewollt oder verstanden** haben, dann gilt die Erklärung nach dem Grundsatz „falsa demonstratio non nocet" (oben § 28 Rn. 29ff.) in dem von beiden übereinstimmend gemeinten Sinne. Es liegt deshalb **kein Irrtum** vor und eine Anfechtung nach § 119 Abs. 1 kommt nicht in Frage[21]. Dies gilt auch, wenn der Erklärungsempfänger den **Irrtum erkannt** oder er sich bewußt der Erkenntnis verschlossen hat, was der Erklärende meinte. Die Erklärung ist dann in dem irrtümlich gemeinten Sinne zu verstehen (s. oben § 28 Rn. 29 und 33) und deshalb nicht anfechtbar[22]. Handelt es sich um einen Eigenschaftsirrtum oder Motivirrtum und hat der Geschäftspartner diesen erkannt, so kommt eine Hinweispflicht in Betracht (s. unten Rn. 67ff.). Es besteht jedoch keine Pflicht des Erklärungsempfängers, Nachforschungen nach einem etwaigen Irrtum des Erklärenden anzustellen. Wird der **Irrtum fahrlässig** vom Empfänger **nicht erkannt,** so hat dies auf den Irrtum des Erklärenden keinen Einfluß, führt aber im Falle der Anfechtung gemäß § 122 Abs. 2 zum Verlust des Anspruchs auf Ersatz des Vertrauensschadens.

---

[18] MünchKomm/*Kramer,* § 119 Rn. 49ff.; Palandt/*Heinrichs,* § 119 Rn. 9; Soergel/*Hefermehl,* § 119 Rn. 12.

[19] S. *BGH* NJW 2002, 956; *BGH* NJW 1995, 190; s. auch schon *RGZ* 77, 309, 312; Erman/*Palm,* § 119 Rn. 35; MünchKomm/*Kramer,* § 119 Rn. 49ff., s. auch unten Rn. 84.

[20] S. auch *BGH* NJW 1995, 190; Soergel/*Hefermehl,* § 119 Rn. 12, 13; Palandt/*Heinrichs,* § 119 Rn. 9.

[21] *BGH* LM § 157 Nr. 2; Staudinger/*Dilcher,* §§ 133, 157 Rn. 20; anders die Einordnung bei *Trapp,* NJW 1990, 1346f.

[22] Vgl. auch *Flume,* AT II, § 16, 3. Unrichtig für den Fall, daß der Empfänger die vom Erklärenden gemeinte Bedeutung hätte erkennen müssen, aber tatsächlich nicht erkannt hat, der Leitsatz der Entscheidung *BGH* LM § 119 BGB Nr. 6.

4. Vorrang der Auslegung

30 Beim Inhaltsirrtum, bei dem der wirkliche Wille des Erklärenden und die durch Auslegung zu ermittelnde inhaltliche Bedeutung der Erklärung auseinanderfallen, wird besonders deutlich, daß das Vorliegen eines Irrtums vom Ergebnis der Auslegung abhängig ist. Daraus ergibt sich der **Vorrang der Auslegung vor der Anfechtung.** Denn bevor nicht der Inhalt der Erklärung durch Auslegung ermittelt ist, weiß man nicht, **ob überhaupt ein Irrtum** vorliegt oder ob sich nicht Wille und Erklärungsinhalt decken. Ebenso ist, wenn ein Inhaltsirrtum vorliegt, erst durch Auslegung festzustellen, **wer sich geirrt** hat und welche von zwei Vertragsparteien ihre Erklärung anfechten muß. Auch wenn der Vorrang der Auslegung beim Inhaltsirrtum besonders deutlich hervortritt, so gilt dieser Vorrang doch generell für alle von § 119 erfaßten Irrtumsfälle.

31 **Beispiel:** Einigen sich zwei Parteien auf einen Kaufpreis in Dollar, so ist zunächst durch Auslegung zu klären, ob sie sich auf US-Dollar oder auf kanadische Dollar geeinigt haben. Ist aufgrund der Auslegung davon auszugehen, daß sie sich auf kanadische Dollar geeinigt haben, z. B. weil der Vertrag in Kanada geschlossen wurde, so irrt sich die Partei, die etwa als Verkäufer in US-Dollar abschließen wollte. Ergibt die Auslegung aufgrund anderer Umstände, daß die Einigung umgekehrt auf US-Dollar lautet, so liegt der Irrtum auf Seiten des Käufers, der in kanadischen Dollar abschließen wollte. Läßt sich die vereinbarte Währung auch mit den Mitteln der Auslegung nicht klären, so ist der Vertrag wegen Dissens nicht zustande gekommen (s. oben § 29 Rn. 74ff.).

5. Ursächlichkeit des Irrtums

32 Die Anfechtung setzt im Fall des Inhaltsirrtums wie im Fall des Erklärungsirrtums weiter voraus, daß der Irrtum **ursächlich** und objektiv erheblich für die Willenserklärung war. Ursächlich ist der Irrtum, wenn er für den Erklärenden **subjektiv erheblich** ist, weil er ohne den Irrtum bei Kenntnis der wahren Sachlage die Erklärung entweder gar nicht oder nicht mit dem tatsächlich erklärten Inhalt abgegeben hätte. Da die Anfechtung ein Rechtsgeschäft vernichtet und damit eine Veränderung der Rechtslage herbeiführt, auf die sich möglicherweise ein anderer eingerichtet hat, kann die Anfechtung nicht wegen jedes geringfügigen Irrtums zugelassen werden. Vielmehr muß der Irrtum auch **objektiv erheblich** sein. **Objektiv erheblich** ist der Irrtum, wenn ein vernünftiger Dritter bei verständiger Würdigung der Sachlage die irrtumsbehaftete Erklärung ebenfalls nicht aufrechterhalten würde. Objektiv unerheblich ist der Irrtum etwa, wenn er auf subjektivem Eigensinn oder törichten Anschauungen beruht[23] oder wenn er geringfügig ist, weil er sich nur auf untergeordnete Nebenpunkte bezieht, oder wenn er den Erklärenden wirtschaftlich nicht schlechter stellt[24].

33 **Beispiele:** Eine objektiv unerheblicher Irrtum ist etwa anzunehmen, wenn ein Kapitalanleger wegen eines Übermittlungsfehlers Aktien erworben hat, die er nicht wollte, die aber inzwischen wertvoller sind als die wirklich gewollten. Objektiv unerheblich ist der Irrtum auch, wenn die Erklärung mit dem irrtumsbehafteten Inhalt rechtlich geboten war[25] oder wenn sich der Irrtum auf den unwesentlichen Nebenpunkt bezieht, daß als Zahlungsfrist 4 Wochen statt ein Monat vereinbart sind.

---

[23] S. *BAG* NJW 1991, 2726; vgl. auch MünchKomm/*Kramer,* § 119 Rn. 141; Staudinger/*Dilcher,* § 119 Rn. 73.
[24] S. etwa *BGH* NJW 1988, 2597.
[25] S. Palandt/*Heinrichs,* § 119 Rn. 31; *BGH* NJW 1988, 2597.

III. Der Eigenschaftsirrtum (§ 119 Abs. 2)

34 Dem Erklärungsirrtum stellt das Gesetz in § 119 Abs. 2 den Irrtum über verkehrswesentliche Eigenschaften der Person oder der Sache gleich, ohne daß ein Kundgabefehler vorausgesetzt wird. Andere Arten des Irrtums über Geschäftsinhalte, die unabhängig vom Vorliegen eines Kundgabefehlers zur Anfechtung berechtigen, erwähnt das Gesetz nicht. Daraus ist zu schließen, daß sie, von einzelnen Sonderregelungen abgesehen, nicht zu berücksichtigen sind. Insbesondere ist der Motivirrtum als Irrtum bei der Willensbildung grundsätzlich unbeachtlich (s. oben Rn. 2ff.). Es ist deshalb praktisch sehr wichtig zu erkennen, ob der konkrete Irrtum als ein erklärungsbezogener Irrtum im Sinne eines Kundgabefehlers (s. oben Rn. 7, 11ff.), oder als ein Eigenschaftsirrtum im Sinne des § 119 Abs. 2 einzuordnen ist, oder nicht.

1. Eigenschaftsirrtum als Motivirrtum

35 Der Irrtum über die Eigenschaften einer Person oder Sache hat unrichtige Vorstellungen über tatsächliche Umstände zum Gegenstand, die für die Willensbildung und den Entschluß, eine bestimmte Erklärung abzugeben, ausschlaggebend waren, ohne daß diese Vorstellungen in der Erklärung ausdrücklich genannt werden müssen[26]. Andernfalls wäre es nicht verständlich, warum das BGB den Eigenschaftsirrtum in § 119 Abs. 2 als besonderen Fall neben dem Inhalts- und dem Erklärungsirrtum des § 119 Abs. 1 regelt. Es genügt, daß die Eigenschaft der Person oder Sache einen erkennbaren Bezug zur abgegebenen Erklärung hat (s. unten Rn. 45).

36 **Beispiele:** Der Käufer kauft ein bestimmtes Grundstück, weil er es für ein Baugrundstück hält und darauf ein Wohnhaus errichten will, was er aber bei den Kaufverhandlungen nicht erwähnt. – Der Unternehmer U stellt den Arbeitnehmer A ein, weil er ihn für fleißig und zuverlässig hält, ohne dies zu sagen. Wie sich später herausstellt, trifft beides nicht zu.

37 In der Regel beeinflußt der Irrtum über tatsächliche Umstände nur den Entschluß, eine Erklärung bestimmten Inhalts abzugeben, während die Erklärung in ihrem Inhalt, z.B. als Erklärung „Ich kaufe diesen Gegenstand", wirklich gewollt ist. Die Umstände, die Anlaß zur Abgabe dieser Erklärung waren, sind der Erklärung willensmäßig vorgelagert und sind den Motiven der Willensbildung zuzuordnen. Obwohl ein Irrtum über solche Motive grundsätzlich unbeachtlich ist und deshalb nicht zur Anfechtung berechtigt (s. oben Rn. 2), läßt § 119 Abs. 2 eine Anfechtung bei einem Irrtum über verkehrswesentliche Eigenschaften einer Person oder Sache zu. § 119 Abs. 2 kann deshalb als eine Ausnahme vom Grundsatz der Unbeachtlichkeit des Motivirrtums betrachtet werden[27]. Als Ausnahme unterliegt dieser Irrtumsgrund jedoch besonderen Voraussetzungen.

---

[26] A.A. *Flume,* Eigenschaftsirrtum und Kauf, 1948; *ders.*, AT II, § 24 2b und 6. Ihm folgen Staudinger/*Dilcher,* § 119 Rn. 47; Soergel/*Hefermehl,* § 119 Rn. 33; *Goltz,* aaO, S. 190ff.; *Medicus,* AT, Rn. 770; *ders.*, BürgR, Rn. 140. Kritisch dazu *Hübner,* AT, Rn. 790; Palandt/*Heinrichs,* § 119 Rn. 25 schlägt vor, vom konkreten Rechtsgeschäft auszugehen und hilfsweise die Verkehrsanschauung zur Beurteilungsgrundlage zu erheben.

[27] Die ältere Lehre sah im Eigenschaftsirrtum, im Anschluß an das Buch von *Zitelmann,* Irrtum und Rechtsgeschäft, zutreffend einen Unterfall des Motivirrtums. Repräsentativ hierfür *v. Tuhr,* AT II/1, § 67 II; ebenso *Hübner,* AT Rn. 786; Erman/*Palm,* § 119 Rn. 41; Palandt/

2. Eigenschaften von Personen und Sachen

Der Irrtum muß sich auf **Eigenschaften einer Person oder Sache** beziehen. **Eigenschaften** sind Merkmale, die die Person oder Sache nicht nur vorübergehend, sondern mit einer gewissen Beständigkeit und Dauer entsprechend ihrer Lebensdauer kennzeichnen und im Verkehr für ihre Wertschätzung und Verwendbarkeit von Bedeutung sind[28]. Diese Merkmale müssen in der Person oder Sache selbst angelegt sein und von ihr ausgehen[29]. Sie können im natürlichen Zustand der Person oder Sache wurzeln. Sie können aber auch mit tatsächlichen oder rechtlichen Verhältnissen oder Beziehungen zur Umwelt in Verbindung stehen, wie die Bebaubarkeit eines Grundstücks[30], die durch Rechtsvorschriften ebenso begründet wird wie durch die tatsächliche Bodenbeschaffenheit. Als **Person** kommen natürliche und juristische Personen in Betracht. Sie können Vertragspartner oder Dritte sein. **Sachen** im Sinne von § 119 Abs. 2 sind neben körperlichen Gegenständen **auch unkörperliche Gegenstände,** insbesondere auch Rechte. § 651 c Abs. 1 spricht sogar von Eigenschaften einer Reise. Der Sachbegriff in § 119 Abs. 2 ist insofern weiter als in § 90[31]. Dies ist damit zu rechtfertigen, daß ein Rechtsgeschäft von den Vertragsparteien nur dann durchgeführt werden soll, wenn der Vertragsgegenstand ihren wesentlichen Vorstellungen entspricht, weil nur dann der Vertrag auch wirtschaftlich einen Sinn macht. 38

Beispiele: Eigenschaften sind etwa bei **Personen** das Geschlecht[32], das Alter, die Vertrauenswürdigkeit und Zuverlässigkeit, die Vorbildung und Fachkunde, das Vorhandensein von Vorstrafen (nicht Ordnungswidrigkeiten), die Zahlungsfähigkeit und Kreditwürdigkeit[33], dauernde Krankheiten und Gebrechen, bei einem Handwerksbetrieb die fehlende Eintragung in die Handwerksrolle[34], bei einer juristischen Person die Ausstattung ihres Stamm- oder Grundkapitals. **Keine Eigenschaft** ist aber bei einer Frau insbesondere die Schwangerschaft, da es sich um einen vorübergehenden Zustand handelt. Der Arbeitgeber kann deshalb den Arbeitsvertrag mit einer schwangeren Arbeitnehmerin nicht nach § 119 Abs. 2 anfechten[35]. 39

Beispiele: Eigenschaften bei Sachen sind neben der Bebaubarkeit[36] eines Grundstücks auch dessen Lage, der Stoff und die Beschaffenheit von Sachen, ihre Herkunft und Echtheit insbesondere bei Kunstgegenständen[37], bei Kraftfahrzeugen das Herstellungsjahr, der Kilome- 40

Heinrichs, § 119 Rn. 23; *Köhler,* AT, § 17 Rn. 18; *Brox,* AT, Rn. 370; *Beuthien/Hadding,* § 119 Anm. II 2. Für einen Fall des Erklärungsirrtums halten ihn hingegen *Brauer,* Der Eigenschaftsirrtum, 1941; *Raape,* AcP 150 (1949), 493 ff.; Soergel/*Hefermehl,* § 119 Rn. 35, 36; *Schmidt-Rimpler,* FS Lehmann S. 213 ff.; *Jauernig,* § 119 Anm. 4 vor a. Völlig anders *Flume,* AT II, § 24, 2 b.

28 *BGHZ* 34, 32, 41; 88, 240, 245.

29 *BGHZ* 70, 47, 48; Staudinger/*Dilcher,* § 119 Rn. 61; Soergel/*Hefermehl,* § 119 Rn. 37; Palandt/*Heinrichs,* § 119 Rn. 24; a. A. aber *Flume,* AT II, § 24, 2 d, der davon ausgeht, daß die Anfechtung in den fraglichen Fällen erst an der Verkehrswesentlichkeit scheitert.

30 Vgl. MünchKomm/*Kramer,* § 119 Rn. 132; *Hübner,* AT, Rn. 789.

31 Vgl. *BGH* NJW 2001, 226; *BGH* WM 1963, 253; *RGZ* 149, 235, 238; *Flume,* AT II, § 24, 2 c; anders noch *RGZ* 73, 136, 137.

32 *BAG* NJW 1991, 2726.

33 Staudinger/*Dilcher,* § 119 Rn. 54; Soergel/*Hefermehl,* § 119 Rn. 42; *Lindacher,* MDR 1977, 797 ff.; a. A. *Flume,* AT II, § 24, 35 der eine analoge Anwendung des § 321 BGB vorschlägt.

34 *BGHZ* 88, 240, 246; *OLG Hamm* NJW-RR 1990, 523.

35 S. z. B. *BAG* NJW 1992, 2174; vgl. auch *EuGH* NJW 1994, 2077.

36 Vgl. *BGHZ* 34, 32, 41; MünchKomm/*Kramer,* § 119 Rn. 132.

37 Vgl. *BGHZ* 63, 369; 371; s. aber auch *OLG Düsseldorf* NJW 1992, 1326.

terstand, die Leistungsfähigkeit des Motors, die Verkehrstauglichkeit und allgemein bei Sachen die wertbildenden Faktoren, soweit sie der Sache selbst anhaften und nicht allein auf Marktschwankungen beruhen. Bei Unternehmen sind die bisherigen jährlichen Umsatzzahlen grundsätzlich keine Eigenschaft[38]. Etwas anderes kann allenfalls dann gelten, wenn der Umsatz nicht auf die Tätigkeit des Unternehmers, sondern im wesentlichen allein auf den Betrieb und sein Produkt oder bei Grundstücken auf dessen Lage und Ausstattung zurückzuführen ist[39]. Der Preis oder Wert einer Sache oder eines Rechts sind dagegen grundsätzlich keine Eigenschaften. Zu den Eigenschaften einer Forderung gehört aber die Fälligkeit, bei (Grund-) Pfandrechten ihr Rang und die gesicherte Verzinsung. **Keine Eigenschaft** beim Kauf eines Mietshauses ist die Zahlungsfähigkeit der Mieter oder die Laufzeit der Mietverträge, da diese Umstände nicht im Mietshaus als der Sache selbst liegen, sondern nur eine äußere Verbindung hierzu darstellen. Keine Eigenschaft einer Sache ist auch ihr üblicher Preis oder ihr Markt- und Börsenpreis etwa bei einem Wertpapier[40]. Der Grund dafür liegt in dem vom BGB vorausgesetzten System der freien Preisbildung in der Marktwirtschaft. Preise bilden sich danach frei nach Angebot und Nachfrage und haften einer Sache nicht als Eigenschaft an.

41 Bei **Rechten** an Sachen wie etwa bei einer Hypothek oder Grundschuld sieht die Rechtsprechung eine Eigenschaft des belasteten Grundstücks auch dann nicht als eine Eigenschaft der Grundschuld selbst an, wenn sie für deren wirtschaftliche Bewertung ausschlaggebend ist[41]. Der Erwerber der Grundschuld könnte also nicht anfechten, wenn er über die Ertragsfähigkeit oder Bebaubarkeit des belasteten Grundstücks geirrt hatte, obgleich dieser Umstand für die wirtschaftliche Bewertung der Grundschuld ebenso bedeutsam ist wie für die Bewertung des Grundstücks selbst. Die Auslegung der Rechtsprechung trägt dem nicht hinreichend Rechnung; sie ist daher nicht zu billigen[42]. Zu den Eigenschaften an Rechten gehört etwa auch die Werthaltigkeit eines GmbH-Anteils. Der Verkäufer, der einen solchen Anteil als vermögenslosen Mantel verkauft, kann deshalb wegen eines Eigenschaftsirrtums anfechten, wenn die GmbH noch Vermögenswerte besitzt[43]. **Keine Eigenschaft** ist aber andererseits das Eigentum oder die Belastung einer Sache, da diese Rechte unabhängig von den konkreten Eigenschaften an jeder Sache bestehen können.

3. Verkehrswesentliche Eigenschaft mit Bezug zum Geschäft

a) Objektive Verkehrswesentlichkeit

42 Die Eigenschaft muß **im Verkehr als wesentlich** angesehen werden, um ein Anfechtungsrecht aus § 119 Abs. 2 zu begründen. Mit dem Abstellen auf die Verkehrswesentlichkeit soll erreicht werden, daß nicht jede unbedeutende Eigenschaft Anlaß für einen zur Anfechtung berechtigenden Irrtum sein kann, weil dadurch erhebliche Unsicherheit in den Geschäftsverkehr getragen würde und das Vertrauen auf die Vertragsbindung ausgehöhlt werden könnte. Durch das Erfordernis der Verkehrswesentlichkeit wird das mit der Anfechtbarkeit verbundene Unsicherheitsrisiko begrenzt und zugleich erreicht, daß dieses Risiko für den Geschäftsverkehr überschaubar wird und er sich darauf einstellen kann. Denn was im Verkehr als wesentlich angesehen wird, ist auch für die konkreten Geschäftspartner als Teilnehmer an diesem Verkehr überschau-

---

[38] *BGH* NJW 1970, 653, 655; 1977, 1538, 1539; *Hommelhoff,* ZHR 140 (1976), 269, 297 ff.

[39] S. auch *BGH* NJW 1970, 653, 655; *RGZ* 61, 84, 86.

[40] *RGZ* 64, 266, 269; 116, 15, 17; Gegen diese Rechtsprechung *Enneccerus/Nipperdey,* AT, § 168 II 3 a. E.; in der Begründung, aber nicht im Ergebnis, teilweise anders: *Flume,* AT II, § 24, 2d; Soergel/*Hefermehl,* § 119 Rn. 51. Für die hier angegebene Begründung MünchKomm/*Kramer,* § 119 Rn. 129; *Köhler,* AT, § 17 Rn. 18; vgl. auch *Hübner,* AT, Rn. 787, 789; *Brox,* AT, Rn. 372. Methodologisch handelt es sich um eine teleologische Reduktion.

[41] *RGZ* 149, 235, 238; ebenso Staudinger/*Dilcher,* § 119 Rn. 61.

[42] Ebenso *Enneccerus/Nipperdey,* AT, § 168 zu Anm. 20; *Flume,* AT II, § 24, 2d; MünchKomm/*Kramer,* § 119 Rn. 134.

[43] S. *BGH* NJW 2001, 226.

bar. Damit wird ein mittelbarer Bezug zum Vertrauensschutz hergestellt (s. oben Rn. 10). Der einzelne Teilnehmer am Geschäftsverkehr darf sich darauf verlassen, daß eine Eigenschaft, die nicht verkehrswesentlich ist, auch für das ihm gegenüber vorgenommene Geschäft ohne Bedeutung ist.

Die Verkehrswesentlichkeit einer Eigenschaft ist **objektiv,** unabhängig von den 43
konkreten Beteiligten am einzelnen Geschäft festzustellen. Auch bei dieser objektiven Betrachtung ist die Verkehrswesentlichkeit aber nicht abstrakt, sondern **in Bezug auf den typischen wirtschaftlichen Zweck** der jeweiligen Geschäftsart festzustellen. Dies führt zu einer Eingrenzung der irrtumsrelevanten verkehrswesentlichen Eigenschaften.

Beispiele: Die Kreditwürdigkeit ist etwa eine wesentliche Eigenschaft bei Kreditgeschäften 44
(s. oben Rn. 39), nicht aber bei einem Barkauf[44]. Vertrauenswürdigkeit, Zuverlässigkeit, Gewissenhaftigkeit oder Verschwiegenheit sind wesentliche Eigenschaften etwa bei einem Gesellschaftsvertrag oder bei einem langfristigen Dienstvertrag, insbesondere wenn es sich um eine Vertrauensstellung handelt, bis zu einem gewissen Grade auch bei einem langfristigen Miet- oder Pachtvertrag, nicht aber bei kurzfristig erfüllbaren Umsatzgeschäften.

b) Erkennbarer Bezug zum Geschäft

Die verkehrswesentliche Eigenschaft muß im Gegensatz zum erklärungsbezoge- 45
nen Irrtum nicht in der Erklärung zum Ausdruck gekommen sein[45], andernfalls wäre es nicht verständlich, warum das BGB den Eigenschaftsirrtum in § 119 Abs. 2 als besonderen Fall neben dem Inhalts- und dem Erklärungsirrtum des § 119 Abs. 1 regelt. Es genügt, daß die Eigenschaft der Person oder Sache als Motiv erkennbar die Willensbildung beeinflußt hat. Die Eigenschaft muß eine erkennbar **sachliche Beziehung zum individuellen Geschäft** haben und vom Erklärenden in irgendeiner Weise **erkennbar dem Vertrag zugrundegelegt** worden sein[46]. Daraus ergibt sich eine weitere Eingrenzung neben der objektiven Verkehrswesentlichkeit der Eigenschaft. Ein erkennbarer Bezug der Eigenschaft zur abgegebenen Erklärung kann außer durch eine ausdrückliche Bezugnahme auch dadurch hergestellt werden, daß die Eigenschaft gewöhnlicherweise oder nach dem Geschäftszweck, z.B. auch durch die Höhe des Preises, typischerweise mit der Erklärung verbunden ist. Auch wenn in § 119 Abs. 2 ein Motivirrtum berücksichtigt wird, so kann ein rein intern gebliebenes Motiv ohne erkennbaren Bezug zum Geschäft die Anfechtung doch nicht rechtfertigen. Mit der Erkennbarkeit wird dem Erklärungsempfänger die Möglichkeit eröffnet, sich auf Art und mögliches Ausmaß eines Irrtums einzustellen. Trotz des erkennbaren Bezugs muß die Eigenschaft aber nicht zum Inhalt der Erklärung geworden sein (s. oben Rn. 35).

Beispiel: Kauft K auf dem Flohmarkt ein altes Gemälde für 100,– € in der spekula- 46
tiven Annahme, es handle sich um das Gemälde eines bekannten Malers mit einem Wert von 5000,– €, stellt sich diese Annahme bei näherer Prüfung aber als verfehlt heraus, so kann K den

---

[44] Vgl. *RGZ* 105, 206 (208).

[45] A.A. *Flume,* Eigenschaftsirrtum und Kauf, 1948; *ders.*, AT II, § 24 2b und 6. Ihm folgen Staudinger/*Dilcher,* § 119 Rn. 47; Soergel/*Hefermehl,* § 119 Rn. 33; *Goltz,* aaO, S. 190ff.; *Medicus,* AT, Rn. 770; *ders.*, BürgR, Rn. 140. Kritisch dazu *Hübner,* AT, Rn. 790; Palandt/*Heinrichs,* § 119 Rn. 25 schlägt vor, vom konkreten Rechtsgeschäft auszugehen und hilfsweise die Verkehrsanschauung zur Beurteilungsgrundlage zu erheben.

[46] *BGHZ* 88, 240, 246; ähnlich *Pawlowski,* AT, Rn. 543; a.A. *Köhler,* AT, § 17 Rn. 29 und die Voraufl., § 20 II b, S. 381.

geschlossenen Kaufvertrag nicht wegen Eigenschaftsirrtums nach § 119 Abs. 2 anfechten. Zwar ist die Herkunft eines Gemäldes von einem bestimmten Maler eine Eigenschaft im Sinne der Echtheit dieses Gemäldes. Eine solche Eigenschaft ist abstrakt gesehen auch verkehrswesentlich. Sie weist aber keinen erkennbaren Bezug zum typischen wirtschaftlichen Zweck des konkret abgeschlossenen Kaufvertrags auf, sondern ist rein interne Spekulation des K, deren Risiko er selbst tragen muß. Zum typischen wirtschaftlichen Zweck eines Gemäldekaufs über 100,– € gehört es nicht, daß das Gemälde einen mehrfachen Wert hat. Auch sonst besteht keine objektiv erkennbare Beziehung der von K irrtümlich angenommenen Eigenschaft zum abgeschlossenen Kaufvertrag.

4. Behandlung als Inhaltsirrtum

47 Indem § 119 Abs. 2 den Eigenschaftsirrtum als Inhaltsirrtum gemäß § 119 Abs. 1 ansieht, gelten für den Eigenschaftsirrtum auch die sonstigen Voraussetzungen der Irrtumsanfechtung, insbesondere muß der Irrtum kausal im Sinne von objektiv und subjektiv erheblich für die Abgabe der Erklärung sein (oben Rn. 32). Da die Eigenschaftsangabe nicht notwendig zum Inhalt der Erklärung selbst gehört und die Eigenschaft auch nicht durch Rechtsfolgen erzeugt wird, sondern etwas Tatsächliches ist, spielt im Regelfall aber weder der Vorrang des übereinstimmend Gewollten (oben Rn. 29) noch der Vorrang der Auslegung (oben Rn. 30) eine entscheidende Rolle.

5. Verhältnis zum Sach- und Rechtsmängelrecht

48 Der Begriff der **Eigenschaft** ist **nicht identisch mit** dem Begriff der **Beschaffenheit,** der dem Sachmängelrecht in §§ 434, 633 zugrunde liegt. Die Beschaffenheit kann vereinbart werden (§ 434 Abs. 1 Satz 1) und unterliegt damit in gewissem Rahmen der Parteidisposition. Eine Eigenschaft besteht dagegen unabhängig von einer Vereinbarung allein aufgrund des tatsächlichen Zustands. Des weiteren wird dem allgemeinen Begriff der Beschaffenheit in § 434 Abs. 1 in § 443 Abs. 1 noch ausdrücklich die Dauer der Beschaffenheit gegenüber gestellt. Da § 443 Abs. 1 gegenüber § 434 eine speziellere Regelung darstellt, kann daraus entnommen werden, daß von § 434 auch Beschaffenheitsmerkmale ohne das Merkmal der Dauer erfaßt werden. Der Begriff der Beschaffenheit ist deshalb weiter als der Begriff der Eigenschaft, für den eine gewisse Dauerhaftigkeit wesentlich ist (s. oben Rn. 38). Umgekehrt erfüllen aber alle vertragsrelevanten Eigenschaften im Regelfall auch die Voraussetzungen der Beschaffenheit. Deshalb greifen beim Fehlen von Eigenschaften, wenn sie als Vertragsinhalt vereinbart worden sind, regelmäßig die Sach- und Rechtsmängelansprüche des Kaufvertrags (§§ 437ff.), des Mietvertrags (§§ 536ff.), des Werkvertrags (§§ 633ff.) oder des Reisevertrags (§§ 651c ff.) ein. Soweit es sich um Rechte handelt, kann das Fehlen von Eigenschaften zu einer Rechtsmängelhaftung führen (§§ 434ff.). Es fragt sich, ob daneben § 119 Abs. 2 anwendbar ist.

49 Sowohl die Sachmängelansprüche als auch die Rechtsmängelansprüche haben nach h.M. zum bisherigen Kaufrecht als spezielle Regelung grundsätzlich Vorrang vor § 119 Abs. 2 gehabt[47]. Diese Auffassung ist aber problematisch. Sie findet weder im UN-Kaufrecht noch

[47] S. zum Kaufvertrag z.B. *BGHZ* 16, 54, 55, 57; 78, 216, 218; *BGH* NJW 1988, 2597, 2598; Palandt/*Putzo,* §§ 440, 441 Rn. 4; vor § 459 Rn. 9; Staudinger/*Dilcher,* § 119 Rn. 62; zum Mietvertrag MünchKomm/*Voelskow,* vor § 537–543 Rn. 11; Soergel/*Hefermehl,* § 119 Rn. 82; *Medicus,* AT, Rn. 776; *Flume,* AT II, § 24, 3b; MünchKomm/*Kramer,* § 119 Rn. 137;

in anderen Rechtsordnungen eine Stütze[48]. Außerdem würden die Sach- und Rechtsmängelvorschriften nur das Anfechtungsrecht des Käufers und nicht des Verkäufers einschränken. Für eine solche Ungleichbehandlung gibt es jedoch keinen vernünftigen Grund, denn es ist nicht einzusehen, daß dem Verkäufer das Anfechtungsrecht aus § 119 Abs. 2 zusteht, wenn er z. B. ein Gemälde in Unkenntnis seiner Echtheit viel zu billig verkauft hat, nicht aber dem Käufer, wenn er ein unechtes Gemälde im Vertrauen auf seine Echtheit viel zu teuer bezahlt hat. Hinzu kommt, daß bei einem Inhaltsirrtum nach § 119 Abs. 1 die Anfechtung nicht ausgeschlossen ist und § 119 Abs. 2 gerade die Gleichstellung mit dem Inhaltsirrtum vorsieht. Auch wird der Irrtum über Eigenschaften der Person bei allen Vertragstypen ohne weiteres berücksichtigt und der Irrtum über Sacheigenschaften findet in vielen Vertragstypen Anwendung. Der Käufer sollte deshalb gleichbehandelt und die Auffassung vom Vorrang des Mängelgewährleistungsrechts aufgegeben werden, damit § 119 Abs. 2 uneingeschränkt zur Anwendung kommen kann[49].

Ein wesentlicher Grund für die Verdrängung von § 119 Abs. 2 war bisher die den **50** Verkäufer schützende kurze Verjährungsfrist von bisher 6 Monaten, die durch eine Anfechtung nach § 119 Abs. 2 nicht unterlaufen werden sollte. Die neue Verjährungsregelung in § 438 gibt zu einem solchen **Schutz des Verkäufers keinen begründeten Anlaß** mehr. Zwar ergeben sich Unterschiede insofern, als die Verjährungsfrist für Sach- und Rechtsmängel bereits mit Übergabe bzw. Ablieferung beginnt (§ 438 Abs. 2), dafür aber zwischen 2 und 30 Jahren betragen kann. Demgegenüber beginnt die Anfechtungsfrist gemäß § 121 erst mit Kenntnis vom Anfechtungsgrund, besteht aber nur für die kurze Zeitspanne der Unverzüglichkeit und endet spätestens nach 10 Jahren. Die Anfechtungsfrist wird deshalb in vielen Fällen schon vor der kaufrechtlichen Verjährungsfrist abgelaufen sein. Darüber hinaus besteht auch sonst kein ausreichendes Schutzbedürfnis des Verkäufers. Das Anfechtungsrecht ist zum einen auf Eigenschaften beschränkt, die verkehrswesentlich sein müssen (s. oben Rn. 42). Zum anderen wird durch die Anfechtung der Vertrag vernichtet. Dies führt zu einer Rückabwicklung nach Bereicherungsrecht, bei der der Verkäufer durch die Saldotheorie geschützt ist[50]. Dem Käufer sollte deshalb die Wahl gelassen werden, ob er neben den Rechten aus der Sach- und Rechtsmängelhaftung von seinem Anfechtungsrecht aus § 119 Abs. 2 Gebrauch machen will.

Andererseits kann dem Verkäufer, der sich über einen Sach- oder Rechtsmangel als **51** eine verkehrswesentliche Eigenschaft der Kaufsache geirrt hat, nicht gestattet werden, sich durch eine Anfechtung nach § 119 Abs. 2 und der damit verbundenen Nichtigkeit des Vertrags seiner Haftung für Sach- und Rechtsmängel entziehen zu können. Das würde dem Sinn und Zweck der Haftung nach §§ 434 ff. widerstreiten und muß deshalb ausgeschlossen werden[51]. Ein etwaiges Anfechtungsrecht des Käufers aus § 119 Abs. 2 wird davon jedoch nicht berührt.

---

a. A. aber *RGZ* 157, 173, 174; *BGH* WM 1973, 238; Palandt/*Putzo,* § 537 Rn. 9. S. zum Werkvertrag *BGHZ* 16, 54, 57; *BGH* NJW 1967, 719; Soergel/*Hefermehl,* § 119 Rn. 82; MünchKomm/*Kramer,* § 119 Rn. 138; *Medicus,* AT, Rn. 776.

[48] S. auch Art. 4.119 European Principles, abgedruckt in *Basedow* (Hrsg.), Europäische Vertragsrechtsvereinheitlichung und deutsches Recht, 2000, S. 219 ff.: „A party who is entitled to a remedy under this Chapter which afford that party a remedy for non-performance may purse either remedy."

[49] So zum bisherigen Recht schon *Schmidt,* NJW 1962, 710; *Schmidt-Salzer,* JZ 1967, 663; *Schröder* FS Kegel, 1977, S. 397; *Wasmuth,* FS Piper, 1996, S. 1083.

[50] S. dazu etwa *Larenz/Canaris,* Schuldrecht, § 74 II 1.

[51] So *Flume,* Eigenschaftsirrtum und Kauf, 1948, S. 134; Soergel/*Hefermehl,* § 119 Rn. 80.

IV. Besondere Irrtumsarten

52 Während der Gesetzgeber die Irrtumsgründe nach dem Verhältnis des Willens zur Erklärung ordnet und das Auseinanderfallen von Geschäftswillen und Erklärung in Gestalt des erklärungsbezogenen Irrtums für beachtlich hält, den einseitigen Motivirrtum mit Ausnahme des Eigenschaftsirrtums dagegen als unbeachtlich ansieht, erweisen sich im Rechtsleben besondere Irrtumsarten als relevant, die an tatsächliche Fallgestaltungen anknüpfen. Diese besonderen Irrtumsarten können je nach Fallgestaltung entweder dem erklärungsbezogenen Irrtum oder dem unbeachtlichen Motivirrtum zuzuordnen sein. Da die Abgrenzung für das Bestehen eines Anfechtungsrechts entscheidend ist, sollen diese Irrtumsarten im einzelnen untersucht werden. Es handelt sich dabei um den Identitätsirrtum, den Kalkulationsirrtum, den Rechtsfolgenirrtum und den Unterschriftsirrtum.

1. Der Identitätsirrtum

a) Identitätsirrtum als Inhalts- und Erklärungsirrtum

53 Ein Identitätsirrtum[52] liegt vor, wenn die Person oder die Sache, die in der Erklärung genannt ist, eine andere ist als die vom Erklärenden gemeinte. Der Identitätsirrtum ist ein Inhaltsirrtum (oben Rn. 20 ff.), wenn der Erklärende einen Namen oder eine Bezeichnung benutzt, die auf eine andere Person oder Sache hinweist als die wirklich gewollte.

54 **Beispiel:** Weil A die falsche Vorstellung hat, ein „Martini" sei ein Weinbrand, bestellt er einen „Martini" und meint, einen Weinbrand bestellt zu haben. K kauft von V dessen Geschäftsanteil an der Firma X1, die als GmbH im Handelsregister eingetragen ist. Nach der objektiven Erklärungsbedeutung kauft K damit einen GmbH-Anteil. Daneben gibt es eine KG mit der Firmenbezeichnung X2, deren Komplementärin die GmbH ist. K war der Meinung, die Firma X1 sei die KG. Sein Irrtum bezieht sich auf die Identität der Gesellschaft und des gekauften Geschäftsanteils. Um einen Identitätsirrtum in der Form des Erklärungsirrtums (s. oben Rn. 12 ff.) handelt es sich, wenn ein Käufer im Laden versehentlich auf eine andere Sache zeigt, als die von ihm gewünschte.

b) Identitätsirrtum als Eigenschaftsirrtum

55 Der Identitätsirrtum kann auch Eigenschaftsirrtum sein. Die Abgrenzung des Identitätsirrtums vom Eigenschaftsirrtum (§ 119 Abs. 2) bereitet mitunter Schwierigkeiten.

56 **Beispiel**[53]: (1) A bietet dem B brieflich sein Rennpferd „Nixe" zum Kauf an. B glaubt infolge einer Namensverwechslung, das Pferd „Nixe" sei eine bekannte Preisträgerin. Er nimmt aus diesem Grunde das Angebot an. In Wahrheit war die Preisträgerin ein anderes Pferd des A; das Pferd „Nixe" hatte noch nie einen Preis gewonnen. Hier ist zu unterscheiden: War dem B das ihm unter dem Namen „Nixe" angebotene Pferd schon einmal vorgeführt worden, so daß er es in seiner Vorstellung als das ihm bekannte Pferd identifizierte, und glaubte er nur fälschlich, das ihm vorgeführte Pferd habe bereits eine Anzahl Preise gewonnen, so handelt es sich um einen **Eigenschaftsirrtum.** Er wollte in dem Augenblick, als er seine Erklärung abgab, das ihm vom Aussehen bekannte Pferd „Nixe" kaufen, wenn auch in der irrigen Vorstellung, dieses Pferd sei eine Preisträgerin.

---

[52] Dazu *v. Tuhr,* AT II, § 67 Anm. 26; *Flume,* AT II, § 23 IV b; *Medicus,* AT, Rn. 763; *Brox,* AT, Rn. 380; MünchKomm/*Kramer,* § 119 Rn. 76.

[53] Vgl. *Titze,* Vom sogenannten Motivirrtum, S. 18; dazu auch *Pawlowski,* AT, Rn. 551.

(2) Anders wäre es, wenn B das Pferd noch nie gesehen hätte und sich unter dem Namen „Nixe" ein anderes Pferd als dasjenige, das diesen Namen trug, nämlich ein Pferd vorgestellt hat, von dem er lediglich wußte, daß es bereits mehrere Preise gewonnen hatte. Die vermeintliche Eigenschaft, Preisträgerin zu sein, war dann für ihn das einzige Identifikationsmerkmal. In diesem Fall hätte er ein anderes Pferd gemeint als das, das den Namen Nixe führte. Sein Irrtum wäre ein Identitätsirrtum in der Form des **Inhaltsirrtums.** Der Identitätsirrtum ist der Grenzfall, in dem der Eigenschaftsirrtum zum Inhaltsirrtum wird, wenn die Eigenschaft das wesentliche Identifikationsmerkmal ist. 57

2. Der Kalkulationsirrtum

Von einem Kalkulationsirrtum[54] spricht man, wenn bei der Preisberechnung ein Fehler unterlaufen ist, der entweder auf einem **Rechenfehler** z.B. beim Addieren oder Multiplizieren oder bei richtiger Berechnung auf **unrichtigen Rechnungsfaktoren** beruht. Dabei sind verschiedene Gesichtspunkte und mehrere Fallgestaltungen zu unterscheiden. Von Bedeutung ist insbesondere, ob die Kalkulationsgrundlagen zum Vertragsinhalt geworden sind, ob beide Parteien oder nur eine Partei die Kalkulation vorgenommen hat oder ob die Kalkulation der einen Partei der anderen bekannt war oder nicht. Ein Kalkulationsirrtum liegt aber nur vor, wenn er sich auf den Inhalt einer Willenserklärung bezieht. Wird eine nicht geschuldete Geldzahlung erbracht, so bezieht sich der Irrtum nicht auf eine Willenserklärung, deren Rechtsfolge eine Geldschuld zum Inhalt hat. Vielmehr betrifft der Irrtum den Umfang der Leistungspflicht. Die irrtümliche Leistung auf eine nicht bestehende Leistungspflicht ist nach Bereicherungsrecht rückabzuwickeln und unterliegt nicht der Anfechtung wegen eines Kalkulationsirrtums. 58

Beispiel: Hat eine Bank bei der Rücknahme von Investmentanteilen den Rücknahmepreis falsch berechnet und deshalb einen zu hohen Rücknahmepreis ausbezahlt, so kommt es nicht darauf an, ob sie diese Auszahlung wegen eines Kalkulationsirrtums anfechten kann. Vielmehr kann sie ohne Anfechtung den zu viel gezahlten Betrag wegen ungerechtfertigter Bereicherung nach § 812 vom Empfänger zurück verlangen[55]. 59

a) Berechnung auf beiderseits anerkannter Vertragsgrundlage

Beeinflußt die Kalkulation den Inhalt einer Willenserklärung und ist diese Kalkulation, bei der ein **Rechenfehler** unterlaufen ist, zugleich **von beiden Parteien** dem abgeschlossenen Vertrag **zugrunde gelegt** worden, so kann der Widerspruch zwischen dem richtigen Preis und dem falsch errechneten Preis regelmäßig schon **durch Auslegung korrigiert** werden. 60

Beispiele: (1) Eine Bestimmung des richtigen Preises durch **Auslegung** ist etwa möglich, wenn jemand ein Vertragsangebot macht, das verschiedene Leistungen zu einem jeweils angeführten Einzelpreis umfaßt, aber die Endsumme infolge eines Fehlers bei der Addition der Einzelposten nicht stimmt. Dann bezieht sich die Einigung der Parteien nicht nur auf die genannte Endsumme, sondern auch auf die Einzelposten. Die Erklärungen sind aber in sich widersprüchlich. Dieser Widerspruch läßt sich regelmäßig im Wege der Auslegung beseitigen. Sind allein die Einzelpreise als übereinstimmend gewollt anzusehen, so ist die richtige Summe der Einzelpreise nach der **falsa demonstratio-Regel** als der Vertragspreis anzusehen[56]. Statt des falsch errechneten Endpreises ist die richtige Summe der Einzelpreise maßgebend, ohne daß es einer Anfechtung bedarf. Davon kann etwa beim Kauf mehrer Artikel mit jeweils eigener Preisaus- 61

[54] Dazu *Wieser*, NJW 1972, 708ff.; *Waas,* JuS 2001, 14.
[55] S. *BGH* NJW-RR 2003, 921.
[56] S. auch *Singer,* JZ 1999, 342, 344.

zeichnung ausgegangen werden. Stimmen die subjektiven Vorstellungen nicht überein, weil eine Partei die Einzelpreise, die andere die Endsumme für entscheidend hält, so ist durch **normative Auslegung** der objektive Vertragsinhalt zu ermitteln. Je nach dem, ob als objektiver Vertragsinhalt der Einzelpreis oder die Endsumme unabhängig von den Einzelpreisen als maßgeblich anzusehen ist, kann der Vertragspartner, dessen Wille damit nicht übereinstimmt, wegen Inhaltsirrtums nach § 119 Abs. 1 anfechten. (2) Auch im sog. Silberfall[57] liegt ein durch Auslegung korrigierbarer Rechenfehler vor. Dort hatte die Verkäuferin den Preis für die verkaufte Menge Silbers „1000 fein" auf der Basis des Preises für ein kg Silber „800 fein" der Käuferin vorgerechnet und sich damit verrechnet. Vereinbart ist der Preis ohne Rechenfehler. Läßt sich aus dem Widerspruch in den Erklärungen ein gemeinsamer Wille (innerer Konsens, s. oben § 29 Rn. 72) oder ein einheitliches objektives Verständnis (äußerer Konsens, s. oben § 29 Rn. 73) nicht ermitteln, so liegt ein **Dissens** über den Preis und seine Grundlagen vor und der Vertrag ist mangels einer Einigung über den Preis als essentialium negotii nicht zustande gekommen, falls nicht Normen wie §§ 612, 632, 653 oder §§ 315 ff. als Ersatzregelung eingreifen (s. dazu oben § 29 Rn. 18).

62 Haben die Parteien beiderseits bestimmte Kalkulationsgrundlagen als Vertragsinhalt vereinbart, sind sie dabei aber, ohne daß ein Rechenfehler vorliegt, von **falschen Rechenfaktoren** ausgegangen oder haben sie bestimmte Preisbestandteile vergessen, so kann entweder eine **ergänzende Vertragsauslegung** erfolgen oder es handelt sich um eine **Störung der Geschäftsgrundlage,** die gemäß § 313 Abs. 2 eine Vertragsanpassung ermöglicht. Bei der ergänzenden Auslegung fehlt eine üblicherweise erwartete Regelung und die vorhandene Regelungslücke wird gemäß dem Regelungsplan der Parteien ausgefüllt. Dies stellt keinen schwerwiegenden Eingriff in die Vertragsbindung dar. Im Gegensatz dazu wird bei Störung der Geschäftsgrundlage in eine vorhandene, aber unzumutbare Regelung eingegriffen und diese der veränderten Situation angepaßt (s. auch oben § 33 Rn. 20).

63 **Beispiele:** Eine **ergänzende Auslegung** bietet sich an, wenn beide Parteien davon ausgehen, daß ihr Geschäft nicht der Umsatzsteuer unterliegt und deshalb die an sich notwendige Regelung, wer die MwSt zu tragen hat, unterlassen. Die vorhandene Regelungslücke ist im Wege der ergänzenden Vertragsauslegung zu schließen[58], wobei eine Rolle spielen kann, ob der Käufer zum Vorsteuerabzug berechtigt ist oder nicht und ob dem Verkäufer der vereinbarte Kaufpreis voll zufließen soll oder nicht. Bei einseitiger Vorstellung des Verkäufers, daß eine Umsatzsteuer nicht anfalle und der Kaufpreis deshalb nicht um sie zu erhöhen sei, ist dagegen grundsätzlich ein einseitiger Kalkulationsirrtum auszunehmen, der als Motivirrtum unbeachtlich bleibt.

64 Eine **Störung der Geschäftsgrundlage** ist etwa anzunehmen im sog. Rubelfall[59]. Dort gingen die Parteien bei der Umrechnung eines in Rubel ausgezahlten Darlehens übereinstimmend von einer falschen Vorstellung über den Kurswert des Rubels im Verhältnis zu der Währung aus, in der das Darlehen zurückgezahlt werden sollte (damals Mark). Die Währungsrelation war zwar als Basis für die Umrechnung vereinbart, der Umrechnungskurs war aber nicht selbst Vertragsinhalt geworden, sondern war nur der von beiden Teilen zugrunde gelegte Berechnungsfaktor für die Willensbildung in Bezug auf den endgültig ausgewiesenen Rückzahlungsbetrag. Eine falsa demonstratio würde vorliegen, wenn sich die Parteien über die wirkliche Höhe des Rückzahlungspreises einig wären. Sofern dies nicht zutrifft, scheidet eine falsa demonstratio aus[60]. Der Fehler beruht dann auf einem gemeinsam falsch angenom-menen Währungskurs als Rechenfaktor bei der Willensbildung. Gleiches gilt, wenn z. B. der Kaufpreis für Aktien oder andere Wertpapiere aus dem Börsenkurs errechnet wird, jedoch ein falscher Börsenkurs z. B. des Vormonats oder des Vorjahres zugrunde gelegt

---

57 *RGZ* 101, 107.
58 S. *BGH* NJW-RR 2000, 1652; *BGH* NJW 2001, 2464; *BGH* NJW 2002, 2312.
59 *RGZ* 105, 406.
60 A. A. offenbar *Medicus,* AT, Rn. 758; *Köhler,* AT, § 7 Rn. 26.

wird[61]. Sind diese vertraglich als Berechnungsbasis vereinbarten Rechenfaktoren als gemeinsame Basis unrichtig festgestellt, so kann wegen Störung der Geschäftsgrundlage der falsche Preis an den richtigen angepaßt werden[62]. Die Anpassung nach den Regeln der Störung der Geschäftsgrundlage hat den Vorteil, daß im Zusammenhang mit der Zumutbarkeit auch die Erheblichkeit der Preisabweichung für das zumutbare Festhalten am Vertrag geprüft werden kann. Von einer gemeinsamen Geschäftsgrundlage kann auch im sog. Altmetallfall ausgegangen werden[63]. Hier hatte der Händler V sein gesamtes Altmetall an den Interessenten K verkauft. Da V das Gewicht der vorhandenen Posten verschiedener Altmetalle unbekannt war, schätzten es die Parteien gemeinsam und einigten sich unter Zugrundelegung der ihnen bekannten Tagespreise auf einen festen Gesamtpreis. Als sich herausstellte, daß die Menge des Hauptpostens das Doppelte der von beiden geschätzten Menge betrug, wollte V nicht mehr an der Preisvereinbarung festhalten. Wegen der gemeinsamen Schätzung liegt eine Störung der Geschäftsgrundlage vor. Dies hat den Vorteil, daß der Vertrag aufrecht erhalten und der Preis anders als bei Vernichtung des Vertrags durch Anfechtung wegen eines Inhaltsirrtums beweglich angepaßt werden kann. Dies setzt aber andererseits voraus, daß das Festhalten am vereinbarten Preis wegen einer erheblichen Abweichung der Schätzung von den tatsächlichen Grundlagen unzumutbar ist.

b) Offen gelegte und erkannte Kalkulation

Nicht alles, was bei den Vertragsverhandlungen zur Sprache kommt, wird damit schon Vertragsinhalt oder zur beiderseits maßgeblichen Vertragsgrundlage. Bei der Preisbildung setzt dies grundsätzlich voraus, daß beide Parteien die Kalkulationsgrundlagen zum Gegenstand ihrer eigenen Preisberechnung machen, auf deren Grundlage sie sich dann über den Preis einigen. Dies ist bei offen gelegten oder sonst erkannten Kalkulationen nicht ohne weiteres anzunehmen, wenn die Preisberechnung wie bei den üblichen Umsatzgeschäften in die Sphäre des Anbieters gehört und der andere Teil sich um die richtige Kalkulation nicht kümmern muß. Die von einer Partei mitgeteilte Berechnung wird **nicht** ohne weiteres **Inhalt der Erklärung.** Hat eine Partei in diesen Fällen den Kalkulationsirrtum der anderen erkannt, so wird die richtige Kalkulation damit **nicht** zur **Geschäftsgrundlage,** sondern verbleibt grundsätzlich im Risikobereich des Irrenden. Der erkannte einseitige Kalkulationsirrtum bleibt **Motivirrtum** und berechtigt als solcher nicht zur Anfechtung. **65**

Beispiele: (1) Teilt etwa der Verkäufer dem Käufer seinen Einkaufspreis oder seinen Herstellungsaufwand mit, um ihn davon zu überzeugen, daß er es nicht billiger machen könne, und dadurch sein Angebot als günstig erscheinen zu lassen, so kann er weder anfechten noch sich auf die Störung der Geschäftsgrundlage berufen, wenn ihm hierbei ein Rechenfehler zu seinen Ungunsten unterlaufen ist. Der andere hat keinen Anlaß, auf den Einkaufspreis oder die Herstellungskosten einzugehen. In einem solchen Fall einigen sich die Parteien nur über den Endpreis; die Berechnungsgrundlage gehört nicht zum Inhalt des Rechtsgeschäfts. – (2) Im Grundschuldfall[64] war der Käufer einer Grundschuld von einer unrichtigen Vorstellung über die Mieterträge des mit der Grundschuld belasteten Grundstücks ausgegangen. Er hatte dem Verkäufer bei den Verhandlungen gesagt, daß die Höhe der Mieterträge für seinen Kaufentschluß maßgebend sei, weil er daraus den voraussichtlichen Erlös für das Grundstück im Falle einer Zwangsversteigerung und damit den Wert der Grundschuld errechne. Trotz der Mitteilung verbleibt es beim einseitigen Kalkulationsirrtum, da diese Berechnungsgrundlagen zwar mitgeteilt, aber nicht gemeinsam zugrunde gelegt wurden. Der einseitige Kalkulationsirrtum ist Motivirrtum, der nicht zur Anfechtung berechtigt. **66**

---

[61] *RGZ* 94, 65; 97, 138; 101, 51; 116, 15; s. auch *RGZ* 149, 235; das *RG* hat aber zum Teil einen Inhaltsirrtum angenommen.

[62] So auch MünchKomm/*Kramer,* § 119 Rn. 85 ff.

[63] *RGZ* 90, 268, auch hier nahm das *RG* abweichend vom heutigen Verständnis einen Inhaltsirrtum an.

[64] *RGZ* 149, 235, das noch von einem Inhaltsirrtum ausging.

67 Unter Umständen kommt bei einem erkannten einseitigen Kalkulationsirrtum jedoch eine Haftung aus **Verschulden bei den Vertragsverhandlungen** in Betracht. Dies ist insbesondere anzunehmen, wenn nach den Umständen eine Aufklärung unter redlichen Vertragspartnern nach Treu und Glauben erwartet werden kann[65], wie etwa bei einer ständigen Geschäftsbeziehung oder wenn es um erhebliche Beträge geht. Der Irrende kann dann verlangen, daß der Vertrag rückgängig gemacht oder der Preis angepaßt wird (s. oben § 31 Rn. 46f.). Auf das Verschulden bei den Vertragsverhandlungen ist auch abzustellen, wenn der Kalkulationsirrtum fahrlässig vom Erklärungsempfänger verursacht worden ist. Eine Mitverantwortung des Erklärenden kann nach § 254 berücksichtigt werden. Bei vorsätzlicher Verursachung oder Nichtaufklärung kann der Erklärende auch wegen arglistiger Täuschung nach § 123 Abs. 1 anfechten. Er hat dann für die Anfechtung eine längere Frist und ist nicht zum Ersatz des Vertrauensschadens verpflichtet. Möglich ist auch, daß das Festhalten und die Berufung der anderen Partei auf die irrtumsbehaftete Willenserklärung eine **unzulässige Rechtsausübung** darstellt. Diese Grundsätze sind über den Kalkulationsirrtum hinaus für den Motivirrtum allgemein anzuwenden.

68 **Beispiel:** Hat der Anbieter den in seinem Angebot enthaltenen Kalkulationsirrtum vor der Annahme selbst erkannt und dem anderen mitgeteilt, so stellt es grundsätzlich eine unzulässige Rechtsausübung dar, wenn der andere das Angebot gleichwohl annimmt und auf Durchführung des Vertrags besteht[66].

69 Die Grundsätze der culpa in contrahendo und der unzulässigen Rechtsausübung sind über den Kalkulationsirrtum hinaus für den veranlaßten, erkannten oder erkennbaren **Motivirrtum allgemein anzuwenden.** Die Behandlung des erkannten Kalkulationsirrtums als Inhalts- oder Eigenschaftsirrtum in analoger Anwendung von § 119 Abs. 1 und 2[67] verlagert das Risiko richtiger Willensbildung beim erkannten Motivirrtum allzu einseitig auf den Erklärungsempfänger, weil dieser die Anfechtung und die damit verbundene Vernichtung des Vertrags hinnehmen müßte. Zudem wäre die Frage des fahrlässig nicht erkannten Irrtums auf diesem Weg nicht gelöst. Die Anfechtungslösung ist auf das Prinzip des alles oder nichts beschränkt, sei es, daß der Vertrag vernichtet wird oder nicht oder der Vertrauensschaden gewährt wird oder nicht (§ 122 Abs. 2). Diesem Nachteil sehen sich auch die Europäischen Vertragsgrundsätze gegenüber, die ausgehend vom Vertrauensschutzgedanken (s. oben Rn. 10) die Vernichtung des gesamten Vertrags auch bei einem Motivirrtum ermöglichen, wenn der Erklärungsempfänger den Irrtum verursacht oder erkannt hat oder hätte erkennen können, und schließen die Anfechtung ganz aus, wenn der Fehler im Verantwortungsbereich des Erklärenden liegt (s. Art. 4.103 EP, ähnlich Art. 3.5 Unidroit Principles)[68]. Die culpa in contrahendo und die unzulässige Rechtsausübung haben demgegenüber den **Vorteil der größeren Beweglichkeit und Anpassungsfähig-**

---

[65] S. *BGH* NJW 1980, 180; *BGH* NJW-RR 1986, 569; *BGH* NJW 1998, 3192.

[66] *BGH* NJW 1998, 3192 = LM § 119 BGB Nr. 36 m. Anm. *Berger; BGH* NJW-RR 2002, 1344.

[67] Dafür MünchKomm/*Kramer,* § 119 Rn. 112; *Pawlowski,* JZ 1997, 741, 746; *Singer,* JZ 1999, 342, 345ff.

[68] Abgedruckt in *Basedow,* (Hrsg.), Europäische Vertragsrechtsvereinheitlichung und deutsches Recht, 2000, S. 219ff.; s. dazu auch *M. Wolf,* Willensmängel und sonstige Beeinträchtigungen der Entscheidungsfreiheit in einem europäischen Vertragsrecht, in *Basedow,* (Hrsg.), aaO, S. 85, 100ff.

keit für sich[69]. So kann etwa bei beiderseitiger Verantwortung eine Schadens- und Risikoverteilung gemäß § 254 vorgenommen werden. Ebenso können bei Aufrechterhaltung des Vertrags Ausgleichs- oder Minderzahlungen angeordnet werden.

c) Einseitiger und verdeckter Kalkulationsirrtum

Sind die Berechnungsfaktoren nicht zum beiderseits akzeptieren Vertragsinhalt oder 70
zur Geschäftsgrundlage geworden, sondern liegt die Verantwortung und das Risiko der Preisberechnung bei einer Partei, so sind verschiedene Irrtumskonstellationen zu unterscheiden. Handelt es sich um einen **Kundgabefehler,** insbesondere in Gestalt des Verschreibens z.B. als Zahlendreher oder um ein Verrechnen bei den offen gelegten Preisbestandteilen, so kommt eine Anfechtung wegen **Erklärungs- oder Übermittlungsirrtums** nach §§ 119, 120 in Betracht (s. oben Rn. 12ff.).

Liegt ein Fehler in der Willensbildung vor, weil z.B. einzelne Berechnungsfaktoren 71
nicht als beiderseitige Geschäftsgrundlage besprochen und akzeptiert waren, sondern einseitig und für den anderen nicht erkennbar der Preisbildung zugrunde gelegt oder vergessen wurden, so handelt es sich grundsätzlich um einen internen, **verdeckten Kalkulationsirrtum,** der als bloßer **Motivirrtum unbeachtlich** ist. Darüber besteht weitgehend Einigkeit[70]. Hat der Erklärungsempfänger den Irrtum fahrlässig, insbesondere grob fahrlässig nicht erkannt, so können dem Erklärenden noch der Einwand unzulässiger Rechtsausübung oder Schadensersatzansprüche zustehen (s. Rn. 67f.). Jedoch darf dabei nicht außer Acht bleiben, daß das Risiko richtiger Willensbildung in erster Linie vom Erklärenden selbst zu tragen ist.

Beispiele: Ist etwa im Altmetallfall (s. oben Rn. 64) das Gewicht einseitig vom Verkäufer V 72
geschätzt worden und hat V darauf für sich allein den Preis ausgerechnet und dem K nur den intern errechneten Endpreis mitgeteilt, so liegt ein reiner Motivirrtum vor, der nicht zur Anfechtung berechtigt. Gleiches gilt bei einseitiger Zugrundelegung eines unrichtigen Währungs- oder Börsenkurses. Ein einseitiger, nicht zur Anfechtung berechtigender Kalkulationsirrtum liegt auch vor, wenn ein Bieter bei seinem Angebot auf die öffentliche Ausschreibung eines Bauamts einen Preis nennt, bei dem die Transport- und Montagekosten irrtümlich nicht eingerechnet worden sind[71]. Da die Anfechtung des Angebots unwirksam ist, könnte das Bauamt das Angebot an sich annehmen und vom Bieter Erfüllung des Vertrags zu dem irrtümlich errechneten niederen Preis oder bei Nichterfüllung Schadensersatz verlangen, sofern nicht von einer unzulässigen Rechtsausübung auszugehen ist (s. Rn. 67f.).

3. Der Rechtsfolgenirrtum

Willenserklärungen ziehen in mehrfacher Hinsicht Rechtsfolgen nach sich. Dabei 73
kann insbesondere zwischen den unmittelbar erklärten und den nur mittelbaren Rechtsfolgen der Willenserklärungen unterschieden werden. Eine **unmittelbar erklärte Rechtsfolge** liegt vor, wenn die Rechtsfolge in der Erklärung selbst enthalten ist und darin ihren maßgeblichen Geltungsgrund hat. Um eine **mittelbare Rechtsfolge** der Erklärung handelt es sich, wenn die Rechtsfolge nicht in der Erklärung selbst enthalten ist, sondern erst vom Gesetz oder durch Richterspruch im Anschluß und als Folge der unmittelbar erklärten Rechtsfolge vorgesehen ist. Die mittelbaren

---

[69] Dafür auch *S. Lorenz,* der Schutz vor dem unerwünschten Vertrag, 1997, 284ff.; *ders.,* ZIP 1998, 1053.

[70] Vgl. nur *BGH* NJW 1998, 3192; *BGH* NJW 2002, 2312; Soergel/*Hefermehl,* § 199 Rn. 30; *Flume,* AT II, § 25; *Köhler,* AT § 7 Rn. 25.

[71] S. dazu *BGH* NJW 1998, 3192.

Rechtsfolgen setzen deshalb eine durch die Erklärung unmittelbar selbst begründete Rechtsfolge voraus.

74 **Beispiel:** Die Annahme eines Kaufangebots bringt den Kaufvertrag zustande mit der unmittelbar erklärten Rechtsfolge, welcher Gegenstand zu übergeben und zu übereignen ist, welcher Preis dafür zu zahlen ist und welche Partei Käufer oder Verkäufer ist. Diese Rechtsfolgen beruhen allein und unmittelbar auf dem Vertrag. Als Folge des Kaufvertrags ergeben sich aber auch Sach- und Rechtsmängelansprüche aus §§ 434ff., wenn eine mangelhafte Sache geliefert worden ist, oder es bestehen Ansprüche auf Ersatz des Verzugsschadens (§§ 280, 286), wenn die Sache verspätet geliefert oder der Kaufpreis verspätet gezahlt worden ist. Dabei handelt es sich um mittelbare Rechtsfolgen der Erklärung, die im Anschluß und als Folge des als unmittelbare Rechtsfolge abgeschlossenen Kaufvertrags eintreten, ohne daß die Rechtsfolgen in der Erklärung selbst enthalten sein müssen. Sie ergeben sich vielmehr aus dem dispositiven Gesetz.

75 Nicht alles, was durch eine ergänzende Gesetzesnorm angeordnet oder dem geschlossenen Vertrag im Wege ergänzender Vertragsauslegung (oben § 33 Rn. 9ff.) zu entnehmen ist, darf deshalb schon zum Inhalt der Erklärung gerechnet werden, so daß ein Irrtum darüber zur Anfechtung führen könnte. Der Rechtsfolgenirrtum ist nur dann ein zur Anfechtung nach § 119 Abs. 1 berechtigender Inhalts- oder Erklärungsirrtum, wenn es sich um Rechtsfolgen handelt, auf deren Herbeiführung die Erklärung nach ihrem Inhalt unmittelbar gerichtet ist, nicht aber dann, wenn es sich um die mittelbaren Rechtsfolgen handelt, die unabhängig vom Willen des Erklärenden durch die Rechtsordnung an das abgeschlossene Rechtsgeschäft geknüpft werden[72]. Ein solcher Irrtum über die mittelbaren Rechtsfolgen ist ein Motivirrtum und berechtigt als solcher nicht zur Anfechtung.

76 **Beispiele:** (1) Ein Inhaltsirrtum ist gegeben, wenn ein Gastwirt seine Gaststätte „nebst Zubehör" verkauft und dabei angenommen hat, der Ausdruck Zubehör umfasse nur die fest eingebauten Gegenstände wie Wandschränke, Küchenvorrichtungen u. dgl., nicht aber das sonstige Mobiliar. Er hat dann über die vom Empfänger zu verstehende Bedeutung seiner Erklärung geirrt, also etwas anderes erklärt, als er erklären wollte. – (2) Bei der Eheschließung berücksichtigt § 1314 Abs. 2 Nr. 2 einen Irrtum über die unmittelbare Rechtsfolge der Eheschließung, läßt aber keine rückwirkende Anfechtung, sondern eine Aufhebung durch gerichtliches Urteil mit Wirkung für die Zukunft zu (§ 1313). – (3) Glaubt dagegen der Verkäufer, mangels einer gegebenen Zusage brauche er für keinerlei Mängel der Kaufsache einzustehen, dann ist dieser Irrtum kein Erklärungsirrtum, weil die Haftung des Verkäufers für Sachmängel nicht unmittelbar auf der Vereinbarung der Parteien, sondern auf Gesetz (§§ 434ff.) beruht. Es handelt sich um einen unbeachtlichen Motivirrtum.

4. Der Unterschriftsirrtum

77 Der Unterschriftsirrtum betrifft den Fall, daß jemand eine Urkunde unterschreibt, deren Inhalt er nicht oder nicht richtig erfaßt hat[73], sei es, daß er die Urkunde nicht oder nicht vollständig gelesen hat oder daß er ihren Inhalt nicht oder nicht vollständig verstanden hat, weil z.B. die von einem Nichtjuristen gelesene Urkunde in juristischer Fachsprache verfaßt ist oder weil sie einen fremdsprachigen Text enthält[74]. Ein Unterschriftsirrtum liegt nicht vor bei übereinstimmendem Verständnis (s. oben Rn. 29). Ebenso gilt der Vorrang der Auslegung (oben Rn. 30).

---

[72] H.L.; *Medicus,* AT, Rn. 751 hält das Problem für „noch nicht überzeugend gelöst".

[73] S. *Medicus,* AT, Rn. 752.

[74] Dazu auch *Henrich,* Rabels, Z 35 (1971), 55; *Schlechtriem,* Festgabe f. *Weitnauer,* 1980, S. 129.

a) Selbst verfaßte Urkunden

Hat der Unterschreibende die Urkunde selbst verfaßt, so kommt im Falle des **Verschreibens** oder Vertippens oder bei Schreibfehlern des Computers (s. oben Rn. 19) ein Erklärungsirrtum in Betracht. Benutzt der Verfasser dagegen bewußt bestimmte Worte und Begriffe, denen er aber eine **andere Bedeutung** beimißt, als sie vom Empfängerhorizont aus zu verstehen war, so liegt ein Inhaltsirrtum vor[75]. 78

Eine Anfechtung ist nicht generell deshalb ausgeschlossen, weil der Unterzeichnende die Anfertigung der Urkunde **einer anderen Person** überlassen hat, die **in seinem Lager** steht[76]. Diese Person kann genauso einem Erklärungs- oder Inhaltsirrtum unterliegen, wie wenn der Unterzeichner die Urkunde selbst erstellt hätte. Setzt sich dieser Irrtum bei ihm fort, so steht ihm ohne weiteres eine Anfechtung zu. Ein Verschulden des Unterzeichners oder der Person, deren er sich bedient, ist dabei ohne Bedeutung. Hat die andere Person aber vorsätzlich eine vom Unterzeichner nicht gewollte Urkunde erstellt und erfolgt die Unterschrift, ohne dies zu bemerken, so muß eine Irrtumsanfechtung entfallen, weil sich der Unterzeichner die Kenntnis der Person aus seinem Lager analog § 166 Abs. 1 zurechnen lassen muß[77]. 79

b) Von anderen verfaßte Urkunde

Stammt die Urkunde von einem anderen Verfasser, so kann ein Erklärungsirrtum vorliegen, wenn der Unterschreibende verschiedene **Urkunden verwechselt** hat. Es handelt sich aber um einen Inhaltsirrtum, wenn der Unterschreibende den **Inhalt** der Urkunde **abweichend** vom Empfängerhorizont **versteht** und deshalb mit seiner Unterschrift eine Erklärung abgeben will, die mit der wirklichen Bedeutung nicht übereinstimmt. Zwar ist eine Urkunde, gerade wenn sie z.B. vom anderen Vertragspartner verfaßt ist, nach dem Empfängerhorizont des Unterschreibenden auszulegen und Zweifel bei der Auslegung gehen zu Lasten des Verfassers (§ 305b Abs. 2; s. oben § 28 Rn. 17). Insofern wird die Vorstellung des unterschreibenden Urkundenempfängers häufig mit der Auslegung der urkundlichen Erklärung übereinstimmen. Jedoch ist nicht jede subjektive Vorstellung des Erklärungsempfängers maßgebend[78]. Vielmehr ist auch vom Erklärungsempfänger die verkehrsübliche Auslegungssorgfalt zu fordern (s. oben § 28 Rn. 16). Hat der Unterschreibende ein subjektives Verständnis vom Inhalt der Urkunde, das von der verkehrsüblichen Erklärungsbedeutung abweicht, so liegt der Inhaltsirrtum in seiner Person und er müßte, wenn er die falsch verstandene Erklärung nicht gegen sich gelten lassen will, die unterschriebene Erklärung anfechten. 80

c) Fehlendes Erklärungsbewußtsein

Im Zusammenhang mit der Unterschriftsleistung wird auch der Fall des fehlenden Erklärungsbewußtseins bedeutsam. Er liegt vor, wenn jemand ein Papier unterschreibt, ohne zu wissen, daß es sich um eine rechtsgeschäftliche Erklärung handelt. 81

Beispiele: Wird etwa um eine Unterschrift unter einen Geburtstagsgruß oder einfach um ein Autogramm gebeten, wird aber in Wirklichkeit verdeckt eine rechtsgeschäftliche Urkunde untergeschoben, die unwissentlich unterschrieben wird, so liegt objektiv eine rechtsgeschäftliche 82

---

[75] A. A. *Medicus,* AT, Rn. 755, der bei der selbstverfaßten Urkunde nur einen Erklärungsirrtum annimmt.

[76] S. *Flume,* AT II, § 23, 2b; MünchKomm/*Kramer,* § 119 Rn. 53.

[77] Die Analogie zur abredewidrigen Ausfüllung eines Blanketts zieht *Medicus,* AT, Rn. 756.

[78] Vgl. *Staudinger/Dilcher,* §§ 133, 157 Rn. 31; MünchKomm/*Mayer-Maly/Busche,* § 133 Rn. 12; *Flume,* AT II, § 16, 3c.

Erklärung vor, für die dem Unterschreibenden jedoch das Erklärungsbewußtsein fehlt, weil er mit dem Geburtstagsgruß oder dem Autogramm eine Unterschrift ohne rechtliche Bedeutung abgeben wollte. Hierher gehört auch der Fall, daß z. B. Zeitschriftenwerber um eine Unterschrift bitten, mit der angeblich lediglich der Besuch bestätigt werden soll, während in Wirklichkeit ein Bestellschein unterschrieben wird.

83 In solchen Fällen liegt häufig eine arglistige Täuschung vor, die nach § 123 zur Anfechtung berechtigt. Ist eine arglistige Täuschung nicht nachweisbar, so kommt grundsätzlich eine Anfechtung entsprechend den Vorschriften über den Inhaltsirrtum gemäß § 119 in Betracht[79]. Denkbar ist auch ein dem Erklärungsirrtum entsprechender Fall, wenn der Unterschreibende selbst die Papiere verwechselt.

d) Ungelesen unterschriebene Urkunde

84 Besondere Bedeutung erlangt der Fall, wenn die Urkunde ungelesen unterschrieben wird. Hier könnte an eine fehlende Vorstellung und damit an einen fehlenden Irrtum gedacht werden (s. oben Rn. 27 f.). Regelmäßig ist jedoch davon auszugehen, daß, wer eine Urkunde unterschreibt, sich gewisse, wenn auch laienhafte Vorstellungen von ihrem Inhalt macht oder doch zumindest der Meinung ist, bestimmte weitreichende Erklärungen nicht abgegeben zu haben, die aber gleichwohl in der Urkunde enthalten sind. In solchen Fällen ist eine Fehlvorstellung und damit ein Inhalts- oder Erklärungsirrtum möglich, der die Anwendung von § 119 eröffnet[80].

e) Verhältnis von Irrtum und Inhaltskontrolle

85 Die Unterschrift unter nicht oder jedenfalls nicht vollständig gelesene Urkunden wird sich häufig bei Formularverträgen und AGB finden. Hier ist neben einer Anfechtung wegen Irrtums (§ 119) oder bei Nachweis der Voraussetzungen einer Anfechtung nach § 123 auch eine Inhaltskontrolle nach §§ 305 c Abs. 1 oder §§ 307 ff. möglich. Es besteht **kein Vorrang der Inhaltskontrolle**[81]. Vielmehr bleibt es dem Erklärenden überlassen, welche Möglichkeit er wählen will. Die Inhaltskontrolle ist jedoch regelmäßig vorteilhafter, weil bei ihr kein Vertrauensschaden gemäß § 122 zu ersetzen ist[82]. Im Zweifel ist deshalb davon auszugehen, daß nur von den Möglichkeiten der §§ 305 c Abs. 1 oder §§ 309 ff. Gebrauch gemacht werden soll. Die Anfechtung kann jedoch ausdrücklich gewählt werden, was wegen der nach §§ 142 Abs. 1, 139 eintretenden Gesamtnichtigkeit statt der Wirksamkeit des Vertrags nach § 306 Abs. 1 gewollt sein kann. Diese Möglichkeit, den gesamten Vertrag zu vernichten, darf nicht versagt werden. Bei einem Irrtum über unbedeutende Nebenpunkte ist die Anfechtung nach § 119 Abs. 1 ohnehin ausgeschlossen (s. oben Rn. 32), in den Fällen des § 123 sollte sie in jedem Fall möglich bleiben.

V. Beschränkungen der Irrtumsanfechtung

1. Die Anfechtungsfrist (§ 121)

86 Solange ein Rechtsgeschäft angefochten werden kann, besteht die Möglichkeit, es gemäß § 142 Abs. 1 mit Wirkung von Anfang an zu vernichten. Diese Unsicherheit,

---

[79] Vgl. *BGH* NJW 1968, 2102; MünchKomm/*Kramer*, § 119 Rn. 32.

[80] *Medicus,* AT, Rn. 755.

[81] A. A. *Medicus,* AT, Rn. 754; vgl. auch MünchKomm/*Kramer,* § 119 Rn. 49 ff., demzufolge § 3 AGBG (jetzt § 350 c Abs. 1) vorrangig zu berücksichtigen ist.

[82] S. im einzelnen *M. Wolf* in *Wolf/Horn/Lindacher,* AGBG, § 9 Rn. 8.

ob das Geschäft Bestand hat oder vernichtet wird, soll nicht andauernd bestehen, weil dadurch den Beteiligten eine verläßliche Planungsgrundlage bezüglich der eintretenden Rechtsfolgen fehlen würde. § 121 sieht deshalb vor, daß das Anfechtungsrecht innerhalb einer relativ kurz bemessenen Frist ausgeübt werden muß. Die Frist ist eine **Ausschlußfrist** nach deren Ablauf das Anfechtungsrecht erlischt.

a) Beginn der Anfechtungsfrist

Das Anfechtungsrecht aus §§ 119, 120 muß unverzüglich, d. h. ohne schuldhaftes **87**
Zögern ausgeübt werden, nachdem der Anfechtungsberechtigte von seinem Irrtum als Anfechtungsgrund **Kenntnis erlangt** hat (§ 121 Abs. 1 Satz 1). Es genügt, daß der Berechtigte den Irrtum als ernsthaft möglich erkennt. Bloß unbestimmte Vermutungen genügen dagegen nicht[83]. Bis zur Klärung aller Zweifelsfragen darf nicht gewartet werden. Vielmehr muß die Anfechtung dann eventualiter erfolgen. Fahrlässige Unkenntnis setzt die Anfechtungsfrist nicht in Gang. Der Anfechtungsberechtigte muß sich aber die Kenntnis seines mit der Wahrnehmung seiner Interessen in der betreffenden Angelegenheit betrauten Vertreters entsprechend § 166 Abs. 1 zurechnen lassen[84]. Für jeden selbständigen Irrtum läuft als selbständiger Anfechtungsgrund eine eigene Anfechtungsfrist, die mit der Kenntnis des jeweiligen Anfechtungsgrundes beginnt.

b) Dauer der Anfechtungsfrist

Nach Kenntniserlangung muß die Anfechtungserklärung **unverzüglich** abgegeben **88**
werden. § 121 Abs. 1 Satz definiert mit Gesetzeskraft, daß ein Handeln unverzüglich ist, wenn es ohne schuldhaftes Zögern durchgeführt wird. Dieser Legaldefinition wird allgemeine Bedeutung im ganzen Zivilrecht (s. etwa § 377 Abs. 1 und 3 HGB; § 92 Abs. 1 AktG; § 9 MuSchG), aber auch in anderen Rechtsgebieten beigelegt[85]. Unverzüglich ist nicht gleichbedeutend mit sofort[86]. Vielmehr steht dem Berechtigten eine angemessene Überlegungsfrist zur Verfügung[87], innerhalb derer er sich über die Konsequenzen der Anfechtung Klarheit verschaffen und bei zweifelhafter Rechtslage auch Rechtsrat einholen und etwa notwendige Sicherungsmaßnahmen ergreifen kann. Bei der Fristenbemessung sind aber auch die Interessen des Anfechtungsgegners zu berücksichtigen, der an einer raschen Klärung der Gültigkeit interessiert ist. Die Anfechtung muß deshalb sobald wie möglich und nach den Umständen zumutbar, im Regelfall innerhalb weniger Tage nach Kenntniserlangung vom Anfechtungsgrund erfolgen.

Beispiele: Eine Frist von 2 Wochen kann nur in komplizierteren Fällen als äußerste Frist an- **89**
gesehen werden[88]. Ist der Berechtigte durch Krankheit oder Unfall gehindert, so kann ein schuldhaftes Zögern entfallen und die Frist länger zu bemessen sein. Bei der Anfechtung eines Arbeitsvertrags darf jedoch die Frist des § 626 Abs. 2 von 2 Wochen nicht überschritten werden[89].

---

[83] S. auch MünchKomm/*Kramer,* § 121 Rn. 6; Staudinger/*Dilcher,* § 121 Rn. 6.

[84] So der *BGH* LM § 121 BGB Nr. 1; Staudinger/*Dilcher,* § 121 Rn. 6; MünchKomm/*Kramer,* § 121 Rn. 6.

[85] S. etwa Palandt/*Heinrichs,* § 121 Rn. 3; BAG, DB 1988, 2107.

[86] *RGZ* 124, 115, 118; Staudinger/*Dilcher,* § 121 Rn. 4; MünchKomm/*Kramer,* § 121 Rn. 7.

[87] Vgl. *RGZ* 124, 115, 118; 152, 228, 232.

[88] S. *OLG Hamm* NJW-RR 1990, 523.

[89] Vgl. *BAG* NJW 1980, 1302, 1303; MünchKomm/*Kramer,* § 121 Rn. 8; dagegen aber Soergel/*Hefermehl,* § 121 Rn. 7.

90 Um die ohnehin schon knapp bemessene Frist nicht weiter zu verkürzen, sieht § 121 Abs. 1 Satz 2 vor, daß die Versandzeit etwa bei Briefen nicht in die Anfechtungsfrist mit eingerechnet wird. Obwohl die Anfechtungserklärung als empfangsbedürftige Willenserklärung (§ 143 Abs. 1) erst mit Zugang wirksam wird (§ 130), genügt für die Fristwahrung das Absenden der Anfechtungserklärung. Der Zugang muß nicht innerhalb der Frist erfolgen.

c) Höchstdauer

91 Da die Anfechtungsfrist erst mit der Kenntniserlangung zu laufen beginnt, kann sich die Zeit bis zur Klärung der Ausübung des Anfechtungsrechts lange verzögern, wenn der Berechtigte lange Zeit keine Kenntnis vom Anfechtungsgrund erlangt. § 121 Abs. 2 will die damit verbundene Gefahr ewiger Unsicherheit begrenzen, indem das Anfechtungsrecht ohne Rücksicht auf die Kenntnis vom Anfechtungsgrund **spätestens 10 Jahre** nach Abgabe der Willenserklärung endet. § 121 Abs. 1 Satz 2 ist nicht anwendbar[90]. Die Anfechtungserklärung muß deshalb innerhalb der Frist von 10 Jahren auch zugehen.

2. Beschränkungen im Interesse des Verkehrsschutzes

92 Durch die Anfechtung wird das Rechtsgeschäft mit rückwirkender Kraft beseitigt, so als ob es nie bestanden hätte (§ 142 Abs. 1). Für den Rechtsverkehr, der den Irrtum nicht erkennen konnte und sich auf das Vorliegen eines Rechtsgeschäfts eingestellt hat, wird durch die rückwirkende Vernichtung erhebliche Unsicherheit geschaffen. Das Gesetz mutet diese Rechtsunsicherheit dem Geschäftsverkehr grundsätzlich zu, insbesondere soweit es sich um Umsatzgeschäfte handelt, an denen in der Regel nur die beiden Vertragsparteien beteiligt sind. Dem Vertrauensschutz des anderen Teils wird dadurch Rechnung getragen, daß er gemäß § 122 Ersatz seines Vertrauensschadens verlangen kann (s. unten Rn. 114ff.). In einigen Fällen, in denen der Geschäftsverkehr einen besonderen Schutz erfordert, greifen jedoch zusätzliche Schutzvorschriften ein.

a) Schutz durch gutgläubigen Erwerb

93 Soweit dingliche Rechtsgeschäfte durch die Anfechtung rückwirkend vernichtet werden, kommen zum Schutz des Geschäftsverkehrs die Vorschriften über den gutgläubigen Erwerb (insbes. §§ 892, 932ff.) zum Tragen. Sie **schützen** jedoch **nicht** den **Vertragspartner** des Anfechtenden selbst, sondern **erst Dritterwerber,** die vom Vertragspartner erwerben. Dies gilt auch für Inhaberpapiere (s. Rn. 97).

94 **Beispiel:** Hat V an K ein Gemälde verkauft und übereignet, das er für eine Nachbildung eines alten Meisters hielt und das er entsprechend günstig verkauft hat, während es in Wirklichkeit ein echtes Gemälde des alten Meisters war, so kann V den Kaufvertrag und die Übereignung wegen Eigenschaftsirrtums nach § 119 Abs. 2 anfechten. K hat dann gemäß § 142 Abs. 1 zu keiner Zeit Eigentum erworben und er konnte auch nicht gutgläubig erwerben, da §§ 932ff. nur den guten Glauben an das hier gar nicht fehlende Eigentum des V schützen wollen, nicht aber den guten Glauben an das Fehlen eines Eigenschaftsirrtums. Hat jedoch K als Nichteigentümer das Gemälde an E weiterveräußert, dann greifen zugunsten des E die Vorschriften über den gutgläubigen Erwerb ein. Der gute Glauben des E entfällt aber nicht nur, wenn er nach der Anfechtung das fehlende Eigentum des K kennt oder grob fahrlässig nicht kennt (§ 932 Abs. 2). Der gute Glaube entfällt gemäß § 142 Abs. 2 vielmehr auch schon dann, wenn E den Irrtum des V kannte oder grob fahrlässig nicht kannte.

---

[90] Soergel/*Hefermehl,* § 121 Rn. 10.

Obwohl § 142 Abs. 2 mit dem Kennenmüssen jede auch leicht fahrlässige Unkenntnis zu erfassen scheint, ist nur der in den jeweiligen Gutglaubensvorschriften maßgebende Kenntnisstand von Bedeutung, um die Gutglaubensvorschriften nicht allzu sehr auszuhöhlen. Gemäß § 932 Abs. 2 zerstört deshalb erst die grob fahrlässige Unkenntnis vom Anfechtungsgrund den guten Glauben. Im Rahmen von §§ 892, 893 ist sogar positive Kenntnis vom Anfechtungsgrund erforderlich. Die Kenntnis eines in die Verhandlungen eingeschalteten Vertreters oder Verhandlungsgehilfen vom Anfechtungsgrund wird gemäß § 166 Abs. 1 zugerechnet. **95**

b) Besonderer Bestandsschutz bei einzelnen Geschäften

Besteht ein weitergehendes Schutzbedürfnis, weil das **Vertrauen des Geschäftsverkehrs** auf die Beständigkeit einzelner Arten von Geschäften besonders gesichert werden soll, so wird die Anfechtung in einigen Fällen auch ganz ausgeschlossen. **96**

Zu nennen sind hier insbesondere die Willenserklärungen im Zusammenhang mit der Ausstellung und Annahme eines Wechsels und anderer **Umlaufpapiere.** Deren Umlauffähigkeit soll ähnlich wie bei Geld gesichert werden. Deshalb wird zur Bestandssicherung nicht nur der gute Glaube eines Dritterwerbers geschützt (Art. 16 Abs. 2 WG), sondern es wird zur Vermeidung der Unsicherheit im Verkehr mit Wechseln bereits die Anfechtbarkeit der Ausstellungserklärung und der Annahmeerklärung (Art. 25, 28 WG) ausgeschlossen[91]. Gleiches gilt für die Bürgschaftserklärung auf einem Wechsel[92]. Die selben Erwägungen gelten für die Haftung des Scheckausstellers (Art. 12 ScheckG), eines Indossanten (Art. 18 Abs. 1 ScheckG) oder eines Scheckbürgen (Art. 27 Abs. 1 und 2 ScheckG). Die Anfechtung dieser Erklärungen ist im Interesse der Umlaufsicherheit und des Verkehrsschutzes ausgeschlossen. Für Inhaberpapiere gelten die Vorschriften über den gutgläubigen Erwerb gemäß §§ 932ff., § 142 Abs. 2, weil bei ihnen das Recht aus dem Papier (z.B. Forderung) dem Recht am Papier (Eigentum an der Urkunde) folgt. **97**

Auch **§ 164 Abs. 2** enthält zugleich einen Ausschlußgrund hinsichtlich der Irrtumsanfechtung, wenn dort der Wille für unbeachtlich erklärt wird, das Auftreten im Geschäftsverkehr als Handeln im eigenen Namen nicht gegen sich gelten lassen zu wollen. **98**

Dem Schutz des Geschäftsverkehrs dient auch der Ausschluß der Anfechtbarkeit von **Gründungs- und Beitrittserklärungen bei Kapital- und Personalgesellschaften.** Damit verbunden ist aber gleichzeitig die Vermeidung von Rückabwicklungsschwierigkeiten (s. Rn. 111ff.). **99**

3. Vermeidung von Rückabwicklungsschwierigkeiten

Handelt es sich beim angefochtenen Vertrag um ein einfaches Umsatzgeschäft zwischen zwei Vertragsparteien, so kann die Rückabwicklung der Leistungen, die auf den infolge der Anfechtung nichtigen Vertrag erbracht worden sind, nach den Vorschriften der §§ 812ff. über die Herausgabe einer ungerechtfertigten Bereicherung im allgemeinen interessengerecht erfolgen. Anders ist es aber, wenn das betreffende Rechtsgeschäft, wie z.B. ein Gesellschaftsvertrag, infolge einer **länger dauernden Zusammenarbeit** der Beteiligten mannigfache Vermögensbewegungen nach sich gezogen hat und die Beteiligten im Verkehr als Geschäftspartner aufgetreten sind, oder wie ein Arbeitsverhältnis, das einige Zeit lang durchgeführt worden ist und tief in die Lebensverhältnisse eines oder mehrerer Beteiligter eingegriffen hat. Da das, was tatsächlich geschehen ist, nicht rückgängig gemacht werden kann, erscheint die rückwirkende **100**

---

[91] Unter Hinweis auf Art. 9 WG *Hueck/Canaris,* Recht der Wertpapiere, § 6 VIII 1; § 7 II 4; ebenso *Zöllner,* Wertpapierrecht, § 12 IX 3b.

[92] *BGHZ* 34, 179, 181.

Vernichtung der aus einem solchen Lebensverhältnis fortdauernd entstandenen Rechtsbeziehungen als wenig sachgemäß. Die Durchführung der aus der Rückabwicklung sich ergebenden Konsequenzen führt in diesen Fällen teils zu erheblichen Abwicklungsschwierigkeiten, teils sogar zu groben Unbilligkeiten.

101 Dazu kommt, daß bei Gründung einer Gesellschaft oder einer Körperschaft vielfach dritte Personen auf die Rechtsbeständigkeit der Gesellschaft oder Körperschaft vertraut haben. Sie verdienen, in diesem Vertrauen geschützt zu werden, wenn die Gesellschaft in das Handelsregister eingetragen war oder im Rechtsverkehr unter ihrem Namen als Einheit aufgetreten ist.

102 Der Gesetzgeber hat diese Probleme nicht hinreichend bedacht, da er in erster Linie die Umsatzgeschäfte vor Augen hatte. Lediglich bei der Ehe hat er die Anfechtungsmöglichkeit beseitigt und durch eine nur für die Zukunft wirkende gerichtliche Aufhebung der Ehe ersetzt (§ 1313 mit § 1314, s. oben Rn. 76). Für einzelne Dauerschuldverhältnisse, wie insbesondere Gesellschafts- und Arbeitsverträge haben die Rechtsprechung und die Lehre zum Schutz des Rechtsverkehrs den Anwendungsbereich der Vorschriften über die **Anfechtung** wegen Irrtums oder wegen Täuschung und Drohung im Wege einer teleologischen Reduktion[93] erheblich **eingeschränkt** (s. auch unten § 44 Rn. 40). Die Beschränkung der rückwirkenden Anfechtung kann grundsätzlich bei allen Dauerschuldverhältnissen zur Anwendung kommen (s. unten § 44 Rn. 9), ist aber als Ausnahme von § 142 Abs. 1 auf solche Fallgestaltungen zu beschränken, in denen Rückabwicklungsschwierigkeiten typischerweise auftauchen und diese mit den gesetzlichen Vorschriften nicht angemessen zu bewältigen sind.

103 **Beispiele:** (1) Ein **Arbeitsvertrag** kann nur so lange mit rückwirkender Vernichtung aller bereits eingetretenen Rechtsfolgen angefochten werden, wie der Arbeitnehmer seine Arbeitsleistung noch nicht erbracht hat. Danach kann der Arbeitsvertrag nur mit Wirkung für die Zukunft aufgelöst werden, weil die bereits geleistete Arbeit nicht mehr rückgängig gemacht werden kann. Das bedeutet praktisch die Ersetzung des Anfechtungsrechts durch das Recht, fristlos zu kündigen, wobei sich aber die Voraussetzungen weiter nach denen der Anfechtung richten[94]. Die Rückwirkung der Anfechtung kommt aber dann zum Zuge, wenn eine Arbeitsleistung, z. B. wegen Krankheit bis zur Anfechtung nicht erbracht worden ist[95].

104 Nach heute h. L. können **Gründungs- und Beitrittserklärungen zu Kapitalgesellschaften** wie *AG* und GmbH nicht angefochten werden, wenn die Gesellschaft in das Handelsregister eingetragen ist[96]. Bei den **Personalgesellschaften** des Handelsrechts und der GbR tritt von dem Zeitpunkt an, in dem die Gesellschaft in das Handelsregister eingetragen ist oder faktisch ihre Tätigkeit aufgenommen hat, von gewissen Ausnahmefällen abgesehen, an die Stelle der rückwirkenden Anfechtung bei der OHG und *KG* die Auflösungsklage nach § 133 HGB, bei der GbR die fristlose Kündigung aus wichtigem Grund (§ 723 Abs. 1 Satz 2). Die Ersetzung der rückwirkenden Anfechtung durch die Kündigung mit Wirkung für die Zukunft gilt nicht nur im Verhältnis zu den Gläubigern der Gesellschaft, sondern auch unter den Gesellschaftern. Das Gesellschaftsverhältnis wird deshalb, sofern die Gesellschaft tätig geworden ist, nur mit Wirkung für die Zukunft aufgelöst[97]. Man spricht in diesen Fällen teils auch von faktischen Ar-

---

93 Vgl. dazu *Larenz/Canaris,* Methodenlehre, S. 210 ff.

94 Vgl. MünchKomm/*Kramer,* § 119 Rn. 24; *Zöllner/Loritz,* Arbeitsrecht, § 11 II 1 b. Kritisch dazu *Käßer,* Der fehlerhafte Arbeitsvertrag, 1979; *Picker,* ZfA 1981, 1.

95 S. *BAG* SAE 1999, 216, 218.

96 Vgl. nur *BGH* ZIP, 1982, 837 ff.; *RGZ* 124, 279, 287; 127, 186, 191; MünchKomm/*Kramer,* § 119 Rn. 17.

97 Vgl. a) zu den Kapitalgesellschaften: schon *RGZ* 68, 309; ferner *BGHZ* 13, 320, 322 (Gründungsgesellschaft einer GmbH); MünchKomm/*Kramer,* § 119 Rn. 21. b) zu den Personalgesellschaften des Handelsrechts: schon *RGZ* 76, 439; ferner *BGHZ* 3, 285; 8, 157, 166; MünchKomm/*Kramer,* § 119 Rn. 20.

beits- und Gesellschaftsverträgen (s. unten § 44 Rn. 8ff., 39n). Da jedoch eine Willenserklärung vorliegt, die wegen des Ausschlusses der Anfechtung auch wirksam bleibt, besteht ein rechtlich wirksamer Vertrag und nicht nur ein faktischer Vertrag.

4. Vorrang anderer Vorschriften

Die Anfechtung findet nicht statt, soweit es sich um Rechtsfolgen handelt, die auf dem Gesetz oder auf ergänzender Auslegung beruhen, weil insoweit der Wille nicht bestimmend ist (s. Rn. 73ff. und oben § 28 Rn. 119). Dies gilt insbesondere für Erklärungsfiktionen (oben § 28 Rn. 79f.)[98]. Auf andere Erwägungen hat früher die h.M. den Ausschluß der Anfechtbarkeit wegen Eigenschaftsirrtums, nicht auch wegen eines Erklärungs- oder Inhaltsirrtums oder wegen arglistiger Täuschung oder Drohung gestützt, wenn bei einem Kaufvertrag die Sachmängelvorschriften eingreifen. Diese schon früher angreifbaren Erwägungen können heute jedoch nicht mehr gelten (s. oben Rn. 48ff.). **105**

5. Ausschluß wegen unzulässiger Rechtsausübung (§ 242)

Die Ausübung des Anfechtungsrechts kann wie jede sonstige Rechtsausübung nach § 242 unzulässig sein, wenn sie gegen Treu und Glauben verstößt. **106**

Beispiel: Die Anfechtung ist als rechtsmißbräuchlich nach § 242 unzulässig, wenn der Käufer den Kaufvertrag wegen einer irrtümlich falschen Bestellung anficht, nachdem er den gelieferten Gegenstand verbraucht hat. Treuwidrig ist die Anfechtung auch, wenn der Vertragspartner den Vertrag gemäß der irrtümlichen Vorstellung gelten lassen will (s. unten Rn. 113). **107**

VI. Ausübung und Folgen des Anfechtungsrechts

1. Das Anfechtungsrecht als Gestaltungsrecht

a) Recht des Erklärenden

Ist eine Erklärung nach § 119 oder § 120 anfechtbar, so kann sich der Erklärende dadurch, daß er fristgerecht anficht, wieder von ihr lösen. Dies gilt unabhängig davon, ob der Irrtum auf seinem fahrlässigen Verhalten beruht oder nicht (s. oben Rn. 8). Ob er vom Anfechtungsrecht Gebrauch macht, bleibt **allein** der **Entscheidung des Anfechtungsberechtigten** überlassen. Das Anfechtungsrecht ist ein Gestaltungsrecht, das grundsätzlich demjenigen zusteht, der die irrige Erklärung abgegeben hat[99]. **108**

Hat jedoch der Erklärende in **direkter Stellvertretung** eines anderen gehandelt, so steht das Anfechtungsrecht dem Vertretenen als demjenigen zu, den die Rechtsfolgen des Geschäfts treffen. Er muß die Entscheidung darüber haben, ob er die von dem Vertreter in seinem Namen abgegebene Erklärung trotz des diesem unterlaufenen Irrtums gegen sich gelten lassen will oder nicht[100]. **109**

b) Anfechtungserklärung

Die Anfechtung erfolgt **durch Erklärung** gegenüber dem Anfechtungsgegner (§ 143 Abs. 1; dazu im einzelnen unten § 44 Rn. 31). Sie ist eine **empfangsbedürf-** **110**

---

[98] *Mankowski,* Beseitigungsrechte, S. 522ff.

[99] Ebenso *v. Tuhr,* AT II/1, § 57 Anm. 42; *Flume,* AT II, § 31, 3; Staudinger/*H. Roth,* § 143 Rn. 14; Palandt/*Heinrichs,* § 143 Rn. 3.

[100] Ebenso *v. Tuhr,* AT II/1, § 57 Anm. 42; *Flume,* AT II, § 31, 3; Staudinger/*H. Roth,* § 143 Rn. 14; Palandt/*Heinrich,* § 142 Rn. 3.

tige Willenserklärung. Die Anfechtungserklärung bedarf im allgemeinen keiner Form. Nur in einigen Fällen verlangt das Gesetz eine bestimmte Form und damit auch eine ausdrückliche Erklärung; so für die Anfechtung der Annahme oder der Ausschlagung einer Erbschaft (§ 1955 mit § 1945 Abs. 1) sowie eines Erbvertrages (§ 2282 Abs. 3).

111 **Beispiele:** Es ist nicht erforderlich, daß der Anfechtende den Ausdruck „Anfechtung" gebraucht. Vielmehr genügt jede Erklärung, durch die der Anfechtungsberechtigte zu erkennen gibt, daß er seine Erklärung nicht gelten lassen will[101]. Eine Anfechtungserklärung kann deshalb nicht nur ausdrücklich, sondern auch mittelbar konkludent etwa in dem Verlangen zum Ausdruck kommen, das bereits Geleistete zurückzuerstatten, oder in der Erhebung einer auf die Rückerstattung gerichteten Klage.

2. Die Nichtigkeitsfolgen der Anfechtung

112 Folge der rechtzeitigen Anfechtung ist, daß das angefochtene Rechtsgeschäft nunmehr als **von Anfang an nichtig** anzusehen ist (§ 142 Abs. 1; vgl. unten § 44 Rn. 21ff.). Bei einem Vertrage kann jeder Vertragsteil zwar nur seine eigene Erklärung anfechten, dadurch wird aber, weil seine Erklärung zum Zustandekommen des Vertrags notwendig war, der Vertrag als Ganzes hinfällig. Der Anfechtende vermag durch die Anfechtung nur zu erreichen, daß das angefochtene Geschäft unwirksam wird. Er vermag nicht zu erreichen, daß statt dessen ein anderes Geschäft gilt, etwa ein solches mit dem Inhalt, den er sich vorgestellt hatte.

113 Erklärt sich jedoch der Anfechtungsgegner bereit, die Erklärung so gelten zu lassen, wie der Anfechtende sie seiner eigenen Behauptung nach gemeint hat, so wird der Erklärende so gestellt, wie er bei irrtumsfreier Erklärung stehen würde. Es würde dann aber Treu und Glauben widersprechen, wenn der Erklärende auch dann noch auf der Nichtigkeit des Geschäfts bestünde. Obgleich das Gesetz hierüber schweigt, muß dem Anfechtungsgegner das Recht zuerkannt werden, die Nichtigkeitsfolgen abzuwenden, wenn er sich unverzüglich nach Zugang der Anfechtungserklärung bereit erklärt, die angefochtene Erklärung so gelten zu lassen, wie der Erklärende selbst sie verstanden hatte[102]. Art. 4.105 der Europäischen Vertragsprinzipien[103] läßt aus diesem Grund das Anfechtungsrecht ausdrücklich entfallen.

3. Ersatz des Vertrauensschadens (§ 122)

a) Risikohaftung ohne Verschulden

114 Die Anfechtung der Erklärung wegen Irrtums oder unrichtiger Übermittlung belastet den Anfechtenden mit der Verpflichtung, dem anderen dessen Vertrauensschaden zu ersetzen (§ 122). Diese Verpflichtung, die auch im Falle des § 118 besteht, gründet in der Verantwortlichkeit des Erklärenden für seine Erklärung, die in dieser abgeschwächten Form weiterbesteht. Sie setzt kein Verschulden des Anfechtenden voraus,

---

101 *RGZ* 105, 207; 158, 166, 168.

102 So mit unterschiedlichen Begründungen *v. Tuhr,* AT II/1, § 67 zu Anm. 135 und 136; *Hübner,* AT, Rn. 813; *Flume,* AT II, § 21, 6; *Medicus,* AT, Rn. 781; MünchKomm/*Kramer,* § 119 Rn. 145. Anders (je nach den Umständen des Einzelfalls) *Enneccerus/Nipperdey,* AT, § 170 IV; für einen Neuabschluß *Schack,* AT, Rn. 223; *Lobinger,* AcP 195 (1995), 274.

103 Abgedruckt in *Basedow,* (Hrsg.), Europäische Vertragsrechtsvereinheitlichung und deutsches Recht, 2000, S. 219ff.

ist vielmehr eine reine **Vertrauens- oder Anscheinshaftung.** Daher ist § 122 kein echter Fall der Haftung für ein Verschulden beim Vertragsschluß[104].

Die **Ersatzpflicht** ist **ausgeschlossen,** wenn der andere nicht auf die Erklärung **115**
vertraut hat oder vertrauen durfte, weil er den Grund der Nichtigkeit oder der Anfechtbarkeit kannte oder kennen mußte, d.h. nur infolge von Fahrlässigkeit nicht kannte (§ 122 Abs. 2). Darüber hinaus kann die Ersatzpflicht aufgrund einer **Mitverursachung** gemäß § 254 gemindert sein oder fortfallen, wenn der Anfechtungsgegner durch ein, wenn auch schuldloses Handeln den Irrtum des Erklärenden herbeigeführt hatte. Den Anspruch in einem solchen Fall stets ganz versagen[105], führt zu einem unangemessenen Ergebnis, wenn der Irrtum durch den Geschäftsgegner nur mitveranlaßt ist, der Anfechtende seinerseits aber auch nachlässig gehandelt hat. § 254 ermöglicht hier eine den jeweiligen Umständen entsprechende Schadenszuweisung[106].

b) Ersatz des Vertrauensschadens

Der Anfechtende hat dem anderen nur den Schaden zu ersetzen, den dieser dadurch **116**
erlitten hat, daß er auf die Gültigkeit der Erklärung vertraute, den sog. Vertrauensschaden oder das **negative Interesse.** Das bedeutet, daß er ihn wirtschaftlich so zu stellen hat, wie dieser jetzt stehen würde, wenn er sich nicht auf die Gültigkeit der Erklärung und, falls es sich um einen Vertrag handelt, nicht auf das Zustandekommen des Vertrags eingestellt hätte[107].

Beispiele: Ein Vertrauensschaden liegt z.B. darin, daß der Erklärungsempfänger, ohne auf **117**
das Zustandekommen des Vertrags zu vertrauen, Aufwendungen zum Zweck der Ausführung des Vertrages unterlassen oder ein ihm kurz darauf von dritter Seite gemachtes günstiges Kaufangebot angenommen hätte, während er jetzt die Sache nur noch mit Verlust verkaufen kann. Die Aufwendungen können auch in der Eingehung einer Verbindlichkeit bestehen, so wenn der gekündigte Mieter einen neuen Gewerberaum gemietet und sich zur Zahlung des Mietzinses dafür verpflichtet hat. Ficht der Vermieter seine Kündigung an und wird diese dadurch nichtig, so ist der Mieter an den alten und den neuen Mietvertrag gebunden.

Hatte der Gegner des Anfechtenden auf Grund des jetzt nichtig gewordenen Vertrages sei- **118**
nerseits schon an den Anfechtenden geleistet, so stellt auch diese Leistung für ihn einen Vertrauensschaden dar. Zwar hat der Leistende in diesem Fall den Rückforderungsanspruch nach § 812. Doch führt dieser dann nicht zum Ziele, wenn der Empfänger der Leistung nicht mehr bereichert ist (§ 818 Abs. 3). In diesem Fall hilft ihm der Anspruch auf den Ersatz seines Vertrauensschadens, der nicht dem Einwand des Wegfalls der Bereicherung (§ 818 Abs. 3) ausgesetzt ist. Der Anfechtende trägt daher das Risiko des zufälligen Untergangs oder der zufälligen Verschlechterung des ihm geleisteten Gegenstandes[108].

Dagegen kann der Anfechtungsgegner nicht das sog. **positive** oder **Erfüllungsinter-** **119**
esse verlangen, d.h. so gestellt zu werden, wie er stehen würde, wenn das angefochtene Geschäft gültig geblieben und zur Ausführung gelangt wäre. Er kann also z.B. nicht den Ersatz des entgangenen Gewinns verlangen, den er im Falle der Ausführung des angefochtenen Vertrages durch einen Weiterverkauf der gekauften Sache gemacht hätte.

Der Vertrauensschaden kann unter Umständen größer sein als das Erfüllungsinter- **120**
esse; so wenn die Aufwendungen, die der Anfechtungsgegner zum Zwecke der Aus-

---

104 Vgl. *Larenz,* Schuldrecht I, § 9, I.

105 So *RGZ* 81, 395, 398.

106 Dafür zuerst *Enneccerus/Nipperdey,* AT, § 171 II 5; ihm folgend Soergel/*Hefermehl,* § 122 Rn. 6; *BGH* NJW 1969, 1380. Einschränkend *Medicus,* AT, Rn. 786.

107 Vgl. *Medicus,* AT, Rn. 783.

108 *Flume,* AT II, § 22, 7. Vgl. auch *v. Tuhr,* AT II/1, § 67 Anm. 140a.

führung des Vertrages bereits gemacht hatte, größer sind, als sein mutmaßlicher Gewinn aus dem Geschäft gewesen wäre. In diesem Fall kann er den Ersatz seines Vertrauensschadens nur bis zur Höhe des Erfüllungsinteresses verlangen. Dies bringt das Gesetz mit den Worten zum Ausdruck, daß der Schaden nicht über den Betrag des Interesses hinaus zu ersetzen ist, das der Erklärungsempfänger „an der Gültigkeit der Erklärung hat". Diese Beschränkung ist deshalb gerechtfertigt, weil kein Grund besteht, den Erklärungsempfänger im Falle der Anfechtung wirtschaftlich besser zu stellen, als er stehen würde, wenn das angefochtene Geschäft gültig geblieben wäre.

4. Schadensersatz aus Verhandlungsverschulden

121 Hat der Anfechtende seinen Irrtum selbst verschuldet, so kommt im Falle der Anfechtung neben dem Anspruch aus § 122 eine Haftung aus Verschulden bei den Vertragsverhandlungen nach § 311 Abs. 2 mit § 241 Abs. 2 und §§ 280, 282 gegenüber dem Erklärungsempfänger in Betracht[109]. Dieser Anspruch ist nicht auf das negative Interesse begrenzt. Der Schaden kann aber wegen Mitverschuldens des Erklärungsempfängers nach § 254 zu mindern sein.

§ 37. Arglistige Täuschung und widerrechtliche Drohung

Inhaltsübersicht

Literatur: *Breidenbach,* Die Voraussetzungen von Informationspflichten beim Vertragsabschluß, 1989; *Fleischer,* Konkurrenzprobleme um die culpa in contrahendo: Fahrlässige Irreführung versus arglistige Täuschung, AcP 200 (2000), 91; *Karakatsanes,* Die Widerrechtlichkeit in § 123 BGB, 1974; *Leist,* Die Einschränkung der Irrtums- und Täuschungsanfechtung in der Praxis, AcP 102, 215; *Schuster,* Unredliches Verhalten Dritter beim Vertragsabschluß, AcP 168 (1968), 470; *Windel,* Welche Willenserklärungen unterliegen der Einschränkung der Täuschungsanfechtung gem. § 123 Abs. 2 BGB?, AcP 199 (1999), 421.

---

[109] S. Palandt/*Heinrichs,* § 122 Rn. 6; einschränkend Soergel/*Hefermehl,* § 122 Rn. 7.

I. Gemeinsame Grundlagen

1 Während das Gesetz beim Erklärungs- und Inhaltsirrtum nur die Divergenz zwischen dem Geschäftswillen und dem Erklärungsinhalt als Anfechtungsgrund anerkennt, einen Irrtum bei der Willensbildung dagegen als Motivirrtum grundsätzlich für unbeachtlich hält (s. oben § 36 Rn. 2), werden bei der arglistigen Täuschung sowie bei der Drohung (§ 123) Mängel in der Willensbildung grundsätzlich als beachtlich anerkannt. Der Grund dafür ist, daß in diesen Fällen die Freiheit der privatautonomen Willensbildung und -entschließung durch äußere **Einwirkungen Dritter** beeinträchtigt wird, die **dem Erklärenden nicht verantwortlich zugerechnet** werden können, insbesondere wenn sie vom Erklärungsempfänger selbst ausgehen. In den Irrtumsfällen liegt die Quelle der Störung zumeist im Bereich des Erklärenden selbst: er hat sich vergriffen oder falsch ausgedrückt oder seine Vorstellungen von verkehrswesentlichen Eigenschaften waren unrichtig. Er kann sich zwar gemäß § 119 durch Anfechtung von seiner Erklärung wieder lösen, jedoch nur gegen Ersatz des Vertrauensschadens (§ 122). Bei der arglistigen Täuschung und der widerrechtlichen Drohung ist er dagegen selbst Opfer einer vom Recht mißbilligten Handlungsweise. Es besteht daher kein hinreichender Grund, ihn verantwortlich an seine Erklärung zu binden oder ihn auch nur mit dem Ersatz des Vertrauensschadens zu belasten. § 123 gewährt deshalb ein Anfechtungsrecht beim fremdbeeinflußten Motivirrtum und bei gewissen Zwangseinwirkungen auf die Willensbildung. Zugleich entfällt ein Ersatz des Vertrauensschadens.

2 Bei empfangsbedürftigen Willenserklärungen muß das Gesetz neben der Verantwortung des Erklärenden auch den **Vertrauensschutz des Erklärungsempfängers** berücksichtigen, wenn dieser die arglistige Täuschung oder die Drohung nicht selbst begangen hat. Dafür hat das Gesetz eine differenzierende Lösung gewählt. Während im Fall der arglistigen Täuschung die Anfechtung einer empfangsbedürfti-gen Erklärung nur dann zulässig ist, wenn die Täuschung gerade von dem Geschäftsgegner begangen wurde oder dieser sie wenigstens kannte oder kennen mußte (vgl. § 123 Abs. 2), gilt diese Einschränkung nicht für die Anfechtung wegen Drohung[1]. Die widerrechtliche Beeinflussung des Willens durch eine Drohung wird vom Gesetz in so starkem Maße mißbilligt, daß demgegenüber der Schutz des Geschäftsgegners zurücktreten muß, auch wenn dieser die Drohung weder kannte noch kennen mußte[2].

3 Trotz der rechtlichen Mißbilligung der arglistigen Täuschung und der Drohung ist das unter ihrem Einfluß zustandegekommene Rechtsgeschäft zunächst gültig. Doch kann der Getäuschte oder Bedrohte seine Erklärung nach der Entdeckung der Täuschung oder der Beendigung der Zwangslage anfechten. Dadurch ergeben sich gewisse Abgrenzungsschwierigkeiten gegenüber dem Tatbestand des § 138, der die Nichtigkeit des betreffenden Geschäfts zur Folge hat (s. unten Rn. 37). Über einen Schadensersatzanspruch aus culpa in contrahendo oder aus unerlaubter Handlung kann häufig auch ohne Anfechtung ein wirtschaftlich gleiches Ergebnis erzielt werden (unten Rn. 19).

---

[1] *BGH* NJW 1966, 2399, 2401; MünchKomm/*Kramer,* § 123 Rn. 53.

[2] Allerdings plädiert MünchKomm/*Kramer,* § 123 Rn. 53 für einem Anspruch auf Ersatz des Vertrauensschadens analog § 122.

II. Die Anfechtung wegen arglistiger Täuschung

4 Eine durch arglistige Täuschung beeinflußte Willenserklärung kann angefochten werden. Nicht jede fremde Einflußnahme auf die Willensbildung befreit jedoch den Erklärenden von der verantwortlichen Bindung an seine Erklärung. Die Voraussetzungen der arglistigen Täuschung, die von dieser Bindung freistellt, müssen deshalb genau geklärt werden.

1. Täuschung durch Tun und Unterlassen

a) Grundsätzliche Pflicht zu richtigen Angaben

5 Die vom Erklärungsempfänger oder seinen Leuten gemachten Angaben müssen grundsätzlich richtig sein. Auch **Angaben,** die nach den Umständen nicht mitzuteilen sind und **ungefragt** gemacht werden, müssen stets richtig sein. Soweit der Erklärende nach bestimmten Angaben fragt, ist zu unterscheiden, ob es sich um eine rechtlich **zulässige oder unzulässige Frage** handelt[3]. Falsche Angaben auf rechtlich **unzulässige Fragen** stellen keine arglistige Täuschung dar.

6 Die **Täuschung** besteht in der vorsätzlichen, also gewollten Erzeugung oder Aufrechterhaltung eines Irrtums beim Erklärenden, um dadurch dessen Entschluß zu beeinflussen[4]. Eine Täuschung durch positives Tun ist das **Vorspiegeln unwahrer Tatsachen.** Es muß sich grundsätzlich um Tatsachen handeln, d. h. um vergangene oder gegenwärtige Ereignisse oder Zustände. Zukünftige Ereignisse oder Zustände sowie Meinungen und Werturteile können nicht Gegenstand einer Täuschung sein, wohl aber der Umstand, ob jemand eine bestimmte Meinung oder ein Werturteil hat oder nicht. **Gleichgültig** ist, **auf** welche **Willensinhalte** sich die Täuschung bezieht, ob auf die Eigenschaft des Geschäftsgegenstandes, auf einen Umstand, der dessen Bewertung zu beeinflussen vermag, wie z. B. den Marktpreis oder den Börsenkurs, oder auf sonstige Umstände, die für den Geschäftsentschluß tatsächlich von Einfluß sind. Täuschung ist auch das **Verschweigen wahrer Tatsachen.** Dabei ist zu unterscheiden, ob auf eine Frage die wahren Tatsachen verschwiegen werden oder ob auch ohne vorangehende Frage eine **Pflicht zum Reden** besteht.

7 **Beispiele:** Wer **unaufgefordert** bei den Geschäftsverhandlungen bestimmte Angaben z. B. über seine Verdienstspanne macht, muß bei der Wahrheit bleiben und richtige Angaben machen[5]. Der Verkäufer eines gebrauchten Kraftfahrzeuges ist auf die **zulässige Frage** nach der Unfallfreiheit verpflichtet, einen früheren Unfall mitzuteilen, auch wenn er nach seiner Auffassung nur zu einem sogenannten Blechschaden ohne nachteilige Folgen geführt hat[6]. Auch die unrichtige Beantwortung der **zulässigen Frage** nach der Schwerbehinderteneigenschaft kann die Anfechtung des Arbeitsvertrags wegen arglistiger Täuschung rechtfertigen, ohne Rücksicht darauf, ob die Behinderung für die auszuübende Tätigkeit von Bedeutung ist oder nicht[7]. Eine grundsätzlich **unzulässige Frage** ist die Frage nach der Schwangerschaft bei der Einstellung einer Arbeitnehmerin[8]. Eine falsche Angabe hierzu begründet deshalb nicht die Anfechtung wegen arglistiger Täuschung. Unzulässig sind auch Fragen nach Vorstrafen, die für den abzu-

---

[3] S. dazu auch *Mankowski,* Beseitigungsrechte, 2003, S. 327 ff.

[4] Vgl. *BGH* NJW 1957, 988; *BGH* LM § 123 BGB Nr. 45; *BGH* NJW 2000, 2497; MünchKomm/*Kramer,* § 123 Rn. 8; Soergel/*Hefermehl,* § 123 Rn. 2.

[5] Vgl. *BGH* NJW 1964, 811 = LM § 123 BGB Nr. 30 a.

[6] So *BGH* LM § 123 BGB Nr. 35.

[7] *BAG* NJW 1994, 1363; *BAG* BB 1996, 969; *BAG* SAE 1999, 216.

[8] *EuGH* NJW 1994, 2077; 1991, 629; *BAG* NJW 1993, 1154; vgl. auch MünchKomm/*Kramer,* § 123 Rn. 19; Erman/*Palm,* § 123 Rn. 21; anders noch *BAG* BB 1986, 1852; Soergel/*Hefermehl,* § 123 Rn. 18.

schließenden Vertrag ohne Bedeutung sind, z. B. nach Verkehrsdelikten bei einem Buchhalter. Zulässig ist aber die Frage nach Vorstrafen und laufenden Ermittlungsverfahren bei Einstellung in den Polizeivollzugsdienst[9].

b) Pflicht zu Angaben ohne Fragen

Eine Pflicht zum Reden auch ohne Frage besteht, wie schon das *RG* festgestellt 8
hat[10], wenn Treu und Glauben nach der Verkehrsauffassung das Reden erfordern und der andere Teil nach den Grundsätzen eines reellen Geschäftsverkehrs eine Aufklärung erwarten durfte. Aufklärungspflichten, die bei vorvertraglichen oder geschäftlichen Kontakten bestehen (s. oben § 31 Rn. 18ff.), sind auch im Zusammenhang mit der arglistigen Täuschung nach § 123 zu berücksichtigen. Eine gesteigerte Aufklärungspflicht besteht bei Rechtsverhältnissen, die zur Wahrnehmung der Interessen des anderen Teils verpflichten, oder bei Rechtsverhältnissen, die eine vertrauensvolle Zusammenarbeit voraussetzen, wie z. B. in Personengesellschaften oder bei einem Geschäftsbesorgungsvertrag. Auch eine schon bestehende Vertrauensbeziehung z. B. bei ständigen Geschäftsbeziehungen kann eine weitergehende Aufklärungspflicht begründen. Ebenso kann bei überlegener Geschäftserfahrung eines Vertragsteils eine Aufklärungspflicht bestehen, wenn der andere ihm ein nach den Umständen gerechtfertigtes Vertrauen entgegenbringt[11]. Die Aufklärungspflichten hängen auch von der wirtschaftlichen Bedeutung des Geschäfts ab.

Beispiele: Ein Verkäufer, der fachkundig ist, ist verpflichtet, den Käufer auf die mangelnde 9
Eignung des Kaufgegenstandes für dessen Zwecke selbst dann hinzuweisen, wenn dieser sie ebenfalls hätte erkennen können[12]. Auch in Vertragsverhandlungen, in denen die Beteiligten entgegengesetzte Interessen verfolgen, besteht die Pflicht, den anderen Teil über solche Umstände aufzuklären, die den Vertragszweck des anderen vereiteln können und daher für seinen Entschluß von wesentlicher Bedeutung sind, sofern er die Mitteilung nach der Verkehrsauffassung erwarten durfte[13]. Wer einen anderen im Rahmen eines Geschäftsbesorgungsvertrags mit der Geltendmachung von Ansprüchen betraut und ihm dazu Vollmacht erteilt, kann erwarten, daß der Beauftragte ihn über die wahren Erfolgsaussichten für die Durchsetzung der Ansprüche informiert und nicht in Kenntnis guter Erfolgschancen die Ansprüche weit unter Wert vom Auftraggeber erwirbt[14]. Bei Geschäften mit spekulativem Charakter besteht andererseits keine Aufklärungspflicht hinsichtlich solcher Umstände, deren Vorliegen oder Nichtvorliegen gerade zu dem normalen Risiko gehört, das mit einem solchen Geschäft verbunden ist[15].

2. Kausalität der Täuschung

Die Täuschung muß kausal für den Irrtum sein. Sie muß allerdings nicht die allein- 10
ige Ursache oder der maßgebliche Grund für die Willenserklärung des Getäuschten sein. Für die Kausalität genügt vielmehr, daß der Anfechtende durch den von dem anderen erregten oder aufrechterhaltenen Irrtum in seinem **Entschluß irgendwie beeinflußt** worden ist[16]. Im Falle der Täuschung durch Verschweigen genügt hierfür, daß die unterlassene Aufklärung, wenn sie erfolgt wäre, den Getäuschten von dem

---

[9] *BAG* NJW 1999, 3653.
[10] *RGZ* 111, 233, 234.
[11] *BGH* LM H. 4/02 § 123 BGB Nr. 86.
[12] *BGH* LM § 123 BGB Nr. 42.
[13] *BGH* LM § 123 BGB Nr. 45; *BGH* NJW 2000, 2497.
[14] *BGH* LM H. 4/02 § 123 BGB Nr. 86.
[15] *BGH* LM § 123 BGB Nr. 56.
[16] Vgl. *BGH* LM § 123 BGB Nr. 4 und 30 a.

Geschäft abgehalten hätte[17]. An einer ursächlichen Beeinflussung fehlt es aber, wenn die vorgespiegelte Tatsache offensichtlich falsch ist und deshalb ein Irrtum nicht entstanden sein kann, weil z. B. ein offenkundig Schwerbehinderter sich als nicht schwerbehindert bezeichnet[18].

3. Arglist als subjektive Voraussetzung

11 **Arglistig** ist die Täuschung, wenn sie mit Täuschungswillen vorgenommen worden ist. Dazu gehört die Kenntnis der Unrichtigkeit der gemachten Angaben sowie das Bewußtsein und der Wille, dadurch den Willen des Getäuschten zu beeinflussen[19]. Bedingter Vorsatz genügt. Ausreichend ist es deshalb auch, wenn der Täuschende ernsthaft mit der Unrichtigkeit rechnet oder wenn er „ins Blaue hinein" objektiv unrichtige Angaben macht[20]. Ebenso genügt das Bewußtsein, daß der Getäuschte möglicherweise beeinflußt werden könne[21].

12 Im Gegensatz zum strafrechtlichen Betrugstatbestand ist ein Schädigungsvorsatz nicht erforderlich, ebensowenig, daß der Getäuschte durch das Geschäft einen Vermögensschaden tatsächlich erlitten hat. § 123 BGB **schützt** nicht das Vermögen, sondern die **Entschließungsfreiheit**[22]. Der Täuschende braucht daher auch nicht die Absicht zu haben, den anderen zu schädigen oder sich selbst einen Vermögensvorteil, auf den er keinen Anspruch hat, zu verschaffen[23]. Da auch ein moralisches Werturteil ohne Bedeutung ist, kann der Täuschende sogar „zum Besten" des Getäuschten gehandelt haben[24]. Schließlich kommt es auch nicht darauf an, ob der Täuschende deliktsfähig war oder nicht. Das Täuschungsbewußtsein ist ein natürliches Bewußtsein ohne Verschuldensvorwurf. Bei Täuschung durch Minderjährige ist aber § 828 analog anzuwenden.

4. Täuschung durch den Erklärungsempfänger oder Dritte

a) Vertrag mit zwei Parteien

13 Eine empfangsbedürftige Erklärung ist im allgemeinen nur dann wegen Täuschung anfechtbar, wenn der **Erklärungsgegner selbst** die **Täuschung begangen** hat. Bei **Täuschung eines Dritten** ist dem Getäuschten die Anfechtung nach § 123 Abs. 2 nur gestattet, wenn der Erklärungsempfänger die arglistige Täuschung und deren mögliche Ursächlichkeit für den Willensentschluß des Getäuschten kannte oder kennen mußte[25]. Hier berücksichtigt das BGB den **Vertrauensschutz des Erklärungsempfängers** und wertet das Vertrauen des Erklärungsempfängers auf die Gültigkeit der Erklärung grundsätzlich höher als das Interesse des Getäuschten, von seiner Erklärung loszukommen. Dem Getäuschten bleiben allenfalls die Irrtumsanfechtung nach § 119 Abs. 2, wenn dessen Voraussetzungen vorliegen, oder Schadensersatzansprüche gegen den Dritten, z. B. aus § 823 Abs. 2 mit § 263 StGB.

---

[17] Vgl. Erman/*Palm,* § 123 Rn. 26.
[18] *BAG* NJW 2001, 1885.
[19] *BGH* NJW-RR 1998, 904; *BGH* NJW 2000, 2497.
[20] *BGHZ* 63, 386; *BGH* NJW 1981, 1441; *BGH* NJW-RR 1986, 700; *Medicus,* AT, Rn. 788; *Köhler,* AT, § 7 Rn. 43.
[21] Vgl. *BGH* § 123 BGB Nr. 42 unter 3 d; *v. Tuhr,* AT II/1, § 68 zu Anm. 3.
[22] Vgl. *BGH* NJW 2000, 2497 und schon *RG* JW 1910, 704.
[23] Vgl. *RG* JW 1912, 69; *RGZ* 111, 5, 7.
[24] *BGHZ* 109, 327, 333; MünchKomm/*Kramer,* § 123 Rn. 9; a. A. *BGH* LM § 123 BGB Nr. 9, 14.
[25] So zu Recht *BGHZ* 96, 302.

b) Verträge mit mehreren Beteiligten

14 Hat ein begünstigter Dritter aus einem **Vertrag zugunsten Dritter** (§ 328) unmittelbar ein **Recht erworben**, wie etwa der Begünstigte bei einem Lebensversicherungsvertrag (vgl. dazu § 330), so ist die Erklärung ihm gegenüber anfechtbar, wenn er die Täuschung des anderen (Vierten) kannte oder erkennen mußte (§ 123 Abs. 2 Satz 2); selbstverständlich ist dies erst recht dann möglich, wenn der Begünstigte die Täuschung selbst begangen hat. In beiden Fällen verdient der Begünstigte keinen Vertrauensschutz. Dies gilt unabhängig davon, ob der Versprechensempfänger als Vertragschließender die arglistige Täuschung kannte oder kennen mußte. Hat der Vertragspartner als der Versprechensempfänger die Täuschung selbst begangen oder die Täuschung eines Dritten gekannt oder fahrlässig nicht gekannt, so kann der getäuschte Versprechende auch ohne Kenntnis des Begünstigten anfechten, weil sich der Begünstigte gemäß § 334 alle Einwendungen aus dem Vertrag mit dem Versprechensempfänger entgegenhalten lassen muß.

15 Bei einer **Vertragsübernahme** als dreiseitigem Rechtsgeschäft zwischen dem eintretenden, dem ausscheidenden und dem verbleibenden Vertragspartner ist zu unterscheiden. Wird der **Eintretende** vom Ausscheidenden **getäuscht,** so kann der getäuschte Eintretende seine Erklärung anfechten. Er scheidet damit aus dem übernommenen Vertrag aus und der Vertrag bleibt zwischen den ursprünglichen Parteien weiterhin bestehen. Gleiches gilt, wenn umgekehrt der Eintretende den **Ausscheidenden getäuscht** hat. Auf die Kenntnis des verbleibenden Vertragspartners kommt es dabei nicht an[26]. Er ist nicht schutzbedürftig, weil der mit der Anfechtung verbundene Wiedereintritt des alten Vertragspartners nur den Zustand wiederherstellt, den er auch bisher akzeptiert hat. Wird dagegen der **verbleibende Vertragspartner getäuscht,** so kann er nur anfechten, wenn der Anfechtungsgrund sowohl gegenüber dem Eintretenden wie gegenüber dem Ausscheidenden besteht. Dafür genügt es, wenn ein Beteiligter die arglistige Täuschung begeht und ein anderer Beteiligter sie kennt oder kennen muß, nicht jedoch der Anfechtende. Die Kenntnis oder das Kennenmüssen des Ausscheidenden wie des Eintretenden ist erforderlich, weil es z. B. dem Ausscheidenden nicht zugemutet werden kann, noch nach Jahren rückwirkend wieder in einen Vertrag einzutreten, der zwischenzeitlich vom Eintretenden genutzt worden ist. Auf Seiten des Eintretenden ist das Kenntniselement erforderlich, weil er nicht schlechter gestellt werden soll als nach § 123 Abs. 2 bei Täuschung durch einen Dritten und ohne den Vorwurf des Kennenmüssens nicht das Täuschungsrisiko mit der Vernichtung des Übernahmevertrags tragen soll.

16 **Beispiel:** V hat sein Gaststättenlokal an M1 vermietet, der aus dem Mietvertrag ausscheiden will. M2 tritt nach Verhandlungen mit V, in denen er seine Zahlungsfähigkeit vorgespiegelt hat, im Einverständnis mit V und M1 als Nachmieter in den Mietvertrag ein. Da M2 auch nach mehreren Monaten keinerlei Mietzinsen bezahlt, fühlt sich V arglistig getäuscht und ficht den Übernahmevertrag gegenüber M2 und M1 an. Zugleich verlangt er von M1 die ausgefallenen Mietzinsen, weil der Mietvertrag mit ihm infolge der Anfechtung wieder rückwirkend in Kraft getreten sei. Die Anfechtung der Vertragsübernahme mit dem Nachmieter M2 ist nur gerechtfertigt, wenn M1 die Täuschung des V durch M2 kannte oder kennen mußte[27]. V kann nur den Mietvertrag mit M2 fristlos kündigen.

---

[26] So zu Recht *BGHZ* 96, 302.
[27] S. *BGH* NJW 1998, 531.

c) Täuschung durch beteiligte und unbeteiligte Dritte

17 § 123 Abs. 2 will das Vertrauen des Erklärungsempfängers in die Gültigkeit der Erklärung schützen. Das Vertrauen muß aber schutzwürdig sein. Die Schutzwürdigkeit des Empfängervertrauens mißt § 123 Abs. 2 daran, ob er die Täuschung des Dritten kannte oder kennen mußte. Nach dem Rechtsgedanken des § 166 Abs. 1 muß sich der Erklärungsempfänger nicht nur sein eigenes Wissen zurechnen lassen, sondern auch das tatsächliche und mögliche Wissen der in seinem Lager befindlichen Vertreter und Verhandlungsgehilfen (s. unten § 46 Rn. 102ff.). Die Täuschungen von Personen aus seinem Lager (Lagertheorie) muß sich der Erklärungsempfänger danach wie eigenes Wissen und eine eigene Täuschung zurechnen lassen. **Dritter** im Sinne des § 123 Abs. 2 ist deshalb **nicht,** wer auf Seiten des Erklärungsempfängers mit dessen Wissen und Wollen als sein Stellvertreter, Vermittler, Verhandlungs- oder Abschlußgehilfe an dem Geschäftsabschluß mitgewirkt hat oder sonstige Personen, die in seinem Pflichtenkreis tätig geworden sind, indem sie Aufgaben verrichten, die typischerweise dem Erklärungsempfänger obliegen[28]. Die von einer solchen Person begangene Täuschung muß der Erklärungsempfänger sich zurechnen lassen ohne Rücksicht darauf, ob er sie kannte oder kennen mußte.

18 **Beispiele:** Beim sog. finanzierten Kauf[29], bei dem z.B. eine Bank die Kaufpreiszahlung durch Kreditgewährung an den Käufer finanziert (s. auch § 358), muß sich die Bank die vom Verkäufer oder seinem Vertreter begangene Täuschung zurechnen lassen, sofern dieser dem Käufer gegenüber auch als Vermittler des Darlehens tätig wurde[30]. Gleiches gilt für sonstige Verhandlungsgehilfen, die mit Wissen und Wollen der Bank eine Finanzierung vermitteln[31]. Der Erklärungsempfänger muß sich unter Umständen auch dann die von einem anderen begangene Täuschung zurechnen lassen, wenn dieser weder sein Vertreter noch von ihm mit der Führung von Vertragsverhandlungen für ihn beauftragt, aber interessenmäßig mit ihm verbunden war und seinem Lager zuzurechnen ist[32]. Der Gläubiger, der seinen Schuldner veranlaßt, einen Bürgen beizubringen, muß sich aber nicht die von dem Schuldner gegenüber dem Bürgen begangene Täuschung zurechnen lassen[33]. Der Schuldner, der einen anderen zur Übernahme einer Bürgschaft zu bewegen sucht, nimmt sein eigenes Interesse wahr und setzt seinen eigenen Kredit oder seine eigene Beziehung zu dem Bürgen ein; er tritt diesem nicht als Vertrauensperson oder Interessenvertreter des Gläubigers entgegen. Im Verhältnis zum Gläubiger ist der Schuldner in Bezug auf die Anfechtung der Bürgschaftserklärung wie ein Dritter zu behandeln[34]. Ebenso ist der Schuldner im Verhältnis zum Bürgen Dritter, wenn er mit dem Gläubiger über die Bürgschaft verhandelt, ohne vom Bürgen dazu beauftragt zu sein. Dies git auch, wenn der Schuldner Ehegatte des Bürgen ist[35]. Auch ein an den Vertragsverhandlungen beteiligter Makler ist im Regelfall als Dritter anzusehen[36].

5. Anfechtung und Schadensersatz

19 Aufgrund der arglistigen Täuschung steht dem Erklärenden ein Anfechtungsrecht zu, durch dessen Ausübung er seine Erklärung gemäß § 142 Abs. 1 vernichten und damit auch einen Vertrag zu Fall bringen kann (s. unten Rn. 49). Daneben sind die

28 *BGH* NJW 1990, 1662; *BGH* NJW-RR 1990, 79; *BGH* NJW 2001, 358.
29 S. *Larenz/Canaris,* Schuldrecht II/2, § 63 I.
30 *BGH* NJW 1978, 2144.
31 *BGH* NJW 2001, 358; vgl. auch Soergel/*Hefermehl,* § 123 Rn. 33.
32 *BGH* LM § 123 BGB Nr. 29, 30.
33 *BGH* NJW-RR 1992, 1005; s. auch BGH LM § 123 BGB Nr. 75.
34 Vgl. hierzu auch *Flume,* AT II, § 29, 3; *Medicus,* BürgR, Rn. 149 a.E.
35 *BGH* NJW 1999, 58.
36 *BGH* NJW 1996, 1051, 1052.

Voraussetzungen für Schadensersatzansprüche gegeben. Diese können sich aus § 823 Abs. 2 mit § 263 StGB ergeben (s. auch unten Rn. 50). Nicht jede arglistige Täuschung erfüllt jedoch zugleich die Voraussetzungen des Betrugs (s. oben Rn. 12). Die arglistige Täuschung verletzt regelmäßig zugleich die Pflichten aus vorvertraglichem und geschäftlichem Kontakt (§ 311 Abs. 2 mit § 241 Abs. 2). Die daraus erwachsenden **Schadensersatzansprüche** (§ 280, auch § 282) werden durch § 123 **nicht ausgeschlossen.** § 123 ermöglicht zwar die Vernichtung der Willenserklärung, gewährt aber keinen Ersatz für den entstandenen Schaden. § 123 will auch weder von den Sorgfaltspflichten bei vorvertraglichen und geschäftlichen Kontakten befreien noch den Ersatz des daraus entstandenen Schadens ausschließen. Der Getäuschte kann deshalb anfechten und daneben Schadensersatz aufgrund der gesetzlichen Ansprüche aus § 311 Abs. 2 mit §§ 280, 282 oder aus § 823 Abs. 2 geltend machen. Er kann auch auf die Anfechtung verzichten und nur Schadensersatz verlangen.

Unterschiede ergeben sich auch aus den unterschiedlichen Verjährungsvorschriften von 1 Jahr in § 124 und im Regelfall 3 Jahren in §§ 195 ff. Dies schließt jedoch nicht aus, daß die Rechte nebeneinander bestehen[37]. Die Anfechtung nach § 123 verliert dadurch zwar an Bedeutung, da der Anspruch aus culpa in contrahendo auch ohne Ausübung des Anfechtungsrechts besteht. Beim Schadensersatz aus culpa in contrahendo bleibt jedoch § 254 anwendbar. Es kann sich deshalb daneben die Anfechtung aus § 123 empfehlen. 20

Soweit es sich um **Sach- und Rechtsmängel** handelt, kommen bei Verträgen mit speziellen Regelungen für Sach- und Rechtsmängel (§§ 434 ff., 536 ff., 633 ff., 651 c ff.) auch diese Vorschriften in Betracht. Liegen die Mängel bereits bei Vertragsabschluß vor, so sind zugleich die Voraussetzungen aus § 311 Abs. 2 erfüllt. Auch die Rechte aus der Sach- und Rechtsmängelhaftung bleiben neben § 123 bestehen. Es handelt sich jedoch um Ansprüche auf vertraglicher Grundlage. Der **Getäuschte muß** deshalb **wählen.** Ficht er an, so zerstört er gemäß § 142 Abs. 1 die vertragliche Basis. Damit entfällt auch die Sach- und Rechtsmängelhaftung. Diese setzt deshalb das Unterlassen der Anfechtung voraus. 21

6. Fahrlässige Irrtumserregung

Die nach § 123 zur Anfechtung berechtigende arglistige Täuschung ist ein Sonderfall der Erregung eines Motivirrtums. Ein solcher Irrtum kann nicht nur arglistig, sondern auch durch fahrlässig unrichtige Angaben über entscheidungsrelevante Tatsachen erregt werden. § 123 will weder von den Sorgfaltspflichten bei den vorvertraglichen und geschäftlichen Kontakten befreien noch den Ersatz des daraus entstandenen Schadens ausschließen (s. auch oben Rn. 19). Neben der arglistigen Täuschung besteht deshalb auch eine **Haftung aus culpa in contrahendo** nach § 311 Abs. 2 im Falle einer fahrlässigen Täuschung[38]. 22

Beispiele: Der Verkäufer macht unrichtige Angaben über eine spezielle Verwendungsmöglichkeit des Kaufgegenstandes im Betrieb des Käufers, ohne sich genau informiert zu haben. Gleiches gilt bei unsorgfältiger Auskunft über die Betriebskosten oder die Verwendbarkeit des 23

---

[37] *BGH* LM § 123 Nr. 55; *BGH* NJW 1997, 254; *BGH* NJW-RR 1998, 904, 906; zur Diskussion zum früheren Recht *Liebs,* „Fahrlässige Täuschung" und Formularvertrag, AcP 174 (1974), 26; *Medicus,* JuS 1965, 209, 211 ff.; für die Anwendung von § 124 *Grigoleit,* Vorvertragliche Informationspflichten, 1997, S. 132 ff., 137 ff.

[38] S. etwa *BGH* NJW 1985, 1769, 1771; *BGH* NJW 1993, 2107.

vorhandenen Fundaments für die anzuschaffende Maschine. Eine fahrlässige Irreführung kann dem Vermieter angelastet werden, wenn er, ohne sich ausreichend vergewissert zu haben, unrichtige Angaben über die Umgebung des Mietobjekts und seine Verkehrsanbindung macht[39].

24 Voraussetzung für die Ansprüche aus § 311 Abs. 2 mit §§ 280, 282 ist, daß ein **Schaden** vorliegt, der aber in jedem Nachteil bestehen kann und nicht notwendig ein Vermögensschaden sein muß (s. oben § 31 Rn. 46)[40]. Dieser Schadensersatzanspruch geht im Wege der Naturalrestitution auf Rückgängigmachung des Vertrags, wenn der Irrende den Vertrag bei richtigen Angaben nicht geschlossen hätte. Daneben kann Geldersatz für sonstige Schäden, z.B. unnütze Aufwendungen für den Vertragsschluß geltend gemacht werden. Bei Dauerschuldverhältnissen besteht ein Recht zur sofortigen Kündigung[41]. Möglich ist es auch, am Vertrag festzuhalten und daneben Schadensersatz zu verlangen (s. oben § 31 Rn. 47). Soweit es sich um **Sach- und Rechtsmängel** handelt, werden allerdings die Ansprüche aus Verschulden bei den Vertragsverhandlungen durch die speziellen Sach- und Rechtsmängelvorschriften verdrängt[42]. Dies ist vor allem bedeutsam, weil die kurze Verjährung von 2 Jahren aus § 438 Abs. 1 Nr. 3 nicht durch die Ansprüche aus § 311 Abs. 2 mit §§ 280, 282 umgangen werden darf.

III. Die Anfechtung wegen widerrechtlicher Drohung

1. Die Drohung als vis compulsiva

25 Durch die Anfechtung wegen Drohung ermöglicht das Gesetz dem Erklärenden, sich von den Rechtsfolgen einer Erklärung loszusagen, die unter rechtlich mißbilligten Zwangseinflüssen zustande gekommen ist.

a) Begriff der Drohung

26 Die Drohung setzt das Inaussichtstellen eines Übels oder eines sonstigen **Nachteils** voraus, die nicht von selbst eintreten, sondern auf deren Eintritt der **Drohende Einfluß** zu haben vorgibt. Dadurch unterscheidet sich die Drohung von der Warnung und dem bloßen Hinweis auf Nachteile, die sich ohne Einwirkung des Drohenden ergeben. Es genügt, daß der Bedachte nach seiner subjektiven Vorstellung ernstlich davon ausgeht, der Drohende könne den Eintritt des Nachteils beeinflussen. Ob dies objektiv zutrifft, ist ohne Belang. Aufgrund der Drohung muß der Bedrohte in die Zwangslage versetzt werden, nur noch zwischen zwei Übeln wählen zu können, von denen ihm die Abgabe der gewünschten Erklärung als das geringere Übel erscheint.

27 Da dem Bedrohten die Wahl zwischen zwei verschiedenen Übeln bleibt, wird seine Willensentschließung nicht beseitigt, sondern in eine bestimmte, vom Drohenden gewollte Richtung beeinflußt. Es handelt sich bei der Drohung deshalb um vis compulsiva und nicht um vis absoluta (s. oben § 24 Rn. 5). Bei der **vis absoluta** fehlt bereits ein zurechenbarer Handlungswille. Deshalb liegt bei vis absoluta schon gar keine Willenserklärung vor, während bei vis compulsiva eine zumindest vorläufig gültige Willenserklärung abgegeben wird, die aber durch Anfechtung beseitigt werden kann.

---

[39] *BGH* NJW-RR 2000, 1535.

[40] A.A. offenbar *BGH* NJW 1998, 302 = LM H. 4/98 § 249 (A) BGB Nr. 113 m. abl. Anm. *Medicus*.

[41] *BGH* NJW-RR 2000, 1535.

[42] Palandt/*Heinrichs,* § 311 Rn. 25ff.; *M. Wolf/Kaiser,* DB 2002, 411, 416f.; *Huber/Faust,* Schuldrechtsmodernisierung, 2002; a.A. MünchKomm/*Emmerich,* § 311 Rn. 124ff., 135.

b) Kausalität der Drohung

Die Drohung muß der Anlaß für die Abgabe der anzufechtenden Willenserklärung gewesen sein. Dies trifft zu, wenn die Erklärung ohne die Drohung überhaupt nicht, nicht mit dem Inhalt oder nicht zu dieser Zeit, wie geschehen, abgegeben worden wäre. Hat der Bedrohte die Willenserklärung nicht abgegeben oder hat er seinen Willen ohne Rücksicht auf die Drohung aus eigenem Entschluß erklärt, so ist die Drohung nicht kausal, und die Erklärung kann nicht angefochten werden. **28**

Beispiele: Droht ein Mieter seinem Vermieter mit Gewalttätigkeiten, falls dieser nicht in eine Herabsetzung des Mietzinses willige, und verkauft der Vermieter das Haus, um allen Auseinandersetzungen mit dem rabiaten Mieter aus dem Wege zu gehen, so kann er, wenn hernach der Mieter auszieht, nicht den Verkauf des Hauses anfechten, weil er ihn nur unter dem Einfluß der Drohungen des Mieters getätigt habe. Zwar waren diese Drohungen für seinen Entschluß zu verkaufen kausal; der Wille des Mieters richtete sich jedoch nicht auf die Herbeiführung gerade dieses Entschlusses. Der Vermieter faßte ihn freiwillig, um sich der Wahl, vor die ihn der Mieter gestellt hatte, zu entziehen, entweder in eine Herabsetzung des Mietzinses zu willigen oder den angedrohten Gewalttätigkeiten ausgesetzt zu sein. Eine Drohung kann auch in der Ankündigung einer außerordentlichen Kündigung durch den Arbeitgeber liegen (zur Widerrechtlichkeit s. unten Rn. 42). **29**

c) Drohungsvorsatz

Der Drohende muß die durch die Drohung geschaffene Zwangslage und die daraufhin abgegebene Willenserklärung wollen oder doch zumindest billigend in Kauf nehmen[43]. Erst bei dieser **bewußten Ausnutzung der Zwangslage** greift § 123 ein, denn nur daraus ergibt sich die Mißbilligung, die die Anfechtung rechtfertigt. Das Erfordernis des Drohungsvorsatzes ergibt sich auch aus der mit der Drohung gleichgestellten arglistigen Täuschung. Eine fahrlässig verursachte Drohung kann zu Ansprüchen aus culpa in contrahendo führen. Lediglich eingebildete Drohungen begründen einen unbeachtlichen Motivirrtum, für den der Erklärende selbst einstehen muß. Erst wenn der Drohende diesen Irrtum bewußt ausnutzt, kommt eine Drohung in Betracht. Der Drohende muß zumindest billigend in Kauf nehmen, den Bedrohten in eine psychische Zwangslage zu versetzen, so daß dieser meint, nur noch zwischen zwei Übeln wählen zu können, von denen ihm die Abgabe der gewünschten Erklärung nach der Vorstellung des Drohenden als das geringere Übel erscheint. **30**

d) Kein Vertrauensschutz des Erklärungsempfängers

Im Gegensatz zur arglistigen Täuschung ist es gleichgültig, von wem die Drohung ausgeht, ob vom Geschäftsgegner oder einem Dritten und ob der Geschäftsgegner davon weiß oder doch wissen muß. Einen Vertrauensschutz des Erklärungsempfängers gewährt das Gesetz bei der Drohung nicht. **31**

2. Die Widerrechtlichkeit der Drohung

Nicht jede Einflußnahme auf den Willen eines anderen, auch wenn sie mit dem Hinweis auf Nachteile verbunden ist, berechtigt zur Anfechtung, denn wer sich z. B. nicht rechtmäßig verhält, muß mit Nachteilen rechnen. **32**

---

[43] S. etwa *BGH* NJW 1988, 2599; *Enneccerus/Nipperdey,* AT, § 173 I 2; *Karakatsanes,* aaO, S. 28 ff.; MünchKomm/*Kramer,* § 123 Rn. 45; *Köhler,* AT, § 7 Rn. 51; *Jauernig,* § 123 Rn. 12; Palandt/*Heinrichs,* § 123 Rn. 23.

33 **Beispiel:** Keine zur Anfechtung berechtigende Drohung liegt vor, wenn der Gläubiger seinem Schuldner mit Klage und Zwangsvollstreckung droht, falls er nicht freiwillig zahlt. Darin liegt ein erlaubtes, von der Rechtsordnung vorgesehenes Vorgehen. Nur die widerrechtliche Drohung berechtigt zur Anfechtung.

34 Die wichtigste Frage ist deshalb, wann eine Drohung, genauer die Veranlassung einer bestimmten Willenserklärung durch eine Drohung, widerrechtlich ist. Für die Beurteilung, ob eine Drohung widerrechtlich ist, kommt es nicht auf ein rechtswidriges Verhalten des Drohenden an. Dieses hat allenfalls mittelbare Bedeutung. Entscheidend ist allein die **Rechtswidrigkeit des Eingriffs in die Entscheidungsfreiheit des Bedrohten,** welche Eingriffe dieser hinnehmen muß und welche nicht. Dafür werden drei Kriterien herangezogen. Eine Drohung ist widerrechtlich, wenn entweder das angedrohte Mittel für sich allein rechtswidrig ist (Rechtswidrigkeit des Mittels), wenn der vom Drohenden erstrebte Zweck widerrechtlich ist (Rechtswidrigkeit des Zwecks) oder wenn das an sich zulässige Mittel kein angemessenes Mittel zur Erreichung gerade dieses Zwecks ist (Rechtswidrigkeit der Mittel-Zweck-Relation)[44].

a) Rechtswidrigkeit des Mittels

35 Die **Rechtswidrigkeit des Mittels** ist anzunehmen, wenn das angedrohte **Verhalten** schon **für sich allein betrachtet widerrechtlich** ist. Mit solchen widerrechtlichen Mitteln darf man auch einen erlaubten Erfolg nicht von einem anderen abverlangen[45].

36 **Beispiele:** Eine Widerrechtlichkeit des Mittels ist etwa gegeben, wenn der Gläubiger dem Schuldner für den Fall, daß dieser nicht leistet, damit droht, ihm die Fensterscheiben einzuwerfen oder, ohne daß die Voraussetzungen des § 229 vorliegen, zur Selbsthilfe zu schreiten. Hier sind die angedrohten Handlungen schon für sich allein genommen widerrechtlich. Rechtswidrig ist das Mittel auch, wenn ein Bauunternehmer die Einstellung der Bauarbeiten ankündigt, falls ihm nicht über die vereinbarte Vergütung hinaus zusätzliche Zahlungen geleistet werden[46], denn er verletzt mit dieser Drohung seine vertragliche Leistungspflicht. Allerdings muß die Drohung auch ein empfindliches Übel darstellen (s. Rn. 26), so z. B. wenn erhebliche Nachteile durch einen Schadensersatzanspruch wegen Vertragsbruchs nicht ausgeglichen werden können[47].

b) Rechtswidrigkeit des Zwecks

37 Die **Rechtswidrigkeit des Zwecks** ist gegeben, wenn die mit der Drohung erstrebte Erklärung in ihrem Inhalt und nach der damit verbundenen Rechtsfolge für sich allein von der Rechtsordnung mißbilligt wird[48]. Es genügt aber nicht, daß der Drohende keinen Anspruch auf den erstrebten Erfolgt hat. Der **Erfolg** muß vielmehr **selbst rechtswidrig** sein[49]. Da eine auf einen rechtswidrigen Erfolg gerichtete Erklärung grundsätzlich aber bereits nach § 134 oder § 138 nichtig ist, kommt der Anfechtung bei dieser Fallgruppe keine große praktische Bedeutung zu.

38 **Beispiel:** A verlangt von B, ihm Haschisch unter dem Marktpreis zu verkaufen, andernfalls werde er das B gegebene Darlehen sofort zurückverlangen. Das Drohungsmittel, die Kündi-

[44] *BGHZ* 25, 217; *Karakatsanes,* aaO, S. 40ff.; Palandt/*Heinrichs,* § 123 Rn. 19ff.; Soergel/*Hefermehl,* § 123 Rn. 44.

[45] Soergel/*Hefermehl,* § 123 Rn. 45.

[46] *BGH* NJW 2001, 3779.

[47] *S. Hau,* Vertragsanpassung und Anpassungsvertrag, 2003, S. 130ff.

[48] Soergel/*Hefermehl,* § 123 Rn. 46.

[49] *BGHZ* 2, 287, 296; 25, 217, 219.

gung des Darlehens, ist nicht widerrechtlich. Rechtswidrig ist der Handel mit Drogen als erstrebter Erfolg. Der Kauf ist aber bereits nach dem Betäubungsmittelgesetz mit § 134 nichtig. Einer Anfechtung nach § 123 bedarf es nicht, wenn auch die Nichtigkeit der Anfechtung nicht entgegensteht (s. unten § 44 Rn. 7).

c) Rechtswidrigkeit der Mittel-Zweck-Relation

Die **Rechtswidrigkeit der Mittel-Zweck-Relation** beruht darauf, daß zwar weder das Mittel noch der Zweck für sich betrachtet rechtswidrig sind, daß aber der Einsatz gerade dieses Mittels für den konkreten Zweck zu mißbilligen ist[50]. Diese Mißbilligung ergibt sich im Regelfall nicht unmittelbar aus dem Gesetz, sondern beruht auf einer Wertung, die sich an der Verfassung und dem Gesetz sowie an der Verkehrsanschauung und an sittlichen Maßstäben orientiert[51]. Es ist zu prüfen, ob der Drohende an der Erreichung des von ihm erstrebten Erfolgs ein berechtigtes Interesse hat und ob die Drohung nach der Auffassung aller billig und gerecht Denkenden ein angemessenes Mittel darstellt[52]. 39

Beispiele: (1) Droht A, der zufällig beobachtet hat, daß B ein Verkehrsdelikt beging, das ihn den Führerschein kosten kann, dem B mit einer Anzeige, falls B nicht als Buße eine bestimmte Summe für einen wohltätigen Zweck spende oder eine fällige Schuld gegenüber dem A zahle oder eine noch nicht fällige vorzeitig erfülle, so ist die Drohung in allen Varianten widerrechtlich, weil zwischen dem von B begangenen Verkehrsdelikt und dem von A erstrebten Erfolg, mag A auch darauf einen Anspruch haben, kein innerer, die Drohung gerade mit diesem Übel rechtfertigender Zusammenhang besteht[53]. Zulässig ist es dagegen, wenn der Verletzte A, etwa im Fall einer Beleidigung, sich unter der Bedingung der Zahlung einer angemessenen Buße dazu bereit erklärt, von einer Strafanzeige oder Privatklage abzusehen, weil ihm eine solche Zahlung gerade auch als Folge der Beleidigung, z. B. als Schmerzensgeld zusteht. 40

(2) Droht A dem B mit einer Strafanzeige wegen Betrugs, falls B nicht sofort den angerichteten Schaden wiedergutmache, so ist die Drohung nicht widerrechtlich, wenn B den Betrug in der Tat begangen hat und die Schadensersatzforderung des A dem Grunde und der Höhe nach berechtigt ist. Wenn auch die Strafanzeige nicht wie die Zivilklage gerade das von der Rechtsordnung zur Verfügung gestellte Mittel ist, um den Ersatz des durch die strafbare Handlung angerichteten Schadens zu erzwingen, so ist der alsbaldige Ersatz des Schadens doch ein von der Rechtsordnung gebilligter Erfolg. Die Drohung mit der ohne weiteres zulässigen Strafanzeige ist kein unangemessenes Mittel zur Herbeiführung dieses Erfolges, da es sich bei Strafe und Schadensersatz beide Male um Reaktionen der Rechtsordnung auf das begangene Unrecht handelt, zwischen denen somit ein innerer Zusammenhang besteht[54]. Zulässig wäre auch, vom Vater V des B eine Bürgschaft zur Sicherung der Schadensersatzforderung gegen B zu verlangen. Das Verlangen der Übernahme einer Bürgschaft durch V ist rechtlich nicht zu mißbilligen, wenn A auf Empfehlung des V die Geschäftsverbindung mit B aufgenommen hat und V dadurch mittelbar zu der Entstehung des Schadens beigetragen hat, indem A seiner Empfehlung vertraut hatte[55]. Unschädlich ist dabei, daß A keinen Rechtsanspruch auf die von ihm verlangte Erklärung hat[56]. 41

(3) Die Drohung eines Rechtsanwalts mit der Kündigung des Mandats, wenn ihm keine höhere als die gesetzliche Gebühr bewilligt wird, ist nicht rechtswidrig, wenn der Arbeitsaufwand 42

---

[50] *Hübner,* AT, Rn. 839; Soergel/*Hefermehl,* § 123 Rn. 47.

[51] *BGHZ* 25, 217, 220; *BGH* NJW 1983, 384.

[52] *BGHZ* 25, 217, 220. Den Versuch, die Formel durch die Bildung typischer Fallgruppen zu konkretisieren, unternimmt *Karakatsanes,* aaO, S. 84 ff.

[53] A. A. *Enneccerus/Nipperdey,* AT, § 173 II 2b.

[54] Vgl. *RGZ* 110, 382, 385; 166, 40, 44.

[55] Vgl. hierzu *BGHZ* 25, 217, 221. Gegen diese Entscheidung *Enneccerus/Nipperdey,* AT, § 173 Anm. 22; zustimmend aber *Flume,* AT II, § 28, 2; Soergel/*Hefermehl,* § 123 Rn. 52; Staudinger/*Dilcher,* § 123 Rn. 63. Vgl. ferner *BGH* JZ 1963, 318 mit Anm. *Lorenz.*

[56] Vgl. *BGHZ* 25, 217, 219 ff.; *BGH* LM § 123 BGB Nr. 28.

für das Mandat erheblich höher ist, als für die gesetzlichen Gebühren durchschnittlich zugrunde gelegt[57]. Rechtswidrig ist aber die Drohung eines Arbeitgebers mit einer außerordentlichen Kündigung, falls der Arbeitnehmer nicht selbst kündige, wenn der Arbeitnehmer seine Pflichten in erheblichem Maß verletzt hat und ein verständiger Arbeitgeber dies zum Anlaß einer Kündigung nimmt[58].

d) Verschulden nicht erforderlich

43 Die Rechtswidrigkeit der Drohung genügt. Ein **Verschulden** des Drohenden und ein **Bewußtsein der Rechtswidrigkeit** seiner Drohung werden von § 123 nicht verlangt, denn die Anfechtbarkeit der Erklärung dient **allein** dem **Schutz des Bedrohten,** nämlich der Freiheit seiner Willensbestimmung; sie stellt keine Sanktion gegenüber dem Drohenden dar. Vom subjektiven Bewußtsein des Drohenden zu unterscheiden ist die Frage, ob bei unsicherer Rechtslage von einem vermeintlichen Recht Gebrauch gemacht werden darf. Dies ist bei der Mittel-Zweck-Relation aus der Sicht eines vernünftigen Betrachters zu beurteilen.

44 **Beispiele:** Die Drohung mit fristloser Kündigung zu dem Zweck, den Arbeitnehmer zu einer einvernehmlichen Aufhebung des Arbeitsverhältnisses oder zu einer eigenen Kündigung zu veranlassen, ist nicht rechtswidrig, wenn „ein verständiger Arbeitgeber eine außerordentliche Kündigung ernsthaft in Erwägung ziehen durfte", auch wenn sich nachträglich herausstellt, daß er zu einer solchen Kündigung nicht berechtigt war[59]. Nicht rechtswidrig ist eine Drohung auch, wenn sich der Drohende bei zweifelhafter Rechtslage seinem Geschäftspartner gegenüber auf einen objektiv vertretbaren Rechtsstandpunkt stellt und die sich daraus ergebenden Folgerungen androht, um einen nicht rechtswidrigen Zweck zu erreichen[60]. Die Widerrechtlichkeit entfällt jedoch dann nicht, wenn sich der Drohende in einem subjektiv unverschuldeten Irrtum über die Tatsachen befunden hat, die sein Verhalten als rechtswidrig erscheinen lassen. Diese subjektive Betrachtung ist mit dem Schutzzweck von § 123 nicht vereinbar[61].

IV. Beschränkungen der Anfechtung

1. Die Anfechtungsfrist (§ 124)

45 Für die Anfechtung wegen Täuschung und wegen Drohung setzt das Gesetz dem Anfechtungsberechtigten eine Frist von einem Jahr (§ 124 Abs. 1)[62]. Wenn der Getäuschte oder der Bedrohte, obwohl er die Möglichkeit dazu hatte, ein Jahr lang nicht angefochten hat, dann kann ihn die Täuschung oder Drohung nicht allzu sehr belastet haben. Der Verkehrsschutz verdient dann Vorrang. Die Frist beginnt im Falle der arglistigen Täuschung mit der Entdeckung der Täuschung, im Falle der Drohung mit dem Aufhören der Zwangslage (§ 124 Abs. 2).

---

[57] *BGH* NJW 2002, 2774; *BGH* NJW 2003, 2386 m. Anm. *Scherf,* LMK 2003, 175.

[58] *BAG* DB 2003, 1685.

[59] Vgl. *BAG* AP § 123 BGB Nr. 8, 16, 21; MünchKomm/*Kramer,* § 123 Rn. 49 (zu Anm. 255); kritisch *Karakatsanes,* S. 157ff.; *Kramer* in der Anm. zu *BAG* AP § 123 BGB Nr. 21; *Deubner,* JuS 1971, 71ff.; Soergel/*Hefermehl,* § 123 Rn. 54.

[60] *BGHZ* 25, 217, 224; *BGH* LM § 123 BGB Nr. 28.

[61] *Enneccerus/Nipperdey,* AT, § 173 Anm. 24; *Flume,* AT II, § 28, 3; *Medicus,* AT, Rn. 820; *Brox,* AT, Rn. 421; MünchKomm/*Kramer,* § 123 Rn. 51; *Lorenz,* JZ 1963, 318; Soergel/*Hefermehl,* § 123 Rn. 51; differenzierend zwischen Strafanzeige, zivilrechtliche Klage und Kündigung *Karakatsanes,* S. 148f.; anders *BGHZ* 25, 217, 224.

[62] Nach Ablauf der Frist kann die Erfüllung grundsätzlich auch nicht mittels der Arglisteinrede (§ 242) verweigert werden; *BGH* LM § 124 BGB Nr. 2.

Der Lauf der Frist ist gehemmt, solange der Anfechtungsberechtigte durch höhere Gewalt (z.B. durch Krankheit oder wegen Unterbrechung der Verkehrsverbindungen) an der Anfechtung verhindert ist (§ 124 Abs. 2 mit § 206). Bei nicht voll Geschäftsfähigen und in Nachlaßfällen wird ihr Ablauf hinausgeschoben (§ 124 Abs. 2 mit §§ 210, 211). Der Anfechtende muß deutlich machen, ob die Anfechtung wegen arglistiger Täuschung oder wegen Drohung erklärt wird. Hat er wegen arglistiger Täuschung innerhalb der Jahresfrist angefochten, so kann er diese Anfechtungserklärung nicht später mit einer Drohung begründen, sondern muß erneut anfechten. Ist für die erneute Anfechtung die Jahresfrist abgelaufen, so ist die erneute Anfechtung unwirksam[63]. Unabhängig von der Entdeckung der Täuschung oder dem Aufhören der Zwangslage ist die Anfechtung jedoch dann ausgeschlossen, wenn seit der Abgabe der Erklärung 10 Jahre verflossen sind (§ 124 Abs. 3). **46**

2. Sonstige Beschränkungen

Die Beschränkungen der Anfechtbarkeit im Interesse des Verkehrsschutzes und zur Vermeidung von Rückabwicklungsschwierigkeiten (oben § 36 Rn. 100) gelten auch für die Anfechtung nach § 123[64]. Eine Anfechtung wegen arglistiger Täuschung ist darüber hinaus nach **Treu und Glauben** ausgeschlossen, wenn die Täuschung zwar anfänglich bestand, im Zeitpunkt der Abgabe der Anfechtungserklärung jedoch der vorgestellte Zustand eingetreten ist und der Getäuschte das erhält, was ihm vorgespiegelt wurde[65]. **47**

Beispiele: Bei Abschluß des Vertrags über eine Patentlizenz wird dem Lizenznehmer vorgespiegelt, das Patent sei bereits erteilt, obwohl es erst beantragt ist. Ist das Patent bei Abgabe der Anfechtungserklärung erteilt und hat der Lizenznehmer die Lizenz daran erlangt, so verstößt seine Anfechtung trotz ursprünglicher Täuschung gegen Treu und Glauben und stellt eine unzulässige Rechtsausübung dar (s. auch oben § 16 Rn. 11 und 23ff.)[66]. Die Anfechtung des Arbeitsverhältnisses mit einem Polizisten nach dreijähriger Laufzeit wegen des Verschweigens eines gegen ihn laufenden Ermittlungsverfahrens verstößt aber nicht gegen Treu und Glauben[67]. **48**

V. Rechtsfolgen und konkurrierende Ansprüche

1. Rechtsfolgen der Anfechtung

Die Folge der Anfechtbarkeit ist, daß die auf Täuschung oder Drohung beruhende Willenserklärung angefochten werden kann. Dazu bedarf es der Anfechtungserklärung gemäß § 143. Durch die Anfechtung wird das angefochtene Rechtsgeschäft ebenso wie bei der Irrtumsanfechtung gemäß § 119 **von Anfang an nichtig** (§ 142 Abs. 1; s. unten § 44 Rn. 21ff.). Bereits erbrachte Leistungen sind nach den Vorschriften über die **ungerechtfertigte Bereicherung** (§§ 812ff.) zurückzugewähren. Der Geschäftsgegner, der die Täuschung oder die Drohung selbst vorgenommen oder sie doch gekannt hat, haftet „nach den allgemeinen Vorschriften" (vgl. §§ 819 Abs. 1, 818 Abs. 4). Der darin enthaltene Verweis auf § 292 mit der Weiterverweisung auf §§ 989, 990 bedeutet, daß der Herausgabepflichtige bei Verschlechterung oder Unmöglichkeit auf Schadensersatz haftet und ihm der Einwand des Wegfalls der Bereicherung (§ 818 Abs. 3) versagt ist. **49**

---

63 *BGH* NJW 2002, 956.
64 *BGHZ* 63, 338, 344.
65 *BGH* NJW-RR 1998, 904; *BGH* NJW 2000, 2894; *BAG* NJW 1999, 3653, 3655.
66 *BGH* NJW-RR 1998, 904.
67 *BAG* NJW 1999, 3653, 3655.

2. Konkurrierende Ansprüche und Rechte

a) Schadensersatzansprüche

50 Unabhängig von der Anfechtung wegen Täuschung oder Drohung und daher auch noch nach Ablauf der einjährigen Frist nach § 124 kann der Getäuschte oder Bedrohte von demjenigen, der ihn getäuscht oder bedroht hat, **Schadensersatz** verlangen, wenn die Täuschung einen strafbaren Betrug (§ 263 StGB) oder die Drohung eine strafbare Nötigung (§ 240 StGB) oder Erpressung (§ 253 StGB) darstellt und deshalb gegen ein Schutzgesetz (§ 823 Abs. 2) verstößt. Gleiches gilt, wenn sie sich als eine vorsätzliche und sittenwidrige Schädigung erweist (§ 826). Ebenso kommt wie bei der arglistigen Täuschung (s. oben Rn. 19) auch bei der Drohung neben dem Anfechtungsrecht ein Anspruch aus vorvertraglichem oder geschäftlichem Kontakt nach § 311 Abs. 2 mit §§ 280, 282 in Betracht[68]. Dieser Anspruch kann wie bei fahrlässiger Täuschung (s. oben Rn. 22ff.) so auch bei fahrlässiger Drohung gegeben sein, obwohl dann ein Anfechtungsrecht nicht besteht (vgl. Rn. 30).

51 Der Erklärende kann jeweils verlangen, daß der Ersatzpflichtige den Zustand herstellt, der ohne die Täuschung oder die Drohung bestehen würde, d.h. die Rückgängigmachung des Geschäfts und den **Ersatz seines Vertrauensschadens.** Dagegen kann er im Regelfall nicht den Erfüllungsschaden verlangen, d.h. so gestellt zu werden, wie er stehen würde, wenn die ihm vorgespielten Tatsachen wahr wären (s. im einzelnen oben § 31 Rn. 45). Dem Getäuschten, nicht aber dem Bedrohten kann grundsätzlich der Einwand des Mitverschuldens aus § 254 entgegengehalten werden.

b) Gewährleistungsrechte

52 Das Recht zur Anfechtung wegen Drohung und wegen arglistiger Täuschung wird durch die speziellen Vorschriften über Gewährleistung für Sach- und Rechtsmängel nicht ausgeschlossen. Jedoch entfallen die vertraglichen Gewährleistungsansprüche, wenn der Vertrag durch die Anfechtung vernichtet wird (s. oben Rn. 21). Während bei fahrlässiger Täuschung Ansprüche aus § 311 Abs. 2 durch die Vorschriften über Sach- und Rechtsmängel verdrängt werden (s. oben Rn. 24), gilt dies nicht bei einer fahrlässigen Drohung.

c) Anfechtung wegen Eigenschaftsirrtums

53 Bezieht sich die Täuschung auf eine Eigenschaft des Geschäftsgegenstands, die im Verkehr als wesentlich angesehen wird, so ist auch die **Anfechtung wegen Eigenschaftsirrtums** gemäß § 119 Abs. 2 möglich. Doch ist die Anfechtung wegen Täuschung wegen der längeren Anfechtungsfrist in § 124 gegenüber § 121 günstiger. Darüber hinaus ist sie für den Anfechtenden nicht mit der Verpflichtung zum Ersatz des Vertrauensschadens gemäß § 122 verbunden. Nur die Anfechtung wegen Irrtums nach § 119 Abs. 2 kommt in Betracht, wenn die Täuschung nicht von dem Geschäftsgegner, sondern von einem Dritten begangen wurde und der Geschäftsgegner von ihr weder wußte noch wissen mußte (s. oben Rn. 13 f.).

54 Weil die Anfechtung wegen Täuschung für den Anfechtenden günstiger ist als die wegen eines Eigenschaftsirrtums, kann der Getäuschte wegen der arglistigen Täuschung auch noch anfechten, wenn er zunächst nur wegen seines Irrtums angefochten hat und erst später die arglisti-

---

[68] Vgl. *BGH* NJW 1962, 1196, 1198; Soergel/*Hefermehl,* § 124 Rn. 9; *Hübner,* AT, Rn. 475; einschränkend *Grigoleit,* aaO, (Fn. 31) S. 126ff.

ge Täuschung entdeckt[69]. Zwar hat das Rechtsgeschäft infolge der ersten Anfechtung seine Gültigkeit bereits verloren, doch ist die zweite Anfechtung zuzulassen, um die dem Anfechtenden ungünstigen Nebenwirkungen der Irrtumsanfechtung wieder zu beseitigen. Auf Grund der zweiten Anfechtung bestimmt sich die Rechtsfolge jetzt nur noch nach der Anfechtung wegen Täuschung. Da bei einem Zusammentreffen beider Anfechtungsgründe die dem Anfechtenden günstigeren Rechtsfolgen eintreten, besteht eine Rangfolge der Anfechtungsgründe; der rangbessere Anfechtungsgrund des § 123, überwindet den des § 119 als des rangschlechteren[70].

§ 38. Die Störung der Geschäftsgrundlage

Inhaltsübersicht

Literatur: *Diesselhorst,* Die Geschäftsgrundlage in der neueren Rechtsentwicklung, in: Rechtswissenschaft und Rechtsentwicklung, Göttinger rechtswissenschaftl. Studien Bd. 111, 1980; *Fikentscher,* Die Geschäftsgrundlage als Frage des Vertragsrisikos, 1971; *Geißler,* Der Wegfall der Geschäftsgrundlage im Rahmen des Bürgschaftsvertrages, NJW 1988, 3184; *Haarmann,* Wegfall der Geschäftsgrundlage bei Dauerrechtsverhältnissen, 1979; *Häsemeyer,* Geschäftsgrundlage und Vertragsgerechtigkeit, FS Weitnauer, 1980, S. 67; *Köhler,* Wegfall der Geschäftsgrundlage, JA 1979, 498; *Larenz,* Geschäftsgrundlage und Vertragserfüllung, 3. Aufl. 1963; *ders.,* Ergänzende Vertragsauslegung und Rückgriff auf die Geschäftsgrundlage, in Beiheft zum VersR, 1983; *Littbarski,* Neuere Tendenzen zum Anwendungsbereich der Lehre von der Geschäftsgrundlage, JZ 1981, 8; *Medicus,* Vertragsauslegung und Geschäftsgrundlage, FS Flume,

---

69 Es handelt sich um das Problem der fälschlich sog. Doppelwirkung. Vgl. hierzu *Kipp,* FS v. Martitz, 1911, S. 211 f.; *Enneccerus/Nipperdey,* AT, § 203 III 7; *Flume,* AT II, § 31, 6; *Peter,* AcP 132 (1930), 1 ff.; *Hubernagel,* AcP 137 (1933), 105 ff.; *Zepos,* ARSP Bd. 27 (1934), S. 480 ff.; *Husserl,* Recht und Welt, 1964, S. 217 ff.

70 So mit Recht *Husserl,* aaO, S. 240.

1978, S. 629; *Nicklisch,* Ergänzende Vertragsauslegung und Geschäftsgrundlagenlehre, BB 1980, 949; *Oertmann,* Die Geschäftsgrundlage, 1921 (grundlegend); *ders.,* Doppelseitiger Irrtum beim Vertragsschluß, AcP 117, 275; *Schmidt-Rimpler,* Zum Problem der Geschäftsgrundlage, FS Nipperdey, 1955, S. 1; *Stötter,* Versuch zur Präzisierung des Begriffs der mangelhaften Geschäftsgrundlage, AcP 166 (1966), 149; *Wieacker,* Gemeinsamer Irrtum der Vertragspartner und clausula rebus sic stantibus, FS Wilburg, 1965, S. 229; *Wieling,* Entwicklung und Dogmatik der Lehre von der Geschäftsgrundlage, Jura 1985, 565.

I. Die Geschäftsgrundlage als gemeinsames Risiko

1 Treffen Vertragsparteien miteinander Vereinbarungen, so lassen sie sich von bestimmten mehr oder weniger bewußten Vorstellungen und Motiven leiten und verfolgen damit bestimmte Zwecke. Diese Vorstellungen und Zwecke sind zum großen Teil bei jeder Partei unterschiedlich. Es gibt aber auch Vorstellungen und Zwecke, von denen beide Parteien übereinstimmend ausgehen, sei es, daß sie diese Vorstellungen und Zwecke bewußt in sich aufnehmen oder aber als objektive Gegebenheiten an sie anknüpfen und auf ihnen aufbauen. Diese beiderseitig gemeinsamen Vorstellungen und Zwecke sind der Ausgangspunkt für die beiden Parteien gemeinsame Geschäftsgrundlage.

2 **Beispiele: Einseitige Vorstellungen** und Zwecke sind etwa gegeben, wenn ein Kaufmann Waren bestellt, weil er irrigerweise der Meinung ist, daß sie ihm ausgegangen seien, oder weil er sich vorstellt, sie gewinnbringend absetzen zu können, ebenso wenn jemand eine Ware kauft, um sie einem anderen zu einem bestimmten Anlaß, etwa zum Geburtstag zu schenken, oder wenn er sich ein Auto kauft, um damit anderen zu imponieren. Einseitige Vorstellung ist es regelmäßig auch, wenn man eine Reise bucht, um interessante Bekanntschaften zu machen, wenn ein Unternehmen ein Darlehen aufnimmt, um damit den Betrieb zu retten, wenn jemand eine Bürgschaft für seinen Ehegatten übernimmt, um seine Ehe nicht zu gefährden oder wenn ein Unternehmen eine langfristige Garantie eingeht, um den Absatz der Waren zu erhöhen.

3 **Gemeinsame Vorstellungen** sind etwa gegeben, wenn ein Reisevertrag in der Annahme abgeschlossen wird, daß das gebuchte Land wie bisher bereist werden kann, während infolge zwischenzeitlicher Unruhen jeder Zugang verwehrt ist (vgl. § 651j) oder wenn ein Bauvertrag abgeschlossen wird in der Meinung, das Grundstück sei bebaubar. S. zu weiteren Fällen oben § 36 Rn. 64.

4 **Einseitige Vorstellungen** und Zwecke sind grundsätzlich dem **Verantwortungs- und Risikobereich der** jeweiligen **Partei** zuzurechnen. Die Folgen ihrer falschen Vorstellungen und Einschätzungen hat grundsätzlich jede Partei selbst zu tragen. Ihre Fehlvorstellungen und Fehleinschätzungen berühren die Wirksamkeit ihrer daran anknüpfenden Willenserklärung nicht, sondern sind als Motivirrtum grundsätzlich unbeachtlich (s. oben § 36 Rn. 2ff.). Grundsätzlich läßt das Gesetz nur unter den engen Voraussetzungen des Irrtums (§ 119) sowie der arglistigen Täuschung und Drohung (§ 123) eine Beseitigung der von falschen Vorstellungen beeinflußten Willenserklärung durch Anfechtung zu, belastet den Anfechtenden in den Irrtumsfällen gemäß § 122 aber mit dem Ersatz des Vertrauensschadens. Ausnahmsweise können jedoch auch einseitige Vorstellungen zur gemeinsamen Geschäftsgrundlage werden (s. Rn. 7).

5 Bei den **beiderseitigen gemeinsamen Vorstellungen** und Zwecken ist es dagegen nicht ohne weiteres gerechtfertigt, einem Teil allein die Risiken von Fehlvorstellungen aufzubürden. Vielmehr ist es angemessen, grundsätzlich **beide Parteien die Nachteile und Risiken ihres gemeinschaftlichen Irrtums tragen zu lassen.** Das Risiko, daß beide sich in gleicher Weise über einen Umstand irren, der für sie beide

Grundlage ihres Geschäfts ist, muß beide gleichmäßig treffen. Der beiderseitige Irrtum über einen Umstand, der für beide die Geschäftsgrundlage bildet, unterscheidet sich von dem nur einseitigen Irrtum so wesentlich, daß er nach einer besonderen Regelung verlangt. Dies ist das Grundanliegen der Lehre von der Geschäftsgrundlage, die kurz nach dem 1. Weltkrieg im Hinblick auf die damalige Geldentwertung entwickelt[1], in der Folgezeit von Lehre und Rechtsprechung ausgebaut und jetzt in § 313 übernommen worden ist.

II. Begriff und Arten der Geschäftsgrundlage

6 Geschäftsgrundlage sind die zwar nicht zum eigentlichen Vertragsinhalt erhobenen, aber bei Abschluß des Vertrags zutage getretenen **gemeinsamen Vorstellungen** beider Parteien oder die dem Geschäftsgegner erkennbar gewordenen und von ihm **nicht beanstandeten Vorstellungen** der einen Partei von dem Vorhandensein oder dem künftigen Eintritt bestimmter Umstände, sofern der Geschäftswille der Parteien auf diesen Vorstellungen aufbaut[2]. Die Geschäftsgrundlage bildet nicht den Inhalt des Geschäftswillens und gehört damit auch nicht zum Vertragsinhalt, ist diesem aber als Motivation vorgelagert. Dieses von Lehre und Rechtsprechung entwickelte Verständnis liegt auch dem zugrunde, was § 313 als Grundlage des Vertrags bezeichnet.

1. Gemeinsame und nicht beanstandete einseitige Vorstellungen

7 In der Geschäftsgrundlage sind die Interessen der Parteien nicht immer in gleicher Stärke, sondern oft mit sehr unterschiedlichem Gewicht verankert. Um die Anerkennung der Geschäftsgrundlage nicht allein von realen psychischen Vorstellungen abhängig zu machen, die oft kaum zu beweisen sind, wird die Geschäftsgrundlage auch normativ danach bestimmt, worauf sich **eine Partei billigerweise einlassen muß.** Neben den tatsächlich gemeinsamen Vorstellungen genügt es deshalb auch, wenn die Vorstellungen des einen Teils dem anderen erkennbar geworden sind und er diese Vorstellungen nicht als für sich unmaßgeblich zurückgewiesen hat, obwohl dies fairerweise zu erwarten gewesen wäre (s. auch unten Rn. 19)[3].

8 **Beispiel:** Mietet M einen Laden in einem neu errichteten Einkaufszentrum, so ist für ihn von entscheidendem Interesse, daß er nicht der einzige Mieter sein wird, sondern durch die Einrichtung weiterer Läden ein Publikumsverkehr entsteht. Für den Vermieter V ist dagegen vorrangig, daß wenigstens ein Laden vermietet ist. Die Vorstellung des M, daß die Ladenpassage von weiteren Mietern angenommen wird, hat für V beim Abschluß mit M nicht die gleiche Bedeutung, und es ist deshalb grundsätzlich nicht davon auszugehen, daß dieser Umstand für beide Parteien die Vertragsgrundlage bildet (s. auch Rn. 21)[4]. Bei einer Schenkung von Grundeigentum an den Schwiegersohn kann für die Schwiegereltern als Schenker der Fortbestand der Ehe die entscheidende Grundlage ihrer Schenkung sein, nicht aber für den Schwiegersohn. Der Schwiegersohn muß auch nicht ohne weiteres die Vorstellung der Schwiegereltern als von ihm mitgetragene Geschäftsgrundlage anerkennen[5].

---

[1] S. *Oertmann,* Die Geschäftsgrundlage, 1921.

[2] *BGHZ* 25, 390, 392; 212, 378, 391; *BGH* NJW 1991, 1478 und 1562, 1563; *BGH* NJW 1996, 2727; *BGH* LM H. 10/00 § 242 (Bc) BGB Nr. 48; *BGH* NJW 2001, 1204, 1205.

[3] *BGH* NJW 1999, 1623; s. auch Palandt/*Heinrichs,* § 313 Rn. 5.

[4] S. *BGH* NJW 2000, 1714, 1716.

[5] S. auch *BGH* NJW 1999, 1623, 1625.

2. Gegenwärtige und künftige Umstände

9 Die zur Geschäftsgrundlage gehörenden Vorstellungen können sich sowohl auf vorhandene gegenwärtige **Umstände** als auch auf den künftigen Eintritt von **Erwartungen** beziehen, weil beide für den Vertragszweck bedeutsam sein können. Die Vorstellungen oder Erwartungen der Parteien werden sich zwar in der Regel auf vermeintlich vorhandene oder künftige **tatsächliche Umstände** beziehen, doch kann es sich auch um eine von den Parteien angenommene **Rechtslage,** insbesondere um den Fortbestand der im Augenblick des Vertragsschlusses geltenden gesetzlichen Regelung oder einer bestimmten Rechtsprechung, handeln[6].

10 **Beispiele:** Rechnen die Parteien eines Grundstückskaufvertrags damit, bestimmte Grundstücke würden in absehbarer Zeit bebaubar werden, erfüllt sich diese Erwartung aber nicht, so entfällt wegen des beiderseitigen Irrtums über die künftige Entwicklung die Geschäftsgrundlage[7]. Ein Wegfall der Geschäftsgrundlage liegt auch vor, wenn beide Parteien übereinstimmend annehmen, ein bei Vertragsschluß noch bestehendes Leistungshindernis werde in Kürze fortfallen, sich diese Erwartung aber als irrig erweist[8]. Ein Wegfall der Geschäftsgrundlage ist auch anzunehmen, wenn sich die Rechtsprechung ändert, die beide Parteien einem Vergleich zugrundegelegt haben[9].

11 Daß es dem Sprachgebrauch des Gesetzes nicht widerspricht, von „irrigen Erwartungen" zu sprechen, zeigt § 2078 Abs. 2. Hier ist unbestritten, daß der Umstand, auf den sich die „irrige Annahme oder Erwartung" des Erblassers bezieht, ein vergangener, gegenwärtiger oder zukünftiger sein kann[10]. Es ist deshalb daran festzuhalten, daß der beiderseitige Irrtum sowohl einen gegenwärtigen, wie einen künftigen Umstand betreffen kann, mit dessen Eintritt oder Nichteintritt die Parteien gerechnet haben.

3. Subjektive und objektive Geschäftsgrundlage

a) Subjektive Vorstellungen und objektive Voraussetzungen

12 Je nachdem, ob sich die Parteien bewußte Vorstellungen über die geschäftsrelevanten Umstände gemacht haben oder ob bestimmte Umstände auch ohne ihre bewußte Wahrnehmung für die sinnvolle Vertragsdurchführung wesentlich sind, unterscheidet man die subjektive und die objektive Geschäftsgrundlage[11]. Unter der **subjektiven Geschäftsgrundlage** werden die bei beiden Parteien oder doch bei einer von ihnen **vorhandenen,** von der anderen Partei wenigstens erkannte **Vorstellungen** verstanden, die die betreffende Partei zur Grundlage ihrer Überlegungen und ihres Entschlusses genommen hat.

13 Zur **objektiven Geschäftsgrundlage** gehört die **Gesamtheit** solcher außerhalb des Geschäfts liegender **Umstände,** deren Vorhandensein oder Fortdauer auch ohne konkrete Vorstellung allgemein sinngemäß vorausgesetzt werden muß, damit das Geschäft im Hinblick auf den typischen oder den im Geschäftsinhalt zum Ausdruck gekommenen Geschäftszweck noch als eine **sinnvolle Regelung** zu bestehen vermag. Neben der subjektiven und objektiven Geschäftsgrundlage wird auch zwischen großer

---

[6] Vgl. *BGHZ* 25, 390, 392; 58, 355, 362f.; 62, 20, 24f.

[7] *BGHZ* 47, 48; *BGH* JZ 1977, 177.

[8] S. dazu *BGH* NJW 1967, 721.

[9] *BGHZ* 58, 355, 362.

[10] Vgl. *Lange/Kuchinke,* Erbrecht, § 35 III 2b und die Kommentare zu § 2078.

[11] S. *Larenz,* Geschäftsgrundlage und Vertragserfüllung, 3. Aufl. 1963; Palandt/*Heinrichs,* § 313 Rn. 4, 7; kritisch zu dieser Unterscheidung aber *Medicus,* AT, Rn. 860.

und kleiner Geschäftsgrundlage unterschieden[12]. Dieser Unterscheidung kommt aber keine maßgebliche Bedeutung zu. Die der großen Geschäftsgrundlage zugeordneten Ereignisse wie wirtschaftliche, politische und soziale Rahmenbedingungen gehören, soweit sie als Geschäftsgrundlage in Betracht kommen, regelmäßig zur objektiven Geschäftsgrundlage.

b) Einheitliche Rechtsfolgen

Auch wenn subjektive und objektive Geschäftsgrundlage zu unterscheiden sind, so handelt es sich doch nicht um unterschiedliche, je selbständige Institute mit getrennten Rechtsfolgen[13], sondern um Anwendungsfälle einer einheitlichen, **subjektiv-normativ** verstandenen **Geschäftsgrundlage.** Gleichwohl sollte die Unterscheidung von subjektiver und objektiver Geschäftsgrundlage nicht aufgegeben werden[14], denn sie macht deutlich, daß nicht nur real-psychische Vorstellungen, sondern auch normative Wertungen die Geschäftsgrundlage beeinflussen. So wie bei der Auslegung neben dem wirklichen Willen aufgrund der Interessenlage ein mutmaßlicher Wille normativ ermittelt werden kann (s. § 28 Rn. 116ff.), lassen sich neben den wirklichen Vorstellungen auch mutmaßliche Vorstellungen aufgrund der Interessenlage ermitteln, die die Parteien als für sie bestimmend genannt hätten, wenn sie danach gefragt worden wären. 14

Zwischen der subjektiven und der objektiven Geschäftsgrundlage besteht keine scharfe Grenzziehung, sondern ein fließender Übergang. Dies zeigt sich zudem darin, daß neben den subjektiv gemeinsamen Vorstellungen auch die einseitigen, vom anderen Teil erkannten, aber nicht beanstandeten Vorstellungen aufgrund einer normativen Bewertung zur Geschäftsgrundlage zählen. Ebenso gibt es verschiedene Grade der bewußten Vorstellungen. Manches macht man sich explizit bewußt, anderes wird als selbstverständlich vorgegeben und ohne besondere Hervorhebung unterschwellig mit bedacht, wie z. B. der Bestand einer bestimmten Rechts- und Wirtschaftsordnung, einer Währung mit einer bestimmten Kaufkraft oder der Fortbestand friedlicher Beziehungen zwischen den Staaten. 15

4. Normative Maßstäbe für die Feststellung der Geschäftsgrundlage

Geschäftsgrundlage sind nur die Vorstellungen, die beiden Parteien zugerechnet werden können. Die unrichtigen Vorstellungen müssen für beide Parteien ein zurechenbarer Bestandteil ihrer Willensbildung sein. Auf der Grundlage des subjektiv-normativen Verständnisses der Geschäftsgrundlage müssen dafür maßgeblichen Kriterien aufgezeigt werden. 16

a) Vorrang der Parteiautonomie

Der **Unterschied** zwischen einer **Bedingung nach § 158** und der Geschäftsgrundlage besteht nur darin, daß die Bedingung als Vertragsinhalt vereinbart sein muß, insbesondere bei einem beurkundungsbedürftigen Geschäft also mit in die Urkunde aufgenommen werden muß. Demgegenüber gehört die Geschäftsgrundlage mit ihren dem eigentlichen Rechtsfolgewillen vorgelagerten Überlegungen nicht zum rechtsfolgenerzeugenden Vertragsinhalt[15] und muß demgemäß auch nicht beurkundet werden. Sollen sichere Grundlagen geschaffen werden, so müssen die für die Geschäftsgrundlage maßgeblichen Vorstellungen ausdrücklich festgelegt oder gar als Bedingung 17

[12] S. *Esser/Schmidt,* Schuldrecht, § 24 II; Palandt/*Heinrichs,* § 313 Rn. 8.
[13] So noch *Larenz,* Geschäftsgrundlage und Vertragserfüllung, 3. Aufl. 1963.
[14] Dafür aber Palandt/*Heinrichs,* § 313 Rn. 7.
[15] Vgl. auch Erman/*Werner,* § 242 Rn. 169.

(s. Rn. 18) in den Vertragsinhalt aufgenommen werden. Dies ist bei der Vertragsgestaltung zu berücksichtigen.

18 Jede Partei entscheidet in Ausübung ihrer Privatautonomie grundsätzlich selbst, auf welchen Vorstellungen ihr Geschäftswille aufbaut. Haben beide Parteien bestimmte **Vorstellungen tatsächlich übereinstimmend** zur Grundlage ihrer Willensbildung gemacht, so kann es sich um gemeinsame Vorstellungen beliebigen Inhalts handeln. Diese bilden regelmäßig die subjektive Geschäftsgrundlage. Ebenso wie die Parteien die Wirksamkeit eines Vertrags von Bedingungen beliebigen Inhalts abhängig machen können (§ 158), können sie auch Vorstellungen grundsätzlich beliebigen Inhalts zur gemeinsamen Geschäftsgrundlage machen. Ob eine gemeinsame Vorstellung besteht, kann auch mit den Mitteln der Auslegung festgestellt werden

b) Normative Kriterien

19 Nicht immer stimmen die Parteien in ihren dem Geschäftswillen vorgelagerten Vorstellungen überein oder wollen die Vorstellungen des anderen als für sich maßgeblich anerkennen. Insbesondere dann, wenn das Fehlen bestimmter Umstände nur einer Partei zum Nachteil gereicht, wird die andere Partei das Vorliegen dieser Umstände nicht zur Grundlage ihres Rechtsfolgewillens erheben wollen. Weist sie diese Vorstellungen ausdrücklich als für sich unmaßgeblich zurück, so werden sie nicht zur Geschäftsgrundlage. Fehlt es an einer solch ausdrücklichen Zurückweisung oder sind die Vorstellungen des anderen zur Geschäftsgrundlage nicht erkennbar, so ist aufgrund normativer Kriterien festzustellen, welche Umstände sich eine Partei als Bestandteil ihrer Willensbildung und als Grundlage ihres Rechtsfolgewillens zurechnen lassen muß. Normative Wertungen sind auch bei der objektiven Geschäftsgrundlage ausschlaggebend. Dabei spielt vor allem eine Rolle, wessen **Risikobereich** die vorgestellten Umstände zuzurechnen sind[16]. Dies erfordert eine wertende Entscheidung, die sich an der Verkehrsanschauung unter Berücksichtigung von **Beherrschungsmöglichkeiten** und der Zuweisung von **Nutzungsmöglichkeiten** orientiert (s. auch unten Rn. 33). Nur bezüglich solcher Umstände, die auch dem Risikobereich des anderen zuzurechnen sind, kann von einer normativ gemeinsamen Geschäftsgrundlage ausgegangen werden.

20 **Beispiele:** (1) Kauft K einen Gegenstand in der Vorstellung, ihn als Hochzeitsgeschenk zu verwenden, fällt aber die Hochzeit aus, so ist seine Vorstellung, selbst wenn er sie dem Verkäufer V mitgeteilt hat, mangels ausdrücklicher anderer Vereinbarungen nicht der gemeinsamen Geschäftsgrundlage von V und K zuzurechnen. Es ist Sache des K, für welche Zwecke er die von ihm gekauften Gegenstände konkret verwendet, sofern sie nur für diesen Zweck überhaupt tauglich sind. Ob die Hochzeit stattfindet, liegt auch nicht im Einflußbereich des V, so daß das Fehlschlagen der Vorstellungen des K in diesem Fall nur einseitig von K zu tragen ist und die Wirksamkeit des Kaufvertrags nicht berührt wird.

21 (2) Bei Vermietung eines Ladens trägt der Mieter das Risiko, in dem Mietobjekt Gewinn erzielen zu können. Dies gilt grundsätzlich auch, wenn in einem Einkaufszentrum nicht alle Läden vermietet werden (s. oben Rn. 8). Etwas anderes kann gelten, wenn der Vermieter vom Mieter verlangt, sich einer einheitlichen Planung für das Einkaufszentrum zu unterwerfen oder wenn der Vermieter wegen unzureichender Gesamtvermietung die Öffnungszeiten verkürzt oder sonstige Einschränkungen vornimmt[17].

---

[16] So zu Recht *Fikentscher,* Die Geschäftsgrundlage als Frage des Vertragsrisikos, 1971; vgl. auch Erman/*Werner,* § 242 Rn. 172; Staudinger/*J. Schmidt,* § 242 Rn. 992ff.; *Hübner,* AT, Rn. 1114.

[17] S. auch *BGH* NJW 2000, 1714, 1717; *BGH* NJW-RR 2000, 1535 = LM H. 1/00 § 242 (Bb) *BGB* Nr. 175 m. Anm. *Lammel;* weitergehend *OLG Koblenz* NJW-RR 1989, 400.

(3) Die Bürgschaft, die ein vermögensloser geschäftsunerfahrener Bürge in einer seine Leistungsfähigkeit weit übersteigender Höhe allein aufgrund der Bindung an einen ihm nahestehenden Schuldner eingeht, ist grundsätzlich nach § 138 nichtig (s. auch § 41 Rn. 42f.). Handelt es sich bei dem Bürgen um den Ehegatten des Schuldners, so wird dem Gläubiger gestattet eine Bürgschaft zu verlangen, um dem Risiko der Vermögensverschiebung zwischen den Ehegatten begegnen zu können. Entfällt dieses Risiko wegen Scheidung der Ehe, so ist damit auch die Geschäftsgrundlage für die Bürgschaft entfallen und der Gläubiger muß die Bürgschaft zurückgeben[18]. 22

(4) Bei entgeltlichen Umsatzgeschäften trägt grundsätzlich der Verkäufer das Risiko, wenn er das Bestehen einer Pflicht zur Entrichtung von Umsatzsteuer falsch einschätzt[19]. In einer nichtehelichen Lebensgemeinschaft bildet der Fortbestand dieser Lebensgemeinschaft im allgemeinen nicht die Geschäftsgrundlage für Vermögensleistungen zwischen den Partnern[20], da die Beziehung nicht ohne weiteres auf Fortbestand und Dauer angelegt ist und jeder sich dieses Risikos bewußt sein muß. 23

III. Anwendungsbereich

1. Schuldverträge

§ 313 bezieht auf die Grundlagen eines Vertrages. Aufgrund seiner Stellung im Schuldrecht ist dabei in erster Linie an schuldrechtliche Verträge zu denken. Demgemäß wird der Anwendungsbereich der Störung der Geschäftsgrundlage im allgemeinen auf schuldrechtliche Verträge beschränkt. Dabei ist gleichgültig, ob es sich um **entgeltliche oder unentgeltliche** Verträge, um **einseitig oder zweiseitig verpflichtende** oder um **gegenseitige** Verträge handelt. Der enge Bezug der Geschäftsgrundlage zu den schuldrechtlichen Verträgen ergibt sich daraus, daß sie als kausale Geschäfte den Geschäfts- und Leistungszweck enthalten (s. oben § 23 Rn. 66ff.). In diesem Geschäftszweck kommen die Vorstellungen und ein Teil der Motive beider Parteien zum Ausdruck, warum sie einen konkreten Vertrag abschließen. Im Vergleich mit diesem Geschäftszweck kann am ehesten festgestellt werden, ob veränderte Umstände im Sinne von § 313 Abs. 1 seine Erreichung gefährden. Ebenso läßt sich an Hand des Geschäftszwecks am besten messen, welche Bedeutung den Vorstellungen der Vertragsparteien im Sinne von § 313 Abs. 2 für den Geschäftszweck beizumessen ist. 24

Da auch ein **Vorvertrag** zu den kausalen Geschäften zu rechnen ist, kommt auch für ihn ein Wegfall der Geschäftsgrundlage in Betracht[21]. Zu den Schuldverträgen gehören auch **Unterhaltsverträge**[22], weil sie ihrem Inhalt nach schuldrechtliche Pflichten begründen und als kausale Verträge den Geschäftszweck und Rechtsgrund der Verpflichtung in sich tragen. Dies gilt unabhängig davon, daß der Regelungsgegenstand von Unterhaltsverträgen im Familienrecht angesiedelt ist. Entscheidend ist ihr kausaler Charakter. Deshalb ist z.B. auch bei einem **Erbschaftskauf** (§§ 2371ff.) ein Wegfall der Geschäftsgrundlage ohne weiteres möglich. Die Störung der Geschäftsgrundlage kann grundsätzlich auch bei **Gesellschaftsverträgen** berücksichtigt werden[23]. Jedoch ist hierbei der Schutz des Geschäftsverkehrs zu berücksichtigen, wenn 25

---

[18] *BGH* NJW 1995, 592, 594.
[19] *BGH* NJW 2001, 2464.
[20] *BGH* NJW 1996, 2727.
[21] *BGH* DB 1977, 301.
[22] S. etwa *BGHZ* 128, 329; *BGH* NJW 1995, 1892; *BGH* NJW 2001, 3618, 3619.
[23] S. Palandt/*Heinrichs,* § 313 Rn. 57.

die Gesellschaft bereits geschäftlich tätig geworden ist. Bei Störung der Geschäftsgrundlage allein die Auflösung oder den Ausschluß eines Gesellschafters gemäß §§ 133, 140 HGB vorzusehen, ist eine zu einschneidende Folge und wird den Bedürfnissen nicht gerecht. Es müssen auch andere, insbesondere mildere Maßnahmen der Anpassung möglich sein, wenn sie mit den Interessen der Gläubiger vereinbar sind. Vor allem müssen auch Anpassungsmaßnahmen, die sich zugunsten der Gesellschaft auswirken, vorgenommen werden können, z.B. eine Erhöhung des Ausgabebetrags für Aktien (§ 9 AktG) oder der Stammeinlage bei der GmbH (§ 5 GmbHG) bei Bewertungsfehlern. Eine Herabsetzung des eingetragenen Grund- oder Stammkapitals ist jedoch im Interesse des Gläubigerschutzes nur unter Einhaltung der Vorschriften über die Kapitalherabsetzung (§§ 222ff., 229ff. AktG, §§ 58ff. GmbHG) möglich.

2. Andere Verträge

26 Bei den **abstrakten Verfügungsgeschäften** ist dagegen eine Anpassung wegen Störung der Geschäftsgrundlage grundsätzlich nicht möglich, weil sie zweckfrei ausgestaltet und für jeden Geschäftszweck einsetzbar sind (s. oben § 23 Rn. 72ff.). Eine Änderung der Geschäftsgrundlage kann deshalb ihre Sinnhaftigkeit und ihre Rechtsfolgen nicht beeinflussen und nicht beeinträchtigen. Diese Geschäfte sollen auch aus Gründen de Rechtssicherheit unabhängig von den Zwecken und Motiven der Vertragsparteien wirksam bleiben[24]. Die Übereignung eines Grundstücks oder einer beweglichen Sache ist nicht deshalb unwirksam, weil der Kaufpreis wegen einer Störung des zur Geschäftsgrundlage gehörenden Äquivalenzverhältnisses erhöht oder ermäßigt wird. Dies gilt grundsätzlich auch für den Erbverzicht nach § 2346[25]. Die Geschäftsgrundlage enthält hier regelmäßig das zugrunde liegende schuldrechtliche Kausalgeschäft. Über dessen Anpassung kann sich dann die Pflicht zur Rückabwicklung des Verfügungsgeschäfts ergeben. Es gibt aber auch abstrakte Geschäfte, bei denen ein Wegfall der Geschäftsgrundlage in Betracht kommt. Dies ist etwa bei einem abstrakten Schuldversprechen (§ 780) oder einem abstrakten Schuldanerkenntnis (§ 781) angenommen worden.[26] Auch einem Aufhebungsvertrag liegt nicht ohne weiteres ein schuldrechtliches Kausalgeschäft zugrunde. Bei ihm muß deshalb eine Anpassung möglich sein, wenn die Aufhebungsgründe irrtümlich angenommen oder später weggefallen sind.

27 Für einzelne **dingliche Rechte,** die durch abstrakte Verfügungsgeschäfte bestellt werden, hat auch der Gesetzgeber Regelungen getroffen, die dem Wegfall der Geschäftsgrundlage zuzuordnen sind. Dies gilt insbesondere für § 1038 Abs. 1 Satz 2, wonach bei einem Nießbrauch über einen Wald oder ein Bergwerk jeder Teil bei einer erheblichen Änderung der Umstände eine entsprechende Änderung des Wirtschaftsplans verlangen kann. Dies erklärt sich daraus, daß bei langfristigen Beziehungen ein Bedürfnis für die Anpassung des Rechtsverhältnisses an veränderte Umstände besteht. Demgemäß ist z.B. auch für andere Dienstbarkeiten in §§ 1023 Abs. 1, 1090 Abs. 2 vorgesehen, daß eine Verlegung der Ausübung verlangt werden kann, wenn diese an der bisherigen Stelle besonders beschwerlich ist. Auch §§ 1026, 1109 können als Ausdruck des Anpassungsgedankens verstanden werden. Zur Anpassung an verän-

---

[24] *BGH* NJW 1997, 320 = LM H. 2/1997 § 20 UrhG Nr. 5 m. Anm. *Vinck*.
[25] S. *BGH* NJW 1999, 789.
[26] *BGH* DB 1977, 301; *RGZ* 144, 133, 137; Staudinger/*Marburger,* § 781 Rn. 7; Palandt/*Heinrichs,* § 313 Rn. 10.

derte Umstände kann man auch die Vorverlegung der Pfandverwertung gemäß § 1219 bei drohendem Verderb zählen.

Daraus läßt sich als allgemeine Erkenntnis ableiten, daß die Berücksichtigung einer Störung der Geschäftsgrundlage **nicht auf kausale Schuldverträge beschränkt** werden darf, sondern auch für abstrakte Geschäfte und dingliche Rechte in Betracht kommen kann. Dies ist insbesondere anzunehmen, wenn mit den dinglichen Rechten langfristige Beziehungen verbunden sind, die zumeist mit einem gesetzlichen Schuldverhältnis verbunden sind. Deshalb kann die Störung der Geschäftsgrundlage auch bei einem Tarifvertrag und bei einer Betriebsvereinbarung, z.B. bei einem Sozialplan, zu Anpassungen führen[27]. In § 60 VwVfG besteht eine Sonderregelung für öffentlich-rechtliche Verträge[28]. **28**

Die Berücksichtigung einer Störung der Geschäftsgrundlage ist dagegen grundsätzlich **nicht erforderlich** bei **Erbverträgen**[29]. Dem an den Erbvertrag gebundenen Erblasser steht nach § 2281 ein Anfechtungsrecht zur Verfügung, das gemäß §§ 2078, 2079 auch den Motivirrtum einschließlich enttäuschter Erwartungen und überraschender Veränderungen umfaßt. Eine eventuelle Störung der Geschäftsgrundlage kann deshalb schon mit diesem Anfechtungsrecht erfaßt werden. **Nicht berücksichtigt** werden kann die Geschäftsgrundlage ferner bei Geschäften, die an einen größeren Personenkreis gerichtet sind und bei denen es auf die Sicherung der Umlauffähigkeit ankommt. Dies gilt etwa für die Begebung eines Wechsels, für Indossamente und andere wechselrechtliche Erklärungen. **29**

3. Einseitige Erklärungen

Bei einseitigen Rechtsgeschäften kommt eine Geschäftsgrundlage regelmäßig schon deshalb nicht in Betracht, weil sie einseitig vorgenommen werden und nicht auf einer gemeinsamen Vorstellung mit dem Erklärungsempfänger beruhen. Ein Motivirrtum ist aber unbeachtlich. Eine Ausnahme bildet insoweit das Testament. Einen Motivirrtum und die Störung seiner einseitigen Geschäftsgrundlage kann der Erblasser durch seinen jederzeit möglichen Widerruf korrigieren (§§ 2253ff.). Nach seinem Tode können auch andere Personen nach §§ 2078ff. wegen eines Motivirrtums des Erblassers anfechten. Darüber hinaus kann und muß eine Störung der Geschäftsgrundlage auch bei einzelnen einseitigen Rechtsgeschäften zugelassen werden. Statt einer starren dogmatischen Regel, daß bei einseitigen Rechtsgeschäften eine Störung der Geschäftsgrundlage nicht möglich oder nicht zu berücksichtigen sei, muß eine sachgerechte Interessenabwägung und -bewertung durchgeführt werden. **30**

Beispiele: Kündigt etwa der Vermieter von Wohnraum wegen Eigenbedarfs (§ 573 Abs. 2 Nr. 2), was er dem Mieter mitteilen muß (§ 573 Abs. 3), so ist der Eigenbedarf als Kündigungsgrund zugleich Geschäftsgrundlage der Kündigung. Ist der Eigenbedarf bei Ausspruch der Kündigung vorhanden, fällt er aber vor Ablauf der Kündigungsfrist wieder weg, weil z.B. die geplante Ehe des Sohnes scheitert oder weil der Elternteil, der in die Wohnung einziehen sollte, verstirbt, ist es gerechtfertigt, dem Mieter die Möglichkeit zu geben, sich auf den nachträglichen Wegfall des Kündigungsgrundes als der Geschäftsgrundlage, warum der Mieter die Kündigung **31**

---

[27] S. etwa *BAG* DB 1995, 480; *BAG* DB 1997, 100, 274 (Sozialplan); *Hey,* ZfA 2002, 275 (Tarifvertrag).

[28] Dazu *Meyer* NJW 1977, 1710; *Maurer,* Allgemeines Verwaltungsrecht, § 14 Rn. 53; *Scherzberg,* JuS 1992, 205.

[29] S. *BGH* NJW 1993, 850; Soergel/*M. Wolf,* Vor § 2274 Rn. 6.

akzeptiert, zu berufen und ihm einen Anspruch auf Fortsetzung des Mietvertrag zu geben. §§ 574ff. berücksichtigen diese schutzwürdigen Interessen des Mieters nicht. Dasselbe Recht muß dem Arbeitnehmer gewährt werden, wenn während des Laufs der Kündigungsfrist der zunächst gegebene Kündigungsgrund z.B. einer betriebsbedingten Kündigung wieder entfällt[30]. Dies wird zwar auf unterschiedliche auf § 242 basierenden Rechtsfiguren gestützt. Es deckt sich aber mit dem Gedanken des Wegfalls der Geschäftsgrundlage. Einseitige **Gestaltungserklärungen** sind zwar grundsätzlich bedingungsfeindlich. Das damit verbundene Anliegen, die mit der Bedingung verbundene Rechtsunsicherheit zu vermieden, muß demnach auch vom Institut der Geschäftsgrundlage beachtet werden. Dies beruht jedoch auf einer Interessenwertung, von der richtigerweise Ausnahmen gemacht werden, wenn die Interessen des Erklärungsempfängers nicht beeinträchtigt werden, wie z.B. bei Potestativbedingungen, die vom Willen des Erklärungsempfängers abhängen (s. unten § 50 Rn. 21ff., 26f.). In vergleichbarer Weise wird auch die Störung der Geschäftsgrundlage nur berücksichtigt, wenn sich der Erklärungsempfänger darauf beruft.

IV. Voraussetzungen für die Berücksichtigung von Störungen der Geschäftsgrundlage

32 Solange die von den Parteien vorgestellten und in die Geschäftsgrundlage aufgenommenen Umstände tatsächlich gegeben sind, behält der Vertrag seinen Sinn und kann wie vorgestellt durchgeführt werden. Erst wenn die als Geschäftsgrundlage vorgestellten Umstände von vornherein fehlen oder nachträglich wegfallen, stellt sich die Frage, ob der Vertrag bestehen bleiben soll und kann. Nicht jedes Fehlen oder jeder Wegfall der Geschäftsgrundlage rechtfertigt schon einen Eingriff in die Vertragsbindung und den Vertragsbestand. Vielmehr müssen dafür weitere Voraussetzungen gegeben sein.

1. Wesentliche Abweichung

33 In Übereinstimmung mit einzelnen Vorschriften, die der Geschäftsgrundlage zugerechnet werden können (§§ 321, 490 Abs. 1, 775 Abs. 1 Nr. 1) sowie anderen Vorschriften, die die Kündigung aus wichtigen Grund betreffen, verlangt auch § 313 Abs. 1 eine schwerwiegende Veränderung für den nachträglichen Wegfall der Geschäftsgrundlage und § 313 Abs. 2 setzt für das anfängliche Fehlen der Geschäftsgrundlage die Enttäuschung wesentlicher Vorstellungen voraus. Was als wesentlich anzusehen ist, ist vor dem Hintergrund des jeweiligen Vertrags nach seiner Art und seinem Zweck zu bestimmen[31].

34 **Beispiel:** Bei einem Vertrag über die Zahlung einer Unterhaltsrente ist nicht schon jeder Geldwertschwund als Wegfall der Geschäftsgrundlage anzusehen, der zu einer Anpassung der Unterhaltsrente führt. Eine Anpassung ist erst gerechtfertigt, wenn der Geldwertschwund ein solches Ausmaß erreicht, daß die vereinbarte Unterhaltsrente ihren Versorgungszweck nicht mehr erfüllen kann. Einen Geldwertschwund von ca. 36% hat der *BGH* nicht ausreichen lassen[32].

2. Überschreiten der Opfer- und Risikogrenze

35 Die Durchführung eines Vertrags birgt für jede Partei Risiken, die sie mit dem Vertrag eingeht und deren Nachteile sie nach dem Vertragsinhalt und dem Vertrags-

---

[30] S. dazu *BAG* ZIP 2000, 1781, 1783 m.w.N.; *Oetker,* ZIP 2000, 643; *Nicolai/Noack,* ZfA 2000, 87.
[31] Vgl. *Gernhuber,* BürgR, § 35 VII 4a; Soergel/*Teichmann,* § 242 Rn. 223.
[32] *BGH* NJW 1989, 289.

zweck oder nach der gesetzlichen Regelung selbst tragen muß. Erst wenn die mit der vertraglichen oder gesetzlichen Risikozuweisung verbundene Opfergrenze bei einer Vertragspartei überschritten ist, kommt eine Lockerung der Vertragsbindung und eine Anpassung an die veränderten Verhältnisse in Betracht[33]. § 313 Abs. 1 sieht dies für den nachträglichen Wegfall der Geschäftsgrundlage ausdrücklich vor. Es gilt aber ebenso für das anfängliche Fehlen der Geschäftsgrundlage in § 313 Abs. 2. Die Risikozurechnung ist deshalb nicht nur für die Frage bedeutsam, ob ein vorgestellter Umstand überhaupt zur gemeinsamen Geschäftsgrundlage zählt (s. oben Rn. 19ff.), sondern auch für die Frage, **in welchem Umfang und bis zu welchem Maß eine Partei die Nachteile** aus den veränderten Verhältnissen als Opfer auf sich zu nehmen hat. Zur Bestimmung der Opfer- und Risikogrenze werden in der Rechtsprechung verschiedene Kriterien herangezogen.

a) Berücksichtigung der vertraglichen und gesetzlichen Risikoverteilung

Ein wesentliches Kriterium zur Bestimmung der Opfer- und Risikogrenze ergibt 36
sich aus dem **Inhalt und Zweck des Vertrags**[34]. Störungen der Geschäftsgrundlage können insoweit nicht berücksichtigt werden, als sich ein Risiko verwirklicht, das nach Inhalt und Zweck des Vertrags derjenige zu tragen hat, der sich auf die Störung beruft[35]. Eine gesetzliche Risikozuweisung greift ein, wenn eine vertragliche Regelung nicht besteht oder wenn sie zwingend ist.

Beispiele: Bei einem langfristigen, sich über mehrere Jahrzehnte erstreckenden Vertrag 37
gehört es im Gegensatz zu sonstigen Austauschverträgen zum normalen Vertragsrisiko, daß sich die wertbeeinflussenden Verhältnisse während der Vertragsdauer zugunsten der einen oder der anderen Vertragspartei ändern können. Jede Vertragspartei hat dieses Änderungsrisiko nach dem Vertragszweck grundsätzlich selbst zu tragen[36]. Erst wenn ihre Vertragsinteressen in keiner Weise mehr als gewahrt anzusehen sind, ist die Opfer- und Risikogrenze überschritten und die Geschäftsgrundlage entfallen[37]. Bei Spekulationsgeschäften trägt jeder Teil das vertragstypische Spekulationsrisiko[38]. Bei einer Vereinbarung zur abschließenden Schadensregulierung werden überschaubare Veränderungen der Währungs- und Wirtschaftsverhältnisse einkalkuliert[39].

b) Berücksichtigung der Vorhersehbarkeit

Die Opfer- und Risikogrenze wird daneben auch durch die Vorhersehbarkeit mög- 38
licher Änderungen bestimmt[40]. Nachteile aus Veränderungen, die eine Partei vorhergesehen hat oder hätte vorhersehen können, sind grundsätzlich von dieser Partei zu tragen, wenn und soweit sie mögliche **Vorkehrungen** dagegen **nicht getroffen** oder das **Risiko in Kauf genommen** hat[41]. Unvorhersehbare Änderungen sind dagegen eher beiden Parteien zuzurechnen[42].

---

33 S. etwa *BGH* NJW 1989, 289; 1991, 1478, 1479.

34 *Hübner,* AT, Rn. 1114; *Medicus,* AT, Rn. 862, 864.

35 *BGHZ* 74, 370, 373; *BGH* NJW 1992, 2960, 2961; *BGH* NJW-RR 2000, 1535.

36 S. *BGH* NJW-RR 2000, 1535 für einen Mietvertrag.

37 Vgl. *BGHZ* 90, 277; *BGH* NJW 1991, 1478, 1479; *Gernhuber,* BürgR, § 35 VII 4; s. auch oben § 33 Rn. 20f.

38 Palandt/*Heinrichs,* § 313 Rn. 16; *Hübner,* AT, Rn. 1114.

39 *BGH* NJW 1989, 289, 290.

40 Vgl. *Medicus,* AT, Rn. 868.

41 S. auch *Larenz,* Geschäftsgrundlage und Vertragserfüllung, S. 107f.; *Stötter,* AcP 166 (1966), 149, 181; *Ulmer,* AcP 174 (1974), 167, 185ff.

42 *Hübner,* AT, Rn. 1114.

c) Verantwortlichkeit für Veränderungen

39 Hat eine Vertragspartei die Änderungen durch ihr **Verschulden** herbeigeführt oder beruhen diese Änderungen auf ihrer **eigenen Entscheidung,** so hat sie die daraus erwachsenden Nachteile grundsätzlich selbst zu tragen[43].

40 **Beispiel:** Übernimmt der Ehemann für ein durch heterologe Insemination gezeugtes Kind die Unterhaltspflicht, so bleibt diese Unterhaltspflicht auch nach Scheidung der Ehe grundsätzlich bestehen. Erst wenn durch Erhebung einer Anfechtungsklage die Nichtehelichkeit festgestellt wird und das Vater-Kind-Verhältnis endet (s. § 1599), entfällt auch die Geschäftsgrundlage für die vertraglich vereinbarte Unterhaltspflicht. Dies gilt aber nicht, wenn der Vater selbst das Kindesverhältnis durch Erhebung einer Anfechtungsklage beseitigt[44].

d) Sonstige normative Opfer- und Risikozuweisungen

41 Sonstige normative Opfer- und Risikozuweisungen ergeben sich daraus, daß jeder grundsätzlich sein **eigenes Lebensrisiko** zu tragen hat[45], sofern es nicht vertraglich auf einen anderen abgewälzt ist, z.B. durch eine Versicherung. Das **Beschaffungs- und Zahlungsrisiko** trägt grundsätzlich der Schuldner[46] und das **Verwendungsrisiko** der Gläubiger[47]. Im Verhältnis der Ehegatten ist einer Veränderung der Vermögensverhältnisse **vorrangig** durch den **Zugewinnausgleich** Rechnung zu tragen[48].

3. Ursächlichkeit der Störung für die Parteien

42 Ähnlich wie bei der Anfechtung nach § 119 Abs. 1 verlangt § 313 Abs. 1 auch bei Störung der Geschäftsgrundlage, daß die Abweichung von den, die Geschäftsgrundlage bildenden, Umständen für die Parteien **subjektiv erheblich** ist. Dies hat auch für § 313 Abs. 2 Gültigkeit. Ob die Parteien den Vertrag in Kenntnis der wahren Sachlage überhaupt und mit diesem Inhalt geschlossen hätten, richtet sich in erster Linie nach ihren eigenen gemeinsamen Vorstellungen und der Bedeutung, die sie der jeweiligen Geschäftsgrundlage beigemessen haben. Der Parteiautonomie kommt hier eine maßgebliche Bedeutung zu. Dabei ist das bisherige Verhalten der Parteien ebenso zu berücksichtigen wie die Abwägung ihrer beiderseitigen Interessen. Lassen sich aus dem Parteiwillen und sonstigen Umständen keine sicheren Erkenntnisse gewinnen, so ist auf den Standpunkt eines vernünftigen Beurteilers in vergleichbarer Lage abzustellen.

4. Umfassende Zumutbarkeitsbeurteilung

43 Das Kriterium der Wesentlichkeit und des Überschreitens der Opfer- und Risikogrenze muß ergänzt werden durch eine umfassende Zumutbarkeitsbeurteilung. Erst wenn der betroffenen Vertragspartei das Festhalten am Vertrag **unter Berücksichtigung aller vertragsrelevanten Umstände insgesamt unzumutbar** ist, darf die Vertragsbindung gelöst und die eingetretene Veränderung berücksichtigt werden[49].

---

[43] S. etwa *BGHZ* 129, 297, 310; *BGH* NJW 1997, 320 = LM H. 2/1997 § 20 UrhG Nr. 5 m. Anm. *Vinck.*

[44] *BGH* NJW 1995, 2031, 2032 und 2028, 2031 = LM H. 9/1995 § 242 BGB Nr. 156 m. Anm. *Hohloch.*

[45] Soergel/*Teichmann,* § 242 Rn. 230.

[46] Vgl. nur Erman/*Werner,* § 242 Rn. 179.

[47] Zum Mieter s. *BGH* NJW 2000, 1714, 1717; *BGH* NJW-RR 2000, 1535 = LM H. 1/00 § 242 (Bb) BGB Nr. 175 m. Anm. *Lammel; BGH* LM H. 7/99 § 242 (Bb) BGB Nr. 173.

[48] *BGH* NJW 1991, 2553; *BGH* NJW 1997, 2747.

[49] Vgl. *BGHZ* 2, 176, 188; 84, 1, 9; *BGH* NJW 1999 1623; *BGH* NJW 2001, 1204; *Hübner,* AT, Rn. 1114.

V. Rechtsfolgen

1. Anpassung als generelle Rechtsfolge

a) Anspruch und Gestaltungsrecht

§ 313 Abs. 1 sieht in Übereinstimmung mit der bisherigen Rechtsprechung[50] und **44**
Lehre die Anpassung des Vertrags an die veränderten Verhältnisse und Bedürfnisse vor. Der Grundsatz der Vertragsbindung wird besser gewahrt, wenn die Vereinbarung nicht im ganzen für unwirksam erklärt, sondern der Vertrag an die veränderten Verhältnisse angepaßt wird. Um dieses Ziel zu erreichen, sieht § 313 Abs. 1 vor, daß eine Anpassung des Vertrags an die veränderten Verhältnisse verlangt werden kann. Damit wird ein **Anspruch auf Vertragsanpassung** gewährt, der vor Gericht eingeklagt werden muß, wenn sich die Parteien nicht von sich aus auf eine Anpassung einigen. Das Gesetz stellt sich damit in Gegensatz zur bisherigen Lehre und Rechtsprechung, die davon ausgegangen ist, daß die Anpassung, wenn sich die Parteien nicht einigen, grundsätzlich kraft Gesetzes eintritt und vom Richter lediglich festgestellt werden muß[51]. Lediglich wenn eine Vertragsanpassung nicht möglich oder nicht zumutbar ist, gewährt § 313 Abs. 3 als Gestaltungsrechte ein **Rücktrittsrecht** und bei Dauerschuldverhältnissen ein **Kündigungsrecht.** Dies stimmt mit der bisherigen Praxis überein.

b) Anspruchsinhalt und seine Durchsetzung

Der Anspruch geht seinem Inhalt nach auf Anpassung. Die Anpassung schlägt sich **45**
zunächst darin nieder, daß gegen den anderen Teil ein **Anspruch auf Neuverhandlung** über die Anpassung besteht[52]. Auch wenn der Anspruch eingeklagt werden könnte, so bleibt er doch inhaltsleer und führt nicht zum Erfolg, wenn nicht ein bestimmter Inhalt mit der Anpassung verbunden wird. Verweigert der andere Teil hartnäckig und ohne sachlichen Grund jegliche Verhandlung, so kann u. U. ein Rücktritts- oder Kündigungsrecht bestehen[53]. Dem an der Vertragsdurchführung interessierten Teil als einzige Alternative die Vertragsbeendigung aufzunötigen, ist aber nicht sachgerecht. Vielmehr muß ihm die Möglichkeit bleiben, eine angemessene Anpassung vor Gericht durchzusetzen.

Dem Anspruchsberechtigten ist deshalb eine **Leistungsklage auf Zustimmung zu einer** **46**
angemessenen Anpassung zu gewähren. Der Anspruch wird, wenn eine Verurteilung erfolgt, gemäß § 894 ZPO vollstreckt, indem die Zustimmungserklärung des anderen Teils mit Rechtskraft des Urteils als erteilt gilt. Im Hinblick auf die Bestimmtheit des Klagantrags, die § 253 Abs. 2 Nr. 2 ZPO verlangt, muß ein gewisser Spielraum für die richterliche Gestaltung gelassen werden. In Anlehnung an den unbestimmten Klageantrag beim Schmerzensgeld ist dem Kläger zu gestatten, einen unbestimmten Klageantrag zu stellen[54], der auf eine unter Berücksichtigung der veränderten Umstände angemessene Anpassung lauten kann, aber grundsätzlich um Vorstellungen er-

---

[50] S. etwa *BGHZ* 47, 52; 89, 238; *BGH* NJW 1984, 1746, 1747.

[51] S. etwa *BGH* NJW 1972, 152; *BGH* NJW 1997, 320 = LM H. 2/1997 § 20 UrhG Nr. 5 m. Anm. *Vinck;* s. auch Soergel/*Teichmann,* § 242 Rn. 262; MünchKomm/*Roth,* § 313 Rn. 79ff.

[52] S. zu einem besonderen Fall § 32 Abs. 1 Satz 3 UrhG; allgemein *Horn,* AcP 181 (1981), 255, 276; *Nelle,* Neuverhandlungspflichten, 1994; *Eidenmüller,* ZIP 1995, 1063; krit. *Martinek,* AcP 198 (1998), 330.

[53] *BGH* NJW 1969, 233; Palandt/*Heinrichs,* § 313 Rn. 29.

[54] *Schmidt-Kessel/Baldus,* NJW 2002, 2076.

gänzt werden muß, in welche Richtung die Anpassung gehen soll. Der Richter muß nach § 139 Abs. 1 ZPO auf eine weitere Konkretisierung des Antrags im Rahmen des durch den Antrag vorgegebenen Streitgegenstands hinwirken. Im Anschluß an die Klage auf Zustimmung zur Anpassung kann auf Erfüllung der Leistungen aus dem neu angepaßten Vertrag geklagt werden, wenn diese Leistungen nicht freiwillig erbracht werden. Die Anpassung kann auch inzidenter im Rahmen einer direkt auf die endgültige Leistung gerichteten Klage erfolgen, vergleichbar der richterlichen Billigkeitsbestimmung in § 315 Abs. 3. Der Anspruch auf Vertragsanpassung kann auch zur **Verteidigung** gegen den vertraglichen Anspruch im Wege des Zurückbehaltungsrechts nach § 273 geltend gemacht werden und erfordert dann keine Konkretisierung. Der Anspruch kann aber konkretisiert und z. B. in Form einer Anspruchsminderung als Einwendung geltend gemacht werden. Rücktritt oder Kündigung können als Gestaltungsrechte ohne richterliche Hilfe ausgeübt und im Prozeß als Einwendung geltend gemacht werden.

47 **Anspruchsberechtigt** sind grundsätzlich **beide Vertragsparteien** und nicht nur die durch die gestörte Geschäftsgrundlage benachteiligte Partei. Dies ergibt sich sowohl aus dem Wortlaut, der eine Begrenzung auf eine bestimmte Person nicht vorsieht, als auch aus praktischen Bedürfnissen. Wenn ein Gläubiger seinen vertraglichen Anspruch geltend macht, der Schuldner sich aber wegen seines Gegenanspruchs aus § 313 Abs. 1 auf Vertragsanpassung auf ein Zurückbehaltungsrecht nach § 273 beruft, so könnte er damit die Anspruchsdurchsetzung auf Dauer blockieren, wenn dem Gläubiger nicht ebenfalls ein Anspruch auf Anpassung eingeräumt würde, um eine Anpassung seines Anspruchs gerichtlich durchzusetzen und im Anschluß dann den angepaßten Anspruch als solchen durchsetzen zu können[55].

2. Einzelne Maßnahmen

48 Als mögliche Maßnahmen kommen im Einzelfall neben den in den verschiedenen gesetzlichen Bestimmungen bereits vorgesehenen Rechtsfolgen noch in Betracht die Stundung einer Forderung oder die Gewährung von Ratenzahlungen, die Herabsetzung oder Aufhebung einer Verbindlichkeit[56], die Anordnung von Zuzahlungen[57] oder Ersatzpflichten[58] oder die im Regelfall hälftige Teilung eines Risikos[59]. Die Auflösung des Vertrags kommt grundsätzlich nur als letzte Maßnahme in Betracht, wenn die Fortsetzung des Vertrags unzumutbar ist. Statt einer sofortigen Vertragsbeendigung ist zunächst an eine Modifizierung der Vertragsdauer zu denken[60]. Zur Vertragsbeendigung wird allein dem benachteiligten Teil durch § 313 Abs. 3 ein Rücktritts- oder Kündigungsrecht verliehen. Ein Rücktritt- oder Kündigungsrecht kann aber darüber hinaus auch nach § 313 Abs. 1 von beiden Parteien verlangt und vom Richter angeordnet werden. Die Parteien können dann selbst darüber entscheiden, ob sie am Vertrag festhalten oder ihn auflösen wollen. Unwirksamkeit wie in § 779 ist in § 313 nicht vorgesehen. Bereits erfüllte und abgewickelte Verträge erfordern eine Anpassung in geringerem Maße[61] als noch nicht oder nur teilweise durchgeführte Verträge[62].

---

[55] *Schmidt-Kessel/Baldus,* NJW 2002, 2076.

[56] S. z. B. *BGH* WM 1971, 276.

[57] *BGH* NJW 2001, 1204.

[58] *BGH* LM § 242 (Bb) Nr. 20.

[59] *BGH* NJW 1984, 1746; *BGHZ* 109, 224, 229.

[60] *BGH* LM H. 7/99 § 242 (Bb) BGB Nr. 137.

[61] *BGHZ* 58, 362, 363; *BGH* NJW 1983, 2144; aber auch *BGHZ* 74, 370, 373; nach Erman/*Werner,* § 242 Rn. 179 soll eine Anpassung in der Regel nur für noch nicht abgewickelte Verträge in Betracht kommen.

[62] *BGHZ* 58, 362, 363.

Allgemein ist bei der Anpassung auf die **Zumutbarkeit** für die Parteien zu achten, die damit nicht nur bei den Voraussetzungen (s. oben Rn. 43), sondern auch bei den Rechtsfolgen zu beachten ist. Da in erster Linie die Interessen der Parteien betroffen sind, sind als Folge der Privatautonomie auch bei der Anpassung vor allem der **Wille und die Vorstellungen der Parteien** zu berücksichtigen[63] und es ist eine umfassende Interessenabwägung vorzunehmen. 49

VI. Konkurrenzen

1. Vorrang der Auslegung

a) Erläuternde Auslegung

Die Geschäftsgrundlage gehört zwar nicht zum rechtsfolgenerzeugenden Vertragsinhalt, sollte aber mit den vertraglich gewollten Rechtsfolgen und deren wirtschaftlichen und sozialen Auswirkungen nicht in Widerspruch stehen. Um den Vertragsinhalt den Vorstellungen der gemeinsamen Geschäftsgrundlage anzupassen, kommt zunächst der **Auslegung Vorrang** zu, weil dadurch ein **geschäftsgrundlagenkonformer Wille unmittelbar zur Geltung** gelangen kann[64]. Die Auslegung erfordert aber, daß aus der Geschäftsgrundlage ein bestimmter Geschäftswille ermittelt werden kann. Sie findet ihre Grenze auch im möglichen Wortsinn. 50

b) Ergänzende Auslegung

Sofern eine Lücke im Vertrag besteht und der Wortlaut nicht entgegensteht, ist auch eine ergänzende Auslegung möglich, der ebenfalls Vorrang vor der Anpassung gemäß der Geschäftsgrundlagenlehre zukommt[65], weil sie mit der Orientierung am hypothetischen Parteiwillen (s. oben § 28 Rn. 120ff.) der privatautonomen Selbstbestimmung am besten entspricht. Die ergänzende Auslegung setzt allerdings im Gegensatz zur Geschäftsgrundlagenlehre eine Vertragslücke voraus. Die ergänzende Auslegung kann bei allen Vertragspunkten zur Anwendung kommen, auch wenn es sich um bloße Nebenpunkte handelt. Die Geschäftsgrundlage bezieht sich dagegen auf den Hauptzweck und Regelungskern und strahlt nicht notwendig auf alle Nebeninhalte des Vertrags aus (s. auch § 33 Rn. 20). 51

2. Vorrang spezieller Regelungen

Für viele Vertragsstörungen sieht das Gesetz spezielle Regelungen vor, denen ebenfalls **Vorrang** vor der Anpassung gemäß der Geschäftsgrundlagenlehre zukommt[66]. Als spezielle Vorschriften, die der Störung der Geschäftsgrundlage zugerechnet werden können, sind etwa zu nennen §§ 321, 519, 527, 528, 530, 650, 775, 779. Daneben gehen auch die Vorschriften über die **Gewährleistung für Sach- und Rechtsmängel** vor, die den Fall regeln, daß ein Gegenstand nicht die vorgestellte Gebrauchstaug- 52

---

[63] *BGH* NJW 1984, 1746, 1747; *Medicus,* FS Flume, S. 629, 637.

[64] Vgl. *BGH* ZIP 2003, 1838; MünchKomm/*Roth* § 313 Rn. 130; *Bamberger/Roth/Grüneberg* § 313 Rn. 17; *Medicus,* AT Rn. 875.

[65] Vgl. allerdings auch *Medicus,* AT, Rn. 876, der das Verhältnis als unklar bezeichnet.

[66] Vgl. *Medicus,* AT, Rn. 873; Soergel/*Teichmann,* § 242 Rn. 221.

lichkeit oder den vorgestellten Rechtsgehalt aufweist und demgemäß in manchen Rechtsordnungen dem Problembereich der Störung der Geschäftsgrundlage zugerechnet werden. Gleiches gilt für die Vorschriften über die **Unmöglichkeit,** die ebenfalls vorrangig eingreifen, wenn die Leistung entgegen den Vorstellungen der Parteien nicht möglich ist. Auch eine Garantiezusage ist vorrangig zu berücksichtigen[67], bevor eine Anpassung wegen Störung der Geschäftsgrundlage vorgenommen wird. Entwikkeln sich Dauerrechtsbeziehungen anders als vorgestellt und ist eine Fortsetzung der Vertragsbeziehungen nicht mehr zumutbar, so besteht das Recht zur **außerordentlichen Kündigung** aus wichtigem Grund nach §§ 314, 569, 626, 723 als spezieller Rechtsbehelf. Wenn jedoch durch die Anpassung bei Störung der Geschäftsgrundlage eine Vertragssituation geschaffen werden kann, die die Fortsetzung der Vertragsbeziehungen wieder zumutbar macht, so kommt dieser Anpassung im Interesse der Aufrechterhaltung der Vertragsbindung der Vorrang zu[68].

53 Der Anspruch aus § 812 Abs. 1 Satz 2 wegen Nichteintritt des mit der Leistung bezweckten Erfolgs hat insofern strengere Voraussetzungen, als er eine gemeinsame Zweckvorstellung voraussetzt und eine einseitige dem anderen lediglich erkennbare Zweckvorstellung nicht genügen läßt. Der Anspruch kommt ferner auch erst zur Anwendung, wenn eine Anpassung gemäß der Geschäftsgrundlagenlehre nicht möglich ist[69].

VII. Europäische Vereinheitlichung

54 Das Institut der Störung der Geschäftsgrundlage wird nicht in allen europäischen Mitgliedstaaten anerkannt. Das **französische Recht** lehnt die Berücksichtigung eine Störung der Geschäftsgrundlage z.B. ganz ab[70]. Das **englische Recht** berücksichtigt sie in der Lehre von der Frustration, wenn durch nachträgliche nicht zu vertretende Umstände der Vertragszweck vereitelt wird oder der Vertragsgegenstand wegfällt[71], was im deutschen Recht der Unmöglichkeit zugeordnet wird. Etwas weitergehend wird die Störung der Geschäftsgrundlage im **italienischen Recht** anerkannt. Bei den tatbestandlichen Voraussetzungen bestehen dabei deutliche Übereinstimmungen mit der deutschen Lehre und Rechtsprechung. Hinsichtlich der Rechtsfolgen ermöglicht die italienische Rechtsprechung dagegen nur die Vertragsaufhebung und keine darüber hinausgehende Anpassung[72]. Die Europäischen Vertragsrechtsgrundsätze sehen in Art. 4.103 ein Anfechtungsrecht bei gemeinschaftlichem Irrtum oder dann vor, wenn eine Partei einen Tatsachen- oder Rechtsirrtum der anderen Partei erkannt hat oder erkennen konnte und es Treu und Glauben widersprechen würde, die Partei in diesem Irrtum zu belassen[73]. Dies deckt sich in weiten Teilen mit den Voraussetzungen der Störung der Geschäftsgrundlage im deutschen Recht, führt aber ebenfalls nur zur Vertragsvernichtung und nicht zur Anpassung.

---

[67] *BGH* NJW 2001, 1714.

[68] So zu Recht *BGH* NJW 1958, 785.

[69] *BGHZ* 84, 10; *BGH* NJW 1992, 2690; *BGH* NJW 1999, 1623; einschränkend MünchKomm/*Roth,* § 313 Rn. 135f.

[70] S. *Hübner/Constantinesco,* Einführung in das französische Zivilrecht, 4. Aufl. 2001, S. 178.

[71] *Graf von Bernstorff,* Einführung in das englische Recht, 2. Aufl. 2000, S. 78f.

[72] *Reiter,* Vertrag und Geschäftsgrundlage im deutschen und italienischen Recht, 2002, z.B. S. 284ff.; *Kindler,* Einführung in das italienische Recht, 1993, Rn. 44ff.

[73] Ähnlich Art. 3.5 Unidroit Prinzipien jeweils abgedruckt in *Basedow,* (Hrsg.), Europäische Vertragsvereinheitlichung und deutsches Recht, 2000, S. 224ff., 254ff.

§ 39. Vertragsabschluß mit Widerrufsrecht

Inhaltsübersicht

Literatur: *N. Fischer,* Das allgemeine verbraucherschützende Widerrufsrecht gemäß § 355 BGB/ein Beitrag zur Dogmatik der Wirkungsweise von Widerrufsrechten im Privatrecht, Diss. Frankfurt am Main, 2002; *Fuchs,* Zur Disponibilität gesetzlicher Widerrufsrechte im Privatrecht, AcP 196 (1996), 313; *Mankowski,* Beseitigungsrechte, 2003; *Pudor,* Die Wirkungsweise der verbraucherschützenden Widerrufsrechte, 2000; *Reiner,* Der verbraucherschützende Widerruf im Recht der Willenserklärungen, AcP 203 (2003), 1; *S. Lorenz,* Der Schutz vor dem unerwünschten Vertrag, 1997.

I. Vertragsbindung und Selbstbestimmung

Damit die Vertragsparteien ihre Rechtsverhältnisse durch vertragliche Vereinbarungen verbindlich regeln und sich darauf einrichten können, müssen sie auf den Bestand der Vereinbarung vertrauen und sich darauf verlassen können. Diesem Bedürfnis wird dadurch genügt, daß die Parteien an den einmal geschlossenen Vertrag gebunden sind (pacta sunt servanda, s. oben § 29 Rn. 5). Sie können den Vertrag zwar durch ihren gemeinsamen Willen über einen Aufhebungsvertrag wieder aufheben, sich jedoch grundsätzlich nicht durch einseitige Erklärung von ihrer Vertragsbindung lösen. Diese Vertragsbindung rechtfertigt sich aus der Verantwortung der Parteien für ihre selbstbestimmte Entscheidung[1]. Der Zusammenhang von Vertragsbindung und Selbstbestimmung bildet die Grundlage für Überlegungen, die Bindung an den Vertrag zurücktreten zu lassen, wenn die selbstbestimmte Entscheidung nicht gewährleistet, sondern durch fremdbestimmte und andere einer Vertragspartei nicht zurechenbare Einflüsse beeinträchtigt war. Aus diesen Gründen hat der Gesetzgeber dem Verbraucher ein Recht zur Lösung vom Vertrag durch ein Widerrufsrecht eingeräumt, wenn die Möglichkeit zu einer sachgerechten Entscheidung für den Vertragsabschluß aufgrund einer unterlegenen Verhandlungsposition des Verbrauchers nicht gewährleistet war. 1

[1] S. dazu *S. Lorenz,* Der Schutz vor dem unerwünschten Vertrag, 1997, S. 28ff.

II. Verschiedene Widerrufsrechte

1. Verbraucherschützende Widerrufsrechte

2 Der Anfang für verbraucherschützende Widerrufsrechte liegt im Jahre 1969. Als damals der Gesetzgeber deutsche Kapitalanleger vor dem Kauf ausländischer Investmentanteile durch verkaufspsychologisch geschulte Vertreter schützen wollte, führte er durch § 11 Abs. 1 AuslInvestG und unmittelbar danach durch § 23 Abs. 1 KAGG (jetzt § 126 Investmentgesetz) ein Widerrufsrecht ein, das den Käufer von Investmentanteilen innerhalb von zwei Wochen nach Vertragsschluß zur Lossagung vom Vertrag berechtigte. Ein weiteres verbraucherschützendes Widerrufsrecht wurde 1976 durch § 4 Abs. 1 FernUSG eingeführt, das die Interessenten von Fernunterrichtslehrgängen vor der ungeprüften vertraglichen Bindung an solche Lehrgänge schützen wollte. Ein generelles Widerrufsrecht für Haustürgeschäfte und andere Geschäfte außerhalb der Geschäftsräume sah das 1986 erlassene HWiG vor. Weitere Widerrufsrechte in Sondergesetzen folgten. Sie sind inzwischen zum großen Teil durch §§ 312, 312d, 485, 495, 499–501, 505 in das BGB eingegliedert.

3 Diese Widerrufsrechte stehen jeweils einem Verbraucher gemäß § 13 (s. unten § 42 Rn. 25, 35ff.), einem Käufer von Investmentanteilen oder einem Versicherungsnehmer (§§ 5a, 8 Abs. 4 VVG) zu und sollen ihn **vor übereilten Vertragsabschlüssen** durch Gewährung einer Überlegungsfrist **schützen.** Unter den Voraussetzungen des § 356 kann das Widerrufsrecht durch ein uneingeschränktes Rückgaberecht ersetzt werden. Das Widerrufs- und Rückgaberecht erfaßt jeweils nur entgeltliche schuldrechtliche Verträge. Die Vorschriften zum Widerruf und Rückgaberecht gehören als Verbraucherschutzvorschriften zum **halbzwingenden Recht** (s. oben § 3 Rn. 104ff.). Sie können zugunsten des Verbrauchers durch Vereinbarung ausgedehnt werden. Wegen ihres Eingriffs in den Grundsatz der Vertragsbindung können sie aber nur sehr eingeschränkt Grundlage für eine Analogie sein, die den Grundsatz der Vertragsbindung ohne ausdrückliche gesetzliche Anordnung weiter aushöhlen würde[2]. Soweit diese Widerrufsrechte auf EG-Richtlinien beruhen, stehen sie dem Verbraucher im Grundsatz in allen **Mitgliedstaaten der EG** zu. Dies gilt insbesondere für die Widerrufsrechte bei Haustürgeschäften (§ 312), bei Fernabsatzgeschäften (§ 312d) und bei Teilzeitwohnrechten (§ 485), aber auch für das Widerrufsrecht aus § 15h AuslInvestG.

2. Sonstige Widerrufsrechte

4 Vor den durch neuere Gesetze aus Verbraucherschutzgründen eingeführten Widerrufsrechten gab es schon immer im BGB Widerrufsrechte, die aber nicht unmittelbar zur Auflösung der Vertragsbindung führten, sondern anderen Zwecken dienten.

5 a) Ein **Widerrufsrecht bis zum Zugang** einer empfangsbedürftigen Willenserklärung gewährt § 130 Abs. 1 Satz 2 (dazu § 26 Rn. 49f.), weil die Willenserklärung zuvor noch keine Rechtswirkung entfaltet hat, und deshalb das Vertrauen des Empfängers keines Schutzes bedarf.

---

[2] S. *BGH* NJW 2003, 1932, 1933.

b) Ein Widerrufsrecht wegen fehlenden Vertrauensschutzes ergibt sich auch, wenn der Antragende die **Gebundenheit** an seinen **Antrag** gemäß § 145 **ausgeschlossen** hat (s. oben § 29 Rn. 27). 6

c) Ein **Widerrufsrecht zur Beseitigung eines Schwebezustands** sehen § 109 Abs. 1 und § 178 vor. Der Vertragspartner soll den für ihn wegen der Ungewißheit belastenden Schwebezustand beenden können, wenn er einen Vertrag geschlossen hat, der wegen Minderjährigkeit (§ 109) oder wegen fehlender Vertretungsmacht (§ 178) schwebend unwirksam ist. Durch die Ausübung seines Widerrufsrechts kann er den Vertrag endgültig unwirksam machen und braucht sich nicht mehr darauf einzustellen, daß er durch eine spätere Genehmigung noch wirksam wird. 7

d) Ein **Widerrufsrecht des Schenkers** regelt § 530, wenn sich der Beschenkte wegen schwerer Verfehlungen als der Schenkung unwürdig erwiesen hat. Das Widerrufsrecht hat hier eine dem Rücktrittsrecht vergleichbare Funktion. 8

e) Ein Widerrufsrecht besteht bei einer dinglichen Einigung, solange diese nicht bindend geworden ist (s. §§ 873 Abs. 2, 929; dazu oben § 29 Rn. 6).

f) Der **Erhaltung der Testierfreiheit** des Erblassers dient das Widerrufsrecht bei einseitigen Testamenten gemäß §§ 2253 ff. 9

III. Gründe für das verbraucherschützende Widerrufsrecht

Als Rechtfertigung für das verbraucherschützende Widerrufsrecht wurde schon früh auf die ungleiche Verhandlungsposition des Kunden hingewiesen[3]. Die Ursachen für dieses Verhandlungsungleichgewicht ergeben sich aber aus verschiedenen Gründen. Diese Gründe waren das gesetzgeberische Motiv für die Gewährung von Widerrufsrechten. Sie sind nicht tatbestandliche Voraussetzungen, können aber zum Verständnis und als Auslegungshilfe dienen und beeinflussen die Entscheidung über eine analoge Anwendung. 10

1. Ungeeignete Verhandlungssituation

a) Ungeeignete Zeit und Ort

Die ungleiche Verhandlungsposition, die sich aus den besonderen Umständen von **Zeit und Ort** der Vertragsverhandlungen ergibt, ist der Anlaß für das Widerrufsrecht in § 312. In der Beeinflussung des Verbrauchers an seinem Arbeitsplatz oder in einer Privatwohnung (s. § 312 Abs. 1 Nr. 1), anläßlich einer Freizeitveranstaltung (§ 312 Abs. 1 Nr. 2) oder im Zusammenhang mit einem überraschenden Ansprechen in Verkehrsmitteln oder im Bereich öffentlich zugänglicher Verkehrswege (§ 312 Abs. 1 Nr. 3) hat der Gesetzgeber die Gefahr einer **Überrumpelung des Verbrauchers** und einer Behinderung seiner Entscheidungsfreiheit gesehen. Der Verbraucher wird dabei unvorbereitet, in ungeeigneten Situationen, ohne gründliche Überlegung und ohne ausreichende Information über andere Marktangebote und die Tauglichkeit der angebotenen Leistung zum Vertragsabschluß veranlaßt[4]. Diese Entscheidungs- und Infor- 11

---

[3] Zu § 11 Abs. 1 AuslInvestmG s. BT Drs. 5/3494 S. 23; s. umfassend *Mankowski,* Beseitigungsrechte, S. 222 ff.

[4] S. dazu auch BT Drs. 10/2876 S. 6 f.; *BGH* NJW 1999, 575; *Mankowski,* Beseitigungsrechte, S. 224.

mationsdefizite bergen die Gefahr einer unsachgemäßen Vertragsentscheidung, von der sich der Verbraucher innerhalb der Widerrufsfrist nach nochmaligem Überdenken soll lösen können. Eine weitere Behinderung der Entscheidungsfreiheit ergibt sich aus der **psychologisch bedrängenden Situation** insbesondere am Arbeitsplatz oder in der Privatwohnung, wo der Verbraucher nicht gestört werden will[5]. Psychologisch unfrei ist der Verbraucher aber auch, wenn er durch die enge Verbindung des Vertragsangebots mit einer Freizeitveranstaltung in eine freizeitlich unbeschwerte Stimmung versetzt wird. Dies gilt jedoch nicht bei allgemeinen Verkaufsveranstaltungen und Messen, bei der die Verkaufsangebote nicht eng mit einer Freizeitveranstaltung verbunden sind[6].

12 Die Entscheidung in einer überraschenden und unvorbereiteten Verhandlungssituation ist auch der Grund für das Widerrufsrecht, das nach § 126 InvestG beim Erwerb von Investmentanteilen außerhalb der Geschäftsräume gewährt wird[7].

b) Bestimmender Einfluß auf die Vertragsentscheidung

13 Entscheidend ist, daß der Verbraucher in diesen ungeeigneten Verhandlungssituationen zu der auf den Vertragsabschluß gerichteten Willenserklärung bestimmt wird, gleichgültig ob es sich dabei um das Angebot oder die Annahmeerklärung handelt. In der Regel wird die auf den Vertragsabschluß gerichtete Willenserklärung des Verbrauchers in der ungeeigneten Verhandlungssituation selbst oder in engem zeitlichen Zusammenhang damit mündlich oder schriftlich abgegeben. Notwendig ist dies aber nicht, sofern nur der **Einfluß** der ungeeigneten Verhandlungssituation noch bestimmend auf die später abgegebene Willenserklärung **nachwirkt**[8].

14 **Beispiele:** Es genügt, daß der Verbraucher sein bindendes Angebot unter dem bestimmenden Einfluß der nachteiligen Verhandlungssituation abgibt, auch wenn der Vertragsabschluß durch die Annahmeerklärung des anderen Teils erst geraume Zeit danach und unbeeinflußt von der Verhandlungssituation zustande kommt. Das Widerrufsrecht besteht auch dann, wenn ein erstes bindendes Angebot des Verbrauchers unter den Umständen des § 312 Abs. 1 abgegeben wird, später aber der Vertrag aufgrund eines zweiten im wesentlichen gleichen Angebots ohne die Einflüsse aus § 312 Abs. 1, aber als zwangsläufige Folge des ersten Angebots abgeschlossen wird[9]. Bei Abgabe der Erklärung durch einen Vertreter kommt es nach dem Rechtsgedanken des § 166 Abs. 1 darauf an, ob der Vertreter Verbraucher ist und die ungeeignete Verhandlungsposition beim Geschäftsabschluß mit ihm bestand[10]. Die Vollmachterteilung selbst ist kein entgeltlicher Vertrag im Sinne von § 312. Für einen der Vollmachterteilung zugrunde liegenden Geschäftsbesorgungsvertrag kommt zwar ein Widerrufsrecht nach § 312 in Betracht. Damit erlischt gemäß § 168 Satz 1 auch die Vollmacht (s. unten § 47 Rn. 68). Da der Widerruf den Geschäftsbesorgungsvertrag rückwirkend zerstört, entfällt damit auch die Vollmacht von Anfang an.

c) Ausnutzung der ungeeigneten Verhandlungssituation

15 Auch wenn die Informationsbeschaffung und sorgfältige Vorbereitung in erster Linie in der eigenen Verantwortung des Verbrauchers liegt und er für etwaige Fehlentscheidungen grundsätzlich einstehen muß, so ist das Widerrufsrecht des § 312 doch **gerechtfertigt,** weil der andere Vertragsteil die Überrumpelungssituation des Ver-

---

[5] S. BT-Drs. 10/2876 S. 6, 7.

[6] *BGH* v. 28. 10. 2003 X ZR 178/02.

[7] S. BT-Drs. 5/3494 S. 23; BT-Drs. 15/1553 S. 114, früher § 23 Abs. 1 KAGG und § 11 Abs. 1 § 15h AuslInvestG.

[8] *BGH* NJW 1994, 262, 265; *BGH* NJW 2002, 1881, 1884.

[9] *BGH* NJW 1994, 262, 265.

[10] *BGH* NJW 2000, 2268 = LM H. 9/10 § 166 BGB Nr. 41 m. Anm. *Pfeiffer; BGH* NJW 2003, 2091.

brauchers bewußt geschaffen oder doch bewußt zu seinem Vorteil ausgenutzt hat. Die Entbindung des Verbrauchers von seiner Verantwortung ist aber **nicht mehr gerechtfertigt,** wenn die Verhandlung an seinem Arbeitsplatz oder in seiner Privatwohnung auf seiner vorherigen Bestellung beruht, weil er sich dann auf die Verhandlung vorbereiten und nicht mehr als überrumpelt angesehen werden kann. Das Widerrufsrecht besteht deshalb in diesem Falle nicht (§ 312 Abs. 3 Nr. 1).

Das Widerrufsrecht ist auch ausgeschlossen in Bagatellfällen bis 40,– €, sofern es sich um Bargeschäfte handelt (§ 312 Abs. 2 Nr. 2). Dasselbe gilt, wenn die Willenserklärung des Verbrauchers notariell beurkundet wurde (§ 312 Abs. 2 Nr. 3), weil die Verhandlung vor dem Notar die Überrumpelungsgefahr beseitigt und der Notar auch zur Beratung und Belehrung verpflichtet ist (§ 17 BeurkG, § 24 BNotO), was die Pflicht zur Vermeidung unwirksamer Willenserklärungen einschließt (dazu auch oben § 32 Rn. 6). 16

2. Schwierige Beurteilung des Vertragsgegenstands

Ein weiterer Grund für die Rechtfertigung des verbraucherschützenden Widerrufsrechts liegt in der schwierigen Beurteilung des Vertragsgegenstandes[11]. Ein Widerrufsrecht aus diesem Grund sieht insbesondere § 312d bei Fernabsatzverträgen vor, weil der Verbraucher den **Vertragsgegenstand** im Regelfall **erst** bei Zusendung **nach Vertragsabschluß sehen** kann und dann den Erwerb noch einmal überprüfen können soll (s. im einzelnen oben § 30 Rn. 67). Auch das Widerrufsrecht nach § 485 bei Teilzeit-Wohnrechteverträgen und nach § 4 Fernunterrichtsschutzgesetz kann hierzu gerechnet werden, weil der Leistungsgegenstand, insbesondere die Eignung des Unterrichtsmaterials zumeist nicht vor Vertragsabschluß überprüft werden kann. 17

Bei anderen Verträgen beruht die Schwierigkeit der Beurteilung auf der **Komplexität der vertraglichen Regelung,** die man während der üblicherweise knapp bemessenen Verhandlungsdauer nicht ohne weiteres in ausreichendem Maß überblicken kann. Die vertragliche Regelung soll innerhalb der zweiwöchigen Widerrufsfrist noch einmal überdacht und abgewogen werden können. Der Widerruf soll also vor einem unüberlegten und übereilten Vertragsabschluß schützen. Diese Erwägung soll das Widerrufsrecht in § 495 und §§ 499–501 bei Kreditverträgen im weiteren Sinne rechtfertigen, ebenso das Widerrufsrecht nach § 485 beim Teilzeit-Wohnrechtevertrag und nach § 8 Abs. 4 VVG beim Versicherungsvertrag. Hinzukommt, daß es sich um zumeist **langfristige Vertragsbindungen** handelt, bei denen sich belastende Verpflichtungen aus ungünstigen Vertragsbedingungen stärker auswirken. Bei Kreditverträgen sollen zudem notleidende Kreditverhältnisse, mit denen sich ein Verbraucher finanziell übernimmt, vermieden werden[12]. Vor der Bindung an langfristige Belastungen soll auch das Widerrufsrecht in § 505 schützen[13]. § 505 gewährt das Widerrufsrecht aber nur bei Sachleistungen, nicht bei Dienstleistungen, wie etwa einem Pay-TV-Abonnementvertrag[14]. 18

Die Rechtfertigung des Widerrufsrechts aus §§ 495, 499 ff. erscheint insofern problematisch, als der Leistungsgegenstand beim Kreditvertrag nicht in derselben Weise schwierig und komplex ist wie beim Versicherungsvertrag. Insbesondere erleichtert es die Angabe des effektiven 19

---

[11] Dazu insgesamt auch *Mankowski,* Beseitigungsrechte, S. 238 ff.

[12] S. BT-Drs. 11/5462 S. 21; *BGH* NJW 1996, 1964, 1965; vgl. auch *Hübner,* AT, Rn. 1056.

[13] S. dazu auch *BGH* NJW 2003, 1932, 1933.

[14] *BGH* NJW 2003, 1932 m. Anm. *S. Lorenz,* LMK 2003, 137.

Jahreszinses (§ 492 Abs. 1 Satz 5 Nr. 5), die Zinsbelastung ohne weiteres festzustellen und einen Marktvergleich mit anderen Kreditangeboten anzustellen. Die zweiwöchige Widerrufsfrist ermöglicht demgegenüber keine entscheidend neuen Erkenntnisse über das allgemein bekannte Wesen des Kreditvertrags oder über die zukünftige Belastung mit Zins- und Tilgungsraten. Vor unangemessenen Vertragsbestimmungen schützen regelmäßig die §§ 138, 305 ff. Im übrigen kann es nicht die Aufgabe des Gesetzgebers sein, den Verbraucher vor der leichten Verführbarkeit zu Anschaffungen durch Kreditverträge zu schützen. Die Entscheidung hierüber sollte der Verantwortung des Verbrauchers überlassen bleiben, solange nicht die Voraussetzungen des § 312 erfüllt sind. Trotz dieser Bedenken bleibt § 495 geltendes Recht. Einer allzu weitgehenden Aushöhlung der Verbraucherverantwortung sollten jedoch Grenzen gesetzt werden[15].

3. Herstellung des Verhandlungsgleichgewichts

20 Indem das Widerrufsrecht es ermöglicht, den Vertragsabschluß während der Widerrufsfrist noch einmal zu überdenken und sich vom Vertrag zu lösen, soll zugunsten der Verbraucher das gestörte Verhandlungsgleichgewicht wieder hergestellt werden[16].

21 Die durch das Widerrufsrecht eingeräumte Überlegungsfrist gleicht zunächst die **informationelle Unterlegenheit** aus, indem der Verbraucher dem Vorbereitungsvorteil des Gewerbetreibenden, der sich auf seine Absatzgeschäfte umfassend vorbereiten kann, durch ein nachträgliches Überdenken des Vertrags, notfalls mit Hilfe sachkundiger Beratung, begegnen kann. Des Widerrufsrechts zur Herstellung des Verhandlungsgleichgewichts bedarf es vor allem in den Fällen, in denen keine **ausreichende Information über den Hauptleistungsgegenstand** des Vertrags vorliegt und dieser nach § 307 Abs. 3 nur eingeschränkt der Inhaltskontrolle unterfällt. Soweit es die Vertragsbedingungen im übrigen betrifft, ist das Widerrufsrecht entbehrlich, da insoweit schon durch die Inhaltskontrolle nach §§ 307 ff. unangemessene Bedingungen eliminiert werden können. Im Interesse der Aufrechterhaltung der Vertragsbindung sollte das Widerrufsrecht deshalb grundsätzlich zurücktreten, wenn sich der Verbraucher nur auf die Unangemessenheit von nach §§ 307 ff. kontrollfähigen Klauseln beruft.

22 Die **psychologische Unterlegenheit** wird dadurch abgebaut, daß der Verbraucher während der Widerrufsfrist nicht mehr der psychologisch bedrängenden Verhandlungssituation vor allem in den Fällen des § 312 Abs. 1 Nr. 1 und 2 ausgesetzt ist, sondern unbedrängt und ohne Überrumpelung seine Vertragsentscheidung noch einmal frei überdenken kann.

23 Das Widerrufsrecht kann dagegen im Regelfall nicht eine wirtschaftliche Unterlegenheit ausgleichen, die sich vor allem daraus ergibt, daß der Verbraucher auf die Vertragsleistung angewiesen ist oder sie sich für seine Lebenshaltung wünscht. Der Widerruf würde in diesen Fällen nichts daran ändern, daß er denselben oder einen vergleichbaren Vertrag doch wieder schließen müßte. Als Mittel allein gegen die wirtschaftliche Unterlegenheit macht das Widerrufsrecht deshalb keinen Sinn.

IV. Widerrufsfrist und Widerrufsbelehrung

1. Widerrufsfrist

24 Für die Widerrufsfrist ist zwischen den Widerrufsrechten, die ausdrücklich auf § 355 verweisen, und anderen Widerrufsrechten zu unterscheiden. Die Widerrufsfrist beträgt

---

[15] Kritisch auch *Lorenz,* Der Schutz vor dem unerwünschten Vertrag, 1997, S. 195 ff., 212; *H. Roth,* JZ 1999, 533 f.; ganz ablehnend *Drexler,* Die wirtschaftliche Selbstbestimmung des Verbrauchers, 1998, S. 324 f., 404 f.; *ders.,* JZ 1998, 1051, 1055.

[16] S. auch *Bülow,* ZIP 1998, 945; *Mankowski,* Beseitigungsrechte, z. B. S. 273.

grundsätzlich einheitlich **zwei Wochen.** Nur für die Widerrufsrechte des § 355 gilt, daß sich die Frist auf 1 Monat erhöht, wenn die Belehrung erst nach Vertragsabschluß erfolgt (§ 355 Abs. 2 Satz 2). Die **Frist beginnt** nach § 355 Abs. 2 mit der ordnungsgemäßen Belehrung (s. Rn. 26). Bei gesetzlich vorgesehener Schriftform ist für den Fristbeginn auch eine Aushändigung des Vertragstextes erforderlich. Bei Warenlieferungen beginnt die Frist nicht vor Empfang der Ware (§ 355 Abs. 3 Satz 2). Abweichende und zusätzliche Voraussetzungen für den Fristbeginn enthalten § 312d Abs. 2, § 485 Abs. 4, §§ 5a, 8 Abs. 4 VVG, § 126 InvestmG. Nach § 355 Abs. 3 Satz 3 tritt ohne ordnungsgemäße Belehrung ein **Ende der Frist** nicht ein. Sind andere Voraussetzungen für den Fristbeginn nicht eingehalten, wie etwa die Aushändigung des Vertragstextes bei schriftlichen Verträgen, so endet die Widerrufsfrist gemäß § 355 Abs. 3 Satz 1 sechs Monate nach Vertragsabschluß. Zur Wahrung der Frist genügt die **rechtzeitige Absendung** des Widerrufs (§ 355 Abs. 1 Satz 2 HS 2). Da der Widerruf eine empfangsbedürftige Willenserklärung ist, ist zu seiner Wirksamkeit zwar der **Zugang** erforderlich (§ 130 Abs. 1). Der Zugang muß danach aber nicht innerhalb der Widerrufsfrist erfolgen.

Die zweiwöchige Widerrufsfrist erscheint bei dem auf informationeller und psychischer Unterlegenheit beruhenden Widerrufsrecht nach § 312 ausreichend, weil der Verbraucher sich in dieser Zeit mit Informationen versorgen und ohne den psychischen Abschlußdruck über das Festhalten am Vertrag entscheiden kann. Gleiches gilt für die zweiwöchige Widerrufsfrist gemäß § 126 InvestmG. Bei den mit der Schwierigkeit der Vertragsmaterie begründeten Widerrufsrechten ist eine zweiwöchige Widerrufsfrist dagegen nicht ohne weiteres ausreichend. Die zweiwöchige Überlegungsfrist in § 5a und § 8 Abs. 4 Satz 1 VVG erscheint zwar zur Klärung des Leistungsumfangs eines Versicherungsvertrags genügend. Auch die zweiwöchige Widerrufsfrist in § 495 bedarf angesichts ihrer problematischen Rechtfertigung (s. oben Rn. 19) keiner Verlängerung, obwohl sie zur Beurteilung langfristiger Belastungen zu kurz ist. Knapp bemessen ist aber die zweiwöchige Frist nach § 4 FernUSG, weil die erste Teillieferung es nicht ohne weiteres erlauben wird, sich ein ausreichendes Bild über Qualität und Eignung des Unterrichtsmaterials zu machen. 25

2. Widerrufsbelehrung

Ihrer **Form** nach muß die Belehrung gemäß § 355 Abs. 2 **in Textform** (§ 126b) 26
mitgeteilt werden. Sie muß entsprechend dem eingesetzten Kommunikationsmittel **deutlich gestaltet** sein, was bedeutet, daß sie sich auffällig und räumlich getrennt vom eigentlichen Vertragstext unterscheiden muß und nach Schriftgröße und Druckqualität mühelos, insbesondere ohne Lupe, lesbar sein muß[17]. Nach ihrem **Inhalt** muß die Belehrung neben dem Bestehen des Widerrufs- oder Rückgaberechts auf die Dauer der Widerrufsfrist und auf das Erfordernis der Ausübung in Textform oder durch Rückgabe hinweisen. Ferner müssen Name und Anschrift des Widerrufsempfängers angegeben werden und es muß mitgeteilt werden, daß die rechtzeitige Absendung des Widerrufs genügt. Wird eine Widerrufsbelehrung gegeben, obwohl ein gesetzliches Widerrufsrecht nicht besteht, so kann dies als Angebot für ein vertraglich eingeräumtes Rücktrittsrecht ausgelegt werden[18].

---

[17] S. als Beispiel *BGH* NJW-RR 1990, 386, 370.
[18] *BGH* NJW 1982, 2313.

V. Ausübung und Folgen des Widerrufsrechts

1. Rechtsfolgen des Widerrufsrechts

a) Rechtsfolgen vor Ausübung des Widerrufsrechts

27 Gemäß § 355 Abs. 1 ist der Verbraucher an seine auf den Vertragsabschluß gerichtete Willenserklärung nach Ausübung seines Widerrufs- oder Rückgaberechts nicht mehr gebunden. Entgegen der zuvor bestehenden Regelung[19] ist damit der Vertrag vor Ausübung des Widerrufsrechts nicht mehr schwebend unwirksam, sondern **schwebend wirksam**[20], weil die Bindung an die vertragliche Willenserklärung mit Ausübung des Widerrufs- oder Rückgaberechts rückwirkend entfällt.

28 **Vor Ausübung** dieser Rechte ist der Vertrag gültig und es bestehen schwebend wirksam die vertraglichen Pflichten. Der Unternehmer kann jedoch gemäß § 308 Nr. 1 in seinen AGB vorsehen, daß seine Leistungspflicht erst nach Ablauf der Widerrufs- oder Rückgabefrist beginnt. Dem Verbraucher steht zum Zwecke der unbelasteten Überlegung während der Widerrufsfrist ein Leistungsverweigerungsrecht bezüglich seiner Leistung zu[21].

b) Rechtsfolgen nach Ausübung des Widerrufsrechts

29 Nach Ausübung des Widerrufsrechts ist der Verbraucher gemäß § 355 Abs. 1 Satz 1 an seine auf den Vertragsabschluß gerichtete **Willenserklärung nicht mehr gebunden.** Der Wegfall der Bindung bedeutet nach allgemeinen Grundsätzen, daß die auf der Willenserklärung beruhende Rechtsfolge, insbesondere auch ein annahmefähiger Antrag entfällt (s. oben § 29 Rn. 5f., 24ff.). Damit wird der **Vertrag rückwirkend beseitigt**[22]. Die Rückabwicklung erfolgt jedoch nicht nach Bereicherungsrecht, sondern gemäß § 357 nach den Vorschriften über den gesetzlichen Rücktritt gemäß §§ 346ff. mit den Modifikationen aus §§ 355, 357.

30 Aus dem Verweis auf die Rücktrittsvorschriften darf nicht gefolgert werden, daß auch das Widerrufs- und Rückgaberecht die vertraglichen Pflichten wie beim Rücktritt nur mit Wirkung ex nunc beseitige[23]. Dem steht schon entgegen, daß die Rechtsfolgen des Widerrufs primär in § 355 Abs. 1 und nur die Rückabwicklung in § 357 geregelt ist unter dem ausdrücklichen Vorbehalt, „soweit nicht ein anderes bestimmt ist". Hinzu kommt, daß § 357 auf die Vorschriften über den „gesetzlichen" Rücktritt verweist. Entscheidend ist aber, daß eine **ex nunc-Wirkung** jedenfalls für das Widerrufsrecht des § 312 **nicht richtlinienkonform** wäre, da Art. 5 (2) der Richtlinie 85/577/EWG betreffend die außerhalb von Geschäftsräumen geschlossenen Verträge vorsieht, daß der Verbraucher mit dem Widerruf „ aus allen aus dem widerrufenen Vertrag erwachsenden Verpflichtungen entlassen ist." Dies wird aber mit einer ex nunc-Wirkung gerade

---

[19] S. Voraufl., § 39 Rn. 38.

[20] So zu Recht die Begr. in BT-Drs. 14/2658, S. 47; AnwKomm/*Ring,* § 355 Rn. 6, 12; *Gaertner/Gierschmann,* DB 2000, 1601, 1604; a.A. *Bülow/Artz,* NJW 2000, 2049, 2052; *A. Fuchs,* ZIP 2000, 1273, 1281f.; Bamberger/Roth/*Grothe,* § 355 Rn. 3.

[21] So zu Recht Palandt/*Heinrichs,* § 355 Rn. 4; AnwKomm/*Ring,* § 355 Rn. 14.

[22] *Reiner* AcP 203, 1, 30; *M. Wolf*/LMK 2003, 138.

[23] So aber ohne Berücksichtigung der Richtlinie *Lorenz* JuS 2000, 833, 835; *Börner/Erberich* in *Schimmel/Buhlmann,* Frankfurter Handbuch zum neuen Schuldrecht, 2002, S. 430; Bamberger/Roth/*Grothe* § 355 Rn. 3; *Mankowski,* Beseitigungsrechte, S. 53; widersprüchlich AnwKomm/*Ring* § 355 Rn. 13, der einerseits eine Vernichtung der Willenserklärung vergleichbar § 142 Abs. 1 annimmt, andererseits aber von einer ex nunc-Wirkung ausgeht; wegen der Nähe zur Anfechtung im Ergebnis wie hier *Reiner* AcP 2003, 1, 30ff.

nicht erreicht. Vielmehr könnte der Verbraucher bei dieser Betrachtung wegen Verletzung der bis zum Rücktritt bestehenden vertraglichen Pflichten nach §§ 280 ff. mit § 325 auf Schadensersatz in Anspruch genommen werden. Dies widerspricht aber der Richtlinie 85/577/EWG über Haustürgeschäfte. Eine solch richtlinienwidrige Umsetzung sollte dem Gesetzgeber nicht unterstellt werden. Da er eine einheitliche Regelung für alle Widerrufsrechte wollte, müssen die Vorgaben der Richtlinie die Auslegung aller Widerrufsrechte aus § 355 beeinflussen.

Als Folge des Widerrufs treffen beide Parteien hauptsächlich die **Rückgabepflichten** aus § 346 Abs. 1 und die **Wertersatzpflichten** gemäß § 346 Abs. 2. Die Rücksendepflicht des Verbrauchers ist durch § 357 Abs. 2, die Wertersatzpflicht durch § 357 Abs. 3 modifiziert. Durch § 357 Abs. 4 werden weitergehende Ansprüche etwa aus aus culpa in contrahendo (§ 311 mit § 280, § 282), aus §§ 823 ff., aus §§ 812 ff. oder aus §§ 987 ff. ausgeschlossen. 31

2. Ausübung des Widerrufsrechts

a) Widerruf als Gestaltungserklärung

Das Widerrufsrecht wird ausgeübt durch eine Widerrufserklärung, die dem **in der Widerrufsbelehrung genannten Empfänger** gegenüber abzugeben ist. Die Widerrufserklärung ist dementsprechend eine empfangsbedürftige Willenserklärung, die unabhängig davon, daß zur Wahrung der Widerrufsfrist ihre rechtzeitige Absendung genügt (s. oben Rn. 24), den **Zugang** voraussetzt und erst mit diesem Zugang wirksam wird[24]. Der Zugang gegenüber dem anderen Vertragsteil muß in jedem Fall ausreichen, auch wenn dieser nicht ausdrücklich in der Widerrufsbelehrung genannt ist. Der Widerruf kann nach § 355 Abs. 1 Satz 2 in **Textform** nach § 126b oder einer gleichwertigen Form (s. oben § 27 Rn. 51) oder durch Rücksendung ausgeübt werden. Eine Begründung ist für den Widerruf nicht erforderlich. Die Rücksendung nach § 355 Abs. 1 Satz 2 ist auch dann als konkludente Ausübung des Widerrufsrechts zugelassen, wenn ein Rückgaberecht nach § 356 nicht besteht. Bei der Rücksendung trägt der Verbraucher nicht das Verlustrisiko (§ 357 Abs. 2 Satz 2). Kommt der in Textform erklärte Widerruf nicht an, so kann er wiederholt werden. 32

Indem die rechtzeitig abgesandte Widerrufserklärung den Schwebezustand beseitigt und den Vertrag endgültig unwirksam macht, verändert sie die Rechtslage. Das Widerrufsrecht ist deshalb ein Gestaltungsrecht[25] und die Widerrufserklärung eine **Gestaltungserklärung.** Als Gestaltungserklärung ist die Widerrufserklärung bedingungsfeindlich und kann nur bis zum Ablauf der Widerrufsfrist wirksam abgegeben werden. Der Widerruf kann als einseitige Gestaltungserklärung auch nicht einseitig widerrufen werden. Der durch Widerruf unwirksam gewordene Vertrag kann nur durch Neuvornahme von beiden Parteien wieder abgeschlossen werden, wobei aber wiederum ein neues Widerrufsrecht für den neuen Vertrag entsteht. Bei wirksamer Anfechtung der Widerrufserklärung ist diese gemäß § 142 Abs. 1 nichtig und der ursprüngliche Vertrag kann mit Ablauf der Widerrufsfrist bindend werden. 33

---

[24] Palandt/*Heinrichs,* § 355 Rn. 10; *von Westphalen/Emmerich/von Rottenburg,* VerbrKrG, § 7 Rn. 23 f.; MünchKomm/*Ulmer,* § 355 Rn. 35; demgegenüber soll nach *Reinicke/Tiedtke,* ZIP 1992, 217, 219 der Verbraucher nicht das Verlustrisiko tragen.

[25] So die überwiegende Meinung, s. etwa *A. Fuchs,* AcP 196 (1996), 313, 350; Palandt/*Heinrichs,* § 355 Rn. 3; Bamberger/Roth/*Grothe,* § 355 Rn. 3; *Börner/Erberich* in *Schimmel/Buhlmann,* Frankfurter Handbuch zum neuen Schuldrecht, 2002, S. 427; a. A. *BGH* NJW 1996, 57, 58.

b) Kein vorzeitiger Verlust des Widerrufsrechts

34 Außer durch seine Ausübung oder durch Fristablauf **erlischt** das Widerrufsrecht **nicht durch Verzicht,** denn das Gesetz will dem Verbraucher jeweils die volle Widerrufsfrist zur Information und Überlegung zubilligen. Es wäre mit dem Schutzzweck der Widerrufsrechte nicht vereinbar, könnte der Verbraucher innerhalb des Laufs der Widerrufsfrist etwa aufgrund neuer Information nicht mehr widerrufen. Einem Verzicht steht auch entgegen, daß die das Widerrufsrecht gewährenden Vorschriften zugunsten des Verbrauchers halbzwingend sind (s. § 312f.) und diese Vorschriften auch nicht durch Umgehung in ihrem Schutzgehalt eingeschränkt werden dürfen.

35 Weil dem Verbraucher die volle Widerrufsfrist zustehen soll, auch wenn diese mangels ordnungsgemäßer Belehrung verlängert ist, kann auch nicht angenommen werden, daß das Widerrufsrecht erlischt, wenn der Verbraucher während dieser Zeit seine Erfüllungsansprüche geltend macht. Das Widerrufsrecht erlischt grundsätzlich auch nicht, nachdem der Verbraucher von dem Widerrufsrecht ohne die ordnungsgemäße Belehrung Kenntnis erlangt hat. Der Gewerbetreibende soll durch diese Nachteile zur ordnungsgemäßen Belehrung veranlaßt werden. Er kann den Nachteilen durch vorschriftsmäßige Belehrung jederzeit entgehen. Daneben gilt auch für die Ausübung des Widerrufsrechts § 242. Sie kann deshalb im Einzelfall unzulässig sein.

2. Unterabschnitt
Inhaltliche Schranken

§ 40. Gesetzlich verbotene Rechtsgeschäfte (§ 134)

Inhaltsübersicht

Literatur: *Canaris,* Gesetzliches Verbot und Rechtsgeschäft, 1983; *Damm,* Kontrolle von Vertragsgerechtigkeit durch Rechtsfolgenbestimmung, JZ 1986, 913; *H. A. Fischer,* Die Rechtswidrigkeit, 1911, S. 56ff.; *Hager,* Gesetzes- und sittenkonforme Auslegung und Aufrechterhaltung von Rechtsgeschäften, 1989; *Kötz,* Die Ungültigkeit von Verträgen wegen Gesetzes- und Sittenwidrigkeit, RabelsZ 58 (1994), S. 209; *Langen,* Welche Bedeutung hat heutzutage der Ausdruck „gesetzliches Verbot" in § 134 BGB, FS R. Isay, 1956, 321; *Metzger,* Nichtigkeit und Wirksamkeit von Geschäften der Schattenwirtschaft, 1996; *Stammler,* Die Lehre von dem richtigen Rechte, 2. Aufl. 1926, S. 261ff.; *Teichmann,* Die Gesetzesumgehung, 1962; *H. Weber,* Gesetz- oder sittenwidrig, aber steuerpflichtig, JuS 2000, 1059.

I. Verbotsgesetze und allgemeine Grenzen der Privatautonomie

Die privatautonome Selbstbestimmung kann nicht schrankenlos, sondern nur im 1
Rahmen der gesetzlichen Ordnung zugelassen und rechtlich durchgesetzt werden. Zur gesetzlichen Ordnung gehören auch gesetzliche Vorschriften, die einzelne, konkret bestimmte Handlungen und Verhaltensweisen verbieten. Diese gesetzlichen Verbote stehen nicht zur Disposition des einzelnen Bürgers und können nicht durch dessen privatautonome Gestaltungen außer Kraft gesetzt werden. § 134 sieht deshalb vor, daß Rechtsgeschäfte nichtig sind, wenn sie gegen ein gesetzliches Verbot verstoßen. Dies gilt für **Rechtsgeschäfte aller Art,** also auch für einseitige Rechtsgeschäfte, Verträge und Beschlüsse, hat aber Bedeutung vor allem für Verträge[1]. § 134 gilt auch für prozessuale Erklärungen, wie z. B. die Vollstreckungsunterwerfung nach § 794 Abs. 1 Nr. 5 ZPO[2].

§ 134 setzt die Privatautonomie und die Vertragsfreiheit voraus[3] und nennt mit den 2
gesetzlichen Verboten einzelne Bereiche, die der privatautonomen Regelung entzogen

[1] Staudinger/*Sack,* § 134 Rn. 15; Erman/*Brox,* § 134 Rn. 1.
[2] *BGH* NJW 1999, 51.
[3] So zu Recht MünchKomm/*Mayer-Maly,* § 134 Rn. 5.

sind. Die **gesetzlichen Verbote** sind im **Gegensatz zum zwingenden Recht** nicht darauf gerichtet ein Rechtsverhältnis direkt zu regeln mit dem Ziel die Privatautonomie auszuschließen[4]. Die Verbotsgesetze lassen der Privatautonomie deshalb mehr Raum als das zwingende Recht. Verbotsgesetze beziehen sich im Regelfall auch gar nicht unmittelbar auf die Privatautonomie, sondern wollen ein **bestimmtes Verhalten verhindern.** Die Unwirksamkeit des Rechtsgeschäfts sehen die Verbotsgesetze im Gegensatz zum zwingenden Recht im Regelfall nicht selbst vor. Erst § 134 stellt die Verbindung zur Nichtigkeit des Rechtsgeschäfts her[5]. Das zwingende Recht verbietet dagegen im Regelfall nicht ein Verhalten, sondern begnügt sich damit, eine abweichende Vereinbarung für unwirksam zu erklären. Auch § 134 selbst ist zwingendes Recht, aber nicht selbst ein Verbotsgesetz.

3 **Keine gesetzlichen Verbote** sind die **dispositiven Vorschriften,** weil in ihrem Bereich gerade abweichende Vereinbarungen getroffen werden können. Keine Verbotsgesetze enthalten auch die **zwingenden und halbzwingenden Gesetzesnormen** (s. oben § 3 Rn. 102ff., 114 ff.). Dazu gehören auch Vorschriften, die besagen, jemand „könne" ein bestimmtes Rechtsgeschäft nicht vornehmen, eine bestimmte Rechtsfolge „könne" nicht vereinbart werden (wie z.B. in den §§ 181, 276 Abs. 3, 719 Abs. 1, 1419 Abs. 1, 1641 Satz 1 u.a.). Sie engen den Raum der Privatautonomie dadurch ein, daß sie die Parteien auf bestimmte, näher geregelte Rechts- und Geschäftstypen oder Inhalte beschränken (s. auch oben Rn. 2). Abweichende Vereinbarungen sind unwirksam, weil den Parteien die Kompetenz in Gestalt der Privatautonomie fehlt, sie sind aber nicht im Sinne von § 134 verboten[6]. Dies gilt auch für absolute **Verfügungsverbote**[7] z.B. aus §§ 1365, 1984, 2211 oder für den Schuldner in der Insolvenz (§§ 80, 81 InsO) und es gilt erst recht für die relativen Verfügungsverbote in §§ 135, 136. Kein gesetzliches Verbot liegt auch vor, wenn Rechte für **unübertragbar** erklärt werden, wie in §§ 399, 400, 1059 Satz 1 BGB oder § 191 Satz 1 AktG. Denn es geht dabei nicht um ein Verbot, sondern darum, die Möglichkeiten rechtsgeschäftlichen Handelns allgemein zu begrenzen. Auch die **Grundrechte** sind grundsätzlich keine Verbotsgesetze im Sinne von § 134[8]. Vielmehr besteht ihre Funktion darin, die staatliche Macht zu begrenzen. Verbotscharakter haben aber ausnahmsweise Art. 9 Abs. 3, Art. 38 Abs. 1 Satz 2 und Art. 48 Abs. 2 GG[9].

4 Häufig macht das Gesetz die Wirksamkeit eines Geschäfts von einer **Genehmigung** durch ein Gericht, z.B. durch das Vormundschafts- oder Familiengericht (§§ 1821, 1822, 1643) abhängig. In diesen Fällen handelt es sich um eine Einschränkung des Umfangs der gesetzlichen Vertretungsmacht bestimmter Personen. Bei behördlichen Genehmigungen, wie z.B. nach § 2 GrdstVG geht es um eine Einschränkung des rechtsgeschäftlichen Könnens des einzelnen und seiner Privatautonomie. § 134 ist auf diese Fälle nicht anwendbar. Soweit die Folgen des ohne die erforderliche Genehmigung vorgenommenen Abschlusses nicht im Gesetz ausdrücklich geregelt sind (vgl. §§ 1829ff.), ist bei Verträgen im allgemeinen, solange die Genehmigung noch nicht erteilt werden kann, schwebende Unwirksamkeit anzunehmen; wird die Genehmigung verweigert, so werden sie endgültig unwirksam[10]. Das nicht genehmigte Geschäft entbehrt der Wirksamkeit nicht, weil es verboten wäre, sondern weil es ohne Genehmigung nicht wirksam vorgenommen werden kann.

---

[4] S. auch *Medicus,* AT, Rn. 646.

[5] Soergel/*Hefermehl,* § 134 Rn. 1.

[6] S. *Flume,* AT II, § 17, 2; *v. Tuhr,* AT II/1, § 69 I; *Enneccerus/Nipperdey,* AT, § 190 I 1; Soergel/*Hefermehl,* § 134 Rn. 2; Staudinger/*Sack,* § 134 Rn. 33; auch *RGZ* 136, 395, 399; *BGHZ* 40, 156, 160.

[7] A.A. Palandt/*Heinrichs,* § 134 Rn. 5; Soergel/*Hefermehl,* §§ 135, 136 Rn. 2; *Hübner,* AT, Rn. 493.

[8] S. Staudinger/*Sack,* § 134 Rn. 41, 243; *Bork,* AT, Rn. 1107.

[9] Palandt/*Heinrichs,* § 134 Rn. 4.

[10] Vgl. *Larenz,* Schuldrecht I, § 4 III; Palandt/*Heinrichs,* § 134 Rn. 12; MünchKomm/*Mayer-Maly,* § 134 Rn. 7.

II. Das Verbotsgesetz und sein Zweck

§ 134 sieht die Nichtigkeit des Rechtsgeschäfts bei Verstoß gegen ein Verbotsgesetz vor, begrenzt dies aber durch die Einschränkung, daß sich aus dem Gesetz nichts anderes ergeben darf. § 134 spricht damit lediglich aus, daß ein verbotswidriges Geschäft dann nichtig ist, wenn sich dies aus dem Sinn und Zweck des Verbotsgesetzes ergibt. Die Bestimmung sagt aber nichts darüber aus, wann dies der Fall ist. Somit ist neben der Prüfung, ob überhaupt ein Verbotsgesetz vorliegt, jede Verbotsvorschrift darauf zu prüfen, welche Folgen sie für den Fall ihrer Übertretung verlangt. Der Eindruck, der Verstoß gegen ein gesetzliches Verbot führe gleichsam automatisch zur Nichtigkeit des Rechtsgeschäfts bestätigt sich danach nicht. 5

1. Unterschiedliche Verbotsgesetze

Ein Verbotsgesetz im allgemeinen liegt grundsätzlich vor, wenn die Rechtsordnung ein bestimmtes **Verhalten** gerade auch außerhalb des rechtsgeschäftlichen Handelns **untersagen** und vermeiden will. Damit ist aber noch nicht entschieden, ob es sich um ein Verbotsgesetz im Sinne von § 134 handelt. Die meisten Verbote finden sich nicht im BGB, das von der Privatautonomie und nicht von deren Verbot ausgeht, sondern in Sondergesetzen, denen bestimmte wirtschafts- oder sozialpolitische Zwecke zugrunde liegen[11]. Viele von ihnen sind als Maßnahmegesetze situationsbedingt, daher oft nur von kurzer Dauer. Ein ausdrückliches Verbot muß dabei nicht ausgesprochen sein. Es kann sich aus dem Sinn und Zweck der Norm ergeben. 6

Beispiele: Mord (§ 211 StGB), Totschlag (§ 212 StGB) und Körperverletzung (§§ 223 ff. StGB) sind ohne Rücksicht darauf, ob ein Rechtsgeschäft mit im Spiel ist, verboten. Dies gilt auch für andere Normen, bei denen die Vornahme einer bestimmten Handlung durch eine Strafe, eine Buße für Ordnungswidrigkeiten oder eine andere Sanktion zu verhindert werden soll. Diese Bestimmungen beziehen sich nicht unmittelbar auf den Abschluß eines Rechtsgeschäfts. Erst § 134 erstreckt den Verbotscharakter auch auf Rechtsgeschäfte, die mit dem verbotenen Verhalten in Verbindung stehen, wie etwa der Mordauftrag oder die Verabredung einzelner Vorbereitungshandlungen[12]. 7

Das Verbotsgesetz **erfaßt** das **Rechtsgeschäft** im Sinne von § 134 nur, wenn es mit Rücksicht auf seinen **Inhalt,** mit Rücksicht auf seinen **von der Rechtsordnung mißbilligten Erfolg** oder auch mit Rücksicht auf die besonderen **Umstände seiner Vornahme** untersagt wird. Grundsätzlich genügt ein objektiver Verstoß gegen das Gesetz (s. unten Rn. 26). Manchmal läßt sich nach dem **Wortlaut** entscheiden, ob ein Verbotsgesetz die Nichtigkeit oder eine andere zivilrechtliche Sanktion zur Folge hat. 8

Beispiele: Teilweise werden Rechtsgeschäfte ausdrücklich für verboten erklärt, wie z. B. Insidergeschäfte in § 14 WpHG[13]. Ein Verstoß dagegen führt zur Nichtigkeit nach § 134. Oft gibt der Wortlaut aber eher einen Anhaltspunkt dafür, daß das Gesetz zwar Gebote und Verbote anordnen, damit aber kein Verbot im Sinne von § 134 aussprechen will. Der Ausdruck „soll nicht“ oder „soll nur“ hat im BGB regelmäßig die Bedeutung, daß es sich um eine bloße Ordnungsvorschrift handelt (s. etwa § 58) und ein dem Verbot zuwider vorgenommenes 9

---

[11] Eine gute, nach Sachgebieten geordnete Übersicht über Verbotsgesetze gibt MünchKomm/*Mayer-Maly*, § 134 Rn. 47 ff.

[12] S. auch *Medicus,* AT, Rn. 647; *Bork,* AT, Rn. 1103.

[13] S. auch *M. Wolf,* in: The International Lawyer, Festgabe Döser, 1999, S. 255, 260 ff.

Rechtsgeschäft nicht nichtig, sondern gültig ist. Als Sanktion tritt hier meist nur eine Schadensersatzpflicht für denjenigen ein, der schuldhaft zum Nachteil des Begünstigten gegen das Verbot verstößt[14]. Sehr oft bewendet es auch in den Fällen, in denen das Gesetz davon spricht, jemand „dürfe" etwas nicht, bei einer Schadensersatzpflicht, ohne daß Nichtigkeit einträte. Der Ausdruck „darf nicht" sagt somit über die Folge eines Verstoßes nichts aus[15].

10 Maßgebend ist letztlich allein der **Verbotszweck**[16]**.** Es ist zu klären, ob der jeweilige Verbotszweck die Nichtigkeit des Rechtsgeschäfts mit umfaßt oder ob das Gesetz sich mit anderen Sanktionen begnügt, die die Gültigkeit des Geschäfts unberührt lassen. Die Nichtigkeit ist als Folge des Verbots nur anzunehmen, wenn der Verbotszweck die Nichtigkeit verlangt oder wenn gemäß § 134 im Zweifel von der Nichtigkeit auszugehen ist, weil der Verbotszweck nicht eindeutig gegen die Nichtigkeit spricht[17].

2. Nichtigkeitsbegründender Verbotszweck

11 Zur Feststellung, ob der Verbotszweck die Nichtigkeit des Rechtsgeschäfts zur Folge hat, kommen als entscheidende Gesichtspunkte in Betracht, ob nach dem Zweck des Verbotsgesetzes das Geschäft selbst, sei es wegen seines Inhalts oder wegen seiner unzulässigen Durchführung, oder sei es wegen der regelmäßig mit ihm verfolgten Zwecke objektiv mißbilligt wird, oder ob nur die äußeren Umstände, wie Zeit und Ort seiner Vornahme, mißbilligt werden. Besonderes gilt dann, wenn ein Verbot lediglich dem Schutz der einen Partei dient, seine völlige Nichtigkeit dem aber zuwiderläuft.

a) Nichtigkeit wegen des verbotenen Inhalts

12 Gesetzliche Verbote, die das abgeschlossene Geschäft nach seinem **Inhalt** mißbilligen, ziehen grundsätzlich die **Nichtigkeit** des verbotenen Geschäfts nach sich.

13 **Beispiele:** Rechtsgeschäfte, die allein **aufgrund des objektiven Inhalts** gegen ein Verbotsgesetz verstoßen und deshalb nichtig sind, liegen insbesondere vor, wenn der rechtsgeschäftlichen Verpflichtung selbst das verbotswidrige Verhalten innewohnt, wie z. B. die Pflicht, ein Geheimnis gesetzeswidrig zu offenbaren oder eine strafbare Handlung zu begehen. Zu den Verbotsgesetzen gehören im Regelfall auch solche Tatbestände des Ordnungswidrigkeitenrechts, deren Bußgelddrohung gegen beide Parteien eines Rechtsgeschäfts gerichtet ist. Für Kontaktanzeigen kann dies spätestens seit dem ProstG[18] aber nicht mehr gelten, war aber auch schon davor abzulehnen[19]. Ein zur Nichtigkeit führendes Verbot ergibt sich auch aus § 18 mit § 1 TPG für den Handel mit menschlichen Organen. Hierher gehört auch der Handel mit den vom BetMG erfaßten Betäubungsmitteln. Auch Kartellabsprachen, die gegen § 1 GWB oder gegen Art. 81, 82 EGV verstoßen, sind gemäß § 134 nichtig[20]. Gegen Verbotsgesetze verstoßen auch Absprachen, die eine **Diskriminierung** enthalten und zu einer solchen verpflichten. Als

---

[14] Soergel/*Hefermehl,* § 134 Rn. 12; *Köhler,* AT, § 20 Rn. 7.

[15] S. auch *BGHZ* 118, 142 = NJW 1992, 2022.

[16] *BGHZ* 118, 142, 144; Soergel/*Hefermehl,* § 134 Rn. 4; MünchKomm/*Mayer,* § 134 Rn. 38; *Hübner,* AT, Rn. 489.

[17] *Canaris,* aaO, S. 15; MünchKomm/*Mayer-Maly,* § 134 Rn. 1; Palandt/*Heinrichs,* § 134 Rn. 7; Staudinger/*Sack,* § 134 Rn. 58; a. A. *Seiler,* GS Martens, 1987, 719; *Flume,* AT II, § 17, 1; *Brehm,* AT, Rn. 314.

[18] Gesetz zur Regelung der Rechtsverhältnisse der Prostituierten vom 20. 12. 2001, (BGBl. I S. 3983).

[19] A. A. noch *BGH* NJW 1992, 2557 = LM H. 12/92 § 134 BGB Nr. 141 m. krit. Anm. *Pfeiffer.*

[20] S. auch *EuGH* EuZW 1999, 565, 567 (Nr. 36 f.) zu Art. 81 EGV.

Verbotsgesetze kommen dabei sowohl §§ 19, 20 GWB gegenüber anderen Unternehmen, als auch spezielle Diskriminierungsverbote in Betracht. Diskriminierungsverbote sind jedoch auch in zwingenden Vorschriften enthalten, wie z. B. §§ 611 a, 612 Abs. 3, 612 a. Ein entgegenstehende Vereinbarung ist dann nichtig, ohne daß es des Rückgriffs auf § 134 bedarf (s. oben Rn. 3).

b) Nichtigkeit wegen des verbotenen Zwecks

Ein Rechtsgeschäft ist auch nichtig, wenn es wegen des mit ihm verfolgten Zwecks gegen ein Verbotsgesetz verstößt. 14

Beispiele: Rechtsgeschäfte, die nicht allein schon nach ihrem objektiven Inhalt, sondern erst **aufgrund des mit ihnen verfolgten Zwecks** nach § 134 nichtig sind, ergeben sich etwa aus dem Verbot der Sachhehlerei (§ 259 StGB) und der Beamtenbestechung (§§ 331 ff. StGB). Zahlreiche Verbote betreffen Verträge auf dem Gebiet des Arbeitsrechts[21]. Für nichtig erklärt hat der *BGH* Verträge, die gegen das Gesetz zur Bekämpfung der Schwarzarbeit verstoßen, weil dieses Verbot sich an beide Parteien richtet und „im Interesse der wirtschaftlichen Ordnung dem zugrundeliegenden Rechtsgeschäft die Wirkung zu versagen" ist[22]. Doch gilt dies nicht, wenn nur eine Partei wissentlich gegen das Verbot verstößt[23]. Ebenso hat der *BGH* entschieden im Fall eines Arbeitsvertrages, in dem die geleistete Arbeit zwar gegen ein gesetzliches Verbot verstieß, der auf Rückzahlung des empfangenen Lohns verklagte Arbeitnehmer sich aber der Strafbarkeit seines Tuns nicht bewußt gewesen war[24]. Rechtsgeschäfte, die der Vorbereitung eines rechtswidrigen Verhaltens dienen, sind im allgemeinen nichtig, wenn in dem verbotswidrigen Verhalten der Hauptzweck des Vorbereitungsgeschäfts liegt. Wegen Steuerhinterziehung ist deshalb ein Vertrag erst nichtig, wenn die Steuerhinterziehung den Hauptzweck bildet[25], nicht aber wenn sie nur einen untergeordneten Nebenzweck darstellt, da sonst die Vertragsfreiheit und der Geschäftsverkehr, der wirksamer Verträge bedarf, allzu sehr eingeschränkt würde. 15

Ein an einen nichtigen Vertrag sich anschließender **Folgevertrag,** z. B. ein im Anschluß an eine Schmiergeldzahlung geschlossener Architektenvertrag oder ein im Anschluß an ein wettbewerbswidriges Verhalten geschlossener Vertrag, ist nur nichtig, wenn er seinerseits gegen ein gesetzliches Verbot oder gegen die guten Sitten verstößt[26]. 16

c) Verbot der äußeren Umstände

Ein Verbot, das nur die **äußeren Umstände des Geschäftsabschlusses,** wie insbesondere Zeit und Ort betrifft, hat in der Regel **keine Nichtigkeit zur Folge.** Hierbei handelt es sich regelmäßig zugleich nur um Ordnungsvorschriften, die nicht den Inhalt eines bestimmten Geschäfts verbieten wollen. 17

Beispiele: Der Verkauf in einem Laden nach dem gesetzlichen Ladenschluß oder während der sonntäglichen Ruhezeit oder die Bewirtung in einer Gastwirtschaft nach der Polizeistunde macht das Geschäft nicht nichtig[27]. Das Verbot des § 12 BORA, nicht mit der Gegenpartei ohne deren Rechtsanwalt zu verhandeln, richtet sich nur an den Anwalt und betrifft die Umstände des Vertragsabschlusses, begründet aber nicht per se die Nichtigkeit der getroffenen Vereinbarung[28]. Wirksam ist auch der von einem unerlaubten Rechtsberater geschlossener Vertrag, wenn wie bei einem Darlehensvertrag nicht der Vertragsinhalt, sonder nur die Art und Weise seines Zustandekommens gegen das RBeratG verstößt[29]. 18

---

21 Vgl. MünchKomm/*Mayer-Maly/Armbrüster,* § 134 Rn. 62 ff.
22 *BGHZ* 85, 39; vgl. auch Staudinger/*Sack,* § 134 Rn. 275 ff.
23 *BGH* NJW 1984, 1175; *BGH* NJW 1985, 2403; *BGHZ* 89, 369; *BGH* NJW-RR 2002, 557; *Medicus,* AT, Rn. 651.
24 *BGHZ* 53, 152; *Medicus,* AT, Rn. 652.
25 *BGH* NJW-RR 2001, 380; *BGH* v. 2. 7. 2003 XII ZR 74/01; *Canaris,* aaO, S. 50 f.; Staudinger/*Sack,* § 134 Rn. 162.
26 *BGH* NJW 1999, 2266.
27 *RGZ* 60, 276; 103, 264.
28 *BGH* v. 17. 10. 2003 V IR 429/02.
29 *BGH* NJW 2003, 3692.

3. Beiderseitiges oder einseitiges Verbot

19 Grundsätzlich muß sich das Verbot an **beide Parteien** richten, wenn **Nichtigkeit** eintreten soll. Richtet sich das Verbot nur an **eine Partei,** so ist das Geschäft **grundsätzlich gültig**[30]. Dies ist jedenfalls dann anzunehmen, wenn der Gesetzesverstoß nur die internen Verhältnisse einer Partei zum Gegenstand hat[31].

20 **Beispiele:** Das aus § 54 Abs. 1 Nr. 2 KWG abzuleitende Verbot, daß Bankgeschäfte ohne eine Erlaubnis der Bundesanstalt für Finanzdienstleistungsaufsicht (BaFin) nach § 32 KWG nicht vorgenommen werden dürfen, richtet sich nur an die Anbieter von Bank- und Finanzdienstleistungen, nicht aber an deren Kunden. Wird ein Bankgeschäft ohne die erforderliche Erlaubnis abgeschlossen, z. B. gewerbsmäßig ein Kredit vergeben oder gewerbsmäßig Wertpapiere verwahrt, so ist der Vertrag mit dem Kunden nicht nach § 134 BGB nichtig[32]. Nicht von § 134 erfaßt wird auch ein Vertrag, durch den ein Sparkassenangestellter entgegen dem Verbot des § 10 Ab. 1 BAT von einer älteren Kundin Wertpapiere geschenkt erhält, weil sich das Verbot nur an den Angestellten und nicht gegen die Schenkerin richtet. Zudem steht dieses Verbot zur Disposition der Tarifvertragsparteien und schützt damit keine wichtigen Gemeinschaftsbelange[33].

4. Wichtige Gemeinschaftsbelange und Schutz Dritter

21 Werden durch das Verbot aber auch besonders **wichtige Gemeinschaftsbelange** geschützt, wie z. B. die Funktionsfähigkeit der Rechtspflege und Rechtsberatung, oder werden durch das Verbotsgesetz die Interessen außenstehender Dritter geschützt oder kann sonst der Zweck des Verbotsgesetzes nur bei Nichtigkeit der rechtsgeschäftlichen Regelung erreicht werden, so begründet ein Verstoß die Nichtigkeit auch dann, wenn sich das Verbot nur gegen eine Partei richtet[34].

22 **Beispiele:** Ein Vertrag, insbesondere ein Geschäftsbesorgungsvertrag, über die Rechtsberatung durch eine hierfür nicht zugelassene Person, ist wegen Verstoßes gegen Art. 1 § 1 RBeratG nach § 134 nichtig, obwohl sich das Verbot nur gegen den Rechtsberater richtet[35]. Gleiches gilt für eine zur Ausübung dieser Rechtsberatungstätigkeiten erteilte Vollmacht einschließlich einer Prozeßvollmacht[36]. Zur Teilnichtigkeit s. unten § 45 Rn. 26f. Die Nichtigkeit erstreckt sich nicht automatisch auf den in Ausübung der unerlaubten Rechtsberatung geschlossenen Vertrag, z. B. einen Darlehensvertrag[37]. Nichtig ist aber ein Vertrag über die Hilfeleistung in Steuersachen mit einer hierfür nicht zugelassenen Person wegen des darin liegenden Verstoßes gegen § 5 Abs. 1 StBerG[38]. Nichtig wegen Verstoßes gegen § 49b Abs. 2 BRAO ist auch die Vereinbarung eines Erfolgshonorars (s. aber auch unten § 45 Rn. 39). Wegen Verstoßes gegen die Schweigepflicht der in § 203 StGB aufgeführten Personen sind gemäß § 134 auch nichtig Vereinbarungen über die Abtretung oder Einziehungsermächtigung von Honorarfor-

---

[30] *BGHZ* 46, 24, 26; 78, 269, 271; 88, 240; 89, 369, 373; *BGH* NJW 2000, 1186.

[31] S. auch *Canaris,* aaO, S. 27; Palandt/*Heinrichs,* § 134 Rn. 9.

[32] S. etwa *BGH* NJW 1978, 1268; *BGH* NJW 1980, 1394; *Boos/Fischer/Schulte-Mattler,* KWG, 2000, § 32 Rn. 12; Palandt/*Heinrichs*, § 134 Rn. 20.

[33] *BGH* NJW 2000, 1186.

[34] S. *BGH* NJW 1992, 2558; *BGH* NJW 1996, 1954; *BGH* NJW 1999, 51.

[35] *BGHZ* 37, 258, 262; 70, 12, 17; 102, 128, 130; *BGH* LM H. 6/00 § 134 BGB Nr. 68 m. Anm. *S. Lorenz; BGH* NJW 2001, 70; s. auch *Staudinger/Sack* § 134 Rn. 272.

[36] So zu Recht *BGH* NJW 2002, 66; *BGH* NJW 2003, 1252; *BGH* NJW 2002, 2325; *BGH* NJW 2003, 2091 dazu *M. Wolf* LMK 2003, 138; *BGH* v. 22. 10. 2003 IV ZR 33/03; *BGH* v. 18. 11. 2003 XI ZR 332/02 (Prozeßvollmacht); a. A. noch *BGH* NJW 2001, 3774 (Nichtigkeit nur nach § 139). Zu den weiteren Folgen s. unten § 49 Rn. 5f.

[37] *BGH* NJW 2003, 3412 dazu *Lorenz* LMK 2003, 179.

[38] *BGH* NJW 1996, 1954.

derungen, insbesondere der Ärzte, Rechtsanwälte oder Steuerberater[39], nicht aber der Tierärzte[40]. Ein Verstoß gegen die Schweigepflicht und gegen § 134 liegt aber nicht vor, wenn der Abrechnungsempfänger seinerseits selbst der Schweigepflicht unterliegt, wie dies § 49b Abs. 4 BRAO ausdrücklich für den erwerbenden Rechtsanwalt vorsieht. Insoweit verstößt dann auch der Verkauf der Kanzlei eines Rechtsanwalts nicht gegen § 134 BGB. [41]. Die Unwirksamkeit ist hier jeweils zum Schutz des in seinem Geheimnis geschützten Patienten oder Mandanten als eines am Vertrag nicht beteiligten Dritten erforderlich. Der Schutz und die Nichtigkeit entfallen demgemäß, wenn der Patient oder Mandant der Abtretung zustimmt.

5. Verstoß gegen Preisvorschriften

Eine Besonderheit gilt grundsätzlich für **Preisvorschriften,** insbesondere wenn sie 23
einen höchstzulässigen Preis festsetzen. Der Verstoß gegen diese Vorschriften führt zur Teilnichtigkeit, soweit es den überhöhten Preis betrifft. Im übrigen bleibt der Vertrag wirksam[42].

Beispiele: Bei einem Verstoß gegen den nach § 5 des WiStG verbotenen Mietwucher wäre 24
dem Mieter mit der Nichtigkeit des Mietvertrages schlecht gedient, denn dann müßte er die Wohnung wieder räumen. Der Zweck des Verbots, die Anmietung von Wohnungen zu einem angemessenen Mietpreis zu ermöglichen, würde so in sein Gegenteil verkehrt. Nach dem Schutzzweck darf die Vereinbarung über den Mietzins nur insoweit nichtig sein, als der vereinbarte Mietzins den eben noch zulässigen übersteigt; im übrigen bleibt es bei dem Vertrage[43]. Es handelt sich um eine ausnahmsweise gebotene „geltungserhaltenden Reduktion"(s. oben § 33 Rn. 16, unten § 43 Rn. 81ff.), weil eine Lösung nach Bereicherungsrecht die Nichtigkeit des ganzen Vertrags voraussetzen würde[44]. Dasselbe gilt auch in allen anderen Fällen der Überschreitung eines zulässigen Höchstpreises, wo heute noch derartige Vorschriften bestehen wie für Architekten aufgrund der HOAI, oder für Rechtsanwälte nach der BRAGO[45]. Nicht zu den Preisvorschriften in diesem Sinne gehören die Vorschriften der PreisangabVO, da es sich hierbei um bloße Ordnungsvorschriften handelt.

III. Weitere Voraussetzungen

1. Verbot bei Vornahme des Rechtsgeschäfts

Das Verbot muß grundsätzlich bereits bei Vornahme des Rechtsgeschäfts bestehen[46]. 25
Ein späteres Verbot macht das wirksame Rechtsgeschäft grundsätzlich nicht unwirksam. Bei Dauerschuldverhältnissen kann aber ein später erlassenes Verbot zur Nichtigkeit mit Wirkung ex nunc führen, wenn der Sinn und Zweck des Verbotsgesetzes dies erfordert. Dies gilt insbesondere bei einem Kartellverbot[47]. Umgekehrt wird aber ein

---

[39] Zu Ärzten *BGHZ* 115, 123, 127; 116, 274; s. auch *Gramberg-Danielsen/Kern,* NJW 1998, 2708; zu Rechtsanwälten *BGHZ* 122, 115, 117; *BGH* NJW 1993, 1912 und 2795; a.A. *Berger,* NJW 1995, 1584.

[40] *OLG Celle* NJW 1995, 786.

[41] Zu Einschränkungen s. *BGH* NJW 1995, 2026; zum Verkauf einer Arztpraxis *BGHZ* 116, 271.

[42] Soergel/*Hefermehl,* § 134 Rn. 62; Staudinger/*Sack,* § 134 Rn. 27.

[43] *BGHZ* 89, 316, 319; *BGH* NJW 1989, 2471; Soergel/*Hefermehl,* § 134 Rn. 63; MünchKomm/*Mayer-Maly/Armbrüster,* § 134 Rn. 107 ist weitergehend für eine Reduktion auf die marktübliche Miete; ebenso Palandt/*Heinrichs,* § 134 Rn. 27.

[44] A.A. *Canaris,* aaO, S. 29ff.

[45] Vgl. *BGH* NJW-RR 1990, 276; *BGHZ* 51, 174, 181; dazu *Medicus,* AT, Rn. 709; *Damm,* aaO, S. 915; Palandt/*Heinrichs,* § 134 Rn. 26.

[46] Vgl. *OLG Düsseldorf* NJW-RR 1993, 249.

[47] *BGH* NJW 2003, 3055 dazu *Bunte* LMK 2003, 208.

bei der Vornahme verbotenes und deshalb nichtiges Rechtsgeschäft durch die Aufhebung des Verbots nicht von sellbst wirksam, sondern bedarf der Neuvornahme (§ 141).

2. Subjektive Voraussetzungen

26 Eine verwerfliche Gesinnung setzt § 134 nicht voraus. Subjektive Voraussetzungen müssen vorliegen, soweit sie das Verbotsgesetz selbst ausdrücklich oder nach seinem Sinn und Zweck verlangt[48]. Ein Verschulden oder die Kenntnis vom Verbotsgesetz ist grundsätzlich nicht erforderlich[49]. Bei einem Verstoß gegen Verbote des Strafrechts, z. B. gegen § 203 StGB, oder des Ordnungswidrigkeitenrechts tritt deshalb grundsätzlich Nichtigkeit auch ohne einen Verschuldensvorwurf ein. Dagegen ist bei einem Verstoß gegen § 203 StGB die subjektive Kenntnis von den Tatsachen des Geheimnisses erforderlich, nicht aber daß es sich um ein Geheimnis handelt.

3. Keine Verdrängung durch andere Sanktionen

27 Aus dem Gesetz darf sich keine spezielle Sanktion ergeben, die die Nichtigkeit verdrängt. Dabei kann es sich sowohl um Sanktionen aus der Verbotsnorm selbst als auch um Sanktionen aus anderen Vorschriften handeln. Neben der Nichtigkeit können aber nach dem Zweck des jeweiligen Gesetzes auch andere Sanktionen in Betracht kommen.

28 **Beispiele:** Beim Verstoß gegen Strafgesetze tritt neben die Nichtigkeit grundsätzlich auch die Strafe. Gleiches gilt beim Verstoß gegen Ordnungswidrigkeiten. Aus § 123 ergibt sich aber für die arglistige Täuschung und die rechtswidrige Drohung, daß bei Betrug (§ 263 StGB) und Erpressung (§ 253 StGB) das spezielle Anfechtungsrecht der Nichtigkeit vorgeht, obwohl es sich um verbotene Geschäfte handelt.

IV. Rechtsfolgen

29 Ein Rechtsgeschäft, das gegen ein unter § 134 fallendes Verbotsgesetz verstößt, ist grundsätzlich **nichtig.** Nichtig ist zunächst gemäß § 134 nur der Teil des Rechtsgeschäfts, der unmittelbar von dem nichtigkeitsbegründenden Zweck des Verbotsgesetzes erfaßt wird. Ob nur dieser Teil oder darüber hinaus das ganze Rechtsgeschäft nichtig ist, richtet sich grundsätzlich nach § 139, der im Zweifel von der Gesamtnichtigkeit ausgeht (s. unten § 45 Rn. 21). Aus dem Zweck zahlreicher Schutzgesetze, die einen Vertragsteil schützen wollen, ergibt sich aber, daß nur der unmittelbar verbotswidrige Teil nichtig sein und der Vertrag im übrigen gültig bleiben soll, wie etwa beim Verstoß gegen Preisvorschriften (s. oben Rn. 23f.; im übrigen unten § 45 Rn. 33)[50]. Bei nichtigem Vertrag können Ansprüche aus Gesetz, insbesondere aus Geschäftsführung ohne Auftrag (§§ 677ff.), aus Bereicherungsrecht (§§ 812ff.) oder aus unerlaubter Handlung (§ 823) bestehen.

---

[48] S. *BGHZ* 89, 369, 373; *BGH* NJW 1996, 1812; Staudinger/*Sack,* § 134 Rn. 85; *Bork,* AT, 1110.

[49] Allg. Meinung, s. etwa *BGHZ* 122, 115, 122; Erman/*Palm,* § 134 Rn. 10; Bamberger/Roth/*Wendtland,* § 134 Rn. 18.

[50] S. auch MünchKomm/*Mayer-Maly,* § 134 Rn. 89; Palandt/*Heinrichs,* § 134 Rn. 13.

30 Wenn sich ein gesetzliches Verbot nach seinem Wortlaut nur gegen den Abschluß des schuldrechtlichen Vertrages – z. B. eines Kauf- oder Tauschvertrages – richtet, ist es eine Frage der Auslegung, ob es sich auch auf das zur Erfüllung vorgenommene dingliche Rechtsgeschäft bezieht[51]. Das ist zu bejahen, wenn das Verbot die Güterbewegung als solche verhindern will, die durch das schuldrechtliche Geschäft nur vorbereitet, durch das dingliche erst wirklich vollzogen wird[52]. Im übrigen erstreckt sich als Folge des Abstraktionsprinzips die Unwirksamkeit des Verpflichtungsgeschäfts nicht automatisch auf das Erfüllungsgeschäft (s. oben § 23 Rn. 78 ff.). Das Verbot des Erfüllungsgeschäfts erstreckt sich in der Regel aber auf das Verpflichtungsgeschäft[53].

V. Umgehungsgeschäfte

31 Nichtig gemäß § 134 ist auch ein Umgehungsgeschäft. Ein solches liegt vor, wenn die Parteien den **Zweck eines gesetzlich nicht erlaubten Geschäfts mit Hilfe eines anderen,** nicht ausdrücklich verbotenen zu **erreichen** suchen[54]. Das Umgehungsgeschäft ist dann nichtig, wenn die Gesetzesnorm nicht nur die Vornahme eines Geschäfts bestimmter Art, sondern einen bestimmten rechtlichen oder wirtschaftlichen Erfolg verhindern will, gleichgültig auf welche Art es herbeigeführt wird. Als Normen, die dem Umgehungsverbot unterliegen, kommen nicht nur die unter § 134 fallenden Verbotsesetze in Betracht, sondern auch alle zwingenden oder habzwingenden Normen, die einen bestimmten rechtlichen oder wirtschaftlichen Erfolg verhindern wollen (s. oben § 3 Rn. 102 ff.). Ob die Nichtigkeit des Umgehungsgeschäfts eine Umgehungsabsicht voraussetzt[55] oder ob die objektive Umgehung genügt[56], ist nach dem Zweck der jeweils umgangenen Verbotsnorm zu bestimmen. Die objektive Umgehung muß umso mehr genügen, je stärker der Zweck des Verbotsgesetzes Beachtung verlangt. Die Nichtigkeit des Umgehungsgeschäfts kann sich sowohl aus einer zweckgerichteten **Auslegung** der umgangenen Norm[57] als auch aus einer **Analogie**[58] des Verbotsgesetzes in Verbindung mit § 134 oder einer sonstigen die Unwirksamkeit anordnenden Norm ergeben. Es handelt sich dagegen nicht um einen besonderen eigenständigen Nichtigkeitsgrund[59]. Der Frage kommt jedoch keine praktische Bedeutung zu. Ausdrücklich verboten sind Umgehungsgeschäfte z. B. in § 306 a, § 312 f. Satz 2, § 8 FernUSG, § 22 GüKG und § 42 AO[60].

32 **Beispiel:** Vereinbaren A und B ein angemessenes Honorar für die von A zu erbringenden Architektenleistungen, daneben aber zusätzlich, daß B dem A einen Pkw für ein nominelles Entgelt verkauft, liegt eine Umgehung von § 4 Abs. 3 HOAI vor. Da der Pkw ein verdecktes

---

[51] Vgl. *BGHZ* 11, 59, 62.

[52] *BGHZ* 115, 123, 130 f.; *BGH* NJW 1995, 516.

[53] *BGHZ* 116, 268, 277.

[54] So die h. L.; vgl. MünchKomm/*Mayer-Maly*, 11 ff.; Palandt/*Heinrichs*, § 134 Rn. 28. Die Meinung von *Flume*, AT II, § 17, 5, *Bork*, AT, Rn. 1120 und *Medicus*, AT, Rn. 660, hierfür genüge schon die Auslegung der Verbotsnorm nach ihrem Sinn und Zweck, wird dem Problem nicht in vollem Umfang gerecht. Vgl. auch *BGHZ* 34, 200, 205; 85, 39, 46.

[55] So MünchKomm/*Mayer-Maly*, § 134 Rn. 18.

[56] So *BGHZ* 37, 363, 366; 51, 255, 262; *BGH* NJW 1998, 2136; *BAGE* 10, 70; Soergel/*Hefermehl*, § 134 Rn. 40; Palandt/*Heinrichs*, § 134 Rn. 28.

[57] S. auch *BGH* WM 1990, 227; Soergel/*Hefermehl*, § 134 Rn. 37.

[58] Dafür insbesondere *Teichmann*, Die Gesetzesumgehung, 1962, S. 72 ff.; *U. Huber*, Jura 1970, 796.

[59] So aber MünchKomm/*Mayer-Maly*, § 134 Rn. 12; Soergel/*Hefermehl*, § 134 Rn. 41.

[60] S. auch Soergel/*Hefermehl*, § 134 Rn. 37.

zusätzliches Honorar für die Architektenleistung ist, ist diese Vereinbarung nichtig. Ebenfalls liegt eine Umgehung vor, wenn M und H eine GbR zu dem Zweck gründen, Handwerkerleistungen zu erbringen, der M, der als einziger einen Meisterbrief besitzt, aber gar nicht das Geschäft betreiben soll, sondern lediglich einen fixe monatliche Vergütung. Hier dient der Gesellschaftsvertrag lediglich dazu, dem H eine konzessionswidrige Eintragung in der Handwerksrolle zu verschaffen. Der Gesellschaftsvertrag ist demnach nichtig.[61]

§ 41. Sittenwidrige Geschäfte (§ 138)

Inhaltsübersicht

Literatur: *Becker,* Die Lehre von der laesio enormis in der Sicht der heutigen Wucherproblematik. Ausgewogenheit als Vertragsinhalt und § 138 BGB, Diss. 1993; *Bezzenberger,* Ethnische Diskriminierung, Gleichheit und Sittenordnung im bürgerlichen Recht, AcP 196 (1996), 395; *Enderlein,* Rechtspaternalismus und Vertragsrecht, 1996; *Larenz,* Grundsätzliches zu § 138 BGB, JurJb. Bd. VII, 1966, S. 98; *R. Leonhard,* Der Verstoß gegen die guten Sitten, FS Bekker, 1907, S. 87; *Lindacher,* Grundsätzliches zu § 138 BGB (Zur Frage der Relevanz subjektiver Momente), AcP 173 (1973), 124; *Lotmar,* Der unmoralische Vertrag, 1896; *Mayer-Maly,* Das Bewußtsein der Sittenwidrigkeit, 1971; *ders.*, Renaissance der laesio enormis? FS Karl Larenz zum 80. Geburtstag, 1983, S. 395; *ders.*, Bewegliches System und Konkretisierung der guten Sitten, in: *Bydlinski u. a.,* Das bewegliche System im geltenden und künftigen Rechte, 1986, S. 117; *ders.,* Was leisten die guten Sitten, AcP 194 (1994), 105; *Pagenstecher,* Sittenwidrige

[61] *OLG Koblenz* NJW-RR 1994, 493; s. auch *OLG Hamm* NJW 1986, 2440, 2441.

Lieferungsbedingungen, 1943; *Rother,* Sittenwidriges Rechtsgeschäft und sexuelle Liberalisierung, AcP 172 (1972), 498; *Rühle,* Das Wucherverbot – effektiver Schutz des Verbrauchers vor überhöhten Preisen?, 1978; *Sack,* Das Anstandsgefühl aller billig und gerecht Denkenden und die Moral als Bestimmungsfaktoren der guten Sitten, NJW 1985, 761; *Helmut Schmidt,* Die Lehre von der Sittenwidrigkeit der Rechtsgeschäfte in historischer Sicht, 1973; *Schmoeckel,* Der maßgebliche Zeitpunkt zur Bestimmung der Sittenwidrigkeit nach § 138 I BGB, AcP 197 (1997), 1; *K. Simitis,* Gute Sitten und ordre public, 1970; *Teubner,* Standards und Direktiven in Generalklauseln, 1971.

I. Die guten Sitten als Schranken für die Privatautonomie

Die Rechtsordnung kann bei ihrer Aufgabe, die sozialen zwischenmenschlichen Beziehungen nach rechtlichen Maßstäben verbindlich zu ordnen, nicht an den in einer Gesellschaft herrschenden grundlegenden Wertvorstellungen vorbeigehen. Sie braucht diese Wertvorstellungen zwar nicht ungeprüft zu übernehmen und kann insbesondere rechtliche Gebote und wesentliche Ordnungsgrundsätze auch ohne allseitige Anerkennung zur Geltung bringen. Sie darf aber nicht andrerseits allgemein mißbilligte Verhaltensweisen rechtlich anerkennen und tolerieren. Die in einer Gesellschaft vorherrschenden und sie prägenden grundlegenden Wertvorstellungen müssen deshalb in die Rechtsordnung integriert werden. Da diese Wertvorstellungen sich im Laufe der Zeit ändern können und sie je nach Fallgestaltung sehr vielgestaltig sein können und zum Teil nicht offen, sondern unterschwellig unbewußt vorhanden sind, kann der Gesetzgeber sie nicht im einzelnen aufzählen. Er berücksichtigt sie aber, indem er in Form einer Generalklausel auf die guten Sitten verweist. 1

1. Unterschiedliche Funktionen der guten Sitten

Neben § 138 wird auf die guten Sitten auch in § 826 und in § 1 UWG verwiesen. Während aber § 826 und § 1 UWG ein bestimmtes Verhalten als solches bewerten und es als rechtlich mißbilligtes Verhalten mit den Sanktionen des Unterlassungs- und Schadensersatzanspruchs versehen, geht es in § 138 um die Bewertung der von den Parteien im Rechtsgeschäft gesetzten Regelung[1]. Die guten Sitten üben hier die Funktion eines negativen, die Privatautonomie der Parteien begrenzenden Faktors aus[2]. Wegen der unterschiedlichen Funktionen braucht der Inhalt der guten Sitten in § 138 einerseits und § 1 UWG andererseits nicht einheitlich bestimmt zu werden[3]. Auch wird im Vertragsrecht ergänzend § 242 herangezogen, was im Wettbewerbsrecht des UWG nicht möglich ist. 2

In keinem Fall geht es darum, daß die Rechtsordnung positiv ein moralisches Verhalten, sei es nun im Sinne der herrschenden Moral oder sogar der Anforderungen der strengen Ethik, erzwingen wollte, was sie nicht kann. § 138 hat nur die Aufgabe, Rechtsgeschäften die Anerkennung und damit die gerichtliche Durchsetzbarkeit zu versagen, die gröblich gegen die in der Rechtsgemeinschaft ganz überwiegend anerkannte Sozialmoral oder gegen immanente rechtliche Prinzipien der geltenden Rechtsordnung verstoßen. In diesem Sinne kann man von einem „ethischen Minimum" sprechen, das bei Meidung der Nichtigkeit im Geschäftsverkehr zu wahren ist. 3

---

[1] *Flume,* AT II, § 18, 1, 2; *Medicus,* AT, Rn. 681.
[2] Zur Funktion der „guten Sitten" s. auch *Mayer-Maly,* AcP 194 (1994), 105.
[3] *BGH* NJW 1998, 2531 = LM H. 11/98 § 1 UWG Nr. 772 m. Anm. *Sack.*

2. Bedeutung von § 138 neben § 242

4 Neben den in § 138 genannten guten Sitten werden der Privatautonomie durch die Grundsätze von Treu und Glauben in § 242 und § 307) noch engere Schranken gezogen, weil kein verwerfliches Handeln erforderlich ist, wie beim Verstoß gegen die guten Sitten (s. unten Rn. 27). § 138 bleibt dennoch neben § 242 anwendbar und behält neben § 242 eine selbständige Bedeutung.

5 **§ 138** enthält eine **allgemeine Schranke der rechtsgeschäftlichen Privatautonomie.** Er gilt für alle Rechtsgeschäfte (s. oben § 23) und erfaßt damit neben Verträgen auch einseitige Rechtsgeschäfte, z.B. auch ein Testament, sowie Beschlüsse oder Satzungen eines Vereins (s. oben § 10 Rn. 14, 19). § 138 findet nicht nur wie etwa im Fall des Wuchers (§ 138 Abs. 2) zum Schutz des unterlegenen Vertragspartners Anwendung, sondern gilt als Schranke für beide Vertragsteile auch bei frei ausgehandelten Verträgen zum **Schutz von Interessen Dritter und der Allgemeinheit.** § 242 will als Schranke der Privatautonomie dagegen vor allem der individuellen Vertragsgerechtigkeit durch Kontrolle der vertraglichen Nebenbestimmungen dienen unter Ausklammerung des Preis- und Leistungsgegenstandes (s. § 307 Abs. 3). § 138 begrenzt demgegenüber als umfassende Schranke für Rechtsgeschäfte auch die Freiheit der **Preisvereinbarung** und der beliebigen Bestimmung des Leistungsgegenstandes.

6 § 138 führt bei Sittenwidrigkeit nur eines Teils des Rechtsgeschäfts gemäß § 139 im Zweifel zur **Unwirksamkeit des ganzen Rechtsgeschäfts.** Die auf Treu und Glauben gestützte Inhaltskontrolle begründet dagegen grundsätzlich nur die Unwirksamkeit der unangemessenen Klauseln und läßt den Vertrag im übrigen bestehen (s. § 306 Abs. 1). Dabei hat § 306 in seinem Anwendungsbereich Vorrang vor § 138[4].

II. Begriff und Inhalt der guten Sitten

1. Das Anstandsgefühl aller billig und gerecht Denkenden

7 Von den unterschiedlichen Umschreibungen des Inhalts der guten Sitten wird die Formel vom Anstandsgefühl aller billig und gerecht Denkenden immer noch benutzt[5]. Auch wenn diese Formel mit dem Hinweis auf die billig und gerecht Denkenden kaum weiterführende inhaltliche Kriterien bietet und ungeklärt bleibt, wer die billig und gerecht denkenden Personen sind, so macht sie doch deutlich, daß der Richter die guten Sitten einerseits nicht nach seinem möglicherweise strengen subjektiven Empfinden bestimmen darf[6] und daß andererseits möglicherweise üblich gewordene lasche Auffassungen ebenfalls nicht ausschlaggebend sein können. Vielmehr ist nach dem in der Gesellschaft vorherrschenden **Bewußtsein von positiven Werten für das gesellschaftliche Zusammenleben** zu fragen.

---

[4] S. auch *Köhler,* AT, § 13 Rn. 34; *Wolf/Horn/Lindacher,* AGBG, § 6 Rn. 11.

[5] *BGHZ* 10, 228, 232; *BGH* NJW 1989, 26, 27; *BGH* NJW 1999, 2266; *BGH* NJW 2000, 2810; zuvor schon *RGZ* 80, 221; 120, 142, 148; eingehend dazu *Arzt,* Die Ansicht aller billig und gerecht Denkenden, Tübinger Diss. 1962; *Sack,* NJW 1985, 761. Einen beschränkten Aussagewert erkennt ihr *Mayer-Maly,* Bewegliches System, aaO, S. 120 und in MünchKomm/*Mayer-Maly/Armbrüster* § 138 Rn. 14 zu. Dagegen bezeichnet sie *Heldrich* in AcP 186 (1986), 74, 93ff., als eine Leerformel; als zu eng bezeichner sie *Flume,* AT II, § 18, 1; kritisch auch *Medicus,* AT, Rn. 682.

[6] Staudinger/*Sack,* § 138 Rn. 55; *Hübner,* AT, Rn. 494; Soergel/*Hefermehl,* § 138 Rn. 8.

2. Herrschende Moral und ethisches Minimum

Die ältere Lehre sah in § 138 lediglich eine Verweisung auf die Vorschriften der Sittlichkeit und Moral[7]. Dabei war nicht an die Ethik im strengen Sinn, etwa das Sittengesetz im Sinne *Kants* oder an die christliche Ethik, sondern an die herrschende **Moral in der Gesellschaft** gedacht[8]. Die Rechtsordnung sollte sich durch Versagung des Rechtsschutzes ein Minimum von sittlicher Handlungsweise im rechtlichen Verkehr zu erzwingen, weshalb auch von dem für ein geordnetes Zusammenleben unerläßlichen „ethischen Minimum" die Rede war[9], wofür nur ein durchschnittlicher Maßstab anzulegen sei. 8

3. Gute Sitten und ordre public

Nach anderer Auffassung[10] umfaßt der Verstoß gegen die guten Sitten auch den Verstoß gegen die öffentliche Ordnung (ordre public). Darin kommt eine Akzentverschiebung von einer außerrechtlichen Sittenordnung zu solchen **Wertmaßstäben** zum Ausdruck, die der geltenden **Rechtsordnung** selbst **immanent** sind[11]. Der Ausdruck „ordre public" stammt aus dem internationalen Privatrecht und dient dort zur Kennzeichnung der Grenzen der Anwendbarkeit eines ausländischen Gesetzes und in § 1059 Abs. 2 Nr. 2b ZPO zur Überprüfung von Schiedssprüchen nicht staatlicher Gerichte[12]. Wenn Art. 6 EGBGB und § 328 Abs. 1 Nr. 4 ZPO statt vom ordre public von wesentlichen Grundsätzen des deutschen Rechts sprechen[13], kommt dies dem Anliegen des § 138 schon näher. 9

Man muß jedoch die **unterschiedliche Funktion** des Begriffs bedenken. Im internationalen Privatrecht und Verfahrensrecht dient er dazu, die Anerkennung ausländisches Rechts und ausländischer Entscheidung zu versagen, die mit dem Kernbestand der inländischen Rechtsordnung in einem untragbaren Widerspruch stehen[14]. Im Interesse des Zusammenlebens und des Verkehrs in der internationalen Staatengemeinschaft ist dieser Kernbestand auf das unbedingt Notwendige und Unverzichtbare zu begrenzen. Die Schranken des § 138 für die rechtsgeschäftliche Privatautonomie der Parteien sind dagegen anders zu bestimmen, weil die inländische Rechtsordnung die Privatautonomie nicht in gleicher Weise anzuerkennen braucht, wie die Souveränität ausländischer Staaten. 10

Beispiel: Eine im Ausland vollzogene Privatscheidung durch Verstoßung kann auch im Inland gemäß Art. 17 EGBGB anerkannt werden[15]. Die Vereinbarung eines solchen Scheidungsrechts im Inland würde dagegen gegen die ethischen Wertvorstellungen in der Gesellschaft und damit auch gegen die guten Sitten in § 138 verstoßen. 11

---

[7] Repräsentativ *v. Tuhr,* AT III, § 70 zu Anm. 8 und 13.

[8] S. auch *Enneccerus/Nipperdey,* AT, § 191 I zu Anm. 5.

[9] So Staudinger/*Sack,* § 138 Rn. 56; Palandt/*Heinrichs,* § 138 Rn. 2; Soergel/*Hefermehl,* § 138 Rn. 4.

[10] S. *Enneccerus/Nipperdey,* AT, § 191 Anm. 6.

[11] S. auch *BGHZ* 106, 336, 338; besonders deutlich *K. Simitis,* aaO, S. 168 ff., 195 ff.

[12] S. Palandt/*Heldrich,* Art. 6 EGBGB Rn. 1.

[13] S. auch § 328 Abs. 1 Nr. 4, § 1041 Abs. 1 Nr. 2, § 1044 Abs. 2 Nr. 2 ZPO; § 16 a Nr. 4 FGG.

[14] S. etwa *BGHZ* 50, 370, 376; 118, 312, 320; 123, 268, 270.

[15] S. *BGH* NJW 1990, 2194; *BGH* FamRZ 1994, 434, 435; Palandt/*Heldrich,* Art. 17 EGBGB Rn. 35.

4. Rechtsethische und sozialethische Prinzipien

12 Auch wenn § 138 nicht vom ordre public geprägt wird, so können die wesentlichen Grundsätze der Rechtsordnung mit ihrem ethischen Gehalt doch zur Konkretisierung der guten Sitten beitragen. Der Inhalt der guten Sitten wird demgemäß sowohl durch rechts**ethische** wie durch **sozialethische Prinzipien** bestimmt[16].

a) Rechtsethische Prinzipien

13 Die rechtsethischen Grundsätze werden durch die der **Rechtsordnung** selbst **immanenten ethischen Werte** und Prinzipien gebildet. Da zu diesen rechtsethischen Prinzipien vor allem die in den Grundrechten enthaltenen Werte gehören, ist § 138 eine Vorschrift, durch deren Vermittlung die rechtsethischen **Wertmaßstäbe des Grundgesetzes** Eingang in das Privatrecht finden[17]. Darauf beruht die mittelbare Drittwirkung der Grundrechte im Privatrecht (s. oben § 4 Rn. 64ff.)[18]. Zu nennen sind hier insbesondere Art. 1 Abs. 1 GG (Vorrang der Menschenwürde), Art. 2 (freie Entfaltung), Art 3 Abs. 3 (Verbot von Diskriminierungen), Art 4 (Glaubens- und Gewissensfreiheit), Art. 5 (freie Meinungsäußerung), Art. 6 (Schutz von Ehe und Familie), Art. 9 (Vereinigungsfreiheit).

14 Darüber hinaus geht es allgemein um rechtsethische Werte und Grundsätze, die als **gesetzliche Leitideen** einzelnen Vorschriften oder ganzen Rechtsgebieten zugrunde liegen. Dabei geht es weniger um moralische, als um rechtsgrundsätzliche Erwägungen, wie etwa um den Vertrauensschutz im rechtsgeschäftlichen Verkehr, um den Schutz von Gläubigern oder um die Sicherung der wirtschaftlichen und persönlichen Bewegungsfreiheit von Schuldnern. Zu den gesetzlichen Leitideen gehört auch die Sicherung der Wettbewerbsfreiheit mit den Grundlagen einer marktwirtschaftlichen Wettbewerbsordnung. Auch die **Grundfreiheiten des EG-Vertrags** und die grundlegenden Bestimmungen für das Funktionieren des Binnenmarkts können, soweit sie nicht unmittelbare Verbote im Sinne von § 134 enthalten (s. oben § 40 Rn. 13), vergleichbar der mittelbaren Drittwirkung der Grundrechte über § 138 der Privatautonomie Grenzen setzen[19], wenn z.B. durch private Vereinbarungen die Ausübung der Grundfreiheiten eingeschränkt werden soll.

b) Sozialethische Prinzipien

15 Die sozialethischen Inhalte ergeben sich dagegen aus den für den gesellschaftlichen und wirtschaftlichen Verkehr unentbehrlichen **kollektiven Wertvorstellungen.** Die Heranziehung der vorherrschenden Vorstellungen über das, was im geschäftlichen Verkehr und gesellschaftlichen Umgang moralisch erlaubt oder aber zu mißbilligen ist, ist zur Konkretisierung der guten Sitten, auch wenn sie einem Wandel unterworfen

---

[16] Vgl. *Larenz,* Juristen-Jahrbuch Bd. VII, S. 98ff. Im Grundsatz ebenso in MünchKomm/*Mayer-Maly/Armbrüster,* § 138 Rn. 12f.; Palandt/*Heinrichs,* § 138 Rn. 3; Staudinger/*Sack,* § 138 Rn. 18.

[17] Vgl. *BVerfGE* 7, 215.

[18] S. auch *Hübner,* AT, Rn. 72; *Mayer-Maly,* AcP 194 (1994), 105, 136; Palandt/*Heinrich,* § 138 Rn. 4; Soergel/*Hefermehl,* § 138 Rn. 10.

[19] S. auch *BGH* ZIP 1998, 1084, 1087; Bamberger/Roth/*Wendtland,* § 138 Rn. 17; Staudinger/*Sack,* § 138 Rn. 41, 44.

sind, nach wie vor möglich und geboten[20]. Im Verhältnis zu den sozialethischen Prinzipien kommt den rechtsethischen Prinzipien der Vorrang zu, weil die Gerichte in erster Linie an Gesetz und Recht (Art. 20 Abs. 3 GG) gebunden sind. Die Gerichte haben dementsprechend die Maßstäbe der herrschenden Moral nur insoweit anzuwenden, als diese mit den Grundprinzipien unserer Rechtsordnung vereinbar sind, und sie haben sie auch im Einklang mit diesen auszulegen. Vor allem dann, wenn die herrschende Moral kein eindeutiges Urteil erlaubt, weil sie in dieser Frage unsicher, zwiespältig oder ungewiß ist, haben sich die Gerichte an den Wertungsmaßstäben der Rechtsordnung zu orientieren[21].

Die Konkretisierung dieser Standards obliegt der Rechtsprechung. Sie hat ihre Entscheidungen an diesen Maßstäben auszurichten, auch wenn ihr dabei häufig ein gewisser Beurteilungsspielraum verbleibt[22]. Dieser konkretisiert sich im Fortgang der Rechtsprechung in dem Maße, in dem ihr eine wachsende Zahl vergleichbarer Fälle zur Verfügung steht. Daraus ergibt sich die große praktische Bedeutung von Präjudizien. Zu Beispielsfällen s. unten Rn. 19ff. **16**

III. Verstoß gegen die guten Sitten

Aufgrund ihrer Schrankenfunktion für die rechtsgeschäftliche Privatautonomie werden die guten Sitten in § 138 erst relevant, wenn durch ein Rechtsgeschäft gegen sie verstoßen wird. Es werden alle Arten von Rechtsgeschäften erfaßt (s. oben Rn. 5). Zumeist sind es aber Verträge, die entweder aufgrund ihres Inhalts oder aufgrund ihres Gesamtcharakters gegen die guten Sitten verstoßen können. **17**

1. Verstoß aufgrund des Inhalts des Rechtsgeschäfts

Verstößt ein Rechtsgeschäft bereits nach seinem Inhalt gegen die guten Sitten, tritt die Nichtigkeit nach § 138 allein aufgrund des objektiven Verstoßes ein **ohne Rücksicht auf die begleitenden Umstände** im einzelnen[23]. Allein wegen seines Inhalts ist das Geschäft unter allen denkbaren Umständen sittenwidrig. Ohne Bedeutung ist, ob auch die an dem Rechtsgeschäft beteiligten Personen diese Wertung teilen[24] oder ob die Parteien den die Sittenwidrigkeit begründenden Inhalt richtig erfaßt haben oder gutgläubig waren. **18**

Beispiele: Sittenwidrig allein wegen ihres Inhalts ist etwa eine Vereinbarung, durch die sich jemand bedingungslos den Weisungen eines anderen unterwirft. Auch Verträge, durch die jemand allgemein auf ein einzelnes oder alle Grundrechte verzichtet, verstoßen bereits nach ihrem Inhalt gegen § 138. Gleiches gilt für einen Vertrag mit einer ewigen oder überlangen Bin- **19**

---

[20] So auch *Medicus,* AT, Rn. 679; anders *Pawlowski,* AT, Rn. 498, 498a, nach ihm handelt es sich in § 138 (nur) um solche Verbote, „die im Wege der Analogie aus den gesetzlichen Vorschriften abgeleitet werden". Dann würde § 134 genügen.

[21] Vgl. *Pawlowski* ARSP 1964, S. 503ff.; Palandt/*Heinrichs,* § 138 Rn. 6.

[22] Zur Konkretisierung solcher Maßstäbe und zu dem verbleibenden Beurteilungsspielraum des Richters vgl. *Larenz,* Methodenlehre der Rechtswissenschaft, 6. Aufl. 1991, S. 278ff., insbesondere S. 288, 293.

[23] *BGH* NJW 1985, 2406; Palandt/*Heinrichs,* § 138 Rn. 7; Soergel/*Hefermehl,* § 138 Rn. 31; Erman/*Palm,* § 138 Rn. 40; *Medicus,* AT, Rn. 690; *Flume,* AT II, § 18, 3; *Larenz,* Juristen-Jahrbuch Bd. VII; *Esser* ZHR 135, S. 330ff.; *Mayer-Maly* aaO, S. 25ff.; MünchKomm/*Mayer-Maly/Armbrüster* § 138, Rn. 124f.; *Lindacher* aaO, S. 126.

[24] So *BGHZ* 94, 268, 272 m.w.N.

dung unter Verzicht auf das Recht zur außerordentlichen Kündigung aus wichtigem Grund auch wenn die Fortsetzung der Beziehung unzumutbar ist. Nichtig wegen seines Inhalts wäre auch ein Vertrag, der eine Privatscheidung durch Verstoßung vorsieht. Die Vereinbarung eines Erfolgshonorars mit einem Anwalt war allein wegen ihres Inhalts sittenwidrig, weil das Erfolgshonorar die Unabhängigkeit des Rechtsanwalts gefährdet[25]. Nachdem § 49b Abs. 2 BRAO ein solches Verbot ausdrücklich vorsieht, ergibt sich die Nichtigkeit aus § 134[26].

2. Verstoß aufgrund des Gesamtcharakters des Rechtsgeschäfts

a) Umfassende Beurteilung

20 Soweit nicht der Inhalt des Rechtsgeschäfts für sich allein die Sittenwidrigkeit begründet, kann sich die Sittenwidrigkeit noch aus dem Gesamtcharakter unter **Berücksichtigung von Inhalt, Beweggrund und Zweck des Geschäfts** ergeben[27].

21 **Beispiele:** Der Verkauf eines Grundstücks zu einem Freundschaftspreis erheblich unter Marktwert ist an sich nicht zu beanstanden ebensowenig wie eine Schenkung. Wird der Kauf aber vom Käufer unter Ausnutzung der Altersgebrechlichkeit und Unerfahrenheit des Verkäufers abgeschlossen, so kann nach den Gesamtumständen von einer Sittenwidrigkeit ausgegangen werden (s. auch § 138 Abs. 2). Der Verzicht auf Unterhalt zwischen Ehegatten für die Zeit nach der Scheidung ist an sich möglich und nicht sittenwidrig. Wird der Verzicht aber in der Absicht abgeschlossen, die Unterhaltspflicht auf die Sozialhilfe abzuwälzen, so ergibt sich die Sittenwidrigkeit aus diesem Zweck und Beweggrund[28].

22 Der Unwert der Vereinbarung ergibt sich in diesen Fällen erst aus der von den Parteien mit ihr beabsichtigten oder doch für sie vorhersehbaren Auswirkungen des Geschäfts auf Dritte oder die Allgemeinheit, aus den von den Parteien damit verfolgten weiteren Zwecken oder endlich durch das Vorgehen der einen Partei, wenn sich dieses in nicht zu billigender Weise gegen die andere richtet, insbesondere auf deren Ausbeutung, Knebelung oder Existenzvernichtung abzielt.

b) Sittenwidriges Verhalten gegenüber Dritten oder der Allgemeinheit

23 Sofern es sich um sittenwidriges Verhalten gegenüber Dritten oder der Allgemeinheit handelt, muß **allen** am Geschäftsabschluß **Beteiligten** grundsätzlich der Vorwurf eines verwerflichen Verhaltens und einer **verwerflichen Gesinnung** gemacht werden können[29]. Dafür genügt es, daß die Beteiligten, die die Sittenwidrigkeit begründenden Tatsachen kennen oder sich ihrer Kenntnis bewußt oder grob fahrlässig verschließen[30]. Ein lediglich fahrlässiges Nichterkennen der Sittenwidrigkeit genügt im Allgemeinen nicht[31]. Das Bewußtsein der Sittenwidrigkeit oder eine Schädigungsabsicht sind nicht erforderlich[32]. Die bloße Kenntnis des unsittlichen Beweggrunds der anderen Partei genügt regelmäßig nicht[33], wenn nicht zumindest die Förderung, Ausnutzung oder

---

[25] *BGHZ* 34, 70; 51, 290, 295; s. zur Anwendung von § 134 unten § 41 Rn. 59.

[26] S. Staudinger/*Sack*, § 138 Rn. 422.

[27] *BGHZ* 86, 82, 88; 107, 92, 97; *BGH* NJW 1990, 703, 704.

[28] *BGHZ* 86, 82; s. auch *Zöllner*, FS Lange 1992, S. 979.

[29] *BGH* LM § 138 (Ba) Nr. 2; Palandt/*Heinrichs*, § 138 Rn. 8; Soergel/*Hefermehl*, § 138 Rn. 35; MünchKomm/*Mayer-Maly/Armbrüster*, § 138 Rn. 97.

[30] *BGH* NJW 1990, 568; 1992, 310.

[31] MünchKomm/*Mayer-Maly/Armbrüster*, § 138 Rn. 96f.

[32] *BGH* NJW 1993, 1587, 1588.

[33] S. schon *RGZ* 114, 338, 341; 143, 48, 51.

Billigung der verwerflichen Absicht des anderen hinzukommt[34]. Der gute Glaube eines Beteiligten an den lauteren Zweck des Geschäfts kann ausnahmsweise unbeachtlich sein, wenn die anderen von seiner vollständigen Kenntnis ausgingen[35]. Die Kenntnis einer Hilfsperson kann über § 166 zugerechnet werden[36].

Beispiele: Ein Vertrag kann sittenwidrig sein, wenn beide Teile die Schädigung eines Dritten bezwecken, oder wenn eine solche Schädigung von den Parteien wenigstens vorausgesehen und in Kauf genommen oder nur infolge grober Fahrlässigkeit nicht vorausgesehen worden ist. Dies ist etwa anzunehmen für einen Vertrag, durch den dem Vertreter oder Verhandlungsgehilfen der einen Partei ein **Schmiergeld** durch die Gegenpartei versprochen wird, falls der Vertreter den Vertrag mit dem von der Gegenpartei gewünschten Inhalt abschließt. Nichtig ist dann nicht nur die Schmiergeldvereinbarung, sondern auch der aufgrund des Schmiergelds zustande gekommene Hauptvertrag, es sei denn, das Schmiergeld habe auf den Inhalt des Hauptvertrags keinen Einfluß gehabt oder die vertretene Hauptpartei billige das Verhalten ihres Vertreters oder Verhandlungsgehilfen[37]. Sittenwidrig sind auch sonstige Verträge, durch die ein Teil zu einem Vertragsbruch gegenüber einem Dritten verleitet werden soll[38]. Ein Vertrag, durch den sich ein Steuerberater dafür eine Provision versprechen läßt, daß er seinen Mandanten eine bestimmte Vermögensanlage empfiehlt, ist schon dann nichtig, wenn der andere weiß oder damit rechnen muß, daß der Steuerberater dies seinen Mandanten verschweigen will[39]. Sittenwidrig sind auch Vereinbarungen, durch die die Vertragspartner bezwecken, das **Vorkaufsrecht** eines Dritten zu umgehen[40]. Eine sittenwidrige Schädigung stellt auch die Gefährdung andrer Gläubiger durch vorsätzliche oder grob fahrlässige **Kredittäuschung** dar. Dies kann insbesondere bei publizitätslosen Sicherungsübertragungen wie der Sicherungsübereignung nach § 930 der Fall sein, wenn die Gefahr besteht, daß künftige Kreditgeber über die Kreditwürdigkeit getäuscht werden[41]. Neben der Kredittäuschung kann auch eine **Insolvenzverschleppung** eintreten, die bei bewußter Planung oder grob fahrlässiger Nichtbeachtung ebenfalls die Sittenwidrigkeit wegen der damit verbundenen Gefahr der Schädigung anderer Gläubiger begründet[42]. Damit trifft denjenigen, der sich umfassende Sicherungen einräumen läßt, eine weitgehende Prüfungspflicht hinsichtlich der Lage des Schuldners und der zu erwartenden Auswirkungen des geplanten Geschäfts auf die Aussichten anderer Gläubiger, Befriedigung zu erlangen, auf[43]. Verträge, die eine **Steuerhinterziehung** zu Lasten der Allgemeinheit bezwecken, sind nur dann als nichtig anzusehen, wenn die Steuerhinterziehung den Hauptzweck des Vertrages bildet, nicht aber, wenn es nur ein nebenher verfolgter Zweck war (s. oben § 40 Rn. 14)[44]. 24

c) Sittenwidriges Verhalten gegen den Geschäftspartner

Richtet sich das sittenwidrige Verhalten gegen den Geschäftspartner, so muß das verwerfliche Verhalten **verwerfliche Gesinnung** naturgemäß nicht beim benachteiligten Geschäftspartner, sondern nur **auf Seiten des sittenwidrig Handelnden** vorliegen. Allein dieser muß die Kenntnis der sittenwidrigkeitsbegründenden Tatsa- 25

---

[34] *BGH* DB 1971, 39; Palandt/*Heinrichs,* § 138 Rn. 40.

[35] *BGH* NJW-RR 1990, 750, 751.

[36] *BGH* LM § 166 BGB Nr. 8.

[37] *BGH* NJW 1989, 26, 27; *BGH* NJW-RR 1990, 442; *BGH* NJW 2000, 511; *BGH* NJW 2001, 1065.

[38] *BGHZ* 30, 149; 32, 361; 72, 308; *BGH* NJW 1999, 2588 zu Globalzession aus verlängertem Eigentumsvorbehalt; s. auch schon *RGZ* 81, 86, 92.

[39] *BGHZ* 78, 263; 95, 81.

[40] *RGZ* 88, 361, 366; 123, 265, 269; 125, 123, 126; einschränkend der *BGH* NJW 1964, 540; Soergel/*Hefermehl,* § 138 Rn. 180f.

[41] *BGH* NJW 1995, 1668; s. auch *BGH* NJW 2003, 2382; Staudinger/*Sack,* § 138 Rn. 335.

[42] S. auch *Koller,* JZ 1985, 1013; *Hübner,* AT, Rn. 498; Soergel/*Hefermehl,* § 138 Rn. 172.

[43] S. auch *BGH* NJW 1996, 847.

[44] *BGHZ* 14, 25, 31 mit Hinweisen auf die Rechtsprechung des RG; Palandt/*Heinrichs,* § 138 Rn. 44.

chen haben oder sich diesen bewußt oder grob fahrlässig verschließen[45]. Das Bewußtsein der Sittenwidrigkeit oder eine Schädigungsabsicht ist auch bei ihm nicht erforderlich.

26 Verwerfliches Verhalten des Erklärenden allein genügt auch bei **einseitigen Rechtsgeschäften**[46]. So kann etwa ein Testament sittenwidrig sein, wenn der Erblasser die Erbeinsetzung von einem Konfessionswechsel oder dem Verzicht auf Eheschließung abhängig macht. Der Enterbung wegen nicht standesgemäßer Heirat in einem Fürstenhaus ist aber nach Auffassung des *BGH* nicht sittenwidrig, wenn dies auf langer Tradition beruht[47]. An Stelle der Nichtigkeit der Kündigung wegen Sittenwidrigkeit, z. B. aus Rachsucht, ist die Kündigung zumeist wegen schikanöser oder treuwidriger Rechtsausübung unzulässig[48].

27 **Beispiele:** Sittenwidriges Verhalten gegenüber dem Geschäftspartner liegt insbesondere bei Knebelungsverträgen (Rn 32ff.), bei schwerwiegender Überforderung des Geschäftspartners (Rn 38ff.) oder bei wucherischen Geschäften (Rn 55ff.) vor. Wucherische Geschäfte erfordern in der Regel ein grobes oder auffälliges Mißverhältnis zwischen Leistung und Gegenleistung. Dies ist im allgemeinen anzunehmen, wenn der Wert der Leistung des Benachteiligten etwa doppelt so hoch ist wie der Wert der von ihm empfangenen Gegenleistung[49], so etwa wenn der Vertragszins den von der Bundesbank ermittelten marktüblichen Schwerpunktzins um 100% und mehr übersteigt[50]. Dabei ist nicht allein auf den nominellen Vertragszins, sondern auf die Gesamtbelastung, einschließlich etwaiger Bearbeitungsgebühren abzustellen. Ein solches Mißverhältnis begründet im allgemeinen die **Vermutung einer verwerflichen Gesinnung.** Dies beruht auf der Erfahrung, daß im geschäftlichen Verkehr überhöhte Leistungen nicht freiwillig und ohne Not zugestanden werden. Nicht erforderlich ist, daß der Begünstigte detaillierte Kenntnisse von dem Wertverhältnis hat. Die Vermutung für eine verwerfliche Gesinnung entfällt aber, wenn die Parteien von einem angemessenen Leistungsverhältnis ausgegangen sind oder sich darum bemüht haben, mag ein grobes Mißverhältnis auch objektiv vorliegen, z.B. weil ein objektiv bebaubares Grundstück in der beiderseitigen Annahme, es sei unbebaubar, zu einem zu geringen Preis verkauft wurde[51]. Möglich bleibt aber eine Anpassung wegen Störung der Geschäftsgrundlage.

3. Beurteilungszeitpunkt für die Sittenwidrigkeit

28 Die Sittenwidrigkeit eines Rechtsgeschäfts ist grundsätzlich nach den Verhältnissen im **Zeitpunkt der Vornahme** zu beurteilen, nicht nach dem Zeitpunkt, in dem die Rechtswirkungen eintreten[52]. Insbesondere darf eine Änderung der sittlichen Anschauungen nicht rückwirkend zu Lasten der Parteien verwertet werden[53]. Ein Vertrag wird nicht dadurch sittenwidrig, daß nachträglich zwischen Leistung und Gegenlei-

---

45 *BGHZ* 50, 70; 136, 125; *BGH* WM 1967, 323; *BGH* NJW 1983, 1843; *BGH* NJW 2001, 1127; *BGH* NJW 2002, 361; Soergel/*Hefermehl,* § 138 Rn. 36; Erman/*Palm,* § 138 Rn. 48.

46 Erman/*Palm,* § 138 Rn. 46.

47 *BGH* NJW 1999, 566 = LM H. 6/99 § 138 (Cd) BGB Nr. 30 m. Anm. *Leipold;* dazu *BVerfG* NJW 2000, 2495.

48 *BAG* MDR 1962, 337. Vgl. zur sittenwidrigen Kündigung *Hueck/Nipperdey,* Lehrb. d. Arbeitsrechts, § 56 IX 1; KR-*Friedrich* § 13 KSchG Rn. 137ff.

49 *BGHZ* 104, 105; 110, 338 (für Darlehenszinsen); *BGH* NJW 2001, 1127 (für Grundstücksgeschäft).

50 S. *BGHZ* 104, 105; 110, 338; zu einem Überblick auch *M. Wolf* in Wolf/Horn/Lindacher, AGBG, § 9 Rn. D 3; Palandt/*Heinrichs,* § 138 Rn. 26f.

51 *BGH* NJW 2003, 283; s. auch *BGH* NJW 2002, 3165.

52 *BGHZ* 100, 359; 107, 96; *BGH* NJW 1989, 1277; *BGH* NJW 2000, 1182; Soergel/*Hefermehl,* § 138 Rn. 40; Palandt/*Heinrichs,* § 138 Rn. 9f.; *Weimar,* MDR 1968, 110; *Medicus,* AT, Rn. 691 (anders für das Testament Rn. 692). Kritisch zur Rechtspr. *Flume,* AT II, § 18, 6; *Mayer-Maly,* JZ 1981, 801 und MünchKomm/*Mayer-Maly/Armbrüster,* § 138 Rn. 133.

53 S. dazu *Schmoeckel,* AcP 197 (1997), 1, 41ff.

stung ein Mißverhältnis eintritt[54]. Ebensowenig wird ein ursprünglich gültiges Rechtsgeschäft durch einen späteren Wertungswandel nach § 138 nichtig. Die Geltendmachung von Rechten aus einem solchen Geschäft kann aber nach § 242 unzulässig sein[55], falls nicht eine Anpassung im Wege der ergänzenden Auslegung oder wegen Wegfalls der Geschäftsgrundlage möglich ist[56].

Eine **Rückwirkung,** die sich **zugunsten beider Parteien** auswirkt, insbesondere 29
im Sinne der Gültigkeit des Vertrags, ist dagegen **zulässig.** Bei einem Wandel der Wertmaßstäbe wird ein ursprünglich sittenwidriges Geschäft aber nicht automatisch wirksam, sondern bedarf der Bestätigung durch Neuvornahme (§ 141)[57].

Auf eine Neuvornahme sollte dagegen bei Testamenten und Erbverträgen verzichtet werden. 30
Testamente sollen erst mit dem Tode des Erblassers wirksam werden; ist ihr Inhalt nach den zu dieser Zeit obwaltenden Verhältnissen oder den nunmehr maßgebenden Wertungen einwandfrei, so darf ihnen die Wirksamkeit nicht deshalb versagt werden, weil das zur Zeit seiner Errichtung anders war[58]. Dies ergibt sich daraus, daß der Erblasserwille gemäß der gesetzlichen Wertung in § 2084 nach Möglichkeit zur Geltung gelangen soll, auch wenn der Erblasser kein neues Testament errichtet.

IV. Typische Fallgruppen sittenwidriger Geschäfte

§ 138 bedarf als Generalklausel der Konkretisierung. Ebenso müssen sozial- und 31
rechtsethische Prinzipien in ihrer Anwendung auf verschiedene Fallgestaltungen präzisiert werden. Auch ein bewegliche System verschiedener Sittenwidrigkeitsindizien[59] läßt vieles offen. Weiter führt die Konkretisierung durch Falltypen, aufgrund der in der Rechtsprechung entschiedenen Fälle. Dabei ist jedoch zu betonen, daß die Bildung solcher Fallgruppen nicht erschöpfend sein kann. Weder ist nur ein solches Geschäft sittenwidrig, das sich einer bereits entschiedenen Fallgruppe einordnen läßt, noch müssen die dabei zugrundegelegten Gesichtspunkte immer zur Sittenwidrigkeit führen. Ein bestimmtes Rechtsgeschäft kann sowohl unter dem einen wie unter dem anderen Gesichtspunkt sittenwidrig sein.

1. Knebelungsverträge und Wettbewerbsverbote

Ein Vertrag oder einzelne Vertragsklauseln sind dann gemäß § 138 nichtig, wenn sie 32
eine **übermäßige Beschränkung der persönlichen oder der wirtschaftlichen Freiheit,** der Freiheit der Berufsausübung oder der künstlerischen Betätigung des einen Teils zur Folge haben und dieser dadurch dem anderen Teil praktisch mehr oder

---

[54] *BGHZ* 123, 281 = *BGH* NJW 1993, 3193; *BGHZ* 126, 226, 239; s. auch *BGH* NJW 2003, 283; Medicus NJW 1995, 2577, 2578.

[55] *BGH* NJW 1983, 2692; *BGH* NJW 1996, 990; Bamberger/Roth/*Wendtland,* § 138 Rn. 26.

[56] S. auch *BGH* 126, 226, 241; Palandt/*Heinrichs,* § 138 Rn. 10.

[57] Staudinger/*Sack,* § 138 Rn. 85; Palandt/*Heinrichs,* § 138 Rn. 10; Bamberger/Roth/*Wendtland,* § 138 Rn. 27.

[58] S. auch *OLG Hamm* MDR 1980, 53; MünchKomm/*Mayer-Maly/Armbrüster,* § 138 Rn. 133; Staudinger/*Sack,* § 138 Rn. 87; Bamberger/Roth/*Wendtland,* § 138 Rn. 28; *Bork,* AT, Rn. 1157; allgemein auch für andere Rechtsgeschäfte Erman/*Palm,* § 138 Rn. 60; *Brehm* AT, Rn. 325; a. A., nur Zeitpunkt der Vornahme *BGHZ* 20, 71; Palandt/*Heinrichs,* § 138.

[59] So *Mayer-Maly,* im Beitrag über das bewegliche System aaO. Vgl. auch MünchKomm/*Mayer-Maly/Armbrüster,* § 138 Rn. 29 ff.

weniger ausgeliefert ist. Man spricht hier von Knebelungsverträgen[60]. Bei ihnen richtet sich das sittenwidrige Verhalten in erster Linie gegen den Geschäftspartner, beeinträchtigt daneben teilweise auch die Wettbewerbs- und Berufsordnung. Keine Knebelung ist aber eine Beschränkung in Bezug auf einzelne Gegenstände, die im Verhältnis zum Gesamtvertrag weniger ins Gewicht fallen[61].

33 **Beispiele:** Knebelungsverträge sind **Sicherungsübertragungen,** wenn sie praktisch das ganze Vermögen des Sicherungsgebers erfassen, so daß diesem die Mittel zur Befriedigung anderer Gläubiger und damit zur Fortführung seines Geschäftsbetriebes vollständig entzogen werden[62]. Dem Schuldner muß so viel wirtschaftliche Bewegungsfreiheit eingeräumt werden, daß er in der Lage bleibt, in einem seinen Verhältnissen angemessenen Rahmen auch andere Gläubiger zu befriedigen. Die knebelnde Wirkung von Sicherungsverträgen wird durch die neuere Rechtsprechung zum Freigabeanspruch bei Übersicherung wesentlich gemindert[63]. Für § 138 bleibt damit nur ein enger Anwendungsbereich in extremen Fällen, wenn zusätzlich zur Übersicherung noch andere knebelnde Vertragsbedingungen bestehen[64]. Die Sittenwidrigkeit kann sich aber unabhängig von der knebelnden Wirkung aus einem Mißverhältnis zwischen Sicherungsbedürfnis und tatsächlich gegebenen Sicherheiten ergeben (s. unten Rn. 41).

34 Ein **Bierbezugsvertrag,** durch den sich ein Gastwirt auf lange Zeit dazu verpflichtet, sein Bier ausschließlich von einer bestimmten Brauerei zu beziehen, ist sittenwidrig, wenn sich aus der Abnahmeverpflichtung „eine übermäßige und unbillige Beschränkung des Gastwirts in seiner persönlichen Freiheit oder seinem Gewerbebetrieb ergibt". Dabei sind die Gesamtumstände einschließlich sonst noch auferlegter Verpflichtungen, aber auch Vergünstigungen, wie z. B. die Gewährung eines Darlehens, mit zu berücksichtigen[65]. Als äußerste zeitliche Grenze der Abnahmeverpflichtung sieht der BGH, wenn keine erschwerenden Bedingungen hinzukommen, einen Zeitraum von 15, ausnahmsweise höchstens 20 Jahren an[66].

35 Fragt man sich, worin diese Bewertungen begründet sind, so ist der Grund weniger in der tatsächlich herrschenden Moral, als in einem Grundprinzip unserer Rechts- und Sozialordnung in Gestalt der **freien Entfaltung des einzelnen und** in der **Freiheit des Wettbewerbs** sehen[67]. Dieses Prinzip läßt zwar weitgehend vertragliche Bindungen, aber nicht die vollständige Preisgabe der wirtschaftlichen Selbständigkeit zugunsten eines anderen zu[68]. Man kann sich für die Geltung dieses Prinzips auf Art. 2 und 12 GG berufen[69]. Auf dem gleichen Prinzip beruht die Unstatthaftigkeit von Konkurrenzverboten, die nach Umfang oder Dauer die Freiheit der wirtschaftlichen Betätigung, der Berufsausübung oder der künstlerischen oder der literarischen Betätigung eines Kontrahenten in unangemessener Weise einschränken. Dabei ist nicht nur das Interesse des Verpflichteten an einer ungehinderten Ausübung seines Berufs oder seiner Tätigkeit zu berücksichtigen, sondern auch das **öffentliche Interesse an der Freiheit und Unabhängigkeit bestimmter Berufe.**

---

[60] Beispiele solcher Verträge in *BGHZ* 19, 12; 22, 347, 354; 44, 158, 161; 68, 1; 75, 15; 83, 315; *BGH* NJW 1993, 1588; früher schon *RGZ* 128, 251, 254, 257 f.; 143, 48, 51; 147, 344, 347. Abgelehnt wurde ein Knebelungsvertrag unter anderem in den Entscheidungen *RGZ* 130, 143; 131, 213; 152, 251; *BGH* NJW 1998, 2531; *BGH* v. 26. 2. 2003 VIII ZR 270/01.

[61] Soergel/*Hefermehl,* § 138 Rn. 117; MünchKomm/*Mayer-Maly/Armbrüster,* § 138 Rn. 71.

[62] *BGHZ* 19, 12, 18.

[63] S. *BGH* (GS) NJW 1998, 671.

[64] Für § 138 etwa *BGH* NJW 1997, 651 = LM H. 4/1997 § 138 (B) BGB Nr. 3 m. abl. Anm. *Pfeiffer;* s. auch Rn. 41.

[65] *BGHZ* 54, 145, 156 f.

[66] *BGHZ* 74, 293; *BGH* NJW 1992, 2145.

[67] S. auch Staudinger/*Sack,* § 138 Rn. 259.

[68] Vgl. Soergel/*Hefermehl,* § 138 Rn. 116.

[69] MünchKomm/*Mayer-Maly/Armbrüster,* § 138 Rn. 79.

Beispiele: Sittenwidrig sind Konkurrenzklauseln in Verträgen zwischen **Ärzten** oder zwischen **Rechtsanwälten,** wenn etwa im Zusammenhang mit der Übernahme einer Arzt- oder Anwaltspraxis ein örtlich und zeitlich unbegrenztes **Wettbewerbsverbot** vereinbart wird, weil dies mit der Wertordnung des Grundgesetzes und der Berufsfreiheit des Art. 12 Abs. 1 GG nicht vereinbar ist[70]. Dabei spielen auch öffentliche Interessen eine Rolle, weil diese Berufe wichtige Funktionen für die Gesundheit und die Rechtspflege mit einer besonderen Verantwortung zu erfüllen haben. Deshalb muß ihre Ausübung von Beschränkungen zum privaten Nutzen eines anderen möglichst frei bleiben[71]. Ein Rückkehrverbot im Zusammenhang mit dem Praxistausch zweier Ärzte oder bei Neueröffnung einer Praxis durch einen ehemaligen in der Ausbildung befindlichen Arzt ist jedoch bei maßvoller örtlicher und zeitlicher Begrenzung von etwa einem Jahr zulässig und entspricht dem Sinn solcher Verträge sei es, daß der gegen Entgelt überlassene Kundenstamm nicht durch die Rückkehr wieder genommen werden darf, sei es daß der Ausgebildete nicht die Ausbildung für die Abwerbung von Kunden mißbrauchen darf[72]. Eine geltungserhaltende Reduktion findet jedoch nicht statt (s. oben § 33 Rn. 16)[73]. Wegen der verstärkten Berücksichtigung der Berufsfreiheit und Wettbewerbsfreiheit kann auf frühere Entscheidungen nur mit Vorbehalt zurückgegriffen werden. Für kaufmännische Angestellte enthalten §§ 74ff. HGB eine gesetzliche Regelung des Wettbewerbsverbots. Diese Regelung wird auf andere Anstellungsverhältnisse und abhängige freie Mitarbeiter entsprechend angewandt[74]. Sittenwidrig wegen übermäßiger Beschränkung der persönlichen Entfaltungsfreiheit und der Wettbewerbsfreiheit ist auch ein Vertrag, durch den sich ein Schriftsteller einem Verleger gegenüber verpflichtete, ohne zeitliche Begrenzung alle seine künftigen Werke zuerst zum Verlag anzubieten, während dieser nicht verpflichtet ist, sie zu übernehmen[75]. 36

Ein zwischen geschiedenen Eheleuten vereinbartes **Wohnsitzverbot** ist wegen Verstoßes gegen die guten Sitten in Verbindung mit dem Grundrecht der Freizügigkeit (Art. 11 Abs. 1 GG) nichtig[76]. Hier wird die Übernahme der rechtsethischen Wertungen des Grundgesetzes in den Maßstab der guten Sitten besonders deutlich. 37

2. Ausnutzung einer Machtstellung und Überforderung des Schuldners

Während bei den Knebelungsverträgen schon der Inhalt das Geschäft sittenwidrig macht, hat die Rechtsprechung in anderen Fällen die Sittenwidrigkeit davon abhängig gemacht, daß die **Handlungsweise** desjenigen, der sich aufgrund seiner Machtstellung übermäßige Vorteile versprechen oder gewähren läßt, sittlich zu mißbilligen ist. 38

a) Wirtschaftliche und sonstige Machtstellung

Die Machtstellung kann auf einer **wirtschaftlichen Machtstellung,** insbesondere einer Monopolstellung, aber auch einer sonst marktbeherrschenden Stellung beruhen (vgl. auch § 19 Abs. 2 GWB), wobei die Machtstellung auf einem regional und gegenständlich begrenzten Markt genügt[77]. Die Machtstellung kann sich aber auch aus **sonstigen Umständen**[78], etwa aus der sozialen Stellung, aus einer und sei es auch augenblicklichen Zwangslage des anderen Teils oder dessen intellektueller oder emo- 39

---

70 *BGH* NJW 1986, 2944; MünchKomm/*Mayer-Maly/Armbrüster,* § 138 Rn. 79; Staudinger/*Sack,* § 138 Rn. 306.

71 *RGZ* 66, 143, 148, 150; 68, 186, 190; 90, 35; 161, 153, 155; MünchKomm/*Mayer-Maly/Armbrüster,* § 138 Rn. 79; *Medicus,* AT, Rn. 700.

72 *BGHZ* 16, 71, 80; *BGH* LM H. 2/1997 § 1 UWG Nr. 722 m. Anm. *Taupitz;* Palandt/*Heinrichs,* § 138 Rn. 60.

73 S. auch *BGH* NJW 1986, 2944; MünchKomm/*Mayer-Maly/Armbrüster,* § 138 Rn. 79; Staudinger/*Sack,* § 138 Rn. 306.

74 S. etwa *BGH* NJW 2003, 1864.

75 *BGHZ* 22, 347, 354.

76 *BGH* NJW 1972, 1414.

77 S. auch *Köhler,* AT, § 13 Rn. 25.

78 MünchKomm/*Mayer-Maly/Armbrüster,* § 138 Rn. 95; Staudinger/*Sack,* § 138 Rn. 21.

tionaler und psychischer Unterlegenheit[79] ergeben, z. B. wegen eines Unfalls oder Trauerfalls, aufgrund der emotionaler Verbundenheit zu einer nahestehenden Person[80] oder aufgrund der Ausnutzung der Leichtgläubigkeit, Spielleidenschaft und Unerfahrenheit[81]. Der Machtstellung korrespondiert auf der Seite des anderen Teils eine Beeinträchtigung seiner rechtsgeschäftlichen Entscheidungsfreiheit. § 138 Abs. 1 bildet insofern den Auffangtatbestand für die in § 138 Abs. 2 nicht genannten willensbeeinflussenden Umstände (s. unten Rn. 55, 64).

b) Übermäßiger Vorteil oder Überforderung

40 Aufgrund seiner Machtstellung muß der Überlegene sich **übermäßige Vorteile** versprechen oder gewähren haben lassen. Der Rechtsprechung hat bei dieser Fallgruppe der in § 138 Abs. 2 geregelte Sonderfall des Wuchers insoweit zum Vorbild gedient, als sie zunächst ein auffälliges Mißverhältnis zwischen den Leistungen der beiden Parteien verlangt hat. Ein auffälliges Mißverhältnis zwischen Leistung und Gegenleistung ist jedoch nicht in jedem Fall erforderlich. Es genügt die Erlangung sonstiger außergewöhnlicher Vorteile. Dabei besteht ein Wechselverhältnis zwischen dem Grad der Machtstellung und dem Ausmaß der daraus erlangten Vorteile. Je außergewöhnlicher die Vorteile sind, desto geringer kann die Machtstellung sein und umgekehrt.

41 **Beispiele:** Ein außergewöhnlicher Vorteil kann z. B. auch in dem Gewinn bestehen, der bei der Organisation eines Spiels im Schneeballsystem für die ersten Teilnehmer entsteht[82]. Ein außergewöhnlicher Vorteil ergibt sich im allgemeinen in Anlehnung an den Wucher, wenn der Wert von Leistung und Gegenleistung um etwa das Doppelte auseinanderfallen (s. unten Rn. 58). Ein außergewöhnlicher Vorteil ist es auch, wenn die für eine Forderung, z. B. ein Darlehen, bestellte Sicherheit von vornherein mehr als das Doppelte der angemessenen Sicherheit beträgt. Da nach § 237 bei der Sicherungsübereignung von Warenlagern eine Sicherheit von 150% der gesicherten Forderung, d. h. 100% Sicherheit für die Forderung und 50% Risikozuschlag, noch angemessen ist[83], stellt eine Sicherheit, die das Doppelte des Werts der Forderung und des Risikozuschlags erreicht, also 300% beträgt, einen sittenwidrigen außergewöhnlichen Vorteil dar. 200% Übersicherung genügen im Regelfall nicht[84]. Sittenwidrigkeit liegt nicht vor, wenn die Übersicherung nachträglich durch Tilgung der Forderung eintritt. Kein grobes Mißverhältnis begründet es aber, wenn die von einem Rechtsanwalt berechnete Gebühr die gesetzliche Gebühr um das Fünffache übersteigt, wenn eine Abrechnung nach Stundensätzen vereinbart ist und der tatsächliche Arbeitsaufwand die Höhe der Gebühr rechtfertigt.

42 Dem übermäßigen Vorteil auf der Seite des Begünstigten ist gleich zu stellen die **Überforderung des anderen Teils,** insbesondere eines Schuldners. Eine einfache Überforderung genügt aber im Regelfall nicht. Es muß sich vielmehr um eine **krasse Überforderung** handeln, die den Überforderten zeitlebens oder doch auf unabsehbare Dauer mit einem solchen Gewicht zu belasten droht, daß er in seiner persönlichen Entfaltungsfreiheit wesentlich beeinträchtigt ist.

---

[79] S. auch *BGH* NJW 1993, 322.

[80] S. etwa *BGHZ* 125, 206, 213; *BGH* NJW 1996, 513, 514; *BGH* NJW 2000, 1182; *BGH* NJW 2001, 815.

[81] *BGH* NJW 1997, 2314.

[82] *BGH* NJW 1997, 2314.

[83] S. *BGH* NJW 1998, 671, 675.

[84] *Ahcin/Armbrüster,* JuS 2000, 965 967; *Nobbe,* FS Schimansky, S. 433, 453; *Palandt/Heinrichs* 138 Rn. 97; die gegenteilige Aussage im Handbuch zum deutschen und europäischen Bankrecht, 2004, § 24 Rn. 41 beruht auf einer ohne mein Wissen vorgenommenen Änderung der Herausgeber: für 200%-Grenze *Terlau* BB 1998, 1498, 1499; strenger auch *Bülow,* Recht der Kreditsicherheiten, Rn. 1112; kritisch auch *Ganter* WM 2001, 1, 4 ff.

Beispiele: Eine krasse finanzielle Überforderung ist insbesondere gegeben, wenn vermögenslose und einkommensschwache Personen aus emotionaler Verbundenheit zu ihnen nahestehenden Personen, wie z. B. Ehegatten, nicht ehelichen Lebenspartnern, Eltern, Kindern oder Geschwistern (s. auch § 138 InsO), eine Bürgschaft oder eine mitschuldnerische Haftung übernehmen, obwohl sie aufgrund ihrer Vermögens- und Einkunftslage die übernommene Verpflichtung nicht einmal zu wesentlichen Teilen abtragen können, insbesondere nicht einmal in der Lage sind, die für die Hauptschuld anfallenden Zinsen zu begleichen. Sittenwidrig ist deshalb z. B, eine Bürgschaft der Tochter für eine Schuld ihres Vaters in Höhe von 1,2 Mio € bei einem monatlichen Verdienst der Tochter von 650 € oder eine Bürgschaft des Ehepartners oder Lebensgefährten für Schulden des anderen in Höhe von 850 000 € bei einem monatlichen Verdienst von 2000 €[85]. Dies gilt auch, wenn ein kraß überforderter Arbeitnehmer die Bürgschaft in Sorge um den Verlust seines Arbeitsplatzes übernommenn hat[86]. Nicht beanstandet wurde dagegen eine Bürgschaft der Ehefrau in Höhe von 100 000 € bei einem Monatsverdienst von 1250 €[87]. Berücksichtigt wird auch, ob der Bürge oder Mitschuldner von dem Kredit, für den er bürgt, profitiert oder nicht. Die Bürgschaft des Gesellschafters einer GmbH für Kreditverbindlichkeiten der GmbH ist deshalb ohne Rücksicht auf eine finanzielle Überforderung grundsätzlich nicht sittenwidrig[88]. 43

c) Ausnutzung der Machtstellung und verwerfliche Gesinnung

Ein auffallendes Mißverhältnis zwischen Leistung und Gegenleistung oder die krasse Überforderung begründet für sich allein keine Sittenwidrigkeit, wie allein schon die Zulässigkeit einer Schenkung, eines Freundschaftskaufs oder der Zahlung eines überhöhten Liebhaberpreises deutlich machen. Hinzukommen muß die **Ausnutzung der Machtstellung** in sittenwidriger Weise, insbesondere aufgrund einer **verwerflichen Gesinnung** (s. oben Rn. 25 f.)[89]. 44

Die Rechtsprechung zur sittenwidrigen Ausnutzung einer Machtstellung hat neben der Inhaltskontrolle nach §§ 307 ff. noch Bedeutung für Preisvereinbarungen, Leistungsbeschreibungen und das Äquivalenzverhältnis, weil diese Punkte gemäß § 307 Abs. 3 nicht der Inhaltskontrolle unterliegen (s. unten § 43 Rn. 71). Unangemessene Vertragsbedingungen anderer Art können dagegen schon durch die Inhaltskontrolle von AGB für unwirksam erklärt werden, ohne daß es der Sittenwidrigkeit bedarf. 45

3. Kommerzialisierung höchstpersönlicher Handlungen und Leistungen

Es gibt Handlungen und Leistungen, die nach dem von der abendländischen Kultur geprägten Menschenbild auf einer völlig freien Entscheidung beruhen sollen und nicht von materiellen Vorteilen abhängig gemacht werden dürfen. Dazu gehören insbesondere Glaubens- und Gewissensfragen[90], die Sexualsphäre oder der Handel mit Titeln[91]. Sittenwidrig ist das Versprechen einer Belohnung für den Fall der Vornahme oder der Unterlassung einer solchen Handlung[92]. Hinzukommt die Erwägung, daß es sich vor 46

---

[85] S. *BVerfG* NJW 1994, 36 und 2749, 2750; *BGH* NJW 2000, 1182; s. ferner *BGHZ* 125, 206, 213; *BGH* NJW 1996, 513, 514.

[86] *BGH* v. 14. 10. 2003 XI ZR 121/01.

[87] *BVerfG* NJW 1996, 2021.

[88] S. etwa *BGH* NJW 2002, 956; *BGH* NJW 2003, 967 m. w. N., dazu *Bülow,* LMK 2003, 41.

[89] S. etwa *BGHZ* 80, 153, 156; 87, 309, 315; 125, 135, 140; 128, 255, 257; *BGH* NJW 1995, 1019; Soergel/*Hefermehl,* § 138 Rn. 26; Palandt/*Heinrichs,* § 138 Rn. 25; Staudinger/*Sack,* § 138 Rn. 234; *Brox,* AT, Rn. 295.

[90] Dazu *Otto,* Personale Freiheit und soziale Bindung, 1978, S. 119.

[91] S. dazu *BGH* NJW 1994, 187; *OLG Köln* NJW-RR 1994, 1540.

[92] Vgl. MünchKomm/*Mayer-Maly/Armbrüster,* § 138 Rn. 57; Soergel/*Hefermehl,* § 138 Rn. 207; *Medicus,* AT, Rn. 701.

allem bei Glaubens- und Gewissensfragen sowie bei Fragen der Sexualsphäre um höchstpersönliche Entscheidungen jedes Einzelnen handelt, deren Erzwingung durch gerichtliche Entscheidungen und staatliche Zwangsvollstreckungsmaßnahmen mit der persönlichen Würde nicht vereinbar ist und der jederzeit freien Selbstbestimmung des Individuums überlassen bleiben muß.

47 **Beispiele:** Auf Sittenwidrigkeit zu prüfen sind etwa Verträge im **Sexualbereich.** Seit dem ProstG[93] wird durch die Vereinbarung über die Vornahme sexueller Handlungen gegen Entgelt nach Vornahme dieser Handlungen eine rechtswirksame Forderung begründet. Daraus ergibt sich eine deutliche Unterscheidung zwischen der Wirksamkeit einer solchen Vereinbarung vor und nach Vornahme der sexuellen Handlung. Vor der Vornahme ist die Vereinbarung nach wie vor nach § 138 unwirksam, weil es gegen die persönliche Würde verstößt, aus solchen Vereinbarungen vor Gericht klagen und zwangsweise vollstrecken zu können[94]. Nach der Vornahme ist die vereinbarte Forderung dagegen wirksam. Einklagbar ist aber nur die vereinbarte Forderung, nicht die Vornahme der sexuellen Handlung. Diese muß freiwillig erbracht worden sein. Der zunächst nichtige Vertrag wird demgemäß nach Vornahme der Handlung zu einem einseitig verpflichtenden Vertrag, der zugleich den Rechtsgrund für die erbrachten Leistungen bildet. Das ProstG ist auch anwendbar auf Verträge über Telefonsex[95]. Diese Verträge werden deshalb nach erbrachter Leistung wirksam und die vereinbarte Forderung kann eingeklagt werden[96]. Von vornherein wirksam ist dagegen der Vertrag des Telefonsexanbieters mit dem Netzwerkbetreiber[97]. Trotz ihres Sexualbezugs nicht sittenwidrig sind auch Verträge über die Vermietung oder Verpachtung eines Bordells, denn sie behindern nicht die sexuelle Selbstbestimmung. Sie können aber wegen wirtschaftlicher Ausbeutung und übermäßiger Vorteilsnahme gegen § 138 verstoßen (s. oben Rn. 39f.)[98]. Auch ein Vertrag über Zeitungsanzeigen, die die Gelegenheit zur Prostitution aufzeigen, ist nicht ohne weiteres sittenwidrig, soll aber wegen Verstoßes gegen § 120 Abs. 1 Nr. 2 OWiG gemäß § 134 nichtig sein (s. oben § 40 Rn. 13)[99]. Bloße Hilfsgeschäfte wie etwa ein Getränkelieferungsvertrag mit einem Bordell sind im allgemeinen nicht als sittenwidrig einzuordnen[100].

48 Wegen der unangebrachten **Beeinflussung höchstpersönlicher Entscheidungen** ist sittenwidrig auch ein entgeltlicher Vertrag über die Vermittlung einer Adoptionsmöglichkeit, ein erkaufter Verzicht über das Umgangsrecht mit dem eigenen Kind oder eine Schweigegeldzusage nach einem Ehebruch[101]. Nach § 138 nicht verbindlich und nicht einklagbar wäre auch ein Versprechen betreffend den Wechsel der Konfession oder die Verpflichtung zum Eintritt in eine religiöse Gemeinschaft. Unverbindlich sind auch Verpflichtungen über den Gebrauch empfängnisverhütender Mittel.

4. Verstöße gegen die Ehe- und Familienordnung

49 Rechtsgeschäfte können deshalb sittenwidrig sein, weil sie dem sittlichen Wesen der Ehe gröblich widersprechen oder gegen familienrechtliche Werte verstoßen.

50 **Beispiele:** Verträge über die Unterhaltspflicht nach der Scheidung sind im Gegensatz zu früheren Auffassungen[102] nicht mehr sittenwidrig, sondern ausdrücklich gestattet (§ 1585c); sie sind in der Regel nicht sittenwidrig, auch wenn sie der Erleichterung der Scheidung dienen[103].

---

93 Vom 20. 12. 2001, BGBl. I, S. 3983.

94 So zu Recht Palandt/*Heinrichs,* Anh. zu § 138 Rn. 2; für Wirksamkeit dagegen *Rautenberg,* NJW 2002, 650; *Armbrüster,* NJW 2002, 2763.

95 Ohne Anwendung des ProstG Palandt/*Heinrichs,* § 138 Rn. 52 m. w. N.

96 Zuvor a. A. *BGH* NJW 1998, 2895, Vertrag insgesamt unwirksam.

97 *BGH* NJW 2002, 361 = LM H. 5/02 § 138 (Ce) BGB Nr. 15 m. Anm. *Fritzsche.*

98 BGHZ 63, 365, 367.

99 BGHZ 118, 182 = LM H.12/1992 § 134 BGB Nr. 141 m. krit. Anm. *Pfeiffer.*

100 *BGH* NJW 1987, 1106, 1107; anders aber *BGH* NJW 1998, 2895 für einen Darlehensvertrag.

101 *BGH* NJW 1997, 47; *BGH* NJW 1984, 1952; *BGH* LM § 134 BGB Nr. 18.

102 *RGZ* 145, 152; hierzu auch MünchKomm/*Mayer-Maly/Armbrüster,* § 138 Rn. 63.

103 *BGH* FamRZ 1992, 1403, 1404.

Gleiches gilt grundsätzlich für einen nach § 1408 Abs. 2 zulässigen Vertrag über den Ausschluß des Versorgungsausgleichs nach §§ 1587 ff.[104]. Eine Vereinbarung, durch die sich die Parteien des Scheidungsprozesses gegenseitig dazu verpflichten, gegen das zu erwartende Urteil kein Rechtsmittel einzulegen oder auf Rechtsmittel zu verzichten, ist nicht stets, wohl aber dann nichtig, wenn die Parteien die Entscheidung des Gerichts mit unlauteren Mitteln beeinflußt haben[105]. Verträge über die heterologe Insemination sind grundsätzlich sittenwidrig, wenn nicht einerseits das Recht des Kindes auf Kenntnis seiner Abstammung gewahrt ist und andrerseits nicht die Vermeidung eines Konflikts zwischen biologischer und rechtlicher Elternschaft gewährleistet ist[106]. Sittenwidrig sind grundsätzlich auch Leihmutterverträge[107].

5. Verstöße gegen das Berufsethos

Die Beachtung eines besonderen Berufsethos hat die Rechtsprechung vor allem von Ärzten und Rechtsanwälten verlangt. Dabei ist die Sittenwidrigkeit zum Teil allein aus dem **Verstoß gegen das Standesrecht** hergeleitet worden[108]. Standeswidrige Rechtsgeschäfte sind aber nicht per se sittenwidrig, sondern nur wenn dadurch zugleich rechtsethische oder sozialethische Werte verletzt werden[109]. 51

Beispiele: Der Verkauf einer Anwaltspraxis ist im Gegensatz zu früheren Auffassungen[110] nicht schon als solcher, sondern nur dann sittenwidrig, wenn „die Vertragsbedingungen die Gefahr begründen, daß der Übernehmer die Praxis in einer die Belange der Rechtspflege beeinträchtigenden Weise weiterführt". Gleiches gilt sinngemäß für den Verkauf einer Arztpraxis[111]. Diese Gefahr sei besonders dann gegeben, wenn die Bedingungen für den Übernehmer der Praxis so drückend seien, daß er dazu gedrängt werde, die Praxis unter Verletzung seiner Standespflichten vorwiegend unter dem Gesichtspunkt des Gelderwerbs auszuüben. Die Praxisveräußerung durch Ärzte und Rechtsanwälte wird über die Beachtung von § 138 hinaus besonders durch die Beachtung von Schweigepflichten in Verbindung mit § 134 erschwert (s. oben § 40 Rn. 22). Sittenwidrig sind auch sonstige Geschäfte, die eine ordnungsgemäße Berufsausübung gefährden, wie z.B. die Verpflichtung eines Arztes oder Zahnarztes in einem Miet- oder Grundstückskaufvertrag alle Laborarbeiten an ein bestimmtes Labor zu vergeben[112]. Zur Sittenwidrigkeit von Wettbewerbsverboten (s. oben Rn. 32). 52

6. Unentgeltliche Zuwendungen zu einem sittlich mißbilligten Zweck

Eine unentgeltliche Zuwendung unter Lebenden ist nach der Rechtsprechung sittenwidrig, wenn sie dazu dienen soll, entweder den anderen Teil zu einem unsittlichen Verhalten zu veranlassen oder ihn für ein solches zu belohnen[113]. 53

Beispiele: In Betracht kommen hier insbesondere Belohnungen für ein ehebrecherisches Verhältnis. Das gleiche gilt von Zuwendungen in einer letztwilligen Verfügung. Sie sind nach der Rechtsprechung nichtig, „wenn sie gemacht sind, um die Fortsetzung des ehebrecherischen Verhältnisses zu fördern oder die Geliebte für die geschlechtliche Hingabe zu belohnen" (sog. 54

---

[104] *BGH* LM H. 1/1997 § 138 (Aa) BGB Nr. 52 m. Anm. *Langenfeld.*
[105] *BGHZ* 28, 45, 50.
[106] *BGHZ* 87, 169; Palandt/*Heinrichs,* § 138 Rn. 48.
[107] *OLG Hamm* NJW 1986, 781; *Kollhosser,* JZ 1986, 446; *Lüderitz,* NJW 1990, 1633; MünchKomm/*Mayer-Maly/Armbrüster,* § 138 Rn. 66.
[108] S. etwa *BGHZ* 22, 357; etwas modifiziert auch Soergel/*Hefermehl,* § 138 Rn. 233; *Medicus,* AT, Rn. 700; dagegen Staudinger/*Sack,* § 138 Rn. 416.
[109] *BGHZ* 60, 33; 78, 267; *Taupitz,* NJW 1989, 2871; Palandt/*Heinrichs,* § 138 Rn. 57; MünchKomm/*Mayer-Maly/Armbrüster,* § 138 Rn. 47.
[110] *RGZ* 66, 139; 115, 172; 161, 153.
[111] *BGHZ* 43, 46, 50; für Ärzte *BGH* NJW 1989, 763.
[112] Dazu auch *BGH* NJW 1965, 2005; *OLG Nürnberg* MDR 1988, 861.
[113] *BGH* LM § 138 (Ce) BGB Nr. 3; *BGH* NJW 1984, 2150; vgl. auch *RGZ* 111, 151.

Maitressen-Testament)[114]. Doch wird dies selten das einzige oder auch nur das hauptsächliche Motiv sein. Schenkungen oder letztwillige Zuwendungen an die langjährige Lebensgefährtin, die den Zweck haben, ihre Versorgung zu sichern, können nicht als Belohnung angesehen werden und sind nicht sittenwidrig, sofern sie nicht in gröblicher Weise die Rücksichten außer acht lassen, die der Zuwendende nach den sittlichen Mindestanforderungen auf seine Ehefrau und seine nächsten Angehörigen zu nehmen verpflichtet ist[115]. Diesen Personen verbleibt im übrigen auf jeden Fall ihr Pflichtteil (§ 2303). Nicht sittenwidrig ist es, wenn der Erblasser seine Ehefrau und sein Kind zugunsten eines Freundes auf deren Pflichtteil beschränkt, auch wenn ein großer Teil des Nachlasses aus längere Zeit zurückliegenden Zuwendungen seiner Ehefrau stammt. Sittenwidrigkeit hat der *BGH* auch verneint, wenn zur Erhaltung einer Familientradition die Erbeinsetzung von standesgemäßer Heirat und Abstammung abhängig gemacht wird (s. oben Rn. 26). Der Grundsatz der Testierfreiheit geht hier vor[116].

7. Das wucherische Geschäft gemäß § 138 Abs. 2

55 Als ein Sonderfall des sittenwidrigen Rechtsgeschäfts hat das Gesetz in § 138 Abs. 2 das wucherische Geschäft tatbestandsmäßig näher umschrieben. Ein wucherisches und deshalb nichtiges Geschäft liegt nur dann und immer dann vor, wenn die besonderen Tatbestandsmerkmale des § 138 Abs. 2 im konkreten Fall erfüllt sind. Liegen die Voraussetzungen des Wuchers gemäß § 138 Abs. 2 nicht vor, dann kann das Geschäft immer noch nach § 138 Abs. 1 sittenwidrig sein. Dazu bedarf es aber zusätzlicher Umstände, die für § 138 Abs. 2 nicht erforderlich sind und die dem Gesamtgeschäft über § 138 Abs. 2 hinaus ein anstößiges Gepräge geben[117]. Insbesondere kann ein grobes Mißverhältnis von Leistung und Gegenleistung wegen Ausnutzung einer Machtstellung die Sittenwidrigkeit nach § 138 Abs. 1 begründen (s. oben Rn. 38ff.).

a) Auffälliges Mißverhältnis

56 Erstes Merkmal eines wucherischen Geschäfts ist nach § 138 Abs. 2 ein den Umständen nach **auffälliges Mißverhältnis** zwischen der in einem gegenseitigen Vertrage vereinbarten Leistung des einen und der Gegenleistung des anderen Teils. Wann ein auffälliges Mißverhältnis vorliegt, kann **nicht generell bestimmt** werden. Der Gesetzgeber hat bewußt auf die Festlegung einer ganz bestimmten Wertrelation verzichtet, wie sie etwa das spätrömische Recht in der sogenannten „laesio enormis" kannte[118].

57 **Beispiele:** Ob ein Darlehenszins als wucherisch anzusehen ist oder nicht, richtet sich nach den z. Zt. der Darlehensgewährung üblichen Zinssätzen, nach dem besonderen Risiko, das der Darlehensgeber etwa eingeht, nach der allgemeinen Lage am Geldmarkt und nach den gewährten Sicherheiten[119]. Ein Zinssatz von beispielsweise 10% kann in einer Zeit der Geldknappheit, oder wenn mit der Darlehensgewährung ein besonderes Risiko verbunden ist, gerechtfertigt, unter anderen Umständen aber auffallend überhöht sein. Die Überschreitung des

---

114 So *BGHZ* 20, 71, 72; vgl. ferner *BGH* LM § 138 BGB Nr. 15 (Cd); OGHZ 1, 249; 3, 158; dazu auch MünchKomm/*Mayer-Maly/Armbrüster,* § 138 Rn. 59.

115 Um einen solchen Fall handelt es sich anscheinend in der Entscheidung *BGH* LM § 138 (Cd) BGB Nr. 11. Sorgsam abwägend *BGHZ* 53, 369, 374ff.; auch *BGH* NJW 1973, 1645.

116 S. *BGHZ* 123, 368, 371; *BayObLG* NJW 1987, 910 FamRZ 1986, 1248 m. Anm. *Bosch;* Staudinger/*Sack,* § 138 Rn. 437; zum Behindertentestament s. *BGH* NJW 1990, 2056; s. auch *BayObLG* FamRZ 1992, 227.

117 S. zur Abgrenzung *BGH* NJW 2003, 1860.

118 Darunter verstand man eine Überschreitung des üblichen Zinssatzes um mehr als das Doppelte. Zur Geschichte dieses Grundsatzes *Mayer-Maly,* FS Larenz 1983, S. 395; *Becker,* Die Lehre von der laesio enormis, 1993.

119 Vgl. dazu *BGHZ* 80, 153, 162; 98, 174, 178; 99, 333, 335f.; *BGH* NJW-RR 2000, 1431.

marktüblichen Schwerpunktzinses um 100% und mehr ist aber in der Regel als auffälliges Mißverhältnis anzusehen (s. oben Rn. 40f.).

Ein auffälliges Mißverhältnis, das auch im Rahmen von § 138 Abs. 1 die Sittenwidrigkeit begründet (s. oben Rn. 40), ist anzunehmen, wenn die **Grenzen** dessen, was sich nach den gesamten Umständen gerade noch rechtfertigen läßt, **eindeutig überschritten** sind[120]. Davon kann zwar im allgemeinen ausgegangen werden, wenn der Wert von Leistung und Gegenleistung etwa 100% und mehr voneinander abweichen[121]. Ein besonders grobes Mißverhältnis, das die Vermutung des Ausbeutungsbewußtseins begründet, ist aber nicht erforderlich (s. unten Rn. 64). Maßgebend für die Wertberechnung ist der Verkehrswert im Sinne des marktüblichen Werts, nicht dagegen der betriebswirtschaftlich errechnete Wert[122]. **58**

b) Beeinträchtigung der Entscheidungsfreiheit

Als weiteres Merkmal fordert das Gesetz auf Seiten des Bewucherten eine Beeinträchtigung seiner Entscheidungsfreiheit. Dafür kommen im Rahmen nicht alle beeinträchtigenden Umstände, sondern nur die in Abs. 2 ausdrücklich aufgeführten Umstände wie das Vorliegen einer Zwangslage oder Unerfahrenheit, ein Mangel an Urteilsvermögen oder eine erhebliche Willensschwäche in Betracht. Andere die Entscheidungsfreiheit beeinträchtigende Umstände können im Rahmen von § 138 Abs. 1 berücksichtigt werden (s. oben Rn. 39). **59**

Mit dem Ausdruck **Zwangslage** sollen nicht nur Fälle wirtschaftlichen Zwangs, sondern auch psychische Zwangslagen und jede sonstige ernsthafte Bedrängnis erfaßt werden, die dem Bewucherten das Eingehen auf dieses Geschäft noch als das kleinere Übel erscheinen lassen. Die Befürchtung, daß sich Zukunftspläne zerschlagen, etwa die Furcht das künftige Zusammenleben mit einem Partner könne gefährdet werden, begründen jedoch keine Zwangslage im Sinne von § 138 Abs. 2[123], weil es sich hierbei nur um Befürchtungen handelt, die auch ohne das Wuchergeschäft ausbleiben oder eintreten können, nicht aber um einen realen Entscheidungszwang, dem der Wucherer abhelfen kann. **60**

Beispiele: Eine Zwangslage kann angenommen werden, wenn eine Person aus Gründen politischer Verfolgung auf die Fluchthilfe eines anderen angewiesen ist[124], nicht aber, wenn ein Ehegatte die Zustimmung des anderen Ehegatten zur Scheidung haben will, weil er befürchtet, ohne Scheidung einen anderen Partner zu verlieren[125]. **61**

Mangel an Urteilsvermögen oder **erhebliche Willensschwäche** können insbesondere bei debilen Personen anzunehmen sein, die noch nicht die Voraussetzungen **62**

---

[120] Soergel/*Hefermehl*, § 138 Rn. 74.

[121] S. etwa *BGH* NJW 1992, 899, 900; *BGH* LM H. 8/1997 § 138 (Ba) BGB Nr. 15; *BGH* NJW 2000, 1254 und 2352.

[122] *BGH* NJW 1999, 3187 = LM H. 1/00 § 138 (Bb) BGB Nr. 94 m. Anm. *W. Müller; BGH* NJW 2000, 1254.

[123] *BGH* NJW 1994, 1275, 1276; *BGH* NJW 2003, 1860; MüchKomm/*Mayer-Maly/Ambrüster,* § 138 Rn. 149; Soergel/*Hefermehl,* § 138 Rn. 78; Staudinger/*Sack,* § 138 Rn. 201; Erman/*Palm,* § 138 Rn. 21.

[124] Bei Fluchthilfeverträgen dürfte z.B. eine Zwangslage regelmäßig gegeben sein. Wucherisch sind solche Verträge aber nur, wenn das vereinbarte Entgelt in einem auffälligen Mißverhältnis zu den Leistungen des Fluchthelfers, seinen Unkosten und seinem Risiko, steht. Vgl. *BGHZ* 69, 295; *BGH* JZ 1968, 64; *Liesegang,* JZ 1977, 87; *Wengler,* JZ 1978, 64.

[125] *BGH* NJW 2003, 1860.

von § 104 Nr. 2 erfüllen. Es kann sich auch um augenblickliche Zustände handeln, z.B. infolge berauschender Mittel. Mangelndes Urteilsvermögen und erhebliche Willensschwäche müssen aber gerade hinsichtlich des konkreten Geschäfts vorliegen. Dagegen bedeutet **Unerfahrenheit** einen Mangel an allgemeiner Lebenserfahrung oder doch an Erfahrung in geschäftlichen Dingen; mangelnde Erfahrung gerade in Geschäften der fraglichen Art genügt jedoch nicht[126].

c) Ausbeutung

63 Schließlich fordert § 138 Abs. 2, daß der Wucherer die Zwangslage, die Unerfahrenheit, den Mangel an Urteilsvermögen oder die erhebliche Willensschwäche des anderen ausgebeutet hat. Für die Ausbeutung einer Zwangslage ist **objektiv** erforderlich, daß der Bewucherte eine Geld- oder Sachleistung des Wucherers benötigt, die als Gegenstand des Wuchergeschäfts ist das auffällige Mißverhältnis begründet[127]. Der nicht vertraglich festgelegte Wunsch zur Einwilligung in eine Scheidung kann deshalb nicht Gegenstand der Ausbeutung sein.

64 Zur Ausbeutung gehört aber auch subjektiv die **bewußte Ausnutzung** der gegebenen Situation. Dies setzt die Kenntnis von dieser Situation wie auch von dem Mißverhältnis zwischen Leistung und Gegenleistung voraus. Es besteht wie bei der verwerflichen Gesinnung (s. oben Rn. 27) eine tatsächliche Vermutung für ein Ausbeutungsbewußtsein, wenn ein besonders grobes Mißverhältnis von Leistung und Gegenleistung besteht[128]. Fehlt es hieran, kann das Geschäft nach § 138 Abs. 1 nichtig sein, wofür aber die allgemeiner ausgerichtete verwerfliche Gesinnung erforderlich ist (s. oben Rn. 25f.)[129].

d) Entbehrlichkeit sonstiger Umstände

65 Liegen die Merkmale des Wuchers vor, so braucht weder das Vorliegen sonstiger Umstände noch insgesamt geprüft zu werden, ob das Geschäft nach seinem Gesamtcharakter, der sich aus seinem Inhalt, Beweggrund und Zweck ergibt, sittenwidrig ist. Die Sittenwidrigkeit ergibt sich aus den abschließend aufgeführten Merkmalen des Wuchertatbestands in § 138 Abs. 2.

V. Rechtsfolgen des Sittenverstoßes

1. Nichtigkeit

66 Das sittenwidrige Rechtsgeschäft ist gemäß § 138 nichtig. Nichtig ist zunächst nur der sittenwidrige Teil selbst, der aber gemäß § 139 im Zweifel die Nichtigkeit des gesamten Rechtsgeschäfts zur Folge hat. Ein Vertrag, in dem ein sittenwidrig überhöhtes Entgelt vereinbart wurde, ist grundsätzlich insgesamt nichtig, weil ein essentialium negotii fehlt (s oben § 29 Rn. 75). Aufgrund der Nichtigkeit entfaltet das Rechtsgeschäft nicht die gewollten Rechtsfolgen. Die Nichtigkeit gilt von Anfang an. Lediglich bei den faktischen Verträgen, insbesondere den faktischen Arbeits- und Gesellschaftsver-

---

[126] Vgl. Soergel/*Hefermehl,* § 138 Rn. 79; Erman/*Palm,* § 138 Rn. 22 (mit Nachweisen aus d. Rspr.); MünchKomm/*Mayer-Maly/Armbrüster,* § 138 Rn. 150.

[127] S. dazu auch *BGH* v. 19. 2. 2003 XII ZR 142/00.

[128] *BGH* NJW-RR 2000, 431.

[129] Vgl. *BGH* JZ 1985, 958; Palandt/*Heinrichs,* § 138 Rn. 69, 74.

trägen kann die Nichtigkeit grundsätzlich erst mit Wirkung ex nunc, d.h. für die Zukunft geltend gemacht werden (s. unten § 44 Rn. 9ff.). Bei nichtigem Vertrag können Ansprüche aus Gesetz, insbesondere aus Geschäftsführung ohne Auftrag (§§ 677ff.), aus Bereicherungsrecht (§§ 812ff.) oder aus unerlaubter Handlung (§ 823) bestehen.

2. Nichtigkeit des abstrakten Verfügungsgeschäfts?

a) Grundsätzlich keine Sittenwidrigkeit des Inhalts

Das abstrakte Verfügungsgeschäft, wie z.B. die Übereignung einer Sache oder die Abtretung einer Forderung, zielt seinem Inhalt nach lediglich darauf ab, eine Änderung der Güterzuordnung herbeizuführen, ohne eine Aussage über den dieser Änderung zugrunde liegenden Zweck zu enthalten (s. oben § 23 Rn. 72ff.). Das **Verfügungsgeschäft** ist deshalb als solches grundsätzlich **sittlich neutral** und kann für sich allein nicht Gegenstand sittlicher Bewertung sein. Daher gibt es im Gegensatz zu den Verpflichtungsgeschäften grundsätzlich keine Verfügungsgeschäfte, die allein schon ihres Inhalts wegen sittenwidrig wären. Eine Ausnahme ist dann gegeben, wenn das Verfügungsgeschäft selbst eine sittenwidrige Bedingung (§ 158) enthält, z.B. Übereignung nur unter der Bedingung, daß über einen anderen falsche Angaben gemacht werden[130]. Aufgrund seiner Trennung vom Verpflichtungsgeschäft ist das Verfügungsgeschäft auch nicht allein schon deshalb nichtig, weil das kausale Grundgeschäft nichtig ist, von den seltenen Fällen abgesehen, in denen die Parteien seine Wirksamkeit durch die Hinzufügung einer auflösenden Bedingung nach § 158 Abs. 2 von der des Grundgeschäfts abhängig gemacht haben. 67

Der Abstraktionsgrundsatz bezweckt insofern den Schutz des Verkehrs, als der Erwerber einer Sache oder eines Rechts sich nicht darum zu kümmern braucht, ob sein Veräußerer das Eigentum oder das Recht auf Grund eines gültigen Kausalgeschäfts erworben hat oder nicht[131]. Es reicht, daß er das Eigentum oder das Recht vermöge eines als solchen gültigen Verfügungsgeschäfts erlangt hatte. 68

Beispiel: Hat A ein Bordellgrundstück zu einem mit Rücksicht auf die beabsichtigte Verwendung weit überhöhten Kaufpreis gekauft, so kann der Kaufvertrag deshalb nach § 138 nichtig sein. Veräußert A später das Grundstück an B, der um die bisherige Verwendung weiß, zum Abbruch des Hauses, dann ist der zweite Kaufvertrag sicher nicht sittenwidrig. Es wäre wenig sinnvoll, den Eigentumserwerb des B daran scheitern zu lassen, daß A wegen der Sittenwidrigkeit seines Erwerbs kein Eigentum erlangt hat und B, der sich dies hätte sagen müssen, deshalb auch nicht gutgläubig (im Sinne des § 892) war. Vielmehr ist in diesem Fall sinnvoll zu sagen, daß A trotz der Sittenwidrigkeit und der daraus sich ergebenden Nichtigkeit des ersten Kaufvertrages das Eigentum an dem Grundstück durch das inhaltlich sittlich neutrale Verfügungsgeschäft erlangt hatte und daher auch an B weiter übertragen konnte. Die Folge der Wirksamkeit des abstrakten Geschäfts zeigt sich deshalb vor allem darin, daß weitere Erwerber nicht auf einen gutgläubigen Erwerb angewiesen sind. Der Abstraktionsgrundsatz erfüllt hier den Zweck, um dessentwillen ihn das Gesetz aufgenommen hat (s. oben § 23 Rn. 87). 69

b) Sittenwidrigkeit des Vollzugs

Die Sittenwidrigkeit eines Rechtsgeschäfts kann sich auch aus den sittenwidrigen Motiven beider Parteien ergeben, wenn ein Dritter geschädigt werden soll oder sogar nur aus dem sittenwidrigen Zweck einer Partei, wenn sich das Vorgehen dieser Partei 70

---

[130] S. dazu auch *Oertmann*, § 138 Anm. B 2a, S. 496; *Mölders*, Nichtigkeit von Grund- und Erfüllungsgeschäft (Diss. Münster 1959) S. 136ff.

[131] Vgl. oben § 23 Rn. 87.

gerade gegen die andere richtet. In solchen Fällen kann die Erreichung des Zwecks gerade erst von der Vornahme des dinglichen Geschäfts abhängen, so daß nur dann, wenn auch dieses nichtig ist, der von der Rechtsordnung mißbilligte Erfolg vermieden wird. Dies trifft zu, wenn die **Sittenwidrigkeit** gerade im **Vollzug der Leistung** liegt, sei es, daß mit dem Leistungsvollzug unmittelbar sittenwidrige Zwecke verfolgt werden oder die Sittenwidrigkeit im Vollzugsgeschäft selbst liegt[132].

71 **Beispiele:** Die Sittenwidrigkeit des Grundgeschäfts ergibt sich aus der **Schädigung Dritter,** wenn etwa die Gläubiger des A dadurch über dessen Kreditwürdigkeit getäuscht werden, daß A alle verwertbaren Vermögensgegenstände an B überträgt und beide dies verheimlichen. Der Schutz der Gläubiger wird hier am besten dadurch erreicht, daß die Übertragungsakte selbst und nicht nur die ihnen zugrunde liegende Abrede zwischen A und B nichtig sind[133]. Das rechtfertigt sich aus der fiduziarischen Natur der Sicherungsübertragung, die nichts anderes bedeutet, als daß die Sicherungsabrede auch das Verfügungsgeschäft in seiner Wirkung modifiziert, insofern aber eine von der Praxis bereits zugelassene Durchbrechung des Abstraktionsgrundsatzes darstellt[134]. Ist aber der Abstraktionsgrundsatz hier ohnehin nicht mehr streng durchgeführt, so muß um so mehr der Gesichtspunkt durchgreifen, daß der Schutz der geschädigten Gläubiger die Nichtigkeit auch der Verfügungsgeschäfte verlangt[135].

72 Die Sittenwidrigkeit kann sich auch daraus ergeben, daß der eine **Vertragsteil von dem anderen ausgebeutet** oder sonst geschädigt wird[136]. Für den Fall des wucherischen Geschäfts, bei dem sich die Sittenwidrigkeit gerade gegen den anderen Vertragsteil richtet, hat das Gesetz selbst in § 138 Abs. 2 die Nichtigkeit auch des vom Bewucherten vorgenommenen Erfüllungsgeschäfts durch die Worte „oder gewähren läßt" anerkannt[137]. Die Sittenwidrigkeit ist aber darüber hinaus auch in anderen Fällen anzunehmen.

73 **Beispiele:** (1) Übereignet D an den gutgläubigen C gestohlene Geldscheine, damit C der Tat verdächtigt wird, so ist die Übereignung trotz des Diebstahls nach § 935 Abs. 2 wirksam. Wegen des von D mit der Übereignung verfolgten sittenwidrigen Zwecks kann sich C jedoch auf die Nichtigkeit der Übereignung nach § 138 Abs. 1 berufen. (2) Hat A sich in einem Knebelungsvertrag von B alle künftigen Forderungen des B aus dessen Geschäften sicherungshalber abtreten lassen, so daß B nicht mehr in der Lage ist, irgendwelche anderen Gläubiger zu befriedigen, so bleibt dem B seine wirtschaftliche Freiheit, um deren Sicherung es zu tun ist, nur dann gewahrt, wenn die Abtretungen selbst nichtig sind.

c) Grundsätzliche Fortgeltung des Abstraktionsgrundsatzes

74 Bei sittenwidriger Schädigung Dritter oder des anderen Vertragsteils erfordert es zwar der Schutz des Dritten oder des benachteiligten Vertragsteils, daß auch das Verfügungsgeschäft, durch das die Schädigung erst herbeigeführt oder vollendet wird, nichtig ist. In derartigen Fällen muß der Abstraktionsgrundsatz hinter den Schutzzweck des

---

[132] S. etwa *BGH* LM H. 8/1997 § 138 (Ba) BGB Nr. 15 m. w. N.; ferner Erman/*Pal,* § 138 Rn. 53; *Flume,* AT, § 18, 8a, c; *Köhler,* AT, § 13 Rn. 32; Palandt/*Heinrichs,* § 138, Rn. 20; MünchKomm/*Mayer-Maly/Armbrüster,* § 138 Rn. 165.

[133] Vgl. *BGHZ* 7, 111, 114; 19, 12, 18; *RGZ* 127, 337, 340.

[134] *Serick,* Eigentumsvorbehalt und Sicherungsübertragung, Bd. 1, 1963, § 4 II 6a.

[135] Bedenken hiergegen *Wolff/Raiser,* Sachenrecht, § 180 Anm. 24; *Baur/Stürner,* Sachenrecht, § 57 V 5b. Sie plädieren für die Rückführung der schuldrechtlichen Sicherungsabrede auf das noch als zulässig anzusehende Maß. Vgl. auch MünchKomm/*Mayer-Maly/Armbrüster,* § 138 Rn. 165.

[136] S. auch Soergel/*Hefermehl,* § 138 Rn. 53.

[137] *BGH* NJW 1994, 1275 und 1470; *BGH* NJW 1982, 2767, 2768; MünchKomm/*Mayer-Maly/Armbrüster,* § 138 Rn. 164; Staudinger/*Sack,* § 138 Rn. 224.

§ 138 zurücktreten. Von diesen Fällen abgesehen, sollte an dem Abstraktionsgrundsatz im Interesse der **Sicherheit des Rechtsverkehrs** jedoch festgehalten werden. Bei Wuchergeschäften wird es weder durch den Wortlaut noch durch den Zweck von § 138 Abs. 2 gefordert, daß im Gegensatz zur Leistung des Bewucherten an den Wucherer auch die Leistung des Wucherers an den Bewucherten nichtig ist. Das wirksame abstrakte Geschäft ist jedoch im Falle der Nichtigkeit des Kausalgeschäfts nach Bereicherungsrecht (§§ 812ff.) rückabzuwickeln. Dem Bereicherungsanspruch des Wucherers kann § 817 Satz 2 entgegenstehen[138].

§ 42. Verhandlungsgleichgewicht und Vertragsgerechtigkeit

Inhaltsübersicht

Literatur: *Bülow/Artz,* Verbraucherprivatrecht, 2003; *Coester-Waltjen,* Die Inhaltskontrolle von Verträgen außerhalb des AGBG, AcP 190 (1990), 1; *Damm,* Privatautonomie und Verbraucherschutz, VersR 199, 129; *Drexl,* Die wirtschaftliche Selbstbestimmung des Verbrauchers, 1998; *Enderlein,* Rechtspaternalismus und Vertragsrecht, 1996; Fastrich, Richterliche Inhaltskontrolle im Privatrecht, 1992; *Geißler,* Die Privatautonomie im *Spannungsfeld* sozialer Gerechtigkeit, JuS 1991, 617; *Habersack,* Richtigkeitsgewähr notariell beurkundeter Verträge, AcP 189 (1989), 403; *Hönn,* Kompensation gestörter Vertragsparität, 1982; *Medicus,* Schutzbedürfnisse und das Privatrecht, JuS 1996, 761; *Oechsler,* Gerechtigkeit im modernen Austauschvertrag, 1997; *Preis,* Grundfragen der Vertragsgestaltung im Arbeitsrecht, 1993; *Reich,* Europäisches

[138] S. auch Soergel/*Hefermehl,* § 138 Rn. 84f.

Verbraucherrecht, 3. Aufl. 1996; *E. Schmidt,* Inhaltskontrolle von Schuldverträgen, DRiZ 1991, 81; *Schmidt-Rimpler,* Grundfragen einer Erneuerung des Vertragsrechts, AcP 147 (1947) 130; *ders.*, Zum Vertragsproblem, FS Raiser, 1974, S. 3; *Schünemann,* Mündigkeit versus Schutzbedürftigkeit: Legitimationsprobleme des Verbraucher-Leitbildes, FS Brandner, 1996, S. 279; *Singer,* Selbstbestimmung und Verkehrsschutz im Recht der Willenserklärung, 1995; *Manfred Wolf,* Rechtsgeschäftliche Entscheidungsfreiheit und vertraglicher Interessenausgleich, 1970; *Zöllner,* Regelungsspielräume im Schuldvertragsrecht, AcP 196 (1996), 1.

I. Die Bedeutung des Verhandlungsgleichgewichts für die Vertragsgerechtigkeit

1 Hinter der formalen Beschreibung des Vertrags als der durch Antrag und Annahme zustande gekommenen Einigung darf nicht übersehen werden, daß insbesondere bei den schuldrechtlichen Verpflichtungsverträgen beide Parteien mit unterschiedlichen Vorstellungen und Interessen in die Vertragsverhandlungen gehen und diese dort jeweils zu ihrem Vorteil durchsetzen wollen. Damit nicht eine Partei einseitig allein ihre Vorstellungen durchsetzen kann und die andere Partei auf die angemessene Berücksichtigung ihrer Interessen verzichten muß, muß zwischen den Parteien eine **annähernd gleiche Verhandlungsstärke** gegeben sein. Ein solches Verhandlungsgleichgewicht ermöglicht es jeder Partei, ihre Interessen angemessen wahrzunehmen und in einem gegenseitigen Abwägen der Vor- und Nachteile einen **angemessenen Interessenausgleich zustande zu bringen** oder, falls dies mißlingt, den Vertragsschluß abzulehnen. Der vertragliche Einigungsprozeß bietet so, unter der Voraussetzung annähernd gleicher Verhandlungsstärke, eine gewisse Richtigkeitsgewähr oder Richtigkeitschance[1], im Sinne eines gerechten Vertragsinhalts. Ist eine Vertragspartei der anderen wesentlich überlegen und ist dadurch das Verhandlungsgleichgewicht zwischen den Parteien wesentlich gestört, so kann die stärkere Partei ihre Interessen einseitig durchsetzen, ohne von der schwächeren Partei daran gehindert zu werden. Eine solche einseitige Interessendurchsetzung, der sich der Schwächere unterwerfen muß, führt zu einem einseitigen Vertragsdiktat, das sowohl die durch Art. 2 Abs. 1 GG geschützte Selbstbestimmung verletzt wie auch den Gedanken der ausgleichenden Vertragsgerechtigkeit (s. auch oben § 2 Rn. 22) gefährdet.

2 Da sich beim Vertrag jeder Teil auf seine grundrechtlich geschützte Selbstbestimmung berufen kann, eine beiderseitige uneingeschränkte Selbstbestimmung aber nicht möglich ist, müssen die kollidierenden Grundrechtspositionen im Wege praktischer Konkordanz ausgeglichen und begrenzt werden[2]. Eine einseitige Fremdbestimmung, die die Entscheidungsfreiheit des unterlegenen Teils und dessen Interessen völlig unbeachtet läßt, steht mit der Privatautonomie nicht im Einklang und rechtfertigt es nicht, den unterlegenen Teil an die formal zustande gekommene, aber nicht von seiner Entscheidungsfreiheit getragene Einigung zu binden. Vielmehr muß dem unterlegenen Teil die **Entscheidungsfreiheit zur angemessenen Wahrnehmung seiner Interessen erhalten** bleiben. Daran fehlt es, wenn der Vertrag unter Beeinträchtigung der Entscheidungsfreiheit des unterlegenen Teils zustande gekommen ist und einseitig die Interessen des überlegenen Vertragspartners zur Geltung kommen.

---

[1] S. *Schmidt-Rimpler,* AcP 147 (1947), 151; *ders.*, FS Nipperdey, S. 6, 9; s. dazu auch *M. Wolf,* Rechtsgeschäftliche Entscheidungsfreiheit, aaO S. 69ff., 73f.; sowie oben § 32 Rn. 3.

[2] *BVerfG* NJW 1994, 36, 38; kritisch dazu *Zöllner,* AcP 196 (1996), 1, 4ff.

Zwar ist die einzelne Vertragspartei für das von ihr ausgehandelte Vertragsergebnis grundsätzlich selbst verantwortlich. Die selbstverantwortliche Zurechnung setzt aber die **Möglichkeit zur selbstbestimmten angemessenen Entscheidung** voraus. Wo diese Möglichkeit wegen der gestörten Verhandlungsparität nicht gewährleistet ist, muß die verantwortliche Zurechnung entfallen und die Funktionsbedingungen für die Privatautonomie müssen neu bestimmt werden. 3

Die Rechtsordnung, die die Verbindlichkeit vertraglicher Absprachen und ihre Durchsetzung regelt, muß dafür sorgen, daß nicht durch einseitige Fremdbestimmung des überlegenen Vertragsteils die durch Art. 2 Abs. 1 GG geschützte Selbstbestimmung und Entscheidungsfreiheit der unterlegenen Partei einschneidend verletzt wird und Verträge verbindlich werden, die die Vertragsgerechtigkeit und damit auch das Sozialstaatsgebot (Art. 20 Abs. 1 GG)[3] schwerwiegend mißachten. 4

Diese Grundsätze sind weitgehend anerkannt. Schwierigkeiten bereitet jedoch die Festlegung der Voraussetzungen, unter denen das Verhandlungsgleichgewicht dermaßen gestört ist, daß eine verantwortliche Zurechnung des Verhandlungsergebnisses entfallen muß. 5

II. Ursachen gestörten Gleichgewichts

Geprägt vom Vorstellungsbild einer bäuerlich-handwerklich geprägten Wirtschaftsgesellschaft ohne die Konzentrationserscheinungen einer Industriegesellschaft gingen die Verfasser des BGB noch von formell gleichen Rechtssubjekten und annähernd gleich starken Teilnehmern am Privatrechtsverkehr aus. Lediglich im Rahmen des Wuchertatbestandes in § 138 Abs. 2 berücksichtigten sie einzelne individuelle Beeinträchtigungen der Verhandlungsmacht in Gestalt der Zwangslage, der Unerfahrenheit, des mangelnden Urteilsvermögens und erheblicher Willensschwäche einzelner Personen. Der Wandel der gesellschaftlichen und wirtschaftlichen Verhältnisse machte jedoch bald deutlich, daß die Störungen des Verhandlungsgleichgewichts nicht auf einzelne, in ihrer individuellen Situation beeinträchtigte Personen beschränkt war, sondern daß strukturelle Ungleichgewichtslagen entstanden waren[4], die jeden Teilnehmer am Wirtschaftsverkehr in einer bestimmten Marktposition benachteiligen können und ihn an der angemessenen Durchsetzung seiner Interessen im vertraglichen Verhandlungsprozeß hindern. Um solchen Störungen im privatautonomen Interessenausgleich begegnen zu können und die Vertragsfreiheit in ihrem Kernbereich sichern zu können, müssen die Ursachen für die Störungen der Vertragsparität aufgedeckt und die Voraussetzungen für die Beschneidung mißbräuchlicher Ausnutzung von Verhandlungsmacht festgelegt werden. Als Ursachen eines strukturell gestörten Verhandlungsgleichgewichts kommen vor allem die wirtschaftliche und informationelle Unterlegenheit in Betracht. Zu berücksichtigen ist aber auch eine psychische Unterlegenheit in manchen Situationen. 6

1. Wirtschaftliche Unterlegenheit

Eine wirtschaftliche Unterlegenheit ergibt sich regelmäßig daraus, daß der Unterlegene den Vertrag zur Befriedigung seiner Bedürfnisse abschließen will, während der 7

---

[3] S. *BVerfG* NJW 1994, 36, 38; *BGH* NJW 1999, 2372.

[4] Kritisch dazu und mit einem Überblick über den Meinungsstand *Coester-Waltjen,* AcP 190 (1990), 1; *Zöllner,* AcP 196 (1996), 1, 15ff.

andere, überlegene Teil auf diesen Vertragsabschluß nicht angewiesen ist. Dies gilt insbesondere dann, wenn der überlegene Teil wegen des Umfangs seines Geschäftsbetriebs mit einer Vielzahl anderer Vertragspartner ohne weiteres auf den Vertragsabschluß mit einem einzelnen verzichten kann. Eine solch vorteilhafte Verhandlungssituation im Sinne des „take it or leave it" besteht nicht nur für Monopole, die auch regional begrenzt sein können[5], sondern auch für oligopolistische oder sonst marktbeherrschende Unternehmen, auch wenn sie nicht den Anforderungen in § 19 Abs. 2 GWB genügen. Die wirtschaftliche Unterlegenheit kann sich auch daraus ergeben, daß alle relevanten Marktanbieter nur zu im wesentlichen gleichen Bedingungen, etwa im Sinne einheitlicher AGB, abzuschließen bereit sind.

2. Informationelle Unterlegenheit

8 Eine informationelle Unterlegenheit ist anzunehmen, wenn ein Teil aus Mangel an vertragsrelevanten Informationen seine Interessen nicht sachgerecht wahrnehmen kann.

9 **Beispiele:** Eine solche informationelle Unterlegenheit kann auf mangelnder Erfahrung beruhen, so wenn der in seinem Geschäftsbereich erfahrene Gewerbetreibende einem branchenunerfahrenen Kunden gegenübertritt. Die informationelle Unterlegenheit kann sich aber auch aus einen Vorbereitungsvorteil ergeben, wenn ein Teil den Vertrag, z.B. auch mit rechtlicher Beratung, umfassend vorbereitet und in allen Variationen überdenkt, während der andere Teil bei der üblicherweise für die Vertragsverhandlungen zur Verfügung stehenden Zeit kaum ausreichend Gelegenheit zur Lektüre der Vertragsbedingungen findet. Zu einer informationellen Unterlegenheit führt auch der mit AGB häufig verbundene Verheimlichungseffekt[6], z.B. durch Verwendung einer dem Laien nicht geläufigen Fachsprache. Auch kann sich die informationelle Unterlegenheit aus einer überraschenden Vertragsabschlußsituation wie bei den Haustürgeschäften ergeben, die eine vorherige ausreichende Information nicht erlaubt.

3. Psychische Unterlegenheit

10 Die angemessene Interessenwahrnehmung im vertraglichen Verhandlungsprozeß kann auch durch eine psychisch unfreie Verhandlungssituation beeinträchtigt sein.

11 **Beispiele:** Die psychisch behindernde Verhandlungssituation am Arbeitsplatz oder in der Privatwohnung des Kunden berücksichtigt etwa § 312 bei den Haustürgeschäften (s. oben § 39 Rn. 11)[7]. Auch die Rspr. berücksichtigt die psychisch unfreie Lage des Bürgen bei der Übernahme einer Bürgschaft für nahestehende Personen (s. oben § 41 Rn. 39, 43).

III. Abhilfe und Ausgleich für das gestörte Gleichgewicht

1. Instrumente zur Stärkung des Verhandlungsgleichgewichts

12 Zur Stärkung und Wiederherstellung eines annähernden Verhandlungsgleichgewichts sind verschiedene Instrumente und Institute entwickelt worden, die die Verhandlungsposition des unterlegenen Teils verbessern. Da diese Maßnahmen nicht unmittelbar korrigierend in den Vertragsinhalt eingreifen, sondern um die Herstellung

[5] S. z.B. *OLG Celle* OLGZ 1972, 281.

[6] S. dazu *Ulmer/Brandner/Hensen,* § 9 Rn. 45ff.; *M. Wolf* in Wolf/Horn/Lindacher, § 9 Rn. 143ff.

[7] S. zum früheren Haustürwiderrufsgesetz BT-Drs. 10/2876, S. 6f.

eines Gleichgewichts im Verfahren des vertraglichen Verhandlungsprozesses bemüht sind, spricht man auch vom **prozeduralen Vertragsrecht.** Dabei kommt etwa auf kollektiv-rechtlicher Ebene das Aushandeln tarifvertraglicher Arbeitsbedingungen durch die Gewerkschaften oder das Aushandeln von Betriebsvereinbarungen durch den Betriebsrat in Betracht (s. Rn. 21). Als institutionelle Einrichtung kann ein funktionierender Wettbewerb dem Kunden mehr Wahlmöglichkeiten und damit Entscheidungsfreiheit verschaffen. Dem dienen das Gesetz gegen Wettbewerbsbeschränkungen (GWB) zur Verhinderung und Begrenzung marktbeherrschender Unternehmen und Kartelle und das Gesetz gegen den unlauteren Wettbewerb (UWG), das vor allem unsachliche und irreführende Werbung verhindern will. Darüber hinaus können auch durch andere Maßnahmen die Informationsmöglichkeiten verbessert werden, um auf diese Weise Informationsdefizite auszugleichen und verantwortlich zurechenbare und sachgerechte Entscheidungen treffen zu können.

2. Unmittelbare Herstellung von Vertragsgerechtigkeit durch Gesetz

Da prozedurale Maßnahmen zur Stärkung des selbstverantwortlichen Verhandelns nicht immer möglich und ausreichend sind, kann die Rechtsordnung nicht darauf verzichten, den gerechten Vertragsinhalt durch direkte Eingriffe herzustellen. Dies kann entweder durch zwingende oder halbzwingende Vorschriften oder durch eine richterliche Inhaltskontrolle geschehen, die korrigierend in bereits geschlossene Verträge eingreift und diese auf ihre Angemessenheit überprüft. Da auf diesem Weg der gerechte Vertragsinhalt direkt vom Gesetz vorgegeben wird, spricht man auch von **materialem Vertragsrecht.** Die Einschränkung der Privatautonomie durch materiales Vertragsrecht läßt sich aufgrund der Beeinträchtigung der Entscheidungsfreiheit und der gestörten Vertragsparität rechtfertigen[8]. 13

Zwar kann dem Erklärenden keine völlige Entschließungsfreiheit garantiert werden, da er die tatsächlichen Gegebenheiten berücksichtigen und beim Vertrag die berechtigten Interessen des anderen Teils und dessen Selbstbestimmung beachten muß[9]. Auch hat der Gesetzgeber deutlich gemacht, daß nicht jede Beeinträchtigung der freien Selbstbestimmung, wie etwa im Falle eines Motivirrtums, von der Bindung an die abgegebene Erklärung befreit. Denn Beeinträchtigungen der Entscheidungsfreiheit, die dem Risiko- und Verantwortungsbereich des Erklärenden zuzurechnen sind, befreien nicht von der rechtsgeschäftlichen Bindung. Gleichwohl können aber nicht alle Ursachen, die die Entscheidungsfreiheit beeinträchtigen, allein dem Verantwortungs- und Risikobereich des Unterlegenen zugerechnet werden. Vielmehr kann die Beeinträchtigung der Entscheidungsfreiheit und das gestörte Verhandlungsgleichgewicht auch auf Ursachen beruhen, die dem Verantwortungs- und Herrschaftsbereich des Überlegenen zuzurechnen sind und deshalb die **Befreiung des Unterlegenen von seiner rechtsgeschäftlichen Bindung** in dem Sinne rechtfertigen, daß die Vertragsbedingungen einer Inhaltskontrolle unterzogen und für unwirksam erklärt werden können, obwohl er ihnen zugestimmt hat[10]. Es bedarf deshalb der genauen Bestimmung der 14

---

[8] S. dazu auch *BGH* NJW 1996, 513, 514; *M. Wolf,* Rechtsgeschäftliche Entscheidungsfreiheit aaO S. 101 ff.; *Zöllner,* AcP 196 (1996), 1, 25 ff.

[9] S. auch *BVerfG* NJW 1994, 36, 38.

[10] Für eine weitergehende Verantwortlichkeit des Unterlegenen, *Schünemann,* FS Brandner, 1996, 279; kritisch zum Verbraucherschutz auch *Dreher,* JZ 1997, 167.

Voraussetzungen, unter denen eine Beeinträchtigung der selbstbestimmten Entscheidungsfreiheit vorliegt, die den beeinträchtigten Teil von den rechtsgeschäftlichen Folgen seiner Erklärung befreit.

IV. Einzelfallbezogene Feststellung der Beeinträchtigung der Entscheidungsfreiheit

15 Die Umstände, unter denen eine Beeinträchtigung der Entscheidungsfreiheit dem anderen Teil zuzurechnen ist und die Vertragskorrektur erlaubt, können zunächst individuell für jede Person im Einzelfall festgestellt werden[11].

1. Sittenwidrige Ausnutzung der Unterlegenheit (§ 138)

16 Eine solche einzelfallbezogene Feststellung der Unterlegenheit erfolgt insbesondere im Rahmen der Sittenwidrigkeitsprüfung nach § 138. Hier können über die in § 138 Abs. 2 genannten Umstände hinaus gemäß § 138 Abs. 1 **alle** sonstigen **Ursachen für eine Beeinträchtigung der Entscheidungsfreiheit** aufgrund wirtschaftlicher, informationeller oder psychischer Unterlegenheit berücksichtigt werden. Dabei ist sowohl die unangemessene Einwirkung auf die freie Willensbestimmung als auch die Ausnutzung einer bereits vorhandenen Willensbeeinträchtigung ein sittenwidrigkeitsbegründender Umstand[12]. Voraussetzung für das Sittenwidrigkeitsurteil ist grundsätzlich, daß dem anderen Teil die die Unterlegenheit begründenden Umstände bekannt sind und er sie bewußt zum Nachteil des Unterlegenen ausnutzt[13] oder sich leichtfertig darüber hinwegsetzt (vgl. oben § 41 Rn. 38ff., 44).

2. Verstoß gegen Treu und Glauben (§ 242)

17 Die Rechtsprechung hat zur Kontrolle unangemessener Verträge auch auf § 242 zurückgegriffen[14]. Dies betraf aber jeweils Fallgestaltungen[15], die nunmehr von § 307 erfaßt werden. Der *BGH* will z.B. auch Vereinssatzungen, wenn sie gegenüber Nichtmitgliedern vereinbart werden, nach § 242 kontrollieren[16]. Richtigerweise ist aber auch hier § 307 heranzuziehen. § 242 kann jedoch als **Auffangtatbestand der Inhaltskontrolle** zur Anwendung kommen, soweit §§ 307ff. nicht anwendbar sind (s. unten Rn. 34).

3. Verschulden bei den Vertragsverhandlungen

18 Insbesondere in Fällen informationeller Unterlegenheit kann auch ein Anspruch aus Verschulden bei den Vertragsverhandlungen (culpa in contrahendo) in Betracht kom-

---

[11] S. zu dieser Unterscheidung bei der Abschlußfreiheit auch *S. Lorenz,* Der Schutz vor dem unerwünschten Vertrag, 1997, S. 213ff.

[12] S. dazu auch *BGH* NJW 1997, 3372; *BGH* NJW 1999, 58.

[13] *BGH* NJW 1953, 297, 299; *BGH* WM 1976, 289, 291; *BGHZ* 80, 153, 160; *RGZ* 97, 253, 255; 120, 144, 148; 161, 229, 233; Palandt/*Heinrichs,* § 138 Rn. 8; *Hübner,* AT, Rn. 898; vgl. allerdings auch *Medicus,* AT, Rn. 690; Erman/*Palm,* § 138 Rn. 38ff.; MünchKomm/*Mayer-Maly/Armbrüster,* § 138 Rn. 129f.

[14] S. dazu auch *Coester-Waltjen,* AcP 190 (1990), 1.

[15] S. etwa *BGHZ* 22, 90, 98; 51, 55, 58 (zu AGB); *BGH* NJW 1984, 2094; 1988, 135 (zu vorformuliertem, formelhaften Text).

[16] S. *BGH* NJW 1995, 583 = LM H. 6/95 § 25 BGB Nr. 34 m. Anm. *M. Wolf.*

men. Voraussetzung ist, daß der eine Verhandlungspartner dem anderen nach Treu und Glauben zur Aufklärung und Information verpflichtet ist, z.B. weil er als Fachmann oder aus seinem Geschäftskreis Kenntnisse besitzt, die für die Vertragsentscheidung des anderen bedeutsam sind und über die der andere nach der Verkehrsauffassung redlicherweise Aufklärung erwarten darf. Wird eine solche Aufklärungs- und Informationspflicht vorsätzlich oder fahrlässig verletzt und stimmt der Unterlegene mangels Information einem für ihn nachteiligen Vertrag zu, so kann er entweder Rückgängigmachung des Vertrags oder dessen Anpassung an angemessene Bedingungen verlangen (s. oben § 31 Rn. 46f.).

V. Typisierende Merkmale für beeinträchtigte Entscheidungsfreiheit

Die einzelfallbezogene Feststellung einer Beeinträchtigung der Entscheidungsfreiheit 19
ist oft mit großem Beweisaufwand verbunden und führt auch zu erheblicher Rechtsunsicherheit, bis festgestellt ist, ob der Vertrag im Einzelfall wirksam ist oder nicht. Daher geht das Bestreben dahin, nach typisierenden Merkmalen zu suchen, aus denen typischer-weise auf ein gestörtes Verhandlungsgleichgewicht geschlossen werden kann, ohne daß dies in jedem Einzelfall nachgewiesen werden müßte[17]. Solche typisierenden Merkmale lassen sich gerade in solchen Bereichen aufstellen, in denen aufgrund der Stellung als Anbieter oder Nachfrager strukturell bedingte Ungleichgewichtslagen am Markt bestehen.

1. Arbeitnehmer

Zuerst ist diese strukturell bedingte Ungleichgewichtslage der Verhandlungspartner 20
im Arbeitsrecht bewußt geworden und hat zur Herausbildung des Arbeitsrechts als Schutzrecht für die Arbeitnehmer geführt. Arbeitnehmer ist, wer aufgrund eines privatrechtlichen Dienstvertrags für einen anderen **persönlich abhängige, fremdbestimmte Arbeit** in der Weise leistet, daß er den Weisungen des Arbeitgebers unterworfen ist[18]. Das Verhandlungsungleichgewicht zu Lasten des Arbeitnehmers ergibt sich regelmäßig daraus, daß der Arbeitnehmer wegen des ihm daraus zufließenden Lohns für seinen Lebensunterhalt **auf das Arbeitsverhältnis angewiesen** ist. Der Arbeitgeber ist dagegen nicht in gleichem Maße auf den Arbeitnehmer angewiesen, weil er sein Einkommen entweder aus selbständiger Tätigkeit auch ohne Arbeitnehmer erzielen kann oder aus einer Vielzahl Arbeitsuchender auswählen kann. Der Arbeitgeber kann deshalb einen ihm ungünstig erscheinenden Arbeitsvertrag ohne größere Nachteile ablehnen, während der Arbeitnehmer auf das Arbeitseinkommen angewiesen ist und deshalb auch ungünstige Bedingungen akzeptieren muß. Dies begründet die strukturelle Unterlegenheit des Arbeitnehmers im vertraglichen Verhandlungsprozeß. Zum Schutz des strukturell unterlegenen Arbeitnehmers sind verschiedene Einrichtungen vorgesehen.

Auf der **kollektiven Ebene** ist der Zusammenschluß der Arbeitnehmer zu Gewerkschaften 21
durch Art. 9 Abs. 3 GG verfassungsrechtlich geschützt mit dem Ziel, daß die Gewerkschaften

[17] Dazu auch *Medicus,* JuS 1996, 761.

[18] S. z.B. *Hilger,* RdA 1989, 1; *Dütz,* Arbeitsrecht, 3. Aufl. 1997, Rn. 29; *Löwisch,* Arbeitsrecht, 3. Aufl. 1991, Rn. 3; *Zöllner/Loritz,* Arbeitsrecht, 4. Aufl. 1992, § 4 IV.

als kollektive Gegenmacht die Arbeitsbedingungen in Tarifverträgen mit unmittelbar verbindlicher Wirkung für die Tarifunterworfenen aushandeln (s. insbesondere § 4 Abs. 1 TVG). Daneben dient der Betriebsrat als Kollektivorgan in vielfältiger Weise dem Schutz der Arbeitnehmerinteressen.

22 Auf der **Ebene des individuellen Arbeitsvertrags** werden die Arbeitnehmer durch zahlreiche zwingende Schutzgesetze vor nachteiligen Arbeitsbedingungen bewahrt. Zu diesen Schutzgesetzen, die nicht vertraglich abbedungen werden können, zählen etwa das Arbeitszeitgesetz, das Entgeltfortzahlungsgesetz, das Bundesurlaubsgesetz, das Kündigungsschutzgesetz, das Arbeitsschutzgesetz und für spezielle Personengruppen etwa das Mutterschutzgesetz, das Heimarbeitsgesetz, das Jugendarbeitsschutzgesetz oder das Schwerbehindertengesetz u. a. Der einzelne Arbeitnehmer kann sich darüber hinaus, wo zwingende Schutzgesetze nicht bestehen, auf den Gleichbehandlungsgrundsatz berufen, der sachlich nicht gerechtfertigte ungleiche Benachteiligungen einzelner Arbeitnehmer, z. B. bei der Gewährung sog. freiwilliger Leistungen oder bei der Ausübung des Direktionsrechts, untersagt[19] und geschlechtsbezogen vor allem durch §§ 611 a und b, 612 Abs. 3 BGB sowie durch Art. 119 EGV die Gleichbehandlung von Frau und Mann gebietet. Auch im Arbeitsrecht ist daneben die Inhaltskontrolle individualvertraglich vereinbarter Arbeitsbedingungen möglich (§ 310 Abs. 4).

2. Mieter von Wohnraum

23 Strukturell unterlegen sind aufgrund ihrer Marktstellung grundsätzlich auch die Mieter von Wohnraum. Die Unterlegenheit ergibt sich in erster Linie wiederum daraus, daß der Mieter auf den Wohnraum als Unterkunft und Lebensmittelpunkt angewiesen ist und deshalb typischerweise zumeist auch nachteilige Vertragsvereinbarungen akzeptieren muß, während der Vermieter im Regelfall auf einen ihm nachteiligen Vertrag mit dem Mieter eher verzichten kann.

24 Zum Schutz der Mieter sind neben Maßnahmen des sozialen und steuerlich geförderten Wohnungsbaus zwecks Vermehrung des Angebots im vertraglichen Bereich vielfach zwingende Schutzvorschriften vorgesehen (insbesondere §§ 549–577 a). Auch sind Mieterhöhungen im Rahmen bestehender Mietverhältnisse nur in begrenztem Rahmen möglich (§§ 557 ff.). Darüber hinaus kommt eine Inhaltskontrolle unangemessener Vertragsbedingungen nach §§ 307 ff. auch zugunsten des Mieters in Betracht (s. auch unten § 43).

3. Verbraucher

25 Zu einer strukturell unterlegenen Marktgruppe gehören auch die Verbraucher. Der Verbraucherbegriff hat über das Recht der EU insbesondere in Gestalt von Richtlinien als Rechtsbegriff in § 13 Eingang gefunden. Verbraucher ist nach § 13 jede natürliche Person, die ein Rechtsgeschäft vornimmt, das nicht ihrer gewerblichen oder beruflichen Tätigkeit zugerechnet werden kann (s. unten Rn. 36 ff.). Die strukturelle Unterlegenheit des Verbrauchers kann sich aus einer wirtschaftlichen Unterlegenheit ergeben (s. oben Rn. 7), wird aber häufig auch auf einer informationellen Unterlegenheit (s. oben Rn. 8) oder einer psychischen Unterlegenheit (oben Rn. 10) beruhen. Diese Merkmale brauchen aber nicht mehr im Einzelfall nachgewiesen zu werden, nachdem der Gesetzgeber den Verbraucher generell typisierend als unterlegenen Vertragspartner definiert hat. Hervorzuheben ist dabei, daß die Verbrauchereigenschaft ebenso wie beim Arbeitnehmer und beim Mieter von Wohnraum nicht an persönliche Fähigkeiten, Kenntnisse und Eigenschaften anknüpft, sondern auf eine bestimmte **Rolle als Marktteilnehmer** abstellt. Auch der Unternehmer oder der freiberuflich

[19] S. zu einem Überblick Palandt/*Putzo,* § 611 Rn. 105 ff.

tätige Rechtsanwalt oder Arzt kann Verbraucher sein, sofern nur der Vertrag nicht ihren gewerblichen oder selbständigen beruflichen Zwecken dient, sondern z.B. für den persönlichen Gebrauch bestimmt ist.

Gegenpart des Verbrauchers ist der **Unternehmer.** Unternehmer ist nach § 14 jede natürliche oder juristische Person oder eine rechtsfähige Personengesellschaft, die bei der Vornahme eines Rechtsgeschäfts in Ausübung ihrer gewerblichen oder selbständigen beruflichen Tätigkeit handelt. Der Unternehmerbegriff ist danach weiter als der Kaufmannsbegriff im HGB, weil er nicht nur Gewerbetreibende umfaßt, sondern auch selbständig beruflich tätige Personen wie insbesondere Ärzte, Rechtsanwälte oder sonst freiberuflich Tätige. Darüber hinaus erstreckt sich der Unternehmerbegriff auf sämtliche Gewerbetreibende, auch wenn sie kein Handelsgewerbe betreiben und nicht ins Handelsregister eingetragen sind. Ebenso können nicht nur Handelsgesellschaften Unternehmer sein, sondern auch eine GbR, seit ihr der BGH Rechtspersönlichkeit zuerkannt hat (s. oben § 9 Rn. 38). 26

Die Bestimmung des Unternehmerbegriffs ist für den Verbraucherschutz bedeutsam, weil der **Verbraucher** in den Bestimmungen des BGB **nur geschützt** wird **in Verträgen,** die er **mit einem Unternehmer** eingeht (s. etwa §§ 312, 312b-d). Verträge zwischen Verbraucher untereinander werden von diesen Vorschriften ebensowenig erfaßt wie Verträge zwischen Unternehmern unter sich. Bei zahlreichen Vorschriften wird der Verbraucher auch nur geschützt, wenn der Unternehmer als der Vertragspartner auftritt, der die vertragscharakteristische Leistung erbringt, so z.B. als Verkäufer (§§ 474ff.), als Anbieter eines Teilzeit-Wohnrechts (§§ 481ff.) oder als Kreditgeber eines Darlehensvertrags (§§ 491ff.), als Leasinggeber bei einem Finanzierungsleasingvertrag (§ 500), als Lieferant bei Teilzahlungsgeschäften (§§ 501ff.) oder Ratenlieferungsverträgen (§ 505). Tritt der Unternehmer in einer anderen Vertragsposition auf, z.B. als Käufer eines Gebrauchtwagens von einem Verbraucher, so finden die Vorschriften der §§ 474ff. über den Verbrauchsgüterkauf keine Anwendung, ebensowenig finden §§ 491ff. über das Verbraucherdarlehen Anwendung, wenn ein Verbraucher einem Unternehmer ein Darlehen zum Zwecke der Geldanlage gibt. In diesen Regelungen zeigt sich eine Einschränkung des Verbraucherschutzes. Der Verbraucher wird nicht generell geschützt, sondern nur in bestimmten Verträgen und Vertragssituationen mit einem Unternehmer. Der Verbraucherschutz wird nur dem Unternehmer auferlegt. Man kann den Verbraucherschutz deshalb auch als **Sonderrecht für Unternehmer** verstehen. 27

4. Kapitalanleger

Das Kapitalmarktrecht ist in weiten Teilen auf den Schutz des Kapitalanlegers bedacht, der sein Kapital sicher anlegen können soll. Dabei sind die Bestimmungen grundsätzlich nicht darauf ausgerichtet, den Kapitalanleger vergleichbar dem Verbraucher zu definieren. Nur vereinzelt wird im Kapitalmarktrecht auf den Verbraucher Bezug genommen (s. § 37d WpHG). Manchmal ist vom Kunden die Rede (s. etwa §§ 31ff. WpHG) oder es geht um den Schutz des Publikums, sei es ausdrücklich (s. etwa § 54 BörsG, § 7 VerkprospG) oder mittelbar, indem die Vorschriften auf den Börsenhandel abstellen (s. etwa §§ 30ff., 44, 49ff. BörsG), der dem Publikum offen steht (s. zu einer Börsendefinition § 3 Abs. 2 AktG). Dem Schutz des Anlegers dienen Offenlegungs- und Informationspflichten, so z.B. in Emissions- und Verkaufsprospekten (§ 32 Abs. 1 Nr. 2, § 51 Abs. 1 Nr. 1 BörsG, §§ 19ff. VerkprospG), durch Unternehmensberichte (§ 38 Abs. 1 Nr. 3, § 40 BörsG) oder durch die Ad-Hoc-Mitteilungen (§ 15 WpHG). Zumeist wird der Schutz des Kapitalanlegers aber dadurch bewirkt, daß die Personen und Institutionen, die dem Kapitalanleger professionell gegenübertreten, einer besonderen öffentlich-rechtlichen Zulassung und Aufsicht, 28 besonderen Sorgfaltspflichten und einer besonderen Haftung unterliegen, wenn sie am Kapitalmarkt auftreten und sich damit an das Publikum der Kapitalanleger wenden. Besondere Anlegerschutzbestimmungen enthält auch das KAGG und das an seine Stelle tretende neue Investmentgesetz.

5. Vorformulierte Vertragsbedingungen

29 Ohne Rücksicht auf die Rolle als Marktteilnehmer und unter grundsätzlicher Einbeziehung auch der Unternehmer stellen §§ 305 ff. für die richterliche Inhaltskontrolle von AGB auf das Merkmal der Vorformulierung ab (s. § 305 Abs. 1, § 310 Abs. 3 Nr. 2).

a) Mehrfachverwendung als Indiz für Verhandlungsmacht

30 In seinem hauptsächlichen Anwendungsbereich, der sich auf AGB bezieht und auch für Unternehmer gilt, verlangt § 305 Abs. 1 die Vorformulierung **für eine Vielzahl von Verträgen.** Die Vorformulierung der Vertragsbedingungen genügt danach für sich allein nicht. Entscheidend ist vielmehr die **Mehrfachverwendung** in weiteren Verträgen. In der Kombination von Vorformulierung und Mehrfachverwendung zeigt sich ein brauchbares und verläßliches Kriterium für Verhandlungsmacht, denn wer Vertragsbedingungen im voraus für eine Vielzahl von Verträgen vorformuliert, gibt damit im Regelfall zu erkennen, daß er auf Verhandlungen nicht angewiesen ist und, wenn die AGB ohne Änderung mehrfach verwendet werden, auch die notwendige Verhandlungsmacht besitzt, die einseitig aufgestellten Bedingungen durchzusetzen[20]. Die auf diese Weise dokumentierte Störung im Verhandlungsgleichgewicht rechtfertigt es, unangemessene Vertragsbedingungen im Wege richterlicher Inhaltskontrolle für unwirksam zu erklären.

b) Vorformulierung als Indiz für fehlende Einflußmöglichkeit

31 In Umsetzung der Richtlinie 93/13/EWG über mißbräuchliche Klauseln in Verbraucherverträgen stellt § 310 Abs. 3 Nr. 2 in Individualverträgen mit Verbrauchern auf die **Vorformulierung** ab, läßt diese aber in unvollständiger Umsetzung der Richtlinie **als allein maßgebliches Merkmal** erscheinen. Als isoliertes Merkmal ohne die Verbindung mit der Mehrfachverwendung (Rn 30) ist die Vorformulierung aber **kein geeignetes Indiz** zur Feststellung von Verhandlungsmacht und eines gestörten Verhandlungsgleichgewichts[21], denn es wird nicht festgelegt, wann und wie die Vorformulierung erfolgt sein muß. Jedes Angebot formuliert im Grunde die Vertragsbedingungen vollständig vor, weil nur die unveränderte Annahme den Vertrag zustande bringt (s. oben § 29 Rn. 13, 17). Damit die Vorformulierung als Indiz für Verhandlungsmacht und ein gestörtes Verhandlungsgleichgewicht herangezogen werden kann, müssen **weitere Umstände** hinzukommen.

32 Als solch weiterer Umstand, der den Schluß auf ein gestörtes Verhandlungsgleichgewicht zuläßt, ist es insbesondere anzusehen, wenn die Vorformulierung der Vertragsbedingungen schon **vor Verhandlungsbeginn vorliegt** und im wesentlichen unverändert in den Vertrag zum Nachteil des anderen Vertragsteils eingeht. Dies gilt vor allem dann, wenn es sich um

---

[20] S. auch MünchKomm/*Basedow,* § 305 Rn. 17 ff.; *Wolf/Horn/Lindacher,* AGBG, Einl. Rn. 17; *Ulmer/Brandner/Hensen,* AGBG, Einl. Rn. 29.

[21] S. *M. Wolf,* FS Brandner, 1996, S. 299, 305 ff.

umfangreiche Vertragsbedingungen handelt, die in der zur Verfügung stehenden Verhandlungszeit vom anderen Vertragsteil nicht im einzelnen zur Kenntnis genommen werden können, oder wenn die Vertragsbedingungen **unübersichtlich** oder für den Nichtjuristen **schwer verständlich** abgefaßt sind oder wenn ein Rechtskundiger die vorformulierten Bedingungen einem nicht Rechtskundigen vorlegt[22]. Die Vorformulierung ist in Verbindung mit diesen Umständen Indiz für ein informationelles Ungleichgewicht. Gehen knapp und leicht verständliche, aber nachteilige Vertragsbedingungen ohne Verhandlungen oder trotz Verhandlungen unverändert und ohne ausreichende Kompensation durch andere Vorteile in den Vertrag ein, so ist dies kein zwingendes, aber doch ein mögliches Indiz für eine wirtschaftliche Unterlegenheit.

c) Nachweis des Aushandelns möglich

Sowohl die Vorformulierung für eine Vielzahl von Verträgen (oben Rn. 30) als auch die Vorformulierung für einen Individualvertrag (oben Rn. 31f.) begründen nur eine **widerlegbare Vermutung** für die Beeinträchtigung der Entscheidungsfreiheit aufgrund einseitiger Verhandlungsmacht des Verhandlungsgegners. Gemäß § 305 Abs. 2 und § 310 Abs. 3 Nr. 2 bleibt dem Verhandlungsgegner die Möglichkeit nachzuweisen, daß die Vertragsbedingungen **im einzelnen ausgehandelt** sind[23], d.h. nicht durch die einseitige Verhandlungsmacht beeinflußt sind. 33

6. Sonstige Merkmale

Ebenso wie trotz Vorformulierung ein Aushandeln ohne Beeinträchtigung der Entscheidungsfreiheit gegeben sein kann, muß umgekehrt eine Beeinträchtigung der Entscheidungsfreiheit auch aufgrund anderer Merkmale als der Vorformulierung beachtet werden. Dies gebietet Art. 3 der Richtlinie 93/13/EWG über mißbräuchliche Klauseln in Verbraucherverträgen. Wenn § 310 Abs. 3 Nr. 2 allein auf die Vorformulierung abstellt, so ist damit die Richtlinie unvollständig umgesetzt. Soweit Merkmale für ein gestörtes Verhandlungsgleichgewicht nicht im Rahmen von § 310 Abs. 3 Nr. 2 zur Geltung kommen, sind die Anforderungen, die Art. 3 Abs. 1 Richtlinie 93/13/EWG an das Aushandeln stellt, durch eine richtlinienkonforme Auslegung im Rahmen von § 242 zu beachten (s. auch oben § 4 Rn. 72ff.). 34

VI. Verbraucherschutz im Vertragsrecht

Ausgehend von der grundsätzlichen Schutzbedürftigkeit des Verbrauchers sind zahlreiche Schutzvorschriften zu seinen Gunsten ergangen. Diese sind nicht auf das Vertragsrecht beschränkt, sondern betreffen z.B. auch die Produkthaftung, weil nach § 1 Abs. 1 Satz 2 ProdHaftG nur die für den privaten Ge- oder Verbrauch bestimmten und hierzu auch hauptsächlich verwendeten Sachen in den Schutz des ProdHaftG einbezogen sind. Auch Art. 15–17 EuGVVO enthalten besondere Bestimmungen für den Gerichtsstand in Verbrauchersachen. Im Zusammenhang mit dem Vertragsrecht bedarf nur der Verbraucherbegriff des § 13 und das vertragliche Verbraucherschutzrecht einer Darstellung. Dafür sind zunächst die einzelnen Merkmale des Verbraucherbegriffs zu klären, bevor auf die einzelnen Maßnahmen des vertraglichen Verbraucherschutzes eingegangen wird. 35

---

[22] S. *BGH* NJW 2003, 2386.
[23] S. dazu im einzelnen unten § 43 Rn. 15ff.

1. Merkmale des Verbraucherbegriffs

36 Nach der weitgehend vom europäischen Recht vorgegebenen Definition ist gemäß § 13 Verbraucher eine natürliche Person, die ein Rechtsgeschäft zu einem Zweck abschließt, der **nicht ihrer gewerblichen oder selbständigen beruflichen Tätigkeit** zugeordnet werden kann. § 13 enthält selbst keine Verbraucherschutzmaßnahmen, sondern definiert nur den Verbraucherbegriff, der in anderen zivilrechtlichen Verbraucherschutzvorschriften zugrunde gelegt wird. Entsprechend seiner systematischen Einordnung im BGB gilt § 13 zunächst nur für das Verbraucherschutzrecht des BGB. Er kann jedoch auf andere dem vertraglichen Verbraucherschutz dienende Vorschriften wie etwa §§ 449, 451h, 466, 475h HGB übertragen werden.

a) Verbraucher nur natürliche Personen

37 Verbraucher können nach § 13 nur natürliche, nicht juristische Personen sein. Gleichgültig ist, ob der Verbraucher allein auftritt oder ob er sich mit anderen zusammenschließt. Als Verbraucher zu behandeln ist deshalb auch eine GbR (§§ 705ff.), eine eheliche Gütergemeinschaft (§§ 1415ff.), eine Erbengemeinschaft (§§ 2032ff.), eine Miteigentumsgemeinschaft nach §§ 741ff. oder eine Gemeinschaft von Wohnungseigentümern nach § 1 Abs. 2 WEG. Gleiches muß für den nicht eingetragenen Verein gelten, da er keine juristische Person ist und auf ihn gemäß § 54 Satz 1 die Vorschriften der GbR anzuwenden sind[24].

38 Die Vorgaben aus dem europäischen Recht sind unterschiedlich. Während einige Bestimmungen lediglich **natürliche Personen** als Verbraucher anerkennen und damit **juristische Personen** ausschließen[25], erstrecken andere Vorschriften den Verbraucherbegriff auf Personen schlechthin und beziehen danach juristische Personen mit ein[26]. Der Ausschluß von juristischen Personen, die nicht gewerblich tätig sind, vom Verbraucherschutz ist nicht sachgerecht. Es handelt sich hierbei im wesentlichen um nicht wirtschaftlich tätige Idealvereine im Sinne von § 21, die wegen ihrer mangelnden geschäftlichen Erfahrungen genauso schutzbedürftig sind, wie die natürlichen Personen, die als Vorstand und Vertreter für sie handeln.

39 **Beispiele:** Der Kauf von Heizöl durch eine Gemeinschaft von Wohnungseigentümern ist ein Verbrauchsgüterkauf gemäß §§ 474ff. Die Darlehensaufnahme durch Ehegatten als Miteigentümer für den Bau ihres Eigenheims ist ein Verbraucherdarlehen nach § 491 ebenso wie die Darlehensaufnahme zum Errichten oder Umbau eines Mietshauses durch eine GbR, in der sich natürliche Personen zur Anlage ihres Vermögens zusammengeschlossen haben[27]. Ein Musikverein, der Noten und Instrumente für seine Mitglieder kauft, ist auf jeden Fall Verbraucher, solange er nicht im Vereinsregister eingetragen ist. Es ist nicht einzusehen, warum sich daran etwas ändern soll, sobald er als eingetragener Verein eine juristische Person wird[28]. Eine OHG

---

[24] S. *Wolf/Horn/Lindacher,* AGBG, Art. 2 RiLi Rn. 5; *Pfeiffer* in *Grabitz/Hilf/Wolf* EG-Verbraucherrecht A 05 Art. 2 Rn. 4; zur GbR *Bülow/Artz,* Verbraucherprivatrecht, S. 24.

[25] S. insbesondere Art. 2 Richtlinie 85/377/EWG (Haustürgeschäfte); Art. 1 Abs. 2a Richtlinie 87/102/EWG (Verbraucherkredit); Art. 2 Buchst. b Richtlinie 93/13/EWG (mißbräuchliche Klauseln), dazu *EuGH* NJW 2002, 205 .

[26] S. Art. 5 Abs. 1 Römisches EWG-Übereinkommen über das auf vertragliche Schuldverhältnisse anzuwendende Recht und demgemäß Art. 29 Abs. 1 EGBGB; Art. 15 Abs. 1 EuGVVO.

[27] S. *BGH* NJW 2002, 368.

[28] Krit. auch Soergel/*Pfeiffer,* Bd. 2a, § 13 Rn. 46; *Faber,* ZEuP 1998, 845, 865; Münch/Komm/*Micklitz* § 312b Rn. 13; a.A. für gemeinnützige Vereine Bamberger/Roth/*Bamberger,* § 13 Rn. 3.

oder *KG* betreibt aber nach ihrer gesetzlichen Zweckbestimmung ein Handelsgewerbe (§§ 105, 161 HGB) und ist deshalb kein Verbraucher, ebensowenig eine *AG* (§ 3 Abs. 1 AktG) oder eine GmbH (§ 13 Abs. 3 GmbHG). Ein Strohmann, der für einen gewerblich tätigen Unternehmer auftritt, z. B. einen Kredit aufnimmt, handelt nicht als Verbraucher[29].

b) Abschluß eines Rechtsgeschäfts

§ 13 bestimmt die Verbrauchereigenschaft nur in Bezug auf den Abschluß eines Rechtsgeschäfts. Als Rechtsgeschäfte kommen vor allem **Verträge** in Betracht. Da der Begriff des Rechtsgeschäfts aber auch **einseitige Rechtsgeschäfte** und **Beschlüsse** umfaßt, können auch diese Rechtsgeschäfte in den Verbraucherschutz mit einbezogen werden, wie etwa die Gewinnzusage als einseitiges Rechtsgeschäft in § 661 a. Einzelne Vorschriften erstrecken den Verbraucherschutz bereits in die **vorvertragliche Phase,** wie etwa § 241 a bei Zusendung unbestellter Leistungen oder die vorvertraglichen Informationspflichten in § 312 c, § 312 e Abs. 1 Nr. 2 und § 482. Auch wenn es dabei nicht zum Abschluß eines Rechtsgeschäfts kommen muß, so ist der Verbraucherbegriff des § 13 doch auch in diesen Fällen anzuwenden, da jeweils auf das in der Vorbereitung befindliche Rechtsgeschäft abzustellen ist[30]. Für diese Fälle einen eigenständigen Verbraucherbegriff zu erarbeiten ist nicht angebracht und nicht gewollt. 40

c) Zweckentsprechende Zuordnung

Für die Anerkennung der Verbrauchereigenschaft ist entscheidend, welchen Zwekken das von ihm getätigte Rechtsgeschäft zuzurechnen ist. Es darf weder der gewerblichen noch der selbständigen beruflichen Tätigkeit dienen. Die Zweckbestimmung des Rechtsgeschäfts muß für einen **objektiven Betrachter** aus den Gesamtumständen **erkennbar** sein. Der Verbraucher, der im Großhandelsgeschäft einkauft und sich dabei als Gewerbetreibender ausweist, muß sich als solcher behandeln lassen, selbst wenn er den Gegenstand nachher für private Zwecke benutzt. Sofern eine Person ein Gewerbe betreibt, kann in Analogie zu § 344 HGB angenommen werden, daß die von ihr getätigten Rechtsgeschäfte im Zweifel dem Gewerbebetrieb zuzurechnen sind. Dem Gewerbetreibenden obliegt dann die Beweislast, daß dies nicht zutrifft. Kleingewerbetreibenden, die als Verbraucher auftreten, indem sie verbrauchertypische Bedarfsgegenstände in einem verbrauchertypischen Umfeld erwerben, kann jedoch der Verbraucherschutz zugebilligt werden[31]. 41

Die Zuordnung zu dem jeweils maßgebenden Zweck ist grundsätzlich zum **Zeitpunkt der Vornahme** des Rechtsgeschäfts vorzunehmen. Bei Verbraucherschutzvorschriften, die auf den vorvertraglichen Bereich vorwirken, ist auf den nach der jeweiligen Vorschrift maßgeblichen Zeitpunkt abzustellen. **Spätere Zweckänderungen** beeinflussen die ursprüngliche Zuordnung grundsätzlich nicht. Jedoch ist, um die Erschleichung des Verbraucherschutzes und Umgehungen zu vermeiden, ein zumindest zeitweiser tatsächlicher Gebrauch im anfänglich zugeordneten nicht geschäftlichen Zweckbereich erforderlich. Es genügt deshalb nicht für ein Verbrauchergeschäft, daß der Gewerbetreibende beim Einkauf erklärt, er kaufe für den privaten Gebrauch, um dann bei Ankunft zu Hause oder nach wenigen privaten Gebrauchshandlungen, den Gegenstand für geschäftliche Zwecke einzusetzen. Erforderlich ist vielmehr eine objektive Gesamtbetrachtung innerhalb eines angemessenen Zeitraums. 42

---

[29] *BGH* NJW 2002, 2030.

[30] S. Soergel/*Pfeiffer,* Bd. 2a, § 13 Rn. 26; Bamberger/Roth/*Bamberger,* § 13 Rn. 11.

[31] S. dazu auch *Callies,* AcP 203 (2003), 575, 598 ff.

d) Keine gewerbliche Tätigkeit

43 Ein **gewerblicher Zweck** liegt vor, wenn der Vertrag der gewerblichen Tätigkeit der vertragschließenden Person dient. Gewerblich ist jede planmäßig auf eine gewisse **Dauer angelegte** und auf den Abschluß einer Vielzahl von **entgeltlichen** Verträgen gerichtete selbständige **Tätigkeit,** die gegenüber Dritten in Erscheinung tritt[32]. Eine **Gewinnerzielungsabsicht** wird im allgemeinen vorliegen, ist aber nicht in jedem Fall erforderlich[33]. Nach dem Sinn des Verbraucherschutzes, der von der Schutzbedürftigkeit geschäftlich unerfahrener gegenüber geschäftlich erfahrenen Personen ausgeht, kommt es allein auf die normalerweise vorhandenen geschäftlichen Kenntnisse und Erfahrungen an, die auch ohne Gewinnerzielungsabsicht, etwa bei der Liquidation eines Unternehmens vorhanden sein können. Auch Gewinnerzielung zum Zwecke der Kostendeckung muß ausreichen. Die gemeinnützige Tätigkeit von Verbänden schließt den gewerblichen Zweck deshalb nicht aus[34]. Der steuerrechtliche Begriff des Gewerbes kann für § 13 nicht ausschlaggebend sein.

44 **Beispiele:** Die Verwaltung des eigenen Vermögens stellt unabhängig vom Wert grundsätzlich keine gewerbliche Tätigkeit dar. Dies gilt auch für den Erwerb und die Vermietung einer Immobilie durch einen Privatmann und die Kreditaufnahme hierfür, solange nicht wegen des Umfangs eine büromäßige Organisation erforderlich ist[35]. Der Geschäftsführer einer GmbH oder Vorstand einer *AG* ist selbst weder Kaufmann[36] noch gewerblich tätig. Er kann in dieser Eigenschaft jedoch zugleich eine selbständige Berufstätigkeit ausüben[37], wie z. B. der Rechtsanwalt in einer Rechtsanwalts-GmbH. Wer als Strohmann für einen anderen gewerblich tätig wird, ist selbst gewerbetreibender Unternehmer[38].

e) Keine selbständige berufliche Tätigkeit

45 **Selbständige b**erufliche Tätigkeit ist ähnlich wie die gewerbliche Tätigkeit jede **auf Dauer angelegte** und **nach außen hervortretende Tätigkeit,** die dem **Erwerb** des Lebensunterhalts dient[39]. Die berufliche Tätigkeit ist über die bloße Erzielung von Einnahmen hinaus dadurch gekennzeichnet, daß sie auf die Neigungen der Person bezogen ist und die Lebensgestaltung wesentlich beeinflußt. Ein Gewerbe kann auch eine juristische Person ausüben, nicht aber einen Beruf.

46 Die berufliche Tätigkeit muß selbständig, insbesondere freiberuflich ausgeübt werden. Obwohl die Definition des Verbraucherbegriffs im europäischen Recht generell von der beruflichen Tätigkeit spricht, sind nach dem Sinn und Zweck des Verbraucherschutzes **allein** die Rechtsgeschäfte für **selbständige berufliche Zwecke vom Verbraucherschutz ausgeschlossen.** Rechtsgeschäfte, die der unselbständigen beruflichen Betätigung als **Arbeitnehmer** dienen, wie z. B. der Kauf von Berufskleidung

---

[32] S. etwa *BGH* NJW 2002, 368; *Baumbach/Hopt,* § 1 Rn. 1 ff.; *K. Schmidt,* Handelsrecht, § 9 IV 2 b.

[33] Für das Erfordernis einer Gewinnerzielungsabsicht etwa *BGHZ* 83, 382, 286; 66, 48, 49; 63, 32, 33; 33, 321, 325; 49, 258, 260; 53, 222, 223; *Staub/Brüggemann,* § 1 Rn. 9; *Schlegelberger/Hildebrandt/Steckhan,* § 1 Rn. 24; dagegen etwa *K. Schmidt,* Handelsrecht, § 9 IV d, S. 289; Baumbach/*Hopt,* § 1 Rn. 2; *Heymann/Emmerich,* § 1 Rn. 20.

[34] A. A. offenbar Bamberger/Roth/*Bamberger,* § 13 Rn. 3.

[35] *BGH* NJW 2002, 368; s. auch *BGHZ* 104, 205, 208; 119, 252, 256.

[36] Baumbach/*Hopt,* § 1 Rn. 12; Gemeinschaftskommentar/*Nickel,* § 1 Rn. 11 a.

[37] A. A. offenbar *BGH* NJW 1996, 2156.

[38] *BGH* NJW 2002, 2030.

[39] Vgl. *BVerfGE* 7, 377, 397 ff.; *Wolf/Horn/Lindacher,* AGBG, Art. 2 RiLi Rn. 15.

oder von Material zur beruflichen Weiterbildung, sind dagegen dem **Verbraucherschutz zu unterstellen.** Dies ergibt sich daraus, daß die den beruflichen Zwecken dienenden Rechtsgeschäfte des unselbständig tätigen Arbeitnehmers nicht zu dessen eigentlicher beruflicher Betätigung gehören wie beim selbständig Tätigen. Von ihm kann deshalb bei solchen Geschäften nicht die berufsmäßige Erfahrung und Vertrautheit erwartet werden wie beim selbständig Tätigen[40]. Mit der Beschränkung auf selbständig beruflich Tätige hat § 13 die Vorgaben des europäischen Rechts deshalb korrekt umgesetzt. Im Arbeitsrecht, insbesondere bei Abschluß von Arbeitsverträgen oder von arbeitsrechtlichen Aufhebungsverträgen, sind Arbeitnehmer dagegen nicht als Verbraucher anzusehen[41]. Das Arbeitsrecht hat dafür eigene Schutzmechanismen und Vorschriften entwickelt. Außerdem zählen Aufhebungsverträge nicht zu den von § 312 erfaßten Verträgen, bzw. wird zumeist auch keine Überrumpelungssituation vorliegen[42].

f) Zuordnung von Existenzgründungen

Nicht eindeutig geregelt ist die Frage, ob es sich um eine **bereits ausgeübte gewerbliche oder selbständige berufliche Tätigkeit** handeln muß oder ob auch Verträge von **Existenzgründern** zum Zwecke der Aufnahme einer gewerblichen Tätigkeit vom Verbraucherschutz ausgeschlossen sind. Nach dem Zweck des Verbraucherschutzes, geschäftlich unerfahrene Personen zu schützen, ist es angebracht, grundsätzlich die Vorbereitungshandlungen in den Verbraucherschutz einzubeziehen und nur Verträge für die bereits ausgeübte gewerbliche Betätigung davon auszunehmen[43]. Dafür spricht sowohl § 14, der für den Begriff des Unternehmers ein Handeln „in Ausübung" der gewerblichen Tätigkeit voraussetzt und die Verbrauchereigenschaft besteht, solange nicht eine unternehmerische Tätigkeit vorliegt. Zu verweisen ist auch auf § 507, der Kreditgeschäfte für die Aufnahme einer gewerblichen Tätigkeit den Verbraucherschutzvorschriften unterstellt, sofern der Kredit 50 000 € nicht übersteigt. 47

Beispiele: Ob die Grenze von 50 000 € sachgerecht ist, erscheint nicht nur im Hinblick auf das ständige Bedürfnis für eine Anpassung an die inflationäre Entwicklung, sondern auch wegen des unterschiedlichen Kapitalbedarfs in verschiedenen Bereichen zweifelhaft. Die Grenzziehung ist auch im Hinblick auf den Beginn der gewerblichen Tätigkeit nicht immer ganz einfach. Wer im Gründungsstadium für eine GmbH oder AG, z. B. vor deren Eintragung ins Handelsregister, bereits Geschäfte tätigt, wird im Regelfall schon in Ausübung einer gewerblichen Tätigkeit handeln[44]. Ebenso ist grundsätzlich nicht Verbraucher ein Gewerbetreibender, der seine Betriebstätigkeit in naheliegende ähnliche Bereiche erweitert[45], wohl aber, wenn er eine neue, mit der bisherigen nicht zusammenhängende Tätigkeit beginnt[46]. Die Veräußerung oder Liquidation eines Unternehmens bei Geschäftsaufgabe ist dagegen noch der gewerblichen oder selbständigen beruflichen Tätigkeit zuzurechnen. 48

---

[40] S. auch *Wolf/Horn/Lindacher,* AGBG, Art. 2 RiLi Rn. 16; Palandt/*Heinrichs,* BGB, § 13 Rn. 3.

[41] S. Paland/*Heinrichs,* BGB, § 13 Rn. 3; *Mankowski,* Beseitigungsrechte, S. 258 ff.; *Annuß* NJW 2002, 2844; *Brors* DB 2002, 2046; *Fiebig* DB 2002, 1608; a. A. *Däubler* NZA 2001, 1329, 1332 ff.; *Reim* DB 2002, 2434.

[42] S. *BAG,* Urt. v. 27. 11. 2003 – 2 AZR 177/03; vgl. auch *Reim* DB 2002, 2434, 2438 und *Däubler* NZA 2001, 1329, 1334.

[43] Im Ergebnis ebenso Soergel/*Pfeiffer,* Bd. 2a, § 13 Rn. 35; MünchKomm/*Micklitz,* § 13 Rn. 41; Palandt/*Heinrichs,* § 13 Rn. 3.

[44] S. auch § 11 Abs. 2 GmbHG.

[45] S. dazu *BGH* NJW 1994, 2759 = LM H.11/1994 HWiG Nr. 15 m. Anm. *Pfeiffer.*

[46] *BGH* NJW 1995, 722 = LM H. 6/1995 VerbrKrG Nr. 1 m. Anm. *Pfeiffer.*

g) Zuordnung von Mischgeschäften

49 Bei Geschäften mit **doppelter Zwecknutzung,** die sowohl dem privaten als auch dem gewerblichen Gebrauch dienen, z. B. ein PC oder Pkw wird sowohl zu privaten als auch zu gewerblichen Zwecken benutzt (dual use), entfällt grundsätzlich die Verbrauchereigenschaft, da die vorhandene geschäftliche Erfahrung sich auf den privaten Verwendungszweck erstreckt[47]. Dies kann auch mit einer analogen Anwendung von § 344 HGB untermauert werden. Lediglich wenn das Geschäft gewöhnlicherweise für private Zwecke geplant ist und der Gegenstand ungeplant auch für geschäftliche Zwecke eingesetzt wird, ist von einem Verbrauchergeschäft auszugehen[48].

50 Sind auf einer Vertragsseite, z. B. als Käufer, **mehrere Personen** beteiligt, so ist für jede Person auf ihren eigenen Verwendungszweck abzustellen. Nimmt ein Ehepartner ein Darlehen für seinen Gewerbebetrieb auf, dem der andere nicht gewerblich tätige Ehegatte zum Zwecke der gesamtschuldnerischen Haftung beitreten muß, so liegt für den nicht gewerblich tätigen ein Verbrauchergeschäft vor[49].

2. Privatrechtliche Maßnahmen des Verbraucherschutzes

a) Widerrufsrechte

51 Zur Kompensation seiner informationellen und psychischen Unterlegenheit wird dem Verbraucher vielfach ein fristgebundenes **Widerrufsrecht** eingeräumt, mit dessen Ausübung er sich von dem bereits geschlossenen Vertrag lösen kann und das ihm ein nochmaliges Überdenken des Vertrags ermöglichen soll (s. oben § 39).

b) Verstärkte Information

52 Zum Ausgleich der informationellen Unterlegenheit des Verbrauchers sind verschiedene **Maßnahmen zur besseren Information** des Verbrauchers vorgesehen. Von diesem Informationsmodell des Verbraucherschutzes läßt sich insbesondere auch der *EuGH* leiten[50]. Die Informationen sollen den Verbraucher aufklären und ihm eine selbstbestimmte Entscheidung ermöglichen.

53 Informationspflichten **vor Vertragsabschluß** sehen z. B. vor § 312 c bei Fernabsatzverträgen, § 312 e Abs. 1 Nr. 2 im elektronischen Geschäftsverkehr, §§ 482, 483 bei Teilzeit-Wohnrechtsverträgen und § 675 a für eine öffentlich angebotene Geschäftsbesorgung im Standardgeschäft, insbesondere auch durch Kreditinstitute. Der Inhalt der zu gebenden Informationen wird des Näheren durch die BGB-InfoV festgelegt, die gemäß Art. 238–42 EGBGB erlassen worden ist[51]. Vor Vertragsabschluß hat auch die Information über das Rückgaberecht gemäß § 356 zu erfolgen. Informationspflichten vielfältiger Art sind zum Schutz der Kapitalanleger vorgesehen z. B. in §§ 32 Abs 1 Nr. 2, 44, 55 BörsG, im VerkprospG, in § 121 InvestmG oder in § 31 Abs. 2 Nr. 2, § 37 d WpHG. Von Informationen **bei Vertragsabschluß** gehen § 305 Abs. 2 Nr. 1 hinsichtlich der Einbeziehung von AGB, § 355 Abs. 2 hinsichtlich der Wi-

---

[47] Bamberger/Roth/*Bamberger,* § 13 Rn. 7; Palandt/*Heinrichs,* § 13 Rn. 3; Soergel/*Pfeiffer,* Bd. 2 a, § 13 Rn. 38.

[48] Vgl. auch § 1 Abs. 1 Satz 2 ProdHaftG.

[49] *BGH* NJW 1996, 2156; Soergel/*Pfeiffer,* Bd. 2 a, § 13 Rn. 49; Bamberger/Roth/*Bamberger,* § 13 Rn. 8.

[50] S. etwa *EuGH* EuZW 1990, 222; 1995, 611; 1996, 245; ferner 1. Programm der EWG für eine Politik zum Schutze und zur Unterrichtung der Verbraucher EG ABl. v. 25. 4. 1975, C 92/1, 3, 9; s. auch *Dreher,* JZ 1997, 167, 170 f.; *Dauses,* RIW 1998, 750; *Micklitz,* ZEuP 1998, 253, 265; *Reich,* Europäisches Verbraucherschutzrecht, 3. Aufl. 1996, Rn. 143 a ff.

[51] S. BGB-InfoV vom 5. 8. 2002 (BGBl I S. 3002).

derrufsbelehrung und § 651a Abs. 3 beim Reisevertrag aus. Der besseren Information dient auch das **Schriftformerfordernis** mit den detaillierten Angaben insbesondere in §§ 484, 492, 499–502. Diese Angaben ermöglichen dem Verbraucher beim Vertragsschluß und danach eine zuverlässige Kenntnisnahme vom Vertragsinhalt und den ihm zustehenden Rechten. Durch Angabe des effektiven Jahreszinses wird ihm außerdem ein Preisvergleich zwischen verschiedenen Kreditangeboten ermöglicht. Der Information bei der **Vertragsabwicklung** dienen auch verschiedene **Hinweispflichten,** wie z.B. in § 308 Nr. 5b, in § 309 Nr. 8b, bb und allgemein das Transparenzgebot in § 307 Abs. 1 Satz 2[52].

c) Inhaltskontrolle

Zugunsten des Verbrauchers sind auch **verstärkte Möglichkeiten der Inhaltskontrolle** vorgesehen. Zwar findet eine Inhaltskontrolle von AGB gemäß § 310 Abs. 1 mit § 307 auch zugunsten von Unternehmern statt. Jedoch gelten für Verbraucher zusätzlich die Klauselverbote in § 308 und § 309. Darüber hinaus eröffnet § 310 Abs. 3 Nr. 2 zugunsten von Verbrauchern auch die Inhaltskontrolle nicht ausgehandelter Individualvereinbarungen. 54

d) Besondere Schutzmaßnahmen in einzelnen Vertragstypen 55

Neben den generellen Verbraucherschutzmaßnahmen sind unterschiedliche Maßnahmen vielfältiger Art in einzelnen Vertragstypen vorgesehen. So sieht z.B. § 359 bei drittfinanzierten Abzahlungsgeschäften einen Einwendungsdurchgriff vor, § 497 regelt die Tilgung und Verzugszins bei Verbraucherdarlehen, § 498 beschränkt die Kündbarkeit und § 503 Abs. 2 den Rücktritt bei Teilzahlungsgeschäften wegen Zahlungsverzugs. Zusätzlich sichert § 503 Abs. 2 sichert die Rückabwicklungsansprüche des Verbrauchers. Dieses Anliegen verfolgen auch § 357 Abs. 3 und 4.

e) Verbrauchergerichtsstand

Zum Schutze des Verbrauchers ist zum Teil auch ein besonderer Gerichtsstand eingerichtet, der dem Verbraucher die gerichtliche Durchsetzung seiner Rechte an einem für ihn geeigneten Ort, insbesondere an seinem Wohnsitz erleichtern soll (s. Art 15–17 EuGVVO). 56

f) Halbzwingende Normen

Um den Verbraucherschutz unbeeinträchtigt erfüllen zu können, sind die Verbraucherschutzbestimmungen grundsätzlich als sog. **halbzwingende Normen** ausgestaltet, d.h. sie können nur zugunsten, nicht aber zum Nachteil des Verbrauchers abbedungen werden (s. § 312f, § 475, § 487, § 506 und mit gleicher Funktion § 14 ProdHaftG; s. auch oben § 3 Rn. 104ff.). Ergänzt wird das Abänderungsverbot durch ein Umgehungsverbot (§ 306a, § 312 Satz 2, § 475 Abs. 1 Satz 2, § 487 Satz 2, § 506 Abs. 1 Satz 2). Die Anwendung der zwingenden verbraucherschützenden Vorschriften bei grenzüberschreitenden Verträgen sichern im international privatrechtlichen Bereich Art. 29 und 29a EGBGB. 57

---

[52] Dazu im einzelnen *Wolf/Horn/Lindacher,* AGBG, § 9 Rn. 143ff.

§ 43. Vertragsschluß unter Verwendung Allgemeiner Geschäftsbedingungen

Inhaltsübersicht

Literatur: *Baetge,* Allgemeininteressen in der Inhaltskontrolle, AcP 202 (2002), 972; *Becker,* Die Auslegung des § 9 Abs. 2 AGBG, 1986; *Neumann,* Geltungserhaltende Reduktion und ergänzende Auslegung von AGB, 1988; *Pflug,* Kontrakt und Status im Recht der Allgemeinen Geschäftsbedingungen, 1986; *Raiser,* Das Recht der Allgemeinen Geschäftsbedingungen, 1935, Neudruck 1961; *Roussos,* Die Anwendungsgrenzen der Inhaltskontrolle und die Auslegung von § 9 AGBG, JZ 1988, 997; *Stoffels,* Gesetzlich nicht geregelte Schuldverträge, 2001; *ders.,* AGB-Recht, 2003; *Wackerbarth,* Unternehmer, Verbraucher und die Rechtfertigung der Inhaltskontrolle vorformulierter Verträge, AcP 200 (2000), 45; *M. Wolf,* Bedeutung und Funktion des AGB-Rechts und der AGB in einem neuen Umfeld, in Karlsruher Forum 2002: Schuldrechtsmodernisierung (Hg. *E. Lorenz),* 2003, S. 101.

I. Bedeutung des AGB-Rechts

1. Angemessene Vertragsbedingungen als Ziel

1 Das Verhandlungsgleichgewicht ist typischerweise vor allem bei der Verwendung von Allgemeinen Geschäftsbedingungen (AGB) gestört, weil diese für eine

Vielzahl von Verträgen einseitig vorformuliert werden und regelmäßig in den Vertrag Eingang finden, ohne daß darüber im einzelnen verhandelt wird. Die Einführung vorformulierter AGB in den Vertrag ist grundsätzlich ein Indiz für die wirtschaftliche und informationelle Unterlegenheit des Kunden (s. oben § 42 Rn. 29ff.). Da die Verwendung von AGB für Unternehmen mit einer Vielzahl gleicher Vertragsabschlüsse einem berechtigten Rationalisierungsbedürfnis entspricht[1], kann die Verwendung von AGB nicht generell ausgeschlossen werden. Andererseits können aber weder die Rechtsordnung noch die Wirtschaft Vertragsverhältnisse hinnehmen, die aufgrund struktureller Ungleichheiten einen gerechten Interessenausgleich verfehlen.

Zur Herstellung von Vertragsgerechtigkeit hätte der Gesetzgeber die vertragliche Gestaltungsfreiheit abschaffen und die im dispositiven Recht enthaltenen Regelungen mit zwingender Geltung für die jeweiligen Verträge ausstatten können. Dieser teilweise im Verbraucherschutzrecht, im Recht der Wohnungsmiete und im Arbeitsrecht beschrittene Weg hat jedoch den Nachteil der fehlenden Anpassung. Der Gesetzgeber kann die gesetzlichen Vorschriften nicht so schnell den wechselnden situationsspezifischen Bedürfnissen anpassen, wie dies ein bewegliches Wirtschaftssystem erfordert. Die bessere Lösung besteht deshalb darin, die vertragliche Gestaltungsfreiheit grundsätzlich bestehen zu lassen und durch eine anpassungsfähige **richterliche Inhaltskontrolle,** wie sie §§ 307ff. vorsehen, die Unwirksamkeit unangemessener Vertragsbedingungen jeweils situationsgerecht festzustellen[2]. 2

Das AGB-Recht ist seit 1. 1. 2002 durch die §§ 305ff. in das BGB eingefügt worden, obwohl ihre Einfügung in den Allgemeinen Teil des BGB zu bevorzugen gewesen wäre (s. oben § 1 Rn. 78)[3]. In den §§ 305ff. ist im wesentlichen das AGB-Gesetz von 1977 übernommen worden. Dieses konnte auf die Erfahrungen einer jahrzehntelangen Rechtsprechung zurückgreifen, die das *RG* gestützt auf § 138 begonnen und die der *BGH* gestützt vor allem auf § 242 weiterentwickelt hatte[4]. Auf dieser Grundlage ist der Grundsatz von Treu und Glauben als obersten Maßstab für die Angemessenheit von Vertragsbedingungen in das Gesetz gelangt. Dieser Maßstab und die Grundlagen der Inhaltskontrolle haben durch Art. 3 Abs. 1 Richtlinie 93/13/EWG nunmehr auch in allen Mitgliedstaaten der EU, allerdings beschränkt auf Verbraucherverträge, Geltung erlangt[5]. Die Richtlinie hat eine Erweiterung insoweit gebracht, als nunmehr auch nicht ausgehandelte Individualvereinbarungen einer Inhaltskontrolle unterworfen werden (s. Art. 3 RiLi und § 310 Abs. 3 Nr. 2 AGBG). Die Europäischen Vertragsprinzipien sehen in Art. 4.110 ein Anfechtungsrecht zur Abwehr unangemessener, nicht ausgehandelter Vertragsbedingungen vor, was der Inhaltskontrolle von AGB gleichkommt. Eine Beschränkung auf Verbraucher ist hierbei nicht vorgesehen[6]. Als ein Instrument zur Vereinheitlichung des europäischen Vertragsrechts ist vor allem die Aufstellung von vertraglichen Standardbedingungen vorgesehen[7]. Dies wäre für den Verbraucher dann nützlich, wenn ihm ein Recht eingräumt würde, diese Standardbestimmungen als Vertragsinhalt mit bindender Wirkung zu wählen[8]. 3

---

1 Vgl. *Medicus,* AT, Rn. 395; Palandt/*Heinrichs,* Überbl. vor § 305 Rn. 5.

2 S. auch *M. Wolf* aaO in Karlsruher Forum 2002, S. 101, 130f.

3 S. *Wolf/Pfeiffer* ZRP 2001, 303; Palandt/*Heinrichs,* Überbl. v. § 305 Rn. 1.

4 S. zu einem Überblick *M. Wolf,* Rechtsgeschäftliche Entscheidungsfreiheit und vertraglicher Interessenausgleich, 1970, S. 36ff.; *Fastrich,* Richterliche Inhaltskontrolle im Privatrecht, 1992, S. 14ff.

5 S. *Wolf/Horn/Lindacher,* AGBG, Art. 3 RiLi Rn. 2, 12.

6 S. dazu *M. Wolf* in Europäische Vertragsrechtsvereinheitlichung und deutsches Recht, (Hg *Basedow),* 2000, S. 85, 114ff.; dort S. 236 findet sich auch Art. 4.110.

7 S. dazu KOM-Doc. (2001) 398 endg. S. 17f.

8 Vgl. zur Wahl des dispositiven Rechts *M. Wolf* JZ 1976, 41.

2. Regelungsgegenstand und Anwendungsbereich

a) Regelungsgegenstand

4 Zweck der §§ 305ff. ist der Schutz des Kunden, dem gegenüber AGB und andere vorformulierte Bedingungen verwendet werden. Dabei ist der Schutz der Unternehmer im Sinne des § 14, denen das Gesetz im allgemeinen eine größere Geschäftserfahrung und eine stärkere faktische Position unterstellt, geringer als der für den normalen Verbraucher. §§ 305ff. regeln sowohl die **Einbeziehung** als auch die **Inhaltskontrolle** der AGB. Die Inhaltskontrolle ist gemäß § 307 Abs. 3 beschränkt auf Vertragsbedingungen, die von der gesetzlichen Regelung abweichen. Nicht der Kontrolle unterliegen danach insbesondere Preisvereinbarungen und Vereinbarungen über den Hauptleistungsgegenstand des Vertrags (s. unten Rn. 42). Dies stimmt mit Art. 4 (2) der Klauselrichtlinie 93/13/EWG überein[9]. Die zuvor im AGB-Gesetz enthaltene **Verbandsklage,** die in einem besonderen Verfahren eine generelle Überprüfung der Wirksamkeit von AGB ermöglicht, ist in das Unterlassungsklagengesetz (UKlaG) übernommen worden (s. unten Rn. 88).

b) Anwendungsbereich

5 Trotz seiner verfehlten systematischen Stellung im Schuldrecht (s. oben § 1 Rn. 78) sind die §§ 305ff. grundsätzlich auf alle **Verträge aus dem gesamten Privatrecht** anzuwenden, sofern nicht einzelne Rechtsgebiete ausgenommen sind. Nach § 310 Abs. 4 ist die Anwendung ausgeschlossen für Verträge auf den Gebieten des Erb-, Familien- und Gesellschaftsrechts sowie Tarifverträge, Betriebs- und gleichgestellte Dienstvereinbarungen im Bereich der Arbeitnehmer des öffentlichen Dienstes. Hier sah der Gesetzgeber teils keinen Raum für die Anwendung Allgemeiner Geschäftsbedingungen[10], teils sah er den Schutz für entbehrlich an, wie etwa für Tarifverträge und Betriebsvereinbarungen. Das Recht des Individualarbeitsvertrags ist jedoch ausdrücklich einbezogen. Das Hauptanwendungsgebiet der §§ 307ff. liegt bei den Schuldverträgen, insbesondere den gegenseitigen Verträgen einschließlich den Arbeitsverträgen. Die §§ 305ff. sind jedoch auch auf Verträge aus den Bereichen des Allgemeine Teils, des Sachenrechts, des Handelsrechts, des Urheber- und Patentrechts oder des Prozeßrechts anzuwenden.

6 **Beispiele:** AGB mit Vereinbarungen über die Schriftform (§ 127) unterliegen den §§ 305ff. ebenso wie die Einräumung einer Vollmacht nach § 167 in AGB oder AGB-Klauseln über die Verjährung, soweit sie nach § 202 zugelassen sind. Auch der Eigentumsvorbehalt als bedingte Übereignung (§ 929 mit § 158), Verarbeitungsklauseln in Sinne von § 950 oder die Einigung über eine Grundschuldbestellung (§ 873 mit §§ 1192, 1115ff.) werden von §§ 305ff. erfaßt, wenn sie in AGB enthalten sind. Auch Vereinsstrafen, die gegenüber Nichtmitgliedern verhängt werden, sollten den §§ 305ff. unterstellt werden (s. oben § 10 Rn. 120) ebenso Rechtsbeziehungen zu Mitgliedern eines nicht eingetragenen Vereins jedenfalls dann, wenn sie Austauschcharakter haben[11]. Daraus wird deutlich, daß die AGB-Vorschriften wegen ihrer Geltung in verschiedenen Büchern des BGB bei richtiger systematischer Einordnung in den Allgemeinen Teil des BGB gehören.

---

[9] S. *Wolf/Horn/Lindacher,* AGB-Gesetz, Art. 4 RiLi Rn. 15ff; MünchKomm/*Basedow,* § 307 Rn. 3.

[10] Vgl. BT-Drs. 7/39/9, S. 41.

[11] S. *BGH* NJW-RR 1992, 379 = LM H. 4/92 § 23 AGBG Nr. 10 m. Anm. *Ursula Stein; BGH* NJW 1995, 583 = LM H. 6/95 § 25 BGB Nr. 34 m. Anm. *M. Wolf.*

II. Vorformulierte und ausgehandelte Vertragsbedingungen

Das AGB-Gesetz erfaßt nicht alle Störungen im Verhandlungsgleichgewicht, sondern nur solche, die sich aus der Vorformulierung von Vertragsbedingungen ergeben (s. auch oben § 42 Rn. 29ff.). Die Vorformulierung von Vertragsbedingungen begründet auch nicht unausweichlich den Schutz und die Inhaltskontrolle nach §§ 305ff. Deren Anwendung entfällt vielmehr, wenn die Vertragsbedingungen im einzelnen ausgehandelt sind (§ 305 Abs. 1 Satz 3). Die Vorformulierung der Vertragsbedingungen begründet jedoch eine Vermutung für ein gestörtes Verhandlungsgleichgewicht. Wer demgegenüber ein Aushandeln unter den Voraussetzungen annähernder Verhandlungsparität geltend machen will, trägt dafür die Beweislast[12]. Demgemäß sind im Hinblick auf den Entstehungsprozeß verschiedene Arten von Vertragsbedingungen zu unterscheiden. 7

1. Allgemeine Geschäftsbedingungen

Allgemeine Geschäftsbedingungen (AGB) im Sinne des Gesetzes sind „alle für eine Vielzahl von Verträgen vorformulierte Vertragsbedingungen, die eine Vertragspartei (Verwender) der anderen Vertragspartei bei Abschluß eines Vertrages stellt" (§ 305 Abs. 1 Satz 1). 8

a) Vertragsbedingungen

Es muß sich danach zunächst um Vertragsbedingungen handeln, d.h. um Bestimmungen, die Inhalt einer vertraglichen Regelung werden sollen und als solche rechtliche Wirkung entfalten. Für den Begriff der AGB ist es gleichgültig, ob die Vertragsbedingungen die Hauptleistung und den Preis oder nur vertragliche Nebenbedingungen zum Gegenstand haben, wie z.B. die Fälligkeit, den Leistungsort oder die Regelung von Gewährleistungsansprüchen. Diese Frage wird gemäß § 307 Abs. 3 Satz 1 nur für die Inhaltskontrolle nach §§ 307–309 relevant, nicht aber für die §§ 305–306a. 9

b) Vorformulierung für eine Vielzahl von Verträgen

Die AGB müssen für eine Vielzahl von Verträgen vorformuliert sein. Es genügt eine begrenzte Zahl von Verträgen; etwa Mietverträge über Wohnungen in einer bestimmten Wohnanlage. Erforderlich ist, daß der Verwender die vorformulierten Bedingungen wenigstens in einem Fall verwendet in der **Absicht,** dies **mehrfach** zu tun. Eine tatsächlich nur zweimalige Verwendung kann auf Zufall beruhen und führt nicht ohne weiters zum Vorliegen von AGB[13]. Das Merkmal **vorformuliert** bringt zum Ausdruck, daß die Bedingungen nicht das Ergebnis einer Verhandlung mit dem Vertragspartner sind, sondern diesem vom Verwender[14] als ein fertiger Entwurf einseitig präsentiert und ohne Verhandlungsmöglichkeit gestellt werden. Die Vorformulierung kann erfolgen von demjenigen, der sie verwendet, oder einem Dritten, z.B. von seinem Rechtsberater, oder von einem Interessenverband, der seinen Mitgliedern ihre Verwendung empfiehlt. 10

---

[12] *BGHZ* 83, 58; *BGH* NJW 1987, 144.

[13] S. *BGH* NJW 1997, 135.

[14] Zur Frage, wer im Einzelfall als „Verwender" anzusehen ist, *Schlechtriem,* FS Duden, 1977, S. 573ff.

11 Im Hinblick auf die Vorformulierung hat man die AGB auch schon als eine fertig bereit liegende Rechtsordnung und als das Recht der Wirtschaft bezeichnet. Die AGB sind jedoch **keine Rechtsnormen**[15], weil sie von Privatpersonen und nicht von den dazu allein legitimierten staatlichen oder sonst durch Gesetz[16] ermächtigten Organen aufgestellt sind. Sie gelten deshalb nicht unmittelbar kraft Gesetzes, sondern nur aufgrund vertraglichen Einverständnisses (s. § 305 Abs. 2).

c) Erfordernis des Stellens

12 § 305 Abs. 1 Satz 1 setzt voraus, daß der **Verwender** die AGB stellt, d.h. ihre **Einbeziehung** in den Vertrag **verlangt.** In der Wortverbindung „Vertragsbedingungen, die eine Vertragspartei der anderen stellt", kommt die Einseitigkeit des Verwendens deutlich zum Ausdruck, die eben darin liegt, daß der Verwender der anderen Partei eine fertige Regelung vorlegt, die nicht Gegenstand von Verhandlungen ist. Nicht erforderlich ist jedoch, daß das in Ausnutzung einer überlegenen Marktstellung geschieht oder daß dabei irgendeine Art von Druck ausgeübt wird. § 310 Abs. 3 Nr. 1 geht davon aus, daß AGB in Verträgen mit Verbrauchern als vom Unternehmer gestellt anzusehen sind, wenn nicht ihre Einbeziehung in den Vertrag auf der Initiative des Verbrauchers beruht.

13 Entgegen dem Wortlaut von § 310 Abs. 3 Nr. 1 ist die rein formale Betrachtung, wer die AGB zuerst in sein Angebot aufnimmt, nicht entscheidend[17], da dies lediglich Ausdruck eines vorauseilenden Gehorsams sein kann. Voraussetzung ist vielmehr, daß der Verbraucher die Wahlmöglichkeit hatte, den Vertrag auch ohne AGB abschließen zu können.

d) Unbeachtliche Umstände

14 Nach § 305 Abs. 1 Satz 2 spielt es keine Rolle, ob die Bestimmungen einen äußerlich gesonderten Bestandteil des Vertrages bilden oder in die Vertragsurkunde selbst aufgenommen werden, welchen Umfang sie haben, auch wenn es nur einzelne Worte sind, in welcher Schriftart sie verfaßt sind und welche Form der Vertrag hat. Auch wenn AGB in einem notariell beurkundeten Vertrag verwendet werden, unterliegen sie unbeschadet der Belehrungspflicht des Notars den §§ 305ff.[18]. Auch lediglich mündlich in mehreren Verträgen benutzte Vertragsbedingungen sind AGB[19]. Es kommt auch nicht darauf an, ob der Kunde im einzelnen Fall schutzbedürftig ist oder nicht.

2. Vorformulierte Individualvereinbarungen

15 Durch § 310 Abs. 3 Nr. 2 werden in Umsetzung der Klauselrichtlinie 93/13/EWG auch vorformulierte **Vertragsbedingungen** (s. Rn. 8) in Individualvereinbarungen der Inhaltskontrolle unterworfen., wobei der Inhaltskontrolle nach §§ 307–309 wiederum nicht Preis- und Leistungsbeschreibungen unterliegen (s. Rn. 4). Zur Vorfor-

---

[15] H.M. *Ulmer/Brandner/Hensen,* AGBG, Einl. Rn. 22ff.; *Wolf/ Horn/Lindacher,* AGBG, Einl. Rn. 13; a.A. *Pflug* aaO, S. 298ff.

[16] S. § 4 TVG; § 77 Abs. 4 BetrVG.

[17] So zu Recht *BGH* LM H. 8/1997 § 1 AGBG Nr. 28 m. Anm. *Pfeiffer.*

[18] MünchKomm/*Basedow,* § 305 Rn. 33; *Ulmer/Brandner/Hensen,* AGBG, § 1 Rn. 38; Palandt/*Heinrichs,* § 305 Rn. 17; *Battes,* FS Möhring, 1975, S. 21; *Schippel/Brambring,* DNotZ 1977, 131. Der Notar ist berechtigt, die Beurkundung eines Formularvertrags abzulehnen, der nach dem AGB-Gesetz unwirksame Klauseln enthält *Schippel/Brambring,* S. 148f.).

[19] *BGH* NJW 1988, 410.

mulierung müssen bei Individualvereinbarungen weitere Umstände hinzukommen (s. oben § 42 Rn. 31)[20]. Ansonsten gelten dieselben Voraussetzungen wie für AGB (Rn 11–13). Jedoch ist die Inhaltskontrolle auf **Verträge mit Verbrauchern** beschränkt und findet im Gegensatz zu AGB nicht zum Schutz von Unternehmern statt. Soweit es in Verträgen mit Verbrauchern an einer Vorformulierung fehlt, kann eine Inhaltskontrolle nach § 242 erfolgen, wobei die Richtlinie 93/13/EWG, die in Art. 3 Abs. 1 eine Inhaltskontrolle unabhängig von der Vorformulierung vorsieht[21], die Maßstäbe für eine richtlinienkonforme Auslegung setzt[22].

3. Ausgehandelte Vereinbarungen

Sowohl AGB wie auch vorformulierte Individualvereinbarungen unterliegen nicht 16 den §§ 305ff., wenn sie im einzelnen ausgehandelt sind. Dies sehen § 305 Abs. 1 Satz3 und sinngemäß § 310 Abs. 3 Nr. 2 im Anschluß an Art. 3 Abs. 1 RiLi 93/13/EWG für vorformulierte Individualvereinbarungen vor. Ausgehandelt ist eine Bestimmung nur dann, wenn sie nicht nur aufgrund einer formalen Zustimmung, sondern als Ausdruck einer freibestimmten inhaltlichen Billigung Vertragsbestandteil geworden ist. Die Beweislast für das Aushandeln trägt der Verwender[23].

Beispiele: Für ein Aushandeln im einzelnen genügt grundsätzlich nicht, wenn die Vertrags- 17 bedingungen besprochen und im einzelnen erläutert werden[24]. Auch die Möglichkeit, zwischen verschiedenen Klauseln wählen zu können, oder wenn einzelne Lücken wie z. B. die Leistungszeit, der Leistungsort oder bei einem Darlehen der Zinssatz, individuell ausgefüllt werden, stellt kein Aushandeln dar[25]. Nicht ausreichend ist auch die bloße Bereitschaft zum Verhandeln oder die Aufforderung zu Änderungen und Streichungen[26]. Das Aushandeln muß für jede Vertragsbedingung im einzelnen nachgewiesen werden[27]. Dazu ist es erforderlich, daß der Verwender den gesetzesfremden Kerngehalt seiner vorformulierten Bedingungen ernstlich zur Disposition stellt und dadurch dem anderen Teil die **reale Möglichkeit zur angemessenen Interessenwahrnehmung** einräumt[28]. Ein unveränderter Text kann ausnahmsweise als Ausdruck eines Aushandelns anzusehen sein, wenn dafür ein Ausgleich an anderer Stelle, z. B. beim Preis, gewährt wird oder wenn der andere Teil nach gründlicher Erörterung von der Sachgerechtigkeit der Regelung überzeugt ist[29]. Es genügt aber nicht, wenn der Verwender dem Kunden für die pauschale Übernahme seiner AGB irgendeinen Vorteil verspricht. Gerade in der pauschalen Zustimmung zu einem Klauselwerk, das er im einzelnen nicht übersieht, liegt eine der Gefahren, vor denen der Kunde geschützt werden soll. Auch die bloße schriftliche Bestätigung, daß etwas ausgehandelt sei, ist nicht ausreichend.

---

20 S. oben § 42 Rn. 32 und *M. Wolf,* FS Brandner, 1996, S. 299, 305ff.

21 S. *Wolf/Horn/Lindacher,* AGBG, Art. 3 RiLi Rn. 18ff.; MünchKomm/*Basedow,* § 310 Rn. 68.

22 Zur richtlinienkonformen Auslegung nationalen Rechts s. oben § 4 Rn. 72ff.; sowie allgemein *Breckmann,* Die richtlinienkonforme Auslegung, 1994.

23 *BGHZ* 85, 305, 308; *BGH* NJW 1977, 624, 625; *Heinrichs,* NJW 1977, 1505.

24 *BGH* NJW 1984, 171, 172; 1992, 2759, 2760.

25 S. *Wolf/Horn/Lindacher,* AGBG, § 1 Rn. 38, 39; *Brandner/Hensen,* AGBG, § 1 Rn. 53; *Bork,* AT, Rn. 1758.

26 BGHZ 98, 28; *BGH* NJW 1987, 2011.

27 MünchKomm/*Basedow,* § 305 Rn. 43; *Wolf/Horn/Lindacher,* AGBG, § 1 Rn. 37.

28 *BGHZ* 85, 306; 104, 236; *BGH* NJW 1992, 2759, 2760; *M. Wolf,* NJW 1977, 1937; *Heinrichs,* NJW 1977, 1505.

29 *BGHZ* 84, 109, 111; *BGH* NJW 1991, 1678, 1679; 1992, 2283, 2285; *Heinrichs,* NJW 1977, 1505, 1508.

III. Die Einbeziehung in den Vertrag

1. Einbeziehung nur mit Einverständnis

18 Die Geltung von AGB oder vorformulierter Individualklauseln hängt, da sie keine Rechtsnormen sind, davon ab, daß sie durch ihre Einbeziehung in den Vertrag zum Vertragsbestandteil geworden sind. Dazu bedarf es wie stets zum Zustandekommen eines Vertrages übereinstimmender Willenserklärungen beider Vertragspartner[30].

19 Für Verträge mit Verbrauchern sieht § 305 Abs. 2 vor, daß eine konkludente Einbeziehungserklärung auf Seiten des Verwenders nicht ausreicht. Vielmehr muß der Verwender den Kunden beim Vertragsschluß **ausdrücklich auf** seine **AGB hinweisen** (Nr. 1) und ihm die **Möglichkeit** verschaffen, in zumutbarer Weise von ihrem Inhalt **Kenntnis zu nehmen** (Nr. 2). Dies erfordert im Regelfall eine Aushändigung und im elektronischen Geschäftsverkehr die Möglichkeit, die AGB abzurufen und in wiedergabefähiger Form zu speichern (§ 312e Abs. 1 Nr. 4). Die Einverständniserklärung des Kunden kann dann auch stillschweigend erfolgen[31]. War sich der Kunde der Bedeutung seines Verhaltens als Einbeziehungserklärung nicht bewußt, so kann er seine Erklärung unter den weiteren Voraussetzungen des § 119 Abs. 1 wegen Irrtums anfechten[32].

20 **Beispiele:** Dem Erfordernis eines ausdrücklichen Hinweises ist nur dann genügt, wenn dieser unmißverständlich und in nicht zu übersehender Weise erfolgt. Der Hinweis muß so gestaltet sein, daß er auch einem durchschnittlichen Kunden, der Kleingedrucktes nicht zu lesen pflegt, ins Auge fällt[33]. Hinweise auf Rechnungen, Lieferscheinen, Fahrkarten, Flugtickets oder Eintrittskarten, die erst nach Vertragsabschluß ausgehändigt werden, führen nicht zur Einbeziehung in den Vertrag[34]. Bei unverhältnismäßigen Schwierigkeiten, wie z. B. beim automatisierten Vertragsabschluß, kann der ausdrückliche Hinweis durch einen deutlich sichtbaren Aushang am Ort des Vertragsabschlusses, etwa neben der Kasse oder an der Einfahrt eines Parkhauses ersetzt werden (§ 305 Abs. 1 Nr. 1). Der Aushang muß aber drucktechnisch so gestaltet und so angebracht sein, daß der Kunde ihn mühelos lesen kann. Die Vertragsparteien können die Geltung der AGB des Verwenders statt für jeden einzelnen Vertrag auch im voraus für eine bestimmte Art von künftig unter ihnen abzuschließenden Rechtsgeschäften als **Rahmenvertrag** vereinbaren (§ 305 Abs. 3). Die Erfordernisse des § 305 Abs. 2 gelten nicht in den Fällen des § 305a sowie nach § 310 Abs. 1 nicht bei Verträgen mit Unternehmern (s. Rn. 21 ff.).

2. Einbeziehung unter Kaufleuten

a) Konkludenter Hinweis

21 Gemäß § 310 Abs. 1 findet die Bestimmung des § 305 Abs. 2 und 3 keine Anwendung im Falle bei Verwendung von AGB gegenüber einem Unternehmer und bei der Verwendung gegenüber juristischen Personen des öffentlichen Rechts oder einem öffentlich-rechtlichen Sondervermögen. In diesen Fällen gelten daher für die Einbezie-

[30] Anders *Schapp*, Grundfragen der Rechtsgeschäftslehre, 1986, S. 78.

[31] Vgl. MünchKomm/*Basedow*, § 305 Rn. 83; *Wolf/Horn/Lindacher*, AGBG, § 2 Rn. 43; *Medicus*, AT, Rn. 408.

[32] Vgl. dazu *Loewenheim*, AcP 180 (1980), 433, 449 ff.

[33] Vgl. *BGH* NJW-RR 1987, 112, 113; Palandt/*Heinrichs*, § 305 Rn. 29; MünchKomm/*Basedow*, § 305 Rn. 7.

[34] H. L., *Wolf/Horn/Lindacher*, AGBG, § 2 Rn. 35 f.; Palandt/*Heinrichs*, § 305 Rn. 30; Bamberger/Roth/*Becker*, § 305 Rn. 45.

hung der AGB in den Vertrag weiterhin allein die allgemeinen Regeln über Willenserklärungen und über den Abschluß von Verträgen[35]. Daher genügt hier ein schlüssiges Verhalten sowohl auf Seiten des Verwenders wie des Kunden, ohne daß auf die AGB ausdrücklich hingewiesen werden muß. Es genügt ein konkludenter Hinweis[36], an dessen Deutlichkeit weniger strenge Anforderungen als bei Verbrauchern zu stellen sind. Soweit das UN-Kaufrecht bei grenzüberschreitenden Verträgen anzuwenden ist, richtet sich die Einbeziehung allein nach dessen Vorschriften. Danach muß der Verwender seine AGB grundsätzlich dem anderen Teil verschaffen (s. unten Rn. 23).

Beispiele: Ein konkludenter Hinweis ist anzunehmen bei **laufenden Geschäftsverbindungen,** in denen ein Teil bisher stets seine AGB unwidersprochen verwendet hat. Der Verwender kann dann bei einem neuen Vertragsschluß ohne erneuten Hinweis davon ausgehen, daß das Einverständnis mit den AGB auch für einen neuen Vertrag gilt[37]. Die für die Auslegung von AGB geltende Vorschrift des § 305 c Abs. 2 sollte auch dafür herangezogen werden, ob ein Hinweis auf die AGB erfolgt ist. **Im Zweifel** ist deshalb von einem fehlenden Hinweis auszugehen. Ein **Hinweis** ist **entbehrlich** wenn die Verwendung im wesentlichen übereinstimmender Geschäftsbedingungen in dem betreffenden Geschäftszweig als selbstverständlich gilt und jeder Kaufmann dies wissen muß; hier kann das Einverständnis vermutet werden, selbst wenn der Hinweis unterlassen wurde. Auch dort, wo die Verwendung von AGB **branchenüblich** ist, wie etwa bei Banken, Versicherungen oder Spediteuren ist üblicherweise von der gewollten Einbeziehung der AGB auszugehen, falls nicht konkrete gegenteilige Anhaltspunkte bestehen[38]. 22

b) Möglichkeit der Kenntnisnahme

Auch für Unternehmer muß die Möglichkeit zur Kenntnisnahme der AGB bestehen, nur sind dabei höhere Anforderungen zu stellen. Von ihnen kann erwartet werden, daß sie ihnen unbekannte AGB anfordern oder sich sonst beschaffen[39] und selbst zur Klarstellung des Vertragsinhalts beitragen. Das Anfordern unbekannter AGB kann aber zu einer Verzögerung des Vertragsabschlusses führen. Vom Unternehmer kann deshalb erwartet werden, daß er auch in Verträgen mit anderen Unternehmern grundsätzlich die AGB seinem Angebot beilegt. Bei internationalen Kaufverträgen nach dem UN-Kaufrecht wird deshalb zu Recht verlangt, daß der Verwender seine AGB dem Angebot beifügt[40]. Lediglich im Rahmen einer laufenden Geschäftsbeziehung oder bei allgemein bekanten oder bei branchenüblichen AGB kann auf eine Beifügung verzichtet werden. 23

c) Kollidierende AGB

Im kaufmännischen Verkehr verweisen oft beide Vertragspartner auf ihre **AGB.** 24
Nach § 150 Abs. 2 würden die AGB desjenigen in den Vertrag einbezogen, der als letzter vor dem Vertragsabschluß auf sie hingewiesen hat (sog. Prinzip des letzten Wortes). Dies ist aber nicht angebracht, weil sonst ein endloser Widerspruch gegen die

---

35 Zur Einbeziehung Allgemeiner Geschäftsbedingungen durch ein kaufmännisches Bestätigungsschreiben: *Lindacher,* WM 1981, 702; *Wolf/Horn/Lindacher,* AGBG, § 2 Rn. 72; vgl. auch oben § 30 Rn. 28 ff., 36.

36 *BGHZ* 102, 293, 304.

37 Vgl. *BGHZ* 42, 53, 55; *BGH* NJW 1978, 2243; bloße Hinweise auf Lieferscheinen genügen jedoch nicht, Palandt/*Heinrichs,* § 305 Rn. 52. Teilweise abweichend, unter dem Gesichtspunkt des Vertrauensschutzes, *Müller-Graff,* JZ 1977, 245.

38 *BGH* NJW 1985, 1838, 1840; 1990, 513, 514; vgl. MünchKomm/*Basedow,* § 305 Rn. 92; *Wolf/Horn/Lindacher,* AGBG, § 2 Rn. 71.

39 *BGH* NJW 1982, 1749, 1750.

40 *BGH* NJW 2002, 370 = LM H. 3/02 CISG Nr. 9 m. Anm. *Karollus.*

AGB des anderen erfolgen müßte. Häufig messen die Parteien den AGB auch keine so große Bedeutung bei, daß sie den Vertrag daran scheitern lassen wollen, und beginnen trotz fehlender Einigung über die AGB mit der Vertragsdurchführung. Dann ist der Vertrag nach richtiger Auffassung[41] entgegen der Regel des § 154 Abs. 1 mit dem Inhalt geschlossen, über den sich beide einig gewesen sind (s. oben § 29 Rn. 81 ff.). Für die AGB bedeutet das, daß sie soweit Vertragsbestandteil geworden sind, als sie sich decken oder nebeneinander Bestand haben können **(sog. Prinzip der Kongruenzgeltung).** Soweit sie sich dagegen widersprechen, gelten weder die des einen noch die des anderen. Insoweit ist dann auf das dispositive Recht zurückzugreifen. Sollten die Parteien den Punkt im Laufe der Verhandlungen aus dem Augen verloren haben und jede der irrtümlichen Meinung gewesen sein, ihre AGB seien von der anderen akzeptiert, so ergibt sich über § 155 dasselbe Ergebnis. Die gleichen Grundsätze gelten für den Vertragsabschluß nach den Art. 14 ff. UN-Kaufrecht[42].

3. Nichteinbeziehung überraschender Klauseln

25 Auch wenn alle Erfordernisse für die Einbeziehung der AGB in einen Vertrag erfüllt sind, werden nach § 305 c Abs. 1 solche Bestimmungen der AGB nicht Vertragsbestandteil, die so ungewöhnlich sind, daß der Vertragspartner des Verwenders mit ihnen nicht zu rechnen braucht (überraschende Klauseln). Dies gilt nach § 310 Abs. 3 Nr. 2 auch für nicht ausgehandelte Individualklauseln in Verbraucherverträgen sowie nach § 310 Abs. 1 für AGB zwischen Unternehmern. Durch § 305 c Abs. 1 soll der Kunde dagegen geschützt werden, daß aufgrund seiner pauschalen Einverständniserklärung auch eine solche Klausel Vertragsinhalt wird, mit der er wegen ihrer Ungewöhnlichkeit nicht zu rechnen brauchte. Seine Einverständniserklärung ist kraft Gesetzes unwiderlegbar dahin auszulegen, daß sie sich auf derartige Klauseln nicht bezieht. Überraschende Klauseln werden unabhängig von der Inhaltskontrolle nach §§ 307 ff. auch dann nicht einbezogen, wenn es sich um überraschende Preisklauseln oder Leistungsbeschreibungen handelt (s. oben Rn. 9).

a) Ungewöhnliche Klausel

26 Ungewöhnlich muß die Klausel **gerade bei einem derartigen Vertrag** sein. Dabei kommt es auf die Umstände des Vertragsschlusses[43], insbesondere auf das äußere Erscheinungsbild des Vertrages an, worunter die für den Vertragstypus charakteristischen Grundzüge und die besonders in die Augen fallenden Vertragsbestimmungen zu verstehen sind. Eine Klausel, die bei einem Vertragstypus häufig ist, kann bei einem Vertrage vollkommen ungewöhnlich und daher für den Kunden überraschend sein.

27 **Beispiel:** Ungewöhnlich ist die Klausel in einem Krankenhausvertrag, daß jeweils das Höchsthonorar zu berechnen sei unabhängig von der Schwierigkeit der Behandlung oder daß das Krankenhaus trotz eines einheitlichen Vertrags nicht für die ärztliche Leistung haftet[44]. Als

---

[41] Vgl. hierzu *Flume,* AT II, § 37 3; *Schlechtriem,* FS Wahl, S. 67, 78; *Pawlowski,* AT, Rn. 458 c; Palandt/*Heinrichs,* § 305 Rn. 55; *Bamberger/Roth/Becher,* § 305 Rn. 62; *Wolf/Horn/Lindacher,* AGBG, § 2 Rn. 73 ff.; *Ulmer* in *Ulmer/Brandner/Hensen,* AGBG, § 2 Rn. 92 ff.
[42] *BGH* JW 2002, 1651 = LM H. 6/02 CISG Nr. 10 m. Anm. *Magnus.*
[43] Vgl. *BGHZ* 107, 152, 160; MünchKomm/*Basedow,* § 305 Rn. 6; *Ulmer/Brandner/Hensen,* AGBG, § 3 Rn. 19.
[44] S. *BGH* 121, 107, 113; *OLG Düsseldorf* VersR 1984, 370.

ungewöhnlich hat der *BGH* auch eine Klausel angesehen[45], durch die der Sicherungszweck einer bestehenden Grundschuld entgegen der darüber getroffenen Abrede auf weitere Forderungen oder alle Forderungen des Sicherungsnehmers ausgedehnt wird. Hier hätte es eines eindeutigen Hinweises auf die Ausdehnung des Sicherungszwecks bedurft. Allgemein kann eine ungewöhnliche Klausel angenommen werden, wenn sie Hauptpflichten wesentlich modifiziert oder begründet und dadurch den Vertragscharakter gegenüber dem gewöhnlichen Anschein ändert oder wenn atypische Nebenabreden oder sonst versteckte Klauseln aufgenommen werden[46].

b) Überraschungseffekt

Die Klausel muß aufgrund ihrer Ungewöhnlichkeit für den Kunden so überraschend sein, er nicht mit ihr zu rechnen brauchte. Der Klausel muß ein Überraschungs- und Übertölpelungseffekt anhaften[47]. Dies muß grundsätzlich mit Rücksicht auf den Verständnis- und Erwartungshorizont nicht des individuellen Kunden, sondern des typischen Kunden der jeweiligen Geschäftsbedingungen beurteilt werden[48], weil sich die AGB generell am üblichen Kunden orientieren. Bei einem Unternehmer kann man ein größeres Maß an Geschäftserfahrung voraussetzen, so daß er eher mit einer in derartigen Verträgen nicht gerade gewöhnlichen Klausel rechnen muß. Auf die Verständnismöglichkeiten gerade des betreffenden Kunden kann es nur dann ankommen, wenn der Verwender gerade ihm gegenüber durch seine Erklärungen oder sein bisheriges Verhalten Anlaß gegeben hatte, eine solche Klausel nicht zu erwarten. 28

Der Überraschungseffekt, den § 305 c Abs. 1 im Auge hat, entfällt, wenn die Klausel dem Kunden bekannt ist oder der Verwender unmißverständlich auf sie hingewiesen hat, es sein denn, sie sei so abgefaßt, daß der Kunde sie nicht zu verstehen vermag[49]. 29

IV. Auslegung vorformulierter Klauseln und Vorrang von Individualabreden

Die Auslegung hat grundsätzlich Vorrang vor der Inhaltskontrolle[50], weil die Angemessenheit oder Unangemessenheit einer Vertragsklausel erst festgestellt werden kann, wenn zuvor ihr Inhalt geklärt ist. Der Auslegung geht aber auch bei AGB ein übereinstimmendes Verständnis der Beteiligten nach der Regel falsa demonstratio non nocet (s. oben § 28 Rn. 29 ff.) ebenso vor wie eine Individualvereinbarung (s. unten Rn. 37 ff.)[51]. Die Auslegung kommt deshalb erst zum Zuge, wenn weder ein übereinstimmendes Verständnis der AGB noch eine Individualvereinbarung vorliegt. Bleibt die Auslegung ohne zweifelsfreies Ergebnis, dann greift die Unklarheitenregel des § 305 c Abs. 2 ein. Es besteht deshalb folgende Reihenfolge bei der Ermittlung des Regelungsinhalts von AGB: 30

[45] *BGHZ* 99, 203, 205; *BGH* NJW 1992, 1822.
[46] S. *Stoffels,* AGB-Recht, Rn. 339.
[47] BGHZ 100, 82, 85; *BGH* NJW 1990, 576, 577.
[48] MünchKomm/*Basedow,* § 305 Rn. 10; *Wolf/Horn/Lindacher,* AGBG, § 3 Rn. 35 ff.; *Ulmer/Brandner/Hensen,* AGBG, § 3 Rn. 13 f.; Palandt/*Heinrichs,* § 305 Rn. 4.
[49] *BGH* NJW-RR 1987, 45, 46; *Ulmer/Brandner/Hensen,* AGBG, § 3 Rn. 23; *Wolf/Horn/Lindacher,* AGBG, § 3 Rn. 38; MünchKomm/*Basedow,* § 305 Rn. 8.
[50] S. *M. Wolf,* in: *Wolf/Horn/Lindacher,* AGBG, § 9 Rn. 35; *Bork,* AT, Rn. 1769.
[51] *BGH* NJW 1991, 1604; *BGH* NJW 1995, 1494; *BGH* NJW 2002, 2102.

(1) übereinstimmendes Verständnis von Individualvereinbarung oder AGB,
(2) Individualvereinbarung samt deren Auslegung,
(3) Auslegung der AGB,
(4) Unklarheitenregel gemäß § 305 c Abs. 2.

1. Objektive und individuelle Auslegung von AGB

31 AGB können den angestrebten Vereinheitlichungs- und Rationalisierungseffekt nur erreichen, wenn sie allen Kunden gegenüber in gleicher Weise ausgelegt werden. Daraus rechtfertigt sich die Orientierung am **Verständnishorizont eines durchschnittlichen Angehörigen** des angesprochenen Kundenkreises[52]. Dies kann jedoch nur insoweit gelten, als der Verwender aus seinen AGB nicht mehr an Rechten und Vorteilen für sich herleiten kann, als sich bei objektiver Auslegung nach dem durchschnittlichen Empfängerhorizont ergibt. Der Verwender muß sich die Klauseln so, wie sie objektiv zu verstehen sind, zurechnen lassen, da er selbst eine einheitliche Geltung seiner AGB gegenüber allen will. Der durchschnittliche Verständnishorizont bildet deshalb den Rahmen und die **Grenze für die den Kunden treffenden die Belastungen** und Nachteile. Die Auslegung kann sich aber nicht nur an den Interessen des Verwenders orientieren. Es müssen auch die berechtigten Erwartungen des jeweiligen Vertragspartners Berücksichtigung finden. Sein Vertrauensinteresse kann nicht allein wegen der einseitigen Entscheidung des Verwenders, AGB zu benutzen, zurückgedrängt werden[53].

32 Soweit dagegen der **Kunde** nach den individuellen Umständen beim Vertragsschluß unter Berücksichtigung der ihm zumutbaren Auslegungssorgfalt die AGB **zu seinem Vorteil** verstehen durfte, muß der **individuelle Empfängerhorizont** des Kunden beachtet werden[54]. Die Berücksichtigung des individuellen Empfängerhorizonts verlangt Art. 4 (1) der Klauselrichtlinie 93/13/EWG. Es wäre wenig sinnvoll, AGB objektiv nachteilig für den Kunden auszulegen und die individuellen Umstände erst bei der Inhaltskontrolle zu berücksichtigen. Die Auslegung nach dem individuellen Empfängerhorizont ist bei vorformulierten Individualvereinbarungen ohnehin allein maßgeblich.

2. Die Unklarheitenregel

33 Nach § 305 c Abs. 2 gehen **Unklarheiten** im Text der AGB **zu Lasten des Verwenders,** der sie aufgestellt oder benutzt hat. Dies gilt nicht nur für AGB (§ 305 c Abs. 2), sondern auch für vorformulierte Individualvereinbarungen in Verbraucherverträgen (§ 310 Abs. 3 Nr. 2) sowie im Verkehr zwischen Unternehmern (§ 310 Abs. 1). Unter mehreren, dem Wortsinn und dem Textzusammenhang nach möglichen Auslegungen gebührt der dem Kunden günstigeren Auslegung den Vorzug. Diese Regel rechtfertigt sich daraus, daß der Verwender die Formulierungsherrschaft und die Herrschaft über die Auswahl der vorformulierten Bedingungen ausübt und

---

[52] S. etwa *BGHZ* 60, 174, 177; für Versicherungsbedingungen *BGHZ* 123, 83, 85; *BGH* NJW-RR 2002, 1386, 1387; ferner *Raiser,* aaO, S. 253 ff.; *Schmidt-Salzer,* Rn. E 35; *Lüderitz,* Auslegung von Rechtsgeschäften, 1966, S. 235 ff.; *Emmerich,* JuS 1972, 361, 365; MünchKomm/ *Basedow,* § 530 Rn. 22; teilweise anders *Brandner,* AcP 162 (1963), 237, 253 ff.

[53] S. auch *Wolf/Horn/Lindacher,* AGBG, § 5 Rn. 6.

[54] *Wolf/Horn/Lindacher,* AGBG, § 5 Rn. 6 ff.; Bamberger/Roth/*H. Schmidt,* § 305 c Rn. 27, 29; MünchKomm/*Basedow,* § 305 Rn. 26.

deshalb auch das Risiko tragen muß, daß er sich nicht deutlich genug ausgedrückt hat bzw. unklare Bedingungen ausgesucht hat (s. auch oben § 28 Rn. 28). Die Unklarheitsregel sollte aber nicht dazu benutzt werden, eine verdeckte Inhaltskontrolle auszuüben.

Die Anwendung der Regel setzt eine Unklarheit voraus, d.h. daß die objektive Auslegung einer Klausel nicht zu einem eindeutigen Ergebnis führt, daß vielmehr zwei **verschiedene Deutungen vertretbar** sind. Nach dem Schutzzweck des § 305c Abs. 2 genügen aber bereits geringfügige Zweifel an einer dem Kunden nachteiligen Klauselauslegung, um die Unklarheitenregel zur Anwendung zu bringen. Es ist dann die dem Kunden günstigere Auslegungsvariante vorzuziehen[55]. Führt dagegen die Auslegung zu einem eindeutigen Ergebnis, dann ist kein Raum für die Unklarheitsregel[56]. Der damit verbundene Vorrang der Auslegung gilt jedoch nur für die den Wort erläuternde Auslegung. Die ergänzende Auslegung greift erst ein, wenn auch die Unklarheitenregel des § 305c Abs. 2 zu keinem Ergebnis führt. 34

Die Frage, welche Auslegung dem Kunden günstiger ist, kann verschieden beantwortet werden. Man kann die Günstigkeit allein an Hand der Auslegungsvarianten beurteilen und danach die **kundenfreundliche Auslegung** wählen, d.h. diejenige Auslegung, die als wirksame Klausel dem Kunden die meisten rechtlichen Vorteile bringt. Es ist aber auch möglich, aus den Auslegungsvarianten die **kundenfeindliche Auslegung** herauszugreifen. Sie könnte, wenn sie die Klausel nach §§ 307–309 unwirksam macht, gemäß § 306 Abs. 2 zur Anwendung des dispositiven Rechts als der günstigeren Lösung führen. Die Rechtsprechung wählt grundsätzlich die kundenfreundliche Auslegung. Dies läßt sich damit rechtfertigen, daß sich der Kunde im Vertrag auf die Klausel eingelassen hat und deshalb nur auf den Vertrag, nicht aber auf das dispositive Recht zurückgegriffen werden kann. 35

Werden AGB dagegen im Wege der Verbandsklage (§§ 1, 8ff. UKlaG) unabhängig von einem Vertrag überprüft, so ist von der kundenfeindlichen Auslegung auszugehen[57], weil damit alle auch nur möglicherweise den Kunden belastende Klauseln zu seinem Vorteil eliminiert werden. 36

3. Vorrang von Individualabreden

§ 305b sieht vor, daß individuelle Vertragsabreden den Vorrang vor AGB haben. Wenn solche Abreden getroffen werden, muß angenommen werden, daß die Vertragsparteien ihre Geltung wollten, auch wenn sie mit einer Klausel der AGB im Widerspruch stehen sollten. Die Individualabrede ist in einem solchen Fall gegenüber den AGB gewissermaßen „lex specialis". Der Vorrang gilt nach § 305b für jede individuelle Vertragsabrede, **gleichgültig ob** sie **vorformuliert oder ausgehandelt** sind. Der Vorrang gilt auch **unabhängig davon, ob** die Individualabrede **günstiger** ist als die AGB oder nicht. Die Individualabrede muß aber wirksam sein. 37

Für das Vorliegen einer Individualabrede genügt es nicht, daß der beurkundende Notar die AGB dem Kunden nur vorgelesen und erläutert hat[58]. Der Vorrang des § 305b kann grundsätz- 38

---

[55] *BGHZ* 112, 68; *BGH* NJW 1992, 1098; *BGH* NJW-RR 1996, 858.

[56] *BGH* NJW 1993, 658.

[57] S. etwa *BGHZ* 95, 362, 366; *BGH* NJW 1985, 320, 321; 1985, 855, 856; 1988, 1726, 1727; 1991, 1886, 1887; 1994, 1060, 1062; Bamberger/Roth/*H. Schmidt,* § 305c Rn. 35; Palandt/*Heinrichs,* § 305c Rn. 19f.; *Stoffels,* AGB-Recht, Rn. 371.

[58] *BGHZ* 74, 204, 209; *BGH* ZIP 1984, 1361, 1363; vgl. dazu *Bunte,* ZIP 1984, 1313.

lich nicht durch AGB beseitigt werden[59]. Es muß jedoch möglich sein, den Vorrang nach § 305b durch AGB insoweit einzuschränken, als er nur für kundengünstige nicht dagegen für den Kunden ungünstige Vereinbarungen gelten soll. Der Schutzzweck des Gesetzes gebietet es, der Individualabrede den Vorrang auch vor einer in den AGB enthaltenen Schriftformklausel einzuräumen[60]. Schriftformklauseln in AGB, insbesondere in Form sog. Bestätigungsklauseln, können auch nicht eine individuell erteilte Vollmacht einschränken[61]. Auch wenn die Vollmachterteilung nach § 167 ein einseitiges Rechtsgeschäft und keine Vertragsabrede ist, so muß doch nach dem Grundgedanken von § 305b das individuelle Rechtsgeschäft den generellen AGB vorgehen. Dies gilt auch in den Fällen der §§ 170–172 und allgemein bei der Anscheinsvollmacht.

39 **Beispiel:** Legt der Vertreter eine schriftliche Vollmacht vor, aus der die Beschränkung seiner Vollmacht nicht hervorgeht, dann geht die schriftliche Vollmacht den AGB vor. Das ergibt sich schon aus § 172. Die Beschränkung in den AGB genügt auch nicht, um den Anschein einer weitergehenden Vollmacht zu zerstören[62]

V. Die Inhaltskontrolle

40 Kernstück der AGB-Vorschriften ist die gerichtliche Inhaltskontrolle nach §§ 307–309. Die Inhaltskontrolle soll verhüten, daß Vertragsbedingungen Geltung erlangen, durch die der Vertragspartner des Verwenders in unangemessener, der Vertragsgerechtigkeit grob widersprechender Weise benachteiligt wird. Um dieses Ziel zu erreichen, führt das Gesetz in § 308 und § 309 eine Reihe von Klauseln an, die es für unzulässig hält. Dabei unterscheidet es Klauselverbote mit und ohne Wertungsmöglichkeit. Die Klauselverbote mit Wertungsmöglichkeit erfordern vom Richter noch eine zusätzliche Wertung, sollen sie durchgreifen. Darüber hinaus enthält das Gesetz in § 307 eine Generalklausel, an der alle vorformulierten, nicht ausgehandelten Vertragsbedingungen zu messen sind. Diese Generalklausel ist weit gefaßt und läßt so der richterlichen Beurteilung einen breiten Raum.

1. Gegenstand der Inhaltskontrolle

41 Die Inhaltskontrolle erstreckt sich grundsätzlich auf AGB und auf vorformulierte Individualbedingungen (§ 310 Abs. 3 Nr. 2), die durch ihre wirksame Einbeziehung **Bestandteil eines Vertrages** geworden sind. Scheitert die Einbeziehung nach § 305 oder nach § 305c Abs. 1, so entbehren die Vertragsbedingungen der Wirksamkeit für diesen Vertrag und es bedarf keiner Inhaltskontrolle im Individualprozeß. Der Richter hat aber trotz des logischen Vorgangs der wirksamen Einbeziehung vor der Inhaltskontrolle die Möglichkeit, die wirksame Einbeziehung dahingestellt sein zu lassen und die Klausel nach §§ 307–309 unmittelbar für unwirksam zu erklären. Im Rahmen der Verbandsklage nach § 1, 8ff. UKlaG unterliegen AGB jedoch der richterlichen Inhaltskontrolle, ohne daß es einer Einbeziehung in einen konkreten Vertrag bedarf. Gegenstand der Inhaltskontrolle sind die vorformulierten Bedingungen in der ihnen nach den Maßstäben der Auslegung (s. oben Rn. 30ff.) zukommenden Bedeutung.

---

[59] *BGHZ* 92, 24, 26.

[60] S. *Wolf/Horn/Lindacher,* AGBG, § 9 Rn. 32; *Ulmer/Brandner/Hensen,* AGBG, § 4 Rn. 33f.; *Schmidt-Salzer,* Rn. E 16; Palandt/*Heinrichs,* § 305b Rn. 5; MünchKomm/*Basedow,* § 305b Rn. 11.

[61] Wolf/Horn/Lindacher, AGBG, § 4 Rn. 34ff.; teilweise enger *Ulmer/Brandner/Hensen,* § 4 Rn. 40f.

[62] *Wolf/Horn/Lindacher,* AGBG, § 9 Rn. S. 46; *Medicus,* AT, Rn. 425.

Schließlich sind nach § 307 Abs. 3 nicht alle vorformulierten Bestimmungen Gegenstand der Inhaltskontrolle, sondern nur diejenigen, durch die **von Rechtsvorschriften abweichende** oder diese ergänzende **Regelungen** vereinbart werden. Gegenstand der Inhaltskontrolle ist demgemäß die Abweichung von Rechtsvorschriften, wozu auch ungeschriebene Rechtssätze gehören. Nicht durch Rechtsvorschriften geregelt sind dagegen die Hauptinhalt des Vertrags (essentialia negotii, s. oben § 29 Rn. 74f.). Dazu zählen neben der Festlegung der Vertragsparteien die Leistungsbeschreibung und das durch den Preis bestimmte Äquivalenzverhältnis. 42

2. Nicht kontrollfähige Preis- und Leistungsbestimmungen

a) Leistungsbeschreibungen

Zu den nicht kontrollfähigen Leistungsbeschreibungen gehören die Art, der Gegenstand, Umfang, Menge und Qualität der zu erbringenden **Hauptleistung,** was nicht von Rechts wegen, sondern nur durch die Parteien bestimmt werden kann[63]. 43

Beispiele: Bei einem Kaufvertrag gehört dazu der Kaufgegenstand, bei einem Gattungskauf die Art und die Menge, die geliefert werden soll. Bei einem Werkvertrag bedarf es der Bestimmung des herzustellenden Werkes. Eine Leistungsbeschreibung findet sich nicht selten bei Bauverträgen durch eine vorformulierte, für eine Vielzahl von Verträgen verwendete Baubeschreibung. Aus den AGB der Versicherer ergibt sich die nähere Umgrenzung des versicherten Risikos. Wenn sich die Parteien hierüber nicht geeinigt haben, ist ein Vertrag nicht zustande gekommen (s. oben § 29 Rn. 75). 44

Nach dem Zweck des Gesetzes müssen solche Klauseln der Inhaltskontrolle unterliegen, durch die eine nach dem Hauptleistungsversprechen oder den gegebenen Erläuterungen zu erwartende Leistung nicht unerheblich verkürzt oder modifiziert wird[64]. Dies gilt insbesondere für **Leistungsbegrenzungen** und **Risikoausschlüsse** in Versicherungsverträgen[65], wenn es sich um Einschränkungen der vertraglich vereinbarten Hauptleistung handelt, die den verkehrstypischen und nach dem Vertragszweck zu erwartenden Leistungsumfang begrenzen, so z.B. wenn Leistungen der Krankenversicherung in den AGB auf wissenschaftlich allgemein anerkannte Untersuchungs- und Behandlungsmethoden beschränkt werden[66]. 45

b) Preisbestimmungen

Das grundsätzlich nicht kontrollfähige **Äquivalenzverhältnis** betrifft mit dem Preis-Leistungs-Verhältnis die Frage, ob zwischen den beiderseitigen Leistungen ein Verhältnis objektiver Gleichwertigkeit vorliegt. Dazu gehört insbesondere die Angemessenheit des Preises als Gegenleistung. Der **Preis** und seine Höhe werden in der Marktwirtschaft grundsätzlich nicht durch das Gesetz bestimmt, sondern von den Parteien ausgehandelt, wobei die vom Markt durch Angebot und Nachfrage vorgegebenen Daten in der Regel einen bestimmenden Einfluß ausüben. Die Höhe des Entgelts kann aber auch einer in den AGB enthaltenen Preistabelle zu entnehmen sein und 46

---

[63] S. etwa *BGHZ* 93, 358, 360; *BGH* NJW 1993, 1128, 1129; MünchKomm/*Basedow,* § 307 Rn. 12; *Ulmer/Brandner/Hensen,* AGBG, § 8 Rn. 8.
[64] S. *Wolf/Horn/Lindacher,* AGBG, § 8 Rn. 12; *Brandner,* FS Hauß, 1978, S. 1.
[65] *Wolf/Horn/Lindacher,* AGBG, § 23 Rn. 464.
[66] *BGH* NJW 1993, 2369.

unterliegt dann gemäß § 307 Abs. 3 nicht der Inhaltskontrolle, weil und soweit es für den Preis keine Rechtsvorschriften gibt, von denen abgewichen werden kann. Der Gesetzgeber wollte den Gerichten nicht die den marktwirtschaftlichen Grundsätzen widersprechende Aufgabe der Preiskontrolle aufbürden[67].

47 **Beispiele:** Die in AGB festgelegte Höhe des Stundensatzes für eine Monteurstunde bei Wartung- und Reparaturarbeiten unterliegt nach § 307 Abs. 3 Satz 1 nicht der Inhaltskontrolle. Nicht kontrollfähig ist auch die Klausel im Pflegekostentarif eines Krankenhauses, daß der Aufnahme- und Entlassungstag mit voller Gebühr berechnet werden, weil es sich dabei um eine Bestimmung über Art und Umfang der Hauptleistungspflicht und den dafür zu zahlenden Preis handelt[68]. Nicht kontrollfähig ist auch eine Klausel in Kreditkartenbedingungen, wonach für die Benutzung im Ausland eine besondere Auslandsgebühr berechnet wird[69] ebensowenig kontrollfähig ist eine Klausel, die den Einreicher eines Schecks mit Gebühren für nicht eingelöste Schecks belastet[70].

48 Die Kontrollfreiheit für Preisklauseln gilt aber nur für solche Preise, die für eine **nicht gesetzlich festgelegte Leistung** im Interesse des Kunden und für eine **nicht im eigenen Interesse des Verwenders** erbrachte Leistung berechnet werden. Der Inhaltskontrolle unterliegen demgemäß Klauseln, durch die dem Kunden Gebühren auferlegt werden für Leistungen, die der Verwender kraft zwingenden oder dispositiven Rechts zu erbringen verpflichtet ist[71] oder die er im eigenen Interesse durchführt[72].

49 **Beispiele:** Kontrollfähig ist eine Klausel, in der ein Anbieter von Mobilfunkdienstleistungen für das Stilllegen des Telefonanschlusses eine Deaktivierungsgebühr verlangt, weil es sich hier nicht um ein Entgelt für Leistungen handelt, die dem Kunden zufließen[73]. Der Kontrolle unterliegen auch Klauseln, durch die dem Kunden Gebühren für den Banken auferlegten Pflichten zur Durchführung von Steuergesetzen auferlegt werden[74] oder Klauseln, in denen vom Kunden Gebühren für die Benachrichtigung von nicht eingelösten Lastschriften oder nicht durchgeführten Überweisungen verlangt werden[75], weil es sich hierbei gemäß § 666 um gesetzliche Benachrichtigungspflichten handelt. Nach § 308 Nr. 7 werden auch Klauseln überprüft, soweit es die Höhe der Nutzungsvergütung und des Aufwendungsersatzes bei beendeten und rückabzuwickelnden Verträgen betrifft. Die Kontrolle ist hier gerechtfertigt, weil diese Vergütungen bei den Vertragsverhandlungen keine marktsteuernde Funktion ausüben, da es sich um Vergütungen einer ursprünglich gar nicht geplanten Vertragsabwicklung handelt. Darin kommt ein allgemeiner Grundsatz für alle Entgelte bei einer planwidrigen Vertragsabwicklung zum Ausdruck[76], der z. B. auch die Kontrolle von Überziehungszinsen[77] oder von Stundungszinsen[78] erlaubt.

---

[67] S. dazu die Regierungsbegründung zu § 8 AGBG, BT-Drs. 7/3919 S. 22; s. im einzelnen MünchKomm/*Basedow,* § 307 Rn. 14f.; *Ulmer/Brandner/Hensen,* AGBG, § 8 Rn. 18ff.

[68] *BGH* NJW 1999, 864.

[69] *BGH* NJW 1998, 383.

[70] *BGH* NJW 2002, 1950.

[71] *BGH* NJW 1997, 2752; *BGH* NJW 1999, 2276; *BGH* NJW 2000, 651; *BGH* NJW 2001, 1419.

[72] *BGH* NJW 2001, 1419; *BGH* NJW 2002, 2386 = LM H. 11/02 § 8 AGBG Nr. 50 m. Anm. *Eberl-Borges.*

[73] *BGH* NJW 2002, 2386.

[74] *BGH* NJW 1997, 2752 (Freistellungsbescheinigung).

[75] *BGH* NJW 2001, 1419.

[76] *Wolf/Horn/Lindacher,* AGBG, § 8 Rn. 19.

[77] *BGH* NJW 1992, 1751.

[78] *BGHZ* 95, 362, 370.

Der Inhaltskontrolle unterliegen auch die sog. **Preisnebenabreden**[79], d. h. solche Klauseln, deren Gegenstand ohne die Klausel durch das Gesetz oder im Wege der ergänzenden Auslegung bestimmt werden könnte, wie z. B. die Art und Weise der Zahlung, die Zahlungszeit (s. § 271), den Zahlungsort (§ 270), oder Zahlungsbedingungen. Gleiches gilt für Wertsicherungsklauseln. § 309 Nr. 1 unterstellt der Inhaltskontrolle ausdrücklich Klauseln, die dem Verkäufer bei langfristigen Verträgen ein Recht zu Preiserhöhungen einräumen (sog. Preisanpassungsklauseln). 50

c) Allgemeine Kontrollmaßstäbe

Leistungsbeschreibungen und Preisfestsetzungen unterliegen, auch wenn sie an sich gemäß § 307 Abs. 3 Satz 1 der Inhaltskontrolle entzogen sind, in jedem Fall der **Transparenzkontrolle** nach § 307 Abs. 3 Satz 2, d. h. der Kontrolle daraufhin, ob der Leistungsinhalt, die Preishöhe und das Preis-Leistungs-Verhältnis aus den vorformulierten Bedingungen für den Durchschnittskunden klar und zuverlässig erkennbar sind und nicht z. B. Preisbestandteile in den vorformulierten Bedingungen versteckt werden[80]. Diese Preis- und Leistungstransparenz ist im Interesse des Preis- und Leistungsvergleichs für eine funktionsfähige Marktwirtschaft erforderlich. Werden Preisbestandteile versteckt oder unklar und unübersichtlich geregelt, so wird dem Kunden die Möglichkeit zur Wahrnehmung von Marktchancen genommen oder erschwert. Sofern er dadurch einen bei Vertragsabschluß nicht erkennbaren höheren Preis bezahlen muß oder eine geringerwertige Leistung erhält, wird er dadurch unangemessen benachteiligt und die intransparente Klauseln kann keinen Bestand haben. Die **Schranken der §§ 134, 138** gelten in jedem Fall auch für Leistungsbeschreibungen und Preisfestsetzungen, selbst wenn sie gemäß § 307 Abs. 3 Satz 1 der Inhaltskontrolle entzogen sind. 51

Beispiele: Eine wucherische Preisvereinbarung ist nach § 138 Abs. 2 nichtig (s. oben § 41 Rn. 58) und Preisabreden die gegen gesetzliche Preisvorschriften, wie z. B. in der Bundesrechtsanwaltsgebührenordnung (BRAGO), in der Gebührenordnung für Ärzte (GOÄ) oder in der Honorarordnung für Architekten und Bauingenieure (HOAI) verstoßen, können nach § 134 unwirksam sein[81]. 52

Auf Leistungsbeschreibungen und Preisvereinbarungen, die der Inhaltskontrolle gemäß § 307 Abs. 3 Satz 1 nicht unterliegen, sind die Vorschriften der §§ 305–306 a in jedem Fall anwendbar, auch wenn sie nicht der Inhaltskontrolle unterliegen. Das ist für ihre Einbeziehung in den Vertrag, insbesondere im Hinblick auf die §§ 305 und 305 c Abs. 1 von erheblicher Bedeutung. 53

3. Einzelne Klauselverbote

§§ 308 und 309 enthalten in insgesamt 21 Ziffern mit teilweise weiteren Untergliederungen eine Vielzahl von im einzelnen verbotenen Klauseln, die die General- 54

---

[79] Vgl. im einzelnen *Wolf/Horn/Lindacher,* AGBG, § 8 Rn. 17 f.; MünchKomm/*Basedow,* § 307 Rn. 15; *Ulmer/Brandner/Hensen,* AGBG, § 8 Rn. 21; *Stoffels,* AGB-Recht, Rn. 445.

[80] S. zur Geltung des Transparenzgebots insoweit ausdrücklich Art. 4 Abs. 2 RiLi 93/13/EWG, dazu *Wolf/Horn/Lindacher,* AGBG, Art. 4 RiLi Rn. 21 und § 9 Rn. 143 m. w. N; zur Preisklarheit auch *BGHZ* 112, 115, 118 f.

[81] S. auch Palandt/*Heinrichs,* § 134 Rn. 26; MünchKomm/*Mayer-Maly/Armbrüster,* § 134 Rn. 19.

klausel des § 307 konkretisieren und einen **Rückgriff auf § 307 entbehrlich** machen, soweit die Voraussetzungen eines Klauselverbots in §§ 308, 309 erfüllt sind. Trifft dies nicht zu, so ist die Klausel immer noch auf ihre Vereinbarkeit mit § 307 zu prüfen. §§ 308, 309 gelten nach § 310 Abs. 1 **nicht in Verträgen zwischen Unternehmern.** Ihre Verbotszwecke können aber auch zwischen Unternehmern im Rahmen von § 307 berücksichtigt werden. Die Rechtsprechung nimmt zumeist eine sog. Indizwirkung an[82], d.h., daß ein Verstoß gegen §§ 308 oder 309 auch die Unwirksamkeit in Verträgen zwischen Unternehmern indiziert. Eine generelle **Indizwirkung** ist jedoch abzulehnen[83], weil die Verhältnisse zwischen Unternehmern nicht ohne weiteres mit der Situation bei Verbrauchern vergleichbar sind (s. auch oben Rn. 21). Nach § 310 Abs. 3 Nr. 2 AGBG sind die §§ 308 und 309 auch auf vorformulierte Individualvereinbarungen in Verträgen mit Verbrauchern anwendbar.

a) Klauselverbote mit Wertungsmöglichkeit

55 Die in **§ 308** aufgeführten Klauselverbote mit Wertungsmöglichkeit sind durch die Verwendung unbestimmter Rechtsbegriffe wie „unangemessen", „ohne sachlich gerechtfertigten Grund" oder „zumutbar" gekennzeichnet, die dem Richter einen Beurteilungs- und Bewertungsspielraum gewähren und deshalb der Konkretisierung im Einzelfall bedürfen.

56 Nach **§ 308** sind unwirksam Klauseln mit unangemessen langen oder nicht hinreichend bestimmten Annahme- oder Leistungsfristen, z.B. nach §§ 147, 148 **(Nr. 1),** Bestimmungen mit unangemessen langen oder nicht hinreichend bestimmten Nachfristen, z.B. §§ 281, 323 **(Nr. 2),** ein sachlich nicht gerechtfertigter Rücktrittsvorbehalt **(Nr. 3)** mit ergänzenden Vorschriften in **(Nr. 8),** ein dem Kunden unzumutbarer einseitiger Änderungsvorbehalt für den Verwender **(Nr. 4),** fingierte Erklärungen **(Nr. 5),** Zugangsfiktionen **(Nr. 6),** unangemessen hohe Nutzung- und Aufwandsentschädigungen bei Rücktritt oder Kündigung **(Nr. 7).**

b) Klauselverbote ohne Wertungsmöglichkeit

57 **§ 309** erfaßt die sog. **Klauselverbote ohne Wertungsmöglichkeit,** in denen sich nicht die für § 308 charakteristischen unbestimmten Rechtsbegriffe wiederfinden und die deshalb dem Richter nicht gezielt einen Wertungsspielraum einräumen. Die Klauselverbote in § 309 betreffen vornehmlich schuldrechtliche Fragen.

58 **Nr. 1** verbietet Klauseln mit kurzfristigen Preiserhöhungsvorbehalten, **Nr. 2** setzt Schranken für den Ausschluß von Zurückbehaltungsrechten nach §§ 273 und § 320, **Nr. 3** untersagt allzu weitgehende Aufrechnungsverbote, **Nr. 4** verbietet den Verzicht auf das Erfordernis der Mahnung (§ 286) und der Fristsetzung (§§ 281, 323), **Nr. 5** nennt die Voraussetzungen für zulässige Schadenspauschalierungen, **Nr. 6** schließt Vertragsstrafen für bestimmte Fallgestaltungen aus, **Nr. 7** schließt Haftungsfreizeichnungen für Vorsatz und grobe Fahrlässigkeit aus, für leichte Fahrlässigkeit ergibt sich die Schranke aus § 307 Abs. 2 Nr. 2, sofern es sich um sog. Kardinalpflichten handelt, **Nr. 8** faßt in wenig geglückter Weise sowohl das Verbot, das Rücktrittsrecht vor allem aus § 323 auszuschließen, als auch die Regelungen über den zulässigen Ausschluß von Gewährleistungsrechten aus §§ 437, 634 in einer Ziffer zusammen, **Nr. 9** enthält Regelungen

---

[82] S. etwa *BGHZ* 90, 273, 278; 91, 375, 384; 103, 316, 328; *BGH* NJW-RR 1990, 1076, 1077; MünchKomm/*Basedow,* § 310 Rn. 7f.; *Ulmer/Brandner/Hensen,* AGBG, § 24 Rn. 19; *Lutz,* AGB-Kontrolle im Handelsverkehr unter Berücksichtigung der Klauselverbote, 1991, S. 31ff.; *von Westphalen,* NJW 1980, 2227, 2232; *Hensen,* NJW 1987, 1986, 1987.

[83] S. im einzelnen *Wolf/Horn/Lindacher,* AGBG, vor §§ 10, 11 Rn. 14; Soergel/*Stein,* § 24 AGBG Rn. 11; *Bunte,* NJW 1987, 921, 925; *Rabe,* NJW 1987, 1978, 1982; *M. Wolf/Pfeiffer,* JZ 1988, 440, 443.

zur Laufzeit von Dauerschuldverhältnissen, **Nr. 10** befaßt sich mit dem Wechsel des Vertragspartners, **Nr. 11** befaßt sich mit Klauseln zur Haftung des Abschlußvertreters, **Nr. 12** betrifft Beweislastklauseln und **Nr. 13** regelt die Zulässigkeit von Klauseln mit Formvorschriften.

4. Die Generalklausel des § 307

Ist eine Klausel in AGB nicht schon auf Grund der §§ 308 oder 309 unwirksam, 59
dann ist zu prüfen, ob sie nach dem Maßstab des § 307 Bestand haben kann. Nach dieser Generalklausel, die nach § 310 Abs. 1 auch für AGB in Verträgen zwischen Unternehmern gilt und nach § 310 Abs. 3 Nr. 2 auch für vorformulierte Individualvereinbarungen in Verträgen zwischen Unternehmern und Verbrauchern anzuwenden ist, sind Vertragsbedingungen dann unwirksam, wenn sie den Vertragspartner des Verwenders entgegen den Geboten von Treu und Glauben unangemessen benachteiligen. § 307 teilt sich auf in die eigentliche Generalklausel in Abs. 1 und in einen Vermutungstatbestand in Abs. 2, bei dessen Vorliegen nicht notwendig, aber im Zweifel von einer unangemessenen Benachteiligung im Sinne von Abs. 1 auszugehen ist. Die Unangemessenheitsvermutung nach Abs. 2 entfällt dann, wenn nach Treu und Glauben im Rahmen von Abs. 1 eine andere Gesamtbeurteilung geboten ist[84].

a) Generalklausel des Abs. 1

Das Gesetz führt in der Generalklausel des Abs. 1 nebeneinander die Gebote von 60
Treu und Glauben und den Gesichtspunkt der unangemessenen Benachteiligung des Vertragspartners des Verwenders an. Ihr Verhältnis zueinander ist so zu sehen, daß die unangemessene Benachteiligung den spezielleren Gesichtspunkt darstellt, auf den das allgemeine Gebot von Treu und Glauben zu beziehen ist[85].

Die Gebote von Treu und Glauben können vielerlei verlangen: die Erfüllung erweckter Er- 61
wartungen, rücksichtsvolles Verhalten, Bereitschaft zum Zusammenwirken bei der Erreichung des Vertragszwecks, Vertragstreue im weitesten Sinn. Im Rahmen des § 307 geht es darum, daß bei einem Vertrage jede Partei ein einigermaßen ausgeglichenes Verhältnis der beiderseitigen Rechte, Chancen und Risiken erwarten darf. Der Verstoß gegen Treu und Glauben liegt in dem erheblichen und ungerechtfertigten Mißverhältnis der vertraglichen Rechte und Pflichten, wie es Art. 3 (1) der Klauselrichtlinie 93/13/EWG im Zusammenhang mit Treu und Glauben ausdrückt.

b) Verstoß gegen wesentliche Grundgedanken der gesetzlichen Regelung

Für den Fall, daß eine Bestimmung in AGB oder in vorformulierten Individualver- 62
einbarungen mit wesentlichen Grundgedanken der gesetzlichen Regelung nicht zu vereinbaren ist, sieht § 307 Abs. 2 Nr. 1 im Sinne einer Unangemessenheitsvermutung vor, daß im Zweifel von einer unangemessenen Benachteiligung auszugehen ist. Dadurch werden das **dispositive Recht** und die allgemeinen **Rechtsgrundsätze**[86] zum **Leitbild einer gerechten Vertragsgestaltung** erhoben (s. auch oben § 2 Rn. 22), von denen zum Schutz des unterlegenen Vertragsteils nicht abgewichen werden darf.

Bei der **gesetzlichen Regelung,** von der abgewichen werden darf, kann es sich um das all- 63
gemeine Vertragsrecht einschließlich der Grundsätze der ergänzenden Vertragsauslegung

---

[84] Vgl. nur *Wolf/Horn/Lindacher,* AGBG, § 9 Rn. 61; *Ulmer/ Brandner/Hensen,* AGBG, § 9 Rn. 129.

[85] Der Meinung von *Schlosser/Coester-Waltjen/Graba,* AGBG, § 9 Rn. 15, die ausdrückliche Erwähnung von Treu und Glauben in § 9 sei überflüssig, kann nicht gefolgt werden.

[86] S. auch *BGHZ* 114, 238, 240.

(s. oben § 28 Rn. 108 ff.), um das allgemeine Schuldrecht (§§ 241 ff.) oder um die Vorschriften des besonderen Vertragstypus handeln, dem der betreffende Vertrag zuzuordnen ist, also z. B. Kauf- oder Mietrecht. So ist etwa ein Bürgschaftsvertrag darauf hin zu überprüfen, ob von der bürgschaftsrechtlichen Regelung des § 767 Abs. 1 Satz 3 abgewichen wird[87].

64 Die Abweichung von der gesetzlichen Regelung allein reicht aber nicht aus. Vielmehr verlangt Abs. 2 Nr. 1 ein Abweichen von den **wesentlichen Grundgedanken** der gesetzlichen Regelung. Die wesentlichen Grundgedanken ergeben sich aus dem Zweck der Regelung und den darin getroffenen Wertentscheidungen, die bestimmte Interessen des Vertragspartners im Kernbereich schützen wollen und die nicht durch einseitige Vertragsgestaltungen des Verwenders außer Kraft gesetzt werden dürfen.

65 Der *BGH* hat versucht, zwischen Normen, denen ein wesentlicher Gerechtigkeitsgehalt zukomme, und reinen Ordnungsvorschriften mit bloßem Zweckmäßigkeitsgehalt zu unterscheiden[88]. Die Abgrenzung ist jedoch sehr zweifelhaft[89], weil nahezu jeder Norm auch ein Gerechtigkeitsgehalt innewohnt[90]. Es kommt darauf an, ob durch die Abänderung der gesetzlichen Vorschrift die Ausgewogenheit der in jeder Vorschrift enthaltenen Interessenabwägung deutlich beeinträchtigt wird. Handelt es sich um einen speziellen Vertragstypus, so ist zu den Grundgedanken der gesetzlichen Regelung auch das Leitbild des Typus zu rechnen[91]. Hierbei geht es sowohl um die typischen Vertragszwecke beider Parteien, ihre daraus sich ergebenden Rechte und Pflichten, wie um die bei einem Vertrag solcher Art typischerweise von jeder Partei zu übernehmenden Risiken und die typischerweise mit dem jeweiligen Vertragstyp verbundenen Erwartungen. Was das Gesetz im Hinblick darauf angeordnet hat, gehört ebenfalls zu den Grundgedanken seiner Regelung.

66 Es genügt nicht jede, sei es auch noch so geringfügige Abweichung. § 307 Abs. 2 Nr. 1 verlangt **Unvereinbarkeit** mit den wesentlichen Grundgedanken. Diese liegt nur vor, wenn durch die betreffende Klausel die Gewichte nicht unerheblich zu Lasten des Kunden verschoben werden[92], und ein gleichwertiger Ausgleich entsprechend dem gesetzlichen Wertungsmodell in keiner Weise mehr erreicht wird[93].

c) Gefährdung des Vertragszwecks

67 Die zweite Unangemessenheitsvermutung in Abs. 2 Nr. 2 stellt darauf ab, ob die Erreichung des Vertragszwecks gefährdet ist. Der **Vertragszweck** wird bei gesetzlich geregelten Vertragstypen **durch das Gesetz** festgelegt, insbesondere durch den gesetzlich vorgesehenen Inhalt der Leistungspflichten und ihr Verhältnis zueinander, z. B., als Eigentumsverschaffungspflicht gegen Entgelt beim Kauf oder als Gebrauchsüberlassungspflicht gegen Entgelt bei Miete und Pacht. Der Vertragszweck kann daneben **durch die Verkehrssitte,** einen Geschäftsgebrauch oder **durch spezielle Parteizwecke** gemäß den beiderseitig anerkannten Vertragszielen bestimmt werden. Der Kaufvertrag kann z. B durch die speziellen Parteizwecke vom gesetzli-

---

87 Vgl. *BGH* NJW 1995, 2553, 2555.

88 S. etwa *BGHZ* 89, 206, 211; *BGH* NJW 1986, 1608, 1609; *BGH* LM H. 10/1996 § 9 (Bc) AGBG Nr. 6 m. Anm. *Fastrich.*

89 Vgl. *BGHZ* 72, 222; Soergel/*Stein,* § 9 AGBG Rn. 35; Erman/*Hefermehl/Werner,* § 9 AGBG Rn. 23; MünchKomm/*Basedow,* § 307 Rn. 56.

90 *Wolf/Horn/Lindacher,* AGBG, § 9Rn. 71; *Ulmer/Brandner/Hensen,* AGBG, § 9 Rn. 132.

91 Hierzu *Leenen,* Typus und Rechtsfindung, 1971, S. 80 ff., 148 ff.

92 Vgl. dazu *Ulmer/Brandner/Hensen,* AGBG, § 9 Rn. 141; Soergel/*Stein,* § 9 AGBG Rn. 37.

93 S. zu dem damit angesprochenen Kompensationsgedanken *Wolf/Horn/Lindacher,* AGBG, § 9 Rn. 134 f.

chen Modell des Barkaufs zum Ratenkauf umgewandelt werden. Der Mietvertrag kann mit dem Kaufvertrag kombiniert und zum Mietkauf werden. Die Parteiautonomie läßt den Parteien einen großen Spielraum bei der Bestimmung der Vertragszwekke. Einseitige Motive werden nicht Vertragszweck, auch nicht die Geschäftsgrundlage, die zwar dem Vertrag als gemeinsame Vorstellung zugrunde liegt, aber nicht wie der Vertragszweck unmittelbar zum Vertragsinhalt wird und den Inhalt der Pflichten bestimmt.

Bei der Bestimmung des Vertragszwecks hat der Kunde noch die größte Wahlfrei- 68
heit und Selbstbestimmung. § 307 Abs. 3 Nr. 2 will sicher stellen, daß der **durch selbstbestimmte Entscheidung** ausgewählte gesetzliche, verkehrstypische oder individuell durch Parteivereinbarung **festgelegte Parteizweck nicht durch AGB ausgehöhlt** und wesentlich beeinträchtigt wird. Bei den gesetzlich bestimmten Vertragszwecken regelt das Gesetz zumeist auch die vertragszwecktypischen Pflichten. Eine wesentliche Abweichung hiervon verstößt deshalb grundsätzlich zugleich gegen wesentliche Grundgedanken der gesetzlichen Regelung. Da nicht jeder Vertrag einem gesetzlich geregelten Vertragstypus zugeordnet werden kann, wird in Abs. 2 Nr. 2 statt auf die gesetzlichen Rechte und Pflichten auf die sich aus der Natur des Vertrags ergebenden Rechte und Pflichten abgestellt.

§ 307 Abs. 2 Nr. 2 ist danach hauptsächlich für solche Verträge von Bedeutung, die ganz 69
oder teilweise **nicht der gesetzlichen Typik entsprechen,** wie z.B. der Leasingvertrag oder der Franchisevertrag, und bei denen der verkehrstypische Pflichtgehalt nicht vom Gesetz bestimmt ist. Die vertragstypischen Rechte und Pflichten werden mangels gesetzlicher Regelung nach Treu und Glauben im Wege ergänzender Vertragsauslegung (s. oben § 28 Rn. 108ff.) unter Berücksichtigung des Vertragszwecks und der vertragstypischen Interessen bestimmt. Sind die Rechte und Pflichten auf diese Weise bestimmt, dann deckt sich Abs. 2 Nr. 2 weitgehend mit Nr. 1, denn auch von den wesentlichen Grundgedanken der gesetzlich festgelegten vertragstypischen Rechte und Pflichten darf nicht abgewichen werden, weil sonst die Erreichung des Vertragszwecks gefährdet wäre. Unangemessen sind Klauseln, die die Erreichung des Vertragszwecks auf dem im Vertrage vorgesehenen Wege gefährden.

Der Vertragszweck kann aber auch bei den gesetzlich geregelten Vertragstypen bedeutsam 70
werden, insbesondere wenn die gesetzlichen Pflichten durch die verkehrstypischen oder speziellen Parteizwecke einen schwächeren oder **stärkeren Grad an Pflichtenintensität** erlangen. So läßt z.B. § 309 Nr. 7b erkennen, daß nach den Vorstellungen des Gesetzgebers nur die Freizeichnung von Vorsatz und grober Fahrlässigkeit den Grundgedanken der gesetzlichen Regelung widerspricht. Nach der Verkehrssitte oder den speziellen Parteizwecken weisen die vertragswesentlichen Pflichten des gesetzlichen Vertragstyps aber oft eine solche Bedeutung und Intensität auf, daß sie als sog. Kardinalpflichten anzusehen sind und der Ausschluß der Haftung für leichte Fahrlässigkeit dem Vertragszweck widersprechen oder ihn stark gefährden würde, weil dann für das vertragliche Entgelt nicht die erwartende Sorgfalt mit „gekauft" wäre. Der *BGH* hat deshalb die durch § 309 Nr. 7b noch zugelassene Freizeichnung für leichte Fahrlässigkeit mit Hilfe von § 307 Abs. 2 Nr. 2 wesentlich eingeschränkt. Dieser Schutz wird sowohl Verbrauchern als auch Unternehmern gewährt[94].

d) Verstoß gegen das Transparenzgebot

Als unangemessene Benachteiligung sieht § 307 Abs. 1 Satz 2 auch einen Verstoß 71
gegen das Transparenzgebot durch unklare und unverständliche Bestimmungen in AGB an. Das Transparenzgebot gilt gemäß § 307 Abs. 3 Satz 2 nicht nur für die **von der gesetzlichen Regelung abweichenden** AGB, sondern **auch für** solche Bestimmungen, die nicht vom Gesetz abweichen, weil das Gesetz hierüber keine Rege-

[94] S. *BGHZ* 89, 367; 93, 48; *BGH* NJW 1993, 335; *BGH* NJW-RR 1998, 1426.

lung enthält. Dies sind insbesondere **Preis- und Leistungsbestimmungen.** Diese unterliegen nach § 307 Abs. 3 Satz 1 zwar nicht der Angemessenheitskontrolle, nach Satz 2 wohl aber der Transparenzkontrolle (s. oben Rn. 51). Die Transparenzkontrolle gilt als Inhalt von § 307 nicht nur für AGB gegenüber Verbrauchern, sondern auch für AGB zwischen Unternehmern sowie für nicht ausgehandelte Individualvereinbarungen mit Verbrauchern (§ 310 Abs. 3 Nr. 2). Art. 5 Satz 1 RiLi 93/13/EWG sieht das Transparenzgebot auf europäischer Ebene ebenfalls vor.

72 Das Transparenzgebot will die **privatrechtliche informationelle Selbstbestimmung des Kunden** schützen. Wenn der Kunde seine Rechte und Pflichten nicht erkennen kann, so liegt darin eine doppelte Benachteiligung: (1) er kann den Inhalt der Regelung bei Vertragsabschluß nicht erkennen und sich nicht dagegen wehren, indem er sie ablehnt, (2) der Kunde kann bei einer intransparenten Regelung seine Rechte und Pflichten aber auch nicht im Stadium der Vertragsabwicklung erkennen und läuft damit Gefahr, sich nicht darauf einstellen und Nachteile vermeiden zu können[95]. Das Transparenzgebot wird bei Vertragsabschluß bereits durch § 305 Abs. 2 Nr. 2 und § 305c Abs. 1 gesichert. Diese Vorschriften betreffen aber nur die **Abschlußtransparenz** (1), nicht die **Abwicklungstransparenz** (2). Sie betreffen wie die global ausgerichtete Einbeziehung insgesamt auch mehr die globale Transparenz und nicht so sehr den **Inhalt im Detail.** Darüber hinaus können sie bei der Kontrolle im Rahmen einer Verbandsklage nach §§ 1, 8ff. UKlaG nicht herangezogen werden. § 305c Abs. 2, der den Kunden ebenfalls vor intransparenten Regelungen schützen will, ermöglicht nur eine dem Kunden günstige Auslegung und hilft nicht, wenn auch die kundenfreundliche Auslegung immer noch unangemessen ist. Um das Transparenzgebot wirksam durchzusetzen, bedarf es deshalb auch seiner Verankerung in § 307.

73 **Beispiel:** Wegen Intransparenz unwirksam sind etwa sog. **salvatorische Klauseln,** wonach von vornherein oder an Stelle ungültiger Klauseln die gesetzlich zulässige Regelung gelten soll. Hier ist für den Kunden aus den Vertragsbedingungen nicht erkennbar, was die gesetzlich zulässige Regelung ist[96]. Das Transparenzgebot enthält das Gebot der Erkennbarkeit und Verständlichkeit, das Gebot der Bestimmtheit, das Gebot der Konkretisierung und Differenzierung, das Richtigkeitsgebot und Täuschungsverbot, das Gebot der Rechtsklarheit und das Gebot der Vollständigkeit[97].

e) Gesamtabwägung nach Treu und Glauben

74 Die beiden im zweiten Absatz des § 307 umschriebenen Tatbestände sind nur exemplarisch dafür gedacht, was im Sinne von Abs. 1 unter einer unangemessenen Benachteiligung des Kunden zu verstehen ist. Ob eine solche vorliegt, bedarf stets der **abschließenden Feststellung** im Rahmen einer Gesamtabwägung nach Treu und Glauben **gemäß Abs. 1.** Aus Abs. 2 kann aber entnommen werden, daß bei Vorliegen der jeweiligen Voraussetzungen „im Zweifel“ von der Unangemessenheit auszu-

---

[95] S. zum Transparenzgebot im einzelnen *Wolf/Horn/Lindacher,* AGBG, § 9 Rn. 143ff.; Soergel/*Stein,* § 9 AGBG Rn. 21; *Ulmer/Brandner/Hensen,* AGBG, § 9 Rn. 87ff.; MünchKomm/*Basedow,* § 307 Rn. 48ff.

[96] S. im einzelnen *Oetker,* JZ 2002, 337; *Wolf/Horn/Lindacher,* AGBG, § 9 Rn. 151; *H. Schmidt,* in: Ulmer/Brandner/Hensen, AGBG, § 6 Rn. 39ff.; kritisch *Baumann,* NJW 1978, 1953; Palandt/*Heinrichs,* § 306 Rn. 9; *Wolf/Horn/Lindacher,* AGBG, § 6 Rn. 47ff.

[97] S. im einzelnen *Wolf/Horn/Lindacher,* AGBG, § 9 Rn. 148ff.; *Stoffels,* AGB-Recht, Rn. 564ff.

gehen ist und der Verwender, der entgegen dieser Vermutung die Angemessenheit seiner Klausel geltend machen will, die Beweislast dafür trägt. Dies betrifft aber nur die Tatsachen. Die Bewertung, ob die Klausel angemessen ist oder nicht, steht dagegen allein dem Richter zu[98].

f) § 307 als Auffangtatbestand

§ 307 ist als Generalklausel zugleich ein Auffangtatbestand, der auf alle nicht von den speziellen Klauselverboten erfaßten AGB-Klauseln Anwendung finden kann. Wenn eine Klausel nach §§ 308, 309 nicht verboten ist, kann sie immer noch nach § 307 unangemessen und damit unwirksam sein. 75

Beispiele: § 309 Nr. 1 verbietet nicht Preisanpassungsklauseln, die erst später als 4 Monate nach Vertragsabschluß eingreifen. Für solche Klausel bleibt aber die Angemessenheit auf der Grundlage von § 307 als Auffangtatbestand zu prüfen. Demgemäß ist die Klauseln in einem Bauvertrag nach § 307 unangemessen, wenn sie formularmäßig die Erhöhung des vereinbarten Festpreises im Falle eines späteren Baubeginns vorsieht, da dies dem Verwender erlauben würde, durch einfache Verzögerung des Baubeginns die vereinbarte Vergütung ohne jede Begrenzung einseitig anzuheben[99]. Eine Zinsanpassungsklausel bei einem langfristigen Kreditvertrag ist dagegen zulässig[100], wenn sie lediglich eine Anpassung des vereinbarten Zinssatzes an kapitalmarktbedingte Änderungen bezweckt und eine Anpassung sowohl nach oben wie auch nach unten vorsieht. 76

VI. Die Rechtsfolgen der Unwirksamkeit

1. Aufrechterhaltung des Restvertrags

Ist eine Klausel oder sind einige oder gar alle Klauseln der in einen Vertrag einbezogenen AGB unwirksam, so handelt es sich rechtssystematisch um einen Fall der Teilnichtigkeit im Sinne des § 139 (unten § 45 Rn. 1ff.). Die Anwendung des § 139 könnte zur Unwirksamkeit des ganzen Vertrages führen, wenn angenommen werden muß, der Verwender hätte den Vertrag bei Kenntnis der Unwirksamkeit seiner AGB nicht geschlossen. Damit wäre aber dem Kunden nicht gedient, der sich ja regelmäßig auf die Durchführung des Vertrages eingerichtet haben wird. Deshalb bestimmt § 306 Abs. 1, daß bei ganzer oder teilweiser Unwirksamkeit der AGB der **Vertrag im übrigen grundsätzlich wirksam** bleibt. Das gilt gemäß § 310 Abs. 3 Nr. 2 auch für vorformulierte Individualvereinbarungen. Eine Ausnahme davon macht § 306 Abs. 3 für den Fall, daß das Festhalten am Vertrag auch unter Berücksichtigung der Anwendung dispositiven Rechts, das an die Stelle der unwirksamen Klausel tritt, eine unzumutbare Härte für eine Vertragspartei darstellen würde. Bei Unwirksamkeit nur einer oder einiger Klauseln dürfte dies nur selten der Fall sein. 77

Die Vorschriften des § 306 gelten auch dann, wenn AGB nach § 305ff. nicht Vertragsbestandteil geworden sind[101]. Auch dann bleibt der übrige Vertrag wirksam, vorausgesetzt, daß es zum Vertragsabschluß gekommen ist. Auch in diesem 78

[98] Vgl. *Ulmer/Brandner/Hensen,* AGBG, § 9 Rn. 162; *Wolf/Horn/Lindacher,* AGBG, § 9 Rn. 58.

[99] *BGHZ* 94, 335, 340.

[100] *BGHZ* 97, 212, 213.

[101] *H. Schmidt,* in: Ulmer/Brandner/Hensen, AGBG, § 6 Rn. 7; Palandt/*Heinrichs,* § 306 Rn. 2; MünchKomm/*Basedow,* § 306 Rn. 1.

Fall gilt grundsätzlich wieder das dispositive Recht. Hier ist auch eher die Unwirksamkeit des Gesamtvertrags gemäß § 306 Abs. 3 denkbar, etwa dann, wenn mit Rücksicht auf § 305 die gesamten AGB nicht Vertragsbestandteil geworden sind, einschließlich der Leistungsbeschreibung, die nicht aus dem dispositiven Recht ergänzt werden kann, ohne die aber dem Verwender die Leistung nicht möglich oder nicht zumutbar ist. Dann bleibt keine andere Lösung als die Nichtigkeit des Vertrages (s. oben § 29 Rn. 75).

2. Dispositives Recht als Ersatzregelung

79 Soweit die vertragliche Regelung infolge der Unwirksamkeit der AGB oder einzelner ihrer Bestimmungen lückenhaft wird, ist die Lücke nach § 306 Abs. 2 durch das auf einen Vertrag solcher Art anwendbare Gesetzesrecht zu schließen.

80 Ist das anwendbare dispositive Recht lückenhaft, so ist zu prüfen, ob andere gesetzliche Vorschriften analog anzuwenden sind. Ist auch das zu verneinen, etwa weil es sich um einen im Gesetz nicht geregelten Vertragstypus handelt, dann bleibt die Möglichkeit der **ergänzenden Vertragsauslegung** nach § 157, § 242. Wenn § 306 Abs. 2 auf die gesetzlichen Vorschriften verweist, so schließt dies die §§ 157, 242 und die darauf gestützte ergänzende Vertragsauslegung mit ein. Aus § 306 Abs. 1 ist zu entnehmen, daß das Gesetz nach Möglichkeit die Nichtigkeit des Vertrages vermeiden will. Wenn eine der Regelung bedürftige Frage anders nicht zu beantworten ist, muß deshalb auf die ergänzende Vertragsauslegung zurückgegriffen werden[102].

3. Geltungserhaltende Reduktion und Teilwirksamkeit

a) Keine Neuformulierung durch das Gericht

81 Fraglich ist, ob eine Klausel, die über das zulässige Maß hinausgeht, ihrem ganzen Inhalt nach, oder nur gerade so weit unwirksam ist, als sie dieses Maß überschreitet, im übrigen aber wirksam bleibt. Man spricht von einer geltungserhaltenden Reduktion der über das zulässige Maß hinausgehenden Klausel auf das eben noch zulässige Maß. Von einer Lücke der im Vertrag getroffenen Regelung ließe sich nur bei Ablehnung einer geltungserhaltenden Reduktion sprechen.

82 **Beispiel:** Enthält eine AGB-Klausel in einem Zeitschriftenabonnementvertrag die Bestimmung, daß der Vertrag auf 3 Jahre unkündbar sei, so ist diese Klausel nach § 309 Nr. 9a unwirksam, da sie die dort vorgesehene Höchstlaufzeit von 2 Jahren überschreitet. Wäre eine geltungserhaltende Reduktion zulässig[103], so könnte die Klausel auf die gerade noch zulässige Frist von 2 Jahren reduziert werden und wäre dann mit diesem Inhalt wirksam. Wird eine geltungserhaltende Reduktion abgelehnt, so ist die Laufzeitklausel insgesamt unwirksam und der Abonnementsvertrag kann auch schon vor Ablauf von 2 Jahren gekündigt werden.

---

[102] *BGHZ* 82, 121, 131; 90, 69, 75ff.; 107, 273, 276; *BGH* NJW 1984, 41180, 1181. So auch *H. Schmidt,* in: Ulmer/Brandner/Hensen, AGBG, § 6 Rn. 34ff.; *Wolf/Horn/Lindacher,* AGBG, § 6 Rn. 15; Palandt/*Heinrichs,* § 6 AGBG Rn. 6; MünchKomm/*Basedow,* § 306 Rn. 23; *Neumann,* Geltungserhaltende Reduktion und ergänzende Auslegung von Allgemeinen Geschäftsbedingungen, 1988, S. 154ff.; *Bunte,* NJW 1984, 1145, 1146ff.; *Ulmer,* NJW 1981, 2025, 2030f.; *Lindacher,* BB 1983, 154, 158; a.A. aber *Esser/Schmidt,* Schuldrecht I 1 § 11 IV, S. 205; *E. Schmidt,* JuS 1987, 929, 935; *Steindorff,* ZHR 148 (1984), 271, 276.

[103] Dafür *Hager,* Gesetzes- und sittenkonforme Auslegung und Aufrechterhaltung von Rechtsgeschäften, 1983, S. 63ff.; *ders.* JZ 1996, 175, 176; *Canaris,* FS Steindorff, 1990, S. 519, 547ff.; *Ebel,* DB 1979, 1973f.; *Garrn,* JA 1981, 151, 154; *Helm,* BB 1977, 1109, 1110; mit Einschränkungen auch *Kötz,* NJW 1979, 785.

Gegen eine geltungserhaltende Reduktion spricht der Schutzzweck des Gesetzes, der es verbietet, daß der Verwender es zunächst einmal mit einer eindeutig unzulässigen Klausel versucht in der Erwartung, falls der Kunde sich überhaupt zur Wehr setze, werde das Gericht sie allenfalls insoweit einschränken, wie sie gerade noch als tragbar erscheint[104]. Der **Verwender,** der die Laufzeit über das zulässige Maß hinaus ausdehnt oder seine Haftung übermäßig zulässige Maß einschränkt, **soll** das **Risiko der Nichtigkeit** der gesamten Klausel **tragen.** Darüber hinaus sind **Veränderungen im Vertragstext nicht Aufgabe der Gerichte.** Die Vertragsparteien müssen die Formulierungsverantwortung selbst tragen und können sie nicht auf die Gerichte abwälzen. Dies gilt gerade für den Verwender, dem auch schon § 305 c Abs. 2 die Formulierungsverantwortung zuweist. Eine geltungserhaltende Reduktion ist deshalb grundsätzlich unzulässig[105]. Unzulässig sind auch die sog. salvatorischen Klauseln, bei denen die teleologische Reduktion durch den Zusatz „soweit gesetzlich zulässig" vereinbart werden soll (s. oben Rn. 73)[106]. Aus denselben Gründen ist auch eine Umdeutung unwirksamer AGB-Klausel nach § 140 ausgeschlossen. 83

b) Bloße Streichungen zulässig

Eine geltungserhaltende Reduktion liegt nicht vor, wenn aus der Klausel einzelne unwirksame Teile herausgenommen werden können und der Klauselrest eine wirksame Regelung enthält, so insbesondere wenn die Klausel neben unwirksamen Fallgestaltungen **auch wirksame Fallgestaltungen** enthält. Bloße Streichungen im Text sind zulässig[107]. 84

Beispiel: Aus der Klausel, die Forderungen werden sofort fällig, wenn der Schuldner mit zwei aufeinanderfolgenden Raten „ganz oder teilweise" in Verzug kommt, können die Wort „oder teilweise" gestrichen werden. Die Klausel ist dann zulässig. 85

c) Zulässigkeit ergänzender Auslegung

Keine unzulässige geltungserhaltende Reduktion liegt auch vor, wenn die unwirksame Klausel durch eine im Wege ergänzender Vertragsauslegung gefundene Regelung ersetzt wird. Die ergänzende Vertragsauslegung ist eine normative Regelung in Konkretisierung des Grundsatzes von Treu und Glauben. Sie unterscheidet sich von der geltungserhaltenden Reduktion dadurch, daß sie eine insgesamt ausgewogene, angemessene Regelung enthält und nicht die gerade noch zulässige Regelung an der Grenze zur Unzulässigkeit in Geltung wie bei der geltungserhaltenden Reduktion[108]. 86

---

[104] Vgl. *BGHZ* 42, 312, 315; 84, 109, 117.

[105] *BGHZ* 84, 109, 115; 85, 305, 312; 91, 375, 384; 92, 312, 315; 98, 303, 311; 120, 122; *BGH* NJW 1984, 48, 49; *BGH* NJW 1986, 1610, 1611; *BGH* NJW 2000, 1110, 1113; *Reich/Schmitz,* NJW 1995, 2533, 2534; Palandt/*Heinrichs,* vor § 307 Rn. 8.

[106] *BGH* NJW 1983, 159, 162; *Wolf/Horn/Lindacher,* AGBG, § 6 Rn. 44; MünchKomm/*Basedow,* § 306 Rn. 29; Soergel/*Stein,* AGBG, § 6 Rn. 18.

[107] *BGH* NJW 1985, 623; *Wolf/Horn/Lindacher,* AGBG § 9 Rn. 157; Palandt/ *Heinrichs,* Vorbem. vor § 311 Rn. 11; kritisch dagegen *Wolf/Horn/Lindacher,* AGBG, § 6 Rn. 40.

[108] *BGHZ* 62, 83, 89; 90, 69, 81; *Lindacher,* BB 1983, 154, 158; *Bunte,* NJW 1984, 1145, 1148.

VII. Verfahren zur Überprüfung Allgemeiner Geschäftsbedingungen

87 Die Inhaltskontrolle von AGB und vorformulierten Individualvereinbarungen kann im Rahmen eines gerichtlichen Verfahrens über einen von einer Partei gegen die andere eingeklagten individuellen Anspruch erfolgen. Im **Individualprozeß** zwischen zwei Parteien ist der Streitgegenstand ein einzelner konkreter Anspruch, nicht aber die AGB als solche. Die Inhaltskontrolle der vorformulierten Vertragsbedingungen erfolgt im Rahmen der Anspruchsprüfung als Vorfrage. Die Entscheidung, ob die vorformulierten Bedingungen unwirksam sind, erwächst nicht in Rechtskraft und muß deshalb in jedem weiteren Individualprozeß erneut geprüft werden.

88 Unseriöse Verwender von AGB wären demgemäß nicht gehindert, ihre AGB auch dann weiterzubenutzen, wenn sie in einem oder mehreren Individualprozessen für unwirksam erklärt worden sind. Um dies zu verhindern, hat das UKlaG in § 1 mit der **Verbandsklage** ein besonderes Verfahren geschaffen, das eine generelle gerichtliche Überprüfung der Wirksamkeit von AGB unabhängig von einem Rechtsstreit über ihre Geltung in einem konkreten Vertrag ermöglichen soll und mit Hilfe eines Unterlassungsanspruchs die weitere Verwendung der AGB oder deren Empfehlung verbieten kann (s. auch § 9 Nr. 3 UKlaG).

VIII. Umgehungsverbot

89 § 306a enthält ähnlich wie § 312f. Satz 2 und § 506 Abs. 1 Satz 2 die Bestimmung, daß die Vorschriften des AGB-Rechts auch dann anzuwenden sind, wenn sie durch anderweitige Gestaltungen umgangen werden. Die Bestimmung ist absichtlich weit gefaßt. Der Bestimmung kommt bisher kaum praktische Bedeutung zu.

90 Unterfällt eine Klausel nicht dem Verbotskatalog der §§ 308, 309, so wird sie von der Generalklausel des § 307 erfaßt. Für derartige Fälle bedarf es daher der Umgehungsklausel nicht[109]. § 306a ist nach seinem Wortlaut auch auf §§ 305–306 anwendbar, hat jedoch insoweit noch keine praktische Bedeutung erlangt[110]. Gedacht wurde an den Fall, daß ein Lieferant von Büchern, Schallplatten und ähnlichen Waren seine Abnehmer als Gesellschaft oder als Verein organisiert und das Entgelt für seine Waren als Beitrag gestaltet[111], um über § 310 Abs. 4 Satz 1 die Nichtanwendbarkeit des AGB-Rechts zu erreichen. Der Fall der Kaffeefahrt führt nach Art. 29 Abs. 1 Nr. 3 EGBGB zur Anwendung des deutschen Rechts als Aufenthaltsrecht.

---

[109] So auch *BGH* NJW 1984, 2816; MünchKomm/*Basedow,* § 306 Rn. 3; *Ulmer/Brandner/Hensen,* AGBG, § 7 Rn. 7; *Bork,* AT, Rn. 1785; für Anwendung von § 7 AGBG aber *BGH* NJW 1985, 852; *BGH* NJW 1991, 36, 39.

[110] S. auch *BGH* NJW 1991, 36, 39.

[111] Dazu die Fallgestaltungen in *BGH* H. 2/1992 § 23 AGBG Nr. 10 m. Anm. *Stein; BGH* NJW 1995, 1927 = LM H. 2/1995 § 23 AGBG Nr. 13 m. Anm. *Basedow;* allgemein dazu *Wolf/Horn/Lindacher,* AGBG, § 7 Rn. 7; *Ulmer/Brandner/Hensen,* AGBG, § 23 Rn. 25; Soergel/*Stein,* § 7 AGBG Rn. 4.

3. Unterabschnitt
Rechtsfolgen der Unwirksamkeit

§ 44. Arten der Unwirksamkeit eines Rechtsgeschäfts

Inhaltsübersicht

Literatur: *Beckmann,* Nichtigkeit und Personenschutz, 1998; *Beer,* Die relative Unwirksamkeit, 1975; *Bülow,* Grundfragen der Verfügungsverbote, JuS 1994, 1; *O. Fischer,* Konversion unwirksamer Rechtsgeschäfte, FS Wach, 1913, I, S. 179; *Harder,* Die historische Entwicklung der Anfechtbarkeit von Willenserklärungen, AcP 173 (1973), 209; *H. Hübner,* Zum Abbau von Nichtigkeitsvorschriften, FS Wieacker, 1978, S. 399; *Jacobi,* Die fehlerhaften Rechtsgeschäfte, AcP 86, 51; *Kipp,* Über Doppelwirkungen im Recht, insbesondere über die Konkurrenz von Nichtigkeit und Anfechtbarkeit, Festgabe f. Martitz, 1911, S. 211ff.; *Krampe,* Die Konversion des Rechtsgeschäfts, 1980; *Marcuse,* Die Wirkung der Ungültigkeit des Kausalgeschäfts auf das sachenrechtliche Erfüllungsgeschäft, GruchBeitr. 66, 159; *May,* Die Möglichkeit der Beseitigung des Abstraktionsprinzips bei den Verfügungsgeschäften des Fahrnisrechts, 1952; *Oertmann,* Das Problem der relativen Rechtszuständigkeit, JherJb. 66, 130 (insb. 248ff.); *G. Paulus,* Schranken des Gläubigerschutzes aus relativer Unwirksamkeit, FS Nipperdey, 1965, I, S. 909; *Pawlowski,* Rechtsgeschäftliche Folgen nichtiger Willenserklärungen, 1966; *Paape,* Das gesetzliche Veräußerungsverbot des BGB, 1908; *Riezler,* Anfechtung anfechtbarer Rechtsgeschäfte?, LZ 1928, 155; *Siller,* Die Konversion, AcP 138, 144; *Strohal,* Über relative Unwirksamkeit, 1911.

I. Verschiedene Arten der Unwirksamkeit

1 Ein Rechtsgeschäft ist wirksam, wenn die mit der Willenserklärung zum Ausdruck gebrachten Rechtsfolgen in vollem Umfang eintreten. Unwirksam ist es, wenn die intendierten Rechtsfolgen nicht eintreten, weil ihnen die Rechtsordnung die Geltung versagt. Die Unwirksamkeit kann in verschiedenen Varianten auftreten. Sie kann von Anfang an, für immer oder erst ab oder bis zu einem bestimmten Zeitpunkt bestehen, sie kann von selbst kraft Gesetzes (ipso iure) oder nur durch Geltendmachung eines Beteiligten vorgesehen sein, oder sie kann sich gegenüber jedermann oder nur gegenüber bestimmten Personen auswirken, und sie kann das ganze Rechtsgeschäft oder nur einen Teil davon erfassen.

2 **Beispiele:** Unwirksamkeit in Form der Nichtigkeit tritt etwa ein, wenn das Geschäft nicht in der vorgeschriebenen Form vorgenommen worden ist (§ 125), wenn es gegen ein gesetzliches Verbot (§ 134) oder gegen die guten Sitten (§ 138) verstößt oder wenn es an einer sonstigen Voraussetzung der Wirksamkeit, wie etwa der Geschäftsfähigkeit eines Beteiligten (§ 104) fehlt. In den Fällen des Irrtums (§ 119), der arglistigen Täuschung und der rechtswidrigen Drohung (§ 123) besteht die Möglichkeit der Vernichtung durch ein Anfechtungsrecht (§ 142). Schwebende Unwirksamkeit tritt ein bei fehlender Geschäftsfähigkeit (§ 108) und ausstehender vormundschaftsgerichtlicher Genehmigung (§ 1829). Bei fehlender Verfügungsmacht ist teilweise eine relative Unwirksamkeit vorgesehen (§ 135). Ein Verstoß gegen §§ 307–309 oder gegen andere zwingende oder halbzwingende Normen (z.B. § 551 Abs. 4, § 553 Abs. 3, § 555 u.a.) hat die Unwirksamkeit zur Folge.

3 Für alle diese Varianten, die untereinander auch noch kombiniert werden können, dient die **Unwirksamkeit als Oberbegriff.** Daneben regelt das Gesetz mit der Teilnichtigkeit und der Gesamtnichtigkeit speziell den Umfang der Nichtigkeit bezogen auf das Rechtsgeschäft (§ 139), was aber auch für andere Arten der Unwirksamkeit zu klären ist (s. unten § 45 Rn. 2). Die verschiedenen Arten oder Grade der Unwirksamkeit und demzufolge auch der Wirksamkeit eines Rechtsgeschäfts führen zu unterschiedlichen Folgen.

II. Nichtige Rechtsgeschäfte

1. Nichtigkeit als totale Unwirksamkeit

4 Den stärksten Grad der Unwirksamkeit eines Rechtsgeschäfts stellt die Nichtigkeit dar. Nichtig ist ein Rechtsgeschäft, das **von Anfang an in jeder Beziehung** unwirksam ist und **dauernd unwirksam** bleibt. Die intendierten Rechtsfolgen des nichtigen Geschäfts treten weder unter den Beteiligten noch in ihrem Verhältnis zu Dritten ein. Ob die Nichtigkeit nur den vom Nichtigkeitsgrund erfaßten Teil oder das ganze Rechtsgeschäft berührt, richtet sich nach den Regeln über die Teilwirksamkeit (s. unten § 45). Eine Umdeutung kann nach § 140 möglich sein (s. unten Rn. 72ff.). Die Nichtigkeit besteht kraft Gesetzes ex tunc. Es bedarf grundsätzlich keines besonderen Akts, sei es einer darauf gerichteten Willenserklärung, sei es einer Klage und eines gerichtlichen Urteils, um die Unwirksamkeit herbeizuführen. Die gleichen Grundsätze gelten für die Unwirksamkeit von Vereinbarungen, die gegen zwingende oder halbzwingende Normen verstoßen.

Auf die Nichtigkeit eines Rechtsgeschäfts kann sich jedermann ohne weiteres berufen. Im Rechtsstreit ist sie, sofern sie sich aus den in den Prozeß eingeführten Tatsachen ergibt, vom Gericht von Amts wegen zu beachten, auch ohne daß sich eine Partei darauf beruft. Diese weitgehende Nichtigkeit ist sachgerecht, wenn durch den Nichtigkeitsgrund Allgemeininteressen geschützt werden. Dient ein Nichtigkeitsgrund aber nur den Interessen einer bestimmten Person, so kann durch die kraft Gesetzes auch gegen ihren Willen eintretende Nichtigkeit ein Geschäft unwirksam sein, das sie trotz des Nichtigkeitsgrunds machen wollte. Der Gesetzgeber hat die Wahlfreiheit der geschützten Person, ob sie das Rechtsgeschäft vernichten will, insoweit berücksichtigt, als er ein Anfechtungsrecht gewährt. Darüber hinaus tritt zwecks Aufrechterhaltung eines Geschäfts nur Teilnichtigkeit ein, wenn dies dem Schutzzweck des Nichtigkeitsgrundes entspricht (s. unten § 45 Rn. 2, 30f.). In anderen Fällen versagt der Gesetzgeber nur der nicht geschützten Partei, sich auf eine Vereinbarung zu berufen, nicht aber der geschützten Partei (s. unten Rn. 71). Darüber hinaus kann dem BGB aber kein allgemeiner Grundsatz entnommen werden, daß im Sinne eines „Aufdrängungsverbots" nur der Geschützte über den Eintritt der Nichtigkeit entscheiden könne[1]. 5

Ausnahmsweise kann die Nichtigkeit nur nach **Feststellung durch ein rechtskräftiges Urteil** beachtet werden. Dies trifft zu in Fällen, in denen die Nichtigkeitsfolgen über die unmittelbar Beteiligten hinaus auch Dritte treffen und deshalb ein besonderes Bedürfnis nach Rechtssicherheit und nach sicherer und zuverlässiger Feststellung der Nichtigkeit besteht. Dies trifft etwa zu für die Nichtigkeit von Hauptversammlungsbeschlüssen in der *AG* (§§ 248, 249, 252, 256 Abs. 7 AktG). 6

2. Folgen des nichtigen Geschäfts

a) Folgen der tatsächlichen Vornahme und Durchführung

Auch wenn das nichtige Geschäft in jeder Hinsicht und dauernd unwirksam ist und ihm die beabsichtigten Rechtsfolgen versagt werden, so ist es doch **als tatsächliches Geschehen existent** und möglicherweise durchgeführt[2]. Den geschehenen Akt als solchen kann die Rechtsordnung nicht ungeschehen machen. Das Rechtsgeschäft kann auch trotz seiner Nichtigkeit angefochten werden, um z.B. etwaigen Zweifelsfragen hinsichtlich eines Nichtigkeitsgrundes auszuweichen. Seine Vornahme kann auch andere als die von den Parteien damit intendierten Rechtsfolgen haben. 7

Beispiele: Das nichtige Rechtsgeschäft kann etwa eine Schadensersatzpflicht aus culpa in contrahendo auslösen (s. oben § 31 Rn. 19ff.), eine Strafe oder eine Ordnungsstrafe nach sich ziehen, vor allem aber ein Abwicklungsverhältnis begründen. Haben die Parteien auf Grund eines nichtigen Vertrages Leistungen ausgetauscht oder ein Dauerschuldverhältnis einige Zeit hindurch erfüllt, dann hat grundsätzlich eine Abwicklung stattzufinden, deren Ziel es ist, soweit als möglich eine Lage herzustellen, wie sie bestehen würde, wenn keine Erfüllungshandlungen vorgenommen worden wären. Dem dienen vornehmlich die Vorschriften über die Herausgabe einer ungerechtfertigten Bereicherung (§§ 812ff.). 8

b) Fehlerhafte Dauerschuldverhältnisse

Bei Dauerschuldverhältnissen, die trotz Nichtigkeit tatsächlich durchgeführt worden sind, können die erbrachten Leistungen und das tatsächliche Geschehen nicht mehr beseitigt und durch Rückabwicklung angemessen ausgeglichen werden. Insbesondere können tatsächliches Verhalten und tatsächlich erbrachte Arbeitsleistungen sowie die Einhaltung von Treue- und Fürsorgepflichten nicht einfach zurückgegeben werden. Dies gilt etwa im Falle eines nichtigen Gesellschaftsvertrages, den die Gesellschafter in vielfacher Weise tatsächlich durchgeführt und nach außen Geschäfte abgeschlossen ha- 9

[1] So aber *Beckmann,* Nichtigkeit und Personenschutz, 1998, S. 158ff. passim.
[2] Richtig *Flume,* AT II, § 30, 1.

ben. Ebenso ist es, wenn bei einem nichtigen Arbeitsvertrag die Arbeitsleistung tatsächlich erbracht worden ist. Das Bereicherungsrecht kann die dabei geschaffenen tatsächlichen Verhältnisse nicht mehr angemessen rückabwickeln. Deshalb ist allgemein anerkannt, daß die Gesellschaft oder das Arbeitsverhältnis, solange die Nichtigkeit nicht geltend gemacht wird, für die Zwecke der Abwicklung **aufgrund** seiner **faktischen Durchführung wie ein gültiges behandelt** wird[3]. Voraussetzung ist aber, daß eine tatsächliche, wenn auch nichtige Einigung vorliegt.

10 Die Anerkennung des Zustands der faktischen Durchführung ist dann ohne Rücksicht auf die Rückabwicklungsschwierigkeiten **zu versagen,** wenn schutzwürdige Interessen einzelner Betroffener oder der Allgemeinheit etwas anderes verlangen. Davon ist auszugehen, wenn der Zweck des Nichtigkeitsgrundes der faktischen Anerkennung entgegensteht, insbesondere wenn damit ein gesetzwidriger oder grob sittenwidriger Zustand aufrechterhalten würde oder wenn sich ein Teil durch arglistige Täuschung oder rechtswidrige Drohung unangemessene Vorteile verschafft hat.

11 **Beispiele:** Die Arbeit, die in einem wegen Geschäftsunfähigkeit nichtigen Arbeitsvertrag erbracht worden ist, muß vergütet werden, weil der Geschäftsunfähige durch Bezahlung des vereinbarten oder tariflichen Lohnes geschützt werden soll. Dagegen widerspricht im Falle einer gegen das Gesetz verstoßenden Schwarzarbeit die Anerkennung des faktisch geschaffenen Zustands dem Gesetzeszweck. Ebensowenig wäre die faktische Durchführung einer Gesellschaft anzuerkennen, die gesetzwidrigen Drogenhandel betreibt.

12 In der neueren Terminologie ist statt vom faktischen Vertrag von der fehlerhaften Gesellschaft und dem fehlerhaften Arbeitsverhältnis die Rede. Das ist insofern präziser, als in den fraglichen Fällen ein übereinstimmender Parteiwille zwar vorhanden ist, aber wegen Fehlens einzelner Wirksamkeitsvoraussetzungen nicht als wirksam anerkannt wird. Von einem faktischen Vertrag kann aber insofern gesprochen werden, als der Vertrag faktisch in Vollzug gesetzt und durchgeführt worden ist. Davon zu unterscheiden ist aber der faktische Vertrag in Form des sozialtypischen Verhaltens, bei dem ohne Rücksicht auf einen übereinstimmenden oder entgegenstehenden Willen allein an ein äußeres objektives Verhalten vertragliche Rechtsfolgen geknüpft werden sollen (s. oben § 30 Rn. 21 ff.).

13 Die Figur des faktischen oder fehlerhaften Vertrags ist nicht auf Arbeits- und Gesellschaftsverhältnisse begrenzt, sondern kann insbesondere auch **bei anderen Dauerschuldverhältnissen,** die in das Erfüllungsstadium getreten sind, zur Anwendung kommen. So sind etwa bei der Eheschließung die allgemeinen Nichtigkeits- oder Anfechtungsgründe als Aufhebungsgründe mit Wirkung ex nunc ab Rechtskraft des Urteils ausgestaltet (§§ 1313, 1314). Anzuerkennen ist auch ein faktischer, fehlerhafter Dienstvertrag, insbesondere etwa eines Geschäftsführers oder Vorstandes mit seiner Gesellschaft[4]. Ebenso gibt es eine faktische Wohneigentumsgemeinschaft bei fehlerhafter Gründung von Wohnungseigentum[5]. Bei Miet- und Pachtverhältnissen wird ein faktisches, fehlerhaftes Vertragsverhältnis grundsätzlich abgelehnt[6] und die Rückabwicklung nach Bereicherungsrecht (§§ 812 ff.) vorgenommen. Dies ist nicht immer ganz befriedigend und auch mit der Wertung der §§ 545, 546a schwer zu vereinbaren.

---

[3] S. zur Gesellschaft etwa *Flume,* AT I/1 § 2 III; *Grunewald,* Gesellschaftsrecht, 1. A Rn. 156 ff.; *Kübler,* Gesellschaftsrecht, § 25; *K. Schmidt,* Gesellschaftsrecht, § 6 III 2; *Wiedemann,* Gesellschaftsrecht I, § 3 I 2. Zum Arbeitsrecht etwa *Zöllner/Loritz,* Arbeitsrecht, § 11 II 1b.

[4] S. dazu *BGH* NJW 2000, 2983.

[5] S. *BGH* NJW 1990, 447; 1995, 2581, 2583; *KG* NJW-RR 1986, 1274.

[6] S. Palandt/*Heinrichs,* Einf. vor § 145 Rn. 29; Staudinger/*H. Roth,* § 142 Rn. 36.

Aus den faktischen, fehlerhaften Vertragsverhältnissen hat Pawlowski[7] die Forderung abgeleitet, den Nichtigkeitsbegriff des BGB durch einen Nichtigkeitsbegriff zu ersetzen, demzufolge nur einige dieser Folgen nicht eintreten, andere aber aufrecht erhalten werden. Folgerichtig spricht er von „rechtsgeschäftlichen Folgen nichtiger Willenserklärungen". Die eintretenden Rechtsfolgen sind aber keine rechtsgeschäftlichen Folgen des nichtigen Geschäfts, sondern gesetzliche Folgen der tatsächlichen Durchführung des Geschäfts, die keine Willenserklärung und z.B. auch keine Geschäftsfähigkeit voraussetzen. 14

3. Bestätigung als Neuvornahme

a) Grundsatz der unheilbaren Nichtigkeit

In der Regel kann ein anfänglich nichtiges Rechtsgeschäft nicht nachträglich wirksam werden. Die Parteien können jedoch das nichtige Rechtsgeschäft in einem späteren Zeitpunkt bestätigen (§ 141). Die **Bestätigung** entfaltet aber, auch wenn der Nichtigkeitsgrund inzwischen fortgefallen ist, **keine Rückwirkung** auf den Zeitpunkt der erstmaligen Vornahme des nichtigen Rechtsgeschäfts zurück. Die Wirkung tritt vielmehr nur ab dem Zeitpunkt der Bestätigung ein, da sie gemäß § 141 Abs. 1 als „erneute Vornahme" ausgestaltet ist. Die Bestätigung, die nach § 141 nur für das nichtige und nach § 144 nur für das anfechtbare Rechtsgeschäft vorgesehen ist, ist **bei anderen Unwirksamkeitsgründen entsprechend** anzuwenden[8]. § 1315 Abs. 1 Nr. 1–4 sehen eine Bestätigung der aufhebbaren Eheschließung ausdrücklich vor, ebenso § 244 AktG für anfechtbare Hauptversammlungsbeschlüsse. 15

Aus der Einordnung als **Neuvornahme** ergibt sich, daß bei der Bestätigung alle Wirksamkeitserfordernisse vorliegen müssen. Bei einem formbedürftigen Geschäft muß die Bestätigung in der **vorgeschriebenen Form** erfolgen. Dies gilt selbst dann, wenn die Nichtigkeit des ursprünglichen Rechtsgeschäfts auf anderen Gründen als einem Formverstoß beruhte[9], da das ursprüngliche Rechtsgeschäft z.B. wegen Geschäftsunfähigkeit, die gewollten Rechtsfolgen nicht eintreten läßt und bei der Neuvornahme die Formzwecke, insbesondere etwa die Warnfunktion und der Übereilungsschutz, z.B. beim jetzt Geschäftsfähigen oder seinem Vertreter, neu erfüllt werden müssen. Das Geschäft muß aber **nicht in allen Einzelheiten** neu vorgenommen werden. Die Beurteilung als erneute Vornahme ergibt sich in § 141 nur als Rechtsfolge, wird dagegen nicht als tatbestandliche Voraussetzung verlangt[10]. Diese liegt allein in der Bestätigung, für die es ausreicht, daß die Beteiligten das unwirksame Rechtsgeschäft nach seinem Inhalt als gültig anerkennen wollen, ohne alle Einzelheiten wiederholen zu müssen[11]. Die Bestätigung kann, wenn das Geschäft nicht formbedürftig ist, auch durch schlüssiges Verhalten erfolgen[12]. Der Rechtsfolgewille, ein Geschäft durch erneute Vornahme zu bestätigen, setzt, wenn auch nicht die Kenntnis der Nichtigkeit, so doch mindestens Zweifel an seiner Gültigkeit voraus. 16

Beispiel: Hat ein Vertreter ohne Vertretungsmacht ein Geschäft abgeschlossen, dessen nach § 177 erforderliche Genehmigung der Vertretene abgelehnt hat, so ist das Geschäft endgültig 17

[7] In seiner Schrift „Rechtsgeschäftliche Folgen nichtiger Willenserklärungen", vgl. besonders S. 1ff., 19ff., 39ff.

[8] *BGH* NJW 1998, 2528; *BGH* NJW 1999, 3704; *BGH* NJW 2001, 1863.

[9] *BGH* NJW 1985, 2579, 2580; a.A. aber *Medicus,* AT, Rn. 532.

[10] S. Staudinger/*Roth* § 141 Rn. 1.

[11] *BGH* NJW 1999, 3704.

[12] *BGHZ* 11, 59, 60; *BGH* DB 1968, 479; *RGZ* 61, 264, 266; 104, 50, 54; MünchKomm/*Mayer-Maly/Busche,* § 141 Rn. 12; Soergel/*Hefermehl,* § 141 Rn. 3; AK/*Damm,* § 141 Rn. 9.

unwirksam (s. unten Rn. 51). Will der Vertretene das Geschäft anschließend doch vornehmen, so brauchen die Parteien nicht alle Einzelheiten erneut auszuhandeln, sondern können auf die bereits getroffenen Vereinbarungen verweisen. Dies gilt auch bei einem der notariellen Beurkundung unterliegenden Grundstückskauf. Die Form ist deshalb gewahrt, wenn in der formgerechten Bestätigungsurkunde auf die formwirksame Urkunde des Erstgeschäfts verwiesen wird[13].

b) Schuldrechtliche Rückwirkung

18 Wenn die Parteien durch die Bestätigung auch nicht erreichen können, daß das von ihnen bestätigte Rechtsgeschäft schon von dem Zeitpunkt seiner ersten Vornahme an wirksam wird, weil § 141 Abs. 1 insoweit zwingendes Recht ist, so können sich die Parteien eines Vertrages doch dazu **verpflichten,** einander das zu gewähren, was jede von ihnen haben würde, wenn der Vertrag von Anfang an gültig gewesen wäre. Im Zweifel sind ihre bestätigenden Erklärungen dahin auszulegen, daß sie diese Verpflichtung eingehen wollen (§ 141 Abs. 2).

19 **Beispiel:** Ist dem Käufer das Grundstück schon beim Abschluß des wegen Formmangels nach § 125 nichtigen Kaufvertrages übergeben worden, so kann der Kaufvertrag durch notarielle Beurkundung gemäß § 311b Abs. 1 mit § 141 bestätigt werden. Nach § 141 Abs. 2 ist im Zweifel davon auszugehen, daß dem Käufer nach formwirksamer Bestätigung schon vom Zeitpunkt der Übergabe an, als wegen des nichtigen Kaufvertrags § 446 Satz 2 noch gar nicht galt, dennoch rückwirkend die Nutzungen gebühren und er von diesem Zeitpunkt an die Lasten der Sache zu tragen hat, weil diese Regelung unter den Parteien gegolten hätte, wenn der Kaufvertrag von Anfang an gültig gewesen wäre. Dagegen geht das Eigentum an der Kaufsache, wenn der Nichtigkeitsgrund z.B. wegen Geschäftsunfähigkeit nach § 105 auch das dingliche Rechtsgeschäft (§ 929) erfaßt, erst im Zeitpunkt der Bestätigung auf den Käufer über. § 141 Abs. 2 sieht nur eine schuldrechtliche, keine dingliche Rückwirkung vor. Infolgedessen kommt es darauf an, daß der Verkäufer im Augenblick der Bestätigung die Verfügungsmacht über die Sache hatte. Wenn er in der Zwischenzeit einem Dritten z.B. ein Pfandrecht an der Sache bestellt hat, bleibt dieses wirksam. Auf Grund des Kaufvertrages ist der Verkäufer freilich dem Käufer gegenüber verpflichtet, das Eigentum lastenfrei ohne das Pfandrecht zu verschaffen (§ 435); ist er dazu jetzt nicht in der Lage, so haftet er wegen dieses Rechtsmangels gemäß § 437.

c) Heilbare Rechtsgeschäfte

20 Von dem Grundsatz, daß ein nichtiges Rechtsgeschäft nicht nachträglich durch bloßen Zeitablauf oder durch sonstige Ereignisse wirksam werden kann, sondern der Bestätigung durch Neuvornahme bedarf, macht das Gesetz eine Ausnahme in den Fällen der Heilung. Die Heilung tritt bei Formmängeln z.B. gemäß § 311b Abs. 1 Satz 2, § 518 Abs. 2 oder § 766 Satz 3 ein (s. oben § 27 Rn. 14f.). Eine Heilung mit modifiziertem Vertragsinhalt ordnet § 494 Abs. 2 und 3 an. Eine Heilung ist aber auch in anderen Fällen möglich. So sieht z.B. § 242 AktG eine Heilung für nichtige Hauptversammlungsbeschlüsse vor. Eine heilende Wirkung hat gemäß § 1315 Abs. 1 Nr. 5 und Abs. 2 Nr. 2 auch das langjährige Zusammenleben der Ehegatten bei einer aufhebbaren Eheschließung[14].

III. Anfechtbare Rechtsgeschäfte

21 Das anfechtbare Rechtsgeschäft ist zunächst gültig. Es bleibt gültig, wenn es nicht angefochten wird. Wenn es aber rechtzeitig und in der gehörigen Weise vom Anfechtungsberechtigten angefochten wird, dann ist es so anzusehen, als sei es von

---

[13] *BGH* NJW 1999, 3704.

[14] S. dazu auch *Pfeiffer,* LMK 2003, 128 gegen *BGH* NJW-RR 2003, 850.

Anfang an nichtig gewesen (§ 142 Abs. 1). Die Rechtsfolgen der Willenserklärung entfallen damit rückwirkend wie beim nichtigen Geschäft. Ein anfechtbares Rechtsgeschäft ist daher, solange es noch angefochten werden kann, zwar vorläufig gültig, aber vernichtbar.

Als anfechtbare Rechtsgeschäfte kommen das durch Irrtum (§§ 119, 120, §§ 2078, 2079, 2281) oder das durch arglistige Täuschung oder widerrechtliche Drohung (§ 123) beeinflußte Rechtsgeschäft in Betracht (s. oben §§ 36, 37). Nichts mit der Anfechtung einer Willenserklärung zu tun hat dagegen die sogenannte Gläubigeranfechtung außerhalb des Insolvenz nach dem Anfechtungsgesetz („actio Pauliana") und die Insolvenz nach §§ 129 ff. InsO. Hierbei handelt es sich darum, daß unter bestimmten Voraussetzungen Gegenstände, die der Schuldner vor dem Beginn der Vollstreckung oder vor der Insolvenzeröffnung aus seinem Vermögen weggegeben hat, wieder für die Verwertung durch die Gläubiger zur Verfügung gestellt werden müssen. Es handelt sich dabei um die Geltendmachung der trotz Übertragung in ein anderes Vermögen fortdauernden Haftung. Einer Anfechtung im Sinne eines rechtsgestaltenden Akts bedarf es nicht. Es findet nur eine schuldrechtliche Rückgewähr statt. 22

1. Das Anfechtungsrecht als Gestaltungsrecht

Beim anfechtbaren Rechtsgeschäft ist, anders als beim nichtigen Geschäft, die Entscheidung darüber, ob es gelten soll oder nicht, dem Anfechtungsberechtigten anheimgestellt. Er hat ein Gestaltungsrecht (dazu oben § 15 Rn. 78 ff.). 23

a) Anfechtungsberechtigung

Anfechtungsberechtigt ist grundsätzlich **der Erklärende,** der die anfechtbare Willenserklärung abgegeben hat. Bei der Abgabe der Erklärung durch einen Stellvertreter ist der Vertretene, für den die Erklärung gemäß § 164 Abs. 1 Wirkung entfaltet, berechtigt[15]. 24

Zur Anfechtung eines Testaments, das erst nach dem Tode des Testators angefochten werden kann, ist im allgemeinen derjenige berechtigt, „welchem die Aufhebung der letztwilligen Verfügung unmittelbar zustatten kommen würde" (§ 2080). Beim Erbvertrag ist anfechtungsberechtigt der Erblasser (§ 2281) und nach seinem Tod die nach § 2080 Berechtigten (§ 2285). Einen Sonderfall regelt § 318 Abs. 2. Hier steht das Anfechtungsrecht nicht demjenigen zu, der die Erklärung abgegeben hatte, sondern dem, dessen Interessen sie berührt. 25

b) Übertragbarkeit?

Das Anfechtungsrecht ist, weil es in den meisten Fällen die Freiheit der Entschließung desjenigen zu wahren bestimmt ist, dessen rechtsgeschäftliche Erklärung durch einen Willensmangel beeinflußt war, grundsätzlich an die Person des Erklärenden gebunden. Es ist daher **nicht selbständig übertragbar** und nicht pfändbar[16]. Es geht aber im Wege der Gesamtrechtsnachfolge auf den Nachfolger über. Es ist deshalb **vererblich** und steht dem Erben zu, sofern die Wirkung der anfechtbaren Erklärung auf dem Gebiete des Vermögensrechts liegt[17]. Auch bei einer **Gesamtrechtsnachfolge** im Rahmen von §§ 20 Abs. 1 Nr. 1, 131 Abs. 1 Nr. 1 UmwG geht das Anfechtungsrecht zusammen mit dem Vertragsverhältnis über. Gleiches gilt in anderen Fällen des gesetzlichen Vertragsübergangs (§§ 565, 566, 613 a) oder bei einer rechtsgeschäftlichen **Vertragsübernah-** 26

---

[15] Soergel/*Hefermehl,* § 119 Rn. 70; MünchKomm/*Mayer-Maly/Busche,* § 142 Rn. 6.

[16] Ebenso *v. Tuhr,* AT II/1, § 57 Anm. 59 u. 60; *Enneccerus/Nipperdey,* AT, 203 III Anm. 13; Erman/*Palm,* § 143 Rn. 4; a. A. aber *Bydlinski,* Die Übertragung von Gestaltungsrechten, 1986, 45 ff.; MünchKomm/*Mayer-Maly/Busche,* § 142 Rn. 7.

[17] MünchKomm/*Mayer-Maly/Busche,* § 142 Rn. 7; Soergel/*Hefermehl,* § 143 Rn. 6.

me, sofern der Anfechtungsgrund, z. B. der Irrtum, beim Übernehmer fortbesteht[18]. Im Falle der §§ 566, 613a treffen allerdings den bisherigen Vermieter bzw. Arbeitgeber noch Pflichten aus dem Vertrag (§ 566 Abs. 2, § 613a Abs. 2). Deshalb ist das Anfechtungsrecht dem Übergeber und dem Übernehmer analog § 351 gemeinsam zu gewähren[19]. Zur Anfechtung bei der Vertragsübernahme s. auch oben § 37 Rn. 15f.

c) Verlust des Anfechtungsrechts durch Zeitablauf und Verzicht

27 Das Anfechtungsrecht erlischt, falls es nicht vorher ausgeübt wurde, durch Zeitablauf oder durch Verzicht des Anfechtungsberechtigten oder durch Bestätigung des anfechtbaren Rechtsgeschäfts. Den **Zeitablauf** und den Zeitpunkt, bis zu welchem das Anfechtungsrecht ausgeübt werden kann, hat das Gesetz im Zusammenhang mit den einzelnen Anfechtungsgründen unterschiedlich geregelt. Die Anfechtung wegen Irrtums muß unverzüglich (§ 121; s. oben § 36 Rn. 88ff.), die wegen arglistiger Täuschung und rechtswidriger Drohung muß binnen eines Jahres erfolgen (§ 124 und oben § 37 Rn. 45ff.), widrigenfalls das Anfechtungsrecht erlischt. Der Verzicht ist nach Entstehung des Anfechtungsrechts jederzeit möglich. Vor Abgabe der Erklärung kann auf das Anfechtungsrecht wegen Irrtums verzichtet werden, sofern der Verzicht auf konkret überschaubare Irrtumsfälle, z. B. einen etwaigen Kalkulationsirrtum oder einen bestimmten eventuellen Eigenschaftsirrtum, eingegrenzt ist. Der **Verzicht** muß dem Anfechtungsgegner gegenüber erklärt werden; eine formlose Erklärung genügt[20].

d) Verlust des Anfechtungsrechts durch Bestätigung

28 Die **Bestätigung** des anfechtbaren Rechtsgeschäfts kommt in der Wirkung dem Verzicht auf das Anfechtungsrecht gleich[21]. Die Bestätigung ist eine Willenserklärung, die die Anfechtbarkeit des Rechtsgeschäfts beseitigt. Sie erfordert anders als bei der Nichtigkeit (§ 141) keine erneute Vornahme des Rechtsgeschäfts, sondern nur die Erklärung, das Rechtsgeschäft trotz des ihm anhaftenden Mangels gelten zu lassen. Daher setzt sie ein bestehendes Anfechtungsrecht und die Kenntnis der Anfechtbarkeit voraus. § 144 Abs. 2, wonach die Bestätigung nicht der für das anfechtbare Rechtsgeschäft vorgeschriebenen Form bedarf, macht deutlich, daß der Gesetzgeber die Bestätigung als Willenserklärung ansieht, denn anderenfalls wäre die Anordnung der Formfreiheit überflüssig. Schlüssiges Verhalten genügt. Als Willenserklärung muß die Bestätigung aber grundsätzlich dem Anfechtungsgegner nach § 130 zugehen, um ihn von der Bestandskraft der ihn betreffenden Erklärung in Kenntnis zu setzen. Analog § 151 kann jedoch auf den Zugang verzichtet werden, wenn er nach der Verkehrssitte nicht zu erwarten ist oder wenn der Anfechtungsgegner darauf verzichtet hat[22].

---

[18] So auch *Nörr/Scheyhing,* Sukzessionen, 1983, § 21 IV; Erman/*Palm,* § 143 Rn. 4; a. A. *v. Tuhr,* AT II/1, § 57 Anm. 67 (ursprünglich Vertragschließender).

[19] So auch *Flume,* AT II, § 31, 3; Bamberger/Roth/*Wendtland,* § 143 Rn. 8; a. A. Soergel/*Hefermehl,* § 143 Rn. 6.

[20] Vgl. Soergel/*Hefermehl,* § 119 Rn. 73.

[21] Vgl. zur Bedeutung der Bestätigung für das Anfechtungsrecht auch Palandt/*Heinrichs,* § 144 Rn. 1, demzufolge die Bestätigung der Sache nach einen Verzicht auf das Anfechtungsrecht darstellt.

[22] Allgemein für Entbehrlichkeit des Zugangs *RGZ* 68, 398; *v. Tuhr,* AT II/1, § 57 zu Anm. 126; Soergel/*Hefermehl,* § 144 Rn. 2; Palandt/*Heinrichs,* § 144 Rn. 2; Erman/*Palm,* § 144 Rn. 2; ebenso *Flume,* AT II, § 31, 7; *Hübner,* AT, Rn. 962. Generell für Zugang Staudinger/*Roth,* § 144 Rn. 4; MünchKomm/*Mayer-Maly/Busche,* § 144 Rn. 5; auch *Medicus,* AT, Rn. 534.

2. Die Anfechtungserklärung als Gestaltungserklärung

a) Formlose Gestaltungserklärung

29 Die Anfechtung erfolgt durch die Anfechtungserklärung gemäß § 143 Abs. 1. Da durch die Anfechtung die bis dahin bestehende Rechtslage geändert wird, indem aus einem vorläufig gültigen ein von Anfang an nichtiges Rechtsgeschäft wird, ist die Anfechtungserklärung ein einseitiges gestaltendes Rechtsgeschäft[23]. Eine Form ist für die Anfechtungserklärung grundsätzlich nicht vorgeschrieben. Formbedürftig sind aber z.B. die Anfechtung der Annahme oder der Ausschlagung einer Erbschaft (§ 1955 Satz 2 mit § 1945) und die Anfechtung eines Erbvertrags (§ 2282 Abs. 3).

30 Bei der Anfechtung durch einfache Anfechtungserklärung kann es sein, daß ein Gericht später feststellt, ein Anfechtungsrecht habe gar nicht bestanden. Die Willenserklärung wäre dann mangels Anfechtungsgrundes nach wie vor wirksam. Um die damit verbundene Unsicherheit zu vermeiden, sieht das Gesetz in Fällen, in denen die Allgemeinheit oder ein Dritter ein überwiegendes Interesse an sicheren und klaren Rechtsverhältnissen hat, die Regelung vor, daß die Anfechtung abweichend von § 143 Abs. 1 nicht durch eine einfache Erklärung, sondern durch die **Erhebung einer Anfechtungsklage** erfolgt. Die Wirkung der Anfechtung tritt dann erst mit der Rechtskraft des die Nichtigkeit aussprechenden Urteils ein. Damit wird im Interesse der Rechtssicherheit erreicht, daß die Anfechtungswirkung erst eintritt, nachdem ein Gericht zuvor das Bestehen des Anfechtungsrechts rechtskräftig festgestellt hat. Es handelt sich insbesondere um die Anfechtung der Ehelichkeit eines dem Anschein nach ehelichen Kindes (§ 1599), um die Anfechtung des Erbschaftserwerbes wegen Erbunwürdigkeit (§§ 2340, 2342) und um die Anfechtung eines Beschlusses der Hauptversammlung einer *AG* (§ 243 AktG). Wegen bestimmter Mängel der Eheschließung, die bei anderen Rechtsgeschäften meist deren Anfechtbarkeit oder schwebende Unwirksamkeit zur Folge haben, kann die Aufhebung der Ehe im Wege der Aufhebungsklage verlangt werden (§§ 1313ff.). Die Ehe wird auf eine derartige Klage hin durch gerichtliches Urteil aufgehoben, jedoch nicht rückwirkend, sondern erst mit Wirkung von der Rechtskraft des Urteils an. Die Eheaufhebung, die in ihren Wirkungen der Scheidung gleichsteht, stellt demgemäß eine um die fehlende Rückwirkung abgeschwächte Form der Vernichtbarkeit der Ehe dar.

b) Die Anfechtungserklärung als empfangsbedürftige Erklärung

31 Die Anfechtungserklärung ist, da sie gegenüber einer bestimmten Person, dem Anfechtungsgegner, abzugeben ist, empfangsbedürftig. Sie wird daher unter Abwesenden im Zeitpunkt ihres **Zugangs** wirksam (§ 130 Abs. 1). Für die Rechtzeitigkeit der Anfechtung wegen Irrtums genügt aber, mit Rücksicht auf die dafür vom Gesetz bestimmte kurze Frist, die Rechtzeitigkeit der Absendung der Erklärung (§ 121 Abs. 1 Satz 2). Wer Anfechtungsgegner ist, bestimmt das Gesetz in § 143 Abs. 2 bis 4.

32 **Anfechtungsgegner** ist bei einem **Vertrag** grundsätzlich der andere Teil[24], im Falle des § 123 Abs. 2 Satz 2 der durch den Vertrag begünstigte Dritte, bei einer Vertragsübernahme die übrigen Beteiligten (s. oben § 37 Rn. 15f.). Bei einem **einseitigen Rechtsgeschäft,** das einem anderen gegenüber vorzunehmen war, etwa bei einer Kündigung oder Rücktrittserklärung, ist dieser andere der Anfechtungsgegner. Bei einer **Vollmacht** ist gemäß § 167 zu unterscheiden, ob sie durch Erklärung gegenüber dem zu Bevollmächtigenden (Innenvollmacht) oder durch Erklärung gegenüber

---

[23] Vgl. nur Soergel/*Hefermehl,* § 142 Rn. 8; MünchKomm/*Mayer-Maly/Busche,* § 142 Rn. 5.

[24] Im Falle einer mehrseitigen Vertragsübernahme kann derjenige, der alle Rechte und Pflichten aus dem zwischen den beiden anderen geschlossenen Vertrage an Stelle eines derselben übernommen hat, seine Erklärung nur durch eine beiden gegenüber abzugebende Erklärung anfechten. So *BGHZ* 96, 302, 309f.; kritisch hierzu *Dörner,* NJW 1986, 2916.

dem Dritten Erteilt wurde (Außenvollmacht, s. unten § 47 Rn. 21). Bei einer Außenvollmacht ist Anfechtungsgegner der Dritte, bei einer Innenvollmacht der Bevollmächtigte (§ 143 Abs. 3 Satz 1). Bei einer Innenvollmacht bleibt der Bevollmächtigte Anfechtungsgegner, auch wenn das Rechtsgeschäft, zu dem bevollmächtigt wurde, bereits vorgenommen worden ist. Eine Anfechtung gegenüber dem Dritten ist nicht erforderlich[25]. Zum einen weiß der Vertretene nicht immer sicher, wann das Geschäft vorgenommen worden ist. Sein Anfechtungsgegner wäre dann für ihn unsicher. Zum anderen ist der Dritte durch § 179 gesichert. Darüber hinaus wird sein Vertrauen durch die Regeln der Anscheinsvollmacht geschützt, deren Vorliegen nicht durch Anfechtung beseitigt werden kann.

33 Ein einseitiges, **nicht empfangsbedürftiges Rechtsgeschäft,** z.B. eine Auslobung (§ 657), kann demjenigen gegenüber angefochten werden, der daraus unmittelbar einen rechtlichen Vorteil erlangt hat. Die Anfechtung eines Vermächtnisses hat danach gegenüber dem Vermächtnisnehmer zu erfolgen, die Anfechtung anderer letztwilliger Verfügungen erfolgt dagegen gemäß § 2081 Abs. 1 durch Erklärung allein gegenüber dem Nachlaßgericht. Dieses soll die Erklärung demjenigen mitteilen, welchem die angefochtene Verfügung unmittelbar zustatten kommt (§ 2081 Abs. 2).

34 In einigen Fällen bestimmt das Gesetz, daß eine bestimmte Erklärung wahlweise einem anderen oder einer **Behörde** gegenüber abzugeben ist; so in den §§ 875, 876, 880 Abs. 2 Satz 3, 1168 Abs. 2, 1183 Satz 2. In diesen Fällen ist Anfechtungsgegner gemäß § 143 Abs. 3 Satz 2 nur der andere, nicht die Behörde, selbst wenn die Erklärung dieser gegenüber abgegeben war. Eine Erklärung, die nur einer Behörde gegenüber abzugeben ist, wie z.B. die Aufgabe des Eigentums an einem Grundstück (§ 928 Abs. 1) kann nach § 143 Abs. 4 Satz 2 auch durch Erklärung gegenüber der Behörde angefochten werden; diese soll die Anfechtung demjenigen mitteilen, der durch das angefochtene Rechtsgeschäft unmittelbar betroffen worden ist. In einigen Fällen (§§ 1955, 2081) kann jedoch die Anfechtung nach ausdrücklicher Vorschrift nur der Behörde gegenüber erfolgen.

c) Anfechtungswille

35 Aus der Anfechtungserklärung muß ein **Vernichtungswille** des Inhalts zu entnehmen sein, daß der Erklärende das betreffende Rechtsgeschäft nicht gelten lassen will. Auf den Gebrauch bestimmter Worte kommt es dabei nicht an. Die Erklärung muß aber eindeutig erkennen lassen, daß das Rechtsgeschäft vernichtet werden soll[26]. Der Wille, daß die Nichtigkeit rückwirkend eintreten soll, muß nur dann erkennbar geäußert werden[27], wenn alternativ ein ex-tunc wirkendes Gestaltungsrecht, z.B. ein Rücktritt oder eine Kündigung, ernsthaft in Betracht kommt. Nur in diesen Fällen gebietet die Rechtssicherheit, daß der Anfechtende deutlich macht, welchen Gestaltungsrechts er sich bedient.

36 **Beispiel:** Wenn der Käufer wegen eines Mangels Schadensersatzansprüche statt Leistung nach §§ 437, 281 geltend macht und zugleich den Kaufvertrag anficht, so liegt darin ein Widerspruch, weil der Anspruch aus §§ 437, 281 einen wirksamen Kaufvertrag voraussetzt, den die Anfechtung gerade vernichtet. Ein eindeutiges Verhalten muß gerade dem Anfechtungsgegner gegenüber beobachtet werden. Der Anfechtungsgegner muß wissen, woran er ist. Der Sinn der Käufererklärung ist nach den allgemein für die Auslegung empfangsbedürftiger Erklärungen geltenden Grundsätzen zu ermitteln. Unter Berücksichtigung der Interessenlage spricht

---

[25] Palandt/*Heinrichs,* § 143 Rn. 6; a.A. Staudinger/*H. Roth,* § 143 Rn. 33ff.

[26] *BGHZ* 88, 240, 245; 91, 331; *BGH* NJW 1991, 1673, 1674.

[27] Für eine generelle Äußerung eines derartigen „Rückwirkungswillens“ *BGHZ* 88, 240, 245; generell ablehnend aber *Flume,* AT II, § 31, 2; MünchKomm/*Mayer-Maly/Busche,* § 143 Rn. 3.

die Erklärung des Käufers dafür, daß er die Kaufsache zurückgeben und vollen Schadensersatz geltend machen will. Dies kann er mit Hilfe von § 281 erreichen, ohne anfechten zu müssen. Im Wege interessengerechter Auslegung ist deshalb anzunehmen, daß der Käufer nicht anfechten will.

Als Gestaltungserklärung kann die Anfechtung aus Gründen der Rechtssicherheit **nicht unter einer Bedingung** oder einem Vorbehalt erklärt werden (s. oben § 15 Rn. 75). Zulässig ist aber eine Bedingung über deren Eintritt der Anfechtungsgegner bestimmen kann oder die in seinem unmittelbaren Erkenntnisbereich liegt. Ebenso kann die Anfechtung erklärt werden unter der Bedingung, daß das Gericht einen Gewährleistungsanspruch verneint (sog. Eventualaufrechnung)[28], weil dann klar ist, daß der Erklärende auf jeden Fall Konsequenzen aus der Mangelhaftigkeit ziehen will. 37

Die Anfechtungserklärung erfordert zu ihrer Wirksamkeit **nicht,** daß der Anfechtende den **Anfechtungsgrund benennt.** Er muß auch nicht alle Anfechtungstatsachen im Detail angeben. Der Anfechtungsgegner muß jedoch aus den Angaben und den begleitenden Umständen erkennen können, worauf der Anfechtende seine Anfechtung stützt, damit der Anfechtungsgegner deren Berechtigung überprüfen und sich verteidigen kann[29]. Im Rahmen des kenntlich gemachten oder ohne weiteres ersichtlichen Anfechtungsgrundes können weitere Tatsachen nachgeschoben werden, die die erklärte Anfechtung zu rechtfertigen vermögen. Dagegen kann der einmal geltend gemachte Anfechtungsgrund (Irrtum) nicht durch einen anderen (Drohung) ersetzt und der ersten Anfechtungserklärung untergeschoben werden[30]. Dazu bedarf es einer neuen Anfechtungserklärung, die innerhalb der jeweils gültigen Anfechtungsfrist abgegeben werden muß. 38

3. Die Rechtslage nach erfolgter Anfechtung

a) Rückwirkende Nichtigkeit

Wenn das anfechtbare Rechtsgeschäft wirksam angefochten worden ist, steht es hinsichtlich der Rechtsfolgen einem **von Anfang an nichtigen Rechtsgeschäft** gleich (§ 142 Abs. 1). Die Anfechtung beseitigt die Rechtsfolgen, die zunächst eingetreten waren, rückwirkend, d.h. die Rechtslage ist so zu beurteilen, als wären diese Rechtsfolgen nie eingetreten[31]. 39

Eine Ausnahme besteht, wie schon bei den nichtigen Verträgen, bei der Anfechtung von in Vollzug gesetzten Dauerrechtsverhältnissen, insbesondere von Arbeitsverträgen, und bei den Gründungsverträgen für eine handelsrechtliche Personengesellschaft, sofern das Arbeitsverhältnis in Vollzug gesetzt ist bzw. die Gesellschaft ihre Tätigkeit aufgenommen hat (s. oben Rn. 9ff.). Die Anfechtung kann hier nur mit **Wirkung für die Zukunft** (ex nunc) geltend gemacht werden und kommt deshalb bei Dauerschuldverhältnissen in ihren Auswirkungen einer außerordentlichen fristlosen Kündigung gleich. 40

b) Teilanfechtung

Die Anfechtung vernichtet im Rechtsgeschäft jeweils den **Teil** der Erklärung, **auf den sich der Anfechtungsgrund bezieht.** Ob das, was übrig bleibt, noch ein selbständig existenzfähiges Rechtsgeschäft ist, richtet sich danach, ob die essentialia negotii unangefochten bestehen und, soweit dies zutrifft, nach § 139[32]. Für eine mögliche Umdeutung gilt § 140 (s. unten Rn. 72ff.). 41

---

[28] *BGH* NJW 1991, 1673, 1674; *BGH* NJW 2001, 2551.

[29] S. Staudinger/*H. Roth,* § 143 Rn. 11; Bamberger/Roth/*Wendtland,* § 143 Rn. 4.

[30] So auch *Schack,* AT, Rn. 222.

[31] Vgl. hierzu *BGHZ* 3, 285, 291f.; *Hübner,* AT Rn. 954; MünchKomm/*Mayer-Maly/Busche,* § 142 Rn. 15ff.; einschränkend das *BAG* NJW 1984, 446.

[32] *RGZ* 146, 234; *Flume,* AT II, § 31, 4.

42 **Beispiele:** Wird in einem Kaufvertrag der Kaufpreis wegen eines Kalkulationsirrtums (s. oben § 36 Rn. 58ff.) angefochten, so fehlt ein wesentlicher Hauptbestandteil des Vertrags, ohne den der Vertrag nicht wirksam bleiben kann (s. oben § 29 Rn. 56). Gleiches gilt bei einer Anfechtung der Vereinbarung über den Hauptleistungsgegenstand z.B. wegen Inhaltsirrtums oder Eigenschaftsirrtums. Wird dagegen die Erklärung über die Lieferzeit angefochten, weil das Datum verwechselt worden ist, so könnte die Lücke hinsichtlich der Lieferzeit gemäß § 271 ausgefüllt werden und der Vertrag wäre im übrigen durchführbar. Ob er mit der gemäß § 271 ergänzten Lieferzeit bestehen bleiben soll, richtet sich gemäß § 139 nach dem mutmaßlichen Parteiwillen (s. unten § 45 Rn. 24ff.).

c) Anfechtung des Verpflichtungs- und Verfügungsgeschäfts

43 Ob nur das schuldrechtliche Verpflichtungsgeschäft oder daneben oder allein das dingliche Verfügungsgeschäft angefochten werden kann, bestimmt sich danach, auf welches Rechtsgeschäft sich der Anfechtungsgrund erstreckt.

44 **Beispiele:** (1) Im Falle eines Kalkulationsirrtums über das vertragliche Entgelt ist nur das schuldrechtliche Verpflichtungsgeschäft vom Irrtum betroffen, weil das vertragliche Entgelt und das damit verbundene Austauschverhältnis allein Bestandteil des kausalen Verpflichtungsgeschäftes, nicht aber des dinglichen Verfügungsgeschäfts ist. Deshalb kann nur das Verpflichtungsgeschäft angefochten werden. – (2) Hat der Verkäufer V in seinem Laden das Original und eine Nachbildung einer bestimmten Skulptur ausgestellt und hat er die Nachbildung dem Käufer K verkauft, packt aber der Ladenangestellte aus Versehen das Original ein und übereignet deshalb V das Original statt der Nachbildung, so wird K zunächst Eigentümer des Originals. V kann aber wegen seines Erklärungs- und Eigenschaftsirrtums, der allein das dingliche Verfügungsgeschäft und nicht den Kaufvertrag betrifft, das dingliche Verfügungsgeschäft anfechten. Dies hat den Vorteil, daß er gemäß § 142 Abs. 1 Eigentümer geblieben ist und deshalb mit dem Anspruch aus § 985 in der Insolvenz aussondern kann (§ 47 InsO) und sich nicht auf einen schwächeren Bereicherungsanspruch verweisen lassen muß. – (3) Im Falle der Drohung beeinflußt diese nicht nur das Verpflichtungsgeschäft, sondern wirkt auch noch auf das Verfügungsgeschäft nach. Deshalb können beide Geschäfte angefochten werden. Auch die arglistige Täuschung kann sich auf beide Geschäfte erstrecken.

d) Vorverlagerung des Wissens um die Nichtigkeit

45 § 142 Abs. 2 erlangt für alle Tatbestände Bedeutung, in denen sich Rechtsfolgen an das Wissen oder das fahrlässige Nichtwissen von der Nichtigkeit eines Rechtsgeschäfts knüpfen. Der Kenntnisstand wird nicht auf den Zeitpunkt der ausgesprochenen Anfechtungserklärung bezogen, sondern wird vorverlagert auf die Kenntnis oder fahrlässige Unkenntnis vom Anfechtungsgrund schon bevor die Anfechtungserklärung abgegeben worden ist. Der Kenntnisstand wird zwar erst im Falle der tatsächlich erfolgten Anfechtung relevant, aber die zuvor erlangte Kenntnis bleibt relevant. § 142 Abs. 2 verändert nicht den in den einzelnen Tatbeständen verlangten Wissensgrad. Ist positive Kenntnis erforderlich, so muß auch positive Kenntnis vom Anfechtungsgrund vorliegen. Genügt grobe Fahrlässigkeit, so muß diese auch in Bezug auf die Unkenntnis vom Anfechtungsgrund bestehen.

46 **Beispiele:** Wird das dingliche Rechtsgeschäft angefochten, so ist mit der rückwirkenden Nichtigkeit des Verfügungsgeschäfts gemäß § 142 Abs. 1 auch der gewollte Rechtsübergang zu keiner Zeit eingetreten. Im Falle einer vom Veräußerer angefochtenen Übereignung hat also der Erwerber infolge der Rückwirkung der Anfechtung das Eigentum überhaupt nicht erlangt; dieses steht vielmehr immer noch dem Veräußerer zu. War der Erwerber in das Grundbuch eingetragen, so ist dieses durch die Anfechtung rückwirkend unrichtig geworden. Wenn aber der Erwerber über die Sache in der Zwischenzeit zugunsten eines Dritten weiter verfügt hatte, dann kann der Dritte das Eigentum nach § 932 oder § 892 erworben haben, falls er hinsichtlich des Eigentums des Verfügenden gutgläubig war. Hier greift § 142 Abs. 2 ein: Schon wenn der Dritterwerber den Anfechtungsgrund kannte oder im Fall des § 932 nur infolge grober Fahrläs-

sigkeit nicht kannte, ist er nicht mehr gutgläubig und kann deshalb, wenn die Anfechtung erfolgt, nicht mehr gutgläubig erwerben. § 142 Abs. 2 wird auch relevant im Rahmen von § 819. Kennt der Leistungsempfänger die Anfechtbarkeit des Kausalgeschäfts, so kann er sich, wenn die Anfechtung ausgesprochen wird, ab dem Zeitpunkt dieser Kenntnis nicht mehr auf den Wegfall der Bereicherung berufen

e) Anfechtung einseitiger Rechtsgeschäfte

Angefochten werden kann auch ein einseitiges Rechtsgeschäft, z.B. eine Kündigung oder auch eine Anfechtungserklärung[33]. Die infolge des angefochtenen Geschäfts zunächst eingetretene Änderung der Rechtslage ist dann als nicht eingetreten anzusehen. War die Rechtsfolge der jetzt angefochtenen Erklärung negativer Art, so ist die Folge der Anfechtung als der Negation einer Negation eine positive. 47

Beispiele: Wird eine Kündigungserklärung oder eine Anfechtungserklärung angefochten, so wird das infolge der Kündigung zunächst beendete Mietverhältnis oder der infolge der ersten Anfechtung nichtig gewordene Kaufvertrag wegen der Anfechtung der Kündigungserklärung bzw. der Anfechtungserklärung in ihrer rechtlichen Geltung auch für die inzwischen verflossene Zeit wiederhergestellt. In der Anfechtung einer Genehmigung wird regelmäßig zugleich die endgültige Verweigerung der Genehmigung zu erblicken sein; daher wird das durch die Genehmigung zunächst wirksam gewordene Geschäft jetzt nicht wieder zu einem schwebend unwirksamen, das noch genehmigt werden kann, sondern endgültig unwirksam. 48

IV. Schwebend unwirksame Geschäfte

1. Kennzeichen der schwebenden Unwirksamkeit

Das Gegenstück zu den zunächst wirksamen, aber wegen eines ihnen anhaftenden Mangels durch eine Anfechtung vernichtbaren Rechtsgeschäften sind die schwebend unwirksamen Geschäfte. Sie sind **vorerst unwirksam,** weil es noch an einem außerhalb des eigentlichen Rechtsgeschäfts liegenden Wirksamkeitserfordernis fehlt[34], können aber noch wirksam werden, wenn das fehlende Wirksamkeitserfordernis nachgeholt wird. Allerdings sprechen wir von einem Schwebezustand nur dort, wo der **spätere Eintritt des Wirksamkeitserfordernisses noch ungewiß** ist, nicht dort, wo er gewiß ist, die Wirkung also nur zeitlich hinausgeschoben ist. Es handelt sich dann um befristete Geschäfte (s. unten § 50 Rn. 61 ff.). Die Fälle der schwebenden Unwirksamkeit beziehen sich jeweils auf das Fehlen eines **gesetzlich vorgeschriebenen Wirksamkeitserfordernisses.** Wird der Eintritt der Rechtsfolgen dagegen von einem rechtsgeschäftlich vereinbarten, noch ungewissen künftigen Umstand abhängig gemacht, so handelt es sich um bedingte Geschäfte (§ 158; s. unten § 50 Rn. 1 ff.). 49

Beispiele: Vorerst nur schwebend unwirksam sind nach § 108 Verträge, die eine in der Geschäftsfähigkeit beschränkte Person ohne die erforderliche Einwilligung ihres gesetzlichen Vertreters abschließt (oben § 25 Rn. 46). Gleiches gilt gemäß § 177 für Verträge, die ein vollmachtloser Vertreter abschließt. Schwebende Unwirksamkeit kann bei allen Geschäften eintreten, die zu ihrer Wirksamkeit der nachträglichen Zustimmung eines Dritten in Gestalt der Genehmigung z.B. gemäß § 184 (vgl. noch §§ 1366, 1369) oder einer Behörde bedürfen (z.B. §§ 1819 ff.). Bei einseitigen Rechtsgeschäften will der Gesetzgeber die schwebende Unwirksamkeit grundsätzlich vermeiden und sieht sie deshalb nicht als genehmigungsfähig an (s. §§ 111, 180, 1367, 1831). 50

---

[33] Vgl. MünchKomm/*Mayer-Maly/Busche,* § 142 Rn. 9, 12.
[34] Über Wirksamkeitserfordernisse im allgemeinen vgl. oben § 22 Rn. 5 ff., 11 ff.

2. Endgültige Wirksamkeit oder Unwirksamkeit

51 Das schwebend unwirksame Geschäft wird **endgültig wirksam,** wenn das noch ausstehende Wirksamkeitserfordernis nachgeholt wird, insbesondere die fehlende Genehmigung erteilt oder im Falle des § 110 die geschuldete Leistung bewirkt wird (s. oben § 25 Rn. 30ff.). Endgültig wirksam wird das Rechtsgeschäft auch, wenn das Zustimmungserfordernis nachträglich weggefallen ist, z.B. wenn die Ehe auf der das Genehmigungserfordernis gemäß §§ 1366, 1369 beruht, durch Tod oder Scheidung beendet ist[35]. Fällt das Wirksamkeitserfordernis endgültig aus oder tritt es nicht innerhalb einer vorgegebenen Frist ein, wird insbesondere die Genehmigung verweigert, so wird aus der schwebenden eine **endgültige Unwirksamkeit.** Die einmal erklärte Verweigerung kann nicht mehr widerrufen werden. Eine Genehmigung nach ausgesprochener Verweigerung kann für sich allein das Geschäft nicht mehr wirksam machen, weil der Schwebezustand beendet ist[36]. Möglich ist dann nur noch eine Bestätigung analog § 141 (s. oben Rn. 15ff.) oder eine völlige Neuvornahme.

3. Zeitpunkt der Wirksamkeit

52 Für den Eintritt der Wirksamkeit sieht das Gesetz je nach Fallgestaltung **unterschiedliche Zeitpunkte** vor. Grundsätzlich treten die Rechtsfolgen eines Tatbestandes erst in dem Zeitpunkt ein, in dem der **gesamte Tatbestand verwirklicht** ist[37] und damit **ex nunc.** Handelt es sich bei dem Wirksamkeitserfordernis aber um die nachträgliche Zustimmung eines Dritten in Gestalt der Genehmigung, wie in den Fällen der §§ 108, 177, 185 Abs. 2, so wird die Geltung der Rechtsfolgen nach § 184 Abs. 1 **ex tunc** auf den Zeitpunkt der Vornahme des Rechtsgeschäfts zurückbezogen.

53 Auch die **behördliche Genehmigung** zu einem privaten Rechtsgeschäft wirkt regelmäßig auf den Zeitpunkt der Vornahme des Rechtsgeschäfts zurück, sofern sich nicht aus dem Zweck des die Genehmigung vorschreibenden Gesetzes etwas anderes ergibt. So wird etwa ein Vertrag, den ein Vormund ohne die erforderliche Genehmigung des Vormundschaftsgerichts abschließt, falls diese nachträglich erteilt wird, erst dann wirksam, wenn die Erteilung der Genehmigung dem anderen Vertragsteil durch den Vormund mitgeteilt wird (§ 1829 Abs. 1). Eine Rückwirkung ist hier nicht vorgesehen.

4. Vorwirkungen des schwebend unwirksamen Geschäfts

54 Während des Schwebezustandes können bereits gewisse Vorwirkungen eintreten. Möglich sind **vorwirkende Pflichten** und **vorwirkende Bindungen.** Auch können Leistungen schon im Voraus erbracht werden.

55 **Beispiele:** Parteien eines Kaufvertrages, der zu seiner Wirksamkeit noch einer behördlichen Genehmigung bedarf, sind schon vor der Genehmigung einander verpflichtet, alles Erforderliche zu tun, um diese Genehmigung herbeizuführen, und alles zu unterlassen, was die spätere Erfüllung des Vertrages verhindern müßte. Teilweise sind die Parteien bereits in dem Sinne gebunden, daß sie ihre Erklärungen in der Zwischenzeit bis zum Eintritt der Wirksamkeitsvoraussetzung nicht mehr widerrufen können. Falls ein Minderjähriger ohne die erforderliche Einwilligung seines gesetzlichen Vertreters einen Vertrag geschlossen hat, ist bis zur Genehmigung des Vertrages nur der andere Teil, nicht aber der Minderjährige selbst gemäß § 109 zum

---

[35] S. *BGH* NJW 1092, 1099; s. im einzelnen Palandt/*Brudermüller,* § 1365 Rn. 19.
[36] *BGH* NJW 1994, 1785; *BGH* NJW 1999, 3704.
[37] Vgl. *v. Tuhr,* AT II/1, § 43 IV und V.

Widerruf berechtigt (s. oben § 25 Rn. 51 f.). Die schwebende Unwirksamkeit schließt es auch nicht aus, daß die Parteien für die Dauer des Schwebezustands die Erfüllung einzelner Leistungspflichten vorweg vereinbaren, wie z. B. die Einzahlung des Kaufpreises auf Notaranderkonto[38].

V. Schwebend wirksame Geschäfte

Das Gegenstück zu den schwebend unwirksamen Geschäften bilden die schwebend wirksamen Geschäfte. Zu ihnen gehören vor allem die Geschäfte, deren Rechtsfolgen durch ein Widerrufsrecht beseitigt werden können. Die schwebend wirksamen Geschäfte sind dadurch gekennzeichnet, daß das Geschäft **zunächst wirksam** ist, aber widerrufen werden kann und durch diesen Widerruf unwirksam wird, so daß die zunächst bestehenden Rechtsfolgen fortfallen. Insofern ist die schwebende Wirksamkeit mit der Anfechtung vergleichbar. Sie unterscheidet sich aber neben den unterschiedlichen Anfechtungs- und Widerrufsgründen vor allem durch die Rechtsfolgen. Während die Anfechtung gemäß § 142 Abs. 1 die rückwirkende Nichtigkeit zur Folge hat und erbrachte Leistungen nach Bereicherungsrecht rückabzuwickeln sind, sind die Rechtsfolgen bei Widerruf eines schwebend wirksamen Geschäfts vielgestaltiger. 56

Beispiele: Als schwebend wirksam sind die Geschäfte ausgestaltet, für die ein verbraucherschützendes Widerrufsrecht im Sinne des § 355 besteht. Der Widerruf führt zur rückwirkenden Beseitigung der vertraglichen Pflichten und zur Rückabwicklung gemäß § 357 ergänzt um die Regeln des Rücktrittsrechts (s. oben § 39 Rn. 29). Der Widerruf der Schenkung gemäß § 530 beseitigt nicht rückwirkend den Schenkungsvertrag, begründet aber gemäß § 531 Abs. 2 mit Wirkung ex nunc einen bereicherungsrechtlichen Herausgabeanspruch. Der Widerruf der dinglichen Einigung läßt die Einigung entfallen, solange sie nicht bindend ist[39]. 57

VI. Relative Unwirksamkeit

1. Funktion der relativen Unwirksamkeit

Von relativer Unwirksamkeit ist hauptsächlich im Zusammenhang mit einer Verfügung die Rede. Unter relativer Unwirksamkeit versteht man, daß die Verfügung gegen ein den Schutz bestimmter Personen bezweckendes Gesetz verstößt und deshalb **den geschützten Personen gegenüber unwirksam,** im übrigen aber wirksam ist (s. § 135 Abs. 1). Das Gesetz bedient sich dieser Denkfigur vornehmlich in solchen Fällen, in denen einem Rechtsinhaber die Verfügung über sein Recht gerade im Interesse eines anderen verboten wird. Dem geschützten anderen soll dadurch die Möglichkeit des künftigen Erwerbs oder der Vollstreckung in einen bestimmten Gegenstand offengehalten werden. 58

§ 135 spricht solche Veräußerungsverbote an, die nur den Schutz bestimmter Personen bezwecken. Statt von einem Veräußerungsverbot wäre richtiger von einem Verfügungsverbot zu sprechen, da nicht nur die Veräußerung eines Gegenstandes, sondern jede Verfügung, wie z. B. die Verpfändung oder sonstige Belastung, den Gegenstand eines derartigen Verbots bilden kann (vgl. § 938 Abs. 2 ZPO). Überzeugende Beispiele für derartige gesetzliche Verbote lassen sich 59

---

[38] Dazu *BGH* NJW 1999, 1329.

[39] S. zu diesen Widerrufsmöglichkeiten Palandt/*Bassenge,* § 873 Rn. 16; *BGH* NJW 1978, 696 (zu § 929).

kaum finden[40]. Nicht zu den Verfügungsverboten in diesem Sinne zählen die gesetzlichen Beschränkungen der Verfügungsmacht, z. B. des Schuldners in der Insolvenz (vgl. § 80 InsO dazu oben § 23 Rn. 41 f.) oder die Verfügungsbeschränkung des Erben bei einer Testamentsvollstreckung (§ 2211). Die Hauptbedeutung des § 135 liegt in seiner Verbindung mit § 136. Nach § 136 steht einem gesetzlichen Veräußerungsverbot ein Veräußerungsverbot gleich, das von einem Gericht oder von einer Behörde innerhalb ihrer Zuständigkeit erlassen wird. Verfügungsverbote, die von einem Gericht erlassen werden und nur den Schutz bestimmter Personen bezwecken, ergeben sich besonders aus einstweiligen Anordnungen der Gerichte (§§ 935, 938 ZPO, § 21 Abs. 2 Nr. 2 InsO) sowie aus Maßnahmen der Zwangsvollstreckung (§ 829 Abs. 1 Satz 2 ZPO, auch §§ 803, 1019 ZPO, §§ 20, 23 ZVG).

60 **Beispiel:** Steht dem G gegen S eine durch Urteil festgestellte Geldforderung zu und pfändet G aufgrund dieses Urteils den dem S gegenüber seinem Arbeitgeber A zustehenden Anspruch auf Arbeitslohn, so darf S gemäß § 829 Abs. 1 S. 2 ZPO nicht mehr über seine Lohnforderung verfügen. Tritt er sie z. B. an B ab, so ist dies dem G gegenüber unwirksam und dieser kann weiter vollstrecken und Zahlung an sich verlangen. Gleiches würde gelten, wenn A den Lohn an S auszahlen würde. Dies würde dem G gegenüber die Lohnforderung nicht gemäß § 362 zum Erlöschen bringen.

2. Folgen der relativen Unwirksamkeit

61 Der durch das Verbot Geschützte soll einerseits nicht Gefahr laufen, daß die Durchsetzung seines Anspruchs oder die Zwangsvollstreckung deshalb scheitert, weil der Rechtsinhaber in der Zwischenzeit über sein Recht zugunsten eines Dritten wirksam verfügt hat; auf der anderen Seite soll aber die Verfügungsmacht des Rechtsinhabers nicht weiter, als es dieser Zweck erfordert, eingeschränkt werden. Die Verfügung des Rechtsinhabers ist deshalb **nur gegenüber dem** durch das Verbot **Geschützten** und nur, soweit es dessen Zweck erfordert, **unwirksam.** Sonstigen **Dritten gegenüber** ist die Verfügung dagegen **wirksam.** Das hat eine **Spaltung der Rechtszuständigkeit** z. B. eine Spaltung des Eigentums zur Folge, die aber im Gesetz begründet liegt und nur einen vorübergehenden Zustand darstellt[41]. Diesen Dritten gegenüber tritt der Verfügungserfolg zunächst einmal ein und bleibt dann dauernd bestehen, wenn dem Geschützten der vermeintliche Anspruch nicht zusteht, wenn die Vollstreckung nicht durchgeführt wird oder wenn der Geschützte zustimmt. § 135 schränkt insoweit § 134 ein, der die völlige Unwirksamkeit der verbotswidrigen Verfügung gegenüber jedermann anordnet.

62 **Beispiel:** Relativ unwirksam ist die Verfügung, die der Grundstückseigentümer E trifft, wenn er sein Grundstück an D übereignet, obwohl im Grundbuch eine **Vormerkung** zur Sicherung des Anspruchs von A auf Eigentumsübertragung am Grundstück des E eingetragen ist. Die Verfügung des E zugunsten des D ist dem A gegenüber unwirksam, weil sie bei voller Wirksamkeit den gesicherten Anspruch des A vereiteln würde, denn von D könnte A nicht die Übereignung verlangen (§ 883 Abs. 1 und 2). Da die Verfügung nur relativ gegenüber A unwirksam ist, wird D ins Grundbuch eingetragen und wird allen anderen gegenüber Grundstückseigentümer, nur nicht gegenüber dem Vormerkungsberechtigten A. Für A

---

[40] So auch *Flume,* AT II, § 17, 6 c; *Medicus,* AT, Rn. 671; *Köhler,* AT, § 15 Rn. 37; MünchKomm/*Mayer-Maly/Armbrüster,* § 135 Rn. 10; Palandt/*Heinrichs,* § 136 Rn. 3.

[41] Gegen die Spaltung der Eigentumszuständigkeit *Flume,* AT II, § 17, 6 d; *Medicus,* AT, Rn. 493; *Gursky,* JR 1984, 3, 4; *Beer,* aaO, S. 132 ff., betont die alleinige Eigentümerstellung des Dritten, sieht dessen Eigentum aber als belastet an durch ein „Absicherungsrecht" des Geschützten, das sowohl dingliche wie schuldrechtliche Elemente enthalten soll. Ob es dieser Konstruktion bedarf, ist zweifelhaft. Ihr folgen MünchKomm/*Mayer-Maly/Armbrüster,* § 135 Rn. 36.

ist immer noch E der Eigentümer. Von ihm kann A deshalb Erfüllung seines Anspruchs auf Übereignung des Grundstücks verlangen. Damit A an Stelle des D ins Grundbuch eingetragen wird, hat A gegen D einen Anspruch aus § 888 darauf, daß D der Eintragung des A zustimmt.

3. Schutz des gutgläubigen Erwerbers

Die relative Unwirksamkeit ist dadurch eingeschränkt, daß die Vorschriften zugunsten derjenigen, die Rechte von einem Nichtberechtigten herleiten, entsprechende Anwendung finden (§ 135 Abs. 2). Das bedeutet: Soweit nach den gesetzlichen Vorschriften (§§ 892, 932, 1032 Satz 2, 1207) ein Rechtserwerb auch von einem Nichtberechtigten möglich ist, kann der Erwerber den Gegenstand der Verfügung frei von der Belastung mit dem Verfügungsverbot auch mit Wirkung gegenüber dem Geschützten wirksam erlangen, wenn er hinsichtlich des Nichtbestehens des Verfügungsverbots gutgläubig ist. 63

Beispiele: Hat K aufgrund eines Kaufvertrags einen Anspruch auf Übereignung eines bestimmten Pkw gegen V, so kann er, wenn V den Pkw dem Dritten D ausliefern will, beim Gericht eine einstweilige Verfüg AGB-Recht, Rn. 3 ung erwirken, durch die dem V die Veräußerung des Wagens verboten wird (§§ 935, 938 Abs. 2 ZPO). Übereignet V den Pkw gleichwohl dem D, so wird dieser Eigentümer, und zwar auch mit Wirkung gegenüber dem K, wenn er von dem Veräußerungsverbot nichts wußte und seine Unkenntnis auch nicht auf grober Fahrlässigkeit beruhte (§ 135 Abs. 2 mit § 932). K hat in diesem Fall das Nachsehen. Er hat keinerlei Ansprüche gegen D, sondern kann nur von V Schadensersatz verlangen. Kannte D dagegen das Veräußerungsverbot oder kannte er es infolge grober Fahrlässigkeit nicht, dann ist sein Eigentumserwerb gegenüber K relativ unwirksam. Bei Grundstücken steht es der Kenntnis des Dritten gleich, wenn die Verfügungsbeschränkung aus dem Grundbuch ersichtlich ist (§ 892 Abs. 1 Satz 2). Relative Verfügungsbeschränkungen können daher in das Grundbuch eingetragen werden, auch wenn sie zu ihrer Wirksamkeit nicht der Eintragung bedürfen. 64

Zu beachten ist, daß das Gesetz einen gutgläubigen Erwerb vom Nichtberechtigten nur bei Sachen, nicht auch bei Forderungen kennt. Beansprucht A von S die Abtretung einer dem S gegen Z zustehenden Forderung und hat das Gericht dem S verboten, über die Forderung zu verfügen, tritt aber S die Forderung dennoch an D ab, so ist der Erwerb des D dem A gegenüber relativ unwirksam, auch wenn D gutgläubig war und von dem gerichtlichen Verfügungsverbot nichts wußte noch wissen konnte. Eine Vorschrift, die den gutgläubigen Erwerb von Forderungen ermöglichen würde, gibt es nicht. Die Verweisung in § 135 Abs. 2 geht deshalb bei Forderungen ins Leere. 65

4. Gleichstellung vollstreckungsrechtlicher Verfügungen

Nach §§ 135, 136, 883 steht der rechtsgeschäftlichen Verfügung, die entgegen dem Verfügungsverbot ergeht, eine **Verfügung** gleich, die **im Wege der Zwangsvollstreckung** oder der Arrestvollziehung durch das Gericht oder den Gerichtsvollzieher erfolgt (§ 135 Abs. 1 Satz 2, § 883 Abs. 2 Satz 2). Danach sind gegenüber dem durch das Verbot Geschützten auch der Erwerb eines Pfändungspfandrechts (§§ 804, 930 ZPO) durch den die Vollstreckung oder die Arrestvollziehung betreibenden Gläubiger relativ unwirksam. Im Insolvenzverfahren ist das Verfügungsverbot gemäß §§ 135, 136 dagegen wirkungslos (§ 80 Abs. 2 Satz 1 InsO). Die Vormerkung ist dagegen auch gegenüber dem Insolvenzverwalter wirksam (§ 883 Abs. 2 Satz 2 BGB mit § 106 InsO). 66

Der Ersteher eines im Rahmen der Zwangsvollstreckung ersteigerten Gegenstandes erlangt das Eigentum durch einen Hoheitsakt, dessen Wirksamkeit unabhängig ist von privatrechtlichen 67

Voraussetzungen[42]. Er erlangt das Eigentum daher selbst dann, wenn er hinsichtlich des Verfügungsverbots bösgläubig ist. Danach versagt der Schutz, den das Gesetz demjenigen gewähren will, zu dessen Gunsten ein relativ wirkendes Veräußerungsverbot erlassen ist, gegenüber einem Erwerb in der Zwangsversteigerung.

68 Nach der h.L. soll § 135 Abs. 2 auf § 135 Abs. 1 Satz 2 nicht anwendbar sein, weil die entsprechend anwendbaren Vorschriften über den gutgläubigen Erwerb eines Rechts von einem Nichtberechtigten einen rechtsgeschäftlichen Erwerb erforderten[43]. Dem ist jedoch nicht zuzustimmen, weil sich der zweite Absatz des § 135 nach dem Zusammenhang auf beide Sätze des ersten Absatzes bezieht und damit das Erfordernis eines rechtsgeschäftlichen Erwerbs für die entsprechende Anwendung ausschaltet[44].

5. Relative Erwerbsverbote

69 Als Gegenstück zum Veräußerungsverbot kann durch § 938 Abs. 2 ZPO auch ein Erwerbsverbot angeordnet werden, das einer bestimmten Person ihre Rechte an einem bestimmten Gegenstand dadurch sichern will, daß einem anderen untersagt wird, von den zu seinen Gunsten bestehenden Erwerbsvoraussetzungen Gebrauch zu machen[45].

70 **Beispiel:** Der Verkäufer V hatte dem Käufer K ein Grundstück ohne Einhaltung der vorgeschriebenen Form (§ 311b Abs. 1) verkauft und bereits aufgelassen, außerdem ihm eine den Vorschriften der Grundbuchordnung entsprechende Eintragungsbewilligung ausgehändigt, so daß es zum Eigentumserwerb des K nur noch seiner Eintragung im Grundbuch (§ 873) bedurfte. Nachträglich wollte V sich auf die Nichtigkeit des Kaufvertrages wegen Formmangels (§ 125) berufen und seinen Rückgabeanspruch aus § 812 geltend machen. Durch die Eintragung des K würde der Formmangel geheilt werden (§ 311b Abs. 1 Satz 2), und K würde einen Anspruch auf Übereignung aus dem geheilten Kaufvertrag erwerben. Gemäß § 938 Abs. 2 ZPO kann V eine einstweilige Verfügung erwirken, durch die dem K verboten wird, den Antrag auf seine Eintragung im Grundbuch beim Grundbuchamt zu stellen, oder ihm auferlegt wird, den Antrag, wenn er ihn schon gestellt hat, zurückzunehmen. Erfolgt die Eintragung des K dennoch, so ist sein Eigentumserwerb analog der verbotswidrigen Verfügung gegenüber V relativ unwirksam und führt daher im Verhältnis zu ihm weder den Übergang des Eigentums noch die Heilung des Formmangels des Kaufvertrages herbei[46]. Solange K nicht eingetragen ist, steht V ein Bereicherungsanspruch aus § 812 zu. K soll nicht davon profitieren, daß er diesen Anspruch nicht freiwillig erfüllt. Hat V allerdings geleistet, obwohl er den Formmangel kannte, so steht seinem Rückgabeanspruch § 814 entgegen, und er kann dann auch kein Erwerbsverbot erwirken.

---

[42] Vgl. *BGHZ* 55, 20, 25; *Rosenberg/Gaul/Schilken,* Zwangsvollstreckungsrecht, S. 818; *Stein/Jonas/Münzberg,* § 817 Rn. 21; a.A. *Paulus,* FS Nipperdey, 1965, Bd. 1, S. 918ff.; MünchKomm/*Mayer-Maly/Armbrüster,* § 135 Rn. 49.

[43] So z.B. *Stein/Jonas/Münzberg,* § 772 Rn. 8; Soergel/*Hefermehl,* § 136 Rn. 22; *RGZ* 90, 335, 338; *BGH* NJW 1971, 799.

[44] Zustimmend MünchKomm/*Mayer-Maly/Armbrüster,* § 135 Rn. 49.

[45] *RGZ* 117, 287, 291; 120, 118, 120; *BGH* NJW 1983, 565; Palandt/*Heinrichs,* § 136 Rn. 5; Soergel/*Hefermehl,* § 136 Rn. 31; MünchKomm/*Mayer-Maly/Armbrüster,* § 136 Rn. 9; mit anderer Konstruktion *Enneccerus/Nipperdey,* AT, § 144 III 1 u. 4. Die Meinung, es handle sich bei dem Verbot, den Eintragungsantrag zu stellen, in Wahrheit um ein Verfügungsverbot, denn K verfüge durch die Stellung des Antrags über das Eigentumsrecht des V, ist schwerlich haltbar. Über das Eigentum des V hat dieser durch die Erklärung der Auflassung und die Erteilung der Eintragungsbewilligung schon selbst verfügt. Die Stellung des Antrags durch K ist nur eine verfahrensrechtliche Maßnahme, kein materiellrechtliches Rechtsgeschäft. Die Konstruktion läßt sich auch dann nicht durchführen, wenn K den Antrag bereits gestellt hat und nun verpflichtet werden soll, ihn zurückzunehmen.

[46] Gegen diese Konstruktion *Flume,* AT II, § 17.

6. Relativ unwirksame schuldrechtliche Vereinbarungen

In einigen Vorschriften sieht das BGB die relative Unwirksamkeit auch bei schuldrechtlichen Vereinbarungen vor. Die relative Unwirksamkeit zeigt sich darin, daß nur einem Vertragsteil untersagt wird, sich auf eine bestimmte Vereinbarung zu berufen. Vorschriften dieser Art enthalten etwa § 444, § 475 Abs. 1, § 478 Abs. 4, § 639. Es handelt sich um Bestimmungen, durch die die Interessen eines Vertragsteils geschützt werden. Wird von diesen Schutzbestimmungen durch vertragliche Vereinbarungen abgewichen, so kann sich nur der andere Vertragsteil nicht auf die vom Gesetz abweichende Vereinbarung berufen. Dem Geschützten selbst steht diese Möglichkeit dagegen offen, auch wenn er im Regelfall kein Interesse daran haben wird, sich auf eine ihm nachteilige Vereinbarung zu berufen. Gleichwohl will der Gesetzgeber dies nicht verbieten und damit die Vertragsbindung streng begrenzt auf den gebotenen Schutzumfang einschränken (s. auch oben § 3 Rn. 117ff.). 71

VII. Umdeutung nichtiger Rechtsgeschäfte (Konversion § 140)

Ein nichtiges Rechtsgeschäft, sei es ein Vertrag, ein einseitiges Rechtsgeschäft oder ein Beschluß, kann aufrechterhalten werden, wenn es den Erfordernissen eines anderen Rechtsgeschäfts entspricht, und wenn anzunehmen ist, daß dessen Geltung bei Kenntnis der Nichtigkeit gewollt sein würde (§ 140). Man spricht hier von einer Umdeutung des nichtigen Rechtsgeschäfts in ein anderes, gültiges Geschäft oder von Konversion. Dadurch soll vermieden werden, daß die von den Parteien beabsichtigten, an sich von der Rechtsordnung nicht mißbilligten Folgen eines Geschäfts entfallen, wenn diese oder doch annähernd gleichartige **Folgen durch ein gültiges Rechtsgeschäft anderer Art** voll oder wenigstens zum Teil **erreicht** werden können. 72

Beispiel: Der Mieter M ficht den von ihm geschlossenen unbefristeten Mietvertrag über ein Ladengeschäft an, weil er sich über den erwarteten Umsatz geirrt habe. Da ein zur Anfechtung berechtigender Irrtum nach § 119 nicht vorliegt, es sich vielmehr um einen bloßen Motivirrtum handelt, ist die Anfechtung unwirksam. Es fragt sich, ob die Anfechtungserklärung in eine Kündigungserklärung umgedeutet werden kann. Ein Bedürfnis für die Umdeutung besteht auch, wenn eine unwirksame fristlose Kündigung in eine ordentliche Kündigung umgedeutet werden soll[47]. Auch prozessuale Erklärungen sind der Umdeutung zugänglich[48]. 73

1. Subjektive Voraussetzungen

Nach dem Zweck von § 140 geht es in erster Linie darum, den wirtschaftlichen oder sonstigen **Zielen der Parteien zur Geltung zu verhelfen.** Wenn dies nicht auf dem von den Parteien primär gewählten Weg geht, wohl aber auf einem anderen Weg jedenfalls annähernd möglich ist, dann soll dieser andere Weg beschritten werden, wenn er von dem Erklärenden bei Kenntnis der Unwirksamkeit gewollt sein würde. Sofern ein wirklicher Parteiwille feststellbar ist, hat dieser Vorrang. Die Auslegung geht deshalb der Umdeutung vor (s. unten Rn. 88ff.)[49]. 74

---

[47] *BGH* NJW 1998, 76; *BGH* NJW 2003, 3474.
[48] *BGH* NJW 2001, 1217.
[49] S. *BGH* WM 1959, 328; Palandt/*Heinrichs,* § 140 Rn. 4; wegen des Verhältnisses zur ergänzenden Auslegung s. auch oben § 33 Rn. 29ff.

a) Maßgeblichkeit des hypothetischen Parteiwillens

75 Oberste Richtschnur für die Auswahl des anderen Geschäfts ist die Parteivorstellung und der daran anknüpfende **hypothetische Wille,** ob die Parteien den Weg des anderen Rechtsgeschäfts eingeschlagen hätten, wenn sie die Unwirksamkeit des primär gewählten Wegs gekannt hätten. Bei der Umdeutung eines Vertrags genügt es, daß die Umdeutung dem hypothetischen Willen einer Partei entspricht und die andere Partei dies erkennen konnte und sich redlicherweise darauf einlassen mußte. § 140 ist jedoch nicht anwendbar, wenn den Parteien die Nichtigkeit bekannt ist, weil daraus ersichtlich ist, daß sie für diesen Fall kein anderes Rechtsgeschäft vorgenommen haben und dies einem hypothetischen Umdeutungswillen grundsätzlich entgegen steht. Es kann dann ein Scheingeschäft (§ 117 Abs. 1) vorliegen oder es kommt eine Auslegung in Betracht[50]. Eine Umdeutung ist aber möglich, wenn eine oder beide Parteien die Unwirksamkeit bei Vornahme des Rechtsgeschäfts nicht als endgültig angesehen haben.

b) Orientierung am angestrebten Zweck

76 Der hypothetische Wille kann dadurch festgestellt werden, daß man sich die mit dem Rechtsgeschäft verfolgten Zwecke und die erkennbaren Interessenbewertungen der Parteien vergegenwärtigt und danach fragt, ob das **andere Geschäft** ein **geeignetes Mittel** darstellt, diese **Zwecke zu verwirklichen.** Der Richter darf in keinem Fall seine eigenen oder die von ihm für zweckmäßig gehaltenen Wertungen an die Stelle derjenigen der Parteien setzen. Er hat von der ihm erkennbaren subjektiven Wertungsgrundlage der Parteien auszugehen, auch wenn er sie für unvernünftig oder für nicht in ihrem recht verstandenen Interesse liegend hält. Nur bei **Fehlen jeglicher Anhaltspunkte** für eine besondere Wertung der Parteien ist von der **Denkweise eines verständigen Menschen** auszugehen, also eine objektive Interessenbewertung vorzunehmen.

77 Es handelt sich bei der Umdeutung weder um die Auslegung einer Willenserklärung noch um die Feststellung eines empirischen Willens als einer psychologischen Tatsache, sondern um eine Art **nachträglicher Gestaltungshilfe** für die Parteien. Die Umdeutung unterscheidet sich von der ergänzenden Auslegung (s. unten Rn. 90). Die Absichten der Vertragsparteien oder beim einseitigen Rechtsgeschäft die Absichten des Erklärenden sollen durch die Umdeutung auf eine zwar nicht ausdrücklich gewollte, aber den eigenen Interessenwertungen entsprechende und rechtlich mögliche Weise verwirklicht werden. Die maßgebliche Bedeutung des hypothetischen Parteiwillens betont der *BGH*[51] zu Recht, wenn er feststellt, daß die Umdeutung „nicht zu einer im Gegensatz zur Privatautonomie stehenden Bevormundung der Parteien führen darf, die sich einfach über die besondere Willensrichtung und über die besonderen Vorstellungen der Parteien hinwegsetzt".

c) Kein Aufzwängen ungewollter Rechtsformen

78 Es kommt **nicht allein** auf den angestrebten wirtschaftlichen oder sonstigen **Erfolg,** sondern **auch** darauf an, ob die Parteien der von ihnen **gewählten Rechtsform** ein besonderes Gewicht beigemessen haben. Die Umdeutung eines Geschäfts mit anderer Rechtsform ist an sich zulässig. Ist der Wille, eine bestimmte Rechtsform vermeiden zu wollen aber erkennbar geäußert worden, so ist die Umdeutung wegen des Vorrangs des Parteiwillens unzulässig.

---

[50] S. auch MünchKomm/*Mayer-Maly/Busche,* § 140 Rn. 16; Erman/*Palm,* § 140 Rn. 15.

[51] *BGHZ* 19, 269, 273; vgl. dazu *Krampe,* aaO, S. 7ff.; MünchKomm/*Mayer-Maly/Busche,* § 140 Rn. 2.

Beispiele: Unter dem Gesichtspunkt, daß der hypothetische Parteiwille auch eine andere als die primär gewählte Rechtsform mit umschließen muß, ist die Umdeutung der Gründung einer GmbH in eine GbR[52] nicht unbedenklich, wenn ein Beteiligter bei der Gründung erklärt hatte, eine GbR wolle er nicht, weil sein Vater damit schlechte Erfahrungen gemacht habe. Zulässig ist aber die Umdeutung eines Gesellschaftsvertrags über die Gründung einer OHG in einen Vertrag über die Gründung einer GbR[53], ebenso die Umdeutung eines formunwirksamen Schecks in eine Ermächtigung der bezogenen Bank zur Zahlung gemäß §§ 362 Abs. 2, 185 an den aus dem Scheck Begünstigten. 79

d) Keine gesetz- und sittenwidrigen Zwecke

Die Umdeutung scheidet aus, wenn die mit dem Geschäft verfolgten **Absichten der Parteien gesetzwidrig** sind **oder** als **sittenwidrig** von der Rechtsordnung **mißbilligt** werden. Ergibt sich die Sittenwidrigkeit eines Geschäfts, wie im Falle eines wucherischen Geschäfts, aus einer vom Recht mißbilligten Übervorteilung des einen Vertragsteils durch den anderen, so würde eine Umdeutung in ein Geschäft, das gerade noch vertretbar und damit sittengemäß ist, dem Zweck des § 138 widersprechen, von solchen Geschäften abzuschrecken. Eine derartige Umdeutung, die einer teleologischen Reduktion gleichkäme, ist grundsätzlich abzulehnen[54]. Verstößt das Geschäft der vereinbarten Art gegen ein gesetzliches Verbot, so ist eine Umdeutung in ein anderes Geschäft nur dann zulässig, wenn der Zweck des Verbots diesem anderen Geschäft nicht entgegensteht[55]. In Betracht kommen hauptsächlich solche Rechtsgeschäfte, die wegen Formmangels nichtig sind, sowie solche, die wegen zwingender gesetzlicher Vorschriften, vornehmlich wegen des auf dem betreffenden Rechtsgebiet bestehenden Typenzwangs, nicht vorgenommen werden können. 80

Beispiel: Die nach § 1059 Satz 1 nicht zulässige Übertragung eines Nießbrauchs wurde umgedeutet in eine nach § 1059 Satz 2 zulässige Überlassung der Ausübung des Nießbrauchs[56]; die Bestellung eines nach dem BGB nicht zugelassenen Erbpachtrechts in einen gewöhnlichen Pachtvertrag[57]; die Bestellung eines dinglichen Vorkaufsrechts in ein schuldrechtliches Vorkaufsrecht[58]; eine wegen Formmangels nichtige Verpflichtung zur Übereignung eines Grundstücks in eine Verpflichtung zur Bestellung eines lebenslänglichen Nießbrauchs an dem Grundstück[59]; ein wegen Nichteinhaltung der vorgeschriebenen Form (§ 2371) nichtiger Erbschaftsverkauf in einen Erbauseinandersetzungsvertrag[60]; eine wegen Formmangels nichtige Verpfändung einer Hypothek oder einer Grundschuld in die Einräumung eines schuldrechtlichen Zurückbehaltungsrechts am Hypotheken- oder Grundschuldbrief[61]; ein schriftliches jedoch mangels notarieller Beurkundung (§ 518) formungültiges Schenkungsversprechen auf den Todesfall in ein nach § 2247 zulässiges privatschriftliches Testament[62]; schließlich ein in Ermangelung der nach § 1365 BGB erforderlichen Zustimmung des Ehegatten zunächst schwebend unwirksamer, später nichtig gewordener Übergabevertrag unter Lebenden in einen Erbvertrag[63]. 81

---

52 So *BGHZ* 19, 269; zustimmend dazu *Pawlowski,* AT, Rn. 505; a. A. *Flume,* AT II, § 32, 9d, *Medicus,* AT, Rn. 521. Vgl. auch *Battes,* AcP 174, 444f.

53 *BGHZ* 19, 269, 275.

54 *BGHZ* 68, 204, 207; ebenso *BGH* NJW 1986, 2944, 2945; Palandt/*Heinrichs,* § 140 Rn. 7; Soergel/*Hefermehl,* § 140 Rn. 7; P. *Ulmer,* NJW 1981, 2025, 2027.

55 Daß eine Umdeutung auch in den Fällen des § 134 grundsätzlich möglich sei, hat das *RG* in *RGZ* 125, 209, 212 ausgesprochen. Vgl. dazu *BGHZ* 26, 320, 328f.

56 *RG* WarnR. 10, Nr. 317.

57 *RG* WarnR. 28, Nr. 120.

58 *RGZ* 104, 122, 124.

59 *RGZ* 110, 391, 392.

60 *RGZ* 129, 122, 123.

61 *RGZ* 66, 24, 27; 124, 28, 31; *OGHZ* 4, 138, 146.

62 *RG* JW 10, 467.

63 *BGHZ* 40, 218, 224 (lesenswert!).

2. Objektive Voraussetzungen

a) Nichtiges oder unwirksames Rechtsgeschäft

82 § 140 geht von der Nichtigkeit eines Rechtsgeschäfts aus und gilt grundsätzlich für **alle Nichtigkeitsgründe,** auch für ein durch Anfechtung nichtig gewordenes Geschäft. Eine Umdeutung ist aber auch möglich **bei anderen Unwirksamkeitsgründen**[64], weil es darum geht, dem Parteiwillen möglichst umfassend Rechnung zu tragen.

83 **Beispiele:** § 140 ist auch anwendbar auf ein schwebend unwirksames Geschäft, das durch Verweigerung der Genehmigung endgültig unwirksam geworden ist[65], ebenso auf die unwirksame Verfügung eines Nichtberechtigten[66] oder auf eine wegen Fehlens eines Kündigungsgrundes unwirksame Kündigung[67]. Nicht anwendbar ist § 140 aber, solange die Unwirksamkeit nicht endgültig feststeht, also nicht auf das lediglich anfechtbare, aber noch nicht angefochtene Geschäft oder auf das nur schwebend, aber noch nicht endgültig unwirksame Geschäft[68].

b) Erfüllung aller Gültigkeitsvoraussetzungen

84 Die Umdeutung setzt weiter voraus, daß **alle** für das neue umgedeutete Rechtsgeschäft bestehenden **Gültigkeitsvoraussetzungen** vorliegen, also z. B. Geschäftsfähigkeit, Verfügungsmacht, Zulässigkeit des Inhalts und Form. Das umgedeutete neue Rechtsgeschäft muß aber nicht als wirksamer Teil im nichtigen Rechtsgeschäft enthalten sein[69]. Es handelt sich bei der Konversion nicht nur um einen besonderen Fall der Teilnichtigkeit; dann bedürfte es des § 140 neben § 139 nicht mehr[70]. Andernfalls würde der Anwendungsbereich des § 140 auch über Gebühr eingeengt. Die Umdeutung kann, sofern es dem hypothetischen Parteiwillen entspricht, auch zu einem selbständigen neuen Geschäft führen.

85 **Beispiel:** Eine verspätete oder nicht formgerechte Kündigung, die von dem Empfänger gleichwohl angenommen wird, kann in einen Antrag zum Abschluß eines Aufhebungsvertrages umgedeutet werden[71]. Ohne Bedeutung ist, daß die einseitig gestaltend wirkende Kündigung gegenüber einer Vertragsofferte ein völlig andersartiges Rechtsgeschäft ist. Die Vertragsofferte ist nicht als Bestandteil in der Kündigung enthalten.

c) Keine Verschärfung der Rechtsfolge

86 Auch im Hinblick auf den angestrebten Erfolg ergeben sich die Grenzen zulässiger Umdeutung aus der Beachtung des hypothetischen Parteiwillens. Es darf bei einem Schuldvertrag einer Partei **keine weitergehende Verpflichtung** als gewollt auferlegt werden. Bei einem einseitigen Rechtsgeschäft wie einer Kündigung darf dem anderen Teil **keine schwerwiegendere Rechtsfolge** auferlegt werden, als für ihn aus der nichtigen Erklärung erkennbar.

---

[64] *BGHZ* 40, 222.

[65] *BGH* LM § 140 BGB Nr. 5; Soergel/*Hefermehl,* § 140 Rn. 3; Palandt/*Heinrichs,* § 140 Rn. 3.

[66] Palandt/*Heinrichs,* § 140 Rn. 3; Soergel/*Hefermehl,* § 140 Rn. 3; a. A. *RGZ* 124, 31.

[67] *BGH* NJW 1981, 977.

[68] Soergel/*Hefermehl,* § 140 Rn. 3; Staudinger/*H. Roth,* § 140 Rn. 14; Palandt/*Heinrichs,* § 140 Rn. 3.

[69] So aber *RGZ* 121, 99, 106; *BGHZ* 19, 269, 275; 20, 363, 370; 26, 320, 326; *Flume,* AT, II, § 32, 9c.

[70] Darauf weist *Medicus,* AT, Rn. 519 hin; ebenso in MünchKomm/*Mayer-Maly/Busche,* § 140 Rn. 14.

[71] *BAG* AP § 626 Nr. 64; MünchKomm/*Mayer-Maly/Busche,* § 140 Rn. 30; Soergel/*Hefermehl,* § 140 Rn. 18; *v. Tuhr,* AT II/1, § 56 zu Anm. 71. Anders *RGZ* 143, 124.

Beispiele: Eine Rücktrittserklärung darf nicht ohne weiteres in eine Anfechtungserklärung wegen Irrtums umgedeutet werden, weil diese für den Erklärenden die Verpflichtung zum Ersatz des Vertrauensschadens nach sich zieht[72]. Eine nichtige Pfandbestellung darf nicht in eine Sicherungsübereignung umgedeutet werden, da diese mit dem Verlust des Eigentums weiter gehende Rechtsfolgen mit sich bringt[73]. Auch ein wegen Bedingungsfeindlichkeit unwirksames Rechtsgeschäft (s. unten § 50 Rn. 24 ff.) kann nicht in ein unbedingtes Rechtsgeschäft umgedeutet werden[74]. Die ordentliche fristgebundene Kündigung kann nicht in eine schärfere fristlose Kündigung umgedeutet werden, wohl aber eine fristlose in eine mildere ordentliche Kündigung, falls die Beendigung des Rechtsverhältnisses auf jeden Fall gewollt ist und die Kündigung nicht nur taktisch für Verhandlungszwecke eingesetzt wird[75]. Möglich ist auch die Umdeutung einer ex tunc wirkenden Anfechtungs- in eine ex nunc wirkende Kündigungserklärung. Ein nichtiges Rechtsgeschäft kann auch in ein weniger fehlerhaftes z. B. in ein anfechtbares oder schwebend unwirksames Rechtsgeschäft umgedeutet werden[76]. **87**

3. Vorrang der Auslegung

Die Auslegung geht der Umdeutung vor. Dies ergibt sich daraus, daß der bei der Auslegung zu ermittelnde **reale Wille Vorrang vor dem hypothetischen Willen** hat. Die Auslegung findet aber ihre Grenze im möglichen Wortsinn, was für die Umdeutung nicht gilt. Die Umdeutung ist deshalb auch nicht ein Fall der Auslegung[77], sondern unterscheidet sich in den genannten Punkten von ihr. **88**

Beispiel: Eine von den Parteien gewollte, aber nicht wirksam vereinbarte Bürgschaft auf erstes Anfordern braucht nicht umgedeutet zu werden, sondern kann im Rahmen des Vertragswortlauts dahin ausgelegt werden, daß sie als einfache Bürgschaft gelten soll[78]. **89**

Von der **ergänzenden Auslegung** unterscheidet sich die Umdeutung dadurch, daß die ergänzende Auslegung nur ergänzende Funktion in einem wirksamen, aber lückenhaften Geschäft übernimmt, während die Umdeutung ein unwirksames Rechtsgeschäft voraussetzt und an dessen Stelle ein neues treten läßt, was mit der ergänzenden Auslegung nicht möglich ist. Soweit eine ergänzende Auslegung möglich ist, hat auch diese Vorrang, weil sie sich in den vorgegebenen Vertragsrahmen einfügt und deshalb den Willen der Parteien direkter umsetzt als die Umdeutung. **90**

§ 45. Teilnichtigkeit und Gesamtnichtigkeit

Inhaltsübersicht

---

[72] *RGZ* 105, 206, 208; ebenso *BAG* NJW 1976, 214; Palandt/*Heinrichs*, § 140 Rn. 6.
[73] *RGZ* 130, 82; *Flume*, AT II, § 32, 9c; vgl. *Enneccerus/Nipperdey*, AT, § 202 Anm. 66; Soergel/*Hefermehl*, § 140 Rn. 5.
[74] Soergel/*M. Wolf* § 158 Rn. 49; Staudinger/*Bork*, vor § 158 Rn. 44.
[75] *BGH* NJW 1998, 1551.
[76] Soergel/*Hefermehl*, § 140 Rn. 4.
[77] A. A. *Krampe* aaO S. 280 ff.; *Pawlowski*, AT, Rn. 505.
[78] *BGH* NJW 1999, 2361.

Literatur: *André,* Einfache, zusammengesetzte, verbundene Rechtsgeschäfte, Festgabe f. *Enneccerus,* 1913; *Breyhan,* Abstrakte Übereignung und Parteiwille in der Rechtsprechung, 1929; *Canaris,* Gesamtunwirksamkeit und Teilgültigkeit rechtsgeschäftlicher Regelungen, Festschrift für Steindorff, 1990, 519; *Eisenhardt,* Einheitlichkeit der Rechtsgeschäfte und Überwindung des Abstraktionsprinzips, JZ 1991, 271; *v. Esch,* Teilnichtige Rechtsgeschäfte, 1968; *J. Hager,* Gesetzes- und sittenkonforme Auslegung und Aufrechterhaltung von Rechtsgeschäften, 1983; *B. Herzog,* Quantitative Teilnichtigkeit, Diss. Göttingen, 1926; *Krampe,* Aufrechterhaltung von Verträgen und Vertragsklauseln, AcP 194 (1994), 1; *Roth,* Vertragsänderung bei fehlgeschlagener Verwendung von AGB, 1994; *Sandrock,* Subjektive und objektive Gestaltungskräfte bei der Teilnichtigkeit von Rechtsgeschäften, AcP 159, 481.

I. Parteiautonomie und zwingende Vorgaben

1 Der Nichtigkeitsgrund kann sich auf das ganze Rechtsgeschäft erstrecken, wie z. B. die Geschäftsunfähigkeit, die die Willenserklärung nach § 105 insgesamt nichtig macht. Betrifft der Nichtigkeitsgrund dagegen nur einen Teil des Rechtsgeschäfts wie z. B. eine sittenwidrige Vertragsstrafe, dann fragt es sich, ob das ganze Rechtsgeschäft nichtig ist oder nur der betreffende Teil, so daß das Rechtsgeschäft im übrigen gültig ist. § 139 geht von der **Vermutung** aus, daß bei Nichtigkeit eines Teils im Zweifel das **ganze Rechtsgeschäft nichtig** ist, wenn nicht anzunehmen ist, daß es auch ohne den nichtigen Teil vorgenommen sein würde. § 139 will der **Parteiautonomie** Rechnung tragen und verhindern, daß die Parteien an einen Restbestand des Rechtsgeschäfts gebunden werden, den sie als selbständigen Teil gar nicht gewollt haben.

2 § 139 regelt nur einen **Teilaspekt** der für die Teil- oder Gesamtnichtigkeit maßgeblichen Gesichtspunkte. Die Vorschrift kann nur dann zur Anwendung kommen, wenn es überhaupt der Disposition der Parteiautonomie überlassen ist, über die Teil- oder Gesamtnichtigkeit zu entscheiden, und die Entscheidung nicht durch **normativ zwingende Erfordernisse** vorgegeben ist. Zu diesen normativ zwingenden Erfordernissen gehört insbesondere, daß jedes Rechtsgeschäft einen willensgetragenen Kernbestand aufweisen muß (essentialia negotii), der nicht vom Gesetzgeber oder Richter bestimmt wird, sondern allein der Parteientscheidung überlasen bleibt, z. B. welcher Gegenstand gekauft und welcher Preis dafür gezahlt wird. Ist die Vereinbarung hierüber z. B. wegen eines wucherischen Preises unwirksam, so kann der Vertrag nicht durchgeführt werden und ist insgesamt unwirksam, ohne daß § 139 zur Anwendung kommt (s. oben § 29 Rn. 75). Vielfach greifen aber auch Spezialvorschriften ein, die es bei der Teilnichtigkeit belassen, wie etwa § 306 Abs. 1. Darüber hinaus ergibt sich aus dem Schutzzweck einzelner Unwirksamkeitsgründe, daß im Interesse der geschützten Partei nicht das ganze Rechtsgeschäft, sondern nur einzelne seiner Teile unwirksam sein sollen (s. unten Rn. 28 ff.).

3 Soweit **§ 139** in diesem durch zwingende Vorgaben gezogenen zur Anwendung kommen kann, **gilt** er wie schon § 140 für alle Nichtigkeitsgründe und darüber hinaus **für alle** anderen **Unwirksamkeitsgründe.** Er gilt grundsätzlich auch **für alle**

Rechtsgeschäfte, d.h. nicht nur für Verträge, sondern auch für einseitige Rechtsgeschäfte und Beschlüsse, z.B. für den Beschluß einer Wohnungseigentümerversammlung[1].

II. Maßgeblichkeit des Parteiwillens gemäß § 139

1. Unterschiedliche Arten der Geschäftseinheit

§ 139 setzt die Nichtigkeit eines Teils des Rechtsgeschäfts voraus. Um zu bestimmen, ob der Nichtigkeitsgrund nur einen Teil oder das ganze Rechtsgeschäft erfaßt, muß zunächst bestimmt werden, woraus das gesamte Rechtsgeschäft als Einheit besteht. Dabei kann sowohl auf den **gesetzlichen Typus** eines Rechtsgeschäfts als auch auf die **durch** den **Parteiwillen begründete Geschäftseinheit** abgestellt werden. 4

Beispiele: Eine Teilnichtigkeit kann vorliegen, wenn beim gesetzlichen Typus eines Kaufvertrags der Verkäufer lediglich die von ihm gegebene Zusicherung über das Vorliegen einer Eigenschaft anficht. Ob die Nichtigkeit der Zusicherung zur Nichtigkeit des ganzen Kaufvertrags führt, ist nach § 139 zu entscheiden. Zu klären ist aber auch die Anwendbarkeit von § 139, wenn zwei an sich selbständige Geschäfte zu einer wirtschaftlichen Einheit verbunden sind, so z.B. wenn zusammen mit einem Grundstückskaufvertrag ein Baubetreuungsvertrag abgeschlossen wird oder wenn ein Kaufvertrag über eine Datenverarbeitungsanlage (Hardware) mit einem Kauf über das Betreiberprogramm (Software) verbunden ist. 5

Die Einheitlichkeit des Geschäfts ist ohne weiteres zu bejahen, wenn es sich um einzelne Vertragsklauseln oder Vertragsteile handelt, die wie z.B. die Zusicherung von Eigenschaften als **Nebenbestimmungen** anzusehen sind und für sich allein keinen selbständig lebensfähigen Vertrag ergeben. Die Geschäftseinheit ergibt sich hier aus dem Vertragstyp und dem Vertragszweck. Dagegen bestimmt sich die Einheitlichkeit des Geschäfts bei **zusammengesetzten Rechtsgeschäften,** von denen jedes für sich selbst existieren könnte, nach dem Parteiwillen, wie etwa beim Grundstückskaufvertrag mit Architekten- und Bauträgervertrag oder beim Kaufvertrag von Hard- und Software. Der Parteiwille ist dabei in zweifacher Weise bedeutsam. Zunächst ist auf ihn abzustellen bei der Frage, ob mehrere Rechtsgeschäfte überhaupt miteinander zu einer Geschäftseinheit verbunden werden sollen (Geschäftseinheitswille, s. Rn. 7ff.). Daran anschließend ist wiederum auf der Grundlage des Parteiwillens zu entscheiden, ob die Verbindung so eng sein soll, daß bei Unwirksamkeit eines Geschäfts auch das andere nicht durchgeführt werden soll (Untrennbarkeitswille oder Verbindungswille, s. Rn. 7). Dabei kann davon ausgegangen werden, daß der Verbindungswille regelmäßig mit einem Geschäftseinheitswillen einhergeht. 6

2. Geschäftseinheit bei zusammengesetzten Rechtsgeschäften

a) Ermittlung des Geschäftseinheitswillens

Für die Ermittlung des Geschäftseinheitswillens kommt es darauf an, ob die Parteien das Geschäft einheitlich gewollt haben, ob nach ihren Vorstellungen die Vereinbarungen für sie **nur zusammen eine akzeptable Regelung** darstellen. Sofern ein die Einheitlichkeit betreffender Parteiwille nicht eindeutig geäußert worden ist, ist er wie andere der Willensinhalte durch **Auslegung** zu ermitteln. Dabei ist von den getroffe- 7

[1] *BGH* NJW 1998, 3713.

nen Vereinbarungen auszugehen und vor allem darauf abzustellen, ob die einzelnen rechtlich selbständig existenzfähigen Geschäfte in einem **objektiven Sinnzusammenhang** miteinander stehen[2]. Dies wird man bei gleichzeitigem Abschluß beider Geschäfte oder bei ihrer Zusammenfassung in einer Urkunde zwar nicht zwingend, aber doch als naheliegend annehmen können[3]. Bei äußerer Trennung der Geschäfte kommt es darauf an, ob die getroffenen Regelungen wirtschaftlich so eng miteinander verflochten sind, daß sie nur miteinander als geschäftlich vernünftige Regelung erscheinen[4]. Nicht erforderlich ist für die Annahme eines einheitlichen Geschäfts, daß die zu einer Geschäftseinheit zusammengefaßten Einzelgeschäfte dem gleichen Vertragstypus angehören.

8 **Beispiele:** Die Vermietung von Geschäftsräumen mit dem gleichzeitigen Verkauf des Geschäftsinventars kann einen einheitlichen Vertrag bilden. Ein Geschäftseinheitswille ist auch anzunehmen, wenn für ein Mobiltelefon ein günstiger Kaufpreis im Zusammenhang mit einem Netzvertrag angeboten wird.

b) Grenzen des Parteiwillens

9 Die Verbindung von mehreren selbständigen Rechtsgeschäften zu einer Geschäftseinheit ist mit der Parteiautonomie auch an deren Grenzen gebunden. Insbesondere können die Parteien nicht beliebig Geschäfte zu einer Einheit verbinden, wenn sich dies zu Lasten Dritter auswirkt oder wenn es sich um Verbindungen zu gesetzfremden Zwecken handelt. Daran scheitert auch die **Verbindung von Verpflichtungs- und Verfügungsgeschäft** zu einer Geschäftseinheit im Sinne des § 139 entgegen dem Abstraktionsgrundsatz (oben § 23 Rn. 78ff.).

10 Der Gesetzgeber des BGB hat sich im Interesse des Verkehrsschutzes für die Trennung des Erfüllungsgeschäfts vom Grundgeschäft und für den grundsätzlich abstrakten Charakter des dinglichen Geschäfts entschieden. Es geht nicht an, diese Entscheidung mit Hilfe des § 139 wieder aus den Angeln zu heben[5]. Der Hinweis auf die Privatautonomie ist verfehlt, weil ihr durch das Trennungsprinzip (s. oben § 23 Rn. 65ff.) vom Gesetz eine Schranke gezogen ist[6].

11 Die Parteien können allerdings die Gültigkeit des Kausalgeschäfts, wenn sie Zweifel an ihr haben, gemäß § 158 zur **Bedingung** der Wirksamkeit des Erfüllungsgeschäfts machen[7], soweit dieses seiner Art nach nicht, wie z.B. die Auflassung, § 925 Abs. 2,

---

[2] S. MünchKomm/*Mayer-Maly/Busche,* § 139 Rn. 16; s. auch *Flume,* AT II, § 32, 2a; *Medicus,* AT, Rn. 502.

[3] Vgl. *BGHZ* 54, 71, 72; *BGH* WM 1974, 720, 721; MünchKomm/*Mayer-Maly/Busche,* § 139 Rn. 19.

[4] So auch Staudinger/*H. Roth,* § 139 Rn. 45.

[5] So bereits im älteren Schrifttum Lang, Teilweise Nichtigkeit des Rechtsgeschäfts (1926); *Breyhan,* aaO; *Goldmann* und *Marcuse* in GruchBeitr. 56, 161 und 66, 159; im neueren Schrifttum *Flume,* AT II, § 12 III 4; *v. Esch,* aaO, S. 48ff.; *Schlüter,* JuS 1969, 10; *Brox,* AT, Rn. 120; *Medicus,* AT, Rn. 241; *Hübner,* AT, Rn. 658; *Köhler,* AT, § 15 Rn. 6; Ermann/*Palm* § 139 Rn. 23; Staudinger/*Roth,* § 139 Rn. 54; *Wiegand,* AcP 190, 112, 122ff.; *Eisenhardt,* JZ 1991, 271; umfassend dazu *Stadler,* Gestaltungsfreiheit und Verkehrsschutz durch Abstraktion, 1996, S. 81ff.; a.A. *Enneccerus/Nipperdey,* AT, § 202 IV 1; *Heck,* Sachenrecht § 30 Rn 8; *Westermann,* Sachenrecht § 4 IV 3; Palandt/*Heinrichs,* § 139 Rn. 7f. (doch müßten hierfür „konkrete Anhaltspunkte" vorliegen); *Schack,* AT Rn. 242; vgl. auch MünchKomm/*Mayer-Maly/Busche,* § 139 Rn. 20; für die grundsätzliche Möglichkeit einer Anwendung des § 139 auch *BGHZ* 31, 321, 323 (für die Schuldübernahme); *BGH* NJW 1982, 275, 276 (Sicherungsabtretung); *BGH* NJW 1991, 917, 918.

[6] Vgl. *Flume,* AT II, § 12 III 4.

[7] vgl. *Hübner,* AT, Rn. 658; *Erman/Palm,* § 139 Rn. 23.

bedingungsfeindlich ist. Dafür muß aber ein Bedürfnis bestehen, das die Vernachlässigung des Verkehrsschutzes rechtfertigt. Auch bei einem Bargeschäft ist das Erfüllungsgeschäft nicht ohne weiteres als durch die Vornahme der Gegenleistung bedingt anzusehen[8].

3. Die Teilbarkeit des Rechtsgeschäfts

Weitere Voraussetzung für die Anwendbarkeit von § 139 ist, daß das als einheitlich erkannte Rechtsgeschäft ohne Veränderung seines Gesamtcharakters in Teile zerlegt werden kann, und daß das, was von ihm nach Ausschaltung des nichtigen Teils noch übrig bleibt, für sich allein genommen immer noch ein **selbständig existenzfähiges Rechtsgeschäft** ist, das dem **von den Parteien gewollten Typus entspricht** (s. auch oben Rn. 2). 12

a) Selbständig mögliches Rechtsgeschäft

Ein Rechtsgeschäft läßt sich einmal dann in Teile zerlegen, wenn die in ihm getroffenen Regelungen, soweit es den wirksam gebliebenen Rest betrifft, auch als selbständiges Rechtsgeschäft **existenzfähig** wären. 13

Beispiele: Hat der Verpächter eines landwirtschaftlichen Anwesens dem Pächter für die Dauer der Pachtzeit ein Vorkaufsrecht eingeräumt, dann könnte sowohl die Verpachtung des Grundstücks wie die Einräumung eines Vorkaufsrechts auch als eine selbständige Regelung bestehen. Ist daher die Einräumung des Vorkaufsrechts wegen Nichtbeachtung der dafür erforderlichen Form des § 311b Abs. 1 nichtig, so ist die Frage, ob deshalb der ganze Pachtvertrag nichtig, oder ob die Verpachtung des Grundstücks ohne das Vorkaufsrecht aufrechtzuerhalten ist, nach § 139 zu beantworten. 14

Wenn an einem Vertrage auf einer Seite mehrere Personen als Gesamtschuldner beteiligt sind, dann kann bei Nichtigkeit der Verpflichtung eines der Teilnehmer etwa wegen seiner Geschäftsunfähigkeit die Regelung unter den übrigen Teilnehmern doch allein fortbestehen, so daß wiederum § 139 anwendbar ist[9]. Gleiches gilt, wenn ein Vertrag, z. B. eine Bürgschaft, zugunsten mehrerer Gläubiger übernommen wird, der Vertrag aber nur einzelnen Gläubigern gegenüber wirksam ist[10]. 15

Ein selbständig existenzfähiges Rechtsgeschäft **liegt nicht vor,** wenn bei einem Vertrage, bei dem die Erklärung nur einer Vertragspartei formbedürftig ist, wie etwa bei einem Bürgschaftsvertrag (§ 766), die Erklärung dieser Partei wegen Formmangels nichtig ist, denn die einseitige Erklärung des Gläubigers als Gegenpartei, er nehme die angebotene Bürgschaft an, ist für sich kein Rechtsgeschäft, das als solches Bestand zu haben vermöchte. Da ein Vertrag einander entsprechende Willenserklärungen beider Vertragschließenden verlangt, so ist notwendig der Vertrag als Ganzes nichtig, wenn die Erklärung einer Vertragspartei ihrem ganzen Inhalt nach nichtig ist. 16

b) Keine Veränderung des Geschäftstypus

Die Teilbarkeit setzt voraus, daß das restliche Rechtsgeschäft keine Typusänderung erfährt. Eine unzulässige Typusänderung würde etwa vorliegen, wenn bei einem gegenseitigen Vertrage die Leistungspflichten der beiden Teile in der Weise verselbständigt würden, daß bei Nichtigkeit der einen die andere als einseitige Verpflichtung übrig bliebe. Dadurch würde der Vertrag seinen Charakter als Austauschvertrag verlieren, das Vertragsverhältnis nicht nur in einzelne Teile zerlegt, sondern in seiner Wesensart, seinem Gesamtcharakter verändert. Ein gegenseitiges Vertragsverhältnis kann ohne Veränderung seines Gesamtcharakters nur in solcher Weise in selbständige 17

---

[8] *v. Esch,* aaO, S. 50; a. A. *Flume,* AT II, § 12 III 4.
[9] Vgl. *RGZ* 59, 174, 175; 62, 184, 186f.; 99, 52, 55; 114, 35, 38; 141, 104, 108.
[10] *BGH* NJW 2001, 3327.

Teile zerlegt werden, daß das von den Parteien gewollte **Äquivalenzverhältnis** zwischen Leistung und Gegenleistung **gewahrt** bleibt. Die Teilbarkeit eines Rechtsgeschäfts ohne Typusänderung kann sich aber daraus ergeben, daß die Leistungen eines Teils, oder bei einem gegenseitigen Vertrage, die Leistungen beider Teile im gleichen Verhältnis, mengenmäßig, bei Dauerschuldverhältnissen auch der Zeitdauer nach, in verschiedene Teile zerlegt werden können[11].

18 **Beispiele:** Einen Bierbezugsvertrag, der eine mehr als 20jährige Bindung vorsah, hat der *BGH* nur insoweit wegen Sittenwidrigkeit nach § 138 (vgl. oben § 41 Rn. 34) als nichtig angesehen, als die Bindung über 20 Jahre hinausgeht, mit dieser zeitlichen Verkürzung aber den übrigen Inhalt aufrechterhalten. Gleiches gilt für einen Mietvertrag, der nach § 1822 Nr. 5 der vormundschaftsgerichtlichen Genehmigung bedarf, weil er über den dort genannten Zeitpunkt hinaus fortdauern soll. Er kann auf den zulässigen Zeitraum verkürzt werden[12]. Bedenken bestehen jedoch im Hinblick auf die an sich unzulässige geltungserhaltende Reduktion (s. sogleich Rn. 19). Läßt sich bei einem Dauerschuldverhältnis die zeitliche Verkürzung nicht ohne Veränderung seines sonstigen Inhalts durchführen, wie z. B. bei einem Lebensversicherungsvertrag, dann ist für eine zeitlich beschränkte Teilnichtigkeit und somit für die Anwendung des § 139 kein Raum[13].

c) Gesamtnichtigkeit aufgrund des Verbotszwecks

19 Die Teilbarkeit ist zu verneinen, wenn aus dem Normzweck des Unwirksamkeitsgrundes zu entnehmen ist, daß der Gesamtnichtigkeit **Abschreckungsfunktion** zukommen soll.

20 **Beispiel:** Ist ein Kaufvertrag nach § 138 Abs. 2 wegen Wuchers nichtig, so kann er nicht dadurch teilweise aufrechterhalten werden, daß die Leistung des Bewucherten in einen der Höhe nach noch zulässigen und den darüber hinausgehenden, als nichtig betrachteten Teil zerlegt wird; vielmehr ist das wucherische Geschäft als ganzes nichtig[14]. Wenn die Sittenwidrigkeit gerade darauf beruht, daß zwischen Leistung und Gegenleistung ein Mißverhältnis besteht, so ist es nicht zulässig, durch die Herabsetzung nur der teilbaren Leistung des Benachteiligten den Vertrag zu korrigieren. Es findet **keine geltungserhaltende Reduktion** statt (s. oben § 33 Rn. 16f.).

4. Der Maßstab des hypothetischen Parteiwillens

21 Bei Teilnichtigkeit eines einheitlichen Geschäfts geht § 139, auch wenn das Geschäft an sich teilbar ist (oben Rn. 12ff.), dennoch davon aus, daß die Vertragsparteien bzw. bei einseitigen Rechtsgeschäften der Erklärende im Zweifel die Nichtigkeit des ganzen Geschäfts wollen. Nach der gesetzlichen Regelung wird die **Gesamtnichtigkeit vermutet,** denn das Rechtsgeschäft soll nur gültig bleiben, „wenn anzunehmen ist, daß es auch ohne den nichtigen Teil vorgenommen sein würde".

a) Vorrang ausdrücklicher Vereinbarungen

22 Damit wird auf den hypothetischen Willen des oder der Erklärenden bezüglich der Aufrechterhaltung des Restgeschäfts abgestellt. Auf diesen hypothetischen Willen kommt es nur an, wenn kein eindeutig erkennbarer Wille festzustellen ist. Mitunter

---

[11] *RGZ* 82, 124, 125; 114, 35 (39). Zur quantitativen Teilbarkeit *v. Esch* aaO, S. 56ff.

[12] *BGH* NJW 1972, 1459; vgl. ferner *BGH* LM § 139 BGB Nr. 24.

[13] Vgl. dazu *BGHZ* 28, 78, 83f.

[14] So auch *Flume,* AT II, § 32, 2d; Palandt/*Heinrichs,* § 139 Rn. 10; *Medicus,* AT, Rn. 505; *Köhler,* AT, § 13 Rn. 38; einschränkend MünchKomm/*Mayer-Maly/Busche,* § 139 Rn. 16; eingehend Rühle (Lit. zu § 41) S. 60ff. Nach seiner Meinung bietet die Nichtigkeit des gesamten Vertrages dem Bewucherten keinen wirksamen Schutz; die „optimale Sanktion" wäre ein Wahlrecht des Bewucherten zwischen teilweiser und völliger Nichtigkeit (S. 64).

vereinbaren die Parteien, wenn sie Zweifel an der Gültigkeit einer einzelnen Vertragsbestimmung haben, daß im Falle einer Unwirksamkeit der Restvertrag Bestand haben soll. Eine solche ausdrückliche Vereinbarung hat Vorrang und es bedarf nicht der Anwendung des § 139. **§ 139** ist eine **dispositive Norm,** die erst eingreift, wenn die Parteien für den durch sie geregelten Fall nichts bestimmt haben[15].

Beispiel: Die in Verträgen vielfach übliche sog, **salvatorische Klausel,** daß die Unwirksamkeit einzelner Vertragsbedingungen die Gültigkeit des Restvertrags nicht berühre, beseitigt die Vermutung der Gesamtnichtigkeit des § 139 BGB. Aus ihr ergibt sich aber nicht zwingend die Wirksamkeit des Restvertrags. Zum einen können die Parteien nicht auf die unentbehrlichen Vertragsbestandteile (essentialia negotii) verzichten (s. oben Rn. 2). Zum anderen enthält die salvatorische Klausel eine generelle Bestimmung, die die speziellen Vorstellungen und Zwecke der Parteien nicht aufhebt. Die salvatorische Klausel ist deshalb dahin auszulegen, daß sie anders als § 139 eine Vermutung für die Teilnichtigkeit zum Ausdruck bringt. Die Gesamtnichtigkeit kann demgemäß trotz der salvatorischen Klausel immer noch angenommen werden, wenn nachgewiesen wird, daß das Rechtsgeschäft ohne den nichtigen Teil vorgenommen worden wäre[16]. Dies ist insbesondere anzunehmen, wenn ein für den Vertragszweck wichtiger und prägender Teil nichtig ist und der Restvertrag den gemeinsam gewollten wirtschaftlichen oder sonstigen Zweck des Vertrags nicht mehr erreichen kann. 23

b) Kriterien für den hypothetischen Parteiwillen

Haben die Parteien dagegen keinen erkennbar eindeutigen Willen geäußert, so ist nach ihrem **hypothetischen Willen** zu fragen, was sie vereinbart hätten, wenn sie schon **bei Abschluß des Geschäfts** vor die Frage gestellt worden wären, ob sie dieses auch ohne den nichtigen Teil gelten lassen wollten[17]. Der hypothetische Parteiwille kann dabei nur insoweit relevant werden, als der wirksame Rest des Rechtsgeschäfts überhaupt für sich allein existenzfähig ist (s. Rn. 13ff.). Nur wenn dies zutrifft, besteht der für die Parteidisposition notwendige Freiraum über Fortgeltung oder Nichtigkeitserstreckung auf den restlichen Teil des Rechtsgeschäfts zu entscheiden. Ist anzunehmen, daß bei einem Vertrag auch nur eine Partei die Geltung verneint hätte, so verbleibt es bei der Nichtigkeit des ganzen Geschäfts. Kann man dagegen annehmen, **beide Parteien** hätten die **Geltung bejaht,** dann ist das restliche Geschäft, ohne den nichtigen Teil, gültig. Man wird dies dann annehmen müssen, wenn jede Partei durch das restliche Geschäft ihr Interesse noch in einem solchen Maße gewahrt sehen kann, daß demgegenüber ihr Interesse gerade an dem nichtigen Teil nicht entscheidend ins Gewicht fällt. 24

Beispiel: Ergeben die Vorverhandlungen bei einem Pachtvertrags mit Vorkaufsrecht (s. oben Rn. 14), daß der Pächter des landwirtschaftlichen Anwesens, um das Vorkaufsrecht zu erhalten, dem Verpächter in anderer Hinsicht wesentliche Zugeständnisse gemacht hat, dann kann nicht angenommen werden, daß er den Vertrag mit seinem sonstigen Inhalt ohne das Vorkaufsrecht hätte gelten lassen wollen. Ergibt sich dagegen, daß er das Vorkaufsrecht zwar erstrebt, daß er aber in den Verhandlungen keinen entscheidenden Wert darauf gelegt hat und daß ihm vor allem darum zu tun war, gerade dieses Anwesen zu pachten, dann kann man annehmen, daß er, ebenso wie der Verpächter, den Pachtvertrag mit dem im übrigen gleichen Inhalt auch ohne die Einräumung des Vorkaufsrechts hätte gelten lassen wollen. In diesem Fall ist der Pachtvertrag trotz der Nichtigkeit des vereinbarten Vorkaufsrechts im übrigen gültig. 25

---

15 Vgl. *Mayer-Maly,* FS Flume 1978, S. 623; *Medicus,* AT, Rn. 507; Erman/*Palm,* § 139 Rn. 29; *Flume,* AT II, § 32, 5.

16 S. *BGH* NJW 1996, 773; *BGH* NJW 1999, 1404; *BGH* NJW 2003, 347, dazu *Hennrichs,* LMK 2003, 19; MünchKomm/*Mayer-Maly/Busche,* § 139 Rn. 5.

17 *BGH* WM 1974, 1180, 1181; *BGH* DNotZ 1975, 152, 153; *RGZ* 118, 218, 222; MünchKomm/*Mayer-Maly/Busche,* § 139 Rn. 30ff.; vgl. auch *Medicus,* AT, Rn. 508.

26 Es handelt sich bei der Ermittlung des hypothetischen Parteiwillens nicht um die Feststellung einer psychischen Tatsache, sondern um die Ermittlung und abwägende Bewertung der maßgebenden Interessen der Parteien[18], die der ergänzenden Auslegung vergleichbar, wenn auch nicht mit ihr identisch ist (oben § 28 Rn. 108ff.; § 33 Rn. 9ff.). Die **Bewertungsmaßstäbe der Parteien** haben dabei **Vorrang.** Es ist also zu fragen, ob eine Partei bei den Verhandlungen gerade auf diesen Punkt besonderen Wert gelegt hat, ob sie den Vertragsschluß von ihm hat abhängig machen wollen. **Objektive, verkehrstypische Maßstäbe** darf der Richter **nur subsidiär** heranziehen, wenn Wertungen oder Präferenzen der Parteien nicht erkennbar sind. Dagegen erlaubt § 139 dem Richter **keine richterliche Vertragskorrektur.** Er hat nur darüber zu entscheiden, ob das restliche Geschäft ohne den nichtigen Teil gültig oder ungültig ist. Er kann aber nicht den restlichen Teil an die Interessen der Parteien anpassen. Diese Grundsätze gelten für alle Rechtsgeschäfte, auch für einseitige Rechtsgeschäfte.

27 **Beispiele:** Der Richter darf etwa nicht den Pachtvertrag unter Herabsetzung des Pachtzinses ohne das Vorkaufsrecht aufrechterhalten, weil der Pächter ohne die Einräumung des Vorkaufsrechts vermutlich nur zur Zahlung eines niedrigeren Pachtzinses bereit gewesen wäre, sondern er muß in einem solchen Falle feststellen, daß der Vertrag nichtig ist. Dagegen ist eine Vertragskorrektur möglich, wenn der Vertrag dadurch aufrechterhalten wird, daß an Stelle der nichtigen Teilabrede die gesetzliche Regelung tritt (s. § 306 Abs. 2, dazu sogleich Rn. 29ff.) Eine wegen Verstoßes gegen das RBeratG nichtige Vollmacht (s. oben § 40 Rn. 18) kann in Bezug auf den Darlehensvertrag, dessen Abschluß nicht gegen das RBeratG verstößt, als wirksam aufrechterhalten werden, wenn der Vertreter das Geschäft abschließen will und dazu die Finanzierung durch das Darlehen benötigt[19]. Maßgeblich ist der hypothetische Wille bei Vollmachterteilung.

III. Teilnichtigkeit ohne Gesamtnichtigkeit

1. Die Verdrängung von § 139 durch spezielle Normen

28 Während es in § 139 bei der Teilnichtigkeit nur dann verbleibt, wenn sie nach dem hypothetischen rechtsgeschäftlichen Willen der Parteien als gewollt anzunehmen ist, ist in anderen Fällen einer Teilnichtigkeit § 139 nicht anwendbar, weil eine andere gesetzliche Regelung die Restwirksamkeit ausdrücklich vorsieht oder weil der Zweck der Verbotsnorm der Gesamtnichtigkeit entgegensteht.

a) Restwirksamkeit kraft ausdrücklicher gesetzlicher Vorschrift

29 Die Teilnichtigkeit unter Aufrechterhaltung des gültigen restlichen Rechtsgeschäfts ist in einzelnen gesetzlichen Vorschriften wie in § 306 ausdrücklich vorgeschrieben. § 306 Abs. 1 sieht bei Unwirksamkeit einzelner Vertragsklauseln **zwingend** die **Gültigkeit des übrigen Rechtsgeschäfts** vor. Der nichtige Teil wird durch die gesetzlichen Vorschriften ersetzt (§ 306 Abs. 2) einschließlich der Grundsätze über die ergänzende Vertragsauslegung. Dadurch kann eine Verschiebung der vertraglichen Risiken und Lasten eintreten, die der Verwender der AGB aber als Konsequenz seiner unangemessenen Vertragsgestaltung hinnehmen muß. Lediglich unter den Voraussetzungen einer unzumutbaren Härte gemäß § 306 Abs. 3 tritt die Gesamtnichtigkeit ein. Da § 306 gemäß § 310 Abs. 3 Nr. 2 nunmehr auch für nicht ausgehandelte Individualvereinbarungen in Verbraucherverträgen gilt und damit § 139 verdrängt, ist dessen Anwendungsbereich erheblich eingeschränkt.

---

[18] Zutreffend *Flume,* AT II, § 32, 5; *Medicus,* AT, Rn. 508.
[19] Im Ergebnis deshalb wohl richtig *BGH* v. 22. 10. 2003 IV ZR 33/00.

b) Restwirksamkeit nach dem Gesetzeszweck

Außer aufgrund einer ausdrücklichen Vorschrift kann sich die Teilnichtigkeit unter Aufrechterhaltung des übrigen Rechtsgeschäfts auch aus dem **Zweck des gesetzlichen Unwirksamkeitsgrundes** ergeben, wodurch wiederum § 139 verdrängt wird. Bezweckt eine Verbotsnorm oder eine zwingende Vorschrift, gegen die Vereinbarung verstößt, gerade den Schutz des einen Vertragsteils vor Ausbeutung, Übervorteilung oder Unsicherheit, so würde die Nichtigkeit des ganzen Vertrages gerade diesem Schutzzweck zuwiderlaufen, da der Vertragsteil, der geschützt werden soll, dann auch aller Vorteile aus dem Vertrage verlustig ginge. Die Rechtsprechung hat daher in solchen Fällen mit Recht den Vertrag ohne die nichtige Klausel für gültig gehalten[20]. Es handelt sich hier, methodologisch gesehen, um eine teleologische Reduktion des § 139. 30

Beispiele: In Betracht kommt etwa §§ 276 Abs. 3, der gerade die Aufrechterhaltung der vertraglichen Haftung bezweckt. Zu nennen sind insbesondere auch die halbzwingenden Normen etwa zum Schutz des Wohnungsmieters (s. oben § 2 Rn. 56; § 3 Rn. 117 ff.) oder zum Zwecke des Verbraucherschutzes (§§ 312f., 506 Abs. 1), da der Schutz des Wohnungsmieters oder des Verbrauchers die Aufrechterhaltung des Vertrags verlangt und schon die einseitige Unwirksamkeit zugunsten des Geschützten nach dem Wortlaut der jeweiligen Bestimmungen die Gültigkeit des Vertrags zu Lasten des anderen Teils nahelegt. Auf ähnlichen Schutzüberlegungen beruhen §§ 74a, 90a HGB oder wegen Sittenwidrigkeit als unzulässig angesehene Wettbewerbsverbote sowie Kündigungsvereinbarungen, die zwingenden gesetzlichen Vorschriften wie § 89 HGB zuwiderlaufen; ferner Abreden, durch die die Schutzvorschriften der §§ 617, 618 BGB oder des § 62 HGB aufgehoben oder beschränkt werden. Bei Verstößen gegen Preisvorschriften wird der überhöhte Preis vom *BGH* auf den noch zulässigen Preis reduziert[21], worin eine geltungserhaltende Reduktion liegt. In anderen gesetzlichen Vorschriften ist vorgesehen, daß sich ein Vertragspartner nicht auf die vom Schutzgesetz abweichende Vereinbarung berufen kann, wohl aber der andere, was den Rechtlichen Bestand der Vereinbarung voraussetzt (s. etwa §§ 444, 536d, 639). In allen diesen Fällen kommt es, da der Vertrag mit einem verkürzten Restinhalt und ohne Rücksicht auch auf einen hypothetischen Parteiwillen aufrechterhalten wird, zu einer Vertragskorrektur. 31

c) Vermutung für die Restwirksamkeit

Während § 139 im Zweifel die Gesamtnichtigkeit vorsieht, enthalten andere Normen eine Vermutung für die Restwirksamkeit. Zu nennen sind hier vor allem die erbrechtlichen Vorschriften der §§ 2085, 2195, 2279 Abs. 1. Diese Vorschriften stellen zwar auf den hypothetischen Willen des Erblassers ab, enthalten aber gegenüber § 139 eine Verschiebung der Beweislast in der Weise, daß die Gesamtnichtigkeit nicht im Zweifel, sondern nur eintritt, wenn ein entsprechender Gesamtnichtigkeitswille nachgewiesen wird. 32

2. Einschränkung des § 139 mit Rücksicht auf Treu und Glauben

In einer Reihe von Fällen hat die Rechtsprechung die Anwendung des § 139 mit Rücksicht auf das Prinzip von Treu und Glauben (§ 242) eingeschränkt. In Betracht kommen hier drei Fallgruppen. 33

a) Nichtigkeit eines unbedeutenden Teils

Die Berufung auf § 139 ist rechtsmißbräuchlich und deshalb nach § 242 unzulässig, wenn nach Durchführung des Vertrags dessen Gesamtnichtigkeit aus einer **Teilver-** 34

---

[20] *RGZ* 146, 116, 119; *BGHZ* 18, 340, 349; 40, 235, 239.
[21] *BGHZ* 89, 316, 321 ff.; dazu *Hager,* JuS 1985, 264.

einbarung hergeleitet wird, die **für die Vertragsdurchführung bedeutungslos geblieben** ist[22].

35 **Beispiel:** Ist in einem Pachtvertrag ein Vorkaufsrecht am Pachtgrundstück für die Dauer der Pachtzeit ohne Beachtung der Form des § 311 b Abs. 1 eingeräumt, hat der Pächter das Vorkaufsrecht aber gar nicht ausüben wollen, so kann er sich nach Ablauf der Pachtvertrags nicht nachträglich auf dessen Gesamtnichtigkeit wegen des Formmangels berufen, um einem mit dem Verpächter vereinbarten Wettbewerbsverbot zu entgehen. Die Berufung auf Gesamtnichtigkeit gemäß § 139 ist hier unzulässig, weil das Ergebnis bei einer derartigen Fallgestaltung dem Grundsatz von Treu und Glauben offenkundig widersprechen würde. Entscheidend ist, daß der Vertrag im wesentlichen von beiden Teilen voll erfüllt war und daß dem Pächter aus der Nichtigkeit der Bestellung des Vorkaufsrechts, da der Vorkaufsfall nicht eingetreten war, ein Nachteil überhaupt nicht entstanden war[23]. Die das Vorkaufsrecht betreffende Vertragsbestimmung hatte sich dadurch gleichsam erledigt. Dem Pächter, der seinerseits die Vorteile des Pachtvertrages genossen hatte, nunmehr zu gestatten, seine das Pachtende überdauernde Verpflichtung nicht zu erfüllen, wäre in hohem Maße unbillig[24].

b) Unzulässige Berufung durch die nicht geschützte Person

36 Begünstigt der unwirksame Teil nur einen Beteiligten und will dieser trotz des unwirksamen Teils gleichwohl am übrigen Vertrag festhalten, so handelt der andere Teil mißbräuchlich und treuwidrig, wenn er sich auf die Unwirksamkeit einer gar nicht seinen Interessen dienenden Vereinbarung beruft und er **durch die Teilunwirksamkeit in keiner Weise benachteiligt** ist[25].

37 **Beispiel:** Der Darlehensgläubiger G hat sich weitgehende Kontrollrechte ausbedungen mit dem Recht, die Geschäftsräume des Darlehensnehmers S jederzeit zu betreten. Diese Kontrollvereinbarung ist wegen sittenwidriger Knebelung nichtig (s. oben § 41 Rn. 33). Beruft sich der geschützte S nicht auf die Nichtigkeit, sondern will er den Vertrag durchführen und das Darlehen weiter in Anspruch nehmen, so kann der durch das Knebelungsverbot gar nicht geschützte G nicht unter Berufung auf die sittenwidrige Klausel die Nichtigkeit des gesamten Vertrags geltend machen[26].

c) Unzulässiger Vorteil aus selbst verursachter Teilnichtigkeit

38 Der Vertragsteil, der die Nichtigkeit zu vertreten hat, darf die **Teilnichtigkeit nicht zu seinem Vorteil geltend machen.** Verlangt es das Interesse der geschützten Partei, so wird der Vertrag aufrechterhalten, wenn das zur Ausfüllung der Vertragslücke vorgesehene dispositive Gesetzesrecht die zu schützende Partei stärker benachteiligen würde als die nichtige Vertragsregelung.

39 **Beispiel:** Ein Anwalt hatte sich für seine Bemühungen ein auf einen festen Betrag begrenztes Erfolgshonorar versprechen lassen. Die Vereinbarung eines Erfolgshonorars ist nach § 49 b Abs. 2 BRAO mit § 134 grundsätzlich nichtig. Im Interesse des Mandanten sah der *BGH* nicht den ganzen Vertrag nach § 139 als nichtig an, sondern nur die unzulässige Honorarabrede[27].

---

[22] *BGH* NJW 1991, 105, 107; *RGZ* 153, 59; zustimmend Soergel/*Hefermehl,* § 139 Rn. 45; Erman/*Palm,* § 139 Rn. 35; Palandt/*Heinrichs,* § 139 Rn. 16.

[23] Den Umstand, daß der nichtige Teil des Vertrages „nicht relevant" wurde, sieht *Flume,* AT II, § 32, 7 hier als entscheidend an. Vgl. auch *Steindorff,* FS Hefermehl, 1971, S. 177, 184.

[24] *RGZ* 153, 59, 61; s. auch *BGHZ* 112, 288, 296.

[25] *BGH* WM 1959, 566; *RGZ* 86, 323, 326; 121, 80, 84; zustimmend Soergel/*Hefermehl,* § 139 Rn. 46; Erman/*Palm,* § 139 Rn. 35.

[26] *BGH* NJW 1993, 1587, 1589; s. auch *BGH* NJW 1967, 245; *RG* JW 1916, 390; *RGZ* 121, 80, 84; *Flume,* AT II, § 32, 8.

[27] *BGHZ* 18, 340, 349; vgl. auch den vom *RG* entschiedenen ähnlichen Fall in SeuffA 77, 181.

Der Anwalt hätte demnach gemäß § 612 Abs. 2 für seine dem Mandanten geleisteten Dienste, unabhängig von ihrem Erfolg, die „übliche Vergütung" beanspruchen können. Diese war aber bedeutend höher als das vereinbarte Erfolgshonorar, so daß der Mandant, dessen Schutz durch die Nichtigkeit der Vereinbarung eines Erfolgshonorars ebenfalls bezweckt wird, in diesem Fall schlechter gestellt würde, als wenn die Vereinbarung gültig wäre. Der *BGH* begrenzt daher die von dem Mandanten zu zahlende „übliche Vergütung" der Höhe nach auf den vereinbarten Betrag und meinte überdies, daß sie nur im Falle des Erfolgseintritts zu zahlen sei. Die Eigentümlichkeit dieses Falles liegt darin, daß hier nicht nur der Vertrag ohne die nichtige Teilvereinbarung aufrechterhalten wird, sondern daß auch die nichtige Teilvereinbarung zugunsten der geschützten Partei Gültigkeit behalten soll. Wäre im konkreten Fall die übliche Vergütung geringer gewesen als das vereinbarte Erfolgshonorar, so hätte nach der Auffassung des *BGH* der Anwalt auch bei Eintritt des Erfolgs nicht mehr als die übliche Vergütung verlangen können. Die Entscheidung steht mit dem Grundgedanken des § 139 insofern im Einklang, als sie vermeidet, daß dem geschützten Mandanten über die Teilnichtigkeit und die Ausfüllung der Vertragslücke durch dispositives Recht eine Regelung aufgedrängt wird, auf die er sich beim Vertragsabschluß nicht eingelassen hätte.

4. Abschnitt
Rechtsgeschäftliches Handeln in Vertretung eines anderen

§ 46. Voraussetzungen und Rechtsfolgen der Stellvertretung

Inhaltsübersicht

Literatur: *Ballerstedt,* Zur Haftung für culpa in contrahendo bei Geschäftsabschluß durch Stellvertreter, AcP 151, 501; *Baum,* Die Wissenszurechnung, 1999; *Bettermann,* Vom stellvertretenden Handeln, 1937 (Neudruck 1964); *Beuthien,* Die Theorie der Stellvertretung im Bürgerlichen Recht, FS Medicus, 1999, S. 1; *Wolfgang Blomeyer,* Die teleologische Korrektur des § 181 BGB, AcP 172, 1; *Buchka,* Stellvertretung, 1852; *Ernst Cohn,* Der Empfangsbote, 1927; *ders.,* Das rechtsgeschäftliche Handeln für denjenigen, den es angeht, 1931; *Dölle,* Neutrales Handeln im Privatrecht, FS Schultz, 1952, Bd. 2, S. 268; *R. Fischer,* Zur Anwendung von § 181 BGB im Bereich des Gesellschaftsrechts, FS Hauß, 1978, S. 61; *Feller,* Teleologische Reduktion des § 181 letzter Halbsatz BGB bei nicht lediglich rechtlich vorteilhaften Erfüllungsgeschäften, DNotZ 89, 66; *Frotz,* Verkehrsschutz im Vertretungsrecht, 1972; *Giesen,* Die Stellvertretung, Jura 1991, 357; *Hager,* Die Prinzipien der mittelbaren Stellvertretung, AcP 180 (1980), 239; *Ulrich Hübner,* Interessenkonflikt und Vertretungsmacht, Zur funktionalen Präzisierung des § 181 BGB, 1977; *Götz Hueck,* Bote – Stellvertreter im Willen – Stellvertreter in der Erklärung, AcP 152, 432; *Kern,* Wesen und Anwendungsbereich des § 181, JA 1990, 281; *Koller,* Wissenszurechnung, Kosten und Risiken, SZ 1998, 75; *Larenz,* Verpflichtungsgeschäfte „unter" fremden Namen, FS H. Lehmann, 1956, S. 234; *Lenel,* Stellvertretung und Vollmacht, JherJb. 36, 1; *Letzgus,* Zum Handeln unter fremdem Namen, AcP 137, 327; *Lieb,* Zum Handeln unter fremdem Namen, JuS 1967, 106; *L. Mitteis,* Lehre von der Stellvertretung, 1885 (Neudruck 1962); *Müller-Erzbach,* Die Grundsätze der mittelbaren Stellvertretung aus der Interessenlage entwikkelt, 1905; *Müller-Freienfels,* Die Vertretung beim Rechtsgeschäft, 1955; *Pawlowski,* Die gewillkürte Stellvertretung, JZ 1996, 125; *Riezler,* Konkurrierendes und kollidierendes Handeln des Vertreters und des Vertretenen, AcP 98, 372; *Rosenberg,* Stellvertretung im Prozeß auf Grund der Stellvertretungslehre des bürgerlichen Rechts, 1908; *Max Rümelin,* Das Handeln in fremdem Namen im BGB, AcP 93, 131; *Scheuch,* Die Zurechnung des Wissens ausgeschiedener Gesellschafter von Personen-Handelsgesellschaften, FS Brandner, 1996, S. 121; *E. Schilken,* Wissenszurechnung im Zivilrecht, 1983; *Schlossmann,* Die Lehre von der Stellvertretung, 2. Bde. 1900/02; *K. Schmidt,* Offene Stellvertretung – Der Offenkundigkeitsgrundsatz als Teil der allgemeinen Rechtsgeschäftslehre, JuS 1987, 425; *Schwark,* Rechtsprobleme der mittelbaren Stellvertretung, JuS 1980, 777; *Waltermann,* Zur Wissenszurechnung am Beispiel der juristischen Personen des privaten und des öffentlichen Rechts, AcP 192 (1992), 181; *H.J. Wolff,* Organschaft und Juristische Person, Bd. 2, Theorie der Vertretung, 1934.

I. Funktionen der Stellvertretung

1. Vornahme rechtsgeschäftlicher Erklärungen für andere

Rechtsgeschäftliches Handeln ist in der Regel ein Handeln für sich selbst. Wer 1
ein Rechtsgeschäft vornimmt, geht damit entweder selbst eine Verpflichtung ein. Verfügt über ein eigenes Recht kraft ihm zustehender Verfügungsmacht oder erwirbt ein Recht für sich selbst. Indessen ergibt sich in einer ausgebildeten Verkehrswirtschaft das unabweisbare Bedürfnis, einen anderen für sich handeln zu lassen, so daß der andere als Vertreter für den Vertretenen in der gleichen Weise rechtsgeschäftliche Erklärungen abgeben kann, wie der Vertretene durch sein eigenes Handeln. Weil der Wille des Vertreters als der Wille des Vertretenen selbst behandelt wird, repräsentiert der Vertreter den Vertretenen **(Repräsentationsprinzip).** Der Vertreter schließt zwar das Geschäft ab, aber nicht als sein eigenes, sondern als das des Vertretenen. Der

Vertretene, nicht der Vertreter, wird Geschäftspartei; ihn treffen alle Rechtsfolgen aus diesem Geschäft. Demgemäß sieht § 164 Abs. 1 vor, daß die vom Vertreter abgegebene Willenserklärung **unmittelbar für und gegen den Vertretenen wirkt.** § 164 Abs. 1 ist deshalb eine Zurechnungsnorm für die Rechtsfolgen von Willenserklärungen[1].

2. Erweiterung des rechtsgeschäftlichen Wirkungskreises

2 Die Stellvertretung beseitigt nicht die Fähigkeit des Vertretenen zum eigenen rechtsgeschäftlichen Handeln (s. unten § 47 Rn. 13). Sie ermöglicht dadurch eine **Vervielfältigung der rechtsgeschäftlichen Handlungsmöglichkeiten,** durch den Vertretenen selbst und durch den für ihn handelnden Vertreter. Eine Ausnahme besteht, wenn der Vertretene, z.B. als Minderjähriger, nicht voll geschäftsfähig ist, und deshalb allein ein Stellvertreter wie etwa die Eltern für ihn handeln kann.

3. Interessenwahrnehmung für andere

3 Der Vertreter, der die Befugnis hat, an Stelle des Vertretenen für diesen zu handeln, hat grundsätzlich auch die Pflicht, die Interessen des Vertretenen wahrzunehmen. Doch ist die Interessenwahrnehmung kein Begriffsmerkmal der Stellvertretung. Der durch Rechtsgeschäft bestellte Vertreter kann vom Vertretenen auch dazu ermächtigt sein, ein eigenes Interesse oder das Interesse eines Dritten wahrzunehmen[2].

4 **Beispiel:** Ein Grundstückseigentümer kann etwa den Käufer seines Grundstücks dazu bevollmächtigen, das Grundstück mit einer Hypothek zu belasten, die als Sicherheit für ein dem Käufer von einem Dritten (Bank) zu gewährendes Darlehen dienen soll. Die Begriffe Stellvertreter und Interessenvertreter sind also auseinanderzuhalten[3]. Das ist vor allem wichtig für die Einordnung der Vertreter kraft Amtes, die vielfach andere Interessen wahrnehmen als nur die des durch die Vertretenen (s. unten Rn. 60f.).

II. Die Voraussetzungen wirksamer Stellvertretung

5 Voraussetzung für die Stellvertretung ist, daß die Rechtsordnung grundsätzlich die Möglichkeit des Handelns in Vertretung eines anderen mit Wirkung für diesen anerkennt[4], und sodann, daß die vom Gesetz hierfür aufgestellten Erfordernisse im Einzelfall erfüllt sind. Sowohl die grundsätzliche Zulässigkeit wie die gesetzlichen Erfordernisse wirksamer Stellvertretung ergeben sich aus § 164 Abs. 1. Die vom Gesetz genannten Voraussetzungen sind: (1) Abgabe (§ 164 Abs. 1) oder Empfangnahme (§ 164 Abs. 3) einer Willenserklärung (2) im Namen des Vertretenen (3) innerhalb der dem Vertreter zustehenden Vertretungsmacht. (4) Außerdem darf es sich nicht um höchstpersönliche Rechtsgeschäfte handeln, bei denen eine Stellvertretung ausgeschlossen ist.

---

[1] So zu Recht *Medicus,* AT, Rn. 882.

[2] Vgl. hierzu *RGZ* 71, 219, 221.

[3] So zutreffend *Bettermann,* aaO, S. 49.

[4] Das ist nicht selbstverständlich. Noch im 19. Jahrhundert wurde die direkte Stellvertretung von einigen für „unmöglich" gehalten. Vgl. hierzu und zur Möglichkeit der Stellvertretung überhaupt *H.J. Wolff,* aaO, S. 129ff.; zur Geschichte der Stellvertretung auch *Flume,* AT II, § 43, 2.

1. Rechtsgeschäftliche Erklärungen

§ 164 regelt nur die bei Abgabe und Empfangnahme von **Willenserklärungen** auftretenden Interessenkonflikte und setzt demgemäß eine Willenserklärung voraus. Gleichgültig ist, ob die Willenserklärung als einseitiges Rechtsgeschäft (s. oben § 23 Rn. 2ff.) oder als Bestandteil eines Vertrags in Form eines Antrags oder einer Annahmeerklärung abgegeben wird. Auch bei Willenserklärungen im Rahmen der Stimmabgabe von Beschlüssen ist Stellvertretung möglich. Stellvertretung ist grundsätzlich sowohl auf der Seite des Erklärenden wie des Erklärungsempfängers möglich. Auf geschäftsähnliche Handlungen sind die §§ 164ff. entsprechend anwendbar (s. oben § 22 Rn. 17f.). Keine Anwendung finden die §§ 164ff. dagegen auf bloße Wissenserklärungen und Werbeaussagen. Deshalb spricht § 434 Abs. 1 Satz 3 von Äußerungen des Gehilfen und nicht des Stellvertreters. 6

Einzelne Vorschriften sehen einen **Ausschluß der Stellvertretung bei höchstpersönlichen Erklärungen** vor, weil nach der Art der Erklärung die persönliche eigene Entscheidung des Erklärenden geboten ist. Dies gilt etwa für die Eheschließung (§ 1311 Satz 1) und für andere den Personenstand berührende Entscheidungen (s. etwa § 1596 Abs. 1 Satz 1, § 1600a Abs. 1, § 1750 Abs. 3, § 1767 Abs. 2) sowie für die Errichtung eines Testaments (§ 2064 oder eines Erbvertrags (§ 2274). Kein Ausschluß der Stellvertretung ist dagegen aus solchen Vorschriften abzuleiten, die lediglich die gleichzeitige Anwesenheit beider Teile vorsehen (s. etwa §§ 925, 1410). Hier genügt auch die gleichzeitige Anwesenheit von Stellvertretern. 7

2. Die Vertretungsmacht

Vertretungsmacht ist die rechtliche Befugnis des Vertreters, für den Vertretenen Rechtsgeschäfte vornehmen zu können, deren Wirkungen nicht beim Vertreter, sondern beim Vertretenen eintreten. Es gibt keine wirksame Stellvertretung ohne eine Vertretungsmacht des aktiven oder passiven Stellvertreters[5]. Durch das Erfordernis der Vertretungsmacht soll der Vertretene in seinem Interesse geschützt werden, daß andere nicht beliebig gegen seinen Willen in seinen Rechtskreis eingreifen und dort tätig sein können. 8

a) Entstehung der Vertretungsmacht

Die Vertretungsmacht entsteht, wenn entweder der Vertretene **durch rechtsgeschäftliche Erklärung** gemäß § 167 dem Vertreter Vertretungsmacht einräumt, die das Gesetz in § 166 Abs. 2 Vollmacht nennt (dazu unten § 47), oder wenn dem Vertreter **durch das Gesetz** eine solche Handlungsbefugnis als **gesetzliche Vertretungsmacht** verliehen ist. Bei der gesetzlichen Vertretungsmacht ist jedoch zu unterscheiden, ob ihre Entstehung auf Gesetz beruht wie bei den Eltern oder ob ihr Entstehungsgrund auf einer hoheitlichen Anordnung oder einem körperschaftlichen oder gesellschaftsrechtlichen Akt beruht und der Vertreter nur die Stellung eines gesetzlichen Vertreters mit umfassender gesetzlich festgelegter Vertretungsmacht hat. 9

---

[5] *Flume*, AT II, § 44, I bezeichnet es als „ein apriorisches Erfordernis der Wirksamkeit der Vertretung, daß der Vertreter Vertretungsmacht hat".

10 **Beispiele:** Gesetzliche Vertreter im eigentlichen Sinn mit einer durch das Gesetz selbst verliehenen Vertretungsmacht für ihre nicht geschäftsfähigen Kinder sind die **Eltern** (§§ 1626, 1629). Ihre Vertretungsmacht wird zugleich nach Inhalt und Umfang durch das Gesetz als gesetzliche Vertretungsmacht festgelegt. Der **Vormund** hat eine in Inhalt und Umfang den Eltern vergleichbare Vertretungsmacht (§ 1793). Ihr Entstehungsgrund beruht aber auf der Bestellung durch das Vormundschaftsgericht (§ 1789). Die Vertretungsmacht eines **Betreuers** (§ 1902) oder **Pflegers** (§ 1915 mit § 1793) für die im Rechtsverkehr nicht oder nur in beschränkten Umfang geschäfts- und handlungsfähigen Personen entsteht ebenfalls durch einen Bestellungsakt des Vormundschaftsgerichts (§ 1896, § 1915). Der Umfang ihrer Vertretungsmacht ist aber nicht umfassend, sondern durch den ihnen übertragenen Aufgabenkreis beschränkt. Dem gesetzlichen Vertreter gleichgestellt ist der **Vorstand des Vereins** (§ 26 Abs. 2). Die Entstehung seiner Vertretungsmacht beruht aber auf einem vereinsrechtlichen Bestellungsakt, wie etwa einer Wahl. Mit der Bestellung zum **Vorstand einer AG** oder zum **Geschäftsführer einer GmbH** bekommen auch diese Personen vom Gesetz die Stellung als Vertreter mit Vertretungsmacht für die AG oder die GmbH zugewiesen. Zur Entstehung ihrer Vertretungsmacht ist aber ein gesellschaftsrechtlicher Bestellungsakt erforderlich (§ 84 AktG, § 46 Nr. 5 GmbHG). Deren Vertretungsmacht kann zudem in einzelnen Beziehungen durch die Satzung bzw. den Gesellschaftsvertrag modifiziert werden (§ 78 AktG, §§ 35, 37 GmbHG). Gleiches gilt für die persönlich haftenden Gesellschafter einer OHG oder KG (§ 125 Abs. 2 und 3, § 126 Abs. 2 und 3 HGB jeweils mit § 161 Abs. 2 HGB). Dabei kann insbesondere bestimmt werden, ob diese Vertreter allein oder nur gemeinsam als Gesamtvertreter handeln können (s. unten Rn. 31 ff.).

b) Rechtsnatur der Vertretungsmacht

11 Die durch Gesetz oder Rechtsgeschäft begründete Vertretungsmacht ist ein eigenständiges rechtliches Können und damit eine **eigenständige Rechtsmacht**[6], die weder zu den subjektiven Rechten zu zählen ist, noch zu den persönlichen Fähigkeiten wie der Geschäftsfähigkeit und der Deliktsfähigkeit.

12 Zu den subjektiven Rechten zählt die Vertretungsmacht nicht, weil sie dem Vertreter nicht um seinetwillen, sondern um des Vertretenen willen eingeräumt ist und nur eine Hilfsfunktion hat[7]. Zu den persönlichen Fähigkeiten zählt sie deshalb nicht, weil sie keine Unterart der allgemeinen Fähigkeit ist, in rechtlich relevanter Weise handeln zu können, sondern eine Erweiterung des rechtlichen Könnens mit Bezug auf ein bestimmtes Geschäft oder einen bestimmten Geschäftskreis des Vertretenen. Am ehesten läßt sie sich vergleichen mit der auf einer Ermächtigung gemäß § 185 Abs. 1 beruhenden Verfügungsmacht über ein fremdes Recht (vgl. oben § 23 Rn. 45 f.)[8], der Empfangszuständigkeit des von dem Gläubiger zum Empfang der Leistung ermächtigten Dritten (§ 362 Abs. 2) und der Prozeßführungsbefugnis, d. h. der Zuständigkeit zur Führung eines Prozesses über ein bestimmtes Recht oder Rechtsverhältnis. Die Macht zur passiven Stellvertretung kann als Zuständigkeit zur Empfangnahme von Willenserklärungen charakterisiert werden, die gegenüber einem anderen als dem Vertreter wirksam werden sollen.

13 Die Vollmacht und die gesetzliche Vertretungsmacht stellen **keinen Eingriff in die Privatautonomie** dar. Da die Vollmacht auf dem eigenen Willen und Belieben des Vollmachtgebers beruht, schränkt sie nicht die Privatautonomie des Vertretenen ein[9]. Sie stellt vielmehr eine Erweiterung der in der Privatautonomie gelegenen Möglichkeiten dar, weil die eigene rechtsgeschäftliche Handlungsmöglichkeit des Vertretenen unberührt bleibt (s. oben Rn. 2).

---

6 So auch Palandt/*Heinrichs,* vor § 164 Rn. 5; MünchKomm/*Schramm,* § 164 Rn. 68.

7 Manche rechnen sie zu den Gestaltungsrechten; so *Enneccerus/Nipperdey,* AT, § 184 I. Hiergegen zutreffend *Müller-Freienfels* S. 34 ff. Er selbst bezeichnet die Vertretungsmacht (S. 83 ff.) als eine „sekundäre Zuständigkeit", die aus der primären Zuständigkeit des Vertretenen abgeleitet sei. *Flume,* AT II, § 45 II 1; Staudinger/*Schilken* vor, § 164 Rn. 16 f., bezeichnen sie als „Legitimation".

8 Soergel/*Leptien,* vor § 164 Rn. 15.

9 So aber *Müller-Freienfels,* Die Vertretung beim Rechtsgeschäft, 1955, S. 14, 28, 72, 209 ff.

Die gesetzliche Vertretung des Kindes, eines Mündels oder die Vertretung eines Betreuten stellen keinen Eingriff in die Privatautonomie dar, weil diese Personen ganz oder teilweise nicht in der Lage sind, die ihnen zustehende Privatautonomie auszuüben. Das Kind, das Mündel oder der Betreute entbehren nicht etwa deshalb der Privatautonomie, weil sie einen gesetzlichen Vertreter haben, sondern sie erhalten einen gesetzlichen Vertreter, weil und solange ihnen rechtlich oder tatsächlich die Fähigkeit der Selbstgestaltung fehlt. Die gesetzliche Vertretung ist dazu bestimmt, die Lücke auszufüllen, die dadurch entsteht, daß die betreffenden Personen, obwohl Rechtssubjekte, nicht oder nur beschränkt selbst privatautonom handeln können[10]. Die Rechtsordnung sorgt für einen Ersatz der ihnen fehlenden Handlungsfähigkeit dadurch, daß sie andere als ihre gesetzlichen Vertreter für sie handeln läßt. Auch juristische Personen werden im Rechtsverkehr überhaupt erst dadurch handlungsfähig, daß sie Organe haben, die sie zu vertreten vermögen. 14

c) Umfang der Vertretungsmacht

Der Umfang der Vertretungsmacht ergibt sich in erster Linie aus dem Entstehungsgrund für die Vertretungsmacht. Bei der Vollmacht ist der Umfang aus der **Vollmachtserklärung** zu entnehmen, wobei der Vollmachtgeber den Umfang grundsätzlich beliebig bestimmen kann (s. unten § 47 Rn. 9). Bei der gesetzlichen Vertretungsmacht ergibt sich der Umfang grundsätzlich aus **dem Gesetz,** bei Gesellschaften aus dem **Gesellschaftsvertrag** bzw. der Satzung (s. auch Rn. 10). Die gesetzliche Vertretungsmacht und die Vertretungsmacht für juristische Personen und Gesellschaften muß aber in jedem Fall so umfassend sein, daß ein Vertreter allein oder mehrere gemeinsam alle Angelegenheit erledigen können. 15

Beispiele: Die Eltern oder der Vormund sind berechtigt, das Kind oder das Mündel in allen seinen persönlichen und Vermögensangelegenheiten zu vertreten. Der Umfang der Vertretungsmacht ist gemäß § 1629a jedoch in der Weise begrenzt, daß sie den Minderjährigen nur bis zu dem bei Eintritt in die Volljährigkeit vorhandenen Vermögen haftbar machen dürfen[11]. Auch die Vertretungsmacht des alleinigen Vorstands einer AG, des alleinigen Geschäftsführer einer GmbH und des alleinigen Geschäftsführers einer KG muß ihn zur Vornahme aller Rechtsgeschäfte für die Gesellschaft berechtigen. Dies ist erforderlich damit diese Personen und Gesellschaften in vollem Umfang Rechte und Pflichten erwerben und am Geschäftsverkehr teilnehmen können. Einschränkungen ergeben sich allenfalls im Hinblick auf mögliche Interessenkollisionen, so etwa aus den §§ 1629 Abs. 2, 1795, 1796. Danach können Eltern und Vormünder bei bestimmten Geschäften nicht als gesetzliche Vertreter auftreten. Es muß dann für diese Geschäfte ein anderer Vertreter, z. B. ein Pfleger, bestellt werden, damit wieder die volle Vertretung gewährleistet ist. Für eine Reihe besonders schwerwiegender Geschäfte behalten die Eltern und der Vormund zwar ihre Vertretungsmacht, bedürfen aber der Zustimmung des Familiengerichts (§ 1643) oder des Vormundschaftsgerichts (§§ 1821, 1822). Einen begrenzten Umfang entsprechend dem jeweils begrenzten Aufgabenbereich hat die Vertretungsmacht des Betreuers (§ 1902) und des Pflegers (§§ 1909 ff.). Überschreitet der Vertreter den Rahmen seiner jeweiligen Vertretungsmacht, so handelt er ohne Vertretungsmacht. Die Folgen richten sich dann nach den §§ 177 ff. (unten § 49 Rn. 1 ff.). 16

d) Maßgeblicher Zeitpunkt für die Vertretungsmacht

Die Vertretungsmacht muß grundsätzlich nicht nur im Zeitpunkt der Abgabe der Willenserklärung, sondern auch **noch im Zeitpunkt des Wirksamwerdens der Erklärung,** also insbesondere bei Zugang der Erklärung bestehen. 17

Beispiel: Wird die Vertretungsmacht durch den gemäß § 168 Satz 2 jederzeit möglichen Widerruf der Vollmacht beendet, bevor die Erklärung des Vertreters dem Erklärungsempfänger zugegangen ist, so ist die Erklärung dem Vertretenen nicht mehr zuzurechnen, sofern nicht die 18

---

[10] Vgl. *Flume,* AT II, § 43, 3.
[11] S. dazu etwa *Behnke,* NJW 1998, 3078.

Voraussetzungen einer Duldungs- oder Anscheinsvollmacht vorliegen (s. unten § 48 Rn. 20ff.). Eine Ausnahme sieht § 130 Abs. 2 beim Tod des Vertreters vor (s. unten Rn. 27). Zur Anfechtung der Vollmacht s. unten § 47 Rn. 33ff.

3. Das Handeln im Namen des Vertretenen

a) Offenkundigkeit gegenüber dem Erklärungsempfänger

19 Als weiteres Erfordernis wirksamer Stellvertretung nennt das BGB in § 164 Abs. 1 neben der Vertretungsmacht das Handeln im Namen des Vertretenen. Durch dieses Handeln im Namen des Vertretenen muß der Vertreter das **Vertretungsverhältnis offenlegen** (sog. Offenkundigkeitsprinzip). Die Offenlegung des Vertretungsverhältnisses dient den Interessen des Erklärungsempfängers, damit dieser erkennen kann, daß die Rechtsfolgen der Erklärung nicht dem Vertreter, sondern dem Vertretenen zuzurechnen sind, und deshalb sein Vertragspartner nicht der Vertreter, sondern der Vertretene ist.

20 Die Erklärung braucht nicht ausdrücklich im Namen des Vertretenen abgegeben zu werden. Es genügt, daß die Umstände ergeben, daß sie in dessen Namen erfolgen soll (§ 164 Abs. 1 Satz 2). Da es um den Schutz des Erklärungsempfängers geht, ist unter Berücksichtigung der diesem erkennbaren Umständen nach den Grundsätzen der Auslegung zu ermitteln, ob der Vertreter im eigenen oder im fremden Namen aufgetreten ist[12]. Dies gilt nicht nur für die Frage, ob jemand überhaupt als Vertreter für einen anderen handelt, sondern auch dafür, für welche konkrete Person er handelt[13].

21 Tritt der Wille, in fremdem Namen zu handeln, nicht erkennbar hervor, so sieht § 164 Abs. 2 vor, daß es unbeachtlich ist, wenn der Wille fehlt, im eigenen Namen zu handeln. Es liegt auch ohne den Willen zum Eigengeschäft ein Handeln im eigenen Namen vor. § 164 Abs. 2 enthält danach zunächst eine gesetzliche Auslegungsregel, daß bei Unklarheiten im Auftreten des Vertreters **im Zweifel** seine Erklärung als **im eigenen Namen** abgegeben anzusehen ist. Darüber hinaus schließt die Bestimmung aber auch die Anfechtung wegen Irrtums nach § 119 aus, wenn die Erklärung als Eigengeschäft des Erklärenden zu verstehen ist, der Vertreter aber gar nicht im eigenen Namen handeln wollte. Denn der Mangel seines Willens, für sich selbst zu handeln, ist nach § 164 Abs. 2, sofern er nicht erkennbar war, rechtlich unbeachtlich. Er kommt daher auch nicht als Grundlage einer Irrtumsanfechtung in Betracht. Insofern handelt es sich bei der Bestimmung des § 164 Abs. 2 zugleich um eine Einschränkung des § 119 Abs. 1. Das Gesetz schützt das Vertrauen des Erklärungsempfängers darauf, daß der Erklärende selbst und nicht ein ungenannter Dritter Geschäftspartei wird, durch den Ausschluß der Anfechtungsmöglichkeit in höherem Maße, als es sonst das Vertrauen auf den Inhalt einer Willenserklärung schützt[14]. Zum Handeln unter fremdem Namen s. unten Rn. 54ff.

b) Abgeschwächte Offenkundigkeit

22 Rechtsprechung und Lehre haben den Offenkundigkeitsgrundsatz abgeschwächt. Der Vertretene braucht dem Geschäftsgegner nicht mit seinem Namen als individuelle Person bekannt oder erkennbar zu sein. Es genügt, daß das Vertreterhandeln allgemein

---

[12] Zutreffend *BGHZ* 36, 30, 33; *BGH* NJW 1994, 1649; Soergel/*Leptien,* vor § 164 Rn. 26.
[13] *BGH* NJW 2000, 3344.
[14] *BGH* NJW-RR 1992, 1010, 1011; Erman/*Palm,* § 164 Rn. 22; Staudinger/*Schilken,* § 164 Rn. 17; Palandt/*Heinrichs,* § 164 Rn. 16; Soergel/*Leptien,* § 164 Rn. 34.

im Namen eines anderen zu erkennen ist. Dies gilt insbesondere, wenn sich die Erklärung erkennbar etwa auf den Inhaber eines Unternehmens bezieht. Es kommt dann nicht darauf an, ob der Inhaber des Unternehmens ausdrücklich benannt wird. Entscheidend ist nur, wer objektiv Träger des Unternehmens ist[15]. Der **Vertretene** muß aber im Gegensatz zum Geschäft, wen es angeht (s. unten Rn. 37ff.), derart **bestimmbar** sein, daß mit Sicherheit festgestellt werden kann, wem die vom Vertreter abgegebene Erklärung zuzurechnen ist.

Beispiele: Wer in einem Warenhaus kauft oder Geld bei einer Sparkasse einzahlt, weiß, daß der Verkäufer oder der Kassierer nicht für sich selbst handeln will, sondern für den Inhaber des Kaufhauses oder der Sparkasse, wobei es ihm in der Regel unbekannt und auch gleichgültig ist, wer dieser Inhaber ist[16]. Selbst wenn aber der Käufer den im Laden tätigen Angestellten für den Inhaber des Ladens halten darf, ist das Geschäft nicht mit dem Angestellten persönlich geschlossen, sondern mit dem Ladeninhaber, weil die Umstände erkennen lassen, daß der Ladeninhaber, wer er auch sei, Geschäftspartei sein soll. Auch wenn eine Urkunde als Aussteller den Namen einer Firma angibt und von einem Vertreter ohne einen das Vertretungsverhältnis andeutenden Zusatz unterzeichnet ist, wird in der Regel der Inhaber der Firma und nicht der Vertreter selbst verpflichtet. Für diesen kann sich aber unter besonderen Umständen eine Haftung aus dem von ihm veranlaßten Rechtsschein ergeben[17]. 23

4. Voraussetzungen in der Person des Vertreters

a) Beschränkt Geschäftsfähige als Vertreter

Ein weiteres Erfordernis wirksamer Stellvertretung ist, daß der Vertreter mindestens beschränkt geschäftsfähig ist. Das Gesetz geht davon aus, daß auf das rechtsgeschäftliche Handeln eines Stellvertreters grundsätzlich die allgemeinen Bestimmungen über die Geschäftsfähigkeit anzuwenden sind, bestimmt aber in § 165, daß es unschädlich ist, wenn der Vertreter in der Geschäftsfähigkeit beschränkt ist. 24

Diese Bestimmung **widerspricht nicht dem Schutzzweck der §§ 107ff.** Da die Rechtsgeschäfte, die der Minderjährige als Vertreter im Rahmen seiner Vertretungsmacht vornimmt, nur für den Vertretenen, nicht für ihn selbst wirksam sind, erlangt der Minderjährige aus ihnen weder einen rechtlichen Vorteil, noch bringen sie ihm Nachteile; es handelt sich für ihn um indifferente Geschäfte. Deshalb bedarf er nicht des Schutzes[18]. Auf der anderen Seite bedarf auch der Vertretene eines solchen Schutzes in der Regel nicht. Bevollmächtigt er einen Minderjährigen, so tut er das auf eigenes Risiko. In den Fällen der gesetzlichen Vertretung dagegen wird der § 165 kaum praktisch sein. Zur gesetzlichen Vertretung des Kindes ist ein in der Geschäftsfähigkeit beschränkter Elternteil nicht befugt (vgl. § 1673 Abs. 2 Satz 1 u. Satz 2 HS 2). Zum Vormund kann nicht bestellt werden, wer geschäftsunfähig ist (vgl. § 1780); zum Vormund soll nicht bestellt werden, wer minderjährig oder für den ein Betreuer gemäß §§ 1896ff. bestellt ist (s. § 1781 Nr. 1 und 2). § 165 hat daher im wesentlichen nur für den Bevollmächtigten und den satzungsmäßig berufenen Vertreter einer juristischen Person Bedeutung mit Ausnahme des Vorstands einer AG, der stets voll geschäftsfähig sein muß (§ 76 Abs. 3 AktG). 25

b) Geschäftsunfähige als Vertreter

Die von oder gegenüber einem Geschäftsunfähigen als Vertreter abgegebenen Willenserklärungen sind, wie sich aus den §§ 105, 131 Abs. 1 und aus § 165 ergibt, nich- 26

---

15 *K. Schmidt,* aaO, S. 428; *Medicus,* AT, Rn. 915, 916; *Hübner,* AT, Rn. 630; Soergel/*Leptien,* § 164 Rn. 14.

16 *BGH* NJW 1984, 1347 (Wertpapierkauf in einer Bank).

17 Vgl. *BGHZ* 62, 216, 219ff.; 64, 11, 14f.; *RGZ* 67, 148. Kritisch dazu *Lüderitz,* Prinzipien des Vertretungsrechts, in: Beiträge zum deutschen und internationalen Privatrecht, 1977, S. 59f.; *OLG Düsseldorf* BB 1992, 2102.

18 S. auch Staudinger/*Schilken,* § 165 Rn. 1f.

tig. Das Gesetz sieht den Geschäftsunfähigen **generell** als **unfähig** an, am rechtsgeschäftlichen Verkehr teilzunehmen und Willenserklärungen, sei es für sich selbst, sei es als Vertreter für einen anderen, wirksam abzugeben. Er kann allerdings Bote sein (s. unten Rn. 74).

27 Sofern der Vertreter die Erklärung bereits abgegeben hat, ist es gemäß § 130 Abs. 2 auf die Wirksamkeit der von ihm abgegebenen Erklärung ohne Einfluß, wenn er nach ihrer Abgabe, aber bevor sie dem Empfänger zugegangen ist, stirbt oder geschäftsunfähig wird. Zwar kann der Geschäftsunfähige auch als Vertreter keine wirksamen Willenserklärungen mehr abgeben. Im Fall des § 130 Abs. 2 hat er die Erklärung jedoch schon vor Eintritt seiner Geschäftsunfähigkeit abgegeben.

c) Vertretungswille entbehrlich

28 Nicht erforderlich ist dagegen ein Vertretungswille als innerer Wille in der Person des Vertreters[19]. **Entscheidend** ist allein, wie sein **Auftreten nach außen** für den Erklärungsempfänger zu verstehen ist. Dies ergibt sich sowohl aus den allgemeinen Grundsätzen der Auslegung nach dem Empfängerhorizont (s. oben § 28 Rn. 11, 16ff.) als auch aus dem Grundgedanken des § 164 Abs. 2. Ist also das Auftreten des Vertreters vom Erklärungsempfänger zweifelsfrei als Handeln in fremdem Namen zu verstehen, so ist der innere Wille im eigenen Namen handeln zu wollen, ohne Bedeutung. Auch eine Anfechtung ist in diesem Fall wie bei § 164 Abs. 2 ausgeschlossen[20], weil dadurch auch in die Rechtsstellung des Vertretenen eingegriffen würde, ohne daß dem Vertretenen ein Anspruch auf Ersatz seines Vertrauensschadens nach § 122 zustehen würde.

III. Arten der Stellvertretung

1. Erklärungs- und Empfangsvertreter

29 Stellvertretung ist nicht nur bei der Abgabe, sondern auch beim Empfang einer Willenserklärung möglich (s. § 164 Abs. 3). Während der Erklärungsvertreter gemäß § 164 Abs. 1 Satz 1 eine **selbst gebildete Willenserklärung** für den Vertretenen **abgibt,** besteht die Aufgabe des Empfangsvertreters darin, die **Willenserklärung eines Dritten** mit Wirkung für und gegen den Vertretenen **entgegenzunehmen.** Man spricht bei der Abgabe einer Willenserklärung für einen anderen von aktiver Stellvertretung, bei der Empfangnahme einer Erklärung für einen anderen von einer passiven Stellvertretung. Wenn der Empfangsvertreter die Erklärung vernommen hat oder wenn sie ihm in anderer Weise zugegangen ist, dann hat das, sofern er passive Vertretungsmacht hatte, rechtlich die gleiche Bedeutung, wie wenn die Erklärung vom Vertretenen vernommen oder diesem zugegangen wäre. Ist derjenige, an den die Erklärung zu richten ist, geschäftsunfähig, so wird sie nach der Regel des § 131 Abs. 1 erst wirksam, wenn sie dem gesetzlichen Vertreter zugeht. Dieser ist dann also für den Empfang allein zuständig[21]. Aktive und passive Stellvertretung sind meistens miteinander verbunden.

---

[19] S. Palandt/*Heinrichs,* § 164 Rn. 1; Erman/*Palm,* § 164 Rn. 16; *Rüthers,* AT, Rn. 502.
[20] Palandt/*Heinrichs,* § 164 Rn. 16; *Fikentscher,* AcP 154, 1, 16; a. A. MünchKomm/*Schramm,* § 164 Rn. 66; Soergel/*Leptien,* § 164 Rn. 35; *Rüthers,* AT, Rn. 502.
[21] Soergel/*Hefermehl,* § 131 Rn. 3.

Beispiele: Wenn V als Erklärungsvertreter für A ein Vertragsangebot an B richtet, dann wird B dieses Angebot in der Regel dadurch annehmen, daß er die Annahme dem V zugleich als Empfangsvertreter erklärt. Mit dem Zugang der Annahmeerklärung bei V ist der Vertrag dann mit Wirkung für A zustandegekommen. Wer zur aktiven Vertretung berechtigt ist, ist es regelmäßig in der betreffenden Angelegenheit auch zur passiven Vertretung. Wem umgekehrt die aktive Vertretungsmacht in dieser Angelegenheit fehlt, dem fehlt in der Regel auch die passive. Deshalb ist etwa ein bauleitender Architekt, der, ohne Vertreter zu sein, Rechnungen entgegennehmen darf, aber nicht aktiv zur Leistung von Zahlungen bevollmächtigt ist, auch nicht passiver Vertreter des Schuldners hinsichtlich der für § 407 bedeutsamen Kenntniserlangung von einer Forderungsabtretung[22]. Eine Ausnahme besteht beim Versicherungsvertreter. Dieser ist regelmäßig nur Empfangsvertreter, wenn er Erklärungen des Antragstellers beim Ausfüllen des Versicherungsantrags entgegennimmt. Er kann jedoch den Versicherungsvertrag nicht selbst abschließen. 30

2. Einzelvertretung und Gesamtvertretung

Eng mit dem Umfang zusammen hängt die Frage, ob von mehreren Vertretern jeder Vertreter als **Einzelvertreter** allein wirksam handeln kann oder ob nur alle zusammen oder doch nur einige von ihnen zusammen als **Gesamtvertreter** in der Lage sind, durch ihre Erklärungen Rechtsfolgen für den Vertretenen zu begründen. Die Gesamtvertretung kann durch Gesetz angeordnet sein, sie kann aber auch rechtsgeschäftlich bestimmt werden. 31

Beispiele: Als Gesamtvertretung ist etwa die gesetzliche Vertretung des Kindes durch beide Elternteile ausgestaltet (§ 1629 Abs. 1)[23]. Sowohl Einzelvertretung wie Gesamtvertretung sind bei Gesellschaften und juristischen Personen möglich. Das Gesetz bevorzugt die Gesamtvertretung bei der *AG* (§ 78 Abs. 2 AktG) und der GmbH (§ 35 Abs. 2 GmbHG), wenn nichts anderes in der Satzung oder im Gesellschaftsvertrag bestimmt ist. Bei der OHG sieht § 125 Abs. 2 HGB die Möglichkeit einer Gesamtvertretung vor. Bei der Gesellschaft bürgerlichen Rechts ist sie die Regel (§§ 714, 709 Abs. 1, 710 Satz 2). Ebenso kann nach ausdrücklicher Vorschrift eine Prokura mehreren gemeinschaftlich erteilt werden (§ 48 Abs. 2 HGB). Zur Gesamtvollmacht s. unten § 47 Rn. 54f. 32

Daneben gibt es noch die **unechte Gesamtvertretung.** In diesem Fall ist ein Gesellschafter, Vorstand oder Geschäftsführer nur zusammen mit einem Prokuristen vertretungsberechtigt. Dies sieht für die OHG § 125 Abs. 3 HGB und für den Vorstand der *AG* § 78 Abs. 3 AktG vor. Für den Geschäftsführer der GmbH wird diese Regelung entsprechend angewandt[24]. Bei der *KG* ist aber die Vertretung durch einen Komplementär und einen Kommanditisten als Gesamtvertreter unzulässig[25]. 33

Die mehreren Gesamtvertreter können in aktiver Stellvertretung (s. oben Rn. 6) grundsätzlich nur so handeln, daß sie alle, wenn auch nicht notwendig gleichzeitig, übereinstimmende Erklärungen gegenüber dem Geschäftsgegner abgeben. Für alle Fälle der Gesamtvertretung gilt aber, daß jeder Gesamtvertreter zur Empfangnahme einer Willenserklärung, also zur passiven Vertretung, allein ermächtigt ist (vgl. § 1629 Abs. 1 Satz 2 BGB, § 125 Abs. 2 Satz 3 HGB, § 78 Abs. 2 Satz 2 AktG, § 35 Abs. 2 Satz 3 GmbHG, § 25 Abs. 1 Satz 3 GenG)[26]. Aus den verschiedenen Einzelbestimmungen kann ein allgemeiner Grundsatz abgeleitet werden, der für alle Fälle der Gesamtvertretung gilt[27]. 34

---

22 S. *BGH* (LM § 164 BGB Nr. 17); vgl. auch *BGH* NJW 2002, 1041.
23 Vgl. *Gernhuber/Coester-Waltjen,* Familienrecht, § 50 III.
24 Baumbach/Hueck/*Zöllner,* GmbHG, 17. Aufl. 2000 § 35 Rn. 59ff.
25 *BGHZ* 41, 367, 369; *Kübler,* Gesellschaftsrecht, § 20 II 2 b.
26 *BGH* NJW 1988, 1199, 1200.
27 S. *BGH* NJW-RR 2003, 303.

35 **Beispiel:** Der *BGH* hat diesen Grundsatz dahingehend angewandt, daß die formularmäßige Empfangsvollmacht in einem Mietvertrag, worin sich mehrere Mieter gegenseitig zur Entgegennahme mietvertragsrechtlicher Erklärungen wie z.B. einer Kündigung bevollmächtigen, nicht gegen Grundgedanken der gesetzlichen Regelung im Sinne von § 307 verstößt[28].

36 Häufig tritt auch bei der aktiven Stellvertretung dem Geschäftsgegner gegenüber nur einer der Gesamtvertreter auf[29]. Das ist in der Weise möglich, daß alle anderen Gesamtvertreter zusammen **einen Gesamtvertreter ermächtigen,** ein bestimmtes Geschäft oder auch eine bestimmte Art von Geschäften vorzunehmen, oder daß sie dessen zunächst vollmachtloses Handeln genehmigen[30]. Die Möglichkeit einer solchen Ermächtigung ist im Gesetz ausdrücklich anerkannt in § 125 Abs. 2 Satz 2 HGB und § 78 Abs. 4 AktG. Diese Möglichkeit ist im Wege einer Rechtsanalogie grundsätzlich auf andere Fälle der Gesamtvertretung auszudehnen[31]. So kann etwa ein Elternteil den anderen zu alleinigem Handeln bevollmächtigen (s. unten § 47 Rn. 16). Die Ermächtigung ist nicht als Erteilung einer Untervollmacht, sondern als eine partielle Erweiterung der Vertretungsmacht des ermächtigten Gesamtvertreters zu verstehen[32].

3. Geschäft, wen es angeht[33]

37 Eine besondere Form der Stellvertretung ist auch das Geschäft, wen es angeht. Dabei wird auf die Offenkundigkeit des Handelns im fremden Namen verzichtet, weil der Geschäftspartner kein schützenswertes Interesse an der Identität des Vertretenen hat. Die sonstigen Voraussetzungen der Stellvertretung, insbesondere die Vertretungsmacht, müssen jedoch gegeben sein. Das Geschäft, wen es angeht, kommt in einer offenen und in einer verdeckten Form vor. Die Besonderheit besteht darin, daß zwar das Handeln als Vertreter, nicht aber die Person des Vertretenen bekannt ist (sog. offenes Geschäft, wen es angeht).

a) Offenes Geschäft, wen es angeht

38 Im Falle eines offenen Geschäfts, wen es angeht, gibt der Vertreter dem Geschäftsgegner zwar zu erkennen, daß er nicht für sich, sondern für einen anderen handelt. Der Vertretene ist aber für den Geschäftspartner nicht erkennbar oder bestimmbar und bleibt ihm damit unbekannt im Gegensatz zum unbenannten, jedoch bestimmbaren Vertretenen (s. oben Rn. 22f.).

39 **Beispiele:** Dabei kann es sein, daß der ungenannte Geschäftsherr bereits objektiv feststeht, aber unbekannt bleiben will, so bei einer Versteigerung von Kunstwerken, die ein Auktionator für einen ungenannt bleibenden Auftraggeber durchführt, oder daß der Geschäftsherr im Augenblick des Geschäftsabschlusses noch unbestimmt ist und der Vertreter sich vorbehält, ihn nachträglich zu bestimmen[34], so wenn ein Händler, der mehrere Interessenten für bestimmte Gegenstände an der Hand hat, einen solchen Gegenstand für einen ungenannten Interessenten kauft, dessen spätere Benennung er sich vorbehält. Gemeinsam ist diesen Fallgruppen, daß der

---

[28] *BGH* NJW 1997, 3437 = LM § 9 (Bb) AGBG Nr. 43 m. Anm. *M. Wolf.*

[29] S. *BAG* NJW 1996, 2595.

[30] *Flume,* AT II, § 45 I 3; MünchKomm/*Schramm,* § 164 Rn. 87f.; Staudinger/*Schilken,* § 167 Rn. 54; Soergel/*Leptien,* § 164 Rn. 28.

[31] *BGH* NJW-RR 1986, 778; *RGZ* 81, 325, 329.

[32] So *BGHZ* 64, 74; MünchKomm/*Schramm,* § 164 Rn. 88; Staudinger/*Schilken,* § 167 Rn. 55; Erman/*Palm,* § 167 Rn. 34.

[33] Auch als „Geschäft für den, den es angeht" bezeichnet, vgl. § 135 Abs. 4 Satz 2 AktG.

[34] Vgl. *Cohn,* Das rechtsgeschäftliche Handeln für denjenigen, den es angeht, 1931, S. 3ff.

Geschäftsgegner zwar weiß, daß der Erklärende als Vertreter handelt und nicht selbst Geschäftspartei sein will, daß er aber nicht weiß und auch nicht aus den Umständen entnehmen kann, wer sein Geschäftspartner ist[35].

Eine solche Stellvertretung unter Offenhaltung der Person des Vertretenen[36] ist nach allgemeiner Auffassung zulässig[37]. Das Offenkundigkeitsprinzip ist hier insoweit gewahrt, als der Vertreter erkennbar nicht im eigenen, sondern im fremden Namen handelt, wenn auch offenbleibt, in wessen Namen. Wer sich auf ein solches Geschäft einläßt, nimmt die Ungewißheit über die Person des Vertretenen und damit seines Geschäftspartners in Kauf[38]. Er wird dies freilich nur tun, wenn ihm diese Person gleichgültig ist, weil etwa wie beim Barkauf das Geschäft sofort abgewickelt wird. Solange der Vertreter die Person des Vertretenen nicht aufdeckt, haftet er der anderen Partei analog § 179, wenn diese Ansprüche gegen den unbekannten Vertretenen geltend machen will[39]. 40

Beispiel: Der Auktionator haftet dem Ersteigerer für Gewährleistungsansprüche aus dem der Versteigerung zugrunde liegenden Kauf, wenn er den Einlieferer nicht bekannt geben will oder darf. 41

b) Verdecktes Geschäft, wen es angeht

Ein fast vollständiger Verzicht auf das Offenkundigkeitsprinzip liegt beim verdeckten Geschäft, den es angeht, vor. **Bei beiderseits sofort erfüllten Barkäufen** läßt die h. L.[40] den Kaufvertrag, aber auch den dinglichen Vertrag über die Übereignung der Kaufsache für den wirken, den es angeht, auch wenn der Verkäufer in keiner Weise erkennen konnte, daß sein Gegenüber nicht für sich selbst, sondern für einen ungenannten Dritten handelt. Da der unbenannte Dritte, der Käufer und Eigentümer wird, für den Verkäufer nicht einmal ersichtlich ist, kann man von einem verdeckten Geschäft, wen es angeht sprechen. 42

Beispiel[41]: Die Haushälterin H des X kauft für dessen Rechnung Gegenstände des täglichen Bedarfs ein, ohne daß der Verkäufer zu erkennen vermag, daß sie diese nicht für sich selbst, sondern für X kauft. Sie bezahlt sofort und erhält die Ware. Wenn man am Offenkundigkeitsprinzip festhält, kommt man nicht darum herum, daß H hier sowohl den Kaufvertrag wie das dingliche Rechtsgeschäft im eigenen Namen geschlossen hat. Ihr würden daher etwaige Mängelansprüche zustehen, und das Eigentum an der Ware wäre mindestens für eine logische Sekunde auf sie übergegangen. Dies entspricht jedoch nicht den praktischen Bedürfnissen. X muß in der Lage sein, etwaige Mängelansprüche ohne Abtretung oder sonstige Mithilfe der H geltend zu machen, weil diese z.B. inzwischen ihre Stelle gekündigt hat. Gleiches gilt, wenn der Fahrer eines Lkw im Auftrag seines Arbeitgebers tankt und der verunreinigte Kraftstoff einen Motorschaden verursacht. Vertragliche Schadensersatzansprüche müssen dann dem Arbeitgeber 43

[35] Palandt/*Heinrichs,* § 164 Rn. 9; Soergel/*Leptien,* vor § 164 Rn. 29f. bezeichnet diese Geschäfte als unechte Geschäfte für den, den es angeht.

[36] Vgl. *Cohn,* aaO, S. 13.

[37] *Cohn,* aaO, S. 34ff.; *v. Tuhr,* AT III, § 84 zu Anm. 57–65; *Enneccerus/Nipperdey,* AT, § 178 zu Anm. 21; *Flume,* AT II, § 44 II 1a und 2; Staudinger/*Schilken,* vor § 164 Rn. 51f.

[38] Staudinger/*Schilken,* vor § 164 Rn. 51 geht von einer unmittelbaren Stellvertretung aus, deren Wirksamkeit für den Hintermann erst mit dessen Benennung eintritt.

[39] *Brox,* AT, Rn. 483; MünchKomm/*Schramm,* § 164 Rn. 20; Soergel/*Leptien,* vor § 164 Rn. 29; Palandt/*Heinrichs,* § 164 Rn. 9.

[40] Vgl. z.B. *Enneccerus/Nipperdey,* AT, § 179 III 3c; *Medicus,* AT, Rn. 920f.; Staudinger/*Schilken,* vor § 164 Rn. 52ff.; Palandt/*Heinrichs,* § 164 Rn. 8; *K. Müller,* JZ 1982, 777; aus der Rechtspr. *RGZ* 140, 223, 229.

[41] Vgl. *Cohn,* aaO, S. 147ff.

und Eigentümer des Lkw zustehen, auch wenn der Fahrer dem Inhaber der Tankstelle nicht deutlich gemacht hat, daß er nicht für sich, sondern für seinen Arbeitgeber tankt. Kein Geschäft, wen es angeht, liegt dagegen bei der Rücknahme von Investmentanteilen vor, da die Depotbank nur an den Berechtigten auszahlen will[42].

44 Die Zulassung des verdeckten Geschäfts, wen es angeht, bedeutet eine Durchbrechung des Offenkundigkeitsprinzips. Sie verschiebt die Grenze zwischen der unmittelbaren und der mittelbaren Stellvertretung. Sie wird daher von einem Teil des Schrifttums abgelehnt[43]. Ihre Zulässigkeit ergibt sich jedoch aus der Entbehrlichkeit der Schutzfunktion des Offenkundigkeitsgrundsatzes in diesen Fällen[44]. Dabei muß (1) die Identität des Vertragspartners dem Geschäftsgegner zwar subjektiv gleichgültig sein, sie muß aber nach objektiven Kriterien bestimmbar sein[45]. Es kommt des weiteren darauf an, (2) daß dem Handelnden von dem Geschäftsherrn Vertretungsmacht zur Besorgung bestimmter Angelegenheiten übertragen worden ist, (3) daß das betreffende Geschäft in den Kreis dieser Angelegenheiten fällt und damit objektiv auf den Geschäftsherrn bezogen ist. (4) Ferner muß der Wille, für einen anderen zu handeln, wenigstens für einen mit den Verhältnissen vertrauten Beobachter erkennbar sein und sich aus der Sachlage mit Sicherheit ergeben[46]. Der lediglich innere Wille des Vertreters genügt dafür nicht.

IV. Abgrenzung zu sonstigen Formen des Handelns für andere

45 Die Stellvertretung ermöglicht ein Handeln des Vertreters mit Wirkung für den Vertretenen. Ihre Eigenart besteht nach §§ 164ff. darin, daß sie vom Vertreter **offenkundiges Handeln** im Namen des Vertretenen verlangt und eine gegenüber dem Vertretenen wirkende **Vertretungsmacht** mit der **Befugnis zu eigener Entscheidung** voraussetzt. Zudem ist die Stellvertretung auf rechtsgeschäftliches Handeln in Form der Abgabe und Empfangnahme von **Willenserklärungen** beschränkt. Neben der Stellvertretung gibt es weitere Formen des Handelns für andere, die sich durch jeweils besondere Merkmale unterscheiden, auch wenn sie oft ähnlichen Zwecken dienen und deshalb auch anstatt der Stellvertretung zur Anwendung kommen können.

1. Die sog. mittelbare Stellvertretung

46 Von der in den §§ 164ff. geregelten direkten oder unmittelbaren Stellvertretung ist als eine andere Art der Interessenvertretung die indirekte oder mittelbare Stellvertretung zu unterscheiden. Sie ist im BGB nicht ausdrücklich geregelt, wird aber in § 383

---

[42] *BGH* NJW-RR 2003, 921.

[43] *Coing* in der 11. Aufl. des Kommentars von *Staudinger,* § 164 Rn. 49; *Flume,* AT II, § 44 II 2.

[44] So Soergel/*Leptien,* vor § 164 Rn. 25ff.; MünchKomm/*Schramm,* § 164 Rn. 47f. Es würde sich dann um eine teleologische Reduktion des § 164 Abs. 2 handeln. So auch *K. Schmidt,* aaO, S. 429. Klaus Müller, aaO, nimmt in den betreffenden Fällen eine Vertragslücke an, die durch ergänzende Vertragsauslegung auszufüllen sei, § 164 Abs. 2 hat aber bei der Ausfüllung der Lücke den Vorrang.

[45] *Bettermann,* aaO, S. 80ff.; *K. Schmidt,* aaO, S. 429; a. A. Soergel/*Leptien,* vor § 164 Rn. 35f.: es bedürfe lediglich einer objektiv feststellbaren Gleichgültigkeit des Geschäftsgegners bzgl. seines Geschäftspartners.

[46] MünchKomm/*Schramm,* § 164 Rn. 50.

und § 454 Abs. 3 HGB angesprochen und ist im Übrigen aufgrund der Vertragsfreiheit ohne weiteres möglich. Der mittelbare Vertreter schließt **im eigenen Namen** ein Geschäft mit einem Dritten ab, aus dem er selbst berechtigt und verpflichtet wird. Der wirtschaftliche Erfolg soll im Endergebnis aber einem anderen als Geschäftsherrn, den man auch den mittelbar Vertretenen nennt und dessen Interessen vom mittelbaren Vertreter wahrgenommen werden, zugute kommen. Man sagt deshalb, daß der mittelbare Stellvertreter im eigenen Namen, aber **auf fremde Rechnung** handelt.

Der Geschäftsherr steht bei dieser Gestaltung lediglich zum mittelbaren Vertreter in 47 Rechtsbeziehungen, nicht aber zu dem Dritten, mit dem der mittelbare Vertreter im eigenen Namen abschließt. Weil es an einem offenkundigen Handeln nach außen fehlt, bleibt der Geschäftsherr bei dem Geschäft mit dem Dritten im Hintergrund. Man nennt den Geschäftsherrn deshalb zuweilen auch den Hintermann und den mittelbaren Vertreter, der nach außen als Vertragspartner vorgeschoben wird, den **Strohmann**[47]. Da der mittelbar Vertretene als Hintermann nicht wie bei der unmittelbaren Stellvertretung selbst Vertragspartner des Dritten wird, stehen ihm auch die Rechte und Pflichten aus dem Vertrag mit dem Dritten nicht selbst zu. Diese treffen vielmehr den mittelbaren Vertreter, der aber dem Geschäftsherrn aus dem zwischen ihnen bestehenden Rechtsverhältnis, meist einem Auftrag (§ 662) oder einem Geschäftsbesorgungsvertrag (§ 675) dazu verpflichtet ist, das aus dem Geschäft mit dem Dritten Erlangte an den Geschäftsherrn weiterzuleiten. Umgekehrt ist der Geschäftsherr verpflichtet, dem mittelbaren Vertreter seine Ausgaben und Aufwendungen zu ersetzen (s. § 670). Der Dritte hat mit dem Geschäftsherrn als Hintermann unmittelbar nichts zu tun; er kann sich seinerseits nur an den mittelbaren Vertreter als seinen Vertragspartner halten.

Beispiel: (1) Wenn A mit Hilfe des B einen bestimmten Gegenstand erwerben will, dann 48 kann dies rechtlich auf zweierlei Weise geschehen: B kann, sofern A ihm entsprechende Vollmacht erteilt, den Gegenstand im Namen des A als direkter Stellvertreter kaufen. Dann wird aus dem Kaufvertrag, den er mit dem Verkäufer V für A abschließt, A selbst unmittelbar berechtigt und verpflichtet; B wird dagegen nicht Vertragspartner. Er erwirbt weder einen Anspruch auf Erfüllung gegen V, noch ist er dem V zur Zahlung des Kaufpreises verpflichtet. Übergibt V die Kaufsache dem B als Stellvertreter des A, so geht dadurch das Eigentum an ihr auf A über. (2) B kann aber auch als mittelbarer Vertreter des A handeln. In diesem Fall tritt er im eigenen Namen auf, ist also selbst Käufer. Er, nicht der A, erwirbt den Anspruch auf Erfüllung des Kaufvertrages gegen V und wird diesem zur Zahlung des Kaufpreises verpflichtet. Durch die Übergabe der Kaufsache geht das Eigentum an ihr auf den B über. Dieser ist auf Grund des zwischen ihm und A bestehenden Auftrags oder Geschäftsbesorgungsvertrags dem A zur Herausgabe und Übereignung der Kaufsache verpflichtet (§ 667).

Der Weg einer mittelbaren Stellvertretung wird einmal dann gewählt, wenn der 49 Geschäftsherr als solcher nicht hervortreten und ungenannt bleiben will. Meist aber will der Geschäftsherr in diesen Fällen die Geschäftserfahrung und die geschäftlichen Beziehungen des mittelbaren Vertreters ausnutzen. Als mittelbarer Vertreter handelt vor allem der Kommissionär. Kommissionär ist, „wer es gewerbsmäßig übernimmt, Waren oder Wertpapiere für Rechnung eines anderen im eigenen Namen zu kaufen oder zu verkaufen" (§ 383 HGB).

Die mittelbare Stellvertretung wirft besondere Probleme auf, die sich daraus ergeben, daß 50 die tatsächliche Interessenlage mit der rechtlichen Gestaltung nicht voll im Einklang steht.

[47] Soergel/*Leptien,* vor § 164 Rn. 37; MünchKomm/*Schramm,* vor § 164 Rn. 13f.

So könnte im Falle des Ankaufs einer Sache für Rechnung des A durch B als mittelbaren Vertreter das Interesse des A dadurch vereitelt werden, daß ein Gläubiger des B auf sie zugreift, nachdem B das Eigentum an ihr erworben und bevor er es an A weiter übertragen hat[48]. Trotz der bestehenden Unterschiede können bei vergleichbarer Interessenlage einzelne Vorschriften der §§ 164ff. auf die mittelbare Stellvertretung analog angewandt werden, so z.B. § 166 Abs. 2[49].

2. Die Ermächtigung

51 Der Inhaber eines Rechts kann als Berechtigter nach § 185 Abs. 1 einen anderen ermächtigen über sein Recht zu verfügen (s. unten § 51 Rn. 22ff.). Durch eine solche Ermächtigung erlangt der Ermächtigte Verfügungsmacht, die ihn berechtigt, über ein fremdes Recht zu verfügen. Von der Vollmacht unterscheidet sich die Ermächtigung dadurch, daß der Ermächtigte über das Recht **im eigenen Namen verfügen** kann, also nicht wie der Stellvertreter im Namen des Vertretenen auftritt (vgl. unten Rn. 19ff.). Der Inhaber des Rechts, der einem anderen Verfügungsmacht erteilt hat, tritt bei dem Verfügungsgeschäft nicht in Erscheinung; trotzdem wirkt die Verfügung im Gegensatz zur mittelbaren Stellvertretung unmittelbar gegen ihn. Das ist die Folge der dem Ermächtigten übertragenen Verfügungsmacht (s. oben § 23 Rn. 45f.). Das Verpflichtungsgeschäft trifft aber allein den Ermächtigten[50].

52 Die Ermächtigung ist grundsätzlich beschränkt auf Verfügungsgeschäfte (s. unten § 51 Rn. 23) und verleiht dem Nichtberechtigten die Befugnis auf das Recht des Berechtigten einzuwirken, es insbesondere zu übertragen, zu belasten oder darauf zu verzichten. § 362 Abs. 2 kennt, indem er auf § 185 verweist, noch die Ermächtigung zur Empfangnahme einer Leistung und zur Einziehung einer Forderung durch einen Dritten, der nicht Gläubiger ist. Auf § 185 Abs. 1 stützt sich auch das Institut der gewillkürten Prozeßstandschaft, wobei es neben der Ermächtigung noch eines Eigeninteresses des Prozeßstandschafters bedarf[51].

53 Eine Ermächtigung ist dagegen grundsätzlich nicht vorgesehen für den Erwerb von Rechten. Auch gibt es keine Verpflichtungsermächtigung in der Weise, daß man durch sein Handeln im eigenen Namen einen anderen als Schuldner verpflichten kann. Dies dient weniger dem Schutz des Schuldners, der die Ermächtigung ja nicht zu erteilen braucht, als vielmehr dem Schutz des Gläubigers, der erkennen können soll, wer sein Schuldner ist. Erwerbs- und Verpflichtungsgeschäfte können mit Wirkung für andere deshalb grundsätzlich nur unter Wahrung der Offenkundigkeit durch ein Handeln in fremdem Namen nach den Regeln der Stellvertretung gemäß §§ 164ff. vorgenommen werden. Eine Ausnahme besteht insoweit im Rahmen der Schlüsselgewalt nach § 1357, die es einem Ehegatten ermöglicht, durch sein Auftreten im eigenen Namen bei Geschäften zur Deckung des Lebensbedarfs der Familie nicht nur sich, sondern zugleich den anderen Ehegatten zu berechtigen und zu verpflichten. Darin liegt eine gesetzliche Erwerbs- und Verpflichtungsermächtigung[52].

---

[48] S. dazu etwa *BGH* NJW 1992, 2023, 2024; *K. Schmidt,* JuS 1987, 425, 426; *Schwark,* JuS 1980, 777, 781.

[49] S. dazu insbesondere *Schwark,* JuS 1980, 777; ferner MünchKomm/*Schramm,* vor § 164 Rn. 13ff.; *Enneccerus/Nipperdey,* AT, § 179; *Hager,* Die Prinzipien der mittelbaren Stellvertretung, AcP 180, 239.

[50] MünchKomm/*Schramm,* vor § 164 Rn. 38ff.

[51] *BGH* NJW 1989, 1932f.; Staudinger/*Schilken,* vor § 164 Rn. 68.

[52] *Gernhuber/Coester-Waltjen,* § 19 IV 4; *K. Schmidt,* aaO, S. 430; *Medicus,* AT, Rn. 897; Palandt/*Heinrichs,* § 1357 Rn. 3.

3. Handeln unter fremdem Namen

Vom Handeln im fremden Namen ist zu unterscheiden das Handeln **unter fremden Namen.** Darunter versteht man, daß sich jemand beim Abschluß eines Rechtsgeschäfts den Namen einer anderen Person zulegt und den Eindruck erweckt, diese andere Person zu sein. Dabei ist zu klären, ob die Erklärung für den Handelnden selbst wirkt oder für den Namensträger, der zu sein der Handelnde vorgegeben hat[53]. Der Handelnde erklärt hier nicht, er handle für den von ihm vertretenen Namensträger, sondern er erklärt, er handele für sich selbst im eigenen Namen, wobei er aber gleichzeitig den Namen einer anderen Person angibt und dadurch vortäuscht, diese Person zu sein. Es fragt sich, wodurch die Person, für die das Geschäft gelten soll, in den Augen des Geschäftsgegners individualisiert wird, ob durch die tatsächlich auftretende Person oder durch den von ihr angegebenen, in Wahrheit eine andere Person bezeichnenden Namen. Verschiedene Fallgestaltungen sind zu unterscheiden. Dabei stehen jeweils die Interessen des Geschäftspartners im Vordergrund stehen. Er allein ist schutzwürdig, nicht dagegen der Handelnde, der über seinen wirklichen Namen täuscht. 54

a) Interesse am Handelnden, nicht am Namensträger

Hat der Geschäftspartner ein schutzwürdiges Interesse, daß die Rechtsfolgen der Erklärung den tatsächlich Handelnden treffen, ohne Rücksicht darauf, wie dieser heißt, so kommt das Geschäft mit dem tatsächlich Handelnden zustande. Es liegt ein **Eigengeschäft des Handelnden** vor. 55

Beispiel: Von einem Eigengeschäft des Handelnden ist in der Regel bei Verträgen **unter Anwesenden** auszugehen. Dem Geschäftspartner kommt es hier darauf an, mit der anwesenden Person abzuschließen. Der Name tritt demgegenüber zurück[54]. Ebenso ist bei Erklärungen **unter Abwesenden** zu entscheiden, wenn der Geschäftspartner mit dem Namen keine bestimmten Identitätsvorstellungen verbindet und er kein Interesse hat, mit dem wirklichen Namensträger zu kontrahieren[55]. 56

b) Interesse am Namensträger

Hat der **Geschäftspartner** ein schützenswertes Interesse gerade **mit** dem **Namensträger zu kontrahieren,** dann kann der Handelnde das Geschäft nicht für sich in Anspruch nehmen, sondern muß das Geschäft für den wahren Namensträger gelten lassen, weil er beim Geschäftspartner durch die Verwendung des falschen Namens den Eindruck erweckt hat, das Geschäft komme mit dem wahren Namensträger zustande. Daran muß er sich festhalten lassen, auch wenn er dies nicht wollte. Der unter fremden Namen Handelnde ist in diesem Fall wie ein Stellvertreter anzusehen. Das Geschäft wird daher für den Namensträger wirksam, wenn dieser dem Erklärenden ent- 57

---

[53] Die Behandlung dieser Frage ist im Schrifttum sehr streitig. Vgl. dazu *Letzgus,* in AcP 126, S. 27 und 137, S. 327; *Ohr,* in AcP 152, 216 und MDR 1959, 89; *Hinke,* Wirkung des Handelns unter fremden Namen, 1929; *Bettermann,* aaO, S. 113ff.; *Larenz,* FS Lehmann, 1956, S. 234; *Lieb,* JuS 1967, 106; *Holzhauer,* Die eigenhändige Unterschrift, 1973, S. 135ff.; *Enneccerus/Nipperdey,* AT, § 183 III; *Flume,* AT II, § 44 IV; Staudinger/*Schilken,* vor § 164 Rn. 88ff.; Soergel/*Leptien,* vor § 164 Rn. 21ff.; MünchKomm/*Schramm,* § 164 Rn. 36f.; Erman/*Palm,* § 164 Rn. 8; *Medicus,* AT, Rn. 908; *Köhler,* AT, § 11 Rn. 23; *Pawlowski,* AT, Rn. 708f.

[54] A. A. Lieb, aaO, S. 109.

[55] Palandt/*Heinrichs,* § 164 Rn. 12; MünchKomm/*Schramm,* § 164 Rn. 41ff.; Soergel/*Leptien,* § 164 Rn. 22.

weder Vollmacht erteilt hat oder wenn er das Geschäft gemäß §§ 177, 178 genehmigt[56] oder wenn die Regeln der Duldungs- und Anscheinsvollmacht (unten § 48 Rn. 19ff.) eingreifen. Der Rechtsschein muß sich hierbei darauf beziehen, daß der Namensträger mit dem Handeln unter seinem Namen einverstanden ist[57].

58 **Beispiele:** Bei einer schriftlichen Erklärung gehört der die Erklärung abschließende Name, der den Urheber der Erklärung individualisiert, zum Inhalt der Erklärung. Dabei ergibt die Auslegung nach dem Empfängerhorizont in der Regel, daß der Namensträger Geschäftspartei werden soll. Dazu gehört auch der Fall, daß der Vertreter nicht mit eigenem Namen, sondern mit dem Namen des Vertretenen unterschreibt. Auf den inneren Willen des Handelnden kann es nicht ankommen[58]. Die Erklärung wirkt für den Namensträger aber wiederum nur, wenn der Erklärende Vertretungsmacht hatte oder wenn der Namensträger das Geschäft gemäß §§ 177, 178 genehmigt. Die gleichen Grundsätze gelten, wenn ein Dritter unbefugt das auf einen anderen zugelassene Übermittlungsgerät, z.B. Telefon oder Computer, benutzt, so daß der Halter dieses Geräts als Erklärender erscheint.

59 Wenn jedoch der Erklärende, wie Felix Krull in Thomas Manns Roman, im Verkehr ständig unter einem fremden Namen aufzutreten pflegt, dann bezeichnet dieser Name nun auch ihn selbst, so daß die Erklärung dann auch unter Abwesenden als ein Eigengeschäft angesehen werden kann. Gleiches gilt bei der Verwendung eines Künstlernamens oder Pseudonyms. Der Fall, daß jemand unter einem Phantasienamen auftritt oder sich eines Allerweltsnamens bedient, mit dem nicht die Vorstellung einer bestimmten Person verbunden werden kann, ist dahin zu lösen, daß ein Eigengeschäft des Handelnden vorliegt, da der Name zur Individualisierung des Handelnden nichts beiträgt.

4. Verwalter fremden Vermögens

60 Eine besondere Rechtsstellung haben die amtlich bestellten oder testamentarisch eingesetzten Verwalter fremden Vermögens, wie etwa der Insolvenzverwalter (§ 80 InsO), der Nachlaßverwalter (§ 1985) und der Testamentsvollstrecker (§ 2205). Sie sind **Inhaber eines Amtes** und dürfen aufgrund der ihnen verliehenen Ermächtigung ein fremdes Vermögen verwalten und für dieses Rechte und Pflichten begründen. Sie sind berechtigt, über die Gegenstände des ihrer Verwaltung unterliegenden fremden Vermögens zu verfügen und den Inhaber des Vermögens mit Bezug auf dieses Vermögen zu verpflichten. So darf etwa der Insolvenzverwalter den Schuldner, der Nachlaßverwalter und der Testamentsvollstrecker den oder die Erben als Inhaber des verwalteten Vermögens verpflichten. Sie selbst dagegen werden aus den von ihnen in ihrer Eigenschaft als Verwalter abgeschlossenen Geschäften weder berechtigt noch verpflichtet. Die Rechtsfolgen dieser Geschäfte treffen nicht sie, sondern den Vermögensinhaber. Gleichwohl sind diese Verwalter nicht den gesetzlichen Vertretern zuzuordnen[59].

61 Dagegen spricht, daß der Verwalter im Gegensatz zum Stellvertreter im eigenen Namen, aber dennoch mit Wirkung für den Rechtsinhaber handeln kann. Das verwaltete Vermögen steht weiterhin dem bisherigen Inhaber, z.B. dem Erben oder dem Schuldner in der Insolvenz zu und dieser bleibt das Subjekt der dazu gehörenden Rechte und Pflichten. Auch kann der Verwalter mit dem Inhaber des Vermögens einen Rechtsstreit als Partei führen, z.B. über die Zugehörigkeit eines Gegenstandes zu dem verwalteten Vermögen[60]. Dies spricht dafür, daß es

---

[56] S. etwa Soergel/*Leptien,* § 164 Rn. 23; *Medicus,* AT, Rn. 908.

[57] S. dazu auch Soergel/*Leptien,* § 164 Rn. 22ff.

[58] So auch *BGHZ* 45, 193.

[59] Dafür *v. Tuhr,* AT III, § 84 zu Anm. 21; § 86 zu Anm. 36ff.; *Enneccerus/Nipperdey,* AT, § 180 I 1e; *Flume,* AT II, § 45 I 2; *Medicus,* AT, Rn. 925; MünchKomm/*Schramm,* vor § 164 Rn. 10f.; *Jauernig,* Zwangsvollstreckungs- und Konkursrecht, § 44.

[60] § 116 Nr. 1 ZPO spricht von Partei kraft Amtes; s. auch §§ 748, 749 ZPO; *BGHZ* 38, 282.

sich bei den Verwaltern fremder Vermögen nicht um Vertreter, sondern um ein eigenständiges Amt besonderer Art handelt, dessen Träger mit Wirkung für das fremde Vermögen und dessen Rechtsinhaber handeln kann (sog. **Amtstheorie**). Da Vertreter der Amtstheorie auch einzelne Vorschriften des Vertretungsrechts entsprechend anwenden (z.B. §§ 177f.), kommt der dogmatischen Einordnung allerdings keine allzu große Bedeutung zu[61].

5. Die Treuhand

a) Unterschied zur Stellvertretung

Von der Stellvertretung ist weiterhin die Treuhand zu unterscheiden. Auch sie ist 62 eine Form der Wahrnehmung fremder Interessen durch den Treuhänder im eigenen Namen, aber im Interesse des Treugebers[62]. Die Treuhand berührt sich insofern mit der mittelbaren Stellvertretung. Sie unterscheidet sich von ihr jedoch dadurch, daß die mittelbare Stellvertretung im Regelfall nur auf die Vornahme eines einzelnen Geschäfts gerichtet ist und der mittelbare Stellvertreter nur kurzfristig Durchgangserwerber ist, während der Treuhänder typischerweise langfristig ein oder mehrere Rechte oder ein ganzes Vermögen als Rechtsträger für den Treugeber verwaltet. Zu diesem Zweck führt er nicht nur ein bestimmtes ihm aufgetragenes Geschäft, sondern alle zur Verwaltung erforderlichen Geschäfte im eigenen Namen, aber für Rechnung des Treugebers durch. Der Treuhänder hat darüber hinaus nicht nur Rechtsgeschäfte für Rechnung des Treugebers abzuschließen, sondern auch sonstige Verwaltungshandlungen vorzunehmen.

b) Zwecke der Treuhand

Das Treuhandverhältnis kann verschiedenen Zwecken dienen: Der Treuhänder soll 63 etwa das Treuhandvermögen im Interesse des Treugebers oder eines Dritten, z.B. eines oder mehrerer Gläubiger des Treugebers (s. § 287 Abs. 2, § 292 InsO), verwalten **(Verwaltungstreuhand),** oder er soll die ihm abgetretene Forderung des Treugebers einziehen und den Erlös an diesen abführen (treuhänderische Abtretung, Inkassozession), oder er soll das ihm dann meist von mehreren überlassene Vermögen zu einem bestimmten Zweck verwenden (Sammelvermögen, als Sondervermögen so etwa Investmentfonds). In allen diesen Fällen ist die Treuhand fremdnützig, d.h. der Treuhänder muß es allein zum Nutzen und im Interesse des Treugebers verwalten[63].

Das Treugut kann dem Treuhänder aber auch zu dem Zweck überlassen sein, damit 64 er sich daraus, falls der Treugeber eine Schuld ihm gegenüber nicht erfüllt, durch Verwertung des Sicherungsguts für seine Forderung befriedigt **(Sicherungstreuhand).** Dazu gehörten insbesondere die Sicherungsübereignung und die Sicherungsabtretung. In diesen Fällen dient das Treuhandverhältnis auch dem Interesse des Gläubigers als dem Treuhänder, ist also nicht nur fremdnützig, sondern vorwiegend eigennützig. Der Sicherungstreuhänder hat jedoch, solange er nicht zur Verwertung berechtigt ist, sowie bei der Verwertung des Treuguts das Interesse des Treuhänders mit zu berücksichtigen.

Je nachdem, ob der Treuhänder voller Rechtsinhaber ist oder nur aufgrund einer ihm vom 65 Rechtsinhaber erteilten Verfügungsmacht zur Verfügung ermächtigt ist, kann man ferner die

---

[61] MünchKomm/*Schramm,* vor § 164 Rn. 10; Palandt/*Heinrichs,* vor § 164 Rn. 9; Soergel/*Leptien,* vor § 164 Rn. 76; Staudinger/*Schilken,* vor § 164 Rn. 61.

[62] *Pawlowski,* AT, Rn. 646; Soergel/*Leptien,* vor § 164 Rn. 49.

[63] Soergel/*Leptien,* vor § 164 Rn. 50; MünchKomm/*Schramm,* vor § 164 Rn. 28.

Vollrechtstreuhand und die Ermächtigungstreuhand unterscheiden. Die sog. Vollmachtstreuhand ist dagegen keine Treuhand, sondern ein Fall unmittelbarer Stellvertretung[64]. Vollrechtstreuhand und Ermächtigungstreuhand mit dinglicher Rechtsstellung sind von der lediglich schuldrechtlichen Treuhandabrede zu unterscheiden. Mit der dinglichen Treuhand ist eine Veränderung der dinglichen Rechtslage verbunden, sei es, daß der Treuhänder wie bei der Vollrechtstreuhand Rechtsinhaber des Treuguts wird oder wie bei der Ermächtigungstreuhand eine Verfügungsbefugnis darüber erlangt. Bei der lediglich schuldrechtlichen Treuhandabrede findet keine Veränderung der dinglichen Rechtslage statt. Der Treuhänder verspricht jedoch, einen ihm bereits gehörenden Gegenstand im Interesse eines anderen zu verwalten, so als ob der andere Treugeber wäre.

c) Vollrechtstreuhand

66 Eine Vollrechtstreuhand liegt vor, wenn dem Treuhänder ein Gegenstand zu treuen Händen übertragen wird, so daß er Rechtsinhaber wird. Der Treuhänder kann dann das übertragene Recht im eigenen Namen ausüben, ist schuldrechtlich aber verpflichtet, die Interessen des Treugebers zu wahren (sog. fiduziarische Treuhand)[65]. Die Übertragung des Treuguts erfolgt normalerweise unmittelbar aus dem Vermögen des Treugebers auf den Treuhänder. Die Beachtung dieses sog. Unmittelbarkeitsgrundsatzes, der vor allem vom *RG* vertreten wurde[66], ist jedoch keine zwingende Voraussetzung für die Entstehung einer dinglich wirksamen Treuhand. Vielmehr kann Treugut mit dinglicher Bindung auch dadurch erworben werden, daß ein Dritter Rechte auf den Treuhänder objektiv erkennbar als Treugut überträgt (s. auch oben § 21 Rn. 49). Dies ist etwa anzunehmen, wenn ein Dritter Gelder auf ein Treuhandkonto überweist[67]. Der Treuhänder muß das Recht aber von vornherein mit der treuhänderischen Bindung erwerben. Dagegen kann Treugut nicht allein dadurch entstehen, daß der Treuhänder sich lediglich schuldrechtlich verpflichtet, einen ihm bereits gehörenden Gegenstand in Zukunft treuhänderisch für den Treugeber zu verwalten[68].

67 Der Treuhänder kann, da ihm das Treugut zu eigenem Recht übertragen ist, darüber im eigenen Namen verfügen; er bedarf hierfür keiner Vollmacht. Rechtsgeschäftliche Beschränkungen seiner Verfügungsmacht mit Wirkung gegen Dritte scheitern an § 137 Satz 1[69]; treuwidrige Verfügungen sind daher in der Regel wirksam. Der Vollrechtstreuhänder hat deshalb im Außenverhältnis mehr Rechtsmacht, als seiner Pflichtengebundenheit im Innenverhältnis entspricht. Er kann im Außenverhältnis mehr als er im Innenverhältnis darf, verletzt aber bei treuwidrigen Verfügungen seine Pflicht gegenüber dem Treugeber und wird diesem deshalb schadensersatzpflichtig[70]. Schuldrechtliche Verträge, die der Treuhänder in Rücksicht auf das Treugut mit einem Dritten abschließt schließt er wie ein mittelbarer Stellvertreter, im eigenen Namen ab. Er selbst wird also daraus berechtigt und verpflichtet, nicht der Treugeber. Der Treuhänder ist aber dem Treugeber gegenüber dazu verpflichtet, mit dem Treugut nur entsprechend den Zwecken der Treuhand zu verfahren; meist auch, ihm Rechenschaft abzulegen und das Treugut nach Erreichung des Zwecks der Treuhand oder bei Eintritt bestimmter Voraussetzungen zurückzugeben. Verstößt der Treuhänder gegen seine Verpflichtung, die Interessen des Treugebers wahrzunehmen, und ist dies dem Geschäftspartner bekannt, so ist das Geschäft we-

---

[64] MünchKomm/*Schramm,* vor § 164 Rn. 37.

[65] S. schon *RGZ* 84, 214, 217; s. auch *RGZ* 127, 341; MünchKomm/*Schramm,* vor § 164 Rn. 33, 34.

[66] *RGZ* 84, 214, 216; *RGZ* 91, 12, 14.

[67] So zu Recht *BGH* NJW 1959, 1223, 1224; ZIP 1993, 213, 214; WM 1996, 662, 663.

[68] *BGH* NJW 2003, 3414.

[69] Soergel/*Hefermehl,* § 137 Rn. 9; *Medicus,* AT, Rn. 677.

[70] Nach h. M. werden auch nicht die Regeln zum Mißbrauch der Vertretungsmacht herangezogen, MünchKomm/*Schramm,* vor § 164 Rn. 33; Soergel/*Leptien,* vor § 164 Rn. 60; teilweise anders aber *Schlosser,* NJW 1970, 681.

gen Mißbrauchs der Treuhänderstellung ebenso unwirksam wie beim Mißbrauch der Vertretungsmacht (s. unten Rn. 141 ff)[71]. Da das Treugut zwar formal dem Treuhänder, wirtschaftlich aber dem Treugeber zusteht, dürfen Dritte nicht in das Treugut wegen Forderungen vollstrekken, die ihnen gegen den Treuhänder außerhalb seines Treuhandauftrags zustehen[72]. Auch kann der Treugeber das Treugut in einem Insolvenzverfahren über das Vermögen des Treuhänders aussondern[73]. Das Treuhandvermögen ist dadurch vom Privatvermögen des Treuhänders getrennt und bildet ein Sondervermögen (s. oben § 21 Rn. 39).

d) Ermächtigungstreuhand

Von einer Ermächtigungstreuhand spricht man, wenn dem Treuhänder ein Gegenstand zwar nicht zu eigenem Recht übertragen, aber ihm eine Verfügungsmacht über diesen Gegenstand eingeräumt wird, die er wiederum nur gemäß der getroffenen Vereinbarung im Interesse des Treugebers ausüben darf[74]. Da die Ermächtigung gemäß § 185 zu ihrem Inhalt und Umfang beliebig ausgestaltet und beschränkt werden kann, deckt sich bei der Ermächtigungstreuhand im Gegensatz zur Vollrechtstreuhand (s. oben Rn. 66) in der Regel das rechtliche Können im Außenverhältnis mit dem rechtlichen Dürfen im Innenverhältnis[75]. Die Ermächtigungstreuhand ist nach ihrer Zwecksetzung zumeist der **Verwaltungstreuhand** zuzurechnen, begründet aber kein Sondervermögen. 68

6. Abschlußvermittler

Kein Stellvertreter ist, wer damit beauftragt ist, für einen anderen den Abschluß von Geschäften mit Dritten nur zu vermitteln. Das Gesetz kennt den Zivilmakler (§§ 652 ff.) und den Handelsmakler (§§ 93 ff. HGB). Beide werden selbständig tätig. Der Zivilmakler wird für andere tätig, um entweder die Gelegenheit zum Abschluß eines Vertrages nachzuweisen **(Nachweismakler)** oder Verträge zu vermitteln **(Vermittlungsmakler).** Demgegenüber kann der Handelsmakler nur Vermittlungsmakler sein (§ 93 Abs. 1 HGB). Während sich die Tätigkeit des Nachweismaklers darauf beschränkt, einen potentiellen Vertragspartner zu benennen, gehört zur Vermittlung zusätzlich das Einholen von Erkundigungen, die Erteilung von Auskünften, die Führung vorbereitender Verhandlungen, nicht aber der Geschäftsabschluß selbst. Wer nur Vermittler ist, schließt weder im eigenen Namen noch im Namen seines Auftraggebers ab; er bedarf daher auch keiner Vertretungsmacht[76]. 69

Der **Handelsvertreter** (§§ 84 ff. HGB) unterscheidet sich vom Handelsmakler dadurch, daß er aufgrund eines Vertragsverhältnisses mit dem Unternehmer ständig damit betraut ist, in dessen Interesse zumeist Absatzgeschäfte zu tätigen. Er kann nur mit der Vermittlung oder im Gegensatz zum Handelsmakler auch mit dem Abschluß von Geschäften für einen anderen betraut sein. Im letzteren Fall bedarf er hierzu einer Vollmacht (Handlungsvollmacht, §§ 54 ff., 91 HGB)[77]; nur soweit ihm diese erteilt ist, ist er auch Stellvertreter im Sinne der §§ 164 ff. 70

---

[71] *Gruber,* AcP 202, 435, 460 ff.

[72] *BGHZ* 11, 37, 41; *BGH* NJW 1959, 1223, 1224; *BGHZ* 72, 141, 146.

[73] *BGH* NJW 2003, 3414.

[74] Vgl. *Enneccerus/Nipperdey,* AT, § 148 II zu Anm. 24; *Siebert,* Das rechtsgeschäftliche Treuhandverhältnis, S. 21 f., 104, 253 ff.; MünchKomm/*Schramm,* vor § 164 Rn. 36.

[75] *Pawlowski,* AT, Rn. 655.

[76] *Brox,* AT, Rn. 471.

[77] Vgl. zur Abgrenzung *Baumbach/Hopt,* § 84 Anm. 3 B.

7. Stellvertreter und Bote

a) Unterschied zur Stellvertretung

71 Der **Stellvertreter** bildet einen **eigenen rechtsgeschäftlichen Willen** in eigener Verantwortung und setzt ihn bei der Abgabe der Erklärung an die Stelle des Willens des Vertretenen. Als Empfangsvertreter nimmt er die Erklärung an Stelle des Vertretenen entgegen. Der **Bote übermittelt** demgegenüber nur eine **fremde Willenserklärung** entweder seines Auftraggebers an einen Dritten (sog. Erklärungsbote) oder überbringt seinem Auftraggeber eine Erklärung des Dritten (sog. Empfangsbote)[78]. Darin liegt ein bedeutsamer sachlicher Unterschied. Wer sich durch einen anderen vertreten läßt, räumt dem Vertreter entsprechend dem Umfang der Vertretungsmacht ein mehr oder minder großes Maß von Entscheidungsfreiheit ein. Der **Bote** dagegen **hat keinerlei Entscheidungsmacht.** Er ist bloßes Transportmittel für die Erklärung, sei es, daß er ein ihm übergebenes Schriftstück überbringt oder er eine ihm mündlich vom Auftraggeber mitgeteilte Erklärung gegenüber dem Empfänger wiederholt. Er übermittelt eine fertige Erklärung, die in keiner Hinsicht die seinige ist, sondern beim Erklärungsboten die seines Auftraggebers oder beim Empfangsboten die Erklärung eines Dritten[79].

72 **Beispiele:** Der Vertreter kann etwa den zu kaufenden Gegenstand unter mehreren anderen auswählen, er kann prüfen, verhandeln und sich entscheiden, ob er das Geschäft mit diesem bestimmten Inhalt für den Vertretenen abschließen will. Der Vertretene überläßt ihm also das Ob des Geschäftsabschlusses und die nähere Bestimmung des Geschäftsinhalts[80]. In den Fällen der gesetzlichen Vertretung soll der Vertreter sogar allein die Entscheidung treffen. Der Vertreter steht also typischerweise an der Stelle des Erklärenden nicht nur bei der Erklärungshandlung, sondern auch bei der ihr vorangehenden Willensbildung, wenn er dabei auch an bestimmte Richtlinien, die ihm der Vertretene gegeben hat, gebunden sein mag. Der Bote entscheidet dagegen nicht darüber, ob und mit welchem Inhalt ein Kaufvertrag geschlossen wird, sondern überbringt nur die vom Auftraggeber als seinem Geschäftsherrn bereits getroffene Entscheidung.

73 Wegen der Unterschiede zwischen dem Stellvertreter und dem Boten sind die Vorschriften der §§ 164ff. über die Stellvertretung grundsätzlich nicht auf den Boten anwendbar. Nur in Einzelfällen bei vergleichbarer Interessenlage kann eine analoge Anwendung in Betracht gezogen werden (s. etwa unten Rn. 78).

74 **Beispiele:** Da der Bote selbst keine Erklärung abgibt und auch beim Empfang einer Erklärung nicht den Adressaten vertritt, sondern nur die von einem anderen abgegebene Erklärung übermittelt, kann auch ein Geschäftsunfähiger, wenn er nur nach seinem tatsächlichen Entwicklungszustand dazu in der Lage ist, Erklärungs- oder Empfangsbote sein[81]. Auch ein fünf- oder sechsjähriges Kind kann deshalb als Bote im Rechtssinn eingeschaltet werden. Auch müssen etwaige öffentlich-rechtliche Zulassungserfordernisse, z. B. für eine Bank nach dem Kreditwesengesetz (KWG), grundsätzlich nicht beim Boten, sondern beim Auftraggeber gegeben sein.

b) Abgrenzung nach dem äußeren Auftreten

75 Ob jemand als Vertreter oder als Bote eines anderen anzusehen ist, richtet sich gemäß dem Grundsatz der Offenkundigkeit (s. oben Rn. 19ff.) allein nach seinem tat-

---

[78] Soergel/*Leptien,* vor § 164 Rn. 42ff.; MünchKomm/*Schramm,* vor § 164 Rn. 42ff.; *Hübner,* AT, Rn. 1170.

[79] MünchKomm/*Schramm,* vor § 164 Rn. 42ff.; Soergel/*Leptien,* vor § 164 Rn. 42ff.; *Köhler,* AT, § 11 Rn. 16.

[80] Staudinger/*Schilken,* vor § 164 Rn. 75.

[81] H.L.; vgl. *Enneccerus/Nipperdey,* AT, § 178 II 1b; *Köhler,* AT, § 18 Rn. 16; Staudinger/*Schilken,* vor § 164 Rn. 78; *Medicus,* AT, Rn. 886; s. auch oben § 46 Rn. 48.

sächlichen **Auftreten gegenüber dem Geschäftsgegner,** so wie es dieser nach seinem Empfängerhorizont erkennen konnte[82]. Nicht entscheidend ist, als was er nach dem Willen des Auftraggebers auftreten sollte[83].

Beispiele: Der Handelnde ist als Stellvertreter zu behandeln, wenn er dem Sinne nach sagt: „Ich kaufe diese Sache für den X", dagegen als Bote, wenn er sagt: „X läßt Ihnen sagen, daß er Ihr Kaufangebot annehme". Im ersten Fall tritt er selbst als derjenige auf, der für den X eine rechtsgeschäftliche Erklärung abgibt, im zweiten Fall dagegen als jemand, der nur die von dem X bereits abgegebene Erklärung übermittelt[84]. Tritt der Bevollmächtigte als Bote auf, so muß der Vollmachtgeber die Erklärung als die seinige gelten lassen, wenn sie im Rahmen der von ihm erteilten Vollmacht liegt. Dasselbe muß gelten, wenn der nur mit der Übermittlung beauftragte Bote als Stellvertreter auftritt, sofern nur die von ihm in dieser Weise abgegebene Erklärung sich inhaltlich mit der ihm zur Übermittlung aufgetragenen vollständig deckt. Denn in beiden Fällen entspricht die Erklärung inhaltlich im Ergebnis dem Willen des Auftraggebers, wenn auch in einer anderen Weise[85]. Insoweit ersetzt die erteilte Vertretungsmacht die fehlende Botenmacht und umgekehrt. 76

Es gibt allerdings Fälle, in denen auch einem Vertreter die eigene Entscheidungsmacht fehlt; dann nämlich, wenn er nur dazu bevollmächtigt wird, im Namen des Vertretenen eine Erklärung ganz bestimmten Inhalts, z. B. eine Kündigungserklärung abzugeben, und diese Erklärung auch unter allen Umständen abgeben soll. In diesem durchaus atypischen Grenzfall rücken Bote und Stellvertreter nahe zusammen. Die Abgrenzung und Entscheidung darüber, welche Vorschriften anzuwenden sind, muß entsprechend dem erkennbaren Auftreten als Vertreter oder als Bote getroffen werden. Tertium non datur. Demgegenüber nimmt der BGH[86] noch eine Zwischenform zwischen Stellvertretung und Botenschaft an, eine **Stellvertretung (nur) in der Erklärung.** Der Stellvertreter in der Erklärung soll eine inhaltlich vom Vertretenen stammende Erklärung in dessen Namen abgeben. In diesem Fall ist er aber Stellvertreter, denn dafür kann es im Interesse der Rechtssicherheit und Rechtsklarheit nicht auf den kaum erkennbaren Umstand ankommen, welche Entscheidungsfreiheit ihm noch gelassen war, sondern nur darauf, als was er auftritt. Ist bei dem betreffenden Rechtsgeschäft eine Stellvertretung nicht zugelassen und eine Übermittlung durch Boten wegen des Formerfordernisses nicht möglich, muß das hingenommen werden; die Annahme einer Stellvertretung nur in der Erklärung hilft darüber nicht hinweg[87]. 77

c) Zurechnung des Botenhandelns

Voraussetzung für die Zurechnung der vom Boten übermittelten Erklärung ist, daß der Auftraggeber ihn **mit der Übermittlung betraut** hatte und die, wenn auch fehlerhaft übermittelte Erklärung tatsächlich auf den Auftraggeber zurückgeht. Übermittelt der Bote absichtlich etwas anderes, als ihm aufgetragen war, dann kann dem Auftraggeber das nicht mehr als seine Erklärung zugerechnet werden. Es können die §§ 177 ff. entsprechend zur Anwendung kommen[88] und der Auftraggeber braucht die 78

---

[82] *BGHZ* 12, 327, 334; *Brox,* AT, Rn. 475.

[83] H. L.; so *v. Tuhr,* AT III, § 84 zu Anm. 43; *Enneccerus/Nipperdey,* AT, § 178 II 1 c; *Flume,* AT II, § 43, 4; *Medicus,* AT Rn. 886; MünchKomm/*Schramm,* vor § 164 Rn. 43. Dagegen aber *Götz/Hueck,* AcP 152, 432.

[84] Einprägsam die Formulierung von Reinach (Die apriorischen Grundlagen des bürgerlichen Rechts, in „Jahrb. f. Philosophie und phänomenologische Forschung" Bd. I, S. 792): „Der Vertreter vollzieht, der Bote überbringt ein schon Vollzogenes".

[85] So auch *Flume,* AT II, § 43, 4 (S. 757, 758); MünchKomm/*Schramm,* vor § 164 Rn. 46 ff.; Palandt/*Heinrichs,* vor § 164 Rn. 11.

[86] *BGHZ* 5, 344, 349; 30, 306, 311. Dagegen mit unterschiedlichen Begründungen die ganze h. L.: *Flume,* AT II, § 43, 5; *Müller-Freienfels,* aaO, S. 72; *Götz Hueck,* aaO, S. 443; Soergel/*Leptien,* vor § 164 Rn. 44; MünchKomm/*Schramm,* vor § 164 Rn. 61 ff.; Staudinger/*Schilken,* vor § 164 Rn. 82 ff.

[87] S. auch Soergel/*Leptien,* vor § 164 Rn. 46 f.

[88] S. Palandt/*Heinrichs,* vor § 164 Rn. 11; vgl. auch *Brox,* AT, Rn. 478.

absichtlich verfälschte Erklärung nicht gegen sich gelten zu lassen, ohne daß es einer Anfechtung bedarf. Bei einer unabsichtlichen Falschübermittlung durch den Boten steht dem Auftraggeber dagegen ein Anfechtungsrecht gemäß § 120 zu.

79 **Beispiel:** Übermittelt der Bote die Erklärung nicht so, wie sie ihm aufgetragen war, unterläuft ihm also ein Fehler bei ihrer Wiedergabe, so muß sie der Auftraggeber doch in der von dem Boten übermittelten Fassung als die seinige gelten lassen; er kann sie aber wegen Erklärungsirrtums ebenso anfechten wie eine eigene Erklärung. Da der Bote gleichsam nur sein verlängerter Arm ist, verhält es sich nicht anders als in dem Fall, daß der Auftraggeber selbst sich verschrieben oder vergriffen hat. Der Fehler, den der Bote bei der Übermittlung begeht, steht einem vom Auftraggeber selbst bei dem Erklärungsvorgang begangenen Fehler gleich.

80 Eine **Zurechnung** hat auch **beim Zugang** stattzufinden, wenn der Empfänger den Boten zur Empfangnahme tatsächlich ermächtigt oder ihn dem Erklärenden gegenüber als ermächtigt bezeichnet hat. An Stelle einer ausdrücklichen Ermächtigung genügt, daß der Bote als zur Entgegennahme solcher Erklärungen geeignet und nach der Verkehrsauffassung auch als dazu ermächtigt anzusehen ist, wie z. B. ein Geschäftsangestellter oder eine Hausangestellte oder ein Mitglied der Familie des Empfängers[89]. Nur in diesen Fällen ist es berechtigt, daß die unrichtige Weitergabe oder die Unterlassung der Weitergabe durch den Empfangsboten an den Empfänger zu dessen Lasten geht (s. auch § 26 Rn. 22ff.).

81 Der Empfangsbote ist Hilfsperson des Empfängers. Er soll die an den Auftraggeber gerichtete Erklärung weiterleiten. Die dem Empfangsboten übergebene schriftliche oder ihm gegenüber mündlich ausgesprochene Erklärung ist, da sie damit in den Herrschaftsbereich des Empfängers gelangt ist, diesem in der Regel bereits mit der Empfangnahme durch den Boten zugegangen[90]. Der Empfangsbote fungiert hinsichtlich des Zugangs in ähnlicher Weise wie der Hausbriefkasten oder das Postfach des Adressaten. Sofortiger Zugang kann allerdings nur dann angenommen werden, wenn der Empfangsbote sich in den Wohn- oder Geschäftsräumen des Empfängers aufhält. Ist das nicht der Fall, muß die Zeit hinzugerechnet werden, deren es normalerweise für die Weiterleitung der Erklärung durch den Boten an den Empfänger bedarf[91]. Dessen bedarf es beim Empfangsvertreter nicht. Er ist an Stelle des Vertretenen selbst Empfänger der Erklärung. Der Zugang ist deshalb schon ohne Weiterleitung an den Vertretenen bewirkt. Demgegenüber ist der Empfangsbote nur Übermittlungsperson. Er muß die Erklärung weiterleiten, da er nicht selbst entscheiden darf. Dementsprechend ist beim Zugang an den Stellvertreter die Erklärung mit Rücksicht auf dessen Verständnismöglichkeit auszulegen. Beim Boten ist die Erklärung dagegen nicht mit Rücksicht auf dessen Verständnis, sondern nach dem Verständnis des Auftraggebers als des eigentlichen Empfängers auszulegen.

8. Vertrag zugunsten Dritter

82 Eine Forderung kann zugunsten eines anderen auch durch einen **schuldrechtlichen Vertrag** zugunsten Dritter (§ 328) begründet werden. Der Dritte wird dabei

---

[89] *BAG* NJW 1993, 1093, 1094; *Köhler,* AT, § 11 Rn. 16; Palandt/*Heinrichs,* § 130 Rn. 9.

[90] Soergel/*Leptien,* vor § 164 Rn. 45.

[91] Nach der Meinung des *BGH* LM Nr. 8/9 § 346 HGB (Ea) HGB ist ein an die Hauptniederlassung einer Firma gerichtetes, dem Leiter einer Zweigstelle als deren „Empfangsboten" übergebenes Schreiben der Firma erst in dem Zeitpunkt zugegangen, in dem sein Eintreffen in der Hauptniederlassung „nach dem regelmäßigen Lauf der Dinge zu erwarten" war. Der Zeitpunkt des Zugangs wird in einem solchen Fall also so weit hinausgeschoben, bis der Adressat nach dem „regelmäßigen Lauf der Dinge" Kenntnis nehmen kann. Ebenso *BGH* NJW-RR 1989, 757, 759; MünchKomm/*Schramm,* vor § 164 Rn. 60; *Köhler,* AT, § 11 Rn. 16. Nach *Flume,* AT II, § 14, 3d soll es nur für die Frage der Rechtzeitigkeit der Erklärung auf den späteren Zeitpunkt ankommen, alle übrigen Wirkungen des Zugangs sollen sofort eintreten.

nicht Vertragspartei wie der Vertretene, insbesondere treffen ihn keine Pflichten aus dem Vertrag. Es gibt keinen Vertrag zu Lasten Dritter. Der Dritte erlangt nur das Forderungsrecht aus dem Vertrag, das er auch ablehnen kann (§ 333). Da der Dritte nur begünstigt wird, braucht die zu seinen Gunsten handelnde Vertragspartei keine Vertretungsmacht und, da der Dritte nicht Vertragspartei wird, braucht der Vertrag auch nicht in seinem Namen geschlossen zu werden. § 328 gilt unmittelbar nur für schuldrechtliche Verträge, kann aber entgegen der Rspr. auf **Verfügungsgeschäfte** analog Anwendung finden (s. oben § 23 Rn. 124).

9. Zurechnung nicht rechtsgeschäftlichen Verhaltens

Während die Stellvertretung dazu dient, rechtsgeschäftliche Willenserklärungen des Vertreters dem Vertretenen zuzurechnen, kommen für die Zurechnung anderer Verhaltensweisen, deren es beim Einsatz Dritter in der arbeitsteiligen Wirtschaft in vielfacher Weise bedarf, nicht die Stellvertretung, sondern andere Rechtsinstitute in Betracht. **83**

a) Zurechnung des Verschuldens Dritter

Hinsichtlich der **Zurechnung von Verschulden** ist zwischen der Verschuldenszurechnung im Rahmen bestehender Schuldverhältnisse und der Zurechnung außerhalb von Schuldverhältnissen, insbesondere bei unerlaubten Handlungen zu unterscheiden. Für die Verschuldenszurechnung im Rahmen bestehender Schuldverhältnissen, wozu insbesondere Vertragsverhältnisse, aber auch das gesetzliche Rechtsverhältnis der Vertragsverhandlungen gehört[92], sieht § 278 vor, daß das rechtswidrig schuldhafte Verhalten von gesetzlichen Vertretern und anderen Personen, deren sich der Geschäftsherr zur Erfüllung seiner Pflichten bedient (sog. Erfüllungsgehilfen), dem Geschäftsherrn wie eigenes Verschulden angelastet wird. **84**

Wo es, wie in den Fällen der unerlaubten Handlung (§§ 823ff.), an einer Sonderverbindung fehlt, kommt nicht § 278, sondern § 831 zur Anwendung. Danach wird nur das rechtswidrige Verhalten eines Verrichtungsgehilfen zugerechnet, nicht aber dessen Verschulden. § 831 verlangt statt dessen ein eigenes Auswahl- oder Überwachungsverschulden des Geschäftsherrn. **85**

Für Vorstandsmitglieder eines Vereins sieht § 31 eine Haftung des Vereins für deren zum Schadensersatz verpflichtende Handlungen und damit auch für deren Verschulden vor. Dabei ist gleichgültig, ob es sich um die Verletzung vertraglicher Pflichten oder um die Pflichten aus einem gesetzlichen Schuldverhältnis oder aus unerlaubter Handlung geht. Die umfassende Verschuldenszurechnung des § 31 gilt auch für Vorstandsmitglieder oder Geschäftsführer von juristischen Personen des Privatrechts, wie z.B. der AG oder der GmbH, sowie des öffentlichen Rechts (§ 89). § 31 ist auch analog auf den nicht rechtsfähigen Verein sowie auf Personengesellschaften wie OHG, KG oder GbR[93] anzuwenden (s. oben § 9 Rn. 15, § 10 Rn. 87, § 11 Rn. 17, 23f.). **86**

b) Zurechnung der Kenntnisse und des Wissens Dritter

Soweit es die Zurechnung von Kenntnissen und Wissen Dritter betrifft, insbesondere im Zusammenhang mit der Bösgläubigkeit, so z.B. in §§ 819, 990, 932, oder der **87**

[92] *BGH* NJW 1996, 465 und oben § 31 Rn. 3ff.
[93] So jetzt ausdrücklich auch *BGH* NJW 2003, 1445ff.

Arglist, z.B. in §§ 438 Abs. 3, 444, 634a Abs. 3, 639, wendet die Rechtsprechung § 166 analog an (s. unten Rn. 99f.). Dies gilt auch für Personen, die nicht Vertreter, sondern bloße Verhandlungsgehilfen sind oder sonst von einem Geschäftsherrn mit bestimmten Aufgaben in eigener Verantwortung betraut sind und aufgrund dessen die anfallenden Informationen zur Kenntnis zu nehmen und weiterzuleiten haben. Man spricht insoweit auch von Wissensvertretern (s. unten Rn. 102ff.), die aber weder eine Vertretungsmacht benötigen noch rechtsgeschäftlich tätig sein müssen.

c) Zurechnung von Besitz

88 Die Zurechnung der tatsächlichen Sachherrschaft eines Dritten erfolgt durch § 855, wenn der Dritte weisungsabhängiger Besitzdiener ist. Besitzer ist dann nicht der Besitzdiener, sondern der weisungsberechtigte Geschäftsherr[94].

V. Maßgeblichkeit des Willens und der Kenntnisse des Vertreters

89 Da der Vertreter auf Grund der von ihm selbst vorgenommenen Interessenbewertung und eines von ihm selbständig gefaßten Entschlusses das Rechtsgeschäft vornimmt, bildet sein rechtsgeschäftlicher Wille die Grundlage für die beim Vertretenen eintretenden Rechtsfolgen. Es muß deshalb sowohl hinsichtlich der Willensinhalte als auch hinsichtlich der erklärungsrelevanten Kenntnisse und des Verhaltens grundsätzlich auf die **Person des Vertreters** und nicht auf den Vertretenen abgestellt werden. Das besagt § 166 Abs. 1, der daran anknüpft, daß die Willensbildung grundsätzlich durch den Vertreter und nicht durch den Vertretenen erfolgt. Darauf stützt sich auch die sog. Repräsentationstheorie[95], nach der der Vertreter an Stelle des Vertretenen handelt, die Rechtsfolgen aber den Vertretenen treffen (s. oben Rn. 1). § 166 gilt auch für den ohne Vertetungsmacht handelnden Vertreter, wenn das Geschäft nachträglich vom Vertretenen gemäß § 177 genehmigt wird[96].

1. Zurechnung der Willensinhalte und Willensmängel des Vertreters

90 Der Vertretene muß sich aufgrund der dem Vertreter zustehenden Vertretungsmacht die Willenserklärung des Vertreters mit dem von diesem geformten Inhalt zurechnen lassen. Daraus ergibt sich, daß für die **Auslegung einer Willenserklärung** sowohl bei ihrer Abgabe als auch bei ihrem Empfang einer Erklärung grundsätzlich auf das Verhalten des Vertreters und dessen Empfängerhorizont abzustellen ist[97]. Unter den Voraussetzungen von § 166 Abs. 2 sind allerdings auch die Erkenntnismöglichkeiten des Vertretenen zu berücksichtigen (s. unten Rn. 109ff.). Bei Abgabe der Erklärung durch oder gegenüber einem Boten ist dagegen grundsätzlich allein auf das Verhalten und die Verständnismöglichkeiten des Geschäftsherrn abzustellen[98].

91 Die Maßgeblichkeit der Vorstellungen und der Willensbildung des Vertreters zeigt sich zunächst bei den Willensmängeln. Die vom Vertreter abgegebene Wil-

---

[94] S. im einzelnen etwa *Baur/Stürner,* Sachenrecht, § 5 Rn. 13ff., § 7 Rn. 61ff.; *M. Wolf,* Sachenrecht Rn. 189f.; *Hübner,* AT, Rn. 627.

[95] MünchKomm/*Schramm,* § 166 Rn. 1; Soergel/*Leptien,* vor § 164 Rn. 9f.

[96] *BGH* NJW 2000, 2272.

[97] S. auch *BGH* NJW 2000, 2272.

[98] Palandt/*Heinrichs,* § 166 Rn. 5; MünchKomm/*Schramm,* § 166 Rn. 23ff.

lenserklärung ist anfechtbar bei einem **Irrtum des Vertreters** über den Inhalt der Erklärung einschließlich seines Handelns als Vertreter oder über eine verkehrswesentliche Eigenschaft des Geschäftsgegenstandes. Ein Anfechtungsrecht besteht auch, wenn der Vertreter zur Abgabe der Erklärung durch eine widerrechtliche **Drohung** oder durch eine vom Geschäftsgegner begangene arglistige **Täuschung** bestimmt worden ist[99].

Auch wenn die Erklärung des Vertreters mit Willensmängeln behaftet ist, so ist anfechtungsberechtigt doch der Vertretene, weil ihn die Rechtsfolgen der Erklärung treffen (s. unten Rn. 147). Der Vertreter ist nur zur Anfechtung im Namen des Vertretenen berechtigt, wenn sich seine Vertretungsmacht auch auf die Abgabe der Anfechtungserklärung erstreckt[100]. **92**

Die Erklärung ist nichtig, wenn der Vertreter sie im Einverständnis mit dem Gegner nur **zum Schein abgegeben** hat (§ 117 Abs. 1). Wenn dies im Gesetz auch nicht ausdrücklich gesagt ist, so folgt dies doch daraus, daß die Erklärung des Vertreters nach dem Empfängerhorizont zu beurteilen ist und der Empfänger sich auf den Sinn verlassen können muß, den der Vertreter ihr erkennbar gegeben hat. Dementsprechend gilt auch im Falle einer **Falschbezeichnung** die Erklärung im wirklich gemeinten Sinn, wenn der Vertreter und der Empfänger sie in dem gleichen Sinn verstanden haben (zur Ausnahme in § 166 Abs. 2 s. unten Rn. 109ff.). **93**

2. Zurechnung der Kenntnisse und des Verhaltens des Vertreters

a) Zurechnung von Kenntnissen des Vertreters

Soweit es für andere als die unmittelbaren Rechtsfolgen einer Willenserklärung darauf ankommt, ob der Erklärende bei ihrer Abgabe bestimmte Umstände kennt oder kennen muß, ist nach § 166 Abs. 1 ebenfalls auf die **Kenntnis oder das Kennenmüssen des Vertreters** abzustellen. Bei mehreren Gesamtvertretern genügt die Kenntnis oder das Kennenmüssen eines von ihnen[101]. Die Kenntnis eines von mehreren Vertretern z.B. einer Personengesellschaft oder einer juristischen Person genügt auch, wenn die Vertreter Einzelvertretungsmacht haben, sofern die Weitergabe des Wissens an die anderen erwartet werden muß (s. unten Rn. 104ff.). **94**

Beispiele: (1) Erwirbt der Vertreter für den Vertretenen das Eigentum an einer beweglichen Sache gemäß § 929, so kommt es, wenn die Sache dem Veräußerer nicht gehört, für die Frage der Gutgläubigkeit des Erwerbers (§ 932) auf den guten oder den bösen Glauben des Vertreters an[102]. Die Bösgläubigkeit auch nur eines Elternteils oder eines von mehreren gesamtvertretungsberechtigten Geschäftsführern einer GmbH verhindert deshalb den gutgläubigen Erwerb des Kindes bzw. der GmbH. Gleiches gilt für die Kenntnis im Rahmen von § 892. (2) Kauft der Vertreter eine Sache für den Vertretenen, so hat der Verkäufer einen Mangel im Recht (§ 435) oder einen Sachmangel (§ 434) nicht zu vertreten, wenn der Vertreter den Mangel bei dem Abschluß des Kaufes kennt (§ 442). **95**

---

[99] *BGHZ* 51, 141, 145; Palandt/*Heinrichs,* § 166 Rn. 3; Erman/*Palm,* § 166 Rn. 4.

[100] Erman/*Palm,* § 166 Rn. 4; Staudinger/*Schilken,* § 166 Rn. 16; Soergel/*Leptien,* § 166 Rn. 21.

[101] Vgl. *BGH* JW 1997, 3437 und schon *RGZ* 59, 400, 408; 131, 343, 355; s. ferner Staudinger/*Schilken,* § 164 Rn. 23; Soergel/*Leptien,* § 166 Rn. 5.

[102] Anders jedoch, wenn beim Erwerb durch Besitzkonstitut (§ 930) die Sache vom Veräußerer an einen Besitzmittler des Erwerbers übergeben und dadurch dem Erfordernis des § 933 Genüge getan ist, der Besitzmittler aber nicht Vertreter des Erwerbers bei der Einigung über den Eigentumsübergang war. Dann kommt es nicht auf den guten Glauben des Besitzmittlers, sondern auf den des Erwerbers selbst an. Vgl. *RGZ* 137, 23; Soergel/*Leptien,* § 166 Rn. 12; Erman/*Palm,* § 166 Rn. 5.

96 Das Vertreterwissen wird auch bei Anwendung von § 407[103] zugerechnet, ebenso bei § 814[104] sowie grundsätzlich auch im Rahmen der für die Sittenwidrigkeit nach § 138 relevanten Kenntnisse[105]. Dies gilt sowohl hinsichtlich der verwerflichen Gesinnung des sittenwidrig Handelnden als auch hinsichtlich der Unerfahrenheit und des Mangels an Urteilsvermögen bei dem, gegen den sich das sittenwidrige Handeln richtet. Das Einverständnis eines Gesamtvertreters genügt auch für das Vorliegen eines Scheingeschäfts gemäß § 117[106].

b) Bestimmung der Verbrauchereigenschaft

97 Hinsichtlich der Verbrauchereigenschaft ist grundsätzlich auf die Person des Vertretenen und der von ihm mit dem Geschäft verfolgten Zwecke abzustellen. Soweit der Vertretene nicht selbst handlungsfähig ist, wie z.B. ein Kind, bestimmt wiederum der gesetzliche Vertreter wie z.B. die Eltern oder der Vormund die Zwecksetzung des Geschäfts.

98 **Beispiele:** Bei Anwendung von § 312 ist darauf abzustellen, ob sich der den Vertrag abschließende oder vorbereitende Vertreter in einer Haustürsituation gemäß § 312 Abs. 1 Nr. 1–3 befand[107]. Gleiches gilt für die Frage, ob ein Fernabsatzgeschäft gemäß § 312b vorliegt.

c) Zurechnung sonstigen Verhaltens des Vertreters

99 Der Grundsatz des **§ 166 Abs. 1** ist in **entsprechender** Weise auch dann anzuwenden, wenn die Folgen einer Willenserklärung durch das sonstige Verhalten des Vertreters beeinflußt werden. Insbesondere ist bei Umständen, die sich auf die Abgabe oder den Empfang der Erklärung beziehen, grundsätzlich auf die Person des Vertreters abzustellen, weil er an Stelle des Vertretenen handelt. Dieser muß sich das gesamte Verhalten seines Vertreters beim Abschluß des Geschäftes zurechnen lassen.

100 **Beispiele:** Hat der Vertreter den Geschäftsgegner beim Geschäftsabschluß arglistig getäuscht, so kann dieser seine Erklärung ebenso anfechten, wie wenn der Vertretene selbst getäuscht hätte. Auf einen Haftungsausschluß kann sich der Verkäufer nach § 444 nicht berufen, wenn sein Vertreter im Rahmen seiner Vertretungsmacht eine Beschaffenheitsgarantie gegeben oder einen Fehler arglistig verschwiegen hat. Da arglistiges Verhalten eine Form des vorsätzlich schuldhaften Verhaltens darstellt, liegt jedoch die Anwendung von § 278 näher als § 166 Abs. 1. Der Minderjährige oder das Mündel braucht sich jedoch ein arglistiges Verhalten seines gesetzlichen Vertreters beim Vertragsabschluß nicht zurechnen zu lassen, wenn der Vertreter der Zustimmung des Familiengerichts oder des Vormundschaftsgerichts bedarf (§§ 1643, 1821, 1822) und das Gericht keine Kenntnis von dem arglistigen Verhalten hat.

d) Treuwidrige Berufung auf Vertreterwissen

101 Die Berufung auf die Zurechnung des Vertreterwissens oder eines Verhaltens des Vertreters kann im Einzelfall wegen Verstoßes gegen Treu und Glauben nach § 242 unzulässig sein. Dies ist etwa anzunehmen, wenn der Geschäftsgegner und der Vertreter bewußt zum Nachteil des Vertretenen zusammenarbeiten (Kollusion) oder wenn der Geschäftsgegner dem Vertretenen den Vertreter aufgezwungen oder untergeschoben hat[108].

---

103 *BGH* NJW 1999, 284.
104 Dazu *BGH* NJW 1999, 1024.
105 *BGH* NJW 2001, 1127 = LM § 138 (D) BGB Nr. 3/4 m. Anm. *S. Lorenz*.
106 *BGH* LM H. 10/99 § 116 BGB Nr. 6 m. Anm. *Singer*.
107 *BGH* NJW 2000, 2268 und 2270 = LM § 166 BGB Nr. 40, 41 m. Anm. *Pfeiffer*.
108 *BGH* NJW 2000, 1405.

3. Analoge Anwendung auf sog. Wissensvertreter

102 In analoger Anwendung des § 166 Abs. 1 rechnet die Rechtsprechung dem Geschäftsherrn auch die **Kenntnis und das Kennenmüssen** von sog. Wissensvertretern zu, die ohne Bestehen einer Vertretungsmacht für den Geschäftsherrn eigenverantwortlich handeln[109]. Dies ist gerechtfertigt, weil nach dem Grundgedanken von § 166 Abs. 1 der Geschäftsherr, wenn er andere für sich handeln läßt, deren gesamtes Verhalten gegen sich gelten lassen muß und nicht nur die Vorteile daraus für sich in Anspruch nehmen kann. § 166 Abs. 1 enthält insoweit einen allgemeinen Rechtsgedanken, dessen analoge Anwendung über das Stellvertretungsrecht hinaus gerechtfertigt ist[110].

103 **Beispiele:** Zu den Wissensvertretern gehören **Verhandlungsgehilfen,** die zwar nicht das Geschäft abgeschlossen, aber auf den Inhalt und den Abschluß des Geschäfts einen maßgeblichen Einfluß genommen, es etwa bis zur Abschlußreife vorbereitet haben[111]. Nicht erforderlich ist, daß der Verhandlungsgehilfe auch als solcher nach außen hervorgetreten ist. Überläßt der Geschäftsinhaber bestimmte Angelegenheiten völlig einem nach außen nicht hervortretenden Mitarbeiter und unterschreibt er insoweit unbesehen alles, was ihm dieser vorlegt, ist die Analogie ebenfalls geboten, denn der Geschäftsherr profitiert auch von einem verdeckten Verhandlungsgehilfen und muß sich deshalb auch dessen gesamtes Verhalten zurechnen lassen[112]. Darüber hinaus gilt allgemein, daß sich der Geschäftsherr, der einen anderen unabhängig von einem Vertretungsverhältnis mit der Erledigung bestimmter Angelegenheiten **in eigener Verantwortung betraut** hat, sich das in diesem Rahmen erlangte Wissen des anderen zurechnen lassen muß[113]. Das trifft keineswegs auf jeden Verhandlungsgehilfen oder sonstige Hilfspersonen zu, schon gar nicht auf den Boten[114].

4. Wissenzusammenrechnung

104 In einer **arbeitsteiligen Unternehmens- oder Behördenorganisation** mit unter mehreren Mitarbeitern aufgeteilten Zuständigkeiten kann es vorkommen, daß von mehreren mit einer Angelegenheit befaßten Personen eine von ihnen die erforderlichen Kenntnisse besitzt, die anderen dagegen nicht.

105 **Beispiele:** Ein großer Autohändler hat den Einkauf und den Verkauf von Gebrauchtwagen verschiedenen Personen zugewiesen. Dem Einkäufer war bei Übernahme des Gebrauchtwagens bekannt, daß es sich um ein Unfallfahrzeug handelt. Er hat dies jedoch nicht in den schriftlichen Unterlagen vermerkt. Dem Verkaufsangestellten ist dies infolgedessen nicht bekannt und er gibt deshalb auf Fragen des Käufers an, daß es sich um ein unfallfreies Fahrzeug handelt. Liegt ein arglistiges Verschweigen oder Vorspiegeln vor? Ein gleiches Problem ergibt sich, wenn der Geschäftsführer einer GmbH, dem bestimmte Umstände bekannt sind, verstirbt oder ausscheidet und der neue Geschäftsführer die maßgeblichen Kenntnisse nicht besitzt. Ebenso ist zu klären, ob es zu einer schuldhaften Verletzung der Beratungspflichten einer Bank führt, wenn deren Anlageberater den Kauf von Aktien eines Unternehmens empfiehlt, dessen prekäre Vermögenslage der Investment- oder Kreditabteilung, nicht aber dem Anlageberater bekannt ist, oder wenn er zum Verkauf von Aktien rät, obwohl einer anderen Abteilung der Bank bekannt ist, daß das Unternehmen von einem Großinvestor aufgekauft werden soll.

---

[109] S. etwa *BGHZ* 117, 104, 106; 132, 30, 37; *BGH* NJW 1997, 1917 = LM H.8/1997 § 166 BGB Nr. 36 m. Anm. Koller*;* a. A. *Koller,* SZ 1998, 75, 77; s. auch oben Rn. 87.

[110] S. *BGHZ* 83, 293, 296; 117, 104, 106; Palandt/*Heinrichs,* § 166 Rn. 9.

[111] Vgl. *BGH* LM § 166 BGB Nr. 8 u. 14; *RGZ* 131, 343, 357; Soergel/*Leptien,* § 166 Rn. 6; MünchKomm/*Schramm,* § 166 Rn. 35, Palandt/*Heinrichs,* § 166 Rn. 6; Staudinger/*Schilken,* § 166 Rn. 4.

[112] A. A. MünchKomm/*Schramm,* § 166 Rn. 35; *Waltermann,* AcP 192 (1992), 181, 201, der insoweit zumindest eine grob fahrlässige Unkenntnis des Geschäftsherrn verlangt.

[113] *BGHZ* 83, 293.

[114] S. auch *Waltermann,* AcP 192 (1992), 181, 201.

106 Der BGH[115] geht mit der h. M.[116] zu Recht davon aus, daß eine arbeitsteilige Organisation aus der Arbeitsteilung im Hinblick auf die Wissenszurechnung keine Vorteile ziehen soll im Vergleich zu einer einzelnen Person, die alles selbst erledigt. Deshalb ist davon auszugehen, daß das **Wissen** von Vertretern und Wissensvertretern in einer arbeitsteiligen Organisation grundsätzlich **zusammenzurechnen** ist. Da aber nicht alle Mitarbeiter ständig miteinander in Verbindung stehen können und auch ausgeschiedene Mitarbeiter nicht ohne weiteres befragt werden können, ist darauf abzustellen, ob nach Treu und Glauben eine **Pflicht** besteht, einzelne Umstände aktenmäßig festzuhalten oder sonst den **Informationsaustausch zu organisieren**[117]. Dies ist bei rechtlich relevanten Vorgängen und Umständen regelmäßig zu bejahen. Durch das Abstellen auf die organisationsinterne Pflicht zur Weitergabe von Wissen wird es zugleich möglich, Zumutbarkeitserwägungen und Informationssperren infolge von Schweige- und Geheimhaltungspflichten Rechnung zu tragen[118].

107 **Beispiele:** Da die Unfalleigenschaft eines Fahrzeugs zu den rechtlich relevanten Umständen gehört, muß der Informationsaustausch innerhalb des Unternehmens gewährleistet sein. Geschieht dies nicht, so findet dennoch eine Wissenszusammenrechnung statt und das verkaufende Unternehmen ist nach dem Grundgedanken von § 166 Abs. 1 so zu behandeln, als ob es Kenntnis von der Unfalleigenschaft hätte und muß sich deshalb Arglist vorwerfen lassen. Gleiches gilt im Verhältnis zwischen ausgeschiedenen und neu eingetretenen Geschäftsführern einer GmbH oder dem Vorstand einer AG. Auch die Bank kann sich nicht darauf berufen, sie dürfe ihrem für die Anlageberatung zuständigen Kundenberater nicht das kursrelevante Wissen ihrer Investment- oder Kreditabteilung mitteilen. Wenn die Bank insoweit Geheimhaltungspflichten unterliegt (vgl. etwa § 14 Abs. 1 Nr. 1 und 2 WpHG), dann muß sie auf andere Weise sicher stellen, daß Kunden nicht trotz des vorhandenen Wissens falsch beraten werden[119].

108 Die Wissenszurechnung und -zusammenrechnung erfolgt aber grundsätzlich nur gegenüber der juristischen Person oder Personengesellschaft, der der wissende Vertreter angehört. Es wird dagegen nicht den vertretungsberechtigten Personen zugerechnet. Ist z. B. der Mitgeschäftsführer oder Vorstand einer ersten Gesellschaft und zugleich Geschäftsführer oder Vorstand einer zweiten Gesellschaft, so kann dieser zweiten Gesellschaft das Wissen nur zugerechnet werden, wenn ihr Geschäftsführer oder Vorstand das Wissen selbst hat, nicht dagegen wenn es ein anderer Geschäftsführer oder Vorstand der ersten Gesellschaft besitzt[120].

5. Berücksichtigung von Kenntnissen des Vertretenen (§ 166 Abs. 2)

a) Eigene Kenntnisse des Vollmachtgebers

109 Von dem in § 166 Abs. 1 ausgesprochenen Grundsatz macht Abs. 2 dann beim **bevollmächtigten Vertreter** eine Ausnahme, wenn dieser **nach bestimmten Weisungen des Vollmachtgebers gehandelt** hat. Dann muß sich der **Vollmachtgeber**

---

115 S. *BGH* NJW 1995, 2159 = LM H.10/1995 § 166 BGB Nr. 34 m. Anm. *M. Wolf; BGH* NJW 1996, 1205 = LM H. 6/1996 § 166 BGB Nr. 35 m. Anm. *Scheuch; BGH* NJW 1996, 1339; *BGHZ* 132, 30, 37; *BGH* NJW 1997, 1917 = LM H.8/1997 § 166 BGB Nr. 36 m. krit. Anm. *Koller;* einschränkend bei Behörden *BGH* NJW 1997, 1584 = LM H. 6/1997 § 852 BGB Nr. 139 m. Anm. *Schiemann;* zu einem Überblick *Nobbe* in Neues Schuldrecht und Bankgeschäfte, Wissenszurechnung bei Kreditinstituten, 2003, S. 121 ff.

116 Palandt/*Heinrichs,* § 166 Rn. 8; Soergel/*Leptien,* § 166 Rn. 5; *Scheuch,* FS Brandner, 1996, S. 121; *Waltermann,* AcP 192, 181, 207.

117 *BGH* NJW 1999, 284; Palandt/*Heinrichs,* § 166 Rn. 8; *Grunewald* FS Bensch, S. 301, 304; *Scheuch,* FS Brandner, S. 121, 130.

118 S. dazu auch *BGH* NJW 1999, 284 = LM H. 3/98 § 8 KO Nr. 4/5 m. Anm. *Berger.*

119 S. dazu auch *Schröter,* in Neues Schuldrecht und Bankgeschäfte, Wissenszurechnung bei Kreditinstituten, 2003, S. 163 ff.; *Claussen,* Bank- und Börsenrecht, §. Aufl. 2003, § 6 Rn. 40 a.

120 *BGH* NJW 2001, 359.

in Ansehung solcher Umstände, die er selbst kannte, die **eigene Kenntnis zurechnen lassen** und kann sich nicht auf die Unkenntnis des Vertreters berufen. Das gleiche gilt von Umständen, die der Vollmachtgeber kennen mußte, wenn das Kennenmüssen nach einer gesetzlichen Vorschrift der Kenntnis gleich steht (§ 166 Abs. 2 Satz 2). In § 166 Abs. 2 hat die Erkenntnis Ausdruck gefunden, daß der Vertreter dann, wenn er das Geschäft auf Grund ihm erteilter spezieller Weisungen vornimmt, weitgehend nur den Geschäftswillen des Vertretenen in die Tat umsetzt. Dies trifft regelmäßig nur bei der Bevollmächtigung zu. Deshalb ist die Zurechnung hierauf beschränkt und erstreckt sich grundsätzlich nicht auf die gesetzliche Vertretung (s. aber Rn. 113f.). Die Repräsentationstheorie (oben Rn. 1) versteht § 166 Abs. 2 als Ausnahme zu Abs. 1[121]. In Wirklichkeit folgt § 166 in Abs. 1 wie in Abs. 2 nur dem einheitlichen Grundsatz, daß der Wissens- und Kenntnisstand desjenigen ausschlaggebend sein soll, bei dem die Willensbildung stattfindet und der die maßgeblichen Entscheidungen trifft.

Beispiele: Hat der Bevollmächtigte den ihm vom Vollmachtgeber genau bezeichneten Pkw gekauft, so geht es nicht an, daß in einem solchen Fall der Vertretene, der etwa den Mangel des von ihm bezeichneten Pkw kennt und deshalb Mängelgewähransprüche nicht erlangt, sich den Folgen seiner Kenntnis dadurch entzieht, daß er das Geschäft, statt es selbst abzuschließen, durch einen Vertreter vornehmen läßt, der diese Kenntnis nicht besitzt. Ebensowenig kann der Vollmachtgeber gutgläubig Eigentum am PKW erwerben, wenn zwar der Vertreter gutgläubig ist, nicht aber der Vollmachtgeber selbst. 110

Grundsätzlich kommt es auf die Kenntnis oder das Kennenmüssen des Vollmachtgebers im Zeitpunkt der Erteilung der betreffenden Weisung an. Spätere Kenntniserlangung genügt, wenn der Vollmachtgeber zu diesem Zeitpunkt noch die Möglichkeit hat, durch eine neue Weisung auf das von dem Vertreter vorzunehmende Geschäft einzuwirken, dies aber unterläßt[122]. Einer bestimmten Weisung ist es gleichzustellen, wenn der Vollmachtgeber den Vertreter auf andere Weise durch ein gezieltes Verhalten dazu veranlaßt, gerade dieses Geschäft für ihn vorzunehmen[123]. Eine lediglich fahrlässige Veranlassung oder ein fahrlässiges Nichteinschreiten genügt nicht. 111

b) Willensmängel des Vertretenen

Über Willensmängel des Vertretenen bei der Erteilung seiner Weisung an den Vertreter sagt das Gesetz nichts. Der *BGH* hat entschieden, daß **§ 166 Abs. 2 analog anzuwenden** ist, wenn der Geschäftsgegner den Vertretenen arglistig getäuscht und dadurch dazu bestimmt hat, dem Vertreter die Weisung zum Abschluß des Geschäfts zu erteilen. Dem Vollmachtgeber ist hier die Anfechtung des vom Vertreter abgeschlossenen Geschäfts zu gestatten, weil es auch bei den Willensmängeln auf die Person dessen ankommt, auf dessen Geschäftswillen die Willenserklärung des Vertreters tatsächlich beruht[124]. 112

c) Anwendung auf andere Vertreter und Hilfspersonen

In besonderen Fällen kann § 166 Abs. 2 auch auf einen **gesetzlichen Vertreter** analog angewandt werden[125], so, wenn der wissende gesetzliche Vertreter eines Min- 113

[121] MünchKomm/*Schramm,* § 166 Rn. 51ff.

[122] So der *BGH* BB 1968, 1402; *BGHZ* 50, 364, 368; Palandt/*Heinrichs,* § 166 Rn. 11.

[123] Vgl. dazu *Müller-Freienfels* aaO, S. 396ff. Vgl. dazu auch *Flume,* AT II, § 52, 6; Soergel/*Leptien,* § 166 Rn. 28.

[124] *BGHZ* 51, 141, 147; ebenso *Medicus,* AT, Rn. 902; *Pawlowski,* AT, Rn. 779; MünchKomm/*Schramm,* § 166 Rn. 54; Palandt/*Heinrichs,* § 166 Rn. 12; a. A. *Schilken,* aaO, S. 44ff.

[125] Vgl. *Müller-Freienfels,* aaO, S. 392ff.

derjährigen zur Vornahme eines bestimmten Geschäfts für diesen einen nicht wissenden Pfleger bestellen läßt und diesen dann dazu veranlaßt, das Geschäft für den Minderjährigen abzuschließen.

114 Der Minderjährige muß sich dann das Handeln seines gesetzlichen Vertreters und dessen Absicht, dadurch seine Gläubiger zu benachteiligen, zurechnen lassen[126]. Anders, wenn die Mutter eines Minderjährigen diesem in der Absicht, ihre Gläubiger zu benachteiligen, eine Schenkung macht, die der Minderjährige, der von dieser Absicht nichts weiß, gemäß § 107 BGB selbst annimmt. Da die Mutter hierbei nicht als Vertreter des Kindes aufgetreten ist, kann ihr Gläubigerbenachteiligungsvorsatz dem Kinde nicht zugerechnet werden; die Schenkung ist daher nicht nach § 3 Abs. 1 AnfG anfechtbar[127].

115 § 166 Abs. 2 ist auf des Handeln im Rahmen der **Schlüsselgewalt** nach § 1357 entsprechend anzuwenden[128]. Eine Ehegatte, der den anderen anweist, bestimmte Geschäfte zur Deckung des Lebensbedarfs vorzunehmen, muß sich deshalb seine Kenntnisse in Bezug auf diese Geschäfte zurechnen lassen. Gleiches muß auch beim **Kommissionsgeschäft** nach § 383 HGB gelten. Wenn der Kommissionär entsprechend den Weisungen des Kommittenten handelt (s. § 384 Abs. 1 HGB), darf der wissende Kommittent nicht von der Unwissenheit des Kommissionärs profitieren[129] und sich z.B. auf den gutgläubigen Erwerb des Kommissionärs berufen, wenn er selbst weiß, daß der Veräußerer nicht Eigentümer ist. Da der **Bote** keine eigene Erklärung abgibt, sondern nur die des Geschäftsherrn überbringt, versteht sich von selbst, daß allein das Wissen und die Vorstellungen des Geschäftsherrn maßgebend sind.

VI. Verbot des Insichgeschäfts (§ 181)

116 Eine allgemeine Beschränkung jeder Vertretungsmacht enthält § 181. Danach kann ein Vertreter, falls ihm das nicht ausnahmsweise gestattet ist, einen anderen nicht wirksam vertreten bei einem Rechtsgeschäft mit sich selbst oder mit einem Dritten, der gleichfalls durch ihn vertreten wird.

1. Das Insichgeschäft als Geschäft einer Person allein

a) Fehlende Offenkundigkeit

117 § 181 knüpft nach seinen tatbestandlichen Voraussetzungen daran an, daß ein Vertreter als einzige Person ein Geschäft abschließt, indem er gleichzeitig beide Vertragsparteien verkörpert, sei es, daß er auf der einen Seite als Vertreter für einen anderen und auf der anderen Seite mit sich selbst abschließt (sog. **Selbstkontrahieren**) oder daß er auf beiden Seiten als Vertreter je zwei verschiedener Personen handelt (sog. **Mehrvertretung**). § 181 knüpft damit an den formalen Tatbestand an, daß ein Vertragsschluß oder allgemein eine empfangsbedürftige Willenserklärung

---

[126] *BGHZ* 38, 65 (lesenswerte Entscheidung!). Vgl. auch *Schilken,* aaO, S. 64ff.; MünchKomm/*Schramm,* § 166 Rn. 51; Soergel/*Leptien,* § 166 Rn. 32.

[127] *BGHZ* 94, 232. Gegen diese Entscheidung *Tintelnot* JZ 1987, 795.

[128] Soergel/*Leptien,* § 166 Rn. 32; *Weimar,* JR 1976, 318.

[129] So zu Recht *Schwark,* JuS 1980, 777; s. auch *M. Wolf,* in Freundesgabe f. *Döser,* 1999, S. 55, 262; a.A. *Schilken,* Wissenszurechnung im Zivilrecht, 1983, S. 153f.

entgegen der regelmäßigen Beteiligung von zwei Personen nur in einer einzigen Person stattfindet und damit der Geschäftsvorgang nach außen nicht ohne weiteres erkennbar wird.

Beispiele: Ein Insichgeschäft liegt vor, wenn die Eltern einen dem Kind gehörenden Gegenstand erwerben, indem sie zugleich für sich und als Vertreter des Kindes handeln (s. auch § 1629 Abs. 2 mit § 1795 Abs. 2). Ebenso greift § 181 ein, wenn der Geschäftsführer einer GmbH einen Vertrag mit sich und der GmbH schließt, indem er z.B. einen Gegenstand von der GmbH erwirbt oder an sie veräußert oder sich selbst eine Gehaltserhöhung bewilligt. § 35 Abs. 4 Satz 1 GmbHG schreibt die Anwendung von § 181 darüber hinaus für die Einmann-GmbH ausdrücklich vor, wenn der alleinige Gesellschafter zugleich Geschäftsführer der GmbH ist und Rechtsgeschäfte zwischen sich und der GmbH vornimmt. Dies gilt entsprechend für einen Vorstand der AG[130]. **118**

Auch wenn § 181 an das **formale Ordnungsprinzip** anknüpft, daß an einem Vertrag und an einer empfangsbedürftigen Willenserklärung der äußeren Form nach grundsätzlich zwei Personen und nicht eine einzige Person beteiligt sein müssen, so ist die Bestimmung doch nicht nur eine formale Ordnungsvorschrift[131], sondern hat einen Gerechtigkeitsgehalt mit bestimmten Schutzzwecken. **119**

b) Vermeidung von Interessenkollisionen

Der wesentliche Schutzzweck liegt nicht so sehr in der Wahrung der Offenkundigkeit, durch die der Austausch der Erklärungen zwischen zwei Personen nach außen für andere erkennbar gemacht werden soll, denn auch das Insichgeschäft in ein und derselben Person kann durch schriftliche Fixierung oder auf sonstige Weise nach außen für andere erkennbar gemacht werden. Eine Niederschrift verlangt ausdrücklich § 35 Abs. 4 Satz 2 GmbHG und sieht dennoch in Satz 1 die Anwendung von § 181 vor. Der hauptsächliche Zweck des § 181 besteht deshalb im Schutz des Vertretenen beim Selbstkontrahieren bzw. im Schutz beider Vertretenen bei der Mehrfachvertretung **vor möglichen Interessenkollisionen,** die dadurch entstehen können, daß der Vertreter in einer Person die oft gegensätzlichen Interessen zweier Seiten wahrnehmen soll. Dies wird kaum mit dem gebotenen Einsatz auf beiden Seiten möglich sein und bringt deshalb die Gefahr mit sich, daß die Interessen des Vertretenen vernachlässigt werden[132]. **120**

Gedacht ist jeweils an Rechtsgeschäfte, bei denen sich Geschäftspartnern mit jeweils unterschiedlichen Interessen gegenüberstehen, die sie im Falle eines Vertrages miteinander auszugleichen suchen die aber beim Insichgeschäft jeweils vom Vertreter in einer Person wahrzunehmen sind. Vor dieser Interessenkollision will § 181 schützen. Anders ist es, wenn mehrere Gesellschafter zur Verfolgung ihrer gemeinsamen Zwecke im Wege der Beschlußfassung zusammenwirken. Hier besteht kein vergleichbarer Interessengegensatz. Ein Gesellschafter kann daher an Beschlüssen über Maßnahmen der Geschäftsführung sowohl im eigenen Namen wie als Vertreter eines anderen Gesellschafters mitwirken, ohne daß § 181 dem entgegenstünde[133]. Jedoch sind die § 47 Abs. 4 GmbHG und § 136 AktG zu beachten. **121**

Die Vermeidung eines Interessenkonflikts bestimmt aber nicht unmittelbar den Anwendungsbereich und die Grenzen von § 181. Voraussetzung ist vielmehr immer die äußere Form **122**

---

[130] S. etwa *Hüffer,* AktG, 5. Aufl. 2002, § 78 Rn. 6 f.

[131] So aber teilweise die Formulierung in Rspr. und Literatur, s. etwa *BGHZ* 50, 8, 11; dagegen zu Recht Palandt/*Heinrichs,* § 181 Rn. 2.

[132] S. schon Mot. I S. 224f.; Soergel/*Leptien,* § 181 Rn. 3; Palandt/*Heinrichs,* § 181 Rn. 2; *Rüthers,* AT, Rn. 505.

[133] S. *BGHZ* 65, 93; zu Einzelheiten Baumbach/Hueck/Zöllner, GmbHG, 17. Aufl. 2000, § 47 Rn. 41; für sog. Grundlagengeschäfte ist § 181 aber anwendbar.

eines Insichgeschäfts. Es fragt sich aber, ob und inwieweit der Schutz vor Interessenkollisionen als wesentlicher Gesetzeszweck unabhängig von der äußeren Form des Insichgeschäfts zur Geltung gebracht werden kann. Dies ist in bestimmten Fallgruppen durch teleologische Reduktion (s. unten Rn. 129 f.) in anderen durch analoge Anwendung von § 181 (s. unten Rn. 138 ff.) möglich.

2. Ausnahmen vom Verbot des Insichgeschäfts

123 § 181 enthält mit der Erfüllung einer Verbindlichkeit und der Gestattung bereits selbst zwei Ausnahmen vom Verbot des Insichgeschäfts, weil die Gefahr von Interessenkollisionen hierbei ausgeschlossen erscheint. Darüber hinaus ist eine Einschränkung des Anwendungsbereichs von § 181 durch teleologische Reduktion möglich (s. unten Rn. 129 ff.).

a) Erfüllung einer Verbindlichkeit

124 Das Verbot des Insichgeschäfts gilt nach § 181 nicht, wenn das Geschäft ausschließlich in der Erfüllung einer Verbindlichkeit besteht. Dies rechtfertigt sich daraus, daß eine Interessenkollision regelmäßig ausscheidet, wenn es sich lediglich um die Erfüllung einer inhaltlich bereits feststehenden Rechtspflicht handelt.

125 **Beispiele:** Der Vertreter kann deshalb durch eine Zahlung aus seinem Vermögen in die von ihm verwaltete Kasse des Vertretenen eine eigene Schuld dem Vertretenen gegenüber erfüllen. Er kann auch mit Mitteln des Vertretenen dessen Schuld gegenüber ihm als Vertreter begleichen. Er kann die hierfür notwendige Übereignung von Geldscheinen oder die zu einer bargeldlosen Überweisung erforderlichen Erklärungen wirksam vornehmen. Auch kann der Treugeber mit einer Vollmacht des Treuhänders als dessen Vertreter Gegenstände auf sich übertragen, deren Rückgabe der Treuhänder ihm schuldet[134].

b) Gestattung des Insichgeschäfts

126 Die Gestattung des Insichgeschäfts kann sich **aus dem Gesetz**[135], im Falle einer auf einer Satzung beruhenden Vertretungsmacht **aus der Satzung** oder bei der Vollmachterteilung **aus dem Rechtsgeschäft** ergeben, sei es, daß die Gestattung bereits in der Vollmacht enthalten ist oder aus einer sie ergänzenden besonderen Ermächtigung des Vollmachtgebers hervorgeht. Bei diesen Gestattungen wird die Gefahr einer Interessenkollision dadurch vermieden, daß durch das Gesetz, durch die Satzung oder durch den Vollmachtgeber die Gestattung auf solche Fallgestaltungen begrenzt werden kann, in denen **Interessenkollisionen** normalerweise **nicht eintreten** oder ihnen durch andere Sicherungsvorkehrungen begegnet werden kann. Die Befreiung vom Verbot des Selbstkontrahierens kann bei handelsrechtlicher Vertretungsmacht, z. B. des Geschäftsführers einer GmbH, gemäß § 15 HGB ins Handelsregister eingetragen werden[136]. Auf die nicht eingetragene Befreiung kann sich jedoch nur berufen, wer sein Handeln auf die Befreiung einrichten kann[137].

127 Bei der **Gestattung durch den Vollmachtgeber** kommt hinzu, daß dieser auf den durch § 181 gewährten Schutz seiner Interessen verzichten kann. Die Gestattung durch den Vollmachtgeber ist ein einseitiges empfangsbedürftiges Rechtsgeschäft und

---

[134] *BGH* NJW 2002, 1488.

[135] Beispielsweise ergibt sich aus § 125 Abs. 2 Satz 2 HGB eine solche Gestattung, insofern danach ein Gesamtvertreter dazu mitwirken kann, daß ihm selbst eine spezielle Ermächtigung erteilt wird.

[136] *BGH* v. 9. 10. 2003 VII 122/01; *BGHZ* 87, 60.

[137] *BGH* v. 9. 10. 2003 VII 122/01.

dem Vertreter gegenüber zu erklären[138]. Sie stellt nichts anderes dar als eine Erweiterung der Vollmacht. Sie ist daher nach den Vorschriften über die Vollmachterteilung zu beurteilen und kann gemäß den §§ 177ff. auch noch nachträglich, durch eine Genehmigung, erteilt werden[139].

Zweifelhaft ist, ob dem gesetzlichen Vertreter eines Minderjährigen oder dem Vormund oder Pfleger **durch das Vormundschaftsgericht** oder Familiengericht die Vornahme eines Geschäfts mit sich selbst oder eines Geschäfts unter mehreren von ihm vertretenen Kindern oder Mündeln **gestattet** werden kann. Dies würde die sonst nach § 1909 notwendige Bestellung eines besonderen Pflegers für das Kind oder das Mündel überflüssig machen. Die Rechtsprechung verneint dies, weil das Gesetz eine derartige Gestattung nicht vorsehe und der aus den Gesetzesmaterialien erkennbare Wille des Gesetzgebers dagegen spreche[140]. Im Schrifttum wird dagegen die Ansicht vertreten, daß das Vormundschaftsgericht dem gesetzlichen Vertretern zwar nicht das Selbstkontrahieren, wohl aber die Mehrvertretung gestatten könne. Dem ist unter der Voraussetzung zuzustimmen, daß die Mehrvertretung gleichermaßen dem Interesse aller Kinder oder Mündel entspricht[141]. 128

c) Rechtlich vorteilhafte Geschäfte

§ 181 verneint, von den erwähnten Ausnahmen abgesehen, die Zulässigkeit eines Insichgeschäfts wegen der abstrakten Gefahr einer Interessenkollision generell, also nicht nur dann, wenn diese Gefahr im Einzelfall wirklich besteht. Damit ist jedoch nur gesagt, daß es nicht darauf ankommt, ob ein Interessengegensatz im einzelnen Fall vorliegt[142], und daher die Gefahr einer Benachteiligung des Vertretenen im Einzelfall nicht nachgewiesen werden muß. Anders ist es, wenn eine solche Gefahr generell nicht besteht, weil das Geschäft nach seinem typischen Inhalt dem Vertretenen **ausschließlich einen rechtlichen Vorteil** bringt. Für derartige Geschäfte ist es gerechtfertigt, den Anwendungsbereich von § 181 im Wege einer teleologischen Reduktion[143] entsprechend seinem wahren Schutzzweck einzuschränken[144]. Die teleologische Reduktion als der methodisch richtige Weg macht es entbehrlich, sich auf eine entsprechende Verkehrsauffassung oder eine allgemeine Rechtsüberzeugung[145], die nicht ohne weiteres festgestellt werden kann, zu berufen. 129

Beispiele: Dadurch wird es Eltern möglich, ihren Kinder unter sieben Jahren Schenkungen zu machen und diese zugleich als ihre gesetzlichen Vertreter anzunehmen sowie das Eigentum 130

---

[138] MünchKomm/*Schramm,* § 181 Rn. 45.

[139] *BGHZ* 65, 123, 126; *RGZ* 67, 51, 55; 119, 114, 116; U. *Hübner,* aaO, S. 103f.; *Flume,* AT II, § 48, 1 zu Anm. 10.

[140] *BGHZ* 21, 229, 234; *RGZ* 71, 162.

[141] So *Nipperdey,* FS Raape S. 305ff.; *Enneccerus/Nipperdey,* AT, § 181 II 1; Soergel/*Leptien,* § 181 Rn. 42; für die Möglichkeit auch des Selbstkontrahierens *U. Hübner,* aaO, S. 125ff. Anders jedoch *Flume,* AT II, § 48 1 zu Anm. 14; MünchKomm/*Schramm,* § 181 Rn. 42; *Medicus,* AT, Rn. 959; Staudinger/*Schilken,* § 181 Rn. 57; *Pawlowski,* AT, Rn. 794.

[142] A. A. offenbar *Brox,* AT, Rn. 544.

[143] Zu diesem Verfahren *Larenz,* Methodenlehre der Rechtswissenschaft, 6. Aufl., S. 391f.

[144] S. *BGHZ* 59, 236; 94, 232, 235; *BGH* NJW 1989, 2542, 2543; *Giesen,* JR 1973, 62; *W. Blomeyer* AcP 172, 1, 11ff.; *Stürner,* AcP 173, 442f.; *Säcker* u. *Klinkhammer,* JuS 1975, 626; *U. Hübner,* aaO, S. 141ff.; *Medicus,* AT, Rn. 961; MünchKomm/*Schramm,* § 181 Rn. 15; Palandt/*Heinrichs,* § 181 Rn. 9; Staudinger/*Schilken,* § 181 Rn. 30f.; Soergel/*Leptien,* § 181 Rn. 27; *Rüthers/Stadler,* AT Rn. 507; ablehnend *Schubert,* WM 1978, 290; Pawlowski, AT, Rn. 794.

[145] So *Flume,* AT II, § 48, 6. Aus dem Schrifttum ferner *Boehmer,* Grundlagen der bürgerlichen Rechtsordnung, Bd. II/2, 1952, S. 44ff.; *v. Lübtow,* Schenkungen der Eltern an ihre minderjährigen Kinder, 1949; *Enneccerus/Nipperdey,* AT, § 181 Anm. 9 und zu Anm. 25.

an dem geschenkten Gegenstand für die Kinder zu erwerben, ohne gemäß § 1909 einen Pfleger bestellen zu müssen. Dies gilt auch für Schenkungen durch die in § 1795 Abs. 1 Nr. 1 genannten Personen[146]. Anders kann es liegen, wenn es sich zwar um eine unentgeltliche Zuwendung des gesetzlichen Vertreters an den Minderjährigen handelt, der Erwerb des zugewendeten Gegenstandes dem Minderjährigen aber nicht nur einen rechtlichen Vorteil bringt, wie z.B. bei der Schenkung von Wohnungseigentum wegen der damit für den Wohnungseigentümer verbundenen Pflichten, etwa zur Tragung von Kosten nach § 16 Abs. 2 und 4 WEG. Zwar ist der schuldrechtliche Schenkungsvertrag noch lediglich rechtlich vorteilhaft, denn die Pflichten entstehen erst durch das Verfügungsgeschäft mit dem Erwerb des Eigentums. An sich könnte der Vertreter, wenn der Schenkungsvertrag als lediglich rechtlich vorteilhaft wirksam wäre, auch die Auflassung als Erfüllungsgeschäft in Erfüllung einer Verbindlichkeit gemäß § 181 durch Insichgeschäft allein vornehmen. Damit wäre aber der vom Gesetz gewollte Minderjährigenschutz unterlaufen. Bei einer Gesamtbetrachtung ist deswegen schon das obligatorische Geschäft als nicht lediglich rechtlich vorteilhaft anzusehen. Aufgrund der Interessenlage ist deshalb eine Rückausnahme des Inhalts zu machen, daß der lediglich rechtliche Vorteil der Schenkung als Verpflichtungsgeschäft entfällt, wenn die Nachteile beim Vollzug der Schenkung durch das Erfüllungsgeschäft eintreten[147].

3. Analoge Anwendung von § 181

131 Außerordentlich bestritten ist die Möglichkeit einer analogen Anwendung von § 181 in einer Reihe von Fällen, in denen er zwar nicht dem Wortsinn nach zutrifft, die Gefahr einer Interessenkollision aber offensichtlich gegeben ist. Die Rechtsprechung hat eine analoge Anwendung zumeist abgelehnt[148], sie aber in **Ausnahmefällen** doch **anerkannt.**

132 **Beispiele:** In einigen Fällen kann eine **Erklärung wahlweise** an den von ihrer Rechtswirkung Begünstigten oder **an eine Behörde,** etwa an das Grundbuchamt, gerichtet werden. Hierzu gehört nach § 875 Abs. 1 die Erklärung des Hypothekengläubigers, er gebe die Hypothek auf. Begünstigter im Sinne dieser Vorschrift ist der Grundstückseigentümer. Erklärt nun dieser als Vertreter des Hypothekengläubigers die Aufgabe der Hypothek an sich selbst in seiner Eigenschaft als Eigentümer, so ist es nicht zweifelhaft, daß § 181 Platz greift. Gibt der Vertreter des Hypothekengläubigers die ihn als Eigentümer begünstigende Erklärung dagegen gegenüber dem Grundbuchamt ab, so ist § 181 seinem Wortlaut nach zwar nicht anwendbar, da das Grundbuchamt als Erklärungsempfänger eine vom Vertreter verschiedene Person ist. Der *BGH* wendet aber § 181 zu Recht analog an, da der Vertretene in beiden Fällen gleichermaßen schutzwürdig ist[149].

133 Eine analoge Anwendung des § 181 ist auch für den Fall zu befürworten, daß der Vertreter, dem das Selbstkontrahieren nicht gestattet ist, für den Vertretenen einen weiteren Vertreter als **Untervertreter** bestellt und dann mit diesem abschließt, oder daß er **für sich selbst einen Bevollmächtigten** bestellt und mit diesem in seiner Eigenschaft als Vertreter kontrahiert[150]. Hier besteht die Gefahr einer Umgehung des § 181 oder doch eine ähnliche Gefährdung des Vertretenen wie im Falle des § 181; die Analogie ist daher berechtigt.

134 Eine **analoge Anwendung** des § 181 ist **abzulehnen,** wenn Prokuristen einer GmbH für die GmbH mit dem allein vertretungsberechtigten Vorstand eines rechtsfähigen Vereins kontra-

---

146 *BGH* JZ 1976, 66 mit zustimmender Anm. Stürner.

147 *BGHZ* 78, 28, 31 ff.; s. auch *Jauernig,* JuS 1982, 576; *Feller,* DnotZ 89, 66 ff.; *Medicus,* AT, Rn. 565.

148 Vgl. *RGZ* 76, 89, 92; 108, 405, 407; 157, 24, 31 f.

149 *BGHZ* 77, 7; ebenso Staudinger/*Schilken,* § 181 Rn. 40, MünchKomm/*Schramm,* § 181 Rn. 28; Soergel/*Leptien,* § 181 Rn. 30.

150 *BGH* NJW 1991, 691, 692; *Enneccerus/Nipperdey,* AT, § 181 III 2; *Flume,* AT II, § 48, 4; Soergel/*Leptien,* § 181 Rn. 29, MünchKomm/*Schramm,* § 181 Rn. 24 ff.; *Harder,* AcP 170, 295; *Medicus,* AT, Rn. 962. Differenzierend für den Fall des Abschlusses mit einem Untervertreter aber *U. Hübner,* aaO, S. 177 ff.

hieren, der zugleich alleiniger Geschäftsführer der GmbH ist[151]. Die Prokuristen der GmbH sind hier nicht Unterbevollmächtigte des Geschäftsführers, sondern müssen ihre Aufgaben in eigener Verantwortung gegenüber der Gesellschaft wahrnehmen. Die Prokura ist daher nicht mit einer Untervollmacht gleichzusetzen. Mit der h. L. ist die analoge Anwendung des § 181 ferner abzulehnen[152], wenn der Vertreter für den Vertretenen ein Rechtsgeschäft mit einem Dritten vornimmt, dessen Wirkungen dem Vertreter selbst zugute kommen sollen, z. B. im Namen des Vertretenen eine Bürgschaft für seine eigene Schuld übernimmt. Hier kommt es darauf an, ob das vorgenommene Geschäft noch im Rahmen seiner generellen Vertretungsmacht liegt; wenn dies der Fall ist, so ist zu prüfen, ob es sich um einen vom Geschäftsgegner erkannten oder für ihn offenkundigen Mißbrauch der Vertretungsmacht handelt, der die Zurechnung des Geschäfts zu Lasten des Vertretenen im Einzelfall ausschließt (s. unten Rn. 139 ff.).

VII. Trennung zwischen Außen- und Innenverhältnis

1. Grundsätzliche Lösung der Vertretungsmacht vom Innenverhältnis

a) Trennung im Interesse der Rechtssicherheit

Die Vertretungsmacht räumt dem Vertreter die Befugnis ein, nach außen im Ge- **135**
schäftsverkehr mit Wirkung für den Vertretenen rechtsgeschäftliche Erklärungen abzugeben (s. oben Rn. 8 ff.). Von dieser Befugnis darf der Vertreter grundsätzlich nur einen den Interessen des Vertretenen oder den Aufgaben seines Amts entsprechenden Gebrauch machen. Indessen ist die Vertretungsmacht nicht allgemein durch die Pflichten des Vertreters beschränkt (s. auch oben Rn. 3 f.)[153]. Eine solche Beschränkung der Vertretungsmacht würde die Rechtssicherheit gefährden, da der Geschäftsgegner häufig zwar den Inhalt und Umfang der Vertretungsmacht, z. B. aus einer Vollmachtsurkunde oder aus dem Gesetz entnehmen kann, aber nicht in der Lage ist zu beurteilen, ob das von dem Vertreter vorgenommene Geschäft im Einzelfall noch einer pflichtgemäßen Wahrnehmung der ihm übertragenen Aufgabe entspricht.

b) Abstraktheit der Vertretungsmacht

Es ist daher zu trennen zwischen der Vertretungsmacht im Außenverhältnis und den **136**
Pflichten im Innenverhältnis[154]. Von dieser Unterscheidung geht auch § 168 aus, wenn dort von dem der Vollmachterteilung zugrunde liegenden Rechtsverhältnis die Rede ist. Die **Vertretungsmacht** im Außenverhältnis besteht grundsätzlich **unabhängig vom Innenverhältnis.** Die Vertretungsmacht ist in diesem Sinne losgelöst

---

[151] *BGHZ* 91, 334.

[152] So *Enneccerus/Nipperdey,* AT, § 181 III 1; *Flume,* AT II, § 48, 5; Soergel/*Leptien,* § 181 Rn. 29; MünchKomm/*Schramm,* § 181 Rn. 27. Für eine analoge Anwendung des § 181 im Falle eines „evidenten" Eigeninteresses des Vertreters *U. Hübner,* aaO, S. 195 ff.

[153] H. L.; anders jedoch *Frotz,* aaO, S. 605, 610 ff. Nach seiner Ansicht läßt das Gesetz die Frage offen. Sachgerecht, meint er, sei allein die Begrenzung des Umfangs der Vertretungsmacht auf pflichtgemäßes Verhalten des Vertreters. Ob das konkrete Vertretergeschäft aber als pflichtgemäß anzusehen sei, müsse in den Fällen der Vollmacht im Verhältnis zum Geschäftsgegner aus dessen Perspektive beurteilt werden. Für die Fälle der gesetzlichen Vertretungsmacht empfiehlt *Frotz* eine schadensersatzrechtliche Lösung. Dazu MünchKomm/*Schramm* § 164 Rn. 70 ff., 82 ff.

[154] Die gedankliche Unterscheidung der Vertretungsmacht von dem ihr zugrunde liegenden Rechtsverhältnis stammt von *Laband,* ZHR Bd. 10 (1866), 185, 203 ff., dessen Auffassung die Verfasser des BGB gefolgt sind; dazu und zur weiteren Entwicklung ausführlich und kritisch *Müller-Freienfels,* aaO, S. 172 ff.

vom Innenverhältnis (s. unten § 47 Rn. 5)[155]. Aus dem Innenverhältnis ergeben sich für den Vertreter bestimmte Pflichten, von seiner Vertretungsmacht nur in bestimmtem Umfang Gebrauch zu machen. Die Vertretungsmacht regelt, was der Vertreter **im Außenverhältnis kann.** Aus dem **Innenverhältnis** ergibt sich danach, was der Vertreter **im Verhältnis zum Vertretenen darf.** Aus dem Innenverhältnis ergeben sich ferner regelmäßig Ansprüche des Vertreters, z. B. auf Ersatz seiner Auslagen oder auf eine Vergütung für seine Tätigkeit, und weitere Pflichten des einen oder des anderen.

137 **Beispiele:** In den Fällen der **gesetzlichen Vertretung** ist dieses Innenverhältnis ein **gesetzliches Schuldverhältnis,** das seinerseits seine Grundlage entweder in einem umfassenden familienrechtlichen Verhältnis, etwa in der elterlichen Sorge, oder in der Amtsstellung des Vormundes, der Stellung des Pflegers, Nachlaßverwalters oder Testamentsvollstreckers findet. Im Rahmen dieses gesetzlichen Schuldverhältnisses treffen den Vertreter Sorgfaltspflichten gegenüber dem Vertretenen (vgl. §§ 1664, 1833, 1915, 2218, 2219); er hat Ansprüche auf Ersatz seiner Auslagen (§§ 1648, 1835, 1915, 2218) und in einigen Fällen auch auf Vergütung (§§ 1836, 1987, 2221).

138 Bei der **Vollmacht** als der rechtsgeschäftlich erteilten Vertretungsmacht ist das Innenverhältnis regelmäßig ein **Vertragsverhältnis,** etwa ein Auftragsverhältnis (§ 662), ein Dienst- oder Werkvertrag der in § 675 bezeichneten Art oder ein Gesellschaftsverhältnis (vgl. §§ 709 ff., 713, 714). Indem die Vollmacht im Zusammenhang mit ganz verschiedenen Rechtsverhältnissen zur Anwendung kommen kann, ist sie nicht nur von diesen Rechtsverhältnissen zu trennen, sondern auch nicht an die causa als Zweck eines bestimmten Innenverhältnisses gebunden. Die Vollmacht trägt demgemäß die causa für ihren Bestand nicht in sich selbst und ist in diesem Sinne abstrakt[156].

2. Grundsätzliche Wirksamkeit trotz Mißbrauchs der Vertretungsmacht

139 Wenn der Vertreter ein Geschäft tätigt, das er zwar tätigen kann, aber nicht tätigen darf, so liegt darin grundsätzlich ein Mißbrauch der Vertretungsmacht in der Weise, daß der Vertreter die ihm durch das Innenverhältnis gesetzten Grenzen mißachtet. Aufgrund des Abstraktionsprinzips und der Loslösung der Vertretungsmacht vom Innenverhältnis (s. oben Rn. 136) ist ein im Rahmen der Vertretungsmacht abgeschlossenes Geschäft jedoch grundsätzlich wirksam, auch wenn der Vertreter im Innenverhältnis zum Vertretenen pflichtwidrig handelt. Das schuldhaft **pflichtwidrige Verhalten** kann zwar **Schadensersatzansprüche** des Vertretenen gegen den Vertreter begründen. **Für die Wirksamkeit des Rechtsgeschäfts** im Außenverhältnis ist dies aber grundsätzlich **ohne Bedeutung.** Der Geschäftsgegner wird insoweit durch die Wirksamkeit des Geschäfts geschützt. Der Vertretene muß das Risiko des pflichtwidrigen Vertreterhandelns grundsätzlich selbst tragen und kann damit nicht den Geschäftsgegner belasten, indem er das Geschäft für unwirksam erklärt[157].

140 **Beispiele:** Die Prokura ist eine umfassende Vollmacht mit gesetzlich festgelegtem Inhalt (§§ 49, 50 HGB). Der Prokurist kann deshalb im Außenverhältnis gegenüber Dritten für seine Firma Geschäfte in unbegrenzter Höhe abschließen. Im Innenverhältnis zur Firma kann er aber z. B. durch den Anstellungsvertrag verpflichtet sein, Geschäfte über 50 000,– € nur nach vorheriger Abstimmung mit dem Firmeninhaber zu tätigen. Eltern haben nach § 1629 Abs. 1 grundsätzlich umfassende Vertretungsmacht, müssen aber im Innenverhältnis zum Kind dessen Vermögensinteressen wahrnehmen und dürfen nicht jedes riskante Geschäft tätigen, auch wenn sie es im Außenverhältnis können.

---

155 Zur Geltung der Abstraktheit im Kommunalrecht *BGH* NJW 2001, 748.
156 S. unten § 47 Rn. 4.
157 *BGH* NJW 1994, 2082 m 2083; MünchKomm/*Schramm,* § 164 Rn. 100.

3. Kein Schutzbedürfnis bei Kenntnis des Geschäftsgegners

a) Unwirksamkeit des Geschäfts

Eine andere Beurteilung ist dagegen angebracht, wenn der **Geschäftsgegner den Mißbrauch der Vertretungsmacht erkennt,** weil er weiß, daß der Vertreter zum Nachteil des Vertretenen und damit pflichtwidrig handelt. In diesem Fall bedarf er keines Schutzes. Er kann dann so behandelt werden, als ob eine Vertretungsmacht nicht bestünde, weil auf sein Vertrauen in die Wirksamkeit des Geschäfts nicht mehr Rücksicht genommen werden muß. Dem Geschäftsgegner, der sich auf das Geschäft beruft, obwohl er den Mißbrauch der Vertretungsmacht kennt, kann der Einwand der unzulässigen Rechtsausübung entgegengehalten werden[158]. Damit zu verbinden ist jedoch die **analoge Anwendung von § 177,** weil dies den Interessen des Vertretenen besser gerecht wird. Der Vertretene hat dann die Wahl, sich auf die Unwirksamkeit des Vertrags zu berufen oder das **Geschäft** zu **genehmigen** und den Geschäftsgegner am Vertrag festzuhalten[159], wenn er es gegen sich gelten lassen will. Dabei ist gleichgültig, ob der Vertreter selbst sich der Pflichtwidrigkeit seines Handelns bewußt ist oder nicht[160]. 141

Der Kenntnis des Geschäftsgegners von dem Mißbrauch der Vertretungsmacht ist der Fall gleichzustellen, daß der **Mißbrauch** für den Geschäftsgegner **offenkundig** ist[161], d.h. sich ihm auf Grund aller ihm bekannten Umstände aufdrängen muß. An die Offenkundigkeit sind strenge Anforderungen zu stellen. Der Geschäftsgegner braucht sich im allgemeinen nicht davon zu vergewissern, daß der Vertreter, dessen Handeln im Rahmen seiner Vertretungsmacht liegt, pflichtgemäß handelt[162]. Das Risiko, das sich aus der Undurchsichtigkeit des Innenverhältnisses für andere ergibt, muß grundsätzlich der Vertretene tragen. Es müssen schon besondere Umstände vorliegen, die auffällig genug sind, um den Geschäftsgegner Verdacht schöpfen zu lassen und ihm eine Rückfrage bei dem Vertretenen oder wenigstens das Ersuchen um Auskunft an den Vertreter nahe zu legen[163]. Bloßes **Kennenmüssen** des Geschäftsgegners **genügt nicht.** Zum Teil begnügt sich die Rechtsprechung aber mit der grob fahrlässigen Unkenntnis[164]. 142

Bei bewußtem Zusammenwirken des Vertreters mit dem Dritten in der **Absicht,** den Vertretenen **zu täuschen und zu benachteiligen,** liegt eine sog. **Kollusion** vor, die nach h.M. gemäß § 138 die Nichtigkeit zur Folge hat[165]. Abgesehen von der 143

---

[158] So *BGH* NJW 1984, 1461, 1462; *BGH* NJW 1988, 3012, 3013; *BGHZ* 113, 320; *BGH* NJW 1995, 251; *Köhler,* AT, § 11 Rn. 49; Soergel/*Leptien,* § 177 Rn. 15; Palandt/*Heinrichs,* § 164 Rn. 13; RGRK/*Steffen,* § 167 Rn. 24; *Staub/Joost,* § 50 Rn. 45, 50; Soergel/*Leptien,* § 177 Rn. 15.

[159] Grundlegend *Kipp* in RG-Festschrift, Bd. II, S. 273ff.; ferner Heinrich Stoll, FS Lehmann 1937, S. 115ff.; *Rinck,* Pflichtwidrige Vertretung, 1936; *Enneccerus/Nipperdey,* AT, § 183 I 5; *Flume,* AT II, § 45 II 3; *Hübner,* AT, Rn. 1296f.; Soergel/*Leptien,* § 177 Rn. 15ff.; *Schott,* AcP 171, 385; *H.J. Westermann,* JA 1981, S. 521.

[160] *BGH* NJW 1988, 3012, 3013; *Flume,* AT II, § 45 II 3; *Medicus,* AT, Rn. 968; MünchKomm/*Schramm,* § 164 Rn. 113ff.

[161] *BGH* NJW 1995, 250; *BGH* NJW 1999,2883; *BGH* NJW 2002, 1497; *Flume,* AT II, § 45 II 3 zu Anm. 33; *Medicus,* AT, Rn. 967; *Köhler,* AT, § 11 Rn. 49.

[162] *Westermann,* aaO, S. 524.

[163] S. auch *BGH* NJW 1995, 250; 1996, 1961; *BGH* NJW 2002, 1497.

[164] *BGH* v. 5. 11. 2003 VIII ZR 218/01.

[165] S. *BGH* NJW 1989, 26; *BGH* NJW 2000, 2896; Erman/*Palm,* § 167 Rn. 47; *Rüthers/Stadler,* AT, Rn. 509.

Schwierigkeit, eine solche Absicht nachzuweisen, ist jedoch den Interessen des Vertretenen durch, die analoge Anwendung von § 177 auch im Fall einer Kollision besser gedient[166]. Er kann dann selbst entscheiden, ob er das Geschäft gelten lassen will, z. B. weil der Schaden nicht so hoch ist oder weil er z. B. den beabsichtigten Schaden zu seinem Vorteil wenden kann.

b) Schadensersatzansprüche

144 Bei schuldhafter Pflichtverletzung des Vertreters stehen dem Vertretenen **Schadensersatzansprüche gegen den Vertreter** wegen positiver Vertragsverletzung der Pflichten aus dem Innenverhältnis zu (§ 280 Abs. 1). **Schadensersatzansprüche gegen den Geschäftsgegner** können sich aus § 823 Abs. 2 z. B. mit § 263 StGB oder aus § 826 ergeben. Auch Schadensersatzansprüche wegen Verschuldens bei den Vertragsverhandlungen oder, wenn bereits ein Schuldverhältnis besteht, aus positiver Vertragsverletzung sind möglich. Sie sind jedoch auf vorsätzliches Handeln des Geschäftsgegners beschränkt. Eine Haftung des Geschäftsgegners, der den Mißbrauch der Vertretungsmacht fahrlässig nicht erkennt, würde den Vertrauensschutz in die Vertretungsmacht und die Rechtssicherheit im Geschäftsverkehr zu stark gefährden. Der *BGH* geht deshalb zu Recht davon aus, daß ein solcher Schadensersatzanspruch nur in Betracht kommt, wenn der Mißbrauch der Vertretungsmacht offenkundig ist[167]. Eine Schadensteilung gemäß § 254, wie sie der *BGH* vornimmt[168], ist dagegen nicht angebracht.

VIII. Die Rechtsfolgen wirksamer Stellvertretung

1. Wirkung für und gegen den Vertretenen

a) Geschäft des Vertretenen

145 Handelt der Vertreter im Namen des Vertretenen und im Rahmen seiner Vertretungsmacht, so gelten die Rechtsfolgen des von ihm vorgenommenen Rechtsgeschäfts nicht für ihn, sondern für den Vertretenen. Das Rechtsgeschäft ist ein Geschäft des Vertretenen **mit allen** sich daraus ergebenden **Rechten und Pflichten.** Der Vertretene erlangt, wenn es sich um den Abschluß eines Vertrages handelt, in jeder Hinsicht die Stellung der Vertragspartei. Eine einseitige Willenserklärung gilt als vom Vertretenen abgegeben. Eine dem Empfangsvertreter zugegangene Erklärung gilt als dem Vertretenen zugegangen (s. oben Rn. 29).

146 **Beispiele:** Mietet V namens und in Vollmacht des A für diesen eine Wohnung, so erlangt A nicht nur sämtliche Rechte und Pflichten aus diesem Mietvertrag, er hat auch im übrigen die rechtliche Stellung des Mieters. Er ist daher zuständig für den Empfang einer Kündigung, auf seine Lebensverhältnisse kommt es für einen Widerspruch gegen die Kündigung gemäß § 574 an, an ihn ist die Anzeige gemäß § 566 e zu richten usw.

b) Aufhebung der Erklärungsfolgen durch den Vertetenen

147 Da der Vertreter das Rechtsgeschäft an Stelle des Vertretenen und damit als dessen Geschäft und nicht als sein eigenes vornimmt, steht das **Anfechtungsrecht** allein

[166] So zu Recht *Singer* Anm. zu *BGH* LM H. 10/99 § 166 BGB Nr. 6.

[167] *BGH* NJW 1996, 1961; *BGH* NJW 1999, 2883.

[168] *BGHZ* 50, 112. Zutreffend die Kritik von *Heckelmann,* JZ 1970, 62; gegen den *BGH* auch *Medicus,* BürgR, Rn. 118; MünchKomm/*Schramm,* § 164 Rn. 122; Soergel/*Leptien,* § 177 Rn. 19.

dem Vertretenen zu, auch wenn der Vertreter sich geirrt hat oder getäuscht worden ist. Zwar hat der Vertretene nicht die Erklärung abgegeben, sondern an seiner Stelle der Vertreter. Deshalb kommt es für die Frage, ob ein Willensmangel vorliegt, nach § 166 Abs. 1 grundsätzlich auf die Person des Vertreters an (s. oben Rn. 91f.). Durch das Anfechtungsrecht als Gestaltungsrecht soll aber demjenigen, für den die Erklärung wirkt, die Möglichkeit gegeben werden, selbst zu entscheiden, ob er sie trotz des Willensmangels gelten lassen will oder nicht. Weil sie für ihn und nicht für den Vertreter wirkt, muß der Vertretene das Anfechtungsrecht haben[169]. Eine andere Frage ist, ob der Vertreter die Anfechtungserklärung an Stelle des Vertretenen mit Wirkung für diesen abgeben kann. Das hängt vom Umfang seiner Vollmacht ab[170].

Die gleichen Erwägungen gelten für ein **Widerrufsrecht** nach §§ 312, 312d, 485, 148
495 u.a. (s. oben § 39 Rn. 14). Die Voraussetzungen für die Entstehung des Widerrufsrechts, wie z.B. die Haustürsituation oder des Fernabsatzes, bestimmen sich grundsätzlich nach der Person des Vertreters. Zur Verbrauchereigenschaft s. oben Rn. 97. Über die Ausübung des einmal entstandenen Widerrufsrechts nach § 355 entscheidet allein der Vertretene, sofern sich die Vertretungsmacht des Vertreters nicht auch auf diesen Punkt bezieht, wie z.B. bei der gesetzlichen Vertretungsmacht der Eltern oder des Vormunds.

2. Folgen für den Vertreter

Der Vertreter wird, obgleich er das Geschäft vorgenommen hat, **nicht Geschäfts-** 149
partei; er kann aus dem Geschäft weder in Anspruch genommen werden, noch wird er aus ihm berechtigt. Anders ist es nur, wenn er das Geschäft **zugleich im eigenen und im fremden Namen,** für sich selbst und für den von ihm Vertretenen, abschließt.

Beispiele: A mietet ein Zimmer für sich selbst und in Vertretung der B. In diesem Fall wer- 150
den beide, A und B, Mieter. Gleiches gilt, wenn A für sich und zugleich im Namen seiner Freundin F eine Reise bucht. Mit A und F kommt dann je ein selbständiger Reisevertrag zustande. Möglich wäre auch, daß A nur den Reisevertrag mit sich als Vertragspartner abschließt und F aufgrund eines Vertrags zugunsten Dritter gemäß § 328 berechtigt wird. Den Reisepreis muß F beim Vertrag zugunsten Dritter nicht bezahlen, sondern nur A und zwar auch für F. Im Fall des § 1357 Abs. 1 werden beide Ehegatten nebeneinander Geschäftspartner, ohne daß es der Offenlegung des Handelns als Vertreter bedarf.

Bei wirksamer Stellvertretung hat der **Vertreter** grundsätzlich **nicht für die Er-** 151
füllung der Verpflichtungen des Vertretenen **einzustehen,** die sich aus dem von ihm vorgenommenen Geschäft ergeben. Dies wäre unzweckmäßig, weil es das Handeln in Vertretung eines anderen mit einem häufig unzumutbaren Risiko belasten würde. Die meisten Vertreter sind Angestellte, die für ihre Firma oder ihren Dienstherren Verträge abschließen, die selbst zu erfüllen oder für deren Erfüllung einzustehen ihre wirtschaftlichen Kräfte weit übersteigen würde. Grundsätzlich hat der Vertreter für die Erfüllung des von ihm im fremden Namen geschlossenen Vertrages nur dann selbst einzustehen, wenn er keine Vertretungsmacht hatte und der Vertretene das Geschäft auch nicht genehmigt (§ 179; unten § 49 Rn. 17ff.).

---

[169] S. auch *Brox,* AT, Rn. 493.
[170] MünchKomm/*Schramm,* § 166 Rn. 8.

152 In einzelnen Fällen macht das Gesetz jedoch Ausnahmen und läßt auch den mit Vertretungsmacht ausgestatteten Vertreter selbst haften. Dies gilt insbesondere, wenn das haftende Vermögen für den Geschäftsgegner nicht sicher feststellbar ist. Wer im Namen eines nichtrechtsfähigen Vereins ein Rechtsgeschäft für diesen vornimmt, haftet nach der Vorschrift des § 54 Satz 2, auch wenn er Vertretungsmacht hatte, neben dem Verein persönlich. Nach § 11 Abs. 2 GmbHG haften die Handelnden, die schon vor Eintragung der GmbH ins Handelsregister für diese Geschäfte tätigen. Gleiches gilt gemäß § 41 Abs. 1 Satz 2 AktG bei der AG.

3. Haftung des Vertretenen und des Vertreters aus culpa in contrahendo

153 Das durch die Aufnahme von Vertragsverhandlungen begründete gesetzliche Schuldverhältnis trifft **grundsätzlich den Vertretenen** als denjenigen, für den die Verhandlungen geführt werden und der Geschäftspartei werden soll. Der Vertreter handelt als Verhandlungsführer in diesem Fall nicht erst beim Abschluß, sondern schon beim Beginn der Vertragsverhandlungen für den Vertretenen (s. oben § 31 Rn. 33). Dieser hat nicht nur für die selbst verschuldeten Pflichtverletzungen, sondern auch für die Pflichtvertretung seines gesetzlichen Vertreters, seines Bevollmächtigten oder eines Verhandlungsgehilfen gemäß § 278 einzustehen.

154 Eine selbständige **Haftung des Vertreters** oder des Verhandlungsgehilfen kann **neben dem Vertretenen** in Frage kommen, wenn der Vertreter an dem Abschluß des Vertrages wirtschaftlich ein eigenes Interesse hat oder er im besonderen Maße das Vertrauen des Geschäftsgegners in seine eigene Person in Anspruch genommen hat (s. oben § 31 Rn. 34ff.).

§ 47. Die Vollmacht

Inhaltsübersicht

Literatur: *Einsele,* Inhalt, Schranken und Bedeutung des Offenkundigkeitsprinzips, JZ 1990, 1005; *Fikentscher,* Scheinvollmacht und Vertreterbegriff, AcP 154, 1; *Hupka,* Die Vollmacht, 1900; *H. Isay,* Vollmacht und Verfügung, AcP 122, 195; *Laband,* Die Stellvertretung bei dem Abschluß von Rechtsgeschäften nach dem allgem. Deutsch. Handelsgesetzbuch, ZHR 10, 183; *Manigk,* Stillschweigend bewirkte Vollmachten im Handelsrecht, 1931; *Müller-Freienfels,* Die Abstraktion der Vollmachtserteilung im 19. Jahrhundert, in: Coing u. Wilhelm, Wissenschaft und Kodifikation des Privatrechts im 19. Jahrhundert, II, S. 144; *Petersen,* Die Haftung bei der Untervollmacht, Jura 1999, 401; *ders.,* Die Anfechtung der ausgeübten Innenvollmacht, AcP 201 (2001), 375; *Siebenhaar,* Vertreter des Vertreters?, AcP 162, 354; *v. Tuhr,* Die unwiderrufliche Vollmacht, Festgabe f. Laband, 1908, S. 43. Vgl. ferner die Angaben zu § 46.

I. Die Vollmacht als rechtsgeschäftlich erteilte Vertretungsmacht

1. Begriff der Vollmacht

1 Die Vollmacht ist **die durch Rechtsgeschäft erteilte Vertretungsmacht** (s. § 166 Abs. 2). Sie verleiht, wie die Vertretungsmacht allgemein (s. oben § 46 Rn. 8), dem Vertreter die rechtliche Befugnis, mit Wirkung für den Vertretenen Rechtsfolgen dadurch herbeizuführen, daß der Vertreter in seinem Namen Rechtsgeschäfte abschließt[1]. Die Vollmacht ist damit bezogen auf den Entstehungsgrund ein Unterfall der Vertretungsmacht, die als Oberbegriff auch die gesetzliche Vertretungsmacht umfaßt. Die Vollmacht kann als Hauptvollmacht durch rechtsgeschäftliche Willenserklärung des Vertretenen selbst entstehen oder als Untervollmacht durch eine Erklärung des Vertreters, wenn die Hauptvollmacht dazu ermächtigt (s. auch unten Rn. 38ff.).

2 Der Akt der Erteilung der Vollmacht (§ 167 Abs. 1) ist die „Bevollmächtigung"; derjenige, der die Vollmacht erteilt hat, wird als „Vollmachtgeber", derjenige, dem sie erteilt worden ist, wird als „Bevollmächtigter" bezeichnet. Die Umgangssprache, mitunter sogar das Gesetz (so §§ 80 Abs. 1, 89 Abs. 1 Satz 1 ZPO), bezeichnet als Vollmacht daneben auch die Urkunde, in der die Bevollmächtigung verbrieft ist; das BGB spricht dagegen korrekterweise von einer Vollmachtsurkunde (s. § 172). Die §§ 80ff. ZPO über die Prozeßvollmacht erhalten insgesamt Sondervorschriften, neben denen die §§ 164ff. nur ausnahmsweise anwendbar sind, wenn darauf ausdrücklich im Gesetz verwiesen wird oder wenn es sich um allgemeine Grundsätze der Stellvertretung handelt[2]. Die §§ 172ff. finden auf die Prozeßvollmacht keine Anwendung[3].

---

[1] Vgl. *Medicus,* AT Rn. 882; *Brox,* AT, Rn. 464; MünchKomm/*Schramm,* § 164 Rn. 68.
[2] *BGH* WM 2004, 27.
[3] *BGH* NJW 2003, 1594.

2. Vollmacht und Innenverhältnis

a) Vollmacht als Handlungsbefugnis im Außenverhältnis

3 Die Vollmacht bezieht sich ebenso wie die Vertretungsmacht allgemein auf das Außenverhältnis zu Dritten als den Geschäftspartnern. Aus der Vollmacht ergibt sich, was der Bevollmächtigte im Außenverhältnis gegenüber Dritten an Rechtsgeschäften **mit Wirkung für den Vertretenen** vornehmen kann. Davon zu unterscheiden ist die Frage, was der Vertreter im Innenverhältnis zum Vertretenen mit der Vollmacht unternehmen darf (s. auch oben § 46 Rn. 135ff.). Dies ergibt sich regelmäßig aus dem Schuldverhältnis zwischen dem Vertreter und dem Vertretenen.

b) Trennung der Vollmacht vom Innenverhältnis

4 Die **Erteilung einer Vollmacht** bedarf eines von der Begründung des Innenverhältnisses zu sondernden eigenen Aktes der Bevollmächtigung; sie ergibt sich also nicht schon aus dem Innenverhältnis. Das Innenverhältnis wird als Vertragsverhältnis durch einen Vertrag, die Vollmacht gemäß § 167 **durch einseitige Erklärung** begründet (s. unten Rn. 15). Mit dieser Trennung von Vollmacht und Innenverhältnis ist die weitere Folge verbunden, daß die Vollmacht als **abstraktes Rechtsgeschäft** anzusehen ist[4]. Aus der Geltung des Abstraktionsprinzips für die Vollmacht ergibt sich, daß ihre Wirksamkeit wie die Vertretungsmacht allgemein (s. oben § 46 Rn. 136) unabhängig vom Bestand des Innenverhältnisses zu beurteilen ist (allgemein zum Abstraktionsprinzip oben § 23 Rn. 79ff.).

5 **Beispiel:** Wenn A den B bittet, für ihn bei einer Versteigerung ein bestimmtes Gemälde zu erwerben, und B diesen Auftrag annimmt, dann kann B ihn ausführen, indem er als mittelbarer Vertreter im eigenen Namen oder als unmittelbarer Stellvertreter im Namen des A handelt. Nur im letzten Fall bedarf er einer Vertretungsmacht. Wenn B minderjährig ist, kann er den Auftrag, der ihm nicht lediglich einen rechtlichen Vorteil bringt, da er durch die Annahme zur Ausführung verpflichtet wird, nicht ohne die Zustimmung seiner Eltern als gesetzlicher Vertreter annehmen. Verweigern diese die Zustimmung, dann ist das Auftragsverhältnis nicht zustandegekommen. Dagegen erfolgt die Bevollmächtigung durch ein einseitiges Rechtsgeschäft des Vollmachtgebers gemäß § 167 Abs. 1 (s. unten Rn. 15ff.). Die dem Minderjährigen erteilte Vollmacht ist wirksam, da sie ihm nur einen rechtlichen Vorteil bringt. Wirksam ist auch das von ihm auf Grund der Vollmacht vorgenommene Rechtsgeschäft (§ 165)[5]. Die Beziehungen zwischen A und B richten sich dann, da ein wirksames Auftragsverhältnis nicht zustandegekommen ist, nach den Vorschriften über die Geschäftsführung ohne Auftrag (§§ 677ff., § 682). Das Innenverhältnis kann demgemäß nicht nur auf vertraglicher, sondern auch auf gesetzlicher Grundlage wie z.B. auch auf der Ehe beruhen[6]. Die Entstehung einer Vollmacht ist in jedem Fall unabhängig davon, ob das beabsichtigte Innenverhältnis wirksam ist. Sie ist insofern von diesem losgelöst und damit abstrakt.

c) Verbindungen zwischen Vollmacht und Innenverhältnis

6 Trotz der mit dem Abstraktionsprinzip verbundenen Trennung von Vollmacht und Innenverhältnis bestehen doch auch Verbindungen. Das Schuldverhältnis bestimmt als Innenverhältnis den **Zweck,** dem die Vollmacht dienen soll, und die Verpflichtung

---

[4] Vgl. dazu *Flume,* AT II § 50, 2; *Hübner,* AT, Rn. 1239; *Köhler,* AT, § 11 Rn. 26; MünchKomm/*Schramm,* § 164 Rn. 97ff.; Soergel/*Leptien,* vor § 164 Rn. 39f.; *Brox,* AT, Rn. 507; *Pawlowski,* JZ 1996, 125; a.A. *Medicus,* AT, Rn. 949.

[5] Vgl. auch *Köhler,* AT, § 11 Rn. 25. Gegen die Wirksamkeit der Vollmacht in diesem Fall *Medicus,* AT, Rn. 949.

[6] S. *BGH* NJW 2000, 3199.

des Vertreters, sie in einem bestimmten Sinne zu gebrauchen. Weil die Stellvertretung der Wahrnehmung der im Innenverhältnis gestellten Aufgaben dient, bestimmt sich auch das **Erlöschen** der Vollmacht nach dem ihrer Erteilung zugrunde liegenden Innenverhältnis.

Dies bedeutet aber nicht, daß die Vollmacht automatisch mit dem Innenverhältnis endet. Sie kann vielmehr früher enden (s. unten Rn. 60ff.). Dies macht § 168 Satz 2 dadurch deutlich, daß die Vollmacht unabhängig vom Grundverhältnis widerrufen werden kann. Die Vollmacht kann aber auch später als das Innenverhältnis erlöschen. Dies zeigt sich etwa bei der postmortalen Vollmacht (s. unten Rn. 56). § 168 Satz 1 ordnet das Erlöschen der Vollmacht zusammen mit dem Innenverhältnis deshalb nicht zwingend an. Vielmehr sieht er nur vor, daß für das Erlöschen der Vollmacht, falls keine andere Regelung getroffen wurde, dieselben Beendigungsgründe gelten wie für das Innenverhältnis. Damit kann, da es sich um zwei getrennte Verhältnisse handelt, zugleich von einer Verdoppelung der Beendigungsgründe ausgegangen werden. Soweit es um die Beendigung durch Zeitablauf geht, tritt die Beendigung gleichzeitig ein. Sofern die Beendigung durch Kündigung oder Widerruf (s. § 671) vorgesehen ist, kann die Kündigung oder der Widerruf für die Vollmacht und das Innenverhältnis zusammen erklärt werden, muß aber nicht gemeinsam erfolgen. Da die Vollmacht auch durch Zweckerreichung erlöschen kann (s. unten Rn. 62), endet sie durch Zweckerreichnug mit der Beendigung des Auftrags oder Geschäftsbesorgungsvertrags, wenn die Vollmacht nur zur Durchführung des Auftrags oder Geschäftsbesorgungsvertrags erteilt worden ist. Sie kann aber auch trotz Beendigung des Innenverhältnisses fortbestehen z.B. zur Erledigung nachvertraglicher Pflichten. Da die Vollmacht erlischt, braucht sie nicht wie sonstige Leistungen nach § 346 zurückverlangt oder nach § 812 kondiziert zu werden. 7

Die Vollmacht kann auch durch eine auflösende Bedingung nach § 158 Abs. 2 vom Bestand des Innenverhältnisses abhängig gemacht werden (s. unten Rn. 15, 63). Ebenso können Vollmacht und vertragliches Innenverhältnis gemäß § 139 zu einem einheitlichen Geschäft verbunden werden[7]. Die Nichtigkeit des Vertrags, der das Innenverhältnis begründet, bewirkt dann zugleich die Nichtigkeit der Vollmacht. Dies ist aber nur ausnahmsweise anzunehmen. Die Nichtigkeit des Vertrags kann sich auch dann auf die Vollmacht erstrecken, wenn sich dies aus dem Gesetzeszweck des Nichtigkeitsgrundes ergibt, so z.B. wenn die Vollmacht für eine nach dem RBeratG unerlaubte Rechtsberatung erteilt wird[8]. 8

3. Umfang der Vollmacht

Der **Umfang der Vollmacht** kann vom Vollmachtgeber aufgrund der Privatautonomie in den Grenzen der §§ 134, 138 sowie der §§ 307ff. und des sonstigen zwingenden und halbzwingenden Rechts grundsätzlich beliebig ausgestaltet werden. Der Umfang ergibt sich grundsätzlich aus dem Inhalt der **Erklärung, mit der die Vollmacht erteilt** wird (s. unten Rn. 15), wegen der Abstraktheit der Vollmacht aber nicht unmittelbar aus dem Innenverhältnis und seiner Zweckbestimmung. Indessen ist das Innenverhältnis doch für die **Auslegung** der Vollmacht mit heranzuziehen[9]. 9

Beispiel: Wer in einem Laden oder in einem offenen Warenlager angestellt ist, gilt nach § 56 HGB als ermächtigt zu Verkäufen und Empfangnahmen, welche in einem derartigen Laden oder Warenlager gewöhnlich geschehen. Wer einen anderen zum Verwalter eines Hauses oder Grundstücks bestellt oder ihm die Leitung eines Filialbetriebes oder einer Zweigstelle überträgt, wird ihm in der Regel eine Vollmacht erteilen, die die Vornahme aller solcher Geschäfte umfaßt, die eine derartige Tätigkeit gewöhnlich mit sich bringt und die der Vertreter 10

[7] *BGH* NJW 1990, 1721, 1723; *BGH* NJW 2002, 2325; Staudinger/*H. Roth,* § 139 Rn. 56; a.A. Soergel/*Hefermehl,* § 139 Rn. 20.

[8] *BGH* NJW 2002, 66.

[9] Vgl. *BGH* NJW 1988, 3012; Soergel/*Leptien,* § 167 Rn. 39; Palandt/*Heinrichs,* § 167 Rn. 5; Erman/*Palm,* § 167 Rn. 30; *Köhler,* AT, § 11 Rn. 57.

vornehmen können muß, um der ihm übertragenen Aufgabe zu genügen. Soll die Vertretungsmacht nicht so weit gehen, weil der Auftraggeber die Vornahme bestimmter Geschäfte, die an sich in den übertragenen Tätigkeitsbereich fallen, sich selbst vorbehalten will, so muß er dies bei der Erteilung der Vollmacht zum Ausdruck bringen.

11 Der Umfang der Vollmacht und damit des rechtlichen Könnens des Vertreters kann nach außen weiter reichen als das aus dem Innenverhältnis zu entnehmende Dürfen[10]. Die Vollmacht verträgt mit Rücksicht auf ihre Wirkung gegenüber Dritten nur eine klar erkennbare Begrenzung. Dagegen kann das, was der Bevollmächtigte dem Vollmachtgeber gegenüber gemäß dem Innenverhältnis tun darf, bis zu einem gewissen Grade unbestimmt gelassen und von der jeweiligen Situation abhängig gemacht werden.

12 **Beispiel:** Beauftragt A den B mit dem Verkauf seines Wagens, jedoch nicht unter 1000 €, und erteilt er gleichzeitig Vollmacht hierzu, so ist anzunehmen, daß die Vollmacht nur einen Verkauf zum Preise von mindestens 1000 € umfaßt, so daß also B, wenn er den Wagen für 800 € verkauft, nicht im Rahmen seiner Vertretungsmacht handelt. Beauftragt aber A den B, den Wagen „bestens" zu verkaufen, dann ist die Vollmacht des B hinsichtlich der Kaufpreishöhe nicht begrenzt[11], selbst wenn A geäußert hat, er rechne mit einem Erlös von mindestens 1000 €. Verkauft B den Wagen für 800 €, dann ist der Kaufvertrag in diesem Fall für A wirksam, da er im Rahmen der Vollmacht des B liegt. B könnte aber, wenn er sich nicht bestens bemüht hat, dem A wegen Verletzung seiner Verpflichtung zur sorgfältigen Ausführung des Auftrags schadensersatzpflichtig sein. Wenn der Geschäftsgegner erkannt hat, daß der Vertreter seine Vollmacht mißbraucht, ist das Geschäft für den Vertretenen wegen Mißbrauchs der Vollmacht nicht wirksam (s. oben § 46 Rn. 141 ff.).

4. Fortbestand der Handlungsfähigkeit des Vollmachtgebers

13 Die Vollmachtserteilung berührt nicht die Fähigkeit des Vollmachtgebers, weiterhin in eigenem Namen vollwirksame Rechtsgeschäfte vorzunehmen. Die Vollmacht führt vielmehr zu einer Verdoppelung bzw. bei mehreren Vollmachten zu einer Vervielfältigung der Möglichkeiten zum Geschäftsabschluß und zur Abgabe von Willenserklärungen (s. auch oben § 46 Rn. 2). Eine **verdrängende Vollmacht,** die die rechtsgeschäftliche Handlungsfähigkeit des Vollmachtgebers beseitigt, ist nach dem Rechtsgedanken des § 137 Satz 1 grundsätzlich unzulässig[12]. Schließen der Bevollmächtigte im Namen des Vollmachtgebers und der Vollmachtgeber im eigenen Namen jeweils einen Vertrag ab, so ist der Vollmachtgeber an zwei Verträge gebunden.

14 **Beispiele:** Betreffen die Verträge etwa einen Kaufvertrag über dieselbe Sache, so ist dies in derselben Weise zu lösen, wie wenn eine Person selbst mehrere Rechtsgeschäfte in eigenem Namen vornimmt, d. h., die Verpflichtungsgeschäfte sind wirksam, auch wenn sie sich auf denselben Leistungsgegenstand beziehen. Bei den Verfügungsgeschäften, wie z. B. einer Übereignung (§§ 929 ff.) oder Abtretung (§ 398), gilt dagegen der Prioritätsgrundsatz, d. h., es ist nur die zuerst vorgenommene Übereignung oder Abtretung wirksam, gleichgültig ob sie durch den Bevollmächtigten oder den Vollmachtgeber vorgenommen wird. Die zweite Übereignung oder Abtretung ist, abgesehen von der Möglichkeit gutgläubigen Erwerbs, unwirksam, weil der Vollmachtgeber nicht mehr Rechtsinhaber ist. Der Prioritätsgrundsatz gilt auch für sich inhaltlich widersprechende Gestaltungsgeschäfte, wie z. B. die Ausübung eines Wahlrechts (§§ 262 ff.), eines Bestimmungsrechts (§ 315, § 366 Abs. 1), eines Optionsrechts oder bei Erteilung oder Verweigerung einer Genehmigung. Auch hier entfaltet grundsätzlich nur das zuerst wirksam vorgenommene Geschäft die gewollten Rechtsfolgen, nicht mehr dagegen das zweite. Bei einer Kün-

---

[10] S. oben § 46 Rn. 142; ferner MünchKomm/*Schramm,* § 164 Rn. 103; *Köhler,* AT, § 11 Rn. 26.

[11] Ebenso *v. Tuhr,* AT II, § 85 zu Anm. 142; *Köhler,* AT, § 11 Rn. 25.

[12] Staudinger/*Kohler,* § 137 Rn. 34; Erman/*Palm,* § 167 Rn. 1; *Schack,* AT, Rn. 500; anders *Gernhuber,* Die verdrängende Vollmacht, JZ 1955, 381 ff.

digung verdrängt dagegen grundsätzlich die Kündigung mit der früheren Kündigungswirkung die andere mit einer späteren Beendigungswirkung, z. B. verdrängt die fristlose Kündigung die befristete Kündigung, auch wenn die fristlose Kündigung erst später ausgesprochen worden ist.

II. Die Erteilung der Vollmacht

1. Erteilung durch einseitiges Rechtsgeschäft

Die Erteilung der Vollmacht erfolgt gemäß § 167 Abs. 1 durch eine in der Regel **empfangsbedürftige Willenserklärung** des Vollmachtgebers; sie ist ein einseitiges, gestaltendes Rechtsgeschäft[13], eine Art Ermächtigung. Es besteht jedoch, auch wenn die einseitige Bevollmächtigungserklärung weitaus die Regel sein wird, kein sachlicher Grund, die Erteilung einer Vollmacht durch einen Vertrag für unzulässig zu halten[14]. Ein Vollmachtvertrag darf indessen nicht verwechselt werden mit dem das Innenverhältnis regelnden Vertrag, etwa der Erteilung und Annahme des der Vollmacht zugrunde liegenden Auftrags (§ 662) oder Geschäftsbesorgungsvertrags (§ 675). Die Hinzufügung einer Bedingung ist auch bei der Erteilung durch einseitiges Rechtsgeschäft möglich[15], weil die Vollmacht nicht in die Rechtssphäre des Bevollmächtigten eingreift, sondern er dadurch eine zusätzliche Rechtsmacht erlangt, von der er keinen Gebrauch machen muß. Inhalt und unmittelbare Rechtsfolge der Bevollmächtigung ist die Begründung einer Vertretungsmacht für den Vollmachtgeber in der Person des Bevollmächtigten. Die Entstehung der Vertretungsmacht hängt, da das Gesetz (§ 167 Abs. 1) die Erklärung des Vollmachtgebers genügen läßt, weder von der Zustimmung des Bevollmächtigten noch von der Zustimmung des Geschäftsgegners ab. Indessen wird man dem Bevollmächtigten die Befugnis zubilligen müssen, eine ihm unerwünschte Vollmacht zurückzuweisen[16]. Diese Befugnis entfällt, wenn die Vollmacht durch einen Vertrag zwischen dem Vollmachtgeber und dem Bevollmächtigten erteilt worden ist. 15

Die Vollmachterklärung muß grundsätzlich vom Vertretenen selbst abgegeben werden. Sie kann aber auch als Untervollmacht von einem Vertreter mit Wirkung für den Vertretenen erteilt werden (s. unten § 47 Rn. 38ff.), wenn die Vertretungsmacht die Erteilung einer Untervollmacht umfaßt, so etwa wenn Eltern einem anderen Vollmacht zur Vertretung ihres Kindes erteilen. 16

Für die Vollmachtserteilung als einseitiges Rechtsgeschäft gelten grundsätzlich alle Vorschriften für Willenserklärungen (§§ 104ff.). Es ist deshalb grundsätzlich Geschäftsfähigkeit erforderlich. Bevollmächtigt jedoch der Minderjährige einen anderen zu einem Geschäft, das ihm lediglich einen rechtlichen Vorteil bringt, z. B. zur Annahme einer Schenkung, so bringt auch eine solche Vollmachtserteilung dem Minderjährigen lediglich einen rechtlichen Vorteil und ist daher nach § 107 wirksam. Ob eine Erklärung des Vertretenen als Vollmachtserteilung zu verstehen ist und welchen Umfang die Vollmacht hat, ist durch Auslegung nach dem Empfängerhorizont zu bestimmen (s. oben § 28 Rn. 6, 16). 17

---

[13] H. L.; vgl. Staudinger/*Schilken,* § 167 Rn. 10ff.; MünchKomm/*Schramm,* § 167 Rn. 4f.; *Flume,* AT II, § 49, 1 u. 52, 3; a. A. *Müller-Freienfels* (vor § 46) S. 243ff. und öfter.

[14] So zutreffend *Flume,* AT II, § 49, 1; *Köhler,* AT, § 11 Rn. 24.

[15] Vgl. dazu unten § 50 Rn. 39; *Flume,* AT II, § 52, 3 Anm. 22; *v. Tuhr,* AT II, § 53 Anm. 52; Soergel/*Leptien,* § 167 Rn. 4.

[16] So auch *Flume,* AT II, § 51, 3 zu Anm. 2; MünchKomm/*Schramm,* § 167 Rn. 4: Zurückweisungsrecht analog § 333.

2. Interne und externe Vollmachterteilung

18 **Erklärungsempfänger** für die Vollmachtserteilung ist nach dem Gesetz entweder der **Bevollmächtigte oder der Dritte,** dem gegenüber die Vertretung stattfinden soll (§ 167 Abs. 1). Im ersten Fall spricht man von interner, im zweiten von externer Vollmachtserteilung[17].

a) Innenvollmacht

19 Die **interne Vollmachtserteilung** (= Innenvollmacht) wird meist einhergehen mit der Begründung des Innenverhältnisses, also dem Abschluß eines Auftrags- oder Geschäftsbesorgungsvertrages.

20 Dabei stets eine Geschäftseinheit im Sinne des § 139 anzunehmen[18], ist gleichwohl nicht unbedenklich, weil dann die Verselbständigung der Vollmachtserteilung gegenüber dem ihr zugrunde liegenden Rechtsverhältnis (s. oben Rn. 4) bei der internen Vollmachtserteilung praktisch wieder aufgegeben wird. Auch stünde dies im Widerspruch zu der fast allgemein angenommenen Gültigkeit der einem Minderjährigen erteilten Vollmacht (vgl. oben Rn. 5). Jedoch werden häufig die gleichen Nichtigkeits- oder Anfechtungsgründe, die hinsichtlich des zugrunde liegenden Geschäfts bestehen, auch für die Vollmachtserteilung zutreffen. Für die Auslegung der Vollmacht ist bei einer internen Bevollmächtigung der Verständnishorizont des Bevollmächtigten maßgebend.

b) Außenvollmacht

21 Die **externe Vollmachtserteilung** (= Außenvollmacht) kann auch durch Erklärungen gegenüber einer Mehrzahl von Personen, etwa durch gleichlautende Schreiben an alle Kunden einer Firma, oder durch Erklärung gegenüber einem bestimmten Personenkreis[19], z.B. durch Zeitungsanzeigen oder durch Aushang im Geschäftslokal erfolgen. Die Bevollmächtigung durch Erklärung an die Öffentlichkeit ist eine nicht empfangsbedürftige Willenserklärung; sie wird wirksam, sobald die Öffentlichkeit von ihr Kenntnis zu nehmen vermag.

22 Doch wird in diesen Fällen meist schon vorher eine interne Bevollmächtigung erfolgt sein und die Erklärung gegenüber den Kunden oder der Öffentlichkeit daher nur die Bedeutung einer nachträglichen Kundgabe der Tatsache haben, daß eine Vollmacht erteilt worden ist. Eine solche Kundgabe oder Mitteilung stellt keine Willenserklärung dar[20], ist aber eine rechtlich bedeutsame Handlung an die § 171 Rechtsfolgen knüpft (s. unten § 48 Rn. 6ff.). Für das Erlöschen der Außenvollmacht muß zudem § 170 beachtet werden.

23 Bei einer externen Bevollmächtigung ist, wenn sie gegenüber einer bestimmten Person erklärt wird, der Verständnishorizont dieser Person, und wenn sie gegenüber einem unbestimmten Personenkreis erklärt wird, der Verständnishorizont eines durchschnittlichen Angehörigen dieses Personenkreises heranzuziehen (s. auch oben § 28 Rn. 81)[21].

---

[17] Vgl. zu dieser Terminologie nur Brox, AT Rn. 497f.; Palandt/*Heinrichs,* § 167 Rn. 1; *Köhler,* AT, § 11 Rn. 24.

[18] So indessen mehrfach das *RG: RGZ* 81, 49, 51; 94, 147, 149; 97, 273, 275 und *Flume,* AT II, § 32, 2a. Dagegen Soergel/*Leptien,* vor § 164 Rn. 40.

[19] So auch MünchKomm/*Schramm,* § 167 Rn. 11ff.; Soergel/*Leptien,* § 167 Rn. 5; Palandt/*Heinrichs,* § 167 Rn. 1.

[20] So zu Recht Erman/*Palm,* § 171 Rn. 3; a.A. aber *Flume,* AT II, § 49, 2a, c, der die Vollmachtskundgabe der Erteilung einer Außenvollmacht gleichstellt.

[21] Vgl. *BGH* DB 1970, 1126; *RGZ* 143, 196, 199; MünchKomm/*Schramm,* § 167 Rn. 81; Soergel/*Leptien,* § 167 Rn. 39; so auch schon *v. Tuhr,* AT III, § 85 zu Anm. 138–145.

3. Grundsätzliche Formfreiheit

24 Die Vollmacht bedarf grundsätzlich keiner Form und kann deshalb auch mündlich und konkludent erteilt werden[22]. Nach § 167 Abs. 2 ist die Vollmachtserteilung auch dann formlos gültig, wenn das Geschäft, zu dessen Vornahme bevollmächtigt wird, einer Form unterliegt. Für die Prozeßvollmacht gelten eigene Formvorschriften in den §§ 80, 89 Abs. 2 ZPO.

25 **Beispiel:** Die Vollmacht zum Abschluß eines gemäß § 311 b Abs. 1 formbedürftigen Grundstückskaufvertrags ist deshalb grundsätzlich formfrei möglich. Dies gilt insbesondere für die widerrufliche Vollmacht, bei der es wegen der freien Widerruflichkeit an einer Bindung des Vollmachtgebers fehlt. Die Formfreiheit rechtfertigt sich auch daraus, daß die durch notarielle Beurkundung bezweckte Beratung und Belehrung des Notars hinsichtlich eines konkreten Grundstücksgeschäfts wegen der Entscheidungsfreiheit des Bevollmächtigten nicht sinnvoll genutzt werden kann[23]. Gemäß der Repräsentationstheorie (s. oben § 46 Rn. 1) tritt der Vertreter an die Stelle des Vertretenen. Die Person des Vertreters muß deshalb gemäß den Formzwecken vor Übereilung geschüzt und belehrt werden.

26 Von dem Grundsatz des § 167 Abs. 2 sind aber richtigerweise **Ausnahmen** zu machen. Dies gilt insbesondere, wenn die Form des vom Vertreter vorgenommenen Geschäfts gerade auch den Vollmachtgeber schützen will, etwa eine Warnfunktion zu erfüllen hat. Demgemäß bestimmt **§ 492 Abs. 4 Satz 1**, daß die Vollmacht für einen Verbraucherdarlehensvertrag der Schriftform des § 492 Abs. 1 und 2 bedarf. Die Vollmacht für einen Verbraucherdarlehensvertrag wird damit zur Spezialvollmacht, bei der der Vollmachtgeber schon die wesentlichen Vertragsentscheidungen treffen muß. § 492 Abs. 4 gilt jedoch nicht für die sonstigen Finanzierungsgeschäfte der §§ 499 ff. Der auf Warnung und Übereilungsschutz gerichtete Formzweck ist auch bei der Erteilung einer **unwiderruflichen Vollmacht** oder einer mit der Erlaubnis zum **Selbstkontrahieren** verbundenen Vollmacht zu beachten, da mit der unwiderruflichen Vollmacht bereits eine endgültige rechtliche Bindung des Vollmachtgebers herbeigeführt wird[24]. Das ist eine aus dem Zweck der betreffenden Formvorschrift, vor allem aus § 311 b Abs. 1 herzuleitende teleologische Reduktion des § 167 Abs. 2, die dem inneren Zusammenhang zwischen der Bevollmächtigung und dem auf Grund ihrer vorzunehmenden Geschäfte in sachlich gebotener Weise Rechnung trägt. Die Form muß bei der Vollmachtserteilung auch gewahrt werden, wenn der **Bevollmächtigte ohne eigenen Entscheidungsspielraum** nur nach den konkreten Vorgaben des Vollmachtgebers handeln darf, weil dann die für das konkrete Geschäft maßgebliche Entscheidung allein vom Vollmachtgeber getroffen wird und dieser deshalb des Schutzes der Form bedarf[25].

4. Vollmachterteilung und Vertretergeschäft

a) Trennung der Vollmachterteilung vom Vertretergeschäft

27 Wie schon die Möglichkeit einer externen Bevollmächtigung deutlich macht, sind bei der Vollmachtserteilung in der Regel mindestens drei Personen betroffen, der Vollmachtgeber, der Bevollmächtigte und der Dritte, dem gegenüber die Vertretung

---

[22] *BGH* NJW 2003, 1811.

[23] S. auch *M. Wolf,* DNotZ 1995, 174, 198; zu § 1410 s. *BGH* NJW 1998, 1857 = LM § 167 BGB Nr. 40; a. A. *G.* und *M. Vollkommer,* JZ 1999, 522.

[24] Hinsichtlich der unwiderruflich erteilten Vollmacht ist das h. L.; hinsichtlich der Befreiung vom Verbot des Selbstkontrahierens soll es nach manchen auf den Sinn dieser Befreiung im Einzelfall ankommen. Vgl. dazu *BGH* LM § 167 BGB Nr. 18; *BGH* NJW 1979, 2306; *RGZ* 97, 332; 108, 125; 110, 319; *Enneccerus/Nipperdey,* AT, § 184 Anm. 9; *Flume,* AT II, § 52, 2 b; Soergel/*Leptien,* § 167 Rn. 12. Wie hier MünchKomm/*Schramm,* § 167 Rn. 17 ff.; *Medicus,* AT, Rn. 929. Weitere Nachweise bei *Müller-Freienfels* aaO, S. 264 ff. Die Absicht einer Gesetzesumgehung verlangt dagegen *Dilcher* bei *Staudinger,* 12. Aufl., § 167 Rn. 20.

[25] S. *RGZ* 104, 236, 238; *G.* und *M. Vollkommer,* JZ 1999, 522, 524.

stattfinden soll. Die Begründung einer Vertretungsmacht ist zwar die unmittelbare nächste Rechtsfolge der Bevollmächtigung. Aber diese ist nur das Mittel für eine schon in Betracht gezogene fernere Rechtsfolge, nämlich die Wirksamkeit des von dem Bevollmächtigten mit dem Dritten oder ihm gegenüber vorzunehmenden Vertretergeschäfts für den Vollmachtgeber. Vollmachtserteilung und Vertretergeschäft sind jedoch nicht als ein einheitlicher Akt und ein Rechtsgeschäft anzusehen[26], sondern stellen verschiedene Rechtsgeschäfte dar, die jeweils getrennt auf ihre Voraussetzungen und ihre Wirksamkeit zu prüfen sind. Dies ergibt sich aus § 167 Abs. 2, wonach die Erteilung der Vollmacht nicht der Form bedarf, die für das Rechtsgeschäft vorgeschrieben ist, zu dessen Vornahme Vollmacht erteilt wird.

28 Es ist nicht erforderlich, daß der Vertretene schon bei der Vollmachtserteilung den Inhalt des Vertretergeschäfts kennt. Nur bei einer ganz eng gefaßten Spezialvollmacht ist der Vollmachtgeber bei der Vollmachtserteilung in der Lage, sich den Inhalt des Vertretergeschäfts konkret vorzustellen und durch die Fassung der Vollmacht selbst zu bestimmen. In den meisten Fällen, insbesondere bei umfassenden Vollmachten, überläßt dagegen der Vollmachtgeber die Entscheidung über den näheren Inhalt des abzuschließenden Geschäfts dem Vertreter. Es ist gerade der Sinn der Bevollmächtigung, daß der Vollmachtgeber dem Bevollmächtigten gleichsam ein Stück seiner eigenen Dispositionsfreiheit abtritt. Man kann daher nicht sagen, er habe dieses konkrete Geschäft, wie es später tatsächlich vom Vertreter geschlossen wird, schon bei der Erteilung der Vollmacht so gewollt[27]. Von dieser mehr psychologischen Frage abgesehen, kommt es bei einem Rechtsgeschäft grundsätzlich darauf an, welche Rechtsfolge erklärt worden ist. Dies ist bei der Vollmachtserteilung die Vollmacht und beim Vertretergeschäft dessen jeweilige Rechtsfolge, z. B. ein Kaufvertrag.

b) Einzelne Zusammenhänge

29 Die grundsätzliche Trennung bedeutet allerdings nicht, daß zwischen der Vollmachtserteilung und dem Vertretergeschäft überhaupt kein rechtlich beachtlicher **Zusammenhang** bestünde. Das Vorliegen einer entsprechenden Vollmacht ist unstreitig ein Erfordernis der Wirksamkeit des Vertretergeschäfts für den Vertretenen. Auch läßt sich in verschiedenen Fällen ein Zusammenhang zwischen Vollmachtserteilung und Vertretergeschäft erkennen.

30 aa) Obgleich die Vollmachtserteilung ein einseitiges Rechtsgeschäft ist, muß man eine Vollmacht zum Abschluß eines Vertrags, die ein beschränkt Geschäftsfähiger ohne Einwilligung seiner gesetzlichen Vertreter erteilt, entgegen der Regel des § 111 nicht für unwirksam, sondern **analog § 108** für **genehmigungsfähig,** also nur für schwebend unwirksam halten[28]. Da der gesetzliche Vertreter einen von einem vollmachtlosen Vertreter abgeschlossenen Vertrag für den Minderjährigen nach § 177 Abs. 1 genehmigen kann, muß es möglich sein, daß er statt dessen die Erteilung der Vollmacht genehmigt. Die Genehmigung der Vollmacht kann entsprechend § 167 Abs. 1 ebenso wie nach § 182 Abs. 1 die Genehmigung des Vertrages sowohl dem Minderjährigen wie dem Vertragspartner gegenüber erklärt werden. Fordert der Vertragspartner jedoch den Vertreter zur Genehmigung auf, so muß in jedem Fall die Genehmigung gemäß § 108 Abs. 2 dem Vertragspartner gegenüber erklärt werden.

31 bb) Ein Zusammenhang besteht auch insofern, als sich die Frage, ob die Vollmachtserteilung im Sinne von § 107 lediglich rechtlich vorteilhaft ist, nach dem vom Vertreter abzuschließenden Geschäft bestimmt (s. oben Rn. 17). Auch richtet sich bei der unwiderruflichen Vollmacht die Form nach dem vom Vertreter abzuschließenden Geschäft (s. oben Rn. 24 f.).

---

[26] So aber *Müller-Freienfels,* Die Vertretung beim Rechtsgeschäft, 1955; *Siebenhaar,* AcP 162, 354.

[27] Zutreffend *Hupka,* Die Vollmacht S. 31 ff.

[28] Vgl. hierzu *Müller-Freienfels,* aaO (Fußn. 24) S. 7, 246; *Flume,* AT, § 52 1 a. E.; a. A. aber Erman/*Palm,* § 111 Rn. 2; Palandt/*Heinrichs,* § 111 Rn. 1; MünchKomm/*Schmitt,* § 111 Rn. 10; Soergel/*Hefermehl,* § 111 Rn. 2.

cc) Der innere Zusammenhang zwischen Bevollmächtigung und Vertretergeschäft verlangt ferner dann Berücksichtigung, wenn die Erteilung der Vollmacht durch einen Willensmangel beeinflußt ist und der Bevollmächtigte vor der Anfechtung oder vor einem Widerruf bereits ein Geschäft vorgenommen hat. Der nach § 122 zu ersetzende Vertrauensschaden ist dann dem Geschäftspartner des vom Bevollmächtigten abgeschlossenen Geschäfts zu gewähren (s. auch Rn. 35). 32

5. Willensmängel bei der Vollmachterteilung

a) Irrtum bei der Vollmachterteilung

Unterliegt der Vollmachtgeber bei Erteilung der Vollmacht einem **Irrtum,** so steht ihm an sich ein Anfechtungsrecht zu. Es ist jedoch zu differenzieren, ob von der Vollmacht bereits Gebrauch gemacht wurde oder nicht. Wurde von der **Vollmacht noch kein Gebrauch** gemacht, so kann sie gemäß § 168 Satz 2 ohne weiteres widerrufen werden. Einer Anfechtung bedarf es dabei nicht. Handelt es sich allerdings um eine unwiderrufliche Vollmacht, bedarf es der Anfechtung, die bei der Innenvollmacht dem Bevollmächtigten gegenüber und bei der Außenvollmacht dem Dritten gegenüber zu erklären ist. 33

Nach Gebrauch der Vollmacht ist fraglich, ob eine Anfechtung mit ex tunc-Wirkung möglich ist, da nach der Anfechtung der Vertreter ohne Vertretungsmacht gehandelt hat und sein Handeln dann dem Vertretenen nicht mehr zugerechnet werden kann. Der Geschäftsgegner verliert dadurch seine Ansprüche gegen den Vertretenen. Teilweise wird daher vertreten, daß eine Anfechtung unzulässig sei[29]. 34

Ausgehend von der Grundkonzeption des BGB, im Falle eines Irrtums nach § 119 die Anfechtung und damit die Loslösung von der Erklärung zuzulassen, dafür aber dem Erklärungsgegner, der auf die Erklärung vertraut hat, gemäß § 122 den Vertrauensschaden zu ersetzen, muß auch die Anfechtung der Vollmacht mit Wirkung ex tunc zugelassen werden. Die Anfechtung ist bei interner Vollmachtserteilung wiederum gegenüber dem Bevollmächtigten, bei externer Vollmachtserteilung gegenüber dem Geschäftsgegner zu erklären[30]. Die Anfechtung der Vollmacht ist allerdings nach Abschluß des Geschäfts mit einem Dritten ausgeschlossen, wenn die Voraussetzungen der Anscheinsvollmacht vorliegen[31]. 35

Dem Erklärungsempfänger, der auf die Wirksamkeit der vom Vertreter abgegebenen Erklärung vertraut hat, muß jedoch gemäß § 122 sein Vertrauensschaden ersetzt werden. Dabei muß es nach dem Schutzzweck des § 122 gleichgültig sein, ob die Vollmacht gegenüber dem Bevollmächtigten oder gegenüber dem Dritten angefochten wird. Eine Doppelanfechtung gegenüber dem Bevollmächtigten und dem Dritten[32] belastet den Vollmachtgeber mit dem Risiko zweier Anfechtungserklärungen und deren Zugang, was für den Vertrauensschutz des Geschäftsgegners nicht erforderlich ist. § 122 will auch ohne doppelte Anfechtungserklärung auf jeden Fall auch denjenigen schützen, der als Geschäftsgegner berechtigterweise auf den Bestand der nicht widerrufenen Vollmachtserteilung vertrauen durfte[33]. Der Geschäftsgegner sollte hier 36

---

[29] *Brox,* AT, Rn. 528; *Prölls,* JuS 1985, 577, 582f.

[30] Palandt/*Heinrichs,* § 167 Rn. 3; MünchKomm/*Schramm,* § 167 Rn. 109; a.A. *Flume,* AT II, § 52, 5c; *Medicus,* AT, Rn. 945: stets gegenüber dem Geschäftsgegner; Köhler, AT, § 11 Rn. 28, demzufolge die Anfechtung „auch" gegenüber dem Geschäftsgegner zu erklären ist.

[31] S. Soergel/*Leptien,* § 166 Rn. 22; Palandt/*Heinrichs,* § 167 Rn. 3.

[32] So *Petersen,* AcP 201, 375.

[33] So auch Palandt/*Heinrichs,* § 167 Rn. 3; Soergel/*Leptien,* § 166 Rn. 22; a.A. zur analogen Anwendung des § 122 aber *Lüderitz,* JuS 1976, 7675, 770.

deshalb nicht allein auf Ansprüche aus § 179 gegen den Vertreter (unten § 49 Rn. 17f.) angewiesen sein. Der Vertretene und der Vertreter haften dem Geschäftsgegner als Gesamtschuldner, wobei der Vertreter gegen den Vertretenen nach § 122 Regreß nehmen und Freistellung von seiner Schadensersatzpflicht aus § 179 verlangen kann[34].

b) Sonstige Mängel und Nichtigkeitsgründe

37 Die Vollmachtserteilung kann auch wegen arglistiger Täuschung des Vollmachtgebers oder wegen Drohung (§ 123) angefochten werden. Ebenso sind die Nichtigkeitsgründe der §§ 116 bis 118 auf die Vollmachtserteilung anwendbar. Dabei ist, soweit es auf die Kenntnis des anderen Teils von den Willensmängeln ankommt, bei der internen Vollmacht auf den Bevollmächtigten und bei der externen Vollmacht auf den Geschäftsgegner abzustellen[35]. Zur Nichtigkeit allgemein s. oben Rn. 8.

III. Arten der Vollmacht

1. Die Untervollmacht

38 Ein Vertreter kann einem anderen eine sogenannte Untervollmacht erteilen, wenn seine eigene Vertretungsmacht ihm dies erlaubt. Der Unterbevollmächtigte kann ebenfalls mit Wirkung für den Hauptvollmachtgeber Erklärungen abgeben. Man spricht in diesem Fall von einer **mehrstufigen Vertretung**[36]. Ob der zuerst Bevollmächtigte dazu ermächtigt ist, eine Untervollmacht zu erteilen, ist im Wege der Auslegung der ihm erteilten Vollmacht bzw. nach dem Inhalt der gesetzlichen Vertretungsmacht festzustellen[37].

39 **Beispiele:** Die Prozeßvollmacht (§ 81 ZPO) schließt die Rechtsmacht zur Bestellung eines Vertreters in derselben Instanz sowie eines Bevollmächtigten für höhere Instanzen ein. Die gesetzliche Vertretungsmacht der Eltern (§ 1629) und des Vormunds (§ 1793) erlaubt grundsätzlich die Erteilung einer Untervollmacht, ebenso die Vertretungsmacht des Vorstands eines Vereins oder einer *AG* oder des Geschäftsführers einer GmbH oder der Gesellschafter einer OHG.

a) Untervollmacht neben oder an Stelle der Hauptvollmacht

40 Die Erteilung einer Untervollmacht ist die Begründung einer **Vertretungsmacht für den Vertretenen** durch einen dahin zielenden Akt des Hauptvertreters. Dieser nimmt die Bevollmächtigung des Unterbevollmächtigten an Stelle des Vertretenen und mit Wirkung für diesen vor. Regelmäßig bleibt seine eigene Vollmacht davon unberührt[38]. Der Hauptbevollmächtigte kann aber auch, nachdem er einem anderen eine der seinigen inhaltsgleiche Vollmacht erteilt hat, seinerseits auf seine Vollmacht verzichten[39], oder es kann von vornherein vereinbart sein, daß seine Vollmacht in

---

[34] Dazu MünchKomm/*Schramm,* § 167 Rn. 111; *Petersen,* AcP 201, 375, 388; gegen die Anwendung von § 179 *Müller-Freienfels,* aaO. S. 403; *Flume,* AT II, § 52, 5c; *Medicus,* BürgR, Rn. 96; *Brox,* AT, Rn. 526f.

[35] S. im einzelnen Soergel/*Leptien,* § 166 Rn. 19.

[36] Allgemein zur Untervollmacht vgl. *Gerlach,* Die Untervollmacht, 1967; *Schüle,* Probleme der Untervollmacht, insbesondere beim Nachweis im Grundbuchverfahren, BWNotZ 1984, 156; *Petersen,* Die Haftung bei der Untervollmacht, Jura 1999, 401.

[37] Ebenso *Köhler,* AT, § 11 Rn. 46; Palandt/*Heinrichs,* § 167 Rn. 12.

[38] Vgl. *v. Tuhr,* AT III, § 85 VIII; *Medicus,* AT, Rn. 950.

[39] So MünchKomm/*Schramm,* § 167 Rn. 93; *Flume,* AT II, § 51, 3; Soergel/*Leptien,* § 168 Rn. 5; a.A. aber Erman/*Palm,* § 168 Rn. 1.

diesem Falle endet. Auch in diesem Fall handelt es sich nicht um eine Übertragung der Vollmacht, sondern um die Erteilung einer neuen Vollmacht mit gleichem Inhalt und mit der Folge des Erlöschens der bisherigen Vollmacht[40].

b) Umfang der Untervollmacht

Die Untervollmacht kann **enger begrenzt** sein als die Vertretungsmacht des Hauptbevollmächtigten oder den **gleichen Umfang** haben wie diese, nicht aber über sie hinausgehen[41]. Im Rahmen seiner Untervollmacht kann der Untervertreter Geschäfte mit Wirkung für den Vertretenen abschließen. Seine Rechtsmacht hierzu gründet sich auf zwei aneinander anschließende Bevollmächtigungen: die des Hauptbevollmächtigten durch den Vertretenen und die des Unterbevollmächtigten durch den Hauptbevollmächtigten. **41**

Die Untervollmacht besteht daher nicht, wenn eine dieser beiden Vollmachtserteilungen nicht wirksam ist, insbesondere wenn der Hauptbevollmächtigte durch die Erteilung der Untervollmacht den Rahmen seiner Vollmacht überschreitet (s. § 180 Satz 1). Ob der Fortbestand der Untervollmacht von dem der Hauptvollmacht abhängig ist, so daß die Untervollmacht zugleich mit der Hauptvollmacht erlischt, oder ob sie diese zu überdauern vermag, hängt vom Inhalt der Untervollmacht ab, die im Einzelfall ausgelegt werden muß. Die Untervollmacht kann von dem Vertretenen selbst und in seiner Vertretung von dem Hauptbevollmächtigten, der sie erteilt hat, widerrufen werden[42]. **42**

c) Offenkundigkeit bei der Untervollmacht

Da der Unterbevollmächtigte bei dem Rechtsgeschäft mit einem Dritten den Vertretenen als den Geschäftsherrn, nicht etwa den Hauptbevollmächtigten vertritt, muß er **im Namen des Vertretenen** auftreten, wobei er offen legen kann, aber nicht muß, daß er seine Vollmacht nicht vom Vertretenen direkt, sondern vom Hauptbevollmächtigten ableitet. Wird allerdings von ihm der Nachweis seiner Vertretungsmacht verlangt, dann muß er sich auf seine eigene Bevollmächtigung und auf die Vertretungsmacht des Hauptbevollmächtigten zur Vornahme einer derartigen Unterbevollmächtigung berufen. **43**

Die vorstehend gekennzeichnete Rechtslage wird dadurch verdunkelt, daß ein Teil der Lehre[43], insbesondere aber der BGH[44], **zwei Arten von Untervollmachten** unterscheidet. Nur bei der ersten Art soll der Unterbevollmächtigte, U, unmittelbarer Vertreter des Geschäftsherrn, G, sein und daher in dessen Namen handeln müssen. Bei der zweiten Art einer möglichen Untervertretung soll dagegen U unmittelbar nur den Hauptbevollmächtigten, H, vertreten, und zwar in dessen Eigenschaft als Vertreter des G. Die Wirkung des von U im Rahmen seiner Untervollmacht vorgenommenen Rechtsgeschäfts soll bei der zweiten Art, wie der *BGH* sagt, „gleichsam durch den Hauptvertreter hindurchgehen" und somit den G erst mittelbar treffen. Diese Unterscheidung ist **abzulehnen**[45]. **44**

---

[40] Vgl. dazu *Enneccerus/Nipperdey,* AT, § 185 II 1; MünchKomm/*Schramm,* § 167 Rn. 93; zum Verzicht auf die Vollmacht unten Rn. 64f.

[41] *KG* HRR 1941 Nr. 468; MünchKomm/*Schramm,* § 167 Rn. 93; Erman/*Palm,* § 167 Rn. 40; Soergel/*Leptien,* § 167 Rn. 61.

[42] *Medicus,* AT, Rn. 950.

[43] Statt aller *Enneccerus/Nipperdey,* § 185 II 2.

[44] *BGHZ* 32, 250, 253f.; 68, 391; so auch schon *RGZ* 106, 108.

[45] S. schon *v. Tuhr,* AT III, § 85 Anm. 231; ferner *Flume,* AT II, § 49 V; Soergel/*Leptien,* § 167 Rn. 60; MünchKomm/*Schramm,* § 167 Rn. 96; *E. Wolf,* § 13 D II; *Medicus,* AT, Rn. 951; Palandt/*Heinrichs,* § 167 Rn. 12; *Harder,* AcP 170 (1970), 295; *Schüle,* BWNotZ 1984, 156.

45 **Beispiele:** Das Geschäft, das U im Rahmen seiner Untervollmacht abschließt, soll für und gegen G wirken; dieser, nicht H, soll Geschäftspartei sein. Die Vorstellung, die Rechtsfolgen des Geschäfts träten auch nur für eine logische Sekunde in der Person des H ein und würden von diesem im gleichen Augenblick auf den G weitergeleitet, findet keine Stütze im Gesetz und widerspricht der Auffassung aller Beteiligten, daß das Geschäft rechtlich ein solches des G sei. Es handelt sich hierbei um eine Konstruktion, die, wenn auch nicht denkunmöglich, so doch in hohem Maße sach- und verkehrsfremd ist. Freilich ist sie nicht von ungefähr entstanden, sondern verfolgt, wie die meisten derartigen Konstruktionen, eine vernünftige Absicht. Es geht ihren Verteidigern darum, den U nicht nach § 179 haften zu lassen, wenn er nicht wußte, daß die Vollmacht des H nicht bestand oder ihn nicht zur Erteilung einer Untervollmacht ermächtigte. Es soll vielmehr H nach § 179 haften. Dies ist gerechtfertigt, wenn U offenlegt, daß er nicht von G direkt, sondern von H bevollmächtigt und zum Handeln veranlaßt wurde (s. unten § 49 Rn. 29ff.). Handelt der Unterbevollmächtigte im Namen des Hauptbevollmächtigten, ohne deutlich zu machen, daß dieser nicht Geschäftspartei sein soll, so handelt er ohne Vertretungsmacht und haftet selbst nach § 179.

2. Generalvollmacht und Spezialvollmacht

46 Der Umfang der Vollmacht kann vom Vertretenen aufgrund seiner Privatautonomie grundsätzlich beliebig festgelegt werden (s. oben Rn. 9). Die Vollmacht kann umfassend oder eng begrenzt sein. Demgemäß unterscheidet man die Generalvollmacht und die Spezialvollmacht[46].

a) Generalvollmacht

47 Eine Generalvollmacht **umfaßt** grundsätzlich die Befugnis, **alle** den Vollmachtgeber betreffenden **Angelegenheiten** zu erledigen[47]. Sie wird aber regelmäßig nur die Vermögensangelegenheiten betreffen. Auf persönliche, nicht vermögensrechtliche Angelegenheiten, wie z.B. Fragen des Persönlichkeitsrechts, erstreckt sie sich im allgemeinen nur, wenn dies ausdrücklich erklärt oder jedenfalls eindeutig erkennbar ist. Personen, die ein Amt übertragen erhalten haben, müssen dieses grundsätzlich selbst wahrnehmen. Sie dürfen zwar Spezialvollmachten erteilen, aber nicht durch Generalvollmacht ihr Amt zur vollständigen Ausübung einem anderen überlassen. Die Generalvollmacht kann wie jede andere Vollmacht auch zeitlich befristet oder unbefristet sein und erlischt dann nach allgemeinen Regeln (s. unten Rn. 60ff.). Als besonderer Anwendungsfall einer Generalvollmacht ist die Prokura anzusehen mit gesetzlich zwingend festgelegtem, umfassendem Inhalt (§§ 49, 50 HGB)[48]. Bei der Generalvollmacht zeigt sich das Bedürfnis der Bindung zu ihrem pflichtgemäßen Gebrauch durch das Innenverhältnis besonders deutlich, denn der Generalbevollmächtigte darf, obwohl er das kann, mit seiner Vollmacht nicht nach Belieben verfahren, sondern ist verpflichtet, die Interessen seines Geschäftsherrn zu wahren.

b) Spezialvollmacht

48 Die Spezialvollmacht ist auf eine einzelne Angelegenheit beschränkt, wie z.B. die Buchung einer Reise für ein bestimmtes Ziel zu einem festgelegten Pauschalpreis. Die Spezialvollmacht hat jedoch grundsätzlich keinen gesetzlich bestimmten Inhalt noch ist sie gesetzlich vorgeschrieben. Lediglich der Formzwang des § 492 Abs. 4 gibt mittel-

---

[46] S. auch oben § 46 Rn. 64; ferner Erman/*Palm,* § 167 Rn. 28ff.; Palandt/*Heinrichs,* § 167 Rn. 6ff.; *Köhler,* AT, § 11 Rn. 59.
[47] S. auch Soergel/*Leptien,* § 167 Rn. 41.
[48] Vgl. dazu etwa *Drexl/Mentzel,* Jura 2002, 289ff.

bar den Inhalt der Vollmacht zum Abschluß eines Verbraucherdarlehensvertrags vor und macht sie zu einer Art von Spezialvollmacht. Im übrigen brauchen nicht alle Einzelheiten des Geschäfts vom Vertretenen festgelegt zu sein. Vielmehr kann dem Vertreter im Rahmen der einzelnen Angelegenheit durchaus noch ein Gestaltungsspielraum verbleiben. Die Grenzen sind fließend.

c) Sonstiger Vollmachtsumfang

Zwischen der eng begrenzten Spezialvollmacht und der umfassenden Generalvollmacht ist **jeder andere Vollmachtsumfang** möglich. Der Umfang wird jeweils vom Vollmachtgeber festgelegt (s. oben Rn. 9ff.). Möglich ist auch eine sog. Gattungsvollmacht, die nur zu einer bestimmten Art von Geschäften bevollmächtigt. 49

Beispiele: Gattungsvollmacht für eine bestimmte Art von Geschäften derselben Gattung wäre etwa die Vollmacht an einen Bankangestellten, Darlehensverträge bis zu 50000,- € gegen Absicherung durch Grundschuld abschließen zu dürfen. Im Interesse des Vertrauensschutzes im Geschäftsverkehr sieht das HGB für die Handlungsvollmacht in § 54 HGB[49] und für die Vollmacht des Ladenangestellten in § 56 HGB[50] eine **artspezifische Vollmacht** vor, deren typischer Inhalt alle zum Betriebe des jeweiligen Handelsgewerbes oder zu bestimmten Arten von Geschäften (§ 54 HGB) oder die in einem Ladengeschäft (§ 56 HGB) anfallenden Rechtsgeschäfte einschließt. Der Umfang dieser Vollmachten ist nicht zwingend gesetzlich festgelegt, sondern kann vom Vollmachtgeber erweitert oder bei der Vollmacht gemäß § 54 HGB auch beschränkt werden. Abgesehen von den in § 54 Abs. 2 HGB genannten Angelegenheiten wirkt aber eine Beschränkung Dritten gegenüber nur, wenn sie diese kannten oder kennen mußten (§ 54 Abs. 3 HGB). 50

3. Widerrufliche und unwiderrufliche Vollmacht

Die Widerruflichkeit der Vollmacht betrifft ihr Erlöschen (s. sogleich Rn. 66) durch Erklärung des Vollmachtgebers. Ob die Vollmacht frei widerruflich oder unwiderruflich ist, bestimmt sich grundsätzlich nach dem erkennbaren **Willen des Vollmachtgebers bei der Vollmachtserteilung.** Die aus § 168 Satz 1 mit § 671 abzuleitende freie Widerruflichkeit ist nicht zwingend und bindet den Vollmachtgeber nicht (s. oben Rn. 7)[51]. Eine Vollmacht kann deshalb als unwiderruflich vorgesehen werden. Davon geht auch § 176 Abs. 3 aus. Nach dem Sinn von § 168 Satz 1 und 2 kann die Vollmacht nicht frei widerrufen werden, wenn sich ihre Unwiderruflichkeit aus dem zugrunde liegenden Rechtsverhältnis ergibt. Die **Unwiderruflichkeit** der Vollmacht muß jedoch in dem zugrunde liegenden Rechtsverhältnis einen **berechtigten Grund** finden[52]. Zur Form s. oben Rn. 26. 51

Beispiele: Ein berechtigter Grund für die **Unwiderruflichkeit** ist insbesondere gegeben, wenn der Bevollmächtigte oder ein Dritter, für welchen der Bevollmächtigte tätig wird, gegen 52

---

[49] Vgl. dazu etwa *Baumbach/Hopt,* § 54; *Bork,* JA 1990, 249; *Drexl/Mentzel,* Jura 2002, 289, 295ff.

[50] Zu § 56 und insbesondere zum Streit um die Rechtsnatur der Vollmacht des Ladenangestellten vgl. *Baumbach/Hopt,* § 56; *K. Schmidt,* Handelsrecht § 16 V. *BGH* NJW 1975, 2191 spricht im Zusammenhang mit § 56 von einer unwiderleglichen Vermutung, während *K. Schmidt,* aaO, für die Einordnung als Verkehrsschutznorm plädiert.

[51] MünchKomm/*Schramm,* § 168 Rn. 1; Palandt/*Heinrichs,* § 168 Rn. 5; Soergel/*Leptien,* § 168 Rn. 1.

[52] MünchKomm/*Schramm,* § 168 Rn. 21; *v. Tuhr,* AT III, § 85 zu Anm. 209; anders *Enneccerus/Nipperdey,* AT, § 186 IV 2b; für einen eher großzügigen Maßstab Soergel/*Leptien,* § 168 Rn. 22.

den Vollmachtgeber einen **Anspruch auf die Vornahme des Geschäfts** hat[53], so etwa wenn A sein Grundstück an B verkauft und dem B die Vollmacht erteilt, in seinem, des Namen des A, die Auflassung (§§ 873, 925) vorzunehmen, sei es an sich selbst, sei es an einen Dritten, dessen mittelbarer Stellvertreter B ist. Dabei ist es unbedenklich, daß die Vollmacht unwiderruflich erteilt wird, weil A durch einen Widerruf gegen seine im Kaufvertrag eingegangene Verpflichtung zur Eigentumsübertragung verstoßen würde. Folgerichtig ist die Vollmacht hier dennoch widerruflich, wenn der zu erfüllende Anspruch nachträglich wegfällt, etwa durch Rücktritt von dem Kaufvertrag[54]. Eine Vollmacht kann auch konkludent als unwiderruflich vereinbart anzusehen sein, wenn die **Vollmacht einem besonderen Interesse des Bevollmächtigten** dient[55]. Die Vollmacht ist aber grundsätzlich als **widerruflich** anzusehen, wenn der ihr zugrunde liegende Auftrag allein den **Interessen des Auftraggebers** dient. Eine Unwiderruflichkeitsklausel ist dann grundsätzlich nach § 307, unter besonders gravierenden Umständen auch nach § 138 als unwirksam anzusehen. Eine Gesamtvollmacht ist wegen der mit ihr verbundenen Bindungswirkung grundsätzlich als widerruflich ausgestaltet. Ein berechtigter Grund für ihre Unwiderruflichkeit ist im allgemeinen nicht anzuerkennen[56].

53 Auch die unwiderrufliche Vollmacht endet aus sonstigen Erlöschensgründen (s. unten Rn. 60–65), lediglich die Widerrufserklärung des Vollmachtgebers ist grundsätzlich unbeachtlich. Der völlige Ausschluß der Widerruflichkeit ist aber nicht unbedenklich, weil durch die Erteilung einer unwiderruflichen Vollmacht der Vollmachtgeber sich in eine gewisse Abhängigkeit von dem Bevollmächtigten begibt. Der **Widerruf** ist deshalb **bei groben Pflichtverstößen zuzulassen.** Er kann ebensowenig wie eine Kündigung aus wichtigem Grund ausgeschlossen werden, wenn das Vertrauensverhältnis zum Bevollmächtigten schwerwiegend gestört ist, insbesondere, wenn er seine Vollmacht mißbraucht. Insoweit müssen die anerkannten Grundsätze über die Kündigung eines Dauerschuldverhältnisses aus wichtigem Grunde (z.B. §§ 314, 626, 723 Abs. 1 Satz 2) entsprechend angewandt werden[57]. Ein Widerruf aus wichtigem Grund muß deshalb auch bei der unwiderruflichen Vollmacht auf jeden Fall möglich bleiben, weil sich niemand einem anderen schutzlos ausliefern und dessen unbegrenzter Willkür preisgeben darf. Ein Widerruf muß auch möglich sein, wenn der die Unwiderruflichkeit rechtfertigende Grund (s. Rn. 51f.) weggefallen ist.

4. Einzelvollmacht und Gesamtvollmacht

54 Die Vollmacht kann als Einzelvollmacht einer Person erteilt werden, damit sie **allein** für den Vertretenen **handeln** kann. Es kann aber auch mehreren Personen Einzelvollmacht erteilt werden. Jede kann dann selbständig für den Vollmachtgeber als Vertretenen handeln. Im Unterschied dazu wird bei der Gesamtvollmacht die Vollmacht mehreren Personen in der Weise erteilt, daß sie **nur gemeinsam zusammen** ein Geschäft für den Vertretenen wirksam tätigen können.

55 **Beispiele:** Eine Gesamtvollmacht liegt etwa vor, wenn den Darlehensvertrag auf Seiten der Bank zwei Bedienstete als Bevollmächtigte unterschreiben müssen und der Darlehensvertrag nur mit der Unterschrift beider Bevollmächtigter gegenüber der Bank als der Vertretenen wirksam ist. Auch die Prokura kann beschränkt als Gesamtprokura erteilt werden (§ 48 Abs. 2 HGB).

---

[53] Unter Beschränkung hierauf *Flume,* AT II, § 53 3; *Pawlowski,* AT, Rn. 762.

[54] *Flume,* AT II, § 53, 4.

[55] *BGH* WM 1985, 646.

[56] Generell gegen eine unwiderrufliche Gesamtvollmacht *Schack,* AT, Rn. 499.

[57] H.L.; *BGH* WM 1985, 645, 646; vgl. statt aller, Soergel/*Leptien,* § 168 Rn. 26; Staudinger/*Schilken,* § 168 Rn. 14; einschränkend MünchKomm/*Schramm,* § 168 Rn. 28; die Polemik von *Flume,* AT II, § 53, 4 ist nicht begründet.

5. Postmortale Vollmacht

56 Die Vollmacht endet nicht ohne weiteres mit dem Tod des Vollmachtgebers (s. unten Rn. 76f.). Sofern sie über den Tod des Vollmachtgebers hinaus fortbesteht, spricht man von postmortaler Vollmacht[58]. Die Vollmacht kann auch von vornherein nur als postmortale Vollmacht vorgesehen werden, so daß sie erst mit dem Tod des Vollmachtgebers wirksam wird. Das Innenverhältnis kann mit den Erben bestehen. Ist der Bevollmächtigte aber zugleich der Alleinerbe, so besteht die Vollmacht auch ohne ein zugrunde liegendes Innenverhältnis fort, weil das Rechtsverhältnis durch Vereinigung von Forderung und Schuld untergeht (sog. Konfusion s. oben § 14 Rn. 39).

57 **Beispiele:** Mit der postmortalen Vollmacht des verstorbenen Vollmachtgebers kann der Bevollmächtigte, der nicht Erbe zu sein braucht, im Namen und mit Wirkung für und gegen die Erben handeln. Der Geschäftspartner muß das Geschäft als wirksam hinnehmen. Er braucht und darf nicht die Zustimmung der Erben abwarten[59]. Die Erben haften jedoch aus solchen Geschäften nur mit dem Nachlaß, nicht mit ihrem Eigenvermögen. Jeder Erbe kann die Vollmacht für sich widerrufen[60].

6. Abschlußvollmacht und Verhandlungsvollmacht

58 Die Vollmacht ist vom Gesetz als Abschlußvollmacht ausgestaltet, indem nach § 164 Abs. 1 das Rechtsgeschäft mit Wirkung für und gegen den Vertretenen vorgenommen wird. Eine Verhandlungsvollmacht, die nur zur Durchführung der Vertragsverhandlungen, nicht aber zum Abschluß des Vertrags ermächtigt, gibt es im juristischen Sinne nicht, weil und sofern es sich um Erklärungen ohne rechtsgeschäftliche Bedeutung handelt. Dennoch wird zum Teil im Sprachgebrauch ungenau von Verhandlungsvollmacht gesprochen[61]. Man sollte statt dessen besser den Begriff des Verhandlungsgehilfen verwenden, auf den aber § 166 Abs. 1 analog Anwendung findet (s. oben § 46 Rn. 103).

7. Sonstige Arten der Vollmacht

59 Vollmachten können wie die Stellvertretung allgemein (s. oben § 46 Rn. 29) Erklärungs- und Empfangsvollmachten sein. Außen- und Innenvollmacht betrifft die Unterscheidung, wem gegenüber die Erteilung der Vollmacht ausgesprochen wird (s. oben Rn. 19, 21). Duldungsvollmacht und Anscheinsvollmacht sind Rechtsscheinvollmachten in Analogie zu §§ 170–172, bei denen die Vollmacht nicht willentlich vom Vollmachtgeber erteilt ist, sondern ihm aufgrund eines selbst veranlaßten Rechtsscheins zugerechnet wird (s. unten § 48 Rn. 20ff.).

IV. Das Erlöschen der Vollmacht

60 Die Vorschriften der §§ 164ff. regeln das Erlöschen der Vollmacht nur sehr unvollständig in § 168. Dort wird das Erlöschen der Vollmacht mit dem Innenverhält-

---

[58] Vgl. nur Erman/*Palm,* § 168 Rn. 5; Palandt/*Heinrichs,* § 168 Rn. 4.

[59] *BGH* NJW 1995, 250.

[60] *BGH* NJW 1978, 382.

[61] S. dazu Palandt/*Heinrichs,* Einf. vor § 164 Rn. 15; MünchKomm/*Schramm,* Vor § 164 Rn. 65.

nis als dem zugrunde liegenden Rechtsverhältnis in Verbindung gebracht (§ 168 Satz 1) und es wird daneben die Möglichkeit des Widerrufs angesprochen (§ 168 Satz 2 und 3). Darüber hinaus ergeben sich weitere Erlöschensgründe aus allgemeinen Grundsätzen.

1. Erlöschen durch Zeitablauf

61 Die Vollmacht ist Ausdruck der Privatautonomie des Vollmachtgebers, der deshalb nicht nur entscheidet, ob er überhaupt eine Vollmacht erteilt und welchen Umfang sie hat, sondern auch, für welche Laufzeit sie gelten soll. Die Laufzeit der Vollmacht kann durch eine Befristung im Sinne der Festlegung zumeist eines Endtermins gemäß § 163 bestimmt werden[62]. Möglich ist auch die Bestimmung eines Anfangstermins, was aber seltener geschieht, weil die Vollmacht im allgemeinen sogleich mit ihrer Erteilung nach § 167 entsteht. Auch die Prokura kann befristet werden, die Befristung muß aber im Handelsregister vermerkt werden (s. § 53 Abs. 3 HGB).

2. Erlöschen durch Zweckerreichung und Bedingungseintritt

62 Eine Vollmacht erlischt, wenn der **Zweck,** für den sie erteilt wurde, **erreicht** ist[63]. Dies gilt insbesondere für die Spezialvollmacht, die für ein bestimmtes einzelnes Geschäft erteilt war. Hat der Bevollmächtigte es vorgenommen, so ist der Zweck erreicht und die Vollmacht erlischt, weil sie keine Bedeutung mehr hat. Aus Ausdruck dieses Gedankens kann § 168 Satz 1 verstanden werden (s. unten Rn. 68).

63 Da die Vollmacht unter einer Bedingung erteilt werden kann (s. oben Rn. 15), erlischt sie im Falle einer **auflösenden Bedingung** gemäß § 158 Abs. 2 mit Eintritt der Bedingung. So z.B. wenn eine Vollmacht nur erteilt wird, solange der Vollmachtgeber sich im Krankenhaus oder im Ausland befindet[64].

3. Erlöschen durch Verzicht des Bevollmächtigten

64 Daß der Bevollmächtigte durch Erklärung gegenüber dem Vollmachtgeber auf die ihm übertragene Vollmacht verzichten und sie dadurch zum Erlöschen bringen kann, ist zwar nicht unbestritten[65], aber ebenso wie die Möglichkeit sofortiger Zurückweisung daraus zu folgern, daß niemandem ein Recht oder eine Rechtsmacht, die er nicht haben will, sollte aufgedrängt werden können. Ob der Bevollmächtigte dem bestehenden Innenverhältnis zufolge auf seine Vollmacht vorzeitig verzichten darf, ist eine andere Frage[66].

65 Durch den Verzicht auf die Vollmacht wird am stärksten das Interesse des Vollmachtgebers berührt, der davon Kenntnis haben muß, daß er sich einen neuen Bevollmächtigten zu suchen hat. Daher muß der Verzicht ihm gegenüber erklärt werden, auch wenn die Vollmacht extern erteilt war. Der Vollmachtgeber muß dann, wegen § 170, den Dritten davon in Kenntnis setzen.

---

[62] Erman/*Palm,* § 168 Rn. 4; Palandt/*Heinrichs,* § 168 Rn. 2; Soergel/*Leptien,* § 168 Rn. 2.

[63] Palandt/*Heinrichs,* § 168 Rn. 1; Erman/*Palm,* § 168 Rn. 2; MünchKomm/*Schramm,* § 168 Rn. 4.

[64] Vgl. Soergel/*Leptien,* § 168 Rn. 2; MünchKomm/*Schramm,* § 168 Rn. 3.

[65] Dafür *v. Tuhr,* AT III, § 85 VIII 4; *Flume,* AT II, § 51, 3; MünchKomm/*Schramm,* § 168 Rn. 8; *Medicus,* AT, Rn. 943; dagegen Erman/*Palm,* § 168 Rn. 1; *Müller-Freienfels,* S. 46f.

[66] So zu Recht Soergel/*Leptien,* § 168 Rn. 5; MünchKomm/*Schramm,* § 168 Rn. 8.

4. Widerruf der Vollmacht

Da die Vollmacht als Ausfluß der Privatautonomie auf dem Willen des Vollmachtgebers beruht, kann sie grundsätzlich auch jederzeit widerrufen werden (§ 168 Satz 2). An der Möglichkeit jederzeitigen Widerrufs hat der Vollmachtgeber auch deshalb ein berechtigtes Interesse, weil die Erteilung einer Vollmacht den Vollmachtgeber bis zu einem gewissen Grade von der Entschließung des Bevollmächtigten abhängig macht und daher ein besonderes Vertrauen zu dem Bevollmächtigten voraussetzt. Ist dieses Vertrauen nicht mehr vorhanden, oder hat sich der Vollmachtgeber die Sache anders überlegt, dann wäre es eine für ihn schwer erträgliche Einschränkung seiner Selbstbestimmung, müßte er dem Bevollmächtigten die diesem eingeräumte Vertretungsmacht bis zur Beendigung des Innenverhältnisses oder bis zum Eintritt eines anderen Erlöschensgrundes lassen. Das Gesetz sieht gleichwohl die Möglichkeit der Erteilung einer unwiderruflichen Vollmacht, wenn auch nur als Ausnahme, vor (vgl. § 168 Satz 2; dazu oben Rn. 51ff.). 66

Der Widerruf erfolgt durch **einseitige gestaltende Erklärung,** und zwar ebenso wie die Bevollmächtigung gegenüber dem Bevollmächtigten oder gegenüber dem Dritten, dem gegenüber die Vertretung stattfinden sollte (§ 168 Satz 3). Wird die Außenvollmacht gegenüber dem Bevollmächtigten widerrufen, muß dies nach § 170 dem Dritten angezeigt werden. Eine durch Erklärung an die Öffentlichkeit erteilte Vollmacht kann, wie aus § 171 Abs. 2 zu folgern ist, in gleicher Weise, in der sie erfolgt war, widerrufen werden. 67

5. Erlöschen mit dem zugrunde liegenden Rechtsverhältnis

a) Parallelität der Beendigungsgründe

Die Vollmacht erlischt nach § 168 Satz 1 mit dem Ende des ihr zugrunde liegenden Rechtsverhältnisses. Diese Regelung begründet für die Vollmacht dieselben Beendigungsgründe wie für das Rechtsverhältnis, erfordert aber wegen der Abstraktheit der Vollmacht die Feststellung eines Beendigungsgrundes sowohl für die Vollmacht wie für das zugrunde liegende Rechtsverhältnis (s. oben Rn. 7). Ein automatisches Erlöschen der Vollmacht mit dem Ende des zugrunde liegenden Rechtsverhältnisses ist möglich als ein Anwendungsfall des Erlöschens wegen Zweckerreichung (s. oben Rn. 62). § 168 Satz 1 ist aber nicht zwingend. 68

Beispiele: Ist das zugrunde liegende Rechtsverhältnis ein **Auftragsverhältnis,** so kommt als Beendigungsgrund der jederzeit mögliche Widerruf durch den Auftraggeber, die Kündigung durch den Beauftragten (vgl. § 671) oder der Eintritt des Endtermins, im Zweifel auch der Tod des Beauftragten (§ 673) in Betracht. Für den **Geschäftsbesorgungsvertrag** (§ 675) gilt § 671 jedoch nicht. Ist das Innenverhältnis ein **Dienstverhältnis,** so endet es, falls es nicht für eine bestimmte Zeit eingegangen war, normalerweise auf Grund einer ordentlichen, befristeten Kündigung (§ 620). Eine fristlose Kündigung ist, abgesehen von dem Fall des § 627, nur beim Vorliegen eines wichtigen Grundes möglich (§ 626). Das Dienstverhältnis endet ferner, da die Dienste im Zweifel in Person zu leisten sind (§ 613), regelmäßig mit dem Tode des Verpflichteten. 69

In bestimmten Fällen (§§ 674, 729) gilt ein Auftrag oder die Geschäftsführungsbefugnis eines Gesellschafters zu dessen Gunsten trotz Vorliegens eines Endigungsgrundes als fortbestehend, bis er von dem Endigungsgrund Kenntnis erlangt oder erlangen muß. In diesen Fällen gilt auch die Vollmacht als fortbestehend, jedoch nicht zugunsten eines Dritten, der bei der Vornahme eines Rechtsgeschäfts mit ihm den Erlöschensgrund kannte oder kennen mußte (§ 169). 70

b) Fortbestand bei Betriebsübergang

71 Im Falle eines auf Rechtsgeschäft beruhenden Betriebsüberganges nach § 613a fragt es sich, was aus einer von dem bisherigen Inhaber erteilten Handlungsvollmacht und Prokura wird. Aus § 168 Satz 1 ist zu folgern, daß sie jedenfalls **für den bisherigen Inhaber nicht fortgelten,** da auch die mit ihm bestehenden Arbeitsverhältnisse – unbeschadet gewisser Nachwirkungen gemäß § 613a Abs. 2 – für ihn nicht weiterbestehen. Es wird die Auffassung vertreten, daß die Vollmachten ganz erlöschen[67]. Vorzuziehen ist jedoch die Auffassung, daß die Vollmachten nunmehr mit Wirkung **für den neuen Inhaber weiter bestehen,** bis der neue Inhaber sie widerruft. Dies ist damit zu rechtfertigen, daß es sich um auf den Betrieb und seine Funktionen bezogene Vollmachten handelt, die ebensowenig wie das zugrunde liegende Arbeitsverhältnis durch den Betriebsübergang eine Änderung erfahren. Die Bevollmächtigten brauchen ihre Vollmacht, um ihre fortbestehenden Aufgaben und Pflichten aus dem Arbeitsverhältnis wahrnehmen zu können. Davon ist auch bezüglich der Prokura keine Ausnahme zu machen[68]. Zwecks deren Erlöschen muß der Betriebsinhaber ohnehin die Löschung im Handelsregister bewirken (§ 53 Abs. 3 HGB). Dann ist ihm auch ein Widerruf zumutbar.

6. Erlöschen mit Insolvenzeröffnung

72 § 117 InsO enthält eine ausdrückliche Regelung, wonach eine Vollmacht, die sich auf das zur Insolvenzmasse gehörende Vermögen bezieht, grundsätzlich mit der Eröffnung des Insolvenzverfahrens erlischt. Dadurch soll die dem Insolvenzverwalter durch § 80 InsO verliehene alleinige Verwaltungs- und Verfügungsbefugnis gesichert werden. Wenn der Schuldner schon selbst die Verwaltungs- und Verfügungsbefugnis verliert, so kann auch eine von ihm erteilte Vollmacht über sein Vermögen keinen Bestand mehr haben. Soweit sich die Vollmacht auf persönliche Angelegenheiten bezieht, wie z. B. auf den Einkauf von Lebensmitteln oder persönlichen Gebrauchsgütern, bleibt sie dagegen fortbestehen, da diese Geschäfte der Deckung des Unterhalts und des persönlichen Lebensbedarfs dienen, die nicht in die Insolvenzmasse fallen (vgl. auch § 36 InsO mit § 850c ZPO). Darüber hinaus besteht die Vollmacht gemäß § 117 Abs. 2 InsO fort, sofern der Auftrag oder Geschäftsbesorgungsvertrag nach § 115 Abs. 2 InsO aufrechterhalten bleibt.

73 § 117 InsO betrifft nur die vom Schuldner und nicht die ihm von einem Dritten erteilte Vollmacht. Der Insolvenzverwalter kann als Ausfluß seiner Verwaltungs- und Verfügungsbefugnis aus § 80 InsO einem anderen für einzelne die Insolvenzmasse betreffende Angelegenheiten Vollmacht erteilen. Eine Generalvollmacht scheidet aber grundsätzlich aus, weil der Insolvenzverwalter sein Amt selbst wahrnehmen muß (s. oben Rn. 47).

7. Erlöschen durch Tod und Geschäftsunfähigkeit

a) Tod des Bevollmächtigten

74 Auch unabhängig von dem zugrunde liegenden Rechtsverhältnis, insbesondere dann, wenn ein solches gar nicht besteht, **endet die Vollmacht** in der Regel durch

---

[67] *Köhler,* BB 1979, 912, 915 m. w. N.

[68] A. A. MünchKomm/*Schramm,* § 168 Rn. 5 mit der Begründung, die Prokura müsse nach Sinn und Zweck des § 48 HGB vom jeweiligen Inhaber persönlich erteilt werden.

den Tod des Bevollmächtigten. Da die Vollmacht ein besonderes Vertrauen voraussetzt, kann nicht angenommen werden, sie solle ohne weiteres auf den oder die Erben übergehen[69]. Anders liegt es nur bei einer ausschließlich im Interesse des Bevollmächtigten selbst erteilten Vollmacht (s. oben Rn. 52); diese verschafft ihm eine – im Fall ihrer Unwiderruflichkeit sogar unentziehbare – vermögensrechtliche Stellung[70], die vererblich ist.

Wer **geschäftsunfähig** ist, kann auch nicht als Vertreter eines anderen wirksam Rechtsgeschäfte vornehmen. Es ist sachgemäß, daß die ihm erteilte Vollmacht erlischt, wenn der Bevollmächtigte gemäß § 104 Nr. 2 geschäftsunfähig wird. Beschränkt Geschäftsfähige können dagegen gemäß § 165 Vertreter sein (s. oben § 46 Rn. 24), weshalb auch eine ihnen erteilte Vollmacht bestehen bleibt. **75**

b) Tod des Vollmachtgebers

Der Tod des Vollmachtgebers **beendet die Vollmacht** in der Regel **nicht**[71]. Für die Prokura ist dies in § 52 Abs. 3 HGB ausdrücklich bestimmt. Die als postmortale Vollmacht (s. Rn. 56) weiterbestehende Vollmacht wirkt vielmehr für die Erben fort; ihnen steht jedoch grundsätzlich ein Widerrufsrecht zu. Das Erlöschen der Vollmacht kann sich aber aus dem Zweck des Innenverhältnisses ergeben. Aus dem Innenverhältnis ist der Bevollmächtigte ferner grundsätzlich dem Erben gegenüber verpflichtet, ihn zu informieren und, falls nicht mit dem Aufschub des Geschäfts Gefahr verbunden ist, dessen Entschließung abzuwarten. **76**

Ebensowenig erlischt die Vollmacht ohne weiteres dadurch, daß der **Vollmachtgeber** nachträglich **geschäftsunfähig** wird[72] (vgl. §§ 672, 675 i.V.m. § 168 Satz 1). Der gesetzliche Vertreter mag die Vollmacht widerrufen. **77**

§ 48. Rechtsschein der Vollmacht

Inhaltsübersicht

---

[69] Ebenso *Enneccerus/Nipperdey,* AT, § 186 III; *Flume,* AT II, § 51, 8; *Medicus,* AT, Rn. 943.

[70] Vgl. dazu *v. Tuhr,* AT III, § 85 X a.E.

[71] Vgl. *BGH* NJW 1962, 1718; *OLG Zweibrücken,* DNotZ 1983, 104, 105; *RGZ* 88, 345, 348; MünchKomm/*Schramm,* § 168 Rn. 17; Erman/*Palm,* § 168 Rn. 5; Soergel/*Leptien,* § 168 Rn. 29; Palandt/*Heinrichs,* § 168 Rn. 4; *v. Tuhr,* AT III, § 85 VII 2; *Enneccerus/Nipperdey,* AT, § 186 II 1. Bedenken hiergegen bei *Flume,* AT II, § 51, 5.

[72] Erman/*Palm,* § 168 Rn. 6; MünchKomm/*Schramm,* § 168 Rn. 12; Palandt/*Heinrichs,* § 168 Rn. 4. Bedenken dagegen äußert wiederum *Flume,* AT II, § 51, 6.

Literatur: *Canaris,* Die Vertrauenshaftung im deutschen Privatrecht, 1971; *Fikentscher,* Scheinvollmacht und Vertreterbegriff, AcP 154 (1955), 1; *Frotz,* Verkehrsschutz und Vertretungsrecht, 1972; *K. Schmidt,* Falsus-procurator-Haftung und Anscheinsvollmacht, FS Gernhuber, 1993, S. 435; *Simon,* Duldungsvollmacht und Konkludenzirrtum, FS Leser, 1998, S. 133.

I. Bedürfnis für Vertrauensschutz

1 Wie bei allen empfangsbedürftigen Willenserklärungen, so gilt auch bei der Vollmachtserteilung nach § 167 Abs. 1 als einer empfangsbedürftigen Willenserklärung der Grundsatz, daß nicht der innere Wille des Vollmachtgebers über das Entstehen und den Umfang der Vollmacht entscheidet, sondern der **Verständnishorizont des Empfängers,** wie dieser also die Erklärung und das Verhalten des Vollmachtgebers verstehen durfte (s. oben § 47 Rn. 17, 20, 23).

2 Ihre Rechtfertigung findet die hiernach eintretende Bindung des Erklärenden an den objektiv erkennbaren Inhalt seiner Erklärung in dem Gedanken der Verantwortung für die ihm zurechenbare Erklärungsbedeutung (s. oben § 24 Rn. 33ff.). Zwar muß die Vollmacht nicht als Außenvollmacht durch Erklärung gegenüber dem Geschäftspartner erteilt werden, sondern kann auch als reine Innenvollmacht nur durch Erklärung gegenüber dem zu Bevollmächtigenden entstehen (s. oben § 47 Rn. 18ff.). Dennoch besteht auf Seiten des Geschäftspartners ein Bedürfnis, sich **auch bei einer Innenvollmacht** wie bei einer ihm gegenüber erteilten Außenvollmacht an den ihm erkennbaren und dem Vertretenen zurechenbaren objektiven Umständen orientieren zu dürfen. Dies gilt, obwohl bei einer Innenvollmacht zunächst auf den Verständnishorizont des Bevollmächtigten abzustellen ist[1]. Gerade wenn die Vollmacht auch als Außenvollmacht gegenüber dem Geschäftspartner erteilt werden kann und der Geschäftspartner die Innenvollmacht gar nicht selbst feststellen kann, muß er sich auf die ihm erkennbaren Umstände der Vollmachtserteilung verlassen können. Dies erfordert das allgemeine Bedürfnis nach Vertrauensschutz im Geschäftsverkehr. Darüber hinaus besteht auch ein Bedürfnis, sich auf den **Fortbestand** einer einmal **erteilten Vollmacht** verlassen zu dürfen, so lange ein Widerruf oder sonstiger Beendigungsgrund nicht erkennbar ist.

3 Das BGB hat in den §§ 168 bis 173 das Vertrauen des Geschäftsverkehrs auf das Entstehen und den Fortbestand der Vollmacht in einzelnen Fallgestaltungen geschützt. Es besteht jedoch über die gesetzlich geregelten Fallgestaltungen hinaus ein weitergehendes Bedürfnis, das **Vertrauen auf den Rechtsschein einer Vollmacht** zu schützen. Diesem Bedürfnis versuchen Rechtsprechung und Rechtslehre durch Anerkennung einer Duldungs- und Anscheinsvollmacht Rechnung zu tragen.

4 Der Rechtsschein und Vertrauensschutz wird aber vom Gesetz grundsätzlich nur im Zusammenhang mit rechtsgeschäftlichen Handlungen gewährt. Demgemäß gelten die §§ 168 bis 173 nur für die rechtsgeschäftlich erteilte Vollmacht, **nicht** dagegen für die

[1] A. A. MünchKomm/*Schramm,* § 167 Rn. 80, maßgeblich allein Verständnishorizont des Bevollmächtigten.

gesetzliche Vertretungsmacht. Bei der gesetzlichen Vertretungsmacht gibt es deshalb keinen der Duldungs- und Anscheinsvollmacht entsprechenden Vertrauensschutz. Dabei ist jedoch zwischen den verschiedenen gesetzlichen Vertretern zu unterscheiden (s. oben § 46 Rn. 9 f.).

Beispiele: (1) Auch wenn A und B noch so sehr den Eindruck erwecken, die **Eltern** des Kindes K zu sein, und wenn G noch so sehr darauf vertraut, so können A und B doch nicht K wirksam gegenüber G verpflichten. Das Vertrauen des G in die gesetzliche Vertretungsmacht der Scheineltern wird nicht geschützt. G kann sich nur gemäß § 179 an A und B halten, falls nicht die wahren Eltern das Geschäft gemäß § 177 genehmigen. Gleiches gilt für einen Vormund. (2) Beim **Vorstand** einer *AG* und beim **Geschäftsführer** einer GmbH sowie bei anderen juristische Personen oder Personengesellschaften entsteht die Vertretungsmacht nicht kraft Gesetzes, sondern beruht auf einem besonderen gesellschaftsrechtlichen oder organschaftlichen Bestellungsakt (s. oben § 46 Rn. 10). Der Vertrauensschutz des Geschäftsverkehrs ist dabei sehr unterschiedlich ausgestaltet. Liegt ein Bestellungsakt vor, ist dieser aber unwirksam, so gelten die Grundsätze über den faktischen Geschäftsführer oder Vorstand, wenn diese tatsächlich ihr Amt ausgeübt haben (s. oben § 44 Rn. 13). Daneben greift gemäß § 15 Abs. 3 HGB die positive Publizität der Eintragung im Handelsregister und ihrer Bekanntmachung ein[2], wenn eine bestimmte Person als Vorstand einer *AG* oder Geschäftsführer einer GmbH oder Personenhandelsgesellschaft (OHG, KG) eingetragen (s. etwa § 81 AktG, § 39 GmbHG, § 106 Abs. 2 Nr. 4 HGB) und dies bekanntgemacht ist (§ 10 HGB). Aufgrund der umfassenden handelsrechtlichen Rechtsscheinhaftung ist aber auch ohne Eintragung im Handelsregister und Bekanntmachung das Vertrauen des Geschäftsverkehrs auf die Vertretungsmacht eines Vorstands oder Geschäftsführers entsprechend den Grundsätzen der Duldungs- und Anscheinsvollmacht zu schützen[3]. 5

II. Gesetzlich anerkannter Rechtsschein der Vollmacht

1. Rechtsschein für die Erteilung einer Vollmacht

a) Mitteilung und öffentliche Bekanntmachung als Rechtsscheinträger

Hat jemand durch besondere Mitteilung oder durch öffentliche Bekanntmachung kundgegeben, daß er einen anderen bevollmächtigt habe, so ist dieser im Falle einer besonderen Mitteilung dem Empfänger der Mitteilung, im Fall der öffentlichen Bekanntmachung jedem Dritten gegenüber gemäß dem Inhalt der Kundgabe zur Vertretung befugt (§ 171 Abs. 1). Zwar kann die Kundgabe im Einzelfall die Bedeutung einer externen Bevollmächtigung haben, meist wird aber die Vollmacht intern erteilt worden sein und die Mitteilung oder die öffentliche Kundgabe sollen dies nur dem Empfänger der Mitteilung oder der Öffentlichkeit zur Kenntnis bringen. Sie hat dann nicht den Charakter einer Willenserklärung, denn sie ist nicht dazu bestimmt, die Vertretungsmacht als Rechtsfolge in Geltung zu setzen, sondern nur dazu, ihr Bestehen mitzuteilen[4]. Dies dient der **Unterrichtung über die bereits erteilte Vollmacht.** Wenn aber die Mitteilung oder die öffentliche Bekanntmachung nicht den Tatsachen entspricht, weil die Bevollmächtigung nicht oder nicht wirksam erfolgt war, dann begründet sie ihrerseits kraft Gesetzes eine Vertretungsmacht, deren Rechtfertigung sich daraus ergibt, daß der Mitteilende oder Kundgebende den **Rechtsschein** einer von ihm erteilten Vollmacht **in zurechenbarer Weise hervorgerufen** hat. 6

---

[2] S. dazu etwa *Baumbach/Hopt,* HGB, § 15 Rn. 16ff.

[3] *Baumbach/Hopt,* HGB, § 5 Rn. 9ff.; s. auch *Baumbach/Hueck/Zöllner,* GmbHG, § 35 Rn. 6a.

[4] So die h.M., vgl. MünchKomm/*Schramm,* § 171 Rn. 1; RGRK/*Steffen,* § 171 Rn. 1; Soergel/*Leptien,* § 171 Rn. 1.

7 Im Einzelfall kann die besondere Mitteilung oder die öffentliche Bekanntmachung nicht nur als Unterrichtung, sondern Bekräftigung und Wiederholung der vorangegangenen internen Vollmachtserteilung in dem Sinne verstanden werden, daß die Vertretungsmacht durch sie selbständig begründet wird[5]. Der Mitteilende will dann die Vollmacht zugleich als Rechtsfolge durch die Mitteilung oder Bekanntmachung herbeiführen. Die Rechtsfolge tritt aber nach § 171 aufgrund des Rechtsscheins unabhängig davon ein, ob der Mitteilende einen derartigen Rechtsfolgewillen hat und zum Ausdruck bringt oder nicht. Er kann die Rechtsfolge der Entstehung einer Vertretungsmacht kraft Rechtsscheins nicht wegen Rechtsfolgenirrtums durch eine Anfechtung nach § 119 Abs. 1 ausschließen (zum Inhalts- und Erklärungsirrtum s. Rn. 9). Vielmehr tritt die Rechtsfolge nach § 171 kraft Gesetzes ein[6]. Eine ähnliche Rechtsscheinwirkung[7] entfaltet die Abtretungsanzeige gemäß § 409.

8 Ist die Mitteilung oder öffentliche Bekanntmachung auch keine Willenserklärung wie die externe Vollmachtserteilung, so ist sie doch eine **geschäftsähnliche Handlung** (oben § 22 Rn. 14ff.), deren Rechtsfolge zwar als gesetzliche Rechtsfolge eintritt, aber doch an ein gewolltes Verhalten anknüpft und deshalb einer Willenserklärung vergleichbar ist.

9 **Beispiele:** Der Minderjährige oder sonst nicht voll Geschäftsfähige muß vor den ihm nachteiligen Folgen geschützt werden. Daher ist für den Eintritt der Rechtsfolge stets Geschäftsfähigkeit zu verlangen[8]. Die besondere Mitteilung unterliegt der Auslegung nach dem Empfängerhorizont wie eine empfangsbedürftige Willenserklärung. Das kann zur Folge haben, daß die Mitteilung etwa bezüglich des Umfangs der Vollmacht anders auszulegen ist als die interne Vollmachterklärung, für deren Auslegung es auf den Verständnishorizont des Bevollmächtigten ankommt. Fraglich ist, ob der Mitteilende die Rechtsfolge dann durch eine Anfechtung analog §§ 119 bis 123 beseitigen kann, wenn er über den Inhalt der Mitteilung bei deren Abgabe im Irrtum war, eine Mitteilung dieses Inhalts überhaupt nicht abgeben wollte oder zu ihr durch Drohung oder Täuschung veranlaßt wurde. Dies ist für die Mitteilung nach § 171 Abs. 1 zu bejahen, da eine solche einer externen Bevollmächtigung sehr nahe kommt, im Einzelfall oft von ihr nicht zu unterscheiden ist[9]. Anfechtungsgegner ist der Empfänger der Mitteilung; ihm steht der Anspruch auf Ersatz seines Vertrauensschadens aus § 122 zu. Die Anfechtung wegen Täuschung setzt dabei gemäß § 123 Abs. 2 voraus, daß der Empfänger der Mitteilung sie kannte oder kennen mußte. Im Fall der öffentlichen Bekanntmachung spricht dagegen angesichts der Vielzahl möglicherweise betroffener Rechtsgeschäfte die Stärke des Verkehrsschutzbedürfnisses für den Ausschluß jeder Anfechtungsmöglichkeit[10].

b) Vollmachtsurkunde als Rechtsscheinträger

10 Der besonderen Mitteilung einer erteilten Vollmacht durch den Vollmachtgeber steht es gleich, wenn dieser dem Vertreter eine Vollmachtsurkunde ausgehändigt hat und der Vertreter sie dem **Empfänger der Erklärung vorlegt** (§ 172 Abs. 1). Die

---

[5] Generell für diese Auslegung der Mitteilung und Bekanntmachung *Flume,* AT II, § 49, 2a.

[6] Gegen *Flume* auch *Canaris,* aaO, S. 32f. Wie hier *Enneccerus/Nipperdey,* AT, § 184 II 3a; *Medicus,* AT, Rn. 927 Nr. 3; Soergel/*Leptien,* § 171 Rn. 1; MünchKomm/*Schramm,* § 171 Rn. 1. *Hadding,* StudK, §§ 169ff. Anm. I spricht von einer „unwiderlegbar gesetzlich vermuteten Vertretungsmacht".

[7] *BGHZ* 40, 297, 304; a. A. MünchKomm/*H. Roth,* § 409 Rn. 2.

[8] *BGH* NJW 1975, 2101; Erman/*Palm,* § 171 Rn. 3; RGRK/*Steffen,* § 171 Rn. 2; Soergel/*Leptien,* § 171 Rn. 4; Palandt/*Heinrichs,* §§ 173 Rn. 1.

[9] So auch im Ergebnis, *Flume,* AT II, § 49, 2c; *Frotz,* aaO, S. 310ff., 515; *Medicus,* AT, Rn. 947; *ders.,* BürgR, Rn. 97; MünchKomm/*Schramm,* § 171 Rn. 8; Soergel/*Leptien,* § 171 Rn. 4. Gegen jede Anfechtungsmöglichkeit *Enneccerus/Nipperdey,* AT, § 184 zu Anm. 26; Palandt/*Heinrichs,* § 173 Rn. 1.

[10] Ähnlich *Canaris,* aaO, S. 35ff. Vgl. ferner *Eujen/Frank,* JZ 1973, 232, 237. Für die Möglichkeit der Anfechtung auch der öffentlichen Bekanntgabe MünchKomm/*Schramm,* § 171 Rn. 11.

Urkunde bezeugt, daß der Unterzeichner dem darin genannten Vertreter eine Vollmacht bestimmten Umfangs erteilt hat. Der Dritte, dem sie vorgelegt wird, kann darauf vertrauen, daß die darin beurkundete Vollmacht in dem aus der Urkunde ersichtlichen Umfang erteilt ist. Nicht in der Urkunde erwähnte Beschränkungen der Vollmacht können dem Dritten nicht entgegengesetzt werden. Es muß aber die **Urkunde selbst oder** eine **Ausfertigung** von ihr, d.h. ein vom Unterzeichner autorisiertes Mehrfachexemplar vorgelegt werden. Eine bloße Abschrift oder Fotokopie genügt nicht[11]. § 172 gilt nicht für die Prozeßvollmacht. Dafür enthalten die §§ 80ff. ZPO Sondervorschriften[12].

Erforderlich ist, daß der Unterzeichner der Vollmachtsurkunde sie dem Vertreter **11** **ausgehändigt,** d.h. zum Zwecke des Gebrauchmachens übergeben hat. Die Aushändigung der Urkunde ist nicht Rechtsgeschäft, aber eine **geschäftsähnliche Handlung,** für die Geschäftsfähigkeit zu fordern ist[13]. Da sie in Verbindung mit der Vorlegung der Urkunde durch den Vertreter an den Dritten einer besonderen Mitteilung vergleichbar ist, ist die Anfechtung nach §§ 119, 123 ebenso zuzulassen wie im Fall der Mitteilung nach § 171 Abs. 1. Anfechtungsberechtigt ist der Unterzeichner der Urkunde.

Hat sich der Vertreter **gegen den Willen des Unterzeichners** in den Besitz der Urkunde **12** gesetzt, so ist § 172 auch nicht entsprechend anzuwenden[14]. Es fehlt in einem solchen Fall an der Zurechenbarkeit des Rechtsscheins. Dem Dritten, der im Vertrauen auf die in der Urkunde genannte Vollmacht mit dem Vertreter abschließt, steht gegen den Vertreter ein Anspruch aus § 179 zu. Gegen den Vertretenen als Unterzeichner der Urkunde besteht kein Schadensersatzanspruch analog § 122[15], da die Wegnahme gegen den Willen des Unterzeichners der arglistigen Täuschung und Drohung vergleichbar ist, für die ein Ersatz gemäß § 122 ebenfalls nicht vorgesehen ist. Ein Anspruch aus culpa in contrahendo[16] gemäß §§ 280 Abs. 1, 311 Abs. 2 kommt nur in Betracht, wenn der Unterzeichner sich das Verhalten des Vertreters nach § 278 zurechnen lassen muß.

Nach dem Erlöschen der Vollmacht hat der Bevollmächtigte die Vollmachtsurkunde dem **13** Vollmachtgeber **zurückzugeben.** Ein Zurückbehaltungsrecht aus irgendeinem Grunde steht ihm nicht zu (§ 175), denn der Vollmachtgeber ist wegen der Rechtsscheinwirkung der Urkunde so lange gefährdet, als sie sich noch im Besitz des Bevollmächtigten befindet. Behauptet der Bevollmächtigte, nicht mehr im Besitz der Urkunde zu sein, so kann der Vollmachtgeber die Urkunde durch eine vom Amtsgericht zu bewilligende öffentliche Bekanntmachung nach den näheren Vorschriften des § 176 Abs. 1 und 2 für kraftlos erklären lassen. Da die Kraftloserklärung einen Widerruf enthält oder doch einem Widerruf in der Wirkung gleichkommt, ist sie unwirksam, wenn die Vollmacht unwiderruflich ist (§ 176 Abs. 3).

c) Guter Glaube als Voraussetzung

Sowohl im Fall der besonderen Mitteilung, wie in dem der öffentlichen Bekannt- **14** machung und in dem der Aushändigung einer Vollmachtsurkunde wird der Dritte indessen **nicht geschützt,** wenn er nicht gutgläubig war, d.h. wenn er entweder **wußte oder wissen mußte,** daß die kundgegebene Vollmacht nicht wirksam

---

11 *BGHZ* 102, 60, 63; *BGH* NJW 1997, 312; *BGH* NJW 2002, 2325.

12 *BGH* NJW 2003, 963; *BGH* v. 22. 10. 2003 IV ZR 33/03.

13 Palandt/*Heinrichs,* § 173 Rn. 1; MünchKomm/*Schramm,* § 172 Rn. 4, 6; Soergel/*Leptien,* § 172 Rn. 3.

14 *BGHZ* 65, 13 = JZ 1976, 132 m. Anm. *Canaris.* Ebenso MünchKomm/*Schramm,* § 172 Rn. 5; Soergel/*Leptien,* § 172 Rn. 3; Palandt/*Heinrichs,* § 173 Rn. 5; Bamberger/Roth/*Habermeier,* § 172 Rn. 6.

15 Dafür aber *Canaris,* JZ 1976, 132, 134; *ders.,* Vertrauenshaftung, S. 487, 548.

16 Dafür MünchKomm/*Schramm,* § 172 Rn. 5. Nicht eindeutig *BGHZ* 65, 13 a.E.

erteilt oder inzwischen erloschen war. Ausdrücklich ausgesprochen im Gesetz ist das nur für den Fall des Erlöschens (§ 173). Es muß aber auch für den Fall gelten, daß die Vollmacht nicht wirksam erteilt und die Mitteilung oder Kundgabe daher von Anfang an unrichtig war[17], weil in beiden Fällen ein gleiches Schutzbedürfnis besteht.

15 **Beispiele:** Von einem Kennenmüssen im Sinne der **fahrlässigen Unkenntnis** (vgl. § 122 Abs. 2) ist auszugehen, wenn für einen durchschnittlichen Teilnehmer am jeweiligen Geschäftsverkehr erkennbare Zweifel an der Vollmacht bestehen, die einen sorgfältigen Geschäftspartner zu Nachforschungen veranlassen würden. Eine allgemeine Überprüfungs- und Erkundigungspflicht besteht allerdings nicht. Andererseits ist aber ein offenkundiger Zweifel nicht erforderlich[18]. Der Geschäftspartner, der auf eine notariell beurkundete Vollmacht vertraut, braucht im Hinblick auf § 312 Abs. 3 Nr. 3 nicht mit einem Widerrufsrecht des Vollmachtgebers wegen einer Haustürsituation zu rechnen[19]. Der Bevollmächtigte, der gemäß § 181 ein Geschäft mit sich selbst abschließt und der den Willen des Vertretenen kennt, kann sich nicht auf den Inhalt der Urkunde berufen[20]. Der gute Glaube muß nicht nur im **Zeitpunkt** der Abgabe der Erklärung des Vertreters, sondern grundsätzlich auch noch bei Vollendung des Rechtsgeschäfts, d.h. bei Verträgen im Zeitpunkt des Wirksamwerdens der Annahmeerklärung vorliegen[21], weil der Erklärungsempfänger nicht zuvor auf die Wirksamkeit des Geschäfts vertrauen darf. Ausnahmen bestehen analog §§ 878, 892 Abs. 2 und bei bedingten Geschäften.

2. Rechtsschein für den Fortbestand einer Vollmacht

a) Fortbestand der Außenvollmacht

16 Die extern erteilte Vollmacht bleibt demjenigen gegenüber, dem gegenüber sie erteilt war, so lange in Kraft, bis ihm ihr Erlöschen von dem Vollmachtgeber angezeigt wird (§ 170). Dieser **Schutz des Geschäftspartners** ist erforderlich, weil auch die extern erteilte Vollmacht gemäß § 168 Satz 3 in den Formen des § 167 Abs. 1, d.h. auch intern durch Erklärung gegenüber dem Vertreter, widerrufen werden kann und gemäß § 168 Satz 1 mit der Beendigung des ihr zugrunde liegenden Rechtsverhältnisses erlischt, ohne daß der Geschäftspartner davon Kenntnis zu erlangen braucht. Auf das Fortbestehen der Vollmacht kann er deshalb so lange vertrauen, bis ihm ihr Erlöschen von dem Vollmachtgeber angezeigt wird oder bis er auf sonstige Weise davon erfährt. Der Kenntnis vom Erlöschen steht das Kennenmüssen gleich (vgl. Rn. 15). Grund dieses Rechtsscheins ist die extern ausgesprochene Bevollmächtigung in Verbindung mit der Unterlassung eines externen Widerrufs oder einer entsprechenden Mitteilung[22]. Die Anzeige an den Dritten ist eine zusätzliche tatbestandliche Voraussetzung für das Erlöschen. Die Vollmacht bleibt ohne die Anzeige dem Dritten gegenüber in Kraft, wie § 170 ausdrücklich formuliert.

---

[17] So auch *BGH* NJW 2000, 2270; *BGH* NJW 2001, 3774 und schon *RGZ* 108, 127; *Enneccerus/Nipperdey,* AT, § 184 zu Anm. 24; Soergel/*Leptien,* § 173 Rn. 2; Staudinger/*Schilken,* § 171 Rn. 11; MünchKomm/*Schramm,* § 173 Rn. 2; Bamberger/Roth/*Habermeier,* § 173 Rn. 2; *Canaris,* Vertrauenshaftung, S. 504.

[18] S. etwa *BGH* NJW 1985, 730; *BGH* NJW 2000, 2268; Soergel/*Leptien,* § 173 Rn. 3; MünchKomm/*Schramm,* § 173 Rn. 3; Bamberger/Roth/*Habermeier,* § 173 Rn. 4; Erman/*Palm,* § 173 Rn. 3; a.A. Staudinger/*Schilken,* § 173 Rn. 2; *Flume,* AT II, § 50, 3.

[19] *BGH* NJW 2000, 2268 = LM § 166 BGB Nr. 41 m. Anm. *Pfeiffer.*

[20] *BGH* NJW 1999, 486.

[21] Bamberger/Roth/*Habermeier,* § 173; Soergel/*Leptien,* § 173 Rn. 3; a.A. Staudinger/*Schilken,* § 173 Rn. 8; MünchKomm/*Schramm,* § 173 Rn. 4f.; Erman/*Palm,* § 173 Rn. 4.

[22] Dazu *Canaris,* aaO, S. 135f.

17 Die **Anzeige** im Sinne des § 170 ist keine Willenserklärung – dann wäre sie ein externer Widerruf –, sondern eine einfache Mitteilung[23]. Sie ist eine **geschäftsähnliche Handlung**[24] wie die besondere Mitteilung gemäß § 171 (s. Rn. 8f.). Sie setzt deshalb Geschäftsfähigkeit voraus und kann analog §§ 119 bis 123 angefochten werden.

b) Fortbestand des einmal begründeten Vertrauensschutzes

18 Den gleichen Vertrauensschutz wie der Geschäftspartner bei der Außenvollmacht genießt nach § 171 derjenige, dem die Erteilung der internen Vollmacht durch eine besondere Mitteilung bekanntgemacht war. Sein Vertrauen auf den Fortbestand der Vollmacht wird geschützt, bis ihm das Erlöschen mitgeteilt wird oder er nicht mehr gutgläubig ist (s. Rn. 14f.). Im Fall öffentlicher Bekanntmachung der Vollmacht ist bis zu deren öffentlichen Widerruf jeder Gutgläubige geschützt. Der Rechtsschein der dem Vertreter ausgehändigten Vollmachtsurkunde bleibt bis zu deren Rückgabe oder Kraftloserklärung wirksam (§ 172 Abs. 2). Auch in diesen Fällen endet jedoch die Vertretungsmacht erst, wenn dem Dritten, dem die Vollmacht vorgelegt worden ist, ein externer Widerruf oder eine entsprechende Erlöschensanzeige zugeht oder er das Erlöschen auf andere Weise kennt oder kennen muß[25].

c) Schutz des Bevollmächtigten

19 Während §§ 170–172 den außenstehenden Dritten als Geschäftspartner des Vertretenen in seinem Vertrauen auf den Rechtsschein der Vollmacht schützen, sieht § 169 einen Schutz des Bevollmächtigten vor, wenn diesem in den Fällen der §§ 674, 729 das **Erlöschen des Auftrags,** des Geschäftsbesorgungsvertrags (§ 675 mit § 674) oder **der Geschäftsführungsbefugnis** als Gesellschafter unbekannt geblieben ist. Es gilt dann nicht nur das zugrunde liegende Rechtsverhältnis, sondern in Verbindung mit § 168 Satz 1 auch die Vollmacht zugunsten des gutgläubigen Bevollmächtigten als fortbestehend, wenn dieser das Erlöschen nicht kennt und auch nicht kennen muß (vgl. Rn. 15).

III. Duldungs- und Anscheinsvollmacht

20 Der Schutz des Vertrauens auf den Rechtsschein der Vollmacht in den §§ 170–172 erfaßt nur einige, aber nicht alle Fallgestaltungen, in denen nach außen der Anschein des Bestehens einer Vollmacht erweckt wird. Die Vorschriften sind jedoch Ausdruck eines ihnen zugrunde liegenden **allgemeinen Rechtsgedankens,** wonach derjenige, der den Anschein für das Bestehen einer Vollmacht gesetzt hat, sich an diesem Anschein festhalten lassen muß, wenn ein anderer berechtigterweise darauf vertraut. Rechtsprechung[26] und h.L. haben deshalb auf der Grundlage dieses allgemeinen Gedankens das **Vertrauen auf den Rechtsschein** auch über §§ 170–172 hinaus in anderen Fallgestaltungen des äußeren Anscheins einer Vollmacht **geschützt** und dabei die Duldungsvollmacht und die Anscheinsvollmacht unterschieden.

---

[23] Anders *Flume,* AT II, § 51, 9. Für ihn ist die Anzeige nichts anderes als ein externer Widerruf.

[24] Vgl. Palandt/*Heinrichs,* § 173 Rn. 3; MünchKomm/*Schramm,* § 170 Rn. 7; Soergel/*Leptien,* § 170 Rn. 3.

[25] Vgl. *Canaris,* aaO, S. 137; MünchKomm/*Schramm,* § 172 Rn. 13a.

[26] S. etwa *BGHZ* 102, 60, 64; *BGH* NJW 1997, 312.

21 Als **Grundlage für den Vertrauensschutz** des Geschäftspartners kommt dabei zunächst die Lehre von der normativen **Auslegung nach dem Empfängerhorizont** (s. oben § 28 Rn. 13ff.) in Betracht, wonach die Erteilung einer Vollmacht als Rechtsgeschäft sich nicht nach dem inneren Willen des Vollmachtgebers richtet, sondern sich aus den gesamten dem Empfänger erkennbaren objektiven Umständen ergibt. Die Auslegung eines Verhaltens als Vollmachtserteilung aus der Sicht des Empfängers setzt aber voraus, daß der Empfänger das Verhalten als das Rechtsgeschäft einer ihm gegenüber erteilten Vollmacht selbst verstehen darf. Der **Schutz des Rechtsscheins** in den §§ 170–172 **geht** aber **darüber hinaus,** indem auch ein Verhalten, das nicht als Vornahme des Rechtsgeschäfts selbst, sondern nur als Hinweis auf eine bereits anderweit erteilte Vollmacht gedeutet werden kann, den Vertrauensschutz des Geschäftspartners auf das Bestehen einer Vollmacht begründet. Der Schutz des Geschäftsverkehrs in den Fällen der Duldungs- und Anscheinsvollmacht bleibt also auch dann bestehen, wenn das Verhalten des Vertretenen nicht als Ausdruck eines aktuellen Rechtsfolgewillens der Erteilung einer Vollmacht, sondern nur als bloßer Ausdruck der Anerkennung ihres Bestehens ohne aktuellen Rechtsfolgewillen verstanden werden kann. Die den Rechtsschein begründenden Umstände müssen in jedem Fall bei Abschluß des vom Vertreter vorgenommenen Rechtsgeschäfts vorliegen[27].

1. Duldungsvollmacht

22 Bei der Duldungsvollmacht und ebenso bei der Anscheinsvollmacht werden auch andere als die in §§ 170–172 genannten Umstände als Grundlage für einen objektiven Rechtsscheintatbestand anerkannt, aufgrund dessen der Geschäftspartner auf das Bestehen einer Vollmacht vertrauen kann. Läßt es der Vertretene zu, daß ein anderer wiederholt als sein Vertreter auftritt, so daß Dritte daraus berechtigterweise auf das Bestehen einer Vollmacht schließen können (s. auch Rn. 31), so muß er sich so behandeln lassen, als habe er ihm Vollmacht erteilt. Voraussetzung dafür ist, daß der **Vertretene das Verhalten** des nicht von ihm bevollmächtigten Vertreters **kannte** und nicht dagegen eingeschritten ist, obgleich ihm dies möglich gewesen wäre[28].

23 In den Fällen der Duldungsvollmacht liegt weder eine interne noch eine externe Bevollmächtigung vor, da das Verhalten des Vertretenen weder aus der Sicht des Vertreters noch aus der Sicht des Geschäftspartners als Willenserklärung mit aktuellem Rechtsfolgewillen zur Vollmachtserteilung verstanden werden kann. Es liegt aber ein dem Vertretenen bekanntes Verhalten des Vertreters vor, dessen Hinnahme durch den scheinbar Vertretenen aus der Sicht des Geschäftspartners als **tatsächliche Bestätigung einer bestehenden Vollmacht** erscheint. Nur in diesen Fällen kann man zur Vermeidung von Mißverständnissen von einer Duldungsvollmacht sprechen[29]. Sie ist eine **bewußt hingenommene Anscheinsvollmacht.** Den dadurch erzeugten Rechtsschein des Bestehens einer Vollmacht muß sich der Vertretene zurechnen lassen.

24 Eine Analogie zu § 171 sowohl zur besonderen Mitteilung als auch zur öffentlichen Bekanntmachung liegt nahe. Ebenso wie diese stellt das bewußte Dulden des Vertreterhandelns eine Teilnahme am Rechtsverkehr und eine **geschäftsähnliche Handung** dar (s. Rn. 8 f.). Deshalb ist Geschäftsfähigkeit zu fordern. Dagegen kommt es nicht darauf an, daß sich der Ver-

---

[27] *BGH* NJW 2002, 2325.

[28] Vgl. nur *BGH* VersR 1992, 990, 991; *BGH* NJW 1988, 1199, 1200; *BGH* NJW 1955, 985; MünchKomm/*Schramm,* § 167 Rn. 46ff.; RGRK/*Steffen,* § 167 Rn. 11f.; *Medicus,* AT, Rn. 930.

[29] So auch *Canaris,* aaO, S. 40ff.; Soergel/*Leptien,* § 167 Rn. 20, 22; MünchKomm/*Schramm,* § 167 Rn. 50; *Köhler,* AT, § 11 Rn. 43; *Medicus,* AT, Rn. 930; *Brox,* AT, Rn. 518ff. Dagegen sehen sie *Flume,* AT II, § 49, 3; *Pawlowski,* AT, Rn. 718, 727; Staudinger/*Schilken,* § 167 Rn. 29a; Palandt/*Heinrichs,* § 173 Rn. 11 unterschiedslos als rechtsgeschäftlich erteilte Vollmacht an.

tretene bewußt war, andere würden aus seiner Duldung auf das Bestehen einer Vollmacht schließen. Die Rechtsfolge des vom Vertretenen geschaffenen Rechtsscheins tritt kraft Gesetzes ein und kann deshalb nicht wegen Rechtsfolgenirrtums durch Anfechtung beseitigt werden (s. oben Rn. 7)[30].

2. Anscheinsvollmacht

Eine Vertretungsmacht aufgrund Rechtsscheins besteht auch dann, wenn der Vertretene das Auftreten des Vertreters zwar nicht kannte, also auch nicht duldete, aber **bei pflichtgemäßer Sorgfalt,** etwa bei gehöriger Überwachung seiner Angestellten, **hätte bemerken und verhindern können,** und der Dritte ferner annehmen durfte, der Vertretene kenne und dulde das Verhalten des Vertreters[31]. Man kann hier von einer **fahrlässig verursachten Anscheinsvollmacht** sprechen. Die Anscheinsvollmacht stützt sich auf einen objektiven Rechtsscheintatbestand und auf einen subjektiven Zurechnungsgrund in der Person des Vertretenen. 25

a) Objektiver Rechtsscheintatbestand

Der objektive Rechtsscheintatbestand muß ebenso wie bei der Duldungsvollmacht so beschaffen sein, daß der Geschäftspartner auf das **Bestehen einer Vollmacht berechtigterweise vertrauen** darf (s. auch Rn. 31). Dies schließt ein, daß der Rechtsscheintatbestand **kausal** für das Vertrauen des Geschäftspartners ist. Das Vertrauen muß auch hier nicht darauf gerichtet sein, daß das Verhalten des Vertretenen aus der Sicht des Empfängers als schlüssige Willenserklärung mit dem aktuellen Rechtsfolgewillen zur Vollmachtserteilung verstanden werden kann. Vielmehr werden auch von der Anscheinsvollmacht gerade die Fälle erfaßt, in denen die Umstände das Vertrauen auf eine scheinbar bereits anderweit erteilte und noch bestehende Vollmacht begründen. Das rechtsscheinbegründende Verhalten des Vertretenen muß aber so beschaffen sein, daß man davon ausgehen kann, der Vertretene hätte es erkennen und verhindern können. Dies setzt nicht notwendig, aber im Regelfall eine gewisse Dauer oder Häufigkeit des rechtsscheinbegründenden Verhaltens voraus[32]. 26

Beispiele: Als objektive Rechtscheintatbestände sind etwa anerkannt die Verwendung von Briefbögen mit aufgedrucktem Briefkopf der Firma oder die Verwendung eines Firmenstempels durch einen Firmenangestellten[33] oder die Verwendung des Namens eines ausgeschiedenen oder nie aufgenommenen Gesellschafters im Firmennamen, auf Briefbögen oder auf dem Praxisschild z.B. einer Anwaltskanzlei[34]. Es kann aber auch die Benutzung des Telefons oder Computers eines andern genügen (vgl. auch oben § 46 Rn. 58). Der *BGH* sieht die Benutzung einer entwendeten Vollmachtsurkunde in einem Einzelfall nicht als ausreichenden Rechtsscheintatbestand an[35]. Ein objektiver Rechtsscheintatbestand kann aber auch in einem solchen Fall vorliegen, da der Geschäftspartner weder das Entwenden noch die einmalige Benutzung erkennen kann. Im Regelfall wird es aber am subjektiven Zurechnungsgrund beim Vertretenen fehlen. 27

---

[30] A. A. *Canaris,* aaO, S. 43.

[31] *BGH* NJW 1981, 1728; 1991, 1225; *BGH* VersR 1992, 990, 991; *BGH* NJW 1998, 1854, 1855; *Köhler,* AT, § 11 Rn. 44; Soergel/*Leptien,* § 167 Rn. 17; Palandt/*Heinrichs,* § 173 Rn. 14; RGRK/*Steffen,* § 167 Rn. 11; Erman/*Palm,* § 167 Rn. 7.

[32] S. *BGH* VersR 1992, 990, 991; *BGH* LM § 167 BGB Nr. 4; *BGH* WM 1986, 901; *BGH* NJW 1998, 1854; *Hübner,* AT, Rn. 1285; Erman/*Palm,* § 167 Rn. 16; Soergel/*Leptien,* § 167 Rn. 21.

[33] *BGHZ* 5, 111, 116; *BGH* NJW 1998, 1854.

[34] *BGH* NJW 1990, 827, 829; 1991, 1225.

[35] *BGHZ* 65, 13; Palandt/*Heinrichs,* § 173 Rn. 15.

b) Subjektiver Zurechnungsgrund

28 Der subjektive Zurechnungsgrund setzt im Gegensatz zur Duldungsvollmacht nicht positives Gewährenlassen, sondern lediglich **fahrlässiges Verursachen** des Rechtsscheins durch den Vertretenen voraus, der die rechtsscheinbegründenden Umstände bei gehöriger verkehrsüblicher Sorgfalt hätte erkennen und verhindern können[36].

29 Die Zurechnung des fahrlässig verursachten Rechtsscheins ist jedoch umstritten[37]. Von einem Teil wird die Auffassung vertreten, daß die unbewußte, lediglich fahrlässige Hervorrufung eines Rechtscheins nach den Grundsätzen der §§ 170 bis 172 nicht dazu ausreichen kann, dem Veranlasser eine Vollmacht zuzurechnen. In den Fällen der Mitteilung und der Bekanntmachung, der Aushändigung einer Vollmachtsurkunde und der bewußten Duldung weiß der Vertretene um die Schaffung des Sachverhalts, der für andere den Schein der erteilten Vollmacht begründet. Es fehle deshalb bei der fahrlässigen Verursachung an einem hinreichenden Zurechnungsgrund. Selbst wenn man ihm eine Verkehrspflicht dahingehend auferlegen wollte, seine Angestellten ständig zu überwachen, ob sie nicht etwa als Vertreter auftreten, würde aus der Verletzung dieser Pflicht höchstens eine Schadensersatzpflicht des Vertretenen aus culpa in contrahendo zu folgern sein[38]. Nach anderer Auffassung[39] sollen die Geschäfte des Vertreters zwar zunächst schwebend unwirksam sein, den Vertretenen, der fahrlässig gegen ihn nicht eingeschritten ist, treffe aber eine Genehmigungspflicht, wenn für den Geschäftsgegner ein Tatbestand vorlag, auf den er vertrauen durfte, und wenn dieser darüber hinaus Dispositionen getroffen, insbesondere mit der Erfüllung begonnen hatte. Eine solche Genehmigungspflicht ist jedoch kaum zu begründen.

30 Der Auffassung der Rechtsprechung und h.M. ist zuzustimmen. Zwar trifft es zu, daß mit der Mitteilung und Bekanntmachung in § 171 sowie mit der Aushändigung einer Urkunde in § 172 im Regelfall an ein bewußtes Verhalten des Vertretenen angeknüpft wird. Da aber Mitteilung, Bekanntmachung und die Aushändigung einer Urkunde geschäftsähnliche Handlungen sind (s. oben Rn. 8, 11), die aus der Sicht des Empfängerhorizonts auszulegen sind, ist es möglich, daß der Vertretene ein Verhalten als Mitteilung oder Bekanntmachung einer Bevollmächtigung gegen sich gelten lassen muß, obwohl er dies gar nicht so verstanden wissen wollte. Auch knüpfen die §§ 170, 171 Abs. 2, 172 Abs. 2 für den Rechtsschein des Fortbestehens der Vollmacht an ein bloßes Unterlassen des Vertretenen an ohne Rücksicht darauf, ob dies vorsätzlich oder fahrlässig ist. Die §§ 170–172 erfassen deshalb sehr wohl Fälle des fahrlässig verursachten Rechtsscheins. Aus diesem Grunde und weil über eine bloße Schadensersatzpflicht aus culpa in contrahendo hinaus ein Bedürfnis nach Vertrauensschutz im Geschäftsverkehr besteht, muß sich der Vertretene die aus seiner Risikosphäre stammenden und von ihm beherrschbaren rechtsscheinbegründenden Umstände als Anscheinsvollmacht zurechnen lassen.

---

[36] *BGHZ* 5, 111, 116; *BGH* NJW 1988, 1199, 1200; *Köhler,* AT, § 11 Rn. 44; Palandt/*Heinrichs,* § 173 Rn. 14, 16; Erman/*Palm,* § 167 Rn. 18.

[37] Für die Rechtspr. treten ein: Soergel/*Leptien,* § 167 Rn. 22; MünchKomm/*Schramm,* § 167 Rn. 54ff.; Palandt/*Heinrichs,* § 173 Rn. 14; differenzierend *Hübner,* AT, Rn. 1289: Rechtsscheinhaftung im bürgerlichen Recht nur bei grober Fahrlässigkeit des Vertretenen.

[38] S. etwa *Flume,* AT II, § 49, 4; *Bienert,* Anscheinsvollmacht und Duldungsvollmacht, 1975; *E. Wolf,* AT, S. 596; Lüderitz in: Beiträge zum deutschen und israelischen Privatrecht, 1977, S. 70f.; für eine Beschränkung der Anscheinsvollmacht auf den Bereich des Handelsrechts, im übrigen für eine Haftung nur auf den Vertrauensschaden, *Canaris,* aaO, S. 48ff., 191ff.; *ders.,* JZ 1976, 132, 133; *Medicus,* AT, Rn. 969ff., 972; *Litterer,* aaO, S. 142ff.; Staudinger/*Schilken,* § 167 Rn. 31.

[39] *Peters,* AcP 179 (1979), 214, 238ff. Dagegen *Medicus,* AT, Rn. 971.

3. Gutgläubigkeit des Geschäftspartners

Wie in den Fällen des § 173 so ist auch bei der Duldungs- und bei der Anscheinsvollmacht der Schutz des Vertrauens auf den Bestand einer Vollmacht nur berechtigt, wenn der Geschäftspartner, der sich auf die Vollmacht beruft, gutgläubig ist. Der **Vertrauensschutz entfällt,** wenn der Geschäftspartner das Fehlen einer Vollmacht kannte oder kennen mußte[40]. Ist eine Vollmacht für einen rechtswidrigen Zweck erteilt, z. B. zur Vornahme von Rechtsgeschäften unter Verstoß gegen das RBeratG, so ist sie nach § 134 nichtig (s. oben § 40 Rn. 22). Soweit diese Erkenntnis auf ständiger Rechtsprechung beruht, kann ein in der Branche tätiges Unternehmen deshalb im Regelfall keinen Vertrauensschutz beanspruchen[41]. 31

4. Gemeinsame Voraussetzungen

Duldungs- und Anscheinsvollmacht haben danach bis auf Unterschiede im subjektiven Zurechnungsgrund folgende gemeinsame Voraussetzungen: 32
(1) Es muß ein objektiver Rechtsscheintatbestand vorliegen (Rn. 22, 26),
(2) dieser muß subjektiv zurechenbar sein
 – bei der Duldungsvollmacht wissentlich akzeptiert (Rn. 22, 23),
 – bei der Anscheinsvollmacht fahrlässig verursacht (Rn. 28),
(3) der objektive Rechtsscheintatbestand muß kausal für das Vertrauen sein,
(4) der Geschäftspartner muß gutgläubig sein (Rn. 31).

5. Wahlrecht zwischen Rechtsscheinvollmacht und § 179?

Der *BGH* meint[42], daß im Falle einer Duldungs- oder Anscheinsvollmacht eine Haftung des Vertreters nach § 179 Abs. 1 nicht in Betracht komme. Hierfür bestehe dann kein Bedürfnis, wenn der Gläubiger den Vertretenen, sei es auch nur kraft Rechtsscheins, tatsächlich in Anspruch nehmen kann. Indessen entsteht dadurch für den Gläubiger eine mißliche Lage. Ob die Voraussetzungen für eine Duldungs- oder eine Anscheinsvollmacht vorliegen, vermag er oft nur schwer zu beurteilen. Verklagt er zuerst den Vertretenen, riskiert er abgewiesen zu werden, wenn er nicht zu beweisen vermag, daß die Voraussetzungen einer Vollmacht aufgrund Rechtsscheins vorliegen. Verklagt er zuerst den Vertreter, riskiert er abgewiesen zu werden, weil dieser in dem Prozeß mit der Behauptung durchdringt, eine Duldungs- oder eine Anscheinsvollmacht habe vorgelegen, deshalb hafte er nicht. Wegen dieser mißlichen Folge sollte es in derartigen Fällen dem Geschäftsgegner gestattet werden[43], nach seiner Wahl entweder den Vertretenen wegen des Vorliegens eines Rechtsscheins, oder unter Berufung auf § 179 den Vertreter in Anspruch zu nehmen. Ein solches Wahlrecht ist 33

---

[40] *BGH* NJW 1982, 1513; *BGH* NJW 1998, 1854; *Hübner,* AT, Rn. 1287; *Köhler,* AT, § 11 Rn. 45; MünchKomm/*Schramm* § 167 Rn. 70; Soergel/*Leptien,* § 167 Rn. 23; Palandt/*Heinrichs,* § 173 Rn. 18.

[41] *M. Wolf,* LMK 2003, 138; zurückhaltend der BGH bei Banken s. etwa *BGH* NJW 2003, 2091; *BGH* v. 14. 10. 2003 XI ZR 134/02.

[42] *BGHZ* 61, 59, 69; *BGH* JZ 1983, 389; dem *BGH* zustimmend etwa MünchKomm/*Schramm,* § 167 Rn. 75; Soergel/*Leptien,* § 167 Rn. 24; Erman/*Palm,* § 179 Rn. 3; Palandt/*Heinrichs,* § 173 Rn. 20.

[43] *Lieb,* FS Hübner, 1984, S. 575; *Canaris,* Vertrauenshaftung, S. 518; *Prölss,* JuS 1985, 577, 580.

auch deshalb gerechtfertigt, weil Duldungs- und Anscheinsvollmacht den Geschäftspartner schützen, nicht aber seine Rechte aus § 179 beeinträchtigen sollen. Ein Wahlrecht ist auch bei § 15 Abs. 1 und 3 HGB sowie bei der gewohnheitsrechtlichen Rechtsscheinhaftung beim Handelsregister anerkannt[44]. Dem Vertreter stehen bei Inanspruchnahme durch den Geschäftspartner möglicherweise Ansprüche aus § 683 gegen den Vertretenen zu.

IV. Die Haftung aus einer weisungswidrig ausgefüllten Blanketturkunde

1. Ermächtigung zur Blankettausfüllung

34 Es ist anerkannt[45], daß jemand eine Willenserklärung in der Weise abgeben kann, daß er seine Unterschrift unter eine noch unvollständige Erklärung oder auf eine leeres Blatt setzt und einen anderen dazu ermächtigt, das Blankett – meist in einem bestimmten Sinne oder innerhalb eines bestimmten Rahmens – auszufüllen und dem Empfänger zu übermitteln. Der Vorgang hat auf den ersten Blick einige Ähnlichkeit mit der Bevollmächtigung. Denn der zur Ausfüllung Ermächtigte ist wie ein Bevollmächtigter dazu befugt, nach seinem Dafürhalten und seiner Entschließung **Rechtsfolgen für den Unterzeichner der Urkunde** herbeizuführen. Aber der Ermächtigte handelt selbst dann nicht im Namen des Unterzeichners, wenn er offen die Urkunde erst in Gegenwart des Empfängers ausfüllt oder wenn der Empfänger weiß, daß es sich um ein ausgefülltes Blankett handelt. Der Ermächtigte gibt nicht selbst als Vertreter eines anderen die Erklärung ab, sondern vervollständigt lediglich die vom Unterzeichner herrührende Erklärung, die dieser durch seine Unterschrift regelmäßig als seine eigene zu erkennen gibt und demgemäß grundsätzlich als solche gelten lassen muß[46]. Die Unterschrift des Unterzeichners hat den Sinn, daß er den darüber stehenden, vom Inhaber abredegemäß vervollständigten Text vollinhaltlich als seine Erklärung gelten lassen will. Der Ermächtigte wirkt lediglich bei der inhaltlichen Ausgestaltung einer Erklärung des Unterzeichners wie auch bei ihrer Übermittlung mit. Wegen seiner Mitwirkung an der inhaltlichen Ausgestaltung der Erklärung ist er aber nicht lediglich Bote, auch wenn er im Fall des verdeckten Blanketts dem Empfänger als solcher erscheinen mag.

35 Hält sich der Ermächtigte bei der Ausfüllung im Rahmen der ihm erteilten Ermächtigung, so können die **Vorschriften über die Stellvertretung analoge Anwendung** finden. In Analogie zu § 166 Abs. 1 kann der Unterzeichner die Erklärung anfechten, wenn sich der Ermächtigte bei der Ausfüllung in einem nach § 119 beachtlichen Irrtum befunden hat oder zu ihr durch Täuschung oder Drohung veranlaßt wurde. Ebenso kann er anfechten, wenn er sich selbst bei der Niederschrift der vom ihm abgefaßten Teile der Erklärung in einem derartigen Irrtum befunden hat oder zu seiner Unterschrift durch Täuschung oder Drohung veranlaßt worden ist. Die Ermächtigung zur Ausfüllung eines Blanketts ist wie die Bevollmächtigung ein

[44] Vgl. MünchKomm/*Schramm,* § 167 Rn. 75.

[45] MünchKomm/*Schramm,* § 172 Rn. 14; Soergel/*Leptien,* § 172 Rn. 6; *Köhler,* AT, § 7 Rn. 28.

[46] H.L.; vgl. *v. Tuhr,* AT II, S. 415; AT III, S. 338; *Enneccerus/Nipperdey,* AT, § 155 I 2c; *Flume,* AT II, § 15 II 1d; *Medicus,* AT, Rn. 913; MünchKomm/*Schramm,* § 172 Rn. 14. Abweichend *Canaris,* aaO, S. 55 für das offene Blankett.

einseitiges Rechtsgeschäft. Sie erfolgt regelmäßig intern und in Verbindung mit der Aushändigung der unterschriebenen Urkunde. Auch für das Erlöschen der erteilten Ausfüllungsmacht können die Vorschriften über die Vollmacht entsprechend herangezogen werden. Ebenso kann § 165 entsprechend angewendet werden.

2. Haftung für weisungswidrige Ausfüllung

Problematisch ist die Rechtsfolge, wenn der Ermächtigte den Rahmen der ihm erteilten Ermächtigung überschreitet, die Urkunde entgegen der ihm erteilten Weisung ausfüllt oder sie ausfüllt und begibt, nachdem die ihm erteilte Ermächtigung widerrufen oder sonst erloschen ist. Hinter der Erklärung steht dann nicht mehr der Wille des Unterzeichners, sie gelten zu lassen. 36

Die früher im Schrifttum vorherrschende Lehre wollte daher dem Unterzeichner der Erklärung die Anfechtung wegen Irrtums gestatten, da er eine Erklärung dieses Inhalts nicht habe abgeben wollen[47]. Auf diese Weise würde er dem Empfänger nur nach § 122 auf dessen Vertrauensschaden haften, nicht aber auf Erfüllung in Anspruch genommen werden können. Die neuere Lehre und der BGH[48] wollen dagegen den Unterzeichner an der Erklärung mit dem ihr vom Überbringer gegebenen Inhalt ohne Anfechtungsmöglichkeit festhalten. Denn, so sagt der BGH[49], „wer eine Blankettunterschrift leistet und aus der Hand gibt, schafft damit die Möglichkeit, daß das Blankett entgegen oder abweichend von seinem Willen ausgefüllt und in den Verkehr gebracht wird. Er begründet einen Rechtsschein, auf Grund dessen er dem darauf Vertrauenden haftet". Man kann dies auch mit der analogen Anwendung der Vorschriften über die Vollmachtsurkunde (§ 172) begründen[50]. Es sind jedoch verschiedene Fallgestaltungen zu unterscheiden. 37

a) Offenes Ausfüllen

Die Blanketturkunde bezeugt zwar nicht wie eine Vollmachtsurkunde durch ihren Inhalt, daß eine Ermächtigung erteilt worden sei. Aber ihre Innehabung begründet in Verbindung mit dem offenen, dem **Empfänger erkennbaren** Ausfüllen der Erklärung den **Anschein der Ermächtigung** des Überbringers in der Weise, daß dieser zur Ausfüllung innerhalb der Grenzen des unter den konkreten Umständen Üblichen ermächtigt sei[51]. Bleibt die Ausfüllung innerhalb dieses Rahmens, so kann der Empfänger annehmen, der Unterzeichner wolle mit seiner Unterschrift die Erklärung, so wie sie ausgefüllt wurde, als die seinige gelten lassen. Auf diesen dem Unterzeichner zurechenbaren Rechtsschein muß sich der Empfänger so lange verlassen können, als nicht die Umstände ihm Anlaß zu Zweifeln geben. Der Rechtsschein einer durch die Unterschrift voll gedeckten Erklärung ist dem Unterzeichner deshalb zurechenbar, weil er das Risiko nicht weisungsgemäßer Ausfüllung mit der Übergabe des Blanketts bewußt geschaffen und auf sich genommen hat. Er ist näher daran, die Folgen der nicht weisungsgemäßen Ausfüllung zu tragen, als der Empfänger, der hierauf keinen Einfluß hatte. 38

---

[47] So *v. Tuhr,* AT II/1, S. 415, 571 f.; *Oertmann,* § 126 Anm. 3ß; *Enneccerus/Nipperdey,* AT, § 167 II 1 (aber mit Hinweis auf mögliche Rechtsscheinhaftung in Anm. 4); *G. Fischer,* Die Blanketterklärung, 1975, S. 83 ff.

[48] *BGHZ* 40, 65, 68 und 297, 304; 113, 53; *BGH* NJW 1996, 1469; *Flume,* AT II, § 23 II c; Soergel/*Hefermehl,* § 119 Rn. 16; *Medicus,* AT, Rn. 913; *Brox,* AT, Rn. 376; MünchKomm/*Schramm,* § 172 Rn. 17. Eingehend *Canaris,* aaO, S. 54 ff.

[49] *BGHZ* 40, 65, 67.

[50] Soergel/*Leptien,* § 172 Rn. 6; Palandt/*Heinrichs,* § 173 Rn. 8.

[51] So zutreffend *Canaris,* aaO, S. 57 ff. Teilweise anders *G. Fischer,* aaO (Fn 45), S. 67 ff.

b) Verdecktes Ausfüllen

39 Im Falle der verdeckten, dem **Empfänger nicht erkennbaren** Ausfüllung erweckt die Urkunde den Anschein, daß sie entweder vollinhaltlich von dem Unterzeichner selbst herrührt oder daß sie doch von einem dazu Befugten ausgefüllt worden sei. Der Empfänger muß auf das ordnungsgemäße Zustandekommen der Erklärung auch hier vertrauen können, sofern nicht die Umstände zu Zweifeln Anlaß geben. Wer Blankette ausstellt und aus der Hand gibt, muß wissen, daß er damit ein Risiko eingeht, für das er einstehen muß.

c) Mitteilung fehlender Ausfüllungsermächtigung

40 Der Unterzeichner des Blanketts kann den **Rechtsschein** dadurch **zerstören,** daß er dem Adressaten der Erklärung rechtzeitig, bevor diesem das ausgefüllte Blankett übermittelt wird, mitteilt, daß der Inhaber der Urkunde zu ihrer Ausfüllung nicht oder nicht mehr ermächtigt sei. Weiß der Empfänger, daß der Ausfüllende zur Ausfüllung nicht befugt war oder seine Befugnisse überschritten hat, so kann er die Erklärung nicht als eine solche des Unterzeichners betrachten; sie ist für diesen dann nicht verbindlich, ohne daß es einer Anfechtung bedarf[52]. Ist dem Empfänger das mißbräuchliche Ausfüllen der Blanketturkunde dagegen nicht bekannt, kann der Unterzeichner sich dem ihm zurechenbaren Rechtsschein (s. Rn. 38, 39) nicht durch Anfechtung nach § 119 entziehen[53].

§ 49. Vertreterhandeln ohne Vertretungsmacht

Inhaltsübersicht

[52] So auch *Flume,* AT II, aaO; *Medicus,* AT, Rn. 914.

[53] S. *BGHZ* 40, 65, 68; *BGH* NJW 1996, 1469; Soergel/*Leptien,* § 172 Rn. 6; Palandt/*Heinrichs,* § 173 Rn. 8.

Literatur: *Hupka,* Die Haftung des Vertreters ohne Vertretungsmacht, 1903; *Theodor Kipp,* Zur Lehre von der Vertretung ohne Vertretungsmacht, RG-Festschr. II, S. 273; *Martinek,* Der Vertreter ohne Vertretungsmacht (falsus procurator) beim Vertragsabschluß, JuS 1988, 17; *Prölss,* Vertretung ohne Vertretungsmacht, JuS 1985, 577; *ders.,* Haftung bei der Vertretung ohne Vertretungsmacht, JuS 1986, 169; *K. Schmidt,* Falsus-procurator-Haftung und Anscheinsvollmacht, FS Gernhuber, 1993, S. 435. Vgl. im übrigen die Angaben zu § 46.

I. Tatbestand des Handelns ohne Vertretungsmacht

1 Als Vertreter eines anderen handelt, wer bei der Vornahme eines Rechtsgeschäfts entweder ausdrücklich als solcher auftritt, oder wessen Auftreten in Verbindung mit den begleitenden Umständen für den Geschäftsgegner erkennbar den Schluß nahelegt, daß das Geschäft für einen anderen gelten solle. Für das Handeln als **Vertreter** ist demgemäß **nur** das **Handeln in fremdem Namen,** nicht aber das Bestehen einer Vertretungsmacht erforderlich. Erst die Wirksamkeit des Geschäfts für den Vertretenen hängt dann davon ab, daß der als Vertreter Handelnde Vertretungsmacht besessen hat. Ein Handeln ohne Vertretungsmacht liegt demgemäß vor, wenn der Vertreter entweder **gar keine Vertretungsmacht** hat oder sich nicht im **Rahmen** seiner Vertretungsmacht gehalten, sondern diesen **überschritten** hat. Dies gilt für jede Art der Vertretungsmacht (s. oben § 46 Rn. 9f.), gleichgültig ob es sich um eine gesetzliche oder satzungsmäßige Vertretungsmacht oder um eine Vollmacht handelt. Trifft das zu, so handelt er als Vertreter ohne Vertretungsmacht. Der Vertreter ohne Vertretungsmacht ist **falsus procurator.**

2 Beim Handeln ohne Vertretungsmacht ergeben sich vornehmlich zwei Fragen. Der Handelnde hat dadurch, daß er ohne Vertretungsmacht das Geschäft eines anderen als dessen Vertreter geführt hat, in den **Geschäftskreis des Vertretenen eingegriffen.** Im Hinblick darauf fragt es sich, ob der Vertretene, wenn er mit dem Geschäft einverstanden ist, dieses dadurch für sich gültig machen kann, daß er das Handeln des Vertreters nachträglich billigt. Diese Frage regeln §§ 177, 178, 180. Andererseits hat der Vertreter das **Vertrauen des Geschäftsgegners** begründet, dass das Geschäft für den Vertretenen gültigsei. Im Hinblick auf den Geschäftsgegner fragt es sich, ob dieser, falls das Geschäft für den Vertretenen nicht wirksam wird, sich statt dessen an den Vertreter halten kann. Diese Frage regelt das Gesetz in § 179.

II. Unwirksamkeit und Genehmigung des Vertretenen

1. Schwebende und endgültige Unwirksamkeit

3 Ein Rechtsgeschäft, das der Vertreter im Namen des Vertretenen ohne Vertretungsmacht vornimmt, wirkt grundsätzlich weder für noch gegen den Vertretenen. Dieser wird ohne seinen Willen weder Vertragspartner noch entstehen in seiner Person sonstige Rechte oder Pflichten aus der Erklärung des Vertreters. Das Rechtsgeschäft ist für den Vertretenen grundsätzlich unwirksam. Da aber der Geschäftsgegner sich aufgrund des Handelns im Namen des Vertretenen bereits auf ein Rechtsgeschäft mit diesem eingestellt hat, und der ohne Vertretungsmacht handelnde Vertreter keinen Schutz verdient, läßt es der Gesetzgeber unter bestimmten Voraussetzungen zu, daß der Vertretene nachträglich das für ihn zunächst unwirksame Rechtsgeschäft genehmigt und damit die Rechtsfolgen in seiner Person entstehen läßt. Da das zunächst unwirksame **Rechtsgeschäft nachträglich** noch **wirksam** werden kann, tritt ein Schwebezustand im Sinne einer schwebenden Unwirksamkeit ein (vgl. oben § 44

Rn. 49ff.). Durch die Genehmigung verwandelt sich das schwebend unwirksame Geschäft in ein wirksames. Mit der Verweigerung der Genehmigung tritt dagegen die endgültige Unwirksamkeit ein. Hinsichtlich der Möglichkeit eines nachträglichen Wirksamwerdens des Vertretergeschäfts für den Vertretenen unterscheidet das Gesetz jedoch zwischen Verträgen und einseitigen Rechtsgeschäften.

2. Schwebende Unwirksamkeit und Eintrittsrecht bei Verträgen

4 Nach § 177 Abs. 1 kann der Vertretene **durch** seine **Genehmigung** in den **Vertrag** eintreten und ihn dadurch für sich **wirksam machen.** Mit der Genehmigung entsteht der Vertrag mit dem vom Vertreter erklärten Inhalt und **mit allen vertraglichen Rechten und Pflichten** in der Person des Vertretenen. Der Vertretene muß sich aufgrund der Genehmigung auch das Wissen des Vertreters nach § 166 Abs. 1 zurechnen lassen und trägt damit das Risiko, daß er vom Vertreter richtig informiert worden ist[1]. An Stelle des Vertretenen kann auch der Vertreter genehmigen, sobald er Vertretungsmacht erlangt hat[2].

a) Genehmigung als empfangsbedürftige Willenserklärung

5 Für die Genehmigung als der nachträglichen Zustimmung zu dem Vertretergeschäft gelten die §§ 182, 184 (s. unten § 51 Rn. 8ff.). Die Genehmigung kann als empfangsbedürftige Willenserklärung gemäß § 182 Abs. 1 sowohl dem Vertreter als auch dem Geschäftspartner gegenüber erklärt werden, nach der Aufforderung gem. § 177 Abs. 2 aber nur noch gegenüber dem Geschäftspartner. Die Genehmigung muß den Rechtsfolgewillen enthalten, den schwebend unwirksamen Vertrag wirksam zu machen. Dies setzt voraus, daß der Vertretene von dem Geschäft erfährt, das der Vertreter für ihn abgeschlossen hat. Er muß auch wissen oder wenigstens mit der Möglichkeit rechnen, daß der Vertrag ohne Genehmigung unwirksam ist und erst durch seine Genehmigung für ihn wirksam wird[3]. Andernfalls hat er keinen Anlaß einen auf die Genehmigung gerichteten Rechtsfolgewillen zu bilden.

6 **Beispiel:** Haben der Vertretene und sein Geschäftspartner das Geschäft jahrelang als gültig behandelt, weil sie nicht bemerkt haben, daß der Vertreter seine Vertretungsmacht überschritten hat, so kann das Verhalten des Vertretenen nicht als Genehmigung durch schlüssiges Verhalten gedeutet werden. Er kann deshalb, nachdem er vom Überschreiten der Vertretungsmacht Kenntnis erlangt hat, grundsätzlich die Unwirksamkeit des Geschäfts geltend machen und die Genehmigung verweigern. Hat aber der Geschäftsgegner auf die Gültigkeit des Geschäft vertraut und dementsprechend seine eigenen Dispositionen getroffen, so kann ein Verstoß gegen Treu und Glauben in Gestalt eines „venire contra factum proprium" oder einer Verwirkung vorliegen, wenn der Vertretene erst nach langer Zeit den Mangel der Vertretungsmacht geltend macht und die Genehmigung verweigert. Eine unzulässige Berufung auf die fehlende Genehmigung ist auch aufgrund des Einwands „dolo petit" anzunehmen, wenn der Vertreter schuldrechtlich zur Vornahme des vom vollmachtlosen Vertreter vorgenommenen Geschäfts ohnehin verpflichtet ist[4]. Der Vertretene muß dann trotz des Fehlens ausreichender Vertretungsmacht das Geschäft gegen sich gelten lassen[5].

---

[1] *BGH* NJW 2000, 2272.
[2] *BGH* WM 1960, 611.
[3] *BGH* NJW 1988, 1199, 1200; *BGH* NJW 1997, 312; *RGZ* 118, 335, 336f.; Staudinger/*Schilken*, § 177 Rn. 10; Soergel/*Leptien*, § 177 Rn. 24.
[4] *BGH* v. 22. 10. 2003 IV ZR 33/03; allgemein s. oben § 16 Rn. 28.
[5] Dazu *Canaris*, Die Vertrauenshaftung im deutschen Privatrecht, 1971, S. 287, 311f.; vgl. auch MünchKomm/*Schramm*, § 177 Rn. 29f.

b) Formfreiheit der Genehmigung

Die in § 182 Abs. 2 vorgesehene grundsätzliche Formfreiheit der Genehmigung gilt **für alle formbedürftigen Verträge,** z.B. auch für einen nach § 311b Abs. 1, § 518 BGB, § 15 GmbHG Abs. 3 der notariellen Beurkundung unterliegenden Vertrag[6]. 7

Beispiel: Hat der Vertreter ohne Vertretungsmacht einen Grundstückskaufvertrag im Namen des Vertretenen V als Verkäufer notariell beurkundet abgeschlossen, so bindet dieser Vertrag zunächst den V nicht. Er ist nicht verpflichtet, sein Grundstück auf den Käufer K zu übertragen. Hält er jedoch bei nachträglicher Überlegung den Verkauf für ein günstiges Geschäft, so kann er den Kaufvertrag gemäß § 177 Abs. 1 genehmigen und tritt dadurch in den Kaufvertrag ein, erlangt also insbesondere den Anspruch auf Bezahlung des Kaufpreises, ist dann aber auch verpflichtet, sein Eigentum auf K zu übertragen. Trotz dieser durch die Genehmigung erstmals in der Person des V ausgelösten Verpflichtung zur Grundstücksübereignung bedarf diese Genehmigung gemäß § 182 Abs. 2 nicht der notariellen Beurkundung des § 311b Abs. 1. Entgegen einer in der Literatur vertretenen analogen Anwendung von § 311b Abs. 1 auf die Genehmigung[7] ist das Festhalten an der Formfreiheit gemäß § 182 Abs. 2 gerechtfertigt, weil der Vertretene auch im Falle einer notariellen Beurkundung der Genehmigung nicht über die Rechte und Pflichten aus dem Kaufvertrag selbst belehrt werden müßte, sondern nur über die Rechtsfolgen der Genehmigung selbst. Damit kann aber die von § 311b Abs. 1 eigentlich gewollte Warn- und Beratungsfunktion[8] gar nicht in der bezweckten Art und Weise als Belehrung über die Gefahren des Verpflichtungsgeschäfts erreicht werden. Angesichts einer solchen Verfehlung des gesetzlichen Zwecks ist es dann auch nicht gerechtfertigt, die Form der notariellen Beurkundung entgegen dem klaren Wortlaut von § 182 Abs. 2 zu verlangen. An der Formfreiheit der Genehmigung ist auch festzuhalten, obwohl für die unwiderrufliche Vollmacht entgegen § 167 Abs. 2 die notarielle Beurkundung analog § 311b Abs. 1 erforderlich ist (s. oben § 47 Rn. 25), denn die Beratung kann bei der Vollmacht auf die Gefahr hinweisen, daß der Vollmachtgeber seine Entscheidungsfreiheit verliert und auch an ungünstige Entscheidungen des Vollmachtgebers gebunden ist, wenn er die Vollmacht nicht konkret nach seinen Vorstellungen ausgestaltet. Die Vollmacht kann deshalb mit notarieller Beratung noch auf einen bestimmten Kaufvertrag ohne Risiken für den Vollmachtgeber beschränkt werden. Die Warn- und Beratungsfunktion des § 311b Abs. 1 kann hier deshalb im Gegensatz zur Genehmigung zum Tragen kommen[9]. 8

c) Rückwirkung der Genehmigung

Im Falle der Genehmigung des Vertretenen wird der Vertrag als von Anfang an wirksam angesehen, so als habe der Vertreter schon im Augenblick der Vornahme des Geschäfts Vertretungsmacht gehabt. Das ergibt sich aus der in § 184 Abs. 1 angeordneten Rückwirkung der Genehmigung. Die Rückwirkung hat jedoch keine Auswirkungen auf den Verjährungsbeginn, welcher erst im Zeitpunkt der Genehmigung anfängt[10]. Bei Verweigerung der Genehmigung ist das Geschäft nichtig. 9

3. Unwirksamkeit und Genehmigung einseitiger Rechtsgeschäfte

Bei einseitigen Rechtsgeschäften ist ein **Handeln ohne Vertretungsmacht** nach § 180 Satz 1 **grundsätzlich unzulässig** und entfaltet keine Rechtswirkungen. Da- 10

---

[6] S. *BGHZ* 125, 218 = LM H. 7/1994 § 182 BGB Nr. 14 m. zust. Anm. *Reithmann;* Soergel/*Leptien,* § 177 Rn. 23; Palandt/*Heinrichs,* § 178 Rn. 7; MünchKomm/*Schramm,* § 177 Rn. 39; Bamberger/Roth/*Bub,* § 182 Rn. 5; a.A. 7. Aufl., § 32 I.

[7] S. z.B. *Müller-Freienfels,* Die Vertretung beim Rechtsgeschäft, S. 281; *Thiele,* Die Zustimmung in der Lehre vom Rechtsgeschäft, S. 136; *Heckschen,* Die Formbedürftigkeit mittelbarer Grundstücksgeschäfte, S. 104; *Hänlein,* JuS 1990, 737, 738; *Hübner,* AT, Rn. 1305; *Medicus,* AT, Rn. 976.

[8] Soergel/*M. Wolf,* § 313 (a.F.) Rn. 3.

[9] MünchKomm/*Schramm,* § 177 Rn. 39; Soergel/*Leptien,* § 177 Rn. 23.

[10] S. unten § 51 II 4; Staudinger/*Schilken,* § 177 Rn. 9.

durch soll die mit der schwebenden Unwirksamkeit verbundene Rechtsunsicherheit verhindert werden. Insbesondere wenn einseitige Rechtsgeschäfte wie etwa Kündigung, Anfechtung, Rücktritt oder andere Gestaltungserklärungen in bestehende Rechtsverhältnisse eingreifen, soll im Interesse des Erklärungsempfängers von vornherein Klarheit bestehen, ob dieses Rechtsverhältnis wie bisher fortbesteht oder nicht. Eine Genehmigung ist wie bei Verträgen gemäß § 180 Satz 2 und 3 aber möglich, wenn der Erklärungsempfänger, weil die Rechtssicherheit für ihn nicht so bedeutsam ist, das Fehlen der Vertretungsmacht nicht beanstandet hat (s. Rn. 15) oder damit einverstanden war, daß der Vertreter ohne Vertretungsmacht handelt. Gleiches gilt, wenn ein einseitiges Rechtsgeschäft, das gegenüber dem Vertretenen vorzunehmen ist, gegenüber einem Vertreter ohne Vertretungsmacht vorgenommen wird, und dieser damit einverstanden war (§ 180 Satz 3).

III. Beendigung und Vermeidung des Schwebezustandes

1. Schutz des Geschäftspartners bei Verträgen

11 Die dem Vertretenen eingeräumte Möglichkeit, das für ihn zunächst unwirksame Rechtsgeschäft wirksam zu machen, schafft für den Geschäftsgegner einen Schwebezustand, der Unsicherheit mit sich bringt, weil er nicht weiß, ob die Genehmigung erteilt und damit das Geschäft wirksam wird oder nicht. Zum Schutz der Interessen des Geschäftsgegners gibt das Gesetz ihm die Möglichkeit an die Hand, den Schwebezustand zu beenden.

a) Widerrufsrecht

12 Hat der Geschäftspartner den **Mangel der Vertretungsmacht** bei dem Abschluß des Vertrages **nicht gekannt,** so kann er seine Vertragserklärung bis zur Genehmigung widerrufen (§ 178)[11]. Jedoch muß der Widerrufsgrund gerade der Mangel der Vertretungsmacht sein[12]. Ein freies allgemeines Widerrufsrecht, z.B. weil dem Geschäftspartner nachträglich der Preis zu hoch erscheint, besteht nicht.

b) Aufforderung zur Genehmigung

13 Hat der Geschäftspartner dagegen den **Mangel der Vertretungsmacht** des Vertreters bei dem Abschluß des Vertrages **gekannt,** dann ist er gebunden, weil er in diesem Fall das Risiko einer Verweigerung der Genehmigung auf sich genommen hat[13]. Der Geschäftsgegner hat aber gleichwohl die Möglichkeit, ein Ende des für ihn ungünstigen Schwebezustandes herbeizuführen. Er muß zu diesem Zweck den Vertretenen zur Erklärung über die Genehmigung auffordern (§ 177 Abs. 2). Die Erklärung kann darauf nur noch ihm, nicht mehr dem Vertreter gegenüber erfolgen (s. oben Rn. 5). Eine vor der Aufforderung dem Vertreter gegenüber erklärte Genehmigung oder Verweigerung der Genehmigung wird unwirksam. Mit dem Zugang der Aufforderung beginnt ferner eine **Frist** von 14 Tagen zu laufen, nach deren Ablauf die Genehmigung, falls sie bis dahin nicht dem Geschäftsgegner gegenüber erklärt ist,

---

[11] Darüber, wann eine Erklärung als Widerruf zu werten ist, vgl. *RGZ* 102, 24; *BGH* LM § 178 BGB Nr. 1.

[12] *BAG* NJW 1996, 2594, 2595.

[13] Palandt/*Heinrichs,* § 178 Rn. 9; *Medicus,* AT, Rn. 978, 979.

als verweigert gilt (§ 177 Abs. 2 Satz 2). Die Fiktion hat die Bedeutung einer gesetzlichen Rechtsfolgenanordnung: Mit dem Verstreichen der Frist ist der Schwebezustand beendet, eine **spätere Genehmigung** ist **ausgeschlossen.** Eine Ausnahme gilt dagegen beim kaufmännischen Bestätigungsschreiben, bei dem das Schweigen zur Verbindlichkeit des Vertrags führt[14].

Bei der fingierten Verweigerung handelt es sich nicht um eine stillschweigende Willenserklärung, sondern um ein gesetzlich normiertes Schweigen, ein Schweigen an Erklärungs Statt (s. oben § 28 Rn. 77ff.). Eine Anfechtung der Rechtsfolgen des Schweigens wegen Irrtums über seine Bedeutung (§ 119) ist deshalb nicht zuzulassen. Sie würde dem Zweck der Bestimmung, dem Geschäftsgegner endgültig Gewißheit über die Rechtslage zu verschaffen, zuwider laufen. Da die Aufforderung des Geschäftsgegners bezweckt, eine endgültige Entscheidung über die Gültigkeit des Vertrages für den Vertretenen herbeizuführen, ist sie eine geschäftsähnliche Handlung[15] (s. oben § 22 Rn. 14, 15), auf die § 131 analog anzuwenden ist. Sie wird daher, wenn der Vertretene geschäftsunfähig oder in der Geschäftsfähigkeit beschränkt ist, erst dann wirksam, wenn sie seinem gesetzlichen Vertreter zugeht, seien es die Eltern, ein Vormund oder Pfleger. Nur das Schweigen des gesetzlichen Vertreters auf die ihm zugegangene Aufforderung hin löst dann die Rechtsfolgen des § 177 Abs. 2 aus. 14

2. Schutz des Erklärungsempfängers bei einseitigen Rechtsgeschäften

Damit der Erklärungsempfänger schon bei Vornahme eines einseitigen Rechtsgeschäfts klären kann, ob dieses wirksam ist, gestattet § 174 ihm, die **Vorlage einer Vollmachtsurkunde** zu verlangen. Dabei muß die Vollmacht in der **Originalurkunde** vorgelegt werden. Eine beglaubigte Abschrift oder Kopie genügt nicht, da der Vollmachtgeber deren Anzahl nicht überblicken und gemäß § 172 Abs. 2 aus dem Verkehr ziehen kann. Dies ist nur bei der Originalurkunde möglich. Deshalb ist auch in § 174 allein auf diese abzustellen[16]. Zum Nachweis der Einzelvertretungsmacht eines Gesellschafters kommt die Vorlage des Gesellschaftsvertrags im Original[17]. Legt der Bevollmächtigte die Urkunde nicht vor, und weist der andere das Rechtsgeschäft aus diesem Grunde unverzüglich zurück, so ist es unwirksam, selbst wenn die Vollmacht bestand. § 174 gilt nicht für die gesetzliche Vertretungsmacht. 15

Die Zurückweisung ist etwa nicht mehr unverzüglich im Sinne von § 121, wenn sie erst nach ca. 10 Tagen erfolgt[18]. Die Möglichkeit der Zurückweisung besteht ferner dann nicht, wenn der Vollmachtgeber den Dritten von der Bevollmächtigung auf andere Weise in Kenntnis gesetzt hat (§ 174 Satz 2). Diese Regelung entspricht mit den vergleichbaren Vorschriften in §§ 111 Satz 2 und 3, 182 Abs. 3, 410 Abs. 1 Satz 2 und Abs. 2, 1160 Abs. 2 und 1831 Satz 2 einem allgemeinen Rechtsgrundsatz. Derjenige, der das einseitige Rechtsgeschäft gegen sich gelten lassen muß, soll sich über die zur Wirksamkeit erforderliche Zustimmung einschließlich der Vollmacht eines anderen vergewissern können[19]. Erfolgt die Klärung nicht bei Vornahme des Rechtsgeschäfts, dann kann der Erklärungsempfänger durch eine **Aufforderung** an den Vertretenen nach § 180 Satz 2 mit § 177 Abs. 2 (s. Rn. 13) das Ende des Schwebe- 16

[14] Erman/*Palm,* § 177 Rn. 26; s. auch oben § 30 Rn. 35ff.
[15] Palandt/*Heinrichs,* Überbl. vor § 104 Rn. 6.
[16] *BGH* NJW 2001, 289.
[17] *BGH* NJW 2002, 1194.
[18] *BGH* NJW 2001, 220.
[19] *Medicus,* AT, Rn. 981; Erman/*Palm,* § 174 Rn. 1f.

zustandes herbeiführen. Entsprechend § 178 ist bis zur Genehmigung auch die **Zurückweisung** des Rechtsgeschäfts möglich mit der Folge, daß es dann nicht mehr genehmigt werden kann[20].

IV. Haftung des Vertreters ohne Vertretungsmacht

17 Wer als Vertreter ohne Vertretungsmacht einen Vertrag geschlossen hat, hat dem auf die Wirksamkeit des Vertrags vertrauenden Geschäftspartner grundsätzlich selbst dafür einzustehen, wenn der Vertretene die Genehmigung verweigert. § 179 greift allerdings nur ein, wenn der Vertreter ohne Vertretungsmacht einen Vertrag geschlossen hat. Hat er ein einseitiges Rechtsgeschäft abgeschlossen oder an einem Beschluß ohne Vertretungsmacht mitgewirkt, so kann ein Anspruch wegen schuldhafter Pflichtverletzung aus geschäftlichem Kontakt nach §§ 280, 311 Abs. 2 Nr. 3 in Betracht kommen. Durch § 179 wird demgegenüber eine **verschuldensunabhängige Garantiehaftung** zum Schutz des rechtsgeschäftlichen Verkehrs begründet, die einen Ausgleich für das enttäuschte Vertrauen gewähren soll[21]. Dabei ist die **Art der Vertretungsmacht ohne Bedeutung**, gleichgültig ob es sich um eine Vollmacht, eine gesetzliche Vertretungsmacht oder die organschaftliche Vertretungsmacht einer juristischen Person oder Gesellschaft handelt[22]. Die Haftung tritt ein, sobald feststeht, daß eine Genehmigung nicht mehr möglich ist[23]. Die Haftung gestaltet sich jedoch verschieden, je nachdem, ob der Vertreter selbst den Mangel seiner Vertretungsmacht gekannt hat oder nicht.

1. Kenntnis des Vertreters vom Mangel der Vertretungsmacht

18 Kannte der Vertreter bei dem Abschluß des Vertrages das Fehlen seiner Vertretungsmacht, so ist er dem anderen Teil, sofern dieser den Mangel weder kannte noch kennen mußte (§ 179 Abs. 3), nach dessen Wahl entweder zur Erfüllung des Vertrages oder zum Schadensersatz verpflichtet, sofern die Genehmigung des Vertrages von dem Vertretenen verweigert wird (§ 179 Abs. 1). Dabei ist die Haftung in jedem Fall auf das Erfüllungsinteresse gerichtet. Dies beruht darauf, daß der Vertreter die mögliche Enttäuschung des Vertrauens des Geschäftspartners bewußt hingenommen hat. Ihm ist deshalb zuzumuten, den Vertragspartner voll zu befriedigen, weil er das Risiko der Nichterteilung der Genehmigung durch den Vertretenen erkennen konnte.

a) Wahl der Erfüllung

19 Wählt der Geschäftsgegner die Erfüllung, so nötigt er dadurch den Vertreter dazu, den Vertrag gegen sich gelten zu lassen. Es handelt sich dabei nicht um eine Vertragsübernahme, da der Vertrag gerade nicht wirksam zustande gekommen ist (s. § 177 Abs. 1). Vielmehr wird durch § 179 Abs. 1 zwischen dem Vertragspartner und dem

---

[20] So auch *Enneccerus/Nipperdey,* AT, § 183 Anm. 31; MünchKomm/*Schramm,* § 180 Rn. 8.

[21] S. etwa *BGH* NJW 2000, 1407; Palandt/*Heinrichs,* § 179 Rn. 1; Soergel/*Leptien,* § 179 Rn. 1f.

[22] *BGHZ* 39, 45, 50f.; 63, 45, 48f.; *RGZ* 104, 191, 193; MünchKomm/*Schramm,* § 179 Rn. 9; Bamberger/Roth/*Habermeier,* § 179 Rn. 16; Palandt/*Heinrichs,* § 179 Rn. 1; Soergel/*Leptien,* § 179 Rn. 8.

[23] *BGH* v. 19. 11. 2003 XII ZR 68/00.

Vertreter ohne Vertretungsmacht auch gegen dessen Willen ein **gesetzliches Schuldverhältnis** begründet, dessen Inhalt durch den an sich unwirksamen Vertrag bestimmt wird[24]. Die Wahl der Erfüllung setzt aber einen Vertrag voraus, der überhaupt erfüllt werden kann. Dies trifft für einen Schuldvertrag zu. Ferner setzt die Erfüllung voraus, daß die geschuldete Leistung nicht gerade nur von dem Vertretenen erbracht werden kann. Handelt es sich danach um einen Vertrag über eine höchstpersönliche Leistung oder um einen dinglichen Vertrag, so ist nur Schadensersatz, nicht Erfüllung möglich[25].

Der Vertreter erlangt durch § 179 Abs. 1 die **Stellung der Vertragspartei, ohne selbst Vertragspartei zu sein**[26]. Er muß daher bei einem gegenseitigen Vertrage auch seinerseits die Gegenleistung fordern und die sich aus dem Vertrage ergebenden Rechte geltend machen können. Ihm steht insofern gegen den Erfüllungsanspruch der Einwand gemäß § 320 zu[27]. Einen eigenen Erfüllungsanspruch hat er aber nicht, so lange er nicht selbst geleistet hat, da er sonst dem Wahlrecht des Geschäftspartners vorgreifen könnte. Im Übrigen kann er wie eine Vertragspartei, die sich aus dem Vertrag ergebenden Rechte, etwa Gewährleistungsansprüche geltend machen oder sich auf Verjährung berufen[28]. 20

b) Wahl des Schadensersatzes

Wählt der Geschäftsgegner Schadensersatz, so entsteht ein **einseitig verpflichtendes Schuldverhältnis.** Der Vertreter schuldet in diesem Fall nicht Naturalherstellung, da dies der Erfüllung gleich käme, sondern **Geldersatz**[29]. Die Höhe des zu leistenden Ersatzes berechnet sich nach dem **Erfüllungsinteresse,** d.h. der Geschäftspartner ist so zu stellen, wie wenn der Vertrag erfüllt worden wäre. Bei einem gegenseitigen Vertrag berechnet sich der Schaden nach der Wertdifferenz zwischen dem Wert der Leistung, die der Vertragsgegner hätte fordern können, und dem Wert der von ihm ersparten Gegenleistung (sog. Differenztheorie[30]). 21

c) Wahlschuldverhältnis

§ 179 Abs. 1 begründet ein Wahlschuldverhältnis gemäß §§ 262ff. Hinsichtlich des Wahlrechts des Geschäftsgegners sind die Vorschriften über die Wahlschuld (§§ 262ff.) anzuwenden[31]. Wahlberechtigt ist der Geschäftsgegner. Die Wahl erfolgt durch Erklärung gegenüber dem Vertreter; die einmal getroffene Wahl bindet auch den Wahlberechtigten, also den Geschäftsgegner[32]. Das hindert ihn jedoch nicht, nachträglich 22

---

[24] *BGH* v. 19. 11. 2003 XII ZR 68/00; Soergel/*Leptien,* § 179 Rn. 16; MünchKomm/*Schramm,* § 179 Rn. 30f.; *Hübner,* AT, Rn. 1313.

[25] Soergel/*Leptien,* § 179 Rn. 13; MünchKomm/*Schramm,* § 179 Rn. 16; Erman/*Palm,* § 179 Rn. 7; Bamberger/Roth/*Habermeier,* § 179 Rn. 21.

[26] Palandt/*Heinrichs,* § 179 Rn. 5; *BGH* NJW 1970, 241.

[27] So im Ergebnis auch *Flume,* AT II, § 47, 3b; *Medicus,* AT, Rn. 986; MünchKomm/*Schramm,* § 179 Rn. 31; Staudinger/*Schilken,* § 179 Rn. 15; Palandt/*Heinrichs,* § 179 Rn. 5.

[28] *BGH* v. 19. 11. 2003 XII ZR 68/00.

[29] Palandt/*Heinrichs,* § 179 Rn. 6; Soergel/*Leptien,* § 179 Rn. 17.

[30] Vgl. *Hübner,* AT, Rn. 1314; Soergel/*Leptien,* § 179 Rn. 17; s. allgemein zur Differenztheorie *Larenz,* Schuldrecht I, § 22 II b.

[31] Über Wahlschulden vgl. *Larenz,* Schuldrecht I, § 11 II; nach Palandt/*Heinrichs,* § 179 Rn. 5 soll es sich bei § 179 um einen Fall elektiver Konkurrenz handeln; wie hier *RGZ* 154, 58, 62; Soergel/*Leptien,* § 179 Rn. 15.

[32] Vgl. *RGZ* 154, 58, 62.

statt der Erfüllung Schadensersatz zu verlangen, wenn sich herausstellt, daß der Vertreter zur Erfüllung nicht in der Lage ist. Dabei kann er die Rechte aus §§ 280ff. geltend machen mit Einschluß des Rechts, Schadensersatz statt Leistung gemäß § 283 zu verlangen. Ebenso kann ein Rücktrittsrecht nach §§ 323ff. bestehen. Nach § 265 beschränkt sich die Verpflichtung des Vertreters auf Schadensersatz gemäß § 179 Abs. 1, wenn ihm bereits vor Ausübung des Wahlrechts die Leistung unmöglich wird.

2. Unkenntnis des Vertreters

23 Kannte der Vertreter den Mangel der Vertretungsmacht nicht, so hat er dem Geschäftsgegner lediglich dessen **Vertrauensschaden** zu ersetzen, jedoch nicht über den Betrag des Interesses hinaus, das dieser an der Wirksamkeit des Vertrages hat (das sog. Erfüllungsinteresse, § 179 Abs. 2). Er hat ihn also so zu stellen, wie er wirtschaftlich stehen würde, wenn er sich nicht auf das Zustandekommen des Vertrages eingerichtet hätte. Die Haftung des Vertreters ist in diesem Fall eine reine Vertrauenshaftung, die sich, ebenso wie im Falle des § 122 (oben § 36 Rn. 114), allein auf die Veranlassung des Vertrauenstatbestandes gründet und keinerlei Verschulden zur Voraussetzung hat[33].

24 Die Haftung ohne Verschulden stellt für den Vertreter dann eine erhebliche Härte dar, wenn er selbst bei Anwendung äußerster Sorgfalt nicht zu erkennen vermochte, daß seine vermeintliche Vertretungsmacht nicht bestand, so z.B. dann, wenn sein Vollmachtgeber bei Erteilung der Vollmacht unerkennbar geisteskrank war. Es ist nach dem Gesetz grundsätzlich nicht möglich, die Haftung wenigstens dann entfallen zu lassen, wenn das Fehlen der Vertretungsmacht außerhalb jeder Erkenntnis- oder Beurteilungsmöglichkeit des Vertreters lag[34], da das Gesetz die Haftung gerade unabhängig von jedem Verschulden eintreten lassen will. Wer im Verkehr als Vertreter eines anderen auftritt, geht nach der Vorstellung des Gesetzes das Risiko ein, im Falle des Fehlens einer Vertretungsmacht oder bei nicht hinreichender Vertretungsmacht dem Geschäftspartner selbst für dessen Vertrauensschaden einstehen zu müssen. Darin liegt die Wertung, daß der Vertreter immer noch näher daran ist, den Mangel der Vertretungsmacht zu erkennen und den Schaden zu tragen, als der Geschäftspartner, der sich auf die Angabe des Vertreters über das Bestehen einer Vertretungsmacht verläßt. An diese Wertung des Gesetzes ist der Richter gebunden[35].

3. Ausschluß der Haftung

25 Solange der **Vertrag** noch **in der Schwebe** ist, kann der Vertreter nicht in Anspruch genommen werden. Er haftet auch nicht, wenn der Geschäftspartner der möglichen Genehmigung dadurch zuvorkommt, daß er seine Vertragserklärung gemäß **§ 178** widerruft[36], denn dann beruht ein etwaiger Schaden des Geschäftspartners nicht auf der von § 179 vorausgesetzten Verweigerung des Vertretenen. Eine Haftung des Vertreters kann dann aus Verschulden bei den Vertragsverhandlungen oder aus geschäftlichem Kontakt gemäß § 311 Abs. 2 und 3 in Betracht kommen. Der Vertreter ohne Vertretungsmacht ist aber im Falle **arglistiger Täuschung** durch den Vertrags-

[33] Palandt/*Heinrichs,* § 179 Rn. 7f.

[34] So *Flume,* AT II, § 47, 3c.

[35] Zustimmend MünchKomm/*Schramm,* § 179 Rn. 4f.; Erman/*Palm,* § 179 Rn. 18; *Medicus,* AT, Rn. 994; Bamberger/Roth/*Habermeier,* § 179 Rn. 26; a.A. die Vertretungsmacht soll in extremen Fällen entfallen, *Hübner,* AT, Rn. 1315; Soergel/*Leptien,* § 179 Rn. 18; *Flume,* AT II, § 47, 3c; *Ostheim,* AcP 169 (1969), 193, 203f.; *Prölls,* JuS 1986, 169, 170.

[36] KG JW 1930, 3488; MünchKomm/*Schramm,* § 178 Rn. 11; Soergel/*Leptien,* § 179 Rn. 5; Erman/*Palm,* § 179 Rn. 4, 17; Bamberger/Roth/*Habermeier,* § 179 Rn. 9; a.A. *BGH* NJW 1988, 1199, 1200.

partner auch selbst zur Anfechtung der von ihm abgegebenen Vertragserklärung nach § 123 berechtigt[37] und kann dadurch einer Haftung entgehen. Der Vertreter braucht gemäß **§ 179 Abs. 3 Satz 1** ferner dann nicht einzustehen, wenn der Geschäftsgegner den Mangel der Vertretungsmacht kannte oder kennen mußte, d.h. fahrlässig nicht kannte (vgl. § 122 Abs. 2). § 254 ist hierbei nicht anwendbar. Dies rechtfertigt sich daraus, daß § 179 eine verschuldensunabhängige Vertrauenshaftung begründet, das Vertrauen des Geschäftspartners aber bei Kenntnis oder fahrlässiger Unkenntnis nicht schutzbedürftig ist. Eine Haftung aus § 311 Abs. 2 und 3 bleibt aber bestehen (s. unten Rn. 36). Schließlich entfällt die Haftung des Vertreters, wenn er in der **Geschäftsfähigkeit beschränkt** war und ohne Zustimmung seiner gesetzlichen Vertreter gehandelt hat (§ 179 Abs. 3 Satz 2).

Beispiele: Der Geschäftspartner darf grundsätzlich auf die vom Vertreter behauptete Vertretungsmacht vertrauen. Der Vertreter trägt in erster Linie das Risiko für den Bestand seiner Vertretungsmacht. Diese Risikoverteilung darf nicht dadurch unterlaufen werden, daß dem Geschäftspartner weitgehende Nachforschungen über Bestand und Umfang der Vertretungsmacht auferlegt werden[38]. Deshalb haftet etwa der Vertreter, der behauptet eine in Gründung befindliche Gesellschaft oder Bauherrengemeinschaft zu vertreten[39]. Auch handelt er nicht fahrlässig, wenn der Vertretene ein ähnliches Geschäft bereits abgewickelt hat. Ihm ist aber fahrlässige Unkenntnis vorzuwerfen, wenn ihn Mißtrauen erregende Umstände dazu veranlassen müssen, sich genauer nach der von dem Vertreter behaupteten Vertretungsmacht zu erkundigen[40], so etwa bei einem naheliegenden Mißbrauch der Vertretungsmacht. 26

4. Geltendmachung der Haftung

a) Beweislastverteilung

Für die Beweislast ergibt sich aus der Fassung des § 179, daß der Geschäftsgegner, wenn er den Vertreter auf Erfüllung oder auf Schadensersatz in Anspruch nehmen will, nur zu beweisen braucht, daß jener als Vertreter eines anderen mit ihm einen Vertrag geschlossen hat und daß der Vertretene die Genehmigung verweigert hat. Der Vertreter muß, um der Verurteilung im Prozeß zu entgehen, entweder beweisen, daß er Vertretungsmacht hatte, oder daß einer der Fälle des Haftungsausschlusses, insbesondere § 179 Abs. 3 vorliegt. Will er wenigstens erreichen, daß er gemäß § 179 Abs. 2 nur zu einer Geldzahlung in Höhe des Vertrauensschadens des Gegners verurteilt wird, dann muß er beweisen, daß er den Mangel seiner Vertretungsmacht nicht gekannt hat[41]. 27

b) Verjährung

Sämtliche Ansprüche aus § 179 verjähren in der regelmäßigen Verjährungsfrist gemäß §§ 195, 199. Sieht der nicht wirksam gewordene Vertrag eine andere Verjährungsfrist für den Erfüllungsanspruch vor, so gilt dieser auch für alle Ansprüche aus § 179[42]. Die Verjährung beginnt erst mit der Verweigerung der Genehmigung. 28

---

[37] *BGH* NJW 2002, 1867.

[38] *BGH* NJW 2001, 2626.

[39] *BGH* NJW 1989, 894.

[40] S. etwa *BGHZ* 105, 283, 285f.; *BGH* NJW 2000, 1407; *RGZ* 104, 191, 194; *Medicus*, AT, Rn. 992.

[41] MünchKomm/*Schramm*, § 179 Rn. 44; Soergel/*Leptien*, § 179 Rn. 26.

[42] *BGH* NJW 1979, 116, entgegen *RGZ* 145, 40; wie hier Soergel/*Leptien*, § 179 Rn. 21; Palandt/*Heinrichs*, § 179 Rn. 8.

5. Haftung bei mehrstufiger Vertretung

29 Ist bei einer Untervertretung (s. oben § 47 Rn. 38ff.) die Hauptvertretungsmacht gültig, die Untervertretungsmacht aber unwirksam oder überschritten, so haftet allein der Untervertreter nach § 179[43]. Ein besonderes Problem ergibt sich aber, wenn eine Untervollmacht zwar erteilt wurde, der Hauptbevollmächtigte (H), der sie erteilt hat, aber keine wirksame Vollmacht besaß oder seine Vollmacht nicht dazu ausreichte, eine Untervollmacht zu erteilen. Da die Erteilung der Untervollmacht in diesen Fällen für den Geschäftsherrn (G) nicht wirksam wird, handelt auch der Untervertreter (U) ohne Vertretungsmacht.

30 Es ist fraglich, ob U dem Geschäftsgegner nach § 179 einzustehen hat, sowie ob H statt seiner oder neben ihm haftet[44]. Nach Ansicht des *BGH* treffen die Wirkungen des Geschäfts zunächst den H und nur durch seine Person hindurch den G, wenn U als Vertreter des H aufgetreten ist. Für den Mangel der Vollmacht des H habe deshalb nur H, nicht aber U, einzustehen[45]. Diese Konstruktion ist jedoch problematisch (s. oben § 47 Rn. 44). Im Einzelnen ist zu unterscheiden, ob U dem Geschäftsgegner gegenüber die mehrstufige Vertretung aufgedeckt hat oder lediglich als Vertreter des G aufgetreten ist (s. oben § 47 Rn. 43)[46].

a) Offene Untervertretung

31 Wenn U die mehrstufige Vertretungsmacht offenlegt, nimmt er das Vertrauen des Geschäftsgegners sowohl darauf, daß ihm von H eine Untervollmacht erteilt ist, wie darauf in Anspruch, daß H seinerseits Vertretungsmacht für G habe. Das **Vertrauen in** die **fremde Vertretungsmacht** des H beansprucht er auf dessen Veranlassung. Das rechtfertigt es, hier den H als denjenigen anzusehen, der Vertrauen erweckt und deshalb nach § 179 einzustehen hat[47]. Dafür spricht ferner die Erwägung, daß in diesen Fällen auch das Vertrauen des U in die ihm gegenüber von H behauptete Vertretungsmacht enttäuscht worden ist, daß U daher ebenfalls schutzbedürftig ist. Nur wenn er im Sinne des § 179 Abs. 3 selbst bösgläubig war, verdient er den Schutz nicht, muß daher auch selbst einstehen.

b) Verdeckte Untervertretung

32 Wenn dagegen U die mehrstufige Vertretung nicht offenlegt, sondern einfach als Vertreter des G auftritt, erweckt er nur das **Vertrauen in** die **eigene Vertretungsmacht** gleich, wie diese entstanden ist, nicht auch auf die Vertretungsmacht des H. In diesen Fällen muß daher U dem Geschäftsgegner wegen des Mangels seiner Vertretungsmacht auch dann einstehen, wenn dieser allein darauf beruht, daß H keine Vertretungsmacht hatte[48]. An H kann sich der Geschäftsgegner in diesem Fall nicht halten, da er auf dessen Vertretungsmacht nicht vertraut hat[49]. Man wird aber dem U, der H

---

[43] Staudinger/*Schilken,* § 179 Rn. 74; *Medicus,* AT, Rn. 950; Soergel/*Leptien,* § 179 Rn. 3; Bamberger/Roth/*Habermeier,* § 179 Rn. 33.

[44] So Soergel/*Leptien,* § 167 Rn. 62; MünchKomm/*Schramm,* § 179 Rn. 19f.; Erman/*Palm,* § 179 Rn. 44.

[45] *BGHZ* 32, 250, 254; 68, 391, 396.

[46] So auch *Flume,* AT II, § 49, 5; *Medicus,* AT, Rn. 996; Köhler, AT, § 11 Rn. 59; Soergel/*Leptien,* § 167 Rn. 60. Teilweise anders MünchKomm/*Schramm,* § 167 Rn. 76.

[47] Staudinger/*Schilken,* § 167 Rn. 73; Bamberger/Roth/*Habermeier,* § 179 Rn. 34; *Flume,* AT, § 49, 5; *Medicus,* AT, Rn. 996; *Mertens,* JuS, 1961, 315.

[48] So im Ergebnis auch *BGHZ* 68, 391, 395; *BGH* NJW 1997, 1535, 1536.

[49] *Medicus,* AT, Rn. 996.

vertraut hatte, gegen H einen Freistellungsanspruch geben müssen, der sich auf ein zwischen U und H bestehendes Auftragsverhältnis oder auf culpa in contrahendo gemäß § 311 Abs. 2 stützen kann.

6. Regreß gegen den Vertretenen

Besteht zwischen dem Vertreter und dem Vertretenen ein Auftrag, ein Geschäfts- **33**
besorgungsvertrag oder ein ähnliches Verhältnis, so muß der Vertretene den Vertreter informieren, wenn er den Mangel der Vertretungsmacht erkennt oder erkennen könnte. Versäumt der Vertretene schuldhaft die Information, so kann der Vertreter im Regreßwege Schadensersatzansprüche gegen den Vertretenen geltend machen[50], muß sich allerdings ein eigenes Mitverschulden nach § 254 anrechnen lassen.

7. Analoge Anwendung von § 179

Der Vertreter hat nach § 179 nur für den Mangel seiner Vertretungsmacht, **grund-** **34**
sätzlich nicht auch **für andere Mängel des Geschäfts** einzustehen. Ist der von ihm abgeschlossene Vertrag aus einem anderen Grund unwirksam, etwa wegen Formmangels oder wegen Versagung einer erforderlichen behördlichen Genehmigung[51], so kann ihn der Geschäftpartner weder auf Erfüllung noch auf Schadensersatz in Anspruch nehmen. Er haftet lediglich auf das Vertrauensinteresse wegen einer culpa in contrahendo unter den in § 311 Abs. 2 und 3 genannten Voraussetzungen (vgl. oben § 31 Rn. 34ff.).

§ 179 ist jedoch analog anzuwenden, wenn die **Person,** die der Vertreter zu ver- **35**
treten behauptet, überhaupt **nicht existiert** oder, falls es sich um eine juristische Person handelt, **zur Vornahme** eines derartigen Geschäfts rechtlich **nicht in der Lage** ist[52]. Dem Vertreter ist damit neben der gesetzlichen Einstandspflicht für das Vorliegen der von ihm behaupteten Vertretungsmacht auch eine Einstandspflicht dafür auferlegt, daß die Voraussetzungen einer derartigen Vertretungsmacht in der Person des angeblich Vertretenen gegeben sind. Dies rechtfertigt sich daraus, daß auch in diesen Fällen der Vertreter näher mit den Verhältnissen vertraut ist und sie besser überprüfen kann. Er muß im rechtsgeschäftlichen Verkehr das Risiko nicht nur für das Bestehen der Vertretungsmacht, sondern grundsätzlich für alle Voraussetzungen tragen, die für die wirksame Erstreckung des im übrigen wirksamen Geschäfts auf den Vertretenen erforderlich sind. Dieser Grundgedanke kann aus § 179 abgeleitet werden.

8. Konkurrierende Ansprüche

§ 179 schließt andere konkurrierende Ansprüche gegen den Vertreter oder gegen **36**
den Vertretenen nicht aus[53]. Gegen den Vertreter kann ein Anspruch sowohl aus § 311 Abs. 2 aus eigenem geschäftlichen Kontakt (s. oben Rn. 17, 25, 32, 34) als auch aus § 311 Abs. 3 als haftender Dritter in Betracht kommen, wenn er bei seinem Geschäftspartner schuldhaft den Eindruck einer bestehenden Vertretungsmacht erweckt

---

[50] *BGH* NJW 2001, 3184.
[51] *RGZ* 145, 40; *Flume,* AT II, § 47, 3 Anm. 16.
[52] *BGHZ* 63, 45, 48f.; 91, 152; 105; *RGZ* 106, 68, 73; 145, 40, 44; 286; *Flume,* AT II, § 47, 1.
[53] Staudinger/*Schilken,* § 179 Rn. 20; Palandt/*Heinrichs,* § 179 Rn. 8, 9.

oder über seine fehlende Vertretungsmacht schuldhaft nicht aufgeklärt hat. Ein solcher Anspruch ist insbesondere dann von Bedeutung, wenn ein Anspruch im konkreten Fall nach § 179 Abs. 3 Satz 1 wegen Kenntnis oder fahrlässiger Unkenntnis des Geschäftspartners ausscheidet, weil ein Mitverschulden des Vertreters § 254 dabei nicht berücksichtigt werden kann. Ein Schadensersatzanspruch aus § 311 Abs. 2 oder 3 mit § 280 kann diesen Nachteil ausgleichen, wobei der Geschäftspartner sich seinerseits ein mitwirkendes Verschulden nach § 254 anrechnen lassen muß. Neben § 179 können auch Ansprüche aus Geschäftsführung ohne Auftrag (§§ 677 ff.) gegen den Vertretenen bestehen, wenn der Geschäftspartner das Geschäft des Vertretenen besorgen will[54].

[54] *BGH* v. 21. 10. 2003 X ZR 66/01.

5. Abschnitt
Bedingung und Zustimmung

§ 50. Bedingte und befristete Geschäfte

Inhaltsübersicht

Literatur: *A. Blomeyer,* Die Anwartschaft aus bedingten Rechtsgeschäften, 1937; *ders.,* Studien zur Bedingungslehre, 1938/39; *Brecht,* Bedingung und Anwartschaft, JherJb. 61, 263; *Egert,* Die Rechtsbedingung im System des bürgerlichen Rechts, 1974; *Eichendorfer,* Anwartschaftslehre und Pendenztheorie – zwei Deutungen von Vorbehaltseigentum, AcP 185 (1985), 162; *Enneccerus,* Rechtsgeschäft, Bedingung und Anfangstermin, 1888/89; *Forkel,* Grundfragen der Lehre vom privatrechtlichen Anwartschaftsrecht, 1962; *Henke,* Bedingte Übertragungen im Rechtsverkehr und Rechtsstreit, 1959; *R. Henle,* Unterstellung und Versicherung, 1922; *Oertmann,* Die Rechtsbedingung, 1924; *Raiser,* Dingliche Anwartschaften, 1961; *Schiemann,* Pendenz und Rückwirkung der Bedingung, 1973 (dogmengeschichtlich); *Schmidt-Rimpler,* Die Gegenseitigkeit bei einseitig bedingten Verträgen, 1968; *Walsmann,* Ein Beitrag zur Lehre von der Wollensbedingung, JherJb. 54, 197.

I. Kennzeichen und Arten der rechtsgeschäftlichen Bedingung

1. Verzögerter und ungewisser Eintritt der Rechtsfolgen

Allgemein treten die Rechtsfolgen ein, wenn die tatbestandlichen Voraussetzungen erfüllt sind. Bei einem Rechtsgeschäft ist dies grundsätzlich mit seiner wirksamen Vornahme und bei einem Vertrag mit seinem Abschluß der Fall. Die Parteien können jedoch aufgrund ihrer Privatautonomie eine rechtsgeschäftliche Regelung auch in der Weise treffen, daß die Rechtsfolgen nicht sofort, sondern nur im Falle eines jetzt noch 1 ungewissen, künftigen Ereignisses gelten sollen. Dies wird möglich durch die Vereinbarung einer aufschiebenden Bedingung (§ 158 Abs. 1). Es kann jedoch auch vorgesehen werden, daß die Rechtsfolgen des Rechtsgeschäfts sofort eintreten, aber bei Eintritt einer Bedingung wieder wegfallen sollen. In diesem Fall liegt eine auflösende Bedingung vor (§ 158 Abs. 2). Unter Bedingung versteht man das künftige ungewisse Ereignis, von dessen Eintritt die Parteien den Eintritt oder den Fortbestand der Rechtsfolgen eines Rechtsgeschäfts abhängig machen wollen[1]. Schließlich kann der Eintritt oder der Fortbestand der Rechtsfolgen davon abhängig gemacht welchem, zu welchem Zeitpunkt ein mit Sicherheit eintretender Umstand sich ereignen wird. In diesem Fall spricht das Gesetz von einer Befristung (§ 163; s. Rn. 58ff.). Grundsätzlich kann jedes Rechtsgeschäft mit einer Bedingung versehen werden. Möglich sind deshalb sowohl bedingte Verpflichtungsgeschäfte, wie bedingte Verfügungen[2].

2 **Beispiele:** Jemand pachtet eine Gastwirtschaft unter der Bedingung, daß er die zum Betrieb erforderliche behördliche Erlaubnis erhält oder jemand übereignet schenkweise einem anderen einen Kraftwagen unter der Bedingung, daß dieser bis zu einem bestimmten Tag die Fahrprüfung besteht. Der Pachtvertrag wird dann erst wirksam, wenn die Betriebserlaubnis für die Gastwirtschaft erteilt wird. Ebenso erlangt der Schenkungsvertrag erst Gültigkeit und das Eigentum wird erst erworben, wenn die Fahrprüfung bestanden ist. Der wichtigste Fall einer aufschiebend bedingten Übereignung ist der Eigentumsvorbehalt, wobei die zur Übereignung erforderliche dingliche Einigung (§ 929) unter der aufschiebenden Bedingung der vollständigen Bezahlung des Kaufpreises erfolgt (§ 449 Abs. 1)[3]. Es gibt jedoch auch Rechtsgeschäfte, die bedingungsfeindlich sind. Dazu gehören insbesondere Gestaltungserklärungen (s. unten Rn. 24ff.).

3 Durch die Ungewißheit, ob die Bedingung in Zukunft eintritt oder nicht, ist auch der Eintritt der vereinbarten Rechtsfolgen ungewiß und wird auf jeden Fall hinausgezögert. Das wichtigste Kennzeichen eines bedingten Geschäfts ist damit ein **Zustand objektiver Ungewißheit,** ob der als Bedingung gesetzte Umstand und damit die von der Bedingung abhängige Rechtsfolge eintreten wird oder nicht. Im Falle der auflösenden Bedingung ist der Fortbestand der Rechtsfolgen ungewiß. Solange dieser Zustand objektiver Ungewißheit andauert, ist das Geschäft gleichsam in der Schwebe[4]. Bei der Bedingung ist im **Unterschied zur Befristung** ungewiß, **ob** die Rechtsfolge überhaupt eintritt. Demgegenüber kann bei der Bedingung gewiß sein oder auch ungewiß sein, **wann** die Entscheidung über den Eintritt der Bedingung fällt. Bei der Befristung kann mit dem Eintritt des Termins sicher gerechnet werden. Unsicher kann bei der Befristung lediglich der genaue Zeitpunkt des Eintritts der Rechtsfolge sein. So kann zwar der Termin schon mit einem Datum fest bestimmt sein. Der Zeitpunkt kann aber auch noch unbestimmt sein, obwohl sicher ist, daß er irgendwann gegeben sein wird.

4 **Beispiele:** Der Todestag einer bestimmten, noch lebenden Person oder der nächste Regentag stellen Befristungen dar, weil nur das Wann, nicht aber das Ob ungewiß sind. Bei der Bedingung kann das Wann von vornherein feststehen, z.B. der Tag, an dem eine bestimmte Person, wenn sie ihn erlebt, 70 Jahre alt wird, oder gleichfalls ungewiß sein, z.B. der Tag, an dem das eben geborene Kind heiraten wird.

---

[1] Vgl. nur *Medicus,* AT, Rn. 828; MünchKomm/*Westermann,* § 158 Rn. 9; Palandt/*Heinrichs,* § 158 Rn. 2; Soergel/*M. Wolf,* vor § 158 Rn. 2.

[2] Vgl. nur *Medicus,* AT, Rn. 828; MünchKomm/*Westermann,* § 158 Rn. 8.

[3] Vgl. z.B. *Larenz,* Schuldrecht II/1, § 43 II; *Baur/Stürner,* Sachenrecht, § 59 A I 1, 2; *M. Wolf,* Sachenrecht, Rn. 671.

[4] Vgl. hierzu etwa MünchKomm/*Westermann,* § 158 Rn. 38; Soergel/*M. Wolf,* § 158 Rn. 8, 9.

2. Verschiedene Begriffe der Bedingung

Neben der Bedingung im Sinne von § 158 als zukünftiges ungewisses Ereignis wird der Ausdruck Bedingung in der Rechts- und Verkehrssprache auch noch in anderer Bedeutung gebraucht, insbesondere spricht man von Vertragsbedingungen und Rechtsbedingungen. 5

Mit **Vertragsbedingungen** bezeichnet man die einzelnen Bestimmungen eines Vertrages. In diesem Sinne spricht man von allgemeinen Geschäftsbedingungen, Lieferbedingungen, Zahlungsbedingungen, Beförderungsbedingungen und Versicherungsbedingungen. Hier handelt es sich nicht um bedingte Geschäfte im Sinn von § 158. Unter einer **Rechtsbedingung** versteht man die ursächliche Beziehung zwischen Tatbestand und Rechtsfolge in dem Sinne, daß immer dann, wenn der Tatbestand einer Rechtsnorm in einem konkreten Fall verwirklicht ist, die von der Norm vorgesehene Rechtsfolge eintritt (s. unten Rn. 19). 6

An einer objektiven Ungewißheit und dem auf ihr beruhenden Schwebezustand fehlt es, wenn die Parteien die Gültigkeit des Geschäfts von einem in der Gegenwart oder der Vergangenheit liegenden, **bereits entschiedenen Umstand** abhängig machen, der sich bei der Vornahme des Geschäfts lediglich noch ihrer Kenntnis entzieht. Die herrschende Lehre scheidet diese Fälle aus dem Kreis der bedingten Rechtsgeschäfte aus[5]. Dies entspricht auch der Entstehungsgeschichte des BGB: Eine Vorschrift des ersten Entwurfs, die die conditio in praesens vel praeteritum collata erfaßte, wurde gestrichen[6]. Man spricht von einer uneigentlichen Bedingung, von einer Unterstellung *(Henle)* oder **Voraussetzung** *(v. Tuhr)*. 7

Beispiel: Jemand kauft einen teuren Gegenstand unter der Bedingung, daß er bei der heutigen Ausspielung der Lotterie, die bereits stattgefunden hat, deren Ergebnis den Parteien aber noch nicht bekannt ist, den Hauptgewinn gemacht hat. Die Rechtsfolgen eines solchen Geschäfts treten je nachdem, ob der Umstand, von dem sie abhängen sollen, vorliegt oder nicht, entweder sogleich mit dem Abschluß des Geschäfts oder überhaupt nicht ein. Ob das eine oder das andere der Fall ist, ist nicht objektiv, sondern nur den Parteien ungewiß. Für einen Schwebezustand, wie er normalerweise durch den Abschluß eines aufschiebend bedingten Rechtsgeschäfts entsteht, ist kein Raum. 8

3. Arten der Bedingung (§ 158)

a) Aufschiebende und auflösende Bedingung

Das Gesetz unterscheidet in § 158 zwischen der aufschiebenden und der auflösenden Bedingung. Ein Geschäft ist **aufschiebend bedingt,** wenn die vorgesehene **Rechtsfolge** vorerst nicht, sondern **erst mit Eintritt der Bedingung** entsteht (§ 158 Abs. 1). Ist das Geschäft **auflösend bedingt,** so treten die vorgesehenen **Rechtsfolgen** sofort ein, **fallen** aber **mit Eintritt der Bedingung** wieder **weg** (§ 158 Abs. 2). Im ersten Fall ist das Inkrafttreten der rechtsgeschäftlich gewollten Rechtsfolgen von dem Eintritt, im zweiten Fall ihre Weitergeltung von dem Nichteintritt des als Bedingung gesetzten Umstandes abhängig. 9

Beispiele: Eine aufschiebende Bedingung ist vor allem beim Eigentumsvorbehalt gegeben, weil hier der Eigentumsübergang als die gemäß § 929 vereinbarte Rechtsfolge erst eintritt, 10

[5] So *v. Tuhr,* AT III, § 80 IV; *Enneccerus/Nipperdey,* AT, § 194 zu Anm. 6; *Hübner,* AT, Rn. 1123; Erman/*Hefermehl,* vor § 158 Rn. 6; *Bork,* AT, Rn. 1254. Grundlegend die Schrift von *Henle,* Unterstellung und Versicherung, 1922.

[6] Vgl. MünchKomm/*Westermann,* § 158 Rn. 6.

wenn der Kaufpreis vollständig bezahlt ist, was nicht nur hinsichtlich des Wann, sondern auch hinsichtlich des Ob ungewiß ist. Auch beim Kauf auf Probe nimmt das Gesetz im Zweifel eine aufschiebende Bedingung an (§ 454 Abs. 1 Satz 2). Möglich wäre aber auch, die Mißbilligung der Probe als auflösende Bedingung anzusehen. Der Kauf wäre dann wirksam, würde bei Nichtgefallen der Ware aber aufgehoben.

b) Zufallsbedingungen

11 Der Inhalt der Bedingung kann an verschiedene Ereignisse anknüpfen. Zufallsbedingungen[7] **hängen nicht allein vom Willen einer am Rechtsgeschäft beteiligten Person ab.** Sie können aus Naturereignissen, aus Ereignissen des politischen, wirtschaftlichen und sozialen Geschehens oder aus Handlungen und Entscheidungen Dritter[8] bestehen. Solche Bedingungen sind ohne weiteres zulässig.

12 **Beispiele:** Zufallsbedingungen in diesem Sinne sind etwa die Geburt eines Kindes, das Erreichen eines bestimmten Lebensalters einer Person, der Ausgang einer Wahl, der Eintritt bestimmter wirtschaftlicher Daten, das Ergehen einer bestimmten behördlichen oder gerichtlichen Entscheidung, der Erlaß eines bestimmten Gesetzes oder die Übernahme einer Bürgschaft durch einen Dritten.

c) Potestativbedingung

13 Sofern der Eintritt der Bedingung auf dem **Willensentschluß eines Beteiligten** beruht, spricht man von einer Potestativbedingung[9]. Dabei darf sich der Willensentschluß **nicht** unmittelbar auf die **Geltung des Rechtsgeschäfts** beziehen, sondern muss **die Vornahme sonstiger Handlungen** betreffen. Potestativbedingungen sind grundsätzlich zulässig. Unzulässig sind nur solche Potestativbedingungen, die einen gesetz- oder sittenwidrigen Inhalt haben oder einen solchen Zweck verfolgen.

14 **Beispiele:** Eine Potestativbedingung liegt vor, wenn das Geschäft davon abhängig gemacht wird, daß eine Partei sich einer bestimmten Prüfung stellt, eine bestimmte Spende erbringt oder rechtzeitig bestimmte Mitteilungen macht. Der Tatbestand eines Vertrags liegt bereits vor, weil der die Potestativbedingung bildende Willensentschluß nicht die vertragliche Annahmeerklärung ersetzen soll und kann, sondern auf andere Inhalte gerichtet ist. Eine sittenwidrige Potestativbedingung wäre anzunehmen, wenn ein Schenkungsversprechen unter der Bedingung gegeben wird, daß der Beschenkte einem anderen geschäftliche oder berufliche Nachteile zufügt. Bei einem aufschiebend bedingten Geschäft ist in solchen Fällen das ganze Rechtsgeschäft nichtig, da seine Aufrechterhaltung ohne die Bedingung eine qualitative Inhaltsänderung darstellen würde, die nicht unter die Regel des § 139 fällt. Auch eine Umdeutung gemäß § 140 dürfte bei einem aufschiebend bedingten Geschäft nicht in Betracht kommen. Anders ist es indessen bei einer auflösenden Bedingung; hier kann das Geschäft in Geltung treten, die sittenwidrige Bedingung betrifft nur seinen Fortbestand. Sie kann gestrichen werden, ohne daß das Geschäft selbst zu einem anderen würde[10].

d) Wollensbedingung

15 Eine Wollensbedingung liegt vor, wenn die Geltung eines Rechtsgeschäfts insbesondere eines Vertrags, davon abhängig gemacht wird, daß eine Partei **ihre Erklärung gelten lassen will.** Der Eintritt der Rechtsfolge ist hier unmittelbar von der späteren Abgabe des Geltungswillens des Erklärenden abhängig.

---

[7] Vgl. zu diesem Begriff MünchKomm/*Westermann,* § 158 Rn. 19.

[8] Vgl. hierzu *BayObLG* NJW-RR 1986, 94.

[9] Vgl. nur Palandt/*Heinrichs,* Einf. vor § 158 Rn. 10; MünchKomm/*Westermann,* § 158 Rn. 18ff.; *Medicus,* AT, Rn. 830.

[10] Vgl. dazu *Flume,* AT II, § 38, 4c und d.

Beispiele: Eine Wollensbedingung enthält § 454 Abs. 1 Satz 2 mit der Billigung des Kaufgegenstands beim Kauf auf Probe. Auch eine Option kann als Wollensbedingung ausgestaltet sein (s. oben § 23 Rn. 103ff.), wenn der Vertrag schon geschlossen ist, aber erst durch die Optionsausübung in Geltung gesetzt wird. 16

Daß solche Wollensbedingungen zulässig sind, ergibt sich aus § 454. Umstritten ist jedoch in welchem Umfang dies zulässig ist. Richtigerweise ist danach zu entscheiden, ob die mit der Wollensbedingung verbundene Geltungsentscheidung an sachliche Voraussetzungen, wie z.B. die Tauglichkeit der Ware für den Vertragszweck oder an billiges Ermessen gebunden ist oder ob sie eine völlig freie Willkürentscheidung ermöglicht[11]. Eine **gebundene Wollensbedingung** ist als rechtlich mögliche und zulässige Bedingung anzuerkennen, da bei offensichtlicher Tauglichkeit der Ware oder bei unbilliger Ablehnung der Vertragsdurchführung eine treuwidrige Vereitelung des Bedingungseintritts anzunehmen wäre, die nach § 162 unbeachtlich ist und demgemäß eine vertragliche Bindung begründen würde. Bei einer völlig freien, **ungebundenen Wollensbedingung** fehlt es jedoch für einen Teil an einer auch nur irgendwie bindenden Geltungserklärung. Es handelt sich deshalb nicht um die Vornahme eines bedingten Rechtsgeschäfts[12]. 17

Beispiel: Wer erklärt, er schließe einen Kaufvertrag oder einen Mietvertrag unter der Bedingung ab, daß er ihn demnächst billigen oder demnächst sein Einverständnis erklären werde, der hat sich die Entscheidung darüber, ob der Vertrag gelten soll, in Wahrheit noch vorbehalten, d.h. er hat erst eine Absicht kundgetan, aber noch keine Geltungserklärung abgegeben. Die künftige Erklärung, er billige den Vertrag oder sei mit ihm einverstanden, ist erst der entscheidende Akt, durch den er die vertragliche Regelung in Geltung setzt. Seine anfängliche nur bedingt abgegebene Erklärung ist lediglich vorbereitender Natur[13]. Zwar steht der Inhalt des abschließenden Vertrages unter den Parteien fest, ob er aber in Geltung tritt, unterliegt noch der freien Entscheidung einer Partei. Der Vertragsabschluß geht hier in zwei Stufen vor sich: auf der ersten Stufe wird lediglich der Inhalt des Vertrages festgestellt, seine Geltung aber noch in das Belieben einer Partei gestellt; erst auf der zweiten Stufe gelangt der Vertrag mit dem vorher festgelegten Inhalt zur Geltung. Sieht man den Vorgang so, dann genügt es bei einem formbedürftigen Geschäft, wenn nur der erste Akt formgerecht vorgenommen worden ist, die den Abschluß erst vollendende Geltungserklärung dagegen formfrei vorgenommen wird[14]. Es ist diese Konsequenz, um die es der herrschenden Lehre zu tun ist. Hierzu bedarf es aber der Konstruktion der Wollensbedingung nicht. 18

e) Rechtsbedingung

Keine rechtsgeschäftliche Bedingung ist die Rechtsbedingung (condicio iuris)[15]. Hier handelt es sich um eine auf der Rechtsordnung, nicht auf der privatautonomen Parteibestimmung beruhende Wirksamkeitsvoraussetzung des Rechtsgeschäfts, die im Zeitpunkt seiner Vornahme noch nicht gegeben ist. Wenn der Eintritt der Rechtsbedingung ungewiß ist, entsteht ein Schwebezustand, der dem bei der rechtsgeschäftlichen Bedingung vergleichbar ist. 19

---

[11] S. auch Soergel/*M. Wolf,* vor § 158 Rn. 25.

[12] Vgl. nur Soergel/*M. Wolf,* vor § 158 Rn. 28; *Flume,* AT II, § 38, 2; Erman/*Hefermehl,* vor § 158 Rn. 12; *Staudinger/Bork,* Vorbm. zu §§ 158ff. Rn. 18; a.A. *Brehm,* AT, Rn. 389.

[13] Vgl. *Larenz,* Schuldrecht II/1, § 44 I (zum Kauf auf Probe). Ähnlich auch *Flume,* AT II, § 38, 2; *Medicus,* AT, Rn. 831; *Hübner,* AT, Rn. 1128; MünchKomm/*Westermann,* § 158 Rn. 21, 22.

[14] S. dazu *M. Wolf,* DNotZ 1995, 179, 185 m.w.N.; teilweise a.A. *Flume,* AT II, § 38, 2d; *Medicus,* AT, Rn. 831: Form für die Erklärung der geschützten Partei.

[15] Vgl. dazu etwa *BGHZ* 2, 141; 25, 84; *Oertmann,* Die Rechtsbedingung, S. 28; *Medicus,* AT, Rn. 832; MünchKomm/*Westermann,* § 158 Rn. 54.

20 **Beispiele:** Eine vom Gesetz vorgesehene Rechtsbedingung ist die Genehmigung. Während aber das Gesetz bei der Genehmigung eine Rückwirkung anordnet (§ 184 Abs. 1), ist das bei der aufschiebenden Bedingung nach § 158 Abs. 1 gerade nicht der Fall. Die mit der Genehmigung zusammenhängenden Probleme sind in den §§ 184, 185 geregelt (vgl. unten § 51 Rn. 8 ff., 20 ff., 25 ff.). Auch sonst sind die Bestimmungen über die durch Rechtsgeschäft gesetzte Bedingung auf die Rechtsbedingung nicht ohne weiteres anwendbar[16]. So ist etwa § 162 unanwendbar, weil eine gesetzliche Wirksamkeitsvoraussetzung unabhängig vom Verhalten der Parteien stets vorliegen muß. Es kommt allenfalls eine analoge Anwendung einzelner Vorschriften wie etwa von § 160 in Betracht[17]. Wird die Rechtsbedingung bei der Vornahme des Rechtsgeschäfts genannt, so wird sie dadurch nicht zu einer rechtsgeschäftlichen Bedingung. Ihre Erwähnung in einem bedingungsfeindlichen Geschäft (unten Rn. 21 ff.) ist daher unschädlich[18]. Möglich ist, daß die Parteien der gesetzlichen eine weitere rechtsgeschäftliche Bedingung hinzufügen[19]. Sie können z. B. in einem Vertrag, der der behördlichen Genehmigung bedarf, die Bestimmung aufnehmen, der Vertrag solle nur unter der Bedingung in Kraft treten, daß die Genehmigung bis zu einem bestimmten Datum erteilt werde. Wird sie bis dahin nicht erteilt, so liegt wegen Ausfalls der zusätzlichen rechtsgeschäftlichen Bedingung kein genehmigungsfähiges Rechtsgeschäft mehr vor; die verspätete Genehmigung ist daher wirkungslos.

II. Der Bedingung und Befristung zugängliche Rechtsgeschäfte

21 §§ 158, 163 lassen die Bedingung und Befristung grundsätzlich bei jedem Rechtsgeschäft zu, gleichgültig ob es sich um Verträge, einseitige Erklärungen oder Beschlüsse handelt. **Bedingungsfeindliche Rechtsgeschäfte,** die keine Bedingung oder Befristung vertragen, bedürfen als Ausnahme jeweils einer besonderen Begründung. Der Grund für die Bedingungsfeindlichkeit liegt regelmäßig darin, daß das Rechtsgeschäft nach seiner Art den mit der Bedingung verbundenen Schwebezustand und die darin liegende Unsicherheit nicht erlaubt. Dasselbe gilt für eine Befristung, wenn die Fristdauer unbestimmt ist[20]. Der Privatautonomie sind hier Grenzen durch das Gesetz, durch die Natur der Sache und durch die gebotene Rücksicht auf den Geschäftsgegner gezogen. Auch die sogenannte uneigentliche Bedingung oder Voraussetzung (s. oben Rn. 7) ist bei den grundsätzlich bedingungsfeindlichen Geschäften in der Regel für unzulässig zu erachten[21]. Die Erklärung ist jedoch gültig, wenn der Empfänger den Umstand, von dem ihre Gültigkeit abhängen soll, bei ihrem Empfang bereits kennt. Eine unzulässige Bedingung oder Befristung macht das Rechtsgeschäft regelmäßig im ganzen nichtig[22]. Unter den bedingungsfeindlichen Rechtsgeschäften lassen sich in der Hauptsache zwei Gruppen unterscheiden[23].

---

[16] So auch *RGZ* 129, 357, 376; 168, 261, 267; *Enneccerus/Nipperdey*, AT, § 196 zu Anm. 11; *Flume*, AT II, § 38, 1 c; *Medicus*, AT, Rn. 832; *Egert*, aaO, S. 183 f.

[17] Vgl. *Oertmann*, aaO, S. 154 ff.; *Egert*, aaO, S. 184.

[18] Vgl. *Oertmann*, aaO, S. 45 ff.; *v. Tuhr*, AT III, § 80 zu Anm. 129; *Flume*, AT II, § 38, 5 zu Anm. 58.

[19] A. A. *Egert*, aaO, S. 44, die Rechtsbedingung werde von den Parteien lediglich „verschärft". Die „Verschärfung" beruht aber nicht mehr auf dem Gesetz, sondern eben auf dem Rechtsgeschäft.

[20] *BGH* NJW 2004, 284.

[21] Vgl. *v. Tuhr*, AT III, § 80 zu Anm. 125. S. auch MünchKomm/*Westermann*, § 158 Rn. 27; *Medicus*, AT, Rn. 846; Soergel/*M. Wolf*, § 158 Rn. 42; Palandt/*Heinrichs*, Einf. vor § 158 Rn. 13.

[22] So ausdrücklich § 925 Abs. 2; vgl. jedoch im näheren *Enneccerus/Nipperdey*, § 196 II 3; *Flume*, AT II, § 38, 5; MünchKomm/*Westermann*, § 158 Rn. 37.

[23] S. zu weiteren Einteilungen Soergel/*M. Wolf*, § 158 Rn. 43 ff.

1. Klarstellungsinteresse der Allgemeinheit

Bei einigen Rechtsverhältnissen verträgt sich die Bedingung nicht mit dem öffentlichen Interesse an Klarstellung, weil diese Rechtsverhältnisse nicht nur für die Beteiligten selbst, sondern auch für die Allgemeinheit und die Teilnehmer am Rechtsverkehr von Bedeutung sind[24]. Das Interesse der Allgemeinheit und das **Interesse** des Rechtsverkehrs **an** der **Eindeutigkeit** oder **Kundbarkeit** der Rechtslage lassen die Bedingung und zumeist auch die Zeitbestimmung wegen des damit verbundenen Schwebezustands als unangebracht erscheinen. 22

Beispiele: Zu nennen sind hier insbesondere Rechtsgeschäfte, die persönliche Statusverhältnisse begründen wie die Eheschließung (§ 1311 Satz 2), die Anerkennung der Vaterschaft (§ 1594 Abs. 3, s. auch § 1597 Abs. 3, § 1599 Abs. 2) ebenso die Sorgerechtserklärung nicht verheirateter Eltern bezüglich der gemeinsamen Sorge (§ 1626 a Abs. 1 Nr. 1 mit § 1626 b Abs. 1), der an das Vormundschaftsgericht gerichtete Antrag auf Annahme eines anderen als Kind (§ 1752 Abs. 2), sowie die für die Annahme als Kind vom Gesetz geforderte Einwilligungserklärungen (§ 1750 Abs. 2 Satz 1). Bedingungsfeindlich im Interesse der Klarheit des Rechtsverkehrs sind insbesondere die Auflassung (§ 925 Abs. 2), die Annahme eines Wechsels (Art. 26 WG), die Annahme sowie die Ausschlagung einer Erbschaft und eines Vermächtnisses (§§ 1947, 2180 Abs. 2) sowie des Amtes eines Testamentsvollstreckers (§ 2202 Abs. 2). 23

2. Klarstellungsinteresse des Erklärungsempfängers

a) Bedingungsfeindliche Erklärungen

Hierher gehören die meisten **einseitig gestaltenden Rechtsgeschäfte.** Bei ihnen ist in der Regel die mit einer Bedingung verbundene Ungewißheit und in manchen Fällen auch der zeitliche Aufschub für den anderen Teil, der die Rechtsgestaltung hinzunehmen hat, nicht zumutbar[25]. Dies gilt jedoch nur für einseitige Gestaltungserklärungen, nicht für einseitige Rechtsgeschäfte allgemein (s. Rn. 26). 24

Beispiele: Ausdrücklich angesprochen hat das Gesetz die Unzulässigkeit der Bedingung und einer Zeitbestimmung für die Aufrechnungserklärung (§ 388 Satz 2). Sie wird von der Rechtsprechung und der Lehre ferner allgemein angenommen bei der Anfechtung[26], dem Rücktritt, dem Widerruf und, hinsichtlich der Bedingung, in der Regel auch bei der Kündigung[27]. Die Befristung ist dagegen bei der Kündigung nicht nur zulässig, sondern sogar die Regel; sie liegt im Interesse des anderen Teils, damit dieser sich auf die durch die Kündigung herbeigeführte Rechtslage einstellen kann. Bedingungsfeindlich ist ferner die Ausübung eines Wahlrechts und eines Optionsrechts, wie des Vorkaufs- und des Wiederkaufsrechts[28]. Auch die Genehmigung ist bedingungsfeindlich. Da sie einen Schwebezustand beenden soll, darf sie nicht einen neuen Schwebezustand schaffen[29]. 25

---

[24] Soergel/*M. Wolf,* § 158 Rn. 45.

[25] Vgl. *BGH* NJW 1986, 2245, 2246; MünchKomm/*Westermann,* § 158 Rn. 27; s. auch *Bülow,* JZ 1979, 430, 431.

[26] *BGH* WM 1961, 156 f.; *RGZ* 66, 153; 146, 234, 238; MünchKomm/*Westermann,* § 158 Rn. 29; Palandt/*Heinrichs,* Einf. vor § 158 Rn. 13.

[27] *RG* WarnR 1915, Nr. 103; *BAG* NJW 1968, 2078; s. im einzelnen etwa Soergel/*M. Wolf,* § 158 Rn. 44.

[28] Vgl. oben § 23 Rn. 103 ff., 107; ferner etwa *Larenz,* Schuldrecht II/1, § 44 II, III und IV unter Ziff. 3.

[29] Für die Zulässigkeit wenigstens auflösend bedingter Genehmigungen *Wilckens,* AcP 157, 399 ff.

b) Zulässigkeit der Bedingung

26 Nicht alle einseitigen Rechtsgeschäfte sind bedingungsfeindlich. **Einwilligung** (§ 183) und **Bevollmächtigung** (§ 167) können bedingt vorgenommen werden (s. auch oben § 47 Rn. 13). Da sie in diesem Fall erst wirksam werden, wenn die Bedingung eintritt, handelt der Empfänger der Einwilligung oder der Vollmacht, wenn er schon vorher das entsprechende Rechtsgeschäft vornimmt, ohne Einwilligung oder Vertretungsmacht[30]. Eine Bedingung ist aber auch bei einseitigen Gestaltungserklärungen für zulässig zu erachten, wenn die Parteien ihre **Zulässigkeit vereinbart** haben oder wenn der Eintritt oder Nichteintritt der Bedingung allein **vom Verhalten des Empfängers abhängt,** wie bei der Potestativbedingung[31].

27 **Beispiele:** Es ist zulässig, wenn die Parteien vereinbaren, daß der Mieter von Geschäftsräumen zu einem bestimmten Termin mit vierteljährlicher Frist kündigen dürfe, sofern er seinen Geschäftsbetrieb aufgebe. Kündigt der Mieter zu dem Termin, gibt er aber sein Geschäft nicht schon mit der Kündigung, sondern erst beim Eintritt des Termins auf, so ist die Kündigung unter der aufschiebenden Bedingung erklärt, daß die Geschäftsaufgabe zum vereinbarten Termin erfolgt. Diese Bedingung ist hier zulässig, weil sie von den Parteien vereinbart worden ist. Eine zulässige Potestativbedingung enthält § 643. Grundsätzlich zulässig ist auch eine Kündigung für den Fall, daß der Empfänger einer vom Kündigenden begehrten Vertragsänderung nicht zustimmt (Änderungskündigung)[32]. Unzulässig ist aber eine Kündigung mit unbestimmter Frist, z.B. eine Kündigung, die das Mietverhältnis beendet, sobald der Mieter neue Räumlichkeiten gefunden hat, weil der Vermieter dann das Ende der Mietzeit nicht vorhersehen kann[33].

III. Eintritt und Ausfall der Bedingung

1. Beendigung des Schwebezustands

28 Mit dem Eintritt oder dem Ausfall der Bedingung endet die zuvor gegebene Ungewißheit, ob die Rechtsfolge des Rechtsgeschäfts eintritt oder, im Falle der auflösenden Bedingung fortbesteht, und damit endigt zugleich der bis dahin bestehende Schwebezustand (s. Rn. 3 und unten Rn. 44ff.). Der **Eintritt** der Bedingung ist gegeben, wenn das vereinbarte künftige Ereignis wie vereinbart stattgefunden hat. Der **Ausfall** der Bedingung ist anzunehmen, wenn das Ereignis nicht wie vereinbart eingetreten ist und auch nicht mehr eintreten kann. Was zum Inhalt der Bedingung gehört und wann sie demgemäß als eingetreten oder ausgefallen anzusehen ist, ist aus dem bedingten Rechtsgeschäft und dessen Auslegung zu entnehmen. Die Beweislast für den Eintritt oder Ausfall der Bedingung liegt bei dem, der sich auf die von der Bedingung abhängige Rechtsfolge beruft[34].

29 **Beispiele:** Wird als Bedingung vereinbart, daß eine bestimmte Person einen bestimmten Tag erlebt, so fällt die Bedingung mit ihrem vorherigen Tod aus. War Bedingung, daß jemand vor Vollendung seines 30. Lebensjahres heiratet, so fällt die Bedingung aus, wenn er bis zu seinem 30. Geburtstag 0.00 Uhr (§ 187 Abs. 2 Satz 2) nicht geheiratet hat. War die Bedingung die

---

[30] Nach *v. Tuhr,* AT, II/1 § 53 Anm. 52 und *Müller-Freienfels,* Die Vertretung beim Rechtsgeschäft, S. 248ff. nur, wenn die Einwilligung oder die Vollmacht zu einem Rechtsgeschäft erteilt werden, das selbst eine Bedingung verträgt.

[31] S. etwa *BGHZ* 97, 264; *BAG* NJW 1995, 1982; Palandt/*Heinrichs,* Einf. vor § 158 Rn. 13.

[32] Vgl. MünchKomm/*Westermann,* § 158 Rn. 31; Soergel/*M. Wolf,* § 158 Rn. 44.

[33] *BGH* NJW 2004, 284.

[34] *BGH* NJW 2002, 2862.

Zahlung des Kaufpreises, so fällt sie aus, wenn der Kaufvertrag, sei es durch Rücktritt, Anfechtung oder Aufhebungsvertrag, aufgehoben wird, weil dann die zu erfüllende Kaufpreisschuld nicht mehr besteht[35].

Dem Ausfall der Bedingung steht es gleich, wenn zwar die Bedingung noch eintreten kann, nicht aber mehr die von ihr abhängig gemachte Rechtsfolge. Dies ist etwa anzunehmen, wenn gemäß § 161 Abs. 3 ein Dritter auf Grund einer Zwischenverfügung, die mit Rücksicht auf seinen guten Glauben wirksam ist, das Recht erworben hat. Der unter der aufschiebenden Bedingung vereinbarte Ersterwerb kann dann nicht mehr eintreten[36]. 30

2. Voraussetzungen für den Eintritt der Rechtsfolgen

a) Automatischer Eintritt der Rechtsfolgen

Die Rechtsfolgen, auf die das Geschäft hinzielt, treten mit dem Eintritt der aufschiebenden Bedingung ohne weiteres **(ipso iure)** ein[37]. Es bedarf hierzu **keiner erneuten Willensäußerung,** etwa einer Bestätigung des Rechtsgeschäfts. Da die Parteien, sofern nicht ein Widerrufsrecht vereinbart worden ist, in der Zwischenzeit bereits an ihre Erklärungen gebunden sind, vermag keine Partei, wenn die aufschiebende Bedingung eintritt, zwischenzeitlich den Eintritt der Rechtsfolge zu hindern. Mit dem Abschluß des Geschäfts haben die Parteien sich gebunden und alles getan, daß das Rechtsgeschäft bei Bedingungseintritt in Geltung gesetzt wird. Dies ist Grundlage für die Annahme eines Anwartschaftsrechts (s. oben § 15 Rn. 97ff.). 31

Beispiele: Mit der vollständigen Zahlung des Kaufpreises erwirbt der Käufer im Falle des Eigentumsvorbehalts automatisch das Eigentum, auch wenn der Verkäufer damit nicht mehr einverstanden ist. Ebenso ist mit bestandenem Examen die schenkweise Übereignung wirksam, auch wenn den Schenker sein Versprechen inzwischen reut. 32

b) Maßgeblicher Zeitpunkt für Wirksamkeitserfordernisse

Für die **persönlichen Wirksamkeitserfordernisse** des Geschäfts, wie Rechtsfähigkeit, Geschäftsfähigkeit, Zustimmung des gesetzlichen Vertreters, auch guten Glauben des Erwerbers, Kennen oder Kennenmüssen bestimmter Tatsachen, kommt es bei der aufschiebenden wie bei der auflösenden Bedingung allein auf den **Zeitpunkt der Vornahme des Geschäfts,** nicht auf den Zeitpunkt des Eintritts der Bedingung an[38]. Daneben bleibt der Eintritt der Bedingung auch außer Betracht, soweit es für die Frage der insolvenzrechtlichen Anfechtbarkeit (§§ 129ff. InsO) auf die Bestimmung des Zeitpunkts der Vornahme des Geschäfts ankommt (§ 140 Abs. 3 InsO). 33

Beispiele: (1) Hat der Schenker sein aufschiebend bedingtes Schenkungsversprechen vor dem Notar (§ 518 Abs. 1) noch im Vollbesitz seiner geistigen Kräfte abgegeben und tritt erst später ein Schwund seiner geistigen Fähigkeiten ein, der ihn im Zeitpunkt des Bedingungseintritts geschäftsunfähig macht, so ist die Schenkung dennoch wirksam. (2) Hält der Käufer den Verkäufer im Zeitpunkt der bedingten Übereignung unter Eigentumsvorbehalt gutgläubig für den Eigentümer und erfährt er erst später aber vor vollständiger Bezahlung des Kaufpreises, daß der Verkäufer in Wirklichkeit gar nicht Eigentümer ist, so kann er gleichwohl gutgläubig erwerben, weil es auf den Zeitpunkt der bedingten Übereignung ankommt[39]. 34

---

35 Vgl. *Raiser,* Dingliche Anwartschaften, S. 32.

36 Vgl. *RG* JW 1912, 135; *Serick,* Eigentumsvorbehalt und Sicherungsübertragung, Bd. 1, S. 417; MünchKomm/*Westermann,* § 158 Rn. 43.

37 Vgl. *BGH* NJW 1994, 3228; MünchKomm/*Westermann,* § 158 Rn. 43; Palandt/*Heinrichs,* § 158 Rn. 2; Soergel/*M. Wolf,* § 158 Rn. 28, 29.

38 Vgl. MünchKomm/*Westermann,* § 158 Rn. 39; Soergel/*M. Wolf,* § 158 Rn. 10ff.

39 *BGHZ* 10, 69, 73; 30, 374, 377; s. auch *Gursky,* JR 1986, 225.

3. Keine Rückwirkung

a) Rechtsfolgen ab Eintritt der Bedingung

35 Die an die Bedingung geknüpften **Rechtsfolgen** treten erst **mit** dem **Eintritt der Bedingung,** also nicht vorher, ein. Eine Rückwirkung hat das Gesetz anders als im Fall der Genehmigung nicht angeordnet[40]. Das ergibt sich zweifelsfrei aus § 159 (s. unten Rn. 39). Damit ist eine unmittelbar eintretende, tatsächliche Rückwirkung im Verhältnis der Parteien wie im Verhältnis zu Dritten, die insbesondere bei Verfügungen praktisch werden könnte, nach dem Buchstaben des Gesetzes ausgeschlossen. Die praktische Bedeutung dieses Ausschlusses wird jedoch durch die Regelung der §§ 160, 161 nahezu aufgehoben (s. unten Rn. 48 ff, 52 ff.).

b) Rechtsfolgen bei auflösender Bedingung

36 Bei der auflösenden Bedingung sieht § 158 Abs. 2 HS 2 ausdrücklich vor, daß mit diesem Zeitpunkt, d.h. mit dem Eintritt der auflösenden Bedingung der frühere Rechtszustand wieder eintritt. Das trifft aber nur für die Zukunft, nicht dagegen für die dazwischenliegende Zeit zu. Dies ist sowohl bei Verfügungen wie auch bei Schuldverhältnissen und anderen Rechtsverhältnissen möglich. Deshalb kann auch eine Erbeinsetzung auflösend bedingt erfolgen (§ 2075). Der Besitz kann dagegen nicht bedingt übertragen werden, da er nicht durch Rechtsgeschäft, sondern als tatsächliche Sachherschaft übertragen wird.

37 **Beispiele:** Ist eine Sache unter einer auflösenden Bedingung **übereignet** worden, so fällt bei deren Eintritt das Eigentum wieder dem früheren Eigentümer zu, ohne daß es noch eines weiteren Rechtsakts bedürfte. Der Besitz kann nach § 985 zurückverlangt werden. Ist nur der Kaufvertrag als **Schuldverhältnis** auflösend bedingt und nicht die Übereignung als Verfügungsgeschäft, so ist der Rechtsgrund für die Innehabung des Besitzes wie auch der Rechtsgrund für den Fortbestand des Eigentums beim Käufer mit Wirkung für die Zukunft fortgefallen, nicht aber auch schon das Eigentum selbst. Insofern tritt mit dem Eintritt der auflösenden Bedingung nicht einfach der gleiche Rechtszustand wieder ein, wie er vorher bestanden hatte, sondern es entsteht ein Abwicklungsverhältnis[41]. Der Käufer ist gemäß § 812 verpflichtet, das Eigentum und den Besitz auf den Verkäufer zurückzuübertragen und der Verkäufer muß den empfangenen Kaufpreis zurückzahlen. Es kann auch angenommen werden[42], daß sich die Rückabwicklungsansprüche bereits aus einer Auslegung der auflösend bedingten Vereinbarung ergeben, so daß es des Rückgriffs auf § 812 nicht bedarf. Die beiderseitigen Rückabwicklungspflichten sind Zug um Zug zu erfüllen[43]. Da die Parteien mit dem Eintritt der Bedingung und daher bei einer auflösenden Bedingung damit rechnen müssen, daß sie das Empfangene zurückzuerstatten haben, kann sich keiner von beiden auf den Fortfall seiner Bereicherung berufen (vgl. § 820 Abs. 1 Satz 2 mit Satz 1 und mit § 818 Abs. 4). Da aber keine Rückwirkung stattfindet, behält der Käufer die von ihm in der Zwischenzeit aus der Kaufsache gezogenen Nutzungen; der Verkäufer braucht den empfangenen Kaufpreis für diese Zeit nicht zu verzinsen. Etwas anderes gilt nur im Falle des § 159 (s. Rn. 39 f.).

---

[40] Über die Gründe für diese Entscheidung des Gesetzgebers vgl. *Schiemann,* aaO, S. 129.

[41] Vgl. auch MünchKomm/*Westermann,* § 158 Rn. 41 Fn. 81.

[42] *Flume,* AT II § 40, 2 d a. E.; auch *Wunner,* AcP 168, 425, 433 ff.; *Medicus,* AT, Rn. 840.

[43] Das Synallagma setzt sich im Abwicklungsverhältnis fort. Wendet man Bereicherungsrecht an, so kommt man hierzu über die „Saldotheorie" (vgl. *Larenz/Canaris,* Schuldrecht II § 70 III); sieht man den Grund für die Rückabwicklungspflichten in dem jetzt aufgelösten Vertrag, so kann man an die entsprechende Anwendung des § 348 denken, der seinerseits auf § 320 und damit auf das ursprüngliche Synallagma verweist (*Larenz,* Schuldrecht I, § 26 b Nr. 3).

Bei einem **Dauerschuldverhältnis**[44], wie Miete, Pacht oder Gesellschaftsverhältnis, endet dieses als Dauerverhältnis mit dem Eintritt der auflösenden Bedingung. Die auflösende Bedingung ist nur eine besondere Art und Weise der Beendigung von Dauerschuldverhältnissen und bedeutet, daß die geschuldete Dauerleistung fortan nicht mehr gefordert werden kann und neue Leistungspflichten nicht entstehen; die in der Vergangenheit entstandenen bestehen dagegen, soweit sie noch nicht erfüllt waren, weiter, z.B. die Verpflichtung zur Zahlung rückständiger Mietzinsen. Darüber hinaus können jetzt Abwicklungspflichten entstehen, wie die Pflicht, die Mietsache zurückzugeben. Die Abwicklungspflichten dienen dazu, den tatsächlichen Zustand, wie er bei der Eingehung des Dauerschuldverhältnisses bestand, wiederherzustellen. 38

c) Schuldrechtliche Rückbeziehung

Das Rechtsgeschäft kann nach seinem Inhalt sowohl bei einer aufschiebenden wie bei einer auflösenden Bedingung die Rückbeziehung der Folgen auf einen früheren Zeitpunkt vorsehen (§ 159). Eine Vereinbarung der Parteien ist dazu nur erforderlich, wenn die Bedingung Inhalt eines Vertrags ist, nicht aber, wenn ein einseitiges Rechtsgeschäft oder die letztwillige Verfügung in einem Testament auflösend bedingt ist (s. § 2075).[45] Ist eine solche Rückbeziehung vorgesehen, so sind die Beteiligten lediglich in ihrem Verhältnis zueinander **schuldrechtlich verpflichtet,** einander das zu gewähren, was sie haben würden, wenn die Folgen bereits in diesem Zeitpunkt eingetreten wären. Damit wird zugleich bestätigt, daß der Gesetzgeber eine dingliche Rückwirkung nicht wollte (s. oben Rn. 35). Die Verpflichtung zur Herstellung des rückwirkend bestehenden Zustands hat ihren Rechtsgrund in § 159 selbst. Es handelt sich um eine **gesetzliche Verpflichtung,** die zwar an das bedingte Rechtsgeschäft anknüpft. Die Pflicht zur rückwirkenden Herstellung besteht aber selbst dann, wenn dieses Geschäft, z.B. als Verfügungsgeschäft, als einseitiges Rechtsgeschäft oder als Verfügung von Todes wegen, selbst gar keine Verpflichtung oder keinen Vertrag enthält. 39

Beispiele: Ist im Sinne von § 159 die Rückbeziehung der Folgen des Bedingungseintritts auf einen früheren Zeitpunkt vereinbart, dann muß der Käufer nicht nur die Sache, sondern auch die aus ihr gezogenen Nutzungen, z.B. die Gebrauchsvorteile in Gestalt des Mietwerts, herausgeben. Der Verkäufer hat den erlangten Kaufpreis zu verzinsen. Bei einer gemäß § 2075 auflösend bedingten Erbeinsetzung tritt Nacherbfolge gemäß §§ 2100ff. ein. Es besteht aber entgegen § 2131 eine Haftung auch für die gewöhnliche Abnutzung. Sofern die Rückwirkung in einer vertraglichen Vereinbarung enthalten ist, kann die Rückgewährpflicht daneben im Wege der Auslegung auch aus der vertraglichen Vereinbarung entnommen werden[46]. Kann der ursprüngliche Zustand nicht hergestellt werden, besteht nach §§ 275, 280 eine Schadenersatzpflicht. Gleiches gilt für den Anspruch aus § 159. Daneben kommt auch ein Anspruch aus §§ 812, 818 in Betracht, sofern eine Bereicherung entstanden ist[47]. Kann der ursprüngliche Zustand nicht hergestellt werden, so entfällt die Verpflichtung aus § 159 gemäß § 275. Es kann aber ein Wertersatzanspruch aus §§ 812, 818 Abs. 2 gegeben sein. 40

4. Treuwidriges Herbeiführen oder Vereiteln der Bedingung

Die Bedingung wird trotz Nichteintritts dann als eingetreten behandelt, wenn diejenige Partei, zu deren Nachteil ihr Eintritt gereichen würde, den Eintritt wider Treu 41

44 Über Dauerschuldverhältnisse vgl. *Larenz,* Schuldrecht I, § 2 VI.

45 Staudinger/*Bork,* § 159 Rn. 2.

46 Allein für vertragliche Pflicht *Wunner,* AcP 168 (1968), 425, 446f.; *Flume,* AT, § 40, 2d; *Medicus,* AT, Rn. 840; Bamberger/Roth/*Rövekamp,* § 159 Rn. 7.

47 S. *BGH* LM § 159 BGB Nr. 1; MünchKomm/*Westermann,* § 159 Rn. 3; Soergel/*M. Wolf,* § 159 Rn. 2; Erman/*Hefermehl,* § 159 Rn. 1.

und Glauben verhindert; die Bedingung wird trotz ihres Eintritts als nicht eingetreten angesehen, wenn ihr Eintritt von der Partei, zu deren Vorteil er gereicht, wider Treu und Glauben herbeigeführt worden ist (§ 162). Es handelt sich um einen Anwendungsfall des **allgemeinen Prinzips,** daß niemand aus seinem eigenen gegen Treu und Glauben verstoßenden Verhalten einen rechtlichen Vorteil ziehen darf. § 162 kann deshalb auf vergleichbare Interessenlagen analoge Anwendung finden, so etwa wenn die tatbestandliche Voraussetzung einer Norm treuwidrig herbeigeführt oder verhindert wird.[48]

42 **Wider Treu und Glauben** handelt ein Vertragsteil dann, wenn er sich **entgegen dem Sinn des Vertrags** nicht so verhält, wie das von einem loyal denkenden Vertragspartner erwartet werden kann, und wenn er dadurch zum eigenen Vorteil den Eintritt der Bedingung verhindert oder herbeiführt. § 162 ist aber auch bei einseitigen Rechtsgeschäften anwendbar, wenn mit ihnen eine Bedingung verbunden werden kann (s. oben Rn. 26). Der Ausfall der Bedingung muß nicht beabsichtigt sein. Es genügt, daß das Verhalten erkennbar nicht dem entspricht, was der andere Teil nach Treu und Glauben zu erwarten berechtigt ist. § 162 erlangt praktische Bedeutung gerade auch für solche Fälle, in denen es an einem Verschulden im technischen Sinne fehlt[49].

43 **Beispiele:** Der Verkäufer verhindert treuwidrig den Eigentumserwerb des Käufers, wenn er die ihm angebotene Zahlung des Käufers selbst oder gemäß § 267 eines Dritten nicht annimmt oder einen ihm übergegebenen Scheck nicht einlöst, obwohl dieser gedeckt ist[50]. Der Käufer erwirbt das Eigentum deshalb gemäß § 162 in dem Zeitpunkt, in dem ohne das treuwidrige Verhalten des Verkäufers der Restkaufpreis bezahlt gewesen wäre. Ist ein Aufhebungsvertrag zu einem Mietvertrag unter der aufschiebenden Bedingung geschlossen, daß ein Ersatzmieter gefunden wird, so handelt der Vermieter gemäß § 162 treuwidrig und kann sich nicht auf den Fortbestand des Mietvertrags berufen, wenn er einen Ersatzmieter ohne berechtigten Grund ablehnt.

IV. Die Rechtslage während des Schwebezustandes

1. Schwebezustand vor Eintritt der Bedingung

a) Unsicherheit über endgültige Rechtsfolgen

44 Da die bedingt vereinbarten Rechtsfolgen erst mit Eintritt der **aufschiebenden Bedingung** und nicht sofort mit dem Abschluß des Rechtsgeschäfts in Kraft treten, besteht in der Zeit zwischen Abschluß des Rechtsgeschäfts und dem späteren Bedingungseintritt ein Schwebezustand dahingehend, ob die Rechtsfolgen wirksam werden oder nicht (s. oben Rn. 3). Damit bleibt bei der aufschiebenden Bedingung der bisherige, vor Abschluß des bedingten Rechtsgeschäfts bestehende Rechtszustand zunächst weiter bestehen[51]; ungewiß bleibt, ob die Bedingung eintritt und dadurch der beste-

---

[48] S. Soergel/*M. Wolf,* § 162 Rn. 16; Staudinger/*Bork,* § 162 Rn. 15ff.

[49] S. *BGH* LM § 162 BGB Nr. 3; *Köhler,* AT, § 14 Rn. 20; Erman/*Hefermehl,* § 162 Rn. 2. Vgl. ferner dazu *Medicus,* AT, Rn. 835; *Pawlowski,* Rn. 622f.; Staudinger/*Bork,* § 162 Rn. 10; Soergel/*M. Wolf,* § 162 Rn. 8; MünchKomm/*Westermann,* § 162 Rn. 10; die schuldhafte Verhinderung oder Herbeiführung der Bedingung verlangen *BGH* NJW-RR 1989, 802; *Brehm,* AT, Rn. 392; *Flume,* AT II, § 40, 1c.

[50] *BGH* NJW 2002, 1788.

[51] *BGHZ* 55, 20, 25.

hende Rechtszustand verändert wird. Bei der **auflösenden Bedingung** erlangt die vereinbarte Rechtsfolge sofort Geltung; es bleibt aber in der Schwebe, ob mit der Bedingung in Zukunft wieder der alte Rechtszustand eintritt oder nicht.

b) Vorwirkungen des bedingten Rechtsgeschäfts

Wenn auch die von der Bedingung abhängig gemachten Rechtsfolgen gemäß § 158 Abs. 1 erst im Zeitpunkt des Eintritts der Bedingung eintreten, so unterliegt doch das Verhalten der Parteien bereits während der Schwebezeit bestimmten rechtlichen Anforderungen, die insgesamt sicherstellen sollen, daß im Falle des Bedingungseintritts der mit dem Rechtsgeschäft bezweckte Erfolg erreicht wird. Man kann insoweit von Vorwirkungen des Rechtsgeschäfts sprechen[52], muß sich aber vergegenwärtigen, daß das Rechtsgeschäft bereits abgeschlossen ist und eben nur der Eintritt der Hauptfolgen, auf die es abzielt, hinausgeschoben ist. Man könnte deshalb auch von Sofortwirkungen des bedingten Geschäfts sprechen, die freilich nur für den Fall des späteren Bedingungseintritts praktisch von Bedeutung sind. Als Vorwirkungen sind vorgesehen die Bindung an das Rechtsgeschäft (Rn 46), der Schutz durch Schadensersatzansprüche (Rn 48ff.) und der Schutz gegen zwischenzeitliche Verfügungen (Rn 52ff.). 45

2. Bindung an das Rechtsgeschäft

Mit dem Abschluß des Rechtsgeschäft haben die Parteien den Eintritt der Rechtsfolgen zwar von einer Bedingung abhängig gemacht, aber sie haben die vereinbarten Rechtsfolgen eben nur von dieser Bedingung abhängig gemacht und sind deshalb im übrigen an das Rechtsgeschäft gebunden. Die Bindung bedeutet, daß eine Partei ihre Erklärung **nicht** allein wegen des mit der Bedingung verbundenen Schwebezustands **einseitig widerrufen** kann und die vereinbarten Rechtsfolgen im Falle des Bedingungseintritts gegen sich gelten lassen muß. Ein Widerruf aus anderen Gründen bleibt dagegen möglich. 46

Beispiele: Wird ein Kaufvertrag als Haustürgeschäft unter der aufschiebenden Bedingung geschlossen, daß der zur Zeit abwesende Ehegatte innerhalb eines Monats zustimmt, so steht dem Käufer trotz der vereinbarten Bedingung das Widerrufsrecht aus § 312 zu. Ist jedoch die Widerrufsfrist von 2 Wochen gemäß § 355 abgelaufen, so kann der Käufer den Kaufvertrag nicht anschließend allein wegen des mit der Bedingung verbundenen Schwebezustands widerrufen. Wird eine Grundschuld unter der aufschiebenden Bedingung bestellt, daß der Darlehenszins unter eine bestimmte Marke fällt, so kann die Einigung über die Grundschuldbestellung widerrufen werden, solange nicht die Voraussetzungen des § 873 Abs. 2 erfüllt sind. Ist die Bindung gemäß § 873 Abs. 2 eingetreten, so ist ein Widerruf allein aufgrund der Bedingung ausgeschlossen. 47

3. Schutz durch Schadensersatz und Wertersatz

Nach § 160 Abs. 1 kann derjenige, der unter einer aufschiebenden Bedingung ein Recht erworben hat, im Falle des Eintritts der Bedingung Schadensersatz von dem anderen Teil verlangen, wenn dieser während der Schwebezeit das von der Bedingung abhängige Recht durch sein Verschulden vereitelt oder beeinträchtigt. Gleichen Schutz sieht § 160 Abs. 2 im Falle einer auflösenden Bedingung vor. Wer ein Recht unter einer auflösenden Bedingung erworben hat, darf die Wiederherstellung des ur- 48

[52] Vgl. MünchKomm/*Westermann,* § 158 Rn. 39; Soergel/*M. Wolf,* § 158 Rn. 9.

sprünglichen Rechtszustands nicht schuldhaft unmöglich machen oder beeinträchtigen. Anderenfalls hat er bei Eintritt der auflösenden Bedingung gemäß § 160 Abs. 2 Schadensersatz zu leisten.

a) Entstehung eines gesetzliches Schuldverhältnisses

49 § 160 enthält eine **gesetzliche Schadensersatzpflicht,** sofern vor Eintritt der Bedingung ein Vertragsverhältnis noch nicht zustande gekommen ist. Durch das bedingte Rechtsgeschäft entsteht ein gesetzliches Schuldverhältnis, das als Anwendungsfall eines vorvertraglichen oder geschäftlichen Kontakts gemäß § 311 Abs. 2 mit Rücksichtnahmepflichten aus § 241 Abs. 2 verstanden werden kann. § 160 hat deshalb nur klarstellende Funktion[53]. Die Pflicht zur Rücksichtnahme besteht sowohl bei bedingten Verpflichtungsgeschäften wie auch bei bedingten Verfügungsgeschäften.

50 **Beispiele:** Zur Rücksichtnahme gehört insbesondere die Pflicht, rechtzeitig die erforderlichen Vorbereitungen zu treffen, um vertragsgerecht leisten zu können, und sich aller Handlungen zu enthalten, die die Leistung unmöglich machen, sie gefährden oder ihren Wert für den Gläubiger herabsetzen würden. Allerdings führt die Verletzung dieser Pflicht nur dann auch zu einem Schadensersatzanspruch, wenn die Bedingung hernach eintritt. Dies aber nicht deshalb, weil das Verhalten des Schuldners, wenn die Bedingung nicht eintritt, rechtmäßig und nicht pflichtwidrig gewesen wäre, sondern deshalb, weil der Gläubiger, wenn die Bedingung nicht eintritt, z.B. dadurch, daß die Leistung unmöglich geworden oder beschädigt worden ist, keinen Schaden erlitten hat. Bei einer bedingten Verfügung wird sich der Schadensersatzanspruch für den bedingt Berechtigten in der Regel schon aus dem der Verfügung zugrunde liegenden Kausalgeschäft, z.B. dem Kaufvertrag, ergeben. Das Gesetz knüpft die Verpflichtung zur Rücksichtnahme aber auch an die Vornahme der Verfügung als solcher[54]. Eine solche Verpflichtungswirkung einer Verfügung ist nicht ganz ohne Parallelen im Gesetz (vgl. §§ 402, 403).

b) Kein Wegfall der Bereicherung

51 Da die Parteien mit dem Eintritt der Bedingung und daher bei einer auflösenden Bedingung damit rechnen müssen, daß sie das Empfangene zurückzuerstatten haben, so kann sich keiner von beiden auf den Fortfall seiner Bereicherung berufen (vgl. § 820 Abs. 1 Satz 2 mit Satz 1 und mit § 818 Abs. 4).

4. Schutz gegen zwischenzeitliche Verfügungen

a) Beschränkung der Verfügungsmacht

52 Im Falle einer aufschiebend bedingten Verfügung sichert das Gesetz den Erwerber nicht nur mittelbar durch die Begründung einer Rücksichtnahmepflicht gemäß § 160, sondern auch unmittelbar, indem es zu seinen Gunsten sofort eine Beschränkung der Verfügungsmacht des Verfügenden eintreten läßt. Zugunsten der bedingten Verfügung gilt der **Prioritätsgrundsatz.** Nach § 161 Abs. 1 sind alle weiteren Verfügungen, die während der Schwebezeit über den Gegenstand der Verfügung getroffen werden, im Falle des Eintritts der Bedingung insoweit unwirksam, als sie das von der Bedingung abhängige Recht vereiteln oder beeinträchtigen würden. Dadurch erlangt der Erwerber eine gesicherte Erwerbsposition, die ein Anwartschaftsrecht begründet

[53] Vgl. *Flume,* AT II, § 40 2c; Palandt/*Heinrichs,* § 160 Rn. 1; MünchKomm/*Westermann,* § 160 Rn. 3.

[54] So auch *Medicus,* AT, Rn. 842; MünchKomm/*Westermann,* § 160 Rn. 3; a.A. *Schiemann,* aaO, Anm. 8 auf S. 2.

(s. oben § 15 Rn. 97f). Bedingungswidrige Verfügungen sind daher endgültig nur wirksam, wenn die Bedingung der ersten Verfügung nicht eintritt. Entgegen der allgemeinen Regel, daß es für das Vorliegen der Verfügungsmacht auf den Zeitpunkt des Wirksamwerdens der Verfügung ankommt, ist bei der aufschiebend bedingten Verfügung die Verfügungsmacht im Zeitpunkt der Vornahme des Verfügungsgeschäfts erforderlich und genügend (s. auch oben Rn. 33).

Beispiel: A hat sein Motorrad dem B verkauft und unter der Bedingung der vollständigen Zahlung des Kaufpreises mittels Übergabe übereignet. Danach hat er das Motorrad leihweise von B für einen Tag zurückerhalten. A benutzt diese Gelegenheit, das Motorrad nunmehr dem C, der den ganzen Vorgang kennt, zu verkaufen und sofort gemäß § 929 zu übereignen. Vor Eintritt der Bedingung in Gestalt der vollständigen Bezahlung des Kaufpreises durch B an A, war A zwar immer noch Eigentümer. Die Übereignung an C ist aber gleichwohl nach § 161 Abs. 1 Satz 1 unwirksam, wenn die Bedingung der ersten Verfügung eintritt, wenn also B den Kaufpreis vollständig an A bezahlt. B erwirbt dann das Eigentum so, wie wenn es dem A in diesem Augenblick noch zustünde, und kann daher von C die Herausgabe seines Motorrades nach § 985 verlangen. C kann ihm nicht entgegenhalten, daß A vor Bezahlung des Kaufpreises Eigentümer gewesen sei, weil die zu seinen Gunsten vorgenommene Verfügung des A nunmehr unwirksam ist. Wer aufschiebend bedingt über sein Recht verfügt, beschränkt damit seine Verfügungsmacht für den Fall des Eintritts der Bedingung[55]. Er ist zwar während des Schwebezustandes noch Inhaber des Rechts[56], aber nur mit der Maßgabe, daß er sich für den Fall des Eintritts der Bedingung seiner Verfügungsmacht über das Recht begeben hat. 53

Den Verfügungen des Rechtsinhabers stehen Verfügungen gleich, die während der Schwebezeit im Wege der Zwangsvollstreckung, der Arrestvollziehung oder durch den Insolvenzverwalter getroffen werden (§ 161 Abs. 1 Satz 2)[57]. Auch auf den Insolvenzverwalter geht deshalb nur die beschränkte Verfügungsmacht über, so daß auch seine Verfügungen im Falle des Eintritts der Bedingung insoweit unwirksam sind, als sie den Rechtserwerb des bedingt Berechtigten vereiteln oder beeinträchtigen würden. 54

b) Schutz des gutgläubigen Erwerbs

Zum Schutz des gutgläubigen Dritterwerbers finden die Vorschriften zugunsten derer, die Rechte von einem Nichtberechtigten herleiten, entsprechende Anwendung (§ 161 Abs. 3). Dies gilt nur für solche Rechte, für die Vorschriften zum Schutz des gutgläubigen Erwerbs bestehen. 55

Beispiel: (1) War C (oben Rn. 53) gutgläubig, d.h. wußte er ohne grobe Fahrlässigkeit nicht (§ 932 Abs. 2), daß A hinsichtlich des Motorrades schon zugunsten des B verfügt hatte, dann bleibt gemäß § 161 Abs. 3 in entsprechender Anwendung des § 932 die zu seinen Gunsten getroffene Verfügung wirksam. C ist also endgültig Eigentümer des Motorrades geworden. B hat in diesem Fall das Nachsehen. Er ist auf Schadensersatzansprüche gegen A gemäß § 160 und aus dem Kaufvertrag beschränkt. (2) Hätte B noch vor Eintritt der Bedingung, also vor der Zahlung der letzten Kaufpreisrate, das Motorrad an einen Dritten D veräußert und übereignet, dann hätte er zwar, weil das Eigentum in diesem Augenblick noch nicht auf ihn übergegangen war, als Nichtberechtigter über das Motorrad verfügt; diese Verfügung wäre aber im Augenblick des Bedingungseintritts gemäß § 185 Abs. 2 durch Konvaleszenz wirksam geworden (s. unten § 51 Rn. 28ff.). 56

---

[55] Vgl. *Flume,* AT II, § 39, 3 a.

[56] *Flume,* AT II, § 39, 3b.

[57] Hier entsteht die gleiche Problematik wie im Falle des § 135 Abs. 1 Satz 2. Vgl. dazu oben § 44 Rn. 58ff., sowie *BGHZ* 55, 20, 25; *Serick,* Eigentumsvorbehalt und Sicherungsübertragung Bd. 1, S. 293.

c) Folgen bei auflösend bedingten Verfügungen

57 Im Falle einer auflösend bedingten Verfügung steht dem Empfänger das Recht während der Schwebezeit zu, er ist aber in der Verfügungsmacht für den Fall des Eintritts der auflösenden Bedingung in gleicher Weise beschränkt wie derjenige, der über ein Recht aufschiebend bedingt verfügt hatte. Verfügungen, die er in der Zwischenzeit trifft, sind bei Eintritt der Bedingung insoweit unwirksam, als sie den Rückfall des unter der auflösenden Bedingung übertragenen Rechts vereiteln oder beeinträchtigen würden, wobei auch hier wieder die Vorschriften über den Erwerb des Gutgläubigen von einem Nichtberechtigten entsprechende Anwendung finden (§ 161 Abs. 2 und 3).

V. Die Befristung

1. Merkmale der Befristung

58 § 163 sieht vor, daß für die Wirkung eines Rechtsgeschäfts ein Anfangs- oder Endtermin bestimmt werden kann. Bei einem Anfangstermin finden die für die aufschiebende, bei einem Endtermin die für die auflösende Bedingung geltenden Vorschriften der §§ 158, 160, 161 entsprechende Anwendung. Es treten also die Rechtsfolgen des Geschäfts mit dem Anfangstermin ein und enden mit dem Endtermin. Ein Zustand der **Ungewißheit** besteht hier nicht hinsichtlich des Ob, sondern allenfalls **hinsichtlich des Wann,** sofern der Termin nicht an ein bestimmtes Datum, sondern an ein bestimmtes Ereignis wie z. B. an den nächsten Regentag gebunden ist (s. oben Rn. 3). Eine scharfe Grenzziehung zur Bedingung ist nicht immer möglich und wegen § 163 auch nicht erforderlich.

59 **Beispiel:** Verspricht A dem B eine Schenkung auf den noch fernen Tag des 100. Geburtstags des B, so werden beide es als sehr zweifelhaft ansehen, ob B diesen Tag erleben wird; es handelt sich dann um eine Bedingung. Anders, wenn das Versprechen wenige Tage vor dem 100. Geburtstag des B abgegeben wird und es beide als gewiß ansehen, daß B ihn erleben wird. Dann liegt eine Befristung näher. Ebenso, wenn das Versprechen, sei es auch länger vorher, für den 30. oder 40. Geburtstag des B abgegeben wird und die Parteien nicht ernstlich bezweifeln, daß er diesen Tag erleben wird.

2. Rechtslage während der Befristung

60 Auch im Falle einer Befristung hat derjenige Geschäftspartner, der dem anderen mit Wirkung von einem bestimmten Anfangstermin an ein Recht eingeräumt hat oder dessen Recht mit einem Endtermin endet, sich in der Zwischenzeit, d. h. bis zum Eintritt des Termins, aller Handlungen zu enthalten, die geeignet sind, den zukünftigen Rechtserwerb des anderen zu vereiteln oder zu beeinträchtigen. Er hat im Falle schuldhafter Verletzung dieser Pflicht gemäß § 160 bei Eintritt des Termins **Schadensersatz** zu leisten. Im Falle einer befristeten Verfügung sind **weitere Verfügungen** in dem Umfang **unwirksam,** der sich aus § 161 ergibt. Man muß daher auch hier demjenigen, der mit dem Anfangstermin ein Recht erwerben oder an den es mit dem Endtermin zurückfallen wird, für die Zwischenzeit ein **Anwartschaftsrecht** zuerkennen, das, weil der Eintritt des Termins als solcher gewiß ist – selbst wenn der genaue Zeitpunkt noch ungewiß sein sollte – wesentlich stärker ist als das eines bedingt Berechtigten[58].

---

[58] Vgl. *BGH* LM § 163 BGB Nr. 2 (unter 3).

a) Befristete Verfügungen

Die Anwendung des § 163 bereitet keine Schwierigkeit bei befristeten Verfügungen, die freilich selten sind. 61

Beispiele: Hat A eine Darlehensforderung gegen den Schuldner S im Januar zum 1. April an B abgetreten, so ist er bis dahin noch der Gläubiger der Forderung; S wird daher befreit, wenn er vor dem 1. April an A leistet. Nach der Auffassung, die die Erfüllung stets für ein Verfügungsgeschäft über die Forderung hält[59], wäre die Erfüllung gemäß § 161 bei Eintritt des Termins unwirksam; der Schuldner wäre nur im Rahmen des § 407 geschützt. Dieser Auffassung ist jedoch nicht zu folgen. Bei einer aufschiebend befristeten Forderungsabtretung ist nicht zweifelhaft, daß der Schuldner während der Zwischenzeit mit befreiender Wirkung an den bisherigen Gläubiger leisten kann, denn andernfalls wäre er bei Kenntnis der Abtretung überhaupt nicht in der Lage, während der Zwischenzeit seine Schuld zu erfüllen. Die nur auf Verfügungen zugeschnittene Vorschrift des § 161 darf also nicht auf die Empfangszuständigkeit ausgedehnt werden. Diese verbleibt dem A so lange uneingeschränkt, bis die Forderung mit Eintritt des Termins auf B übergeht. Nach dem 1. April ist dagegen B Gläubiger und zur Einziehung der Forderung berechtigt; durch eine Leistung an A wird S nur noch befreit, wenn ihm § 407 zugute kommt. Die Zinsen für die Zeit bis zum 1. April gebühren dem A, die danach anfallenden dem B. Eine weitere Abtretung der Forderung durch A oder ihre Pfändung durch einen Gläubiger des A ist gemäß § 161 unwirksam, vermag also den Erwerb der Forderung durch B am 1. April nicht zu hindern. 62

b) Befristete Verpflichtungsgeschäfte

Bei Verpflichtungsgeschäften erhebt sich die Frage, ob überhaupt ein Unterschied besteht zwischen einer aufschiebend befristeten Forderung im Sinne des § 163, die erst mit dem Anfangstermin entsteht, und einer Forderung, die zwar sofort entsteht, aber erst in einem späteren Zeitpunkt fällig wird, d. h. zu erfüllen ist. Manche sprechen im letzteren Fall von einer betagten Forderung[60], während andere diesen Ausdruck als gleichbedeutend mit der befristeten Forderung gebrauchen[61]. 63

Das Gesetz schreibt in § 271 Abs. 2 vor, daß, wenn eine Zeit für die Leistung bestimmt ist, im Zweifel anzunehmen ist, daß der Gläubiger die Leistung vor dieser Zeit nicht verlangen, der Schuldner aber sie vorher bewirken kann. Damit wird gesagt, daß auch bei Vereinbarung eines späteren Leistungstermins im Zweifel die Forderung sogleich entsteht. Nach § 813 Abs. 2 ist die Rückforderung ausgeschlossen, wenn eine betagte Verbindlichkeit vorzeitig erfüllt wird; die Erstattung von Zwischenzinsen kann in diesem Fall nicht verlangt werden. Auch diese Bestimmung geht offenbar davon aus, daß die Verbindlichkeit schon besteht, wenn auch noch nicht fällig und deshalb erst in einem späteren Zeitpunkt zu erfüllen ist. 64

Entnimmt man aus der in § 163 ausgesprochenen Verweisung auf § 158 Abs. 1, daß im Falle aufschiebender Befristung eines Verpflichtungsgeschäfts die Forderung und damit die Verbindlichkeit erst im Zeitpunkt des Anfangstermins entsteht, so wäre das Gesetz, was bei der sorgfältigen Abfassung des BGB sehr unwahrscheinlich ist, in sich widersprüchlich, wenn die betagte Forderung im Sinne des § 813 Abs. 2 identisch wäre mit einer aufschiebend befristeten. Daher ist anzunehmen, daß beide nicht dasselbe sind; § 163 gilt also nicht für eine Forderung, deren Fälligkeit lediglich hinausgeschoben ist. Andererseits sind § 271 Abs. 2 und § 813 Abs. 2 nicht auf befristete Forderungen anzuwenden. Da nach § 271 Abs. 2 im Zweifelsfall eine sofort entste- 65

[59] Vgl. *Ehmann*, JZ 1968, 549; *Weitnauer*, FS von Caemmerer, 1978, S. 255; eine Darstellung des Streitstandes findet sich bei *Larenz*, Schuldrecht I, § 18 I 1, 2.

[60] Vgl. Soergel/*M. Wolf*, § 163 Rn. 6; MünchKomm/*Westermann*, § 163 Rn. 3; *v. Tuhr*, AT III, § 83 II; *Medicus*, AT, Rn. 845; *Bork*, AT, Rn. 1285; *Hübner*, AT, Rn. 1163; *Enneccerus/Lehmann*, Schuldrecht, § 223 I 2b.

[61] Vgl. *Flume*, AT II, § 41; *Enneccerus/Nipperdey*, AT, § 199.

hende Forderung anzunehmen ist, deren Fälligkeit lediglich hinausgeschoben ist, wird das Anwendungsgebiet des § 163 stark eingeschränkt.

66 **Beispiel:** Eine Befristung gemäß § 163 liegt vor, wenn ein Dauerschuldverhältnis, z.B. ein Mietverhältnis, erst zu einem späteren Zeitpunkt in Lauf gesetzt werden soll. Wird eine Wohnung im Januar zum 1. April vermietet, so soll das Mietverhältnis nicht vorher beginnen. Zwar sind die Vertragspartner im Sinne der Unwiderruflichkeit ihrer Erklärungen (s. oben Rn. 46) an den geschlossenen Vertrag gebunden; aber weder die Pflicht zur Gebrauchsgewährung noch die Pflicht des Mieters zur Zahlung des Mietzinses sollen vor dem 1. April beginnen. Der Vermieter kann seine Leistung ohne Einverständnis des Mieters nicht vorher bewirken. Ebensowenig schuldet der Mieter einen Mietzins für den Monat März; hat er versehentlich eine Monatsmiete schon am 1. März überwiesen, so kann er den Betrag zurückfordern. § 813 Abs. 2 steht nicht entgegen, weil es sich nicht um eine betagte Forderung, sondern um eine aufschiebend befristete Verbindlichkeit handelt, die noch gar nicht entstanden war. Auch wenn Dauerschuldverhältnisse in Vollzug gesetzt sind, sind die Leistungspflichten, die sich auf einen späteren als den laufenden Zeitabschnitt beziehen, ebenfalls befristet. Nur soweit die Gegenleistung für eine Dauerleistung nicht schon am Beginn des jeweiligen Zeitabschnitts zu entrichten ist, ist sie von da ab betagt. Der Mietzins für April kann also nicht zurückgefordert werden, wenn er am 1. April gezahlt wurde, obgleich er erst am 15. April fällig war.

§ 51. Zustimmungsbedürftige Geschäfte

Inhaltsübersicht

Literatur: *v. Blume,* Zustimmung kraft Rechtsbeteiligung und Zustimmung kraft Aufsichtsrechts, JherJb. 48, 417; *Doris,* Die rechtsgeschäftliche Ermächtigung bei Vornahme von Verfügungs-, Verpflichtungs- und Erwerbsgeschäften, 1974; *Hagen,* Zur Rechtsgrundabhängigkeit der Konvaleszenz, AcP 167 (1967), 481; *Ludewig,* Die Ermächtigung nach bürgerlichem Recht, 1922; *Raape,* Zustimmung und Verfügung, AcP 121 (1923), 257 (dazu *Isay* AcP 122 (1924), 195; Replik *Raape* AcP 123 (1925), 194; *K. Schmidt,* Beseitigung der schwebenden Unwirksamkeit durch Verweigerung einer Genehmigung, AcP 189 (1989), 1; *Thiele,* Die Zustimmung in der Lehre vom Rechtsgeschäft, 1966.

I. Funktion und Anwendungsbereich der Zustimmung

1. Wirkungsvoraussetzungen zum Schutz eigener und Interessen Dritter

1 Das Gesetz sieht in verschiedenen Fällen neben den zum jeweiligen Rechtsgeschäft erforderlichen Erklärungen zusätzlich noch die Zustimmung eines anderen als Wirk-

samkeitsvoraussetzung vor. Für diese Zustimmungserklärungen anderer am Rechtsgeschäft nicht unmittelbar beteiligter Personen sehen §§ 182ff. gemeinsame Regeln vor. Dabei lassen sich verschiedene Fallgruppen unterscheiden.

a) Zustimmungserfordernis zum Schutz des Erklärenden

Die Zustimmung zum Schutz des Erklärenden ist in einer ersten Fallgruppe nicht 2
durch diesen selbst vorgesehen. Vielmehr soll eine andere Person oder eine Behörde als eine Art **Kontrollinstanz** zustimmen und dabei die Entscheidung des Erklärenden überprüfen und dessen Interessen wahrnehmen. Es geht dabei um den Schutz eigener Interessen des Erklärenden selbst, um das Geschäft für den, der es vorgenommen hat, wirksam zu machen.

Beispiele: Geschäfte eines in der Geschäftsfähigkeit Beschränkten, die ihm nicht lediglich ei- 3
nen rechtlichen Vorteil bringen, bedürfen nach § 107 der Zustimmung seiner gesetzlichen Vertreter (s. oben § 25 Rn. 30ff.). Diese bedürfen ihrerseits, wenn sie das Geschäft für den beschränkt Geschäftsfähigen vornehmen oder dem von diesem vorgenommenen Geschäft zustimmen, in bestimmten Fällen der Zustimmung des Familien- oder Vormundschaftsgerichts (§§ 1643, 1822). Der Grund für die Zustimmungsbedürftigkeit liegt in diesen Fällen darin, daß den gesetzlichen Vertretern die Sorge für die Person und das Vermögen des beschränkt Geschäftsfähigen obliegt und sie hierbei vom Familien- oder Vormundschaftsgericht unterstützt werden sollen. Die Zustimmungsbedürftigkeit ist dementsprechend jeweils im Interesse des beschränkt Geschäftsfähigen selbst angeordnet[1].

b) Zustimmungserfordernis zum Schutz Dritter

Durch die von einem Rechtsgeschäft erzeugten Rechtsfolgen können in einer 4
zweiten Fallgruppe **neben der eigenen Rechtsstellung** der am Rechtsgeschäft Beteiligten **zusätzlich** auch rechtlich geschützte **Interessen außenstehender Dritter** betroffen sein. Soweit Interessen außenstehender Dritter betroffen sind, verlangt das Gesetz deren Zustimmung als Wirksamkeitsvoraussetzung für das Rechtsgeschäft, um ein ungewolltes Eindringen in deren Rechtskreis zu vermeiden[2].

Beispiele: Die Zustimmung Dritter ist etwa vorgesehen in §§ 415 Abs. 1, 876, 1071, 1183, 5
1255 Abs. 2, 1276, 1283 Abs. 1, 2291 Abs. 1 Satz 2. Hier liegt der Grund für die Zustimmungsbedürftigkeit darin, daß dadurch der Zustimmungsberechtigte in die Lage versetzt wird, sein eigenes Interesse wahrzunehmen. In manchen Fällen bedarf ein Ehegatte zur Vornahme eines Rechtsgeschäfts, das die Grundlagen der gemeinsamen Lebensführung zu berühren geeignet ist, der Zustimmung des anderen Ehegatten (§§ 1365, 1369, 1423ff., 1450ff., 1516). Dem verwandt sind die Fälle der §§ 1746ff., in denen es nicht um vermögensrechtliche, sondern um personenrechtliche Rechtsgeschäfte geht, durch die die persönlichen Interessen des Zustimmungsberechtigten stark berührt werden.

c) Zustimmung bei Verschiedenheit von Erklärendem und Betroffenem

Eine weitere Gruppe bilden Fälle, in denen die Rechtsfolgen des Geschäfts den Er- 6
klärenden selbst gar nicht treffen, sondern lediglich einen anderen, dessen Zustimmung erforderlich ist, um das Geschäft für und gegen ihn wirksam werden zu lassen. Die Zustimmung dient hier zum **Schutz der Interessen** dessen, **dem das Rechtsgeschäft zugerechnet** wird, ohne daß er es selbst vorgenommen hat[3].

---

[1] S. etwa Palandt/*Diederichsen,* § 1643 Rn. 1; Erman/*Michalski,* § 1643 Rn. 1.

[2] S. auch *Pawlowski,* AT, Rn. 658; Soergel/*Leptien,* vor § 182 Rn. 6; Erman/*Palm,* vor § 182 Rn. 1.

[3] Soergel/*Leptien,* vor § 182 Rn. 7; MünchKomm/*Schramm,* vor § 182 Rn. 5, 6; *Bork,* AT, Rn. 1692.

7 **Beispiele:** Hierher gehört das Handeln des Vertreters ohne Vertretungsmacht. Handelt jemand offen als Vertreter eines anderen, ohne die hierfür erforderliche Vertretungsmacht zu besitzen, so kann das Geschäft nachträglich für den Vertretenen dadurch wirksam werden, daß dieser es genehmigt (§§ 177, 180 Satz 2, 3). Weiter gehört hierher der Fall, daß jemand als Nichtberechtigter über das Recht eines anderen verfügt, ohne in dessen Namen als sein Vertreter aufzutreten. Die Verfügung des Nichtberechtigten ist für den Berechtigten gleichwohl wirksam, wenn dieser vorher in sie eingewilligt hat (§ 185 Abs. 1) oder sie nachträglich genehmigt (§ 185 Abs. 2).

2. Arten der Zustimmung

8 Den Begriff der **Zustimmung** verwendet das Gesetz als **Oberbegriff,** der sowohl die Einwilligung wie die Genehmigung umfaßt. Die vorherige, d.h. die vor der Vornahme eines Rechtsgeschäfts erteilte Zustimmung wird **Einwilligung** genannt (§ 183), die nachträglich erteilte Zustimmung wird als **Genehmigung** bezeichnet. Die Zustimmung des Familien- und Vormundschaftsgerichts, des Gegenvormundes und des Beistands wird immer Genehmigung genannt, einerlei, ob sie im voraus oder nachträglich erteilt wird. Das gleiche gilt von sonstigen behördlichen Zustimmungen zu einem Rechtsgeschäft. §§ 182ff. sind in diesen Fällen nicht unmittelbar anwendbar, sondern nur entsprechend[4], da es sich um staatliche Hoheitsakte handelt, nicht um privatrechtliche Willenserklärungen. Öffentlichrechtliche Spezialvorschriften haben jeweils Vorrang[5].

9 Handelt es sich bei dem zustimmungsbedürftigen Geschäft um ein **einseitiges Rechtsgeschäft,** so kann die Zustimmung grundsätzlich **nur** vorher als **Einwilligung** erfolgen[6]. Das ist im Gesetz zwar nur für einzelne Fälle (§§ 111, 180 Satz 1, 1831) ausgesprochen, muß aber allgemein gelten. Der Geschäftsgegner, der sich den Rechtsfolgen ausgesetzt sieht, muß wissen können, woran er ist. Selbst wenn die Einwilligung erteilt ist, ist das Rechtsgeschäft in einigen Fällen dennoch unwirksam, wenn die Einwilligung nicht in schriftlicher Form erteilt und dem Geschäftsgegner vorgelegt wird und wenn dieser das Rechtsgeschäft deshalb unverzüglich zurückweist, es sei denn, der Einwilligende habe ihn vorher von der Einwilligung in Kenntnis gesetzt (vgl. § 111 Satz 2 und 3 und § 182 Abs. 3). Dem liegt die Erwägung zugrunde, daß der Geschäftsgegner, der eine dem Erklärenden gegenüber nur mündlich erteilte Einwilligung nicht nachprüfen kann, andernfalls Gefahr laufen würde, sich auf das Rechtsgeschäft einzustellen, obgleich in Wahrheit eine Einwilligung nicht erteilt worden war und das Geschäft aus diesem Grunde nichtig ist[7].

II. Einwilligung und Genehmigung als Rechtsgeschäfte

1. Wirkung von Einwilligung als Genehmigung

10 **Liegt** die erforderliche **Zustimmung** schon bei der Vornahme des Rechtsgeschäft **vor,** so führt sie **unmittelbar** zur **Wirksamkeit** des Rechtsgeschäfts, sofern auch die sonstigen Voraussetzungen gegeben sind. Dagegen ist das Geschäft, wenn die erforderliche Zustimmung bei Vornahme des Rechtsgeschäfts fehlt, zunächst **schwebend**

---

[4] Soergel/*Leptien,* vor § 182 Rn. 8; MünchKomm/*Schramm,* vor § 182 Rn. 25, 27; a.A. *Bork,* AT, Rn. 1694 a.E.

[5] Palandt/*Heinrichs,* Einf. vor § 182 Rn. 6; a.A. aber offenbar *BGH* LM § 497 Nr. 1.

[6] Vgl. *BGH* NJW 1998, 3058; *RGZ* 146, 314, 316; *v. Tuhr,* AT III, § 78 zu Anm. 87; *Enneccerus/Nipperdey,* AT, § 204 III 1; Palandt/*Heinrichs,* § 182 Rn. 5. A.A. aber *Flume,* AT II, § 54, 6 c.

[7] Palandt/*Heinrichs,* § 182 Rn. 5, 6; Soergel/*Leptien,* § 182 Rn. 5 a.E.

unwirksam (oben § 44 Rn. 49ff.). Die Genehmigung oder deren Verweigerung beenden diesen **Schwebezustand** dadurch, daß die Genehmigung das zustimmungsbedürftige Geschäft endgültig wirksam, die Verweigerung der Genehmigung es endgültig unwirksam macht[8]. Ihren eigentlichen Sinn erhalten Einwilligung und Genehmigung bzw. deren Verweigerung somit erst aus dem Geschäft, auf das sie sich beziehen. Sie sind ergänzende Rechtsgeschäfte, teilen aber nicht notwendig die rechtliche Natur des Hauptgeschäfts[9].

Beispiele: Die Zustimmung der gesetzlichen Vertreter zu einem von dem Minderjährigen 11
geschlossenen Verpflichtungsvertrag ist selbst kein Verpflichtungsgeschäft, ihre Zustimmung zu einer von ihm getroffenen Verfügung selbst keine Verfügung[10] und setzt deshalb keine Verfügungsmacht, wohl aber Vertretungsmacht voraus. Die Frage, ob oder welche Vorschriften über Verfügungen auf die Zustimmung zu einer Verfügung anzuwenden sind, ist unabhängig davon zu beantworten, ob die Zustimmung selbst als Verfügung zu klassifizieren ist[11]. Die nach § 185 oder § 876 erforderliche Einwilligung oder Genehmigung erfordert zu ihrer Wirksamkeit dagegen Verfügungsmacht, weil sie die fehlende Verfügungsmacht des Erklärenden ersetzen sollen.

2. Gemeinsame Vorschriften für Einwilligung und Genehmigung

a) Empfangsbedürftige Willenserklärung

Einwilligung, Genehmigung und deren Verweigerung unterliegen den Vorschriften 12
über **Willenserklärungen,** erfordern deshalb regelmäßig Geschäftsfähigkeit, unterliegen der Auslegung und können z.B. wegen Irrtums oder arglistiger Täuschung angefochten werden[12]. Willensmängel des Genehmigenden sind jedoch nur beachtlich, wenn sie die Genehmigung selbst betreffen[13]. Die Erteilung wie die Verweigerung der Zustimmung stellen **empfangsbedürftige Willenserklärung** dar, die zugehen müssen, um wirksam zu werden. Der Zugang kann, wenn es sich um einen Vertrag oder um ein einseitiges, aber empfangsbedürftiges Rechtsgeschäft handelt, nach § 182 Abs. 1 grundsätzlich sowohl dem Erklärenden wie dem Erklärungsempfänger gegenüber erfolgen.

Unter den Voraussetzungen der §§ 108 Abs. 2, 177 Abs. 2 kann die Zustimmung oder ihre 13
Verweigerung jedoch nur noch dem Geschäftsgegner gegenüber erklärt werden. In einigen Fällen ist die Zustimmung einem anderen oder einer Behörde, etwa dem Grundbuchamt, gegenüber zu erklären (vgl. die §§ 876, 880 Abs. 2, 1183). Die in den §§ 1746ff. für die Annahme als Kind geforderten Einwilligungen des Kindes oder seines gesetzlichen Vertreters, seiner Eltern oder seiner Mutter oder eines Ehegatten sind dem Vormundschaftsgericht gegenüber zu erklären.

b) Formfreiheit von Einwilligung und Genehmigung

Grundsätzlich ist die Zustimmungserklärung **nicht formbedürftig** und bedarf ins- 14
besondere nicht der Form, die für das zustimmungsbedürftige Geschäft vorgeschrieben ist (§ 182 Abs. 2).

---

[8] A.A. *K. Schmidt,* AcP 189 (1989), 1, der im Falle der Verweigerung von einer kraft Gesetzes eintretenden Unwirksamkeit ausgeht.

[9] Soergel/*Leptien,* vor § 182 Rn. 3; MünchKomm/*Schramm,* vor § 182 Rn. 32; *Brehm,* AT, Rn. 495.

[10] *Flume,* AT II, §§ 11, 5d u. 54, 6f.; Soergel/*Leptien,* vor § 182 Rn. 3; a.A. *RGZ* 90, 395, 399ff. *Enneccerus/Nipperdey,* AT, § 143 Anm. 11 und § 204 II 4. Nach *v. Tuhr,* AT II/1, § 54 zu Anm. 65 ist die Einwilligung noch keine Verfügung, wohl aber die Genehmigung; ähnlich MünchKomm/*Schramm,* vor § 182 Rn. 42; Palandt/*Heinrichs,* vor § 104 Rn. 16.

[11] So auch *Flume,* und *Thiele,* aaO, S. 290ff.; Soergel/*Leptien,* vor § 182 Rn. 3.

[12] Vgl. MünchKomm/*Schramm,* vor § 182 Rn. 35; Erman/*Palm,* vor § 182 Rn. 6.

[13] *BGH* NJW 1990, 3085 = *BGHZ* 111, 339, 347.

15 **Beispiele:** Auch wenn die Formvorschrift den Schutz vor Übereilung und Unbedachtsamkeit bezweckt (s. oben § 27 Rn. 8f.), so wird nach § 182 Abs. 2 doch das von einem Vertreter formgerecht, aber ohne Vertretungsmacht abgeschlossene Geschäft durch die formlose Genehmigung des Vertretenen wirksam (s. oben § 49 Rn. 7). Die Zustimmung zu einem Grundstückskauf bedarf deshalb grundsätzlich nicht der notariellen Beurkundung gemäß § 311b Abs. 1[14], die Zustimmung zur Auflassung nicht der Form des § 925[15]. Ebenso formfrei ist grundsätzlich die Verpflichtung, die Zustimmung zu einem formbedürftigen Geschäft zu erteilen[16]. In einigen Fällen sieht das Gesetz **Ausnahmen** vor, indem es für die Zustimmungserklärung eine bestimmte Form vorschreibt (vgl. die §§ 1516 Abs. 2 Satz 3, 1517 Abs. 1 Satz 2, 1730, 1750 Abs. 1 Satz 2, 2291 Abs. 2). Ein Formerfordernis bei einseitigen zustimmungsbedürftigen Rechtsgeschäften sieht § 182 Abs. 3 mit § 111 Satz 2 für die Einwilligung vor.

16 Der *BGH* will für § 182 Abs. 2 keine teleologische Reduktion vornehmen[17] wie in § 167 Abs. 2 für die Vollmacht (s. oben § 47 Rn. 26). Die unterschiedliche Behandlung von Vollmacht und Zustimmung ist jedoch angesichts des mit der Vollmacht wie mit der Einwilligung gleichermaßen erteilten Einverständnisses im Voraus (s. auch Rn. 23) nicht gerechtfertigt, wenn man die Interessenlage vor dem Hintergrund des Warn- und Übereilungsschutzes vergleicht. Ebenso wie der Vertretene geschützt wird, wenn er eine unwiderrufliche Vollmacht erteilt und sich damit endgültig bindet, muß auch geschützt werden, wer eine unwiderrufliche Einwilligung erteilt[18]. Für die widerrufliche Einwilligung (s. Rn. 17) bedarf es eines Schutzes aber ebensowenig wie für eine widerrufliche Vollmacht. Auch die Genehmigung etwa zum Handeln eines Vertreters ohne Vertretungsmacht (§ 177) kann als nachträgliche Zustimmung formfrei erklärt werden, sofern der Vertretene von der erfolgten notariellen Beurkundung Kenntnis hat und sich deshalb über das Gewicht und die Bedeutung des Geschäfts, das er genehmigt, zumindest generell im Klaren sein muß. Die für die Vollmacht vorgesehene Form des § 2 Abs. 2 GmbHG ist dagegen im Interesse der rechtswirksamen GmbH-Gründung auch für die Genehmigung nach § 177 zu fordern[19].

3. Widerruflichkeit der Einwilligung

17 Für die Einwilligung bestimmt das Gesetz in § 183, daß sie **bis zur Vornahme des Rechtsgeschäfts** widerrufen werden kann, „soweit nicht aus dem ihrer Erteilung zugrunde liegenden Rechtsverhältnis sich ein anderes ergibt". Der Widerruf kann im allgemeinen sowohl demjenigen gegenüber erklärt werden, dem die Einwilligung erteilt war, wie dem Geschäftsgegner gegenüber. Er ist aber nur wirksam, wenn die Erklärung des Widerrufs bis zur Vornahme des Rechtsgeschäfts zugegangen ist. Unter Vornahme ist hier die Herstellung des vollen rechtsgeschäftlichen Tatbestandes zu verstehen[20]. Da hiernach die dem Geschäftsgegner gegenüber erklärte Einwilligung ohne dessen Wissen durch eine Erklärung gegenüber dem Ermächtigten widerrufen werden kann, ist der Geschäftsgegner erheblicher Unsicherheit ausgesetzt. Um dies zu vermeiden, sind die für die Vollmacht geltenden Regeln der §§ 170 bis 173 entsprechend anzuwenden[21].

---

[14] *BGHZ* 125, 219 = NJW 1994, 1344.

[15] *BGH* NJW 1998, 1482.

[16] *BGH* NJW 1996, 3338.

[17] *BGHZ* 125, 219 = NJW 1994, 1344.

[18] Für eine teleologische Reduktion auch *Hübner,* AT, Rn. 1342; *Medicus,* AT, Rn. 1017; s. auch *Flume,* AT II, § 54, 6b, c; MünchKomm/*Schramm,* § 182 Rn. 17; *Köhler,* AT, § 14 Rn. 4; *Einsele,* DNotZ 1996, 835.

[19] Bamberger/Roth/*Bub,* § 182 Rn. 5; *Baumbach/Hueck,* GmbHG, § 2 Rn. 18.

[20] Vgl. *BGHZ* 14, 114, 119.

[21] So auch die h.L.; vgl. *Flume,* AT II, § 55; Palandt/*Heinrichs,* § 183 Rn. 2; MünchKomm/*Schramm,* § 183 Rn. 9; Soergel/*Leptien,* § 183 Rn. 4; *Medicus,* AT, Rn. 1021.

In einigen Fällen ist die Einwilligung nach gesetzlicher Vorschrift **unwiderruflich** (§§ 876 Satz 3, 880 Abs. 2 Satz 3, 1071 Abs. 1 Satz 2, 1183 Satz 2, 1255 Abs. 2 Satz 2, 1276 Abs. 1 Satz 2, 1750 Abs. 2, 2291 Abs. 2). Wie die Vollmacht kann jedoch auch die Einwilligung unwiderruflich erteilt werden. Auch die einmal erteilte **Genehmigung** ist als unwiderruflich anzusehen. Das gleiche gilt grundsätzlich für die Verweigerung[22]. Das Interesse des Geschäftspartners verlangt nämlich, daß er sich auf die durch die Genehmigung oder durch ihre Verweigerung geschaffene Rechtslage einstellen kann. In manchen Fällen (s. § 108 Abs. 2, § 177 Abs. 2) kann deshalb die Genehmigung und ihre Verweigerung nur noch ihm gegenüber erklärt werden. Eine Ausnahme ist nur dann zu machen, wenn die Partner des genehmigungsbedürftigen Geschäfts trotz der Verweigerung der Genehmigung übereinstimmend an dem Geschäft festhalten wollen und daraufhin der zur Genehmigung Berufene seine Entscheidung ändert, also die Genehmigung doch noch erteilt[23]. 18

4. Rückwirkung der Genehmigung

Die Genehmigung wirkt auf den Zeitpunkt der Vornahme des Rechtsgeschäfts zurück (sog. Wirkung ex tunc), soweit nicht ein anderes bestimmt ist (§ 184 Abs. 1). Aufgrund der Rückwirkung gelten mit der Genehmigung die Rechtsfolgen, die gegolten hätten, wenn das genehmigte Geschäft von Anfang an wirksam gewesen wäre[24]. Dem liegt der Gedanke zugrunde, daß die Rückwirkung regelmäßig dem Willen der Geschäftspartner entspricht. Sie können aber auch die Rückwirkung der Genehmigung ausschließen. § 184 Abs. 1 ist dispositiv[25]. 19

Richtiger Ansicht nach hat die Rückwirkung keinen Einfluß auf den Beginn der **Verjährungsfrist** bei vertraglich begründeten Ansprüche. Da diese vor der Genehmigung noch nicht als aktuelle Ansprüche entstanden waren und daher noch nicht geltend gemacht werden konnten, würde die Rückbeziehung des Beginns der Verjährungsfrist auf den Zeitpunkt des Vertragsabschlusses den Zeitraum, innerhalb dessen die Geltendmachung des Anspruchs möglich war, in nicht gerechtfertigter Weise verkürzen oder gar ganz ausschließen. Der Rückwirkung ist daher insoweit im Wege der teleologischen Reduktion eine Schranke zu ziehen[26]. 20

Kann eine **fristgebundene Erklärung** wirksam nur innerhalb einer bestimmten Frist abgegeben werden, so ist ihre Genehmigung nach Ablauf der Frist ausgeschlossen; die verspätete Genehmigung wirkt in diesem Fall nicht auf den Zeitpunkt der Vornahme des Rechtsgeschäfts zurück, sondern ist unwirksam[27]. Eine Rückwirkung ist auch ausgeschlossen bei der Genehmigung einseitiger **Gestaltungserklärungen,** weil bei ihnen die mit der schwebenden Unwirksamkeit verbundene Unsicherheit für die Vergangenheit im Interesse der Rechtssicherheit nicht hingenommen werden kann[28]. 21

---

[22] So auch *Enneccerus/Nipperdey,* AT, § 204 IV 1; Staudinger/*Gursky,* § 184 Rn. 14; Palandt/*Heinrichs,* § 184 Rn. 4; MünchKomm/*Schramm,* § 182 Rn. 21, 32. Aus der Rechtspr. *RGZ* 139, 118, 125 ff.; *BGHZ* 13, 179, 187; *BGHZ* 40, 156, 164.

[23] So auch *Flume,* AT II, § 56; *Münzel,* NJW 1959, 601; MünchKomm/*Schramm,* § 182 Rn. 21.

[24] MünchKomm/*Schramm,* § 184 Rn. 11, spricht von einer Fiktion.

[25] Palandt/*Heinrichs,* § 184 Rn. 2; Soergel/*Leptien,* § 184 Rn. 8.

[26] S. schon *RGZ* 65, 245, 248; *Enneccerus/Nipperdey,* AT, § 204 Anm. 44; *v. Tuhr,* AT II/1, § 43 V; Staudinger/*Gursky,* § 184 Rn. 35; Soergel/*Leptien,* § 184 Rn. 8. Vgl. auch oben § 17 Rn. 13. Das gleiche gilt für den Beginn der Frist für die Anfechtung durch einen Gläubiger nach dem Anfechtungsgesetz *BGH* NJW 1979, 102; s. auch *BGH* NJW 1995, 2290.

[27] Vgl. *BGHZ* 32, 375, 382 f.; *BGH* NJW 1973, 1789; *BGHZ* 114, 360, 366; *BGH* NJW 2000, 506; *BAG* NJW 1987, 1038.

[28] *BGH* NJW 2000, 506 (zum Rücktritt); s. auch *BGH* NJW 1998, 3058.

III. Besonderheiten bei Verfügungsgeschäften

1. Die Verfügungsermächtigung (§ 185 Abs. 1)

22 Nach § 185 Abs. 1 ist die Verfügung, die ein Nichtberechtigter über einen Gegenstand trifft, dann wirksam, wenn sie mit **Einwilligung des Berechtigten** erfolgt. Durch die Einwilligung des verfügungsberechtigten Rechtsinhabers an den Nichtberechtigten erhält der Nichtberechtigte die Rechtsmacht, mit Wirkung für den Rechtsinhaber über dessen Recht verfügen zu können. Man spricht dabei von einer Ermächtigung (s. auch oben § 46 Rn. 51). Diese Verfügungsermächtigung, deren Zulässigkeit sich aus § 185 Abs. 1 ergibt, stellt insofern einen Sonderfall der Einwilligung dar, weil der Ermächtigte die Verfügungsmacht erhält, im eigenen Namen über einen Gegenstand des Rechtsinhabers zu verfügen, insoweit also, ohne Stellvertreter zu sein, mit unmittelbarer Wirkung für den Rechtsinhaber zu handeln[29].

23 Eine so begründete Verfügungsmacht steht in ihrer Wirkung der Vertretungsmacht (Vollmacht) nahe[30]. Die Vollmacht unterscheidet sich jedoch dadurch, daß sie sich im Rahmen der Stellvertretung auf ein Handeln in fremdem Namen stützt und zur Vornahme grundsätzlich aller Rechtsgeschäfte, insbesondere auch zur Vornahme von Verpflichtungsgeschäften erteilt werden kann, während die Verfügungsermächtigung zum Handeln im eigenen Namen berechtigt, aber nur für Verfügungsgeschäfte und nicht für andere Geschäfte gilt. Es gibt im Interesse der Wahrung der Offenkundigkeit (s. oben § 46 Rn. 19) sowie zum Schutze der Gläubiger, die ihren Schuldner erkennen und seine Leistungsfähigkeit überprüfen können sollen, keine Verpflichtungsermächtigung (Ausnahme in § 1357 Abs. 1 Satz 2 bei der Schlüsselgewalt). Für Forderungen ergibt sich aus § 362 Abs. 2 mit § 185 Abs. 1 aber die Möglichkeit, daß der Gläubiger einem Dritten Einziehungsermächtigung erteilt, d. h. daß der Dritte die Forderung im eigenen Namen geltend machen kann.

24 Als **Nichtberechtigter** ist jeder anzusehen, der nicht zur Verfügung über dieses Recht berechtigt ist, also auch der Eigentümer, wenn ihm die Verfügungsmacht, z. B. im Insolvenzverfahren (§ 80 InsO), entzogen ist. Entsprechend ist Berechtigter derjenige, dem die Verfügungsmacht zusteht. Die Zustimmung zu einer Verfügung führt nur dann deren Wirksamkeit herbei, wenn der Zustimmende Verfügungsmacht hat.

25 Zweifelhaft ist, in welchem **Zeitpunkt** der Berechtigte Verfügungsmacht haben muß. Im Falle der Einwilligung muß er sie grundsätzlich im Zeitpunkt der Vornahme des Verfügungsgeschäfts haben[31], denn dem von ihm zur Verfügung Ermächtigten kann er die Möglichkeit, wirksam zu verfügen, nur insoweit verschaffen, als er es selbst kann. Er selbst kann aber nur verfügen, wenn er im Zeitpunkt der Verfügung die Verfügungsmacht über das Recht besaß.

2. Genehmigung der unwirksamen Verfügung (§ 185 Abs. 2)

a) Zeitpunkt der Verfügungsmacht

26 Nach § 185 Abs. 2 wird die unwirksame Verfügung des Nichtberechtigten wirksam, wenn der Berechtigte sie nachträglich genehmigt. Dazu muß der Genehmigende noch im Zeitpunkt der Erteilung der Genehmigung verfügungsberechtigt sein, denn

---

[29] Vgl. *Doris,* aaO, S. 18 ff., 155 ff., 161 ff.; MünchKomm/*Schramm,* § 185 Rn. 2.

[30] Vgl. *Doris,* aaO, S. 59, 161 ff.; *Thiele,* aaO, S. 147 ff.

[31] RGRK/*Steffen,* § 185 Rn. 3; MünchKomm/*Schramm,* § 185 Rn. 26; a. A. Soergel/*Leptien,* § 185 Rn. 21: im Zeitpunkt der Zustimmung.

hiervon hängt seine Zuständigkeit für die Genehmigung ab[32]. Darüber hinaus muß er, sofern die Genehmigung zurückwirken soll, **Verfügungsmacht** auch **im Zeitpunkt der Rückwirkung** gehabt haben, im allgemeinen also im Zeitpunkt der Vornahme des Verfügungsgeschäfts, weil er andernfalls in das Recht des damals Verfügungsberechtigten eingreifen würde[33]. Unbedenklich ist jedoch eine Genehmigung ohne Rückwirkung, wenn der Genehmigende zwar im Zeitpunkt der Vornahme des Verfügungsgeschäfts noch keine Verfügungsmacht hatte, sie aber inzwischen erlangt hat.

b) Wirksamkeit von Zwischenverfügungen

§ 184 Abs. 2 bestimmt, daß durch die Rückwirkung der Genehmigung **Zwischenverfügungen nicht unwirksam** werden, die der Genehmigende vor der Genehmigung über den Verfügungsgegenstand getroffen hat oder die im Wege der Zwangsvollstreckung, der Arrestvollziehung oder durch den Insolvenzverwalter erfolgt sind. Das ist die Konsequenz daraus, daß der Genehmigende nur insoweit für die Genehmigung zuständig ist, als er jetzt noch Verfügungsberechtigter ist, durch seine frühere Verfügung oder die gegen ihn gerichtete Vollstreckungsmaßnahme aber bereits seine Verfügungsmacht eingebüßt hat[34]. Die Rückwirkung betrifft nur die Rechtsfolgen, nicht dagegen die Voraussetzungen einer wirksamen Genehmigung. Überdies wäre es nicht gerechtfertigt, daß derjenige, der durch die frühere Verfügung oder die Vollstreckungsmaßnahme ein Recht erlangt hat, dieses infolge der späteren Genehmigung wieder verlieren würde. 27

3. Konvaleszenz

Die Verfügung, die ein Nichtberechtigter im eigenen Namen über das Recht eines anderen trifft, kann außer durch Genehmigung gemäß § 185 Abs. 2 Satz 1 noch in zwei weiteren Fällen nachträglich wirksam werden. Man spricht in diesen Fällen von Heilung oder Konvaleszenz der Verfügung. 28

a) Wirksamkeit durch späteren Erwerb des Verfügenden

Ein Fall der Konvaleszenz liegt vor, wenn der Verfügende den **Gegenstand** der Verfügung **später erwirbt** (§ 185 Abs. 2, 2. Fall). Dann ist der Mangel seiner Verfügungsberechtigung, der das Wirksamwerden der Verfügung verhindert hatte, nunmehr behoben; ihrem nachträglichen Wirksamwerden steht nichts mehr im Wege. Dem gleichzustellen ist der Fall, daß der Verfügende zwar Rechtsinhaber war, ihm im Augenblick der Verfügung aber die Verfügungsmacht fehlte und er sie später wiedererlangt. Die Wirksamkeit tritt in dem Zeitpunkt ein, in dem das Recht vom Verfügenden erworben wird (s. Rn. 31). 29

---

[32] So die h. L.; vgl. *Flume,* AT II, § 57, 3a; *Thiele,* aaO S. 273f.; MünchKomm/*Schramm,* § 184 Rn. 23; anders aber *Pfister,* JZ 1969, 623; vgl. ferner *BGHZ* 56, 131; *Köhler,* AT, § 14 Rn. 9.

[33] *BGHZ* 107, 340, 341; Palandt/*Heinrichs,* § 184 Rn. 3; a. A. Soergel/*Leptien,* § 184 Rn. 10; differenzierend MünchKomm/*Schramm,* § 184 Rn. 25.

[34] So *Flume,* AT II, § 57, 3a, insbesondere Anm. 15; ebenso Soergel/*Leptien,* § 184 Rn. 10; MünchKomm/*Schramm,* § 184 Rn. 32. Das Gesetz spricht nur von Zwischenverfügungen des Genehmigenden; zweifelhaft ist, ob es entsprechend auch auf Zwischenverfügungen eines anderen als des Genehmigenden, anzuwenden ist. Dafür *Oertmann,* § 184 Anm. 4d; *Pfister,* aaO, S. 626; dagegen *Flume,* AT II, § 57, 3c; MünchKomm/*Schramm,* § 184 Rn. 38; *RGZ* 134, 121 u. die h. L.; Palandt/*Heinrichs,* § 184 Rn. 5. Die Situation ist in der Tat eine andere.

b) Wirksamkeit aufgrund Erbfalls

30 Einen weiteren Fall der Konvaleszenz sieht § 185 Abs. 2 dann vor, wenn der Verfügende **von dem Berechtigten beerbt** wird und dieser für die Nachlaßverbindlichkeiten unbeschränkt haftet (§ 185 Abs. 2, 3. Fall). Der Berechtigte soll hier die von seinem Erblasser, wenngleich als Nichtberechtigtem, getroffene Verfügung wie eine eigene gegen sich gelten lassen. Da der Berechtigte als Erbe aufgrund der unbeschränkten Erbenhaftung auch mit seinem Eigenvermögen haftet, wirkt die Verfügung des Erblassers auch zu Lasten des Eigenvermögens des Erben, in dem sich der Verfügungsgegenstand befindet. Sinnvoll ist das aber, wie besonders der Hinweis auf die Haftung des Erben für die vom Erblasser herrührenden Verbindlichkeiten zeigt, nur dann, wenn der verfügende Erblasser zur Zeit seines Todes den Verfügungserfolg noch schuldete, weil der Erbe dann für die Erfüllung dieser Verbindlichkeit haftet[35]. Würde der Erblasser selbst den Verfügungserfolg nicht schulden, so würde auch der Erbe nicht haften und könnte im Falle der Konvaleszenz den Gegenstand nach § 812 wieder zurückverlangen. Dann ist es aber sinnvoller, die Konvaleszenz gleich gar nicht erst eintreten zu lassen. Haftet der Erbe für die Nachlaßverbindlichkeiten dagegen nur beschränkt, so darf sein Eigenvermögen nicht mit den Verfügungen und den darauf bezogenen Verpflichtungsgeschäften des Erblassers belastet werden.

c) Konvaleszenz ohne Rückwirkung

31 In den Fällen der Konvaleszenz findet **keine Rückwirkung** statt. Die Rechtsfolgen der Verfügung gelten mit Wirkung von dem Zeitpunkt an, in dem die Verfügung geheilt wird (ex nunc). Waren über den Gegenstand der Verfügung mehrere miteinander nicht im Einklang stehende Verfügungen getroffen, so wird nur die zeitlich frühere Verfügung geheilt (§ 185 Abs. 2 Satz 2).

---

[35] MünchKomm/*Schramm,* § 185 Rn. 64, 70; *Medicus,* AT, Rn. 1031, 1032; a. A. *Hagen,* AcP 167, 481.

5. Kapitel
Vorschriften über Fristen, Termine und Sicherheitsleistung

§ 52. Die Auslegung von Frist- und Terminbestimmungen

Inhaltsübersicht

Das Gesetz enthält neben formellen Auslegungsgrundsätzen, die den Richter lediglich anweisen, wie er die Auslegung einer Willenserklärung vorzunehmen hat, auch einige materiale Auslegungsregeln, die für den Fall, daß die Auslegung nach den allgemeinen Grundsätzen zu keinem zweifelsfreien Ergebnis führt, eine bestimmte Bedeutung der Erklärung „im Zweifel" als maßgebend ansehen (s. oben § 28 Rn. 100ff.). Solche materialen Auslegungsregeln gibt das Gesetz für die Auslegung von Frist- und Terminbestimmungen in den §§ 186ff. 1

I. Anwendungsbereich der Vorschriften

Nach § 186 gelten die §§ 187 bis 193 nicht nur für die Auslegung der in **Rechtsgeschäften,** sondern auch der in **gesetzlichen Vorschriften** und **gerichtlichen Verfügungen** enthaltenen Frist- und Terminbestimmungen. Soweit sie sich auf gesetzliche Vorschriften beziehen, haben sie die Funktion von erläuternden Rechtssätzen[1]. 2

Die §§ 186ff., gelten für das gesamte Gebiet des Privatrechts. Für das Prozeßrecht enthält die ZPO teils eigene Bestimmungen (so § 221 ZPO für den Anfang einer Frist), teils verweist sie auf Bestimmungen des BGB (§ 222 ZPO). 3

II. Beginn und Ende einer Frist

1. Ereignis im Lauf eines Tages (§ 187 Abs. 1)

Wenn für den **Beginn einer Frist,** wie das häufig der Fall ist, ein bestimmtes Ereignis – z.B. der Empfang einer Willenserklärung, einer Mitteilung oder einer Aufforderung – oder ein in den Lauf eines Tages fallender Zeitpunkt, insbesondere die Uhr- 4

---

[1] *Larenz/Canaris,* Methodenlehre, S. 79ff.

zeit maßgebend ist, dann wird bei der Berechnung der Frist der **Tag nicht mit eingerechnet,** in welchem das Ereignis oder der Zeitpunkt fällt (§ 187 Abs. 1). Das Gesetz will auf diese Weise verhindern, daß bei einer Frist, die nach Tagen oder längeren Zeitabschnitten, z.B. nach Wochen oder Monaten berechnet ist, Bruchteile von Tagen in Ansatz kommen. Ist die Frist nach Tagen berechnet, so **endet** sie **mit dem Ablauf des letzten Tages** (§ 188 Abs. 1), also nicht im Laufe dieses Tages.

5 **Beispiel:** Hat A dem B zur Vornahme einer Handlung am Montag um 10 Uhr eine Frist von drei Tagen gesetzt, so läuft die Frist am Donnerstag um 24 Uhr, nicht schon um 10 Uhr ab. Sofern es auf den rechtzeitigen Zugang einer Erklärung ankommt, ist jedoch zu beachten, daß die für den Zugang erforderliche Möglichkeit der Kenntnisnahme nur während der normalen Empfangszeiten anzunehmen ist (s. oben § 26 Rn. 27f.). Dies ist bei Unternehmen und Behörden die übliche Geschäfts- oder Dienstzeit. Wird eine Erklärung wie z.B. eine Kündigungserklärung dem Unternehmen oder der Behörde um 22 Uhr am letzten Tag der Frist zugeleitet, so ist der Zugang an diesem Tag nicht mehr bewerkstelligt, sondern erst am nächsten Tag und damit nach Fristablauf. Sind sonstige Handlungen des Erklärungsempfängers innerhalb der Frist vorzunehmen, so kann deren Vornahme auch nur innerhalb der gewöhnlichen Geschäftszeit (§ 358 HGB) oder der Dienstzeit bei Behörden erwartet werden[2]. Dies bedeutet aber nicht, daß die Frist schon zum Ende der gewöhnlichen Geschäftszeit bzw. Dienstzeit bei Behörden abläuft. Dies ist bedeutsam für den Fall, daß die Kenntnisnahme oder die Handlung doch noch nach Ablauf der Geschäfts- oder Dienstzeit vorgenommen wird. Der Zugang oder die Handlung sind dann fristgerecht erfolgt.

6 Ist die Frist nach Wochen oder Monaten bestimmt, so endet sie in der Regel mit Ablauf desjenigen Tages der letzten Woche oder des letzten Monats der Frist, der dem Tag entspricht, auf den das für den Beginn der Frist maßgebende Ereignis fällt (§ 188 Abs. 2, erste Alternative). Wurde an einem Montag eine Frist von zwei Wochen gesetzt, so würde sie am zweiten Montag um 24 Uhr enden. Die Nichteinrechnung des Tages, in dessen Lauf das die Frist in Gang setzende Ereignis fällt, bewirkt eine Verlängerung der Frist um so viele Stunden oder Minuten, als an der Vollendung dieses Tages beim Eintritt des Ereignisses noch fehlen[3].

2. Tagesbeginn als Fristanfang (§ 187 Abs. 2)

7 Anders ist dagegen zu rechnen, wenn der **Beginn eines Tages** der für den Anfang einer Frist maßgebende Zeitpunkt ist, wenn also z.B. eine Frist mit dem 1. 10. beginnen soll. Dann wird dieser Tag in die Frist eingerechnet, und demgemäß endet sie mit dem Ablauf des Tages, der dem Wochentag oder dem Tag des Monats mit dem gleichen Datum vorausgeht (§ 187 Abs. 2 Satz 1, zur Beendigung vgl. § 188 Abs. 1 und Abs. 2, zweite Alternative).

8 **Beispiele:** Die mit dem 1. 10., als einem Mittwoch, beginnende Frist von einer Woche endet mit dem Ablauf des folgenden Dienstag, d.h. am 7. 10. um 24 Uhr. Eine Frist von einem Monat, die mit dem Beginn des 16. 9. zu laufen beginnt, endet mit dem Ablauf des 15. 10. Wird ein innerhalb dieser Monatsfrist einzureichender Schriftsatz erst am 16. 10. eingereicht, so ist er verspätet[4].

9 Die gleiche Berechnungsart soll angewandt werden bei der **Berechnung des Lebensalters** (§ 187 Abs. 2 Satz 2). Der Tag der Geburt wird deshalb mitgerechnet, auch wenn die Geburt in der letzten Minute des Tages stattgefunden hat. Das am 1. 10. geborene Kind hat daher ohne Rücksicht auf die Uhrzeit der Geburt sein erstes Lebensjahr mit dem Ablauf des 30. 9. des folgenden Jahres vollendet. Der 1. 10. des folgenden Jahres, der sogenannte Geburtstag, ist also jeweils der erste Tag eines neuen, nicht der letzte Tag des ablaufenden Lebensjahres. Wer seinen achtzehnten Geburtstag feiert, ist an diesem Tage bereits volljährig.

---

[2] *BGHZ* 23, 307, 310; Palandt/*Heinrichs,* § 188 Rn. 4; Bamberger/Roth/*Henrich,* § 188 Rn. 7.

[3] *Bork,* AT, Rn. 336.

[4] *BGHZ* 5, 275, 276.

3. Fristende bei Sonn- und Feiertagen

10 Ist an einem bestimmten Tag oder innerhalb einer bestimmten Frist eine Erklärung abzugeben oder eine Leistung zu bewirken, und fällt der bestimmte Tag oder der letzte Tag der Frist auf einen **Sonntag,** einen am Erklärungs- oder Leistungsort staatlich anerkannten Feiertag oder einen Sonnabend, so tritt an die Stelle des bestimmten Tages oder des letzten Tages der Frist der folgende Werktag (§ 193). Durch diese Bestimmung will das Gesetz dem Umstand Rechnung tragen, daß die Abgabe der Erklärung oder die Vornahme der Leistungshandlung nach den geschäftlichen Gepflogenheiten an Samstagen, Sonn- und Feiertagen vielfach nicht möglich oder doch nicht zumutbar ist, weil an diesen Tagen kein geschäftlicher Verkehr stattfindet. Die Bestimmung ist nicht auf eine Kündigung anzuwenden, wenn die Kündigungsfrist dem Gekündigten als Mindestfrist zur Einstellung auf die Vertragsbeendigung unverkürzt zur Verfügung stehen soll[5]. Die Kündigungsfrist wäre aber um 2 Tage verkürzt, wenn eine Kündigung zum Monatsende nicht am 3. eines Monats, sondern weil dies ein Samstag ist, erst am Montag, den 5. zugehen würde und dennoch wirksam wäre.

11 Im Falle der Verlängerung einer Frist (§ 190) ist diese Bestimmung aber nur für das Ende der verlängerten und nicht etwa für das der ursprünglichen Frist anzuwenden. Das ergibt sich daraus, daß § 193 nur bezweckt, es demjenigen, der innerhalb einer Frist eine Erklärung abzugeben oder eine Leistung zu bewirken hat, zu ermöglichen, die Frist voll auszunutzen. Dieser Zweck entfällt bei Verlängerung der Frist. Unter dem Ablauf der vorigen Frist im Sinne des § 190 ist daher der Tag zu verstehen, an dem die Frist ohne Berücksichtigung des § 193 geendet hätte. War also der letzte Tag der ursprünglichen Frist ein Sonntag, so ist dieser in die gesamte Frist wie alle Sonntage, mit Ausnahme desjenigen Sonntags, der den letzten Tag der verlängerten Frist darstellt, mit einzurechnen[6].

4. Kürzere als Tagesfristen

12 Die Bestimmungen der §§ 187, 188 sind nicht anzuwenden, wenn eine Frist nach einem kürzeren Zeitabschnitt als nach Tagen, etwa nach **Stunden oder Minuten,** bemessen ist. Eine Frist von 24 Stunden läuft am nächsten Tage zur gleichen Uhrzeit ab, zu der sie begann.

III. Auslegungsregeln für Fristdauer

13 Unter einem halben Jahr wird eine Frist von sechs Monaten, unter einem Vierteljahre eine Frist von drei Monaten, unter einem halben Monat eine Frist von fünfzehn Tagen verstanden (§ 189 Abs. 1). Ist ein Zeitraum nach Monaten oder Jahren in solcher Weise bestimmt, daß er nicht zusammenhängend zu verlaufen braucht, so ist der Monat zu dreißig, das Jahr zu dreihundertundfünfundsechzig Tagen zu rechnen (§ 191). Unter dem Anfang eines Monats wird der erste, unter der Mitte des Monats der fünfzehnte und unter dem Ende des Monats der letzte Tag dieses Monats verstan-

---

[5] So *BGHZ* 59, 265, 267. Einschränkend aber *BGH* NJW 1975, 40. Vgl. auch MünchKomm/*Grothe,* § 193 Rn. 7; Palandt/*Heinrichs,* § 193 Rn. 3; Soergel/*Niedenführ,* § 193 Rn. 9.

[6] Str. Wie hier *RGZ* 131, 337f.; MünchKomm/*Grothe,* § 190 Rn. 3; Erman/*Palm,* § 190 Rn. 1; Soergel/*Walter,* § 190 Rn. 2; anders jedoch für prozessuale Fristen *BGHZ* 21, 43, 47; dem folgend Palandt/*Heinrichs,* § 190 Rn. 1; Soergel/*Niedenführ,* § 190 Rn. 2.

den (§ 192). Keine Bestimmung trifft das Gesetz für den Fall, daß eine Frist „bis" zu einem bestimmten Tage gelten soll. Da ein einheitlicher Sprachgebrauch nicht besteht[7], ist hier von Fall zu Fall zu prüfen, ob eine Frist, die bis zum 15. 1. gelten soll, mit dem Ablauf des 14. 1. oder erst mit dem des 15. 1. endet. Nach dem in dieser Hinsicht in Deutschland unterschiedlichen Sprachgebrauch spricht in Bayern wohl eine Vermutung für die erste Annahme, weil man hier, sollte der 15. 1. noch in die Frist eingerechnet werden, statt „bis" „mit" sagen würde, während im übrigen Deutschland, in dem dieser Sprachgebrauch unbekannt ist, eine solche Vermutung nicht am Platze ist[8]. Eine Frist „bis zum Ende des Monats" oder „bis Ende des Jahres" schließt immer den letzten Tag des Monats oder des Jahres mit ein.

IV. Fristverlängerung

14 Wird eine Frist verlängert, so wird die neue Frist von dem Ablauf der vorigen an berechnet (§ 190), ohne daß § 193 zur Anwendung kommt (s. Rn. 11). Danach bestimmt sich der Ablauf der ganzen, zusammenhängenden Frist nach § 188. Eine zwischen den Parteien vereinbarte Frist kann von ihnen auch noch nach deren Ablauf **rückwirkend verlängert** werden.

15 Bei prozessualen Fristen lehnte der *BGH* früher nach deren Ablauf eine Verlängerung durch das Gericht ab. Er läßt sie jetzt für die Rechtsmittelbegründungsfrist zu, sofern die Verlängerung bis zum letzten Tage der ablaufenden Frist beantragt wird[9]. Begründet hat er dies damit, daß neuere Verfahrensordnungen für öffentlichrechtliche Rechtswege eine solche nachträgliche Fristverlängerung ausdrücklich vorsehen.

§ 53. Vorschriften über Sicherheitsleistung

Inhaltsübersicht

[7] Vgl. *RGZ* 105, 417, 419; Staudinger/*Werner,* § 188 Rn. 8; vgl. aber auch MünchKomm/*Grothe,* § 188 Rn. 3.

[8] So auch *RGZ* 95, 20, 22.

[9] *BGHZ* 83, 217, 219 (Großer Senat). Vgl. MünchKomm/*Grothe,* § 190 Rn. 2; Palandt/*Heinrichs,* § 190 Rn. 1.

I. Gesetzliche Pflicht zur Sicherheitsleistung

§ 232 setzt voraus, daß durch Gesetz eine Pflicht zur Sicherheitsleistung vorgeschrieben ist, und bestimmt für diesen Fall in welcher Art die Sicherheit geleistet werden kann, falls nichts anderes in der betreffenden Gesetzesvorschrift bestimmt oder von den Parteien vereinbart ist. Die §§ 233ff. regeln Einzelheiten, die bei den verschiedenen Arten der zugelassenen Sicherheitsleistung zu beachten sind. 1

Gesetzliche Vorschriften, daß ein Schuldner seinem Gläubiger Sicherheit zu leisten habe oder einen Nachteil durch Sicherheitsleistung abwenden könne, finden sich etwa in den §§ 257 Satz 2, 273 Abs. 3, 321, 468 Abs. 1, 562c, 775 Abs. 2, 1039 Abs. 1 Satz 2, 1051, 1052, 1067 Abs. 2, 1382 Abs. 3, 1667 Abs. 3, 1986 Abs. 2; außerhalb des BGB etwa in §§ 225, 303, 321 AktG; § 58 Abs. 1 Nr. 2 GmbHG; §§ 22, 125, 133, 204 UmwG. Sicherheitsleistungen sind auch in §§ 707ff. ZPO vorgesehen. 2

Wird die Pflicht zur Sicherheitsleistung durch Vertrag begründet[1], so gelten die §§ 232ff. nicht unmittelbar. Vielmehr ist durch Auslegung des Vertrags zu ermitteln, welche Sicherheiten und mit welchem Inhalt diese zu bestellen sind. Mangels anderer Anhaltspunkte kann ergänzend auf §§ 232ff. zurückgegriffen werden. 3

II. Realsicherheiten und Personalsicherheiten

Die in §§ 232ff. genannten Sicherheiten umfassen Realsicherheiten und Personalsicherheiten. Dadurch werden die Aussichten des Gläubigers, im Wege der Zwangsvollstreckung für seine Forderung Befriedigung zu erlangen, wesentlich erhöht. Insgesamt sind sieben Arten von Sicherheiten in § 232 aufgezählt. 4

1. Realsicherheiten

Die Realsicherheiten sind dadurch gekennzeichnet, daß der Gläubiger die Möglichkeit erhält, sich wegen seiner Forderung aus **bestimmten Vermögensgegenständen** des Schuldners mit Vorrang vor den übrigen Gläubigern zu befriedigen. 5

Zu den Realsicherheiten gehören die Hinterlegung von Geld oder Wertpapieren, die Verpfändung beweglicher Sachen (§§ 1204ff.), die Bestellung von Hypotheken (§§ 1113ff.) sowie die Verpfändung von Hypotheken, Grundschulden oder Rentenschulden (§§ 1273, 1279, 1291). Die Grundschuld (§ 1191) und die Rentenschuld (§ 1199) sind ebenfalls Realsicherheiten. Als Sicherungsmittel sind sie in § 232 nicht selbst vorgesehen, sondern das Pfandrecht an ihnen. Zu den Realsicherheiten gehört auch die in den §§ 232ff. nicht vorgesehene Sicherungsübereignung und der Eigentumsvorbehalt. Die nicht genannten Realsicherheiten können aber vertraglich als Form der Sicherheitsleistung vereinbart werden. 6

2. Personalsicherheiten

Das Kennzeichen von Personalsicherheiten besteht darin, daß der Gläubiger einen **weiteren Schuldner** erhält, auf dessen gesamtes Vermögen er neben dem Vermögen des Hauptschuldners zugreifen kann. 7

---

[1] Vgl. etwa Nr. 13 I AGB-Banken, Nr. 22 I AGB-Sparkassen; abgedruckt bei *Baumbach/Hopt* (8), (8 a).

8 Zu den Personalsicherheiten zählen die Bürgschaft (§ 765) und die Verpfändung einer Forderung, ferner die Gesamtschuld (§ 421), die Garantie und die Sicherungsabtretung, die aber in §§ 232ff. nicht genannt sind.

3. Wahlrecht des Schuldners

9 Zwischen den verschiedenen zugelassenen Arten der Sicherheitsleistung hat der Schuldner die Wahl (s. § 262). Die Sicherheitsleistung durch die Stellung eines Bürgen ist ihm aber erst dann gestattet, wenn ihm eine Sicherheitsleistung auf eine der anderen Arten nicht möglich ist (§ 232 Abs. 2). Die Stellung eines Bürgen bringt dem Gläubiger geringere Sicherheit als eine der anderen Arten, weil er nicht dagegen geschützt ist, daß auch der Bürge in Vermögensverfall gerät.

10 Nicht genannt unter den zulässigen Sicherungsmitteln ist die Grundschuld und die Sicherungsübereignung (Rn 6). Die Grundschuld hat in der Praxis die Hypothek weitgehend verdrängt. Ebenso hat sich die Sicherungsübereignung als Ersatz für die dem Gesetz nicht bekannte Mobiliarhypothek in der Praxis durchgesetzt. Der Gläubiger braucht sich also, wenn ihm das Gesetz das Recht gewährt, Sicherheit zu verlangen, auf das Angebot einer Grundschuld oder auf die Sicherungsübereignung beweglicher Sachen nicht einzulassen Gibt er sich indessen damit zufrieden, so kann der Schuldner seiner Pflicht auch auf diese Weise nachkommen, da die §§ 232ff. als dispositives Recht anzusehen sind. Gleiches gilt für die Sicherungsabtretung, die Vereinbarung einer Gesamtschuld oder andere Sicherheiten.

4. Nachbesicherungspflicht

11 Der Schuldner hat, wenn er ausreichende Sicherheit geleistet hat, dafür zu sorgen, daß sie weiterhin ausreichend bleibt. Er hat daher Sicherheiten zu ergänzen oder aber anderweitig Sicherheit zu leisten, wenn die geleistete Sicherheit ohne Verschulden des Berechtigten unzureichend wird (§ 240). Unzureichend werden kann sie sowohl durch eine nachträgliche Erhöhung der Schuld, wie durch eine nachträgliche Entwertung der Sicherheit. War die Sicherheit von Anfang an unzureichend, so fehlt es bereits an der Erfüllung des ursprünglichen Anspruchs auf Stellung von Sicherheiten. Folglich bedarf es in dieser Konstellation einer anlogen Anwendung des § 240 nicht[2]. Solange der Schuldner die Sicherheit nicht auf einen ausreichenden Stand gebracht hat, hat er seiner Pflicht zur Sicherheitsleistung noch nicht genügt. Es treten daher die für ihn günstigen Rechtsfolgen einer Sicherheitsleistung nicht ein.

III. Einzelne Sicherheiten

1. Die Hinterlegung von Geld oder Wertpapieren

12 Die Hinterlegung erfolgt bei einer amtlichen Hinterlegungsstelle. Solche Stellen sind nach § 1 Abs. 2 der Hinterlegungsordnung vom 10. 3. 1937 die Amtsgerichte. Im übrigen gelten §§ 372ff. Wird Geld hinterlegt, so erwirbt an im Inland geltenden gesetzlichen und gesetzlich zugelassenen Zahlungsmitteln der Fiskus, d.h. der Staat als Vermögenssubjekt, das Eigentum. Wertpapiere werden dagegen unverändert aufbewahrt (§§ 7, 9 HintO). Ausländische Zahlungsmittel sind als „Wertpapiere“ zu behan-

---

[2] So auch Staudinger/*Werner,* § 240 Rn. 2; Soergel/*Fahse,* § 240 Rn. 3; MünchKomm/*Grothe,* § 240 Rn. 1; Palandt/*Heinrichs,* § 240 Rn. 1; Erman/*Hefermehl,* § 240 Rn. 3; a.A. *Enneccerus/Nipperdey,* AT, § 243 Anm. 23.

deln[3]. Mit der Hinterlegung erwirbt der Berechtigte, also der Gläubiger, ein Pfandrecht an den hinterlegten Wertpapieren. Hinsichtlich des hinterlegten Geldes, das in das Eigentum des Fiskus übergeht, erwirbt er ein Pfandrecht an der Forderung des hinterlegenden Schuldners auf Rückerstattung (§ 233). Weitere Vorschriften hinsichtlich der Eignung von Wertpapieren zur Sicherheitsleistung enthält § 234. Es muß sich danach um solche Wertpapiere handeln, die auf den Inhaber lauten, einen Kurswert haben und im Sinne des § 1807 und der hierzu ergangenen Verordnungen mündelsicher sind. Mit Wertpapieren kann Sicherheit nur in Höhe von drei Viertel ihres derzeitigen Kurswertes geleistet werden (§ 234 Abs. 3).

Wer durch Hinterlegung von Geld oder Wertpapieren Sicherheit geleistet hat, ist berechtigt, 13
das hinterlegte Geld gegen geeignete Wertpapiere, die hinterlegten Wertpapiere gegen Geld oder andere geeignete Wertpapiere auszutauschen (§ 235). Dabei ist § 234 Abs. 3 zu beachten. Das Umtauschrecht ist für den Hinterleger dann von Wert, wenn die von ihm hinterlegten Wertpapiere im Kurs so sehr gestiegen sind, daß ihr jetziger Kurswert den unter Beachtung des § 234 Abs. 3 errechneten Sollwert erheblich übersteigt. Die neu von ihm hinterlegten Wertpapiere brauchen diesen Sollwert nur zu erreichen. Sinkt umgekehrt der Kurswert unter den Sollwert, so ist der Schuldner nach § 240 verpflichtet, die Sicherheit zu ergänzen, daß sie den Sollwert wieder erreicht, oder anderweitige genügende Sicherheiten zu leisten.

2. Verpfändung von Buchforderungen

Als Sicherheit ist auch die Verpfändung solcher Forderungen gegen die Bundesre- 14
publik oder eines der Länder möglich, die in das Schuldbuch des Bundes oder des betreffenden Landes eingetragen sind. Auch hier kann die Sicherheit nur in Höhe von drei Vierteln des Kurswertes derjenigen Schuldverschreibungen geleistet werden, deren Aushändigung der Gläubiger der Buchforderung gegen die Löschung seiner Forderung verlangen kann (§ 236).

3. Die Verpfändung beweglicher Sachen (§§ 1204ff.)

Mit einer beweglichen Sache kann Sicherheit nur in Höhe von zwei Dritteln ihres 15
Schätzwerts geleistet werden (§ 237). § 237 ist Grundlage für die Festlegung einer Grenze von 150% des Betrags der gesicherten Forderung, bei deren Überschreiten die Übersicherung beginnt[4]. Die Verpfändung einer beweglichen Sache erfordert gemäß § 1205 Abs. 1 deren Übergabe an den Gläubiger. Sachen, deren Verderb zu besorgen oder deren Aufbewahrung, etwa wegen ihres Umfanges oder der hierfür erforderlichen Einrichtungen mit besonderen Schwierigkeiten verbunden ist, kann der Gläubiger zurückweisen (§ 237).

4. Bestellung von Hypotheken

§ 232 Abs. 1 läßt die Bestellung von Hypotheken an inländischen Grundstücken 16
sowie die Bestellung von Schiffshypotheken an Schiffen oder Schiffsbauwerken, die in einem deutschen Schiffsregister oder Schiffsbauregister eingetragen sind zu. Für die Hypotheken gelten §§ 1113ff. Die Bestellung einer Sicherungshypothek (§§ 1184f.)

---

[3] Vgl. Staudinger/*Werner,* § 232 Rn. 2; Soergel/*Fahse,* § 232 Rn. 4; Erman/*Hefermehl,* § 232 Rn. 1; MünchKomm/*Grothe,* § 233 Rn. 2; a. A. Palandt/*Heinrichs,* § 232 Rn. 3, § 372 Rn. 1: Geld.

[4] *BGH GS* NJW 1998, 671.

genügt im Gegensatz zur Verpfändung (s. Rn. 18). Die Hypotheken müssen jedoch mündelsicher sein (s. sogleich Rn. 17). Die Beschränkung der Sicherheit auf inländische Grundstücke ist mit den Grundfreiheiten des EG-Vertrags, insbesondere der Dienstleistungs- und Kapitalverkehrsfreiheit (Art. 49, 56 EGV) nicht vereinbar.

5. Verpfändung von Grundpfandrechten

17 Zugelassen ist auch die Verpfändung von Forderungen gemäß §§ 1273, 1279, für die eine Hypothek an einem inländischen Grundstück besteht, sowie die Verpfändung von Grundschulden und Rentenschulden an inländischen Grundstücken (§ 1291). Hierzu bestimmt § 238 Abs. 1, daß eine Hypothekenforderung, eine Grundschuld oder eine Rentenschuld zur Sicherheitsleistung nur geeignet ist, wenn sie den Voraussetzungen der Mündelsicherheit entspricht. Die h.L. wendet diese Bestimmung entsprechend auch auf den Fall der Sicherungsleistung durch Bestellung einer Hypothek an[5].

18 Für den Fall der Verpfändung einer Hypothekenforderung gilt ferner die Bestimmung des § 238 Abs. 2, nach der eine Forderung, für die eine Sicherungshypothek besteht, zur Sicherheitsleistung nicht geeignet ist. Eine Sicherungshypothek ist, im Gegensatz zur Verkehrshypothek, eine Hypothek, bei der sich das Recht aus der Hypothek als dingliches Verwertungsrecht am Grundstück streng nach der zugrunde liegenden Forderung richtet (§ 1184). Das bedeutet, daß der Erwerber einer solchen Hypothekenforderung hinsichtlich der Hypothek nicht durch den öffentlichen Glauben des Grundbuchs geschützt wird, wenn die Forderung nicht besteht oder ihr Einwendungen entgegenstehen. Das gleiche gilt für den Erwerber eines Pfandrechts an einer solchen Hypothekenforderung. Besteht die Forderung in Wahrheit nicht, so erwirbt er das Pfandrecht weder an der Forderung noch an der Hypothek. Wegen dieser Unsicherheit für den Erwerber erscheint dem Gesetz das Pfandrecht an einer Hypothek, für die nur eine Sicherungshypothek besteht, als keine hinreichende Sicherheit.

6. Die Bürgschaft (§ 765)

19 Die Stellung eines tauglichen Bürgen ist nur hilfsweise zulässig, wenn die Sicherheit nicht in anderer Weise geleistet werden kann. Ein Bürge ist tauglich, wenn er ein in Höhe der zu leistenden Sicherheit angemessenes Vermögen besitzt und seinen allgemeinen Gerichtsstand im Inland hat (§ 239 Abs. 1)[6]. Durch das Erfordernis des inländischen Gerichtsstandes soll gewährleistet werden, daß die Rechtsverfolgung gegen ihn im Inland möglich ist. Im Binnenmarkt der EU muß jedoch ein Gerichtsstand innerhalb eines Mitgliedstaats der EU gemäß dem EuGVVO ausreichen[7]. Erforderlich ist eine Bürgschaft, bei der der Bürge auf die Einrede der Vorausklage verzichtet hat (§ 239 Abs. 2).

---

[5] *Enneccerus/Nipperdey,* AT, § 243 A. 18; Soergel/*Fahse,* § 238 Rn. 1; Erman/*Hefermehl,* § 238 Rn. 2; MünchKomm/*Grothe,* § 238 Rn. 1; a.E. Staudinger/*Werner,* § 238 Rn. 2.

[6] Ein regelmäßiges Einkommen ist nach h.L. dem Vermögen gleichzustellen; so Enneccerus/*Nipperdey,* AT, § 243 Anm. 21; Erman/*Hefermehl,* § 239 Rn. 2; MünchKomm/*Grothe,* § 239 Rn. 1; Palandt/*Heinrichs,* § 239 Rn. 1. Es muß freilich darauf ankommen, wie hoch das Einkommen im Verhältnis zu der zu leistenden Sicherheit, und wie „sicher" es ist.

[7] So zu Recht *Ehricke,* EWS 1994, 259; a.A. *OLG Düsseldorf* WiB 1995, 602.

Paragraphenregister

(Die fetten Zahlen verweisen auf die Paragraphen des Werkes, die mageren Zahlen auf die Randnummern)

Paragraphenregister

BGB-InfoV

BNotO

BörsG

BRAO

BVerfGG

Code civil

Codice civile

EGBGB

Paragraphenregister

Sachverzeichnis

Die fett gedruckten Zahlen beziehen sich auf die Paragraphen des Lehrbuches, die dünn gedruckten Zahlen auf deren Randnummern